U0758994

名數部

『一』分部

一切法

竺法護譯《光讚經》卷五　佛告須菩提：所謂一切法者，謂諸善事若不善事，所可分別，世間事、度世事，所有諸漏、無有諸漏，有爲、無爲，其有怨敵、無有怨敵。是謂，須菩提，爲一切法。

慧影《大智度論疏》卷一四　緣緣者，既心緣於塵心境合說，故通一切法。增上緣，既說一切生時萬法不障，色生時心不障，心生時色不障，諸法悉爾，并通色心故，則通一切法。一切法無非緣緣及增上緣，故云一切法也。

問：前言因緣通一切法，既以五因爲體者，增上緣通法，既最疎故不論。今緣緣亦通一切法，亦有親義，何故但有不障因也。解：雖復同云通一切法，就通之中，非無親疎。因緣通一切法，義則親故，得以五因爲體，亦即是五因。緣緣與增上緣通一切法，義同疎故，所以只各具一因也。當更別釋。

鳩摩羅什譯《摩訶般若波羅蜜經》卷四　佛告須菩提：一切法者，善法、不善法，記法、無記法，世間法、出世間法，有漏法、無漏法，有爲法、無爲法，共法、不共法。須菩提，是名一切法。

鳩摩羅什譯《摩訶般若波羅蜜經》卷二六　須菩提白佛言：世尊，若一切法空，云何言菩薩學一切法。將無世尊、無戲論中作戲論耶。所謂是此是彼法、是世間法是出世間法、是有漏是無漏、是有爲是無爲、是凡夫人法是阿羅漢法、是辟支佛法是佛法。

佛告須菩提：如是，如是，一切法實空。須菩提，若一切法不空者，菩薩摩訶薩不得阿耨多羅三藐三菩提。須菩提，今一切法實空，故菩薩摩訶薩能得阿耨多羅三藐三菩提。須菩提，如汝所言，若一切法空，將無佛於無戲論中作戲論，分別此彼，是世間法是出世間法，乃至是佛法。須菩提，若世間衆生知一切法空，菩薩摩訶薩不學一切法得一切種智。須菩提，今衆生實不知一切法空。

鳩摩羅什譯《小品般若波羅蜜經》卷一〇　佛說一切法無垢。何以故。一切法性空，一切法無我、無衆生，一切法如幻、如夢、如響、如影、如炎。善男子，汝若如是觀諸法實相，隨逐法師，不久當善知般若波羅蜜。

鳩摩羅什譯《十住經》卷三　菩薩摩訶薩已能具足五地行，欲入六地，當以十平等法得入於六地。何等爲十。一、以無性故，一切法平等。二、以無想故，一切法平等。三、以無生故，一切法平等。四、以無滅故，一切法平等。五、以本來清淨故，一切法平等。六、以無戲論故，一切法平等。七、以不取不捨故，一切法平等。八、以離故，一切法平等。九、以幻夢影響、水中月、鏡像焰化故，一切法平等。十、以有無不二故，一切法平等。

鳩摩羅什譯《大智度論》卷一一　一切法者，識所緣法，是一切法。所謂眼識緣色，耳識緣聲，鼻識緣香，舌識緣味，身識緣觸，意識緣法。眼緣色亦緣眼識。耳聲、鼻香、舌味、身觸亦如是。乃至緣意、緣法、緣意識，是名一切法。是爲識所緣法。

復次，智所緣法，是一切法。所謂苦智知苦，集智知集，盡智知盡，道智知道，世智知苦、集、盡、道及虚空、非數緣滅，是爲智所緣法。

復次，二法攝一切法：色法、無色法，可見法、不可見法，有對法、無對法，有漏、無漏，有爲、無爲，心相應、心不相應，業相應、業不相應，近法、遠法等，如是種種二法，攝一切法。

復次，三種法攝一切法：善、不善、無記，學、無學、非學非無學，見諦斷、思惟斷、不斷。復有三種法：五衆、十二入、十八界。持如是等種種三法，盡攝一切法。

復有四種法：過去、未來、現在法，非過去未來現在法。欲界繫法、色界繫法、無色界繫法、不繫法，因善法、因不善法、因無記法、非因善不善無記法。緣緣法，緣不緣法，緣緣不緣法，非緣緣非緣不緣法。如是等四種法，攝一切法。

有五種法：色、心、心相應、心不相應，無爲法，如是等種種五法，攝一切法。

有六種法：見苦斷法、見習、盡、道斷法、思惟斷法、不斷法，如是等種種六法，乃至無量法，攝一切法。

是爲一切法。

鳩摩羅什譯《大智度論》卷一五　復次，菩薩於一切法，知一相無二。一切法可識相，故言一。眼識識色，乃至意識識法，是可識相法，故言一。復次，一切法可知相，故言一。苦法智、苦比智，知苦諦。集法智、集比智，知集諦。滅法智、滅比智，知滅諦。道法智、道比智，知道諦。及善世智，亦知苦、集、滅、道，虛空非智緣滅，是可知相法，故言一。復次，一切法可緣相，故言一。眼識及眼識相應法緣色，耳識、鼻識、舌識、身識亦如是，意識及意識相應法，亦緣眼，亦緣色，亦緣眼識，乃至緣意、緣法、緣意識。一切法可緣相，故言一。復次，一切法各皆一，一復有一名爲二，三一名爲三，如是乃至千萬，皆是一而假名爲千萬。復次，一切法中有相，故言一。一相故，名爲一。一切物名爲法，法相故名爲一。如是等無量一門，破異相，不著一，是名法忍。

復次，菩薩觀一切爲二。何等二。二名內、外相。內、外相故，內非外相，外非內相。復次，一切法有，無相故爲二。空、不空，常、非常，我、非我，色、非色，可見、不可見，有對、非有對，有漏、無漏，有爲、無爲，心法、非心法，心數法、非心數法，心相應法、非心相應法。如是無量二門，破一不著二，是名爲法忍。

復次，菩薩或觀一切法爲三。何等爲三。下、中、上，善、不善、無記，有、無、非有非無，見諦斷、思惟斷、無斷，學、無學、非學非無學，報、有報、非報非有報。如是無量三門，破一不著異，是名爲法忍。

鳩摩羅什譯《大智度論》卷一五　如佛告諸比丘，爲汝說一切法，何等是一切法。所謂眼色、耳聲、鼻香、舌味、身觸、意法，是十二入名一切法。復有一切法，所謂名、色。如佛說《利衆經》中偈：

若欲求眞觀，但有名與色。若欲審實知，亦當知名色。雖癡心多想，分別於諸法，更無有異事，出於名色者。

復次，一切法，所謂色、無色法，可見、不可見，有對、無對，有漏、無漏，有爲、無爲，心、非心，心相應、非心相應，共心生、不共心生，隨心行、不隨心行，從心因、不從心因。如是等無量二法門攝一切法，如《阿毗曇·攝法品》中說。

復次，一切法，所謂善法、不善法、無記法，見諦所斷、思惟所斷、不斷法，有報法、無報法、非有報非無報法。如是等無量三法門攝一切法。

復次，一切法，所謂過去法、未來法、現在法，非過去、未來、現在法，欲界繫法、色界繫法、無色界繫法、不繫法，從善因法、從不善因法、從無記因法、從非善非不善非無記因法，有緣緣法、無緣緣法、有緣緣亦無緣緣法、非有緣緣非無緣緣法。如是等無量四法門攝一切法。

復次，一切法，所謂色法、心法、心數法、心不相應諸行法、無爲法，四諦及無記無爲。如是等無量五法門攝一切法。

復次，一切法，所謂五衆及無爲，苦諦所斷法，集諦、滅諦、道諦、思惟所斷法，不斷法。如是等無量六法門攝一切法。七、八、九、十等法門，是阿毗曇分別義。

復次，一切法，所謂有法、無法，空法、實法，所緣法、能緣法，聚法、散法等。

復次，一切法，所謂有法、無法、亦有亦無法，空法、實法、非空非實法，所緣法、能緣法、非所緣非能緣法。

復次，一切法，所謂有法、無法、亦有亦無法、非有非無法，空法、不空法、空不空法、非空非不空法，生法、滅法、生滅法、非生非滅法，不生不滅法、非不生非不滅法、不生不滅亦非不生非不滅法、非不生非不滅亦非不不生非不不滅法。

復次，一切法，所謂有法、無法、有無法、非有非無法，捨是四句法。空、不空，生、滅，不生、不滅。五句皆亦如是。

如是等種種無量阿僧祇法門所攝諸法，以是無礙智慧盡遍知上諸法，名爲一切智、一切種智。

鳩摩羅什譯《十住毗婆沙論》卷二　一切法者，凡所有法。度法、非度法，攝覺意法，非攝覺意法，助道法，非助道法，聖道所攝法，非聖道所攝法，應修法，不應修法，應近法，不應近法，應生法，不應生法，生法，不生法，現在法，非現在法，因緣生法，非因緣生法，因緣法，非因緣法，從思惟生法，不從思惟生法，麁法，細法，受法，不受法，內法，外法，內入所攝法，非內入所攝法，外入所攝法，非外入所攝法，五陰所攝法，非五陰所攝法，五受陰所攝法，非五受陰所攝法，四諦所攝法，非四諦所攝法，助世法，非助世法，依貪法，依出法，顛倒法，非顛倒法，變法，非變法，悔法，非悔法，大法，小法，受處法，非受處法，可斷法，不可斷法，知見法，不知見法，有漏法，無漏法，有繫法，無繫法，有淨法，無淨法，有上法，無上法，有覺法，無覺法，有觀法，無觀法，可喜法，不可喜法，相應法，不相應法，有分別法，無分別法，行法，無行法，有緣法，無緣法，有次第法，無次第法，可見法，不可見法，有對法，無對法，可見有對法，不可見無對法，有相法，無相法，可行法，不可行法，有爲法，無爲法，險法，非險法，有本法，無本法，有出法，無出法，衆生法，非衆生法，苦者法，非苦者法，惱法，非惱法，有法，非有法，逆法，非逆法，樂報法，非樂報法，苦報法，非苦報法，憶生法，非憶生法，智首行法，非智首行法，信首行法，非信首行法，思惟首行法，非思惟首行法，願首行法，非願首行法，色法，非色法，教法，非教法，變化法，非變化法，如意遊行法，非如意遊行法，欲本法，非欲本法，因善法，非因善法，因善根法，非因善根法，定法，非定法，身法，非身法，口法，非口法，意法，非意法，有對觸生法，非有對觸生法，意觸生法，非意觸生法，惡法，非惡法，善法，非善法，能生法，非能生法，念念滅法，非念念滅法，攝聚法，非攝聚法，明分法，非明分法，因法，非因法，緣法，非緣法，因緣法，非因緣法，因生法，非因生法，有因法，非有因法，一法，異法，滅法，非滅法，攝根法，非攝根法，共心法，非共心法，心法，非心法，心數法，非心數法，共觸五法，非共觸五法，共得十六法，非共得十六法，細法，麁法，迴向法，非迴向法，善法，不善法，無記法見諦所斷法，思惟所斷法不斷法，學法，無學法，非學非無學法等。無量千萬種諸法，皆令入空無相無作門平等無二。

智顗《仁王護國般若經疏》卷二　又，一切法但從名字和合，更無餘名。如頭足腹脊和合故，假名爲身。如髮眼耳鼻口皮骨和合故，假名爲頭。諸毛和合，假名爲髮。分分合故，假名爲毛。諸泥塵和合故，假名爲分。亦和合諸分故，名爲塵。此即名假也。以此假故，一切法空。

智顗《仁王護國般若經疏》卷五　一切法集下。二明法空。一切法集者，謂因緣共成，此名假也。幻化五陰者，五陰無實，此爲法假也。無合無散者，此受假也。因緣共生故無散，因緣即空故無合也。法同法性者，一切諸法皆同眞如之性者，以其本來寂然空故。

吉藏《仁王般若經疏》卷中四　次明法空。文言，以一切法空故空空。一切法空者，總標諸法空也。法門無量不可具出，今總標一切攝無盡，故云一切法空故。爲衆生無始已來滯有情深，今借空智以遣有。復滯於空，今以空治空，故名空空。故智論十八空中破內空外空內外空竟。

【略】

大王，若有若無者，即世諦也。以三諦攝一切法空諦色諦心諦，故我說一切法不出三諦。我人知見五受陰空，乃至一切法空。衆生品根行不同，故非一非二法門。第三大王下明諸諦空中有三。初明世諦，次明三諦攝法，三明世諦終歸空也。初世諦，文云若有若無者，此意明凡夫定執有無，故名世諦也。次明三諦攝法，文云一切法空諦者，三藏師云諸法本性爲空諦也。凡夫色麁顯據色爲端，名爲色諦。三乘人修道無漏心，名爲心諦。若義論生死涅槃各有三諦。生死三者天人四大色是色諦，八識心是心諦，於生死上無涅槃是空諦。涅槃三者，天人眞實色是色諦，二眞實心名心諦，無生死四顛倒名空諦也。教雖說三，理非三也。我人知見下第三明世諦還歸於空。

窺基《金剛般若經贊述》卷下　是故如來說一切法皆是佛法。

述曰，此第二明法唯佛得也。一切法者，謂眞理萬法之本體，故名爲一切。皆是佛法者，獨唯佛證，餘不得故。

須菩提，所言一切法者，即非一切法，是故名一切法。

述曰，此第三總結成也。言一切法者，謂佛所證法。即非一切法者，非餘人所得法，或非分別之相法也。

宗密、子璿《金剛般若經疏論纂要》卷下　是故如來說一切法，皆是佛法。須菩提所言一切法者，即非一切法，是故名一切法。

論云，一切法者，皆眞如體，故皆佛法。即非者，由色等法即眞如故，即非色等法，眞如常無色等諸相故，是名者即是眞如法自性矣。

玄奘譯《阿毗達磨法蘊足論》卷一〇　一切法者，謂十二處。何等十二。謂眼處、色處、耳處、聲處、鼻處、香處、舌處、味處、身處、觸處、意處、法處，是謂十二。若有説言，此非一切，言一切者，更別有法。彼但有言，而無實事。若還詰問，便不能了。彼後審思，自生迷悶。以一切法非彼境故。

不空譯《大集大虛空藏菩薩所問經》卷一　善男子，云何名爲虛空清淨法印，所謂一切法離性無性故。云何離性無性，謂一切法無所表示故。云何無表示，謂一切法無光顯故。云何無光顯，謂一切法遠離緣慮故。云何無緣慮，謂一切法寂靜相故。云何寂靜相，謂一切法無二相故。云何無二相，謂一切法遠離別異故。云何無別異，謂一切法入一道相故。云何入一道相，謂一切法自性相清淨故。云何自性相清淨，謂一切法超過三世故。云何超過三世，謂一切法無依處故。云何無依處，謂一切法無影像故。云何無影像，謂一切法超過境界故。云何過諸境界，謂一切法內外清淨故。云何內外清淨，謂一切法性無雜染故。云何無雜染，謂一切法性寂靜故。云何性寂靜，謂一切法遠離心意識故。云何離心意識，謂一切法出離相本不生故。云何出離相本不生，謂一切法無我攝受故。云何無我攝受，謂一切法無主宰故。云何無主宰，謂一切法性無我故。云何性無我，謂一切法本來清淨故。云何本來清淨，謂一切法本無涅槃故。云何無涅槃，謂一切法性如幻故。云何性如幻，謂一切法無實事故。云何無實事，謂一切法無造作相故。云何無造作相，謂一切法遠離身心相故。云何遠離身心相，謂一切法離相無相故。云何離相無相，謂一切法自相不動故。云何自相不動，謂一切法無所依止故。云何無所依止，謂一切法無所緣故。云何無所緣，謂一切法遠離阿賴耶故。舍利子，彼一寶莊嚴如來，爲諸菩薩説如是三十二虛空清淨法印。

佚名《攝大乘論疏》卷七　釋論曰，一切法以識爲相眞如爲體者，從何以故，以下第四段依俗諦一切法雖復異眞，唯有識故。以識爲相，證眞爲悟，唯有境智無差別之眞如，其外無別法。異如者俗如幻兔無別體故，不異眞如即以如爲體。若作隨妄生義，即是識息妄無生即如。故一切法悉以眞如爲體，無離此如爲體也。

子璿《金剛經纂要刊定記》卷五　故《華嚴》云，一切法不生，一切法不滅，若能如是解，諸佛常現前。

得無生忍等者，謂以正智忍可，印持無生法故。以一切法本無生滅，眾生迷倒，妄見生滅。苟離妄見，正智即生，契合本體，達一切法本來無生，名無生忍。例而言之，見一切法無滅，亦名無滅忍。今則舉初以攝後也。【略】

斷疑。經意云，以一切法並以眞如爲體，一切之言凡聖收盡，故皆佛法。眞如既是佛法，餘法豈非佛法耶。如一切像以鏡爲體故，故一切像皆是鏡像。又所言一切法，非定實一切法，是全空一切法。

宗泐、如玘《金剛般若波羅蜜經註解》　須菩提，如來所得阿耨多羅三藐三菩提，於是中無實無虛，是故如來説一切法皆是佛法。須菩提，所言一切法者，即非一切法，是故名一切法。

所得者，忘情而證也。無實者，非有爲相也。無虛者，是眞如體也。然此眞如非別有法，即一切色等諸法，離性離相名眞如體。唯佛與佛乃能證此，故一切法皆是佛法。眞如之體雖不離於諸法，然亦不可取著，故云即非一切法是名一切法。

一切處

瞿曇僧伽提婆譯《中阿含经》卷五九　復次，有十一切處。云何爲十。有比丘無量地處修一思惟上下諸方不二，無量水處，無量火處，無量風處，無量青處，無量黃處，無量赤處，無量白處，無量空處，無量識處，第十修一思惟上下諸方不二。

瞿曇僧伽提婆譯《中阿含经》卷六〇　欲斷無明者，當修十一切處。云何欲斷無明者，當修十一切處。若時如來出世，無所著、等正覺、明行成爲、善逝、世間解、無上士、道法御、天人師、號佛、眾祐。彼斷，乃至五蓋、心穢、慧羸，修第一地一切處，四維上下不二、無量，如是修水一切處、火一切處、風一切處、青一切處、黃一切處、赤一切處、白一切處、無量空處一切處，修第十無量識處一切處，四維上下不二、無量。是謂欲斷無明者，當修十一切處。如是數斷、解脱、過度、拔絶、滅止、總知、別知，欲別知無明者，當修十一切處。云何欲別知無明者，當修十一切處。若時如來出世，無所著、等正覺、明行成爲、善逝、世間解、無上士、道法御、天人師、號佛、衆祐。彼斷，乃至五蓋、心穢、慧羸，修第一地一切處，四維上下不二、無量，如是修水一切處、火一切處、風一切處、青一切處、黄一切處、赤一切處、白一切處、無量空處一切處，修第十無量識處一切處，四維上下不二、無量。是謂欲別知無明者，當修十一切處。

慧影《大智度论疏》卷六　一切處者，無間普周，名一切處。謂青黄赤白地水火風空識二處，此是十數，前四是所造之色，中四是能造之本，後二皆當地觀空識也。此猶是八背捨中三背捨也，前八是中背捨，後二是空識二背捨也。

真諦譯《佛性論》卷一　初言一切處諸法者，明處有三：一約四生處，謂三界生處，及無流界生處。此四攝一切內外處盡，四中所有一切諸法攝法亦盡。二約內道外道，攝一切所有法，處通世出世皆盡。三約有情無情，攝一切法皆盡。處通三世，攝有皆盡，故言一切處諸法。

慧遠《大乘義章》卷一四　一切入者，經中亦名一切處也。入者猶是處之別稱。定心自在，能令所緣相無不在，名一切處。處別不同，一門説十。十名是何。一青、二黄、三赤、四白、五地、六水、七火、八風、九空、十識。若依涅槃，去火一切，加無所有，令以爲十。行者初先繫意，安靜於己身，分取少青相。極令明了，如明鏡中見諸色像，以漸廣之，周滿世界，同爲一青，名青一切處。黄赤白等類亦同然。此青黄等，由四大造，故次觀之。始於自身觀少地相，極令明了，以漸廣之，周滿世界，悉爲一地，名一切處。水火風等類亦同然。患色多過，次捨色相，緣無邊虚空。先緣咽喉鼻口等空，極令明了，以漸廣之，見一切界同爲一空，名空一切處。患彼空觀外緣之惱，次捨空相緣無邊識。始觀一識，極令明了，所謂觀於緣一空識。以漸廣之。緣無邊識，皆令明了，名識一切處。

問曰：心識云何無邊。《論》言：以其空無邊故，緣空之識亦復無邊。問曰：何故不觀受等。《成實》釋言：取於地等其唯心識，故偏觀識。又識是主，故偏觀識。問曰：何故偏説空識爲一切處，不説非想及無所有爲一切處。《雜心》釋言：行者先入前三解脱不能勝進，次入八勝，雖入勝處不能無邊，故入青等四一切處。此青黄等何所依止。依四大造，故觀地等四一切處。云何於此而得勝進。所謂覺知知無邊空，此知依何。謂依心識。識復何依。便無所依。故上不立。龍樹釋言虚空廣多，佛説虚空無量無邊，故説虚空爲一切處。向前九種一切觀中皆有心識，心識能緣一切諸法。一切法中皆見有識，故説心識爲一切處。無所有中略去多識，唯緣一識。一識不廣，是故不説爲一切處。非想地中心志微細，而復精純，難得取相，難可令廣，故亦不説爲一切處。又復空處方便道中，能緣下地無邊之色，就之觀空。識處方便能緣下地無邊空，就之觀識。故此二地名一切處。上不如是，爲是不立。《涅槃》何故除火一切立無所有爲一切處。如《增集論》釋，彼爲事火婆羅門，故作如是説。若當宣説火一切處，增彼耶見，是以去之，無所有處，雖無多識非無少識，爲成十數，故通説之爲一切處（此一門竟）。

智顗《釋禪波羅蜜次第法門》卷一〇　十一切處者，一青二黄三赤四白五地六水七火八風九空十識。此十通名一切處者，一一色各照十方遍滿，故名一切處，乃至空亦如是。前背捨勝處雖有八色所照，既狹，未能普遍，是以不得受一切之名。復次經中有時説爲十一切入，有人解言：此猶是一切處之異名。今則不爾。初名以一色遍照十方名一切處，後心轉善巧，能於一切遍照色中，一一互得相入，無相妨閡，故處立一切入名。

今明十一切處即爲二意：一明階位，二辯修證。

第一明階位者，十一切處初八色一切處位在第四禪中，次第九空一切處位在空處，第十識一切處位在識處，所以前三禪中不立一切處者。行者初學，彼三地中有覺觀喜樂動故，不能令色遍滿停住，上無所有處定無物可廣，亦不得快樂。佛亦不説無所有處，無量無邊故，不立一切處。非有想非無想處，心鈍難取想廣大故，不立一切處。

第二次明修證。行者住第四禪中以成就自在勝色，爾時應用念清淨心，捨七種色，直念青色。取少青光焰相如草葉大，一心緣中即與少青相應，觀心運此少青遍照十方，即見光明隨心普照。一切世間皆見青相遍滿、停住不動如青世界，是名青一切處。餘七一切處修觀之相，亦當如是一一分別。自有師言：修一切處緣取草葉等相，因外色起相，遍滿普照。如此說者非唯乖失觀門之法，亦與摩訶衍所說都不相關。行者既已成就，以一切處欲入虛空一切處，當入虛空背捨。但背捨緣狹，未名一切處。今更廣緣十方虛空，故名虛空一切處。欲入識一切處者，當亦先入識處背捨，於識定中廣觀此識遍滿，十方皆見是識，故名識一切處。行者若欲修一切入，既得一切處成，當以一切處爲本，然後用善巧觀心於青一切中，令黃赤白等皆入其中不壞青之本相，而能於青色之中具見餘色。是則略說一切處一切入竟。

智顗《摩訶止觀》卷九下 十一切處在四禪中。初禪覺觀多，二禪喜動，三禪樂動，不得廣普遍一切處。唯不動念慧則能廣普。以青遍十方，十方皆青，餘色亦爾，故名一切處。若一切入者，以青遍一切時黃來入青，亦遍一切處。青黃本相不失相入，又不相濫。餘色相入亦如是，是名一切入。此乃內心放色遍一切處，那得以外樹葉爲緣遍一切處耶。

吉藏《中觀論疏》卷五 一切處無有者，此中明無是體相無，非標相無。若無體相，則無此物也。有二法攝一切法：一有爲法，二無爲法。有爲法以生住滅爲相，二無爲法以無生住滅爲相。此二既各有相，是故有法。虛空若無相，則非有爲亦非無爲，即無有法。故云一切處無有。何者。虛空是三無爲中一，豈得非有爲無爲耶。又約毘曇有爲空無爲空，今非有爲非無爲則無有法。故云一切處無有。

普光《俱舍論記》卷二四 復次，上流有三種：一全超，二半超，三一切處沒。全超者，謂欲界沒，生梵衆天。梵衆天沒，生色究竟，或生非想非非想處而般涅槃。半超者，謂欲界沒，生梵衆天。梵衆天沒，於上一切天處，或更生一處，或二、或三、或四、或五，乃至或唯超一處遍生餘處，然後生色究竟，或生非想非非想處而般涅槃。一切處沒者，謂欲界沒，生梵衆天。梵衆天沒，生梵先行天，如是次第生上諸處，乃至廣果天。從此以上有二路別：一入淨居，二入無色。入淨居者，廣果天沒，生無煩天，次第乃至生色究竟而般涅槃。入無色者，廣果天沒，生空無邊處，次第乃至生非想非非想處而般涅槃。如一切處沒，有二路別。應知全超、半超亦爾。

遁倫《瑜伽論記》卷一七 空一切處故，引發往還無礙諸聖神通四。識一切處故，引發無諍等諸勝功德爲第五。以下文是解第五識一切處功能。基彈云：若準此文勢言，前八引發中言諸聖神通即別爲一者，空引發中言往還無礙諸聖，諸聖神通通之言應別有體爲一也。今解云：前八引發一事，化事變事但是一物本無本有爲異。空一切處引發往還無礙神通爲第二，識處引發中有三故五，謂無礙解等功德是一。成辨無所有解脫非想解脫滅盡解脫爲二，無邊無量遍滿行轉爲三。

湛然《維摩經疏記》卷中 一切處有十，八在色界，故取四色。二在無色，故不論之，即是空識兩一切處也。

道宣、元照《四分律刪補隨機羯磨疏濟緣記》一之一 一青一切處（謂取少青色觀緣，使偏一切處皆青），二黃一切處，三赤一切處，四白一切處（竝例上釋之，但改色爲異），五地一切處（取少地色觀之，使一切處皆地色），六水一切處，七火一切處，八風一切處（此三例上，竝取水火風色偏也），九空一切處（謂觀虛空使一切處皆空），十識一切處（謂觀識處使一切處皆有識也）。十皆言一切處者，即從所觀境偏滿爲名。今名入者，謂從此以發定也。

知禮《觀音義疏記》卷一 十一切處者，一青一切處，二黃一切處，三赤一切處，四白一切處，五地一切處，六水一切處，七火一切處，八風一切處，九空一切處，十識一切處。

一切智

僧肇《注維摩詰經》卷四 一念知一切法是道場成一切智故。

什曰：二乘法以三十四心成道，大乘中唯以一念則豁然大悟具一切智也。

肇曰：一切智者，智之極也。朗若晨曦，衆冥俱照。澄若靜淵，群象竝鑒。無知而無所不知者，其唯一切智乎。何則。夫有心則有封，有封則有疆。封疆既形，則其智有涯。其智有涯，則所照不普。至人無心，無心則無封，無封則無疆。封疆既無，則其智無涯。其智無涯，則所照無際。故能以一念一時，畢知一切法也。一切智雖曰行標，蓋亦萬行之一耳。會萬行之所成者，其唯無上道乎。故所列衆法皆爲場也。生曰：一念無不知者，始乎大悟時也。以向諸行終得此事，故以名焉。以直心爲行初，義極一念知一切法，不亦是得佛之處乎。【略】

以一切智起般若波羅蜜。

什曰：欲令其標心大覺不爲名利也。肇曰：在佛名一切智，在菩薩名般若，因果異名也。然一切智以無相爲相，以此起般若，般若亦無相。因果雖異名，其相不殊也。

僧肇《注維摩詰經》卷九 捨諸所有具一切智想。

什曰：捨諸所有，謂身命及國城妻子悉能棄捨，給施衆生。給衆生時，了知此施必能具足一切智。明見因果，施而無悔也。肇曰：凡所施與妙期有在，又審因果之不虛也。

寶亮《大般涅槃經集解》卷五〇 第六功德以金剛三昧爲體，金剛三昧即一切智。

寶亮《大般涅槃經集解》卷五九 若心在緣，不散爲定。念念取緣，皆不散也。心在一境，至不名三昧。若心相續，一境名定也。如其非定非一切智者，緣四則非定，所以互破者，修定慧爲一切智。一切智者，無法不知，名一切智。審定名智，一體具二，不具非一切智也。非一切智，云何名定者。若不餘緣，不知一切，非直失一切，亦復失知下，以行爲異耳。定慧亦如是者，亦以非定破慧，非慧破定也。

法雲《妙法蓮華經義記》卷六 從於一切法以智方便以下是第二，追述成第一，正領解如來開三顯一之義。就此第二段中有三者。第一從一切法，以智方便竟示諸衆生，一切智慧將欲述成。先出已上所領之法，即是權實二智開三顯一之義也。第二從譬如三千大千世界以下訖是故不即爲説一切智慧以來將明今日得解。先遵四大聲聞昔日不解三一之義，執三乘定別迷同歸之理。如草木稟乎天澤增長，各不自知得潤增長差別之相。此即明昔日不解成今日得解之相。第三從汝等迦葉甚爲希有下竟長行，正述成已今日得解開三顯一義也。就此三段之中各有二。第一出所領之法中有二者。第一雙開兩章門，第二雙廣兩章門。兩章門者，於一切法以智方便而演説之，此是權智章門。其所説法皆悉到於一切智地，此是實智章門也。今釋權智章門義。於一切法者是佛果佛智，知一切法即是一切種智，萬善是一切智，家因以智方便而演説之者。此明如來於一切智家因法上，以善巧智持作三乘之法，故言以智方便而演説之也。其所説法皆悉到於一切智地者，此是釋實智章門。其所説者其權智昔所説萬善之法也。此萬善理中能感得一切智，故言皆悉到於一切智地也。

慧思《諸法無諍三昧法門》卷上 復次分別説有十一智。何者是耶。法智，世智，他心智，宿命智，苦智，集智，滅智，道智，盡智，無生智，如實智。復次盡智、無生智，分別則有十八種智。盡智有九，無生智有九，是名十八智，亦得名爲十八心。三乘聖人共在四禪諸智慧中。問如實道如實智者，於一切法總相別相，如實能知故，名如實智。是諸智慧，即是一切智，亦名無智。

慧遠《大乘義章》卷一九 三智之義出地持論。故彼文言，有三種智名爲菩提，名字是何。一、清淨智，二、一切智，三、無礙智。清淨智者，是佛如來第一義智。觀第一義，斷離五住性結煩惱，離障無染名清淨智。其一切智及無礙智，是佛如來世諦智也。於世諦中，了知四種一切法相，名一切智。何等爲四。謂一切時，一切界，一切事，及一切種，是其四也。一切時者，過去未來三世時也。於此三世，窮邊無餘，名一切智。一切界者，所謂世界及衆生界。於此二界，窮知無餘，名一切智。一切事者，所謂有爲及無爲事，色法心法非色心法，是其有爲。義如上解。虛空數滅及非數滅，是其無爲。亦如上釋。於此二事，知之窮盡名一切智。一切種者，所謂因果。有爲法中，有因有果，善惡是因，苦樂是果。無爲法中，有因有果，聖道是因，涅槃是果。於此因果種別法中，了知窮極，名一切智。餘經論中，第一義智名一切智，世諦之智，名一切種。今此宜説第一義智爲清淨智，世諦之智名一切智，名之左右皆得無傷。無礙智者，於前四種一切法中，發心即知，不假方便，不同餘人思量乃知，名無礙智。辨相如是。

次第二門，約對餘智，共相收攝。於中有四。第一約對三種般若，共相收攝。第二約對大品三智，共相收攝。第三約對涅槃三智，共相收攝。第四約四無礙慧，共相收攝。初門約對三種般若。共相攝者，三種般若，如龍樹説，一觀照般若。證空實慧，通則了達二諦之智，斯皆是也。二文字般若，謂般若經，此非般若，能詮般若，能生般若，故名般若。三實相提起禪波羅蜜。一切智者佛慧莊嚴，波若亦慧親能生彼，是故宣說以一切智起於波若。亦可菩提是佛止行，依禪、息妄證入其中，故爲菩提起於禪定。一切智者是佛觀行依慧照明滿是彼德，是故爲得一切種智起於波若。

慧远《維摩義記》卷四 布施迴向一切智，二反舉二相。諸佛果德名一切智，用已施行迴求彼德，名爲迴向一切智矣。

智顗《維摩經玄疏》卷二 一明折法觀開三藏教三乘義者。三藏教明三乘行人同折因緣，假以入空。若聲聞總相折法入空，發眞無漏成一切智，名聲聞乘。若辟支佛別相折法入空，發眞無漏成一切智，名辟支佛乘。若菩薩總相別相折法入空，而不斷結取證，多入俗假，修行六度，求一切智、佛智、自然智、無師智，即是三藏教之大乘也。二明體法觀開通教三乘者。三乘之人同體因緣，假以入空。若發眞無漏，斷見思惑，小乘根鈍，但除正使成一切智，名聲聞乘。緣覺中根，侵除習氣成一切智，名辟支佛乘。菩薩得一切智，入假修道種智，敎化衆生求一切種智，即是通教之大乘也。三明總約折體別相三觀，成別教大乘者。若是別教菩薩觀因緣修別相三觀，次第成一切智、道種智。乃至修中道觀見佛性，成一切種智，求常住涅槃，即是別教大乘義也。

智顗《妙法蓮華經玄義》卷三下 夫三智照十法界，束十爲三。謂有漏無漏，非有漏非無漏。三法相入分別有五。初謂非漏非無漏入無漏，對漏無漏爲三法。二謂一切法入無漏，對漏無漏爲三法。三謂漏無漏非漏非無漏爲三法。四謂一切法趣非漏非無漏，對漏無漏爲三法。五謂一切法趣漏趣無漏趣非漏非無漏，爲三法。更說五境竟。

對此五境明五三智者。謂一切智，道種智，一切種智。三智相入，五種不同。一中智入空智對道智爲三，次如來藏智入空智對道智爲三，次中智對兩爲三智，次如來藏智入中智對兩智爲三智。次圓三智，是爲五差。中智入空智分別爲三智者，初依無漏發一切智，次依有漏發道種智，後深觀無漏之空。知空亦空，發一切種智。然初心不知空空，次雖得空亦不空空。後能深觀於空空，於前空但二空。名同、二境亦合，故言相入。今若分別以無漏空爲一切智，有漏空爲道種智，中道空爲一切種智，世人採經論意云：六地斷惑與羅漢齊，七地修方便道，八地道觀雙流，破無明成佛。即此意也。

般若。謂眞諦空，通則二諦法相皆是，簡情取法，故云實相。此非般若，是般若境能生般若，故名般若。前三種智，入此三種般若之中，是其第一觀照所攝，非餘二種，彼非智故。次對大品三種之智，共相收攝。言三智者，一一切智。謂諸聲聞緣覺之人，了知一切陰界入等，名一切智。二道種智。謂諸菩薩了知種別化衆生道，名道種智。三、薩般若智。此翻名爲一切種智。諸佛如來，覺知一切二諦諸法，名薩婆若。向前三智，入此二中，薩婆若攝，非餘二種，彼二在因不在果故。次約涅槃三種之智，共相收攝。言三智者，一名波若，此翻名慧。二毘婆舍那，此翻名觀。三者闍那，此翻名智。彼經具以兩門分別。一約人分別。其般若者，一切衆生。一切衆生同有慧數，故名波若。毘婆舍那聲聞緣覺，彼觀四諦十二緣等故，就二乘說毘婆舍。其闍那者，諸佛菩薩彼能了達一切法界，故名闍那。若據此門，向前三智入此三中。闍那所攝，非餘二種，波若毘婆不在佛故。二約法分別。其波若者是別相，觀了知世諦。毘婆舍那是總相，觀知第一義。其闍那者，是彼相觀，觀察一實，破離二諦有無相故。若據此門，向前三智與此三種共相收攝。此毘婆舍及與闍那，是前三中清淨智攝，同能觀理離染障故。前一切智及無礙智，是此三中波若所攝，以能了知別相法故。次約四辨共相收攝。法義辭樂，是四辨也。義如上釋。此之四辨，在佛之者，與前三智共相收攝。在因則非。就彼果中，即名以求四無礙慧，是前三中無礙智攝，隨義細獲。四無礙智有其多種。如地經說，若就世諦明四無礙，此四無礙是一切智無礙智攝，以其同知世諦法故。若就眞諦法性之理名法無礙，則法無礙，是前三中清淨智攝。餘之三種，是一切智無礙智收。若說了知第一義諦爲義無礙，則義無礙，是清淨智。餘之三種，是一切智無礙智攝。三智如是。

慧远《涅槃義記》卷九 一切衆生皆有慧數亦有捨數，云何方言修集慧捨。約對境界執別難通，三行各異異相如何。前難定中心住一境名爲三昧，餘緣則非。就難慧中知一切法名一切智，知一則非。難相云何。若知一切名一切智，知一應非。知一若非，所依之定不名三昧。

慧远《維摩義記》卷二 經中復言以菩提相起禪波羅蜜，以一切智起般若波羅蜜。故知後二偏爲菩提，何故如是。禪定能生諸佛廣德，波若正是一切智因生果親強，故偏爲之。菩提是佛福德莊嚴，禪能出生故，爲菩如來藏智入空智分別三智者。依漏、無漏，發一切智、道種智。不異前而後不因別境，更脩中智。但深觀空能見不空，不空即如來藏。藏與空合，故言相入。以深觀空見不空故，發一切種智。前中道智但顯別理，理之與智不具諸法。藏理藏智具一切法，故異於前。以藏智對兩智爲三智也。大經云：聲聞之人，但見於不見不空，智者見空及與不空。大品云：一切智是聲聞智，道種智是菩薩智，一切種智是佛智。即此意也。

中智對兩成三智者，各緣一境各發一智，次第深淺不相濫入。故地持云：種性菩薩發心欲除二障，有佛無佛決定能次第斷諸煩惱。即此意也。如來藏智入中智爲三智者，兩智不異前。一切種智小異何者，前明中境直中理而已。欲顯此理應修萬行，顯理之智故名一切種智耳。今如來藏理含一切法，非直顯理之智，名一切種智。與前爲異用此智對前爲三智也。故地論師云：緣修顯眞修，眞修發時不須緣修。前兩智即是緣修，後智發時即是眞修，眞修具一切法不須餘也。即是此義（云云）。

圓三智者，有漏即是因緣生法，即空即假即中。無漏亦即假即中，非漏非無漏亦即空即假。一法即三法，三法即一法。一智即三智，三智即一智。智即是境，境即是智，融通無礙。如此三智豈同於前。釋論云：三智一心中得，無前無後，爲向人說令易解故，作三智名說耳。即是此意（云云）。

若欲顯智要須觀成，汎論觀智俱通因果，別則觀因智果。例如佛性通於因果，別則因名佛性，果名涅槃。今就別義以觀爲因，成於智果。如瓔珞云：從假入空名二諦觀，從空入假名平等觀。二觀爲方便道，得入中道第一義諦觀。今用從假入空觀爲因，得成於果，名一切智。用從空入假觀爲因，得成道種智果。用中觀爲因，得成一切種智果也。上明於智略有五種，今以觀成亦應五種，細作可知。修觀義如止觀（云云）。

言麤妙者，藏通兩佛雖有一切種智之名，更無別理不破別惑，此智不成故不用也。中入空智者，雖說中道因於通門而成兩智，後照中道無廣大用。因於拙教果又不融，是故爲麤。次如來藏入空智者，教果理雖融，因是通門亦名爲麤。中對二智者，雖不因通而三智別異，果教未融是故爲麤。如來藏入中者，在果雖融因是別門，此因亦麤。圓三智者，因圓果圓，因妙果妙，諦妙智妙，正直捨方便，但說無上道，是故爲妙智也。若歷五味教者。乳教有三種三智，酪教一種三智，生酥具五種三智，熟酥亦具五種三智，麤妙可知。法華但一種三智，此是法華破意即相待妙也。開麤明妙者。世智無道法，尙以邪相入正相，治生產業皆與實相不相違背，低頭舉手開麤顯妙，悉成佛道，何況三乘出世之智。故大經云：聲聞緣覺亦實亦虛。斷煩惱故名之爲實，非常住故名之爲虛。凡夫未斷煩惱無實唯虛，尙開麤入妙即是大乘，何況二乘之智。二乘之智根敗心死，尙得還生。何況道種之智。如此開時一切都妙，無非實相。七寶大車其數無量，此是法華會意，即絕待妙也。

五對一諦明智者，即是如實智也。釋論云：諸水入海同一鹹味。諸智入如實智，失本名字，故知如實智總攝一切智。純照一境故，總衆水俱成一鹹也。若待十智爲麤，如實智爲妙。若待諸實智，諸實智名麤，中道如實智名妙。若開麤顯妙者，非但諸實智爲妙。十智亦名妙（云云）。

無諦無說者。既言無諦亦復無智。若歷諸處明無諦者，餘方便無諦無智爲麤，中道無諦無智爲妙。若以杜口絕言無諦無智者，亦無麤無妙，無待無絕，歷一切法皆無麤無妙也。二展轉相照者，六番之智傳照前諸境。思議因緣下智中智，照六道十如性相等。下中二智觀十二因緣滅者，照二乘十如性相等。上智照菩薩性相本末等，上上智照佛法界性相本末等。

四種四諦智照十法界者。生滅無生等苦集智，照六道十如相性。生滅無生道滅智，即是照二乘十如相性。無量無作苦集智，照菩薩界性相等。無量無作道滅智，照佛法界相性本末等。四種四諦智照四十二因緣者。生滅無生苦集智，照思議兩十二因緣也。生滅無生滅兩道滅智，是照兩思議十二因緣滅也。無量無作兩苦集智，照不思議兩十二因緣也。無量無作道滅智，照不思議兩十二因緣滅也。

七種二智照十法界者。生滅無生滅兩權智，及入通等二合四權智，照六道性相。生滅無生滅兩實智，照二乘性相等。別權圓入別權有邊，是照六道性相。無邊是照二乘性相，圓權則通照九界性相。別入通實空邊，是二乘性相。不空邊是菩薩性相。圓入通實空邊，是二乘性相。不空邊是照佛界相性。別實是照菩薩性相，圓入別實圓實俱照佛法界相性也。

七種二智照四種因緣者。前四權是照思議兩十二緣。別權圓入別權有邊，是照兩思議十二緣。無邊是照兩十二緣滅。圓權則通（云云）。別入通實空邊，是照思議十二緣滅。不空邊是照不思議十二緣，圓入通實空邊同上不空邊是照不思議十二緣滅，別實照不思議兩十二緣滅，圓實照兩不思議十二緣滅等。前四種權智，是照生滅無生滅兩苦集，又三權智照無量無作苦集，二實智是照思議兩道滅，又五實智是照不思議兩道滅。

五種三智照十法界者。五種道種智，照六道性相本末等。五種一切智，照二乘菩薩性相本末等。五種一切種智，照佛法界十如相性等。又五種三智照四種十二因緣者。五種有智，照思議兩十二緣。五種一切智，照兩思議十二緣滅，又是照不思議十二緣。五一切種智，是照兩不思議十二緣滅。五種三智，照四種四諦者。五道種智，照生滅無生兩苦集。五種一切智，照生滅無生兩道滅，亦是照無量無作兩苦集。五種一切種智，是照無量無作兩道滅。五種三智照七種二諦者。五道種智，是照四種俗諦。五種一切智，是照兩種眞諦，亦是照別圓入別圓三種俗諦。五種一切種智，是照五種眞諦。一如實智，是照佛界十如性相，又是照不思議十二因緣，又是照無作四諦，又是照五種眞諦，又是照五種中道第一義諦。

無諦無説與十相性如合，與不思議十二緣滅合，與四種不生不生合，與眞諦無言説合，與中道非生死非涅槃合。如此等諸智傳傳照諦，諦若融智即融，智諦融名之爲妙，如此等皆是方便説言稱妙不妙。見理之時，無復權實，非權非實。亦無妙與不妙，是故稱妙也。七種二諦五種三諦，更相間入。餘諸境亦有此意。七種二智五種三智，既相間入者。餘諸智亦有此意。例自可作（云云）。

智顗《觀音玄義》卷二　論境即有二意，今對境明觀亦爲二意。一次第三觀，二一心三觀。次第者，如瓔珞云，從假入空名二諦觀，從空入假名平等觀，二觀爲方便得入中道第一義諦觀。此之三觀，即是大品所明三智。一、一切智。知一切內法內名一切能知能解，一切外法外名能知能解，但不能用以一切道起一切種，故名一切智。二、道種智。能知一切道種差別則分別假名無謬，故名道種智。三、一切種智。能於一種智知一切道知一切種，一相寂滅相種種行類能知能解，名一切種智。通而爲論，觀智是其異名。別而往目，因時名觀，果時名智。此三觀智即是大經四種十二因緣觀。下、中、上、上上。涅槃通取析法明於四觀，大品瓔珞直就摩訶衍但明三觀三智。今若開二經合涅槃者，應開衍法從假入空觀生滅一切智也。若合涅槃就二經，合下中二觀同是一切智也。若將三經若開若合對五眼者，天眼、肉眼照麁細事皆是世智，悉爲諸觀境本。若三觀三智，從此即入體法一切智，若四觀四智，此即入析法一切智，故肉眼、天眼爲本。若入一切智對慧眼，道種智對法眼，一切種智對佛眼。中論偈因緣所生法一句爲觀智之本，三句對三智。若將三觀智對四教，即須開之如前。若將涅槃四觀對四教，下智是生滅一切智對三藏教也，中智是體法一切智對通教也，上智即道種智對別教，上上智即一切種智對圓教，所以應明三觀。那忽對四教者何。若無教即無觀，稟教修觀得成於智，所以明教也。教必有主，有主即佛也。或可一佛説四教，或可示四相明四佛。四教既有四主，即應有四補處，即是四種菩薩輔佛弘此四教也。

智顗《仁王護國般若經疏》卷一　夫般若者，自有二種，一實二權。權即可翻，實則不可。實則圓教，權則前三。又權不可翻，即三藏實色不可令色即是空。實即可翻，即三智也。通教一切智，別教道種智，圓教一切種智。

智顗《仁王護國般若經疏》卷四　只以一念無明心變爲明，微明即菩薩，大明即佛也。盡相無相爲薩婆若者，此解脱道，前金剛下定。但盡色心麁細之相，不得名一切智。今佛地非但盡相亦盡無相，故得名一切智。可謂緣觀雙冥境智俱寂也。超度世諦下。第三約諦辨異。三賢多住世諦，十地多住眞諦。眞諦即無，世諦即有。超世諦故非有，超眞諦故非無。非有非無即薩云若。問，薩婆若薩云若有何差別。答有二説。一云同，二云異。同者彼此無殊，異者薩婆若是一切智，薩云若一切種智。今謂，説五忍文寂滅忍中既唯分二品，不應更有薩婆若薩。云若之別，復説即有密明等覺之義，即於寂滅忍中有上中下，下即十地，中一切智，上一切種智。

智顗《仁王護國般若經疏》卷五　空者，即般若智慧也。由此智慧能得神通變化，一切衆生不知請佛開發也。大牟尼言下，二如來答，答意但以菩薩上求下化爲言，解説方得此道。開空甚多，略説三種。若色即是空，開一切智。空即是色，開道種智。色空不二，開一切種智。色若不空，則見思惑。空若不色，即無知惑。不得中道，則無明惑。三皆是門，如是三觀即三智開。大略如是也。

智顗《妙法蓮華經文句》卷一〇下　佛之智慧者，一切智也。如來智慧者，道種智也。自然智慧者，一切種智也。

智顗《摩訶止觀》卷一〇上　三外六師雖同發一切智，或有見一切智，或無見一切智。如是等種種一切智所計處別，故見智則異，各據爲是，餘人則非。法華云：野干前死。此明利使發時鈍使則沒，故言前死。又云：諸大惡獸競來食噉。即是所執一見能噉諸見。論力云：一切諸師皆有究竟道鹿頭第一。當知一切智各各不同也。乃至三藏四門一切智，大乘四門一切智，各執所見，互相呑噉。彼彼不同，可以意得。

吉藏《金剛般若疏》卷一　大品云，道慧、道種慧，一切智、一切種智，此則智慧名通空有也。又，因名慧，果秤智。如因名道慧、道種慧，果秤一切智、一切種智。又智名通因果，如三智義，聲聞一切智，菩薩道種智，佛一切種智。又慧名通因果。法華云，諸佛平等大慧也。成論文合解智慧兩字云，眞慧名智。又云，慧名智人。又云，慧義經中說解脱智是慧義，故智猶慧也。又大智論亦有二文。般若者，秦言慧也。又云，秦言智慧也。

吉藏《法華玄論》卷五　又知謂一切智即如來總相智也，見謂一切種智謂別相智。此之二智攝佛智盡，故略明知見。又知即是盡智。二種生死、五住煩惱皆悉清淨，故名爲盡智。見者即是無生智。因果患累畢竟不生，故名見也。二乘之人亦無此二智，今始得開也。

吉藏《法華玄論》卷六　佛爲一切種智，菩薩爲道種智，故佛菩薩開二智也。合小者二乘人總名一切智也。

吉藏《法華義疏》卷三　或開二智照空爲一切智，鑒有爲一切種智。此從所照二諦爲名，以法莫離於眞俗，故智唯開於二也。或開三智，如此經囑累品說：佛智、如來智、自然智。佛智，一切種智也。如來智，即一切智也。

吉藏《法華義疏》卷三　今依此經則是四智。一者一切智，二一切種智，三自然智，四無師智。言一切智者，知六道衆生本來寂滅，一切衆生本來是佛也。言一切種智者，雖知本來寂滅，於衆生常不寂滅，故於道未始二，於緣未始一。於道未始二，故六道常法身。於緣未始一，故法身常六道。六道常法身，名爲一切智。法身常六道，名爲一切種智。任運知此二法，名爲自然智。此三不從師得，稱無師智。此之四智爲三世諸佛心，一切衆生宜應恒以此四爲觀行，則是初心佛也。

吉藏《法華義疏》卷六　求一切智謂空智也。佛智者一切種智，謂有智也。一切智或時通於二乘，如波若三慧品說。二乘名一切智。若是一切種智但在於佛，故以佛名標一切種智也。自然智者，總明二種智任運能知空有二境，即是無功用智也。無師智者，前之三智並不從師得，故云無師智。

吉藏《法華義疏》卷八　一切智知有法也。略知四法，一者，知一切時，謂三世也。二，知一切界，謂世界及衆生界。三，知一切事，謂有爲無爲事也。四，知一切種，謂世出世因果種別也。

吉藏《勝鬘寶窟》卷上　歎於空慧，攝持一切法。歎於有慧，即權實二智。亦是一切智，一切種智也。有人言，知一切爾炎，此歎一切智也。爾炎謂智母，以能生智故，又亦名爲智境。則五明等法，能生智解，故智母。爲智所照，名智境也。智慧身自在者，歎無礙智也。於諸法中，不假方便，任運能知，故云自在也。攝持一切法，歎清淨智也。如實法性，謂一切法也。明證在心，故曰攝持。此三智出地持文。法華囑累品亦明三智，謂如來智、佛智、自然智，即是地持三也。一切智，謂知世諦諸法，以無礙智，於世諦法知之自在也。三清淨智，證第一義。又即是法華經三智，謂佛智、自然智、如來智。

吉藏《淨名玄論》卷四　論云，因名波若，果變名薩波若，薩波若名一切智。則知波若名之爲慧，慧名既劣，宜在因中。智則決了，故居果地。又佛照空有皆盡，加以一切菩薩未究，但名慧也。不得云因中名智，果名一切智。亦不得云因名智慧，果名一切智。但應言因名爲慧，果名爲智。則於因果，優劣義彰，凡聖異者。【略】

問：若至果變名二智，則因中同名二慧，何故前云般若稱慧，方便不名慧耶。答：因果立名，各有其義。果門照一切空境，名一切智。照一切有境，名一切種智。但從境立名，故宜並稱智。因門實慧從境，方便約用，故不得並名慧也。

問。若爾，何故菩薩道慧、道種慧皆名慧耶。答：因中之慧，自有多門，立名各異。道慧、道種慧，亦是從境立名，故宜並稱慧也。問：若爾，但應言道慧、道種慧，至果變名一切智、一切種智，云何言般若方便變名二智。答：論云，因中名般若。既反名薩婆若，因中方便理巧，變名一切種智，二慧變名二智。故不待言。

問：論云，波若變爲薩波若，何處云方便變名一切種智。答：般若名慧，是照境之名。果地一切智，亦從照境爲稱。二名相主，故云因名般若，果名一切智，方便就用爲目。一切種智從境立名，兩義不同，故經論不云方便變爲一切種智。然方便雖不從境立名，而體實照有，故得變爲種智。雖復文理，權應爾。又因中名權實二慧，果名權實兩智，亦得即是其文。

吉藏《淨名玄論》卷五　次攝二智者，則一切智、一切種智。但此二智，凡有六門。一以空有分二，一切智爲空智，一切種智爲有智。此則權實攝也。次總別分二，總相知爲一切智，別相知爲一切種智。但總別有三門。一以苦無常爲總相，陰界入爲別相。二以無生滅爲總相，知諸法差別爲別相。三以苦諦爲總相，分別苦有無量相爲別相。三義中，初義、第二義猶是空有，第三義屬後廣略也。三者略説爲一切智，廣説爲一切種智。猶是向苦諦總別義耳。四者因爲一切智，果爲一切種智。問：二智俱是果門。云何分因果耶。答：例如菩提涅槃爲果及果果，涅槃既是果果，則菩提亦得爲因。此義論因果，今亦然矣。五者小乘名一切智，大乘名一切種智。此明小乘總相智十二入苦空無常，名一切智。大乘別智一切法，名一切種智。六者一切種智爲空智，一切智爲有智。以種種性則實相理爲諸法根本相名爲一切智，知一切法爲有智也。雖有六門，不離空有，攝入二智中也。

次攝三智門者。三智義門，涅槃云：一者般若。一切眾生之慧，所謂下智也。二毘婆舍那。謂二乘智，則中智也。三闍那。佛菩薩智，謂上智也。又云：般若別相智，別知諸法。毘婆舍那總相智，總知諸法。闍那爲破相，破明者。般若知有，毘婆舍那照空。闍那捨於空有，則中道智也。又如般若三慧品説，二乘爲一切智，菩薩道種智，佛一切種智。二乘名爲一切智者，十二入攝一切法，二乘知十二苦空無常，名一切智。論云，此但有一切智名，而無一切智用。猶如盡燈，但有燈名，而無燈用。問：云何無。答：佛具知一切法別相，然後能知一切總相。二乘但總相知，不能二別相知。如涅槃云，二乘但知於苦，不能分別是苦有無量相。我於彼經竟不説之，故二乘不能別知。故但有一切智名，而無一切智用也。菩薩名道種慧者，菩薩知四種道。人天乘爲福樂道，及三乘道。知佛道，自度度他。餘三但度他也。佛名一切種智者，此一切種智，異前一切種智。前一切種智，但知有法，今合空有，名一切種智。經云，知一切相故一切種智。又云，知一切法行類相，自名一切種智也。此三智中，二皆具照空有，皆有權實二智也。次地持論有三智。一清淨智，斷五住惑盡，故云清淨，則第一義空智也。二一切智，則有智也。三無礙智，無功用智。知一切法無復功用，故名無礙。初是實智，後二爲權智。次攝大乘論有三智。一加行智，則進求上地心。二正體智，證如之智，謂實智也。三後得智，則寂而動，謂權智也。此三智則爲次第，前有進求之智，次正得實觀，後從實起用。

吉藏《維摩經義疏》卷四　大乘中，唯以一念則確然大悟，具一切智也。夫有心則有封，有封則有疆。封疆既形，則其智有崖。其智有崖，則所照不普。至人無心，無心則無封，無封則無疆。封疆既無形，則其智無崖。其智無崖，則所照無際。故能以一念、一時畢知一切法也。一切智，雖因行標，蓋亦萬行之一耳。

吉藏《法華論疏》卷二　言智慧者，謂一切種、一切智義故。謂一切種、一切智智義故者，一切種謂一切種智也。智度論云：智慧門名爲種，種謂種別，以智慧門種別不同，故名爲種。一切智智義故者，一釋云：一切智人之智故重安智。又釋：一切智所知，故名智智。

澄觀《華嚴經隨疏演義鈔》卷一五　一切智即佛智。十地即佛智中十德，如海十德。以十地之法，後後深於前前。故云漸備。故地影像中，明十地行相次第現前，能趣入一切智。智即漸備義。又如阿耨達池流出四河，復更增長乃至入海。又如寶珠十德後後過前，皆漸備義。

澄觀《華嚴經隨疏演義鈔》卷二〇　疏以開攝示等者，此有二釋。前即嘉祥意，四句雖殊，不出能所。開示約能化，悟入約所化。【略】

彼論先釋如來知見云，佛知見者，如來能證如實知彼義故。疏意云，如實即法性所證也，知彼義即能證大智也，能所知見皆名知見。正同今經開示正覺境界。正覺即能證，境界即所證。今疏但出開等四句，開者無上義，此即標名也。謂除一切智智更無餘事者。釋所開即一切智智，一切是根本智。重言智者，是後得智。根本名知，後得名見。除此二事更無有餘，能勝過此故名無上。即雙開菩提涅槃者，釋所開一切智智也。【略】

無量智者，即果中一切智智體用。而言業者，是彼因也，所以要舉初地已上爲因者。登地證如爲涅槃因，能證地智爲菩提因。故《十地論》釋經究竟如虚空盡未來際云。即因善決定，究竟如虚空，即菩提因。如依空生色，色不盡故。盡未來際爲涅槃因，常果無窮故。二果即智性相也。又開者即般若。故論云除一切智智更無餘事。

澄觀《華嚴經隨疏演義鈔》卷五四 疏後一望上顯同下。明第三盡此句顯意標名，言滿種智者，釋一切智智字。此有二意。一上一切智是根本智。重言智者，是後得智。此二無礙，名一切種智。二依論經意，上一切智是佛，下智字是佛智慧。故論云，得一切智人智滿足，故二義皆是種智。

澄觀《華嚴經隨疏演義鈔》卷六四 疏今初三中下，且釋能觀三悲。疏文有三：初正釋文，二彰次第，三義門料揀。初中以雖同一切智觀下釋論正釋勝字。若無大悲，即同二乘，今有故勝。然一切智觀者，即大品經以聲聞名一切智、菩薩名道種智、如來爲一切種智，此則横對大小因果。分此三別不同，謂佛爲一切智觀三世流轉者，將下經意，釋論不捨過去現在未來之言，其厭離有爲即下論。觀名依大悲爲首，立此觀故，而以大悲下，正釋勝義。

澄觀《大方廣佛華嚴經疏》卷一八 云求一切智，今偈略顯一切智相。此二十二頌，一頌一智。或有闕智了等言者，蓋文略耳。今以類例相從，攝爲十智。初一俗諦智，次一眞諦智，三一偈神通智，四五頌解脱智。五過去下，一頌劫刹智。六一頌三乘智。七有七頌三密智，謂二頌身密，三頌語密，二頌意密。八一頌唯心智。九過去下，三頌，一多無礙智。十有一頌，權實雙行智。

澄觀《大方廣佛華嚴經疏》卷二四 無畏有四。一、一切智無畏，二、漏盡無畏，三者障道，四出苦道。此之四段各有難答。初，外難云：若佛是一切智者，有諸比丘從他方來，何須問言安樂住不。言一切智無所不知，今問於他一何相反。佛自唱言，我是一切智人，但爲攝受來者，隨順世間師弟人事故。

澄觀《大方廣佛華嚴經疏》卷五七 一切智者同佛智故，二善財言下徵釋其體。一念普照故，三善財白言下辨其業用。先問後答。答中二。先明通用，後明智用。前中亦二。先辨用所依，謂由一切智能入王三昧故。王三昧者，智論第八云，一切三昧皆入中故，體即如如。如體本寂眞智契此，故名三昧。以一切智言，有其二義。一遍知三世一切事故，二對於種智名根本智。知一切事皆一實故，以即權之實智。契即事之實理故，一切三昧皆入其中。又由王三昧體無不遍故，意生身隨類能成。

窺基《大般若波羅蜜多經般若理趣分述讃》卷二 觀空性智名一切智。即正體智觀有智中分之爲二，一觀無漏道，一觀所餘法相。相者，相狀差別之相，即後得智。智觀無漏道，此名道相智。觀所餘法，名一切相智。一切種智分爲二故。

窺基《大般若波羅蜜多經般若理趣分述讃》卷三 經曰：所以者何。一切有情眞調伏性即是無上正等菩提，亦是般若波羅蜜多，亦是諸佛一切智智。讃曰：自下第二釋其所由，以有情本調伏性，實相即是法身無上正等菩提。此説實相本性菩提，亦是能觀觀照般若法性法相體不異故，如刀之利體無別故。由此故知忿之本性亦是諸佛一切智智。此有多解，眞智俗智各得一名。第二解云，一切智者，佛也。又言，智者，佛所成智。此本性般若即佛之智。以忿即眞如亦即佛之智，故煩惱性即是覺分。更無異故。又復覺知是煩惱故永不起之。法性本同用不異故。又調伏性即是實相，菩提亦是實相，般若亦是諸佛智之本性，本性名智智之本故。四名雖有別體一故相即，智及智處皆名般若，義意同故。

窺基《妙法蓮華經玄贊》卷一 一切智者，能自開智，如睡夢覺智。觀於空智、理智、眞智、無分別智，如所有也。總相而言，斷煩惱障得。一切種智者，覺有情智，如蓮花開智。觀於有智、事智、俗智、後所得智，盡所有也。總相而言，斷所知障得。

窺基《妙法蓮華經玄贊》卷三 論説智慧者謂一切種，一切智智義故。一切智人之智，名一切智智。體通性相名一切種，即佛果位涅槃、菩提。或一切智者無分別智，重言智者是後得智。義者境也，即一切智智之境，故名一切智智義。何謂彼境，謂一切種。一切種者，謂若空若有，有爲無爲，有漏無漏，若教若理，名一切種。種謂種類，法體種類衆多非一。攝一切盡，名一切種。謂此一切種是一切智智之境，即此一切種境名爲所詮之智慧也。

窺基《**妙法蓮華經玄贊**》**卷三**　本論云，何者爲四。一開者無上義，除一切智更無餘事故。一切智者，佛也。又言智者，根本後得智。此二是用，此二智性即是眞如，若用若性合名爲智。一切智人之智，名一切智智。又，一切智者根本智，重言智者後得智。舉此二智攝於智性眞如妙理。又一切智者，智用菩提。又言智者，智性涅槃。二種如來藏，今顯此二悉皆無上。

窺基《**妙法蓮華經玄贊**》**卷五**　一切智者，觀空智也，三乘同有。佛智者，觀有事智，唯佛獨成。由自覺生此二智，故名自然智。不待他緣，名無師智。或智性名自然智，智相名無師智。

窺基《**說無垢稱經贊**》**卷四**　一切智者，無分別智，能達眞如。種智者，後得智，能了俗事。一念雙行，能了理事，非如二乘相續方知，二合爲名，名一切智智。

法藏《**華嚴經探玄記**》**卷五**　一是心過。準下應云，欲以慈悲心充滿十方界，翻前十僧祇界等。二行過。謂欲度一切衆生，翻前限局，故云一切也。三知器相成壞過。是知所化處，謂知成壞差別，又知成即壞等。是佛一切智，是故廣也。四知器中衆生報類垢淨皆由業異，即是業力智也。五知前器體本淨，是如理智也。六知所化生使習麁細，是流盡智。謂知彼即空，亦即成障等也。七是生死智通，即天眼力也。八根力智。九他心智。十是三達智，亦有宿命智。十一亦如理智。又此十一中，初、二是大悲，餘九是大智。智中第五及十一是佛地一切智，餘是一切種智。

法藏《**華嚴經探玄記**》**卷一四**　初覺相者，是佛起說住持德也。二差別相者，是佛隨機現差別德。三說相者，依前差別爲衆生說。四彼無量相者，隨物心樂異異說也。下重分別中。佛語者能說故。力是神力破憍慢衆生故，無畏降邪，不共異小。悲能常說，智爲說依，轉法則是隨順正說。此上皆是一切智攝。

圓測《**仁王經疏**》**卷上本**　然此中十智，諸教不同。薩婆多宗，以十種智攝一切智。故《俱舍論》二十六云，智有十種，攝一切智。一世俗智，二法智，三類智，四苦智，五集智。六滅智，七道智，八他心智，九盡智，十無生智。如是十種智，總有二種，有漏、無漏，性差別故。如是二智，相別有三，謂世俗智、法智、類智。前有漏智，總名世俗。多取瓶等，世俗境故。後無漏智，分法類別。三中世俗，遍以一切有爲無爲，爲所緣境。法類二種，如其次第。以欲上界四諦爲境。法智類智，由境差別，分爲苦集滅道四智。能緣他心等爲境界故，名他心智。若正自知我已知苦，我已斷集，我已證滅，我已修道，由此所有智見明覺解慧光觀，是名盡智。我已知苦，不應更知，廣說乃至我已修道，不應更修，由此所有廣說乃至是名無生智。如何無漏智，可作如是知。迦濕彌羅諸論師說，從二智出，後得智中，作如是知，故無有失，由此後得二智別故表前觀中二智差別。有說無漏智亦作如是知。依經部宗，成實論十智品云，知現世法，是名法智。知過未法，名曰比智。餘智大同。今依大乘者，依此經約位差別。且說三種，一在無學，具足十智。二在脩位，唯有八智，除盡無生。若在見道，唯有六智。謂四諦智，及法類智。此約現起，若通成就，亦得世俗。三類智邊，世俗智故，有處說十，如顯揚論，意同俱舍。或說十一，如智度論，加如實智，謂能如實知諸法故。或說十三，如集論等。然今此中說十智義，故依顯揚，說十智相。故顯揚第二云，論曰，智者謂十種智，廣說如經。一法智，謂於內共了現見所知諸義境界無漏之智。二種類智，謂於不共了不現前所知義無漏之智。三他心智，謂脩所生脩果，能知他心及心法智，及諸如來知諸衆生，隨其意解，隨其隨眠，教授教誡轉起妙智。四世俗智，謂世間慧由依此故，如來爲諸衆生，隨其意解，隨其隨眠，演說妙法。五苦智，謂於有漏諸行之中，無常苦空，離我思惟若智若見，明瞭覺悟，慧觀察性。六集智，謂於有漏諸行因中，因集生緣思惟若智若見，餘如前說。七滅智，謂於有漏諸行滅中，滅靜妙離思惟若智若見，餘如前說。八道智，謂於能斷有漏諸行無漏道中，道如行出思惟若智若見，餘如前說。九盡智，謂苦已知，集已斷，滅已脩，或緣盡境，或復爲盡，若智若見，餘如前說。十無生智，謂苦已知，不復當知。集已斷，不復當斷。滅已證，不復當證。道已脩，不復當脩。或緣無生境，或爲無生，若智若見。餘如前說。依此十智，分別經中十智等義，亦同前說。廣辨十智，義如別章。

圓測《**仁王經疏**》**卷中本**　釋曰，第三約諦辨異。三賢多住世諦，十地多住眞諦。度三賢故，超世諦。度十地故，超第一義諦。超世諦故非有，超第一義諦故非無。故爲第十一地。薩云若覺，自有兩説。一云。薩婆若名一切智。薩云若名一切種智。若依本記，皆翻一切智。言湛然清淨，常住不變，同眞際，等法性者。重釋薩云若，常住之相，諸説不同。一云，即準此文，如來常住無生無滅。一云，爲相續常，故説常住。具如三身章。

圓測《仁王經疏》卷下末　經：觀那由他諦（至）一切智人。釋曰：第二次第別釋，釋四無畏。即分爲四，此即第一一切智無畏，謂於二境無所不知。一觀那由他諦，謂二三諦及八諦等，其數甚多，名那由他。二觀内道論，即五明中内明論也。外道論者，因明論及聲明，藥方即是醫方，工巧究術，並是工巧明論。此四明論雖通内外，今依一相。且説外言，我是一切智人者，自唱德號。於四無畏，皆有二義。一執跡生疑，謂外疑難佛，問阿難從何所來，或問外聲是何聲等。若一切智，何謂發問。二自唱德號，我是一切智。隨順世間故。作此慰問。

良賁《仁王護國般若波羅蜜多經疏》卷中　經：體相平等名一切智智。解曰：體相平等者此有二種。一體平等，一切諸佛所證等故。二相平等，一切諸佛恆沙功德亦皆等也。名一切智智者，此有二智。一切智者即證如智，下言智者一切種智，後得智也。眞俗二智，諸佛皆等。此即觀照般若因果位故。從此第三文字般若，如本記云，有四無上，一説者無上，二信受無上，三所説無上，四智慧無上。且初第一説者無上。【略】

經：一切智智亦復皆空。解曰：一切智智者，謂佛所有本後二智。不唯文字及以所詮并菩薩空，乃至佛果諸相永寂亦復皆空。上來別解三般若中皆通因果，如文釋竟。大文第二總明般若，於中分三。一總標境智，二別釋境智，三總結皆如。且初第一總標境智。【略】

經：等覺菩薩得金剛定，二死因果空，一切智亦空。解曰：等覺菩薩者，於十地後等覺位也。得金剛定者，最後勝定也。二死因果空者，謂此菩薩由有所治分段變易二種生死微細障也。如何此位有分段耶。由煩惱種，是彼因故。又由無漏延分段蘊爲變易故。又本無明從本向末，是彼因故。一切智者，能斷智也。彼能所斷皆無自性，故云亦空。從此第三明果德空。

良賁《仁王護國般若波羅蜜多經疏》卷中　經：金剛喻定住下忍位，名爲菩薩，至於上忍名一切智。解曰：金剛喻定者，最後勝定。此定現前，能斷一切微細障種，名金剛定。此定初起菩薩之身，名爲下忍。後解脱位成一切智，名爲上忍。從此第二明等妙覺。

經：觀勝義諦斷無明相，是爲等覺，一相無相，平等無二，爲第十一一切智地。解曰：上言觀者，能觀正智。正智有二，等覺照寂，佛果寂照。是能觀智因果別故。勝義諦者，即是眞如。眞如體同明同證也。斷無明相者，此微細障第十一地也。此有二解。有説：無明體通二障，彼微細種此皆斷故。有説：無明根本不覺，智照本覺故名爲斷。下廣明也。是爲等覺者，結斷位也。一相無相者，明佛果也。如智體同，故云一相。智冥眞理，故云無相。平等無二者，佛佛道齊等無二也。爲第十一者，十地爲因，佛地爲果。超前十地，第十一也。一切智地者，佛地圓滿，此解脱道結果位也。從此第三，明佛三身。於中分三，且初第一明法性身。【略】

經：無緣大悲，常化衆生，乘一切智乘來化三界。解曰：無緣大悲者，悲有四種。一外道異生起，愛見悲。二聲聞獨覺緣欲苦生起，觀行悲。三菩薩利樂得同體悲。四諸佛世尊得無緣悲。常化衆生者，明應身也。謂諸如來居純淨土，爲住十地諸菩薩衆隨類現身，現大神通，轉正法輪。令彼受用大乘法樂，無有間斷，故云常化也。乘一切智乘來化三界者，明化身也。能乘者悲，所乘者智。謂從法界最清淨智流出智悲，演諸至教。此即事智乘理智生，以一切智爲所乘故。來化三界者，所化處也。虚空世界悉皆無邊故，舉所依明來化也。如法華云，我諸子等先因遊戲來入此宅，長者驚入即此來也，何故須化。如彼又云，我本立誓願，欲令一切衆如我等無異，如我昔所願今者已滿足，化一切衆生皆令入佛道，故現應化化衆生也。從此第二明能所化。於中分四，且初第一明所化境。【略】

經：自性清淨名本覺性，即是諸佛一切智智。解曰：自性清淨名本覺性者，即眞如也。依起信論，上句絕待，下句對待。對不覺等説名本覺，即是諸佛一切智智。此有二義。有説：眞如是佛法身。法身智身性相平等，體相相從亦得名爲一切智智，如實非智。有説：眞如即一切智。心歸本原，冥合不異，相用非無別體也。即以眞如爲一切智智。二智二身隨應悉故。大文第二結修諸忍。

良賁《仁王護國般若波羅蜜多經疏》卷中　經：若佛菩薩不由此門得一切智者，無有是處。解曰：言不由者，由謂因由所以之義。若佛菩薩不因於忍不入是門得成佛果一切智者，無有是處。從此第二徵之所以。

良賁《仁王護國般若波羅蜜多經疏》卷中　經：謂從無明至一切智，無自相，無他相。解曰：明本末空，此有兩釋。有説：無始十二緣生，從無明行乃至最後一切智位，無人相，故名無自相，無法相，故名無他相。人無我，我所，彼二空故，無自他矣。有説：無始根本無明順自違他，故眠生死。覺迷反本，違自順他成一切智。迷悟自他依對待立，照解絶待，彼皆無故，從此第二境性相空。【略】

經：此即名爲一切智體。解曰：即此實相爲智體矣。從此第二明佛智母，於中分三。且初第一明佛智母。

經：諸佛未成佛，與當佛爲智母。諸佛已成佛，即爲一切智。未得爲性，已得爲智。解曰：諸佛未成佛者，明在因也。與當佛爲智母者，謂前實相即是本覺。因中本覺爲無明覆，望後當果必正智圓，與自當佛爲智因也。如如意寶，垢穢暫時，垢盡體圓，説初爲母。諸佛已成佛即爲一切智者，明果德圓。覺解圓極，即爲智也。未得爲性已得爲智者，辯因果也。因中障覆，即爲佛性。果德顯現，名一切智。問：爲復實相爲緣生智，爲復實相即爲智母。答有二義。有説：實相體常不變因聲詮顯名言故熏，熏發識中本無漏種，從種起現證實相理。因彼緣彼正智得生，故説實相名爲智母。有説：實相即是本覺。因中本覺，有勝堪能。合末無明，漸次微劣，初地分顯，名爲始覺。果位頓圓，名一切智。説因本覺，即爲智母。法相法性幸而參詳。從此第二明三乘性。

良賁《仁王護國般若波羅蜜多經疏》卷下　經：非住非不住向一切智故。解曰：言非住者，遍修諸行不住止之。非不住者，於所修行心無散亂常寂靜故。向一切智者，所修行願悉皆趣入一切智故。從此第三依地辨德，於中分四，且初第一魔不能動。

良賁《仁王護國般若波羅蜜多經疏》卷下　經：滿足無漏界，常淨解脱身，寂滅不思議，名爲一切智。解曰：言滿足者，即究竟義。言無漏者，漏永盡也。界者，藏義，鏡智含容大功德故，或是因義出生諸乘廣利樂故。常淨解脱身者，轉無常蘊獲常法故，清淨法界無生滅故，即眞解脱體安樂故。寂滅不思議者，菩提涅槃俱寂滅故。此究竟果俱不思議，超過尋思言議道故。名爲一切智者，舉智結名也。又此諸偈屬長行科賢義類一故不別開，最後果德如前悉矣。

一行《大毗盧遮那成佛經疏》卷一　復説五種譬喻，所謂虚空地水火風也。

初句云，譬如虚空界，離一切分別，無分別、無無分別。如是一切智智，離一切分別，無分別、無無分別者，如此即是毗婆沙義。虚空無過無德，今如來智身，離一切過萬德成就。云何得相喻耶，但取其少分相似，以況大空耳。此中相況有三義：一者虚空畢竟淨故，二者無邊際故，三者無分別故。

一切智心性亦如是。故以世間易解空，譬難解空也。初云離一切分別，梵云劫跛。次云無分別者，梵云劫跛夜帝。所以重言，是分別之上更生分別義。例如尋伺，略觀時名尋，諦察名伺。又如眼識生時有麁分別，次意識生是細分別。舊譯或云以劫跛爲妄執，喻意云猶如虚空以無妄執分別故，無分別亦無無分別也。又如虚空離種種顯形色相，無所造作，而能含容萬像。一切草木因之生長，有情事業依之得成。佛智虚空亦復如是，雖離一切相常無分別起作，而無量度門種種妙業，皆得成辨。故以爲喻也。

第二句云，譬如大地，一切衆生依。如是一切智智，天人阿修羅依者，如世間百穀衆藥卉木叢林，隨其性分無量差別，皆從大地而生根牙，乃至莖葉花果次第成就，爲一切衆生作依止處，而養育之。亦不作是念我今荷負一切世間，不念恩德、無有勞倦。增之不喜、減之不憂，深廣難測，不可傾動。一切智地亦復如是。大悲漫荼羅一切種子之所出生，即此諸乘無量事業所依止處，於生死涅槃其心平等，世間八風不能動搖。以如是等少分相似故，以爲喻也。

第三句云，譬如火界燒一切薪，無有厭足。如是一切智智，燒一切無智薪無厭足者。譬如火種，假使積薪充滿世界，皆如須彌山王，次第焚之無有怯弱。不作是念，我當燒爾所薪，不燒爾所薪。熾然不息，勝進無厭，要所焚盡已，然後隨滅。如來智火亦復如是。燒一切戲論煩惱薪盡，乃至緣待皆盡，即此慧光亦無所依。復次如世間之火，貴賤所同用。能於暗夜而作照明。迷惑顛墜者咸得正路。又悉能成就一切諸物。如是一切智火。聖者異生平等有之。於無始大夜之中。令諸行人見如實道。次第成就一切佛法。故以爲喻也。

第四句云，譬如風界除一切塵。如是一切智智，除去一切諸煩惱塵者。如大風起時，烟云塵霧一切消除。大虛澄廓、三辰炳現，蔚蒸熱惱，眾生皆得清涼，能使卉木叢林開榮增長，亦能摧壞一切物類。又如風性遍無所依，自在旋轉無能罣礙。如來慧風亦復如是。滌除一切障蓋煩惱遊塵，令證涅槃清涼法性。又復能令一切世出世間善法增長，摧壞無明大樹，拔其根本。而此無障礙力，都無所依。故以爲喻也。

第五句云，譬如水界，一切眾生依之歡樂。如是一切智智，爲諸天世人利樂者。如水大從高赴下多所饒益，能潤草木而生華菓。又復本性清潔、無垢無濁，悉能滿足飢渴眾生，洗諸滓穢，蠲除熱惱。澄深難入，不可測量。於坑埳之處，性皆平等。如來智水亦復如是。從眞法界流趣世間，潤諸等持生助道法，成大果實利益群生。體無煩惱故清潔，能離諸惑故無垢，一相非異故無濁。諸有得之思願盡息，獲清涼定洗除塵勞，湛寂難思，證平等性。故以爲喻也。

復次金剛手說此五喻，即是發起下文五字義也。猍（a）阿字門爲地，向（va）嚩字門爲水，先（ra）囉字門爲火，成（ha）訶字門爲風，幾（kha）佉字門爲空。又如世間種子，地水火風爲緣，虛空不礙，然後得生。隨闕一緣，終不增長。一切智性如來種子，亦復如是。即用一切智門五義，自爲眾緣，能至菩提常住妙果。所謂不可思議不生不滅之因緣也。

一行《**大毗盧遮那成佛經疏**》**卷一二** 所謂如來一切智智，當知諸成就中最在其上，無與等、無相比也。此一切智由於眞言行生，故當勤學之。

一行《**大毗盧遮那成佛經疏**》**卷一八** 一切智者，即是萬德皆備、無所缺減之義。

不可思議《**大毗盧遮那經供養次第法疏**》**卷下** 以一切法無不從緣生，從緣生者悉皆有始有本。今觀此能生之緣，亦復從眾因緣生。展轉從緣，誰爲其本。如是觀察時，則知本不生際是萬法之本，猶如聞一切語言時即是聞阿聲。如是見一切法生，即是見本不生際。若見本不生際，即是如實知自心。如實知自心，即是一切智智。

普光《**俱舍論記**》**卷二九** 纔作意時，於所欲知境，無倒智起，名一切智。非於一念能頓遍知，名一切智。

遁倫《**瑜伽論記**》**卷一〇** 言一切智者，依諸經論，一切種智是俗智，一切智是眞智。若依眞諦三藏所譯經論，如理智名一切種智。以眞如法界是一切諸法種因緣，種因名一切種智，從境得名也。如《俱舍論》云，一切種智滅諸冥，若俗智名一切。今依此文。緣眞智名清淨智，緣俗智名爲一切智。

子璿《**金剛經纂要刊定記**》**卷五** 一切智智者，是達一切諸法之智，表用非一，故重言耳。有云，依於始覺顯得本覺，智中之智名智智也。

子璿《**起信論疏筆削記**》**卷二〇** 若行者如是修止觀時，即能了知一切諸法皆由心生，因緣虛假不實，故空。以知空故，即不得一切諸法名字相貌。爾時上不見佛果可求，下不見眾生可度。是名從假入空觀，亦名二諦觀，亦名慧眼，亦名一切智。

智圓《**涅槃玄義發源機要**》**卷三** 三智一心中得。照中即一切種智，照眞即一切智，照俗即道種智。

佚名《**大乘二十二問本**》 第七問云：佛有一切智，因縱修行六波羅蜜。但本性清淨，湛然不動是一切智，此二種如何。謹對：佛一切智有因有緣，因緣具足乃得成就。本性清淨、湛然不動是一切智者，據有因說也。因縱修六波羅蜜成一切智者，就具緣說也。因緣具足，一切智成。隨闕一種，則不成就。此中隨闕因緣義者，雖有內因。若不修行十波羅蜜，無由能成佛一切智。若雖修行十波羅蜜，而心取相乖背本因，亦不能成佛一切智。

周琪《**大方廣圓覺修多羅了義經夾頌集解講義**》**卷六** 此印成佛智。然此智有三種，一切智，道種智，一切種智。且一切智者，即自覺。道種智，覺他。一切種智，即覺滿。然初即小乘，次即菩薩，後即佛也。

傳燈《**大佛頂首楞嚴經玄義**》**卷二** 所謂一切智、道種智、一切種智，欲成此智，必籍觀因。空觀爲因，證一切智。假觀爲因，證道種智。中觀爲因，證一切種智。【略】

聲聞對一切智，菩薩對道種智，佛對一切種智。是則一切智竪合聲聞緣覺法界之眞諦也，道種智竪合六凡法界之俗諦也，一切種智竪合佛菩薩法界之中諦也。

諦閑《大佛頂經序指味疏》卷一　眞諦顯，證一切智。俗諦顯，證道種智。中諦顯，證一切種智。一切智，成般若德。道種智，成解脫德。一切種智，成法身德。般若德，即一切事畢竟空。解脫德，即一切事畢竟假。法身德，即一切事畢竟中。一切事畢竟堅固，即梵語首楞嚴。

一切智眼

澄觀《大方廣佛華嚴經疏卷》卷五三　一切智眼即是普眼，非但見法界重重，亦乃法界即眼故，爲普門故。

澄觀《大方廣佛華嚴經隨疏演義鈔》卷八二　一切智眼，中言即是普眼者，名異體一。晉名普眼，即佛眼總義。然普眼略有三義：一見普法故，二普見諸法，三所見即眼故。以前二義況出第三，具如《毗盧遮那品》。若法相宗言，後佛眼下五眼皆佛眼攝，一切智眼即是佛眼。

竺法護《度世品經》卷四　一切智眼，普見十方一切法門，是爲菩薩十事眼也。

一切種智

鳩摩羅什譯《摩訶般若波羅蜜經》卷二一　佛說一切智、說道種智、說一切種智，是三種智有何差別。佛告須菩提：薩婆若是一切聲聞、辟支佛智，道種智是菩薩摩訶薩智，一切種智是諸佛智。【略】一相故，名一切種智，所謂一切法寂滅相。復次，諸法行類相貌，名字顯示說，佛如實知。以是故，名一切種智。

鳩摩羅什譯《大智度論》卷一八　佛所得智慧是實波羅蜜。因是波羅蜜故，菩薩所行亦名波羅蜜。因中說果故，是般若波羅蜜，在佛心中變名爲一切種智。菩薩行智慧，求度彼岸，故名波羅蜜。佛已度彼岸，故名一切種智。

鳩摩羅什譯《大智度論》卷二七　一切智、一切種智，有何差別。

答曰：有人言無差別，或時言一切智，或時言一切種智。有人言總相是一切智，別相是一切種智。因是一切智，果是一切種智。略說一切智，廣說一切種智。

一切智者，總破一切法中無明闇。一切種智者，觀種種法門破諸無明。一切智，譬如說四諦。一切種智，譬如說四諦義。一切智者，如說苦諦。一切種智者，如說八苦相。一切智者，如說生苦。一切種智者，如說種種衆生處處受生。

復次，一切法名眼色乃至意法，是諸阿羅漢、辟支佛亦能總相知無常、苦、空、無我等。知是十二入故，名爲一切智。聲聞、辟支佛尚不能盡別相知一衆生生處、好醜、事業多少，未來、現在世亦如是，何況一切衆生。

如一閻浮提中金名字，尚不能知，何況三千大千世界，於一物中種種名字。若天語，若龍語，如是等種種語言名金，尚不能知，何況能知金因緣生處、好惡、貴賤，因而得福，因而得罪，因而得道。如是現事尚不能知，何況心心數法。所謂禪定、智慧等諸法。佛盡知諸法總相、別相故，名爲一切種智。

復次，後品中佛自說：一切智是聲聞、辟支佛事，道智是諸菩薩事，一切種智是佛事。聲聞、辟支佛但有總一切智，無有一切種智。

復次，聲聞、辟支佛雖於別相有分而不能盡知，故總相受名。佛一切智、一切種智，皆是眞實。聲聞、辟支佛但有名字一切智，譬如畫燈，但有燈名，無有燈用。如聲聞、辟支佛，若有人問難，或時不能悉答、不能斷疑，如佛三問舍利弗而不能答。若有一切智，云何不能答。

以是故，但有一切智名，勝於凡夫，無有實也。是故佛是實一切智、一切種智。有如是無量名字，或時名佛爲一切智人，或時名爲一切種智人。

如是等略說一切智、一切種智種種差別。

鳩摩羅什譯《大智度論》卷八四　薩婆若是一切聲聞、辟支佛智，道

種智是菩薩摩訶薩智，一切種智是諸佛智。【略】

云何爲一切種智相。佛言：一相故，名一切種智，所謂一切法寂滅相。復次，諸法行類、相貌、名字顯示說，佛如實知，以是故名一切種智。須菩提白佛言：世尊，一切智、道種智、一切種智，是三智結斷有差別、有盡、有餘不。佛言：煩惱斷無差別。諸佛煩惱習一切悉斷，聲聞、辟支佛煩惱習不悉斷。【略】

一切種智是佛是佛智。一切種智名一切三世法中通達無礙，知大小、精麁，無事不知。

佛自說一切種智義，有二種相：一者，通達諸法實相，故寂滅相。如大海水中風不能動，以其深故波浪不起。一切種智亦如是，戲論風所不能動。二者，一切諸法可以名相文字言說，了了通達無礙。攝有、無二事，故名一切種智。

有人言：十力、四無所畏、四無礙法、十八不共法，盡是智慧相和合，名爲一切種智。復有人言：金剛三昧次第得無礙解脫故，若大小、近遠、深淺、難易，無事不知。

如是等種種無量因緣，名一切種智。

曇無讖譯《菩薩地持經》卷一〇　一切種妙智者，如來知三種法：義饒益，非義饒益，非義非非義饒益。知非義饒益、非義非非義饒益一切法智，是名一切種智。知義饒益一切法智，是名妙智。一切種智及妙智。總說名一切種妙智。

勒那摩提譯《究竟一乘寶性論》卷二　愚癡凡夫不如實知、不如實見一實性界。如彼如實性觀察，如實性而不取相，以不取相故，能見實性。如是實性，諸佛如來平等證知。又不見如是虛妄法相，如實知見，如實有法眞如法界。以見第一義諦故，如是二法不增不減。是故名爲平等證智，是名一切種智。

慧思《諸法無諍三昧法門》卷一　一切種智者，名爲佛眼，亦名現一切色身三昧，亦名普現色身三昧。上作一切佛身、諸菩薩身、辟支佛身、阿羅漢身、諸天王身、轉輪聖帝諸小王身，下作三塗六趣衆生之身。如是一切佛身，一切衆生身。一念心中一時行，無前無後，亦無中間，一時說法度衆生。

真諦譯《大乘起信論》　又是菩薩功德成滿，於色究竟處，示一切世間最高大身。謂以一念相應慧，無明頓盡，名一切種智。【略】一切境界，本來一心，離於想念。以衆生妄見境界，故心有分齊。以妄起想念，不稱法性，故不能決了。諸佛如來離於見想，無所不遍，心眞實故，即是諸法之性。自體顯照一切妄法，有大智用，無量方便，隨諸衆生所應得解，皆能開示種種法義，是故得名一切種智。

實叉難陀譯《大乘起信論》卷下　以一念相應慧，頓拔無明根，具一切種智。【略】一切妄境從本已來，理實唯一心爲性。一切衆生執著妄境，不能得知一切諸法第一義性。諸佛如來無有執著，則能現見諸法實性。而有大智顯照一切染淨差別，以無量無邊善巧方便，隨其所應利樂衆生。是故妄念心滅，了一切種，成一切種智。

智顗《仁王護國般若經疏》卷五　在衆生身爲佛性，在佛身名一切種智。未成佛時當必得成，當能成故名當爲母。未得道時名佛性，已得道時名一切種智也。

智顗《觀音玄義》卷二　一切種智，能於一種智知一切道、知一切種，一相寂滅相種種行類，能知能解，名一切種智。

智顗《觀無量壽佛經疏》卷一　三智實在一心中。得秖一觀而三觀，觀於一諦而三諦，故名一心三觀。類如一心而有生住滅，如此三相在一心中。此觀成時，證一心三智，亦名一切種智。

智顗《摩訶止觀》卷三下　一智者。經云：一切諸如來同共一法身，一心一智慧。力無畏亦然。唯一佛智，即一切種智。一相寂滅相種種行類相貌皆知，名一切種智。此智觀三諦者，若言一相寂滅相，即是觀於中道。若言種種行類相貌皆知者，即是雙照二諦也。若二智者。所謂權實，權即一切智、道種智觀於有無兩諦也，實即一切種智觀於中道諦也。三智觀三諦可解，不說。四智者。如《大品》明道慧、道種慧，一切智、一切種智，釋論解此有多種。或，因中但有理體，名爲道慧、道種慧。果上事理皆滿，名一切智、一切種智。或言，因中權實，故言道慧、道種慧。入空爲實慧，入假爲權慧。或言，果上權實，故言一切智、一切種智。直緣中道名一切智，雙照二諦名一切種智。或言，因中總別，果上總別。或言，道慧、道種慧是單明權實，一切智、一切種智是複明權實。如是等種種釋四智。四智秖是照三諦也。若經中有明五諦六七八九乃至無量者，但得此意釋之使入三諦也。【略】圓教者一實諦發三眼三智，智緣諦亦如是。類如一心而有生住滅，如此三相在一心中。此觀成時，證一心三智，亦名一切種智。

智顗《四念處》卷四　止心心性名爲大定大涅槃深禪定窟，故涅槃即是止也。觀煩惱即是菩提，即觀也。實相之慧，名一切種智。一切種智，名爲般若。

吉藏《法華義疏》卷三　言一切種智者，雖知本來寂滅，於衆生常不寂滅，故於道未始二，於緣未始一。於道未始二，故六道常法身。於緣未始一，故法身常六道。六道常法身名爲一切智，法身常六道名爲一切種智。

吉藏《大乘玄論》卷四　次，攝二智者，則一切智一切種智。但此二智凡有六門。一，空有分二。一切智爲空智，一切種智爲有智。此則權實攝也。次，以總別分二。總相知爲一切智，別相知爲一切種智。但總別三門。一，以苦無常爲總相，陰入界爲別相。二，以無生滅爲總相，諸法差別爲別相。三，以略爲總相，廣爲別相。如苦諦爲總相，廣分別苦有無量相爲別相。三別中取初義，第二義猶是空有，第三義屬後廣略也。三者，略說爲一切智，廣說爲一切種智。如上釋也。四者，因爲一切智，果爲一切種智也。問：二智俱是果門，云何分因果耶。答：例如菩提涅槃爲果及以果果，涅槃既是果果。即菩提亦得爲因，此義論因果。今亦然矣。五者，小乘名一切智，大乘名一切種智。此明小乘總相知十二入、苦、空、無常，爲一切智。大乘遍知一切法，爲一切種智。六者，一切種智爲空智，一切智爲有智。以種名性，性即實相，理爲諸法根本，故名爲種。一切智知一切法爲有智也。

慧遠《大乘義章》卷一〇　彼一切智與一切種智有何差別。通釋是一，於中別分，凡有六種。一，總別分別。總相知法，名一切智。別相知法，名一切種。如知苦諦是一切智，分別是苦有無量種，名一切種。如是一切。二，通別分別。知苦、無常、空、無我等諸法通相，名一切智。知五明等諸法別相，名一切種智。三，空有分別。知諸法空，名一切智。知其種種世諦諸法，名一切種。四，廣略分別。略知諸法，名一切智。廣知諸法，名一切種智。如知分段因果對治，名一切智。分段變易因果對治一分皆知，名一切種智。亦如有人知一世界事名一切智，知於一切世界中事名一切種智。如是一切。五，大小分別。小乘之智，名一切智。大乘之智，名一切種。

窺基《妙法蓮華經玄贊》卷一　一切種智者，覺有情智。如蓮花開智，觀於有智、事智、俗智、後所得智，盡所有也。

窺基《勝鬘經述記》　言知一切爾炎等者一行，明摩訶般若。言爾炎者，此翻爲境，亦名智母。以能生智故，此境名後得智。一切種智也。

法藏《大乘起信論義記》卷三　謂以一念相應慧無明頓盡，名一切種智。自然而有不思議業，能現十方利益衆生。次別顯中。言一念等者，明自利行滿，即顯上眞心於此成也。謂一念始覺至心源時，契於本覺，故云相應。以無明盡故，顯照諸法，名一切種智也。亦可前一念相應慧等者，是無間道也。名一切種智者，是解脱道也。

慧沼《金光明最勝王經疏》卷一　得薩般若，云一切種智。種謂種類。若空、若有，若理、若事，名一切種。於此咸達，名一切種智。

一行《大毗盧遮那成佛經疏》卷七　一切智與二乘共，道種智與菩薩共，一切種智是佛不共法。此三智，其實一心中得，爲分別令人易解故，作三種名。

遁倫《瑜伽論記》卷一〇　一切種智是俗智，一切智是眞智。若依眞諦三藏所譯經論，如理智名一切種智。以眞如法界是一切諸法種因緣，種因名一切種智，從境得名也。

李通玄《新華嚴經論》卷一二　知一切法智，知一切衆生根智，名一切種智。

曇曠《大乘起信論廣釋》卷五　謂前眞心刹那始覺，至心源時契於本覺，名爲一念相應惠也。即此本覺無明盡，故顯照諸法，名一切種智。或一念相應惠是無間道，刹那契理斷一切惑，是故能令無明頓盡，名一切種智。是解脱道。解脱道中種智圓故。依《佛地》等諸論所説，一切智者是正體智，一切種智是後得智。《大般若經》：正體、後得，皆得名爲一切種智。故彼文云：一切智、道相智、一切種智。前二既配聲聞、菩薩，故種智者唯示如來。今此亦然故。解脱道所得智慧，名一切種智。

宗密《圓覺經大疏釋義鈔》卷一 稱種智者，梵云薩婆若，此云一切種智，即諸佛究竟圓滿果位之智也。種謂種類，即無法不通之義也。謂世出世間種種品類，無不了知，故云一切種智。故《華嚴如來名號品》中列佛種種名。於中云：亦名一切義成。一切義成者，即翻梵語悉達多爲此言也。謂於一切義理悉皆通達成就，即是一切種智矣。

知禮《觀音玄義記》卷三 知一切道、知一切種。一相等者，結前所說而成遮照。雙遮則一相寂滅，雙照則種種皆知。遮照同時，故名一切種智。

知禮《觀無量壽佛經疏妙宗鈔》卷二 前空生死見思惑忘，次空涅槃塵沙惑盡。二惑既盡，心無偏著，是故得爲雙遮方便。初觀等者，復因次第用於二觀，觀其二諦，是故得爲雙照方便。方便立已圓觀可修，於十向中即以所顯中道佛性，而爲能觀中道之觀。諦觀不二，惑智一如，三觀圓融，是無作行，故得自然入薩婆若。此觀之果，名一切種智。

子璿《起信論疏筆削記》卷一七 一切諸法種類若干，無不知之故，云一切種智。故《大般若》云：煩惱不生，名一切種智。若具言之，得三種智。謂一切智、道種智、一切種智。準天台說，因修一心三觀，果得一心三智。謂修即空觀，得一切智。修即假觀，得道種智。修即中觀，得一切種智。今此論中，依眞如門，修奢摩他即是空觀，果得一切智。依生滅門，修毘鉢舍那，即是假觀，果得道種智。此二雙運爲禪那，即是中觀，果成一切種智。

從義《金光明經玄義順正記》卷上 般若名智慧。實相般若非寂非照，即一切種智。觀照般若非照而照，即一切智。方便般若非寂而寂，即道種智。

從義《金光明經文句新記》卷一 一切種智，有法身佛屬圓，可見知一切法。空寂一相，名一切智。知一切法諸道種別，名道種智。一相及諸種行類皆知，名一切種智。若唯約圓明三智者，佛智照空如二乘所見，名一切智。佛智照假如菩薩所見，名道種智。佛智照空假中皆見實相，名一切種智。

從義《金光明經文句新記》卷六 一智一切智，即因緣所生法，亦名爲假名，是道種智，即權智也。一切智一智，即我說即是空，是一切智，即實智也。非一非一切，而一而一切，即亦名中道義，是一切種智，雙遮權實、雙照權實也。

從芳《百法論顯幽鈔》卷一末 《佛地論》云：具一切智一切種智，如睡夢覺，如蓮花開。言一切智者，是根本智，能自開覺，即如睡夢覺。一切種智，即能開覺一切有情，如蓮花開也。是後得也。一切智者，即觀空智，唯理唯眞，無分別故。一切種智者，即觀有智，是事是俗智也，如睡夢覺者。如者似也，即似夢覺也。如人作夢，見種種境，執爲實事，不知是夢，後夢覺已，知之夢境皆空。今本智亦爾。前未起覺智時，在有漏，即執世間諸境爲實。今得無漏本智，證眞理，故知妄境皆空。今即生死爲夢也。如蓮華開者，即後得種智。似蓮華開，蓮華開時，香氣遠。種智生時，拔濟眾生，得出離。似蓮秀也。或云：如蓮華開者，即華開以見華，華者是子也。種智生時，化眾生，已得果故。如華開見臺也。問曰：如何名一切種智耶。答：種者類也，即一切眾生根性，若干種類，此智能知一切種類差別，故得名也。

宗泐、如玘《楞伽阿跋多羅寶經註解》卷三 知生滅者，一切智也。知自共相者，道種智也。知不生不滅者，一切種智也。

智旭《大乘起信論裂網疏》卷二 因中照理，名道慧。照事，名道種慧。果上照理，名一切智。照事，名一切種智。又，或照眞，名一切智。照俗，名道種智。照中，名一切種智。

智旭《大乘止觀法門釋要》 所謂一切種智，能知世諦種種差別，乃至一切眾生心心數法，無不盡知。及以示現五通三輪之相，應化六道四生之形。乃至依於內證之慧，起彼教用之智，說己所得示於未聞。

袾宏《佛說阿弥陀經疏鈔》卷四 大智無盡者，日照晝，月照夜，燈照日月之所不及，普徧繼續，更無窮盡。佛之大智，橫亘十方，豎通三際，方猶是也。又日光破暗，有般若義，名一切智。月以清涼照夜，有解脫義，名道種智。燈繼日月，通乎晝夜，不住二邊，是中道第一義諦，有法身義，名一切種智。

古德法師《弥陀經疏鈔演義定本》卷一 一切種智者，究盡諸法實相，邊際智滿，種覺頓圓也。

曾鳳儀《楞伽阿跋多羅寶經宗通》卷五 知諸佛菩薩不生不滅法，唯知故，證入如來地，是謂一切種智也。

正遠《大乘起信論捷要》卷下 菩薩至等覺位時，則三阿僧祇已滿。自利利他功圓，故於色究竟處現高大身，示因窮得果之相。即起金剛觀智，斷彼一品生相無明。無明既盡，業識皆空，則智與理如，全證法身，故名一切種智。【略】問曰：虛空無邊故，世界無邊。世界無邊故，衆生無邊。衆生無邊故，心行差別亦復無邊。如是境界不可分齊，難知難解，若無明斷，無有心想，云何能了名一切種智。答曰：一切境界，本來一心，離於想念。以衆生妄見境界故，心有分齊。以妄起想念不稱法性，故不能了。諸佛如來離於見相，無所不遍，心眞實故，即是諸法之性，自體顯照一切妄法。有大智用無量方便，隨諸衆生所應得解，皆能開示種種法義，是故得名一切種智。

諦閑《大佛頂經序指味疏》 見思空，眞諦理顯。塵沙空，俗諦理顯。無明空，中諦理顯。眞諦顯，證一切智。俗諦顯，證道種智。中諦顯，證一切種智。一切智，成般若德。道種智，成解脫德。一切種智，成法身德。般若德，即一切事畢竟空。解脫德，即一切事畢竟假。法身德，即一切事畢竟中，一切事畢竟堅固，即梵語首楞嚴。

濟時《大佛頂如來密因修證了義諸菩薩万行首楞嚴經正見》卷八 一切種智，即權實二智也。自行即實，化他即權。

一切種識

玄奘譯《成唯識論》卷七 一切種識，謂本識中能生自果功能差別，此生等流異熟士用增上果，故名一切種。除離繫者非種生故，彼雖可證而非種果。要現起道斷結得故，有展轉義，非此所說，此說能生分別種故。此識爲體，故立識名。種離本識，無別性故。種識二言簡非種識，有識非種，種非識故。又種識言顯，識中種非持種識，後當說故。此識中種餘緣助故。即便如是如是轉變，謂從生位轉至熟時，顯變種多重言如是，謂一切種攝三熏習共不共等識種盡故。

延壽《宗鏡錄》卷六三 一切種識者，即是第八識。此識能持一切有爲之法種故，即一切種子各能自生果差別功能，名一切種識。功能有二：一現行名功能。即似穀麥等種，能生芽功能是。二第八識中種子名功能。有能生現行功能故。今言一切種識者，但取本識中種子功能，能生一切有爲色心等法。即色爲所緣，心便是能緣。即色是境，不離心是唯識。即此心境，但從本識中而生起，何要外境而方生。如是如是變者。如是八識從種生，即是八識自證分，轉變起見相二分，相分不離見分，是唯識以展轉力故者。即餘緣是展轉力，以心法四緣生，色法二緣起，彼彼分別生者，即由彼見相二分上，妄執、外有實我法等分別而生。故知但由本識中種而生諸識，不假外妄境而亦得生，故知一切皆是唯識。

明昱《成唯識論俗詮》卷七 一切種識者，即根本識，能持一切種子故。如是如是變者，指下展轉力也。謂從種如是生現，從現如是熏種，是展轉義。故《論》中云：謂從生位，轉至熟時。《宗鏡》謂：自證分，轉變起見相二分，以展轉力故者。《論》中謂八現識，及相見等相助力故。《宗鏡》謂即餘緣是展轉力，彼彼分別生者。《論》中謂現識等，總名分別，分別類多，故言種種。《宗鏡》謂由彼見相二分上，妄執、外有實我法等分別而生。

通潤《成唯識論》卷七 一切種識者，謂本識中能生自果功能差別。言功能者，即第八種子能生現行，故以此功能，能生四果，名一切種除離繫果。此果非從識種生故，要起現行眞無漏道，斷惑所證不從種生。此現起道，雖不從種生，望於彼果。有展轉義，然非此中所說。以此處但說能生分別現行之種，彼是無漏清淨之種故。問：若爾，則當言一切種，云何說一切種識耶。答：由此種子，以本識爲體，故言一切種識也。

大惠《成唯識論自攷》卷七 一切種識，次出體，謂識所持功能差別。次明用，此生四果，名一切種。此種以識爲體，除離繫者，非種生故，道所證故，謂離繫果雖可克證，而非種生，須起現行眞無漏道斷結得故。此現起道亦從種生，望於彼果。有展轉義，然非此中正意所說。此說能生分別種故，彼是無漏清淨種故。

智旭《成唯識論觀心法要》卷七 一切種識，謂（第八）本識中能生（諸法）自果（之）功能差別。此（差別功能，能）生等流異熟士用增上（四類）果故，名（之爲）一切種（此中）。除離繫（果而不言）者（以離繫果），非種生故，彼（離繫果）雖可（克）證，而非種（子之）果。要（須）現（行）起（于眞無漏）道，斷（彼惑）結（方始）得故（此現起道，雖從無漏種生，望於彼離繫果）。有展轉義（然），非此（頌中正意）所說（以）。此（頌但）說能生分別（之）種（子）故，此（分別種，是本識之相分，即以本）識爲體，故立識名。種離本識，無別性故。種識二（字合）言（之者）簡（于）非種（非）識，有（現識可名爲）識（而）非（是）種（有外種可名爲），種（而）非（是）識故。又種識（之爲）言，顯（本）識中（所持之）種，非（指能）持種（子之）識（此差別義）。後當說故。

明昱《唯識三十論約意》 種種分別，皆由一切種識。如是如是轉變力生。由一切種識者，謂由識中一切種子，能生種種分別。第八本識，含藏八識，及諸心所，各各親種。從親種子，轉變生起諸分別心。如是如是變者，顯諸種子變生現行。即如眼從親種子，如是變生眼識現行，能分別色。乃至身識從親種子，如是變生身識現行，能分別觸。五識既爾，六七八識皆然。故云如是如是變。以展轉力故者，謂八種識從種生時，互相爲緣，而得生故，名展轉力。彼彼分別生者，謂八種識及諸心所，俱名分別，故言彼彼。

智旭《唯識三十論直解》 一切種識者，此識一類無記。受前七識諸法之熏，持前七識諸法之種。現在未來前七諸法一切現行，皆由此識所藏種子發起。諸法現行是果，此識是因也。【略】

大乘菩薩八地以上，永伏俱生我執，皆名爲阿羅漢。爾時此第八識，不復名阿賴耶，但名異熟及一切種。若至如來位中，并捨異熟識名，但名一切種識，亦名菴摩羅識，亦名大圓鏡智相應心品也。

智旭《八識規矩直解》 第八識其有能藏、所藏、執藏義故，【略】此識有種種名。一名阿賴耶識。以其被第七識執爲我故，此名至不動地前，我執永伏，即便先捨。二名爲異熟識。以是善惡漏無漏業至成熟時所招感故，此名直至金剛道後圓滿佛果，方得捨之。三名一切種識。通于因果凡聖等位，但至成佛之後，則惟持圓滿無漏善種，盡未來際利樂有情，更不受熏。以其一切有漏種子及一分劣無漏種皆永斷故，名之爲無垢淨識。以其與極善無漏之慧心所恆相應故，名之爲大圓鏡智。此識一轉，此智一發，則法界洞朗，眞俗等觀。故云普照十方塵刹中也。

一相

無羅叉譯《放光般若經》卷四 一相者謂無相。何以故。須菩提，無相之法，亦不出亦非不出。須菩提，若無相法出者，法性亦當復出生。假令無相法出生者，如亦當復出生。欲出生無相法者，爲欲出生眞際。若欲出生無相法者，爲復欲出生不可思議性。欲出生無相法者，爲復欲出生安隱之性。欲出生無相法者，爲欲出生滅盡。欲出生無相法者，爲欲出生滅盡之體。欲出生無相法者，爲欲出生色空、痛想行識空。

無羅叉譯《放光般若經》卷六 一相所謂無相。何以故。般若波羅蜜亦非五陰亦不離五陰，般若波羅蜜亦非薩云若亦不離薩云若。五陰如亦非般若波羅蜜，般若波羅蜜亦不離五陰如。般若波羅蜜亦非五陰法亦不離五陰法，般若波羅蜜亦非薩云若法亦不離薩云若法。

那連提耶舍譯《大寶積經》卷六五 一切諸相皆一相，所謂無相應當知。若能解入於一字，我爲智者說菩提。【略】一切諸法無有生，智者當知唯一相。彼一切法無生者，當知是法無有名。一切諸法無有生，其生本來不可得。此亦是其總持門，是阿字門應當入。若法無實無生者，不可覩見不可示。諸法自性不可得，是故無有能見者。一切諸法無有比，是故一相無有相。譬如虛空無有等，一切諸法亦復然。

眞諦譯《三無性論》卷上 一相者，謂諸法品類爲名句味所依止。

鳩摩羅什譯《摩訶般若波羅蜜經》卷八 一切法皆不合不散，無色無形無對，一相所謂無相。何以故。般若波羅蜜非色亦非離色，非受想行識亦非離受想行識，乃至非一切種智亦非離一切種智。般若波羅蜜非色如亦非離色如，非受想行識如亦非離受想行識如。般若波羅蜜非色法亦非離色法，非受想行識法亦非離受想行識法，乃至非一切種智如亦非離一切種智如。般若波羅蜜非一切種智法，亦非離一切種智法。

鳩摩羅什譯《摩訶般若波羅蜜經》卷二二 一相所謂無相。法無所取、無所捨，譬如虛空無取無捨。【略】一切法皆無色無形無對，一相所謂無相。無色法與無色法不合不散，無形法與無形法不合不散，無礙法與無礙法不合不散，一相法與一相法不合不散，無相法與無相法不合不散。須菩提！是無色無形無礙，一相所謂無相。

鳩摩羅什譯《摩訶般若波羅蜜經》卷二三　一切法無相，所謂一相。無相法不能得無相法，有相法不能得有相法，無相法不能得有相法，有相法不能得無相法。

鳩摩羅什譯《維摩詰所説經》卷中　一相、無相爲二。若知一相即是無相，亦不取無相，入於平等，是爲入不二法門。

鳩摩羅什譯《佛説華手經》卷一〇　一相三昧者。有菩薩聞某世界有某如來現在説法，菩薩取某佛相以現在前，若坐道場得無上菩提，若轉法輪，若與大衆圍遶説法，取如是相。以不亂念守攝諸根，心不馳散，專念一佛，不捨是緣，亦念是佛世界之相。而是菩薩於如來相及世界相了達無相。常如是行，常如是觀，不離是緣，是時佛像即現在前而爲説法。菩薩爾時深生恭敬聽受是法，隨所信解若深若淺，轉加宗敬尊重如來。菩薩住是三昧，聞説諸法皆壞敗相。聞已受持從三昧起，能爲四衆演説是法，堅意，是名入一相三昧門。復次堅意，菩薩住是三昧，還能壞滅是佛相緣，亦壞自身。以是壞相壞一切法，壞一切法故，入一相三昧。從是三昧起能爲四衆解説是法，堅意，是名爲入一相三昧門方便。

復次堅意，菩薩緣是佛像而作是念，是像從何所來。我何所趣。即知佛像無所從來，我無所至。菩薩爾時作是念言，一切諸法亦復如是，無所從來，去無所至。菩薩如是行、如是念，不久當得無礙法眼。得法眼已，便爲諸佛之所知念，諸甚深法皆現在前。以是深法得無礙辯，雖講説法而不見法。堅意，如來於過去世無礙智慧，亦諸相中智無障礙。於過去世亦不作緣，亦非不知不隨憶想。堅意，菩薩亦如是，住是三昧雖演説法不見是法。菩薩住是三昧深修習故，隨所聞因緣，第二佛取相現前。若坐道場得無上菩提，若轉法輪，若於大衆圍遶説法。菩薩亦受持是第二佛法，亦不捨本佛相，亦見是佛。而是菩薩俱緣二佛，取相現前聽受説法。堅意，是亦名爲入一相三昧門。

復次堅意，菩薩以善修習一佛相故，隨意自在，欲見諸佛皆能現前。堅意，譬如比丘心得自在，觀一切入取青色相，能得信解一切世界皆一青相。是人所緣唯一青色，觀內外法皆一青色，於是緣中得自在力故。堅意，菩薩亦復如是。隨其所聞，諸佛名字在何世界，即取是佛及世界相皆緣現前，菩薩善修習此念佛緣故。觀諸世界盡皆作佛，常善修習是觀力故。便能了達一切諸緣皆爲一緣，謂現在佛緣。是名得一相三昧門。

堅意白佛言：世尊，以何方便，得是三昧。佛告堅意：於是佛緣繫念，不散不離是緣，是名三昧門。堅意，以是一緣了達諸法，見一切法皆悉等相，是名一相三昧。菩薩住是三昧又入法門，謂一切語皆如來語，一切有身皆如來身，不離如故。復次堅意，菩薩聞諸佛名，若二若三若四若五，若十二十三十四十五十，若百若千若萬若過是數，一時專念盡現在前。及諸世界弟子衆數，皆現在前恭敬尊重。亦念是佛具足妙身形色相好，盡現在前恭敬尊重。亦復一一取三十二大人之相及不虛行相，師子奮迅相，無見頂相，象王觀相，取大光相，以信解觀作無量相。亦取諸佛世界之相，以信解觀作無量淨相。亦取弟子衆，以信解觀作無量相。爾時作是思惟：如是諸佛從何所來。我何所至。即知諸佛及以己身無所從來，亦無所至。如是觀知，如是信解。爾時菩薩作如是念：如是事中無有定法，名爲如來。如是觀時，知一切法空無所有，一相無相，用無相門入一切法。如是信解，達知一切諸法一相。堅意，菩薩能緣諸佛繫念一處，是名衆相三昧門。堅意，若是菩薩入是三昧，了達諸法一相無相，是名衆相三昧。

鳩摩羅什譯《大智度論釋初品中八念義第三十六之餘》卷二二　復次，有爲法無常，念念生滅，故皆屬因緣，無有自在。無有自在故，無我。無常、無我、無相故，心不著。無相不著故，即是寂滅涅槃。以是故，摩訶衍法中，雖説一切法不生不滅，一相所謂無相，無相即寂滅涅槃。

鳩摩羅什譯《大智度論釋習相應品第三之餘》卷三七　等者，一切法一相，故名等。以皆是有相，皆是無常相，皆是苦相，皆是空、無我相，皆是不生不滅相，事無異故名爲等。

鳩摩羅什譯《大智度論釋摩訶薩品第十三》卷四五　九者，我應當解了諸法一相智門，所謂一切諸法畢竟空，觀一切諸法，如無餘涅槃相，離諸憶想分別。

鳩摩羅什譯《大智度論釋發趣品第二十之餘》卷五〇　説諸法一相者，菩薩知内外十二入，皆是魔網，虚誑不實。於此中生六種識，亦是魔網虚誑。何者是實。唯不二法，無眼、無色，乃至無意、無法等，是名實。令衆生離十二入故，常以種種因緣説是不二法。

鳩摩羅什譯《成實論》卷一二　問曰：經中説六三昧，有一相修爲一相，有一相修爲種種相，有一相修爲一相種種相，種種相修亦如是。何者是耶。答曰：一相者應是禪定。禪定於一緣中一心行。故種種相應是知見，知諸法種種性故，於五陰等諸法中方便故。問曰：云何一相修爲一相。答曰：若人因定還能生定者是。一相修爲種種相者，若人因定能生知見者是。一相修爲一相種種相者，若人因定能生禪定及五陰方便者是。種種相修亦如是。問曰：有論師言，一相修爲一相者，若人因第四禪證阿羅漢果是也。一相修爲種種相者，若人因第四禪證五神通者是。一相修爲一相種種相者，若人因第四禪證阿羅漢果及五神通者是。種種相修爲種種相者，若人因五枝三昧證阿羅漢果及五神通者是。餘二亦爾。是義云何。答曰：應説因緣。何故第四禪及阿羅漢果是一相，五枝三昧及五神通名種種相。又五枝不可爲依，五枝三昧是四禪明相觀相，云何依此得阿羅漢果。所以者何。要依一禪得阿羅漢果，又亦不應依明相得阿羅漢果，是故非也。

僧肇《注維摩詰經》卷一　肇曰：第一義，謂諸法一相義也。雖分别諸法殊相，而不乖一相，此美法王莫易之道也。動謂乖矣。

僧肇《注維摩詰經》卷三　什曰：身即一相，不待壞而隨也。肇曰：萬物齊旨，是非同觀一相也。然則身即一相，豈待壞身滅體然後謂之一相乎，身五陰身也。生曰：斷婬怒癡者則身壞泥洹也，泥洹無復無量，身相爲一相矣。不壞於身，事似乖之，故云隨也。

僧肇《注維摩詰經》卷八　不動則無念，無念即無分别。通達此者，是爲入不二法門。善眼菩薩曰：一相無相爲二，若知一相即是無相，亦不取無相入於平等，是爲入不二法門。肇曰：言一欲以去二，不言一也。言無欲以去有，不言無也。而惑者聞一，則取一相。聞無，則取無相。故有二焉。

僧肇《寶藏論》　夫觀身實相者即一相也，一相者即空相也。但空無相故即非垢非淨，非凡非聖，非有非無，非邪非正。體性常住不生不滅，即本際也。何以如來法身眼耳鼻舌，乃至身意諸根互用者，爲體眞一也。以無限量無分劑故，即法身虚通一切無礙。何以凡夫眼耳諸根不通遂無互用者，爲妄想分别界隔諸根，精神有量，分劑不通，眞一理迷遂無互用。

慧遠《維摩義記》卷三　初言一相無相二者，反立二相，此就眞中義别分二。一相是有，無相是無，於眞法中，攝别成總。諸法同體，名爲一相。以别分總。諸法悉空，名爲無相。有無兩分名爲二矣。下會此二以爲不二。於此門中二法同體名爲不二。先辨後結。若知一相即是無相，知有即無，亦不取無。知無即有，以即有故不偏取無。入平等者解釋入義，有無同體，離於偏著，故名平等。

慧遠《大乘義章》卷一二　六三昧義如成實義，名字是何。一、一相修爲一相。二、一相修爲種種相。三、一相修爲於一相及種種相。四、種種相修爲種種相。五、種種相修爲於一相。六、種種相修爲種種相及一相。相狀如何，論釋不同。有論師説：修第四禪名一相修，修五聖支定名種種相修。五聖支定廣如上辨。言一相修爲一相者，修第四禪爲得羅漢果。言一相修爲種種者，修第四禪爲得五通。言一相修爲於一相及種種者，修第四禪爲得羅漢及五禪通。種種相修爲種種者，修五聖支爲得五通。種種相修爲一相者，修五聖支爲得羅漢。種種相修爲種種相及一相者，修五聖支爲得五通及羅漢果。此之一義成實不立，故彼非言。五聖支中前三猶是世俗四禪，得羅漢時於四禪中隨依一禪。云何説言修五聖支得羅漢果名爲一相，又復明觀二聖支中親依觀支得羅漢果不依明支，故知不以修五聖支爲得一相。成實所立定守一緣名一相修，慧心見法種種差别名種種修。言一相修爲一相者，論言依定還生神定，如從初禪生二禪等。言一相修爲種種者，依定生慧。言一相修爲於一相及種種者，依定生定及生智慧。言種種修爲種種者，依慧生慧，如聞生思如思生修。言種種修爲一相者，依慧生定。言種種修爲種種相及一相者，依慧能生一切定慧。問曰：是中定慧相生爲是有漏，爲是無漏。論無定判，義釋有三。一就通以論，能生所生一切定慧悉通有漏及與無漏。二就定慧隱顯互論，定唯有漏慧唯無漏。三就能生所生定慧隱顯互論，能生定慧隱一向有漏所生定慧一向無漏。六三昧義辨之云爾。

吉藏《仁王般若經疏》卷下五 一相無相者，對二故説一，對有故説無，故云一相無相也。

吉藏《維摩經義疏》卷四 今言尊卑一相者，可具二義。一者佛爲敬田之勝，衆生是悲田極，故云等也。二者衆生與佛同是實相，故本無有二。約正觀心施，所以平等。文稱等于大悲者，依肇公釋意，在齊尊卑一相報，以平等悲心而施，故言等于大悲也。又解，大悲者，所謂佛也。今施下乞人令等佛大悲之相，故言等于大悲也。

吉藏《維摩經義疏》卷五 一相無相爲二，若知一相即是無相，亦不取無相入於平等，是爲入不二法門。一相爲有法也，無相謂空法也。如杜爲圓相，無圓名無相。又空爲一相，空法亦無，故云無相。

吉藏《維摩詰所説經（亦名不可思議解脱經）疏》卷一 何由能轉法輪，良由善解法相，知衆生根，故能轉法輪。又上轉不退輪即是知一相門，此句知衆生根即知種種相門。上句是知一相門者，只是一無生令衆生修一無生，故是一相門。此句歎知種種法，知種種根性欲樂，而爲説法，故是種種相門。所以《大品金剛品》云：知一相門，知種種相門。然一相門即道慧，知種種相門即道種慧也。

智顗《妙法蓮華經玄義》卷三下 論云：菩薩行般若時，雖知諸法一相，亦能知一切法種種相。雖知諸法種種相，亦能知一切法一相。云何觀一切法一相。所謂觀一切法無相，如四大各各不相離。地中有水火風，但地多以地爲名，水火風亦如是，今觀無此異相。若火中有三大，三大應併熱。若三大在火中，三大遂不熱，則不名火。若三大併熱，則三大捨自性，皆名爲火，無復三大。若言有三大而細不可知，此與無何異。若麤可得則知有細，若無麤細亦無。如是則火中諸相不可得，一切法相亦不可得，是故一切法皆一相。此以一相破異相，復以無相破一相，無相亦自滅。如前火木然諸薪，已亦復自燒。是爲觀一切法一相，一相無相。如是無量一切法，悉皆一相，一相無相。

智顗《妙法蓮華經文句》卷七上 一相者，衆生之心同一眞如相，是一地也。一味者，一乘之法同詮一理，是一雨也。昔於一實相，方便開爲七相。於一乘法，分別説有七教。佛知究竟終歸一相一味也。所謂下，雙釋一相一味。衆生心性即是性德，解脱遠離寂滅三種之相。如來一音説此三法，即是三味。此三相則以爲境界，緣生中道之行，終則得爲一切智果，故言究竟至於一切種智也。合草木差別譬，如後解不重記。有時作三意合。一無差別意，合上一地一雨。二差別意，合上草木差別。三如來能知釋成兩意。無差別者，謂一相一味，一相合上一地也。解脱相者，無生死相。離相者，無涅槃相。滅相者無相亦無相，唯有實相，故名一相。一相即無住本立一切法。

智顗、灌頂《金光明經玄義》卷下 《淨名》云不壞身因而隨一相者，應作四句分別。誰身因果俱壞，誰身因果俱不壞，誰壞果不壞因，誰壞因不壞果。云何是身果。父母所生頭等六分是也。云何身是因。貪恚癡身口意業等是也。今且置三業，觀貪恚癡等四果，以無常苦空觀智破貪恚癡。子縛斷名壞身因，不受後有名壞身果。凡俗之流，名衣好食長養五陰，縱心適性放逸貪恚癡，自惱惱他一身死壞。復受一身因果相續，無有邊際，是名因果俱不壞。如犯王憲付旃陀羅，如怨對者自害其體身既爛壞，四陰亦盡，是爲壞果。貪恚癡身因轉更熾盛，彌綸生死無得脱期，是爲第三句也。餘三果亦以無常觀智，斷五下分因縛，五下分果身猶未盡，是名壞身因不壞身果。如此四句存壞不同，皆不隨一相。隨一相者，所謂修塵共觀，觀一念貪恚癡心。心爲自起，爲對塵起，爲根大乘起，爲離根塵起，皆無此義。非自非他非共非無因，亦非前念滅故起。非生非非生，非滅非非滅，如是横竪求心叵得。心尚本無，何所論壞。是名不壞身因，而隨一相。隨一相者，即是隨金。隨相智，即是隨光。諸數寂滅，即是隨明。既得不壞一句，而隨一相，了壞身因，亦隨一相，壞身果不壞身果，亦隨一相，皆亦如是（云云）。

智顗、湛然《維摩經略疏》卷四 不壞至一相，次別問苦諦。二乘觀有作苦諦撿折推求假名實法，方得苦理，名爲壞身。菩薩觀無作苦諦體身實相，如見鏡像不須分折，是不壞於身而隨一相。通猶偏眞，不名一相，圓即法身無異見相，故名一相。故下文云：觀身實相，觀佛亦然。見於一相不同凡夫，不壞於身不同二乘。

智顗《維摩羅詰經文疏入不二法門品》卷二六 善眼菩薩曰：一相無相爲二，若知一相即是無相，亦不取無相入於平等，是爲入不二法門。善眼者，善是順理之名，以慧眼故，見少佛性，名之爲善眼。二乘雖有慧眼，不順中道，不見佛性，名爲不善。此菩薩從見善理得名也。一相無相者，佗解有三。或言，一相勝無相。何故。爾生死是有相，涅槃是無相。對有相說無相，猶成有相，中道不對有相，故名一相。或言，無相勝一相。生死法生滅爲二相，涅槃無生滅爲一相。此一相亦是對二得名，猶名二相，中道無二相亦無一相。或言是齊。何故。爾眞諦中自有一相無相，中道中自有一相無相，故言是齊。又《毗曇》云：一法二相。一法者，隨約一法，或是心法或非心法，但將心約此一法，即有生滅二相，或住或異，或大或小等。或約四法，即有八相。八相皆約一法而起，故名一法。以約法故，則有二法，乃至八法，故名二相。若不得此一法，亦不得八法。八法既無，即是無相。雖有此解，今皆不用。今取釋論中破一時中云，別相與法一亦不可，相與法異亦不可，非一非異中而論一異。亦如一切數中，但有一更無有二。如心是一法來約瓶，故言一瓶更足。一名二，三一名三，四一名四。如是百千無量不出於一，故云一相無相爲二。若不得一相，亦不得無相。一相無相皆無，故名入不二門。又《阿含增一明義》云：諸比丘唯有一法，所謂心。更有二法，即開心爲色。更有三法，即開心爲四。乃至無量，皆約一心中生。若不得心之一相，亦不得一切從心所生之相。達此二邊，知心相非一相，從心生非多相，而能爲一相、爲多相。此之一多，無一無多，畢竟清淨，俱泯一二，故名爲平等。平等故，是入不二門。又約三脱門，以十八空破一切法，猶有空在，故云一相。次破空，空病亦空，是名無相。不得空相，亦無無相，故云一相，無相不可得，名入不二門。

智顗《四念處》卷四　一相無相，無相一相，即是實相。實相即一實諦，亦名虛空佛性，亦名大般涅槃。如是境智無二無異，如如之境，即如如之智。智即是境，說智及智處皆名爲般若。

玄奘譯《說無垢稱經》卷四　一相無相分別爲二，若諸菩薩了知諸法無有一相、無有異相、亦無無相，則知如是一相、異相、無相平等。是爲悟入不二法門。

窺基《說無垢稱經疏》卷四　經：能於一相（至）莊嚴法門。

贊曰：此能說眞，言合理故。清淨法界，萬德莊嚴。無相爲相，故言一相。諸經中說一切諸法皆同一相，所謂無相而爲相故。能於法界一相法中，說無邊相莊嚴清淨法界法門，謂說佛性如來藏法身眞如涅槃解脱法界法性等無量法門，說衆多德相莊嚴於一相。言雖多相，仍契一相。故名能說。

窺基《說無垢稱經疏》卷五　一相者，空無我等共相之理。無相者，眞如了知諸法無有共相，亦無自相。自相即別異相也。知此共自二有爲相，一切都無，亦無眞無相之體。知此有爲及無爲理，二智平等，名入不二。共相自相俱是有爲，對彼無爲，故名爲二。

慧沼《金光明最勝王經疏》卷三　經：第二佛身弟子一意故，現一相，是故說一。

贊曰：應身所化地上菩薩得弟子名，證平等理故名一意。現一相者，但現佛相，無六趣別。所現佛身非無大小勝劣差別，十地位別見有勝劣故。

湛然《法華玄義釋籤》卷八　一切諸法，無不於一和合法中觀衆多性。以多破一名爲一相，以無破一名爲無相，故舉四大以例知。【略】此即性相二空之相也。一相是性空，無相是相空。是則一大之中，餘三爲他，一大爲自。既破自他，共則不立。初文中推四大相，如止觀第二觀音觀門。但彼兼破轉計於一一大開爲四句。如因事堅以破情堅，乃至四句皆是堅義。餘大亦然。此文依《大論》，但破四大實法，故於四大更互推撿。地中無三，名爲一相。地亦自無，名爲無相。故一相亦無。

湛然《止觀輔行搜要記》卷二　言一相無相者，觀九叵得名爲一相，一相自無名爲無相。

不空譯《仁王護國般若波羅蜜多經》卷上　一相無相，平等無二，爲第十一一切智地。非有非無，湛然清淨，無來無去，常住不變，同眞際、等法性，無緣大悲常化衆生，乘一切智乘來化三界。

澄觀《大方廣佛華嚴經疏》卷二五　深入緣起，疑見亡故，知緣起無性，故知法無相。無相無異，故名一相。

澄觀《大方廣佛華嚴經疏》卷二七　實際謂何。即是無相。何名無相體離十相。唯是一相。一相謂何。即是無相。

圓測《仁王經疏》卷下　眞如一味相，即是一相，名爲無相。是以《無量義經》云：一相即無相也。而無二者，結上一相及無相，皆無有無等二相也。

法藏《大乘密嚴經疏》卷四 言一相者，此如如中，無一切法差別之相。離一異故，假名一相。非有一相，故名一相。

如理《成唯識論疏義演》卷二本 所言一相至實非是一者，意云第八，隨量大小，頓變一相，不由說小，漸成大也。問：所言一相定非是形者，即應是假，云何言實。答：今言頓現一相者，形收似長等一相名，假一相而變，不是形等一相當變之時，非一相解，故不同衛世龜色有實一相。

道液《淨名經集解關中疏》卷上 第一義爲諸法一相義，雖分別殊相而不乖一相。

道液《淨名經集解關中疏》卷下 一相無相爲二。若知一相即是無相。亦不取無相入於平等。是爲入不二法門法花明一實相。般若經明無相。肇曰：言一欲以去二不言一也。言無欲以去有不言無也。而惑者聞一則取一相。聞無則取無相。故有二也。

實叉難陀譯《大寶積經》卷六〇 云何名爲說一相法門。彌勒菩薩曰：若有不見蘊界處，亦非不見，無所分別，亦不見集散。是名說一相法門。師子勇猛雷音菩薩曰：若不作種種分別此是凡夫法，此是二乘法，此則不違法性，入於一相所謂無相，是名說一相法門。樂見菩薩曰：若有修眞如行，而亦不作眞如之想，於此甚深無所分別，是名說一相法門。無礙辯菩薩曰：若能究竟盡於諸法，亦以此法爲他演說，是名說一相法門。善思菩薩曰：若以思議入不思議，此不思議亦不可得，是名說一相法門。妙離塵菩薩曰：若有不染一切相，亦非染非不染。無違無順，亦無迷惑。非一非二，亦非種種，不取不捨。是名說一相法門。娑竭羅菩薩曰：若有能入如海難入甚深之法，而於此法亦不分別，雖爲他說而無說想，是名說一相法門。月上菩薩曰：若於一切衆生，心行平等，猶如滿月，無衆生想。是名說一相法門。離憂闇菩薩曰：云何拔衆生憂箭，謂我我所，是彼憂根。若能住我我所平等，是名說一相法門。無所緣菩薩曰：若不攀緣欲界色界無色界聲聞法、緣覺法及諸佛法，是名說一相法門。普見菩薩曰：若說法時應說平等法，謂空性平等，亦無空想及平等想，是名說一相法門。淨三輪菩薩曰：若說法時應淨三輪，謂所爲衆生我不可得，亦不分別自爲法師，於所說法而無住著。如是說法，是名說一相法門。成就行菩薩曰：若有能說於一切法修平等行，所知如實非文字說。以一切法離言說故，是名說一相法門。深行菩薩曰：若有能說了達一切甚深之法，亦不見彼能說所說及與所爲。是名說一相法門。

實叉難陀譯《大乘起信論》卷下 依此三昧證法界相。知一切如來法身與一切衆生身平等無二，皆是一相，是故說名一相三昧。若修習此三昧，能生無量三昧，以眞如是一切三昧根本處故。

行滿《天台涅槃疏私記》卷一 一相門者。一相即無相，無相之相名爲實相。故云畢竟空，離分別故空也。

道暹《涅槃經疏私記》卷三 一相即四相，四相即一相，非一非四，而一而四，名之爲密。一相者，自正是涅槃，正他亦爾，能隨善解。亦復如之。四相一相者，雖有四種之用，只是一大涅槃故也。

道綽《安樂集》卷下 一相三昧者，有菩薩聞其世界有其如來現在說法，菩薩取是佛相以現在前，若坐道場，若轉法輪，大衆圍繞。取如是相，收攝諸根，心不馳散，專念一佛，不捨是緣。如是菩薩於如來相及世界相了達無相，常如是觀，如是行，不離是緣。是時佛像即現在前，而爲說法。菩薩爾時深生恭敬，聽受是法，若深、若淺，轉加尊重。菩薩住是三昧，聞說諸法皆可壞相，聞已受持，從三昧起，能爲四衆演說是法。佛告堅意：是名菩薩入一相三昧門。

施護譯《集大乘相論》卷下 所言無相者，即彼眞如說名無相。而眞如者，但以名字假分別故。於名字中性不可得，當知我等性即諸法自性。是故此中若人若法悉離諸相而同一相。此一相者，即一切法無對礙相。

智圓《維摩經略疏垂裕記》卷九 一相一味者，十界衆生同一眞如相，四教開顯同詮一乘法，故一相一味。即是一地所生，一雨所潤也。

延壽《宗鏡錄》卷五六 如是八識，從無始來三際不動、四相不遷、眞實常住，自性清淨不壞之相具足圓滿，無所闕失。而如是等一切功德同法界故，無有二相。無二相故，唯是一相。唯一相故，亦是無相。

延壽《宗鏡錄》卷六五 《釋論》云：何等是實相，謂菩薩入於一相，知無量相，無量相又入一相。二乘但入一相，不能知無量相。別教雖入一相，又入無量相，不能更入一相。利根菩薩空，故入一相。即假，故知無量相。即中，更入一相。如此菩薩，深求智度大海，一心即三，是眞實相體也。

契嵩《鐔津文集》卷三　一行三昧者，法界一相之謂也。謂萬善雖殊，皆正於一行者也。無相爲體者，尊大戒也。無念爲宗者，尊大定也。無住爲本者，尊大慧也。夫戒定慧者，三乘之達道也。夫妙心者，戒定慧之大資也，以一妙心而統乎三法。

子璿《首楞嚴義疏注經》卷四（之一）　我常聞佛宣説斯義。一眞如心是佛常説，或名法界，或名實相，或如來藏性，或妙淨明心。一經之内尚有多名，況諸經耶。名雖有異，一體無別，皆顯法界一相本來平等。三科七大，虚妄有生，虚妄名滅。生滅去來本如來藏，不動周圓，妙眞如性。性眞常中求於去來迷悟死生，了無所得。若了斯旨，何山河之忽起有爲之遷流耶。何致問於如來耶。故茲責問，已釋疑盡。此就眞如門約體絕相以答也。性覺本覺指體也，妙明明妙顯用也。顯不由他，故云性覺。性自覺故，性自明故，豈由於他。顯非有始，故名本覺。本來覺故，本來明故，豈因始有。又體無改易，故名性覺，相非生起，故名本覺。體相寂滅心言不能及，故稱妙。靈鑒不昧昏惑不能暗，故名明，妙明明妙左右言耳。或可寂而常照故稱妙明，照而常寂故曰明妙。此顯法界一相眞覺無二。

宗鏡、覺連《銷釋金剛科儀會要註解》卷二　所謂一相者，無相之相，名爲一相。直指法身眞理，元無煩惱垢染。故云：體性離塵緣也。

宗杲《正法眼藏》卷三之上　汝等諸人自心是佛，更莫狐疑。外無一物而能建立，皆是本心生萬種法。故《經》云：心生種種法生，心滅種種法滅。若欲成就種智，須達一相三昧、一行三昧。若於一切處而不住相，彼相中不生憎愛，亦無取捨，不念利益成壞等事，安閑恬靜，虚融澹泊，此名一相三昧。若於一切處行住坐臥純一直心，不動道場，眞成淨土，名一行三昧。若人具二三昧，如地有種能含藏長養成就其實。一相一行亦復如是。

道威《妙法蓮華經入疏》卷五　言一相者，衆生之心，同一眞如之相也。一相即無住，本立一切法，無住無相，即無差別也。立一切法，即有差別也。差別如卉木，無差別如一地。地雖無差別，而能生桃梅卉木差別等異。桃李卉木雖差，而同是一堅相。若知地具桃李，即識實中有權。解無差別，即是差別也。若知桃李堅相，即識權中有實。解差別即是無差別。以是義故，以一相合上一地譬也。

從義《止觀義例纂要》卷四　初明四運者，夫心識無形不可見，約四相分別。謂未念，欲念，念，念已。未念名心未起，欲念名心欲起，念名正緣境住，念已名緣境謝。若能了達此四，即入一相無相。《輔行》云：運者動也。從未至欲，從欲至正，從正至已，故云動也。攝九，四運入佛，四運觀佛，四運不出，九運九界。四相皆不可得，名爲一相。一相自無，名爲無相。

守倫、法濟《科註妙法蓮華經》卷五　一相者，衆生之心，同一眞如相，是一地也。一味者，一乘之法同詮一理，是一雨也。昔於一實相方便開爲七相，於一乘法分別説有七教。佛知究竟，終歸一相一味，所謂下雙釋一相一味。衆生心性即是性德，解脱遠離寂滅三種之相，如來一音説此三法，即是三昧。此三相則爲境界緣生，中道之行終則得爲一切智果。故言究竟至於一切種智。復次，無差別者，謂一相一味，一相合上一地也。解脱相者無生死，相離相者無涅槃，相滅相者無相亦無相，唯有實相，故名一相。一相即無住本立一切法，無住無相，即無差別也。立一切法，即有差別。差別如卉木，無差別如一地。地雖無差別，而能生桃李卉木差別等異。桃李卉木雖差，而同是一堅相。若知地具桃李，即識實中有權。解無差別，即是差別。若知桃李堅相，即識權中有實。解差別即是無差別。以是義故，以一相合上一地譬也。

念常《佛祖歷代通載》卷一三　若於一切處而不住相，於諸法中不生憎愛，亦無取舍，不念利益成壞等事，安閑恬靜虚融淡泊，此名一相三昧。

徐行善《妙法蓮華經科註》卷三　一相者，衆生之心同一眞如相，是一地也。一味者，一乘之法，同詮一理是一雨也。昔於一實相方便開爲七相，於一乘法分別説有七教，佛知究竟終歸一相一味也。所謂下雙釋一相一味。衆生心性即是性德解脱遠離寂滅三種之相。所謂解脱相者無生死相，離相者無涅槃相，滅相者無相亦無相，唯有實相，故名一相。

智旭《大乘起信論裂網疏》卷六　依此三昧證法界相，知一切如來法身與一切衆生身平等無二，皆是一相，是故説名一相三昧。若修習此三昧，能生無量三昧。以眞如是一切三昧根本處故，法界相即眞如體無相不相之實相也。心佛衆生，三無差別，故名一相三昧。梁本名一行三昧，約所證名一相，約能證名一行，當知一行即一相也。

傳燈《維摩詰所説經無我疏》卷一〇　普眼菩薩曰：一相無相爲二。若知一相即是無相，亦不取無相，入於平等，是爲入不二法門。始則會萬法之衆相，歸心之一相。然雖相歸乎一，猶有一之相在，未忘緣也。必須併一而無之，始絶乎相緣。雖云無之，非是離一之外而別有其無。即一心相，體本無相。故曰若知一相即是無相，既一相即無相，則一相亦不捨，無相亦不取。不捨不取，入於平等，是爲入不二法門也。

約教判者，若以空平等觀，空其取捨，通別圓皆得言之。其若用中道妙觀，不捨一相之有，不取無相之無。分但不但，以爲別圓。其義可知。

觀解者，觀一念心性具三千，皆歸於一念之一相。其念本空，元無有相。然則即一念而無念，即無念而一念，豈非若知一相即是無相。是則於一念而亦無所捨，於無念而亦無所取。以平等觀觀平等理，是爲觀心一相無相，入不二法門。

屠根《金剛經註解鐵鋑錎》卷一　只這一相，本來無形清虚妙道，無有蹤跡。【略】何名無諍三昧。謂阿羅漢心無生滅來去，唯有本覺嘗照。嘗照五藴空寂，是名無諍三昧。修此三昧，超過無學，人中最爲第一。若有一念得果之心，我果離欲阿羅漢即不名無諍三昧。【略】若識得無諍三昧，即是一相。一相即是無相。方知裏頭空，外頭空。裏外相連，打成一片。故云：兩箇五百，即作一貫。

一相無相太分明，只在當人一念心
十二時中勤般用，超出生死涅槃門

如愚《妙法蓮華經知音》卷三　一相者，生佛共有一涅槃妙心眞如實相也。此中一相，合前法。如來觀知一切諸法之所歸趣，合前喻。雖一地所生，以大千世界，雖有山川谿谷形色不同，同一地相。故《論》云：心眞如者，即是一法界大總相法門體是也。一味者，謂佛所説三乘九部之言教，同一甘露法味也。此中一味，合前法。又於諸法究盡明了，示諸衆生一切智慧，合前喻。一雨所潤，如大千世界草木，雖有辛酸鹹苦之味不同，而所受靈雨，初直一甘味也。故《論》云：本來平等，同一覺故。所謂下，以昔所説大小乘三解脱門，釋今最上一乘之一相。謂今云如來説法一相者，乃即昔所謂解脱等之三相。非除昔之三相外，別更有一相也。

真界《大乘起信論纂註》卷下　言依三昧則知法界一相者，謂由前止觀察唯心，得入眞如三昧，故能知法界一相也。言知一相者，謂知諸佛法身與衆生身平等無二也。由知平等無二故，則心不異緣，故即名一行三昧。故《文殊般若經》云：何名一行三昧。佛言：法界一相，繫緣法界，是名一行三昧。

謝承謨《金剛經易解》卷一　一相者，諸法寔相也。言諸法雖云有寔相，而究無定相，是不宜取執也，明矣。

一松《妙法蓮華經演義》卷三之一　一相一味之法乃是不可思議之法也。蓋一切諸法，本來全體同一眞實之相，同一醍醐之味。由衆生情執各各不同，故於一相之法或執之爲有相，或執之爲空相，或執之爲中相。故如來亦隨其宜而説。或説於兼之乳味，或説於但之酪味，或説於對之生酥味，或説於帶之熟酥味。此則相乃異相，而非一相。味乃異味，而非一味。故是麁而不得名妙，到今法華一經開顯。所有異相咸成一相，所有異味悉皆一味，如舉一有則一切皆有，有即實相。舉一空則一切皆空，空即實相。舉一中則一切皆中，中即實相。故所有異相皆成一相。既諸相同一實相，則隨其兼但對帶之四味，悉成無上醍醐一味。此則無復有異相異味之可得。如瓶盤釵釧歸大冶而同一金體，江淮河漢入大海而同一鹹味，故言妙法也。此之妙法。若以喻明之，宛同蓮華。蓋蓮華則處染常淨，而華果一時。妙法則即麁是妙，而同一相味。是則法喻雖殊，例之平等。故以妙法之體，而比於蓮華之喻也。

佛閑、智一《妙法蓮華經科拾》卷三　一相是法，一味是喻。喻上所説之法，隨機增長，似有不同，實皆同飲甘露，了無異味也。所謂下，約斷三障，證三德，顯一相之旨，能令聞者同圓種智也。解脱業縛，具八自在，即解脱相。離二死苦，即法身德相。滅煩惱惑，即般若德相。若能究竟，即歸三德圓融秘藏一切種智，亦即三一圓融之般若。以所説之法雖有多種，然皆從般若妙智流出，故仍成一相一味。平等之法門也。

通理《法華指掌疏》卷三　一相者，衆生心相。一切衆生依此建立，如來說法無非指示乎此，此合一地所生喻也。一味者，佛乘乳味。一切諸法從此開演，如來說法無非顯發乎此，此合一雨所潤喻也。所謂下，證釋一相一味之義。解脱相者，不住凡夫，以凡夫著有，未解脱也。離相者，不住二乘，以二乘趣空，未離無也。滅相者，不住菩薩，以菩薩執中，未滅即與離也。既皆不住，則靈心絶待，妙體孤朗，其爲一相也明矣。

續法《大乘起信論疏筆削記會閲》卷一〇 佛法身與衆生身無二者有三意。一者，意取衆生法身故。二者，法身流轉五道，名曰衆生故。三者，衆生相空，即法身故。於此三中，初後爲正。故《淨名》云：如自觀身實相，觀佛亦然。平等即無二，無二即一相也。

通潤《成唯識論》卷一 如何和合共成一相。若謂未合成三，合時變一，理亦不然。合與未合，三德之體無差別，故豈有未合成三，合時成一之理耶。若謂三事其體雖異，而相是同，故和合時成一相者，便違己宗體相是一。若謂體異相同，無斯過者，則應體如相而冥然成一，或應相如體而顯然成三。如是則應一體合成一相，或是三相合成三體，不應說言三體和合共成一相。一相二字，若此中體相對辨，則一相是能變。若下文總別對辨，則一相是所變。由此一相，成彼一相，實無二也。

一心

佛陀耶舍共竺佛念譯《佛説長阿含經》卷一三 云何一心。如是比丘若行步出入，左右顧視，屈申俯仰，執持衣鉢，受取飲食，左右便利，睡眠覺悟，坐立語默，於一切時，常念一心，不失威儀，是爲一心。

僧肇《注維摩詰經》卷七 什曰：一心梵本云和合，《道品》心中有三相，一發動，二攝心，三名捨。若發動過則心散，散則攝之。攝之過則沒，沒則精進令心發動。若動靜得適則任之令進，容豫處中是名爲捨，捨即調御，調御即和合也。譬如善御遲則策之，疾則制之。舒疾得宜，則放之令去。縱步夷塗，必之所往也。生曰：一心謂捨也。若無復高下遲疾，便宜任之以一心矣。

菩提留支譯《入楞伽經》卷一 一切世間法皆如幻，而諸外道凡夫不知。楞伽王，若能如是見，如實見者名爲正見，若異見者名爲邪見，若分別者名爲取二。楞伽王，譬如鏡中像自見像，譬如水中影自見影，如月燈光在屋室中影自見影，如空中響聲自出聲取以爲聲，若如是取法與非法，皆是虚妄妄想分別。是故不知法及非法，增長虚妄不得寂滅。寂滅者名爲一心，一心者名爲如來藏。入自内身智慧境界，得無生法忍三昧。

菩提留支譯《深密解脱經》卷三 所謂觀彼三昧境像，覺知是心。覺知是心已，修眞如觀。彌勒，是名一心。

瞿曇般若流支譯《正法念處經》卷三三 念不放逸，念生住滅，念不散亂。如是念已，若見好色，若見惡色，若見女人，觀其身内膿血不淨之所住處，大小便利不淨之處，如是係念，令不散亂。若入城邑聚落乞求，行色境界不應行處，若不係念，則著色欲。以是因緣，係心不散。是名第一一心係念也。

復次第二係念。思惟觀外境界，可愛園林及蓮華池，可愛河泉遊戲之處，見已作如是念。如是可愛遊戲之處，以愚癡心而生貪著，必當衰壞。樹葉萎黄，失其本相。彫零墮落，狀似枯死，蔭影希踈。如是有爲，一切無常，空無所有，何況愛法。如是作心係念。作是念已，心不貪著内外境界，魔不能亂。是名第二一心係念。

復次第三一心係念。利益安樂，云何係念緣何等法。若食若眠，曾見美色，念不分別，心不係念。作如是念，愚癡凡夫，諸根貪著，不知厭足。如是係念，是名第三一心係念。

復次第四一心係念。隨何等處，得供養利。衣服床褥，臥具醫藥，心不歡喜，不喜不樂。何以故。供養之利，利養瘡深，割皮壞肉，壞肉斷筋，斷筋破骨，破骨傷髓。利養因緣，能壞善法，亦復如是。是名第四一心係念。

復次第五一心係念。若遊城邑聚落村營，不住城邑，若有衆人往至其所，不與多言，不樂多語。何以故。若人遊行城邑聚落，心則散亂，不能自利。如是一心係念，如實觀之。是名第五一心係念。

復次第六一心係念。見如是過於塚間樹下，若草積邊，若山澗邊，若住空舍，無所愛著，亦無親愛。不親近他。善法增長，得自利益，遠避衆人。是名第六一心係念。

復次第七一心係念。聞説天報，心不愛樂，而生厭離，樂聞説於地獄苦果。其心無厭作如是念，天退衰沒，爲閻羅使自在將去，我今不復作地獄業，亦不隨喜。見有作者，敎令捨離。如是比丘，聞天不喜，聞地獄苦，不生怖畏。離憂離喜，常念善法。是名第七一心係念。

復次第八一心係念。我起善念，捨不善法，悉令盡壞，離於餘氣，生餘善法，係念善法。若不善念妨於善念，我已斷不善念。如是攀緣，想念次第之數，一心係念，調伏其心。是人能於洄復湧波，怨家之心，令住境界。是名第八一心係念。

復次第九一心係念。念佛功德念敬重法，念敬信師，隨善師行。正意修行直視一尋，利益一切衆生心念，度脱如是係念，得果不空乃至涅槃。是名第九一心係念。

復次第十一心係念。善修正行，如有四種大怖畏至，謂衰老病死，怖畏死怨。不憙憶念。見四種法流動無常，壽命安隱，少壯具足。如是四種如前所説，常有怖畏，如是修無常想，不樂五欲，不爲愛怒之所使也。常行正念，則能碎於煩惱大山。是名第十一心係念。

復次第十一一心係念。不生分別此是精進，此是懈怠。若生是念，則自毀傷。不惱他人，其心清淨，係念調伏不惱衆生。是名第十一一心係念。

復次第十二一心係念。常聽正法，聞已受持。既受持已，堅持不忘，是人知於善法及不善法。如是之人如大闇中大燈明也。善不善法，於佛法中皆能了知，猶如明燈。是名一心係念。如是一心係念，不爲愛怒，不爲魔使。是名第十二一心係念。

復次第十三一心係念。念身受心念如是處，知於自相。正心係念，離放逸行。既不放逸，不爲閻羅使者自在將去。以自在故，不失憶念。無非時行，不行非處，不行惡境，一切係念。是名第十三一心係念。

慧思《大乘止观法门》卷二　問曰：據一衆生即以一心爲體，心體之中實具六道果報之性，復有無始六道種子，而不得令一衆生一時之中俱受六道之報者，一切諸佛一切衆生亦同。以一心爲體故，雖各各自具六道果報之性及六道種子，亦應一切凡聖次第先後受報，不應一時之中有衆多凡聖。答曰：不由以一心爲體故，便不得受衆多身。亦不由以一心爲體故要須一時受衆多身，但法界法爾。若總據一切凡聖，雖同一心爲體，即不妨一時俱有一切凡聖。若別據一衆生，雖亦一心爲體，即不得一時俱受六道報也。若如來藏中唯具先後受報之法，不具一時受報之法者，何名法界法門具一切法耶。

問曰：上言據一衆生即以一心爲體，心體雖具染淨二性，而淨事起時能除染事者，一切諸佛一切衆生既同。以一心爲體，亦應由佛是淨事，故能治餘衆生染事。若爾者，一切衆生自然成佛，即不須自修因行。答曰：不由以一心爲體故，染淨二事相除。亦不由以一心爲體故，染淨二法不得相除。亦不由別心爲體故，凡聖二事不得相除。但法界法爾。一切凡聖，雖同一心爲體，而不相滅。若別據一衆生，雖亦一心爲體，即染淨二事相除也。如來之藏唯有染淨相除之法，無染淨不相除法者，何名法界法爾具一切法。

問曰：向者兩番都言法界法爾，實自難信。如我意者所解，謂一一凡聖各自別有淨心爲體。何以故。以各各一心爲體故，不得於一心中俱現多身，所以一一凡聖不俱受無量身。又復各各依心起用故，不妨俱時有衆多凡聖。此義即便。又復一一衆生各以別心爲體故，一一心中不容染淨二法，是故能治之法熏心時自己惑滅。以與他人別心故，不妨他惑不滅，此義亦便，何爲辛苦堅成一切凡聖同一心耶。答曰：癡人若一切凡聖不同一眞心爲體者，即無共相平等法身。是故經言由共相身，故一切諸佛畢竟不成佛也。汝言一一凡聖各各別心爲體，故於一心中不得俱現多身，是故一衆生不俱受無量身者。如法華中所明無量分身釋迦俱現於世，亦應不得以一法身爲體。若彼一切釋迦，唯以一心爲法身者，汝云何言一心不得俱現多身耶。若一心既得俱現多身者，何爲汝意欲使一一凡聖各別一心爲體，故方得俱時有凡聖耶。又復經言一切諸佛身唯是一法身，若諸衆生法身不反流盡源即是佛法身者，可言一切衆生在凡之時各各別有法身。既衆生法身即是諸佛法身，諸佛法身既只是一，何爲一一凡聖各各別有眞心爲法身耶。又復善才童子自見遍十方佛前悉有己身，爾時豈有多心爲體耶。又復一人夢中一時見無數人，豈可有無數心與彼夢裡諸人爲體耶。又復菩薩以悲願力用故業受生之時，一念俱受無量種身，豈有多淨心爲體耶。又復汝言一一凡聖各以一心爲體，一心之中不得容於染淨二法故，所以能治之法熏心時自己惑滅，以與他別心故不妨他惑不滅。此義爲便者，一人初修治道時，此人惑染心悉應滅盡。何以故。以一心之內不容染淨二法故。若此人淨法熏心，心中有淨法時仍有染法者，此人應有二心。何以故。以他人與我別心故。我修智時他惑不滅，我今修智自惑亦復未滅，定如須有二心。若使此人唯有一心而得俱有染淨二法者，汝云何言以一心之內不容染淨二法，故淨生染滅耶。是故諸大菩薩留隨眠惑在於心中，復修福智淨法熏心而不相妨。又復隨眠之惑與對治之智，同時而不相礙。何爲一心之內不得容染淨二法耶。以是義故，如來之藏一時具包一切凡聖，無所妨礙也。

問曰：既引如此道理得以一心爲體，不妨一時有多凡聖者，何爲一衆生不俱受六道報耶。又復修行之人一心之中，俱有解惑種子不相妨者，有何道理得以智斷惑耶。答曰：蠓蟲如上已言，法界法爾，一心之中具有一切凡聖，法界法爾。一一凡聖各各先後隨自種子彊者受報，不得一人俱受六道之身，法界法爾。一心之中一時具有凡聖不相除滅，法界法爾。一切凡聖雖同一心不妨一一凡聖各自修智自斷其惑，法界法爾。智慧分起能分除惑，智慧滿足除惑皆盡。不由一心之內不容染淨，故斷惑也。法界法爾。惑未盡時解惑同體，不由別有心故雙有解惑，是故但知眞心能與一切凡聖爲體，心體具一切法性。如即時世間出世間事得成立者，皆由心性有此道理也。若無道理者終不可成，如外道修行不得解脫者，由不與心性解脫道理相應也。法界法爾。行與心性相應，所作得成行。若不與心性相應，即所爲不成就。此明第五治惑受報不同所由竟，次明第六共相不共相識。

問曰：一切凡聖既唯一心爲體，何爲有相見者有不相見者，有同受用者有不同受用者。答曰：所言一切凡聖唯以一心爲體者，此心就體相論之，有其二種。一者眞如平等心，此是體也。即是一切凡聖平等共相法身。二者阿梨耶識，即是相也。就此阿梨耶識中復有二種。一者清淨分依他性，亦名清淨和合識，即是一切聖人體也。二者染濁分依他性，亦名染濁和合識，即是一切衆生體也。此二種依他性雖有用別，而體融一味，唯是一眞如平等心也。以此二種依他性體同無二故，就中即合有二事別。一者共相識，二者不共相識。何故有耶。以眞如體中具此共相識性不共相識性故。一切凡聖造同業熏此共相性故，即成共相識也。若一一凡聖各各別造別業，熏此不共相性故，即成不共相識也。何者。所謂外諸法五塵器世界等一切凡聖同受用者是共相識相也。如一切衆生同修無量壽業者，皆悉熏於眞心共相之性，性依熏起顯現淨土，故得凡聖同受用也。如淨土由共業成，其餘雜穢等土亦復如是。然此同用之土唯是心相，故言共相識。又此同用之土雖一切凡聖共業所起，而不妨一一衆生一一聖人一身造業，即能獨感此土，是故無量衆生餘處託生不廢此土，常存不缺。又雖一一凡聖皆有獨感此土之業，而不相妨唯是一土，是故無量衆生新生，而舊土之相更無改增。唯除其時，一切衆生同業轉勝土即變異，同業轉惡土亦改變。若不爾者，即土常一定也。所言不共相者，謂一一凡聖內身別報是也。以一一凡聖造業不同熏於眞心，眞心不共之性依熏所起顯現，別報各各不同，自他兩別也。然此不同之報唯是心相，故言不共相識。就共相中復有不共相識義，謂如餓鬼等與人同造共業，故同得器世界報。及遙見恒河，即是共相故。復以彼等別業尤重爲障，故至彼河邊，但見種種別事不得水飲。即是共中不共也。復據彼同類同造餓業，故同於恒河之上不得水飲，復是共相之義。於中復所見不同，或見流火，或見枯竭，或見膿血等無量差別，復是共中不共。若如是顯現之時，隨有同見同用者，即名爲共相識。不同見聞不同受用者，即是共不共相識。隨義分別，一切衆生悉皆如是可知也。就不共相中復有共義，謂眷屬知識，乃至時顧同處同語同知解，或暫相見若怨若親，及與中人相識及不相識，乃至畜生天道互相見知者，皆由過去造相見知等業熏心共相性，故心緣熏力顯現。如此相見相知等事，即是不共相中共相義也。或有我知見他，他不知見我者，即於我爲共，於他爲不共。如是隨義分別可知。又如一人之身即是不共相識，復爲八萬戶蟲聽依故，即此一身復與彼蟲爲共相識，亦是不共中共相義也。以有此共相不共相道理，故一切凡聖雖同，一心爲體。

智愷《起信論一心二門大意》 夫一心法界者，非理非事。以非理故，舉體起萬像之事。以非事故，全體成一味之理。以成一味故，性相平等，名眞如門。以起萬像故，因果差別，稱生滅門。以平等不異差別之平等故，眞如門內亦攝體用因果矣。以差別不異平等之差別故，生滅門中亦示自體性淨也。所以二門之中各攝諸法，然則證斯一心之源者，不動一身而徧十方之界，入其普門者，無移一念而窮三企之劫。文殊法王恆居因位而猶稱覺母，觀音大士既成果德而更徊惱界。余幸生東隅僅會遺典，雖慨不見佛，而慶聞幽宗卒下愚之情，括聖上之跡。作四句之頌述二門之旨，庶幾懸乎日月，傳乎曠代矣。則作頌曰：平等之平等，平等之差別。差別之差別，一心流轉門。差別之差別，差別之平等。平等之平等，一心還源義。

釋曰：最初句中上平等者，是一心法界諸法之總體。諸法之中實貫於二門以爲宗肝。故論云：依一心法有二種門，一心眞如門，二心生滅門。此二種門各攝一切世間出世間法等。又云：心眞如者，一法界大總相法門體也。既總體而平等，故名平等。下平等者，是心眞如門。情非情之通體，淨不淨之等依。其一心法界舉體寂靜，遠離名言，畢竟平等，更無能所之差別，何有性相之殊異。故論云：是故一切法從本已來，乃至畢竟平等，無有變異，不可破壞，唯是一心，故名眞如。既通體而無別，故名平等。問：一心與眞如是有何異邪。解云：一心法界者，括因果理事而爲中實，是名一心。心眞如門者，因果理事平等一味，寂名言而爲通體，是名眞如。然則一心總理事而非理事，強號之曰一心矣。眞如直爾就理體而寂名言，假名言云眞如矣。

第二句中上平等者，還眞如門也。下差別者，生滅門中性淨本覺，謂一心法界。雖自性不動而隨他動轉諸法自體而似各異，不動平等而成差別，譬如水波。故云差別。故論云：心生滅門者，依如來藏故有生滅心。又云：自體本覺也。

第三句中上差別者，生滅門中自體本覺也。下差別者，生滅門內無明業相等也。謂隨染本覺不失自性，不動而隨他無明薰動而變成業相，轉相等恆沙萬像，故云差別。故論云：以依不覺故，心動說名爲業，覺則不動，動則有苦，果不離因，故等。又經本云：不思議薰不思議，變是現識因等。又有經云：一味藥隨其流處有種種味等。問：性淨本覺與隨染本覺有何差別。又隨染本覺與根本不覺亦有何異邪。解云：如來藏心自性不動義，名性淨本覺。即藏心隨他動之義，是名隨染本覺。自性動義，名根本無明。譬如濕性之水是自性不動不失濕性，故隨風之波是隨他動義變動波浪，故其起浪之風是自性動義，能令動水。故一心之藏亦復如是。自性不動故，從本是佛耳。隨他動故，猶如凡夫。故證一心源之時，息隨他動之凡愚，成四智圓明之正覺。依之正覺之智，滅自性動之無明。如風止時波即歸水，風是永滅，準思可知。

上來三句明一心流轉義，故第四句結云一心流轉本際。《經》云：即此法身流轉五道，名爲衆生。又有經偈云：無明力最大，能動一法界，遍生死等。

第二行最初句中上差別者，恆沙萬像也。下差別者，還是自體本覺也。謂此無明所動衆生之心，因本覺內薰之力，緣佛菩薩善友之力，初信一心之本源，還起本覺之淨用。故更還云差別之差別。故論云：以此妄心有厭求因緣故，即薰習眞如自信己性知心妄動，無前境界修遠離法等。

第二句中上差別者，還是性淨本覺也。下平等者更亦心眞如門也。謂既信己性之一心，其信心決定是名十信位。此十信之位既起決定之信，依此信故，更解一心之源。其心解決定，名十解位。此十解之位既起決定解，依此解心發起隨順一心方便之行，其行決定名十行位。此十行之位所修之行既順，一心源無所不偏。故以廣大之作意總攝所修之行，迴向三處。謂法界理及諸佛界并諸衆生界，是名三處。是迴向決定名十迴向。以此迴向決定，故成四善根位。決擇分善，此善根決定名四善根。以此善根決定，故世第一心無間，即入初地見道之位。最初隨分證一心之性，此一心之性無所不偏，故名偏滿法界。既無所不偏，故名平等。故論云：以如實知無前境界種種方便，起隨順行等。

第三句中上平等者，還是心眞如門也。下平等者，亦是一心法界也。謂既見道之位，初證一心之性，漸次修遠離之法，還到金剛之位。三企之行窮一念之間，圓智斯起，無明即滅，成自然業，起不思議用，是名究竟覺。是究竟覺名始覺，佛斯則究竟覺一心理。故始覺之智還同本覺。既以始本無二，故冥合眞如，寂靜一味。故論云：以始覺者，即同本覺。又云：而實無有始覺之異，以四相俱時而有，皆無自立，本來平等同一覺故。既本覺智冥合眞如法界，一相無能所殊，還盡一心之源，得偏滿之身，是名一法身。斯一大法身窮十方而無不偏，亘三世而無不到。一切衆生常見而不知，故朝夕唱云敬禮常住三寶。故《大經》云：十方諸世界，一切群生類，普見天人尊，清淨妙法身。又云：無盡平等妙法界，悉皆充滿如來身，無取無記永寂靜，爲一切歸故出世。又此論云：離念相者等虛空界無所不偏。法界一相，即是如來平等法身等。

上來三句明一心還源義，故流轉本際。《經》云：即此法界，返流盡源，說名爲佛。所以第四句結云一心還源義。

真諦譯《四諦論》卷四 云何一心並有者。答：心是生死分，是世間法，道是出世法，兩不相應。如法非法，故說道非心法。依境名心，求能名道。兩若一體，則自性自知。爲免此失，故說道非心法。譬如壽命及無想無心等定，雖非心法而壁等中無，道亦如是。道雖有心非心處位達皆有，故無不具修。復次修有三種：謂守習研，故無不具然。道亦可說是心法。何以故。與正思惟同生滅故。譬如一心，如《經》言，以心作增上，故得一心，是名心定。即是道分，同一出離，同成一事，故共一心而不相違。

真諦譯《大乘起信論》 依一心法，有二種門。云何爲二。一者心眞如門，二者心生滅門。是二種門，皆各總攝一切法。此義云何。以是二門不相離故。心眞如者，即是一法界大總相法門體。所謂心性不生不滅，一切諸法唯依妄念而有差別，若離妄念則無一切境界之相。是故一切法從本已來，離言說相、離名字相、離心緣相，畢竟平等，無有變異，不可破壞。唯是一心故名眞如，以一切言說假名無實，但隨妄念不可得故。言眞如者，亦無有相。謂言說之極因言遣言，此眞如體無有可遣，以一切法悉皆眞故。亦無可立，以一切法皆同如故。當知一切法不可說、不可念故，名爲眞如。

真諦譯《大乘起信論》 一切法本來唯心，實無於念，而有妄心，不覺起念，見諸境界故說無明。心性不起，即是大智慧光明義故。若心起見，則有不見之相。心性離見，即是遍照法界義故。若心有動，非眞識知，無有自性，非常、非樂、非我、非淨，熱惱衰變則不自在，乃至具有過恆沙等妄染之義。對此義故，心性無動則有過恆沙等諸淨功德相義示現。若心有起，更見前法可念者則有所少。如是淨法無量功德，即是一心，更無所念，是故滿足。名爲法身如來之藏。

杜顺《華嚴五教止觀》 眾生聞此，遂即轉執色心爲實成病，即爲開一色即爲開一心。色爲四色，即四大是也。開一心爲四心，即五陰中四陰是也。此乃是四色四心，云何但執一色一心爲一我耶。眾生又即轉執四色四心成病，佛即爲合四大爲一色，即五陰中色陰是也。合四心爲一心，即十二入中意入是也。眾生聞此，又更轉執成病。佛即爲分一色爲十一色，言十一者。即十二入中內五根外六塵，成十一色也。開一心爲七心，即十八界中六識並意識是也。此乃是十八界，云何直執一色一心爲有我耶。眾生聞此遂悟得入空也。

慧遠《涅槃義記》卷九 身意清淨，一心三昧是第二禪。離六識中覺觀麁動，名身意淨。內淨一處，名爲一心。

慧遠《大乘起信論義疏》卷上之上 依一心法者，簡異色無作二聚。但一心聚故言一心，就此明義故名爲依。有二種門者。隨義依數，云何爲二，以下第二列二章門。心眞如者，是第九識，全是眞故名心眞如。心生滅者，是第八識，隨緣成妄，攝體從用，攝在心生滅中。亦一師云，六識七識生滅也。【略】問曰：眞妄相違無相合理，何故言一心。答曰：隨妄義邊終日成妄而不妨眞，全眞義邊終日令眞而不妨妄。如杜實法義邊全滅無有續轉，假名義邊全轉無有滅義而不相礙，有爲尙在轉滅二義不相礙妨，何況眞心有二義乎。

慧远《大乘义章》卷一三 一心支者，是禪是支。言是禪者，是禪體也。言是支者，是支別也。餘四是支而非是禪，是其支別非禪體也。問曰：此五望何說支。釋言：總望初禪之位故說爲支，一切經論悉同此說。唯《瓔珞經》說有第六默然之心，以爲禪體，五支爲因，何故不同。當應彼經凡聖通說，故爲此論。前五是其世俗禪心，說之爲因。第六是其聖默然心，說爲定體。成實云何，論無定判，人釋左右。有人釋言與瓔珞同。亦用第六默然爲體，以一心等名爲支，因故是因非體。若依《瓔珞》，凡聖通論，理亦無傷。若當直就世俗禪中，言用第六默然爲體，是義不然。云何知非。如彼論中解三昧義，言心住一緣名三昧相。解一心支，言離覺觀喜一緣中住是名爲禪。與解三昧其義相似。若一心外別立第六默然爲體，則三昧外亦應別立三昧之體。而三昧中住一緣外不可更立三昧之體，禪中亦爾。住一緣外何爲更立默然爲體。若言經中說一心等爲禪支故更立體者，是則經中說七覺支，應七覺外別立覺體。又復經中說八道分，應八道外別立道體。彼既別無，此亦應然，何得更立。問曰：若用一心爲體，何故名支。釋言：此望初禪總位說支。何妨。如望見位八正名分，望修道位七覺名支。此亦同彼，於中別分，前四是支，後一是體。亦如八正正見是體，餘者是因。問曰：若爾則同毘曇，云何得別。釋言：成實但非毘曇五支同時，不非一心以爲禪體明知共用，初禪五支體具既然。餘禪類爾。

智顗、灌頂《觀音義疏》卷上 若能如是通達四種聞義即聞慧，心無所依無住無著即是思慧，一心稱名即修慧。此文雖窄，三慧意顯。四稱名者。稱名有二，一事二理。若用心存念，念念相續，餘心不間，故名一心。或可如請觀音中，繫念數息，十息不亂名一念。或可無量息不雜異想，心想雖長亦名一心。一心歸憑更無二意，故名事一心也。稱名者，或可略稱。如此文或廣稱如下文。南無者，歸命之辭，皆是事一心稱名也。理一心者，達此心自他共無因不可得。無心無念，空慧相應。此乃無一亦無心，知聲相空，呼響不實。能稱所稱皆不可得，是名無稱，是爲理一心稱名也。

智顗《佛説觀無量壽佛經疏》 一心中三觀。從假入空觀，亦名二諦觀。從空入假觀，亦名平等觀。二空觀爲方便，得入中道第一義諦觀。心心寂滅自然流入薩婆若海，此名出《瓔珞經》。今釋其意。假是虛妄俗諦也，空是審實真諦也。今欲去俗歸真故，言從假入空觀。假是入空之詮，先須觀假，知假虛妄而得會真，故言二諦觀。此觀若成，即證一切智也。從空入假觀者，若住於空與二乘何異。不成佛法不益衆生，是故觀空不住於空，而入於假。知病識藥應病授藥，令得服行，故名從空入假觀。而言平等者，望前稱平等。前破假用空，今破空用假。破用既均，故言平等觀。此觀成時，證道種智。二空爲方便者，初觀空生死，次觀空涅槃。此之二空爲雙遮之方便。初觀用空，次觀用假。此之二用爲雙照之方便。心心歸趣入薩婆若海，雙照二諦也。此觀成時，證一切種智。是爲次第三觀也。一心三觀者，此出釋論。論云：三智實在一心中。得秖一觀而三觀，觀於一諦而三諦，故名一心三觀。類如一心而有生住滅，如此三相在一心中。此觀成時證一心三智，亦名一切種智。寂滅相種種行類相貌皆知也。寂滅相者，是雙亡之力。種種相貌皆知者，雙照之力也。《中論》云：因緣所生法，即空即假即中。《釋論》云：三智實在一心中得。即此意也。此觀微妙，即一而三，即三而一。一觀一切觀，一切觀一觀，非一非一切。如此之觀，攝一切觀也。

智顗、灌頂《金光明經玄義》卷下 一切心一心，非一非一切。一念心一切心者，從心生心雜雜沓沓。長風駛流不得爲喻，日夜常生無量百千萬億衆生，六道輪迴十二鉤鎖，從闇入闇闇無邊際。皆心之過也。故言一念心一切心，是則凡夫所迷沒處。一切心一心者，若能知過生厭，皆自持出，如小火燒大積薪，置一小珠澄清巨海。能觀心空，從心所生一切諸心無不即空，故言一切心一心。

智顗《禪門要略》 一心者，既知世法即是出世法，應當專修定慧二法。令與法性相應，心如金剛無能壞者，故名一心也。

智顗《摩訶止觀》卷五 夫一心具十法界，一法界又具十法界百法界，一界具三十種世間，百法界即具三千種世間。此三千在一念心。若無心而已，介爾有心即具三千。亦不言一心在前一切法在後，亦不言一切法在前一心在後。例如八相遷物，物在相前物不被遷，相在物前亦不被遷。前亦不可後亦不可，秖物論相遷秖相遷論物。今心亦如是，若從一心生一切法者，此則是縱。若心一時含一切法者，此即是橫。縱亦不可，橫亦不可。秖心是一切法，一切法是心故。非縱非橫，非一非異，玄妙深絕。非識所識，非言所言。所以稱爲不可思議境，意在於此（云云）。

智顗《摩訶止觀》卷六 第三橫豎一心明止觀者。如上所説橫豎深廣破一切邪執，申一切經論修一切觀行，逗一切根緣，迴轉無窮言煩難見。今當結束出其正意。若無生門千萬重疊，秖是無明一念因緣所生法，即空即假即中不思議三諦，一心三觀一切種智，佛眼等法耳。無生門既爾，諸餘橫門亦復如是，雖種種説秖一心三觀。故無橫無豎，但一心修止觀。又爲二。一總明一心，二歷餘一心。總者，秖約無明一念心。此心具三諦，體達一觀此觀具三觀。若不得前來橫豎諸説，如此境智何由可解。前説一念無明與法性合，即有一切百千夢事。一陰界入一切陰界入，無量單複具足無言等見，三界九地一切諸思，十六門破等諸法，先已次第橫豎聞竟。今聞一心因緣生法者，即懸超前來一切次第因緣生法，懸識不可思議因緣生法。前説諸法皆三假四句，句句求實不可得。單複諸見皆空，九地諸思皆空，十六門皆空。先已聞故，今聞一心即是空，懸超前來次第諸空，懸識不可思議畢竟妙空。前來所明諸假覆疎倒入，分別藥病授藥等法，先已聞故，今聞一心即假，懸超前來次第之假，懸識雙照二諦之假。今聞非空非假者，懸超前來諸空皆非空，諸假皆非假。又前來分別一切非有非無。單見中非有非無，複見中非有非無，具足中非有非無，三藏中非有非無。通門非有非無，別門非有非無。前已聞故，今聞非有非無，懸超前來諸非有非無，懸識中道不可思議非有非無。如此三諦一心中解者，此人難得。何以故。約心論無明還約心論因緣所生法，故有前來一切法。約心即空，故有前來諸空。還約心論假，故有前來出假等。亦約心論法界，故有中道非空非假。三諦具足，秖在一心。分別相貌，如次第說。若論道理秖在一心，即空即假即中。如一刹那而有三相，三相不同生住滅異。一心三觀亦如是。生喻假有，滅喻空無，住喻非空非有。三諦不同，而秖一念。如生住滅異秖一刹那，三觀三智三止三眼，例則可知。如是觀者，則是眾生開佛知見。

智顗《摩訶止觀》卷七　法相淺深任有通塞，況復於中起苦集無明蔽等，是故皆塞無復有通。若一心三觀法相即破豎中之通塞，三觀一心破橫中之通塞，空即三觀故破步涉山壁三百之通塞，假即三觀破乘馬四百之通塞，中即三觀破神通之通塞。良以一心能即空假中者，一切山河石壁眾魔群道皆如虛空，一心三觀遊之無礙。【略】

因緣生法，一種一切種，一心一切心。法性空故，一切心一心，一空一切空。法性假故，一心一切心，一假一切假。法性中故，非一非一切，非空非假雙照空假。九法界心亦復如是。

智顗《摩訶止觀》卷九　正禪五支者。若初觸觸身在緣名覺，細心分別八觸及十眷屬名爲觀，慶昔未得而今得故名爲喜，恬愉名爲樂，寂然名一心。《毘曇》二十三心數一時而發，取其強者判爲五支，五支悉是定體，體前方便如上說。《成論》明五支前後相次而起，四支爲方便，一心支爲定體。《大集》以第六默然心爲定體。有人言，五支在欲界第九心，或言在欲界定前，此則非五支也。今辨覺觀俱禪正就初禪判，那得爾耶。五支同起而有強弱相翳，取成就者以判五支。如一槌撞鐘初麄中細之異，五支亦爾。初緣覺相盛，不妨已有觀等四支。覺強觀末了，覺息觀方明。初已有喜，觀息喜支成。初已有樂，樂未暢，喜息則樂成。初已有一心四支所動，今樂謝一心成。

智顗《修習止觀坐禪法要》　五者，一心分明。明見世間可患可惡，善識定慧功德可尊可貴。爾時應當一心決定修行止觀，心如金剛，天魔外道不能沮壞。設使空無所獲，終不回易，是名一心。譬如人行，先須知道通塞之相，然後決定一心涉路而進，故說巧慧一心。經云：非智不禪，非禪不智。義在此也。

智顗《釋禪波羅蜜次第法門》卷二　五一心者。行人已善能巧慧，籌量用心無謬。今但應專心守一而行，故名一心。如人欲行，善須識道路通塞之相，決定知已，即一心而去。故說非智不禪，非禪不智。義在此也。

智顗《釋禪波羅蜜次第法門》卷五　初禪有五支。一覺支，二觀支，三喜支，四樂支，五一心支。覺者，初心覺悟名爲覺。觀者，後細心分別名爲觀。慶悅之心名爲喜，恬澹之心名爲樂。寂然不散，名一心。【略】五一心支者。經久受樂心息，雖有覺觸等事，而心不緣。既無分散，定住寂靜。故名一心支。

智顗《法界次第初門》卷上　初禪有五支（一覺支，二觀支，三喜支，四樂支，五一心支）。【略】五一心支（心與定法一，故名曰一心。行者初證禪時，乃即著定，而心猶依覺觀喜樂之法。故有細微之散。若受喜樂心，自然與定法一，故名一心支）。

二禪有四支（一內淨支，二喜支，三樂支，四一心支）。【略】四一心支（心與定法一，謂之一心。行者受樂心息，則心與定一，澄停不動。故名爲一心支）。

三禪有五支（一捨支，二念支，三慧支，四樂支，五一心支）。【略】五一心支（心與定法一，名曰一心。行者受樂心息，則心自與定法一，澄渟不動，名一心支）。

四禪四支（一不苦不樂支，二捨支，三念支，四一心支）。【略】四一心支（心與定法一，名一心支。行者既得四禪捨俱之定，捨念將息，則心無所依，泯然凝寂，一心在定，猶如明鏡，不動淨木無波湛然，而照萬像皆現。何故此四禪中，獨名不動定也。初禪覺觀動，二禪喜所動，三禪樂所動，是四禪中先離憂喜。今復除苦樂，故名眞定也。三界勝定，無復過此若三乘行人，善巧照了分明，則因此定發眞無漏。有漏外道無慧方便，入此定時，不壞身色，直滅其心，入無想定，謂爲涅槃。是爲邪倒，非涅槃也。從初禪至四禪有十八法，皆名支者支派也。從四禪中分派出十八功德，故名支也）。

灌頂《**觀心論疏**》**卷五**　心若沈昏，當用擇喜進三覺分策起也。心若浮散，當用除捨定三覺分息亂也。心若不沈不浮，當用念覺分寂照心源也。又偏觀心空即沈相，偏觀心假即浮相。正觀中道即不沈不浮，名一心也。

玄奘譯《**大般若波羅蜜多經**》**卷四七三**　汝應修習勝三摩地，勿起散亂及勝定想。所以者何？是一切法皆本性空，本性空中無法可得，可名散亂，或名一心。

窺基《**瑜伽師地論略纂**》**卷一**　一心刹那者，意說於一境中專一性心，雖多念仍名一心。又以前後性類相似名一心。

窺基《**瑜伽師地論略纂**》**卷一四**　《論》云：又如是言由一淨心等，乃至當知此中依轉所攝相續心由世俗道名發一心者。此中據緣事竟，隨多少刹那量，名爲一心，非唯一刹那心名一心，是此中意也。此即如本地第三卷云，起一心若衆多心等是。

窺基《**成唯識論述記**》**卷三**　論：如是處處說唯一心。

述曰：此指例也。諸師因此執諸有情唯有一識，此義非也。至下當知，今此即是例十地等一心之文。三界唯爾心。離一心外無別法故。

論：此一心言亦攝心所。

述曰：此頌非唯一心。如境更無異物，亦有心所，如言王者亦攝臣故。

窺基《**成唯識論述記**》**卷五**　云何一心。謂世俗言說，一心刹那非生起刹那。謂一處爲依止，於一境界事，有爾所了別生，總爾所時名一心刹那。又相似相續亦說名一，與第二念極相似故等。明第八識與五識等三性不俱，善眼染七自無記故。雖有三性，俱遮餘轉識三俱生故。

澄觀《**大方廣佛華嚴經隨疏演義鈔**》**卷一三**　一心者，即如來藏心。含於二義，一約體絕諸相即眞如門，二隨緣起滅即生滅門。

澄觀、宗密《**大方廣佛華嚴經普賢行願品別行疏鈔**》**卷二**　總該萬有即是一心。

二釋一心爲體。總該萬有即是一心者，直指眞界之體也。然此心非佛非生非眞非妄，雖非一切而爲一切根本。故序云：萬法資始，既世出世間之法，不出此心，故云總該萬有。然體非萬有，故云一心。所以次云體絕有無等，然諸經論俱說萬法一心，三界唯識。後人不知宗旨各別、權實有殊，違於已解則拒而不受。此是一切經論所宗，若不深淺具彰，寧究一心旨趣。

今約五教對顯，令辨此中宗途。第一愚法聲聞教假說。一心二乘之人實有外境，不了唯心。縱聞一心，但謂眞諦之一心。縱云外法由心轉變，亦不得言境即是一心（推之，即一心之義不成，故云假說）。故《唯識》破云：復有迷謬唯識理者，或執外境如識非無。釋云：此即有宗依十二處教，執心境俱有，故言假說一心也（此下則皆實一心也）。

第二大乘權教。明異熟賴耶名爲一心，簡無外境，故說一心（雖心心所別相見不同，但皆是心，即名一義。如一樹木，雖千枝萬葉，但皆是一木，即言一樹木也）。於中曲分有三。一相見俱存，故說一心（相見俱存，唯識正義，雖四師各立。今且從多，故明相見二分也）。此通八識及諸心所（心及心所皆有相見，當體即見分，次明相分），并所變相分，本影具足（相有二義，一識所頓變即是本質，二識所緣境唯變影緣不得本質）。二攝相歸見，故說一心。亦通王所（此即安慧所立，一分名自證分。謂多立二分，去相取見，爲自證分也），但所變相無別種生，能見識生帶彼影起。故魏譯《唯識論》云：唯識無境界，以無塵妄見，如人目有翳見毛月等事（亦是世親菩薩造翳即非虛如見分也毛輪二月等其體全無如相分也）。三攝所歸王說一心唯通八識，以彼心所依王無體亦心變。故大莊嚴論云（無著菩薩造有十三卷）：能取及所取此二，唯心光，貪光與信光二光無二法長行，釋云：求唯識人應知能取所取唯是心光，釋上半也。如是貪等煩惱光及信等善法光。如是二光亦無染淨，是故二光亦無二相也。今解曰：皆云光者，是心之光影也。

第三大乘實教。明如來藏藏識唯是一心（如來藏藏識即《入楞伽經》之文也）。理無二故，故說一心。於中二門。一攝前七識歸於藏，故說一心。謂前七轉識皆是本識差別功能，無有別體。故《楞伽》云：藏識海常住境界風所動種種，諸識浪騰躍而轉生。又云：譬如巨海浪，無有若干相，諸識心如是，異亦不可得（既云離水無別波浪，明知離本識外別無前七）。然此門及前門亦《唯識論》所破，故論云：或執諸識，用別體同。釋云：即大乘一類菩薩，言八識體，唯是一也（即此門也，彼意云體是八）。又云：或執內心無別心所（即前門也，彼意云別有也）。釋云：即覺天所計，以經言士夫六界染淨，由心無心所故。然此二門是無著菩薩建立幷《楞伽經》文護法雖破，豈遵枝末而背大菩薩耶。故此列於俱存王所之後，用爲其次，轉深也。二總攝染淨歸如來藏，故說一心。謂如來藏舉體隨緣成辨諸事，而其自性本不生滅，是故一心二諦皆無障礙。故《密嚴經》云：佛說如來藏，以爲阿賴耶，惡慧不能知，藏即賴耶識。又《勝鬘經》云：自性清淨心不染而染，難可了知。染而不染，難可了知。皆明性淨隨染，舉體成俗，即生滅門。染性常淨，即眞如門。如《起信》一心二門也。

第四大乘頓教。泯絕染淨，故說一心。謂清淨本心本無染淨，對妄想垢假說爲淨。妄既本空，淨相亦盡。唯本覺心清淨顯現，爲破諸數，假說一心也。故《淨名》云：一切衆生即涅槃相，不復更滅。又云：寂滅是菩提滅諸相。故楞伽云：不壞相有八，無相亦無相。如是等文，誠證非一也。

第五總該萬有即是一心。則唯是法界性海圓融，緣起無礙，全眞心現也。謂未知心絕諸相，令悟相盡唯心，然見觸事皆心，方了究竟心性。故《梵行品》云：知一切法即心，自性成就慧身，不由他悟。於中有三。一融事相入，故說一心。謂一切事法既全是眞心而現（揀法相宗唯妄識而變也），故全心之事隨心徧一切中，全心之一切隨心入一事中，隨心回轉相入無礙。二融事相即，故說一心。謂以一事即眞心故，心即一切時。此一事隨心亦即一切，一切即一亦然。三帝網無盡，故說一心。謂一切全是心，故能含一切。所含一切亦唯心，故復含一切。重重無盡，皆由一一全具眞心，隨心無礙，故無盡也。

此上五教，總有十門。後後轉深，門門意別。覽者一一詳審，無令前後不分。然皆說一心，有斯異者。蓋以經隨機說論，逐經說人，隨論執，致令末代固守淺權。後之三門，即別教一乘之意。正當疏文。然以前望，此則前七不攝後三，以此望前，則十門全統。若直剋論疏意，但是一眞心體。未開收攝之門，爲恐外求之。故說總該萬有。所以指云即是不云攝歸，故此後方云強分理事等也。又一切衆生悉具，亦是該有之義。

澄觀《大方廣佛華嚴經疏演義鈔》卷九 第九攝歸一心者，上來諸門乃至無盡，不離一心。一心即法界。故《起信》云：所言法者，謂衆生心。

宗密《注華嚴法界觀門》 統唯一眞法界，謂總該萬有，即是一心。然心融萬有，便成四種法界。一事法界，界是分義，一一差別，有分齊故。二理法界，界是性義，無盡事法，同一性故。三理事無礙法界，具性分義，性分無礙故。四事事無礙法界，一切分齊事法，一一如性融通，重重無盡故。

宗密《大方廣圓覺經大疏》 二、依一心開二門。一者心眞如門。即是一法界大總相法門體。所謂心性不生不滅，一切諸法唯依妄念而有差別。若離心念，則無一切境界之相。乃至唯是一心，故名眞如（知是空華即無輪轉乃至如法界性等）。二者心生滅門。謂依如來藏故有生滅心。所謂不生不滅與生滅和合，非一非異名阿梨耶識（經五名中，一名如來藏自性差別，及云種種生於覺心等）。

宗密《圓覺經大疏釋義鈔》卷二 明大乘法唯有一心，一心之外更無別法。但有無明，迷自一心，起諸波浪，流轉六道。雖起六道之浪，不出一心之海。良由一心動作六道故，得發弘濟之願。六道不出一心故，能起同體大悲。如是遣疑，得發心也。開二種門，遣第二疑。明菩薩諸行雖有衆多，初入修行不出二門。依眞如門以修止行，依生滅門而觀起行。止觀雙運，萬行斯備。入此二門，諸門皆達。如是遣疑，能起修行也。今此疏意亦同論也。謂信解淨性一心有生有佛，又悟相即，即是一心二門本末無礙。既此義精通，故一切疑自然淨釋，無所滯也。

宗密《圓覺經大疏釋義鈔》卷九 疏五攝歸一心門中，云推末歸本者。經云：三界所有者，末也。唯是者，推歸也。一心者，本也。故云推末歸本。然意有兩重。一、一心是能變之八識爲本，三界所有是所變，一切法爲末。二、一心是如來藏性清淨眞心爲本。前八識等若本若末，皆屬所變爲末。今正是此意。亦含前意故，彼論判爲第一義諦觀也。然別行十地經雖云皆一心作，意取能作一心，故云第一義諦觀。爲以第一義諦是緣之性，若見緣性，則脫緣縛。故云觀也。故論云證得第一義，則得解脫。

彼觀故，釋曰此明修觀所以也。若但用一心爲八識，則唯得法相宗矣。如唯識等說故。今云諸論同引等也。前唯心章者，普賢章中釋幻化生於圓覺妙心之文中，可撿叙之。疏二本末依持者，亦合前兩重本末，然多約八識爲本，以釋其相。故論判此後半門及下餘八門，總云世諦差別觀。（疏云：世諦則是心感，故稍異前段）於中又分爲六觀，以攝八門半。今半門即是染依止觀也。十二支是妄染是能依，一心是眞是所依也。以純眞不生，單妄不成。一心之眞，雜染之俗。此二和合，有因緣集故。文中二：一釋經，二釋論。一中三，謂標徵釋。此三段全寫經文，更無迴互。今初躡前標云，於此分別等也。此謂前唯一心矣。

法藏《大乘起信論義記》卷中本 依一心法有二種門。云何爲二？一者心眞如門，二者心生滅門。初中言一心者，謂一如來藏心含於二義。一約體絕相義，即眞如門也。謂非染非淨，非生非滅，不動不轉，平等一味，性無差別。衆生即涅槃，不待滅也。凡夫彌勒同一際也。二隨緣起滅義，即生滅門也。謂隨熏轉動成於染淨，染淨雖成，性恆不動，只由不動能成染淨。是故不動亦在動門，是故下文云識有二義中本覺是也。上文生滅門中自體是也。勝鬘中不染而染，染而不染等者，此約生滅門說也。《楞伽》云：如來藏名阿賴耶識，而與無明七識共俱，如大海波常不斷絕等。又云：如來藏者，爲無始虛僞惡習所熏，名爲識藏。又云：如來藏者，爲善不善因受苦樂，與因俱若生若滅，猶如伎兒作諸伎樂等。廣如二部楞伽中說。此等並約生滅門說也。然此二門，舉體通融，際限不分，體相莫二，難以名目。故曰一心有二門等也。

法藏《華嚴一乘教義分齊章》卷二 一心具五義門，是故聖者隨以一門攝化衆生。一攝義從名門，如小乘教說。二攝理從事門，如始教說。三理事無礙門，如終教說。四事盡理顯門，如頓教說。五性海具德門，如圓教說。是即不動本而常末，不壞末而恆本。故五義相融，唯一心轉也。

湛然《止觀輔行傳弘決》卷六之一 次明一心者。初明來意。始從外外終至佛法，皆有邪執及以諸思。並皆觀破，破立兼申一切經論，故見思破位大小不同，四門料簡所入各異。出假藥病及授藥等遍歷一切，入中復有諸位不同，度入橫門又無量，是故一一皆云一切。其相既廣，欲修觀者唐心難當。故須結撮示其正意，名爲一心。此即正明一心無生門之來意也，從若無生門千萬等者。次明橫豎諸門度入一心。雖種種下結成一心，但一心下分門解釋。先釋總門。對下貪等一一相別，故名爲總。利者舉總已了於別。爲未了者下更別云，於中初略示觀法。若不得等者，次明度入意，尋文可見。言懸超者，一心中具無復次第，不同前豎，故曰懸超。出假度入中云複疎到入，自行雖破未委分別，故名爲疎。次爲利他更廣分別，故名爲複。破已復來，故名到入，亦名卻入。未前進故，如是等相亦入一心，故云妙空乃至雙照等，一切雙非意亦如是。言雙照二諦之假者，以假即中故也。何以故下釋結如是等者。次約一心開佛知見，既於念念止觀現前，約此心念名爲衆生。何者，總撮前來，若橫若豎，既入一心，凡一念起，不離於我。我即衆生，違念念心，而寂而照。寂故名止，照故名觀。一心既爾，諸心例然。【略】

次歷餘一心者。以向橫豎不二，一心歷於諸心。一切諸心無非無明，是故初且總觀無明。總既非宜，開總出別。無明心中具諸心故。問：前文但云觀於識陰，何故得有欲等心耶。答：一者諸心不出於識，二者爲對便宜之人，故須兼列。問：貪等即是煩惱所攝，何名觀陰。答：雖是煩惱善惡陰攝。況此但觀欲等心王，若爾，與煩惱境有何別耶。答：此是煩惱非煩惱境。彼由觀發昔此過現習生。與下不同，故合在此。其實煩惱非報陰也，雖即屬陰，攝陰不盡，是故下文復例餘陰。所言歷者謂巡檢也，以別望總，故名爲餘。不出無明，故云一心。

湛然《止觀輔行傳弘決》卷七之一 欲出通相，一心爲通，故先辨於橫豎之塞。若一心下正明一心，即是檢校一心破遍。前破遍中既已結成出其元意，秖應立於一心檢校，於義即足。又爲成就前橫豎門，故更節節以論檢校。復引《法華》善知通塞，顯今檢校須破諸師。論其正意秖在一念，故前之三種爲顯一心舉破遍等，例之可見。又前三種望於破遍，但成於豎，至下度入方始以豎而入於橫。如諦緣度橫織豎成豎橫別之橫三俱初發。雖名爲橫，三觀望之終名爲豎。今破權功能，正顯一心。初破橫豎中破豎者，豎通漸入雖屬一人，前後次第三時各異。以各異故，故非一三。今一心具三，破次第之三，故云一心三觀破豎通塞。三觀一心能破橫者，彼橫三觀離屬三人，並在初心，故三不合一。今以三秖是一破彼分張之三，故云三觀一心破橫通塞。應知一心三觀與三觀一心言互理同，爲破橫豎翻對而說。

湛然《止觀義例》卷下　問：一心三觀與三觀一心，二文何別。答：一心三觀即是假，三觀一心即是空。非三非一即是中，爲破步馬神通。故云空假。若論頓頓，一中具三。喻曰：本論三觀須有所以，此是佛法大體，又是一家要門。凡用其名須得指實，既用此三格一切法，應曉三意，方盡其門。一者對境成觀。如觀一心爲不思議境，及破法遍等文是也。二者覆疏收束。如第一卷合散非合非散。三一非三非一等。是三者寄名義立，如門非門，非門非不門，權實非權非實等。是此三觀一心，一心三觀，都非此之三觀意，只是翻對破彼縱橫觀。縱觀唯約次第之三而不得一，故以即一而三破彼縱義，故云一心三觀破豎通塞，橫觀唯得各別之一而不得三。故以即三之一破彼橫文，故云三觀一心破彼橫通塞。

裴休《黃檗山斷際禪師傳心法要》　諸佛與一切眾生，唯是一心，更無別法。此心無始已來，不曾生不曾滅，不青不黃，無形無相，不屬有無，不計新舊。非長非短，非大非小，超過一切限量名言縱跡對待，當體便是，動念即乖，猶如虛空無有邊際不可測度。唯此一心即是佛，佛與眾生更無別異。

子璇《金剛經纂要刊定記》卷一　如來藏，本源自性清淨心也。然今所明正是此心，以是迷悟根本，凡聖通依，世出世間皆不離此。所以《起信論》中立爲大乘法體。故《論》云：摩訶衍者，一法，二義。所言法者謂眾生心，是心則攝一切世間出世間法，依於此心顯示摩訶衍義。又云依一心法有二種門：一者心眞如門，二者心生滅門。是二種門皆各總攝一切法。此義云何。以是二門不相離故，以眞如門是通相，故攝一切。生滅門雖是別相，以是即眞如之生滅，亦攝一切。以此二門同依一心爲源，則知萬法不出此心。

又如華嚴是圓極一乘，亦以此心爲一眞法界之體。故彼疏說：統四法界爲一眞法界，謂寂寥虛曠、沖深包博、總該萬有，即是一心。體絕有無，相非生滅。乃至云：諸佛證此妙覺圓明，現成菩提爲物開示等。然此一心有性有相。相則凡聖迷悟，因果染淨等異，性則靈靈不昧，了了常知。然此性相不即不離。以相不離性故，只向同處異。性不離相故，只於異處同。性不即相故，未始有差別。相不即性故，未嘗不殊異。蓋緣性相一味，所以同異兩存。其猶一水波濕，性相同異可知。然此靈心本非一切，能爲一切，心之名字亦由此立。今云淨者，但約畢竟空義，非是揀染名淨。以但唯一心，貫通染淨故。荷澤云：知之一字眾妙之門，一切諸法依此建立，既爲得失之祕府，乃是昇降之玄樞。稱眾沙門實爲至矣。今所辨者即是此心。

子璇《起信論疏筆削記》卷一　問：初敘一心，後辨二門不二，亦即一心初後何別。答：初之一心心當能起，後之一心心當所歸。雖前後體同，且始終義異。但以本是一心離名絕相，由其迷悟萬法隨生，生法本空，一切唯識，識如幻夢，但是一心。

子璇《起信論疏筆削記》卷二　然大乘法體是眾生諸佛無二眞源，不分染淨眞妄差別，而能具攝一切諸法，寂焉不動，靈鑒無昧，故名一心。而此心體非眞非妄，能眞能妄，故開二門。門者，無壅虛通往來出入自生開闔無妨之謂也。依心無相立眞如門，依心具法立生滅門。二門互通開闔自在，俱以一心爲源，故云心眞如心生滅也。

子璇《起信論疏筆削記》卷三　一心爲本源者，爲是也。謂此一心，是一切染淨法之根本。其猶水源爲萬流之本，更無有法爲心之本。故云：唯一心本即源也。經云：諸法所生，唯心所現。一切因果世界微塵，因心成體。法喻雙顯，故云本源。《華嚴》下配教，此是圓教之所宗故。四法界者，如前所列。然四種皆稱法界，而界義不同。謂理法名界，界是性義，謂與一切染淨諸法爲體性故。事法名界，界是分義，一一事法分限別故。後二法界具性分義可知。義雖有四，而體是一。故混四爲一，一外無四。故云：統唯一眞也。謂寂寥下總萬有以出體。彼曰法界，此曰一心。謂此一心是法之性，故曰法界。隨義立名，體元無異，故以一心爲法界體。初二句顯德相，寂謂無聲，寥謂無色。虛則中無妄染，曠謂寬遍十方。沖即是深，豎通三際。包即容受一切無餘，博則能入一切咸遍。總該下明該收萬有者，一切法也。萬有不出一心，是故一切全爲心性。心性無外攝，無不周也。此但意在出體，不在收於萬法。恐存心外之見，故云總該等也。然諸教中皆說萬法一心，而淺深有異，今約五教略爲辨之。一愚法聲聞教。假說一心，謂世出世間染淨等法，皆由心造業之所感，推徵則一心之義不成。故云假說。二大乘權教，明異熟賴耶以爲一心，三界萬法唯識變故。三終教。説如來藏以爲一心，識境諸法皆如夢故。四頓教。泯絶染淨以説一心，顯體離言絶諸相故，爲破諸數假名一也。五圓教。總該萬有以爲一心，事理本末無別異故，如上所説。前二教淺，後三教深。於三教中義有淺深，體唯眞性。今之所辨即第五也。注正當此門者，此論所詮理極於是。故上指陳即華嚴經一眞法界，但彼以性相俱融名爲法界。此約克指法體，故曰一心。圓實之旨，以此爲異也。【略】

心即唯識門，境即隨相門，理即歸性門，事即一二門。以對理成句，故重牒之。同一緣起者，上之三門同爲一大法界緣起。謂境不自境由心故境，心不自心由境故心。未有依眞之妄，不從眞生。未有隨妄之眞，不依妄顯。如是則境是心境心是境心，眞即妄眞妄即眞妄。互相依倚互相資假，隨有所闕則皆不成。故云同一緣起也。混融等者，即無障礙法界也。謂若心若境若理若事，一多即入俱無礙故。斯則動止縱横，無非教體也。以一下出所以，如上心境理事得無障礙者。以一切法不離二門，二門唯一心故。以歸性即當眞如門，前二即當生滅門。二門不二即是一心，以此一心融之故，得同一緣起無礙自在也。

子璇《起信論疏筆削記》卷五　立一心等者，謂大乘之法唯是一心，一心之外更無別法。但由無明迷自心海起，成六道波浪。波浪雖起，不出一心之海。

子璇《起信論疏筆削記》卷六　以此下結成一心，良以二門相攝。理齊鎔融不二，以不二故得名一心。斯則二門一心，體無別異。若約義別説，則一心是總，二門是別。又於別中，眞如約體，生滅約相。若克體圓融，則性相無二，即是一心。今既二門互攝，全奪兩亡，唯是一心更無別法，故今結成爲一心也。

子璇《起信論疏筆削記》卷二〇　言不頓發故，觀之與止前後而辨。若在行人修心之際，須止觀融鎔，無前無後。謂即止而修觀，寂而常照也。即觀而修止，照而常寂也。寂照之體即是一心，一心名爲實性。

知禮《觀音義疏記》卷一　初明一心。有相續一心，有數息一心。二明稱名。今文但稱所歸之名，未稱能歸之辭。故是略非廣。二理二。初明一心，心有生滅不名爲一。今達心性非四句生，既本不生亦復無滅，乃名一心。然立一心對他成二，若無一無心則無諸無法。畢竟叵得名理一心，言達此心者，即是體達事中一心。

知禮《觀無量壽佛經疏妙宗鈔》卷二　一心三觀，斯乃稱性而觀，絶待而照。蓋一切法，性是法身般若解脱。如伊字三點，三非孤立，一一圓具，舉一即三。乃以三德而爲三諦，般若是眞，解脱是俗，法身是中。德既不縱不横，諦乃絶思絶議，此是佛之所諦。今以此諦而爲所觀。諦既即一而三，觀豈前後而照。故依妙諦以立觀門，即於一心而修三觀。此觀觀法能所雙絶，況無量壽佛本修此觀成就三身，法報泯然眞應融即，非兹妙觀寧顯妙身。化主若斯，徒衆亦爾。正報既妙依報豈麤，故十六境皆須妙觀。此文爲三。初依智論釋二。初釋相二。初約法釋。三智即前次第所明一切智，道種智，一切種智。令易解故，分屬三人。剋性圓論三智實在一心中得，三智是果，三觀是因。果在一心因豈前後，因果不二方曰圓修。故舉智後即明三觀，只一觀而三觀者。趣舉一觀即具三觀，舉一空觀假中亦空，三觀悉能蕩相著故。舉一假觀中空亦假，三觀皆有立法義故。舉一中觀空假亦中，三觀當處皆絶待故。若知三觀只在一心，則一一觀任運具三也。觀於一諦而三諦者，諦觀名別其體不殊，全諦發觀觀還照諦。既無別體，以何義故立諦立觀。若欲分別就三因説，性三爲諦，修三爲觀。性了是眞，性緣是俗，正是中諦。不是了因非大眞諦，俗中亦然。此之三諦方與三觀體性不殊。頑空爲眞與觀體別，俗中亦爾。三觀互具者，蓋性三本融。全性成修此之謂矣。二類如下引類釋。以有爲法類無爲性，一刹那心初生即滅。兩間名住，不無三相而在一心。三相無常尙居促念，三觀稱性無作無生，具於一心其義何爽。二此觀下結果。不明智果觀法無歸，故示觀成惑滅理顯，豁然妙證三種智慧實在一心。或具論三智，或從勝説，只但名爲一切種智。寂滅等者論自解釋。一切種智雙寂二邊無明之相，雙照二諦種種行類，始自初心圓修三觀。妙觀中道，念念雙忘，而即二邊念念雙照。一心二觀，法爾如然。

知禮《金光明經玄義拾遺記》卷五　初，一心一切心別示假也。假在初者，假有二種。若在空後即建立假，若在空前即生死假。欲明凡夫從心生過，警於初學有漏之心念念常造六道三障。令知其過動習空中，以求出離。故於三觀示假在前。日夜常生無量衆生者，謂一業成百千萬生受報不盡，一一果報皆有假名。如諸經律所明來報，那不自省輒謂無生，十二因緣喻如鉤鎖相續無際。故云一心一切心。此生死假即建立中所治之病，舉病顯藥假觀立也。二，一切心一心，别示空也。既知心有則生諸心，欲寂諸心當觀心空。須約四性檢一念心生滅叵得，一心既空一切安有。故舉小火小珠喻一心空，燒薪澄海喻一切空。故云能觀心空，從心所生一切諸心無不即空。

寶臣《注大乘入楞伽經》卷五　言一乘者，即一心也。以包含運載爲義，若攀緣取境，則運入六趣之門。若妄想不生，則運至一實之地。故佛語大慧，離能所取如實而住。是則了生死妄，即涅槃眞，頓悟一心更無所趣。故非凡夫二乘邪劣心行所能知爾。

延壽《宗鏡録》卷二　何謂一心。謂眞妄染淨一切諸法無二之性，故名爲一，此無二處。諸法中實，不同虚空，性自神解，故名爲心。是以若於外别求，從他妄學者，猶如鑽氷覓火，壓沙出油。以氷砂非油火之正因，欲求濟用，徒勞功力。又若但修漸行，空任權乘，則似畫無膠，如壞未鍛。以壞畫非堅牢之器，欲求究竟，無有是處。若能諦了自心，不妄外求者，如從木出火，從麻出油，不壞正因，速得成辦。

延壽《宗鏡録》卷四　且約一心。古釋有四。一紇利陁耶。此云肉團心，身中五藏心也。如《黄廷經》所明。二緣慮心。此是八識，俱能緣慮自分境故。色是眼識境，根身種子器世界是阿賴耶識之境，各緣一分，故云自分。三質多耶。此云集起心，唯第八識積集種子，生起現行。四乾栗陁耶。此云堅實心，亦云貞實心，此是眞心也。然第八識無别自體，但是眞心。以不覺故，與諸妄想有和合不和合義。和合義者，能含染淨，目爲藏識。不和合者，體常不變，目爲眞如，都是如來藏。故《楞伽經》云：寂滅者，名爲一心。一心者，即如來藏。如來藏，亦是在纏法身。經云：隱爲如來藏，顯爲法身。故知四種心本同一體，但從迷悟分多。經偈云：佛說如來藏，以爲阿賴耶。惡慧不能知，藏即賴耶識。佛說如來藏者，即法身在纏之名。以爲阿賴耶即是藏識，惡慧不能知藏即賴耶識。有執眞如與賴耶體别者，是惡慧也。然雖四心同體，眞妄義别，本末亦殊。前三是相，後一是性。性相無礙，都是一心。即第四眞心以爲宗旨。

又古德廣釋一心者，望一如來藏心，含於二義。一約體絶相義，即眞如門。謂非染非淨，非生非滅，不動不轉，平等一味，性無差别。衆生即涅槃，不待滅也。凡夫彌勒，同一際也。二隨緣起滅義，即生滅門。謂隨熏轉動，成於染淨，染淨雖成，性恆不動。只由不動，能成染淨。是故不動，亦在動門。《楞伽經》云：如來藏名阿賴耶識，而與無明七識共俱，如大海波常不斷絶。又云：如來藏者，爲無始虚僞惡習所熏，名爲識藏。若此一心，推末歸本者，謂證第一義則得解脱。第一義是緣之性，若見緣性，則脱緣縛。《華嚴經》云：皆一心作。《論》云：但是一心者，一切三界，唯心轉故。諸教同引，證成唯心。

云何一心而作三界。有三。一二乘。謂有前境，不了唯心，縱聞一心，但謂眞諦之一。或謂由心轉變，非皆是心。二異熟賴耶。名爲一心，簡無外境，故說一心。三如來藏性，清淨一心，理無二體，故說一心。是知凡聖二法，染淨二門，無非一心矣。又此一心，約性相體用本末即入等義。更有十門。一假說一心。則二乘人，謂實有外法。但由心變動，故說一心。下之九門，實唯一心。二相見俱存，故說一心。此通八識，及諸心所并所變相分。本影具足，由有支等熏習力故，變現三界依正等報。三攝相歸見，故說一心。亦通王數，但所變相分，無别種生，能見識生，帶彼影起。四攝數歸王，故說一心。唯通八識，以彼心所。依王無體，亦心變故。釋云：攝相歸見者，《唯識》偈云，唯識無境界，以無塵妄見。如人目有瞖，見毛月等事。凡作論有三義。一者立義，即初句。二者引證，即第二句。三者譬喻，即下二句。所緣緣論云：内識如外現，爲識所緣緣。許彼相在識，及能生識故。意云：内識似外境現，爲所緣緣，許眼等識，帶彼相起，及從彼生識故。結云：諸識唯内境，相爲所緣緣，理極成也。則非全無相，相全屬識，故云歸見。攝數歸王者，如《莊嚴論》偈云：自界及二光，癡共諸惑起。如是諸分别，二實應遠離。釋曰：自界，謂自阿賴耶識種子，二光，謂能取光，所取光。此等分别由共無明及諸餘惑，故得生起如是諸分别。二實應遠離。二實，謂所取實及能取實。如是二實染污應求遠離，所以《論》偈云：能取及所取，此二唯心光。貪光及信光，二光無二法。釋曰：求唯識人，應知能取，所取。此之二種，唯是心光。五以末歸本。說一心，謂七轉識。皆是本識差别功能，無别體故。《經》偈云：譬如巨海浪，無有若干相。諸識心如是，異亦不可得。六攝相歸性，說一心。謂此八識皆無自體，唯如來藏平等顯現餘相皆盡。一切衆生即涅槃相。經云：不壞相有八。無相亦無相，七性相俱融。說一心謂如來藏，舉體隨緣，成辦諸事，而其自性，本不生滅。即此理事，混融無礙，是故一心二諦。皆無障礙，八融事相入。說一心謂由心性，圓融無礙，以性成事。事亦鎔融，不相障礙。一入一切，一一塵内各見法界，天人脩羅不離一塵。九全事相即。說一心謂依性之事。事無別事，心性既無彼此之異。事亦一切即一，一即是多，多即一等。十帝網無礙。說一心謂一中有一切，彼一切中復有一切。重重無盡皆以心識如來藏性，圓融無盡。以眞如性畢竟無盡故，觀一切法即眞如故。

延壽《宗鏡錄》**卷二五**　夫一代時教，了義諸經，雖題目不同，能詮有別，皆目一心之旨，終無識外之文。凡挂一言，盡歸宗鏡，横周法界，皆同此釋。【略】

或名大方廣佛華嚴經者。大方廣者，是一心所證之法。佛華嚴者，即一心能證之人。攝所歸能，人法冥合，皆是一心。大者，即是凡聖一心眞如體大。以眞如性遍一切處故。方者，即是眞如相大，能具足無漏性功德故。廣者，即是眞如用大，能生世出世間諸善根故。佛者，是一心無作之果海。華者，是一心萬行之因門。嚴者，是一心妙用之莊嚴。經者，是一心眞如無盡之妙理。【略】

以一心能生一切萬法，演出無邊義趣，展即遍滿法界，還攝種種法義。歸於一心不動一心而演諸義，不壞諸義而顯一心。即卷常舒，如來於一言語中，演說無邊契經海。即舒常卷，一切法門無盡海，同會一法道場中。如草木四微，從地而生，還歸地滅。猶波浪鼓動，依水而起，還復水源。故經頌云：佛智通達淨無礙，一念普知三世法。皆從心識因緣起，生滅無常無自性。故《清涼疏》云：華嚴經者，統唯一眞法界，謂總該萬有，即是一心也。

延壽《宗鏡錄》**卷二七**　十者名爲一心。此中有二：一者是一，是一一心。二者是一切，是一一心。第一一心，隨所作立名。第二一心，隨能作立名。一心法契經中作如是說。爾時舍利弗白佛言：世尊，本地修多羅作如是唱。其心體性，非大非小，非法非非法，非同非異，非一非一切。何因緣故，今日自言眞如一心。因一故一，生滅一心。因多故一，將非世尊無有前後相違過耶。佛言：善男子，莫作是說。所以者何。心法非一，因所作一故，假名爲一。心法非一切，因所作一切，故假名一切，而言一心。不說一切心者，隨能作心立其名故，乃至廣說，是名爲十。如是十名，總諸佛一切法藏根本名字訖。故知總立一心，別含多義。眞如門内，無自無他。生滅門中，有善有惡。隨緣開合雖異，約性一理無差。如上十門，義味方足。又開則無量無邊之義爲宗，合即二門一心之法爲要。二門之内，容萬義而不亂。無邊之義，同一心而混融。是以開合自在，立破無礙。開而不繁，合而不狹。立而無得，破而無失。是爲馬鳴之妙術，起信之宗體也。

延壽《宗鏡錄》**卷二九**　《起信鈔》云：一心該於萬有，萬有不出一心者。此但意在出體，不在收於萬法。恐存物外之見，故總該之。然諸教中，皆說萬法一心，而淺深有異。今約五教，略而辯之。一愚人法聲聞教。假說一心，謂世出世間染淨等法，皆由心造業之所感故。若推徵，則一心之義不成，以立前境，故云假說。二大乘權教。明異熟賴耶以爲一心，三界萬法唯識變故。三終教。說如來藏以爲一心，識境諸法皆如夢故。四頓教。泯絶染淨以說一心，爲破諸數假名故。五圓教。總該萬有以爲一心，事理本末無別異故。如上所說，前淺後深，淺不至深，深必該淺。所以宗鏡雖備引五教一心證明，唯指歸圓教一心，總攝前故。又如《鈔》云：一心爲如來所說法之根本者，蓋緣如來依此一心而成就故。是則信解行證，皆依此心。從微至著，未嘗離此。若離於心得成佛者，無有是處。離此有說者，皆外道教也。

延壽《宗鏡錄》**卷三七**　夫一心者，萬法之總也。分而爲戒定慧，開而爲六度，散而爲萬行。萬行未嘗非一心，一心未嘗違萬行。然則一心者，萬法之所生，而不屬於萬法。得之者，則於法自在矣。見之者，則於教無礙矣。本非法，不可以法說。本非教，不可以教傳。豈可以軌跡而尋哉。故知但研精一法，内照分明，自然柔軟入神。順法界之性，無心合道，履一際之門。所以《大智度論》云：以人心多散，如狂如賊如醉。一心敬愼，是諸功德初門，攝心得禪，便得實智慧。得實智慧，便得解脱。得解脱便得盡苦。如是等事，皆從一心得。

延壽《宗鏡錄》**卷五七**　心是如來藏心眞如之性，識是心之所生。無有一法，不從眞心性起。故《首楞嚴經》云：諸法所生，唯心所現。心是本，即勝。識是依，即劣。如《圓覺疏》云：生法本無，一切唯識。識如幻夢，但是一心。

延壽《宗鏡錄》卷八一　問：四弘十度皆可發行，云何須依一心具足菩提之道。

答：若不依一心，求大乘之人疑情不斷。古德云：求大乘者所疑有二。夫大乘法體爲一爲多，如其是一，即無異法。無異法故，無諸衆生。菩薩爲誰發弘誓願。若是多法，即非一體。非一體故，物我各別。如何得起同體大悲。由是疑惑，不能發心。今爲遣此二疑，立一心法，開眞如生滅體用二種門。立一心法者，遣彼初疑。明大乘法唯有一心，一心之外，更無別法。但有無明迷自一心，起諸波浪，流轉六道。雖起六道之浪，不出一心之海。良由一心動作六道，故得發弘誓之願。六道不出一心，故能起同體大悲。如是依於一心，能遣二疑，得發大心，具足佛道。

延壽《宗鏡錄》卷八六　一心者，即諸法實相也，亦諸法實性也。然諸法即實相，實相即諸法。從心所現，性相全同。依本垂迹，理事非異。如群波動而水體常露，以水奪波，波無不盡。雖衆法似起，而心性恆現。以心收法，法無不空。《大品經》云：不見一法出法性外。又云：一切法趣色，是趣不過。如台教釋《法華經》十法界十如因果之法，一切唯心造者，則心具一切法。一切法者，只是十如。十如者，即如是相、如是性、如是體、如是力、如是作、如是因、如是緣、如是果、如是報、如是本末究竟等。如是相者，夫相以據外覽而可別。釋論云：易知故名爲相。如水火相異，則易可知。如人面色具諸休否，覽外相即知其內。昔孫劉相顯，曹公相隱。相者舉聲大哭，四海三分，百姓荼毒。若言有相闇者不知，若言無相占者洞解。當隨善相者，信人面外具一切相也。心亦如是具一切相。衆生相隱彌勒相顯，如來善知故遠近皆記。不善觀者，不信心具一切相。當隨如實觀者，信心具一切相也。如是性者，性以據內，不改名性。又性名性分，種類之義，分分而不同，各各不可改。如火以熱爲性，水以濕爲性等。不改約理，種類約事。又性是實性，實性即是理性。極實無過即一心，佛性之異名耳。

延壽《宗鏡錄》卷八九　起信鈔問云：據其論旨，初是一心，後亦一心。初後何別。

答。初之一心，心當能起。後之一心，心當所歸。雖前後體同，且爲始終義異，由是行布諸門歷然。又云：但以本是一心，離名絕相，任其迷悟。萬法隨生，生法本空，但唯一體。宗鏡亦爾，爲廣義用，前後不同。然是一心之前後，前後之一心耳。所以理事平等。何者。非初無以立後，初等於後。非後無以成初，後等於初。又理從事顯，理等於事。事因理成，事等於理。故云：萬法雖殊，不能自異也。況宗鏡中一尚不能一，豈況異乎。所以《起信論》云：一切諸法，平等平等。鈔釋有二。一謂眞性於一切法中平等，如像中鏡。二即諸法本空故平等，如鏡中像。

延壽《宗鏡錄》卷九九　《釋摩訶衍論》云：一切諸法一心量，無心外法。以無心外法故，豈一心法與一心法作障礙事，亦一心法與一心法作解脫事。無有障礙，無有解脫。一心之法，一即是心，心即是一。無一別心，無心別一。【略】

《金剛三昧論》云：一切心相，本來無本，本無本處，空寂無生。若心無生，即入空寂。空寂心地，即得心空。善男子，無相之心，無心無我。一切法相，亦復如是者。一切心相，種子爲本。求此本種，永無所得。若是現在，則與果俱，無本末異，如牛兩角。若已過去，則無作因，無體性故，猶如兎角。如是道理，本來法爾。故言本來無本，又生滅心生，必依本處。本處既無，則不得生。當知心相本來無生，故言空寂無生。所入空寂，即是一心。

觀復《圓覺鈔辨疑誤》卷下　釋中實引藏和尚心經疏。作所詮義釋心字，意取萬法體爲心。又作能詮義釋心，意是六佰卷之中等。評曰：對校心經疏，於所詮義中，唯有約唯釋心字，又無能詮釋心字，此是後人不宗心經疏文妄意加，此實非圭山本解。故《大疏》云：中實名心，或名一心。

行霆《圓覺經類解》卷一本　今約五教明之。愚教假說一心謂小乘人不知心外無法，執心外有境故。若始教以第八阿賴識爲一心，謂心外無境故。若終教以如來藏爲一心，理事無二故。若頓教以泯絕染淨但是一心，破諸數故。若圓教以總該萬有即是一心，謂理事本末無別異故。今此心乃是泯絕染淨，但是一心之心也。

懷遠《首楞嚴經義疏釋要鈔》卷一并序　一心源者，謂此一心是染淨諸法之根本。故《論》云：摩訶衍者，一法二義。所言法者，謂衆生心。是心則攝一切世間出世間法，依於此心顯示摩訶衍義等。故知一心是諸法本，其猶水源爲萬流之本。

文才《肇論新疏遊刃》卷上 所宗者即此宗本一章也，即實相之一心者。什公以實相爲宗，故不遷等法皆實相也。實相該通理事不二爲一心也。吴僧淨源註釋此論，號中吴集。初解宗本義，立一心爲宗。疏引全是彼文。雖殊等者，以一心全現諸法，法法皆心。妄心分別似有起滅，若離心念則無去來，差别之相非不遷而何。次即心所現有而非眞，非眞則其性自空。若此亦非有法亦非無法，眞俗莫羈。空色一致，觸物而一，第一眞也。般若爲心不須會釋。涅槃之理，均天人，同一異，總六合以鏡心。一去來以成體，一心之義亦昭然無惑。故知四論皆述一心之義。且心即如來藏，恆沙佛法並藴其中。矧四法邪，若心外談法便同外道。别者下。如不遷論以不遷爲宗等，非一心下。一心爲總相，四乃别相。攬别爲總，離别無總，開總成别，離總無别。故一心攝四法而無遺，四法示一心而有在。

清遠《圓覺疏鈔隨文要解》 心源即一切染淨諸法之本源。先推此一心爲果德之本者，以對儒教之一氣爲乾德之本故。然此且約對待言之，故云一心爲四德之本。若稱實言之，而此一心爲一切諸法之本源，本意欲明圓覺妙心爲衆德之本。而先舉類云：元亨利貞，乾之德也，始於一氣。故知此但舉類，由是總科，謂之約果德，標指心源。以儒教之一氣爲陰陽天地之本，故以此例佛教之一心爲一切諸法之本也。

德清《大方廣圓覺脩多羅了義經直解》卷上 《論》云：所言法者，謂衆生心。圓覺二字，直指一心以爲法體。此有多稱。亦名大圓滿覺，亦名妙覺明心，亦名一眞法界，亦云如來藏清淨眞心。《楞伽》云寂滅一心，即《起信》所言一法界大總相法門體。稱謂雖多，總是圓覺妙心。唯此一心乃十法界凡聖迷悟依正因果之本，爲諸佛之本源。號爲法身，爲衆生之心地，故名佛性。一切諸法，皆依此心建立。故單以法爲名。其大方廣乃此心法所具體相用三大之義。然大即體大。謂此一心包法界而有餘，擴太虚而無外，横該豎遍，大而無外，故名大也。方即相大，又方訓法也。謂此一心爲衆生之佛性。以有此性軌則，一聞佛性便能生解，長劫輪迴持而不失，故曰軌物生解。任持自性，以無相眞心而爲有相之法則故，方爲相大也。廣即用大，以稱此心體周遍無遺，無剎不現，無物不周。故爲用大也。以此法義圓備一心，以此經中直指此心，爲生佛迷悟脩證之本。

德清《大方廣佛華嚴經綱要》卷三七 以第一義是緣生之性，若見緣性則脱緣縛。而論經雖云皆一心作，意取能作一心，故云第一義觀。《論》云：但是一心者，一切三界唯心轉故。此言則總，轉者起作義，亦轉變義。然此一文諸教同引證成唯心。云何一心而作三界。略有三義。一、二乘之人謂有前境不了唯心，縱聞一心但是眞諦之一。或謂由心轉變，非皆是心。二、異熟賴耶名爲一心。揀無外境，故説一心。三、如來藏清淨一心。理無二體，故説一心。此初一心菩薩不爲此觀，後二一心經意正明。通於三觀，約清淨一心爲第一觀，通此二心爲後二觀，後二一心略如問明。廣開有十，文多不録。

德清《觀楞伽阿跋多羅寶經記》卷二 然此一心，本無迷悟，不屬聖凡，故曰五法三自性皆空，八識二無我俱遣。以隨迷悟之分，故有眞妄之别。至若轉變之相，亦不出此四法而已。故大慧先以百八句爲問。世尊答云一切皆非者，蓋約眞如門中不容窮詰故也。大慧隨問諸識有幾種生住滅者，是在生滅門中容有言説耳。前世尊雖示唯心識觀，略明修證之門，未達一心轉變之妙，且不知諸識因何而生，故此請説五法自性衆妙法門，意顯即生滅而頓證眞如。故唐譯云：唯願爲説藏識海浪法身境界也。然心意意識，即前略説有三種識，今廣説有八種相也。五法者，謂名、相、妄想、正智、如如。三自性者，謂妄想、緣起、成。二無我，即人法二無我。今云轉變之妙者，良由一心眞如。離名離相，眞智獨照，本自圓成。人法雙忘，聖凡俱絶。蓋迷一心而爲八識，故眞如隨緣，變爲名相之境。正智有待，翻爲妄想之心。心境角立，緣起相生。人法雙彰，聖凡懸隔。悟一心而爲藏性，轉八識而成四智。名相即是如如。緣起無性，本自圓成，人法俱空，聖凡齊泯，以即生滅而證眞常。故云藏識海浪，即法身境界，是所以成眞實相一切佛語心。此乃自覺聖智所緣境界，以離心自性相，是法身境界。

德清《肇論略注》卷一 本無者，直指寂滅一心。了無一法，離一切相，迥絶聖凡，故曰本無。非推之使無也。以一切諸法，皆一心隨緣之所變現。心本無生，但緣會而生，故曰緣會。以緣生諸法，本無實體，緣生故空，故曰性空。以全體眞如所變，故曰法性。眞如法性所成諸法，眞如無相，故諸法本體寂滅，故曰實相。是以本無爲一心之體，緣會爲一心之用。實相、法性、性空皆一心所成萬法之義，故曰一義耳。依一心法立此四論，不遷當俗，不眞當眞。二諦爲所觀之境，般若爲能觀之心。三論爲因，涅槃爲果。故首爲宗體。

德清《肇論略注》卷五 言涅槃者，梵語也，此云圓寂。謂五住究盡爲圓，二死永亡爲寂，乃寂滅一心之異稱，清淨法身之眞體，非死之謂也。以三世諸佛曠劫修，證此一心之體，名爲法身。以酬廣大之因，名爲報身。隨機益物，名爲化身。一切諸佛皆具三身。法身爲體，化身爲用。有感即現，無感即隱。隱而不現，圓歸一心。攝用歸體，名爲入滅。是稱涅槃，非生死之謂也。以此一心，五住煩惱不能覆，故曰圓。二種生死不能羈，故云寂。故教約出處，說有四種。一自性涅槃。謂即此一心名爲法身，徧一切處，爲諸法體，名爲自性本來寂滅。所謂有佛無佛性相常住，一切衆生本來滅度，不復更滅，故云自性涅槃。二有餘涅槃。謂三乘所證。無明未盡。變易未亡。證理未圓。三皆有餘。故亦稱涅槃。三無餘涅槃。即修成之佛，妄盡眞窮，體用不二。亦名所證無上大涅槃果，故名無餘。四無住涅槃。謂一切聖人不處有爲，不住無爲。二邊不住中道不安，動靜爲二，總名涅槃，故云無住。此四種名但約體用之稱，其實一心名相俱寂，故云無名。所謂生死及涅槃，二俱不可得，故云無名。是爲不生不滅常住一心之都稱耳。前不遷不眞爲所觀之境，般若爲能觀之智，三皆是因，以此涅槃乃所證之果。

曾鳳儀《金剛般若波羅蜜經宗通》卷一 何謂第一心。度衆生非難，度衆生入於涅槃爲難。度衆生入涅槃非難，度衆生皆入無餘涅槃爲難。涅槃有四種。一自性涅槃，凡聖同有。二有餘依涅槃，即二乘出煩惱障有苦依身故。三無餘依涅槃，即二乘灰身滅智，身出生死苦無依故。四無住處涅槃，悲智相兼，不住菩薩變易生死，不住二乘灰斷涅槃，乃眞無住處。前三爲有餘，後一爲無餘，即佛境界。以此度脫衆生，意欲盡三界所有九類衆生、有性無性齊成佛道，是最上第一心也。

寂光《佛說梵網經直解》卷六 言一心者有五。小乘教中，假四諦理而說一心，故得悟解。始教約第八識心，了一切緣生之法，法法皆空，各無自性，而受異熟之果。終教，所言一切恆沙性淨功德，具於如來藏心。頓教即於一念不生之心，無染無淨，頓顯理性。圓教主伴圓融，法法無礙，一即一切，一切即一。卷舒自在，總該萬有。此五總即不出發起究竟之心，亦名一行三昧。所謂攝心一處，即是諸佛道場，散亂片時，乃即衆生境界，受持讀誦，一心而行。是行布中，說圓融法，非若分別名相之類也。

通理《楞嚴經指掌疏》卷八 十種信心，不離圓通妙性，故云以云發也。依此十心磨鍊治習，則圓通之心，益精益明，故曰心精發暉。十用涉入者，上是漸發，此乃圓融。如十心中隨發一心，餘之九心皆涉入此一心之中，心心皆然，遞互相攝相入。至此則菩提之心，眞純無妄，故曰圓成一心。一心，即菩提心也。按《起信論》菩提心有三種。一直心，正念眞如法故。二深心，樂集一切諸善法故。三大悲心，廣度一切諸衆生故。而十心中初一中道純眞，即是直心。從二至九，皆爲深心。後一能遊十方，義含悲心。既十用涉入，則隨起一心即三心具足，故得圓成菩提之心。

一念

智顗、灌頂《仁王護國般若經疏》卷三 言一念者，謂從第十回向，以般若慧一念之中即有初地，是時具足八萬四千度也。

智顗、灌頂《金光明經文句》卷四 一念者，《華嚴》云：十二因緣在一念心中。《大集》云：十二因緣一人一念，悉皆具足。如眼見色，不了名無明，生愛惡名行。是中心意名識，色共識行名名色。

智顗、灌頂、道霈《佛說仁王護國般若波羅蜜經疏》卷中 一念者，謂從第十回向以般若慧一念之中即有初地，是時具足八萬四千度也。依《賢劫經》始從光耀度終至分布舍利度，合有三百五十功德門。一一各脩六度，即二千一百。復將二千一百對十法，謂四大六衰。又對十善，一一皆有二千一百，即二萬一千。又將二萬一千對四衆生，多貪多嗔多癡三毒等分各有二萬一千，合之即有八萬四千也（云云）。即載名下二就名明正觀，有本云即能運，名摩訶衍，載運義同也。約體則是般若，約用即是大乘，即滅爲金剛。下三約用能滅煩惱，如金剛破物，謂第十地末後一念也。能離散亂，故名定。此中一行具無量門也。如《光讚》下二示說處也。

慧遠《大乘義章》卷一七 一念義別說四，非前後四，是義云何。一念盡集因名我生盡，道行成滿名梵行立。證滅窮極名所作辦，永捨當苦名不受後。無生智中義別亦爾，行修如是。得修分別通攝向前一切無漏，合成一種阿羅漢果。是義云何。證羅漢時因中一切諸無漏得一時頓捨，別有一種果得新生，得彼非想末後解脫，并得向前一切無漏，合成一種阿羅漢果。若依《成實》唯說行修不立得修，是故唯說非想解脫爲羅漢果。於此果中莫問利鈍，悉具盡智及無生智。彼宗所立無學聖慧盡生死，因名爲盡智。能令後果永更不受名無生智，非想解脫具此兩能，是故一切齊具二智。二智同體隨義以分，多念相續，不止一念。果體如是。二無學等見，盡無生後遊觀無漏，定體如是。

吉藏《仁王般若經疏》卷上一 一念者，論初地菩薩以眞如爲心，豈有一念也。今以借下地之一念況上地之積德，故云一念也。

吉藏《大乘玄論》卷四 若一念者，惑亦一念，即與俱謝，何能斷耶。若相續斷者，爲滅故續不滅續耶。滅即復無所續，不滅無復能續，云何續耶。以是推之，即無所斷，是以不應言智斷惑。問：若爾應無有斷，何故經云一念相應慧斷煩惱習耶。答：如上推之，即畢竟無斷，如是了悟，即是斷也。所以然者，於一切處求解惑無從，即心無所依。心無所依，即眾累清淨，故名爲斷也。斷與不斷不相違。

湛然《法華文句記》卷八之一 初於一念者，非唯經於一念時須，指一心法名爲一念。

湛然《止觀輔行傳弘决》卷一之一 言一念者，舉極少時，功深德廣，深窮無涯，廣遍無際。高岸峻處曰崖，窮者極也。如來說不能盡者，理既玄妙非說可窮，舉極位人尚不能說，況餘凡聖說能窮盡。

湛然《止觀輔行搜要記》卷八 言一念者，謂造善惡，最後刹那於一念中因果具足，故計性實。《俱舍》四種十二因緣，一念者，刹那是也。

法藏《華嚴經探玄記》卷二 謂一念者，時極促也。

澄觀《大方廣佛華嚴經疏》卷四四 二念者，速故既多妙，又速展轉顯勝。

澄觀《大方廣佛華嚴經疏》卷四四 總云一念者，前之九世相望以立，今攝末歸本不離一念。即此一念，現在是過去未來，是未來過去。自具三世，三世相由九十具矣。故以一融九，雖九而常一。以九融一，雖一而常九。九一無礙，沒果絕言，假十圓融，爲入門矣。況積念成世，念外無世耶。

澄觀《大方廣佛華嚴經隨疏演義鈔》卷三 約一念即不可盡，一念即無量劫，無量劫即一念等，故云爾也。念即多劫，何定時之長短哉。【略】二釋中初唯一念者，謂於一刹那頃，遍無盡之處，說無邊法。

澄觀《大方廣佛華嚴經隨疏演義鈔》卷七二 以始本無二釋一念者。以《起信》云，謂一念相應慧，無明頓盡，名一切種智。言一念相應者，即始覺與本覺相應。故彼論云：如菩薩地盡滿足方便一念相應故，覺心初起心無初相，以遠離微細念故，得見心性心即常住，名究竟覺。正是始本無二相也。次上論釋本覺竟云：何以故，本覺義者，對始覺義，說以始覺者，即同本覺。又云：若得無念者，則知心相。生住異滅以無念等故，而實無有始覺之異。以四相俱時而有皆無自立，本來平等同一覺故。故以始覺同於本覺，無復始本之異。爲一念相應，亦是一念頓覺一切法故。故《淨名》云：一念知一切法。

澄觀、淨源《大方廣佛華嚴經疏》卷八五 現在世說三世即一念。然此三世何以成九。古釋云：義說爲九，實唯有五。意云：如以五日相望，前三爲過去三世，從後取三，爲未來三世。處中取三，爲現在三世。若依此釋，進無九世之體，退過三世之數。云何一念得具九耶。今意不然，合將九日，大分三世。互爲緣起，既不依此。但以三世緣起相由，即九世成矣。謂過去因現未，則過去之中又有現未，現未各因。二世亦然，是以三世各具三也。故《中觀》云：若法所因出，是法不異因。《中論》破執，則一中有三爲過。此明離過之用。則一中有三爲德，以病成藥，豈不良哉。總句中云即一念者，前之九世相望以立。今此意明攝末歸本不離一念，即此一念，現在是過去家未來，亦是未來過去世也。自具三世，三世相由，九十具矣。故以一融九，雖九而常一。以九別一，雖一而常九。九一無礙，沒果絕言。假十圓融，爲入門矣。況積念成世，念外無世耶。又無念等故，又法性同故，此有四義。後之三義，通於餘宗。

宗密《**圓覺經大疏釋義鈔**》**卷二**　言一念者，一約遍計，二約依他。疏如翳差華亡者，文云：譬如幻翳妄見空華，幻翳若除，華於空滅。疏等者，等有二意：一者等於餘文，不具取故。二者等於後喻，謂佛通此難。有其二喻，空華喻頓悟本無煩惱，金鑛喻漸斷惑習。若但用前喻，即撥迷悟因果之相，便成邪見。若但用後喻，即成衆生覺性本來不淨，失眞常理，亦成邪見。故説二喻。疏但舉一故，等取二也。

宗密《**圓覺經大疏釋義鈔**》**卷一三**　一念者，論中最初業相。業相盡故，全體相應，如氷盡時全與水相應也。論云：覺心初起，心無初相。即是此也。生公云：一念不生，前後際斷，照體獨立。亦當此也。餘文可見。

李通玄《**新華嚴經論**》**卷一三**　一念者，爲無念也。無念即無三世古今等法，以明法身無念。一切衆生妄念三世多劫之法，不離無念之中。以是義故，此華藏世界所有莊嚴境界，能互現諸佛業。衆生三世所行業因果，總現其中。或過去業現未來中，或未來業現過去中，或過去未來業現現在中，或現在業現過去未來中。如百千明鏡俱懸四面前後影像互相徹故，爲法界之體性無時故。妄繫三世之業，頓現無時法中。

玄覺《**禪宗永嘉集**》　復次初修心人，入門之後，須識五念。一故起，二串習，三接續，四別生，五即靜。故起念者，謂起心思惟世間五欲，及雜善等事。串習念者，謂無心故憶，忽爾思惟善惡等事。接續念者，謂串習忽起，知心馳散，又不制止，更復續前，思惟不住。別生念者，謂覺知前念是散亂，即生慚愧改悔之心。即靜念者，謂初坐時，更不思惟世間善惡，及無記等事，即此作功，故言即靜。串習一念初生者，多接續，故起二念。懈怠者有別生一念，慚愧者多即靜一念。精進者有串習。接續故，起別生四念，爲病，即靜一念爲藥。雖復藥病有殊，總束俱名爲念。得此五念停息之時，名爲一念相應。一念者靈知之自性也。然五念是一念枝條，一念是五念根本。

慧苑《**續華嚴略疏刊定記**》**卷二**　一念者，《仁王觀空品》云：一念有九十刹那。一刹那中，九百生滅。

道暹《**法華天台文句輔正記**》**卷八**　指一心法名爲一念者，即指心性實相之體名爲一念也。

子璇《**起信論疏筆削記**》**卷九**　一念者即一心也。故下文云。一念相應。即無念之一念也。謂麄下出所以。或問曰。既有麄細前後等差。何得説爲一念。故此釋也。謂雖有麄細等差。而是一心而作。豈有心在滅相。而生相中無心。若言無者。生何所依。亦不可分此一心以應四相。既心不可分。復無前後。如何四相得有前後耶。如人是一夢種種事夢事。雖多即無前後。

延壽《**宗鏡錄**》**卷六九**　諸菩薩摩訶薩於此中如是正觀，知識陰從虛妄識起。所謂見聞覺知法中衆因緣生，無法生法想故，貪著識陰。故知諸陰，不出一念法空之心。所以《永嘉集》云：明識一念之中五陰者，謂歷歷分明，即是識陰。領納在心，即是受陰。心緣此理，即是想陰。行用此理，即是行陰。污穢眞性，即是色陰。此五陰者，舉體即是一念。一念者，舉體全是五陰。

懷遠《**首楞嚴經義疏釋要鈔**》**卷六**　一念者，心之極少分。極微是色之極少分，刹那是時之極少分也。

仁岳《**首楞嚴經集解熏聞記**》**卷五**　眞際曰：一念者，一刹那間心也。又一念者，始終不移，前心後心皆相似故。又一念者，謂無念耳。業障本空，萬德元具。此約理釋前，據事論理，事相融善，自通會今。準仁王云一念中有九十刹那，故知一念言其少時也。然則佛意顯持經力勝，亦可俟前心後心始終不移者耶。又若約理釋者，乃是自行之義，非此中利他之意。

有嚴《**法華經玄籤備撿**》**卷一**　一念者，非謂極促一刹那時，謂善惡業成名爲一念也。

有嚴《**法華文句記箋難**》**卷二**　一念者，謂妄念之體也。念體即是者，謂妄念即眞也。眞妄體同如水乳，合即眞妄同源，縛脱無二。此乃約即明是也。是體非理是事非是者，謂妄念之體。體是惑累非實相，理是生死事非涅槃。是《圓覺》云永斷無明，《大經》稱鵝王唼乳。此乃約即明離也。

遵式《**注肇論疏**》**卷一**（**并序**）　一念者，實教行人一念觀心，權實互具。如車二輪，如鳥二翼。同一用而不可互闕，故今上下兩句結之。一念即般若權慧即遍和也。

宗翌《注法華本迹十不二門（並）序》　一念者，《仁王經》云：第一念異乎木石。《永嘉集》云：豁然空杝，乍同死人，異乎木石。此之一念，復非覺知之境，又非木石之心。《唯識》《百法》等論明一念爲似塵識，《起信論》明一念中具九相，《解深密經》明陁那識眞爲一念。此等一念之中，皆明縱横三千性相。《華嚴經》明一念中具十世古今。止論中云一念法界如上等文皆名總在一念。今注曰：介爾起心三千性相，即非縱横並別之旨，故曰總在一念矣。問：下文云以空以中三千相泯，此之一念存亡耶。答：不泯而泯法爾，空中何念之有乎。泯而不泯法爾，雙照何念之無乎。

屠根《注解鐵鋑錎》卷一　一念者乃是無念，無念乃是般若。《心經》云：三世諸佛依般若波羅蜜多，故云阿耨多羅三藐三菩提。咄，何者。是般若波羅蜜多法，要全般若法。一點識心無如此者。一念無差遍大千，九曲黄河通天河。水常東流，故此世上江湖河海水不得乾。《科儀》云：千江有水千江月。若得黄河之水顛倒返流，世上無水。纔識得達磨西來，水在長江月在天。呵呵。眞是不知白日青天裏，開眼許多迷路人。故云：九曲黄河顛倒轉，普天徹地一輪圓。

德清《大乘起信論直解》卷下　一切諸想，隨念皆除。謂此一念者，乃直心正念眞如之念也。方今用心，單提此一念爲主，更無二念。以此一念觀照之力，但見妄想起處，隨即一念照破，當下消滅，更不容其相續，永嘉所謂斷相續心也。參禪之要，無越此一念者。此的示其要也。亦遣除想者，謂遣除想之念也。初以一念除想，妄想既滅，即此一念亦無容立，故亦須遣之。

傳燈《永嘉禪宗集注》卷下　一念者，謂無念也。無念之一念，即靈知之本源。《經》云：息心達本源，故號爲沙門。

道霈《永覺和尚廣錄》卷二九　一念不生，則全體湛然而不失。一念暫生，則問關萬里而難尋。一念不生，則四聖之位無所立。一念暫生，則六凡之影不可逃。一念不生，則我大而虚空爲小。一念暫生，則我小而微塵亦大。一念不生，則根塵皆徧於法界。一念暫生，則根塵各局於本位。一念不生，則耳目互用，依正交融。一念暫生，則耳目分司，依正永判。一念不生，則數不能拘，報不能及。一念暫生，則吉凶異域，苦樂殊途。一念不生，則不疾而速，不行而至。一念暫生，則疾而不速，行而不至。一念不生，則不動而敬，不言而信。一念暫生，則動而不敬，言而不信。一念不生，則空色雙泯，見化爲性。一念暫生，則空色敵立，性化爲見。一念不生，則世界可移，虚空可殞。一念暫生，則微塵亦礙，一膜生障。是此一念者，乃生死之根核，亦涅槃之康莊。人能鑄有念而成無念，則成佛尚有餘事乎。

智旭《靈峰蕅益大師宗論》卷三之一　一念者，一心不亂之一念也。當知十念，七日十日七七日九十日等，究竟亦唯一念。此一念，斷非刹那生滅之散心，亦不必四禪四空之禪定，故云一念喜愛。

無是道人《金剛經如是解》卷一　一念者，心空境寂，萬慮消亡。不作有爲見，不作無爲解。出四相，越三空。是名一念淨信，便與如來心心相印。故曰：悉知悉見，淨信心便是如是心，如是心便是最上第一希有之法。十方無盡之虚空，皆在如是福德中矣。

溥畹《金剛般若波羅蜜經心印科》　蓋一念者，正心空境寂，萬慮銷融，不雜餘緣，唯觀實相。即一念萬年，萬年一念。

智祥《妙法蓮華經授手》卷八　而云一念者，謂初聞如來壽量境界，心中豁然頓開。如千年暗室，一燈朗照，全暗盡消。蓋千里之程，歸在一步。刹那三世，理不誣也。故云所得功德無有限量。

續法《大乘起信論疏筆削記會閱》卷五　所言一念相兩意。一則但是一無明之念，二則一刹那之念。且如一人，忽逢一怨，便行殺害（念業）。如以爲張人王人（計名），定言於我有怨（執取），惡心無間（相續），分別是怨非親（智相），彼爲所見（現相），已爲能見（轉相）。心念起動（業相），即於一念之中，八相具足。然於二義中，正唯前義，亦可一念者，即一心也。故下文云：一念相應，即無念之一念也。謂麁下，出所以。或問曰既有麁細前後等差，何得說爲一念，故此釋也。謂雖有麁細等差，唯是一心而作，豈有心在滅相，而生相中無心。若言無者，生何所依。亦不可分此一心以應四相，既心不可分，復無前後，如何四相得有前後耶。如人是一，夢種種事，夢事雖多，即無前後。

一行三昧

鳩摩罗什譯《摩訶般若波羅蜜經》卷五　云何名一行三昧。住是三昧，不見諸三昧此岸彼岸，是名一行三昧。

鳩摩罗什譯《大智度論釋摩訶衍品第十八之余》卷四七　一行三昧者，是三昧常一行，畢竟空相應三昧中，更無餘行次第。如無常行中次有苦行，苦行中次有無我行。

曼陀罗仙譯《文殊師利所説摩訶般若波羅蜜經》卷下　文殊師利言：世尊，云何名一行三昧。

佛言：法界一相，繫緣法界，是名一行三昧。若善男子、善女人，欲入一行三昧，當先聞般若波羅蜜，如説修學，然後能入一行三昧。如法界緣，不退不壞，不思議，無礙無相。善男子、善女人，欲入一行三昧，應處空閑，捨諸亂意，不取相貌，繫心一佛，專稱名字。隨佛方所，端身正向，能於一佛念念相續，即是念中，能見過去、未來、現在諸佛。何以故。念一佛功德無量無邊，亦與無量諸佛功德無二，不思議佛法等無分別，皆乘一如，成最正覺，悉具無量功德、無量辯才。如是入一行三昧者，盡知恒沙諸佛、法界，無差別相。阿難所聞佛法，得念總持，辯才智慧於聲聞中雖爲最勝，猶住量數，則有限礙。若得一行三昧，諸經法門，一一分別，皆悉了知，決定無礙。晝夜常説，智慧辯才終不斷絕。若比阿難多聞辯才，百千等分不及其一。菩薩摩訶薩應作是念：我當云何逮得一行三昧不可思議功德無量名稱。佛言：菩薩摩訶薩當念一行三昧，常勤精進而不懈怠。如是次第漸漸修學，則能得入一行三昧，不可思議功德作證，除謗正法不信，惡業重罪障者，所不能入。

復次，文殊師利！譬如有人得摩尼珠，示其珠師。珠師答言：此是無價眞摩尼寶。即求師言：爲我治磨，勿失光色。珠師治已，隨其磨時，珠色光明映徹表裏。文殊師利，若有善男子、善女人，修學一行三昧不可思議功德無量名稱，隨修學時，知諸法相，明達無礙，功德增長，亦復如是。文殊師利！譬如日輪，光明遍滿，無有減相。若得一行三昧，悉能具足一切功德，無有缺少，亦復如是。照明佛法，如日輪光。

文殊師利！我所説法，皆是一味離味，解脱味，寂滅味。若善男子、善女人，得是一行三昧者，其所演説，亦是一味離味，解脱味、寂滅味，隨順正法，無錯謬相。文殊師利！若菩薩摩訶薩得是一行三昧，皆悉滿足助道之法，速得阿耨多羅三藐三菩提。

真諦譯《大乘起信論》　依如是三昧故，則知法界一相。謂一切諸佛法身與眾生身平等無二，即名一行三昧。

智顗、灌頂《摩訶止觀》卷二（上）　説是止觀者。夫欲登妙位非行不階，善解鑽搖醍醐可獲。《法華》云：又見佛子修種種行，以求佛道。行法眾多，略言其四。一常坐，二常行，三半行半坐，四非行非坐。通稱三昧者，調直定也。《大論》云：善心一處住不動，是名三昧。法界是一處，正觀能住不動，四行爲緣，觀心藉緣調直，故稱三昧也。一常坐者，出文殊説，文殊問兩般若，名爲一行三昧。

智顗説《六妙法門》　所謂一行三昧。或約二數，謂一止，二觀。或約三數，謂三三昧。或約四數，所謂四禪。或約五數，謂五門禪。或約六數，謂六妙門。或約七數，謂七依定。或約八數，謂八背捨。或約九數，謂九次第定。或約十數，謂十禪支。如是等，乃至百千萬億阿僧祇不可説諸三昧門，悉是約數説諸禪也。雖數有多少，窮其法相，莫不悉相收攝。以眾生機悟不同故，有增減之數分別利物。今言六者，即是約數法而標章也。妙者其意乃多。若論正意，即是滅諦涅槃。故滅四行中，言滅止妙離。涅槃非斷非常，有而難契，無而易得，故言妙也。六法能通，故名爲門。門雖有六，會妙不殊故經言泥洹眞法寶，眾生從種種門入。此則通釋六妙門之大意也。

法藏《大乘起信論義記》卷下　復次，依是三昧故，則知法界一相。謂一切諸佛法身與眾生身平等無二。即名一行三昧。當知眞如是三昧根本，若人修行漸漸能生無量三昧。【略】一行三昧者，如《文殊般若經》云：何名一行三昧。佛言：法界一相繫緣法界，是名一行三昧。入一行三昧者，盡知恒沙諸佛法界無差別相。乃至廣説，以此眞如三昧能生此等無量三昧故，名三昧根本也。

法海《南宗頓教最上大乘摩訶般若波羅蜜經六祖惠能大師於韶州大梵

寺施法壇經》　一行三昧者，於一切時中行住座臥常眞眞心，是《淨名經》云：眞心是道場，眞心是淨土。莫心行諂典，口說法直。口說一行三昧，不行眞心，非佛弟子。但行眞心，於一切法上無有執著，名一行三昧。迷人著法相，執一行三昧，眞心座不動，除妄不起心，即是一行三昧。

宗寶編《六祖大師法寶壇經》　一行三昧者，於一切處行住坐臥，常行一直心是也。《淨名》云：直心是道場，直心是淨土。莫心行諂曲，口但說直。口說一行三昧，不行直心。但行直心，於一切法勿有執著。迷人著法相，執一行三昧，直言：常坐不動，妄不起心，即是一行三昧。

慧海《頓悟入道要門論》卷上　眞如之性，亦空亦不空。何以故。眞如妙體，無形無相，不可得也。是名亦空。然於空無相體中，具足恆沙之用，即無事不應。是名亦不空。經云：解一即千從，迷一即萬惑。若人守一萬事畢，是悟道之妙也。經云：森羅及萬像，一法之所印。云何一法中而生種種見。如此功業，由行爲本。若不降，依文取證，無有是處。自誑誑他，彼此俱墜。努力，努力。細細審之，只是事來不受，一切處無心。得如是者，即入涅槃。證無生法忍，亦名不二法門，亦名無諍，亦名一行三昧。何以故。畢竟清淨無我人故。不起愛憎，是二性空，是無所見，即是眞如無得之辯。

寶臣《注大乘入楞伽經》卷四　又先德約凡夫外道三乘一乘，所依不同。通有五種禪。謂滯異計欣上厭下而修者，是外道禪。正信因果亦以欣厭而修者，是凡夫禪。悟我空偏眞之理而修者，是小乘禪。悟我法二空所顯眞理而修者，是大乘禪。若頓悟自心本來清淨，元無煩惱，無漏智性本自具足，此心即佛畢竟無異。依此而修者，是最上乘禪。亦名如來清淨禪，亦名一行三昧。

子璿《首楞嚴義疏注經》卷六　佛問圓通：我從耳門圓照三昧，緣心自在。因入流相，得三摩提，成就菩提。斯爲第一。圓照三昧者，即一行三昧也。謂初緣實相，造境即中，無不眞實。繫緣法界，一念法界，故云緣心自在。

子璿《起信論疏筆削記》卷一九　論一行三昧者，即眞如三昧也。謂住眞如境故，名眞如三昧。以眞如無異相故，但行造此法故，名一行三昧。此乃由境一故，使智行亦一也。

延壽《宗鏡錄》卷八一　若論莊嚴，無非福智二業。於六波羅蜜中，前五是福德業，後般若是智慧業。前五福德業中，唯禪定一門，最爲樞要。前以廣明，今更再述。此宗鏡所集禪定一門，唯約宗說，於諸定中而稱第一，名王三昧。總攝諸門，囊括行原，冠戴智海，亦名無心定。與道相應故，亦名不思議定。情智絕待故，亦名眞如三昧。萬行根本故，亦名一行三昧。

智旭《大乘起信論裂網疏》卷六　復次，依此三昧證法界相，知一切如來法身，與一切衆生身平等無二，皆是一相，是故說名一相三昧。若修習此三昧，能生無量三昧。以眞如是一切三昧根本處故，法界相即眞如體，無相不相之實相也。心佛衆生，三無差別，故名一相三昧，梁本名一行三昧。約所證名一相，約能證名一行，當知一行即一相也。《文殊般若》所示一行三昧，正與此同。亦即大佛頂首楞嚴王三昧，亦即法華實相三昧。此是三昧中王，故能生無量三昧也。

袾宏《禪關策進》　一行三昧者，應處空閒，捨諸亂意，繫心實理，想念一佛，念念相續而不懈怠。於一念中，即能見十方諸佛，獲大辯才也。

吉藏《淨名玄論》卷五　問：不二法門云何則一乘耶。答：不二之理，則是一乘本。由體不二之理，故生不二之觀。依不二觀能導引衆行，出於生死。到彼薩雲。故《十二門論》云：大分深義，所謂定空也。以通達是義，則通達大乘，具六波羅蜜，無所障礙。問：不二之理，通爲三乘之本，豈但一乘本耶。答：理既無二，乘豈三哉。但唱此言，則知歸一。又尙明常住，豈未顯一乘。故知《淨名經》亦具五二智。《法華》具五者，《方便品》云：我雖說涅槃，是亦非眞滅。諸法從本來，常自寂滅相。昔涅槃非眞滅，今涅槃爲眞滅。則昔無涅槃非眞常，今涅槃爲眞常。天親之論釋壽量品，具明三身，化身有始有終，報身有始無終，法身無始無終。故知具有常無常義。又若一乘之果，猶是無常，則果同灰斷，云何得因異聲聞。故有常無常二智。

吉藏《法華論疏》卷上　問：大乘一乘此有何異。答：有同有異。所言同者，即一而包，故一乘稱大。即大無二，故大乘名一。故下文云：爲諸聲聞説大乘經，名妙法蓮華。亦如勝鬘攝受正法，名摩訶衍。故知一大無二。所言異者，《攝論》已稱小乘大乘一乘。《金剛般若》云：爲大乘者説，最上乘者説。故知大與一異。所言異者，大乘未廢二，一乘已廢二。大乘密廢二，一乘顯廢二。大乘但是因，一乘即是果。如《智度論》云：是乘從三界出至薩婆若中住。至佛乘反名一切種智，不復名乘，故知大乘但因。《法華》明三車一城皆是果位，故知一乘但果。又大乘通因果。如《十二門論》，諸佛所乘，故名爲大。大士所乘，故名爲大。一乘但果，如《法華》説。又《法華論》云：一乘者謂無上菩提果究竟故。此一徒判，更有餘義。《涅槃經》云：佛性謂一乘波若首楞嚴師子吼。若如此文即一乘，亦因與大無二。問：何故一乘偏屬果。答：昔明三果究竟。至此經即二果非究竟，唯佛果是究竟，是故一乘偏屬佛果。

吉藏《十二門論疏》卷上 今既釋一乘即釋佛性。問：三論但明空義，正可釋於大品，云何解佛性一乘。答：三論通申大小二教，則大乘之義悉在其中，豈不明一乘佛性。問：何處有明一乘佛性文耶。答：《中論四諦品》云：世尊知是法甚深微妙相，非鈍根所及，是故不欲説。此即《法華》之文。《法華》還序初成道時華嚴之事，明知《華嚴》《法華》顯在《中論》之內。又偈云：雖復懃精進修行菩提道，若先非佛性終不得成佛。長行釋云：如鐵無金性，雖復鍛鍊，終不得成金。即佛性文也。《觀如來品》明法身絶四句超百非，與《涅槃經金剛身品》更無有異。即法身文也。

吉藏《大乘玄論》卷三 一乘義三門 一釋名門 二出體門 三同異門

釋名第一。一乘者，乃是佛性之大宗，衆經之密藏，反三之妙術，歸一之良藥。迷之即八軸冥若夜遊，悟之即八軸如對白日也。釋名者，唯有一理，唯教一人，唯行一因，唯感一果，故名爲一。《法華論》云：一謂同義。如來法身、聲聞法身、緣覺法身三乘同一法身，故名爲一。乘者運出爲義，運出有三種。一者以理運人，從因至果。如《大品》云：是乘從三界出，到薩波若中住。二者以德運人，如《法華》云：得如是乘，令諸子等喜戲快樂。三者以自運他，如《涅槃》云：乘涅槃船，入生死海，濟度群生矣。

出體第二。一乘體者，正法中道爲體。《攝論》云：性乘、行乘、果乘。《中邊分別論》云：乘具五義。一乘本謂眞如佛性，二乘行即福慧等，三乘攝謂慈悲等，四乘障謂智障無明，五乘果即佛乘也。《唯識論》云：乘三體六義。三體者，一自性，二乘隨，三主得。六義者，一體如空出離四謗，二者因謂福慧，三者攝一切衆生，四者境界眞俗，五者障即皮肉心，六者果謂無上菩提。《十二門論》云：乘具四事。一者，乘本謂諸法實相。二者，乘主由波若導萬行得成。三者，乘行餘一切行。四者，果謂薩婆若。《法華論》云：亦明三種。一者，乘體謂如來平等法身，即是佛性。二者，乘果謂如來大般涅槃。三，乘緣即是六度了因。此猶三種佛性，不説果果性者，果果性屬果門。境界性者，屬因門故，廣説有五，略説唯三也。問：乘以何爲體。答：經論雖種種説，不過三種，謂理、行、果。今以正法爲體。問：理是不動，云何名運出耶。答：以其不動故，能令衆生運出。別而論之，順忍爲運，得無生忍爲出。通論一一皆運出，因乘自運運他，果乘與理乘自不運而能運他。問：此經明乘，正以何爲體。答：若就因果用，以果爲宗。若就正法體，即以正法爲宗。今明若因若果皆正法故，運故以正法爲宗。有人言此經萬善爲乘體，有人言以果萬德爲宗，有人言境智爲宗。今明，就用非無此義，而不得乘深體故。以正法中道爲經宗，爲一乘正體。【略】

次同異第三。有人言因成假爲乘用，一善不滿不成乘用，故合爲萬方有運用。例如樑椽等，非假則無有用。二云相續爲用。若實法念念自滅無有運用，故言相續爲有用。三云相待爲一，此中果一故因一。善既衆多，以此一果一於萬善。今明，萬善悉有運出之義，亦如百流一一自有向海義，不以海一故百流爲一。問曰：若非因成有力，復非相續，云何一念實法善有運出耶。答曰：以不運爲運，不續爲續故，終是相待爲本，是以相待有乘用。次引經文。問曰：經云十方佛土中唯有一乘法，無二亦無三，云何名無二無三耶。答曰：有人言無二者無聲聞緣覺二，無三者無偏行六度菩薩。又昔三乘皆是方便，今教別有一車異昔三也。

慧遠《大乘義章》卷九 一乘義二門分別（釋名義一 辨體相二）

第一門中釋其名義。所言乘者，對人名也。行能運人，爲人所乘，故名爲乘。所言一者，釋有四義。一簡別名一，二破別名一，三會別名一，四無別名一。言簡別者。據實以論，唯一大乘，隨化分三。簡別彼三，是故言一。言破別者。佛隨衆生，假施三乘。衆生聞已，執爲定實。佛爲破其所執，假三，是故言一。故《經》說言：十方佛土唯一佛乘，無二無三。又《經》亦言：唯此一實，餘二非眞。言無二者。一大乘外，無別聲聞緣覺二乘。言無三者。一大乘外無別聲聞緣覺二乘，并無隨化所施大乘。問曰：直說無三之時，無二已竟。何須別說無二無三。釋言：聲聞緣覺乘者，是大乘家對。然大有二，一者實大，二者權大。聲聞緣覺非直是彼實大家對，當知亦是權大家對。言無二者，無實大家所對二也。言無三者，無權大家所對二乘并無權大，故言無三。何者實大。如《華嚴》等所說是也。彼說菩薩實修一切十三住中無漏眞德，息除妄想證性成佛，故名爲實。何者權大。如彼三乘別教之中所說是也。彼說菩薩三阿僧祇但修有漏六波羅蜜，不習諸地無漏眞德度三僧祇。次於百劫修相好業，於最後身修世八禪，厭離斷煩惱後觀四諦道樹成佛。言不稱實，故名權大。破斯權大，并破餘小。是故言一。言會別者，總唯一大，佛隨衆生分一爲三。今還攝三以歸一大，因無異趣，果無別從，是故言一。故《經》說言：說大威儀以爲木叉毘尼法等。木叉毘尼即大乘學。又《經》復言：聲聞緣覺乘即是大乘。《法華》亦云：汝等所行是菩薩道，良以根本無二法故。問曰：向前破三辨一，今復何故會三爲一。釋言：對情破其別取，故說破三。廢情就法一外無三，是故會別，即是一也。問曰：乘者人之所行。三乘人別隨人說乘，乘應定別，云何爲一。釋言：此以理一故爾。故經中說三乘雖異同一佛性，其猶諸牛色雖種種乳色無別。三乘如是。佛性無別，性無別故。證之末圓唯一佛因，證之圓極唯一佛果。是故就實，唯一大乘。故《經》說言：世若無佛，非無二乘證二涅槃。一切世界唯一佛乘，更無餘，故無別二乘得二涅槃。會別如是。言無別者，就實論乘由來無別。非有三別可會可破，猶如虛空平等無二，是故言一。問曰：一乘以行爲體，行別千殊，云何乘一。釋言：法門有其二種。一別相門，二共相門。若就別相，乘有無量。今就共相，是故言一。其猶衆木共成一車，此亦如是。然此一乘經論之中亦名大乘。解有兩義。一隨人解釋，諸佛菩薩是其大人，大人所乘，故曰大乘。二當法辨釋，備攝寬廣，是故名大，名義如是。問曰：乘義道義何別。總相釋之，能通名道，能運名乘。於中別分乃有三種。一就行法相對辨異，乘者是行，道者是法。行能運人，故說爲乘。法爲行履，能通行心，故說爲道。然就乘中非無有法，今對道法唯說爲行。道亦有行，對彼乘行偏說爲法。二就行中隨義分異。一切行德能通名道，能運名乘。又復諸行體通名道，用通名乘。云何體通。行無障故。云何用通。能運人故。三就法中隨義分異，能通名道，能運名乘。又復諸法體通名道，用通名乘。問曰：乘義門義何別。總相分之通入名門，能運名乘。於中分別亦有三種。一就行法相對辨異。門唯就法，通行人故。乘唯就行，能運人故。二就行中隨義分異。一切諸行門別名門，能運名乘。又復諸行通入名門，運通名乘。三就法中隨義分異。一切諸法門別名門，運通名乘。又復諸法通入名門，運通名乘。問曰：道義門義何別。釋言。體一隨義名異。通入名門，通到名道（此一門竟）。

次辨乘體。於中略以五門分別。一乘法分別。乘有二種，一者乘法，二者乘行。法有三種。一者教法，所謂三藏十二部經。二者理法，所謂佛性，於中分別二諦一實緣起法界是其理也。三者行法，六度等儀。言乘行者要唯三種。一聞，二思，三是行修。依教生聞，依理成思，依於行法集起行修。問曰：經說聞思修證，今此行中何不說證。攝入修故。二行斷分別。行德雖衆，無出三種。一智，二福，三者是報。波若是智，五度是福。又復波若一向是智，施戒及忍一向是福。精進與禪亦福亦智，壽等八種是其報也。此三種中依智起福，依福起報。故《地持》言：若報報因及與報果皆依福起，福依智起。此三至果轉名波若解脫法身，智爲波若，福爲解脫，報爲法身。行德如是。言斷德者，要唯三種。一煩惱斷。五住結亡，此前智慧所斷滅也。二者業斷。分段變易二種因亡，此前福德所遠離也。三者苦斷。分段變易二種報盡，此前淨報所出離也。此三種中斷煩惱故諸業不生，業不生故苦報不起，苦不起故得大涅槃。以斯行斷爲一乘體。三自利利他二行分別。自行有二。一厭有爲起離過行，二求佛智起集善行。利他亦二。一大悲方便，拔令出苦。二大慈方便，化令得樂。以斯兩行爲一乘體。自行之乘至果便住，化他行乘畢竟無盡，所化衆生不可盡故。四證教分別。無始法性顯成今德，名爲證行。依教修起方便行德，名爲教行。此之兩行該始及終。五因果分別。因雖衆多無出滅道，果雖無量不出菩提涅槃之德。問曰：因行運人至果可名爲乘，果德窮滿更無進趣。

云何名乘。釋有三義。一乘因至果。果仍因名，故說爲乘。二者至果。雖無去處，非是果德，不能運去。如劫盡火更無所燒，非火不能。此亦如是，以其能運故說爲乘。三至果中自行雖竟，化他未息，乘大涅槃周旋，齊度一切眾生，故得名乘。乘體隨別，難以具論，略舉斯五行無不攝。一乘如是。

窺基《大乘法苑義林章卷》卷六　一乘者。勝鬘經說。說一乘道法。得究竟法身。於上更無說一乘法事。三乘眾者，有恐怖歸依，非究竟歸依。《顯揚論》說，善逝善說妙三身，無畏無流證教法，上乘眞實牟尼子，我今至誠先讃禮。《佛地論》云：稽首無上良福田，三身二諦一乘眾。《法花》亦說，十方佛土中，唯有一乘法等三乘者。《勝鬘經》說，於未度世間、無依世間，與後際等作無盡歸依、常住歸依者，謂如來應正等覺也。法者即說一乘道，僧者是三乘眾。彼經意說，爲三乘者所現三身名爲佛寶。二乘所修教理行果，一乘方便名一乘道法，竟歸一乘故。《雜集序》云：敬禮如是大覺尊，無等妙法諸聖眾。又云：此三佛身是差別義，當知此中亦讃法僧功德。法寶者，自性因果等義所攝，僧寶者隨此修學所生。諸言所表一切三寶，安慧意同天親所說。心無偏黨有力皆敬，故言諸表諸聖眾等。《攝論》亦言：稽首大覺諸如來無等妙法眞聖眾，無別簡別，故通三乘。

菩提流志譯《大寶積經》卷一一九　聲聞獨覺皆入大乘，而大乘者即是佛乘，是故三乘即是一乘。證一乘者得阿耨多羅三藐三菩提，阿耨多羅三藐三菩提者即是涅槃。言涅槃者，即是如來清淨法身。證法身者，即是一乘。無异如來，無异法身。言如來者即是法身，證究竟法身者即究竟一乘，究竟一乘者即離相續。何以故。世尊如來住時無有限量，等于后際，如來能以無限大悲、無限誓願利益世間。作是說者是名善說。若復說言如來是常是無盡法一切世間究竟依者，亦名善說。是故能于無護世間無依世間，與等后際，作無盡歸依、常住歸依、究竟歸依者，謂如來應正等覺。法者是一乘道，僧者是三乘眾。此二歸依非究竟依，名少分依。何以故。說一乘道證究竟法身，于后更無說一乘道，三乘眾者有恐怖故。歸依如來求出修學，有所作故，向阿耨多羅三藐三菩提故。二依非究竟依，是有限依。若諸有情如來調伏歸依如來，得法津潤。由信樂心，歸依于法及比丘僧，是二歸依。由法津潤信入歸依。如來者非法津潤信入歸依，言如來者是眞實依。此二歸依以眞實義，即名究竟歸依如來。何以故。如來不异此二歸依，是故如來即三歸依。何以故。說一乘道，如來最勝具四無畏，正師子吼。若諸如來隨彼所欲而以方便。說于二乘即是大乘，以第一義無有二乘，二乘者同入一乘，一乘者即勝義乘。

圓測《仁王經疏》卷下　一乘方便，謂理體無二，故說一乘。于一乘法，巧知眾生差別相，名爲方便。不二相者，釋上一乘。于中通達一切行相者，釋其方便。又《金光明經》云：法界無分別。爲度眾生，分別說三乘。又《法華》云：諸佛以方便力，于一佛乘，分別說三。具說一乘，義如別章。

良賁《仁王護國般若波羅蜜多經疏》卷上　三乘所攝者，或說一乘。如《法華經》云：唯有一乘法無二亦無三。或說二乘，如《攝論》等。一者大乘謂即上乘，二者小乘謂即下乘。或說三乘。一菩薩乘，二獨覺乘，三聲聞乘。處處經中皆同說故。及說五乘，如常分別。今此經者即一乘收。《勝鬘經》云：一乘即大乘故，二三乘中菩薩乘故。

法藏《華嚴經探玄記》卷一　當今諸德于大乘中自有二說。一立三乘大乘。以此宗許入寂二乘定不成佛，是故約彼五性差別，具說三乘。二立一乘大乘。以此宗許入寂二乘亦并成佛。是故約此佛性遍有，唯說一乘。

前師引教成立云，如《大般若經》第五百九十云：若有情類于聲聞乘性決定者，聞此法已速能證得自無漏地。于獨覺乘性決定者，聞此法已速依自乘而得出離。于無上乘性決定者，聞此法已速證無上正等菩提。若有情類雖未證入正性離生，而于三乘性不定者，聞此法已皆發無上正等覺心。又《解深密經》第二云：乃至更說法要，謂相無自性性，勝義無自性性，乃至諸聲聞乘種性有情亦由此道此行迹故，正得無上安穩涅槃。一切聲聞獨覺菩薩皆共此一妙清淨道，皆同此一究竟清淨，更無第二。我依此故，密意說言唯有一乘。非于一切有情界中無有種種有情種性，或鈍根性、或中根性、或利根性有情差別。解云：此約三乘同一所觀無性道故，密意說此名爲一乘。理實三乘各證涅槃，非是一也。又《瑜伽論》第三十七云：補特伽羅成就者，略說四種。有聲聞種性，以聲聞乘而成就之。有獨覺種性，以獨覺乘而成就之。有佛種性，以無上乘而成就之。無種性者，即以善趣而成就之。善戒地持皆同此說。又《解深密經》云：一向趣寂聲聞種性補特伽羅，雖蒙諸佛施設種種勇猛加行方便化導，終不能令當坐道場證阿耨多羅三藐三菩提。深密解脱亦同此說。《十輪經》第九卷亦說三乘各定差別。如是等文并非小乘，是大乘中許三差別，是故各爲三乘大乘教也。

二后師引彼一乘大乘教者。《涅槃經》三十三云：一切衆生同有佛性，皆同一乘同一解脱。一因一果，同一甘露，一切當得常樂我淨，是名一味。又《法華》第一云：十方佛土中唯有一乘法，無二亦無三，除佛方便說。又云：初以三乘引導衆生，然后但以大乘而度脱之。又第三云：我滅度后復有弟子不聞是經，不知不覺菩薩所行，自于所得功德生滅度想入于涅槃，我于余國作佛更有异名。是人雖生滅度之想入于涅槃，而于彼土求佛智慧。《大智度論》第九十五亦同此說。又《法華論》中四聲聞內退菩提心及應化，此二聲聞佛與授記，決定及增上慢此二根未熟故，菩薩與授記，方便令發心。解云：既但云未熟不言無根，故知定當得佛菩提。又復云方便令發心，即是發菩提心也。又《入楞伽》第二第四第七皆同說二乘無實涅槃但是三昧力住，后必當得無上菩提。《法華論》云：第四人者方便令入涅槃城故。涅槃城者，諸禪三昧城。過彼城已，令入大般涅槃城。此同楞伽住三昧樂。離分段故，假說涅槃。而實有彼變易身，故于淨土中行菩薩道。《勝鬘經》云：言諸二乘得涅槃者，是佛方便，唯有如來得般涅槃。又此經及《無上依經寶性論》《佛性論》皆說入滅二乘于三界外受變易身。又《密嚴經》中二乘必無灰斷永滅。如是等文亦是大乘，不許三乘決定差別，是故名爲一乘教。

第六定權實者。或有說者，一乘是權，三乘是實。以《深密經》第一時教唯爲發趣聲聞乘者，說即總無成佛。第二時教唯爲發趣修大乘者，說即總無不成佛。此二若過若不及，故俱非了義，莫若第三時教。有種性者成，無種性者不成，方爲了義。《法華》既當第二時教，即是密意權說。【略】依此等文。入涅槃已，身智俱滅，根識永無，豈有變易修行成佛。是故唯有一乘非極了義。《深密經》中第三時普爲發趣一切乘者說名爲了義，故知三乘是盡理實教。又《深密》第二第四皆云一乘是密意說，故知是權也。或有說者，一乘是實，三乘是權。謂《法華經》唯一佛乘是，《深密經》三乘，后說定性二乘，滅亦不存故，方便說三，實唯一故。若言《法華》是第二時教爲引不定二乘，故說一切悉皆成佛，而猶未說定性不成故非了者。若爾法華之時猶未說有定性二乘，何因彼論立四聲聞，彼定性言從何處得。若有定性豈得總成，若許總成何名定性。故知定性之言牒前《深密》所說，后至《法華》明悉全成佛，是故彼論順此經文。會前權說歸后實教，故知《法華》定在《深密》后說。《妙智三教》一乘在三乘后，《梁論》成立正法三中亦一乘在后。并同此說。法華中生滅度想入涅槃等，釋爲變化示現滅者，極違教理。違教者，若是變化聲聞即實是諸佛菩薩，豈可迷自所示涅槃乃生滅度之想。若作此釋元未讀經。違理者，若入涅槃是永斷滅，諸佛菩薩于所化前示現涅槃，若彼所化不定種性是勇猛者，不怖生死能修勝行。若有一類性怯弱者，怖畏生死學佛菩薩。先入涅槃擬欲于后行菩薩道，汝宗入滅既無有起，豈不誤彼一類衆生。此乃誤衆生何成引導，況復此文無不相干。又亦未見《勝鬘經》意，乃輒斷一乘以爲方便。彼經云：若如來隨彼所欲而方便說（謂二乘），即是一乘無有二乘。二乘入于一乘，一乘者即第一義乘。又彼經中廣破二乘云無涅槃。又云：此經斷一切疑，決定了義入一乘道。豈說一乘以爲方便？解深密經一乘是密意者，是未說法華之前故作是說。及后說法華時，會前三乘皆是方便。瑜伽轉本俱滅，顯揚六義說一乘，攝論十義說一乘，皆同深密會釋。以此等論隨彼經造故。《法華論》說決定二乘亦受記等，是隨此本經造故。若不信一乘守權乖實，甚爲可愍故。《百喻經》第二卷云：昔有一聚落，去王城五由旬，村中有好美水。王勅村人常使日日送其美水，村人疲苦，悉欲移遠此村去。時彼村主語諸人言：汝等莫去，我當爲汝白王改五由旬作三由旬，使汝得近去來不疲。則往白王，王爲改之作三由旬，衆人聞已便大歡喜。有人語言此故是本五由旬，更無有异。雖聞此言，信王語故，終不肯舍。世間之人亦復如是。修行正法度于五道向涅槃城，心生疲倦，便欲舍離頓駕生死不能復進。如來法王有大方便，于一乘法分別說三。小乘之人聞之歡喜以爲易行，修善進德求度生死。后聞人說無三乘故是一乘，以信佛語終不肯舍。如彼村人亦復如是。解云：此經即是金口良斷，權實顯然。可息諸說耳。

第七顯開合者。然此三乘一乘各有二種。三乘二者。一异時三乘，如

《深密經》初時唯小乘，第二唯大乘。二同時三乘，如第三時普爲發趣一切乘等。于此教中一乘相隱，三乘相顯，是故就顯總名三乘。一乘二者。一破异明一，如《法華經》破二實滅，及《涅槃經》破無佛性，俱是對權會破方說一乘。二直體顯一，如《華嚴經》不對二乘無所破故，爲大菩薩直示法界成佛儀故，是故初說《華嚴》無權可會，終說涅槃會前諸權。是即非盡權無以顯實是俱名一乘。又復更開各有三種。初三乘三者。一始別終同三，謂始約因修四諦緣生六度等別，終就得果三乘之人身智同滅。如《俱舍》等說，比約初時小乘教說。二始同終別三，謂同聞般若同觀無性。三乘之人各得自果。如前所引說。若據聖諦緣生六度行异亦得名爲始終各別。此是第二第三時敎說也。三近异遠同三。謂《法華》等初以三乘方便誘引，后同以大乘令得度等。一乘三者。一存三之一，如《深密》等說。二遮三之一，如《法華》等。三表體之一，如《華嚴》等。是故通說有其四句。一或唯三無一，如俱舍等。二或唯一無三，如《華嚴》等。三或亦一亦三。此有二位。初三實一權，如《深密》等。后一實三權，如《法華》等。四或非一非三，約理絕言故。大般若中舍利子問善現云：如來授諸天子記于三乘中何乘得記。善現答言：于法相中無一無三，云何問言于何乘得記。是故一乘三乘有存有泯。諸說不同，或聞唯破二乘即謂唯約不定種性，或聞無二亦無三即謂大乘實教亦破，或聞不破大乘即謂大乘權教亦存。今釋有二位。一約事破二乘實滅，二約教亦會大乘權教。大乘權教許入寂二乘不成佛故，但深破二乘即是破三，是故破二破三皆不相違。

法藏《華嚴經探玄記》卷八　一乘亦二門。一別教，謂圓通諸事統含無盡，如因陁羅網及微細等，廣此百句如中說。二同教者，則與三乘義同，但由智迴向，故入一乘攝。

法藏《華嚴一乘教義分齊章》卷一　今將開釋如來海印三昧一乘教義，略作十門。

建立一乘第一　教義攝益第二　古今立教第三　分教開宗第四　乘教開合第五　起教前後第六　決擇其意第七　施設異相第八　所詮差別第九　義理分齊第十

初明建立一乘者。然此一乘教義分齊，開爲二門。一別教，二同教。初中二。一性海果分，是不可說義。何以故。不與教相應故，則十佛自境界也。故《地論》云：因分可說，果分不可說者是也。二緣起因分。則普賢境界也。此二無二，全體遍收。其猶波水，思之可見。就普賢門復作二門。一分相門，二該攝門。

分相門者。此則別教一乘，別於三乘。如《法華》中宅內所指門外三車，誘引諸子，令得出者，是三乘教也。界外露地所授牛車，是一乘教也。

然此一乘三乘差別，諸聖教中略有十說。

一權實差別。以三中牛車亦同羊鹿，權引諸子務令得出。是故臨門三車，俱是開方便門。四衢道中別授大白牛車，方爲示眞實相。若彼三中牛車亦是實者，長者宅內引諸子時，指彼牛車秖在門外，此應亦出即得見車。如何出竟至本所指車所住處而不得故，後更索耶。亦不可說界外索車但是二乘，以經不說彼求牛車人，出門即得彼牛車故。又不說彼索先許車唯二乘故，是故經中諸子得出至露地已，各白父言：父先所許玩好之具，羊車鹿車牛車願時賜與。以此得知三車同索。此中三車約彼三乘所求果說，以是元意所標趣故。【略】

二教義差別。以臨門牛車亦同羊鹿，但有其名，以望一乘俱是教故。是故《經》云：以佛教門出三界苦，亦不可說以佛教言但約二乘。以經不揀故，彼求牛車人尋教至義，亦同二乘俱不得故。

三所明差別。以彼一乘非是界內先許三車，是故界外四衢道中授諸子時皆云非本所望。是故《經》云：是時諸子各乘大車得未曾有非本所望，亦不可說非本所望言但約二乘。以經不揀故，聖言無失故。良以門內所許今皆無得，露地牛車本非悕冀故，今得之言非本所望也。

四德量差別。謂宅內指外，但云牛車不言餘德。而露地所授七寶大車，謂寶網寶鈴等無量眾寶而莊嚴等，此即體具德也。又彼但云牛不言餘相，此云白牛肥壯多力其疾如風等，用殊勝也。又云多諸儐從而侍衛等，行眷屬也。此等異相並約同教一乘，以明異耳。又彼三中牛車唯一。以彼宗明一相方便無主伴故，此則不爾。主伴具足攝德無量。是故《經》云：我有如是七寶大車，其數無量。無量寶車非適一也。此顯一乘無盡教義，此義廣說如《華嚴》中。此約別教一乘，以明異耳。

五約寄位差別。如《本業經》《仁王經》及《地論》《梁攝論》等皆以初二三地寄在世間，四地至七地寄出世間，八地已上寄出出世間。於出世間中，四地五地寄聲聞法，六地寄緣覺法，七地寄菩薩法，八地已上寄一乘法。若大乘即是一乘者，七地即應是出世，又不應一乘在於八地。是故當知法華中三乘之人，爲求三車出至門外者。則三乘俱是出世，自位究竟也。即是此中四地以去，至七地者是也。四衢別授大白牛車者。此在出世之上故。是出出世一乘法。即是此中八地已上一乘法也。【略】

六付囑差別。如《法華經》云：於未來世，若有善男子善女人信如來智慧者，當爲演説此《法華經》，使得聞知。爲令其人得佛智慧故。若有衆生不信受者，當於如來餘深法中示教利喜。汝等若能如是，則爲報佛之恩。解云：餘深法者，即是大乘。非一乘故，稱之爲餘。然非小乘，是以稱深。亦不可説以彼小乘爲餘深法，以《法華》中正破小乘，豈可歎其深耶。是故當知《法華》別意，正在一乘故。作此付囑也。

七根緣受者差別。如此經《性起品》云：佛子，菩薩摩訶薩無量億那由他劫行六波羅蜜，修習道品善根。未聞此經，雖聞，不信受持隨順，是等猶爲假名菩薩。解云：此明三乘菩薩根未熟故。雖如是經爾許劫修行，不信不聞此一乘經者，是人當知是前《法華經》内餘深法中，示教利喜者是也。以望一乘究竟法，是故説彼以爲假名，若望自宗亦眞實也。此文意明《華嚴》是別教一乘，不同彼也。

八難信易信差別。如此經《賢首品》云：一切世界群生類，尠有欲求聲聞乘，求緣覺者轉復少。求大乘者甚希有，求大乘者猶爲易，能信此法甚爲難。解云：以此品中正明信位終心即攝一切位，及成佛等事，既超三乘，恐難信受故，舉三乘對比決之。

九約機顯理差別。如此經第九地初偈云：若衆生下劣，其心厭没者，示以聲聞道，令出于衆苦。若復有衆生，諸根小明利，樂於因緣法，爲説辟支佛。若人根明利，有大慈悲心，饒益諸衆生，爲説菩薩道。若有無上心，決定樂大事，爲示於佛身，説無盡佛法。解云：此明一乘法門主伴具足，故云無盡佛法。不同三乘一相一寂等法。以此地中作大法師，明説法儀軌。是故開示一乘三乘文義差別也。

十本末開合差別。如《大乘同性經》云：所有聲聞法辟支佛法菩薩法諸佛法，如是一切諸法皆悉流入毘盧遮那智藏大海。此文約本末分異。仍會末歸本，明一乘三乘差別顯耳。

此上十證足爲龜鏡，其別教一乘所明行位因果等相，與彼三乘教施設分齊全別不同，廣在經文略如下辨。縱無教證，依彼義異，尚須分宗。況聖教雲披焕然溢目矣。

二該攝門者。一切三乘等，本來悉是彼一乘法，何以故。以三乘望一乘有二門故，謂不異、不一也。初不異亦二。一以三即一故不異，二以一即三故不異。問：若據初門三即一者，未知彼三爲存爲壞。若存如何唯一，若壞彼三乘機，更依何法而得進修。答有四句。一由即一故不待壞，二由即一故不礙存，三由即一故無不壞，四由即一故無可存。由初二義三乘機得有所依，由後二義三乘機得入一乘，由四句俱即一故，是故唯有一乘，更無餘也。二以一乘即三明不異者，隱顯四句，反上思之，是故唯有三乘，更無一也。此如下同教中辨。二不一者，此即一之三，與上即三之一是非一門也。是則不壞不一而明不異。又，此中不一是上分相門，此中不異是此該攝門也。

二同教者於中二。初分諸乘，後融本末。初中有六重。

一明一乘，於中有七。

初約法相交參以明一乘。謂如三乘中亦有説因陁羅網及微細等事，而主伴不具。或亦説華藏世界，而不説十等。或一乘中亦有三乘法相等。謂如十眼中亦有五眼，十通中亦有六通等，而義理皆別。此則一乘垂於三乘，三乘參于一乘。是則兩宗交接連綴引攝成根欲性，令入別教一乘故也。二約攝方便。謂彼三乘等法總爲一乘方便故，皆名一乘。所以《經》云：諸有所作，皆爲一大事故等也。三約所流辨。謂三乘等悉從一乘流故。故《經》云：汝等所行是菩薩道等。又《經》云：毘尼者即大乘也。四約殊勝門。即以三中大乘爲一乘，以望別教，雖權實有異，同是菩薩所乘故。故《經》云：唯此一事實，餘二則非眞。又云：止息故説二等。此文有二意。一若望上別教，餘二者則大小二乘也。以聲聞等利鈍雖殊，同期小果故，開一異三故。若望同教，即聲聞等爲二也。又融大同一故。五約教事深細。如《經》云：我常在靈山等。六約八義意趣。依《攝論》，如問答中辨。七約十義方便。如孔目中説。依上諸義即三乘等並名一乘。皆隨本宗定故，主伴不具故，是同非別也。

二明二乘有三種。一者一乘三乘名爲二乘。謂如經中四衢所授并臨門三車。此中合愚法同迴心，俱是小乘，故有二耳。二者大乘小乘爲二乘。此則合一同三，開愚法異迴心。三者聲聞緣覺爲二乘。此通愚法及迴心。又初約一乘，次約三乘，後約小乘，準可知之。

三明三乘亦有三種。一者一乘三乘小乘名爲三乘。此爲顯法本末故，上開一乘下開愚法，故有三也。以經中愚法二乘並在所引諸子中，故知三乘外別有小乘。三車引諸子，故知小乘外別有三乘。三人俱出至露地已，更別授大白牛車，故知三乘外別有一乘。

問：何以得知愚法二乘在所引中耶。答：以彼愚法約大乘終教已去，並不名究竟出三界故。何以故。以人執煩惱未永斷故，但能折伏而已。故《彌勒所問經論》云：一切聲聞辟支佛人，不能如實修四無量，不能究竟斷諸煩惱，但能折伏一切煩惱故也。又《經》云：汝等所得涅槃非眞滅度。又《經》云：若不信此法得阿羅漢果，無有是處。又《大品》云：故得阿羅漢等果，當學般若波羅蜜。是故當知，羅漢實義在大乘中，是故大乘必具三也。故《普超三昧經》云：如此大乘中亦有三乘，則爲三藏，謂聲聞藏，緣覺藏，菩薩藏。唯大乘中得有三藏，餘二乘中則無此也。《入大乘論》中亦同此説。是故當知，門外三車不通愚法。以法華非小乘故。其瑜伽聲聞決擇，及雜集等論，辨聲聞等教，行位果及斷惑分齊與《婆沙》《俱舍》等不同者，是其事也。是故當知，一乘三乘小乘分齊別也。

由此義故，《大智度論》云般若波羅蜜有二種。一共，二不共。言共者，謂此《摩訶衍經》及餘《方等經》共諸聲聞衆集共説故。不共者，如《不思議經》不與聲聞共説故。解云：不思議經者，彼論自指《華嚴》是也。以其唯説別教一乘，故名不共。義準知之。如《四阿含經》名不共，以唯説愚法二乘教故。如《大品等經》共集三乘衆，通説三乘法，具獲三乘益，故云共也。此中通大之小非愚法，通小之大非一乘。依此三義故，《梁攝論》云：善成立有三種。一小乘，二三乘，三一乘。其第三最居上故，名善成立，即其事也。若言説大品等時一音異解得小果故有三乘者，説華嚴時何不異解得小果耶。又説增一等時，何不異解得大果耶。是故當知，三宗各別，理不疑也。

二者，大乘、中乘、小乘爲三乘。此有三義。一則融一乘同大乘，合愚法同小乘，故唯三也。教理可知。此約一乘辨。二則大乘中自有三乘。如上所説。三則小乘中亦有三。如小論中自有聲聞法緣覺法及佛法，此中佛法但慈悲愛行等，異於二乘故也。四者戒爲四乘。亦有三種。一謂一乘三乘爲四，此則開一異三，合二聲聞故也。二謂一乘三乘小乘人天爲四，此總開意也。三謂三乘人天爲四，準上可知。五者或爲五乘亦有三種。一謂一乘三乘小乘爲五，二謂三乘人天爲五，三謂佛與二乘天及梵亦爲五。並準釋可知。六者或無量乘，謂一切法門也。故此經云：於一世界中，聞説一乘者或二三四五，乃至無量乘，此之謂也。上來分乘竟。

二融本末者。此同文説諸乘等會融無二同一法界。有其二門。一泯權歸實門，即一乘教也。二攬實成權門，則三乘教等也。初則不壞權而即泯故，三乘即一乘而不礙三。後則不異實而即權故，一乘即三乘而不礙一。是故一三融攝體無二也。問：若爾二門俱齊，如何復説有權實耶。答：義門異故，權實恒存。理遍通故，全體無二。何者。謂權起必一向賴於實，是故攬實實不失。實現。未必一向藉於權，故泯權權不立。是故三乘即一雖具存壞竟必有盡，一乘即三雖具隱顯竟恒無盡。由此鎔融有其四句。一或唯一乘，謂如別教。二或唯三乘，如三乘等教。以不知一故，或亦一亦三。如同教。四或非一非三，如上果海。此四義中，隨於一門皆全收法體。是故諸乘或存或壞，而不相礙也。準思可解。餘釋乘明體等，並如別説。

上來明建立一乘竟。

第二教義攝益者，此門有二。先辨教義分齊，後明攝益分齊。

初中又二。先示相，後開合。

初中有三義。一者如露地牛車，自有教義，謂十十無盡主伴具足，如《華嚴》説。此當別教一乘。二者如臨門三車，自有教義。謂界内示爲教得出爲義，仍教義即無分。此當三乘教，如餘經及《瑜伽》等説。三者以臨門三車爲開方便教，界外別授大白牛車，方爲示眞實義。此當同教一乘，如《法華經》説。

二開合者有二。先別，後總。別中一乘三乘各有三句。三乘三句者或具教義，約三乘自宗説。或唯教非義，約同教一乘説。或俱非教義，約別教一乘説。爲彼所目故也。一乘三句者。或具教義，約自別教説。或唯義非教，約同教說。或俱非教義，唯約三乘教說。隱彼無盡教義故。後總者。或教義俱教，以三乘望一乘故。或教義俱義，以一乘望三乘故。或具此三句，約同教說。或皆具教義，各隨自宗差別說矣。二明攝益分齊者，於中有三。一或唯攝界內機，令得出世益，即以爲究竟。此約三乘當宗說，亦如《瑜伽》等辨。二或攝界外機，令得出出世益方爲究竟。此有二種。若先以三乘令其得出，後乃方便得一乘者。此即一乘三乘和合說，故屬同教攝，亦名迴三入一教。此如《法華經》說。若先於一乘已成解行，後於出世身上證彼法者，即屬別教一乘攝。此如《小相品》說。三或通攝二機，令得二益。此亦有二。若先以三乘引出，後令得一乘，亦是三一和合攝機成二益，故屬同教。此如《法華經》說。若界內見聞，出世得法，出出世證成，或界內通見聞解行，出世唯解行，出出世唯證入。此等屬別教一乘。此如《華嚴》說。

第三叙今古立教者。謂古今諸賢所立教門差別非一，且略叙十家以爲龜鏡。【略】九依梁朝光宅寺雲法師立四乘教。謂臨門三車爲三乘，四衢所授大白牛車方爲第四。以彼臨門牛車亦同羊鹿俱不得故，餘義同上辯。信行禪師依此宗立二教，謂一乘三乘。三乘者，則別解別行及三乘差別，并先習小乘後趣大乘是也。一乘者，謂普解普行唯是一乘，亦華嚴法門及直進等是也。十依大唐三藏玄奘法師。依《解深密經》《金光明經》及《瑜伽論》立三種教，即三法輪是也。一轉法輪，謂於初時鹿野園中，轉四諦法輪，即小乘法。二名照法輪，謂中時於大乘內密意說言諸法空等。三名持法輪，謂於後時於大乘中顯了意說三性及眞如不空理等。此三法輪中，但說小乘及三乘中始終二教，不攝別教一乘。何以故。以《華嚴經》在初時說，非是小乘故。彼持法輪在後時說，非是華嚴故。是故不攝華嚴法門也。【略】

第四分教開宗者，於中有二。初就法分教，教類有五。後以理開宗，宗乃有十。

初門者，聖教萬差要唯有五。一小乘教，二大乘始教，三終教，四頓教，五圓教。初一即愚法二乘教，後一即別教一乘。以經本中下文內爲善伏太子所說名爲圓滿修多羅故，立此名也。中間三者有其三義。一或總爲一，謂一三乘教也。以此皆爲三人所得故，如上所引說。二或分爲二，所謂漸頓。以始終二教所有解行並在言說，階位次第因果相承，從微至著，通名爲漸。故《楞伽》云：漸者如菴摩勒果漸熟非頓。此之謂也。頓者，言說頓絕理性，頓顯解行，頓成一念不生，即是佛等。故《楞伽》云：頓者如鏡中像，頓現非漸。此之謂也。以一切法本來自正，不待言說，不待觀智，如淨名以默顯不二等。又《寶積經》中，亦有說頓教修多羅故，依此立名。三或開爲三。謂於漸中開出始終二教，即如上說《深密經》等三法輪中後二是也。依是義故，《法鼓經》中以空門爲始，以不空門爲終。故彼經云，迦葉白佛言：諸摩訶衍經多說空義，佛告迦葉，一切空經是有餘說，唯有此經是無上說，非有餘說。復次迦葉如波斯匿王常十一月設大施會先飯餓鬼孤貧乞者，次施沙門及婆羅門，甘饍眾味隨其所欲。諸佛世尊亦復如是，隨諸眾生種種欲樂，而爲演說種種經法。若有眾生懈怠犯戒不勤隨順，捨如來藏常住妙典，好樂修學種種空經。乃至廣說。解云：此則約空理有餘，名爲始教。約如來藏常住妙典，名爲終教。又《起信論》中，約頓教門顯絕言眞如，約漸教門說依言眞如。就依言中，約始終二教，說空不空二眞如也。此約法以分教耳。若就法義，如下別辨。

二以理開宗，宗乃有十。一我法俱有宗，此有二。一人天乘，二小乘。小乘中犢子部等，彼立三聚法。一有爲聚法，二無爲聚法，三非二聚法。初、二是法，後一是我。又立五法藏。一過去，二未來，三現在，四無爲，五不可說。此即是我。不可說是有爲無爲故。二法有我無宗，謂薩婆多等。彼說諸法二種所攝。一名，二色。或四所攝，謂三世及無爲。或五，謂一心，二心所，三色，四不相應，五無爲。故一切法皆悉實有也。三法無去來宗，謂大眾部等。說有現在及無爲法，以過未體用無故。四現通假實宗，謂法假部等。彼說無去來，現在世中諸法，在蘊可實、在界處假，隨應諸法假實不定。《成實論》等經部別師亦即此類。五俗妄眞實宗謂說出世部等，世俗皆假，以虛妄故，出世法皆實。非虛妄故。六諸法但名宗。謂說一部等，一切我法唯有假名，都無體故。此通初教之始準知。七一切皆空宗。謂大乘始教，說一切諸法皆悉眞空，然出情外無分別故，如《般若》等。八眞德不空宗。謂如終教，諸經說一切法唯是眞如，如來藏實德故，有自體故，具性德故。九相想俱絕宗。如頓教中顯絕言之理等，如淨名默顯等。準知。十圓明具德宗。如別教一乘主件具足無盡自在所顯法門是也。

第五乘教開合者。於中有三。初約教開合，二以教攝乘，三諸教相收。

初約教者。然此五教相攝融通，有其五義。一或總爲一，謂本末鎔融唯一大善巧法。二或開爲二。一本教，謂別教一乘爲諸教本故。二末教，謂小乘三乘。從彼所流故，又名究竟及方便，以三乘小乘望一乘悉爲方便故。三或開爲三，謂一乘三乘小乘教，以方便中開出愚法二乘故。四或分爲四，謂小乘漸頓圓，以始終二教俱在言等故。五或散爲五，謂如上說。

二以教攝乘者有二。先一乘隨教有五。一別教一乘云云，二同教一乘云云，三絕想一乘，如《楞伽》。此頓教。四約佛性平等爲一乘等。此終教云云。五密義意一乘。如八意等，此約始教云云。二明三乘亦有五。一小乘中三，謂始別終同，以俱羅漢故。二始教中三，始終俱別，以有入寂故。三終教中三，始終俱同並成佛故。四頓教中三，始終俱離云云。五圓教中三，始終俱同。汝等所行是菩薩道等故云云。

三諸教相收者有二門。一以本收末門，二以末歸本門。初中於圓內，或唯一圓教，以餘相皆盡故。或具五教，以攝方便故。頓教中惑唯一頓教亦以餘相盡故。或具四教。以攝方便故，熟教中或一或三，初教中或一或二，小乘中唯一。皆準上知之。二以末歸本。小乘內或一，以據自宗故。或五，謂於後四教，皆有爲方便故。初教中或一，是自宗故。或四，謂於後三教，皆有作方便故。熟教中或一或三，頓教中或一或二，圓教中唯一。皆準上知之。是諸教下所明義理交絡分齊，準此思之。是則諸教本末句數結成教網，大聖善巧長養機緣無不周盡。故此經云：張大教網置生死海，漉人天魚置涅槃岸。此之謂也。

第六教起前後者。於中有二。初明稱法本教，二明逐機末教。

初者謂別教一乘。即佛初成道第二七日，在菩提樹下，猶如日出先照高山。於海印定中同時演說十十法門，主伴具足，圓通自在。該於九世十世盡因陁羅微細境界，即於此時一切因果理事等一切前後法門，乃至末代流通舍利見聞等事，並同時顯現。何以故。卷舒自在故。舒則該於九世，卷則在於一時。此卷即舒，舒又即卷。何以故。同一緣起故，無二相故。經本云：於一塵中，建立三世一切佛事等。又云：於一念中，即八相成道，乃至涅槃流通舍利等。廣如經說。是故依此普聞一切佛法並於第二七日。一時前後說，前後一時說。如世間印法，讀文則句義前後，印之則同時顯現。同時前後，理不相違。當知此中道理亦爾，準以思之。

二逐機末教者。謂三乘等有二義。一與一乘同時異處說，二異時異處說。初義者是同教故，末不離本故，依本而成故。後義者本末相分故，與本非一故。此二各有二義。一三乘，二小乘。初者，《密迹力士經》說佛初成道竟，七日思惟已，即於鹿園中以眾寶等莊嚴法座，廣集三乘眾。梵王請佛爲轉法輪，廣益三乘眾，得大小等果。乃至廣說如彼經中。又《大品經》云：佛初在鹿野轉四諦法輪，無量眾生發聲聞心，無量眾生發獨覺心，無量眾生發阿耨多羅三藐三菩提心行六波羅蜜，無量菩薩得無生忍，住初地二地乃至十地，無量一生補處菩薩一時成佛。解云：以此教證，當知最初第二七日即說三乘法，與一乘同時說也。二小乘者，如《彌沙塞律》說，佛初成道竟入三昧，七日後乃於鹿野苑而轉法輪，故知小乘亦與一乘同時說也。又《普曜經》云：第二七日，提謂等五百賈人，施佛麨蜜，佛與授記當得作佛等。此經所說雖通三乘等教，有義亦攝人天等法，亦與一乘同時說也。問：說時既同，何故說處別耶。答：爲約時處寄顯法故，須同異也。故《地論》云：時處等校量顯示勝故。同時者，顯是同教故。異處者，示非別教故。如別教一乘在菩提樹下說者，欲明此是得菩提處即顯如來自所得法稱本而說故，不移處說也。餘三乘等法，欲明逐機改異故。移處就機鹿園而說，顯非本也。第二時處俱異者，由與一乘不即義故，時處俱別也。或三七日後說，如《法華經》。或六七日後說，如《四分律》及《薩婆多論》說。或七七日乃說，如《興起行經》。或八七日乃說，如《十誦律》說。或五十七日後說，如《大智論》說。或一年不說法，經十二年方度五人，如《十二遊經》說。有人解云：《智論》五十七日者，即五十箇七日，與《十二遊經》一年同也。以此等教證當知三乘小乘教，並非第二七日說，由與一乘教差別故，隨機宜故。餘可準知。

第七決擇前後意者。然諸教前後差別難知，略以十門分別其意。一或有眾生，於此世中小乘根性始終定者，即見如來從初得道乃至涅槃唯說小乘，未曾見轉大乘法輪，如小乘諸部執不信大乘者是。二或有眾生於此世中小乘根不定故，堪進入大乘初教。即便定者，即見如來，初時轉於小乘法輪翻諸外道，後時見轉大乘初教即空法輪迴諸小乘。如《中論》初說者是。三或有眾生於此世中於小乘及初教根不定故，堪入終教，即便定者，即初時見轉小乘法輪，中時見轉空教法輪，後時見轉不空法輪。如《解深密經》等說者是。四或有眾生，於此漸教中根不定故，堪入頓教，即便定者，即見初示言說之教猶非究竟，後顯絕言之教方爲究竟。如《維摩經》中初三十二菩薩及文殊等所說不二並在言說中。後維摩所顯絕言之教，以爲究竟者是。五或有眾生於此世中頓悟機熟，即便定者，即見佛從初得道乃至涅槃不說一字。如《楞伽》說。又《涅槃經》云：若知如來常不說法，是名菩薩具足多聞等。六或有眾生，於此世中三乘根性定者，見佛從初即說三乘教法，乃至涅槃更無餘說。如上《密迹力士經》及《大品經》說者是。七或有眾生，於此世中三乘根不定故，堪進入同教一乘者，即見自所得三乘之法皆依一乘無盡教起，是彼方便阿含施設。是故諸有所修，皆迴向一乘，如會三歸一等，又如上所引三乘與一乘同時說者等。八或有眾生，於此世中三乘根不定故，堪可進入別教一乘者，即知彼三乘等法，本來不異別教一乘。何以故。爲彼所目故，更無異事故。如《法華經》同教說者是。九或有眾生於此世中具有普賢機者，即見如來從初成道乃至涅槃，一切佛法普於初時第二七日海印定中，自在演說無盡具足主伴無窮因陁羅網微細境界，本末不見說三乘小乘等法。如《華嚴經》別教中說者是。此約普賢教分見聞及解行處說。十或有眾生於一乘別教解行滿足，已證入果海者，即見上來諸教並是無盡性海隨緣所成，更無異事。是故諸教即是圓明無盡果海，具德難思，不可說不可說也。此約一乘入證分齊處說。餘可準知。

第八施設異相者。然此異相繁多，略約十門以顯無盡。何者十異。一者時異。謂此一乘要在初時第二七日說，猶如日出先照高山等。故《論》云：此示法勝故，在初時及勝處說也。若爾何故不初七日說，思惟因緣行等如論釋。又此即是時因陁羅網等故，即攝一切時。若前若後各不可說劫，通前際後際，並攝在此一時中也。三乘等不爾，以隨逐機宜時不定故，或前或後亦不一時收一切劫等。二者處異。謂此一乘要在蓮華藏世界海中眾寶莊嚴菩提樹下，則攝七處八會等及餘不可說不可說世界海，並在此中。以一處攝一切處故，是故不動道樹，遍昇六天等者。是此義也。又此華藏世界，通因陁羅網，故周測諸塵。於此稱法界處，說彼一乘稱法界法門也。三乘等則不爾。在娑婆界木樹等處，亦無一處即一切處等。問：若爾何故《佛地經》等亦在淨土中說耶。答：彼經但云在光曜宮殿等具十八種圓滿，亦不別指摩竭提國等，以彼爲地上菩薩說佛地功德故，在三界外受用土中。此三乘終教及一乘同教說。若此，《華嚴》皆云在華嚴界內摩竭國等，不云娑婆內，亦不云三界外，故知別也。餘義準知。三者主異。謂此一乘要是盧舍那十身佛及無盡三世間說。如《普賢行品》云：佛說菩薩說刹說眾生說三世一切說等，不同三乘等是化身及受用身等說。餘義準知。四者眾異。謂此一乘經首唯列普賢等菩薩及佛境界中諸神王眾，不同三乘等。或唯聲聞眾或大小二眾等。問：若爾何故第九會中有聲聞眾耶。答：彼中列聲聞意者有二種。一寄對顯法故，爲示如聾如盲顯法深勝也。二文殊出會外所攝六千比丘，非是前所引眾，此等皆是已在三乘中，令迴向一乘故，作是說也。五者所依異。謂此一乘教起要依佛海印三昧中出，不同三乘等依佛後得智出。六者說異。謂此一乘此一方說一事、一義、一品、一會等時，必結通十方一切世界皆同此說，主伴共成一部。是故此經隨一文一句皆遍十方，多文多句亦皆遍十方。三乘等則不爾，但隨一方一相說，無此主伴該通等也。七者位異。謂此一乘所有位相上下皆齊，仍一一位中攝一切位，是故乃至佛等諸位在信等位中，餘位亦然。三乘中則不爾，但隨當位上下階降，皆不相雜也。餘如下說。八者行異。謂隨一菩薩則具信等六位，一一位中所有定散等差別行相並一時修，如東方一切世界中常入定等，西方世界中常供養佛等。如是十方世界中，盡窮法界行亦不分身。一時皆遍滿，一念皆遍修，一一念中亦如此。信位滿心已去，一一位皆如是修，更無優劣。又一行即一切行等通因陁羅網等。三乘則不爾，地上菩薩猶各有分齊，況地前者乎。餘如下說。九者法門異。謂略舉十種以明之。一彼有三佛，此有十佛。二彼有六通，此有十通。三彼有三明，此有十明。四彼有八解脫，此有十解脫。五彼有四無畏，此有十無畏。六彼有五眼，此有十眼。七彼說三世，此說十世。八彼有四諦，此有十諦。九彼有四辯，此有十辯。十彼百十八不共法，此有十不共法。餘門無量，廣如經說。十者事異。謂隨有舍林池地山等事皆是法門，或是行或是位或教義等，而不壞其事。仍一一塵中，皆具足法界一切差別事，因陁羅微細成就，隨一事起，皆悉如是。三乘等則不爾，但可說即空即眞如等故，不同此也。又若以神通不思議力，容得暫現，非是彼法自恆如是。餘可準知。第八門竟。

後有所詮義理二門，成中下二卷，畢十門矣。

法藏《華嚴經問答》卷二 問：受位分中所明授職之義，爲三乘行者實行耶，爲一乘行者實行受位相耶不。答：非即三乘行者實行，亦非一乘行者實行。是但依三乘位相，以現示一乘無盡十地頂受位之義，斯即同教相攝也。

問：既云依三乘位地者，豈非所依之三乘行相乎。答：既云依三乘位現示一乘義，故即非三乘自宗行相。所以知三乘受職唯是阿含受，不具教義理事受，故此處所現者具足教義理事等法門故。

問：若爾可一乘正受職，何故亦非一乘實行乎。答：一乘實行十佛前，普賢菩薩位言無不位，行言無不行。虛空法界一切法門中如法成矣，何但此處如所現之分齊耳。是故下文以菩薩神力對佛神力校量中，大地塊土四天下少土等，其爲表十地無盡際故作如是校量。即知非一乘實行此如所示，然而無際處不可示說故，依此分齊以現示彼無盡十地頂之相耳。

【略】

問：三乘緣起一乘緣起有何別耶。答：三乘緣起者，緣集有，緣散即無。一乘緣起即不爾，緣合不有，緣散不無。

澄觀《大方廣佛華嚴經疏》卷二 一乘有二。一同教一乘，同頓同實故。二別教一乘，唯圓融具德故。以別該同皆圓教攝。

今顯別教一乘。略顯四門。一明所依體事，二攝歸眞實，三彰其無礙，四周遍含容。各有十門，以顯無盡。

初中十者。一教義，二理事，三境智，四行位，五因果，六依正，七體用，八人法，九逆順，十應感。教即能詮，即前五教，乃至光香等。義即所詮，即五教等一切義理。理即生空所顯，二空所顯無性眞如等理。事即色心身方等事。餘可思準。

第二攝歸眞實者，即眞空絕相。《經》云：法性本空寂，無取亦無見。性空即是佛，不可得思量。亦有十義，如法界觀。

第三彰其無礙。然上十對皆悉無礙，今且約事理以顯無礙，亦有十門。一理遍於事門。謂無分限之理，全遍分限事中。故一一纖塵，理皆圓足。二事遍於理門。謂有分之事，全同無分之理，故一小塵即遍法界。由上二義互該徹故，皆同一性。【略】無一衆生不具如來智慧。無不有者，即一乘義也。三依理成事門。謂事無別體要因理成，如攬水成波故。於中有二。一明具分唯識變故。覺林菩薩《偈》云：心如工畫師，能畫諸世間。五陰悉從生，無法而不造。此明唯心義也。何以得知是具分耶。次《頌》云。如心佛亦爾，如佛衆生然。應知佛與心，體性皆無盡。既是即佛之心，明非獨妄心而已。二明眞如隨緣成故。《問明品》文殊難云：心性是一，云何見有種種差別，即緣性相違難。覺首答云：法性本無生，示現而有生，即眞如隨緣答。又云：諸法無作用，亦無有體性。明隨緣不失自性，即同勝鬘。依如來藏有生死，依如來藏有涅槃等。四事能顯理門。謂由事攬理成故，事虛而理實，依他無性即是圓成。如波相虛令水現故。【略】五以理奪事門。謂事既全理則事盡無遺，如水奪波波相全盡，故說生佛不增不減。【略】六事能隱理門。謂眞理隨緣而成事法遂令事顯理不現也。如水成波，動顯靜隱故。法身流轉五道，名曰衆生。《財首偈》云：世間所言說一切是分別，未曾有一法得入於法性等。七眞理即事門。謂凡是眞理，必非事外。以是法無我理故，空即色故理即是事，方爲眞理。第七迴向云：法性不違法相等故。八事法即理門。謂緣集必無自性，舉體即眞故。上之二門，正明二諦不相違義。如濕不違波，波不違濕，舉體相即故。【略】九眞理非事門。即妄之眞異於妄故，如濕非動。十事法非理門。即眞之妄異於眞故，如動非濕故。【略】上七八二門明事理非異，九十二門明事理非一。故爲無爲，非一非異。【略】上之十事，同一緣起故，云無礙。約理望事，則有成有壞有即有離。事望於理，有隱有顯，有一有異。逆順自在，無障無礙。同時頓起，深思令觀明現，以成理事圓融無礙觀也。

第四周遍含容，即事事無礙。且依古德，顯十玄門。於中文二。先正辯玄門，二明其所以。今初。一同時具足相應門，二廣陜自在無礙門，三一多相容不同門，四諸法相即自在門，五祕密隱顯俱成門，六微細相容安立門，七因陁羅網境界門，八託事顯法生解門，九十世隔法異成門，十主伴圓明具德門。此之十門同一緣起，無礙圓融。隨其一門，即具一切。今且於前十中，取一事法明具後十門。如下文中，一蓮華葉或一微塵，則具教等十對。同時相應具足圓滿，亦具後之九門。及彼門中所具教等以是總故。故下文云，一切法門無盡海，同會一法道場中。【略】是故主主伴伴各不相見，主伴伴主圓明具德。舉華既爾，一塵等事亦然。如此事華既帶同時等十義，具此十門，而此事等具餘教等十門，則爲百門。事法既爾，餘教義等具百亦然，則爲千門。如教義等有此千門，彼同時門中，亦具百門。餘廣陝等例爾，亦有千門。若重重取之，亦至無盡。於此十門，圓明顯了。則常入法界重重之境。【略】

具上同時等十門，以爲別教一乘義之分齊。

慧沼《能顯中邊慧日論》卷一 法華一乘是了義說，三乘非了。問：一乘爲實，三乘爲權，《法華》等是。何故《深密》說一爲權，四爲眞實。答：一乘有二。一密意一乘，二究竟一乘。有差別故，《深密》《攝論》等是密意一乘，《法華》《勝鬘》等是究竟一乘。何以得知有斯二類。以二義辨。一述異，二引兩文對顯。述異有九。一存三破二異，二說時前後異，三說位不同異，四滅別道同異，五分同全同異，六有會無會異，七合三開一異，八爲人勝劣異，九說義不同異。此不應爾，九門俱非。初存三破異者，且判《深密》等存三爲一，故權，《法華》等破三明一，故實。此前已顯謬判教文。二說時前後異。云《華嚴》《深密》等四十年已前說，故權。《法華》《勝鬘》等是已後說，故實。此亦不爾。若《法華》前存三明一故爲密者，如《深密》等四十年後說，可如所判，已說小乘，有可存故，且縱爲權。《華嚴》乃在三七前曾未說小，則未有可存。如何亦判爲前後判定。又復自判攝論一乘并是權密，即《法華》等盡《攝論》釋，同深密等一乘非了。如何得判前權後實。三說位不同異。云《解深密》等隱密說。若通論後位說二乘時，亦應隱密通會後一。寧不許耶。故不可以說，如乳酪如眾流位一法一乘，如至醍醐皆歸海位一者。此亦不爾。如乳等喻，且據一類不定性人從小向大者。各定根性，則不如是。若執喻說修行之者前後定爾，豈許頓悟亦由小耶。有不住則能趣大，應許酥等非從乳出。又《法華論》有聲聞如乳等，佛位如醍醐。豈許《深密》等所說一乘是聲聞位猶如乳等，又許菩薩有頓非漸。如何定判位異爲權。若云《深密》對不定性位異爲權者，以何得知爲小不定判爲不實。四滅別道同異。云密意一乘道等同故，名之爲一。究竟一乘二乘無滅，至佛方有者，不爾。只有說三解脫爲等，無說智德三乘共等，如何今判道等皆同。然《涅槃經》云，一道一緣等者。約向大乘云同一道，非說三別，所覺道同。又《深密經》云：相生勝義無自性如是我皆已顯示，故於其中立一乘。非有情性無差別。說無性同。即二乘無別滅，與《法華》等一乘何別。五分同全同異。云密意一乘人無我解脫身分段身同，法無我法身變易身不同，究竟一乘此等皆同者，既判《攝論》等爲密一乘，如何論文云法無我解脫等故性不同等。《顯揚論》云：即彼諸法約無差別相說故，乃至法無我平等故。若云彼不許終終法無我平等者，豈《法華》一乘諸聲聞等已證法無我等耶。若云許當證故者，《攝論》等中亦許不定當得證故，如何爲權。若云非說一切皆當同故者，《法華》亦爾。天親論釋不爲定性，損驚怖故。若許定性此等皆同，何不爲說。又《楞伽》云：同入八地三昧樂門者，是曾行大行。不說定性，豈許皆同。又違《梁論》。《梁論》云：前偈以了義說一乘，後偈以祕密義說一乘故。又云：復名於法如平等意。諸聲聞等人，如來於《法華經》中爲其授記，已得佛意。但得法如平等意，未得佛法身。若得此法如平等意，彼作是思惟：如來法如即是我法如，由如是意故說一乘。準此論釋，豈《攝大乘論》等所明一乘是權。但人無我等同《法華經》說，究竟一乘法無我法身等皆同耶。六有會無會異中。云密意一乘不會，說三爲方便，究竟一乘會，說二滅爲方便者。不爾。不全會三者，據有定性故。言會三者，據不定性故，定不定性。《法華論》《楞伽經》并有明說。若無定性但得作佛，何故《涅槃經》云不解我意。《勝鬘經》云：隨彼所欲而方便說等。又《攝大乘》正指《法華經》云：復次於法華大集中有諸菩薩名同舍利弗等。《深密》云：非有情性無差別，《攝論》平等故性不同。《法華論》云：爲二種人說。此皆會訖。如何言不會《法華》。由不披文，但道聽爾。七合三開一異，中云《深密》會昔合三乘爲一乘，一非三中之文。《法華會》昔開一爲三乘。一是三中之佛乘者。不爾，成道七日即說大乘。《法華經》云：雖復說三乘，但爲教菩薩。又云：雖示種種道，其實爲一乘。即會一代所說三乘，更於何時所說三乘。云是開一爲三乘者，又說一乘，一乘即大乘。豈《解深密》接彼定性二乘爲大。故爲不可。又《解深密》依三無性說乘爲一，《法華》亦同。論釋，十方佛土中唯有一乘法，無二亦無三。無二者，無二乘涅槃等。乃至云聲聞辟支佛乘，非彼平等法身之體，以因果行觀不同故。《梁攝論》云：乘有三義。一性、二行、三果。性即眞如，行即十度，果即四德。《法華經》一乘即佛之知見。《論》云：依四義說，一者開即無上義。除一切智智，更無餘事，即菩提涅槃。二者示者同義。即聲聞辟支佛法身平等，法身平等者，佛性法身更無差別故。此非但亦即攝論一乘性也。三者入者因義。爲令證不退轉地，示現與無量智業故。無量智業者，即攝大乘所行十度。又《攝論》《法華》一乘若有差別，天親應解。既總會釋，準何判別。八爲人勝劣異，中云密意一乘爲鈍根說，究竟一乘爲利根說。《梁攝論》云：有諸菩薩，於大乘根性已入法空。爲此說一同涅槃經，不爲鈍根爲利根說者。不爾。前判《攝論》一乘是密。今言密者，爲鈍根說。《攝論》一乘既判爲密，如何復引與《涅槃》同爲利根說，豈不自相鉾楯。又《法華經》論云：爲聲聞所依事故。《經》云：爲諸聲聞說是大乘經授聲聞記等，豈是利根迦葉同涅槃耶。深密告勝義生等，豈是鈍根聲聞耶。又復先度利根。次後中下，涅槃法華俱在後說，豈爲利根。故《如來莊嚴智慧光明經》云：文殊師利依彼無邊法界眾生上中下性，如來放大智日光輪普照眾生，亦復如是。初一切諸菩薩等，次辟支佛，次聲聞，次所信善根眾生，次住邪定聚眾生。此等經文豈先鈍後利耶。又言：八種一乘爲引不定菩薩聲聞故，即爲鈍者。亦不爾。《梁攝論》云：爲利根，八義一乘。第一即爲聲聞，第二不定菩薩。《法華論》云。二種聲聞如來與記，謂應化聲聞。退已還發菩提心者，退已還發菩提心者，即不定性聲聞。云何得言究竟一乘爲利根說。九說義不同異云：《攝論》一乘依十義說，《法華》一乘依四義說。說義不同，明知乘異者。不爾。何者。若云十四義異，十權四實，顯揚六義莊嚴八義，應分權實。彼既不爾，此云何然。又《法華經》說：一乘體性有其四種。《論》云：依四義明之，《攝論》等明說一乘意。依八種道理說，非出乘體。故《梁論》云：爲何義故，說二乘人同趣一乘皆得作佛。《莊嚴論》云：此中八意，佛說一乘。又云：復有何義，以彼彼意而說一乘。偈曰：引接諸聲聞，攝住諸菩薩。於此二不定，諸佛說一乘。《法華論》云：爲退菩提聲聞，即引接聲聞不定之者，滿慈等記即變化者。又《法華論》說三平等云，復示現自身他身法身平等無差別故。乃至云以不知彼此佛性法身平等故，即謂彼人我證此法。彼人不得此對治此故，與聲聞記。即明法平等人平等，與《攝論》等說一乘意何曾有異。謬分顯密，欲誘嬰兒。引文對類，智者應撿。略陳述異之非，對類煩不具顯。教既謬陳，顯密乘故，妄到實權說乘。文有不同，準此故皆說謬。

智儼《華嚴五十要問答》卷一 一乘等佛名數差別多少云何者。一乘教佛名數有十，如《華嚴經》說。一無著佛，二願佛，三業報佛，四持佛，五涅槃佛，六法界佛，七心佛，八三昧佛，九性佛，十如意佛。三乘佛有三。一法身佛，二報身佛，三化身佛。小乘佛有二。一生身佛，二化身佛。法身佛亦名自性身，即本有則本有眞如也。二報身佛，亦名應身。三化身佛，亦名應身。則修生行德成也。若依小乘二佛生身佛化身佛竝修生，慈悲愛行成也。若歎佛德若一若少，若多時者是三乘，若多歎少時，乃至多時多歎是一乘也。

智儼《華嚴五十要問答》卷一 問：一乘教相建立云何。答：此義相難，令舉喻顯。如一樓觀內外嚴飾，盡其功思，唯有一門，有智慧者能扣開門示無智者，一乘教義亦復如是。性起樹藏內莊一乘，外嚴三乘及小乘等。有一覺門向菩提樹下，唯有因果二位佛及普賢二人開見，爲諸有情可化眾生張大教網，絚生死海漉天人龍置涅槃岸。諸教相中示彼小乘及三乘教，令物生信起行分證，示一乘教令其見聞後得入證。故彼教相似成內外及教義不同，即如《法華經》界外大牛車及《地論》第八地已上文即是其事。

問：一乘教義分齊云何。答：一乘教有二種。一共教，二不共教。圓教一乘所明諸義，文文句句皆具一切。此是不共教，廣如《華嚴經》說。二共教者即小乘三乘教，名字雖同，意皆別異。如諸大乘經中廣說，可知仍諸共教上下相望有共不共，如小乘教三世有等三乘即無，三乘教有小乘即無。或二乘共有，如《道品》等名數共同，或二乘俱無則一乘教是也。可類準知。

問：諸教立位差別云何。答：略依一乘，普賢因果制位不同，有十七門。世間六道即爲六門，聲聞緣覺復爲二門，小乘中佛及初迴心小乘人佛復爲二門，此二佛同依三十三心依四禪等發智得成佛故。十信以去至十地五位，位位作佛，即爲五門。一爲迴心聲聞制乾慧等十地復爲一門，爲直進菩薩從初十信修滿十地後得作佛，成初一念正覺復爲一門。廣説如疏本。三乘小乘準以可知。

智儼《華嚴五十要問答》卷二 又約諸經論乘有四種。一者二乘，謂大小二乘，於方便中從教趣果分二故。二者三乘，謂大乘中乘小乘，於方便中從理成行分三故。三者依《攝論》，一乘三乘小乘，謂於教門中成機欲性，顯法本末差别不同故。四者依《法華經》三乘一乘，約界分體相方便究竟不同故。又約數説，謂二及三各通三二義意故説。所言二通三者，謂大乘小乘聲聞緣覺一乘三乘。所言三通二者，有二義意。謂大乘中乘小乘，一乘三乘小乘，其意各别，準思可解耳。又依下經文或一二三或四，謂一乘三乘。或五，謂三乘人天。或無量，謂一切法門也。此依始終説。

智儼《華嚴五十要問答》卷二 問：一乘語字幾意故説？答：有八意説。一爲不定機性聲聞，通因及果，故説一乘。二爲欲定彼不定性菩薩，令不入小乘，故説一乘。三據其法，眞如是一。諸乘皆依眞如，以體攝相，故説一乘。四據無我等，無人我理既是通法，大小乘共據無我理通，故説一乘。五據解脱等，大小諸乘脱煩惱障，據脱障通，故説一乘。六據性不同，聲聞身中先修菩薩種性，後入聲聞。約性二處是通，故説一乘。七據得二意，此有兩二意。初二意者，佛意欲攝一切有情得同自體意樂，我既成佛彼亦成佛，據此意樂故説一乘。自體有法性爲自體。第二佛先爲彼聲聞授記，欲發聲聞平等意樂，我等與佛平等無二。佛爲此意與諸聲聞等皆受記，據佛等意故説一乘。第二義於一言下有二義。一實聲聞攝從自體意樂，二有實菩薩，名同聲聞及菩薩化爲聲聞，於一授記下有其二義。據一受記意樂，故説一乘。八據爲化意，佛爲聲聞作聲聞佛，所以同彼聲聞者欲令彼修聲聞行，故現同小佛欲攝末歸本，道我此身即是一乘。據能緣化心，故説一乘。約此八意括聲聞乘本來是一，唯聲聞人不了自法，謂言有别。意愚住聲聞行，從彼愚故諸佛所訶。今一乘所救者，據此病别也。此文義在《攝論》也。

智儼《華嚴經内章門等雜孔目》卷一 又一乘義者。分别有二。一者正乘，二者方便乘。正乘如《華嚴經》説，亦如前分别。方便乘者，分别有十。一對三寶分别。佛寶是一乘法，僧是三乘。何以故。佛同無盡故，法僧則不定。二對四諦分别。滅諦是一乘，三諦是三乘。何以故。滅同無盡故，三諦則不定。三對二諦分别。第一義是一乘，世諦是三乘。何以故。第一義諦同無盡故，世諦則不定。四對過分别。無恐怖者即是一乘，有恐怖者即是三乘。何以故。如如來藏等依則無過，即同無盡故。六識及心法智，此之七法，刹那不住，不種衆苦，不得厭苦樂求涅槃，由是俗諦故，依緣不自在故。五對人及智分别。有三種人成三種智。三種智者，一若善男子善女人成就甚深法智，以爲一人。二若男子女人成就隨順法智，爲第二人。三若男子女人於諸深法不自了知，仰推世尊，非我境界，唯佛所知，是第三人前之一人，是一乘智。後之兩人是三乘智。何以故。前第一智是證智，是證智同無盡故。後之二智，未證實法，是不定故。此依《勝鬘經》説。六對所解了法虚妄契實無分别。隨文解義，是三乘法。知虚契無分别，是一乘法。何以故。契無分别，同無盡故。隨文取者，是則不定。此依《楞伽經》義説。七對一乘三乘小乘分别。一乘是一乘，三乘等是三乘。何以故。一乘則無盡故，三乘等則不定。八對大乘中乘小乘分别。大乘即是一乘，何以故。大乘尊上，即無盡故。中乘小乘，義則不定。如經會三歸一故。九對世間出世間出出世間分别。出出世間，則是一乘。餘則三乘。何以故。出出世間勝同無盡故，餘二則不定。如《法華經》界外露地别索車者，即是其事。十對譬喻分别。如王髻中明珠及大王等，即是一乘寶珠。繫汝衣裏，及窮子等，即是三乘。何以故。髻珠王祕甚深故，餘則不定。此依《法華經》説。上來所辨於《眷屬經》中，欲顯圓通無盡，法藏一乘教義故。於方便之處，示一乘名。令進入者易得解故，作如是説。若横依方便進趣法門，即有二義。通説一乘。一由依究竟一乘教成。何以故。從一乘流故。又爲一乘教所目故。二與彼究竟圓一乘，爲方便故説一乘，非即圓通自在義也。餘義準可知。上件法門，攝下諸教。頓屬其上分本教義，漸從其末義，通一乘三乘小乘。何以故。爲彼圓教所目，及三乘終教。寂照照寂，一相眞如，并初教門，染淨即空愚法，小乘苦諦之教。所詮實法有爲無爲等宗並不同，義理各别也。

智儼《華嚴經内章門等雜孔目》卷二 依愚法小乘，三藏義有二種。一者三藏，謂修多羅藏，亦名修妬路，亦名素怛纜。二阿毗達磨藏，三毘尼藏。二者二藏，謂聲聞藏緣覺藏。此名與三乘同，但義有别。小乘三藏體苦諦攝，三乘三藏體眞實性攝。此三乘藏有五種，一者一藏，謂摩德勒伽藏。二者二藏，謂聲聞藏菩薩藏。三者三藏，謂修多羅阿毗達磨毘那耶。四者四藏，謂加雜藏。五者五藏，謂加陁羅尼呪藏。

一乘教義，竝皆不同。所謂十藏，一信藏，二戒藏，三慚藏，四愧藏，五聞藏，六施藏，七慧藏，八正念藏，九持藏，十辯藏。問：三藏之義根本據教，十藏之義通其教義，云何將十藏對三藏說。答：三乘小乘據事分齊說，教即非義，一乘之義。以教爲教，復以義爲教。三乘義中，已有此義，何況一乘，此義如別章。

智儼《華嚴經内章門等雜孔目》卷三　第五約一乘義者。十信終心，乃至十解位，十行，十迴向，十地佛地，一切皆成佛。又在第十地，亦別成佛。如法寶周羅善知識中說。何以故。一乘之義，爲引三乘及小乘等，同於下位及下身中，得成佛故。又於八地已上，即成其佛，如於此位成無礙佛，一切身故。此據別教言，若據同教說，即攝前四乘所明道理，一切皆是一乘之義。文雖是同，而義皆别。如此等法差別相者，爲護十地故。隨方便門作種種說，令諸衆生於十地中離增上慢。又依六相總別義即是一乘，隨相別布義即是三乘。此約教分說，其實一乘十地之法，盡其三世已通究竟。此據證説，餘義如別章。

法護等譯《佛説除蓋障菩薩所問經》卷九　云何是菩薩信如來唯說一乘之法。菩薩作是念：我聞一乘法者，謂如來乘。如是眞實無有虚妄，誠實無异諦無不實。何以故。謂從如來之乘出生諸乘。譬如閻浮提内所有各各諸小洲渚，皆閻浮提之所攝屬，而悉依止于閻浮提，是故同名閻浮提數。如來之乘亦復如是。諸乘悉于如來乘攝，從如來乘之所出生，而悉依止于如來乘。是故一乘即如來乘。我于是處信無疑惑，是爲菩薩信如來唯說一乘之法。

法護等譯《大乘寶要義論》卷六　此一乘者，而諸經中皆作是說。《妙法蓮華經》云：我發起一乘爲有情説法，所謂佛乘無二無三。十方一切世界法爾如是。何以故。若過去世十方一切世界諸佛如來，皆發起一乘爲有情說法。若未來世十方一切世界諸佛如來，亦發起一乘爲有情說法。若今現在十方一切世界諸佛如來，復發起一乘爲有情說法。所謂佛乘以是緣故十方世界尚無二乘而可建立，何况有三。《眞實品》云：佛言，妙吉祥由昔因中一乘境界能具足故，今佛刹中唯一乘法而爲出離，而無聲聞緣覺二乘建立。何以故。如來已離種種想故。若有人言，如來或說大乘之法，或說緣覺乘，或説聲聞乘者。是人于如來所起不清净心不平等心取着之心。《大悲經》云：佛言，我若說有種種想者，即于法中自生諂曲。然我爲諸有情所說諸法，皆悉令于菩提樂欲得大乘法一切智攝，使諸有情同到一切智智之地，是故無彼諸乘分位而可建立。亦無諸地我所建立，亦不建立補特伽羅事，亦無少行及無量行之所建立，復無三乘而可分別，彼無分別性入法界門。但爲世俗諦故，開示引導方便宣說，勝義諦中唯一乘法，而無有二。《般若波羅蜜多經》云：佛言，天主若諸天子未發阿耨多羅三藐三菩提心者，我當令發阿耨多羅三藐三菩提心。若復不能決定發菩提心者，我亦當令隨喜發于阿耨多羅三藐三菩提心。何以故。彼于生死流中相續不斷故。我意不欲令彼諸善根分有所隱没，當令于彼最勝法中而有所得。《大集會品》云：一乘普攝彼一切乘，以其一乘攝諸乘故。

子璇《金剛經纂要刊定記》卷五　一佛乘者，經中初標大乘名，恐濫于權教，故復揀云最上乘者。今疏中出最上乘體，故云一佛乘也。體當本覺故名爲佛，非二非三故名一乘。故魏經云：爲住第一大乘衆生說，即當善吉所爲機發無上菩提心者。

寶臣《注大乘入楞伽經》卷五　言一乘者即一心也，以包含運載爲義。若攀緣取境，則運入六趣之門。若妄想不生，則運至一實之地。故佛語大慧：離能所取如實而住，是則了生死妄，即涅槃眞。頓悟一心，更無所趣，故非凡夫二乘邪劣心行所能知爾。

延壽《宗鏡錄》卷九二　問：凡立五乘之道，皆爲運載有心。若境識俱亡，則無乘可說。今約方便乘理不無，此宗究竟何乘所攝。

答：於諸乘中，一乘所攝。亦云最上之乘，出過諸法頂故。亦云不思議乘，非情識測量故。今所言一乘者，即一心也。以運載爲義，若攀緣取境，則運入六趣之門。若妄想不生，運至一實之地。《楞伽經》云：云何得一乘道覺，謂攝所攝妄想，如實處不生妄想，是名一乘覺。斯則了生死妄，即涅槃眞，頓悟一心，更無所趣。乃不覺而覺稱爲大覺，不來而來名爲如來。所以情塵已遺，人乘即是眞歸。心跡未亡，佛乘猶非究竟。何者。有心分別，一切皆邪。無意攀緣，萬途自正。是以無乘之乘爲一乘，無教之教爲眞教。舉足而便登寶所，言下而即契無生。若未能萬境齊觀，一法頓悟，遂乃教開八教，乘出五乘。則寶所程遙，豈唯五百。無生路遠，何啻三祇。論位則天地懸殊，校功則日劫相倍。雖登聖位，猶爲絕分之人。經劫練磨，唯得假名之稱。若達斯旨，直入無疑，當迷心而見悟心，全成覺道，即世智而成眞智，靡易絲毫。可謂虛明自照，不勞心力矣。

宗泐、如玘《楞伽阿跋多羅寶經註解》卷一　三乘者，聲聞緣覺不定三種性也。一乘如來種性也。非乘各別種性也。如來之意但說一乘，爲機器不齊故，說三乘非乘引權歸實。諸聖遠離寂，即樂入寂滅，四果聖人也。

一大事因緣

鳩摩羅什譯《妙法蓮華經》卷一　諸佛世尊唯以一大事因緣故出現於世。舍利弗，云何名諸佛世尊唯以一大事因緣故出現於世。諸佛世尊，欲令衆生開佛知見，使得清淨故，出現於世。欲示衆生佛之知見故，出現於世。欲令衆生悟佛知見故，出現於世。欲令衆生入佛知見道故，出現於世。舍利弗，是爲諸佛以一大事因緣故出現於世。

智顗《妙法蓮華經玄義》卷五上　諸佛爲一大事因緣故，出現於世。爲令衆生開佛知見四句。南嶽師解云：開佛知見是十住位，示佛知見是十行位，悟佛知見是十迴向位，入佛知見是十地等覺位。皆言佛知者，得一切種智也。皆言佛見者，悉得佛眼也。又經云：是爲諸佛一大事因緣者，同入一乘諸法實相也。又云：唯佛與佛乃能究盡諸法實相者，即是妙覺位也。

智顗《妙法蓮華經文句》卷一上　《方便品》云：十方諸佛爲一大事因緣故出現於世。若人天小乘非一非大，又非佛事不成機感。實相名一，廣博名大。佛指此爲事，出現於世。是名一大事因緣也。

智顗《摩訶止觀》卷一下　又一是者一大事因緣故。云何爲一。一實不虛故，一道清淨故，一切無礙人一道出生死故。云何爲大。其性廣博，多所含容。大智大斷，大人所乘。大師子吼大益凡聖。故言爲大。事者，十方三世佛之儀式。以此自成佛道，以此化度衆生，故名爲事。因緣者，衆生以此因感佛，佛以此緣起應，故言因緣。又是者，不可言三、不可言一，不可言非三非一而言三一，故名不可思議是也。又是者，非作法非佛非天人脩羅所作，常境無相、常智無緣，以無緣智緣無相境，無相之境相無緣之智。智境冥一而言境智，故名無作也。又是者，如《文殊問經》云：破一切發名發菩提心。常隨菩提相而發菩提心。又無發而發，無隨而隨。又過一切破，過一切隨，雙照破隨，名發菩提心。如此三種不一不異，如理如事，如非理非事，故名爲是。若例此義，無作不可思議。一大事因緣等諸法門，皆言破皆言隨，皆言非破非隨、雙照破隨。

吉藏《法華玄論》卷一　根本法輪者，謂三世諸佛出世，爲一大事因緣，即說一乘之道。但根緣未堪，故於一說三。即以一乘爲本，三乘教爲末。但大緣既熟，堪受一乘。今欲還說根本法輪，故說此經也。

澄觀《大方廣佛華嚴經隨疏演義鈔》卷三　唯以一大事因緣故者。即引他經，大乘法師但云事物體事事義，道理隨應皆得。今略釋之。無二無三，故名爲一。佛因佛果，故稱爲大。因果幹能，令物解脫，並稱爲事。言因緣者，如來因此緣此，故出現耳。又因緣者，屬於大事。正因佛性爲因，緣因佛性爲緣。了因所了爲因，生因所生爲緣。斯則大事，通因通果。因緣但語於因，因即種性之義故。彼經云：佛種從緣起。萬行爲緣起。斯佛種成菩提故。疏：所謂開示下，義引彼經，具云舍利弗云何名，諸佛世尊唯以一大事因緣故出現於世。諸佛世尊欲令衆生開（無上義）佛知見使得清淨故，出現於世。欲示（同義）衆生佛之知見故，出現於世。欲令衆生悟（不知義）佛知見故，出現於世。欲令衆生入（因義）佛知見道故，出現於世。廣釋如別，略釋如下疏。衆生等有故，言唯一者，隨難而解，唯解一字耳。

法藏《入楞伽心玄義》　如來唯爲一大事因緣出興于世，謂開示悟入佛之知見。解云：佛意欲令以己所得授與衆生爲本意也。

梁肅《刪定止觀》卷上　此四菩提心只依四四諦，前三爲權，後一爲實。權不攝實，實則攝權。如良醫有一秘方，總攝諸方阿伽陁藥，功兼諸藥。是爲一大事因緣。一實不虛，一道清淨，故謂之一。其性廣博，多所含容，大智大斷大人所乘，故謂之大。三世諸佛以此成道，以此度衆生，故謂之事。衆生以此因感佛，佛以此緣應之，故謂之因緣。

湛然《五百問論》卷上 問：諸佛唯以一大事因緣，其義何耶。答曰：如是説聽佛者，總包十方，三世大事者，事物體事事義道理隨應皆得。今謂不説事相，但云事物等有益在何。今大事者，指《法華經》，則他經非大，故應思擇。

子璿《金剛經纂要刊定記》卷二 唯爲一大事等者。《法華經》具云：諸佛世尊唯爲一大事因緣故出現於世。舍利弗，云何名諸佛世尊唯爲一大事因緣故出現於世。諸佛世尊欲令衆生開佛知見使得清淨故出現於世，乃至欲令衆生入佛知見道故出現於世。準《天長疏》解云：佛之知見非三非五故云一，廣博包含故云大，諸佛儀式説此化生故云事，衆生有此機能感於佛曰因，佛即應之曰緣。故者所以義。由此一大事因緣，所以佛出於世。開示悟入者。此之四句不出於二：初二句能化，後兩句所化。能化有二：謂大開而由示，此屬於佛。所化亦二：謂始悟而終入，此屬衆生。若準《法華論》釋：開者雙開菩提、涅槃二無上果。示者別示法身，顯三乘同體。悟者知義，別指報身，二乘不知説令知故。入者因義，修因契入故。《華嚴》疏主解云：開者開除惑障。示者示眞實理。悟者悟妄本空，了心體寂，只今悟上眞理。入者冥於心體。石壁解云：一切衆生皆有佛性，大開也。指云心中了了分明，是佛性曲示也。斬新領解決定印可不疑，始悟也。一切念想都亡，終入也。諸家解釋旨趣不同，白璧黄金各爲至寶。

延壽《宗鏡錄》卷一五 《法華經》云：爲一大事因緣故出現於世，開示悟入佛之知見。夫一者，即古今不易之一道。大者，是凡聖之心體故。十方諸佛爲此一大事出現於世，皆令衆生於自心中開此知見。若立種種差別，是衆生知見。若融歸一道，是二乘知見。若一亦非一，是菩薩知見。若佛知見者，當一念心開之時，如千日並照，不俟更言。即是祖師西來，即是諸佛普現。故云念念釋迦出世，步步彌勒下生。何處於自心外別求祖佛。則知衆生佛智本自具足。若欲起心別求，即成遍計之性。

道威入注《妙法蓮華經入疏》卷二 所以者何。諸佛世尊唯以一大事因緣故，出現於世。

此第二標出世意也。一大事者，即是今妙法華經也。夫諸佛覺如實之相，乘此實道出現於世，祇令衆生得此實相。唯爲此事出現於世，曾無他事。除諸法實相，餘皆魔事。又一則一實相也。非五非三，非七非九，故言一也。其性廣博，能博三五七九，故名爲大也。諸佛出世，以此威儀法式教化衆生，故名爲事。自行化他，俱名爲事也。又一即法身，大即般若，事即解脱。諸佛出世意，令衆生顯此三法即一不可決定，是祕密藏。故云唯以一大事也。因緣者，衆生有此一乘之機，能感故，故名爲因也。佛承機而應，故名爲緣，是爲出世一乘之本意。而昔施三者，爲此一弄引耳。如人欲取，先當與之。雖説種種道，其實爲一乘。即此義也。

祥邁《妙法蓮華經弘傳序》 諸佛世尊唯以一大事因緣故出現於世。【略】天台師云：一即法身，大即般若，事即解脱。此之三法衆生本具，爲因。諸佛顯示，爲緣。出世元意秖爲此矣。此釋一大事因緣。四種知見以四義釋。一約四位，二約四智，三約四門，四約觀心。皆言佛知見者，謂分眞之初，三智五眼一時開發，同入一乘諸佛實相也。天長釋云：非三非五故云一，廣博包含故稱大，説此化生故曰事，機能感佛爲因，佛隨彼應名緣。有此一大事之因緣，所以出現於世也。開示悟入者，上二即能化，謂大開而曲示。下二即所化，謂始悟而終入。知即根本智，見即後得智，亦名一切智智。南嶽思大師云：開佛知見是十住位，示佛知見是十行位，悟佛知見是十迴向位，入佛知見是十地位及等覺位。皆言佛知者，得一切種智也。皆言佛見者，悉得佛眼也。此約位釋。谷響鈔云：三智圓觀名佛知，五眼圓覺名佛見。

戒環《妙法蓮華經解》卷一 所以者何。諸佛世尊唯以一大事因緣故出現於世。

一大事者，一乘妙法也。即諸佛知見當人妙心。萬法實相無二無三，故曰一。此非小緣，故曰大事。

舍利弗（至）出現於世。

徵釋上義，明諸佛出興本懷也。佛知見者，徹了實相眞知眞見也。在法名一佛乘，在因名一大事，在果名一切種智。故曰諸佛因一大事故出興，爲一佛乘故説法。欲令衆生開佛知見而究竟，皆得一切種智也。此眞知見生佛等有本來清淨，唯人以妄塵所染無明所覆而自迷失。故佛與開示，使得其本來清淨者而自悟入，不復迷失也。開者破無明之封，䓁示者指所迷之眞體。悟者豁然洞視，入者深造自得而證一切種智，是謂佛知見道也。

舍利弗，是爲諸佛以一大事因緣故出現於世。

守倫、法濟《科註妙法蓮華經》卷二 所以者何。諸佛世尊唯以一大事因緣故出現於世。

唯以一大事者。唯者，獨也。應知一大有二意。初總釋，次分字釋。初總釋者。諸佛覺如實之相，乘此實道出應於世，秖令衆生得此實相，唯爲此事出現於世，曾無他事。除諸法實相外，餘皆名魔事。次分字釋者。一則一實相，非五非三，非七非九，故言一也。其性廣博博於五三七九，故名爲大。是諸佛出世之儀式，故名爲事。衆生有機感佛，故名爲因。佛乘機而應，故名爲緣。是爲出世之本意也。

普瑞《華嚴懸談會玄記》卷九 鈔一大事因緣者。問：經云非以一因等即多因緣也，《法華》唯云一大事因緣者，豈不相違。答：非以一緣明能起之，因緣則須具多，如此十因十緣等出現爲果。唯以一大事因緣，大事即因緣，因緣即是佛之知見，故因緣名同義則別也。言一大事，即華嚴佛智者轉通妨也。妨云一大事因緣即法華佛之知見何預於此，故此通也。以法華佛之知見本爲華嚴佛慧，爲未了者開頓説漸。後會歸時，即先佛慧。故云：我今亦令得聞是經入於佛慧。

無相《法華大意》卷中 問曰：如何是一大事因緣。師曰：佛爲此出現。曰：諸佛出現且止，如何是一大事因緣。師曰：講一月已來正爲此事。曰：講論已承妙語，且道如何是一大事因緣。師曰：老者安，少者懷，朋友信。曰：孔聖以此三事爲本懷，莫便是一大事因緣麽。師曰：且到此田地，再問一大事因緣。曰：恁麽則從淺至深，從近至遠去。師曰：本無深淺遠近。曰：如是則道曠無涯。師曰：也不是。曰：如何即是。師曰：且回向看。

通潤《妙法蓮華經大竅》卷首 此經云：如來唯以一大事因緣出現於世。無量事，無量緣，即一大事因緣也。一大事因緣，即妙法也。是知心華不開，如來不現，有法不妙，世界即成娑婆，必也。心華一開，來現而心法妙，世界總成華藏矣。所以大經名《佛華》，而此經名《法華》。《佛華》、《法華》，先後不同，其究也總爲一大事因緣出世耳。【略】

所謂一大事因緣者，即佛知見也。佛知見者，即是諸佛如來道場成果時，所知所見。性相體用，因緣果報，本末究竟平等，一相一味之法是諸佛成道，藉此爲因。諸佛度生，藉此爲緣者。諸佛既藉此法爲因爲緣，是如來出世一件莫大之事。諸佛既證此法，而欲人人共證此法，故如來不爲二乘説法，亦不爲小小因緣出世。唯爲説大乘究竟平等法，亦唯爲此一種大事因緣出世也。故《出現品》云：如來出現，以無量事、無量緣，而得出現。無量事、無量緣，即一大事因緣也。

一松《法華經演義》 所以者何。諸佛世尊唯以一大事因緣故，出現於世。

意謂何以見得非衆生思量分別能解，唯佛乃知。故釋云：諸佛世尊(云云)。蓋我之方便，意在即權是實。諸佛出世本懷，唯一大事因緣。是故諸佛本懷，必得釋迦方便乃能開顯之也。一大事因緣者，即上諸法實相，即下佛之知見也。實相，則權實不二。知見，乃生佛一如。所以大事一明，即本懷亦暢耳。

諦閑《大佛頂經序指味疏》卷九 言無非者，出世度生非爲別事也，故曰爲一大事因緣。一大事者，一指衆生之一心。大，直指心之當體也。大義有三，謂體、相、用。如題釋。事，是事業，指佛出世之事業也。衆生機感爲因，諸佛應化爲緣。爲者，特特之謂也。意謂我本師世尊，自己徹證心性，受大法樂。以同體大悲，緣念衆生之苦，迷失本心，枉受輪轉。故爲特特出世，普令衆生覺悟自心，同受法樂而已。所謂唯此一事，更無餘事。

一　劫

支謙譯《佛説太子瑞應本起經》卷上 夫極天地之始終，謂之一劫。

菩提流支譯《佛説佛名經》卷七 我此娑婆世界賢劫。釋迦牟尼佛國土一劫，於安樂世界爲一日一夜。若安樂世界阿彌陁佛國土一劫，於袈裟幢世界爲一日一夜。若袈裟幢世界碎金剛佛國土一劫，於不退輪吼世界善快光明波頭摩敷身如來國土爲一日一夜。若不退輪吼世界一劫，於無垢世界法幢如來國土爲一日一夜。若無垢世界一劫，於善然燈世界師子如來國土爲一日一夜。若善然燈世界一劫，於善光明世界盧舍那藏如來國土爲一日一夜。若善光明世界一劫，於難過世界法光明波頭摩敷身如來國土爲一日一夜。若難過世界一劫，於莊嚴慧世界一切通光如來國土爲一日一夜。若莊嚴慧世界一劫，於鏡輪光世界月智如來國土爲一日一夜。比丘，入如是數，滿足過十阿僧祇百千萬世界，最後波頭摩勝世界，於賢勝如來佛國土爲一日一夜。比丘，如是等世界無量無邊長短不等，諸佛如來壽命住世亦復如是。

真諦譯《佛說立世阿毘曇論》卷九　佛世尊說，一小劫者名爲一劫，二十小劫亦名一劫，四十小劫亦名一劫，六十小劫亦名一劫，八十小劫名一大劫。云何一小劫名爲一劫。是時提婆達多比丘住地獄中受熟業報，佛世尊說住壽一劫，如是一小劫名一劫。云何二十小劫亦名一劫。如梵先行天二十小劫是其壽量，是諸梵天佛說住壽一劫，如是二十劫亦名一劫。云何四十小劫名爲一劫。如梵眾天壽量四十小劫，佛說住壽一劫，如是四十劫亦名一劫。云何六十小劫名爲一劫。如大梵天壽量六十劫，佛說住壽一劫，如是六十小劫亦名一劫。

玄奘譯《顯無邊佛土功德經》卷上　佛言：善男子，我此索訶世界釋迦牟尼佛土一劫，於極樂世界無量光佛土爲一晝夜。極樂世界一劫，於袈裟幢世界金剛堅固歡喜佛土爲一晝夜。袈裟幢世界一劫，於不退輪音世界極妙圓滿紅蓮敷身佛土爲一晝夜。不退輪音世界一劫，於絕塵世界法幢佛土爲一晝夜。絕塵世界一劫，於明燈世界師子佛土爲一晝夜。明燈世界一劫，於妙光世界遍照佛土爲一晝夜。妙光世界一劫，於難超世界身放法光佛土爲一晝夜。難超世界一劫，於莊嚴世界一切神通慧光王佛土爲一晝夜。莊嚴世界一劫，於鏡輪世界月覺佛土爲一晝夜。

栖復《法華經玄贊要集》卷一四　言菩薩地說劫等者，明種類也。《智論》云：一天衣拂石，劫有大石，方四十里。有長壽天人，百年一度，持細㲲衣，拂之令盡，方名一劫。又云：四十里大城，滿中芥子，有長壽天人，百年取一芥子，芥子盡，名大劫。此皆古翻譯也。《菩薩地》云：劫有二種。一日夜歲數。一日爲一劫，一夜爲一劫，或三年十年爲一劫。一夜爲一劫，或三年十年名歲數也。

周上智《佛說高王觀世音經註釋》　天地以一萬二千年，爲一劫。

一切衆生

佛陀耶舍共竺佛念譯《佛說長阿含經》卷二〇　一切眾生以四食存。何謂爲四。摶細滑食爲第一，觸食爲第二，念食爲第三，識食爲第四。彼彼眾生所食不同。閻浮提人種種飯、麨麪、魚肉以爲摶食，衣服、洗浴爲細滑食。拘耶尼、弗于逮人亦食種種飯麨麪、魚肉以爲摶食，衣服、洗浴爲細滑食。欝單曰人唯食自然粳米，天味具足以爲摶食，衣服、洗浴爲細滑食。龍、金翅鳥食黿鼉、魚鱉以爲摶食，洗浴、衣服爲細滑食。阿須倫食淨摶食以爲摶食，洗浴、衣服爲細滑食。四天王、忉利天、焰摩天、兜率天、化自在天、他化自在天食淨摶食以爲摶食，洗浴、衣服爲細滑食。自上諸天以禪定喜樂爲食。何等眾生觸食。卵生眾生觸食。何等眾生念食。有眾生因念食得存，諸根增長，壽命不絕，是爲念食。何等識食。地獄眾生及無色天，是名識食。

閻浮提人以金銀、珍寶、穀帛、奴僕治生販賣以自生活，拘耶尼人以牛羊、珠寶市易生活，弗于逮人以穀帛、珠璣市易自活，欝單曰人無有市易，治生自活。閻浮提人有婚姻往來、男娶女嫁，拘耶尼人、弗于逮人亦有婚姻、男娶女嫁，欝單曰人無有婚姻、男女嫁娶。龍、金翅鳥、阿須倫亦有婚姻、男女嫁娶，四天王、忉利天，乃至他化自在天亦有婚姻、男娶女嫁，自上諸天無復男女。閻浮提人男女交會、身身相觸以成陰陽，拘耶尼、弗于逮、欝單曰人亦身身相觸以成陰陽，龍、金翅鳥亦身身相觸以成陰陽，阿須倫身身相近，以氣成陰陽。四天王、忉利天亦復如是。焰摩天相近以成陰陽，兜率天執手成陰陽，化自在天熟視成陰陽，他化自在天暫視成陰陽。自上諸天無復婬欲。

求那跋陀羅譯《雜阿含經》卷四六　佛言：大王，如是，如是，一切眾生、一切蟲、一切神，生者趣死，終歸窮盡，無有一生而不死者。佛告大王：正使婆羅門大姓、刹利大姓、長者大姓，生者皆死，無不死者。正使刹利大王灌頂居位，王四天下，得力自在，於諸敵國無不降伏，終歸有極，無不死者。若復，大王，生長壽天，王於天宮，自在快樂，終亦歸盡，無不死者。若復，大王，羅漢比丘諸漏已盡，離諸重擔，所作已作，逮得已利，盡諸有結，正智心善解脱，彼亦歸盡，捨身涅槃。若復緣覺善調善寂，盡此身命，終歸涅槃。諸佛世尊十力具足，四無所畏，勝師子吼，終亦捨身，取般涅槃。以如是比，大王當知，一切眾生、一切蟲、一切神，有生輒死，終歸磨滅，無不死者。

無羅叉譯《放光般若經》卷九　假令三千大千刹土，其中所有盡爲如來。譬如叢林甘蔗、竹葦、稻麻、草木、藥果，諸樹盡爲如來。一一諸佛各說經法，或至一劫復過一劫，一一如來各度眾生，無央數眾不可復計，不覺眾生之性有增有減。何以故。眾生無所有寂故。世尊，置是三千大千國土，十方恆邊沙一沙爲一佛國，爾所佛國其中所有皆爲如來，教化眾生不可計量不可稱度，眾生之性無增無減。所以者何。一切眾生皆空寂故。是故眾生無始無終，與空等故。世尊，以是故，我作是說：欲度眾生者，爲欲度空耳。

闍那崛多等譯《起世經》卷七　一切眾生，有四種食，以資諸大，自住持故，成諸有故，相攝受故。何等爲四。一者麤段及微細食，二者觸食，三意思食，四者識食。何等眾生應食麤段及微細食。諸比丘，閻浮提人，飯食麨豆及魚肉等，此等名爲麤段之食。覆蓋按摩，澡浴揩拭，脂膏塗摩，此等名爲微細之食。瞿陁尼人、弗婆提人，麤段微細，與閻浮提略皆齊等。欝單越人，身不耕種，自然而有成熟粳米爲麤段食。覆蓋澡浴，及按摩等，爲微細食。

諸比丘，一切諸龍、金翅鳥等，以諸魚鼈黿鼉、蝦蟇虬螭、虵獺金毗羅等爲麤段食，覆蓋澡浴等爲微細食。諸阿修羅，以天須陁妙好之味以爲麤段，諸覆蓋等以爲微細。四天王天并諸天眾，皆用彼天須陁之味，以爲麤段。諸覆蓋等，以爲微細。三十三天，以須陁味，爲天麤段。諸覆蓋等，以爲微細。略說猶如三十三天，其夜摩天、兜率陁天、化樂諸天、他化自在天等，並皆用天須陁之味，以爲麤段。諸覆蓋等，以爲微細。自此以上，諸天眾輩，並以禪悅法喜爲食、三摩提爲食、三摩跋提爲食，無復麤段及微細食。

諸比丘，何等眾生以觸爲食。諸比丘，有諸眾生，受卵生者，所謂鵝鴈鴻鶴，鷄鴨孔雀，鸚鵡鸜鵒，鳩鴿燕雀，雉鵲等，自餘種種雜類眾生，從卵生者，以其從卵有此身故，是等並皆以觸爲食。何等眾生以思爲食。若有眾生，以意思惟，資潤諸根，增長身命，所謂魚鼈龜蛇、蝦蟇及以伽羅瞿陁等，自餘所有眾生類，以意思惟，潤益諸根，增長命者，此等並皆用思爲食。何等眾生以識爲食。所謂地獄諸眾生輩，及識無邊諸天輩等，此等眾生，並皆用識持以爲其食。諸比丘，此四種食，爲眾生輩，住持諸大，攝受生故。

竺佛念譯《出曜經》卷二　一切眾生，蜎飛蠕動蚑行喘息有形之類，皆歸磨滅，無免死患。隨行所造，而受其報。爲善受福，惡則禍隨，如影隨形，有何可免。以此因緣故，說此偈耳：惡行入地獄，修善則生天。若修善道者，無漏入泥洹。

鳩摩羅什譯《金剛般若波羅蜜經》　所有一切眾生之類，若卵生、若胎生、若濕生、若化生，若有色、若無色，若有想、若無想、若非有想非無想，我皆令入無餘涅槃而滅度之。如是滅度無量無數無邊眾生，實無眾生得滅度者。何以故。須菩提，若菩薩有我相、人相、眾生相、壽者相，即非菩薩。

法藏《大乘密嚴經疏》卷三　言一切眾生者，總舉凡聖爲一切眾生。下别釋之。先釋聖眾生，有具功德威力自在者。若别取者，初地已上證位名聖。若通取者，二乘四果。總名爲聖。乃至有生險難處者。凡夫所生三界六道，總名險難處，必退墮故。阿賴耶識恆住其中，體性平等，一味而住，無始時界者。界者性也，住者體也。下釋業用。諸業習氣，依藏住，自能增長。如是藏識，亦能增長所持末法。由是計我諸凡夫等，爲能作我。下釋末法。依本而起，先法後喻。意者妄意，此意能爲七識作根，故名爲意。

宗密疏、子璿《金剛經疏記科會》卷七　**【疏】**一切眾生者，五陰法也。非眾生者，陰空故，法無我也。

【記】五陰法者，以彼眾生皆用五陰之所成故。

周琪《大方廣圓覺脩多羅了義經夾頌集解講義》卷二　一切眾生者，十法界之眾生，即四聖六凡也。眾生諸佛所有依正色心，四大五蘊，六根六塵，謂之種種幻化。此種種幻全本覺妙明眞心而生，故云皆生如來圓覺妙心。如地界餓鬼刀山劍樹鑊湯爐炭，全是圓覺妙心大用發生。

道詢《芝苑遺編》卷二　一切眾生者，未成道果，善趣惡趣，總説萬斷，諸有情眾。

一松《大佛頂首楞嚴秘錄》卷一　一切眾生者，以五陰之實法成眾生之假名，即九界也，故云一切。若凡夫有六道，若聖人有三乘。

一松《妙法蓮華經演義》卷三之一　所言一切眾生者，有修戒善之人天如小藥草，有修諦緣之二乘如中藥草，有修六度之菩薩如上藥草，有修體空之菩薩如小樹，有修歷別之菩薩如大樹。如此七種方便，隨其上中下有不同，而各受如來之教澤所潤。人天則受戒善之潤，乃至別教則受無量之潤。如彼草有三種，樹有二類之不同，而隨上中下各有所受以潤澤也。然此七方便人於四十年前則所受有於不同，到今日法華，則隨其上中下有不同莫不各受一乘圓頓之教澤。如彼莫木，雖各有受，而同一雨也。

智旭《佛説梵網經菩薩心地品合註》卷一　地及虛空一切眾生者，五趣及四王忉利二天，爲地居眾生。餘四欲天及色、無色界爲空居眾生。是諸眾生，皆悉當成佛果。

洪蓮《金剛經注解》卷一　一切眾生者。《涅槃經》云：見佛性者不名眾生，不見佛性者是名眾生。摩訶者，大也。佛告須菩提及大覺性之人，若卵胎濕化，乃蠢動含靈也。有形色，無形色，有情想，無情想，乃至不屬有無二境。眾生體雖不同，性各無二。此十類眾生，我皆令入無餘涅槃而滅度之。涅槃者，不生謂涅，不死謂槃。《經》云：如來證涅槃，永斷於生死。滅度者，滅盡一切煩惱，度脱生死苦海。

洪蓮《金剛經註解》卷四　白佛言：世尊，頗有眾生於未來世，聞説是法生信心不。佛言：須菩提，彼非眾生，非不眾生。何以故。須菩提，眾生眾生者，如來説非眾生，是名眾生。

疏鈔云：佛言彼非眾生者，皆具眞一之性，與佛同源，故曰非眾生。言非不眾生者，背眞逐妄，自喪己靈，故曰非不是眾生。

王日休解第二分云：命者壽之意，壽者老之意。其言慧命者，以須菩提既得慧眼，且年高矣。須菩提於此問，頗有眾生於未來世聞説是法生信心不，佛言彼非眾生，非不眾生者。恐聽法者誤認眾生以爲實有，故曰彼非眾生。謂自業緣中現，業盡則滅，豈有眞實眾生也。然亦有眾生之身現在，此又不可謂之非眾生，故曰非不眾生。但非眞實，而爲虛幻耳。佛又自問云：何以故者，謂何故非不眾生，乃呼須菩提而自答云，眾生眾生者，謂凡爲眾生者，則所謂一切眾生也。如來説非眾生，是名眾生者。謂一切眾生，佛皆以爲非眞實眾生，但虛名爲眾生而已。此佛自言也。而又言如來説者，豈非諸佛亦如是説乎。

弘贊《佛説梵網經菩薩心地品下略疏》卷四　一切眾生者，非人異類，鬼神畜生等。

石成金《金剛經石註》卷一　一切眾生者，以心有四相，名爲眾生。若能約己迴光，妄心自離，即無眾生可得，故非眾生也。

書玉《佛説梵網經初津》卷二　一切眾生者，除佛一人，該通九界，八部，四眾等。

書玉《佛説梵網經初津》卷八　一切眾生者，本該六道。而菩薩未得天眼，於城邑、舍宅、憒鬧之處，未易得見天神、修羅、地獄、餓鬼，所可見者，惟人及畜耳。

一切有情

金剛智譯《金剛頂瑜伽理趣般若經》　爾時世尊，復依一切如來能調伏一切有情相，爲諸菩薩宣説能伏一切有情祕密智藏般若波羅蜜多理趣法門。所謂：一切有情平等性，即忿怒平等性。一切有情調伏性，即忿怒調伏性。一切有情眞法性，即忿怒眞法性。一切有情如金剛性，即忿怒如金剛性。何以故。調伏一切有情令得菩提故。【略】

爾時世尊，復依一切如來爲諸有情作加持相，爲諸菩薩説一切有情加持故般若波羅蜜多理趣法門。所謂：一切有情即是如來藏，普賢菩薩性遍故。一切有情即是金剛，灌頂圓滿性故。一切有情即正法藏性，能轉一切正法語輪故。一切有情即是事業藏性，能作一切事業相應故。

不空譯《大樂金剛不空眞實三麼耶經》　一切有情平等故，忿怒平等。一切有情調伏故，忿怒調伏。一切有情法性故，忿怒法性。一切有情

金剛性故，忿怒金剛性。何以故。一切有情調伏，則爲菩提。【略】

一切有情如來藏，以普賢菩薩一切我故。一切有情金剛藏，以金剛藏灌頂故。一切有情妙法藏，能轉一切語言故。一切有情羯磨藏，能作所作性相應故。

不空譯《金剛頂瑜伽千手千眼觀自在菩薩修行儀軌經》卷上　初入慈無量心定，以慇淨心，遍緣六道四生一切有情，皆具如來藏，備三種身口意金剛。以我修三密功德力故，願一切有情等同普賢菩薩。如是觀已即誦大慈三摩地。【略】

次應入悲無量心三摩地智，以悲愍心，遍緣六道四生一切有情，沈溺生死苦海不悟自心，妄生分別起種種煩惱隨煩惱，是故不達眞如平等如虛空超恆沙功德。以我修三密加持力故，願一切有情等同虛空藏菩薩。如是觀已即誦大悲三摩地。【略】

次應入喜無量心三摩地智，以清淨心，遍緣六道四生一切有情本來清淨，猶如蓮華，不染客塵，自性清淨。以我修三密功德力故，願一切有情等同觀自在菩薩。如是觀已即誦大喜三摩地。【略】

次應入捨無量心三摩地智，以平等心遍緣六道四生一切有情，皆離我我所離蘊界，及離能取所取於法平等，心本不生性相空故。以我修三密功德力故，願一切有情等同虛空庫菩薩。如是觀已即誦大捨三摩地。

不空譯《金剛頂瑜伽金剛薩埵五祕密修行念誦儀軌》　一切有情沈沒流轉五趣三界，若不入五部五密曼荼羅，不受三種祕密加持，自有漏三業身，能度無邊有情，無有是處。五趣有情三界所攝，所謂欲界色界無色界。色、無色界修行出三界道，別解脫定慧以爲增上緣。其上二界由定地所攝故。欲界無禪是散善地，設有修定軌則。仍假藉頭陁苦行，依七方便，由根羸劣。無學緣覺果尚自難成，何況十地大普賢地。及證成毘盧遮那三身普光地位，二乘之人雖證道果，不能於無邊有情，爲作利益安樂。於顯教修行者，久久經三大無數劫，然後證成無上菩提。

玄奘譯《阿毗達磨集異門足論》卷一　一切有情皆依食住，一切有情皆依行住，於諸善法不放逸勝是謂一法。一切有情依食住者，何等是食，而言有情皆依食住。如世尊說，苾芻當知食有四種，能令部多有情安住，及能資益諸求生者。何謂四食。一者段食若麁若細，二者觸食，三者意思食，四者識食。由此四食說諸有情皆依食住，何緣故知諸有情類皆依食住。謂諸有情於彼彼聚，由此諸食未盡爲因，有想等想施設言說，活住存濟差別而轉。若諸有情於彼彼聚，由此諸食已盡爲因，有想等想施設言說，死歿殞逝差別而轉，由此故知諸有情類皆依食住。

玄奘譯《瑜伽師地論》卷五　諸那落迦中所有有情皆無婬事。所以者何。由彼有情長時無間多受種種極猛利苦，由此因緣，彼諸有情若男於女不起女欲，若女於男不起男欲，何況展轉二二交會。若鬼傍生人中所有依身，苦樂相雜故有婬欲，男女展轉二二交會不淨流出。欲界諸天雖行婬欲無此不淨，然於根門有風氣出煩惱便息。四大王衆天二二交會熱惱方息，如四大王衆天，三十三天亦爾。時分天，唯互相抱熱惱便息。知足天，唯相執手熱惱便息。樂化天，相顧而笑熱惱便息。他化自在天，眼相顧視熱惱便息。又三洲人，攝受妻妾施設嫁娶。北拘盧洲無我所故無攝受故，一切有情無攝受妻妾亦無嫁娶。如三洲人。如是大力鬼及欲界諸天亦爾。唯除樂化天及他化自在天。又一切欲界天衆無有處女胎藏。然四大王衆天於父母肩上或於懷中。如五歲小兒欻然化出。三十三天如六歲。時分天如七歲。知足天如八歲。樂化天如九歲。他化自在天如十歲。

窺基《說無垢稱經贊》卷四　經：所以者何（至）等所隨覺。

贊曰：此釋難由菩提覺義，一切有情皆有佛性。若勤來者，平等皆能隨覺諸法。彌勒當隨覺，慈氏得授記。有情當隨覺，亦應得授記。舊云一切衆生即菩提相。以等隨覺，即有當來菩提相故。此乃事均俱當證故。【略】

經：一切有情（至）皆性空故。

贊曰：衆生及法，皆以眞如無我性空爲自體，皆是菩提。所執二我無二無我可有，故是菩提。取此眞如，名妙菩提。斷菩提故，是智處故。如彌勒中已引教說。此上皆境，名爲菩提，能生覺故。

義淨譯《根本說一切有部毘奈耶》卷一三　一切有情無因無緣而有煩惱，一切有情無因無緣爲煩惱所逼。一切有情無因無緣而有清淨，一切有情無因無緣而得清淨。一切有情無因無緣而有無知，一切有情無因無緣了無知事。一切有情無力無勤，無勇無進無自無他。一切有情諸有命者無有威勢，於六生中常受苦樂。過此便無。

法藏《華嚴一乘教義分齊章》卷二　無始時來一切有情有五種性。第五種性無有出世功德因故，永不滅度。由是道理，諸佛利樂有情功德無有斷盡。其有種性者，《瑜伽論》云：種性略有二種。一本性住，二習所成。本性住者，謂諸菩薩六處殊勝有如是相，從無始世，展轉傳來法爾所得。習所成者，謂先串習善根所得。

慧能《金剛經解義》　知者，知一切有情皆有佛性。但能修行，盡得成佛。【略】

眞語者，說一切有情無情皆有佛性。

宗密《原人論》　一切有情皆有本覺眞心，無始以來常住清淨，昭昭不昧了了常知，亦名佛性，亦名如來藏。從無始際，妄相翳之不自覺知，但認凡質故，耽著結業受生死苦。大覺愍之，說一切皆空，又開示靈覺眞心清淨全同諸佛。故《華嚴經》云：佛子，無一眾生而不具有如來智慧，但以妄想執著而不證得。若離妄想，一切智、自然智、無礙智，即得現前。便舉一塵含大千經卷之喻，塵況眾生，經況佛智。次後又云：爾時如來普觀法界一切眾生，而作是言，奇哉，奇哉，此諸眾生，云何具有如來智慧迷惑不見。我當教以聖道，令其永離妄想，自於身中得見如來廣大智慧，與佛無異。

圓測《解深密經疏》卷四　非於一切有情界中無有種種有情性，或鈍根性，或中根性，或利根性有情差別。

釋曰：此即第三辨三乘差別，文有二節。初標非一，後約根分三。言非一者，謂於一切有情數中，非無五種種性差別。言五姓者，所謂三乘不定無性。言無性者，謂於身中無有三乘涅槃種性。就有性中，有其四種。一聲聞種性，謂於身中唯有聲聞涅槃種性。二獨覺種性。三菩薩種姓。此二種姓唯同聲聞。四不定種姓，謂於身中，具有三乘涅槃種姓，而彼迴心定趣佛果，由佛菩薩大悲方便所攝受故。然彼種姓自有二種。一性種姓，二習種姓。釋此種姓，西方諸師諸說不同。一唯本非新，如護月菩薩亦名月藏，彼立唯有法爾種子，而無新熏。二唯新非本，如難陁及勝軍等。彼立唯有新熏種子，而無法爾。三亦本亦新，如護法菩薩，具立新熏法爾二種子爲性種姓，新所熏種爲習種性。若廣分別，如《成唯識》第二卷。如是五姓，具如別章。或可此云非一種姓者，三乘不定，四性非一，故言種種。約根分三者，謂諸聖者隨根利鈍，有上中下，故立三乘。由此道理，密意說一，非無三乘，故說一乘（深密解脫意亦同此）。

善男子，若有一向趣寂聲聞種性補特伽羅，雖蒙諸佛施設種種勇猛加行方便化導，終不能令當坐道場證得阿耨多羅三藐三菩提。

釋曰：此下第二明趣寂聲聞定不成佛，於中有四。一標，二徵，三釋，四結。此即標也，謂彼趣寂是定性故，雖諸佛化，定不成佛。

何以故。

釋曰：此第二徵。

由彼本來唯有下劣種性故。一向慈悲薄弱故。一向怖畏眾苦故。

釋曰：此第三釋，於中有三。初總標三因，次牒前二因顯二過失，後舉前二失，釋不成佛。此即初也，謂彼定性二乘種性，皆是本來劣種性故，此即總因。一向慈悲薄弱故者，是獨覺障。一向怖畏眾苦故者，此是聲聞障故。《無上依經》第一卷云：有四種障。一棄背大乘，是闡提障。執著我見，是外道障。厭畏疲極，是聲聞障。背利益他，是緣覺障。故知後二是二乘障，理實二乘皆具二障。《無上依經》具依相顯，各說一障。

法賢譯《佛說最上根本大樂金剛不空三昧大教王經》卷三　一切有情如來藏故，是即普賢菩薩。一切有情金剛藏故，是即金剛藏灌頂。一切有情法藏故，是即轉一切語輪。一切有情事業藏故，是即成一切事。

寶臣《注大乘入楞伽經》卷九　一切有情皆依食住。謂食以資益諸根大種心心所法，能生喜樂，相續執持。總有四種。一者段食，變壞爲相。謂欲界繫香味觸三，於變壞時能爲食事。二者觸食，觸境爲相。謂有漏觸，纔取境時攝受喜等能爲食事。三意思食，希望爲相。謂有漏思與欲俱轉，希可愛境，能爲食事。四者識食，執持爲相。謂有漏識，由段觸思勢力增長，能爲食事。此四能持有情身命，令不壞斷，故名爲食。段食唯於欲界有用。觸、意思食雖遍三界，而依識轉，隨識有無。此對有情飲食血肉，是故且言不食段食。於義四種悉應斷，故下言法身非雜食者，謂超情識是四俱無。

清遠《圓覺疏鈔隨文要解》卷八　《大鈔》引《唯識》云：一所顯得謂大涅槃，此雖本有自性清淨，而由客障覆，令不顯眞聖道生，斷彼障故，令其相顯名得涅槃。此依眞如離障施設，故體即是清淨法界。然涅槃義別略有四種，如上所列。一即諸法眞如，二即眞如出煩惱障，三即眞如出生死苦，四即眞如出所知障。言無住處者，即悲之智，故不住涅槃，即智之悲故，不住生死，故云無住處。問：《唯識》不許一切有情有佛性，何故云一切有情皆有自性清淨涅槃耶。答：彼宗雖不許一切成佛，一切有情不離此性。故又《唯識》亦說一切有佛性過歸後輩故。

惟則、傳燈《大佛頂如來密因修證了義諸菩薩万行首楞嚴經通疏》卷四 過去劫壞，一切有情久集光音天中。天衆既多，居處迫窄，諸福減者應下居世間。最初一天子從光音沒來生大梵宮殿之中，是爲梵王。經一增一減，念言無有梵子來生我處，時光音天來生梵世者爲梵輔天，復有來生梵世者名梵衆天，漸漸下生六欲諸天人趣。時光音諸天福盡，來下化生爲人。或樂觀新地者光明遠照，飛行自在，無有男女之相。衆共生故，故名衆生。地涌甘泉，味如酥蜜，以指試嘗，遂生味著。失其神足及以身光，世間大闇。黑風吹海，飄出日月，置須彌山腹，照四天下。時諸人輩，見出則喜，見入則懼。自茲之後，乃有晝夜晦朔，春秋歲數，終而復始。由耽地味顏色麁悴，地味既隱乃生林藤。《樓炭經》云兩枝蒲萄，復共耽食，林藤復隱，便生自然秔稻。無有糠檜，備衆美味。此食稍麁，殘穢在身，爲欲蠲除，便生二道，成男女根。情欲多者，便爲女人。宿習力故，便生婬欲。夫妻共住，光音諸天後來生者入母胎中，遂有胎生。此爲劫初衆生生起之由，先化生而後胎生。

又云：是時先造瞻婆大城，乃至一切城郭。自然秔稻朝刈暮熟，刈後隨生。米長四寸，時衆生幷取二日糧。乃至取五日糧，漸生糠檜，刈已不生。衆懷憂惱，各封田宅，造作田種。其後多有盜他田稻，便相拳鬭，無能決者。議立一平等王賞善罰惡，便有刀仗殺戮。衆共供給，號刹帝（此云田主）。自後諸王，以此爲首。時閻浮提天下富樂安隱，八萬郡國人民聚落，鷄鳴相聞，無有病患大寒大熱。正行十善，正法治國，人民愛敬，壽極大久。此爲劫初業果生起之由。計此時雖有三業，論婬，婬猶未熾。論殺，雖有刀仗殺戮，但誅無道未嘗屠割生靈。論盜，雖有盜他田稻，未嘗有盜名器、盜財帛與盜噉血肉也。人壽八萬四千歲，身長八丈。百年減一年，身減一寸。減至人壽二萬歲，始入劫濁。四濁熾盛，聚在此時。是則今經所說三種相續，前二雖原無始，後一正在方今。蓋釋迦出當減劫壽百歲時，對機說法不得不然。是以衆生相續，極言四生六道。業果相續，極言人畜相食。然雖今日不異當時，故根本枝末二種煩惱，生則與之俱生，滅則與之俱滅。生生不離，劫劫同住。前滿慈問，清淨本然，云何忽生者，乃求原其生生之本。又問，次第遷流，終而復始者，乃求原其生生之末，蓋末以根生，根以末養，故伐樹有二道焉。披其枝者傷其心，刳盡其枝則根無所養。搖其根者損其幹，盡伐其根則枝無所生。故業歸元者，莫先於斷三業，莫大於絕三細。三業斷，則善果不復續。三細絕，則衆生世界不復聯。所謂一人發眞歸元，十方虛空悉皆銷殞，何況空中所有國土諸有爲相而不振裂耶。

智旭《占察善惡業報經疏》卷下 衆生。指十法界一切有情也。十界衆生同一心體，迷之而爲蜎飛蠕動，心體無減。悟之而爲諸佛菩薩，心體無增。以一切十界，從來無有二心，惟是一心眞體。又一一含生，即具心之全體，非是心之少分，良由心體絕待，不可割裂，無有方隅，不思議故。譬如日光，徧照一切隙中，一一隙中，皆見日之全體大用。非是日之少分，又一刹那中所見日光，即是亘古亘今日光。除此現前日光之外，更無過去未來日光，可別貯積何處。夫日光僅是色法，尚爾不可思議，況一心靈妙而不爾耶。又如人世歲朝，則普天下人同增一歲，秖一歲朝，人人各得其全。不可分此一歲以爲多分，使天下人各得少分。又不可謂天下之人各增一歲，遂使共成多多歲朝。夫歲時僅是假法，尚爾不可思議，況一心實體而不爾耶。是故不論昏迷倒惑蠢動含靈，現前一念心體，無不從本以來，不生不滅，乃至離分別故。非待成佛之後，方證不生不滅乃至離分別也。從本不生不滅者，譬如瞖目見空中華，華即是空。故有瞖時，華本不生。縱瞖盡時，華本不滅，以無實華可滅故也。衆生于無生滅中，妄見生滅，生實不生，滅實不滅也。從本自性清淨者，譬如煙霧騰於虛空，虛空之性原無垢染，衆生於清淨中，妄見垢染，垢染自性恆清淨也。從本無障無礙者，譬如方圓器妄現方圓空，空體原無方圓，衆生於無障礙體中，妄見障礙，障礙即無障礙也。猶如虛空離分別故者，譬如虛空，離四句，絕百非，不可謂有，不可謂無。無分際，無動搖，無形質，無方隅，無彼此，無內外，無生無滅，無垢無淨，無在無不在。離諸戲論，不可分別。一切衆生現前一念心性，亦如是也。此是直指現前一念昏迷倒惑心體本來如此。故云：一切衆生，皆證圓覺。又云：如來成正覺時，悉見一切衆生成正覺也。如此方是直指人心見性成佛，若離現前一念，別談眞心，何異離波覓水耶。

洪蓮《金剛經注解》卷一 佛者，梵語也，具云佛陁，唐言覺者，謂自覺覺他，覺圓滿故。一切有情咸具此道，悟者即名佛，迷者曰衆生。

葛鼒《般若綱要》卷一〇 一切有情行菩提行，不知不覺諸法實性，不名菩薩。所以者何。不知有情非有情故。若知有情非有情性，行菩提行，應成菩薩。然諸有情由顛倒故，不能覺了自行自境，自所行處。若於自行如實了知，則不復行有分別行，是名菩薩行於無行。菩薩不應由分別故，起分別行。若於是處無所分別，非於此處而有所行。若於是處不起分別，非於此處復有所行。諸佛菩薩於一切行無所分別而修行故。一切憍慢，畢竟不起。於一切法，不復攀緣，不復分別，不游不履，如是名爲眞菩薩行。以無所行爲方便故。復次善勇猛，無有情者，當知即是菩薩增語，以能遣除一切想故。所以者何。以能了達一切有情非實有情，一切有情皆非有情，一切有情皆是顛倒執著有情，一切有情皆是遍計所執有情，一切有情皆是虛妄所緣有情，一切有情皆是敗壞自行有情，一切有情皆是無明緣行有情。善勇猛，非有情名。有少實法可執爲我，或爲我所。以無實法，是故可說一切有情非實有情。非有情者，當知即是非實增語。非實者，當知即是非有情增語。若於諸行有遍覺者，可名菩薩。

一闡提

曇無讖譯《大般涅槃經》卷五 閻浮提內衆生有二，一者有信，二者無信。有信之人則名可治。何以故。定得涅槃無瘡疣故，是故我說治閻浮提諸衆生已。無信之人名一闡提，一闡提者名不可治。【略】

不定者如一闡提究竟不移，犯重禁者不成佛道，無有是處。何以故。是人若於佛正法中心得淨信，爾時即便滅一闡提。若復得作優婆塞者，亦得斷滅於一闡提。犯重禁者滅此罪已，則得成佛。是故若言畢定不移不成佛道，無有是處。眞解脫中都無如是滅盡之事。又虛寂者墮於法界，如法界性即眞解脫，眞解脫者即是如來。又一闡提若盡滅者，則不得稱一闡提也。何等名爲一闡提耶。一闡提者，斷滅一切諸善根，本心不攀緣一切善法，乃至不生一念之善。

曇無讖譯《大般涅槃經》卷九 如虛空中興大雲雨注於大地，枯木石山高原堆阜水所不住，流注下田陂池悉滿，利益無量一切衆生。是《大涅槃》微妙經典亦復如是。雨大法雨普潤衆生，唯一闡提發菩提心無有是處。復次善男子，譬如焦種，雖遇甘雨，百千萬劫終不生芽。芽若生者，亦無是處。一闡提輩亦復如是。雖聞如是《大般涅槃》微妙經典，終不能發菩提心牙。若能發者，無有是處。何以故。是人斷滅一切善根，如彼焦種不能復生菩提根牙。復次善男子，譬如明珠置濁水中，以珠威德水即爲清，投之淤泥不能令清。是《大涅槃》微妙經典亦復如是。置餘衆生五無間罪四重禁法濁水之中，猶可澄清發菩提心。投一闡提淤泥之中，百千萬歲不能令清起菩提心。何以故。是一闡提滅諸善根非其器故。假使是人百千萬歲聽受如是《大涅槃經》，終不能發菩提之心。所以者何。無善心故。【略】

是大涅槃微妙經典亦復如是，能除一切衆生惡業四波羅夷五無間罪。若內若外所有諸惡諸有未發菩提心者，因是則得發菩提心。何以故。是妙經典諸經中王，如彼藥樹諸藥中王。若有修習是《大涅槃》及不修者，若聞有是經典名字，聞已敬信，所有一切煩惱重病皆悉除滅，唯不能令一闡提輩安止住於阿耨多羅三藐三菩提。如彼妙藥雖能療愈種種重病，而不能治必死之人。復次善男子，如人手瘡捉持毒藥毒則隨入，若無瘡者毒則不入。一闡提輩亦復如是，無菩提因如無瘡者毒不得入。所謂瘡者即是無上菩提因緣，毒者即是第一妙藥。完無瘡者，謂一闡提。復次善男子，譬如金剛無能壞者，而能破壞一切之物，唯除龜甲及白羊角。是大涅槃微妙經典亦復如是。悉能安止無量衆生於菩提道，唯不能令一闡提輩立菩提因。復次善男子，如馬齒草娑羅翅樹尼迦羅樹，雖斷枝莖續生如故。不如多羅斷已不生，是諸衆生亦復如是。若得聞是《大涅槃經》雖犯四禁及五無間，猶故能生菩提因緣。一闡提輩則不如是，雖得聽受是妙經典，而不能生菩提道因。復次善男子，如佉陁羅樹鎭頭迦樹斷已不生及諸焦種，一闡提輩亦復如是。雖得聞是《大涅槃經》而不能發菩提因緣，猶如焦種。復次善男子，譬如大雨終不住空，是大涅槃微妙經典亦復如是。普雨法雨，於一闡提則不能住。是一闡提周體密緻，猶如金剛不容外物。迦葉菩薩白佛言：世尊，如佛說偈：

不見善不作　唯見惡可作
是處可怖畏　猶如險惡道

世尊，如是所說有何等義。佛言，善男子，不見者謂不見佛性，善者即是阿耨多羅三藐三菩提。不作者所謂不能親近善友，唯見者見無因果。惡者謂謗《方等》大乘經典，可作者謂一闡提說無《方等》。以是義故，一闡提輩無心趣向清淨善法。何等善法謂涅槃也。趣涅槃者謂能修習賢善之行，而一闡提無賢善行，是故不能趣向涅槃。是處可畏謂謗正法，誰應怖畏所謂智者。何以故。以謗法者無有善心及方便故。險惡道者謂諸行也。迦葉復言：如佛所說：

云何見所作　云何得善法
何處不怖畏　如王夷坦道

是義何謂。佛言善男子，見所作者，發露諸惡從生死際所作諸惡悉皆發露，至無至處。以是義故，是處無畏。喻如人王所遊正路，其中盜賊悉皆逃走。如是發露一切諸惡悉滅無餘。復次不見所作者，謂一闡提所作衆惡而不自見。是一闡提憍慢心故，雖多作惡於是事中初無怖畏，以是義故不得涅槃，喻如獼猴捉水中月。善男子，假使一切無量衆生一時成於阿耨多羅三藐三菩提已，此諸如來亦復不見彼一闡提成於菩提。以是義故名不見所作，又復不見誰之所作，所謂不見如來所作。佛爲衆生說有佛性，一闡提輩流轉生死不能知見，以是義故名爲不見如來所作。又一闡提見於如來畢竟涅槃謂眞無常，猶如燈滅膏油俱盡。何以故。是人惡業不虧損故。若有菩薩所作善業迴向阿耨多羅三藐三菩提時，一闡提輩雖復毁呰破壞不信。然諸菩薩猶故施與，欲共成於無上之道。何以故。諸佛法爾。

作惡不即受　如乳即成酪
猶灰覆火上　愚者輕蹈之

一闡提者，名爲無目。是故不見阿羅漢道，如阿羅漢不行生死險惡之道。以無目故，誹謗《方等》，不欲修習，如阿羅漢勤修慈心。一闡提輩不修《方等》亦復如是。若人說言我今不信聲聞經典，信受大乘讀誦解說，是故我今即是菩薩。一切衆生悉有佛性，以佛性故衆生身中即有十力三十二相八十種好。我之所說不異佛說，汝今與我俱破無量諸惡煩惱如破水瓶，以破結故即得見於阿耨多羅三藐三菩提。是人雖作如是演說，其心實不信有佛性，爲利養故隨文而說。如是說者，名爲惡人。如是惡人不速受果，如乳成酪。譬如王使善能談論巧於方便奉命他國，寧喪身命終不匿王所說言教。智者亦爾，於凡夫中不惜身命，要必宣說大乘《方等》如來祕藏，一切衆生皆有佛性。善男子，有一闡提作羅漢像，住於空處，誹謗《方等》大乘經典。諸凡夫人見已，皆謂眞阿羅漢，是大菩薩摩訶薩。是一闡提惡比丘輩住阿蘭若處，壞阿蘭若法，見他得利心生嫉妬。作如是言：所有《方等》大乘經典悉是天魔波旬所說，亦說如來是無常法，毁滅正法破壞衆僧。復作是言：波旬所說非善順說。作是宣說邪惡之法，是人作惡不即受報，如乳成酪，灰覆火上，愚輕蹈之。如是人者，謂一闡提。是故當知大乘《方等》微妙經典必定清淨，如摩尼珠投之濁水，水即爲清，大乘經典亦復如是。復次善男子，譬如蓮花爲日所照無不開敷，一切衆生亦復如是。若得見聞大涅槃日，未發心者皆悉發心，爲菩提因，是故我說大涅槃光所入毛孔必爲妙因。彼一闡提雖有佛性，而爲無量罪垢所纏，不能得出如蠶處繭。以是業緣不能生於菩提妙因，流轉生死無有窮已。

復次，善男子，如優鉢羅花鉢頭摩花拘牟頭華分陁利華，生於淤泥而終不爲彼泥所污。若有衆生修大涅槃微妙經典亦復如是，雖有煩惱終不爲此煩惱所污。何以故。以知如來性相力故。善男子，譬如有國多清冷風，若觸衆生身諸毛孔能除一切鬱蒸之惱。此大乘典大涅槃經亦復如是，遍入一切衆生毛孔爲作菩提微妙因緣。除一闡提。何以故。非法器故。

復次，善男子，譬如良醫解八種藥，滅一切病，唯除必死。一切契經禪定三昧亦復如是，能治一切貪恚愚癡諸煩惱病，能拔煩惱毒刺等箭，而不能治犯四重禁五無間罪。善男子，復有良醫過八種術能除衆生所有病苦，唯不能治必死之病。是大涅槃大乘經典亦復如是，能除衆生一切煩惱，安住如來清淨妙因，未發心者令得發心。唯除必死一闡提輩。

復次，善男子，譬如良醫能以妙藥治諸盲人，令見日月星宿諸明一切色像，唯不能治生盲之人。是大乘典大涅槃經亦復如是，能爲聲聞緣覺之人開發慧眼，令其安住無量無邊大乘經典，未發心者謂犯四禁五無間罪，悉能令發菩提之心，唯除生盲一闡提輩。復次，善男子，譬如良醫善解八術，爲治眾生一切病苦，與種種方吐下諸藥，及以塗身熏藥灌鼻散藥丸藥。若貧愚人不欲服之，良醫愍念，即將是人還其舍宅，強與令服。以藥力故，所患得除。女人產時兒衣不出，與之令服，服已即出，并令嬰兒安樂無患。是大乘典大涅槃經亦復如是，所至之處，若至舍宅，能除眾生無量煩惱，犯四重禁五無間罪未發心者，悉令發心。除一闡提。迦葉菩薩白佛言：世尊，犯四重禁及五無間，名極重惡。譬如斷截多羅樹頭更不復生，是等未發菩提之心云何能與作菩提因。佛言：善男子，是諸眾生若於夢中夢墮地獄，受諸苦惱即生悔心，哀哉，我等自招此罪，若我今得脫是罪者，必定當發菩提之心，我今所見最是極惡，從是覺已，即知正法有大果報。如彼嬰兒漸漸長大，常作是念，是醫最良善解方藥。我本處胎，與我母藥。母以藥故，身得安隱。以是因緣，我命得全。奇哉我母，受大苦惱，滿足十月，懷抱我胎。既生之後，推乾去濕，除去不淨大小便利，乳餔長養，將護我身。以是義故，我當報恩。色養侍衛，隨順供養。犯四重禁及無間罪臨命終時念是大乘大涅槃經，雖墮地獄畜生餓鬼天上人中，如是經典亦爲是人作菩提因。除一闡提。復次，善男子，譬如良醫及良醫子，所知深奧出過諸醫，善知除毒無上呪術。若惡毒蛇，若龍若蝮，以諸呪術呪藥令良。復以此藥用塗革屣，以此革屣觸諸毒蟲，毒爲之消。唯除一毒，名曰大龍。是大乘典大涅槃經亦復如是，若有眾生犯四重禁五無間罪，悉能消滅令住菩提。如藥革屣能消眾毒，未發心者能令發心安止住於菩提之道，是彼大乘大涅槃經威神藥故，令諸眾生生於安樂。唯除大龍一闡提輩。

復次，善男子，譬如有人以雜毒藥用塗大鼓，於大眾中擊之發聲。雖無心欲聞聞之皆死，唯除一人不橫死者。是大乘典大涅槃經亦復如是，在在處處諸行眾中有聞聲者，所有貪欲瞋恚愚癡悉皆滅盡，其中雖有無心思念，是大涅槃因緣力故，能滅煩惱而結自滅。犯四重禁及五無間，聞是經已，亦作無上菩提因緣漸斷煩惱，除不橫死一闡提也。復次，善男子。譬如闇夜諸所營作一切皆息，若未訖者要待日明。學大乘者雖修契經一切諸定，要待大乘大涅槃日。聞於如來微密之教，然後乃當造菩提業安住正法。猶如天雨潤益增長一切諸種成就果實，悉除飢饉多受豐樂。如來祕藏無量法雨亦復如是，悉能除滅八種熱病。是經出世如彼果實多所利益安樂一切，能令眾生見於佛性。如法花中八千聲聞得受記莂成大果實，如秋收冬藏更無所作。一闡提輩亦復如是，於諸善法無所營作。復次，善男子，譬如良醫聞他人子非人所持，尋以妙藥并遣一使勑語使言，卿持此藥速與彼人，彼人若遇諸惡鬼神，以藥力故悉當遠去。卿若遲晚，吾自當往，終不令彼枉橫死也。若彼病人得見使者及吾威德，諸苦當除得安隱樂。是大乘典《大涅槃經》亦復如是。若比丘比丘尼優婆塞優婆夷及諸外道，有能受持如是經典，讀誦通利，復爲他人分別廣說，若自書寫，令他書寫，斯等皆爲菩提因緣。若犯四禁及五逆罪，若爲邪鬼毒惡所持，聞是經典所有諸惡悉皆消滅。如見良醫，惡鬼遠去。當知是人是眞菩薩摩訶薩也。何以故。暫得聞是大涅槃故，亦以生念如來常故。暫得聞者尚得如是，何況書寫受持讀誦。除一闡提，其餘皆是菩薩摩訶薩。復次，善男子，譬如聾人不聞音聲，一闡提輩亦復如是。雖復欲聽是妙經典而不得聞。所以者何。無因緣故。復次，善男子，譬如良醫一切醫方無不通達，兼復廣知無量呪術。是醫見王作如是言：大王，今者有必死病。其王答言：卿不見我腹內之事，云何而言有必死病。醫即答言：若不見信應服下藥：既下之後王自驗之。王不肯服。爾時良醫以呪術力令王糞門遍生瘡疱，兼復癤下蟲血雜出。王見是已生大怖懼，讃彼良醫，善哉善哉，卿先所白吾不用之，今乃知卿於吾此身作大利益。恭敬是醫，猶如父母。是大乘典《大涅槃經》亦復如是。於諸眾生有欲無欲悉能令彼煩惱崩落，是諸眾生乃至夢中夢見是經恭敬供養，喻如大王恭敬良醫，是大良醫知必死者終不治之。是大乘典《大涅槃經》亦復如是，終不能治一闡提輩。復次，善男子，譬如良醫善知八種，悉能療治一切諸病，唯不能治必死之人。諸佛菩薩亦復如是，悉能救療一切有罪，唯不能治必死之人一闡提輩。復次，善男子，譬如良醫善知八種微妙經術，復能博達過於八種，以己所知先教其子。若水若陸山澗藥草悉令識知。如是漸漸教八事已，次復教餘最上妙術。如來應正遍知亦復如是，先教其子諸比丘等方便除滅一切煩惱，修學淨身不堅固想。謂水陸山澗水者，喻身受苦如水上泡。陸者，喻身不堅如芭蕉樹。其山澗者，喻煩惱中修無我想。以是義故身名無我。如來如是於諸弟子漸漸教學九部經法，令善通利。然後教學如來祕藏，爲其子故說如來常。如來如是說大乘典《大涅槃經》，爲諸衆生已發心者及未發心作菩提因，除一闡提。如是善男子，是大乘典《大涅槃經》無量無數不可思議未曾有也。當知即是無上良醫，最尊最勝衆經中王。

曇無讖譯《大般涅槃經》卷一〇　破戒者謂一闡提，其餘在所一切布施皆可讚歎獲大果報。純陁復問：一闡提者其義云何。佛言：純陁，若有比丘及比丘尼優婆塞優婆夷，發麁惡言誹謗正法，造是重業永不改悔，心無慚愧，如是等人名爲趣向一闡提道。若犯四重作五逆罪自知定犯，如是重事而心初無怖畏慚愧不肯發露，於佛正法永無護惜建立之心，毁呰輕賤言多過咎，如是等人亦名趣向一闡提道。若復說言無佛法僧，如是等人亦名趣向一闡提道。

曇無讖譯《大般涅槃經》卷一六　若有能煞一闡提者，則不墮此三種煞中。善男子，彼諸婆羅門等一切皆是一闡提也。譬如掘地刈草斫樹，斬截死屍駡詈鞭撻無有罪報。煞一闡提亦復如是，無有罪報。何以故。諸婆羅門乃至無有信等五法，是故雖煞不墮地獄。

曇無讖譯《大般涅槃經》卷一九　云何罪人。謂一闡提。一闡提者，不信因果，無有慚愧，不信業報，不見現在及未來世，不親善友，不隨諸佛所說教戒。如是之人名一闡提，諸佛世尊所不能治。何以故。如世死屍醫不能治。一闡提者亦復如是，諸佛世尊所不能治。

曇無讖譯《大般涅槃經》卷二〇　世尊亦爾，於一闡提輩善知根性而爲說法。何以故。若不爲說，一切凡夫當言如來無大慈悲。有慈悲者名一切智，若無慈悲，云何說言一切智人。是故如來爲一闡提而演說法。大王，如來世尊見諸病者當施法藥，病者不服，非如來咎。大王，一闡提輩分別有二：一者得現在善根，二者得後世善根。如來善知一闡提輩能於現在得善根者，則爲說法。後世得者，亦爲說法。今雖無益，作後世因。是故如來爲一闡提演說法要。一闡提者復有二種。一者利根，二者中根。利根之人於現在世能得善根，中根之人後世則得。諸佛世尊不空說法。大王，譬如淨人墜墮淸廁，有善知識見而愍之，尋前捉髮而拔出之。諸佛如來亦復如是，見諸衆生墮三惡道，方便救濟令得出離。是故如來爲一闡提而演說法。

曇無讖譯《大般涅槃經》卷二三　犯四重罪謗《方等》經作五逆罪，及一闡提悉有佛性。今於此經而得聞之，是名不聞而聞。光明遍照高貴德王菩薩摩訶薩白佛言：世尊，若犯重禁謗《方等經》作五逆罪一闡提等有佛性者，是等云何復墮地獄。世尊，若使是等有佛性者，云何復言無常樂我淨。世尊，若斷善根名一闡提者，斷善根時所有佛性云何不斷。佛性若斷，云何復言常樂我淨。如其不斷，何故名爲一闡提耶。世尊，犯四重禁名爲不定，謗《方等經》作五逆罪及一闡提悉名不定，如是等輩若決定者，云何得成阿耨多羅三藐三菩提，得須陁洹乃至辟支佛亦名不定。若須陁洹至辟支佛是決定者，亦不應成阿耨多羅三藐三菩提。世尊，若犯四重不決定者，須陁洹乃至辟支佛亦不決定。如是不定，諸佛如來亦復不定。若佛不定，涅槃體性亦復不定，至一切法亦復不定。云何不定。若一闡提除一闡提則成佛道，諸佛如來亦應如是。入涅槃已，亦應還出不入涅槃。若如是者，涅槃之性則爲不定。不決定故，當知無有常樂我淨。云何說言一闡提等當得涅槃。

爾時世尊告光明遍照高貴德王菩薩摩訶薩言：善哉善哉，善男子，爲欲利益無量衆生令得安樂，憐愍慈念諸世間故，爲欲增長發菩提心諸菩薩故，作如是問。善男子，汝已親近過去無量諸佛世尊，於諸佛所種諸善根。久已成就菩提功德，降伏衆魔，令其退散，已教無量無邊衆生，悉令得至阿耨多羅三藐三菩提。久已通達諸佛如來所有甚深祕密之藏，已問過去無量無邊恒河沙等諸佛世尊如是甚深微密之義。我都不見一切世間，若人若天沙門婆羅門若魔若梵，有能諮問如來是義。今當誠心諦聽諦聽，吾當爲汝分別演說。善男子，一闡提者亦不決定，若決定者，是一闡提終不能得阿耨多羅三藐三菩提。以不決定，是故能得。如汝所言，佛性不斷，云何一闡提斷善根者。善男子，善根有二種。一者內，二者外。佛性非內非外，以是義故佛性不斷。復有二種。一者有漏，二者無漏。佛性非有漏非無漏，是故不斷。復有二種。一者常，二者無常。佛性非常非無常，是故不斷。若是斷者則應還得，若不還得則名不斷。若斷已得名一闡提。

曇無讖譯《大般涅槃經》卷二六　一闡提輩若遇善友諸佛菩薩聞說深法，及以不遇，俱不得離一闡提心。何以故。斷善法故。一闡提輩亦得阿耨多羅三藐三菩提，所以者何。若能發於菩提之心，則不復名一闡提也。

善男子，以何緣故說一闡提得阿耨多羅三藐三菩提，一闡提輩實不能得阿耨多羅三藐三菩提，如命盡者雖遇良醫好藥瞻病不能得差。何以故。以命盡故。

善男子，一闡名信，提名不具。不具信故，名一闡提。佛性非信，衆生非具。以不具故，云何可斷。一闡名善方便，提名不具。修善方便不具足故，名一闡提。佛性非是修善方便，衆生非具以不具故，云何可斷。一闡名進，提名不具。進不具故，名一闡提。佛性非進衆生非具，以不具故，云何可斷。一闡名念，提名不具。念不具故，名一闡提。佛性非念衆生非具，以不具故，云何可斷。一闡名定，提名不具。定不具故，名一闡提。佛性非定衆生非具，以不具故，云何可斷。一闡名慧，提名不具。慧不具故，名一闡提。佛性非慧，衆生非具。以不具故，云何可斷。一闡名無常善，提名不具。以無常善不具足故，名一闡提。佛性是常，非善非不善。何以故善法要從方便而得，而是佛性非方便得，是故非善。何故復名非不善耶。能得善果故。善果即是阿耨多羅三藐三菩提。又善法者生已得故，而是佛性非生已得，是故非善。以斷生得諸善法故，名一闡提。

善男子，如汝所言若一闡提有佛性者，云何不遮地獄之罪。善男子，一闡提中無有佛性。善男子，譬如有王聞箜篌音，其聲清妙，心即耽著，喜樂愛念，情無捨離。即告大臣，如是妙音從何處出。大臣答言：如是妙音從箜篌出。王復語言：持是聲來。爾時大臣即持箜篌置於王前，而作是言：大王，當知此即是聲。王語箜篌，出聲出聲，而是箜篌聲亦不出。爾時大王即斷其絃，聲亦不出。取其皮木悉皆析裂推求其聲，了不能得。爾時大王即瞋大臣，云何乃作如是妄語。大臣白王：夫取聲者法不如是。應以衆緣善巧方便，聲乃出耳。衆生佛性亦復如是。無有住處，以善方便故得可見。以可見故，得阿耨多羅三藐三菩提。一闡提輩不見佛性，云何能遮三惡道罪。善男子，若一闡提信有佛性，當知是人不至三惡，是亦不名一闡提也。以不自信有佛性故，即墮三惡。墮三惡故，名一闡提。

曇無讖譯《大般涅槃經》卷二七 我常宣說一切衆生悉有佛性，乃至一闡提等亦有佛性。一闡提等無有善法，佛性亦善，以未來有故。一闡提等悉有佛性，何以故。一闡提等定當得成阿耨多羅三藐三菩提故。善男子，譬如有人家有乳酪。有人問言：汝有蘇耶。答言：我有酪實非蘇。以巧方便定當得故，故言有蘇。衆生亦爾，悉皆有心。凡有心者，定當得成阿耨多羅三藐三菩提。以是義故，我常宣說一切衆生悉有佛性。

曇無讖譯《大般涅槃經》卷三二 一闡提者名斷善根。斷善根故沒生死河不能得出。何以故。惡業重故無信力故。如恆河邊第一人也。善男子，一闡提輩有六因緣，沒三惡道不能得出。何等爲六。一者惡心熾盛故，二者不見後世故，三者樂習煩惱故，四者遠離善根故，五者惡業障隔故，六者親近惡知識故。復有五事沒三惡道。何等爲五。一者於比丘邊作非法故，二者比丘尼邊作非法故，三者自在用僧鬘物故，四者母邊作非法故，五者於五部僧互生是非故。復有五事沒三惡道。何等爲五。一者常說無善惡果故，二者殺發菩提心衆生故，三者憙說法師過失故，四者法說非法非法說法故，五者爲求法過而聽受故。復有三事沒三惡道。何等爲三。一謂如來無常永滅，二謂正法無常遷變，三謂僧寶可滅壞故。是故常沒三惡道中。【略】一切衆生悉有佛性。如來非滅，法僧亦爾，無有滅壞。一闡提等不斷其法，終不能得阿耨多羅三藐三菩提。要當遠離，然後乃得。

法顯譯《大般泥洹經》卷六 譬如藥樹名曰藥王，無所不治，根莖華葉若汁若香，或有人服或復塗身或但聞香，意樂不樂，其病悉除，唯除必死之病不能令差。如是，善男子，此《摩訶衍般泥洹經》，一切衆生惡業重病悉能療治，若四墮法、無間罪業，及諸外道不樂菩提，聞斯方等一經耳者爲菩提因。所以者何。此《摩訶衍般泥洹經》一切諸惡無不治故，唯除一闡提。所以者何。無菩提因故。猶如人身有傷壞處，芮藥得行除衆疾病，若不傷壞芮藥不行，一闡提輩亦復如是，不可傷壞受菩提因。

復次，善男子，譬如金剛能壞衆寶，而力不能壞白羊角。是《摩訶衍般泥洹經》，成就一切諸惡之法，皆能破壞立菩提因，唯不能破一闡提惡起菩提因。

復次，善男子，譬如諸樹斷其枝觚幹尋生如故，如是衆生作諸罪業，聞《摩訶衍般泥洹經》生菩提因，如多羅樹斷則不生，一闡提輩亦復如是，終不能生菩提柯葉。

復次，善男子，譬如空中興大雲雨，而彼雨渧不住空中，此《摩訶衍般泥洹經》普雨法雨，於一闡提雨則不住。

不修眞實亦不來，彼究竟處莫能見。謂彼諸惡不善業，則爲世間大鄙陋。

其善修者謂修菩提，不來者，若自不修終不自得。眞實者微密勝業，如是勝業於誰不來。謂一闡提。永離善心，名一闡提。諸增上慢一闡提輩以何爲本。誹謗經法不善爲本，誹謗經法凶逆暴害，當知是等智者所畏。譬如險道多諸盜賊，暴慢愚夫不知恐畏，肆意直往爲賊所害，大力法王遊行此路無有恐畏。不見究竟處者，永不見彼一闡提輩究竟惡業，亦不見彼無量生死究竟之處，我略說彼諸惡積聚，若具聞者甚可怖畏。假令一切衆生一時發意成無上道，此諸正覺猶不見彼一闡提輩諸惡究竟，成正覺時復於何等不見究竟，一切衆生破壞生死皆成佛道，乃至永滅無餘泥洹。無常滅盡如燈火滅，謂彼諸惡業世間大鄙陋者，一闡提輩永離菩提因緣功德，斯等名爲世間鄙陋，於此大乘最後覺悟得爲佛名，是亦鄙陋。諸佛法爾。

已作惡業者，如薩闍乳酪。愚者輕被燒，如灰覆火上。

有似阿羅漢一闡提而行惡業，似一闡提阿羅漢而行慈心。有似阿羅漢一闡提者，是諸衆生誹謗《方等》。似一闡提阿羅漢者，毁呰聲聞，廣說《方等》，語衆生言：我與汝等俱是菩薩。所以者何。一切皆有如來性故。然彼衆生謂一闡提，而言：如來授我等決，汝亦如是。我與汝等皆當俱離無量煩惱衆魔惡業如壞水瓶，於此契經必成菩提勿復生疑。譬如烈士奉王使令，至他國中稱歎王德，寧失身命要不移易。我等今日亦復如是，如來記說一切衆生皆有佛性，我等要當不惜身命，於凡愚中廣說此經。是名似一闡提摩訶薩也。若阿練若愚癡無智，狀似阿羅漢而誹謗方等，愚騃凡夫謂眞阿羅漢，謂是大士，是惡比丘示現空閑阿練若處，而自處置似眞阿羅漢，於阿練若行永不隨順，而作異說起四因緣，言方等經皆是魔說，言摩訶衍者是諸黠慧正法刺劍，諸佛世尊皆當無常而說常住，當知是爲毁滅正法破僧之相，作是說者，名一闡提。【略】

何等名爲一闡提。佛告純陁：若比丘、比丘尼、優婆塞、優婆夷，誹謗經法，口說惡言，永不改悔，於諸經法心無歸依，如是等人向一闡提道。若復衆生犯四重禁、作無間罪，不自改悔而無慚恥，彼於正法永無護惜，不與護法之人以爲知識，於諸善事未曾讚歎。若復邪見無佛法僧，我說斯等向一闡提道。

真諦譯《佛說無上依經》卷上 若人貪著三有誹謗大乘，名一闡提墮邪定聚。若人著無行無方便墮不定聚，復有著無行有方便，不著有無行平等道，名正定聚。阿難，不著有無修行平等，惟除此人，餘有四人。一者一闡提，二者外道，三者聲聞，四者緣覺。有四惑障，不能證得如來法身無上菩提。何者爲四，棄捨大乘是闡提障。爲除此障，我說菩薩修行信樂大乘眞法。於一切處謬執我見，是外道障。爲除此障，我說菩薩修行般若波羅蜜法。於生死中厭畏疲極，是聲聞障。爲除此障，我說菩薩修行破虛空三昧門。背利益他小事爲足，是緣覺障。爲除此障，我說菩薩修行大悲。是四種人有四種惑，爲除此惑說四聖道。因此勝道治四顛倒，能證如來無上最妙法身四德波羅蜜果。

真諦譯《佛性論》卷二 一闡提人墮邪定聚。有二種身。一本性法身，二隨意身。佛日慧光照此二身。法身者，即眞如理。隨意身者，即從如理起，佛光明爲憐愍闡提二身者。一爲令法身得生，二爲令加行得長修菩提行。故觀得成。復有經說，闡提衆生決無般涅槃性。若爾，二經便自相違。會此二說，一了一不了，故不相違。言有性者，是名了說。言無性者，是不了說。故佛說若不信樂大乘，名一闡提。欲令捨離一闡提心故，說作闡提時決無解脫。若有衆生有自性清淨永不得解脫者，無有是處。

寶亮譯《大般涅槃經集解》卷二二 一闡提者，名爲無目，（至）流轉生死，無有窮已。

案。僧亮曰：無目者，謂但見現在，不見未來也。不見羅漢道者，羅漢能斷未生，而此人不見也。寶亮曰：譬如王使者，乃應出是羅漢似闡提，而但將菩薩來對，明此羅漢堅信大乘。一向撥《法華》以前經，云非實而是方便，言中乃以闡提也，王使譬菩薩也。善談論者，明菩薩四辨也。奉命他國者，捨法身之地，應生死也。寧喪身命，終不匿王說者，乃可爲外道所弊，終不唱佛是無常也。譬如蓮華者，喻行人也。既協信作罪，若見涅槃日者，其信心必增明也。

菩提流支譯《入楞伽經》卷二 何者無性乘。謂一闡提。大慧，一闡提者無涅槃性。何以故。於解脫中不生信心不入涅槃。大慧，一闡提者有二種。何等爲二。一者焚燒一切善根，二者憐愍一切衆生，作盡一切衆生界願。大慧，云何焚燒一切善根。謂謗菩薩藏，作如是言：彼非隨順修多羅，毗尼解脫說。捨諸善根，是故不得涅槃。大慧，憐愍衆生作盡衆生界難破常等涅槃不定，當知無有常樂我淨。五云何下結以顯過，涅槃若無常樂我淨，云何佛說一闡提等當得涅槃。佛答有三：一嘆其能問，二勅聽許說，三正答之。嘆中初言善哉總嘆，爲欲下別。別中有三：一嘆問所爲，二汝已親下嘆問所因，三我不見下歎問殊勝。問：所爲中爲益衆生憐念世間明其爲益。凡夫二乘爲欲利益令得樂也，憐愍慈念使出苦也。爲欲增長偏益，菩薩故問總結。

湛然《法華玄義釋籤》卷一二　迦葉菩薩問佛：一闡提者終無善法，是故名爲一闡提耶。佛言如是。又問：一切衆生有三種善，所謂三世。一闡提輩亦不能斷未來善法，云何佛言斷諸善法名一闡提耶。佛言：滅有二種。一現在滅，二者現在障於未來。闡提具二故，作是說。佛言：善男子，譬如有人沒在圊廁，唯有一髮毛頭未沒。雖復一髮不能升身，闡提亦爾。未來善法不能救於地獄之苦，未來之世雖即可救，現在之世無如之何。以佛性故則可得救，佛性非三世，故佛性不斷。今意亦爾。於現在世雖有正因，不可救故不成機緣。善惡相帶爲機者，初從闡提起改悔心，此舉極惡以帶微善。上至等覺一品無明，此舉極善以帶微惡。準望前釋，極善唯在佛，極惡唯闡提。二既非機，故以闡提改悔，等覺無明，即是相帶，名之爲機。

澄觀《大方廣佛華嚴經疏》卷二　彼一闡提雖有佛性，而爲無量罪垢所纏，不能得出，如蠶處繭，此則有而非無。又云：或有佛性一闡提有、善根人無等。則知無有無種性人，況前引《楞伽》五性自迷其文。彼經第五性云：五者無性，謂一闡提。此有二種。一者焚燒一切善根，即謗菩薩藏。二者憐愍一切衆生界，即是菩薩。若有衆生不入涅槃，我亦不入。大慧白言：此二何者常不入涅槃。佛言：菩薩常不入涅槃，非焚燒一切善根者。以知諸法本來涅槃，不捨一切諸衆生故。此意則明菩薩入而不入，既云菩薩常不入非闡提者，則明闡提後必入矣。況經自云：復以如來神力故，或時善根生耶。莊嚴第五，無性亦有二種。一是時邊，二者畢竟時邊。謂暫時之無即前闡提，畢竟謂永無，即大悲菩薩。是知前來所引大般若深密等經皆是未說法華之前，就其長時云定性無性非永定永無，諸論隨佛方便成立故，云定無耳。故寶性佛性等論皆說，以一闡提謗大乘因，依無量時說無佛性，非謂究竟無清淨性。

願者，是爲菩薩。大慧，菩薩方便作願，若諸衆生不入涅槃者，我亦不入涅槃，是故菩薩摩訶薩不入涅槃。大慧，是名二種一闡提無涅槃性，以是義故，決定取一闡提行。

大慧菩薩白佛言：世尊，此二種一闡提，何等一闡提常不入涅槃。

佛告大慧菩薩摩訶薩：一闡提常不入涅槃。何以故。以能善知一切諸法本來涅槃，是故不入涅槃，非捨一切善根闡提。何以故。大慧，彼捨一切善根闡提，若值諸佛善知識等，發菩提心生諸善根，便證涅槃。何以故。大慧，諸佛如來不捨一切諸衆生故。是故，大慧，菩薩一闡提常不入涅槃。

達磨菩提譯《涅槃論》　何以名闡提。不識佛、不識內外道，名一闡提。問：一闡提不識內外，與菩薩何異。解言：菩薩不識內外不殺，一闡提不識故行殺。猶如閻浮金無能說其過，解此是和衆義。閻浮檀金有四種。其四者何。一青二黄三赤四紫磨。青者喻外道，黄者喻聲聞緣覺，赤喻六波羅蜜菩薩，紫磨喻如來。

慧遠《涅槃義記》卷五　婆羅門全無善根，爲是殺之不入地獄。於中有三。一舉外道三品邪殺，二佛及菩薩知殺三下翻對前邪明三正殺，三若有能殺一闡提下明己昔日殺婆羅門不入三品正殺之中。以是義故不入地獄。初段可知，第二段中先舉，次列，後辯其相。明三品殺齊入地獄不同外道。第三段中別有四句。第一汎明殺闡提者不入三殺，二彼諸下明婆羅門悉是闡提，三譬如下明殺闡提都無罪報。先喻後合。四何以下明婆羅門是一闡提，無信等根，是故殺之不入地獄。問曰：下說布施畜生得百倍報，施一闡提得千倍報。是則闡提勝過畜生，何故殺之輕於畜生。釋言：施殺義應齊等。而下文中言施闡提勝畜生者，觀相行施。彼一闡提人報勝畜，對之行施其心多重，故勝畜生。今此文中言殺輕者，觀根行殺。以知闡提全無善根，殺無惡意，是故無罪，不同畜生。

慧遠《涅槃義記》卷七　上來一段明佛不定，自下第二就前不定難破常等。云何不定，徵前起後，下對辯之。句前有五。一重明前闡提不定。若一闡提除謗法心則成佛道，故知不定。前所辯中闡提最下，故偏舉之，餘類可知。二以闡提不定類佛不定，如來亦應入涅槃已還出不入。三以佛不定類涅槃不定，若佛如是入已還出，涅槃之性則爲不定。四以涅槃不定

遁倫《瑜伽論記》卷一三 一闡提。闡提有二：一菩薩闡提，畢竟無成佛義。二斷善闡提，若遇勝緣必得成佛。餘在西方時已者。《楞伽》梵本本文亦同。西方大德許此義云：《楞伽》不說第五無性有情，但說有佛種中二種闡提。一是斷善根遇緣還續究竟作佛，二是菩薩大悲純爲衆生故不取正覺。顯此希奇，故偏別說。即《大集經》云：菩薩發心誓度衆生，衆生未盡我法不作佛，衆生若盡我用方息須入涅槃。又《智論》云：有諸菩薩因圓滿不取正覺如文殊等。《大莊嚴論》第二卷云：無佛性人謂常無性。

窺基《成唯識論掌中樞要》卷上 無性謂一闡提。此有二種。一者焚燒一切善根，則謗菩薩藏。二者憐愍一切衆生，作盡一切衆生界願，是菩薩也。若衆生不入涅槃，我亦不入。大惠白佛：此二何者常不入涅槃。佛言：菩薩常不入涅槃，非焚燒一切善根者，以知諸法本來涅槃，不捨一切諸衆生故。《大莊嚴論》第一卷種性品說五種種性，三乘定及不定四同瑜伽。第五性中說有二種，一時邊，二畢竟。時邊有四。頌曰：一向行惡行，普斷諸白法，無有解脱分，善少亦無因。畢竟無者，以無因故。此中時邊應云暫時，梵云涅迦羅阿波利暱縛喃達磨涅者，暫也，迦羅時也。阿名無也，波利圓也。暱縛喃寂也，達磨法也，則暫時無圓寂法。若時邊等者，應云迦羅案多阿波利暱縛喃。案多是邊故。餘義同前。瑜伽所說五性如疏。【略】

楞伽所説二種闡提，初是斷善根具邪見者，後是菩薩具大悲者。初者有入涅槃之時，後必不爾。以衆生界無盡時故，無性有情不成佛故，大慈菩薩無成佛期。然第五性合有三種，一名一闡底迦，二名阿闡底迦，三名阿顛底迦。一闡底迦是樂欲義，樂生死故。阿闡底迦是不樂欲義，不樂涅槃故。此二通不斷善根人，不信、愚癡所覆蔽故。亦通大悲菩薩，大智大悲所熏習故。阿顛底迦名爲畢竟，畢竟無涅槃性故。此無性人亦得前二名也。前二久當會成佛，後必不成。《楞伽》但説具前二名有性闡提，《莊嚴》通説有性、無性二種闡提。《瑜伽》、《楞伽》二種斷善果必當成。因現未成斷善根故，《楞伽》大悲因現定成果必不成。以衆生界無盡時故，無種性者現、當畢竟二俱不成。合經及論闡提有三，一斷善根，二大悲，三無性。起現行性有因有果，由此三人及前四性四句分别。一因成果不成，謂大悲闡提。二果成因不成，謂有性斷善闡提。三因果俱不成，謂無性闡提、二乘定性。四因果俱成，謂大智增上、不斷善根而成佛者。

慧沼《能顯中邊慧日論》卷一 所言邪定謂一闡提。正定謂二乘菩薩。斷善根者，名一闡提。善根續已，即非一闡提。斷時名不可治，續已可治。《涅槃》三十三云：一闡提人而不能救地獄之苦，名不可治。作後世種，還名可治。故一切衆生皆有佛性。故不可治説近非遠，亦不應然。《央掘摩經》云：邪定聚佛不能化，是無種性。與《涅槃經》三十三别。《涅槃》爲作後世因者，即是能化。又第十說，如白羊角等。闡提同《央掘經》。又一闡提非唯斷善，但將續善說爲可治。此說有餘。又一闡提雖有當善，而不能救地獄之苦，未來可救。現在之世無如之何，名不可救。

慧沼《能顯中邊慧日論》卷四 明闡提類異三

準《楞伽經》及《瑜伽》等說五乘性。第五闡提亦名無性，然此闡提合有三種。一名一闡提底迦，是樂欲義，樂生死故。二名阿闡底迦，是不樂欲義，不樂涅槃故。此二通不斷善根人，不信愚癡所覆弊故。亦通大悲菩薩，大智大悲所熏習故。三名阿顛底迦，名爲畢竟，畢竟無涅槃性故。此無性人亦得前二名，前二久當會成佛，後必不成。然諸經論所說不同。或隨說一，或總說三。如《楞伽經》俱說前二爲無性乘。經云：闡提有二，一焚燒一切善根，二作盡衆生界願。大慧問佛，云何作佛。佛答大慧云，焚燒善根非作盡界願，善根可續故，衆生無盡，總是有性斷善無現。因大悲無當果，名爲無性，非無種子。《瑜伽論》中唯說第三畢竟無性。《無上依經》《佛性論》《寶性論》《涅槃》，具說三種。《無上依經》云：佛告阿難，世間中有三品衆生。一者著有。著有復二：一背涅槃道，無涅槃性，不求涅槃，願樂生死。二者於我法中不生渴仰，誹謗大乘，乃至落闡提網，不能自出。前是無性，後是有性，然俱名邪定聚。然餘處言化邪定聚令作佛者，是後有性。不爾。二人如何差别。《寶性論》中說第二著有云：於佛法中，闡提因位明非無性。《佛性論》云：二已隨定位。定位者，非聖非凡，進退無取。而是佛法内人，背大乘法。因此人故佛說是言，我非彼師等。故《無上依經》等，初人無性，第二人者云不能自出。於無量時，佛等爲緣還能得出。《涅槃》第九廣以喻明，終不能作菩提因緣。乃至云：假使一切無量衆生一時成就阿耨菩提已，此諸如來亦復不見彼一闡提得菩提故。第三十云：善男子生死大海亦復如是。有七種人，畏煩惱故，發意欲度，乃至廣說。第一人者，斷善，常没三惡道中。第二人者，雖近善友，能得信心，後遇惡，反斷善，還没。第三人者，由近善友，雖斷善根，得名爲出。堅住信慧，心無退轉，名住。第四人者，斷善根故，於中沈没。近善友故，乃至遍觀四方。四方者，四沙門果。第五人者，斷善沈没。近善友故，乃至謂辟支佛雖能自度不及衆生，是名爲出。第六人者，斷善沈没，近善友得信，名之爲出。到淺處已，即住不去。所謂菩薩爲度衆生，住觀煩惱空。第七人者，斷善故沈没，近善友得出。乃至既前進已得到彼岸，登大高山多受安樂，喻佛常住。《大般涅槃》三十二文大意同，然少有别。第三十云：或本有六字，一人具七，前説不定，皆發意渡生死河故。三十六説定不定，故於常没中云，心業重故不能得出。何故。其心不能生善法故。雖有無量諸佛出世，不聞不見，故名常没上無性人。又云：我雖復説一闡提等名爲常没，復有常没非一闡提。何者是耶。如人爲有修世戒善，是名常没。瞿伽離等名出已還没，舍利弗等名出已不没，須陁洹人如觀四方，斯陁含人如觀已行，阿那含人加行已復住，三乘無學猶如神龜水陸俱行。準此配喻，與前少别。準文，七人若逢惡友，俱可斷善，名爲常没。若逢善友，續善根已得渡生死河。第一人中，無性畢竟没，有性暫時，亦名常没。雖俱言常，有永暫别。如三種常，常言雖同，非無差别。不爾。如何前文法喻有七差别，俱常没故。又釋，或七衆生總云常没者言總意別，故亦無違。下復云：是七種人或有一人具七，或七人各一。準此故知，有定不定。一人具七中，言常没者，即《無上依經》及《寶性論》等第二求有人。亦即《佛性論》等所會闡提無涅槃法者，見斷善故。若不有常没及定性者等，只是一人具七，如何得有七人各一。七人各一中，常没之者即是無性。《涅槃》第三十二，第一人中云：雖非闡提，如人爲有修施戒善，是名常没者。即《無上依經》等著有之中第二人也。二有性闡提，即《涅槃經》七種斷善中第一少分後之六人，及《楞伽經》無性乘。是諸經論中所説不定。《涅槃經》《無上依經》《大莊嚴論》《寶性論》等皆通説二，《楞伽經》中唯説有性，《瑜伽》《顯揚》《地持》《善戒》所説無性唯畢竟無。由此應知，《涅槃》第三十三云一闡提人能生善根，生善根已相續不斷得阿耨菩提者。此説有性。第九中説闡提之人如枯木石山敗種龜甲，乃至一切作佛不見闡提得阿耨菩提。此説無性。餘皆準知。若作斯解，經論無違。説皆有性，違多聖教，廣如前引。

道世《法苑珠林》卷二一　衆生有二。一者有信，一者無信。有信之人則名可治，定得涅槃，瘡疣無故。無信之人，名一闡提。

延壽《宗鏡録》卷三一　何等名爲一闡提耶。一闡提者，斷滅一切諸善根本，心不攀緣一切善法，乃至不生一念之善。

善月《楞伽阿跋多羅寶經通義》卷二　夫一闡提，言信不具極惡人也。現雖極惡，性不斷善。雖曰闡提，而未始闡提也。此因上建立種性，彼既出五者之外，合自爲一性。如五性宗列無性種，此何不然邪。故特發之曰，彼一闡提非一闡提，謂非定一闡提。若其定者，永無轉脱之理。故曰：世間解脱誰轉，謂世必無闡提轉惡爲善，從解脱之道者。則又告之曰：一闡提有二種等謂，一是闡提行極惡者，一非闡提而趣同闡提，即本是菩薩，爲衆生故不取涅槃，其趣同也，非彼實行，故其事不同，故知不可同日而語。然彼實行，於今五性亦屬不定種性可也，若亦示同類攝引彼實行者，復自一途，非今所列。徵釋中言謗菩薩藏及作惡言等，則人法俱謗，安有善根而不斷乎。故曰捨一切善根，教門所謂斷脩善盡是也。二者本自願方便，即向於無始衆生發願者，是標列互略爾，非不般涅槃等正言菩薩闡提願待一切衆生皆滅度已而後涅槃，是終亦涅槃也。但彼般涅槃而未嘗涅槃，與畢竟不般涅槃其理一也。故曰是名不般涅槃，法相即眞，所謂涅槃此亦到一闡提趣者，言其不涅槃之趣同也。於是復徵釋其所以不涅槃者，則曰知一切法等義見上解，然以菩薩非終不般涅槃，則有時而涅槃矣。又以闡提不終斷善，亦有時而善生矣，故曰或時善根生等，使晉世得此文則生公獨見不爲擯斥，是殆與涅槃大本文異而理同也。乃知菩薩設化理無一向，闡提根性時有變通，而彼以闡提無有佛性，台宗以爲不斷性善權實，於是别矣。其於今文得失，又可知也。

覺苑《大毗盧遮那成佛神變加持經義釋演密鈔》卷二　如一闡提等者。言一闡提者，是樂欲義，樂生死故而斷善根，無成佛之壽命，故名必死。二乘已死者，謂二乘之人於空作證入於灰斷，故名已死。如是必死、已死二種之人，雖世有良醫，見之拱手諸佛醫王，則不如是明見一切衆生皆有如來知見性，故必定師子吼。師子吼者，《涅槃經》云決定說也。決定宣說一切衆生皆有佛性也。

知禮《觀世音菩薩普門品玄義記會本》卷二　一闡提者，此翻無欲，以於涅槃無樂欲故。又翻信不具，以其不信善惡因果故。既無欲無信，名斷善盡佛已永離五住二死名斷惡盡善惡既是理性本具則不可斷是何善惡提佛斷盡。

如卺《緇門警訓》卷四　僧尼破戒者。所謂畜養奴婢僮僕，牛驢車乘，田宅種植園林花菓，金銀粟帛，屏風氍被，好枕細席，箱匱盆瓮，銅器盤椀，上好三衣，牙床坐褥，房舍退屋，廚庫碓磨，脂麫藥酒，雜鮭醬酢，異種口味。王公貴重多人顧識，生緣富貴數過親舊，餉送弔問申訴衙府，身爲衆首門徒強盛，講說相難好喜音樂，常居一寺評量僧事，迭相擯罰借問旱潦豐儉，盜賊水火毒獸之事。經過酒店市廛屠膾，獵射之家，親友婦女琴瑟詩賦，圍碁雙陸，讀外書典。高語大咲，嫌恨諍競，飲酒食肉，綾羅衣服五色鮮明，勤剃鬚髮，爪利如鋒，畜八不淨財寶富足。於此等事貪求愛著，積聚不離名眞破戒。經云：此等比丘名禿居士，名披袈裟賊，名禿獵師，名三塗人，名無羞人，名一闡提。

德清《觀楞伽阿跋多羅寶經記》卷二　大慧，彼一闡提，非一闡提，世間解脫誰轉。

記曰：舊謂此章約生死涅槃無二，以明如如。蓋智如一體，本無二致。所謂無如外智能證於如，亦無智外如爲智所入。若正智現前，則諸法自如。若了生死本寂，即是正智。智如冥一，方名自覺聖智究竟事。今約闡提以明者，以前歷斥二乘外道偏邪，去自覺聖智相遠，且切誡行人應當遠離，不許親習。苟二乘外道絕分，則眞如有不偏之過。若闡提實是無性，則佛性有不徧之失。此則自墮不平等過，而自覺聖智亦非究竟矣。蓋約教道言之，爲摧邪顯正，不得不嚴揀偏邪，以明正智。若依法性言之，則平等平等，無二無別，本自如如。無情尚共一體，豈有情而絕分。是故前言二乘若悟本識，亦得如來法身。今言闡提或發善根，亦得涅槃。斯則無一衆生而不般涅槃，方名自覺聖智究竟相也。如如正智，備彈於此。然無性闡提，非菩薩闡提無以發善根。菩薩闡提，非無性闡提無以資願力。此則闡提不斷性善，如來不斷性惡，故云非一闡提，世間解脫誰轉。魏譯云：無性乘，謂一闡提。此即前五性中無種性，今會五性同歸，故特言之。以顯佛性平等，以明衆生如也。

大慧，一闡提有二種。一者捨一切善根，及於無始衆生發願。云何捨一切善根，謂謗菩薩藏，及作惡言。此非隨順脩多羅毗尼解脫之說，捨一切善根故，不般涅槃。

記曰：此言無種性也。一闡提，此云斷善根，又云焚燒一切善根。蓋眞如隨緣成事，舉體全變，無有剩法。今全體眞如，變作全體惡性，惡性即如，更無涅槃可入，故云不般涅槃。

二者菩薩本自願方便故，非不般涅槃，一切衆生而般涅槃。大慧，彼般涅槃，是名不般涅槃法相，此亦到一闡提趣。

記曰：此言菩薩闡提也。菩薩願盡衆生界，謂衆生界盡，我願乃盡。若一衆生不盡，我願不盡。故云非不般涅槃，一切衆生而般涅槃。然所以願盡衆生界者，以衆生本如，早已涅槃，不容更滅，故無涅槃可入，故云彼般涅槃，是名不般涅槃法相。此與闡提名同，故云亦到一闡提趣。唐譯以是名句作結語。

大慧白佛言：世尊，此中云何畢竟不般涅槃。

記曰：大慧意謂無性斷善，不入可爾。菩薩度生，本爲求證涅槃，何以畢竟不入，故致疑云。此二種闡提中，何者畢竟不入涅槃。下佛答云：闡提尚有入時，菩薩畢竟不入。以知一切法本涅槃故。

佛告大慧：菩薩一闡提者，知一切法本來般涅槃已，畢竟不般涅槃，而非捨一切善根一闡提也。大慧，捨一切善根一闡提者，復以如來神力故，或時善根生。所以者何。謂如來不捨一切衆生故，以是故菩薩一闡提不般涅槃。

記曰：此正顯佛性平等如如也。一切衆生皆有佛性，以闡提不斷善性，如來以平等大悲而攝持之。故有時而發善根，由昔謗法因緣爲種，今日緣熟，故如來以神力加持，或時善根生也。如廣額屠兒，放下屠刀，便作佛事。提婆達多，生生謗佛，今蒙授記。如《華嚴》所明，由昔謗《華嚴經》墮地獄中，而爲地獄天子。毗盧出世，先以足輪光照，三重頓圓十地。此皆謗法闡提蒙佛神力之驗也。所云善根者，正由昔聞熏之種子耳。菩薩闡提不入涅槃者，以法界如、衆生如，故衆生界不可盡。煩惱不可盡，而行願不可盡。此普賢大士所以常居幻化，而不入涅槃也。

劉道開《楞嚴說通》卷六　如是世界六道眾生，雖則身心無殺盜婬，三戒具足，三行已圓。若言行不顧，大妄語者，即三昧不成，成愛見魔，失如來種。何謂大妄語，所謂道未得而言得，果未證而言證。將無作有，惟求世間尊勝第一。常在人前，說我已得三果，以至羅漢辟支，地前諸位菩薩。令人求彼體懺，而貪其陳設供養。若是者，即一闡提。

靈耀《大佛頂如來密因修證了義諸菩薩万行首楞嚴經觀心定解》卷六　是一顛迦消滅佛種，如人以刀斷多羅木。佛記是人永殞善根，無復知見，沉三苦海不成三昧。

一顛迦即一闡提。一云何顛益迦此云極惡，熏聞云多羅樹形如棕櫚，高者七八十丈。具云貝多羅此翻岸形，以刀斷即不復活，喻大妄語人永斷善根。三苦海者，三途也。

靈棨《地藏菩薩本願經卷上科注》卷一　信者，心之實。五常百行，信則實有是理，不信亡之。彼既信邪，正信亡矣。邪者，邪見，心遊理外也。既內執邪見，故外輕三寶，成一闡提，造五無間。純陁問佛：一闡提者，其義云何。佛言：若有四眾，發麁惡言，誹謗正法，言無佛法眾。不信因果，不信業報，不親善友，不隨諸佛教誡。名一闡提。蓋一闡名信，提名不具，信不具故，名一闡提。

一生

慧遠、羅什《鳩摩羅什法師大義》卷上　十住菩薩，極多有千生補處，極少至一生補處者。此即是法身生。非若是者，必爲功報轉積，漸造於極，以至一生也。爲餘垢轉消生理轉盡，以至一生乎。若餘垢轉消，即同須陁洹七生之義。以聖道力故，不至於八。今十住不過千生者，爲是何力耶。若是遍學時，道力所制者，即生理有限，不得至千。以是而推，即不同生七可知。若功報轉積理極故唯一生者，一生即是後邊身。身盡於後邊，即不得不取正覺。若不得不成，何故菩薩有自誓不取正覺者。自誓之言，爲是變化形，爲眞法身乎。若變化形者便是推假之說。若是眞法身者，數有定極，即不得有自誓無窮之言也。

曼陁羅譯《大寶積經》卷二七　云何菩薩名爲一生。文殊師利言：天子，菩薩若知一切諸生而亦不生，亦知一切眾生生死，於諸生中善能說法，教化眾生生處無取，亦取諸生離生死取。不去不來，不上不下。一切諸法悉平等故，亦知因緣和合增長，一切眾生身口心意悉皆平等。一切眾生無有境界，住佛境界入於法界。法界平等故，平等解了眾生之心，善解知時至於道場。是名一生。

瞿曇般若流支譯《正法念處經》卷一六　既生之後，上下二山一時俱合，押笮其身。受大苦惱，身增轉大，滿一由旬，爲飢渴火焚燒其身。餓鬼道中經五百歲。餓鬼道中一日一夜，此閻浮提日月歲數經於十年。如是五百歲，名爲一生。

僧肇《注維摩詰經》卷四　一生者，無復無量生，餘一生也。

吉藏《法華玄論》卷一〇　經言八生乃至一生，據何義此說。

答：注經云，體壽量之深玄，神凝絕崖之境，豈感生數差別不同，由強心不一發機處異，故此品位不同以示學人耳。色想既虛，滅定可修。入解心開，然後乃會。故言八生也。四生者，四等意發，因此而悟，故言四生。三生者，居宗化物，必資三達，故云三生。二生者，空有兩冥，法門不二，故曰二生。一生者，微妙之根，盡乎一極，故曰一生也。

吉藏《維摩經義疏》卷四　言一生者，彌勒現在人間，次在天上，後下生成佛。依《智度論》，數此以爲三生。但現在人間已受生故，不復數之。後下生成佛，屬能佛身，亦不數也。但取生天之身，故云一生耳。問：若爾類小乘義。一生天上一來人間，便得道者，應是二生。辨得名一往來，則定是二生，何名一生。答：斯義應類。但小乘之人，望身盡入於無餘，故受二身名爲二生。彌勒不取身盡，但下生之身，既其屬佛，對彼天身，以爲一生也。爲用何生得受記乎，過去耶，未來耶，現在耶。若過去生，過去生已滅。若未來生，未來生未至。若現在生，現在生無住。如佛所說，比丘汝今則時亦生亦老亦滅。此第二正破。就文爲三，一三世門破，二無生門破，三如門破。三世門破者，就三世內，撿無一生，是故無有得一生記。過去是滅無，由無生故，無得記。未來未有，則未有生，亦無得記。現在一念不住，亦無有生，故無得記。引佛語，偏說現在不住，以或人多謂：現在有生，所以得記。故引證破之。若以無生得受記者，無生即是正位。於正位中亦無受記，亦無得阿耨多羅三藐三菩提，云何彌勒受一生記乎。此第二亦就無生門，撿無受記。夫論有生，必在三世。三世既無，則既無生矣。惑者謂三世乃無受記。無生之内應有受記，故次斥之。無生則是實相，實相眞實之法，故名爲正，與邪隔別，稱之爲位。此實相之理。

澄觀《大方廣佛華嚴經隨疏演義鈔》卷二八　一生者，此生之後便成佛故。如那含人當涅槃故。

澄觀《大方廣佛華嚴經隨疏演義鈔》卷七〇　一業引一生，多業能圓滿。釋云：引業謂總報業，但由一業唯引一生。若許一業能引多生，時分定業應成雜亂。若此一生多業所引，應衆同分，分分差別，以業果別故。注云：分分差別者，謂數死數生，多業能圓滿者，别報業也。謂一生身圓滿莊嚴許由多業，譬如畫師先以一色圖其形狀，後塡衆彩，一色圖形喻引業一。後塡衆彩喻滿業多，是故雖同稟人身，於其中間有支體色力莊嚴缺減。

李通玄《新華嚴經論》卷八　云一生者，從凡夫地起信之後，十住初心契無生也。即任法界智生非業生也。至文廣釋，今且略舉此經宗之所趣佛果法門竟，博達君子熟可思焉。

李通玄《新華嚴經論》卷一四　普賢位熟，道滿功終，方登佛果，故名一生也。如《瓔珞本業經》說，又從初發心住，亦名一生菩薩。以初見性根本智，不見有生前後際故，名爲一生。

李通玄《新華嚴經論》卷二二　云一生者。言見道無生性總是入法界無時之生故。如三乘之教刊削屈曲理滯難成。尙能信而爲之。此一乘法理智端直不剋不削。達自根本無明便爲不動智佛。萬事自止以智利生。即是佛故。

李通玄《新華嚴經論》卷二三　今言一生者，時終不延，智終不異，生終無生。必不可逐情見生滅之生，但以眞智知，即萬迷不惑也。如西方淨土十六觀門，總是作想，想成由自報得神通。何況達理智無依，明淨遍照，了身心無體。

李通玄《新華嚴經論》卷三二　一生者，不見三世生故，名爲一生義也。此乃總攝凡聖元一體相無別異性，以一刹那生入此位者，名爲一生。更不見三世生性故。實法如是，餘見皆非。

窺基《阿弥陀經疏》　一生補處者，謂十地菩薩更於兜率天一度受生，從兜率下即補前佛處而成佛故。故《資糧論》云：一生補處及最後身問爲一爲異。答不同。謂第十地菩薩更有一生所繫者，方欲入兜率天也。若正住兜率天中者，名最後身。《大品經》云：是菩薩一生補處，是菩薩最後身。大論問云：兜率天有一生補處菩薩，如何餘國亦有。答：天上者是三千國土常法，餘處者不定。《無量壽經》云：設我得佛，他方佛土諸菩薩衆來生我國，究竟必至一生補處，除其本願自在所化者，以佛本願力故生彼國者入補處位也。

窺基《阿弥陀經通贊疏》卷中　一生補處者，補者補闕，處者處所。此等菩薩因圓十地劫滿三祇，盡此一生便成正覺，故云一生補處也。餘經文易見故，只如彌勒現居天界當來果成，一生補大覺之尊三會度無量之衆，即是此類。故《無量壽經》云：設我得佛，他方國土諸菩薩衆來生我國，究竟各到一生補處。

窺基《說無垢稱經贊》卷四　言一生者，除今身後在天一生，故言一生。中有方便屬天攝故，不數人中。有說在天及當人中，共名一生。如說七生，說人天二生去生故。佛言彌勒，當生知足，盡彼一生，當得成佛。在知足天，亦名一生所繫菩薩，不說居人名爲一生，此理爲正。菩薩有三，一生所繫，及最後身，坐道場者。此問一生，不問餘二。

一行《大毗盧遮那成佛經疏》卷六　一生補處菩薩，住佛地三昧道。離於造作，知世間相。住於業地，堅住佛地者。此是最上灌頂位。故先明之，如餘經所明。此是一生所繫菩薩，從此上生兜率天宫，次繼佛位，故名一生補處也。今此經宗，言一生者，謂從一而生也。初得淨菩提心時，從一實之地，發生無量無邊三昧總持門。如是一一地中次第增長，當知亦爾。迄至第十地滿足，未至第十一地。爾時從一實境界具足，發生一切莊嚴。唯少如來一位未得證知，更有一轉法性生即補佛處，故名一生補處。此是究竟發菩提心，於一切三昧道中，最爲牢強精進，進入佛道。故云住佛地三昧道也。

一行《毗盧遮那成佛神變加持經義釋》卷五　一生者，謂從一而生也。初得淨菩提心時，從一實之地發生無量無邊三昧總持門，如是一一地中次第增長，當知亦爾，迄至第十地滿足，未至第十一地。爾時從一實境界具足發生一切莊嚴，唯少如來一位未得證智。更有一轉法性生，即補佛處，故名一生補處。此是究竟發菩提心，於一切三昧道中最爲牢強精進入佛道，故云住佛地三昧道也。

圓暉《俱舍論頌疏論本》卷一七　《論》云：爲由一業但引一生，爲引多生。又爲一生但一業引，爲多業引。頌曰：一業引一生，多業能圓滿。

釋曰：一業引一生者，釋引業也，舊云總報業也。依薩婆多宗，但由一業，唯引一生。若許一業能引多生，時分定業應成雜亂。若此一生，多業所引，應眾同分分分差別，以業果別故（分分差別者，謂數死數生也），故知一業唯引一生。多業能圓滿者，釋滿業也，舊云別報業也。謂一生身，圓滿莊嚴，許由多業。譬如畫師先以一色圖其形狀，後塡眾彩，一色圖形，喻一引業，後塡眾彩，喻滿業多，是故雖有同稟人身，而於其中有具支體色力莊嚴，或有缺減。

遁倫《瑜伽論記》卷一一　一生所繫，十住最後有者。基云：菩薩種類有三。一一生所繫，如彌勒等。先處人中，望當佛位，應有四生。人天本及二中有如七生等名一大生，若住天中半生名一一本有。故《智度論》說彌勒三生，說在人中除成佛身，故說三也。二最後身，三坐道場，此二局在成佛身位，化身既爾。二受用身雖不見文，準此應悉。自受用身七地以前，名一生所繫。八地已後名最後身，更無生故，處蓮華座，名坐道場。他受用身如觀音前身，名一生所繫，觀音之身名最後身，處七寶座名坐道場。法身無生便無此義。測云：如住覩史多天名爲一生，贍部洲身名最後生。此約化身分別。若就實身分別，如《華嚴經》說，於第十地受佛位現報利益，即是一生所繫。彼經復云，摩醯首羅智處生後報利益，即是最後身菩薩。新羅因法師解《智論》說彌勒三生云，人間初生，天上中生，還來人間後生，是爲三生菩薩，名號中總有十六名。景云，初明別名菩提薩埵者。對法二解。一云，緣彼菩提及與薩埵發心故，名菩提薩埵。二云，薩埵緣彼菩提發心故，名菩提薩埵。菩提薩埵名通三乘，故是通名。摩訶薩下唯吾大乘，名大有情，故是別名。

玄一《無量壽經記》卷上　言一生補處者，且約穢土菩薩有四種。一住定菩薩，謂修相好業百劫中菩薩。定離四過失，得二果報。住此定位，故言住定也。二近佛地菩薩，若通說者，亦是位定也。若利說者，知足天以落一生是也。三一生補處菩薩，知足天菩薩，受此天一生已，能補佛處故。四最後生菩薩，謂成佛之身，若約淨土者，未見成文。然基法師云：淨土觀音菩薩，雖一生補處，而不在天，不同穢土。問：若依基解，今是觀音，即是身中成佛耶。各後身耶。答：彼亦未別說。今依解義，應述二解。一云更受後身方成正覺，以最後身方成佛故。二云即是此身中成佛，即此一生中成佛故。言一生同穢土，何以故。穢土一生菩薩，在於天上。淨土一生菩薩，不在天上。既爾，何妨穢土一生菩薩受後身方成佛，而淨土一生菩薩即是身中成佛之也。亦可觀音菩薩在於下處，名近佛地。彼彌陁佛將來之時，生於知是，名一生補處。更待成文，言除具本願者，隨本願力，而受多生故。法藏誓言：他方未至一生補處位菩薩，來生我國者，必定至一生補處位也。

守千《上生經瑞應鈔》卷上　爾化身何處之身，名爲一生。又所補處，爲天爲人。答：準法苑章，補闕佛處，即在人處，非關兜率。其一生者，非是指其成佛之身。更有一生，方補處故。於此義中，或約大生，即指菩薩，欲往兜率，在佛前身，爲名一生。更有人天一往來故，兩本兩中，共爲一生。或約小生，即指天上。菩薩之身，唯有下生。一中本故，中本別言，或四或二。今約一期，合之爲一，名爲一生。

李贄《大方廣佛華嚴經合論簡要》卷二　信即必定成種，爲信解內薰必至成佛，如善財童子一生成佛者。明於十住初心，一刹那際，情亡想盡，三世一念更無所生，名爲一生。不取存情立劫時分之生，如是無生，便成佛果。如本生故，名爲一生。

來舟《大乘本生心觀經淺註》卷一　一生者，非生死之生，即因移果易也。現居等覺，萬行已滿，萬德已全，眞理已極。但存一分生相無明未盡，若用十種金剛喻定，一刹那間無明斷盡，即入妙覺，以轉等覺成妙覺，謂一生也。

一法印

竺法護譯《佛昇忉利天爲母說法經》卷下　一一法印總八十四億經典之訓，一一經典攝二萬二千香氣之數。言從虛空中自然而建。九十六百千億人立不退轉，當成無上正眞之道，皆逮得至不起法忍。諸菩薩衆如是比像周遍彼土，其境人民無有盲聾亦無跛蹇，亦無惡色瑕穢之難，無貧匱者。斯衆菩薩三十二相莊嚴其身，無有異樂以法爲樂，亦不食飮服志，禪定以爲供養。彼無八處及與惡趣，假使壽終，無有別趣，惟歸佛道。

智顗《妙法蓮華經玄義》卷八上　諸小乘經，若有無常、無我、涅槃三印印之，即是佛說，修之得道。無三法印，即是魔說。大乘經，但有一法印。謂諸法實相，名了義經，能得大道。若無實相印，是魔所說。故身子云：世尊說實道，波旬無此事。何故小三大一。小乘明生死與涅槃異。生死以無常爲初印，無我爲後印。二印印說生死，涅槃但用一寂滅印。是故須三。大乘生死即涅槃，涅槃即生死，不二不異。《淨名》曰：一切衆生常寂滅相，即大涅槃。又云：本自不生，今則無滅。本不生者，則非無常無我相。今則無滅者，則非小寂滅相，唯是一實相。實相故，言常寂滅相即大涅槃。但用一印也。此大小印印半滿經，外道不能雜，天魔不能破。如世文符，得印可信。當知諸經畢定須得實相之印，乃得名爲了義大乘也。

智顗《維摩經玄疏》卷六　一切大乘經但有一法印，所謂諸法實相。若大乘經有實相印，即是大乘了義經，聞者乃可得菩薩道。若無諸法實相印，即是不了義經，聞者多墮二邊，不能得無生忍也。復次若無實相印，雖說種種願行猶濫魔之所說。所以者何。魔王亦能說種種願行，但不能說諸法實相。故《大智論》云：除諸法實相，其餘一切皆是魔事。諸法實相即是眞性解脫之異名也。

問曰：聲聞經何故但用三法印。摩訶衍教何故但用一實相印。答曰：聲聞根鈍著重故，須說三法印，令厭生死苦欣涅槃樂。菩薩大悲根利易悟，生死即涅槃相能不捨生死不取涅槃，入不二法門，故佛但說諸法實相印也。問曰：若言國無二主，大乘經但用一法體，聲聞經遂以三爲體，豈非三主之過。答曰：如君強不須輔相，君弱則輔相共治國。聲聞經法相弱，故須三印治。破愛觀無常，破見觀無我，若入苦忍眞明俱得寂滅也。

第二明簡僞顯眞者，即爲三意。一者正明簡僞顯眞，二約共不共教簡別同異，三約諦明去取。一明簡僞顯眞者。實理幽微眞僞難別，但凡夫所習若教若行莫不各以爲眞，故尋學之徒必須自以智力研覈眞僞，就此即爲二意。一簡非實相，二顯正實相。一簡非實相者，即爲三。一世俗經書所明非實相，二外人經書所明非實相，三聲聞經教所明非實相。一世間經書所明非實相者，世間經書所明但爲安國治家賞善罰惡，仁義禮智誠信孝敬養生養性之道，皆是愛論。乃至釋提桓因種種善論，諸梵天王說出欲論，五通之人神仙之論，亦皆是屬愛之戲論。戲論破慧眼不見於眞實，是故皆非實相也。二明外人經書所明非實相者，外道多起身邊邪見，或計神及世間常是事實餘妄語，乃至或計神及世間非常非無常是事實餘妄語，如是墮十四難生六十二見。雖各謂是，實非實相也。以其各各因見起諸煩惱作種種行業流轉生死，是故諸有言教皆是屬見戲論。戲論破慧眼不見於眞實，故非諸法實相也。三明聲聞經教非實相者，聲聞經多明無常無我破壞諸法說盡苦涅槃，且聲聞人厭畏生死觀無常，斷結即身欲入涅槃，不能深求諸法實相，故不明實相也。二顯眞實相者，摩訶衍教所明爲利根菩薩如法相說，多明第一義悉檀。菩薩大悲爲衆生故求無上道，不計劫數深觀諸法，不滯二邊一心常寂。如水澄清珠相自現，得諸法實相。故摩訶衍經教所明，有眞諸法實相。眞諸法實相者，即不思議眞性解脫。此經之體也。

智顗《法界次第初門》卷下　二寶印三昧（寶印三昧者，能印諸三昧於諸寶中。法寶是實，今世後世，乃至涅槃，能爲利益。如佛語比丘，爲汝說法所謂法印，法即是實，印即是解脫門。若三藏教門，以三法爲法印。若摩訶衍教門，但有諸法實相一法印。與實相般若，相應三昧，名爲寶印三昧也）。

一行《大毗盧遮那成佛經疏》卷一五　次答此印從何生者。佛言：如佛所生處，印亦如是從於彼生也。所以者何。一切如來，皆從佛性種子菩提心生。當知一切印，亦從菩提心生也。印從法界生，而印弟子，如王以印印之一切信受。今以一切法界生印印之，即法印也，即是大人相印也。

次答此印作何用者，以此法界印印於弟子也。印是不可違越義，由自及他皆不違越故。謂始從菩提心乃至究極佛慧，於是中間不退不轉，是故世間號之爲菩提薩埵。由此印故，住菩提心更不退轉，故名不違越也。此印即是印生死門開法界路。略而言之，此印量同法界。由以此法界之印印之，即令彼人已有法界之標幟。同法界普門之身，故名印於弟子也。以法界印爲略，謂以一法印之也。

窺基《**大乘法苑義林章**》**卷一**　法印非印門者。法印有三，一諸行無常，二涅槃寂靜，三諸法無我。或說四鄔拕南加有漏皆苦，若一切教爲此三種理印，所印等名爲了義，違三法印等非了義經。由此道理，三藏、二乘、十二分教無非了義，能捨煩惱業及苦故。諸外道教非了義經，不能永捨惑、業、苦故。故《瑜伽論》六十四說，歸依有幾。何緣但有爾所歸依。歸依有三，謂佛法僧。四緣故有爾所歸依。一由如來性調善故，乃至廣說，由佛如是，其佛所說法毘奈耶，亦可歸依。《涅槃》又云：一切外道所可言說悉皆妄語。故唯佛教是了義經，順三法印等可歸依故。諸外道教非了義言，違三法印等不可歸故。設有聖教唯說佛教爲了義言，外道所說名非了義。以此門通非佛教中唯了義故。詮常非常門者，如《涅槃經》第六卷說，又聲聞乘名不了義，無上大乘乃名了義。若言如來無常變易，名不了義。若言如來常住不變，是名了義。此經意言，若經中說佛是法身常住不變，名爲了義。與此相違名不了義。《解深密經》瑜伽決擇七十六說，世尊往昔唯爲發趣聲聞乘者，以四諦相轉正法輪。雖是希奇，然是有上是未了義，即顯大乘是了義經，聲聞乘教名非了義。此中一往依乘所明名爲了義，非諸大乘無不了義，聲聞乘經都無了義。如次當引如是證文，故依《涅槃》詮眞常佛名爲了義，詮非常佛名非了義。

行滿《**天台涅槃疏私記**》**卷七**　直知三法印者，如經，無常、無我、涅槃寂滅等小乘名三法印。大乘以實相爲印，即一法印也。

曇應《**金剛般若波羅蜜經采微**》**卷上**　諸小乘經，若有無常、無我、涅槃三印印之，知是佛說，修之得道，無三法印，即是魔說。大乘，但有一法印。謂諸法實相，名了義經，能得大道。無實相印，斯乃魔說。然大小乘談印，蓋約部類，以分大小。聲聞經是小，諸大乘經是大。大乘部中，雖有通別兩教。以通別無別部帙，乃取部主勝說，唯就圓談一印。

惟白《**建中靖國續燈錄**》**卷一六**　此一法印，有所傳，曠劫佩持，不從人得。包六虛而無外，混十世以同時。全提則佛祖蹤沈，放下則聖凡文起。昭昭日用，森羅頓現於靈光。蕩蕩目前，彼此無分於實際。雖廓然泯迹，流通於無量義門。闃爾無依，迥超於一切智地。非文字相，離見聞緣。諸乘由是莫能詮，列祖於斯提不起。此日人天既集，不可徒然。略於建化門中普示諸人，各請端心正視。乃顧左右云，還見麼，若恁麼承當得，便乃機衡在握，全歸閫外之權。刹海澄波，共助寰中之化。

錢謙益《**大佛頂首楞嚴經疏解蒙鈔**》**卷八**　諸小乘經，若有無常、無我、涅槃三印印之，即是佛說。修之得道，無三法印，即是魔說。大乘經，但有一法印。謂諸法實相，名了義經，能得大道。若無實相印，是魔所說。實相故言常，寂滅相即大涅槃，但用一印也。此大小印。印半滿經，外道不能雜，天魔不能破。如世文符，得印可信。當知諸經畢竟得一實相之印，乃得名爲大乘了義也。

大義《**妙法蓮華經大成**》**卷二**　大乘但有一法印，即諸法實相，名了義經，能得大道。若無實相印，是魔所說。又一乘實相心印，如世國璽，代代相禪，得此爲眞天子。又將相之權，以印攝事，得者上承王命，下服兆姓，一時無權。法無所施，千佛授受，唯傳心印，得此心已，爲眞佛子，紹佛位，行佛事，威德無畏，不爲魔壞。未得不爲魔壞者，難矣。

黎明《**淨名經集解關中疏**》**卷下**　三寶性常，理無三別。小乘執迹，見有差別。今大乘眞求，故皆不著。諦是眞理，唯一法印。鹿苑方便，權說有四。二乘執著，皆名戲論。復次，眞諦無相，著異相說，皆戲論也。

一向

慧遠《**地持論義記**》**卷三**　言一向者，前六修分，後七成分。從修向成，故云一向。下別顯之。先明前六。六中前三據修分別，後之三門就行分別。前三修中，初一明其始心寛廣，第二明其正修無罪。欲樂苦行二俱離者，愛著五欲名爲欲樂。邪見苦身名爲苦行，正修離此故曰無罪。第三明其終成堅固，於中有四。一不爲在家五欲所動，謂於喜處常不還戒，五欲適情名爲喜處，見過深厭故不還戒。二不爲出家利養所動，三不爲外道邪論所動，四不爲煩惱諸纏所動，不能侵欺不微損也，亦不能奪非全失也。就此四中初一受堅，後三持堅，是名下結。後三行中三聚戒別，通前六也。

智顗《**四教義**》**卷六**　一向者從初果心後，更修十六諦觀，七菩提行現前，即此世無漏斷煩惱一品。無礙斷欲界煩惱一品二品，無礙斷二品乃至五品，皆是斯陁含向，亦名勝進須陁洹。約此説家家也。二果者若斷六品盡，證欲界第六品解脱，即是斯陁含果也。斯陁含天竺之言，此翻云薄。欲界煩惱分爲九品，前六品盡餘三品在，前斷已多所，未斷少，故名爲薄。三明信解人證阿那含。亦有二種，一向二果。一向者若斷欲界七品乃至八品，皆是阿那含向，亦名勝進斯陁含。約此説一種子也。二明果者。九無礙斷欲界結，證第九解脱，即名阿那含果也。阿那含者天竺之言，此翻云不還。此人欲界五下分結盡，更不還生欲界，故言不還也。

湛然《**止觀輔行搜要記**》**卷七**　言一向者，勿恆守破遍而不撿校。故立此門，撿前破遍。

遁倫《**瑜伽論記**》**卷一二**　若是一向者，是使行稠林心生行稠林，謂諸屬煩惱一向染故。菩薩息苦等五生是清淨，故之言一向也。

栖復《**法華玄贊要集**》**卷九**　言八應一向行等者，貪修諸行，不著於禪，名爲一向。若人貪著禪味修行，則有間斷，更不異緣，名爲一向也。

智旭《**大佛頂如來密因修證了義諸菩薩万行首楞嚴經文句**》**卷一**　多聞本是入道之緣，只因不能從聞思修，故名一向多聞。便如説食數寶，而未全道力也。當知只此聞之一字，阿難以多而無救婬室之難，四禪以無而自取墮獄之殃，觀音以思修而善成圓通之證，可謂流轉生死安樂涅槃，惟此耳根，更非他物矣。後世見阿難悔責一向多聞，即鼜然以多聞爲召禍之端，更欲一向訶敎勸離，仍蹈無聞比丘覆轍。不知多聞何過，過只在一向耳。一向者，所謂尋聲流轉，不知反聞聞自性也。

通理《**圓覺經析義疏**》**卷四**　一向者，驀直去，絶擬議，永不退故。

通理《**楞嚴經指掌疏**》**卷一**　若今日之恨，誠不可少。以阿難回小向大，反妄歸眞，乃至當來成佛，皆由此恨以爲前驅，無始一向等，正敘所恨。不得其始，故曰無始，極言其迷之遠故。一向者，一味趣向。多聞者，多於聞持。要知多聞無過，唯無始一味趣向，有誤眞修。四果道力，尚未成全，固可恨也。

一如

鳩摩羅什譯《**摩訶般若波羅蜜經**》**卷一六**　如來如常住相，須菩提如亦常住相。如來如相無異無別，須菩提如相亦如是無異無別。是故須菩提爲隨佛生。如來如相無有礙處，一切法如相亦無礙處。是如來如相、一切法如相，一如，無二無別。是如相無作，終不不如，是故是如相一如，無二無別，是故須菩提爲隨佛生。如來如相一切處無念無別，須菩提如相亦如是一切處無念無別。如來如相不異不別不可得，須菩提如相亦如是。以是故，須菩提爲隨佛生。如來如相不遠離諸法如相，是如終不不如，是故須菩提如不異故，爲隨佛生，亦無所隨。復次，如來如相不過去不未來不現在，諸法如相亦不過去不未來不現在，是故須菩提爲隨佛生。復次，如來如不在過去如中，過去如不在如來如中。如來如不在未來如中，未來如不在如來如中。如來如不在現在如中，現在如不在如來如中。過去未來現在如、如來如，一如，無二無別。色如、如來如，受想行識如、如來如，是色如、受想行識如、如來如，一如，無二無別。我如乃至知者見者如、如來如，一如，無二無別。檀那波羅蜜如乃至般若波羅蜜如、內空如乃至無法有法空如、四念處如乃至一切種智如、如來如，一如，無二無別。

鳩摩羅什譯《**小品般若波羅蜜經**》**卷五**　如來因般若波羅蜜，知色相。云何知色相。知如如。須菩提，如來知受、想、行、識相。云何知識相。知如如。須菩提，五陰如，即是如來所説出沒如。五陰如即是世間如，五陰如即是一切法如。一切法如，即是須陁洹果如，斯陁含果、阿那含果、阿羅漢果、辟支佛道如。辟支佛道如，即是如來如。是諸如，皆是一如，無二無別，無盡無量。

鳩摩羅什譯《**小品般若波羅蜜經**》**卷一〇**　諸佛無所從來，去無所至。何以故。諸法如，不動故。諸法如，即是如來。善男子，無生無來無去，無生即是如來。實際無來無去，實際即是如來。空無來無去，空即是如來。斷無來無去，斷即是如來。離無來無去，離即是如來。滅無來無去，滅即是如來。虛空性無來無去，虛空性即是如來。善男子，離是諸法，無有如來。是諸法如，諸如來如，皆是一如，無二無別。

鳩摩羅什譯《大智度論》卷七〇　何等是一切法如相。所謂六波羅蜜如相，六波羅蜜如相即是三十七品如相，三十七品如相即是十八空如相，十八空如相即是八背捨如相，八背捨如相即是九次第定如相，九次第定如相即是佛十力如相，佛十力如相即是四無所畏、四無礙智、大慈大悲、乃至十八不共法如相，十八不共法如相即是一切種智如相，一切種智如相即是善法不善法、世間法出世間法、有漏法無漏法如相，無漏法如相即是過去、未來、現在法如相，過去、未來、現在法如相即是有爲法、無爲法如相，有爲法、無爲法如相即是須陁洹果如相，須陁洹果如相即是斯陁含果如相，斯陁含果如相即是阿那含果如相，阿那含果如相即是阿羅漢果如相，阿羅漢果如相即是辟支佛道如相，辟支佛道如相即是阿耨多羅三藐三菩提如相，阿耨多羅三藐三菩提如相即是諸佛如相。諸佛如相皆是一如相，不二不別，不盡不壞，是名一切諸法如相。

鳩摩羅什譯《大智度論》卷七一　菩薩摩訶薩不行色，不行受、想、行、識，乃至不行一切種智。何以故。是菩薩摩訶薩行處，無作法、無壞法，無所從來、亦無所去、無住處，是法不可數、無有量。若無數、無量，是法不可得，不可以色得，乃至不可以一切種智得。何以故。色即是薩婆若，乃至一切種智即是薩婆若。色如相乃至一切種智如相皆是一如，無二無別。

鳩摩羅什譯《佛說首楞嚴三昧經》卷下　魔界如即是佛界如，魔界如佛界如不二不別。我等不離是如，魔界相即是佛界相，魔界法佛界法不二不別。我等於此法相不出不過。魔界無有定法可示，佛界亦無定法可示，魔界佛界不二不別。我等於此法相不出不過。

竺佛念譯《菩薩瓔珞經》卷五　如來如，如如來如如。世界如，諸法性如。不思議如。未來如。於彼世界劫數如，如來劫數如。一如不二如。諸有如，諸法性空如，亦不生亦不滅，亦無著斷。

真諦譯《佛性論》卷二　言如者，有二義。一如如智，二如如境。並不倒故，名如如。言來者，約從自性來。來至至得，是名如來。故如來性雖因名，應得果名，至得其體不二。但由清濁有異。在因時爲違二空故起無明，而爲煩惱所雜故名染濁。雖未即顯，必當可現故名應得。若至果時，與二空合，無復惑累，煩惱不染，說名爲清。果已顯現故名至得，譬如水性，體非清濁。但由穢不穢故，有清濁名。若泥滓濁亂，故不澄清。雖不澄清，而水清性不失。若方便澄渟，即得清淨。故知淨不淨名，由有穢無穢故得，非關水性自有淨穢。應得至是二種佛性，亦復如是。同一眞如，無有異體。但違空理，故起惑著。煩惱染亂，故名爲濁。若不違二空，與如一相，則不起無明。煩惑不染，所以假號爲清。所言藏者，一切衆生悉在如來智內，故名爲藏。以如如智稱如如境故，一切衆生決無有出如如境者，並爲如來之所攝持，故名所藏衆生爲如來藏。復次藏有三種。一顯正境無比，離如如境，無別一境出此境故。二顯正行無比，離此智外，無別勝智過此智故。三爲現正果無比，無別一果過此果故，故曰無比。由此果能攝藏一切衆生故，說衆生爲如來藏。二隱覆爲藏者。如來自隱不現，故名爲藏。言如來者，有二義。一者現如不顛倒義，由妄想故，名爲顛倒。不妄想故，名之爲如。二者現常住義，此如性從住自性性來至至得，如體不變異故是常義。如來性住道前時，爲煩惱隱覆，衆生不見，故名爲藏。三能攝爲藏者，謂果地一切過恆沙數功德，住如來應得性時，攝之已盡故。若至果時方言得性者，此性便是無常。何以故。非始得故。故知本有，是故言常。

智顗《妙法蓮華經玄義》卷七下　佛如衆生如一如無二如。佛既觀心得此本妙，迹用廣大不可稱說。我如如佛如，亦當觀心出此大利，亦願我如速如佛如。故文云：聞佛壽無量，深心須臾信。其福過於彼，願我於未來，長壽度衆生。如今日世尊，諸釋中之王道場師子吼，說法無所畏。我等於未來一切所尊敬，坐於道場時說壽亦如是。此即觀心本妙，得六即利益之相。

吉藏《淨名玄論》卷一　雖有凡聖，同皆一如，名爲不二。故云彌勒亦如也，衆生亦如也。以無二故，衆生是佛。問：既凡聖同一如，一人得見如，一切亦應見。答：雖復同一如，有悟有未悟，是故有見有不見。問：迷悟異於如，可有見有未見。迷悟既同如，亦應得同見。答：如常不異迷，迷常與如異，故迷不見如。問：雖引衆經明衆生是佛，但即是之言，猶未可領。爲衆生與佛俱空故，衆生是佛，爲有佛有衆生。以衆生即佛故，名爲即是。若無佛無衆生，寧言衆生即是佛。若有衆生有佛，復何猶即是。答：察子之情。有無二門，俱非即是。所以然者，有佛有衆生，斯則有見，何猶是佛。無衆生無佛，復爲無執，豈是佛耶。若能息此二見，故衆生即是佛。是以經云：寂滅是菩提相，滅諸相故。難曰：若非有非無，亦非佛非不佛，非衆生非不衆生，何得云衆生是佛。答：良由悟非佛非不佛，所以名爲佛。若見佛非佛，乃是佛見非佛見，何名爲佛耶。問：若息佛見非佛見，即了非衆生非不衆生，方是佛者，斯乃佛是佛耳，未息諸見，即名衆生。若爾衆生非佛，何得衆生即是佛。答：不言息見方名無見，以無見名爲佛。良由諸見本來無故，衆生本是佛。問：若諸見本來無故衆生本是佛，何得復云一切衆生皆有佛性未是佛耶。答：若悟諸見本無見，即衆生本是佛，不名爲佛性。但無見而起見，不見本無見故，無見隱於見，故稱爲佛性，未得名性佛。問：佛性與如，爲同爲異。若言一者，經云，凡聖皆一如，不言凡聖一佛性。若言異者，復何得云如即是佛。答：此義紛綸，由來久矣。今略敘之，會通異説。若不二二義，開如佛二門。如是二不二義，佛性名不二二義。以如是二不二義故，凡聖皆一如。佛性是不二二義故，不得凡聖同一佛性。問：何故爾耶。答：佛名爲覺，覺是智照之名。衆生有佛性，即有於覺性。故照用不同，不可全一。《釋論》云：如無所知，是所照空境。空無有異，故得凡聖一如。此是不二二義故。開境智不同，空有爲異。若二不二義，如即佛性，佛性即如。故論云：亦名如法性涅槃，涅槃豈是無知，亦非空境。若了斯二門，則異説同歸，義無違背矣。問：十方諸如來，同共一法身。爲就如門，爲約智用。答：北土以如爲法身佛，凡聖一如故，同一法身。南方云：如是頑境，佛即是靈智。以衆德均等故，云同共一法身。詳其得失，餘科已明，今略陳之。《大品》云：如無去來，如即是佛。此則以如爲法身，凡聖同一如故，同共一法身。若云如無所知，佛名爲覺，則衆德均等故，同共一法身，故各舉一門，亦無相背。問：在經何故有二説耶。答：由體如故名爲如來，故用如爲法身。若言佛名爲覺，覺是智照，即智可軌名法，故用智爲法身。是以二文各舉一義，此皆不二二義，故開二門。若二不二義，智即是如，如即是智。但照義名智，如實名如，更無二也。故《般若》云：如無去來，如即是佛。離是之外，更無有佛。豈可以如爲境，佛自是心也。問：不二二義，不得凡聖同一佛性，故無一人見佛性即一切皆見，唯凡聖同一如。若一人見如，一切應並見。答：以迷悟不同故，有見有不見。問：迷悟異於如，可有見有不見。迷悟既同如，亦應得同見。答：如常不異迷，迷常與如異，故迷不見如。問：迷悟同一如，悟人既得於悟如，亦證於迷如。答：既是一如，則更無二證。故證如之時，凡聖並皆如，如外無凡聖異也。問：如即是佛，了自是如，既其自佛。了他亦是如，應用他法身。答：若二不二義，以如爲法身。既同共一如，亦同一法身，故無自他異。若以不二二義，衆德均等，名同一法身。

子璿《首楞嚴義疏注經》卷四　如來藏妙明心元，離即離非，是即非即。此約二門不二，唯是一心。雙遮眞俗，故曰離即離非。雙照眞俗，故云是即非即。三諦一體，是故皆云即如來藏。且法界一如，本無名相。因迷有妄，對妄説眞。眞妄相形名言不息，隨名執相顛倒何窮。

一法界

眞諦譯《大乘起信論》　顯示正義者，依一心法，有二種門。云何爲二。一者心眞如門，二者心生滅門。是二種門，皆各總攝一切法。此義云何。以是二門不相離故。心眞如者，即是一法界。

筏提摩多譯《釋摩訶衍論》卷一　衆謂四衍衆，生謂四種生，是一法界藏，遍於彼八處。

論曰：衆有四種。云何爲四。一者一切如來衆，二者一切菩薩衆，三者一切聲聞衆，四者一切緣覺衆。是名爲四衆。生有四種。云何爲四。一者卵生，二者胎生，三者濕生，四者化生。是名爲四生。過數故衆，受生故生，是一法界心。彼八處中周遍圓滿，不可分析，不可離散，唯是一體，唯是一相。以四種衆攝諸聖盡，以四種生攝諸凡盡。馬鳴論師爲顯一心廣大圓滿，名爲衆生。《順理契經》中作如是説，爾時世尊放大光明顯神力已，告佛子言：諦聽，諦聽，善思念之，我當爲汝分别解説一法界藏。善男子，一法界藏者，所謂遍於諸如來衆、諸菩薩衆、諸聲聞衆、諸緣覺衆及諸異生，無所不通，無所不至，無所不當，是故名爲一法界藏。

筏提摩多譯《釋摩訶衍論》卷二　七者名爲一法界。此中有二，云何爲二。一者純白一法界，二者無盡一法界。第一法界如空劫時，第二法界如住劫時。眞法界契經中作如是說，空種無礙如空長時，遍種無礙如有長時故。

菩提留支共沙門曇林等譯《妙法蓮華經憂波提舍》卷下　言法界者，名爲法性。彼法性者，名爲一切諸佛菩薩平等法身。平等身者，眞如法身。初地菩薩乃能證入，是故受持六十二億恒河沙等諸佛名號，有能受持觀世自在菩薩名號，所得功德無差別。

法上《十地論義疏》卷一　大法界者，是佛性異名。釋勝義，法界有二種：一事法界，二眞實法界。聲聞所知名事法界，不名爲大，眞實法界以爲大，與此相應成以爲勝。諸佛稱法界得圓用，菩薩分用，故言佛根本。大勝高廣者，超昇獨絕，莫能加者，以之爲大。超出位外，以之爲高。曠苞無限，因之爲廣。此皆行用差別。一體異名者，大乘義融一而備萬。此法相義者，大乘法相理正如此，非始造終成出在天眞自相常住。有佛無佛不可虧盈，故云法爾。復法界大者，下有三句辨如法界義，即是三道眞如，觀明證道，幡心契悟，如理相應，更無異得。以之爲證，勝凡夫二乘者，超凡越聖。

那連提耶舍譯《力莊嚴三昧經》卷中　復次，智輪，大海辯才童子，如一切衆生眼，一切衆生色，乃至一切衆生意，一切衆生法。一切智眼，一切智色，乃至一切智意，一切智法。如是二邊是一法界。智輪，如是無量一切衆生眼，如是一切智眼，乃至無量一切衆生意法，如是一切智意法，如是如來多陁阿伽度阿羅呵三藐三佛陁。眼智，眼煩惱智，眼寂滅智，眼煩惱寂滅智。色智，色煩惱智，色寂滅智，色煩惱寂滅智耳智。耳煩惱智，耳寂滅智，耳煩惱寂滅智。聲智，聲煩惱智，聲寂滅智，聲煩惱寂滅智。鼻智，鼻煩惱智，鼻寂滅智，鼻煩惱寂滅智。香智，香煩惱智，香寂滅智，香煩惱寂滅智。舌智，舌煩惱智，舌寂滅智，舌煩惱寂滅智。味智，味煩惱智，味寂滅智，味煩惱寂滅智。身智，身煩惱智，身寂滅智，身煩惱寂滅智。觸智，觸煩惱智，觸寂滅智，觸煩惱寂滅智。意智，意煩惱智，意寂滅智，意煩惱寂滅智。法智，法煩惱智，法寂滅智，法煩惱寂滅智。一無有異。以唐 玄奘譯《顯揚聖教論》卷第十九

問：何故於四靜慮建立四支五支耶。答：住所依故，住順益故，住自體故。復次思惟境界故，受用境界故，於境不散故。復次順益所依故，增上心所依故，增上慧所依故。復次爲對治三種惱亂住障故。三種惱亂住者，謂染污住，苦住，迷亂住。復次如受用五欲者，有三種正所作事，顯彼受用諸欲。一、以正方便，求所受用。二、求得已，正受用。三、自在隨轉。如是修靜慮者，依三種正所作事，如其所應，建立支分，應知。復次爲對治自苦行故，修靜慮者，建立支分，應知。此復三種對治，一離欲對治，二止息身心逼惱對治，三外心散亂寂靜對治。

異故，一切衆生眼者、乃至一切衆生法者、一切智眼者、一切智法者，是一法界。

慧遠《大乘義章》卷二　第二門中，廣略不。或總諸法，以之爲一，謂一法界。統攝一切善惡無記生死涅槃，悉入其中。故論說言，入於法界大總相觀。或分爲二，謂生死涅槃。以此統收，無法不攝。依法辨人，人亦無出凡之與聖。凡聖之外，更無第三非聖非凡。或復分法，以之爲三，謂三自性。一者緣起，二者妄想，三名爲成。前二生死，後謂涅槃。彼生死中，無出心境。境無自性，從緣集生，故名緣起。內心不眞，說爲妄想。涅槃之法，體非虛敗。自性成實，故稱爲成。或分爲四，謂此四門。苦無常等四中，前三是生死法，後一涅槃。無常與苦，生死可爾。無我理通，云何說之爲生死乎。然我無我，隨法不定。經中或說生死有我涅槃無我，或說涅槃以爲有我生死無我。或復宣說二俱有我，或說俱無。若就其情，生死有我，涅槃無我。生死之中，凡情妄計，故說有我。涅槃之中，聖智離取，故說無我。故《地持》云：世間生處，皆由著我。若離著我，則無生處。若據其法，生死無我，涅槃有我。生死虛無，又不自在，故說無我。涅槃眞實，具八自在，故說有我。是以經言，生死之法，無常與苦無我不淨。涅槃之法，常樂我淨。若據空理，二俱無我，皆是緣起無性法故。若論其實，二俱有我。

智顗《摩訶止觀》卷五上　夫一心具十法界。一法界又具十法界百法界，一界具三十種世間，百法界即具三千種世間，此三千在一念心。若無心而已，介爾有心即具三千，亦不言一心在前一切法在後，亦不言一切法

在前一心在後。

智顗《妙法蓮華經玄義》卷二上　以十如是約十法界，謂六道四聖也。皆稱法界者，其意有三。十數皆依法界，法界外更無復法。能所合稱，故言十法界也。二此十種法，分齊不同，因果隔別，凡聖有異，故加之以界也。三此十皆即法界攝一切法，一切法趣地獄，是趣不過當體即理，更無所依，故名法界。乃至佛法界，亦復如是。若十數依法界者，能依從所依即入空界也。十界界隔者，即假界也。十數皆法界者，即中界也。

智顗《起信論一心二門大意》　夫一心法界者，非理非事。以非理故，舉體起萬像之事。以非事故，全體成一味之理。以成一味故，性相平等，名眞如門。以起萬像故，因果差別，稱生滅門。以平等不異差別之平等故，眞如門內亦攝體用因果矣。以差別不異平等之差別故，生滅門中亦示自體性淨也。所以二門之中，各攝諸法。然則證斯一心之源者，不動一身而偏十方之界。入其普門者，無移一念而窮三企之劫。文殊法王恆居因位而猶稱覺母，觀音大士旣成果德而更徊惱界。余幸生東隅，僅會遺典，雖慨不見佛，而慶聞幽宗。卒下愚之情，括聖上之跡，作四句之頌，述二門之旨，庶幾懸乎日月，傳乎曠代矣。則作頌曰：

平等之平等　平等之差別　差別之差別
一心流轉門　差別之差別　差別之平等
平等之平等　一心還源義

釋曰：最初句中上平等者，是一心法界諸法之總體。諸法之中實貫於二門以爲宗肝，故論云：依一心法，有二種門。一心眞如門，二心生滅門。此二種門各攝一切世間出世間法等。又云：心眞如者，一法界大總相法門體也。旣總體而平等，故名平等，下平等者是心眞如門，情非情之通體淨不淨之等，依其一心法界舉體寂靜，遠離名言，畢竟平等，更無能所之差別，何有性相之殊異。故論云：是故一切法從本已來乃至畢竟平等，無有變異，不可破壞，唯是一心，故名眞如。旣通體而無別，故名平等。問：一心與眞如，是有何異邪？解云：一心法界者，括因果理事而爲中實，是名一心。心眞如門者，因果理事平等一味，寂名言而爲通體，是名眞如。然則一心總理事而非理事，強號之曰一心矣。眞如直爾就理體而寂名言，假名言云眞如矣。

灌頂《觀心論疏》卷四　言十法界者，六道爲六，二乘爲八，菩薩爲九，佛爲十。此十界同是眞如實際之法，故云法界。又十法隔別不同，故云法界也。

吉藏《涅槃經遊意》　言法界者，如《華嚴》云：佛子法界者，界非故則不絕，絕名無名義而名法界。則絕不絕義，無名名義。

般若譯《大乘理趣六波羅蜜多經》卷九　一者即婀，婀即法界，所謂契經令法界現前，法界現前已。所有諸法神通增長明了現前，是故名爲一增長三昧。此一增長亦名一法界三昧，所言一者即是法界，法界亦空，以定力故其空現前，是名一法界莊嚴三昧。此一法界亦名一空三昧，所言一者猶如虛空，一切萬物生長空中，菩薩眞空現在前時，信等善法悉皆增長，是故名爲一空三昧。

玄奘譯《大寶積經》卷五一　云何菩薩摩訶薩修行般若波羅蜜多故而能通達界法善巧。舍利子，界法善巧者，所謂法界即爲地界。何以故。以彼法界非堅鞕相故。又法界者即爲水界，何以故。以彼法界非濕潤相故。又法界者即爲火界，何以故。以彼法界非成熟相故。又法界者即爲風界，何以故。以彼法界非搖動相故。舍利子，菩薩摩訶薩若於是中如實了知，是則名爲法界善巧。

又舍利子，言法界者即眼識界，何以故。以彼法界非照明相故。又法界者即耳識界，何以故。以彼法界非聞聲相故。又法界者即鼻識界，何以故。以彼法界非嗅香相故。又法界者即舌識界，何以故。以彼法界非嘗味相故。又法界者即身識界，何以故。以彼法界非覺觸相故。又法界者即意識界，何以故。以彼法界非分別相故。舍利子，菩薩摩訶薩若於是中如實了知，是則名爲界法善巧。

又舍利子，如是我界與法界平等，有情界與法界平等，欲界色界及無色界與法界平等，生死界涅槃界與法界平等，如是乃至虛空界法界及一切法界皆悉平等。舍利子，以何義故而得平等。謂由空平等故一切法平等，無變異平等故，一切法平等。又舍利子，若有宣說有爲界證入無爲界證入，如是則有無量無邊。若諸菩薩摩訶薩作是簡擇證入法界，是則名爲界法善巧。舍利子，如是菩薩摩訶薩爲欲修行般若波羅蜜多故，應勤修習界法善巧。

菩提流志譯《文殊師利所說不思議佛境界經》卷上　法界者，則是非界。非界中，無眼界無色界無眼識界，無耳界無聲界無耳識界，無鼻界無香界無鼻識界，無舌界無味界無舌識界，無身界無觸界無身識界，無意界無法界無意識界。此中亦無地界水界火界風界虛空界識界，亦無欲界色界無色界，亦無有爲界無爲界，我人衆生壽者等。如是一切皆無所有，定不可得。若能入是平等深義，與無所入而共相應，即是出離世間法也。

不空譯《大集大虛空藏菩薩所問經》卷三　法界者，亦名離欲界，離一切塵故。亦名不生界，無聚集故。不相違界，本無生故。無往界，無等故。無來界，無礙故。無住界，不生起故。如如界，三世平等故。無我界，本來清淨故無。壽者界，由勝義故。無了別界，無所住故。無阿賴耶界，無染污故。無生起界，性決定故。如虛空界，性清淨故。如涅槃界，無戲論故。如是名爲入法界理趣。若菩薩入如是理趣，凡所演說一一語言，皆與法界理趣互相周遍。即知欲界法界無二無別。復次，欲性法界嗔性法界無二，嗔性法界癡性法界無二，癡性法界煩惱性法界無二，煩惱性法界欲界性法界無二，欲界性法界色界性法界無二，色界性法界無色界性法界無二，無色界性法界空性法界無二，空性法界眼界性法界無二，眼界性法界色性法界無二，色性法界眼識界性法界無二，眼識界性法界乃至意界性法界無二，意界性法界意識界性法界無二，意識界性法界蘊界性法界無二，蘊界性法界地水火風界性法界無二，地水火風界性法界空性法界無二，乃至八萬四千法蘊行一切法法界無二。是爲一切法法性界。若菩薩由平等智入如是法界，則能見一切法平等性理趣。善男子，是爲菩薩入法界理趣。

一行《大毗盧遮那成佛經疏》卷七　夫法界者，即是心界。以心界本不生故，當知法界亦本不生。乃至心界無得無捨故，當知法界亦復無得無捨。捨尚自無，無法可捨，況可得乎。若法界是可得相者，即是從衆因緣生。若衆因緣生，當知自無本體，何況爲諸法體。故法界者，唯是自證常心，無別法也。復次，如來大施者，所謂大悲漫荼羅法界者，即是普門實相。如是實相，不可以加持神力示人，是故無法可得。

一行《大毗盧遮那成佛經疏》卷一七　諸法界者。謂觀佛界法界衆生界。觀此三法界故名諸法界也。觀法界。即是一切如來境界衆生界者即是一切衆生應度因緣。皆是法界也。

法藏《華嚴經探玄記》卷六　二約融通，謂總是一法界之行。隨義說十：一是法界性自澄淨義如清水珠，二法界性自離過義，三四俱是法界性能滅過義，五法界攝德廣多義，六法界自性放捨義，七法界自性開覺義，八法界自性明照義，九法界自體任持義，十法界隨緣應機義。是故一法界爲性。

法藏《華嚴經探玄記》卷一八　法界是所入。法有三義，一是持自性義，二是軌則義，三對意義。界亦有三義。一是因義，依生聖道故。《攝論》云：法界者謂是一切淨法因故。又《中邊論》云：聖法因爲義故，是故說法界。聖法依此境生，此中因義是界義。二是性義，謂是諸法所依性故。此經上文云：法界法性，辯亦然故也。三是分齊義，謂諸緣起相不雜故。初一唯依主，後一唯持業，中間通二釋。心境合目，故云入法界也。

二來意者。【略】

三明宗趣者，亦分會品同。既明入法界，即以此爲宗。於中分別作三門。一約義，二約類，三約位。

初中先明所入法界義有五門。一有爲法界，二無爲法界，三亦有爲亦無爲法界，四非有爲非無爲法界，五無障礙法界。初有爲法界有二門。一本識能持諸法種子，名爲法界。如《論》云：無始時來界等。此約因義。二三世諸法差別邊際，名爲法界。《不思議品》云：一切諸佛知過去一切法界悉無有餘，知未來一切法界悉無有餘，知現在一切法界悉無有餘等。二無爲法界亦有二門。一性淨門，謂在凡位性恒淨故，眞空一味無差別故。二離垢門，謂由對治方顯淨故，隨行淺深分十種故。三亦有爲亦無爲者，亦有二門。一隨相門，謂受想行蘊及五種色幷八無爲。此十六法唯意識所知，十八界中名爲法界。二無礙門，謂一心法界具含二門。一心眞如門，二心生滅門。雖此二門，皆各總攝一切諸法。然其二位恒不相雜，其猶攝水之波非靜，攝波之水非動。故《迴向品》云：於無爲界出有爲界而亦不壞無爲之性，於有爲界出無爲界而亦不壞有爲之性。四非有爲非無爲者，亦二門。一形奪門，謂緣無不理之緣故非有爲，理無不緣之理故非無爲。法體平等，形奪雙泯。《大品經》三十九云：須菩提白佛言，是法平等，爲是有爲法，爲是無爲法。佛言：非有爲法非無爲法。何以故。離有爲法無爲法不可得，離無爲法有爲法不可得。須菩提是有爲性無爲性，是二法不合不散，此之謂也。二無寄門，謂此法界離相離性故非此二，由離相故非有爲，離性故非無爲。又由是眞諦故非有爲，由非安立諦故非無爲。又非二名言所能至故，是故俱非。《解深密經》第一云：一切法者略有二種，所謂有爲無爲。是中有爲非有爲非無爲，無爲非無爲非有爲。乃至廣說。五無障礙法界者亦有二門。一普攝門，謂於上四門隨一即攝餘一切故，是故善財或覩山海，或見堂宇，皆名入法界。二圓融門，謂以理融事故，全事無分齊。謂微塵非小，能容十刹。刹海非大，潛入一塵也。以事融理故，全理非無分。謂一多無礙，或云一法界，或云諸法界。《性起品》云：譬如諸法界，分齊不可得。一切非一切，非見不可取。此明諸則非諸也。《舍那品》云：於此蓮花藏世界海之內，一一微塵中見一切法界。此明一即非一也。是故善財或暫時執手，遂經多劫，或入樓觀，普見三千。皆此類也。上來五門十義總明所入法界，應以總別圓融六相準之。二辨能入亦有五門。一淨信，二正解，三修行，四證得，五圓滿。此五於前所入法界五門之内，有其二門。一隨一能入，通五所入。隨一所入，通五能入。二此五能入，如其次第，各入所入五中之一。又此上心境二義十門，無礙圓融總爲一團。無障礙法界亦以六相準攝，思之。

第二法界類別亦有五門，謂所入能入存亡無礙。初所入中亦五重。一法法界，二人法界，三人法俱融法界，四人法俱泯法界，五無障礙法界。初中有十。一事法界，謂十重居宅等。二理法界，謂一味湛然等。三境法界，謂所知分齊等。四行法界，謂悲智廣深等。五體法界，謂寂滅無生等。六用法界，謂勝通自在等。七順法界，謂六度正行等。八違法界，謂五熱衆鞞等。九教法界，謂所聞言說等。十義法界，謂所詮旨趣等。此十法界同一緣起無礙鎔融，一具一切，思之可見。二人法界者準此下文亦有十門，謂人、天、男、女、在家、出家、外道、諸神菩薩及佛。此並緣起相分，參而不雜。善財見已，便入法界故名人法界也。三人法俱融法界者，謂前十人十法同一緣起。隨義相分，融攝無二，思之可見。四人法俱泯法界者，謂平等果海離於言數，緣起性相俱不可說。五無障礙法界者，謂合前四句，於彼前人法一異無障，存亡不礙，自在圓融如理思之。二明能入亦有五重。一身，二智，三俱，四泯，五圓。謂入樓觀而還合身證也，鑒無邊之理事智證也，同普賢而普遍俱證也，身智相即而兩亡俱泯也，一異存亡無礙自在圓融也。又《發心品》云：甚深眞法性妙智隨順入無邊佛土中，一念悉周遍。案云：前二句智入法界，後二句身入法界。由身智無礙故，智入理身遍土也。餘準可知。三能入所入混融無二，際限不分。就義開異，理仍不離。此五能所如次反通，如理思攝。四能所圓融形奪俱泯。五一異存亡無礙具足。上來約類辨竟。

第三約位明入法界者，準下文中，所入法界大位有二。所謂因果，於前人法無不皆是佛果所收，即如來師子奮迅三昧所現法界自在是也。又於前人法無不皆屬因位所收，即文殊普賢所現法界法門是也。此因位中曲分有五，則信等五位之法界也。準攝可知。二明能入，準文亦二。對前果位明諸菩薩頓入法界，對前因位寄顯善財漸入法界。因果既其無礙，漸頓亦乃圓融。但以布教成詮，寄斯位別耳。

法藏《大乘起信論義記》卷中本　心眞如者即是一法界大總相法門體。初中一法界者，即無二眞心爲一法界。此非算數之一，謂如理虚融平等不二故，稱爲一。又對下依言有二義故，今約體但云一也。依生聖法故云法界。《中邊論》云：法界者，聖法因爲義故，是故說法界。聖法依此境生，此中因義，是界義故也。言大總相者，二門之中不取別相門，於中但取總相，然亦該收別盡，故云大也。此一法界，舉體全作生滅門，舉體全作眞如門。爲顯此義，故云體也。軌生物解曰法，聖智通遊曰門。

法藏《修華嚴奥旨妄盡還源觀》卷六　言一法者，所謂一心也。是心即攝一切世間出世間法，即是一法界大總相法門體。唯依妄念而有差別，若離妄念唯一眞如，故言海印三昧也。《華嚴經》云：或現童男童女形、天龍及以阿脩羅乃至摩睺羅伽等，隨其所樂悉令見。衆生形相各不同，行業音聲亦無量。如是一切皆能現海印三昧威神力。依此義故，名海印三昧也。二者法界圓明自在用，是華嚴三昧也。謂廣修萬行稱理成德，普周法界而證菩提。言華嚴者，華有結實之用，行有感果之能，令則託事表彰，所以舉華爲喻。嚴者，行成果滿契理稱眞，性相兩亡，能所俱絕，顯煥炳著，故名嚴也。良以非眞流之行無以契眞，何有飾眞之行，不從眞起此則眞該妄末。行無不修，妄徹眞源相無不寂，故曰法界圓明自在用也。《華嚴經》云：嚴淨不可思議刹，供養一切諸如來，放大光明無有邊，度脱眾生亦無限，施戒忍進及禪定智慧方便神通等。如是一切皆自在，以佛華嚴三昧力，依此義故，名華嚴三昧也。

法藏、德清《大乘起信論疏略》卷上　心眞如者，即是一法界大總相法門體，所謂心性不生不滅。

此標釋眞如門也，顯體離言，釋上立義分中眞如義也。即無二眞心爲一法界，此非筭數之一，謂如理虚融平等不二，故稱爲一。依生聖法，故云法界。《中邊論》云：法界者，聖法因義。總相法門者，二門之中不取别相，但取總相，然亦該收别盡，故云大也。此一法界生滅眞如皆舉全體，故云體也。軌生物解，故曰法。聖智通遊，故云門。不生不滅者，釋上法體，隨妄不生，約治不滅。又修起不生，處染不滅。

澄觀《華嚴法界玄鏡》卷上　言法界者，一經之玄宗。總以緣起法界不思議爲宗故。然法界之相，要唯有三。然總具四種，一事法界，二理法界，三理事無礙法界，四事事無礙法界。今是後三其事法界歷别難陳，一一事相，皆可成觀故略不明。總爲三觀所依體，其事略有十對。一教義，二理事，三境智，四行位，五因果，六依正，七體用，八人法，九逆順，十感應。隨一一事皆爲三觀所依之正體，其製作人名德行因緣，具如傳記。

裴休《注華嚴法界觀門序》　法界者，一切眾生身心之本體也。從本已來，靈明廓徹，廣大虚寂，唯一眞之境而已。無有形貌而森羅大千，無有邊際而含容萬有。昭昭於心目之間，而相不可覩。晃晃於色塵之内，而理不可分。非徹法之慧目，離念之明智，不能見自心如此之靈通也。甚矣，眾生之迷也。身反在於心中，若大海之一漚爾，而不自知。有廣大之威神，而不能用。觳觫而自投於籠檻，而不自悲也。故世尊初成正覺，歎曰：奇哉，我今普見一切眾生，具有如來智慧德相。但以妄想執著，而不證得。於是稱法界性，説《華嚴經》，令一切眾生自於身中得見如來廣大智慧，而證法界也。故此經極諸佛神妙智用，徹諸法性相理事，盡修行心數門戶，眞可謂窮理盡性者也。然此經雖行於世，而罕能通之。有杜順和尚歎曰：大哉法界之經也。自非登地，何能披其文。見其法哉，吾設其門以示之，於是著法界觀。而門有三重：一曰眞空門，簡情妄以顯理。二曰理事無礙門，融理事以顯用。三曰周遍含容門，攝事事以顯玄。使其融萬象之色相，全一眞之明性，然後可以入華嚴之法界矣。

宗密《注華嚴法界觀門》　法界，《清涼新經疏》云：統唯一眞法界。謂總該萬有，即是一心。然心融萬有，便成四種法界。一事法界，界是分義。一一差别，有分齊故。二理法界，界是性義。無盡事法，同一性故。三理事無礙法界，具性分義，性分無礙故。四事事無礙法界，一切分齊事法。一一如性融通，重重無盡故。

曇曠《大乘起信論略述》卷上　一法界者，即是一心，虚通不二，故攝爲一。聖法之因，故云法界。顯該二門云大，總相軌生物釋故亦爲法，聖智通遊故謂之門。今顯眞如是此心體故，云即是一法界體。

善導《觀經正宗分定善義》卷三　言法界者，有三義：一者心遍故解法界，二者身遍故解法界，三者無障礙故解法界。正由心到故身亦隨到，身隨於心，故言是法界身也。言法界者，是所化之境，即眾生界也。言身者，是能化之身，即諸佛身也。言入眾生心想中者，乃由眾生起念願見諸佛，佛即以無礙智知，即能入彼想心中現。但諸行者，若想念中、若夢定中見佛者，即成斯義也。

施護譯《集大乘相論》卷下　所言法界者，即十力等果法及諸因法，乃至一切法自性所依，是即法界。此法界中遠離一切虚妄顛倒分别相等，明慧現前如實照了，是名法界。

延壽《宗鏡録》卷四　眞如淨法界，一泯未嘗存。隨於染淨緣，遂成十法界。隨染緣成六凡法界，隨淨緣成四聖法界。六凡法界者，一天法界，二人法界，三脩羅法界，四地獄法界，五餓鬼法界，六畜生法界。四聖法界者，一聲聞法界，二緣覺法界，三菩薩法界，四佛法界。眾生於眞性上，以情想自異，則六趣昇沈。諸聖於無爲法中，以智行爲差，則四聖高下，然凡聖迹雖昇降，縛脱似殊。於一眞法界之中，初無移動。又依華嚴宗。一心隨理事，立四種法界。一理法界者。界是性義，無盡事法，同一性故。二事法界者。界是分義，一一義别有分劑故。三理事無礙法界者。具性分義，圓融無礙。四事事無礙法界者。一切分劑事法，一一如性融通，重重無盡。故以此十法界。因理事四法界。性相即入，眞俗融通，遭出無窮，成重重無盡法界。

然是全一心之法界，全法界之一心，隨有力無力，而立一立多。因相資相攝，而或隱或顯。如一空，遍森羅之物像。似一水，收萬疊之波瀾。入宗鏡中，坦然顯現。又有所入能入二種法界。如《清涼疏》云：先明所入，總唯一眞無礙法界。語其性相，不出事理。隨其義別，略有五門。一有爲法界，二無爲法界，三俱是，四俱非，五無障礙。

然五各二門。初有爲二者。一本識能持諸法種子，名爲法界。如論云：無始時來界等。此約因義，而其界體，不約法身。二三世之法差別邊際，名爲法界。《不思議品》云：一切諸佛，知過去一切法界，悉無有餘等。此即分劑之義。二無爲法界二者。一性淨門。在凡位中，性恆淨故，眞空一味，法無差別故。二離垢門。謂由對治，方顯淨故。隨行淺深，分十種故。三亦有爲亦無爲法界二者。一隨相門，謂受想行蘊及五種色并八無爲。此十六法，唯意所知。十八界中，名爲法界。二無礙門。謂一心法界，具含二門，一心眞如門，二心生滅門。雖此二門，皆各總攝一切諸法。然其二位，恆不相雜。其猶攝水之波非靜，攝波之水非動。故《迴向品》云：於有爲界示無爲法，而不滅壞有爲之相。於無爲界示有爲法，而不分別無爲之性。此明事理無礙。四非有爲非無爲法界二門者。一形奪門，謂緣無不理之緣，故非有爲。理無不緣之理，故非無爲。法體平等，形奪雙泯。《大品經》云：須菩提白佛言，是法平等，爲是有爲，爲是無爲。佛言：非有爲法，非無爲法。何以故。離有爲法，無爲法不可得。離無爲法，有爲法不可得。須菩提，是有爲性、無爲性，是二法不合不散。此之謂也。二無寄門，謂此法界，離相離性，故非此二。又非二諦故，又非二名言所能至故，是故俱離。《解深密經》云：一切法者，略有二種。所謂有爲無爲，是中有爲，非有爲非無爲。無爲，非無爲非有爲等。五無障礙法界二門者。一普攝門，謂於上四門，隨一即攝餘一切故。是故善財或覩山海，或見堂宇，皆名入法界。二圓融門，謂以理融事故，令事無分劑，微塵非小，能容十剎。剎海非大，潛入一塵也。以事顯理故，令理非無分，謂一多無礙。或云一法界，或云諸法界。然由一非一故，即諸非諸，故即一，乃至重重無盡。是以善財暫時執手，遂經多劫，纔入樓閣普見無邊，皆此類也。

上來五門十義。總明所入法界應以六相融之。二明能入，亦有五門。一淨信，二正解，三修行，四證得，五圓滿。此五於前所入法界，有其二門。一隨一能入，通五所入。隨一所入，遍五能入。二此五能入，如其次第各入一門。此上心境，二義十門，六相圓融，總爲一聚無障礙法界。《百門義海》云：入法界者，即塵緣起是法，法隨智顯。用有差別是界。此法以無性故，則無分劑。融無二相，同於眞際與虛空等。遍通一切，隨處顯現，無不明了。然此一塵與一切法各不相見，亦不相知。何以故。由各各全是圓滿法界，普攝一切，更無別法可知見也。《經》云：即法界無法界，法界不知法界。若如是，更無別法可知見者。云何言入。以悟了之處，名爲入故。又雖入而無所入。若有所入，則失諸法性空義。以無性理同故，則處處入法界。前約情智凡小所見，隨染淨緣成十法界者，即成其過。今依華嚴性起法門，悉爲眞法界。若成若壞，若垢若淨，全成法界。如《經》云：分別諸色無量壞相，是名上智者。古釋云：六道之色，壞善壞定。二乘之色，壞因壞果。菩薩之色，壞有壞無。佛色者，壞上諸壞。壞爲法界，非壞非不壞，悉是法界。

延壽《宗鏡錄》卷二三　法界者，有三義。十數是能依，法界是所依。能所合稱，故言十法界。又此十法，各各因，各各果，不相混濫，故言十法界。又此十法，一一當體皆是法界，故言十法界。十法界通稱陰入界，其實不同。三塗是有漏惡陰界入，三善是有漏善陰界入，二乘是無漏有漏陰界入，菩薩是亦有漏亦無漏陰界入，佛是非有漏非無漏陰界入。《釋論》云：法無上者，涅槃是，即非有漏非無漏法也。《無量義經》云：佛無諸大陰界入者，無前九陰界入也。今言有者，有涅槃常住陰界入也。《大經》云：因滅無常色，獲得常色。受想行識，亦復如是。常樂重沓，即積聚義。慈悲覆蓋，即陰義。以十種陰界不同故，名五陰世間也。攬五陰通稱眾生，眾生不同，攬三塗陰罪苦眾生，攬人天陰受樂眾生，攬無漏陰眞聖眾生，攬慈悲陰大士眾生，攬常住陰尊極眾生。《大論》云：眾生無上者，佛是。豈與凡下同。《大經》云：歌邏羅時名字異，乃至老時名字異。芽時名字異，乃至果時名字亦異。且約一期，十時差別。況十異眾生，寧得不異。故名眾生世間也。十種所居，通稱國土世間者。地獄依赤鐵住，畜生依地水空住，脩羅依海畔海底住，人依地住，天依宮殿住。六度菩薩同人依地住。通教菩薩惑未盡，同依人天住。斷惑盡者，依方便土住。別圓菩薩，惑未盡者，同人天方便等住。斷惑盡者，依實報土住。如來依常寂光土住。《仁王經》偈云：三賢十聖住果報，唯佛一人居淨土。淨土不同故，名國土世間也。此三十種世間悉從心造。又十種五陰，一一各具十法。謂如是相性體力作因緣果報本末究竟等，此是十如。五陰世間，衆生世間，國土世間，即是三種世間。此一心具十法界，一法界又具十法界，即百法界。一法界具三十種世間，百法界具三千種世間。此三千在一念心。若無心而已，介爾有心，即具三千。

延壽《宗鏡録》卷三二 一法界者，即無二眞心爲一法界。此非算數云一，謂如理虚融，平等不二，故稱爲一，斯則起惑之初也。又因不識無明作衆生，了此無明成諸佛，斯則迷悟之本也。又一法界，舉體全作生滅門，舉體全作眞如門。順法界，則出離解脱。違法界，則繫縛輪迴。斯乃染淨之由也，是以千聖仰之。爲母爲師，群賢歸之。如王如導，諸經綱骨。萬法指南，撮要言之，罔逮於兹矣。故《經》云：心爲法本，心作天堂，心作地獄。若離衆生心，更有何眞俗等事。以一切法但如影響故。如向居士云：影由形起，響逐聲來。弄影勞形，不知形是影本，揚聲止響，不識聲是響根。除煩惱身而求涅槃，喻去形而覓影。離衆生心而求佛道者，喻默聲而尋響。故知迷悟一途，愚智非別。無名作名，因其名則是非生矣。無理作理，因其理則諍論起矣。幻作非眞，誰非誰是。虚妄非實，何有何空。將知得無所得，失無所失矣。故知但了一心，則萬法皆寂。

延壽《宗鏡録》卷三七 夫法界者，即一心之總名，萬行之歸趣。如《華嚴論》云：從信住行迴向十地十一地及佛果，總以法界爲果體，文殊爲法界理，普賢爲法界智，理智妙用爲一佛門。以此一門，爲化群蒙分爲二法。若也逐根隨俗，法門無盡。若論實理，不離無法界之中一法。一多無礙，名爲普賢。始接童蒙，達無性理中，妙簡正邪，入無生慧，名號文殊，亦名童子菩薩。能同苦際，興行利生，治佛家法，名爲普賢。二人參體，名之爲佛。本來自在，名爲法界。從初徹後，總此法界爲體，更無別法。此品爲一切諸佛因果之大都，亦是衆聖賢所行之大路，無出此也。亦是自心一切智王之所遊觀之大宅也，亦是一切衆生之所依，故名法界。

志磐《佛祖統紀》卷五〇 十法界者何也，十統諸法也，三諦爲界也。何者，謂佛以中爲法界者也，菩薩以俗爲法界者也，緣覺聲聞同以空爲法界者也。地獄鬼畜修羅人天，同以因緣生法爲法界者也。空假中者，雖三而一也。十界者，亦一而十也。

法雲《翻譯名義集》卷一二 清涼云，法界者，一切衆生身心之本體也。《起信》云：心眞如者，即是一法界，大總相法門體。所謂心性不生不滅，一切諸法唯依忘念，而有差別。《淨名》云：從無住本，立一切法。天台釋云：若迷無住，則三界六道紛然而有，則立世間一切諸法。若解無住即是無始無明。返本還源，發眞成聖，故有四種出世聖法。普門玄云：世者爲三。一五陰，二衆生，三國土（云云）。世是隔別，即十法界之世。亦是十種五陰，乃至依報，隔別不同也。間是間差，三十種世間差別，不相謬亂，故名爲間。各各有因，各各有果，故名爲法。各各有界畔分齊，故名爲界。今就一法界，各有十法。所謂如是性相等，十界即有百法，十界互相有則有千法。如是等法皆因緣生法，六道是惑因緣生法，四聖是解因緣法（云云）。是諸因緣法，即是三諦。因緣所生法，我説即是空，亦名爲假名，亦名中道義。《清涼新經疏》云：統唯一眞法界。謂總該萬有，即是一心。然心融萬有，便成四種法界。一事法界。界是分義。一一差別，有分齊故。二理法界。界是性義。無盡事法，同一性故。三理事無礙法界。具性分義，性分無礙故。四事事無礙法界。一切分齊事法，一一如性融通，重重無盡故。

智旭《大乘起信論裂網疏》卷二 心眞如者，即是一法界大總相法門體。以心本性，不生不滅相。一切諸法，皆由妄念而有差別。若離妄念，則無境界差別之相。是故諸法從本已來，性離語言。一切文字，不能顯説。離心攀緣，無有諸相。究竟平等，永無變異。不可破壞，唯是一心，説名眞如故，心即指衆生現前介爾之心。眞謂其性不妄，以非肉團，亦非緣影，非有内外中間過現未來分劑方隅等妄相故。如謂其性不異，無生無滅，無垢無淨，無增無減，無別異故。蓋眞如不變隨緣，舉體而爲衆生現前介爾之心，此心隨緣不變，仍即眞如法界全體。故云即是一法界大總相法門體也。從來無二，強名爲一。諸法本源，強名法界。絶待無外，強名曰大。一相無相，無差別相，強名總相。可軌可持，強名爲法。無所不通，強名爲門。譬如大海，舉體成漚。研此一漚，別無自體。唯攬大海濕性爲體，只此一漚濕性，便是大海全體濕性。更非有二性，更非有別相故。又如日光，舉體入隙，研此隙光，別無自體。唯攬日輪光明爲體，只此一隙明性，便是日輪全體明性，更非有二性。更非有別相故，以心本性下，釋成此義。謂以衆生現前介爾心之本性，前無始，故不生。後無終，故不滅。譬如虛空，非是暫有，非可暫無，而亦不同虛空對色所顯之相。故不得已，強名之爲不生不滅相也。此中應有問曰：經中每言心生法生，心滅法滅。今現見一切諸法，種種生滅差別，豈非即是心之生滅，胡云不生不滅相耶。故今釋曰：一切諸法，皆由妄念而有差別。譬如翳目，妄見空華。若離妄念，則無境界差別之相。譬如翳病既除，則無空華起滅相也。是故心之眞如，即是諸法眞如。諸法眞如，即心眞如。心既從本已來性離語言，一切文字不能顯說，離心攀緣，無有諸相，究竟平等，永無變異，不可破壞。所以諸法亦即從本已來，性離語言，乃至不可破壞也。是則一切諸佛，一切衆生，一切假實國土，究竟唯一淨心爲體。一心之外，更無餘法。故不得已，說名爲眞如也。

智旭《大乘起信論裂網疏》卷四　衆生無始已來，法爾有八種識。此八種識及諸心所，眞故相無別，其體即一法界，亦名眞如。眞如爲迷悟依，由無始來從未悟故，第七識起迷理無明不如實知眞法本一，故云依眞如故而起無明，爲諸染因也。若謂先有眞如，方起無明。由有無明，方有阿賴耶識。由有阿賴耶識，方有前七轉識，則衆生有始。何異冥初生覺之外道耶。然此無明即熏眞如者，謂一念無明現行，即熏於藏識中，成無明種。藏識體即眞如，譬如動水之時，即動濕性，故云熏眞如耳。此約識與眞如非異言之。然水雖動，濕性不改乃是隨緣不變之體。依於此義，唯識復言不熏眞如，是約識與眞如非一言之。正可互顯妙理，無違妨也。既熏習已生妄念心者，依生滅門，俗故相有別，則有八識及諸心所。體用四分，種現差別不同。然此差別，悉皆無性，由無明故，不達無性。生第六識相應之差別法執，名爲妄念心也。此妄念心復熏無明者，第八識中既本有無明種子，令第七識念念起於迷理無明現行，而此第六識之法執妄念現行，熏於第八本識，自成妄念種子，又能助彼無明種子勢力，故即名爲熏無明也。以熏習故不覺眞法者，從於法癡，更起我癡等也。以不覺故妄境相現者，由我癡故，乃現三界分段生死六塵境也。以妄念心熏習力故，生於種種差別執著者，即界內界外見思諸惑也。造種種業者，有漏善惡不動業，無漏偏眞等業也。受身心等衆苦果報者，分段變易二種生死也。然雖惑業苦三，循環不息，究其根原，止由無明迷眞法界，而無明無體，不離眞如本覺之性。如人眠夢，夢中受於無量輪迴，俄然睡醒，空無所得。若無醒時之心，安有夢心。若非研此夢心，何處別覓醒時之心也哉。

觀衡《大方廣佛華嚴經綱要序》　蓋四法界者。一理法界。此界也，以眞性法中本無生佛名言，豈有自他影像。世出世法，染淨因緣，當體全空，究竟清淨，不可思議，是謂理法界也。二事法界。斯界也，即理法界，至虛而靈，淨極而妙，不動本然，循業發現。頓變相見二分，幻開迷悟兩途。情與非情，聖凡依正。熾然同異，究竟所有不可思議。是謂事法界也。三理事無礙法界。是界也，即理外無事，事外無理。理不拒事，縛脫歷然。事不拒理，生滅寂爾。波濤萬殊，而全彰水體。水性一味，而偏示波瀾。空有竝施，性相不二。不可思議，是謂理事無礙法界也。四事事無礙法界。茲界也，合上三界，圓入一眞。理事既不相違，彼此自是無礙。以事入理，理無盡而事事無盡。以理收事，理無殊而事事無殊。舉一念而三世圓明，吹一毛而十方炳現。正中有依，一毛孔中有無量無邊世界。依中有正，一微塵裏有無窮無盡如來。一多互融，延促自在，不可思議，是謂事事無礙法界也。是則世出世間色心諸法，不出此四種法界。又此四界唯是一心，離心之外無法可言。此心亦是強名，不可言議不可思議，即一眞大法界也。

眞鑑《大佛頂首楞嚴經正脉疏》卷三　法界者，法有軌持二義，界有性分二義。軌即隨緣，持即不變。性即體空，分即成事。總則統於一眞，別則開等多種。今此法界，合一眞則無容別議，望多種則正周徧於理法界，冥周徧於一切法界耳。以一切離一眞悉不可得矣。由是冥中總統之故，方能隨應循發無不足也。

錢謙益《大佛頂首楞嚴經疏解蒙鈔》卷四　清淨法界者，即一心無雜之法界。以法爲界，豈有邊畔。則一切色中，皆有虛空性。況一切法，皆有安樂性。以隱覆此性故，隨所知境，應其情量，現種種境界。若以空明，則有空現。若以色明，則有色現。但隨處發明，而隨處現。所現種種皆妄心生，相不可得，唯一味眞心，湛然不動。

函是《楞伽阿跋多羅寶經心印》卷四　夫法界者，一切衆生眞空常住，自相自性如實本際，不生不滅，無有覺知。此如來行處，非凡所知，非聖所識。故曰：非餘外道聲聞緣覺梵天王之所能得，所謂究竟覺也。

一 法身

竺佛念譯《最勝問菩薩十住除垢斷結經》卷二　夫法身者，不可覩見亦無形像，化身如是虛空無形，是謂最勝。阿惟越致所修行本，在諸大眾能師子吼，行於空慧無能逮者，功勳純熟諸法清淨，無極深妙不可思議巍巍難量，如是最勝。不退大士於七住中而淨其行。

慧思《大乘止觀法門》卷二　一切諸佛法身，唯是一法身者。此即證知一切諸佛同一眞心爲體。以一切諸佛法身是一故，一切眾生及與諸佛即同一法身也。何以故。修多羅爲證故。所證云何，謂即此法身流轉五道說名眾生，反流盡源說名爲佛。以是義故，一切眾生一切諸佛，唯共一清淨心，如來之藏平等法身也。

眞諦譯《佛性論》卷四　言正得法身者，最清淨法界，是無分別智境，諸佛當體是自所得法。二正說法身者，爲得此法身，清淨法界正流從如所化眾生識生，名爲正說法身。正說法身又有二種，一深妙，二麤淺。爲安立此二道理。一深妙者，爲安大乘道理。二麤淺，爲二乘人說此道理。復次第一義諦爲安立菩薩甚深法藏，約眞俗二諦，安立二乘十二部等種種法藏。

釋曰：一正得法身者，體是眞如，世間無物可爲譬者，故還取花中佛像爲譬。二正說深妙法身者，以眞如一味故，故取蜂家蜜爲譬。三麤淺正說法身者，以顯眞俗種種義味故，故取糠中米爲譬。由此三譬顯諸佛正得法身正說法身。是三法身遍滿攝藏一切眾生界無餘故，故經說無一眾生出如來法身外者，如無一色出虛空外者故。

吉藏《法華玄論》卷九　問：經有種種說。或言虛空法身，或言實相法身，或言感應法身，或言法性生身，或言功德法身。有何等異耶。

答：言其大網，則彌綸太虛，故言虛空法身。語其妙，則無相無爲，故云實相法身。辨其能應，則無感不形，故云感應法身。說其生，則本之法性，故云法性生身。明其體，則眾德所成，故云功德法身。約其義異，故有眾名不同。考而論之，一法身也。

智顗《妙法蓮華經文句》卷九下　夫法身者，雖非生非滅亦有生滅，若迷心執著，即煩惱生而智慧滅。若解心無染，即智慧生煩惱滅。滅惑生解此是無常滅，若解生惑滅即是寂滅。此之生滅悉約法性而辨，若無迷解二緣，則不唱有此生滅也。

玄奘譯《佛地經論》卷七　又法身者。究竟轉依眞如爲相，一切佛法平等所依，能起一切自在作用。一切白法增上所顯，一切如來平等自性。微妙難測，滅諸分別，絕諸戲論。故契經言，諸佛法身不應尋思，非尋思境。超過一切尋思戲論。受用身者，一切功德圓滿爲相，一切佛法共所集成。能起一切自在作用，一切白法增上所起。一切如來，各別自體微妙難測，居純淨土任運湛然。盡未來際自受法樂，現種種形說種種法。令大菩薩亦受法樂。變化身者，一切神變圓滿爲相，一切化用共所集成，示現一切自在作用。一切白法增上所引，一切如來各別化用微妙難測。居淨穢土，現種種形說種種法，成熟下位菩薩二乘及異生眾，令入大地，出離三界，脫諸惡趣。

無性造、玄奘譯《攝大乘論釋》卷三　其法身者，解脫一切煩惱所知二種障縛，幷諸習氣，力無畏等無量希奇妙功德眾之所莊嚴，一切富樂自在所依。證得第一最勝自在，隨樂而行。譬如王子先蒙灌頂，少有愆犯閉在囹圄，纔得解脫即與第一最勝自在富樂相應。即轉所依者，如服仙藥轉所依身，雖無命終受生而有捨劣得勝。無種子而轉者，應知異熟果識唯無一切雜染種子，是故說斷一切種。永斷者，一切種子品類斷故。

圓測《仁王經疏》卷上　法身者有其三種。一者，通名法身，總攝佛德。二者，五分法身，如上應知。三者，眞如法身，用如爲體。

義淨譯《金光明最勝王經》卷二　善男子，一切凡夫爲三相故，有縛有障，遠離三身，不至三身。何者爲三。一者遍計所執相，二者依他起相，三者成就相。如是諸相，不能解故，不能滅故，不能淨故，是故不得至於三身。如是三相，能解、能滅、能淨故，是故諸佛具足三身。善男子，諸凡夫人未能除遣此三心故，遠離三身，不能得至。何者爲三。一者起事心，二者依根本心，三者根本心。依諸伏道，起事心盡。依法斷道，依根本心盡。依最勝道，根本心盡。起事心滅故，得現化身。依根本心滅故，得顯應身。根本心滅故，得至法身。是故一切如來具足三身。【略】

善男子！如是三身，以有義故而說於常，以有義故說於無常。化身者，恆轉法輪，處處隨緣，方便相續，不斷絕故，是故說常。非是本故，具足大用不顯現故，說爲無常。應身者，從無始來，相續不斷，一切諸佛不共之法能攝持故，衆生無盡，用亦無盡，是故說常。非是本故，以具足用不顯現故，說爲無常。法身者，非是行法，無有異相，是根本故，猶如虛空，是故說常。善男子，離無分別智，更無勝智，離法如如，無勝境界。是法如如，是慧如如，是二種如如，如如不一不異，是故法身慧清淨故，滅清淨故，是二清淨，是故法身具足清淨。

復次，善男子，分別三身，有四種異：有化身非應身，有應身非化身，有化身亦應身，有非化身亦非應身。何者化身非應身？謂諸如來般涅槃後，以願自在故，隨緣利益，是名化身。何者應身非化身？是地前身。何者化身亦應身？謂住有餘涅槃之身。何者非化身非應身？謂是法身。

善男子，是法身者，二無所有所顯現故。何者名爲二無所有？於此法身相及相處，二皆是無，非有非無，非一非異，非數非非數，非明非闇。如是如如智，不見相及相處，不見非有非無，不見非一非異，不見非數非非數，不見非明非闇。是故當知境界清淨，智慧清淨，不可分別，無有中間，爲滅道本故，於此法身能顯如來種種事業。

善男子，是身因緣境界處所，果依於本，難思議故，若了此義，是身即是大乘，是如來性，是如來藏。依於此身得發初心，修行地心而得顯現，不退地心亦皆得現，一生補處心、金剛之心、如來之心而悉顯現，無量無邊如來妙法，皆悉顯現。依此法身，不可思議摩訶三昧而得顯現。依此法身，得現一切大智。是故二身依於三昧，依於智慧，而得顯現。如此法身，依於自體說常、說我，依大三昧故說於樂，依於大智故說清淨，是故如來常住自在安樂清淨。依大三昧，一切禪定首楞嚴等，一切念處、大法念等，大慈大悲一切陀羅尼、一切神通、一切自在、一切法平等攝受，如是佛法，悉皆出現。依此大智，十力、四無所畏、四無礙辯、一百八十不共之法，一切希有不可思議法，悉皆顯現。譬如依如意寶珠，無量無邊種種珍寶，悉皆得現。如是依大三昧寶，依大智慧寶，能出種種無量無邊諸佛妙法。【略】

復次，善男子，是法身者，惑障清淨能現應身，業障清淨能現化身，智障清淨能現法身。譬如依空出電，依電出光，如是依法身故，能現應身，依應身故，能現化身。由性淨故能現法身，智慧清淨能現應身，三昧清淨能現化身。此三清淨，是法如如，不異如如，一味如如，解脫如如，究竟如如，是故諸佛，體無有異。

澄觀《大方廣佛華嚴經隨疏演義鈔》卷四 經云：十方諸如來，同共一法身。一心一智慧，力無畏亦然等。或說二身。《佛地論》說一生身、二法身。謂法身實報，皆名法身。實功德法故，他報化身，俱名生身，爲物生故。《智度論》中意亦同此。又《般若論》說有二佛，一眞佛，二非眞佛。初是法身，後即報化。下經之中亦多說二。文云：諸佛眞身本無二，應物分形滿世間。又云：佛以法爲身，清淨如虛空。所現衆色形，令入此法中等。或分爲三，即法、報、化。亦言法、報、應，應即化也。或說四種。《楞伽經》說，一應化佛，二功德佛，三智慧佛，四如如佛。初是化身，中二是報身，後一是法身。《金光明經》又說四種，一化身非應佛。謂爲物所現龍鬼等形，不爲佛身，名化非應。二應身非化。謂地前菩薩，所見佛身，依定而現，非五趣攝，名應非化，即四善根所見一大千界一應身也。三亦應亦化。謂諸聲聞所見佛身，見相修成，故名爲應，人見同類，故名爲化。四非應非化。謂佛眞身，前三並是化身，後一法報二身。《佛地論》中亦說有四。一受用非變化。謂自受用身。二變化身非受用。謂變化身，化地前類。三亦受用亦變化。謂他受用身，化十地菩薩。四非受用非變化。所謂法身，是則前《金光明》，約三身上論四，合法報而開化身。今約三身謂四，三身俱開，復重開於報故。雖有四義理不乖三，或說五身。如《大通經》說，然叡公《維摩疏》釋云，所謂一法性生身，二亦言功德法身，三變化法身，四虛空法身，五實相法身。詳而辯之，即一法身也。

何者。言其生，則本之法性，故曰法性生身。二推其因，則是功德所成，故是功德法身。三就其應，則無感不形，是則變化法身。四稱其大，則彌綸虛空，所謂虛空法身。五語其妙，則無相無爲，故曰實相法身。五所以能妙極無相，四大包虛空，三遍應萬化，無感不形者，就機而明。何者。三有之形，隨業而化，故有精麁大小萬殊之差。二如來法身是妙功德果，功德無邊，果亦無邊。功德無相，果亦無相。功德方便，果亦方便。無邊故量齊虛空，無相故妙同實相，方便故無感不形，是爲如來眞妙法身。陰界不攝，非有非無。一以有此身，爲萬化之本，故得於中無感不應。如冥室曦光隨孔而照，光雖萬殊之本之者一。所謂眞法身也，若直指功德實相名爲法身。此乃以法深理假名爲身，非色像之謂也。上皆五身義，若以三身攝之，初二是報，次一是化，後二是法。又有義說有於九身，以三身各三故。法身三者，一眞法界以爲法身。本有三大故，故爲三耳。修成爲報身，同體大悲，名爲化身。報身三者，眞智所證故名法身，智德圓滿即是報身，爲十地所現故曰化身。應身三者，化必有體即是法身。故經云：吾今此身即是常身法身，三十二相八十種好等，修因所成即是報身，感而必形即是化身。或說有十，自有二義。一約十地所得十身，如《勝天王經》說。一平等身，二清淨身，三無盡身，四善修身，五法性身，六離尋伺身，七不思議身，八寂靜身，九虛空身，十妙智身。二約佛身之上，自具十身，即如下明。故疏云：一身多身經論異說，略示異義無厭繁文。

延壽《宗鏡錄》卷九〇　一法身者，法名可軌，諸佛軌之而得成佛。故經云：諸佛所師所謂法。身者，聚也。一法具一切法，無有缺減故名爲身。經云：我身即是一切眾生眞善知識。般若者，覺了諸法集散、非集非散，即是覺了三諦之法。解脫者，於諸法無染無住。此三法，皆具常樂我淨之四德。諦觀一念之心，即空即假即中。即空故，一空一切空，無假無中而不空。空無積聚而名藏，藏具足故，名之爲德。即假故，一假一切假，無空無中而不假。假攝諸法，亦名爲藏。藏具足故，名之爲德。即中故，一中一切中，無空無假而不中。中攝一切，亦名爲藏。藏具足故，稱之爲德。不可思議，不縱不橫，不並不別。諸佛即中爲體，故名法身。

法賢譯《佛說法身經》　諸佛如來有二種身，皆具河沙功德。何等爲二。所謂化身、法身。而化身者，示從父母所生，具三十二相八十種好，莊嚴其身。以智慧眼普觀眾生，智者瞻仰心生適悅。三業清淨，一一相好百福具足。如是莊嚴百千福聚，大丈夫相皆色蘊攝。又復具足十力，四無所畏，三不空法，三念住法，三不護法，四無量法。具大丈夫一一最勝那羅延力。如是略說如來應供正等正覺莊嚴功德具足圓滿，是名化身。

又復諸佛如來應供正等正覺所有法身，不可思議不可稱量，而無有人能廣宣說。假使緣覺及諸聲聞舍利弗等，最上利根善解深法，大智明達了種種義，而亦不能廣大宣說法身功德。諸佛如來爲三界師，是大悲者。爲諸眾生作大利益，平等護念無所分別，住奢摩他毘鉢舍那。而復善解三調伏法，善度四難，具四神足，而於長夜行四攝法，離於五慾超五趣苦，具六分法圓滿六波羅蜜，開七覺花演八正道，善解九種三摩鉢底。具十智力，以此智力，名聞十方。是故稱爲第一義天。於時方處晝三夜三常善觀察如是諸佛內功德法，無有能者而爲廣說，是故我今略說此法。

是法身者，純一無二無漏無爲，應當修證諸有爲法從無爲生，如是眞實無淨無染無念無依，離諸方便而與眾生作大依止。一切眾生所作行法無諸過失，是眞善法離諸記念。於無邊三摩地門，不動不搖而得解脫。以二種奢摩他毘鉢舍那，於欲離欲而得解脫。無明欲法以慧解脫，學無學法以念了知。以明解脫善達自性，而於諸法深能繫念。善以阿鉢底而生阿鉢底法，善以三摩鉢底而生三摩鉢底法，於一切法無求無證。離此二法即無所緣，復無所修，而以盡智及無生智畢竟成就三究竟法、三善根法、三方便門。離諸妄想，得眞實生。了三種慧，謂聞思修。離三雜染，謂煩惱業苦。有三種三摩地，謂空無相無願。復名三解脫門，即空無相無願解脫門。三種蘊法，謂戒定慧蘊。三種學法，謂戒定慧學。有三種修，謂戒修定修慧修。有學無學非有學非無學。有三種道，謂見道修道無學道。有三種根，謂未知根已知根具知根。有三種行法，謂聖行天行梵行。有三分別，謂蘊處界。了三法，已獲大福聚，證得解脫寂靜涅盤三不空念住。如來於諸眾生平等覆護三種蘊法，有三補特伽羅，謂上中下。諸佛如來具三種大悲，謂無緣大悲、微妙大悲、爲一切眾生大悲。有三種自在，謂身自在世自在法自在。有三不護法，謂諸如來身業清淨離不淨法、口業清淨離不淨法、意業清淨離不淨法。有三種劍，謂聞劍思劍修劍。有三種最上，謂定最上慧最上解脫最上。有三種界法，謂正斷離欲寂滅。復有三界，謂欲界色界無色界。有三種無學明，謂過去宿命明、未來天眼明、現在漏盡明。有三種無爲法，謂諸行無常、諸法無我、涅盤寂靜。有三種菩提，謂聲聞菩提、緣覺菩提、無上菩提。有三種無學智，謂盡智無生智、正見智、三寶三歸三最上智。四念處，四正斷，四神足，四信心法，四解脱句。有四種善法，謂第一義善、自性善、發起善、相應善。四種修法，四種智法，四聖諦法，四禪定，四輪藏。四法四依止，謂親近善友，聽聞正法，繫念思惟，如理修行。復有四緣，謂因緣、等無間緣、增上緣、所緣緣。四加行位，謂煖位頂位忍位世第一位。有四種道，謂方便道、無間道、解脱道、最勝道。四沙門果四種聖族。有四無量心，謂慈悲喜捨。復有四生四聖住，四記念四威儀。有四出生門，謂出入寂靜正覺。復有四證位，有學五蘊，五解脱處，五度生法，五聖智想。有五三摩地分，謂正斷分、調伏分、離過分、離相分、離性分。復有五種最上分五現行，三摩鉢底五蘊五界。復五取蘊六功德法六通六念，復六種法五種離慾。六種修法，六見道位，六相續行，六證明想。七補特伽羅，七大丈夫行，七識住七覺支，七無過失法，七三摩地受用法，七種妙法，七種界分，七善解處，七種修道。八正道分，八種補特伽羅，八種別解脱戒。復八解脱八處八智八道八戒八會，及八種世法。如來相續，眞常精進，清淨無所染著。復有九種過去三摩鉢底，九信心法，九證得法，九名色滅，九衆生住。九種依法，九無漏地，九修道地。十種補特伽羅，謂四向四果第九緣覺，第十正等正覺。十大地善法，十種有學法，十如來力，十善業道，十惡業道，十種聖住，十如理作法。十一功德相好思念法，十一種起善解智具足法，十一種具足戒法。十二種出生言辭，十二處十二緣十二刹那會證得聖法。十三喜法，十三出生法，十三作業地。十四種化心，十五心見道，十六心正念，十七種相有學，十七樂欲相。十八界十八不共法，十九分別地，二十二根。三十七菩提分法，謂四念處四正斷四神足五根五力七覺支八正道。四十四智法。復七十七智法，百六十二道，是謂修地。如是等無量無邊相續眞常之法離諸煩惱，甚深廣大微妙難思，是大智者如實了知。而此佛法乃是殑伽沙數正等正覺殊妙之法，是平等法若有求證正等覺智。諸苾芻苾芻尼優婆塞優婆夷，及諸外道尼乾子等，具正智者如實了知。復爲衆生廣大宣説，如佛所化令無量無邊阿僧祇衆生，悉皆證得寂靜無畏究竟涅槃。

覺苑《大毗盧遮那成佛神變加持經義釋演密鈔》卷二　本地法身者，即實相法身也。一眞實相爲萬化之本，猶如於地爲萬物之依，故曰本地。言法身者，謂此實相能軌持萬化，即此軌持，假名爲身，法即身故，本地即法身，並持業釋。又法身有五。《清涼》云：一法性生身，言其生，則本之法性故。二功德法身，推其因則功德所成故。三變化法身，就其應則無感不形故。四實相法身，語其妙則無相無爲故。五虚空法身，稱其大則彌綸虚空故。於此五中，今當第四實相法身以別揀通，即本地之法身。言次云如來是佛加持身者，即應身他受用也。次疏釋成其所住處名佛受用身，言如來心王等者。如來是所住，心王爲能住。如一切諸佛説法儀式皆住於應身，即本地身爲教主也。約別就勝，唯是眞身。故經云：應化非眞佛，亦非説法者。推功歸本言法身説又下説法處，即如來身師子座亦爾。依正尚猶無礙，豈佛身眞應而局定耶。亦得名如來身説國土身説菩薩身説等，今但説眞應二身。如般若論説有二佛，一眞佛，即法身，二非眞佛，即應化身。又《華嚴》云諸佛眞身本無二，應物分形滿世間。又云佛以法爲身，清淨如虚空。所現衆色形，令入此法中等。然諸經論或説三五九十身等，統而明之，一法身也。

性澄《佛説阿弥陁經句解》　佛有三身，謂法、報、應。一法身者，師軌法性，以法爲身。二報身者，脩行感報，以如如智照如如境也。三應身者，應同萬物爲身也。

圓覺、楊嘉祚《華嚴原人論合解》卷下　三身之義，諸教皆談。今就大乘，略明梗槩。一依法相宗。一法身者，以出纏眞如爲體，但是凝然不變之性，在纏名如來藏，出纏與無爲功德爲所依故，名曰法身。二報身者，酧因名報，謂諸菩薩藏識，具有四智菩提種子，在因中時，障覆不現。由聖道力，斷彼二障，令從種起，直至等覺位後。解脱道中，轉賴耶識成圓鏡智，於色究竟天坐花王座，十方諸佛流光灌頂，根塵相好，徹周法界，受用法樂，不對機宜，名自報身。即以眞無漏五蘊爲體，復由依定起用，應十地機，令他受法樂，名他報身。二報開合，隨時説異。三化身者，變現爲義，依前報身後得智中，起大悲心。依大悲心，現三類化身。一者千丈大化身，應地前類，説大乘法。二丈六小化身，應二乘機，及諸凡夫，説三乘法。三隨類化身，謂猿中現猿，鹿中現鹿等。此他報身，及三類化，皆以化無漏五蘊爲體。二依法性中所説三身，依體相用三大而立。《起信》云：一者體大，謂一切法，眞如平等，不增減故。釋曰：性體當相，即法身也。二者相大，謂如來藏，具足無量性功德故。釋曰：依不空藏，性德本具，修行出障，與此相應，名眞報也。三者用大，能生世間出世間善因果故。釋曰：謂佛隨染業，幻自然大用，應地前類，及諸凡夫，令始成世善，名化身。

德清《大乘起信論直解》卷下 法身者，一心之異稱也。以心爲萬化之源，故云法身。是色之體，故能現色。譬如虛空非色，而能出生色相。故云從本已來色心不二也。以事攬理成，全空成色，故云色性即智性，故以色體本空，故說爲智身，所謂色即是空也。以全理成事，故事即理。譬如虛空，徧至一切色非色處，所謂空即是色也。由理事不二，故色隨空徧，無有分齊。由無二無分，故身土自他，無障無礙。故十方世界，無量菩薩之報身，依報莊嚴之國土，各各差別，皆無分齊，而不相妨。所以華藏海中，帝網諸刹，重重交羅。由理事無礙，故得事事無礙。此非心識所知，皆是眞如大自在用也。良由體周而用徧，皆一心眞如之用故。論宗一心爲一法界大總相法門體，故解釋正義而結歸於此。所謂無不從此法界流，無不還歸此法界。故於生滅門中，究竟顯一心之極則耳。

智祥《妙法蓮華經授手》卷一〇 法身者，即吾人本有之心性。既見是心，時刻照管，即是護念。然修此行，須以大慈悲爲室。若欲以慈與衆生樂，以悲拔衆生苦，惟見證法身者能耳。

一刹那

法藏《大乘起信論義記》卷中 處夢謂經年，悟乃須臾頃。故時雖無量，攝在一刹那。此中一刹那者，即謂無念。《楞伽》云：一切法不生，我說刹那義。初生即有滅，不爲愚者說。解云：以刹那流轉必無自性，無自性故即是無生。若非無生則不流轉，是故契無生者方見刹那也。又《淨名經》中，不生不滅是無常義等。《楞伽》又云：七識不流轉不受苦樂，非涅槃因。如來藏者受苦樂，與因俱，若生若滅。此等經意並明眞心隨流作染淨等法，染淨等法本無自體。無自體故唯一眞心，是故四相即一眞心。

李通玄《新華嚴經論》卷二九 一刹那者，會無三世生滅時也。此刹那之時爲教化衆生設法，會古今之名言以智實論。猶無此體故，以無此刹那之時，能含三世古今一切劫時。總同一故，以六相門觀之可見。

道世《法苑珠林》卷一 時極短者謂之刹那也。如《新婆沙論》云：彼刹那量，云何可知。有作是言，依施設論說，如中年女絹績毳時，抖擻細毛不長不短，齊此說爲怛刹那量。彼不欲說毛縷短長，但說毳毛從指開出，隨所出量是怛刹那。問：前問刹那，何緣乃引施，設說怛刹那量。答：此中舉麁以顯於細，以細難知不可顯故，謂百二十刹那成一怛刹那，六十怛刹那成一臘縛，此有七千二百刹那。三十臘縛成一牟呼栗多，此有二百一十六千刹那。三十牟呼栗多成一晝夜，此有少二十不滿，六十五百千刹那。此五蘊一晝一夜，經於爾所生滅無常。有說此麁非刹那量，如我義者如壯士彈指頃，經六十四刹那，有說不然，如我義者如二壯夫掣斷衆多迦尸細縷，隨爾所縷斷。經爾所刹那，有說不然。如我義者如二壯夫執挽衆多迦尸細縷，有一壯夫以至那國百練剛刀捷疾而斷。隨爾所縷斷，經爾所刹那。有說猶麁非刹那量，實刹那量世尊不說。如世尊說，譬如四善射夫各執弓箭，相背攢立，欲射四方。有一捷夫來語之曰：汝等今可一時放箭，我能遍接俱令不墮。於意云何，此捷疾不。苾芻白佛：甚疾，世尊。佛言：彼人不及地行藥叉，地行捷疾不及空行藥叉，空行捷疾不及四大王衆天，彼天捷疾不及日月二輪，二輪捷疾不及堅行天子。此薄日月輪車者，此等諸天展轉捷疾。壽行生滅捷疾於彼，刹那流轉無有暫停。由此故知，世尊不說實刹那量。【略】

依奘法師《西國傳》云：居俗日夜分爲八時（晝四夜四於一一時各有四分），月盈至滿謂之白分，月虧至晦謂之黑分。或十四日十五日，月有大小故也。白前黑後合爲一月，六月合爲一行。日游在內北行也，日游在外南行也。總此二行合爲一歲，又分一歲以爲六時。正月十五日至三月十五日漸熱也，三月十六日至五月十五日盛熱也。五月十六日至七月十五日雨時也，七月十六日至九月十五日茂時也。九月十六日至十一月十五日漸寒也，十一月十六日至正月十五日盛寒也。如來聖教，歲爲三時。正月十六日至五月十五日熱時，五月十六日至九月十五日雨時也，九月十六日至正月十五日寒時也。或爲四時，春夏秋冬也。依論計之，十五夜爲半月，爲一念，一百念爲一瞬，六十瞬爲一息，三十息爲一須臾，三十須臾爲一日一夜，十五日爲半月，三十日爲一月，三月爲一時，兩時一行，即半年也。於閻浮洲中日行路，有外内極北至極南，相去六百九十由旬。一百八十日從内至外，又經一百八十日從外至内，故名行。兩行爲一年，二年半爲一雙，雙謂潤月兼本月爲一雙也。

慧暉《俱舍論釋頌疏義鈔》卷中本　又有動法度一極微名一刹那者，據實即當處生即當處滅，相續位中假説動也。若度二極微名一刹那，即刹那有前後。若度一極微名二刹那，即極有分量。此論念與刹那無别。世間行速疾無過日月，四天下徑有十二億，計日月一日夜行略有三百萬瑜繕那，一日夜共有六百四十八萬刹那，日月行一步名一刹那，尚一日月行三百萬瑜繕那不盡，何況度一極微名一刹那，一度彈指有六十五刹那，一指面豈即有六十五極微。更有多釋，皆不殊前，意亦皆不免前難。又準《仁王經》一念有九十刹那九百生滅，如何此論言刹那細耶。答有二説。一云日夜刹那是筭數法，如尺寸等常是生滅，刹那，佛出世方有此論，刹那即是筭數法，不可將生滅難也。二云日夜刹那數量時之通名，既時極少名一刹那，時多名一劫。劫既有大小，刹那亦更有細分。故一刹那有九百生滅也。

鮮演《大方廣佛華嚴經談玄決擇》卷三　鈔初唯一念者謂於一刹那者。案：《俱舍論》，時之極少，名一刹那。百二十刹那，名一怛刹那。六十怛刹那，爲一羅縛，羅縛即是羅婆。三十羅婆爲一牟呼栗多，牟呼栗多即是須臾。三十須臾爲一晝夜。又準《仁王經》，九百生滅爲一刹那，九十刹那爲一念。鈔據前文，故云一念即刹那也。

弘贊《溈山警策句釋科文》　一念中有九十刹那，一刹那中有九百生滅。此言一刹那者，小念也。息即出入息，此息名曰壽命。以一期爲壽，連持曰命。一期連持息風不斷，故出入息名爲壽命。轉即出已不復更入，名曰命終。此只在一刹那間。即第八識捨前陰，受後陰時。今不言中陰者，以舉前後而該其中也。又中陰遲速不定，遲則七七之日，速則疾於心念，便捨中而受後矣。來生者，總該六道，隨善惡業而報生其處也。

兩半月爲一月，三月爲一時，兩時爲一行。一行即半年六月也。兩行爲一年，二年半爲一雙。此由閏故，以閏月兼本月，此謂月雙非閏雙也。若以五年兩閏雙者，二年半有一閏，豈立隻乎。積此時數明劫，有四種。一别劫，二成劫，三壞劫，四大劫。從人壽十歲漸至八萬歲，經多時八萬歲，又漸減至十歲，爲一别劫。對餘總故，名爲别也。若以事格量，依《雜阿含經》云：一由旬城高下亦爾，滿中芥子百年取一，芥盡劫猶不盡。案：此即爲别劫也。若據大劫，即以八十由旬城爲量也。《樓炭經》云：以二事論劫。一云有一大城，東西千里，南北四千里，滿中芥子，百歲諸天來下取一芥子，盡劫猶未盡。二云有一大石方四十里，百歲諸天來下取羅縠衣拂，石盡劫猶未窮。此亦應是别劫也。第二有成劫四十壞劫亦爾，所以然者。世間成時二十别劫，住時二十别劫，壞時二十别劫，空時二十别劫。此中以住合成，以空合壞，故各四十别劫。總此成壞，合有八十别劫，爲一大劫。若更舒之，别有六劫。一别，二成，三住，四壞，五空，六大。若更束之，則有三劫。一小劫，二中劫，三大劫。小則别劫，中則成壞。隨一大則總成與壞。欲界中壽一劫是小劫，初禪三天壽劫是中劫，二禪已去壽劫是大劫。外國俗算有六十位，過此已後不可數故，名阿僧祇。此數年爲劫數，一至六十位名阿僧祇劫，此是大劫量也。故《智度論經》云：以百由旬城爲量，百年取一芥。故喻以迦尸羅天衣，百年一拂，百由旬石爲量者。此並格量大劫也。即案索訶世界（舊云娑婆世界）一大劫中千佛出世。尋夫劫波之號，不可以時數之。故以假石芥城等，準爲一期之候。即約前中具含成住壞空等四劫也。如前從十歲增至八萬，復從八萬復至十歲。經二十返一小劫，二十小劫爲一成劫。以年算之，則經八千萬萬億百千八百萬歲也，止一爲小劫矣。今成劫已過，入住劫來。復經八小劫，釋迦牟尼如來於住劫中當第四佛，尚餘九百九十六佛，於後續次而出。

道暹《法華天台文句輔正記》卷四　一刹那者，依《攝論》明具有十二。一、一刹那，此翻爲一念。二、怛刹那，此爲瞬。三、羅婆，《俱舍》云臘縛，此云一息。四、摩睺羅，《俱舍》云牟呼栗多，此云一須臾。五、一日一夜。六、半月。七、一月。八、一時。九、一行。十、一年。十一、一雙。十二、一劫。《仁王經》云：一刹那中有九百生滅，即是九百生滅

一時

鳩摩羅什譯《大智度初序品中緣起義釋論》卷一　問曰：佛法中，數、時等法實無，陰、入、持所不攝故，何以言一時。答曰：隨世俗故有一時無有咎。若晝泥木等作天像，念天故禮拜無咎。說一時亦如是，雖實無一時，隨俗說一時，無咎。

菩提流支譯《金剛仙論》卷一　一時者，既曰我聞，說必有時，故次云一時。然時有多種。或有一念時，有日夜時，有百年時，有一劫時，有春秋冬夏時。今言一時者，非此等時，正是如來說此《金剛般若經》時。雖言一時，不云某年某月某日說，故不知何時也。如《大華嚴世間淨眼品》，如來即成道日，在寂滅道場說《十地品》。第二七日，在他化自在天中說如十萬偈。《般若》，如來成道五年說，經有成文。餘七部般若但云一時，皆不知何年說也。《如來藏經》，佛成道十年說。如《大集寶幢品》，佛成道一年，王舍城迦蘭陁竹園說。《陁羅尼自在王品》，成道十六年，在欲色二界中間說。經有明文者即便可知，經無明文者即不可知也。然說此經時雖不知幾年，足知中後時說。何以得知。經云食時著衣持鉢入城乞食，得食還園食訖，諸比丘方集說此經。故知中後說也。相傳云，如來一代成道乃至涅槃，恆說《摩訶般若》《華嚴》《大集》，未曾斷絕。此《金剛般若》，八部之中是最後說也。須菩提直道我聞一時，不云幾年。是故但言一時也。上雖云如是般若理教我聞一時，未知從誰邊聞。若餘人邊聞，則不可信。今言我從佛聞，明知是如來所說，所以可信故。

慧遠《無量壽經義疏》卷上　言一時者，人有異釋，今正論之。爲化之辰，因之爲時。於佛一代，化時眾多。簡別餘時，是故言一。一時之言，經中大有。

智顗《妙法蓮華經文句》卷一上　一時者，肇師云，法王啟運嘉會之時者，世界也。論云迦羅是實時，示內弟子時。食時著衣者，爲人也。三摩耶是假時。破外道邪見者，對治也。若時與道合者，第一義也（云云）。若見諦已上無學已下，名下一時。若三人同入第一義，名中一時。若登地已上，名上一時。若初住已上，名上上一時。今經是上上一時。此約教分別也。本迹者，前諸一時迹也。久遠實得之，一時本也。

智顗、湛然《維摩經略疏》卷一　一時者，四眾感教得道之時，此亦助成如是可信，故《大論》云說時方皆爲生信。亦爲三。一總解者。《大論》云數時等實無陰入持所不攝，但隨世俗說一時無咎也。言四眾感教得道之時名一時者。若通論四眾感一期之教，始終久近皆名一時，即是多時少時共明一時。如戒序云：春分四月日爲時。春分實有多時，但總束爲一時也。若約得道明一時者，赴機說教即入如苦忍一剎那。此約少時明一時也。今約此多少總明一時，謂一期說法通是一時之事也。就此爲五。一約機發者。世善機發即是多時，出世機發即是少時。總此多少，皆名一時。二約佛說教者。三悉起教即是多時，用第一義即是少時。總此多少，皆名一時。三約機教合明一時者，亦以世出世善合爲多少，機教合故不在二時，故名一時。四約四眾得道明一時者。世與出世多少準上，總此多少皆名一時。五約阿難聞經明一時者。約佛說經多時少時，阿難聞非異時，故名一時。又阿難得佛覺三昧如前說，又解佛爲阿難重說，即是聞經之時，名一時也。二約教者。三藏生滅一時，通教如夢幻一時。別教破時顛倒，能分別數無滯礙也。攝大乘明數識攝阿僧祇，明世識攝三世即是別教明一時也。圓教約不思議法性明一時，一時入一切時，一切時入一時。如此經明，住不思議解脫菩薩七日爲一劫，一劫爲七日。《法華》明六十小劫謂如食頃，《華嚴》明十一切等。一一教皆具五種一時，約諸經多少類如是可知。三觀心者。觀因緣生滅者，心在定時，能知世間生滅法相，則一念慧眼開，發見生滅之理，故名一時。若非定心見理，即前思後覺，憶想顛倒。雖解生滅，不能見理，非一時也。若體空慧眼入假法眼中道佛眼，皆是定心，一念少時豁然開發，各見諦理，名一時也。

吉藏《勝鬘寶窟》卷上　一時者，古注云，美不異時，不失機，感應冥符也。大明一義，凡四種。一者人一，二者法一，三者時一，四者機一。言人一者，從始至末，並是如來一人說，無有餘人，故言人一。二者法一，阿難所領還是佛所說，無有異法，故言法一。三者時一，如來一時說，阿難一時領，故言時一。四者機一，眾生一時有感，如來一時有應，機感交接，故云一時。此一皆大判也。言大判者，初亦有勝鬘說義不同，得言人一，但始終印定成經，皆由於佛。故推功在佛，名爲人一。亦不得定如來一時說阿難一時領，自有阿難初未得聞，後方得聞。今但始終皆是阿難從佛聞法，故云一時耳。所言時者，《攝論》云時有三種。一平等，謂無沈浮顛倒。二和合，謂令聞正法能聞。三轉法輪時，正說正受。

玄奘譯《佛地經論》卷一　言一時者，謂說聽時。此就刹那相續無斷，說聽究竟總名一時。若不爾者，字名句等說聽時異。云何言一。或能說者，得陁羅尼，於一字中一刹那頃能持能說一切法門。或能聽者，得淨耳根，一刹那頃聞一字時，於餘一切皆無障礙，悉能領受，故名一時。或相會遇時分無別故，名一時。即是說聽共相會遇同一時義。時者，即是有爲法上假立分位，或是心上分位。影像依色心等總假立故。是不相應行蘊所攝，何不別顯如下處等。但說一時晝夜時，分諸方不定，不可别說。又義不定，或一刹那，或復相續，不可定說，是故總相但說一時。

圓測《仁王經疏》卷上　經：一時。

釋曰：第二教起時分，西方諸師略有三釋。一菩提留支云時有多種，謂念日夜壽等百藏，及一切時。今一時者，正是如來說此經時。二長耳云時有三種。一迦羅時，此云別相時，如來戒律大戒時，出家時。國王得聞，餘不合聞。二三摩耶時，此云破邪見時。謂五部阿含，九分達摩，不簡黑白，一切得聞（五部阿含，是長。增一，中。雜，有部。言九分者，一分別說戒，二世間，三因緣，四界，五同隨得，六名句文，七集定，八集業，九諸蘊。一分有六千偈，六九五十四，合五萬四千偈。如眞諦部集記第一說）。三世流布者。如說一時佛在恒河岸，一時在申恕林。今言一時，但依後二，或唯第三。眞諦三藏說有十時，恐繁不述。今依諸論，亦有三說。一功德施。《般若論》云，言一時者，說此經時，餘時復說無量經故。二依龍猛。《智度論》云時有二種。一迦羅時，通假及實，內外通用。二三摩耶時，唯假非實。經云一時。依三摩耶說，以破實時。說假時故，具說如彼。三依親光。《佛地論》中時有三種。一者，說聽究竟，總名一時。故彼論云，言一時者，謂說聽時。此就刹那相續無斷，說聽究竟，總名一時（此即總說一會說法，說聽究竟，總名一時）。若不爾者，字名句等，說聽時異，云何言一（此即反解。若不就其說聽究竟，名一時者。如初說字次名後句，乃至頌品部等說聽時異，云何言一）。二者，一刹那頃能持能說能領能受，故名一時。故彼論云，或能說者，得陁羅尼，於一字中一刹那頃，能持能說一切法門。或能聽者，得淨耳根，一刹那頃，聞一字時，於餘一切法皆無障礙，悉能領受，故名一時（初也，已上得陁羅尼耳根功德，一刹那頃，能持能說能領能受，故名一時也）。三者，共相會遇，名爲一時。故彼論云，或相會遇，時分無別，故名一時。即是說聽共相會遇，同一時義（感聖赴機，更相會遇，名一時也。或可爲四，開說聽異爲二時故）。問：一及時，其體是何。答：一是數，時即時分。薩婆多宗及經部宗，無別有法，即用五蘊爲性，處界門中有爲爲性。今依大乘，自有兩釋。一龍猛宗。數及時等，皆無有體，非蘊處界三科所攝。故《智度論》云，數時等法，實無所有，陰入持所不攝故（持即界也，持自性故）。又彼論云，時方離合一異長短名字，凡人心著，謂是實有。廣說如彼。二彌勒宗。數時即是有爲法上分位假立，二十四不相應中，數及時也。五蘊門中行蘊所攝，界處門中法處法界，意識境故。《佛地論》云：時者即是有爲法上假立分位（約法相釋），或是心上分位影像（約唯識釋）。依色心等，總假立故，是不相應行蘊所攝。問：何不別顯如下處等，但說一時。答：晝夜時分，諸方不定，不可別說。又義不定，或一刹那，或復相續，不可定說。是故總相但說一時。

湛然《法華文句記》卷一　次釋一時。初引肇意者。啟初開也。運合宜也。嘉善也。佛化大運必稱物機。故云善會。稱機秖是因緣和合。稱機歡喜故云世界。此中世界即屬此經。不同餘文異餘時故。引大論文明生世善治世惡。明二悉者。寄示相耳。復是論中釋一時文。故且引之。然此直云時彼方兩解。若云迦羅即是實時。若云三摩耶即是假時。論問。天竺釋時凡幾種。答凡有兩稱（別者如向）迦羅二字以淺易故。三摩耶三字重難說故。若除邪見不說二字，即是假時。若內弟子依時食護明相，即用實時。當知秖是一時二別，故聲難易耳。是故外人計時爲實。而說偈云：時來衆生熟，時去則催促。時能覺悟人，是故時爲因。故須破邪說三摩耶。故今文中以實時示內生善，假時破外斷惡。第一義下云云者，道合之言正當嘉會，所發善根言通意別。須約教味以判偏圓，則四味三教權人理等。雖有道合仍須開顯，故下約教仍存四別。此下中等亦如大經四因緣智，今經之言亦略開等。本時自行唯與圓合，化他不定亦有八教。言前諸者指向四教皆在迹中，觀心下應注云云。文無者闕，此之麁妙各有觀與境合，名爲一時。

智儼《大方廣佛華嚴經搜玄分齊通智方軌》卷一　一時者，根授相應時也。時有三義。一平等時，謂無沈浮顛倒。二和合時，謂令聞能聞正聞，三轉法輪時，謂正説正受。

惠沼《成唯識論了義燈》卷一　若約頓悟可立一時。問：若立一時，與古何別。法苑不許。答：古立一時，約佛一時能頓説，故名爲一時。據能雖示對機不然，以眾生機熟有前後，寧得一時説法名爲一時。今立一時約理是一，對究竟果名爲一時。又約被於頓悟之人，隨説何教而能頓悟一會所説二空之理，雙除二執故名一時。所以鹿苑初説四諦法輪，無量菩薩入於初地等。若聞四諦不悟法空，云何得入初極喜等。不定一會名爲一時。約頓悟者隨所聞教，常悟空、有及以二空，始終一化，名爲一時。

寶臣《注大乘入楞伽經》卷一　言一時者，時成就也。時者亦隨世假立時分也。一者揀異餘時，如來説經，時有無量，不能備舉。一言略周，故云一時。

子璿《注大乘入楞伽經》卷一　一時，時成就也。師資合會説聽究竟，總言一時。一者揀異餘時，時者隨世假立，如來説經有無量時，不能別舉。一言略周但言一時。《涅槃經》云，一時在恆河岸等。又諸方時分延促不定，故但言一時。若約法義釋者，即説聽之時。心境泯，理智融，凡聖如，本始會。此諸二法，皆一之時。

智聰《圓覺經心鏡》卷一　一時。

一者，多之所宗，謂之一。又一之所起，謂之時。又天上人間，長短不同。天竺國不分春夏秋冬，只云三際（正月十六日至五月十五日，名熟際。五月十六日至九月十五日名雨際。九月十六日至正月十五日，名寒際）。今言一時者，已包四季故也。

惟愨《大佛頂如來密因修證了義諸菩薩万行首楞嚴經釋》卷一　一時。

一者，多之所宗，謂之一。又一之所起，謂之時。又天上人間長短不同。天竺國不分春夏秋冬，只云三際（正月十六日至五月十五日，名熟際。五月十六日至九月十五日，名雨際。九月十六日至正月十五日，名寒際）。今言一時者，已包四季故也。

一真法界

玄奘譯《成唯識論》卷九　四勝義勝義，謂一眞法界。此中勝義依最後説，是最勝道所行義故，爲簡前三故作是説。此諸法勝義亦即是眞如，眞謂眞實顯非虛妄，如謂如常表無變易。謂此眞實於一切位常如其性，故曰眞如。即是湛然不虛妄義。亦言顯此復有多名，謂名法界及實際等。如餘論中隨義廣釋。此性即是唯識實性，謂唯識性略有二種。一者虛妄，謂遍計所執。二者眞實，謂圓成實性。爲簡虛妄説實性言，復有二性。一者世俗，謂依他起。二者勝義，謂圓成實。爲簡世俗故説實性。三頌總顯諸契經中説無性言非極了義，諸有智者不應依之。總撥諸法，都無自性。

澄觀《大方廣佛華嚴經隨疏演義鈔》卷二三　疏。體不出五者，即《攝論》《佛地論》皆言五法攝大覺性，謂一眞法界。四智菩提，則一是理而非是智。今清淨智，即一眞法界。清淨智即本來智性。《金剛頂瑜伽》説有五智，初法界清淨智，即一眞法界故。

澄觀《大方廣佛華嚴經普賢行願品別行疏鈔》卷三　初約體者，即本覺心體也，即諸法本源一眞法界也。謂此法界周遍一切，四生六趣無不有之。在聖在凡，用即有別，體即無異。即諸佛所師群生自體，萬物資始眾行所依也。問：此眞法界何名普賢耶。答：以體性周徧曰普，隨緣成德曰賢。言隨緣成德者，由眞理不守自性妙能隨緣成諸事法。若隨染緣而居生死，若隨淨緣而至涅槃。雖則隨緣染淨，而眞性不變改也。故如來藏經疏悟達國師云，在一塵而廣大悉備，隨萬有而獨立不改。此言隨緣者，約能起諸法義邊得名也。

子璿《金剛經纂要刊定記》卷一　鏡像是喻，心色是法，本淨元空通於法喻。以鏡喻於心，以像喻於色，像是鏡之所現，如色是心之所現。鏡雖現像其像元空，即顯鏡本淨也。心雖現色其色元空，即顯心本淨也。言本淨者即是性淨，通因果凡聖故。故《華嚴》云：非識所能識，亦非心境界，其性本清淨，開示諸群生。此略指配也。若廣釋者。鏡即人間所用之鏡，然有塵雍不堪用者，有雖淨而在匣者，有淨無塵垢挂之高臺萬像斯鑒者。今取後者爲喻。心者性相二宗所説各異。相宗説者，或以集起爲心，唯第八識集諸種子起現行故。或以緣慮爲心，通於八識俱能緣慮自分境故。然此所説但是有爲生滅，非今所喻。性宗説者，即如來藏，本源自性清淨心也。然今所明正是此心，以是迷悟根本、凡聖通依、世出世間皆不離此。所以《起信論》中立爲大乘法體。故論云：摩訶衍者，一法，二義。所言法者謂衆生心，是心則攝一切世間出世間法，依於此心顯示摩訶衍義。又云依一心法有二種門：一者心眞如門，二者心生滅門。是二種門皆各總攝一切法。此義云何。以是二門不相離故，以眞如門是通相，故攝一切。生滅門雖是別相，以是即眞如之生滅，亦攝一切。以此二門同依一心爲源，則知萬法不出此心。

又如華嚴是圓極一乘，亦以此心爲一眞法界之體。故彼疏説：統四法界爲一眞法界。謂寂寥虚曠、沖深包博，總該萬有，即是一心，體絶有無、相非生滅。乃至云：諸佛證此妙覺圓明，現成菩提爲物開示等。然此一心有性有相。相則凡聖迷悟、因果染淨等異，性則靈靈不昧、了了常知。然此性相不即不離。以相不離性故，只向同處異。性不離相故，只於異處同。性不即相故，未始有差別。相不即性故，未嘗不殊異。蓋緣性相一味，所以同異兩存。其猶一水波濕，性相同異可知。然此靈心本非一切，能爲一切，心之名字亦由此立。今云淨者，但約畢竟空義，非是揀染名淨。以但唯一心，貫通染淨故。荷澤云：知之一字衆妙之門，一切諸法依此建立，既爲得失之祕府，乃是昇降之玄樞。稱衆沙門實爲至矣。今所辨者即是此心。然前所説相宗二種，乃是此心之内生滅一門。對辨淺深故須料揀，和會通攝則實無所遺。

子璿《金剛經纂要刊定記》卷四　法界者，一眞法界平等無差。云何於中見自他相。故偈云：平等眞法界，佛不度衆生。此上五義，大雲之文。然於中，一三約所，二約能所，四唯約能，五該本末也。大抵意云：若見衆生有可度者，即生疲勞不能常度。反此即常也。又度與不度其心不二，名之爲常也。故《金剛三昧經》云：若化衆生，不生於化，不生無化，其化大焉。

子璿《起信論疏筆削記》卷七　依生下二釋法界，諸有聖法依此生故。即菩提涅槃十力四無所畏等，是聖人所證所得之法，故名聖法。故《圓覺》云：無上法王有大陁羅尼門，名爲圓覺，流出一切清淨眞如菩提涅槃及波羅蜜，教授菩薩。因義者，法即聖法，界即是因。能生聖法，故云法界。問：據前所説眞性是凡聖染淨通依，何故此文獨言聖法因義。答：此中乃是以勝顯劣也，非謂揀於凡法。聖法尚依，豈況凡耶。此約終教，故作此釋。若就圓教事理無礙相，即相入渾融含攝，爲一眞法界也。

受教《淨土生無生論親聞記》卷上　一眞法界者，一則不二，眞則不妄。不妄不二，是眞法界。此則以無法爲法，無界爲界，乃以一眞如妙性而爲法界也。種種義味具如下釋。

次釋二。初述偈立宗，二依宗釋義。西天祖師，凡有破立，必先説偈，以爲論本。然後約義門，而解釋之。今亦倣此，故先説偈。

一眞法界中，具足十法界。依正本融通，生佛非殊致。

一眞法界，即中道法性，有二種。一但中，如雲外月，逈出二邊。是故眞俗及十界依正，皆非性具。獨以無身無土，無生無佛者，而爲法身。如是之人與談惟心本性，可也。談惟心淨土，本性彌陁，莫之可也。一圓中，如如意珠，即體圓，即瑩徹，即具寶。雖是一珠，而有三義。雖是三義，但是一珠。故曰一眞法界中，具足十法界。依正本融通，生佛非殊致。是以能悟此性具十界，依正融通，生佛無殊者，雖終日求生，而生即無生。雖無生，而不妨熾然求生。豈與夫談無生，則礙於生。談生，則礙於無生者。可同日而道哉。余謂談淨土者，苟微性具之旨，則惟心與淨土，必岐爲二。一眞法界，性具法門，可不專務熟講哉。

一　精明

裴休《黄檗山断際禪師傳心法要》　所言同是一精明分爲六和合。一精明者，一心也。六和合者，六根也。此六根各與塵合。眼與色合，耳與聲合，鼻與香合，舌與味合，身與觸合，意與法合。中間生六識爲十八界。若了十八界無所有，束六和合爲一精明。一精明者，即心也。學道人皆知此。但不能免作一精明六和合解，遂被法縛不契本心。如來現世，欲說一乘眞法，則衆生不信興謗，沒於苦海。若都不說，則墮慳貪，不爲衆生溥捨妙道。遂設方便說有三乘。乘有大小，得有淺深，皆非本法。故云：唯有一乘道，餘二則非眞。然終未能顯一心法，故召迦葉同法座，别付一心，離言說法。此一枝法令別行，若能契悟者，便至佛地矣。

覺此《環溪和尚語錄》卷下　無外一精明，六合同出自。若能知本原，佛亦不相似。諸人還知本原麽，無外一精明是也。此一精明，馬祖所謂即心即佛，南泉所謂不是心、不是佛、不是物，臨濟所謂有一無位眞人，常在汝等面門出入是也。名雖異，體則同。說雖别，意不别也。所謂六合同出自者，眼與色合，耳與聲合，鼻與香合，舌與味合，身與觸合，意與緣合。教中道，元是一精明，分成六和合是也

真鑒《大佛頂首楞嚴經正脉疏》卷六　一精明，即眞如與無明和合所成。識精明元，爲六精之總體。理實即是第八賴耶識，亦即本經稱陁那細識也。六根即是能依，一精明即是所依，故曰元依一精明也。分成六和合者，分攬六塵，各成根相，而精名亦别。如在眼名見精，在耳名聞精等。名雖各别，而體則仍是一精明故。一精明合喩中一機，六和合合喩中諸男女也。當補二句云：雖見六用殊，惟一精明轉。合喩中雖見二句方全。一處成休復，合喩中息機。六用皆不成，合喩中歸寂然。然一處休復，即從耳根解結。其意可知。齊此喩明情界脫纏已竟，末二句合諸幻成無性。塵垢即指器世間六塵所成垢染世界。應念銷者，如前經云山河大地應念化成無上知覺是也。無情器之分曰圓，無無明之蔽曰明，無根塵之污曰淨，無結縛之礙而互用變現曰妙，故曰成圓明等。此更喩明器界超越法喩。詳明修證已竟。

鐘惺《大佛頂如來密因修證了義諸菩薩万行首楞嚴經如說》卷六　元依一精明，分成六和合。一處成休復，六用皆不成。塵垢應念銷，成圓明淨妙。餘塵尚諸學，明極即如來。

此言一根解而六根拔也。首六句，擧喩以明六根幻成。六根五句，法合上喩。六根，合諸男女。一精明，合一機。一處休復，合息機歸寂。六用不成，合諸幻無性。一精明，即識精明元，那陁微細識也。六根爲能依，一精明爲所依。由一精明而攬塵成結，各各不同，遂分爲六。在眼名見，在耳名聽等。故曰元依一精明，分成六和合。和合，即前黏字，與脫字相反，休即息機也，復即歸寂然也。塵垢即前想相爲塵，識情爲垢是業識中微細無明也。六解之後，聞所聞盡。已證人空。若從此進頓空法執，則塵垢應念皆銷，而識精轉爲圓融清淨寶覺。若塵垢有餘而未盡，尚居學位，未得畢功，明相精純。到至極處，即是如來所證圓成極果是則法門既妙，成佛無難。當選此一根爲入門之路也。

廣益《八識規矩頌》　元依一精明，分成六和合。以見精映色，結色成根等。根元目爲清淨四大，故名淨色。以此淨色即無明殼也，亦名勝義根，謂於眼等一八淨色如淨醍醐。有此性故，眼等識生，無即不生。照境發識以成根用，故名勝義。不同浮塵虚假損壞。此無損壞，故亦名勝義。不同浮塵無見聞等。此能覺知，故亦名勝。如眼能見色，耳能聞聲，鼻能嗅香，舌能嘗味，身能覺觸是也。問：淨色根畢竟是何物。答：此無見有對色，雖有質礙而非眼所得見。比量所知，非現量得，如何可指。然此識精圓映五門，隨浮根之照用。是知浮根則有五而淨色唯一，故曰元依一精明耳。

劉道開《楞嚴說通》卷六　元依一精明，分成六和合。一處成休復，六用皆不成。塵垢應念銷，成圓明淨妙。餘塵尚諸學，明極即如來。

此以喩合法明一返六脫之義也。何以見一根返源而情器雙超哉。譬如世間巧幻師，幻作種種諸男女形。諸根畢具，宛然生動。要以幻師手中所提線索動故，幻人口眼亦動。若線索不動，則口眼亦不動。是則動惟機抽，寂惟機息。至息機歸寂，并所依幻處，亦泯於無，而諸幻成無性矣。知此則知六根矣。彼六根之在人，亦復如是。只因眞如不守自性，與無明和合，所成識精明元，爲六精之總體。即是第八阿賴耶識，亦即陁那微細識，強名之曰一精明，即如幻師之一機也。六根元依此一精明，而分攬六塵，各成根相。於是在眼名見，在耳名聞等。以根塵和合而成，故名六和合。即如幻作之諸男女也。所以雖見六用殊，惟一精明轉。

一　缘

慧遠《涅槃義記》卷九　言一緣者，道法體也。法是行緣，故名爲

緣。據大攝小，其唯一故皆當作佛。愚聞不解，便言定作。如來復說須陁洹等得小涅槃，愚人不解，便言二乘定不作佛。

實叉難陀譯《大乘入楞伽經》卷一 寂滅者所謂一緣，一緣者是最勝三昧，從此能生自證聖智，以如來藏而爲境界。

栖復《法華經玄贊要集》卷一九 一緣者，唯有一個成佛因緣，乃至我諸弟子聞是說，不解我意，於大乘中，唱如是言：須陁洹人至阿羅漢，皆得成佛。即對有性，非無性人也。

栖復《法華經玄贊要集》卷二一 一緣者，唯有一佛因緣，無二乘因緣。璐府。一者，謂一大事因緣也。

一由旬

《薩婆多毗尼毗婆沙》卷五 由旬者，四十里一由旬。

地婆訶羅譯《方廣大莊嚴經》卷四 凡七極微塵成一阿耨塵。七阿耨塵成一都致塵。七都致塵成一牖中眼所見塵。七眼所見塵成一兔毛上塵。七兔毛上塵成一羊毛上塵。七羊毛上塵成一牛毛上塵。七牛毛上塵成一蟣。七蟣成一芥子。七芥子成一麥。七麥成一指節。十二指節成一搩手。兩搩手成一肘。四肘成一弓。千弓成一拘盧舍。四拘盧舍成一由旬。今此衆中誰能了知一由旬內微塵數量。頞順那曰，我聞太子所說猶尚迷悶，何況諸餘淺識寡聞。惟願太子爲我宣說，一由旬內有幾微塵。

玄奘譯、辯機《大唐西域記》卷二 夫數量之稱，謂踰繕那（舊曰由旬，又曰踰闍那，又曰由延，皆訛略也）。踰繕那者，自古聖王一日軍行也。舊傳一踰繕那四十里矣，印度國俗乃三十里，聖教所載唯十六里。窮微之數，分一踰繕那爲八拘盧舍。拘盧舍者，謂大牛鳴聲所極聞，稱拘盧舍。分一拘盧舍爲五百弓，分一弓爲四肘，分一肘爲二十四指，分一指節爲七宿麥，乃至蝨、蟣、隙塵、牛毛、羊毛兔毫、金、水，次第七分，以至細塵，細塵七分，爲極細塵。極細塵者，不可復析，析即歸空，故曰極微也。

義淨譯《根本說一切有部百一羯磨》卷三 言瑜膳那者，既無正翻義。當東夏一驛可三十餘里，舊云由旬者訛略。若準西國俗法，四俱盧舍爲一瑜膳那，計一俱盧舍可有八里，即是當其三十二里。若準內教，八俱盧舍爲一瑜膳那，一俱盧舍有五百弓。弓有一步數，準其步數纔一里半餘。將八倍之當十二里，此乃不充一驛。親驗當今西方瑜膳那，可有一驛故。今皆作一驛翻之，庶無遠滯。然則那爛陁寺南向王舍城，有五俱盧舍，計其里數可一驛餘耳。

宗密《大方廣圓覺修多羅了義經略疏注》卷下 其人所居一由旬內。一由旬則四十里。一云十六里。

慧琳《一切經音義》卷一 踰繕那。上羊朱反。繕音善。古云由旬，或云由延，或云瑜闍那，皆梵語訛略也。正云踰繕那，上古聖王軍行一日程也。前後翻譯諸經論中互說不同，文句繁多略而不述。今且案《西域記》云，踰繕那者，自古聖王軍行程也，舊傳一踰繕那有四十里，印度國俗乃三十里，聖教所載唯十六里。如上經論所說，差別不同，考其異端，各有所據。或取聖王，或取凡肘，或取古尺。取捨雖懷異見，終是王軍一日行程。適中取實，今依《西域記》三十里爲定。玄奘法師親考遠近，撰此行記，奉對太宗皇帝所問，其言眞實，故以爲憑，餘皆不取。

慧琳《一切經音義》卷二二 半由旬量。由旬是梵言，具云踰繕那。此曰和合，謂以多俱盧舍和合成故。案：《佛本行集》第十二云，七微塵成一窗牖塵，七窗成一兔毛頭塵，七兔毛塵成一羊毛頭塵，七羊毛塵成一牛毛塵，七牛毛塵成一蟣，七蟣成一虱，七虱成一芥子，七芥子成一大麥，七大麥成一指節，七指節成尺，二尺成一肘，四肘成一弓，五弓成杖，二十杖名一息。八十息名一俱盧舍，八俱盧舍成一由旬。準此方尺量二里餘八十步當一俱盧舍，計一由旬合有一十七里餘二百八步或百一由旬。如此方一驛地也。

慧琳《一切經音義》卷二七 由旬。《踰繕那限量義有餘經》說四十里爲一踰繕那，《俱舍論》說極微微金水兔羊牛隙塵蟣蝨麥指節後，後增七倍，二十四指肘，四肘爲弓，量五百俱盧舍，此八踰繕那十六里半餘。

道掖《淨名經關中釋抄》卷下 由旬者，或云踰闍那，或云由延兪旬踰繕那。此云計合應爾。謂計度量合爾，同此方驛也。古聖王一日行俱舍十六里，餘經論或三十、六十、八十，無定數也。見應法師經音。

寶臣《注大乘入楞伽經》卷二　言最細微塵名兔毫塵，七兔毫塵成一羊毛頭塵，七羊毛頭塵成一隙中塵，七隙中塵成一蟣，七蟣成一虱，七虱成一穬麥，七穬麥成一指。二十二指成一搩，兩搩成一肘，四肘爲一弓。五百弓名一拘樓舍，十拘樓舍名一由旬。

一諦

曇無讖譯《大般涅槃經》卷一三　所説世諦第一義諦，其義云何。世尊，第一義中有世諦不。世諦之中有第一義不。如其有者即是一諦，如其無者將非如來虛妄説耶。善男子，世諦者即第一義諦。世尊，若爾者則無二諦。佛言：善男子，有善方便，隨順衆生，説有二諦。善男子，若隨言説，則有二種。一者世法，二者出世法。善男子，如出世人之所知者名第一義諦，世人知者名爲世諦。善男子，五陰和合稱言某甲，凡夫衆生隨其所稱是名世諦。解陰無有某甲名字，離陰亦無某甲名字，出世之人如其性相而能知之名第一義諦。復次，善男子，或復有法有名有實，或復有法有名無實。善男子，有名無實者即是世諦，有名有實者是第一義諦。善男子，如我衆生壽命知見養育丈夫作者受者，熱時之炎乾闥婆城，龜毛兔角旋火之輪。諸陰界入是名世諦，苦集滅道名第一義諦。善男子，世法有五種。一者名世，二者句世，三者縛世，四者法世，五者執著世。善男子，云何名世。男女瓶衣車乘屋舍如是等物，是名名世。云何句世。四句一偈如是等偈，名爲句世。云何縛世。捲合繫結束縛合掌，是名縛世。云何法世。如鳴搥集僧嚴鼓戒兵吹貝知時，是名法世。云何執著世。如望遠人有染衣者，生想執著，言是沙門非婆羅門，見有結繩橫佩身上，便生念言是婆羅門非沙門也，是名執著世。善男子，如是名爲五種世法。善男子，若有衆生於如是等五種世法，心無顛倒如實而知，是名第一義諦。復次，善男子，若燒若割若死若壞，是名世諦。無燒無割無死無壞，是名第一義諦。復次，善男子，有八苦相名爲世諦，無生無老無病無死，無愛別離無怨憎會，無求不得無五盛陰，是名第一義諦。復次，善男子，譬如一人多有所能，若其走時則名走者，或收刈時復名刈者，或作飲食名作食者，若治材木則名工匠，鍛金銀時言金銀師。如是一人有多名字，法亦如是，其實是一而有多名。依因父母和合而生名爲世諦，十二因緣和合生者名第一義諦。

鳩摩羅什譯《大智度論》卷八六　聲聞人以四諦得道，菩薩以一諦入道。佛説是四諦皆是一諦，分別故有四。是四諦，二乘智斷，皆在一諦中。

僧肇《注維摩詰經》卷四　諦是道場，不誑世間故。什曰：小乘中説四諦，大乘中説一諦。今言諦，是則一諦，一諦實相也。俗數法虛妄，謂言有而更無，謂言無而更有，是誑人也。見餘諦謂言必除我惑，而不免妄想，亦是誑也。今一諦無此衆過，故不誑人也。從一諦乃至諸法無我是諸法實相，即一諦中異句異味也。由此一諦故佛道得成，一諦即是佛因故名道場也。肇曰：四諦眞實無虛誑也。

吉藏《法華玄論》卷八　小乘以苦集爲相生，滅道爲還滅。境即生滅觀亦復然，故生滅境發生滅觀。生滅觀照生滅境，所以言生滅之輪四方轉也。大乘則明不苦不集故不生，不道不滅故無滅。故名一諦。以無生滅，一諦發不生滅一觀。無生滅一觀，照無生滅一境。故云無生滅輪於一諦方轉也。然轉輪既是無轉而轉，境生亦無生而生。無轉而轉，雖轉不照。無生而生，雖生不發也。次明小乘之輪於四方轉，大乘亦爾。但小乘於有量四方轉，大乘於無量四方轉。【略】

次一諦輪。次無諦法輪。小乘但有三轉，而大乘具有四轉。此四轉皆是舒卷明義，舒之從無諦爲一諦，一諦爲二諦，二諦爲四諦，卷之則合四爲二諦，二諦歸一諦，一諦歸無諦。四轉法輪者。一中道佛性，《法華》亦然，約此開四諦。迷之則成苦集，悟之則成滅道。迷之成苦集者，如隨其流處六味不同，一切諸業煩惱即集諦，生死苦惱即苦諦。悟之即有十信乃至等覺地，名爲道諦。如來地一諦一依寂滅涅槃，名滅諦也。次合此四諦唯成二諦，三諦入有爲相，滅諦入無爲相，唯有常無常二諦，亦是空不空二諦。無常即是可空，涅槃名爲不空，故云空不空二諦也。次合二諦唯成一諦。有爲虛妄不名爲諦，常住眞實故名爲諦。如大經七義釋之。次泯一諦以歸無諦。如經云：所言空者不見空與不空。不見空者不見有爲生死空也，不見不空者亦不見涅槃不空。又生死是空，而今通言不見空不空者，涅槃爲不空。亦不見有不有，若爾即不見生死空不空，亦不見涅槃有不有。故非空非有非生死非涅槃，即是無諦。

吉藏《勝鬘寶窟》卷下 一諦章。上來前四章，通明量無量究竟非究竟。此下四章，就無量諦中更明取捨。謂三諦不究竟，一滅諦究竟。上四章爲二，初明無量諦，次三章辨如來藏法身空義隱覆。今四章亦開爲二章，正論諦究竟非究竟非究竟。次兩章，謂如來藏依持及清淨隱覆。初二章論諦即二。第一對三諦非究竟，明滅諦是究竟。第二對昔依非究竟，今一滅諦依是究竟。問：何故一諦對今，一依對昔。答：前聖諦章，以對昔有量，明今無量，故一諦不復對昔。上來對今三諦非究竟，是故須對今三非究竟，明一滅究竟。上來未對昔依明今一依，是故對昔依非究竟。辨今依究竟一諦章，以對今三非究竟，明今一滅究竟，是故一依不更對，今三依非究竟，一依是究竟。

就此一章，以二門釋之。一來意門，從聖諦其空義隱覆上。已論昔諦非究竟，今無量究竟。今就無量諦中，自簡三非究竟，一是究竟。故有一諦章來。又欲明佛教大宗舒卷之，佛法廣説則八萬四千，攝八萬四千在於八諦，次攝八諦唯成一四諦。雖有四諦終歸一諦，唯此一諦，是其眞實。對多是故言一，若歸一諦，則無覆多。無多亦不可言一，故《法華》云：是法不可示，言辭相寂滅。《大品》云：是四諦平等，佛不能行，佛不能到。蓋是佛法之大宗也。

第二釋名門。言一諦者，四諦之中其唯簡取一苦滅諦，故名爲一。此一非虚妄及異，故名爲諦也。就文二，一對虚明實，二不思議下，對情顯深。初中前略，後廣釋之。此四諦三是無常一是常者，是其略也。此四者，牒上無作四也。上從一切如來乃至壞一切煩惱藏修一切苦滅道，此是廣釋無作四聖諦竟，故今牒之，所以云此四聖諦也。三是無常者，謂苦集道也。此之三諦，四義故無常。一相各異故，二因緣生故，三本無今有故，四已有還無故。滅諦翻此四，故名爲常。然若通就理論之，則四諦同入眞如，故悉名爲常。此是差別無差別義。若無差別差別者，宜開四句。一苦集二諦，但是無常。二滅諦，但是常，三道諦，亦常無常。若是四諦中道常，此是因道，故名無常。若是佛果之道，稱之爲常。四泯上三門，歸乎一相。言妄慮絶，不可説常無常也。故《中論》觀如來品云：寂滅相中，無常等四也。即此章下文。若定執涅槃常，生死無常，是墮二見。故知理未曾常無常也。何以故，下第二廣釋。前問起發，何故三諦皆是無常，一諦是常，下解釋之也。

前解三諦有二。初正解，是故苦諦下總結也。正解凡有六句。初三明是，後三辨非。三諦者牒前也。入有爲者，苦集及道爲三相所爲，故曰有爲。又有爲是總，三諦是別，收別入總，故言入有爲相。本無今有，已有還無，故是無常。實無有法，倒有情所起，故名虚妄。言非諦者，非是眞諦。言非常者，非是眞常。言非依者，非是眞依。有爲刹那不住，不能作染淨依持，故言非依。總結易知。

下釋一諦亦二。初釋，後結。還翻上六，三句明非，三句明是。離有爲相者，異上初句，不從緣集，故離有爲。言是常者，此句正應名非無常，異前第二。非虚妄者，異上第三。言是諦者，對前非虚妄是眞諦。《涅槃》云：若法不眞，不名實諦。此是就體爲言，若智會前理，智亦名諦。是則二乘有苦諦，而無眞實。今以境實爲諦，如云諸佛菩薩有諦有眞實。言是常者，對前第二明理是常。言是依者，對上非依。以是常住是可依，是故下結。結中少前二句，謂非常非依。有人言：從一苦滅諦，是第十一章，常住安隱一依。前明有虚妄法非是依，今明眞依者，乃是金剛心外衆苦盡處，離有爲相，常住不變，此眞依也。今明此中雖辨於依，爲成滅諦，故不同此釋。上來第一對虚明實不思議，下第二對妄情顯深於下。初言不思議者，總歎顯深，絶凡聖境界，故名不思議。下別顯之。

吉藏《維摩經義疏》卷四 小乘中説四諦，大乘中説一諦。今言諦，是則一諦。一諦，實相也。俗法虚妄，謂言有而便無，謂言無而便有。是誑人也。見餘諦謂言，必除我惑，而不免妄想。亦是誑也。今一諦，無此衆過，故不誑人也。從一諦乃至諸法無我，是諸法實相也。即一諦中，異句異味。由此一諦故，佛道得成。一諦即是佛因，故名道場也。

吉藏《百論序疏》 次一諦觀者，了塵想本不生故不苦不集，今無所滅故不滅不道，即一實諦也。次無諦觀者，本對於四是故有一，竟不曾四何有一耶。此是從四諦至二諦，二諦歸一諦歸無諦。次從無諦故有一諦，一諦故有二諦，二諦故有四諦，故舒之彌淪法界，卷之泯無蹤迹。此並是空中種樹，虚裏織羅。雖舒而不開，雖合而不卷。肇公云：近而不可知者其唯物性乎。言動而靜，似去而留。可以神會，不可以事求。次論同異。

智顗《維摩經玄疏》卷三　第四約一諦理明所詮者，亦爲三意。一者正明所詮理，二明能詮教，三約經論。一明所詮理者，即是一諦理也。何等名爲一諦。諦名審實，審實之法即是不二。豈是三諦、二諦皆名審實。今明眞俗說爲諦者，但是方便，實非諦也。故《涅槃經》云：所言二諦，其實是一，如來方便爲化衆生故說爲二。譬如日月不轉醉人見轉，當知唯有不轉之日，不醉之人同見。豈別有迴轉之日。若實有轉日者，不醉之人亦應竝見也。一諦如眞日，二諦如轉日。眞日審實可名一諦，轉日不實何有二諦。方便說二。實義不成故非諦也，今以此一實諦爲所詮之理也。二明能詮之教者。若藏教通教正是煩惱惡酒未吐，唯詮轉日說有二諦，不能詮一實諦也。若別教詮一實諦，如離轉日有不轉日。圓教詮一實諦，轉日即不轉日也。三對經論者。若華嚴教詮眞俗即一實諦，帶不即之方便。若三藏教一向不詮一實諦也。若方等教詮一實諦同華嚴，摩訶般若教詮一實亦同華嚴。故《無量義經》云：佛成道以來四十餘年未顯眞實。今謂何有不說實諦，但或時赴緣開二諦三諦不即一諦之方便。所覆法華教詮一實諦。無復不即之方便，但論一切即一實諦也。故《法華經》說，二萬億日月燈明佛，皆云諸法實相義已爲汝等說。今佛放光明助發實相義，諸佛法久後要當說眞實，正直捨方便但說無上道。若涅槃經同方等通釋，入佛性爲異。諸論隨經類之可解，如《中論》偈云，亦名中道義。此即是申一實諦之教也。故青目釋云：遮二邊故名爲中道，即是遮因緣空邊假邊，非此二邊則非眞俗二諦名一實諦也。故《大涅槃經》云：一實諦者，則無二也。又云：無二之性即是實性，無二之性即是入不二法門。又一實諦者，即是不生不生，不生不生不可說故，淨名居士默然杜口。文殊稱歎意在此也。

灌頂《大般涅槃經玄義》卷下　三約一諦者。世人解諦，或境或智或教，非無此義。今用理釋諦，理當即境正，境正即智教皆正。以理釋諦其義爲允，有四種四諦。一生滅四諦，集是能生，苦是所生，能生生所生，所生還生能生。苦集迴轉，生死無已。道名能壞，滅是所壞。所壞亦壞能壞，能壞亦壞所壞，更互生滅，故稱生滅四諦。若論其相，逼迫生長能除所除等是也。如經。二無生四諦者，推苦集之本。本自不生，不生故則無苦集。既無所壞，亦無能壞，故稱無生四諦。論其相者，解苦無苦，而有眞諦。集道滅亦如是。如經。三無量四諦者，分別校計苦集滅道，有無量相，非諸聲聞緣覺所知。如經。四一實四諦者，解苦無苦，而有於實，乃至解滅無滅，而有於實。實者，非苦非苦因，非苦盡，非苦對，而是一實。乃至滅亦如是，是名一實四諦。具如經。非離生滅四諦，別有一實四諦，即達生滅而是一實四諦。無生無量，亦復如是。一中有無量，無量中有一。不可思議，不可說示。強欲分別令易解故，總唱一實四諦，即是名也。取一滅諦，即是其體。故《勝鬘》云：一依者，即一滅諦也。道諦以當其宗，取道諦所治，以當其用。調御心喜，說此眞諦，即名爲教。雖差別說，只是一無差別法耳。

慧遠《勝鬘義記》卷下　一諦一依，解釋所藏，一諦藏躰，一依藏用。躰實平等，名爲一諦。用具染淨，染淨所依，故云一依。顛倒眞實，釋前空義有之所以。藏躰清淨，何緣得有空義隱覆。故下釋之。以其顛倒眞實，故有自性清淨。轉釋向前一諦一依，前說一諦躰性清淨。上說一依從緣有染，躰若清淨不應有染。若從緣染，躰應不淨。

般若譯《大乘理趣六波羅蜜多經》卷一〇　云何名爲諦善巧。所謂四諦，苦、集、滅、道。觀此五蘊苦苦、行苦、壞苦，名苦聖諦智。了知無明增長五蘊，名集諦智。不起貪欲滅盡諸苦，名滅諦智。爲此滅故修八聖道，名道諦智。是名菩薩摩訶薩諦善巧智。復有諦善巧，所謂知苦無生，名苦諦智。知集不起，名集諦智。了本不生今則無滅，名滅諦智。於不二相修中道觀，名道諦智。是則名爲諦善巧智。復次，菩薩摩訶薩了知苦受空無自性，能觀正智亦復皆空，名苦中苦智。觀集緣起從緣幻有，能觀正智亦皆是空，名集中集智。知貪愛滅既本性空，正智現前清淨平等，名滅中滅智。知出苦道了不可得，正智觀察自性皆空，名道中道智。如是正智離諸分別，是名菩薩摩訶薩諦善巧智。復次，能知生苦體即無生，名苦中眞智。知生集起集無和合，名集中眞智。知生本無即無有滅，名滅中眞智。知出苦道離有離無，是名道中眞智。菩薩摩訶薩如實了知，名諦善巧。復有諦善巧，所謂三諦，世俗諦、勝義諦、實相諦。世俗諦者，謂一切世間語言文字、見聞覺知。勝義諦者，謂心行處滅無復文字，離於一切見聞覺知。實相諦者，所謂一切相即無相，如是無相即是實相。菩薩摩訶薩於俗不染，觀眞不住，一相平等，是則名爲菩薩摩訶薩諦善巧智。復有二諦，所謂世諦、眞諦。世諦者，所謂一切世間色心等法，如實而見，稱實而知。眞諦者，謂二空理，清淨湛然究竟寂滅，化之不厭，知眞無取，無法可得，是名菩薩摩訶薩諦善巧智。復有一諦，謂即眞如清淨法界，無生無滅，非斷非常，遠離二邊究竟安樂，於生無生心無二相，是名菩薩摩訶薩諦善巧智。

玄奘譯《大寶積經》卷五一　復有一諦無有第二。何等一諦，所謂滅諦。舍利子，諸佛如來於此一諦明了通達，無有增益。既通達已，爲處增益諸含生等，宣說如是一諦之法，令彼修學悟無增益故。舍利子，若有菩薩作如是知，是名菩薩摩訶薩諦法善巧。

玄奘譯《阿毗達磨大毗婆沙論》卷七七　問：若諦有四，何故世尊說有一諦。如伽他說，

一諦無有二，衆生於此疑。
別說種種諦，我說無沙門。

此頌意言唯有一諦，外道猶豫別說有多。佛說彼法中無沙門道果，沙門道果依一諦故。脇尊者曰：言一諦者，謂四聖諦各唯有一。唯一苦諦無第二苦，唯一集諦無第二集，唯一滅諦無第二滅，唯一道諦無第二道。故說一諦，不違說四。復次言一諦者，謂一滅諦爲欲遮遣餘解脫故，謂諸外道說四解脫。一無身解脫，即空無邊處。二無邊意解脫，即識無邊處。三淨聚解脫，即無所有處。四世窣堵波解脫，即非想非非想處。佛作是說，彼非眞實解脫出離，是無色有眞解脫者，唯一滅諦究竟涅槃。復次言一諦者，謂一道諦。爲欲遮遣餘道諦故，謂諸外道說多道諦。如執自餓爲道，或執臥灰爲道，或執隨日轉爲道，或執飲風飲水食果食菜爲道，或執露形爲道，或執臥刺棘等爲道，或執不臥爲道，或執著弊故衣爲道，或執服諸藥物斷食爲道。佛作是說，彼非眞道。是邪僻道，是虛僞道，是矯詐道。如是諸道，非諸善士所應習行，是諸惡人所應遊履。眞淨道者，謂一道諦，即正見等八支聖道。復次言一諦者，謂一滅諦，永捨一切生死苦故。又一諦者，謂一道諦，能斷一切生死因故。餘契經中說有二諦。一世俗諦，二勝義諦。

問：世俗勝義二諦云何。有作是說，於四諦中前二諦是世俗諦。男女行住及瓶衣等，世間現見諸世俗事，皆入苦集二諦中故。後二諦是勝義諦，諸出世間眞實功德，皆入滅道二諦中故。復有說者，於四諦中前三諦是世俗諦，苦集諦中有世俗事，義如前說。佛說滅諦，如城如宮，或如彼岸，諸如是等世俗施設滅諦中有，是故滅諦亦名世俗。唯一道諦是勝義諦，世俗施設此中無故。或有說者，四諦皆是世俗諦攝，前三諦中有世俗事，義如前說。道諦亦有諸世俗事，佛以沙門婆羅門名說道諦故。唯一切法空非我理是勝義諦，空非我中諸世俗事絕施設故。評曰：應作是說，四諦皆有世俗勝義苦集中有世俗諦者。義如前說。苦諦中有勝義諦者，謂苦非常空非我理，集諦中有勝義諦者，謂因集生緣理。滅諦中有世俗諦者，佛說滅諦如園如林如彼岸等。滅諦中有勝義諦者，謂滅靜妙離理。道諦中有世俗諦者，謂佛說道如船栰如石山如梯隥如臺觀如花如水。道諦中有勝義諦者，謂道如行出理，由說四諦皆有世俗勝義諦故，世俗勝義俱攝十八界十二處五蘊，虛空非擇滅亦二諦攝故。

問：世俗中世俗性，爲勝義故有爲勝義故無設爾何失。二俱有過。所以者何？若世俗中世俗性勝義故有者，應唯有一諦，謂勝義諦。若世俗中世俗性勝義故無者，亦應唯有一諦，謂勝義諦。答應作是說，世俗中世俗性勝義故有。若世俗中世俗性勝義故無，佛說二諦言應非實。佛說二諦言既是實，故世俗中世俗性勝義故有。問：若爾，唯應有一諦，謂勝義諦。答：實唯有一諦，謂勝義諦。問：若爾，何故立有二諦。答：依差別緣立有二諦，不依實事。若依實事唯有一諦，謂勝義諦。依差別緣建立二種，若依此緣立世俗諦，不依此緣立勝義諦。若依此緣立勝義諦，不依此緣立世俗諦。譬如一受有四緣性，若依此緣立因緣性，不依此緣乃至立增上緣性。若依此緣乃至立增上緣性，不依此緣乃至立因緣性。又如一受有六因性。若依此緣立相應因性，不依此緣乃至立能作因性。若依此緣乃至立能作因性，不依此緣乃至立相應因性。二諦亦爾，依別緣立不依實事。問：世俗勝義亦可施設各是一物不相雜耶。答：亦可施設。其事云何。尊者世友作如是說，能顯名是世俗，所顯法是勝義。復作是說，隨順世間所說名是世俗，隨順賢聖所說名是勝義。大德說曰，宣說有情瓶衣等事，不虛妄心所起言說是世俗諦。宣說緣性緣起等理，不虛妄心所起言說是勝義諦。尊者達羅達多說曰，名自性是世俗，此是苦集諦少分。義自性是勝

義，此是苦集諦少分，及餘二諦二無爲。

竊基《勝鬘經述記》卷下　於一諦章中，有二。初釋一諦義，二是滅過。一切下解一諦深妙，此一諦一依。釋前法身，身者依止義。故《成唯識》第十卷云：體依聚義，總說名身。法謂能持自性，非假所立。眞如能與恆沙功德，爲依止處，名爲法身。今一諦者，一謂眞理，更無差別，名爲一也。諦者實也，有即言有，無即言無。今非此義，唯實名諦，即是身也。

湛然《法華玄義釋籤》卷六　六明一諦。又爲三，初分別，次判，三開。初又二，初法，次譬。譬中但通云轉不轉相對以明一諦，即一實諦是不轉故也。所言如醉未吐見日月轉等者，第二云，諸比丘白佛言，世尊，譬如醉人其心眩亂，視諸山川城郭宮殿日月星辰皆悉迴轉。若有不脩苦無常想無我等想，不名爲聖。佛便迴此醉人之譬，反斥比丘云，汝向所引醉人譬者，但知文字而不知義。何等爲義，如彼醉人，見上日月實非迴轉生轉想。衆生亦爾，爲諸煩惱無明所覆生顛倒心我計無我等。當知比丘無明未吐謂有二諦，本日如一諦轉日如世諦，此帶實二諦也。若二乘人於轉日上復生轉想，故二乘人以菩薩俗謂爲眞諦。故下文云，三藏全是轉二即二乘二諦也。是故大經十二七種二諦文末說一實諦。文殊難言，即是如來虚空佛性無差別耶。此難意者，若唯一實如來佛性應同虚空。佛言，有苦有諦有實。三亦如是，如來非苦非諦是實虚空，佛性亦復如是，是則唯一實諦。次判中亦先約教次約味。文中亦且通以轉不轉，對辨麁妙。若歷諸教教教如之。次三藏下約五味中二，先正明，次借地持以顯一實。初文略無華嚴教意者，合在下文云，諸大乘即其意也，不煩文故合在下耳。故知文意以證道明中爲不轉妙，教道亦屬帶轉故也。【略】破末代執者，諦雖是妙執，故成麁。破其執情，不破所執。所執本妙，非關人情。開麁如文。無諦者，秖前諸諦理不可說，故名爲無。若通論者，大小皆有無諦。通即別故，別乃成通。如婆沙云：佛經中說一諦無諦。問：有四諦義，云何但云一諦等耶。尊者波奢說一諦者苦諦無第二苦，乃至道諦無第二道，復次一諦者，謂滅諦，爲破外道種種解脫故。復次一諦者，謂道諦。能盡惡道苦故。又佛說二諦者，謂世諦第一義諦。或云世諦謂苦集，第一義諦謂道滅。前合四諦爲二，正用此意。復有說者，世諦謂苦集滅，第一義諦謂道諦。評者曰：四諦亦是世諦，亦是第一義諦。如苦集是世諦，苦空無常集因緣生是第一義，滅是世諦者，如佛說言如城園林，是第一義諦者盡止妙離。道是世諦者，佛說道諦如筏如山如梯如樓，是第一義諦者，道如迹乘。若四諦盡是第一義者，世諦說陰界入第一義諦，亦說陰界入，彼小乘中尚開合四諦爲世諦第一義等，況復大乘。於中先正明無諦。

法護譯《佛說大乘菩薩藏正法經》卷三四　又諦善巧復有三種。所謂世俗諦，勝義諦，相諦。云何世俗諦，謂諸想像音聲，語言文字，乃至世間所行，是爲世俗諦。云何勝義諦，謂心無所緣，況復文字，是爲勝義諦。云何相諦，謂諸相一相，一相無相，是爲相諦。彼菩薩於世俗諦說無疲倦，於勝義諦不失正行，於相諦中隨順無相，是眞實相。說此是爲菩薩於諦善巧。又復一諦，此無二種，所謂寂諦此實一諦，於諸平等及不平等，而能隨轉眞妙作用，而能獲得於諦善巧。

智旭《楞伽阿跋多羅寶經玄義》　一諦理無上者，五法三自性八識二無我，皆是自心現量。心外無法，凡外不達。著相計名，妄想纏縛，障於正智，永隔如如。於依他起，昧圓成實而起徧計。前七識爲能熏，第八識爲所熏。第八識爲能藏，七識種爲所藏。更互爲因，展轉不絕。妄計我法，輪轉無窮。惑業苦三，如惡叉聚。此經直以自覺聖智照之，了知無始虚僞，不離自心。生死涅槃，本來平等，皆是第一義心境界，不同析體偏空，亦復不同離二邊中。故云諦理無上也。

傳燈《維摩詰所說經無我疏》卷六　諦是審實法，故不誑世間。然有四諦，苦集滅道是也。三諦，眞俗中是也。二諦，眞俗是也。一諦，一實諦是也。無諦，無有如上諸諦之相是也。秖論四諦，苦諦決定是苦，不可合樂等，何況後諸諦乎。若對下文緣起，是則此中之意正明四諦。

一來向

玄奘譯《大般若波羅蜜多經》卷五五　其有欲令無相之法有出有至者，則爲欲令一來向一來果、不還向不還果、阿羅漢向阿羅漢果、獨覺向獨覺果、菩薩如來有出有至。所以者何。一來向一來果乃至如來不能從三界中出，亦不能至一切智智中住。何以故。善現，一來向一來果一來向一來果自性空，乃至如來如來自性空故。

玄奘譯《大般若波羅蜜多經》卷五六　內空中預流向預流果、一來向一來果、不還向不還果、阿羅漢向阿羅漢果、獨覺向獨覺果、菩薩如來性不可得故，說預流向預流果乃至菩薩如來不可得。乃至無性自性空中預流向預流果、一來向一來果、不還向不還果、阿羅漢向阿羅漢果、獨覺向獨覺果、菩薩如來性不可得故，說預流向預流果乃至菩薩如來不可得。何以故。此中預流向預流果、一來向一來果、不還向不還果、阿羅漢向阿羅漢果、獨覺向獨覺果、菩薩如來性，非已可得，非當可得，非現可得，畢竟淨故。

玄奘譯《大般若波羅蜜多經》卷六六　預流向法性空故，預流向法於預流向法無所有不可得，預流向法於預流果法無所有不可得。預流果法性空故，預流果法於預流果法無所有不可得，預流果法於預流向法無所有不可得，預流向法、預流果法於一來向法無所有不可得。一來向法性空故，一來向法於一來向法無所有不可得，一來向法於預流向法、預流果法無所有不可得，預流向法乃至一來向法於一來果法無所有不可得。一來果法性空故，一來果法於一來果法無所有不可得，一來果法於預流向法乃至一來向法無所有不可得，預流向法乃至一來果法於不還向法無所有不可得。不還向法性空故，不還向法於不還向法無所有不可得，不還向法於預流向法乃至一來果法無所有不可得，預流向法乃至不還向法於不還果法無所有不可得。不還果法性空故，不還果法於不還果法無所有不可得，不還果法於預流向法乃至不還向法無所有不可得，預流向法乃至不還果法於阿羅漢向法無所有不可得。

玄奘譯《大般若波羅蜜多經》卷八三　如是人等，終不以空不空分別預流向預流果，亦不以預流向預流果分別空不空。不以空不空分別一來向一來果、不還向不還果、阿羅漢向阿羅漢果，亦不以一來向一來果、不還向不還果、阿羅漢向阿羅漢果分別空不空。不以有相無相分別預流向預流果，亦不以預流向預流果分別有相無相。不以有相無相分別一來向一來果、不還向不還果、阿羅漢向阿羅漢果，亦不以一來向一來果、不還向不還果、阿羅漢向阿羅漢果分別有相無相。不以有願無願分別預流向預流果，亦不以預流向預流果分別有願無願。不以有願無願分別一來向一來果、不還向不還果、阿羅漢向阿羅漢果，亦不以一來向一來果、不還向不還果、阿羅漢向阿羅漢果分別有願無願。不以生不生分別預流向預流果，亦不以預流向預流果分別生不生。不以生不生分別一來向一來果、不還向不還果、阿羅漢向阿羅漢果，亦不以一來向一來果、不還向不還果、阿羅漢向阿羅漢果分別生不生。不以滅不滅分別預流向預流果，亦不以預流向預流果分別滅不滅。不以滅不滅分別一來向一來果、不還向不還果、阿羅漢向阿羅漢果，亦不以一來向一來果、不還向不還果、阿羅漢向阿羅漢果分別滅不滅。不以寂靜不寂靜分別預流向預流果，亦不以預流向預流果分別寂靜不寂靜。不以寂靜不寂靜分別一來向一來果、不還向不還果、阿羅漢向阿羅漢果，亦不以一來向一來果、不還向不還果、阿羅漢向阿羅漢果分別寂靜不寂靜。不以遠離不遠離分別預流向預流果，亦不以預流向預流果分別遠離不遠離。不以遠離不遠離分別一來向一來果、不還向不還果、阿羅漢向阿羅漢果，亦不以一來向一來果、不還向不還果、阿羅漢向阿羅漢果分別遠離不遠離。

玄奘譯《大般若波羅蜜多經》卷八六　預流向預流果預流向預流果性空故，菩薩摩訶薩不見預流向預流果。一來向一來果、不還向不還果、阿羅漢向阿羅漢果一來向乃至阿羅漢果性空故，菩薩摩訶薩不見一來向乃至阿羅漢果。憍尸迦，菩薩摩訶薩不見預流向預流果故，不於預流向預流果學。不見一來向一來果、不還向不還果、阿羅漢向阿羅漢果故，不於一來向乃至阿羅漢果學。何以故。憍尸迦，不可預流向預流果空見預流向預流果空，不可一來向一來果、不還向不還果、阿羅漢向阿羅漢果空見一來向乃至阿羅漢果空故。憍尸迦，不可預流向預流果空於預流向預流果空學，不可一來向一來果、不還向不還果、阿羅漢向阿羅漢果空於一來向乃至阿羅漢果空學故。

玄奘譯《大般若波羅蜜多經》卷九一　非離預流向預流果如來可得，非離一來向一來果、不還向不還果、阿羅漢向阿羅漢果如來可得。非離預流向預流果眞如如來可得，非離一來向一來果、不還向不還果、阿羅漢向阿羅漢果眞如如來可得。非離預流向預流果法性如來可得，非離一來向一來果、不還向不還果、阿羅漢向阿羅漢果法性如來可得。非離預流向預流果如來眞如可得，非離一來向一來果、不還向不還果、阿羅漢向阿羅漢果如來眞如可得。非離預流向預流果如來法性可得，非離一來向一來果、不還向不還果、阿羅漢向阿羅漢果如來法性可得。非離預流向預流果眞如如來眞如可得，非離一來向一來果、不還向不還果、阿羅漢向阿羅漢果眞如如來眞如可得。非離預流向預流果法性如來法性可得，非離一來向一來果、不還向不還果、阿羅漢向阿羅漢果法性如來法性可得。

玄奘譯《大般若波羅蜜多經》卷九六　菩薩摩訶薩所行般若波羅蜜多，不應於預流向預流果眞如求，不應於一來向一來果、不還向不還果、阿羅漢向阿羅漢果眞如求，不應離預流向預流果眞如求，不應離一來向乃至阿羅漢果眞如求。所以者何。若預流向預流果眞如，若一來向乃至阿羅漢果眞如，若離預流向預流果眞如，若離一來向乃至阿羅漢果眞如，若菩薩摩訶薩，若般若波羅蜜多，若求如是，一切皆非相應非不相應、非有色非無色、非有見非無見、非有對非無對，咸同一相，所謂無相。何以故。憍尸迦，菩薩摩訶薩所行般若波羅蜜多，非預流向預流果眞如，非一來向一來果、不還向不還果、阿羅漢向阿羅漢果眞如，非離預流向預流果眞如，非離一來向乃至阿羅漢果眞如。所以者何。如是一切皆無所有性不可得。由無所有不可得故，菩薩摩訶薩所行般若波羅蜜多，非預流向預流果眞如，非一來向乃至阿羅漢果眞如，非離預流向預流果眞如，非離一來向乃至阿羅漢果眞如。是故菩薩摩訶薩所行般若波羅蜜多，不應於預流向預流果眞如求，不應於一來向乃至阿羅漢果眞如求，不應離預流向預流果眞如求。不應離一來向乃至阿羅漢果眞如求。

玄奘譯《大般若波羅蜜多經》卷九七　菩薩摩訶薩所行般若波羅蜜多，不應於預流向預流果法性求，不應於一來向一來果、不還向不還果、阿羅漢向阿羅漢果法性求，不應離預流向預流果法性求，不應離一來向乃至阿羅漢果法性求。所以者何。若預流向預流果法性，若一來向乃至阿羅漢果法性，若離預流向預流果法性，若離一來向乃至阿羅漢果法性，若菩薩摩訶薩，若般若波羅蜜多，若求如是，一切皆非相應非不相應、非有色非無色、非有見非無見、非有對非無對，咸同一相，所謂無相。何以故。憍尸迦，菩薩摩訶薩所行般若波羅蜜多，非預流向預流果法性，非一來向一來果、不還向不還果、阿羅漢向阿羅漢果法性，非離預流向預流果法性，非離一來向乃至阿羅漢果法性。所以者何。如是一切皆無所有性不可得。由無所有不可得故，菩薩摩訶薩所行般若波羅蜜多，非預流向預流果法性，非一來向乃至阿羅漢果法性，非離預流向預流果法性，非離一來向乃至阿羅漢果法性。是故菩薩摩訶薩所行般若波羅蜜多，不應於預流向預流果法性求，不應於一來向乃至阿羅漢果法性求。不應離預流向預流果法性求，不應離一來向乃至阿羅漢果法性求。

玄奘譯《大般若波羅蜜多經》卷一二四　一來向乃至阿羅漢果一來向乃至阿羅漢果性空。何以故。以一來向乃至阿羅漢果性空與布施、淨戒、安忍、精進、靜慮、般若波羅蜜多無二無二分故。慶喜，由此故說：以預流向預流果等無二爲方便、無生爲方便、無所得爲方便，迴向一切智智，修習布施、淨戒、安忍、精進、靜慮、般若波羅蜜多。

世尊，云何以預流向預流果無二爲方便、無生爲方便、無所得爲方便，迴向一切智智，安住內空、外空、內外空、空空、大空、勝義空、有爲空、無爲空、畢竟空、無際空、散空、無變異空、本性空、自相空、共相空、一切法空、不可得空、無性空、自性空、無性自性空。

慶喜，預流向預流果預流向預流果性空。何以故。以預流向預流果性空與彼內空乃至無性自性空無二無二分故。

世尊！云何以一來向一來果、不還向不還果、阿羅漢向阿羅漢果無二爲方便、無生爲方便、無所得爲方便，迴向一切智智，安住內空、外空、內外空、空空、大空、勝義空、有爲空、無爲空、畢竟空、無際空、散空、無變異空、本性空、自相空、共相空、一切法空、不可得空、無性空、自性空、無性自性空。

慶喜，一來向乃至阿羅漢果一來向乃至阿羅漢果性空。何以故。以一來向乃至阿羅漢果性空與彼內空乃至無性自性空無二無二分故。慶喜，由此故說：以預流向預流果等無二爲方便、無生爲方便、無所得爲方便，迴向一切智智，安住內空乃至無性自性空。

世尊，云何以預流向預流果無二爲方便、無生爲方便、無所得爲方便，迴向一切智智，安住眞如、法界、法性、不虛妄性、不變異性、平等性、離生性、法定、法住、實際、虛空界、不思議界。

慶喜，預流向預流果預流向預流果性空。何以故。以預流向預流果性空與彼眞如乃至不思議界無二無二分故。

世尊，云何以一來向一來果、不還向不還果、阿羅漢向阿羅漢果無二爲方便、無生爲方便、無所得爲方便，迴向一切智智，安住眞如、法界、法性、不虚妄性、不變異性、平等性、離生性、法定、法住、實際、虚空界、不思議界。

慶喜，一來向乃至阿羅漢果一來向乃至阿羅漢果性空。何以故。以一來向乃至阿羅漢果性空與彼眞如乃至不思議界無二無二分故。慶喜！由此故説：以預流向預流果等無二爲方便、無生爲方便、無所得爲方便，迴向一切智智，安住眞如乃至不思議界。

世尊，云何以預流向預流果無二爲方便、無生爲方便、無所得爲方便，迴向一切智智，安住苦、集、滅、道聖諦。

慶喜，預流向預流果預流向預流果性空。何以故。以預流向預流果性空與彼苦、集、滅、道聖諦無二無二分故。

世尊，云何以一來向一來果、不還向不還果、阿羅漢向阿羅漢果無二爲方便、無生爲方便、無所得爲方便，迴向一切智智，安住苦、集、滅、道聖諦。

慶喜，一來向乃至阿羅漢果一來向乃至阿羅漢果性空。何以故。以一來向乃至阿羅漢果性空與彼苦、集、滅、道聖諦無二無二分故。慶喜，由此故説：以預流向預流果等無二爲方便、無生爲方便、無所得爲方便，迴向一切智智，安住苦、集、滅、道聖諦。

世尊，云何以預流向預流果無二爲方便、無生爲方便、無所得爲方便，迴向一切智智，修習四靜慮、四無量、四無色定。

慶喜，預流向預流果預流向預流果性空。何以故。以預流向預流果性空與四靜慮、四無量、四無色定無二無二分故。

世尊，云何以一來向一來果、不還向不還果、阿羅漢向阿羅漢果無二爲方便、無生爲方便、無所得爲方便，迴向一切智智，修習四靜慮、四無量、四無色定。

慶喜，一來向乃至阿羅漢果一來向乃至阿羅漢果性空。何以故。以一來向乃至阿羅漢果性空與四靜慮、四無量、四無色定無二無二分故。慶喜，由此故説：以預流向預流果等無二爲方便、無生爲方便、無所得爲方便，迴向一切智智，修習四靜慮、四無量、四無色定。

世尊，云何以預流向預流果無二爲方便、無生爲方便、無所得爲方便，迴向一切智智，修習八解脱、八勝處、九次第定、十遍處。

慶喜，預流向預流果預流向預流果性空。何以故。以預流向預流果性空與八解脱、八勝處、九次第定、十遍處無二無二分故。

世尊，云何以一來向一來果、不還向不還果、阿羅漢向阿羅漢果無二爲方便、無生爲方便、無所得爲方便，迴向一切智智，修習八解脱、八勝處、九次第定、十遍處。

慶喜，一來向乃至阿羅漢果一來向乃至阿羅漢果性空。何以故。以一來向乃至阿羅漢果性空與八解脱、八勝處、九次第定、十遍處無二無二分故。慶喜！由此故説：以預流向預流果等無二爲方便、無生爲方便、無所得爲方便，迴向一切智智，修習八解脱、八勝處、九次第定、十遍處。

世尊，云何以預流向預流果無二爲方便、無生爲方便、無所得爲方便，迴向一切智智，修習四念住、四正斷、四神足、五根、五力、七等覺支、八聖道支。

慶喜，預流向預流果預流向預流果性空。何以故。以預流向預流果性空與四念住、四正斷、四神足、五根、五力、七等覺支、八聖道支無二無二分故。

世尊，云何以一來向一來果、不還向不還果、阿羅漢向阿羅漢果無二爲方便、無生爲方便、無所得爲方便，迴向一切智智，修習四念住、四正斷、四神足、五根、五力、七等覺支、八聖道支。

慶喜，一來向乃至阿羅漢果一來向乃至阿羅漢果性空。何以故。以一來向乃至阿羅漢果性空與四念住、四正斷、四神足、五根、五力、七等覺支、八聖道支無二無二分故。慶喜，由此故説：以預流向預流果等無二爲方便、無生爲方便、無所得爲方便，迴向一切智智，修習四念住、四正斷、四神足、五根、五力、七等覺支、八聖道支。

世尊，云何以預流向預流果無二爲方便、無生爲方便、無所得爲方便，迴向一切智智，修習空解脱門、無相解脱門、無願解脱門。

慶喜，預流向預流果預流向預流果性空。何以故。以預流向預流果性空與空解脱門、無相解脱門、無願解脱門無二無二分故。

世尊，云何以一來向一來果、不還向不還果、阿羅漢向阿羅漢果無二爲方便、無生爲方便、無所得爲方便，迴向一切智智，修習空解脱門、無相解脱門、無願解脱門。

慶喜，一來向乃至阿羅漢果一來向乃至阿羅漢果性空。何以故。以一來向乃至阿羅漢果性空與空解脱門、無相解脱門、無願解脱門無二無二分故。慶喜，由此故説：以預流向預流果等無二爲方便、無生爲方便、無所得爲方便，迴向一切智智，修習空解脱門、無相解脱門、無願解脱門。

玄奘譯《大般若波羅蜜多經》卷一三七　若善男子、善女人等爲發無上菩提心者，説預流向預流果若常若無常，説一來向一來果、不還向不還果、阿羅漢向阿羅漢果若常若無常，説預流向預流果若樂若苦，説一來向一來果、不還向不還果、阿羅漢向阿羅漢果若樂若苦，説預流向預流果若我若無我，説一來向一來果、不還向不還果、阿羅漢向阿羅漢果若我若無我，説預流向預流果若淨若不淨，説一來向一來果、不還向不還果、阿羅漢向阿羅漢果若淨若不淨。若有能依如是等法修行般若，是行般若波羅蜜多。復作是説：行般若者，應求預流向預流果若常若無常，應求一來向乃至阿羅漢果若常若無常，應求預流向預流果若樂若苦，應求一來向乃至阿羅漢果若樂若苦，應求預流向預流果若我若無我，應求一來向乃至阿羅漢果若我若無我，應求預流向預流果若淨若不淨，應求一來向乃至阿羅漢果若淨若不淨。若有能求如是等法修行般若，是行般若波羅蜜多。

憍尸迦，若善男子、善女人等，如是求預流向預流果若常若無常，求一來向乃至阿羅漢果若常若無常，求預流向預流果若樂若苦，求一來向乃至阿羅漢果若樂若苦，求預流向預流果若我若無我，求一來向乃至阿羅漢果若我若無我，求預流向預流果若淨若不淨，求一來向乃至阿羅漢果若淨若不淨。依此等法行般若者，我説名爲行有所得相似般若波羅蜜多。憍尸迦，如前所説，當知皆是説有所得相似般若波羅蜜多。

玄奘譯《大般若波羅蜜多經》卷一三九　若善男子、善女人等爲發無上菩提心者，説預流向預流果若常若無常，説一來向一來果、不還向不還果、阿羅漢向阿羅漢果若常若無常，説預流向預流果若樂若苦，説一來向一來果、不還向不還果、阿羅漢向阿羅漢果若樂若苦，説預流向預流果若我若無我，説一來向一來果、不還向不還果、阿羅漢向阿羅漢果若我若無我，説預流向預流果若淨若不淨，説一來向一來果、不還向不還果、阿羅漢向阿羅漢果若淨若不淨。若有能依如是等法修行靜慮，是行靜慮波羅蜜多。復作是説：行靜慮者，應求預流向預流果若常若無常，應求一來向乃至阿羅漢果若常若無常，應求預流向預流果若樂若苦，應求一來向乃至阿羅漢果若樂若苦，應求預流向預流果若我若無我，應求一來向乃至阿羅漢果若我若無我。應求預流向預流果若淨若不淨，應求一來向乃至阿羅漢果若淨若不淨。若有能求如是等法修行靜慮，是行靜慮波羅蜜多。

憍尸迦，若善男子、善女人等，如是求預流向預流果若常若無常，求一來向乃至阿羅漢果若常若無常，求預流向預流果若樂若苦，求一來向乃至阿羅漢果若樂若苦，求預流向預流果若我若無我，求一來向乃至阿羅漢果若我若無我，求預流向預流果若淨若不淨，求一來向乃至阿羅漢果若淨若不淨。依此等法行靜慮者，我説名爲行有所得相似靜慮波羅蜜多。憍尸迦，如前所説，當知皆是説有所得相似靜慮波羅蜜多。

玄奘譯《大般若波羅蜜多經》卷一五五　復作是言，汝善男子應修精進波羅蜜多，不應觀預流向預流果若樂若苦，不應觀一來向一來果、不還向不還果、阿羅漢向阿羅漢果若樂若苦。何以故。預流向預流果預流向預流果自性空，一來向一來果、不還向不還果、阿羅漢向阿羅漢果一來向乃至阿羅漢果自性空，是預流向預流果自性即非自性，是一來向乃至阿羅漢果自性亦非自性，若非自性即是精進波羅蜜多。於此精進波羅蜜多，預流向預流果不可得，彼樂與苦亦不可得，一來向乃至阿羅漢果皆不可得，彼樂與苦亦不可得。所以者何。此中尚無預流向等可得，何況有彼樂之與苦，汝若能修如是精進，是修精進波羅蜜多。

復作是言，汝善男子應修精進波羅蜜多，不應觀預流向預流果若我若無我，不應觀一來向一來果、不還向不還果、阿羅漢向阿羅漢果若我若無我。何以故。預流向預流果預流向預流果自性空，一來向一來果、不還向不還果、阿羅漢向阿羅漢果一來向乃至阿羅漢果自性空，是預流向預流果自性即非自性，是一來向乃至阿羅漢果自性亦非自性，若非自性即是精進波羅蜜多。於此精進波羅蜜多，預流向預流果不可得，彼我無我亦不可得，一來向乃至阿羅漢果皆不可得，彼我無我亦不可得。所以者何。此中尚無預流向等可得，何況有彼我與無我，汝若能修如是精進，是修精進波羅蜜多。

復作是言，汝善男子應修精進波羅蜜多，不應觀預流向預流果若淨若不淨，不應觀一來向一來果、不還向不還果、阿羅漢向阿羅漢果若淨若不淨。何以故。預流向預流果預流向預流果自性空，一來向一來果、不還向不還果、阿羅漢向阿羅漢果一來向乃至阿羅漢果自性空，是預流向預流果自性即非自性，是一來向乃至阿羅漢果自性亦非自性，若非自性即是精進波羅蜜多。於此精進波羅蜜多，預流向預流果不可得，彼淨不淨亦不可得，一來向乃至阿羅漢果皆不可得，彼淨不淨亦不可得。所以者何。此中尚無預流向等可得，何況有彼淨與不淨，汝若能修如是精進，是修精進波羅蜜多。

玄奘譯《大般若波羅蜜多經》卷一八一　復次，世尊，預流向預流果無生故，當知般若波羅蜜多亦無生。一來向一來果、不還向不還果、阿羅漢向阿羅漢果無生故，當知般若波羅蜜多亦無生。預流向預流果無滅故，當知般若波羅蜜多亦無滅。一來向乃至阿羅漢果無滅故，當知般若波羅蜜多亦無滅。預流向預流果無自性故，當知般若波羅蜜多亦無自性。一來向乃至阿羅漢果無自性故，當知般若波羅蜜多亦無自性。預流向預流果無所有故，當知般若波羅蜜多亦無所有。一來向乃至阿羅漢果無所有故，當知般若波羅蜜多亦無所有。預流向預流果空故，當知般若波羅蜜多亦空。一來向乃至阿羅漢果空故，當知般若波羅蜜多亦空。預流向預流果無相故，當知般若波羅蜜多亦無相。一來向乃至阿羅漢果無相故，當知般若波羅蜜多亦無相。預流向預流果無願故，當知般若波羅蜜多亦無願。一來向乃至阿羅漢果無願故，當知般若波羅蜜多亦無願。預流向預流果遠離故，當知般若波羅蜜多亦遠離。一來向乃至阿羅漢果遠離故，當知般若波羅蜜多亦遠離。預流向預流果寂靜故，當知般若波羅蜜多亦寂靜。一來向乃至阿羅漢果寂靜故，當知般若波羅蜜多亦寂靜。預流向預流果不可得故，當知般若波羅蜜多亦不可得。一來向乃至阿羅漢果不可得故，當知般若波羅蜜多亦不可得。預流向預流果不可思議故，當知般若波羅蜜多亦不可思議。一來向乃至阿羅漢果不可思議故，當知般若波羅蜜多亦不可思議。預流向預流果無覺知故，當知般若波羅蜜多亦無覺知。一來向乃至阿羅漢果無覺知故，當知般若波羅蜜多亦無覺知。預流向預流果勢力不成就故，當知般若波羅蜜多勢力亦不成就。一來向乃至阿羅漢果勢力不成就故，當知般若波羅蜜多勢力亦不成就。世尊，我緣此意，故說菩薩摩訶薩般若波羅蜜多名大波羅蜜多。

玄奘譯《阿毗達磨法藴足論》卷三　一來向者，已得無間道，能證一來果，謂此無間證一來果，彼於欲界貪欲瞋恚，由世間道或先已斷多分品類，於四聖諦，先未現觀，今脩現觀，或住預流果已，能進求一來果證，名一來向。一來果者，謂現法中已於三結，永斷遍知，及斷多分貪欲瞋恚，彼住此斷中，未能進求不還果證，名一來果。

玄奘譯《阿毗達磨大毗婆沙論》卷六三　預流果一來向，名雖有二，實體唯一。一來果不還向，名雖有二，實體唯一。不還果阿羅漢向，名雖有二，實體唯一。帶果行向有情一故，尊者妙音作如是說，八補特伽羅名體俱有八。彼作是說，諸預流者乃至未起勝彼果道，成就預流果，故名預流者。若起勝彼果道便捨預流果故，名一來向非預流者。諸一來者乃至未起勝彼果道，成就一來果，故名一來者。若起勝彼果道便捨一來果故，名不還向非一來者。諸不還者乃至未起勝彼果道，成就不還果，故名不還者。若起勝彼果道便捨不還果故，名阿羅漢向非不還者。以依根立補特伽羅故，不可言一，有二種故，彼所造生智論言。

問：一來向成就預流果不。答：不成就。問：不還向成就一來果不。答：不成就。問：阿羅漢向成就不還果不。答：不成就。評曰：應作是說，諸有漸次得四果者，彼名雖八，實體唯五。如名體，名施設體施設，名異相體異相，名異性體異性，名建立體建立，名差別體差別，名分別體分別，名覺體覺，應知亦爾。問：若八實體唯有五者，云何建立此八種名。答：依道現行故立八種。謂預流者乃至未起勝彼果道，彼預流果得而亦在身成就亦現在前，於一來向未得，未在身未成就未現在前，名預流果非一來向。若起勝彼果道現在前，彼一來向得而亦在身成就亦現在前，於預流果得而不在身成就不現在前，名一來向非預流果。

宗密《圓覺經大疏釋義鈔》卷九　一來向者，梵語斯陁含，此云一來，下文自釋。所言向者，由此位人，欲詣之爲初果，則已斷五品修惑，欲詣之爲二果，則未斷第六品，乃是趣向二果之人，故目之爲向。斷六下二句可知。故俱舍頌云：斷至五二向，斷六一來果。疏以九品下，釋一來之名。言惑潤生者，以有此惑潤業故，於欲界受生也。謂初果人，雖斷見惑，若不斷九品修惑，更須七度來生欲界。如有毒蛇，若咬著人，人縱強行，亦勢不過七步必死。煩惱亦爾。若遭見諦之智斷之，餘修惑潤業，強欲欲界受生，亦不過七生而盡。今既斷卻六品，免潤六生，仍餘一生故，一往天上，更須一度來生欲界故，名一來果也。即用欲界修斷六品無爲兼見諦八品無爲，爲此果體，上上一品。潤兩生者，惑麁重故，次惑漸輕，潤生漸少，其義可知。疏斷惑七八者，此一類全俱舍文。謂或斷得七品，或斷得八品，皆名向也。（例前應云斷一，或二三四五品，名一來向）。

雲峰《**唯識開蒙問答**》**卷下**　此有後三果向不同。若於欲界修惑之中，斷至六品，其六無間，五解脫道，名一來向。第六解脫，名一來果。若斷後三，三無間道，二解脫時，名不還向。至後第三解脫，立不還果。又若斷至上八地中七十二品，其七十二，無間解脫二道之中，至七十二無間道時，名阿羅漢向。從初果中正住果後，進修已來，齊此無間道時，是修道位，最后邊際。

濟時《**大佛頂如來密因修證了義諸菩薩万行首楞嚴經正見**》**卷八**　今約三界九地，各有九品思惑。初預流斷欲界五品名一來向，斷六品名一來果。以殘思未盡，還來人間也。

一佛土

鳩摩羅什譯《**大智度論釋往生品**》**卷九二**　佛土者，百億日月，百億須彌山，百億四天王等諸天，是名三千大千世界。如是等無量無邊三千大千世界，名爲一佛土。

遁倫《**瑜伽論記**》**卷一**　俱胝者，俱舍五十二數中第八數名俱胝。謂一十百千萬洛叉度洛叉俱胝，以十相乘，洛叉當一億，度洛叉當十億，俱胝當百億。然西方有四種億。一十萬爲億，二百萬爲億，三千萬爲億，四萬萬爲億。今瑜伽顯揚數百萬爲億，十億爲俱胝，故言百俱胝爲一佛土。

窺基《**瑜伽師地論略纂**》**卷一**　結成三千大千世界一佛化境中云，俱胝者，俱舍第十二五十二數中第八數，名俱胝。謂一十百千萬洛叉度洛叉俱胝。以十相乘，洛叉當一億，度洛叉當十億，俱胝當百億。然西方有四種億，一十萬爲億，二百萬爲億，三千萬爲億，四萬萬爲億。今瑜伽顯揚數百萬爲億，十億爲俱胝。故言百俱胝爲一佛土。

智旭《**佛說阿弥陀經要解**》　佛土者，三千大千世界通爲一佛所化，名一佛土。且以此土言之，一須彌山東西南北各一洲，同一日月所照，同一小鐵圍山所遶，名一四天下。千四天下，名小千世界。千小千，名中千世界，則有百萬須彌四洲日月及小鐵圍。千中千界名爲大千世界，則有十萬須彌等故名三千大千世界。過如此等佛土共十萬億之西方，是極樂世界也。

傳燈《**淨土生無生論**》　百億日月，百億須彌，百億大海，百億鐵圍山，名一佛土。

傳燈《**弥陀略解圓中鈔**》**卷上**　一大千世界，稱一佛土者。百億日月，百億須彌，百億四大海，百億鐵圍山，名一佛土。故《俱舍頌》云：四大洲日月，須盧六欲天，梵世各一千，名一小千世。此小千千倍，說名爲中千。此千倍大千，皆同一成壞。是也。

袾宏《**佛說阿弥陀經疏鈔**》**卷四**　四大洲日月，須彌盧欲天，梵世各一千，名爲小千界。此小千千倍，說名爲中千。此千倍大千，皆同一成壞。今釋謂四大部洲，二輪日月，一須彌山，從下地獄至六欲天，從欲天至梵天，齊此色天，名一世界。一一數之，積而至千，名曰小千。又以小千爲一，一一數之，積而至千，名曰中千。又以中千爲一，一一數之，積而至千，名曰大千。以三次言千，曰三千大千，其實一大千也。一大千世界，即經中一佛土也。

『二』分部

二力

瞿曇僧伽提婆譯《**增壹阿含經**》**卷七**　有此二力。云何爲二力。所謂忍力、思惟力，設吾無此二力者，終不成無上正眞等正覺。又無此二力者，終不於優留毘處六年苦行，亦復不能降伏魔怨，成無上正眞之道，坐於道場。以我有忍力、思惟力故，便能降伏魔衆，成無上正眞之道，坐於道場。是故，諸比丘，當求方便，修此二力，忍力、思惟力，便成須陁洹道、斯陁含道、阿那含道、阿羅漢道，於無餘涅槃界而般涅槃。

鳩摩羅什譯《大智度論》卷一八 二力：慧分別力、修道力。

鳩摩羅什譯《大智度論》卷二四 知衆生過去、未來、現在諸業、諸受，知造業處，知因緣，知報，二力也。

鳩摩羅什譯《大智度論》卷八八 度衆生方便者，所謂二力：業力、定力。求其業因緣生處，人以業因緣故受身，縛著世間，禪定因緣故得解脱。行者必應求菩提從何而生，由何而滅，是故用二力。業力有二分：一者，淨業，能斷惡業。二者，垢業。淨業名禪定、解脱、諸三昧。不淨業者，能於三界中受身。

鳩摩羅什譯《成實論》卷一四 又説二力，思力，修力。思力即是持戒，修力是道。先思惟籌量破戒罪過，持戒利益，故能持戒，後得道已，自然離惡。又説戒爲菩提樹根，無根則無樹，故須淨戒。又法應爾，若無持戒則無禪定，猶如治病藥法，所須如是治煩惱病，若無持戒則法藥不具。又説淨持戒者，則心不悔，乃至離欲心得解脱。是諸功德皆由持戒，故名定具。又有業障、煩惱障，是二障果名爲報障。若淨持戒，則無此三障。若心無障，則能成定。又淨持戒者不敗壞故必至泥洹，如恒水中材。又淨持戒故，能安立。持戒能遮不善身口業，禪定能遮不善意業。如是遮諸煩惱，得眞實智則畢竟斷。又道品樓觀以戒爲柱，禪定心城以戒爲郭，度生死河以戒爲橋樑，入善人衆以戒爲印，八直聖田戒爲壃畔。如田無畔水則不住，如是若無淨戒則定水不住。

那連提耶舍譯《力莊嚴三昧經》卷中 爾時智輪大海辯才童子白佛言：世尊，云何衆生力因緣生故，如來力亦生。如來力生故，衆生力亦生。佛言：如是，智輪童子。如來力佛故生力，此之二力一不異，故名爲一界如。衆生力因緣如來力生，如來力因緣衆生力生，是故如來一切智覺。

吉藏《金剛般若經義疏》卷二 護念即是加與之義，謂加與二力。一者加其智慧力，令成就佛法故。此即是加其自行，故名爲身，身即自身也。次加其教化衆生力。即是加其化他力，令受化之徒與其行同，故云同行也。不退得未得是名善付囑者，此之半偈釋付囑義。論云善護念者，依根熟菩薩説。善付囑者，依根未熟菩薩説。根熟菩薩則堪加與自行化他二種之力，以如前明。今以根未熟菩薩付囑根熟菩薩，令其未熟得熟也。不退得未得者，已得功德令其不退，所未得者而令得之，故云不退得未得也。

吉藏《維摩義疏》卷三 逮諸總持，有二力。一能持善不失，二能持惡不生。依羅什意，正以智慧爲體，慧用無窮，照義波若，憶義名持，獲無所畏。以有能持之功，復具所持之德。則如衆無畏，降魔勞怨。上嘆所得，今美所離。四魔勞我，故稱爲怨。入深法門。諸法甚深。有無量門，得離既圓，悉善入也。善於智度通達方便，所以能入法門者，由具二慧故也。到實智岸，善智度也。運用無方，達方便大願成就。

玄奘譯《阿毗達磨大毗婆沙論》卷六四 以諸聖者具三種力。一聖道力，二煩惱力，三定業力。定業力故有全離染而命終義，煩惱力故有全退已而命終義，聖道力故有分離染而命終義。異生但有二種力，謂煩惱力、定業力，無聖道力。定業力故有全離染而命終義，煩惱力故有全退已而命終義，無聖道力故無分離染而命終義。有餘師説聖者有三力：一道力，二煩惱力，三定業力。由道力故有全離染而命終，由煩惱力故有全退已而命終，由定業力故有分離染而命終。若全離染得此地生非擇滅故，決定受業便不與果。由此定業爲留難故，有分離染而命終者。如家家等。異生但有二力，謂道力、煩惱力，無定業力。由道力故有全離染而命終，由煩惱力故有全退已而命終，無定業力故無分離染而命終。設全離染而有還生此地義故，決定受業不爲留難。或有説者，分離染位有別立聖補特伽羅。謂離欲界三四品染別立家家，離六品染別立一來，離七八品別立一間。是故聖者有分離染而命終義，異生定無分離染位，如聖別立補特伽羅，是故彼無分離染已而命終義。復有説者，聖者於定有自在力故，離染時有離少分而命終者。異生於定無自在力，故離染時無離少分而命終者。尊者僧伽筏蘇説曰：異生亦有分離染位而命終者，然命終已結生心時先所斷結必還成就。

窺基《妙法蓮華經玄贊》卷五　於中有二力。一法力，二修行力。法力有三品。一分別功德，二隨喜功德，三法師功德。修行力中復有七力，合十一品。一持力，有三品。一法師，二安樂行，三勸持。二説力，有一品，謂神力。三行苦行力，亦一品，謂藥王品。四教化衆生行苦行力，亦一品，謂妙音。五護衆生諸難力，有二品。一觀音普門，二陁羅尼。六功德勝力，有一品，謂妙莊嚴王本事。七護法力，有二品。一普賢，二囑累。

窺基《伽師地論略纂》卷八　初由聽聞思惟二力，數聞數思等，乃至等遍安住。此中若最初由聽聞等二力，即唯第一内住，第二等住，第三第四安住近住。由憶念力，即初二力攝二種文中。復云及即於此相續方便澄淨方便等遍安住，即似幷取第三安住。前解安住，明知亦初二力下。第三第四同憶念力云何通。述曰：其實第三安住是初二力收，憶念力中言安住近住者，此中意由憶念力安住於近住中，非即安住近住二法是憶念力，即唯近住一種是憶念力。又解：論云初由聽聞思惟二力，即内住是初唯一，内住竝等住是初二力，其安住是憶念力。如下言調順寂靜是二種定，今言安住近住，亦明知收二種，非安住於近住中解。若爾何故言及即於此相續澄淨方便等遍安住之言。述曰：其安住通三力。若觀未成，即初二力收。若觀行成，即憶念力收。以最初錄心於内時，繫即相續澄淨方便。復非已得安住。此乃初作安住觀心，後憶念力安住，觀成方憶念力。又等遍安住之言，即但等住一種，非取安住，以等遍於諸麁動法等安遍之，非取安住爲初二力。

澄觀、淨源《大方廣佛華嚴經疏》卷一二　力者，不可屈伏故。隨思隨修，任運成就，亦有二種，謂思擇修習。今言法力，即思擇諸法而修習故。《攝論》云：由此二力，令前六度無間現前。經云成自然力，即無師而成，不習而無不利，何能壞哉。

廣莫《楞伽阿跋多羅寶經參訂疏》卷三　大慧，是名菩薩摩訶薩，住二種神力。若菩薩摩訶薩住二種神力，面見諸佛如來。若不如是，則不能見。（是名下，總結可知。若菩薩下，明住二力之益。若不下，顯不住之咎）。

復次大慧，菩薩摩訶薩凡所分別三昧神足諸法之行，是等一切悉住如來二種神力。（前所説二力，由佛被諸菩薩，爲菩薩之自利也。今文謂所被諸菩薩，復承二力，分別諸法之行，利益衆生。爲利他行，自利利他，皆由二種神力所被，故云是等一切悉住如來二種神力）。

大慧，若菩薩摩訶薩離佛神力能辯説者，一切凡夫亦應能説，所以者何，謂不住神力故。（此謂凡能説法，必藉諸佛神力。離佛二力，則辯有所屈，法有所滯，故所以下徵釋凡夫不能説之所以，謂不住二力，故不能説）。

大慧，山石樹木及諸樂器，城郭宮殿，以如來入城威神力故，皆自然出音樂之聲，何況有心者。聾盲瘖瘂，無量衆苦，皆得解脱。如來有如是等無量神力，利安衆生。（木石無情，猶能出聲。聲中必頌佛德，如華嚴中雲臺寶網，皆有頌佛之偈。而況有情衆生，不讚詠乎。此顯如來入城，有如是神力之大，利益之深，以明二力，加持行者，勢必然也）。

虞執西、嚴培西《雲棲淨土彙語》　凡修行人二力。一曰福力，堅持戒行，而作種種有爲功德者是也。二曰道力，堅持正觀，而念念在般，若中者是也。純乎道力如靈樹者置弗論。道力勝福力，則處富貴而不迷。福力勝道力，則迷於富貴。固未可保也。於中貪欲重而爲女人，貪嗔俱重而爲惡人。則但修福力而道，力轉輕之故也。爲僧者，究心於道力，宜何如也。雖然，倘勤修道力，而更助之以願力，得從於諸上善人之後，豈惟惡人。將名臣亦所不爲矣，甚哉西方之不可不生也。

德真《淨土紺珠》　二力（《淨土十疑論》）

往生淨土，必資二種力。一者自力，二者他力。自力者，此世界修道，實未得生淨土。是故《瓔珞經》云：始從具縛凡夫，未識三寶，不知善惡因之與果。初發菩提心，以信爲本。住在佛家，以戒爲本。受菩薩戒，身身相續，戒行不闕，經一劫二劫三劫，始至初發心住。如是修行十信十波羅蜜等無量行願，相續無間，滿一萬劫，方始至第六正心住。若更增進，至第七不退住，即種性位。此約自力，卒未得生淨土。他力者，若信阿彌陁佛大悲願力，攝取念佛衆生，即能發菩提心，行念佛三昧，厭離三界身。起行施戒修福，於一一行中，迴願生彼彌陁淨土。乘佛願力，機感相應，即得往生。

二諦

鳩摩羅什譯《佛説仁王般若波羅蜜經》卷上 仁王般若波羅蜜護國經

二諦品第四

無時波斯匿王言：第一義諦中有世諦不。若言無者，智不應二。若言有者，智不應一。一二之義，其事云何。

佛告大王：汝於過去七佛已問一義二義。汝今無聽，我今無説。無聽無説，即爲一義二義故。諦聽，諦聽，善思念之，如法修行。七佛偈如是：

無相第一義，無自無他作，
因緣本自有，無自無他作。
法性本無性，第一義空如，
諸有本有法，三假集假有。
無無諦實無，寂滅第一空，
諸法因緣有，有無義如是。
有無本自二，譬若牛二角，
照解見無二，二諦常不即。
解心見不二，求二不可得，
非謂二諦一，非二何可得。
於解常自一，於諦常自二，
通達此無二，眞入第一義。
世諦幻化起，譬如虚空華，
如影三手無，因緣故誑有。
幻化見幻化，衆生名幻諦，
幻師見幻法，諦實則皆無，
名爲諸佛觀，菩薩觀亦然。

大王，菩薩摩訶薩於第一義中，常照二諦化衆生。佛及衆生一而無二。何以故。以衆生空故得置菩提空，以菩提空故得置衆生空，以一切法空故空空。何以故。般若無相，二諦虚空，般若空，從於無明乃至薩婆若，無自相、無他相故，五眼成就時見無所見，行亦不受，不行亦不受，非行非不行亦不受，乃至一切法亦不受。菩薩未成佛時以菩提爲煩惱，菩薩成佛時以煩惱爲菩提，何以故。於第一義而不二故，諸佛如來乃至一切法如故。

白佛言：云何十方諸如來、一切菩薩不離文字而行諸法相。

大王，法輪者，法本如，重誦如、受記如、不誦偈如、無問而自説如、戒經如、譬喻如、法界如、本事如、方廣如、未曾有如、論議如，是名味句音聲果文字記句一切如。若取文字者，不行空也。

大王，如如文字修諸佛智母，一切衆生性根本智母，即爲薩婆若體。諸佛未成佛，以當佛爲智母，未得爲性，已得爲薩婆若。三乘般若，不生不滅，自性常住。一切衆生，以此爲覺性故。若菩薩無受無文字，離文字，非非文字，修無修爲修文字者，得般若眞性般若波羅蜜。大王，若菩薩護佛，護化衆生，護十地行，爲若此。

白佛言：無量品衆生，根亦無量，行亦無量。法門爲一爲二，爲無量耶。

大王，一切法觀門，非一非二，乃有無量一切法，亦非有相，非非無相。若菩薩見衆生見一見二，即不見一不見二，一二者第一義諦也。

大王，若有若無者即世諦也。以三諦攝一切法，空諦、色諦、心諦故，我説一切法不出三諦。我人知見五受陰空，乃至一切法空，衆生品根行不同故，非一非二法門。

鳩摩羅什譯《中論》卷四 諸佛依二諦，爲衆生説法。一以世俗諦，二第一義諦。若人不能知，分别於二諦，則於深佛法，不知眞實義。

世俗諦者，一切法性空。而世間顛倒故生虚妄法，於世間是實。諸賢聖眞知顛倒性，故知一切法皆空無生，於聖人是第一義諦名爲實。諸佛依是二諦，而爲衆生説法。若人不能如實分别二諦，則於甚深佛法不知實義。若謂一切法不生是第一義諦，不須第二俗諦者，是亦不然，何以故。

若不依俗諦，不得第一義。不得第一義，則不得涅槃。

第一義皆因言説，言説是世俗，是故若不依世俗，第一義則不可説，若不得第一義，云何得至涅槃。是故諸法雖無生，而有二諦。

鳩摩羅什譯《成實論》卷一一　佛說二諦，眞諦俗諦。眞諦謂色等法及泥洹，俗諦謂但假名無有自體。如色等因緣成瓶，五陰因緣成人。問曰：若第一諦中無此世諦，何用說耶。答曰：世間眾生受用世諦，何以知之。如說畫火人亦信受，諸佛賢聖欲令世間離假名，故以世諦說。如經中佛說，我不與世間諍，世間與我諍，以智者無所諍故。有上古時人欲用物故，萬物生時爲立名字。所謂瓶等若直是法，則不可得用，故說世諦。又若說二諦則佛法清淨，以第一義故智者不勝，以世諦故愚者不諍。又若說二諦則不墮斷常，不墮邪見及苦邊樂邊，業果報等是皆可成。又世諦者是諸佛教化根本，謂布施持戒報生善處。若以此法調柔其心，堪受道教，然後爲說第一義諦，如是佛法初不頓深，猶如大海漸漸轉深故說世諦。又若能成就得道智慧，乃可爲說實法，如佛念言，羅睺羅比丘今能成就得道智慧，當爲說實法。譬如熟癰壞之則易生則難破。如是以世諦智令心調柔，然後當以第一智壞。又經中說，先知分別諸法，然後當知泥洹。行者先知諸法是假名有是眞實有，然後能證滅諦。又諸煩惱先麁後細，次第滅盡，如以髮毛等相滅男女等相，以色等相滅髮毛相，後以空相滅色等相。如以楔出楔，故說世諦。又以世諦故，得成中道。所以者何。五陰相續生故不斷，念念滅故不常，離此斷常名爲中道。如經中說，見世間集則滅無見，見世間滅則滅有見。以有世諦則可見集見滅，故說世諦。又以世諦故，佛法皆實，謂有我無我等門。若世諦故有我無咎，以第一義故說無我亦實。又以世諦故有置答難，若就實法則皆可答。又若見實有眾生，是大癡冥。若言實無，亦墮癡冥。所以者何。此有無見則爲斷常，令諸行者得出有邊，復墮無邊。若無世諦，何由得出。又若人未得眞空智慧，說無眾生，是名邪見。以無眾生受生死故，故名邪見。若得空智說無眾生，是則無咎。如經中說阿羅漢比丘尼語惡魔言，汝以何爲眾生。但空五陰聚實無眾生。又說，是身五陰相續空無所有，如化如幻誑凡夫。目爲怨爲賊如箭如瘡，苦空無我但是生滅壞敗之相。問曰：俱是無所有心，何故或名邪見，或名第一義耶。答曰：若人未生眞空智慧，有我心故聞說無我即生恐懼。如佛言，若凡夫人聞空無我更不復作，則大驚怖。故知未得空智，有我心故怖畏泥洹則爲邪見，得眞空智知本來無則無所畏。又此人未得眞空，見無所有則墮惡見，謂斷見邪見。若是人先以世諦故知有我，信業果報後觀諸法無常生滅相，漸漸證滅無我心，即滅貪心。若聞說無所有則無過咎，故說世諦。又有外道謗佛，瞿曇沙門破眞實神。是故佛言，我以世諦說有眾生，我解正見中，說有眾生往來生死，是名正見。但凡夫以邪念故，於實無眾生中說言實有，破此邪念不破眾生，如瓶等物以假名說，是中非色等是瓶，非離色等別有瓶。如是非色等諸陰是眾生，亦不離色等陰別有眾生。如因色等過假名。如是以滅相過色等，以譬喻故令義易解。猶如畫燈亦名爲燈，而實無燈用。如是雖說有瓶，非眞實有。雖說五陰非第一義。

曇無讖譯《大方等大集經》卷二八　復有三諦。何等三。俗諦，第一義諦，相諦。云何俗諦，若世間所用語言文字假名法等。云何第一義諦，乃至無有心行，何況當有言語文字。云何相諦，觀一切相同於一相，一相者即是無相。菩薩隨順俗諦而不厭倦，觀第一義諦而不取證，觀諸相諦一相無相，是名菩薩觀諦方便。復有二諦。何等二。俗諦，第一義諦。何等俗諦，若說苦集道諦，若世間語言文字假名法等。云何第一義諦，若於涅槃法終不忘失。何以故。如與法界其性常故，菩薩隨俗不生厭倦，觀第一義而不取證。復有一諦。何等爲一。於一切法無所倚著，爲化眾生現有所著，是名菩薩觀諦方便。

瞿曇般若流支譯《順中論義入大般若波羅蜜經初品法門》卷下　有二種諦，所謂世諦，第一義諦。若有二諦，汝朋則成。問曰：若異世諦，有第一義諦。成我朋分，爲有何過。如說偈言：

如來說法時，依二諦而說。謂一是世諦，二第一義諦。若不知此理，
二諦兩種實，彼於佛深法，則不知實諦。

答曰：汝快善說，我說亦爾，依於二諦如來說法。依二諦說，說法眞如，不破不二。若其二者，異第一義，法眞如別。有世諦法，眞如一法。眞如尚不可得，何處當有二法眞如而可得也。若說二諦，此如是說，不異世諦，而更別有第一義諦。以一相故，謂無相。故此如是義，師偈說言：

若人不知此，二諦之義者，彼於佛深法，則不知眞實。

問曰：此云何諦。答曰：若此不破。問曰：此之二諦何物不破。答曰：一相所謂無相，無自體，如本性空。如此則是諦。如有偈中說諦相言：

二種法皆無，戲論不戲論，不分別不異，此義是諦相。

若如此偈，云何如來依二諦說。一切如來皆無所依，不依世諦，亦復不依第一義諦。如來說法，心無所依，何用多語，但說所論。舊所諦者，如前所說。第一義諦若滅若生，二皆無者，此則應說云何名爲第一義諦。問曰：涅槃是常，彼涅槃處無生無滅。若如是者，一切外道朋皆成就。彼外道人豈可不作如是說言。我涅槃常，寂靜不動不變不壞，有法有物。彼涅槃中，無滅無生，此等皆是外道之人分別涅槃，取著涅槃，此不相應常我勝者。外道所說常我勝者，以無體故。答曰：云何汝涅槃者，何者涅槃，而涅槃中無生無滅。

曼陁羅仙共僧伽婆羅譯《大乘寶雲經》卷六　二諦品第六

爾時世尊復告降伏一切障礙菩薩摩訶薩言：善男子，菩薩摩訶薩具足十法善解世諦。何等爲十。所謂假說有色非第一義故，得於色法而不執著。假說受想行識非第一義故，雖得於識而不執著。假說地界非第一義故，雖得地界而不執著。假說水火風虛空識界非第一義故，雖得是界而不執著。假說眼入非第一義故，雖得眼入而不執著。假說耳鼻舌身意入非第一義故，乃得意入而不執著。假說有我非第一義故，雖得是我而不執著。假說眾生非第一義故，雖得眾生而不執著。假說壽命士夫養育眾數人等，非第一義故，雖得是等而不執著。假說世間非第一義故，雖得世間而不執著。假說世法非第一義故，雖得世法而不執著。假說佛法非第一義故，雖得佛法而不執著。假說菩提非第一義故，雖得菩提而不執著得菩提者。

善男子，假名言說名字論量名爲世諦。於世法中無第一義，雖然若離世法。第一義諦不可得說。善男子，菩薩摩訶薩於是法處善解世諦，而不名解第一義諦。善男子，菩薩摩訶薩具是十法善解世諦。善男子，菩薩摩訶薩具足十法善解第一義諦。何等爲十。所謂具無生法，具無滅法，具不壞法，具不增不減不出不入法，具離境界法，具無言說法，具無戲論法，具無假名法，具寂靜法，具聖人法。所以者何。善男子，夫第一義不生不滅，不敗不壞，不增不減，文字章句所不能說，不可詮辯絕於戲論。善男子，第一義者，無言無說本性清淨，一切聖人內自證得。若佛出世若不出世，法性常爾不減不增。善男子，爲是法故，一切菩薩剃除鬚髮著壞色衣，以善心故遠離親屬，往空閑處出家修道，精進耐苦如炙頭然，但爲求得是妙法故。善男子，若無有此第一義諦，所修梵行皆悉無用，佛出於世亦復無用。善男子，是故汝當知有第一義諦，有第一義諦故，說諸菩薩解第一義。善男子，菩薩摩訶薩具是十法，善知第一義諦。

智顗《妙法蓮華經玄義》卷三上　七種二諦合十如者，藏通別圓入通凡四俗，皆是六道十如也。藏通兩眞是二乘十如也，別圓入別兩俗有邊，是六道十如，無邊是二乘十如。圓俗此通九法界十如，別入通圓入通，別圓入別圓，凡五種眞皆是佛法界十如也。七種二諦合四種十二因緣者，藏通別圓入通凡四俗，即是思議兩種十二因緣。藏通兩眞即是思議十二因緣，無明滅乃至老死滅也。別圓入別兩俗有邊，是思議十二因緣，無邊是思議無明滅乃至老死滅。圓俗即通界內外四種十二因緣也。別入通圓入通，別圓入別圓。凡五種眞即是界外不思議十二因緣，無明滅乃至老死滅也。七種二諦合四種四諦者，實有二諦即生滅四諦也，幻有二諦即無生四諦也。別入通圓入通兩俗，還是無生苦集也。別入通眞是無量道滅也，圓入通眞是無作道滅也。別俗圓入別俗，此是無量苦集，圓俗是無作苦集，別眞是無量道滅，圓入別眞圓眞，是無作道滅也。五種三諦合十如者，別入通圓入通兩俗，是六道十如。別俗圓入別俗有邊，是六道十如。無邊是二乘十如，圓俗意通九界（云云）。五種眞諦皆是二乘菩薩等十如，五種中諦皆是佛界十如也。

智顗《摩訶止觀》卷三上　觀有三，從假入空名二諦觀，從空入假名平等觀。二觀爲方便道，得入中道雙照二諦。心心寂滅，自然流入薩婆若海，名中道第一義諦觀。此名出《瓔珞經》所言二諦者。觀假爲入空之詮，空由詮會。能所合論，故言二諦觀。又會空之日非但見空亦復識假，如雲除發障上顯下明，由眞假顯得是二諦觀，今由假會眞何意非二諦觀。又俗是所破眞是所用，若從所破應言俗諦觀，若從所用應言眞諦觀。破用合論，故言二諦觀。又分別有三種。一約教有隨情二諦觀，約行有隨情智二諦觀，約證有隨智二諦觀。初觀之功雖未契眞，得有隨教隨行論二諦觀。問：初觀破用合受名，第二觀亦破用，亦應言二諦耶。答：前已受二諦名後雖破用，更從勝者受平等名也。問：第三觀亦破用，何不更從勝受名。答：前兩觀有滯故更破更用，第三觀無滯但從用受名，不得一例。問：前二觀俱觀二諦，亦應俱入二諦。答：初爲破病故觀假，爲用眞故觀眞，是故俱觀。一用一不用，故不俱入。問：眞及中俱得稱諦，界內外俗，俗則非理，云何稱諦。答：地持明二法性，一事法性性差別故，二實法性性眞實故，即二諦之異名。既俱得稱法性，何意不得俱稱諦。

智顗《維摩經玄疏》卷六 二明約二諦分別法性，實相爲此經之體者，亦爲二意。一者略明二諦相，二者去取。

一略明二諦相者。二諦有二種，一者理外二諦，二者理內二諦。一理外二諦者。不約佛性以明二諦也，即是猶處門外止宿草菴。今明此理外二諦即有三種，一者隨情二諦，二者情智二諦，三者隨智二諦。

一明隨情二諦者。如諸論師撰二諦義，集古今乃有數十家，明二諦義不同。又尋諸經論明二諦之相，亦有種種不同也。但二諦既是審實之理，何得異說不同。若一家爲是，衆家併非，孰能判其是也。今作三種二諦通釋衆家所明二諦。若有文證則皆可用，諸經論異說皆無滯也。故云諸佛常依二諦說法，但二諦之理不應有異。而諸師及衆經論異說不同者，皆是隨情之二諦也。隨世界爲人對治第一義四悉檀所辨之根情也。衆生根情種種不同，佛教所明二諦何止數十家之異，乃有無量不同。故《涅槃經》云：分別二諦有無量相，我於彼經竟不說之此何謂也。而末代各明一種二諦不受衆家異說，將非大失乎。

二明隨情智二諦者。如上所明種種二諦，隨世界爲人對治之情，聞說未悟者，皆束爲世諦。若種種異說二諦爲向道之人，聞說即悟，發眞慧眼，見第一義，即是隨智之眞諦也。是則情智合辨，有二諦之殊。故《涅槃經》云：如世人心所見者名爲世諦，出世人心所見名爲第一義諦。

三隨智二諦者。二乘聖人發眞無漏，法眼慧眼所見二諦之理也。若爲凡說如示盲者白相，故《妙勝定經》明文殊釋迦因地諍二諦義墮三惡道。見迦葉佛說二諦，即是顯隨智二諦不可以情求也。若以情求執諍，則同釋迦文殊因地執隨情二諦之過非也。

問曰：二諦爲定是理，爲定是教。答曰：有師言並是理，有師言二諦並是教。有師言俗諦是教，眞諦是理。故經云，皆以世諦名字，故說非第一義。今詳此三家明義互有得失也，應四句分別。若約隨情二諦，二諦並是教，是則二諦皆可說也。故有種種二諦。諸師所用不同，經論所明各別。若就隨情智二諦，即俗諦是教，眞諦是理，是則俗是可說眞不可說也。若就隨智二諦，二諦皆是理，是則二諦皆不可說也。若約隨智世諦，隨情眞諦，是則俗是不可說也。是以迦葉如來之所證見尙非釋迦文殊因地情之所知，況復末代凡夫之所能解。

今略明此三種二諦，言雖不多意則靡所不該。佛法義學坐禪之人若不信此，疑諍豈息也。

二次明理內二諦者，約中道佛性以明二諦也。就此得有三種。一者中道合眞明二諦，二者眞諦合俗明二諦，三不思議二諦。此三種二諦亦各有隨情情智隨智三種也。一中道佛性合眞諦爲二諦者，猶是通教之二諦也。非祇通二乘，亦通別通圓也。所言中道合眞爲第一義諦者，《涅槃經》云：言佛性者即是第一義空，第一義空名爲智慧。智者見空及與不空，不空即是中道，空即是眞諦。故知中道佛性合眞諦爲第一義諦也。亦有三種二諦，類前可知。二明眞諦合俗諦，但取中道爲眞諦。明此眞諦者，即是別教之二諦也。所言眞諦合俗諦爲世諦者，《大涅槃經》云：我與彌勒共說俗諦，五百聲聞皆謂說第一義諦。此即別教二諦。亦得有三種二諦，類前可知也。三明理內不思議二諦者，前明理內二種二諦，不二而二是不思議圓教之二諦。亦有三種二諦，類前可知也。

二明去取者，若理外二諦但非世諦非此經體，眞諦亦非也。若理內二諦三種世諦亦皆不得爲此經體也。理內三種眞諦即是法性實相，此經之正體也。

吉藏《淨名玄論》卷三 法雖無量，略有三種。一境，二智，三教門。境即眞俗二境不思議，智即權實兩智不思議，教謂二諦教門。此之三門，有二種次第。若據能化，由眞俗二境，發權實兩智。由權實兩智故，外說二諦教門。合此二義，即爲二雙。由境發智，由智照境，謂發照一雙。內照二境爲行，外彰神口爲說，說行一雙。次約所化。三門次第者，稟二諦教，發生二智。二智則照於二諦，合此三義，亦成二雙。初則說行，次則發然。聖人如行而說，衆生稟二諦教，則如說而行，故名說行一雙也。以如說而行，識教悟理，發生二智。故二境爲能發，二智爲所發。二智爲能照，二境爲所照，名發照一雙也。問：眞俗二諦，爲是教名，爲是境稱。答：約能化所化，互望不同。就能化爲言，內照眞俗，故眞俗名境，外爲衆生，依二諦說法，故眞俗名教。就所化爲言，稟於眞俗，別眞俗名教。因眞俗，發生二智，眞俗名境。然此眞俗，未曾境教。問：若爾，何故垣言二諦爲教，非是境理。答：此約依二諦說法故，二諦名教。若據發生二智，則眞俗名境。又眞俗表不二理，則眞俗名教。若對二智，則稱爲境，不可偏執。問：但應言聖人内照兩境，外爲衆生依二諦說法。衆生禀二諦教，發生二智。二智還照二諦，何得復言二諦教表不二理耶。答：此義有開有合，若開理教不同，約能化爲論，所悟之理，則非眞非俗。能悟之智，亦非實非權。理雖非眞俗，爲出處衆生，無名相中，假名相說，故開眞俗門，說二諦法。故以非眞俗爲理，眞俗爲教。二諦門既爾，智亦例然。悟理之智，非權非實。爲欲化物，故開二智。以權實二智，照眞俗兩境，外爲衆生，說眞俗二諦。此約能化，開理教境智義也。次約所化明理教境智者。所化衆生，禀眞俗二教，即悟非眞非俗不二之理。既悟不二之理，即發生不二之觀。所悟境既非眞俗，能悟之智亦非權實。既悟理非有無，即識教有眞俗。悟理發生，非權實智，即識教有眞俗，故生權實二智。此約能化所化，各開理教境智也。

次合論理教境智者。非眞非俗之理，名爲眞諦。若眞若俗之教，並名俗諦。故唯有二諦，非權非實，名爲實智。權之與實，並名權智，故唯有二智。既唯有二境，故聖人内照二境，外爲衆生，還說二諦。衆生因二諦教，還發生二智也。問：初何故開，後何故合。答：欲顯至理甚深，未曾眞俗。聖心微妙，亦非實非權。而今言俗言眞，說權說實者，蓋是出處衆生，故強名相說。爲此義故，所以須開。復欲就二諦攝法，無義不收。權實該羅，無智不攝。故但明二諦唯有權實，所以合也。又經中具有開合，以釋經故具明之。又對斥舊宗執二諦不知不二，所以須開。尋教之徒，復言二諦之外別有不二之理，所以須合。故開合不同，皆有其義。

吉藏《淨名玄論》卷五　如來常依二諦說法，故二諦名教。能生二智，故二諦名境。關中曇影法師注《中論》，親承什公音旨。什師云：傳吾業者，寄在道融曇影僧叡乎。影公序二諦云：以眞諦故無有，以俗諦故無無。眞故無有，雖無而有。俗故無無，雖有而無。雖無而有，不滯於無。雖有而無，不累於有。不滯於無，故斷無見滅。不累於有，故常著氷消。寂此諸邊，故名爲中。詳此意者，眞故無有。雖無而有，即是不動眞際而建立諸法，俗故無無。雖有而無，即是不壞假名而說實相，以不壞假名而說實相。雖曰假名，宛然實相。不動眞際，建立諸法。雖曰眞際，宛然諸法。以眞際宛然諸法，故不滯於無。諸法宛然實相，則不累於有。不累於有故不常，不滯於無故非斷。即中道也。由斯二諦，發生二智。以了諸法實相故，生漚和波若。以悟實相諸法故，生般若漚和。漚和般若而宛然漚和，般若漚和而宛然般若。以漚和宛然般若故，不著於有。般若宛然漚和故，不滯於無。不累於有，故常著氷消。不滯於無，故斷無見滅。寂此諸邊，故名中觀。是以二諦中道，還發生二智中觀。觀二智中觀，還照二諦中道。故境稱於智，智稱於境。境名智境，故智名境智也。二境既正，則二智義明，故須幻境以明智也。二乘不得二智，良由不見此二諦。不得正觀，亦由不見二諦即是中道故也。

吉藏《中觀論疏》卷四　大明佛法，凡有三種二諦。一者生死涅槃合爲二諦。十二因緣虛妄本空，名爲世諦。佛性妙有不可說空，名爲眞諦。二者就生死之法，自論二諦。十二因緣猶如幻夢往還六道，名爲世諦，而本性空寂實無來去，名爲眞諦。三者就涅槃之法，自論二諦。涅槃妙有名爲世諦，而涅槃亦空名爲眞諦。

吉藏《十二門論疏》卷下　初言有二諦者，外人執定有，故以斷滅過於論主。是故今明有於二諦，豈是斷滅耶。明有二諦非但離斷滅，亦俱離斷常。雖空而有，故不隨斷。雖有而空，故不著常。立於二諦，雙破斷常，即是中道。又我上來明無有者，無汝所見有，何時無因緣世俗假名有耶。汝聞我明無有，即無一切諸有，是故不識我意。又有二諦者，上來破外人性有無明非有非無，故是中道。從中道始得立假名有無，故非有而有，非無而無，而有而無從中起假，故有二諦。又爲外人聞一切空無復二諦，今對破無二之病，是故說二。然諸法未曾二與不二，如是五句，若遂守二諦作解者便成二見也。又有二諦者，明佛經一切法空。我中佛明一切法空者，汝言明何義耶。佛法中有二諦，上明一切法空此明第一義空，不明世諦義。汝不得其意，故横生前難耳。又有時云，破二諦明二諦，三世佛皆依二諦說法。此是因緣不有有不無無，學佛教人遂作定性有無解故。今破此定性二諦明一切法空，今方申佛因緣二諦，因世諦得說第一義諦者。

第二明二諦相資。爲釋疑故來，既以空爲第一義。第一義有二實，一是實相，二聖所行處。故立第一義。世諦無此二，何用說俗諦耶。是故今明，因空有以悟於有空，故言因世諦悟第一義諦。如中論言無言明於二諦，以無言言爲世諦。言無言爲第一義諦，要因無言以悟言無言，故云因世諦得說第一義。因第一義得涅槃者，第一義即是實相。見實相故斷諸煩惱，故得涅槃也。

吉藏《大乘玄論》卷一　二諦義有十重。

第一標大意，第二釋名，第三立名，第四有無，第五二諦體，第六中道，第七相即，第八攝法，第九辨教，第十同異。

二諦者，蓋是言教之通詮，相待之假稱，虛寂之妙實，窮中道之極號。明如來常依二諦說法，一者世諦，二者第一義諦。故二諦唯是教門，不關境理。而學者有其巧拙，遂有得失之異。所以若有巧方便慧，學此二諦，成無所得。無巧方便慧學教，即成有所得。故常途三師，置辭各異。開善云，二諦者法性之旨歸，一眞不二之極理。莊嚴云，二諦者蓋是祛惑之勝境，入道之實津。光宅云，二諦者蓋是聖教之遙泉，靈智之淵府。三說雖復不同，或言含智解，或辭兼聖教，同以境理爲諦。若依廣州大亮法師，定以言教爲諦，今不同此等諸師。

問：攝嶺興皇，何以言教爲諦耶。答：其有深意。爲對由來以理爲諦故，對緣假說。問：中論云，諸佛依二諦說法，涅槃經云，隨順眾生故說二諦。是何諦耶。答：能依是教諦，所依是於諦。問：於諦爲失教諦爲得不。答：凡夫於爲失，如來於爲得，聖人於亦得亦失。而師云，於諦爲失教諦爲得者，乃是學教成迷。本於是通迷學教於別迷，通迷是本，別迷末。本是前迷，末是後迷。問：何意開凡聖二於諦耶。答云：示凡聖得失，令轉凡成聖。問：於諦爲失者何以言諦耶。答：論文自解。諸法性空，世間顛倒謂有。於世人爲實，名之爲諦。諸賢聖眞知顛倒性空，於聖人是實，名之爲諦。此即二於諦。諸佛依此而說，名爲教諦耳。

問：教若爲名諦耶。答：有數意。一者依實而說，故所說亦實，是故名諦。二者如來誠諦之言，是故名諦。三者說有無教實能表道，是故名諦。四者說法實能利緣，是故名諦。五者說不顛倒，是故名諦。與他家異有十種異。一者理教異。彼明二諦是理，三假是俗，四絕是眞。今明，二是教，不二是理。他家有理無教，今明，有教有理。二者相無相異。他家住有無故是有相，今明，有表不有，無表不無。不住有無，故名無相。三者得無得異。他家住有無，故名有得。今明，不住有無，故名無得。四者理內外異。他家住有無，故名理外。今明，不住有無，故名理內。五者開覆異。他有住有無住無，此有無覆如來因緣有無。今明，二諦是教，是有表不有，無表不無。即開如來教無有壅滯。六者半滿異。他家唯有二無不二，故唯教無理，名爲半字。今明具足理教，名爲滿字。七者愚智異。涅槃云，明無明愚者謂二，智者了達無二。眞俗二者即愚，不二者即智。故知不二是理，二是教。八者體用異。彼有用無體，今即具有體用。九者本末異。不二是本二是末，他但有末無本，今具有本末。十者了不了異。他家二諦，住有無故名不了。今明，說有欲顯不有，說無欲顯不無。有無顯不有不無，故名了義。他但以有爲世諦，空爲眞諦。今明，若有若空，皆是世諦，非空非有，始名眞諦。三者空有爲二，非空有爲不二，二與不二皆是世諦，非二非不二名爲眞諦。四者此三種二諦皆是教門。說此三門，爲令悟不三，無所依得始名爲理。

問：前三皆是世諦，不三爲眞諦。答：如此。問：若爾理與教何異。答：自有二諦爲教不二爲理，皆是轉側適緣無所防也。問：何故作此四重二諦耶。答：對毗曇事理二諦，明第一重空有二諦。二者對成論師空有二諦，汝空有二諦是我俗諦，非空非有方是眞諦，故有第二重二諦也。三者對大乘師依他分別二爲俗諦，依他無生分別無相不二眞實性爲眞諦。今明，若二若不二，皆是我家俗諦。非二非不二，方是眞諦。故有第三重二諦。四者大乘師復言，三性是俗，三無性非安立諦爲眞諦。故今明，汝依他分別二眞實不二是安立諦，非二非不二三無性非安立諦皆是我俗諦，言忘慮絕方是眞諦。文含多義，後文當釋。問：若以有無爲教表非有非無理者，何不以非有非無之教表非有非無之理，必以有無之教表非有非無理耶。答：不可以月指月，應以指指月。若利根菩薩，應如是說。但凡夫著有無故，以有無表非有非無。問：若以於諦爲眾生說者更增其患，何以依二於諦說法耶。答曰：凡夫著有二乘滯空。今明，如來因緣有無假有假無，假有故不有，假無故不無，云何增患耶。問：成論師云，十六知見非二諦所攝，十六知見道理無，此出自外道橫計。故非世諦，既非世諦。其即空亦非眞諦，此義云何。答：若言十六知見出外道橫計非二諦所攝者，陰界入等亦出凡夫橫計，何得云二諦所攝。若凡夫所見即是世諦者，凡夫人應是聖人。

釋名第二。若如他釋，俗以浮虛爲義，眞以眞固爲名，世是隔別爲義，第一莫過爲旨，此是隨名釋義，非是以義釋名。若爾，可謂世間諸法者有字無義。今明，俗以不俗爲義，眞以不眞爲義。若具足論之，應以非俗非不俗遣四句爲俗義。但今對他浮虛是俗義，今明，不俗爲義，是名出世法者。有字有義，今引《淨名經》，不生不滅是無常義，五陰空無所有是苦義，常途眞實是諦義。還以諦釋諦，義例前可見。

解諦義有四家不同。一云四諦理實是爲諦。《遺教經》云：日可令冷，月可令熱。佛說苦諦眞實是苦，不可令樂故，以理實爲諦。第二家云：境理非諦，能觀智爲諦。《大經》云，若苦是聖諦者，地獄衆生有苦，應是苦聖諦。而今地獄等苦非聖諦，豈得前境爲諦。第三解，取能詮理之文言爲諦。第四家云，合取境智文理爲諦。若單境不智亦非諦，單取智文理亦非諦。今明，四解並是並非。如衆盲摸象不得象體，然不離象。經中非無此釋，諸佛方便隨從衆生，故作此說，今還一一難之。

第一解云境理審實名諦者，地獄畜生應是苦聖諦，毒蛇瞋雀多欲應是集聖諦。第二解云以智爲諦者，應名權實諦。第三解云文言詮審實爲諦者，文言終不得理，那得爲諦。第四解云若以境智合爲諦者，境智既其非諦，今合那得爲諦。如一沙不能出油，合二沙不得油也。今明，此眞俗是如來二種教門，能表爲名則有二諦，若從所表爲名則唯一諦。故非只以審實爲義。若二於諦，即以審實爲諦。若就因緣教諦即有多義，或以誠諦之言釋諦，此二教表不二之道，教必不差違即是諦義。依名釋諦如是。

若依義釋諦，諦以不諦爲義。此是豎論。若橫論，諦以諸法爲義。例如眞俗義中說，俗以浮虛爲義，俗以眞爲義，俗以不俗爲義。眞亦然。更料簡諦待不諦有五條意。一者二諦相望是二不諦。俗非眞眞非俗，故二諦成二不諦。二者非有非無，是二不諦義。能表是有無，所表非有無，故成二不諦。三者二智是二不諦義。眞俗既二境，境自待不境，不境即是智。四者義有三種。一者，就理外凡聖，二緣二境。二者，就理內凡聖，二緣二境。三者，豎理內外相望，有凡聖諦不諦義。理外凡聖者，如有於凡實，所以爲諦。空於凡不實，即是不諦。空於聖亦然。凡聖二人各行一實一虛，故有諦不諦義。理內凡聖亦然。

次豎論者。若理外凡聖，皆是顛倒有所得行，俱是凡夫，理內若凡若聖，皆名爲聖。二諦亦然。理外若眞若俗，俱是俗諦。理內若眞若俗，皆是眞諦。理內所行，非外所行。理外所行，非內所行。有諦不諦義。五者直就凡聖各自有諦不諦。如有於凡是實，即此有於聖爲不實。只此一有自有實不實，不須他釋。

次更明於諦教諦合論有三句。一者能諦所非諦，二者所諦能非諦，三者亦能亦所諦。能諦所非諦者，即是於諦。有於凡實，空於聖實，取兩情爲諦，不取空有二境爲諦。言教諦是所非能者，二智是能說，二諦是所說。此就境智判能所，亦能亦所諦者，合取於教二諦。更就教諦中復有三句。一能名諦，二所名諦，三亦能亦所名諦。言能名諦者，即是眞俗二教。以能表道故名諦。言所名諦者，眞俗所表理實故，能表之教亦實。此從表實爲名，亦能亦所者，即理教合說，非理即不教，非教即不理。理教因緣，此二皆實。故能所皆諦。於諦有三句。一皆得，二皆失，三亦得亦失。言亦得亦失者，凡於是有，此有爲失。諸賢聖眞知性空，此空爲得。二皆失者，二皆是於，故二皆失。二皆得者，只知於二即知不二，既非二非不二，五句皆淨。然此三句，前二句即於諦，後一句即教諦。前二句即於境，後一句教境。於境即不轉，教境即轉也。

立名第三。三門分別，前辨立名，次辨絕名，後辨借名。立名者不眞不俗，亦是中道，亦名無所有，亦名正法，亦名無住。此非眞非俗，無名，今假爲立名。此名以無名之所立名，如提羅波夷眞不食油強爲食油，二諦亦爾。以其眞表不眞，俗表不俗，假言眞俗。以其假言，名無得物之功，物無應名之實。《淨名經》云，從無住本立一切法。無住即無本，故云，若能若所，皆以無住爲本。《大品》云，般若猶如大地，出生萬物。波若正法無住，此三眼目之異名。若就用中，辨二諦反覆得立名，俗爲眞立名，世爲第一立名。如言由世故第一，眞俗亦如是。眞應對世，第一對第二。而今眞對俗，世對第一。非正相待義，聖人未必以對立名。故經云，法無有彼此，離相待故。次明相待者。眞俗當體受名，世與第一，用中褒貶爲稱也。第二辨絕名。常途相傳，世諦不絕名。引成論文，劫初時物未有名，聖人立名字，如瓶衣等物故，世諦不絕名，眞諦與佛果三師不同。《光宅》云，此二皆不絕名。眞諦有眞如實際之名，佛果有常樂我淨之名，但絕麁名不絕細名。《莊嚴》云，此二皆絕名。佛果出於二諦外，是故絕名。眞諦本來自虛，忘四句絕百非故絕名。《開善》云，眞諦絕名，佛果不絕名，眞諦之理絕四句百非，故是絕名。佛果此世諦，所以不絕名，若佛智冥如絕名。今明，一往爲論何爲不得，然非理實說。今問：若劫初物作名銘者，以眞諦無名，假名銘者與眞何異。又問：火名爲當即火離火，若使此火名即火，呼火即燒口。若使火名離火，何故不得水耶。故知，非即離體有名。若在口中不在火上，是即火絕名，且復從來蛇床虎杖世諦絕名。復問：人是何物，人頭手等何意呼人耶。強爲立名，豈非皆絕。次難佛果有三家，今先難初家，若使言眞諦與佛果但絕麁名不絕細名者。今難，本以絕故妙，若不絕即不妙。難第二家，眞諦與佛果俱絕名者。今難，若以名求眞不得眞者，此名便有文爾無理。眞諦有文無理，如私陁言涅槃，佛果有理無文，如犢子存焉。難第三家，佛果不絕眞諦絕名，同前二家所見，不具辨也。今明，以四句辨之。一者俱絕，二者俱不絕，三者眞絕俗不絕，四者俗絕眞不絕。所言二諦俱絕者，二諦皆如，奈得皆不絕。二諦俱不絕者，得是如相名爲如來，得是二如相所以皆不絕。又言，如來常依二諦說法。《大論》云，如瓶衣等法，世界悉檀即有，第一義悉檀即無。眞如實際等，於第一義悉檀即有，世界悉檀即無。此名字互有互無。故知，二種俱絕俱不絕。三者眞絕俗不絕，此文即多。經云，以世諦法故說，非第一義。四俗絕眞不絕，如言生不可說不生亦不可說生不生亦不可說不生非不生亦不可說，四句皆不可說，即是世諦絕名。今更作一種方言，世諦即絕實不絕假，眞諦即絕假復絕實。何者衆生計有爲有，計無爲無，此之有無，是斷常二見，即是性實。今破有故言不有，破無故言不無。所以明，佛說假有假無爲世諦，此假有不名有，此假無不名無。【略】

有無第四。今先辨假有，後辨假無。常途所明，凡有三種假名。一者因成假，以四微成柱，五陰成人，故言因成。二者相續假，前念自滅續成後念，兩念接連，故言相續假。三者相待假，如君臣父子大小，名字不定，皆相隨待故言相待假。若入道所捉三乘不同，聲聞用因成，緣覺用相續，菩薩用相待，而成論三藏爲宗，多明因成，以入道。所以然者，凡有二義。一者因成是世諦體，續待爲用，若體已空，用即自遣。二者因成多重數，觀行自淺至深，初捉五根以空衆生，次捉四大四微以折法，所以多捉因成。若是續待二假，即無此重故不用。今明，正大品中三假爲宗。一者法二者受三名，解三假不同。今所用者，以四微成根大並法假。衆生假人，此是受假。一切名皆是名假，名假本通。就名假中，取能成義爲法假，所成義爲受假，不如他家法假爲體餘二爲用。故《大品》云，波若及五陰爲法假，菩薩爲受假，一切名字爲名假。內法如此，外法可知。四微四大爲法假，世界爲受假，一切名字爲名假。今明，相待爲本者，欲明大士觀行。凡有三義，一者相待假通，無非是待，因續二假未必盡假，二者相待假，無有實法，遣病即淨。因續二假，即有實法，遣病有餘。三者相待假無礙，長既待短，短還待長，因續二假，即成義有礙。唯以四微成大，不以大成四微。唯得續前不得續後，故用相待假。若是聲聞因成爲體，續待爲用，體空用自去。今觀相待體本來不生今亦無滅，因續用去，從來有通別相待，通是開避相待，別是相集相待。如人瓶衣柱，是通相待，長短方圓等是別相待。【略】

二諦體第五。常解不同，有五家。初家明有爲體空爲用，何故爾明世諦是有。行者折有入空，無有因空入有，故有是其本，空爲其末。第二家云，以空爲體，有是其用。何以故明空爲理本。古今常定，有是世間法，皆從空而生，故空爲其本，有是其用。第三云，二諦各自有體，以世諦假有是世諦體假有即空無相是眞諦體故，言二諦各有體。第四云，二諦雖是一體，以義約之爲異。若以有來約之，即名俗諦。以空約之，名爲眞諦。而今此二諦唯一，約用有二。第五云，二諦以中道爲體。故云，不二而二二諦理明，二而不二中道義立。彼家有時亦作體用相即，今皆不然。問第一解，若言以有爲體空爲用者，可以有爲理空爲用不。體是理之異名，既言有爲體，是即有爲理，然皆見理得道。今若以有爲理，即見有得道。今聖人皆見空斷結，明知空是理。問第二解，空爲體有爲用者，是即成一諦，何謂二諦。汝今指空當體，是即但空是諦有非諦，若空有俱諦，何得偏用一空爲體，故不然。問第三解，假有是世諦體假有即空爲眞諦體，若二諦各有體，即應成兩理，有自有爲理，空自空爲理，碩反，何得辨其相即。問第四解，二諦唯一體以義約之爲異者，今何以二諦唯是一體，是何物體，爲當一有體爲當一空體，何處離此空有別有一體，而言以空有約之故二諦之別。問第五解，二諦同中道爲體者，今問，汝言若用中道爲體，爲是二諦攝爲是二諦外物，彼解云，終是一無名無相，還是二諦攝，此是開善所用。攝山高麗朗大師，本是遼東城人，從北土遠習羅什師義，來入南土。住鍾山草堂寺，值隱士周顒。周顒因就師學，次梁武帝敬信三寶，聞大師來，遣僧正智寂十師，往山受學。梁武天子，得師意捨本成論，依大乘作章疏。開善亦聞此義，得語不得意。今意有第三諦，彼無第三諦。彼以理爲諦，今以教爲諦。彼以二諦爲天然之理，今明唯一實諦方便說二。如唯一乘方便說三，故言異。雖復有五解，不出四句之計。初一有句，第二無句，第三第四亦有亦無句，第五解非有非無。既束爲四句，是横計，何得扶道。【略】

明中道第六。初就八不明中道，後就二諦明中道。初中師有三種方言。第一方言云，所以牒八不在初者，欲洗淨一切有所得心。有得之徒，無不墮此八計中。如小乘人言，謂有解之可生惑之可滅。乃至眾生，從無明流來反本還源，故去。今八不横破八迷，豎窮五句，以求彼生滅不得故，言不生不滅。生滅既去，不生不滅亦生滅亦不生滅非生滅非不生滅五句自崩。然非生非不生既是中道，而生而不生即是假名。假生不可言生，不可言不生，即是世諦中道。假不生不可言不生，不可言非不生，名爲眞諦中道。此是二諦各論中道。然世諦生滅是無生滅生滅，第一義無生滅是生滅無生滅。然無生滅生滅，豈是生滅。生滅無生滅，豈是無生滅。故非生滅非無生滅名二諦，合明中道。第二方言云，所以明三種中道者，爲顯如來從得道夜至涅槃夜常說中道。又學佛教人，作三中不成，故墮在偏病。今對彼中義不成，故辨三中。問：云何學佛教人三中不成。答：他云實法滅故不常，假名相續故不斷。今謂，不常猶是斷，不斷猶是常。唯見斷常，何中之有。爲對此三中不成，明三種中道。今明，中道者，無生滅生滅爲俗諦中，生滅無生滅爲眞諦中。無生滅生滅，豈是生滅。生滅無生滅，豈是無生滅。故非生滅非無生滅，二諦合明中道。問：後明三中與前何異。答：前明二諦中道，是因緣假，名破性中。第二雙泯二假稱爲體中，亦名因緣表中道。故前語有四重階級，一者初章四句，求性有無不可得故，言非有非無名爲中道。外人既聞非有非無，即謂無復眞俗二諦，便起斷見，是故第二説而有而無以爲二諦，接其斷心。第三欲顯而有而無明其是中道是因緣有無，不同汝性有無義故。第三明二諦用中，雙彈兩性。第四次欲轉假有無二，故明體中。初明性空，次後明假，第三明用中，第四明體中，故有四階。此是攝嶺興皇始末對由來義有此四重階級，得此意者，解一師立中假體用四種意也。又初非性有無以爲中者，此是假前中義。次而有而無名爲二諦，是中後假義。次假有非有，假無非無，二諦合明中道者，此是假後中義。問：破性中因緣表中道者，云何中前假中後假耶。答：中前假者，未說體中。前明於假，即上破性中後而有而無是也。中後假者，說用中體中竟，方說而有而無，正是動而常寂，寂而常用，乃是方便智化眾生。又中前假，從用入體，中後假從體起用。問：第一方言出諸師計，後方言出諸師三中不成，云何異耶。答：第一方言，破性外道八迷，破性明中，但出諸師計。諸法師計亦有性義，亦言正破外傍破內，故出諸師計。第三方言云，世諦即假生假滅，假生不生，假滅不滅，不生不滅，爲世諦中道。非不生非不滅爲眞諦中道。二諦合明中道者，非生滅非不生滅。問：此與上何異。答：此有二意。一者即世諦生是不生，如色即是空故，不生即是世諦。眞諦不生者，此即相因義。因世諦生，明眞諦不生。二者世諦中不生不滅，即是眞諦假，非是破性明中，爲明世諦假生雖生不起，世諦假滅雖滅不失，故生滅宛然而未曾生滅，故世諦中即是眞諦假。問：此與上何異。答：雖同生滅爲俗不生滅爲眞，但不生有三種。初方言破定性生明不生，第二方言破假生明不生。此中有異，破定性生但破不收，破假生亦破亦收。第三方言約平道門本來不生，故言不生，不言破病也。第二就二諦明中道，此中有三意。第一單義論單複，第二複義論單複，第三就二諦論單複。就初有兩，初正明單複，後明互相出入。今先正論單複中假義，偏說一假有不說無，是單假。偏說一假無不說有，亦是單假。偏說一非有即是單中，非無亦爾。雙說假有假無，是複假。雙說非有非無，是複中。次釋其所以，凡有二義，一者爲利根人說單假，約鈍根人說複假。正言利根之者聞一悟十故，若聞說假有即解假無，乃至聞說非有即解非無。所以不勞具明兩義，爲鈍根之人隨言得解。若不具說，無有玄悟，所以雙明兩義也。二者爲鈍根人說單，爲利根人說複。爲鈍根之人不堪受圓教，所以且說單義破其執。若利根人堪受圓教，所以爲說複義，便皆領受。次明互相出入有八句，第一從單假入單中。或言假有不名有，從有入非有，無亦例爾。第二從單中出單假，或言非有假說有，非無假說無。第三從複假入複中，假有不名有，假無不名無，有無入非有無。第四從複中出複假，非有非無假說有無。第五從單假入複中，或言假有不名有，假有不名無。從假有入非有非無，假無亦例爾。第六從複中出單假，或言非有非無假說有，非無非有假說無之。第七從複假入單中，有無即非有。第八從單中出複假，非有假說有不有，非無假說無不無。次釋所以有二義，一者破衆生執實之病，隨計隨遣，所以遂有多句。二者大士觀行神通自在，無有隔礙故，或眼根入正受等，不復委釋。《大品》云，或從散心中起入滅受定，滅受定起入散心中也。第二就複義論單複亦有二，初正明單複，二明出入。初正明單複中假，假有是俗諦，假無是眞諦，此是單假。非有非無是中道，此是單中。假有假無爲二，是俗諦。非有非無不二爲眞諦，此是複假。非二非不二是中道，此是複中。正言非二盡有無，非不二盡非有非無，所以是複中。次釋其所以有二義。一往爲言，單中單假明義即淺，複中複假明義即深，所以然者。單家之二諦，至複義時，還是俗諦。單家之中道，至複義時，還成眞諦。單家之中道，正盡有無二，未能盡不二。複家之中道，盡不二也。二者單明義即勝，複明義悉劣。所以然者，複假之有無，猶是前單假之有義。複中之非有非無，猶是前單假之無義。複之非二非不二，猶是前單中之非有非無也。但前直言有，便攝得有無，只直言無，攝得非有非無。只言非有非無，便攝得非二非不二。言略意廣，所以爲勝。複家中假，言廣意劣，所以有勝劣。次明互相出入有八句。第一從單假入單中，假有不名有，假無不名無，入非有非無中道。第二從單中出單假，非有假說有爲俗，非無假說無爲眞。第三從複假入複中，假二不名二，假不二不名不二，入非二非不二中道。第四從複中出複假，非二假說二爲俗，非不二假說不二爲眞。第五從單假入複中，假有不名二，假無不名不二，從假有無入非二非不二中道。第六從複中出單假，非二假說有爲俗，非不二假說無爲眞。第七從複假入單中，假二不名有，假不二不名無，從二不二入非有非無中道。第八從單中出複假，非有假說二爲俗，非無假說不二爲眞。第三階就二諦論單複有兩。一正明單複，二出入。一者俗諦明單複，二者眞諦明單複。假有是俗諦，假無是眞諦，是單假。複者假有假不有，是俗諦複假，假無假不無。眞諦複假，非有爲中道，此是俗諦單中。以非無爲中道，此是眞諦單中。非有非不有，此是俗諦複中。非無非不無，此是眞諦複中。第二明出入有三。一就俗，二就眞，三交絡。先就世諦明有八句。第一從俗諦單假入俗諦單中，假有不名有，即是假有入非有。第二從俗諦單中出俗諦單假，非有假說有。第三從俗諦複假入俗諦複中，假有假不有入非有非不有。第四從俗諦複中出俗諦複假，非有非不有假說有非有。第五從俗諦單假入複中，假有入非有非不有。第六從俗諦複中出單假，非有非不有，假說爲假有。第七從俗諦複假入單中，假有不有入非有。第八從俗諦單中出複假，非有假說有不有。第二就眞諦辨有八句。第一從眞諦單假入單中，假無不名無也。第二從眞諦單中出單假，非無假說無。第三從眞諦複假入複中，假無假不無，非無非不無。第四從眞諦複中出複假，非無非不無假說無不無。第五從眞諦單假入複中，假無非無，假無非不無。第六從眞諦複中出單假，非無非不無，假說爲無。第七從眞諦複假入單中，假無不無入非無。第八從眞諦單中出複假，非無假說無不無。交絡明出入有十二句。第一從俗諦單假入眞諦單中，假有不名無，壞有入非無。第二從眞諦單中出俗諦單假，非無假說有。第三從眞諦單假入俗諦單中，假無不名有，壞無入非有。第四從俗諦單中出眞諦單假，非有假說無。第五從俗諦複假入眞諦複中，假有假不有，入非無非不無。第六從眞諦複中出俗諦複假，非無非不無，假說有不有。第七從眞諦複假入俗諦複中，假無假不無入非有非不有。第八從俗諦複中出眞諦複假，非有非不有，假說無不無。第九從眞諦單假入俗諦複中，假無不名有，亦不名不有，即是非有非不有。第十從俗諦複中出眞諦單假，非有非不有，假說名爲無。第十一從俗諦單假入眞諦複中，假有不名無，亦不名非無，即是非無非不無。第十二從眞諦複中出俗諦單假，非無非不無假說名爲有。

第七重明相即，次辨二諦相即。經有兩文，若使《大經》云世諦者即第一義諦，第一義諦即是世諦。此直道即作不相離，故言即。此語小寬。若如波若經空即是色，色即是空，此意爲切也。開善明二諦一體，用即是即。龍光明，二諦各體，用不相離即。衆師雖多，不出此二。今難，若二諦各體如牛角，幷違諸經論，不足難也。今問，開善色即空時，爲色起時空與色同起故言色即空，爲當色未起已有此空故言色即空耶。若使色未起時，已有即色之空者，即空本有，色即始生，本與始爲異，云何相即。本有是常始有無常，常無常異，不得即也。若言常無常一體者，燒俗時應燒眞諦，俗生滅時，眞應生滅。若言一體者，俗即眞時，俗應是常。二諦但常。若眞即俗時，眞應無常，二諦俱無常。若是一體而言俗無常眞常者，我亦言一體故俗常眞無常。次難，汝色即空，爲有分際爲無分際。若有分際，異體不得相即。若無分際，即混成一體，皆常皆無常。無分際得一即失二諦，有分際得二諦失相即。若爲通耶，龍光二諦異體，開善一體。今明，二諦非一非異，離四句爲體。亦明，非一非異非不相離即非即是即，離四句爲即。若於諦爲論，謂二諦各體。約兩情爲異若約無所有爲論，空有皆無所有，故言一體。若教諦爲，約用有二體，約中道爲論，終是一體。【略】

攝法第八。論二諦攝法，爲當盡不盡耶，常有三解。第一莊嚴云，二諦攝法不盡。所以然者，若是惑因感果，此即是世諦。虛果故可空，即是眞諦。而常住佛果體非虛假，故非世諦。不復可空，故非眞諦。引《仁王般若》云，超出二諦外，第二開善解。二諦攝盡，故云法無不總，義無不該者。眞俗之理，舒之即無法不是，卷之即二諦爾已。故《大品》云，設有一法出過涅槃者，我亦說如幻如夢，大涅槃空如來空。第三冶城解云，佛果爲眞諦，所攝而非俗諦。所以然者，佛果是眞實之法，無復虛假舉體妙絕，故眞諦。舉譬如水本澄渟，以風潮因緣故生波浪，若風息浪靜，還復本水之清。內合本唯眞諦之理顯，煩惱之風起致生死之浪。生死既息，還一眞之理。故《大經》云，世諦生死時名生，不生死者盡也。不生死即是佛果，生滅言世諦。今並不同，第一解佛果出二諦外者。《大品》云，不見有法出法性者，是名與般若相應。今還有一法出二諦外，即非相應也。不同第二解者，若言佛果爲二諦攝，即佛果定在二諦之內，定是有無。《成論》云，佛雖在世不攝有無，況滅後耶。《中論》云，如來在世不言有與無，如來滅後不言有與無。云何有無所攝也。不同第三解者，若言佛果唯是眞諦無世諦者，即失機照之能也【略】。

辨教第九。常途諸師，頓漸無方三種判教。於漸教中有五時二諦。初四諦教時，事理二諦。般若教時，空有二諦。《淨名經》褒貶二諦，《法華經》三一二諦，涅槃教常無常二諦也。今義菩薩聲聞藏判於佛教。今明，小乘明事理二諦，一切大乘經，通明空有二諦。【略】

明同異第十。有兩師。一者空假名，二者不空假名。不空假名者，但無性實有，假世諦不可全無，如鼠嘍栗。第二空假名，謂此世諦舉體不可得。若作假有觀，舉體世諦，作無觀之舉體是眞諦。如水中案爪，手舉爪令體出，是世諦。手案爪令體沒，是眞諦。今明義，就此兩義爲三階。一往俱非前二解。不同食栗者，假有法恆不空，假壁內空無性，豈非即有是空耶。所以亦不同第二解者。若沒舉體空，即無復世諦。若出時舉體俗有，無復眞諦。亦不得並有時便空，空時便有。第二階會時，亦並得會。雖復有而空，即空而有。但言空時，亦不失有。言有時，亦不傷空。還同第一不空世諦義，而未始有一有而不空，無有一空而不有。空時舉體空，有時一切有，亦得還同第二空世諦義。第三階一取一捨，碩乖食栗，取用案爪。從來二諦，不成案爪義。從來有二理各別，豈得稱爲案爪二諦。今始得用此義，以唯是一爪本非出沒，譬如唯是一道非有非無，而爪用中有時而出，有時而沒。譬二諦用，或時說俗，或時說眞。所以始是案爪義，此譬亦小分之說。爪沒時不出，出時不沒。今無有有時不空空時不有，此處不齊。不得舉出沒爲譬，今出無別出，還是沒者出。沒無別沒，還是出者沒。故空無別空，說有者爲空，有無別有，說空爲有故也。次周顯明三宗二諦。一不空假，二空假，三假空。空假者，開善等用。假空者，四重二諦中初重二諦。雖空而宛然假，雖假而宛然空，空有無礙。問：若假空者，假生不生時，爲當不於實生不假生耶。答：不生有三種。若假生不生，此無性實生義。二者自有假生不生不於假生爲世諦中道，用眞諦之假爲世諦中。三者明假生即不生，安不生置眞諦。若不生不滅，合論有三種不生不滅。一者不性生滅明於俗諦，二者不假生滅明眞諦，三者俗諦爲有故明不生。眞諦無故明不滅，二諦合論故言不生不滅。

吉藏《二諦義》卷上　叡師《中論序》云，《百論》治外以閑邪，斯文祛內以流滯。《大智》釋論之淵博，《十二門》觀之精詣。尋斯四論者，眞若日月在懷，無不朗然鑒徹矣。若通此四論，則佛法可明也。師云，此四論雖復名部不同，統其大歸，竝爲申乎二諦顯不二之道。若了於二諦，四論則煥然可領。若於二諦不了，四論則便不明。爲是因緣，須識二諦也。若解二諦，非但四論可明。亦衆經皆了，何以知然。故論云，諸佛常依二諦說法。既十方諸佛常依二諦說法，故衆經莫出二諦。衆經既不出二諦，二諦若明故衆經皆了也。然四論皆有二諦之言，今且依《中論》文以辨之。論文云，諸佛依二諦爲衆生說法，一以世俗諦，二第一義諦也。然師臨去世之時，登高座付屬門人，我出山以來，以二諦爲正道，說二諦凡二十餘種勢。或散或束，或分章段或不分分時，或開爲三段，乍作十重。所以爲十重者，正爲對開善法師二諦義。彼明二諦義有十重，對彼十重故明十重，一一重以辨正之。師唯道此義有重數，所餘諸義，普皆不開。若有重數者，非興皇者說也。

十重者，初則二諦大意，最後二諦同異。今第一明二諦大意也。然師導二諦義，多依二處。一依《大品經》，二依《中論》。今且依《中論》明二諦義。所以依《中論》導二諦者，《中論》以二諦爲宗。若了二諦，《中論》即便可明。爲是義故，依《中論》說二諦也。《中論》四諦品云，諸佛依二諦，爲衆生說法。此語即難解，若爲依二諦說法耶。解云，二諦是本，說法是末。二諦是所依，說法是能依。然此語驚耳，非從來所知也。問：何以得知諸佛依二諦說法，二諦是所依耶。解云出論，不假人解，故云。經有論故義即易解。今依論釋之。論四諦品，前釋二諦，次釋依二諦說法。

前釋二諦云，世俗諦者，一切諸法性空，而世間顛倒謂有。於世間是實，名爲世諦。諸賢聖眞知顛倒性空，於聖人是實，名第一義諦。次云，諸佛依是二諦，爲衆生說法，此則前釋二諦竟，然後明諸佛依是二諦爲衆生說法，故知，二諦是本，說法是末。二諦是所依，說法是能依。依此二諦，爲衆生說法也。問：從來云諸佛依二諦說法者，爲凡說俗，爲聖說眞。爲凡緣說有，爲聖緣說空。名爲依二諦說法。既云依二諦爲衆生說法，何得言爲凡說有、爲聖說空爲依二諦說法耶。今明，如上有於凡爲實名俗諦，空於聖是實名第一義諦。依此二諦，爲衆生說法也。又且問，諸佛何意依二諦說法耶。解云，欲明十方諸佛所說皆實故，依二諦說法。何者，諦是實義，有於凡實，空於聖實，是二皆實。諸佛依此二實說法，是故諸佛所說皆實也。外道九十六種所說，何意虛假不實。以其不依二諦故，所以虛假不實。諸佛依二諦說法故，凡所說法皆實。以諸佛所說皆實故，所以諸佛依二諦說法也。又問，若爲依二諦說法，說法皆實耶。解云，諸賢聖。如實悟諸法性空，如來依彼如實悟而說故，諸佛所說亦實。此則依第一義諦說法是實，世人於瓶衣等是實，諸佛隨俗說瓶衣故，所說亦實。如《百論》云，佛入舍衛城，隨俗語故無過。此則依世諦說法是實。依彼二實而說故，諸佛說法皆實也。前云依凡諦說名依世諦說法，依聖諦說名依第一義諦說法。依二諦爲衆生說法，此語不可失也。今問，依二諦說法，所依於諦，爲是得爲是失，爲亦得亦失，教諦亦作此問。然大師云，於諦是失，教諦是得。何者，言於諦失者，有於凡是實有，空於聖是實空。此空有於凡聖各實，是故爲失也。言教諦得者，如來誠諦之言，依凡有說有，有不住有，有表不有。依聖無說無，無不住無，無表不無。此則有無二。表非有非無不二，二不二不二二。不二二則是理教，二不二則教理。教理應教，理教表理。理教二不二因緣，是爲得也。然教諦如此，雖如此而復未可解。何者，汝依二諦說法，依二諦與說法，皆是教諦不。若皆是教諦，則違論文。

論云，諸法性空，世間顛倒謂有爲世諦，諸賢聖眞知顛倒性空爲第一義諦。諸佛依此二諦說法，那忽併是教諦耶。今正此一句，明依二諦說法，所依是於諦說法，是教諦也。問：所依二諦爲得爲失者，論自判。論云，諸法性空，世間顛倒謂有，於凡是諦，諸賢聖眞知顛倒性空無生，於聖是諦。此則開凡聖二諦異。凡聖雖復不二，不二而二，有凡諦聖諦。凡諦即是失，聖諦即是得。何者，既云諸法性空顛倒謂有，諸賢聖眞知顛倒性空。故知，凡諦失聖諦得。何以故，凡諦是顛倒故是失，聖諦是不顛倒故是得。此即開凡諦聖諦倒諦不倒諦也。問：若所依二諦有倒不倒者不可解。何者，佛可依不倒說，云何依顛倒爲衆生說耶。若言二於諦皆不顛倒，則乖論文。論文云，世間顛倒謂有爲世諦，諸賢聖眞知顛倒性空爲第一義諦。依是二諦，爲衆生說法。故知，依倒不倒說。若順論文，諸佛菩薩豈得依顛倒說法耶。進退難解，未釋云云。問：前云所依於二諦有得有失，將不乖師所說耶。師云二於諦是失，今何得判二於諦有得有失耶。解云，汝言於諦竝是失，是何處語耶。今明，於諦皆失者，非是所依於諦皆失，乃是稟教成於此於諦皆失。何者，如來說有爲表不有，說無爲表不無，說二爲表不二。彼聞有作有解，聞無作無解。聞有作有解有，於凡實名俗諦。聞：無作無解無，於聖實名第一義諦，此之二諦皆失，問若爲失耶。解云，如來說有爲表不有，說無爲表不無，說二令識不二，舉指令得月。而眾生聞有住有，聞無住無，守指忘月，住教遺理，豈非是失耶。若爾，此則有二種於諦。一者所依於諦，二者迷教於諦。所依於諦，有得有失，迷教於諦。二皆是失，所依於諦是本，迷教於諦是末。所依於諦是本者，且約釋迦一化爲論。釋迦未出之前已有此二於諦，釋迦依此二諦爲眾生說法。何者，諸佛說法無不依二諦，故發趾即依二諦而說，當知所依於諦是本也。迷教於諦是末者，眾生稟如來有無二諦教，作有無解成於故，此於諦在後也。又有三異，謂前後能所通別。從後釋之。

言通別者，所依於諦則通，迷教於諦則別。所依於諦通者，世間顛倒謂有。於世間是實爲世諦，諸賢聖眞知顛倒性空爲第一義諦。此之二諦通一切凡聖，如《涅槃經》云，文殊問云，世諦之中有第一義不，第一義中有世諦不。如其有者，即是一諦。如其無者，將非如來虛妄說耶。佛答云，世諦即第一義諦，隨眾生故分別說二。世人知者名世諦，出世聖人知者名第一義諦。此即世出世兩人判於二諦，《中論》文正爾。世間顛倒謂有爲世諦，此諸賢聖眞知顛倒性空爲第一義諦，故此二於諦通也。言迷教於諦別者，如來說有無二諦，爲表不二之道，有方便者，聞二悟不二，識理悟教名教諦。無方便者，聞二住二，不識理迷教名於諦。於諦但是無方便者，所以是別也。言能所者，所依於諦則是能化，迷教於諦則是所化。此一往偏約第一義諦邊說耳。何者，論云諸賢聖眞知顛倒性空故是能化，此如《涅槃經》。經云，一切世諦，若於如來是第一義諦，只世諦於如來是第一義故。此第一義諦是能化，論正爾。凡夫顛倒謂有，諸賢聖唯知此顛倒性空不生不滅，於聖人是第一義諦。若爾當知，此第一義諦是能化諦也。迷教於諦是所化者，稟教成於，雖復是聖，終是稟教，以稟教故是所化也。言前後者，與本末不異。所依於諦是本是前，迷教於諦是末是後。發趾依於諦說，然後眾生稟教。有方便悟理成教諦，無方便不識理成於諦。故前後爲異也。次更簡一句，前云諸賢聖眞知顛倒性空，於聖人名第一義諦。如《涅槃經》，一切世諦，若於如來是第一義諦。問：既云一切世諦於如來是第一義諦者，亦得言一切第一義諦若於凡夫是世諦不。解云：如此只出論文。論云，世諦者一切法性空，而世間顛倒謂有。於世人爲實，名之爲諦。解世諦，前舉一切法性空以釋之，明一切法性空，世間顛倒謂有，於世人是實名爲諦。當知一切第一義諦，於凡是世諦也。如《大品》云，諸法無所有如是有，如是有無所有，如是有於聖人無所有，即世諦爲第一義諦。無所有於凡如是有，第一義諦爲世諦也。問：何意開凡聖二諦耶。解云，今開凡聖得失二諦者，示聖得凡失令轉悟，明此是凡諦此是聖諦此是倒諦此是不倒諦，示是凡聖。令捨凡學聖棄倒從不倒，爲是義故開凡聖得失二諦也。何以知然，具出經論。大經云，欲令眾生深識第一義諦，是故如來宣說世諦。眾生若不因世諦悟第一義諦，如來終不說於世諦，說世諦令識第一義諦也。又《中論》若不依俗諦不得第一義，不得第一義則不得涅槃。說世諦令得說第一義，說第一義令得涅槃。故開二諦也。又《大品》云，般若波羅蜜，爲大事故起。所謂示是道是非道，非道即是倒，是道即非倒。示是道是非道，令舉非道從道。亦示倒示不倒，令舉倒從不倒。爲是義故，開二諦示得失，令改悟也。

然二諦大判有三節。一者凡聖就倒不倒判二諦，二者就聖中自判二諦，三者就凡中自判二諦。就凡聖判二諦者，凡所解爲世諦，聖所解爲第一義諦。此判凡聖者。就知性空不知性空判凡聖，未知性空爲凡，若知性空爲聖人。就此判二諦也。就聖中自判二諦者，聖人了有是空，有空是有空。此之二諦，皆是聖二諦也。何者，如四諦者，苦集滅道皆名聖諦，二諦亦爾。眞俗兩種，皆是聖諦也。問：何處作此說耶。解云，如般若四攝品末所明，自有時情轉千開。有時須文義明據，今宜須文義分明也。彼文云，凡夫若知世諦，應是須陁洹乃至於佛。若爾凡夫不知世諦第一義諦，唯是聖人知此二諦，故此二諦皆是聖諦也。大判如此。就聖中復有無量種。如《大經》云，我一時與彌勒在耆闍崛山，共論世諦，五百聲聞不覺不知，何況甚深第一義諦。約此而論，二乘不知二諦，唯菩薩知於二諦也。此則從來義壞，何者，從來云，三乘皆會眞諦，並解二諦。聖則眞解二諦，賢則似解二諦。小乘七方便，大乘三十心相似解。小乘苦忍以上，大乘初地已上。眞解二諦，解世諦通緣似理，解眞諦四絕百非。三乘並解二諦。若是《涅槃經》，明五百聲聞不知二諦。尚不知世諦，況甚深第一義諦。故從來義不成也。今時得有此義，何者，二乘生滅斷常心，不行中道，不見佛性。中道是本，既不識本，豈能知末。既不見理，豈能識教。何者，彼有不得無，無不得有。有不能無用，無不能有用。二不能不二用，不二不能二用，橫竪皆礙。若是菩薩，有爲空用，空爲有用。二爲不二用，不二爲二用，橫竪無礙故也。就凡中自判二諦者，一切皆是，只從來所釋二諦是也。彼云，三假七實爲世諦，四絕百非爲第一義諦。三假不得四絕，四絕不得三假。亡不得有，有不得亡。絕不得不絕，不絕不得絕。如此二諦，皆是凡夫二諦也。何以知爾，《大經》云，衆生起見凡有二種。一者常見二者斷見，具有有無斷常二見也。又有於凡實爲諦，亦空於凡實爲諦，實有此空故空爲諦，所以凡亦有二諦也。此則皆開三種二諦。從來人二諦，任運墮凡夫二諦中。何者，我有三種二諦。一凡聖判二諦，二就聖中自判二諦，三就凡中判二諦。凡二諦者，三假爲凡俗諦，四絕爲凡眞諦。汝義若爲耶。汝義三假是俗諦，四絕是眞諦，自墮我凡二諦中，非故安處也。如一家理內外義，汝作義自落我理外中也。論文云，諸佛依二諦爲衆生說法，前來略釋依二諦竟，次釋依二諦爲衆生說法。

問：既云依二諦說法，爲何人說何物法耶。諸人領大師語云，爲凡說有法，爲聖說空法，爲凡聖兩人說空有二法，名依二諦說法。問：師有此語不。答：然師實有此語。但用此語有處，人唯得此語不解此意。何者，爲凡說有，爲聖說空，名依二諦爲衆生說法。此成何物語，諸佛依二諦爲衆生說法，何得言爲凡說有爲聖說空，名諸佛依二諦爲衆生說法耶。又且豈依凡說有還爲凡說有，依聖說空還爲聖說空耶。論文云，諸賢聖眞知顚倒性空，既知諸法本性空，云何更爲說空耶。今所明者如論釋，論云諸佛依二諦爲衆生說法，親遵依二諦爲衆生說法，何時遵爲聖說法耶。爲凡夫衆生說法，不爲聖人說法也。問：此就何義判爲衆生說二諦耶。解云，此就迷悟能所，判爲說不爲說。明衆生迷有無未悟有無故，爲衆生說有說無。明此是有、此是無，此是凡、此是聖，此是倒、此是非倒，令衆生從有入無，捨凡取聖。爲此義故說二諦。若是聖人已悟，何須爲說。以凡未悟故，須爲說二諦。凡未悟故稟教，聖已悟故不稟教也。言能所者，一切世諦，若於如來皆是第一義諦。既於如來是第一義諦，故是能化，豈能化爲能化說法耶。一切第一義諦，若於衆生則是世諦。以衆生是所化，所以須爲衆生說法也。次將《中論》觀法品及《大論》釋往生品二處文，釋成此義。《中論》觀法品云，諸佛或說我，或說於無我。諸法實相中，無我無非我。長行中釋，爲凡夫說我說無我，又爲得道聖人說我說無我。我無我即是二諦。故《大論》初品云，人等世諦故有，第一義諦即無。當知我是世諦，無我是第一義諦。既爲凡說我無我，爲聖說我無我。則爲凡說二諦，爲聖說二諦也。《大論》釋往生品云，問云前習應品，明無菩薩則無去來，今何故說有菩薩有去來耶。釋云，不相違。爲凡說無去來，爲聖說有去來，爲聖說無去來，爲凡說有去來。然去來無去來還是二諦，則爲凡說二諦，爲聖說二諦，大意與《中論》同也。然師復明爲凡說有爲聖說空亦就迷悟能所判如前也。次釋法品，問法品何意爲凡說二諦，爲聖說二諦耶。解云，爲凡說我無我，如前爲凡說有無令轉悟不有無。我無我亦爾。衆生迷我無我，爲其說我說無我，令離我無我，離我即離常，離無我即離斷。令其離斷常悟中道故，爲凡說我無我也。爲聖人說我無我者，聖人解我無我。是故爲聖人說我無我。前爲凡說我無我，凡迷我無我。爲聖人說我無我，非是聖迷我無我，故爲說我無我。但聖人聞我無我，即解我無我故，爲說我無我。《大論》引《天問經》中說，羅漢最後邊身能說我無我不。解云，能說故聖人解我無我也。又云，如軍防密號唯防人解餘不解，說我無我。唯聖人解，餘人不解。以聖人能解我無我故，爲聖人說我無我也。《中論》既然，往生品類爾可知也。問：凡夫迷我無我，爲凡說我無我，令悟我無我，可有益。聖人解我無我，爲聖人說何益耶。解云，此不就利益爲說，直明凡不解我無我聖解我無我。以聖解我無我故，爲聖說我無我。此爲益凡，利他不自利。如阿難稱我聞，爲益衆生也。次大師云，爲凡說有爲聖說空者，此之凡聖是所化緣。稟教凡聖，有於凡實。爲凡說有令悟不有，空於聖實。爲聖說空令悟不空，令凡聖說有無悟不有無。亦令凡悟不凡，令聖悟不聖，不凡不聖中道正法。故云非凡夫行，非賢聖行，是菩薩行也。

又爲凡說有爲聖說空者，明隨凡說有隨聖說無如一色。於凡有於聖無，隨凡說色有，隨聖說色無，色未曾有無也。此正爲對由來人義。彼云，三假爲世諦理，四亡爲眞諦理，有二諦道理。今明，隨凡說有，隨聖說無，乃是隨凡隨聖說有無，何處有二諦道理耶。爲是義故，云爲凡聖說有無也。此則釋爲衆生竟。次釋說法。然說法凡有三種，或具說二諦，或但說第一義諦不說世諦，或但說世諦不說第一義諦。此三種竝出經論。

《大智論》釋往生品云，問曰，前習應品明菩薩習應波若，不見菩薩，不見波若，無菩薩無波若，今何意復說有菩薩往生來生耶。答曰，前明無菩薩無波若者，就第一義諦門說波若。今說菩薩往生者，就世諦門說波若，此就二諦說波若也。又《涅槃經》云，善男子莫入甚深空定。何以故，大衆鈍故，當以世諦而解說之。此亦就二諦說涅槃不聞聞義。前云莫入甚深空定大衆鈍故，即是就第一義諦門說。當以世諦而解說之，此即是就世諦門說也。《大智論》云欲說第一義悉檀故，說《波若波羅蜜經》。此即但說第一義諦。又《大經》云與彌勒共論世諦，五百聲聞不覺不知，此即但說世諦。雖復三種不同，如來所說不出二諦也。問：何意如來說法不出二諦耶。解云，二諦即是四悉檀，三悉檀即是世諦，第一義悉檀即是第一義諦。四悉檀攝十二部經，攝八萬四千法藏。攝法既盡，二諦攝法亦盡。此就不盡盡明義也。以二諦攝法盡故，如來就二諦說法也。問曰：二諦與四悉檀攝法皆盡，何意諸佛依二諦說法，不依四悉檀說耶。解云，通皆得，既依二諦說，亦依四悉檀說。別即不例何者此有義，欲明諸佛所說皆實。《金剛波若》云，如來是眞語者實語者。是故依二諦說。四悉檀名，不的主實，是故不依四悉檀說也。問：不依四悉檀說法，用四悉檀何爲。解云，二諦是所依，依二諦說四悉檀法。此亦兩種，各取一義明，實而說義名四悉檀，說而實義稱二諦。此即依於二諦，方便屬緣不同，是故有四種悉檀也。問：若爲依二諦說四悉檀耶。解云，依第一義諦說第一義悉檀，依世諦說三悉檀。依第一義諦說，合而不開。依世諦說，開而不合。以依第一義諦還說第一義悉檀故，合而不開。依世諦說三悉檀故，開而不合也。問：何意依第一義諦合而不開，依世諦開而不合耶。解云：既有二諦，那忽併合開。眞俗因緣，開合因緣也。問：等是二諦因緣，何故第一義諦合而不開，世諦開而不合耶。解云：世諦是空有，第一義諦是有空。第一義諦差別無差別，世諦無差別差別。第一義諦二不二，世諦不二二。爲是故，世諦開而不合，第一義諦合而不開也。

問：依第一義諦說第一義悉檀者，諸賢聖眞知諸法性空，還依彼所悟性空，而說諸法本來無生寂滅。此可解，若爲依一世諦說三悉檀耶。解云，三悉檀竝依世諦故說，瓶衣車乘等法，於世間爲實，名之爲世諦。依世諦說世界悉檀，如說輪軸輻輞和合爲車，五陰和合爲人，如此說者，即世界悉檀。故《大論》云，人等世界故有，第一義即無，此即依世諦說世界悉檀也。依世諦說對治悉檀者，衆生略有三毒之病，廣即八萬四千塵勞之病，有三法藥八萬四千波羅蜜，對治此病，名對治悉檀。何故名對治，以藥撥病，以藥治病，名對治悉檀。如此藥病相治，即依世諦說對治悉檀。故論云，對治故有，實性即無。當知是依世諦說對治悉檀也。依世諦說各各爲人者，前明三法藥八萬四千波羅密，治三毒八萬四千塵勞，即明一切法盡，更何所論耶。解云，於各各爲人中，更欖之。何故諸佛經中，或說我或說無我，適說常，斯須說無常。何故或說是舍那或說是釋迦，或說淨或說不淨，何故前後更相違反耶。是故次明各各爲人悉檀，昔爲邪常故說無常，明諸佛緣覺尙捨無常身。今爲三修封執故說常，昔爲鈍根故說三，今爲著三故說一。爲大根緣故說是舍那，爲小乘人故說是釋迦。如此等竝是爲緣不同，無相違也。此即依世諦說三悉檀也。依第一義諦說第一義悉檀者，卷前三種，明不生不滅不動不倚，何處有人有車有藥有病有人有法有常有無常有三有一，如是畢竟清淨名第一義悉檀。爲是義故，云依二諦說四悉檀法也。此即依二諦說四悉檀法竟。今次明依二諦就二諦門說法，然四悉檀唯是二諦，但合離爲異。離二諦爲四悉檀，合四悉檀爲二諦。四悉檀實義名二諦，二諦究竟義名四悉檀。就二諦門說法者，大有三意。一者說世諦說第一義諦，令衆生悟第一義諦。二者說二諦令離有無二見，三者說有無令悟非有非無，說二悟不二也。說二諦令悟第一義諦者。如最初所辨，世間顚倒謂諸法有，於世間是實，名之爲諦。諸賢聖眞知顚倒性空，於聖人是實，名之爲諦。此則開凡聖得失二諦，令衆生悟第一義諦。明凡夫世人顚倒謂有，聖人眞知顚倒性空。令捨有入空改凡悟聖舉失從得，衆生改凡成聖者，悟第一義故也。若不悟第一義諦，則不能改凡成聖捨失從得，良由悟第一義諦，乃能改凡成聖捨失從得。爲是義故，開眞俗凡聖得失二諦，令悟第一義諦也。說二諦令離有無二見者，故《大品經》云，菩薩住二諦，爲衆生說法。論釋云，爲著有見衆生，說第一義諦。爲著無見衆生故說世諦，爲著有無二見衆生故，菩薩住二諦說法也。肇師論亦爾。借有以出無，借無以出有。借有以出無，住世諦破無見。借無以出有，住第一義破有見。故說二諦破二見也。說二諦令悟不二者，如《華嚴》明一切有無法了達非有非無，此即說有無悟非有非無。說二悟不二，此即理教義也。一切經論，凡有所說者，不出此三種也。然前說二諦令悟第一義諦，此二諦即有得有失。諸法性空，顛倒謂有名諦，即是失諦。諸賢聖眞知性空，即是得諦。故此二諦有得有失也。次說二諦令離二見者，此二諦竝是失。何者，爲著有衆生說第一義，爲著空衆生說世諦。此有無竝是衆生所著，是故皆失也。次說二悟不二，此二諦竝得。何者，因二悟不二。二即是理教，不二即是教理。二即中假，不二即假中。二即體用，不二即用體。故此二諦是得也。次詺前二諦凡諦聖諦，世諦是凡諦，性空即聖諦。第二二諦，竝是凡諦，爲著有衆生說空，爲著空說有。借有破無，借無破有。此之有無，竝是凡夫諦也。然復有聖諦義，何者，所借有無是病皆凡，能借有無竝藥皆聖也。第三二諦，二悟不二假中義。

此二諦竝聖，何者，如《中論》云，因緣所生法，我說即是空。亦爲是假名，亦是中道義。從來明此是三是義，一因緣即是空，二是假，三是中。此之二諦，豈凡夫所知，唯聖能了。又非二乘所及，但菩薩境界也。問：何故就二諦說法，說二諦有何利益耶。解云：略出兩論文。一者《中論》四諦品，若人不能知分別於二諦，即於深佛法不知眞實義明。若不解二諦，於深佛法不知眞實。若了二諦，於深佛法即知眞實義。故知，說二諦有大利益。二者《十二門論》觀性門云：若人不知二諦，則不得自利他利共利，若知二諦則得三利。此之二論互出耳，然此二益攝一切益盡。《中論》明知深佛法益，十二門明利衆生益。上求下化，不出二益也。問：若爲人不知二諦無利益耶。解云：佛法中即薩衛方廣不知二諦，大損佛法。何者，薩衛等計一切法皆有，則不識如來第一義諦。由識第一義諦所以成聖，既不識第一義諦，則破諸賢聖。論文云諸賢聖眞知性空名第一義諦，汝既不識第一義諦故破聖人，斯有大損也。次方廣道人計一切法空，如龜毛兔角，無因果君臣父子忠孝之道，此人不識如來世諦。若不識世諦，此有何過。失世諦則失第一義諦，失第一義諦則不得涅槃。《中論》云，若不因世諦不得第一義，不得第一義則不得涅槃。故此人過失極大也。此二人攝一切盡。若內外大小一切計有者，同薩衛有失。一切大小內外計無者，同方廣無失也。又如《中論》初云，佛滅度後五百歲，人根轉鈍，求十二因緣五陰等決定相，此即不識第一義諦。聞大乘法說畢竟空，不知何因緣故空。若都畢竟空，則無罪福報應等，此即不知世諦。此有無二見衆生，龍樹菩薩爲此等故造此《中論》，即是住二諦破衆生二見。《大品》云，菩薩住二諦，爲衆生說法，是何物菩薩，今龍樹即其人也。以衆生求十二因緣五陰決定相，次聞大乘畢竟空便言無罪福。如此等失於二諦故，龍樹菩薩爲破此二人造《中論》也。從初至後，求一切法畢竟不可得，即住第一義諦破有見。次復云，雖空不斷，雖有不常。有二諦教門，何時無三寶四諦因果罪福耶。此即住世諦破無見也。又前來借空以破有，後四諦品借有以破空，如《百論》借一以破異，借異以破一。《中論》亦爾也。此之二種，各示一勢，前申破後迴破。前申破，住如來因緣世諦破空見。住如來因緣第一義破有見，帶申破。後迴破者，借有破無，借無破有。此有無並是衆生有無，皆須破洗，一無所留。借無破有，有去無亦除。故是迴破，此即說於二諦破衆生二見，故有大利益也。次更明前兩人失二諦義。前明薩衛謂諸法有，不識第一義諦。方廣計有分無故諸分無，柱無故四微無，人無故五陰無，計一切諸法無，不識世諦，一往如此耳。再往二人俱失二諦，薩衛既不知諸法性空者，亦不識諸法於顛倒因緣有，既失第一義即失世諦。故《中論》云，汝破一切諸法因緣空義，則破於世俗諸餘所有法。此即破空義，即破一切有法也。

又云，以有空義故，一切法得成。若無空義者，一切即不成故。薩衛不識空義，二諦皆失也。次方廣明諸法空失於世諦，既失世諦，即失第一義諦。故《中論》初云，聞大乘說畢竟空，不知何因緣故空。若都空則無罪福報應等，如是則失世諦第一義諦，故方廣不知有具失二諦也。何故爾。空是有空，既其失有，是即失空，又且有即是空。《中論》云因緣所生法，我說即是空。既即是空，失有即失空。空既然，有亦爾。爲是義故，此二人皆失二諦。以皆失二諦故，破失令識如來二諦也。問：何人失二諦耶。解云，大而爲言，有兩種人失二諦。一者不學二諦失二諦，二者學二諦失二諦。凡失二諦不出此二種也。若是《百論》，即對不學二諦失二諦緣。何者。《百論》正對破外道，外道不知諸法性空，不識第一義諦。既不知諸法性空，亦不知諸法於顛倒因緣有，不識世諦。所以提婆菩薩從初破諸法性有，畢竟無所有。次破空品破性空，破外道性有性空竟。然後示如來因緣二諦，明諸法性空爲眞諦。隨俗說故無過，即世諦。破彼空有示其二諦，《百論》作此用也。次明《中論》者，具破兩種失。《百論》但破不學二諦失二諦緣，《中論》具破不學二諦失二諦及學二諦失二諦緣。何者，中論正破內傍破外。正破內，則正破學二諦失二諦緣。傍破外，即破不學二諦失二諦緣。破不學二諦失二諦，如《百論》也。破學二諦失二諦者，復有兩種。一者正破大乘，二者傍破小乘。大乘學二諦失二諦，小乘不識二諦失二諦。小乘不識二諦失二諦者，即是前方廣薩衛兩人，竝不識二諦。薩衛明諸法性有，不知諸法性空。既不知性空，即不識諸法顛倒有。不知性空，不識第一義諦，不知顛倒有，即不識世諦也。次方廣不識二諦者，未知此人何學。彼若小乘學，則推畫起邪見。明有分既無諸分亦無，於有起邪見。彼若大乘學，則聞大乘説起邪見。聞大乘説畢竟空，不知何因緣故空。若都畢竟空，云何分別有罪福報應等。若有罪福則不應空，推畫空便起邪見也。既起空見，即不識世諦。既不識世諦，即不識第一義諦。又此空是邪見空故，二諦皆失也。

問：三藏明諸法有，云何於三藏起邪見耶。解云：於外道中，尚得起邪見。如六師中云，無黑業無黑業報等。於外道中，尚得起邪見，況於三藏中不得起邪見耶。此即小乘不識二諦失二諦也。次大乘失二諦者，大乘學二諦失二諦，龍樹正爲此人出世，造此《中論》及《十二門》《大智論》，竝爲學二諦失二諦也。然大乘失二諦，復有二種。一者學二諦成性二諦，二者學二諦成一諦。前小乘有兩失，一性有失二諦，二邪空失二諦。今大乘亦兩失，如前佛法中都有四種失二諦。學二諦失二諦，成性二諦者。聞有住有，聞空住無。如從來初章，他有有可有，有無可無。有有可有，不由無故有。有無可無，不由有故無。不由無故有，此有是自有，不由有故無。此無是自無，自有即有故有，自無即無故無。斯即失因緣二成性二，失不二二成二故二也。言學二諦失二諦成一諦者有二種，一者學二諦成空諦，二者學二諦成有諦。學二諦成一空諦者，諸法於顛倒有名世諦，諸賢聖眞知性空名第一義諦，明顛倒有爲非諸法性空爲是。何以故，諸賢聖眞知諸法性空。故知諸法性空定是也。此人聞空故空，聞有亦是空，學二諦唯成一空諦也。學二諦成一有諦者，有二義。一者即鼠嘍栗二諦，二者心無義。鼠嘍栗二諦者，經中明色性空。彼云色性空者，明色無定性，非色都無，如鼠嘍栗中肉盡栗猶有皮㲉形容宛然。栗中無肉故言栗空，非都無栗故言栗空也，即空有併成有也。言心無義者，然此義從來太久，什師之前，道安竺法護之時，已有此義。言心無義者，亦引經云，色色性空者，明色不可空。但空於心，以得空觀故言色空，色終不可空也。肇師破此義明，得在於神靜，失在於物虚。得在神靜者明心空，此言爲得。色不可空，此義爲失也。然此之兩釋，竝是學二諦失二諦，失世諦不識第一義，不識第一義即不識世諦。何者，此是空有，失有即失空。又設得一有，此有是有見有，故二諦皆失。空邊亦爾，故皆失二諦。失二諦即失假，失假即失中。中假理教皆失也。學二諦成性二諦，亦一切失。聞二住二不識不二，不識不二即失中。失中即失假，此非相待失。失中即失假。何以故，假即中故也。學二諦失二諦，既併失不識二諦，失二諦理然。皆失大有三節。一者學二諦成一諦，失二諦一切失。二者學二諦成性二諦，失二諦一切失。三者不識二諦失二諦一切失。如此等人既一切失，諂作何物人耶，此乃是狂愚人耳。爲是人故，四依出世破之。有兩菩薩出世，提婆菩薩出世，破不識二諦失二諦。龍樹菩薩出世，破學二諦失二諦。此二菩薩，破病具足也。非但釋迦佛須此二菩薩，十方三世諸佛，竝須此二菩薩。何以故，此二菩薩攝一切菩薩，兩失攝一切失。破此兩失，則申一切教。何者，此二失障二諦，破此二失，則二諦通。二諦通，則一切經申。若爾故知，三論不可思議。所以關中歎云，中百兩論文未及此。人又無通鑒，誰與正之。及至之後歎云，後談道之人，始可與論實矣。實理如此，何者，失不出此二。中百兩論既破此二失，二諦即通。二諦通一切教申故，三論有大利益也。通意如此。次對當路數論者，數人則不識二諦。彼不知諸法性空，但明諸法性有。一切皆有，不識第一義。既不識諸法性空，則不知諸法因緣有。二諦皆不識故，失二諦也。

成論者，依彼論宗則同三藏，何者，彼序云，故我欲正論三藏中實義，則同薩衛不識二諦。若就彼義中有二諦義，彼明人法二空。但是聲聞空，終不識性空。何者，《大智論》云，佛於聲聞法中，不説自性空自相空，以不説自性空故，不識第一義。不識第一義，即不識世諦。若爾數論皆失二諦，以如此等人竝失二諦，所以諸佛説二諦。菩薩申二諦教，令衆生識二諦。識二諦即識一切中假等，所以説二諦有大利益。前明失二諦有二種。一者不識二諦失二諦者，當世即數論二人，數人不知諸法性空，但明諸法性有，此人不識性空，無第一義諦也。論人雖明諸法空，是聲聞法空，非今第一義空。今以諸法本性空爲第一義諦故，論云，諸賢聖眞知性空名第一義，成論無此空。何以知爾，成論正明三藏法。龍樹判云，佛於聲聞法中，不說諸法自相空自性空。既無自性空故，彼無第一義諦。於彼不無人法二空故。彼引羅陁祇喻經，明人法二空。但此空折法明空，不明本性空也。此則據毘曇一節，毘曇不明空。成論則明空，若爾望毘曇則有二諦，望摩訶衍則無二諦，但是世諦。何者，今摩訶衍正以諸法本性空爲第一義諦，彼但折法明空，所以無第一義諦也。問：用此語爲何耶。解云：欲釋《十二門論》中一句語。彼論云，汝今聞世諦謂是第一義諦，今將數論等釋此語。問：若爲聞世諦謂是第一義諦也。解云，毘曇亦明二諦義，謂十六諦理苦無常等爲第一義諦，刀杖逼迫等事苦爲世諦，彼就事理判二諦也。今明，此判二諦倒。何者，理之與事竝是世諦，諸法性空，乃是第一義諦。無常等是世諦，謂是第一義諦。故云，聞世諦謂是第一義諦，是故墮在失處也。二諦既倒，則一切皆倒。何者，諸佛依二諦說法，二諦既倒，故一切皆倒，所以墮在失處也。次成論聞世諦謂是第一義諦者，明諸法有爲世諦折法空爲第一義諦。今明，諸法有折法空，竝是世諦。何者，今就性空非性空以判二諦，性空爲第一義諦，非性空爲世諦。汝折法空非性空故，是世諦。汝謂是第一義故墮在失處，何者，汝論宗云正明三藏。龍樹云，佛以三藏中不說性空故，無第一義。若有第一義，則乖汝論宗。且應云故我欲正論摩訶衍實義，而傳格導正論三藏義。故無性空，無性空故，無第一義諦。進退皆屈。此非橫破，道理如此也。

次明學二諦失二諦者。大師云，此如失瑠璃珠。譬在大池浴失瑠璃珠，諸人求珠不得珠，各提瓦石歡喜持出，乃知非眞，實是喚魚目謂爲夜光。此即學二諦不識二諦也。問：此人得是聞世諦謂是第一義諦不。解云：亦得。此有二義。一者就破明，二者就立辨。就破明者。論中橫破萬法，竪洗五句。一切畢竟無所有，彼便謂是第一義，此是眞諦遣故一切空也。拙講三論者，亦作此謂，言此等破洗是第一義諦。今明，此是世諦謂是第一義諦。何以知之，且舉譬如十六知見我空，無十六知見我，爲是世諦爲是第一義諦耶。彼云，十六知見我空，此是世諦空。何者，實無十六知見我，外道顚倒謂有，破十六知見我。十六知見我空者，此是世諦空。今亦爾，實無此等諸法，特是顚倒謂有。今破橫謂明諸法空故，是世諦空，亦非是世諦，此乃是世諦所離。離如此等諸法，始是世諦，爲是故，破一切諸法。無所有，是世諦。以彼不了，謂是第一義。是故墮在失處，故是聞世諦謂是第一義諦也。言立義者，因緣無礙二諦。如《中論》所說，因緣所生法，我說即是空，即是假名，即是中道。橫竪皆無礙，假即中即竪無礙。二不礙不二，不二不礙二。二爲不二用，不二爲二用。因緣生法我說即是空，即橫無礙，有不礙空，空不礙有，有爲空用，空爲有用。何但空有無礙，唯就有中一切法無礙。如華嚴所辨，三世無礙淨穢長短佛剎無礙，如此無礙名曰聖諦。菩薩得無礙者，非是諸法是有礙。菩薩得無礙觀，令諸法無礙。得無礙通使諸法無礙，良由諸法無礙故。菩薩體法無礙故，菩薩得無礙觀。得無礙觀故，得無礙辨。得無礙通，若諸法有礙，菩薩得無礙通。使令無礙者，菩薩則有過罪。以諸法自無礙故，菩薩得無礙觀。得無礙通，得無礙辨也。如此無礙故，名第一義也。若是由來人二諦即有礙。三假爲世諦，四忘爲第一義諦。三假不得爲第一義，四忘不得爲世諦。第一義不得有名相，世諦不得無名相。所以大師云，彼作兩橙解義，聞說諸法空，即內置眞諦橙中。聞說諸法有，即內置世諦橙中。世諦不得空，眞諦不得有。如此有無皆礙，礙故悉是世諦。彼即云，我有眞俗二諦，云何併是世諦耶。解云，有無礙皆是世諦，汝自爲是第一義故。是聞世諦爲是第一義諦也。如此等竝失如來二諦，不能知佛法深義。若能知二諦，則知佛法深義。識知毘曇二諦是毘曇二諦，知此二諦竝是世諦。終不學如此二諦，識成論二諦是成實論折法二諦，非是諸法性空二諦。識從來有得大乘是有礙二諦，識諸佛菩薩無礙二諦。識如此等二諦故，知深佛法義。偈云，若人不能知分別於二諦，則於深佛法不知眞實義。若反此，應云若人能了知分別於二諦，則於深佛法得知眞實義。爲是故，說二諦有大利益也。前就《中論》明得失二諦如此，次就《十二門論》以辨得失二諦。

論文云，若人知二諦，則得自利他利共利。若不知二諦，則不得三利。此之二論互明得失也。言自利他利共利者，了世諦第一義諦，發生方便實智名自利，了第一義諦世諦，發生實方便智名他利，具了眞俗二諦，具生二智名共利也。二者菩薩自了眞俗二諦，發生權實二智名自利，菩薩如實而悟。今還如實而說，令眾生亦了眞俗二諦發生權實二智名爲他利，自他皆了二諦，皆生二智名爲共利也。問：此兩種二智何異耶。解云：初則就眞俗判二智，後就自他内外判二智，前眞俗判二智者。了世諦第一義諦，名方便實智。了第一義諦世諦，名實方便智，了二諦判二智也。後就自他内外判者，内自悟二諦名實智。外爲他説二諦名方便智，此即就實智中開二諦。就方便智中開二諦，此即就内外自悟化他以判二智也。得此二智利益者，明此二智是十方三世諸佛父母故。《淨名經》云，智度菩薩母，方便以爲父。一切衆導師，無不由此生。故此二智是諸佛父母。若了二諦，則有二智。有二智故，有十方三世諸佛。若不了二諦，則無二智。無二智，則無十方三世諸佛。故知説二諦有大利益也。又利益者，了世諦第一義諦。離凡夫地，了第一義諦世諦。離二乘地，離凡夫地。離二乘地，是菩薩地。若不了第一義諦世諦，不離二乘地。不了世諦第一義諦，不離凡夫地。不離此二地，即在五百由旬嶮道之内。若了二諦，即出五百由旬外，入菩薩位，生在佛家，種姓尊貴。爲是故了知二諦有大利益也。又利益者，離斷常二見。了世諦第一義諦，離常見。了第一義諦世諦，離斷見。離斷常二見，行於聖中道，見於佛性。若不了二諦，即不行中道，不見佛性。不見佛性，即無性佛等。若了二諦，即離斷常，行於中道，見佛性，即有性佛等。爲是故當知，識二諦有大利益也。略明得失利益如此。次明悟教生智義，此義難解。若爲生智耶，大師舊語云，稟教得悟，發生二智，教轉名境，若不悟即不生智。言不悟者，聞有作有解。有即住有，有不表不有，聞無作無解。無即住無，無不表不無，名爲不悟。言悟者，聞有不住有，有表不有，聞無不住無，無表不無，名之爲悟。作若爲悟耶，爲當悟非有非無不二。爲悟有無二耶，若因有無二，悟非有非無不二，應生不二智。云何生二智耶，若言悟有無二者，此乃是悟教不應悟理。既不悟理，那得名悟耶。進退難明，未釋云云。次明二諦是教義。攝嶺興皇已來，竝明二諦是教。所以山中師手本二諦疏云，二諦者乃是表中道之妙教，窮文言之極説。道非有無，寄有無以顯道。理非一二，因一二以明理。故知，二諦是教也。所以明二諦是教者有二義。一者爲對他，二者爲釋經論。爲對他明二諦是境，彼有四種法寶。言教法寶，境界法寶，無爲果法寶，善業法寶。二諦即境界法寶，有佛無佛常有此境，迷之即有六道紛然，悟之即有三乘十地故。二諦是迷悟之境，今對彼明二諦是教也。言釋經論者，《中論》云，諸佛依二諦爲衆生説法，《百論》亦爾。諸佛常依二諦，是二皆實不妄語也。《大品經》云，菩薩住二諦中，爲衆生説法。又《涅槃經》云，世諦即第一義諦。隨順衆生故説有二諦，以經明二諦是教故。今一家明二諦是教也，誦得師語，復知其意竟。何者，知爲對他，知爲釋經論，但此義未可解。何者，汝言二諦是教，説二諦有二諦，未説二諦應無二諦。若已有二諦，即同他家。若不同他家，説二諦始有二諦，未説二諦即應無二諦也。又難，説二諦始有二諦，未説二諦未有二諦者。説色空始有色空，未説色空應無色空。未説之前，自有色有空，若爾未説二諦，已有二諦，已有即同他云云。然二諦是教義，若可了二諦義即可解，三論文亦可解。若不了此義，二諦義即不可解，三論文則不可解。何者，他明二諦是境，汝今明二諦是教，説法是教，二諦亦是教不。若二諦是教，即違論文。

論文云，諸佛依二諦説法，那忽言二諦是教耶。解云，有兩種二諦。一於諦二教諦，於諦者如論文。諸法性空，世間顛倒謂有，於世人爲實，名之爲諦。諸賢聖眞知顛倒，性空於聖人是實，名之爲諦。此即二於諦，諸佛依此而説，名爲教諦也。問：教若爲名諦耶。解有數意。一者依實而説故，所説亦實，是故名諦。二者如來誠諦之言，是故名諦。三者説有無教，實能表道，是故名諦。外道所説，何故不名諦。外道所説，不能表道，所以不得名諦。諸佛所説，實能表道，是故名諦也。四者説法實能利緣，是故名諦。外道説法，不能實利於緣，不得名諦。諸佛菩薩，實能利緣，所以名諦。五者説不顛倒，是故名諦，如涅槃經釋一實諦義。如來所説，無有顛倒，名一實諦。今亦爾，所説不顛倒故，所以名諦。外道所説，皆悉顛倒，不得名諦。諸佛菩薩説，無有顛倒，是故名諦。六者得如實悟，如實而説，是故名諦。故經云如語者實語者不異語者不誑語者，此即如來誠諦不虛故，教名諦也。次明於諦，何因緣名諦耶。爲從謂情爲名，爲從境爲稱，爲從解爲目耶。解云，於諦從兩情解爲名。但此義有兩種，一者得失判二於諦，有於凡實，名爲世諦。空於聖實，名第一義諦，此有謂情有，此空眞解空，謂情有爲失，眞解空爲得，此就謂情眞解判二諦也。何以知爾，故論云，諸法性空，世間顛倒謂有名世諦。諸賢聖，眞知性空名第一義諦。既云眞知性空故是眞解，前云顛倒謂有故是謂情。若爾故知，此即謂情眞解得失，以判二於諦也。二者就兩謂判二於諦者，如色未曾空有。凡謂色有，於凡是實名諦。聖謂色空，於聖是實名諦。此之有無，皆是謂情故，竝皆是失。既凡謂有，聖謂空。此之空有，悉須洗破。無如此有，無如此空，畢竟洗淨，始得明因緣空有。因緣空有，即非空有空有。既識非空有空有，即悟空有非空有也。前之空有，竝是所治之病，故皆失也。以如此義名教諦，以如此義名於諦，此是師語不。然此實是師語也。次作一疑難安中。何者，依於諦說法，於諦是境不。若非境即乖論文，論文云，諸賢聖眞知諸法性空，眞知即是智，智必有境，性空即是境，眞知即是智，若爾二諦是境，依二諦境，爲眾生說法，生得附論文即成他義。他亦云，二諦是境，說二諦名教，故有言教法寶境界法寶。四諦二諦，是境界法寶。說四諦二諦，即是言教法寶。今亦爾，與他何異。若言我不如此，即乖論文。論文云，諸佛依二諦，爲眾生說法，那得言二諦是教耶。進退不可，扶論文即同他，不同他即乖論文也。又作一掩荅難，有於諦有教諦，於諦有眞俗，教諦有眞俗不。若言教諦亦有眞俗者，成論死三論未知若爲成論死者。今且問汝，說俗說是俗，說眞說是眞不。汝若言說是眞，即乖汝義。何者，汝義教諦是言語唯是俗故，不得言教諦具眞俗。若畏改語言，若說非眞者，那得言教諦有眞俗耶。若是成論家解義者，即云，眞俗二諦是境，境有眞俗，說眞說俗。此兩說竝俗諦，眞不可說，寄俗諦說也。今問三論師，他家眞俗是境，境中有眞有俗，汝今明二諦是教門，教諦亦有眞俗不。不解義者，必云教諦亦有眞俗。何者有兩諦，有於諦有教諦。於諦有眞俗，教諦亦有眞俗也。問：若爲教諦有眞俗耶。解云，說俗名俗教諦，說眞名眞教諦。問：說俗名俗教，教是俗。說眞教教是眞不。說眞之說，此是言教，那忽是眞。若說俗之說說是俗諦，說眞之說說亦是俗諦者，即成他義。他亦明，眞不可說。寄俗說眞，說眞之說，還屬俗諦。今亦爾，故同舊義。三論之義，還是我義也。所以成論暄正讀《中論》。

《中論》云，言說是俗諦，第一義諦不可言說。若爾言說皆是俗諦，何得言二諦竝是教耶。若又二諦是教，教唯是俗諦者，即學二諦成一俗諦。前來諸人，學二諦成一諦既失。汝今學二諦成一諦，失之甚也。又難，他家明二諦是境，境中有眞俗。汝明二諦是教，教爲但俗，爲具眞俗。若但俗，即失眞諦，便同他家。若具二諦，乖論文，義復不可。論云，言說是俗諦，眞不可言說。又難，言說若爲是眞諦，今爲取言說空名眞諦，爲取空言說爲眞諦耶。若取言說爲眞者，言說是有，那是眞諦。若云言說空爲眞諦者，空言說爲是何物，汝只應云空說爲世諦說空爲眞諦。若云只說空爲眞諦者，說空之說是眞不。若說空之說是眞，即竝難。若說空與空說皆爲眞諦者，色空與空色皆眞諦。反詰云云。前來至此，都有四難未解，後當釋之。今更簡得失義，前得失凡有四種。今簡最後學二諦失二諦者，若是小乘，不足可簡，但正爲學二諦失二諦人也。明他家辨二諦義，今時亦辨二諦義。何異，解此凡有十句異。一者明理教義，他二諦即無理教。今明，二諦有理教他無理教者，彼明二諦是理，三假是世諦理，四絕是眞諦理。今明二諦是教不二是理故。經云，文殊法常爾，法王唯一法。一切無畏人，一道出生死。又云，一切有無法，了達非有無。故知，有無二是教，非有無不二是理，具有理教也。唯他有二無不二，則唯有教無理。可謂世閒法者有字無義，一往如此，再往奪併無。何者，字本詮義，既無有義，字何所詮。故理教皆失。今明，有無是教，表不有無理。此則有理有教，理教具足也。作如此說者，爲對他爲釋經云云。次明稟二諦教發生二智教轉名境。何故作此語耶，亦爲對由來。由來云，眞俗是天然之境，三假是俗境，四忘是眞諦境。迷之即六道紛然，悟之即有三乘賢聖。常有此境，若是智從修習生，境即常，智即始生。未有智時前已有境，境智非因緣義。今對此明眞俗是教，悟教生智，教轉名境，由智故境。由境故智，境能爲智所，智能爲境所，境所爲智能，智所爲境能，境智因緣不二而二也。問：諸有二者無道無果，何故明二耶。解云，爲對他無智有境。今明，由智故境，由境故智，境智因緣不二二也。然今明二諦是教門者，正爲拔二理之見。彼埋二理見深，有此二理終不可改。爲是故今明，唯有一理無有二理。何者，如來說有說無，爲表一道。此之有無乃是道門，非是理。爲是故明二諦是教非是理也。二者有相無相義。從來云，山門得無相義，他家明有相，何故他是有相。山門明無相耶。解云，他有有相，無有無相。有若無相，即無有有。無若無相，即無有無。便無二諦，既道理有二諦。即有有相，無有無相，名爲有相義。今明，有無有相有表不有，無無無相無表不無。有無表不有不無故，名無相義。以略明十種，判學二諦有得有失義如此，更撮十種者。一者理教義，二者相無相，三者得無得，四者理內外，五者開覆，六者半滿，七者愚智，八者體用，九者本末，十者了不了云云。次都總料簡。前云他但有教無理，今具足理教。此事不然。何者，開善云，二諦者，法性之旨歸，一眞不二之極理。又云，不二而二中道即二諦，二而不二二諦即中道。若爾彼有理教有二不二，何以言無耶。責云，汝二諦，爲是道理，爲是方便。彼明，二諦是道理也。難若二是理，即無不二理。若有不二理，即成三理。汝唯有二理無有三理，故無中道不二理也。今明，二諦非理，乃是方便教門。如三車門外，門外實無三車，方便說三，令悟不三。今亦爾。實無二諦，方便說二令悟不二，故二諦是教門也。又責，汝明不二是中道，中道爲在二諦外，爲二諦攝耶。汝明，二諦攝一切法盡，眞諦上超涅槃下絕生死，四句斯忘，百非洞遣，一切無即是眞諦。諸法有是世諦，外無處有法。若爾唯有二諦理，何處有中耶。又且汝非有非無是何物耶，非有還是無，非無還是有，還是有無斷常，何說中道耶。爲是故今明，二諦是教門，不二是中道也。又他無不有無有無，今有不有無無有無。反之也，他唯有有無二理，無不二之道，今即唯有不二之道無有無也。問：既無有無應無二諦。解云，實無有無，但方便故假言有無。假言有無，爲悟不有無。以是義故，明二諦是教門也。然二諦更無有二，只同學一二諦，有得有失，成性成假云云。大師從來舉譬如甘露，有方便者服即長存。無方便者服即夭壽，甘露未曾脩夭，脩夭出自兩緣。今亦爾。只是一二諦，有方便學即成假，無方便學即成性。有方便故爲得，無方便故爲失。二諦未曾性假得失，性假得失，出自兩緣也。然只自性因緣，亦復無有二。有方便者，學自性成因緣。無方便者，學因緣成自性。如無方便者服甘露成毒藥，有方便者服向毒藥成甘露。學二諦人亦爾。無方便學因緣成自性，有方便學自性成因緣。爲是故，學二諦有得有失，有自性有因緣也。問：彼學因緣成自性天然之理，爲當取此理不取此理耶。解云，具有取不取。言取者，今時亦有此二理。何者，於凡有凡理，於聖有聖理。有於凡有理，空於聖有理。然理實未曾有二，於二緣故有二理。故論云，淺智見諸法若有若無相，是即不能見滅見安穩法。非有非無名安穩法，見有無相，即不見安穩之法。好言爲淺智，惡詺則是愚人。見有無相，理實非有無。理實無相故，故名教門也。三者得無得義。他有得義，今明無得義，他有有可得，有無可得，若無有可得無無可得，即無二諦。既有二諦，故有有無可得名爲有得。今明，有不住有，有表不有。無有可得，無不住無，無表不無，無無可得故，名無得義。以無得有無，有無名爲教也。四者明理內外義亦爾。他眞俗理外，今眞俗理內，以理內故，名之爲教也。五者明開覆，他二諦是理即覆，今明二諦是教即開。何者，他有住有無住無，此有無覆如來因緣有無也。今明二諦是教，有表不有無表不無，有無表不有無。如來教即開，無有壅滯。故經云，譬如秋月處空顯露。今亦爾，故有無名教也。六者明滿半義。他家二諦是半，今明，二諦是滿。何者，他唯有二無不二故。唯教無理，名爲半字。今明，具足理教，名爲滿字。一往如此，他既無滿，是即無半。何者半是滿半，既無滿，何得有半。安師云，減滿爲半，足半爲滿，既無滿何所減爲半，故無滿即無半也。七者明他二諦愚者今是智者。何者，《涅槃經》云，明無明愚者謂二。智者了達其性無二，明無明既然。眞俗亦爾，眞俗二即愚者，不二即智者，不二之性即是實性。故知，不二是理二是教也。八者今明體用。彼但有用無體，無體即無用，今則具有體有用也。九者明本末。不二是本，二是末。他既無本，何有末。今具有二不二，具有本末，故云二諦是教不二是理也。十者明了義不了義。由來釋了義不了義者，明小乘教爲不了義，摩訶衍教爲了義。就大乘教中復有二，般若法華等爲不了義，第五涅槃常住教爲了義。此就五時教中，有了義不了義。如此二諦義，爲有了義不了義別耶。解云，彼明，若以三假爲世諦理，四忘爲眞諦理，此之二諦唯是了義，無不了義也。今明，如此二諦皆是不了。何者，我二諦說有，欲顯不有，說無欲顯不無，說有無顯不有不無名爲了義。汝有住有不表不有，無住無不表不無，有無不表非有非無。二不表不二，即不能顯道故非了義。今明，因緣有無，有表不有，無表不無，有無二爲顯清淨不二之道，故名了義。所以大經云，如是二語，爲了一語也。今亦爾，因緣二爲顯不二。此因緣二，悟不二故。二爲教門也，不取兩語爲教門也。然今家非但有了義，亦有不了義。具有了不了義。何者，只是一二諦教門。有方便，即聞二不住二，因二悟不二名了義。無方便，即聞二住二，不悟不二名不了義。故今時具有了不了義也。

非有無，於彼有有無二理也。若翻此謂即云，深智見諸法非有非無相，是則皆得見滅見安穩法也。言不取者，都無此有無之理。何者，謂有有理謂有無理，有無是謂情。既有是謂情有，豈有此有理。無是謂情無，豈有此無理。都無此有無也。既畢竟知無如此有無，有何物法，唯有四倒八倒。實無有常，倒謂有常。實無無常，倒謂無常。實無有倒謂有，實無無倒謂無也。彼即云，我有有無二諦道理。云何言無耶，今現見有有無法非是妄。那忽言不見。又有三世法，過未無現在有。諸法從未來爲生，謝過去爲滅。有生有滅，有有有無。何得言無耶。爲是故，龍樹出世求撿此執。汝言有有理，若箇是有理。汝言有無理，若箇是無理。求有不可得，云何言有有理。求無不可得，云何言有無理。如此有無生滅，特是汝顛倒，横謂爲是耳。故《中論》云，若謂以現見而有生滅者，是即爲癡。妄而見有生滅，若爾癡妄故見有無生滅，實無汝所見有無生滅也。前取即於二緣有二理，今破謂有實無有也。

問：前明二諦是教門時，爲當如來說因緣有無爲教，爲當即眼見耳聞有無爲教耶。然師答此語開合不同，今還作開合兩意釋之。言開者，即是理內外義。明理外亦有二諦，理內亦有二諦。理外二諦，即聞有住有不表不有，聞無住無不表不無。有無不能表理，不名爲教，此即理外無理無教。理內二諦因緣有無，因緣有不有，因緣無不無。有無表非有無故，有無名教門，此即理內有教有理也。此如初章兩節語也。初章前節，即理外義，後節即理內義。前節者，他有有可有，有無可無。有有可有，不由無故有。有無可無，不由有故無。不由無故有，有是自有。不由有故無，無是自無。自有即有故有，自無即無故無。此之有無，不能表不有無。此有無非是教門，故理外無理教也。今對他明二諦是教門，無有可有，無無可無。無有可有，由無故有。無無可無，由有故無。由無故有，有不自有。由有故無，無不自無。不自有有是無有，不自無無是有無。無有不有，有無不無。此有無表不有無，故名爲教門，所以理內有理教也。一家初章言方如此。學三論者，必須前得此語。何意名初章。初章者，學者章門之初，故云初章。此語出十地經第一卷，明一切文字皆初章所攝。今亦爾，初章通一切法。何者，有無作既然，一切法亦例此作，故知初章通一切法也。此即開理內外二諦是教非教也。次合釋者。明有無何曾有二，只是此有無，有方便者學即成教門，無方便者學即成自性。有方便學自性成因緣，無方便學因緣成自性。有方便學初章前節成後節，無方便學後節成前節。如前甘露譬，甘露未曾有兩，拙服甘露成毒藥，巧服毒藥成甘露。今亦爾，無方便學因緣成自性，有方便學自性成因緣。猶如一色，不了者，言定有不知不有。了者，知色有不有故。只是此有無，兩人學教非教異也。問：何故前開理內外異，後復合明之耶。解云，開合並爲對緣。前開理內外，正爲對由來人。由來人，唯知有一種有無二諦，不知有兩有無二諦。唯知有一三假四忘，不知有兩三假四忘。今明，有兩有無，有兩三假，有兩四忘。他有有故有，有無故無。有三假故三假，有四忘故四忘。此並是理外二諦。今明，因緣有無，因緣三假四忘，是理內二諦。開理內外得失，令彼識理內外得失捨失學得從外入內也。所以合明者，此爲三論學者。三論學者，聞說理內外，便謂有理內外異，更成理內外二見。爲此人故明，二諦何曾有二，特是無方便不了者，詺爲理外。有方便了者，即名理內。然二諦實無異。爲是故，明開合兩種也。問：何故明此開合兩種耶。解云，此之兩種並爲開道令衆生悟入也。前開理內外令悟者，明有所得理外有無，不能表道。明無所得有無，有是無有，無是有無。有無表不有不無，因教悟理，從假入中。故師云，聖人開眞俗以表道，說有無以化物也。次合明令悟者，明有無未曾二。不了者成自性，了者成因緣。只了自性有無成因緣，因緣有無即不有無。悟於正道故，此二種並令悟於一道。經文皆爾。故《法華》云，唯有一大事因緣故，出現於世。又云，說種種乘皆爲一乘也。次問，既皆爲顯道者，何不發初即爲說非有非無令悟正道。而忽諸法，非有非無說有無表不有無。然後令悟非有非無，何乃迂迴者耶。解云，此可有兩意，今且作一種釋之。明若直說瓶衣等有是世諦，此賢聖眞知諸法畢竟空名眞諦。此已恂潛不受。明諸法實錄是有，那得言究竟無耶。此尚不受，何況說諸法非是有非是無，豈當信之。爲此人故，以方便於無名相中，假名相說，說有是凡諦，說空是聖諦，令其改凡學聖。如《法華》所明，衆生諸根鈍，著樂癡所盲。如斯之等類，云何而可度諸法寂滅相。不可以言宣，我寧不說法，疾入於涅槃。若直說世諦有眞諦無，何事言不可說耶。只爲諸法非有非無，所以不可作有無說。爲此故，方便說三。脫珍御服，得近其子，不得正門見，於窓牖中窺之耳。若不脫珍御服，不得化子。今亦爾，若即說非有非無即不受，所以方便前說有無，令悟不有無也。若爾斯乃物自迂迴，非關佛故曲巧也。廣洲大高釋二諦義，亦辨二諦是教門也。彼舉指爲喻，爲人不識月。舉指令得月，彼云不識月故，尋指得月。雖尋指知所指，所指竟非指。所指竟非指，指月未嘗同。尋指知所指，所指因指通。所指所指通，通之由神會。指月未嘗同，所指恆指外。又云，眞諦以本無受稱，俗諦以假有得名。假有表有不有，爲息斷見，非謂有也。本無表無不無，爲除常見，非謂無也。言有不畢有，言無不畢無。名相未始一，所表未始殊。此意明，因二諦教悟不二，不二是所表。如因指得月，月是所表也。古人釋與今意同也。今明，二諦如指。爲小兒不識月，此爲小兒，不爲大老子。大老子知月，何須爲。爲小兒不識月故，舉指令識月。凡夫衆生亦爾。不識理故，須二諦教。故經云，衆生癡如小兒，亦名著者，故不得前說不二之法也。前已作一種釋明，如須依二諦說法，不得發始即說諸法非有非無。何者，說有是世諦，說空是眞諦。已驚潛不受，況爲說非有非無耶，如脫珍御服也。今更作一種釋，明依二諦說不得說非有非無也。然前須作一問然後乃得釋之。問云：經中具有說有說無，及說非有非無非眞非俗非色非空。如《涅槃經》云，即於波羅奈轉正法輪，宣說中道。一切衆生，不破諸結。非不能破，非破非不破，是名中道。說法非師非弟子，非得利非不得利，名爲中道。若爾此即，具有說二說不二，何得言唯依二諦說不得說不二耶。又且長者初脫珍御服，後還著珍御服。有脫有著不常脫，那言常依二諦說不說非有無不二耶。解云，說有說無，說非有非無，竝是教非是理。一往開理教者，教有言說，理不可說。理既不可說，云何得悟。所以得悟理者，必假言說。爲是故，說有無說非有無，竝是教皆令悟理也。問：說有無可是二諦教，說非有無不二，云何亦是二諦教耶。答：爲是義故，所以山門相承興皇，祖述明三種二諦。第一明，說有爲世諦，於無爲眞諦。第二明，說有說無，二竝世諦，說非有非無不二爲眞諦。汝所問者，只著我家第二節二是世諦不二是眞諦。我今更，爲汝說第三節二諦義，此二諦者，有無二，非有無不二。說二說不二爲世諦，說非二非不二爲眞諦。以二諦有此三種，是故說法必依二諦。凡所發言，不出此三種也。

又此二節二諦，竝出經論。有爲世諦，空爲眞諦，如論所明。故論云，有爲世諦，此賢聖眞知空爲眞諦也。二爲世諦，不二爲眞諦，亦出論。論云，有無竝世諦，故說第一義諦即無也。又《淨名》云，我無我不二，是無我義。反即我無我二爲我義，眞俗亦爾也。二不二爲世諦，非二非不二爲眞諦者，《華嚴》云，不著不二法，以無一二故。又大論云，破二不著一。若爾故知，非二非不二，名爲第一義諦也。次明，所以大師明此三種二諦者，有數意。兩意已如前說。一者爲釋諸佛所說常依二諦，亦是明諸佛所發言不出三種二諦也。二者爲釋經論，經論復有此三種二諦，文如前所引云云。然經中所以有此三種說者，竝是赴緣不同，即是各爲人悉檀。或有聞說有無二諦悟，即爲說之，乃至聞說二不二爲世諦，非二非不二爲第一義諦故說之也。又所以明三重二諦者，此三種二諦，竝是漸捨義，如從地架而起。何者，凡夫之人，謂諸法實錄是有，不知無所有，是故諸佛爲說諸法畢竟空無所有，言諸法有者。凡夫謂有，此是俗諦，此是凡諦。賢聖眞知諸法性空，此是眞諦，此是聖諦。令其從俗入眞捨凡取聖，爲是義故，明初節二諦義也。次第二重，明有無爲世諦不二爲眞諦者，明有無是二邊，有是一邊無是一邊，乃至常無常生死涅槃，竝是二邊。以眞俗生死涅槃是二邊故，所以爲世諦，非眞非俗非生死非涅槃不二中道，爲第一義諦也。次第三重，二與不二爲世諦，非二非不二爲第一義諦者，前明眞俗生死涅槃二邊，是偏故爲世諦，非眞非俗非生死非涅槃不二中道，爲第一義。此亦是二邊，何者，二是偏不二是中，偏是一邊中是一邊。偏之與中，還是二邊。二邊故名世諦，非偏非中乃是中道第一義諦也。然諸佛說法，治衆生病，不出此意，爲是故明此三種二諦也。此之三種，只得爲二緣。亦得爲三緣者，初節爲凡夫，凡夫謂諸法是有，所以說諸法有爲俗諦，空爲眞諦。正爲破凡夫有見故，說有爲俗空爲眞諦也。第二重，爲破二乘人，二乘謂諸法空，沈空見坑故。《法華》云，我爾時但念空無相無願之法，於菩薩遊戲神通淨佛國土，永無願樂。若爾，凡夫著有二乘滯空，此之空有，竝是世諦。若非空非有非凡非聖，乃是第一義。故經云，非凡夫行，非聖人行，是菩薩行。亦非有行非空行，是菩薩行。爲是故明第二重二諦也。第三重爲破有得菩薩。有得菩薩云，凡夫見有，二乘著空。凡夫沈生死，二乘著涅槃。我解諸法非有非無，非生死非涅槃。爲是故，明有無二非有無不二，生死涅槃二非生死非涅槃不二，竝是世諦。若非眞俗非生死涅槃，非非眞俗非非生死涅槃，乃是第一義諦也。此即攝五乘爲三緣，開三種二諦，赴此三緣，皆令悟一乘一道。若悟此三即究竟，悟此三即非凡非聖非大非小，若爾始是悟也。是故經云，我今得道得果，於無漏法得清淨眼，以得如此悟故，所以如來便入涅槃也。

又所以明三種二諦者，爲對由來人，由來人明三假是世諦四忘是眞諦。今明，此之二諦，是我家初節二諦。我家有三重二諦義，汝二諦是初重二諦，今過汝有兩重二諦也。第二節二諦，若眞若俗爲世諦，若非眞若非俗爲第一義諦。若爾，汝二諦是我家世諦也。又第三節，攝彼若二諦若中道，竝是今世諦。何者，前第二節，明二爲世諦不二爲眞諦，汝二諦但是我家世諦也。彼即云，我亦有非眞非俗中道義。爲是故，第三節明二不二爲世諦。汝若二諦若中道，悉是我家世諦，爲是故明此三種二諦義也。問：從來明有三諦義。一世諦二眞諦三非眞非俗諦，故經云有諦無諦中道第一義諦。若爾，云何言諸佛常依二諦說法耶。諸佛常依二諦說法，此即時長佛廣，常依故時長，諸佛故佛廣，此即十方三世諸佛。常依二諦說法，那得有三諦。既有三諦，何得復言常依二諦耶。解云，常依二諦說法，不妨三諦，雖有三諦，不乖常依二諦說法。何者，今眞俗是二諦，攝眞俗二爲世諦，不眞俗爲第一義。若爾，唯是二諦故，云諸佛常依二諦說法也，次時明二諦廢立義。問：有無表不有無，悟不有無時，爲廢有無爲不廢耶。次結二難，若悟不有無廢有無，如得月忘指者，不然，何者，本了有無得不有無，若廢有無即無有無，無有無寧有不有無。《涅槃經》云，菩薩具二莊嚴，即能解知一種二種。若言無一二者，是義不然。何以故，若無一二，云何得說無一無二，要由一二得有無一二。若爾，要由有無得悟不有無，何得廢耶。若便不廢有無者亦不然，若不廢有無者，何得從來云得月忘指會理忘筌耶。師解云，具有廢不廢義，所言廢者。約謂情邊，即須廢之。何者，明汝所見有者，竝顚倒所感。如瓶衣等，皆是眾生顚倒所感，妄想見有。故《中論》云，若謂以現見而有生滅者，即爲是癡妄而見有生滅，顚倒感得此眼，求此眼不可得，諸法亦不可得。特癡妄見有，是故須廢也。此則用空廢有，若更著空，亦復須廢。何者，本由有故有空。既無有，何得有空。故《中論》云，若使無有有云何當有無。又云，若有不空法，可有於空法，不空法尚無，何得有空法，此之空有，皆是情謂，故皆須廢。乃至第三節，謂情言有，亦皆須廢。何者竝是謂情，皆須廢之也。問：若此三種二諦皆廢，用何物爲二諦教耶。解云，約緣邊即是謂情，佛爲說邊即是教門。今明，此等皆謂情，皆須廢之也。何以故，謂情所見皆是虛妄，故廢之也。又非但廢妄，亦無有實，本有虛故有實，既無虛即無實，顯淸淨正道，此亦名法身，亦名正道，亦名實相也。然此已拔從來也，何者從來云。取相煩惱感六道果報，此須廢，廢六道生死，得如來涅槃。今明，有生死可有涅槃，既無生死即無涅槃，無生死無涅槃，生死涅槃皆是虛妄，非生死非涅槃乃名實相。一往對虛辨實，若無彼虛即無有實也。若就三重二諦義辨者，即由來人廢立在初節二諦義中。何者彼廢世諦立眞諦，何者取相煩惱感得六道果報名爲世諦。斷取相煩惱，六道果報謝。此即廢世諦而有眞諦之境，由眞諦境生佛妙智，此即廢世諦立眞諦。今明，此之二諦，竝是謂情，皆悉須廢。何但初節二諦須廢，乃至第三重皆須廢。何以故，此皆謂情故須廢之也。此即一往廢三，不廢不三也。次就三種二諦中論廢不廢，明無方便三即廢，有方便三即不廢，無方便三廢者。明此三倒謂有三，實無此三，是故須廢，如陽炎謂是水實無水也。然亦無有廢，何者有水可廢，既無水，何所廢，而言廢者，約彼謂有故言廢也。有方便三不廢者，即不壞假名，說諸法實相，不動等覺建立諸法。既云不壞假名說諸法實相，豈當得不二廢二。若得不二廢二，即壞假名說諸法實相，動等覺建立諸法，唯假名即實相，豈須廢之。如《中論》云，是假即中，廢假名即廢中。既不廢中，豈當廢假。斯即空有有空，二不二不二二，橫豎無礙。故肇師云，欲言其有，有非眞生。欲言其無，事像既形。又云，譬如幻化人非無幻化人，幻化人非眞人也，此唯幻化人非人，非人不無幻化人，幻化人非人，非人人。諸法亦爾，故不廢也。此就有方便無方便因緣不因緣，論廢不廢如此。次更就謂情生滅無生滅二觀，明廢不廢。何者由來云，小乘即斷二輪煩惱，得見思兩解。大乘斷五住地惑，得十地解。此即見思伐二惑，十地解斷五住地惑。此廢惑立解，廢凡立聖。若不斷二惑，見思無由成，不伐五住，佛果即不立。故大小乘皆斷惑成聖也。今依《法華經》望，併除糞人，何故謂爲除糞人，欲鄙之耳。故經云，念子愚劣樂爲鄙事，二乘斷惑既是除糞，菩薩斷惑亦是除糞，齊而過甚。何者同斷故是齊，斷少多故過甚。二乘除糞，蓋是不足言。菩薩時長除糞廣故，過之甚也。今明，菩薩知惑本不生，今不滅，何所斷。斯即生在佛家，種姓尊貴，如轉輪聖王皇太子也。唯見客作賤人除糞，何曾聞長者之兒擔屎。故今明，菩薩不斷惑，何者菩薩知惑本不生今不滅故，無所斷也。所以《淨名經》云，法本不生，今則無滅。《法華》云，諸法從本來常自寂滅相。從來云，菩薩無生滅觀，何故明無生滅耶。如向所辨，知本不生今無所滅故，言菩薩不生不滅觀也。問：他斷二惑得小聖，斷五住惑得大果。汝今不斷，云何得言小聖大果耶。解云，汝斷惑得有聖，我本無惑，豈無聖耶。又反之，汝見惑生今斷不得聖，若知惑本不生不滅乃得聖，何者不生不滅是本，知本可得成聖。汝不知本，豈得成聖。故《法華》云，世尊我今得道得果，於無漏法，得清淨眼。今日得道當知，前來未得道。又《涅槃經》云，汝諸比丘，未爲大乘除諸結使。爲是故，從來斷不斷，今始是斷也。從前來，略明二諦大意如此也。

吉藏《二諦義》卷中　釋二諦名者，此義極難。解二諦名者，俗是浮虛義，眞是眞實義，從來久解。今未知那得二諦名而欲釋耶。解此問者，我家明二諦有兩種。一教二諦，二於二諦。如來誠諦之言，名教二諦。兩種謂情，名於二諦。此則就情智判於教二諦也。問：教諦是佛教，教諦名從佛起。於諦是緣於，於諦名從緣起不。解云，教諦是佛教，教諦名從佛起。於諦是緣於，於諦名亦從佛起。難云，教諦是佛教，教諦從佛起。於諦是緣於，於諦那得從佛起耶。解云，領僻，我云教諦是佛教，教諦名從佛起。於諦是緣於，於諦名從佛起，於諦與於諦名。此語大挍。今明，教諦名從佛起，於諦名亦從佛起也。問：教諦從佛起，於諦亦從佛起。教諦既是教，於諦亦是教。反詰云云。解云，兩種二諦皆是佛教。問：教諦可是教，於諦若爲亦是教。既有於教之殊，云何併是教耶。解云，二於諦名，亦是爲眾生故說，爲眾生說有。於凡是世諦，爲眾生說空，於聖人是眞諦。爲眾生說空有，是二於諦故，二於諦亦是教也。問：二於諦名是佛說，名從佛起，空有二諦從何起耶。解云，只空有二諦，諸佛出世故有，佛未出世則無。縮長爲短釋，佛未出世時，雖言空有，不知空有是二諦。如佛未出之時，亦有苦集滅道等名，而不知苦集滅道是諦。由佛出世故，說苦集滅道四諦。故經云，甘露門初開也。空有亦爾。由佛出世，詺空有爲二諦，故云空有佛出世始名二諦也。次更長釋者，佛出世佛未出世，空有竝由佛得知。所以成論云，劫初物未有名，聖人爲受用故，爲物立名，如瓶衣等。空有亦爾。佛未出世時，聖人爲空有立名。若爾，佛出世佛未出世，空有名竝由佛有也。次問，於諦名如此，於諦從何而起耶。解云，於諦有兩種。一兩情二於諦，二情智二於諦。兩情二於諦可解，何者，兩情二於諦，從佛教起，明佛爲眾生說二諦教，眾生不了，作空有兩解。成兩於諦，此於從教起也。問，情智二於諦何因得有耶。解云，一於但一，一於有二。一於但一者，凡夫顛倒，謂瓶衣等諸法爲有，此瓶衣等物，有佛無佛，常於凡夫是有。如《涅槃經》云，十二因緣，有佛無佛性相常住，但小乘釋有二人。毘婆闍婆提云，是無爲常住法。薩婆多彈云，恆有爲常。如火有佛無佛常熱，不可言火有佛熱無佛不熱。有佛無佛恆熱爲常，十二因緣亦爾。今明，世諦亦如此，諸法於凡常有，常有世諦也。一於二義者，即是諸賢聖，眞知諸法空爲第一義。言二義者，就本迹兩意以釋之。本迹義，則諸佛出世故有。諸佛出世，知向顛倒諸法性空也。迹義，則諸佛法身，本知顛倒性空。故《法華》云，我以佛眼觀見六道眾生，此即在法身地，本知顛倒性空也。略尋二諦名根本大意如此。然義必須得其根本，識其大意，若不得意，義不中用。如中論序大小乘人不識佛說空有意，所以成失。前序小乘云，像法鈍根，求十二因緣陰入界等決定相，不知佛意。但著文字。次序大乘云，聞說畢竟空，不知何因緣故空，爲此義故。龍樹出世造論，申佛教意也。既有明則，今昉而學之也。次問，既有於諦教諦，佛何意說於諦與教諦耶。解云，如來所以說二於諦者，欲令眾生一節轉兩節轉，說於令悟非於非不於。何者，於無名相中，強名相說，無名而說名，令悟名無名，亦非於非不於。爲眾生說於，令悟於非於非不於。故經云，知有非有本性清淨。又云，欲令眾生深識第一義諦故說世諦。又云，一切有無法，了達非有無。爲是故，說於令悟非於非不於也。所言一節轉二節轉。何者是耶，一節轉者，說有於凡是諦，說空於聖是諦。作如此說者，令眾生轉有入空。何者，有於凡是有，此有實無所有，宣說有。於凡是有，則知此有不有。此正爲凡夫，凡夫謂諸法實有，今說此有於凡是有。若知有於凡是有，即知此有非有。斯則因有悟不有。經云，知有不有。又經云，欲令眾生深識第一義諦故說世諦。又論云，若不因世俗，不得第一義也。兩節轉者，說有於凡是實。對有於凡是實，說空於聖是實名二於諦。既說空有於緣二，即知於二不二，說於二顯不二。故經云，一切有無法，了達非有無也。若好釋者，於二者明非二，非非謂是非二。若言於二爲顯不二，此言乎鈍。若駿悟解者，於二者，明非是二非謂是非二，亦應須上揚，不得下抑。上揚則兩離。何者，於二非是二則離二。非謂是非二，不著不二，此則悟非二非不二非偏非不偏清淨正道也。然作如此說，於諦者即是教諦，何處別有教諦。只作如此目詺於諦，即是教諦，即是依二諦說法。從來人聞師說於諦教諦，作二諦解，誦語鸚鵡喙鴉腳耳。今明，如向所明。無別教諦，說於即教也。問：若爾從來解那得云有於諦教諦耶。解云，於兩情名二於諦，佛爲衆生說此二於，即是教諦。更無有二，但約義判。何者，於諦即是所，教諦即是能，能所判於教二諦也。

又問，何意說於諦教諦耶。解云，二意。一者爲釋經讀論，經論中竝有此言也。二者爲對他，他明二諦是天然之境。有此二理，而二諦名境。復名理者，會二諦生二智，名之爲境。而道理有二諦故，名之爲理。道理有此二理，道理有此二境。今對彼，明此是於二理，此是於二境，非道理有此理有此境也。若爾，今時有兩境兩理。兩境者，一於境二教境。兩理者，一於理二教理。爲是義故，明於諦教諦也。然如來直說二於諦，凡有三句。謂得、失、亦得亦失。直作此說，若爲得解耶。今佛直說二於諦，云何得解。答：今明，佛說於諦有三句。一皆得，二皆失，三亦得亦失。言亦得亦失者，即是前二於諦。諸法於凡是有，此有爲失。諸賢聖眞知諸法空，此空爲得。示其空有，令識得失，令其捨有學空改凡成聖也。二皆失者，二皆是於，故二皆失。於凡有，有既失，於聖空，空亦失。何者，諸法未曾空有。於凡謂有，於聖謂空，如一色未曾空有，有見之人謂色有，空觀之人謂色空。一色於空有兩緣成空有故，此空有竝是失也。兩皆得者，只知於二，即知不二。此下五句皆淨，於緣二，豈是二。問：於二非是二可是非二不二耶。解云，於二非是二，明非是二，非謂是非二。既非二非不二，五句皆淨，斯則上拂霄漢，下漏淵泉也。從來只云二於諦皆失，不知有此三句。然此三句，有兩種諦。前二句即於諦，後一句即教諦。前二句即於境，後一句即教境。於境即不轉境，教境即轉境。言前兩句是於諦不轉境者，諸法於凡是實有。有佛無佛常有此境。有境既常有，空境亦常有。諸賢聖常知諸法空，亦常有此空境。今時亦有天然之境，亦有天然之智。常有此境，常有此智，此之境智，竝是於緣境智，非是轉悟境智也。言轉悟境者，只說於緣有，即知於有不有。說於緣空，即知於空不空。識於有無不有無，識教悟理，悟理即生權實二智。生二智時，空有之教即轉名境，故是轉悟境也。問：猶有一疑妨，何者前明二於諦一得一失，失是所化得是能化，今那得云說於空令悟不空。若說於空令悟不空者，此乃所化。何謂能化耶。解云，前明二於諦，空是能化者，引凡令學聖。凡夫顚倒謂有，諸賢聖眞知諸法空，明能化空，令其捨有。若玄覽之徒，既知有不有，即知空不空，不須爲說空令悟不空。但鈍根之人，捨其所見有，學能化空。既學得能化空，作於空解。爲此人故，說導於汝是空諸法實非空也。此約漸悟爲論。前令悟有不有，次令悟空不空也。問：他亦明有境諦有教諦，彼有境界法寶，有言教法寶。境界法寶即境諦，言教法寶即教諦。汝既有教諦，他亦有教諦。汝有如來誠諦之言，他可無如來誠諦之言耶。若爾皆有境教，斯有何異。解云異，今明，汝二諦天然之境，是我家於境失。於境失中，有無量失。此是我家麁失，細失非汝所及。故經云，菩薩微細礙相，非二乘境界。今亦爾，汝天然之境，是今家麁失，故與彼大異也。所以大論云，外道與佛法相去玄殊，猶若天地。又云，天食須陁比人中臭糞。又如驢牛二乳，驢乳抨成糞，牛乳抨則成蘇。今亦爾，他得爲今失也。此即是依二諦說法，二諦是境義也。又問，教諦爲若異耶。解云，一往拔者，我有三種二諦。汝所明二諦，是我初節二諦，三假有爲世諦，四絕爲眞諦。此之二諦，是我家初節二諦也。又問，汝二諦教表何物。彼云二諦還表二理。若爾，二還表二，指還指也。又彼唯有二無不二，則唯有教無理，無理則無教，今有理即有教，具足理教也。前來明立名意，今次釋名，然雖無名而名，是故今釋名也。故肇師云，無名之道，于何不名。師云，於無名相中，強名相說，既無名強說名者，爲令因名悟無名，說名不令衆生住名中。若說名令衆生住名中，此還是衆生，非謂是佛。今明，無名強說名，令衆生因名悟無名。然須知此名即無名，只名無名。無名而名，既知無名名，即知名無名，此即除故不造新也。若是從來人，則造新不畢故。何者，本有身心之病，今聞佛說眞俗，後作眞俗解，有眞可眞，有俗可俗，有名異無名無名異名，即有所得義。有所得者，名曰聲聞，是魔眷屬。《像法決疑經》云，是十方三世佛怨。《佛藏經》云，刀輪殺一切，有得之人罪過於此。《華嚴》云，譬如餓鬼等云云。所以大論云，有生死來，無能治此病也。今攝山興皇出世，拆破此病，説名令衆生悟名無名，不住名亦不住無名。舉譬如雙六打隱，打不隱即爲他打。説二諦名，本爲除病。若住名中，名復成病。今明二諦如雙六打隱也。問：何故恆作此釋。解云，只爲恆有此病故，恆作此説，如諸聲聞恆障菩薩道故也。師何因得如此解，學龍樹提婆兩論主。兩論主何因得此解，學諸佛也。問曰：經中有立有破，何得言皆破耶。解云，經中若立若破，皆爲破病。何者，經中若説一色一香皆爲顯道。若不顯道，可不破病。既若立若破，皆爲顯道故。破立皆爲破病也。經既然，故論主學經，師學論主。大小乘人，有新故兩病故，有兩論主出世破之。提婆破故病，龍樹破新病。論主既然，大師亦爾。破此新舊等病故，作如此説也。然道義大意如此，必須得如此意，非爲立名道義，乃道義爲息名也。將欲息名故，前須釋名。釋名凡有四句。一者一名一義，二者一名無量義，三者一義一名，四者一義無量名。名不出此二種，義莫過斯之二條。言一名一義者，一名即一俗名一眞名。一義者，俗以浮虚義，眞眞實義，從來得此一句。今明，是四句中一句也。次一名無量義者，若爲一名無量義耶。解言，一是無量一，一豈不是無量，此則無量一一無量。故經云，一中解無量，無量中解一。展轉生非實智者，無所畏也。問曰：若爲一名有無量義耶。解云，就四義解之。一隨名釋，二就因緣釋，三顯道釋，四無方釋。隨名釋者，如俗以浮虚爲義，又俗以風俗爲義，然此具出内外故。律有國土毘尼，隨國土處所，風俗不同也。《禮記》云，君子行禮不求變俗。故風俗爲義也。從來唯得前釋，無有後解也。問：此兩釋何異。解云：俗以浮虚爲義，此即望眞釋。明聖人所知眞實，凡夫所知浮虚，對眞釋俗也。若是風俗釋俗，則當俗釋俗。只處所風俗不同故名爲俗，此無所望也。前則望他，後則當自，自他異也。又前約經釋，後就律釋。河西云，佛法不出經律二藏，阿毘曇只分別經律耳。故經律攝佛法盡也。前釋約經者，經明諸法浮虚無所有故，浮虚釋俗約經也。風俗釋就律者，明律中不得道諸法浮虚無所有，不得道人是浮虚草木浮虚。何以故，爲制戒令佛法久住故。所以不得明物浮虚無所有，但明國土風俗不同也。此則就經律釋異，由來亦不知也。次第二就因緣釋義者，明俗眞義，眞俗義。何者，俗非眞則不俗，眞非俗則不眞，非眞則不俗。俗不礙眞，非俗則不眞。眞不礙俗，俗不礙眞。俗以眞爲義，眞不礙俗，眞以俗爲義也。問：前隨名釋有二義。一望他當自釋，二約經就律釋。今就何物義釋耶。解云，對有礙有得，就無得無礙釋。若言俗浮虚義眞眞實義，此是凡夫二乘有得解義。今明，菩薩無得無礙義故，明俗是眞義眞是俗義也。他家無此義，他俗定俗，眞定眞。三假定俗不得眞，四忘定眞不得俗，眞俗有礙聲聞解義。今明，眞是俗義俗是眞義，眞俗無礙，菩薩解義也。問：何故作如此説耶。解云，對彼自性，明今因緣。因緣動彼自性之執故。經云，前以定動，後以智拔。今前明因緣，動彼性執，後當拔之也。但今一往且明因緣，動彼自性。彼明浮虚定俗義，眞實定眞義。爲是故，今動搖已，明俗是眞義，眞是俗義也。問：若爲俗是眞義眞是俗義，空是色義色是空義耶。解云：《大品經》中自釋。彼經云，色即空空即色，眞即俗俗即眞。既云眞即俗，眞豈非俗義。又《中論》云，因緣所生法，我説即是空。因緣生法即是有，既即是空，眞豈非俗義。釋此偈具釋經，論引經釋，論即釋經也。又義是名之所以，眞是俗之所以，故眞爲俗義。經云，欲令衆生深識第一義諦，是故如來宣説世諦。既説世諦令識第一義諦者，則俗爲眞，名眞爲俗義也。俗諦既然，眞亦爾也。次第三就顯道釋義者，明俗是不俗義，眞是不眞義，眞俗不眞俗義。眞俗不眞俗即名義，不眞俗眞俗即義名。眞俗不眞俗教理，不眞俗眞俗理教。斯則名義理教中假横竪也，何處作如此説也。解云，即如《華嚴》所明，一切有無法，了達非有無。以達有不有故，不有爲有義。達無不無故，不無爲無義。亦如了達明無明二不二，既達二即不二故，不二爲二義。了達眞俗不眞俗故，不眞俗爲眞俗義也。問：何故明不眞俗爲眞俗義耶。解云，前明因緣横義動，今眞俗不眞俗竪義拔。横義動竪義拔，故一家從來明假伏中斷義。言假伏者，眞是俗義，俗是眞義，伏彼自性也。既知因緣眞，即知眞不眞。知因緣俗，即知俗不俗。悟眞俗不眞俗自性永斷，爲是義故，前横伏今竪斷也。次第四節無方釋義者，明俗以一切法爲義。人是俗義，柱是俗義，生死是俗義，涅槃是俗義。無方無礙故，一切法皆是俗義也。問：何故明一切諸法皆是俗義耶。解云，從前第三義生，前第三義云，俗不俗義，眞不眞義。眞俗悟不且略釋世與俗眞與第一義四名也。然此四名有離有合，合者合世俗爲一諦，合眞第一爲一諦。故經云，世俗諦故說第一實義故即無也。離者則有世諦俗諦眞諦第一義諦。問：何故或離或合耶。解云，爲存略故離釋，爲義同故合明。世俗名雖異，其義是同，故合名世俗諦，眞第一義亦爾也。問：此之四諦名何異。他解云，眞俗當體得名，世與第一，褒貶爲稱。言眞俗當體得名者，明俗是浮虛爲義。當體浮虛，眞是眞實爲義。當體眞實，故眞俗當體得名也。世與第一爲褒貶者，明世是代謝隔別爲義。第一則莫過爲義，既隔別爲世，莫過爲第一。故世與第一，是褒貶之名也。然此釋不可解，且難之。俗當體浮虛，世亦當體隔別。俗體是浮虛，既是當體得名。世體是隔別，亦當體得名。若便貶世是隔別非第一，我亦貶俗是浮虛非眞實。俗實是浮虛既非貶，世實是隔別，那忽是貶耶。然俗之與世，世乍可是當體，俗應是貶毁。何者，知世隔別。今言世隔別，豈非當體。俗不知浮虛，今名其是浮虛，豈非是貶。若爾那得言俗浮虛是當體得名，世隔別是貶毁爲稱耶。次難，眞與第一，眞當體眞實，第一亦當體第一。若對凡非第一，褒聖爲第一，亦對凡非眞實，褒聖是眞實。若言褒眞爲第一亦褒第一爲眞，何得言眞是當體第一爲褒耶。問：難他如此，今作若爲解釋耶。今明，世與俗是橫竪之名。何者，俗名則橫，世名則竪。俗橫者，俗是風俗義，處處皆有風俗之法。故云，君子行禮不求變俗，一切國土各有風俗故，俗名即橫也。世名竪者，世是代謝隔別三世遷異，豈非是竪。內外具明，經云生生世世。書云，三十年爲一世。雖然終以代謝隔別爲世故，世是竪名也。然此二名，竝是當體。俗當體是浮虛，世當體代謝。不有世而已有世，即是代別。不有俗而已有俗，即是浮虛。當體是浮虛代謝，豈有褒貶於其間哉。故不可也。次望眞釋之。論云，世俗諦者，一切法性空。世間顚倒虛妄謂有，諸賢聖眞知性空。俗諦既顚倒虛妄謂有，當知俗諦虛妄顚倒。俗既然世亦爾，此則望聖。世與俗皆虛妄顚倒，就顚倒中，自有俗有世有橫有竪也。此有差別無差別義。以聖望之，同是顚倒故，無差別。而不無世俗橫竪，故有差別也。問：望聖唯無差別亦有差別耶。解云，就聖亦知彼差別故。《大品》云，若諸法無所有者，何故有六道差別耶。佛答云，於彼顚倒故，有六道差別不同。若爾，佛具知顚倒差別無差別。若是眾生，唯知差別不知無差別也。次釋眞與第一。所以眞俗，此則悟無礙道。既悟無礙道故，有無礙用。以得無礙用故，所以一切法爲俗義也。前則是從用入道，今則從道出用也。問：若爲得一切法竝是俗義耶。且引例通。汝家有別待通待義，長短眞俗因果待即別待。長待不長，俗待不俗。此即通待義，所以俗待不俗爲通待者，明除俗之外一切皆不俗故，云通待也。一切法是不俗，不俗待俗。不俗既是俗義，故一切即俗義也。又汎簡待義，從來云長短待因果待瓶衣二果不得待，今明瓶衣二果相待也。問：高下相傾有無相生可得待，瓶衣二果云何待耶。反問汝，是非得待，不是瓶待非瓶不。彼云是非得待，瓶待非瓶也。若爾衣是非瓶，非瓶既待瓶，衣即待瓶也。衣既待瓶，則瓶衣因緣。衣是瓶義，瓶是衣義。衣既是瓶義，一切物皆是瓶義也。又明，一切法是俗義者，就如義顯之。色如一切法如，色如即一切法如。一切法即色。舉譬如破僧佉大有與瓶一義，爲有瓶不異有即瓶，有與萬法不異萬法亦即瓶。今亦爾。如與俗不異，俗即如。如與一切法不異，一切法即俗。何以故，體如故也。華嚴何意云一念無量劫無量劫一念耶，體道故如此。何者，一念即是道，無量劫亦是道，故無量劫即一念。何以故，無礙道故。體無礙道故，得無礙用。一念無量劫，無量劫一念。無量劫一念非一念，一念無量劫非無量劫。非一念非無量劫，而一念無量劫。此中橫竪無礙具足故。經云，一中解無量，無量中解一也，然此四義次第不得前後。何者，第一就世俗以釋義，俗浮虛義風俗義，且隨情釋也。第二漸深，明俗眞義眞俗義也。第三從眞俗入不眞俗，從用入道。第四悟道竟從道起用，次第相生也。就眞俗釋此四義，例一切因果人法等皆爾也。前釋一名一義一名無量義竟，今次釋一義一名一義無量名。言一義一名者，以正道爲一義，眞俗爲一名。然正道未曾名，爲一道故立乎一名，亦立一名爲顯乎一道。何者，既爲一道立一名，一名豈不顯一道，故言一義一名也。一義無量名者，還以一道爲一義。無量名者，爲顯一道立無量名，立無量名爲顯一道。既爲一道立無量名，無量名豈不顯乎一道，故言一義無量名也。問：若爲無量名耶。解云，名無量略出四種。謂世諦、俗諦、眞諦、第一義諦。問：唯有此四名不。解云，名無量，世諦、俗諦、有諦、凡諦、眞諦、第一義諦、空諦、聖諦。故《華嚴》四諦品云，此娑婆世界，有四十億百千那由他四諦名，況十方世界名號。斯則有眾數名，不可具舉。若具舉，竹帛所不能載。今說眞對凡，凡謂所解眞實。佛詺云，汝所解者，顛倒非實。聖人所解眞實，此則對顛倒明不顛倒，對虛明實，對俗明眞也。第一義對凡非第一，明聖所解是第一。何時褒爲第一，對非第一。明第一若是褒者，對非眞實明眞實，亦應是褒反詰云云。問：若爾從來何意言眞俗當體世第一是褒貶耶。解云，師作此釋別有意。若守語不得意，還成鸚鵡喙鵶足類耳。且自思之。問：前明俗橫世竪，俗有二釋。浮虛義望眞釋俗，風俗義當體釋俗，世有代謝義隔別義。此望何義釋耶。解云，代謝隔別竝當體釋，世中自有代謝隔別也。問：唯得是當體釋亦是諸佛說耶。解云，亦得是佛說。但此說隨世說世，與前說俗異。前說俗是浮虛義，反俗說俗。今說世是代謝隔別，隨世說世也。問：何故說此二耶。解云，衆生自謂所解爲實，聖人詺云非實，乃是虛妄。復有衆生謂其所解是第一無過者，聖人詺云汝所解非第一，乃是世人所解耳。爲是故，佛說世說俗也。俗有浮虛風俗，世有代謝隔別。此之四名，有廣有狹有通有別。何者，風俗與代謝則別，浮虛與隔別則通，別則狹通則廣也。問：何故但解此名耶。解云，此四名具通別廣狹，通別廣狹攝一切盡，故但解此四名也。衆生國土等世間風俗，但是風俗之法。唯是無常，所以爲狹。若是浮虛則廣，浮虛只是虛假。明一切諸法皆是虛假，一切世間乃至諸佛菩薩所說所現皆是虛假，是故廣也。代謝隔別亦爾。代謝但是無常流動法故狹，隔別則通常無常空有，常無常空有隔別也。故佛母品云，示五陰世間十八界世間十力世間一切種智世間。世間即隔別故，隔別廣也。次釋諦義。例前亦應有四。一依名、二因緣、三顯道、四無方。今就依名釋。諦以審實爲義，於諦於兩情審實故，名爲諦也。問：於諦爲當屬境爲當在智耶。解云，於諦於兩情智爲名。何者，於凡所解爲俗諦，於聖所解爲眞諦，於兩情智爲諦，不取空有兩境爲諦也。問：於諦是智教諦屬何耶。一切法不出境智，境智往收，爲屬境爲屬智耶。解云，教諦屬境。問：教諦若爲是境耶，從來多不解此義，聞此亦不知是何言。今明，是境者，如來如行而說，如說而行。如說而行，即二智照空有境。如行而說，即說二諦故。一家云，潛謀密照名智，外彰神口名諦。今亦爾，以二智照空有，空有則名境。說空有義表一道即名教，境即能所。教即所能，教能表道故。教是所能，境是所照故。境是能所，所照名境，能表爲教，故教諦屬境攝也。問：若爾，從來那得云緣稟二諦教生智之時教轉名境耶。解云，此不相關。前是能化，後是所化。此凡經兩過轉，前境轉爲教，後教轉爲境。何者，如來二智照名爲境。次說表一道，則轉名教。所化緣稟此教，識教悟理生智，教轉名境。此則教諦，或名境或名教也。問：教諦既得是敎是境，於諦亦得是敎境已不。解云，於彼何容不得。但無表道教，無生智境，於諦不轉故也。於二諦不能表十方三世諸佛正道故，不得名教。復不能生法身父母故，不得名境。若於彼是諦，於彼是境，於彼是教，於彼是理。何者，彼亦有言說故有教，彼亦言有理故於彼有理。此之理教，竝是謂情故也。次更正於諦教諦義。問：於諦是兩謂情，教諦得是諸佛二智不。解云，然教諦亦名二諦，亦名二境，亦名二智，亦名二身。諸佛二智爲教諦，衆生謂情爲於諦。此則迷悟判於教。何者，於諦即是迷情，教諦則是悟智也。問：若爲教諦是二智耶。解云，諸佛如行而說，如說而行。如行而說，說我所行。如說而行，行我所說。說我所行，說名行說。行我所說，行名說行。斯行說相應，皆是波若。《大論》釋聖說法，聖默然云，從波若心還說波若，名聖說法。說般若法已還入般若心，名聖默然。聖默然聖說法，皆是波若。今亦爾。如說而行名二智，如行而說名二諦。二諦亦得名二智。何者，說何所說，說只說二智，故云欲知智在說，故二諦即是二智，但隨義不同。表理義爲教，宣智義名智，所照義名境。若爾教諦之名，亦得名境，亦得名智也。問：於諦得如此不。解云，於諦於智於教於境定性義也。問：他亦明二諦是二境二境是二見，今亦明二諦是二教二教亦是二見，與彼更何異耶。解云，他二諦定是二境，今明二諦是教，不定是教。表理則名教，所照則爲境。宣智爲智，無有定相。既知教不定教，即知境不定境。若如此解，即是悟理。悟時悟教非教，即知理非理教理非教理，如幻如化空谷之響明鏡之像。雖如幻化，而理教宛然也。次更正前二於諦。問：前二於諦一往判有得失，有凡聖故。論云，諸法性空，世間顛倒謂有，於凡爲實，名之爲諦。諸賢聖眞知顛倒性空，於聖是實，名之爲諦。有於凡實，凡但有有諦，空於聖實。聖但有空諦，如此已不。解云，然一往於凡聖兩實名諦，有於凡實爲諦，空於聖實爲諦。若兩互望，二竝非諦。何者，有於凡是諦，空於凡非諦。凡夫謂瓶衣等法現見定有故，有爲實，空非實。聖人瓶衣等空是實，瓶衣等有非實。故一家云，凡實爲聖虛，聖實爲凡虛。凡虛爲聖實，聖虛爲凡實。若爾，凡聖各有一諦。凡但有有諦，聖但有空諦也。難，凡但有有諦，聖但有空諦。亦應凡但有權智，聖但有實智。解云，有例不例。言例者，於兩情有二諦，於兩情有二智。凡作有解，凡有有智。聖作空解，聖有空智也。言不例者，不可言聖人但有一智，聖人具權實二智也。若言但有一智則謗聖人，信一半不信一半故。經云，信六部，不信六部，信不具足。今若言聖有空智無有智，則信不具足也。問：今明聖有一諦而具有二智，然此解偏揭聖人。既具有二智，即應有二諦，何得但有一諦有於二智耶。解云，聖有二智者，聖人知諸法性空，故有實智。復知凡夫顛倒有，故有權智。照不顛倒性空名實智，照顛倒浮虛名權智。諦則不爾，二諦皆不倒智，則知倒不倒也。二者知實爲實智，知虛爲權智，知虛實故有二智。諦則不爾，二皆是實。爲是義故，聖人一諦而有二智也。次更釋二諦名。前出他釋。他云，俗諦審實浮虛，眞諦審實眞實。以審實浮虛故，名眞俗二諦。今難，汝眞諦審實，俗諦審虛。若爾則審虛爲諦，何謂審實爲諦耶。彼云，俗審實是浮虛，是故審實爲俗諦。何者，俗三假眞四忘，俗實是虛假也。今家者，諦以審實爲義。俗於凡實，眞於聖實故，諦以實爲義也。然此釋具出經論，凡有兩論釋。一者《百論》，二者《中論》。《百論》云，俗於世人爲實也。《中論》云，俗諦者，一切法性空。世間顛倒謂有，於世人爲實，名之爲諦。諸賢聖眞知諸法空，於聖人爲實，名之爲諦。此則兩論，皆以審實釋諦也。我明諦是審實，出於論文。汝明俗諦審虛，出何處耶，責之無通也。問：汝難他如此，汝明二諦皆審實，若爲相待耶。解云，俗諦於凡是諦，於聖非諦。空於聖是諦，於凡非諦。如《中論》明，諸法性空，世間顛倒謂有爲諦，諸賢聖眞知諸法空爲諦。此則有於凡是諦，空於凡非諦。何者，凡聞空不信，謂是虛妄非是眞實，若瓶衣等法，道理是有。何以故，今現見瓶衣等法是有故，謂諸法道理實有也。問：既道理實有，云何是於諦耶。解云，於凡道理是有故，名於諦也。次空於聖是諦，有於聖非諦。何者，聖人知諸法虛妄非實，若諸法性空此爲眞實。故論云，諸賢聖眞知諸法性空故，諸法道理是空也。問：既道理是空，云何是於耶。解云，於聖道理是空，故云於諦也。問：若爾云何得相待耶。解云，《百論》明相待義。論文云，相待故如大小。言相待如大小者，如一棕望芘爲小，望棗則爲大。棕亦大亦小，俗亦爾。望凡爲諦，望聖則非諦。俗亦諦，亦非諦也。問：何意舉大小釋耶。解云：此引例通，前明俗亦諦亦非諦。彼即云，若是則應言是，非則應言非。云何猶豫云亦是亦非耶。即爲是故舉棕釋。如一棕亦大亦小，望芘小望棗大。何妨俗亦諦亦非諦，望凡是諦望聖非諦耶。將棕釋俗既然，將棕釋眞亦爾。望聖爲諦，望凡非諦。故眞亦諦亦非諦也。他問：此明俗亦諦亦非諦，此是是非相待，二諦若爲言待耶。他二諦是空有虛實，可得言待。汝二諦竝實，云何待耶。今且反難彼二諦待義。師云：徑有人豎三假義。問：相待假義，汝世諦待何物耶。彼云，俗待不俗，責不俗是何物耶。彼云，不俗是俗。難，俗待不俗，不俗還是俗，乃俗待俗，長待不長。不長還是長，則長待長也。彼又云，俗待眞。難，汝眞諦四念都絕，何得俗待眞耶。汝義俗有三假，眞非三假。汝今既俗待眞，眞則是相待假。何者，長待短，長是能待，短是所待，能待所待皆是待。俗待眞，俗是能待，眞是所待，能待所待皆是待。若爾，二諦皆是相待假也。彼脫又解，云俗諦待眞諦名，眞諦體絕不可待，但眞諦名待也。責，汝眞諦名是何物耶。若言名是俗諦，則俗還待俗。若名是眞諦，那得言眞絕名。進退無通也。前明諦非諦義未訖，若爲未訖耶。前云俗亦諦亦非諦，俗於凡是諦於聖非諦。眞亦爾，亦諦亦非諦，眞於聖是諦，於凡非諦。問：汝解如此耳，論何時作如此說耶。解云：論所以但明俗是諦非諦，此有義。何者，欲明二諦根本義，發初開眞俗二諦者。但俗得是亦諦亦非諦，眞唯得是諦，不得是非諦。問：何意爾。解云，既名眞，眞即是眞實爲義，故眞唯得是諦，不得是非諦。若言俗諦即可疑。何者，俗是浮虛非實。既言俗，那得爲諦耶。是故釋云，俗亦諦亦非諦。俗於凡是諦，於聖即非諦。故亦諦亦非諦也。又眞唯是諦，不得是非諦。俗亦諦亦非諦者，聖得望聖，聖得望凡。凡但望凡，凡不得望聖。故眞但諦不得非諦，俗亦諦亦非諦。言聖得望聖聖得望凡者，聖人了達聖境，故得望聖。問：何物是聖境。解云：諸法性空，聖人還了達聖空爲實故，空於聖名諦。聖人復了達凡夫顛倒虛妄有非實故，有於聖非諦也。凡但得望凡，不得望聖者。凡但知凡顛倒境，此境於凡是實故。俗於凡是諦，凡不能知聖諸法性空故，眞不得是非諦。凡若能了性空，則成聖。眞復不得非諦，眞有兩義不得非諦。一者凡都不知聖空故，眞不得是非諦。二者若知聖空，則便成聖。空成眞諦，復不得是非諦。大而爲言，俗爲凡知。復爲聖知，故俗亦諦亦非諦。眞唯是聖知，凡不能知，故眞唯諦，不得爲非諦也。問：若爾乖前言，前言俗亦諦亦非諦，於凡是諦，於聖非諦，眞亦諦亦非諦，於聖是諦，於凡非諦。有四句義，有於凡實，空於聖實，空於凡虛，有於聖虛，凡實爲聖虛，凡虛爲聖實，聖實爲凡虛，聖虛爲凡實。今那得言俗有諦非諦眞但諦無非諦，前後之言自相違返耶。解云不相違。今明俗亦諦非諦眞但諦無非諦者，此約初發心開眞俗二諦義。聖人有權實二智，了性空即實智。知顛倒即權智，凡但知俗不知眞。是故俗亦諦亦非諦，眞但諦非是非諦也。而前明四句互虛實者，還是聖人諮之耳。明凡謂諸法道理實有。若於諸法本性空，便不生信故。性空於凡非諦，非是凡知性空謂性空是虛，非諦乃是聖諮，道凡於性空不生信故，言非諦耳。若爾，前後無相違也。次更釋於名。問：因緣假有爲教諦，謂情性有爲於諦不。解云：從來解如此。因緣假有是不有有，不有有悟有不有名爲教諦。若是性有則有故，有名於諦，好乎唯得此解。今明不如此。今明於有爲於諦，然諸法本無所有，於衆生有。何以知然，論云一切法性空，世間顛倒謂有，故諸法本無，於衆生有爲於也。若言諸法無所有因緣有，因緣有不有有名教諦。衆生有故有名於諦，此是後時語耳。次更釋於諦義，明衆生本無所有，於衆生有。故《大品》云，衆生顛倒因緣故有六道差別。又《涅槃》云，隨其流處，有六味不同。然此語竝是釋於義。何者，六道本性清淨無所有，於衆生故無所有如是有也。論釋亦爾。諸法本性空，世間顛倒謂有，名之爲諦，亦六道本無所有，於衆生有六道也。既云於衆生有六道，即知不六道。佛說此於名不無所以，說此令衆生悟道。何者，既云於六，即知不六也。如人可憐，實不可憐而言可憐者，於此可憐。既知於可憐，即悟不可憐。諸法亦爾，於有即悟不有也。次釋眞於諦也。問：俗於諦既然，可得眞於諦亦爾不。實無有於凡有，實無空於聖空不耶。解云，一往發趾開眞俗二於諦，不得如此。何者，說於凡有，亦爲化凡，說於聖空亦爲凡。說此二諦，竝爲化凡。何者，說俗於爲顯迷，說眞於爲顯悟。如中論所明，諸法性空，凡夫顛倒謂有，諸賢聖眞知諸法性空，正開凡聖眞俗，明此是凡於聖於。此是眞於俗於，正示其是迷是悟是眞是俗。示俗於是迷，示眞於是悟。《大品》云，波若爲大事故起，所謂示是道是非道。今亦爾，說俗於示非道，說眞於示是道。爲是故，於凡有不有，聖空是眞空，此即第一節也。第二節併轉，於凡有既不有，於聖空亦不空，諸法非是有於凡有，諸法非是空於聖空。既知於空有，即知不空有，於二即知不二。關中曇鸞法師，舉漁人與餓鬼譬，漁人入則鼓棹揚波，餓鬼入則炎火燋體。然水未曾水未曾火，於人見水，於鬼見火。火有兩微，觸具能燒。色具能照，水有三微。成論云，天雨無香，人中水具四微，餓鬼見則成兩微，漁人見則成四微。於鬼兩微，於人四微，水未曾二之與四也。諸法亦爾，於凡有於聖空，於凡聖空有實非空有，於凡聖二實非二。此則於二爲世諦，不二爲眞諦。故經云，明與無明，愚者謂二，智者了達其性無二。無二之性即是實性，故知不二始是眞實諦也。次第三節，二不二竝是俗。何者。於二於不二，正道非二非不二。正道既非二，豈是不二。但於凡夫聲聞二，於菩薩不二耳。道何曾二不二耶。如《淨名》云，身子見穢，梵王見淨，華嚴五百聲聞不見法界，諸菩薩見法界。於身子見穢，於梵王見淨，正士非淨非不淨，亦於五百聲聞不見，於諸菩薩見。正道非見不見，兩人竝非見。一往聲聞，修別異善根，菩薩修無得善，故聲聞不見菩薩見，望道併不見也。問：諸菩薩在法界中，既於諸菩薩見者，如來亦在中，亦於如來見不。釋云不例。如來隨汝見，如來何曾有見不見。故經云，隨順衆生故，普入諸世間，智慧常寂然。不同世所見，故不得引如來爲例。如來非見不見，於汝見於汝不見，見不見既是於，即知道非見非不見。今亦爾。於二乘二，於菩薩不二，二不二既是於，即知道非二非不二也。如此三節，竝是於非是正道也。問：若爲是正道耶。解云，諸佛不能行，諸佛不能到，諸佛不能說，今作若爲說耶。故經云，諸法寂滅相，不可以言宣。又云，甚深微妙法，唯我知是相。十方佛亦然。諸大聲聞不退菩薩，皆不能了也。然此始是好。情智二諦，前來三節，竝是情謂二諦，離前三節，乃是智諦。所以法華明如來從三昧，安詳而起，歎甚深二智也。次更從前釋。問：前云六道無所有，於衆生有六道，諸佛隨衆生現五道身，爲是俗諦，爲是眞諦。眞諦則無六道，衆生無所有。有既是於諦，佛隨衆生有六道，亦是無所有，有亦是於諦不。解云不例。六道無所有，於衆生實有，故是於諦。佛現六道身，非是實謂有，故非於諦。難，既非於應非是俗，解云是俗非是於。何者，以虛假故是俗，非實有故非於諦。

自有是俗非於諦，自有是俗是於諦。顛倒六道，則是俗是於諦。諸佛隨衆生，是俗非於諦也。次時更簡此語，六道無所有，於衆生有六道，是俗諦，諸佛隨衆生有六道故。經云隨順衆生故，普入諸世間。既隨衆生有六道身，爲是眞諦，爲是俗諦耶。若是眞諦，眞諦無有六道。若是俗諦，復非實有，那是俗諦。爲是義故，就俗諦中有三句。一是俗非諦，二是諦非俗，三亦諦亦俗。若圓成四句者，望眞則有非俗非諦也。一是俗非諦者，諸佛隨衆生有六道，非情謂實有。以有六道故是俗，非情謂實有故非諦，是爲是俗非諦也。然從來無此義，一往聞亦不信受。今明者，諸佛隨衆生有，非情謂有，所以是俗非諦也。二是諦非俗者，望聖是俗，於其非俗，此兩名相妨。俗即非諦，諦則非俗，望聖爲俗，於其非俗。但是實有故，是諦非俗也。三亦諦亦俗者，凡聖合論，望聖是俗，於凡是諦，故云亦俗亦諦。又就世俗諦中，復有亦俗亦諦義。何者，其自有風俗世俗之俗，此之風俗及與世俗，於其竝實故，亦俗亦諦也。風俗之俗則横，世俗隔別則豎。此之横豎皆實故，名俗諦也。問：若爾從來，何意云俗非諦緣諦俗故名俗諦耶。解云：此語有兩望。何者，俗非諦則望聖，緣諦俗名諦則就緣。望聖俗是浮虛，故非諦。於緣爲實，故秤諦。所以云俗非諦緣諦俗名俗諦耳。非俗非諦者，望眞諦竝非故。論云，諸賢聖眞知顛倒性空。顛倒既空，何處有俗。既非俗，何所論諦。故望聖非俗非諦也。次更簡前諸佛隨衆生有六道是俗非諦，爲當唯得是俗非諦，亦得是諦耶。解云，此言非諦者，明隨順衆生示有六道，非是情謂實有之於諦耳。問：既非於諦得是何物耶。解云，得是教諦，然諸佛菩薩從實方便起迹現身說教，所現不出形聲，故形聲等竝是教諦。何者，此兩種竝諦，當根緣不差，是故名諦。此之兩種，實能表道，是故名諦也。問：俗諦中有四句，眞諦中亦有四句不。解云，眞諦但有兩句。一者是眞是諦，二者是眞非諦。是眞是諦，此可知，眞必是諦也。言是眞非諦者，隨眞說故是眞，非情謂之實故非諦，如前隨俗諦說非俗諦。今亦爾也。次更明於諦，教諦合論諦義有三句。一者能諦所非諦，二者所諦能非諦，三者亦能亦所諦。能諦所非諦，即是於諦。所諦能非諦，即教諦。亦能亦所諦，於教合論。言於諦是能非所者，有於凡實爲諦。空於聖實爲諦，取兩情智爲諦。不取空有二境爲諦，二境那忽是諦。但有於凡是諦，空於聖是諦，取二於爲諦也。此於亦不孤，然於不於，不於本於，空有能所竝是於諦。但能邊強，境智竝於諦，智邊強，此則帶所明能，取能不取所。帶智論境，取智不取境也。言教諦是所非能者，二智是能說，二境是所說，能說非諦，所說是諦。此就境智判能所。前於諦亦境所智，取能爲諦，不取所爲諦。今教諦，取所爲諦，不取能爲諦。故一家云。潛謀密照爲二智，外彰神口名二諦。二智能說，二諦所說，正取所說眞俗化緣，名教諦也。亦能亦所諦者，合取於教二諦，爲亦能亦所諦也。更就教諦中復有三句。一能名諦，二所名諦，三亦能亦所名諦。言能名諦者，則是眞俗二教。以眞俗二教實能表道，故名諦，二諦當根緣不差故名諦也。言所名諦者，從所表理爲名。以所表理實故，能表之教亦實也。此則從表實爲名。如《法華》云，開方便門示眞實道。此門即是實門，以通至實故，名方便門。又如佛門通至佛，故云佛門。今亦爾。教能通實，故云實也。亦能亦所者，即理教合說，非理則不教。不教則不理，非理不教教名理教。非教不理理名教理，理教因緣斯二皆實，故能所皆諦也。問：教諦有三句，於諦亦有三句不耶。解云，於諦但有一句。唯是能諦，能謂之情爲諦也。次更舉事顯此三名。自有從能不從所，從所不從能，具從能所。從所不從能者，如飲食名爲食。何者，口能食飲，食是所食，而飲食名食者，此即從所名食也。從能不從所者，如云行路，路是所行，人是能行，但從人能行爲名也。具從能所者，如云洗水是能洗，物是所洗，直云洗通能所也。世間得名，既有此三句不同，故諦得名亦有三句不同。次簡經中一句義，《涅槃經》文殊問二諦義云，世諦中有第一義不，第一義中有世諦不。如其有者，即是一義諦。如其無者，將非如來虛妄說耶。佛答云：世諦即是第一義諦。有善方便隨順衆生，說有二諦。此明道理唯有一諦無有二諦，但隨順衆生故說二諦也。問：若爲唯有一諦耶。大師舊云有四諦二諦一諦。言四諦者，眞諦俗諦空諦有諦也。二諦者，空有二諦，還是眞俗二諦。有還是俗，空還是眞，故言二諦也。問：一諦者若爲是一諦，爲當非眞非俗爲一諦耶。解云：不相關。今言一諦者，團圝始終只是一諦。何者，望凡夫唯有俗諦。凡夫但知諸法是有，不知諸法性空。故凡夫唯有俗諦，無眞諦也。若望聖亦唯一諦。何者，聖知諸法性空爲實名諦，知諸法虛妄不實非諦。然聖人知諸法顛倒虛妄非諦，非都無虛妄之法。若無虛妄之法，則成斷見也。何者，有大乘人。聞畢竟空成空見，便謂無罪福報應等。今明，不無罪福報應，只罪福報應畢竟空。畢竟空，而罪福報應不失也。又《中論》云，諸賢聖眞知顛倒性空，非是離顛倒別有性空。只了顛倒性爲空故，性空於聖人是實爲諦。又知顛倒虛妄不實故非諦，望聖唯一眞諦無俗諦也。次轉者，俗於凡是諦，眞於聖是諦。二皆是於，二皆非諦。非眞非俗，始是眞實，始名爲諦。故經云，世人知者，名爲世諦。出世之人，如其性相而能知之，名第一義諦。於世出世人是諦，實非是諦。唯非眞非俗，是實是諦。若爾，亦唯有一諦也。然從來人無有此義，亦不得釋涅槃經文。何者，彼明二諦是二境，亦是二理。道理有此二理，何得言世諦即第一義諦，隨順衆生故說有二諦耶。佛親明無二諦，隨衆生故說二耳，不應云道理定有二諦也。彼脫云此是二諦相即義，故云即是者，亦不然。彼雖相即恆二，二而恆即，終是二理。二理不可無故，彼不得言實無二隨順衆生故說有二也。問：經云世諦即第一義，隨順衆生說有二諦。可得前兩節竝得作此說不。解云，竝得。一往正對凡夫，明唯眞是諦俗非諦。問：若爾，應無二諦。解云，實唯一諦。但隨順衆生故，說二諦也。《百論》亦爾，俗非諦。隨俗故說有俗諦。故論文云，隨俗說故無過也。第二節明俗於凡是諦，眞於聖是諦。眞俗竝非諦，非眞非俗乃是諦者。《仁王經》何故云三諦有諦無諦中道第一義諦耶。解云：實唯一諦，無有三諦。但隨順衆生，說有三諦。隨眞俗緣故，說眞俗諦。所以《涅槃經》明世諦即第一義。次即云世人知者名世諦，出世人知者名第一義諦也。脫眞諦三藏，明有三諦義。今明，此三諦竝隨衆生故說耳。二諦既是隨衆生說，中道第一義諦亦是隨衆生說。何者，既非二，豈是不二。故《中論》云，若有無成者，非有非無成有無既不成。非有非無何成，一切皆淨。師云，四諦二諦一諦無異，只是一諦耳。然復有一種四諦二諦一諦義，若爾有兩義四諦二諦義。前四諦二諦一諦，此無深淺。後四諦二諦一諦，則淺深大異。言四諦者，即無量四聖諦。次卷四諦爲二諦，次卷二諦爲一諦。眞俗不俗，俗眞不眞，不眞不俗，名一實諦。次卷一諦成無諦，眞俗二不眞俗，不二三不二，非不二不二，二非二，非二非不二，名無諦。次舒即無諦一諦二諦四諦無句一句二句四句無量句。卷舒明義故，此兩種異也。前鹿盧唯有一諦，凡夫以有爲實，不知性空。於凡唯俗是諦，眞非諦。聖人以性空爲實，知俗虛妄不實，於聖唯眞是諦，俗非諦。菩薩即唯非眞非俗，是實是諦。餘則非諦，於三緣有三諦，三緣中趣擧一緣，唯一是諦，餘悉非諦。然經論正意，明唯眞是諦俗非諦，何故爾。眞是實義，俗非實義，故唯眞是諦俗非諦也。次釋相待義。問：若爾云何相待。解云，約此義是虛實待，是非待諦非諦待，不得二諦相待。何者，鹿盧唯有一諦故，唯得諦非諦待也。問：經復有二諦故，云隨順衆生說有二諦。又世人知者名世諦，出世人知者名第一義諦。既有二義，云何相待耶。然唯有一諦，隨衆生故說有二諦，此一句語所淨事大。何者，此語若成他義則壞，非但義壞，亦不得讀《涅槃經》。今時得作此釋，非但經如此，論亦復然。由有論故解經，所以云經有論故義則易解也。前問云既有二諦云何相待者，從來解云，眞俗待二諦不待。若諦相待，則長長相待，故眞俗待二諦不待也。且難，眞俗不自，諦是不自不。若眞俗與諦皆不自，眞俗與諦皆相待。若眞俗待諦不待，眞俗不自，諦應是自也。今明，無非因緣，無非相待。故師云，我佛法中，無非因緣。若非因緣，乃是外道義也。問：若皆相待，師何意云眞俗待諦諦不待耶。解云，此語有意，人不解師語耳。原相待義，必須相顯相成。如長短相待，非短不長，非長不短，由長顯是短，由短顯是長，名曰相待。故《中論》云，非如長短彼此待他而有無自性也。若直云諦諦，若爲得相顯，若爲相成，故諦諦不得相待也。今言相待者，諦帶眞俗，名眞諦俗諦。論相待，由性空是眞俗，則顯有是俗諦。亦由瓶衣等法是俗諦，顯性空是眞諦。此則由眞諦顯俗諦，由空諦顯有諦，由聖諦顯凡諦。就此義故，明二諦相待也。擧事如善人惡人，直言人不得相待，由此是善人，顯彼是惡人。善惡二人待，二諦亦爾也。次斷鄭二諦相待義。彈他釋非，顯山門正意。彈他者，凡彈兩人，一者彈成論，二斥學三論不得意者。彈成論者，彼釋俗諦審是浮虛。此解定非。今不將三論難彼不學三論聞三論不信，今將涅槃經文以彈之。經云，世人知者名爲世諦，出世人知者名第一義諦。汝若謂審浮虛是俗諦者，世人應知諸法審是虛假。既有此理，世人豈能知諸法虛假耶。世人既不知諸法虛假，故不得以審虛爲俗諦也。今釋是諦實義，正會經文。世人所知，於世人是實名爲世諦。出世人所知，於出世人是實，名第一義諦。今得作此解，論釋如此。故云，世若無論，即爲邪智所障也。次斥學三論不得意者，明二諦眞俗，待非眞俗二諦待，此義不然。如前所彈，今反此釋明眞俗，故宜相待，只二諦正論相待。何者，由二諦相待故有二諦。若不相待，則無二諦，唯有一諦。何以故，若不相待，則無可簡別，混成一諦。要由相待顯別，所以得有二諦。雖二諦相待，要須眞俗標別，由眞諦顯是俗諦，由俗諦顯是眞諦，故眞俗二諦待。雖眞俗二諦待，正是二諦待。正是二諦待故，經論皆云諸佛常依二諦說法。二諦若不待，則無二諦。無二諦佛無所依，故是二諦相待也。問：若爾用眞俗何爲耶。解云，眞俗標別。二諦明此是眞諦此是俗諦，由眞諦顯彼是俗諦，猶如一赤色雖同是赤色，而色有勝劣，此是劣赤此是勝赤。由劣赤顯此是勝赤，勝劣兩赤待。二諦亦爾。俗是劣諦眞是勝諦，勝劣兩諦待，凡聖空有眞俗皆例爾。問：此爲教諦待，爲於諦待耶。解云，教諦待義易，於諦相待難解，爲此義故，今開三句釋之。一者俗於諦，唯有不待無有待義。二者眞於諦，亦待亦不待。三者教諦，唯待無不待。言俗於諦唯不待者，凡夫知實有，不知性空，但有俗諦無有眞諦。既無眞諦，故無相待。若知眞諦，即知俗虛俗即非諦。此亦無待。以其不知眞故，無眞諦可待。若知眞則無俗諦可待，故俗於無有二諦待義也。眞於諦亦待亦不待者。言無待者，例如俗眞於聖實故眞是諦，聖知俗虛妄不實，俗於聖非諦。若爾唯眞是諦，俗非諦。俗非諦故，不得有二諦待也。言亦有待者，聖有權實二智。就權智中有兩知，一知俗虛於聖非諦，二知俗虛於凡是諦。就此而論，亦有二諦待義也。言教諦唯待無不待者，此義易知。如來因緣有無教諦，有名無有，無名有無，有無皆是因緣假名義。所以《華嚴》云，諦了分別諸法時，無有自性。假名說故有無教諦，皆是因緣假名義也。次更正前二於諦待義，明凡於諦無待義，但聖於諦有待義。有兩種待。一者知俗於聖虛，即虛實待。二者知俗於凡實，即兩實待，兩諦待也。凡於諦無兩種待。一者凡不知眞故，無虛實待。二者凡不知眞，於聖實故，無兩實待。此則聖於有待，凡於無待。以聖於有待，是得是悟是因緣。以凡於無待故，是失是迷是自性，此正開能所得失凡聖故也。然二諦雖有十重，餘重不可要急，今遂要急者以辨之。《涅槃聖行品》明十種二諦義，今次第依經釋之。經中前文殊問，次如來釋。文殊問中有三。一牒，二定開，三詰難。文殊白佛言，世尊，所說世諦第一義諦其義云何。即牒二諦。世尊，第一義中，有世諦不，世諦之中，有第一義不。即定開。如其有者，即是一諦。第三詰難，亦前是領佛語，次問佛語，第三難佛語。難中有二。初難第一義中有世諦義。然此中言有者，非如穴中有蛇屋中有人。人屋二諦，論有今言有者，乃明世諦即第一義諦，二諦一義，名之爲有也。舉譬如僧佉因中有果，因果一體，名之爲有也。爲是故難云，如其有者，即是一諦也。如其無者，將非如來虛妄說耶。第二難第一義中無世諦。前難若有即是一，今難無則是二。如外道僧佉因中有果是一，衛世因中無果即是二。今亦爾。如其有即是一諦，如其無當知是二諦也。問：既有二諦，若爲言虛妄耶。解云，有兩義，故虛妄。一者即事虛妄，二者遠望虛妄。言即事虛妄者，那得有二諦。諦是實義，唯有一實，唯有一諦。若有二諦，則應有二道。諸有二者，無道無果，道既無二，諦那應有二。故云將非如來虛妄說耶。言遠望者，明若第一義中無有世諦，乖大乘經。佛從來於諸摩訶衍經中說眞即俗俗即眞。如《大品》，須菩提問云，世諦第一義諦異耶。佛答云，世諦如即第一義諦。如是二，無二無別。今若有二諦者，將非如來虛妄說耶，進退兩關難也。善男子，世諦即第一義諦。此佛答彼二難。答二難者，即前一關通，後一難印。前者明世諦即第一義諦，如汝所言也。答後者明此難虛設，何者我明，唯有一諦無有二諦。但明有義不明無義，故無虛妄之過也。斯則一即之言，二難雙拆也。世尊若爾，即無二諦，此更別難。若世諦即第一義諦，即無二諦。佛何意從來說有二諦，又云諸佛常依二諦說法耶。佛答云，有善方便，隨順衆生。說有二諦，即答前一難，明道理唯有一眞諦無有二諦。而言二諦者，善巧方便，隨順衆生，說有二諦。隨凡有說有，隨聖空說空，隨兩緣故說二諦也。然此兩隨但爲一緣，兩隨不同也。兩隨但爲一緣者，隨凡說有爲凡，隨聖說空亦爲凡也。隨聖說空亦爲凡者，聖如實悟空。今還說聖所悟，引化凡夫也。兩隨異者，隨凡說有爲凡，隨聖說空不爲聖。一往開得失二諦。此是能化之聖，何須爲說耶。問：若爲凡說空不爲聖者，何故有佛話經卻除諸菩薩兩佛共話，此則佛佛相爲也。今明，佛話不爲佛，佛話爲衆生。若不爲衆生，佛則非話。故隨凡說有，亦爲凡。隨聖說空，亦爲凡。不爲佛也。善男子，如出世人所知者，名第一義諦。世人之所知者名爲世諦者，前明依二諦說，今明所依二諦。即前是教二諦，今是於二諦。然此文與《中論》一種，故三論義可信也。《中論》云，世間顛倒謂有，於世人名俗諦。諸賢聖眞知諸法空，於聖人名第一義諦。如此文，世人知名世諦，出世人知名第一義諦也。論次云，依是二諦爲衆生說法，即是此云隨順衆生說有二諦。隨世人說世諦，隨出世人說第一義諦也。成實論義壞。今明，隨衆生故說二諦，何時道理有二諦耶。二諦義若壞，一切義壞也。次更簡前一句。前既云世諦即第一義，可得第一義諦即世諦不。解云，通皆得，於聖唯有眞諦，世諦即第一義諦，亦於凡唯有世諦。第一義諦即世諦，通論皆得。但今正是世諦即第一義諦，唯有眞諦無有俗諦。何者，唯眞是實俗非實，唯有一如無二如，唯有一眞無二眞，故無世諦也。而今有二諦者，有二義。一者隨順衆生故說有二諦，即教諦。二者於衆生有二諦，即於諦也。然於教二諦，他家所無，唯山門相承有此義也。問：此經何意明於教二諦耶。解云，爲答文殊與大衆疑。謂唯有一諦，正作無二諦難。爲是義故，佛開於教二諦答之。明善方便隨順衆生說有二諦，何意無二諦耶。次云，世人知者名世諦，出世人知者名第一義諦。何意無二諦，前隨衆生說，即二教諦。世出世人知，即二於諦。爲釋無二諦疑故，明於敎二種二諦也。問：經明於敎二諦可如此，論何意明於敎二諦耶。解云，《百論》正爲諸外道不識不聞如來二諦，所謂迦毘羅論等。昔所不聞，昔所不識，爲其不識二諦，所以論主示其二諦也。《中論》明二諦者通爲一切，但正爲內學不識大乘二諦。如薩衛等五百論師，不識諸法性空二諦。此則與《百論》挍一節，有小乘二諦大乘二諦。《百論》緣皆不識二諦，爲彼不識故，提婆示大乘二諦。此即簡異《數論》，《數論》亦破外道，《百論》亦破外道，何異。解云，大異。《數論》破外道示小乘法，故是小乘論。《百論》破外道示大乘二諦法，故是大乘論也。若是《中論》，緣已學佛小乘二諦，不識大乘本性空二諦。爲是故，龍樹菩薩明大乘本性空二諦也。今此經竝異兩論，何者。文殊與大衆已解二諦，但疑無二諦故，佛明有二諦也。善男子，五陰和合有衆生名世諦，即陰離陰，無衆生名第一義諦。此下更就異義，約法廣明二諦義。不同前明教二諦次明於二諦，世人知者名世諦，世出人知者名第一義諦。今第三就我無我明二諦，與前異。前明二諦，通直明世人知名世諦，世出人知名第一義諦，不判有人無人有法無法。今的就有人無人明二諦也。善男子，或有法有名有實，第四二諦，前就人明二諦，今就法明二諦。前就眞俗明二諦，今就世諦中更開二諦。前就眞俗明二諦者，我是世諦，無我第一義諦。《大論》云，人等世界故有，第一義諦則無也。今就世諦中自明二諦者。世諦者，世諦法中，自有有名有實，自有有名無實，有名有實爲第一義諦，有名無實爲世諦。如火水等物，有名有實。有實者有實義，爲實有義，應名有名。表義故爲第一義諦。有名無實者，如蛇床虎杖。《大論》云，草名朱利。此云賊，何其曾作賊。但有假名，無有實義應，名以無實義故爲世諦，此則就於虛實判二諦也。善男子，如我衆生第五二諦義。此就事理明二諦義，束前有名有實有名無實，竝爲世諦，苦集滅道爲第一義諦。何者，陰界入等有名有實，龜毛等即有名無實。此之二種，竝爲事法故爲世諦。苦集滅道是理法，故爲第一義諦。善男子，世法有五種者。第六就如實知不如實知判二諦，不如實知五種世法，則名世諦。如實知五種世法，無有顛倒爲第一義諦。五種世法者，一名世，二句世，三縛世，四法世，五執著，如經文釋云云。善男子，若燒壞者，第七就續不續明二諦，若謂燒壞等法相續不斷名世諦。若知燒壞等法念念生滅實無相續，爲第一義諦。此異成論假實義。假名不滅，實法則滅。今明，若言諸法相續不斷爲世諦，若諸法實不續爲第一義諦。如肇師《物不遷論》云，旋嵐偃嶽而常靜，江河競注而不流。野馬飄鼓而不動，日月歷天而不周。即其義也。善男子，有八苦者，即第八就生死涅槃明二諦。有八苦生死爲世諦，無八苦生死爲第一義諦。然大判，生死爲世諦，涅槃爲第一義諦。今言，無八苦不全是涅槃。何者，涅槃有有所無無所有義，無八苦生死等，是涅槃有所無義。故經云，空者二十五有，不空者大般涅槃。今無八苦生死，即涅槃有所無義也。涅槃有所無，既無生死。涅槃無所有，亦無生死。今無生死，具含涅槃。故言生死爲世諦，涅槃爲第一義諦也。次文云，依因父母而生名世諦，十二因緣生名第一義諦。此則第九就因緣判二諦，亦是親疎判二諦，亦是麁妙判二諦。因緣者，父母和合則緣。十二因緣即是因，因親緣疎也。又父母生麁，十二因緣生妙。衆生但知麁不知妙，故父母生爲世諦。十二因緣生爲第一義諦，此即九種二諦義。足前菩薩對聲聞判二諦義，爲十種二諦也。中間簡二諦義，舉譬如一人多有所能，或名走者，或名芀者，或名鍛者，只是一人，隨義立多名。二諦亦爾。只是一二諦，隨義有多名也。問：此經何故明此十種二諦耶。解云，爲答難，故明此十種二諦。文殊與大衆疑無二諦，正作無二諦難，所以如來開十種二諦答也。此則爲釋無二諦難，故明二諦說。二爲破不二，二既去，不二亦不留。故《大論》云，破一不著二，又說二表不二。今因二悟不二，二無不二無也。然此十種，置前一種。就答難中，有九種二諦。前明二教諦，次明二於諦，此正明二諦義。從我無我去，就世諦中自有深淺不同，歷法廣論二諦義。然此七種二諦，應須一一判其廣狹辨其深淺，如我無我二諦，但就人明不就法辨，此義則狹。有名有實，有名無實，虚實判二諦。此義則廣義，可知也。須一一釋之。

吉藏《二諦義》卷下 次明二諦相即義第三。然此義横無不多條緒，竪入極自深玄。今且略出三處經文，明二諦相即義。一者即向所引《涅槃經》，世諦即第一義。二者《大品經》，空即色，色即空，離空無色，離色無空。三者《淨名經》，色性自空非色滅空。然此三經文雖異，意同也。問：此三經來意若爲異耶。解云：此三經來意是同，言不無奢切。何者，《涅槃經》言奢，《大品》《淨名經》言切。《涅槃經》奢者，《涅槃》云世諦即第一義諦，不云第一義諦即世諦，故《涅槃》言奢。《大品》《淨名》切者，《大品》色即是空，空即是色，《淨名》亦爾，所以爲切也。又《涅槃經》但明世諦即第一義諦，不明第一義諦即世諦。通皆得世諦既即第一義諦，第一義諦豈不即世諦。但《涅槃》隻用故，世諦即第一義諦也。若《大品經》則平道雙用，空即是色，色即空也。問：何意《涅槃》隻説，《大品》雙明耶。解云，通皆例也。問：經既不例，汝何得輒例耶。今明所以不例者，《涅槃》正釋諦義，明唯眞是實故，唯眞是諦。俗即虚妄非實，故俗即非諦。爲此義故，但明世諦即第一義，不得言第一義即世諦也。若是《大品》不爲釋諦義，直明空即色色即空，平道用也。《淨名》亦是隻用。唯得言色性自空，非色滅空，不得言空性自色非空滅色。通即皆得。而今但言色性自空非色滅空者，正對二乘有所得人義，小乘人折色求空。對此故，明色性自空，非滅除此色然後方空。此即開兩觀分二空，明小乘人折色空觀，大乘人即色空觀。小乘人折色空，大乘色本性空。爲是故，但明色性自空非色滅空也。雖有三經文，諸師多就《大品經》明色即空空即色也。然此義難解。大忍法師云，我三十年思此義不解，值山中法師得悟。此師既悟，始信三論云云。由來釋相即義者，有三大法師，光宅無別釋。此師《法華》盛行，《成論》永絶也。今出《莊嚴》開善龍光三人釋二諦相即義。《莊嚴》云，緣假無可以異空故俗即眞，四忘無可以異有故眞即俗。雖俗即眞，終不可以名相爲無名相。雖眞即俗，終不可以無名相爲名相，故二諦不異爲相即也。次開善解云，假無自體，生而非有，故俗即眞。眞無體可假，故眞即俗。俗即眞，離無無有。眞即俗，離有無無，故不二而二，中道即二諦。二而不二，二諦即中道。問：開善明中道，《莊嚴》不明中道，何意爾耶。解云：莊嚴不以中道爲二諦體，故不明中道。開善明中道爲二諦體，故彼云二諦是不二一眞之極理，是故明中道也。次龍光解二諦相即義。此師是開善大學士。彼云空色不相離，爲空即色，色即空。如《淨名經》云我此土常淨。此明淨土即在穢土處，故言此土淨，非是淨穢混成一土。何者，淨土是淨報，穢土是穢報。淨土淨業感，穢土穢業感。既有淨報穢報，淨業穢業，故不得一。但不相離爲即也。然此三師釋，攝一切人。何者，開善與莊嚴明一體，龍光明異體。釋雖衆多，不出一異。故此三人攝一切人也。龍光明異體，此義自反經，不須更難。今且難莊嚴開善二家。《莊嚴》云緣假不異眞，四忘不異俗。名相終不爲無名相，無名相不爲名相。此言自相反。汝既眞即俗即眞，名相爲無名相，無名相爲名相，那得俗即眞，名相不得爲無名相耶。彼師云，我名相復有即無名相義也。又責，汝若名相即無名相，可得世諦無名相眞諦有名相不。彼云，眞諦終無名相，俗諦終有名相。若爾，終是二見，不得相即也。彼云，我體常即，但名義異耳。又責，汝俗體即眞，俗名即眞不。若名義即眞者，眞諦既常。名義即常，名義無常，眞亦即無常。若名義不即眞，名義出眞外，出法性外，故不可也。此難如《百論》難，有一瓶，體一，名義異。論主難云，汝瓶是有。瓶家之形對及五塵等，亦是有不。若使瓶家之形對五塵等是有者，有既常，五塵等即常。五塵既無常，有亦無常。總別亦爾也。若言五塵等非大有者，五塵即是空，出大有外，大有攝法則不盡。今難彼俗即眞義亦爾。此是提婆菩薩難，豈是人之能通。若能通者，提婆難即壞，經義亦壞。提婆難既不可壞，故此難不可通也。次難開善有兩關。非但難開善，遍難衆師。經有二諦相即，總而難之。第一難云，色即空時，爲色起之時空與色同起，故云色即空。爲當色未起前已有此空，故云色即空耶。若使色未起時已有即色之空者，此則空本有。色即始生，本始爲異，云何相即。本有空即常，始有色則無常。常無常異故，不得即也。若言空與色俱起者，則空與色俱是始有，皆是本無今始有，皆無常也。第二難云，汝色即空時，爲空色分際，爲不分際。若不分際，則混成一。若空色一，皆常皆無常。眞俗一言俗無常眞常者，即例難眞俗一眞無常俗常也。若分際，則空色異，雖即終分際終異。如沈檀雖合爲案，沈檀終分際終異。若異方等之經便壞，覆面之舌不成也。此即彈他竟。次明今釋，要須彈他盡淨乃得出今時解也。大師舊云，假名説有，假名説空，假名説有爲世諦，假名説空爲眞諦。既名假有，即非有爲有。既名假空，即非空爲空。非有爲有，非異空之有。非空爲空，非異有之空。非異空之有，有名空有。非異有之空，空名有空。有名空有故，空有即有空。空名有空故，有空即空有也。師釋相即義，方言如此。今作若爲解耶，亦得用前難難之。汝因緣空，色即不因緣。色即空，色壞空壞不。又如長短因緣，有長即有短，無長即無短。若爾，空色因緣，有色即有空，色壞空即壞云云。然此義，應須得其根本識其大意，只爲不得意故，所以成失。故《中論》云，像法中人根轉鈍，雖尋經文，但著文字，此即失因緣有。又云，聞大乘法説畢竟空，不知何因緣故空，此即失空意也。又《涅槃經》明諸諍論。一一諍論云，是諸弟子不解我意，爲不解教意故，所以成失。是故須知其大意，識其根本。故《法華》云，知佛所説經因緣及次第，隨義而解説。然原由來人不解二諦相即者，凡有兩失故不解。一者不識四悉壇故，不解二諦相即。言二諦相即，是何物悉壇耶。四悉壇是通經之要術，解四悉壇則一切經可通。若不解四悉壇，一切經即不可通。大師約四悉壇明四假義。四假者，因緣假，對緣假，就緣假，隨緣假。彼尚不識四悉壇，豈解四假。以彼不識四悉壇故，不解二諦相即義也。二者謂有眞俗色空道理，道理有色，道理有空。若無空色，則無六道衆生三乘賢聖。由有色空二諦，迷之則有六道，悟之則有三乘。爲是故，道理有空，道理有色。既道理有空色，則是有所得。有所得，豈能通他難，豈能難他通。故《中論》五陰品末云，不依空問答，問不成問，答不成答。空者只是無得異名，以不依無得故，不能難，不能通也。又只爲有空色道理故，得作前諸難。汝既有色即空，爲當有色之時空色俱時起言色即空，爲當色未起之時已有空言色即空耶。若色起時，空與色俱起爲色即空者，此則皆無常失眞諦。若色未起時，已有空爲色即空者，即空本有色始生。空色兩異不得相即，俱起眞墮無常，不俱起則成異體。次難，汝色即空爲分際爲不分際。不分際則混成一體，即皆常皆無常，例難云云。若分際，則異體不得相即，不分際得即失二諦，分際得二諦失相即，進退不可，作若爲解耶。此難若可通，提婆龍樹則成漫語，此二人若是漫語，佛則漫語。佛親記二論主，二論主豈當漫語。既非漫語，作若爲解耶。龍光難開善，開善云，待我面黄只得解耳。實理如此。若非三論意，終不得解。故叡師云，中百二論文，未及此土。又無通鑒，誰與正之。前匠所以輟章遐慨思，請決於彌勒者，良在此也。中百二論既至赤縣歎云，此區之赤縣忽得移靈鷲以作鎭，險陂之邊情，乃蒙流光之餘惠。而今後談道之賢，始可與論實矣。故除三論之外有所得心，終不解此義也。問：他解既非，今若爲釋耶。師云，只洗淨如此二諦一體異體，畢竟無遺，即是二諦相即義。所以山中師云，今時若更有解，乃是足載耳云云。有開善解莊嚴解龍光解已竟。今攝山復解，即成足載濃，今何處有别解。但須盡淨從來一異等見，即是二諦相即也。師云，二諦一體異體，只是《百論》中兩品。二諦一體，即是僧佉義。二諦異體，即是衛世義也。彼云汝安處如此耳，我義何時如此耶。今明，此義與外道一種。汝眞諦是常是遍是總，瓶衣世諦法等，是無常是不遍是别。彼亦爾。大有是常是遍是總，瓶衣等無常不遍是别。一類如此。又類，彼常無常總别一體，而義常異。義常異，而總别常無常一體。汝義亦爾。眞俗一體，而義常異。俗浮虚義，眞貞實義，義常異而體常一。此義一種，但大有與眞諦爲異耳。雖大有與眞諦名異，而常無常義無異。論直破常無常一體，然有預常無常一體者，皆墮此破。言雖屬在外道，意實遍洗衆師。爲是故，《百論》有傍正。言屬外道故爲正，意遍破衆師故爲傍也。次龍光如衛世。衛世本是僧佉學士，晚椎僧佉一義，明大有常瓶等無常，大有遍瓶等不遍，大有總瓶等别。大有了因瓶等生因，大有不可壞瓶等可壞。若言一者，瓶破大有即破。而有常無常異乃至壞不壞異，那得一體。是故明有與瓶異體。龍光亦爾。本開善學士，廣難開善二諦一體義。二諦若一體，燒俗即燒眞，俗生滅眞即生滅。既有可燒不可燒異，生滅無生滅常無常異故，二諦不可一體，故彼明異義也。二諦雖異而不相離。衛世亦爾。大有雖與瓶異，而不相離故。彼云，瓶有合故，瓶不離有。而瓶與有常異，龍光亦爾。雖異終不離，不離而異，與衛世義一種也。義既是同，破僧佉衛世，即是破開善龍光。又論主直破一異，即一切一異皆破。一異既破，則橫洗萬法。豎窮五句，以洗淨如此等見，所以最後。始得示如來因緣假名二諦，此二諦無得無礙也。《百論》既然，《中論》亦爾。前發趾即洗生滅一異故，云不生不滅不常不斷不一不異。既不一不異，則不一切一異，發初彈於八謬。然《中論》有兩種八謬。如韋紐天生微塵世性等，此是一種八謬，生滅等復是一種八謬。微塵世性等八謬，佛未出世時起。生滅等八謬，佛滅後起。以龍樹知有如此八謬故，所以出世破之，發初即破一異。破一異者，不但破一種一異，乃遍破一切一異。一異既無，乃至五句畢竟無遺也。故云從因緣品來，有亦無，無亦無，亦有亦無亦無。如此洗淨，然後明如來無得無礙二諦。故三相品末云，如夢亦如幻，如乾闥婆城。所說生住滅，其相亦如是。三相既然，二諦亦爾。如夢亦如幻，如乾闥婆城。所說眞俗諦，其相亦如是也。此略明二諦相即之大意如此。玄悟之賓已足解了，次時更簡二諦相即義。然他家明二諦是兩理兩境，今明約何物義明二諦耶。解云：今明，二諦有二種。一於二諦，二教二諦。道理未曾二不二，於二緣故有二諦。又隨順衆生故說有二諦，既於衆生有二諦，隨順衆生有二諦，道理實無二諦。既無二諦，論何物即與不即。教化衆生故有二諦，亦爲教化衆生故，有即不即也。總判如此，別明即於諦亦有即義，教諦亦有即義。於諦即者，論云，世俗諦者，一切法性空，世間顛倒謂有，於世人爲實。諸賢聖眞知諸法性空，於聖人爲實。發初開二諦，明唯眞是實是諦。俗虛妄顛倒不實非諦，正欲令衆生改凡成聖，捨有入空得一重悟也。次捨有入空，知有是顛倒空是眞實，便謂捨有入空拆色入空，是故爲說色本性即空，非是破拆方空。此即於諦中第二重明色即空。前發趾開色空二，令捨色入空。便言，色與空異拆色入空，是故爲說色即空。色性自空非拆色空，故論云，諸賢聖眞知顛倒性空，只顛倒性本空也。問：色即空如此，空即色云何耶。解云：聖人知顛倒性空，則於凡夫宛然常有。聖人知顛倒性空色即空，於凡夫宛然有空即色。此即約迷悟凡聖，判色即空空即色。聖悟故色即空，凡迷故空即色。問：經中何意多前明色即空，後明空即色耶。解云：如向聖人了色即空，但於凡空即色耳。何以知然。如《中論》一切法性空，世間顛倒謂有，此即於凡空即色也。次舉譬顯之。如空華爲眼病，故見空華。說華空，無華可即空。但眼病故空，空即華。空即華，華不動空，差故華即空，空不動華。色空亦爾。悟故色即空，迷故空即色。悟故如是有無所有，迷故無所有如是有。迷故如是有，不動無所有。悟故無所有，不動如是有。迷故空即色，色不動空。悟故色即空，空不動色。迷故謂空爲色，何曾有色可動空。悟故色即空，何曾有色可異空。色空既如此，論何物即與不即，四句皆淨也。如此排前難逈去難不能著，他所以著難者，彼有色有空。以色即空，故著前難。今明色畢竟空，將何物即空耶。爲衆生見色故，言色即空也。問：前云迷見有色悟即色空，如空華病故見華，差故華空，此乃是夢虛空華義，何得用耶。解云：爲彼有故，以空華破彼有。若無彼有，豈復有空。故論云，若使無有有，云何當有無。故無有即無空，五句皆淨。故什師云，十喻以悟空，空必待此喻，借言以會意，意盡無會處。既得出長羅，住此無所住也。又有於凡有，空於聖空。非有於凡有，有爲有華。非空於聖空，空爲空華。有爲華無有有，空爲華無有空。如是三節二諦，皆是空華，皆無所有也。次依經釋，《大品》云色即是空，空不名色。從來不解此言。今明者，此則雙搏一異兩見。何者，色即空，此破凡夫二乘等見。彼謂色異空，拆色方得空，是故破云色即是空也。空不名色者，破即見。向明色即空，便作即解。是故破云空不名色，若有色可言色即空。既無有色，何得言色即空耶。此即借一以出異，借異以出一。借有以破無，借無以破有。此言即不即，竝爲衆生。四悉壇中，對治悉壇用也。如此等意，竝是隨順衆生，作如此說耳。

次明二諦體第四。然二諦體亦爲難解，爰古至今凡有十四家解釋。若一一詳其得失，約經論簡其邪正者，則大經時序。今略出當路三家解，試而論之。大師常出三家明二諦體義。第一家明二諦一體，第二家明二諦異體，第三家明二諦以中道爲體。就明二諦一體家復有三說。一云眞諦爲體，二云俗諦爲體，三云二諦互指爲體。第一眞諦爲體者，有二義。一者明空爲理本，明一切法皆以空爲本，有非是本。爲是故，以眞諦爲體也。

二者有爲俗諦，折俗本爲悟眞故，眞爲體也。言俗爲體者，要由折俗故得眞，若不折俗則不得眞。良由前折俗故得眞，所以俗爲體也。第三家說互指爲體，云前兩家竝僻，今明具二義。明空爲有本故，眞爲俗體，俗爲眞用。拆俗得眞故，俗爲眞體，眞爲俗用。二諦互爲體，眞俗互爲用也。此即是開善門宗有此三釋。開善本以眞爲體，餘兩釋支流也。第二家明二諦異體，三假爲俗諦體，四忘爲眞諦體。名相爲俗諦體，無名相爲眞諦體，故二諦體異也。第三明中道爲二諦體者，還是開善法師用中道爲二諦體。彼明二即於不二。故彼序云，二而不二，二諦即中道。不二而二，中道即二諦。故以中道爲二諦體。此即總論有三家，別開則有五釋也。然雖有三家解釋，二諦一體，二諦異體。此不足可簡，今略論中道爲二諦體義。何者，攝嶺興皇，皆以中道爲二諦體。彼亦明中道爲二諦體，故須簡之。然彼有三種中道，今用何物中道爲體耶。三種中道者，一世諦中，二眞諦中，三二諦合明中。世諦中道者有三種。一因中有果理故非無，即無果事故非有，非有非無因果中道也。二者實法滅故不常，相續故不斷，不常不斷相續中道也。三者相待中道，後當辨之云云。眞諦中道者，非有非無爲眞諦中道也。二諦合明中道者，非眞非俗爲二諦合明中道。此異眞諦中道。眞諦中非有非無，不非眞非俗，二諦合明中道，即非眞非俗也。次彼明三種中用何中道爲二諦體耶。解云：彼不用俗諦中道爲二諦體，亦不用非眞非俗中道爲二諦體。何者，彼無別非眞非俗法。《莊嚴》明佛果涅槃出二諦外，開善明二諦攝法盡。今言非眞非俗者，互望爲非，覈論唯是眞俗，俗非眞，眞非俗，爲非眞非俗。非俗只是眞，非眞只是俗。無別非眞非俗，故不用爲二諦體也。言中道爲體者，眞諦中道爲體，眞諦中道還是眞諦。故彼序云，二諦者，一眞不二之極理。從來言彼相違，彼定不相違。中道還是眞諦，眞諦還是中道故也。問：開善何因緣以中道爲二諦體耶。解云：此有原由。何者，山中法師之師，本遼東人，從北地學三論，遠習什師之義，來入南吳。住鐘山草堂寺，值隱士周顒。周顒因就受學，周顒晚作《三宗論》，明二諦以中道爲體。晚有智琳法師，請周顒出《三宗論》。周顒云，弟子若出此論，恐于衆人。琳曰，貧道昔年少時，曾聞此義，玄音中絶四十餘載。檀越若出此論，勝國城妻子頭目布施。於是始出此論也。次梁武大敬信佛法，本學《成論》，聞法師在山，仍遣僧正智寂等十人往山學。雖得語言，不精究其意。所以梁武晚義異諸法師，稱爲制旨義也。開善爾時雖不入山，亦聞此義故，用中道爲二諦體。既不親承音旨故，作義乖僻，還以眞諦爲體也。今明，即以非眞非俗爲二諦體。眞俗爲用，亦名理教，亦名中假。中假重名中假，理教重爲理教。亦體用重爲體用故，不二爲體二爲用。略標章門如此。若了前二諦大意。則二諦體義，已應可見也。問：今明中道爲二諦體，有何所以，釋何物經，解何物論，對何物病耶。解云：所以明中道爲二諦體者，二諦爲表不二之理。如指指月，意不在指，意令得月。二諦教亦爾。二諦爲表不二，意不在二，爲令得於不二，是故以不二爲二諦體。又今明二諦是教門，爲通於不二，故山中師云，開眞俗門說二諦教故。二諦是教門，教門爲通不二之理，故以中道不二爲體也。此則明教諦不二爲體如此。次辨於諦不二爲體者。道無有二，於二緣故二。既知於二，即顯乎不二，故不二爲體也。此即於教二諦，皆有所爲故，以不二中道爲體也。又所以中道爲二諦體者，正爲對由來埋二見根深。何者，如上所辨，別開即有五家，總論但有三釋。一云眞爲體，二云俗爲體，三云眞俗各體。雖有三釋，終不出二諦。眞諦爲體，則道理有此無爲體。俗諦爲體，則道理有此有爲體。二諦異體者，有爲俗體，空爲眞體。道理有二，則是二見衆生。今對此故，明不二中道爲體，對此病即是釋經論。故《中論》云，淺智見諸法若有若無相，是即不能見滅見安穩法。汝今各見有見無，即是淺智，不能見安穩之法。安穩法者，即是不二之道。安穩法非是有無，汝見有無故不見也。又諸佛唯有一道，故《華嚴》云，文殊法常爾，法王唯一法，一切無畏人，一道出生死。既唯有一道，無有二道。唯有一理，無有二理也。又若二諦，有二理即成有所得。《大品》云，有所得見名曰二見。云何二見，謂眼色二，乃至一切皆爾。又云，諸有二者，無道無果。衆生既本有二見之病，諸佛若更說道理有二，便是故病不除，更增新惑。爲是故，諸佛隨順衆生說有二諦，道理無二也。故《涅槃經》云，無有二諦，善巧方便，隨順衆生，說有二諦也。又說有三諦，作若爲解耶。《仁王經》明三諦義，彼便曲解。如此等經，皆是他妨礙之處。今明無礙，或時爲三諦，有諦無諦中道第一義諦，或時非眞非俗爲理，眞俗爲教，理教合論故有三諦也。問：何處有經文的明中道爲二諦體耶。解云：《中論》偈即是。彼云，因緣所生法，我說即是空，亦是爲假名，亦是中道義。此偈是經是論。何者，此是《華首經》中偈，龍樹引來即是論。既云假名即中道，故中道二諦體也。又《華嚴》云，一切有無法，了達非有無。達有不有，達無不無。達有無不有無，故不有無爲有無體也。又《仁王經》云，三諦亦是不二爲體。有諦無諦即是教，非有非無中道第一義諦即是理也。彼云，我亦明非眞非俗中道者不然。且問，汝非眞非俗是何物耶。非眞還是俗，非俗還是眞。非有還是無，非無還是有。還是有無二見故，無中道第一義諦也。又《中論》云，是故知虛空非有亦非無，非相非可相。餘五同虛空，只六種非有非無非眞非俗。何者六種是俗，無六種是眞。既非有非無，即非眞非俗也。又《涅槃》云，明與無明，愚者謂二。智者了達其性無二。無二之性，即是實性。黑法白法漏無漏眞俗二，皆例爾。又云，前於摩訶般若中，說我無我不二。我即俗，無我即眞。我無我不二，即眞俗不二也。又《法華》云，若有若無等，依止此諸見，具足六十二。若見有見無，即具六十二見。若能捨有無二見，即悟中道也。如此處經文無量。故知無有二理，唯有一理也。問：汝既有三諦，應有三體。我有二諦有二體。解云，若得一家意致，不應作此難。前云，假有爲世諦，假無爲眞諦。假有不有有，假無不無無。不有有，有無所有。不無無，無無所無。那忽有三體耶。又問：有無終是二諦，非有非無是中道諦。終是三諦，終有三體。既有假三諦，有假三體。解云：不得。假有假無是教，非有非無是理，中道第一義諦是理諦，眞俗是教諦。開理教爲三諦則得也。次泯之，一往開理教二不二，再往皆泯。何者，二不二不二二，二不二非不二，不二二非二，斯即非二非不二。乃至五句皆流。一無依倚畢竟清淨，理教亦然。故《華嚴》云，一切有無法，了達非有無。不著不二法，以無一二故。達有無二不二，既無二即無不二，故云不著不二法以無一二故也。然此語是兩處說，師合爲一偈說之耳。前說二爲表不二，悟二不二，無二更住不二，則還爲縛。故《大經》云，如擒捕獼猴隨觸隨著。爲是故今明，既識二不二，無二即無不二。如是淸玄轉悟，一切皆離也。然二諦體義，大格如此。猶有竝觀義，兩句難解。今且論一句義，一句付後釋也。言一句者，他明二諦是有二理，三假爲世諦理，四忘爲眞諦理。以有二理故，有出入觀，有二諦竝觀。汝今明，唯有中道不二理，云何得有出入觀，有兩物可有出有入。既無有二，若爲明出入耶。又無有二理，若爲明並觀耶。有二可論並，既無二，何得有並耶。今且論出入觀並觀位處，何位出入觀，何位並觀耶。古有三釋。一者靈味法師明初地菩薩，二諦並觀。初地得眞無生故，得並觀也。二者什肇等諸師明七地菩薩得並觀，故肇師云，施極於施，而未嘗施，戒極於戒，而未嘗戒。此即施無施並故也。三者即是三大法師於世盛行者，八地並觀。初地至七地出入觀，八地始得並觀。八地菩薩道觀雙行，眞俗並照也。然此之三釋，皆出經論。若偏執是，則爲非。第一家以初地爲是，餘二爲非。第三家八地爲是，餘二爲非。所以成失。今山門釋者，即四節明並觀義。然此之四節，非但是菩薩之要行，亦是二諦之大綱也。四節者，一者山中師云，從初發心已來即並觀。問：若爲初發心即並觀耶。解云：初發心即學二諦。無有菩薩不學二諦者，凡是菩薩，即學二諦觀。爲是故，初發心即學二諦竝觀，乃至後心亦學二諦並觀，而不無明晦爲異。晦故爲初心，明故爲後心。此明晦判前後，非是並不並而判前後也。問：何處作此說耶。解云：大經云發心畢竟二不別。問：若爲不別耶。解云：今明，初心亦二諦並觀，後心亦是並觀。以皆並故，所以云二心不別也。問：若爲初心即學並觀耶。解云：有所得無所得，聲聞行菩薩行異。若是聲聞行，即拆有入空，從空出有，是生滅觀。若菩薩即異聲聞，發初即作不生不滅不二之觀。對聲聞故，明是菩薩者從初發心即作不生不滅無所得觀。故《大品》須菩提問云，菩薩何時學無所得。佛答云，從初發心即學無所得，故初發心即學並觀也。此即有二意。一者釋經初後心不二，二者爲對聲聞。明發心即作不二之觀。爲此二義故，明初發心即作並觀也。第二節明並觀者。明地前三十心，未得並觀。初地菩薩，始得並觀。地前非不並，將初地格之。明地前淺，故云未並，初地深故並。地前是凡夫位，初地是聖位。地前伏道，初地斷道。就此等義判並不並也。然前節對聲聞明菩薩並觀，今就菩薩中自論並不並也。然此義具出經論。《大論》云，初地得眞無生，七地得無生，七地定慧等，初地得無生，初地定慧等也。《仁王經》《瓔珞經》皆明初地二諦並觀。故《仁王經》云，善覺菩薩四天王，雙照二諦平等道也。第三節明七地菩薩並觀。《大論》云七地菩薩得無生忍，《大品》云等定慧地也。所以七地並觀者，攝前六地，並爲順忍故未並，七地得無生忍故並也。十地皆無生，前無生淺故爲順忍，七地無生深故爲無生忍也。又約行論。初地檀波羅蜜，六地般若波羅蜜，未得方便，七地得方便。慧無方便縛，方便無慧縛。七地得方便，慧有方便解。方便有慧解，具二慧故並觀。前六地非不並觀，但二慧一慧蒻，如兩輪一輪蒻故，未得好並。若七地二慧皆勝，二輪並強，故並也。第四節者。從初心訖至七地，未得並觀，至八地始並觀。此就功用無功用判之。初心至七地，未得無功用道，八地得無功用道。故七地已前，未得無功用道，未並觀。八地得無功用道，故得並觀。此約功用無功用道，判並觀不並觀也。今明並觀，有此四節，並出經論。若偏執者，則成失也。前問未釋。何者，汝雖明並觀有此四節，若爲得並觀耶。汝無有二理，唯有一理，云何得出入觀，復若爲得並觀耶。今反難，汝二諦二體二諦一體，亦無並觀，何遑問我耶。汝明有二諦理，理何時有二。一切經論，何處道有二理。諸大乘經，明無有二理，皆云空即色色即空世諦即第一義諦。若言有二理，即乖經。故龍樹呵迦旃延子不讀不誦摩訶衍經，迦旃延子自說耳。今亦爾也。設使得明並觀者，師諮爲簫管並伏鼈出鼻並有兩境，在中而雙照爲並觀。是事不然。經明，照有即是空，照空即是有。何時有兩境，凝然在中雙照爲並觀耶。又二諦一體，亦不得並觀。汝難我云，一體不得並觀。汝家一體，云何得並觀及出入觀耶。出入觀從此入，彼既無二，云何得並耶。彼云，我有即不即義，常即常不即，不即故有並及出入觀也。難，俗不即眞者，爲當在眞外在眞內耶。若在眞內，則與眞一，還著前難。若不在眞內則出眞，出眞則出法性外。佛說法性外無復有法，故不得出眞外也。彼又解云，體即義異，還責義爲即眞不即眞。即眞即一，不即眞則出眞外。難，二諦一體異體，既不成則無二諦。既無二諦，論何物即不即，故彼二諦一體無並觀。汝今明不二中道一體，云何得並及出入耶。今明，有三種並。如《涅槃經》文殊問無二諦，佛答有十種二諦。今亦爾。汝言無並，我有三種並，且明出入觀。出入觀者，大師云，心常在正觀中行名爲入，纔生心動念即名爲出。起斷常心爲出，在正觀爲入也。次明三種並，然此三並，即三出入。言三並者，一者即橫論二諦教並，如前所說。假說有非有爲有，假說無非無爲無。非有爲有，指無爲有。非無爲無，指有爲無。指無爲有，照有即照無。指有爲無，照無即照有。詺此爲並觀也。問：他二諦一體不得並。汝今照有即照無，亦是一體，云何得並耶。解云：他義有礙。有即空即失有，空即有即失空，故不得並。今只有即是空，空即是有，有即空，空不壞有，空即有，有不動空，故得並也。二者二不二橫竪並，二不二不二二，只二即不二，只不二即二，無二異不二，無不二異二，故不壞假名。說諸法實相，不動等覺，建立諸法。若二異不二，則壞假名說實相。不壞假名說實相故，二即不二，所以二不二橫竪並也。問：此出何處。解云：《中論》偈即是。因緣所生法，我說即是空。此是空有橫並也。亦爲是假名，亦是中道義。即二不二竪並也。此之二種並，是諸佛菩薩假名方便並也。第三明得失並。何者，有所得斷常衆生，行有所得法。無所得諸佛菩薩，常行無所得法。此即得無得各路。凡聖兩隔，感應不交，理外云何得成理內，理內云何得化理外耶。今明，不然。菩薩常照無得照有得，道未曾得無得，於衆生有得，於諸佛菩薩無得。今還照衆生有所得，照菩薩無得。此二觀常照，無有一念不照時。若使一念不照有得衆生，諸佛即有漏機之失。衆生機發，即便不覺。爲是故，所以常照有得衆生。故《法華》云，我以佛眼觀見六道衆生也。此即常照得無得名並觀也。此義最要，應須知之。略明三種並觀也。次一句難解。何者，前云有於凡實爲諦，空於聖實爲諦。發始開凡聖得失二諦，明有於凡實爲失，空於聖實爲得。從來云兩於諦皆失。今明，若皆失無有能化，所化衆生無由得悟，改凡成聖，捨失從得。今明，發初二於諦，有得有失，有迷有悟，明此是凡諦此是聖諦，此是俗諦此是眞諦。俗諦所化，眞諦能化，故云一切世諦。若於如來是第一義諦，此是能化於。今隨此於而說，亦是能化。此即能化，隨所化有而說有，能化隨能化所悟空而說空，故此二於諦，是得失迷悟也。問：用此語何爲。解云：欲判凡聖得失迷悟。何者，衆生迷故見有，聖人悟故不見有。若爾同夢虎空華義，迷故見有，悟故不見有也。又今悟不見衆生，則唯眞無俗，感應不交，凡聖兩隔。斯即孤眞獨存，逈聖單立也。解云：聖人知於聖空，知於凡有，以知於凡有故得化也。難，今不問汝知，但問汝爲見爲不見耶。若不見化道即隔，若見即還是迷，汝親判迷故見有悟不見有。今既見有，即還是迷也。何者，《中論》偈云，若謂以現見而有生滅者，是則爲癡妄而見有生滅。長行釋云，從顛倒無明故有眼，眼故見，今若見還是癡妄也。次解云，迷故見有故有，見杜故杜。今悟則知有是亦不是不有有，柱是不柱柱。然此雖能解，而大有失。一者同《成論》，二同《地論》，三復著難。言同《成論》者。《成論》明有假實兩惑，有假實二境。迷假實境故，名假實二惑。如柱是假，四微是實。迷即見有故有柱故柱，悟假實二境即知是假柱，不柱柱不有有。他亦明，迷見有悟知不有有。今亦爾。則與他無異也。同《地論》者，彼云只一樹，若作相心取，則有漏樹。若作無相心取，則無漏法林樹，是還是迷悟。迷故有相，悟故無相。迷故樹故樹，悟則不樹樹也。若悟時見不有有，則同《成論》及《地論》。若悟不見者，同夢虎空華義。夢故有虎，覺則不見有虎。諸法亦爾。迷故見有，悟故不見也。梁武何故作夢虎空華義，爲此故作此義。若悟猶見猶迷，迷故見悟故不見也。又同大頓悟義，此是竺道生所辨。彼云果報是變謝之場，生死是大夢之境。從生死至至金剛心，皆是夢。金剛後心豁然大悟，無復所見也。又有小頓悟義，明七地悟生死無所有，此出《大論》。《大論》云，譬如人夢中度河，作諸筏。運手動足，而去此覺都無所有。七地菩薩亦爾。生死已來，至六地已還。如夢所見，七地菩薩豁然而悟也。師爲此義故，云迷故有，悟則不有有。作此語正爲對夢虎空華義。彼悟時都無所見，今對彼故，云見不有有也。第三難且並。汝前云迷故有悟故空，則迷故見，悟故不見。今遂不有有，則不見見，不迷迷也。然見有不見有，此未悟耳。且問：那得此有，只瓶柱三界果報，那得此果耶。爲倒業所起，不倒業所起耶。倒業起，唯迷見悟不見。若言不倒，業起則不然。諸佛菩薩三界之業已盡，豈更得三界之果，故不可也。若言三界眾生倒業所起，諸佛菩薩入三界化眾生者，是亦不然。諸佛入三界化眾生，爲見三界故化，爲不見故化耶。見則同迷，不見何所化。此義進退不可云云。難今家如此，亦得難他人。汝言三界，何業所起。十二因緣，過去無明與行，感得五果。無明即煩惱，行即業，業煩惱所感。諸佛斷五住惑盡，無復煩惱業，則不應見三界。見則同迷，不迷則不見。彼云，諸佛斷假實上惑，不無假實二境。故雖無煩惱故見也。責只問所見境何業所起，悟業起迷業起。若迷業起者，悟則不見，悟業起則無此理也。次難，《地論》相心見樹有漏，無相心取則無漏法林樹。只問，此樹何業所起，爲妄業起爲眞業起。若妄業起者，悟眞則不見。若眞業起者，何有眞業起於妄樹耶。故此義難解也。

次明二諦絕名第五，然此義三大法師無別釋，並云世諦有名，眞諦絕名。世諦有名者，世諦諸法，有名有物名，有召物之功，物有應名之實。如喚火名，即得火來，不得水來。故名召得物，物應名也。眞諦絕名者，眞諦無名，眞諦四忘之絕。絕名故，彼云以名詺眞，去眞逾遠，所以眞諦絕名也。問：若眞諦絕名者，經中何故說有二諦耶。彼解云，經中說有二諦名者，借世諦名詺眞，故有二諦也。次難彼義，汝眞諦無名，借世諦名詺眞諦者，世諦中何處有此名。眞只是眞如法性，世諦中何處有此名耶。世諦中若有眞如法性之名，則可借此名來詺眞諦。如詺苟爲烏龍白虎，世諦中有烏龍白虎，可借此名詺苟爲烏龍白虎，世諦中何處有眞如法性名，而云借此名詺眞諦耶。此難意出《大論》第一卷，人等世界故有，第一義則無。如法性第一義故有，世界故則無。世界既無，何所借耶。而彼通云，聖人爲作眞諦名故名眞諦。脫爾者，借名義壞，聖人爲作眞諦名，則非借世諦名詺眞諦也。又難云，眞諦無名，借世諦名詺眞，此名爲得眞爲不得眞名。若得眞則眞有名，若名不得眞借名何益，然此難可通。何者，彼云眞諦無名，爲人不知眞無名。借名詺眞，令人知眞諦無名，故借名詺眞也。此難他不著，今更難之。汝云俗諦有名眞諦無名，名無名待，不若名待無名，則名無名待。若名無名待，則眞俗待，那得從來云三假是世諦，故不可也。若名不待無名，名則無所因。名無所因，自然名也。彼云名體待，何意無因耶。難，汝世諦名體待，世諦待何物，此已如前難云云。更難云，三有爲三無爲待不。開善云，三有爲三無爲，皆世諦故，有爲無爲相待也。問：有爲待無爲，無爲有體，無爲有名，無爲之名，爲是有爲爲是無爲耶。解云：無爲之名，是無常是有爲，無爲常法無名也。難，無爲之名，是無常是有爲，無爲常法無名也。難，無爲無名，無爲既待，眞諦無名，眞諦亦待，眞諦無名，眞諦不待，無爲無名，無爲不待，此正就俱無名爲難也。次明今釋二諦絕名。師從來有四句，俱絕俱不絕，眞絕世不絕，世絕眞不絕，絕不絕既有四句。說不說亦有四句，世諦不絕眞諦絕，此義可知。言二諦俱絕者，眞諦絕四句，離百非，世諦亦絕四句離百非，然此義從來所無，唯今家有也。言二諦皆絕四句離百非者，俗不定俗，俗名眞俗，眞不定眞，眞名俗眞。眞俗假俗，俗眞假眞。假俗則百是不能是，百非不能非，假眞亦爾。何者，假俗則是是不能是，百是，非非不能非，百非亦不非。假眞即非是不能是，百是亦不是，是非不能非，百非亦不非，是故皆離四句，絕百非也。雖二諦皆離四句絕百非，然二諦俱絕而大異。何者，俗諦絕則絕實，眞諦絕則絕假。俗諦絕實者，是是則是實是，非非則是性非。以俗諦絕實故，是是不能是，百是所不是。非非不能非，百非所不非也。眞諦絕假者，非是是假是是，非是假非。眞諦絕假故，非但是是不能是，非是亦不是。非但非非不能非，是非亦不非。是是與非是，一切不能是。非非與是非，一切不能非。眞諦雙絕，世諦假實。此即漸捨，明二諦皆絕義。俗諦絕實，眞諦絕假實，此開八不義，至八不中，當廣解釋也。第二次就平道明二諦俱絕義。俗不定俗，由眞故俗。眞不定眞，由俗故眞。由眞故俗，俗是假俗。由俗故眞，眞是假眞。既云假俗，即四句皆絕。假俗非俗，假俗非不俗。假俗非亦俗亦不俗，假俗非非俗非不俗。假眞亦爾，興皇長干，皆歎此語，直唱假俗，則四彈。假俗那是俗，若是俗則非假俗，既云假俗，故非俗也。假俗既非俗，可是非俗不。親言假俗，那是非俗。若遣假非俗，可是非俗。既云假俗，那是非俗耶。問：若爾，應是亦俗亦非俗。既云假俗，那是亦俗亦非俗。既非亦俗亦非俗，應是非俗非非俗。既云假俗，那是非俗非非俗。假俗既然，假眞亦爾。故二諦皆離四句。既豎離四句，則橫絕百非也。此則平道用，二諦無異。俗諦絕俗諦四句，眞諦絕眞諦四句。俗諦絕俗，諦性實四句。眞諦絕眞諦性實四句，故二諦是齊，平道用也。第三明二諦絕者。二諦絕即絕二諦，明二諦是教門。爲表不二之道，諸法非是有非是無，非是有爲衆生故強說有。爲表不有，非是無爲衆生故強說無，爲表不無。此即有無表不有不無，故有無絕也。正意者不絕爲表絕故，不絕即絕也。第四明二諦絕者，只二諦即絕與前異，前二諦望表道故二諦絕。今明，只二諦即絕，只言說即絕。如《淨名經》天女與身子論解脫相。關中云，身子雖知解脫無言，不知言即解脫，只言說文字即解脫，解脫不內不外不兩中間。文字亦爾。不內不外不兩中間，故文字即解脫，只文字即絕。略明四種絕義如此。此四種絕，攝一切絕也。《涅槃經》明絕待樂，對苦明樂，非是好樂，無苦無樂，乃是大樂。大亦有二種。相待大絕待大，此是何物絕耶。解云：此是漸捨絕。前明相待樂非好樂，非苦非樂樂，乃是好樂，故是漸捨絕也。二諦俱不絕者，然絕有此四種，不絕亦有四種。翻此四種，即是四不絕。第一不絕者，俗諦絕實是非。不絕俗諦，眞諦絕假不絕眞諦，眞諦絕假生滅，不絕眞不生滅，故二諦皆不絕也。第二不絕者，既云假俗，何時絕俗假眞，何時絕眞。假俗名眞俗，假眞名俗眞。眞俗眞，故二諦不絕也。第三不絕，二諦爲表絕，何時絕二諦。二諦有二義，爲表絕故言絕，而有二諦故不絕也。第四不絕，二諦言說即絕，只絕即不絕。師從來舉，佛影譬遙望相好宛然，至邊都無所有。二諦亦爾。言說宛然而絕，絕而言說宛然。此亦是世諦絕。世諦不絕，從來所無。從來云，絕即眞諦，不絕即世諦。難，若爾遙望佛相好是世諦，近之無相好，應是眞諦。今明，只相好宛然，而無所有，無所有而相好宛然。諸法亦爾。只不絕而絕，絕而不絕也。

次明二諦攝法義第六。然此義開善莊嚴兩家釋不同。開善云，二諦攝法盡，下至生死上極涅槃，預名相所及者，故皆世諦。只此名相即體不可得爲眞諦，爲是義故，二諦攝法盡也。又彼明，生死涅槃皆是虛假，故是世諦。既是虛假故，可即空爲眞諦，所以一切法無出二諦也。彼引《大品》云，佛與弟子，知法性外無更有法，法性還是眞諦，法性既攝法盡故，眞諦攝法盡也。又引《大品》幻聽品，須菩提問，生死如幻如夢，涅槃亦如幻如夢耶。佛答云，生死如幻如夢，涅槃亦如幻如夢。設有一法出涅槃者，亦說如幻如夢。涅槃既是幻夢，故涅槃虛假。以虛假故，是世諦。虛假即空，故爲眞諦也。問：彼何故明涅槃是世諦耶。解云：彼明涅槃三假中，是相待相續二假所攝。若是生死，則具三假。何者，爲異具所成故，是因成假。異具所成者，四微成柱，五陰成人也。前念滅後念續前念，名相續假。長短方圓，名相待假。具三假故爲世諦，三假舉體不可得爲眞諦。生死爲二諦攝也。涅槃爲續待二假攝者，佛果續金剛心，金剛心滅佛果起，續故是相續假，涅槃復待生死，故涅槃是相待假。佛果不爲異具所成故，非因成假也。問：萬德成涅槃，何故非因成假耶。解云：萬德無別體，非別法成此人。人即是法，但義論人法，可軌義爲法。統御義爲人，無別異法成人故。云佛果不爲異具所成非因成假也。以涅槃具二假故是世諦，即以此二假空爲眞諦，故涅槃具二諦攝。彼云大品權敎，雙林實說。二諦往收悉無不盡，故明二諦攝法盡也。莊嚴明二諦攝法不盡，二諦故自不攝涅槃。攝生死中法，亦復不盡。何者，生死中有有法有空法，虛空不爲二諦所攝。虛空不爲異具所成，故非因成假。無前滅後生，非相續假，亦非相待假。開善明虛空非因成假，非相續假，是相待假。何者，虛空有名相故，是相待假。莊嚴明虛空故非因成相續，亦非相待假。何者，虛空是常，無有名相。名相是無常，以虛空常故，無名相。無名相故，非相待假。故虛空非三假，非三假非世諦。非三假故，不可即空，故非眞諦。問：虛空既然。數滅非數滅云何。解云：小乘數滅非數滅，還是無常，還是世諦。但昔方便說爲常，望今大涅槃，皆無常也。若今日數滅，還是大涅槃。復不得爲二諦攝，非數滅同虛空。然三無爲法，虛空無爲常通今昔，餘二無爲。昔無常今常，以今常故，皆不爲二諦攝。成論明三無爲一體，開善莊嚴，皆明三無爲一體。此則開善明三無爲皆爲二諦攝，莊嚴明三無爲不爲二諦攝也。然彼明涅槃非續待二假，難解。佛果續金剛心，何故非相續假。涅槃待生死，何故非相待假耶。彼解云：涅槃是續而非假，涅槃是待而非假。三假中因成假，涅槃非因成亦非假。若是相續，則是續非假。若是相待，是待非假。假是虛妄，涅槃是實。故涅槃非假而有相待，虛實待假非假待。佛果實續金剛心，佛果是實，故續而非假。非假故，非世諦。既非假不可即空，故非眞諦。引《涅槃經》云，若言解脫譬如幻化，凡夫謂得解脫者即是磨滅。有智之人，應當分別。人中師子，雖有去來，常住無變。故知涅槃非虛假也。開善將前文難，《大品》云，涅槃如幻如夢，設有一法出涅槃者，亦如幻夢。云何言非假耶。莊嚴解此懸去。彼云，《大品》明空蕩相。第二時教，猶帶昔教意故。云如幻化，涅槃極說，明涅槃是妙有，亦名善有，不可空故。經云，空者二十五有，不空者大般涅槃。若爾，莊嚴涅槃亦爲二諦攝，亦不爲二諦攝。大品至法華，明涅槃爲二諦攝。常住教，明涅槃不爲二諦攝也。開善更將一經文難懸屈，經云迦毘羅城空大涅槃空。既云大涅槃空，云何非二諦攝耶。彼即曲解言涅槃空者，涅槃空無諸相。故云涅槃空，難役置不令得去。經親云大涅槃空，何時道空無諸相。空無諸相，別復是一種語。涅槃空無十相。十相者，三界男女相及五塵相。涅槃無此十相故，云涅槃空無諸相，何時明涅槃空耶。莊嚴終明涅槃不可空，明涅槃非磨滅法常住妙有故非假也。然《仁王經》的有此文。《仁王》云，常住薩云若覺，超出世諦第一義諦外。此的是一文。而諸法師，不引爲證。不引亦有意。言此經預疑故，不足爲證也。兩家互相破如此，今時若爲耶。解云：此兩家明涅槃未足，今更將《大論》及《中論》足之。《中論》偈云，一切實非實，亦實亦非實，非實非非實，是名諸佛法。是四句束爲三句，一切實非實爲第一句，亦實亦非實爲第二句，非實非非實爲第三句。一切者，即是有爲無爲生死涅槃。故云一切非實者，明有爲無爲生死涅槃皆是虛假，故云不實。一切實者，亦爲無爲一切法，皆入眞如法性，故云一切實。如衆川入於大海同一鹹味，此即開善義也。亦實亦非實者，即是莊嚴義。莊嚴明生死非實涅槃是實，故云亦實亦非實也。非實非非實者，非一切實，非一切不實。雙彈兩家故，明非實非非實也。是名諸佛法者，論釋云，若於此三種並皆得悟，則名佛法。若於此三種各執則成戲論，不名佛法也。所以明此三種者，欲彈從來定執。論明此三種皆是如來方便，爲衆生作如此說。若是實相非三非不三，此三句並是方便。開善莊嚴不知是方便，於方便中復不盡。何者，兩家所計，方便中一枝義耳。得方便一枝亦好，而復於一枝中各相破射，各執是非。謂是道理實說，開善云二諦道理攝法盡，莊嚴云道理不盡，爲是義所以成失也。問：今時所明二諦，攝法盡不盡耶。解云：大乘經具有二文。此並是如來方便爲緣之說，有時爲緣說二諦攝法盡，有時爲緣說攝法不盡，具有盡不盡二種法門也。又欲令攝盡則盡，欲令攝不盡則不盡，無所妨礙。何者，一家有單複六種二諦，前後明三種二諦。有時開則有三諦，有諦無諦非有非無中道第一義諦。有時攝三諦爲二諦，有無並世諦，非有非無爲第一義諦。乃至二不二爲世諦，非二非不二爲第一義諦。就此而論，則無出二諦。就前節復出義，有如此經文，則作前釋。有如此經文，則作後釋，無相違也。

次明二諦同異義第七。然此義前諸章中已明，今更略辨。何者，第一約《涅槃》《大品》二經明二諦同異，第二明衆家釋二諦同異。言二經明二諦同異者，大師舊云，《大品》以空有爲世諦，有空爲眞諦。《涅槃》明有空爲世諦，空有爲眞諦。何故爾。《大品》是摩訶衍之初，《涅槃》是摩訶衍之後。說此二經，各治病不同。《大品》摩訶衍之初，正對三藏，明諸法是有，多明有所得義故。經云有所得者，聲聞緣覺。以小乘是有所得故，欲淨此有病。明說諸法有者，乃是世諦。諸法畢竟空，爲第一義諦。所以爾者，叡師大論序云，見邪思之自起故，阿含爲之作，知滯有之爲惑故，般若爲之照。若涅槃空爲世諦有爲眞諦者，正對破三修斷無涅槃。小乘明灰身滅智得無餘涅槃，以爲妙極。故肇師云，智爲雜毒，形爲桎梏。智以形惓，形以智勞。故滅身以歸無，絶智以淪虛。涅槃對此斷無之病，故明斷無乃是世諦耳。若常住涅槃三點具足，四德圓滿妙有涅槃，是爲第一義諦。師云，若約此義而論，得作斯判。若約餘義，則不得也。此是二諦一枝之別義耳。今次通明之，《大品》《涅槃》一切摩訶衍經皆以空有爲世諦，有空爲第一義諦。此義《大品》故自有文，《涅槃》亦有此釋。故《涅槃》答文殊問中開十種二諦，皆以有爲世諦，空爲第一義諦。又經論中並明諸佛常依二諦説法，明所依二諦有爲世諦，空爲第一義諦。今依《大品》有爲世諦，空爲第一義諦。《涅槃》反此者，唯《大品》依二諦，《涅槃》應不依二諦。既云諸佛常依二諦説法，豈釋迦一佛説兩經，便爾相背耶。以此而椎故，知有爲世諦，空爲第一義諦，此義則通也。又《大品》云，諸法如幻如化，涅槃如幻如化。《涅槃經》亦如此。故文云迦毘羅城空大般涅槃亦空，是故空有二諦通二經也。又《大論》明四悉壇通十二部經八萬法藏。四悉壇中，前三是有，後一是無。故四悉壇即是二諦。四悉壇既通，二諦即通也。又二諦空有二境，生權實二智。照有是權智，照空是實智。然從來人空有二智，是般若二智。動靜二智，是維摩二智。今明不爾。空有權實二智，十方三世諸佛法身父母。故《維摩》云，智度菩薩母，方便以爲父。一切衆導師，無不由是生。既是一切導師皆由二智而生，豈止在《大品》，而不通《涅槃》耶。以二智通故，二諦亦通也。又《大論》云，若如法觀佛般若及涅槃，是三無異相也。又動靜二智，亦不的在維摩第三時教。何者，内靜照爲實，外變動爲權，此則自行爲實，化他爲權。始自發心終於窮覺，皆有此之二智，豈止局在維摩耶。爲是義故，空有二諦通一切經。空有二諦既然，三節二諦亦爾。又約叡師喻疑論意釋之，何故《大品》明空，《涅槃》辨有。彼云《大品》爲除虛妄，《涅槃》爲顯妙有故也。然此兩語相成，要除虛妄妙有得顯，亦妙有得顯虛妄即除。雖復兩經相成，要前洗於虛妄，妙有方顯也。然此即是今家涅槃有所無無所有義，洗妄即涅槃有所無義，顯有即是涅槃無所有義。故經云，空者二十五有，不空者大般涅槃也。一往如此，再往皆無。故經云，智者見空及與不空，智者既了生死空不空，即知涅槃有不有，斯則顯諸法非空非有非生死非涅槃也。此即有三節義，如前可知。次明二諦同異者，古來有鼠嘍栗二諦案苽二諦。嘍栗二諦，即空性不空。假假爲世諦，性空爲眞諦也。案苽二諦，假爲世諦，假體即空爲眞諦，廣如常解云云。次周顒明三宗二諦。三宗者，一不空假，二空假，三假空。野城寺光大法師用假空義，開善亦用。用中最不得意者，如醜人學西施嚬轉益醜拙，彼知美嚬，不知嚬之所以美。開善用三宗不得意，猶是學嚬之類也。然三宗義，不空假還是鼠嘍栗，空假是案苽。今家所辨初節二諦，是假空義。假故空，雖空而假宛然空故假。雖假而空宛然，空有無礙。略明二諦義竟，有常別當廣述云云。

慧遠《大乘義章》卷一　言二諦者，一是世諦，二第一義諦。然世諦者，亦名俗諦，亦名等諦。世名爲時，事相諸法，生滅在時，就時辨法，故云世諦。若爾無爲非生滅法，應非世諦。釋言：有名不盡諸法，何等諦之中。該攝有爲無爲之法，有爲是世，無爲非世，從有立稱，故云世諦。與前衆生假名相似，又云世者，是其世人。一切事法，世人所知，故名世諦。故《涅槃》云，世人所知，名爲世諦。問曰：世法聖人亦知，何故偏言世人所知名爲世諦。釋言：聖人雖知此法，隨世故知，是故猶名世人所知。又復聖人，就彼世人所知法中，知其虛假。虛假是其世法之實，故名世諦。若爾聖人，亦就凡夫生死法中，知其苦集。所知苦集，應名凡諦。然彼苦集，雖是凡法，聖人知故得名聖諦。世諦似彼，何緣偏就世間之人，説爲世諦。釋言：互從皆得無傷。但經論中，爲明苦集非聖不知，故名聖諦。又知成聖，亦名聖諦。世法虛假，雖是聖知非精上，故非第一。非第一故，判入世中。言俗諦者，俗謂世俗。世俗所知，故名俗諦。言等諦者，等謂齊等，統攝之義，世法非一，不可別論。等舉諸法，故云等諦。第一義者，亦名眞諦。第一是其顯勝之目，所以名義。眞者是其絶妄之稱，世與第一，審實不謬，故通名諦。眞即可實，世法虛誑，云何名諦。言虛誑者，對眞辨義。然於世法，事實不無，故得稱諦。又復世諦實是虛誑，故名世諦。然彼世諦，若對第一，應名第二若對眞諦，應名妄諦。第一義者，若對世諦，應名出世。若對俗諦，應名非俗。若對等諦，應名非等。立名不可一一返對，是故事法且名世諦、俗諦等諦，理法且名第一義諦乃至眞諦。諦者猶是眞實之義，何故二種並得稱諦，不得並説爲眞諦乎。釋言：今此諦門辨義，故通名諦。爲分眞俗，是故世諦不得名眞。實若當就彼眞實門中，以論諸法，是即理事俱名爲眞，故《地持》中事實二性同名眞實。今據諦門，二俱名諦。二諦名義，略之云爾。

玄奘譯《大般若波羅蜜多經》卷三九二　何謂二諦。謂世俗諦及勝義諦。舍利子，雖二諦中有情不可得，有情施設亦不可得，而諸菩薩摩訶薩修行般若波羅蜜多，方便善巧爲諸有情宣說法要，諸有情類聞是法已，於現法中尚不得我，何況當得所求果證。如是，舍利子，菩薩摩訶薩修行般若波羅蜜多，方便善巧雖爲有情宣說正法，令修正行得所證果，而心於彼都無所得。

玄奘譯《分別緣起初勝法門經》卷下　若有如是四聖諦者，何緣世尊復說二諦，謂世俗諦及勝義諦。世尊告曰：即於如是四聖諦中，若法住智所行境界，是世俗諦。若自內證最勝義智所行境界，非安立智所行境界，名勝義諦。

玄奘譯《阿毗達磨品類足論》卷一三　六善處攝二諦及二諦少分，二諦及二諦少分亦攝六善處。與五不善處相攝者，五不善處攝二諦少分，二諦少分亦攝五不善處。與七無記處相攝者，應作四句。或是無記處非諦，謂虛空非擇滅。或是諦非無記處，謂二諦及二諦少分。或是無記處亦諦，謂二諦少分。或非無記處非諦，是事不可得。與三漏處相攝者，三漏處攝二諦少分，二諦少分亦攝三漏處。與五有漏處相攝者，五有漏處攝二諦，二諦亦攝五有漏處。與八無漏處相攝者，應作四句。或是無漏處非諦，謂虛空非擇滅。或是諦非無漏處，謂二諦。或無漏處亦諦，謂二諦。或非無漏處非諦，是事不可得。幾過去等者，三或過去或未來或現在，一非過去非未來非現在。幾善等者，二是善，二應分別，謂苦聖諦，或善或不善或無記。云何善，謂苦諦所攝善五蘊。云何不善，謂苦諦所攝不善五蘊。云何無記，謂苦諦所攝無記五蘊。集聖諦亦爾。幾欲界繫等者，二不繫，二應分別，謂苦聖諦。或欲界繫，或色界繫，或無色界繫。云何欲界繫，謂苦諦所攝欲界五蘊。云何色界繫，謂苦諦所攝色界五蘊。云何無色界繫，謂苦諦所攝無色界四蘊。集聖諦亦爾。幾學等者，三非學非無學，一應分別，謂道聖諦或學或無學。云何學，謂學五蘊。云何無學，謂無學五蘊。

玄奘譯《阿毗達磨俱舍論》卷二二　諦有二種，一世俗諦，二勝義諦。如是二諦，其相云何。

頌曰：彼覺破便無，慧析餘亦爾。如瓶水世俗，異此名勝義。

論曰：若彼物覺彼破便無，彼物應知名世俗諦，如瓶被破爲碎凡時瓶覺則無，衣等亦爾。又若有物以慧析除彼覺便無亦是世俗，如水被慧析色等時水覺則無，火等亦爾。即於彼物未破析時以世想名施設爲彼，施設有故名爲世俗。依世俗理說有瓶等，是實非虛名世俗諦。若物異此名勝義諦，謂彼物覺彼破不無及慧析餘彼覺仍有，應知彼物名勝義諦。如色等物碎至極微，或以勝慧析除味等，彼覺恒有，受等亦然。此眞實有，故名勝義。依勝義理說有色等，是實非虛，名勝義諦。先軌範師作如是說。如出世智及此後得世間正智所取諸法，名勝義諦。如此餘智所聚諸法，名世俗諦。已辯諸諦。

玄奘譯《阿毗達磨藏顯宗論》卷二九　四聖諦中幾是世俗，幾是勝義。如是二諦其相云何。

頌曰：彼覺破便無，慧析餘亦爾。如瓶水世俗，異此名勝義。

論曰：諸和合物隨其所應，總有二種性類差別。一可以物破爲細分，二可以慧析除餘法。謂且於色諸和合聚破爲細分，彼覺便無名世俗諦。猶如瓶等，非破瓶等爲瓦等時，復可於中生瓶等覺。有和合聚，雖破爲多彼覺非無，猶如水等。若以勝慧析除餘法，彼覺方無，亦世俗諦。非水等被慧析除色等時，復可於中生水等覺。故於彼物未破析時，以世想名施設爲彼，施設有故名爲世俗。依世俗理說有瓶等，是實非虛名世俗諦。如世俗理說爲有故，若物異此名勝義諦。謂彼物覺彼破不無，及慧析除彼覺仍有，名勝義諦。猶如色等。如色等物碎爲細分，漸漸破析乃至極微，或以勝慧析除味等，彼色等覺如本恒存。受等亦然，但非色法無細分故，不可碎彼以爲細分，乃至極微。然可以慧析至刹那，或可析除餘想等法。彼受等覺如本恒存，此眞實有故名勝義。以一切時躰恒有故，依勝義理說有色等，是實非虛名勝義諦。如勝義理說爲有故，由此四聖諦皆勝義諦攝，細分別時覺不捨故。諸世俗諦依勝義理，世俗自體爲有爲無。若言是有諦應唯一，若言是無諦應無二。此應決定判言是有，以彼尊者世友說言，無倒顯義名是世俗諦。此名所顯義，是勝義諦名是實物，如先已辯，豈不已言。諦應唯一，理實應爾。非勝義空可名諦故。

何故立二。即勝義中依少別理立爲世俗，非由躰異。所以爾者，名是言依。隨世俗情流布性故，依如是義應作是言，諸是世俗必是勝義，有是勝義而非世俗。謂但除名餘實有義，即依勝義，是有義中。約少分理名世俗諦，約少分理名勝義諦。謂無簡別總相所取，一合相理名世俗諦。若有簡別別相所取，或類或物名勝義諦。如於一體有漏事中，所取果義名爲苦諦，所取因義名爲集諦。或如一體心心所法，有具六因及四緣性。由如是理，於大仙尊所說諦中，無有違害。如說一諦更無第二，唯有一道更無餘道。

此四聖諦總躰云何。一切有爲及諸擇滅，以是煩惱聖道境故，染淨因果性差別故，空非擇滅有自躰故，正見境故亦是諦攝。然非煩惱聖道境故，亦非染淨因果性故，亦非欣厭所行境故，非覺悟彼得成聖故，不預此中聖諦所攝。何緣煩惱不緣彼生，以彼二法是無漏故，不能違害有漏法故。謂愛但緣有漏爲境，欣無漏法違諸有故，不名爲愛，是善法欲。若境極能順生貪愛，此境遍是煩惱所緣，由愛所緣，便於彼滅及彼滅道不欲疑謗空非擇滅，與此相違故定不爲煩惱境界。豈不於二譬喻等師，緣之亦生不欲疑謗，寧說緣彼煩惱不生，非緣彼生無智疑見障證苦滅及苦滅道。如緣苦等成染污性，如阿羅漢於道路等。亦有無智疑謗現行，豈可說爲染污煩惱。是故皆是不染污性，由此說無緣彼煩惱。有說非謗空非擇滅，但謗其名不緣其躰。此二唯善俗智境界，於苦等諦何不亦然。是故應知前說無失，今應思擇。

於聖諦中求眞見者，初修何行求見聖諦。初業地中所習行儀，極爲繁廣。欲遍解者，當於衆聖所集觀行諸論中求，以要言之。初修行者，應於解脱具深意樂，觀涅槃德背生死過，先應方便親近善友，善友能爲衆行本故，具聞等力得善友名。能品物機如應授法，故近善友名全梵行。行者既爲能說正法，善友攝持應修何行。

玄奘譯《顯揚聖教論》卷五　諸佛說妙法，正依於二諦，一者名世俗，二者名勝義。

論曰：世俗及勝義二諦之相，如前已說。

復次頌曰：初說我法用，爲隨餘故說，七種及四種，眞如名勝義。

論曰：初世俗諦，說我說法及說作用。說我者，謂說有情命者生者補特伽羅人天男女佛友法友如是等。說法者，謂說色受如是等。說作用者，謂說能見能聞能生能滅如是等，是謂世俗諦應知。此雖非實有，然依世俗故說有。問：若世俗諦非勝義故有爲，何義故說。答：爲隨餘故說。謂爲欲隨順勝義諦故說世俗諦。問：何等爲勝義諦。答：七種及四種眞如名勝義，如攝事品中說。

如是已略說二諦。

般若譯《大乘理趣六波羅蜜多經》卷一〇　復有二諦，所謂世諦、眞諦。世諦者，所謂一切世間色心等法，如實而見，稱實而知。眞諦者，謂二空理，清淨湛然究竟寂滅，化之不厭，知眞無取，無法可得，是名菩薩摩訶薩諦善巧智。復有一諦，謂即眞如清淨法界，無生無滅、非斷非常，遠離二邊究竟安樂，於生無生心無二相，是名菩薩摩訶薩諦善巧智。

不空譯《仁王護國般若波羅蜜多經》卷上　仁王護國般若波羅蜜多經二諦品第四

爾時，波斯匿王白佛言：世尊，勝義諦中有世俗諦不。若言無者，智不應二，若言有者，智不應一。一二之義，其事云何。

佛言：大王，汝於過去龍光王佛法中已問此義，我今無說，汝今無聽，無說無聽是即名爲一義二義。汝今諦聽，當爲汝說。

爾時，世尊即說偈言：

無相勝義諦　體非自他作
因緣如幻有　亦非自他作
法性本無性　勝義諦空如
諸有幻有法　三假集假有
無無諦實無　寂滅勝義空
諸法因緣有　有無義如是
有無本自二　譬如牛二角
照解見無二　二諦常不即
解心見無二　求二不可得
非謂二諦一　一亦不可得
於解常自一　於諦常自二
了達此一二　眞入勝義諦

世諦幻化起　譬如虛空花
如影如毛輪　因緣故幻有
幻化見幻化　愚夫名幻諦
幻師見幻法　諦幻悉皆無
若了如是法　即解一二義
遍於一切法　應作如是觀

大王，菩薩摩訶薩住勝義諦化諸有情，佛及有情一而無二。何以故。有情、菩提此二皆空。以有情空得置菩提空，以菩提空得置有情空，以一切法空故空。何以故。般若無相，二諦皆空，謂從無明至一切智，無自相無他相，於第一義見無所見，若有修行亦不取著，若不修行亦不取著，非行非不行亦不取著，於一切法皆不取著。菩薩未成佛，以菩提爲煩惱。菩薩成佛時，以煩惱爲菩提。何以故。於第一義而無二故，諸佛如來與一切法悉皆如故。

波斯匿王白佛言：十方諸佛、一切菩薩，云何不離文字而行實相。

佛言：大王，文字者，謂契經、應頌、記別、諷誦、自說、緣起、譬喻、本事、本生、方廣、希有、論議，所有宣說音聲，語言，文字，章句，一切皆如，無非實相。若取文字相者，即非實相。

大王，修實相者，如文字修。實相即是諸佛智母，一切有情根本智母，此即名爲一切智體。諸佛未成佛，與當佛爲智母。諸佛已成佛，即爲一切智。未得爲性，已得爲智。三乘般若，不生不滅，自性常住。一切有情，此爲覺性。若菩薩不著文字、不離文字，無文字相非無文字，能如是修不見修相，是即名爲修文字者，而能得於般若眞性，是爲般若波羅蜜多。

大王，菩薩摩訶薩護佛果、護十地行、護化有情，爲若此也。

波斯匿王白佛言：眞性是一，有情品類根行無量，法門爲一、爲無量耶。

佛言：大王，法門非一亦非無量。何以故。由諸有情色法、心法，五取蘊相、我人知見，種種根行品類無邊，法門隨根亦有無量。此諸法性，非相非無相而非無量。若菩薩隨諸有情見一見二，是即不見一二之義。了知一二非一非二，即勝義諦。取著一二若有若無，即世俗諦。是故法門非一非二。

大王，一切諸佛說般若波羅蜜多，我今說般若波羅蜜多無二無別。汝等大眾，受持、讀誦、如說修行，即爲受持諸佛之法。

大王，此般若波羅蜜多功德無量，若有恆河沙不可說諸佛，是一一佛教化無量不可說有情，是一一有情皆得成佛，是諸佛等復教化無量不可說有情亦皆成佛，是諸佛等所說般若波羅蜜多，有無量不可說那庾多億偈，說不可盡。於諸偈中而取一偈分爲千分，復於千分而說一分，句義功德尚無窮盡，何況如是無量句義所有功德。若有人能於此經中起一念淨信，是人即超百劫、千劫、百千萬劫生死苦難，何況書寫、受持、讀誦、爲人解說所得功德，即與十方一切諸佛等無有異。當知此人，諸佛護念，不久當成阿耨多羅三藐三菩提。

說是法時，有十億人得三空忍，百萬億人得大空忍，無量菩薩得住十地。

地婆訶羅等譯《金剛般若波羅蜜經破取著不壞假名論》卷上　佛所說法，咸歸二諦。一者俗諦，二者眞諦。俗諦者，謂諸凡夫聲聞獨覺菩薩如來，乃至名義智境業果相屬。眞諦者，謂即於此都無所得。如說第一義，非智之所行，何況文字。乃至無業無業果。是諸聖種性，是故此般若波羅蜜中說不住布施，一切法無相，不可取不可說。生法無我無所得，無能證無成就，無來無去等。此釋眞諦。又說內外世間出世間，一切法相及諸功德，此建立俗諦，如是應知。

波頗蜜多羅譯《般若燈論釋》卷一四　諸佛依二諦，爲眾生說法，一謂世俗諦，二謂第一義。

釋曰：世諦者，謂世間言說。如說色等起住滅相，如說提婆達多去來，毗師奴蜜多羅喫食，須摩達多坐禪，梵摩達多解脫，如是等謂世間言說，名爲世諦。是等不說，名第一義。第一義者云何，謂是第一而有義故，名第一義。又是最上無分別智眞實義故，名第一義。眞實者，無他緣等爲相。若住眞實，所緣境界無分別智者名第一義，爲遮彼起等隨順，所說無起等及聞思修慧，皆是第一義。慧者云何，是第一義。能爲第一遮作不顚倒方便因緣故，是故復名第一義也。

如論偈說：若人不能解，二諦差別相，即不解眞實，甚深佛法義。

釋曰：此謂若人不解二諦差別，不錯亂境界相者，不正思惟多者，此人不解甚深佛法，而起有體無體執覺。深者云何，難涉渡。佛者如先已解，法者爲令天人證得甘露法故，行者於如是等甚深境界。應知應斷應證應修。復次說不顛倒教者，名甘露法。是人於第一甚深無分別智道理不解故，雖行不顛倒住眞法境界，而於無起無滅法體說衆生，於非境界起境界見。作如是說者，不解中論道理。而言世諦中起滅等法，一切皆無。作是分別者，其過亦如上偈說。若一切法空無起亦無滅，有如是分別者，不解諸佛如來隨順世諦。說有持戒修定生住滅等諸法體，無智之人謂第一義中亦有是事，作是虛妄分別者，墮在諸有曠野之中，無有出期。

自部人言，若以第一義諦得解脱者，不應宣説二諦。論者言，以是事故，如論偈説：若不依世諦，不得第一義。不依第一義，終不得涅槃。

釋曰：世俗諦者，一切諸法無生性空。而衆生顛倒故妄生執著，於世間爲實。諸賢聖了達世間顛倒性故，知一切法皆空無自性，於聖人是第一義諦，亦名爲實。佛爲衆生依二諦説。云何爲第一義諦，謂普過一切言語道故，一切小乘所分別者，令離一切分別因故。復次若無世諦，不能證得第一義諦。以是故，煩惱及生等滅者是涅槃相。若不依第一義諦，涅槃之道終不可得。復次外道中，若有聰慢者，作如是分別。有空不空，云何爲空。謂見諸陰空，以彼執見無體故。云何不空，謂見諸陰不空，而言我已見我。今見我當見如是諸陰空，不離諸陰有空。空中見諸陰，諸陰中見空。作是見者，是不正思惟，名增上慢。

湛然《法華玄義釋籤》卷五　次釋二諦。先標列，次正釋自四。四中初文者又二。先敘他失，次辨今得。初文又三。先通明失，次別顯失相，三古今下總結。二諦之名顯於餘教，故一代所出其名最多。能詮既多，所詮難曉。故弘教者爲玆諍生，碩大也。次妙勝下別明失中二。初明聖者往因，次然執者下近代凡執。初文又三。初引經，次二聖下況斥，三問下料簡釋妨。初文引妙勝定經如止觀第三記，次文可見。三釋妨中二重問答以辨諍位，二聖在因何位生諍，故須從近以二生爲問。復重遮言二生之前又亦不應墮於惡道。答中二，先通指二生之前，次又二生下別約教簡示。初意者，自始發心至此已來皆名爲前，何必近惡道出即至二生。次文中言爾前者齊初僧祇初皆名爾前故容有墮，以此菩薩至第三僧祇始離五障方乃不墮，何必第三阿僧祇末始惡道出。次問答中先問中引《金光明》者難後三教無墮落者，何故十地猶有虎狼等畏。後之三教並有十地故以爲難，畏故具惑具惑故墮，何故云無墮落惡道。故引彼經第四爲難。彼《金勝陁羅尼品》十方諸佛同時説十番陁羅尼以護十地。如護初地云，若有善男子得陁羅尼，名依功德力是過去諸佛所説。若誦持者，永離師子虎狼等怖。乃至第十地亦各有陁羅尼等。彼經十地既爲虎狼所害，那言三教無墮落耶。答意者亦二。先通答，次別答。初文者，意引大經二十云菩薩，雖見是身無量過患具足充滿，爲欲受持《涅槃經》故，猶好將護不令乏少觀於惡象及惡知識等無有二，何以故，壞法身故，菩薩於惡象等心無恐怖，於惡知識生怖畏心。何以故，是惡象等唯能壞身不能壞心，惡知識者二俱壞故。若惡象者唯壞一身，惡知識者壞無量身無量善心。臭身、淨身、肉身、法身亦爾。爲惡象殺不至三趣，爲惡友殺必至三趣。大經文意既是生身菩薩，此父母身不免狼害，非謂有害必墮惡道。章安云，諸惡獸等但是惡緣不能生人惡心。惡知識者甘譚詐媚巧言令色牽人作惡，以作惡故破人善心，名之爲殺，即墮地獄。煩惱斷者不爲所牽，故不墮獄。次然圓教下約教酬向十地之難。言餘教肉身等者，別教既無一生之中得入十地，則不得云十地猶有虎狼等畏。但約觀解十地猶爲一品無明虎狼所害，通教教門十地無惑，故無觀解虎狼之義。若九地已前亦可通用。若作廢權，通教十地由爲界外無明狼害。又復遮云於理則通等者遮於通別。雖有十地觀解之義於事不通，故應復初圓教中難。次然執者下約近世凡執，又三。初執佛果不同，次執世諦不同，次執破立不同。初文者，佛果出二諦外，等如止觀第三記。次文者，梁世執世諦不同者，初師云皆有者，如云瓶即是名項，細腹麁以銅爲體，盛持盥洗，以之爲用，次師云無體者，名用如前，體無自性。若言項細腹麁是瓶體者，人應是瓶。若銅爲體，鈴應是瓶。第三師云，無體用者，有名無體，如前所說。若言盛持盥洗是瓶用者，盆應是瓶。及不假手。又遍銅無瓶，瓶體尚無，誰爲瓶用。體用雖無，世諦立名，名不可廢。是故更無第四師計。第三文者，破古來二十三家明二諦義，如止觀第三記文，在梁昭明集。三總結中古即聖者往因及梁世已前，今即陳世諸德。次今謂下今家正判復爲融通，使古今諸釋咸屬隨情。於中又四，初總明立意，次略有下列三。三隨情下解釋，四若解下結。初中根欲如止觀十力中釋，次意如文。第三釋中云隨情等者，如止觀第三記。初釋隨情又五。初略明所以，次引教示相，三如順下譬執教之失，四眾師下重斥，五若二十三家下去取。初如文，次文云世第一法有無量種者亦約多人，如下智妙中說，一人無多人有。既可分爲二品，亦可分爲無量品。際眞尚爾者舉世第一況前三位，自世第一已前皆屬隨情。如世第一隣近於眞尚有多品，況復忍位乃至停心故隨情多。次釋隨情智中爲四。初立相，次相對如五百下引事，三經云下復引教證，四如此下結。合前文隨情及後文隨智得爲一種二諦，故有此意來也。若不爾者，經有此文判屬何釋。五百身因如止觀第二記。三引證者合世人心所見二諦爲一世諦，合出世人所見二諦爲第一義諦，共爲一番二諦也。

澄觀《大方廣佛華嚴經隨疏演義鈔》卷一　二約二諦說。眞諦爲眞，俗諦爲妄。二諦多門，下當廣說。今且約理事二門理爲眞諦爲眞，事爲俗諦爲妄。設淨分之事，妄未盡故。問：眞妄二法，孰空孰有。如《唯識論》約遍計爲妄，則妄空眞有。若染分爲妄，則眞妄俱有。若涅槃說空者所謂生死，不空者謂大涅槃。則依他染分爲空，淨分圓成皆有。若依三論，以世諦故有，眞諦故空。若以妄爲俗諦，以眞爲眞諦，則妄有眞空。若約隨俗說二諦，則眞妄俱通空有，若約觸物皆中，則眞妄俱非空有。問：眞妄交徹，行相如何。言並皆交徹者，約相宗以明，唯識等宗不得交徹。今就華嚴，則前諸義皆得交徹。以具前即一心等義故，如約遍計爲妄者，情有即是理無，妄徹眞也。理無即是情有，眞徹妄也。若染分依他爲妄者，緣生無性，妄徹眞也。無性緣成眞徹妄也。若約生死涅槃說者，生死即涅槃，妄徹眞也。涅槃即生死，眞徹妄也。故《中論》云，生死之實際，即是涅槃際。涅槃之實際，即是生死際。如是二際者，無毫釐差別，即交徹也。此下經云，有諍說生死，無諍說涅槃，生死及涅槃，二俱不可得，亦俱空俱有，交徹義也。若依二諦，以妄爲俗諦，以眞爲眞諦。言交徹者，即俗而眞，即眞而俗故。故影公云，然統其要歸，則會通二諦。以眞諦故無有，以俗諦故無無。眞故無有，則雖無而有。俗故無無，則雖有而無。雖有而無則不累於有，雖無而有則不滯於無。寂此諸邊故名中道，即眞妄交徹也。眞故無有則雖無而有則，眞徹妄也。俗故無無，則雖有而無則，妄徹眞也。餘可思準。若約隨俗說眞妄本虛，居然交徹。眞妄皆眞，則本末一味，居然交徹。

法藏《入楞伽心玄義》　疏：眞俗二諦迢然不同。下即第六對二諦空有即離。別中離義，於中含有二義。一但明二諦別，二兼明中道別。言二諦別者，依《唯識》第九，有四種勝義。一世間勝義，謂蘊處界等。二道理勝義，謂苦等四諦。三證得勝義，謂二空眞如。四勝義勝義，謂一眞法界。依《瑜伽論》六十四，有四世俗。一世間世俗，謂軍林等。二道理世俗，謂蘊處界等。三證得世俗，謂預流等。四安立世俗，即安立眞如。以四世俗對前唯識四種勝義，則有四重二諦。一世俗二諦，謂軍林爲世俗，蘊等爲勝義。二事理二諦，謂蘊等爲世俗，苦等爲勝義。三勝義二諦，苦等爲世俗，安立眞如爲勝義。四安立非安立二諦，謂安立眞如爲世俗，非安立眞如爲勝義。又眞俗各四，便成八諦。一世俗四者，一名假名無實諦，二名隨事差別諦，三名方便安立諦，四名假名非安立諦。謂二空理依詮而說，但有假名不得體故。勝義四者，一體用顯現諦，二因果差別諦，三依門顯實諦，四廢詮談旨諦。然上八諦名則小異，義不殊前。又四重中初一世俗唯局世俗，後一勝義唯局勝義，中間六諦各通世俗勝義二諦。如第一勝義，望前爲勝義，望第二爲世俗故。既四重二諦一一差別，故云迢然不同。不同法性，二諦相即。疏：非斷非常果生因滅者，於二諦門中曲開此義。此則於俗諦中明非斷常，不同法性二諦互融明非斷常。言果生因滅者，因滅故不常，果生故不斷。故《唯識》第三云，此阿賴耶識恆，轉如瀑流。釋云，恆言遮斷轉表非常等。意云，若因不滅遷至於果，則名爲常。若果不續因無所生，則墮斷滅。今常相續故無斷常，廣如唯識。

善月《佛說仁王護國般若波羅蜜經疏神寶記》卷四　釋二諦品

次教化而後明二諦者。疏約二義論次。初以內對外，則內護文有三別，謂因果自他及以依正，通得爲次。二以今二諦對上二護，則能依所依之別，即前所見幻諦等，依於不思識眞俗故，次之以二諦焉。總明二諦云是佛教之大宗者，謂以本言之，則如來常依二諦說法。一代所說，莫過此二。又以七二諦該之，則一化五時，攝無不盡。推而極之，何法而非眞俗乎。抑若以爲有無，孰不知之。惟其所以有無究其所以審諦，至於歷教淺深隨文詮義有接有正情智開合，此所以難也。夫諦只是理，理尚無一，云何有二，況有種種差別邪。又曰凡夫見淺名俗，聖人見深名眞等。由是言之，則唯眞俗而已矣。於是通躡前品結次云云。二重問答並明不二之旨，初二諦不二，經問云云。亦應曰世諦中有第一義否，但是文略。其並徵則曰，若言無等，古今凡二說。一引古釋。二今解，即今疏之說也。據理則各當其義，雖兩存之可也。但初約凡聖智對言，則一凡一聖失於諦義。以今所明則諦智兼得，故一一言有無者諦也，言皆空等智也。故知兩得之矣。所問意頗難見，得下偈旨，方知無說無聽之妙，乃今非一非二之談。惟其非一非異，即般若正慧有在。於此學者審之，不容擬議。偈頌答者，長行既引月光往因爲訓故，此宜以七佛所說偈示，如下科釋。節目條理無非是者，不在品量之論。然以眞俗二諦直一妙理本無分別故，以一無言之。則無性無相無自無他，無有無無二不二，無作不作等皆悉無也。以本有言之，則第一義本有法性本有，因緣本有諸法本有，有無本有，二諦本有。三假本有，無適而非本有也。以空言之，則第一義空也。諦實亦空也，寂滅亦空也，二無二亦空也。幻化虛空華如影三手等，亦空也。至於以第一義則皆第一義，以世諦則皆世諦。以一則俱一，以二則俱二。以有則皆有，以無則皆無。以是則皆是，以非則皆非。以一切異名別說則皆異名別說，以麁言軟語則皆麁言軟語。以上偈句錯綜言之，殆不容以倫理明義類曉，直彰妙理之無盡般若之自性爾。有無本自二下，正答難云云。初一行中，疏似差誤二三字云云，今復以偈合釋之云。有無本自二，天然理具足。譬如牛二角，不可缺一故。解心見無二，於二見不二。非實無有二，二諦常不即。不即亦不離，而智能解了。求二不可得，復以理遮情。非謂二諦一，還以智照理。知二亦無二，非二何可得。於解常自一，理不妨智故。於諦常自二，智不妨理故。理智更相顯，無一復無二。通達無二道，是眞入不二。要知無聽說，即此聽說是，明世諦有無中。言三手者，謂手止有二，若言三手則無而已。亦猶《淨名》所謂第五大第七情等是也。大王菩薩下釋成上菩薩，於一義中常照二諦，以化衆生文。爲二，初略，次廣。以其初文不定一二故，不作二義一義科也。初略謂第一義者，空也。常照二諦者，不離眞智而化於俗，則知佛及衆生常一而已。然則疏言照俗化凡，夫照眞化二乘者。文約所照以分眞俗爾，非謂能照之眞亦當所化。若以能照之眞望所化俗，則眞俗俱眞。以所化俗望能化之眞，則眞俗俱俗。文各有當，不可一準也。何以故下。初躡上重徵，次廣釋者。凡三對。初能所對以明不二，故曰佛及衆生一而無二。惟其無二故，得以衆生空置菩提空，即所化歸能所也。以菩提空置衆生空，即能化歸所化也。置猶安置諸子祕藏之置，如水投水無不入也，如空合空無不一也。又曰，以一切法空，故空空等。此語兩屬。若作承上，則是結前能化所化同一空故，得以相入也。若作生下，則是一切法空者境也。空空者，由境空故智空，亦由智空故境空，故曰般若無相等。謂無相者，體自無相，亦無無相故。若眞若俗如虛空相，則又曰，空於無明無他相也，及薩婆若無自相也。苟無自相，則見者爲誰，受者爲誰。因乎，果乎，皆不得而有也。至於曰五眼成就見無所見，則佛果亦空，所謂五眼具足成菩薩是也。文復以行例見，則曰云云。行猶行於甚深般若之行，行不行等既皆不受，不受亦不受，是則不受即般若之自性也。三染淨對則曰云云。謂菩提煩惱雖迷悟染淨之異，而於第一義中元只一體，故無二如。所以未成佛時，全淨爲染。既成佛後，翻迷成悟，其實無別法也。白佛言下，重躡前文。三對之義，總不出諸法空相。則無有文字，云何佛菩薩得不離文字而行諸法空相。以般若教化衆生，經言行諸法相疑脫一空字。疏言若諸空如，疑脫一法字。次答中曰法輪者，該十二部經而一皆言如，則不即文字不離文字。惟其不離故，法法皆如，而得行於諸法空相。疏以經名釋十二部者，據理應先標梵語。釋以華言，今則反是。從經便也，是名句下。以例教體，有假有實，名味句者，爲三假，聲色其一實也。三一和合以成教體，聲雖非報而託於報，故亦名果。克論文字，雖非善惡，以所詮法無非善惡，故亦記攝。究而言之，亦不即離。初無定性，是亦空也。空故皆如，是則不著文字而行空相。其義蓋如此，故曰若取文字不行空者，反斥非顯是也。而疏謂行空非正觀者，殆與今反，未詳云云。大王如如文字下，更端再示因行修相。言如如者，意與前後別。當是如於所如之文字以修諸佛智母，而能生於當果，故云智母。有理性行性之別，亦是一切衆生性根本者。理性性也，即性成智，是爲薩婆若體。故以三世言之，則當得爲智母。未得爲理性，已得爲薩婆若，其實一也。若三乘般若下，行性性也。以約三乘行殊性一故。云行性，則不生不滅自性常住是也。又曰一切衆生以此爲覺性者，以通證別也。但前明理性，故曰根本。此從行說，故曰覺性。大體無別也。若菩薩無受下，總結成說行無非般若。仍復宗前護等三義，爲若此也。於文中有脫誤者，今爲正之。謂菩薩內心能無受著，則外無文字可得，是爲無受無文字，無文字者非無文字，文字性離爲離文字。止觀所謂達文非文，非文非不文，尙何文字之有，故曰離文字爲非文字，文多一非字。修無修者，以說例行，則修而無修。修無修者，文屬下句，誤作修文字者，致難曉爾。但使文會理顯，小有異同，亦復何爽。更試詳之。又白佛下，重以衆生根行。問：法門爲一二無量者，疏爲二釋，從後釋是也。根謂根性，利鈍之殊。行謂所修，淺深之別。根行所被也，法門能被也。經以所從能爲問，則曰法門亦有一二無量邪。答云，一切法觀門等。文間言爾。應云一切法本非一二，觀門乃有無量，抑又以觀從諦。本非一二，以諦從觀，乃有無量。是法則從境，觀則從智。境觀相顯，所以異也。又曰一切法亦非有相等者，復顯一切法非一非二，故曰亦非有相等。具應作四句，謂非有相。非無相，非非有相，非非無相。文略中二句，亦可作單複論之，則上句從單略無相句，下句從複略有相句云云。究而言之，非一切相是名實相，則是菩薩不見衆生相，不見有一法二法之可得。若菩薩見衆生相，見有一法二法而可得者，即不見今第一義諦之一二也，故曰一二者第一義諦也，又曰若有若無者世諦也。疏謂是諸見本，斯義則局。今云是諸法本，以諦觀之不出三諦攝一切法。所謂空諦即空也，色諦即假也。心諦即中，無非心性故。是三者與今所明眞俗中道，同出異名，開合異耳。亦與一家所傳三觀，其旨一也。而疏曰一切法者事理俱該，其說云云。於理非無是義，但眞俗各三分別而已，未見今三諦之妙。以今言之，所謂圓見事理一念具足則盡之矣。夫惟一念具足，則不一異無前後。法本自然，未始增減。天眞妙性有在乎是，始終徧攝，其旨彌顯。一家觀門何以加此，所以三諦之後明三假者。復宗，二諦以顯皆空，則不離色心，無非般若。一一根行何莫由斯，即事而眞不遠復矣。故曰，非一非二之法門也。餘歎敎勸持等文，如疏科釋，可知。

智旭《大乘起信論裂網疏》卷二　諸佛說法，常依二諦。心眞如門即眞諦，心生滅門即俗諦。雖云二諦，唯是一法。所以二諦圓融，不可思議。故各攝一切法，展轉不相離也。又全性起逆順兩修，名生滅門。全逆順兩修不改一性，名眞如門。又全理成事，名生滅門。全事即理，名眞如門。又分別事理，名生滅門。泯絕事理，名眞如門。又即權而實，名眞如門。即實而權，名生滅門。又分別權實，名生滅門。權實不二，名眞如門。又爲實施權，依眞如門說生滅門。開權顯實，指生滅門即眞如門。又爲實施權，開權顯實。皆生滅門，理則非權非實，名眞如門。又隨智說，則生滅即眞如門，隨情說，則眞如即生滅門。隨情智說，則依於一心，有二種門也。問：既二門即是二諦，且七種二諦，如何相攝。答：若實有爲俗，實有滅爲眞。俗即生滅門中執相應染所攝。眞則與而言之，是生滅門中相似覺攝。奪而言之，秪是不斷相應染攝。以是分別法執所取境故。若幻有爲俗，幻有即空爲眞。俗亦執相應染所攝，眞乃眞如門中空義少分所攝。若幻有爲俗，幻有即空不空共爲眞。俗同前攝，眞乃生滅門中本覺義攝，亦攝眞如門中少分空義。若幻有爲俗，幻有即空不空，一切法趣空不空爲眞。俗同前攝，眞即眞如門攝。若幻有幻有即空皆名爲俗，不有不空爲眞。俗即生滅門中不覺義攝，亦攝相似覺義，眞即生滅門中本覺義攝。若幻有幻有即空皆名爲俗，不有不空一切法趣不有不空爲眞。俗同前攝，眞即眞如門攝。若幻有幻有即空不有不空皆名爲俗，一切法趣有趣空趣不有不空爲眞。俗即心生滅門，眞即心眞如門，方是此論之本旨也。

二　障

真諦譯《中邊分別論》卷上　障品第二

遍及一方重，平等及取捨，今說二種障。

此中遍障者，煩惱障及一切智障，爲菩薩種性諸人二障圓滿故。一方障者，煩惱障，爲聲聞性等諸人。重障者，是前諸人欲等諸行中隨一麁煩惱。平等障者，平等諸行中隨行中隨一生死。取捨障者，菩薩性諸人爲障無住處涅槃故，如理相應。二種人障已說。一菩薩性人，二聲聞等性人，復有煩惱相九種。

九結名惑障

九種諸惑結此中說煩惱障，此諸煩惱障爲障誰。

厭離及除捨，實見

愛欲結者，障厭離心。心堅礙障者，障除捨心。因此惑違逆，礙境界中不能生捨除心。諸餘結者覆障眞實見，云何起障是諸煩惱次第。

及身見

身見所依法，滅道三寶障，利養恭敬等，輕財知止足。

是諸餘煩惱是此五處障，我慢障者。欲滅離身見時障對正觀智有異品無異品。無異品我慢數行故，此身見不得滅。無明結者，欲遠離身見依處時爲眞實見障，因此不得遠離取陰故。見結者，欲通達滅諦時爲作障。身見及邊見於滅諦生怖畏故，邪見於滅諦起誹謗故。取結者，是通達道諦時爲作障，依別道理思擇求得清淨故。疑結者，欲通達三寶時爲作障，不信受三寶功德故。嫉妬結者，欲遠離利養恭敬時爲作障，不見此過失故。慳悋結者，欲行輕財知足時爲作障，令貪著財物等故。

善法障復十，復有別障，十種善法等處應知，何者爲十處。

不行非處所，所行不如理。不生不思量，資糧不具足。性友不相稱，心疲故厭離。修行不相稱，惡怨人共住。麁惑三隨一，般若不成就。自性重煩惱，懈怠與放逸。著有及欲塵，下劣心亦爾。不信無願樂，如言思量義。不敬法重利，於衆生無悲。聞災及少聞，三昧資糧減。

如是諸障，何者爲善法。善菩提攝取，有智無迷障。迴向不怖嫉，自在善等十。

如是善等諸法中，何者被障，何者爲障，應知答。

此十各三障，十事中應知。善法有三障，一者不修行，二非處修行，三修行不如理。

菩提有三種障，一者不生善，二不生正思量，三資糧不圓滿。

攝取菩提者，發菩提心是名攝取菩提。此心有三種。一與性不相應行，二朋友不相應，三心疲極厭離。有智者，是菩薩體性，爲知此法有三障。一修行不相稱，二惡友人共住，三與惡怨人共住。此中惡人者，愚癡凡人。惡怨人者，礙菩薩功德觀菩薩過失。無迷者，心不散亂，有三障。一顚倒麁失，二煩惱等。三障中隨一有餘三令成熟，解脫般若未熟未滿。無障者，滅離諸障是名無障。此有三障。一自性麁惑，二懈怠，三放逸。菩提迴向有三障，令心迴向餘處不得一向迴向無上菩提。一貪著諸有，二貪著有資糧法，三下劣品心。無怖畏有三障。一於人不生信重心，二於正法中不生願欲，三如名字言語思量諸義。樂嫉妬者有三障。一不尊重正法，二尊重利養恭敬，三於衆生中不起大悲心。不自在者有三障，因此三不得自在。一無聞慧無聞者生起業惑正法災故，二聞慧少弱，三者三昧事不成熟。還復是此障善等諸法中十種隨一分作因，依此義故應知障中何者爲十因。第一生因，譬如眼入爲眼識作生因。二住因，譬如四種食爲一切衆生。三持因，如所持能攝持，譬器世界爲衆生生世界。四明了因，如光明爲色。五變異因，如火等爲成熟等諸事。六相離因，如鎌等爲刈等。七迴轉因，如金銀師爲迴轉諸金銀令成鐶釧。八必比因，譬如烟爲火等必比知。九令信因，譬如立證因分爲所立義。十至得因，如道等爲涅槃等諸果作因。如是生障善處應知，此應令生故。住障者，菩提處此不應壞動故。持障者，菩提攝取處，菩提心能持故。明了障者，有智處，此應顯了故。變異障者，無迷處，迷轉滅故有變異。相離障者，無障處，此障相離爲體故。迴轉障者，迴向處，菩提心迴向爲體相故。必比障者，無怖畏處，爲不信故怖畏。令信障者無嫉妬處，於法不嫉妬令人信故。至得障者，自在處，無所繫屬至得爲體相故。

助道十度地，復有餘別障。

助道品法處者，處不明懈怠。三昧少二種，不種及羸弱，諸見麁惡過。

念處者依處不明了爲障，四正勤處懈怠，四如意足處禪定少。二種爲不圓滿，欲精進心思量四種。隨一不具足，爲修習不具足成，資糧八法隨一不具故。五根處不下解脫分善法種子故，力處是五根羸弱與非助道相雜起故，覺分處諸見過失見道所顯故，道分處麁惡過失，此修道所顯現故。

波羅蜜障者，

富貴及善道，不捨衆生障。增減功德失，令諸衆生入。解脫無盡量，令善無有間。所作常決定，同用令他熟。

此十種波羅蜜障，此法是波羅蜜果。爲障波羅蜜果故，是故顯說障波羅蜜。檀波羅蜜者何法爲障，自在增上障。尸羅波羅蜜者，障善道爲障。羼提波羅蜜障不捨離衆生，毘梨耶波羅蜜障增益功德損減過失。禪波羅蜜者，障受化衆生令入正位（四十心正位）般若波羅蜜者。障令他解脫漚和拘舍羅波羅蜜障，檀等波羅蜜無盡無滅。爲迴向菩提故，諸波羅蜜無盡無滅。波扼陁那波羅蜜者，障一切生處善法中無間生起。依願力故，能攝持隨從善法。生處波羅波羅蜜者障善法決定事，思擇修習力弱故，不能折伏非助道故。闍那波羅蜜者障自身及他同用法樂，及成熟兩處不如聞言通達義故，於十種地中復有次第障。

遍滿最勝義，勝流第一義。無所繫屬義，身無差別義。無染清淨義，法門無異義。不減不增義，四自在依義。此法界無明，此染是十障。非十地扶助，諸地是對治。

法界中十種義。遍一切處等無染濁無明，此無明十種菩薩地中次第應知，是障非地助道故。法界中何者爲十種義。一者遍滿義，依菩薩初地，法界義遍滿一切處。菩薩入觀得通達，因此通達得見自他平等一分。二者最勝義，依第二地觀此法已，作是思惟，若依他共平等出離，一切種治淨出離應化勤行。三者勝流義，因三地法界傳流知所聞正法，第一爲得此法，廣量三千大千世界火坑能自擲其中。四無所繫屬義，因此四地因此觀法愛一向不生。五身無差別義因第五地十種心樂清淨平等。六無染清淨義，因第六地十二生因處，無有一法可染可淨。如此通達故，七法門無異義。因第七地無相故，修多羅等法別異相不行不顯故。八不減不增義，因八地得滿足無生法忍故，若不淨淨品中不見一法有減有增故。

此中復有四種自在。何者爲四。一無分別自在，二淨土自在，三智自在，四業自在。此中法界是第一第二自在依處，八地中通達智自在依義。因九地得四無礙辯故，業自在依義。因十地如意欲變化，作衆生利益事。復有略說。

已說煩惱障，及一切智障。是攝一切障，盡彼得解脫。

此二種障滅盡無餘故，得出離解脫一切障。障總義者，一大障是遍滿故，二小障者一方障故，三修行障者重惑，四至得障平等煩惱，五至得勝負障取捨障，六正行障者是九種煩惱結，七因障善等處由十種因義故，八入眞實障者是助道障，九無上善障者十波羅蜜障，十勝負捨離障。十地障攝集障略說有二種。一解脫障，二一切智障。中邊分別論障品第二竟。

慧遠《大乘起信論義疏》卷上之下　自下第四就二障辨，前明六重攝爲二障。根本無明以爲智障，業識以下爲煩惱障。然此二障且應廣論。夫二障者，諸衆生等沒生死中重網羅也。衆惑之根源，遮涅槃路之剛關也。能障聖道，名之爲障。障乃無量，取要言之凡有二。一者煩惱障，二者智障。此二障義有三番釋。一者四住煩惱爲煩惱障，無明住地以爲智障。二者五住性結爲煩性障，事中無知以爲智障。無明有二。一迷理無明，二事無知。迷理無明是性結也。三者五住性結及事無知同爲煩惱障，分別緣智以爲智障。就初番中四門分別。一定障相，二釋障名，三明斷處，四對障辨脫。言定相者云何得知。四住煩惱爲煩惱障，無明住地以爲智障。以《勝鬘經》對《地持論》驗之知矣。《勝鬘經》中就二乘人但斷四住，不斷無明住地。《地持論》中說二乘人煩惱障淨非智障淨。煩惱淨者猶勝鬘中所斷四住，非智障淨者猶彼不斷無明住地。故知四住爲煩惱障，無明住地爲智障也。次釋其名。五住之結通能勞亂，齊能障智。何故四住遍名煩惱障，無明獨爲智障。答：理實齊通，但今爲分二障差別，隱顯爲名，等就隱顯，各隨功強，以別兩名。四住煩惱現起之結發業生勞亂，義強偏名煩惱。異心之惑與解別體，疎遠翳障智微劣，故不名智障。無明闇惑正遠明解，親近翳障智義強，故名智障。任性無知非是現起，不能發業招集苦報，勞亂微劣故不名煩惱障也。次明斷處，略有二階。第一大小相對分別，二者直就大乘世出世間相對分別。大小對中義別三門。一者隱顯互論，二乘之人但除煩惱，菩薩之人唯滅智障。二乘非不分除智障，所斷微劣隱細從麁，是故不論。菩薩非不除斷煩惱，所斷相微隱麁從細，是故不說。二者優劣相形。二乘解劣但斷煩惱，菩薩治廣二障雙除。故《地持》云，聲聞緣覺煩惱障淨非智障淨，菩薩種姓具足二淨。三者據實通論，二乘菩薩二障雙除，言就大乘世間出世間相對辨者，解行已前名爲世間。初地以上名爲出世，於中分別乃有四門。一癈麁論細，地前菩薩於彼二障一向未斷。初地以上，二障並除。故涅槃中宣說，地前具煩惱性。二者隱顯互論，地前世間但斷煩惱，初地以上唯除智障。三者優劣相形。地前解劣唯除煩惱，地上解勝二障雙斷。四者據實，通世及出世二障雙除，相狀如何。煩惱障中有其二種。一者子結，二者果結。子結煩惱地前所斷，果縛煩惱地上所除。子結之中復有二種。一者正使作意而生，二者餘習任性而起。正使煩惱聲聞緣覺乃至性種斷之周盡，習起之結習種性以上乃至相地斷之畢竟。故《地持》云，初阿僧祇過解行住入歡喜地，斷增上中惡趣煩惱不善正使。名爲增上習名爲中，入歡喜時悉皆斷也。果縛之中亦有二種。一者正使作意而生，二者習氣任運而起。正使煩惱所謂愛佛愛菩提等。始從初地次第斷除，至不動地斷之周盡。故《地持》云，第二阿僧祇過第七住入第八地，微細煩惱皆悉斷滅，八地以上除彼餘習。故《地持》云，第三阿僧祇斷除習氣入最上住。智障之中亦有二種。一者迷相，二者迷實。情所趣法名之爲相，不能悟解云其本無。說以爲迷，如來藏性說以爲實。不能窮達，說以爲迷。迷相無明，地前所除，迷實無明地上所遣。迷相無明復有二種。一者迷相立性，二者迷性立相。言迷相者，妄法虛集以之爲相，不知虛集建立定相名之迷也。言迷性者，情而起法無性爲性，迷此性故立因緣相也。迷相無明聲聞緣覺乃至性種斷之窮盡，迷性無明習種性以上乃至初地皆悉斷除。迷實無明亦有二種。一者迷實相，二者迷實性。空寂無爲是其實相，不能知是寂泊無爲故名迷相。如來藏中恆沙佛法眞實元有是其實性，不能窮證說爲迷性。此二無明說斷不定。若依地經初地以上乃至六地除其迷相，是故得爲明別順忍。七地以上斷迷實性，是故證得無生忍體。若依涅槃九地以還斷其迷相，是故說爲聞見佛性。十地以上斷迷實性，是故說爲眼見佛性。以驗求二障皆是始終通斷，治斷麁爾。次辨第四對障辨脫。斷煩惱障得心解脫，斷除智障得慧解脫。是義云何，分別有二。一者隱顯互論，斷煩惱障。諸佛菩薩世諦心脫斷除智障，眞諦慧解脫何故如是，煩惱染事故斷煩惱，世諦心脫斷煩惱。理實雖隨有一切德脫就主爲名，遍言心脫，無明障理，故斷無明。眞諦慧脫斷無明，時即理所成一切德脫就主作名，遍名慧脫。二者對障寬狹分別，斷煩惱障。唯除事中染愛心故，世諦心脫斷智障時除無明地。及斷事中麁無明，故二諦慧脫。此初番竟。

玄奘譯《佛地經論》卷七　言二障者，一煩惱障，二所知障。惱亂身心令不寂靜，名煩惱障。覆所知境無顛倒性，令不顯現，名所知障。煩惱障者，謂執實我薩迦耶見以爲上首，百二十八根本煩惱，及隨煩惱。若所發業若所得果，皆攝在中，皆以煩惱爲根本故。所知障者，謂執遍計所執諸法薩迦耶見以爲上首，所有無明法愛恚等諸心心法，及所發業并所得果，皆攝在中。皆以法執及無明等爲根本故，有義法執及無明等，遍在一切善惡無記。有漏心品及與二乘無漏心品，皆不了達法無我故，皆似相分見分起故，有義唯在不善無記有漏心品。

玄奘譯《成唯識論》卷九　煩惱障者，謂執遍計所執實我薩迦耶見而爲上首百二十八根本煩惱，及彼等流諸隨煩惱。此皆擾惱有情身心，能障涅槃，名煩惱障。所知障者，謂執遍計所執實法薩迦耶見而爲上首見疑無明愛恚慢等，覆所知境，無顛倒性，能障菩提，名所知障。此所知障決定不與異熟識俱。彼微劣故，不與無明慧相應故，法空智品與俱起故。七轉識內隨其所應，或少或多如煩惱說。眼等五識無分別故法見疑等定不相應，餘由意力皆容引起。此障但與不善無記二心相應，論說無明唯通不善無記性故，癡無癡等不相應故，煩惱障中此障必有。彼定用此爲所依故，體雖無異而用有別，故二隨眠隨聖道用有勝有劣斷惑前後，此於無覆無記性中是異熟生，非餘三種。彼威儀等勢用薄弱非覆所知障菩提故，此名無覆望二乘說。若望菩薩亦是有覆，若所知障有見疑等如何此種契經說爲無明住地，無明增故總名無明。非無見等，如煩惱種立見一處欲色有愛四住地名，豈彼更無慢無明等。如是二障分別起者見所斷攝，任運起者修所斷攝。二乘但能斷煩惱障，菩薩俱斷。永斷二種唯聖道。能伏二現行通有漏道，菩薩住此資糧位中二麁現行雖有伏者，而於細者及二隨眠止觀力微未能伏滅，此位未證唯識眞如。

玄奘譯《辯中邊論》卷上　辯障品第二

已辯其相，障今當說。頌曰：具分及一分，增盛與平等，於生死取捨，說障二種性。

論曰：具分障者，謂煩惱障及所知障，於諸菩薩種性法中具爲障故。一分障者，謂煩惱障，障聲聞等種性法故。增盛障者，謂即彼貪等行。平等障者，謂即彼等分行，取捨生死，能障菩薩性所得無住涅槃，名於生死有取捨障。如是五障隨其所應，說障菩薩及聲聞等二種種性。復次頌曰：九種煩惱相，謂愛等九結。初二障厭捨，餘七障眞見。謂能障身見，彼事滅道寶。利養恭敬等，遠離遍知故。

論曰，煩惱障相，略有九種，謂愛等九種結愛結障厭。由此於順境不能厭離故，恚結障捨。由此於違境不能棄捨故，餘七結障眞見。於七遍知如次障故，謂慢結能障僞身見遍知。修現觀時有間無間我慢現起，由此勢力彼不斷故，無明結能障身見事遍知。由此不知諸取蘊故，見結能障滅諦遍知。由薩迦耶及邊執見怖畏滅故，由邪見謗滅故。取結能障道諦遍知，取餘法爲淨故，疑結能障三寶遍知，由此不信受三寶功德故，嫉結能障利養恭敬等遍知。由此不見彼過失故，慳結能障遠離遍知。由此貪著資生具故，復有別障能障善等十種淨法。其相云何，頌曰：

無加行非處，不如理不生。不起正思惟，資糧未圓滿。闕種性善友，心極疲厭性。及闕於正行，鄙惡者同居。倒麁重三餘，般若未成熟。及本性麁重，懈怠放逸性。著有著資財，及心性下劣。不信無勝解，如言而思義。輕法重名利，於有情無悲。匱聞及少聞，不修治妙定。

論曰，如是名爲善等法障，所障善等，其相云何。頌曰：

善菩提攝受，有慧無亂障。迴向不怖慳，自在名善等。

論曰，如是善等十種淨法，誰有前說幾種障耶。頌曰：

如是善等十，各有前三障。

論曰，善有三障。一無加行，二非處加行，三不如理加行。菩提有三障，一不生善法，二不起正思惟，三資糧未圓滿。發菩提心名爲攝受，此有三障。一闕種性，二闕善友，三心極疲厭性。有慧者，謂菩薩於了此性有三種障。一闕正行，二鄙者共住，三惡者共住。此中鄙者，謂愚癡類樂毀壞他名爲惡者。無亂有三障，一顛倒麁重，二煩惱等三障中隨一有餘性，三能成熟解脫慧未成熟。性障斷滅，名無障。此有三障。一俱生麁重，二懈怠性，三放逸性。迴向有三障，令心向餘不向無上正等菩提。一貪著諸有，二貪著資財，三心下劣性。不怖有三障。一不信重補特伽羅，二於法無勝解，三如言而思義。不慳有三障。一不尊重正法，二尊重名譽利養恭敬，三於諸有情心無悲愍。自在有三障，令不得自在，一匱聞生長能感匱法業故。二少聞，三不修治勝三摩地。

復次如是諸障於善等十，隨餘義中有十能作，即依彼義應知此名。十能作者。一生起能作，如眼等於眼識等。二安住能作，如四食於有情。三任持能作，謂能任持如器世間於有情世間。四照了能作，如光明於諸色。五變壞能作，如火等於所熟等。六分離能作，如鎌等於所斷等。七轉變能作，如金師等轉變金等成鐶釧等。八信解能作，如烟等於火等。九顯了能作，如因於宗。十至得能作，如聖道等於涅槃等。依如是義故，說頌言：

能作有十種，謂生住持照。變分離轉變，信解顯至得。如識因食地，燈火鎌工巧。烟因聖道等，於識等所作。

於善等障應知亦然。一生起障，謂於其善以諸善法應生起故。二安住障，謂於菩提以大菩提不可動故。三任持障，謂於攝受以菩提心能任持故。四照了障，謂於有慧以有慧性應照了故。五變壞障，謂於無亂轉滅迷亂名變壞故。六分離障，謂於無障此於障離繫故。七轉變障，謂於迴向以菩提心轉變相故。八信解障，謂於不怖無信解者有怖畏故。九現了障，謂於不慳於法無慳者，爲他顯了故。十至得障，謂於自在此是能得自在相故。所障十法次第義者，謂有欲證無上菩提，於勝善根先應生起，勝善根力所任持故，必得安住無上菩提。爲令善根得增長故，次應發起大菩提心，此菩提心與菩薩性爲所依止。如是菩薩由已發起大菩提心及勝善根力所持故，斷諸亂倒起無亂倒，由見道中無亂倒故。次於修道斷一切障，既斷障已持諸善根迴向無上正等菩提，由迴向力所任持故，於深廣法便無怖畏。既無怖畏，便於彼法見勝功德，能廣爲他宣說開示。菩薩如是種種功德力所持故，疾證無上正等菩提。於一切法皆得自在，是名善等十義次第。雖善等法即是覺分波羅蜜多，諸地功德而總別異。今應顯彼菩提分等諸障差別。頌曰：

於覺分度地，有別障應知。

論曰，復於覺分波羅蜜多諸地功德各有別障，於菩提分有別障者，頌曰：

於事不善巧，懈怠定減二。不植羸劣性，見麁重過失。

論曰，於四念住有於諸事不善巧障，於四正斷有懈怠障，於四神足有三摩地減二事障。一於圓滿欲勤心觀隨減一故，二於修習八斷行中隨減一故，於五根有不植圓滿順解脫分勝善根障。於五力有羸劣性障，謂即五根由障所雜有羸劣性，於七等覺支有見過失障。此是見道所顯示故，於八聖道支有麁重過失障，此是修道所顯示故，於到彼岸有別障者。頌曰：

障富貴善趣，不捨諸有情。於失德減增，令趣入解脫。障施等諸善，無盡亦無間。所作善決定，受用法成熟。

論曰，此說十種波羅蜜多所得果障，以顯十種波羅蜜多自性之障，謂於布施波羅蜜多說富貴自在障，於淨戒波羅蜜多說善趣障，於安忍波羅蜜多說不捨有情障，於精進波羅蜜多說減過失增功德障，於靜慮波羅蜜多說令所化趣入法障，於般若波羅蜜多說解脫障，於方便善巧波羅蜜多說施等善無窮盡障。由此迴向無上菩提，令施等善無窮盡故，於願波羅蜜多說一切生中善無間轉障。由大願力攝受能順善法生故，於力波羅蜜多説所作善得決定障。由思擇力及修習力能伏彼障非彼伏故，於智波羅蜜多説自他受用法成熟障。不如聞言而覺義故，於地功德有別障者。頌曰：

遍行與最勝，勝流及無攝。相續無差別，無雜染清淨。種種法無別，及不增不減。并無分別等，四自在依義。於斯十法界，有不染無明。障十地功德，故説爲十障。

論曰，於遍行等十法界中有不染無知障，十地功德如次建立爲十地障。謂初地中所證法界名遍行義，由通達此證得自他平等法性。第二地中所證法界名最勝義，由通達此作是思惟。是故我今於同出離，一切行相應遍修治，是爲勤修相應出離。第三地中所證法界名勝流義，由通達此知所聞法是淨法界最勝等流。爲求此法，設有火坑量等三千大千世界，投身而取不以爲難。第四地中所證法界名無攝義，由通達此乃至法愛亦皆轉滅。第五地中所證法界名爲相續無差別義，由通達此得十意樂平等淨心。第六地中所證法界名無雜染無清淨義，由通達此知緣起法無染無淨。第七地中所證法界名種種法無差別義，由通達此知法無相，不行契經等種種法相中。第八地中所證法界名不增不減義，由通達此圓滿證得無生法忍，於諸清淨雜染法中不見一法有增有減。有四自在。一無分別自在，二淨土自在，三智自在，四業自在。法界爲此四種所依，名四自在所依止義。第八地中唯能通達初二自在所依止義，第九地中亦能通達智自在所依義，圓滿證得無礙解故。第十地中復能通達業自在所依義，隨欲化作種種利樂有情事故。復略頌曰：

已説諸煩惱，及諸所知障。許此二盡故，一切障解脱。

論曰，由此二種攝一切障故，許此盡時一切障解脱。前障總義有十一種。一廣大障，謂具分障。二狹小障，謂一分障。三加行障，謂增盛障。四至得障，謂平等障。五殊勝障，謂取捨生死障。六正加行障，謂九煩惱障。七因障，謂於善等十能作障。八入眞實障，謂覺分障。九無上淨障，謂到彼岸障。十此差別趣障，謂十地障。十一攝障，謂略二障。

澄觀、宗密《大方廣佛華嚴經普賢行願品別行疏鈔》卷三　二障者，即理障事障也。言由内等者，然一切諸法本自融通無礙，但由内心情執，累劫纏綿，故感辯外境妄相阻礙，如平坦長川露地而睡，而夢見四邊擁塞，或險山深水，無由過得，若夢心覺寤，即觸向解脱也。即知迷情，若悟障盡智開，即萬境之中作用自在，故云外用無羈也。愚者欲求神通，不解於心，除妄如何得也。《淨名》云，諸佛解脱，當於衆生心行中求也。

宗密《大方廣圓覺經大疏》卷中之四　二門分別，初總釋二障，後別釋理障。初中此二障者，有體有義，義同唯識，煩惱所知，謂事是煩惱，煩惱即障。又能續生死，故理是所知，所知非障，是障障於所知理，故體即起信根本無明及六染心，染心各一分義（六中各二義，一不覺義，二相生義，今取相生也）。即此事障染污淨心，展轉相生，乃至執取計名，能起諸業，皆是連續生死義，故各餘一分（不覺義也）。及根本無明皆此理障覆翳法界眞心，不覺妄念生起，不達諸法性相，是礙正知見義（若唯依法相宗説，則二障數同，但是用別）。故彼論云，是心從本已來自性清淨（云云），以不達一法界故，心不相應（未有能所王數之别）。忽然念起（更無染法能爲此本，故云忽然），名爲無明（云云）。爲無明所染有其染心，染心義者名煩惱礙，能障眞如根本智故（即寂之照如理智也，故下説眞如，自體本有眞實，識知大智慧等，即經中知字染心喧動，違此寂靜，故云障也）。無明義者，名爲智礙。能障世間自然業智故（如量智也。言自然者，如月無心，頓應千水。經中見字，又知見俱通，前是知見之性，此是知見之相。無明昏昏，無所分別，違此智用名爲智礙。經雖但云理障，而實通於理事，論局於事，智礙理障，障世間智，合爲事障，如何上配經障眞如智，全合取爲理障，皆從所障得名也）。問：準論配與此參差。答：上已明言，此障有體，體在此論，須如上配，義同唯識，與此似違（此論藏疏亦云，今此二障，約本末相依門，以明不約人法二執，故與唯識義意稍殊）。然通釋理事二障，就障理智，令不明顯，俱名無明，就障心行令不解脱俱名煩惱，經以宗於理智，故總取論中二障，合爲理障（眞如世間是理二智，是正知見皆所障也。無明及染中一分爲能障，即前上對）。唯取染中生起一分爲事障。此但約過患以爲障義，無所障法。若欲立之，即解脱是生死相續不解脱故（所障是解脱，能障煩惱，即前下對）。以解脱無體，攝歸眞理，故含其義，不立其名。論則但約相違爲障，故六染卻障眞如智，無明卻障世間智。由此涉於相反，故論自徵云，此義云何（徵能所障不相應之意也）。釋云以依染心，能見能現，妄取境界，違平等性（染心展轉生起差別眞如平等故相違也。成前上句）。以一切法常靜無有起相，無明不覺妄與法違，故不能得隨順世間種種智故（無明冥然世智種種，故相違也。成前下句）。上來對會經論，雖各從一勢，理無違故，所配釋體，義誠非謬矣。總釋二障竟。

通潤《大方廣圓覺脩多羅了義經近釋》卷三　二障者何。一者理障。亦名所知障，由不達一法界義心不相應，忽然念起障所知理礙佛知見名之爲障，即無明也。二者事障，亦名煩惱障，謂以昏煩之法擾亂於心，於事不了起惑造業，生死相續不得自在名之爲障。即見思二惑也。

真鑑《大佛頂首楞嚴經正脉疏》卷一　二障者，煩惱及所知也。煩惱障者，即見思二惑。見乃作意分別之惑，即十結使。思乃任運貪愛，即貪嗔痴慢四結使。前麁後細，總屬我執所起，能障人天勝妙好事，故名事障。煩惱即障，持業釋耳。所知障者，亦二。一者取境，謂不達外境唯心，而謂心外實有，有所希取。二者法愛，於所修證，不達性空，而生愛著。亦前麁而後細，總是法執，能障法空之理，故名理障。然所知二字，不即是障，正是法空之理。依彼所障之理以爲名，故曰所知。不是障被障障所知，是能障所知之障。依主釋耳，亦名智障，即法空之智，同前理說。阿難初果，方脫見惑，而思惑未盡，是尚爲煩惱所纏。至於所知障，渾然未解脫矣。寂者不動搖也，常者無生滅也。因佛開示，覺得前來所執之心，分別喧動。無有寂時，起滅紛飛，豈能常住。由此方求寂然常住之心，應知比前破處之後所求之意迥別。前云溺於淫舍當由不知眞際所詣，是尚以妄識爲眞心，責己不知眞處，但惟求處而已。今云二障所纏良由不知寂常心性，方始責己不知眞心，而別求眞心矣。窮露如窮身暴露，無所棲藏也。空有不羈曰妙，體用朗鑑曰明，眞妄顯現決擇分明曰道眼。又物不能凝曰妙，物不能混曰明。蓋寂常妙明之釋，與下佛之答處，皆有照應。

二　因

曇無讖譯《大般涅槃經》卷二八　佛言，善男子，是故我說正因緣因。師子吼菩薩言，若使乳中本無酪性今方有者，乳中本無菴摩羅樹。何故不生，二俱無故。

善男子，乳亦能生菴摩羅樹。若以乳灌一夜之中增長五尺，以是義故我說二因。善男子，若一切法一因生者，可得難言，乳中何故不能出生菴摩羅樹。善男子，猶如四大爲一切色而作因緣，然色各異，差別不同。以是義故，乳中不生菴摩羅樹。世尊，如佛所說，有二因者，正因，緣因，眾生佛性爲是何因。善男子，眾生佛性亦二種因。一者正因，二者緣因。正因者謂諸眾生，緣因者謂六波羅蜜。【略】

善男子，汝言眾生若有佛性不應假緣如乳成酪者，是義不然。何以故，若言五緣成於生蘇，當知佛性亦復如是。譬如眾石有金有銀有銅有鐵，俱稟四大，一名一實，而其所出，各各不同。要假眾緣，眾生福德爐冶人功，然後出生。是故當知本無金性。眾生佛性不名爲佛，以諸功德因緣和合得見佛性，然後得佛。汝言眾生悉有佛性，何故不見者。是義不然，何以故，以諸因緣未和合故。善男子，以是義故，我說二因，正因，緣因。正因者名爲佛性，緣因者發菩提心。以二因緣得阿耨多羅三藐三菩提，如石出金。

鳩摩羅什譯《大智度論》卷九六　有二種因：一者近因，二者遠因。人有我心，爲後身當常樂故修布施，是近因。爲離欲界衰惱不淨身故修禪定，是爲遠因。

玄奘譯《瑜伽師地論》卷三一　又於此中有二種果及二種因。二種果者，一自體果，二受用境界果。二種因者，一牽引因，二生起因。自體果者，謂於今世諸異熟生六處等法。受用境界果者，謂愛非愛業增上所起六觸所生諸受。牽引因者，謂於二果發起愚癡，愚癡爲先生福非福及不動行，行能攝受後有之識令生有芽，謂能攝受識種子，故令其展轉攝受。後有名色種子、六處種子、觸受種子，爲令當來生支想所攝識名色六處觸受次第生故，今先攝受彼法種子，如是一切名牽引因。生起因者，謂若領受諸無明觸所生受時，由境界愛生後有愛及能攝受愛品癡品所有諸取，由此勢力，由此功能潤業種子，令其能與諸異熟果，如是一切名生起因。由此二因增上力故，便爲三苦之所隨逐，招集一切純大苦蘊。

玄奘譯《瑜伽師地論》卷三八　此一切因二因所攝。一能生因，二方便因。當知此中牽引種子、生起種子名能生因，所餘諸因名方便因。

玄奘譯《成唯識論》卷八　如是十因，二因所攝。一能生，二方便。菩薩地說牽引種子、生起種子名能生因，所餘諸因方便因攝。此說牽引生起引發定異同事不相違中。諸因緣種，未成熟位名牽引種，已成熟位名生起種，彼六因中諸因緣種皆攝在此二位中故。離有現起是能生因，如四因中生自種者而多間斷。此略不說。或親辦果，亦立種名。如說現行穀麥等種。所餘因謂初二五九及六因中非因緣法，皆是生熟因緣種餘，故總說爲方便因攝。非此二種唯屬彼二因，餘四因中有因緣種故。非唯彼八名所餘因，彼二因亦有非因緣種故。有尋等地說生起因是能生因餘方便攝，此文意說六因中現種是因緣者，皆名生起因。能親生起自類果故。此所餘因，皆方便攝。非此生起唯屬彼因，餘五因中有因緣故。非唯彼九名所餘因，彼生起因中有非因緣故。或菩薩地所說牽引生起種子，即彼二因，所餘諸因即彼餘八。雖二因內有非能生因，而因緣種勝顯故偏說。雖餘因內有非方便因，而增上者多顯故偏說。有尋等地說生起因，是能生因餘方便者。生起即是彼生起因，餘因應知即彼餘九。雖生起中有非因緣種而去果近親顯故偏說，雖牽引中亦有因緣種而去果遠親隱故不說，餘方便攝準上應知。所說四緣依何處立，復如何攝十因二因。論說因緣依種子立，依無間滅立等無間，依境界立所緣，依所餘立增上。此中種子即是三四十一十二十三十五六依處中因緣種攝，雖現四處亦有因緣而多間斷，此略不說。或彼亦能親辦自果如外麥等亦立種名，或種子言唯屬第四。親疏隱顯取捨如前。言無間滅境界處者，應知總顯二緣依處非唯五六。餘依處中亦有中間二緣義故，或唯五六餘處，雖有而少隱，故略不說之。論說因緣能生因攝，增上緣性即方便因。中間二緣攝受因攝，雖方便內具後三緣而增上多，故此偏說。餘因亦有中間二緣，然攝受中顯，故偏說。

延壽《宗鏡錄》卷七一　此一切因，二因所攝。一能生因，二方便因。當知此中牽引種子，生起種子，名能生因。所餘諸因，名方便因。當知此中若能生因，是名因緣。若方便因是增上緣。若等無間緣及所緣緣，唯望一切心心法說。由彼一切心及心法，前生開導所攝受故，所緣境界所攝受故，方生方轉。是故當知，等無間緣及所緣緣，攝受因攝。

二　身

曇無讖譯《大般涅槃經》卷三四　我於經中說如來身凡有二種。一者生身，二者法身。言生身者，即是方便應化之身。如是身者，可得言是生老病死長短黑白，是此是彼是學無學。我諸弟子聞是說已不解我意，唱言如來定說佛身是有爲法。法身即是常樂我淨，永離一切生老病死。非白非黑非長非短，非此非彼非學非無學。若佛出世及不出世，常住不動無有變易。善男子，我諸弟子聞是說已不解我意，唱言如來定說佛身是無爲法。

鳩摩羅什譯《大智度論》卷九　佛有二種身：一者法性身，二者父母生身。

是法性身滿十方虛空，無量無邊，色像端正，相好莊嚴，無量光明，無量音聲，聽法衆亦滿虛空（此衆亦是法性身，非生死人所得見也）。常出種種身、種種名號、種種生處、種種方便度衆生，常度一切，無須臾息時。如是法性身佛，能度十方衆生。

受諸罪報者是生身佛，生身佛次第說法如人法。以有二種佛故，受諸罪無咎。

竺佛念譯《菩薩瓔珞本業經》卷上　敬首菩薩白佛言，世尊，從初地至後一地，有果報神變二種法身。一法性身，二應化法身。爲何色相爲何心相。

佛言，佛子，出世間果者從初地至佛地，各有二種法身。於第一義諦法流水中，從實性生智故，實智爲法身，法名自體集藏爲身。一切衆生善根，感此實智法身故。法身能現應無量法身，所謂一切界國土身，一切衆生身，一切佛身，一切菩薩身，皆悉能現不可思議身。國土亦然。

佛子，土名一切賢聖所居之處，是故一切衆生賢聖，各自居果報之土。若凡夫衆生住五陰中爲正報之土，山林大地共有名依報之土。初地聖人亦有二土，一實智土前智住後智爲土，二變化淨穢經劫數量應現之土，乃至無垢地土亦如是。一切衆生乃至無垢地，盡非淨土住果報故，唯佛居中道第一法性之土，是故我昔於普光堂上，廣爲一切衆生說淨土之門。

佛子，初地一念無相法身智身，成就百萬阿僧祇功德法。雙照二諦，心心寂滅法流水中，不可以凡夫心識思量二種法身，何況二地三地乃至妙覺地。但就應化道中，可以初地有百身千身萬身乃至無量身，有縛有解。其法身處心心寂滅法流水中，上不見一切佛法一切果報可求，下不見無明諸見可斷衆生可化。但以世諦應化法中，見佛可求諸見可斷衆生可化。

佛子，亦可得言修三堅法入聖人位，但法流水中心心寂滅，自然流入妙覺大海。佛子，乃至三賢十地之名，亦無名無相。但以應化故，古佛道法有十地之名。佛子，汝應受持一切佛法等無有異。

菩提流支譯《十地論》卷二　云何二身。一如流星身往他方世界故，二如日身處於虛空。如經於上虛空中成大光明雲網臺而住故，於一切處一時遍照故。如是彼此諸衆生迭互相見，猶如一會聽說亦爾，是名身加。

慧遠《大乘義章》卷一九　今此隨義增數辨之。總唯一佛，謂三寶中一佛寶也。或分爲二，二有兩門。一生身法身分之爲二。王宮所生相好之形，名爲生身。戒定慧等五品功德，說爲法身。二眞應不同，開分爲二。自德名眞，隨化所現說以爲應。眞則是其法門之身，應則是其共世間身。是二如前涅槃章中具廣分別，今略辨之法門身者。如世陰陽五行等法，亦如一切衆生體識，心雖是有而無一相，雖無一相而實有之。共世身者，隨化所現同世色像。或時似天，或復似人。如是一切，雖現衆相，而無一實。雖無一實，無所不爲。如《涅槃》說，如來非天非不天，非人非不人。如是等比是其義也。又復平等法門之身，形無所在，無所不在。無所在故，菩提無處。以無處故，德滿法界。故《花嚴》云：無一塵處而無佛身。以德滿故，諸根相好皆遍法界。如海十相，亦如虛空。無礙不動，一一充遍。於是義中，用眼爲門。眼遍法界，諸根相好及佛刹土一切衆生，莫不皆悉一眼中現。如是一切，共世身者，形有所在。以所在故，化別彼此。諸根相好，各有分限，或分爲三。三有兩門。一開眞合應，以說三種。二開應合眞，以說三種。開眞合應以說三者，如上所列。眞中分二。法之與報，應以爲一，故說三種，於此門中四義分別。一分其相別，二約色心非色心等三義分別，第三約就五陰分別，第四約就六根分別。言分相者，此之三佛義通大小，大小既殊，所說亦異。小乘法中宣說如來事識爲體。於事識中，戒定慧等五品功德，說爲法身。王宮所生相好之形，名爲報身。如來獼猴鹿馬等，化說爲應身。若就大乘破相門中宣說，如來七識爲體，於中宣說破相空理，以爲法佛。法實非佛，是佛體性，是佛境界，能生佛智，相從名佛。七識緣智照空之解，說爲報佛。空智爲主，諸德悉是。丈六等化，名爲應佛。

慧遠《大乘義章》卷一九　涅槃有二。一是有餘，隨化現滅。二是無餘，實證體寂。依前二身宣說有餘，依後眞身宣說無餘涅槃經。又經宣說，依前二身，常隨世間不住無餘。依後眞身，常寂離相不住有餘。三身如是，或增說四。四有三門，一開眞合應以說四種，二開應合眞，三眞應俱開。開眞合應以說四者，如楞伽說。一應化佛，二功德佛，三智慧佛，四如如佛。故彼經言，云何應化佛，云何功德佛，云何智慧佛，云何如如佛。四中初一是佛應身，後三眞身。以應爲一，眞分爲三，是故名爲開眞合應。就眞三中，功德智慧是佛報身。報德雖多，要唯福智。福名功德，智名智慧。如如一種，是佛法身。《勝鬘經》中，亦有此相。彼云，如來妙色身等，是佛應身。復言如來色無盡者，是功德身。智慧亦然，是智慧身。一切法常是法性身。此是第一開眞合應以說四種。開應合眞而說四者，如彼七卷《金光明》說。一化身非應，如來爲物等示現一切龍鬼等。不爲佛身，名化非應。又經說言，佛涅槃後，以願力故，遺身益物。此亦是其化身非應。二應身非化，經自釋言，謂地前身地前菩薩所見佛身，乃從三昧法門中現，非是人天六道所攝。以是義故，名應非化。三亦應亦化，謂諸聲聞所見佛身，彼見如來相好之形隨道成佛，故名爲應。見佛在於人中受生相同人類故名爲化。四非應非化，謂佛眞身。此四身中，前三是應，後一是眞。由應爲三，故名開應。由眞爲一，故名合眞。復有四種。開應合眞，亦得說四。一眞身佛，謂法與報。二應身佛，王宮所生道樹現成。三化身佛，依於應身示現無量無邊化佛。四化身非佛，謂示一切龍鬼等形。攝末從本，是佛所爲通亦是佛。是亦第二開應合眞以說四種。眞應俱開而說四者，眞中分二，法之與報，義如上解。應中分二，應之與化，亦如上釋。又就應中更得分二。一是法應，謂從三昧法門力現。如《涅槃》說，大般涅槃，能建大義，金剛三昧種種悉爲，如是一切，是其法應。二是報應，以本大悲大願力故，能隨衆生種種異現。此從如來報身而起，名爲報應。一眞之中義分法報，一應之中，義別兩應，故合有四。或分爲五，謂如來五陰之身。又戒定慧解脱知見五品功德，亦得說五，義如後釋。或分爲六，前法佛中義別爲二：一體顯佛，二緣顯佛，攝德從本，名爲體顯，攝德從緣，名爲緣顯。言體顯者，如來藏性，從本已來，有何從緣顯了之義，遇緣便顯。言緣顯者，曠修諸行，斷除垢染，淨於法界，體雖顯了，必藉於緣。緣雖能顯，必顯於體。此二體一隨義分二。前報佛中，義別亦二：一體作佛，二緣作佛。攝德從本，說爲體作，如莊嚴具是金所作。攝德從緣，是其緣作，如莊嚴具工匠所作。體雖能作，作必藉緣。緣雖能作，作必依體。此二體一隨義分二，前應佛中義別亦二：一法應佛，二報應佛。義如上辨。攝用從本，應從法起。三昧法門之所起，故攝用從末，是從報起。大悲願力之所起故，法雖能起，必藉悲願。悲願等行，雖復能起，必依於法。此二體一隨義分二，故合說六，亦得說七。向前六種，實從緣別，廢緣論實，無隱無顯，復以爲一。通前說七，亦得分八。就前第七無隱顯中，義別有二：一就實通論。從本已來，實外無緣，緣既不有，知復約何說隱說顯，以無隱故本則非因，以無顯故今則非果，此則本來自性常淨無爲法身。二息緣證實，無隱無顯，至佛返望，從本無緣，以無緣故，本則非隱。今非始顯，本時非隱，不可名因。今非始顯，不可名果。故《涅槃》中讚嘆如來獲得無因無果報法。此之一門，從因修得，乃至得時無因可從。故《涅槃》云：因世諦慈得第一義慈。第一義慈，不從因緣。餘德悉爾。無隱顯中義別此二，故合成八。或得分十，如《花嚴》說。彼有兩文，大同小異。一處說言：一正覺佛，二者願佛，三業報佛，四住持佛，五者化佛，六法界佛，七者心佛，八三昧佛，九者性佛，十如意佛。此直列名，更無解釋。一處復言：一無著佛，安住世間，成正覺故，此猶是前正覺佛也。二者願佛，願出生故，此即是前第二願佛。三業報佛，言成就故，諸行皆成，且就一信，此即是前業報佛也。四住持佛，隨順世間不斷絶，故此即是前住持佛也。五涅槃佛，永滅度故。此一與前化佛小異，統而會之，不捨大悲，大願力化，方得名爲大涅槃義故。前化佛是，顯涅槃。六法界佛，於一切處，無不至故，此與前同。七者心佛，善安住故，此亦同前。八三昧佛，成就無量恆沙功德，無所著故，此亦同前。九者性佛，善決定故，此亦同前。十如意佛，以普覆故亦同前，隨別廣分，亦可無量。今據一門且說三種，辨相如是。

達磨笈多譯《金剛般若論》卷上 法身復有二種。謂言說法身，證得法身。此證得法身亦有二種，謂智相，福相。

言說法身者，謂修多羅等，爲欲得此法身故。經言，世尊，頗有衆生於未來世如是等，於不顛倒義想是爲實想，應知如言執義彼非實想。爲欲得智相法身故，經言，有法如來正覺阿耨多羅三藐三菩提耶如是等。爲欲得福相法身故，經言若此三千大千世界如是等。

玄奘譯《解深密經》卷五 爾時，曼殊室利菩薩摩訶薩請問佛言：世尊，如佛所說如來法身，如來法身有何等相。佛告曼殊室利菩薩曰：善男子，若於諸地波羅蜜多，善修出離轉依成滿，是名如來法身之相。當知此相二因緣故，不可思議無戲論故，無所爲故，而諸衆生計著戲論有所爲故。

世尊，聲聞獨覺所得轉依，名法身不。善男子，不名法身。世尊，當名何身。善男子，名解脱身。由解脱身故說一切聲聞獨覺，與諸如來平等平等，由法身故說有差別。如來法身有差別故，無量功德最勝差別。算數譬喻所不能及。

二種涅槃

曇無讖譯《大般涅槃經》卷三六 如來則有二種涅槃。一者有爲，二者無爲。有爲涅槃無常樂我淨，無爲涅槃有常樂我淨。

曇無讖譯《大般涅槃經集解》卷六七 僧亮曰：二種涅槃，一謂五分法身，出生無故，名爲涅槃。二謂結盡無爲也。闡提無故，故言不必一切皆有也。不信有得道人者，謂聖自然不不學也。無因果者，無善果也。

玄奘譯《阿毗達磨大毗婆沙論》卷三二 然涅槃有二種。一有餘依，二無餘依。今欲分別此二差別。復次，爲止他宗顯正義故，謂或有執。有餘依涅槃界有自性，無餘依涅槃界無自性。爲遮彼執顯二種涅槃界皆有自性，或復有執。有餘依涅槃界是有漏，無餘依涅槃界是無漏。爲遮彼執顯二種涅槃界皆是無漏，或復有執。有餘依涅槃界是有爲，無餘依涅槃界是無爲。爲遮彼執顯二種涅槃界皆是無爲，或復有執。有餘依涅槃界是善，無餘依涅槃界是無記。爲遮彼執顯二種涅槃界皆是善性，或復有執。有餘依涅槃界是道非道果，無餘依涅槃界是道果非道。爲遮彼執顯二種涅槃界皆是道果，或復有執。有餘依涅槃界是道果，無餘依涅槃界非道果。爲遮彼執顯二種涅槃界俱是道果，或復有執。有餘依涅槃界是諦攝，無餘依涅槃界非諦攝。爲遮彼執顯二種涅槃界皆是諦攝，或復有執。有餘依涅槃界是無學，無餘依涅槃界非學非無學。爲遮彼執顯二種涅槃界皆非學非無學，由此所說種種因緣故作斯論。云何有餘依涅槃界。答：若阿羅漢諸漏永盡，壽命猶存，大種造色相續未斷。依五根身心相續轉，有餘依故，諸結永盡得獲觸證，名有餘依涅槃界。此中壽命者，謂命根。

吉藏《法華義疏》卷八　二種涅槃是息駕之處，名可於中止也。隨意所作者，結累既盡心得自在。若入是城快得安穩者，若證此涅槃離生死危苦也。有人言煩惱既盡，隨意自在，即有餘涅槃也。若入是城快得安穩因果兩患，危苦都亡，即無餘涅槃也。若能前至寶所亦可得去者，有人言佛果譬寶所，聲聞人若能發菩提心，求佛智慧亦可得去。如《大品》云若能發心，我亦隨喜。若就理中釋者，此句顯化城意。說二乘教本令得佛，譬如暫息腳欲令進路。昔不得顯於斯意，故假設此言。明雖暫證小乘，終歸大道。若就昔教明者，如云六十劫修得聲聞，百劫修證於緣覺，此二同證無餘，喻可於中止。今譬菩薩三阿僧祇劫修行趣佛，故云若能前至寶所，亦可得去也。是時疲極之衆心大歡喜，下第三稟教得益也。就文三別，一信受，二修行，三證涅槃。說教稱機，故稱歡喜。歎未曾有者，二種涅槃是出世之法，世間所無名未曾有。我等今者免斯惡道，謂離生死苦也。快得安穩者，得涅槃樂也。至此已來皆是初聞佛教生信受也。於是衆人前入化城第二辨修行求涅槃也。生已度想生安穩想者，第三句證涅槃果也。出三界生死，名生已度想。證無餘涅槃，生安穩想。又得有餘，名已度想。入無餘，名安穩想。又得盡智，名已度想。得無生智，名安穩想。實非究竟，謂是究竟故稱爲想。

二種法通

求那跋陀羅譯《楞伽阿跋多羅寶經》卷三　三世如來，有二種法通，謂說通及自宗通。說通者，謂：隨衆生心之所應，爲說種種衆具契經。是名說通。自宗通者，謂修行者，離自心現種種妄想。謂：不墮一異、俱不俱品，超度一切心、意、意識。自覺聖境界，離因成見相，一切外道、聲聞、緣覺墮二邊者，所不能知。我說是名自宗通法。大慧，是名自宗通及說通相。汝及餘菩薩摩訶薩，應當修學。

澄觀《大方廣佛華嚴經隨疏演義鈔》卷八八　三世如來有二種法通。謂說通及自宗通。說通者，謂隨衆生心之所應，爲說種種契經，是名說通。自宗通者，謂修行者離自心現種種妄想，謂不墮一異俱不俱品，超度一切心意意識，自覺聖境離因成見相故，一切外道聲聞緣覺墮二邊者所不能知。我說是名自宗法通。釋曰：謂初了唯心謂不墮下，境界則滅。超度一切下，能取亦無。自覺聖下，正悟自心不由他悟，離三量成故離因成。一切外道下，對他顯勝，經結勸云是名自宗通及說通相，汝及餘菩薩摩訶薩應當修學。偈云謂我二種通宗通及言說說者授童蒙宗爲修行者。釋曰：而前引竟今復重說者，前約證者能說故先明宗通，今約從教修證故先明說通。亦前從根本起後得，今從加行入根本耳。

宗泐《楞伽阿跋多羅寶經註解》卷三　三世如來有二種法通，謂說通及自宗通。說通者，謂隨衆生心之所應，爲說種種衆具契經，是名說通。自宗通者，謂修行者離自心現種種妄想，謂不墮一異俱不俱品，超度一切心意識，自覺聖境界，離因成見相，一切外道聲聞緣覺墮二邊者，所不能知，我說是名自宗通法。大慧，是名自宗通及說。通相汝及餘菩薩摩訶薩，應當修學。答中言三世如來有二通者，顯諸佛自行化他之法無不同也。先明說通，言衆具契經者，即前九部攝一切法，故曰衆具。而卒歸乎契理契機，故云契經。次明宗通，自證之法本不可說，故寄修者以示其相。曰離自心現種種妄想等者，謂不墮一異等四句，則妄想不行。妄想不行則超越一切心識，到自覺聖境界。言離因成見相者，因成即因成假，謂意根對法塵，而起分別之見也，離者離此見也。然如來自證之法，非邪外偏小著空有二邊者之所能知，唯大乘菩薩能修能證，故誡云應當修學。

員珂《楞伽阿跋多羅寶經會譯》卷三　三世如來有二種法通，謂說通及自宗通。說通者，謂隨衆生心之所應，爲說種種衆具契經，是名說通。自宗通者，謂脩行者離自心現種種妄想，謂不墮一異俱不俱品，超度一切心意意識，自覺聖境界離因成見相，一切外道聲聞緣覺墮二邊者所不能知，我說是名自宗通法。大慧，是名自宗通及說通相，汝及餘菩薩摩訶薩應當脩學。

善月《楞伽阿跋多羅寶經通義》卷五　復次，大慧，愚癡凡夫無始虛僞惡邪妄想之所回轉，回轉時自宗通及說通不善了知，著自心現外性相故，著方便說於自宗四句，淸淨通相不善分別。大慧白佛言，誠如尊教，惟願世尊爲我分別說通及宗通，我及餘菩薩摩訶薩善於二通，來世凡夫聲聞緣覺不得其短。佛告大慧，善哉，善哉，諦聽，諦聽，善思念之，當爲汝說。大慧白佛言，唯然受教。佛告大慧，三世如來有二種法通，謂說通及自宗通。說通者，謂隨衆生心之所應，爲說種種衆具契經，是名說通。自宗通者，謂修行者離自心現種種妄想，謂不墮一異俱不俱品，超度一切心意意識，自覺聖境界離因成見相，一切外道聲聞緣覺墮二邊者所不能知，我說是名自宗通法。大慧，是名自宗通及說通相，汝及餘菩薩摩訶薩應當修學。爾時世尊欲重宣此義，而說偈言：

我謂二種通，宗通及言說，說者授童蒙，宗爲修行者。

宗說通相前文言之詳矣。而再言者，但前通三乘，此唯在佛。機應不同，故前說後宗，次則反上。又前爲衆請，此佛自述，故有妄想回轉等言，以啟其說，則知此法在凡未嘗無之，但爲迷轉故，全體不知。夫回轉者，謂迷自己故回內向外唯著自心現外性相等境界，亦著方便言說，故於自心宗本離四句，所通相而不能了，大慧所以因而致請言不得其短，若謂宗通說不通其短在化導，說通宗不通其短在自行，俱通則不得其短也。答中言二種法通者謂宗通不過自證法，說通則說一心所顯法而以被物者，故佛佛所以道同此經，所謂法等言衆具契經，即前九部攝一切法，故曰衆具而卒歸於契理契機，是謂契經自證之法本不可說故，寄修者以示其相，則曰離自心現種種妄想，等謂不墮四句則妄想不行，妄想不行則超度一切心識，到自覺聖境界，然則何以示之，亦唯曰離因成見相而已。凡有爲之法，可說衆因緣成得有見相，今自覺境界則是無爲出因緣外，非相之相，豈有見乎？故云離是宜非凡外小聖墮二邊者所知，故曰云云偈言童蒙猶初機也。其說通所被未必一向初機，爲對宗通言爾，宗通雖爲修行，若不假說，其何以示是宗，亦須說皆一往爾。所謂信行樂多聞法，行宗深觀者是矣。

智旭《楞伽阿跋多羅寶經卷第三義疏下》　三正明二種法通二。初長文，二偈頌。

今初。佛告大慧，三世如來有二種法通。謂說通及自宗通。（唐云：謂如實法及言說法）說通者，謂隨衆生心之所應，爲說種種衆具契經，（唐云：諸方便教）是名說通。自宗通者，謂修行者，離自心現種種妄想，（唐云：於心所現，離諸分別）謂不墮一異俱不俱品，超度一切心意意識，自覺聖境界，離因成見相，（唐云：於自覺聖智所行境界，離諸因緣相應見相）一切外道聲聞緣覺墮二邊者所不能知，我說是名自宗通法。大慧，是名自宗通及說通相，汝及餘菩薩摩訶薩應當修學。

疏曰：宗通而說不通，何以自行。說通而宗不通，何以化他。又宗既不通，則說何能通。如未飲食，何能辨味。說苟不通，則何名宗通。如不見色，豈名見空。是知宗說本自不二，特約自行化他，說有二耳。菩薩應當修學此權實不二法門也。

二偈頌。

爾時世尊，欲重宣此義而說偈言：我謂二種通，（唐云：我說二種法）宗通及言說，說者授童蒙，宗爲修行者。

疏曰：既授童蒙，理須權實並用，四悉隨機。既爲修行，則唯有自覺聖智境界而已。第二十六智不得境門竟。

曾鳳儀《楞伽阿跋多羅寶經宗通》卷六　我謂二種通，宗通及言說，說者授童蒙，宗爲修行者。

通曰：自宗通及說通，固非凡夫二乘所知。然不善分別二通，彼反得執其短。何以使來世外道二乘不墮邪見乎，故大慧重請說通宗二種法，爲度生軌範也。故佛告以說通者，隨衆生心應說何法，爲說種種方便衆具契經。梵語修多羅此云契經，謂契理契機也。契理則妙符中道，契機則巧被三根。以經含多義，故云衆具。謂理無不該，機無不攝也。是之謂説通。自宗通者，謂菩薩修行者離自心現種種分別，謂不分別有無四句一異俱不俱品，此外道虚僞惡習皆從心意意識所現，爲彼有無等妄想迴轉，即著於外境性相，不能超出。唯修行者離彼妄想，即超度一切心意意識境界，而證入自覺聖智境界。夫自覺聖智境界者，本自如如本自圓成，不容擬議不容造作。若作因緣見若作自然相應見，因功行而成就者，皆未離乎相，非自覺聖智境界也。此自覺境界遠離諸相，但可自知，非人所知。況一切外道二乘墮有無二邊見者豈能知之哉。是之謂自宗通法。前大慧問宗通相而兼及於説，佛謂一切聲聞緣覺菩薩有二種通相。所云宗通者，緣自得勝進相趣無漏界，緣自覺趣光明輝發，似屬漸次。此則離心意意識即自覺聖境界則頓矣。所云説通者，隨順衆生如應説法。但九部教法，此則衆具契經，無所不備矣。而又歸之三世如來建立二種法，豈但外道二乘邪見不得其短，實爲來世説法利生之定式也。故偈復申明説通所以接初機，説即所以説乎宗也。宗通所以爲修行者設，謂其遊行無所有，修行無所有，即離言説相可也。宗通非言説所及，豈妄想分別者所能知乎，而又何以能得其短。前偈亦云，宗及説通相，緣自與教法，善見善分別，不隨諸覺想。唯不隨諸覺想轉，故能轉諸覺想凡夫也。良遂禪師參麻谷，谷見來，便將鉏頭去鉏草，師到鉏草處，谷殊不顧，歸方丈，閉卻門。師次日復去，谷又閉門。師乃敲門，谷問阿誰，師曰良遂。纔稱名，忽然契悟。曰和尚莫謾良遂，良遂若不來禮拜和尚。洎被經論賺過一生，谷便開門相見。及歸講肆，謂衆曰：諸人知處，良遂總知。良遂知處，諸人不知。何意千載而下，有良遂禪師爲此段經文證據。

二種滅

曇無讖譯《大般涅槃經》卷三一　一切諸法有二種滅。一者性滅，二者畢竟滅。若性滅者，云何而言智慧能滅。若言智慧能燒煩惱如火燒物，是義不然。何以故。如火燒物則有遺燼。智慧若爾，應有餘燼。如斧伐樹，斫處可見。智慧若爾，有何可見。慧若能令煩惱離者，如是煩惱應餘處現，如諸外道離六大城拘尸那現。若是煩惱不餘處現，則知智慧不能令離。善男子，一切諸法性若自空誰能令生，誰能令滅。異生異滅無造作者。善男子，若修習定則得如是正知正見，以是義故，我經中説，若有比丘修習定者，能見五陰生滅之相。善男子，若不修定，世間之事尚不能了，況於出世。若無定者，平處顛墜，心緣異法，口宣異言，耳聞異語，心解異義。欲造異字，手書異文。欲行異路，身涉異徑。若有修習三昧定者，則大利益，乃至阿耨多羅三藐三菩提。

僧伽跋摩等譯《雜阿毗曇心論》卷九　有二種滅，謂非數滅，無常滅。若言滅行者，不知何等滅，亦非妙出行，以無記非妙非出故，非三相所成故，止餘如前説者，餘如空空説。又彼三昧，利根者盡智生時得後方便現在前，佛不方便辟支佛少方便聲聞或中或上。空空無願無願法智比智苦智後現在前，無相無相法智比智滅智後現在前。若欲界三昧禪未來所攝聖道後起，若非想非非想地無所有處聖道後起。餘者自地次第。

真諦譯《佛性論》卷四　有二種滅。一者性滅，二治道滅。一性滅者有二，謂念念滅，及相違滅。相違滅又有二種。一等類相違，如貪違瞋等。二不等類相違，如正思惟違欲瞋等。是名性滅。二治道滅者有二種，一通二別。通道者，謂觀眞如，滅三界煩惱。二別道者，如不淨觀等，能滅貪瞋等煩惱。如苦諦觀，滅苦諦惑，不滅集諦惑，名隨眠欲瞋癡等。四三毒極重上心惑者，有諸煩惱在欲行衆生相續中，爲罪福兩行增長家因，但生欲界修不淨觀等所破，是名貪瞋癡極重上心煩惱。五無明住地惑者，在阿羅漢相續中，爲無流業生家因，能生意所生身，爲如來菩提所破，是名無明住地惑故。阿羅漢約安立諦觀能破諸煩惱，此無明住地，非安立諦觀所能破故，猶在羅漢相續中，爲無流業生家因。無無業生家因者，流有三義。一者流入三界生死。二者退失，如失欲界流往色界，或失色界流下欲界，則隨生死不定一處，故名爲流。三者流脱，功德善根失戒定慧，譬如破塘水則不住。無此三流，故名無流。業者作意爲義，此意業能生四種生死。如來菩提破者，如來菩提非安立諦觀，是名如來菩提。因此道故，能滅此惑故，名無明住地。六見諦所滅惑者，有二種學人，一凡夫，二聖人。此惑在學道凡夫相續中，無始已來未曾見理，因初出世聖道所破名爲見諦。

相滅。**宗泐、如玘《楞伽阿跋多羅寶經註解》卷一**　有二種滅，謂流注滅及相滅。從此至盡文，別問答五法三自性八識二無我也。首問諸識者，蓋識即是心，心爲萬法之本故也。據常途所立諸識，謂第九菴摩羅識即眞常淨識屬佛。第八阿黎耶識，即含藏識屬菩薩。第七阿陁那識，即傳送識屬二乘。第六分別事識，亦名波浪識屬凡夫。或有譯師不立第九者，謂第九即第八異名。今經所明諸識不同常途，據後經文，謂如來藏名識藏，及意根意識眼等五識共爲八識。以此諸識約生滅門說。故問有幾種生住滅，佛答有二種生住滅，非思量所知者。眞如妙性本無生滅，隨無明緣而起諸識，故有生住異滅。生謂因緣所生，住謂住止，異謂變異，滅謂滅盡。此不言異者文略耳。然此諸識生滅之相，唯佛智能明，故云非思量所知。言流注生住滅者，謂識蘊於內念念相續，如水流注未始暫停也。言相生住滅者，謂相顯於外，根境相對起生住滅也。

正受《楞伽經集註》卷一　二種滅，謂流注滅及相滅。（古註云：流注者，唯目第八識三相〔徵〕隱種現不斷，名爲流注。由無明緣初起業識，故說爲生，相續長劫，故名爲住，到金剛定等覺一念斷本無明，名流注滅相。生住滅者，謂餘七識心境麁顯，故名爲相。雖七緣八望六爲細，具有四惑，亦云麁故，依彼現識，自種諸境，緣合生七，說爲相生。長劫熏習，名爲相住。從末向本，漸伏及斷，至七地滿，名爲相滅。）

通潤《楞伽阿跋多羅寶經合轍》卷一　佛告大慧，諸識有二種生住滅，非思量所知。諸識有二種生，謂流注生及相生。有二種住，謂流注住及相住。有二種滅，謂流注滅及相滅。

言流注者，謂第八現識，三相微隱，是細中之細，故名流注。此流注識全是眞如，不生滅性，因無明不覺，忽與生滅，和合轉而爲識，名流注生。長劫相續，名流注住。始從正信發心觀察，若證法身得少分滅，直至金剛道後，一念相應，慧頓斷生相無明，名流注滅。言相者，謂前七種識，三相粗顯，以是細中之粗，粗中之細，又粗中之粗，故名曰相。然此麁相，但就流注，住中分爲三相七識，初生名相生，即與前境和合相續不斷，名相住，從信相應地斷執取相，是滅粗中粗相，從初地斷相續至七地斷智相，是滅粗中細相，自八地斷現相，九地斷轉相，是滅細中粗相，名相滅也。以流注即相中流注相，即流注中相，故諸識皆有二種生住滅也。然粗細雖殊，至於交相熏變，皆莫知其所以然，故非思量所知，以諸衆生從無始來未曾離念故，若得無念，則知心相生住異滅矣。

廣莫《楞伽阿跋多羅寶經參訂疏》卷一　有二種滅，謂流注滅及相滅。

（古註云：流注者，唯目第八識。三相微隱，種現不斷，名爲流注。由無明緣，初起業識，故說爲生。相續長劫，故名爲住。到金剛定等覺，一念斷本無明，名流注滅。相生住滅者，謂餘七識，心境麁顯，故名爲相。雖七緣八，望六爲細，具有四惑亦云爲麁，依彼現識自種諸緣合生，說爲相生。長劫熏習，名爲相住。從末向本，漸伏及斷，至七地滿。名爲相滅。觀經記曰：此通指八識，皆有麁細二種相也。解者謂，流注生住滅，單屬第八賴耶。相生住滅，則屬前七。今諦觀經意，諸識之言，蓋謂八箇識中，皆有麁細相也。良以八識，皆有思量了別之用，隨見隨即分別，而此行相麁顯。故云相生住滅，究其源底皆是第八識精應緣之業用。三相隱徹，一類相續，故云流注。雖有八識分位，其實總皆一類微細流注種子現行，交相熏發，甚深微細不可思議。故經云陁那微細識習氣成瀑流，故云諸識有二種生住滅。愚按古注，獨以流注屬第八，相屬前七，則於經中諸識各有之言相違矣。記者雖順經文，然曰究其源底皆是第八識精一類相續，則流注亦屬第八矣以愚意論之。諸識實各有二種，但前七就相中論流注，望後第八爲麁，亦屬相耳。唯第八流注，乃爲甚細。故經云，阿陁那識甚微細一切種子成瀑流，此實爲流注耳。

定賓《四分律疏飾宗義記》卷七　有二種滅，一滅，二次第滅。第十九卷滅定品云：滅定二種：一煩惱盡（即前二種滅中初滅是也），二煩惱未盡（即前二種中後滅是也）。煩惱盡者，在解脫中，是第八解脫，亦名阿羅漢。煩惱未盡者，在次第定中（謂九次第定中也）。上來三空即是三種，執心無處名爲滅諦。如燈滅已，無別滅體，不同薩婆多無爲數量。如有漏數，亦異大乘生法二空。所顯眞理，體性非無。次辨道諦者，如疏云，言道諦者，謂戒定慧等。問：成論十七定因品云，道諦者謂八直聖道，今何故云戒定慧也。答：正語業命即是戒學，正念正定即是定學，正見正思即是慧學，釋進即是三學並攝，故不違也。然觀滅諦，既通聞思，故知聞思亦道諦攝，即是不同薩婆多宗，唯無漏通爲道諦體。次辨經部祖師譬喻論師，如婆沙七十七云，譬喻者說，名色是苦諦（名是四蘊，色是色蘊，意因成實），業煩惱是集諦，業煩惱盡是滅諦（此滅但是滅無之處，未必即同成實三空），奢摩他毗鉢舍那是道諦（彼宗止觀，蓋亦通於聞等三慧）。

二空

鳩摩羅什譯《大智度論》卷三九　不得身乃至不得般若波羅蜜，是名法空。不得聲聞乃至佛，是名衆生空。菩薩住是二空中，漸得一切不可得空，不可得空即是諸法實相。是不可得空義，如先十八空中說。

鳩摩羅什譯《大智度論》卷八九　佛此中自說因緣。是法無言說，亦無生滅垢淨法者，所謂畢竟空、無始空。

問曰：此中何以但說二空名爲法。答曰：一切有，若法、若衆生。若言畢竟空，則破諸法。若言無始空，則破衆生。破此二法已，則一切法盡破。此中菩薩爲衆生說法，是故以二空破二事。雖有餘空，不如畢竟空甚深畢盡。餘空如火燒木，猶有灰燼。畢竟空無灰無燼。有人言：若說十八空無咎，略說故說二空。

鳩摩羅什譯《大智度論》卷九六　佛答：衆生顛倒不知，佛但破其顛倒，不言是實。

是故菩薩住是平等相中，遠離我相乃至知者、見者相，是名衆生空。以是一切無吾我法，教化衆生。

衆生有二種。一者愛多，二者見多。愛多者，得是無我法，則生厭心、離欲，作是念：若無我，何用餘物。見多者，雖知無我法，於色等法中戲論，若常、若無常等。是故次說色相、五衆、十二入、十八界，乃至遠離有爲性相，令得無爲性相，無爲性相即是空，是名法空。

問曰：須菩提何以作是問：用何等空故一切法空。答曰：空有種種，如火中無水、水中無火，亦是空。五衆中無我，亦如是。或有衆生空，或有法空。

法空中，或有人言，諸法雖空，亦不盡空，如色空中有微塵根本在。是故須菩提問：以何等空故，一切法空。佛答：以無所得畢竟空故，遠離一切相。是故此中說衆生空、法空，是二空故一切法無不空。

菩提流支譯《金剛仙論》卷三　是大段第六名爲我空法空分也。此亦名住放辨才段所以名我空法空者。就對計我四句明無我四句以釋我空。明能信菩薩於衆生五陰中解從本以來無定實神我衆生壽命等四以之爲我。又無定實五陰因緣以爲我所以不見定性我所可以除蕩故名我空。法空者就對法中四句以明法空。上我空直見生陰定性我無定性所猶未空生陰因緣法體。今明此生陰非直無有定實神我其體生滅因緣虛妄本來寂靜乃至假名亦無故名法空。又知佛性眞如古今一定體無方相亦名法空也。【略】

又何以故須菩提是諸菩薩若取法相則爲著我等者。此第二何以故所以來者，聞上法空中第四句言亦非無相，還取證法同於名相。疑云，若此菩薩有智慧人，已得彼我法二空之解，斷我法上或者，何故猶起心謂此證法同於名相。復言，我有智慧能觀我法二空，我能脩行斷煩惱，我能教化衆生。若爾，此菩薩則斷滅我相等或不盡。有如此疑，故言何以故也。又能解何以故者作難，或者聞法空中第四句釋言，眞如雖無名相，非不因此眞如證法有於言說。此音聲言教還詮證智，復藉此言教，得彼證智。若爾眞如證法中便有名相，何以故言眞如無名相不同有無也。故答是諸菩薩若取法，則爲著我人等也。明初地菩薩雖得我法二空之解，但斷初地所斷一品麁惑，猶有二地以上四住根本無明住地善法封著微分別心功用煩惱，故言則爲著我人等，非謂猶有四住麁惑取證法有名相也。上已云是菩薩無相，復云無法相，此已明菩薩得我法二空之解。此中復言若取法相則爲著我人衆生壽者，此之二文所以相違也。今者明斯之二文雖似相違，而其理冥順。云何相順，前明初地菩薩得我法二空能治之解。言無我相等者，但明初地所斷四住麁惑，猶有二地以上修道中善法煩惱無明細闇根本之惑。如《十地經》中言，我能知法入定能化衆生等。猶有微惑未盡，所以知然。下論釋云，但有無明使，無現行麁煩惱，以此知也。若取法相者，明此菩薩雖得我法二空之解，故起分別。由我有智慧能解我法二空，此微分別，是我見家根本，從麁爲言，故云著我人等。此釋前我空也。

真諦《中邊分別論》卷上　此空有十六。一內空，二外空，三內外空，四大空，五空空，六第一義空，七有爲空，八無爲空，九畢竟空，十無前後空，十一不捨空，十二性空，十三相空，十四一切法空，十五非有空，十六非有性空。如是略說空。應知。

食者所食空　身及依處空

能見及如理　所求至得空

此中能食空者，依內根故說。所食空者，依外塵故說。身者是能食，所食者依處。是重空故說內外空。大空者，世器遍滿故，故說名大。此空說大空，內入身及世器，此法是空。無分別智能見此空，此無分別智空，故名空空。如道理依第一義相觀此法空，是名第一義空。爲得此菩薩修行空，是此法空爲何修行，爲至得二善。一有爲善，二無爲善。此空是名有爲無爲空。爲常利益他，爲一向恆利益他故，修此空故說畢竟空。爲不捨生死，此生死無前後，諸衆生不見其空，疲厭故捨離生死，此空是名無前後空。爲善無窮盡諸佛入無餘涅槃，因此空不捨他利益事，是名不捨空。爲清淨界性性義者種類義自然得故，故立名性，此空名性空。爲得大相好，是大人相及小相，爲得此二相修行此空，是名相空。爲清淨佛法故，菩薩行彼十力四無畏等諸佛不共法，爲清淨令出菩薩修此空，是名一切法空。如是十四種空已安立，應知分別此相，是十四中何法名空。

人法二皆無　此中名爲空

彼無非是無　此中有別空

人法二無有是法名空，是無有法決定有亦空。如上說。能食等十四處，此二法是名空。爲顯空眞實相故，是故最後安立二空。一非有空，二非有性空。立二空何所爲，爲離人法增益，爲離人法空毀謗。

智顗《摩訶止觀》卷三下　空有二種。一但空，二不但空。《大經》云：二乘之人但見於空不見不空，智者非但見空能見不空。不空即大涅槃。二乘但空智如螢火，菩薩之人智慧如日。既空異智，別則有兩諦之殊，而今合爲一眞諦。二乘體假入眞，秖入但空，不能從但空入假，無化他之用。菩薩體假入但眞，能從但空入假，化度衆生淨佛國土。上根菩薩體假入眞，前入但空，次入不但空，則破無明見佛性。與前眞永別，豈可同爲一眞諦耶。昔莊嚴家云，佛果出二諦外。得此片意而作義不成，不知佛智別照何境，別斷何惑。若得今意出外義則成。開善家云，佛果不出二諦外，不能動異二乘，作義復不成。若得此意不出義亦成。古來名此爲風流，二諦意在此。但空不但空合時，秖是一眞諦，離時成兩眞諦。與三藏家異。彼三藏第三諦，但有中道名無別體。眼無別見，智無別知。今則不爾，第三諦亦名眞諦，亦名中道第一義諦。有別體別見別知，是爲通教二諦三諦離合之相也。次別教明二諦與前求異。前之眞俗合爲別家之俗，俗者是世界隔別。俗有眞無，凡夫爲俗諦所攝，二乘爲眞諦所攝。既有無之異，故稱爲俗。《勝鬘》名二乘作空亂意衆生。《大經》云，我與彌勒共論世諦，五百聲聞謂說眞諦。若論二諦，俗諦不開。若作三諦，開有爲俗開無爲眞，對不但空爲第一義諦。是爲別教離合之相也。

智顗《摩訶止觀》卷五下　故無住之心，雖有心名字，名字即空。若四句推性不見性，是世諦破性亦名性空。若四句推名不見名，是眞諦破假亦名相空。性相俱空者是爲總相從假入空觀也。故《中論》曰：諸法不自生。如此用觀者與中論意同也。若根檢不得心即是內空，塵檢無心即是外空，根塵合檢不得即內外空，離檢不得即是空空。四性檢不得即是性空，四句檢不得即是相空。若就塵檢無十方分即是大空，求最上所以不得。即是第一義空，四句因緣不得即有爲空。因有爲說無爲，既不得有爲亦不得無爲，即無爲空。四句求心生元不得即無始空，四句求心滅不可得即散空。四句求心生滅不可得，亦不得心不生不滅，即畢竟空。三界無別法唯是一心作，今求心不可得，即一切空。觀心無心觀空無空，即無所得空。觀有見三假不可得，即有法空。觀無見三假不可得，即無法空。觀亦有亦無見三假不可得，即無法有法空。如此觀者即與《大品》意同。是爲十八種從假入空觀也。【略】如是四句推相續假求心不得，無四性實執心即薄。但有心名字，是字不住內外兩中間，亦不常自有。相續無性即世諦破性，名爲性空。相續無名，即眞諦破假，名爲相空。性相俱空，乃至作十八空如前說，是名從假以入空觀。【略】若生已是生何謂爲性，若無生云何能生。如是四句推相待假求心生不可得。執心即薄，不起性實，但有名字，名字之生，生則非生。是字不在內外中間，亦不常自有，是字無所有。求性不可得世諦破性，是名性空。求名不可得，眞諦破假，是名相空。復次此性相中求陰入界不可得，即是法空。性相中求人我知見不可得，名衆生空。乃至作十八空如前說。是名從假入空慧眼得開見第一義。非但有見三假惑除，一切見惑無不清淨正智現前，是名無生門通於止觀，亦是止觀成無生門。【略】又離根離塵有無生心生者，從因緣尚不可得，何況無因如前。當知無生之心，不自不他不共不離，無四性。無四性故名性空。性空即無心而言心者，但有名字，名字不在內外，是名相空。乃至十八空如上說，是爲從假入空見第一義。

吉藏《大乘玄論》卷四　又二乘之空名爲權空，菩薩之空稱爲實空。照此權實二空，亦得爲權實二智。

玄奘譯《大般若波羅蜜多經》卷四六八　何謂二空。一畢竟空。二無際空。是菩薩摩訶薩安住如是二種空中，爲諸有情宣說正法。謂作是言：汝等應知色是空，離我、我所，受、想、行、識是空，離我、我所。

眼處是空，離我、我所，耳、鼻、舌、身、意處是空，離我、我所。

色處是空，離我、我所，聲、香、味、觸、法處是空，離我、我所。

眼界是空，離我、我所，耳、鼻、舌、身、意界是空，離我、我所。

色界是空，離我、我所，聲、香、味、觸、法界是空，離我、我所。

眼識界是空，離我、我所，耳、鼻、舌、身、意識界是空，離我、我所。

眼觸是空，離我、我所，耳、鼻、舌、身、意觸是空，離我、我所。

眼觸爲緣所生諸受是空，離我、我所，耳、鼻、舌、身、意觸爲緣所生諸受是空，離我、我所。地界是空，離我、我所，水、火、風、空、識界是空，離我、我所。因緣是空，離我、我所。等無間緣是空，離我、我所，所緣緣是空，離我、我所，增上緣是空，離我、我所。從緣所生諸法是空，離我、我所。無明是空，離我、我所，行、識、名色、六處、觸、受、愛、取、有、生、老死是空，離我、我所。善法是空，離我、我所，非善法是空，離我、我所。有記法是空，離我、我所。無記法是空，離我、我所。有漏法是空，離我、我所，無漏法是空，離我、我所。世間法是空，離我、我所，出世間法是空，離我、我所。有爲法是空，離我、我所，無爲法是空，離我、我所。布施波羅蜜多乃至般若波羅蜜多是空，離我、我所。內空乃至無性自性空是空，離我、我所。眞如乃至不思議界是空，離我、我所。苦、集、滅、道聖諦是空，離我、我所。四念住乃至八聖道支是空，離我、我所。空、無相、無願解脫門是空，離我、我所。四靜慮、四無量、四無色定是空，離我、我所。八解脫乃至十遍處是空，離我、我所。淨觀地乃至如來地是空，離我、我所。極喜地乃至法雲地是空，離我、我所。五眼、六神通是空，離我、我所。一切陁羅尼門、三摩地門是空，離我、我所。如來十力乃至十八佛不共法是空，離我、我所。三十二大士相、八十隨好是空，離我、我所。無忘失法、恆住捨性是空，離我、我所。一切智、道相智、一切相智是空，離我、我所。預流果乃至獨覺菩提是空，離我、我所。一切菩薩摩訶薩行是空，離我、我所。諸佛無上正等菩提是空，離我、我所。

窺基《大乘法苑義林章》卷一　第十歸攝二空者，諸論說二空。一生空，二法空。其唯識觀通二空觀，尋思實智通生法空。爲生所依，但說觀法，意求種智。觀法空故，爲於二空生正解故，然且法觀必帶生空。論誠說故。何故翻悟說迷，生執必兼法執，返迷說悟，生空不帶法空。若以解有淺深，悟生未必悟法，亦應迷有深淺，迷用不迷於體。今釋未有解體而迷用，所以生執必帶法執。悟淺不達深，生空未必帶法。二十唯識云，所執法無我，復依餘教入。此唯識教入於法空。此說法空必依唯識，非唯識觀唯是法空。獨作生空亦唯識故，但是法空觀必定是唯識。生空不定，二乘生空非唯識觀，故唯識觀寬通生法觀。法觀義局唯是唯識，生觀義寬通唯識非唯識觀，唯識觀局有生空非。由此唯識觀望生空觀，順前句分別，無唯識觀非生空。但法空觀必帶生故，有生空觀非唯識，謂二乘生空觀。法空對唯識，亦復如是。有唯識非法空，謂唯生空唯識觀。無是法觀非唯識，此二作句其義可知。總相而言，唯識通二空觀。論但說法觀爲唯識觀者，據決定故。復說諸空互相攝者，如空章說。

二　業

佛陀耶舍共竺佛念譯《佛說長阿含經》卷一　汝等以平等信，出家修道，諸所應行，凡有二業：一曰賢聖講法，二曰賢聖默然。汝等所論，正應如是。如來神通，威力弘大，盡知過去無數劫事，以能善解法性故知，亦以諸天來語故知。

鳩摩羅什譯《大智度論》卷九四　眾生不知自性空法故，能起善惡業，如經中廣說。眾生者，凡夫未入正位人，是人我心顛倒，煩惱因緣故起諸業。業者，有三種：身、口、意。是三種業有二種：若善、若惡，若有漏、若無漏。惡業故墮三惡趣，善業故生天人中。善業復有二種：一者、欲界繫。二者、色、無色界繫。色、無色界繫，生業名不動，不動業故生色、無色界。若眾生自知諸法性空，即時不生著心。著心不生故，不起業，乃至不生色、無色界。以實不知故生。以是事故，菩薩摩訶薩盡受行布施等法乃至十八不共法，無所失、無所少。乃至用如金剛三昧，得阿耨多羅三藐三菩提，大饒益眾生。眾生得是利益故，不復往來五道生死。須菩提復問：佛得阿耨多羅三藐三菩提時，實得是五道不。佛言：不得。問曰：佛先說大利益故，不墮五道。今云何言不得。答曰：決定取相邪見、墮邪見，五道生死不得。但凡夫人以顛倒因緣起業，假名有生死五道，其實如幻、如夢。

復問：得黑、白等四種業不。佛言：不。黑業者，是不善業，果報地獄等受苦惱處。是中眾生，以大苦惱悶極，故名爲黑。受善業果報處，所謂諸天，以其受樂隨意自在明了，故名爲白業。是業是三界天。善、不善業受果報處，所謂人、阿修羅等八部。此處亦受樂、亦受苦，故名爲白黑業。無漏業能破不善有漏業，能拔眾生令離善惡果報中。問曰：無漏業應是白，何以言非白非黑。答曰：無漏法雖清淨無垢，以空、無相、無作故，無所分別，不得言白，黑、白是相待法，此中無相待故，不得言白。復次，無漏業能滅一切諸觀。觀中分別，故有黑、白，此中無觀故無白。須菩提復問：若不得是四種業，云何分別是地獄乃至阿羅漢。若無黑業，云何說是地獄、畜生、餓鬼。若無白業，云何說是天、人。若無黑白業，云何說是阿修羅道。若無不白不黑業，云何說是須陀洹乃至阿羅漢。佛答：若一切眾生自知諸法自性空者，菩薩不發阿耨多羅三藐三菩提意，亦不於六道中拔出眾生。何以故。眾生自知諸法性空，則無所度。譬如無病則不須藥，無闇則不須燈明。須菩提，今眾生實不知自相空法故，隨心取相生著，以著故染，染故隨於五欲，隨五欲故爲貪所覆，貪因緣故，慳、虛誑、嫉妬、瞋恚、鬭諍，以瞋恚故，起諸罪業，無所識知。是故壽終隨業因緣生於彼處，續作生死業，常往來六道中，無復窮已。是故菩薩於諸佛及弟子所，聞說諸法空，而慈愍眾生。眾生以狂愚顛倒故生著，我當作佛，破眾生顛倒，令解諸法空相。

瞿曇僧伽提婆譯《中阿含經》卷二七　云何知業。謂有二業：思、已思業，是謂知業。云何知業所因生。謂更樂也。因更樂則便有業，是謂知業所因生。云何知業有報。謂或有業黑，有黑報，或有業白，有白報，或有業黑白，黑白報，或有業不黑不白，無報，業業盡，是謂知業有報。云何知業勝如。謂或有業生地獄中，或有業生畜生中，或有業生餓鬼中，或有業生天上，或有業生人間，是謂知業勝如。云何知業滅盡。謂更樂滅業便滅，是謂知業滅盡。云何知業滅道。謂八支聖道，正見乃至正定爲八，是謂知業滅道。若比丘如是知業，知業所因生，知業有報，知業勝如，知業滅盡，知業滅道者，是謂達梵行，能盡一切業。

瞿曇僧伽提婆譯《增壹阿含經》卷七　有此二業。云何爲二業。有法業，有財業。業中之上者，不過法業。是故，諸比丘，當學法業，不學財業。如是，諸比丘，當作是學。

竺佛念譯《出曜經》卷七　睡眠不求悟。是謂入深淵者，戒有二業。云何爲二。一者二百五十戒，清淨如眞金。二者於諸善法不廣修學，求盡有漏得無漏證。亦復不求向須陀洹得須陀洹果，向斯陀含得斯陀含果，向阿那含得阿那含果，向阿羅漢得阿羅漢果。於斯諸法不肯狎習，便自墮於深淵不至究竟，是謂道者入深淵也。云何俗入淵。若人處俗，不習乘象御馬執鉤擲索、相鬭嶮僞應進應退，盡不修習，便自沈沒不能顯其名德，家業不成就，是故說曰，是謂入深淵也。

曇無讖譯《大般涅槃經》卷三一　若人重心造善惡業必得果報。若現世受，若次生受，若後世受。純陁善業慇重心作，當知是業必定受報。若定受報，云何得成阿耨多羅三藐三菩提，云何復得見於佛性。世尊經中復說，施三種人果報無盡。一者病人，二者父母，三者如來。世尊經中復說，佛告阿難，一切衆生如其無有欲界業者，即得阿耨多羅三藐三菩提。色無色業亦復如是。世尊如法句偈，非空非海中，非入山石間，無有地方所，脫之不受業。又阿尼樓馱言，世尊，我憶往昔以一食施，八萬劫中不墮三惡。世尊，一食之施尚得是報，何況純陁信心施佛，具足成就檀波羅蜜。世尊，若善果報不可盡者，謗方等經犯五逆罪毀四重禁一闡提罪云何可盡。若不可盡，云何能得見於佛性成阿耨多羅三藐三菩提。佛言，善哉善哉，善男子，唯有二人能得無量無邊功德，不可稱計不可宣說。能竭生死漂流瀑河，降魔怨敵摧魔勝幢，能轉如來無上法輪。一者善問，二者善答。

善男子，佛十力中業力最深。善男子，有諸衆生於業緣中心輕不信，爲度彼故作如是說。善男子，一切作業有輕有重，輕重二業復各有二。一者決定，二者不決定。善男子，或有人言惡業無果，若言惡業定有果者，云何氣噓旃陁羅而得生天，鴦掘摩羅得解脫果。以是義故，當知作業有定得果不定得果。我爲除斷如是邪見，故於經中說如是語，一切作業無不得果。善男子，或有重業可得作輕，或有輕業可得作重。非一切人唯有愚智，是故當知非一切業悉定得果。雖不定得，亦非不得。善男子，一切衆生凡有二種。一者智人，二者愚癡。有智之人以智慧力，能令地獄極重之業現世輕受，愚癡之人現世輕業地獄重受。師子吼言，世尊，若如是者，則不應求清淨梵行及解脫果。佛言，善男子，若一切業定得果者，則不應求梵行解脫，以不定故則修梵行及解脫果。善男子，若能遠離一切惡業則得善果，若遠善業則得惡果。若一切業定得果者，則不應求修習聖道，若不修道則無解脫。一切聖人所以修道，爲壞定業得輕報故，不定之業無果報故。若一切業定得果者，則不應求修習聖道。若人遠離修習聖道得解脫者，無有是處。不得解脫得涅槃者，亦無是處。

善男子，若一切業定得果者，一世所作純善之業，應當永已常受安樂。一世所作極重惡業，亦應永已受大苦惱。業果若爾，則無修道解脫涅槃。人作人受，婆羅門作婆羅門受。若如是者，則不應有下姓下人。人應常人，婆羅門應常婆羅門。小時作業應小時受，不應中年及老時受。老時作惡生地獄中，地獄初身不應便受，應待老時然後乃受。若老時不煞不應壯年得壽，若無壯壽云何至老，業無失故。業若無失，云何而有修道涅槃。善男子，業有二種，定以不定。定業有二。一者報定，二者時定。或有報定而時不定，緣合則受，或三時受，所謂現受生受後受。善男子，若定心作善惡等業，作已深生信心歡喜。若發誓願供養三寶，是名定業。善男子，智者善根深固難動，是故能令重業爲輕，愚癡之人不善深厚，能令輕業而作重報。以是義故，一切諸業不名決定。菩薩摩訶薩無地獄業，爲衆生故發大誓願生地獄中。善男子，往昔衆生壽百年時，恆沙衆生受地獄報，我見是已即發大願受地獄身。菩薩爾時實無是業，爲衆生故受地獄果，我於爾時在地獄中經無量歲，爲諸罪人廣開分別十二部經。諸人聞已，壞惡果報令地獄空，除一闡提，是名菩薩摩訶薩非現生後受是惡業。

復次善男子，是賢劫中無量衆生墮畜生中受惡業果，我見是已復發誓願，爲欲說法度衆生故，或作麞鹿熊羆獼猴龍蛇金翅鳥鴿魚鼈兔象牛馬之身。善男子，菩薩摩訶薩實無如是畜生惡業，以大願力爲衆生故現受是身，是名菩薩摩訶薩非現生後受是惡業。復次善男子，是賢劫中復有無量無邊衆生生餓鬼中，或食吐汁脂肉膿血屎尿涕唾，壽命無量百千萬歲。初不曾聞漿水之名，況復眼見而得飲也。設遙見水生意往趣，到則變成猛火膿血，或時不變則有多人手執矛槊遮護捉持不令得前，或天降雨至身成火，是名惡業果報。善男子，菩薩摩訶薩實無如是諸惡業果，爲化衆生令得解脫，故發誓願受如是身，是名菩薩摩訶薩非現生後受是惡業。善男子，我於賢劫生屠膾家，畜養鷄猪牛羊摇獵羅網魚捕，旃陁羅舍作賊劫盜。菩薩實無如是惡業，爲度衆生令得解脫，以大願力受如是身，是名菩薩摩訶薩非現生後受是惡業。善男子，是賢劫中復生邊地，多作貪欲瞋恚愚癡習行非法，不信三寶後世果報，不能恭敬父母親老耆舊長宿。善男子，菩薩爾時實無是業，爲令衆生得解脫故，以大願力而生其中，是名菩薩摩訶薩非現生後受是惡業。善男子，是賢劫中復受女身惡身貪身瞋身癡身妬身慳身幻身誑身纏蓋之身。善男子，菩薩爾時亦無是業，但爲衆生得解脫故，以大願力願生其中，是名菩薩摩訶薩非現生後受是惡業。善男子，我於賢劫受黃門身無根二根及不定根。善男子，菩薩摩訶薩實無如是諸惡身業，爲令衆生得解脱故，以大願力願生其中，是名菩薩摩訶薩非現生後受是惡業。善男子，我於賢劫復習外道尼乾子法，信受其法無施無祠無施祠報，無善惡業無善惡業報。無現在世及未來世，無此無彼無有聖人，無變化身無道涅槃。善男子，菩薩實無如是惡業，但爲衆生令得解脱，以大願力受是邪法，是名菩薩摩訶薩非現生後受是惡業。

曇無讖譯《大般涅槃經》卷三七　次當觀業，何以故。有智之人當作是念，受想觸欲即是煩惱。是煩惱者，能作生業不作受業。如是煩惱與業共行，則有二種。一作生業，二作受業。是故智者當觀於業。是業三種，謂身口意。善男子，身口二業亦名爲業，亦名業果，意唯名業不名爲果。以業因故，則名爲業。善男子，身口二業名爲外業，意業名内，是三種業共煩惱行故，作二種業。一者生業，二者受業。善男子，正業者即意業也，期業者謂身口業。先發故名意業，從意業生名身口業，是故意業得名爲正。智者觀業已，次觀業因。業因者即無明觸，因無明觸衆生求有，求有因緣即是愛也。愛因緣故，造作三種身口意業。善男子，智者如是觀業因已。

玄奘譯《阿毗達磨大毗婆沙論》卷一九　問：諸造業者爲先造引衆同分業，爲先造滿衆同分業耶。有作是説，先造引業，後造滿業。若先不引，後無所滿。猶如畫師先作摸位，後填衆彩。此亦如是。有餘師説，先造滿業，後造引業。如菩薩先於三無數劫造滿業已，後於百大劫中方造引業。如是説者，此則不定。或有先造引業後造滿業，或有先造滿業後造引業，隨造業者意樂起故。

玄奘譯《瑜伽師地論》卷五六　二業所攝，謂行及有。三煩惱攝，謂無明愛取。當知所餘皆事所攝。又二業中，初是引業所攝，謂行。後是生業所攝，謂有。三煩惱中一能發起引業，謂無明。二能發起生業，謂愛取。餘事所攝支中。二是未來苦支所攝，謂生老死。五是未來苦因所攝，謂現法中從行緣識乃至觸緣受。又即五支亦是現在苦支所攝，由先世因今得生起。果異熟攝，謂識名色六處觸受。又現在果所攝五支，及未來果所攝二支。總名果所攝緣起，當知餘支是因所攝緣起。

玄奘譯《大乘阿毗達磨集論》卷四　善不善業，於善趣惡趣中感生異熟時，有招引業圓滿業。招引業者，謂由此業能感異熟果。圓滿業者，謂由此業生已領受愛不愛果。或有業由一業力牽得一身，或有業由一業力牽得多身，或有業由多業力牽得一身，或有業由多業力牽得多身。若一有情成就多業，云何次第受異熟果。於彼身中重者先熟，或將死時現在前者。或先所數習者，或最初所行者，彼異熟先熟。

如契經言，有三種業。謂福業非福業不動業。何等福業，謂欲界繫善業。何等非福業，謂不善業。何等不動業，謂色無色界繫善業。

如契經説，無明緣行。若福非福及與不動，云何福及不動行緣無明生。有二種愚，一異熟果愚，二眞實義愚。由異熟果愚故發非福行，由眞實義愚故發福及不動行。

殺生業道貪瞋癡爲方便，由瞋究竟，如殺生麁惡語瞋恚業道亦爾。不與取業道貪瞋癡爲方便，由貪究竟，如不與取欲邪行貪欲業道亦爾。虚誑語業道貪瞋癡爲方便，於三種中隨由一究竟，如虚誑語離間語雜穢語業道亦爾。邪見業道貪瞋癡爲方便，由癡究竟。

如契經言，有共業，有不共業。有強力業，有劣力業。云何共業，若業能令諸器世間種種差別。云何不共業，若業能令有情世間種種差別。或復有業，令諸有情展轉增上，由此業力説諸有情更互相望爲增上緣，以彼互有增上力故，亦名共業。是故經言，如是有情與餘有情互相見等，而不受用不易可得。云何強力業，謂對治力強補特伽羅故，思所造諸不善業。由對治力所攝伏故，令當受那落迦業轉成現法受，應現法受業轉令不受。所以此業名強力者，由能對治業力強故，又故思所造一切善業皆名強力。依此業故薄伽梵説，我聖弟子能以無量廣大之業善熏其心，諸所造作有量之業，不能牽引不能留住，亦不能令墮在彼數。又對治力劣補特伽羅故，思所造諸不善業，望諸善業皆名強力。又故思造業異熟決定不斷不知，名強力業。此中意説，一切善不善業異熟決定，聖道力不斷者，皆名強力業。又欲界繫諸不善業性皆是強力。又先所串習名強力業，又依強位名強力業。又不可治者，所造諸業名強力業。無涅槃法故，又由田故發強力業又由心加行故發強力業。又由九種因發強力業，謂由田故事故自體故所依故作意故意樂故助伴故多修習故與多衆生共所行故。與此相違是劣力。業如世尊説，若有説言，彼彼丈夫補特伽羅，隨如是如是業。若作若增長還受如是如是異熟，若有是事便不應修清淨梵行，亦不可知正盡諸苦作苦邊際。若有説言，彼彼丈夫補特伽羅，隨如是如是順所受業。若作若增長，還受如是如是順所受異熟，若有是事便應修習清淨梵行。又亦可知正盡諸苦作苦邊際，如是經言有何密意。此中佛意爲欲遮止如是邪説，謂樂俱行業，還能感得樂俱行異熟。苦俱行業，還能感得苦俱行異熟。不苦不樂俱行業，還能感得不苦不樂俱行異熟。故作是説。又爲開許如是正説，謂樂俱行業順樂受者，還受樂異熟。順苦受者，還受苦異熟。順不苦不樂受者，還受不苦不樂異熟。苦俱行業順樂受者，還受樂異熟。順苦受者，還受苦異熟。順不苦不樂受者，還受不苦不樂異熟。不苦不樂俱行業順樂受者，還受樂異熟。順苦受者，還受苦異熟。順不苦不樂受者，還受不苦不樂異熟。如是名爲此經密意。又業差別有三種，謂律儀業，不律儀業，非律儀非不律儀業。

云何律儀業，謂別解脱律儀所攝業，靜慮律儀所攝業，無漏律儀所攝業。別解脱律儀所攝業者，即是七衆所受律儀，謂苾芻律儀，苾芻尼律儀，式叉摩那律儀，勤策律儀，勤策女律儀，鄔波索迦律儀，鄔波斯迦律儀，及近住律儀。依止何等補特伽羅建立出家律儀，依能修行遠離惡行、遠離欲行補特伽羅。依止何等補特伽羅建立鄔波索迦律儀鄔波斯迦律儀，依能盡受遠離惡行、不遠離欲行補特伽羅。依止何等補特伽羅建立近住律儀，依止不能遠離惡行。及不能遠離欲行補特伽羅。若唯修學鄔波索迦一分學處爲説成就，鄔波索迦律儀爲説不成就，應説成就而名犯戒，扇搋半擇迦等，爲遮彼受鄔波索迦律儀不耶。不遮彼受鄔波索迦律儀，然遮彼鄔波索迦性，不堪親近承事苾芻苾芻尼等二出家衆故。又半擇迦有五種，謂生便半擇迦，嫉妬半擇迦，半月半擇迦灌灑半擇迦，除去半擇迦。

靜慮律儀所攝業者，謂能損伏發起犯戒煩惱種子，離欲界欲者所有遠離，離初靜慮欲者所有遠離，離第二靜慮欲者所有遠離，離第三靜慮欲者所有遠離，是名靜慮律儀所攝身語業。

無漏律儀所攝業者，謂以見諦者由無漏作意力，所得無漏遠離戒性，是名無漏律儀所攝業。

云何不律儀業，謂諸不律儀者，或由生彼種姓中故，或由受持彼事業故，所期現行彼業決定。何等名爲不律儀者，所謂屠羊養鷄養豬捕鳥捕魚獵鹿罝兔劫賊魁膾控牛縛象立壇呪龍守獄讒搆好爲損等。

云何非律儀非不律儀業，謂住非律儀非不律儀者，所有善不善業。

又業差別有三種。謂順樂受業，順苦受業，順不苦不樂受業。順樂受業者，謂從欲界乃至第三靜慮所有善業。順苦受業者，謂不善業。順不苦不樂受業者，謂第三靜慮已上所有善業。

又業差別有三種。謂順現法受業，順生受業，順後受業。順現法受業者，若業於現法中異熟成熟，謂從慈定起已，於彼造作若損若益必得現異熟，如從慈定起，從無諍定起，從滅定起，從預流果起，從阿羅漢果起亦爾。又於佛爲上首僧中造善惡業必得現異熟，又有餘猛利意樂方便，所行善不善業亦得現異熟。順生受業者，若業於無間生中異熟成熟，謂五無間業，復有所餘善不善業，於無間生異熟熟者，一切皆名順生受業。順後受業者，若業於無間生，後異熟成熟，是名順後受業。又業差別有四種，謂黑黑異熟業，白白異熟業，黑白黑白異熟業，非黑白無異熟業能盡諸業。黑黑異熟業者，謂不善業。白白異熟業者，謂三界善業。黑白黑白異熟業者，謂欲界繫雜業。或有業意樂故黑方便故白，或有業方便故黑意樂故白。非黑白無異熟業能盡諸業者，謂於加行無間道中諸無漏業。

總約一切無漏業。所有障礙隨順體性，如其次第建立，由穢濁等諸染污業，淨牟尼等諸清淨業。

復有施等諸清淨業。云何施業，謂因緣故等起故處所故。自體故，分別施業。因緣者，謂無貪無瞋無癡善根。等起者，謂彼俱行思處所者，謂所施物自體者，謂正行施時身語意業。云何施圓滿，謂數數施故，無偏黨施故，隨其所欲圓滿施故，施得圓滿。又無所依施故廣清淨施故，極歡喜施故，數數施故田器施故，善分布新舊施故，施得圓滿。

云何應知施物圓滿，謂所施財物非誑詐得故，所施財物非侵他得故，所施財物非穢離垢故，所施財物清淨故，所施財物如法所引故，如是應知施物圓滿。

如契經説，成就尸羅。善能防護別解脱律儀，軌則所行皆悉圓滿。見微細罪生大怖畏，於諸學處善能受學。云何成就尸羅，能受能護淨尸羅故。云何善能防護別解脱律儀，能善護持出離尸羅故。云何軌則所行皆悉圓滿，具淨尸羅難爲毀責故。云何見微細罪生大怖畏，勇猛恭敬所學尸羅故。云何於諸學處善能受學圓滿，受學所學尸羅故。

從是已後依止尸羅，釋佛經中護身等義。云何名爲防護身語，由彼正解所攝持故。云何身語具足圓滿，終不毁犯所毁犯故。云何身語清淨現行，由無悔等漸次修行，乃至得定爲依止故。云何身語極善現行，染污尋思所不雜故。云何身語無罪現行，遠離邪願修梵行故。云何身語無害現行，不輕陵他易共住故。云何身語隨順現行，由能隨順涅槃得故。云何身語隨隱顯現行，隱善顯惡故。云何身語親善現行，同梵行者攝受尸羅故。云何身語應儀現行，於尊尊位離憍慢故。云何身語敬順現行，於尊教誨敬順受故。云何身語無熱現行，遠離苦行熱惱下劣欲解故。云何身語不惱現行，棄捨財業無悔惱故。云何身語無悔現行，雖得少分不以爲喜而無悔恨故。如世尊說，如是有情皆由自業，業所乖諍，從業所生依業出離業能分別一切有情高下勝劣。云何有情皆由自業，由自造業而受異熟故。云何業所乖諍，於受自業所得異熟時，善不善業互違諍故。云何從業所生，是諸有情遠離無因惡因，唯從業所生故。云何依業出離，依對治業解業縛故。云何由業有情高下，謂猶業故於善惡趣得自體差別。云何勝劣，謂諸有情成就功德過失差別。

如世尊說有情業異熟不可思議。云何業異熟可思議。云何業異熟不可思議。謂諸善業於人天趣得可愛異熟，是可思議。諸不善業墮三惡趣得不愛異熟，是可思議。即由此業感諸有情自身異熟等種種差别，不可思議。又即善不善業，處差別事差別因差別異熟差別品類差別等，皆不可思議。復有種種外事差別，能感業用不可思議，又末尼珠藥草呪術相應業用不可思議。又諸觀行者威德業用不可思議，又諸菩薩自在業用不可思議。所謂命自在故，心自在故，財自在故，業自在故，生自在故，勝解自在故，願自在故，神通自在故，智自在故，法自在故。諸大菩薩由如是等自在力故，所作業用不可思議。又一切佛所作諸佛應所作事業用不可思議，如是集諦總有四種行相差別。謂因相集相生相緣相。云何因相，謂能引發復有習氣因。是名因相。云何集相，謂彼有情所集習氣，於彼彼有情類爲等起因，是名集相。云何生相，謂各別內身無量品類差別生因，是名生相。云何緣相，謂諸有情別別得捨因，是名緣相。

澄觀《大方廣佛華嚴經隨疏演義鈔》卷三一　五趣諸根總別報殊者。如持五戒招得人身，是總報業由於因中有瞋忍等，於人總報而有妍蚩，名別報業。《唯識》亦名爲引滿業能招第八，引異熟果，故名引業。能招第六滿異熟果，名爲滿業。《俱舍》亦云，一業引一生，多業能圓滿。猶如繢像，先圖形狀，後塡衆綵等。然其引業能造之思，要是第六意識所起，若其滿業能造之思從五識起。

澄觀《大方廣佛華嚴經隨疏演義鈔》卷七〇　初二黑白相對等者，釋論對差別。然其論經具有四句，云黑業、白業、黑白業、非黑非白業。論釋云，黑業對白業，白業對黑業，不黑不白對二業。二業即是第三黑白業也。故云，後二漏無漏業，無漏即亦黑亦白業故。又今黑黑之言，全依《俱舍》。次下當引疏四中初一因果俱惡，下別釋。然以惡釋於黑，乃是通義。別者，因惡染污果惡鄙穢不可愛樂，通以善釋於白，别亦不同。因白體不染污，果白則可愛樂故，然上黑是因，能招黑果故。下黑是果，能酬黑因故。白因白果例此可知。

疏，謂諸無漏業無異熟故者，無白異熟故曰非白體，非染污故曰非黑。今以無漏非染義可知故，但云無異熟耳。然《俱舍論》云，此非白言非密意說。以佛於彼《大空經》中告阿難陀，諸無學法純善純白一向無罪。釋曰，既言純白明非白者，是密意說，爲成四句，致非白言。故疏云對上黑白二業立雙非名，若準雜集，但言非黑白業，無兩非字故。論云，非黑者離煩惱垢故，白者一向清淨故，然上四業前二因果，共立黑黑白白，第三唯就因中立名，第四亦雙就因果立名，因明非黑果明非白。

普光《俱舍論記》卷一七　雖但一業至多缺減者。釋第二句，引業雖一，滿業許多。一色喻引業，衆采喻滿業。是故下顯多滿業。又《正理》四十三云，今於此中一色所喻，爲一類業，爲一刹那。若喻一類違此宗理，以非一業引一生言，可約一類類必多故，多引一生不應理故。若言一色喻一刹那，非一刹那能圖形狀，即所立喻於證無能。今見此中喻一類業，如何引業約類得成。引一趣業有衆多故。此言意顯，一類業中唯一刹那引衆同分。同類、異類，多刹那業能爲圓滿，故說爲多。故如一色先圖形狀，後塡衆采。此言應理。非唯業力至勢力劣故者，復重料簡。引、滿二因非唯是業，亦通餘法，勝、劣不同。如文可解。

普光《觀經正宗分散善義》卷四　次就行立信者，然行有二種：一者正行，二者雜行。言正行者，專依往生經行者是名正行。何者是也。一心專讀誦此《觀經》、《彌陁經》、《無量壽經》等。一心專注思想觀察憶念彼國二報莊嚴。若禮，即一心專禮彼佛。若口稱，即一心專稱彼佛。若讚歎、供養，即一心專讚歎供養。是名爲正。又就此正中，復有二種：一者一心專念彌陁名號，行住坐臥不問時節久近念念不捨者，是名正定之業，順彼佛願故。若依禮誦等，即名爲助業。

寶臣《注大乘入楞伽經》卷二　於中第六造引滿業。感總別報，如鏡現像，毫釐不差。言總別報者，一謂總報，屬第八識。二謂別報，在前六識。且以有漏善業言之，如持五戒招得人身。是總報業，由於因中有瞋忍等，於人總報而有姸醜等，名別報業，亦名引滿業。即能招第八引異熟果，名爲引業。能招第六滿異熟果，名爲滿業。然其引業能造之思，要是第六意識所起。若其滿業，能造之思從五識起，雖造滿業亦非自能，由意識引方能作故。其第七識唯有俱生惑智二障，業障報障，彼七俱無。雖具四惑，但緣內故，屬於有覆無記性攝，則不能造善惡二業。唯前六識起惑造業，業成難逃。感諸異報，如鏡現像，不漏絲毫。故《楞嚴》云，六識造業，所招惡報從六根出也。或注此經指第七識而爲能造善惡業者，敎無明文（唯宗鏡錄七十三卷首一處因憑古注，而云七識造業，又與本錄節次引經論義明諸識處皆相違，斷可見也）。

二　取

鳩摩羅什譯《成實論》卷一〇　二取品第一百三十三

於非實事中生決定心，但是事實，餘皆妄語，是名見取。及先說非勝法中定生勝想，亦名見取。問曰：見取有何過。答曰：是人得少功德自以爲足，又是人唐勞其功，所以者何。是人於非善事中生妙善想，勤加精進，以是因緣後則心悔。又是人爲智者所笑，以非勝中生勝想故，又若人非勝謂勝是愚癡相，猶如盲人於瓦礫中生金銀想，爲有目者之所輕笑。見取有如是等過，若人捨智，以洗浴等戒，望得清淨，名爲戒取。問曰：不以戒故得清淨耶。答曰：以智慧得清淨戒，爲智慧根本。問曰：戒取有何過。答曰：所說見取之過，以下事爲足等，皆是此過。又戒取因緣唐受諸苦，謂受寒熱臥灰土木刺棘等上，投淵赴火自墜高等，後世亦受劇苦果報。如經中說，持牛戒若成則還爲牛，若不能成則墮地獄。又此人從冥入冥，以受此法現世得苦後亦苦，故又此人得深重罪。所以者何。以非法爲法毁壞眞法，亦謗行正法者，令多衆生背眞淨法，墮罪中故，積集大罪，故受阿鼻地獄果報。寧止不行勿行邪道。所以者何。若本不行易令行道，邪行敗心故難入道，又雖是怨賊不能令人衰惱如生邪見。所以者何。怨賊不能污人，如隨逐邪見，受外道所行種種邪戒裸形無恥，灰土塗身拔髮等故。又此邪見人皆失世間一切利樂，現在失五欲樂，後失生善處樂，及泥洹樂。若人求樂得苦，求解得縛，不名狂耶。所以者何。以施一飡因緣可得生天。此人行邪行故，雖施身命無所利益。

玄奘譯《成唯識論》卷八　論曰：諸業謂福非福不動，即有漏善不善思業。業之眷屬亦立業名，同招引滿異熟果故。此雖纔起無間即滅無義能招當異熟果，而熏本識起自功能，即此功能說爲習氣。是業氣分熏習所成，簡曾現業，故名習氣。如是習氣展轉相續，至成熟時招異熟果。此顯當果勝增上緣。相見、名色、心及心所、本末，彼取皆二取攝。彼所熏發親能生彼本識上功能，名二取習氣。此顯來世異熟果心及彼相應諸因緣種，俱謂業種二取種俱是疎親緣互相助義。業招生顯，故頌先說。前異熟者，謂前前生業異熟果。餘異熟者，謂後後生業異熟果。雖二取種受果無窮，而業習氣受果有盡。由異熟果性別難招等流增上性同易感，由感餘生業等種熟。前異熟果受用盡時，復別能生餘異熟果。由斯生死輪轉無窮何假外緣方得相續。此頌意說由業二取生死輪迴，皆不離識心心所法爲彼性故。

復次生死相續，由諸習氣。然諸習氣總有三種。一名言習氣，謂有爲法各別親種。名言有二。一表義名言，即能詮義音聲差別。二顯境名言，即能了境心心所法。隨二名言所熏成種，作有爲法，各別因緣。二我執習氣，謂虛妄執我我所種。我執有二。一俱生我執，即修所斷我我所執。二分別我執，即見所斷我我所執。隨二我執所熏成種令有情等自他差別。三有支習氣，謂招三界異熟業種。有支有二。一有漏善，即是能招可愛果業。二諸不善，即是能招非愛果業。隨二有支所熏成種，令異熟果善惡趣別。應知我執有支習氣於差別果是增上緣，此頌所言業習氣者應知即是有支習氣。二取習氣。應知即是我執名言二種習氣，取我我所及取名言而熏成故皆說名取。

窺基《成唯識論述記》卷八 次解二取，此有八解。

論：相見名色至皆二取攝。

述曰：一相見，謂即取彼實能取，實所取名二取。二者取名色。色者色蘊，名者四蘊，即是執取五蘊爲義。前言相中亦通取無爲，以爲本質故。今此唯顯取親所緣，不能緣得心外法故。又變無爲之影相分亦名所攝，不離心等故。三者取心及心所。一切五蘊法，不離此二故。四者本末。謂取現果，第八識是諸異熟之根本，故名之爲本。餘識中異熟名之爲末，是第八識之末果故。即取二異熟也，謂愛樂執取緣取也。或第八識總報品名本，餘識別報品名末。攝一切法盡，唯簡異熟，以極狹故。第五彼取者，即彼上四取也。即一取言，通上四處。是單取，及通彼上。是重取，謂有取取前第一能所取之取。如重緣心，取下三取亦然。故有八解。此八皆是二取所攝，即是現行之取也。或前四是境，彼取能取，但有四也。

何以名習氣。論：彼所熏發至名二取習氣。

述曰：即彼八所熏發，親能生彼八。居在第八識上功能，名二取習氣。即前八中皆具二義，名爲習氣。皆有所生能生義故。本末若爲異熟解者，取爲所取故亦具二義，即名言種由取二而生故能生本識。此非善不善，但是無記親生之種。此中二取通七識所熏，隨其所應生第八識相見分等。

此二取言欲顯何義。

論：此顯來世至諸因緣種。

述曰：顯當來世異熟果心及心相應法，各望自果爲因緣種子親能生果故。簡前業種，即顯名言種子生果無盡。隨所欲生便能生故，以心爲主但言生心，實通五蘊。此當來世言，或一分位三世，或生死三世等可知。解第二句頌上四字訖。

論：俱謂業種至互相助義。

述曰：頌言俱者，謂前諸業及後二取之種子俱，即是同時感生果也。非如小乘異熟因果必不同世也。作時受時雖世不同，種正受果時，必與果同世。以過未世無體性故。

窺基《成唯識論掌中樞要》卷下 煩惱有三。一倒根本，謂無明。二倒自性，謂薩迦邪見、邊執見、一分見，或取及貪。三倒等流，謂邪見及邊執見一分恚慢及疑。薩迦邪見是無我我倒，邊見一分是無常常倒，見取是不淨淨倒，或取是於苦樂倒。貪通二種，通淨樂二倒故，會如疏。又解此隨順門故二取收，不說見戒有所依緣及二義不具非二取攝。若單緣見及俱緣同時五蘊並前後伴類爲勝能淨是見取，若單緣俱時及前後五蘊並一切法爲勝能淨，或勝非淨，或能淨非勝。並緣見及俱緣同時五蘊，爲勝非能淨，爲能淨非勝，皆非見取。戒取亦爾。若緣見增隨順戒劣亦名見取，戒增隨順見劣亦名戒取，若緣二俱增。行相亦俱增者，必非二取。二取不相應故，但是法執染惠。非二見攝，二見攝者必推求深，行相獨勝故，不作如前等解，便違此及瑜伽等文，二義不具，設二義具非見戒者非名所目。故非二取。

二　受

玄奘譯《阿毗達磨俱舍論》卷一五 論曰：諸善業中始從欲界至第三靜慮名順樂受業。以諸樂受唯至此故，諸不善業名順苦受。過三靜慮上地諸善業，說名爲順不苦不樂受。此上都無苦樂受故。非此諸業唯感受果，應知亦感彼受資糧，受及資糧此中名受。有餘師說，下諸地中亦有第三順非二業，由中定業招異熟故。若異此者，中間定業應無異熟，或應無業，以無苦樂異熟果故。有餘師說，此業能感根本地中樂根異熟。有說此業不感受果。二說俱與本論相違。故本論言，頗有業感心受異熟非身耶。曰有，謂善無尋業。又本論說，頗有三業非前非後受異熟耶。曰有，謂順樂受業色。順苦受業心心所法，順不苦不樂受業心不相應行，乃至廣說。由此證知下地亦有順非二業，非離欲界有此三業俱時熟故。此業爲善爲不善耶。是善而劣。若爾便與所說相違，謂善至三名順樂受，得可愛果名爲善業。應知彼據多分爲言，此業與受體性既殊，如何說爲順樂受等。業與樂受體性雖殊，而能爲因利益樂受。或復此業是樂所受，彼樂如何能受於業，樂是此業異熟果故。或復彼樂是業所受，由此能受樂異熟故。如順浴散，此亦應然，是故名爲順樂受業。順餘二業應知亦爾。總說順受略有五種。一自性順受，謂一切受。如契經說，受樂受時如實了知受於樂受，乃至廣說。二相應順受，謂一切觸。如契經說，順樂受觸，乃至廣說。三所緣順受，謂一切境。如契經說，眼見色已，唯受於色不受色貪，乃至廣說，由色等是受所緣故。四異熟順受，謂感異熟業，如契經說，順現受業，乃至廣說。五現前順受，謂正現行受，如契經言，受樂受時二受便滅，乃至廣說。非此樂受現在前時有餘受能受此樂受，但據樂受自體現前即說名爲受於樂受。此中但說異熟順受，由業能招受異熟故。雖業與受體性有殊，而得名爲順樂受等。如是三業有定不定，其相云何。頌曰：

此有定不定　定三順現等
或說業有五　餘師說四句

論曰：此上所說順樂受等，應知各有定不定異。非定受故，立不定名。定復有三。一順現法受，二順次生受，三順後次受。此三定業并前不定總成四種。或有欲令不定受業，復有二種。謂於異熟有定不定。并定業三合成五種順現法受者，謂此生造即此生熟。順次生受者，謂此生造第二生熟。順後次受者，謂此生造從第三生後次第熟。有餘師說，順現法受業，餘生亦得熟。隨初熟位建立業名爲順現等，勿強力業異熟果少。毘婆沙師不許此義。以或有業果近非勝，或有相違。譬如外種經三半月葵便結實，要經六月麥方結實。譬喻者說業有四句。一者有業於時分定異熟不定，謂順現等三非定得異熟。二者有業於異熟定時分不定，謂不定業定得異熟。三者有業於二俱定，謂順現等定得異熟。四者有業於二俱不定，謂不定業非定得異熟。彼說諸業總成八種。謂順現受有定不定。乃至不定亦有二種。於此所說業差別中。頌曰。

四善容俱作　引同分唯三
諸處造四種　地獄善除現
堅於離染地　異生不造生
聖不造生後　并欲有頂退

論曰：順現法受等三業唯定并不定爲四，是說爲善。此中唯顯時定不定。釋經所說四業相故，頗有四業俱時作耶。容有，云何遣三使已自行邪欲俱時，究竟幾業能引眾同分耶。能引唯三。除順現受，現身同分先業引故。何界何趣能造幾業，諸界諸趣或善或惡，隨其所應皆容造四。總開如是若就別遮，於地獄中善除順現。無愛果故餘皆得造，不退姓名堅，彼於離染地，若異生類除順生受可造餘三，聖者雙除順生順後可造餘二。異生不退無次更生，後還生下。不退聖者必無還生下諸地故，隨所生地容造順現受。造不定業一切處無遮，然諸聖者若於欲界及有頂處已得離染。雖有退墮而亦不造順生後業，從彼退者必退果故。諸退果已必不命終，如後當辯。住中有位亦造業耶。【略】

此五名功德田。若有於中爲損益業，此業必定能招即果。若從餘定餘果出時，由前所修定非殊勝修所斷惑未畢竟盡故彼相續非勝福田。異熟果中受最爲勝，今應思擇。於諸業中頗有唯招心受異熟，或招身受非心受耶。亦有云何。頌曰：

諸善無尋業　許唯感心受
惡唯感身受　是感受業異

論曰：善無尋業，謂從中定乃至有頂所有善業，於中能招受異熟者，應知但感心受非身，身受必與尋伺俱故。諸不善業能感受者，應知但感身受非心，以不善因苦受爲果心俱苦受，決定名憂憂非異熟。如前已辯，有情心狂何識因處。頌曰：

心狂唯意識　由業異熟生
及怖害違憂　除北洲在欲

論曰：有情心狂唯在意識，若在五識必無心狂。以五識身無分別故，由五因故有情心狂。一由有情業異熟起，謂由彼用藥物呪術令他心狂，或復令他飲非所欲若毒若酒，或現威嚴怖禽獸等，或放猛火焚燒山澤，或作坑穽陷墜眾生，或餘事業令他失念。由此業因於當來世感別異熟能令心狂。二由驚怖，謂非人等現可怖形來相逼迫，有情見已遂致心狂。三由傷害，謂因事業惱非人等由彼瞋故傷其支節遂致心狂。四由乖違，謂由身內風熱痰界互相違反大種乖適故致心狂。五由愁憂，謂因喪失親愛等事，愁毒纏懷心遂發狂，如婆私等。若在意識方有心狂，復許心狂業異熟起，如何心受非異熟耶。不說心狂是業異熟，但言是業異熟所生，謂惡業因感不平等異熟大種。依此大種心便失念，故說爲狂。如是心狂對於心亂應作四句，謂有心狂而非心亂，乃至廣說。狂非亂者，謂諸狂者不染污心。亂非狂者，謂不狂者諸染污心。狂亦亂者，謂諸狂者諸染污心。非狂亂者，謂不狂者不染污心。除北俱盧所餘欲界，諸有情類容有心狂，謂欲天心尚有狂者，況人惡趣得離心狂。地獄恆狂，多苦逼故，謂諸地獄恆爲種種異類苦具傷害末摩猛利難忍。苦受所逼尚不自識，況了是非，故地獄中怨心傷歎，猖狂馳叫世傳有文。欲界聖中唯除諸佛，大種乖適容有心狂，無異熟生。若有定業必應先受後方得聖。若非定業，由得聖故，能令無果亦無驚怖。超五畏故，亦無傷害以諸聖者無非人等憎嫌事故，亦無愁憂證法性故。

普光《俱舍論記》卷一 論曰至所生受者，此別釋受。謂能領納隨順觸境，是受自性。問：諸心心所同緣一境皆能執受，與受何別。解云：諸心心所雖復同緣，俱名執受。受領納強，名自性受。猶如十人同處坐，一人是賊，傍忽有人叫喚呼賊。雖復十人同聞賊聲，實是賊者領即偏強，不同餘九。受領境強，想等領境弱。應知亦爾。又解，諸心心所雖復同緣皆執受境，想等諸法從別立名。受無別名，雖標總稱即受別名。如色處等雖有兩解，前解爲勝。總說有三。謂樂受等，約依因異別說成六。言受身者，身是體義。故《對法論》云，身義體義無差別也。若依顯宗，第二領納隨觸名自性受。故彼論云，云何此受領納隨觸，謂受是觸隣近果故。此隨觸聲爲顯因義，能順受故，受能領納，能順觸因，是故說受領納隨觸。領納隨觸名自性受。領納所緣亦是受相。與一境法別相難知。一切皆同領納境故。以心心所執受境時，一切皆各領納自境是故唯說領納隨觸。名自性受。別相定故。領納所緣名執取受，非此所辨相不定故，廣辯二受，如順正理及五事論。解云，彼論意說，受有二種。一執取受，謂一切心心所法執取前境，皆名執取受。二自性受，謂受能領納自所隨觸，取觸勢分名領納觸。執取難分不約彼說，自性易顯故約此明受。

言領納觸名自性受者，謂即此受領納自體。言領觸者，觸是其因，受是其果。受能領納觸順違俱相，領納觸果，果即是受。還領自體以領觸相故。故正理論釋果云：如言王食國土，非食地土飲食地中所出。言食國土，舉因顯果。領觸亦然。又如父生子，子之媚好皆似於父。亦如果從種生，果似於因。受從觸生應知亦然。若作俱舍師破云：諸心心所同一刹那俱緣前境，如何可言領相應觸。若從他生及相似者，即名爲受。子從父生，果從因生，皆應名受。又解。釋此論文，同顯宗等義亦無違。言領觸者，謂領觸因。

想蘊謂能至應如受說者，別釋想蘊像。謂諸法自相共相。此想能取，故名取像。如緣青時，想能封疆盡界非非青，故名之爲青。黄等亦爾。此所取像，餘心所等不能取故。餘心所等雖緣一境，各別起用行解不同。約依不同別說成六，應如受說。

圓暉《俱舍論頌疏論本》卷一五 明二受。就中一明二受，二明心狂等。今即是初明二受。論云：頗有唯招心受異熟，或招身受非心受耶。亦有云何。頌曰：

諸善無尋業　許唯感心受
惡唯感身受　是感受業異

釋曰：諸善無尋業者，謂從中定已上，乃至有頂善，此名無尋業。唯感心受，身受必與尋伺俱生，故無尋業。不感身受，惡唯感身受者，惡唯招苦，苦在五識，故招身受。心俱苦受，決定名憂，憂非異熟，故惡不感心受異熟。

從此第二明心狂等。論云：有情心狂，何識因處。頌曰：

心狂唯意識　由業異熟生
及怖害違憂　除北洲在欲

釋曰：心狂唯意識者，以五識身無分別故，必無心狂。是故心狂唯在意識。由業異熟生者，已下明狂總有五因。一由業異熟，謂由彼用藥物呪術，令他心狂，或令他飲藥毒藥酒，或現威嚴，怖禽獸等。或放火燒山，或造坑阱，陷損衆生。或餘事業令他失念。由此當來感別異熟，能令心狂，及怖害違憂者。第二由怖，非人驚怖遂致心狂。第三由害，謂惱非人，非人瞋故，傷害支節，能令心狂。第四由違，大種乖違，能令心狂。第五由憂，謂喪親愛，愁憂發狂，如婆私吒等，除北洲在欲者，明處也。欲界五趣，皆容有狂。地獄恆狂，餘趣容有。欲界聖中，佛無有狂。自餘諸聖，大種乖違，容有心狂，無異熟生，由得聖故。亦無驚怖，超五畏故（不活畏，惡名畏，大衆畏，死畏，惡趣畏也）。亦無傷害，非人敬故。亦無愁憂，證法性故。

二　證

真諦譯《攝大乘論釋》卷一　釋曰：前引阿毗達磨偈爲證，此中更引經偈爲證。阿毗達磨以理爲勝，經以教爲勝。教必有理，理必順教，此二名證。若離此二證，立義不成，此證從《解節經》出。佛告廣慧菩薩，廣慧，於六道生死，是諸眾生隨在眾生聚。或受卵生胎生濕生化生。此中得身及成就。初受生時一切種識先熟合大長圓，依二種取。謂有依色根及相名分別言説習氣。若有色界中有二種取。若無色界無二種取。廣慧。此識或説名阿陁那。何以故。由此本識能執持身。或説名阿黎耶識。何以故。此本識於身常藏隱同成壞故。或説名質多。何以故。此識色聲香味觸等諸塵所生長故。廣慧，依緣此本識，是識聚得生。謂眼識乃至意識，依有識眼根緣外色塵。眼識得生。與眼識同一時共境。有分別意識起。若一眼識生。是時一分別意識生。與眼識共境。此眼識若共二識或三四五共起，是時一有分別意識，與五識共緣境生。如大水流，若有一能起浪因至則一浪起，若二若多能起浪因至則多浪起，是水常流，不廢不斷。復次，於清淨圓鏡面中，若有一能起影因至則一影起，若二若多能起影因至則多影起，是圓鏡面不轉成影亦無損減。此本識猶如水流及鏡面。依此本識，若有一能起眼識緣至。則一眼識起。乃至若有五能起識因至則五識起。廣慧。如此菩薩依法如智有聰慧。能通達意心識祕密義。諸佛如來如理如量。由如此義。不記説諸菩薩能通達意識心祕密義。廣慧。諸菩薩由如實不見本識。及阿陁那識等。於內於外。不見藏住不見生及長等。不見識眼色及眼識。不見耳聲及耳識。乃至不見身觸及身識。廣慧。諸菩薩依法如智有聰慧。能通達意心識祕密義。諸佛如來如理如量。由如此義。記説諸菩薩能通達意識心祕密義。復次。引偈重釋經所説義。執持識深細者。云何此識或説爲阿陁那識。能執持一切有色諸根。謂能報持有依五根及相等習氣故。此識亦名阿陁那。深細者難滅難解故。法種子恆流者。一切不淨品法能生熏習所依住。如水流念念生滅。相續不斷。於凡我不説者。諸凡夫人無甚深行。不求一切智。根鈍故不爲凡夫及二乘説，彼勿執爲我者一相起相續長。若眾生依經起邪分別，即執此識爲我，恐起邪執故我不爲説。

論曰：云何此識或説爲阿陁那識。

釋曰：前已引正理及正教，證此識名阿梨耶，云何今復説此識名阿陁那。

論曰：能執持一切有色諸根，一切受生取依止故。何以故。有色諸根此識所執持，不壞不失乃至相續後際。又正受生時由能生取陰故，故六道身皆如是取是取事用識所攝持故，説名阿陁那。

元照《四分律含注戒本疏行宗記》卷一上之一　然證有二。

一者事證。如戒所禁，緣境思過，警策身口，常志憶持，方能遠離。故經云：佛所説禁戒如猿猴著鏁，亦如利轡勒常。當制之，無令放逸。由攝持威儀，正離非法也。

釋二證中事證爲三。初正明，故下引證，由下結示經云者，他部戒經偈序並同彼云，繫心不放逸，亦如猿著鎖，日夜常精進求實智慧。故又云，心馬馳惡道，放逸難禁制，佛説一切戒，亦如利轡勒。

二者理證。聖所説教，同爲斷我。我難制故，先以事遮。隨我欣樂，皆約不作。我所不欲，制必行之。故於修捨漸得調伏，無奈我本觸境還生，故聖制言三毒四倒所不應念，三善四觀常須依行，窮檢我源，推折不得，知唯妄謂，本來無我。此理明白，由憶念知，還由本説，憶念輪故。

理證中初通示教意，我難下別釋。初至調伏來前敘事證發起下文事遮即戒欣樂，皆約斷惡止行也。約即是制不欲，必行修善作行也。修捨即上，止作無奈。下正明理證。初二句明事伏力劣，故聖下示立觀三毒等語，偏在諸經，不復別指，但云聖制耳。三善對破三毒，謂不貪、不瞋、不癡。四觀破四倒，觀身不淨、觀受是苦、觀心無常、觀法無我。即四念處，窮檢下顯，修證此理者即我空，內凡分見，初果真證。今從聖論，故云明白。問：上二證者如何取異。答：一事理異，在文可見。二前是戒學，後屬定慧，三前制後，化四前通凡聖，後唯初果已去，如是知之。

二　覺

鳩摩羅什譯《成實論》卷一四　出覺者，心樂遠離。若離五欲及色無色界，樂此遠離，故名出覺。此遠離樂無諸苦故，隨貪著有苦，無貪著則樂。於諸覺中二覺名樂，謂無瞋覺、無惱覺。所以者何。此二覺名安隱覺。如如來品中說，如來常有二覺現前，謂安隱覺，及遠離覺。安隱覺者，即是不瞋惱覺。遠離覺者，即是出覺。又念此三覺則福增長，亦能成心定，又心得清淨。又念此三覺能障諸纏，諸纏斷故，速能證斷。又行者以樂遠離多集善法，故能速得解脫。八大人覺者，佛法中若少欲者能得利益，非多欲者，知足者、遠離者、精進者、正憶者、定心者、智慧者、無戲論者能得利益。非戲論者，是名爲八。

筏提摩多譯《釋摩訶衍論》卷三　本曰：所言覺義者，謂心體離念相。離念相者，等虛空界，無所不遍，法界一相，即是如來平等法身。依此法身，說名本覺。何以故。本覺義者對始覺說，以始覺者即同本覺。始覺義者，依本覺故而有不覺，依不覺故說有始覺。又以覺心原故名究竟覺，不覺心原故非究竟覺。

論曰：於此文中即有二門。云何爲二。一者略說本覺安立門，二者略說始覺安立門。本覺門中即有二門。云何爲二。一者清淨本覺門，二者染淨本覺門。始覺門中又有二門。云何爲二。一者清淨始覺門，二者染淨始覺門。云何名爲清淨本覺。本有法身，從無始來，具足圓滿，過恆沙德，常明淨故。云何名爲染淨本覺。自性淨心受無明熏，流轉生死無斷絶故。云何名爲清淨始覺。無漏性智出離一切無量無明，不受一切無明熏故。云何名爲染淨始覺。始覺般若受無明熏不能離故。如是諸覺皆智眷屬，當證何理以爲體分。謂性眞如及虛空理。如是二理，各有幾種，各有二故。云何名爲二種眞如。一者清淨眞如，二者染淨眞如。虛空之理，亦復如是。云何名爲清淨眞如。二種淨覺所證眞如，離熏習故。云何名爲染淨眞如。二種染淨覺所證眞如，不離熏故。虛空之理，亦復如是。以何義故強名本覺，字事差別其相云何。頌曰：

本覺各有十，體雖同字事。各各差別故，謂根鏡等義。

論曰：本覺各十。云何十本。一者根字事本，本有法身，能善住持一切功德。譬如樹根，能善住持一切枝葉及花果等，不壞失故。二者本字事本，本有法身從無始來，自然性有不始起故。三者遠字事本，本有法身其有德時，重重久遠無分界故。四者自字事本，本有法身我自成我，非他成我故。五者體字事本，本有法身爲諸枝德作依止故。六者性字事本，本有法身不轉之義，常建立故。七者住字事本，本有法身住於無住無去來故。八者常字事本，本有法身決定實際無流轉故。九者堅字事本，本有法身遠離風相，堅固不動若金剛故。十者總字事本，本有法身廣大圓滿，無所不遍爲通體故。是名爲十。云何十覺。一者鏡字事覺，薩般若慧清淨明白無塵累故。二者開字事覺，薩般若慧通達顯了無障礙故。三者一字事覺，薩般若慧獨尊獨一無比量故。四者離字事覺，薩般若慧自性解脫，出離一切種種縛故。五者滿字事覺，薩般若慧具足無量種種功德，無所少故。六者照字事覺，薩般若慧放大光明，遍照一切無量境故。七者察字事覺，薩般若慧常恆分明無迷亂故。八者顯字事覺，薩般若慧清淨體中淨品眷屬悉現前故。九者知字事覺，薩般若慧於一切法無不窮故。十者覺字事覺，薩般若慧所有功德唯有覺照，無一一法而非覺故。是名爲十。如是十種本覺字義，唯依一種大性法身隨義異釋，據其自體無別而已。此中所說二本覺中當何本覺，謂清淨本覺，非染淨本覺。染淨本覺字義差別，其相云何。頌曰：

染淨本覺中，或各有十義。前說十事中，各有離性故。

論曰：此本覺中或各有十義。所以者何。前十義中各有不守自性義故。字事配屬，依向應知。如是二覺同耶異耶。非同同故，非異異故。以此義故，或同或異，或非是同或非是異，是故皆是皆非而已。以何義故強名始覺，字事差別其相云何。頌曰：

從無始已來，無有惑亂時。今日始初覺，故名爲始覺。

論曰：從無始來始覺般若，無有惑亂時。而無惑時，今始初覺，故名始覺。如是始覺前惑後覺，即非始覺。而無惑時理常今常初故，名爲始覺。如是始覺二始覺中當何覺耶。謂清淨始覺，非染淨始覺。染淨始覺字事差別，其相云何。頌曰：

清淨始覺智，不守自性故。而能受染熏，故名染淨覺。

論曰：清淨始覺雖無惑時，而不守自性故，能受染熏，隨緣流轉。以此義故，是故名爲染淨始覺。以何義故強名眞如。字事差別其相云何。頌曰：

性眞如理體，平等平等一。無有一多相，故名爲眞如。

論曰：性眞如理平等平等，唯同一相。亦無一相，亦無多相。無一相故，遠離同緣。無多相故，遠離異緣。以此義故，名爲眞如。如是眞如，二種淨智親所內證。復次眞如各有十義。云何爲十眞。一者根字事眞，乃至第十總字事眞。如是十眞十種本義，相應俱有不相捨離，是故同名表示而已。云何十如。一者鏡字事如，乃至第十覺字事如。如是十如十種覺義，相應俱有不相捨離，是故同名表示而已。所以者何。十種眞理，本有法身有德方便。十種如理，薩般若慧有覺方便。以此義故，更重言詞，作如是示。此中所說二眞如中當何眞如，謂清淨眞如，非染淨眞如。染淨眞如字事差別，其相云何。頌曰：

清淨眞如理，不守自性故。而能受染熏，名染淨眞如。

論曰：清淨眞如從無始來，平等平等自性清淨。不生不滅亦無去來亦無住所。而眞如理性不守自性故隨緣動轉。是故名爲染淨眞如。如是眞如二染淨智親所內證。相應俱有不相捨離。如是等義，觀前所說比類應知。以何義故強名虛空。字事差別，其相云何。頌曰：

虛空有十義，體雖同義事。各各差別故，謂無礙等義。

論曰：性虛空理有十種義。云何爲十。一者無障礙義，諸色法中無障礙故。二者周遍義，無所不至故。三者平等義，無簡擇故。四者廣大義，無分際故。五者無相義，絕色相故。六者清淨義，無塵累故。七者不動義，無成壞故。八者有空義，滅有量故。九者空空義，離空著故。十者無得義，不能執故。是名爲十。如是十事義用差別，若據其體無別而已。此虛空理二種淨智親所內證，相應俱有不相捨離。二虛空中當何虛空，謂清淨虛空，非染淨虛空。染淨虛空字事差別，其相云何。頌曰：

清淨虛空理，不守自性故。而能受染熏，名染淨虛空。

論曰：清淨虛空具足十德，亦無染相亦無淨相。而虛空性不守自性故，能受染熏，隨緣流轉，是故名爲染淨虛空。能熏所熏建立誹謗等種種門，至廣說分其理具顯。已說字事門，次說隨釋門。所言覺義者，即是總句，從此自下皆是別句。總者通表一切覺故，別者各各差別說故。就別句中先說清淨本覺清淨始覺，次說染淨本覺染淨始覺。如其次第，說相可見。謂心體離念相者，即是清淨本覺。心謂即是自性清淨心，體謂即是本有法身體。如是心體，即名本覺。離念相者，即是顯示清淨之義。所謂遠離大無明念故言離念，遠離四種無常之相故言離相。過於恆沙煩惱眷屬，此五有爲以爲根本，是故舉本無，示眷屬皆空。離念相者者，即唱清淨本覺人辭者即人故。等虛空界無所不遍者，如是覺者善證具足十種德義虛空理故。法界一相者，如是覺者於所證之眞如法界而共和合，一味一相無差別故。即是如來平等法身者，善證二種勝妙之理清淨覺者，即是法身如來自性自體故。依此法身說名本覺者，本有法身自性德中，而作歸依，建立清淨本覺稱。故已說清淨本覺，次說清淨始覺。何以故者，即請問辭，謂欲建立清淨始覺作如是請。問相云何，謂有眾生作如是難。本有法身從本已來，具足無量性之功德，常恆明淨常恆自在。依此義故名本覺者。如是本覺於何時中，何因緣故，具足一切無量功德名本覺耶。若作是說，此本覺者有大智力，能善斷除一切過患，具足圓滿諸功德者，即此本覺前惑後覺，非本覺明。即此功德斷已前隱斷已後顯，非自性明。豈惑覺隱顯，本有之義而得成立。若作是說常斷更不斷，常具足更不具足，是故應有本斷本德者，此義亦不成立。無功德過故，謂一切障，從本斷訖更不待斷。一切功德，從本具足更不待具足覺者，即是始覺非彼本覺。是故般若波羅蜜中作如是說，若覺者是始覺，若不覺者即是無明。若離此二者，即名爲本覺。以何義故作如是說，本有法身自性德中，而作歸依說名本覺，故言何以故。本覺義者，對始覺說者，直決彼疑，謂馬鳴師自通而言。清淨本覺從本已來不生不滅，非建立有，非誹謗無。或非過患，或非功德，言語道絕，心行處滅。而有言說，具足圓滿過於恆沙無量性德名本覺者，當知從無始來，而有清淨始覺。發大智力發大定力，於一切時於一切處，常恆對治過於恆沙無量無邊過患之海，具足圓滿過於恆沙無量無邊功德淨品。對此清淨始覺者故，立彼清淨本覺之稱。以始覺者即同本覺者，作其所由，謂以自然始覺與彼本覺同故，得對始覺示本覺故。如是二覺熏習差別，其相云何。頌曰：

清淨本始覺，從無始已來。遠離一切染，湛明若虛空。是故此門中，無能熏染法。無所熏淨法，唯有自家德。

論曰：如是二覺無有能熏所熏差別。唯有自家眞實功德故，此門中不應建立能熏所熏。若如是者，於此門中有何熏義。所謂有熏，染法淨法不相待成，所謂即是具足轉熏。此熏云何，謂白白故，三身本有契經中作如是說。本有本覺本有始覺，唯有德熏無患德熏，唯有滿轉無分轉事故。已說清淨始覺，次說離性二覺。始覺義者，依本覺故而有不覺，依不覺故說有始覺者。通示二種離性本始，謂依本覺故而有不覺者，即是離性本覺。依不覺故說有始覺者，即是離性始覺。此義云何。本覺般若不守自性故，善受染熏彼諸染法令得住止，即是本覺離性之義。始覺般若不守自性故，依諸染法如今方起被彼染誑，即是始覺離性之義。始覺般若能斷諸障證諸功德，何故說言始覺之智被染誑耶。於無過法立諸過患，斷除障，故於無德法立諸功德，證得理故。若爾始覺於何時中而得離妄，極解脫道時，方得究竟離，於彼時中到無念故，滿分二事下當顯示。

求那跋陁羅譯《楞伽阿跋多羅寶經》卷二　復次，大慧，有二種覺，謂觀察覺及妄想相攝受計著建立覺。大慧，觀察覺者，謂若覺性自性相，選擇離四句不可得，是名觀察覺。大慧，彼四句者，謂離一異、俱不俱、有無非有非無、常無常，是名四句。大慧，此四句離，是名一切法。大慧，此四句觀察一切法，應當修學。大慧，云何妄想相攝受計著建立覺。謂妄想相攝受，計著堅濕煖動不實妄想相四大種。宗因想譬喻計著，不實建立而建立，是名妄想相攝受計著建立覺。是名二種覺相。若菩薩摩訶薩，成就此二覺相，人法無我相究竟，善知方便無所有覺。觀察行地，得初地，入百三昧，得差別三昧，見百佛及百菩薩，知前後際各百劫事。光照百剎土，知上上地相，大願殊勝神力自在。法雲灌頂，當得如來自覺地，善繫心十無盡句，成熟眾生，種種變化，光明莊嚴，得自覺聖樂三昧正受故。

玄奘譯《阿毗達磨俱舍論》卷二五　居無學位聖者有九，謂七聲聞及二覺者。退法等五，不動分二。後先別故名七聲聞，獨覺大覺名二覺者。由下下等九品根異，令無學聖成九差別。學無學位有七聖者，一切聖者皆此中攝。一隨信行，二隨法行，三信解，四見至，五身證，六慧解脫，七俱解脫。【略】

經說覺分有三十七。謂四念住、四正斷、四神足、五根、五力、七等覺支、八聖道支。盡無生智，說名爲覺。隨覺者別立三菩提。一聲聞菩提，二獨覺菩提，三無上菩提。無明睡眠皆永斷故。及如實知已作已事不復作故，此二名覺。

玄奘譯《佛地經論》卷三　大覺是佛。具三種身。一者自性。二者受用。三者變化。後當廣說。地謂大覺所依所攝所行境界。安立自相所緣差別。以一切法爲境界故。安立所緣言攝一切。安立自相唯攝自體合爲一故。大覺地中無邊功德。略有二種。一者有爲。二者無爲。無爲功德淨法界攝。淨法界者。即是眞如無爲功德。皆是眞如體相差別。有爲功德。四智所攝。無漏位中智用強故。以智名顯。一切種心心所有法。及彼品類。若就實義。一一智品具攝一切功德法門。若就麁相。妙觀察智攝四念住。觀察一切身等法故。平等性智攝四正斷及四無量。以四正斷雖用精進爲其自性。而由如來平等性智所攝受故。無高下相。四無量者。平等行故。此智所攝。四如意足。以三摩地爲自性故。觀察智攝。任持一切陁羅尼門。三摩地門。下經說故。如是其餘靜慮解脫等持等至。陁羅尼門三摩地門。無諍願智通無礙解。如來十八不共佛法力無畏等。多分攝在妙觀察智。神境智通多分攝在成所作智。漏盡智通漏盡智力。若說漏盡相續中有四智所攝。若說彼緣漏盡涅槃。多分攝在大圓鏡智平等性智。第七遍行智力者。四智所攝。慧等諸根慧等諸力。多分攝在大圓鏡智平等性智。覺支道支多分攝在平等性智。苦等十智眞無漏者。多分攝在大圓鏡智平等性智。無忘失法。多分攝在大圓鏡智。永斷一切習氣相續。多分攝在清淨法界大圓鏡智。波羅蜜多。若是無漏若似有漏。多分攝在後二智中。諸相隨好。多分攝在成所作智。其餘佛法。如其所應隨相應攝。如是四智具攝一切佛地。無漏心及心法。若俱有法。若所變現品類差別。清淨法界攝眞如上諸相功德。是故五法具攝一切佛地功德。

玄奘譯《佛地經論》卷五　言出離者，即是涅槃。諸三乘人用自種性以爲因緣，如來鏡智爲增上緣。精勤方便修集資糧引生聖道，除煩惱障及所知障，隨其所應各證涅槃。決定種性聲聞獨覺住無學位，樂寂滅故，發業潤生諸煩惱障永滅除故。先業煩惱所感身心任運滅已，更不受生無所依故。一切有漏無漏有爲諸行種子，皆隨斷滅，唯有轉依無戲論相。離垢眞如清淨法界解脫身在，名無餘依般涅槃界。常住安樂究竟寂滅，不墮衆數不可思議，同諸如來。但無有爲無漏功德所莊嚴故，無有更起利益安樂有情事故，不同如來。不定種性聲聞獨覺住無學位，雖無煩惱，樂菩提故，由定願力留身相續，修大乘行，乃至獲得金剛喻定，一切障滅，證佛三身。雖有爲無漏功德，而無有漏身心在故，證無餘依大涅槃界。依謂三界有漏身心，若諸菩薩斷二障盡得佛果時，即得說名證無餘依大涅槃界。是故二乘先入有餘依涅槃界，後入無餘依涅槃界。菩薩初證如來地時，頓證二種大涅槃界。一切有漏身心盡故，名無餘依。猶有變化似有漏相身心在故，名有餘依。悲智無斷所證得故，亦名無住大涅槃界。涅槃即是眞如體上障永滅義。由無漏慧簡擇諦理，斷諸雜染而證得故，亦名擇滅。如是擇滅於眞如上假施設有，無別實物至究竟位說名涅槃。無所趣故，無臭穢故，離編織故，離稠林故，名爲涅槃。聲聞、獨覺有所知障習氣未滅，云何證得究竟涅槃。所知障習是無知故，非染污故，障菩提果不障涅槃。非煩惱故，不能潤生。若無願力，迴心趣大至無學位，盡其壽量必永寂滅。

宗密、子璿《金剛般若經疏論纂要》卷上　然覺有三義。一自覺，覺知自心本無生滅。二覺他，覺一切法無不是如。三覺滿，二覺理圓，稱之爲滿。故知有念，則不名覺。《起信》云：一切衆生不名爲覺，以無始來念念相續未曾離念。又云，若有衆生能觀無念者，則爲向佛智故。

宗泐、如玘《楞伽阿跋多羅寶經註解》卷二　復次大慧，有二種覺。謂觀察覺，及妄想相攝受計著建立覺。大慧觀察覺者，謂若覺性自性相，選擇離四句不可得，是名觀察覺上云若覺得解脫故，又告之以覺知之道。二種覺義，一往言之，雖若眞妄之異，然據結文，云菩薩成就，則皆大士所觀而眞俗不同，觀察覺即眞諦之覺也，建立覺即俗諦之覺也。良以菩薩觀眞不捨俗，照俗不違眞。若覺性自性等者，即觀一切法之自性。此性本來離相，不可以一異等四句分別簡擇，故云不可得也。

二愚

玄奘譯《解深密經》卷四　觀自在菩薩復白佛言，於此諸地有幾愚癡有幾麁重，爲所對治。佛告觀自在菩薩曰，善男子，此諸地中有二十二種愚癡，十一種麁重，爲所對治。謂於初地有二愚癡。一者執著補特伽羅及法愚癡，二者惡趣雜染愚癡，及彼麁重爲所對治。於第二地有二愚癡。一者微細誤犯愚癡，二者種種業趣愚癡，及彼麁重爲所對治。於第三地有二愚癡。一者欲貪愚癡，二者圓滿聞持陀羅尼愚癡，及彼麁重爲所對治。於第四地有二愚癡。一者等至愛愚癡，二者法愛愚癡，及彼麁重爲所對治。於第五地有二愚癡。一者一向作意棄背生死愚癡，二者一向作意趣向涅槃愚癡，及彼麁重爲所對治。於第六地有二愚癡。一者現前觀察諸行流轉愚癡，二者相多現行愚癡，及彼麁重爲所對治。於第七地有二愚癡。一者微細相現行愚癡，二者一向無相作意方便愚癡，及彼麁重爲所對治。於第八地有二愚癡。一者於無相作功用愚癡，二者於相自在愚癡，及彼麁重爲所對治。於第九地有二愚癡。一者於無量說法無量法句文字後後慧辯陀羅尼自在愚癡，二者辯才自在愚癡，及彼麁重爲所對治。於第十地有二愚癡。一者大神通愚癡，二者悟入微細祕密愚癡，及彼麁重爲所對治。於如來地有二愚癡。一者於一切所知境界極微細著愚癡，二者極微細礙愚癡，及彼麁重爲所對治。善男子，由此二十二種愚癡及十一種麁重故，安立諸地而阿耨多羅三藐三菩提離彼繫縛。觀自在菩薩復白佛言，世尊，阿耨多羅三藐三菩提甚奇，希有，乃至成就大利大果，令諸菩薩能破如是大愚癡羅網，能越如是大麁重稠林，現前證得阿耨多羅三藐三菩提。

玄奘譯《瑜伽師地論》卷八七　因緣故者，謂二愚癡。一事愚癡，二見愚癡。事愚癡者，由愚事故，先聞邪法，後起我見。見愚癡者，謂愚見故，於見相應諸無明觸，所生起受，妄計爲我。由此爲緣，恆爲我愛之所隨逐。復由此故，常於我見不能捨離。

玄奘譯《成唯識論》卷九　由斯初地說斷二愚及彼麁重。一執著我法愚，即是此中異生性障。二惡趣雜染愚，即是惡趣諸業果等，應知愚品總說爲愚。後準此釋。或彼唯說利鈍障品俱起二愚，彼麁重言顯彼二種，或二所起無堪任性。如入二定，說斷苦根。所斷苦根雖非現種，而名麁重。此亦應然，後麁重言，例此應釋。雖初地所斷實通二障，而異生性障意取所知。說十無明非染污故，無明即是十障品愚。二乘亦能斷煩惱障，彼是共故非此所說。又十無明不染污者，唯依十地修所斷說，雖此位中亦伏煩惱，斷彼麁重，而非正意。不斷隨眠，故此不說。理實初地修道位中，亦斷俱生所知一分。然今且說最初斷者，後九地斷，準此應知。住滿地中時既淹久，理應進斷所應斷障，不爾三時道應無別。故說菩薩得現觀已，復於十地修道位中，唯修永滅所知障道留煩惱障，助願受生，非如二乘速趣圓寂。故修道位不斷煩惱，將成佛時方頓斷故。二邪行障謂所知障中俱生一分及彼所起悮犯三業。彼障二地極淨尸羅。入二地時便能永斷。由斯二地說斷二愚及彼麁重。一微細悮犯愚。即是此中俱生一分。二種種業趣愚。即彼所起悮犯三業。或唯起業不了業愚。三闇鈍障。謂所知障中俱生一分令所聞思修法忘失。彼障三地勝定總持及彼所發殊勝三慧。入三地時便能永斷。由斯三地說斷二愚及彼麁重。一欲貪愚。即是此中能障勝定及修慧者。彼昔多與欲貪俱，故名欲貪愚。今得勝定及修所成，彼既永斷欲貪隨伏，此無始來依彼轉故。二圓滿聞持陁羅尼愚，即是此中能障總持聞思慧者。四微細煩惱現行障，謂所知障中俱生一分第六識俱身見等攝。最下品故，不作意緣故，遠隨現行故，說名微細。彼障四地菩提分法，入四地時便能永斷。彼昔多與第六識中任運而生，執我見等同體起，故說煩惱名。今四地中既得無漏菩提分法，彼便永滅。此我見等亦永不行。初二三地行施戒修相同世間，四地修得菩提分法方名出世，故能永害二身見等，寧知此與第六識俱。第七識俱執我見等與無漏道性相違故，八地以去方永不行。七地已來猶得現起與餘煩惱爲依持故。此麁彼細伏有前後，故此但與第六相應身見等言，亦攝無始所知障，攝定愛法愛。彼定法愛三地尚增，入四地時方能永斷。菩提分法特違彼故，由斯四地說斷二愚及彼麁重。一等至愛愚，即是此中定愛俱者。二法愛愚，即是此中法愛俱者。所知障攝二愚斷故，煩惱二愛亦永不行。五於下乘般涅槃障，謂所知障中俱生一分令厭生死樂趣涅槃同下二乘厭苦欣滅。彼障五地無差別道，入五地時便能永斷。由斯五地說斷二愚及彼麁重。一純作意背生死愚，即是此中厭生死者。二純作意向涅槃愚，即是此中樂涅槃者。六麁相現行障，謂所知障中俱生一分執有染淨麁相現行。彼障六地無染淨道，入六地時便能永斷。由斯六地說斷二愚及彼麁重。一現觀察行流轉愚，即是此中執有染者，諸行流轉染分攝故。二相多現行愚，即是此中執有淨者，取淨相故相觀多行未能多時住無相觀。七細相現行障，謂所知障中俱生一分執有生滅細相現行。彼障七地妙無相道，入七地時便能永斷。由斯七地說斷二愚及彼麁重。一細相現行愚，即是此中執有生者。猶取流轉細生相故。二純作意求無相愚，即是此中執有滅者。尚取還滅細滅相故。純於無相作意勤求未能空中起有勝行。八無相中作加行障，謂所知障中俱生一分令無相觀不任運起，前之五地有相觀多無相觀少。於第六地有相觀少無相觀多，第七地中純無相觀。雖恆相續而有加行，由無相中有加行故未能任運現相及土，如是加行障八地中無功用道，故若得入第八地時便能永斷。彼永斷故得二自在，由斯八地說斷二愚及彼麁重。一於無相作功用愚，二於相自在愚。令於相中不自在故，此亦攝土相一分故。八地以上純無漏道任運起故三界煩惱永不現行，第七識中細所知障猶可現起，生空智果不違彼故。九利他中不欲行障，謂所知障中俱生一分令於利樂有情事中不欲勤行樂修己利。彼障九地四無閡解，入九地時便能永斷。由斯九地說斷二愚及彼麁重。一於無量所說法無量名句字後後慧辯陁羅尼自在愚，於無量所說法陁羅尼自在者謂義無閡解，即於所詮總持自在，於一義中現一切義故。於無量名句字陁羅尼自在者謂法無閡解，即於能詮總持自在，於一名句字中現一切名句字故，於後後慧辯陁羅尼自在者謂詞無閡解，即於言音展轉訓釋總持自在，於一音聲中現一切音聲故。二辯才自在愚，辯才自在者謂辯無閡解，善達機宜巧爲說故。愚能障此四種自在，皆是此中第九障攝。十於諸法中未得自在障，謂所知障中俱生一分令於諸法不得自在。彼障十地大法智雲及所含藏所起事業，入十地時便能永斷，由斯十地說斷二愚及彼麁重。一大神通愚，即是此中障所起事業者。二悟入微細祕密愚，即是此中障大法智雲及所含藏者。此地於法雖得自在，而有餘障未名最極。謂有俱生微所知障，及有任運煩惱障種。金剛喻定現在前時，彼皆頓斷入如來地，由斯佛地說斷二愚及彼麁重。一於一切所知境極微細著愚，即是此中微所知障。二極微細礙愚，即是此中一切任運煩惱障種。故集論說得菩提時頓斷煩惱及所知障，成阿羅漢及成如來，證大涅槃大菩提故。

法藏《華嚴經探玄記》卷一〇　上來且約斷煩惱說。理實初地亦除惡趣諸業果等，是故要說具斷二愚及彼麁重。一執著我法愚，則是異生性障。二惡趣雜染愚，即是惡趣諸業果等。應知愚品總說爲愚。解云，顯上二愚非唯無明。執我法時所有愚及俱起法說爲初愚，愚品類惡趣業果。體雖非愚，愚所發業及所感果，總說爲愚。彼論又說，利鈍障品俱起無明以爲二愚。即與五見利品俱起同時無明，名爲初愚。與貪等鈍品俱起，名爲後愚。言麁重者，彼論二釋。論云，彼麁重言顯彼二種或二所起無堪任性。解云，此初釋麁重即是二愚種子。惡故名麁，沈沒稱重，故知二愚唯約現行。後釋是二愚所引令身心中無堪任性麁更沈重。故名麁重。非現非種。準此二愚亦通種子。又案此二愚或分爲三。謂惑業報。或分爲四。加彼麁重。或分爲五。謂惑中分二障故。此等並是此中所除。汎論斷義有其三種。一自性斷。謂諸煩惱及相應心心所。不善有覆無記。諸染污法。見修道生惑種永斷。此中心王遍行別境性非染污。非可斷法。與煩惱俱名相應縛。斷煩惱故亦說名斷。二離縛斷。謂有流善無覆無記通色心等。非正違道。性非可斷。由斷六識緣彼煩惱故說爲斷。三不生斷。謂此見道斷見惑已。捨外道身。所依身無。即無想定及無想報竝永不生。又招三惡道總報惡業，皆非擇滅，亦名不生。三惡道報無根二根黵罩越等，亦皆不生。畜生餓鬼別報善業所依依果無亦不生也。此上且約初教說之，若約終教，初地亦捨三界分段及惑業苦，地上唯斷彼所知障及變易報。其煩惱障地前漸伏，初地斷盡。所知障地前亦學伏，初地斷一分，餘在諸地各斷一分，佛地方盡。此如《梁論》及《寶性論》等說。

法藏《華嚴經探玄記》卷一二　由斯三地說斷二愚及彼麁重。一欲貪愚，則是此中能障勝定及修慧者。彼昔多與貪欲俱，故名欲貪愚。今得勝定及修所成，彼既永斷，欲貪隨伏，此無始來依彼轉故。二圓滿陁羅尼愚，則是此中能障總持聞思慧者。解云，此實是所知障與欲貪同體，故名欲貪愚。以貪妙欲掉動散亂障定發修慧，聞持等者從所障因法以立名。以親障聞思二慧，是彼總持所起果故，此是忘念不正知等同體所知障。《解深密經》及《瑜伽金光明經》及《梁攝論》等各有二愚，大同此說。又有離業障及報障，準前知之。

遁倫《瑜伽論記》卷二〇　下明二地有二愚癡。一微細誤執愚，二種種業趣愚癡者。此見三業三行差別愚，此中但有初一。《地論》云，邪行於衆身等障，即當第二，三地治欲貪障。下說三地有二愚癡。一欲貪障定，二圓滿聞持陁羅尼愚癡。此中但有初一。《地論》云：闇相，當欲貪，聞思修等法忌障，即當第二。四地治定愛及法一愛障者，三地求法投火坑等，故有法愛，總當下說二種。故下論云，四地有二愚。一等持愛，二者法愛。《地論》云，解法慢障，總不當二。愛慢異故，又可由得勝定及解法故生慢。定是行法及持教法生慢，總名解脱法慢障。五地治生死涅槃一向背趣障，與下二同。此中合一，下開背趣爲二。《地論》云，身淨我慢障。以心道品淨身持之生慢故，於生死背於涅槃向與此大同。六地治相多現行障，五地中斷背趣二愚。今六地斷多厭背心，以觀十二緣相多現行，故斷相多現行障。下云六地有二愚，現前觀察諸行流轉愚癡者，五地不能現觀緣起名愚。二相多現行愚癡，五地雖斷背趣，而厭背相心多現行，此中當第二。《地論》云，微煩惱習障者，總當二種，形前名微。七地治細相現行障者，七地所斷仍見微細生滅，名細相現行障。下論七地有二愚者。一微細相現行，即當此說。二無相作功用愚癡。七地於無相雖有功用，而長入眞觀，六地不能障於七地，故七地中斷無相作功用愚。《地論》云，細相習障，亦當初一。八地治於無相功用及於有相不得自在障，下云八地有二愚癡。八地於無相無功用，於俗相中利他有功自利無功，七地不同障八地。八地中斷，一於無相作功用，二於相自在愚，彼與此中開合爲異。《地論》云，於無相有行障，但當初一。九地治於一切種善巧言詞不得自在障。下云九地有二愚癡。一於無量說法無量法句文字後後慧辨陁羅尼自在愚，二辨才自在愚。彼與此中開合爲異。《地論》云，不能善利益衆生障。十地治不得圓滿法身證得障。下論云十地有二愚癡。一大神通愚癡，二悟入微細祕密愚癡。彼與此中亦開合爲異。《地論》云十於諸法中不得自在障，亦與此同。於如來地對治微細最極微細煩惱及所知障者，此二并是非想下下品斷二障之法故。欲知著是煩惱障，礙是所知障，此文明證。由能永害如是障故，究竟證得無著無礙一切知見等者，下論云如來地有二愚癡。一於一切所知境極微細著愚癡，亦是非想煩惱下品。二極微細礙愚癡，亦是非想所知下品。故與彼同，開合爲異。《地論》雖不說有第十一障，然於第十於諸法中不得自在障。即收佛微細著及微細礙，以於第十障中就最細者義說障佛，論實還是金剛心斷。

慧洪《石門洪覺範林間錄》卷下 八地菩薩證無生法忍，觀一切法如虛空性，猶是漸證無心，至十地中尚有二愚。

二種見

菩提流支譯《佛說不增不減經》 何謂二見。一者無欲見，二者畢竟無涅槃見。舍利弗，依無欲見，復起二見。此二種見與無欲見不相捨離，猶如羅網。何謂二見。一者戒取見，二者於不淨中起淨顛倒見。

舍利弗，依畢竟無涅槃見，復起六種見。此六種見與無涅槃見不相捨離，猶如羅網。何謂六見。一者世間有始見，二者世間有終見，三者眾生幻化所作見，四者無苦無樂見，五者無眾生事見，六者無聖諦見。

復次舍利弗，此諸眾生依於增見，復起二見。此二種見與彼增見不相捨離，猶如羅網。何謂二見。一者涅槃始生見，二者無因無緣忽然而有見。舍利弗，此二種見令諸眾生於善法中無願欲心、勤精進心。舍利弗，是諸眾生以起如是二種見故，正使七佛如來應正遍知，次第出世爲其說法。於善法中若生欲心、勤精進心，無有是處。

舍利弗，此二種見乃是無明諸惑根本。所謂涅槃始生見，無因無緣忽然而有見。舍利弗，此二種見乃是極惡根本大患之法。舍利弗，依此二見起一切見。此一切見與彼二見不相捨離，猶如羅網。一切見者，所謂若內若外，若麁若細，若中種種諸見，所謂增見減見。舍利弗，此二種見依止一界，同一界合一界。一切愚癡凡夫不如實知彼一界故，不如實見彼一界故，起於極惡大邪見心，謂眾生界增，謂眾生界減。

玄奘譯《本事經》卷五 有二種見，令諸有情展轉相違，互爲怨害。云何爲二。所謂有見及無有見。諸有沙門或婆羅門，攝受有見，習行有見，耽著有見，與諸愛樂無有見者展轉相違，互爲怨害。稱讚有見，最爲第一。諸有沙門或婆羅門攝無有見，習無有見，著無有見，與其愛樂諸有見者展轉相違，互爲怨害。讚無有見，最爲第一。若有沙門或婆羅門於此二見，諸集滅味，過患出離，不以正慧如實了知，我說彼人名無智見。有貪瞋癡，有違有害，無慧無明，不能解脫生老病死愁歎憂苦熱惱等法。不能解脫生死眾苦。若有沙門或婆羅門於此二見，諸集滅味，過患出離，能以正慧如實了知，我說彼人名有智見，無貪瞋癡，無違無害，有慧有明，定能解脫生老病死愁歎憂苦熱惱等法，定能解脫生死大苦。

法天譯《外道問聖大乘法無我義經》 復次有二種見，莊嚴眞如。彼莊嚴者，此即名我，此即名他，是名人補特伽羅，名人世間思惟。至於資財、男女兄弟、妻妾等，名心所思惟莊嚴。彼如是法，無自無他、無人無命、無補特伽羅、無有情、無世間、無見者、無資財、無男女、無朋友、無妻妾等。彼一切事不見自性，云何彼出世間莊嚴果報善惡生滅，彼眞如莊嚴果報，無善無惡，不生不滅，無煩惱，無快樂。而彼諸法，各各如是。又彼世間及出世間二種莊嚴，令諸有情因莊嚴故，而生煩惱處於輪迴，久久展轉不知眞如。彼知法者思惟莊嚴，疑此苦受彼苦受惡，遠離解脫而不見道。愚癡有情以迷執故，輪轉生死墮於惡趣，行世間法不見眞如。盡彼輪迴由如織網，用線展轉復去復來。又如日月二種行往，晝夜隱顯出沒世間，諸行無常不久破壞，輪轉生死來往亦然。而眞如體離莊嚴句，又，彼天人乾闥婆等及彼女等住於天上，以彼莊嚴果報，墮一切有。復有持明成就，夜叉緊那羅，摩睺羅伽，彼以一切莊嚴果報，復墮地獄惡精進天，以彼神通而作功德。以彼一切莊嚴果報，或墮彼天。又若帝釋及轉輪王，具最上德及最上句，以彼一切莊嚴果報，復生傍生。智者於一切時，宜應遠離天上最上大樂，恆觀菩提之心，靈明廓徹，無自性，無罣礙，亦無所住，一切皆空。亦復遠離一切戲論，外道。菩提心相，不硬不軟，不熱不冷，無觸無執。又菩提心相，非長非短，不圓不方，不肥不瘦。又菩提心相，不白不黑，不赤不黃，非色非相。彼菩提心，不作相非顯耀，無性無纏縛，由如虛空而無色故。菩提心相而離觀察外道，而汝不知菩提心相與般若波羅蜜多而相應故。又菩提心相，自性清淨，無物無喻，不可覩視，是最上句。又菩提心相，非諸物像，無相似者，如水成漚，雖覩非有。如幻化如陽焰，喻如泥團作諸坯器，眾名雖具，咸成戲論。貪瞋癡等亦幻化有，一味空故，如電之住刹那不見。觀彼般若波羅蜜多及作諸善，亦復如是。至於談笑嬉戲，歌舞歡樂，飲食愛欲，一切如夢。有情諸行，畢竟體空。心喻虛空，疑當何立。行般若行，恆若此觀，了一切性，自然解脫。得最上句諸佛所說，無上菩提由斯生出。當作是觀，作此觀者得最上涅槃。乃至往昔造作諸過，咸悉除滅生無量德，而於此生不染諸過，專精觀行決定成就。若與眞如不相應者，應念非眞如呪及金剛鈴眞如無生印，而起眞如相應之行，決定圓滿如上功德。

玄奘譯《瑜伽師地論》卷八七　二種見差別，於斯聖教等。【略】

復次，若有我見，若無我見，同緣諸行爲境事故，說名同分。而於彼事邪取正取染污清淨等義別故，名不同分。又由四相於所緣事，邪僻執著增上力故，能令我見作諸雜染。一因緣故，二自性故，三由果故，四等流故。因緣故者，謂二愚癡。一事愚癡，二見愚癡。事愚癡者，由愚事故，先聞邪法，後起我見。見愚癡者，謂愚見故，於見相應諸無明觸。所生起受，妄計爲我。由此爲緣，恆爲我愛之所隨逐。復由此故，常於我見不能捨離。自性故者，謂二因緣之所攝受，等隨觀察。於彼隨眠，不得遠離。由果故者，謂即以彼薩迦耶見爲依止故，不能遠離我慢隨眠。是二隨眠增上力故，能引當來諸根令起。由彼領納苦樂二受因，更發起計我我所。不如正理思惟相應，意言分別謂我我所有其領受。等流故者，謂由先因力所持故，即見種子所隨逐意，後有意界。由前因緣所熏修力而得成滿，即於如是後有意中，有無明種及無明界。是二種子所隨逐意所緣法界，彼由宿世依惡說法及毘奈耶所生分別薩迦耶見以爲依止，集成今界。即由此界增上力故，發起俱生薩迦耶見。於善說法毘奈耶中，亦復現行能爲障礙。又即此見由二種相六轉現行。一由世故，二由慢故。由世故者，謂我於過去爲曾有耶，爲曾無耶，乃至廣說如應當知。由慢故者，謂我爲勝，乃至廣說。彼於如是一切如實不知不見，由此因緣不如正理起於邪觀。又明位有三，謂聞他音如理作意，是初明位，已能證入正性離生，是第二明位。心善解脫阿羅漢果，是第三明位。其無明位，復有二種。一先，二後。隨眠位是先，諸纏位爲後。又約見修所斷有異，當知是名第二差別。

善導《觀無量壽佛經疏》卷三　有二種見。一者想見，猶有知覺故，雖見淨境，未多明了。二者若內外覺滅，即入正受三昧，所見淨境即非想見，得爲比校也。

延壽《宗鏡錄》卷八〇　《大涅槃經》明二種見佛性。一相貌見，二了了見。相貌見者，謂登地菩薩，方便權智，識變似空，名相貌見。了了見者，謂地上菩薩，根本正智，親證眞理。不變相緣，名了了見。即是親證。相貌見者，比量知。了了見者，現量得。

二十二根

鳩摩羅什譯《大智度論》卷二三　復次，二十二根，有善、有不善、有無記，雜，是故不說應具足。是三根，受眾、行眾、識眾攝。未知欲知根在六地。知根、知已根在九地。三根緣四諦。六想相應。未知欲知根，三根因。知根，二根因。知已根，但知已根因。未知欲知根次第生二根，知根次第或生有漏根，或生知根，或生知已根。知已根，或生有漏根，或生知已根。如是等，以阿毘曇門廣分別說。

復次，未知欲知根名諸法實相，未知欲知故，生信等五根。是五根力故，能得諸法實相。如人初入胎中得二根，身根，命根。爾時如段肉，未具諸根，不能有所別知。五根成就，能知五塵。菩薩亦如是，初發心欲作佛，未具足是五根，雖有願欲知諸法實相，不能得知。菩薩生是信等五根，則能知諸法實相。如眼四大及四大造色和合名爲眼，先雖有四大、四大造色，未清淨故，不名眼根。不斷善根人雖有信，未清淨故，不名爲根。

若菩薩得是信等五根，是時能信諸法實相不生不滅，不垢不淨，非有非無，非取非捨，常寂滅，眞淨，如虛空，不可示、不可說，一切語言道過，出一切心心數法，所行如涅槃，是則佛法。菩薩以信根力故，能受。精進根力故，懃行不退不轉。念根力故，不令不善法入攝諸善法。定根力故，心散五欲中能攝實相中。慧根力故，於佛智慧中少多得義味不可壞。

五根所依意根，必與受俱，若喜、若樂、若捨。依是根入菩薩位，乃至未得無生法忍果，是名未知欲知根。此中知諸法實相了了故名知根。從是得無生法忍果，住阿鞞跋致地得受記，乃至滿十地坐道場，得金剛三昧，於其中間，名爲知根。斷一切煩惱習，得阿耨多羅三藐三菩提，一切可知法智慧遍滿故，名爲知已根。

鳩摩羅什譯《成實論》卷二　但衆緣生無有我也。又爲生死往來還滅，故説二十二根。一切衆生初受身時，以識爲本。是識六種，從眼等生，故説六根。所謂眼根乃至意根，能生六識故名六根。可以分別男女相，故名男女根。有人名爲身根少分。此六根或名六入，從是六事，生六種識，故名爲壽。所以者何。是六入六識得相續生，故名爲壽。是相續斷故名爲死，是故此事名之曰命。是中何等是根，所謂業也。以因業故，六入六識得相續生，是命中業名爲命根。是業從諸受生，諸受即名樂等五根。從此五根生貪愛等一切煩惱及身口業。此業因緣還受生死，是爲垢法，能令生死因緣相續。以何因緣能生淨法。必因信等。信等四法因緣成慧，慧有三時。謂未知，欲知，知已。修習所作辦時，此根皆是智慧差別。佛以生死往來還滅垢淨，故説二十二根。

僧伽跋澄譯《鞞婆沙論》卷四　二十二根者，眼根，耳、鼻、舌、身、意根，男根，女根，命根，樂根，苦根，喜根，憂根，護根，信根，精進念定慧根，未知根，已知根，無知根。問曰：何以故，彼作經者依二十二根而作論。答曰：彼作經者意欲，亦如所欲。如是作經與法不相違，以是故依二十二根而作論。或曰：彼作經者無事。問曰：何以故彼作經者無事。答曰：此是《佛契經》。《佛契經》説二十二根，彼作經者於《佛契經》中依本末處所已，此阿毘曇中作論。彼作經者不能二十二根中減一根，已立二十一，增一已，立二十二。

浮陀跋摩共道泰等譯《阿毗曇毗婆沙論》卷三七　二十二根，十八界，十二入，五陰，五取陰，六界。二法，謂色法無色法，可見法不可見法，有對法無對法，有漏法無漏法，有爲法無爲法。三法，謂過去未來現在法，善不善無記法，欲色無色界繫法，學無學非學非無學法，見道斷修道斷無斷法。四法，謂四諦，四禪，四無量，四無色定。八解脱，八勝處，十一切處，八智，三三昧，三結，乃至九十八使。眼根幾使所使，乃至無色界修道所斷無明使，幾使所使。如此章及解章義，此中應廣作優波提舍。二十二根，眼根，耳根，鼻根，舌根，身根，意根，男根，女根，命根，樂根，苦根，喜根，憂根，捨根，信根，精進根，念根，定根，慧根，未知欲知根，知根，知已根。問曰：何故彼尊者立二十二根而作論。答曰：彼作經者，有如是欲如是意，隨其欲意而作論，亦不違法相。彼意欲立二十二根而作論，隨其意立二十二根。復有説者，此中不應。問：彼尊者所以立二十二根，所以者何。佛經説二十二根，佛經是此論所爲根本。此論亦説二十二根，彼尊者不能於二十二根減一根説二十一根，增一根説二十三根。所以者何。

佛經不可增減，無減可增，無增可減故。如無增無減，無多無少，無益無損無量無邊亦如是。無量者，謂義無量，無邊者，謂文無邊。猶如大海無量無邊。無量者，謂深無量。無邊者，謂廣無邊。佛經亦如是。如尊者舍利弗等百千萬億那由他論師，爲解佛經二句義故，造百千萬論。盡其覺性，猶不能知其量得其邊際。問曰：置造論者，何故佛經説二十二根。答曰：爲受化者故，受化者聞説此法，則得增益。復次，此經皆有所以因緣，何者是耶。答曰：生聞婆羅門往詣佛所，問訊世尊。種種語已，在一面坐，而作是言。説諸根者多，沙門瞿曇，説有幾根耶。佛告婆羅門，我説二十二根，謂眼根乃至知已根。如來説二十二根，則攝一切諸根義。

吉藏《仁王般若經疏》卷中　一切衆生果報，二十二根，不出三界，諸佛應化法身亦不出三界。三界外無衆生，佛何所化。是故我言三界外別有一衆生界藏者。外道《大有經》中説非七佛之所説，大王，我常語一切衆生斷三界煩惱果報盡者名爲佛，乘薩婆若乘來化三界者是化身。又，前是化他心，後是化他身。第五歎德殊勝文有六。一明所化三界，二諸佛應身下明能化應身，三從三界外下明三界攝生周盡，四我言三界外別有一衆生界藏下明非邪顯正，五大王下歎果異因，六衆生本業下舉因顯果。初明所化三界文言煩惱不出三界者，是集諦。三界有二種，一分段，二變易。文言果報二十二根不出三界者，此明苦諦。二十二根者，眼等六根，苦樂憂喜捨五合爲十一，男女命三爲十四，信進念定慧五爲十九，三無漏根未知根已知根無知根爲二十二根。二十一根不出分段三界，無知根在無學，出分段三界。不出者，不出四住習氣三界。二十二根義如別章。

玄奘譯《阿毗達磨品類足論》卷二　五蘊二十二根，爲五攝二十二，二十二攝五耶。答：二蘊全二蘊少分，攝二十二根。二十二根，攝二蘊全二蘊少分。何所不攝。謂一蘊全，二蘊少分。五蘊九十八隨眠。爲五攝九十八，九十八攝五耶。答：一蘊少分，攝九十八隨眠。九十八隨眠，攝一蘊少分。何所不攝。謂四蘊全，一蘊少分。十二處十八界，爲十二攝十

玄奘譯《瑜伽師地論》卷九八　略由六處增上義故，當知建立二十二根。何等爲六。一能取境界，增上義故。二繼嗣家族，增上義故。三活命因緣，各別事業加行士用，增上義故。四受用先世諸業，所作愛不愛果，及造新業增上義故，五趣向世間離欲，增上義故，六趣向出世離欲，增上義故。當知此中，眼根最初，意根爲後。如是六根，於取境界有增上義。男女二根於能繼嗣家族子孫，有增上義。命根一種於愛命者活命因緣，各別事業加行士用，有增上義。樂最爲初，捨爲其後。如是五根，於其受用先業所作愛不愛果及造新業，有增上義。信爲最初，慧爲其後。如是五根，於能趣向世間離欲，有增上義。未知當知，已知具知，三無漏根，於能趣向出世離欲，最極究竟，有增上義。一切世間所現見義，其唯此量，當知是義能究竟者，無出於此二十二根。故一切根二十二攝。

普光《俱舍論記》卷三　分別根品者。勝用增上，故名爲根。此品廣明，故名分別。所以界後次明根者，界品明諸法體，根品明諸法用，依體起用，故次明根。【略】

如是因界至根是何義者，就總明有漏、無漏法中。此品文第二明諸法用。就中，一明二十二根，二明俱生諸法，三明六因、四緣。此下第一明二十二根，即約根辨用。

就中，一釋根義，二根廢立，三明根體，四辨諸門，五雜分別。然初釋根義中，一述自宗，二敘異部。此下述自宗，即說一切有部。牒前問起。

最勝自在至根增上義者。答：西方聲明法，造字有字界、字緣。最勝自在是字界，光顯是字緣。由此字界、字緣總成根增上義。故《正理》第九云，此增上義界義顯成。界謂伊地，或謂忍地。最勝自在是伊地義，照灼明了是忍地義。準此，熾盛光顯名根。解云：二十二根各於事中有增上用。增上是何義。即是有大勢用，相極明顯，方名增上。此增上義界義顯成，界是體義。西方字體有三百頌，謂伊地、忍地等一一各有眾多義。釋最勝自在是伊地義者，梵釋云，伊（上聲呼）地波羅迷濕伐羅（上聲）曳（去聲）。此中波羅迷是最勝義，濕伐羅是自在義，曳是第七轉聲，是於中義。謂於最勝自在義中立伊地言故。最勝自在是伊地界家之義，亦名界義。言照灼明了是忍地義者，梵釋云，忍地地般到。此中地般是照明義。

八，十八攝十二耶。答：互相攝隨其事。十二處二十二根，爲十二攝二十二，二十二攝十二耶。答：六處全一處少分，攝二十二根。二十二根，攝六處全一處少分。何所不攝。謂五處全一處少分。十二處九十八隨眠，爲十二攝九十八，九十八攝十二耶。答：一處少分，攝九十八隨眠。九十八隨眠，攝一處少分。何所不攝。謂十一處全一處少分。十八界二十二根，爲十八攝二十二，二十二攝十八耶。答：十二界全一界少分，攝二十二根，二十二根攝，十二界全一界少分。何所不攝。謂五界全一界少分。十八界九十八隨眠，爲十八攝九十八，九十八攝十八耶。答：一界少分，攝九十八隨眠。九十八隨眠，攝一界少分。何所不攝。謂十七界全一界少分。二十二根九十八隨眠，爲二十二攝九十八，九十八攝二十二耶。答互不相攝。

玄奘譯《阿毗達磨大毗婆沙論》卷二　佛言：我說二十二根，所謂眼根，乃至廣說。彼經豈亦說根所依，彼此二經根聲不異。一謂根體，一謂所依。非所極成，是自妄執。故定應許信等五根亦通有漏。問：若通有漏，彼所引經當云何釋。答：信等五根實通有漏。彼經一向說無漏者，所以者何。依無漏根建立聖者有差別故。有說彼經唯說聖道，所以者何。聖者差別依聖道說非世俗故。問：彼經又說，若全無此信等五根，我說彼住外異生品，復云何通。答：斷善根者，名外異生。謂諸異生總有二種，一內，二外。不斷善根，說名爲內。斷善根者，說名爲外。彼經意說，若全無此信等五根，我說名爲斷善根者，故所引經於我無失。或說此是經部所說，謂經部師。亦爲遮遣分別論者，如前所執，故作是言。世第一法五根爲性，非唯爾所。

玄奘譯《阿毗達磨大毗婆沙論》卷七一　二十二根，乃至九十八隨眠。如是四十二章及解章義既領會已，應廣分別。二十二根者，謂眼根，耳根，鼻根，舌根，身根，女根，男根，命根，意根，樂根，苦根，喜根，憂根，捨根，信根，精進根，念根，定根，慧根，未知當知根，已知根，具知根。此廣分別。如後根蘊根納息中。

十八界者，謂眼界，色界，眼識界，耳界，聲界，耳識界，鼻界，香界，鼻識界，舌界，味界，舌識界，身界，觸界，身識界，意界，法界，意識界。此界契經，亦名略說，亦名廣說。

到亦是第七轉聲，謂於照明義中立忍地言故。照明是忍地家之義，亦名界義。如是二種界義，前是最勝自在，即是有大勢用。後是照明，即是相極明顯。熾盛光顯者，光顯梵云因檀底是字緣。助伊地界即名因姪喇焰，此譯爲根，顯增上義。熾盛，梵云地逸底，是字緣。助前忍地界即名因姪喇焰，此譯爲根，顯增上義。此因姪喇焰具含有大勢用相極明顯，此譯爲根，竝顯增上。俱舍約前義解，故云最勝、自在、光顯名根。即是正理以光顯字緣助伊地。伊地是最勝自在，由緣助界成因姪喇焰，此譯爲根。由此最勝等總成根增上義。又解根體勝。故名爲最勝。根用勝。故名爲自在。體用勝。故名爲光顯。此增上義誰望於誰者徵。頌曰，至各別爲增上者，頌答。

論曰：至香味觸故者。釋第一句。若具五根身即莊嚴，隨有所闕身便醜陋。身根必無總闕，言闕據餘四根。或據少分名闕，如無手等。或餘四根亦有闕少分者，皆名醜陋。言導養者，眼見險避，耳聞險避，導養於身。身資段食方得增上。段食以香、味、觸爲體。鼻嗅、舌嘗、身覺，此三根於段食能受用故，身得增上名導養身。生識等等取相應法。不共事，事謂色等事。五根別取故名不共，女男命意至乳房等別者。此下釋第二句。有情異者，劫初有情形類皆等，由二根生，令諸有情女、男類別。分別異者，由此二根。男身形相麁大，言音雄朗，乳房小。女身形相尫弱，言音細少，乳房大。等者等取作業等。此形相等別，能生分別異解，故名分別異。又解形相等分別各異，名分別異。前有情異約總相，後分別異約別相。又《正理》第九云，有說勇怯有差別，故名有情異。衣服、莊嚴有差別，故名分別異。此師約內、外以明。

有說此於至諸清淨法者，敘異說，於二增上。此男女根隨成就一，於染、於淨有增上用，故言於二。於染增上謂得不律儀，造無間業，能斷善根。於淨增上謂得律儀，得果，離染。彼扇搋等即無是事。增上染淨俱依勝身，此身劣故非彼所依。如鹹鹵田不生穢草，故無不律儀，無五無間，無斷善根諸雜染法。如鹹鹵田嘉苗不植，是故亦無律儀，亦無得果，亦無離染諸清淨法。一一別明，如業品說。應知扇搋、半擇俱名黃門。故《業品》云，二黃門二形。扇搋唯無根，無根有二。一本性扇搋，二損壞扇搋。半擇唯有根，有根有三。一嫉妒，二半月，三灌灑。又解扇搋唯無根，半擇通有根無根，本性損壞亦通半擇。若作此解，半擇迦寬，扇搋迦挾。若是扇搋即是半擇，有是半擇非扇搋。謂嫉妒、半月、灌灑。故《對法論》第八云，又半擇迦有五種，謂生便半擇迦，嫉妒半擇迦，半月半擇迦，灌灑半擇迦，除去半擇迦。解云，生便謂本性。嫉妒謂見他行婬，男勢方起。半月謂半月能爲男事，半月不能。灌灑謂澡浴等灌灑，男勢方起。除去謂被損壞。問：若扇搋半擇本性損壞無男根者，何故《婆沙》九十解離欲名丈夫四句中，云或有成就男根而不名丈夫，如扇搋半擇迦等。解云，男根有二。一丈夫男根，二非丈夫男根。言扇搋等不成者，據丈夫男根有志氣者。言扇搋等成就者，據非丈夫男根無志氣者。又解男根有二。一具足成，謂有勢力能離欲等。二不具足成，謂無勢力不能離欲等。言不成者據初說，言成者據第二說，又解從多分說。雖扇搋不成男根，以半擇二形成就男根，彼言扇搋者同文故來。

等者，等取二形。命根二者至及能持者，此解命根於二增上。一由命根故於眾同分能令續前，二由命故於眾同分能持不斷。能續望前，能持據現。

意根二者至皆自在隨行者。此解意根於二增上。一能續後有中增上，謂中有末心，與愛等俱能續生有故，名能續後有。健達縛，健達名香，縛名爲尋。尋香食故，或名爲食。由食香故，即中有名也。二自在隨行中增上，引經釋云，心能導世間是自在義。謂能導引一切世間，故名自在。心能遍攝受是隨行義，謂心能遍攝受諸法，故名隨行。又解心能導世間是隨行義，心能遍攝受是自在義。又解兩句皆通自在、隨行，有勢力故名爲自在，隨境而轉名曰隨行。

樂等五受至隨生長故者，釋第三、第四句。五受於染增上，貪等隨眠所隨順，增長故，或於相應，或於所緣隨順增長。雖此五受亦通於善，於染用勝言染增上。信等五根及三無漏根於淨增上，可知。

有餘師說至傳說如此者。敘異師說，樂等五受不但於染增上，於淨亦爲增上。如契經說，由安樂故心便得定，由厭苦故引涅槃樂。信有欣求出離，六謂六境。喜、憂、捨三緣六境故，出離謂涅槃。善喜、憂、捨與出離爲依，名出離依。故下論云，出離依者謂諸善受。上來釋根增上，毘婆沙師傳說如此。

有餘師說至眼等成根者。此下第二敘異師。有餘識見等家作如是說。能導養身非眼等用，是識增上。識了避險，受段食故，見色等用亦非異識，故不共事非眼等根別增上用。此即破前師導養身不共事。所以此中不破莊嚴身者，前第一卷已破云，若本來爾，誰言醜陋。或前文云，若爲嚴身及起說用，但須依處，何用二根。所以不破。發識等者，識見家亦許，故不別破。

若爾云何者，徵。頌曰至涅槃等增上者，頌答。

論曰：至各立爲根者，五識各緣自境，名各別境識。意識遍緣一切，名爲一切境識，亦名自境。六根能生六識，有增上用故立爲根。

豈不色等至應立爲根者難，以境例根。

境於識中至於法亦爾者。釋，夫增上用最勝自在，眼於所發了色識中最勝自在。一於了眾色爲通因故，謂一眼根能與了別眾色諸識爲通因故。二識隨眼根有明昧故，謂根強識明，根弱識昧，故名增上。爲通因故名最勝，有明昧故名自在。或有明昧，故名最勝。爲通因故，名自在。或通因、明昧俱名最勝自在。色即不然，二相違故。一非通因謂青等色但能生青等識不能生黃等識，二非隨色境有明昧故。謂不隨境有強弱，故識有明昧。或有境弱識強，如觀青色。或有境強識弱，如觀日等。由二相違故不立根，乃至意根於法亦爾。

從身復立至於二性增上者。釋第三第四句。女身形類尫弱，音聲細少，作縫衣等業，志樂脂粉等。男身形類麁大，音聲雄朗，作書寫等業，志樂弓馬等。二性不同由女男根，故女男根於二性增上。餘文可知。

於眾同分至各能爲根者。釋第二頌。由有命根故同分得住，故於眾同分命有增上用。由五受故，起諸煩惱故，於雜染中五受有增上用。引證可知。經約三受不言憂喜，以苦攝憂，以樂攝喜。信等五根於清淨中有增上用，由此信等善根勢力，伏諸煩惱引聖道生。餘文可知。

三無漏根至能般涅槃故者。釋第三頌，解三無漏根。初引第二故於已知有增上用，第二引第三故於具知有增上用，第三能證涅槃故於涅槃有增上用。心無煩惱方得涅槃，非心未解脫煩惱能般涅槃故。言後後者，第二根是初根後道。第三根是第二根後道，故言後後道。第三根於涅槃有增上。

等言爲顯復有異門者，別釋等字。云何異門者，徵。

謂見所斷至解脫喜樂故者。答：於見惑滅中，未知根有增上用，於修惑滅中已知根有增上用，於現在世受用法樂住中，具知根有增上用。由此具知，而能領受解脫身中諸喜樂故。

若增上故至有增上用故者，此下第二明根廢立。就中，一述自宗，二敘異說。此下述自宗，將明問起，就問中一約自宗爲問，二約數論爲問。此即約自宗爲問。

十二緣起中無明等因，於行等果，各各別有增上用，故應立爲根。

又語具等至有增上故者，此約數論爲問。數論宗立二十五諦義。言二十五諦者，一我彼計常，我以思爲體。性但是受者，而非作者。餘二十四諦是我所，是我之所受用。二自性以薩埵剌闍答摩爲體，亦名樂、苦、癡，亦名憂、喜、暗。此三猶如我之臣佐，我若欲得受用境時，即爲我變。未變之時各住自性，故名自性。三從自性生大，謂我思量欲得受用諸境界時，三法即知動轉之時。其體大故，名之爲大。四從大生我執，謂緣彼我故名我執。五從我執生五唯量，謂色、聲、香、味、觸。足前爲九。六從五唯量生五大，謂地、水、火、風、空。足前爲十四。謂色能生火以火赤色故，聲能生空以空中有聲故，香能生地以地中多香故，味能生水以水中多味故，觸能生風以風能觸身故。七從五大生十一根，謂眼、耳、鼻、舌、身、意、手、足、大便處、小便處、語具，語具即是肉舌。足前爲二十五。謂火能生眼還能見色，空能生耳還能聞聲，地能生鼻還能嗅香，水能生舌還能嘗味，風能生身還能覺觸。五大幷能生意、手、足、大便處、小便處、語具。彼計肉心名意，彼宗所執諸法是常。如轉變金成環釧等，金色不改環等相異。若我欲得受用境時，從自性生大，從大生我執，從我執生五唯量，從五唯量生五大，從五大生十一根。若我不受用境時，從十一根卻入五大，從五大卻入五唯量，從五唯量卻入我執，從我執卻入大，從大卻入自性。今約彼宗十一根中五作業根爲難。語具謂肉舌於語有增上，手於執增上，足於行增上，大便處於棄捨便穢增上，小便處於婬欲樂事增上。此等竝增上，應立爲根。

如是等事至增上用故者。述自宗答，即說一切有部。此內六處共成有情，是有情本。是心所依，皆有根義。即此六根相差別者，由女男根，復由命根。此六根一期住，此六根成雜染由五受根，此六根能爲清淨無漏資糧由信等五，此六根成清淨無漏由後三根。有差別者，別住二種皆攝六根。雜染、資糧及淨，唯在於意。又解從此相差別已下五種，皆此於心。或此有情由此六種建立諸根事皆究竟，彼無明等，語具等，無有此中增上用，故不應立根。

復有餘師至立二十二根者，此下第二敘異說。是識見等家立根相。言流轉還滅者，《正理》云，生死相續是流轉義，生死止息是還滅義。即是六根畢竟斷滅。又《婆沙》一百云，流轉者謂更受生，還滅者趣涅槃。

流轉所依至前十四根者。於流轉位，約四義，立前十四根。三界生死以識爲主，識起必以六根爲依。此六根生由女男根，此六根住復由命根，六根受用境界復由五受。因彼五受六根領彼境界故，受用境界名爲領納，不同於受。

還滅位中至經立次第者。於還滅位即約四義，立後八根。《正理》論意約涅槃得明，故《正理》第九云，生死止息是還滅義。即是六處畢竟斷滅。此得所依謂信等五。以是一切善根生長最勝因故，初無漏根能生此得。正定聚中此初生故，次無漏根令此得住。由彼長時相續起故，後無漏根令得受用現法樂住。彼所顯故（已上論文）。謂還滅得所依謂信等五，由初無漏故涅槃得生，由次無漏故涅槃得住，由後無漏故，涅槃得受用現法樂住。根量由此四義建立，無減無增。即由此流轉還滅四義因緣，經立二十二根次第前後。

不應語具至語方成故者，此下別破。此破語具。不應語具於語爲根，此語待習學差別語等方成故，故知語具望語非有增上。若語具於語能爲增上，初生有舌應即能言。

手足不應至建立爲根者，此破手足。手於執，足於行。此執與行，離手足外無異性故。謂即手足從此至彼名異處，擧、下、屈、申名異相。由此差別生時名執名行，離手足外無別執行。又離手足亦有執行，猶如蛇等諸腹行類，雖無有足而亦能行，雖無有手亦能執縛。是故手足不可於彼執、行建立爲根。若固執者亦有由腹，應立腹根。

出大便處至引令出故者，此破大便處。出大便處於能棄捨便穢等事，不應立根。重物在空性不停住，若內若外遍墮落故，非由其處。若固執者，亦由空墮應立空根。身中不淨，又由風力引令出故非關其處，若固執者，亦由風引出應立風根。

出小便處至起此樂故者，此破小便處。出小便處於生婬欲樂事，不應立根。即女男根能起此樂，何須計處別立爲根。

又諸喉齒至不應立根者。引例反破。如喉於吞，齒於嚼，眼瞼於開閉，支節於屈申，各有力用，皆應立根。或一切因，於一切自所作果各有力用，皆應立根。彼喉齒等雖有力用，非增上故，不立根者。此語具等亦非增上，不應立根。由此亦通無明等難。或於等中亦攝無明等故。問：如二十二根，若約七十五法等出體，但有十三。男女二根即身根故，五受總是受攝，三無漏根即九根故。言十三者謂眼、耳、鼻、舌、身、意、念、定、慧、受、信、精進、命。何故七十五法中，唯立十三爲根，餘不立耶。解云：略依《婆沙》等廢立。第一色十一中，五根唯內亦唯所依，故立爲根。色等不爾，故不立根。男女立根即身根故。第二心法是內亦是所依，通三性心竝有增上，故立爲根。第三心所有法中，但立念、定、慧、受、信、精進爲根，餘不立者。若順淨偏勝即立爲根。大地法中念、定、慧、受立根，餘不立者。念、定、慧三順淨偏勝故立爲根，作意雖偏順淨，初勝後劣，故不立爲根。勝解雖偏，順淨無學位，强立解脫蘊。學位即劣，故不立根。【略】

此中眼等至故今應釋者。此下第三明根體性生起頌文。此中眼等六根如前界品蘊界處中說，男女二根如此品初說，命根至後不相應中辨，信等五根至心所法中辨。此十四根前說，後說故此不明。餘根未明，故今應釋。

頌曰：至依九立三根者，頌文略釋。

論曰：至名曰憂根者，釋初五句。身有二義。若言六受身，身則是體。若言身受心受，身即是色聚。色聚名身，此中言身色聚名身即諸色根。依身起故，名爲身受。從依爲名，餘文易了。【略】

彼所有根至當知根等者，此別釋根。彼未知當知行者等所有根，名未知當知根等。未知當知等之根依主釋。《正理》論意，未知當知等即根持業釋，各據一義。又《正理》第九云，如是根名雖二十二，而諸根體但有十七。女男二根身根攝故，三無漏根九根攝故。

如是已釋至有漏無漏者，此下第四諸門分別，總有六門。此即是初有漏無漏門。色蘊攝故，名爲有色。意等九根三無漏攝。是無漏，餘名有漏。餘文可知。

有餘師說至外異生品者。敘化地部計，即是毘婆沙婆提，此云分別論師，計信等唯無漏。故世尊說，若人成就如是信等名阿羅漢，乃至若人成就如是信等，名預流向。作是語已復作是言，若全無此信等五根，我說彼住外異生品。以此故知，信等唯是無漏。

此非誠證至說此言故者，論主破。經言異生無信等者，依無漏根故說言無，云何知然者，餘師徵。

先依無漏至說此言故者。釋以契經中，先依無漏信等五根，建立四果、四向諸聖位差別已。說此言故，若全無此無漏信等五根，我說彼住外異生品，非攝有漏。

或諸異生至外異生品者。又通經云外異生者，是斷善根人，據彼言無。

又契經說至亦通有漏者，又引經證信等有漏。謂佛將欲轉法輪時，先以佛眼遍觀世界，有情處在世間，初生，後長，有上中下信等諸根差別。是佛猶未轉法輪時，觀有情有信等別應可度脫。故知信等亦通有漏。若佛未轉法輪，世間已有無漏根者，如來出世則爲唐捐。

又世尊說至通有漏無漏者，又引經證信等有漏。是集，謂招集生死即是苦因。是沒，謂是沈淪沒溺之處。是味，謂是愛味處。是過患，謂是過患處。是出離，謂應可出離。集等皆是有漏異名。又解能如實知，是能觀智，即是道諦。

集、沒、味是集諦。過患是苦諦。或集是集諦，沒、味、過患是苦諦。或沒、味通苦、集，出離是滅諦。魔，謂他化自在天魔。梵謂梵王，等等取已上諸天。又世尊說，我若於此信等五根，未如實知是集、沒等，未能超此天、人世間及魔梵等，乃至未能證得無上正等菩提，乃至廣說。非無漏法可作如是集、沒、味等品類觀察。故知信等通二種。

如是已說至一一皆通二者，此下第二是異熟非異熟門。結問頌答。

論曰：至定是異熟者。釋初句。二十二根中，唯一命根決定異熟。

若如是者至誰之異熟者。問：若唯異熟，阿羅漢留命或經百年或千年等，皆由現在布施衣等引壽續前，應非異熟。如是命根，誰之異熟，而言唯命定異熟。

如本論說至壽異熟果者，就答中。一依宗正答，二敘異說。此下依宗正答。就中有二，此即初師舉本論答。如本論說，云何苾芻留多壽行。答文有六。一人勝，謂阿羅漢，即聲聞極果簡異學人。二解脫勝，成就神通顯俱解脫，簡慧解脫。三修習勝，得心自在，顯不動性，簡時解脫。四福田勝，若於僧衆，若於別人，僧衆謂四人已上，別人謂初從慈定、無諍定、滅盡定、見道、修道起者。以諸活命緣衣鉢針筒等物，隨分布施。布施謂正行施業，簡異劣田。五依止勝，施已發願，或願得自在入邊際定，或願此招異熟果，即入第四邊際靜慮，諸定上品名邊際，止觀均等中。此勢用最勝故入此定，簡異餘定及不發願。六轉業勝，從定起已心念口言，諸我感富異熟業，願皆轉招壽異熟果。恐不能感故出定已復審定之作是願已。時彼能招富異熟業，則皆轉招壽異熟果。簡不轉業。此家意說。以布施時無貪相應思，正能感現異熟命根。以邊際定等爲緣，能轉富業令感壽果。此即現業感現命果。問：同分亦現感不，命與同分誰總，誰別。第一解云，同分是總，命根是別。同分非現感，命根容現感。由有總別不同，現非現異故，即同分長，命根短者可延，若同分亦短者命不可延。此論既言轉招壽果，以此故知現容感命。又下論云，四善容俱作，引同分唯三。除順現受，現身同分先業引故。彼文既不言命根，故知現業不感同分容感命根。又下論云，一業引一生，多業能圓滿。又云，此一生言顯一同分。又云，亦無一生多業所引，勿衆同分分分差別。雖彼一業引一同分，而彼圓滿許由多業。譬如畫師先以一色圖其形狀，後塡衆彩。彼文既不言命，明知同分是總非別，命別非總。又《婆沙》一百一十四解四業有三說。一云，生後二業感衆同分及滿，現及不定感滿非衆同分。二云，三感衆同分及滿除現，現能感滿非衆同分。三云，四能感衆同分及滿。《婆沙》既對滿說衆同分不言命根，故知同分總，命根是別。《婆沙》雖無評家且以第二師爲正，以餘論文於四業中皆不說現感同分故。【略】

尊者妙音至或捨壽行者，此下第二敘二異說，此即初師不正義也。彼阿羅漢由邊際定力，引色界四大令身中現前。而彼大種有其二類。一順壽行，二違壽行。若起順者令身增益能留壽行，若起違者令身散壞能捨壽行。問：所延壽行是異熟不。解云，此是等流。別有一類等流命根，由定力故以身爲依，非言業感，明非異熟。若非異熟，有違宗過。若言即身，同經部假。此則自宗不正義也。又解是異熟，妙音意說，所引命根雖現業感，或宿殘業感，或不定業感，要由起彼色界大種，扶持此身隨順壽行壽方得延，若作斯解亦不違宗。【略】

毘婆沙師至煩惱魔故者，第二解佛留、捨。蘊魔意欲留連行者，多時住世相續不斷，死魔意故催促行者，令不住世速歸無常。如來捨壽顯伏蘊魔，復留三月顯伏死魔。世尊先於菩提樹下，已伏天魔、煩惱魔故，留捨正顯伏蘊、死魔。義便兼顯伏天、煩惱。總明如來伏四魔也。又解若不延、促唯破二魔，顯佛世尊具破四魔故令延促。

傍論已竟至是有記故者，憂善不善。信等五根及三無漏，此八唯善，皆非異熟，是有記故。餘皆通二至餘皆異熟者，餘十二根皆通二類。七有色根若所長養則非異熟，餘皆異熟。四受即是苦、樂、喜、捨、意及四受，若善染污非異熟。言威儀路，工巧處者，此舉所依顯能依也。名如下釋。意及捨受。若威儀路，工巧處非異熟。問：何故不通苦、樂、喜根。答：《婆沙》一百四十四解苦根通三性中云，云何無記。謂無記作意相應苦根。此復云何。謂異熟生（已上論文）。婆沙苦根，四無記中但云異熟不云餘三。明知苦根不通威儀、工巧。苦根既不通威儀、工巧，準知樂根亦不通彼。喜根有二。一者分別，二者任運。若分別強者，唯同憂根不通無記。若任運者，四無記中唯是異熟，不通餘三。以此準知。【略】

眼等八根至善業引故者，此即約趣明善惡異熟。八根謂七色根、命根。善趣謂天、人，惡趣謂三惡趣。眼等八根善趣是善異熟，惡趣是惡異熟，意根於善趣中。若與喜、樂、捨相應是善異熟，若與苦根相應是惡異熟。於惡趣中若在傍生、鬼趣，如善趣說是俱異熟。若在地獄唯苦相應是惡異熟，無善異熟。據總相說，故言惡趣通二。喜、樂、捨根隨人、天、傍生、鬼趣，是善異熟，唯善感故，地獄中無善業果故。問：喜樂善感相顯可知，捨是中庸。何故不通善惡業感耶。解云：捨行微細順於善故，故唯善感。又業品中問感捨受業云，此業爲善爲不善耶。是善而劣。又云，惡唯感苦受。由此故知，捨唯善感，苦根隨在人、天善趣及三惡趣是惡異熟。非可愛果故。於善趣下通伏難。伏難云，眼等八根若在善趣是善異熟者，善趣二形云何是善。今牒通云，於善趣中有二形者，唯二根所依處所，是不善業招，非感根體。以彼二根身根攝故，善趣色根善業引故。

如是已說至一一皆通二者。此下第三有異熟、無異熟門。結問頌答。

論曰：至定有異熟者，釋第一句。如次前文所諍憂根，定有異熟。一依唯義，二依越義。頌說定聲，唯即唯有異熟，越即復具二義。一憂非無記，強思起故是善不善，以無記法劣思起故。二亦非無漏，唯散地故。由此二義，於二十二根中，越次先說憂根，定有異熟。

眼等前八至無異熟者，釋下三句。文顯可知。

如是已說至唯無記性者，此即第四三性門。二十二根先後次第，信等八根數雖居後，乘次前文，明信等五文勢便故，故今先說信等八根是善。三無漏根前雖非後，從多分說義便竝乘。又解乘前先問善，是故先說所以憂根不通無記者，強思起故。又《婆沙》一百四十四解憂非無記云，憂根且非有覆無記，由與欲界有身見、邊執見不相應故。所以者何。行相異故。彼二見歡行相轉，憂根慼行相轉，互相違法，不相應故。憂根亦非無覆無記，非威儀路、工巧處、異熟生所攝故。問：何故憂根非威儀路所攝。答：憂根分別轉，威儀路無分別轉。若威儀路有憂根者，設有分別，我今應作如是威儀。如佛世尊或如馬勝，即分別時便應已住如是威儀，然威儀路無此分別，故威儀路無有憂根。問：何故憂根非工巧處。答：憂根分別轉，工巧處無分別轉。若工巧處有憂根者，設有分別，我今應作如是工巧。如佛世尊或如妙業天子，即分別時，已應成辨如是工巧。然工巧處無此分別，故工巧處無有憂根。問：何故憂根非異熟生。答：憂根分別轉，異熟生無分別轉。若異熟生有憂根者，設有分別，我今應受如是異熟。如佛世尊或轉輪聖王，即分別時，便應現受如是異熟。然異熟生無此分別，故異熟生無有憂根（廣如彼釋）。意及餘四受一一通三性，七色命八唯無記性。問：受、念、定、慧俱大地法，皆通三性。何故分別二十二根中，受通三性非念、定、慧。解云，三性受皆有勝用故，受通三性。唯善念、定、慧有別勝用，不善、無記念、定、慧無別勝用。故三唯善。又解善受於淨品有勝用，不善受於染品有勝用，無記受通於染淨有勝用，所以受通三性。故前文言，有餘師說，樂等於淨亦爲增上，善念、定、慧於淨用勝，不善、無記無別勝用。故三唯善。又解通三性受於染污品皆有勝用故，受通三性所順雖復唯染，能順之受乃通三性。故前文言樂等五受，於染增上。善念、定、慧唯於淨品有勝作用。故三唯善。不善、無記念、定、慧三，於淨品非勝故，此三種不通不善、無記。染法易起，故三性受皆能順染。淨法難起，故染、無記念、定、慧三不能順淨。故《婆沙》云，問何故受善、染、無記皆立爲根，念、定、慧三唯善立根非染、無記。答：受於順染品勢用增上，善、染、無記受皆有勢力，順雜染品故竝立根。慧、念、定三順淸淨品勢用增上，唯善慧、念、定順淸淨品故立爲根。染慧、念、定乃相資助斷淸淨品，無記慧等亦於淨品不順，是故皆不立根（已上論文）。

如是已說至幷餘色喜樂者，此下第五界繫門。結問頌答。

論曰：至唯有十九根者，明欲界繫，可知。

色界如前至身醜陋故者，此下明色界繫。色界已離婬欲法，故無男女根。又由女男根身醜陋故，所以彼無。《正理》破云，此說不然。陰藏隱密，非醜陋故。俱舍師救云，論主故作此解，欲招後難順已前文。若爾，何故說彼爲男者。問：若色界無男根者，何故說彼色界爲男。於何處說者，反徵說處。

契經中說至男身爲梵者。外答，如契經說，必無有處。必無容有女身爲梵，然有處所，然約容有男身爲梵。

別有男相至男身所有者。爲外通經，謂大梵王，別有欲界中男身所有相貌，無女身形類，故說爲男，非有男根。又《正理》云，離欲猛利似男用故，無苦根者至惱害事故者，釋色界無憂、苦。身淨妙故非苦依，無不善法故無苦境，由奢摩他潤相續身故非憂依，無惱害事故無憂境。

無色如前至信等五根者。可知，若依經部苦樂隨身至四定，憂喜隨心至有頂，彼宗意說有身即有苦樂，有心即有憂喜。

如是已說至是所斷故者。此即第六三斷分別門。意喜樂捨若見惑相應，是見所斷，餘有漏是修所斷。若是無漏非所斷。憂根若見惑相應，是見所斷，餘有漏是修所斷。非無漏故不通非所斷。七色命苦唯修所斷，七色命根不染污故。苦根非六生故，非見所斷。皆有漏故，唯修所斷。非無漏故，不通非所斷。信等五根非染污故不通見斷，通有漏故是修所斷，通無漏故是非所斷。最後三根皆無漏故，唯非所斷，非無過法是所斷故。又《正理》第九云，豈不聖道亦所斷耶。如契經言應知聖道猶如船筏，法尚應斷，何況非法。此非見修二道所斷，入無餘依涅槃界位捨故名斷。

已說諸門至幾異熟根者，此下大文第五雜分別，總有六門。此即第一明受生得異熟根，結問可知。地理云，須問初得異熟根者，遮無染心能續生故（解云，大衆部許無染心受生，如菩薩三時正知，或經部計異熟心受生，初受生得爲遮彼說）。

頌曰至色六上唯命者。頌答。

論曰：至根漸起故者，擧胎、卵、濕，顯除化生。化生色根無漸起故，由此三生亦非中有，以彼中有化生攝故。初受生位，顯生有初念，既根漸起故，唯初得二異熟根。

彼何不得意捨二根者。問：意捨二根初生必有，彼何不得。

此續生時定染污故者，答：此意捨二於續生時雖亦必有定染污故，非是異熟。以據異熟爲問答故，苦、樂、憂、喜、信等五根，初受生位雖亦成就，非異熟故此亦不說。意、捨二根成而亦現尙非所說，況苦等九成而不現，理在絕言故不別問。

化生初位至初得八根者。化生亦攝中有，簡餘三生故言化生。初位謂中生有初受生位。二形化生。唯是生有，初念不通中有。以中有身女男定故，故下論云，必無中有非男非女，以中有身必具根故，餘文可知。應知此中四生初得異熟根者，通據中生二有初念，是異熟根。體現在前剎那新成即名爲得，非先不成方名爲得，與前解得義稍不同。七色命根於中生有初受生位隨應而得，意及五受信等五根，於中生有初生位。雖亦有得，非異熟故不名爲得。故《婆沙》一百四十七云。問：餘無色根爾時亦得，謂意五受信等五根，此中何故不說。答：此中應說，而不說者當知有餘。有說爾時一切得者此中即說，餘無色根，雖有得者而非一切，是故不說。謂上地沒生下地時，雖得彼根，若自地沒還生自地，彼皆不得。是故不說。有說此中但問初得業所生者，初受生位餘無色根，雖有得者，而非業生。故此不說。後位所得雖業所生，而非初得，故亦不說（已上論文）。

豈有二形受化生者。問：化生應勝福感，豈有二形受化生耶。惡趣容有二形化生者。答：亦有惡業，能感惡趣二形化生。

說欲界中至唯命非餘者，釋第四句。便釋欲色界名。欲界欲勝故但言欲，色界色勝故但言色。契經亦言，八解脫中滅定解脫最極寂靜，過色無色解脫。言寂靜過，不言出過三界，不繫言過。經既言色，明知色勝，餘文同文故來，定勝顯因，生勝顯果。餘文可知。

說異熟根至漸四善增五者。此下第二約死位滅根多少。滅之言捨，最後死位體現在前，滅入過去，令不現前，故名爲捨。非將不成說之爲捨。如善心死還生自地，及染心死生自下地。雖成善染，亦名捨故。應知此中於命終位所有三性心，但滅入過去即名爲捨，非論後位成與不成。問：何故受生唯約異熟，命終通據三性。解云，有情發願多欣前果，故初受生唯約異熟，死時任運不欲作意別捨諸根，故通三性。

論曰：至而命終者者。此約三界染、無記心命終捨根多少，文顯可知。若在三界至如理應知者，此約三界善心命終捨根多少。無色三根加至八根，乃至欲界漸終至九。中間多少如理應知者，謂色八加至十三，欲十加至十五，九加至十四，八加至十三也。

分別根中至依一容有說者，此下第三明得果用根多少。《正理》云雖沙門果非根亦得，此辨根故但問諸根。

論曰：至在中間故者，釋邊，釋中，可知。

初預流果至依因性故者。初果及向未至地攝，故唯有捨。若據未知根在無間道能斷惑邊，望離繫得能爲引因性故，引因謂同類因，能引彼離繫得起爲等流士用果。若據已知根在解脫道，望離繫得能爲依因性故，依因謂能作因。依者持也，同時能持離繫得故，名曰依因。由無間道能引得起，於無爲沙門果說能證得，由解脫道與得爲依，於無爲沙門果說正證得，故二相資證得初果。此中言得，得證故名得，故通二道。若據得捨名得，即唯無間道名爲得也。又解此中得名亦通成就，無間道得故名得，解脫道成就故名得。應知此中。問：能證得何，沙門果故，今且以離繫得答。理實果體亦通有爲解脫道也。彼非名證，故此不明。此論但據從向得果唯論初得，故說九根不據轉根。若據轉根由八根得，除未知根。故《正理》有一解云：成已知根亦同類因能得預流果。謂轉根時，如阿羅漢就容有說亦無有過（已上論文）阿羅漢果至依因性故者。此果及向通九地攝，故於三受隨取其一。餘準前釋。

中間二果至九根所得者。釋中間二果，此即總解。所以者何，徵。

且一來果至由九根得者，此釋一來。有漏名世間道，無漏名出世道。先凡位中，於欲界九品貪，已斷前六品名倍離欲貪。應知此中有一種七，一種八，一種九。

若不還果至此俱有故者，釋不還果。總說雖同一來七、八、九證，而有差別。謂此全離欲貪超越證者，雖九數同，然受有異。若依未至、中間及第四定用捨根證，若依初定、二定用喜根證，若依第三定用樂根證。故言可隨取一。前一來果超越，依未至唯一捨根，此即超越用受差別。又次第證不還果者，若於第九解脫道中，不入根本地依世間道。由七根得，謂意、捨、信等五。若入根本地依世間道，由八根得，加喜、受。彼無間道捨受，解脫道喜受。此二受相資得第三果。於離繫得引、依二因如前說。引、依雖同非無差別，超越證者如預流說。若次第證者以世間道證者，若望有漏離繫得爲同類因，若望無漏離繫得爲能作因。若以出世道證者，望無漏離繫得爲同類因，若望有漏離繫得爲能作因，若依因望離繫得皆爲能作因也。若依第九解脫中，不入根本依出世道，由八根得意、捨、信等五根及已知根。若入根本地依出世道，由九根得，八根如前。已知第九，無間、解脫道此已知根俱有故。或此二道俱有已知。應知不還有一種七、二種八、二種九，故與一來義有差別。若據頌文七、八、九中二，總有二種七、三種八、三種九，以數同故。【略】

豈不根本至由九根得者。外難，發智本論云十一得，今言九得，豈不相違。實得第四至定由九根者，通難，實得第四唯用九根，我據此說。本論據數退。容有三受別而得，故說十一。然無一時三受俱起得第四果，是故今說定由九根，各據一義，兩論無違。應知此據從向得果唯論初得故，說九根三受隨一，不據轉根。若據轉根應說八根三受隨一。問：如依未至定取無學果，何不容有無間道捨受相應。解脫道入根本地喜受相應，此二相資得第四果，何不如彼不還果耶。解云，解脫道是盡智，盡智是息求，故不能入又解次第不還未得本定欣樂能入，將證無學已得根本，情不欣樂故不能入。

於不還果中何不如是說者。問：於不還中亦容三受得，何不如彼無學說十一根。以無樂根至極堅牢故者。答：以無第三靜慮樂根證不還果，而於後時得有退義，以樂證果必是超越。夫超越人必無退義，亦無次第人退已由樂復得，以樂依第三定故，夫次第人。無間道依未至定捨受相應，解脱道或未至定捨受相應。或入根本喜受相應，證不還果。必無退已由樂復得故，無一人具用三受故，不可説十一根得。雖超越人或喜、或捨，證不還果，亦無退義。若次第者以喜、捨證則容有退，是則喜、捨不定，樂根即決定不退，故偏説樂。若用樂根得果者，必無復用喜、捨根得。若用喜、捨得者，亦無由樂復得。若據轉根亦容樂得，今據從向得果唯論初得，故不説彼也。非先離欲界超越證第三果有還退義，此離欲不還果二道所得極堅牢故。一先以世間道得，二後以出世道得。此顯超越不還不退也。若次第證無二道重得義故容有退，其第四果唯次第得。無超越證義，故容數退。

今應思擇至初無漏十三者。此下第四明成就諸根定量。

論曰：至所餘根者者，命、意、捨三隨成就一定成就三。必無有闕成餘根義。以此三根遍於九地，一切有情皆定成故。除此三根至皆定成就者，明餘十九或成，不成。如上所遮即不成就，於非遮位皆定成就。

若成樂根至第五自根者，此釋樂身及眼等四定成。此中言定成者，約三界、九地通凡及聖該羅總説決定成者，非約一人。思之可知。

若成喜根至樂根喜根者，此釋喜根定成。

第二靜慮至此成何樂根者。問：如生二定未得三定，捨下初定樂未得上第三定善樂，此人成何樂根。

當言成就至餘未得故者。答：未得第三定時，當言成就第三靜慮染污樂根，餘善、無覆無記未得故。

若成苦根至信等五根者，此釋苦、女、男、憂及信等五定成。思之可知。若成具知根至及已知根者，釋具知、已知。思之可知。

若成未知根至及未知根者，此釋未知根定成十三。成未知根必在欲界，故身及苦亦説定成。舊俱舍不説苦根，男、女隨一者，譯家謬矣。問：於見道中男女二根隨成一不。若言成者何故不説，若不成者如何入聖。古德念法師解云，於見道中男女二根雖定成一，成男不成女，成女不成男，以不定故不説。復有法師解意同念法師。然引《正理》第九解極多成十九根中證云，言一形者，無有二形及與無形得聖法故。《正理》既言無有無形入聖，故知男女定成隨一。諸論説言漸命終位入見道者，據漸捨彼眼等四根，非據男女。復有法師解意，亦同念法師。然引《正理》第九證云：若成未知根定成就十三。謂身、命、意、苦、樂、喜、捨、信等五根及未知根。漸命終位，傳説深心厭生死故能入見道。此師意説，漸命終位捨男女根。自宗古德傳説，深心厭生死故能入見道。正理稱傳顯己不信，故知男女定隨成一或漸命終者，據漸捨彼眼等四根非捨男女。破第一念法師云，若言男女於見道中不定故不説者，何故《婆沙》一百五十六云，若成就女男二根，定成就餘根。中云，定成過去、未來九，三世二，現在四。過未九者，謂四受、信等五。三世二者，謂意、一受。現在四者，謂男、女、身、命。餘不定如前説。西方師云，應説過、未定成十，謂五受、信等五，三世定成一謂意，受名不定。故迦濕彌羅國諸師言：名雖不定而數即定，必有一受現在前，故此中説數不説名。又《婆沙》云，若成就未知當知根，定成就三世七，過去未來三，未來現在一，現在二。三世七者，謂意、一受、信等五。過未三者，謂三受。未現一者，謂未知當知。現二者，謂身、命。此中二説如前，餘不定如前説。《婆沙》若成就男女二根，定成就餘根。中云，三世二者，謂意、一受。又成就未知當知根定成就餘根。中云，三世七者，謂意、一受、信等五根，彼論既云三世定成一受，雖名不定，以數定故，標數説之男女二根，於見道中既隨成一，何故不説。念法師若説男女二根於見道雖定成一，名以不定故不説者，此是西方師義。若必成一者迦濕彌羅國義，説數定故應有十四。然説十三故説非理，良由未見新婆沙也。復有法師助念法師救云，受通成三世，雖名不定故説，男女二根，於見道中雖定成一，以不成三世故不説。難云，身命亦不成三世，何故即説。彼法師解云，以現在定成故説。又難，男女二根見道中亦定成就，何故不説。彼師解云，以名不定故不説。難云，若作此解，還同念法師，是西方師義。破第二師云，若言男女定成一，應説有十四，約數定故。若約名不定故不説，還同西方師義。正理言無有無形得聖法者，此據本性損壞扇搋、半擇、無形者説。或可正理言中有失。以此論解極多中不云無形故。此論云女男二根隨除一種，以諸聖者無二形故，破第三師云不定如前破，正理稱傳，自是不信本宗之義，非我過也。撿尋婆沙論文全無傳説之語。或可正理敍古相傳何必不信，既無別破，不可執斯傳字以作指南。今正解云於見道中，男女二根或有、或無。

若有者隨成就一，若無者，據從下漸捨男女根說。所以無形能入聖者，漸命終位。深心猛利厭生死故，能入見道。故《婆沙》一百五十解隨信行極少成十三根。十三者，身、命、意、四受、信等五、一無漏根。即離欲染漸命終位入見道者，《婆沙》意說漸命終位捨男女根，無眼等四能入見道。此在不疑，故知漸終意說男女。或可《婆沙》一無漏根言，顯不成餘二無漏根，離欲染言顯不成憂。漸命終位入見道言，顯捨男女及眼等四。以此故知，漸捨男女能入見道。問：漸捨男女得入見道，何故此卷初云本性損壞扇搋、半擇及二形人亦無律儀得果、離染諸清淨法。解云，彼文既不遮漸捨入見道，何妨無形能入見道。彼言不得入者，據本性損壞扇搋、半擇說。問：漸死無形得入聖者，亦可漸死無形得受具戒。解云，得受具戒。如入見道心猛利故，言無根不得戒者，據本性損壞扇搋、半擇說。又解不得戒以受戒時先。問：彼言是男子女人不，既無有根故不得戒，入聖不問故無根得入。又解戒得、不得。若戒師問已後方捨者得戒，以當問時根未捨故。若戒師未問，先已捨者即不得戒，以正問時無有根故。問：若漸命終雖無根能入見道，亦應無根得不律儀，造無間業，能斷善根。解云，將入見道，必先厭離生死過失，故漸死位得入見道，得不律儀等，非別厭離善法功德，故漸捨位非得不律儀等。又解，死既得入聖，厭生死，故何妨漸命終位，心猛利故得不律儀等。而言不得，據本性損壞扇搋、半擇、二形者說。

諸極少者至成善命意捨者，此下第五明成根極少。

論曰：至立圓滿名者，釋上兩句。已斷之言簡異正斷，以正斷時猶成善故。彼若極少成就八根，據漸捨命故唯身根。義便釋受，能受名受從用立名，受性名受當體立名，如鏡圓滿性故立圓滿名，亦當體立名。

如斷善根至未見諦故者，釋下兩句。愚夫異生，生無色界，亦成八根。何等爲八者。問：謂信等五至總名爲善者。答：謂信等五，命、意、捨八。信等五根一向善故，所以頌文總名爲善。

若爾應攝三無漏根者。難。若言善故，應當亦攝三無漏根。不爾此中至無色界故者。答：不爾此頌文中依命、意、捨、信等八根中唯是善者說。不依二十二根中唯是善者說。又說愚生無色界故，明知不成三無漏根。

諸極多者至除二淨一形者。此下第六明成根極多。

論曰：至故有十九者。釋上兩句。極多容成十九，謂二形必是欲界異生，若眼等四根得已不失既有。二形必不斷善有信等五，二形不能離欲定成五受，其身、命、意亦必定成，故成十九。二形不能入聖除三無漏，二縛謂相應縛及所緣縛。

唯此具十九爲更有耶者。問：聖者未離欲至無二形故者。答：釋下兩句。此解未離欲聖極多容成十九。隨其所應除二無漏及除一形。女男二根隨除一種，以諸聖者無二形故不成二十。又《正理》解云，言一形者，無有二形及與無形得聖法故。彼論既說無有無形得聖法者，即顯男女根定隨成一，如何漸捨得入聖耶。通此妨難如前解釋。

因分別界至二十二根竟者。此總結也。

惟淨譯《佛說大乘菩薩藏正法經》卷一一　如來遍知一切衆生眼根、耳根、鼻根、舌根、身根、意根、女根、男根、命根、苦根、樂根、憂根、喜根、捨根、信根、精進根、念根、定根、慧根、未知當知根、已知根具知根，如是二十二根，如來悉如實知。又諸根中，若眼根因通耳根分位，非鼻根舌根身根，如來悉如實知。若耳根因通鼻根分位，若鼻根因通舌根分位，若舌根因通身根分位，若身根因通眼根分位，如是諸根因及分位，如來悉如實知。若諸衆生有布施根性修持戒行，如來了知自他根故，即爲宣說布施之法。若諸衆生有持戒根性修布施行，如來了知自他根故，即爲宣說持戒之法。若諸衆生有忍辱根性修精進行，如來了知自他根故，即爲宣說忍辱之法。若諸衆生有精進根性修忍辱行，如來了知自他根故，即爲宣說精進之法。若諸衆生有禪定根性修勝慧行，如來了知自他根故，即爲宣說禪定之法。若諸衆生有勝慧根性修禪定行，如來了知自他根故，即爲宣說勝慧之法。總略乃至諸菩提分法，亦如是說。若諸衆生具聲聞根性，修緣覺乘行，如來了知自他根故，即爲宣說聲聞乘法。若諸衆生具緣覺根性，修聲聞乘行，如來了知自他根故，即爲宣說緣覺乘法。若諸衆生具大乘根性，而修聲聞緣覺乘行，如來了知自他根故，即爲宣說大乘之法。若諸衆生具最上乘根性，修大乘行，如來了知自他根故，即爲宣說最上乘法。若諸衆生具不堪任非法器根性，如來了知無所堪任非法器已，即當捐棄。若諸衆生有所堪任，是法器者，如來即爲宣說正法。舍利子，如如來以種種世俗言教，隨其色像隨其所應，令得禪等修慧滿足，離惱清淨。若得未得，若劣若勝，悉如實知。是故名諸禪解脫三昧正受。如實知，向成熟信等五根有軟中上，是名諸根利鈍。從他生信及自思惟，爲方便起軟中上欲，是名種種解。種種種性建立，謂三乘種性衆生貪欲等性，乃至八萬四千行，是名種種界。

吉藏《中觀論疏》卷九　生滅無生滅二種煩惱，以生滅是虛妄爲客煩惱，無生滅是根本舊煩惱。故上來破生滅煩惱，今破無生煩惱。又前借無生破生。生是病，無生是藥，但外人執無生藥復成病，故須破之。又前破倒生滅，破凡夫二乘人，以凡夫謂倒生二乘言倒滅。今破倒不生破大乘人，大乘人言倒不生故。今此三人並皆改迷，悉入大乘得成佛也。上破無生法，即破無生境及無生智。下破無生行人，如《大品》云，不見菩薩不見波若，乃是行波若。今亦爾也。若常樂我淨第三依名破倒不倒，所以稱依名破者既名顛倒。云何有實。若是實有何名顛倒，故云依名破。初偈就倒破倒，第二偈就倒破不倒。初偈如文，長行從若謂下生，第二偈外人意云，四倒既無，則四行應有，以有無是相待法故。偈本正破，汝以倒無故，不倒是有，是有無相待者，亦倒不倒相待。本有倒故，可有不倒。無倒可待，何有不倒。如是顛倒滅下自上以來第一段破煩惱顛倒。今第二章總釋破意，以能如上正觀煩惱顛倒則畢竟永滅，異斯觀者則不滅也。就文爲二。初句逐近結顛倒滅，下三句結第一章明煩惱滅。煩惱顛倒既滅，則十二緣河傾，佛性河滿。異斯觀者，則佛性河傾，因緣河滿。若煩惱性實下自上以來第一破外人煩惱顛倒生義，今第二章破外人修治道斷煩惱義。大小內外有所得人於煩惱中有二種過。一者不知煩惱本自不生，而橫謂有生。二者復興治道欲滅此煩惱，則是於顛倒中更復起倒。是故前章明煩惱本自不生，今此一章辨今無所滅，不生不滅即是正觀，煩惱方滅耳。若逐近生此一章者上云，如是顛倒滅，外便謂有煩惱可滅，是故次破其滅。兩偈爲二。初破性實煩惱不可滅，第二破假名煩惱則無所滅，一切煩惱不出性假。又初破煩惱屬人明不可滅，次破煩惱無人可屬，亦不得滅。又初破小乘人煩惱明不可滅，次破大乘煩惱明無所滅。皆上半牒下半破，文易知也。問：若爾經云，一念相應慧斷煩惱及習，今云何言無斷。答：若言有所斷則煩惱不斷，今此中求斷不可得，則煩惱便斷也。又見有煩惱修治道

來於一切衆生中，若觀察諸根而悉了知，不觀察諸根亦悉了知。若出離根者而悉了知，不出離根者亦悉了知。隨諸衆生何等根性，若諸行法，若意樂因，若緣若障若究竟處，若最後根，如來一一皆如實知。

日稱譯《父子合集經》卷一一　世尊，又若證入彼法界者，即能入解二十二根。所謂眼根、耳根、鼻根、舌根、身根、女根、男根、命根、苦根、樂根、憂根、喜根、捨根、信根、精進根、念根、定根、慧根，未知、當知根、已知根、具知根。世尊，若眼、眼體不可得，若根、根體亦不可得。何以故。眼離自性不可見故，若法自性不有，彼即非物，以非物故，即不可作，若不可作，彼即不生。若不生者，即是不滅，以不生不滅故，不可說爲過現未來。於三世中無生滅者，彼即非眼，亦非眼根。何有作用世俗詮表。世尊，譬如空拳中無有物，但誑愚童，唯假名爾。勝義諦中，以至空拳，所立名字，亦不可得。如是乃至眼及眼根，於勝義中，亦復非有。

二種煩惱

鳩摩羅什譯《大智度論》卷九〇　二名現在世諸煩惱，所謂四取、一愛。

是二種煩惱，從二心數法生，所謂受及觸，觸能生一切心數法，受前生故，得名觸是受因緣，受雖能生三毒，一切衆生，愛是舊煩惱。

菩提流支譯《金剛仙論》卷六　離二種煩惱，何者爲二。一者無始妄想我見俱生煩惱，既有此我見故，便成就三不善根及三善根性，後時遇緣則起也。二者瞋恨等墮煩惱也。

浮陁跋摩共道泰等譯《阿毗曇毗婆沙論》卷三五　復次，欲界有二種煩惱，謂不善無記。離彼欲時，立二沙門果。色無色界，有一種煩惱，謂無記。離彼欲時，立一沙門果。如不善無記，有報無報生。二果一果與無慚無媿相應，不與無慚無媿相應。當知亦如是。

曇無讖譯《菩薩地持經》卷一〇　復次，於諸禪等有二種煩惱。一者末方便修煩惱，障礙令不得修。二者已得自地煩惱，諸纏所使違勝進道。

斷之，非唯煩惱不斷，於煩惱上更起能所病。謂有治道爲能斷，煩惱是所斷。今悟煩惱性空，則二病俱息也。

智顗《法界次第初門》卷中　煩惱者。二種煩惱攝一切煩惱。一屬愛煩惱，二屬見煩惱。是二煩惱出一切三毒，五蓋，十使，九十八煩惱等，皆如前辯。若此煩惱與前業合，則未來定能招聚三界死生苦果，即是集諦也。

圓測《仁王經疏》卷上末　第三煩惱空，此有兩釋。一依本記，文有三節。初三界空者，三界中皮煩惱，謂迷事貪等。次三界根本亦空者，三界中肉煩惱，謂迷理見等諸空，與皮爲本。後三界本無明藏亦空者，三界中心煩惱，謂所知障所有諸空，就勝說故。但言無明，通爲皮肉爲根本故，三界根本亦空六字。言通肉心二種煩惱。一云三界空者，結上業果二段文也。三界根本無明藏亦空者，謂三界中見修煩惱。就根本說，但舉無明。

寶達《金剛暎》卷上　應知障有二種煩惱。所知者，障者覆義，礙義名之障。故《成唯識論》第九云。煩惱障者，謂執遍計所執實我薩迦耶見而爲上首，百二十八根本煩惱及彼等流諸隨煩惱，此皆憂惱有情身心能障涅槃，名煩惱障。所知障者，謂執遍計所執實法薩迦耶見而爲上首，見疑無明愛恚慢等，覆所知境無顛倒性，能障菩提，名所知障。尋其根源二執爲本者，即上論文遍計所執實我法二見，及相應法邪惠爲二執體性，此界與二障爲本也。

二　根

鳩摩羅什譯《成實論》卷一　有現滅者，隨上中下根，故有差别。中陰滅者，亦有三種。上中下根。有阿那含深厭世間，有少障礙，不得現滅，是人則於中陰中滅，生亦三種。謂生滅者，行滅者，不行滅者。生滅者，生時深厭離有即入涅槃，是名生滅。以根利故，或有生已諸無漏道自然在前，不加勤行而入涅槃，是不行滅。以根中故，或有生已深畏受身，勤修行道，乃入涅槃，是名行滅。以根鈍故，上行滅者，亦有三種。若從一處終，至一處生，便入涅槃，是名利根。二三處生，是名中根。一切處終一切處生，是名鈍根。從初禪至廣果天是名決定，到廣果已若生淨居，是人不復到無色處，以樂慧故。若入無色處者，是人終不生淨居天，以樂定故。轉世者，若先世得須陁洹果，斯陁含果，後轉身得阿那含果，是人不入色無色界。現滅者，第一利根，即於現身得入涅槃。

闍那崛多譯《佛本行集經》卷三三　佛眼觀已，見諸衆生，生於世間，增長世間，或有利根或有鈍根。諸衆生等，或以成就易證於道，或有衆生，見未來世一切過患，心生恐怖而不放逸，或當來世，亦可得道。譬如或有青優鉢池，波頭摩池，拘物頭池，分陁利池，其内所有一切諸花，或優鉢羅，及波頭摩，并拘物頭，分陁利等，已從地生而未出水，在於其間沒而未現，應須養育，四大和合，然後出水。或有優鉢、分陁利等，從池湧出共水齊平，或優鉢羅、分陁利等，出水開敷，而不著水。如是如是，世尊佛眼觀諸世間一切衆生，生於世間，增長世間，或有利根，或有鈍根，或有易化，或易得道。

玄奘譯《大寶積經》卷三八　云何如來非一根種種根智力。舍利子，如來應正等覺，以無上智力故如實能知。若他有情若數取者，種種諸根差别之相，如來皆能分别了知。舍利子，如是等相云何知耶。所謂了知鈍根、中根、利根、勝根、劣根。由隨遍分别根故，能知衆生起極重貪，起極重瞋，起極重癡。如是諸根，是亦如來如實了知。又舍利子，由隨遍分别根故，如來能知。或起假立貪瞋癡，或起微薄貪瞋癡，或起顛倒貪瞋癡，或起摧伏貪瞋癡。如是等相是亦如來如實了知。又舍利子，若不善因所生諸根，若由善因所生諸根，若不動因所生諸根，若出離因所生諸根，是亦如來如實了知。

玄奘譯《阿毗達磨大毗婆沙論》卷一四二　尊者寠沙筏摩作如是說，唯意一種是勝義根，是内是遍有所緣故。是内者，内處攝故。是遍者，從無間獄至有頂故。有所緣者，緣一切法故。餘眼等根不具斯義，是故不立爲勝義根。謂眼等五雖内處攝，而非是遍非有所緣。命根雖遍而非内處，亦非有緣。苦樂憂喜，雖有所緣非遍非内。捨信等五雖遍有緣而非内處，三無漏根如九根說。問：若唯意是勝義根者，餘二十一何故名根。答：彼與意根作所依、作依、作雜染、作清淨、作清淨位，故亦名根。誰作所依，謂眼等五根。誰作依，謂命根。誰作雜染，謂五受根。誰作清淨，謂信等五根。誰作清淨位等三無漏根，即見位修位無學位。問：何故男女復得名根。答：生有情故，生欲樂故，制煩惱故，爲染依故。生有情者，謂生胎生卵生有情。生欲樂者，謂於是處初生欲樂後乃遍身，如依眉間初生聖樂後乃遍身。於亦如是制煩惱者，謂此志性能於暫時伏諸煩惱。爲染依者，謂染污識及相應法此爲所依，餘處身根發三種識，此唯發染污識非餘。發此識時唯作習近意，故心與貪俱。尊者僧伽筏蘇作如是說，唯命等六是勝義根，所謂眼耳鼻舌身命有情本故。問：若命等六是勝義根者，餘十六種何故名根。答：與命等六，作種子，作雜染，作清淨，作清淨位，故亦名根。誰作種子，謂意根。誰作雜染，謂五受根。誰作清淨，謂信等五根。誰作清淨位，謂三無漏根即見位修位無學位。問：何故男女亦得名根。答：欲界有情欲爲種子，欲爲苗稼。此依何有，謂男女根。是故此二，亦得名根。

尊者妙音作如是說，命等八種是勝義根，謂眼耳鼻舌身男女命有情本故。問：若命等八是勝義根者，餘十四種何故名根。答：與命等八作種子，作雜染，作清淨，作清淨位，故亦名根。廣如前說。

問：身根極微遍身等有，何故此獨名女男根，復說爲顯。尊者世友作如是說，此處能顯是男女故，名男女根，復說爲顯。問：有二形者亦能顯耶。答：此不能顯，不決定故。由此故說非女非男。有説此處生流轉者還滅者故。外道六師補剌拏等名流轉者，聲聞獨覺，及與如來名還滅者。尊者說曰，此處能生諸仙牟尼，諸聰慧者，善調伏者，易共住者，故名男女根，亦說名顯。

王日休《佛說大阿弥陀經》卷下　佛言諸往生者，皆具足三十二相，究竟深入妙法要義，諸根明利。其初鈍根者成就二忍，利根者得不可計無生法忍，皆當一生遂補佛處。所以者何。彼佛刹中皆住於正定之聚，無諸邪聚及不定之聚。復無三種過失，一者心無虛妄，二者住不退轉，三者善無唐捐。所以生於彼者，有進無退直至成佛，惟有宿願速度衆生，則以弘誓功德而自莊嚴。

法雲《翻譯名義集》卷一七　夫言根者，義有二種。一者浮塵外根，二勝義內根。言浮塵者四大是能造，四微是所造。色香味觸，四微和合，乃得成根故。《楞嚴》云，我今觀此浮根四塵，只在我面。資中云，浮虛不實，昏翳眞性，故曰浮塵。此浮塵外根也，言勝義者即清淨四大。洪敏鈔云，此勝義根雖用能造所造八法爲體，是不可見有對色，能照境發識，乃聖人所知之境，其義深遠，非同塵境麁淺，故名清淨。此是染中說淨，非無漏妙明之淨，此勝義內根也。

懷遠《首楞嚴經義疏釋要鈔》卷二　故指浮根者，根有二種。一勝義根，即清淨四大所造，屬不可見有對色。二浮塵根，是外四大所造，屬可見有對色，爲勝義所依。

思坦《楞嚴經集註》卷一　擕李云，浮根四塵即外五根，名浮塵根。然內五根皆清淨，四大所造，屬不可見有對色也。又內外五根，皆其八法所成，能造四大地水火風，所造四塵色香味觸。今浮塵眼根中能造四大性不可見，故指所造也。

熏聞云，外五根名浮塵根者，浮謂麁浮，塵以染汙爲名，染汙眞性故，根以能生爲義，能生五識故，內五根即勝義根也，屬不可見有對色者。準毗曇明三種色。一可見色，如青黃等。二有對色，謂五根五塵，若云不可見有對色，但云五根四塵。三不可見無對，謂法入少分。今內五根亦言色者，以是清淨四大所造，非麁顯之質，故不可見。

思坦《楞嚴經集註》卷四　長水云，本一圓常妙湛明性，所相妄現分明暗殊，明暗相形動覺湛性，性相和合執成妄覺，故云黏湛發見。斯則所既妄立生汝妄能也，見精即妄覺也。能所相熏互相交織根結便成，故云結色成根。既覺明相雜則強覺影明，具惑之性黏湛合成。由是名爲清淨四大，即勝義根也。清淨四大者，染中說淨也。能照境發識，有增上勝力，非同染礙麁相，故曰清淨勝義根。色屬不可見，而有對礙。故寄世俗根所依處蒲萄之相，表顯勝義。奔取本境明暗之相，故云流逸奔色。下之五根大意皆然。

釋要云，由明暗等二種相形者，妄見初起，明暗未形，此約惑性冥具說也。見精映色，方彰明暗之相也。黏者和合，執著之義也。由妄執故，動覺湛性，發成妄見也。見精即第八見分，最細故曰精，色即第八相分，由能見故境界妄現，由相織故結成六根。眼體者，眼謂勝義，體即浮塵，即勝義所依之體也。浮根奔色者，即勝義在浮塵中流趣奔色也。

攜李云，見精下勝義根，雖用能造所造八法爲體。

熏聞云，能造即地水火風，所造即色香味觸。

攜李云，是不可見有對色，能照境發識，乃聖人所知之境其義深遠，非同塵境麁淺，故名清淨。此是染中說淨，非無漏妙明之淨也。因名下即浮塵根，亦名世俗根。以麁淺易知故，翻前立名，亦用能所八法爲體。今言四塵者，但舉所造也。問：浮塵但以勝義爲依處，不能照境發識。何以言流逸奔色。答：理實勝義，然浮塵是所依處，舉所依顯能依也。又連上清淨四大爲言，義亦無失。

熏聞云：如蒲萄朵喻浮根之相也。餘經所說或與此異，有云眼如秋泉池，耳如卷樺皮，鼻如盛計筒，舌如偃月刀，身如立戟槊，唯意根未見別目。

補遺云，如蒲萄朵等皆狀勝義，清淨四大爲非凡夫所見，故假以明之。若是浮塵，自可目擊，何假引喻。只如次經云因名眼體等，乃指上清淨四大之形狀耳。下句云浮根四塵，顯是勝義之所依，非指蒲萄如浮塵根也。《顯宗論》曰，眼根極微居眼星上，體清徹故，如秋泉池。耳根極微居耳穴內，旋還而住，如卷樺皮。又舊《婆沙論》云，舌根鄰虛如半月，彼說於舌中央如毛端量，非舌根鄰虛所覆。又《新婆沙》論曰，云何眼等諸根極微安布而住，如香菱華，清徹映覆令無分散。有說重累如圓而住，體清徹故，如頗胝迦不相障礙，鼻根極微居鼻頞內，背上面下，如雙爪甲，舌根極微布在舌上，形如半月，繫說舌中如毛端量，非爲舌根極微所徧。據此等文，豈屬浮塵根耶。言流逸奔色等，此明勝義有照境發識之功耳。

清遠《圓覺疏鈔隨文要解》卷一〇　經眼根至身清淨，即清淨四大五色根也。此即勝義根。以四大所造，有對不可見，淨色爲體。謂色香味觸合四大總八微爲體，揀異浮塵根也。浮塵根者，如蒲萄朵者，是色聲香味觸染色爲體，浮根四塵，即見聞覺知。今清淨四大所造之四塵，即色香味觸。問：今云眼根等清淨勝義根，清淨邪，浮塵根邪。答：即勝義根，以勝義根清淨故，浮塵根必清淨。然浮塵根但是門戶見聞覺知即勝義根，如人已死，浮塵根離在勝義根不在，故不能見聞等。雖有勝義根，亦假浮塵根爲緣。故方能見聞等，如此根損，則不能見聞耳。

智旭《楞嚴經文句》卷四　由明暗等二種相形於妙圓中，黏湛發見，見精映色，結色成根，根元目爲清淨四大，因名眼體。如蒲萄朵，浮根四塵，流逸奔色。

此正顯示所結之相，令人知所解也。蓋自妄爲明覺因明立所法爾，便有明暗二種相形。由是於妙圓性中，黏彼明湛而發見精，精映於明暗等色結色成勝義根。此惟天眼能見，肉眼所不能見，故名清淨四大。因名眼體如蒲萄朵者，指勝義根虛妄相也。既有勝義，便有浮塵。眼根以麁濁四大爲體，常流逸而奔色，是謂迷眞成妄，故有眼根也。此中明暗即自心相分湛，即自心見分，黏字映字正與前文相織妄成織字義同。所以舉根必具塵識，舉塵必具根識，舉識必具根塵，而一一法中皆有五疊渾濁也。

濟時《楞嚴經正見》卷四　三示根結之妄，初先示六根之相。由明暗下一眼根，明暗相也，妙圓性也。性與相會，黏湛成見。即前文覺非所明，因明立所者是也。見精是能覺，映色是能見。即前文所既妄立，生汝妄能者是也。結色成根者，即勝義根也。以勝義根雖是能造所造八法所成，然無形不可見。以不可見故，目爲清淨，因名眼體者，即浮塵根也。以浮塵亦是能造所造八法所成，然有形可見。以可見故，如蒲萄朵。即前文無同異中，熾然成異者是也。言浮根四塵流逸奔色者，以浮塵根是無覺無見者也，勝義根是有覺有見者也。如青黄等色到根時，有覺有見者即留，以無覺無見者不留，故云奔逸也。又虛假不實曰浮，無見聞覺知曰塵。能造，即地等四大者是。所造，即色等四微者是。此能造所造非有別體，總一妄心之所爲也。下倣此。

由動靜下二耳根，發聽，妄所也，聽精妄能也。卷聲成根者，指勝義根也。耳體如新卷葉者，指浮塵根也。蓋妙圓之性不能自聞，乃卷聲而成妄聽。由聽而成妄能，能所相熏。是故浮塵不能拘留，流逸奔聲，以成根爾。

二無心定

玄奘譯《阿毗達磨大毗婆沙論》卷一二　有說二無心定，有加行有功用，勤勞而得，故彼說之。無想異熟，與此相違，故彼不說。有說二無心定是善故說，無想異熟無覆無記故不說之。有說若由心力無間引起，不雜亂者，可名爲心等無間法。無想異熟是異熟因力所引起，任運而轉，非入彼心勢力所引，故不名心等無間法。

問：若爾異熟心心所法，亦異熟因力所引起，任運而轉，應不名心等無間法。答：自類相引有勝勢力，不同彼故，俱是相應有所依等，說名自類。問：何故二無心定是心等無間法，而非心等無間緣耶。答：彼由心加行功用，勤勞所引得故，名心等無間法。與心相違遮斷心故，非心等無間緣。有說彼由心勢力所引起，故名心等無間法。不相應無所依，無行相無警覺。無所緣故，非心等無間緣。有說彼由心勢力得增長，有作用故，名心等無間法。損減心令不起作用故，非心等無間緣。問：何故二無心定，前後相似無亂續生，而前非後等無間緣。答：由入定心勢力所引，不由前念力所引生，故前非後等無間緣。【略】

謂除初刹那二無心定及有心位心心所法，諸餘相續。二無心定及出定心心所法，有法是心無間，非心等無間。謂初刹那二無心定，及有心位心心所法，生老住無常。有法是心等無間，亦是心無間。謂初刹那二無心定及有心位心心所法，有法非心等無間亦非心無間。謂除初刹那二無心定及有心位心心所法，生老住無常，諸餘相續。二無心定及出定心心法生老住無常。問：若法是心等無間，亦是無心定無間耶。答：應作四句。有法是心等無間，非無心定無間。謂初刹那二無心定，及有心位心心所法，有法是無心定無間，非心等無間。謂除初刹那二無心定及有心位心心所法，生老住無常諸餘相續。二無心定及出定心心所法，生老住無常。有法是心等無間，亦是無心定無間。謂除初刹那二無心定及有心位心心所法，諸餘相續。二無心定及出定心心所法，有法非心等無間，亦非無心定無間。謂初刹那二無心定。及有心位心心所法，生老住無常。

玄奘譯《阿毗達磨大毗婆沙論》卷一五二　問：何故二無心定中，唯滅盡定立爲解脫，非無想定。脇尊者言，佛於諸法體相作用了達究竟，餘不能知。若法有解脫相者，便即立之。無者不立。復次，滅盡定唯內法有，故立解脫。無想定唯外法有，故不立解脫。如內法外法，聖者異生亦爾。復次，滅盡定唯背雜染向清淨者，相續中可得，故立解脫。無想定唯背清淨向雜染者，相續中可得，故不立解脫。如背雜染向雜染，背生死向生死，背流轉向流轉，當知亦爾。復次，滅盡定唯背我見，向無我見者相續中可得，故立解脫。無想定唯背無我見向我見者，相續中可得，故不立解脫。復次，滅盡定唯背薩迦耶見向空觀者，相續中可得，故立解脫。無想定唯背空觀，向薩迦耶見者，相續中可得，故不立解脫。復次，前說滅盡定由二因緣，立爲解脫。一背一切所緣，二邊際心斷。無想定二事俱無，是故不立。復次，滅盡定唯障諸界諸趣諸生者，相續中可得，故立解脫。無想定唯不障諸界諸趣諸生者，相續中可得，故不立解脫。復次，棄背諸有，名爲解脫。滅盡定棄背諸界諸趣諸生，生死轉流覺，無想定不爾。由此等緣，二無心定中唯滅盡定立爲解脫，非無想定。

問：無想定滅盡定有何差別。答：名即差別。名無想定，名滅盡定。復次，界亦差別。無想定色界繫，滅盡定無色界繫。復次，地亦差別。無想定在第四靜慮，滅盡定在非想非非想處。復次，相續亦有差別。無想定在異生相續，滅盡定在聖者相續。復次，入無想定時作出離想，入滅盡定時作止息想。復次，入無想定時唯厭於想，入滅盡定時通厭想受。復次，入無想定時唯欲滅想，入滅盡定欲滅受想。復次，入無想定時滅色界繫心心所法，入滅盡定時滅無色界繫心心所法。復次，入無想定時滅第四靜慮心心所法，入滅盡定時滅非想非非想處心心所法。復次，無想定招色界異熟，滅盡定招無色界異熟。復次，無想定招第四靜慮異熟，滅盡定招非想非非想處異熟。復次，無想定唯順生受異熟，滅盡定順生後不定受異熟。故有差別。尊者世友作是問言，無想定滅盡定何差別。答：一名無想定，一名滅盡定，故有差別。又界地相續想厭欲樂，所滅異熟皆有差別。廣說如上。又，異生入無想定感無想處果，聖者入滅盡定感有頂處果。又，無想定令諸異生受色界異熟果，滅盡定令諸學者受無色界異熟果，令無學者受無色界等流果。是謂無想定滅盡定差別。

玄奘譯《瑜伽師地論釋》卷一　二無心定，不能等引諸功德故，非等引地。若爾，何故。等引地說，此等引地，略有四種。謂靜慮，解脫，等持，等至。言靜慮者，謂四靜慮。言解脫者，謂八解脫。言等持者，謂空等持，無願等持，無相等持。言等至者，謂五現見等至，八勝處等至，十遍處等至，四無色等至，無想等至，滅盡等至。此無有失。二無心定是等引果，故與其名，實非等引有義。此名通有心位及無心位所有定體。若有心定，平等能引諸功德故，亦引平等根大等故，及離沈掉，戒無悔等，平等方便。所引發故，名爲等引。若無心定，雖不能引殊勝功德，而引平等根大等故，是平等定所引發故，亦名等引。

玄奘譯《成唯識論》卷一 二無心定無想異熟，異色心等有實自性。若無實性，應不能遮心心所法，令不現起。若無心位有別實法異色心等能遮於心，名無心定。應無色時有別實法異色心等，能礙於色，名無色定。彼既不爾，此云何然。又，遮礙心何須實法，如堤塘等假亦能遮，謂修定時於定加行厭患麁動心心所故，發勝期願遮心心所，令心心所漸細漸微，微微心時熏異熟識成極增上厭心等種。由此損伏心等種故，麁動心等暫不現行，依此分位假立二定。此種善故，定亦名善。無想定前求無想果，故所熏成種，招彼異熟識。依定麁動想等不行，於此分位假立無想，依異熟立得異熟名。故此三法亦非實有。

普光《俱舍論記》卷七 二無心定及心心所法，與前等故名等。無有餘心間隔，故名無間。言心無間者，謂若有法接心後起。若是心果，若非心果，但接心後起即名心無間。第一句，無心定出心心所，及第二念等二定刹那，刹那顯定體也。是心果故名等無間，非接心後起故，非是心無間。第二句，謂初所起二定刹那上生住異滅，及有心位諸心心所上生住異滅，接心後起故是心無間，非心果故非是心等無間。第三句，謂初所起二定刹那，及有心位心心所法，是心果故是心等無間，接心後起故是心無間。第四句，謂第二念等二定刹那上生住異滅，及無心定出心心所上生住異滅，非心果故非是心等無間，非接心後起故非是心無間。

圓暉《俱舍論頌疏論本》卷一七 二無心定得，不能引餘通。

釋曰：二無心定得者。二無心定者，謂無想定，滅盡定也。此與諸業非俱有故，不爲引因，但能爲滿。得者，善惡得也。得與諸業，非一果故，唯滿非引。除此二類，所餘善惡，皆通引滿。

二十五諦

菩提流支譯《提婆菩薩釋楞伽經中外道小乘涅槃論》 第十四外道僧佉論師說。二十五諦自性因生諸衆生是涅槃因。自性是常，故從自性生大。從大生意，從意生智，從智生五分，從五分生五知根，從五知根生五業根。從五業根生五大。是故論中說，隨何等何等性修行二十五諦。如實知從自性生還入自性，能離一切生死得涅槃，如是從自性生一切衆生。是故外道僧佉說，自性是常，能生諸法，是涅槃因。

普光《俱舍論記》卷三 數論宗立二十五諦義。言二十五諦者，一我彼計常，我以思爲體。性但是受者，而非作者。餘二十四諦是我所，是我之所受用。二自性以薩埵剌闍答摩爲體，亦名樂、苦、癡，亦名憂、喜、暗。此三猶如我之臣佐，我若欲得受用境時，即爲我變。未變之時各住自性，故名自性。三從自性生大，謂我思量欲得受用諸境界時，三法即知動轉之時。其體大故，名之爲大。四從大生我執，謂緣彼我故名我執。五從我執生五唯量，謂色、聲、香、味、觸。足前爲九。六從五唯量生五大，謂地、水、火、風、空。足前爲十四。謂色能生火以火赤色故，聲能生空以空中有聲故，香能生地以地中多香故，味能生水以水中多味故，觸能生風以風能觸身故。七從五大生十一根，謂眼、耳、鼻、舌、身、意、手、足、大便處、小便處、語具，語具即是肉舌。足前爲二十五。謂火能生眼還能見色，空能生耳還能聞聲，地能生鼻還能嗅香，水能生舌還能嘗味，風能生身還能覺觸。五大幷能生意、手、足、大便處、小便處、語具。彼計肉心名意，彼宗所執諸法是常。如轉變金成環玔等，金色不改環等相異。若我欲得受用境時，從自性生大，從大生我執，從我執生五唯量，從五唯量生五大，從五大生十一根。若我不受用境時，從十一根卻入五大，從五大卻入五唯量，從五唯量卻入我執，從我執卻入大，從大卻入自性。今約彼宗十一根中五作業根爲難。語具謂肉舌於語有增上，手於執增上，足於行增上，大便處於棄捨便穢增上，小便處於婬欲樂事增上。此等竝增上，應立爲根。

法寶《俱舍論疏》卷三 此即次舉數論難也。彼論有二十五諦義。言二十五者，一我，彼計常，我思爲體。性但是受者，而非作者。餘二十四諦是我之所受用。二自性以薩埵、剌闍、答摩爲體，亦名苦、樂、癡。亦名憂、喜、暗，此三種如我之臣佐。我若欲得受用境時，即爲我變。未變之時各住自性，故名自性。三從自性生大，謂我思量欲得受用諸境界時，三法即知，動轉之時其體大故名之爲大。四從大生我執，謂緣彼我故名我執。五從我執生五唯量，謂色、聲、香、味、觸，足前爲九。六從五唯量生五大，謂地、水、火、風、空，足前爲十四。謂色能生火，以火赤色故。聲能生空，以空中有聲故。香能生地，地中多香故。味能生水，以水中多味故。觸能生風，能觸身故。七從五大生十一根，謂眼、耳、鼻、舌、身、意、手、足、大便處、小便處，語具即是肉舌，足前爲二十五諦。謂火能生眼，還能見色。空能生耳，還能聞聲。地能生鼻，還能嗅香。水能生舌，還能嘗味。風能生身，還能覺觸。五大竝能生意、手、足、大便處、小便處、語具，彼計肉心名意。彼宗所執諸法是常，如轉變金成環玔等，金色不改，環等相異。若我欲得受用境時，從自性生大，從大生我執，從我執生五唯量，從五唯量生五大，從五大生十一根。若我不受用境時，從十一根卻入五大，從五大卻入五唯量，從五唯量卻入我執，從我執卻入大，從大卻入自性。今約彼宗十一根中五作業根爲難，語具謂肉舌於語有增上用，手於執有增上，足於行有增上，大便處於棄捨便穢增上，小便處於婬欲樂事增上。此等竝有增上，應立爲根。

慧暉《俱舍論釋頌疏義鈔》卷上本 造論者及學人名數論師，造《二十五諦論》，亦名《金七十論》，即是《數論》也。論有二十五諦。一者我以思爲體，欲受外境，三德便變。二自性，古云冥性，未成大等名自性得，成大等名勝性，勝異集故，自性別名即三德，梵云薩埵剌闍答摩薩埵，此云有情及勇健義。今取勇健義。次剌闍此云微，亦云塵坌，取塵義。復答摩，此云闇鈍，鈍闇自性正名勇塵。闇言三德者，如論古名染麁黑，今名黃赤黑，舊名喜憂，闇亦名貪嗔癡，舊云樂苦捨。由此三德是生死因，神我本性解脫我思勝境，三德即變，我爲境纏縛不得解脫，後厭境修道。我不思境自性不變，我離境縛，即得解脫也。外道前觀八萬劫不知號爲冥性如我之臣佐，爲我後二十三諦也。三從自性生大我，思外境三德體大故。四從大生，覺八萬劫內有所覺知故，八萬劫前不覺爲冥性也。五從覺生五遺量，即色聲香味觸，即是能造。六從五遺量生五大，即所造法。七從五大生十一根，眼耳鼻舌身大小道兩手足語具心平等根，即內心也。二十三諦者，皆是轉變無常，色能造大，大還赤色能成眼，眼能見色聲，能造空，空有聲，聲成耳根，耳根能聞聲，香能造地，地多香故，地成鼻，鼻能取香故味造水。水多味水能成舌，舌能嘗味，觸能造風。風多觸故，風能成身身能覺觸。五塵共生五大，五大共成，五作業根。業根者剩肉舌手足大道小道及心平等根也。我若受用外境，即從前生後。我若不受用，即從後卻入。冥性四句分別，一有能變化即冥諦，二有從他變即十一根，三有能變化，亦從他變，即覺五遺量五大。四不能變他，不從他變，即神我是造。

子璿《首楞嚴義疏注經卷》卷二（之一） 言冥諦者，或云冥性或云自性，梵云僧伽奢薩呾羅，此云數論。立二十五諦，最初一諦名爲冥性，計以爲常。第二十五名爲神我，亦計爲常。我思勝境，冥性即變二十三諦爲我受用。我既受用，爲境纏縛不得解脫。我若不思冥諦不變，既無纏縛我即解脫，名爲涅槃。如別處說。拘舍梨者，非即數論，是彼類耳。

雲峰《唯識開蒙問答》卷上 一有數論師計二十五諦。謂冥性諦，大諦，我慢諦，五唯量，五大，五知根，五作業根，心平等根。第二十五我知，即神我也。此一非法，屬前我執，即受者我也。二有勝論師計六句義。謂一實，二德，三業，四大有，五和合，六同異，三有計大自在天。是一，是實，是遍，是常，能生諸法。有七種外道，謂執梵王，執時，執方，執本際，執自然，執虛空，執我。如此七種計，執皆是常，能生諸法。十二有二聲論。一待緣生，二待緣顯，二宗計聲體皆是常。十三有順世外道，謂計四是常是實，能生有情，死歸四大。

通潤《成唯識論集解》卷一 今依《金七十論》釋。二十五諦，總略爲三。處中爲四，廣爲二十五。初總略爲三者。一自性，二我知，三變異。自性是第一諦，亦名勝性，未生大等。但住自分，名爲自性。若生大等，便名勝性，用增勝故。《智論》云，謂外道通力至八萬劫。八萬劫外，冥無所知，故稱冥諦。從此覺知初立故。二言我知者，即第二十五諦神我也。三變異者，中間二十三諦是自性所作，名爲變異，故有三位。處中爲四者。一本性無變異，二大等亦本變，三十六但變異，四知者非本變。一謂本性能生大等，故名爲本，不從他生，故非變異。二大我慢五唯，此七亦本亦變異，大從本性生故變異，能生我慢故爲本，慢從大生故變異，能生五唯故爲本。五唯從慢生故變異，能生五大故爲本。三五大五知根五業根及心平等根，但從他生，故唯變異。不能生他，故不名本。四知者，即我知爲體，故不從他生，亦不能生他，故非本非變。廣有二十五，如《百論》所說。然都有九位，就其中二十三諦自有七位。一大，二我心，三五唯量，四五大，五五知根，六五作業根，七心平等根，兼其初後。故二十五。

曾鳳儀《楞嚴經宗通》卷二　外道二十五諦，除冥諦是非色非空非心，餘皆不出色心空也。覺諦，我心。五知根，五作業根，心平等根及神我，皆心也。五塵五大，皆色也。五大中空大，即空也。最初一諦，名爲冥性，計以爲常。第二十五諦，名爲神我，亦計以爲常。思我聖境，冥性即變二十三諦，爲我所用。我所受用，爲境纏縛，不得解脱。我若不思，冥諦不變，即無纏縛，我即解脱，此其所宗也。告子不得於言，勿求於心。不得於心，勿求於氣，渾然一冥諦脈路，說者指爲禪宗。大非。

二甘露門

竺佛念譯《出曜經》卷一七　彼修行人，當善觀察二甘露門：一者安般，二者不淨觀。或有行人但修安般或修不淨觀，彼修安般者，思惟分別出息入息，息長亦知息短亦知，息熅亦知息冷亦知。意若錯亂復從一始，從頭至足分別了知，設復錯者復從一始，如是經歷返覆數過自知意至，吾今捉息皆得自在。

佛陀跋陀羅譯《達摩多羅禪經》卷上　佛世尊善知法相，得如實智慧，滅煩惱盛火，出熾然之宅，乘諸波羅蜜船，度無量苦海。以本願大悲力故不捨衆生，爲諸修行說未曾有法，度諸未度令得安隱。謂二甘露門。各有二道，一方便道，二曰勝道。清淨具足甚深微妙，能令一切諸修行者出三退法，遠離住縛增益升進，成就決定盡生死苦，究竟解脱兼除衆生久遠癡冥。

玄奘譯《五事毗婆沙論》卷上　謂入佛法者，有二甘露門。一不淨觀，二持息念。依不淨觀入佛法者，觀所造色。依持息念入佛法者，觀能造風。

行滿《涅槃經疏私記》卷八　二甘露門者，小乘眞諦爲甘露，大乘中道實相爲甘露。能通眞諦實相，故云門也。

二乘

鳩摩羅什譯《大智度論》卷四　何以故大乘經初，菩薩衆、聲聞衆兩說，聲聞經初獨說比丘衆，不說菩薩衆。

答曰：欲辯二乘義故，佛乘及聲聞乘。聲聞乘陿小，佛乘廣大。聲聞乘自利自爲，佛乘益一切。

復次，聲聞乘多說衆生空，佛乘說衆生空、法空。

如是等種種分別說是二道故，摩訶衍經聲聞衆、菩薩衆兩說。

鳩摩羅什譯《大智度論》卷四二　聲聞、辟支佛，一切法不受故漏盡。此中云何說不受三昧，不與二乘共。答曰：彼雖有不受三昧，無有廣大之用，不利不深，亦不堅固。

復次，聲聞、辟支佛漏盡時，得諸法不受。菩薩久來知一切法不受，皆如無餘涅槃，畢竟空，是故說不與二乘共。

復次，二乘有習氣，有礙有障故，雖有無受三昧，不清淨。如摩訶迦葉聞菩薩妓樂，於坐處不能自安。諸菩薩問言：汝頭陀第一，何故欲起似舞。迦葉答言：我於人天五欲中永離不動。此是大菩薩福德業因緣變化力，我未能忍。如須彌山王，四面風起，皆能堪忍。若隨嵐風至，不能自安。聲聞、辟支佛習氣，於菩薩爲煩惱。

復次，此無受三昧，惟佛遍知。菩薩求佛道故，雖不能遍，而勝於二乘，以是故說不與二乘共。以人貴重是不受三昧而生著心，是故須菩提說：不但是三昧不受，色乃至一切種智皆不受。所以者何。須菩提自說因緣，所謂十八空故不受。

鳩摩羅什譯《大智度論》卷九三　佛法有二種：小乘、大乘。小乘中，薄福之人三毒偏多。

鳩摩羅什譯《大智度論》卷九六　復次，有二道：小乘道、大乘道。小乘論議，以涅槃爲實。大乘論議，以利智慧深入故，觀色等諸法皆如涅槃。

佚名《大乘四法經釋》　一言立所宗者。世間宗見惣有其二，一外二內。彼外宗見雖有眾多不出二種：謂斷及常、廣說如論。內宗見者，大師在世，同一師學無有差別。佛滅度後，大小乘宗分成多部。小乘宗見有二十二，如《宗輪論》廣明。大乘宗見分爲三別：一勝義皆空宗，二唯識中觀，三法性圓融。此三宗見廣說，如《中》《廣》《百》《三十論》等。今此經者，厥有菩薩名爲世親，位皆加行，造論釋故。是故當知唯識中觀宗之攝也。

二言明歸乘者。如來大悲引接群迷隨機設教，有說三五。言說三者：一聲聞乘，二緣覺乘，三菩薩乘。言有五者，更加天乘及人乘也。如是五乘所有行議，廣如餘處經論分別。今此經者，唯明菩薩行故。是大非小，是故當知，大乘宗收。

三言明歸分者。諸佛菩薩及以聲聞所說言教，雖有眾多，以類相從有十二分。謂契經等，行相如餘處明。今此經者，無請說故，自說分攝，不捨無上菩提心等。是其菩薩廣大行故，方廣分攝。有伽他故，應頌分攝。是了義故，論議分攝。具譬喻故，譬喻分攝。是故當知五分攝也。

四言辯歸藏者。如上所說十二分教，惣而言之歸其三藏。一素怛攬藏，此云契經，貫穿連綴，所詮定學，契理契機益他故，藏者攝也。二者毘奈耶藏，此云調伏，所攝戒學，調和三業，制伏惡行而攝益故。三阿毘達磨藏，此云對法，所詮惠學，對向涅槃，對觀四諦而攝益故。契經等分，云何三藏而相攝耶。《對法集》云：契經，應頌，記別，諷頌，自說，此是聲聞素怛攬藏。緣起，譬喻，本事，本生，幷伽眘屬，名毘奈耶藏。方廣希法，此是菩薩素怛攬藏之所攝也。若唯了義亦阿毘達磨藏攝，如理應思。次當釋經之正文。門分爲二：一釋經題，二釋正經。初釋題者，一切聖教夫立名者，皆約四種而立其名，謂人處法喻。今此經者，約法立也。言大者，有七大義。一所緣大般若等經所明，一切難行苦行，廣大境界，是其菩薩所緣境故。二修行大，廣修自行及他行故。三智大，能了人法二無我故。四精進大，三無數劫行難行故。五方便不住生死及涅槃故。六業大，盡生死際，能作諸佛一切業故。七成就大，而能成就十力無畏不共法等大功德故。以此七大。而起二乘，故言大也。言乘者，運載之義。生死爲此岸，涅槃名彼岸，有情名中流。此經所說四種法船。運載有情，超生死海，令至涅槃故，名爲乘。言四者，數也。何故列數，論中自明。言法者，軌持爲義，下經所說四種行法，即是菩薩軌則故也。言經者，梵言素怛攬，乃四義，謂依綖嚌經。今取綖義，如綖穿花風不散，能以教貫義，邪不能除。如經持律方織物成以教攝生，令得聖果故，以教法目乎。綖經若眞實論說有五義：一曰涌泉，二稱繩墨，三名結鬘，四謂出生，五號顯示。若準此方經者，常也，法也，逕也。古今不易故，指定正邪故，津通物理故。《莊嚴經論》云：示處及於相法義名爲經。釋題竟。

鳩摩羅什譯《十二門論序》　摩訶衍者，於二乘爲上故，名大乘。諸佛最大是乘能至，故名爲大。諸佛大人乘是乘故，故名爲大。又能滅除眾生大苦，與大利益事故名爲大。又觀世音，得大勢、文殊師利、彌勒菩薩等，是諸大士之所乘故，故名爲大。又以此乘能盡一切諸法邊底，故名爲大。又如《般若經》中，佛自說摩訶衍義無量無邊，以是因緣故名爲大。大分深義所謂空也。若能通達是義，即通達大乘。

菩提流支譯《金剛仙論》卷二　二乘意生身差別，亦名憍慢差別也。此第三別明二乘人既道出三界前二生不攝。所以別明也。然二乘人有二種。一者發菩提心聲聞，如法華中舍利弗等受記作佛者是。二者寂滅聲聞，斷三界惑盡，出分段生死生究竟想，起憍慢心，入寂滅定，逕千萬億劫。於此定中，而不勉變易生死微細行苦。後時定力既盡，從禪定出，更無所依故，還覓善知識，發菩提心，求無上道故，菩薩於此憍慢眾生，亦興悲救度，故須明也。

慧遠《大乘義章》卷一七　經說聲聞緣覺之別，有其兩門。一約所觀法門以別，觀察四諦而得道者悉名聲聞，觀十二緣而得道者齊稱緣覺。若從是義於今現在值佛爲說十二緣法而得道者亦緣覺收。故經說言：爲教聲聞說四眞諦，爲教緣覺說十二緣。此緣覺中細分有二。一緣覺緣覺，是人本來求緣覺道。常樂觀察十二緣法成緣覺性，於最後身不值佛世，藉現事緣而得悟道，本緣覺性今藉事緣而得覺故，說之以爲緣覺緣覺。二聲聞緣覺，是人本來求緣覺道，亦樂觀察十二緣法成緣覺性，於最後身值佛爲說十二緣法而得悟解，從佛聲聞而得覺故，說之以爲聲聞緣覺，摩訶迦葉即其人也，經中所云爲諸緣覺說十二緣正當斯耳，此亦名爲緣覺聲聞。故上聲聞人中辨之。此前一門約法以別。

二約得道因緣以別，從他聞聲而得道者悉字聲聞，是故摩訶迦葉之流，雖復觀察十二緣法而得悟道，以從佛聞得悟解故，經中說爲聲聞衆矣。藉現事緣而得道者齊號緣覺，若從是義乃至七生須陁洹人於最後身不值佛世，藉現事緣而得道者亦緣覺攝。此緣覺中細分亦二。一緣覺緣覺，義如上解。二聲聞緣覺，是人本來求聲聞道，觀察四諦道悟初果，以根鈍故於現在世不得涅槃，天上人中七返受生，於最後身不值佛世，藉現事緣而得緣覺故說爲緣覺，是故名爲聲聞緣覺，此亦名爲緣覺聲聞。故上聲聞人中辨之，是中應作四句分別。一是聲聞而非緣覺，所謂聲聞聲聞人，是義如上解。二是緣覺而非聲聞，所謂緣覺緣覺人，是亦如上釋。三是聲聞亦是緣覺，所謂七生須陁洹人，於最後身不值佛世獨悟者是。四者緣覺亦是聲聞，謂最後身值佛爲說十二緣法悟解者是。辨相如是，次論同異。前四人中先就初果，二以辨同異。先論同義，同有五種。一見理同，見生空故，《地持》云：聲聞緣覺見陰離陰我不可得，陰與離陰無我人性。二斷障同，同斷四住不受分段，如《勝鬘》說。三修行同，同修三十七道品法故，《地持》云：道同聲聞。四得果同，同得盡智無生智果故，《地持》云：於最後身無師自悟得羅漢果說爲緣覺。五證滅同，同證有餘無餘涅槃。此五細論非不少異。大況麁論一切聲聞緣覺人等皆悉同矣。次論異義，異有六種。一者根異，聲聞鈍根緣覺利根，問曰：緣覺見理與聲聞同，云何利根。釋言：見理雖同聲聞明淨速疾故得稱利，又斷煩惱雖同聲聞精進速疾，又不退轉故亦名利。二所依異，聲聞依師緣覺不依。三藉緣異，聲聞藉於敎法爲緣而得悟道，緣覺藉於事相現緣而得悟解。四所觀異，聲聞觀察四眞諦法，緣覺觀察十二因緣法，問曰：《勝鬘》宣說，聲聞緣覺之人初觀聖諦，彼文復言，聲聞緣覺當得世尊爲彼宣說四依，言四依者，謂四聖諦，是則緣覺亦觀四諦，云何說言緣覺偏觀十二緣乎。釋言：緣覺雖觀因緣亦別因緣作四諦觀，是故經中說之觀諦，是義云何，彼煩頂前別觀三世十二因緣事作別念觀，觀十二緣苦無常等作總念觀，煩頂已上就十二緣作其四十四智之觀，名爲觀諦，何者是其四十四智，十二因緣因果相屬有十二對，先就後對爲四諦觀，謂老死苦老死集老死滅老死道，初則苦觀，第二集觀，第三滅觀，第四道觀，如是逆推乃至初對各爲四觀，是故通合有四十四，是故緣覺得名觀諦。問曰：經說，十二因緣下智觀故，聲聞菩提中智觀故，緣覺菩提乃至上上阿耨菩提，是則聲聞亦觀因緣，今云何言聲聞偏觀四眞諦乎。釋言：聲聞雖觀四諦四中苦集，正是生死十二緣法，是故亦名觀十二緣，通相如是。於中分別聲聞正觀四諦法門，緣覺正觀十二緣門。此第四異。五向果異，聲聞人中四向四果，緣覺人中一向一果，何故如是。聲聞鈍根，不能一觀相續究竟，數出觔息，故判多果，以果多故趣向亦別。緣覺利根，一入聖觀相續無間乃至究竟，無中息處故無多果，無多果故不立多向，但於相續一觀之中，不滿之處判爲一向，滿足之處說爲一果。故地經中說十聖性，聲聞多分八，緣覺立二。六通用異，如地持說：聲聞之人二千國土爲通境界，緣覺之人三千國土爲通境界。又復如彼大智論說：小聲聞中不作意者，一千國土爲通境界，其作意者二千國土爲通境界。大聲聞中不作意者，二千國土爲通境界，其作意者三千國土爲通境界。緣覺人中有大有小。小緣覺人不作意者，二千國土爲通境界，其作意者三千國土爲通境界。大緣覺者莫問作意及不作意，皆以三千大千國土爲通境界。此等名爲通用異也。又復如彼成實論說：聲聞欲知須陁初心至第十六心方始得知，緣覺之人欲知初心至第六心即便知之，此亦是其通用別矣。問曰：何故欲知初心至第六心方始知乎。緣覺作意欲知須陁苦法忍心凝心觀察，彼忍已謝入苦法智尋後觀之，彼智已謝緣上界苦入苦比忍及苦比智。緣覺即於欲界有漏法中伺之。彼捨上苦緣欲界集。忍時未知至集法智方始知之，是故說知第六心矣。初之二人同異如是，次將第三約對前二以辨同異。彼須陁中七返受生，於最後身不值佛世獨覺之者。望前聲聞聲聞之人九同二異。言九同者：一見理同，二斷障同，三修行同，四得果同，五證滅同，六根性同，七觀法同，八向果同，九通用同，悉如上辨。言二異者：一依止異，於最後身不依師故。二藉緣異，不藉言敎而得果故。望前緣覺緣覺之人七同四異。言七同者：一見理同，二斷障同，三修行同，四得果同，五證滅同，準前可知，六依止同，於最後身不依師敎故，七藉緣同，同藉事緣而得道故。言四異者：一者根異。此人鈍根。二觀法異。此覺四諦。三向果異。此人具足四向四果。四通用異。此人通劣。次將第四望初二人以辨同異，於最後身値佛爲說十二緣法而得覺者。望前聲聞聲聞之人七同四異。言七同者：一見理同，二斷障同，三修行同，四得果同，五證滅同，悉如上辨，六依止同，依師得度，七藉緣同，同藉言敎。言四異者：一根性異，此人利根。二覺法異，此覺因緣。三向果異，此無四果四向之別。四通用異，此人通勝。望前緣覺緣覺之人九同二異。言九同者：一見理同，二斷障同，三修行同，四得果同，五證滅同，六根性同，七觀法同，八向果同，一向一果，九通用同。悉如上辨。言二異者：一依止異，此人依師。二藉緣異，此藉言敎。對小如是（此二門竟）。

次對大分別，於中有二，一對大辨相，二明同異。言辨相者，緣覺有二。一種性緣覺，是人本來習緣覺道成緣覺性，於最後身觀因緣法證緣覺果。二退轉緣覺，是人過去曾習大乘，後退住中亦得分三，前二如上。更加一種應化緣覺。謂佛菩薩應現爲之故。《天女》云：以因緣法化衆生故我爲辟支。《法華》亦云：知衆樂小而畏大智，是故菩薩作聲聞緣覺。如是等也，相別如是。次對大乘辨其同異。言其同者，彼辟支佛一入聖道永更不退，與菩薩同，不如聲聞得聖而退。何故緣覺一向不退，以利根故純用無漏而斷漏結故，良以不退同菩薩故。涅槃經中說辟支佛與諸菩薩合爲熟蘇。所言異者，略有十種。一者因異，彼辟支佛過去所修狹劣善根以爲本，不廣化生故名爲狹不求佛智說以爲劣，不知菩薩因行廣大。二者根異，緣覺鈍根，菩薩利根，緣覺所解狹淺不速，故名爲鈍，菩薩所解深廣峻疾，故名爲利。三者心異，緣覺畏苦疾求取滅，菩薩不畏常樂處世。四所解異，緣覺但觀十二緣法悟解生空，菩薩普觀一切諸法具解二空。五起行異，緣覺但修自利之道，菩薩俱利，又復菩薩修行六度，緣覺不修。六斷障異，緣覺但能斷煩惱障，菩薩之人二障雙除，二障之義廣如上辨。七得果異，緣覺正得緣覺，菩薩能善有大般涅槃，小大涅槃義如後釋。八起化異，如涅槃說，緣覺化人但現神通，終日默然無所宣說，菩薩不爾，能現能說。何故緣覺不能說法，緣覺出世無九部經，無可宣說，又復緣覺無悲方便故不能說，以無悲故不起心說，無四無量礙方便智故不堪說。九通用異，如後六通義中廣說。十體義異，緣覺所有身智功德悉無常苦無我不淨，菩薩眞德常樂我淨，又復緣覺所得涅槃唯有樂淨而無我常，菩薩涅槃常樂我淨。此之十種亦異聲聞，然今且就緣覺說之。緣覺如是。次解菩薩於中曲有三門分別：一釋名義，二對小分別，三當相分別。初釋名義。菩薩之名是外國語，外國正名菩提薩埵，此方傳者菩下去提、薩下略埵，故言菩薩。菩提此翻名之爲道，薩埵此翻名爲衆生。良以此人內心求道備有道行，以道成人名道衆生。問曰：聲聞緣覺人等斯皆求道，並有道行同以道成，以何義故不名菩薩，偏獨此人名菩薩乎。釋言：賢聖名有通局，通則義齊，故涅槃云。乃至須陁亦名菩薩，亦得稱佛。求索盡智無生智道故名菩薩，正覺共道不共道故說之爲佛，但經爲欲分別賢聖，是故偏名大乘衆生爲菩薩矣，等分賢聖。何故偏名此爲菩薩，辨有三義。一就願心望果解釋，唯此衆生求大菩提餘悉不求，是故獨此名道衆生，故地論言，一上決定願大菩提偏言菩薩，此據願心望果釋矣。二據解心望理解釋，凡夫住有，二乘著無，有無乖中不會中道，唯有菩薩妙捨有無契會中道，是故獨此名道衆生。三就行解釋，入佛法中有三種門，一敎二義三者是行，敎淺義深行爲最勝。聲聞鈍根從敎爲名，聲者是敎，飡聲悟解名聲聞矣。緣覺次勝，從義立稱，說爲緣覺，緣者是義，於緣得覺，故名緣覺。菩薩最上就行彰名，以能成就自利利他俱利之道故稱菩薩。故《地持》云：聲聞緣覺但能自度。菩薩不爾，自度度他是名道勝，以道勝故名道衆生，名義如是。

智顗《妙法蓮華經文句》卷七下　又明二乘六義同十義別，同出三界同盡無生，同斷正使同得有餘無餘。同得一切智同名小乘。所以合爲一化城，別開十義。行因久近六十劫百劫故，根利鈍從師獨悟無悲鹿羊。有相無相觀略廣，能說得四果法，不能說法得煖法。在佛世不在佛世，頓證漸證多現通少說法，聲聞不定。火宅三車今爲二百，三根同爲火宅所燒，三根求出故三車。佛道長遠，二乘是惡道，故二百須離。佛乘非障，但明二百。

玄奘譯《阿毗達磨大毗婆沙論》卷一四三　有說，若於諸緣能自然覺，一切種覺說名爲佛。獨覺雖有自然覺，而無一切種覺。聲聞俱無，故不名佛。有說，若智於能覺所覺，行相所緣，根根義，有境境，爾焰中，能遍明覺說名爲佛。二乘不爾。有說，若有聞而不捨，說名爲佛。二乘不爾。有說，若相續中永伏一切非理習氣，說名爲佛。二乘不爾。有說，若有於甚深緣起河能盡源底，說名爲佛。二乘不爾。故經喻以三獸渡河，謂兔馬象，兔於水上但浮而渡，馬或履地或浮而渡，香象恆時蹈底而渡。聲聞獨覺及與如來，渡緣起河如次亦爾。有說，若斷二種無知謂染不染說名爲佛。聲聞獨覺唯能斷染，不斷不染，故不名佛。有說，若斷二種疑惑，謂事隨眠，說名爲佛。聲聞獨覺雖斷隨眠而不斷事，故不名佛。有說，若盡智時二障俱斷心得解脫，謂煩惱障及解脫障，說名爲佛。聲聞獨覺或先脫煩惱障，後解脫障，或先斷解脫障，後煩惱障，無俱脫者，故不名佛。有說，若具二圓滿者，說名爲佛。謂所依能依諸餘有情，或所依圓滿非能依，如轉輪王。或能依圓滿非所依，謂聲聞獨覺。唯佛具二，故得佛名。如所依能依器中處處中明與行，應知亦爾。有說，若三事圓滿說名爲佛，謂色族辯。二乘不爾。有說，若三事圓滿說名爲佛，謂立誓果成恣問。二乘不爾。有說，若具三不護三不共念住說名爲佛。二乘不爾。有說，若所言無二，辯才無竭，所記無謬，說名爲佛。二乘不爾。有說，若具四智說名爲佛，謂因智時智相智說智。二乘不爾。有說，若具四智說名爲佛，謂無著智，無礙智，無謬智，不退智。二乘不爾。有說，若具種種因覺。種種果覺，種種相續覺，種種對治覺，說名爲佛。二乘不爾。有說，若世八法所不能染，功德彼岸無能逮者，一切危厄堪能拔濟說名爲佛。二乘不爾。有說，若具十八不共佛法，十力，四無所畏，大悲，三不共念住，說名爲佛。二乘不爾。有說，若有深遠微細遍行，平等大悲心者，說名爲佛。深遠者，三無數劫所積集故。微細者，覺三苦故。遍行者，緣三界故。平等者，於怨親中無異轉故。由如是等種種因緣，於三具知，唯一名佛。

法藏《華嚴經探玄記》卷一　然此五教有開有合亦有五重。一或總爲一，謂唯是如來一大善巧攝生方便也。二或開爲二，謂一乘三乘教前諸教中雖有存三泯二不同，然皆通三乘趣入故名三乘教。後一直顯本法不通二乘故唯是一，即智論中名共教不共教。此亦同上印師等所立二教也。三或分爲三，謂小乘三乘一乘教。智論既將此經爲不與二乘共故名爲不共，即是一乘。大品等爲通三乘同觀得益故名爲共，即是三乘。義準四阿含經既不共菩薩亦名不共，即是小乘。依此三位梁攝論第八云如來成立正法有三種，一立小乘二立大乘（有本作三乘字）三立一乘，第三最勝故名善成立。此亦同上妙智經說，又眞諦三藏部異執疏第二卷中亦同此說。四或分爲四，此有二義。一於上共教中約存三泯二開兩教故爲四，一別教小乘，二同教三乘，如深密等，三同教一乘，如法華等，四別教一乘，如華嚴等。二約歷位無位開漸頓二教故爲四，一小乘教，二漸教，三頓教，四圓教。五或散分爲五。於上漸教復分始終二教，此上五教非局判經，但多分而論，如上所指通諸經論。並可知第十以理開宗，宗乃有十。一法我俱有宗，謂人天位及小乘中犢子部等。彼立三聚法，一有爲法，二無爲法，三非二聚，即初二是法，後一是我。又立五法藏，一過去，二未來，三現在，四無爲，五不可說。此即是我以不可說是有爲無爲故。二法有我無宗，謂薩婆多等。彼說諸法二種所攝，一名，二色。或四所攝，謂三世及無爲。或立五法，一心，二心所，三色，四不相應，五無爲。此即但有此法無別有我。三法無去來宗，謂大眾部等說，有現在及無爲，以過未法體用俱無故也。四現通假實宗，謂說假部等，彼說無有去來二世，於現在法中在蘊可實在界處爲假，隨應諸法假實不定，成實論及經部別師亦同此類。五俗妄眞實宗，謂說出世部等，彼說世俗法假以虛妄故，出世法實以非虛妄故。六諸法但名宗，謂一說部等，一切我法唯有假名都無實體，此又通於初教之始。七一切皆空宗，謂大乘初教，說一切法悉皆性空超於情表無分別故，如般若等皆辯。八眞德不空宗，謂終教諸經所說，一切法唯是眞如如來藏中實德攝故，眞體不空具性德故。九相想俱絕宗，謂頓教中絕言所顯離言之理，理事俱泯平等離念。十圓明具德宗，謂如別教一乘。

法藏《華嚴一乘教義分齊章》卷一　是故當知彼云二乘善名出世，即大小二乘也。以聲聞緣覺俱名爲小故二乘名通。具如下說。六付囑差別。如《法華經》云：於未來世若有善男子善女人，信如來智慧者，當爲演說此法華經使得聞知，爲令其人得佛智慧故。若有眾生不信受者，當於如來餘深法中示教利喜，汝等若能如是，則爲報佛之恩。解云：餘深法者即是大乘。非一乘故稱之爲餘，然非小乘是以稱深，亦不可說以彼小乘爲餘深法。以法華中正破小乘，豈可歎其深耶。是故當知法華別意，正在一乘故。作此付囑也，七根緣受者差別。如此經性起品云：佛子，菩薩摩訶薩無量億那由他劫，行六波羅蜜，修習道品善根，未聞此經，雖聞不信受持隨順，是等猶爲假名菩薩。解云：此明三乘菩薩根未熟故。雖如是經爾許劫修行，不信不聞此一乘經者是人當知是前法華經内餘深法中，示教利喜者是也，以望一乘究竟法，是故説彼以爲假名，若望自宗亦眞實也。此文意明華嚴是別教一乘不同彼也，八難信易信差別。如此經賢首品云：一切世界群生類，尠有欲求聲聞乘，求緣覺者轉復少，求大乘者甚希有。求大乘者猶爲易，能信此法甚爲難。解云：以此品中正明信位終心即攝一切位及成佛等事既超三乘，恐難信受故，舉三乘對比決之，九約機顯理差別。如此經第九地初偈云：若衆生下劣，其心厭沒者，示以聲聞道，令出于衆苦。若復有衆生。諸根小明利。樂於因緣法。爲説辟支佛。若人根明利，有大慈悲心，饒益諸衆生，爲説菩薩道。若有無上心，決定樂大事，爲示於佛身，説無盡佛法。解云：此明一乘法門主伴具足故云無盡佛法，不同三乘一相一寂等法，以此地中作大法師，明説法儀軌，是故開示一乘三乘，文義差別也，十本末開合差別。如《大乘同性經》云：所有聲聞法辟支佛法菩薩法諸佛法，如是一切諸法，皆悉流入毘盧遮那智藏大海。此文約本末分異，仍會末歸本，明一乘三乘差別顯耳，此上十證足爲龜鏡。其別教一乘所明行位因果等相，與彼三乘教施設分齊全別不同，廣在經文略如下辨。縱無教證依彼義異尚須分宗，況聖教雲披煥然溢目矣。二該攝門者，一切三乘等，本來悉是彼一乘法。何以故，以三乘望一乘有二門故。謂不異不一也，初不異亦二，一以三即一故不異，二以一即三故不異。問若據初門三即一者，未知彼三爲存爲壞。若存如何唯一，若壞彼三乘機，更依何法而得進修。答有四句，一由即一故不待壞，二由即一故不礙存，三由即一故無不壞，四由即一故無可存。由初二義三乘機得有所依，由後二義三乘機得入一乘，由四句俱即一故，是故唯有一乘更無餘也。二以一乘即三明不異者，隱顯四句，反上思之，是故唯有三乘，更無一也。此如下同教中辨。二不一者，此即一之三，與上即三之一，是非一門也。是則不壞不一而明不異。又此中不一是上分相門，此中不異是此該攝門也。二同教者於中二。初分諸乘後融本末，初中有六重。一明一乘於中有七：初約法相交參以明一乘，謂如三乘中亦有説因陁羅網及微細等事而主伴不具。或亦説華藏世界，而不説十等。或一乘中亦有三乘法相等。謂如十眼中亦有五眼，十通中亦有六通等，而義理皆別。此則一乘垂於三乘，三乘參于一乘，是則兩宗交接連綴引攝成根欲性，令入別教一乘故也。二約攝方便，謂彼三乘等法，總爲一乘方便故，皆名一乘。所以經云：諸有所作皆爲一大事故等也。三約所流辨，謂三乘等，悉從一乘流故，故經云：汝等所行是菩薩道等。又經云：毘尼者即大乘也。四約殊勝門，即以三中大乘爲一乘，以望別教雖權實有異同是菩薩所乘故，故經云：唯此一事實，餘二則非眞。又云：止息故説二等，此文有二意。一若望上別教，餘二者則大小二乘也。以聲聞等利鈍雖殊，同期小果故，開一異三故。若望同教，即聲聞等爲二也。又融大同一故。五約教事深細，如經云：我常在靈山等。六約八義意趣，依攝論，如問答中辨。七約十義方便，如孔目中説。依上諸義即三乘等並名一乘，皆隨本宗定故，主伴不具故，是同非別也。二明二乘有三種：一者一乘三乘名爲二乘，謂如經中四衢所授幷臨門三車，此中合愚法同迴心。俱是小乘，故有二耳。二者大乘小乘爲二乘，此則合一同三，開愚法異迴心。三者聲聞緣覺爲二乘，此通愚法及迴心。又初約一乘，次約三乘，後約小乘，準可知之。三明三乘亦有三種：一者一乘三乘小乘名爲三乘，此爲顯法本末故。上開一乘下開愚法，故有三也。以經中愚法二乘並在所引諸子中，故，知三乘外別有小乘。三車引諸子，故知小乘外別有三乘。三人俱出至露地已，更別授大白牛車，故知三乘外別有一乘。問何以得知愚法二乘在所引中耶，答以彼愚法約大乘終教已去並不名究竟出三界故。何以故，以人執煩惱未永斷故。但能折伏而已。故《彌勒所問經論》云：一切聲聞辟支佛人，不能如實修四無量，不能究竟斷諸煩惱，但能折伏一切煩惱故也。又經云：汝等所得涅槃非眞滅度。又經云：若不信此法得阿羅漢果，無有是處。又《大品》云：故得阿羅漢等果，當學般若波羅蜜。是故當知，羅漢實義在大乘中，是故大乘必具三也。故《普超三昧經》云：如此大乘中亦有三乘。則爲三藏，謂聲聞藏、緣覺藏、菩薩藏。唯大乘中得有三藏，餘二乘中則無此也。《入大乘論》中亦同此説。是故當知，門外三車不通愚法。以法華非小乘故，其瑜伽聲聞決擇及雜集等論，辨聲聞等教行位果及斷惑分齊，與婆沙俱舍等不同者，是其事也。是故當知，一乘三乘小乘分齊別也。由此義故，《大智度論》云：般若波羅蜜有二種，一共二不共。言共者，謂此摩訶衍經，及餘方等經，共諸聲聞衆集共說故。不共者，如不思議經不與聲聞共說故。解云：不思議經者，彼論自指華嚴是也。以其唯說別教一乘，故名不共。義準知之，如《四阿含經》，名不共。以唯說愚法二乘教故，如《大品》等經，共集三乘衆，通說三乘法，具獲三乘益，故云共也。此中通大之小非愚法，通小之大非一乘，依此三義故，《梁攝論》云：善成立有三種，一小乘，二三乘，三一乘。其第三最居上故，名善成立，即其事也。若言說大品等時一音異解得小果故有三乘者，說華嚴時何不異解得小果耶。又說增一等時，何不異解得大果耶。是故當知，三宗各別，理不疑也。二者大乘中乘小乘爲三乘。此有三義，一則融一乘同大乘，合愚法同小乘故唯三也，教理可知，此約一乘辨。二則大乘中自有三乘，如上所說。三則小乘中亦有三，如小論中自有聲聞法緣覺法及佛法。此中佛法但慈悲愛行等，異於二乘故也。四者戒爲四乘，亦有三種。一謂一乘三乘爲四，此則開一異三，合二聲聞故也。二謂一乘三乘小乘人天爲四，此總開意也。三謂三乘人天爲四。準上可知。五者或爲五乘亦有三種，一謂一乘三乘小乘爲五，二謂三乘人天爲五，三謂佛與二乘天及梵亦爲五，並準釋可知，六者或無量乘，謂一切法門也。故此經云：於一世界中，聞說一乘者，或二三四五，乃至無量乘，此之謂也，上來分乘竟。

澄觀《大方廣佛華嚴經疏》卷二　初一小乘，次二三乘，後三一乘。或唯後一是不共一乘，《智論》指此以爲不共。《大品》等經，共二乘說故，此三亦順四乘。又《梁論》第八云：如來成立正法有三種。一立小乘，二立三乘，三立一乘，第三最勝故，名善成立。此亦同妙智經，眞諦三藏部異執疏第二卷中，亦同此說。四或分爲四，此亦二門。一中間三教，存三泯二別，故開之爲四。一別教小乘，如四阿含等。二同教三乘，如《深密》等。三同教一乘，如《法華》等。四別教一乘，如《華嚴經》。二約歷位，無位開漸及頓，故分爲四。總合二三，以爲漸教，餘皆如名。五或分爲五，如前所立，以漸中有始終故。然取多分，略指數經。實非局判，以一經中容多教故。第二化儀前後者。今辯如來一代時教，略啟十門，一本末差別門，二依本起末門，三攝末歸本門，四本末無礙門，五隨機不定門，六顯密同時門，七一時頓演門，八寂寞無言門，九該通三際門，十重重無盡門。初中本末同時始終一類，各無異說。然有三位，一若小乘中，則初度陳如，後度須跋，中間亦唯說小益小，如《四阿含經》及《五部律》。二若約三乘，則始終說三通益三機，如《密跡經》等。三若約一乘，則始終唯爲圓機說於圓極，如華嚴等。其中不通小乘，復攝九世該於前後，更無異說。然此三類，依於此世根性定者，常聞如上一類之法，故佛所演各通始終，更無前後。二依本起末門，此有五類。謂初爲菩薩說大，二爲緣覺，三爲聲聞，四爲善根衆生，五爲邪定。如出現品，日照高山及三千，初成喻中廣辯其相，皆明先大後小，約法名從本起末。以於一佛乘分別說三故，十八本二皆大乘出故，約機各是一類之機，非約一機前後大小。三攝末歸本門者，依無量義初時說小，次說中乘，後時說大。故《法華》亦云：初轉四諦深密妙智，雖復二時，三一不同，皆先小後大。四本末無礙門者，謂初舉照山王之極說，明非本無以垂末，後顯歸大海之異流，明非末無以歸本，故本末交映與奪相資，方爲攝生之善巧矣。是故通論總有五位，一根本一乘，如《華嚴經》，二密意小乘，三密意大乘，四顯了三乘，上三如深密，五破異一乘，如《法華》。上之四門圓通無礙，是則前後即無前後，無前後之前後耳。五隨機不定門者，此上四門。初門明三類機始末常定，次門明五類機異時常定，第三門明一類機自淺之深，第四門明二類機。初機聞頓後機從淺至深，更有一類不定之機，或從小乘次入三乘，後入一乘，亦有從小直入一乘，或多類機隨聞一句，異解不同。六顯密同時者，若異聞互知是顯不定，若互不相知即是祕密顯同時亦無前後。七上來諸門，一時頓演。八從初得道乃至涅槃，不說一句。九此上諸門盡通三際。十上之九門，隨處隨時重重無盡，皆無前後。後之二門，正是華嚴境界。融取前八，亦不離華嚴之用。第三義理分齊，已知此經總屬圓教。未知圓義分齊云何，然此教海宏深包含無外，色空交映德用重重，語其橫收全收五教，乃至人天總無不包，方顯深廣。其猶百川不攝大海，大海必攝百川，雖攝百川同一鹹味，故隨一滴迥異百川。前之四教不攝於圓，圓必攝四，雖攝於四圓以貫之。故十善五戒亦圓教攝，上非三四，況初二耶。斯則有其所通無其所局，故此圓教語廣名無量乘。語深唯顯一乘，一乘有二：一同教一乘，同頓同實故。二別教一乘，唯圓融具德故，以別該同皆圓教攝。今顯別教一乘，略顯四門：一明所依體事，二攝歸眞實，三彰其無礙，四周遍含容。各有十門，以顯無盡。初中十者：一教義，二理事，三境智，四行位，五因果，六依正，七體用，八人法，九逆順，十應感。敎即能詮，即前五敎，乃至光香等。義即所詮，即五敎等一切義理。理即生空所顯，二空所顯無性眞如等理。事即色心身，方等事。餘可思準。第二攝歸眞實者，即眞空絶相。經云：法性本空寂，無取亦無見。性空即是佛，不可得思量。亦有十義，如法界觀。第三彰其無礙，然上十對皆悉無礙，今且約事理以顯無礙。亦有十門，一理遍於事門，謂無分限之理，全遍分限事中，故一一纖塵理皆圓足。二事遍於理門，謂有分之事，全同無分之理，故一小塵即遍法界。由上二義互該徹故，皆同一性。故出現品云：如來成正覺時，於其身中，普見一切衆生成正覺，乃至普見一切衆生入涅槃。皆同一性，所謂無性。理遍事故，一成一切成。事遍同理，故說都無所成。經云：譬如虛空無成無壞，一性無性，即是佛性。故《涅槃》云：佛性名第一義空，第一義空名爲智慧。又出現云：無一衆生不具如來智慧。無不有者，即一乘義也。三依理成事門。謂事無別體要因理成，如攬水成波故。於中有二。一明具分唯識變故。覺林菩薩偈云：心如工畫師，能畫諸世間。五陰悉從生，無法而不造。此明唯心義也。何以得知是具分耶。次頌云：如心佛亦爾，如佛衆生然。應知佛與心，體性皆無盡。既是即佛之心，明非獨妄心而已。二明眞如隨緣成故。問：明品文殊難云，心性是一，云何見有種種差別，即緣性相違難。覺首答云：法性本無生，示現而有生，即眞如隨緣。答又云：諸法無作用，亦無有體性。明隨緣不失自性，即同《勝鬘》，依如來藏有生死，依如來藏有涅槃等。四事能顯理門。謂由事攬理成故，事虛而理實。依他無性即是圓成，如波相虛令水現故。《夜摩》偈云：云何說諸蘊，諸蘊有何性。蘊性不可滅，是故說無生。分別此諸蘊，其性本空寂。空故不可滅，此是無生義。衆生既如是，諸佛亦復然。佛及諸佛法，自性無所有。又《十忍品》云：譬如谷響從緣所起，而與法性無有相違。須彌頂偈云：了知一切法，自性無所有。如是等文，遍於九會。五以理奪事門。謂事既全理則事盡無遺，如水奪波波相全盡，故說生佛不增不減。《出現品》云：譬如虛空，一切世界若成若壞，常無增減。何以故。虛空無生故。諸佛菩提亦復如是。若成正覺不成正覺，亦無增減。何以故。菩提無相故。乃至云：設一切衆生，於一念中悉成正覺，與不成正覺等無有異，皆以無相平等故。不增不減經，亦同此說。非約一分衆生不成佛者，說無增減耳。六事能隱理門。謂眞理隨緣而成，事法遂令事顯理不現也。如水成波動顯靜隱故。法身流轉五道，名曰衆生。財首偈云：世間所言說，一切是分別。未曾有一法，得入於法性等。七眞理即事門。謂凡是眞理，必非事外。以是法無我理故，空即色故，理即是事，方爲眞理。第七迴向云：法性不違法相等故。八事法即理門。謂緣集必無自性，舉體即眞故。上之二門，正明二諦不相違義。如濕不違波，波不違濕，舉體相即故。夜摩偈云：如金與金色其性無差別，法非法亦然，體性無有異。此亦喻於如來之藏與阿賴耶，展轉無別。又由事即理故，雖有不常理即事故。雖空不斷，又由事理相即故，起滅同時。須彌偈云：一切凡夫行，莫不速歸盡。其性如虛空故，說無有盡。智者說無盡，此亦無所說。自性無盡故，得有難思盡等。則同時四相不待後無，亦令究竟斷證離於能所。《十地品》云：非初非中後，非言辭所及。《迴向品》云：無有智外如爲智所入，亦無如外智，能證於如等。九眞理非事門。即妄之眞異於妄故，如濕非動。十事法非理門，即眞之妄異於眞故，如動非濕故。慚愧林偈云：如色與非色，此二不爲一。又云：如相與無相，生死及涅槃，分別各不同等。上七八二門，明事理非異，九十二門明事理非一。故爲無爲，非一非異。第四迴向云：於有爲界示無爲法，而不滅壞有爲之相。於無爲界示有爲法，而不分別無爲之性。上之十事，同一緣起，故云無礙。約理望事，則有成有壞有即有離。事望於理，有隱有顯。有一有異，逆順自在。無障無礙，同時頓起。深思令觀明現，以成理事圓融無礙觀也。第四周遍含容，即事事無礙。且依古德，顯十玄門。於中文二。先正辯玄門，二明其所以。今初。一同時具足相應門，二廣陝自在無礙門，三一多相容不同門，四諸法相即自在門，五祕密隱顯俱成門，六微細相容安立門，七因陁羅網境界門，八託事顯法生解門，九十世隔法異成門，十主伴圓明具德門。此之十門，同一緣起，無礙圓融。隨其一門，即具一切。今且於前十中，取一事法，明具後十門。如下文中，一蓮華葉或一微塵，則具教等十對，同時相應，具足圓滿，亦具後之九門，及彼門中所具教等以是總故。故下文云：一切法門無盡海，同會一法道場中。《華藏》頌云：華藏世界所有塵，一一塵中見法界。一塵尚具，況一葉耶。二即彼華葉普周法界，而不壞本位，以分即無分，無分即分。廣陜自在，無障無礙。《十定品》云：有一蓮華盡十方際，而不妨外有可見。是故或唯廣無際，或分限歷然，或即廣即陜，或廣陜俱泯，或具前四。以是解境故，或絕前五。以是行境故，下皆準此。然此廣陜，亦名純雜。普周法界故，純一無二不壞本位，則不妨於雜，萬行例然。三即此華葉舒已遍入一切法中，即攝一切。令入己内，舒攝同時，既無障礙，是故鎔融。或有四句六句思之。下云：以一佛土滿十方，十方入一亦無餘。若一與一切對辯，則攝入各具四句。謂一入一切，一切入一，一入一切入一切，互攝亦然。四此一華葉廢己同他，舉體全是彼一切法，而恆攝他同己，令彼一切即是己體，一多相即混無障礙。解行境別，六句同前。下云知一即多多即一等。五華能攝彼則一顯多隱。一切攝華則一隱多顯，顯顯不俱，隱隱不並，隱顯顯隱，同時無礙。全攝俱泯，存亡俱成。句數同前。下云：東方入正受，西方從定起等。如八日月，隱顯同時。六此華葉中微細剎等，一切諸法炳然齊現。下云：於一塵中一切國土曠然安住，又於一毛端處，有不可說諸如來，及第九迴向微細中說。七此華葉一一微塵中，各現無邊剎海，剎海之中，復有微塵。彼諸塵内，復有剎海。如是重重，不可窮盡，非是心識思量境界。如天帝殿珠網覆上，一明珠内萬像俱現，珠珠皆爾。此珠明徹互相現影影復現影。而無窮盡。下云：如因陁羅網世界等，亦如鏡燈重重交光，佛佛無盡。八見此華葉，即是見於無盡法界。非是託此，別有所表。下文云：此華蓋等從無生法忍之所起等。九即此一華，既其遍一切處，亦復該一切時。謂三世各三，攝爲一念故，爲十世，以時無別體。依華以立，華既無礙，時亦如之。是故《晉經》云：過去無量劫，安置未來，今未來無量劫，迴置過去世等。普賢行云，過去中未來，未來中現在等。又云，無量劫即一念，一念即無量劫等。時無別體，故不別立，以爲所依。十此圓教。法理無孤起，必攝眷屬隨生。下云：此華即有十世界微塵數華以爲眷屬，又如一方爲主十方爲伴，餘方亦爾。是故主主伴伴各不相見，主伴伴主圓明具德。舉華既爾，一塵等事亦然。如此事華既帶同時等十義。具此十門，而此事等具餘教等十門，則爲百門。事法既爾，餘敎義等具百亦然，則爲千門。如教義等有此千門。彼同時門中，亦具百門。餘廣陜等例爾，亦有千門。若重重取之，亦至無盡。於此十門，圓明顯了，則常入法界重重之境。第二明德用所因。問：有何因緣，令此諸法得有如是混融無礙。答：因廣難陳，略提十類。一唯心所現故，二法無定性故，三緣起相由故，四法性融通故，五如幻夢故，六如影像故，七因無限故，八佛證窮故，九深定用故，十神通解脱故。十中隨一，即能令彼諸法混融無礙。十中前六，通約法性爲德相。因法爾如是，後二皆是業用，義通因果。七約起修，義通德相業用。八約果德，唯是德相故。前之十門，通德相業用，約佛則用亦德相。德上用故，約機則相亦稱用，令知相故。即用之相，染淨雙融，即相之用，能染能淨。故相及用，不分兩別。初唯心現者，一切諸法，眞心所現。如大海水舉體成波。以一切法無非一心故，大小等相，隨心迴轉，即入無礙。二法無定性者。既唯心現從緣而生，無有定性，性相俱離，小非定小故，能容太虛而有餘。以同大之無外故，大非定大故，能入小塵而無間。以同小之無内故，是則等太虛之微塵。含如塵之廣剎，有何難哉。舊經《十住品》云：金剛圍山數無量，悉能安置一毛端。欲知至大有小相，菩薩以是初發心。一非定一故，能是一切，多非定多故，能是一。邊非定邊故，能即中。中非定中故，能即邊。延促靜亂等，一一皆然。三緣起相由者。謂大法界中，緣起法海義門無量。約就圓宗，略舉十門，以釋前義。謂緣起法要具此十義，緣方起故，闕則不成。一諸緣各異義，謂大緣起中諸緣相望，要須體用各別，不相雜亂。方成緣起，若雜亂者，失本緣法。緣起不成，此則諸緣各各守自一位。文云：多中無一性，一亦無有多。二互遍相資義。謂此諸緣要互相遍應方成緣起，如一緣遍應多緣，各與彼多全爲一故，此一則具多箇一也。若此一緣，不具多一，則資應不遍不成緣起，此則一一各具一切。下文云：知以一故衆知以衆故一。三俱存無礙義。謂凡是一緣，要具前二，方成緣起。以要住自一，方能遍應。遍應多緣，方是一故。是故唯一，多一自在，無礙鎔融。有其六句。一或舉體全住，是唯一也。或舉體遍應，是多一也。或俱存，或雙泯，或總合，或全離，皆思之可見。文云：諸法無所依，但從和合起。此上三門，總明緣起本法竟。四異體相入義。謂諸門力用遞相依持，互形奪故，各全有力全無力義，緣起方成。如論云：因不生緣生故，緣不生自因生故。若各唯有力無無力，則有多果過，一一各生故。若各唯無力無有力，則有無果過，以同非緣俱不生故。是故緣起要互相依具力無力，如闕一緣一切不成，餘亦如是。是故一能持多，一是有力能持於多。多依於一，多是無力，潛入一內。由一有力必不與多有力俱，是故無有一而不攝多也。由多無力必不與一無力俱，是故無有多而不入一也。如一持多依既爾，多持一依亦然。反上思之，如一望多有依有持，全力無力常含多在己中，潛入己在多中。同時無礙，多望於一，當知亦爾，俱存雙泯，二句無礙思之。五異體相即義。謂諸緣相望全體形奪，有有體無體義緣起方成。若闕一緣，餘不成起故。緣義則壞，得此一緣，令一切成起，所起成故，緣義方立。是故一緣，是能起能成故有體，多緣是所起所成故無體，由一有體不得與多有體俱，多無體必不得與一無體俱，是故無有不多之一，無有不一之多。一多既爾，多一亦然。反上思之，如一望多有有體無體故，能攝他同己。廢己同他，同時無礙。多望於一當知亦爾，準前思之，俱存雙泯二句無礙，亦思之可見。六體用雙融義。謂諸緣法，要力用交涉，全體融合，方成緣起。是故圓通亦有六句。一以體無不用故，舉體全用則唯有相入，無相即義。二以用無不體故，舉用全體則唯有相即，無相入也。三歸體之用不礙用，全用之體不失體，是則無礙雙存，亦入亦即自在俱現。四全用之體，體泯，全體之用，用亡，非即非入圓融一味。五合前四句，同一緣起無礙俱存。六泯前五句，絕待離言冥同性海。此上三門，於初異體門中顯義理竟。七同體相入義。謂前一緣所有多一與彼一緣體無別故，名爲同體。又由此一緣應多緣故，有此多一。所應多緣既相即入，令此多一亦有即入也。先明相入，謂一緣有力能持多一，多一無力依彼一緣。是故一能攝多多便入一。一入多攝，反上應知，餘義餘句，準前思之。八同體相即義。謂前一緣所具多一，亦有有體無體之義，故亦相即。以多一無體，由本一成多即一也。由本一有體能作多一，令一攝多。如一有多空既爾，多有一空亦然。餘義餘句，並準前思之。九俱融無礙義。謂亦同前體用雙融，即入自在，亦有六句準前應知。此上三門，於前第二同體門中辯義理竟。十同異圓滿義，謂以前九門總合爲一大緣起，令多種義門同時具足也。由住一遍應故，有廣陝自在門，由就體就用故，有相即相入門，由異體相容具微細門，異體相即具隱顯門。又就用相入爲顯，令就體相即爲隱，即顯入隱亦然。又由異門即入爲顯，令同體即入爲隱，同顯異隱亦然。又由異體相入，帶同體相入具帝網門。由此大緣起即無礙法界故，有託事顯法門。顯於時中故，有十世門。相關互攝故，有主伴門。此第十圓滿一門，就前第三門中，以辯義理。故下文云：菩薩善觀緣起法，於一法中解衆多，衆多法中解了一。又云：一中解無量，無量中解一。了彼互生起，當成無所畏等。皆其義也。上來緣起相由門竟。第四法性融通門者。謂若唯約事，則互相礙不可即入。若唯約理，則唯一味，無可即入。今則理事融通，具斯無礙，謂不異理之一事，具攝理時，令彼不異理之多事，隨所依理，皆於一中現。若一中攝理不盡，則眞理有分限失。若一中攝理盡，多事不隨理現，則事在理外失。今既一事之中全攝理盡，多事豈不依中現。《華藏品》云：華藏世界所有塵，一一塵中見法界。法界即事法界矣。斯即總意，別亦具十玄門。一既眞理，與一切法而共相應。攝理無遺，即是諸門諸法同時具足。二事既如理能包，亦如理廣遍，而不壞陝相故，有廣陝純雜無礙門。又性常平等故純，普攝諸法故雜。三理既遍在一切多事故，令一事隨理遍一切中，遍理全在一事則一切隨理。在一事中故，有一多相容門。四眞理既不離諸法，則一事即是眞理眞理即是一切事故，是故此一即彼一切事，一切即一。反上可知故，有相即自在門。五由眞理在事各全非分故，正在此時彼說爲隱，正在彼時此即爲隱故，有隱顯門。六眞理既普攝諸法，帶彼能依之事，頓在一中故，有微細門。七此全攝理故，能現一切。彼全攝理同此頓現，此現彼時，彼能現所現，俱現此中。彼現此時，此能現所現，亦現彼中。如是重重無盡故，有帝網門，以眞如畢竟無盡故。八即事同理故，隨舉一事即眞法門，故有託事門。九以眞如遍在晝夜日月年劫皆全在故，在日之時不異在劫故，有十世異成門。況時因法有，法融時不融耶。十此事即理時不礙與餘一切恆相應故，有主伴門，故一理融通十門具矣。五如幻夢者，猶如幻師，能幻一物以爲種種幻，種種物以爲一物等。經云：或現須臾作百年等，一切諸法，業幻所作故，一異無礙。言如夢者，如夢中所見廣大，未移枕上歷時久遠未經斯須。故論云：處夢謂經年，覺乃須臾頃。故時雖無量，攝在一剎那。六如影像者。一切萬法，略有二義。一皆如明鏡含明，了性一心所成故。二分別所現如影像故，由初義故爲能現，由後義故爲所現，故一切法互爲鏡像。如鏡互照，而不壞本相。下經云：遠物近物，雖皆影現，影不隨物，而有遠近等。七因無限者，謂諸佛菩薩昔在因中，常修緣起無性等觀，大願迴向等，稱法界修，及餘無量殊勝因故。今如所起果，具斯無礙。八佛證窮者，由冥眞性得如性用。故經云：無比功德故能爾。九深定用者，謂海印定等諸三昧力故。《賢首品》云：入微塵數諸三昧，一一出生塵等定，而彼微塵亦不增等。十神通解脱者，謂由十通及不思議等解脱故。《不思議法品》十種解脱中云：於一塵中建立三世一切佛法等。

由上十因，令前教義等十對，具上同時等十門，以爲别教一乘義之分齊。

二入

佛陁耶舍共竺佛念譯《佛説長阿含經》卷一〇 云何二入處。無想入、非想非無想入。是爲，阿難，此二入處，或有沙門、婆羅門言：此處安隱，爲救、爲護、爲舍、爲燈、爲明、爲歸，爲不虚妄，爲不煩惱。阿難，若比丘知二入處，知集、知滅、知味、知過、知出要，如實知見，彼比丘言：彼非我，我非彼，如實知見。是爲二入。

佚名譯《金剛三昧經》卷七 言二入者：一謂理入，二謂行入。理入者深信眾生不異眞性，不一不共，但以客塵之所翳障，不去不來。凝住覺觀，諦觀佛性，不有不無，無己無他，凡聖不二。金剛心地堅住不移，寂靜無爲，無有分别，是名理入。行入者心不傾倚，影無流易，於所有處，靜念無求，風鼓不動，猶如大地。捐離心我，救度眾生，無生無相，不取不捨。菩薩心無出入，無出入心，入不入故，故名爲入。菩薩，如是入法，法相不空。不空之法，法不虚棄。何以故。不無之法，具足功德，非心、非影，法爾清淨。

延壽《宗鏡録》卷八七 佛云何二入。不生於心，心本不生。云何有入。佛言，二入者，一謂理入，二謂行入。理入者，深信眾生不異眞性，不一不共。但以客塵之所翳障，不去不來。凝住覺觀，諦觀佛性不有不無，無己無他，凡聖不二。金剛心地堅住不移，寂靜無爲，無有分别，是名理入。行入者，心不傾倚，影無流易，於所有處靜念無求，風鼓不動，猶如大地。捐離心我，救度眾生，無生無相，不取不捨。菩薩心無出入。無出入心，入不入故，故名爲入。

延壽《万善同歸集》卷上 有二入，一理入，二行入。以理導行，以行圓理。又菩提者，以行入無行。以行者，緣一切善法，無行者，不得一切善法。豈可滯理虧行，執行違理。

念常《佛祖歷代通載》卷一〇 夫入道多雲，要而言之，不出二種。一理入，二行入。理入者，謂籍教悟宗，深信含生同一直性，但爲客塵妄想所覆，不能顯了。若捨妄歸眞，凝住壁觀，無自無他，凡聖一等，堅住不移。更不隨於文教，此則與理冥符，無有分别，寂然無爲，名之理入。行入者，有四：一報冤行，二隨緣行，三無所求行，四稱法行。謂報冤行者，凡修道人若受苦時，當念我從往昔無數劫中，棄本逐末流浪諸有，多起冤憎違害無限。今雖無犯，是我夙殃惡業果熟，非天非人所能見與，甘心忍受都無怨恨。作是觀時與理相應，體冤進道，故名報冤行。隨緣行者，眾生無我並緣業所轉，苦樂齊受皆從緣生，若得勝報榮譽等事，皆是過去夙因所感，緣盡還無何喜之有，得失從緣心無增減，喜風不動冥順於道，名隨緣行。無所求行者，世人長迷處處貪著，智者悟眞安心無爲，萬有皆空無所希冀，三界久居猶如火宅，有身皆苦誰得而安，了達此處息念無求。故經云：有求皆苦，無求乃樂。是則無求，眞爲道行。故名無所求行。稱法行者，性淨之理因之爲法，此理眾相斯空，無染無著無此無彼。經云：法無有我，離我垢故。智者信解此理，應當稱法而行。法體無慳，於身命財行檀捨施。心無慳惜，達解三空不倚不著。但爲無垢，稱化眾生而不取相。此爲自行，亦復利人。莊嚴菩提之道，檀施既爾，餘五亦然。爲除妄想，修行六度而無所行，是名稱法行。

二十二門

佛馱跋陁羅譯《大方廣佛華嚴經》卷五 欲安一切眾生類，出生自在勝三昧，一切所行諸功德，無量方便度眾生。或現供養如來門，或現一切佈施門，或現具足持戒門，或現無盡忍辱門，無量苦行精進門，禪定寂靜三昧門，無量大辯智慧門，一切所行方便門，現四無量神通門，大慈大悲四攝門，無量功德智慧門，一切緣起解脫門，清淨根力道法門，或現聲聞小乘門，或現緣覺中乘門，或現無上大乘門，或現無常衆苦門，或現無我衆生門，或現不淨離欲門，寂靜滅定三昧門，隨諸衆生起病門，一切對治諸法門，隨彼衆生煩惱性，如應說法廣開化。如是一切諸法門，隨其本性而濟度，一切天人莫能知，是自在勝三昧力。

智儼《大方廣佛華嚴經搜玄分齊通智方軌》卷一　今略開諸位爲二十二門。六道因果即爲六門。聲聞辟支二人因果，通說復爲二門。聲聞辟支所依之佛，爲彼二機說四諦敎及十二因緣敎，即分佛通因及果，復爲二門。聲聞緣覺迴心入大乘，於初敎處，通因及果，復爲二門。直進初心菩薩通因及果，復爲一門。直進熟敎及迴心熟敎通因及果，復爲二門。頓敎因果復爲一門。從愚法聲聞總攝諸位乾慧地已上菩薩及佛，復爲一門。普賢位中從信已上乃至十地，皆通因果菩薩及佛，復爲五門。此依普賢阿含說。

圓暉《俱舍論頌疏論本》卷二　諸門分別，總有二十二門。分別十八界，此有三門。論云：於前所說十八界中，幾有見、無見，幾有對、無對，幾善、幾不善，幾無記。頌曰：

一有見謂色，十有色有對。此除色聲八，無記餘三種。

釋曰：一有見謂色者，十八界中，一界有見。所謂色界，由顯形色在此在彼差別不同，遂能示現此彼言說，言說名見，有彼言說故，故名有見。亦解見謂眼根，觀照色故。色有眼見，名爲有見。十有色有對者，五根五境，稱之爲十。體是色故，名爲有色。此十色界。極微所成，更相障礙，故名有對。論云：如手礙手，如石礙石，或二相礙（手石名二）應知有對。總有三種，一障礙有對，二境界有對，三所緣有對。對是礙義，礙有二種。一障礙礙，二拘礙礙。障礙礙者，謂障礙有對。十色爲體，障礙即有對，持業釋也。拘礙礙者，謂境界所緣。二種有對，境界有對。體者論云，謂十二界（六根六識），法界一分（於法界中，唯取心所故，云一分）。諸有境法，於色等境（前十二界，及法界一分能取境故，名諸有境法。於色等境者，即所取境也）。此十二界，爲境所拘，名爲有對。境界之有對，依主釋也。所緣有對體者，謂七心界全（六識及意界也）。法界一分（心所是也）。言所緣者，色等六境也。言有對者，七心界，法界，一分也。此七心界法界，名所緣有對者。爲所緣境，之所拘礙，名爲有對。所緣之有對，依主釋也。論引施設足論證。境界有對，作四句分別，故施設足論，作如是說。此中於水，有礙非陸，如魚等眼。於陸有礙非水，從多分說，如人等眼，有於俱礙。如畢舍遮（唐云食血肉鬼）室獸摩羅及捕魚人，蝦蟆等眼（此畢舍遮等，於水陸，俱能見色，故通俱礙耳），有俱非礙，謂除前相。論云，境界所緣，復有何別（問也）若於彼法。此有功能，即說彼爲此法境界。心心所法，執彼而起。彼於心等，名爲所緣。解云（答也），彼法者，色等六境也。此有功能者，此六根六識於彼色等，有見聞等功能也。準此論文。功能所托，名爲境界。如眼能見色，識能了色，喚色爲境界，以眼識於色有功能故也。心心所法，其性劣弱，執境方生，猶如羸人非杖不起。故色等境，識所攀附，名爲所緣也（已上注也）。準此論文。境界所緣，二義全別。且如一色被眼所見，名爲境界，眼爲有功能於色故也。即此一色，能引識起，名爲所緣，爲與識爲力故也。由此道理，礙取境義邊，名境界有對。故境界有對，通六根六識。以根及識，能取境故礙緣境義邊，名所緣有對，故所緣有對。唯心心所，以心心所杖境起故，亦光法師云，礙體義邊，名所緣有對。礙用義邊，名境界有對。更有多釋，煩而不敘。亦論云，云何眼等，於自境界及自所緣。轉時說名有礙（問礙義也，云何眼根，眼識等於自境界，轉時說名有礙，問境界有對也。云何眼識等，於自所緣，轉時說名有礙，問所緣有對也。言自簡他，如眼見色，耳聞聲也）。越彼依餘，此不轉故（解云答也。越彼色等，於餘聲等此眼等，不轉故，名爲礙也）。或複礙者，是和合義。謂眼等法，於自境界及自所緣。和合轉故（解云，是約和合義，以釋礙也）。問：若法境界有對，亦障礙有對耶。答：應作四句。謂七心界，法界一分。諸相應法（四十六心所，名諸相應法）是第一句，能取境故，名境界有對。非極微成，非障礙有對。色等五境，是第二句，極微成故，名障礙有對。不能取境，非境界有對眼等五根是第三句。極微成故，名障礙有對，能取境故，亦名境界有對。法界一分，非相應法，是第四句（於法界中。除心所外，餘得非得等，名非相應法也）。非極微成，故非障礙有對。不能取境，故非境界有對。問：若法境界有對，亦所緣有對耶。答：應順後句，謂所緣有對，必是境界有對。以心心所，緣境起時必取境故。

自有境界有對，而非所緣有對，謂眼等五根。以眼等根，能取境故，名境界有對，不緣境故，非所緣有對。依經部宗中，大德鳩摩羅多作如是說。鳩摩羅多，此云豪童也。是處心欲生他，礙令不起，應知是有對，無對此相違。此頌意者，如有色處，其心欲生，被他聲礙，心遂不起，心不起時，名爲有對。心正生時，即名無對。不同有宗於心生位說名有對，論主意朋鳩摩羅多釋故，論云此是所許。此除色聲八無記餘三種者，三性分別門。此十色中，除色聲二，所餘八種，是無記性。無記二字，義屬上句，餘謂色聲，是通三性。言三性者，一善，二不善，三無記。若法可贊置白品中，名爲善性。若法可毁置黑品中，名爲不善性，非可贊毁，名爲無記。亦解不能記異熟果，故名無記。眼等八種，不可記爲善不善性，是無記攝。若色聲二從善心力等起身語表攝，是名爲善性。若從不善心力，等起身語表攝，名爲不善。從無記心，等起身語表攝，名爲無記。及不從心等起，總名無記。言色聲二者，身表是色，語表是聲。言等起者，心王心所。等能引起，由色聲二非自性善惡，約能發心，判成善惡。心若是善，所發身語亦名爲善。心若不善，所發身語亦名不善。所以身語，名等起善。

從此第四三界分別門。論云：已說善等，十八界中，幾欲界系，幾色界系，幾無色界系。頌曰：

欲界系十八，色界系十四，除香味二識，無色系後三。

釋曰：欲界所系，具足十八。色界所系，唯十四種。除香味境及鼻舌識，除香味者，段食性故，色界無段食，故無香味。除鼻舌識，無所緣故，鼻識緣香，舌識緣味既無香味故，無鼻舌識。無色所系，唯後三種。所謂意界，意識界，法界。眼等五根，色等五境，此十是色。無色離色，故無此十。無此十故，五識亦無。故論云，依緣無故，五識亦無（五根爲依，五境爲緣）故唯後三無色界系。

從此第五，有漏無漏分別門。論云：已說界系，十八界中，幾有漏，幾無漏。頌曰：意法意識通，所餘唯有漏。釋曰：意法意識通者，通有漏無漏二也。謂意及意識，道諦攝者，名爲無漏。餘名有漏。法界若是道諦，無爲名爲無漏，餘名無漏（法界有無漏心所法名道諦也）。餘十五界，唯是有漏。道諦無爲，所不攝故。

從此第六，有尋有伺門。於中有二，一正分別，二釋妨難。且正分別者，論云：十八界中，幾有尋有伺，幾無尋唯伺，幾無尋無伺。頌曰：五識唯尋伺，後三三餘無。釋曰：眼等五識有尋有伺，由與尋伺恆共相應。謂眼等五識，有二種因，故與尋伺恆相應也。一行相麁，二外門轉。由此二因，故眼等識與尋伺俱。其義決定，故說唯言，後三三餘無者，後三謂意法意識。根境識中，各居後故。重言三者，明此三界，皆通三品，三品名三。言三品者，一有尋有伺品，二無尋唯伺品，三無尋無伺品。故論云，此後三界，皆通三品。意界意識界，及相應法界。除尋與伺（法界中有四十六心所法，名相應法界。於四十六心所中，除卻尋伺，取餘四十四若在欲界初靜慮中，有尋有伺。若在靜慮中間，無尋唯伺。第二靜慮已上心所，謂尋伺二種。不通三品，故除之也。今此文中意，明通三品也）。諸地乃至有頂，無尋無伺（明意界意識界，及四十四相應法界。在諸地中，通三品也）。又論云，法界所攝，非相應法。靜慮中間，伺亦如是（法界中，有十四不相應，及三無爲兼無表色，名非相應法。此非相應法及靜慮中間伺，同前第三無尋無伺品。故言亦如是，謂非相應法。不與尋伺相應故，名無尋無伺。其中間禪伺，地法中無尋故。不與尋相應，故名無尋也。伺無第二伺共相應，故名無伺也）。【略】

從此第二，釋妨難。論問起云：若五識身有尋有伺，如何得說無分別耶。頌曰：說五無分別，由計度隨念，以意地散慧，意諸念爲體。釋曰：上兩句釋難，下兩句出體。傳說分別，略有三種。一自性分別，二計度分別，三隨念分別。由五識身雖有自性而無餘二。論云：如一足馬名爲無足。是故經中說無分別。自性分別者，體唯是尋。後心所中，自當辨釋。以意地散慧者，出計度分別體，散謂非定，簡定中慧，意識相應，簡五識心。故第六識相應散慧，名爲計度分別。意諸念爲體者，出隨念分別體若定若散，意識相應諸念，名爲隨念分別（念通定散，故名爲諸）。

此下第七有所緣無所緣門，第八有執受無執受門。論問起云：十八界中幾有所緣，幾無所緣，幾有執受，幾無執受。頌曰：七心法界半，有所緣餘無，前八界及聲，無執受餘二。釋曰：初兩句者，答第七問。下兩句者，答第八問。七心者，六識意界也。法界半者，於法界中。有四品法，今唯心所法，取非全故，名爲半也。此七心界及法界半，爲有所緣，緣謂攀緣，心心所法名爲能緣，境名所緣，有彼所緣，名有所緣。餘無者，餘謂十色界，及法界所攝非相應法，不能緣境，名無所緣。前八界及聲無執受者，前謂取前七心界，及法界全。此八及聲，總成九界，名無執受。餘二者，餘謂所餘。謂眼等五根，色香味觸。此之九界，各通二義。一有執受，二無執受。有眼等五根住現在世，名有執受。過去未來名無執受，色香味觸住現在世，與五根不相離者，名有執受。若在現在，不與根合，及在身外，並過去未來法，名無執受（解云，色香味觸，總有三類。名，無執受。一不與根合，謂發毛等。二在身外，謂非情中地水等。三過去未來者也）。論云：有執受者，心心所法，共所執持。攝爲依處，名有執受。損益展轉，更相隨故。【略】

從此第九大種所造門，第十積集非積集門。論問起云：十八界中，幾大種性，幾所造性，幾可積集性，幾非可積集性。頌曰：觸界中有二，餘九色所造，法一分亦然，十色可積集。釋曰：上三句答第九問，下一句答第十問。觸界中有二者，觸謂身所覺。觸通二種。一謂大種，地水火風。二所造，滑澁等七。餘九色所造者，餘謂所餘眼等五根。色等四境，唯除觸也。此九色界，唯所造性。法一分亦然者。法界一分，無表業色。同前九界，亦唯所造，故言亦然。法界中有四分法，一相應法，二不相應法，三無表色，四無爲法。今唯取無表，故言一分也。十色可積集者，五根五境名爲十色，極微所成，名可積集。義準餘八，非可積集，非極微故。

從此已下，第十一能斫所斫門，第十二能燒所燒門，第十三能稱所稱門。論問起云：十八界中幾能斫，幾所斫，幾能燒，幾所燒，幾能稱，幾所稱。頌曰：謂唯外四界，能斫及所斫，亦所燒能稱，能燒所稱諍。釋曰：上兩句者，色香味觸，名外四界。此即名爲能斫所斫。四塵成斧，名爲能斫，四塵成薪等，名爲所斫也。問何法名斫，答薪等色聚。相逼續生，斧等分隔，令各續起，此法名斫。亦所燒能稱者，如外四塵名能斫所斫，所燒能稱其體亦然也。能燒所稱諍者，諍謂諍論，能燒所稱兩解不同，名爲諍論，謂或有說，能燒所稱體亦如前，唯外四界。或複有說，唯有火界，可名能燒。所稱唯重，重者所造觸中重觸也。

從此第十四，五類分別門。論問起云：十八界中幾異熟生，幾所長養，幾等流性，幾有實事，幾一剎那。頌曰：內五有熟養，聲無異熟生，八無礙等流，亦異熟生性，餘三實唯法，剎那唯後三。釋曰：內五有熟養者。眼等五根，唯通二類，有異熟生及所長養。業所感得，名異熟生。於現在世，因飲食等，長小令大，養瘦令肥，名所長養。眼等五根，體非無爲，不名有實。又非苦忍初心，不名一剎那。【略】異熟生義，論有四解。【略】。

從此下第十五，得成就門。依薩婆多宗，若得至生相名得，若得至現在名成就。成就時不名得，得時不名成就。言生相者，在未來世也。論云：如是已說異熟生等，今應思擇。若有眼界，先不成就。今得成就，亦眼識耶。若眼識界，先不成就。今得成就，亦眼界耶。如是等問，今應略答。頌曰：眼與眼識界，獨俱得非等。釋曰：眼與眼識四句分別，獨俱得非等者，獨是兩單句也。俱得者，是俱句也。非者，俱非句也。等者，明成就不成就四句也。且獨中第一單句，謂得眼不得識。謂生欲界漸得眼根。漸得眼言，意顯胎卵濕生。若是化生，根頓得故。夫論眼根，是異熟無記。唯法俱得，故約漸得，但名得眼。眼識通三性，有前後俱得。先中有位，已起眼識。今此漸得眼根，是受生已後。識前成就故，故不名得。及無色沒生二三四靜慮時（生二三四靜慮，中有初起唯有眼根而無眼識眼，識未起故，故不名得也）。第二單句，得識不得眼。謂已生二三四靜慮地，眼識現起（現之言正，起之言生識。在生相名爲現起，此所起識，在生相位，正在未來。爾時名得，其眼根在現在，名成就不名得也）。第三俱句者，根識俱得，謂無色沒，生欲界及梵世時。欲界梵世，中有初心，根識俱有爾時名得。第四俱非句者，謂除前相，頌言等者，等取成就四句。第一句者，成就眼根，不成就眼識，謂生二三四靜慮地，眼識不起。第二句者，成就眼識，不成就眼根，謂生欲界，未得眼根，及得已失。謂生欲界，必成就識，地法成故。未得根者，謂初受胎時也。及得已失者，謂是生後盲人也。既無眼根，故不成就。第三句者，謂生欲界，得眼不失，及生梵世。若生二三四靜慮，正見色時，根識俱成就也。第四句者，謂除前相。

從此第十六，內外門。論云：十八界中，幾內，幾外。頌曰：內十二眼等，色等六爲外。釋曰：內有十二，六根六識。此十二界，心所依故。所依親近，說名爲內。色等六境，爲心所緣。所緣疎遠，說名爲外。

從此第十七，同分彼同分門。論云：十八界中，幾同分，幾彼同分。頌曰：法同分餘二，作不作自業。釋曰：法同分者，法謂法界。此法界中，唯有同分，無彼同分。泛論六境名同分者，與能緣識定爲所緣。定有二義。一如色等五境，與識定爲所緣，名之爲定。謂五識名定，緣境不雜故。今此五境得名定者，謂與五識定爲所緣故。五識緣時，説名同分。雖被意識緣，以非定故，故非同分。第二法境名定。體即是定，唯意識緣，是決定故。定被意識緣，所以望意識名同分。論云：無一法界不於其中，已正當生無邊意識。故此法界，恒名同分（無邊意識，是無我觀，緣境無邊故。已正當生者，過去已生，現在正生，未來當生）。餘二者，謂餘十七界皆有同分及彼同分。若作自業名爲同分，不作自業名彼同分。作自業者，業謂業用。如六根六識，約能取境，名自業用。若不能取境，名不作自業。色等五境，約爲境名作自業，不爲境名不作自業。此中眼根，於有見色。已見，正見，當見，名同分眼，如是廣説。乃至意根，各於自業境，應説自業用。彼同分眼，但有四種。謂不見色，已滅，正滅，當滅，及不生法。如眼有四，乃至身界，亦有四種，準眼應知。意彼同分，唯有一種。謂不生法，意生必同分，故唯不生。名彼同分也。色界爲眼已正當見，名同分色，彼同分色，但有四種。謂非眼見，已滅，正滅，當滅，及不生法。如色既爾，乃至觸境，應知亦然。【略】

從此第十八，三斷門。論云：十八界中，幾見所斷，幾修所斷，幾非所斷。頌曰：十五唯修斷，後三界通三，不染非六生，色定非見斷。釋曰，十五界者，五根，五識及與五境。唯修斷，後三界通三者，意法意識通三種斷。若意界意識界與八十八隨眠相應，及俱有法，並隨行得，皆見所斷。苦諦有十煩惱，集滅各七，除身見邊見戒禁取也。道諦有八，除身邊見，四諦合成三十二。上界除瞋，有二十八，謂四諦下，各除瞋故，成二十八。上二界各有二十八，合成五十六。兼欲界三十二，成八十八。此等隨眠，是分別惑，迷理起故。纔見諦時，彼皆斷故，名見所斷。見謂見諦，見是能斷，惑是所斷。見之所斷，名見所斷，依主釋也。俱有法者，謂與見惑。相應心所，兼四相是也。此意等三，除見斷外諸餘有漏，皆修所斷通無漏故，名非所斷，不染非六生。色定非見斷者，此通外難。謂經部宗，許異生性及招惡趣，身語業等是見所斷。謂得見道。彼異生等，永不複生。既與見道，極相違故，應見所斷。爲答此難，故有斯頌。雖爾此法，定非見斷。略説非見斷，總有三種。一不染法，善無記也。二非六生，謂五識也。不從第六意生，名非六生也。三者色法此三種法，定非見斷。非迷諦理親發起，故謂不染。非六生非迷諦理，色法非見惑親發也。然異生性，是不染汙，無記性攝，身語惡業，是色法故。故此二種，非見所斷。

從此第十九，是見非見門。於中有二。一正明，二傍論。且初正明者，論云十八界中，幾是見，幾非見。頌曰：

眼法界一分，八種説名見，五識俱生慧，非見不度故，眼見色同分，非彼能依識，傳説不能觀，被障諸色故。釋曰：眼全是見，觀照色故。法界一分八種名見，謂身見等五染汙見，六世間正見，謂意識相應善。有漏慧也。七有學正見，謂有學身中，諸無漏見。八無學正見，謂無學身中，諸無漏見。此八是慧，推度境故，皆名爲見。法界所攝，名一分也。【略】

從此第二，傍論於中有七。一兩眼見先後，二六根六境離合，三根境量大小，四六識依世攝，五眼等得依名，六識隨根立稱。七依地同異別。且初第一，兩眼見先後者。論云，於見色時，爲一眼見，爲二眼見，此無定準。頌曰：或二眼俱時，見色分明故。釋曰：阿毗達磨諸大論師，皆鹹言，或時二眼俱見，以開二眼見色分明，閉一目時不分明故。故知有時，二眼見色。又開一眼觸一眼時，便於現前。見二月等。閉一觸一，此事即無。是故或時，二眼俱見。非所依別，識成二分，住無方所，故不同礙色也。

從此第二，六根境離合。論云：若此宗説眼見耳聞乃至意了，彼所取境，根正取時，爲至不至。頌曰：眼耳意根境，不至三相違。釋曰：眼耳意根，取不至境，謂眼能見遠處諸色，眼中藥等則不能觀。謂耳能聞，遠處聲響，逼耳根者，則不能聞。意無色故，不可名至。故此三根，取不至境。三相違者，三謂鼻舌身，此三取至境，故與上相違也。

從此第三，根境量大小者。頌曰：應知鼻等三，唯取等量境。釋曰。鼻等者，等取舌身。此三唯能取等、量、境。言等量者，如根微量，境微亦然，相稱合生鼻等識故。眼耳取境，大小不定。謂眼有時見小，如見毛端。有時見大，如見山等。有時取等，如見蒲桃。耳不定者，取蚊虻云琴聲，大小等別，云聲是雷，依云起故。西方呼雷，爲云聲也。意無質礙，不可辨其形量差別。

從此第四，六識依世攝者。論云：如前所說，識有六種。謂眼識界，乃至意識界。爲如五識唯緣現在，意識通緣三世非世。如是諸識依亦爾耶，不爾云何。頌曰：後依唯過去，五識依或俱。釋曰：後依唯過去者，後是第六識。於六識中，最居後故。此第六識唯依過去無間滅意。五識依或俱者，或表不定。眼等五識，所依有二。一者過去，謂無間意。二者現在。眼等五根，識與五根同現在故，名之爲俱。或言表此亦依過去，故五識依名或俱也。【略】

從此第五，眼等得依名。論云：何緣識起，俱托二緣，得所依名，在根非境（以根境爲二緣）。頌曰：隨根變識異，故眼等名依。釋曰：隨根變者，識隨根變。根若轉變，識亦異故。謂根若益，其識即明。根若有損，識便昧故。非境有變令識有異，以識隨根不隨境故。依名唯在眼等非餘。言眼等者，眼等六界也。

從此第六，識隨根受稱者。論云：何緣色等，正是所識。而名眼識乃至意識，不名色識乃至法識。頌曰：彼及不共因，故隨根說識。釋曰：彼者彼前所說，眼等名依也。及不共因者，眼等五根與眼等識，爲不共因。謂眼唯與自身眼識，爲所依性，名不共因。若色便通自他眼識及通自他意識所取，是共因也。如眼既爾，乃至身觸應知亦然。【略】

從此第七，依地同異別。頌曰：眼不下於身，色識非上眼，色於識一切，二於身亦然，如眼耳亦然，次三皆自地，身識自下地，意不定應知。釋曰：欲釋此頌，且要先知身眼色三皆通五地，謂在欲界及四靜慮。眼識唯在欲界初禪。眼不下於身者，眼根望身或等或上，終不居下。且欲界眼見欲界色，此即眼與身等（等同地故言等）身在欲界，獲四禪眼。是即眼有身上，決定無有身居上地。起下地眼，以生上地自有勝眼，故不須起下地劣眼。故眼於身，終不居下。【略】

從此第二十，十八界中誰六識內，幾識所識門。第二十一，幾常幾無常門。第二十二，幾根幾非根門。頌曰：五外二所識，常法界無爲，法一分是根，並內界十二。釋曰：五外二所識者，色等五境，名爲五外。此外五境，二識所識。一爲五識所識，二爲意識所識。除此五界，餘十三界，義準應知。唯意識識，非五識身所緣境故。常法界無爲者。唯有法界一分是常。謂無爲法，義準無常法餘餘界。言法餘者，除無爲外所餘法界也。言餘界者，餘十七界全也。論云，又經中說二十二根，謂眼根、耳根、鼻根、舌根、身根、意根、女根、男根、命根、樂根、苦根、喜根、憂根、舍根、信根、勤根、念根、定根、慧根。未知當知根、已知根、具知根（已上依經列數）。阿毗達磨諸大論師皆越經中六處次第，於命根後方說意根，有所緣故。解云：經依六處次第，於眼等五根後，即說意根也。論依無所緣門，有所緣門次第，於命根後，方說意根，謂命根等前八。無所緣門，意等十四，是有所緣門也。法一分是根者，於法界中，一分是根，謂命根。樂等五受根，信等五根。此十一根，是法界攝。後三無漏根一分，亦法界攝。由三無漏以九根爲體，所謂意喜樂舍信等五根。此九根中，唯意根一，非法界攝。所餘八根，是法界攝。故三無漏根中，取一分名法界攝也。並內界十二者，眼等五界，及七心界，名爲十二。非直法界一分爲根並內界十二爲根體也。且眼等五界，攝眼等五根也，七心界攝意根也。意界意識界此二，攝後三無漏根中一分也。言一分者，三無漏根，九根爲體，於九根中，唯攝意根，故言一分。女根男根，即是身根，一分所攝，如後當辨。義準。所餘色等五界，法界一分，皆體非根。

二十八天

安世高譯《佛說罵意經》　佛說四關，從世間上至第六天爲死關，從第七天上至十八天爲空關，從十九天上至二十三天爲非常關，從二十五天上至二十八天爲出關。出是四關，爲出要。極福不過二十八天，極惡不過阿鼻泥犁。其餘殃罪，皆有多少。從一事便有三毒，從三毒便有三惡道。無有三惡道，人亦皆得道。從阿鼻大泥犁至六天同爲一界。從七天上至十九天同行四等心，複爲一界。從二十五天行非常、苦、空、非身，上至二十八天，複爲一界。不脫二十八天，三毒未盡，複下作人，往來三界，欲求出要，當滅思想。

從阿鼻摩訶泥犁上至第六天爲欲界，從七天上至十九天爲色界，從二十五天上至二十八天爲無有色界，無有思想，亦有思想。從阿鼻泥犁以上至二十八天爲生死界，過二十八天，爲無爲界。斷貪婬，乃到色界，斷瞋恚，墮無思想界。斷愚癡，乃到要出。三界有三處。一者，從阿鼻泥犁上至六天，爲貪婬處。二者，從七天上至十九天，名爲行色著。三者，除四天上至阿那含，從二十五天上至二十八天，無有思想亦有思想，名爲行無有色。是爲三處，墮生、死轉行色著。譬如火光但可見，不可得持也。在貪欲處，在喜色處，是爲三處。從泥犁、畜生、餓鬼，貪婬色當出向，三活在願。

何等道要。有三本。有惡本，有善本，有道本。地獄、畜生、餓鬼，是爲惡本，從人中上至第六天，是爲善本，從第七天以上出十二門，是爲道本。已到二十八天，不得脱者，有三因緣。一者貪，二者有癡，三者有意。故不得脱。已出十二門，當願無有意。三毒不斷，不上脱者，未盡故。二十八天何以故。先身本世間時，不貪身、散意故，斷外七事。上第六天受福，斷内三事。上十八天上，從二十一天爲四處，屬阿那含。

行十善有生第一天上者，有生第六天上者，作善有多少，故不同處。行十惡有入地獄者，有入畜生、餓鬼者，作惡有輕重，故不同處。行善複得惡，行惡複得善，善中有小惡，惡中有小善，微不可見。善中無小惡，亦不復墮惡中。惡中無小善，亦不得出。極惡極惡不過阿鼻泥犁，極善不過二十八天。不覺知微意故，不得脱也。

支謙譯《佛説菩薩本業經》　一小國土者，一須彌山日月運繞照四天下，東弗于逮，南閻浮提，西拘耶尼，北欝單越，四周大海，鐵垣圍表，上有二十八天。如此者，爲一小國土。周匝十方合有百億，是時悉現百億須彌山，百億日月，及四天王天，忉利天，炎天，兜術天，不憍樂天，化應聲天，梵天，梵衆天，梵輔天，大梵天，清明天，水行天，水微天，水無量天，水音天，約淨天，遍淨天，淨明天，守妙天，微妙天，廣妙天，極妙天，福愛天，愛勝天，近際天，善觀天，快見天，無結愛天，識慧天，無所念慧天，至二十八無色天，各有百億。此爲一佛刹，號曰忍世界。

竺曇無蘭譯《五苦章句經》　何謂諸天苦。從第一天上至二十八天，除中阿那含天，皆是持五戒、守十善、行四禪者得生其上。無道慧意故，有生老病死，亦有不盡其天壽者，隨其先世所作故，壽命有長短。諸天有二大災：一曰命盡，二曰劫盡。劫盡有三因緣：一曰大火，二曰大風，三曰大水。命盡有七證：一曰項中光滅，二曰頭上華萎，三曰顔色爲變，四曰衣上塵土，五曰腋下汗出，六曰身形損瘦，七曰蠅著自然，離於本座。遭水災時，大洪水起，齊十五天，其中所有無不盡者。遭風災時，隨藍大風四起，吹須彌山及諸名山，山山相搏，令如粉塵，無不盡者。遭火災時，七日竝出，凝住不行，燒滅天地，皆如融金，欲界所有其中皆盡。最上四天，雖壽八十億四千萬劫，要當皆死，屬八惡道，是謂一苦。

二十八祖

契嵩《傳法正宗定祖圖》卷一　始祖釋迦牟尼佛，示生於中天竺國，爲淨飯聖王之子，尋捨轉輪聖王位，出家成無上道，轉大法輪。其後七十九歲，垂般涅槃，乃以其大法印付其高第弟子摩訶迦葉，并勅阿難副貳傳化。復以金縷僧伽梨衣，令大迦葉轉付當來補處彌勒佛。其説偈曰：法本法無法，無法法亦法，今付無法時，法法何曾法。

第一祖摩訶迦葉。本摩竭陁國人，出於婆羅門氏，其形金色。先捨家入山，以頭陁法自修。及會佛出世，遂歸之爲師。佛般涅槃之後，乃命衆阿羅漢與結集法藏。其後持佛衣，將入定於雞足山，以待彌勒下生。乃以其法印傳之阿難。説偈曰：法法本來法，無法無非法，何於一法中，有法有非法。

第二祖阿難。姓刹帝利，斛飯王子，釋迦如來之從弟。慕佛出家，爲佛侍者，總持第一。傳佛所説之法，若水傳器，未嘗忘逸。及其欲趣滅度，乃以法付其弟子商那和修，又囑累乎末田底迦者。説偈曰：本來付有法，付了言無法，各各須自悟，悟了無無法。

第三祖商那和修。亦曰舍那婆斯，摩突羅國人，姓毘舍多氏。在母之胎六年生，有自然之服，隨身而長。出家爲阿難之徒，預受佛記居優留茶伽藍，先伏其地之二火龍，然後領衆處之，及其將入涅槃，乃以法付其弟子優波毱多。説偈曰：非法亦非心，無心亦無法，説是心法時，是法非心法。

第四祖優波毱多。吒利國人，姓首陁氏，師商那和修。出家得道，有異迹，號爲無相好佛，度人最衆。所記其人籌數盈溢石室。將入滅，遂以法付其弟子提多迦。説偈曰：心自本來心，本心非有法，有法有本心，非心非本法。

第五祖提多迦。摩伽國人，其姓則未詳。初從毱多尊者出家，行化至中印土，會大仙者彌遮迦自説夙緣，求爲其徒。及將入滅，乃以法付彌遮迦。説偈曰：通達本心法，無法無非法，悟了同未悟，無心亦無法。

第六祖彌遮迦。中印土人，姓則未詳。初厭仙術，求師提多迦出家學佛，既而證果。行化至北天竺，得異人婆須蜜，爲其説佛昔嘗記汝將紹祖位，即攝受爲之弟子。將般涅槃，乃以法付婆須蜜。説偈曰：無心無可得，説得不名法，若了心非心，始了心心法。

第七祖婆須蜜。北天竺國人，姓頗羅墮氏，始常服淨衣，持一酒器，神氣自若，人皆不測。及遇彌遮迦顯其夙因，遂投器從之出家，證道納戒，行化至迦摩羅國，以論議服佛陁難提，爲之弟子。將入涅槃，乃以法付之。説偈曰：心同虚空界，示等虚空法，證得虚空時，無是無非法。

第八祖佛陁難提。迦摩羅國人，姓瞿曇氏，生而頂有肉髻，性大聰明，能一覽悉記。其齒已四十歲，會婆須蜜來其本國，乃慕其説法，從之出家。得道納戒，亦務遊化。至提伽國，得奇人伏駄蜜多，爲之弟子。臨般涅槃，乃以法付之。説偈曰：虚空無内外，心法亦如此，若了虚空故，是達眞如理。

第九祖伏駄蜜多。提伽國人，姓毘舍羅氏，生已五十歲矣。口未嘗言，足未嘗履。遇佛陁難提至其舍，父母將以見之。既見難提，忽自發語，趨其前而行。即願師之出家，尋亦成道。戒已遊化至中印土，得香蓋長者子，即脇尊者也，以爲弟子。將滅度，遂以法付之。説偈曰：眞理本無名，因名顯眞理，受得眞實法，非眞亦非僞。

第十祖脇尊者。中印土人，在胎凡十六年乃生，因名難生，多有異迹。會佛陁難提至其國，父香蓋攜詣之，求與攝受。及爲比丘，修潔精苦，晝夜脇不至席，故號脇尊者。遊化至花氏國，先示瑞相。後果得富那夜奢，出家爲之弟子。及其垂滅，乃以法付之。説偈曰：眞體自然眞，因眞説有理，領得眞眞法，無行亦無止。

第十一祖富那夜奢。花氏國人，姓瞿曇氏，生有道性，自知當遇聖師。及脇尊者至其國，乃詣其法會，語論相契，即從之出家。得道遊化至波羅奈國，得馬鳴爲之弟子，然正合佛記。及臨入滅，乃以法付之。説偈曰：迷悟如隱顯，明暗不相離，今付隱顯法，非一亦非二。

第十二祖馬鳴。波羅奈國人，未詳其姓氏。初從富那夜奢，出家得戒，其師爲説夙緣曰：汝昔嘗化彼一國之人，裸形如馬，而其人悲鳴，戀汝之德，因是號汝馬鳴也。遊化至花氏國，遂降迦毘摩羅大魔，即攝伏爲之弟子。垂般涅槃，乃以法付之。説偈曰：隱顯即本法，明暗元不二，今付悟了法，非取亦非棄。

第十三祖迦毘摩羅。花氏國人，未詳其姓氏。初爲外道，有大幻術。因詣馬鳴，較法不勝，遂爲其徒。得道戒已，亦遊化至西天竺，降大火龍，因之得龍樹爲之弟子。將滅，乃以其法付之。説偈曰：非隱非顯法，説是眞實際，悟此隱顯法，非愚亦非智。

第十四祖龍樹。西天竺國人，未詳其姓氏。大聰叡，世學無所不通。其國有山名龍勝，其山先有神龍。所居有巨樹，能蔭衆龍。及龍樹有所感悟，意欲出家。遂入其山依樹修行，已能爲群龍宣説佛法。迦毘摩羅知其名，乃來就見。龍樹遂禮之爲師納戒。遊化至南天竺，得迦那提婆。垂滅度，以其法付之。説偈曰：爲明隱顯法，方説解脱理，於法心不證，無嗔亦無喜。

第十五祖迦那提婆。南天竺國人，姓毘舍羅。會龍樹至其家及門，龍樹先遣以滿鉢水置其前，那提即以一針投之水中。遂師龍樹出家，爲其高足弟子。其後行化至迦毘羅國，得羅睺羅多爲徒。將入滅，以法付之。説偈曰：本對傳法人，爲説解脱理，於法實無證，無終亦無始。

第十六祖羅睺羅多。迦毘羅國人，姓梵摩氏。既遇提婆，得明其家樹耳之縁，即師之出家。悟法有異迹，其後統徒遊化至室羅筏城，以佛記訪僧伽難提，尋亦得其出家爲弟子。將般涅槃，乃以法付之。説偈曰：於法實無證，不取亦不離，法非有無相，内外云何起。

第十七祖僧伽難提。室羅筏國人，姓刹帝利，乃其國王之子，謂是昔婆羅王佛也。示生王家，遂於王宫落髮受戒，尋出其國之名山石室修禪。

會羅睺羅多至其禪所，因伏膺益求法要，羅多即以法傳之。後往摩提國，尋羅多所記嗣法之者，乃得伽耶舍多。入滅，以法付之。說偈曰：心地本無生，因地從緣起，緣種不相妨，花果亦復爾。

第十八祖伽耶舍多。摩提國人，姓欝頭藍氏。平生尤多奇迹，會僧伽難提來其舍相求，因師而出家納戒，即得付法。遊化至月支國，遇鳩摩羅多。爲說其家異大之緣及原吉夢，鳩摩羅多即師之出家。將入涅槃，乃以法付之。說偈曰：有種有心地，因緣能發萌，於緣不相礙，常生生不生。

第十九祖鳩摩羅多。月支國人，姓婆羅門氏。夙稱不測之人，以緣示生於此。尋得師伽耶舍多，出家傳法。行化至中天竺，得闍夜多爲其弟子。將滅，乃以法付之。說偈曰：性上本無生，爲對求人說，於法既無得，何懷決不決。

第二十祖闍夜多。北天竺人，未詳其姓氏。會鳩摩羅多至其本國，聞其所說業通三世，感悟從之。出家得法，乃遊化諸國至羅閱城，得婆修槃頭比丘爲徒。將滅，以法付之。說偈曰：言下合無生，同於法界性，若能如是解，通達事理竟。

第二十一祖婆修槃頭。羅閱國人，姓毘舍佉氏。在胎嘗有聖僧，以其夙緣告其父母，及生大異。稍長從光度羅漢出家，慕飲光修杜多行，尋會闍夜多得傳大法。遊化至那提國，得摩拏羅爲徒。將滅，以法付之。說偈曰：泡幻同無礙，如何不了悟，達法在其中，非今亦非古。

第二十二祖摩拏羅。那提國人，姓刹帝利，乃其國王之子也。有大神力，父王命師婆修盤頭出家，已得戒付法。遊化自西天竺，以神通自舉至月支國，得鶴勒那比丘，即以法付之。尋般涅槃，其付法偈曰：心隨萬境轉，轉處實能幽，隨流認得性，無喜復無憂。

第二十三祖鶴勒那。月支國人，姓婆羅門氏。在胎及生，頗有異迹。尋從羅漢比丘出家納戒，常林栖誦經。以夙因緣感群鶴依之，故得其號。晚因摩拏羅得法，遊化至中天竺國，得師子比丘爲其徒。將滅，以法付之。復誡之曰：汝往他國，其國有難，而累在汝躬，愼早付授，無令斷絕。偈曰：認得心性時，可說不思議，了了無可得，得時不說知。

第二十四祖師子比丘。中天竺國人，姓婆羅門氏。少已出家習定，晚又師鶴勒那，得付大法。往化於罽賓國，先化正他宗者如達磨達等甚眾，後得長者子斯多。決其握珠之緣，遂受之出家。以其夙緣特加其名曰婆舍斯多，斯多戒已，師子乃謂曰：適觀此國，將加難於我。我豈苟免，而吾所傳如來大法眼藏今付於汝。汝宜奉之，即去自務傳化。或有疑者，即以吾僧伽梨衣爲信。說偈曰：正說知見時，知見俱是心，當心即知見，知見即于今。

第二十五祖婆舍斯多。罽賓國人，姓婆羅門氏（以方言不同本傳，凡三出其名），生有異迹。既遇師子，與辯其夙緣，乃爲其徒。師子知自有難，遂預以法付之。斯多即去，歷中天竺南印土，所化多有異事，遂得南天竺國王之子不知蜜多爲之弟子。與之還其前所化境，將滅，以法付之。說偈曰：聖人說知見，當境無是非，我今悟眞性，無道亦無理。

第二十六祖不如蜜多。南天竺國人，姓刹帝利，亦多異迹。以太子從婆舍斯多出家得果，尋從斯多出宮，乃得付法。遊化至東天竺，得聖童子瓔珞，出家爲徒。改名般若多羅，謂是大勢至菩薩垂迹。將入滅，乃以法付之。說偈曰：眞性心地藏，無頭亦無尾，應緣而化物，方便呼爲智。

第二十七祖般若多羅。東天竺國人，姓婆羅門氏。初以童子遇不如蜜多，其聖迹既顯，遂從之出家納戒，得傳法印。遊化南天竺國，得其國王之子菩提多羅，爲之弟子。改其法名曰菩提達磨，此後更四十餘載入滅。乃以法付之。說偈曰：心地生諸種，因事復生理，果滿菩提圓，花開世界起。

第二十八祖菩提達磨（其名稱呼不同，如達磨多羅之類，凡三四說）南天竺國人，姓刹帝利，蓋其國王之子也。從般若多羅出家，得其付法，謂是觀音菩薩之所垂迹。其後六十七年，乃以法東來震旦，其所傳授，直指人心見性成佛，不資文字。初至梁，以其機緣不契，乃往北魏。止於嵩少九年，方得慧可。從其求道，其後果以大法付慧可，幷衣鉢爲信，乃爲此土傳法之初祖也。後去少林，而示滅度。其傳法偈曰：吾本來茲土，傳法救迷情，一花開五葉，結果自然成。

第二十九祖慧可。武牢人，姓姬氏。三十捐世書出家尋得戒，三十二以異夢辭其本師。混迹於京洛，遇達磨大師。乃立雪斷臂，懇求法印，果得其傳授。因爲易名，遂爲眾之所歸。尋得三十祖僧璨爲之弟子，以法付之。卻往鄴都，償其夙累。其傳法偈曰：本來緣有地，因地種花生，本來無有種，花亦不曾生。

第三十祖僧璨。不知其何許人，初以處士見慧可尊者，不稱姓名。因問法發悟，乃師之出家。遂命今法名納戒，可祖乃以法付之。去隱舒州皖公山三十載，方爲眾所歸。尋得道信以沙彌師之，道信既納戒。即以法付之，其後孑然乃南遊于羅浮山。其傳法偈曰：花種雖因地，從地種花生，若無人下種，花地盡無生。

第三十一祖道信。蘄陽人，姓司馬氏。以頴悟得法於三十祖，至唐初乃居蘄之雙峯山。途中得奇童，度爲弟子，遂名之曰弘忍。尋以法并前祖信衣付之，後乃滅度。其傳法偈曰：花種有生性，因地花生生，大緣與信合，當生生不生。

第三十二祖弘忍。蘄陽黄梅人，姓周氏。生有殊相，有賢者見之曰：此具大人相，所不及如來者七種耳。師四祖道信，出家納戒。尋得其付法，繼居破頭山（即雙峯是），教化大盛。咸亨中客有盧居士，自稱慧能。自嶺南而來，趨其法會。忍祖器之，以其所呈法偈，遂以居士傳法，并以衣鉢。說偈曰：有情來下種，因地果還生，無情既無種，無性亦無生。

第三十三祖慧能。新州新興人，姓盧氏。初以至孝事母，家貧以鬻薪爲資。因聞商客誦經，乃知五祖弘忍傳佛心印。遂備資與母，辭去就黄梅以求其法。見五祖相契，竊以居士受法，南還廣州落髪於法性寺，得具戒後居韶陽曹侯溪。大爲四眾所歸，方以其法普傳。前祖所授衣鉢，則置之於其所居之寺。其後說偈示徒，以顯其法。偈曰：心地含諸種，普雨悉皆生，頓悟花情已，菩提果自成。

覺岸《釋氏稽古略》 一祖摩訶迦葉尊者，二祖阿難尊者，三祖商那和修尊者，四祖優波毱多尊者，五祖提多迦尊者，六祖彌遮迦尊者，七祖婆須密尊者，八祖佛陁難提尊者，九祖伏馱蜜多尊者，十祖脇尊者，十一祖富那夜奢尊者，十二祖馬鳴大士，十三祖迦毘羅大士，（台宗初祖）十四祖龍樹大士，十五祖迦那提婆大士，十六祖羅睺羅多大士，十七祖僧迦難提大士，十八祖伽耶舍多大士，十九祖鳩摩羅多大士，二十祖闍夜多大士，二十一祖婆修盤頭大士，二十二祖摩那羅大士，二十三祖鶴勒那大士二十四祖師子尊者，二十五祖婆舍斯多尊者，二十六祖不如蜜多尊者，二十七祖般若多羅尊者，二十八祖菩提達磨尊者。二十九祖（東土二祖）慧可尊者，三十祖（東土三祖）僧粲尊者，三十一祖（東土四祖）道信尊者，三十二祖（東土五祖）弘忍尊者，三十三祖（東土六祖）慧能尊者。

二十八部眾

智顗、灌頂《金光明經文句》卷五 蓋北方天王大將，餘三方各有。東方名樂欲，南方名檀帝，西方名善現。各有五百眷屬，管領二十八部。《孔雀王經》云：一方有四部，六方則二十四部。四維各一部，合爲二十八部。又説者云，一方有五部，謂地水火風空。四方有二十部，足四王所領八部。是爲二十八部。

善無畏譯《千手觀音造次第法儀軌》 第三重有二十八部眾，有各各本形。眞言曰。一密迹金剛士。赤紅色，具三眼，右持金剛杵，左手拳安腰。二烏芻君荼央俱尸。左手持一股金剛杵，右手拳安腰。八部力士賞迦羅。綠色，右手持慧劍，左手三股印作也。三魔醯那羅達。黑赤紅色，具三眼，瞋怒相也。以三股揭爲天冠，及金剛寶以爲瓔珞。左手持杵，右手把寶盤，內赤外黑色也。四金毘羅陁迦毘羅。白紅色，左手把寶弓，右手把寶箭。五婆駁婆樓那。白紅色，左手索，右手安腰。六滿善車鉢眞陁羅。左手金剛輪，右手拳印，紅色。七薩遮摩和羅。左手把寶幢，上有鳳鳥，右手施願印。八鳩蘭單吒半祇羅。左手金剛鐸，右手金剛拳，白紅色。九畢婆伽羅王。左手把刀，右手安腰。十應德毘多薩和羅。左手持弓，右手三叉杵箭，色黄黑也。十一梵摩三鉢羅。色紅白，左手持寶瓶，右手三股杵。十二五部淨居炎摩羅。色紫白，左手持炎摩幢，右手女竿。十三釋王三十三。色白紅，左手安腰，右手持金剛杵。十四大辨功德娑怛那。帝釋天王主之女子大德天女也，多聞天之大妃也。左手把如意珠，紫紺色也，右手金剛劍。十五提頭賴吒王。赤紅色又青白色，左手執如意寶王，色黄青，八角。右手刀。十六神母女等大力眾，色如。十七毘樓勒叉王。色赤，左手執杵，右手把劍。十八毘樓博叉王。色白，左手執杵，右手把金索青色。十九毘沙門天王。色紺青，左手持寶塔，右手杵。二十金色孔雀王。身色黄金，左手執寶幢，上有孔雀鳥細妙色也。説無量妙言。二十一二十八部大仙衆者，二十八天神也。伊舍那神以爲上首，身色黑赤白也，左手執杵，右手取朱盤器，金剛寶以爲瓔珞。二十二摩尼跋陁羅。色白紅，左手執寶幢，上有如意玉，右手施願印也。二十三散脂大將弗羅婆。身色赤紅，左手執金剛，右手安腰。二十四難陁跋難陁。身色上赤色，左手執赤索，右手劍頭各有五龍，下黑青色。左手青索，右手刀。娑伽羅龍伊鉢羅。上色赤白，左手執赤龍，右手刀，下色青白，左手白龍也。二十五修羅，所謂大身修羅也。身赤紅色，左手持日輪，右手月輪。乾闥婆。左手執歌琴，右手舞印，身色白紅也。迦樓羅王。金色兩羽具，左手貝，右手執寶螺笛。緊那羅摩睺羅伽。此兩王形白色，如羅刹女。有二眼，乃至三四五眼。持諸藥器等，具足二四六八臂。天冠天衣諸寶珠以爲身嚴。二十六水火雷電神。此四神皆備夫妻。雷者天雷神，電者地電也。此餘者水火以爲身嚴。二十七鳩槃茶王，長鼻瞋怒形也。黑色，左手戰大器，右手執索。二十八毘舍闍，大目瞋怒形。黑赤色，左手火玉也。

二十二愚

求那跋陁羅譯《相續解脱地波羅蜜了義經》 有二十二種愚，十一種所治過。初地衆生及法計著愚，惡趣煩惱愚。彼即所治過。第二地微細犯戒行愚，種種業趣愚。彼即所治過。第三地欲愛愚，滿足聞持愚。彼即所治過。第四地正受愛愚及法愛愚。彼即所治過。第五地一向生死向背思惟愚，一向涅槃向背思惟愚。彼即所治過。第六地現前觀察諸行生愚，多行相愚。彼即所治過。第七地微細相行愚，一向無相思惟方便行愚。彼即所治過。第八地無相無開發愚，相自在愚。彼即所治過。第九地無量説法，無量法字句上上智慧，樂説總持自在愚，樂説自在愚。彼即所治過。第十地大神通愚，入微細祕密愚。彼即所治過。佛地一切爾焰微細正受愚，障礙愚。彼即所治過。觀世音，是名二十二愚十一種所治過。

慧遠《大乘義章》卷六 斯乃依於相續解脱二十二愚，立此十障及第十一微細智障。二十二者，初地有二，乃至佛地各有二種。是故通合有二十二。初地二者。一衆生著我法著我愚，是利煩惱。二增上中惡趣起煩惱。煩惱有三，謂下中上。中上煩惱，能發惡業，受惡趣報。對果名因，名增上中惡趣煩惱。論主就初説爲凡夫我相障也。第二地中二種愚者。一者微細犯戒行愚，是彼二地律儀戒障。二者種種業趣行愚，是彼二地攝善攝生二種行障。不知種種善惡業，故不能攝善，不能攝生。論主就初説爲邪行身等障也。第三地中二種愚者。一聞持滿足愚，障彼三地聞法解心。二欲愛愚，障彼三地八禪定等。論主就初説爲闇相於聞等障。四地二者。一法愛愚，愛三地中聞法解心。二正受愚，愛三地中禪定行等。論主就初説爲第四解法慢障。五地二者。一背生死向涅槃愚，謂四地中取淨之慢，障彼五地十平等心，及障彼地大慈悲等利衆生行。二者一向背於涅槃向世間愚，障彼五地諦觀等行。論主就初説爲第五身淨慢障。六地二者。一多行相愚，謂五地中，取染淨等分別慢相，障六地中十法平等。二不能觀察多行生愚，障六地中因緣行觀。論主就初説爲第六微煩惱障。七地二者。一微細相行愚，謂六地中樂空之心，障七地中十方便慧發起勝行。二無相思惟方便行愚，障七地中修無功用。論主就初説爲第七細相習障。八地二者。一者無相無開發愚，謂七地中功用行心，障八地中無功用行。二自在愚，障八地中淨佛國土三自在行及十自在。論主就初説爲第八有行障也。九地二者。一不能於諸法及法名字總持自在愚，障九地中智成就行。二樂説法自在愚，障九地中説成就等。論主就後説爲第九不能善益衆生障也。十地二者。一者大神通愚，謂障十地神通無上有上行等。二者微細祕密行愚，謂障十地七種智等。論主就後説爲於法不自在障。十地望佛亦有二愚。一者一切爾炎微細正受愚，謂無明地，障彼如來一切智德。二障礙愚，謂事中無知，障彼如來一切種智。《地論》説言，第十地中有智障者，當知是彼障礙愚也。立障所依，辨之彪爾。

澄觀《大方廣佛華嚴經隨疏演義鈔》卷五二 於地地中雙斷二愚者，謂開上十障。一各成二，故有二十愚，若兼等覺，有二十二愚。今約十地，故説二十。下説分中，亦皆别説，今當略示。初地斷二愚者，一執著我法愚是惑，二惡趣雜染愚是業。二地二者，一微細誤犯愚，二種種惡起愚。三地二者，一欲貪愚，二圓滿聞持陁羅尼愚。四地二者，一等至愛愚，二法愛愚。五地二者，一純作意背生死愚，二純作意向涅槃愚。六地二者，一現觀察行流轉愚，二相多現行愚。七地二者，一細相現行愚，二純作意求無相愚。八地二者，一於無相作加行愚，二於相自在愚。九地二者，一於無量所說法無量名句字後後慧辯陁羅尼自在愚，二辯才自在愚。十地二者，一大神通愚，二悟入微細祕密愚。至說分中地地之初各辯其相。然唯識此後更有二愚，障於佛地位，謂一於一切所知境極微細著愚。即是此中第二智障二極微細礙愚，即是此中一切任運煩惱障種。

遁倫《瑜伽論記》卷二一　第三辨地中所對除法，則二十二愚癡，十一麁重麁重。是二十二愚癡，隨眠麁重，不調柔性。眞諦三藏譯《攝論》云：二十二無明麁重報四種生死。大乘攝論不明四種無明，但從南地所得《無上依經》中辨四生死。今三藏勘於梵本無報字及四生死，故云二十二愚癡十一麁重也。二十二愚，前卷於十障中相對料簡，今略釋相，文有四段。初問次答三結四領，答中初地二愚。一執補特伽羅及法愚，即是人法二執。二惡趣雜染愚者，即滅惡趣煩惱業生三種雜染。二地有二。一微細犯，是失念誤犯。二種種業趣，謂見三業三行差別。三地二愚者。一者欲貪障，則障等持。二圓滿聞持陁羅尼愚者。三地已得聞持等德，二地未得，從所障爲名。四地有二。一等持愛，則三地中起愛禪定心障於四地。二者法愛，三地菩薩以愛法故求法行忍。如經廣說。五地二者。一者一向作意棄背生死，二者一向作意趣於涅槃，并四地中起障於五。六地二者。一現前觀察諸行流轉者，六地現前觀十二緣諸行流轉。五地未得障於六地，從所障爲名，二相多現行者。五地菩薩雖俱厭樂，而厭生死相多現前行，障於六地。七地有二。一者微細相現行愚者，七地長入無相眞觀，六地雖觀無相未能無間，時時猶見細相現行，此生能障名愚。二一向無相作意方便愚者。七地作意方便一向無相眞觀相續，六地猶見細相現前，障於七地作意方便一向無相，此就所障功德復立一愚。八地有二。一於無相作意功用愚者，當體爲名，七地眞觀雖復相續而有功用，障於八地無相無功用。二於相行自在愚者，八地菩薩於俗相行中利他有功用未得自在，自利無功用已得自在，七地未能，從所障爲名，名於相行自在。九地有二。一於無量說法者是義無礙，無量法句文字等者是法無礙。二辨才自在愚者，謂詞無礙及樂說無礙。九地已得，八地未得，并從所障爲名。十地有二。一大神通愚，二悟入微細祕密愚者。大神通則是五分法身，微細祕密則是眞如法身，九地不得圓滿此二法身。如來地有二。一於一切所智境極微細著者，則是悲想最下下品煩惱隨眠。二者最極微細礙者，則是悲想最下下品所知障體。

二十五三昧

曇無讖譯《大般涅槃經》卷一四　菩薩摩訶薩住無畏地，得二十五三昧壞二十五有。善男子，得無垢三昧能壞地獄有，得無退三昧能壞畜生有，得心樂三昧能壞餓鬼有，得歡喜三昧能壞阿修羅有，得日光三昧能斷弗婆提有，得月光三昧能斷瞿耶尼有，得熱炎三昧能斷鬱單越有，得如幻三昧能斷閻浮提有，得一切法不動三昧能斷四天處有，得難伏三昧能斷三十三天處有，得悅意三昧能斷炎摩天有，得青色三昧能斷兜率天有，得黃色三昧能斷化樂天有，得赤色三昧能斷他化自在天有，得白色三昧能斷初禪有，得種種三昧能斷大梵天有，得雙三昧能斷二禪有，得雷音三昧能斷三禪有，得霔雨三昧能斷四禪有，得如虛空三昧能斷無想有，得照鏡三昧能斷淨居阿那含有，得無礙三昧能斷空處有，得常三昧能斷識處有，得樂三昧能斷不用處有，得我三昧能斷非想非非想處有。善男子，是名菩薩得二十五三昧斷二十五有。善男子，如是二十五三昧名諸三昧王。

寶亮《大般涅槃經集解》卷三四　所以知八地者，言具二十五三昧，能爲種種神通。尋神通之用，非近行所爲也。寶亮曰：第六段也。若通作結果段者，猶屬前文，第五段直結果。在初地既發，初住得無漏正解。後方進修萬行，得二十五三昧，斷二十五有，結得八地以上自在果。若就此義而分，則成第六也。此二十五三昧，就勝處受名，一一皆攝於眾，故名三昧中之王也。

智顗《妙法蓮華經玄義》卷四上　今釋二十五三昧名。依四悉檀意。一隨時趣立。如人多子各立一名，使兄弟不濫。二十五三昧亦復如是，各舉一名令世諦不亂。豈可定執也。二隨其義便，各從所以而立一名也。三隨事對當，各有主治從對得名也。四理實無名而依理立字。雖有四意，多用對治，約理以立二十五三昧也。通釋二十五，各爲四意。一出諸有過患，二明本法功德，三結行成三昧，四慈悲破有，一一皆爾。地獄有用無垢三昧破者，地獄是重垢報處。報因則是垢，謂惡業垢見思垢，塵沙垢無明垢（其一）。菩薩先見此過，爲破諸垢，修前來所明根本戒，破惡業垢。修前來所明背捨等定，伏見思垢。修前來所明生滅無生滅慧，破見思垢。修前來所明無量慧，破塵沙垢。修前來所明無作慧，破無明垢（其二）。破見思垢故，眞諦三昧成。破惡業垢塵沙垢故，俗諦三昧成。破無明垢故，中道王三昧成（其三）。菩薩自破地獄諸垢時，句句皆有慈悲誓願，冥熏法界，彼地獄有，若有機緣關於慈悲，以王三昧力，法性不動而能應之。如婆藪調達，示所宜身說所宜法。彼地獄中若有善機，以持戒中慈悲應之，令離苦得樂。有入空機，以生無生慧等慈悲應之，令得眞諦。有入假之機，以無量慧慈悲應之，令得俗諦。有入中機，以無作慧慈悲應之，令得王三昧。先自無垢今令他無垢故，此三昧名無垢也（下去例如此，不復委記也）。畜生有用不退三昧破者，畜生無慚愧退失善道，則是惡業故退，見思故退，塵沙故退，無明故退。菩薩爲破諸退，修前持戒破惡業退，修於禪定伏見思退，修生無生慧破見思退，修無量慧破塵沙退，修無作慧破無明退。見思破故，得位不退，眞諦三昧成。惡業塵沙破故，得行不退，俗諦三昧成。無明破故，得念不退，中道三昧成。本修諸行皆有慈悲誓願，冥熏法界。彼畜生中，若有機緣關於慈悲，以王三昧力，不動法性而往應之。宜示何身宜說何法，爲龍爲象鷄鳥大鷲。若有善機，以戒定慈悲應之，令出苦得樂。有入空機，以生無生慧慈悲應之，令出有得無，眞諦三昧成。有入假機，以無量慧慈悲應之，令免空得假，俗諦三昧成。有入中機，以無作慧慈悲應之，令出邊入中，王三昧成。菩薩自既不退令他不退，故名不退三昧也。餓鬼有，用心樂三昧破者，此有常獎饑渴惡業苦，見思煩惱苦，客塵闇障苦，無明根本苦。菩薩爲破諸苦，修前持戒破惡業苦。脩定伏見思苦，修生無生慧破見思苦，修無量慧破塵沙苦，修無作慧破無明苦。破見思苦，無爲心樂三昧成。破惡業塵沙苦，多聞分別樂三昧成。破無明苦，常樂三昧成。以本行慈悲，冥熏法界。彼餓鬼道，若有機緣與慈悲相關，王三昧力不動法性而往應之，示所宜身說所宜法。若有善機，以持戒慈悲應之，手出香乳施令飽滿。有入空機，以生無生慈悲應之，令到無爲岸。有入假機，以無量慈悲應之，令遊戲於五道有入中機，以無作慈悲應之。令淨於三毒根，成佛道無疑。菩薩自既得樂，又令他得樂，是故名爲心樂三昧也。阿修羅有，用歡喜三昧者修羅多猜疑怖畏，則有惡業疑怖，見思疑怖，塵沙疑怖，無明疑怖。菩薩爲破是諸疑怖，而修諸行。修持於戒破惡業疑怖，修諸禪定伏見思怖，修生無生慧破見思怖，修無量慧破塵沙怖，修無作慧破無明怖。見思破故，空法喜三昧成。惡業塵沙破故，一切衆生喜見三昧成。無明破故，喜王三昧成。以本諸行慈悲誓願，冥熏法界。彼修羅中，若有機緣關於慈悲，以王三昧力，不動法性而往應之，示所宜身說所宜法。有善機者，應以持戒身，慈悲令離惡業怖。有入空機，應以生無生慈悲令離見思怖。有入假機，應以無量慈悲令離無知怖。有入中機，應以無作慈悲令離無明怖。自證三喜令他無復三怖，是故名歡喜三昧。此前悉用對治立名也。弗婆提有，用日光三昧破者日朝出於東，隨便爲名耳。日譬智光，能照除迷惑，東天下人，有惡業闇，見思闇，塵沙闇，無明闇。菩薩爲照此諸闇故，修前戒光破惡業闇，修禪定流光伏見思闇，修一切智光破見思闇，修道種智光破塵沙闇，修一切種智光破無明闇。破見思闇故，一切智日光三昧成。破塵沙闇故，道種智日光三昧成。無明闇破故，一切種智日光三昧成。以本行慈悲誓願，冥熏法界。彼弗婆提，若有機緣，關於慈悲王三昧力，不動法性而往應之，示身說法。若有事善機以持戒慈悲應之，令免惡業闇。有入空機，以生無生慈悲應之，令免見思闇。有入假機，以無量慈悲應之，令免無知闇。有入中機，以無作慈悲應之，令免無明闇。自既破闇亦令他破闇，故稱日光三昧也。瞿耶尼有，用月光三昧破者，月夕初現於西，亦隨便立名，月亦照闇例同日光（云云）。鬱單越，用熱焰三昧破者，北方是陰地氷結難銷，自非熱焰赫照，終不融冶。北天下人，氷執無我，難可化度。若非智火慧焰，無我所心，終不得度。彼無我所，乃是妄計，猶有自性人我法我眞如我。菩薩爲破諸我，修生滅無生滅慧，破性人我。修無量慧破法我，修無作慧破眞如我，得人空成眞諦智焰，得法空成俗諦智焰，得眞如空成中道智焰。以本慈悲，冥熏法界。彼鬱單越，若有機緣關於慈悲，以王三昧力，不動法性而往應之，示身說法。有善機，應以戒慈悲，令免妄計無我。有入空機，應以生無生慈悲令免性我。有入假機，應以無量慈悲令免法我。有入中機，以無作慈悲應之令免眞如我。自破妄我令他破妄我，故名熱焰三昧也。閻浮提有，用如幻三昧破者，南天下果報雜雜壽命，等不定猶如幻化。此則從心幻出業，幻出見思，幻出無知，幻出無明。菩薩爲破諸幻，從於持戒幻出無作，破結業幻。從於禪定幻出背捨，從生無生慧幻出無漏，從無量慧幻出有漏，從無作慧幻出非漏非無漏，見思幻破，眞諦幻成。無知幻破俗諦幻成，無明幻破中道幻成。故經言，如來是大幻師彼閻浮提，有諸機緣關於誓願，以本慈悲隨感應之，自破諸幻成他諸幻，是故名爲如幻三昧。餘如上說。四天王有用不動三昧破者，此天守護國土遊行世界，則有果報。動見思塵沙無明等，動菩薩修諸行，破諸動成三昧誓願熏機緣感。以本慈悲令他破四動，成三不動，是故名不動三昧。委悉如上說。三十三天有，用難伏三昧者，此是地居之頂，即是果報難伏，見思塵沙無明等難伏，菩薩修諸行出其上，破諸難伏自成三昧誓願熏他。若有機緣，以本慈悲令他得證，是故三昧名爲難伏。餘如上說。焰摩天有，用悦意三昧破者，此天處空無刀杖戰鬭，以之爲悦。此是果報中悦，而未有不動業悦，亦無無漏道種智中智等悦。菩薩爲破諸不悦，而修諸行，自成三諦悦意三昧，誓熏法界。有機緣者，以本慈悲令他意悦，是故三昧名爲悦意。餘如上說。兜率陁天有，用青色三昧破者，眞諦三藏云，此天果報樂青，宮殿服玩等一切皆青，菩薩爲破諸青，修第一義非青黄赤白，而見青黄赤白。第一義非戒定慧，而戒定慧。以戒破果報青，以生無生慧破見思青。非眞見眞，非假見假，非中見中，亦復如是。三青障破，自成三諦，三青三昧乃至感應成他三昧。例上可解。黄色三昧破化樂天有，赤色三昧破他化自在天有，白色三昧破初禪有，皆是果報白等。例青色三昧，大意可解。白色三昧者，初禪離五欲爲白，未離覺觀故是黑，見思塵沙無明等黑，破此諸黑修諸行白。自成三昧，又成他三昧。如上說。種種三昧破梵王有者，梵王主領大千界，種類既多，即是果報種種。未見種種空，種種假，種種中。破此種種修，種種行，自成種種，亦成他種種。如上說，二禪用雙三昧者，二禪獨有内淨喜兩支，餘支與餘禪共，此即果報雙，而未見雙空雙假雙中。例如上說，三禪用雷音三昧者，此禪樂最深，如氷魚蟄蟲，是果報著樂。又著空樂假樂中樂，爲驚駭諸樂，修諸雷音之行。餘如上說，四禪用注雨三昧者，四禪如大地具種種子，若不得雨芽不得生，一切善根在四禪中，謂業種三諦種。修諸行雨，自生三昧慈悲，應機生他三昧（云云）。無想天有，用如虚空三昧者，外道非空妄計涅槃，謂果報非空，三諦皆非虚無修諸空淨之行，自成成他（云云）。阿那含天，用照鏡三昧，此聖無漏天，雖得淨色但是報，淨色未究盡色空如鏡未極明，未知色假如鏡未有影，未知色中如未達鏡圓。餘如上說，空處用無礙三昧者，此定得出色籠，即果報無礙，未是空假中等無礙。餘如上說，識處用常三昧者，此定謂識相續不斷爲常。此乃定報，非三無爲常化用常樂常。例如上（云云）。不用處以樂三昧破者，此處如癡，癡故是苦乃至無明苦，例如上（云云），非想非非想。用我三昧破者，頂天謂是涅槃果報，猶有細煩惱不自在乃至無明不自在，修行破之，得眞我隨俗我常樂我，例如上（云云）。此二十五皆稱三昧者，調直定也。眞諦以空無漏爲調直，出假以稱機爲調直，中道遮二邊爲調直，故皆具三諦，則通稱三昧。又稱王者，空假調直未得爲王，所以二乘入空菩薩出假，不名法王。中道調直故得稱王，一一三昧皆有中道，悉稱爲王。大經云，是二十五三昧名諸三昧王，即其位高義若入是三昧。一切三昧悉入其中，即其體廣義。應二十五有機即其用長也。無畏地中，具得二十五三昧種種力用，須彌入芥不傷樹木，毛孔納海不嬈龜魚。雖處地獄身心無苦，變通出没不動而遠，即其妙義。蓋乃慧聖行成，能有是力也。

吉藏《仁王般若經疏》卷五下　二十五有三昧壞二十五有，得無垢三昧能破地獄有，得不退三昧能破畜生有，得心樂三昧能破餓鬼有，得歡喜三昧能壞阿修羅有，得日光三昧斷弗婆提有。得月光三昧斷瞿耶尼有，得熱炎三昧斷欝單越有，得如幻三昧斷閻浮提有，得一切法不動三昧斷四天王處有，得難伏三昧斷三十三天處有，得悦意三昧斷炎魔天有，得青色三昧斷兜率天有，得黄色三昧斷化樂天有，得赤色三昧斷他化自在天有，得白色三昧斷初禪有，得種種三昧斷大梵天有，得雙三昧斷二禪有，得雷音三昧斷三禪有，得住雨三昧斷四禪有，得如虚空三昧斷無想天有，得照境三昧斷淨居阿那含有，得無礙三昧斷空處有，得常三昧斷識處有，得樂三昧斷不用處有，得我三昧斷非想處有。是名菩薩得二十五有三昧，壞二十五有、四有、四惡趣、梵王六欲天、四禪及四空、無想、五淨居。

湛然《法華文句記》卷一　玄文釋二十五三昧各具四義。一諸有過患，二本法功德，三結行成，四慈悲破有。本地功德久已成就，本三德也。過患即是賊等三也。本三具足，即結行成。本時應供，是破有也。

二十五有

曇摩蜜多譯《五門禪經要用法》 二十五有。四天下，六欲天，四惡道，四禪地，大梵天，無色界，第四禪地有五阿那含天，合二十五有。

吉藏《仁王般若經疏》卷五下 二十五有，三昧壞二十五有，得無垢三昧能破地獄有，得不退三昧能破畜生有，得心樂三昧能破餓鬼有，得歡喜三昧能壞阿修羅有，得日光三昧斷弗婆提有，得月光三昧斷瞿耶尼有，得熱炎三昧斷欝單越有，得如幻三昧斷閻浮提有，得一切法不動三昧斷四天王處有，得難伏三昧斷三十三天處有，得悅意三昧斷炎魔天有，得青色三昧斷兜率天有，得黃色三昧斷化樂天有，得赤色三昧斷他化自在天有，得白色三昧斷初禪有，得種種三昧斷大梵天有，得雙三昧斷二禪有，得雷音三昧斷三禪有，得住雨三昧斷四禪有，得如虛空三昧斷無想天有，得照境三昧斷淨居阿那含有，得無礙三昧斷空處有，得常三昧斷識處有，得樂三昧斷不用處有，得我三昧斷非想處有。是名菩薩得二十五有三昧壞二十五有。四有、四惡趣、梵王六欲天、四禪及四空、無想、五淨居。

智圓《維摩經略疏垂裕記》卷二 二十五有者，四洲四惡趣無想及那含六欲並梵天四禪四空處。受四惡下以無垢三昧現地獄身，以不退三昧現畜生身，以心樂三昧現餓鬼身，以歡喜三昧現脩羅身。次住下以四三昧現人身，即如幻日光月光熱炎，如次對南東西北四洲也。餘十七三昧悉現天身，故云受人天身也。然此皆由分證一心三諦，故能墮類現形，破有益物。故知，二十五種悉中道王三昧之異名也。

二十五神

道世《法苑珠林》卷八八 依《七佛經》云，若有人能受持五戒，感得二十五神侍衛。

殺戒有五神。一名波吒羅，二名摩那斯，三名婆睺羅，四名呼奴吒，五名頗羅吒。

盜戒有五神。一名法善，二名佛奴，三名僧喜，四名廣額，五名慈善。

婬戒有五神。一名貞潔，二名無欲，三名淨潔，四名無染，五名蕩滌。

欺戒有五神。一名美旨，二名實語，三名質直，四名直答，五名和合語。

酒戒有五神。一名清素，二名不醉，三名不亂，四名無失，五名護戒。

又《灌頂經》云：佛告梵志，若持五戒者，有二十五善神營衛護人身。在人左右，守於宮宅門戶之上，使萬事吉祥。唯願世尊，爲我說之。佛言，梵志，我今略演，勅天帝釋使四天王遣諸善神營護汝身。如是章句善神名字二十五王，其名如是。

神名蔡芻毘愈他尼，主護某身辟除邪鬼。神名輸多利輸陁尼，主護某六情悉令完具。神名毘樓遮那世波，主護某腹內五藏平調。神名阿陁龍摩坻，主護某血脈悉令通暢。神名婆羅桓尼和婆，主護某爪指無所毀傷。神名坻摩阿毘婆馱，主護某出入行來安寧。神名阿修輸婆羅陁，主護某所噉飲食甘香。神名婆羅摩亶雄雌，主護某夢安覺歡悅。神名婆羅門地鞞哆，主護某不爲蠱毒所中。神名那摩呼哆耶舍，主護某不爲霧露惡毒所害。神名佛馱仙陁樓哆，主護某鬬諍口舌不行。神名鞞闍耶藪多婆，主護某不爲溫虐鬼所持。神名涅坭醯馱多耶，主護某不爲縣官所得。神名阿邏多賴都耶，主護某舍宅四方逐凶殃。神名波羅那佛曇，主護某平定舍宅八神。神名阿提梵者珊耶，主護某不爲塚墓鬼所嬈。神名因臺羅因臺羅，主護某門戶辟除邪惡。神名阿伽風施婆多，主護某不爲外氣鬼神所害。神名佛曇彌摩多哆，主護某不爲災火所延。神名多賴叉三密陁，主護某不爲偷盜所侵。神名阿摩羅斯兜喜，主護某若入山林不爲虎狼所害。神名那羅門闍兜帝，主護某不爲傷亡所嬈。神名鞞尼乾那波，主護某除諸鳥鳴狐鳴。神名荼鞞闘毘舍羅，主護某除犬鼠變怪。神名伽摩毘那闍尼佉，主護某不爲凶注所牽。

佛告梵志言，若男子女人帶佩此二十五灌頂章句善神名者，若入軍陣鬬諍之時，刀不傷身，箭射不入，鬼神羅刹終不嬈近，若到蠱道家亦不能害。若行來出入有小魔鬼，亦不得近。帶佩此神王名著身，夜無惡夢。縣官盜賊水火災怪怨家鬬謀口舌鬬亂，自然歡喜，兩作和解，俱生慈心，惡意悉滅。妖魅魍魎邪忤薜荔外道符呪厭禱之者，樹木精魅，百蟲精魅，鳥獸精魅，溪谷精魅，門中鬼神，戶中鬼神，井竈鬼神，洿池鬼神，廁溷中鬼神，一切諸鬼神，皆不得留住某甲身中。若男子女人帶此三歸五戒善神名字者，某甲入山陵溪谷曠路抄賊自然不現，師子虎狼熊羆蛇蚖悉自縮藏不害人也。

惟顯《律宗新學名句》卷下　《大灌頂經》出護五戒二十五神。一不殺生五神：一茶毱毗愈他尼神，二輸多利輸陁尼神，三毗樓遮那波神，四阿陁龍摩坘神，五婆羅桓尼和婆神。二不偷盜五神：一坘摩阿毗婆馱神，二阿須輪婆羅陁神，三婆羅摩亶雄雌神，四婆羅門地鞞哆神，五那摩呼哆耶舍神。三不邪婬五神：一佛馱仙陁樓哆神，二鞞闍耶藪多婆神，三涅坘醯馱多耶神，四阿邏多賴都耶神，五波羅那佛曇神。四不妄語五神，一阿提梵者柵耶神，二因臺羅因臺羅神，三阿伽風施婆多神，四佛曇彌摩多哆神，五多賴叉三密陁神。五不飲酒五神：一阿摩羅斯兜嘻神，二那羅門闍兜帝神，三薩鞞尼幹那波神，四茶鞞闘毗舍羅神，五加摩毗那闍尼佉神。

智旭、儀潤《在家律要廣集》卷一　戒有二十五神，營護左右。門戶之上，辟除兇惡。六天之上，天帝所遣歸戒之神，凡有億億恆沙之數。諸鬼神王，番代擁護，不令衰耗。諸天歡喜，皆言善哉，當共護之。如是持戒若完具者，十方現在無量諸佛菩薩羅漢，皆共稱歎。是清信士女臨命終時，佛皆分身而往迎之，不使持戒男子女人墮惡道中。若戒羸者，當益作福德，佈施持戒，忍辱精進，一心智慧。然燈燒香，散雜色華，懸繒旛蓋，歌詠讚歎，恭敬禮拜。益持齋戒，亦得過度。若不能如上修行如是功德，複持戒不完。向諸邪道求覓福祐，三歸五戒億億恆沙諸鬼神王，各去離之，惡鬼數來嬈近之也。

二十四願

支婁迦讖譯《佛說無量清淨平等覺經》卷一　佛言：何等爲二十四願者。

一我作佛時，令我國中無有地獄禽獸餓鬼蜎飛蠕動之類，得是願乃作佛，不得從是願終不作佛。二我作佛時，令我國中人民有來生我國者，從我國去，不復更地獄餓鬼禽獸蠕動，有生其中者，我不作佛。三我作佛時，人民有來生我國者，不一色類金色者，我不作佛。四我作佛時，人民有來生我國者，天人世間人有異者，我不作佛。五我作佛時，人民有來生我國者，皆自推所從來生本末所從來十億劫宿命，不悉知念所從來生，我不作佛。六我作佛時，人民有來生我國者，不悉徹視，我不作佛。七我作佛時，人民有來生我國者，不悉知他人心中所念者，我不作佛。八我作佛時，我國中人民不悉飛者，我不作佛。九我作佛時，我國中人民不悉徹聽者，我不作佛。十我作佛時，我國中人民有愛欲者，我不作佛。十一我作佛時。我國中人民住止盡般泥洹。不爾者我不作佛。十二我作佛時，我國諸弟子，令八方上下各千億佛國中，諸天人民蠕動之類，作緣一覺大弟子，皆禪一心，共數我國中諸弟子，住至百億劫無能數者，不爾者我不作佛。十三我作佛時，令我光明勝於日月，諸佛之明百億萬倍，炤無數天下窈冥之處皆常大明，諸天人民蠕動之類，見我光明，莫不慈心作善來生我國，不爾者我不作佛。十四我作佛時，令八方上下無數佛國諸天人民蠕動之類，令得緣一覺果證弟子坐禪一心，欲共計知我年壽幾千萬億劫，令無能知壽涯底者，不爾者我不作佛。十五我作佛時，人民有來生我國者，除我國中人民所願，餘人民壽命無有能計者，不爾者我不作佛。十六我作佛時，國中人民皆使莫有惡心，不爾者我不作佛。十七我作佛時，令我名聞八方上下無數佛國，諸佛各於弟子眾中，歎我功德國土之善，諸天人民蠕動之類聞我名字，皆悉踴躍來生我國，不爾者我不作佛。十八我作佛時，諸佛國人民有作菩薩道者，常念我淨潔心，壽終時我與不可計比丘眾，飛行迎之共在前立，即還生我國作阿惟越致。不爾者我不作佛。十九我作佛時，他方佛國人民，前世爲惡，聞我名字及正爲道，欲來生我國，壽終皆令不復更三惡道，則生我國在心所願，不爾者我不作佛。二十我作佛時，我國諸菩薩不一生等，置是餘願功德，不爾者我不作佛。二十一我作佛時，我國諸菩薩，不悉三十二相者，我不作佛。二十二我作佛時，我國諸菩薩，欲共供養八方上下無數諸佛，皆令飛行，欲得萬種自然之物，則皆在前，持用供養諸佛，悉遍已後日未中則還我國，不爾者我不作佛。二十三我作佛時，我國諸菩薩欲飯時，則七寶鉢中，生自然百味飲食在前，食已鉢皆自然去，不爾者我不作佛。二十四我作佛時，我國諸菩薩說經行道不如佛者，我不作佛。

佛告阿難，無量清淨佛爲菩薩時，常奉行是二十四願。分檀布施，不犯道禁，忍辱精進，一心智慧。志願常勇猛，不毀經法，求索不懈，每獨棄國捐王。絕去財色，精明求願，無所適莫，積功累德無央數劫。自致作佛，悉皆得之，不忘其功也。

支謙譯《佛說阿弥陁三耶三佛薩樓佛檀過度人道經》卷上　佛言：何爲二十四願。

第一願，使某作佛時，令我國中，無有泥犁禽獸薜荔蜎飛蠕動之類，得是願乃作佛，不得是願終不作佛。第二願，使某作佛時，令我國中，無有婦人女人，欲來生我國中者，即作男子。諸無央數天人民，蜎飛蠕動之類，來生我國者，皆於七寶水池蓮華中化生，長大皆作菩薩，阿羅漢都無央數。得是願乃作佛，不得是願終不作佛。第三願，使某作佛時，令我國土，自然七寶，廣縱甚大曠蕩，無極自軟好。所居舍宅，被服飲食，都皆自然，皆如第六天王所居處。得是願乃作佛，不得是願終不作佛。第四願，使某作佛時，令我名字，皆聞八方上下無央數佛國，皆令諸佛各於比丘僧大坐中，說我功德國土之善。諸天人民，蜎飛蠕動之類聞我名字，莫不慈心歡喜踴躍者，皆令來生我國。得是願乃作佛，不得是願終不作佛。第五願，使某作佛時，令八方上下，諸無央數天人民，及蜎飛蠕動之類，若前世作惡，聞我名字，欲來生我國者，即便反政自悔過，爲道作善，便持經戒，願欲生我國不斷絕，壽終皆令不復泥犁禽獸薜荔，即生我國，在心所願。得是願乃作佛，不得是願終不作佛。第六願，使某作佛時，令八方上下，無央數佛國諸天人民，若善男子善女人，欲來生我國，用我故益作善，若分檀布施，遶塔燒香，散花然燈，懸雜繒綵，飯食沙門，起塔作寺，斷愛欲，來生我國作菩薩。得是願乃作佛，不得是願終不作佛。第七願，使某作佛時，令八方上下，無央數佛國諸天人民，若善男子善女人，有作菩薩道，奉行六波羅蜜經。若作沙門不毀經戒，斷愛欲齋戒清淨，一心念欲生我國，晝夜不斷絕。若其人壽欲終時，我即與諸菩薩阿羅漢，共飛行迎之，即來生我國，則作阿惟越致菩薩，智慧勇猛。得是願乃作佛，不得是願終不作佛。第八願，使某作佛時，令我國中諸菩薩，欲到他方佛國生，皆令不更泥犁禽獸薜荔，皆令得佛道。得是願乃作佛，不得是願終不作佛。第九願，使某作佛時，令我國中，諸菩薩阿羅漢，面目皆端正，淨潔姝好，悉同一色，都一種類，皆如第六天人。得是願乃作佛，不得是願終不作佛。第十願使某作佛時，令我國中，諸菩薩阿羅漢，皆同一心。所念所欲，言者豫相知意。得是願乃作佛，不得是願終不作佛。第十一願，使某作佛時，令我國中，諸菩薩阿羅漢，皆無有淫泆之心，終無念婦女意，終無有瞋怒愚癡者。得是願乃作佛，不得是願終不作佛。第十二願，使某作佛時，令我國中，諸菩薩阿羅漢，皆令心相敬愛，終無相嫉憎者。得是願乃作佛，不得是願終不作佛。第十三願，使某作佛時，令我國中諸菩薩，欲共供養八方上下，無央數諸佛，皆令飛行，即到欲得自然萬種之物，即皆在前，持用供養諸佛，悉皆遍已後，日未中時，即飛行還我國。得是願乃作佛，不得是願終不作佛。第十四願，使某作佛時，令我國中，諸菩薩阿羅漢欲飯時，即皆自然七寶鉢中，有自然百味飯食在前，食已自然去。得是願乃作佛，不得是願終不作佛。第十五願，使某作佛時，令我國中，諸菩薩身，皆紫磨金色，三十二相，八十種好，皆令如佛。得是願乃作佛，不得是願終不作佛。第十六願，使某作佛時，令我國中，諸菩薩阿羅漢，語者如三百鍾聲，說經行道皆如佛。得是願乃作佛，不得是願終不作佛。第十七願，使某作佛時，令我洞視徹聽，飛行十倍，勝於諸佛。得是願乃作佛，不得是願終不作佛。第十八願，使某作佛時，令我智慧說經行道，十倍於諸佛。得是願乃作佛，不得是願終不作佛。第十九願，使某作佛時，令八方上下，無央數佛國諸天人民，蜎飛蠕動之類，皆令得人道，悉作辟支佛阿羅漢，皆坐禪一心，共欲計數，知我年壽，幾千億萬劫歲數，皆令無有能極知壽者。得是願乃作佛，不得是願終不作佛。

第二十願者，使某作佛時，令八方上下，各千億佛國中諸天人民，蜎飛蠕動之類，皆令作辟支佛阿羅漢，皆坐禪一心，共欲計數，我國中諸菩薩阿羅漢，知有幾千億萬人，皆令無有能知數者。得是願乃作佛，不得是願終不作佛。第二十一願，使某作佛時，令我國中，諸菩薩阿羅漢壽命無央數劫。得是願乃作佛，不得是願終不作佛。第二十二願，使某作佛時，令我國中，諸菩薩阿羅漢，皆智慧勇猛，自知前世億萬劫時，宿命所作，善惡卻知，無極皆洞視徹，知十方去來現在之事。得是願乃作佛，不得是願終不作佛。第二十三願，使某作佛時，令我國中，諸菩薩阿羅漢，皆智慧勇猛，頂中皆有光明。得是願乃作佛，不得是願終不作佛。第二十四願，使某作佛時，令我頂中，光明絕好，勝於日月之明，百千億萬倍，絕勝諸佛，光明焰照，諸無央數天下，幽冥之處，皆當大明。諸天人民，蜎飛蠕動之類，見我光明，莫不慈心作善者，皆令來生我國。得是願乃作佛，不得是願終不作佛。

道世《法苑珠林》卷三四　阿彌陁佛爲菩薩時，常奉行是二十四願，珍寶愛重，保持恭順。何等爲二十四願。

第一願使某作佛時，令我國中無有泥犁禽獸薜荔蜎飛蠕動之類。得是願乃作佛，不得是願終不作佛。

第二願使某作佛時，令我國中無有婦人，女人欲來生我國中者即作男子。諸無央數天人民蜎飛蠕動之類，來生我國者，皆於七寶水池蓮華中化生，長大皆作菩薩阿羅漢，都無央數。得是願乃作佛，不得是願終不作佛。

第三願使某作佛時，令我國土自然七寶縱廣甚大，曠蕩無極極自軟好，所居舍宅被服飲食都皆自然，比如第六天王所居處。得是願乃作佛，不得是願終不作佛。

第四願使某作佛時，令我名字皆聞八方上下無央數佛國，皆令諸佛各於比丘僧大座中，說我功德國土之善，諸天人民蜎飛蠕動之類，聞我名字莫不慈心歡喜踴躍者，皆令來生我國。得是願乃作佛，不得是願終不作佛。

第五願使某作佛時，令八方上下諸無央數天人民，及蜎飛蠕動之類，若前世作惡聞我名字，欲來生我國者，即便反正自悔過，爲道作善便持經戒，願欲生我國不斷絕，壽終皆令不復泥犁禽獸薜荔，即生我國在心所願。得是願乃作佛，不得是願終不作佛。

第六願使某作佛時，令八方上下無央數佛國諸天人民，若善男子善女人，欲來生我國，用我故益作善，若分檀布施繞塔燒香，散華然燈懸雜繒綵，飯食沙門起塔作寺，斷愛欲齋戒清淨一心念我，晝夜一日不斷絕，皆令來生我國作菩薩。得是願乃作佛，不得是願終不作佛。

第七願使某作佛時，令八方上下無央數佛國諸天人民，若善男子善女人，有作菩薩道奉行六波羅蜜，若作沙門不毀經戒，斷愛欲，齋戒清淨一心，念欲生我國晝夜不斷絕，若其人壽欲終時，我即與諸菩薩阿羅漢，共飛行迎之，即來生我國，則作阿惟越致菩薩智慧勇猛。得是願乃作佛，不得是願終不作佛。

第八願使某作佛時，令我國中諸菩薩欲到他方佛國生者，皆令不更泥犁禽獸薜荔，皆令得佛道。得是願乃作佛，不得是願終不作佛。

第九願使某作佛時，令我國中諸菩薩阿羅漢面目皆端正淨潔姝好，悉同一色都一種類，比如第六天人。得是願乃作佛，不得是願終不作佛。

第十願使某作佛時，令我國中諸菩薩阿羅漢，皆同一心所念欲所言者預相知意。得是願乃作佛，不得是願終不作佛。

第十一願使某作佛時，令我國中諸菩薩阿羅漢，皆無有淫泆之心，終無念婦女意，終無有瞋怒愚癡者。得是願乃作佛，不得是願終不作佛。

第十二願使某作佛時，令我國中諸菩薩阿羅漢皆令心相敬愛，終無相嫉憎者。得是願乃作佛，不得是願終不作佛。

第十三願使某作佛時，令我國中諸菩薩欲共供養八方上下無央數諸佛，皆令飛行即到，欲得自然萬種之物即皆在前，持用供養諸佛悉皆得遍，以後日未中時，即飛行還我國。得是願乃作佛，不得是願終不作佛。

第十四願使某作佛時，令我國中諸菩薩阿羅漢欲飯時，即皆自然七寶鉢中有自然百味飯食在前，食已自然去。得是願乃作佛，不得是願終不作佛。

第十五願使某作佛時令我國中諸菩薩，身皆紫磨金色，三十二相八十種好，皆令如佛。得是願乃作佛，不得是願終不作佛。

第十六願使某作佛時，令我國中諸菩薩阿羅漢語者，如三百鍾聲，說經行道皆如佛。得是願乃作佛，不得是願終不作佛。

第十七願使某作佛時，令我洞視徹聽飛行十倍勝於諸佛。得是願乃作佛，不得是願終不作佛。

第十八願使某作佛時，令我智慧説經行道十倍於諸佛。得是願乃作佛，不得是願終不作佛。

第十九願使某作佛時，令八方上下無央數佛國，諸天人民蜎飛蠕動之類，皆令得人道，悉作辟支佛阿羅漢，皆坐禪一心，共欲計數知我年壽幾千億萬劫歲數，皆令無有能極知壽者。得是願乃作佛，不得是願終不作佛。

第二十願使某作佛時，令八方上下各千億佛國中諸天人民蜎飛蠕動之類，皆令作辟支佛阿羅漢，皆坐禪一心，共欲計數我國中諸菩薩阿羅漢知有幾千億萬人，皆令無有能知數者。得是願乃作佛，不得是願終不作佛。

第二十一願使某作佛時，令我國中諸菩薩阿羅漢壽命無央數劫。得是願乃作佛，不得是願終不作佛。第二十二願使某作佛時，令我國中諸菩薩阿羅漢，皆智慧勇猛，自知前世億萬劫時，宿命所作善惡卻知無極皆洞視徹，知十方去來現在之事。得是願乃作佛，不得是願終不作佛。

第二十三願使某作佛時，令我國中諸菩薩阿羅漢，皆智慧勇猛頂中皆有光明。得是願乃作佛，不得是願終不作佛。

第二十四願使某作佛時，令我頂中光明絶好，勝於日月之明百千億萬倍，絶勝諸佛光明焰照諸無央數，天下幽冥之處皆當大明，諸天人民蜎飛蠕動之類，見我光明莫不慈心作善者，皆令來生我國。得是願乃作佛，不得是願終不作佛。

二十空

玄奘譯《大般若波羅蜜多經》卷五一　菩薩摩訶薩大乘相者，謂内空、外空、内外空、空空、大空、勝義空、有爲空、無爲空、畢竟空、無際空、散空、無變異空、本性空、自相空、共相空、一切法空、不可得空、無性空、自性空、無性自性空是菩薩摩訶薩大乘相。

善現白佛言：世尊，云何内空。佛言：善現，内謂内法，即是眼、耳、鼻、舌、身、意。此中眼由眼空。何以故。非常非壞本性爾故。耳、鼻、舌、身、意由耳、鼻、舌、身、意空。何以故。非常非壞本性爾故。善現，是爲内空。

善現白佛言：世尊，云何外空。佛言：善現，外謂外法，即是色、聲、香、味、觸、法。此中色由色空。何以故。非常非壞本性爾故。聲、香、味、觸、法由聲、香、味、觸、法空。何以故。非常非壞本性爾故。善現！是爲外空。

善現白佛言：世尊，云何内外空。佛言：善現，内外謂内外法，即是内六處、外六處。此中内六處由外六處空。何以故。非常非壞本性爾故。外六處由内六處空。何以故。非常非壞本性爾故。善現，是爲内外空。

善現白佛言：世尊，云何空空。佛言：善現，空謂一切法空。此空由空空。何以故。非常非壞本性爾故。善現，是爲空空。

善現白佛言：世尊，云何大空。佛言：善現，大謂十方，即是東南西北四維上下。此中東方由東方空。何以故。非常非壞本性爾故。南西北方四維上下由南西北方四維上下空。何以故。非常非壞本性爾故。善現，是爲大空。

善現白佛言：世尊，云何勝義空。佛言：善現，勝義謂涅槃，此勝義由勝義空。何以故。非常非壞本性爾故。善現，是爲勝義空。

善現白佛言：世尊，云何有爲空。佛言：善現，有爲謂欲界、色界、無色界。此中欲界由欲界空。何以故。非常非壞本性爾故。色、無色界由色、無色界空。何以故。非常非壞本性爾故。善現，是爲有爲空。

善現白佛言：世尊，云何無爲空。佛言：善現，無爲謂無生、無住、無異、無滅。此無爲由無爲空。何以故。非常非壞本性爾故。善現，是爲無爲空。

善現白佛言：世尊，云何畢竟空。佛言：善現，畢竟謂諸法究竟不可得。此畢竟由畢竟空。何以故。非常非壞本性爾故。善現，是爲畢竟空。

善現白佛言：世尊，云何無際空。佛言：善現，無際謂無初中後際可得及無往來際可得。此無際由無際空。何以故。非常非壞本性爾故。善現，是爲無際空。

善現白佛言：世尊，云何散空。佛言：善現，散謂有放、有棄、有捨可得。此散由散空。何以故。非常非壞本性爾故。善現，是爲散空。

善現白佛言：世尊，云何無變異空。佛言：善現，無變異謂無放、無棄、無捨可得。此無變異由無變異空。何以故。非常非壞本性爾故。善現，是爲無變異空。

善現白佛言：世尊，云何本性空。佛言：善現，本性謂一切法本性，若有爲法性若無爲法性皆非聲聞所作，非獨覺所作，非菩薩所作，非如來所作，亦非餘所作。此本性由本性空。何以故。非常非壞本性爾故。善現，是爲本性空。

善現白佛言：世尊，云何自相空。佛言：善現，自相謂一切法自相，如變礙是色自相，領納是受自相，取像是想自相，造作是行自相，了別是識自相，如是等若有爲法自相，若無爲法自相。此自相由自相空。何以故。非常非壞本性爾故。善現，是爲自相空。

善現白佛言：世尊，云何共相空。佛言：善現，共相謂一切法共相，如苦是有漏法共相，無常是有爲法共相，空、無我是一切法共相，如是等有無量共相。此共相由共相空。何以故。非常非壞本性爾故。善現，是爲共相空。

善現白佛言：世尊，云何一切法空。佛言：善現，一切法謂五蘊、十二處、十八界若有色無色、有見無見、有對無對、有漏無漏、有爲無爲法。此一切法由一切法空。何以故。非常非壞本性爾故。善現，是爲一切法空。

善現白佛言：世尊，云何不可得空。佛言：善現，不可得謂此中一切法不可得，若過去不可得，未來不可得，現在不可得。若過去，無未來、現在可得。若未來，無過去、現在可得。若現在，無過去、未來可得。此不可得由不可得空。何以故。非常非壞本性爾故。善現，是爲不可得空。

善現白佛言：世尊，云何無性空。佛言：善現，無性謂此中無少性可得。此無性由無性空。何以故。非常非壞本性爾故。善現，是爲無性空。

善現白佛言：世尊，云何自性空。佛言：善現，自性謂諸法能和合自性。此自性由自性空。何以故。非常非壞本性爾故。善現，是爲自性空。

善現白佛言：世尊，云何無性自性空。佛言：善現，無性自性謂諸法無能和合性，有所和合自性。此無性自性由無性自性空。何以故。非常非壞本性爾故。善現，是爲無性自性空。

復次，善現，有性由有性空，無性由無性空，自性由自性空，他性由他性空。云何有性由有性空。有性謂五蘊，此有性由有性空，五蘊生性不可得故，是爲有性由有性空。云何無性由無性空。無性謂無爲，此無性由無性空，是爲無性由無性空。云何自性由自性空。謂一切法皆自性空，此空非智所作，非見所作，亦非餘所作，是爲自性由自性空。云何他性由他性空。謂若佛出世若不出世，一切法法住、法定、法性、法界、法平等性、法離生性、眞如、不虛妄性、不變異性、實際，皆由他性故空，是爲他性由他性空。善現，當知，是爲菩薩摩訶薩大乘相。

窺基《辯中邊論述記》卷上 大般若經第一會說二十空。謂內空，外空，內外空，空空，大空，勝義空，有爲空，無爲空，畢竟空，無際空，散空，無變異空，本性空，自相空，共相空，一切法空，不可得空，無性空，自性空，無性自性空，第二會明十八空。謂內空，外空，內外空，空空，大空，勝義空，有爲空，無爲空，畢竟空，無際空，散無散空，本性空，自共相空，一切法空，不可得空，無性空，自性空，無性自性空。第三分中第一卷明十九空。此十六空上加所緣空、增上空、樂無空等。第三分中第十卷當四百八十八明十六空。名與此同，佛自廣解。與此稍異，應勘會之。亦應勘第一第二會此相當處，此中諸文離合有異，義亦不增。釋中有四頌分爲二段，初三頌明十四空，後一頌明二空，二空，是前十四空性空。前約能詮設故十四，後約空性明以有二，七十七說亦與此同。

二十智

湛然《止觀輔行傳弘決》卷三之三 二十智者在玄義智妙中列。謂三藏有七：一世智，二外凡，三內凡，四四果，五支佛，六菩薩，七佛果。通教有五：一四果，二支佛，三入空菩薩，四出假菩薩，五佛果。別教有四：一十信，二三十心，三十地，四佛果。圓教有四：一五品，二六根，三四十心，四佛果。彼文三佛同在後列者，同是有教無人實果久滿。如此列者且據大分，未爲委悉，亦爲三觀所攝者。三觀攝之有通有別，通者藏通十智空攝，別教假攝，圓教中攝。別者，藏通二乘。通教入空菩薩，別教十住菩薩，乃至藏通兩佛智，亦爲空觀所攝。三藏菩薩智，通教出假菩薩智，別教行向菩薩智，並爲假觀所攝。別教初地已去智，中觀所攝。此則次第三觀攝，圓教智即爲一心三觀所攝。若且從一往據位說者，圓教六根智七信已前，亦爲空觀所攝。八信已上亦爲假觀所攝，初住已上但爲中觀所攝，前三教智若開權顯實。無復次第。若得此意，一期佛教所明諸智並爲三觀攝盡，是故止觀攝一切智。

二十種隨煩惱

鳩摩羅什譯《成實論》卷一〇　隨煩惱品第一百三十四

心重欲眠名睡，心攝離覺名眠，心散諸塵名掉，心懷憂結名悔。所謂不應作而作，應作而不作。曲心詐善名諂，諂心事成名誑。自作惡不羞名無慚，衆中爲惡不羞不慙名無愧，心隨不善名放逸，實無功德示相令人謂有名詐。現奇特爲利養故，口悅人意名羅波那。欲得他物表欲得相，如言此物好等名爲現相。若爲皆毀此人，故稱讚餘人。如言汝父精進汝不及也，名爲懺切。若以施求施，言是施物從某邊得。如是等名以利求利。若人有喜睡病，名單致利。若得好處行道因緣具足，而常愁憂名爲不喜。若人頻申身不調適，爲睡眠因緣名爲頻申。若人不知調適飲食多少，名初不調。若不堪精進名爲退心，若諸尊長有所言說。不敬不畏名不敬肅，喜樂惡人名樂惡友。如是等名隨煩惱，從煩惱生故。

玄奘譯《瑜伽師地論》卷五八　云何名隨煩惱，略由四相差別建立。一通一切不善心起，二通一切染污心起，三於各別不善心起，四善不善無記心起。非一切處，非一切時，謂無慚無愧，名通一切不善心起。隨煩惱放逸掉舉，惛沈不信，懈怠邪欲，邪勝解邪念，散亂不正知，此十隨煩惱通一切染污心起，通一切處三界所繫。忿恨覆惱嫉慳誑諂憍害，此十隨煩惱各別不善心起。若一生時必無第二，如是十種皆欲界繫。除誑諂憍，由誑及諂至初靜慮憍通三界，此幷前二若在上地唯無記性。尋伺惡作睡眠，此四隨煩惱通善不善無記心起。非一切處非一切時，若有極久尋求伺察，便令身疲念失心亦勞損，是故尋伺名隨煩惱。此二乃至初靜慮地，惡作睡眠唯在欲界。又有定地諸隨煩惱，謂尋伺誑諂，惛沈掉舉，憍放逸懈怠等。初靜慮地有初四種，餘通一切地。若雜事中世尊所說諸隨煩惱，廣說乃至愁歎憂苦隨擾惱等，及攝事分廣所分別。如是一切諸隨煩惱，皆是此中四相差別，隨其所應相攝應知。

復次，諸隨煩惱若在欲界，略於十二處轉。何等十二。謂執著惡行處，鬪訟諍競處，毀犯尸羅處，受學隨轉非善人法處，邪命處，耽著諸欲處，如所聞法義心諦思惟處，於所思義內心寂止方便持心處，展轉受用財法處，不相雜住處，遠離臥具房舍處，衆苦所集處。此十二處以爲依止。如先所說貪著，乃至隨擾惱等諸隨煩惱差別而轉。謂貪著瞋恚愚癡依初處轉，忿等乃至諂依第二處轉，無慚無愧依第三處轉，誑等乃至謀害依第四處轉，矯詐等乃至惡作依第五處轉，不忍耽嗜等乃至不平等貪著依第六處轉，薩迦耶見有見無有見依第七處轉，貪欲等乃至不作意依第八處轉，顧悅纏綿依第九處轉。不質直，性不柔和，性不隨同，分轉性依第十處轉。欲尋思等乃至家生繫屬尋思依第十一處轉，愁歎等依第十二處轉。

復次，此五見是慧性故，互不相應。自性自性不相應故，貪恚慢疑更相違故，互不相應。貪染令心卑下，憍慢令心高舉，是故貪慢更互相違。

復次，如所說諸隨煩惱，當知皆是煩惱品類，且如放逸是一切煩惱品類。所以者何。於染愛時多生放逸，乃至疑時亦有放逸。貪著慳悋憍高掉舉等，皆貪品類皆貪等流。忿恨惱嫉害等是瞋品類是瞋等流，誑諂是邪見品類邪見等流，覆是諂品類，當知即彼品類等流，餘隨煩惱是癡品類是癡等流。唯除尋伺當知尋伺。慧思爲性猶如諸見。若慧依止意言而生，於所緣境慞惶推究。雖慧爲性而名尋伺，於諸境界遽務推求，依止意言麁慧名尋，即於此境不甚遽務而隨究察。依止意言細慧名伺，是名建立煩惱雜染自性差別。

玄奘譯《阿毗達磨俱舍論》卷二一　隨煩惱云何。

頌曰：隨煩惱此餘，染心所行蘊。

論曰：此諸煩惱亦名隨煩惱，以皆隨心爲惱亂事故。復有此餘異諸煩惱染污心所行蘊所攝。隨煩惱起故，亦名隨煩惱。不名煩惱，非根本故。

廣列彼相如雜事中，後當略論纏煩惱垢攝者，且應先辯纏相云何。

頌曰：纏八無慚愧，嫉慳并悔眠，及掉舉惛沉，或十加忿覆。無慚慳掉舉，皆從貪所生；無愧眠惛沉，從無明所起，嫉忿從瞋起，悔從疑覆諍。

論曰：根本煩惱亦名爲纏。經說欲貪纏爲緣故，然品類足說有八纏，毘婆沙宗說纏有十。謂於前八更加忿覆，無慚無愧如前已釋。嫉謂於他諸興盛事令心不喜，慳謂財法巧施相違令心恪著，悔即惡作，如前已辯。眠謂令心昧略爲性，無有功力執持於身。悔眠二纏唯取染污，掉舉惛沈亦如前釋。除瞋及害於情非情令心憤發說名爲忿，隱藏自罪說名爲覆。於此所說十種纏中無慚慳掉舉是貪等流，無愧眠惛沈是無明等流。嫉忿是瞋等流，悔是疑等流。有説覆是貪等流，有說是無明等流，有說是俱等流。有知無知，如其次第。餘煩惱垢其相云何。

頌曰：煩惱垢六惱，害恨諂誑憍，誑憍從貪生，害恨從瞋起，惱從見取起，諂從諸見生。

論曰：惱謂堅執諸有罪事，由此不取如理諫悔。害謂於他能爲逼迫，由此能行打罵等事。恨謂於忿所緣事中，數數尋思，結怨不捨，諂謂心曲，由此不能如實自顯。或矯非撥，或設方便，令解不明。誑謂惑他，憍前已釋。如是六種從煩惱生，穢污相麁，名煩惱垢。於此六種煩惱垢中，誑憍是貪等流，害恨是瞋等流，惱是見取等流，諂是諸見等流。如言何曲謂諸惡見，故諂定是諸見等流。此垢并纏從煩惱起，是故皆立隨煩惱名。此垢及纏爲何所斷。

頌曰：纏無慚愧眠，惛掉見修斷，餘及煩惱垢，自在故唯修。

論曰：且十纏中無慚等五通見修斷，由此通與二部煩惱相應起故，隨與見此諦所斷相應，即說名爲見此諦所斷。餘嫉慳悔忿覆并垢自在起故唯修所斷，唯與修斷他力無明共相應，故名自在起。此隨煩惱誰通何性。

頌曰：欲三二餘惡，上界皆無記。

論曰：欲界所繫眠惛掉三皆通不善無記二性，所餘一切皆唯不善。上二界中隨應所有一切，唯是無記性攝。此隨煩惱誰何界繫。

頌曰：諂誑欲初定，三三界餘欲。

論曰：諂誑唯在欲界初定，寧知梵世有諂誑耶。以大梵王匿已情事，現相誑惑馬勝苾芻。此二於前雖已分別義相應故，今復重辯。惛掉憍三通在三界，所餘一切皆唯在欲。謂十六中五如前辯，所餘十一唯欲界繫。已辯隨眠及隨煩惱，於中有幾唯在意地，有幾通依六識地起。

頌曰：見所斷慢眠，自在隨煩惱，皆唯意地起，餘通依六識。

論曰：略說應知，諸見所斷及修所斷，一切慢眠隨煩惱中自在起者，如是一切皆依意識。依五識身無容起故，所餘一切通依六識。謂修所斷貪瞋無明及彼相應諸隨煩惱，即無慚愧惛掉及餘大煩惱地法，所攝隨煩惱依六識身皆容起故。如先所辯樂等五受根，今此所明煩惱隨煩惱。何煩惱等何根相應，於此先應辯諸煩惱。

頌曰：欲界諸煩惱，貪喜樂相應，瞋憂苦癡遍，邪見憂及喜，疑憂餘五喜，一切捨相應，上地皆隨應，遍自識諸受。

論曰：欲界所繫諸煩惱中，貪喜樂相應，以歡行轉遍六識故。瞋憂苦相應，以慼行轉遍六識故。無明遍與前四相應，歡慼行轉遍六識故。邪見通與憂喜相應，歡慼行轉唯意地故。何緣邪見歡慼行轉，如次先造罪福業故。疑憂相應，以慼行轉唯意地故。懷猶預者求決定，知心愁慼故。餘四見慢與喜相應，以歡行轉唯意地故。已約別相說受相應，就通相說受相應者。一切皆與捨受相應，以諸隨眠相續斷位勢力衰歇必住捨受。欲界既爾，上地云何，皆隨所應遍與自地自識俱起諸受相應。謂若地中具有四識，彼一一識所起煩惱，各遍自識，諸受相應。若諸地中唯有意識，即彼意識所起煩惱，遍與意識，識受相應。上諸地中識受多少，如前已辯，故不別說。已辯煩惱諸受相應，今次復應辯隨煩惱。

頌曰：諸隨煩惱中，嫉悔忿及惱，害恨憂俱起，慳喜受相應，諂誑及眠覆，通憂喜俱起，憍喜樂皆捨，餘四遍相應。

論曰：隨煩惱中嫉等六種，一切皆與憂根相應，以慼行轉唯意地故。慳喜相應，以歡行轉唯意地故。歡行轉者，慳相與貪極相似故。諂誑眠覆憂喜相應，歡慼行轉唯意地故。歡慼行者，謂或有時以歡喜心而行諂等，或時有以憂慼心行。憍喜樂相應，歡行唯意故。在第三靜慮與樂相應，若在下諸地與喜相應。此上所說諸隨煩惱一切皆與捨受相應，相續斷時皆住捨故，有通行在唯捨地故。捨於一切相應無遮，譬如無明遍相應，故餘無慚愧惛沈掉舉四皆，遍與五受相應。前二是大不善地法攝故，後二是大煩惱地法攝故。所說煩惱隨煩惱中，有依異門，佛說爲蓋。今次應辯，蓋相云何。

頌曰：蓋五唯在欲，食治用同故，雖二立一蓋，障蘊故唯五。

論曰：佛於經中說蓋有五。一欲貪蓋，二瞋恚蓋，三惛眠蓋，四掉悔蓋，五疑蓋。此中所說惛掉及疑，爲如欲貪瞋恚眠悔，唯在欲界。通三界耶。應知此三亦唯在欲，以契經說。如是五種純是圓滿不善聚故，色無色界無有不善。然此五種純不善故，唯在欲界非色無色。何故惛眠掉悔二蓋，各有二體，合立一耶。食治用同，故合立一。食謂所食，亦名資糧。治謂能治，亦名非食。用謂事用，亦名功能。由此經中作如是說，惛眠雖二食非食同，何等名爲惛眠蓋食。謂五種法。一瞢瞢，二不樂，三頻申，四食不平性，五心昧劣性。何等名爲此蓋非食，謂光明想。如是二種事用亦同，謂俱能令心性沈昧，掉悔雖二食非食同。何等名爲掉悔蓋食，謂四種法。一親里尋，二國土尋，三不死尋，四隨念昔種種所更戲笑歡娛承奉等事。何等名爲此蓋非食，謂奢摩他。如是二種事用亦同，謂俱能令心不寂靜。由此說食治用同，故惛眠掉悔二合爲一。諸煩惱等皆有蓋義，何故如來唯說此五。唯此於五蘊能爲勝障故。謂貪恚蓋能障戒蘊，惛沈睡眠能障慧蘊，掉舉惡作能障定蘊。定慧無故於四諦疑，疑故能令乃至解脫。解脫智見皆不得起故，唯此五建立爲蓋。若作如是解釋經意，掉悔理應惛眠前說。以必依定方有慧生，定障亦應先慧障故。依如是理，有餘師言。此五蓋中，惛眠掉悔如次能障定蘊慧蘊。由此契經，作如是說。修等持者怖畏惛眠，修擇法者怖畏掉悔。有餘別說，唯立五因。彼說云何，謂在行位。先於色等種種境中，取可愛憎二種相故，後在住位由先爲因，便起欲貪瞋恚二蓋。此二能障將入定心，由此後時正入定位於止及觀不能正習。由此便起惛眠掉悔，如其次第障奢摩他、毘鉢舍那，令不得起。由此於後出定位中思擇法時，疑復爲障，故建立蓋，唯有此五。

玄奘譯《成唯識論》卷六　諸隨煩惱，其相云何。頌曰：隨煩惱謂忿，恨覆惱嫉慳，誑諂與害憍，無慚及無愧，掉舉與惛沈，不信幷懈怠，放逸及失念，散亂不正知。

論曰：唯是煩惱分位差別，等流性故名隨煩惱。此二十種類別有三，謂忿等十各別起，故名小隨煩惱。無慚等二遍不善，故名中隨煩惱。掉舉等八遍染心，故名大隨煩惱。云何爲忿。依對現前，不饒益境，憤發爲性，能障不忿，執仗爲業。謂懷忿者，多發暴惡，身表業故。此即瞋恚一分爲體，離瞋無別忿相用故。云何爲恨。由忿爲先，懷惡不捨，結怨爲性，能障不恨熱惱爲業。謂結恨者，不能含忍，恆熱惱故。此亦瞋恚一分爲體，離瞋無別恨相用故。云何爲覆。於自作罪，恐失利譽，隱藏爲性，能障不覆悔惱爲業。謂覆罪者，後必悔惱，不安隱故。有義此覆癡一分攝，論唯說此癡一分故，不懼當苦覆自罪故。有義此覆貪癡一分攝，亦恐失利譽覆自罪故。論據麤顯，唯說癡分。如說掉舉，是貪分故。然說掉舉遍諸染心，不可執爲唯是貪分。云何爲惱。忿恨爲先，追觸暴熱，佷戾爲性，能障不惱蛆螫爲業。謂追往惡，觸現違緣，心便佷戾，多發囂暴，凶鄙麤言，蛆螫他故。此亦瞋恚一分爲體，離瞋無別惱相用故。云何爲嫉。徇自名利，不耐他榮，妒忌爲性，能障不嫉憂慼爲業。謂嫉妒者，聞見他榮，深懷憂慼，不安隱故。此亦瞋恚一分爲體，離瞋無別嫉相用故。云何爲慳。耽著財法，不能慧捨，祕悋爲性，能障不慳鄙畜爲業。謂慳悋者，心多鄙澁，畜積財法，不能捨故。此即貪愛一分爲體，離貪無別慳相用故。云何爲誑。爲獲利譽，矯現有德，詭詐爲性，能障不誑邪命爲業。謂矯誑者，心懷異謀，多現不實，邪命事故。此即貪癡一分爲體，離二無別誑相用故。云何爲諂。爲網他故，矯設異儀，險曲爲性，能障不諂教誨爲業。謂諂曲者，爲網帽他，曲順時宜，矯設方便，爲取他意，或藏己失，不任師友正教誨故。此亦貪癡一分爲體，離二無別，諂相用故。云何爲害。於諸有情，心無悲愍，損惱爲性，能障不害，逼惱爲業，謂有害者逼惱他故。此亦瞋恚一分爲體，離瞋無別害相用故。瞋害別相，準善應說。云何爲憍。於自盛事，深生染著，醉傲爲性，能障不憍，染依爲業。謂憍醉者，生長一切，雜染法故。此亦貪愛一分爲體，離貪無別憍相用故。云何無慚。不顧自法，輕拒賢善爲性，能障礙慚生長惡行爲業。謂於自法無所顧者，輕拒賢善，不恥過惡。障慚生長，諸惡行故。云何無愧。不顧世間崇重，暴惡爲性，能障礙愧生長，惡行爲業。謂於世間無所顧者，崇重暴惡，不恥過罪，障愧生長，諸惡行故。不恥過惡是二通相，故諸聖教假說爲體。若執不恥爲二，別相則應此二體無差別。由斯二法應不俱生，非受想等有此義故。若待自他立二別者，應非實有，便違聖教。若許此二實而別起，復違論說，俱遍惡心。不善心時隨緣何境皆有，輕拒善及崇重惡義故，此二法俱遍惡心。所緣不異，無別起失。然諸聖教說不顧自他者，自法名自，世間名他。或即此中拒善崇惡，於己益損，名自他故。而論說爲貪等分者，是彼等流非即彼性。云何掉舉。令心於境不寂靜爲性，能障行捨奢摩他爲業。有義掉舉貪一分攝，論唯說此是貪分故，此由憶昔樂事生故。有義掉舉非唯貪攝，論說掉舉遍染心故。又掉舉相謂不寂靜，說是煩惱共相攝故，掉舉離此無別相故。雖依一切煩惱假立，而貪位增說爲貪分。有義掉舉別有自性，遍諸染心，如不信等，非說他分體便非實，勿不信等亦假有故。而論說爲世俗有者，如睡眠等隨他相說，掉舉別相謂即囂動，令俱生法不寂靜故。若離煩惱無別，此相不應別說障奢摩他，故不寂靜非此別相。云何惛沈。令心於境無堪任爲性，能障輕安毗鉢舍那爲業。有義惛沈癡一分攝，論唯說此是癡分故，惛昧沈重是癡相故。有義惛沈非但癡攝，謂無堪任是惛沈相。一切煩惱皆無堪任，離此無別惛沈相故。雖依一切煩惱假立，而癡相增，但說癡分。

有義惛沈別有自性，雖名癡分，而是等流，如不信等，非即癡攝。隨他相說，名世俗有。如睡眠等是實有性，惛沈別相謂即瞢重，令俱生法無堪任故。若離煩惱無別惛沈相，不應別說障毗鉢舍那。故無堪任，非此別相。此與癡相有差別者，謂癡於境，迷闇爲相，正障無癡而非瞢重。惛沈於境瞢重爲相，正障輕安而非迷闇。云何不信。於實德能不忍樂欲，心穢爲性，能障淨信惰依爲業，謂不信者多懈怠故。不信三相，翻信應知。然諸染法各有別相，唯此不信自相渾濁。復能渾濁餘心心所，如極穢物自穢穢他。是故說此心穢爲性。由不信故，於實德能不忍樂欲，非別有性。若於餘事邪忍樂欲是此因果，非此自性。云何懈怠。於善惡品修斷事中，懶惰爲性，能障精進，增染爲業。謂懈怠者滋長染故，於諸染事而策勤者，亦名懈怠。退善法故，於無記事而策勤者，於諸善品無進退故，是欲勝解，非別有性。如於無記忍可樂欲，非淨非染，無信不信。云何放逸。於染淨品不能防修，縱蕩爲性，障不放逸，增惡損善，所依爲業。謂由懈怠及貪瞋癡不能防修染淨品法，總名放逸，非別有體。雖慢疑等亦有此能，而方彼四勢用微劣，障三善根遍策法故。推究此相，如不放逸。云何失念。於諸所緣不能明記爲性，能障正念，散亂所依爲業，謂失念者心散亂故。有義失念念一分攝，說是煩惱相應念故。有義失念癡一分攝，瑜伽說此是癡分故，癡令念失故名失念。有義失念俱一分攝，由前二文影略說故，論復說此遍染心故。云何散亂。於諸所緣令心流蕩爲性，能障正定，惡慧所依爲業，謂散亂者發惡慧故。有義散亂癡一分攝，瑜伽說此是癡分故。有義散亂貪瞋癡攝，集論等說是三分故，說癡分者遍染心故。謂貪瞋癡令心流蕩勝餘法，故說爲散亂。有義散亂別有自體，說三分者是彼等流，如無慚等非即彼攝，隨他相說名世俗有。散亂別相謂即躁擾，令俱生法皆流蕩故。若離彼三無別自體，不應別說障三摩地。掉舉散亂二用何別，彼令易解，此令易緣。雖一剎那，解緣無易。而於相續有易義故，染污心時由掉亂力常應念念易解易緣，或由念等力所制伏如繫猨猴。有暫時住故，掉與亂俱遍染心。云何不正知。於所觀境謬解爲性，能障正知毁犯爲業，謂不正知者多所毁犯故。有義不正知慧一分攝，說是煩惱相應慧故。有義不正知癡一分攝，瑜伽說此是癡分故，令知不正名不正知。有義不正知俱一分攝，由前二文影略說故，論復說此遍染心故。

與并及言顯隨煩惱非唯二十，雜事等說貪等多種隨煩惱故。隨煩惱名亦攝煩惱，是前煩惱等流性故。煩惱同類餘染污法，但名隨煩惱，非煩惱攝故。唯說二十隨煩惱者，謂非煩惱，唯染麁故。此餘染法或此分位，或此等流，皆此所攝，隨其類别，如理應知。如是二十隨煩惱中，小十、大三、定是假有，無慚無愧，不信懈怠，定是實有。教理成故。

澄觀《大方廣佛華嚴經隨疏演義鈔》卷三四　隨煩惱者，謂所有諸煩惱皆是隨煩惱，有隨煩惱非是煩惱。釋曰：非煩惱者，所謂忿等。但隨本惑，名隨煩惱。而非根本，名非煩惱。而貪瞋癡名隨煩惱者，心法由此隨煩惱故。隨惱於心令不離染，令不解脱，令不斷障，故名隨煩惱。如世尊說，汝等長夜爲貪瞋癡，隨所惱亂，心恆染污。釋曰，論意云一切煩惱根本隨惑隨逐眾生，令心心所隨順染污，故皆名隨。是以疏云隨他生故，他即眾生，由惑隨生，故生隨惑。正是經意。謂諸行人心隨貪等。

疏：通釋貪等如九地中者，指廣在餘。然九地中釋其別相，若隨名釋，如唯識第六云。云何爲貪。謂於有有具染著爲性，能障無貪，生苦爲業，謂由愛力取蘊生故。釋曰：有謂後有三有異熟之果，有具謂彼惑業中有及器世間。論云：云何爲瞋。於苦苦具增恚爲性，能障無瞋，不安隐性，惡行所依爲業，謂嗔必令身心熱惱，起諸惡業，不善性故。釋曰：苦謂三苦，苦具謂一切有漏。無漏但能生苦者，謂邪見等謗無漏，故亦能生苦。論云：云何爲癡。於諸理事迷暗爲性，能障無癡，一切雜染所依爲業。謂由無明起疑邪定貪等煩惱隨煩惱業，能招後生雜染法故。釋曰：獨頭無明多迷諦理，相應無明亦迷事相，謂於諦等生猶豫故。論云：云何爲慢。恃己於他高舉爲性，能障不慢，生苦爲業，謂若有慢於彼有德心不謙下，由此生死輪轉無窮受諸苦故。然根本有六。疑及惡見，此中不說者，以解教人多無於疑及惡見故。後七隨惑中，然唯識隨惑總有二十。頌云，隨煩惱謂忿，恨覆惱嫉慳，誑諂與害憍，無慚及無愧，掉舉與昏沈，不信幷懈怠，放逸及失念，散亂不正知。此二十中有其三品，謂初忿等十各別起故，名爲小隨煩惱。無慚等二遍不善故，名爲中隨煩惱。掉舉等八遍染心故，名大隨煩惱。今唯小隨爲成十故，但舉其七。略無惱害及憍三事，亦憍屬慢攝，惱害嗔收故。而言覆者，謂於自作罪恐失利譽，隱藏爲性，能障不覆，悔惱爲業。謂覆罪者，後必悔惱，不安隱故。忿謂依對現前不饒益境，憤發爲性，能障不忿，執取爲業。謂懷忿者，多發暴惡，身表業故。恨謂由忿爲先，懷惡不捨，結怨爲性，能障不恨，熱惱爲業。謂結恨者，不能含忍，恆熱惱故。嫉謂徇自名利，不耐他榮，妬忌爲性，能障不嫉，憂慼爲業。謂嫉妬者，聞見他榮，深懷憂慼，不安隱故。慳謂耽著財法，不能惠捨，祕悋爲性，能障不慳，鄙畜爲業。論慳悋者，心多鄙澀，畜積財法，不能捨故。誑謂爲獲利譽，矯現有德，詭詐爲性，能障不誑，邪命爲業。謂矯誑者，心懷異謀，多現不實，邪命事故。諂謂爲網冒他故，矯設異儀，險曲爲性，能障不諂，教誨爲業。謂諂曲者，謂網冒他曲順時宜，矯設方便，爲取他意。或藏己失，不任師友正教誨故。然諂誑並以貪癡一分爲體，慳唯貪一分，嫉恨忿三以嗔一分，覆以貪癡一分爲體。恐失利譽，是貪不懼，當苦是癡，餘可例知。疏法是法藥，要在服行者。《淨名》云，應病與藥，令得服行，服與不服，非醫咎者。即遺教經八大人覺復云，汝等比丘於諸功德，常當一心，捨諸放逸，如離怨賊。大悲世尊所欲利益，皆已究竟，汝等但當勤而行之。若於山間，若空澤中，若在樹下閑處靜室，念所受法勿令忘失。常當自勉，精進修之。無爲空死，後致有悔。我如良醫，如病說藥。服與不服，非醫咎也。

澄觀《大方廣佛華嚴經隨疏演義鈔》卷四〇　隨煩惱，謂忿恨覆惱嫉慳，誑諂與害憍，無慚及無愧，掉舉與昏沈，不信幷懈怠，放逸及失念，散亂不正知。長行釋云，唯是煩惱，分位差別，等流性故，名隨煩惱。彼疏釋云，謂忿等十，及失念不正知放逸等，假染心所，是貪等差別分位，名隨煩惱。無慚無愧掉舉昏沈散亂不信懈怠七法，雖別分位有體，是前根本之等流，故名隨煩惱。由煩惱爲因此得有，故論云，此二十種類，別說有三。謂忿等十各別起故，名小隨煩惱。無慚等二遍不善故，名中隨煩惱。掉舉等八遍染心故，名大隨煩惱。

二十難

趙恒《注四十二章經》　佛言，天下有二十難。貧窮布施難。凡人貧乏自逼，飢寒而能輟己，濟人斯亦難矣。豪貴學道難。豪貴恣逸無諸苦惱，而能厭其累塵，折節求道，故爲難矣。判命不死難。不字當爲必字，蓋傳之訛也。若世人明達因果，決志判命。或捨命身飼其猛鷙，濟彼魚鼈，乃至忠臣烈士，以死殉義，斯皆難也。何知當爲必字緣。佛言二十難，並說凡夫境界，非論不生不滅之理，其義明矣。又據西戎南蠻語音，呼必爲不。得覩佛經難。凡人不具信根，罔憂生死，則出世之教，安得見聞。生値佛世難。夫人若不結勝因，不修眾善，則諸佛出世，豈得遭遇，實知難矣。忍色離欲難。六塵之中多爲情欲所惑，而能制伏妄念，防其越逸，甚爲難矣。見好不求難。彼之所好，此或于求。遂之，貽貪冒之名。違之，招忿戾之患。故能不求爲難矣。有勢不臨難。勢利之人，威福之地，而能唯道是從，不形趨附，亦爲難矣。被辱不瞋難。不忍小忿，則興諍端，非理相干，能以情恕，斯亦難矣。觸事無心難。心求清淨，觸境而興。若能遇事不徇物情，斯爲難矣。廣學博究難。怠惰則陷無明，多聞則有饒益。若能廣究誼理，以資智慮，斯爲難矣。不輕未學難。凡曰群生，同稟眞性，而以能格物，俗之常情故，不輕未學爲難也。除滅我慢難。愚冥徇情，彼我慢生，違善興諍，罔不由茲。若能除滅，故爲難矣。會善知識難。感物生情理，茲染習善惡之性。由是而遷，故知識之善者，亦難矣。見性學道難。性本澄湛，迷於妄情，道本眞常，昧於愛欲。能復本而見性，背僞而學道爲難矣。對境不動難。前塵妄境，致惑眞性。故悟之而寂照，對之而不動者，難矣。善解方便難。常懷大慈以視衆生，種種方便以爲饒益者，難矣。隨化度人難。衆生之性亦有利鈍，能於高下之中隨化而度之者，亦難矣。心行平等難。癡冥之類，合塵背眞。若能冤親彼我一皆平等，斯爲難矣。不說是非難。兩舌妄言，世尊所戒。衆生無明，而有差別。若能平等不搆是非者，難矣。

智旭《佛說四十二章經解》　佛言，人有二十難。貧窮布施難，豪貴學道難，棄命必死難，得覩佛經難，生值佛世難，忍色忍欲難，見好不求難，被辱不瞋難，有勢不臨難，觸事無心難，廣學博究難，除滅我慢難，不輕未學難，心行平等難，不說是非難，會善知識難，見性學道難，隨化度人難，覩境不動難，善解方便難。

此第十二章，略舉二十難事，以爲勸誡也。順情則易，逆情則難。然能深發肯心，則雖難而易。其或但隨流俗，則雖易亦難。夫貧窮則布施爲難，故雖少許之施，得福甚多，不可不勉力也。然現見有貧而能施者，乃富人反不肯施，則慳鄙爲何如耶。豪貴學道，例施可知。人所最重者身命，誠能棄命，則何事不可爲者。然未聞保命畏死之人，果能長生不死，則亦何事貪惜耶。佛經難覩，今幸覩佛經而不研精殫思，則與不覩何異。佛世難值，今幸值佛世而不及時進修，則與不值何殊。色欲雖恆情所好，然或察其味少苦多，或觀其如幻如影，則亦何難忍制。若見好時，知其未必可求，則貪心自息。若被辱時，但以情恕理遣，則瞋意自平。視富貴若草頭露，何容以勢臨人。觀事境同夢所緣，何必勞心措置。廣學而不博究，如入海無指南針，安能會理。恃學而生我慢，如沃壞以滋稊稗，反害良禾。佛嘗言四種不可忽。一者火雖小不可忽，二者龍雖小不可忽，三者王子雖小不可忽，四者沙門雖小不可忽。今有輕未學者，未知其不可忽故也。心平等，則施難勝如來，與施最下乞人，功德無異，泯是非，則一切諸法無非佛法。是非情見未忘，決不能見法界眞善知識。不見現前一念心之實性，決不可以學無上道。不學稱性權實之道，不能隨化度人。未達隨化度人方便，安能覩十法界境而一心不動。若不能於一一法界中具見一切法界事理，何繇善解同體方便。故知此二十事，後後難於前前也。

道霈《佛祖三經指南》卷上　佛言，人有二十難。貧窮布施難，豪貴學道難，棄命必死難，得覩佛經難，生值佛世難，忍色忍欲難，見好不求難，被辱不瞋難，有勢不臨難，觸事無心難，廣學博究難，除滅我慢難，不輕未學難，心行平等難，不說是非難，會善知識難，見性學道難，隨化度人難，覩境不動難，善解方便難。

此佛略示人情之難事二十種，蓋欲人轉難爲易，化情向道也。如知貧窮無羨餘，則減口體以行施。豪貴易起業，則降志以學道。貪生難棄則引義自決，佛經難覩則信樂希求。乃至不善解方便，則深思博究，令心慧開發，必使掀翻窠臼，不爲諸難所封。是稱人中大丈夫也。

福善、通炯《憨山老人夢遊集》卷七　佛說二十難中云：得人身難，生中國難，得遇佛法難，親近善知識難，生正信難，此五乃難之難者。沙淨彌已具其四，所欠者唯生正信耳。今幸出家，得遇大善知識爲依歸，又渾身跳在佛法大海。此何修而得，何緣而至。若不奮發勇猛，生大正信，將此一片幻妄身心，洗得乾乾淨淨，拚一條性命，志出生死，廣修萬行，結成佛無上之大緣，豈不當面錯過，失多生善根種子耶。古德云，三途地獄受苦者未是苦，向袈裟下失卻人身爲誠苦耳。佛言心如絃直，可以入道。所言絃直者，謂無委曲相也。如何是委曲相，謂機械巧心、偷心、乖心、覆過心、無慚愧心、嬾惰偷安心、見人過失心、貢高我慢心，自是非他心、不生孝順心慈愍心。總之一切不善心，皆是自心之委曲相也。今要發心，只須將前一切心，盡行掃除。時時撿點，念念照管，不許放行，恐不能頓斷。將古人一則公案，橫在胸中，習氣發時，便提此話頭，與之撕捱。久久純熟，則心自條直，而道念日增，行門日進，心地日明。如此一生，始謂不虛度也。不然待生死到，將何抵對。沙彌當自思之，切不可作等閑輕意放過。

續法《佛說四十二章經疏鈔》卷三　佛言，人有二十難。貧窮布施難，豪貴學道難，棄命必死難，得覩佛經難，生值佛世難，忍色離欲難，見好不求難，有勢不臨難，被辱不瞋難，觸事無心難，廣學博究難，不輕未學難，除滅我慢難，心行平等難，不說是非難，會善知識難，見性學道難，隨化度人難，對境不動難，善解方便難。

疏先總標貧下，次別列中。先世間行難，貧者無福，窮者無慧。又貧無財產，窮無衣食。施有三，一者財，二者法，三者無畏。貧賤施財，豈不爲難。道則戒善禪定等法。然饑寒困苦，道心易發。富貴尊榮，學道則難。色心連持爲命，物物貪生，人人怕死，故棄命爲難。然難與易，俱出於心。若心生疑，非難成難。心若無疑，是難非難。

二土

竺佛念譯《菩薩瓔珞本業經》卷上 初地聖人亦有二土。一實智土，前智住後智爲土。二變化淨穢，經劫數量應現之土。乃至無垢地土亦如是。一切衆生乃至無垢地，盡非淨土，住果報故。唯佛居中道，第一法性之土。是故我昔於普光堂上，廣爲一切衆生說淨土之門。

智顗《維摩羅詰經文疏》卷一 佛國有事有理。事即應身所居之域，理則約極智所照之境。而至理虛寂，本無境智之殊，豈有能居界域之別。但以隨機化物，說其眞應兩身，故明事理二土也。

吉藏《淨名玄論》卷七 但因果有二。一依報因果，謂淨穢國土。二正報因果，即本迹兩身。一部始終，明斯二法。菴園初會，明淨土因果。六度四等，爲淨土之因。報應二國，爲淨土之果。方丈初會，明法身因果。佛身者，謂法身也。明法身之果從無量功德生，即法身之因。此之二會法門，義來次第，要先有國土，然後方有佛身。又先明淨土因果，勸捨穢取淨。次辨法身因果，即厭患生死，欣求佛身。義之要極，莫過此二。次集重明三種因果。始從弟子，訖不二法門。破大小二迷，明菩薩妙行。即法身之因，行法身因，即得如來之果。香積以去，示衆香土，明淨土之果。循行八法，爲淨土之因。菴園重會，合明二種因果。菩薩之行，無行不攝，即淨土法身之因。阿閦佛品明法身體絕百非，形備萬德。謂法身果現於妙喜，即淨土果。是以四會同辨因果法門。問：四會同明淨土因果，有何異耶。答：初化主不同者，初會佛說淨土，次維摩辨淨土，後會佛菩薩共明淨土。良由受悟不同，化主爲異。二就三衆，初爲初會之衆，乃至後說爲後集之緣。一聞則三衆不同，重聽則三根爲異。次約義差別者。凡有七門。一者菴園明釋迦佛土，方丈辨香積佛土，後會明無動佛土。二者初明下方佛土，次辨上方佛土，彼辨餘方佛土。佛土雖多，舉三略攝。三者初後明音聲佛土，香積辨無言世界。舉此二門，亦無國不收。四者初會明一質異見。譬如諸天共寶器食，隨其福德，飯色有異。次明異質異見，香積娑婆淨穢二質，以此二衆所見不同。後明移淨入穢，淨穢同處，異質一處。土義雖多，此三略攝。五者初會明通別淨土。初則通明一切淨土之因，一切淨土之果，謂通明土也。身子生疑，如來變淨，別明釋迦佛土。次兩會但明香積無動，謂別土也。淨土雖多，不離通別。六者初會明報應之果，謂報土也。後之兩會，通含報應。七者初會具明淨土體用。報應因果，即是土體。按地變淨，現土利物，爲土用也。後二會，唯明土用不辨體。欲談淨土，委具七門。

道綽《安樂集》卷上 又汎明佛土，對機感不同，有其三種差別：一者從眞垂報，名爲報土。猶如日光照四天下，法身如日，報化如光。二者無而忽有，名之爲化。即如《四分律》云：錠光如來化提婆城與拔提城相近，共爲親婚往來，後時忽然化火燒卻，令諸衆生覩此無常，莫不生厭歸向佛道也。是故經云：或現劫火燒，天地皆洞然，衆生有常想，照令知無常。或爲濟貧乏，現立無盡藏，隨緣廣開導，令發菩提心。三者隱穢顯淨。如《維摩經》佛以足指按地，三千刹土莫不嚴淨。今此無量壽國即是從眞垂報國也。何以得知。依《觀音授記經》云：未來觀音成佛，替阿彌陁佛處。故知是報也。

子璿《金剛經纂要刊定記》卷五 先列二土，形相即法相土，謂金地寶池等。以要言之，但有所見聞皆屬形相。第一義即法性土，謂離一切相無所見聞，即眞如理是。

知禮《觀音義疏記》卷三 初二土淨穢。論土淨穢，有橫有豎。若以分段對於變易爲淨穢者，則約通惑盡不盡說，即豎論也。如《釋論》云：出三界外有淨國土，聲聞緣覺出生其中。若於分段自說淨穢，則約五濁重相對，即橫論也。今以極樂及善淨國，對於堪忍，是橫非豎。故使淨土有見思毒，無惡道名。毒非苦因，則見與煩惱二濁輕也。果報嚴淨，劫命輕也。衆生居此有何鄙稱，彌陁願行攝之。故輕非是斷惑方生其中，以世慈善五逆稱佛亦能生，故娑婆穢相目擊可知。此是橫論淨穢二土。而此二土皆有凡聖。凡如前說，聖有二種。謂應來聖、有修得聖。二土皆然。二兩根利鈍。濁重之土，論悟道根，自有利鈍，濁輕土根，亦有利鈍。以土對根，故成四句。三五濁輕重。身形至卑小即眾生濁，時節麁險即劫濁，餘三名顯。淨土不爾者。如《大本疏》問云：既言五濁，何者是五清。答：準例邪正三毒。邪是五濁，正是五清。他方淨土無邪三毒，則五障輕也。二何故下明，能感二行。言福德者，即三種福也。如《觀無量壽佛經》云：一者孝養父母，奉事師長，慈心不殺，修十善業。二者受持三歸，具足眾戒，不犯威儀。三者發菩提，深信因果，讀誦大乘，勸進行者。此三種業，三世諸佛淨土正因。彼疏云：初業共凡夫，第二共二乘，第三是大乘不共之業。彼經云：欲生極樂國者，當修三福。故今云，多修福德不多修福，爲二土行，就此福而論也。二若穢下別示穢土二根二。初示乘戒四句二。初立句相戒論十戒，唯取不缺不破不穿不雜。此之四種，前三事戒，後一事定，皆人天因。不取隨道無著智所讚自在，隨定具足。以此六種雖名爲戒，體是三觀，自屬於乘，乘論五乘，不取人天。以其二種雖名爲乘，不動不出，體是漏善，事戒所攝。唯取三乘，以聲聞等該於四教。是入理智，雖分深淺，皆能動出煩惱生死，故得名乘。今以四戒而對三乘，論於緩急以成四句。二戒急下判所感。乘戒約過去，機感約現在。二機有下明大小二根二。初通明大小感佛。不問事戒有持有毀，但論習學理乘大小，是故文中置戒明乘。故《涅槃》云：其戒緩者未名爲緩，於乘緩者方名爲緩。以戒緩者唯失人天，若其乘緩無解脫路。乘分大小，昔爲偏眞修觀行者，今作小機，唯感劣應佛之形聲。昔爲中道修觀行者，今作大機，能感勝應佛之形聲。言降神等者，如來昔於大通佛所，覆講法華與無量眾生作一乘因。中間退大染著五塵，佛恐墮苦，遂以小乘而救拔之，或用衍三而引導之。如是大小種種成熟，堪於今世悟入佛乘。是故如來爲此一事出現於世，然其機發復少差別，故於一代而分五時。有機堪能直入於實，有機但能迂入於實。雖此二類熟在一時故，於華嚴頓談圓別，被二種機，此機從始即見勝相。若於中間習小深者，雖於今世入一佛乘，而小先熟。故爲此機，示現劣身。初說三藏，諸味調熟，來至法華方開佛慧。此機於始唯見劣身，故降母胎即示兩相。

延壽《宗鏡錄》**卷八九** 古釋云，一法性土。眞如爲體，或五法中以清淨法界爲體。眞如與法界，總相門中即不殊，別相門中即有異。眞如遍一切，因果兼該通即廣，清淨法界即狹，唯果位故。二實報土。力無畏等一切功德無漏，五陰以爲體性。攝相歸性，以眞如爲體。因修萬行，果起酬因，眞實果報之所招感，名實報土。於佛自受用身中，以四智爲身。所依十力四無所畏功德，以之爲土。三色相土。攝境從心，自利後得智爲體，最極自在淨識爲相。第八無垢名爲淨識，大圓鏡智後得智中之所變。攝相歸性，亦以眞如爲體。若約相別，四塵爲體。四他受用土。攝境從心，利他後得智爲體，攝相歸性，以眞如爲體。若約相別，四塵爲體。五變化土。菩薩變化土有漏者，同前。攝境從心，本識爲體。無漏者，同前。自利後得智爲體，佛亦同此體。約性，眞如爲體。相別，四塵五塵爲體。然變土者，若第八識中從種子變生。四塵五塵現行者，名因緣變。佛唯無漏，菩薩有漏通淨穢。若六七識所變者，名分別變，佛唯無漏。報化二土，或通淨穢。若第七識有漏位中，但內緣第八識見分，不能變土。若無漏六七後得智中能變之者，唯通影，不可受用，爲不從種生故。但可現淨穢之相，教化眾生。上諸身土，言總體，則皆以一心法界如來藏性爲體，以法爾故。約別體，則如上所辯。

問：淨穢二土，爲當同體異見，爲當別體異見，爲當無體妄見，爲當有體妄見。答：非同非異，不有不無，但隨自心因業所現。安法師云：淨穢二土，四句分別。一質不成，淨穢虧盈。異質不成，一理齊平。無質不成，緣起萬形。有質不成，搜原即冥。故《楞伽經》偈云：不知唯心現，是故分二見。如實但知心，分別即不生。《密嚴經》偈云：是心有二性，如鏡含眾像。亦如水現月，瞖者見毛輪，毛輪瓔珞珠，此皆無所有，但從病瞖眼。若斯而顯現，瓶衣皆自識。眾生亦復然，虛妄計我人，不知恆執取。眾生及瓶等，種種諸形相。內外雖不同，一切從心起。依止賴耶識，一切諸種子。心如境界現，是故說世間。世間非作者，業及微塵作。但是阿賴耶，變現似於境。《清涼記》云：此上分別淨穢二土四句，是一向遮過。實則即異即同，即有即無。若互相形奪，則一異而兩亡，有無雙寂。若圓融無礙，則即一即多，即無即有。有是無有，無是有無。多是即一之多，一是即多之一。有無即事理無礙，一多兼事事無礙。由此重重故，華嚴藏剎一一塵中皆見法界。又依正無二四句渾融。一佛身即剎者。佛體即是法性土故，廢他從己。佛體虛故，土外無佛，法性無二故。二剎即佛身者，剎體即是法性身故。廢己從他，剎體虛故。佛外無法，性無二故。由性無二以性融相，故身剎相即。三俱者，謂有身有土，不壞相故。若無身土，無可相即故。四泯者。謂佛即剎，故非佛。剎即佛，故非剎。以互奪故。

二方便

曇無讖譯《菩薩地持經》卷二 初發心堅固有二方便。一者淨心方便，二者道方便。淨心方便者，彼安隱心快樂心日日增長。道方便者，自於日夜成熟佛法，隨其力能依淨心方便，安樂饒益一切衆生。

初發心堅固有二門善法所入。一者自利方便，發菩提心。二者他利方便，滅除衆苦。

達摩笈多譯《金剛般若波羅蜜經論》卷中 說三千大千世界，於中爲破色身影像相故，顯示二種方便。一細作方便，如三千大千世界所有微塵寧爲多不等。二不念方便，如經是諸微塵如來說非微塵是名微塵故，爲破衆生身影像相故。經言，如來說世界非世界是名世界故，於中世界顯衆生世也。但以名身名爲衆生世，不念名身方便即是顯示故，彼影像相不復說細作方便也。

吉藏《法華遊意》 又，此經開二方便門，顯二眞實義。開二方便門者，謂乘方便，身方便也。顯二眞實義者，謂乘眞實身，眞實也。乘方便謂三因三果，乘眞實謂一因一果。身方便謂生滅無常之身，身眞實謂無生滅常住身。若猶是覆相，則是方便之門未開，眞實之相未顯。

智顗《妙法蓮華經文句》卷三上 方便與權云何。

答：四句分別，自有方便破權，權破方便，方便修權，權修方便。方便即權，權即方便。方便破權者，四種皆是祕妙之方便，此方便破隨他意權也。權破方便者，權是同體之權，破於體外之方便也。相修者亦可解，相即者亦可解（云云）。三句可釋他經，第四句今品意也。故正法華名善權品，權即方便，無二無別。低頭舉手，皆成佛道。方便善權，皆眞實也。廣釋者，先出舊解，五時權實，十二年前照無常事爲權，照無常理爲實，指阿毘曇。今謂釋論破無常是對治法，皆屬三悉檀，云何有實耶，非今所用。十二年後般若照假有爲權，照假有即空爲實。釋論亦破此義，念想觀已除，言語法皆滅。照假有即空者，猶是觀想耳，非今所用。次淨名思益，內諍鑒空，有二境爲實智，外變動應用爲權智。今謂內鑒外用爲二，非入不二門。非今所用。次法華照三三爲權，照四一爲實。今謂三權一向不會實，一實不關三權。非今所用。次涅槃金剛前無常爲權，金剛後常爲實。今謂道前眞如亦是常，道後如量智亦是權。此五時權實非今所用，乃至半滿四宗所明權實二智，亦非今所用。復有人解，方便是權爾實是審實，又方便是權巧實是智慧。又方便是權假，假三車於門外。又方便是權宜，宜說三乘故。又權是譬名，譬如秤錘前之則重，卻之則輕，處中則平。合於佛智，照察稱量。如是等釋，各取一途。權爾權假約處所，權宜約法門，權巧秤錘約智能，各不包含，義不融妙。不可用此釋今品。又有人以四種二慧。初一是權，一是實。次空有二智，觀空不證，離二乘涉有無染出凡夫。次空有內靜爲實，外用爲權。次金剛前後常，無常爲權實。初二慧令生信，次二慧令生解，次二慧令化他，後二慧是果。此諸二慧凡有三轉。初以有爲俗空爲眞，次空有爲俗，非空非有爲眞。次空有爲二，非空非有爲不二，二不二皆爲俗，非二非不二爲眞。教智亦然，何故爾，爲人悉檀故。自有人聞前不悟，聞後即悟，是故二諦不同。又如來常依二諦說法，故二諦有三門。又佛教雖多，不出三門。又漸引衆生故。凡夫計心形是實，蓋非實也，法性空乃眞耳。凡夫即捨有取空故，說空有皆是俗，非空非有乃是眞。或者捨二邊，復滯中道。故第三遠離二邊，不著中道乃是眞。此爲五乘人。初引凡夫生信出有，次引二乘令入中，次引菩薩令中偏俱捨。又爲學中者，謂三假爲世，三假空爲眞，此但得初意。次非三假空有皆俗，非空非有爲眞（云云）。今詳彼釋，乃是傍五時顯己意，卻漸次梯隥之非耳。可釋他經非今品意。經云咸令衆生皆得覩見，何時前後開悟不同。又云，正直捨方便，那用漸次會於圓妙。又初引生信解化果等，何關今經悟入之意耶。如天親列十七名，第十三名大巧方便。又大乘方便經，明方便十種。第九名善巧，移二乘令入大乘方便波羅蜜。當知今品乃是如來方便，攝一切法如空包色，若海納流，豈可以諸師一枝一派釋法界之大都耶。今明權實者。先作四句，謂一切法皆權，一切法皆實，一切法亦權亦實，一切法非權非實。一切法權者，如文云，諸法如是性相體力本末等，介爾有言皆是權也。一切法實者，如文如來巧説諸法悦可衆心，衆心以入實爲悦。又諸法從本來，常自寂滅相。又云，如來所説皆悉到於一切智地。又云，皆實不虚。又大經四句皆不可説也。一切法亦權亦實者，如文所謂諸法如實相，是雙明一切亦權亦實。例如不淨觀亦實亦虚(云云)。

玄奘譯《大乘大集地藏十輪經》卷一〇　菩薩摩訶薩復有善巧方便大甲冑輪。若菩薩摩訶薩成就此輪，從初發心一切五欲皆能除斷，超勝一切聲聞獨覺，普爲一切聲聞獨覺作大福田。一切聲聞獨覺乘等，皆應供養承事守護。

云何名爲善巧方便大甲冑輪。善男子，菩薩善巧方便有二種相。一者世間，二者出世間。云何名爲菩薩世間善巧方便，謂諸菩薩或爲自利，或爲他利，或爲俱利，常懷彼此示現種種工巧伎術，爲自及他，得成熟故，承事供養諸佛世尊。或諸菩薩，或諸獨覺或諸聲聞，或母或父，或諸病者，或諸羸劣無依怙者，若見厄難，臨被害者，種種勤苦，方便救濟，以四攝事成熟有情。是諸菩薩自住大乘，於諸聲聞及獨覺乘非大乘器、若諸聲聞及獨覺乘根未熟者，爲説微妙甚深法教令其修學，或勸勤修諸聖靜慮，或爲開示最勝義諦，勸令修行，超四顛倒，覺悟四種無墮法性，或令趣入四無礙解，或復乃至勸令安住四念住、四正斷、四神足、五根、五力、七等覺支、八聖道支、有餘無餘道及道果，趣入巧智令其成熟。若諸有情貪求名稱利養富貴，諸根躁擾，善根未熟，勸令讀誦諸阿笈摩及毗奈耶阿毗達磨，或勸讀誦除佛所説順解脱論令其成熟。若諸有情不樂布施，勸令惠捨種種珍財，令其成熟。若諸有情暴惡不仁，勸令修學四種梵住。若諸有情心多忿恚，勸令修忍。若諸有情心多懈怠，勸修精進。若諸有情心多散亂，勸修靜慮。若諸有情具足惡慧，爲説正法，謂以記説教誡方便，令其成熟。若諸有情不敬三寶，具無依行，勸受三歸，令敬三寶，或勸受學近事律儀，或勸受學近住律儀，令其成熟。或勸修習種種工巧伎術業處，令其成熟。如是等菩薩摩訶薩種種世間巧方便智，過殑伽沙菩薩摩訶薩，以是一切書論工巧伎術業處加行精進巧方便智，摧伏一切外道異學，如是名爲菩薩世間善巧方便。

此巧方便共諸聲聞獨覺乘等，亦作一切佛法依因，亦是善巧諸行依處，亦是善巧任運無思滅退墮法。又，善男子，若諸菩薩不依明師，不依善友，修行世間善巧方便，是諸菩薩愚於世間善巧方便，向諸惡趣，不能隨順安住出世巧方便智，亦非一切眞實福田，不能善巧知諸有情根行差別。以於善巧方便愚故，爲諸聲聞及獨覺乘非大乘器及於大乘根未熟者，宣説大乘令其修學。又爲大乘法器有情，宣説聲聞獨覺乘法，令修聲聞獨覺乘行。爲獨覺乘法器有情説聲聞乘，令其修習聲聞乘行。爲聲聞乘法器有情説生死法令其愛著，不爲宣説厭生死法。又於善巧方便愚故。若諸有情樂行煞生，廣説乃至執著邪見，爲彼宣説甚深大乘，不爲宣説生死流轉死此生彼衆苦果報，令其厭怖離諸惡法。又於善巧方便愚故，乃至若諸有情樂修淨戒令修布施。若諸有情樂修安忍，勸捨安忍令修淨戒。若諸有情樂修精進，勸捨精進，令修安忍。若諸有情樂修靜慮，勸捨靜慮，令修精進。若諸有情樂修般若，勸捨般若，令修靜慮。如是菩薩愚於世間善巧方便，不能眞實利樂有情，與諸有情爲惡知識。此巧方便依有所得，有所執著，如是名爲菩薩世間善巧方便。如是世間善巧方便，共諸聲聞獨覺乘等，此不名爲大甲冑輪。亦不由此名爲菩薩摩訶薩也，及名一切聲聞獨覺眞實福田。

云何名爲菩薩出世善巧方便。謂諸菩薩但爲利他，不爲自利。示現種種工巧伎術，爲成熟他承事供養諸佛世尊，或諸菩薩，或諸獨覺，或諸聲聞，或母或父，或諸病者，或諸羸劣無依怙者，若見厄難臨被害者，種種勤苦方便救濟，以四攝事成熟有情，隨其意樂隨其根器爲諸有情宣説正法。又能漸次勸諸聲聞修獨覺乘，勸諸獨覺修習大乘。若於聲聞及獨覺乘根未熟者，爲説厭離生死苦法。令其修學厭離生死欣求涅槃。若諸有情樂行殺生廣説乃至樂著邪見，隨其根性，或爲宣説生死流轉，死此生彼，衆苦果報，令其厭怖離諸惡法。或爲宣説與聲聞乘相應正法，或爲宣説與獨覺乘相應正法，或爲宣説無上乘中淺近之法令漸修學。若諸有情已樂布施，爲説勝上受持淨戒令其修學，廣説乃至若諸有情已樂靜慮，爲説勝上無漏聖道所攝般若，令其修學。此巧方便依無所得無所執著，如是名爲菩薩出世善巧方便大甲冑輪。

二　印

覺苑《大毗盧遮那成佛神變加持經義釋演密鈔》卷六　仍對上位名有用迹，所以知者，故結云分爲二印耳，即八地與補處爲二印也。又解分二印者，謂初入此八地，上不見諸佛可求，下不見衆生可度，沈空多時，名無相三昧印。諸佛勸起，以如幻三昧起種種利益衆生之事，名爲有相三昧印。故爲二印也。

二　忍

無羅叉譯《放光般若經》卷一七　當起二忍：一者忍辱，二者無所從生法忍。起意念言：以刀捶杖加我者爲誰。受者爲誰。當觀法相，觀法相者亦無所有、亦無所觀。無所觀者，便得無所從生法忍。住二忍已，便具足四禪、四等及四空定，便具足三十七品及三脱門，便具足十力，四無所畏，四無礙慧。

竺法護譯《大寶積經》卷一一七　菩薩有二忍。一曰曉了身分散事，二曰明識諸法，皆悉本無，乃成忍辱。是爲菩薩忍，度無極行清淨也。

鳩摩羅什譯《大智度論》卷六　有二種忍：生忍、法忍。生忍名衆生中忍，如恒河沙劫等，衆生種種加惡，心不瞋恚。種種恭敬供養，心不歡喜。

復次，觀衆生無初，若有初則無因緣，若有因緣則無初。若無初亦應無後，何以故。初後相待故。若無初後，中亦應無。如是觀時，不墮常、斷二邊，用安隱道觀衆生，不生邪見，是名生忍。

甚深法中心無罣礙，是名法忍。

曇無讖譯《菩薩地持經》卷六　云何菩薩羼提波羅蜜。略說有九種。一者自性忍，二者一切忍，三者難忍，四者一切門忍，五者善人忍，六者一切行忍，七者除惱忍，八者此世他世樂忍，九者清淨忍。

云何自性忍。菩薩依思惟力，若性能忍他人不饒益事。一切諸忍，依無貪心，純一悲心，是名略說自性忍。云何菩薩一切忍。略說二種。一依在家，二依出家。此二各有三種。一者他不饒益忍，二者安苦忍，三者法思惟解忍。他不饒益忍者，從久遠來，無間大苦，他不饒益。現前迫切，菩薩作如是學，是我自業過惡所招，本作罪業，得今日苦。今若不忍，復爲未來大苦因緣。我今便爲重自造苦，不由於他。又我身及彼，俱是一切有爲行苦。彼無智故，於我性苦更增其苦。我今有智，云何復欲重加其苦。又復聲聞自利尚不以苦加於他人，況於菩薩廣利衆生。如是思惟，已修習五種想。於怨親中人下中勝品，若苦若樂有德無德，如是衆生一切能忍。云何五種想。一者本親屬想，二者法數想，三者無常想，四者苦想，五者攝取想。本親屬想者，菩薩作如是學。衆生久遠已來少非親者，若父若母，兄弟姊妹，和上阿闍梨，若師、若師等及諸所尊，於怨憎所，如是正思惟時，捨怨憎不饒益想，住本親想。依本親想已，他不饒益者，悉能堪忍。法數想者，菩薩作如是學。因緣行數法數，無我衆生壽命，生者罵者打者諍者，如是正思惟時，離衆生想住法數想。依法數想已，他不饒益者悉能堪忍。無常想者，菩薩作如是學。一切衆生生所起者，一切悉是無常死法，於上復有不饒益事，欲斷其命。如是無常衆生性是無法，智者不起不清淨心，況復手石刀杖欲斷其命。如是正思惟時，離常堅固想，住無常不堅固想。依無常想已，他不饒益者，悉能堪忍。苦想者，是菩薩觀。大力具足者尚不離三相，所謂行苦變易苦苦苦，況復不具足者。菩薩作如是學時，於常苦衆生欲令離苦。云何加報重增其苦。如是正思惟時，離於樂想住於苦想。忍苦想已，他不饒益者，悉能堪忍。攝取想者，菩薩作如是學。我於一切衆生發菩提心，於一切衆生作親屬想，我應攝取普令安樂，不應於親屬衆生應利益處，而復重加不饒益事。如是正思惟時，滅除他想住攝取想。依攝取想已，他不饒益者，悉能堪忍。云何爲忍。若不瞋、不報，心不懷恨，是名爲忍。安苦忍者，菩薩作如是學。我從昔來常求欲事，爲諸苦因生無量大苦。所謂營世生業，治生種殖，奉事王家，如是諸苦莫不備經，皆是癡冥無知過故。今當修習樂因具足善法，無量衆苦悉當安忍，況復小苦。如是正思惟時，覺慧具足，一切苦事悉能安忍。一切苦事略說八種。一者依處，二者世法處，三者威儀處，四者攝法處，五者比丘隨戒處，六者方便處，七者利衆生處，八者諸所作處。依者，謂四依法。

依正法出家，得比丘分。菩薩若得麁澁弊惡，不恭敬與留難不時，心無憂惱，菩薩於彼衆苦不捨精進，如是名爲安忍依苦。世法者有九種。一者不利，二者不稱，三者毁，四者苦，五者壞法壞，六者盡法盡，七者老法老，八者病法病，九者死法死。此諸世法，若離若合能生衆苦，是名世法處。菩薩於彼衆苦不捨精進，如是名爲安忍世法苦。威儀者，有四威儀。行住坐卧，是菩薩若行若坐，晝夜二時除去陰障，心得清淨。不非時卧，卧床坐床草敷葉敷，因此疲極而生衆苦，悉能堪忍。菩薩於彼衆苦不捨精進，如是名爲安忍威儀苦。攝法者有七種。寶供養德供養，諮受正法，廣爲人説。妙音讚歎，獨靜思惟。稱量觀察，憶念攝受，修習止觀。菩薩攝此七種法方便修習，所起衆苦悉能堪忍，終不因是捨正方便。比丘隨戒者有七種。一者毁形好除鬚髮捨俗相，二者著壞色衣，三者捨除不如法世俗所行心正念住，四者依他活命捨世事業，五者盡壽從他求衣不積聚故，六者盡壽障人五欲攝諸根門捨非梵行，七者盡壽捨歌舞倡伎種種戲樂。如是等所作艱難，行比丘戒，由是生苦，菩薩安忍不捨精進。精勤者，菩薩精勤供養三寶。受持讀誦菩薩經藏，書寫解説，思惟其義。勤加精進修集聖道，由是生苦，菩薩安忍，不因是故捨於衆生。利衆生處者略説有十一事。如前説。因是生苦，菩薩安忍，不因是故捨於精進。諸所作者，出家衣鉢業等，在家營生業等。因是生苦，菩薩安忍，不因是故而捨精進。菩薩雖受衆苦，要當安忍修無上菩提，非不修習，修習已終不退轉。心常歡喜不生染污，是名安苦忍法。思惟解忍者，是菩薩於法正擇，善觀開覺，於八種解處深入繫念。所謂三寶功德眞實之義。諸佛菩薩大神通力，若因若果，所應得義，得義方便。所知行處，又復解者。有二因緣，一者久遠修習，二者得快淨智。是名菩薩一切忍。依於三種分別，廣説爲難忍等。云何難忍。略説三種。若菩薩於下劣衆生不饒益者，悉能堪忍，是名第一難忍。若於僕使自能堪忍，是名第二難忍。下種性人，起增上過而能堪忍。是名第三難忍。

云何菩薩一切門忍，略説四種。一者堪忍親屬不饒益事，二者堪忍怨家不饒益事，三者堪忍中人不饒益事，四者堪忍下中上不饒益事。云何善人忍。略説五種。是菩薩先見行忍有大福利，謂修行忍者，於未來世不多結恨，不多乖離，心多喜樂，死時無悔，身壞命終，生於善趣，天上化生。見如是等功德福利，能自堪忍，教他行忍。常爲他人歎忍功德，見他行忍其心隨喜。云何菩薩一切行忍。謂六種七種，略説十三種。菩薩見不忍者得大苦報，畏怖故忍。於一切衆生慈心悲心親厚心親愛故忍，慇懃願樂無上菩提，欲滿足羼提波羅蜜，作因故忍，忍力故出家。如世尊説，常當具足等受持戒，是出家忍，是名受法忍。種性具足及先修習現在住，是名性忍。知一切法無有衆生見，離言語法數，是名正念法忍。一切不饒益忍，一切忍，一切處忍，謂一人及大衆會。一切時忍，謂平旦日中日入日夜，過去未來現在，若病不病若卧若起，身常行忍不觸惱彼，口常行忍離不愛語，意常行忍不興忿怒，亦復不起不淨悕望。

云何菩薩除惱忍。略説八種。一者菩薩於苦求者，堪忍不惱。二者於凶暴增上惡者，依大悲心堪忍不惱。三者於出家犯戒者，依大悲心堪忍不惱。五種精進堪忍不惱，苦惱衆生，欲爲除苦求法及法次法向。如是法廣爲宣説。若衆生所作悉皆營助，精進堪能，是名八種除惱忍。衆生所患堪忍爲除，所可乏少堪忍饒益。

云何菩薩此世他世樂忍。略説九種。是菩薩住不放逸善法，堪忍寒熱飢渴蚊虻所觸，風日衆毒所觸，一切堪忍身心疲苦，悉能堪忍。墮生死海，生老病死等諸苦衆生哀愍在前，如是忍。菩薩於現法中自住安樂，一切諸惡皆悉遠離，復爲來世安樂因緣。亦復令他向今世後世安隱快樂，是故名爲此世他世樂忍。

云何爲菩薩清淨忍。略説十種。一者他不饒益，無反報心。二者不起恚恨。三者無怨憎想。四者常饒益，向如本心，後亦如是，作饒益已，捨不饒益。五者於不饒益者軟語辭謝。六者若彼悔謝能速忍受。七者見彼不忍，加以悲心。八者見彼修忍，倍增敬佛。九者衆生恐怖，深起悲心。十者斷除一切不忍等過，離欲清淨。如是十種，名菩薩淨忍。如是從性忍乃至淨忍，廣大無量大菩提果。因依是忍，必得阿耨多羅三藐三菩提。

佚名譯《大方廣十輪經》卷七 忍辱有二種。一者世間，二者出世間。又菩薩有漏忍者則受諸有，亦不能無衆生之想。依止果報，依止功德。亦名住色聲香味觸忍，亦名羸劣忍，無所堪忍。悲愍念衆生而修行忍，但是諂曲悅彼故忍，不爲安樂衆生故忍。如是忍者，則與聲聞辟支佛同。非大莊嚴，亦非菩薩，但有假名。如是菩薩，終不堪任爲諸聲聞辟支佛作大福田，是名菩薩世間忍輪。云何名菩薩以大莊嚴出世間忍。爲諸衆生故，修行於忍而不染著。若於一切所作事務，言語相貌音聲名字聖所住處，皆悉隨順而不捨於三結三受，三相三世，三有三業。如是等事悉不依止，心恆寂滅，而修行忍，是名菩薩出世間忍輪。

玄奘譯《大般若波羅蜜多經》卷三七六　爾時菩薩應修二忍，何等爲二。一者應受一切有情罵辱加害，不生忿恨，伏瞋恚忍。二者應起無生法忍。是菩薩摩訶薩若被種種惡言罵辱，或被種種刀杖加害，應審思惟籌量觀察：誰能罵辱。誰能加害。誰受罵辱。誰受加害。誰起忿恨。誰應忍受。復應觀察一切法性皆畢竟空，法尚不可得，況當有法性。尙無法性，況有有情。如是觀時，若能罵辱、若所罵辱、若能加害、若所加害皆不見有，乃至分分割截身支，其心安忍都無異念，於諸法性如實觀察，復能證得無生法忍。云何名爲無生法忍。謂令煩惱畢竟不生，及觀諸法畢竟不起，微妙智慧常無間斷，是故名爲無生法忍。

二我執

玄奘譯《成唯識論》卷一　然諸我執略有二種。一者俱生，二者分別。俱生我執，無始時來虛妄熏習內因力故，恆與身俱。不待邪教及邪分別，任運而轉，故名俱生。此復二種。一常相續在第七識，緣第八識，起自心相執爲實我。二有間斷在第六識，緣識所變五取蘊相，或總或別，起自心相，執爲實我。此二我執細，故難斷。後修道中數數修習勝生空觀，方能除滅。分別我執，亦由現在外緣力故，非與身俱。要待邪教及邪分別然後方起，故名分別。唯在第六意識中有。此亦二種。一緣邪教所說蘊相，起自心相，分別計度，執爲實我。二緣邪教所說我相，起自心相，分別計度，執爲實我。此二我執麁，故易斷。初見道時，觀一切法生空眞如，即能除滅，如是所說一切我執，自心外蘊，或有或無。自心內蘊，一切皆有。是故我執皆緣無常五取蘊相，妄執爲我。然諸蘊相從緣生，故是如幻有。妄所執我，横計度故，決定非有，故契經說：苾芻當知，世間沙門婆羅門等所有我見，一切皆緣五取蘊起。實我若無，云何得有憶識誦習恩怨等事。所執實我既常無變，後應如前是事非有，前應如後是事非無。以後與前體無別故，若謂我用前後變易非我體者，理亦不然。用不離體應常有故，體不離用應非常故，然諸有情各有本識。一類相續任持種子，與一切法更互爲因，熏習力故，得有如是憶識等事，故所設難於汝有失，非於我宗。若無實我，誰能造業，誰受果耶。所執實我，既無變易，猶如虛空，如何可能造業受果。若有變易應是無常，然諸有情心心所法因緣力故，相續無斷，造業受果，於理無違。我若實無，誰於生死輪迴諸趣，誰復厭苦求趣涅槃。所執實我既無生滅，如何可說生死輪迴，常如虛空。非苦所惱，何爲厭捨求趣涅槃。故彼所言，常爲自害。然有情類身心相續，煩惱業力輪迴諸趣，厭患苦故，求趣涅槃。由此故知，定無實我，但有諸識。無始時來前滅後生，因果相續，由妄熏習，似我相現，愚者於中妄執爲我。

窺基《成唯識論述記》卷一　然諸我執略有二種。

述曰：破我之中，自下第四，解釋彼執分別俱生。若作三科，此即第二也。於中有二，初別解二執，第二如是所說一切我執下，總解二執。初中有三。第一標執舉數，二列執名，三別解釋。此即初也。總舉有其二種，此中諸門如別章說。謂迷諦總別，諸識有無，伏斷位次，九品所攝，伏與不伏。人法二執斷位麁細，分別俱生二十句等，一一分別，如下當知。雖一有情無二十句等，然說法界亦得有之。

言我執者，顯非唯見，心心所法皆名執，故論，一者俱生，二者分別。述曰：此列差別與身俱起，名曰俱生。後横計生，名分別起。下別釋之。

論：俱生我執至，故名俱生。述曰：自下別釋，先釋俱生，後釋分別。初中有三。初釋俱生義，二顯其差別，三明斷位。唯藉內種起，與分別緣別。恆身俱者，解其俱義。而言轉者，解其生義。餘文易知。

論：此復二種至執爲實我。述曰：上總釋俱生，下別解差別。常相續者，顯恆起義。在第七者，顯執所依。緣第八者，顯所緣境。起自心相者，顯緣第八不親著也。執爲實我者，不稱境知故執生也。未得無漏，第七識中我執恆起，名常相續。緣恆具故，非如第六意識中執，何故相續唯在第七。略有二義。一緣少故，謂眼、耳、鼻等，意八七識，或九八七五四三緣少故。若加等無間，及俱有增上即更增之。所藉緣少故，第七恆續我執非餘，如第七卷緣多少説。二由行相深及相續故，第八續而不深，第六深而不續，五識不深不續，第七具有。故唯第七非餘。此第七識本質，即以第八爲境。由似一常，似實我相。故緣第八七我恆行。影像相中亦無實我，唯似第八，是第七識自心之相。若從見説名染無記，若從本説名淨無記。以許染淨故雜種所生，執此自心所變之相以爲常一，不稱境故名爲執也。不稱本質名爲執者。五識亦應名爲有執，此約影像，依他爲相。若約所執，當情顯現亦名爲相，緣第八者，即是本質。下準此知，相亦有二。

論：二有間斷至執爲實我。述曰：在第六識，顯執所在。第六行相深遠亦復間斷，第七深而不斷，五識斷而不深，第八不深不斷，故此我執唯六識中。五取蘊者，彰此俱生我見之境不緣無漏。薩婆多中一切煩惱皆名爲取，蘊從取生，或能生取，故名取蘊。今者大乘如對法説，欲貪名取，唯貪爲體，染希五蘊，蘊能生取，蘊從取生，蘊立取名。緣蘊總別顯執行相，總緣五蘊爲我名總，別緣五蘊爲我名別，非二十句等別我見也。二十句見唯分別故，第七識中唯緣別識蘊，行相常定我見一類，不可論其此總此別。故與此殊。第七唯託第八爲相，舉其本質言起自心相，此中所言五取蘊相或總或別者，是第六本質。起自心相者，是影像相，顯緣不著妄生我解。又第六本質，非定一法，故不別言。其實亦有非無本質，是俱生故。故此所言五取蘊等皆起影像。

論：此二我執至方能除滅。

延壽《宗鏡錄》**卷七六**　我執有二。一俱生我執，即修所斷我我所執。二分別我執，即見所斷我我所執。隨二我執，所熏成種。今有情等，自他差別。

二法執

窺基《金剛般若論會釋》**卷一**　次二法執。法執有空攝一切執，執所執爲有執，二性無故。執取世間共相定者，名有相轉。下之靜慮下三無色全，第四靜慮及非想非非想少分，名有想定。欲界有想，不生執取爲勝涅槃，故不説。但説共想定，不説無想定。第四靜慮及非想非非想少分名無想，外道二乘隨應執取，以爲勝果。欲界雖有睡眠，悶絶無心，以非定位，非勝不執，故此不説，但言無想定。於法執中分別起者，多緣此二。以起緣執，故此偏説，例顯可知。結對治，言是諸菩薩於彼皆不轉者，釋經二執皆説無言。隨應人法取説無非義故，天親論中解四法執，與此差別。初二有空與此相似。後二金剛。頌云一切空無物，釋云有所取能取。一切法無，故言無法想。以無物故，遍計所執，執有能取所取體性，名爲法相。今説空無，名無法相。頌云實有，釋云彼法無我空。實有故，言亦非無，法相眞如圓成體性實有。彼撥爲無，名無法相，今説爲有。性非全無，故言亦非無法相。頌云不可説，釋云彼空無物。而此不可説有無，故言無相。即此勝義諦性離言説，非空不空，執爲有空，名之爲相。今雙非彼，故言無相，顯此眞理不可説爲有空相故。頌云依言詞而説，是法相四種。釋云，依言詞而説，故言亦非無相。顯勝義諦，因空所顯，亦名爲空。談體實有，亦名不空。非全無體，故言亦非無相。總結四句，顯除四謗。初句除增益謗，第二句除損減謗，第三句除相違謗，第四句除戲論謗。唯依行相，通而依起人，故與此別。由是文等，龍猛無著師宗不同，各應準立此中顯了有戒等釋文來意。此説無彼人法二取故，顯了前説於彼惡世時，有持戒等，故生取福德。若迴心無學，我執先無。

栖復《法華經玄贊要集》**卷三**　二法執者，略有二種。一者俱生，二者分別，名義與我執同也。此法執細，故難斷。後修道中，數數修習勝法空觀，即能斷滅。護法云，六七二識，具有二執。若常相續在第七，若間斷時在第六識，五八識中。二執俱無，謂是自淨無記。若第八識，含諸種子即得。若令起現行，而有執者，無有是處也。若安慧師，八識總有執。

五八唯有法執執，第七唯我執，第六通二執也。

延壽《宗鏡錄》卷六五　然諸法執，略有二種。一者俱生，二者分別。俱生法執，無始時來，虛妄熏習内因力故，恆與身俱。不待邪教及邪分別，任運而轉，故名俱生。此有二種。一者常相續。在第七識，緣第八識，起自心相，執爲實法。二者間斷。在第六識，緣識所變蘊處界相，或總或別，起自心相，執爲實法。此二法執，細故難斷。後十地中，數數修習緣法空觀，方能除滅。分別法執，亦由現在外緣力故，非與身俱。要待邪教及邪分別，然後方起，故名分別。唯在第六意識中。有此亦二種。一緣邪教所説蘊處界相，起自心相，分別計度，執爲實法。二緣邪師所説自性等相，起自心相，分別計度，執爲實法。此二法執麁，故易斷。入初地時，觀一切法，法空眞如，即能除滅。如是所説一切法執，自心外法，或有或無。自心内法，一切皆有。是故法執皆緣自心所現似法執爲實有。然似法相從緣生故，是如幻有。所執實法，妄計度故，決定非有。故世尊説，慈氏當知，諸識所緣，唯識所現。依他起性，如幻事等。如是外道餘乘、所執，離識我法，皆非實有。故心心所，決定不用外色等法，爲所緣緣，緣用必依實有體故。釋云，若執唯識眞實有者，如執外境，亦是法執者。由是理故，但應遣彼心外之境，同兎角無，能緣彼心，如幻事有，故少分不同，非謂即心，亦名實有。又夫心外執我執法者，有其兩種。一者如外道等，執離心等別有一物，是常是一名之爲我。此乃是妄計所執，其體都無。二者疎所緣緣，本質之法，能緣之心親緣之不著，亦名心外。此是依他，其體是有。

性起《金剛般若波羅蜜經懸判疏鈔》卷一　我執二種，法執二種。

我執二者。一俱生我執。謂於五陰等法中，強立主宰，妄立爲我，與身俱生故。二分別我執。謂於計我法中，分別我能行善，我能行惡而起執故。

二法執二者。一俱生法執者。謂無始時來，虛妄熏習，於一切法妄生執著，恆與身俱故。二分別法執者。謂於邪師及熏邪教，分別計度執爲實故。

分別二執，粗故易斷，細故難斷。今佛直示眞知，頓令大根衆生開示悟入，了達一切異生即涅槃相，無生可度。故淨名訶慈氏云，彌勒如，衆生亦如，何有衆生而可化者。不起度生之見，即得破除俱生我執、俱生法執。頓斷諸障，頓證眞如。圓滿菩提，歸無所得。是爲降伏其心故。

二　苦

玄奘譯《瑜伽師地論》卷四四　復有二苦。一欲爲根本苦，謂可愛事若變若壞所生之苦。二癡異熟生苦，謂若猛利體受所觸，即於自體執我我所，愚癡迷悶生極怨嗟。由是因緣，受二箭受，謂身箭受及心箭受。復有三苦。一苦苦，二行苦，三壞苦。復有四苦。一別離苦，謂愛別離所生之苦。二斷壞苦，謂由棄捨衆同分死所生之苦。三相續苦，謂從此後數數死生展轉相續所生之苦。四畢竟苦，謂定無有般涅槃法諸有情類。五取蘊苦。復有五苦。一貪欲纏緣苦，二瞋恚纏緣苦，三惛沈睡眠纏緣苦，四掉舉惡作纏緣苦，五疑纏緣苦。復有六苦。一因苦，習惡趣因故。二果苦，生諸惡趣故。三求財位苦，四勤守護苦，五無厭足苦，六變壞苦。如是六種總説爲苦。復有七苦。一生苦，二老苦，三病苦，四死苦，五怨憎會苦，六愛別離苦，七雖復希求而不得苦。復有八苦。一寒苦，二熱苦，三飢苦，四渴苦，五不自在苦，六自逼惱苦，謂無繫等諸外道類。七他逼惱苦，謂遭遇他手塊等觸蚊虻等觸。八一類威儀多時住苦。復有九苦。一自衰損苦，二他衰損苦，三親屬衰損苦，四財位衰損苦，五無病衰損苦，六戒衰損苦，七見衰損苦，八現法苦，九後法苦。復有十苦。一諸食資具匱乏苦，二諸飲資具匱乏苦，三騎乘資具匱乏苦，四衣服資具匱乏苦，五莊嚴資具匱乏苦，六器物資具匱乏苦，七香鬘塗飾資具匱乏苦，八歌舞伎樂資具匱乏苦，九照明資具匱乏苦，十男女給侍資具匱乏苦。當知復有餘九種苦。一一切苦，二廣大苦，三一切門苦，四邪行苦，五流轉苦，六不隨欲苦，七違害苦，八隨逐苦，九一切種苦。一切苦中復有二苦。一宿因所生苦，二現緣所生苦。廣大苦中復有四苦。一長時苦，二猛利苦，三雜類苦，四無間苦。一切門苦中亦有四苦。一那落迦苦，二傍生苦，三鬼世界苦，四善趣所攝苦。邪行苦中復有五苦。一於現法中犯觸於他不饒益所發起苦，二受用種種不平等食界不平等所發起苦，三即由現法苦所逼切自然造作所發起苦，四由多安住非理作意所受煩惱隨煩惱纏所起諸苦，五由多發起諸身語意種種惡行所受當來諸惡趣苦。流轉苦中復有六種輪轉生死不定生苦。一自身不定，二父母不定，三妻子不定，四奴婢僕使不定，五朋友宰官親屬不定，六財位不定。自身不定者，謂先爲王後爲僕隸。父母等不定者，謂先爲父母乃至親屬，後時輪轉反作怨害及惡知識。財位不定者，謂先大富貴，後極貧賤。不隨欲苦中復有七苦。一欲求長壽，不隨所欲，生短壽苦。二欲求端正，不隨所欲，生醜陋苦。三欲生上族，不隨所欲，生下族苦。四欲求大富，不隨所欲，生貧窮苦。五欲求大力，不隨所欲，生羸劣苦。六欲求了知所知境界，不隨所欲，愚癡無智現行生苦。七欲求勝他，不隨所欲，反爲他勝而生大苦。違害苦中復有八苦。一諸在家者，妻子等事損減生苦。二諸出家者，貪等煩惱增益生苦。三饑儉逼惱之所生苦。四怨敵逼惱之所生苦。五曠野嶮難，迫迮逼惱之所生苦。六繫屬於他之所生苦。七支節不具，損惱生苦。八殺縛斫截，捶打驅擯，逼惱生苦。隨逐苦中復有九苦，依世八法有八種苦。一壞法壞時苦，二盡法盡時苦，三老法老時苦，四病法病時苦，五死法死時苦，六無利苦，七無譽苦，八有譏苦。是名八苦。九希求苦。如是總說，名隨逐苦。一切種苦中復有十苦，謂如前說。五樂所治有五種苦。一因苦，二受苦，三唯無樂苦，四受不斷苦，五出離遠離寂靜菩提樂所對治家欲界結尋異生苦。是名五苦。復有五苦。一逼迫苦，二衆具匱乏苦，三界不平等苦，四所愛變壞苦，五三界煩惱品麁重苦。是名五苦。前五此五總十種苦，當知是名一切種苦。

玄奘譯《大大乘阿毗達磨集論》卷三 如說二苦。謂世俗諦苦，勝義諦苦。何者世俗諦苦，何者勝義諦苦。謂生苦乃至求不得苦，是世俗諦苦。略攝一切五取蘊苦，是勝義諦苦。

澄觀《大方廣佛華嚴經隨疏演義鈔》卷二八 復有二苦。一欲爲根本苦，謂可愛事若變若壞所生之苦。二癡異熟生苦，謂若猛利體受所觸，即於自體執我我所，愚癡迷悶生極怨嗟，由是因緣受二箭受。謂身箭受及心箭受。復有三苦。一苦苦，二行苦，三壞苦。次云復有四苦，五有五苦，六有六苦，七有七苦，八有八苦，九有九苦，十有十苦。共成五十五苦。次論云，當知復有九種苦。一一切苦，二廣大苦，三一切門苦，四邪行苦，五流轉苦，六不隨欲苦，七違害苦，八隨逐苦，九一切種苦。其第一一切苦，開爲二苦。一宿因所生苦，二現緣所生苦。其第二廣大苦，開爲四苦。第三一切門苦，亦開四苦。第四邪行苦，開五。五流轉苦，開六。六不隨欲苦，開七。七違害苦，開八。八隨逐苦，開九。九一切種苦，開十。復成五十五故，兩段合一百一十苦也。

遁倫《瑜伽論記》卷一一 復有二苦等者。遠師云，即前二門中苦，謂宿因所生苦，即前癡異熟生苦。現緣所生苦，即是前欲爲根本苦。但以義別，故來增九，中景云，壞法盡法者，此據依外依果壞盡所以生苦。泰云，壞法壞時苦者，可壞時生苦也。盡法盡時苦者，可盡之法，若至盡時，便生大苦，前但壞不盡也。

二 教

曇無讖譯《大般涅槃經》卷八 性本淨故雖復處在陰界入中，則不同於陰入界也，是故衆生悉應歸依諸菩薩等。以佛性故，等視衆生，無有差別，是故半字於諸經書記論文章而爲根本。又半字義皆是煩惱言說之本，故名半字。滿字者，乃是一切善法言說之根本也。譬如世間爲惡之者名爲半人，修善之者名爲滿人。如是一切經書記論皆因半字而爲根本。若言如來及正解脫入於半字，是事不然，何以故。離文字故。是故如來於一切法無礙無著，眞得解脫。何等名爲解了字義。有知如來出現於世能滅半字，是故名爲解了字義。若有隨逐半字義者，是人不知如來之性。何等名爲無字義也，親近修習不善法者是名無字。又無字者雖能親近修習善法，不知如來常與無常，恆與非恆，及法僧二寶，律與非律。經與非經，魔說佛說。若有不能如是分別，是名隨逐無字義也。我今已說如是隨逐無字之義。善男子，是故汝今應離半字，善解滿字。迦葉菩薩白佛言，世尊，我等應當善學字數。今我值遇無上之師，已受如來慇懃誨勅。佛讚迦葉，善哉善哉，樂正法者，應如是學。

吉藏《仁王般若經疏》卷上一 若江東諸師三種分教。一者頓教，謂佛初出世，頓說深理也。二者漸教，謂從淺至深也。三者無方不定教，謂深淺無定也。但就漸教中有二説。一云漸有四時，此經是第二時，説是大乘。二云漸有五時，此經是第二時，説三乘通教也。二師並説般若，是第二時説，故《大品》云見第二法輪轉。今謂不爾。若以《大品》對初教云是第二時者，《法華譬喻品》云昔於波羅㮈今復轉最妙，且對初教明亦應是第二時教。《涅槃》亦云昔於波羅㮈今於拘尸那城説大涅槃，亦對初教應是第二時。後學宜自研尋，不可妄依舊説也。又《十地論》師四宗五宗分佛教，今不復繁文闊説。今依菩提流支，直作半滿分教。若小乘教，名半字，名聲聞藏。大乘，名滿字，名菩薩藏。今尋諸經論，斯言當矣。所言小乘半教者，若明其至理。但人法二空語，其因果但説有作四諦，斯乃教不盡，宗語不極義。説稱小根進成小行，有所缺德，名之爲半，故云小乘名聲聞藏。大乘滿字教者，若明其理至極，平等無得正觀，不二爲宗，語其因果，即説無作四諦。斯乃教稱大乘，宗語極圓旨。説稱大根進成大行，具足無缺，名之爲滿，故云大乘名菩薩藏也。今此經者，二藏之中是大乘滿字，菩薩藏攝。是故經言，行獨大乘，三賢十聖忍中行，唯佛一人居淨土。故云大乘滿教，謂菩薩藏也。

吉藏《法華玄論》卷三 從波若至涅槃，皆是教菩薩法，但教菩薩法，凡有二種。一顯教，二亦顯亦密。如《法華》《涅槃》顯教菩薩。故明三乘人皆是菩薩波若，亦顯亦密，顯教菩薩，密教二乘。顯教菩薩者，令菩薩修學波若成佛道也。密教二乘者，勸二乘學波若，亦令二乘成佛道也。如付財中，説密示大法以爲己任。故付窮子財，窮子根鈍不知不覺，謂學波若得證三乘。若言學波若成三乘者，猶窮子之氣類耳。

智顗《妙法蓮華經玄義》卷一〇上 南北地通用三種教相，一頓、二漸、三不定。《華嚴》爲化菩薩，如日照高山，名爲頓教。三藏爲化小乘，先教半字，故名有相教。十二年後爲大乘人，説五時般若乃至常住，名無相教。此等俱爲漸教也。別有一經非頓漸攝，而明佛性常住，《勝鬘》《光明》等是也。此名偏方不定教。此之三意，通途共用也。一者虎丘山岌師。述頓與不定，不殊前舊，漸更爲三十二年前，明三藏見有得道，名有相教。十二年後齊至法華，明見空得道名無相教。最後雙林明一切衆生佛性，闡提作佛，明常住教也。二者宗愛法師。頓與不定同前，就漸更判四時教。即莊嚴旻師所用三時不異前，更於無相後常住之前，指法華會三歸一，萬善悉向菩提，名同歸教也。三者定林柔次二師，及道場觀法師。明頓與不定同前，更判漸爲五時教。即開善光宅所用也。四時不異前，更約無相之後同歸之前，指淨名思益諸方等經，爲褒貶抑揚教。四者北地師亦作五時教。而取提謂波利爲人天教，合淨名般若爲無相教，餘三不異南方。五者菩提流支明半滿教。十二年前皆是半字教，十二年後皆是滿字教。六者佛馱三藏、學士光統，所辨四宗判教。一因緣宗，指毗曇六因四緣。二假名宗，指成論三假。三誑相宗，指大品三論。四常宗，指《涅槃》《華嚴》等常住佛性本有湛然也。七者有師開五宗教。四義不異前，更指《華嚴》爲法界宗，即護身自軌大乘所用也。八者有人稱光統云，四宗有所不收，更開六宗，指《法華》萬善同歸。諸佛法久後要當説眞實，名爲眞宗。大集染淨俱融，法界圓普名爲圓宗。餘四宗如前，即是耆闍凜師所用。九者北地禪師，明二種大乘教。一有相大乘，二無相大乘。有相者，如《華嚴》《瓔珞》《大品》等，説階級十地功德行相也。無相者，如《楞伽》思益眞法無詮次，一切衆生即涅槃相也。十者北地禪師。非四宗五宗六宗二相半滿等教，但一佛乘無二亦無三。一音説法，隨類異解，諸佛常行一乘，衆生見三。但是一音教也。

澄觀《大方廣佛華嚴經疏》卷一 第二立二種教，自有四家。一西秦曇牟讖三藏，立半滿教。即聲聞藏，爲半字教。菩薩藏，爲滿字教。隋遠法師，亦同此立。斯則文據《涅槃》，蓋是對小顯大，通相之意，未於大中顯有權實，亦含半滿。二隋遠法師，立漸頓二教。謂約漸悟機，大由小起。所設具有三乘，故名爲漸。若約頓機，直往於大，不由於小，名之爲頓。此雖約機，説有漸頓，而所説法不出半滿。三唐初印法師，亦立二教。一屈曲教，謂釋迦經，以逐機性隨計破著故，如《涅槃》等。二平道教，謂舍那經，以逐法性自在説故，如《華嚴經》。又此二教略有四異。一主異。謂釋迦化身，與盧舍那十身異故。二處異。謂娑婆界木樹草座，與華藏界中寶樹寶座等異故。三衆異。謂爲聲聞及菩薩説，與唯菩薩及極位同説異故。四説異。謂局處之説，與該通十方之説異故。此約化儀以判。然《華嚴》雖有隨諸衆生各別調伏，皆是稱性善巧，一時頓演。《涅槃》等雖説一極，或對權顯實，或會異歸同。一切如來，或説不説，故云屈曲。約釋迦爲主，則未顯十身。十身爲主，必具釋迦。娑婆之處，未融華藏。華藏之處，必融娑婆。略云四異，異實有多，誠如所判。但以屈曲之內，未顯法之權實耳。四齊朝隱士劉虬，亦立漸頓二教。謂《華嚴經》名爲頓教，餘皆名漸。始自鹿苑，終於雙林，從小之大故。然此經，如日初出先照高山，即是頓義。慈龍降雨，以證漸義，於理可然。漸約五時，次下當辯。

道宣《四分律删繁補闕行事鈔》序　顯理之教，乃有多途。而可以情求，大分爲二。一謂化教。此則通於道俗，但汎明因果，識達邪正，科其行業，沈密而難知，顯其來報，明了而易述。二謂行教。唯局於內眾，定其取捨，立其網致。顯於持犯，決於疑滯。指事曲宣文，無重覽之義。結罪明斷，事有再科之愆。然則二教循環，非無相濫，舉宗以判，理自彰矣。謂內心違順，託理爲宗，則準化教。外用施爲，必護身口，便依行教。然犯化教者但受業道一報，違行教者重增聖制之罪。故經云，受戒者罪重，不受者罪輕。文廣自明，所以更分者，恐迷二教之宗體，妄述業行之是非。故立一門，永用躅別。

法藏《華嚴經探玄記》卷一　二，陳朝眞諦三藏等立漸頓二教，謂約漸悟機，大由小起，所設具有三乘之教，故名爲漸。即《涅槃》等經。若約直往頓機，大不由小，所設唯是菩薩乘教，故名爲頓。即《華嚴》等經。後大遠法師等亦同此説。【略】

十，唐江南印法師、敏法師等立二教。一釋迦經。名屈曲教，以逐機性隨計破著故。如《涅槃》等。二盧舍那經。名平道教，以逐法性自在説故。如《華嚴》等。彼師釋此二教，略有四別。一主異。謂彼釋迦化身所説，此是舍那十身所説。二處異。謂彼説在娑婆世界木樹草座，此説在於蓮華藏世界寶樹金座。三眾異。彼與聲聞及菩薩説，此唯菩薩極位同説。四説異。謂彼但是一方所説，此要該於十方同説。廣釋如彼《華嚴疏》中。第二辨是非者。

窺基《大品遊意》　佛教不出三。一者頓教，如《華嚴》《大乘》等也。二者偏方不定教，如《勝鬘》《金光明》《遺教》《佛藏經》等也。三者漸教，如《四阿含》及《涅槃》是也。就漸教中，有二教。一者諸法師作四教。《阿含》爲初，《波若》《維摩》《思益》《法鼓》《楞伽》等爲第二，《法華》爲第三，《涅槃》爲第四也。所以《波若》《思益》合爲第二者。《大品經》諸天子云，見第二法輪。《思益》云，見第二法輪也。作五教師不同，兩義本是慧觀師所説也。一家云，《阿含》爲初，《禪經》爲第二，《波若》《維摩》《法鼓》等爲第三，《法華》爲第四，《涅槃》爲第五也。一家云，《阿含》爲初經，《維摩》《思益》《法鼓》爲第二，《法華》爲第三，《波若》爲第四，《涅槃》爲第五。所以波若爲第四者，《釋論》云，須菩提聞《法華》，舉手低頭，皆成佛道。是故今問退不退，故知《法華》故後也。廣州大亮法師云，五時《阿含》爲初，離三藏爲第二，如《優婆塞經》也。《波若》《維摩》《思益》《法鼓》爲第三，《法華》爲第四，《涅槃》爲第五也。慧觀法師云，《阿含》爲初，《波若》爲第二，《維摩》《思益》等爲第三，《法華》爲第四，《涅槃》爲第五也。二經同云見第二法輪者，一是爲小中，第二是大中，第二也。開善寺所述也。今解半滿兩教，何者。經中唯説半滿兩處，又《釋論》第百云，《法云》《波若》，是顯現教，《法華》《涅槃》，是祕密教。若爾，《維摩》《波若》等，還淺深《法華》等乎。【略】

顯現祕密有二種。一者法，二者其事可見也。顯現祕密者。《淨名經》云，佛轉法輪於大千，其輪本來常清淨，天人得益斯證者，名爲顯示等也。顯現祕密者，《釋論》第百卷云，《法云》《般若》顯現，《法華》《涅槃》是祕密。而成實論師云，《大品》等五時波若，唯解果內淺事，非是難解，故名爲顯現教。所以然者，《仁王》云，若三界外別有眾生者，是大有説，非七佛所説也。其《法華經》兼內外事深，故非易可見，名爲祕密也。今解不然。何者。《法云》等發軫，頓開本經，故名顯教。《法華》《涅槃》，先改執，後顯正法，故名祕密教也。

二　善

鳩摩羅什譯《大智度論》卷四八　善法亦有二種：未生善法令生，已生善法令增長，是名正勤。

智顗《菩薩戒義疏》卷上　次論止行二善。如《百論》息惡不作，名之爲止，信受修習，名之爲行。佛教雖多，止行收盡。諸惡莫作即是誡門，衆善奉行即是勸門。無作義該善惡，善惡無作義總止行。今先明善。善戒不起而已，起則伐惡。皆是止義，皆有進趣，皆是行義。逐其強弱故。有止行差別者，逐興心止惡無作是止善，興心修善無作是行善。如造井橋梁、禮佛、布施是善無作，如造魚獵網等是惡無作。次論道定二無作，有行有止。道定二戒義判爲止，道定二心義判爲行。尋無作從因緣息，從止緣息，後生無作是止善。從行緣息，後生無作名爲行善。又誡門是止善，勸門悉屬行善。又解行唯是作，止唯無作。又云，止行二善皆有無作。聲聞七衆戒皆是律儀戒，體但止身口二惡。善薩律儀備防三業，復中之至佛長短闊狹爲異。無作義從緣增上心發，下劣不發，無記心劣不發無作。如欲界修道惑有九品，前六品發無作，後三品不發。故云，斯陀含出無作表，阿那含出不善表，羅漢出無記表。善惡無作對心爲論，各有四句。善四句者。一是戒非無作，息惡之心能止，故名戒也。二是無作非戒，謂造井橋梁隨事隨用無作等，不能止惡，非是戒也。三者是戒是無作，謂善律儀等。四非戒非無作者，謂餘善心也。

智顗《妙法蓮華經玄義》卷五上　生界内事善説三藏位，生界内理善説通教位。生界外事善説別教位，生界外理善説圓教位。

善導《觀無量壽佛經疏》卷一　問曰：定散二善，因誰致請。【略】從此已下次答定散兩門之義。

問曰：云何名定善。云何名散善。答曰：從日觀下至十三觀已來名爲定善，三福九品名爲散善。問曰：定善之中有何差別。出在何文。答曰：出何文者，經言教我思惟教我正受，即是其文。言差別者，即有二義。一謂思惟，二謂正受。言思惟者，即是觀前方便，思想彼國依正二報總別相也。即地觀文中說言如此想者名爲粗見極樂國土，即合上教我思惟一句。言正受者，想心都息緣慮並亡，三昧相應名爲正受。即地觀文中說言若得三昧見彼國地了了分明，即合上教我正受一句。定散雖有二義不同，總答上問竟。

又向來解者與諸師不同。諸師將思惟一句用合三福九品以爲散善，正受一句用通合十六觀以爲定善。如斯解者將謂不然。何者。如《華嚴經》說：思惟正受者但是三昧之異名，與此地觀文同。以斯文證，豈得通於散善。又向來韋提上請但言教我觀於清淨業處，次下又請言教我思惟正受，雖有二請，唯是定善。又散善之文都無請處，但是佛自開。次下散善緣中說云亦令未來世一切凡夫已下，即是其文。

湛然《法華玄義釋籤》卷一二　由前帖釋中云，宜生理善即第一義。故今問云：爲人名生善，理事俱是善。何意於理善而稱第一義。答意者，理明是理善，理暗是理惡。故理之善惡，其性雖相傾，若理善生時，理惡必定滅，無有先惡滅，方始理善生。若事中善惡，其性亦相傾，善生之時未必惡滅，惡滅之時未必善生。故於生善以分事理。理善即屬第一義義，事中善惡，善生即屬爲人義也，惡滅即屬對治義也。理惡即滅，理善即生。

一　智

求那跋陀羅共菩提耶舍譯《衆事分阿毗曇論》卷一　云何盡智。謂我已知苦，我已斷集，我已證滅，我已修道，於彼起智見明覺慧無間等，是名盡智。

云何無生智。謂我已知苦，不復當知。我已斷集，不復當斷。我已證滅，不復當證。我已修道，不復當修。於彼起智見明覺慧無間等，是名無生智。

復次我欲漏已盡，是名盡智。不復當生，是名無生智。我有漏無明漏已盡，是名盡智。不復當生，是名無生智。

真諦譯《攝大乘論釋》卷一二　如人正閉目，無分別亦爾。如人正開目，後得智亦爾。

釋曰：此偈但顯根本智及後得智。由依止不同，故有差別。根本智依止非心非非心，後得智則依止心故。二智於境有異。根本智不取境，以境智無異故。後得智取境，以境智有異故。根本智不緣境，如閉目。後得智緣境，如開目。此偈顯不取境、取境有異，故有差別。

此二智威德差別云何。論曰：如空無分別，無染礙異邊。如空中色現，後得智亦爾。釋曰：譬如虚空，有四種德。一無染，二無礙，三無無分別，四無邊。根本智亦爾，一切世間八法七流等所不能染。由是彼對治故，故說無染。於一切境，如理如量無障無著，故說無礙。於一切法，一味眞如空遍滿故，故說無分別。離一切諸邊，中道不可量故，故說無邊。譬如色於空中顯現，空不可分別，色可分別。後得智亦爾。

真諦譯《佛性論》卷三 煩惱不觸心，心不觸煩惱。云何無觸法，而能得染心。如此而知，名如理智。如量智者，究竟窮知一切境，名如量智。若見一切衆生乖如境智，則成生死。若扶從境智，則得涅槃。一切如來法，以是義故，名爲如量。至初地菩薩得此二智，以通達遍滿法界理故，生死涅槃二法俱知。又此兩智是自證智見。由自得解，不從他得，但自得證知，不令他知故，名自證知見。又此二智有二種相。一者無著，二者無礙。言無著者，見衆生界自性淸淨，名爲無著，是如理智相。無礙者，能通達觀無量無邊界故，是名無礙，是如量智相。又此二智有二義。如理智爲因，如量智爲果。言如理爲因者，能作生死及涅槃因。如量爲果者，由此理故，知於如來眞俗等法具足成就。又如理智者，是淸淨因。如量智者，是圓滿因。淸淨因者，由如理智三惑滅盡。圓滿因者，由如量智三德圓滿故。前不可思量無二無分別等，三名爲離欲。以淸淨照了對治等，三名離欲因。是名如來轉依攝持八種功德。

慧遠《大乘義章》卷一九 其二智者，一是實智，二方便智。言實智者，汎解有二。一於諸法如實了知，名爲實智。非是不知，妄稱知故。故《地持》云：離增上慢智，名爲如實智。此如實智與彼慢心妄智相對，不對方便。於此門中，佛一切智悉名實智，不簡方便。二知實法，名爲實智。於中分別曲有五義。一對妄明實。知如來藏眞實之法名爲實智，知於妄想情所起法名爲實智，如知苦諦名爲苦智。如是一切，於此門中，實智與彼妄智相對，不對方便。二對假明實。知第一義眞諦之法名爲實智，知於世諦假名之法名爲假智。於此門中，實智與彼假智相對，不對方便。三對相明實。知一實諦實性之法名爲實智，知於一諦有無法相名爲相智，知於世諦假名之法名爲假智。於此門中，實智與彼相智相對。亦得說言與第一義世智相對，不對方便。四對教明實。證實法性名爲實智，尋言始學名爲教智。於此門中，實智與彼教智相對，不對方便。若名教智以爲方便，亦得無傷。五對權明實。知於一乘眞實之法名爲實智，了知三乘權化之法名方便智。於此門中，實智與彼方便智對。今論實智，據後言耳。方便智者，汎解有四。一進趣方便。如見道前七方便等，進趣向果，與果爲由，故曰方便。此一方便與果相對，不對實智。若名果德以之爲實，義亦無傷。二施造方便。如十波羅蜜中方便波羅蜜，於所修行善巧爲之，故曰方便。此方便中曲有三種。一教行方便事中善巧，如《地持》說十二巧便是其事也。二證行方便。觀空不著，如《地經》說十方便慧是其義也。三不住方便。於世出世善巧雙遊，如《地論》說於世出世方便不染，善巧住故是其義也。此三皆是施造方便。此一方便與無方便愚拙相對，不對實智。三集成方便。諸法同體，巧相集成，故曰方便。云何巧成。一眞心中曠備法界恆沙佛法。是諸佛法，以同體故，用慧爲門，餘法助成，用定爲門，餘義助成。如是一切，以同體法巧相集成，故曰方便。故《地論》言，此法善巧成，是故名方便。又《地經》中說，一切行總相別相同相異相成相壞相，而爲方便，此亦是其集成方便。此一方便與彼一切陰界入等事法相對，不對實智。故《地論》中辨六相門說言除事。事者所謂陰界入等。四權巧方便。實無此事，權巧施之，故曰方便。於中分別曲有三種。一是身巧，謂佛獼猴鹿馬等化。二是口巧，實無三乘，隨化說之。三是意巧，謂方便慧，起前身口二種巧化。如《法花經》尋念過去佛所行方便力，我今所得道，亦應說三乘。如是等也。今說意巧爲方便智，此方便智，得與向前實智相對。二智如是。

智顗《妙法蓮華經玄義》卷三下 三對二諦境明智者，權實二智也。上眞俗二諦既開七種，今權實二智亦爲七番。內外相即不相即四也，三相接合七也。若對上數之，析法權實二智，體法二智，體法含中二智，體法顯中二智，別二智，別含圓二智，圓二智。上七番各開隨情隨情智隨智，合二十一種諦。今七番二智，亦各開三種。謂化他權實，自行化他權實，自行權實，合二十一權實也。若析法權實二智者，照森羅分別爲權智，盡森羅分別爲實智。說此二智逗種種緣，作種種說，隨種種欲種種宜，種種治種種悟。各隨堪任，當緣分別。雖復種種，悉爲析法權實所攝，故有化他二智。化他二智隨緣之說，皆束爲權智。若內自證得，若權若實，俱是實證，束爲實智。內外相望共爲二智，故有自行化他權實二智也。就自證權實，唯獨明了，餘人不見。更判權實，故有自行二智也。今更約三藏重分別之。此佛化二乘人，多用化他實智。二乘稟此化他之實，修成自行之實。故佛印迦葉云我之與汝俱坐解脫床，即此義也。若化菩薩多用化他權智。其稟化他之權，修學得成自行之權。佛亦印言，我亦如汝（云云）。此三種二智，若望體法二智，悉皆是權。故龍樹破云，豈有不淨心中修菩提道，猶如毒器不任貯食，食則殺人。此正破析法意也，故皆是權（云云）。體法權實二智者，體森羅之色，即是於空即色是權智，即空是實智。《大品》云，即色是空非色滅空，正是此義。爲緣說二，緣別不同，說亦種種。雖復異說，悉爲化他權實所攝，故有化他二智。化他二智既是隨情皆束爲權，內證權實既是自證，悉名爲實。以自之實對他之權，故有自行化他二智也。就自證得又分權實，故有自行二智也。此三二智望含中二智，復皆名權。何者。無中道故（云云）。體法含中權實二智者，體色即空不空照色是權智，空不空是實智。

說此二智赴無量緣，隨情異說。雖復無量，悉是含中二智所攝，故有化他二智。化他二智本是逗機，皆名爲權。自證二智，皆名爲實。於自證二智更分權實，故有自行二智。此三二智望顯中二智，悉皆是權。何者。帶於空眞及教道方便故。又體法顯中權實二智者，體色即空不空。一切法趣空不空，了色是權智。空不空一切法，趣空不空是實智。爲緣說二。緣既無量，說亦無量。無量之說悉，爲顯中二智所攝，故有化他二智。化他二智既是隨緣，悉名爲權。自證二智既是證得，悉名爲實。以自望他故，有自行化他二智。就自證二智更分權實，此三二智望別權實二智，悉皆是權。何者。帶即空及教道方便故。別權實二智者，體色即空不空，色空俱是權智，不空是實智。以此二智隨百千緣，種種分別。分別雖多，悉爲次第二智所攝，故有化他二智。化他二智悉是爲緣，皆名爲權。自證二智既是證得，悉名爲實。以自對他故，有自他二智。就自證權實自分二智故，有自行二智。此三二智望別含圓二智，悉復是權。何者。以次第故，帶教道故。別含圓權實二智者，色空不空，一切法趣不空。色空名權智，一切法趣不空爲實智。以此二智隨百千緣種種分別，分別雖多，悉爲別含圓二智所攝，故有化他二智。化他二智既是爲緣，悉皆是權。自證二智既是證得，悉名爲實。自他相望，共爲二智。就自證得更分權實，故有自行二智。此三二智望圓二智，悉復是權。何者。帶次第及教道故。圓權實二智者，即色是空不空，一切法趣色趣空趣不空，一切法趣色趣空是權智，一切法趣不空是實智。如此，實智即是權智，權智即實智，無二無別。爲化衆生種種隨緣，隨欲隨宜，隨治隨悟。雖種種說，悉爲圓二智所攝，故有化他二智。化他二智既是隨情，悉復是權自證二，智悉名爲實。就自證中更分二智，故有三種不同也。

此之二智，不帶析法等十八種二智方便，唯有眞權眞實名佛權實。如經如來知見廣大深遠，方便波羅蜜皆悉具足，獨稱爲妙。待前爲麁，又從析法二智，至顯中二智，凡十二種二智。待前皆名爲麁，顯中爲妙。何以故。此妙不異後妙故。又從次第二智，凡九種二智待前爲麁，不次第爲妙。又前十八種二智皆麁，唯不次第三種爲妙。又不次第二種爲麁，一種爲妙。又歷五味敎者，乳敎具三種九種二智，酪敎一種三種二智，生蘇四種十二種二智，熟蘇具三種九種二智。此經但二種三種二智，若酪敎中權實皆麁，醍醐敎中權實皆妙，餘三味中權實有麁有妙，可以意推。若不作如上釋諸智者，經論異說，意則難解。何者。華嚴解初住心云，三世諸佛不知初住智。世人釋云，如實智佛自不知佛如實智，亦不知初住如實智。此釋自謂於理爲通，其實不允。若藏通等佛不論如實智，云何於自如實智不知耶。別敎初住不得如實智，云何言不知。若得前來諸智意者，三世三藏佛不知圓敎初住智，此則事理二釋俱無滯也。此中義兼二種。一分別二十一種權實，二待麁論妙。如上說，若開麁顯妙者，諸方便諦既融成妙諦，對諦立智悉非復麁。如賤人舍王若過者，舍則莊嚴。如衆流入海，同一鹹味，開諸麁智，即是妙智也。二智多有所關，須商略類通。今對七種二諦，明二十一種權實，以爲章門。若得此意，約因緣境亦應如此。謂析因緣智，體因緣智，含中因緣智，顯中因緣智，次第因緣智，帶次第因緣智，不次第因緣智。一一各有化他、自行化他、自行等三種分別，合有二十一種。分別麁妙，判五味多少論待絕等，四諦三諦一諦等。亦應如是當自思之，何煩具記也。問：隨情諦及化他智，何意無量。隨智諦及自行智，何意不多。答：秖約一人未得道時，見心橫起邪執無窮，何況多人種種各異。爲是義故，隨情則多，智見於理，理唯一種，不得有異（云云）。夫二諦差別已如上說。

說此七權實二十一權實。頗用世人所執義不，頗同世人所說語不，頗用諸論所立義不。既不從世人，亦不從文疏，特是推大小乘經，作此釋耳。若破若立，皆是《法華》之意。若巧拙相形，以通經二智破三藏經二智，乃至次第不次第相形，以圓經二智破別經二智，方便諸經明智既麁，通經之論豈得爲妙。經論既爾，弘經論人何勞擊射，任其所說，自有所墮。若作生滅解權實者，墮在初番。若作不生不滅解者，墮第二番，乃至第七番亦可知。又縱廣引經論莊嚴己義者，亦不得出初番隨情二諦化他權實，況出初番第二第三權實，尙不出初番三種權實，況第七番三種權實。若但以初番二智，破一切世間情執略盡。假令得入化城，秖是自行實智，尙不得化他之權，何況能得後番諸智。若尋二十一種二智，凡破幾外見凡破幾權經論。復顯幾是立幾權經論，然後方稱妙權妙實。世人全不識一兩種權實之意，而情中即計爲智。若是智者，破何惑，見何理。未見理，未破惑，生死浩然。非情何謂。今若待前諸麁智，而明妙智者，《法華》破待之意也。若其會者，一切權經論所明諦理，皆成妙理無非智地。會一切權經論所明二智，無非妙智悉是大車。如此破會深廣，莫以中論相比。可熟思之（云云）。

四對三諦明智者，上明五三諦竟，今更分別。夫三智照十法界，束十爲三。謂有漏無漏，非有漏非無漏。三法相入，分別有五。初謂非漏非無漏入無漏，對漏無漏爲三法。二謂一切法入無漏，對漏無漏爲三法。三謂漏、無漏、非漏非無漏爲三法。四謂一切法趣非漏非無漏，對漏無漏爲三法。五謂一切法趣漏趣無漏趣非漏非無漏，爲三法。更說五境竟，對此五境明五三智者。謂一切智，道種智，一切種智，三智相入，五種不同。一中智入空智，對道智爲三。次如來藏智入空智，對道智爲三。次中智對兩爲三智。次如來藏智入中智，對兩智爲三智。次圓三智。是爲五差。中智入空智分別爲三智者，初依無漏發一切智，次依有漏發道種智，後深觀無漏之空，知空亦空發一切種智。然初心不知空空，次雖得空亦不空空，後能深觀於空空，於前空但二空。名同，二境亦合，故言相入。今若分別以無漏空爲一切智，有漏空爲道種智，中道空爲一切種智。世人採經論意云，六地斷惑與羅漢齊，七地修方便道，八地道觀雙流，破無明成佛，即此意也。如來藏智入空智分別三智者，依漏無漏發一切智道種智，不異前而後不因別境，更脩中智。但深觀空能見不空，不空即如來藏。藏與空合，故言相入。以深觀空見不空故，發一切種智。前中道智但顯別理，理之與智不具諸法，藏理藏智具一切法，故異於前。以藏智對兩智，爲三智也。《大經》云，聲聞之人但見於空，不見不空。智者見空及與不空。《大品》云，一切智是聲聞智，道種智是菩薩智，一切種智是佛智，即此意也。中智對兩成三智者，各緣一境各發一智，次第深淺不相濫入。故《地持》云，種性菩薩，發心欲除二障，有佛無佛決定能次第斷諸煩惱，即此意也。如來藏智入中智爲三智者，兩智不異前，一切種智小異。何者。前明中境直中理而已，欲顯此理，應修萬行。顯理之智，故名一切種智耳。今如來藏理含一切法，非直顯理之智，名一切種智。與前爲異，用此智對前爲三智也。故地論師云，緣修顯眞修，眞修發時不須緣修。前兩智即是緣修，後智發時即是眞修。眞修具一切法，不須餘也，即是此義（云云）。圓三智者，有漏即是因緣生法，即空即假即中，無漏亦即假即中，非漏非無漏亦即空即假。一法即三法，三法即一法。一智即三智，三智即一智。智即是境，境即是智，融通無礙。如此三智豈同於前。《釋論》云，三智一心中得，無前無後。爲向人說令易解故，作三智名說耳。即是此意（云云）。若欲顯智，要須觀成。汎論觀智，俱通因果。別則觀因智果，例如佛性通於因果。別則因名佛性，果名涅槃。今就別義以觀爲因，成於智果。如《瓔珞》云，從假入空名二諦觀，從空入假名平等觀。二觀爲方便道，得入中道第一義諦觀。今用從假入空觀爲因，得成於果，名一切智。用從空入假觀爲因，得成道種智果。用中觀爲因，得成一切種智果也。上明於智略有五種，今以觀成亦應五種，細作可知。修觀義如止觀（云云）。言麁妙者，藏通兩佛雖有一切種智之名，更無別理不破別惑，此智不成故不用也。中入空智者，雖說中道因於通門而成兩智，後照中道無廣大用，因於拙教果又不融，是故爲麁。次如來藏入空智者，教果理雖融，因是通門亦名爲麁，中對二智者。雖不因通而三智別異，果教未融是故爲麁。如來藏入中者，在果雖融因是別門，此因亦麁。圓三智者，因圓果圓，因妙果妙，諦妙智妙，正直捨方便。但說無上道，是故爲妙智也。若歷五味教者，乳教有三種三智，酪教一種三智，生蘇具五種三智，熟蘇亦具五種三智，麁妙可知。法華但一種三智，此是法華破意即相待妙也。開麁明妙者，世智無道法，尙以邪相入正相，治生產業皆與實相不相違背，低頭舉手開麁顯妙，悉成佛道，何況三乘出世之智。故《大經》云，聲聞緣覺亦實亦虛，斷煩惱故名之爲實，非常住故名之爲虛。凡夫未斷煩惱無實唯虛，尚開麁入妙即是大乘。何況二乘之智。二乘之智根敗心死，尚得還生。何況道種之智。如此開時一切都妙，無非實相。七寶大車其數無量，此是法華會意，即絶待妙也。五對一諦明智者，即是如實智也。《釋論》云，諸水入海同一鹹味，諸智入如實智，失本名字。故知如實智總攝一切智，純照一境故，總衆水俱成一鹹也。若待十智爲麁，如實智爲妙。若待諸實智，諸實智名麁，中道如實智名妙。若開麁顯妙者，非但諸實智爲妙，十智亦名妙（云云）。無諦無説者，既言無諦，亦復無智。若歷諸處明無諦者，餘方便無諦無智爲麁，中道無諦無智爲妙。若以杜口絶言無諦無智者，亦無麁無妙。無待無絶，歷一切法皆無麁無妙也。二展轉相照者，六番之智傳照前諸境，思議因緣下智中智，照六道十如性相等。下中二智觀十二因緣滅者，照二乘十如性相等，上智照菩薩性相本末等，上上智照佛法界性相本末等。四種四諦智照十法界者，生滅無生等苦集智，照六道十如相性，生滅無生道滅智，即是照二乘十如相性。無量無作苦集智，照菩薩界性相等。無量無作道滅智，照佛法界相性本末等。四種四諦智照四十二因緣者，生滅無生苦集智，照思議兩十二因緣也。生滅無生滅兩道滅智，是照兩思議十二因緣滅也。無量無作兩苦集智，照不思議兩十二因緣也。無量無作道滅智，照不思議兩十二因緣滅也。七種二智照十法界者，生滅無生滅兩權智，及入通等二合四權智，照六道性相。生滅無生滅兩實智，照二乘性相等。別權圓入別權有邊，是照六道性相，無邊是照二乘性相，圓權則通照九界性相。別入通實空邊，是二乘性相。不空邊是菩薩性相，圓入通實空邊，是二乘性相。不空邊是照佛界相性，別實是照菩薩性相，圓入別實圓實俱照佛法界相性也。七種二智照四種因緣者，前四權是照思議兩十二緣，別權圓入別權有邊，是照兩思議十二緣。無邊是照兩十二緣滅，圓權則通（云云）。別入通實空邊，是照思議十二緣滅，不空邊是照不思議十二緣，圓入通實空邊同上不空邊是照不思議十二緣滅。別實照不思議兩十二緣滅，圓實照兩不思議十二緣滅等。前四種權智，是照生滅無生滅兩苦集。又三權智照無量無作苦集，二實智是照思議兩道滅，又五實智是照不思議兩道滅。五種三智照十法界者，五種道種智照六道性相本末等，五種一切智照二乘菩薩性相本末等，五種一切種智照佛法界十如相性等。又五種三智照四種十二因緣者，五種有智照思議兩十二緣，五種一切智照兩思議十二緣滅，又是照不思議十二緣。五一切種智是照兩不思議十二緣滅。五種三智照四種四諦者，五道種智照生滅無生兩苦集，五種一切智照生滅無生兩道滅，亦是照無量無作兩苦集。五種一切種智，是照無量無作兩道滅。五種三智照七種二諦者，五道種智是照四種俗諦，五種一切智是照兩種眞諦，亦是照別圓入別圓三種俗諦。五種一切種智，是照五種眞諦，一如實智，是照佛界十如性相，又是照不思議十二因緣，又是照無作四諦，又是照五種眞諦，又是照五種中道第一義諦。無諦無説與十相性如合，與不思議十二緣滅合，與四種不生不生合，與眞諦無言説合，與中道非生死非涅槃合。如此等諸智傳傳照諦，諦若融智即融，智諦融名之爲妙。如此等皆是方便説言稱妙不妙，見理之時無復權實非權非實。亦無妙與不妙，是故稱妙也。七種二諦五種三諦，更相間入，餘諸境亦有此意。七種二智五種三智，既相間入者，餘諸智亦有此意。

玄奘譯《阿毗達磨大毗婆沙論》卷一〇二 問：盡智無生智，有何差別。答：且名即差別。謂此名盡智，此名無生智。復次因是盡智，果是無生智。復次已作是盡智，因長養是無生智。復次未得而得，或已得而得是盡智。唯未得而得，是無生智。復次或解脱道或勝進道攝是盡智，唯勝進道攝是無生智。復次依之建立五阿羅漢是盡智，依之建立一阿羅漢是無生智。復次通利鈍根者得是盡智，唯利根者得是無生智。是謂差別。

問：最初盡智是何智耶。有作是説，是苦類智。所以者何。諸瑜伽師觀生死果而入聖道，觀生死果聖道滿故。如以毒箭射諸禽獸，其毒最初從瘡門入，漸次遍身作毒事已，死時還從瘡門而出。聖道亦爾。復有説者，是集類智。所以者何。諸瑜伽師觀生死果而入聖道，觀生死因聖道滿故。一切生死皆果因攝，先遍知果，後遍知因。則生死道斷，不復相續，名爲苦邊。評曰：應作是説，最初盡智亦是苦類智亦是集類智。若起苦類智，爾時不起集類智。若起集類智，爾時不起苦類智。

如契經説，諸阿羅漢如實自知，我生已盡，梵行已立，所作已辦，不受後有。此中我生已盡者，然諸生名顯多種義。謂或有生名顯入母胎，或有生名顯出母胎，或有生名顯分位五蘊，或有生名顯不相應行蘊少分，或有生名顯非想非非想處四蘊，或有生名顯入母胎者。如説云何生，謂彼彼有情於彼彼眾同分中生等，生入起出現。或有生名顯出母胎者，如說菩薩初生即行七步。或有生名顯分位五蘊者，如說有緣生。或有生名顯不相應行蘊少分者，如說云何生，謂諸蘊起。或有生名顯非想非非想四蘊者，如此中說我生已盡。【略】

問：我生已盡乃至不受後有，一一當言是何智耶。有作是說，我生已盡，是盡智。梵行已立，所作已辦，不受後有，是無生智。或有說者，我生已盡，梵行已立，是盡智。所作已辦，不受後有，是無生智。復有說者，我生已盡，梵行已立，所作已辦，是盡智。不受後有，是無生智。問：不時解脫阿羅漢，初起盡智唯一剎那無間，必起無生智。尚無二剎那盡智無間起無生智義，況有三剎那盡智後方起無生智者。如何今說我生已盡，梵行已立，所作已辦，是盡智。不受後有，是無生智耶。答：於一剎那盡智自性，義說爲三非三剎那，故不違理。脅尊者曰，此中四句不說盡智無生智，亦不說無學正見，但總讚說諸阿羅漢一切生盡，梵行已立，所作已辦，不受後有。如是四種，無別自性。有說，此中我生已盡是盡智，梵行已立是道智，所作已辦是滅智，不受後有是無生智。有說，此中我生已盡是集智，梵行已立是道智，所作已辦是滅智，不受後有是苦智。有說，此中我生已盡是遍知集，梵行已立是遍知道，所作已辦是遍知滅，不受後有是遍知苦。有說，此中我生已盡是觀集，梵行已立是觀道，所作已辦是觀滅，不受後有是觀苦。有說，此中我生已盡是證集，梵行已立是證道，所作已辦是證滅，不受後有是證苦。有說，此中我生已盡是斷集，梵行已立是修道，所作已辦是證滅，不受後有是知苦。有說，此中我生已盡是捨因，梵行已立是得道，所作已辦是證果，不受後有是知事。有說，此中我生已盡是集無願，梵行已立是道無願，所作已辦是滅無相，不受後有是苦無願及空。

問：何故名盡智。爲緣盡故名爲盡智，爲煩惱盡身中起，故名盡智耶。設爾何失。若緣盡故名盡智者，盡智唯應緣滅聖諦，不應說此緣四聖諦。若煩惱盡身中起故名盡智者，則無生智無學正見亦應名盡智，彼亦煩惱盡身中起故。答：應作是說，唯煩惱盡身中起故名爲盡智。問：若爾，無生智及無學正見亦應名盡智。答：若煩惱盡身中初起及遍有者乃名盡智，無學正見雖皆遍有而非初起，無生智非遍有，時解脫者不成就故，亦非初起，必盡智後方現前故。有作是說，此緣盡故名爲盡智。問：此緣四諦豈獨緣盡。答：以盡勝故獨摽智名，謂四諦中滅諦最勝，涅槃性故是善常故，依之建立能緣智名，故名盡智。

二無我

菩提留支譯《入楞伽經》卷三 菩薩摩訶薩應當善觀二無我相。大慧，何等二種。一者，人無我智，二者，法無我智。云何人無我智。謂離我我所、陰、界、入聚故，無智業愛生故，依眼色等虛妄執著故，自心見一切諸根器身屋宅故，自心分別分別故，分別分別識故。如河流種子、燈焰風雲，念念展轉前後差別輕躁動轉，如猨猴蠅等愛樂不淨境界處故，無厭足如火故，因無始來戲論境界熏習故。猶如轆轤車輪機關，於三界中生種種色種種身，如幻起尸。大慧，如是觀諸法相巧方便智，是名善知人無我智境界之相。大慧，何者法無我智。謂如實分別陰、界、入相。大慧，菩薩觀察陰、界、入等無我我所，陰、界、入聚因業愛繩迭共相縛，因緣生故無我無作者。大慧，陰、界、入等離同相異相故，依不實相分別得名，愚癡凡夫妄相分別以爲有故，非證實者見以爲有。大慧，菩薩如是觀察心、意、意識，五法體相一切離故諸因緣無，是名善知諸法無我智境界相。

實叉難陀譯《大乘入楞伽經》卷二 菩薩摩訶薩當善觀察二無我相。何者爲二。所謂人無我相，法無我相。大慧，何者是人無我相。謂蘊、界、處離我我所，無知愛業之所生起眼等識生，取於色等而生計著。又自心所見身器世間，皆是藏心之所顯現，剎那相續變壞不停，如河流、如種子、如燈焰、如迅風、如浮云，躁動不安如猨猴，樂不淨處如飛蠅，不知厭足如猛火，無始虛僞習氣爲因，諸有趣中流轉不息如汲水輪，種種色身威儀進止，譬如死屍呪力故行，亦如木人因機運動，若能於此善知其相，是名人無我智。

大慧，云何爲法無我智。謂知蘊、界、處是妄計性，如蘊、界、處離我我所，唯共積聚愛業繩縛，互爲緣起無能作者，蘊等亦爾離自共相，虛妄分別種種相現，愚夫分別非諸聖者，如是觀察一切諸法，離心、意、意識五法自性，是名菩薩摩訶薩法無我智。得此智已知無境界，了諸地相，即入初地心生歡喜，次第漸進乃至善慧及以法云，諸有所作皆悉已辦。住是地已，有大寶蓮花王衆寶莊嚴，於其花上有寶宮殿狀如蓮花，菩薩往修幻性法門之所成就，而坐其上，同行佛子前後圍繞，一切佛刹所有如來皆舒其手，如轉輪王子灌頂之法而灌其頂，超佛子地獲自證法，成就如來自在法身。大慧，是名見法無我相，汝及諸菩薩摩訶薩應勤修學。

二無常

鳩摩羅什譯《大智度論》卷四三　菩薩或觀色無常，無常亦有二種。一者念念滅，一切有爲法，不過一念住。二者相續法壞故，名爲無常，如人命盡，若火燒草木，如煎水消盡。若初發心菩薩行是相續，斷麁無常，心厭故。若久行菩薩，能觀諸法念念生滅無常。

智周《成唯識論演祕》卷六　二無常者。一生位苦，謂苦苦。二滅位苦，謂壞苦。生、滅二位皆無常攝，名二無常。

澄觀《大方廣佛華嚴經疏》卷一八　論云，命行不住，總名無常。此總句也，然復有二。一者念念無常，二者一期無常。於何無常依五盛陰，逼迫相故苦也。《瑜伽》三十四云，由無常行作意，爲先趣入苦行。由苦無所得行，趣入空行。空故不自在，由不自在趣入無我。此四即苦下，四行相也。五無作者，但緣有故，由念念無常故無造作，由皆苦故，無有樂味，但於下苦中横生樂想，即一切世間不可樂想。以彼空故，萬法無體，物無當名之實。以無我故，無有處所，非在色中乃至識中。無分別者，觀能取也。無堅實者，觀所取也。

延壽《宗鏡錄》卷七　夫無常有二。一者敗壞無常，二者念念無常。人只知壞滅無常，而不覺念念無常。論云：若動而靜，似去而留。經說無常速疾，猶似流動。據理雖則無常，前後不相往來，故如靜也。雖則念念謝往，古今各性而住，當處自寂，故如留也。又，雖說古今各性而住，當處自寂，而宛然念念不住，前後相續也。則非常非斷，非動非靜，見物性之原也。

一量

玄奘譯《大乘阿毗達磨集論》卷七　現量者，謂自正明了無迷亂義。比量者，謂現餘信解。聖教量者，謂不違二量之教。

玄奘譯《因明正理門論本》　爲自開悟，唯有現量及與比量。彼聲喻等攝在此中，故唯二量，由此能了自共相故，非離此二，別有所量，爲了知彼，更立餘量。故本頌言：

現量除分別，餘所說因生。

此中現量除分別者，謂若有智於色等境遠離一切種類名言，假立無異諸門分別，由不共緣現現別轉，故名現量。故說頌言：

有法非一相，根非一切行，唯内證離言，是色根境界。

意地亦有離諸分別，唯證行轉。又於貪等諸自證分，諸修定者離教分別，皆是現量。又於此中無別量果，以即此體似義生故，似有用故假說爲量。若於貪等諸自證分，亦是現量。何故此中除分別智，不遮此中自證現量無分別故。但於此中了餘境分，不名現量。由此即說，憶念比度悕求疑智惑亂智等於麁愛等皆非現量。隨先所受分別轉故，如是一切世俗有中瓶等數等舉等有性瓶性等智，皆似現量。於實有中作餘行相假合餘義分別轉故。

已說現量當說比量。餘所說因生者，謂智是前智。餘從如所說，能立因生，是緣彼義。此有二種。謂於所比審觀察智，從現量生，或比量生，及憶此因與所立宗不相離念。由是成前舉所說力念因同品定有等故，是近及遠比度因故，俱名比量。此依作具作者而說。如是應知，悟他比量亦不離此得成能立。故說頌言：

一事有多法，相非一切行，唯由簡別餘，表定能隨逐。如是能相者，亦有衆多法。唯不越所相，能表示非餘。

玄奘譯《大乘阿毗達磨集論》卷七　復次爲自開悟，當知唯有現比二量。此中，現量謂無分別。若有正智於色等義離名種等所有分別，現現別轉，故名現量。言比量者，謂藉衆相而觀於義。相有三種。如前已說，由彼爲因，於所比義有正智生，了知有火或無常等，是名比量。於二量中即智名果，是證相故。如有作用而顯現故，亦名爲量。

有分別智，於義異轉，名似現量。謂諸有智了瓶衣等分別而生，由彼於義不以自相爲境界故，名似現量。若似因智爲先所起諸似義智，名似比量。似因多種，如先已說，用彼爲因，於似所比諸有智生，不能正解，名似比量。

窺基《因明入正理論疏》卷下　論：復次爲自開悟，當知唯有現比二量。

述曰：上已明眞似立，次下第三明二眞量。是眞能立之所，須具故之說。文分爲四。一明立意，二明遮執，三辯量體，四明量果。或除伏難，此即初二也。與頌先後次第不同，如前已辯。問：若名立具，應名能立，即是悟他，如何說言爲自開悟。答：此造論者，欲顯文約義繁故也。明此二量，親能自悟，隱悟他名及能立稱。次彼二立明，顯亦他悟疎能立，猶二燈二炬，互相影顯。故《理門論》解二量已云，如是應知悟他比量，亦不離此。得成能立，故知能立。必籍於此量，顯即悟他。明此二量，親疎合說，通自他悟及以能立。此即兼明立量意訖。當知唯有現比二量者，明遮執也。唯言是遮，亦決定義。遮立教量及譬喻等，決定有此現比二量，故言唯有。問：古立有多，今何立二。答：《理門論》云，由此能了自共相故。非離此二，別有所量。爲了知彼，更立餘量。故依二相，唯立二量。問：陳那所造因明，意欲弘於本論。解義既相牟楯，何以能得順成。答：古師從詮及義，智開三量。以詮義從智，亦復開三。陳那已後，以智從理，唯開二量。若順古幷詮，可開三量。廢詮從旨，古亦唯二。當知唯言。但遮一向執異二量外，別立至教及譬喻等，故不相違。廣此二量，如章具辯。有依於此唯二量文，遂立量云。似現比等皆比量攝。如疏具述，有過不習。又傳立云，外道立宗，現比量外，有至教等量云，非比極成現所有量，非現量攝。極成現量所不攝，量所攝故。猶如比量，言非比量，簡一分相符。以佛法許比量是現所有，非現量攝故。復欲取爲同喻，即顯因具足三相故。言極成現量，簡不極成，以佛法許至教亦是現量攝故。言所有者，又簡自語相違。若直言極成現量非現量攝，既言極成現量，復非現量攝，故有相違。又若不言所有，不詮得至教量，是現所有。然狹帶說，故云所有量，因中言極成，簡隨一過。以大乘至教量是現量攝故，言量所攝，簡不定過。爲如比量，極成現量所不攝故，至教離現別有耶。爲如非量，所不攝故，非別有體耶。又量所攝，簡非量相符，以大乘許非量現所有量，非現量攝。又成立離比量外更有喻等量者，以大乘許譬喻量等非現量攝，故立量云，非現極成比所有量非比量攝，極成比量所不攝量所攝故，如現量，簡過如前。陳那菩薩以此量無過，但與立量，爲決定相違因量，立現比量外無至教。量云，非現極成比所有一分不極成量是現量攝，比量所不攝量所攝故，如現量。又成立離比量外無義準等。量云，非比極成現所有一分不極成量是比量攝，現量所不攝量所攝故，如比量，簡過如前。是故陳那依此二相，唯立二量，其二相體，今略明之。一切諸法，各附已體，即名自相，不同經中所說自相，以分別心假立一法，貫通諸法，如縷貫花，此名共相，亦與經中共相體別。有說，自相如火熱相等，名爲自相。若爲名言所詮顯者，此名共相。此釋全非，違佛《地論》。若以如火熱等方名自相，定心緣火，不得彼熱，應名緣共，及定心緣教所詮理亦爲言顯，亦應名共相。若爾，定心應名比量，不緣自相故。

二　解脱

勒那摩提譯《究竟一乘寶性論》卷四　向說轉身實體清淨。又清淨者，略有二種。何等爲二。一者自性清淨，二者離垢清淨。自性清淨者，謂性解脱無所捨離。以彼自性清淨心體，不捨一切客塵煩惱，以彼本來不相應故。離垢清淨者，謂得解脱。又彼解脱不離一切法，如水不離諸塵垢等，而言清淨。以自性清淨心遠離客塵諸煩惱垢更無餘故。又依彼果離垢清淨故。【略】又向說以二種智依自利利他業。何者爲二。一者出世間無分別智，二者依出世間無分別智。轉身得身行因遠離煩惱，得證智果故。又何者是成就自利，謂得解脱，遠離煩惱障，遠離智障，得無障礙清淨法身，是名成就自身利益。又何者是成就他利益。既得成就自身利已，無始世來自然依彼二種佛身，示現世間自在力行，是名成就他身利益。又依自利利他，成就業義故。

求那跋陀羅譯《雜阿含經》卷二六 聖弟子清淨信心，專精聽法者，能斷五法，修習七法，令其滿足。何等爲五。謂貪欲蓋、瞋恚、睡眠、掉悔、疑，此蓋則斷。何等七法。謂念覺支，擇法、精進、猗、喜、定、捨覺支。此七法修習滿足，淨信者，謂心解脫。智者，謂慧解脫。貪欲染心者，不得不樂。無明染心者，慧不清淨。是故，比丘，離貪欲者心解脫，離無明者慧解脫。若彼比丘離貪欲，心解脫，得身作證。離無明，慧解脫，是名比丘斷愛縛、結，慢無間等究竟苦邊。

慧遠《大乘義章》卷一八 三事中一解脫門，或分爲二，二有兩門。一有爲無爲相對分二。一切斷德名曰無爲，一切行德同名有爲。二心慧分二。於此門中兩義分別。一淺深分別。斷除四住世諦，心淨，名心解脫。於世諦中一切德脫，用心爲體，故偏說心。斷絕無明，眞諦慧明，名慧解脫。於眞諦中一切德脫，用慧爲主，故偏說慧。如經中說，斷癡慧明斷愛心脫。義當此門。二體用分別。斷離五住性結煩惱，眞心體淨，名心解脫。如《涅槃》說。故彼文言，永斷一切貪恚癡等，名心解脫。又彼文言，是心本性雖與貪欲瞋痴等覆，而不與彼貪等和合。諸佛菩薩永斷貪等，名心解脫。故知，就體斷事無知，慧用自在，名慧解脫。如《涅槃》說。於彼文中，就慧解脫，開出五通明知就用，亦得分三。有爲脫中有心有慧通無爲脫，是其三也。或分爲五，如《涅槃》說。謂色解脫及與受想行識解脫，是其五也。遠離生死繫縛五陰，得佛自在無礙五陰，名爲解脫。亦得說六，於此五上加無爲法。亦得說八，謂八解脫。義如上辨。

玄奘譯《阿毗達磨俱舍論》卷二五 論曰：於契經中說阿羅漢，由種性異，故有六種。一者退法，二者思法，三者護法，四安住法，五堪達法，六不動法。於此六中，前之五種從先學位，信解性生，即此總名時愛心解脫，恆時愛護及心解脫故。亦說名爲時解脫者，以要待時及解脫故。略初言故，如言酥瓶。由此待時方能入定，謂待資具無病處等勝緣合時，方入定故。不動法性，說名爲後。即此名爲不動心解脫，以無退動及心解脫故。亦說名爲不時解脫，以不待時及解脫故。謂三摩地隨欲現前，不待勝緣和合時故。或依暫時畢竟解脫，建立時解脫不時解脫名，容有退墮時無退墮時故。【略】

依解脫異，立後二種。謂依唯慧離煩惱障者，立慧解脫。依兼得定離解脫障者，立俱解脫。此名雖七，事別唯六。謂見道中有二聖者。一隨信行，二隨法行。此至修道別立二名。一信解，二見至。此至無學復立二名。謂時解脫，不時解脫。應知此中一隨信行根故成三，謂下中上。性故成五，謂退法等。道故成十五，謂八忍七智。離染故成七十三，謂具縛離八地染，依身故成九，謂三洲欲天。若根性道離染依身相乘合成一億四萬七千八百二十五種。隨法行等如理應思，何等名俱及慧解脫。頌曰：俱由得滅定，餘名慧解脫。

論曰：諸阿羅漢得滅定者，名俱解脫。由慧定力解脫煩惱解脫障故。所餘未得滅盡定者，名慧解脫，但由慧力於煩惱障得解脫故。如世尊說。五煩惱斷不可牽引，未名滿學。學無學位，各由幾因，於等位中，獨稱爲滿。【略】

解脫體有二，謂有爲無爲。有爲解脫謂無學勝解，無爲解脫謂一切惑滅。有爲解脫名無學支，以立支名依有爲故支攝。解脫復有二種，即餘經言心慧解脫。應知此二即解脫蘊。若爾，不應契經中說。云何解脫清淨最勝。謂心從貪離染解脫，及從瞋癡離染解脫。於解脫蘊未滿爲滿已滿爲攝修欲勤等，故解脫蘊非唯勝解。若爾是何。有餘師說，由眞智力遣貪瞋癡，即心離垢名解脫蘊。如是已說正解脫體。正智體者如前覺說，謂即前說盡無生智。心於何世正得解脫而言無學心解脫耶。頌曰：無學心生時，正從障解脫。

論曰：如本論說，初無學心未來生時從障解脫。何謂爲障，謂煩惱得。由彼能遮此心生故。金剛喻定正滅位中彼得正斷，初無學心於正生位正得解脫。金剛喻定已滅位中彼得已斷，初無學心於已生位名已解脫。未生無學及世俗心當於爾時亦名解脫。

玄奘譯《阿毗達磨集異門足論》卷三 復有二法，謂明解脫者。明云何。答：無學三明。何等爲三。一者無學宿住隨念智作證明，二者無學死生智作證明，三者無學漏盡智作證明。是謂明。解脫云何。答：三種解脫。何等爲三。一者心解脫，二者慧解脫，三者無爲解脫。心解脫者，謂無貪善根相應心，已勝解當勝解今勝解，是名心解脫。慧解脫者，謂無癡善根相應心，已勝解當勝解今勝解，是名慧解脫。無爲解脫者，謂擇滅，是名無爲解脫。

普光《俱舍論記》卷二五　謂初退法，後俱解脫。彼不退法，此不動攝。彼二解脫，通此六攝。故阿毗達磨唯說有六種（已上論文）。於此六中至方入定故者，釋第三、第四句。於此六種姓中前之五種，從先學位鈍根種姓信解姓生，即此五種總說，名爲時愛心解脫。恆時愛護所證得法，故名時愛，及心解脫煩惱縛，故名心解脫。具斯二義，名時愛心解脫。有學鈍根雖恆時愛護，而心不解脫。無學利根，雖心解脫，而非恆時愛護。各闕一義，不名時愛心解脫也。此時愛心解脫，亦說名爲時解脫者，以要待時方能入定，及能解脫煩惱縛故。具此二義，名時解脫。有學鈍根雖要待時，而非解脫。無學利根雖復解脫，非要待時，各闕一義，不名時解脫者，具足應言，待時解脫。略初待言，但說時解脫。如言蘇瓶，具足應言盛蘇瓶，略初盛字但言蘇瓶。由此鈍根要待勝時，方能入定。言勝時者，謂待資具。資具有三，一好衣，二好食，三好臥具。無病處即是好處等，謂等取得好說法，及得好人，如是六種勝緣合時，方能入定故。故《婆沙》一百一云，時雖有多，略有六種。一得好衣時，二得好食時，三得好臥具時，四得好處所時，五得好說法時，六得好補特伽羅時（如彼廣說）。不動法姓至見至姓生者，釋後兩句。六種姓中不動法姓說名爲後，即此名爲不動心解脫。不爲煩惱所退動故，及心解脫煩惱縛故。具斯二義，名不動心解脫。有學利根雖無退動，而心不解脫。無學鈍根雖心解脫，而有退動。各闕一義，不名不動心解脫。亦說名爲不時解脫，以不待時能入定故，及能解脫煩惱縛故。具斯二義名不時解脫。有學利根雖不待時，而非解脫。無學鈍根雖復解脫，非不待時。各闕一義，不名不時解脫。言不待時者，謂三摩地隨欲現前，不待前說六種勝緣和合時故。又更釋云，或依暫時解脫故建立時解脫名，容有退墮時故。依畢竟解脫故，建立不時解脫名，無退墮時故，此不動姓從先學位見至姓生。若依《婆沙》釋心解脫，心解脫以勝解爲體。故《婆沙》一百一云，云何時愛心解脫。答：時解脫阿羅漢盡智或無學正見相應心，勝解、已勝解、當勝解。云何不動心解脫。答：不動法阿羅漢盡智、無生智或無學正見相應心，勝解、已勝解、當勝解。此中盡無生智無學正見相應心者，簡別有學及有漏心。勝解者謂現在，已勝解者謂過去，當勝解者謂未來。此即簡異無爲解脫，顯二解脫唯以無學無漏心相應勝解爲自性。【略】

若謂有退，由經說有時愛解脫，我許亦退。但應觀察彼之所退，爲是應果無漏性耶，爲是有漏靜慮等耶。我宗言退退有漏定，此時解脫據有漏定說。復釋名云，然彼根本四種靜慮無色等持，鈍根之人要持勝時方現前故，解脫定障名時解脫。彼爲獲得現法樂住，有善法欲數希現前，故名爲愛。有作是說，此有漏定，是彼貪愛所愛味處，故名爲愛。釋時解脫如前應知，諸阿羅漢無漏果性解脫煩惱，於一切時恆隨逐，故不應名時。既恆隨逐是即滿足，更不欣求，故不名愛。【略】

經部引經證應果體性，非是時解脫。言增十者，從一法門增至十種，名增十經。又阿笈摩中，增十經作如是說。一法應起。謂有漏定時愛心解脫，一法應證謂諸無漏不動心解脫。依經呵嘖，如文可知。故時解脫唯是有漏，非應果性。或名時解脫，或名時愛解脫，或名時愛心解脫。廣略異耳，義皆相似。待時數希心脫定障，名時愛心解脫。不時解脫，準此應知。若言不動心解脫，無漏應果無有退動心解脫惑。若爾何故說時解脫應果者，說一切有部難，若時解脫非應果體，何故說時解脫應果。謂有應果至名不時解脫者。經部答，謂有應果根性鈍故要待時故，諸有漏定方現在前名時解脫，非言時解脫是應果性。若與彼相違，名爲不時解脫應果。準釋可知。【略】

此即第二明慧俱解脫。前來未釋，故更別明。諸阿羅漢得滅定者，名俱解脫。謂由慧力解脫煩惱障故，由滅定力解脫彼解脫障故，名解脫障。所餘阿羅漢未得滅定者，名慧解脫。但由慧力於煩惱障得解脫故。即此煩惱能障慧生，名煩惱障。又《正理》七十云，何等名爲解脫障體，諸阿羅漢心已解脫，而更求解脫。爲解脫彼障，謂於所障諸解脫中有劣無知，無覆無記性，能障解脫，是解脫障體。於彼彼界得離染時，雖已無餘斷，而起解脫，彼不行時，方名解脫。復有餘師說，此解脫障即以於諸定不自在爲體。有餘師說，此解脫障即以諸定不得爲體。有餘師說，於彼加行不勤求故，不聽聞故，不數習故，解脫不生。即此名爲解脫障體。【略】

解脫體有二至即解脫蘊者。釋次四句，總明解脫有其二種。如文可知，於二解脫中有爲解脫名無學支。以立支名依有爲故，無爲解脫無支用故不依彼立。就有爲中支攝解脫，復有二種。即餘經言，一心解脫，二慧解脫。即是心、慧相應勝解，應知此二五分法身中即解脫蘊攝。

若爾不應至非唯勝解者。經部難，若解脫蘊體唯勝解，不應經說云何解脫清淨最勝。答謂心從貪離染解脫，及從瞋癡離染解脫。若有學人於解脫蘊未滿，爲滿，修欲勤等勝行功德。若無學人於解脫蘊已滿，爲攝令不退失，修欲勤等勝行令滿。經中既言心從貪等離染解脫，故知解脫蘊非唯是勝解。言欲勤等者，等取信、安、念、智、思、捨。故《正理》第二云，又如經說，彼有如是信、欲、勤、安、念、智、思、捨名爲勝行。舊云八滅。

二 漏

求那跋陀羅譯《雜阿含經》卷二 我今當說有漏、無漏法。若色有漏、是取，彼色能生愛、恚，如是如受、想、行、識，有漏、是取，彼識能生愛、恚，是名有漏法。云何無漏法。諸所有色無漏、非受，彼色若過去、未來、現在，彼色不生愛、恚。如是受、想、行、識，無漏、非受，彼識若過去、未來、現在，不生貪、恚，是名無漏法。

瞿曇僧伽提婆譯《增壹阿含經》卷四 云何護心。於是，比丘，常守護心有漏、有漏法，當彼守護心有漏、有漏法，於有漏法便得悅豫，亦有信樂，住不移易，恆專其意，自力勸勉。

如是，比丘，彼無放逸行，恆自謹慎。未生欲漏便不生，已生欲漏便能使滅。未生有漏便不生，已生有漏便能使滅。未生無明漏便不生，已生無明漏便能使滅。比丘於彼無放逸行，閑靜一處，恆自覺知而自遊戲，欲漏心便得解脫，有漏心、無明漏心便得解脫。已得解脫，便得解脫智，生死已盡，梵行已立，所作已辦，更不復受有，如實知之。

鳩摩羅什譯《大智度論》卷一九 雖佛說無常即是苦，爲有漏法故說苦。何以故。凡夫人於有漏法中心著，以有漏法無常失壞故生苦。無漏法心不著故，雖無常，不能生憂悲苦惱等故，不名爲苦，亦諸使不使故。

復次，若無漏樂是苦者，佛不別說道諦，苦諦攝故。問曰：有二種樂：有漏樂，無漏樂。有漏樂下賤弊惡，無漏樂上妙。何以故於下賤樂中生著，上妙樂中而不生著。上妙樂中生著應多，如金銀寶物，貪著應重，豈同草木。【略】如是種種因緣，觀世間樂受是苦，觀苦受如箭，不苦不樂受觀無常壞敗相。如是則樂受中不生欲著，苦受中不生恚，不苦不樂受中不生愚癡，是名受念處。

菩提流支譯《勝思惟梵天所問經論》卷四 煩惱二種差別，謂善不善差別。善法亦有二種差別，謂世間出世間差別。世間復有二種差別，謂有漏無漏差別。有漏亦有二種差別，謂有過無過差別。無過亦有二種差別，謂有爲無爲差別。依世諦義說者，依假名名字說我衆生等差別相故。依進取乘差別說者，得第一義證眞如正智依清淨故。如次第證，如是進取世間涅槃。此明何義。世間之人所進取者，即是世間二乘攝取異地證法，以爲涅槃，以取寂滅際涅槃故。諸菩薩摩訶薩不住二處故。

玄奘譯《大乘阿毗達磨集論》卷二 云何有漏，幾是有漏，爲何義故觀有漏耶。謂漏自性故，漏相屬故，漏所縛故，漏所隨故，漏隨順故，漏種類故。是有漏義五取蘊十五界十處全，及三界二處少分，是有漏。爲捨執著漏合我故，觀察有漏。

云何無漏，幾是無漏，爲何義故觀無漏耶。謂有漏相違是無漏義，五無取蘊全及三界二處少分，是無漏。爲捨執著離漏我故，觀察無漏。

三 福田

佚名譯《大方便佛報恩經》卷三 父母衆僧，宜應讚歎軟語，常念其恩。衆僧者，出三界之福田。父母者，三界內最勝福田。何以故。衆僧之中，有四雙、八輩、十二賢士，供之得福，進可成道。父母者，十月懷抱，推乾就濕，乳哺長大，教誨技藝，隨時將養，及其出家修得解脫，度生死海，自利兼利一切衆生。

佛告阿難：父母、衆僧是一切衆生種二福田，所謂人天、泥洹、解脫妙果，因之得成。

佚名譯《大方便佛報恩經》卷五 爾時如來遊於無量甚深行處，欲拔衆生三有劇苦，欲發五蓋，并解十纏，欲令一切衆生俱得解脫，安處無爲，即爲開示二種福田。一者，有作福田。二者，無作福田。所謂父母及與師長，諸佛法僧及諸菩薩，衆生修供得福，進可成道。

瞿曇僧伽提婆譯《中阿含經》卷三〇 世中凡有二種福田人。云何爲二。一者學人，二者無學人。學人有十八，無學人有九。居士，云何十八學人。信行、法行、信解脫，見到、身證、家家、一種，向須陀洹得須陀洹，向斯陀含得斯陀含，向阿那含得阿那含，中般涅槃、生般涅槃、行般涅槃、無行般涅槃、上流色究竟，是謂十八學人。居士，云何九無學人。思法、昇進法、不動法、退法、不退法、護法護則不退不護則退、實住法、慧解脫、俱解脫，是謂九無學人。

道世《法苑珠林》卷二一 又《阿毘曇甘露味經》云，田好有三種。一大德田，二貧苦田，三大德貧苦田。云何大德田。謂佛辟支四沙門果等。云何貧苦田。謂畜生老病等。云何大德貧苦田。謂聖人老病等。若施大德田恭敬心得大報，若施貧苦田憐愍心得大報，若施大德貧苦田恭敬憐愍心得大報。是爲福田好。云何物好。不殺偷奪欺誑得物，隨有淨物多少布施，是爲物好。若布施佛，即時一切得福。若布施衆僧，受用得一切福，未受用不得一切福。若供養法，故得大報。若學人聰明大智慧以法故供養，是謂供養法。布施得富，受施竟得樂力壽等功德殊勝，得大果報。若施畜生受百世報，若施不善人受千世報，若施善人受千萬世報，若施離欲凡夫受千萬億世報，若施得道人得無數世報，若施佛得至涅槃。又布施有六難。一憍慢施，二求名施，三爲力施，四強與施，五因緣施，六求報施。

二種本覺

筏提摩多譯《釋摩訶衍論》卷三 所言覺義者，謂心體離念相。離念相者，等虛空界，無所不遍，法界一相。即是如來平等法身。依此法身，說名本覺。何以故。本覺義者對始覺說，以始覺者即同本覺。始覺義者，依本覺故而有不覺，依不覺故說有始覺。又以覺心原故名究竟覺，不覺心原故非究竟覺。

論曰：於此文中即有二門。云何爲二。一者略說本覺安立門，二者略說始覺安立門。本覺門中即有二門。云何爲二。一者清淨本覺門，二者染淨本覺門。始覺門中又有二門。云何爲二。一者清淨始覺門，二者染淨始覺門。云何名爲清淨本覺。本有法身，從無始來，具足圓滿，過恆沙德，常明淨故。云何名爲染淨本覺。自性淨心受無明熏，流轉生死無斷絕故。

【略】

謂心體離念相者，即是清淨本覺。心謂即是自性清淨心，體謂即是本有法身體。如是心體，即名本覺。離念相者，即是顯示清淨之義。所謂遠離大無明念，故言離念。遠離四種無常之相，故言離相。過於恆沙煩惱眷屬，此五有爲以爲根本。是故舉本無，示眷屬皆空。離念相者者，即唱清淨本覺人辭者即人故。等虛空界無所不遍者，如是覺者善證具足十種德義虛空理故。法界一相者，如是覺者於所證之眞如法界，而共和合，一味一相無差別故。即是如來平等法身者，善證二種勝妙之理，清淨覺者，即是法身如來自性自體故。依此法身說名本覺者，本有法身自性德中，而作歸依，建立清淨本覺稱。故已說清淨本覺。次說清淨始覺。何以故者，即請問辭。謂欲建立清淨始覺作如是請。問相云何，謂有衆生作如是難，本有法身從本已來，具足無量性之功德，常恆明淨常恆自在。依此義故，名本覺者。如是本覺於何時中，何因緣故，具足一切無量功德名本覺耶。若作是說，此本覺者有大智力，能善斷除一切過患，具足圓滿諸功德者，即此本覺前惑後覺。非本覺明。即此功德斷已前隱斷已，後顯非自性明，豈惑覺隱顯。本有之義而得成立。若作是說，常斷更不斷，常具足更不具足，是故應有本斷本德者。此義亦不成立。無功德過故，謂一切障。從本斷訖更不待斷。一切功德，從本具足更不待具足覺者，即是始覺非彼本覺。是故般若波羅蜜中作如是說，若覺者是始覺，若不覺者即是無明。若離此二者，即名爲本覺。以何義故作如是說。本有法身自性德中，而作歸依說名本覺。故言何以故。本覺義者對始覺說者，直決彼疑，謂馬鳴師自通而言，清淨本覺，從本已來不生不滅，非建立有非誹謗無，或非過患或非功德。言語道絕，心行處滅。而有言說，具足圓滿過於恆沙無量性德名本覺者，當知從無始來，而有清淨始覺。發大智力發大定力，於一切時於一切處，常恆對治過於恆沙無量無邊過患之海，具足圓滿過於恆沙無量無邊功德淨品。對此清淨始覺者故，立彼清淨本覺之稱。以始覺者即同本覺者。作其所由，謂以自然始覺與彼本覺同故，得對始覺示本覺故。

真諦譯《大乘起信論》本覺隨染，分別生二種相，與彼本覺不相捨離。云何爲二。一者智淨相，二者不思議業相。智淨相者，謂依法力熏習，如實修行，滿足方便故，破和合識相，滅相續心相，顯現法身，智淳淨故。此義云何。以一切心識之相皆是無明，無明之相不離覺性，非可壞非不可壞。如大海水因風波動，水相風相不相捨離，而水非動性，若風止滅動相則滅，濕性不壞故。如是衆生自性清淨心，因無明風動，心與無明俱無形相，不相捨離，而心非動性。若無明滅相續則滅，智性不壞故。不思議業相者，以依智淨能作一切勝妙境界，所謂無量功德之相常無斷絶，隨衆生根自然相應，種種而見，得利益故。

二種生滅

真諦譯《大乘起信論》　分別生滅相者，有二種。云何爲二。一者麁，與心相應故。二者細，與心不相應故。又麁中之麁凡夫境界，麁中之細及細中之麁菩薩境界，細中之細，是佛境界。此二種生滅，依於無明熏習而有，所謂依因、依緣。依因者，不覺義故。依緣者，妄作境界義故。若因滅則緣滅，因滅故不相應心滅，緣滅故相應心滅。

法藏《大乘起信論義記》卷下本　此二種生滅，依於無明熏習而有。所謂依因依緣依因者，不覺義故，依緣者妄作境界義故。通而言之，麁細二識皆依無明住地而起。以本無明動起三細，依此三細轉起麁心故。以無明通爲其本故，云依無明熏習而有也。若別而言之，依無明因生三細不相應心，依境界緣生三麁相應心，故云依因乃至妄作境界義故。此中文少，若具說之，各有二因。如《楞伽》云，大慧不思議熏及不思議變，是現識因。取種種塵，及無始妄想熏，是分別事識因。解云：不思議熏者，謂無明能熏眞如。不可熏處而能熏，故名不思議熏。又熏即不熏，不熏之熏名不思議熏。不思議變者，謂眞如心受無明熏，不可變異而變異，故云不思議變。又變即不變，不變之變，名不思議變。《勝鬘》中不染而染，染而不染，難可了知者，謂此不思議也。然此熏變甚微且隱故，所起現識行相微細。於中亦有轉識業識，舉麁兼細。故但名現識，即是此不相應心也。取種種塵者，即是現識所現種種境界，還能動彼心海起諸事識之浪故也。無始妄想熏者，即彼和合心海之中，妄念習氣無始已來熏習不斷，以未曾離念故，此塵及念熏動心海種種識生。以妄念及塵麁而且顯故，其所起分別事識行相麁顯成相應心也。經中欲明現識依不思議熏故得生，依不思議變故得住。事識依境界得生，依心海得住。今此論中但說生緣，故不論依住。是於細中唯說無明熏，麁中單舉境界緣也。第二逆顯滅義中二，初正辨。後釋疑。

若因滅則緣滅。前中二先明通滅。謂得對治無明滅時，無明所起現識境界亦隨滅。故云因滅則緣滅也。因滅故不相應心滅緣滅，故相應心滅。二別顯滅中，先因滅者，以三細親依無明因生故，無明滅時亦隨滅也。後緣滅者，以三麁染親依境緣生故，境界滅時亦隨滅也。此依始終起盡道理，以明二種生滅之義，非約刹那生滅義也。

曇曠《大乘起信論略述》卷上　此二種生滅至境界義故，述曰，次辨相所依，於中有二，初順辨生緣，後逆顯滅義。此初也。文中二義，先明通緣，後顯別因。通而言之，麁細二識皆依無明住地而起，以本無明熏於眞如起三細相。無明復熏此三細相轉起三麁，故二生滅皆依無明熏習有也。別而言之，依無明因故生三細相，依境界緣起六麁相故，云依因者不覺義故等。此中文闕各舉一因具義而說，麁細二識各具二因，即是二種生滅因緣。如前已明，此無煩舉。是釋經言不思議熏及不思議變，是現識因無始妄想。及六塵境界是事識因，以義釋經準可知也。

論：若因滅至相應心滅。述曰：次下逆顯滅義。於中有二，初正辨，後釋疑。此初也滅有二義。先通，後別。言通滅者。謂得對治無明滅時。無明所起現識境界亦復隨滅，故言因滅即緣滅。別顯滅者，以三細滅識親依無明因生。無明滅時亦復隨滅，故云因滅故不相應心滅。其三麁識親依境界緣生，故境界滅時亦復隨滅，故言緣滅故相應心滅。此依始終起盡道理以明二種生滅之義，非約刹那生滅義也。

真界《大乘起信論纂註》卷上　復次分別生滅相者有二種。云何爲二。一者麁，與心相應故。二者細，與心不相應故。又麁中之麁，凡夫境界。麁中之細，及細中之麁，菩薩境界。細中之細，是佛境界。此二種生滅，依於無明熏習而有，所謂依因依緣。依因者，不覺義故。依緣者，妄作境界義故。若因滅則緣滅，因滅故不相應心滅，緣滅故相應心滅。

此明生滅之相，以釋立義分中是心生滅相也。以相不離生滅，故帶生滅言之。復次下，牒前標數。云何下，徵釋二相。言與心相應故者，釋成麁相，謂三相應染。以於外境分別執計，則有外境與心相應，故名爲麁。言與心不相應故者，釋成細相。謂三不相應染，雖依動心現境，猶未起心分別，則境界與心不相應，故名爲細。此約麁細略明其相也。又麁中下，復就所覺麁細，詳明其相。蓋三相應染，俱名爲麁。而執相應染，復更爲麁，故云麁中之麁。三賢位人，能覺此染，故云凡夫境界。麁中之細下，謂不斷及智相應二染，是麁中之細，能見能現二不相應染，是細中之麁。十地已還，能覺此染，相云菩薩境界，根本業不相應染，能所未分，行相極細，故云細中之細。唯佛能了，故云是佛境界。此二種下，標起麁細生滅之本。言二種生滅依無明熏習有者，謂麁細之相。元依根本無明熏習而生，還依無明而滅。若生若滅，不離無明，故云二種生滅依無明有也。所謂下，釋成麁細生滅之義。言不覺義故者，釋成因義，即無明爲因生三細也。言妄作境界義故者，釋成緣義，即境界爲緣長六麁也。言若因滅則緣滅者，謂境界之緣，元依無明因生，無明之因若滅，則境界之緣亦隨滅矣。因滅故不想應心滅者，謂三不相應心，親依無明因生。故無明滅時，此三隨滅。緣滅故相應心滅者，謂三相應心。親依境界緣生。故境界滅時，三亦隨滅。即所謂從因緣而生，亦從因緣而滅。故二種生滅，皆依無明有也。

二種如如

義淨譯《金光明最勝王經》卷二　如是三身，以有義故而說於常，以有義故說於無常。化身者，恆轉法輪，處處隨緣，方便相續，不斷絕故，是故說常。非是本故，具足大用不顯現故，說爲無常。應身者，從無始來，相續不斷，一切諸佛不共之法能攝持故，眾生無盡，用亦無盡，是故說常。非是本故，以具足用不顯現故，說爲無常。法身者，非是行法，無有異相，是根本故，猶如虛空，是故說常。善男子！離無分別智，更無勝智，離法如如，無勝境界。是法如如，是慧如如，是二種如如，如如不一不異，是故法身慧清淨故，滅清淨故，是二清淨，是故法身具足清淨。

二種如來

吉藏《中觀論疏》卷九　三者阿毘曇明二種如來。一者有漏五陰爲生身如來，二者無漏五陰爲法身佛。故三僧祇行行百劫修相好業，後三十四心成佛。在無漏心不爲緣縛，出有漏則爲緣縛。成論大乘師立五時教佛。初教以五陰身成佛，第二時以種智爲佛，與初教佛同壽八十。招提云，第二時是特尊，第三時無量劫修行，第四時亦久劫修行。過去過塵沙，未來倍上數。第五時明，佛常住佛無有色，但有一圓智有總御用，故名爲佛。若欲度物，則應作色。但釋第五時總有四師。一云，如來體是世諦所攝。二釋，既云如來即是眞如爲佛。故《大品》云，如無去來如即是佛。次北土智度論師佛有三身，法身之佛即是眞如。眞如體非是佛以能生佛故，故名爲佛。如實相非波若能生波若故名波若，報化二身則世諦所攝。故雖有三身攝唯二諦。四云，佛果靈智非二諦攝，體非虛假故非世諦，不可即空復異眞無。是故法身超乎二諦，地論不眞宗與數論無異，眞宗明於三佛。以不住道爲因，故有丈六化佛。以助道爲因十地行滿得於報佛，證道爲因得於法佛。今求此如來並不可得，故云觀如來品。

窺基《大乘法苑義林章》卷六　又說有二種如來藏空智。一空如來藏智，謂緣若離若脫若斷若異煩惱藏智。二不空如來藏智，謂緣過於恆沙不離不脫不斷不異不思議佛法智。初觀煩惱能覆藏智，非眞實故名之爲空。後觀法身惑所藏智，理眞實故名爲不空，究竟成滿亦唯修慧。方便通二，又有二種，謂世俗智，勝義智。三皆通二，有說初智唯有漏，後智唯無漏，由諸教中唯說無漏。

周琪《大方廣圓覺修多羅了義經夾頌集解講義》　眾生理雖具，如鑛中金，尚在迷中，謂之在纏如來藏。佛是離鑛之金，謂之出纏如來藏。二如來藏體性不殊，但分迷悟也。眾生在鑛，佛已成金。又喻氷如鑛中金，金喻氷中水。如湯消氷，氷還成水。不應說言本非成就，花能成果。若不開花，何由生果。未有不花之果，不果之花。今取果義，莫究花因。既成果不重花。如來圓覺亦復如是。

二種死

鳩摩羅什譯《大智度論》卷二二　念死者，有二種死：一者、自死，二者、他因緣死。

是二種死，行者常念：是身若他不煞、必當自死。如是有爲法中，不應彈指頃生信不死心。是身一切時中皆有死，不待老，不應持是種種憂惱、凶衰身。生心望安隱不死，是心癡人所生。身中四大各各相害，如人持毒蛇篋，云何智人以爲安隱。若出氣保當還入，入息保出，睡眠保復得還覺，是皆難必。何以故。是身內、外多怨故。如說：

或有胎中死，或有生時死，或年壯時死，或老至時死。亦如果熟時，種種因緣墮。當求免離此，死惡之怨賊，是賊難可信，時捨則安隱。假使大智人，威德力無上，無前亦無後，於今無脫者。亦無巧辭謝，無請求得脫，亦無捍捂處，可以得免者。亦非持淨戒，精進可以脫。死賊無憐愍，來時無避處。

是故行者不應於無常危脆命中而信望活。

智顗《法界次第初門》卷中　念死者，有二種死。一者自死，二者他因緣死。是二種死，常隨此身，無可避處，是爲念死。

菩提流志譯《大寶積經》卷一一九　有二種死。何等爲二，一者分段，二者變易。分段死者，謂相續有情。變易死者，謂阿羅漢及辟支佛自在菩薩，隨意生身乃至菩提。二種死中，以分段死說阿羅漢及辟支佛，生於我生已盡之智，由能證得有餘果故，生於梵行已立之智。一切愚夫所不能作，七種學人未能成辦。相續煩惱究竟斷故，生於所作已辦之智。

二種色

闍那崛多譯《大寶積經》卷一〇九　凡有二種色。一者內，二者外。言內色者何，所謂眼也。外者是色。若有眼識彼名內色耳內聲外，鼻內香外，舌內味外，身內觸外，意內法外。跋陁羅波梨，譬如生盲之人夜睡眠中，夢見種種天妙諸色最勝最上。而彼人見已生最勝喜樂，睡眠覺已便即不見。及至天曉而向他說，諸人輩聽我昨夜眠中夢也。我見最妙最上端正婦女之形，復見丈夫百千數眾，復見園林，此中彼處我皆夢見。或有人身體柔軟，手足端嚴臂膊傭長，身體纖細腰跨正等。而彼生盲夢中所見諸人，身體形容及莊嚴瓔珞皆悉具說。爾時彼生盲人，如是所說形體生識不見，於汝意云何。彼生盲之人，睡眠所夢云何得見。

跋陁羅波梨白佛言，善哉世尊，唯願爲我解說。此事云何得見，佛告跋陁羅波梨。跋陁羅波梨汝當知，以內眼因智力。彼生盲人，在夢中見非實眼見。跋陁羅波梨，如夢中人見色少時正念其死，人見內色亦復如是。復次跋陁羅波梨，更爲汝解，其死人神識如種子移，譬如種子散於地上受取四大，如是此識受正念已，受受已受善及不善，已捨身已然後移。跋陁羅波梨復問世尊，云何此識受善及不善識然後移，佛告跋陁羅波梨，譬如蓮花色摩尼寶隨色影變，若置黑影形即變黑，若置白中即變爲白，隨其影形所在之處，彼摩尼寶即同其色，所安置處隨其地分色即隨變。如是此識受善及惡，而即移去亦復如是。

鳩摩羅什譯《大智度論》卷三六　復有二種色，所謂四大，四大造色。內色，外色。受色，不受色。繫色，不繫色。有色能生罪，有色能生福。業色，非業色。業色，果色。業色，報色。果色，報色。隱沒無記色，不隱沒無記色。可見色，不可見色。有對色，無對色。有漏色，無漏色。如是等二種分別色。

窺基《瑜伽師地論略纂》卷一四　有二種色，謂有威德定及假相。非威德定者，此中唯言威德定，即法處五色中。四全一分是假，一分是實。何故如此者，非定實用故，如理應思，何謂威德，而言是實。如下文，是無漏故名爲威德，聖者法故名爲威德。其此定色，得實作事如實作色，其非威德定。色唯令他見，非實作事，不如實作。

二種法身

勒那摩提譯《究竟一乘寶性論》卷四　諸佛如來有二種法身，何等爲二。一者寂靜法界身，以無分別智境界故，如是諸佛如來法身，唯自內身法界能證應知，偈言清淨眞法界故。二者爲得彼因，謂彼寂靜法界說法，依可化衆生說。彼說法應知，以依眞如法身有彼說法，名爲習氣。偈言及依彼習氣故。彼說法者，復有二種。一細二麁。細者，所謂爲諸菩薩摩訶薩演說甚深祕密法藏，以依第一義諦說故。麁者，所謂種種修多羅祇夜和伽羅那伽陁憂陁那尼陁那等，名字章句種種差別，以依世諦說故。是故偈言：

以出世間法，世中無譬喩。是故依彼性，還說性譬喩。如美蜜一味，微細法亦爾，修多羅等說，如種種異味。

此偈明何義。諸佛美蜜及堅固等三種譬喩，此明如來眞如法身有二種義。一者遍覆一切衆生，二者遍身中有無有餘殘，示現一切衆生有如來藏。此以何義，於衆生界中無有一衆生離如來法身在於法身外，離於如來智在如來智外，如種種色像不離虛空中。

曇鸞《無量壽經優婆提舍願生偈註》卷下　論解二種法身。一者隱時名法身，此非多寶也。二者顯時名法身，即多寶也。問：若爾，與報佛何異。答：體一義殊。酬因義邊目之爲報，衆法所依正法爲身，故名法身也。有人言，分身佛是應身佛。何以知之。《攝論》及《同性經》竝言應身，住淨土中說法化菩薩。今分身竝在淨土中說法，當知即是應身應身即報身也。釋迦在穢土故是化佛，今明作斯釋者，亦得然也。各取一義。自此已下，示現法力持力修行力。

善無畏譯《三種悉地破地獄轉業障出三界祕密陁羅尼法》　大日如來爲令知見此道，示二種法身。智法身佛住實相理，爲自受用現三十七尊，令一切入不二之道。理法身佛住如如寂照，法然常住不動現於八葉，爲自他受用示三重曼荼羅，令十界證大空。雖是理智之殊，廣略之異，本來一法，曾無殊異。萬法歸一阿字，五部同一遮那也。

道綽《安樂集》卷上　但諸佛、菩薩有二種法身。一者法性法身，二者方便法身。由法性法身故，生方便法身。由方便法身故，顯出法性法身。此二種法身異而不可分，一而不可同，是故廣、略相入。菩薩若不知廣、略相入，則不能自利、利他。無爲法身者，即法性身也，法性寂滅故，即法身無相也。法身無相故，則能無不相，是故相好莊嚴即是法身也。法身無知故，則能無不知，是故一切種智即是眞實智慧也。雖知就緣觀總、別二句，莫非實相也。以知實相故，即知三界衆生虛妄相也。以知三界衆生虛妄故，即起眞實慈悲也。以知眞實慈悲故，即起眞實歸依也。

二種神力

鳩摩羅什譯《大智度論》卷九　佛有二種神力。一者一處坐說法，令諸衆生遠處皆見、遠處皆聞。二者佛在一處說法，能令一一衆生各自見佛在前說法。譬如日出，影現衆水。

復次，衆生不同，有人見佛身遍三千大千世界而得淨信。有人各各見佛在前說法，得心清淨，信樂歡喜。以是故，佛令各各在前而爲說法。

求那跋陁羅譯《楞伽阿跋多羅寶經》卷二　如來以二種神力建立，菩薩摩訶薩頂禮諸佛，聽受問義。云何二種神力建立。謂：三昧正受，爲現一切身面言說神力，及手灌頂神力。大慧，菩薩摩訶薩初菩薩地，住佛神力，所謂入菩薩大乘照明三昧。入是三昧已，十方世界一切諸佛，以神通力，爲現一切身面言說，如金剛藏菩薩摩訶薩，及餘如是相功德成就菩薩摩訶薩。大慧，是名初菩薩地。菩薩摩訶薩得菩薩三昧正受神力，於百千劫積集善根之所成就，次第諸地對治所治相，通達究竟至法云地，住大蓮華微妙宮殿，坐大蓮華寶師子座，同類菩薩摩訶薩眷屬圍繞，衆寶瓔珞莊嚴其身，如黃金瞻蔔日月光明。諸最勝手從十方來，就大蓮華宮殿坐上而灌其頂。譬如自在轉輪聖王，及天帝釋太子灌頂，是名菩薩手灌頂神力。大慧，是名菩薩摩訶薩二種神力。若菩薩摩訶薩住二種神力，面見諸佛如來。若不如是，則不能見。復次，大慧，菩薩摩訶薩凡所分別三昧神足説法之行，是等一切，悉住如來二種神力。大慧，若菩薩摩訶薩離佛神力能辯説者，一切凡夫亦應能説。所以者何。謂不住神力故。大慧，山石樹木及諸樂器城郭宮殿，以如來入城威神力故，皆自然出音樂之聲，何況有心者。聾盲瘖瘂無量衆苦，皆得解脱。如來有如是等無量神力，利安衆生。

宗泐、如玘《楞伽阿跋多羅寶經註解》卷二　復次大慧，如來以二種神力建立。菩薩摩訶薩頂禮諸佛，聽受問義。云何二種神力建立。謂三昧正受，爲現一切身面言説神力及手灌頂神力。二種神力建立者，《入楞伽》云，諸佛有二種加持，持諸菩薩令頂禮佛足請問衆義，三昧即正受。此華梵兼擧，亦翻正心行處。

大慧，菩薩摩訶薩初菩薩地住佛神力，所謂入菩薩大乘照明三昧，入是三昧已十方世界一切諸佛，以神通力，爲現一切身面言説，如金剛藏菩薩摩訶薩及餘如是相功德成就菩薩摩訶薩。住佛神力者，由佛神力能令見佛，復由菩薩三昧善根，乃能感應一致。故曰入大乘照明三昧，即光明定也。由是定故見佛聞法，如金剛藏者，即華嚴會中，佛力加被之一菩薩也。以一例諸，故云及餘。

大慧，是名初菩薩地，菩薩摩訶薩，得菩薩三昧正受神力，於百千劫積集善根之所成就，次第諸地對治所治相，通達究竟至法云地，住大蓮華微妙宮殿，坐大蓮華寶師子座。同類菩薩摩訶薩眷屬圍繞，衆寶瓔珞莊嚴其身，如黄金薝蔔日月光明，諸最勝手從十方來。就大蓮華宮殿座上，而灌其頂，譬如自在轉輪聖王及天帝釋太子灌頂，是名菩薩手灌頂神力。大慧，是名菩薩摩訶薩二種神力。若菩薩摩訶薩，住二種神力，面見諸佛如來，若不如是，則不能見。於百千劫者，此明初地菩薩被加之所以，次第諸地下自淺至深也。譬如自在下，重出灌頂事也。若不如是，則不能見者。總結反顯也。

二種愛

慧远、鳩摩羅什《鳩摩羅什法師大義》卷中　有二種愛。一者三界愛，二者出三界愛。所謂涅槃佛法中愛，阿羅漢雖斷三界愛，不斷涅槃佛中愛。如舍利弗心悔言，我若知佛有如是功德智慧者，我寧一劫於阿鼻地獄，一脅著地，不應退阿耨三菩提。又毘摩羅詰經，摩訶迦葉，與目連悔責，一切聲聞，皆應號泣，此是愛習之氣。又首楞嚴三昧中説，如盲人夢中得眼，覺則還失。我等聲聞智慧，於佛智慧，更無所見。此似若無明，如是愛無明等。往來世間，具菩薩道，乃當作佛。佛設入菩薩道，尚不得同直修菩薩道者，何況同無生法忍菩薩也。何以故。是人於衆生中，不生大悲心，直趣佛道。但求自利，於無量甚深法性中，得少便證。以是因緣故，教化衆生。淨佛國土，皆爲遲久。不如直趣佛道者，疾成於佛。又阿羅漢慈悲，雖不及菩薩慈悲，與無漏心合故，非不妙也。

曇無讖譯《大般涅槃經》卷三六　欲界復有二種愛心。一者欲愛，二者色愛。觀是二愛至心呵責，既呵責已得入涅槃。是欲界中能得呵責諸麁煩惱，所謂慳貪瞋妬無慚無愧，以是因緣能得涅槃。

真諦譯《攝大乘論釋》卷一　有二種愛。謂有愛，無有愛。有愛即三界愛，無有愛謂愛三界斷。喜樂者若人生在欲界，緣已得塵生喜緣。未得塵生樂著者，若人生在色界，未離欲色界，貪著色界生及色界塵，由已得色界定。於定生染，不樂所未得定。於中執爲解脱，故説名著。習者若人生無色界，未離欲無色界。先且觀欲界過失，生色界欲，後觀色界過失，捨色界欲，生無色界欲，此欲由習諸定所成，故説名習。此三名有愛，依常見起愛者。若人多行惡，畏受苦報。或執斷見求不更生故，説名愛。此一即無有愛。依斷見起。

真諦譯《四諦論》卷二　汝問是渴愛何者，渴愛何相何事何緣者。答：是諸衆生恆觀有爲法功德，依有用資糧心無厭足，故名渴愛。如飲鹹水，如人盛夏晝日光照熱渴所逼，周遍覓水來飲鹹海。鹹海有竭，此渴無盡。如是世間凡夫，常爲生死資糧愛欲焦然其心，邪妄分別令生熱渴，一向專求五欲快樂。眼耳身識及心憶持所受用物，已得未得永無厭足，故説此法名爲渴愛。復次不知厭足，名爲渴愛。【略】

復次渴愛依三受別異，故爲五種。於樂受中生二種愛，謂聚集愛及不相離愛。於苦受中亦生二種，謂不聚會愛及相離愛。於捨受中起無明愛。

寶亮《大般涅槃經集解》卷三一　釋二種愛，一愛己身一愛所須。又

釋二種愛，一者善愛，一者不善愛。【略】

今此中辨集諦，悉據愛使爲原。何以然。後能潤生，得生由已。故非愛不成業，是以就愛而收集，錄感陰之緣盡。然愛性染累，事無不由。故文中廣彰述愛爲衆緣之首也。愛已身謂正報愛，所須名依報也。如工巧業等，事成保著，玩適在心，稱業因緣愛也。若違境起心，復稱昔含怒，還脩此心，爲好爲煩惱，因緣愛也。患苦而欲背，若離我而稱情，無此苦而心悅，謂苦因緣愛也。

善男子，愛有二種（至），求大乘者，是名爲善。

案：僧亮曰，結集八苦者，重倒也。愛佛功德輕，故除之也。

善男子，凡夫愛者，名之爲集，（至）不以愛故而受生也。

案：僧亮曰，此經以智知集，名爲諦。凡夫以不識集故，集而非諦，菩薩諦而非集。何以故者。釋所以，諦而非集也。寶亮曰，夫立愛之名，名生二處，如向所辨。盡是凡夫不善之愛。若興心樂法，崇善爲理，悅情願求，稱之善愛。名雖同，義自兩殊。名同心別，各自有歸。然善愛雖同，復有二別。若菩薩位懷發軫，不存於緣中離染，稱大乘愛。聲聞小道，雖欲樂善，但解不稱境，每心有存於求善之略乖，遂落不善愛門也。故知二乘行道，不稱道，不改心，不得出。何以知之。下句即會凡夫愛者，名之爲集。得知二乘執相在懷，未免生死，無有諦用。菩薩造行發家，不以生死爲患，既識生死過，於保著之情悚，是以雖愛不名集，若須現生而應物，則不名爲愛。

吉藏《中觀論疏》卷一〇　問：三受生幾種愛耶。答：有五種。於樂受中生二種愛，一未曾生樂受欲令生故生愛，二已生樂受心不欲離故生愛。於苦受生二種愛，一未生欲令不生故生愛，二已生苦受欲令滅故生愛。於捨受亦生二愛，一未生欲令生故生愛，二已生故欲令不失故生愛。此二名爲能生於愚癡，故有五也。

玄奘譯《阿毗達磨法蘊足論》卷一二　愛有二種。一者欲愛，二者有愛。此二種愛，依受而有，受若無者，二愛亦無，是名受緣愛。如是諸愛，受爲緣，受爲依，受爲建立。故起等起生等生，聚集出現，故名受緣愛。

玄奘譯《阿毗達磨大毗婆沙論》卷一七三　復次，若法爲二種愛所緣者立妙欲。謂眼觸所生愛，意觸所生愛，乃至身觸所生愛，意觸所生愛，意所識法，但爲一種愛所緣，謂意觸所生愛，是故不立妙欲。問：若爾者，初靜慮色聲觸應立妙欲，亦爲二種愛所緣故。答：若法爲二種愛所緣，而彼愛是不善者立妙欲。初靜慮色聲觸，雖爲二種愛所緣，而彼愛是無記，故不立妙欲。如不善無記欲愛，色愛說亦爾。有說，若法爲二種愛所緣，而是婬因緣愛者立妙欲。初靜慮色聲觸，雖爲二種愛所緣，而非婬因緣愛，故不立妙欲。以是義故，意所識法不立妙欲。

道綽《安樂集》卷下　一切衆生有二種愛。一者善愛，二者不善愛。不善愛者，唯愚求之。善法愛者，諸菩薩求。是故《淨土論》云：觀佛國土清淨味，攝受衆生大乘味，類事起行願取佛土味，畢竟住持不虛作味。有如是等無量佛道味，故雖是取相，非當執縛也。又彼淨土所言相者，即是無漏相、實相相也。

『三』分部

三法印

鳩摩羅什譯《大智度論》卷二二　若言無衆生相者，即爲說五衆相續有，不令墮斷滅故。求富樂者，爲說布施。欲生天者，爲說持戒。人中多所貧乏者，爲說天上事。惱患居家者，爲說出家法。著錢財居家者，爲說在家五戒法。若不樂世間，爲說三法印：無常，無我，涅槃。

鳩摩羅什譯《大智度論》卷三二　問曰：如、法性、實際，是三事爲一、爲異。若一，云何說三。若三，今應當分別說。答曰：是三皆是諸法實相異名。所以者何。凡夫無智，於一切法作邪觀，所謂常、樂、淨、實、我等。佛弟子如法本相觀，是時不見常，是名無常。不見樂，是名苦。不見淨，是名不淨。不見實，是名空。不見我，是名無我。

若不見常而見無常者，是則妄見，見苦、空、無我、不淨亦如是，是名爲如。如者，如本，無能敗壞。以是故，佛說三法印，所謂一切有爲法無常印、一切法無我印、涅槃寂滅印。

問曰：是三法印，般若波羅蜜中，悉皆破壞。如佛告須菩提：若菩薩摩訶薩觀色常，不行般若波羅蜜，觀無無常，不行般若波羅蜜。苦、樂，我、無我，寂滅、非寂滅，亦如是。如是云何名法印。答曰：二經皆是佛說，如《般若波羅蜜經》中，了了說諸法實相。有人著常顛倒，故捨常見，不著無常相，是名法印，非謂捨常、著無常者，以爲法印。我乃至寂滅亦如是。般若波羅蜜中，破著無常等見，非謂破不受不著。得是諸法如已，則入法性中，滅諸觀，不生異信，性自爾故。譬如小兒見水中月，入水求之，不得便愁。智者語言：性自爾，莫生憂惱。

鳩摩羅什譯《大智度論》卷四七　寶印三昧者，能印諸三昧。於諸寶中法寶是實寶，今世後世乃至涅槃，能爲利益。如經中說，佛語比丘：爲汝說法，所說法者，所謂法印。法印，即是寶印，寶印即是解脫門。

復次，有人言：三法印名爲寶印三昧，一切法無我，一切作法無常，寂滅涅槃，是三法印，一切人天無能如法壞者。入是三昧，能三種觀諸法，是名寶印。

智顗《維摩經玄疏》卷六　如《大智論》說聲聞經有三法印，無常、無我、寂滅涅槃印。小乘經有此印，即是小乘了義經，行人稟教能得道也。若無三法印即是不了義經。聞者未必出離生死。一切大乘經但有一法印。所謂諸法實相，若大乘經有實相印，即是大乘了義經，聞者乃可得菩薩道。若無諸法實相印，即是不了義經。聞者多墮二邊，不能得無生忍也。復次若無實相印，雖說種種願行猶濫魔之所說。所以者何。魔王亦能說種種願行，但不能說諸法實相。故《大智論》云：除諸法實相，其餘一切皆是魔事。諸法實相即是眞性解脫之異名也。問曰：聲聞經何故但用三法印。摩訶衍教何故但用一實相印。答曰：聲聞根鈍著重故，須說三法印令厭生死苦欣涅槃樂。菩薩大悲根利易悟，生死即涅槃相能不捨生死不取涅槃入不二法門，故佛但說諸法實相印也。

慧遠《大乘義章》卷二　四優檀那，出《地持論》。名者，所謂一切行無常，一切行苦，諸法無我，涅槃寂滅。有爲集起，目之爲行。行流非恆，稱曰無常。逼惱名苦，行同前釋。自體名法，法無性實，故曰無我。何故前二云一切行，後門之中說諸法乎。以苦無常止在有爲，是故云行。無我通於一切法，故說諸法也。涅槃無爲，恬泊名滅。優檀那者，是中國語，此名爲印。故《大智論》明法無常無我涅槃，名三法印。成實亦爾。法相指定，不易之義名印也。名義如是。

義淨譯《根本說一切有部毘奈耶》卷九　諸行皆無常，諸法悉無我，寂靜即涅槃，是名三法印。

窺基《大般若波羅蜜多經般若理趣分述讚》卷一　又得三法印。諸行無常有爲別印，涅槃寂靜無爲別印，諸法無我二法遍印。此三妙理印定諸法，稱之爲印。佛得此智，名爲智印。

窺基《大乘法苑義林章》卷一　今以義釋。了、不了義，略有四重。一法印非印門，二詮常非常門，三顯了隱密門，四言略語廣門。法印非印門者，法印有三：一諸行無常，二涅槃寂靜，三諸法無我。或說四鄔拕南加有漏皆苦。若一切教爲此三種理印所印等，名爲了義。違三法印等，非了義經。由此道理，三藏、二乘、十二分教無非了義，能捨煩惱業及苦故。諸外道教非了義經，不能永捨惑、業、苦故。故《瑜伽論》六十四說，歸依有幾，何緣但有爾所歸依。歸依有三，謂佛法僧。四緣故，有爾所歸依。一由如來性調善故，乃至廣說。由佛如是，其佛所說法毘奈耶亦可歸依。《涅槃》又云：一切外道所可言說悉皆妄語，故唯佛教是了義經，順三法印等可歸依故。諸外道教非了義言，違三法印等不可歸故。設有聖教唯說佛教爲了義言，外道所說名非了義，以此門通非佛教中唯了義故。

普光《俱舍論記》卷一　經教雖多，略有三種，謂三法印。一諸行無常，二諸法無我，三涅槃寂靜。此印諸法，故名法印。若順此印即是佛經，若違此印即非佛說。故後作論者皆釋法印於中意樂，廣略不同。或有偏釋一法印，或有舉一以明三。如《五蘊論》等唯解諸行無常，如《涅槃論》等唯釋涅槃寂靜。此即偏釋一法印。如《俱舍論》等解諸法無我，此即是舉一以明三所以就此釋者，諸行無常唯明有爲，涅槃寂靜唯明無爲，諸法無我通明有爲無爲。欲彰此論無事不攝故，就廣以明。

李師政《法門名義集》　三法印。一切作法無常，一切法無我，涅槃寂滅。無常，有爲作法體藉緣興，遷變非恆，故名無常。無我，一切諸法體無性實自在之功，故名無我。別依大乘二無我（人無我法無我），涅槃寂滅者，三毒六垢永離無餘，山體恬怕，名爲寂滅。若依大乘亦通理滅，此三法咸言印者，指定不移故爲印。

三　色

鳩摩羅什譯《大智度論》卷二〇　佛說三種色：有色可見有對，有色不可見有對，有色不可見無對。過色相者，是可見有對色。滅有對相者，是不可見有對色。不念異相者，是不可見無對色。

曇摩耶舍、曇摩崛多譯《舍利弗阿毘曇論》卷三　云何色陰。若色法是名色陰。云何色陰。十色入若法入色，是名色陰。云何色陰。四大若四大所造色，是名色陰。云何色陰。三行色，可見有對色，不可見有對色，不可見無對色，是名色陰。云何色陰。若色過去未來現在，內外麁細卑勝遠近，是名色陰。云何色法。眼耳鼻舌身入，色聲香味觸入，身口非戒無教，有漏身口戒無教，有漏身進有漏身除，正語正業正命正身進正身除，是名色法。云何十色入。眼耳鼻舌身入，色聲香味觸入，是名十色入。云何法入色。身口非戒無教有漏身口戒無教，有漏身進有漏身除，正語正業正命正身進正身除，是名法入色。云何四大。地大水大火大風大，是名四大。云何四大所造色。眼耳鼻舌身色聲香味，身口非戒無教，有漏身口戒無教，有漏身進有漏身除，正語正業正命正身進正身除，是名四大所造色。

云何可見有對色。色入，是名可見有對色。云何不可見有對色。眼耳鼻舌身聲香味觸入，是名不可見有對色。云何不可見無對色。身口非戒無教，有漏身口戒無教，有漏身進有漏身除，正語正業正命正身進正身除，是名不可見無對色。云何過去色。若色生已滅，是名過去色。云何未來色。若色未生未出，是名未來色。云何現在色。若色生未滅，是名現在色。云何內色。若色受，是名內色。云何外色。若色非受，是名外色。云何麁色。若色欲界繫，是名麁色。云何細色。若色色界繫若無色界繫若不繫，是名細色。云何卑色。若色不善若色不善法報，若色非報非報法不適意，是名卑色。云何勝色。若色善若色善法報，若色非報非報法適意，是名勝色。云何遠色。若諸色相遠極相遠不近不近邊，是名遠色。云何近色。若色相近極相近近邊，是名近色。

吉藏《中觀論疏》卷三　有三種色。一可見有對色即青黃等，二不可見有對色謂五根等，三不可見無對色謂無作色。三種色中可見有對，是有形，餘是無形也。

慧遠《大乘義章》卷八　色有三種。一可見有對，二不可見有對，三不可見無對。色界一種，可見有對，爲眼所行名爲可見，爲其對礙色根所對故名有對。聲香味觸，是不可見有對，非眼所行名不可見。有對同前。眼等五根及無作色，是不可見無對。非眼所行，故不可見。爲意所緣，不爲對礙色根所對，故名無對。

智顗《釋禪波羅蜜次第法門》卷六　要須滅三種色。一可見有對色，二不可見有對色，三不可見無對色。故經中說過一切色相滅有對相，不念種種相入無邊虛空處。《摩訶衍》云過一切色相即破可見有對色，滅有對相即是破不可見有對色，不念種種相是滅不可見無對色。一切色法不過十一，謂五塵五根及一入少分，即是色法塵。如《阿毘曇》說，一則見十則說有對，一入少分是不可見無對。行者欲入虛空處定，必須破此三色，此三種色即是障境。

玄奘譯《阿毗達磨俱舍論》卷一　色蘊者何。

頌曰：色者唯五根，五境及無表。

論曰：言五根者，所謂眼耳鼻舌身根。言五境者，即是眼等五根境界。所謂色聲香味所觸，及無表者，謂無表色，唯依此量立色蘊名。此中先應說五根相。

頌曰：彼識依淨色，名眼等五根。

論曰：彼謂前說色等五境，識即色聲香味觸識。彼識所依五種淨色，如其次第應知，即是眼等五根。如世尊說，苾芻當知，眼謂內處四大所造淨色爲性，如是廣說。或復彼者，謂前所說眼等五根，識即眼耳鼻舌身識。彼識所依五種淨色名眼等根，是眼等識所依止義。如是便順《品類足論》，如彼論說。云何眼根。眼識所依淨色爲性，如是廣說。已說五根，次說五境。

頌曰：色二或二十，聲唯有八種，味六香四種，觸十一爲性。

論曰：言色二者，一顯二形。顯色有四，青黄赤白。餘顯是此四色差別。形色有八，謂長爲初不正爲後。或二十者，即此色處復説二十，謂青黄赤白長短方圓高下正不正，雲煙塵霧影光明闇。有餘師説，空一顯色第二十一。此中正者，謂形平等。形不平等，名爲不正。地水氣騰説之爲霧，日焰名光，月星火藥寶珠電等諸焰名明。障光明生於中餘色可見名影，翻此爲闇。餘色易了，故今不釋。或有色處有顯無形，謂青黄赤白影光明闇。或有色處有形無顯，謂長等一分身表業性。或有色處有顯有形，謂所餘色。有餘師説，唯光明色有顯無形，現見世間青等色處有長等故。如何一事具有顯形，由於此中俱可知故。此中有者是有智義，非有境義。若爾，身表中亦應有顯智。已説色處，當説聲處。聲唯八種，謂有執受，或無執受大種爲因，及有情名非有情名差別爲四。此復可意及不可意差別成八。執受大種爲因聲者，謂言手等所發音聲。風林河等所發音聲，名無執受大種爲因。有情名聲，謂語表業。餘聲則是非有情名。有説有聲通有執受及無執受大種爲因。如手鼓等合所生聲，如不許一顯色極微二四大造。聲亦應爾。已説聲處，當説味處。味有六種，甘醋鹹辛苦淡別故。已説味處，當説香處。香有四種，好香惡香等不等香有差別故。本論中説，香有三種，好香惡香及平等香。已説香處，當説觸處。觸有十一，謂四大種滑性澁性重性輕性及冷飢渴。此中大種後當廣説。柔軟名滑，麁強爲澁，可稱名重，翻此爲輕。煖欲名冷，食欲名飢，飲欲名渴。此三於因立果名故，作如是説。如有頌言：諸佛出現樂，演説正法樂，僧衆和合樂，同修勇進樂。

於色界中無飢渴觸有所餘觸，彼界衣服別不可稱，聚則可稱。冷煖於彼雖無能損而有能益，傳説如此。此中已説多種色處。有時眼識緣一事生，謂於爾時各別了別。有時眼識緣多事生，謂於爾時不別了別。如遠觀察軍衆山林無量顯形珠寶聚等，應知耳等諸識亦爾。有餘師説，身識極多緣五觸起，謂四大種滑等隨一。有説，極多總緣一切十一觸起。若爾五識總緣境故，應五識身取共相境非自相境。約處自相，許五識身取自相境非事自相斯有何失。今應思擇，身舌二根兩境俱至，何識先起。隨境強盛彼識先生，境若均平舌識先起，食飲引身令相續故。已説根境及取境相，無表色相今次當説。

頌曰：亂心無心等，隨流淨不淨，大種所造性，由此説無表。

論曰：亂心者，謂此餘心。無心者，謂入無想及滅盡定。等言顯示不亂有心，相似相續説名隨流。善與不善名淨不淨。爲簡諸得相似相續，是故復言大種所造。《毗婆沙》説，造是因義，謂作生等五種因故，顯立名因，故言由此。無表雖以色業爲性，如有表業，而非表示令他了知，故名無表。説者顯此是師宗言，略説表業及定所生善不善色名爲無表。

圓暉《俱舍論頌疏論本》卷一 色有三種。一有見有對，謂色境也。二無見有對，謂眼等五根，聲香味觸也。三無見無對，謂無表色也。此三色中，有對名麁，無對名細。或相待立。如無見有對色，望有見有對色，名細。望無見無對色，名麁。

法成《薩婆多宗五事論》 何名色法。謂彼一切從四大種，四大所造所生諸色。何謂四大。地界水界火界風界。何名造色。謂眼根耳根鼻根舌根身根，諸色諸聲諸香諸味及觸一分兼無表色。

三　業

玄奘譯《阿毗達磨大毗婆沙論》卷一一三 三業者，謂身業語業意業。問：此三業云何建立。爲自性故，爲所依故，爲等起故。若自性者，應唯一業，所謂語業，語即業故。若所依者，應一切業皆名身業，以三種業皆依身故。若等起者，應一切業皆名意業，以三皆是意等起故。答：具由三緣建立三業。一自性故建立語業，二所依故建立身業，三等起故建立意業。復有説者，由三緣故建立三業。一依自處故，二依他處故，三依相應處故。依自處故建立語業，依他處故建立身業，依相應處故建立意業。如是名爲三業自性。

玄奘譯《阿毗達磨集異門足論》卷五 三福業事者。一施類福業事，二戒類福業事，三修類福業事。施類福業事者，云何施類，云何福，云何業，云何事，而説施類福業事耶。答：施類者，謂施主布施諸沙門婆羅門貧窮苦行道行乞者，飲食湯藥衣服華鬘塗散等香，房舍臥具燈燭等物，是名施類。復次，或由身布施，謂或施身，或施身業，或施所捨物。或由語布施，謂或施語，或施語業，或施所捨物。或由意布施，謂或施意，或施意業，或施捨心。是名施類。福者謂施俱行身律儀語律儀命清淨，是名福。業者謂施俱行諸思等思現等思已思思類作心意業，是名業。事者謂施主受者及所施物，是名事。此中施類名施類，亦名福，亦名業，亦名事。此中福名爲福，亦名業，亦名事，亦名施類。此中業名爲業，亦名事，亦名施類，亦名福。此中事唯名事。戒類福業事者，云何戒類，云何福，云何業，云何事，而説戒類福業事耶。答：戒類者，謂離害生命，離不與取，離欲邪行，離虚妄語，離飲窣羅迷麗耶末陁放逸處酒，是名戒類。福者，謂戒俱行身律儀語律儀命清淨，是名福。業者，謂戒俱行諸思等思，現等思已思思類作心意業，是名業。事者，謂若防若止若遮，若離害生命事，是離害生命事。若防若止若遮，若離不與取事，是離不與取事。若防若止若遮，若離欲邪行事，是離欲邪行事。若防若止若遮，若離虚妄語事，是離虚妄語事。若防若止若遮，若離飲窣羅迷麗耶末陁放逸處酒事，是離飲諸酒事。是名事。此中戒類，名爲戒類，亦名福，亦名業，亦名事。此中福名爲福，亦名業，亦名事，亦名戒類。此中業名爲業，亦名事，亦名戒類，亦名福。此中事名爲事，亦名戒類，亦名福，亦名業。修類福業事者。云何修類，云何福，云何業，云何事，而説修類福業事耶。答：修類者，謂慈悲喜捨四無量，是名修類。福者，謂無量俱行身律儀語律儀命清淨，是名福。業者，謂無量俱行諸思等思現等思已思思類作心意業，是名業。事者，謂所緣事緣彼而起四無量，是名事。此中修類名爲修類，亦名福，亦名業，亦名事。此中福名爲福，亦名業，亦名事，亦名修類。此中業名爲業，亦名事，亦名修類，亦名福。

玄奘譯《阿毗達磨集異門足論》卷八　是故我説彼諸有情隨自造業。是名黑白黑白異熟業者，謂此業是善不善，感可愛非可愛異熟。云何不黑不白無異熟業能盡諸業。答：如世尊爲持俱胝牛戒補剌拏説，圓滿當知，若能盡黑黑異熟業思，若能盡白白異熟業思，若能盡黑白黑白異熟業思，是名不黑不白無異熟業能盡諸業。此中不黑者，謂此業非如不善業，由不可意黑説名爲黑，故名不黑。不白者，謂此業非如有漏善業，由可意白説名爲白，故名不白。無異熟者，謂此業非如前三業能感異熟，故名無異熟業。能盡諸業者，謂此業是學思能趣損減。所以者何。謂若學思能趣損減，於前三業能盡遍盡隨得永盡，於此義中意説名業能盡諸業。由此故説不黑不白無異熟業能盡諸業。

玄奘譯《阿毗達磨俱舍論》卷一五　業有三種，謂曲、穢、濁。其相云何。頌曰：説曲穢濁業，依諂瞋貪生。

論曰：身語意三各有三種，謂曲、穢、濁。如其次第，應知依諂瞋貪所生，謂依諂生身語意業，名爲曲業，諂曲類故。若依瞋生身語意業，名爲穢業，瞋穢類故。若依貪生身語意業，名爲濁業，貪濁類故。

玄奘譯《阿毗達磨俱舍論》卷一七　如本論中所説三業，謂應作業、不應作業及非應作非不應作業。其相云何。

頌曰：染業不應作，有説亦壞軌，應作業翻此，俱相違第三。

論曰：有説，染業名不應作，以從非理作意所生。有餘師言，諸壞軌則身語意業亦不應作，謂諸所有應如是行，應如是住，應如是説，應如是著衣，應如是食等。若不如是，名不應作。由彼不合世俗禮儀，與此相翻名應作業。有説，善業名爲應作，以從如理作意所生。有餘師言，諸合軌則身語意業亦名應作，俱違前二名爲第三，隨其所應，二説差別。爲由一業但引一生，爲引多生。又爲一生但一業引，爲多業引。

玄奘譯《瑜伽師地論》卷九　業差別云何。謂有作業有不作業，有增長業有不增長業，有故思業有不故思業，如是定異熟業不定異熟業，異熟已熟業，異熟未熟業，善業不善業無記業，律儀所攝業，不律儀所攝業，非律儀非不律儀所攝業，施性業戒性業修性業，福業非福業不動業，順樂受業，順苦受業，順不苦不樂受業，順現法受業，順生受業，順後受業，過去業未來業現在業，欲繫業色繫業無色繫業，學業無學業，非學非無學業，見所斷業修所斷業無斷業，黑黑異熟業，白白異熟業，黑白黑白異熟業，非黑非白無異熟業能盡諸業，曲業，穢業，濁業，清淨業，寂靜業，作業者，謂若思業。若思已所起身業語業，不作業者，謂若不思業。若不思已不起身業語業，增長業者，謂除十種業。何等爲十。一夢所作業，二無知所作業，三無故思所作業，四不利不數所作業，五狂亂所作業，六失念所作業，七非樂欲所作業，八自性無記業，九悔所損業，十對治所損業。除此十種，所餘諸業名爲增長。不增長業者，謂即所説十種業。故思業者，謂故思已若作業若增長業。不故思業者，謂非故思所作業。順定受業者，謂故思已若作若增長業。順不定受業者，謂故思已作而不增長業。異熟已熟業者，謂已與果業。異熟未熟業者，謂未與果業。善業者，謂無貪無瞋無癡爲因緣業。不善業者，謂貪瞋癡爲因緣業。無記業者，謂非無貪無瞋無癡爲因緣，亦非貪瞋癡爲因緣業。律儀所攝業者，謂或別解脱律儀所攝業，或靜慮等至果斷律儀所攝業，或無漏律儀所攝業。不律儀所攝業者，謂十二種不律儀類所攝諸業。何等十二不律儀類。一屠羊，二販鷄，三販豬，四捕鳥，五罝兔，六盜賊，七魁膾，八守獄，九讒刺，十斷獄，十一縛象，十二呪龍。非律儀非不律儀所攝業者，謂除三種律儀業及不律儀類業。所餘一切善不善無記業施性業者，謂若因緣，若等起，若依處，若自性。彼因緣者，謂以無貪無瞋無癡爲因緣。彼等起者，謂無貪無瞋無癡俱行能捨所施物，能起身語業思。彼依處者，謂以所施物及受者爲依處。彼自性者，謂思所起能捨所施物身業語業。如施性業，如是戒性業修性業，隨其所應應知，此中戒性業因緣等起如前。自性者，謂律儀所攝身語業等。依處者，謂有情非有情數物。修性因緣者，謂三摩地因緣，即無貪無瞋無癡。等起者，謂彼俱行引發定思。自性者謂三摩地，依處者謂十方無苦無樂等有情界。又具施戒修者，所有相貌應知，一切如餘處說。福業者，謂感善趣異熟，及順五趣受善業。非福業者，謂感惡趣異熟，及順五趣受不善業。不動業者，謂感色無色界異熟，及順色無色界受善業。順樂受業者，謂福業及順三靜慮受不動業。順苦受業者，謂非福業。順不苦不樂受業者，謂能感一切處阿賴耶識異熟業，及第四靜慮以上不動業。順現法受業者，謂能感現法果業。順生受業者，謂能感無間生果業。順後受業者，謂能感彼後生果業。過去業者，謂住習氣位，或已與果，或未與果業。未來業者，謂未生未滅業。現在業者，謂已造已思未謝滅業。欲繫業者，謂能感欲界異熟，墮欲界業。色繫業者，謂能感色界異熟，墮色界業。無色繫業者，謂能感無色界異熟，墮無色界業。學業者，謂若異生若非異生，學相續中所有善業。無學業者，謂無學相續中所有善業。非學非無學業者，謂除前二，餘相續中所有善不善無記業。見所斷業者，謂受惡趣不善等業。修所斷業者，謂受善趣善不善無記業。無斷業者，謂世出世諸無漏業。黑黑異熟業者，謂非福業。白白異熟業者，謂不動業。黑白黑白異熟業者，謂福業有不善業爲惡對故，由約未斷非福業時所有福業而建立故。非黑非白無異熟業能盡諸業者，謂出世間諸無漏業，是前三業斷對治故。曲業者，謂諸外道善不善業。穢業者，謂即曲業亦名穢業。又有穢業，謂此法異生於聖教中。顛倒見者，住自見取者。邪決定者，猶預覺者所有善不善業。濁業者，謂即曲業穢業，亦名濁業。又有濁業，謂此法異生於聖教中，不決定者。猶預覺者，所有善不善業，又有差別，唯於外道法中，有此三業。由邪解行義，故名曲。由此爲依，能障所起諸功德義，故名穢。能障通達眞如義故，名濁應知。清淨業者，謂此法異生於聖教中，正決定者，不猶預覺者，所有善業。寂靜業者，謂住此法非異生者，一切聖者所有學無學業。

玄奘譯《阿毗達磨發智論》卷一一　三業謂身語意，復有三業，謂順現法受業，順次生受業，順後次受業。爲前攝後，後攝前耶。答：前攝後，非後攝前。不攝者何。謂不定業，無記業，無漏業。三業謂身語意，復有三業，謂順樂受業，順苦受業，順不苦不樂受業。爲前攝後，後攝前耶。答：前攝後，非後攝前。不攝者何。謂無記業，無漏業。三業謂身語意，復有三業，謂過去未來現在業。復有三業，謂善不善無記業。復有三業，謂學無學非學非無學業。復有三業，謂見所斷修所斷無斷業。爲前攝後，後攝前耶。答：隨其事，展轉相攝。三業謂身語意，復有三業，謂欲色無色界繫業。爲前攝後，後攝前耶。答：前攝後，非後攝前。不攝者何。謂無漏業。四業如前說，三業謂順現法受等。爲四攝三，三攝四耶。答：應作四句。有四非三，謂能斷諸業學思欲界繫善不善不定業及色界繫善不定業。有三非四，謂無色界繫善決定業。有四亦三，謂欲界繫善不善決定業，及色界繫善決定業。有非四非三，謂除能斷諸業學思餘無漏業，無色界繫善不定業，及無記業。四業如前說，三業謂順樂受等，爲四攝三，三攝四耶。答：應作四句。有四非三，謂能斷諸業學思。有三非四，謂無色界繫善業。有四亦三，謂欲界繫善不善業色界繫善業。有非四非三，謂除能斷諸業學思餘無漏業，及無記業。四業如前說，三業謂過去等善等學等見斷等業，爲四攝三，三攝四耶。答：三攝四，非四攝三。不攝者何。謂除能斷諸業學思餘無漏業，無色界繫善業，及無記業。四業如前說，三業謂欲界繫等。爲四攝三，三攝四耶。答：應作四句。有四非三，謂能斷諸業學思。有三非四，謂無色界繫善業，及無記業。有四亦三，謂欲界繫善不善業，色界繫善業。有非四非三，謂除能斷諸業學思餘無漏業。三業謂順現法受等，復有三業，謂順樂受等。爲前攝後，後攝前耶。答：後攝前，非前攝後。不攝者何。謂不定業。三業謂順現法受等，復有諸三業，謂過去等善等學等見斷等，爲前攝後，後攝前耶。答：後攝前，非前攝後。不攝者何。謂不定業，無記業，無漏業。三業謂順現法受等，復有三業，謂欲界繫等，爲前攝後，後攝前耶。答：後攝前，前非攝後。不攝者何。謂不定業，無記業。

三業謂順樂受等，復有諸三業，謂過去等善等學等見斷等，爲前攝後，後攝前耶。答：後攝前，非前攝後。不攝者何。謂無記業，無漏業。三業謂順樂受等，復有三業，謂欲界繫等，爲前攝後，後攝前耶。答：後攝前，非前攝後。不攝者何。謂無記業。三業謂過去等，復有諸三業，謂善等學等見斷等，爲前攝後，後攝前耶。答：隨其事，展轉相攝。三業謂過去等，復有三業，謂欲界繫等，爲前攝後，後攝前耶。答：前攝後，非後攝前。不攝者何。謂無漏業。三業謂善等，復有三業，謂欲界繫等，爲前攝後，後攝前耶。答：前攝後，非後攝前。不攝者何。謂無漏業。三業謂善等，復有諸三業，謂學等見斷等，爲前攝後，後攝前耶。答：隨其事，展轉相攝。三業謂欲界繫等，復有諸三業，謂學等見斷等，爲前攝後，後攝前耶。答：後攝前，非前攝後。不攝者何。謂無漏業。三業謂學等，復有三業，謂見斷等，爲前攝後，後攝前耶。答隨其事，展轉相攝。

玄奘譯《阿毗達磨順正理論》卷四〇　業有三種，善、惡、無記，其相云何。

頌曰：安不安非業，名善惡無記。

論曰：諸安隱業說名爲善，能得可愛異熟涅槃，暫永二時濟衆苦故。不安隱業名爲不善，由此能招非愛異熟，極能遮止趣涅槃故。非前二業立無記名，不可記爲善不善故，是非安隱不安隱義。

又經中說業有三種，福、非福等，其相云何。

頌曰：福非福不動，欲善業名福，不善名非福，上界善不動，約自地處所，業果無動故。

論曰：欲界善業說名爲福，非福相違招愛果故。諸不善業說名非福，招非愛果違福業故。上二界善說名不動，豈不世尊說下三定皆名有動。聖說此中有尋伺喜樂受動故，由下三定有尋伺等災患未息故立動名不動，經中據能感得不動異熟，說名不動。如何有動定招無動異熟，雖此定中有災患動而業對果非如欲界有動轉故立不動名。謂欲界中餘趣處滿業，由別緣力可異趣處受，以或有業能感外內財位形量色力樂等，於天等中此業應熟。由別緣力所引轉故，於人等中此業便熟。色無色界餘地處業，無容轉令異地處受業果處所，無改動故等引地攝無散動故，依如是義立不動名。應知此中由於因果相屬愚故造非福業，以非福業純染污故，要依麁重相續無明。由此無明現在前位，不能解信因果相屬，是故發起諸非福行，由眞實義愚故造福及不動業。眞實義者，謂四聖諦。若於彼愚諸異生類，於善心位亦得間起。由此勢力令於三界，不如實知其性皆苦，起福不動行爲後有因。若已見諦者則無是事，乘先行力漸離染時，如次得生欲色無色。

又經中說業有三種，順樂受等，其相云何。

頌曰：順樂苦非二，善至三順樂，諸不善順苦，上善順非二，餘說下亦有，由中招異熟，又許此三業，非前後熟故，順受總有五，謂自性相應，及所緣異熟，現前差別故。

論曰：諸善業中始從欲界，至第三靜慮名順樂受業。以諸樂受唯至此故，諸不善業名順苦受，第四靜慮及無色善業說名爲順不苦不樂受。此上都無苦樂受故，非此諸業唯感受果，應知亦感彼受資糧。受及資糧此中名受，隨所化欲總立受名。下諸地中爲亦許有順非二業爲決定無。有餘師言，下地亦有順非二業，以定中間既無苦樂應無業故。豈不中定與初靜慮同一縛故，此中定業感初定中樂根異熟。理不應爾，違本論故。謂本論言，頗有業感心受異熟非身耶。曰有，謂善無尋業中間定業既是無尋。若感根本樂根異熟應無尋業，通感身心二受異熟便違本論。然應此業唯感心受，如不善業唯感身受，設許通感無違本論，本論應言善無伺故。或非諸業皆感受果故，彼應感色心不相應行。然於一切無尋業中，有業唯能感心受果，偏就彼說故無有過，是故中定業感異熟非證。下地有順非二業因，若爾此中更有餘證。謂本論說，頗有三業非前非後受異熟耶。曰有，謂順樂受業，色順苦受業，心心所法順不苦不樂受業，心不相應行乃至廣說。由此證知下地亦有順非二業，非離欲界有此三業俱時熟故。此亦非證。以本論中說三界業如三受故，然非三界所繫諸業可俱時受，此亦應然。而本論言有三界業俱時熟者，爲欲試驗於對法宗解不解故，或於增上果說受異熟聲，色無色思資下異熟。令其久住，故作是言。順三受業文亦容作此釋。故彼所引非定證因，何苦推徵彼所計執，見彼所計執違品類足故。如說，云何順樂受業。謂從欲界繫至三定善業，無違彼失無定言故。謂彼不言唯順樂受，然下雖有順非二業，而由少故，彼文不顯。不可準此便作是言，上地亦應有順苦樂，離苦樂染方生彼故。由此唯說從廣果天乃至非想有順非苦非樂受業，不說下地以上地無相違受故。於下地有相違受故，以於下地容有非苦非樂異熟，不可如彼三界繫業定判。此文無容有容實俱受故。此業爲善爲不善耶。有作是言，是善而劣。又不可別示，而可總言。於諸善業中或有一類能感樂受及受資糧，或有一類能感非二。應知此業能益樂受，名順樂受，如順馬處。或復此業能受於樂名順樂受，如順浴散。順餘受業，應知亦然。順樂受業唯感樂受異熟果耶。唯感樂受異熟果者，一切皆是順樂受業。或有諸業名順樂受，而不能感樂受異熟，謂此若感色不相應，順餘受業應知亦爾。此業非唯感受異熟，如何總得順受業名。諸業爲因，所感異熟皆似於受得受名故。所以者何。彼皆如受爲身益損及平等故。如水火等於樹枝等爲益爲損爲等義成。又順受多，略說有五。一自性順受，謂諸受體。如契經說，受樂受時，如實了知受於樂受乃至廣說。二相應順受，謂一切觸。如契經言，順樂受觸乃至廣說。三所緣順受，謂一切境。如契經言，眼見色已，唯受於色不受色貪，乃至廣說。由色等是受所緣故。四異熟順受，謂感異熟業。如契經說，順樂受業乃至廣說。五現前順受，謂現行受。如契經說，受樂受時二受便滅，乃至廣說。非此樂受現在前時，有餘受能受此樂受。但據樂受自體現前，即說名爲受，於樂受由所順受有多種故。雖業異熟非皆是受，而可總立順受業名。謂諸善業爲因所感，色不相應能爲所緣生樂受故，是諸樂受所領納故，可愛異熟順樂受故，亦名樂受。由此善業所招諸果，雖非樂受順樂受故，招彼業名順樂受業。順苦非二，理亦應然。

如是三業有定不定，其相云何。

頌曰：此有定不定，定三順現等，或說業有五，餘師說四句。

論曰：此上所說順樂受等，應知各有定不定異。非定受故，立不定名。謂順樂業非必定熟，若熟必應受樂異熟。順餘二業說亦如是。定復有三。一順現法受，二順次生受，三順後次受。此三定業定感異熟，并前不定總成四種。或有欲令不定受業，復有二種，謂於異熟有定不定。并定業三，合成五種。順現法受業體云何。謂於此生造作增長，唯此生受異熟非餘，於此生言顯眾同分。爲顯加行根本業道，說造作言爲顯後起，故說增長。或造作者顯牽引業，言增長者顯圓滿業，或造作者謂率爾爲。言增長者，謂思已作，或造作者追悔所損。言增長者歡喜攝受，或以同類爲助伴業，名爲造作亦名增長。如善還以善爲助伴，與此相違唯名造作。或有堅執而造作者，名爲造作，亦名增長。與此相違，唯名造作。或依具足，名爲造作。若由具足，名爲增長。如是等釋，義有多門。言唯此生受異熟者顯時分定，然或有謂於人生中造作增長，還唯於此人生餘身受異熟者，亦得名爲順現法受。爲遮此執，復說非餘。此則顯示有死生者，可言唯此不名非餘。由此顯業時分不壞，令極分明絕諸疑網。如何由此說非餘言，便令定知非餘身受。以或可釋此非餘言，是遮非人生非遮餘身故，此釋非理前唯此言遮非人生義已成故。謂前既說唯此生言，已定顯成非非人類，然復於後說非餘言，爲遮餘身義極明了。若異此者，重說何爲。故此業名順現法受，以現法者是現身義。順次生受，業體云何。謂此生造業於無間生受。所言生者是生處義，造業生後無間而生，故名次生。是次後生義順彼生業，名順次生受。順後次受，業體云何。謂此生造業，無間生後受。所言後者，是無間生後眾同分。所言次者，顯於多生，次第別受。此言意顯順後受業決定次第各招一生，爲避言詞繁廣過失，故於多業總立一名。

云何名爲順不定受。謂薄伽梵見一類業，或由尸羅、或由正願、或由梵行、或由等持、或由智力，令全無果，或令輕微、或令移位，說此一切，名不定業。爲轉此業，應修淨行。諸有情類，此業最多。然契經言，或有諸業應現法受，而或轉於地獄受者。非此中辨，順現受業。意說有業，順不定受。若能精修身戒心慧，此所造業應人間受。由不精修身戒心慧，便乘此業墮㮈落迦。契經又言，或有諸業應地獄受，而或轉於人中受者，此亦非辨時分定業，但說不定，釋義準前。或釋前經意說有業，雖是造作，而非增長。若任其力，應現法受。若後復造，感地獄業，資助令增往地獄受。故契經說，有業應於人中現受，由後復造，感地獄業，令增長故，轉彼令於地獄中受。是故知彼說不定業。譬喻者說，順現受業等於餘生中亦得受異熟，然隨初熟位，立順現等名。非但如名，招爾所果。謂彼意說諸所造業，若從此生，即能爲因。與異熟果者，名順現法受。若從次生，方能爲因。與異熟果者，名順次生受。若越次生從第三生方與異熟者，名順後次受。何緣彼作如是執耶。勿強力業異熟少故。彼執非善，所以者何。彼業先時已生異熟，中間間斷，異熟復生，理必不然，如種芽故。若謂無間而生後身，應無死生，業無異故。或身無異，應數死生。又一業招二三生等，是諸果相爲異爲同相。若異者，應如別業所感相續，非一業果。或一業果，其相應同。應說何緣前後相別。若謂滿業助力使然，應唯一生前後有別。現見引業所引一生，雖有眾多滿業果異，而引業一但名一生。此亦應然，無別因故。相若同者應是一生，非一生中前後相等，而可見有前後生殊，此亦應然一業果故，然不可謂唯一生身，便是眾多引業所感，以能引業有差別故。或於本有應有死生，或應畢竟無死生理。又彼一業所感多生，爲一趣中爲在多趣。若在一趣過如前說，謂前與後應是一生，或一生中應數生死，以一業果無差別故。若在多趣諸趣相望有上中下品類別故，同一業果理必不成，以一刹那所造一業，有上中下理不成故。又若爾者趣應相雜，然趣無雜如前已辨。若謂餘業所引生中，有於前生已得果業。感果勢力猶未盡故，寄此生中更受異熟故。雖一業能感多生，而有死生果相差別，此亦非理。所以者何。寄他生中更受果業，牽引圓滿俱不成故。謂寄他生所受異熟，爲是引果爲滿果耶。且不應言寄受引果，此生引果餘業引故。一果不應引已復引，應隨一業唐捐其功。後業於中極爲無用，亦不應說於一生中有二引果，勿有所受。一相續中便有多生多趣異熟俱時受過，亦不應言寄受滿果。勿有引業於前生中已得引果，有餘引力至於今生轉成滿過，謂有一類順生受業，感次生中所引果。已今於餘業所引生中變成順後受感滿果異熟，是則一業亦引亦滿，便有引滿雜亂過失。又一切業展轉相資，是則皆成造作增長，則應畢竟無有一業不受異熟而至涅槃。然彼此宗俱非所許，於譬喻者其過偏多，以彼宗中順現受等所有諸業皆非決定。然許諸業展轉相資，理應皆成造作增長，諸有造作亦增長業。世尊經中說爲決定。而言諸業皆不定者，當知彼是佛教外人，又於此中彼據何理許於餘業所引生中，已於前生引果餘業，能爲助滿資令久住，非於前世自所引生能爲滿因資令相續。又若有業順天生受，從天死已生地獄中，如何令天順生受業，今於地獄受後樂果，從地獄死生於天中。順彼生業，責亦如是。非於天中順生受業，可於無間地獄受果，亦非無間順生受業。可於天中有受果義，若謂越他趣於自類趣中，此業方能重受果者，前已說過。前說者何。謂業先時已生異熟中間間斷異熟復生，理必不然，如種芽故。雖彼立理證自義言，勿強力業，異熟果少，此亦非證。所以者何。非要果多業名強力。順現受業名強力者，能速得果，故立此名。若一事中起多思願，於中前後勝劣有殊，能感現生後異熟果言招多果，亦無有失。又若執業要感多果，方得名強。則感輪王異熟果業，望感佛業應說名強，感多果故。若感佛業妙故名強，是則名強。業有多種，以業強理，有多品故。謂或有業果近名強，或由果多或由果妙，然順現受果近名強。寧以強名證感多果故。對法者說，諸業中順現等三各別生果，業果無雜，於理爲勝。譬喻者說，業有四句。一者有業於時分定異熟不定，謂順現等三非定得異熟。二者有業於異熟定時分不定，謂不定業定得異熟。三者有業於二俱定，謂順現等定得異熟。四者有業於二俱不定，謂不定業非定得異熟。彼說諸業，總成八種。謂順現受有定不定，乃至不定，亦有二種。

玄奘譯《大乘阿毗達磨集論》卷四　有三種業。謂福業、非福業、不動業。何等福業。謂欲界繫善業。何等非福業。謂不善業。何等不動業。謂色無色界繫善業。

如契經說，無明緣行。若福非福及與不動，云何福及不動行緣無明生。有二種愚。一異熟果愚，二眞實義愚。由異熟果愚故，發非福行。由眞實義愚故，發福及不動行。

殺生業道，貪瞋癡爲方便。由瞋究竟，如殺生麁惡語瞋恚業道亦爾。不與取業道貪瞋癡爲方便，由貪究竟，如不與取欲邪行貪欲業道亦爾。虛誑語業道，貪瞋癡爲方便，於三種中隨由一究竟，如虛誑語離間語雜穢語業道亦爾。邪見業道，貪瞋癡爲方便，由癡究竟。

如契經言，有共業，有不共業。有強力業，有劣力業。云何共業。若業能令諸器世間種種差別。云何不共業。若業能令有情世間種種差別。或復有業，令諸有情展轉增上，由此業力說諸有情更互相望爲增上緣。以彼互有增上力故，亦名共業。是故經言，如是有情與餘有情互相見等，而不受用不易可得。云何強力業。謂對治力強補特伽羅故，思所造諸不善業。由對治力所攝伏故，令當受那落迦業轉成現法受，應現法受業轉令不受，所以此業名強力者，由能對治業力強故。又故思所造一切善業皆名強力，依此業故，薄伽梵說，我聖弟子能以無量廣大之業善熏其心，諸所造作有量之業，不能牽引，不能留住，亦不能令墮在彼數。又對治力劣補特伽羅故，思所造諸不善業，望諸善業皆名強力。又故思造業異熟決定不斷不知，名強力業。此中意說，一切善不善業異熟決定，聖道力不斷者，皆名強力業。又欲界繫諸不善業性皆是強力。又先所串習名強力業，又依強位名強力業。又不可治者，所造諸業名強力業，無涅槃法故。又由田故發強力業，又由心加行故發強力業。又由九種因發強力業，謂由田故、事故、自體故、所依故、作意故、意樂故、助伴故、多修習故、與多衆生共所行故。與此相違，是劣力業。如世尊說。若有說言，彼彼丈夫補特伽羅，隨如是如是業，若作若增長，還受如是如是異熟，若有是事便不應修清淨梵行，亦不可知正盡諸苦作苦邊際。若有說言，彼彼丈夫補特伽羅，隨如是如是順所受業，若作若增長，還受如是如是順所受異熟，若有是事便應修習清淨梵行。又亦可知正盡諸苦作苦邊際。如是經言，有何密意。此中佛意爲欲遮止如是邪說，謂樂俱行業，還能感得樂俱行異熟，苦俱行業，還能感得苦俱行異熟，不苦不樂俱行業，還能感得不苦不樂俱行異熟。故作是說。又爲開許如是正說，謂樂俱行業順樂受者，還受樂異熟。順苦受者，還受苦異熟。順不苦不樂受者，還受不苦不樂異熟。苦俱行業順樂受者，還受樂異熟。順苦受者，還受苦異熟。順不苦不樂受者，還受不苦不樂異熟。不苦不樂俱行業順樂受者，還受樂異熟。順苦受者，還受苦異熟。順不苦不樂受者，還受不苦不樂異熟。如是名爲此經密意。又業差別有三種，謂律儀業，不律儀業，非律儀非不律儀業。

云何律儀業。謂別解脱律儀所攝業，靜慮律儀所攝業，無漏律儀所攝業。別解脱律儀所攝業者，即是七衆所受律儀。謂苾芻律儀，苾芻尼律儀，式叉摩那律儀，勤策律儀，勤策女律儀，鄔波索迦律儀，鄔波斯迦律儀，及近住律儀。依止何等補特伽羅建立出家律儀，依能修行遠離惡行，遠離欲行補特伽羅。依止何等補特伽羅建立鄔波索迦律儀鄔波斯迦律儀，依能盡受遠離惡行，不遠離欲行補特伽羅。依止何等補特伽羅建立近住律儀，依止不能遠離惡行，及不能遠離欲行補特伽羅。若唯修學鄔波索迦一分學處爲說成就，鄔波索迦律儀爲說不成就，應說成就而名犯戒，扇搋半擇迦等，爲遮彼受鄔波索迦律儀不耶。不遮彼受鄔波索迦律儀，然遮彼鄔波索迦性，不堪親近承事苾芻苾芻尼等二出家衆故。又半擇迦有五種，謂生便半擇迦，嫉妒半擇迦，半月半擇迦，灌灑半擇迦，除去半擇迦。

靜慮律儀所攝業者，謂能損伏發起犯戒煩惱種子，離欲界欲者所有遠離，離初靜慮欲者所有遠離，離第二靜慮欲者所有遠離，離第三靜慮欲者所有遠離，是名靜慮律儀所攝身語業。

無漏律儀所攝業者，謂以見諦者由無漏作意力，所得無漏遠離戒性，是名無漏律儀所攝業。

云何不律儀業。謂諸不律儀者，或由生彼種姓中故，或由受持彼事業故，所期現行彼業決定。何等名爲不律儀者。所謂屠羊、養鷄、養豬、捕鳥、捕魚、獵鹿、罝兔、劫賊魁膾、控牛縛象、立壇呪龍、守獄讒搆、好爲損等。

云何非律儀非不律儀業。謂住非律儀非不律儀者，所有善不善業。

又業差別有三種。謂順樂受業，順苦受業，順不苦不樂受業。順樂受業者，謂從欲界乃至第三靜慮所有善業。順苦受業者，謂不善業。順不苦不樂受業者，謂第三靜慮已上所有善業。

又業差別有三種。謂順現法受業，順生受業，順後受業。順現法受業者，若業於現法中異熟成熟，謂從慈定起已，於彼造作若損若益必得現異熟。如從慈定起，從無諍定起，從滅定起，從預流果起，從阿羅漢果起亦爾。又於佛爲上首僧中，造善惡業，必得現異熟。又有餘猛利意樂方便，所行善不善業，亦得現異熟。順生受業者，若業於無間生中異熟成熟，謂五無間業。復有所餘善不善業，於無間生異熟熟者，一切皆名順生受業。順後受業者，若業於無間生，後異熟成熟，是名順後受業。又業差別有四種。謂黑黑異熟業，白白異熟業，黑白黑白異熟業，非黑白無異熟業能盡諸業。黑黑異熟業者，謂不善業。白白異熟業者，謂三界善業。黑白黑白異熟業者，謂欲界繫雜業。或有業意樂故黑，方便故白。或有業，方便故黑意樂故白。非黑白無異熟業能盡諸業者，謂於加行無間道中諸無漏業。

施護譯《佛說大集法門經》卷上　復次，三業是佛所說。謂一者身業，二者語業，三者意業。即此三業，復有二種，一善，二不善。何等爲善。謂身業善行、語業善行、意業善行。何名不善。謂身業不善行、語業不善行、意業不善行。

三毒

佚名《別譯雜阿含經》卷一一　賢聖弟子，觀察初見，能起貪欲、瞋恚、愚癡，常爲如是三毒纏縛，不得遠離，能生患害，能生結使，不得解脫，憙樂於欲，守護縛著，是名爲忍。若不忍者，能生貪欲、瞋恚、愚癡，常爲如斯三毒所纏，不能遠離、獲得解脫，憙樂於欲，常爲愛取，守護縛著。

鳩摩羅什譯《大智度論》卷三四　我成阿耨多羅三藐三菩提時，世界中無有婬欲、瞋恚、愚癡，亦無三毒之名。一切眾生成就如是智慧，善施、善戒、善定、善梵行、善不嬈眾生者，當學般若波羅蜜。

問曰：若世界無三毒、亦無三毒名者，佛爲何等故出生其國。答曰：貪欲、瞋恚、愚癡名爲三不善根，是欲界繫法。佛若說貪欲、瞋恚、愚癡，是欲界繫不善。若說染愛、無明是則通三界。有佛世界純諸離欲人，爲是眾生故，菩薩願言：我成佛時，國無三毒、三毒之名。復有清淨佛國，純阿鞞跋致、法性生身菩薩，無諸煩惱，唯有餘習，是故言無三毒之名。若有人言，如菩薩願言，我當度一切眾生，而眾生實不盡度。此亦如是，欲令世界無三毒之名，亦應實有三毒不盡。若無三毒何用佛爲。如地無大闇則不須日照。如經所說：若無三法則佛不出世。若三法不斷則不得離老、病、死。三法者則是三毒。如《三法經》，此中應廣說。

復次，有世界，眾生分別諸法是善、是不善、是縛、是解等，於一相寂滅法中而生戲論。菩薩以是故，願令我世界中眾生不生三毒，知三毒實相即是涅槃。問曰：一切眾生得如是智慧是何等智慧。答曰：智慧是世間正見。世間正見中，說有布施、有罪福、有今世後世、有阿羅漢。信罪福故，能善布施。信有阿羅漢故，能善持戒、善禪定、善梵行。得正見力故，能善不嬈眾生。世間正見是無漏智慧根本。以是故說國中無三毒之名。

貪欲有二種：一者邪貪欲，二者貪欲。瞋恚有二種：一者邪瞋恚，二者瞋恚。愚癡有二種：一者邪見愚癡，二者愚癡。是三種邪毒眾生難可化度，餘三易度。無三毒名者，無邪三毒之名。

求那跋陁羅譯《申日兒本經》　天下凡有三毒：一者貪婬，二者瞋恚，三者、愚癡。佛無是三毒者，毒爲不行，至誠有經法者，毒亦不行，如諸比丘道正者，毒亦不行。

真諦譯《佛性論》卷四　不淨位中，有九種客塵，非所染污故不淨。淨位中，常樂我淨四德，及如來恆沙功德。恆相應故，故說如來性前後無變異。若略說一切煩惱客塵，凡有九種：一者隨眠貪欲煩惱，二隨眠瞋，三隨眠癡，四貪瞋癡等極重上心惑，五無明住地，六見諦所滅，七修習所滅，八不淨地，九淨地惑。若煩惱在世間離欲眾生相續中，爲不動業增長家因，能生色無色界。爲出世無分別智所滅，是名隨眠欲瞋癡等三毒。

吉藏《法華玄論》卷二　佛爲增上慢人說斷三毒，名爲涅槃。若無增上慢，佛說三毒即是涅槃。三毒即是涅槃者，三毒本不生今不滅，豈非即是涅槃耶。

慧遠《大乘義章》卷五　第一釋名。言三根者，謂貪瞋癡。染境名貪，忿怒曰瞋，闇惑名癡。此三乃是思前煩惱，發生思業，故名爲根。言三道者，所謂貪瞋及與邪見。貪瞋同前。言邪見者，謬執乖理，目之爲邪，邪心推求，說之爲見。以何義故前三根中第三名癡，此三道中說名邪見。《成實》釋言：癡中增上說名邪見。暢思煩惱，必是增上，故說邪見。此三乃是思後煩惱，通暢前思，故名爲道。言三毒者，名同三根。以何義故不同三道，乃同三根。三根之中，癡名是寬，故此同之。三道之中邪見義狹，故此不同。然此三毒，通攝三界一切煩惱。一切煩惱，能害眾生，其猶毒蛇，亦如毒龍，是故就喻說名爲毒。名義如是。

第二門中，約對十使料簡廢立。問曰：三根十使之中具攝幾使，依如《毘曇》。唯攝三使，謂貪瞋癡，不攝餘七。何故如是。釋者相傳，以五義故，建立三根。一明貪等遍通六識，故說爲根。以能具生一切惡故，不同慢等唯在意地。二通五行，謂迷四諦及障修道，以能具生一切惡業故，說爲根。不同見疑局在見諦。三具使性，力強能生一切惡業，故說爲根。不同緾垢慳嫉等也。四斷善根時，爲方便，是故證之爲不善根。不同一切無記煩惱。五能發業，不同過未性成之結。要現行者，能發業故。又此三種，多惱衆生，名偏説之爲不善根。又此三種衆生多起，乃至蟻等亦常起之，是以偏説爲不善根。若依《成實》，三不善根具攝十使。貪瞋二使，當相各一。餘之八使，總名爲癡。何故如是，以依三受及三境故。言三受者，謂苦樂捨，依苦生瞋，依樂生貪，依捨生癡。言三境者，謂違順中，依違生瞋，依順生貪，依中生癡。餘之八使，同依捨受中容境起，故通名癡。次辨三道。問曰：三道十使之中具攝幾使，若依《毘曇》具攝五使，所謂貪瞋邪見戒取及與見取，五中前二，當相各一，後三合爲邪見業道。以此五種是其增上，能暢思業發動身口，是故偏説爲惡業道。以何義故不攝餘五。身邊二見無記故，不得説爲不善業道。疑慢及癡，非增上故，不能暢思發動身口故不説之。問曰：《毘曇》説邪見等迷理煩惱，不動身口，云何説爲不善業道。論自釋言，迷理煩惱，雖復不作剎那等起動身口業，而能遠作因等起，故説爲業道。若依《成實》，具攝七使，爲三業道。貪瞋二使，當相各一。五見之心，通名邪見。彼宗宣説，五見之心同能發起不善業，故次辨三毒。問曰：三毒十使之中具攝幾使，當知三毒最爲寬通具攝十使，貪瞋各一。餘之八使，同名爲癡，同依捨受中容境故。

第三門中，約就三界二輪煩惱，辨其三根三道三毒差別之相。先辨三根。若依《毘曇》，三不善根，唯在欲界，非上二界。上二界中，無不善故。就欲界中，通説見修二輪煩惱爲不善根，同能發起不善思故。若依《成實》，三不善根亦在欲界，非上二界。上二界中，設起不善，繫屬欲界，是故偏説在於欲界。然《成實》中，在上二界，亦得寄起欲界不善。不同毘曇一向不起界地斷故。復欲界中見諦煩惱，一向定説爲不善根，修惑不定。若望殺等根本業思，修道煩惱，非不善根。何故如是。凡夫之時修道煩惱，但可成就而不現行，不現行故，不能發起不善業思。及在聖時修道煩惱，雖復現行，聖人不起殺等業思，是故修惑非不善根。若望打縛，如是等思修惑，亦得爲不善根，聖人亦起打縛等故。次明三道。依如《毘曇》，三道煩惱，亦在欲界。上二界中，無不善故。就欲界中，亦通二輪。於中貪瞋通於見修，邪見業道正在見惑。何故如是。修道惑中，無邪見故。若依《成實》，三道煩惱與《成實》中三根同也。但可優劣，上下爲異。次明三毒。三毒煩惱，二輪齊等，通攝三界一切煩惱，斯名三毒。

第四門中，三門相對辨其優劣。煩惱有三，謂上中下。三道煩惱，唯在上品，不通中下。故《雜心》云：於中增上説爲業道。又《成實》云：暢思煩惱，必是增上故説邪見。若論三根，通取中上，不通下品。微下煩惱，不發業故。三毒則寬，三品俱攝三根等義。略辨如是。

智顗《法界次第初門》卷上　三毒初門第七。（一貪毒，二瞋毒，三癡毒）

次見愛而辨三毒者。此二科既有合離之異，事須分別。若合，但取癡一分爲見，餘一分及貪恚，並合爲愛也。若離，則見愛之中各有三毒。如此歷三界五行，則離出九十八使。一切煩惱通名毒者，毒以沈毒爲義，惱壞之甚，故云沈毒。以其能壞出世善心，故名爲毒也。

一貪毒。（引取之心，名之爲貪。若以迷心對一切順情之境，引取無厭，即是貪毒。歷三界五行，十五貪使並是貪毒，但上二界煩惱既薄故，別受愛名）。

二瞋毒。（違忿之心，名之爲瞋。若以迷心對一切違情之境，便起忿怒，即是瞋毒。歷欲界五行下，即有五瞋使，並是瞋毒，數人義上二界無瞋也）。

三癡毒。（迷惑之心，名之爲癡。若迷一切事理之法，無明不了，迷惑妄取，起諸邪行，即是癡毒，亦名無明。無明有二種。一者相應無明，即是與三界五行下八十八使，相應共起。二者不相應無明，即是三界五行下十五癡使也）。

三　界

佛陀耶舍共竺佛念譯《佛説長阿含經》卷八　復有三法，謂三界：欲界、恚界、害界。復有三法，謂三界：出離界、無恚界、無害界。復有三法，謂三界：色界、無色界、盡界。

求那跋陀羅譯《雜阿含經》卷一七　有三界，云何三。謂欲界、色界、無色界。爾時，尊者阿難即説偈言：曉了於欲界，色界亦復然，捨一

切有餘，得無餘寂滅。於身和合界，永盡無餘證，三耶三佛說，無憂離垢句。【略】

所說種種界，云何名爲種種界。尊者阿難告瞿師羅長者：有三界，色界、無色界、滅界，是名三界。即說偈言：若色界衆生，及住無色界，不識滅界者，還復受諸有。若斷於色界，不住無色界，滅界心解脫，永離於生死。

玄奘譯《瑜伽師地論》卷四　云何數建立。略有三界，謂欲界，色界，無色界。如是三種，名墮攝界。非墮攝界者，謂方便，并薩迦耶滅及無戲論無漏界。此中欲界及色界初靜慮，除靜慮中間若定若生，名有尋有伺地，即靜慮中間若定若生，名無尋唯伺地，隨一有情由修此故，得爲大梵。從第二靜慮，餘有色界及無色界，全名無尋無伺地。此中由離尋伺欲道理，故說名無尋無伺地，不由不現行故。所以者何。未離欲界欲者，由教導作意差別故，於一時間亦有無尋無伺意現行。已離尋伺欲者，亦有尋伺現行，如出彼定及生彼者。若無漏界有爲定所攝初靜慮，亦名有尋有伺地。依尋伺處法，緣眞如爲境入此定故，不由分別現行故。餘如前說。

處所建立者。於欲界中有三十六處，謂八大那落迦。何等爲八。一等活，二黑繩，三衆合，四號叫，五大號叫，六燒熱，七極燒熱，八無間。此諸大那落迦處，廣十千踰繕那。此外復有八寒那落迦處。何等爲八。一皰那落迦，二皰裂那落迦，三喝哳詀那落迦，四郝郝凡那落迦，五虎虎凡那落迦，六青蓮那落迦，七紅蓮那落迦，八大紅蓮那落迦。從此下三萬二千踰繕那，至等活那落迦，從此復隔四千踰繕那，有餘那落迦，如等活大那落迦處，初寒那落迦處亦爾。從此復隔二千踰繕那，有餘那落迦應知。又有餓鬼處所，又有非天處所。傍生即與人天同處，故不別建立。復有四大洲如前說，復有八中洲。又欲界天有六處。一四大王衆天，二三十三天，三時分天，四知足天，五樂化天，六他化自在天。復有摩羅天宮，即他化自在天攝。然處所高勝，復有獨一那落迦近邊那落迦，即大那落迦及寒那落迦。以近邊故，不別立處。又於人中亦有一分獨一那落迦可得。如尊者取菉豆子說，我見諸有情，燒然，極燒然，遍極燒然總一燒然。聚如是等三十六處，總名欲界。

復次，色界有十八處，謂梵衆天，梵前益天，大梵天。此三由軟中上品，熏修初靜慮故。少光天，無量光天，極淨光天，此三由軟中上品，熏修第二靜慮故。少淨天，無量淨天，遍淨天，此三由軟中上品，熏修第三靜慮故。無雲天，福生天，廣果天，此三由軟中上品，熏修第四靜慮故。無想天即廣果攝，無別處所。復有諸聖住止不共五淨宮地，謂無煩無熱善現善見，及色究竟由軟中上。上勝上極品，雜熏修第四靜慮故。復有超過淨宮大自在住處，有十地菩薩，由極熏修第十地故，得生其中。

復次，無色界有四處所或無處所。有情量建立者，謂贍部洲人身量不定。或時高大，或時卑小，然隨自肘三肘半量。東毗提訶身量決定，亦隨自肘三肘半量。身又高大，如東毗提訶。如是西瞿陁尼，北拘盧洲身量亦爾，轉復高大。四大王衆天身量，如拘盧舍四分之一，三十三天身量復增一足，帝釋身量半拘盧舍，時分天身量亦半拘盧舍。此上一切如欲界天身量，當知漸漸各增一足。梵衆天身量半踰繕那，梵前益天身量一踰繕那，大梵天身量一踰繕那半，少光天身量二踰繕那。此上一切餘天身量，各漸倍增。除無雲天，應知彼天減三踰繕那。又大那落迦身量不定。若作及增長極重惡不善業者，彼感身形其量廣大，餘則不爾。如大那落迦，如是寒那落迦，獨一那落迦，近邊那落迦，傍生餓鬼亦爾。諸非天身量大小，如三十三天。當知，無色界無有色故，無有身量。

玄奘譯《阿毗達磨俱舍論》卷八　三界是何，各於其中處別有幾。

頌曰：地獄傍生鬼，人及六欲天，名欲界二十。由地獄洲異，此上十七處，名色界於中，三靜慮各三，第四靜慮八。無色界無處，由生有四種，依同分及命，令心等相續。

論曰：地獄等四及六欲天并器世間，是名欲界。六欲天者，一四大王衆天，二三十三天，三夜摩天，四覩史多天，五樂變化天，六他化自在天。如是欲界處別有幾，地獄洲異故，成二十。八大地獄名地獄異。一等活地獄，二黑繩地獄，三衆合地獄，四號叫地獄，五大叫地獄，六炎熱地獄，七大熱地獄，八無間地獄。言洲異者，謂四大洲。一南贍部洲，二東勝身洲，三西牛貨洲，四北俱盧洲。如是十二，并六欲天，傍生餓鬼處成二十。若有情界從自在天至無間獄，若器世界乃至風輪皆欲界攝。此欲界上處有十七，謂三靜慮處各有三，第四靜慮處獨有八。器及有情，總名色界。第一靜慮處有三者。一梵衆天，二梵輔天，三大梵天。第二靜慮處有三者。一少光天，二無量光天，三極光淨天。第三靜慮處有三者。一少淨天，二無量淨天，三遍淨天。第四靜慮處有八者。一無雲天，二福生天，三廣果天，四無煩天，五無熱天，六善現天，七善見天，八色究竟天。迦濕彌羅國諸大論師皆言，色界處但有十六。彼謂，即於梵輔天處有高臺閣，名大梵天，一主所居非有別地。如尊處座，四衆圍繞。無色界中都無有處，以無色法無有方所。過去未來無表無色不住方所，理決然故。但異熟生差別有四。一空無邊處，二識無邊處，三無所有處，四非想非非想處。如是四種，名無色界。此四非由處有上下，但由生故，勝劣有殊。復如何知彼無方處，謂於是處得彼定者，命終即於是處生故。復從彼歿生欲色時，即於是處中有起故。如有色界一切有情要依色身心等相續，於無色界受生有情，以何爲依心等相續。對法諸師說，彼心等依衆同分及與命根而得相續。若爾有色有情心等何不但依此二相續，有色界生此二劣故。無色此二因何故強，彼界二從勝定生故。由彼等至能伏色想，若爾於彼心等相續，但依勝定何用別依。又今應說，如有色界受生有情同分命根依色而轉。無色此二，以何爲依。此二更互相依而轉，有色此二何不相依，有色界生此二劣故。無色此二因何故強，彼界此二種從勝定生故。前說彼定能伏色想，是則還同心相續難，或心心所唯互相依故。經部師說，無色界心等相續無別有依，謂若有因未離色愛引起心等，所引心等與色俱生，依色而轉。若因於色已得離愛，厭背色故，所引心等非色俱生不依色轉，何故名爲欲等三界。能持自相故，名爲界。或種族義，如前已釋。欲所屬界說名欲界，色所屬界說名色界。略去中言，故作是說。如胡椒飲如金剛環，於彼界中色非有故，名爲無色。所言色者，是變礙義，或示現義。彼體非色立無色名，非彼但用色無爲體，無色所屬界說名無色界。略去中言喻如前說。又欲之界，名爲欲界，此界力能任持欲故。色無色界應知亦然。此中欲言爲說何法略說段食婬所引貪。如經頌言：世諸妙境非眞欲，眞欲謂人分別貪，妙境如本住世間，智者於中已除欲。

玄奘譯《阿毗達磨俱舍論》卷二五　經說三界謂斷離滅。以何爲體，差別云何。

頌曰：無爲說三界，離界唯離貪，斷界斷餘結，滅界滅彼事。

論曰：斷等三界，即分前說無爲解脫，以爲自體。言離界者，謂但離貪。言斷界者，謂斷餘結。言滅界者，謂滅所餘貪等隨眠所隨增事故。經說三界即無爲解脫，若事能厭必能離耶。不爾。云何。

頌曰：厭緣苦集慧，離緣四能斷，相對互廣陿，故應成四句。

論曰：唯緣苦集所起忍智，說名爲厭，餘則不然。四諦境中所起忍智，能斷惑者皆得離名。廣狹有殊，故成四句。有厭非離，謂緣苦集不令惑斷所有忍智，緣厭境故，非離染故。有離非厭，謂緣滅道能令惑斷所有忍智，緣欣境故，能離染故。有厭亦離，謂緣苦集能令惑斷所有忍智。有非厭離，謂緣滅道不令惑斷所有忍智。應知此中先離欲染後見諦者，所有法忍，及諸智中加行解脫，勝進道攝，不令惑斷，惑已斷故，非斷治故。

玄奘譯《阿毗達磨順正理論》卷七二　如契經中說有三界，謂斷離滅。於前所說二解脫中此何爲體，如是三界差別云何。頌曰：

無爲說三界，離界唯離貪，斷界斷餘結，滅界滅彼事。

論曰：斷等三界即分前說。無爲解脫以爲自體，然三界體約假有異，若就實事則無差別。云何名爲約假有異。謂離貪結，名爲離界。斷餘八結，名爲斷界。滅餘一切貪等諸結，所繫事體，名爲滅界。何緣三界如是差別。謂有漏法，總略有三。一者能繫而非能染，二者能繫亦是能染，三者非二。順繫染法斷此三法所證無爲，如次名爲斷等三界。有餘師說，唯斷能繫別有無爲斷餘不爾，彼說能繫有緣八結，有緣愛結有緣餘事，斷此三種所證無爲，如次名爲斷等三界。有餘師說，唯斷能染別有無爲斷餘不爾。彼師說，愛有緣八結，有緣愛結有緣餘事，斷此三種所證無爲，如次名爲斷等三界。隨所繫事別得擇滅，故三說中初說爲善。此中上座作如是言，但隨己情作此分別，建立聖諦涅槃等中，唯以愛爲門說斷衆惑故。如契經言，云何集聖諦。謂愛後有愛，乃至廣說。云何滅聖諦。謂諸愛斷離滅。云何名涅槃。謂諸愛斷離滅。若於色等已斷欲貪，我說彼名已斷色等。一切行斷名爲斷界，一切行離名爲離界，一切行滅名爲滅界。佛所說經皆是了義，無別意趣不應異釋。此說不然。先已說故，謂我先說。若就實事如，是三界體無差別。然一一體假說爲三，由此無爲是無相法，假立名相必待有爲，謂此無爲一一自體。斷八結得故名斷界，離愛結得故名離界，滅彼蘊得故名滅界。隨所待異，假立三名。理實無爲，體無三別。於一一體具三義故，雖於離愛所得義中，世尊亦言是斷是滅。然依近治唯說離聲，雖滅諸蘊所得義中，契經亦説，是斷是離。而諸經中多言蘊滅，故於此義唯説滅聲。雖斷餘結所得義中，契經亦言，是離是滅，然離滅名別目前二，故於此義唯説斷聲。或此無爲隨所繫事有多種故。體實有多，三界由斯體實各別。然依合立一涅槃性，故説三界展轉相即。是故經説，一切行斷名爲斷界，乃至廣説。理實此經定非了義，非一切行皆是應斷，亦非皆是所應離事。然此經説，皆斷離言。故知此經待別意説。若謂餘處已簡別言，諸有漏法一切應斷。此雖總説一切行言，準彼即知此唯有漏。故無此經非了義失，此不成救。《筏喻經》中説，無漏道亦可斷故。如言我説筏喻法門，法尚應斷何況非法。不可由此便作是言，無漏行斷亦名斷界。勿説斷界即二界體，聖道亦應是所離事。以所離事唯貪所緣，故彼所言經皆了義。無別意趣理定不然，現見此經別意説故。彼復於此異門説言，若從諸行貪愛永斷。諸行爾時皆名斷，故名爲斷界。如契經説，若於色等已斷欲貪，我説彼名已斷色等。若於諸行煩惱不生，諸行爾時從貪得離故名離界。即一切行不復轉時，名爲滅界。如是上座於斷等三，建立差別極爲雜亂。如貪斷故色等名斷，如是亦應由貪離故色等名離，由貪滅故色等名滅，是則唯依貪愛永斷説斷離滅。如説於色無餘斷愛，離愛滅愛乃至廣説。故從諸行貪愛斷時，即應具成斷離滅界，無勞復計餘法離滅。又於諸行煩惱不生，諸行離貪既名離界，愛餘煩惱所以不生。由諸行中煩惱已斷，何緣不許亦名斷界。此不生法有離界名無滅界，名斯有何理。諸不生法最應名滅，以契經言，由無明滅諸行滅故。又涅槃時諸行不轉既名滅界，未涅槃時諸煩惱滅寧非滅界。要由離愛餘煩惱斷，行方不轉名般涅槃。應滅界中有斷離界，如是三界應無差別。若謂此三，雖復雜亂，由少因故。無爲界中約分位殊，立三界別，何緣不許對法諸師，如前所明三界差別。若假若實俱無亂故，是故上座率自妄情謗斥我宗。言隨己見如是自愛憎背他言，談正理時不應收採。準此已釋諸契經中，斷離滅想三相差別，或初業地我當斷想名爲斷想。若離染地，我正斷想，名爲離想。若已辦地，我已斷想，名爲滅想。或於已受蘊重擔中，見不捨過，起欲捨想，名爲斷想，以捨與斷名差別故。若於餘蘊不復生中見勝功德，起欲求想名爲滅想，不生與滅名差別故。既得離染清淨相續，於諸蘊法無所顧戀，於般涅槃見靜妙想，名爲離想，無戀與離名差別故。若事能厭必能離耶，不爾云何。頌曰：

厭緣苦集惠，離緣四能斷，相對互廣陿，故應成四句。

論曰：唯緣苦集所起忍智，説名爲厭餘則不然。四諦境中所起忍智，能斷惑者皆得離名。廣陜有殊，故成四句。有厭非離，謂緣苦集不令惑斷所有忍智，緣厭境故，非離染故，應知此中先離欲染。後見諦者苦集法忍，及見道中苦智集智，但名爲厭緣厭境故，忍不名離惑先斷故，智不名離非斷治故。并修道中加行解脱勝進道攝，苦智集智但名爲厭緣厭境故，不名爲離非斷治故。有離非厭，謂緣滅道能令惑斷，所有忍智能離染故，緣欣境故，應知此中未離欲染。入見諦者滅道法忍，及諸所有滅道類忍，并修道中無間道攝，滅智道智，但名爲離。是斷治故，不名爲厭，緣欣境故。有厭亦離，謂緣苦集能令惑斷所有忍智，應知此中未離欲染，入見諦者苦集法忍，及諸所有苦集類忍，并修道中無間道攝苦智集智。有非厭離，謂緣滅道不令惑斷所有忍智，應知此中先離欲染後見諦者，滅道法忍及見道中滅智道智，并修道中加行解脱勝進道攝，滅智道智。

三菩提

一行《大毗盧遮那成佛經疏》卷三　界有三種，所謂法界，心界，眾生界。離法界無別眾生界，眾生界即是法界。離心界無別法界，法界即是心界。當知此三種無二無別，爲欲轉釋法界義故。

曇無讖譯《優婆塞戒經》卷一　優婆塞戒經三種菩提品第五

善生言：世尊，如佛所説菩薩二種。一者在家，二者出家。菩提三種。一者聲聞菩提，二者緣覺菩提，三者諸佛菩提。若得菩提名爲佛者，何以故聲聞辟支佛人不名爲佛。若覺法性名爲佛者，聲聞緣覺亦覺法性，以何緣故不名爲佛。若一切智名爲佛者，聲聞緣覺亦一切智，復以何故不名爲佛。言一切者即是四諦。佛言：善男子，菩提有三種。一者從聞而得，二者從思惟得，三者從修而得。聲聞之人從聞得故，不名爲佛。辟支佛人從思惟已少分覺故，名辟支佛。如來無師不依聞思，從修而得覺悟一切，是故名佛。善男子，了知法性，故名爲佛。法性二種。一者總相，二者者別相。聲聞之人總相知故，不名爲佛。辟支佛人同知總相不從聞故，名辟支佛，不名爲佛。如來世尊總相別相一切覺了，不依聞思無師獨悟，從修而得故，名爲佛。善男子，如來世尊緣智具足，聲聞緣覺雖知四諦，緣智不具，以是義故，不得名佛。如來世尊緣智具足，故得名佛。善男子，如恆河水三獸俱渡，兎馬香象，兎不至底浮水而過，馬或至底或不至底，象則盡底。恆河水者，即是十二因緣河也。聲聞渡時猶如彼兎，緣覺渡時猶如彼馬，如來渡時猶如香象。是故如來得名爲佛。聲聞緣覺雖斷煩惱，不斷習氣。如來能拔一切煩惱習氣根原，故名爲佛。善男子，疑有二種。一煩惱疑，二無記疑。二乘之人斷煩惱疑不斷無記，如來悉斷如是二疑，是故名佛。善男子，聲聞之人厭於多聞，緣覺之人厭於思惟。佛於是二心無疲厭，故名爲佛。善男子，譬如淨物置之淨器，表裏俱淨，聲聞緣覺智雖清淨，而器不淨。如來不爾，智器俱淨，是故名佛。善男子，淨有二種。一者智淨，二者行淨。聲聞緣覺雖有淨智，行不清淨。如來世尊智行俱淨，是故名佛。善男子，聲聞緣覺其行有邊，如來世尊其行無邊，是故名佛。善男子，如來世尊能於一念破壞二障，一者智障，二者解脱障，是故名佛。如來具足智因智果，是故名佛。善男子，如來出言無二無謬亦無虚妄，智慧無礙樂説亦爾。具足因智時智相智，無有覆藏，不須守護，無能説過，悉知一切衆生煩惱。起結因緣，滅結因緣，世間八法所不能污。有大憐愍救拔苦惱，具足十力四無所畏大悲三念，身心二力悉皆滿足。

云何身力具足。善男子，三十三天有一大城，名曰善見。其城縱廣滿十萬里，宫室百萬，諸天一千六十六萬六千六百六十有六。夏三月時，釋提桓因欲往波利質多林中歡娱受樂。由乾陁山有一香象，名伊羅鉢那，具足七頭。帝釋發念象知即來，善見城中所有諸天，處其頭上旋行而往，其林去城五十由延。是象身力出勝一切香象身力，正使和合如是香象一萬八千，其力唯敵佛一節力，是故身力出勝一切衆生之力。世界無邊，衆生亦爾。如來心力亦復無邊，是故如來獨得名佛，非二乘人名爲佛也。以是義故，名無上師，名大丈夫。人中香象師子龍王調御示導，名大船師，名大醫師，大牛之王，人中牛王。名淨蓮花，無師獨覺，爲諸衆生之眼目也。是大施主，是大沙門，大婆羅門。寂靜持戒勤行精進，到於彼岸獲得解脱。善男子，聲聞緣覺雖有菩提，都無是事，是故名佛。善男子，菩薩有二種。一者在家，二者出家。出家菩薩分別如是三種菩提，是不爲難。在家分別，是乃爲難。何以故。在家之人多惡因緣所纏遶故。

鳩摩羅什譯《大智度論》卷五三　云何是五種菩提。答曰：一者柔順忍，二者無生忍及三種菩提。於三菩提中，過二而住第三菩提。復有五菩提：一者名發心菩提，於無量生死中發心，爲阿耨多羅三藐三菩提故，名爲菩提，此因中説果。二者名伏心菩提，折諸煩惱，降伏其心，行諸波羅蜜。三者名明菩提，觀三世諸法本末總相、別相，分別籌量，得諸法實相，畢竟清淨，所謂般若波羅蜜相。四者名出到菩提，於般若波羅蜜中得方便力故，亦不著般若波羅蜜，滅一切煩惱，見一切十方諸佛，得無生法忍，出三界，到薩婆若。五者名無上菩提，坐道場，斷煩惱習，得阿耨多羅三藐三菩提。

如是等五菩提義，餘諸賢聖斷結義，如先説。

問曰：聲聞道廣説斷結義，何以不説辟支佛行、菩薩有種種行。答曰：辟支佛於聲聞無復異道，但福德、利根、小深入諸法實相爲異。菩薩道雖有種種衆行，但難行、苦行爲希有事，衆生見已，歡喜言：菩薩爲我等作此行。餘行雖妙深，人所不知，不能感物，故不説。

智顗《妙法蓮華經玄義》卷五下　五類通三菩提者，眞性軌即實相菩提，觀照軌即實智菩提，資成軌方便菩提。故下文云：我先不言汝等皆得阿耨三菩提。非實非虚，非如非異，不如三界，見於三界，即實相菩提。我成道已來甚大久遠，即實智菩提。我説少出家近伽耶城得三菩提，即方便菩提。若就弟子明三菩提者，若我遇衆生盡教以佛道，即實相菩提。安住實智中，我定當作佛。又云：佛子行道已，來世得作佛，乘是寶乘直至道場，即是修成實智菩提。授八相記，即方便菩提。不一異者，名之爲如。不決了名麁，決了名爲妙。一切衆生理性菩提，五品名字菩提，六根相似菩提，四十一位分眞菩提，妙覺究竟菩提（云云）。

智顗、灌顶《金光明經玄義》卷一　云何三菩提。一眞性菩提，亦名無上菩提，此菩提以理爲道。二實智菩提，亦名清淨菩提，此菩提以智慧爲道。三方便菩提，亦名究竟菩提，此菩提以善巧逗會爲道。當知三菩提皆常樂我淨，與三德無二無別。既以金光明譬三德，還以金光明譬三菩提也。

湛然《止觀輔行傳弘決》卷三之一　三菩提者，實性即法身，實智即般若，方便即解脫。三佛性者，正因即法身，了因即般若，緣因即解脫。言三寶者，法寶即法身，佛寶即般若，僧寶即解脫。

三身

寶貴《合部金光明經》卷一　一切如來有三種身，菩薩摩訶薩皆應當知。何者爲三。一者化身，二者應身，三者法身。如是三身攝受阿耨多羅三藐三菩提。

云何菩薩了別化身。善男子，如來昔在修行地中，爲一切衆生修種種法，是諸修法至修行滿，修行力故而得自在，自在力故隨衆生心，隨衆生行，隨衆生界。多種了別不待時不過時，處所相應，時相應，行相應，說法相應。現種種身，是名化身。

善男子，是諸佛如來，爲諸菩薩得通達故說於眞諦，爲通達生死涅槃一味故，身見衆生怖畏歡喜故，爲無邊佛法而作本故，如來相應如如如如智願力故，是身得現具足三十二相八十種好項背圓光，是名應身。

善男子，云何菩薩摩訶薩了別法身。爲欲滅除一切諸煩惱等障，爲欲具足一切諸善法故，惟有如如如如智，是名法身。前二種身是假名有，是第三身名爲眞有，爲前二身而作本故。何以故。離法如如，離無分別智，一切諸佛無有別法。何以故。一切諸佛智慧具足故，一切煩惱究竟滅盡故，得清淨佛地故，是故法如如如如智，攝一切佛法故。【略】

如是受化之衆諸弟子等是法身影，以願力故，應於二身，現種種相貌，於法身地無有異相。善男子，依此二身一切諸佛說有餘涅槃，依法身者說無餘涅槃。何以故。一切餘究竟盡故。依此三身一切諸佛說無住處涅槃。何以故。爲二身故不住涅槃，離於法身無有別佛。何故二身不住涅槃。二身假名不實，念念滅不住故，數數出現以不定故，法身不爾，是故二身不住涅槃。法身者不二，是故不住於般涅槃。依三身故，說無住涅槃。善男子，一切凡夫爲三相故，有縛有障，遠離三身，不至三身。何者爲三。一者思惟分別相，二者依他起相，三者成就相。如是諸相不能解故，不能滅故，不能淨故，是故不得至於三身。如是三相能解能滅能淨，是故諸佛具足三身。善男子，諸凡夫人未能拔除於三心故，遠離三身不能至故。何者爲三。一者起事心，二者依根本心，三者根本心。依諸伏道起事心盡，依法斷道依根本心盡，依勝拔道根本心盡。起事心滅故得顯化身，依根本心滅故得顯應身，根本心滅故得至法身。是故一切如來具足三身。善男子，一切諸佛於第一身與諸佛同事，於第二身與諸佛同意，於第三身與諸佛同體。善男子，是初佛身隨衆生意，有多種故現種種相，是故說多。是第二佛身弟子一意，故現一相，是故說一。是第三佛身過一切種相，非執相境界，是故說名不一不二。善男子，是第一身，依於應身，是故得顯。是諸應身依於法身，故得顯現。是法身者是眞實有，無依處故。

善男子，如是三身以有義故而說於常，以有義故說於無常。化身者恆轉法輪，處處如如方便相續不斷故，是故說常。非是本故，具足之用不顯現故，故說無常。應身者從無始生死相續不斷，一切諸佛不共之法能攝持故。衆生未盡，用亦不盡故，是故說常。非是本故，以具足用不顯現故，故說無常。法身者非是行法，無有異異，是自本故，猶如虛空，是故說常。善男子，離無分別智更無勝智，離法如如無勝境界，是法如如如如智，是二種如如，如如不一不異，是故法身。慧清淨故，滅清淨故。是二清淨，是故法身具足清淨。

復次善男子，分別有四種身，有化身非應身，有應身非化身，有化身亦應身，有非化身亦非應身。何者化身非應身。如來已般涅槃，以願自在故，如是之身即是化身。何者應身非化身。是地前身。何者化身亦應身。住有餘涅槃如來之身。何者非化身非應身。是如來法身。善男子，是法身者二無所有顯現故。何者名爲二無所有。於此法身相及相處，二皆是無。非有非無，非一非二，非數非非數，非明非闇，如是如如智，不見相及相處，不見非有非無，不見非一非異，不見非數非非數，不見非明非闇，是故境界清淨智慧清淨，不可分別無有中間。爲滅道本故，於此法身顯現如來。善男子，是身因緣境界處所，果依於本難思量故，若了義說是身即是大乘。是如來性，是如來藏，依於此身得發初心，修行中心而得顯現，不退地心亦皆得現。一生補處心，金剛之心，如來之心，而悉顯現。無量無邊如來妙法皆悉顯現，依此法身不可思議摩訶三昧而得顯現，依此法身得現一切大智。是故二身依於三昧，依於智慧，而得顯現。如此法身，依於自體說常說實。依大三昧故說於樂，依於大智故說清淨，是故如來常住自在安樂清淨。依大三昧一切禪定首楞嚴等，一切念處大法念等。大慈大悲，一切陁羅尼，一切六神通，一切自在，一切法平等攝受。如是佛法皆悉出現，依此大智佛大十力四無所畏四無礙辯，一百八十不共之法，一切希有不可思議法皆悉顯現。譬如依如意寶珠，出無量無邊種種諸寶，悉皆得現。如是依大三昧寶，依大智慧寶，出種種無量無邊諸佛妙法之寶。善男子，如是法身三昧智慧，過一切相不著於相，不可分別非常非斷，是名中道。雖有分別，無體分別，雖有三數，而無三體。不增不減猶如夢幻，亦無所執，亦無能執。法體如如，是解脫處。過死王境界，越生死闇。一切衆生不能修行所不能至，一切諸佛菩薩之所住處。善男子，譬如有人願欲得金，處處求覓，即見金鑛，既得見已，即便破鑛。選擇取金，以內爐中，加以銷冶，得清淨金。隨意迴轉，作諸鐶釧種種嚴具。雖復諸用，金性不改。若善男子善女人，求勝解脫，修行世善，得見如來及弟子衆，得親近已，而白佛言。世尊，何者爲善，何者不善，何者正修行，而得清淨離於不淨。諸佛如來及弟子衆如是思惟，是善男子善女人，欲求清淨欲聽正法，如是知已即說正法。是善男子善女人，已聞正法，正念憶持，發心修行，得精進力破懶惰障，破懶惰障已滅除一切罪障，破罪障已於菩薩學處破無尊重障，破無尊重障已破掉悔心，破掉悔心已入於初地，依於初地拔利益障，拔利益障已得入二地，依於二地破不逼惱困苦障，破此障已入於三地，依此三地破心軟淨障，破心軟淨障已入於四地。依此四地破善方便障，破善方便障已入於五地。依此五地破見眞俗障，破見眞俗障已入於六地。依此六地破見行相障，破見行相障已入於七地。依此七地破不見滅相障，破不見滅相障已入於八地。依此八地破不見生相障，破不見生相障已入於九地。依此九地破六通障，破六通障已入於十地。依此十地破一切所知障，破一切所知障已拔除本心入如來地。

玄奘譯《解深密經》卷五　如佛所說如來法身。如來法身有何等相。佛告曼殊室利菩薩曰：善男子，若於諸地波羅蜜多，善修出離轉依成滿，是名如來法身之相。當知此相二因緣故，不可思議無戲論故，無所爲故，而諸衆生計著戲論有所爲故。世尊，聲聞獨覺所得轉依名法身不。善男子，不名法身。世尊，當名何身。善男子，名解脫身。由解脫身故，說一切聲聞獨覺與諸如來平等平等。由法身故，說有差別。如來法身有差別故，無量功德最勝差別，算數譬喻所不能及。

曼殊室利菩薩復白佛言：世尊，我當云何應知如來生起之相。（佛告曼殊室利菩薩曰：善男子，一切）如來化身作業，如世界起一切種類。如來功德衆所莊嚴住持爲相，當知化身相有生起，法身之相無有生起。曼殊室利菩薩復白佛言：世尊，云何應知示現化身方便善巧。（佛告曼殊室利菩薩曰：善男子，）遍於一切三千大千佛國土中，或衆推許增上王家，或衆推許大福田家，同時入胎誕生長大，受欲出家示行苦行，捨苦行已成等正覺次第示現，是名如來示現化身方便善巧。

玄奘譯《佛地經論》卷七　三身差別，有義此顯六種相中差別之相。雖諸如來所依清淨法界體性無有差別，而有三身種種相異轉變不同，故名差別。自性法者，即是如來初自性身體常不變，故名自性。力無畏等諸功德法所依止故，亦名法身。受用即是次受用身，能令自他受用種種大法樂故，變化即是後變化身。爲欲利益安樂衆生，示現種種變化事故，體義依義衆德聚義，總名爲身。如是略釋三身名義。

又法身者，究竟轉依眞如爲相，一切佛法平等所依，能起一切自在作用，一切白法增上所顯，一切如來平等自性，微妙難測，滅諸分別絕諸戲論。故契經言，諸佛法身不應尋思，非尋思境，超過一切尋思戲論。受用身者，一切功德圓滿爲相，一切佛法共所集成，能起一切自在作用，一切白法增上所起。一切如來，各別自體微妙難測，居純淨土任運湛然，盡未來際自受法樂，現種種形說種種法，令大菩薩亦受法樂。變化身者，一切神變圓滿爲相，一切化用共所集成，示現一切自在作用，一切白法增上所引，一切如來各別化用微妙難測，居淨穢土，現種種形說種種法，成熟下位菩薩二乘及異生衆，令入大地，出離三界脫諸惡趣。如是略釋三身相用。

又前五法攝三身者，有義前二攝自性身，中間二種攝受用身，成所作智攝變化身。經說眞如是法身故，論說轉去阿賴耶識得自性身，大圓鏡智轉第八得，故知前二攝自性身。此經中說，成所作智起諸化業。《莊嚴論》

說成所作智於一切界發起種種無量難思諸變化事。故知後一攝變化身。平等性智如餘論說，能於淨土隨諸菩薩所樂，示現種種佛身，妙觀察智亦如論說，於大集會能現一切自在作用說法斷疑。又說轉去諸轉識故得受用身，故知中二攝受用身。又佛三身皆十義中智殊勝攝，故知三身皆得有智，有義初一攝自性身，四智自性相應共有，及爲地上菩薩所現，一分細相攝受用身。若爲地前諸菩薩等所現，一分麁相化用攝變化身，諸經皆說清淨眞如爲法身故。讃佛論說，如來法身無生滅故。《莊嚴論》說，佛自性身本性常故，能斷《金剛般若》論說，受持演說彼經功德，於佛法身爲證得因，於餘二身爲生因故。諸經論說，究竟轉依以爲法身，轉依即是清淨眞如，非對治道，故知法身唯淨法界眞如爲性。《莊嚴論》說大圓鏡智是受用佛，《攝大乘》說轉諸轉識得受用身。然說轉去阿賴耶識得法身者，此說轉去第八識中二障種子，顯得清淨轉依法身，非說鏡智，以說鏡智是受用故。又受用身略有二種。一自受用，三無數劫修所成故。二他受用，爲諸菩薩受法樂故。是故四智相應共有，及一分化爲受用身。經論皆說，化身爲化地前眾生現種種相。既是地前眾生境界，故知非是眞實功德，但是化用。經論唯說成所作智能起化業非即化身，雖三種身智殊勝攝，法身是智所依證故，化身是智所起用故，似智現故假說爲智，亦無有過。如是三身受用變化既有生滅。云何經說諸佛身常。由二所依法身常故。又受用身及變化身雖有生滅，以恆受用種種法樂無休廢故，於十方界數數現化無斷絕故，如常受樂。如常施食，故說名常。《莊嚴論》說常有三種。一本性常，謂自性身，此身本來性常住故。二不斷常，謂受用身，恆受法樂無間斷故。三相續常，謂變化身，沒已復現化無盡故。如是法身雖離一切分別戲論，而無生滅，故說名常。二身雖有念念生滅，而依常身無間斷故，恆相續故，說名爲常。經說如來色受等法，一切常住，依此道理非無生滅，無漏種子修習增長所生起故，生者皆滅一向記故，色心皆見是無常故，常住色心曾不見故。

如是三身，云何形量。法身清淨眞如爲體，眞如即是諸法實性，法無邊際，法身亦爾。遍一切法無處不有，猶如虚空，不可說其形量大小。就相而言，遍一切處。受用身者，有色非色。非色諸法無形質故，亦不可說形量大小。若就依身及所知境，亦得說言遍一切處。色有二種，一者實色，二者化色。言實色者，三無數劫修感色身相好等業，轉五根等有漏色身，得佛無漏五根等色，無量相好莊嚴。其身周遍法界稱實淨土，於生死中業有分限，阿賴耶識所變身形大小不定。且如此界，瞻部洲人善業最劣，所得色身極長四肘。東勝身洲善業次勝，身長八肘。如是善業漸漸增勝，所得色身形量漸大。乃至色界色究竟天，感色業中最殊勝故，所得色身一萬六千瑜膳那量。十地菩薩無漏善根所資熏故，身形轉大，如經廣說。金剛喻定現在前時，滅一切障善根勢力量無邊故，所得色身充滿法界遍實淨土。大圓鏡智相應淨識，所變身土無限量故，諸佛識變同處同時，其相相似不相障礙。盡未來際無間無斷，依此能令諸佛受用廣大喜樂，是故說名受用身土。如是身土唯佛乃知，非諸菩薩五根所證。一一色根能證一切所受境界無障礙故，是故諸佛無見頂相，無邊法音，一切色根作用無限以遍滿故。言化色者，由悲願力，爲入大地諸菩薩眾，現種種身種種相好種，種言音依種種土，形量不定。變化身者，亦非願力，爲化地前諸有情故，現變化身。通色非色，非色即是變化意業。力無畏等諸功德相，無形質故無有形量。色者變化身語業等，隨時隨處隨眾所宜，所現身形其量不定。如經廣說。

如是三身，一切如來爲有差別爲無差別。法身實性一切如來皆共有故，無有差別。就能證因有差別故，假說差別。其餘二身各別因感，各別自性實有差別。但無別執，同處相似利樂意樂事業平等說無差別。是故說言，一切諸佛由所依止意樂事業，於三種身如其次第說無差別。所依法界無差別故，利樂意樂無差別故，共作事業無差別故。

如是三身爲有各別諸功德不。如來法身清淨眞如轉依爲相，眞實善有，本性清淨，遠離一切雜染法故，一切功德所依止故，一切功德眞實性故，說名具足一切功德。無有色心差別功德，佛受用身具足一切色心等法眞實功德，及爲他現化相功德。佛變化身唯具一切現色心等化相功德，是故三身皆說具有過殑伽沙數量功德。

義淨譯《金光明最勝王經》卷二 一切如來有三種身。云何爲三。一者化身，二者應身，三者法身。如是三身具足，攝受阿耨多羅三藐三菩提，若正了知，速出生死。云何菩薩了知化身。善男子，如來昔在修行地中，爲一切眾生修種種法，如是修習至修行滿，修行力故，得大自在。自在力故，隨衆生意，隨衆生行，隨衆生界，悉皆了別，不待時，不過時，處相應，時相應，行相應，説法相應，現種種身，是名化身。善男子，云何菩薩了知應身。謂諸如來爲諸菩薩得通達故，説於眞諦，爲令解了生死涅槃是一味故，爲除身見衆生怖畏歡喜故，爲無邊佛法而作本故，如實相應如如、如如智本願力故，是身得現具三十二相、八十種好、項背圓光，是名應身。善男子，云何菩薩摩訶薩了知法身。爲除諸煩惱等障，爲具諸善法故，唯有如如、如如智，是名法身。前二種身，是假名有，此第三身，是眞實有，爲前二身而作根本。何以故。離法如如，離無分別智，一切諸佛無有別法，一切諸佛智慧具足，一切煩惱究竟滅盡，得清淨佛地，是故法如如、如如智攝一切佛法。

延壽《宗鏡録》卷八九　夫諸佛唯一法身，云何説三身差別。

答：約用分三，其體常一。《識論》云，如是法身，有三相別。一自性身。謂諸如來眞淨法界，受用變化平等所依，離相寂然，絶諸戲論，具無邊際眞常功德，是一切法平等實性。即此自性，亦名法身，大功德法所依止故。二受用身，此有二種。一自受用，謂諸如來，修集無量福慧資糧，所起無邊眞實功德，及極圓淨常遍色身，相續湛然，盡未來際恆自受用廣大法樂。二他受用，謂諸如來，由平等智，示現微妙淨功德身，居純淨土，爲住十地諸菩薩衆，現大神通，轉正法輪，決衆疑網，令彼受用大乘法樂。三變化身。謂諸如來，由成事智，變現無量隨類化身，居淨穢土，爲未登地諸菩薩衆，二乘異生，稱彼機宜現通説法。令各獲得諸利樂事，是以轉滅三心得三身。一根本心，即第八識，轉得法身。二依本心，即第七識，轉得報身。三起事心，即前六識，轉得化身。又一斷德，斷一切煩惱，即法身。二智德，總四智，爲報身。三恩德，恩憐悲育一切有情，爲化身。則八解六通，一心而起。三身四智，八識所成。終無一理一行而從外來，皆從自識施爲一心而轉，乃至一身無量身。如《華嚴》所明無量身雲，重重無盡，皆從性起無礙圓融。

又古德問：夫法身者，法是軌持義。軌謂軌則，令物生解，即法身，能令三根本智而生解故。持謂任持，不捨自性，謂持法身凝然之體，不捨無爲之自體故。且如根本智，正證如時，不作如解，能所冥合一體，如日光與虛空合，不分彼此。是無分別，如何得明軌解。若有軌解義，即有分別。若有分別，即與後得智何別。答：凡論分別，有其三種。一隨念分別，刹那後念續於前念。二計度分別，即周遍計度。三自性分別，任運緣境不帶名言。今本智證如，但無隨念計度二分別，名無分別。然不妨有自性分別，如人飲水，雖無言説，然冷煖自知。故知亦有軌義。

問：變化身與他受用身，爲是眞實心，是化現心。答：此二身是化，然化不離眞。《識論》云：此二身雖無眞實心及心所，而有化現心心所法。無上覺者神力難思，故能化現無形質法。若不爾者，云何如來現貪瞋等。久已斷故，云何聲聞及傍生等知如來心，如來實心。等覺菩薩尚不知故，由此經説，化無量類，皆令有心。又説如來成所作智，化作三業。又説變化有依他心，依他實心相分現故，乃至自性法身，唯有眞實常樂我淨，離諸雜染，衆善所依，無爲功德，無色心等差別相用。自受用身。具無量種妙色心等，眞實功德。若他受用及變化身，唯具無邊似色心等，利樂他用，化相功德。是以如來妙體，清淨法身不去不來，如影如像。猶四王天之日月，顯清淨水中，不出不入。似憍尸迦之宮殿，現瑠璃地内，非有非無。《涅槃無名論》云，法身無像，應物以形。般若無知，對緣而照。萬機頓赴而不撓其，神千難殊對而不干其。慮動若行雲，止猶谷。神豈有心於彼此情繫于動靜者乎。既無心於動，靜亦無像於去來。去來不以像故，無器而不形。動靜不以心故，無感而不應。然則心生於有心，像出於有像。像非我出故，金石流而不燋。心非我生故，日用而不勤。紜紜自彼，於我何爲。所以智周萬物而不勞，形充八極而無患。益不可盈，損不可虧。寧復痾癘中達壽極雙樹，靈竭天棺，體盡焚燎者哉。是以諸佛不出世，亦不入涅槃。本悟眞心成道，眞心無形，豈有出沒耶。但隨有心機熟衆生，感見報化之身。所有見聞，皆是衆生心中之影像。故云心生於有心，像出於有像。則諸佛無心無身，豈有勞慮疲患者乎。復禮法師述三身義云，法身猶虛空之性，雲蒸即翳，霧斂即明，其性本常矣。報身若乘空之日，赫矣高昇，朗然大照，其體恆在矣。化身如鑒水之影，沚清即現，流濁乃昏，顯晦不恆往來無定。夫化佛者，豈他歟，報身圓應之用。報身者何哉，悲智所成之體也。悲以廣濟爲理，智以善權爲業。所以因時降跡，隨物現身，身跡者用也，悲智者體也。體是其本，用是其末。依體興用，攝末歸本。欲求其異，理可然乎。報身即化也，化身即法理微矣。還寄影喻而述焉。夫水中之日影也，不從外來，不從內出。不此不彼，不異不一，不無其狀，不有其質。倏然而存，忽焉而失。像著而動，性靈而謐。執實者爲妄，知妄者了實。日何謂也，日若從外來者，水外寧在乎。若從內出者，水內先有乎。若言在此者，於彼不見乎。若言在彼者，於此不覩乎。若言是異者，一見有二乎。若言是一者，二見豈一乎。若言是無者，於見可亡乎。若言是有者，求體曾得乎。謂其生，生無所從。謂其滅，滅無所往。不生矣，不滅矣。性相寂然，心言路斷，斯可謂見水影之實性也。見影之性者，可見化身實性。見化之性者，即證法身之體也。《淨名》云，佛身即法身也。又觀身實相，觀佛亦然。《般若》云，若見諸相非相，即見如來。又離一切諸相，即名諸佛。是以舉足下足，道場觸處而無盡。開眼閉眼，諸佛現前而不滅。如上所說，一體三身，理事相成，體用交徹，不出不在。隱顯同時，皆是一心本宗正義。是以一身多身，皆是法界。所悟一法，即無礙法界。即事之理，全在多中。所現乃是即理之事，全居一內，又成壞一際。緣起同時，如始造眾寶像時，十年像成，百年像壞。初得一寶之時，十年像成，百年像壞，總在得寶緣起之時。以百年不去，現在不住，眾寶緣中無成壞體。以明智慈萬行諸波羅蜜三十七道品眾善法中，以成如來身。然一一緣中，無我無作者，無成壞體，方名正覺。

問：諸佛法身，湛然明淨。如何起六根之相。答：一以即相明眞，何乖大用。二以利他勝業，不斷化門。如《寶性論》云，依自利利他成就業義故。說偈云，無漏及遍至，不滅法與恆。清涼不變異，不退寂靜處。諸佛如來身，如虛空無相，妙色常湛然，六根甚明淨。佛眼見眾色，耳聞一切聲，鼻能嗅諸香，舌能練眾味，身覺三昧觸，意知一切法。除諸稠林行，佛離虛空相。又偈云，如虛空無相，而現色等相。法身亦如是，具足六根相。又偈云，如來鏡像身，而不離本體。猶如一切色，不離於虛空。如《法華經》中明六根清淨，眼見一切色，耳聞一切聲，鼻嗅一切香，舌了一切味，身現一切境，意知一切法等。

宗寶《六祖大師法寶壇經》　善知識，既歸依自三寶竟，各各志心，吾與說一體三身自性佛，令汝等見三身了然，自悟自性。總隨我道：於自色身，歸依清淨法身佛。於自色身，歸依圓滿報身佛。於自色身，歸依千百億化身佛。善知識，色身是舍宅，不可言歸。向者三身佛，在自性中，世人總有。爲自心迷，不見內性。外覓三身如來，不見自身中有三身佛。汝等聽說，令汝等於自身中，見自性有三身佛。此三身佛，從自性生，不從外得。何名清淨法身佛。世人性本清淨，萬法從自性生。思量一切惡事，即生惡行。思量一切善事，即生善行。如是諸法在自性中，如天常清，日月常明，爲浮雲蓋覆，上明下暗。忽遇風吹雲散，上下俱明，萬象皆現。世人性常浮游，如彼天雲。善知識，智如日，慧如月，智慧常明。於外著境，被妄念浮雲蓋覆自性，不得明朗。若遇善知識，聞眞正法，自除迷妄，內外明徹，於自性中萬法皆現。見性之人，亦復如是。此名清淨法身佛。善知識，自心歸依自性，是歸依眞佛。自歸依者，除卻自性中不善心、嫉妒心、諂曲心、吾我心、誑妄心、輕人心、慢他心、邪見心、貢高心，及一切時中不善之行，常自見己過，不說他人好惡，是自歸依。常須下心，普行恭敬，即是見性通達，更無滯礙，是自歸依。何名圓滿報身。譬如一燈能除千年闇，一智能滅萬年愚。莫思向前，已過不可得。常思於後，念念圓明，自見本性。善惡雖殊，本性無二，無二之性，名爲實性。於實性中，不染善惡，此名圓滿報身佛。自性起一念惡，滅萬劫善因。自性起一念善，得恆沙惡盡。直至無上菩提，念念自見，不失本念，名爲報身。何名千百億化身。若不思萬法，性本如空，一念思量，名爲變化。思量惡事，化爲地獄，思量善事，化爲天堂。毒害化爲龍蛇，慈悲化爲菩薩，智慧化爲上界，愚癡化爲下方。自性變化甚多，迷人不能省覺，念念起惡，常行惡道。迴一念善，智慧即生，此名自性化身佛。善知識，法身本具，念念自性自見，即是報身佛。從報身思量，即是化身佛。自悟自修自性功德，是眞歸依。皮肉是色身，色身是舍宅，不言歸依也。但悟自性三身，即識自性佛。

三十二相

鳩摩羅什譯《大智度論》卷四　汝觀我子實有三十二大人相不。若有三十二相具足者，是應有二法：若在家當爲轉輪聖王，若出家當成佛。諸相師言：地天太子實有三十二大人相，若在家者當作轉輪王，若出家者當成佛。王言：何等三十二相。相師答言：一者足下安平立相：足下一切著地，間無所受，不容一針。二者足下二輪相：千輻輞轂，三事具足，自然成就，不待人工，諸天工師毘首羯磨，不能化作如是妙相。問曰：何以故不能。答曰：是毘首羯磨諸天工師，不隱沒智慧，是輪相善業報，是天工師生報得智慧，是輪相行善根智慧得。是毘首羯磨一世得是智慧，是輪相從無量劫智慧生。以是故，毘首羯磨不能化作，何況餘工師。三者長指相：指纖長端直，次第傭好，指節參差。四者足跟廣平相。五者手足指縵網相：如鴈王張指則現，不張則不現。六者，手足柔軟相：如細劫波毳，勝餘身分。七者足趺高滿相：以足蹈地，不廣不狹。足下色如赤蓮華，足指間網及足邊色如真珊瑚，指爪如淨赤銅，足趺上真金色，足趺上毛青毘琉璃色。其足嚴好，譬如雜寶屐，種種莊飾。八者伊泥延膊相：如伊泥延鹿膊，隨次傭纖。九者正立手摩膝相：不俯不仰，以掌摩膝。十者陰藏相：譬如調善象寶、馬寶。

問曰：若菩薩得阿耨多羅三藐三菩提時，諸弟子何因緣見陰藏相。答曰：為度眾人決眾疑故，示陰藏相。復有人言：佛化作馬寶、象寶，示諸弟子言：我陰藏相亦如是。

十一者身廣長等相：如尼拘盧陁樹，菩薩身齊為中，四邊量等。十二者毛上向相：身有諸毛，生皆上向而靡。十三者一一孔一毛生相：毛不亂，青瑠璃色，毛右靡上向。十四者金色相。

問曰：何等金色。答曰：若鐵在金邊則不現，今現在金比佛在時金則不現，佛在時金比閻浮那金則不現，閻浮那金比大海中轉輪聖王道中金沙則不現，金沙比金山則不現，金山比須彌山則不現，須彌山金比三十三諸天瓔珞金則不現，三十三諸天瓔珞金比焰摩天金則不現，焰摩天金比兜率陁天金則不現，兜率陁天金比化自在天金則不現，化自在天金比他化自在天金則不現，他化自在天金比菩薩身色則不現。如是色，是名金色相。

十五者丈光相：四邊皆有一丈光，佛在是光中端嚴第一，如諸天諸王寶光明淨。十六者細薄皮相：塵土不著身，如蓮華葉不受塵水。若菩薩在乾土山中經行，土不著足。隨藍風來，吹破土山令散為塵，乃至一塵不著佛身。十七者七處隆滿相：兩手、兩足、兩肩、項中，七處皆隆滿端正，色淨勝餘身體。十八者兩腋下隆滿相：不高不深。十九者上身如師子相。二十者大直身相：於一切人中身最大而直。二十一者肩圓好相：一切治肩無如是者。二十二者四十齒相：不多不少，餘人三十二齒，身三百餘骨，頭骨有九。菩薩四十齒，頭有一骨。菩薩齒骨多，頭骨少。餘人齒骨少，頭骨多。以是故，異於餘人身。二十三者齒齊相：諸齒等，無麁無細，不出不入。齒密相，人不知者，謂為一齒，齒間不容一毫。二十四者牙白相：乃至勝雪山王光。二十五者師子頰相：如師子獸中王平廣頰。二十六者、味中得上味相：有人言：佛以食著口中，是一切食皆作最上味。何以故。是一切食中有最上味因故。無是相人，不能發其因故，不得最上味。復有人言：若菩薩舉食著口中，是時咽喉邊兩處流注甘露，和合諸味，是味清淨故，名味中得上味。二十七者大舌相：是菩薩大舌從口中出，覆一切面分，乃至髮際，若還入口，口亦不滿。二十八者梵聲相：如梵天王五種聲從口出：其一深如雷，二清徹遠聞，聞者悅樂，三入心敬愛，四、諦了易解，五聽者無厭。菩薩音聲亦如是，五種聲從口中出，迦陵毘伽聲相，如迦陵毘伽鳥聲可愛。鼓聲相，如大鼓音深遠。二十九者真青眼相：如好青蓮華。三十者牛眼睫相：如牛王眼睫，長好不亂。三十一者頂髻相：菩薩有骨髻，如拳等，在頂上。三十二者白毛相：白毛眉間生，不高不下，白淨右旋，舒長五尺。

相師言：地天太子三十二大人相如是，菩薩具有此相。問曰：轉輪聖王有三十二相，菩薩亦有三十二相，有何差別。答曰：菩薩相者，有七事勝轉輪聖王相。菩薩相者：一淨好，二分明，三、不失處，四具足，五深入，六隨智慧行，不隨世間，七隨遠離。轉輪聖王相不爾。問曰：云何名相。答曰：易知故名相。如水異火，以相故知。問曰：菩薩何以故三十二相不多不少。答曰：有人言：佛以三十二相莊嚴身者，端正不亂故。若少者身不端正，若多者佛身相亂。是三十二相端正不亂，不可益，不可減。猶如佛法不可增、不可減，身相亦如是。

曇無讖譯《菩薩地持經》卷一〇 云何三十二大人相。一者足下安平，二者足下千輻輪，三者纖長指，四者傭足跟，五者手足網縵，六者手足柔軟，七者傭腨腸如伊尼延鹿王，八者踝骨不現，九者平立手摩膝，十者馬藏如馬王，十一者身圓滿如尼拘類樹，十二者身毛上靡，十三者一一毛右旋，十四者身金色，十五者圓光一尋，十六者皮膚細軟塵垢不著，十七者兩手兩足兩肩及頸七處滿，十八者上身如師子，十九者臂肘傭圓，二十者缺骨滿，二十一者身傭直，二十二者四十齒，二十三者齒齊密，二十四者齒白淨，二十五者頰車方如師子，二十六者次第得上味，二十七者肉髻，二十八者廣長舌，二十九者梵音聲，三十者目紺色，三十一者眼上下瞬如牛王，三十二者眉間白毫。【略】

此相好淨心地菩薩始得，後一切地漸勝清淨，至菩提座乃得快淨，餘四一切種清淨等不共法，快淨滿足時得下者前菩薩地成就，從淨心地起一切勝進菩薩一切相好生。又種種菩提眾具有遠有近，遠者未得相好，近者已得。造種種業得種種報，世尊教化力故說。何以故。眾生行種種惡業，得種種惡報。爲眞實對治故，說種種相好業。令得種種相好果報，眾生聞已，樂修善法，離諸惡業。如相好修多羅說。菩薩持戒忍辱惠施故，得足下安平相。供養父母苦惱眾生爲作救護故，得足下輪相。不害眾生無劫盜想，於所尊重先語問訊合掌恭敬，以愛念財而爲供養破諸憍慢故，得纖長指相。即上得三相業得傭足跟相。以四攝事攝取眾生故，得手足網縵相。爲所尊重塗身洗浴故，得手足柔軟相。修諸善法轉進無厭故，得傭腨腸相。自受正法廣爲人說爲法走使故，得踝骨不現相。次第修行三業清淨瞻病施藥離諸我慢修習知足故，得平立手摩膝相。見分離者以法和合修習慚愧施人衣服故，得馬藏相。淨修三業亦教人修，飲食知量病者施藥，攝受難業集聚難財。四大增損能令隨順故，得身圓滿相。即上得傭腨腸相業，得身毛上靡相自修善法智慧明達，思惟諸法微細之義，於所尊重樂修供養。於同住者以善友攝教令入義故，得一一毛右旋相。以上妙衣食車輿瓔珞等嚴身之具，施於一切不起瞋恚故，得身金色圓光一尋二相。即上得一一毛右旋相業，得皮膚柔軟相。等施眾生供設大會故，得七處滿相。已起未起爲作導首，離於我慢柔和其性。爲除不善教以善法故，得上身如師子相。即上得纖長指相業，得臂肘傭圓缺骨滿身傭直三相。遠離兩舌壞者和合故，得四十齒齒齊密二相。修欲界慈思惟法義故，得齒白淨相。隨眾生求歡喜施與故，得頰車方相。施勝法味壞諸味者爲淨其味故，得次第得上味相。受持五戒轉以授人常行悲心迴向大法故，得肉髻廣長舌二相。此肉髻相，無見頂相，即是一相。常修實語愛語時語如法語方便說法故，得梵音聲相。普於眾生等行慈心猶如父母故，得目紺色眼上下瞬二相。見實德者稱揚讚美故，得眉間白毫相。三十二相無差別因皆是持戒。何以故。若犯戒者不得下賤人身，況大人相。如是廣說，一一所得隨種種業各別建立。

復次在家出家菩薩翼四種善修業得一切大人相。決定修者，得足下安平相。專心修者，得足下千輻輪傭腨腸，手足網縵，手足柔軟，七處滿缺骨滿臂肘傭圓身傭直廣長舌九相。常修者，得纖長指，傭足跟，平立手摩膝，身圓滿齒齊密五相。無罪修者，得餘諸相。於諸眾生無忿恚者，得手足柔軟皮膚細軟二相。次第修時，得傭腨腸相。歡喜光明音聲善心行得圓光一尋身金色齒白淨眉間白毫四相。聞譽不喜覆藏功德得馬藏相，所修善根迴向菩提得毛上靡四十齒次第得上味肉髻四相，勤修精進得師子上身方頰車二相，安眾生心如視一子得齒齊密紺眼睫如牛王三相，修善無厭獲得餘相。是名四種善修業得三十二大人相。

曇無讖譯《優婆塞戒經》卷一 善生言，世尊，如佛所說菩薩身力何時成就。佛言，善男子，初修三十二相業時。善男子，菩薩修集如是業時，得名菩薩，兼得二定。一菩提定，二者有定。復有二定。一者知宿命定，二者生正法因定。善男子，菩薩從修三十二相業，乃至得阿耨多羅三藐三菩提，於其中間多聞無厭。菩薩摩訶薩修一一相，以百福德而爲圍遶。修心五十具心五十，是則名爲百種福德。善男子，一切世間所有福德，不及如來一毛功德。如來一切毛孔功德，不如一好功德。聚合八十種好功德，不及一相功德。一切相功德不如白毫相功德，白毫功德復不得及無見頂相。善男子，菩薩常於無量劫中，爲諸眾生作大利益，至心勤作一切善業，是故如來成就具足無量功德，是三十二相即是大悲之果報也。轉輪聖王雖有是相，相不明了具足成就。是相業體即身口意業，修是業時非於天中北鬱單曰，唯在三方男子之身，非女人身也。菩薩摩訶薩修是業已，名爲滿三阿僧祇劫，次第獲得阿耨多羅三藐三菩提。善男子，我於往昔寶頂佛所，滿足第一阿僧祇劫，然燈佛所滿足第二阿僧祇劫，迦葉佛所滿足第三阿僧祇劫。善男子，我於往昔釋迦牟尼佛所，始發阿耨多羅三藐三菩提心，發是心已供養無量恆沙諸佛。種諸善根，修道持戒精進多聞。善男子，菩薩摩訶薩修是三十二相業已，了了自知定得阿耨多羅三藐三菩提，如觀掌中菴摩勒果。其業雖定，修時次第不必定耶。

或有人言，如來先得牛王眼相。何以故。爲菩薩時於無量世，樂以善眼和視衆生，是故先得牛王眼相。次得餘相。或有說言，如來先得八梵音相，餘次第得。何以故。爲菩薩時，於無量世，恆以軟語先語實語教化衆生，是故先得八梵音相。或有說言，如來先得無見頂相，餘次第得。何以故。爲菩薩時，於無量世，供養師長諸佛菩薩頭頂禮拜破憍慢故，是故先得無見頂相。或有說言，如來先得白毫毛相，餘次第得。何以故。爲菩薩時，於無量世，不誑一切諸衆生故，是故先得眉間毫相。善男子，除佛世尊餘無能說如是相業。善男子，或復有人次第說言，如來先得足下平相，餘次第得。何以故。爲菩薩時，於無量世布施持戒，修集道時其心不動，是故先得足下平相。得是相已，次第獲得足下輪相。何以故。爲菩薩時，於無量世供養父母師長善友，如法擁護一切衆生，是故次得手足輪相。得是相已，次第獲得纖長指相。何以故。爲菩薩時，至心受持第一第四優婆塞戒，是故次得。纖長指相足跟長相，得是相已次第獲得身傭滿相，何以故。爲菩薩時善受師長父母善友所敎勅故，是故次得身傭滿相，得是相已次得手足網縵相。何以故。爲菩薩時，以四攝法攝衆生故，是故次得手足網縵相，得是相已次第獲得手足柔軟勝餘身相。何以故。爲菩薩時，於無量世以手摩洗師長父母身，除去垢穢香油塗之，是故次得手足軟相。得是相已次得身毛上向靡相。何以故。爲菩薩時，於無量世常化衆生，令修施戒一切善法，是故次得毛上靡相。得是相已次第獲得鹿王腨相。何以故。爲菩薩時，至心聽法至心說法，爲壞生死諸過咎故，是故次得鹿王腨相。得是相已次第獲得身方圓相，如尼拘陁樹王。何以故。爲菩薩時，於無量世常施一切衆生病藥，是故次得身方圓相，得是相已次第獲得手過膝相。何以故。爲菩薩時，終不欺誑一切賢聖父母師長善友知識，是故次得手過膝相，得是相已次得象王馬王藏相。何以故。爲菩薩時，於無量世見怖畏者能爲救護，心生慚愧不說他過善覆人罪，是故次得象馬藏相，得是相已次得軟身一一孔中一毛生相。何以故。爲菩薩時，於無量世親近智者樂聞樂論。聞已樂修，樂治道路除去棘刺，是故次得皮膚柔軟一一孔中一毛生相，得是相已次第獲得身金色相。何以故。爲菩薩時。於無量世常施衆生房舍臥具飲食燈明，是故次得金色身相，得是相已次第獲得七處滿相。何以故。爲菩薩時，於無量世可瞋之處不生瞋心，樂施衆生隨意所須。是故次得七處滿相，得是相已次第獲得缺骨滿相。何以故。爲菩薩時，於無量世善能分別善不善相，言無錯謬不說無義，可受之法口常宣說。不可受者不妄宣傳，是故次得缺骨滿相。得是相已次得二相。一者上身，二者頰車。皆如師子。何以故。爲菩薩時，於無量世中自無兩舌教他不爲。是故次得如是二相，得是相已次得三相。一四十齒，二白淨相，三齊密相。何以故。爲菩薩時，於無量世以十善法教化衆生，衆生受已心生歡喜，常樂稱揚他人功德，是故次得如是三相，得是相已次第獲得四牙白相。何以故。爲菩薩時，於無量世修欲界慈樂思善法，是故次得四牙白相，得是相已次得味中最上味相。何以故。爲菩薩時，於無量世不待求已然後方施，是故次得味中上味相，得是相已次得二相。一者肉髻，二廣長舌。何以故。爲菩薩時，於無量世至心受持十善法教兼化衆生，是故次得如是二相。得是相已次得梵音相。何以故。爲菩薩時，於無量世自不惡口教他不爲，是故次得梵音聲相。得是相已次得牛王紺色目相。何以故。爲菩薩時，於無量世等以慈善視怨親故，是故次得牛王目相。得是相已次得白毫相。何以故。爲菩薩時，於無量世宣說正法實法不虛，是故次得白毫光相。得是相已次得無見頂相。何以故。爲菩薩時，於無量世頭頂禮拜一切聖賢師長父母，尊重讚歎恭敬供養，是故獲得無見頂相。善男子，菩薩二種。一者在家，二者出家。出家菩薩修如是業，是不爲難。在家之人，是乃爲難。何以故。在家之人多惡因緣所纏遶故。

真諦譯《佛說無上依經》卷下　何者三十二相。菩薩修四因緣。一持戒，二禪定，三者忍辱，四者捨財及諸煩惱。修此四因堅固不動，以此業緣得二種相。一者足下平滿，所履踐地悉皆平夷，稱菩薩腳無有坑埳。二者行步平整，無有斜戾。若菩薩種種供養父母師長，種種給濟苦難衆生，去來往反勤行此事，以此業緣得足下輪相，轂輞成就千輻莊嚴。若菩薩不逼惱他，不行竊盜，見他所愛不生貪奪，不自矜高除卻憍慢，於師尊長起迎問訊侍立瞻奉合掌恭敬，以此業緣得二種相。一者手指纖長傭直沒節，二者其身方大端政莊嚴。具前三種業因緣故，得足跟長。行前三業，更修四攝利益他事。以此業緣手足十指悉皆網密，猶如鵝王。若菩薩於師父母扶持侍養，自手塗傅酥油膏藥，按摩洗浴衣飴瞻視，得手足柔軟潤澤細滑，掌色赤好如紅蓮花。若菩薩修諸善法心無厭惓，增長上上得足趺傭滿。若菩薩修學正法爲他演說，往來宣化不生疲極，以是業緣得鹿王蹲。若菩薩未得之法勤求欲知，已得之法利他轉化，三種惡業斷塞不起，六塵惡法不染身心，於身病者施其湯藥，於心病者爲作良醫，以此業緣得身端直。若菩薩見怖畏者爲作救護，於貧裸者施與衣食，恆懷慚愧遮惡不起，以此業緣得陰馬藏。若菩薩護身口意恆令清淨，受施知足用亦知量，施病者藥施貧者財，若有眾生不平等業，乃至受用亦不平等，勸其修行平等之法，無中下品恆令增上，以此業緣得身毛上靡右旋宛轉。若菩薩自性利根多思惟義，親近智者值善知識，於尊長處灑掃清淨，於尊長身洗持按摩，於支提處除去糞穢，客塵煩惱不令汙心，以此業緣得一孔一毛皮膚細滑不受塵水。若菩薩衣服飲食車乘臥具諸莊嚴物歡喜施與心無悔悋，以此業緣得身金色圓光一丈。若菩薩軟美飲食廣施無限，令多眾生悉得飽足，以此業緣得七處滿。若菩薩見善眾生欲興善法，同其正業爲其尊導，安立善中除斷惡事，以此業緣得師子臆。若菩薩於眾生中爲利益事修四正勤，如師子王心無所畏，以此業緣得二種相。一者兩肩平整，兩腋下滿，二者兩臂圓直，如象王鼻，立過于膝。若菩薩離兩舌業，於怨憎中作和合語，行四無量攝取眾生，思惟深義修平等慈，以此業緣得二種相。一者口四十齒，齊密不疏，白猶珂雪。二者得四牙相，如月初生。若菩薩見諸眾生有所須欲，稱心施與若財若法，以此業緣得二種相。一者師子頤，二者頸圓淨。若菩薩守護眾生如視一子，多生信心慈念無量，廣施醫藥無穢濁心，以此業緣得二種相。一者咽喉具足千脈，以受美味津液流潤，二者身鉤鎖骨如那羅延。若菩薩自行十善教他修行，見者修行歡喜讚歎，大悲無量憐愍眾生，發弘誓心攝受正法，以此業緣得二種相。一者有欝尼沙頂骨涌起自然成髻，二者舌廣薄長如蓮花葉。若菩薩恆說實語愛語美語，敷演正法不使顛倒，以此業緣得梵音聲如迦陵頻伽，妙響深遠如天鼓振。若菩薩起慈敬心觀諸世間如父如母，不起三毒視諸眾生，以此業緣得二種相。一者眼瞼青好如優鉢羅華，二者眼睫紺焰猶如牛王。若菩薩見善眾生修三學法，稱讚其美不起毀呰，見有謗者遮制守護。以此業緣得白毫相，當於眉間右旋上靡。復次阿難，菩薩修行四種正業，得三十二相。一者決定無雜，二者諦觀微密，三者常修無間，四者不顛倒行。第一業緣得足下平滿，第二業緣得九種相。一者足下輪相，二者足趺傭滿，三者手足十指網密，四者皮膚細軟，五者得七處滿，六者兩肩平整兩腋下滿，七者臂傭圓，八者舌廣長，九者師子臆。第三業緣得五種相。一者指纖長，二者腳跟長，三者身端不曲，四者橫豎量等，五者頸圓淨。第四業緣得諸餘相。

玄奘譯《瑜伽師地論》卷四九 云何如來三十二種大丈夫相。一者具大丈夫足善安住等案地相，是大丈夫大丈夫相。二者於雙足下現千輻輪，轂輞眾相無不圓滿。三者具大丈夫纖長指相。四者足跟趺長。五者手足細軟。六者手足網縵。七者立手摩膝。八者瑿泥耶踹。九者身不僂曲。十者勢峯藏密。十一者身相圓滿如諾瞿陁。十二者常光一尋。十三者身毛上靡。十四者身諸毛孔一一毛生，如紺青色螺文右旋。十五者身皮金色。十六者身皮細滑塵垢不著。十七者於其身上兩手兩足兩肩及項七處皆滿。十八者其身上半如師子王。十九者肩善圓滿。二十者髆間充實。二十一者身分洪直。二十二者具四十齒，皆悉齊平。二十三者其齒無隙。二十四者其齒鮮白。二十五者頷如師子。二十六者其舌廣薄，若從口出，普覆面輪及髮邊際。二十七者於諸味中得最上味。二十八者得大梵音，言詞哀雅，能悅眾意。譬若羯羅頻迦之音，其聲雷震猶如天鼓。二十九者其目紺青。三十者睫如牛王。三十一者其頂上現烏瑟膩沙。三十二者眉間毫相，其色光白，螺文右旋。是大丈夫大丈夫相。【略】

又薄伽梵由所化力，爲眾宣說造種種業感得如是相隨好果。何以故。所化有情於其種種惡業現行深生憙樂。如是種種現行惡業是所對治，感相隨好種種善業是能對治。彼聞如是種種殊勝大果勝利，便於如是大果勝利深生愛樂。由是因緣當離諸惡，當修諸善，是故爲說廣如諸相素呾纜說。謂諸菩薩於戒禁忍及惠捨中善安住故，感得足下善安住相。於其父母種種供養，於諸有情諸苦惱事種種救護，由往來等動轉業故，感得足下千輻輪相。於他有情遠離損害及不與取，於諸尊長先語省問，恭敬禮拜合掌起迎修和敬業，於他有情深心所喜所愛財位不令乏短，及能摧伏自憍慢故，感大丈夫纖長指相。即上所說感三相業，總能感得足跟趺長，是前三相所依止故。由四攝事攝諸尊長，是故感得手足網縵。奉施尊長，塗身按摩，沐浴衣服，是故感得手足細軟。修諸善法不生喜足，令諸善法展轉增，是故感得立手摩膝。自於正法如實攝受令得究竟，廣爲他説及正爲他善作給使，是故感得毉泥耶蹲。於其正法漸次等顯，續索轉故，於身語意種種惡業皆能止息，於疾病者卑屈瞻侍給施良藥，病力羸頓能正策舉，飲食知量於諸欲中曾不低下，是故感得身不傴曲。於被他擯無依有情，以法以正慈悲攝受，修習慚愧施他衣服，是故感得勢峯藏密。於身語意能自防禁，於自攝受及諸飲食皆善知量，施病醫藥於不平等事業攝受，及不平等所受用中皆不隨轉，於界互違能令隨順，是故感得身相圓滿如諾瞿陁，由業感得立手摩膝。即能感得身毛上分。自善觀察親近明智能思微義，尊所居處能淨修治敷舉沐浴，唯一住故，依一支故，入微義故，草葉等穢能蠲除故，又能除去客塵垢故，感身毛孔一一毛生如紺青色，螺文右旋。能施悦意發喜飲食騎乘衣服莊嚴具等資身什物，離諸忿恚，是故感得身皮金色常光一尋，由此業感身諸毛孔一一毛生。當知即此復能感得身皮細滑塵垢不著，以其廣多上妙清淨肴饌飲食，惠施大衆皆令充足，由此感得於其身上七處皆滿。於諸有情隨所生起，如法所作能爲上首而作助伴，離於我慢無諸獷悷，能爲有情遮止無利安立有利，由此感得其身上半如師子王。於一切事稟性勇決如師子故，即由此業當知復感肩善圓滿髆間充實，由此業感纖長指相。復即感得身分洪直，遠離一切破壞親友離間語言。若諸有情已乖離者能令和合，由此感得具四十齒，皆悉齊平，其齒無隙。修欲界慈思惟法義，由此感得其齒鮮白。若諸有情有所悕冀，隨其所樂正捨珍財，由此感得頷如師子。視諸有情猶如己子，愛念救護淨信哀愍，給施醫藥澄淨無穢，由此感得於諸味中得最上味。施法味故甞法味故，能淨修治變壞味故，於離殺等五種學處能自受護，亦勸他受修悲心故，於大法受能正行故，由此感得其頂上現烏瑟膩沙，其舌廣薄普覆面輪。常修諦語愛語時語及以法語，由是因緣得大梵音言詞哀雅能悦衆意，譬若羯羅頻迦之音，其聲雷震，猶如天鼓。普於世間恆常修習慈心悲哀如父如母，由此感得其目紺青睫如牛王。於有德者如實讚歎稱揚其美，由此感得眉間毫相其色光白螺文右旋。如是一切三十二種大丈夫相無有差别，當知皆用淨戒爲因而能感得。何以故。若諸菩薩毀犯淨戒，尚不能得下賤人身，何況能感大丈夫相。當知此中其頂上現烏瑟膩沙，及以如來無見頂相，合立一種大丈夫相，離此更無别可得故。如是且説能感相，似三十二相種種業因，廣建立已。

復次，略説在家出家二分菩薩所有四種善修事業。當知能感一切相好，謂於此中決定修作，能感足下善安住相委悉修作。能感足下千輻輪相，立手摩膝，手足網縵，身皮細滑，於其身上七處皆滿，肩善圓滿髆間充實，身分洪直，其舌廣薄。恆常修作感纖長指，足跟趺長，身不傴曲，其身圓滿如諾瞿陁，其齒無隙。無罪修作，能感餘相。當知此中於諸有情無損加行，由此能感手足細軟身皮細滑。於諸善中次第加行，應時加行，由此感得毉泥耶蹲。深生歡喜極光淨心現行諸善，由此感得常光一尋身皮金色其齒鮮白眉間白毫。不依稱譽聲頌修善覆藏己德，由此能感勢峯藏密。所修善根迴向菩提，由此感得身毛上靡，具四十齒，皆悉齊平，於諸味中得最上味，其頂上現烏瑟膩沙。修善無厭無劣加行，由此感得其身上分如師子王，頷如師子。於諸有情以利益心平等瞻視，得齒齊平，目紺青色，睫如牛王。於下劣善不生喜足，起勝加行，由此因緣得大梵音，言詞哀雅，能悦衆意。譬若羯羅頻迦之音，其聲雷震，猶如天鼓。如是四種善修事業，能得菩薩三十二種大丈夫相，殊勝清淨。

三 假

鳩摩羅什譯《摩訶般若波羅蜜經》卷二 菩薩摩訶薩行般若波羅蜜，名假施設、受假施設、法假施設，如是應當學。復次，須菩提，菩薩摩訶薩行般若波羅蜜時，不見色名字是常，不見受想行識名字是常。不見色名字無常，不見受想行識名字無常。不見色名字樂，不見色名字苦。不見色名字我，不見色名字無我。不見色名字空，不見色名字無相，不見色名字無作，不見色名字寂滅。不見色名字垢，不見色名字淨。不見色名字生，不見色名字滅。不見色名字内，不見色名字外，不見色名字中間住。受想行識亦如是。眼、色、眼識，眼觸，眼觸因緣生諸受，乃至意、法、意識、意觸，意觸因緣生諸受亦如是。何以故。菩薩摩訶薩行般若波羅蜜，般若波羅蜜字、菩薩菩薩字，有爲性中亦不見，無爲性中亦不見。菩薩摩訶薩行般若波羅蜜，是法皆不作分別。是菩薩行般若波羅蜜，住不壞法中修四念處時，不見般若波羅蜜、不見般若波羅蜜字，不見菩薩、不見菩薩字。乃至修十八不共法時，不見般若波羅蜜、不見般若波羅蜜字，不見菩薩、不見菩薩字。菩薩摩訶薩如是行般若波羅蜜時，但知諸法實相。諸法實相者，無垢無淨如是。須菩提，菩薩摩訶薩行般若波羅蜜時，當作是知名字假施設。知假名字已，不著色、不著受想行識，不著眼乃至意，不著色乃至法，不著眼識乃至不著意識，不著眼觸乃至不著意觸，不著眼觸因緣生受若苦、若樂、若不苦不樂，乃至不著意觸因緣生受，若苦、若樂、若不苦不樂。不著有爲性，不著無爲性，不著檀那波羅蜜、尸羅波羅蜜、羼提波羅蜜、毗梨耶波羅蜜、禪那波羅蜜、般若波羅蜜，不著三十二相，不著菩薩身，不著菩薩肉眼乃至不著佛眼，不著智波羅蜜、不著神通波羅蜜，不著內空乃至不著無法有法空，不著成就衆生、不著淨佛國土，不著方便法。何以故。是諸法無著者，無著法，無著處，皆無故如是。須菩提，菩薩摩訶薩行般若波羅蜜時，不著一切法，便增益檀那波羅蜜、尸羅波羅蜜、羼提波羅蜜、毘梨耶波羅蜜、禪那波羅蜜、般若波羅蜜，入菩薩位得阿惟越致地，具足菩薩神通，遊一佛國至一佛國成就衆生，恭敬尊重讚歎諸佛，爲淨佛國土，爲見諸佛供養。供養之具，善根成就，故隨意悉得。亦聞諸佛所說法，聞已乃至阿耨多羅三藐三菩提終不忘失，得諸陁羅尼門諸三昧門。如是，須菩提，菩薩摩訶薩行般若波羅蜜時，當知諸法名假施設。

鳩摩羅什譯《大智度論》卷四一 菩薩摩訶薩行般若波羅蜜，名假施設、受假施設、法假施設，如是應當學。【略】

是中佛說譬喻：如五衆和合故名爲我，實我不可得。衆生乃至知者、見者，皆是五衆因緣和合生假名法。是諸法實不生不滅，世間但用名字說。菩薩、菩薩字、般若波羅蜜亦如是，皆是因緣和合假名法。是中佛更說譬喻：有人言，但五衆和合有衆生，而衆生空，但有五衆法。佛言：衆生空，五衆亦和合故假名字有。十二處、十八界亦如是。

復次，菩薩有二種：一者、坐禪，二者、誦經。坐禪者，常觀身，骨等諸分和合故名爲身。即以所觀爲譬喻，言頭骨分和合故名爲頭，腳骨分和合故名爲腳，頭、腳、骨等和合故名爲身。一一推尋，皆無根本。所以者何。此是常習常觀故，以爲譬喻。不坐禪者，以草、木、枝、葉、華、實爲喻。

如過去諸佛，亦但有名字，用是名字可說。十譬喻亦但有名字，菩薩義亦如是。十喻義，如先說。菩薩應如是學三種波羅聶提：五衆等法，是名法波羅聶提。五衆因緣和合故名爲衆生，諸骨和合故名爲頭骨。如根、莖、枝、葉和合故名爲樹，是名受波羅聶提。用是名字，取二法相，說是二種，是爲名字波羅聶提。

復次，衆微塵法和合故，有麁法生。如微塵和合故有麁色，是名法波羅聶提，從法有法故。是麁法和合有名字生。如能照、能燒，有火名字生。名色有故爲人，名色是法，人是假名，是爲受波羅聶提，取色取名，故名爲受。多名字邊，更有名字，如梁、椽、瓦等名字邊，更有屋名字生。如樹枝、樹葉名字邊，有樹名生，是爲名字波羅聶提。行者先壞名字波羅聶提，到受波羅聶提，次破受波羅聶提，到法波羅聶提，破法波羅聶提，到諸法實相中。諸法實相，即是諸法及名字空般若波羅蜜。

復次，須菩提，菩薩摩訶薩行般若波羅蜜時，不見色名字是常，不見受、想、行、識名字是常，不見色名字無常，不見受、想、行、識名字無常。不見色名字樂，不見色名字苦。不見色名字我，不見色名字無我。不見色名字空，不見色名字無相，不見色名字無作，不見色名字寂滅。不見色名字垢，不見色名字淨。不見色名字生，不見色名字滅。不見色名字內，不見色名字外，不見色名字中間住。受、想、行、識亦如是。

眼、色、眼識、眼觸、眼觸因緣生諸受，乃至意、法、意識、意觸、意觸因緣生諸受，亦如是。何以故。菩薩摩訶薩行般若波羅蜜，般若波羅蜜字、菩薩、菩薩字，有爲性中亦不見，無爲性中亦不見。菩薩摩訶薩行般若波羅蜜，是法皆不作分別。是菩薩行般若波羅蜜，住不壞法中。修四念處時，不見般若波羅蜜，不見般若波羅蜜字，不見菩薩，不見菩薩字。乃至修十八不共法時，不見般若波羅蜜，不見般若波羅蜜字，不見菩薩，不見菩薩字。菩薩摩訶薩如是行般若波羅蜜時，但知諸法實相。諸法實相者，無垢無淨。

如是，須菩提，菩薩摩訶薩行般若波羅蜜時，當作是知名字假施設。知假名字已，不著色，不著受、想、行、識，不著眼乃至意，不著色乃至法，不著眼識乃至不著意識，不著眼觸乃至不著意觸。不著眼觸因緣生受：若苦、若樂、若不苦不樂。乃至不著意觸因緣生受：若苦、若樂、若不苦不樂。不著有爲性，不著無爲性。不著檀波羅蜜、尸羅波羅蜜、羼提波羅蜜、毘梨耶波羅蜜、禪波羅蜜、般若波羅蜜。不著三十二相，不著菩薩身，不著菩薩肉眼，乃至不著佛眼，不著智波羅蜜，不著神通波羅蜜。不著內空，乃至不著無法有法空。不著成就衆生，不著淨佛世界，不著方便法。何以故。是諸法無著者，無著法、無著處，皆無故。

如是，須菩提，菩薩摩訶薩行般若波羅蜜時，不著一切法，便增益檀波羅蜜、尸羅波羅蜜、羼提波羅蜜、毘梨耶波羅蜜、禪波羅蜜、般若波羅蜜，入菩薩位，得阿鞞跋致地，具足菩薩神通。遊一佛國，至一佛國，成就衆生，恭敬、尊重、讚歎諸佛。爲淨佛世界，爲見諸佛供養。供養之具，善根成就，故隨意悉得，亦聞諸佛所說法，聞已乃至阿耨多羅三藐三菩提，終不忘失，得諸陁羅尼門、諸三昧門。

如是，須菩提，菩薩摩訶薩行般若波羅蜜時，當知諸法名假施設。

智顗、灌顶《仁王護國般若經疏》卷二　次歎三假觀門。法假者，色陰法是也。受假者，四陰是也。取此二名是名名假，自實無體籍他方有是名爲假。又色陰是法，受等是名。一切世間中但有名與色，而今有三別説也，云云。言虚實者，一虚二實，相形得稱。陰法是虚，凡夫謂實。智欲了知，求不可得。只實而虚名爲虚實，此通意也。若説別義者，三假之中各有三觀。法假即虚，是空觀。空即假實，一色一香無非般若，是假觀觀之一字是中觀。以空假是方便道故不立觀名，得入中道方獨稱觀。受及名等類此可解。若圓説者，三法即空即假即中，雙照雙亡是也云云。《智度論》云，諸法非實凡夫虚假，憶想分別妄謂有人，如狗臨井自吠其影，水中無狗但有相影，而生惡心投井而死。衆生亦爾。四大和合名之爲身，因緣生義動作語言。凡夫於中妄起人相，此法假也。生愛恚起愚樂墮三惡道，此受假也。又一切法但從名字和合更無餘名，如頭足腹脊，和合故假名爲身，如髪眼耳鼻口皮骨，和合故假名爲頭，諸毛和合假名爲髪，分分合故假名爲毛，諸泥塵和合故假名爲分，亦和合諸分故名爲塵，此即名假也。以此假故，一切法空。三空等者。次歎三昧德以三假因緣，故得三空名。此因果次第説也。以法假故空，受假故無相，名假故無作。

智顗《維摩經玄疏》卷二　三假者，一因成假，二相續假，三相待假。此三虚設，故云假也。問曰：三藏摩訶衍皆明三假，二經之異云何分別。答曰：若隨情明假，則是聲聞經所説。若就理明假皆如夢幻，即是摩訶衍所説，此經訶優波離具明此三假之相也。問曰：三乘從三假入空，若爲分別。答曰：有人言，聲聞多用因成假，緣覺多用相續假，菩薩多用相待假。今謂三藏所明三假相別隨便入理，若摩訶衍所明三假皆如幻化，三乘觀此同入空也。

智顗、灌顶《摩訶止觀》卷五下　復有三假。謂因成假，相續假，相待假。法塵對意根生，一念心起即因成假，前念後念次第不斷即相續假。待餘無心知有此心，即相待假。上因成約外塵內根，相續但約內根。相待竪待滅無之無，又横待三無爲之無心也。開善云，因兼二假或亦過之。明第三假起時因上兩假，故言因兼。上假未除後假復起，故言過之。此就心明三假也。又約色明三假。先世行業託生父母得有此身，即因成假。從胎相續迄乎皓首，即相續假。以身待不身，即相待假。又約依報，亦具三假，如四微成柱。時節改變相續不斷，此柱待不柱，長短大小等也。此是三藏經中隨事三假。委釋如論師，但此名通用。不獨在小乘，大乘亦名三假。附無明起如幻如化，但有名字實不可得。鏡中能成之，四微尚不可得，況所成之幻柱。柱尚不可得，況歷時節相續以幻化長短相待，寧復可得。舉易況難而明十喻，即色是空非色滅空，即此義也。是名大乘隨理三假。又釋論明三種有。相待有假，名有法有。相待有者，長因短有，短亦因長，此彼亦爾。物東則以此爲西，在西則東，一物未異而有東西之別，有名無實是爲相待有。假名有者，如酪色香味觸四事因緣和合故，假名爲酪，雖有不同因緣之有，雖無不如兔角龜毛之無，但以因緣和合故有，假名爲酪。又如極微色香味觸故有毛分，毛分故有毳，毳故有氎，氎故有衣，是爲假名有。法有者，即是色香味觸四微和合，故名法有。論又云三假施設，與三假云何。答：別義不論，今通會之。法假施設如因成，受假施設如相續，名假施設如相待。論云，五衆等法是法波羅聶提，五衆和合故名衆生。如根莖枝葉故有樹名，是受波羅聶提，用是名字取二法相説是二種，是名波羅聶提，故知三假義同也。《瓔珞經》亦有三假之文。《大品》云有緣思生無緣思不生，即因成意。《大經》云如讀誦法雖念念滅，亦能從一阿含至一阿含，猶如飲食雖念念滅，亦能初飢後飽。相續意也。

《淨名》云說法不相待一念不住故，當知三假之名大小通用，非但小乘名生死法以爲見爲假，如前說，大乘亦名生死爲見爲假。所謂三藏四門生四見，見見有三假、六十二見、百八煩惱等（云云）。通教四門生四見，見見具三假、六十二見、百八煩惱等。別教四門生四見，見見具三假、六十二見、百八煩惱等。圓教四門生四見，見見具三假、六十二見、百八煩惱等。如來教門示人無諍法，消者成甘露。不消成毒藥。實語是虛語生語見故，故於四門十六門起見起假（云云）。

圓測《仁王經疏》卷中 經：法性本無相（至）三假集假有。

釋曰：第二有一行偈。以三假義，立二諦有無。由三假故，無名相中，作名相說。於中三，初之二句，明眞無義。次有一句，明有義。後有一句，雙結二諦。皆是假有。言法性本無相者，諸法實性，本來無相，是眞無義。第一義空如者，異名重釋，亦名第一義空，亦名眞如。諸有本有法者，此明俗諦有義，謂諸有爲蘊等諸法，因緣故有。三假集假有者，雙結二諦皆是假立。言三假者，本記云，名相依他，二種假故，立俗諦有。無相無生，一種假故，立眞無義。有說一頌，上半明眞，下半明俗。言三假者，法受名假。義如上說。

窺基《瑜伽師地論略纂》卷七 《大品經》說三假，謂名假，受假，法假。《唯識》亦說三假，謂聚集，相續，分位。《成實論》說有四假，謂因生假，相待假，相續假，緣生假。此論第一百說有六假，謂聚集假，因假，果假，所行假，分位假，觀待假。此中及顯揚十八，復說有六假。皆如對法第二疏解。

三 心

鳩摩羅什譯《成實論》卷一一 論者言，滅三種心名爲滅諦，謂假名心法心空心。問曰：云何滅此三心。答曰：假名心或以多聞因緣智滅，或以思惟因緣智滅，法心在煖等法中以空智滅，空心入滅盡定滅，若入無餘泥洹斷相續時滅。

真諦譯《大乘起信論》 又是菩薩發心相者，有三種心微細之相。云何爲三。一者、眞心，無分別故。二者、方便心，自然遍行，利益衆生故。三者、業識心，微細起滅故。又是菩薩功德成滿，於色究竟處示一切世間最高大身。謂以一念相應慧，無明頓盡，名一切種智，自然而有不思議業，能現十方利益衆生。

慧遠《大乘義章》卷一九 言三心者，一起事心。所謂四住所起煩惱，此惑麁強能起業事，名起事心。障佛化身，菩薩修習伏結之道，伏除此心。故得化身。二依本心。謂四住地依無明起，名依本心。障佛應身，菩薩修習斷結之道，斷除此心，故得應身。三根本心。謂無明地，與彼四住煩惱爲本，故名本心。障佛眞身，菩薩修習勝拔之道，滅此本心，故得眞身。

義淨譯《金光明最勝王經》卷二 善男子，諸凡夫人未能除遣此三心故，遠離三身，不能得至。何者爲三。一者起事心，二者依根本心，三者根本心。依諸伏道，起事心盡。依法斷道，依根本心盡。依最勝道，根本心盡。起事心滅故，得現化身。依根本心滅故，得顯應身。根本心滅故，得至法身。是故一切如來具足三身。

窺基《大乘法苑義林章》卷七 凡夫未能拔除三心，遠離三身。一起事心，二依根本心，三根本心。依諸伏道起事心盡，起事心滅故得顯化身。此說見修一切煩惱諸相應心名起事心，發生諸業及諸果故名起事心。生死本故障隨類身，修道伏除煩惱折伏，故說依諸伏道，起事心盡。起事心滅，故得顯隨類化身。善不善業相應心名依根本心，業是趣生所依本故。若修聖道便斷諸業，故說依諸斷道，依根本心盡。依根本心滅故，得顯現佛應身。三有苦果相應心名根本心。生死根本自體性故，無漏道圓。二空智滿，有漏根本苦果方滅。故說依勝拔道，根本心盡。根本心滅故，得至如如如如智法身。

迦才《淨土論》卷上 如上品上生人，發三種心，即得往生。其三種心者，一是至誠心，二者是深心，三是迴向發願心。此之三心，依《起信論》，判在十解初心。如《起信論》云，信成就發心，在十信終心也。發三種心，始入十解位中。三心者，一是直心。謂正念眞如法故，即是《觀經》中至誠心。至誠與直心，義同名異耳。如《維摩經》明，淨土道場二行之初，並有三心，同《觀經》也。觀諸經論，但明一切行初必發此三心。當知，此三心是萬行之始，既是萬行之初，故寧得生彼即悟無生到八地也。二是深心，《觀經》亦名深心。三是大悲心，《觀經》名迴向發願心。若無大悲，即不能發願迴向。此亦義同名異也。

澄觀《大方廣佛華嚴經疏》卷一八　菩提心有三。一者直心，正念眞如法故。二者深心，樂修一切諸善行故。三者大悲心，救護一切苦衆生故。所念眞如，亦即本智本覺智故，後二顯是恆沙性德。然此三心有一必兼餘二，而三賢互有增微。十住直心增故，故名爲解。解爲行願本，故首而明之。十行深心增故名爲行，依於前解以起行，故十向大悲增故名爲願。迴前解行願諸衆生離苦得樂故，十地三心等證故名決定，而大悲爲首故舉其願。是以論云願善決定者，如初地中發菩提心，即此本分中願，十信通信此三，等覺此三等佛，故知菩提心是諸位通依。

三　智

鳩摩羅什譯《大智度論》卷二七　若菩薩能如是知，則能爲衆生分別世間、出世間道。有漏、無漏一切諸道，亦如是入一相，是名道種慧。欲以道種慧具足一切智，當習行般若波羅蜜。欲以一切智具足一切種智，當習行般若波羅蜜。問曰：一切智、一切種智，有何差別。答曰：有人言，無差別。或時言一切智，或時言一切種智。有人言，總相是一切智，別相是一切種智。因是一切智，果是一切種智。

略説一切智，廣説一切種智。一切智者，總破一切法中無明闇。一切種智者，觀種種法門破諸無明。一切智，譬如説四諦。一切種智，譬如説四諦義。一切智者，如説苦諦。一切種智者，如説八苦相。一切智者，如説生苦。一切種智者，如説種種衆生處處受生。

復次，一切法名眼色乃至意法，是諸阿羅漢、辟支佛亦能總相知無常、苦、空、無我等，知是十二入故，名爲一切智。聲聞、辟支佛尚不能盡別相知一衆生生處、好醜、事業多少，未來、現在世亦如是，何況一切衆生。如一閻浮提中金名字，尚不能知，何況三千大千世界，於一物中種種名字。若天語，若龍語，如是等種種語言名金，尚不能知，何況能知金因緣生處、好惡、貴賤，因而得福，因而得罪，因而得道。如是現事尚不能知，何況心心數法，所謂禪定、智慧等諸法。佛盡知諸法總相、別相故，名爲一切種智。

復次，後品中佛自説：一切智是聲聞、辟支佛事，道智是諸菩薩事，一切種智是佛事。聲聞、辟支佛但有總一切智，無有一切種智。復次，聲聞、辟支佛雖於別相有分而不能盡知，故總相受名。佛一切智、一切種智，皆是眞實。聲聞、辟支佛但有名字一切智。譬如畫燈，但有燈名，無有燈用。如聲聞、辟支佛，若有人問難，或時不能悉答、不能斷疑，如佛三問舍利弗而不能答，若有一切智，云何不能答。以是故，但有一切智名，勝於凡夫，無有實也。是故佛是實一切智、一切種智。有如是無量名字，或時名佛爲一切智人，或時名爲一切種智人。

如是等略説一切智、一切種智種種差別。

問曰：如經中説：行六波羅蜜，三十七品、十力、四無所畏等諸法，得一切智。何以故此中説但用道種智得一切智。答曰：汝所説六波羅蜜等即是道，知是道、行是道，得一切智，何所疑。復次，初發心乃至坐道場，於其中間一切善法，盡名爲道。此道中分別思惟而行，是名道智。如此經後説：道智是菩薩事。問曰：佛道事已備故，不名道智。阿羅漢、辟支佛諸功德未備，何以不名道智。答曰：阿羅漢、辟支佛道，自於所行亦辦，是故不名道智，道是行相故。復次，此經中説聲聞、辟支佛，聲聞不攝三道故不説。佛道大故，名爲道智。聲聞、辟支佛道小故，不名道智。

復次，菩薩摩訶薩自行，亦示衆生各所行道，以是故，説名菩薩行道智，得一切智。【略】

問曰：一切衆生皆求智慧，云何獨佛一人得一切智。答曰：佛於一切衆生中第一故，獨得一切智。如佛所説：無足、二足、四足、多足，有色、無色，有想、無想，非有想非無想等，一切衆生中，佛最第一。譬如須彌山，於衆山中自然最第一。如四大中，火最有力，能照能燒。佛亦如是，於一切衆生中最第一故，得一切智。

問曰：佛何以故於一切衆生中獨最第一。答曰：如先答，得一切智故。今當更説：佛自利益亦利益他故，於衆生中最第一。如一切照中日爲第一，一切人中轉輪聖王最第一，一切蓮華中青蓮華爲第一，一切陸生華須曼色第一，一切木香中牛頭栴檀爲第一，一切珠中如意珠爲第一，一切諸戒中聖戒爲第一，一切解脱中不壞解脱爲最第一，一切清淨中解脱爲第一，一切諸諦中空觀爲第一，一切諸法中涅槃爲第一，如是等無量各各第一。佛亦如是，於一切衆生中最爲第一故，獨得一切智。

復次，佛從初發意，以大誓莊嚴，一切衰没衆生欲拯濟故，盡遍行諸善道，無善不集，無苦不行，皆集一切諸佛功德。如是等種種無量因緣故，佛於一切衆生中獨第一。問曰：三世十方諸佛，亦有是功德，何以故言佛獨第一。答曰：除諸佛，爲餘衆生故，言佛獨第一，諸佛第一功德。復次，薩婆若多者，薩婆，秦言一切，若，秦言智，多，秦言相。一切，如先説名色等諸法。佛知是一切法一相、異相、漏相、非漏相，作相、非作相等，一切法各各相、各各力、各各因緣、各各果報、各各性、各各得、各各失。一切智慧力故，一切世一切種盡遍解知。以是故説：欲以道種智具足得一切智，當習行般若波羅蜜。欲以一切智具足一切種智，當習行般若波羅蜜。問曰：如佛得佛道時，以道智得具足一切智、一切種智，今何以言以一切智得具足一切種智。答曰：佛得道時，以道智雖具足得一切智、得具足一切種智，而未用一切種智。如大國王得位時，境土寶藏皆已得，但未開用。欲以一切種智斷煩惱習，當習行般若波羅蜜。舍利弗，菩薩摩訶薩應如是學般若波羅蜜。問曰：一心中得一切智、一切種智，斷一切煩惱習。今云何言：以一切智具足得一切種智，以一切種智斷煩惱習。答曰：實一切一時得，此中爲令人信般若波羅蜜故，次第差品説。欲令衆生得清淨心，是故如是説。

復次，雖一心中得，亦有初、中、後次第。如一心有三相，生因緣住，住因緣滅。又如心心數法，不相應諸行，及身業、口業。以道智具足一切智，以一切智具足一切種智，以一切種智斷煩惱習亦如是。先説一切種智，即是一切智。道智，名金剛三昧。佛初心即是一切智、一切種智，是時煩惱習斷。

僧肇《寶藏論》 何謂三智。一曰眞智，二曰内智，三曰外智。何謂外智，分别根門識了塵境，博覽古今該通俗事。此爲外智。何謂内智，自覺無明斷割煩惱，心意寂靜滅有無餘，此爲内智。何謂眞智，體解無物本來寂靜，通達無涯淨穢無二，故名眞智。故眞智道通不可名目，餘所有者皆是邪僞。僞即不眞邪即不正，惑亂心生迷於體性。是以深解離微達彼諸有，自性本眞出於群品。夫知有邪正通有眞僞，若非法眼精明難可辨也。是以俗間多信邪僞少信正眞，大教偃行小乘現用，故知妙理難顯也。

慧遠《大乘義章》卷一九 第一辨相。三智之義，出《地持論》。故彼文言，有三種智，名爲菩提。名字是何。一清淨智，二一切智，三無礙智。清淨智者，是佛如來第一義智。觀第一義，斷離五住性結煩惱，離障無染名清淨智。其一切智及無礙智，是佛如來世諦智也。於世諦中，了知四種一切法相，名一切智。何等爲四。謂一切時，一切界，一切事，及一切種。是其四也。一切時者，過去未來三世時也。於此三世，窮達無餘，名一切智。一切界者，所謂世界及衆生界。於此二界，窮知無餘，名一切智。一切事者，所謂有爲及無爲事，色法心法非色心法。是其有爲，義如上解。虚空數滅及非數滅，是其無爲，亦如上釋。於此二事，知之窮盡，名一切智。一切種者，所謂因果，有爲法中，有因有果。善惡是因，苦樂是果。無爲法中，有因有果。聖道是因，涅槃是果。於此因果種别法中，了知窮極名一切智。餘經論中，第一義智名一切智。世諦之智，名一切種。今此宣説第一義智，爲清淨智。世諦之智，名一切智。名之左右，皆得無傷。無礙智者，於前四種一切法中，發心即知，不假方便。不同餘人思量乃知，名無礙智。辨相如是（此一門竟）。

次第二門。約對餘智，共相收攝，於中有四。第一約對三種般若，共相收攝。第二約對大品三智，共相收攝。第三約對涅槃三智，共相收攝。第四約四無礙慧，共相收攝。初門約對三種般若。共相攝者，三種般若。如龍樹説，一觀照般若證空實慧，通則了達二諦之智，斯皆是也。二文字般若，謂般若經。此非般若，能詮般若，能生般若，故名般若。三實相般若。謂眞諦空，通則二諦法相皆是，簡情取法，故云實相。此非般若，是般若境能生般若，故名般若。前三種智，入此三種般若之中，是其第一觀照所攝，非餘二種，彼非智故。次對大品三種之智，共相收攝。言三智者，一一切智，謂諸聲聞緣覺之人，了知一切陰界入等，名一切智。二道種智，謂諸菩薩了知種别化衆生道，名道種智。三薩般若智，此翻名爲一切種智。諸佛如來，覺知一切二諦諸法，名薩婆若。向前三智，入此二中，薩婆若攝。非餘二種，彼二在因不在果故。次約涅槃三種之智，共相收攝。言三智者，一名波若，此翻名慧。二毘婆舍那，此翻名觀。三者闍那，此翻名智。彼經具以兩門分別。一約人分別。其般若者，一切衆生，一切衆生同有慧數，故名波若。毘婆舍那聲聞緣覺，彼觀四諦十二緣等故，就二乘說毘婆舍。其闍那者，諸佛菩薩。彼能了達一切法界，故名闍那。若據此門，向前三智入此三中，闍那所攝，非餘二種，波若毘婆不在佛故。二約法分別。其波若者是別相，觀了知世諦，毘婆舍那是總相，觀知第一義。其闍那者，是彼相觀，觀察一實，破離二諦有無相故。若據此門，向前三智與此三種，共相收攝。此毘婆舍及與闍那，是前三中清淨智攝，同能觀理離染障故。前一切智及無礙智，是此三中波若所攝，以能了知別相法故。次約四辨共相收攝。法義辭樂，是四辨也，義如上釋。此之四辨，在佛之者，與前三智共相收攝，在因則非。就彼果中，即名以求四無礙慧，是前三中無礙智攝。隨義細獲，四無礙智有其多種，如地經說。若就世諦明四無礙，此四無礙，是一切智無礙智攝，以其同知世諦法故。若就眞諦法性之理名法無礙，則法無礙，是前三中清淨智攝。餘之三種，是一切智無礙智收。若說了知第一義諦爲義無礙，則義無礙，是清淨智。餘之三種，是一切智無礙智攝。三智如是。

玄奘譯《大般若波羅蜜多經》卷三六三 佛說一切相智爲一切相智耶。佛言：善現，我說一切相智爲一切相智。具壽善現復白佛言：世尊，如來常說一切智、道相智、一切相智，如是三智其相云何有何差別。佛言：善現，一切智者，是共聲聞及獨覺智。道相智者，是共菩薩摩訶薩智。一切相智者，是諸如來、應、正等覺不共妙智。具壽善現復白佛言：世尊，何緣一切智是共聲聞及獨覺智。

佛言：善現，一切智者，謂五蘊、十二處、十八界等，聲聞、獨覺亦能了知，而不能知一切道相及一切法、一切種相。具壽善現復白佛言：世尊，何緣道相智是共菩薩摩訶薩智。佛言：善現，諸菩薩摩訶薩應學遍知一切道相，謂聲聞道相、獨覺道相、菩薩道相、如來道相，諸菩薩摩訶薩於此諸道常應修學令速圓滿，雖令此道作所應作，而不令其證於實際。

玄奘譯《瑜伽師地論》卷三八 復有異門。謂清淨智，一切智，無滯智。一切煩惱并諸習氣無餘永害，遍一切種不染無明無餘永斷，是名無上正等菩提。一切煩惱并諸習氣畢竟斷故，名清淨智。於一切界一切事一切品一切時智無礙轉，名一切智。界有二種。一者世界，二者有情界。事有二種。一者有爲，二者無爲。即此有爲無爲二事無量品別，名一切品，謂自相展轉種類差別故。共相差別故，因果差別故，界趣差別故，善不善無記等差別故。時有三種。一過去，二未來，三現在。即於如是一切界一切事一切品一切時如實知故，名一切智。無滯智者，暫作意時，遍於一切無礙速疾無滯智轉，不由數數作意思惟，依一作意遍了知故。復有異門。謂百四十不共佛法，及如來無諍願智無礙解等，是名無上正等菩提。百四十不共佛法者，謂三十二大丈夫相，八十隨好，四一切種清淨，十力，四無所畏，三念住，三不護，大悲，無忘失法，永害習氣，一切種妙智，是諸佛法建立品中當廣分別，如是菩提名爲最勝。

實叉難陀譯《大乘入楞伽經》卷四 智有三種，謂世間智，出世間智，出世間上上智。云何世間智。謂一切外道凡愚計有無法。云何出世間智。謂一切二乘著自共相。云何出世間上上智。謂諸佛菩薩觀一切法皆無有相，不生不滅，非有非無，證法無我入如來地。大慧，復有三種智，謂知自相共相智，知生滅智，知不生不滅智。復次，大慧，生滅是識，不生滅是智。墮相無相及以有無種種相因是識，離相無相及有無因是智。有積集相是識，無積集相是智。著境界相是識，不著境界相是智。三和合相應生是識，無礙相應自性相是智。有得相是識，無得相是智。證自聖智所行境界，如水中月，不入不出故。

三有

僧伽跋摩等譯《雜阿毗曇心論》卷九 生有者謂生分，五陰與生俱，故名生有，相續心俱生義。壞有者死邊，五陰與死俱，故名死有，沒心俱起義。本有者，除生分死分五陰，彼中間有，本業所種久住故，故名本有。中有者，死已乃至未得餘生有，於其中間向受生有，五陰趣所不攝，於二中間起，故名中有。問：此諸有幾刹那幾久住。答：當知二刹那，死有及生有，各刹那頃，不久住故。以此義當知本有中有久住。問：幾染污幾不染污。答：一染三有二，生有一向染污，以染污心故生相續非不染污。彼欲界凡夫三十六使，一一使令生相續。聖人修道斷四使，一一亦如是。色界凡夫三十一使，一一使令生相續。聖人三使，無色界亦如是。使令生相續非緾垢，餘有染污不染污。

真諦譯《金七十論》卷中　三種有者。一善成有，二性得有，三變異有。此三有薰習細身，細相者非聖不見故。此細身能輪轉生死。

鳩摩羅什譯《大智度論》卷三　三種有：欲有、色有、無色有。云何欲有。欲界繫業取因緣，後世能生，亦是業報，是名欲有。色有、無色有亦如是，是名爲有。

玄奘譯《阿毗達磨集異門足論》卷四　三有者。一欲有，二色有，三無色有。欲有云何。答：若業欲界繫取爲緣欲感當有，彼業異熟，是謂欲有。色有云何。答：若業色界繫取爲緣欲感當有，彼業異熟，是謂色有。無色有云何。答：若業無色界繫取爲緣欲感當有，彼業異熟，是謂無色有。

三　明

佛陁耶舍共竺佛念譯《佛說長阿含經》卷八　復有三法，謂三明，自識宿命智明、天眼智明、漏盡智明。

慧遠《無量壽經義疏》卷上　明行足者，明其行圓。明是證行，證法顯了，故名爲明。分別有三，如《涅槃》說。一菩薩明，所謂般若波羅蜜矣。二諸佛明，所謂佛眼。三無明明，謂十一空。彼非智解，故曰無明。能生智明，故復名明。前二能證，後一所證。又龍樹說，佛具宿命、天眼，漏盡，故曰三明。

玄奘譯《阿毗達磨大毗婆沙論》卷一〇二　如說有三明。一宿住隨念智證明，二死生智證明，三漏盡智證明。後一可爾，前二云何。答：前二亦有少分明相，故假名明。謂違煩惱故，不雜煩惱故，順勝義明故，引無漏明故。是故尊者妙音說曰，於三明中，唯漏盡智是勝義明。餘二能引勝義明，故假立明名。復次宿住隨念智證明，通達解了前際法故。死生智證明，通達解了後際法故。漏盡智證明，通達解了涅槃性故。皆說爲明。

玄奘譯《阿毗達磨集異門足論》卷六　三明者，謂無學三明。一無學宿住隨念智作證明，二無學死生智作證明，三無學漏盡智作證明。云何無學宿住隨念智作證明。答：如實憶知諸宿住事。謂如實憶知過去世，或一生，或十生，或百生，或千生，或百千生，或多百生，或多千生，或多百千生。或壞劫或成劫，或壞成劫，或多壞劫，或多成劫，或多壞成劫。我於如是有情聚中，曾作如是名如是種如是姓，曾食如是食，曾受如是苦如是樂，曾如是長壽如是久住，如是壽量邊際。我曾從彼處死生於此處，復從此處死生於彼處，於如是等若形相若因緣若言說無量種宿住事，皆能隨念如實憶知，是名無學宿住隨念智作證明。問：此中何者是明。答：知前生相續智，是名明。云何無學死生智作證明。答：以淨天眼超過於人，見諸有情死時生時。若好色若惡色，若劣若勝，若往善趣，若往惡趣，如是有情成就身惡行，成就語惡行，成就意惡行，發起邪見毀謗賢聖，成就邪見業法受因。由此因緣身壞命終，墮諸惡趣生地獄中，如是有情成就身妙行，成就語妙行，成就意妙行，發起正見讚歎賢聖，成就正見業法受因，由此因緣身壞命終，昇諸善趣生於天中。於如是等諸有情類業果差別，皆如實知，是名無學死生智作證明。問：此中何者是明。答：知自業智，是名明。云何無學漏盡智作證明。答：如實知此苦聖諦，此苦集聖諦，此苦滅聖諦，此趣苦滅道聖諦，彼如是知如是見。心解脫，欲漏心解脫，有漏心解脫，無明漏心解脫，已如實知見。我生已盡梵行已立，所作已辦不受後有，是名無學漏盡智作證明。問：此中何者是明。答：知漏盡智，是名明。如世尊說：牟尼如宿住，見善惡趣別。了生死已盡，得究竟通慧。知心永解脫，貪等一切漏。成就三明故，名具三明者。

玄奘譯《阿毗達磨俱舍論》卷二七　言三明者。一宿住智證明，二死生智證明，三漏盡智證明。如其次第以無學位攝第五二六通爲其自性。六中三種獨名明者。如次對治三際愚故。謂宿住智通治前際愚。死生智通治後際愚。漏盡智通治中際愚。此三皆名無學明者。俱在無學身中起故。於中最後容有是眞。通無漏故。餘二假說。體唯非學非無學故。有學身中有愚闇故。雖有前二不立爲明。雖有暫時伏滅愚闇。後還被蔽故不名明。

法藏《華嚴經探玄記》卷一五　三與智論中三明相攝者有二義。一非三所攝，以彼亦爲二乘所得此不爾故。二縱佛菩薩所得三明，於此十中但三攝五，亦非盡故。謂天眼攝二，謂天眼及未來際明，宿命唯一也。漏盡攝二，謂末後二也。依《涅槃經》亦有三明。一諸佛明謂一切智，二菩薩明謂般若波羅蜜，三無明明謂畢竟空。與此不同也。四約六通相攝者亦二義。一非六所攝，以彼亦爲二乘得故。二若佛所得攝非不盡，謂於六中天眼天耳神足漏盡。此四各分二，故爲十也。即天眼約見現未分二，以未來生死智明亦是天眼所見故。天耳約聽聞聖教及分別音聲，故分爲二。神足約業用及色身爲二，漏盡約定慧爲二，第九是慧也。餘二不分故，六攝十也。五通明差別者。智論第三問曰神通明有何等異，答曰直知過去宿命事是名通，知過去因緣行業是名明。復次直知死此生彼是名通，知行業因緣際會不失是名明。復次直知盡結使不知更生不生，是名漏盡通。若知漏盡，更不復生是名明。六約教顯異者。若小乘三乘竝三明六通但分齊差別，若一乘十明十通，與前亦寬狹爲異。七約所知分齊者。《智論》第三云，此三明二乘亦得，但有不滿。謂於過去或知一世，極至八萬，後不能知，未來亦爾。又不能一念頓知四諦十五心結使生住滅等相，故不同佛也。以佛知三世眾生漏盡故。解云，小乘但知三明知不能遍，三乘三明互遍滿知，一乘十明重重遍知因陁羅網。謂一念攝九世等，一塵內十剎。餘念餘塵，皆亦如是。於中所有皆如實知。八約三業分別者。十中天耳及音聲境是語業淨，神力及色身是身業淨，餘六屬意業淨。若據自體但是意業，以悉是智明故。九約見等分別者。十中二是見，謂天眼及未來。二是聞，謂天耳及音聲。餘竝是智。十約建立者。三乘等中但約所知三世以立三明。今此一乘理實明用限量無盡，依則表圓，寄十以顯故，唯說十不增不減。

三種現觀

玄奘譯《瑜伽師地論》卷八七　復有三種現觀邊智，修習彼故見得清淨。一能順生無漏智智，二無漏智，三無漏智後相續智。

窺基《成唯識論掌中樞要》卷下　三種現觀勘抄敘。聖性有解，通取一切能生現行無漏種子。不同異生性，彼能發業招生品類故，唯見道故。八地已上菩薩不生欲界，何故不名不還耶。又有不定性欲還生欲界故，頓悟菩薩還於欲界利生故。

對法十三說十現觀。一法現觀。最勝順解脫分善根所攝清淨勝解，若準瑜伽六現觀，唯取喜受相應思所成惠。若準顯揚十八現觀，通聞、思、修最勝三惠。然對法解義現觀。由即於如上所說法中，如理作意增上緣力，故知法觀亦即思惠，如理作意故。今依唯識唯取思。二義現觀，即最勝順決擇分二坐煖爲下品。頂、忍爲中品。世第一法爲上品。三眞現觀，謂見道。四後現觀，謂修道。此二共唯識別。唯識約安立、非安立別。對法約道位別，亦不相違。五寶現觀，即信現觀。得四不壞信，唯別取無漏，瑜伽等寬，通有漏故。或能越惡，對法但說寶名，唯識通取一切信。六不行現觀，謂戒能遮犯戒非不行。七究竟現觀，同唯識。八聲聞，九獨覺，十菩薩。此三約能證乘別故，唯識但約所證行明廣名現觀。所以除決擇分，不約人爲論。所以無三乘，對法不約廣略。但明了親得名現觀，約人法爲論，所以有十亦不相違。顯揚十七說六及十八，六同此論。論十八者，一聞，二思，三修，四決擇分，五見道，六修道，七究竟道，八不善清淨世俗智，九善清淨世俗智，十勝義智，十一不善清淨行有分別智，十二善清淨行有分別智，十三善清淨行無分別智，十四成所作加行智，十五成所作智，十六成所作後智，十七聲聞等智，十八菩薩等智現觀。此十八中分五位。初七約五道以明現觀，次三依眞俗智以明現觀，次三依有無漏有分別無分別以明現觀。次三依加行、根本、後得三智以明現觀。後二依上乘、下乘以明現觀。然此唯明惠觀，觀察諸法故不取信、戒。然解脫分智定、散有殊。三惠類異故分三種。眞俗智中有漏唯世俗，無漏通二種，故合分三種。有分別無分別中，亦有有漏無漏別。無漏通二，有漏唯有分別。依三業行以顯智殊，此中成所作非四智中成所作智，乃是本期所作智。加行、正體、後得。如諸無漏智上乘、下乘因果通論。故但二種，故與唯識六現觀。對法十現觀，亦不相違。攝論第六現觀十一種差別，即對法第十三。聲聞、菩薩現觀差別有十一。更無別類。

三無爲

求那跋陀羅共菩提耶舍譯《衆事分阿毗曇論》卷一　云何無爲。謂三無爲，虛空，數滅，非數滅，是名無爲法。

浮陀跋摩共道泰等譯《阿毗曇毗婆沙論》卷二〇　問曰：如有爲法有三有爲相，無爲法有三無爲相不耶。若有者，云何無爲法非是聚法耶。若無者，波伽羅那經所說云何通。如說，云何不生法。答曰：無爲法以無生相故。云何不住法。答曰：無爲法以無住相故。云何不滅法。答曰：無爲法以無滅相故。答曰：應作是說，無爲法無無爲法相。問曰：若然者，波伽羅那經所說云何通。答曰：對有爲法故，如有爲法有生住滅，無爲法無生住滅故。作如是說。

那連提耶舍譯《阿毗曇心論經》卷六　問曰：三無爲已說，彼有何相。

答曰：斷煩惱遠離，是名數緣滅，無諸障礙相　是名爲虛空。

斷煩惱遠離是名數緣滅者，若身見等煩惱數緣力所滅，彼斷次第斷，若遠離欲得，彼數分名數滅，無諸障礙相，是名爲虛空者。容受色無障礙，住來去等事得是名虛空。

依於衆緣法，有依及攀緣，若不具不生，此滅非是智。

慧远《大乘義章》卷二　三無爲者，一虛空無爲，二數滅無爲，三非數滅無爲。言虛空者，當體立目。虛之與空，無之別稱，虛無形質，空無有礙，故曰虛空。言數滅者，義釋有四。一以慧數斷障，得滅名爲數滅，故經說爲智緣滅也。《毗婆沙》中，亦同此說。故彼文言，數者是慧，滅是慧果，依於慧數而得滅，故名爲數滅。問曰：共念能斷煩惱，獨慧不堪，以何義故偏言慧滅。若依成實，獨慧能滅。毗曇大乘，慧數爲主。故偏言之，此義簡餘，施戒等滅。二以無礙解脱數滅，名爲數滅，簡餘伏滅。三約四諦及修道等種數別滅，名爲數滅。如《毗婆沙》說。故彼文言，苦忍智等所得之滅，別餘集等，名爲數滅。四以煩惱品別而滅，名爲數滅。如欲界結九品別滅，如是一切，數滅如是。非數滅者，翻前可知。此等何故名曰無爲。義釋有二。一對法外四相以釋，色心等法，爲彼法外四相所爲。虛空等三，不同彼故，名曰無爲。二對法體四相以釋，色心等法，一切皆有初生次住終異後滅，前後集起，稱之曰爲，虛空等三無彼爲，故名曰無爲。名義如是。

玄奘譯《阿毗達磨俱舍論》卷一　無漏云何。謂道聖諦及三無爲。何等爲三。虛空二滅。二滅者何。擇非擇滅。此虛空等三種無爲及道聖諦，名無漏法。所以者何。諸漏於中不隨增故。於略所說三無爲中，虛空但以無礙爲性，由無障故色於中行，擇滅即以離繫爲性。諸有漏法遠離繫縛證得解脱，名爲擇滅。擇謂簡擇即慧差別，各別簡擇四聖諦故，擇力所得滅名爲擇滅。如牛所駕車名曰牛車。略去中言，故作是說。一切有漏法同一擇滅耶。不爾。云何隨繫事別。謂隨繫事量，離繫事亦爾。若不爾者，於證見苦所斷煩惱滅時，應證一切所斷諸煩惱滅。若如是者，修餘對治則爲無用，依何義說滅無同類。依滅自無同類因義亦不與他，故作是說，非無同類。已說擇滅。永礙當生得非擇滅，謂能永礙未來法生，得滅異前名非擇滅。得不因擇但由闕緣，如眼與意專一色時餘色聲香味觸等謝，緣彼境界五識身等，住未來世畢竟不生，由彼不能緣過去境，緣不具故得非擇滅。於法得滅應作四句，或於諸法唯得擇滅。謂諸有漏過現生法。或於諸法唯非擇滅，謂不生法無漏有爲。或於諸法俱得二滅。謂彼不生諸有漏法。或於諸法不得二滅。謂諸無漏過現生法。如是已說三種無爲。

圓測《仁王經疏》卷上　言得三無爲者。總標。言智緣滅者。或名擇滅。擇謂智慧。由智斷障。所得滅者。名爲擇滅。非智緣滅者。亦名非擇滅。不由智力所得滅。故名非智緣滅。如前所說性淨涅槃等。言虛空者。即虛空無爲。謂於眞如上。無色所現。義說名虛空。薩婆若果空。第三屬當。謂薩婆若果無爲體上。義說三種。

三障

曇無讖譯《大般涅槃經》卷一一　諸菩薩等凡所給施病者醫藥所得善根，悉施衆生而共迴向一切種智，爲除衆生諸煩惱障業障報障。煩惱障者，貪欲瞋恚愚癡。忿怒纏蓋焦惱嫉妬慳恪奸詐諛諂無慚無愧，慢慢慢不如慢增上慢我慢邪慢憍慢，放逸貢高懟恨諍訟邪命諂媚，詐現異相以利求利惡求多求，無有恭敬不隨教誨，親近惡友貪利無厭纏縛難解，欲於惡欲貪於惡貪，身見有見及以無見，頻申憙睡欠呿不樂，貪嗜飲食其心懵瞢，心緣異想不善思惟，身口多惡好憙多語，諸根闇鈍發言多虛，常爲欲覺恚覺害覺之所覆蓋，是名煩惱障。業障者，五無間罪重惡之病。報障者，生在地獄畜生餓鬼，誹謗正法及一闡提，是名報障。如是三障名爲大病。而諸菩薩於無量劫修菩提時，給施一切疾病醫藥常作是願，令諸衆生永斷如是三障重病。

真諦譯《三無性論》卷上 爲顯三種障事，謂自性差別聚中一執。此三分別能生心煩惱，爲一切智障。我及我所，此兩分別能生肉煩惱，爲解脫障。可愛可憎及翻前二，此三分別能生皮煩惱，爲禪定障。此三煩惱即三事類，心煩惱即戲論事類，肉煩惱即我慢事類，皮煩惱即是欲等惑事類。此三事類是依他性，若略說分別，不出三種。一分別依止，二分別體，三分別境界。若說分別體，謂三界心及心法。依止及境界更無別體，以似塵義類爲依止，以似塵義類之名爲境界耳。

佚名譯《佛說佛名經》卷一 何等爲三。一者煩惱障，二者是業障，三者是果報障。此三種法能障聖道及以人天勝妙好事，是故經中目爲三障。所以諸佛菩薩教作方便懺悔，除滅此三障者，則六根十惡乃至八萬四千諸塵勞門皆悉清淨。是故弟子，今日運此增上勝心懺悔三障，欲滅此三障罪者，當用何等心，可令此罪滅除。先當興七種心以爲方便，然後此罪乃可得滅。何等爲七。一者慚愧，二者恐怖，三者厭離，四者發菩提心，五者怨親平等，六者念報佛恩，七者觀罪性空。

第一慚愧者。自惟我與釋迦如來同爲凡夫，而今世尊成道以來，以經爾所塵沙劫數而我等相與耽染六塵，流浪生死永無出期，此實天下可慚可愧可羞可恥。第二恐怖者。既是凡夫身口意業常與罪相應，以是因緣命終之後應墮地獄畜生餓鬼受無量苦，如此實爲可驚可恐可怖可懼。第三厭離者。相與當觀生死之中唯有無常苦空無我不淨，虛假如水上泡速起速滅，往來流轉猶若車輪，生老病死八苦交煎無時暫息衆等相與但觀自身，從頭至足其中但有三十六物，髮毛爪齒膿囊涕唾，生熟二藏大腸小腸，脾腎心肺肝膽胃肪膏膜筋脈骨髓，大小便利九孔常流。是故經言，此身衆苦所集一切皆不淨物，何有智慧者而當樂此臭肉身也。生死既有如此種種惡法甚可患厭。第四發菩提心者。經言當樂佛身，佛身者即法身也。從無量功德智慧生，從六波羅蜜生，從慈悲喜捨生，從三十七助菩提法生，從如是等種種功德智慧生如來身。欲得此身者，當發菩提心求一切種智常樂我淨薩婆若果，淨佛國土成就衆生，於身命財無所恪惜。第五怨親平等者。於一切衆生起慈悲心無彼我想，何以故爾。若見怨異親則是分別，以分別故起諸想著，想著因緣生諸煩惱，煩惱因緣造諸惡業，惡業因緣故得苦果。第六念報佛恩者。如來往昔無量劫中，捨頭目髓腦支節手足國城妻子象馬七珍，爲我等故修諸苦行，此恩此德實難酬報，是故經言若以頂戴兩肩荷負，於恒沙劫亦不能報。我等欲報如來恩者，當於此世勇猛精進捍勞忍苦，不惜身命建立三寶，弘通大乘廣化衆生同入正道。第七觀罪性空者。無有實相從因緣生，顛倒而有，既從因緣而生，則可從因緣而滅。從因緣而生者，押近惡友造作無端。從因緣而滅者，即是今日洗心懺悔。是故經言，此罪相不在內不在外不在中間，故知此罪從本是空，生如是等七種心，以緣想十方諸佛賢聖，擎拳合掌披陳至到，慚愧改革舒瀝心肝洗蕩腸胃。如此懺悔亦何罪而不滅，亦何障而不消。若復正爾悠悠緩縱情慮，徒自勞形於事何益，且復人命無常喻如轉燭，一息不還便向灰壤，三塗苦報則身應受。不可以錢財寶貨囑託求脫，窈窈冥冥恩赦無期，獨嬰此苦無代受者，莫言我今生中無有此罪，所以不能懇到懺悔。經中導言，凡夫之人舉足動步無非是罪，又復過去生中皆悉成就無量惡業，追逐行者如影隨形。今日若不懺悔罪惡日深，故包藏瑕疵佛教不許，說懺悔先罪淨名所尙，故知長淪苦海寔由隱覆。是故弟子，今日發露懺悔，不敢覆藏。所言三障者，一曰煩惱障，二名爲業障，三是果報障。此三種法更相由籍，因煩惱故所以起惡業，惡業因緣故得苦果。是故弟子今日至心，第一先應懺悔煩惱障，又此煩惱諸佛菩薩入理聖人種種呵嘖，亦訶此煩惱以爲怨家。何以故。能斷衆生慧命根故。亦訶此煩惱以之爲賊，能劫衆生諸善法故。亦訶此煩惱以爲暴河，能漂衆生入於生死大苦海故。亦訶此煩惱以爲羈鎖，能繫衆生於生死獄不能得出故。亦訶此煩惱猶如蟒蟲，食啖衆生眞如佛性故。所以六道牽連四生不絕，惡業無窮苦果不息，當知皆是煩惱過患。是故弟子，今日運此增上善心歸依佛。

智顗《釋禪波羅蜜次第法門》卷四　五明惡業障道發相，亦有三種。一沈昏闇蔽障，二惡念思惟障，三境界逼迫障。一沈昏闇蔽障者。行者於修定，欲用心之時，即便沈昏闇睡，無記瞪瞢，無所別知。障諸禪定，不得開發，是爲沈昏闇蔽障發之相。二惡念思惟障者。若行者欲修定時，雖不沈昏闇睡，而惡念心生，或念欲作十惡四重五逆毀禁還俗等事，無時暫停。因是障諸禪定，不得開發，是爲惡念思惟障發之相。三境界逼迫障者。若行人於修定之時，雖無上事，而身或時卒痛，覺有逼迫之事，見諸外境。或見無頭手足無眼目等，或見衣裳破壞，或復陷入於地，或復火來燒身，或見高崖而復墮落。二山隔障，羅刹虎狼，或復夢見有諸惡相。如是事皆是障道罪起逼迫行人，或令驚怖，或時苦惱。如此種種，非可備說。是名境界逼迫障發之相。今約此五不善法，即合爲三障。前三毒，即爲習因煩惱障等分之中覺觀亂法，即是麁四陰故，名爲報障。三種障道，即爲業障。何以知之。由過去造惡，未來應受惡報，即以業持此惡。若行者於未受報中間，而修善者，善與惡乖，業即扶惡而起，來障於善，故知即是業障。如是三障，障一切行人禪定智慧，不得開發，故名爲障。

玄奘譯《阿毗達磨俱舍論》卷一七　重障有三。謂業障，煩惱障，異熟障。如是三障，其體是何。

頌曰：三障無間業，及數行煩惱，并一切惡趣，北洲無想天。

論曰：言無間業者，謂五無間業。其五者何。一者害母，二者害父，三者害阿羅漢，四者破和合僧，五者惡心出佛身血。如是五種，名爲業障。煩惱有二。一者數行，謂恆起煩惱。二者猛利，謂上品煩惱。應知此中唯數行者名煩惱障，如扇搋等。煩惱數行難可伏除，故説爲障。上品煩惱雖復猛利，非恆起故，易可伏除。於下品中數行煩惱，雖非猛利，而難伏除。由彼恆行，難得便故。謂從下品爲緣生中，中品爲緣復生上品，令伏除道無便得生。故煩惱中隨品上下，但數行者名煩惱障，全三惡趣人趣北洲及無想天名異熟障。此障何法，謂障聖道及障聖道加行善根。又業障中理亦應説餘決定業，謂餘一切定感惡趣卵生濕生及女人身第八有等。然若有業由五因緣易見易知。此中偏説，謂處趣生果及補特伽羅，於諸業中唯五無間具此五種易見易知。餘業不然，故此不説。餘障廢立，如應當知。此三障中煩惱與業二障皆重，以有此者第二生内亦不可治。毘婆沙師作如是釋，由前能引後故後輕於前，此無間名爲目何義。約異熟果決定更無餘業餘生能爲間隔，故此唯目無間隔義。或造此業補特伽羅從此命終定墮地獄中無間隔故名無間，彼有無間得無間名，與無間法合故名無間。如與沙門合，故名沙門。三障應知何趣中有。

頌曰：三洲有無間，非餘扇搋等，少恩少羞恥，餘障通五趣。

論曰：且無間業唯人三洲，非北俱盧餘趣餘界。於三洲内，唯女男及造無間業，非扇搋等。所以者何。即前所説彼無斷善不律儀，因即是此中無逆所以。又彼父母及彼已身，如次少恩少羞恥故。謂彼父母於彼少恩，爲彼缺身增上緣故。又由於彼少愛念故，彼於父母慚愧心微，以無現前增上慚愧可言壞故觸無間罪。由此已釋，鬼及傍生雖害母等而非無間。然大德説，若覺分明亦成無間，如聰慧馬。若有人害非人父母不成逆罪，心境劣故。已辯業障唯人三洲，餘障應知五趣皆有。然於人趣唯北俱盧，在天趣中唯無想處。

三十二種大悲

求那跋陀羅譯《佛説菩薩行方便境界神通變化經》卷中　是沙門瞿曇，成三十二大悲之行。何等三十二。見世衆生沒愚癡闇，是沙門瞿曇，於是衆生行於大悲。見世衆生在大無明㲉，是沙門瞿曇，於是衆生行於大悲。見世衆生墮在於大生死輪迴，是沙門瞿曇，於是衆生行於大悲。見世衆生常勤行於不善寂法，是沙門瞿曇，於是衆生行於大悲。見世衆生隨於大流順流而去，是沙門瞿曇，於是衆生而起大悲。見世衆生墮於大山大苦逼切，是沙門瞿曇，於是衆生而起大悲。見世衆生離於聖道墮於邪道，是沙門瞿曇，於是衆生而起大悲。見世衆生閉大牢獄自然纏縛，是沙門瞿曇，於是衆生而起大悲。見世衆生貪於色、聲、香、味、觸故無厭無滿，是沙門瞿曇，於是衆生而起大悲。見世衆生是愛奴僕常繫屬他，是沙門瞿曇，於是衆生而起大悲。見世衆生老死逼切羸劣困悴，是沙門瞿曇，於是衆生而起大悲。見世衆生常病逼切，是沙門瞿曇，於是衆生而起大悲。見世衆生爲三火燒常觸燋熾，是沙門瞿曇，於是衆生而起大悲。見世衆生下纏所纏增長生死，是沙門瞿曇，於是衆生而起大悲。見世衆生心常驚怖，是沙門瞿曇，於是衆生而起大悲。見世衆生貪嗜少味不見過患，是沙門瞿曇，於是衆生而起大悲。見世衆生久眠放逸，是沙門瞿曇，於是衆生而起大悲。見世衆生墮大飢餓常互相害，是沙門瞿曇，於是衆生而起大悲。見世衆生常在衰損互相劫奪，是沙門瞿曇，於是衆生而起大悲。見世衆生無明所盲常不明了，是沙門瞿曇，於是衆生而起大悲。見世衆生共相鬪諍惱亂不息，是沙門瞿曇，於是衆生而起大悲。見世衆生如芒草滋其，是沙門瞿曇，於是衆生而起大悲。見世衆生不淨交會離於清淨，是沙門瞿曇，於是衆生而起大悲。見世衆生行於諸難離於無難，是沙門瞿曇，於是衆生而起大悲。見世衆生多於疑惑著諸邪見，是沙門瞿曇，於是衆生而起大悲。見世衆生如兜羅華依種種見，是沙門瞿曇，於是衆生而起大悲。見世衆生想心見倒，無常常想，苦有樂想，不淨淨想，無我我想，是沙門瞿曇，於是衆生而起大悲。見世衆生擔負重擔常受苦乏，是沙門瞿曇，於是衆生而起大悲。見世衆生依止羸劣不堅牢想，是沙門瞿曇，於是衆生而起大悲。見世衆生常在垢污，是沙門瞿曇，於是衆生而起大悲。見世衆生繫縛欲有而心貪著，是沙門瞿曇，於是衆生而起大悲。見世衆生利養覆蔽常求於利，是沙門瞿曇，於是衆生而起大悲。見世衆生墮在種種病苦，憂悲啼哭愁惱，衆苦大聚，是沙門瞿曇，於是衆生而起大悲。大王，此沙門瞿曇，成就如是三十二種大悲行故，是故無過。

菩提留支譯《大薩遮尼乾子所説經》卷六　沙門瞿曇於諸衆生畢竟成就三十二種大悲觀心。何等三十二。一者沙門瞿曇見諸衆生墜墮癡闇大黑處故，起大悲心。二者沙門瞿曇見諸衆生墜墮無明所纏窟故，起大悲心。三者沙門瞿曇見諸衆生墜墮世間大險處故，起大悲心。四者沙門瞿曇見諸衆生離寂靜處，墮世間故，起大悲心。五者沙門瞿曇見諸衆生墮大瀑水，隨漂流故，起大悲心。六者沙門瞿曇見諸衆生墮在顛倒險難大苦處故，起大悲心。七者沙門瞿曇見諸衆生墮在惡道，離聖道故，起大悲心。八者沙門瞿曇見諸衆生爲大煩惱能縛所縛，常爲種種煩惱羅網所纏裹故，起大悲心。九者沙門瞿曇見諸衆生於諸境界常不可足、不可滿故，起大悲心。十者沙門瞿曇見諸衆生屬諸愛主不自在故，起大悲心。十一者沙門瞿曇見諸衆生常爲老死大苦劫害、不生厭故，起大悲心。十二者沙門瞿曇見諸衆生不離諸疹，爲諸一切種種病苦所逼惱故，起大悲心。十三者沙門瞿曇見諸衆生三火常然，晝夜常燒常不滅故，起大悲心。十四者沙門瞿曇見諸衆生下業所纏，增長世間諸苦惱故，起大悲心。十五者沙門瞿曇見諸衆生常懷驚怖、無安隱心故，起大悲心。十六者沙門瞿曇見諸衆生少利所纏忘大過故，起大悲心。十七者沙門瞿曇見諸衆生爲諸種種放逸所醉，無始睡蛇常睡在心，在曠野道常爲五陰怨家逐故，起大悲心。十八者沙門瞿曇見諸衆生常爲諸蓋劫善財故，起大悲心。十九者沙門瞿曇見諸衆生無明覆眼，常瞳不見善知識故，起大悲心。二十者沙門瞿曇見諸衆生常爲種種事亂其心，猶如亂絲無理者故，起大悲心。二十一者沙門瞿曇見諸衆生常在憒鬧、離寂靜故，起大悲心。二十二者沙門瞿曇見諸衆生常在難處、離無難故，起大悲心。二十三者沙門瞿曇見諸衆生云何云何邪見纏故，起大悲心。二十四者沙門瞿曇見諸衆生隨逐貪餌依止種種邪見使故，起大悲心。二十五者沙門瞿曇見諸衆生長夜執在想倒心倒，無常法中生於常想，於苦法中生於樂想，不淨法中生於淨想，無我法中生我想故，起大悲心。二十六者沙門瞿曇見諸衆生無始世來，常負生死諸惡重擔，受大苦惱不疲厭故，起大悲心。二十七者沙門瞿曇見諸衆生依止世間，羸薄少力非堅固中謂堅固故，起大悲心。二十八者沙門瞿曇見諸衆生爲染所染，常在無量諸垢中故，起大悲心。二十九者沙門瞿曇見諸衆生爲有貪縛，不厭捨故，起大悲心。三十者沙門瞿曇見諸衆生爲諸供養恭敬降伏，常求資生諸供養故，起大悲心。三十二者沙門瞿曇見諸衆生常爲種種境界纏心生憂惱故，起大悲心。三十一者沙門瞿曇見諸衆生墜墮憍慢我慢地故，起大悲心。大王當知，是名沙門瞿曇於諸衆生畢竟成就三十二種大悲觀心，是故我言無有過失。

鳩摩羅什譯《思益梵天所問經》卷二　如來以三十二種大悲救護衆生。何等三十二。一切法無我，而衆生不信不解，説有我生，如來於此而起大悲。一切諸法無衆生，而衆生説有衆生，如來於此而起大悲。一切法無壽命者，而衆生説有壽命者，如來於此而起大悲。一切法無人，而衆生説有人，如來於此而起大悲。一切法無所有，而衆生住於有見，如來於此而起大悲。一切法無住，而衆生有住，如來於此而起大悲。一切法無歸處，而眾生樂於歸處，如來於此而起大悲。一切法非我所，而眾生著於我所，如來於此而起大悲。一切法無所屬，而眾生計有所屬，如來於此而起大悲。一切法無取相，而眾生有取相，如來於此而起大悲。一切法無生，而眾生住於有生，如來於此而起大悲。一切法無退生，而眾生住於退生，如來於此而起大悲。一切法無垢，而眾生著垢，如來於此而起大悲。一切法離染，而眾生有染，如來於此而起大悲。一切法離瞋，而眾生有瞋，如來於此而起大悲。一切法離癡，而眾生有癡，如來於此而起大悲。一切法無所從來，而眾生著有所從來，如來於此而起大悲。一切法無所去，而眾生著於有去，如來於此而起大悲。一切法無起，而眾生計有所起，如來於此而起大悲。一切法無戲論，而眾生著於戲論，如來於此而起大悲。一切法空而眾生墮於有見，如來於此而起大悲。一切法無相，而眾生著於有相，如來於此而起大悲。一切法無作，而眾生著於有作，如來於此而起大悲。世間常共瞋恨諍競，如來於此而起大悲。世間邪見顛倒行於邪道，欲令住於正道，如來於此而起大悲。世間饕餮無有厭足，互相陵奪，欲令眾生住於聖財，信、戒、聞、施、慧等，如來於此而起大悲。眾生是產業、妻子、恩愛之僕，於此危脆之物生堅固想，欲令眾生知悉無常，如來於此而起大悲。眾生身爲怨賊，貪著養育以爲親友，欲爲眾生作眞知識，令畢眾苦究竟涅槃，如來於此而起大悲。眾生好行欺誑邪命自活，欲令行於正命，如來於此而起大悲。眾生樂著眾苦不淨居家，欲令出於三界，如來於此而起大悲。一切諸法從因緣有，而眾生於聖解脫生於懈怠，欲說精進令樂解脫，如來於此而起大悲。眾生棄捨最上無礙智慧，求於聲聞辟支佛道，欲引導之令發大心緣於佛法，如來於此而起大悲。梵天，如來如是於諸眾生行此三十二種大悲，是故如來名爲行大悲者。

三苦性

尸羅達摩譯《佛說十地經》卷四　復次，所說無明緣行是前世觀待，識乃至受是現世觀待，愛乃至有是後世觀待，由是於後相續流轉。無明滅故行滅者是觀待斷絕。復由如是十二有支有三苦性，此中諸行乃至六處是行苦性，觸、受此二是苦苦性，所餘有支是壞苦性。無明滅故行滅者，是三苦性究竟斷滅。無明緣行者是則顯行，從因從緣所生之性，餘亦如是。

玄奘譯《阿毗達磨集異門足論》卷五　三苦性者。一苦苦性，二壞苦性，三行苦性。苦苦性云何。答：欲界諸行由苦苦故苦。壞苦性云何。答：色界諸行由壞苦故苦。行苦性云何。答：無色界諸行由行苦故苦。復次不可意諸行由苦苦故苦，可意諸行由壞苦故苦，順捨諸行由行苦故苦。復次若諸苦受，若彼相應法，若彼俱有法，若從彼生，若彼種類不可愛異熟果由苦苦故苦，若諸樂受，若彼相應法，若彼俱有法，若從彼生，若彼種類可愛異熟果由壞苦故苦，若不苦不樂受，若彼相應法，若彼俱有法，若從彼生，若彼種類非可愛非不可愛異熟果由行苦故苦。復次苦苦性云何。答：諸身所有由苦苦故苦。所以者何。依身生起老病死等種種苦故。壞苦性云何。答：如世尊說可意朋友可意眷屬可意境界。若變壞時，若遭毀謗欻蔑等時，發生愁歎憂苦悲惱，彼於爾時由壞苦故苦。行苦性云何。答：除苦苦性及壞苦性，諸餘有漏行由行苦故苦。

三種菩提

菩提留支共沙門曇林等譯《妙法蓮華經憂波提舍》卷下　示現三種佛菩提故。一者示現應佛菩提，隨所應見而爲示現。如經皆謂如來出釋氏宮去伽耶城不遠，坐於道場，得成阿耨多羅三藐三菩提故。二者示現報佛菩提，十地行滿足得常涅槃證故。如經善男子我實成佛已來，無量無邊百千萬億那由他劫故。三者示現法佛菩提，謂如來藏性淨，涅槃常恆清涼不變等義。

智顗《妙法蓮華經玄義》卷一〇上　示現三種菩提。一者應化佛菩提，隨所應見而爲示現，謂出釋氏宮去伽耶城不遠，坐道場得三菩提也。二報佛菩提，謂十地滿足得常涅槃。文云，我實成佛已來無量無邊，百千萬億那由他劫也。三法佛菩提，謂如來藏性淨涅槃，常清淨不變。文云，如來如實知見三界之相，不如三界見於三界。謂眾生界即涅槃界，不離眾生界即如來藏。

玄奘譯《瑜伽師地論》卷一三 謂三種菩提。一聲聞菩提，二獨覺菩提，三阿耨多羅三藐三菩提。

三種熏習

笈多共行矩等譯《攝大乘論釋論》卷三 此阿梨耶識差別云何。略説或三種或四種。應知於中三種者，由三種熏習差別故。一名言熏習差別，二我見熏習差別，三有分熏習差別。四種者，一引生差別，二果報差別，三緣相差別，四相貌差別。於中引生差別者，謂新生熏習。若無此行緣識，取緣有不得成。果報差別者，以行有爲緣於諸趣成熟。若無此則無種子，後有諸法生不得成。緣相差別者，此即是意所取我相。若無此則我取意念，所緣不得成。

釋曰：如此成就阿梨耶識已，今當顯示此識品類差別。於此三種熏習差別中，名言熏習分者。所謂如眼名熏習在果報識中，爲彼眼生因。後果報眼根生時，由此眼名言，説爲因故生。耳等諸根一切名言差別亦如是。我見熏習差別者，由染污意中身見力故，取阿梨耶識爲我。熏習生已則有此我彼他差別。有分熏習差別者，由善不善不動行力故，於諸趣中受生如此差別。此義如後應知相初廣説。引生差別者，謂攝聚種類差別所有。新生熏習者，謂初起熏習時，若無此阿梨耶識引生差別則諸行生滅所熏習識，由取所攝持故生有現起。此有不成，能有後生故名此爲有，此有即是善不善取之數習。果報有差別者，由攝聚行有爲緣，於諸趣中成熟。若無此阿梨耶引攝分，則無有因。於後有中諸法眼等色根生起不成，此即是報果故。緣相差別者，即此阿梨耶識分，與彼依止染污意我見爲我取緣相，若無此緣相阿梨耶識與染污意，意俱身見爲因此我執所緣境不成，此即是津液果。

玄奘譯《攝大乘論本》卷上 復次此阿賴耶識差別云何。略説應知，或三種或四種。此中三種者，謂三種熏習差別故。一名言熏習差別，二我見熏習差別，三有支熏習差別。四種者。一引發差別，二異熟差別，三緣相差別，四相貌差別。

此中引發差別者，謂新起熏習。此若無者，行爲緣識，取爲緣有，應不得成。此中異熟差別者，謂行有爲緣，於諸趣中異熟差別。此若無者則無種子，後有諸法生應不成。此中緣相差別者，謂即意中我執緣相。此若無者，染污意中我執所緣應不得成。

三聚

佛陀耶舍共竺佛念譯《佛説長阿含經》卷八 復有三法，謂三聚：戒聚、定聚、慧聚。【略】復有三法，謂三聚：正定聚、邪定聚、不定聚。

瞿曇僧伽提婆譯《中阿含經》卷五八 有三聚：戒聚、定聚、慧聚。毗舍佉優婆夷聞已，歎曰：善哉，善哉，賢聖，毗舍佉優婆夷歎已，歡喜奉行。復問曰：賢聖，八支聖道攝三聚，爲三聚攝八支聖道耶。法樂比丘尼答曰：非八支聖道攝三聚，三聚攝八支聖道。正語、正業、正命，此三道支聖戒聚所攝。正念、正定，此二道支聖定聚所攝。正見、正志、正方便，此三道支聖慧聚所攝。是謂非八支聖道攝三聚，三聚攝八支聖道。

瞿曇僧伽提婆譯《增壹阿含經》卷一三 有此三聚。云何爲三。所謂等聚、邪聚、不定聚。彼云何爲等聚。所謂等見、等治、等語、等業、等命、等方便、等念、等定，是謂等聚。彼云何名爲邪聚。所謂邪見、邪治、邪語、邪業、邪命、邪方便、邪念、邪定，是謂邪聚。彼云何名爲不定聚。所謂不知苦、不知習、不知盡、不知道、不知等聚、不知邪聚，是謂名爲不定聚。諸比丘當知，復有三聚。云何爲三。所謂善聚、等聚、定聚。彼云何名善聚。所謂三善根。何等善根。所謂不貪善根、不恚善根、不癡善根，是謂善聚。云何名爲等聚。所謂賢聖八品道，等見、等治、等語、等業、等命、等方便、等念、等三昧，是謂等聚。彼云何名爲定聚。所謂知苦、知習、知盡、知道、知善聚、知惡趣、知定聚，是謂名爲定聚。是故，諸比丘！此三聚中，邪聚、不定聚，當遠之，此正聚者當奉行。如是，諸比丘！當作是學。

曇無讖譯《優婆塞戒經》卷七 一切衆生凡有三聚。一者怨，二者親，三者中。如是三聚名爲慈緣，修慈之人先從親起欲令受樂。此觀既成都及怨家。善男子，起慈心時有因戒起有因施起。若能觀怨作子想者，是名得慈。善男子，慈唯能緣不能救苦，悲則不爾亦緣亦救。善男子，若能觀怨，一毫之善不見其惡，當知是人名爲習慈。若彼怨家設遇病苦，能往問訊瞻療所患給其所須，當知是人能善修慈。

真諦譯《攝大乘論釋》卷一一 品類差別者有三種。一攝正護戒。釋曰：謂比丘比丘尼，式叉摩尼沙彌沙彌尼，優婆塞優婆夷。此戒是在家出家二部七衆所持戒。論曰：二攝善法戒。釋曰：從受正護戒，後爲得大菩提。菩薩生長一切善法，謂聞思修慧及身口意善，乃至十波羅蜜。論曰：三攝衆生利益戒。釋曰：略說有四種。謂隨衆生根性，安立衆生於善道及三乘。復有四種。一拔濟四惡道，二拔濟不信及疑惑，三拔濟憎背正教，四拔濟願樂下乘。云何此三與二乘有差別。二乘但有攝正護戒，無餘二戒。何以故。二乘但求滅解脱障，不求滅一切智障。但求自度不求度他，不能成熟佛法及成熟衆生。是故無攝善法戒及攝衆生利益戒。

玄奘譯《阿毗達磨集異門足論》卷四 三聚者，謂邪性定聚，正性定聚，不定聚。云何邪性定聚。答：五無間業。云何正性定聚。答：學無學法。云何不定聚。答：除五無間業，餘有漏法及無爲。

玄奘譯《瑜伽師地論》卷四〇 略說三種。一律儀戒，二攝善法戒，三饒益有情戒。

律儀戒者，謂諸菩薩所受七衆別解脱律儀。即是苾芻戒，苾芻尼戒，正學戒，勤策男戒，勤策女戒，近事男戒，近事女戒。如是七種，依止在家出家二分，如應當知，是名菩薩律儀戒。攝善法戒者，謂諸菩薩受律儀戒後。所有一切爲大菩提，由身語意積集諸善，總說名爲攝善法戒。此復云何。謂諸菩薩依戒住戒，於聞於思於修止觀於樂獨處，精勤修學。如是時時於諸尊長，精勤修習合掌起迎問訊禮拜恭敬之業，即於尊長勤修敬事。於疾病者悲愍殷重瞻侍供給，於諸妙說施以善哉，於有功德補特伽羅，眞誠讚美。於十方界一切有情一切福業，以勝意樂起淨信心發言隨喜。於他所作一切違犯思擇安忍，以身語意已作未作一切善根，迴向無上正等菩提。時時發起種種正願以一切種上妙供具供佛法僧，於諸善品恒常勇猛精進修習。於身語意住不放逸，於諸學處正念正知正行，防守密護根門。於食知量，初夜後夜常修覺悟。親近善士依止善友，於自愆犯審諦了知深見過失，既審了知深見過已。其未犯者專意護持，其已犯者於佛菩薩同法者所，至心發露如法悔除。如是等類所有引攝護持，增長諸善法戒，是名菩薩攝善法戒。

云何菩薩饒益有情戒，當知此戒略有十一相。何等十一。謂諸菩薩於諸有情能引義利，彼彼事業與作助伴，於諸有情隨所生起疾病等苦，瞻侍病等亦作助伴。又諸菩薩依世出世種種義利，能爲有情說諸法要，先方便說先如理說，後令獲得彼彼義利。又諸菩薩於先有恩諸有情所善守知恩，隨其所應現前酬報。又諸菩薩於墮種種師子虎狼鬼魅王賊水火等畏諸有情類，皆能救護，令離如是諸怖畏處。又諸菩薩於諸喪失財寶親屬諸有情類，善爲開解令離愁憂。又諸菩薩於有匱乏資生衆具諸有情類，施與一切資生衆具。又諸菩薩隨順道理，正與依止如法御衆。又諸菩薩隨順世間，事務言說，呼召去來，談論慶慰，隨時往赴，從他受取飲食等事。以要言之，遠離一切能引無義違意現行，於所餘事心皆隨轉。又諸菩薩若隱若露，顯示所有眞實功德，令諸有情歡喜進學。又諸菩薩於有過者，內懷親昵利益安樂增上意樂調伏訶責治罰驅擯，爲欲令其出不善處安置善處。又諸菩薩以神通力，方便示現那落迦等諸趣等相，令諸有情厭離不善，方便引令入佛聖教歡喜信樂生希有心勤修正行。云何菩薩住律儀戒，住攝善法戒，住饒益有情戒，善護律儀戒。善修攝善法戒，善行一切種饒益有情戒。

波羅頗蜜多羅譯《大乘莊嚴經論》卷八 菩薩有三聚戒。一律儀戒，二攝善法戒，三攝衆生戒。初戒以禁防爲體，後二戒以勤勇爲體。諸菩薩一切時恆守護故，離戒及善趣者。謂不著得戒及不求愛果故。

三無漏根

鳩摩羅什譯《大智度論》卷四四 三無漏根：未知欲知根、知根、知已根。

玄奘譯《大般若波羅蜜多經》卷五三 菩薩摩訶薩大乘相者，謂三無漏根。何等爲三。謂未知當知根、已知根、具知根。爾時，具壽善現白佛言：世尊，云何未知當知根。佛言：善現，若諸學者於諸聖諦未已現觀、未得聖果，所有信根、精進根、念根、定根、慧根，是爲未知當知根。世尊，云何已知根。善現，若諸學者於諸聖諦已得現觀、已得聖果，所有信根、精進根、念根、定根、慧根，是爲已知根。世尊，云何具知根。善現，謂諸無學者，若阿羅漢、若獨覺、若諸菩薩已住十地、若諸如來應正等覺，所有信根、精進根、念根、定根、慧根，是爲具知根。善現，如是三根，若以無所得而爲方便者，當知是爲菩薩摩訶薩大乘相。復次，善現，菩薩摩訶薩大乘相者，謂三三摩地。何等爲三。謂有尋有伺三摩地、無尋唯伺三摩地、無尋無伺三摩地。

玄奘譯《瑜伽師地論》卷二八　復有三根。一未知欲知根，二已知根，三具知根。云何建立如是三根。謂於諸諦未現觀者，加行勤修諸諦現觀，依此建立未知欲知根。若於諸諦已得現觀而居有學，依此建立已知根。若阿羅漢所作已辦住無學位，依此建立具知根。

玄奘譯《大乘阿毗達磨集論》卷五　三根者。謂未知當知根，已知根，具知根。云何未知當知根。謂於加行道及於見道十五心刹那中所有諸根。云何已知根。謂從第十六見道心刹那已上，於一切有學道中所有諸根。云何具知根。謂於無學道所有諸根。

圓測《仁王經疏》卷上（本）　經：三根。

釋曰：第三三根差別德。言三根者，依本記云，一自性根，謂凡夫。二引取根，謂十信至十地三得果根，謂如來。今解不爾。一未知當知根，二者已知根，三者具知根。然此三根，對見修道及無學道三位別者，諸宗不同。薩婆多宗，三無漏根，見道修道及無學道，三位差別。謂十五心名爲見位，亦名未知當知根。第十六心，乃至金剛三昧，名爲修道，亦名已知根。得盡智後，名爲無學，及具知根。外國師說，十六心皆是見道，亦名未知當知根，餘如前說。若廣分別，如《正理》第九，《婆沙》一百四十二說。今依《大乘智度論》說，或十五心名爲見道，或十六心名爲見道。若依《成唯識》等，見道多種。一無相見道，二三心見道，三二種十六心，四九心見道。然此三根位差別者，如《成唯識》第七卷說，未知當知根體位有三種。一根本位，謂在見道，除後刹那，無所未知，可當知故。二加行位，謂煖頂忍世第一法，近能引發根本位故。三資糧位，謂從爲得諦現觀故，發起決定勝善法欲，乃至未得順決擇分所有善根。名資糧位能遠資生根本位故。於此三位，信等五根，意喜樂捨，爲此根性。加行等位，於後勝法，求證愁慼，亦有憂根。非正善根，故多不說。前三無色，有此根者，有勝見道傍修得故，或二乘位，迴偹大者，爲證法空，地前亦起九地所攝生空無漏，彼皆菩薩。此根攝故，餘二根位尋即可知。有頂雖有遊觀無漏，而不明利，非後三根。若廣分別，義如別章。

圓暉《俱舍論頌疏論本》卷三　三無漏根。於得後後道涅槃等，有增上者，言亦爾者，類顯一一，各能爲根。謂未知當知根，於得已知根道，有增上用。未知根是見道，已知根是修道。見道引修道故，於已知根，增上也。已知根，於得具知根道，有增上用。謂已知根，是修道。具知根，是無學道。謂從修道，引無學道故。已知根，於具知根，有增上用也。具知根，於得涅槃，有增上用。由具知根，心得解脫。心若解脫，方證涅槃。故於涅槃，有增上用。故論云，非心未解脫，能得涅槃故。頌曰後者，已知根是未知根後，具知根是已知根後，故言後後。等言復顯更有異說。有說未知當知根，於見所斷煩惱滅中，有增上用。已知根，於修所斷煩惱滅中，有增上用。具知根，於現法樂住，有增上用。由此具知根，能領受解脫身中，喜樂事業故。

三惡行

佛陀耶舍共竺佛念譯《佛說長阿含經》卷八　復有三法，謂三惡行：身惡行、口惡行、意惡行。

玄奘譯《阿毗達磨集異門足論》卷三　三惡行者，謂身惡行，語惡行，意惡行。身惡行云何。答：斷生命，不與取，欲邪行。復次，斷生命，不與取，非梵行。復次，諸所有不善身業，諸所有非理所引身業，諸所有身業能障礙定，總名身惡行。語惡行云何。答：虛誑語，離間語，麁惡語，雜穢語。復次，諸所有不善語業，諸所有非理所引語業，諸所有語業，能障礙定，總名語惡行。意惡行云何。答：貪欲瞋恚邪見。復次，諸所有不善意業，諸所有非理所引意業，諸所有意業能障礙定，總名意惡行。如世尊說：若造身惡行，語意惡行已，不修對治者，當墮於地獄。

玄奘譯《阿毗達磨順正理論》卷四一　又經中說有三惡行，又經中言有三妙行。俱身語意相，各云何。頌曰：惡身語意業，說名三惡行，及貪瞋邪見，三妙行翻此。

論曰：一切不善身語二業，前後近分及與根本，幷不善思如次名身語意惡行。然意惡行復有三種，謂非意業貪瞋邪見。豈不契經亦說貪等名爲意業，如何今說貪瞋邪見非意業耶。是業資糧故亦名業，如漏資糧亦名漏等，寧知貪等非意業耶。由阿笈摩及正理故。阿笈摩者，謂契經言。貪瞋邪見是業緣集，故知貪等非即業性。又契經言，諸愛者表即是意業，故知非愛即意業體，餘例應然。勿有計言，業即業集。故契經說，愛業有殊，然經主言許有煩惱即是意業，斯有何過。如是所許違，前契經及後正理豈非大過。若謂如說貪能令意造諸惡行，此經雖說貪即是意惡行因緣，非不許貪意惡行攝。如是雖說愛爲業因，此愛亦應非不是業，彼例非等此經不言愛能令心起表業故。謂如彼說貪能令意造諸惡行，非此經言愛能令心起諸表業。如何引彼以例此經，證表業因愛亦是業，如經中說諸癡即無明。此經但示癡是無明體，顯非癡者即非無明。如是此經說諸希求即愛，諸愛者表即是意業。辯相差別義已顯成，若非希求便非是愛，若非表者亦非意業，唯除假說則無有過。意業名表如前已釋。正理者何。謂若煩惱即是業者，十二緣起及三障等差別應無，由此證知貪等非業是聰慧者所訶厭故，又能感得非愛果故，此行即惡故名惡行，三妙行者翻此應知。謂一切善，身語二業前後近分及與根本幷諸善思，如次名身語意妙行。然意妙行復有三種，非業無貪無瞋正見智所讚故，感愛果故，此行即妙故名妙行。正見邪見雖非益損他，而爲彼本故，亦成善惡。

三邪行

鳩摩羅什譯《成實論》卷七　佛說三邪行，身邪行，口邪行，意邪行。身所造惡，名身邪行，是邪行有二種。一十不善道所攝，如殺盜邪婬。二不攝，如鞭杖繫縛自婬妻等，及不善道前後惡業。問曰：是殺生等三不善業，但是身業性耶。答曰：殺罪名殺不善業。是罪身亦可造，隨以自身殺害衆生。口亦可造，隨教勅人令殺衆生，或以呪殺心亦可造。有人發心能令他死，盜婬罪亦如是。但自作得具足罪。又身不善業或以身爲相，或口爲相，或發心他則知，以此因緣亦得造殺等罪。但以多是身所作故，通名身業。口邪行亦如是，口所造惡業名口邪行。是中亦有二種。若人決定問時現前誑他，是不善道所攝，餘名不攝。貪恚邪見，等是意邪行。問曰：何故十不善道中說邪見，三不善根中說癡耶。答曰：邪見是癡之異名，是癡增長堅固名爲邪見。癡更無別相，但以顛倒貪著故名爲癡。問曰：經中說，諸邪行得不愛報，正行得愛報，是愛不愛相不決定，如即一色而有愛不愛，是故應辯其相。答曰：樂是愛相，如經中說福報名樂。苦是不愛相，如經中說汝等於罪應生怖畏以是苦因緣故。問曰：若樂是愛相者，豬犬等以食糞爲樂，是福德果耶。答曰：是不淨福果。如業經說，若非時施不淨施輕心濁心非福田中，如是等施得此果報。問曰：若經中說正行得愛報，何故復說以正行因緣得生天上。答曰：有邪行者亦生天上，或謂生天是邪行報，故經中更說正行因緣生於是中。又邪行正行能得善惡道身，受身已於中受苦樂如邪行因緣惡道中受苦，正行因緣天人中受樂。

玄奘譯《瑜伽師地論》卷九一　云何名爲四種邪行。謂彼最初愛樂後有補特伽羅，於現法中不樂涅槃。若諸有學行於縱逸，由此著處增上力故，樂與在家及出家衆共相雜住，如是名爲最初邪行。又復即前愛樂後有補特伽羅，愛樂後有增上力故，發起邪願，行於梵行，如是名爲第二邪行。又復於先所捨外事有所顧戀，由彼著處增上力故，能令退捨正所修學，如是名爲第三邪行。又於現世希求利養及與恭敬，於諸所得利養恭敬，耽著不捨補特伽羅，由此著處增上力故，毁犯尸羅，廣說乃至。螺音狗行，彼由顧戀利養恭敬，不捨所學，不見是罪，公然犯戒，如是名爲第四邪行。

玄奘譯《阿毗達磨大毗婆沙論》卷一一六　如於不善語業道中，若貪所起名爲邪語，亦名邪命，爲命起故。瞋癡所起但名邪語，不名邪命，不爲命而起故。於不善身業道中，若貪所起名爲邪業，亦名邪命。瞋癡所起但名邪業，不名邪命。所以如前。於善語業道中，無貪所起名爲正語，亦名正命，邪命對治故。無瞋癡所起名爲正語，不名正命。所以如前。於善身業道中，無貪所起名爲正業，亦名正命。無瞋癡所起名爲正業，不名正命。所以如前。由此即顯正命邪命，皆攝語業而爲體性。是謂此處略毘婆沙，諸邪語彼邪命耶，設邪命彼邪語耶。答：應作四句。有邪語非邪命，謂除趣邪命語四惡行。諸餘語惡行，即瞋癡所起語業，是語業性故非爲命起故。有邪命非邪語，謂起邪命身三惡行，即貪所起身業爲命起故。非語業性故，後語句中應準此釋。有邪語亦邪命，謂起邪命語四惡行。有非邪語非邪命，謂除趣邪命身三惡行。諸餘身惡行，諸邪業彼邪命耶，設邪命彼邪業耶。答：應作四句。有邪業非邪命，謂除趣邪命身三惡行，諸餘身惡行即瞋癡所起身業，是身業性故，非爲命起故。有邪命非邪業，謂趣邪命語四惡行，即貪所起語業爲命起故，非身業性故。後二句準此釋。有邪業亦邪命，謂趣邪命身三惡行。有非邪業非邪命，謂除趣邪命語四惡行。諸餘語惡行，此中諸貪所起皆以趣向邪命，故名邪命。諸正語彼正命耶，設正命彼正語耶。答：應作四句。有正語非正命，謂除趣正命語四妙行。諸餘語妙行，即無瞋無癡所起語業，是語業性故，非邪命對治故。有正命非正語，謂趣正命身三妙行，即無貪所起身業，是邪命對治故，非語業性故。後二句準此釋。有正語亦正命，謂趣正命語四妙行。有非正語非正命，謂除趣正命身三妙行，諸餘身妙行。諸正業彼正命耶，設正命彼正業耶。答：應作四句。有正業非正命，謂除趣正命身三妙行。諸餘身妙行，即無瞋無癡所起身業，是身業性故，非邪命對治故。有正命非正業，謂趣正命語四妙行，即無貪所起語業，邪命對治故，非身業性故。後二句準此釋。有正業亦正命，謂趣正命身三妙行。有非正業非正命，謂除趣正命語四妙行。諸餘語妙行，此中諸無貪所起，皆以趣向正命故名正命。已略顯示雜無雜相，今當廣說彼差別相。謂若有爲利活命因緣起諸惡行，此名邪語邪業，亦名邪命，是語業性故，爲命所起故。若有爲餘種種因緣，起諸惡行名邪語邪業，不名邪命，是語業性故，非爲命起故。餘門準此釋。復次若有隨其種種傍生明呪，邪活命緣，起諸惡行名邪語業，亦名邪命。若有爲餘種種因緣，起諸惡行名邪語業，不名邪命。復次若以四愛因緣，起諸惡行名邪語業，亦名邪命。若以餘緣起諸惡行名邪語業，不名邪命。復次若有矯詐現相以利求利五邪命緣，起諸惡行，名邪語業，亦名邪命。若爲餘緣起諸惡行名邪語業，不名邪命。復次若起惡行加行，名邪語業，亦名邪命。若起惡行根本業道名邪語業，不名邪命。所以者何。加行難除非根本故。復次若起種種遮罪，名邪語業，亦名邪命。若起性罪，名邪語業，不名邪命。所以者何。遮罪難防非性罪故。由如是等六門七門所說道理，決定無能離語業外別立邪命。問：若爾何故說邪語等三種，及於經中說八支聖道，正語業外別說正命耶。答：佛以邪命誑惑於人，微細難覺故與語業俱時示現復別示現。如賊軍將同眾誅戮復別梟首。復有說者，以諸邪命難可淨除，故與語業俱時呵責，復別呵責猶如女人與諸事欲及煩惱欲，俱時說過復別呵責。云何邪命難可淨除。謂有二法難除難捨。即在家者邪見，及出家者邪命。諸在家人雖極聰慧受持五戒，若苦所逼則以種種香花飲食祠禱天神，諸出家人雖極聰慧受持具戒，資身命緣繫屬他故，見施主時便整威儀現親善相，是故別說邪命正命。契經及施設論皆作是說，斷生命乃至邪見皆有三種。一從貪生，二從瞋生，三從癡生。云何斷生命從貪生。謂如有一以貪皮肉筋骨等故，害他有情。或爲所愛悅意，親友曾當於己作饒益者，而行殺事。或他以財及諸饒益求己行殺，如國王等以諸財位，招募驍勇令討未伏，如是等殺名從貪生。云何從瞋生。謂如有一於他有情，有損惱心，怨嫌之心，惡意樂心，而斷彼命。或復害彼親屬朋友，以絕怨路，如是等殺名從瞋生。云何從癡生。如有一類起如是見，立如是論，駝馬牛羊鷄豬鹿等，皆爲祠祀人所食用，是以殺之無罪。復有一類起如是見，立如是論。虎豹豺狼蜈蚣蛇等傷害於人，爲人除患殺亦無罪。又此西方有蔑戾車名曰目迦起如是見，立如是論。父母衰老，及遭痼疾，若能殺者得福無罪。所以者何。夫衰老者諸根朽敗不能飲食，若死更得新勝諸根，飲新煖乳。若遭痼疾多受苦惱，死便解脫故殺無罪。如是等殺名從癡生，以迷業果起邪謗故。

三摩地門

玄奘譯《瑜伽師地論》卷二六　此所知事或依教授教誡。或聽聞正法爲所依止令三摩呬多地作意現前，即於彼法而起勝解，即於彼所知事而起勝解。彼於爾時，於所知事，如現領受勝解而轉。雖彼所知事非現領受和合現前，亦非所餘彼種類物，然由三摩四多地勝解領受相似作意領受，彼所知事相似顯現，由此道理名所知事同分影像。修觀行者，推求此故，於彼本性所知事中，觀察審定功德過失，是名有分別影像。云何無分別影像。謂修觀行者，受取如是影像相已，不復觀察簡擇極簡擇遍尋思遍伺察。然即於此所緣影像，以奢摩他行寂靜其心，即是九種行相令心安住，謂令心內住等住，安住近住，調伏寂靜，最極寂靜，一趣等持。彼於爾時成無分別影像所緣，即於如是所緣影像，一向一趣安住其念，不復觀察簡擇極簡擇遍尋思遍伺察，是名無分別影像，即此影像亦名影像，亦名三摩地相，亦名三摩地所行境界，亦名三摩地口，亦名三摩地門。

玄奘譯《顯揚聖教論》卷三　三摩地門者，謂諸菩薩無量三摩地門，廣說如經。若欲略說，復有八種。謂初靜慮乃至非想非非想處，諸菩薩摩訶薩依此一一三摩地門出生無量三摩地。諸聲聞獨覺不達其名。此諸三摩地悉能建立十方世界一切三摩地所作之事，是故說名三摩地門。

般若譯《大乘本生心地觀經》卷八　若有凡夫修此觀者，所起五逆、四重、十惡及一闡提，如是等罪盡皆消滅，即獲五種三摩地門。云何爲五。一者刹那三昧、二者微塵三昧、三者白縷三昧、四者起伏三昧、五者安住三昧。云何名爲刹那三昧。謂暫想念滿月而住。譬如獼猴身有所繫，遠不得去、近不得停，唯困飢渴須臾住止。凡夫觀心亦復如是，暫得三昧名爲刹那。云何名爲微塵三昧。謂於三昧少分相應。譬如有人常自食苦未曾食甜，於一時中得一塵蜜到於舌根，增勝歡喜倍生踴躍更求多蜜。如是行者，經於長劫食衆苦味，而今得與甘甜三昧少分相應，名爲微塵。云何名爲白縷三昧。謂凡夫人，自無始時盡未來際，今得此定。譬如染皀多黑色中見一白縷，如是行者，於多生死黑闇夜中，而今方得白淨三昧，名之爲縷。云何名爲起伏三昧。所謂行者觀心未熟，或善成立、未善成立，如是三昧猶稱低昂，名爲起伏。云何名爲安住三昧。修前四定心得安住，善能守護不染諸塵。如人夏中遠涉沙磧備受炎毒，其心渴乏殆無所堪，忽得雪山甘美之水、天酥陀等，頓除熱惱身意泰然，是故三昧名爲安住。入此定已遠離惑障，發生無上菩提之芽，速登菩薩功德十地。

法護譯《佛說海意菩薩所問淨印法門經》卷五　若諸菩薩欲得如是自說淨印三摩地法門，及自說無垢慧者，當住二種之心。一者無濁亂心，二者無滓穢心。無濁亂心者，謂心自性清淨明亮，而不容受客塵煩惱，法性常住本自光明，一切作意無所積集。無塵故離貪，無分別故離瞋，無我故離癡。清淨遍淨，畢竟無垢，自在光明如所解脫，一切法亦然。隨住眞如平等故，如所解脫一切法亦然。隨住法界平等故，如所解脫一切法亦然。隨住實際平等故，如所解脫一切法亦然。隨住空平等，隨住無相無願無造無作無生無起諸平等故，如所解脫有爲法亦然，隨住無爲法平等故。即此隨住平等之法，無集無散，非智所知，此說名爲無濁亂心。即以此法爲他衆生，及餘補特伽羅，顯明開示，於自他法不起動亂之想，此即是爲無滓穢心，海意具是無濁亂心。無滓穢心者，即能獲得自說淨印三摩地門。

三種作意

玄奘譯《阿毗達磨大毗婆沙論》卷一一　有三種作意，謂自相作意、共相作意，勝解作意。自相作意者，思惟色是變礙相，受是領納相，想是取像相，行是造作相，識是了別相。地是堅相，水是濕相，火是煖相，風是動相。如是等。共相作意者，如十六行相等。勝解作意者，如不淨觀持息念，無量解脫勝處遍處等。問：此三種作意，幾種無間。聖道現在前，聖道無間，幾種現在前耶。有說，三種無間。聖道現在前，聖道無間。三種現在前，如是善通契經所說。不淨觀俱行，修念等覺支，依止厭依止離依止滅，迴向於捨。此中俱聲，顯無間義。有說，二種無間。聖道現在前，除自相作意聖道無間，三種現在前。有說，唯共相作意無間。聖道現在前，聖道無間，三種現在前。問：契經所說，當云何通。如說，不淨觀俱行修念等覺支。答：依展轉因故作是說，如子孫法轉相生故，謂勝解作意，引起共相作意。共相作意，引起聖道。有說，共相作意無間，聖道現在前。聖道無間，共相作意現在前。問：若爾依未至定，入正性離生者，出聖道時，可起欲界共相作意，若依上地，入正性離生者，出聖道時，彼欲界心既不得起，以極遠故，復未得色界共相作意。彼雖已得順決擇分，而聖道後不復現前，彼以何等共相作意，出聖道耶。答：彼於順決擇分中間，已修得如是行相。謂一切行非常，一切法非我，涅槃寂靜等。今出聖道起彼作意。評曰：彼不應作是說，如前說者好。謂三種無間，聖道現在前，聖道無間三種現在前。

復次欲界有三種作意，謂聞所成作意，思所成作意，生得作意。色界有三種作意，謂聞所成作意，修所成作意，生得作意。無色界有二種作意，謂修所成作意，生得作意。無漏有一種作意，謂修所成作意。此中欲界，唯思所成無間，聖道現在前，聖道無間，三種現在前。色界唯修所成無間，聖道現在前，聖道無間，二種現在前除生得。無色界唯修所成無間，聖道現在前，聖道無間，亦唯修所成現在前。問：何故聖道無間，欲界生得現在前，非色無色界生得耶。答：欲界生得猛利，色無色界，生得不猛利故。若依未至定，得阿羅漢果。彼或以欲界心出聖道，或以未至定心出聖道。若依無所有處，得阿羅漢果。彼或以無所有處心出聖道，或以非想非非想處心出聖道。若依餘地，得阿羅漢果。彼唯以自地心出聖道。

玄奘譯《瑜伽師地論》卷七〇　三種作意。一雜染無顛倒作意，二不雜染無顛倒作意，三雜染不雜染無顛倒心棄捨貪瞋作意。

玄奘譯《阿毗達磨俱舍論》卷七　作意有三。一自相作意，謂如觀色變礙爲相，乃至觀識了別爲相，如是等觀相應作意。二共相作意，謂十六行相應作意。三勝解作意，謂不淨觀及四無量有色解脱勝處遍處，如是等觀相應作意。如是三種作意無間聖道現前，聖道無間亦能具起三種作意。若作是説便順此言，不淨觀俱行修念等覺分。有餘師說，唯從共相作意無間聖道現前，聖道無間通起三種。修不淨觀調伏心已，方能引生共相作意。從此無間聖道現前，依此傳傳密意故，說不淨觀俱行修念等覺分。有餘復言，唯從共相作意無間聖道現前，聖道無間亦唯能起共相作意。若爾有依未至定等三地證入正性離生，聖道無間可生欲界共相作意。若依第二第三第四靜慮證入正性離生，聖道無間起何作意，非起欲界共相作意，以極遠故，非於彼地已有曾得共相作意，異於曾得順決擇分。非諸聖者順決擇分可復現前，非得果已可重發生加行道故。若謂有別共相作意，順決擇分俱時已修，由繫屬彼是彼類故，如觀諸行皆是無常。觀一切法皆是非我涅槃寂靜，聖道無間引彼現前。毘婆沙師不許此義，違正理故。若依未至定得阿羅漢果後出觀心或即彼地或是欲界，依無所有處得阿羅漢果後出觀心或即彼地或是有頂。若依餘地得阿羅漢果後出觀心唯自非餘地，於欲界中有三作意。一聞所成，二思所成，三生所得。色界亦有三種作意，一聞所成，二修所成，三生所得。無思所成，舉心思時即入定故。無色唯有二種作意，一修所成，二生所得。此中五種作意無間聖道現前，除生所得聖道，繫屬加行心故。聖道無間亦得發生，欲界生得以明利故。

三乘

鳩摩羅什譯《大寶積經》卷九四　廣分別已即知三乘。所謂天乘、梵乘，聖乘。云何天乘。初禪、二禪、三禪、四禪，是名天乘。云何梵乘。慈悲喜捨是名梵乘。云何聖乘。正見、正思惟、正語、正業、正命、正精進、正念、正定，是名聖乘。是菩薩時時修集天乘梵乘聖乘，教化衆生令住三乘，是時自身不證解脱，是名知三乘。復次知三乘，所謂聲聞乘，緣覺乘，大乘。云何聲聞乘軟根解脱。於一念中離三有窟宅，樂欲出世欲得涅槃，見寂滅處，勤加精進如救頭然。若其未解四聖諦者，欲以智箭射四諦的，欲證欲解以深欲精進，是名聲聞乘。云何辟支佛乘中根解脱。欲得寂靜獨在一處，而自利益入寂靜定，方便分別十二因緣，欲得緣覺道，欲證緣覺，是名緣覺乘。云何大乘上根解脱。欲令一切衆生得度得解脱，爲得一切智，具足一切佛法六波羅蜜，欲利益一切世界，欲斷一切衆生苦惱，於一切世界五欲樂中，心尚輕賤，何況世間無量諸苦。欲令衆生持無上戒，欲得聞見大乘經典，受持修學思惟分別，讀誦令利，勤加精進。若有菩薩，修四攝法應往親近，欲令衆生攝眞智慧，安住四攝，常欲得聞諸深法要，受持分別，欲令一切入於禪定，自捨己樂利益衆生，欲以自力隨他所樂，令住三乘。雖作是化，常自安住無上道中，不壞不動心如金剛，常願欲得無上菩提，願求菩提，是名大乘，是名知三乘。

玄奘譯《顯揚聖教論》卷三　聲聞乘等三者，一聲聞乘，謂住聲聞法性，爲令自身證寂滅故，發正願已修方便行。二獨覺乘，謂住獨覺法性，爲令自身證寂滅故，不由師教，發正願已修方便行。三大乘，謂住大乘法性，爲令自他證寂滅故，不由師教，發正願已修方便行。可救者，謂有三乘寂滅法性。不可救者，謂無三乘寂滅法性。

般若譯《大乘理趣六波羅蜜多經》卷一〇 云何名三乘善巧。謂聲聞乘、獨覺乘、菩薩乘，依此三乘而求出離。云何菩薩摩訶薩於聲聞乘善巧智慧。遇佛出世，聞四諦法，因聲悟理，生正見故，是名聲聞。修淨戒故圓滿戒身，得禪定故圓滿定身，見諦理故得智慧、解脫、解脫知見身。是名菩薩摩訶薩於聲聞乘得善巧智。復有聲聞乘善巧，於三界中生疲倦想，於有爲法深觀無常，見一切法悉皆無我，涅槃寂靜歡喜愛樂。復觀五蘊如怨賊，觀諸界如毒蛇，觀內六處如空聚，常願出離，樂於涅槃起依怙想，是名菩薩摩訶薩於聲聞乘而得善巧。復次，云何菩薩摩訶薩於獨覺乘善巧。謂厭諸有爲，樂於出離，少欲知足，離諸戲論，樂居閑寂，於諸因緣自然覺悟諸法無常而得解脫，是名菩薩摩訶薩於獨覺乘善巧智。復次，云何菩薩摩訶薩於大乘法而得善巧。大乘功德無量無邊，悉令有情咸皆悟入彼最上乘無有障礙，無生無滅得大智慧，積集一切福德善根，一切有情所受用故。成就諸波羅蜜，令諸心行善調伏故。增長無上大菩提故。有大威力，詣菩提樹，坐於道場，觀眾生根大悲不捨，無障無礙普於一切，悉皆憐愍等如一子，能越一切惡道諸怖畏故。能令一切佛法皆現前故。摧伏外道諸魔怨故。建立菩提勝法幢故。能除斷常諸結使故。得佛如來無礙智故。豐益佛法諸珍寶故。隨根利益無錯失故。養育有情大悲成故。十力、無畏、不共佛法、相好功德瓔珞莊嚴無過失故。如是所有一切善巧，是名菩薩摩訶薩大乘善巧智。復次，一切諸佛之所乘故，具足七法佛爲大乘，如轉輪王具足七寶。云何爲七。所謂大觀察故、大隨順故、大智慧故、大精進故、大方便故、大證悟故、大事業故。大觀察者，菩薩摩訶薩親近善友聽聞正法，於一刹那悟一切法，實相現前。大隨順者，菩薩摩訶薩成就大智大定大悲，利益自他故。大智慧者，菩薩摩訶薩見眞實相，我法皆空。大精進者，菩薩摩訶薩於無量阿僧祇劫，大悲萬行能成辦故。大方便者，菩薩摩訶薩得平等忍，不住生死、不證涅槃。大證悟者，菩薩摩訶薩證力、無畏、不共佛法無量無邊大功德故。大事業者，菩薩摩訶薩於生死中得大菩提，成就圓滿恆沙萬億佛事業故。具足如是七種勝法而爲法王，是名菩薩摩訶薩大乘善巧智。

三惡趣

瞿曇僧伽提婆譯《增壹阿含經》卷三四 云何爲七。一者貪欲使，二者瞋恚使，三者憍慢使，四者癡使，五者疑使，六者見使，七者欲世間使。是謂，比丘，有此七使，使眾生之類，永處幽闇，纏結其身，流轉世間，無有休息，亦不能知生死根原。猶如彼二牛，一黑一白，共同一軛，共相牽引，不得相遠。此眾生類，亦復如是，爲此貪欲使、無明使所纏結，不得相離，其餘五使，亦復追從，五使適從，七使亦然。若凡夫之人，爲此七使所縛，流轉生死，不得解脫，不能知苦之元本。比丘當知，由此七使，便有三惡趣：地獄、畜生、餓鬼。由此七使，不能得度弊魔境界。然此七使之法復有七藥。云何爲七。貪欲使者，念覺意治之。瞋恚使者，法覺意治之。邪見使者，精進覺意治之。欲世間使者，喜覺意治之。憍慢使者，猗覺意治之。疑使者，定覺意治之。無明使者，護覺意治之。是謂，比丘，此使用七覺意治之。

窺基《阿弥陁經通贊疏》卷中 三惡趣者，即地獄、餓鬼、畜生也。地獄者，梵云那落迦，此云苦器，受苦眾生所居器物。餓鬼者，多諸恐怕，久受飢虛，故名飢鬼也。畜生者，或云刃六反，或云希六反，人之畜養故。或云傍生，造業傍故，受報亦傍。因便令辨。六趣廣有章門，如別處說。問：有何所以惡道俱無。答：生居淨土，善業緣深，永除異類之身，盡是同生之眾，只如天宮勝境，尚須善業所招，極樂殊方，豈有惡因能往也。

三善道

鳩摩羅什譯《大智度論》卷三〇 復次，分別善惡故有六道：善有上、中、下故，有三善道：天、人、阿修羅。惡有上、中、下故，地獄、畜生、餓鬼道。若不爾者，惡有三果報，而善有二果，是事相違，若有六道，於義無違。

問曰：善法亦有三果：下者爲人，中者爲天，上者涅槃。

答曰：是中不應説涅槃，但應分別衆生果報住處，涅槃非報故。善法有二種：一者、三十七品能至涅槃，二者能生後世樂。今但説受身善法，不説至涅槃善法。世間善有三品：上分因緣故，天道果報，中分因緣故，人道果報，下分因緣故，阿修羅道果報。

問曰：汝自説阿修羅與天等力，受樂與天不異，云何今説善下分爲阿修羅果報。

答曰：人中可得出家受戒，以至於道。阿修羅道結使覆心，得道甚難。諸天雖隨結使，心直信道。阿修羅衆，心多邪曲，不時近道。以是故，阿修羅雖與天相似，以其近道難故，在人下。如龍王、金翅鳥，力勢雖大，亦能變化故，在畜生道中。阿修羅道亦如是。

三千大千世界

佛陀耶舍共竺佛念譯《佛説長阿含經》卷一八　如一日月周行四天下，光明所照，如是千世界。千世界中有千日月、千須彌山王、四千天下、四千大天下、四千海水、四千大海、四千龍、四千大龍、四千金翅鳥、四千大金翅鳥、四千惡道、四千大惡道、四千王、四千大王、七千大樹、八千大泥犁、十千大山、千閻羅王、千四天王、千忉利天、千焰摩天、千兜率天、千化自在天、千他化自在天、千梵天，是爲小千世界。如一小千世界，爾所小千千世界，是爲中千世界。如一中千世界，爾所中千千世界，是爲三千大千世界。如是世界周匝成敗，衆生所居名一佛刹。

菩提流支譯《金剛仙論》卷四　三千大千世界者，百億須彌，百億四天下，百億日月。上至有頂，下至風輪，名此爲三千大千世界也。

真諦譯《阿毗達磨俱舍釋論》卷九　復次，夜摩等天宫其量云何。上四天如須彌婁山量，餘部説如此。復有餘師説，向上倍倍廣。復有餘師説，初定地量，同一四洲世界。第二定地量，同小千世界。第三定地量，同二千世界。第四定地量，同三千世界。復有餘師説，初定等三地量同一千等世界，第四定無復量。復次，何義名小千世界、二千世界、三千世界。偈曰：四洲及月日，須彌婁欲界，梵處各一千，名小千世界。釋曰：一千剡浮洲，乃至一千北鳩婁，一千月日，一千須彌婁山，一千四大王天，乃至一千他化自在天，一千梵處，説此名小千世界。偈曰：千倍此小千，名二千中世界。釋曰：更千倍小千世界，名二千中世界。偈曰：千倍三大千。釋曰：更千倍二千中世界，名三千大千世界。

闍那崛多等譯《起世經》卷一　比丘，如一日月所行之處照四天下，爾所四天下世界有千日月，諸比丘，此則名爲一千世界。諸比丘，千世界中，千月千日千須彌山王，四千小洲、四千大洲，四千小海、四千大海，四千龍種姓、四千大龍種姓，四千金翅鳥種姓、四千大金翅鳥種姓，四千惡道處種姓、四千大惡道處種姓，四千小王、四千大王，七千種種大樹，八千種種大山，十千種種大泥犁，千閻摩羅王、千閻浮洲、千瞿陁尼、千弗婆提、千鬱多囉究留，千四天王天、千三十三天、千夜摩天、千兜率陁天、千化樂天、千他化自在天、千諸摩囉天、千梵世天。諸比丘，於梵世中，有一梵主，威力最強，無能降者，統攝千梵自在王領，云：我能作能化能幻。云：我如父。於諸事中，自作如是憍大語言，即生我慢。如來不然。所以者何。一切世間，各隨業力，現成此世。諸比丘，如此小千世界，猶如周羅（周羅者，隋言髻也。外國國人頂上結少許長髮爲髻。），名千世界。諸比丘，爾所周羅一千世界，是名第二中千世界。諸比丘，如一第二中千世界，爾所中千一千世界，是名三千大千世界。

三密

鳩摩羅什譯《大智度論》卷一〇　如説《密迹金剛經》中，佛有三密：身密、語密、意密。一切諸天人皆不解、不知。有一會衆生，或見佛身黄金色，白銀色，諸雜寶色。有人見佛身一丈六尺，或見一里、十里、百千萬億，乃至無邊無量遍虚空中，如是等名身密。

語密者，有人聞佛聲一里，有聞十里，百千萬億無數無量遍虚空中。

有一會中，或聞說布施，或有聞說持戒，或聞說忍辱、精進、禪定、智慧，如是乃至十二部經、八萬法聚，各各隨心所聞，是名語密。

吉藏《法華玄論》卷一〇　普門三密德者：一知他心普，二說法普，三神通普。三名謂生衆生三善，則生善義周也，三密德則應物善盡也。

不空譯《金剛頂瑜伽中發阿耨多羅三藐三菩提心論》　所言三密者，一身密者，如結契印召請聖衆是也。二語密者，如密誦眞言文句，了了分明，無謬誤也。三意密者，如住瑜伽相應，白淨月圓，觀菩提心。

三歸

佚名譯《佛說三歸五戒慈心厭離功德經》　一時，佛在舍衛國祇樹給孤獨園。佛爲阿那邠邸長者說：過去久遠，有梵志名毗羅摩，饒財多寶。若布施時，用八萬四千金鉢盛滿碎銀，八萬四千銀鉢盛滿碎金，復以八萬四千金銀澡罐，復以八萬四千牛皆以金銀覆角，復以八萬四千玉女莊嚴具足，復以八萬四千臥具衆綵自覆，復以八萬四千衣裳，復以八萬四千象馬皆以金銀鞍勒，復以八萬四千房舍布施。復於四城門中布施，隨其所欲皆悉與之。復以一房舍施招提僧。如上施福，不如受三自歸。所以然者，受三歸者，施一切衆生無畏。是故歸佛、法、僧，其福不可計量也。

如上布施及受三歸福，復不如受五戒福。受五戒者，功德滿具，其福勝也。如上布施及受三歸、五戒福，復不如彈指頃慈念衆生福也。如上布施，及受三歸、五戒，慈念衆生福，復不如起一切世間不可樂想福。所以然者，起一切世間不可樂想福，能令行者滅生死苦，終成佛道，故其福最勝也。

曇無讖譯《優婆塞戒經》卷五　善生言：世尊，如佛先說有來乞者，當先教令受三歸依然後施者，何因緣故受三歸依，云何名爲三歸依也。善男子，爲破諸苦斷除煩惱受於無上寂滅之樂，以是因緣受三歸依。如汝所問，云何三歸依者，善男子，謂佛法僧。佛者，能說壞煩惱因得正解脫。法者，即是壞煩惱因眞實解脫。僧者，稟受破煩惱因得正解脫。或有說言，若如是者即是一歸。是義不然。何以故。如來出世及不出世，正法常有無分別者，如來出已，則有分別，是故應當別歸依佛。如來出世及不出世，正法常有無有受者，佛弟子衆能稟受故，是故應當別歸依僧。正道解脫，是名爲法。無師獨覺，是名爲佛。能如法受，是名爲僧。若無三歸，云何說有四不壞信。得三歸者，或有具足或不具足。

云何具足。所謂歸佛法僧。不具足者，所謂如來歸依於法。善男子，得三歸者無不具足，如比丘比丘尼優婆塞優婆夷戒。善男子，如佛緣覺聲聞各異，是故三寶不得不異。云何爲異。發心時異，莊嚴時異，得道時異，性分各異，是故爲異。何因緣故說佛即法。能解是法，故名爲佛。受分別說，故名爲僧。若有說言佛入僧數，是義不然。何以故。佛若入僧，則無三寶及三歸依，四不壞信。善男子，菩薩法異，佛法亦異。菩薩二種，一者後身，二者修道。歸依後身名歸依法，歸依修道名歸依僧。觀有爲法，多諸罪過，獨處修行，得甘露味，故名爲佛。一切無漏，無爲法界，故名爲法。受持禁戒，讀誦解說十二部經，故名爲僧。若有問言，如來滅已歸依佛者，是何歸依。善男子，如是歸依，名爲歸依。過去諸佛無學之法，如我先敎提謂長者，汝當歸依未來世僧，依過去佛亦復如是。

福田果報有多少故，差別爲三。若佛在世及涅槃後，供養果報，無有差別。受歸依者亦復如是。如佛在世爲諸弟子立諸要制，佛雖過去有犯之者亦獲罪報。歸過去佛亦復如是，猶如如來臨涅槃時。一切人天爲涅槃故，多設供養。爾時如來未入涅槃猶故在世，懸受未來世供養事。歸過去佛亦復如是。譬如有人父母在遠，是人或時瞋罵得罪，或時恭敬讚歎得福。歸過去佛亦復如是。是故我說，我若在世及涅槃後所設供養，施者受福等無差別。善男子，若男若女，若能三說三歸依者，名優婆塞名優婆夷。一切諸佛雖歸依法，法由佛說，故得顯現。是故先應歸依於佛，淨身口意至心念佛，念已即離怖畏苦惱，是故應當先歸依佛。智者深觀如來智慧解脫最勝，能說解脫及解脫因，能說無上寂靜之處，能竭生死苦惱大海，威儀庠序三業寂靜，是故應當先歸依佛。智者深觀生死之法是大苦聚，無上正道能永斷之。生死之法渴愛飢饉，無上甘露味能充足，生死之法怖畏嶮難，無上正法能除斷之。生死錯謬邪僻不正，無常見常無我見我，無樂見樂不淨見淨，無上正法悉能斷除，以是因緣應歸依法。智者應觀外道徒衆，無慚無愧非如法住，雖爲道行不知正路，雖求解脫不得正要，雖得世俗微善之法，慳恪護惜不能轉說，非善行性作善行想，佛僧寂靜心多憐愍，少欲知足如法而住，修於正道得正解脫，得已復能轉爲人說，是故應當次歸依僧。若能禮拜如是三寶，來迎去送尊重讚歎，如法而住信之不疑，是則名爲供養三寶。若有人能歸三寶已，雖不受戒斷一切惡修一切善，雖復在家如法而住，是亦得名爲優婆塞。若有說言，先不歸依佛法僧寶，當知是人不得戒者，是義不然。何以故。如我先說善來比丘，是竟未得歸依三寶，而其戒律悉得具足。

或有說言，若不具受則不得戒，八戒齋法亦復如是。是義不然，何以故。若不具受不得戒者，求有優婆塞，云何得戒。實是得戒，但不具足八戒齋法。若不具受雖不名齋，可得名善。善男子，若能淨潔身口意業，受優婆塞戒，是名五陰。云何五陰。不受邪見不說邪見，信受正見，說於正見，修行正法，是名五陰。受三歸已，造作癡業，受外道法自在天語，以是因緣失於三歸。若人質直心無慳貪，常修慚愧少欲知足，是人不久得寂靜身。若有造作種種雜業，爲受樂故修於善事如市易法，其心不能憐愍衆生，如是之人不得三歸。若人爲護舍宅身命祠祀諸神，是人不名失歸依法。若人至心信其能救一切怖畏，禮拜外道，是人則失三歸依法。若聞諸天有曾見佛功德勝已，禮拜供養，是人不失歸依之法。或時禮拜自在天王，應如禮拜世間諸王長者貴人耆舊有德，如是之人亦復不失歸依之法。雖復禮拜，所說邪法愼無受之，供養天時當起慈心，爲護身命財物國土人民恐怖。所說邪見何故不受。智者應觀外道所說，云一切物悉是自在天之所作。若是自在之所作者，我今何故修是善業。或說投淵赴火，自餓捨命，即得離苦，此即苦因。云何說言得遠離苦。一切衆生作善惡業，以是業緣，自受果報。

復有說言一切萬物時節星宿自在天作，如是邪說，我云何受現在造業，亦受過去所作業果。智者了了知是業果，云何說言時節星宿自在作耶。若以時節星宿因緣受苦樂者，天下多有同時同宿，云何復有一人受苦一人受樂，一人是男一人是女。天阿修羅有同時生同宿生者，或有天勝阿修羅負，阿修羅勝諸天不如。復有諸王同時同宿俱共治政，一人失國一則保土，諸外道等亦復說言。若有惡年惡宿現時，當敎衆生令修善法以攘卻之。若是年宿何得修善而得除滅，以是因緣智者云何受於外道邪錯之說。

善男子，一切衆生隨於業行。若修正見受於安樂，修邪見者受大苦惱。因修善業得大自在，得自在已衆生親近。復爲宣說善業因緣，善業因緣故得自在，一切衆生皆由修善業因緣故，得受安樂，非年宿也。

善男子，阿闍世王提婆達多，皆由造惡業因緣故墮於地獄，非因年宿得是報也。欝頭藍弗邪見因緣，未來當墮大地獄中。善男子，一切善法欲爲根本，是欲因緣得三菩提及解脫果，入出家法破大惡業及諸有業，能受持戒親近諸佛，能一切捨施於乞者，能作定性壞惡果報，滅大惡罪得決定聚，離於三障善能修集壞煩惱道，是欲因緣能受三歸，因三歸已即能受戒，既受戒已行見修道過於聲聞。若有畏於師子虎狼惡獸等類，歸依於佛尚得解脫，況發善心求出世者不得解脫。阿那邠坻敎告家內，在胎之子悉受歸依，是胎中子實不成就。何以故。是法要當口自宣說，雖不成就亦能護之。善男子，諸外道說，一切世間皆是自在天之所作。亦復說言，未來之世過百劫已當有幻出，所言幻者即是佛也。若自在天能作佛者，是佛云何能破歸依自在天儀。若自在天不能作佛，云何說言，一切皆是自在天作。

外道復說，大梵天王大自在天毗紐天主，悉皆是一。復說生處，各各別異。自在天者，名自在天，名常名主名有，名曰律陁名曰尸婆。是一名，各有異事。亦求解脫，亦即解脫。是義不然。何以故。若自在天能生衆生造作諸有，作善惡業及業果報，作貪瞋癡繫縛衆生，復言衆生得解脫時悉入身中，是故解脫是無常法。是義不然。何以故。若無常者，云何得名爲解脫也。如婆羅門子還得壽命，是故不得名自在天。是三種天，亦不得一。何以故。阿周那人毗紐大天爲作解脫。以是義故，亦不得一。若言解脫是無常者，當知即幻非佛名幻。若能了了正見眞我，是名解脫。復有說言，見微塵者是名解脫。復有說言，見性異我異是名解脫。是義不然。何以故。若能修道見四眞諦，是人乃得見性見我。若人能受三歸依者，是人乃能眞見四諦，是三歸依乃是一切無量善法，乃至阿耨多羅三藐三菩提之根本也。菩薩二種，一者在家，二者出家。出家菩薩淨三歸依是不爲難，在家修淨是乃爲難。何以故。在家之人多惡因緣所纒繞故。

法天譯《佛說嗟襪曩法天子受三歸獲免惡道經》 白佛言，世尊，彼嗟襪曩法天子，五衰現前，命在七日，宛轉在地，悲哀啼泣，說諸苦事。

傷動見者，我時到彼，見此事已。而問之言，云何賢者悲啼懊惱，憔悴若此。時嗟襪曩法，而告我言，我今壽命唯餘七日，命終之後墮閻浮提，生王舍城，而受豬身，於多年中以諸糞穢而爲食噉。我聞此說，心極悲愍，乃告之言，今汝賢者，欲脱斯苦，當歸命三寶。作如是言，歸依佛兩足尊，歸依法離欲尊，歸依僧眾中尊。時嗟襪曩法，以死怖故，畏傍生故，而白我言。我今歸依佛兩足尊，歸依法離欲尊，歸依僧眾中尊。時嗟襪曩法，受三歸竟，而後命終。世尊，我今不知，彼嗟襪曩法，託生何處。

爾時世尊以正遍知告帝釋言，憍尸迦，今嗟襪曩法天子已生覩史多天，受五欲樂。爾時帝釋天主，聞佛語已，歡喜踴躍，心意快然，諸根圓滿。即於佛前，說伽陁曰，若歸依於佛，彼不墮惡道，棄捨人身已，當獲得天身。若歸依於法，彼不墮惡道，棄捨人身已，當獲得天身。若歸依於僧，彼不墮惡道，棄捨人身已，當獲得天身。

復說伽陁曰，誠心歸命佛，彼人當所得，若晝若夜中，佛心常憶念，誠心歸命法，彼人當所得，若晝若夜中，法力常加持，誠心歸命僧，彼人當所得，若晝若夜中，僧威常覆護。

爾時帝釋天主，說伽陁已。世尊印言，如是如是，歸命佛法僧，定不墮惡道，棄捨人身已，當獲得天身。

爾時世尊說伽陁，若佛陁二字，得到於舌上，同彼歸命等，不虛過一生，若達磨二字，得到於舌上，同彼歸命等，不虛過一生，若僧伽二字，得到於舌上，同彼歸命等，不虛過一生。

又說偈言，佛法僧名若不知，彼人最下故不獲，輪迴宛轉而久處，如迦尸花住虛空。

三寶

勒那摩提譯《究竟一乘寶性論》卷二 問曰：以何義故，佛法眾僧說名爲寶。答曰：偈言，

眞寶世希有，明淨及勢力，能莊嚴世間，最上不變等。

此偈明何義。所言寶者，有六種相似。依彼六種相似相對法故，佛法眾僧說名爲寶。何等爲六。一者世間難得相似相對法。以無善根諸眾生等百千萬劫不能得故，偈言眞寶世希有故。二者無垢相似相對法。以離一切有漏法故，偈言明淨故。三者威德相似相對法，以具足六通不可思議威德自在故，偈言勢力故。四者莊嚴世間相似相對法。以能莊嚴出世間故，偈言能莊嚴世間故。五者勝妙相似相對法。以出世間法故，偈言最上故。六者不可改異相似相對法。以得無漏法世間八法不能動故，偈言不變故。

慧遠《大乘義章》卷一〇 別明所歸三寶境界，三寶義中三門分別。一釋其名，二辨體相，三明次第。先釋其名。所言佛者，外國正音名爲佛陁，此云覺者。覺行成人，故名覺者。又人有覺，亦名覺者。覺有兩義，一覺察名覺，二覺悟名覺。言覺察者，對煩惱障，煩惱侵害事等如賊，唯聖覺知不爲其害，其猶世人覺知有賊賊無能爲，彼亦如是，故名爲覺。言覺悟者對於智障，無明昏寢事等如睡，唯聖獨悟不爲覆障，如睡得寤，故名爲覺。所對無明，有其二種。一迷理無明。對除彼故覺法實性，故名爲覺。二迷事無明。對除彼故覺知一切善惡無記三聚之法，故名爲覺。《地持論》中同此後義。所言法者，外國正音名爲達摩，亦名曇無。本是一音傳之別耳，此翻名法。法義不同，汎釋有二。一自體名法，如《成實》說，所謂一切善惡無記三聚法等。二軌則名法，辨彰行儀，能爲心軌故名爲法。今三寶中所論法者，軌則名法。所言僧者，外國正音名曰僧伽。此方翻譯名和合眾。行德不乖，名之爲和。和者非一，目之爲眾。此之三種何故名寶。世間瓊瑤，人之所珍，此之三種，世所尊重，如世珍奇，是故就喻說之爲寶。《寶性論》中釋有六義，喻之如寶。一希有義，如世寶物貧窮之人所不能得。三寶如是，薄福眾生有千萬世不能値遇，故名爲寶。二離垢義，如世眞寶體無瑕穢。三寶如是，絕離諸漏，故名爲寶。三勢力義。如世珍寶除貧去毒有大勢力，三寶如是，具不可思議六神通力，故說爲寶。四莊嚴義。如世珍寶能嚴身首令身殊好，三寶如是，能嚴行人清淨法身，故說爲寶。五最勝義。如世寶璧諸物中勝，三寶如是，一切世中最爲殊勝，故名爲寶。六不改義。如世眞金燒打磨等不能變改，三寶如是，不爲世間八法所改，故名爲寶。名義如是。

窺基《大乘法苑義林章》卷六 第三釋名字者。初釋通名，三者是數，謂佛、法、僧。此三種稱寶合有六義。《寶性論》問以何義故，佛、

法、衆僧說名爲寶。偈言，眞寶世希有，明淨及勢力，能莊嚴世間，最上不變等。依彼六種相似相對，佛法衆僧說名爲寶。一世間難得，無善衆生百千萬劫不能得故，此眞實寶世希有故。二無垢，以離一切有漏諸行極明淨故。三威德具六神通，威德自在有勢力或。四莊嚴世間，以能莊嚴出世間法故，此亦能莊嚴世間。五勝妙，是出世法極最上故。六不可改異，以得無漏世間八法不能傾動，恆不變故。如世七珍具此六相，三體亦爾，故皆名寶。帶數釋也，相似相對，是譬喻義梵云勃陁訛。略云佛。《涅槃經》云，佛者名覺，既自覺悟，復能覺他。譬如有人覺知有賊，賊無能爲。菩薩能覺無量煩惱，既覺了已，令諸煩惱無所能爲，是故名佛。菩薩地說，於三聚法平等開覺，故名爲佛。《佛地論》云，具二種智，能覺自他。有覺之者，總有別慧。依主爲名，達磨云法。《分廣經》云，軌則名法。《成唯識》云，法謂軌持，能持自相軌生解故。《涅槃經》說，法名不覺，僧伽云衆，於理於事無乖諍故。此有三種。一理和僧，三人已上雖方名僧，麟角獨覺及餘聖者，設獨一出彼種類故，亦得名僧。二事和僧，三人已上皆是僧體，從多論故，彼國之法，一名爲一，二名爲身，自三已上皆名爲多，如辨法事四人方成。一人白言大德僧聽，所和三人得名僧故。若四是僧，豈能白者而自白耶。欲顯和合從多人故，自三已上皆得名僧。三辨事僧，謂四人、五人、十人、二十，能所白中具足和合辨法事故。非者和體，此法僧名皆非六釋，唯一字名無簡別故。若置寶言，三皆持業。

等四辨癈立者，略有四義。一《僧祇律》云，爲翻外道邪三寶故，《優婆塞戒經》云，若歸佛已，寧捨身命，終不歸依自在天等。若歸法已，終不歸依外道典藉。若歸僧已，終不歸依外道邪衆。《涅槃》、《成實》說亦同此。二《寶性論》第三卷三寶品云，依三種義故。一調御師，一彼師法，三彼師資。所證無量種類同故，合立一法。能證因果二類別故，分成師資。三彼論又說，爲上根人取佛菩提，說於佛寶。爲中根人求自然智達因緣法，說於法寶。爲下根人依師受法理、事不違，說於僧寶。故彼論說，依六種人，故說三寶。一大二中三者小乘，如次信佛信法信僧故名六種。四處處皆說，佛如良醫，法如妙藥，僧如看者。故此三寶不減不增。

玄奘譯《瑜伽師地論》卷六四　復次由六種相，佛法僧寶差別應知。云何一由相故，二由業故，三信解故，四修行故，五隨念故，六生福故。云何相故三寶差別。謂自然覺悟相是佛寶，覺悟果相是法寶，隨他所教正修行相是僧寶。云何業故三寶差別。謂轉正教業是佛寶，捨煩惱苦所緣境業是法寶，勇猛增長業是僧寶。云何信解故三寶差別。謂於佛寶應樹親近承事信解，於法寶所應樹希求證得信解，於僧寶所應樹和合同一法性共住信解。云何修行故三寶差別。謂於佛寶應修供養承事正行，於法寶所應修瑜伽方便正行，於僧寶所應修共受財法正行。云何隨念故三寶差別。應以餘相隨念佛寶，應以餘相隨念法寶，應以餘相隨念僧寶。謂是世尊乃至廣說，云何生福故三寶差別。謂於佛寶依一有情生最勝福，於法寶所即依此法生最勝福，於僧寶所依多有情生最勝福。

三能變

玄奘譯《唯識三十論頌》卷二　若唯有識，云何世間及諸聖教說有我法。舉頌詶答，頌曰：由假說我法，有種種相轉。彼依識所變，此能變唯三：謂異熟、思量，及了別境識。次二十二行半廣辯唯識相者，由前頌文略標三能變，今廣明三變相。且初能變其相云何。頌曰：初阿賴耶識，異熟一切種，不可知執受，處了常與觸、作意、受、想、思，相應唯捨受。是無覆無記，觸等亦如是，恆轉如瀑流，阿羅漢位捨。已說初能變，第二能變其相云何。頌曰：次第二能變，是識名末那，依彼轉緣彼，思量爲性相。四煩惱常俱，謂我癡、我見，并我慢、我愛，及餘觸等俱。有覆無記攝，隨所生所繫，阿羅漢滅定，出世道無有。如是已說第二能變，第三能變其相云何。頌曰：次第三能變，差別有六種，了境爲性相，善不善俱非。此心所遍行，別境，善、煩惱、隨煩惱，不定，皆三受相應。初遍行觸等，次別境謂欲、勝解、念、定、慧，所緣事不同。善謂信、慚、愧、無貪等三根，勤、安、不放逸，行捨及不害。煩惱謂貪、瞋、癡、慢、疑、惡見。隨煩惱謂忿、恨、覆、惱、嫉、慳、誑、諂與害、憍、無慚及無愧、掉舉與惛沈、不信并懈怠、放逸及失念、散亂、不正知。不定謂悔、眠，尋、伺二各二。

窺基《成唯識論述記》卷一　略辨識相，出能變體。初句總舉能變識數，因前所標，今略舉也。下之二句列能變名，乘前舉數，次列名也。謂有難言，雖我法相皆依識變，而未了達能變一多，故答三種。此者，即識之所變也。彼我法相，依識所變。此識所變之能變有三種，三法轉相依也。一謂異熟識，即第八識，名有多義。一變異而熟，要因變異之時果方熟故，此義通餘，種生果時皆變異故。二異時而熟，與因異時果方熟故。今者大乘，約造之時非約種體，許同世故。三異類而熟，與因異性果酬因故。然初二解無別論文，今依論文但取後解。若異屬因即異之熟，若異屬果異即是熟，異熟即識熟屬現行。異熟之識熟屬種子，故餘能變不得此名。二謂思量識，即第七識。思謂思慮，量謂量度。思量第八度爲我故，又恆審思量餘識無故，餘之二識不名思量，至下當悉，思量即識準前釋也。三了別境識，即餘六識，二十論說，心、意、識，了名之差別，了是諸識之通名也。了別別境及麁顯境唯前六故，對此六塵說六識故，然濫第七，應言此六了別麁境名了別境識，以了別相麁，簡於七、八故。了別境即識，亦同前解。此依勝義勝義，心言俱絶。依第二、第三勝義，不可言一、多。眞故相無別，依世間中，可言八別。今以類同，故有三種。頌中唯言，顯其二義。一簡別義，遮虚妄執，顯但有識無心外境。二決定義，離增減數，略唯決定有此三故，廣決定有八種識故。一類菩薩說識唯一，諸小乘等，執心、意、識義一文異。又復彼執識唯有六，則是減數。《楞迦經》說八九種種識如水中諸波，說有九識即是增數，顯依他識，略有三種，廣唯有八。離於增減，故說唯言。《楞迦經》中兼說識性，或以第八染、淨別開，故言九識。非是依他識體有九，亦非體類別有九識，小乘根淺，不知心、意、識三種體別。又未除所知障，不了依他，故唯說六。然依根境別體相故，說十二處，十八界等，非唯六識。經部雖立有細意識，即是第六別位起故，如樞要說。及亦二義。一合集義，六識合名了境識故，如後卷說。二相違義，即相違釋，顯三能變體各別故。即一及字貫通上下，謂應言異熟，及思量，及了境識。若不爾者，即有濫於餘釋之過。所以者何。但言異熟思量了別境識，不言及思量等者。一濫持業，恐言異熟即是思量了別境故。二濫依土，不言及者，恐言異熟之思量了別境故。三濫有財，不言及者，恐言以彼異熟而爲思量了別境故。四濫隣近，不言及者，恐言異熟俱時思量了別境故。今顯異彼故說及言，顯三能變體各異故。既爾，何故頌中不言異熟及思量等，而頌乃言及了別境識。顯得二義故，若於異熟下方置及言，唯得相違不得合集。今合六識總名了境故，於思量下方置及字。下一識字通三能變，欲顯又略而義廣故。此三能變，初之一名唯未轉位，後之二號亦通淨名。何故爾耶。下自當悉。又諸識皆通異熟等名，何故第八獨得名也。皆如下辨，恐厭繁文，故不先述。

三十六對法

惠能《六祖惠能大師於韶州大梵寺施法壇經》 大師遂喚門人法海、志誠、法達、智常、智通、志徹、志道、法珍、法如、神會。大師言：汝等十弟子近前。汝等不同餘人。吾滅度後，汝各爲一方師，吾教汝說法，不失本宗。舉三科法門，動三十六對，出沒即離兩邊。說一切法，莫離於性相。若有人問法，出語盡雙，皆取法對，來去相因，究竟二法盡除，更無去處。

三科法門者，蔭、界、入。蔭是五蔭；界，十八界；入，十二入。何名五蔭？色蔭、受蔭、想蔭、行蔭、識蔭是。何名十八界？六塵、六門、六識。何名十二入？外六塵、中六門。何名六塵？色聲香味觸法是。何名六門？眼耳鼻舌身意是。法性起六識：眼識、耳識、鼻識、舌識、身識、意識。六門、六塵，自性含萬法，名爲含藏識。思量即轉識。生六識，出六門、六塵，是三六十八。由自性邪，起十八邪。含自性，十八正。含惡用即眾生，善用即佛。用由何等？由自性。

對。外境無情對有五：天與地對，日與月對，暗與明對，陰與陽對，水與火對。

語與言對、法與相對有十二對：有爲無爲對，有色無色對，有相無相對，有漏無漏對，色與空對，動與靜對，清與濁對，凡與聖對，僧與俗對，老與少對，長與短對，高與下對。

自性居起用對有十九對：邪與正對，癡與慧對，愚與智對，亂與定對，戒與非對，直與曲對，實與虛對，嶮與平對，煩惱與菩提對，慈與害對，喜與嗔對，捨與慳對，進與退對，生與滅對，常與無常對，法身與色身對，化身與報身對，體與用對，性與相對，有情與無親對。言語與法相對有十二對，内外境有無五對，三身有三對，都合成三十六對法也。

此三十六對法，能用通一切經，出入即離兩邊。如何自性起用三十六對？共人言語，出外於離相，入内於空離空。著空，則唯長無明，著相，唯邪見謗法。直言不用文字，既云不用文字，人不合言語，言語即是文字。自性上説空，正語言本性不空。迷自惑，語言除故。暗不自暗，以明故暗。暗不自暗，以明變暗。以暗顯明，來去相因。三十六對，亦複如是。』

『四』分部

四　諦

安世高譯《佛説四諦經》　今爲説是四諦：何等爲四。一爲苦，二爲習，三爲盡，四爲道，四諦受行令滅苦。何等爲，賢者，苦諦，從生苦，從老苦，爲病苦，爲死苦，不哀相逢，苦離哀苦，所求不得是亦苦，倉卒五種苦生。

賢者，苦生爲何等。若是人彼彼人種，從生增生，以隨以有欲成，五陰已生，命根已得，是名爲生。生，賢者，苦何因緣生苦。爲生者人令身有故更苦，從更復更，從痛復痛，令意更苦。從更復更，從受復受，令身意更苦。從更復更，知受復受，令身待受惱。從更復更，覺受復受，意念熱惱。從更復更，知受復受，令身意熱惱。從更復更，從受苦復苦，身熱疲熱惱。從更復更，從受復受，意熱惱疲令熱憂。從更復更，從受復受，令身意惱熱疲。從念熱惱，從更復更，從受復受，生，賢者，苦上説苦，是故説從是有老。

賢者，苦老爲何等。所各各疲疲人，其爲是老，皺白力動以老，僂拄杖、鬢髮墮、黑子生變變、根已熟、身欲壞、色已轉、老已壽，是名爲老。老，賢者，苦，何因緣説老苦。以人老身更苦，從更復更，行受復受，意念更苦。從更復更，作受復作受，身意亦苦。從更復更，行受復受，身熱惱。從更復更，從受復受，意念熱惱。從更復更，從受復受，身意熱惱。從更復更，從受復受，身熱疲憂惱。從更相更，從受相受，意念熱惱疲惱憂。從更相更，從受相受，身意念熱疲憂惱。從更相更，從受復受，是故，賢者，説老苦。上説苦，爲是故説。

病，賢者，苦病爲何等。有頭病、有腹病、有耳病、有鼻病、有口病、有脣病、有舌病、有咽喉病、有嘁病、有變病、有下病、有熱病、有淋瀝病、有顛病、有咽瘤病、有尋尋病、有骨節病、有皮病、有肪病、有血熱病、有痰病，是亦餘若干，皆從猗生，不得離是，皆在著身。病，賢者，苦何因緣病苦。人受故令身更苦，從更復更從受復受，意念苦。從更復更，從受復受，并身意念更苦。從更復更，從受復受，身熱惱。從更復更，從受復受，令意熱惱。從更復更，從受復受，身意念熱惱。從更復更，從受復受，身熱疲憂惱。從更復更，從受復受，意熱疲憂惱。從更復更，從受復受，身意念熱疲憂惱。從更復更，從受復受，所説病，賢者苦。是故説，亦從是因緣有。

死，賢者，苦死爲何等。所爲人有，所爲人有在生死，處處爲捨身廢壞滅，不復見命，已盡五陰、已捨命根、已滅死時，是名爲死。賢者，苦，何因緣死苦。死者人爲身更苦，從更復更，從受復受，意念更苦。從更復更，從受復受，身意念更苦。從更復更，從受復受，令身熱惱。從更復更，從受復受，令意念熱惱。從更復更，從受復受，令身意熱惱。從更復更，從受復受，身熱疲悔惱。從更復更，從受復受，令身意念熱疲悔惱。從更復更，從受復受。死，賢者，苦，爲是因緣説，亦從是因緣有説。

不相哀相逢會，賢者，苦不相哀相逢會，爲何等有。賢者，人六自入，不哀不可，是從是相逢會。有是一壞相，離本相聚會，共事相離，是爲苦。如是外亦爾，識亦爾，思亦爾，痛亦爾，思想亦爾，念爲亦爾，愛亦爾，六行亦爾。有，賢者，人爲六種持不哀。何等六種。若地種，若水種、火種、風種、空種、識種。是一會相，有合聚，共會共事，是爲苦。不相哀會，賢者，苦。何因緣不相哀會。賢者，苦不相哀共事會。賢者，人令身更苦，從更復更，從受復受，令意更苦。從更復更，從受復受，令身意念更苦。從更復更，從受復受，令身意念熱。從更復更，從受復受，令身熱疲苦惱。從更復更，從受復受，令意念熱疲苦惱。從更復更，從受復受，令身意念熱疲苦惱。從更復更，從受復受，不相哀相逢會。賢者，苦，是故所説亦從是，故從是説。

哀相別離，賢者，苦哀別離爲何等。有是賢者人爲所，自所入哀，令從是相別離亡，相別相離、不相俱，不會、不共居、不相逢、不更，是爲苦。如是自外亦爾，識亦爾，更愛亦爾，痛亦爾，念爲亦爾，愛亦爾，六持亦爾。有，賢者，人爲哀六持，地持、水持、火持、風持、空持、識持，令從是相別離亡，相別相離、不會、遠離、不共居、不相會、不共更，是爲苦。是離，哀賢者，苦，爲是故説，亦從是因緣説。

若求不得是亦苦，是故復説。世間法，賢者爲人，若意生栽爲莫生，是亦可舍。老法，賢者，爲人，如是欲生爲栽莫老，是意不舍。病法，賢者，人病已受爲是欲生，令我莫有，苦是欲舍。死法者，賢者，人已應受死，有是欲生，令我莫死，得不從是舍。有，賢者，人已生痛，不可、不貪，意不用，爲是欲生令是所生，痛不可貪、意不用，令是爲可、令是爲欲，令是爲意不得，從欲斷。有，賢者，人爲求思想，亦念不可、不用意，不可有是意生，令是意生者，思想求不用、不可意、不可爲欲是意，用可可意，爲令我是意當用、當可不得，從是得斷。有是，賢者，人有更用可可意，設有是意生所，是更已生用可可意，令是常不離，是欲不當斷。設有，賢者，人生是思想，念愛可意欲，得爲是欲生，令是思想念生欲可意欲，得令是常堅勿相離，令是願莫斷。所求不得是亦苦，是故説亦從是因緣故説。

本爲五陰苦，是故復説，令從是法。是法非常，厄病爲壞，疾、敗、老、不堅、不信，欲、轉、離，爲是故本五陰苦。過世，賢者，同是苦諦，未來世，賢者，亦是苦諦，現在世，賢者，亦是苦諦，是無有異，不倒不惑。如有諦如，是如應賢者諦賢者諦。賢者，是諦知見解得應，如是諦覺，是故名爲賢者諦。

何等爲賢者苦習賢者諦。或人賢者六自入身相愛，彼所愛著近往，是爲習。如自身，外身亦爾，識更知行哀。有，賢者，人爲六持愛：一爲地、二爲水、三爲火、四爲風、五爲空、六爲識。彼所愛著，相近往發，是爲習。如是何應。若人在兒子，亦妻、從使御者、田地舍宅、坐肆臥具，便息爲愛，著近更發往求，當知是愛習爲苦習賢者諦。過世，賢者，時亦是愛習爲苦習賢者習，未來世時亦是愛習爲苦習賢者習，今現世時亦是愛習爲苦習賢者習。如是不異，如有不倒不惑，眞諦正如。有，賢者，諦，爲賢者諦，更見解得，相應如有覺。是故，苦習名爲賢者諦。

何等爲賢者苦盡賢者諦。有賢者，爲人六自身中種入，爲不受，得從是解，不共更，已斷、已捨、相離、已盡、不復望、已滅、寂然，是苦滅。如是內身，外亦爾，識相近，更思想，念行望，愛亦爾。有，賢者，人六持不愛：一地、二水、三火、四風、五空、六識。從是得解，不共更，已斷、已捨、已棄、已異、不用，寂然，是爲苦盡。是亦爲何等。若人無有愛著，在兒、在家、在使、在御、田地舍宅、居肆臥具、賣買利息，無有愛著，不相近、意生發求，無有是，當知是愛盡爲苦盡賢者諦。過世，賢者，時是亦愛盡爲苦盡賢者諦，未來世亦爾，今現在世時亦是愛盡爲苦盡賢者諦。如是不異，如有不惑不倒，眞諦是如有，是故苦已盡名爲賢者諦。

何等爲賢者苦盡受行賢者諦。有是賢者八種道：一直見、二直治、三直語、四直行、五直業、六直方便、七直念、八直定。

何等爲賢者直見。若賢者，道德弟子爲苦念苦，爲，習念，習，爲盡念盡，爲道念道，得分別觀，能得法觀，能受想，能觀想，能可想，能受行，是名爲直見。亦觀持宿，亦念道德，蚤行見行悔受止、無爲、念寂然、止從不著，如得脱、意分別、觀行相、行意在法、觀相不離相，會受，是名爲正直見，是名爲道德諦。

何等爲賢者正直治。若賢者，道德弟子，苦爲苦念，習爲習念，盡爲盡念，道爲道念，若行隨投念復念，是名爲直治。亦觀宿命持，亦所學行相念、從行觀悔、無爲、寂然受、止從無所著、得脱意、觀止、所求所投念行隨行，是名爲直治，是名爲道德諦。

何等爲賢者正直語。同賢者，道德弟子，爲從苦念苦，爲從習念習，爲從盡念盡，爲從道念道，止四口犯、有餘口惡行，從是得止離。止、相離、攝守、不可作，不作從受罪，無有罪，已止，是爲直語。亦復爲持宿觀，已入行行念道，從行悔意止、無爲、度世、寂然、可意、止、無所著，如得解脱意分別觀，除四口惡行，離、止、相離、攝守，不可作、不作從受罪，無有罪，已止，是名爲直語，是名爲道德諦。

何等爲賢者正直行。念爲，賢者，道德弟子，從苦爲念苦，從習爲念習，從盡爲念盡，從道爲念道，除身三惡行亦餘身惡行，從是止、離、攝守、不可作、不作從受罪、無有罪，已止，是名爲直行。亦持觀宿命，亦從道德行，念世間行見悔，止、無爲、度世見、寂然止，從無爲度世、不著，如得脱意得觀，除身三惡行亦除身惡行，離、止、相離、攝守、不可作、從受罪無有、罪已止，是名爲正直行，是名爲道德諦。

何等爲賢者正直業。若賢者，道德弟子，苦從苦念，苦習從習念，習盡從盡念，盡道從道行得念，所不應求，所不可行，若干畜生業，從邪行欲自活，是名爲邪業。亦持宿命行觀，從行得道，念世間行觀悔，止、度世，無爲觀、寂然、止得度世，不著，如得脱意從得觀，不應求不求，若干畜生業行自活命，離、止、相離、攝守、不可作、從受罪無有、罪已止，是名爲正直業，是名爲道德諦。

何等爲賢者直方便。賢者，道德弟子，苦爲念苦，習爲念習，盡爲念盡，道爲念道，所精進、所方便、所出、所住止、所能、所敷、所喜，不毁不滅念正止，是名爲正直方便。亦有持宿命觀，亦從得行念，從世間行見悔，止見，度世、無爲、寂然、止從、不著，已得道觀解脱意，所精進、所方便、所出、所住止、所敷、所喜、不毁滅念正攝止，是名爲正直方便，是名爲道德諦。

何等爲賢者直正念。若賢者，道德弟子，苦爲念苦，習爲念習，盡爲念盡，道爲念道，相念從念，念念不忘，少言、念不離，是名爲正直念。亦觀持宿命，亦從得道行，念世間行不可悔，攝、止、度世、無爲、寂然、止見、一德、無所著，如解脱意觀念想念，從念念、念不忘、少言、念不離，是名爲直正念，是名爲道德諦。

何等爲賢者直正定。若賢者，道德弟子，苦爲念苦，習爲念習，盡爲念盡，道爲念道，意止故不動不走，已攝止故意念在一，是名爲直正定。亦觀持宿命，亦從得解意念，見世間行悔，攝、止、度世、無爲、見可如、得無所著、從解脱因緣意向觀所意止，正安一、不惑、不走、攝止、念定在二念，是名爲正直定，是名爲道德諦。過世，賢者，亦是苦盡受賢者諦，後世未來時亦從是受行賢者諦，今現世時亦從是受行滅苦賢者諦，如是不異，如有不失不惑，眞諦如本如有德道德諦，賢者，是諦更見得應解脱，是故爲苦盡。從是行名爲道德諦。從後斂說，苦、習盡亦見道，佛所說行無有量。舍利曰，說如是，比丘受行。

安世高譯《佛說轉法輪經》 若諸比丘本末聞道，當已知甚苦爲眞諦，已一心受眼受禪思受慧見，覺所念令意解，當知甚苦習盡爲眞諦，已受眼觀禪思慧見，覺所念令意解，如是盡眞諦。何謂爲苦。謂生老苦、病苦，憂、悲、惱苦，怨憎會苦，所愛別苦，求不得苦，要從五陰受盛爲苦。何謂苦習。謂從愛故而令復有樂性，不離在在貪憙，欲愛、色愛、不色之愛，是習爲苦。何謂苦盡。謂覺從愛復有所樂，婬念不受，不念無餘無婬，捨之無復禪，如是爲習盡。何謂苦習盡欲受道。謂受行八直道，正見、正思、正言、正行、正命、正治、正志、正定，是爲苦習盡受道眞諦也。

又是，比丘，苦爲眞諦，苦由習爲眞諦，苦習盡爲眞諦，苦習盡欲受道爲眞諦，若本在昔未聞是法者，當受眼觀禪行受慧見受覺念令意得解。若令在斯未聞是四諦法者，當受道眼、受禪思、受慧覺，令意行解。若諸在彼不得聞是四諦法者，亦當受眼，受禪、受慧、受覺，令意得解，是爲四諦三轉合十二事，知而未淨者吾不與也。一切世間諸天人民，若梵、若魔，沙門、梵志，自知證已，受行戒、定、慧、解、度知見成，是爲四極。是生後不復有，長離世間無復憂患。佛說是時，賢者阿若拘鄰等及八千姟天，皆遠塵離垢諸法眼生。其千比丘漏盡意解，皆得阿羅漢，及上諸習法應當盡者一切皆轉。眾祐法輪聲三轉，諸天世間在法地者莫不遍聞，至于第一四天王、忉利天、焰天、兜術天、不驕樂天、化應聲天，至諸梵界須臾遍聞。爾時，佛界三千日月萬二千天地皆大震動，是爲佛眾祐，始於波羅㮈以無上法輪轉未轉者，照無數度諸天人從是得道。

求那跋陀羅譯《雜阿含經》卷一六 汝持我所說四聖諦不。時有異比丘從座起，整衣服，爲佛作禮，合掌白佛言：唯然，世尊所說四聖諦，我悉持之。云何四諦。世尊說苦聖諦，我悉持之，苦集聖諦、苦滅聖諦、苦滅道跡聖諦，我悉持之。

鳩摩羅什譯《大智度論》卷九四　有人言：佛何以但說苦等四法。以是故，佛說：一切助道善法皆攝在四諦中。助道善法因緣故，分別有三寶。衆生不信三寶故，不得離六道生死。

問曰：須菩提何以作是麁問，言：爲以苦滅、以苦智滅。以集滅、集智滅。答曰：此非麁問。今問：見苦等四諦體故滅。爲用智故滅。愛等諸煩惱滅故，名有餘涅槃。若以苦諦得道，一切衆生牛羊等亦應得道。若用苦智得道，離苦則無智，離苦智不名爲苦諦，但名爲苦。苦諦、苦智和合故生，不得言但以苦滅、但以智滅。乃至道諦，亦如是。佛答：不以苦諦滅，亦不以苦智滅，乃至道諦、道智亦如是。我說：是四諦平等即是滅，不用苦諦滅，不用乃至道諦滅。何以故。是苦等四法皆從緣生，虛妄不實，無有自性故不名爲實，不實故云何能滅。

問曰：二諦有漏，凡夫所行法故，可是虛誑不實。道諦是無漏法，無所著，雖從因緣和合生而不虛誑。又滅諦是無爲法，不從因緣有，云何言四法皆是虛誑。答曰：初得道，知二諦是虛誑。將入無餘涅槃，亦知道諦虛誑，以空空三昧等捨離道諦，如說栰喻。滅諦亦無定法。如經中說：離有爲無無爲，因有爲故說無爲。苦滅如燈滅，不應戲論求其處所。是故佛說：不以用苦乃至用道得滅。須菩提問佛：何者是四諦平等。佛答：若無八法處，所謂四諦、四諦智，是則平等。復次，須菩提，四諦如實、不誑、不異，如、法性、法相、法住、實際，若有佛、無佛，法相常住，不用心、心數法及諸觀，但爲不誑衆生故。住一切餘法皆顛倒，妄著顛倒果報生故，雖能與人天喜樂，久久皆虛妄變異。但有一法，所謂諸法實相，以不誑故，常住不滅。如是菩薩行般若波羅蜜，通達諸法實諦。須菩提復問：云何菩薩通達得實諦，過聲聞、辟支佛地，入菩薩位。

佛答：若菩薩思惟籌量求諸法，無有一法可得定相，見一切法皆空，若在四諦、若不在四諦。非四諦者，虛空、非數緣盡，餘在四諦。若觀如是法空，爾時，入菩薩位。問曰：何以不說空亦空觀，入菩薩位。答曰：不須是說。何以故。若說諸法空即是空，空亦空。若是空、不空，不名爲一切空。是故行是空，得入菩薩位。菩薩住是性地中，不墮頂性地者，所謂菩薩法位。如聲聞法中，煖法、頂法、忍法、世間第一法，名爲性地。是法隨順無漏道故，名爲性，是中住必望得道。菩薩亦如是，安住是性地中，必望作佛。能生四禪、四無量心、四無色定，是菩薩住在禪地中攝心，分別思惟籌量諸法，通達四諦。所謂知見苦，亦非緣苦生心，知苦是凡夫受身，著苦因緣故，受諸憂惱，是人身皆如賊、如怨，無常、空等。得是已，即時捨，不取苦相，亦不緣苦諦。菩薩法位力故，乃至道諦，亦如是，但一心迴向阿耨多羅三藐三菩提。知是四諦藥病相對，亦不著是四諦，但觀諸法如實相，不作四種分別觀。

鳩摩羅什譯《中論》卷四　破四顛倒，通達四諦，得四沙門果。若一切皆空，無生亦無滅，如是則無有，四聖諦之法。以無四諦故，見苦與斷集，證滅及修道，如是事皆無，以是事無故，則無四道果。無有四果故，得向者亦無。若無八賢聖，則無有僧寶，以無四諦故，亦無有法寶。以無法僧寶，亦無有佛寶，如是說空者，是則破三寶。

若一切世間皆空無所有者，即應無生無滅。以無生無滅故，則無四聖諦。何以故。從集諦生苦諦，集諦是因，苦諦是果。滅苦集諦，名爲滅諦。能至滅諦，名爲道諦。道諦是因，滅諦是果。如是四諦，有因有果。若無生無滅，則無四諦。四諦無故，則無見苦斷集證滅修道。見苦斷集證滅修道無故，則無四沙門果。四沙門果無故，則無四向四得者。若無此八賢聖，則無僧寶。又四聖諦無故，法寶亦無。若無法寶僧寶者，云何有佛。得法名爲佛，無法何有佛。汝說諸法皆空，則壞三寶。

真諦譯《四諦論》卷一　問：四諦次第云何。答：麁橫重結所，依道怖事果，病火怨依債，熱毒逼害境。

欲顯麁大境，故說苦諦。得苦相已，此法何因生故說集，此法盡何處次說滅。此法因何得故次說道。復次無始橫網是名苦，橫根名集，永離橫根是名爲滅，能拔除者說名爲道。復次極重名苦，執重名集，捨名滅，能滅執名道。復次結處名苦，是結名集，結盡名滅，觀過名道。復次取亦如是，復次依處名苦。世間凡夫雖爲取陰所害，猶起依著，如依怨家謬爲親友，依所安愛名集。因此安愛住三有獄，不求出離。譬如狂囚，無依愛名滅，無方所依止故，如《瞿提經》說。能滅依愛名道，觀依過故，如觀燒屋。復次六道名苦，以無樂故，猶如穢廁。業煩惱名集，爲道因故。離道名滅，無假名物故，譬如火滅。如《鹿頭經》說，能引出諸道故名爲道，如《婆羅呵馬王經》說。復次怖畏名苦，我愛名集，無畏處名滅。上實樂故，運至無畏處名道。復次作事名苦，事因名集，拔除事因名滅，能拔名道。復次似果名苦，似種子名集，似種子壞名滅，似種子壞因名道。復次苦如病，集如病因，滅如無病，道如治病藥。復次苦如火，集如薪，滅如火盡，道如火盡因。復次似怨名苦，結恨名集，除結恨名滅，能除因名道。復次似衣名苦，似塵名集，塵淨名滅，淨因名道。復次苦如債，集如貧，滅如離貧，道如財物。復次苦如燒熱，集如燒熱因，滅如清涼，道如涼具。復次苦毒發，集諦如毒，滅如離毒，道如阿伽陁。復次苦如逼惱，集如能惱，滅如離惱，道如離惱因。復次苦如殺害，集如能害者，滅如離殺，道如離殺因。復次苦應知，集應除，滅應得。爲此三事，故修聖道，次第如此。四諦體相云何。偈曰，似眞理足品，有爲相影識，虚妄一切三，逼有等十二。

有諸法師說眞似二諦。生者貪愛果故名爲眞苦，道者業果名爲似苦，生因貪愛名爲眞集，牽六道業名爲似集，生因愛盡名爲眞滅。六道因盡名爲似滅，能滅生因正智名爲眞道，戒等方便能離道因說名似道。又理足論師說，識爲眞苦，與此相應色等亦名爲苦，自愛名眞集，與此相應業等亦名爲集，自愛盡爲眞滅。由此盡故餘盡亦名爲滅，正見名眞道。若此不生餘不至滅，由此生故餘亦名道。又假名部說，諦有三種。一苦品，二品諦，三聖諦。苦品者，謂五取陰苦。品諦者，逼惱爲相苦。聖諦者，是苦一味。集品者謂貪愛集，品諦者能生爲相，集聖諦是集一味，滅品者謂沙門果。滅品諦者寂靜爲相，滅聖諦者一味爲相，道品者謂八分聖道，道諦者直離爲相，道聖諦者一味爲相。又分別部說，一切有爲皆苦，由無常故。非初諦故苦，爲離此故。於世尊所修淨梵行，是苦聖諦。一切因皆名集，以能生故。非第二諦故集，爲斷此故。於世尊所修淨梵行，是集聖諦。一切有爲寂離名滅，由寂靜故。非第三諦故滅，爲證此滅。於世尊所修淨梵行，是滅聖諦。一切善法皆是道，能出離故。非第四諦故，道爲習此道，於世尊所修淨梵行，是名聖諦。又說執相爲煩惱，煩惱及煩惱所起業名集，若從此有名集聖諦，有生名苦聖諦。如此從第二諦生第一諦，若心捨離執相達無相界，由此因故煩惱，煩惱所起業斷，由此斷故無復因緣。有不更生，此不更生名滅聖諦，此法能令心捨離執相證無相界，是正見等名滅道聖諦。如執相餘影似道妄分別等亦如是。又分別論中說，世尊不依一切苦，假說苦諦。若爾何爲顯無記果。執取陰性體相故，假說苦諦。假說苦因法，爲別離此故。於世尊所修淨梵行，是眞苦諦。不依一切，因假說集諦。爲顯能生後有因性體相故，假說集諦。假說集因法，爲斷此故。於世尊所修淨梵行，是眞集諦。不依一切滅，假說滅諦。爲顯輪轉道斷性體相故，假說滅諦。假說滅因法，爲證至故，於世尊所修淨梵行，是眞滅諦。不依一切道，假說道諦，爲顯能除惑道性體相故，假說道諦因法。爲修此故，於世尊所修淨梵行，是眞道諦。又《藏論》說，略明苦有二種。一與憎會，二與愛離。此二處，一身二心。因愛三種故，則成三苦。集諦有三，愛見及業，愛見二惑，名爲後集。由此已有業。麁妙集滅諦有三，一見一處惑滅，二欲一處惑滅，三有一處惑滅。道諦有三，一見道，二修道，三成守道，此三即三根。復說，苦者逼相，集者生相，滅者寂靜相，道者能出離相。復說，苦者有相，集者能有相，滅者離相，道者能離相。

慧遠《大乘義章》卷三　第一釋名。苦集滅道，名四聖諦。逼惱名苦，聚積稱集，寂怕名滅，能通曰道。何故名聖。而復云諦。如《涅槃》云，聖者所謂諸佛菩薩。一切聖人，就聖辨諦，故云聖諦。何故就聖而辨諦乎。良以諦實唯聖所知，非凡能覺。聖所知者，方名諦。故就聖辨之。彼所言諦者，世人一向，以實釋之，此非一向。如涅槃中，諦實兩別故。彼經言，有苦有諦有實。直論苦事，名之爲苦。就彼苦中，因緣有無法相不謬，故稱爲諦。窮其本性，非有非無，說之爲實。通相釋之，實故名諦。實相云何。今以兩門分別釋之。一隨法深淺彰實不同，二隨教宗別明實有異。言隨法者，法之淺深。義別五重。一法相實，二虚假實，三空無實，四自體實。亦名性實，五緣用實。法相實者，苦集滅道當相實爾，故稱爲實。如彼苦諦，凡夫爲樂，聖觀實苦，故名爲實。乃至道諦，凡夫迷謬，妄謂非道，聖慧觀之，知實是道，故稱爲實。是以經云，苦者實苦，不可令樂。集眞是因，更無異因。苦若滅者，即是因滅。滅苦之道，實是眞道。如是等法，返對情妄，故說爲實。言假實者，苦集滅道，實是因緣虚假之法，故名爲實。於中分別，乃有四種。一因和合假攬別成總，二法和合假，苦無常等諸法相成。三妄相虚假，如虚空華，非有爲有。四妄想虚假，苦集滅道妄想假集，如夢所見。此之四種，同名假實。良以執定非眞實，故因緣虛假名爲實也。據此返望前門，所論乃是諦相，非是諦實。言空實者。苦集滅道，以理窮之。實是空寂，本無所有，故名爲實。於中分別，乃有五種。一者陰上無人之空，二因和合中無性之空，三法和合中無性之空，四者妄相虛無之空，五者妄想虛無之空。此之五種，同名空實。據斯返望前門，所説因緣假有，是其諦相，非是諦實。言體實者，苦集滅道，窮其本性，實是眞實如來藏性。是以經言，於聖諦處説如來藏。又《涅槃》中，宣説苦實乃至道實，即是佛性常樂我淨。諦實如此，故稱爲實。於中分別，有其二種。一如實空，二如實不空。如實空中，有二種空。一無相空，謂非有相，非無相，非非有相，非非無相，非有無俱相，非一相，非異相，非非一相，非非異相，非一異俱相。非自相，非他相，非非自相，非非他相。非自他俱相，如是一切妄心分別，皆不相應。二無性空，恆沙佛法，同一體性，互相緣集無有一法別守自性，故名爲空。如就諸法説之爲有諸法外。無別有一有性可得，還即説此有等諸法，以之爲無是諸法外，無別有一無性可得，還即説此有無等法，爲非有非無，有無等外。無別有一非有非無自性可得，以此類知一切諸法。畢竟無性，故名爲空。空義如是。言不空，如來藏中，從本已來具二種相。一如實心，所謂眞實阿梨耶識神智性之。以阿梨耶神智性故，與無明合，便起妄智。遠離無明，便爲正智。二如實法，於彼自性清淨心中備具一切恆沙佛法，如妄心中備具一切諸虛妄法，以眞心中具諸法故，與妄想合，能熏妄心，起種種行，遠離妄想，便成法界廣大行德。此空不空，同是諦實據斯返望前門之中。遣相明空，乃是諦相非諦實也。緣用實者，苦集等相。究竟窮之，實是法界緣起集用。不染而染，起苦集用。不淨而淨，起滅道用。滅道有二。一隨妄集起，對治滅道。二捨妄顯眞，眞實滅道。諦實如此，故名爲實。上來五種，隨分皆實，故稱爲諦。言隨教者，教別既殊，明實亦異。毘曇法中，説實有二。一者有實，苦集滅道法相實爾。二者空實，陰上無人未空法體。成實法中，説實亦二。一者有實，苦集滅道實是因緣名用假有。二者空實，實無定相未空因緣。宜明苦中法相實爾，名之爲實。未説虛假空寂等義。《成實法》中，辨明苦等，實是名用虛假之法，無有定性，故曰爲實。據斯返望前宗所明，建立定性，非眞實也。若就大乘破相教中，辨實亦二。一者有實，苦集滅道實是妄相虛幻之有。二者空實，實無因緣假名之相。不但無性，相亦叵得。據斯返望前成實中未空幻化因緣法，故不名爲實。若就大乘顯實教中辨實亦二。一空二有，於中分別。略有二門，一依持門，妄想所取苦集滅道於情爲有，於理實無，名爲空實。妄情所依如來藏性。相雖叵見，而實是有，名爲有實。故經説爲不空藏矣。二緣起門，如來藏性體，如一味名爲空實。緣起苦集滅道之用，名爲有實。如經中説，自性清淨，不染而染。十二因緣，皆一心作，生死二法是如來藏法界輪轉，名曰法身眾生。如是等言，是其眞實緣起苦集，如來藏性，顯成法身菩提涅槃諸地行德，即是眞實緣起滅道。諦實如此，稱之爲實，宗別既然。隨宗皆實，故稱爲諦，四諦名義。

實叉難陀譯《大方廣佛華嚴經》卷一二 爾時，文殊師利菩薩摩訶薩告諸菩薩言：諸佛子，苦聖諦，此娑婆世界中，或名罪，或名逼迫，或名變異，或名攀緣，或名聚，或名刺，或名依根，或名虛誑，或名癰瘡處，或名愚夫行。諸佛子，苦集聖諦，此娑婆世界中，或名繫縛，或名滅壞，或名愛著義，或名妄覺念，或名趣入，或名決定，或名網，或名戲論，或名隨行，或名顛倒根。

諸佛子，苦滅聖諦，此娑婆世界中，或名無諍，或名離塵，或名寂靜，或名無相，或名無沒，或名無自性，或名無障礙，或名滅，或名體眞實，或名住自性。諸佛子，苦滅道聖諦，此娑婆世界中，或名一乘，或名趣寂，或名導引，或名究竟無分別，或名平等，或名捨擔，或名無所趣，或名隨聖意，或名仙人行，或名十藏。諸佛子，此娑婆世界説四聖諦，有如是等四百億十千名。隨眾生心，悉令調伏。

諸佛子，此娑婆世界所言苦聖諦者，彼密訓世界中，或名營求根，或名不出離，或名繫縛本，或名作所不應作，或名普鬬諍，或名分析悉無力，或名作所依，或名極苦，或名躁動，或名形狀物。諸佛子，所言苦集聖諦者，彼密訓世界中，或名順生死，或名染著，或名燒然，或名流轉，或名敗壞根，或名續諸有，或名惡行，或名愛著，或名病源，或名分數。諸佛子，所言苦滅聖諦者，彼密訓世界中，或名第一義，或名出離，或名可讚歎，或名安隱，或名善入處，或名調伏，或名一分，或名無罪，或名離貪，或名決定。諸佛子，所言苦滅道聖諦者，彼密訓世界中，或名猛將，或名上行，或名超出，或名有方便，或名平等眼，或名離邊，或名了悟，或名攝取，或名最勝眼，或名觀方。諸佛子，密訓世界說四聖諦，有如是等四百億十千名，隨衆生心，悉令調伏。

諸佛子，此娑婆世界所言苦聖諦者，彼最勝世界中，或名恐怖，或名分段，或名可厭惡，或名須承事，或名變異，或名招引怨，或名能欺奪，或名難共事，或名妄分別，或名有勢力。諸佛子，所言苦集聖諦者，彼最勝世界中，或名敗壞，或名癡根，或名大怨，或名利刃，或名滅味，或名仇對，或名非己物，或名惡導引，或名增黑闇，或名壞善利。諸佛子，所言苦滅聖諦者，彼最勝世界中，或名大義，或名饒益，或名義中義，或名無量，或名所應見，或名離分別，或名最上調伏，或名常平等，或名可同住，或名無爲。諸佛子，所言苦滅道聖諦者，彼最勝世界中，或名能燒然，或名最上品，或名決定，或名無能破，或名深方便，或名出離，或名不下劣，或名通達，或名解脫性，或名能度脫。諸佛子，最勝世界說四聖諦，有如是等四百億十千名，隨衆生心，悉令調伏。

諸佛子，此娑婆世界所言苦聖諦者，彼離垢世界中，或名悔恨，或名資待，或名展轉，或名住城，或名一味，或名非法，或名居宅，或名妄著處，或名虛妄見，或名無有數。諸佛子，所言苦集聖諦者，彼離垢世界中，或名無實物，或名但有語，或名非潔白，或名生地，或名執取，或名鄙賤，或名增長，或名重擔，或名能生，或名麁獷。諸佛子，所言苦滅聖諦者，彼離垢世界中，或名無等等，或名普除盡，或名離垢，或名最勝根，或名稱會，或名無資待，或名滅惑，或名最上，或名畢竟，或名破印。諸佛子，所言苦滅道聖諦者，彼離垢世界中，或名堅固物，或名方便分，或名解脫本，或名本性實，或名不可毀，或名最清淨，或名諸有邊，或名受寄全，或名作究竟，或名淨分別。諸佛子，離垢世界說四聖諦，有如是等四百億十千名，隨衆生心，悉令調伏。

諸佛子，此娑婆世界所言苦聖諦者，彼豐溢世界中，或名愛染處，或名險害根，或名有海分，或名積集成，或名差別根，或名增長，或名生滅，或名障礙，或名刀劍本，或名數所成。諸佛子，所言苦集聖諦者，彼豐溢世界中，或名可惡，或名名字，或名無盡，或名分數，或名不可愛，或名能攫噬，或名麁鄙物，或名愛著，或名器，或名動。諸佛子，所言苦滅聖諦者，彼豐溢世界中，或名相續斷，或名開顯，或名無文字，或名無所修，或名無所見，或名無所作，或名寂滅，或名已燒盡，或名捨重擔，或名已除壞。諸佛子，所言苦滅道聖諦者，彼豐溢世界中，或名寂滅行，或名出離行，或名勤修證，或名安隱去，或名無量壽，或名善了知，或名究竟道，或名難修習，或名至彼岸，或名無能勝。諸佛子，豐溢世界說四聖諦，有如是等四百億十千名，隨衆生心，悉令調伏。

諸佛子，此娑婆世界所言苦聖諦者，彼攝取世界中，或名能劫奪，或名非善友，或名多恐怖，或名種種戲論，或名地獄性，或名非實義，或名貪欲擔，或名深重根，或名隨心轉，或名根本空。諸佛子，所言苦集聖諦者，彼攝取世界中，或名貪著，或名惡成辦，或名過惡，或名速疾，或名能執取，或名想，或名有果，或名無可說，或名無可取，或名流轉。諸佛子，所言苦滅聖諦者，彼攝取世界中，或名不退轉，或名離言說，或名無相狀，或名可欣樂，或名堅固，或名上妙，或名離癡，或名滅盡，或名遠惡，或名出離。諸佛子，所言苦滅道聖諦者，彼攝取世界中，或名離言，或名無諍，或名教導，或名善迴向，或名大善巧，或名差別方便，或名如虛空，或名寂靜行，或名勝智，或名能了義。諸佛子，攝取世界說四聖諦，有如是等四百億十千名，隨衆生心，悉令調伏。

諸佛子，此娑婆世界所言苦聖諦者，彼饒益世界中，或名重擔，或名不堅，或名如賊，或名老死，或名愛所成，或名流轉，或名疲勞，或名惡相狀，或名生長，或名利刃。諸佛子，所言苦集聖諦者，彼饒益世界中，或名敗壞，或名渾濁，或名退失，或名無力，或名喪失，或名乖違，或名不和合，或名所作，或名取，或名意欲。諸佛子，所言苦滅聖諦者，彼饒益世界中，或名出獄，或名眞實，或名離難，或名覆護，或名離惡，或名隨順，或名根本，或名捨因，或名無爲，或名無相續。諸佛子，所言苦滅道聖諦者，彼饒益世界中，或名達無所有，或名一切印，或名三昧藏，或名得光明，或名不退法，或名能盡有，或名廣大路，或名能調伏，或名有安隱，或名不流轉根。諸佛子，饒益世界說四聖諦，有如是等四百億十千名，隨衆生心，悉令調伏。

諸佛子，此娑婆世界所言苦聖諦者，彼鮮少世界中，或名險樂欲，或名繫縛處，或名邪行，或名隨受，或名無慚恥，或名貪欲根，或名恆河流，或名常破壞，或名炬火性，或名多憂惱。諸佛子，所言苦集聖諦者，彼鮮少世界中，或名廣地，或名能趣，或名遠慧，或名留難，或名恐怖，或名放逸，或名攝取，或名著處，或名宅主，或名連縛。諸佛子，所言苦滅聖諦者，彼鮮少世界中，或名：充滿，或名不死，或名無我，或名無自性，或名分別盡，或名安樂住，或名無限量，或名斷流轉，或名絕行處，或名不二。諸佛子，所言苦滅道聖諦者，彼鮮少世界中，或名大光明，或名演說海，或名，揀擇義，或名和合法，或名離取著，或名斷相續，或名廣大路，或名平等因，或名淨方便，或名最勝見。諸佛子，鮮少世界說四聖諦，有如是等四百億十千名，隨衆生心，悉令調伏。

諸佛子，此娑婆世界所言苦聖諦者，彼歡喜世界中，或名流轉，或名出生，或名失利，或名染著，或名重擔，或名差別，或名內險，或名集會，或名惡舍宅，或名苦惱性。諸佛子，所言苦集聖諦者，彼歡喜世界中，或名地，或名方便，或名非時，或名非實法，或名無底，或名攝取，或名離戒，或名煩惱法，或名狹劣見，或名垢聚。諸佛子，所言苦滅聖諦者，彼歡喜世界中，或名破依止，或名不放逸，或名眞實，或名平等，或名善淨，或名無病，或名無曲，或名無相，或名自在，或名無生。諸佛子，所言苦滅道聖諦者，彼歡喜世界中，或名入勝界，或名斷集，或名超等類，或名廣大性，或名分別盡，或名神力道，或名衆方便，或名正念行，或名常寂路，或名攝解脫。諸佛子，歡喜世界說四聖諦，有如是等四百億十千名，隨衆生心，悉令調伏。

諸佛子，此娑婆世界所言苦聖諦者，彼關世界中，或名敗壞相，或名如壞器，或名我所成，或名諸趣身，或名數流轉，或名衆惡門，或名性苦，或名可棄捨，或名無味，或名來去。諸佛子，所言苦集聖諦者，彼關世界中，或名行，或名憤毒，或名和合，或名受支，或名我心，或名雜毒，或名虛稱，或名乖違，或名熱惱，或名驚駭。諸佛子，所言苦滅聖諦者，彼關世界中，或名無積集，或名不可得，或名妙藥，或名不可壞，或名無著，或名無量，或名廣大，或名覺分，或名離染，或名無障礙。諸佛子，所言苦滅道聖諦者，彼關世界中，或名安隱行，或名離欲，或名究竟實，或名入義，或名性究竟，或名淨現，或名攝念，或名趣解脫，或名救濟，或名勝行。諸佛子，關世界說四聖諦，有如是等四百億十千名，隨衆生心，悉令調伏。

諸佛子，此娑婆世界所言苦聖諦者，彼振音世界中，或名匿疵，或名世間，或名所依，或名傲慢，或名染著性，或名駛流，或名不可樂，或名覆藏，或名速滅，或名難調。諸佛子，所言苦集聖諦者，彼振音世界中，或名須制伏，或名心趣，或名能縛，或名隨念起，或名至後邊，或名共和合，或名分別，或名門，或名飄動，或名隱覆。諸佛子，所言苦滅聖諦者，彼振音世界中，或名無依處，或名不可取，或名轉還，或名離諍，或名小，或名大，或名善淨，或名無盡，或名廣博，或名無等價。諸佛子，所言苦滅道聖諦者，彼振音世界中，或名觀察，或名能摧敵，或名了知印，或名能入性，或名難敵對，或名無限義，或名能入智，或名和合道，或名恒不動，或名殊勝義。諸佛子，振音世界說四聖諦，有如是等四百億十千名，隨衆生心，悉令調伏。

諸佛子，如此娑婆世界中，說四聖諦，有四百億十千名。如是，東方百千億無數無量、無邊無等、不可數、不可稱、不可思、不可量、不可說，盡法界、虛空界、所有世界，彼一一世界中，說四聖諦，亦各有四百億十千名，隨衆生心，悉令調伏。如東方，南、西、北方，四維、上、下，亦復如是。諸佛子，如娑婆世界，有如上所說，十方世界，彼一切世界亦各有如是。十方世界，一一世界中，說苦聖諦有百億萬種名，說集聖諦、滅聖諦、道聖諦亦各有百億萬種名，皆隨衆生心之所樂，令其調伏。

四緣

慧遠《大乘義章》卷三　第一釋名。所言緣者，由籍之義。緣別不同，故分爲四。一者因緣，二次第緣，三者緣緣，四增上緣。言因緣者，親生之義。目之爲因，用因爲緣，故曰因緣。次第緣者，籍前心法，次第生後，所生之心，次前後起，故名爲次。以後生故，說之爲第。前心與後，次第爲緣，名次第緣。言緣緣者，六塵境界，爲心所緣，故名爲緣。由彼所緣，與心作緣，故名緣緣。亦可疎助，名之爲緣。以緣故名緣緣。增上緣者，起法功強，故曰增上，以此增上爲法緣，故名增上緣。於中亦有非增上者，從勝受名，故曰增上。此一門竟。

次辨其相。四緣之義，諸論不同。《成實論》中，宣説三因，以爲因緣。一者生因。所謂一切善惡等業，能生一切苦樂等報，故名生因。二者依因。所謂色心互相依立，故曰依因。其猶尼乾立拒舉瓶相假而立，彼亦如是。三者習因。如人習善增長善法習惡增長惡法，如是一切，後起增前，故名爲習。用習作因，名爲習因。用此三因，以爲因緣。心法續起，爲次第緣。六塵生識，以爲緣緣。六根生識，爲增上緣。故《成實論》云，言緣緣者，所謂色等。增上緣者，所謂眼等。若依《毗曇》，就彼六因離合爲四。何等爲六。一所作因，二共有因，三自分因，四者遍因，五相應因，六者報因。所作因者，諸法起時，除其自體，萬法不障，令其得生，名所作因。如空生色，如是等也。共有因者，諸法起時，同時同性，共有之法，展轉爲因，名共有因。自分因者，同類之法，籍前生後，名自分因。言遍因者，苦集諦下疑見無明，增上一切染污法，故名爲遍因。於中差別乃有十一，苦下有七，所謂五見疑及無明。集下有四，邪見見取疑及無明。相應因者，止在心法。如心起時，同時即有諸心數法。與心相應，是相應法。展轉相助，能有所作，名相應因。前共有因，相扶體立。此相應因，相扶有用。言報因者，一切有漏善不善法，能生一切苦樂等報，名爲報因。此義廣釋如六因章。於中自分遍因報因相應共有，此之五因合爲因緣，所作因中離爲三緣，以彼所作寬通故爾。就所作中，分取心法生後之義，爲次第緣。總相如是，於中別論，乃有三門。一定別諸心，二就生死辨定諸心，三明諸心相生次第。言定別者，心別有十。一方便善心，所謂一切聞思修等相應之心。二生得善心，謂從過去修習所成，信進念等相應善心。三不善心，謂欲界中，除身邊見餘煩惱業相應之心。四穢污無記，亦名隱没，謂欲界中身邊兩見，及上二界一切煩惱相應之心。五報生心，謂三界中報無記心。六威儀心，謂行住坐卧見聞等心。七工巧心，所謂一切營生之心。八變化心，謂依諸禪起化之心。九者學心，謂三乘人無漏因心。十無學心，謂三乘人無漏果心。此十心中，欲界有八，除學無學。成實法中，欲界地中，有電光定，得發無漏。若從是義，欲界亦有學無學心，毗曇不立，色界有八。除不善心及工巧心，一切上地，無有不善及工巧心。故成實法中，上界得起欲界不善。毗曇不立，無色界中下三空處，但有六心。除不善心威儀工巧及變化心，有餘六種。成實法中，無色亦起欲界不善。大乘宣説無色界中有形色故亦有威儀變化等心，毗曇不立。非想地中，但有方便生得穢污報生四心，彼無無漏，除學無學。餘如上説，心別如是。【略】

次就諸法辨定其緣。若生心法，具籍四緣。心法必有相應共有，如是等事，即是因緣。心籍前生，是次第緣。心籍塵生，是其緣緣。心依根起，是增上緣。若依《毗曇》，無想正受滅盡正受，從三緣生。彼宗宣説，無想滅盡，是有爲法。同時共有生住滅等，互相扶助，是其因緣。籍前心起，是次第緣。萬法不障，是增上緣。以非心法故，無緣緣。自餘一切非心之法，悉二緣生，所謂因緣及增上緣。所有自分共有法等，是其因緣。萬法不障，是增上緣。不籍前心開導生故，無次第緣。以非心法不能緣境故，無緣緣。故《雜心》云，心及諸心法，是從四緣生，二正受從三，謂餘説於二。若依《地持》，唯心心法，從四緣生，自餘一切非心之法。但二緣生，皆無次第緣緣之義。故彼論云。次第緣緣，是心心數法，籍前開導故有次第，籍彼六塵緣攝受生，故有緣緣。《大智論》中，亦同此釋。故彼文言，心心數法相續無間，名次第緣。心心數法，緣塵生故，名爲緣緣。準驗斯文，次第緣緣，局生心法，不生非心。有人釋言，非心之法，亦籍緣緣。經論無文，直是人語。此言謬浪，無宜輒受。此三門竟。

次約大小辨其同異。同異之相，如《大智論》説。所言同者，四緣名義，與《毗曇》同。所言異者，小乘法中，隨相執言。菩薩了知猶如幻化如水中月，但無定性不無幻相。故彼文言。如水中月，雖可眼見不可手捉。聖人破者，破可捉月，不破可見，四緣亦爾。相有體無，不可定取，故異二乘。四緣名義，略辨如是。

玄奘譯《瑜伽師地論》卷五　因等差別者，謂十因四緣五果。十因者，一隨説因，二觀待因，三牽引因，四生起因，五攝受因，六引發因，七定異因，八同事因，九相違因，十不相違因。四緣者，一因緣，二等無間緣，三所緣緣，四增上緣。五果者，一異熟果，二等流果，三離繫果，四士用果，五增上果。

玄奘譯《瑜伽師地論》卷三五　云何四緣。謂善男子或善女人，若見諸佛及諸菩薩有不思議甚奇希有神變威力，或從可信聞如是事。既見聞已，便作是念。無上菩提具大威德，令安住者及修行者成就如是所見所聞不可思議神變威力，由此見聞增上力故，於大菩提深生信解，因斯發起大菩提心，是名第一初發心緣。或有一類，雖不見聞如前所說神變威力，而聞宣說依於無上正等菩提微妙正法菩薩藏教，聞已深信。由聞正法及與深信增上力故，於如來智深生信解，爲得如來微妙智故發菩提心，是名第二初發心緣。或有一類，雖不聽聞如上正法，而見一切菩薩藏法將欲滅沒，見是事已便作是念，菩薩藏法久住於世，能滅無量衆生大苦，我應住持菩薩藏法發菩提心，爲滅無量衆生大苦，由爲護持菩薩藏法增上力故，於如來智深生信解，爲得如來微妙智故發菩提心，是名第三初發心緣。或有一類，雖不觀見正法欲滅，而於末劫末世末時，見諸濁惡衆生身心十隨煩惱之所惱亂，謂多愚癡多無慚愧，多諸慳嫉多諸憂苦，多諸麁重多諸煩惱，多諸惡行多諸放逸，多諸懈怠多諸不信，見是事已便作是念，大濁惡世於今正起，諸隨煩惱所惱亂時，能發下劣聲聞獨覺菩提心者尚難可得，況於無上正等菩提能發心者，我當應發大菩提心，令此惡世無量有情隨學於我起菩提願。由見末劫難得發心增上力故，於大菩提深生信解，因斯發起大菩提心，是名第四初發心緣。

玄奘譯《顯揚聖教論》卷一八　四緣者，謂因緣，等無間緣，所緣緣，增上緣。五果者，謂異熟果，等流果，離繫果，士用果，增上果。

此中隨一切法名爲先故想，想爲先故說，是謂彼諸法隨說因。若觀待此故，若因此故，於彼諸事若求若取，是謂觀待因。如觀待手故，手爲因故，起執取業，觀待足故，足爲因故，起往來業。觀待節故，節爲因故，起屈伸業。觀待飢渴故，飢渴爲因故追求飲食。隨如是等類無量所受，當知皆名觀待因。若種子於最後自果是牽引因，即此種子是自果生起因。除種子外，所餘緣是攝受因。即此種子果生已後，是種所牽引果引發因，能作種種異類各別之因，是名定別因。若觀待因，若牽引因，若生起因，若攝受因，若引發因，若定別因，總攝如是等因，名同事因。若果生已能爲障礙，是名相違因。若離障礙，是名不相違因。

諸法種子是因緣，等無間緣者，若從此識等無間，諸識等決定生，此是彼等無間緣。若諸心心所有法所緣境，是所緣緣。增上緣者，除種子外，餘所依如眼及諸共有法於眼識等，如是所餘諸根等，於餘識等又善不善法攝受愛不愛果，如是等類是增上緣。諸不善法所招惡趣報，有漏善法所招善趣報，是名異熟果。若由習不善故，樂住不善不善增多。修習善故，樂住於善善法增多。又與前業相似後果隨轉，是名等流果。若由聖八支道諸煩惱滅，是離繫果。若諸異生由世間道諸煩惱滅，非究竟轉故非離繫果。若諸世間於現法中隨依一種工巧業處起士夫用，謂營農商賈事王書算計數造印等。由依此故苗稼成滿，獲商利等果法成就，是名士用果。眼識是眼根增上果，如是乃至意識是意根增上果。又諸衆生身不散壞是命根增上果。又二十二根一切各別增上力故彼果得生，應知彼果皆名增上果。

四法印

吉藏《勝鬘寶窟》卷下　二對四法印智以說。若能見苦壞陰魔，若見無常壞煩惱魔，若見無我壞死魔，若見涅槃寂滅天魔。

阿地瞿多譯《佛說陀羅尼集經》卷七　金剛隨心降魔法印第四十五

（丹第二十七，誦前小心呪）

以右手押左手背，仍以右大指向左小指下，左大指向右小指上，皆上下相叉。是四法印，皆誦前小心呪。悉能降伏一切諸魔。一切大毒惡鬼神等。亦能摧碎百千萬億野叉羅刹，及行病鬼，并諸外道勞度叉等，皆悉退散。若有病者，以印作法誦呪，印病即當除差。

澄觀《方廣佛華嚴經隨疏演義鈔》卷四〇　疏：言四印者下，即《莊嚴論》第十一，名四法印。《論》云：四法印者，一者一切行無常印，二者一切行苦印，三者一切法無我印，四者涅槃寂滅印，所以知合空入於無我者。《論》云：此中應知，無常印及苦印，爲成無願三昧依止。無我印，爲成空三昧依止。寂滅印，爲成無相三昧依止。說此法印，爲三三昧依止故。

疏：或名優陁那者，即《地持》第八亦名優檀那。《論》云：有四優檀那，諸佛菩薩爲令衆生得清淨故，說爲四。云何爲四。一切行無常，一切行苦，一切法無我，涅槃寂滅。諸佛菩薩具足此法，復以此法傳授衆生，是名優檀那。過去寂滅諸牟尼尊，展轉相傳，是名優檀那。

疏：《菩薩藏經》第二名法鄔陁南者，亦是大《寶積》第三十六菩薩藏會第十二卷末，即試驗菩薩品。經云：舍利子！諸佛世尊，具大智力總攝諸法，安處四種鄔陁南中。何等爲四。所謂一切行無常，一切行苦，一切法無我，涅槃寂滅。舍利子！所演一切行無常者，如來謂諸常想衆生斷常想故。所演一切行苦法者，如來謂諸樂想衆生斷樂想故。所演一切無我法者，如來謂諸我想衆生斷我想故。所演寂滅涅槃法者，如來爲諸住有所得顛倒衆生，斷有所得顛倒心故。舍利子！是諸菩薩若聞如來說一切行爲無常者，則能善入畢竟無常。若有聞說一切行苦，則能興起厭離願心。若有聞說諸法無我，則能修習空三摩地妙解脱門。若有聞說寂滅涅槃，則能修習無相三摩地，而不非時趣入眞際。如是，舍利子！若諸菩薩摩訶薩，能善修習如是法者，終不退失一切善法，速得圓滿一切佛法。疏鄔陁南者，此云標相者，釋經也。言涅槃寂靜是無爲法標相者，略舉。亦應云無常是有爲法標相，苦是有漏法標相，無我是諸法標相。亦有說，言鄔陁南者，應言說也，佛常說故，義當無問自說經。

疏：印即決定義者，卻釋法印之名，決定無常等者，諸有漏法決定是苦，一切法決定無我，無爲法決定寂靜。

慧遠《維摩義記》卷一 或分爲四，謂四法印。如《地持》說，一切行無常，一切行苦，諸法無我，涅槃寂滅，是其四也。前三生死，後一涅槃。問曰：無我理通諸法，何故偏判以爲生死。此義不定進退四門，一就情分別，生死有我，涅槃無我。以著我故，世間受生。是故有我偏在生死，離我不生。爲是涅槃，一向無我。二就法相對分別。生死無我，涅槃有我。生死之法，體無性實，用不自在，故說無我。涅槃性實，故說有我。三就性實及與假用。生死涅槃，二俱有我。是義云何。生死法中有二種我，一性實我，所謂佛性。故經問，言二十五有，有我不也。佛答：我者，即如來藏，藏即佛性。一切衆生，悉有佛性，即是我義。二假用我，五陰和合，集成我人。故經云，言衆生佛性，不即六法，不離六法。言六法者，五陰及我。此我，即是假用我也。生死有此，涅槃亦然。如來法身，是其性我。如《涅槃》說。若法是常，是眞，是實，是主，是依名爲我者，是性實我。說諸佛五陰集成假人，是假用我。此是第三。四就因緣破相空理，生死涅槃，二俱無我。如經中說。今就第二，是故無我判屬生死，故《涅槃》說：生死法爲無常苦、無我、不淨。涅槃之法，常樂我淨。

遁倫《瑜伽論記》卷二二 初辨四法嗢拕南，後舉兩復次廣釋其義。前中，景師云：一切行無常者，是有爲法印。一切行苦者，是有漏法印。此是無願門，建立第一無常第二苦法嗢拕南。一切法無我者，依空解脱，建立第三一切法印。涅槃寂靜者，依無相門，建立第四法嗢拕南，是涅槃法印。泰師云：嗢拕南，有二聲。若重聲，云攝取物惠施他故。若輕聲，云是云要略義，如一切行無常等，是諸法要略義。故今輕聲。下舉兩復次廣釋。於中。初一復次，明所治所除退還之心。後一復次，次明能治之行。前中，言勝解俱行欲者，由四種法嗢拕南故，於諸行中而生樂欲者。由四種法嗢拕南說四法印故，於無常苦空等諸行樂欲斷除，於趣涅槃寂靜無相之行中樂欲修習。又於諸行寂靜生樂欲者至其心退還等者。先舉不樂，明其樂欲可知。言又由二緣至念忘失故者，謂由此二緣故，於無我驚恐退還。言又此忍欲至其心愚昧等者，於此無我忍欲未串習故。雖了唯有諸行而於無我其心猶昧，帶我解故數數思惟，乃至其心退還也。

佚名《毘尼心》 次以四法印驗通教大乘一一切法無常，二一切法苦，三一切法無我，四涅槃法寂滅。初二句世諦，中一句眞諦，後一句金剛，以後常果也。若經律論明此四句義者，是佛正法也。

佚名《攝大乘論抄》 六如實觀，即如苦、無常、無我，涅槃寂滅四法印爲體。苦、無常，是有爲。無我，涅槃寂滅，是無爲。

慧苑《續華嚴經略疏刊定記》卷一四 初四，即四法印法，梵語去殟馱那。此曰印，亦曰標相。謂無常是有爲法標相，苦是有漏法標相，無我是一切法標相，寂靜涅槃是無爲法標相。廣說如《四優陁那菩薩藏經》。

圓測《解深密經疏卷》卷六 一切行無常等者印，是四法印。觀法相，指定不易之義，名爲法印。故《莊嚴論》第十一云：四法印者，一者一切行無常印，二者一切行苦印，三者一切法無我印，四者涅槃寂滅印。名爲四法優陁那，《菩薩藏經》名四法鄔拕南。鄔拕南者，此云標相，如說無常是有爲法標相，苦是有漏法標相，無我是一切法標相，涅槃寂靜是無爲法標相。舊云憂陁那者，訛也。嗢拕南者，嗢此云集，拕南此云施。舊云檀那者，訛也。

覺苑《大毗盧遮那成佛神變加持經義釋演密鈔》卷三 失佛三種法印

者，義林第一云，諸行無常，涅槃寂靜，諸法無我。若加有漏皆苦，成四法印。今謂波宗，計神我三世法爲常，則失如來諸行無常、諸法無我等法印也。

覺菀《大毗盧遮那成佛神變加持經義釋演密鈔》卷三　謂於決定法印等者。印，謂三法印或四法印，是決定法若過若不及者。過則爲增，不及爲減失，於處中之慧也。

惟淨譯《佛説如來不思議祕密大乘經》卷一七　復次，大祕密主如來於一切法中總略而説，有四法印。何等爲四。一者諸行無常，爲諸沙門婆羅門及長壽天執常語者破常想故。二者諸行是苦，爲諸天人計樂想者破樂想故。三者諸法無我，爲彼執我諸外道等破其我想。四者涅槃寂靜，爲諸增上慢者起尋求行破彼增上慢故。此言無常者，即是畢竟無有常法增語。此言苦者，即是遠離願求增語。此言無我者，即是空相增語。涅槃寂靜者，即是無相作證增語。大祕密主此如是法，若諸菩薩深固信解勤行修習，即於善法而不滅失，速能圓滿菩提分法。

施護譯《佛説法集名數經》　云何四法印。所謂一切行無常，一切行苦，一切法無我，涅槃寂靜。

普瑞《華嚴懸談會玄記》卷一五　或云鄔拖南，此云標相，無常是有爲法標相，苦是有漏法標相，無我是諸法標相，涅槃寂靜是無爲法標相。或名四法印能作無常等觀，出離衆罪，故《瑜伽》四十六云：復次有四種嗢拖南，諸佛菩薩欲令有情清淨故，説四種如前無常等。

四大

康僧會譯《六度集經》卷二　理家又曰：夫身地、水、火、風矣，强爲地，軟爲水，熱爲火，息爲風。命盡神去，四大各離，無能保全，故云非身矣。

王曰：善哉！佛説非身，吾心信哉！身且不保，豈況國土乎。

康僧會譯《六度集經》卷六　道人自觀内體惡露都爲不淨，髮膚髑髏皮肌，眼瞬涕唾，筋脈肉髓，肝肺腸胃，心膽脾腎，屎尿膿血，衆穢共合乃成爲人。猶若以囊盛五穀也，有目寫囊，分別視之，種種各異。明人如此内觀其身，四大種數各自有名都爲無人，以無欲觀乃覩本空，一其心得禪。

道人深觀別身四大，地、水、火、風。髮毛骨齒，皮肉五藏，斯即地也。目淚涕唾，膿血汗肪，髓腦小便，斯即水也。内身溫熱主消食者，斯即火也。喘息呼吸，斯即風也。譬如屠兒殺畜剞解，別作四分具知委曲。道人内觀分別四大，此地彼水，火風俱然，都爲無人，念之志寂，一其心得禪。道人自覺喘息長短，遲疾巨細皆別知之，猶人削物自知深淺，念息如此，一其心得禪。菩薩禪度無極一心如是。

僧伽提婆譯《中阿含經》卷七　諸賢！云何五盛陰。謂色盛陰，覺、想、行、識盛陰。諸賢！云何色盛陰。謂有色，彼一切四大及四大造。

諸賢！云何四大。謂地界，水、火、風界。

諸賢！云何地界。諸賢！謂地界有二，有内地界，有外地界。

諸賢！云何内地界。謂内身中在，内所攝堅，堅性住，内之所受。此爲云何。謂髮、毛、爪、齒、麁細皮膚、肌肉、筋、骨、心、腎、肝、肺、脾、腸、胃、糞，如是比此身中餘在，内之所攝，堅性住，内之所受，諸賢！是謂内地界。

諸賢！外地界者，謂大是，淨是，不憎惡是。諸賢！有時水災，是時滅外地界。

諸賢！此外地界極大，極淨，極不憎惡，是無常法、盡法、衰法、變易之法。【略】

諸賢！云何水界。諸賢！謂水界有二，有内水界，有外水界。

諸賢！云何内水界。謂内身中在，内所攝水，水性潤，内之所受。此爲云何。謂腦、腦根、淚、汗、涕、唾、膿、血、肪、髓、涎、膽、小便，如是比此身中餘在，内所攝水，水性潤，内之所受，諸賢！是謂内水界。諸賢！外水界者，謂大是，淨是，不憎惡是，諸賢！有時火災，是時滅外水界。

諸賢！此外水界極大，極淨，極不憎惡，是無常法、盡法、衰法、變易之法，況復此身暫住，爲愛所受。【略】

諸賢！云何火界。諸賢！謂火界有二，有内火界，有外火界。

諸賢！云何内火界。謂内身中在，内所攝火，火性熱，内之所受。此爲云何。謂暖身、熱身、煩悶、溫壯、消化飲食，如是比此身中餘在，内所攝火，火性熱，内之所受，諸賢！是謂内火界。

諸賢！外火界者，謂大是，淨是，不憎惡是。諸賢！有時外火界起，起已燒村邑、城郭、山林、曠野，燒彼已，或至道、至水，無受而滅。諸賢！外火界滅後，人民求火，或鑽木截竹，或以珠燧。

諸賢！此外火界極大，極淨，極不憎惡，是無常法、盡法、衰法、變易之法，況復此身暫住，爲愛所受。【略】

諸賢！云何風界。諸賢！謂風界有二，有内風界，有外風界。諸賢！云何内風界。謂内身中在，内所攝風，風性動，内之所受。此爲云何。謂上風、下風、腹風、行風、掣縮風、刀風、躋風、非道風、節節行風、息出風、息入風，如是比此身中餘在，内所攝風，風性動，内之所受，諸賢！是謂内風界。

諸賢！外風界者，謂大是，淨是，不憎惡是。諸賢！有時外風界起，風界起時，撥屋拔樹，崩山。山巖撥已便止，纖毫不動。諸賢！外風界止後，人民求風，或以其扇，或以哆邏葉，或以衣求風。

諸賢！此風界極大，極淨，極不憎惡，是無常法、盡法、衰法、變易之法，況復此身暫住，爲愛所受。【略】

諸賢！猶如因材木，因泥土，因水草，覆裹於空，便生屋名。諸賢！當知此身亦復如是，因筋骨，因皮膚，因肉血，纏裹於空，便生身名。諸賢！若内眼處壞者，外色便不爲光明所照，則無有念，眼識不得生。諸賢！若内眼處不壞者，外色便爲光明所照，而便有念，眼識得生。諸賢！内眼處及色，眼識知外色，是屬色陰。若有覺是覺陰，若有想是想陰，若有思是思陰，若有識是識陰，如是觀陰合會。

僧伽提婆譯《增壹阿含經》卷二三　諸比丘當知，我今作喻，當念解之。說此義時，爲有何義。言四毒蛇者，即四大是也。云何爲四大。所謂地種、水種、火種、風種，是謂四大。

僧伽提婆譯《增壹阿含經》卷四〇　爾時，比丘復與說神足之道：汝今當學心意輕重。已知心意輕重，復當分別四大地、水、火、風之輕重。已得知四大輕重，便當修行自在三昧。已行自在三昧，復當修勇猛三昧。已行勇猛三昧，復當修行心意三昧。已行心意三昧，復當行自戒三昧。已修行自戒三昧，如是不久便當成神足道。

竺法護譯《生經》卷一　又世尊曰：雖覩女人，長者如母。中者如姊。少者如妹、如子、如女。當内觀身念，皆惡露無可愛者。外如畫瓶，中滿不淨。觀此四大地、水、火、風因緣合成，本無所有。

竺法護譯《生經》卷二　佛告長者：何謂大魁。長者白曰：唯然，世尊！大魁有四。何謂爲四。一曰地種，二曰水種，三曰火種，四曰風種，是曰四大魁。

佛言：何謂地種。答曰：謂有五事，立、堅強、不柔、麁横、能往返者。

佛言：善哉，善哉！長者！能解彼諸地種，永不現不。長者答曰：唯然，世尊！我身能知地種，滅沒不可知。

佛言：善哉！復問：何謂水種。答曰：唯然，世尊！水有五事，津液通流、細滑、微碎、無有形貌、猶如羅網遍至諸脈。

佛言：善哉，善哉！長者！汝乃能知水種滅沒不知處時。答曰：唯然，世尊！知歸無常，永不現也！

佛告長者：何謂火種。長者答曰：溫煖之類，能令人熱、有所消化，而能焚燒，光燄之類。佛言：善哉！長者，汝乃能知火種滅沒不復現耶。答曰：能知無常，歸盡不現。

佛告長者：何謂風種。長者答曰：風有五事，寒冷之類，輕飄駃疾，有所飄吹，出入得通，有諸響聲。佛言：善哉，善哉！爾乃能知風種，忽然沒不復現耶。答曰：唯然，世尊！能知風種自然歸盡。佛言：善哉善哉！長者！世尊又問：豈不覩見其種寂聲。答曰：唯然，知其種聲平等如稱。

其四大魁，爲何所處。答曰：猗欲飲食恩愛。又問：其四大魁，爲何所猗。答曰：展轉相依。又問：爲何所趣。答曰：趣色諸入。又問：諸入爲何所歸。答曰：歸罪塵勞。又問：何因有罪塵勞。答曰：唯然，世尊！其識及身，各自別異而各離散。又問：命盡身壞，爲何所趣。答曰：豈有所趣。身無心意，身、識各別。

竺法護譯《佛說胞胎經》　如是，阿難！不從父母不淨、不離父母不淨成身，因父母爲緣而成胞胎，得立諸根及與四大。因父母緣則立地種，謂諸堅者，軟濕水種，熱煖火種，氣息風種。假使，阿難！因父母故，成胞胎者而爲地種，水種令爛，譬如麨中及若肌膚，得對便爛。假使因父母成胞胎，便爲水種、不爲地種，用薄如濕故也，譬如油及水。又，阿難！水種依地種，不爛壞也。地種依水種而無所著。假使，阿難！父母因緣成胞胎者，地種則爲水種，火種不得依也，則壞枯腐。譬如夏五月盛暑時，肉中因火種，塵垢穢臭爛壞則就臭腐。如是，阿難！假使因父母胎成地種者及水種者，其於火種不腐壞敗而沒盡也。假使，阿難！因父母胎成地種及水種者，當成火種、無有風種，風種不立不得長大，則不成就。又，阿難！神處於內，緣其罪福得成四大，地、水、火、風究竟攝持，水種分別，火種因號，風種則得長大，因而成就。

求那跋陀羅譯《雜阿含經》卷三〇　爾時，世尊告諸比丘：汝等當起哀愍心、慈悲心。若有人於汝等所說樂聞樂受者，汝當爲說四不壞淨，令入令住。何等爲四。於佛不壞淨、於法不壞淨、於僧不壞淨、於聖戒成就。所以者何。若四大，地、水、火、風，有變易增損。此四不壞淨，未嘗增損變異。彼無增損變異者，謂多聞聖弟子於佛不壞淨成就，若墮地獄、畜生、餓鬼者，無有是處！是故，諸比丘！當作是學：我當成就於佛不壞淨，法、僧不壞淨，聖戒成就，亦當建立餘人，令成就。

求那跋陀羅譯《雜阿含經》卷四三　如是士夫免四毒蛇、五拔刀怨、六內惡賊，復得脫於空村群賊，渡於浚流，離於此岸種種怖畏，得至彼岸安隱快樂。我說此譬，當解其義。比丘！篋者，譬此身色麁四大，四大所造精血之體，穢食長養，沐浴衣服，無常變壞危脆之法。毒蛇者，譬四大，地界、水界、火界、風界。地界若諍，能令身死，及以近死。水、火、風諍，亦復如是。

真諦譯《決定藏論》卷下　業者，色陰中攝，持界幾業乃至風界。一切四大，有五種業。於此地界，開發轉業、處所持業、爲作依業、互相違業、平等增業。水界業者，流、攝、濕潤、違及增長，是爲五種。火界業者，光、熟、破壞、違及增長，亦有五種。風界業者，輕動、令、慘、違及增長，是名風業。

真諦譯《隨相論》　病苦唯在欲界人中，近不遍欲界天中，故不說之。天中所以無病苦者，病從內外緣生。外謂寒熱不平等飲食不調適故，致病苦。內者，或行多令四大弱，或坐多令四大弱，四大弱故成病。上界外無寒熱不平等飲食不調適之緣，內四大既強，無有行坐過差之緣，故不得有病苦。

僧伽婆羅譯《解脫道論》卷八　問：云何觀四大，何修、何相、何味、何起、何功德。云何修。答：擇智自相內四大，此謂觀四大。彼心住不亂，此謂修。隨觀四大爲相，通達空爲味，除眾生想爲起。何功德者，成得八功德。若修行觀四大成，能堪恐怖樂不樂，於可愛非可愛成平等心，除男女意思，成大智慧，向善趣向醍醐。其所有明分法，彼一切成滿修行。

云何修彼者。初坐禪人，以二行取諸大，以略以廣。

問：云何以略取諸大。答：彼坐禪人入寂寂坐，攝一切心不亂心，此身以四大可稱，此身一切見界。濕性是水界，熱性是火界，持性是地界，動性是風界。如是此身唯有界，無眾生無命。如是以略取諸界。復有說，彼坐禪人，以略取諸界，以身依膜分別，或以色，或以形，或以處，或以分別。彼坐禪人，已略取諸界，依膜分別一切身性，或以色，或以形，或以處，或以分別。依肉分別此身，或以色，或以形，或以處，或以分別。彼坐禪人依肉已分別一切身，或以色，或以形，或以處，或以分別。彼坐禪人依脈分別一切身，或以色，或以形，或以處，或以分別。彼坐禪人依脈已分別一切身，或以色，或以形，或以處，或以分別。從此，復依骨分別一切身，或以色，或以形，或以處，或以分別。彼坐禪人於此四行，以此四行伏心，令伏作軟心，令心受持。彼坐禪人於此四行，以四行伏心，已作軟已令受持。於此四行，有堅性是地界知之，有濕性是水界知之，有熱性是火界知之，有動性是風界知之。彼坐禪人於此四行，唯有界，無眾生無命。以比餘行成住，如是以略取諸界。

僧伽婆羅譯《解脫道論》卷八　云何以廣取諸界。以二十行廣取地界，於此身髮、毛、爪、齒、皮、肉、筋、脈、骨、髓、腎、心、肝、肺、脾、胃、大腸、小腸、胞、屎、腦。以十二行廣取水界，此身有於膽、唾、膿、血、汗、脂、淚、肪水、唾、涕、涎、尿。以四行廣取火界，以是熱，以是暖，以是溫，以是平等消飲食噉嘗，此謂火界。以六行廣取風界，向上風，向下風，依腹風，依背風，依身分風，出入息風。如是以四十二行見此身，唯有界，無衆生無命。如是已廣取諸界。

僧伽婆羅譯《解脱道論》卷八 問：云何諸鬼等異形。答：如鬼入人，身成其身，以鬼形成起四行。以地界和合成堅，以水界和合成流，以火界和合成熱，以風界和合成輕動，如是鬼形等名大。大者，是語言義。

問：地界、水界、火界、風界者何義。答：廣大名地義，可飲守護是水義，令光明是火義，去來是風義。界者何義。持自相爲義。復次，地自性是地界，水自性是水界，火自性是火界，風自性是風界。云何地自性。是堅性、強性、厚性、不動性、安性、持性，此謂地性。云何水性。濕性、澤性、流性、出性、滿性、增長性、喜性、結著性，此謂水性。云何火性。熱性、暖性、蒸性、熟性、燒性、取性，此謂火性。云何風性。持性、冷性、去來性、輕動性、低性、取性，此謂風性。此界義，如是以語言義應觀界。

問：云何以事觀界。答：地界持爲事，水界結著爲事，火界令熟爲事，風界遮爲事。復次，地界立爲事，水界下入爲事，火界令上爲事，風界動轉爲事。復次，二界近故成舉初步。復次，二界近故成舉後步，二界近故成初坐臥。復次，二界近故成後行立，二界近故成初懈怠睡眠，二界近故成後精進勇猛，二界近故成初重，二界近故成後輕。如是以事觀四大。

云何以聚觀四大。聚者，地界、水界、火界、風界，依此界成色香味觸。此八法，或多共生住不相離。此合和名聚。彼復成四種，地聚、水聚、火聚、風聚。於是地聚地界成最多，水界、火界、風界次第成最少。於水聚水界成最多，地界、風界、火界成最少。於火聚火界成最多，地界、風界、水界成最少。於風聚風界成最多，火界、水界、地界次第成最少。如是以聚觀諸界。

問：云何以散觀四大。答：觀於地界，從於最細隣空微塵生。此地爲水所和故不散，爲火所熟成不臭，爲風所持成轉。如是觀。復先師說，中人身，地界碎之爲塵，成一斛二升。是時，以水和合，成六升五合。以火令熟，隨風起迴轉。如是以散觀諸界。

問：云何以不相離觀四大。答：地界水所攝，火所熟，風所持，如是三界和合。水界者住於地處，火所熟風所持，如是三界所攝。火界者住於地處，水所攝風所持，如是三界所熟。風界住於地處，水所攝火所熟，如是三界所持。於地住三界，水所攝三界不散，火所熟三界成不臭，風所持三界得轉直住不散。如是此四界，依展轉成住不散。如是以不離觀諸界。

僧伽婆羅譯《解脱道論》卷一〇 於是初坐禪人樂脱老死，樂除生死因，樂除無明闇，樂斷愛繩，樂得聖慧，於五處當起方便。所謂陰方便。入方便。界方便。因緣方便。聖諦方便。問：云何陰方便。答：五陰色陰受陰想陰行陰識陰。問：云何色陰。答：四大、四大所造色。云何四大。地界、水界、火界、風界。云何地界。堅性堅相，此謂地界。云何水界。水濕和合色，此謂水界。云何火界。火煖熟色，此謂火界。云何風界。風持色，此謂風界。

初坐禪人以二行取諸蓋，以略以廣如說觀四大，如是可知。

云何四大所造色。眼入、耳入、鼻入、舌入、身入，色入、聲入、香入、味入，女根、男根、命根，身作、口作，虛空界色、輕色、軟色、堪受持色、增長色、相續色、生色、老色、無常揣食處色、眠色。

云何眼入。以是見色有對，依彼眼識起，此謂眼入。復次，依眼睛，肉揣白黑眼珠三圓。於肉血風痰唾，五重內住，如半芥子，大如蟣子頭。初業所成，四大所造，火大最多。此清淨色，謂爲眼入。如大德舍利弗所說，以眼識清淨見諸色，或小或微，如牖柯喻。

云何耳入。以是聞聲，於是聲有對，依耳識起，此謂耳入。復次，於二孔赤毛爲邊，依膜住，如青豆莖，初業所造，空大最多。四大所造清淨色，此謂耳入。

云何鼻入。以是聞香，於是香有對，依鼻識起，此謂鼻入。復次，於鼻孔中三和合，依細孔住，如拘毘陁羅形，初業所造，風大最多。四大所造清淨色，此謂鼻入。

云何舌入。以是知味，於是味有對，依舌識起，此謂舌入。復次，於舌肉上，兩指大住，如欝波羅花形，初業所造，水大最多。四大所造清淨色，此謂舌入。

云何身入。以是覺觸，於是觸有對，依身識起，此謂身入。復次，除毛、髮、爪、齒。所餘不受。於一切受身，初業所造，地大最多。四大所造清淨色，此謂身入。

寶亮《大般涅槃經集解》卷六六 寶亮曰：外道計言，外四大力強，能增長內四大，而內四大力弱，不能增長外四大也。今佛言不爾，無有外四大力獨能增長內四大者。何以然。如穀子是內，地、水等是外。若言力強故能增者，何故水、土與穀子初並時不即生，要待後時方生而不爾。當知，先有穀子爲正因，後得水土爲緣因，故次第得生。何容直外四大力能增長於內四大耶。

沙門、僧旻、寶唱等《經律異相》卷四六 有四大天神，一者地，二者水，三者風，四者火。地神自念云：地無水、火、風。佛曰：地中有水、火、風，但地大多，故得名耳。水、火、風神，皆各同然。佛爲說法，皆受五戒，爲優婆夷。

曇無讖譯《大般涅槃經》卷一二 復作是念，若識非我，出息入息或能是我。復作是念，是出入息直是風性，而是風性乃是四大，四大之中何者是我。地性非我，水、火、風性，亦復非我。復作是念，此身一切悉無有我，唯有心風，因緣和合，示現種種所作事業。譬如呪力幻術所作，亦如箜篌隨意出聲。是故此身，如是不淨，假衆因緣和合共成。【略】

云何爲病。病謂四大毒蛇互不調適。亦有二種，一者身病，二者心病。身病有五，一者因水，二者因風，三者因熱，四者雜病，五者客病。客病有四，一者非分強作，二者忘誤墮落，三者刀杖瓦石，四者鬼魅所著。心病亦有四種，一者踴躍，二者恐怖，三者憂愁，四者愚癡。復次，善男子！身心之病，凡有三種。何等爲三。一者業報，二者不得遠離惡對，三者時節代謝。生如是等因緣名字受分別病。因緣者，風等諸病。名字者，心悶肺脹上氣咳逆心驚下痢。受分別者，頭痛目痛手足等痛。是名爲病。

曇無讖譯《大般涅槃經》卷二三 菩薩摩訶薩得聞受持《大涅槃經》，觀身如篋，地、水、火、風如四毒蛇。見毒、觸毒、氣毒、齧毒，一切衆生遇是四毒，故喪其命。衆生四大，亦復如是。或見爲惡，或觸爲惡，或氣爲惡，或齧爲惡，以是因緣遠離衆善。

復次，善男子！菩薩摩訶薩觀四毒蛇。有四種姓，所謂刹利、婆羅門、毗舍、首陁。是四大蛇亦復如是，有四種性，堅性、濕性、熱性、動性。是故菩薩觀是四大與四毒蛇同其種性。

復次，善男子！菩薩摩訶薩觀是四大如四毒蛇。云何爲觀。是四毒蛇常伺人便，何時當視，何時當觸，何時當噓，何時當齧。四大毒蛇亦復如是，常伺衆生求其短缺。若爲四蛇之所殺者，終不至於三惡道中。若爲四大之所煞害，必至三惡道定無有疑。是四毒蛇，雖復瞻養，亦欲煞人。四大亦爾，雖常供給，亦常牽人造作衆惡。是四毒蛇，若一瞋者，則能煞人。四大之性亦復如是，若一大發，亦能害人。是四毒蛇，雖同一處，四心各異。四大毒蛇亦復如是，雖同一處，性各別異。是四毒蛇，雖復恭敬，難可親近。四大毒蛇亦復如是，雖復恭敬，亦難親近。是四毒蛇若害人時，或有沙門、婆羅門等，若以呪藥，則可療治。四大煞人，雖有沙門、婆羅門等神呪良藥則不能治。如自喜人聞四毒蛇氣臭可惡，則便遠離。諸佛菩薩亦復如是，聞四大臭，即便遠離。

爾時，菩薩復更思惟四大毒蛇，生大怖畏，背之馳走，修八聖道。

佛陁耶舍共竺佛念譯《長阿含經》卷一六 比丘白我言：世尊！今此四大，地、水、火、風，何由而滅。時，我告言：比丘！猶如商人臂鷹入海，於海中放彼鷹飛空東西南北，若得陸地則便停止，若無陸地更還歸船。比丘！汝亦如是，乃至梵天問如是義，竟不成就，還來歸我。今當使汝成就此義。即說偈言：

何由無四大，地水火風滅。何由無麁細，及長短好醜。何由無名色，永滅無有餘。應答識無形，無量自有光。此滅四大滅，麁細好醜滅，於此名色滅，識滅餘亦滅。

佛陁耶舍共竺佛念譯《長阿含經》卷一七 彼報我言：受四大人取命終者，地大還歸地，水還歸水，火還歸火，風還歸風，皆悉壞敗，諸根歸空。若人死時，牀輿舉身置於塚間，火燒其骨如鴿色，或變爲灰土，若愚、若智取命終者，皆悉壞敗，爲斷滅法。

鳩摩羅什譯《摩訶般若波羅蜜經》卷五 復次，須菩提！菩薩摩訶薩觀身四大，作是念：身中有地大、水大、火大、風大，譬如屠牛師、若屠牛弟子，以刀殺牛，分作四分。作四分已，若立若坐，觀此四分。菩薩摩訶薩亦如是，行般若波羅蜜時，種種觀身四大，地大、水大、火大、風大如是。須菩提！菩薩摩訶薩内身中循身觀，以不可得故。

竺佛念譯《最勝問菩薩十住除垢斷結經》卷二　復當曉了非常苦空非身之業。其知是者，乃達五陰諸法慧義，亦無起滅邊際。所生地水火風不見增減，觀於法界亦無剛柔。究尋水性，則無有水有所潤漬。思惟火界，復不見熱。了風境界，不見施張有動搖者。分别四大，不見有起生滅增減，便能曉知言數之慧。廣慧深慧，無比之慧。謂眼見色，便生識想。以法界觀，亦無眼視，悉知虚寂。

竺佛念譯《最勝問菩薩十住除垢斷結經》卷五　非常、苦、空、非身之法，有目之士能達此者，是謂菩薩心無增減，不見苦樂善惡好醜，都無三世緣起之著。地種爲剛，境界自然。水性爲濕，性自柔軟。火性隆熾，性自然熱。風性漂搖，動轉不住。法性觀察，寂無四大。地水火風，爲從何生。復從何滅。若菩薩分别法界，設地增者，水火風性各各不如，神識自溺漸不相應，地重神輕各欲相離。若水增者，地火風界轉轉衰微，神輒欲移不安其宅。猶如有人處在靜室，意欲出行造餘村落，先出右脚在門閾外，是謂地大增也。次出右手復在門外，所謂水性增也。轉出左脚在門閾外，是謂火性增也。復出左手在於門外，可謂風性增也。進前趣路，是謂神以逝矣。詣村落者，趣五道也。其知是者，乃了法界，不堅、不柔、不熱、不輕。剛爲所在，柔爲所至。熱爲所趣，輕爲所向。如是菩薩分别法界，觀了亦無處所，思惟法界性自不同，養神長體各自殊異。四大之中火爲盛毒，餘三大者性自相應。所以然者，菩薩當觀内外四大亦復如是。三界衆生四大不同，欲尋其原莫知處所。

竺佛念譯《最勝問菩薩十住除垢斷結經》卷一〇　佛告最勝：善哉！族姓子。諦聽，善思念之，吾當與汝説無色定。所謂無色者，非有色也。四大造色，乃謂爲色。彼無此色，乃謂無色。夫色有五，乃成四大。唯無形色，故謂無色。痛色、想色、行色、識色，非是凡夫五通所覩，唯有如來、阿維顔、菩薩乃見彼色。

佛復告：族姓子，不退轉菩薩執權方便，入寂靜定意三昧正受，往遊有想無想天上，與彼微識説微妙法空無相願，六身受法無起滅行，漸漸與説生法、老法、病法、死法。

所謂生者，在母胞胎生藏下熟藏上，四大已具便當别離。宿有善行，如遊浴池後園觀看。宿積惡者，如登嶮谷荊棘上卧。

復與演説識神所趣。我人壽命，不可久保。於中拔濟，識神得寤。唯於阿蘭迦蘭，如此之比，不可稱數。億千那術，諸佛在前，各現殊特甚深之法。本識愚惑如器穿漏，不受正法道品之教。一劫若減一劫乾燒，如是經歷億百千那術之數劫數乾燒。或有一劫一佛出世，或有一劫二佛出世，或於一劫百佛千佛億百千佛。如是之比，然後乃受正教。

復與演説老耄之法。所謂老者，諸根純熟，皮緩面皺，悲愁呻吟，厭患四大，無復少壯榮華之心。此法衰耗，不可久保。

次復與説四大參差，地水火風。地勝水性，水勝火性，火勝風性。互有增減，便成其疾。或生瘡痍，萬病所逼，膿血流溢，不可瞻覩。

以次與説無常變易。如水上泡，一生一滅。生者自生，滅者自滅。生不自生，滅不自滅。無想神識即於彼處，隨其所趣各獲果證，於無餘泥洹界而般泥洹。

最勝菩薩白佛言：世尊！向聞如來四大參差神識所居，地增水減則生其疾，水增火減則生其疾，火增風減則生其疾。又復聞佛説，風增火減，火增水減，水增地減。識非四大，四大非識。今聞佛説，一大增三大病，三大增一大病。四大具足，神識得寧。衰由四大，非識所生。云何，世尊，病由四大，爲識所生。

佛告最勝：識非四大，四大非識。識不離四大，四大不離識。是故一大增諸大病，識大增一大病，識隨衰耗。

又問爲：四大病爲識神病耶。

答曰：識由大病，大由識病。

又問識由四大乃自役用。捨身受形四大各歸。其本識神何不滅乎。

佛告族姓子。善哉善哉。於如來前乃發斯問。吾當與汝一一分别。識者無形而不可見。識非有識因大爲識。四大盡增則識有病。病非四大由識而生。萬病增減皆由識生。從初發意乃至成佛。神識無垢不由四大。

鳩摩羅什譯《維摩詰所説經》卷中　文殊師利言：居士所疾，爲何等相。

維摩詰言：我病無形，不可見。

又問：此病身合耶。心合耶。

答曰：非身合，身相離故。亦非心合，心如幻故。

又問：地大、水大、火大、風大，於此四大，何大之病。

答曰：是病非地大，亦不離地大，水、火、風大，亦復如是。而衆生病，從四大起，以其有病，是故我病。

鳩摩羅什譯《維摩詰所説經》卷中 文殊師利言：居士！有疾菩薩云何調伏其心。

維摩詰言：有疾菩薩應作是念，今我此病，皆從前世妄想顛倒諸煩惱生，無有實法，誰受病者！所以者何。四大合故，假名爲身。四大無主，身亦無我。又此病起，皆由著我。是故於我，不應生著。既知病本，即除我想及衆生想，當起法想。應作是念，但以衆法，合成此身。起唯法起，滅唯法滅。又此法者，各不相知，起時不言我起，滅時不言我滅。彼有疾菩薩爲滅法想，當作是念，此法想者，亦是顛倒，顛倒者即是大患，我應離之。云何爲離。離我、我所。

鳩摩羅什譯《禪祕要法經》卷上 佛告阿難：得此觀已，復當更敎繫心住意，諦觀脊骨，於脊骨間，以定心力作一高臺想，自觀己身，如白玉人結加趺坐，以白骨光普照一切。作此觀時，極使分明。坐此臺已，如神通人，住須彌山頂，觀見四方，無有障閡，自見故身，了了分明。見諸骨人，白如珂雪，行行相向，身體完具，無一缺落，滿於三千大千世界，此名白光想成。次見縱骨，亦滿三千大千世界。復見橫骨，亦滿三千大千世界。見青色骨人，行行相向，滿三千大千世界。復見黑色骨人，行行相向，滿三千大千世界。復見膖脹人，行行相向，滿三千大千世界。復見膿癩人，復見膿血塗身人，滿三千大千世界。復見爛壞擧身蟲出人，滿三千大千世界。復見薄皮覆身人，滿三千大千世界。復見皮骨相離人，滿三千大千世界。復見赤如血色人，滿三千大千世界。復見濁水色人，滿三千大千世界。復見淤泥色人，滿三千大千世界。復見白骨人，毛髮爪齒，共相連持，滿三千大千世界。次見三百六十三節解，唯角相拄，如此骨人，滿三千大千世界。次見節節兩向解離相去三指許間有白光人，滿三千大千世界。次見散白骨人，唯有白光，共相連持，滿三千大千世界。如是當見衆多白骨人，數不可説。得此觀時，當起想念，我此身者，從四大起，枝葉種子，乃至如是不淨之甚，極可患厭。如此境界，從我心起，心想則成，不想不見。當知此想是假觀見，從虛妄見，屬諸因緣。

我今當觀諸法因緣。云何名諸法因緣。諸法因緣者，從四大起。四大者，地、水、火、風。復當觀是風大，從四方起。一一風大，猶如大蛇，各有四頭，二上二下。衆多耳中，皆出是風。此觀成時，風變爲火。一一毒蛇，吐諸火山。其山高峻，甚可怖畏。有諸夜叉，住火山中，動身吸火，毛孔出風。如是變狀，遍滿一室。滿一室已，復滿二室。滿二室已，漸漸廣大，滿一由旬。滿一由旬已，滿二由旬。滿二由旬已，滿三由旬。滿三由旬已，轉復廣大滿閻浮提。見諸夜叉，在火山中，吸火負山，毛孔出風，周慞馳走，遍閻浮提。復驚夜叉以逼行者。見此事時，心大驚怖，求易觀法。易觀法者，先觀佛像，於諸火光端，各作一丈六佛像想。此想成時，火漸漸歇，變成蓮華，衆多火山，如眞金聚，內外映徹。諸夜叉鬼，似白玉人。唯有風大，迴旋宛轉，吹諸蓮華。無數化佛，住立空中，放大光明，如金剛山。是時，諸風靜然不動。時四毒蛇，口中吐水，其水五色，遍滿一牀。滿一牀已，復滿二牀。滿二牀已，次滿三牀。如是乃至，遍滿一室。滿一室已，次滿二室。滿二室已，次滿三室。如是乃至，遍滿十室。水滿十室已，見五色水，色色之中各有白光，如頗梨幢，有十四重，節節皆空。白水涌出，停住空中。此想成時，行者自見身內心中有一毒龍。龍有六頭，繞心七匝，二頭吐水，二頭吐火，二頭吐石。耳中出風。身諸毛孔，各生九十九毒蛇。如是諸蛇，二上二下。諸龍吐水，從足下出，流入白水，如是漸漸，滿一由旬，皆見是事。滿一由旬已，復滿二由旬。滿二由旬已，滿三由旬。如是乃至滿閻浮提。滿閻浮提已，是時毒龍從臍而出，漸漸上向，入於眼中，從眼而出，住於頂上。

爾時，諸水中有一大樹，枝葉四布，遍覆一切。如此毒龍，不離己身，吐舌樹上。是龍舌上，有八百鬼。或有鬼神，頭上戴山，兩手如蛇，兩腳似狗。復有鬼神，頭似龍頭，擧身毛孔，有百千眼。眼中火出。齒如刀山，宛轉在地。復有諸鬼，一一鬼形，有九十九頭，各有九十九手。其頭形狀，極爲醜惡，似狗野干，似狸似貓，似狐似鼠。是諸鬼頸，各負獼猴。是諸惡鬼，遊戲水中，或有上樹騰躍透擲。有夜叉鬼，頭上火起，是諸獼猴，以水滅火。不能制止，遂使增長。如是猛火，從其水中頗梨幢邊忽然熾盛，燒頗梨幢，如融眞金，焰焰相次，繞身十匝住行者上，如眞金蓋。有諸羅網，彌覆樹上。此眞金蓋，足滿三重。爾時，地下忽然復有四大惡鬼，有百千耳，耳出水火。身毛孔中，雨諸微塵。口中吐風，充滿世界。有八萬四千諸羅刹鬼，雙牙上出，高一由旬。身毛孔中，霹靂火起。如是衆多，走戲水中。復有虎、狼、師子、豺、豹、鳥獸，從火山出，遊戲水中。見是事時，一一骨人，滿娑婆界，各舉右手。時諸羅刹，手執鐵叉，擎諸骨人，積聚一處。爾時，復有九色骨人，行行相次，來至行者所。如是衆多百千境界，不可具說。佛告阿難：此想成時，名四大觀。汝好受持，愼勿忘失。爾時，阿難聞佛所説，歡喜奉行。此想成時，名第十二地大觀火大觀風大觀水大觀，亦名九十八使境界。【略】

佛告阿難：此想成已，復當更教繫念，諦觀身內地大。身內地大者，骨、齒、爪、髮、腸、胃、腹、肝、心、肺，諸堅實物悉是地大，精氣所成。外地無常。所以知之？譬如大地，二日出時，大地焦枯。三日出時，江河池沼，悉皆枯竭。四日出時，大海三分減二。五日出時，大海枯盡。六日出時，大地焰起。七日出時，大地然盡。外地猶爾，勢不支久，況身內地，當復堅牢。爾時，行者應自思惟：今我此身，髮是我耶。爪是我耶。骨是我耶。身諸五藏，爲是我耶。如是諦觀，身諸支節，都無有我。自觀諸骨，一一諦觀。此骨者，從何處生。父母和合，赤白精時，如乳時，如泡時，如是歌羅邏時，如安浮陁時，如是諸時，何處有骨。當知此骨本無今有，已有還無。此骨者，同虛空相。外地無常，內地亦爾。作是思惟時，諦觀己身，一切諸骨，自然破散，猶如微塵。入定觀骨，但見骨處，不見骨相。出定見身，如前無異。復當更觀身內諸火，從外火有。外火無常，無有暫停。我今身火，何由久熱。作是觀時，觀諸骨上，一切火光，悉滅不現。復當更觀身內諸水。我此諸水，因外水有。外水無常，勢不支久。內水亦爾，假緣而有，何處有水及不淨聚。外風無常，勢不支久，從因緣生，還從緣滅。今我身內所有諸風，假僞合成，強爲機關。何處有風。從妄想起，是顛倒見。作是思惟時，不見身內。諸龍耳中，所有諸風，悉滅不現。如是種種諦自思惟，何處有人及地、水、火、風。觀此地是敗壞法，觀此火猶如幻，又觀此風從顛倒起，觀此水從虛妄想現。作是觀時，行者見身猶如芭蕉中無堅實，或自見心如水上泡，聞諸外聲猶如谷聲。作是觀時，見諸骨上一切火光見白光水，見諸龍風悉在一處。觀身靜寂，不識身相，身心安隱，恬泊悦樂。如此境界，名第十五四大觀竟。

鳩摩羅什譯《禪祕要法經》卷下 爾時，行者內自思惟：此無明者，從何處來。孚乳產生，遍滿三界。觀此無明，假於地大而得成長，依於風大而得動搖，因於地大體堅不壞，火大照育，水成衆性，如是動作，風性不住，水性隨流，火性炎盛，地性堅鞕，此四大性。二上二下，諸方亦二。東方者，成色陰性。南方者，成受陰性。西方者，成想陰性。北方者，成行陰性。上方者，成識陰性。此五受陰，依無明有從觸受生，樂觸因緣生於諸受，受因緣生愛取有，有因緣故生於三界。九十八使及諸結業，纏縛衆生無有出期。如是諸業，從無明有，依癡愛生。此無明者，本相所出。從何而生，遍布三界，於諸衆生爲大纏縛。我今應觀無明識相從何處起。此無明者，爲是地大，爲離地大，爲與地合，爲從地生，爲從地滅。地性本空，推地無主。云何無明，起癡愛想緣行而有，而此諸行及愛取有，爲從風起，爲從水生，爲火所照。如此四大，一一諦觀。此諸大者，實無性相，同如實際。

鳩摩羅什譯《坐禪三昧經》卷下 云何爲名。無色四分痛想行識，是謂名。云何爲色。一切色四大及造色，是謂色。云何四大。地，水，火，風。云何地。堅重相者，地。濡濕相者，水。熱相者，火。輕動相者，風。餘色可見。有對無對，是名造色。名色和合，是謂名色。

竺佛念譯《菩薩瓔珞經》卷二 佛告無頂相菩薩曰：云何，族姓子，聲從耳出，爲從外來。答曰：外識不從內識。

又問：口出言教，或大或小。由口耳識聞，不由口耳識聞。答曰：或由口聞，或不由口聞。

又問：云何由口聞，不由口聞。答曰：口出音響，此則由口聞。地、水、火、風、山河、石壁，此不由口聞。

又問：口出音響，得稱爲識。地、水、火、風，可無識乎。答曰：地、水、火、風，非口識也。

又問：云何成就口識。答曰：四大也。

又問：口非四大，今言四大耶。答曰：有識四大，不言無識四大。

又問：云何言有識四大，不言無識四大。答曰：有識四大，口識是也。無識四大，地、水、火、風也。

又問：有識四大，豈非地、水、火、風乎。對曰：然。

又問：無識四大，何者是耶。答曰：地離水則無識，水離火則無識，火離風則無識，風離空則無識，空離識則無識，是謂四大無識。

又問：有識四大所出音響，地耶。水耶。火耶。風耶。空耶。識耶。答曰：普聚。

又問：除四大，識爲所在。答曰：識無所猗。

又問：地、水、火、風，同聲同響，不説識乎。答曰：識獨無侶，故無識耶。

又問：識獨得稱識耶。答曰：識獨非識。

又問：識獨非識，云何依地、水、火、風耶。有爲耶。無爲耶。答曰：如是。

又問：識離死胎，復有處耶。答曰：有。

又問：何者盡苦本。答曰：無盡識是也。時，無頂相菩薩復問：大成就識。識成就大。

答曰：大成就識。又問：識所猗耶。答曰：諸大。

又問：地、水、火、風、空，離地、水、火、風、空，識爲所在。答曰：識無所在。

又問：滅盡耶。答曰：非也。

又問：非滅耶。答曰：非也。

又問：識非趣非不趣，此法非泥洹乎。答曰：非也。又問：識、泥洹有異乎。答曰：不異。

又問：泥洹復有泥洹四大也。答曰：無泥洹四大也。又問：有泥洹識耶。答曰：有泥洹識。

又問：地、水、火、風識，及泥洹識，有何差別。答曰：地、水、火、風識轉，泥洹識不轉，是謂差別。又問：地水火風離識。泥洹離識。有何差別。答曰。四大離識。不離過去當來現在。泥洹離識。永離過去當來現在。

又問：離四大識，離泥洹識，此識未在四大，未在泥洹。復有異乎。答曰：非也。

又問：四大離識，泥洹離識，不異乎。答曰：不異。

又問：識處泥洹成無爲法，識處四大成有爲法，不別耶。答曰：不別。

又問：若使不別，云何此有爲識此無爲識，有何異。答曰：有爲識成就四大，無爲識不成就四大，是故有異。

爾時，無頂相菩薩前白佛言：世尊！離四大識離泥洹識，亦不一亦不二何以故。識在四大，便有過去、當來、現在。識在泥洹，便無過去、當來、現在也。此識彼識，復有異耶。答曰：不異。

又問：何以故，説此四大識、此泥洹識。答曰：假號，非誠諦教。

鳩摩羅什譯《大智度論》卷四八 是身外四大變爲飲食，充實內身：堅者是地，濕者是水，熱者是火，動者是風。是四事入內即是身。是四分中，各各無我、無我所，隨逐自相，不隨人意。苦、空等亦如是説。

鳩摩羅什譯《大智度論》卷四八 欲以眼見事況所不見，故説譬喻：牛即是行者身，屠兒即是行者，刀是利智慧，奪牛命即是破身一相，四分即是四大。屠者觀牛四分，更無別牛，亦非是牛。行者觀身四大亦如是。是四大不名爲身，所以者何。此四，身一故。又四大是總相，身是別相。若外四大，不名爲身。入身中，假名爲身。我不在四大中，四大不在我中。我去四大遠，但以顛倒妄計爲身。用是散空智慧，分別四大及造色，然後入三念處，得入道。

曇摩耶舍、曇摩崛多譯《舍利弗阿毗曇論》卷二九 何謂共不淨想定。如比丘觀察自身，從頂至足，從足至頂，乃至皮膚，皆是不淨。謂骨齒爪髮薄皮厚皮，血肉筋脈脾腎心肺，大小便利涕唾膿血，膏肪腦膜淚汗骨髓，如明眼人觀倉中穀胡麻麥豆種種別異。如是比丘觀自身，從頂至足皆是不淨，如實人若想憶想，是謂不淨想。若定此想共生共住共滅，是名共不淨想定。復次，比丘！思惟骨知骨解骨受骨，乃至思惟淚汗知淚汗解淚汗受淚汗，如實人若想憶想，是名共不淨想定。復次，比丘觀四大身，此身有地大，水、火、風大。如屠牛師屠師弟子，屠牛四分，若坐若立觀此四分。如是比丘觀四大身，有地大，水、火、風大。觀此諸大，各各相違。此身諸大，依於外大，飲食長養羸劣不堅，念念摩滅暫住不久，如實人若想憶想，乃至是名共不淨想定。

三藏鳩摩羅什譯《百論》卷下 外曰：色應現見，信經故。汝經言：

色名四大及四大造。造色分中，色入所攝。是現見。汝云何言無現見色。

內曰：四大非現見，云何生現見。地堅相，水濕相，火熱相，風動相，是四大非眼見者。此所造色，應非現見。

外曰：身根取，故四大有。今身根取四大，故四大有，是故火等物四大所造亦應有。

內曰：火中一切熱故。四大中但火是熱相，餘非熱相。今火中四大都是熱相，是故火不爲四身。若餘物不熱，不名爲火，是故火不爲四身。地堅相，水濕相，風動相，亦如是。

僧肇《注維摩詰經》卷二　肇曰：夫萬事萬形皆四大成，在外則爲土木山河，在內則爲四支百體。聚而爲生，散而爲死。生則爲內，死則爲外。內外雖殊，然其大不異，故以內外四大類明無我也。如外地古今相傳，強者先宅，故無主也。身亦然耳，衆緣所成，緣合則起，緣散則離，何有眞宰常主之者。主壽人是一我，義立四名也。

鳩摩罗什《鳩摩羅什法師大義》卷中　什答曰：法身義以明法相義者，無有無等戲論，寂滅相故。得是法者，其身名爲法身。如法相不可戲論，所得身亦不可戲論若有若無也。先言無四大五根，謂三界凡夫麁法身。如法相寂滅清淨者，身亦微細。微細故，說言無。如欲界天身，若不令人見，則不見也。色界諸天，於欲界天亦爾。又如欲界人得色界禪定，有大神通，而餘人不見，以微細故。又如禪定無數色，雖常隨人，而不可見。雖有而微，微故不現。菩薩四大五根，復微於此。凡夫二乘，所不能見。唯同地以上諸菩薩，及可度者，乃能見耳。又如變化法中，說欲界變化色，依止欲界四大。色界變化色，依止色界四大。菩薩法身如是，似如變化，然別自有微細四大五根神通，非可以三界繫心及聲聞心所能見也。若得菩薩清淨無障礙眼，乃能見之。如《不可思議解脫經》說：十方大法身菩薩，佛前會坐聽法，爾時千二百五十大阿羅漢，佛左右坐，而不能見，以先世不種見大法身菩薩會坐因緣故。如人夢中見天上之園觀，及至覺時，設近不見。又如人入水火三昧若不聞者，雖共一處，都無所見。或人言法身菩薩神通，不須因假四大五根乃有施用。世間神通，要因四大五根耳，如地上火因木而出，天上電火從水而出，及變化火亦不因木有。當知不得以四大五根定爲神通之本，如佛變化種種之身，於十方國，施作佛事，從佛心出。菩薩法身亦如是，任其力勢，隨可度衆生，而爲現身。如是之身，不可分別戲論。如鏡中像，唯表知面相好醜而已，更不須戲論有無之實也。若神通乘衆器以致用，用盡故無器不乘者。聖人所可引導群生器用，無非神通，皆是初通中說神通之事。或有功行所成，或有果報所得。若以果報得者，不須功業，隨意應物。非果報得者，假於定力，乃有所用。

鳩摩罗什《鳩摩羅什法師大義》卷中　什答曰：經言一切所有色，則是四大及四大所生，此義深遠難明，今略敘其意。地、水、火、風，名爲四大。是四法，或內或外。外者何也。則山、河、風、熱等是。內者，則骨、面、溫、氣等是。四大如是，無所不在，而衆生各各稱以爲身，於中次生眼等五根。五根雖非五識所知，亦不得謂之無也。所以者何。譬如髮爪，雖是身分，無所分別，以離根故。又如癩病之人，身根壞敗，雖有皮肉，而無所覺。是故當知，皮肉之內，別有覺用，又能生身識，以是故，名爲身根。假令身肉但有身根者，以指觸食，唯知冷熱，不知香味。是故當知，別有鼻、舌、根等。若然者，四大之身，必生五根，分別五塵故。五根之色，其爲微細，非五識所知，難了難明，是故佛名四大所生色。若問：五根難明，佛名爲四大生色者，五塵何以復名四大所生色耶。答曰：五塵亦復微細，如水月鏡像等，雖復眼見，無有餘塵。若離餘塵，則非是色。若聲從觸有，謂爲可聞，無有住處，時過則滅，因緣雖存，無聲可聞。若香離色味觸，則不可得，味觸亦然。是故五塵，亦名四大所生色。以其小故，或言身根遍於一體，其餘四根少分處生。如瞳子內鍼頭之處，眼根見色，餘處因此，總名爲眼。其餘根皆亦如是。身根所觸，審有所覺。凡夫之人身所覺事，以之爲實。如人得罹於官，苦以刀杖治之，終不以餘塵爲用也。樂亦如是。衆生多五欲，於細滑中，婬欲偏重，乃有隨而死者，是故佛經或以之爲初。又如人盡見於色，闇中雖無所見，以身觸故，便得其事。當知身根常有實用，餘根無有此力。又身根遍生身識，是故身所覺法，名爲四大。若問身根所覺有十一事，何故但說四法爲大也。答：其餘七法，皆四大所攝。四大爲根本，是其氣分耳。輕重是覺分，堅是相密。若分散則爲輕物，若集之則爲重物。澁亦然。地有二種，一微塵，次密相近，名爲滑物。若微塵疎遠，名爲澁物。寒是風水之分，水常冷相。若與火合則熱，離火還歸本相。風亦冷相，若火力偏多，名爲熱風，離火還爲冷風。如熱時搖扇，即得冷風。又身內風發，便令體冷，若服熱藥，冷風則止。水有二相，一爲流相，二爲冷相。經中多說流相，以相常有不可壞故。一切法皆有二相，客相、舊相。佛通達一切法本末故，說其舊相。如水或與火相，可使爲熱，流是舊相，雖與熱合，猶不捨流相，是故寒是火所攝。飢渴者，以人腹內風火力故消食，消食已則從剋人身。是故飢雖食難消之物，而無所患，以能消故。若如是分別，四大氣分，乃應無量。如長短、此彼、麁細、方圓、燥濕、合散等，皆可以身根覺知。何止七事耶！佛是一切智人，是故但說四大色，及四大所生色。或言眼見草木，從種出生，如是細爲麁因，如種中無樹，推樹爲從何來。有人言無因無緣，自然而生。或有人言萬物皆從大生，有人言從微塵生，有人言從常性生。唯佛言從四大生，所謂種中地、水、火、風也。此中雖有餘物，佛但說四大，以四大能利成果故。堅相能持，水相能爛，火相能成熟，風相能增長。如是樹得成茂，色等無有此用，是故不說。又內四大，人初入胎時，地能持之，水能和合，火能成熟，風能開諸竅，令得增長。爾時，小兒未有眼等根故，不能分別。以初得身根故，而分別四大所能。是故說一切色，皆四大爲根本，如經說六種、十二觸、十八意行、四善處，名之爲人。是中分別義者，如小兒初入胎時，未有眼等故，但有六種，四大虛空及識。雖有色香味等，以其不覺，不爲利益，故不說也。六入既成，於外麁受樂，名爲觸生受。而復意識，常多發用。眼識所見色，分別好醜中間，乃至意所知法，分別好醜中間，是名十八意行。又終能住於四善之處。所謂樂分別諸法，是智慧處。樂實不虛，是諦諦處。樂捨則捨惡，是捨處。樂離憒鬧，是寂滅處。或言次第而生，如大劫盡時無所復有，唯有虛空。爾時虛空中，有諸方風來，互相對持。後有天雨，風持此水，水上有風，擾動而生水沫，水沫積厚，于乃成地，從生草木等。以觀一切水色，初始皆從風出。以能持故，是以說所有盡皆以四大爲根本。今色味等，亦爲四大因緣。四大亦爲色等之因緣。但以初得名故，如穀子中，大有色有味等。牙時色味等，亦有四大，但分別先後因果，得其名耳，如內四大。初入胎時，繫在赤白不淨之中，雖有色香味，以無眼等故，不覺不知。唯有身根，覺知四大有用。佛因此心故，說四大爲生色之

本。是故十二因緣中，第三因緣時，雖有四大所生色，以微細未能遮識，識增發故，說識因緣名色。歌羅羅時，四大成就，反名爲色。歌羅羅時，中識成就，反名爲名。所謂成就者，了了相現也。是故說內四大爲生色之本。佛言所有色四大，四大生有，是總相說耳。或有三大、二大、一大、四大者如身也。三大者，如死人身中無有火、大。二大者，如熱水熱風熱合名等。一大者，如風。風中無有地水也。四大生色中亦如是。或四或一。如飲食，有味香觸。如淨潔玉器承天雨，但有色味觸，無有香氣。地氣合故，乃可有香。如火從珠日出者，無香無味，但有色觸。燒爲觸，照爲色。如鏡像水月，唯有一色。四大不能自造而能造者，經無此說，亦無造名，但傳譯失旨耳。佛唯說所有色，若四大、四大所生，因四大復生四大。如種中四大，復生芽中四大。芽中四大所生，復生四大所生色，亦互相生如前說。又外道說，四大是常，無時不有。若佛說所有色，皆是四大，則外道增其邪見。是故佛言，色非，唯四大而已。因四大故，更有色生，是名四大所生色。是色有三種，善、不善、無記。以善身口業色，能生天人報四大。不善身口業色，能生三惡處報四大。無記色，自然因共生或生畜生，而生中不正說。從四大生者，皆是四大所生色。如《阿毘曇》因。《阿毘曇》中亦如是說。若然者，云何言四大不自生也。如人還生人，分別四大。一陰一入界所攝，但四大，則無別陰界入，以四大少故。四大所生色陰，十一入，十一界所攝。若但四大所生色，則無別陰也，十入十界所攝，如是四大、四大所生色，雖沒自生，生彼無咎。所以者何。生生之大，以有空名。如前說水月鏡像。阿毘曇人，有法相者，謂是陰界入故攝。如經說三種色，有色可見有對，有色不可見有對，有色不可見無對。又如不見不聞不齅不味不觸，尙名爲色，何況眼鏡像，如非色耶。是故水月幻化等，是可見色。而佛法爲度衆生故，說水月鏡像影響炎化喻等。默人終不貪著，謂之爲有。是故以爲空喻，如幻化色，雖是不實事，而能誑惑人目。世間色像，亦復如是。是以過五百年後，而諸學人多著於法，墮於顚倒。佛以幻化爲喻，令斷愛法，得於解脫。是故或時說有，或時說無。凡夫人無有慧眼，深著好醜麁細等，起種種罪業，如是何得言無耶。佛說一切色，皆虛妄顚倒不可得，觸捨離性，畢竟空寂相。諸阿羅漢以慧眼，諸菩薩以法眼，本末了達，觀知色相，得言定有色相耶。諸佛所說，

好醜此彼，皆隨衆生心力所解，而有利益之法。無定相，不可戲論。然求其定相，來難之旨，似同戲論也。

菩提留支譯《大薩遮尼乾子所説經》卷七　如是觀色，略有二種，一者四大，二者依四大。四大者，謂地、水、火、風。依四大者，謂色、香、味、觸。如是廣有八種色相。離彼色相，無彼色相，滅彼一切諸色相，名過一切色相。

般若流支譯《正法念處經》卷一三　四者，所謂地界、水界、火界、風界。地界瞋怒，一切身分不堅破壞，如兩石間押水聚沫，如押沙揣。一切身骨身分脈道斷絶散壞，普彼人身受第一苦，如是地界瞋怒故爾，以惡業故。水界瞋怒，咽喉不利，抒氣欲死，筋肉皆緩，見大水漂，流入眼耳。火界瞋怒，自見其身在大屋中而被燒燃，受大苦惱，一切身分受堅鞕苦。以受苦故，呻喚迴轉，手足亂動，頭不暫住。風界瞋怒，有堅澁觸，種種輕冷，一切身分堅鞕閉塞。種種能吹，輕者上去，如昇虚空。墮大嶮岸，冷能攣縮一切筋卷。彼人四大，臨欲死時，四大力盛，如是四大毒蛇瞋怒，受如是等種種苦惱。彼苦惱者，無有譬喻。

求那毗地譯《佛説百喻經》卷一附《百喻經》卷上　是時會中有異學梵志五百人俱，從座而起白佛言：吾聞佛道洪深，無能及者，故來歸問，唯願説之。佛言：甚善。問曰：天下爲有爲無。答曰：亦有亦無。梵志曰：如今有者，云何言無。如今無者，云何言有。答曰：生者言有，死者言無，故説或有或無。問曰：人從何生。答曰：人從穀而生。問曰：五穀從何而生。答曰：五穀從四大火風而生。問曰：四大火風從何而生。答曰：四大火風從空而生。問曰：空從何生。答曰：從無所有生。問曰：無所有從何而生。答曰：從自然生。問曰：自然從何而生。答曰：從泥洹而生。問曰：泥洹從何而生。佛言：汝今問事何以爾深。泥洹者是不生不死法。

那連提耶舍譯《大方等大集經》卷三三　舍利弗！云何智者觀於無我。所謂觀身諦知無我，何以故。以和合故。復次，觀眼，亦無有我。何以故。四大合故。若眼轉瞬，即是風力。如是風者，因於虚空去來迴轉，而虚空性性無所有，亦不可説。若無所有、不可説者，即是無我，是故虚空實無有我。是空中風亦復無物，不可宣説，是故無我。如觀風、地亦如是。地亦無物，不可宣説，是故無我。水、火亦爾。是故當知眼之四大亦復無物，不可宣説，是故無我。

梵天白言：世尊！無香無臭。

闍那崛多譯《大法炬陁羅尼經卷》卷四　云何名爲身念處耶。身念處者，謂觀四大和合，假名爲身。何謂四大。夫四大者，即是地界、水界、火界、風界。是等四大和合共成。梵天！於意云何。如是地大爲香爲臭。

佛言：梵天！自餘諸大爲香爲臭。

梵天曰：如彼地大無香無臭，水、火、風大亦無香臭。

佛言：梵天！汝今云何作如斯説，此身如是種種不淨，臭惡盈滿，非倒説耶。

梵天白言：世尊！比丘云何觀身念處。

佛言：梵天，我亦不爲諸比丘等作此説也。

梵天復言：世尊！若我所説，四念處法非隨順者。比丘何緣觀身不淨。

佛告梵天：如是比丘見有身相，由取身故彼非正想。何以故。梵天！若四大聚合成一相者，即是假想。若有假想，即非正想。若非正想，是則名爲福伽羅想。梵天！是故我此四念處義不如是説。今我説者，説苦無邊，四大非有，若見四大和合一處共成此身，是亦身見。彼必不得如實想見。梵天！若有比丘，見身念身覺身是身，以見念故，彼不能得解脱世間及有頂處。是故若觀身念處者，見身非身也。梵天，如來亦説，汝諸比丘觀察此身，即是隨順涅槃之道，是名觀身正念處者。

闍那崛多譯《大威德陁羅尼經》卷四　佛告阿難言：阿難！如此等義，汝自解説。何者是肉眼。何者天眼。何者智眼。

阿難言：唯然，世尊！我承聖旨，今當解説。然此三眼，我當分别。言肉眼者，依四大生。何者四大。所謂地大、水大、火大、風大，此是四大。此等四大，離有非有，故言四大。

阿難！以是義故，汝等應知如非有四大，而阿羅漢亦不離大。地界亦大，水界亦大，火界亦大，風界亦大。阿難！於汝意云何，阿羅漢見實以不。

阿難白佛言：世尊！見實見非實。

阿難復問言：世尊！彼阿羅漢，云何見實。云何見非實。

佛言阿難：見非實者，是四顛倒。見非實者，是三界。見非實者，一切世間。見非實者，諸凡夫輩執、我執、衆生執、命者執、福伽羅執。阿難！此等是凡夫法，諸阿羅漢已知彼等。何者。是阿羅漢如實見耶，知一切法離，知一切法空，知一切法不定。阿難！阿羅漢見是等實，然於是中所有四大，彼凡夫輩取爲眞實。所取實故，彼等有轉。諸阿羅漢無法可取，以是義故，彼阿羅漢於有不轉。何者是物。貪欲是物，瞋恚是物，愚癡是物。無有物者，彼則不取。其阿羅漢於渴愛脫而不和合，是故阿羅漢名無物者，名空行者。何者空行。不取眼故，乃至不取耳、鼻、舌、身意，不取我，不取衆生，不取命者，不取福伽羅，不取過去現在未來。如是阿難，其阿羅漢不分別過去，不分別未來，不分別現在。其阿羅漢於三世中，已覺知平等，去、來、現在三世空故，如是等空空性不捨。何以故。去、來、現在不捨離故。於是法中誰得涅槃者，唯餘苦滅。所有苦者，彼即寂靜。所有苦者，彼即爲沒。何者爲苦。所謂無智。何者無智。謂不正念。何者不正念。阿難！若無常中常想，不淨中淨想，苦中樂想，無我中我想，四種顛倒，如是名爲不正念耶。以是義故，以四顛倒而生三界。言四倒者，彼等無實。阿難！以彼無實四顛倒而生四大。以是義故，四大無實。如是，阿難，如來所說肉眼是即爲疑，即是爲惑。

慧遠《**涅槃義記**》**卷九**　四大有二，一實，二假。堅、濕、煖、動四觸爲大，名之爲實。所依大地、河池之水、草、木、火等攬諸塵成，說爲假名。假名四大不造諸色，經論大同。實觸四大，望於諸色，亦造不造。

吉藏《**維摩經義疏**》**卷四**　又問：地大、水大、火大、風大，於此四大，何大之病。身心本是四大之所合成，身心可無，而四大或有，四百四病因四大起。今是何大之病。羅什云：外道但說三大病，不說地大，佛法具明四大起病。故一大不調，百一病總。四大合論，則有四病。答曰：是病，非地大，亦不離地大。水大、火大、風大，亦復如是。若即四大有病者，四大各處，則應有病。而四大各處，則無有病。故知不即。若離四大有病者，四大合時，應無有病。而四大會，遂其有病。故知非離。非即非離，因緣假合，則知病空。而衆生病從四大起，以其有病，是故我病。菩薩與衆生病，俱非即離。但衆生病，從四大起。菩薩病，從衆生起，非實四大違反而生。

吉藏《**維摩經義疏**》**卷六**　有三昧，名了法本，菩薩行之，疾得八萬四千諸度。諸度者，佛功德有三百五十種門，一一皆以六度爲因，便有二千一百諸度，用此對治四大六衰之患。四大成衆生身，修諸度得淨法身，故治四大也。六衰者，六塵惡賊，令人善法衰滅。修行諸度，起入佛境，不畏六塵，故治之也。四大爲內，六衰爲外。此之內外，由煩惱起。故治三毒等分，各有二萬一千，合八萬四千，是名入一切諸佛法門。

智顗《**金光明經文句**》**卷四**　又檢此身原由。一念妄想，託父母遺體，假名之始也。此赤白二渧，色陰也。覺苦樂，受陰也。想此苦樂，想陰也。具三性，行陰也。識於中住，識陰也。又精血是地大，濕是水大，煖是火大，氣命是風大，四大圍空是空種，心依此住是識種，此實法之始也。觀此身與名，依妄僞法，豈可爲眞，故言虛僞。空聚者，身名積聚，如水上泡，圍空而起，泡名亦起。起即有滅，泡名亦滅。無明業力，託父母體，即陰泡起。陰泡起即身名起，陰泡滅則身名滅，故言空聚也。

智顗《**金光明經文句**》**卷四**　《遺教》云：此五根者，心爲其主，此明託胎之始。心在諸根之初，名之爲主。其實不能控制諸根。根大相違，心爲受惱，身病時心亦隨病，寧得是主邪。或時更互論主。如地具四微，則鈍爲水所制。水但三微，爲火所制。火但二微，爲風所制。風有一微，爲心所制。心無有微，故得爲主，復爲四大所惱，主義不成，故言無正主也，無有諍訟者。若計有四大，則有相違，如四蛇相陵，四國相拒，可有諍訟。今觀四大空，不能得空便，故言無有諍訟也。此是結上法空之意也。

智顗《**金光明經文句**》**卷四**　妄想故起五句，明實法起之因緣。由妄想不了一念託胎，五陰得起也。業力機關者，善惡業是機關主，色陰是機關具。受想行陰，於中動作，去來進止，以自娛樂。識陰依六入住，故言空聚。四大所造，故言成立也。隨時增減共相殘害者，豎論增減者，如《涅槃》十時別異，從歌羅邏時名增，壯時名盛，老時名滅。橫論增減者，火增水減，水增火減，風地亦爾。又念念生滅。生是增，滅是減。又新諸根生故增，故諸根滅故減。又下文云。隨其時節共相殘害，春風、夏火、秋地、冬水增減（云云）。譬如四蛇初在篋時，名生。四蛇力敵，名壯。

互相強弱，名病。蛇鬭困暫息不動，謂爲調適。息已復鬭，蛇羸如老，蛇絕爲死，如是增減，此是果身。如此由乎集業。四分等如地，嗔如火，欲如水，癡如風，此四分互相違。《瑞應》云：貪欲致老，瞋恚致病，愚癡致死。例云，等分致生，集業相噬，致令四大增損（云云）。同處一篋者，此明篋同性異。蛇有螫毒。四大有八萬四千煩惱爲害，義同。《大經》以假身爲篋，身待四大，如篋貯蛇。篋壞則蛇去，身滅則大亡，如鳥在籠（云云）。又用業力爲篋，業持四大。業謝則大散，如鳥在籠，處處求出。心鳥亦然，未曾一念繫在身篋，恆常外馳。此則念念求死，非安身道也。其性各異者，二上升是陽，二下沈是陰。何故相違。猶其性別。性別，那能和合成身。諸方亦二者。四大對四方，風東，火南，地西，水北。又對四時，風春，火夏，地秋，水冬。東與南屬陽而上升，西與北屬陰而下沈，故言二上二下諸方亦二。若相對論者，東上西沈，南升北降。若論四維者，東方帶兩維，一維陽上，一維陰下，餘三方亦如是。或言一根中具四大，二上二下（云云）。悉滅無餘者，初見散滅，謂言風火向上，地水向下。比至上推不得於風火，下檢不見於地水，故言悉滅無餘也。

智顗《**金光明經文句**》**卷四**　水火風種散滅壞時下二行，明業謝棄苦器也。氣命盡是風去，故言散。煖盡是火去，故言滅。水盡則身爛，故言大小不淨盈流於外。地散滅是骨肉離解，故言如朽敗木。

如是諸大者，標四大法也。一一不實者，正明空觀也。若四大各守其性者，地守堅性，不應動不應煖。水守濕性，不應氷不應波。火守熱性，不應貞不應焰。風守動性，不應持不應觸壁而止。一大既有三性，非都堅，非都濕，非都熱，非都動，失本性故，則是不實，不實故空。《請觀音》云：地無堅性，水性不住，火從緣生，風性無礙。一一皆入如實之際，即其義也。上檢生空，故言何處有人。今檢法空，故言一一不實。不實者，即空也。本自不生者，即法本性不生不滅，非空非假觀也。體其元不生，中無和合，末亦不空。元無四大，四大何得而生。元既不生，中那和合。四大既不和合，寧得五陰和合。大陰既不和合，那得法空。本自不生不滅，非是觀智令其不生不滅，即事而理，此之謂也。以是因緣者，觀解因緣也。觀與理冥，達即空即假即中。

吉藏《**金光明經疏**》　第四從地水火風下四行偈明苦門。四大相違，風火上昇，地水二下。又復，風火其性是陽向東向南，地水陰性向西與北，故言諸方亦二。

吉藏《**金光明經疏**》　正問有四事。初一行，問病因緣。次一行，問病飲食。次一行，問病醫藥。次一行，問時節。

病因緣者，是四大五藏五緣。四大不調，五藏傷損，令諸根有病。如肝惡眼病，腎惡耳聾也。生病緣，多坐多眠得水病，多行多倚多語生風病。又多坐生熱病，多婬生一切病，則等分病也。又火少令痰飲多，若火多令熱多，若風多吹火增熱，水多痰增冷也。

病飲食者，有六。一過量食。二小量食。三過時食，大飢方食。四逆時食，未飢強與。五妨礙食，食肉竟飲生乳等。六不曾食而強食之，如南人飲漿，北人如飲乳。又蘇蜜等分服之即死，又苦菜和蜜食令不能男，竝是妨礙食。又風病人食冷濕味，令人度壽。若熱病飲酒，食小麥、生牛肉等，令人失眼咄血。若痰病食甜肥辛酢，令人鼻多汁下等。文言身火不滅者，若食飽熱病，應息而不息者，有病故也。水過損肺，即是痰病也。

治病藥者。病難有四，一風、二痰、三熱、四等分，此四種，各有三品。一者可治，此是新病，四大猶強也。二者恆治不差，此是四大過傷也。三者不可治，見有必死相故。若論藥品，如下文說。

病時節者，四月至五月風生時，六月七月風病起時，八月九月風滅時。次六月七月熱生時，八月九月熱起時，十月至正月熱滅時。次十月至正月水生時，二月三月水病起時，四月至七月水病滅時也。

吉藏《**金光明經疏**》　所以三過重答治病藥問者，初一段示未得病前以藥防護，次一段明得病時以藥治之。後一段明治病之後以藥補之。所以兩過答第二者，初明食能資身無病，後明食欲損身生病。第一文言醫方所說者，謂本草諸藥方中明飲食有宜不宜，不宜不依之也。第二中言代謝增損者，謂四時來去、四大增損也。第三中言六大者，即是六府，一大腸，二小腸，三脾，四三焦，就二傍光爲六。第四中言風病夏動者，夏毛孔開通，外風得入故也。熱病秋動者，秋時毛孔閉塞，熱伏內不通故也。第三等分冬發者，春時動水肺病不差，至秋動熱病不差，至冬具動一切病故也。肺病春增者，二月三月是二陰痰病起時故也。第五中言風病夏服肥膩等者。夏月毛孔開通，宜以肥膩塞之，鹹酢性熱消水，令體堅實，令風不問：云何破耶。

答：觀此眼根本來空寂，故不同六家之有。雖畢竟空，而眼見宛然，故異方廣之無。故《淨名經》云：有佛世尊得眞天眼，悉見諸法，不以二相義。《華嚴經》云：眼根入三昧，耳根起正受，觀眼無生無自性，說空寂滅無所有。如此等文，並明眼根宛然而無所見，雖無所見而無所不見，故空有無礙。空有既無礙，一根爲六用，六根爲一用。用能爲無用，無用而能用，以用無礙，是故唯佛得稱爲我。我者，謂自在義也。

智顗《摩訶止觀》卷七上　又復當知，四大成身，二上二下，互相違返。地遏水，水爛地。風散地，地遮風。水滅火，火煎水。更相侵害，如篋盛四蛇。癰瘡刺箭，常自是苦，有何可樂。加以飢渴、寒熱、鞭打、繫縛，生、老、病、死，是爲苦苦。四大相侵，互相破壞，是爲壞苦。念念流炎，是爲行苦。於下苦中，橫生樂想。若見苦相分明，如瘡中刺，介介常痛，不於此身生一念樂倒。

智顗《摩訶止觀》卷八上　一病相者，若善醫術，巧知四大。上醫聽聲，中醫相色，下醫診脈。今不須精判醫法，但略知而已。夫脈法關醫道，不可言具，略示五藏病相。若脈，洪直肝病相，輕浮是心病相，尖銳衝刺肺病相，如連珠腎病相，沈重遲緩脾病相，委細如體治家說。若身體苦重，堅結疼痛，枯痺痿瘠，是地大病相。若虛腫脹膖，是水大病相。若舉身洪熱，骨節酸楚，嘘吸頓乏，是火大病相。若心懸忽怳，懊悶忘失，是風大病相。

二明病起因緣。有六：一四大不順故病，二飲食不節故病，三坐禪不調故病，四鬼神得便，五魔所爲，六業起故病。

四大不順者，行役無時，強健擔負，棠觸寒熱，外熱助火，火強破水，是增火病。外寒助水，水增害火，是爲水病。外風助氣，氣吹火，火動水，是爲風病。或三大增害於地，名等分病。或身分增害三大，亦是等分，屬地病。此四既動，眾惱競生。

二、飲食不節，亦能作病。如薑桂辛物增火，蔗蜜甘冷增水，梨增風，膏膩增地，胡瓜爲熱病而作因緣，即是噉不安之食，食者須別其性。若食，食已，入腹銷化，麄者爲糞尿，細者融銷，從腰三孔溜入四支，清變爲血，潤澤一身，如塵得水。若身血不充，枯癖焦減。濁者，變爲脂膏。

入。熱食，流汗，風出，又治虛冷，風不得入也。冷甜即是蘇乳等，能治熱也。等分冬服甜酢肥膩，肥膩治風也。肺病服肥膩者，毛孔令水不入。辛熱消水故，能治肺病也。第六中言飽發肺病者。食飽既多，腸胃盈滿，故發肺病。消時發熱者，始食爛熱還發食消也。後風聚虛中，故發風病。第七中言風以酥膩者。風虛疎故，以膩補之。熱勢未盡，欲蕩治心腹，故服下藥也。等分病，應以酥膩治風，以甜除熱，以辛除水。肺病是水，宜服吐藥。次一行半除違時病，準前消息之也。

吉藏《中觀論疏》卷四　問：云何名於眼情。

答：計於眼情，凡有七種。一者，世俗之流但云眼能見色，而不能窮究本末原由。二者，外道之人云五塵生五大五大成五根，但眼內火大偏多故眼能見色，耳內空大偏多故耳能聞聲，鼻根地大偏多故鼻能聞香，舌根水大偏多故舌能知味，身根風大偏多故身能覺觸，意根既是心識非五大所成，若是肉心爲地大所成也。三者，復有外道，謂但以一塵成一大，如色塵成火大，而火大成眼根，故眼能見色。聲塵成空大，空大成耳根，故耳能聞聲。味塵成水大，水大成舌根，故舌能知味。香塵成地大，地大成鼻根，故鼻能聞香。觸塵成風大，風大成身根，故身還覺觸。四者，毘曇人云，眼、耳、鼻、舌，四根爲十微共成，謂地、水、火、風、色、香、味、觸及眼根爲九，而此眼根附著身根，故有十微。身根但有九微，無眼等四根。故《論》偈云：極微在四根十種，應當知身根九餘八，謂在有香地。五，《成實論》云：四微成四大，四大成五根，五根是假名，無有實體。就三假辨者，四微是法假，五根爲受假，眾生是名假。六者，犢子部云：四大和合成眼，別有眼體異於四大。上來六部，並云有眼。第七，方廣道人云：但見四大無別總眼，總眼既無，亦無四大，故一切法空，如龜毛兔角。

問：論主，云何破此諸計。

答：凡有此眼根見於好色，即起貪心。若見惡色便生瞋恚，見不好不惡即生無明，因三煩惱發於三業，三業因緣往來六趣。總上，六部於眼起於有見，方廣於眼起於無見。有無是六十二見根本，有無既成，諸見便立。若有諸見，必有於愛見。愛見煩惱，不得解脫。今破此有無二見，即愛見不生，便得解脫。

故諸根減而成垢，新諸根凝而成肉。又身火在下消生藏。令飲食化溜通變一身。世諺云：欲得老壽，當溫足露首。若身火在上，又噉不安身食，則有病惱。次食五味增損五藏者，酸味增肝而損脾，苦味增心而損肺，辛味增肺而損肝，鹹味增腎而損心，甜味增脾而損腎。若知五藏有妨，宜禁其損而噉其增，以意斟酌。

三、坐禪不節。或倚壁柱衣服，或大眾未出而臥，其心慢怠，魔得其便，使人身體背脊骨節疼痛，名爲注病，最難治也。次數息不調，多令人痁癖筋脈攣縮。若發八觸用息，違觸成病。八觸者，心與四大合，則有四正體觸，復有四依觸，合成八觸。重如沈下，輕如上升，冷如氷室，熱如火舍，澁如挽逆，滑如磨脂，軟如無骨，麄如糠肌，此八觸四上四下。入息順地大而重，出息順風大而輕。又入息順水大而冷，出息順火大而熱。又入息順地大而澁，出息順風大而滑。又入息順水大而軟，出息順火大而麄。若發重觸而數出息，與觸相違，即便成病。餘例可知。又但用止無方便成病者，若常止心於下多動地病，常止心於上多動風病，若常止心急攝多動火病，若常止心寬緩多動水病。次用觀不調偏僻成病者，初託胎時，以思心起感召其母，母即思五色聲香味觸等，一毫氣動爲水，水爲血，血爲肉，肉成五根、五藏。今坐禪人思觀，多損五藏成病。若緣色多動肝，緣聲多動腎，緣香多動肺，緣味多動心，緣觸多動脾。復次，眼緣青多動肝，緣赤多動心，緣白多動肺，緣黑多動腎，緣黃多動脾。耳緣呼喚多動肝，緣語多動心，緣哭多動肺，緣吟多動腎，緣歌多動脾。鼻緣臊多動肝，緣焦多動心，緣腥多動肺，緣臭多動腎，緣香多動脾。舌緣醋多動肝，緣苦多動心，緣辛多動肺，緣鹹多動腎，緣甜多動脾。身緣堅多動肝，緣煖多動心，緣輕多動肺，緣冷多動腎，緣重多動脾。此乃五藏相生，緣之過分，以致於病。若就相剋者，緣白色多剋肝，緣黑多剋心，緣赤多剋肺，緣黃多剋腎，緣青多剋脾。餘聲等例可知。若五藏病隱密難知，坐禪及夢占之。若禪及夢多見青色、青人、獸、師子、虎、狼而生怖畏，則是肝病。若禪及夢多見赤色火起，赤人獸赤刀仗，赤少男女親附抱持，或父母兄弟等，生喜生畏者，即是心病。下去，例隨色驗之。又觀僻動四大者，若觀境不定，或緣此，或緣彼，心即成諍，諍故亂風起，成風病。如御嬰兒行，但任之而已，急牽望速達，即爲患也。又專守一境，起希望心報風，熱勢不盡，成熱病。又觀境心，生時謂滅，滅時謂生，心相違，致癢痛，成地病。又不味所觀境而強爲之，水大增，成水病。

四、鬼病者。四大五藏非鬼，鬼非四大五藏，若入四大五藏，是名鬼病。若言無鬼病者，邪巫一向作鬼治有時得差。若言無四大病者，醫方一向作湯藥治有時得差。有一國王，鬼病在空處，屢被針殺。鬼王自來住在心上，針者拱手，故知亦有鬼病矣。鬼亦不漫病人，良由人邪念種種事。或望知吉凶，兜醯羅鬼作種種變、青黃等色，從五根入，則意地邪解能知吉凶，或知一身、一家、一村、一國吉凶事。此非聖知也。若不治之，久久則殺人。

五、魔病者。與鬼亦不異，鬼但病身殺身，魔則破觀心，破法身慧命，起邪念想奪人功德。與鬼爲異，亦由行者於坐禪中，邪念利養，魔現種種衣服飲食七珍雜物，即領受歡喜，入心成病。此病難治，下治中當說。

六、業病者。或專是先世業，或今世破戒動先世業。業力成病，還約五根，知有所犯。若殺罪之業是肝眼病，飲酒罪業是心口病，婬罪業是腎耳病，妄語罪業是脾舌病，若盜罪業是肺鼻病，毀五戒業則有五藏五根病起，業謝乃差。若今生持戒，亦動業成病。故云：若有重罪頭痛得除，應地獄重受人中輕償。此是業欲謝故病也。夫業病多種，腫滿黃虛。凡諸病患，須細心尋檢，知病根源，然後用治也。

智顗《摩訶止觀》卷九上　若言一切衆生皆有初地味禪，如大富盲兒竹中有火，心內煩惱而不並起，禪亦如是。事障麄礙，不能得發，今修心漸利。性障既除，細法仍起，何必外來。所以者何。數息能轉心，心轉火，火轉風，風轉水，水轉地。四大轉細，故有八觸。如麥變爲麴，麴變爲糟，糟變爲酒。糟喻欲定，酒喻初禪，以麥爲本，非外來也。若定執自出外來，墮自他性過。今依《中論》破四性訖，而論內出外來耳。又八觸是四大，動輕是風，癢煖是火，冷滑是水，重澁是地。體用相添，則有八觸耳。若動觸起時，或從頭背腰肋足等處，漸漸遍身。身內覺動，外無動相。似如風發，微微運運，從頭至足，多成退分。腰發成住分，足發多是進分，動觸有支林功德。

智顗《修習止觀坐禪法要》　一者四大增損病相。若地大增者，則腫結沈重，身體枯瘠，如是等百一患生。若水大增者，則痰陰脹滿，食飲不消，腹痛下痢等百一患生。若火大增者，即煎寒壯熱，支節皆痛，口氣，大小便利不通等百一患生。若風大增者，則身體虛懸，戰掉疼痛，肺悶脹急，嘔逆氣急，如是等百一患生。故經云：一大不調，百一病起。四大不調，四百四病一時俱動。

智顗《釋禪波羅蜜次第法門》卷五　問曰：行者於初坐中，未得定心，亦發如是冷暖動等觸，既無如上所說功德之事。有人言，此是病法起。所以者何。如重澁等，是地大病生。如輕動觸，是風大病生。如熱癢等觸，是火大病生。如冷滑等觸，是水大病生。復次，因暖熱癢等生貪欲蓋，因重滑沈等觸生睡眠蓋，因動浮冷等生掉悔蓋，因強澁等生疑蓋，又因重堅澁等生瞋蓋。當知觸等發時，能令四大發病，及生五蓋障法。

色定之法，與欲界報身相觸故，有十六觸，次第而生，亦不從外來，而能覺知，故名爲觸。此八雖有十六，並約四大而發，因四大生。地中四者，重、沈、堅、澁。水中四者，涼、冷、軟、滑。火中四者，暖、熱、猗、癢。風中四者，動、掉、輕、浮。故《金光明》云：地水二蛇，其性沈下。風火二蛇，性輕上昇。

問：若因四大，但應有四，何得十六。

答曰：相兼故得爾。如熱是火體，兼水故有暖，兼風故有癢，兼地故有猗，兼三之時，失本熱相，故說有四。餘三大，各兼三義，類此可知。復次，此十六觸，各有十種功德善法，合則有一百六十法。而初坐發法之人，未必發盡，或發三五。故略出之。

問曰：此八觸爲，當發有次第，爲無次第。諸觸之中，先發何等。

答曰：若論其次第，亦無定前後。雖四大因緣合時，強者先發。而多見有人，從動而發。

智顗《釋禪波羅蜜次第法門》卷八　若四大、五陰、十二入、十八界、四諦、十二因緣，悉人身內也。即知四大，此義爲對。五臟，風對肝，火對心，水對腎，地對肺脾。若聞五陰之名，尋即覺知對身五臟，色對肝，識對脾，想對心，受對腎，行對肺。名雖不次，而義相關。若聞十二入、十八界，亦復即知對內五臟，十入、十五界，義自可見。二入三界，今當分別。五識悉爲意入界，外五塵內法塵以爲法入界，此即二十三界相關。意識界者，初生五識爲根，對外法塵即生意識，名意識界。若聞五根，亦知對內五臟。憂根對肝，苦根對心，喜根對肺，樂根對腎，捨根對脾。五根因緣，則具有三界，所以者何。憂根對欲界，苦根對初禪，喜根對二禪，樂根對三禪，捨根對四禪，乃至四空定，皆名捨俱禪。當知三界亦爲五臟其義相關。聞說四生，亦覺知此義關五臟，所以者何。欲界具五根，五根關五臟，五臟關四大，四大對四生。一切卵生，多是風大性，身能輕舉故。一切濕生，多是水大性，因濕而生故。一切胎生，多屬地大性，其身重鈍故。一切化生，多屬火大性，火體無而欻有故，亦有光明故。

智顗《法界次第初門》卷下　八隨意所欲盡能得以變化力，能得一身，能作多身，多身能作一身。石壁皆過，履水蹈虛，手捫日月。能轉四大，地作水，水作地，火作風，風作火，石作金，金作石。是爲隨意所欲盡能得。若涅槃明八自在，雖小異而大同耳。

智顗《禪門章》　色法即四大。不淨觀，觀於地、水二大，先作假想，壽命之風既斷，火勢即滅，水漬地水，大地覆毤。壞膿血不淨九想十想等，皆是觀於水地，能壞貪欲也。阿那波那，是觀於風、火二大，悉依於風。風即出入息，息亦是色法，能治亂心。他解壽命，是無教法。若以出入息爲命，此命即是色性。觀此息法，入出長短遍身，能見身中三十六物，發生諸禪，故以此爲門也。

智顗《禪門章》　次覺八觸身者，此是發根本禪也。八觸者，所謂輕、重、冷、煖、澁、滑、動、痒。輕、動是風大，痒、煖是火大，冷、滑是水大，重、澁是地大。此之八觸，還是四大也。欲界、色界身，別攬淨妙之色爲五根，則有見、聞、覺、知之用。今修禪靜細，即發初禪色界淨妙之色來觸欲界之身，是則八觸外來也。又云還是欲界妙色轉妙起觸，數息轉心，心能轉火，火能轉風，風能轉水，水轉地，故起八觸。譬如變麥爲麵，變麵爲酒，酒帶糠糟。但欲界色無異於色界色，是名觸從內出也。如此八觸，各有體用。煖是火體，痒即是用。輕體動用，冷體滑用，重體澁用，是故爲八也。若不斷欲界性鄣，八觸不起。斷故即起，起亦無的，次第隨人四大強弱。若風大強，輕動前起。火大強，暖痒初發。餘例爾。

般若譯《大方廣佛華嚴經》卷一一　善男子！一切眾生，因四大種和合爲身，從四大身能生四病，所謂身病、心病、客病及俱有病。言身病者，風黃、痰熱而爲其主。言心病者，顛狂心亂而爲其主。言客病者，刀杖所傷，動作過勞以爲其主。俱有病者，飢渴、寒熱、苦樂、憂喜而爲其主。其餘品類，展轉相因，能令眾生受身心苦。

善男子！如是眾病，貧賤人少，多勞役故，富貴人多，過優樂故。

善男子！一切眾生，皆以無量極微大種聚集成身，猶如大海眾微水滴，如是人身毛及毛孔各三俱胝，三俱胝蟲之所依住。以是諦觀，皮膚穿漏，兩眼睛內、手足掌中，脂膏集處，毛蟲不生，其餘身分，間無空缺。

善男子！又觀此身唯五大性。何等爲五。所謂堅、濕、煖、動及虛空性。所言堅者，所謂身骨三百六十及諸堅鞕，皆地大性。凡諸濕潤，皆水大性。一切煖觸，皆火大性。所有動搖，皆風大性。凡諸竅隙，皆空大性。然彼四大，皆多極微，於空界中，互相依住。極微自性，微細難知，除佛菩薩，餘無能見。

善男子！如是五大和合成身，如世倉篅，終歸敗散。如是身器由業所持，非自在天之所能作，亦非自性及時方等。譬如陶師埏埴成器，內盛臭穢，彩畫嚴飾，誑惑愚夫。又如四蛇置之一篋，如是四大和合爲身。一大不調，百一病起。是故，智者應觀此身如養毒蛇，如持壞器。

善男子！汝復應知內身、外器，皆四大成。從始至終，五時流變。云何外器五時流變。謂盡虛空十方世界眾生所感、妄業所持。劫初成時，人壽無量，自然化生，無我、我所，次食、段食、貪等現行。次由我所共立田主，以爲統御。次壽漸減，乃至十年。由惡業故，起小三災，至第五時，世界將壞。火災既起，梵世皆空，水災、風災相續亦爾。善男子！是名外器五時流變。云何內身五時流變。謂嬰孩位，心無分別，如劫初時，人無我所。次童幼位，能辨是非，如第二時，立自他別。次壯年位，縱貪瞋癡，如第三時，共立田主。次衰老位，眾病所侵，如第四時，壽等損減。次至死位，身壞命終，如第五時，世界壞滅。是名內身五時流變。

玄奘譯《大乘阿毗達磨集論》卷一　云何建立色蘊。謂諸所有色，若四大種及四大種所造。云何四大種。謂地界，水界，火界，風界。何等地界。謂堅鞕性。何等水界。謂流濕性。何等火界。謂溫熱性。何等風界。謂輕等動性。云何所造色。謂眼根、耳根、鼻根、舌根、身根，色、聲、香、味，所觸一分及法處所攝色。

玄奘譯《大乘阿毗達磨雜集論》卷一　云何建立色蘊。謂諸所有色，若四大種及四大種所造。所造者，謂以四大種爲生，依立持養因義，即依五因說名爲造。生因者，即是起因，謂離大種色不起故。依因者，即是轉因，謂捨大種諸所造色無有功能據別處故。立因者，即隨轉因，由大變異能依造色隨變異故。持因者，即是住因，謂由大種諸所造色相似相續生持令不絕故。養因者，即是長因，謂由大種養彼造色令增長故。

四大種者，謂地、水、火、風界。地界者，堅勁性。水界者，流濕性。火界者，溫熱性。風界者，輕動性。

所造色者，謂眼等五根，色、聲、香、味，所觸一分及法處所攝色。眼根者，謂四大種所造眼識所依，清淨色爲體。耳根者，謂四大種所造耳識所依，清淨色爲體。鼻根者，謂四大種所造鼻識所依，清淨色爲體。舌根者，謂四大種所造舌識所依，清淨色爲體。身根者，謂四大種所造身識所依，清淨色爲體。

湛然《維摩經略疏》卷七　又問至我病，三問成病法。所以問者，夫病約身。身有四大，如四毒蛇更相殘害。《大論》明四蛇相逐恆相殘害，一大不調百一病惱。故文云：菩薩爲眾生，故有生死，有生死則有病。何以故。以其應受此毒蛇身，即有四大。今現身有疾，何大病耶。《淨名》答言：非地大，若地是病，土石林木亦應是病。若此等非病，云何得言地大是病。水、火、風大，亦復如是。外四大既非，內亦應爾。復次，若四大是病，有此四大，即應是病。何得或有或無。若無病時，應無四大。雖有四大，有無病時。當知病非四大亦不離四大者，只約此身得論有病，譬如因的則有箭中，豈離四大而別論病，故言不離地大。《淨名》亦爾。雖同實疾，何必頓同爲病苦耶。故言非四大也。不離者，《淨名》爲此實疾。是故應同應疾之由，良爲實疾。故言不離、不即、不離，以論權病。又非地大者，如《請觀音》言：地無堅性，水性不住，火從緣生，風性無礙，一一皆入如實之際。四大實際，即非病也，故言非四大。不離者，眾生不了，四大如實，故起諸病，是以應身同四大病，故說不離。故《淨名》云：以眾生病從四大起，以其有病是故我病者，眾生四大，所成應同，亦現四大所成，四大即是成病之法。今遍約三土，若三土有疾，《淨名》則有此大悲。疾體無形相，猶如虛空，雖復應同，不與三土身心而合。成疾之法，本由大悲，何關四大，亦不離四大，故三土生現此權疾也。故云：是故我病。乃至法雲金剛心亦如是。

窺基撰《說無垢稱經疏》卷三　多過患者，多病患故。四百四病者，一大不調，一百一病生。四大不調，故有爾病。一大爲本，所起爲百。此據總數，上多至百，下至一故。或由十十惡業道因，感此四大所起果身，故各成百。十十惡業道者，返其百福莊嚴身故，一自作十惡，二教他作，三讚難作，四慶慰作，五少分作，六多分作，七全分作，八少時作，九長時作，十盡形作。十惡業道，故得果時。有此四大及四大所生，各一百病，合名四百四病。

宗密《大方廣圓覺修多羅了義經略疏註》卷上　四大和合。堅、濕、煖、動，假和合也。故《寶積經》云：此身生時，與其父母四大種性一類歌羅邏身。唯地大無水界者，譬如有人握乾麨灰，終不和合。若唯水界無地界者，譬如油水無有堅實，即便流散。若唯地水無火界者，譬如夏月陰處肉團無日光照，即便爛壞。若唯地水火無風界者，則不增長。《淨名》亦云：四大合故，假名爲身。四大無主，身亦無我。故此經文還分四大，各歸來處。

所謂髮、毛、爪、齒，皮、肉、筋、骨，髓、腦、垢、色，皆歸於地。堅礙爲地。

唾、涕、膿、血，津、液、涎、沫，痰、淚、精、氣，大、小便利，皆歸於水。潤濕爲水。

煖氣歸火。可知。然，氣是四大之本，不唯是風。故水、火大中，亦云氣也。

動轉歸風。《淨名》云：是身無作，風力所轉。謂迷性起心，心運風力，轉餘三大，而有動作。作無自性，故云無也。四大皆云歸者，此身既合四大所成，今推身無主，故還歸四大。

四大各離。正觀之時，各有所歸，即名爲離。不說命終方名爲離，故《庵提遮女了義經》說生死義云：若能明知地、水、火、風四緣畢竟未曾自得，有所和合，以爲生義。若知地、水、火、風畢竟不自得，有所散，是爲死義。此意正明即合而，散即散而合。故合散之文，皆爲不自得。

今者妄身當在何處。且地有形礙而沈滯。風無形礙而輕舉。敵體相違。水火亦互相陵奪。故知四大相違各各差別。未審我身屬於何大。若總相屬。即是四我。若總不屬。即應離四別有我身。故云爾也。後如實觀。

即知此身畢竟無體，和合爲相，實同幻化。謂因前尋伺，見如實之理，定知四大非我，但約和合，假名爲身，亦無實體。《智論》十四問云：若自身無我而計我者，他身無我亦應計我。答：亦有人，於他物中計我，如外道坐禪入地觀時，見地即是我，水、火、風、空、識亦如是。又如有人，遠行獨宿空舍，夜見一鬼擎一死屍來，復有一鬼來爭等。又秖緣計我而爲自身，即以餘身爲他，故生難也。後觀心無我，夫心無自相，託境方生，境性本空，由心故現。根塵和合，似有緣心。內外推之，何是其體。長輪生死，由不了心，苟能了之，圓覺自現。故《首楞》云：狂性自歇，歇即菩提，勝淨妙明，不從人得。文中二，一尋伺觀。

四緣（四大）假合，妄有六根。四大和合，成於一色，於此色上方有六根。離此色身，根元無體。各分四大，色尚不存，竅穴六根，更何依附。

宗密《大方廣圓覺修多羅了義經略疏註》卷上　六根四大中外合成。四大爲中，六根爲外，內外和合，假成此身。

妄有緣氣，於中積聚，似有緣相，假名爲心。由依四大六根和合成身，即有六塵妄現。由此內外根塵，引起妄心，緣慮不絕，念念生滅，刹那不停，緣合即有，緣散即無，推其自體，了不可得，故曰假名爲心。此虛妄心，雖假緣生，不離眞心氣分，故曰緣氣。言似者，明非實有。緣相者，緣慮之相。後如實觀。

善男子！此虛妄心，若無六塵，則不能有。四大分解，無塵可得。於中緣（四緣）塵（六塵），各歸散滅。心託六塵，塵依四大，四大無體，六塵即空，故云散滅。

善男子！根清淨故。色塵清淨。色清淨故。聲塵清淨。香味觸法亦復如是六皆名塵者。坌污心識故。約凡夫說也。亦云六境。此通凡聖。言色等者。眼等所取故。色有通別。今即別也。謂唯眼所取。有見有對變礙之相。最麁顯故。聲等可知。唯意所取法塵一境通於一切。三內外四大。

宗密《大方廣圓覺修多羅了義經略疏註》卷上　善男子！六塵清淨故，地大清淨。地清淨故，水大清淨。火大、風大，亦復如是。即於根塵，不取發識牽心之義，直取四大之體也。《寶積經》說：四大各二，謂內及外。地界二者，內謂自他身內所有堅者，謂髮毛等。外謂身外所有堅者，謂土木等。水界二者，身內潤性淚汗等，身外潤性雨露等。火界二者，身內熱體熱相能消飲食等，身外熱體熱相能成熟等。風界二者，身內風體風名速疾住四支等，身外風體動轉等。四世間諸法。

善男子！四大清淨故（牒前）十二處。六根六塵，是生識處。處是生門義故，亦名爲入。意識常昏，根塵相入故。

普光《俱舍論記》卷一　有餘師言：水、火增故滑，地、風增故澁，火、風增故輕，地、水增故重，水、風增故冷。風增故飢，謂風增故，擊動食消，引飢觸生，便發食欲。火增故渴，謂火增故，煎迫飲消，引渴觸生，便發飲欲。（然無評家，正理同後師。）

問：悶、力、劣等，何觸所收：

答：《正理》第二云：悶不離滑，力即澁、重，劣在輕、耎，輕性中攝。如是，其餘所觸種類。隨其所應，十一中攝。（已上論文。）

四大指，同下解。釋滑等四，如文可知。冷、飢、渴三相隱難知，若不約果以明其體難顯。謂煖欲因名冷，食欲因名飢，飲欲因名渴。冷、飢、渴三是欲異名，因觸生欲，觸是因，欲是果。此三，皆於觸因之上立欲果之名。作如是說，故《入阿毗達磨》云：由此所逼，煖欲因名冷，食欲因名飢，飲欲因名渴。此皆於因立果名故。

引頌證於因立果名。佛出世非樂，能生樂故，稱佛爲樂。因立果名，餘準此釋。

問：火大熱觸，亦生冷欲，何不以欲標名。

解云：火大是強，當體立稱。冷觸昧劣，故從果立名。

普光《俱舍論記》卷四　由有攝熟長持業故者。通釋，約業證有。由色聚中有水攝、火熟、風長、地持，四種業用。明知四大體遍諸聚，故《婆沙一百三十一》云：問，云何得知此四大種恆不相離。答，自相、作業一切聚中皆可得故。

謂堅聚中，地界自相現可得故，有義極成。於此聚中，若無水界，金、銀、錫等，應不可銷。又水若無，彼應分散。若無火界，石等相擊火不應生。又火若無，無能成熟，彼應腐敗。若無風界，應無動搖。又若無風，應無增長。

於濕聚中，水界自相現可得故，有義極成。於此聚中，若無地界，至嚴寒位，應不成氷。又地界無，船等應沒。若無火界，應無煖時。又火若無，彼應腐敗。若無風界，應不動搖。又風若無，應無增長。

於煖聚中，火界自相現可得故，有義極成。於此聚中，若無地界，燈燭等焰，應不可迴。又地若無，不應持物。若無水界，應不生流。又水若無，焰不應聚。若無風界，不應動搖。又若無風，應無增長。

於動聚中，風界自相現可得故，有義極成。於此聚中，若無等界，觸牆等障，應不析迴。又地若無，應不持物。若無水界，應無冷風。又水若無，彼應分散。若無火界，應無煖風。又火若無，彼應腐敗。

圓暉《俱舍論頌疏論本》卷一　釋曰：大種，謂四界者，標也。

三義釋大。一體寬廣故，謂四大種遍所造色，其體寬廣。二增盛聚中，形相大故，謂大地大山地增盛、大江大海水增盛、炎爐猛焰火增盛、黑風團風風增盛。三能起種種大事用故，如地能持世界，火能壞初禪，水能壞二禪，風能壞三禪。

一義釋種。與所造色，爲所依故，故名爲種。大則是種，故名大種。能持自性故，名爲界。即地、水、火、風者，舉數。能成持等業者，明用。地能成持用等者，等取水能成攝用，火能成熟用，風能成長用。堅濕煖動性者，出體，地堅、水濕、火煖、風動。

遁倫《瑜伽論記》卷一四　此釋四大有無不定所以須有木石受用。故唯地大獨生，須水受用。故唯濕生如江河等，須火受用。故唯煖生如日光等，須有風用。故唯有動生如空中風，須和合受用。故或二三大、或四大合生也。

初別明四大各有五業，後總明四大共有業。地大打觸變壞業者，如鍛鐵如打瓦等。建立者，依地大造色建立。依止者，地大造色得存。損業者，如以堅觸損情非苗稼等物。攝業者，地能攝益所造之色。風大初起，自行發動業。身動已後，復更起風，令動不息，名隨轉業。

總明四大五業，即如對法第一卷云，即依五因說名爲造。生因者，即是起因，謂離大種色不起故。依因者，即是轉因，謂捨大種諸所造色無有功能據別處故。立因者，即隨轉因，由大變異，能造色隨變異故。持因者，即是住因，謂由大種諸所造色相似相續生，持令不絕故。養因者，即是長因，謂由大種養彼造色令增長故。

遁倫《瑜伽論記》卷一八　言不共大種聚者，謂於此中唯有一類大種可得者，如山林處唯一地大，諸河海處唯一水大，如日光熱唯一火大，如空中風唯一風大，更無餘大，名爲不共，隨有一大與所造色體遍相入。

非不共大種聚者，至或多大種種類可得者，隨世間物具大多少，與所造色同一處所體遍相入而無增減，唯同類中二體相礙不得相入，如二地大，二色香等亦爾。又於不共大種聚中，至無有一處不相離諸大種色者，此中須知不共大種及非不共大種者，唯辨大種不論造色。不共大種聚中，且如木石聚中唯一地大，實無此事。設當唯有一微起，即非三種不相離攝。若有二微已上多微雜住，即是相離不相離。以二地大不相容受故，無同處不相離義。二微地大並時，微密難分，不同穀豆等聚，故非和合不相離攝。於非不共大種極微如所造色與餘大種，當知亦有同一處所不相離者。且如人手具有四大，堅硬是地，而潤是水，溫煖是火，搖動是風，此四大種共造一手。所作事同，體相容受，處所不殊，故是同處不相離攝。

宗密《原人論》　然所稟之氣，展轉推本，即混一之元氣也。所起之心，展轉窮源，即眞一之靈心也。究實言之，心外的無別法。元氣亦從心之所變，屬前轉識所現之境，是阿賴耶相分所攝。從初一念業相，分爲心境之二，心既從細至麁，展轉妄計乃至造業（如前敘列）。境亦從微至著，展轉變起乃至天地（即彼始自太易，五重運轉乃至太極，太極生兩儀。彼說自然太道，如此說眞性，其實但是一念能變見分。彼云，元氣如此一念初動，其實但是境界之相。）業既成熟，即從父母稟受二氣，與業識和合成就人身。據此，則心識所變之境，乃成二分。一分即與心識和合成人，一分不與心識和合，即成天地山河國邑。三才中，唯人靈者，由與心神合也。佛說内四大與外四大不同，正是此也。

湛然《止觀輔行傳弘決》卷八之三　初橫者，明由心持四大，故四大不壞。識生諸心，故識如地。想取像貌，如風動轉。受性領納，如火堅物。行心爲作，如水去來。

湛然述《止觀輔行傳弘決》卷九之一　又禪支，明觸有一十六。四大各四故也。地大四者，重、沈、堅、澁。水大四者，涼、軟、滑、冷。火大四者，煖、熱、猗、癢。風大四者，動、調、輕、浮。

問：四大何故各四觸耶。

答：互相兼故。火兼水故煖，兼地故猗，兼風故癢。熱是火體，風中地調，火輕水浮，水中風涼，地軟火滑，地中風重，水沈火澁。

湛然《止觀輔行傳弘決》卷一〇之一　言二十五諦者。一者從冥初生覺，過八萬劫前冥然不知，但見最初中陰初起，以宿命力恒憶想之，名爲冥諦。亦云世性，謂世間衆生由冥初而有，即世間本性也。亦曰自然，無所從故從此生覺。亦名爲大，即是中陰識也。次從覺生我心者，此是我慢之我，非神我也。即第三諦。從我心生色、聲、香、味、觸，從五塵生五大，謂四大及空。塵細大麤，合塵成大，故云從塵生大。然此大生多少不同，從聲生空大，從聲觸生風大，從色聲觸生火大，從色聲觸味生水大。五塵生地大，地大藉塵多，故其力最薄。乃至空大藉塵少，故其力最彊。故四輪成世界，空輪最下。次風，次火，次水，次地，從五大生十一根。謂眼等根，能覺知故，故名爲根，名五知根。手、足、口、大小遺根能有用故，名五業根。心平等根，合十一根。心能遍緣，名平等根。若五知根各用一大，謂色塵成火大，火大成眼根，眼根還見色，空塵成耳根，耳根還聞聲。地成鼻，水成舌，風成身。亦如是。此二十四諦，即是我所。皆依神我，名爲主諦。能所合論，即二十五。

道宣撰《廣弘明集》卷二七　上已檢校所行，多諸廢惰，由此四大招致懈怠，是故訶詰令其覺悟。夫三界遐曠，六導繁滋，莫不依因四大相資成體，聚則爲身，散則歸空。然風火性殊，地水質異，各稱其分，皆欲求適。求適非一，所以乖忤易動，故一大不調四大俱疾，乍增乍損痾疹續生。風輕而地重，水冷而火熱，互相煎惱，無時得安。經喻四蛇，信哉可患。又此四大無慚、無耻、無恩、無義，我今恐其不安，所以資給所須。

然彼四大初無愧感，何以知之。至如悲風霜殞，嚴冬雪零，便須綿纊衣裘，臥褥溫室。若季夏鬱蒸，歊赫炎烈，復須輕絺廣室，風扇牙簟。春秋改節，氣候清爽，復須輕軟服御，乃至食則甘肥珍肴充滿，飲則瓜果溫漿冷水隨時資給，安苦求樂。此皆四大所須，而我供贍，未曾拒逆，而此四大求索無慚，不知有無。有則充給不厭，無則恐迫令得。如飢須食，不可暫闕。脫致乖違，內愁外戰，增發火大。不知我艱辛，不恕我空乏，惟欲貪求無有休息，是名無慚。

云何無恥。汝之所須無窮，我隨給汝不少，雅然當受，初無愧容。我既役智盡謀以相資贍，而汝初無矜念於我，於少日中不須衣食。

云何無恩。今既得我如此供給，未嘗爲我造作善事，獲我衣食飽暖怡懌，反更思念作一切惡。少時禪誦禮拜，即生懈怠。

云何無義。此四大身，不可期懷，不可委信。我今爲汝種種供須，反復横起種種愛著，驅逼於我行殺盜婬。我既愚癡不能制革，還相隨順生諸疾病。或遭王法牢獄鞭杖，爲汝所招。我既嬰苦，汝亦無利，猶復不知，更求更索。後今日去，不復隨汝流轉老病生死大海。汝當隨我行道，作諸善業，方可給汝隨分衣食，趣得支身以除飢渴。汝當善自驅策，令我早得五分法身，常化遊行自在無礙。

道世《法苑珠林》卷九五　夫三界遐曠，六道繁興，莫不皆依四大相資五根成體。聚則爲身，散則歸空。然風、火性殊，地、水質異，各稱其分，皆欲求適。求適之理既難，所以調和之乖爲易。忽一大不調，四大俱損。如地大增，則形體黯黑，肌肉青瘀，癥瘕結聚，如鐵如石。若地大虧，則四支損弱，或失半體，或偏枯殘戾，或毀明失聰。若水大增，則膚肉虛滿，體無華色，舉身萎黃，神顔常喪，手腳潰腫，膀胱脹急。若水大損，則瘦削骨立筋現脈沈，脣舌乾燥耳鼻焦閉，五藏內煎津液外竭，六腑消耗不能自立。若火大增，則舉體煩㸌，焦熱如燒，癰瘑疽腫瘡痍潰爛，膿血流溢臭穢競充。若火大損，則四體羸瘠，腑藏如氷，瞧隔凝寒口若含霜，夏暑重裘未嘗溫慰，食不消化患常嘔逆。若風大增，則氣滿胸塞腑胃否隔，手足緩弱四體疼痺。若風大損，則身形羸瘠氣裁如線，動轉疲乏引息如抽，咳嗽噫噦咽舌難急，腹厭背僂心內若氷，頸筋喉脈奮作鼓脹。如是種種，皆是四大乍增乍損，致有痾疾。既一大嬰羸，則三大皆苦，展轉皆病，俱生煎惱。

四大交反，良由苦報。無愧無恥，無恩無義。常隨四時資給所須，晝夜將養，未曾荷恩。片失供承，便招病苦。既知無恩，徒勞養育，縱加美食、華服，終成糞穢。但趣得支身以除飢寒，終不爲汝踵前蓄積，以勞我心。廢求修道，良由身爲苦器，陰是坏瓶，易損難持。四大浮虛，亟相乖反，五陰緣假，多生惱患，所以稟形人世。逢穢濁之時，受質僞身。居怖畏之境，幽冥無量神鬼河沙，種族尤多，草籌未辯。或依房依廟，附岳附丘，凡有含靈並皆祇饗，致使神爽冥昧識慮昏茫，至於寤寐多有恐怖。庶得臨危攝念，無俟三稱，在嶮逢安，寧勞千遍，願增益神道加足威光，以善利生無相惱害，誠言可錄信驗有徵矣。

如《佛說醫經》云：人身中本有四病，一地，二水，三火，四風。風增氣起，火增熱起，水增寒起，土增力盛。本從是四病，起四百四病。故土屬身，水屬口，火屬眼，風屬耳。火少寒多，目冥。春，正月、二月、三月，寒多。夏，四月、五月、六月，風多。（以西國夏中多風熱，微不同漢地也。）秋，七月、八月、九月，熱多。（西國於此秋時熱始隆盛，亦不同漢地也。）冬，十月、十一月、十二月，有風有寒。何以故春寒多者，以萬物皆生以寒出，故寒多。何以故夏風多者，以萬物榮華陰陽合聚，故風多。何以故秋熱多者，以萬物成熟，故熱多。何以故冬有風有寒者，以萬物終亡熱去，故有風寒。三月、四月、五月、六月、七月時得臥，何以故。以風多，故身放。八月、九月、十月、十一月、正月、二月不時不得臥，何以故。以寒多身縮。春三月有寒，故不得食麥、豆，宜食粇米、醍醐諸熱物。（以西國麥冷，粇米等熱也。）夏三月風，不得食芋、豆、麥，宜食粇米、乳酪。秋三月有熱，不得食粇米、醍醐，宜食細米、麨、蜜、稻、黍。冬三月有風寒，陽興陰合，宜食粇米、胡豆、羹、醍醐。有時臥風起有時滅，有時臥火起有時滅，有時寒起有時滅。人得病有十因緣，一久坐不臥，二食無貸，三憂愁，四疲極，五婬泆，六瞋恚，七忍大便，八忍小便，九制上風，十制下風。從十因緣生病，有九因緣，命未當盡，爲其横死。

義淨《南海寄歸內法傳》卷三　夫四大違和，生靈共有。八節交競，發動無恆。凡是痾生，即須將息。故《世尊親說醫方經》曰：四大不調者，一窶嚕，二燮跛，三畢哆，四婆哆。初則地大增，令身沈重。二則水大積，涕唾乖常。三則火大盛，頭胸壯熱。四則風大動，氣息擊衝。即當神州沈重痰癊熱黃氣發之異名也。若依俗論病，乃有其三種，謂風、熱、癊，重則與癊體同，不別彰其地大。

日稱譯《父子合集經》卷一六　大王！云何眼處。謂四大種地界、水界、火界、風界所造淨色。若地界清淨，則眼處清淨。若水、火、風界清淨，則眼處清淨。何以故。由地界清淨，眼處得生，是中無有少法可得。如是乃至風界清淨，眼處得生，是中無有少法可得。何以故。無主宰故，無造作故。猶如涅槃自性清淨。大王！如是眼處，各各尋求，皆不可得。所以者何。地界空故，則地界清淨，乃至風界空故，則風界清淨。若諸法自性本空，則彼界何有清淨。亦無忿諍。若淨若諍皆不可得，復有何色而可見耶。當知眼處畢竟空故，自性亦空，前際後際皆不可得，未來所造亦不可得。何以故。自性離故。若自性無有，則無男相亦無女相，何有愛樂。若生愛樂是魔境界，若無愛樂是佛境界。何以故。若無愛樂，則能遠離一切諸法。

法賢譯《佛説決定義經》　名色者，謂色蘊、受蘊、想蘊、行蘊、識蘊。色者，謂內五塵，皆四大所成。四大者，謂地、水、火、風。地體堅重，水性流潤，溫煖爲火，動轉名風。如是四大所成五塵，名爲色蘊。而此蘊法，四蘊名名，一蘊名色。如是五蘊，名爲名色。

普濟譯《佛説法乘義決定經》卷上　佛言，名謂非色，四蘊受想行識。色謂形質，體即四大，是名識緣名色。云何四大。佛言，所謂地大、水大、火大、風大。云何四大體相差別。所謂地以堅硬爲性，水以濕潤爲性，火以溫熱爲性，風以輕動爲性。比丘！是名四大體相差別。

真宗皇帝《註四十二章經》　佛言：熟自念，身中四大，各自有名，都爲無吾。我者寄生，亦不久，其事如幻耳。

有情之身，俱是四大假合以成其形，仍假虛名也。且，地、水、火、風，是名四大。以要言之，即骨、肉、毛、髮是地，津、液、精、血是水，煖觸是火，四支百脈搖動是風。各以假名，成此幻身。若熟念之，何者爲我。寄生浮世，倏忽而滅，都如幻夢爾。

子璿《首楞嚴義疏注經》卷四　汝身現摶，四大爲體。見聞覺知，壅令留礙。水、火、風、土，旋令覺知。相織妄成。是第二重，名爲見濁。身之質礙，由見、聞、知、織、水、火、風。執取滯著，壅翳不通，遂現四微形相體質。身之覺知，由水火性織彼妄見，旋轉移易，還復交替，分成六根。覺聞知見，如緯織經，互相參雜，故名爲濁。前則業轉，今現相也。

延壽集《宗鏡録》卷二四　王者於間治化。若心行正法，群下皆隨，則治正清夷，故五藏調和，六腑通適，四大安樂，無諸疾惱，終保年壽。若心行非法，則群僚作亂，互相殘害，故四大不調，諸根閽塞，因此抱患致終，皆由行心惡法故。

延壽集《宗鏡録》卷五五　問：四大六根中，以何爲主。

答：以心爲主。四大等無自體故，互無力用，因心而有，故稱爲主。《遺教經》云：此五根者，心爲其主。此明託胎之始，心在諸根之初，名之爲主。然雖一期爲主，亦不定故。台教明其心不能控制諸根，心爲受總門。若身病時，心亦隨病，寧得是主耶。或時更互論主，如地具四微則鈍，爲水所制。水有三微，爲火所制。火但二微，爲風所制。風有一微，爲心所制。心無有微，故得爲主。復爲四大所惱，主義不成，故無正主。又若四大各守其性者，地守堅性不應動，水守濕性不應波，火守熱性不應焰，風守動性不應持。失本性故，則是不實，不實故空。《請觀音經》云：地無堅性，水性不住，火從緣生，風性無礙，一一皆入如實之際。

延壽集《宗鏡録》卷六六　釋曰：夫外計內執我者，皆於地、水、火、風、空、識六大種中，及身內識、煖、息三事等起執。今觀六大三事內，唯是識之一大。世多堅執，以爲實我。今只用於內外三世中推，自然無我無識。內外推者，只如執識實在身內者。且何者是識。若言身分皮肉筋骨等是識者，此是地大。若言精血便利等是識者，此是水大。若言身中煖觸是識者，此是火大。若言折旋俯仰言談祇對是識者，此是風大。除四大外，唯是空大，何者是識。各各既無，和合豈有。如一砂壓無油，合衆砂而豈有。似一狗非師子，聚群狗而亦無。此四大種，現推無體，即是內空。死後各復外四大，一一歸空，即是外空。內外俱空，識性無寄。又內推既無識，應在外者。外屬他身，自無主宰，及同虛空，有何分別。內外既空，中間奚有。以因內外立中間故，但破內外，中間自虛。若識內外空者，應在心世。何者。因三世以辯識，因識以立三世。若無有識，誰分三世。若無三世，何以明識。以此三識，若不思過去，即想未來。過未不緣，即住現在。離三際外，更無有識。

善男子！彼新學菩薩，及末世衆生，欲求如來淨圓覺心，應當正念遠離諸幻。先依如來奢摩他行，堅持禁戒，安處徒眾。宴坐淨室，常作是念：我今此身，四大和合。所謂髮毛爪齒，皮肉筋骨。髓腦垢色，皆歸於地。唾涕膿血，津液涎沫淡淚精氣，大小便利，皆歸於水。煖氣歸火，動轉歸風。四大各離，今者妄身，當在何處。即知此身，畢竟無體，和合爲相，實同幻化。四緣假合，妄有六根。六根四大，中外合成，妄有緣氣。於中積聚，似有緣相，假名爲心。善男子！此虛妄心，若無六塵，則不能有。四大分解，無塵可得。於中緣塵，各歸散滅，畢竟無有緣心可見。

延壽集《宗鏡錄》卷七四 今先推此身，聚散非有，以身是積聚義，內外四大，假和合成。微細推窮，事無和合。以風火常舉，地水恆沈，一一大性，各無定體。風以動爲性，乃附物而彰。眞理不遷，湛然常寂。火以熱爲性，未必皆燒。如雲中身內之火，何不焚爇。地以堅爲性，且如銅鐵，遇鎔成水，剛柔不定。水以濕爲性，因火即乾。又寒堅煖釋，凝流無體，各各既無，和合非有。

智聰《圓覺經心鏡》卷二 恆作是念我今此身（至）和合爲相實同幻化。

此明生空境。生空者，常作此念，即以空慧，觀見此身，從虛僞生。最初一性，與本覺同體。忽爲無明業熏，不守自性，隨業受報，爲風、火持此識性，入母胎中。錯認遺弃，如已舍宅，生愛樂心，以爲己身，生我所相。攬此不淨，聚成一塊，爲之色身，是名色蘊。領受此身，生苦樂想，是名受蘊。思想苦樂，是名想蘊。因此造作，名爲行蘊。識居其中，是名識蘊。如五指頭，成一拳相，是名身見，又名人見，又名眾生。

攬此四大五蘊，成此色身，故名生空境。推其根本，是無明業識，假四大生。風、火二大，摶識來入母胎。赤、白二滴，是名水大。如水生泡，聚而爲身，是名地大。

此四大，並無實性，錯認爲身，故名五陰實法。

此四大，雖無實體，假緣而生，因緣和合而有，故曰緣生。緣是因緣，於父母有少因緣，來生我家。若識去時，息風隨去，暖亦隨之。地、水二大，既無火、風所養，是故地、水自然散滅。前世善業爲因，故名爲生，生者成也。因業若謝，則此色身，爲之果亡。四大分散，故名爲死，死者盡也。魂識蕩散，主宰既去，因緣盡矣。

髮毛者，血之苗也。爪齒者，髓之苗也。皮肉髮毛，所依之地。次血潤之，則有增長。筋骨者，爪齒所依之地。以髓潤之，則有增長。凡有三百六十骨節，九萬九千毛孔，八萬四千戶蟲，如上總歸地大。唾、涕、膿、血、便、利，水大也。暖火大也。動轉，風大也。

父母合氣成身，從生至長，及以老死，皆名垢色。地、水、火、風，各自還源，故曰各離。四大既散，妄身即滅，死了燒了，灰飛煙滅。故云：今者妄身，當在何處。

結上文云，即知此身畢竟無體，和合爲相，實同幻化，結生空境也。

智聰述《圓覺經心鏡》卷三 未能除滅一切幻化者，此言聲聞、緣覺，兩教二乘，三教菩薩，不獨五性差別，亦聲聞緣覺等。此等，皆於滅未滅人也。今依天台宗，明小衍。小者，明四大實從無明生，實從無明滅。衍教，明四大，有三教不同。通教四大，體本自空，故本不生滅，由無明故，見有生滅，如幻化生，如幻化滅。別教四大，體是佛性，由無明故，四大生滅，性無生滅，相有生滅。圓教四大，體亦佛性，而性本具九界四大。故九四大，若生若滅，皆是法界。是故性相，俱不生滅，乃不思議。論生滅也，與《法華經》，世間相常住。其義宛然。

懷遠《首楞嚴經義疏釋要鈔》卷四 若彼大性等者，若地性之體，非是和合，即不能與本等三大和也。若不可和，又何得言四大和合能成諸法。若四大體是可和之法，即同所成之法有變異也，則生滅連不能止也。然須知大性非和合非不和合，而和合而不和合。非和非不和，是雙遮。而和而不和，是雙照。遮照圓融，三諦一體，名如來藏，方是妙大，方是今經正旨耳。

思坦《楞嚴經集註》卷四 孤山云：四輪持世，其寶土輪、金輪、水輪、風輪。此不言土輪者，土與金同是堅性，俱屬地大。故此但言四大，則已攝四輪矣。

思坦《楞嚴經集註》卷四 谷響云：彼說四大，此談五行。五行數廣而義狹，以不言風故。四大數狹而義廣，地攝土木故。

苕溪云：覺明空昧者，眞覺起於妄明，見於虛空，晦昧之相也。亦可，覺明二字，皆屬於妄。以下云明，覺立堅故。相待成搖者，夫風以動爲性，元由心動之所感也。是以空昧形於外，覺明搖於內。從微至著，故有風輪矣。《俱舍論》云：謂諸有情業增上力，先於最下依止虛空，有風輪生。因空生搖，牒上文也。堅明立礙，謂堅凝妄明成立質礙也。夫金以堅爲性，亦由情堅之所感也。輔行以地大爲事堅，執心爲情堅。應知七識六識俱有執義，故第七識，亦名染汙意。與癡、愛、見、慢四煩惱相應。常時審諦思量，執取第八爲我。若第六識，即人法二執。是以空既妄立，搖於妄明，執堅凝故，有金輪矣。彼《俱舍論》，風輪之上次有水輪，水輪之上方有金論，謂諸有情業增上力，起大雲雨，澍風輪上，滴如車軸，積水成輪。復有別風搏激此水，上結成金。此與彼異者，彼約安立世界，自下升上以成其次。此約生起世界，由內感外以成其次。然大小義別，不須通會。堅覺下二句，牒前二文。風金下三句，正明火大。

孤山云：變化性者，火能變生爲熟，化有成無也。寶明生潤等。既風金起火，而火復蒸金，故金潤下流，遂成水大。

谷響云：若以五行論之，金生水，金是水之母，水是金之子，故生潤即金之含有也。火尅金，火是金之賊。既母被尅，故子下流，成水輪也。如釜中含水，下以火蒸，則其水騰氣，流汗而下也。然此四大，風金則由妄心而起，火、水復由風金而起。下文結云，遞相爲種，義見此矣。

長水云：由前所既妄立生汝妄能。所即影明，能即妄覺。此之覺明，全是無明。無明昏鈍，徧迷法界，即成空昧。一明一昧，一動一靜，剎那生滅，相待不息。於內生滅即名爲搖，於外即成風輪初起。是故世界之初，風輪爲始，虛空即爲世界所依。故下文云：迷妄有虛空，依空立世界。無明生滅，形待不息，故云因空生搖。執認所明，堅持不捨，故云堅明立礙。於內即是覺明堅執，於外即成金輪次起，故云彼金寶者明覺立堅，故知寶性因覺明有，是故眾寶皆體堅而用明也。堅覺等二句，指前二性爲生火之由，於內則生滅不停堅執不捨，於外則動搖不息堅剛難壞，互相摩觸而有火生。如取火法，鑽燧與木一堅一動，火能鎔散成熟萬物，故云爲變化性，寶明生潤等。於內則愛明堅執，燥心熾盛。於外則寶潤火蒸，遂成流水也，如世蒸物之有汗流。故一切業種非愛不生，一切草木非水不長。

思坦《楞嚴經集註》卷四 補遺云，夫外之四大，莫非從內心發現。如熏聞所引下文云：因諸愛染，發起妄情，情積不休，能生愛水。就此一節經文，則知因於內愛發於外潤矣。又曰：是故眾生心憶珍羞，口中水出。此引現喻，驗前外感。如小乘諸論，明三災分齊。初禪內有覺觀躁動外感火災，二禪內有喜心外感水災，此乃因愛感水之明據矣。據此，則前火大亦因內瞋感於外火也。經云遞相爲種者，此從四大相生而說故也。例如五味，若相生義，則乳從牛出之後次第轉變，而五味其實皆從牛出也。吳興謂貪婬者愛烈火銅柱之報者，應知如云因內喜故外感水災，此等流果也。若受烈火之報，此乃異熟增上之果耳。又據第八經文，婬心中若貪愛義，則外感水耳。二根研磨生煖則受火報，二根相觸則受銅柱。然小乘宗，水輪在前，金輪在後，與此不同者。而不知風輪持水，即是堅礙。約相在後，舉性在初，故風輪後即說金輪。

思坦《楞嚴經集註》卷五 教我偏觀百骸四支諸冷煖氣，神光內凝，化多婬心成智慧火。

苕溪云：教我下徧觀四大，皆是觸塵之境。百骸四支，地也。諸冷煖氣，即水、火、風也。三昧既著，故曰神光內凝。以多欲人火大偏盛，故變婬火而成智火。

補遺云：初後徧觀四大。知火大盛，所以別觀。初成小果，後發大心，將非普現色身，以執金剛神輔佛揚化者乎。

從是諸佛皆呼名我名爲火頭，我以火光三昧力故成阿羅漢，心發大願。諸佛成道，我爲力士親伏魔怨。

補遺云：於火法門無上首耳。從心發大願，去敘圓通也。

法天譯《毘婆尸佛經》卷上 太子曰：云何此人顏貌羸瘦，氣力劣弱。瑜誐答言：此是病人。太子曰：云何名病。瑜誐答言：四大假合，虛幻不實，稍乖保調，即生苦惱，此名爲病。太子曰：我能免不。瑜誐答言：俱同幻體，四大無別，如失保調，亦不能免。

戒環《楞嚴經要解》卷七 覺明空昧，相待成搖，故有風輪執持世界。因空生搖，堅明立礙。彼金寶者，明覺立堅，故有金輪保持國土。堅覺寶成，搖明風出，風金相摩，故有火光爲變化性。寶明生潤，火光上蒸，故有水輪，含十方界。火騰水降，交發立堅，濕爲巨海，乾爲洲潭。以是義故，彼大海中火光常起，彼洲潭中江河常注。水勢劣火，結爲高山，是故山石，擊則成燄。融則成水。土勢劣水，抽爲草木，是故林藪，遇燒成土，因絞成水。交妄發生，遞相爲種，以是因緣，世界相續。

萬法自五行變化，五行由妄覺發生，故世界起，始肇於覺明，而依乎風金水火，以生成萬物也。眞覺妙空，本非明昧。由妄爲明覺，遂有昧空。明昧相傾，則不覺心動，故曰覺明空昧。相待成，故有風輪。世界最下依風輪住，故曰執持世界。因空生搖等者，因空昧動念。覺明堅執，而立礙感金也。大地最下依金輪起，故曰保持國土。堅覺寶成等者，因堅覺妄搖。觸起煩惱，而感火也。内外二界，革生爲熟，化有爲無，皆火大所變，故曰爲變化性。寶明生潤等者，由堅覺生識。而蒸以煩惱，積情發愛，而感水也。世界居大海内，故曰含十方界。火騰水降等者，妄覺煩起，妄識横流，交結立礙，而感土也。地性堅礙，故曰立堅。其高爲山，其深爲海，皆土也。水阜曰洲，沙汀曰潬。諸皆肇於妄覺，感於五行，故曰交妄發生，遞相爲種也。土、水生木，木、土生金。金、木生火。火、金生水。水、火生土。世界初由覺明發識爲水，空昧結色爲土，相待成搖，爲風爲木，即土、水生木也。又因空昧之土，生搖爲木，而堅明立礙。即木、土生金也。餘文甚明。土由水、火所生。若子受父母氣分，故海中火起，潬中水注也。五行以我尅爲妻夫劣，然後陰陽和而生子。故水劣火爲山，土劣水爲木，焰融明水，火氣分，燒絞明土、水氣分也。此世界相續之由也。

惟則天如《楞嚴經如說》卷三　阿難白佛言：世尊！如來常說和合因緣。一切世間種種變化，皆因四大和合發明，云何如來因緣自然，二俱排擯。我今不知斯義所屬，唯垂哀愍，開示衆生中道了義，無戲論法。

和合因緣，乃佛初立權教之旨。一切世間四句，撮其大義。發明，猶言出現也。二俱排擯，意專因緣，帶過自然。因緣和合，前已破盡，今又何疑。前約見性而論，故領性體非因緣等，而諸法因緣之執尚在。今聞陰入處界，悉非因緣和合，是以又起斯疑。蓋前疑一性，而此疑萬相。猶云妙覺性是寂滅法，乃第一義。不屬因緣，已聞命矣。陰入處界是生滅法，乃第二義。定屬因緣，云何擯棄之也。

爾時世尊告阿難言：汝先厭離聲聞、緣覺諸小乘法，發心勤求無上菩提，故我今時爲汝開示第一義諦。如何復將世間戲論、妄想因緣而自纏繞。汝雖多聞，如說藥人，眞藥現前，不能分別，如來說爲眞可憐愍。汝今諦聽，我當爲汝分別開示，亦令當來修大乘者，通達實相。阿難默然，承佛聖旨。阿難！如汝所言，四大和合，發明世間種種變化。阿難！若彼大性，體非和合，則不能與諸大雜和，猶知虚空不和諸色。若和合者，同於變化，始終相成。生滅相續，生死死生，生生死死，如旋火輪，未有休息。阿難！如水成氷，氷還成水。

和合與不和合，以性相論。諸大，即相也。諸大之性，即如來藏心。同於變化者，性與相同遷也。若諸四大之性，不和四大之相，則性居相外，二不相雜。此偏於自然，墮於常見，知不變不知隨緣。夫眞如隨緣而成相，豈同頑空哉。若和合者，則眞如性。隨相變遷，始終生滅，無有休息。此偏於因緣，墮於斷見，知隨緣不知不變。夫眞如不變，豈同變化等相哉。阿難唯執和合，佛兼不和合而破，杜轉計也。如水成氷，氷還成水，直示大性非和不和之理。七大之性，不因和合，循業發現，其相如此。還字足顯不變，正因不變，故還爲水。若眞和合，則變矣。

汝觀地性。麄爲大地，細爲微塵。至鄰虚塵，析彼極微。色邊際相，七分所成。更析鄰虚，即實空性。阿難！若此鄰虚，析成虚空，當知虚空出生色相。汝今問言，由和合故，出生世間諸變化相。汝且觀此一鄰虚塵，用幾虚空和合而有，不應鄰虚，合成鄰虚。又鄰虚塵，析入空者，用幾色相，合成虚空。若色合時，合色非空。若空合時，合空非色。色猶可析，空云何合。汝元不知如來藏中，性色眞空，性空眞色，清淨本然，周徧法界。隨衆生心，應知所量，循業發現。世間無知，惑爲因緣，及自然性，皆是識心分別計度。但有言說，都無實義。

此借阿難所知，以破和合也。和合之謬，不必質諸了義。即就小乘析色明空之法觀之，極微之塵，猶有微色，名色邊際相。析極微爲七分，則微色殆盡，故名鄰虚。既從大地析成虚空，可見色無實體，全是空中生出矣。既依空生，則非和合而生明矣。今謂和合故生者，然則鄰虚塵，亦應和合而成。乃至虚空，亦應和合所成。且用幾個虚空，合成隣虚耶。又用幾個色相，合成虚空耶。若色合時，只合成色相，又成不得虚空。若空合時，又永成虚空，終成不得色相。且世間但有析色之法，那有合空之法。虚空與隣虚，既非和合而有，則諸變化相，又豈和合出生耶。由汝不知如來藏中，性本自空，不待析色成空。空本自色，不待合空成色。以此法性身、法性土，本來清淨，本來不動，本來周遍故也。但眾生心有染淨，量有大小，業有善惡，故各隨其心，各應其量，各循其業，而發起現行。轉如來藏爲識藏，轉如來法性身爲根身，轉法性土爲器界。世間迷於清淨本然、周偏法界者，則惑爲因緣，墮於斷見。迷於隨心應量、隨業發現者，則執爲自然，墮於常見。皆意識計度分別所生，豈知不變隨緣、隨緣不變之眞宗耶。業非但善惡之業，兼指日用事業。

阿難！火性無我，寄於諸緣。汝觀城中未食之家，欲炊爨時，手執陽燧，日前求火。阿難！名和合者，如我與汝，一千二百五十比丘，今爲一眾。眾雖爲一，詰其根本，各各有身，皆有所生氏族名字。如舍利弗，婆羅門種。優樓頻螺，迦葉波種。乃至阿難，瞿曇種姓。阿難！若此火性，因和合有。彼手執鏡於日求火，此火爲從鏡中而出，爲從艾出，爲於日來。阿難！若日來者，自能燒汝手中之艾。來處林木，皆應受焚。若鏡中出，自能於鏡出然於艾，鏡何不鎔。紆汝手執，尚無熱相，云何融泮。若生於艾，何藉日鏡光明相接，然後火生。汝又諦觀，鏡因手執，日從天來，艾本地生，火從何方遊歷於此。日鏡相遠，非和非合，不應火光無從自有。汝猶不知如來藏中，性火眞空，性空眞火，清淨本然，周偏法界。隨眾生心，應所知量。阿難！當知世人，一處執鏡，一處火生，偏法界執，滿世間起，起偏世間，寧有方所。循業發現，世間無知，惑爲因緣，及自然性，皆是識心分別計度。但有言說，都無實義。

先標定火性。火無有我，寄諸緣而似有我，非眞和合。汝觀下，驗出無我。汝觀世人手執陽燧，對日求火，而有火出，因名火性和合而生。即如現前一千二百五十比丘，和合一處，名和合眾。雖千二百總名一眾，詰其根本，各有身名種族，是眞和合。若此火性，因和合生，則彼手執陽燧及艾，對日求火而火出。應一一詰其根本，各有來處。此火爲從鏡出，爲從艾出，爲從日來。若日下，辨非日來。若鏡下，辨非鏡出。若生下，辨非艾生。汝又下，令其觀所自出。言此三物，各有處所，此火從何所來。既於三處詰之，了無根本，不應無自而出，言必有本也。汝猶下，方指火之來處，不在鏡中、艾中、日中，元在如來藏中，循業發現，非和合也。

阿難！水性不定，流息無恆。如室羅城，迦毗羅仙、斫迦羅仙及鉢頭摩、訶薩多等諸大幻師，求太陰精，用和幻藥。是諸師等，於白月晝，手執方諸，承月中水。此水爲復，從珠中出。空中自有。爲從月來。阿難！若從月來，尚能遠方令珠出水，所經林木皆應吐流，流則何待方諸所出。不流，明水非從月降。若從珠出，則此珠中常應流水，何待中宵承白月晝。若從空生，空性無邊，水當無際，從人洎天皆同滔溺，云何復有水陸空行。汝更諦觀，月從天陟，珠因手持，承珠水盤，本人敷設，水從何方流注於此。月珠相遠，非和非合，不應水精無從自有。汝尚不知如來藏中，性水眞空，性空眞水，清淨本然，周偏法界。隨眾生心，應所知量，一處執珠，一處水出，偏法界執，滿法界生，生滿世間，寧有方所。循業發現，世間無知，惑爲因緣，及自然性，皆是識心分別計度。但有言說，都無實義。

流息無恆者，求則有，不求則無也。太陰精，月中水也，望前爲白月。當正中曰晝。方諸，陰燧，水精珠也。方諸見月，則津而爲水。此水下，詰其出處。阿難下，辨非月來。若從珠出下，辨非珠出。若從空生下，辨非空生。汝更下，令其審詳出處。

阿難！風性無體，動靜不常。汝常整衣入於大眾，僧伽梨角，動及傍人，則有微風拂彼人面。此風爲復出袈裟角，發於虛空，生彼人面。阿難！此風若復出袈裟角，汝乃披風，其衣飛搖，應離汝體。我今說法，會中垂衣，汝看我衣，風何所在，不應衣中有藏風地。若生虛空，汝衣不動，何因無拂。空性常住，風應常生。若無風時，虛空當滅。滅風可見，滅空何狀。若有生滅，不名虛空。名爲虛空，云何風出。若風自生被拂之面，從彼面生，當應拂汝。自汝整衣，云何倒拂。汝審諦觀，整衣在汝，面屬彼人，虛空寂然，不參流動，風自誰方鼓動來此。風空性隔，非和非合，不應風性無從自有。汝宛不知，如來藏中，性風眞空，性空眞風，清淨本然，周偏法界。隨眾生心，應所知量。阿難！如汝一人，微動服衣，有微風出，偏法界拂。滿國土生，周偏世間，寧有方所。循業發現，世間無知，惑爲因緣，及自然性，皆是識心分別計度。但有言說，都無實義。

動靜不常者，如搖箑則動，不搖則靜也。僧伽梨，大衣也。此風下，徵其出處。阿難下，辨非衣生。若生下，辨非空生。空性常住、風應常生者，空常而風亦常也。若無風時、虛空當滅者，風滅而空亦滅也。滅風可見，滅空何狀者，風濟則萬竅皆虛。故有狀可見，空滅應無狀貌可見。若是生滅，則是可作之法，不名虛空。既名虛空，則知風非是空，云何言風從空出。若風下，辨非面生。若謂風不從自己整衣而生，生於彼人被拂之面，則拂汝爲順。今反拂彼面，豈非倒拂乎。動靜不同，故曰性隔。

阿難！空性無形，因色顯發。如室羅城去河遙處，諸刹利種及婆羅門、毗舍首陁、兼頗羅墮、旃陁羅等新立安居，鑿井求水，出土一尺，於中則有一尺虛空。如是乃至出土一丈，中間還得一丈虛空。虛空淺深，隨出多少，此空爲當因土所出，因鑿所有，無因自生。阿難！若復此空無因自，未鑿土前，何不無礙，唯見大地，迥無通達。若因土出，則土出時，應見空入。若土先出，無空入者，云何虛空因土而出。若無出入，則應空土元無異因。無異則同，則土出時，空何不出。若因鑿出，則鑿出空，應非出土。不因鑿出，鑿自出土，云何見空。汝更審諦，諦審諦觀，鑿從人手，隨方運轉。土因地移，如是虛空，因何所出。鑿空虛實，不相爲用，非和非合，不應虛空無從自出。若此虛空，性圓周徧，本不動搖。當知現前地、水、火、風，均名五大，性眞圓融，皆如來藏，本無生滅！阿難，汝心昏迷，不悟四大元如來藏。當觀虛空爲出爲入，爲非出入。汝全不知如來藏中，性覺眞空，性空眞覺，清淨本然，周徧法界。隨衆生心，應所知量。阿難！如一井空，空生一井。十方虛空，亦復如是。圓滿十方，寧有方所。循業發現，世間無知，惑爲因緣，及自然性，皆是識心分別計度。但有言説，都無實義。

空性無形，無大小方圓之形量也。毗舍，商賈。首陁，農夫。頗羅墮，利根。旃陁羅，頑愚。此空下，詰其生處。阿難下，辨非無因生。若因土下，辨非土出。若因鑿下，辨非鑿出。若謂空因鑿出，則應隨手鑿出虛空，不須出土。若謂不因鑿出，鑿自出土，云何井中得見虛空。汝更下，警令用心觀察。審諦，審其實也。諦審，無浮察也。諦觀，必欲見其端的也。汝心下，言汝迷執四大和合，不悟四大本如來藏。汝但例觀空大，審其有出，入無出入。若悟空大不動周圓，非出非入，非不出入，即悟四大非和非合，非不和合。

通潤《圓覺經近釋》卷二 先依如來奢摩他行，堅持禁戒，安處徒衆，宴坐靜室，恆作是念：我今此身，四大和合，所謂髮、毛、爪、齒、皮、肉、筋、骨、髓、腦、垢、色皆歸於地，唾、涕、膿、血、津、液、涎、沫、痰、淚、精氣、大小便利皆歸於水，暖氣歸火，動轉歸風。四大各離，今者妄身當在何處。即知此身畢竟無體，和合爲相，實同幻化。

此下正陳，方便也。奢摩他，定學也。《起信》云：若修止者，住於靜處，端坐思惟，不依氣息，不依形色，不依地、水、火、風，乃至不依見、聞、覺、知，名依奢摩他。堅持禁戒者，謂一向絶緣，防護根門，不令向外奔馳也。安處徒衆者，必得同心同行之人爲伴侶，互相砥礪也。宴坐靜室者，坐以攝身，身住而心得安故。必靜室者，以離喧囂，功夫易就也。四緣既具，則一心一境，方堪入觀。先當正念，觀察此身假合無我。《寶積經》云：此身生時，與其父母四大種性一類歌羅邏身。若唯地界無水界者，譬如有人握乾麨灰終不和合。若唯水界無地界者，譬如油水無有堅實即便流散。若唯地水無火界者，譬如夏月陰處肉團無日光時即便流轉。若唯地水火無風界者，則不增長。故一大不成，二大、三大不成，必四大和合，方得成就。故先觀察，堅礙者爲地，潤濕者爲水，暖者爲火，動者爲風。現今此身，雖見四大和合，而各有所歸，則此妄身畢竟屬於何大。則知四大畢竟無體，但是和合假名爲身，實同幻化。如是推求，即知此身實無我相，而向之認四大爲自身相妄矣。故《庵提女了義經》云：若能明知地、水、火、風四緣畢竟未曾自得，有所和合，是爲生義。若知地、水、火、風畢竟不自得，有所離散，是爲死義。

四緣假合，妄有六根。六根四大，中外合成。妄有緣氣於中積聚，似有緣相，假名爲心。善男子！此虛妄心，若無六塵，則不能有。四大分解，無塵可得。於中緣塵各歸散滅，畢竟無有緣心可見。

次復正念觀察，此心假合無我也，正由四緣假合而妄有身，復因此身而妄立六根。若離四大必無六根，若離六根亦無四大。故外有四大，內有六根，和合而成有根之身，名曰根身。《首楞嚴經》云：由明暗等二種相形，於妙圓中粘湛發見，見精映色，攬色成根，根元目爲清淨四大，因名眼體，如葡萄朵。淨根四塵流逸奔色等，豈非中外合成而有根身乎。既有六根，仍復引生五識，攀緣五塵，而意識總採五塵落謝影子，積聚八識田中爲種子，名爲法塵。而爲意識所緣之境，以意識緣法塵似有能緣之相，遂假名能緣者以爲心也。下復逆推，緣心無體，故曰即此能緣妄心是因六塵而有，離塵則無，是因境而有心也。若使四大分解，無塵可得。於中四大六塵各歸散滅，畢竟無有能緣之心可見，是無境亦無心也。如是推求，即知此心亦無有我，而向之妄認六塵緣影爲自心相者妄矣。已上發明知幻二字竟。

焦竑《圓覺經精解評林》卷上　我今此身，四大和合。所謂髮、毛、爪、齒、皮、肉、筋、骨、髓、腦、垢、色，皆歸於地。唾、涕、膿、血、津、液、涎、沫、痰、淚、精、氣、大小便利，皆歸於水。暖氣歸火，動轉歸風。四大各離，今者妄身當在何處。

（堅、濕、煖、動，假和合也。故《寶積經》云：此身生時，與其父母四大種性，一類歌羅邏身。若唯地大無水界者，譬如有人握乾麨灰，終不和合。若唯水界無地界者，譬如油水無有堅實，即便流散。若唯地水無火界者，譬如夏月陰處肉團，無日光照，即便爛壞。若唯地水火無風界者，則不增長。《淨名》亦云：四大合故，假名爲身。）

如山曰：四大，地、水、火、風也。四大合故，假名爲身。四大無主，身亦無我，故此經文還分四大，各歸來處。以髮、毛、爪、齒等歸地者，堅凝爲德也。以唾、涕、歸水者，閏濕爲水也。暖氣歸火者，然氣是四大之本，不唯是風，故水、火大中亦云氣也。動轉歸風者，《淨名》云：是身無作，風力所轉。正觀之時，四大各有所歸，即名爲離。且德有形凝而沉滯，風無形礙而輕舉。敵體相迷，水火亦且相陵奪，故知四大相違。各各差別，未審我身屬於何大。若總相屬，即是四我。若總不屬，即應離四，別有我身，故云妄身當在何處。

即知此身畢竟無體，和合爲相，實同幻化。四緣假合，妄有六根。六根四大，中外合成。妄有緣氣，於中積聚。似有緣相，假名爲心。

（裴休論曰：心無自相，託境方生。境性本空，由心故現。根塵和合，似有緣心。內外推之，何是其體。長輪生死，由不了心。苟能了之，圓覺自現。故《首楞》云：狂性自歇，歇即菩提。勝淨妙明，不從人得。）

宗密曰：因前尋伺，見如實之理，定知四大非我，但約和合，假名爲身，亦無實體。四大和合，成於一色，於此色上方有六根。四大爲中，六根爲外。內外和合，假成此身。由此內外根塵，引起妄心，緣慮不絕，念念生滅，刹那未停。緣合即有，緣散即無，推其自體，了不可得，故曰假名爲心。此虛妄心，雖假緣生，不離眞心氣分，故曰緣氣。言似者，明非實有。緣相者，義慮之相也。

善男子！此虛妄心，若無六塵，則不能有。四大分解，無塵可得。於中緣塵，各歸散滅，畢竟無有緣心可見。

（問：無塵可得下三句，亦説法空。何得一向判屬人空。如山答：此指緣塵各散，正顯心空，故結云：無心可見。身之與心，惣屬我執，此第一法空。）

如山曰：心託六塵，塵依四大。四大無體，六塵即空，故云散滅。緣塵既滅，心體即空，故決判云畢竟無有。言緣心者，則前緣氣之心也。

焦竑《圓覺經精解評林》卷上　善男子！六塵清淨故，地大清淨。地清淨故，水大清淨。火大、風大，亦復如是。（裴休曰：即於根塵，不取發識牽心之義，直取四大之體也。）

如山曰：《寶積經》説，四大各二，謂內及外。地界二者，內謂自他身內所有堅者，謂髮、毛等。外謂身外所有堅者，謂土、木等。水界二者，身內熱體熱相，能消飲食等。身外熱體熱相，能成熟等。風界二者，身內風體，風名速疾，住四支等、身外體等。

憨山《楞嚴經通議》卷四　二疑四大相陵。

又如來説地、水、火、風本性圓融，周徧法界，湛然常住。世尊！若地性徧，云何容水。水性周徧，火則不生，復云何明水、火二性俱徧虛空不相陵滅。世尊！地性障礙，空性虛通，云何二俱周徧法界，而我不知是義攸往。惟願如來宣流大慈，開我迷雲及諸大衆。作是語已，五體投地，欽渴如來無上慈誨。

議曰：此呈疑致問也。滿慈因前佛説根塵識界既皆如來藏性清淨本然，云何忽生山河大地諸有爲相耶，是不知世界衆生生起之由也。又聞七大徧周而地、水、火、風齊徧法界，且水火相陵，地空相奪，云何一一周徧耶，是不悟性眞圓融之理也。此問徹底窮源，非如來一切種智，何以能究本始之因哉。

憨山《楞嚴經通議》卷一〇　二者，是人窮四大元，四性常住。修習能知四萬劫中十方衆生所有生滅，咸皆體恆，不曾散失，計以爲常。

議曰：此示二徧常計也。以行人定中但觀四大性故，能知四萬劫中衆生生滅體常，以四大乃八識相分。今八識未破故，四大未消。衆生皆以四大爲體，四大常而衆生亦常矣。

傳燈《楞嚴經圓通疏》卷三 答：此由衆生無始迷眞覺，以爲根識局內，身以遺外，境對空色，以分大小。如經所謂晦昧爲空，空晦暗中結暗爲色，色雜妄想相爲身，聚緣內搖趣外奔逸，昏擾擾相以爲心性。一迷爲心決定惑爲色身之內，不知色身外洎山河虛空大地咸是妙明眞心中物。譬如百千澄清大海棄之，惟認一浮漚體目爲全潮窮盡瀛渤。如來憐愍斯輩，將爲指迷而即悟，故必自淺以之深。先以無邊之虛空對辯有邊之四大，故往復言之，而曰性色眞空、性空眞色，乃至性風眞空、性空眞風。所以然者，地大之色堅質而有方所者也，虛空融通故無方所矣。水、火、風大搖動而有生滅者也，虛空恆然故無搖動矣。凡有生滅去來則有虛空，無生滅去來故性眞圓融矣。今曰性色眞空、性空眞色，猶言空性色亦性空眞色，亦眞色之與空本無差別。故於第五空大文中而和會云：若此虛空，性圓周徧，本不動搖，當知現前地、水、火、風均名五大，性眞圓融，皆如來藏，本無生滅。阿難！汝心昏迷，不悟四大元如來藏。當觀虛空爲出爲入，爲非出入。是則四大與空，均一常住，相雖似異，性乃元同，莫不清淨本然，周徧法界。稱之爲大，不亦宜乎。復次，色空之常徧雖融，身境之無差未會。故又於空大文中而云性覺眞空、性空眞覺。所言覺者，通而言之，即根與識也。所以空覺相對而辯者。

一松大師《大佛頂首楞嚴秘錄》卷四 初成四大中，覺明等者，原夫性覺明體乃無虛妄可得。當體眞空本來妙明之者，第因一念不覺而起，翻眞空而成頑空，翻妙明而成無明，云覺明空昧。既有所緣之頑空及夫能緣之無明，互相生起，致有動轉，故云相待成搖。既無明、頑空相待搖動，風大得以生起，而世界有執持者矣，故云故有等也。既有無明、頑空互相搖動，其所生之妄能妄所堅執不已，遂成質礙之相，故云因空等也。然堅礙者將是何物。即彼金寶者，是又金寶由何而有。即能明之妄明所覺之妄覺二者所成之堅相也，故云彼金等也。金輪者，即地大也，以金由土生故。堅礙之寶既成，還以風動搖，明一風一金互相摩盪不一，遂有火大乘此而生。火大既生，能令萬物變生作熱，化有爲無，故云堅覺等也。既有妄明之堅寶，遂生潤焉，兼有火大之烈燄，遂發烝焉。一潤一烝之爲因緣，遂有滔滔水大，含裹十方界矣，故云寶明等也。四大，如《俱舍》等論，明世界安立。最下風，次水，再次金。今論生起，所以不同耳。如是則知四大之所以成莫不由一念不覺也。

智旭《楞嚴經文句》卷三 阿難！如汝所言，四大和合，發明世間種種變化。阿難！若彼大性體非和合，則不能與諸大雜和，猶如虛空不和諸色。若和合者，同於變化，始終相成，生滅相續，生死死生，生生死死，如旋火輪，無有休息。

此牒其妄，計而破之也。如來所說，和合因緣，秖爲顯示諸法無性。若妄計四大有實體性，由彼和合能生諸法，則與外道邪計何異，故今牒而破之。先破非和合，次破和合。由不達不變隨緣之性必計體非和合，由不達隨緣不變之性必將轉計和合。今並破之，則已密顯如來藏性方是四大眞性，而四大無性正是如來藏之實性矣。先破非和合。云若計彼諸大之性體必非和合者，則一一大皆不能與諸大雜和，猶如虛空不和諸色，便無諸大之用。如地性常堅遇水不潤，水性常冷遇火不熱等，何以生成萬物。若計彼諸大之性必定是和合者，則便同於種種變化，始終相成，生滅相續，生而復死，死而復生，從生至生，從死至死，如旋火輪，無有休息，便無諸大之體。如地遇水則失其堅，水遇火則失其潤等，自體既失，又將何以生成萬物。此等豈非戲論妄想也耶。

智旭《楞嚴經文句》卷三 若此虛空，性圓周徧，本不動搖。當知現前地、水、火、風，均名五大，性眞圓融，皆如來藏，本無生滅。阿難！汝心昏迷，不悟四大元如來藏，當觀虛空爲出爲入，爲非出入。

此以空均四大而名五大，顯其皆性皆眞，無二無別也。蓋九界衆生於此色空二法總未能融通，爲一凡夫計四大實色與頑。然虛空敵體相對，二乘以生死妄色與涅槃眞空敵體相對，稟通教人以從假入空與從空出假亦敵體相對，稟別教人以空有二諦與但中第一義空亦敵體相對。孰知四大即空，空即四大，空即藏性，四大亦即藏性，藏性即空，藏性亦即四大。是故十法界地、水、火、風即是十法界空，十法界空即是十法界地、水、火、風。今承上文。拈出一井中空即復非因非緣、亦非自然非和非合非不和合四句，咸離百非俱遺始信。十界虛空、性圓周徧、本不動搖，與彼現前地、水、火、風，一一性眞圓融，皆如來藏，本無生滅，彰彰明矣。由汝不悟四大元如來藏，遂以世間戲論妄想和合因緣而自纏繞。今當觀此虛空爲出爲入爲非出入，若謂虛空有出入，是因緣戲論。破已如上。若謂虛空無出入，是自然戲論。破亦如上。若知藏性虛空，隨緣不變，則出入即非出入。若知藏性虛空，不變隨緣，則無出入不妨出入。若知藏性虛空，離諸戲論，則知藏性四大，亦皆離諸戲論矣。

智旭《楞嚴經文句》卷四 覺明空昧相待成搖，故有風輪執持世界。因空生搖，堅明立礙。彼金寶者，明覺立堅，故有金輪保持國土。堅覺寶成搖，明風出。風金相摩，故有火。光爲變化性，寶明生潤。火光上烝，故有水輪含十方界。火騰水降，交發立堅，濕爲巨海，乾爲洲潭，以是義故，彼大海中火光常起，彼洲潭中江河常注。水勢劣火，結爲高山，是故山石擊則成燄，融則成水。土勢劣水，抽爲草木，是故林藪遇燒成土，因絞成水。交妄發生，遞相爲種，以是因緣，世界相續。

此正明世界相續不離一念無明心也。由妄爲明，覺因明立，所因所彰能。能爲妄覺，所爲頑空。妄覺是明，頑空是昧。二法相待，法爾成搖，故有風輪執持世界。可見一切風輪，秖是一念中之動相耳。空既生搖，對動成靜，故曰堅明立礙。謂於妄明之中堅立一種礙相，以與動相對也。彼世界之金寶，即汝妄明覺體所立堅相，故有金輪保持國土。可見一切金輪，秖是一念中之堅相耳。於妄心中堅覺之寶既成，搖明之風復出，以心中妄動之風摩心中妄立之金，故有火。光爲變化性，無而忽有，有而忽無。可見一切火大，秖是一念中之動靜二相所摩成耳。妄心堅覺之寶明既，能生潤。妄心變化之火光又復上烝，故有水輪，含十方界。可見一切水大，秖是一念中之金火二妄所烝成耳。一念妄心既已，全具四大。於四大中，火性常騰，水性常降，交互發生，立諸堅礙，遂有山河大地。水勝則濕，爲巨海。火勝則乾，爲洲潭。大者爲洲，小者爲潭。然大海亦心中妄火互立，故得火光常起。洲潭亦藉心中妄水互立，故得江河常注也。若妄心中之水勢甚劣，火勢甚勝，則結爲高山。由此山石秖是妄心水火結成，故擊則成燄，融則成水。若妄心中之土勢甚劣，水勢甚勝，則抽爲草木。由此草木，秖是妄心水土抽出，故燒還成土，絞還得水。可見地、水、火、風全是妄心中物。以此妄物，於妄心中交互發生，遞相爲種。以是因緣，妄有世界相續。除卻妄心之外，安有少許實法可得耶。此雖答，示迷眞成妄，理不違事。而海中火起等義，即可密釋相違性之難。端至後相傾相奪隨爲色空等義，又可兼釋理違，事之餘惑，良由諦理圓微故使。佛語巧妙，若此珍之味之。又復應知，文中似惟顯示同居世界相續之相，而方便實報二種世界相續，亦不外此。以不達妄心中四大即空故，有同居世界相續。以不達妄心中四大假名無量故，有方便世界相續。以不達妄心中四大即中故，有實報世界相續也。此文舊以五行生剋訓之，甚違經旨。經顯一切惟心，乃用世間妄計爲解，安得相蒙。且如由石擊燄融水於五行之說，云何會通。若以石屬金，則金能生水，烏能又生於火。若以石爲土，則水火皆不應生。又林燒成灰，可云火能生土。因絞成水，豈是木反生水。故知世間五行，元無實義，不應以彼而釋此也。然儒宗太極兩儀之說，卻與此經暗合。但彼不說惟心所現，便非正因緣境。今不避繁文，試一點出。經文所稱覺明空昧，即彼所稱太極。太極圓中半白半黑，黑表空昧，白表覺明也。相待生搖、風輪持世，即彼所謂太極動而生陽，以其周行地外計以爲天也。堅明立礙、金輪持國，即彼所謂動極復靜靜而生陰，以其成形於內計以爲地也。火光爲變化性者，即彼所謂體陰用陽、離之象也。水輪含十方界者，即彼所謂體陽用陰、坎之象也。所以先天八卦，乾南坤北，離東坎西，正彷佛此。惟心四大但不達惟心，故云太極生兩儀，兩儀生四象耳。火騰水降等者，即彼所謂後天八卦，水火爲政故離南坎北以表騰降之象也。大約儒門計風、金二大爲天、地之體，計水、火二大爲天、地之用，然後具生後天五行，不知太極動靜全是當人妄心動靜。依此妄動妄靜，妄有世界相續。豈有五行實法能相生剋哉！惟周子先悟道於東林，故作太極圓說，欲人了知太極本非心外實法，只是無明迷於覺性妄成阿賴耶識。而此無明，全體虛妄，了無自性可得。故點破，云無極而太極，謂此太極本無。所謂太極，但是從無住本立一切法耳。後儒不達，更推無極爲太極本，失旨甚矣。又孔子《易傳》亦云易有太極，乃密指易理爲隨緣不變、不變隨緣之藏心。特以機緣未到，不得明言。此又菩薩苦心，不可不知。

智旭《楞嚴經文句》卷四 汝身現摶，四大爲體。見、聞、覺、知，壅令留礙。水、火、風、土，旋令覺知，相織妄成。是第二重，名爲見濁。

此直指九界受陰爲見濁也。言汝身現摶、四大爲體，且指同居分段之身而言。須知，方便實報法性之身，雖無麁重，四大亦有微妙色法，亦得稱爲界外四大也。見、聞、覺、知，性本虛通。今則壅令留礙，喻如水亡清潔。水、火、風、土，本無情覺。今則旋令覺知，喻如土失留礙。因此，虛妄相見二分，相織妄成六受用根，領納前塵，遂於非我、非無我性而有同居我見。方便無我見，實報亦我，亦無我見，名爲見濁。此濁爲第二重者，其相亦易知故。

錢謙益《楞嚴經疏解蒙鈔》卷一〇 憨山和尚《通議》云：世界乃唯識所變之相分，始因迷妄有虛空。依空立世界，故推覺明之無明。以對頑然之虛空，而爲世界生起之本。空晦昧中，結暗爲色。此正結色之始也。四大乃世界種，正儒家所推先天之五行。謂由無明而成四大之世界，則天地以之而位。由四大而爲五行，故萬物以之而育。然世界即吾人所居之天地，非別有一世界也。云有風輪執持世界者，老氏指覺明之無明爲道體，故曰：杳杳冥冥，其中有精。又以空體爲虛無大道，指此風相爲冲氣，故曰：專氣致柔。又曰：天地之間，其猶槖籥乎。此老氏之道源也。儒氏以識神爲天命之性，指空大爲太極，指此風大爲混元一氣，由一氣以生成萬物，是皆不知唯識所變也。太極圖黑白相參，白即覺性，黑即無明，政不生滅與生滅和合，成阿賴耶識，爲生萬物之始。以此識有三分，而虛空世界乃相分也。云有金輪保持國土者，此儒家所言一陰一陽之謂道，以爲生天生地之本也。此中，空，靜也。暗，幽也。故爲陰。搖，動也。覺，明也。故爲陽。故曰：動靜有常，剛柔斷矣。由動靜以成金輪，爲地大種，即天地初成之始也。動爲乾體，靜爲坤體，故形而上者爲天，形而下者爲地。所謂乾坤成列，而易在乎其中矣。斯則陰陽未形，而動靜剛柔已具。故曰：想澄成國土，所謂先天之易也。云有火光爲變化性者，此易所言剛柔相摩而成變化。形而上者，在天成象，爲日，乃太陽之火精也。形而下者，在地成形，爲火，乃變化性，謂變生爲熟，化有爲無。且後天五行，巽爲風爲木，故鑽木取火，以得先天之性也。此四象中日也。云有水輪含十方界者，此即易所謂形而上者，在天成象，爲月，太陰之精爲星辰。形而下者，爲江河湖海流注之水。此四象具矣。由因覺明空昧，二妄相待，而有風、金二大。因風、金相摩而有火大，因火蒸寶潤而有水大。由因四大，而成天地、陰陽、日月、星辰之四象。故《易》言：太極生兩儀，兩儀生四象，以爲八卦之體。又曰：天尊地卑，乾坤定矣。卑高以陳，貴賤位矣。動靜有常，剛柔斷矣。在天成象，在地成形，變化見矣。四大部洲，江河湖海，山川草木，一氣流行，陰陽錯綜，五行相生，八卦流變，至六十四，故《易》卦始於乾坤，終於既濟未濟。經曰：交妄發生，遞相爲種，以是因緣，世界相續。此後天之易也。以此而推，世界從覺明，唯識所現，皎然不爽。予昔遇梵僧，謂《楞嚴經》盛談五行之妙。大慧禪師亦云：《楞嚴》世界相續，說五行生起極詳。故極意研詳，約此文以明唯識之旨。

錢謙益《楞嚴經疏解蒙鈔》卷一〇 東溟管氏曰：四大即先天之五行，五行即後天之四大。儒家從陽變陰合說五行，故以二五之眞合無極之眞，而曰五行一陰陽，陰陽一太極，太極本無極。其實五行皆自覺迷起也，不迷則何以分一眞而爲五。又有游氣紛擾之說，紛擾非妄想而何。釋家從無始妄想說四大，故以不生滅之眞如含生滅之無明，而曰由津潤妄想起水大等。其實四大俱自一眞來也，不眞則何以同覺皇而稱大。又有大性不壞之說，不壞非眞常而何。畢竟儒家五行，說到至精至密，是天地定位後事。釋家說四大，推到生天生地之初，謂世界依空而立，空輪之上爲風輪等。又推其所以然之故，而曰覺明空昧相待成搖，乃至交妄發生遞相爲種。此則世界最初緣起之由也。儒家聖人，何以不推及此。則以身在綱常中，但當從陰陽五行中調劑宣燮，不應外陰陽五行以求無極。所謂隱實顯權也。佛氏則權實雙顯矣。故儒家多從一歲氣機上說動靜，而釋家則從大劫成住壞空上說動靜。此非凡智所能及也。

弘麗《圓覺經句釋正白》卷一 恆作是念，我今此身，四大和合。

當文一句，審執和合。恆作是念者，諦審諦思，無乍忘時。我今此身者，指自身相。四大和合者，指自身相所依立處。云大者，地、水、火、風，四各周徧。云和合者，已身若唯地大無水大者，如乾麨灰，無團聚理。若唯水大無地大者，如濕油水，無堅實性。若唯地水無火大者，如陰處肉團，每自爛壞。若惟地水火無風大者，宜不增長，無所動搖。今皆不爾，故見已身於彼四大和合爲相，然此乃迷妄身所成執處。今將破執，故先從審。

二審在各離。

所謂髮、毛、爪、齒、皮、肉、筋、骨、髓、腦、垢、色，皆歸於地。唾、涕、膿、血、津、液、涎、沫、痰、淚、精、氣、大小便利，皆歸於水。暖氣歸火，動轉歸風。四大各離。

當文五句，審在各離。四皆歸四句，四大各離一句。所謂者，審自身分又有其專名，定目之所稱謂。髮、毛等之皆歸於地者，以皆具質礙相，不可指屬餘大。此句地大離立。唾、涕等之皆歸於水者，以皆具流動相，不可指屬餘大。此句水大離立。暖氣歸火者，以顯現炙熱相，不可指屬餘大。此句火大離立。動轉歸風者，以明見飄搖相，不可指屬餘大。此句風大離立。四大各離者，既本自歸，何相和合，故本各離。此句總承上四，明決各離，得乃現在身相無其和合者。於中水、火二大云精氣、暖氣者，以氣有潤濕、溫暖二相，現二大形，故成分指。又精之在人身無定屬處，男女欲火熏，觸百骸，暖氣生潤，故有精出，是精本屬氣分。人身暖氣周偏一身，遇觸摩處更見熱炙，是暖亦屬氣分，故云氣。然氣本和合，有倘見不相和合之大相。四大無於和合，誠可明決。合文上科，共成諦審合離科竟。

佚名《藥師經疏》 依《金光明經》第七卷說，

流水問父：云何當知四大諸根衰損代謝而得諸病。

時，父持水而答其子：三月是夏，三月是秋，三月是冬，三月是春，是十二月三月而說。從如是數，一歲四時。若二二說，足滿六時。三三本攝，二二現時。隨是時節消息飲食，是能益身。《醫方》所說，隨是歲中，諸根四大代謝增損，令身得病。有善醫師，隨順四時，三月將養調和六大，隨病飲食及以湯藥。

問：如是諸病，何時當發。

答：多風病者，憂則發動。其熱病者，秋則發動。等分病者，冬則發動。其肺病者，春則增劇。

問：諸病若增，云何對治。

答。有風病者，憂則應服肥膩鹹酢及以熱食。有熱病者，秋服冷甜。等分，分服甜酢肥膩。肺病，春服肥膩辛熱。

問：諸病源由，因何而起。

答：飽食然後則發肺病，於食消時則發熱病，食消已後則發風病，如是四大隨三時發。

問：諸病相多食，復當云何。

答：風病羸損，補以蘇膩。熱病，下藥服呵梨勒。等分，應服三種妙藥，所謂甜、辛及以蘇膩。肺病，應服隨能吐藥。

問：若風熱病、肺病、等分違時而發，當何療治。

答：應當任師籌量，隨病飲食湯藥。由師失疫，不順醫方，遇違緣故，非時而死。故宋本云：有病不治，又不修福，湯藥不順，針灸失疫，不值良醫，爲病所困，於是滅亡。又《法華經》第二卷說：若修醫道順方治病，更增他疾，或復致死。若自有病，無人救療，設服良藥，而復增劇，所患雖輕，實不應死，而便橫死。是爲初橫。

《佛說五王經》 何謂病苦。人有四大和合而成其身。何謂四大。地大，水大，火大，風大。一大不調，百一病生，四大不調，四百四病，同時俱作。地大不調，舉身沈重。水大不調，舉身膖腫。火大不調，舉身蒸熱。風大不調，舉身掘強，百節苦痛，猶被杖楚。四大進退，手足不任，氣力虛竭，坐起須人，口燥脣燋，筋斷鼻坼，目不見色，耳不聞聲，不淨流出，身臥其上，心懷苦惱，言輒悲哀，六親在側，晝夜看視初不休息，甘饍美食，入口皆苦。此是苦不。

菩提流支譯《佛說法集經》卷二 善男子！譬如虛空，雜色虹起，依彼四大增上因緣，而彼四大不至虹中。雖不至虹，以彼四大因緣力故，生諸虹色種種不同。地大因緣而生黃色，水大因緣生於青色，火大因緣生於赤色及諸綺色，風大因緣生虹輪相。

般若流支譯《唯識論》 偈言：若微塵不合，彼合何所成。言微塵無廂，能成則有相。

此偈明何義。爲彼微塵和合成四大等，爲離微塵別成四大。此明何義。若以微塵成四大者，不得說言微塵無廂不相和合。若離微塵成四大者，彼四大是誰家四大。若如是者，不得說言微塵無六廂。是故偈言，若微塵不合彼合何所成故。此明何義。若彼微塵不相和合成四大者，不得說言塵無六廂與麁物合成四大等。汝言與麁物合成四大者，但有言說都無實事，是故微塵不成一物。若彼微塵不成一物，說言成彼四大等物，悉皆虛妄。是故偈言：微塵無六廂，能成則有廂故。

四心

曇無讖譯《大般涅槃經》卷二五　云何菩薩親近四事。謂四無量心。何等爲四。一者大慈，二者大悲，三者大喜，四者大捨。因是四心能令無量無邊衆生發菩提心，是故菩薩繫心親近。

曇無讖譯《大般涅槃經》卷三六　阿那含人有四種心，一者非學非無學，二者學，三者無學，四者非學非無學。入於涅槃，云何復名中般涅槃。善男子！是阿那含四種心中，二是涅槃，二非涅槃，是故名爲中般涅槃。

浮陀跋摩、道泰等譯《阿毗曇毗婆沙論》卷六　復有四種心：善，不善，隱沒無記，不隱沒無記。如善心所更事，四種心能憶。乃至不隱沒無記心所更事，四種心能憶。復有四種心：從因緣生心，從次第緣生心，從境界緣生心，從威勢緣生心。若一心曾所更事，四心盡能憶。

鳩摩羅什譯《文殊師利問菩提經》　文殊師利言：天子！諸菩薩有四心，能攝因、能攝果。何等爲四。一者初發心，二者行道心，三者不退轉心，四者一生補處心。初發心，爲行道心作因緣。行道心，爲不退轉心作因緣。不退轉心，爲一生補處心作因緣。

鳩摩羅什譯《禪法要解》卷上　行者亦如是，具有四心，自身受樂，願及衆生。

心既柔軟，見一切衆生悉得是樂。又復見諸天上、世間豪貴，取其樂相，願及衆生。心既柔軟，見一切衆生，悉得是樂，行慈時，心生大喜。以此大喜，願與衆生。或從定起，禮佛法衆，讚歎供養，亦得心喜，願與衆生。及取外喜，願與衆生。

或時自見其苦，老、病、憂、惱、飢、寒、困、苦，欲令衆生離是苦惱。我能分別籌量，心忍猶尚苦惱，何況衆生無有智慧忍受衆苦，何得不惱。則生悲心。復見外人刑戮鞭撻，又聞經說惡道苦痛，取是苦相，觀一切皆苦，而生悲心。

捨者自捨憎愛，亦觀衆生無有憎愛，及取外衆生受不苦不樂者。從第四禪乃至非有想非無想處，及欲界無苦無樂時。取是相已，觀一切衆生，亦都如是無苦無樂。

復次，如貴人唯有一子，愛念甚重，心常慈愍。世間諸樂，願令悉得。自能得者，亦皆與之。其子或時遭諸惱患，父甚悲念。若子從因得免，其父大喜。心生喜已，即便放捨，任子自長，父得休息。行者如是，於四無量心中，觀諸衆生，亦如子想，隨己所有樂事及取世間種種諸樂，願令得之。慈定力故，悉見一切皆是樂者。行人從慈心起，若見衆生受諸苦痛，取是相已而生悲心。悲心力故，見諸衆生悉皆受苦。見受苦已，願令衆生皆離是苦。從悲三昧起，若見衆生受樂得道入涅槃者，取是相已而生喜心，欲令彼得而彼自得。心識柔軟，悉見衆生皆得歡喜。從此定起，見衆生不苦不樂者、不憂不喜者，取是相已而生捨心，願令衆生不苦不樂不憂不喜。以善修捨定力故，悉見衆生不苦不樂不憂不喜，得離煩惱熱。復次，若衆生有諸過釁，捨而不問。若恭敬愛著，不以爲喜，是爲捨心。如是等四無量義，如《摩訶衍》中說。

菩提留支譯《無量壽經優波提舍》　如是菩薩奢摩他毗婆舍那廣略修行，成就柔軟心，如實知廣略諸法，如是成就巧方便迴向。何者菩薩巧方便迴向。菩薩巧方便迴向者，謂說禮拜等五種修行所集一切功德善根，不求自身住持之樂，欲拔一切衆生苦故，作願攝取一切衆生，共同生彼安樂佛國，是名菩薩巧方便迴向成就。菩薩如是善知迴向成就，遠離三種菩提門相違法。何等三種。一者依智慧門不求自樂，遠離我心貪著自身故。二者依慈悲門，拔一切衆生苦，遠離無安衆生心故。三者依方便門，憐愍一切衆生心，遠離供養恭敬自身心故。是名遠離三種菩提門相違法故。菩薩遠離如是三種菩提門相違法，得三種隨順菩提門法滿足故。何等三種。一者無染清淨心，不以爲自身求諸樂故。二者安清淨心，以拔一切衆生苦故。三者樂清淨心，以令一切衆生得大菩提故。以攝取衆生生彼國土故。是名三種隨順菩提門法滿足應知。

向說智慧慈悲方便三種門，攝取般若，般若攝取方便應知。

向說遠離我心不貪著自身，遠離無安衆生心，遠離供養恭敬自身心，此三種法遠離障菩提心應知。

向說無染清淨心，安清淨心，樂清淨心。此三種心略一處，成就妙樂勝眞心應知。

如是菩薩智慧心、方便心、無障心、勝眞心，能生清淨佛國土應知。是名菩薩摩訶薩隨順五種法門所作隨意自在成就。如向所說，身業、口業、意業、智業、方便智業，隨順法門故。

菩提流支譯《金剛仙論》卷二　問者須菩提問，答者如來答也。示現此義者，明此經辨具足四種深心永大乘中住義也。此一段經雖科爲四句，論以一偈釋盡。初廣心者，別釋卵生等三種衆生，明菩薩發心教化卵生等色、無色等盡衆生界，情無限局，故名廣心也。大者與廣，義一名異，但爲成偈故，所以並置也。第一者，釋經中我皆令入無餘涅槃而滅度之，明菩薩乃以常住涅槃至極之樂度於衆生，不以聲聞緣覺中道所證而滅度之，況人天等樂，故名第一心也。常者，釋前經中實無衆生得滅度者。常有二種，一明初地菩薩會眞如佛性常住之理。然此常理妙有湛然古今一定，無有凡聖彼此之異。於此眞如一體平等理中，何得見有衆生異於己身而得滅度者，故言常心。二明菩薩得一體慈悲平等之解，我所修善根即是衆生善根，教化衆生如我自身，恆無休息，故名常心也。其心不顛倒者，釋經中若菩薩起衆生相等則不名菩薩者，明道言我心者非妄計神我顛倒心也。利益深心住者，此是疾轉義，通前四種心，下皆云利益深心住。此言深心者，緣眞如深理起此四心，故曰深。又復深起悲心，亦名深也。今言住者，具上四心故，初地大乘法中決定住也。此乘功德滿者，明初地菩薩具前四心故，初地僧祇大乘功德分中滿足非究竟滿也。

菩提流支譯《文殊師利菩薩問菩提經論》卷上　經曰：天子又問，文殊師利！諸菩薩摩訶薩有幾種心，能成就因能成就果。文殊師利答曰：天子！諸菩薩摩訶薩有四種心，能成就因能成就果。何等爲四。一者初發心，二者行發心，三者不退發心，四者一生補處發心。復次，天子！初發心如種子，第二行發心如芽生增長，第三不退發心如莖葉華果初始成就，第四一生補處發心如果等有用。復次，天子！初發心如車匠集材智，第二行發心如斫治材木淨智，第三不退發心如安施材木智，第四一生補處發心如車成運載智。復次，天子！初發心如月始生，第二行發心如月五日，第三不退發心如月十日，第四一生補處發心如月十四日，如來智慧如月十五日。復次，天子！初發心能過聲聞地，第二行發心能過辟支佛地，第三不退發心能過不定地，第四一生補處發心安住定地。復次，天子！初發心如學初章智，第二行發心如差別諸章智，第三不退發心如算數智，第四一生補處發心如通達諸論智。

復次，天子！初發心從因生，第二行發心從智生，第三不退發心從斷生，第四一生補處發心從果生。復次，天子！初發心因攝，第二行發心智攝，第三不退發心斷攝，第四一生補處發心果攝。復次，天子！初發心因生，第二行發心智生，第三不退發心斷生，第四一生補處發心果生。復次，天子！初發心因差別分，第二行發心智差別分，第三不退發心斷差別分，第四一生補處發心果差別分。復次，天子！初發心，如取藥草方便。第二行發心，如分別藥草方便。第三不退發心，如病服藥方便。第四一生補處發心，如病得差方便。復次，天子！初發心，學法王家生。第二行發心，學法王法。第三不退發心，能具足學法王法。第四一生補處發心，學法王法能得自在。

論曰：無礙樂說辯才說法。有四種發菩提心，攝取十地。以種種差別說故，彼種種差別有十二句。經言：天子又問，文殊師利！諸菩薩摩訶薩有幾種心，能成就因能成就果。文殊師利答言：天子！諸菩薩摩訶薩有四種心，能成就因能成就果。何等爲四。一者初發心，二者行發心，三者不退發心，四者一生補處發心者。初發心，能與第二行發心作因。第二行發心，能與第三不退發心作因。第三不退發心，能與第四一生補處發心作因。此句明上上因勝，勝不失故。又經言：復次，天子！初發心如種種子，第二行發心如芽生增長，第三不退發心如莖葉華果初始成就，第四一生補處發心如果等有用等者，示現從清淨因成就清淨果故。又經言：復次，天子！初發心如車匠集材智者，以依諸願則能攝取一切佛法故。第二行發心如斫治材木淨智者，以成就清淨戒故。第三不退發心如安施材木智者，以依慧方便修一切行皆相應故。第四一生補處發心如車成運載智者，以不捨先許重擔故。又經言：復次，天子！初發心如月始生，第二行發心如月五日，第三不退發心如月十日，第四一生補處發心如月十四日，如來智慧如月十五日等者，以示現上上大力清淨故。又經言：復次，天子！初發心能過聲聞地者，以初地前菩薩利根，觀察一切菩提分法故。第二行發心能過辟支佛地者，以初地前菩薩依般若勝智，能集諸菩薩無量行故。第三不退發心能過不定地者，此已入初地得證智故。又過聲聞辟支佛地者，以過一切功用行故。第四一生補處發心安住定地者，以善住王子地故。又經言：復次，天子！初發心如學初禪智者，以觀下地法故。第二行發心如差別諸章智者，以智慧增長差別故。第三不退發心如算數智者，以方便智能數一切法故。第四一生補處發心如通達諸論智者，以得證智故。又經言：復次，天子！初發心從因生者，以自性清淨本來成就故。第二行發心從智生者，以攝取世間出世間聞慧方便故。第三不退發心從斷生者，以過一切世間戲論故。第四一生補處發心從果生者，以自然成就一切行故。又經言：復次，天子！初發心因攝者，以信行助道淳熟故。又以觀初地境界故。第二行發心智攝者，以依境界淳熟觀功用行故。第三不退發心斷攝者，以依修行境界未得佛法觀故。第四一生補處發心果攝者，以依果淳熟隨所有佛國土，應成佛處即成佛故。又經言：復次，天子！初發心因生者，以不顛倒修行善根性故。第二行發心智生者，以不顛倒法究竟性故。第三不退發心斷生者，以不顛倒修行性故。第四一生補處發心果生者，以得心自在故。又經言：復次，天子！初發心因差別分者，以攝取無量善根故。第二行發心智差別分者，以無量無邊法門畢竟究竟故。第三不退發心斷差別分者，以入無量三昧門故。第四一生補處發心果差別分者，以無量神通奮迅隨意自在用故。又經言：復次，天子！初發心如取藥草方便者，以攝取對治煩惱病法故。第二行發心如分別藥草方便者，以知對治煩惱病隨相應藥故。第三不退發心如病服藥方便者，以依知諸方便隨相應受用故。第四一生補處發心如病得差方便者，以煩惱病滅故。又經言：復次，天子！初發心學法王家生者，以降伏一切聲聞辟支佛故。第二行發心學法王法者，以學一切得勝處故。第三不退發心能具足學法王法者，以得修道勝果故。第四一生補處發心學法王法能得自在者，以於一切法中能得自在無障礙故。

菩提流支譯《勝思惟梵天所問經論》卷二　依心差別者，以依四種心成就故。一者求法心成就，以見法勝猶如眞寶，爲求彼法，故往大衆。二者威儀心成就，脫去金冠寶履傘等威儀，柔軟而往大衆。三者求上上義善根心成就，雖得上法，不以爲足，更求上上勝中勝法，爲與法施，故往大衆。四者本願心成就，不求自身供養恭敬名稱讚歎，爲自他利，故往大衆。

吉藏《法華玄論》卷七　三者明說事是同而欣憂兼發。此有二事。如說一苦法，生四種心。有人聞苦生怖畏，有人聞苦欲脫之，故生歡喜。有人聞苦心生厭離，有人聞苦實知是苦，斷於疑心也。二者，聞四種法生四種心。如聞三塗苦則怖，聞人天妙樂則喜，聞不淨則厭離，聞因果則斷疑。兩義中，前意正也。

吉藏《法華義疏》卷一二　四者發救一切衆生心，如《金剛》、《般若》論四種心。一廣大心，遍度衆生故。二第一心，與衆生大涅槃樂故。三常心，常不離是心故。四不顛倒心，知衆生本來常寂滅故。

宗密《禪源諸詮集》卷一至卷二　汎言心者，略有四種。梵語各別，翻譯亦殊。一紇利陀耶，此云肉團心。此是身中五藏心也。（具如《黃庭經·五藏論》說也。）二緣慮心。此是八識，俱能緣慮自分境故。（色是眼識境，乃至根身、種子、器世界是阿賴耶識之境。各緣一分，故云自分。）此八各有心所、善惡之殊。諸經之中，目諸心所總名心也，謂善心、惡心等。三質多耶，此云集起心。唯第八識，積集種子生起現行故。（《黃庭經·五藏論》目之爲神，西國外道，計之爲我，皆是此識。）四乾栗陀耶，此云堅實心，亦云貞實心。此是眞心也。然第八識無別自體，但是眞心以不覺故，與諸妄想有和合、不和合義。和合義者，能含染淨，目爲藏識。不和合者，體常不變，目爲眞如，都是如來藏。故《楞伽》云：寂滅者，名爲一心。一心者，即如來藏。如來藏，亦是在纏法身，如《勝鬘經》說。故知四種心本同一體。

地婆訶羅譯《金剛般若波羅蜜經破取著不壞假名論》卷上　此中顯示菩薩果四種利益相應之心。何者爲四。一無邊，二最上，三愛攝，四正智。云何無邊心。經曰：所有一切衆生之類，如是等言衆生類，謂稟息風含情覺者。此復云何，所謂卵生諸鳥等、胎生諸人等、濕生諸蟲等、化生諸天等如是四種各多族類。此諸衆生，住於何處。以何爲體。經曰：若有色，若無色。有色者，謂有形。無色者，無有形。三界衆生，此皆攝盡。有形者，謂欲界二十依止處，色界十七依止處。無形者，謂無色界。此復幾種。經曰：若有想，若無想，若非有想非無想。有想者，謂空無邊處識無邊處，起空想識想故。無想者，謂無所有處離少想故，名爲無想。非有想非無想者，謂有頂所攝。衆生之聚，如是一切我皆攝受。云何最上心。經曰：我皆令入無餘涅槃而滅度之。無餘涅槃者，何義。謂了諸法無生性空，永息一切有患諸蘊，資用無邊希有功德，清淨色相圓滿莊嚴，廣利群生妙業無盡。云何愛攝心。經曰：如是滅度無量衆生實無衆生得滅度者。此義云何。菩薩慈愛一切衆生同於己故，衆生滅度即我非他，是名愛攝。若第一義入初地等，諸菩薩無衆生想，以衆生不可得，如預流人不起身見，非彼菩薩見一衆生是我所度。云何正智心。經曰：若有衆生想，即不名菩薩等。名何等耶。所謂凡夫。何以故。以必迷於第一義，起我想、衆生想、命想、取者想故。若證眞實第一義者，衆生等想決定不生。此中以般若力證第一義，一切衆生皆不可得。大悲心故，恆逐衆生。處於生死，隨宜誘度。如是四種利衆生果，應以俗諦而住其心。此四種心，圓滿果因。次應顯示，是故經言。

子璿《起信論疏筆削記》卷一　凡言於心，然有其四。一者，梵語訖利馱耶，此云肉團心，則人之心藏也。其色赤，形如蓮華，上有七葉，色法所攝。二者，質多，此云集起，即第八阿賴耶識，以能集諸種子起現行故。三者，緣慮心，此通八識心王，以各能緣慮自分境故。四者，乾栗馱，此云堅實心，謂如來藏自性清淨不生不滅心也。

師會《般若心經略疏連珠記》卷上　然泛論心者，有其四種。一紇利陀耶，即肉團心。二緣慮心，謂八識，俱能緣慮自分境故。三質多，謂集起心，即第八識，集諸種子起現行故。四乾栗陀，此云堅實心。若作所詮，則當第四堅實，約法以解心也。作能詮釋，則當第一肉團，約喻以解心也。

曾鳳儀《金剛般若波羅蜜經宗通》卷一　降伏之用大矣。心狹小，則欲其廣大。心卑劣，則欲其最上。心喜愛，則欲其平常。心顛倒，則欲其正智。故發菩提心者，必具足此四種心，方與菩提相應，方得名爲覺有情也。

彌勒菩薩偈云：廣大第一常，其心不顛倒，利益深心住，此乘功德滿。此乃顯示菩薩果利益衆生四種相應之深心，諸菩薩當安住於是也。

何謂廣大心。所有一切衆生之類，謂稟息風含情覺者，若卵生諸鳥等、胎生諸人等、濕生諸蟲等、化生諸天等，四生六道，各多族類。此諸衆生住於何處。若有色者，欲界及色界天所依止處也。若無色者，無色界空無邊處天所依止處也。此復幾種。若有想者，識無邊處天起空想者是也。若無想者，無所有處天離少想者是也。若非有想非無想者，即有頂非非想天無麁想有細想者是也。三界衆生，此皆攝盡。如是一切，皆我所度，其心何廣大也。

何謂第一心。度衆生非難，度衆生入於涅槃爲難。度衆生入涅槃非難，度衆生皆入無餘涅槃爲難。涅槃有四種。一自性涅槃，凡聖同有。二有餘依涅槃，即二乘出煩惱障，有苦依身故。三無餘依涅槃，即二乘灰身滅智，身出生死苦無依故。四無住處涅槃，悲智相兼，不住菩薩變易生死，不住二乘灰斷涅槃，乃眞無住處。前三爲有餘，後一爲無餘，即佛境界。以此度脱衆生，意欲盡三界所有九類衆生，有性無性，齊成佛道，是最上第一心也。

何謂常心。一切衆生及與己身，眞如平等無別異故。如是滅度無量衆生，皆入無餘涅槃，實無衆生得滅度者。《淨名》云：一切衆生即寂滅相，不復更滅。若見衆生有可度者，便是喜愛心。愛有去來，即不能常。唯能攝愛，度與不度，其心不二，故名爲常也。

衆生滅度無異自身，寧於自身起於他想。設若見一衆生是我所度，此何過耶。以迷於第一義，起我相、人相、衆生相、壽者相，背覺合塵，是名顛倒。顛倒見者，所謂凡夫，即不名菩薩。若證眞實第一義者，衆生等想決定不生，如預流人不起身見，既無自相，即無他相，自他平等，一切衆生皆不可得。

曾鳳儀《金剛般若波羅蜜經宗通》卷八　四種心也。若胎卵濕化，至若非有想非無想，盡乎三界衆生矣，悉在所度之中，是廣大心也。皆令入無餘涅槃，盡成佛果，是第一心也。實無衆生得滅度者，但是寂滅己身，無別有情，是常心也。何以故。菩薩取一切衆生，猶若我身，常不捨離，故名爲常。若有我、人、衆生、壽者四相，依止身見，故我等想生，是名顛倒。無此四相，是不顛倒心也。如是四種利益意樂，圓滿果因，應無所住，行於布施，住無所住，名深心住。此菩薩乘。功德圓滿。

四劫

玄奘譯《阿毗達磨俱舍論》卷一二　劫量不同，今次當辯。頌曰：

應知有四劫，謂壞成中大。壞從獄不生，至外器都盡。成劫從風起，至地獄初生。中劫從無量，減至壽唯十。次增減十八，後增至八萬。如是成已住，名中二十劫。成壞壞已空，時皆等住劫。八十中大劫，大劫三無數。

論曰：言壞劫者，謂從地獄有情不復生，至外器都盡。壞有二種，一趣壞，二界壞。復有二種，一有情壞，二外器壞。謂此世間，過於二十中劫住已，從此復有等住二十，壞劫便至。若時地獄，有情命終，無復新生，爲壞劫始。乃至地獄，無一有情，爾時名爲地獄已壞。諸有地獄定受業者，業力引置他方獄中。由此準知傍生鬼趣。然各先壞本處住者。人天雜居者，與人天同壞。若時人趣，此洲一人，無師法然，得初靜慮。從靜慮起，唱如是言，離生喜樂，甚樂甚靜。餘人聞已，皆入靜慮，命終並得生梵世中。乃至此洲有情都盡，是名已壞。贍部洲人，東西二洲，例此應說。北洲命盡，生欲界天，由彼無能入定離欲。乃至人趣，無一有情，爾時名爲人趣已壞。若時天趣，四大王天隨一法然，得初靜慮，乃至並得生梵世中。爾時彼天，有情都盡，是名已壞大王眾天。餘五欲天，例同此說。乃至欲界，無一有情，名欲界中有情已壞。若時梵世，隨一有情，無師法然，得二靜慮，從彼定起，唱如是言，定生喜樂，甚樂甚靜。餘天聞已，皆入彼靜慮，命終並得生極光淨天。乃至梵世中有情都盡，如是名已壞有情世間。

唯器世間，空曠而住，餘十方界，一切有情，感此三千世界。業盡於此，漸有七日輪現。諸海乾竭，眾山洞然。洲渚三輪，並從焚燎。風吹猛焰，燒上天宮，乃至梵宮，無遺灰燼。自地火焰，燒自地宮。非他地災能壞他地，由相引起，故作是言。下火風飄，焚燒上地，謂欲界火。猛焰上昇，爲緣引生，色界火焰。餘災亦爾。如應當知。如是始從地獄漸減，乃至器盡，總名壞劫。

所言成劫，謂從風起乃至地獄始有情生。謂此世間災所壞已，二十中劫唯有虛空。過此長時，次應復有等住二十，成劫便至。一切有情，業增上力，空中漸有微細風生。是器世間，將成前相。風漸增盛，成立如前所說風輪水金輪等。然初成立大梵王宮乃至夜摩宮，後起風輪等，是謂成立外器世間。初一有情，極光淨歿，生大梵處，爲大梵王。後諸有情，亦從彼歿，有生梵輔，有生梵眾，有生他化自在天宮。漸漸下生，乃至人趣。俱盧，牛貨，勝身，贍部。後生餓鬼傍，生地獄，法爾後壞，必最初成。若初一有情，生無間獄，二十中成劫，應知已滿。

此後復有二十中劫，名成已住，次第而起。謂從風起造器世間，乃至後時有情漸住。此洲人壽經無量時，至住劫初，壽方漸減。從無量減至極十年，即名爲初一住中劫。此後十八，皆有增減，謂從十年增至八萬，復從八萬減至十年，爾乃名爲第二中劫。次後十七，例皆如是。於十八後，從十歲增極至八萬歲，名第二十劫。一切劫增，無過八萬。一切劫減，唯極十年。十八劫中，一增一減，時量方等，初減後增。故二十劫，時量皆等。此總名爲成已住劫。

所餘成壞，及壞已空，並無減增二十差別，然由時量，與住劫同。準住，各成二十中劫。成中初劫，起器世間。後十九中，有情漸住。壞中後劫，減器世間。前十九中，有情漸捨。

如是所說成、住、壞、空，各二十中，積成八十，總此八十，成大劫量。

窺基《說無垢稱經贊》卷三　亦有解云：宿世之中，雖通成、壞、空、住四劫。空劫無事，成、壞乃是住之初後。唯有住劫，善惡事明，故偏舉之，但名宿住。以攝成、壞。今實義者，住非住劫，住於往有宿世之事，故名宿住，成、壞、住劫，皆在其中。

法寶《俱舍論疏》卷一二　論曰：至外器都盡，明壞劫也。頌中初明四劫，有壞劫，有成劫，有中劫，有大劫。此先釋壞劫。壞劫，謂地獄有情不復生，至外器都盡，皆是壞劫。

論壞有二種至二外器壞者，復兩重二種，一壞有情中分二，二有情與器分二，總爲四門。

論謂此世間至壞劫便至，明住劫後有壞劫也。住劫二十中劫者，謂刀、兵等中二十也。壞劫言等住者，於壞劫無刀、兵等劫。但住劫時等名等住劫。此即住、壞、空、成各二十劫。合八十中劫，爲一大劫。

圓暉《俱舍論頌疏論本》卷一二　且初明劫數者。論云：如是已辨剎那至年。劫量不同，今次當辨。頌曰：

應知有四劫，謂壞成中大。
壞從獄不生，至外器都盡。
成劫從風起，至地獄初生。
中劫從無量，減至壽唯十。
次增減十八，後增至八萬。
如是成已住，名中二十劫。
成壞壞已空，時皆等住劫。
八十中大劫，大劫三無數。

釋曰：劫有四種，一壞，二成，三中，四大。言壞劫者，謂從地獄有情不復更生，至外器都盡。壞有二種，一趣壞，二界壞。壞復有二種，一有情壞，二外器壞。謂此世間，過於二十中劫住已，從此復有等住二十，壞劫便至。若時地獄，有情命終，無復新生，爲壞劫始。乃至地獄，無一有情，爾時名爲地獄已壞。諸有地獄定受業者，業力引置他方獄中，由此準知傍生鬼趣。然各先壞本處住者。人天雜居，與人天同壞。若是時人趣，此洲一人，無師法然，得初靜慮。從靜慮起，唱如是言，離生喜樂，甚樂甚靜。餘人聞已，皆入靜慮，命終并得生梵世中。乃至此洲有情都盡，是名已壞。贍部洲人，東西二洲，例此應說。北洲命盡，生欲界天，由彼無能入定離欲。（北洲不入定顯，不生色界也。）乃至人趣，無一有情，爾時名爲人趣已壞。若時天趣四大王天，隨一法然，得初靜慮，乃至並得生梵世中。爾時四大王天，有情都盡，是名已壞四大王天。餘五欲天，例此應說。乃至欲界。無一有情。名欲界中有情已壞。若時梵世。隨一有情。無師法然。得二靜慮。從定起已。唱如是言。定生喜樂。甚樂甚靜。餘天聞已。皆入彼靜慮。命終並得生極光淨天。乃至梵世。有情都盡。是名已壞有情世間。

唯器世間。空曠而住。餘十方界，一切有情，感此三千大千世界。業盡於此，漸有七日輪現。諸海乾渴，衆山洞然。州渚三輪，並從焚燎。風吹猛焰，燒上天宮，乃至梵宮，無遺灰燼。自地火焰，燒自地宮。非他地災能壞他地，由相引起，故作是言。下火風飄，焚燒上地，謂欲界火。猛焰上昇，爲緣引生色界火炎。餘災亦爾。如是始從地獄漸壞，乃至器盡。總名壞劫。（已上釋初行頌。）

所言成劫，謂從風起，乃至地獄始有情生。謂此世間，災所壞已，二十中劫，唯有虛空。過此長時，次應復有等住二十，成劫便至。一切有情，業增上力，空中漸有微細風生。是器世間，將成前相。風漸增盛，成立如前所說風輪水金輪等。然初成立大梵王宮乃至夜摩天宮，後起風輪等，是謂成立外器世間。初一有情，極光淨沒，生大梵處，爲大梵王。後諸有情，亦從彼沒，有生梵輔，有生梵衆，有生他化自在天宮。漸漸下生，乃至人趣。北俱盧，西牛貨，東勝身，南贍部。後生餓鬼，傍生地獄。法爾後壞，必最先成。若初一有情，生無間獄，二十中成劫，應知已滿。（已上釋第五第六句。）

此後復有二十中劫，名成已住。次第而起，謂從風起造器世間，乃至後時，有情漸住。此洲人壽，經無量歲，至住劫初，壽方漸減。從無量劫減，至極十年，即名爲初一住中劫。（已上釋第七第八句。）

此後十八，皆有增減，謂從十歲增至八萬，從八萬歲減至十年。第二十劫，唯增無減，謂從十歲，增至八萬，名第二十劫。一切劫增，無過八萬。一切劫減，唯極十年。十八劫中，一增一減。時量方等，初減後增。故二十劫，時量皆等。此總名爲成已住劫。（已上釋第九乃至第十二句也。）

所餘成壞，及壞已空，雖無增減二十差別。然由時量，與住劫同。準住，各成二十中劫。（已上釋第十三第十四句也。）

成中初劫，起器世間。後十九中，有情漸住。壞中後劫，壞器世間。前十九劫，有情漸捨。

如是所說，成、住、空，各二十中劫。積成八十，總此八十，成大劫量。

道世《法苑珠林》卷一　積此時數，明劫有四種，一別劫，二成劫，三壞劫，四大劫。從人壽十歲漸至八萬歲，經多時八萬歲，又漸減至十歲，爲一別劫。對餘總故，名爲別也。若以事格量，依《雜阿含經》云：一由旬城，高下亦爾，滿中芥子，百年取一，芥盡劫猶不盡。案，此即爲別劫也。若據大劫。即以八十由旬城爲量也。《樓炭經》云：以二事論劫，一云，有一大城，東西千里南北四千里，滿中芥子，百歲諸天來下取一，芥子盡劫猶未盡。二云，有一大石方四十里，百歲諸天來下取羅縠衣拂，石盡劫猶未窮。此亦應是別劫也。第二，有成劫四十，壞劫亦爾。所以然者。世間成時二十別劫，住時二十別劫，壞時二十別劫，空時二十別劫。此中以住合，成以空合壞，故各四十別劫。總此成壞，合有八十別劫，爲一大劫。

曇曠撰《大乘入道次第開決》　名菩薩初心三無數大劫者。然劫不同，有其四種。故《俱舍論本頌說》云：應知有四劫，謂壞、成、中、大。壞從獄不生，至外器都盡。成劫從風起，至地獄初生。中劫從無量，減至壽唯十，次增減十八，後增至八萬，如是成已住，名中二十劫。成壞壞已空，時皆等住劫。八十中，大劫，大劫三無數。菩薩發此二心之時，即名創入三無數劫之初心也。

圓測《解深密經疏》卷九　若依《俱舍》，六十轉中，阿僧祇劫，是其一數。故彼論云：應知有四劫，謂壞、成、中、大。壞從獄中生，至外器都盡。成劫從風起，至地獄初生。中劫從無量，減至壽唯十，次增減十八，後增至八萬，如是成已住，名中二十劫。成壞壞已空，時皆等住劫。八十中劫，大劫。大劫無數。乃至彼云，如是所說成、住、壞、空各二十中，積成八十。總此八十，成大劫量。

道威《妙法蓮華經入疏》卷二　劫有大、中、小三，亦空、成、壞、住四種，俱名爲劫。四劫之中，空、成、壞三，而無劫濁。濁在住劫。《悲華經》云：於住劫中，從八萬減至三萬，亦未有濁。至二萬歲，爲五濁始。廣明劫義，淺近易知。

宗本《歸元直指集》卷下　藏經云：莊嚴劫，謂之過去仁賢劫，謂之現在星宿劫，謂之未來三劫之中各具成、住、壞、空四劫。四劫共之，爲一大劫。過去未來且置而弗論，今言現在。仁賢劫數，成劫二十小劫，住劫二十小劫，壞劫二十小劫，空劫二十小劫。小劫之數，一增一減。從八萬四千歲增劫之極爲始，過百年減一歲，減至三十歲時饑饉災起，減至二十歲時疾疫災起，減至十歲減劫之極爲終，刀兵災起。刀兵災後，復過百年增一歲，增至八萬四千歲時爲一小劫。成、住、壞、空劫內各具二十小劫，二十小劫爲一中劫，四中劫共之爲一大劫。

四　有

鳩摩羅什譯《成實論》卷三　論者言：有人說有中陰，或有說無。

問曰：何因緣故說有。何因緣故言無。

答曰：有中陰者，《佛阿輸羅耶那經》中說，若父母會時，眾生隨何處來，依止其中。是故知有中陰。又《和蹉經》說：若眾生捨此陰已，未受心生身，於是中間我說愛爲因緣，是名中陰。又《七善人》中，有中有滅者。又經中說，雜起業，雜受身，雜生世間。當知有中陰。又經中說四有，本有、死有、中有、生有。又說七有，五道有業有中有。又說，閻王呵責中陰罪人，令顛倒墮。又佛因中陰知眾生宿命，謂此眾生生此處，彼眾生生彼處。又經中說，以天眼見諸眾生死時生時。又說，眾生爲陰所縛故，從此世間至彼世間。又世人亦信有中陰言，若人死時有微四大從此陰去。又若有中陰，則有後世。若無中陰者，捨此身已，未受後身，中間應斷。以是，故知有中陰。

慧遠《大乘義章》卷八　第一辨相。四有之義，出《阿含經》、《毘曇論》中。具廣分別，生死果報，是有不無，故名爲有。有別不同，一門說四。四名是何。一者生有，二者死有，三者本有，四者中有。報分始起，名爲生有。命報終謝，名爲死有。生後死前，名爲本有，對死及中，故說爲本。兩身之間，所受陰形，名爲中有，中有相隱。

慧遠《大乘義章》卷八　次明四有時分久近。生有、死有，時分極短，唯止一念。故《雜心》云：生有及死有，是各一剎那。本有、中有，時分不定。本有極短至一念，長則或經億百千劫。中有長短，人說不同。

有人宣說，極短一念，極長七日。如此說者，齊七日來必得生處。若七日來不得生處，前陰滅已更受中陰。有人復說，中陰極長，壽七七日。七七日來必得生處，若不得處，死而更生。復有人說，壽命不定，乃至父母未和合來，常在不滅。此諸說中，後說爲善。

慧遠《**大乘義章**》**卷八**　次就三界五道之處分別四有。先就三界，辨其通局。生死、本有，遍通三界。中有不定。小乘法中，欲色界有，無色則無。大乘法中，四空有色，以有色故。亦有中陰。故《華嚴》中，菩薩鼻根能聞無色宫殿之香，明知有色。次就趣論，當知四有遍通五趣。

慧遠《**大乘義章**》**卷八**　次辨根陰有具不具。陰謂五陰，根謂六根。先就五陰，明具不具。生、死、本有，此三若在欲界之中，定具五陰。色無色界，大小不同。小乘說，彼色界地中無想天處有色無心，四空地中有心無色，不具五陰。餘色界天，齊具五陰。大乘說，彼無想天處猶有心想，四空有色，是則三界皆具五陰。故《地論》言：乃至有頂增長一切五陰苦聚。中有一種，定具五陰，終無缺減。次就六根明具不具。生有之中，唯有意根。所緣之色，未成己體，故無身根，以無身故。亦無眼、耳、鼻、舌等根。死有不定。欲界衆生，漸命終者，唯有身根及與意根。最後滅壞，頓命終者，一念死時六根俱壞。色界衆生，無漸命終，是故死時，六根俱壞。無色衆生，大小不同。小乘說，彼唯有意根，最後滅壞。大乘說，彼猶有形色，與色界同。本有之中，諸根不定。欲界衆生，多具六根，乃至極小，具身及意。色、無色界，大小不同。小乘說，彼色界地中，除無想處，其餘諸天齊具六根。無想天中無其意根，無色界中單有意根，無餘五種。大乘說，彼色無色界，齊具六根。何故如是。大乘說，彼無想無色有色心故。中有一種，定具六根，無殘缺者。何故如是。中陰身中，受純業果，不受雜業報，故具六根。又中陰身形，色精微，無有餘緣壞其根者，故具六根。又六根中，求受生處，是故中陰定具六根。然此中陰六根猛利，淨過諸天、一切世界。應受生處，見聞無礙，以其求生自在力故。

慧遠《**大乘義章**》**卷八**　次辨四有染淨之義。生有一種，唯染無淨。受生必是，煩惱心故。餘通染淨。故《雜心》云：一染三有二。言一染者，是生有也。三有二者，本、死及中，通染淨也。此乃局論凡夫二乘。若通菩薩願力受生，是則四有，皆通染淨。

次就凡聖分別四有。凡聖雖異，齊具四有。凡夫可知。聖人之中，學具四有。無學唯三，略無生有。無學聖人，更不生故，四有如是。

玄奘譯《**阿毗達磨俱舍論**》**卷九**　色界中，有量圓滿如本有，與衣俱生，慚愧增故。菩薩中有，亦與衣俱。鮮白苾芻尼，由本願力故，彼於世世有自然衣，恆不離身，隨時改變，乃至最後般涅槃時，即以此衣纏屍焚葬。所餘欲界中有無衣，由皆增長無慚愧故。所似本有，其體是何。謂死有前、生有後蘊。總說有體，是五取蘊。於中位別，分析爲四。一者中有，義如前說。二者生有，謂於諸趣結生剎那。三者本有，除生剎那死前餘位。四者死有，謂最後念。次中有前。有色有情具足四有。若在無色，中闕具三。

玄奘譯《**阿毗達磨大毗婆沙論**》**卷一九二**　如說四有，謂本有、中有、生有、死有。有，聲目多義，如前廣說。此中有，聲說屬衆同。分有情，數五蘊，名有。

云何本有。答：除生分、死分諸蘊，中間諸有。此則一期五蘊、四蘊爲性。問：何故此有說名本有。答：此是前時所造業生，故名本有。問：若爾，餘有亦是本有，皆前時所造業所生故。答：若是前時所造業生，麁顯易覺，明了現見者，說名本有。餘雖前時所造業生，而微隱難覺，非明了現見，是以不說。

云何死有。答：死分諸蘊，則命終時，五蘊、四蘊爲性。

云何中有。答：除死分、生分諸蘊中間諸有，則二有中間五蘊爲性。問：何故此有說名中有。答：此於二有中間生故，名中有。問：若爾，餘有亦是中有，皆於二有中間生故。答：若於二有中間生，非趣所攝者，名中有。餘雖二有中間生，而是趣攝，不名中有。

云何生有。答：生分諸蘊，則結生時五蘊、四蘊爲性。

問：此四有，幾剎那。幾相續。答：二剎那，謂死有、生有。二相續，謂餘有。

問：此四有，幾染污。幾不染污。答：皆通二種。

問：此四有心，幾染污。幾不染污。答：生有心唯染污，餘心染污不染污。

問：此四有，幾有漏。幾無漏。答：皆唯有漏。
問：此四有時心，幾有漏。幾無漏。
答：二唯有漏，謂死有、生有時心。二通有漏、無漏，謂餘有時心。
問：此四有時，幾起同分心。幾起不同分心。
答：二唯起同分心，謂死有、生有時。二起同分、不同分心，謂餘有時。

圓暉《俱舍論頌疏論本》卷一〇 從此大文第九明四有者。論云：如是緣起煩惱業事，生生相續，不過四有。中、生、本、死，如前已釋。染不染義，三界有無，今當略辨。頌曰：

於四種有中，生有唯染污。
由自地煩惱，餘三無色三。

釋曰：前三句及第四句餘三字，三性分別門。最後三字，三界分別。於四有中，生有唯染污。謂受生時，自地煩惱，皆能潤生。故對法者，咸作是言：諸煩惱中，無一煩惱於結生位無潤功能。然諸結生唯煩惱力，非由自力現起纏垢。解云：自力纏者，嫉慳忿覆悔眠也。垢，謂六垢。此纏及垢，起不籍他，故名自力。以自力故，要因思擇，方始現前。初受生時，身心昧劣，故不起也。無慚，無愧，昏沈，掉舉，是隨從纏。煩惱起時，必相應故。於受生位，亦得起也又論云：雖此位中身心昧劣，而由數起，或近現行引發力故，煩惱現起。解云：無始名數起。前生稱近行，初受中有，亦唯染污，猶如生有。餘三無色三者，除生有外，所餘三有，皆通三性，名爲餘三，善染無記也。無色三者，於無色界，唯有三有，但無中有。頌中不言欲色界者，故知於中具足四有。

延壽《宗鏡錄》卷五六 四有者，從識支至六歲，是生有。從七歲已上，能分別生熟，起貪，至未捨命，是業有。死有者，唯一念。中有，即中陰，就業有中。

延壽集《宗鏡錄》卷七四 身總四有。一生有，即中有後，本有前。正結生相續時，剎那五蘊起，名生有。二本有者，即生有從死有前，於其中間，所有五蘊皆名本有，以是本總報業所招故。《俱舍》頌云：本有爲死前，居生剎那後。三死有者，即本有後，中有前，將死正死諸蘊滅時，名死有。四中有者，即死有後，生有前，於兩中間有故，名爲中有。《俱舍》頌云：死生二有中，五蘊名中有。即生死二有身，不即發業，以無心故。若中、本二有身，即能發業。

四念處 四念住

僧伽提婆譯《中阿含經》卷一〇 明、解脱亦有食，非無食。何謂明、解脱食。答曰：七覺支爲食。
七覺支亦有食，非無食。何謂七覺支食。答曰：四念處爲食。
四念處亦有食，非無食。何謂四念處食。答曰：三妙行爲食。
三妙行亦有食，非無食。何謂三妙行食。答曰：護諸根爲食。
護諸根亦有食，非無食。何謂護諸根食。答曰：正念、正智爲食。
正念、正智亦有食，非無食。何謂正念、正智食。答曰：正思惟爲食。
正思惟亦有食，非無食。何謂正思惟食。答曰：信爲食。
信亦有食，非無食。何謂信食。答曰：聞善法爲食。
聞善法亦有食，非無食。何謂聞善法食。答曰：親近善知識爲食。
親近善知識亦有食，非無食。何謂親近善知識食。答曰：善人爲食。
是爲具善人已，便具親近善知識。具親近善知識已，便具聞善法。具聞善法已，便具生信。具生信已，便具正思惟。具正思惟已，便具正念、正智。具正念、正智已，便具護諸根。具護諸根已，便具三妙行。具三妙行已，便具四念處。具四念處已，便具七覺支。具七覺支已，便具明、解脱。如是此明、解脱展轉具成。

僧伽提婆譯《中阿含經》卷二四 云何爲四。觀身如身念處，如是觀覺、心、法如法念處。

云何觀身如身念處。比丘者，行則知行，住則知住，坐則知坐，臥則知臥，眠則知眠，寤則知寤，眠寤則知眠寤。如是比丘觀內身如身，觀外身如身，立念在身，有知有見，有明有達，是謂比丘觀身如身。復次，比丘觀身如身。比丘者，正知出入，善觀分別，屈伸低昂，儀容庠序，善著僧伽梨及諸衣鉢，行住坐臥，眠寤語默皆正知之。如是比丘觀內身如身，觀外身如身，立念在身，有知有見，有明有達，是謂比丘觀身如身。

復次，比丘觀身如身。比丘者，生惡不善念，以善法念治斷滅止，猶木工師、木工弟子，彼持墨繩，用拼於木，則以利斧斫治令直。如是比丘生惡不善念，以善法念治斷滅止。如是比丘觀內身如身，觀外身如身，立念在身，有知有見，有明有達，是謂比丘觀身如身。復次，比丘觀身如身，比丘者，齒齒相著，舌逼上齶，以心治心，治斷滅止。猶二力士捉一羸人，處處旋捉，自在打鍛。如是比丘齒齒相著，舌逼上齶，以心治心，治斷滅止。如是比丘觀內身如身，觀外身如身，立念在身，有知有見，有明有達，是謂比丘觀身如身。

復次，比丘觀身如身。比丘者，念入息即知念入息，念出息即知念出息，入息長即知入息長，出息長即知出息長，入息短即知入息短，出息短即知出息短。學一切身息入，學一切身息出，學止身行息入，學止口行息出。如是比丘觀內身如身，觀外身如身，立念在身，有知有見，有明有達，是謂比丘觀身如身。

復次，比丘觀身如身。比丘者，離生喜樂，漬身潤澤，普遍充滿於此身中，離生喜樂無處不遍。猶工浴人器盛澡豆，水和成摶，水漬潤澤，普遍充滿無處不周。如是比丘離生喜樂，漬身潤澤，普遍充滿於此身中，離生喜樂無處不遍。如是比丘觀內身如身，觀外身如身，立念在身，有知有見，有明有達，是謂比丘觀身如身。

復次，比丘觀身如身。比丘者，定生喜樂，漬身潤澤，普遍充滿於此身中，定生喜樂無處不遍。猶如山泉，清淨不濁，充滿流溢，四方水來，無緣得入，即彼泉底，水自涌出，流溢於外，漬山潤澤，普遍充滿無處不周。如是比丘定生喜樂，漬身潤澤，普遍充滿於此身中，定生喜樂無處不遍。如是比丘觀內身如身，觀外身如身，立念在身，有知有見，有明有達，是謂比丘觀身如身。

復次，比丘觀身如身。比丘者，無喜生樂，漬身潤澤，普遍充滿於此身中，無喜生樂無處不遍。猶青蓮華，紅、赤、白蓮，水生水長，在於水底，彼根莖華葉悉漬潤澤，普遍充滿無處不周。如是比丘無喜生樂，漬身潤澤，普遍充滿於此身中，無喜生樂無處不遍。如是比丘觀內身如身，觀外身如身，立念在身，有知有見，有明有達，是謂比丘觀身如身。

復次，比丘觀身如身。比丘者，於此身中，以清淨心意解遍滿成就遊，於此身中，以清淨心無處不遍。猶有一人，被七肘衣或八肘衣，從頭至足，於其身體無處不覆。如是比丘於此身中，以清淨心無處不遍。如是比丘觀內身如身，觀外身如身，立念在身，有知有見，有明有達，是謂比丘觀身如身。

復次，比丘觀身如身。比丘者，念光明想，善受善持，善憶所念，如前後亦然，如後前亦然，如晝夜亦然，如夜晝亦然，如下上亦然，如上下亦然。如是不顛倒，心無有纏，修光明心，心終不爲闇之所覆。如是比丘觀內身如身，觀外身如身，立念在身，有知有見，有明有達，是謂比丘觀身如身。

復次，比丘觀身如身。比丘者，善受觀相，善憶所念，猶如有人，坐觀臥人，臥觀坐人。如是比丘善受觀相，善憶所念。如是比丘觀內身如身，觀外身如身，立念在身，有知有見，有明有達，是謂比丘觀身如身。

復次，比丘觀身如身。比丘者，此身隨住，隨其好惡，從頭至足，觀見種種不淨充滿，我此身中有髮、髦、爪、齒、麤細薄膚、皮、肉、筋、骨、心、腎、肝、肺、大腸、小腸、脾、胃、摶糞、腦及腦根、淚、汗、涕、唾、膿、血、肪、髓、涎、膽、小便。猶以器盛若干種子，有目之士，悉見分明，謂稻、粟種、蔓菁、芥子。如是比丘此身隨住，隨其好惡，從頭至足，觀見種種不淨充滿，我此身中有髮、髦、爪、齒、麤細薄膚、皮、肉、筋、骨、心、腎、肝、肺、大腸、小腸、脾、胃、摶糞、腦及腦根、淚、汗、涕、唾、膿、血、肪、髓、涎、膽、小便。如是比丘觀內身如身，觀外身如身，立念在身，有知有見，有明有達，是謂比丘觀身如身。

復次，比丘觀身如身。比丘者，觀身諸界，我此身中有地界、水界、火界、風界、空界、識界。猶如屠兒煞牛，剝皮布地於上，分作六段。如是比丘觀身諸界，我此身中，地界、水界、火界、風界、空界、識界。如是比丘觀內身如身，觀外身如身，立念在身，有知有見，有明有達，是謂比丘觀身如身。

復次，比丘觀身如身。比丘者，觀彼死屍，或一、二日，至六、七日，烏鵄所啄，犲狼所食，火燒埋地，悉腐爛壞。見已自比：今我此身亦復如是，俱有此法，終不得離。如是比丘觀內身如身，觀外身如身，立念在身，有知有見，有明有達，是謂比丘觀身如身。

復次，比丘觀身如身。比丘者，如本見息道骸骨青色，爛腐食半，骨璅在地。見已自比：今我此身亦復如是，俱有此法，終不得離。如是比丘觀內身如身，觀外身如身，立念在身，有知有見，有明有達，是謂比丘觀身如身。復次，比丘觀身如身，比丘者，如本見息道，離皮肉血，唯筋相連。見已自比：今我此身亦復如是，俱有此法，終不得離。如是比丘觀內身如身，觀外身如身，立念在身，有知有見，有明有達，是謂比丘觀身如身。

復次，比丘觀身如身，比丘者，如本見息道骨節解散，散在諸方，足骨、膊骨、髀骨、髖骨、脊骨、肩骨、頸骨、髑髏骨，各在異處。見已自比：今我此身亦復如是，俱有此法，終不得離。如是比丘觀內身如身，觀外身如身，立念在身，有知有見，有明有達，是謂比丘觀身如身。復次，比丘觀身如身，比丘者，如本見息道骨白如螺，青猶鴿色，赤若血塗，腐壞碎粖。見已自比：今我此身亦復如是，俱有此法，終不得離。如是比丘觀內身如身，觀外身如身，立念在身，有知有見，有明有達，是謂比丘觀身如身。若比丘、比丘尼，如是少少觀身如身者，是謂觀身如身念處。

云何觀覺如覺念處。比丘者，覺樂覺時，便知覺樂覺；覺苦覺時，便知覺苦覺；覺不苦不樂覺時，便知覺不苦不樂覺。覺樂身，苦身，不苦不樂身，樂心，苦心，不苦不樂心，樂食，苦食，不苦不樂食，無食，苦無食，不苦不樂無食，樂欲，苦欲，不苦不樂欲，樂無欲，苦無欲覺，不苦不樂無欲覺時，便知覺不苦不樂無欲覺。如是比丘觀內覺如覺，觀外覺如覺，立念在覺，有知有見，有明有達，是謂比丘觀覺如覺。若比丘、比丘尼如是少少觀覺如覺者，是謂觀覺如覺念處。

云何觀心如心念處。比丘者，有欲心知有欲心如眞，無欲心知無欲心如眞，有恚，無恚，有癡，無癡，有穢污，無穢污。有合，有散，有下，有高，有小，有大，修，不修，定，不定，有不解脱心知不解脱心如眞，有解脱心知解脱心如眞。如是比丘觀內心如心，觀外心如心，立念在心，有知有見，有明有達，是謂比丘觀心如心。若有比丘、比丘尼如是少少觀心如心者，是謂觀心如心念處。

云何觀法如法念處。眼緣色生內結，比丘者，內實有結知內有結如眞，內實無結知內無結如眞，若未生內結而生者知如眞，若已生內結滅不復生者知如眞。如是耳、鼻、舌、身，意緣法生內結。比丘者，內實有結知內有結如眞，內實無結知內無結如眞，若未生內結而生者知如眞，若已生內結滅不復生者知如眞。如是比丘觀內法如法，觀外法如法，立念在法，有知有見，有明有達，是謂比丘觀法如法，謂內六處。

復次，比丘觀法如法。比丘者，內實有欲知有欲如眞，內實無欲知無欲如眞，若未生欲而生者知如眞，若已生欲滅不復生者知如眞，如是瞋恚、睡眠、調悔。內實有疑知有疑如眞，內實無疑知無疑如眞，若未生疑而生者知如眞，若已生疑滅不復生者知如眞。如是比丘觀內法如法，觀外法如法，立念在法，有知有見，有明有達，是謂比丘觀法如法，謂五蓋也。

復次，比丘觀法如法。比丘者，內實有念覺支知有念覺支如眞，內實無念覺支知無念覺支如眞，若未生念覺支而生者知如眞，若已生念覺支便住不忘而不衰退，轉修增廣者知如眞，如是法、精進、喜、息、定。比丘者，內實有捨覺支知有捨覺支如眞，內實無捨覺支知無捨覺支如眞，若未生捨覺支而生者知如眞，若已生捨覺支便住不忘而不衰退，轉修增廣者知如眞。如是比丘觀內法如法，觀外法如法，立念在法，有知有見，有明有達，是謂比丘觀法如法，謂七覺支。若有比丘、比丘尼如是少少觀法如法者，是謂觀法如法念處。

僧伽提婆譯《中阿含經》卷五二 若聖弟子護身及命清淨，護口、意及命清淨者，如來復調御比丘：汝當觀內身如身，乃至觀覺、心、法如法。若聖弟子觀內身如身，乃至觀覺、心、法如法者，此四念處，謂在賢聖弟子心中，繫縛其心，制樂家意，除家欲念，止家疲勞，令樂正法，修習聖戒。阿奇舍那！猶調象師受剎利頂生王敎已，持極大杖，著右肩上，往野象所，以杖著地，繫野象頸，制樂野意，除野欲念，止野疲勞，令樂村邑，習愛人間。如是，阿奇舍那！此四念處，謂在賢聖弟子心中，繫縛其心，制樂家意，除家欲念，止家疲勞，令樂正法，修習聖戒。

佛陀耶舍共竺佛念譯《佛說長阿含經》卷五 時，梵童子又告忉利天曰：汝等諦聽！善思念之，當更爲汝說。如來、至眞，善能分別說四念處。何謂爲四。一者內身觀，精勤不懈，專念不忘，除世貪憂。外身觀，精勤不懈，專念不忘，除世貪憂。受、意、法觀，亦復如是，精勤不懈，專念不忘，除世貪憂。內身觀已，生他身智。內觀受已，生他受智。內觀意已，生他意智。內觀法已，生他法智。是爲如來善能分別說四念處。

佛陁耶舍共竺佛念譯《佛說長阿含經》卷一〇　云何四法向涅槃。謂四念處：身念處、受念處、意念處、法念處。

鳩摩羅什譯《摩訶般若波羅蜜經》卷三　復次，世尊！菩薩摩訶薩欲行般若波羅蜜，四念處中不應住。何以故。四念處、四念處相空。世尊！四念處空不名四念處，離空亦無四念處。四念處即是空，空即是四念處。乃至十八不共法亦如是。世尊！以是因緣故，菩薩摩訶薩欲行般若波羅蜜，四念處乃至十八不共法中不應住。

鳩摩羅什譯《持世經》卷三　佛告持世，何謂菩薩摩訶薩善知四念處。菩薩摩訶薩觀擇四念處，順身觀身，順受觀受，順心觀心，順法觀法。

何謂爲順身觀身，順受、心、法觀受、心、法。

持世！菩薩摩訶薩順身觀身時，如實觀身相。所謂是身無常，苦如病如瘡，苦惱憂衰動壞之相。是身不淨，可惡惡露。身中種種充滿其內，九瘡孔中常流臭穢，身之不淨猶如行廁。如是正觀身時，不得是身一毫清淨無不可惡者，知是身骨體筋纏，皮肉所裹，從本業因緣果報所起集取所縛。何等爲集。何等爲取。從先因緣起是身，是名爲取。今以沐浴、飲食、衣被、床臥、被蓐、醫藥，是名爲集。如是現在因緣，爲集取所縛，本業果報力故有用。

又是身，四大所造，無決定實，色陰所攝，數名爲身。何故說名爲身。能有所作故，說名爲身。貪著依止處故，說名爲身。隨意有用故，說名爲身。從憶想分別起故，說名爲身。假合作故，說名爲身。與業合故，說名爲身。是身不久終歸壞敗，無常、無定、變異之相。是身不在身內，不在身外，不在中間。是身不知身，亦不見身。是身無作、無動、無有願求，亦無有心，與草、木、瓦、石等無有異，身中無有決定身相。如是正觀擇身，知是無有作者，亦無使作者。是身無前際、無後際、無中際，是身無一常定堅牢之相，如水沫聚不可撮摩。是身八萬蟲之所住處，是身百種諸病之所侵惱。以三苦故，是身爲苦，無有救者。所謂行苦、壞苦、苦苦，是身衆苦之器。如是正觀身時又復思惟，是身非我非彼，不得自在不得隨意。作是不作是，是身無根本，無一定法可得。是身性空，無一決定相。是身虛妄所起，繫於機關作法。從本業因緣起，不應於身中生我、我所想，我等不應惜身壽命。菩薩如是觀時。不得身若合、若散，不見有所從來去有所至有所住處，不分別是身若過去若未來若現在，則不依止身命，不貪惜身若我、若我所，常離身受。是菩薩觀身空無我、無我所，是身中我、我所不可得故。是身相不可得，是菩薩若不得身相，即不願身入，身不起作道。云何爲入。是身無有作者、無有起者。是身不作、不起相，從衆因緣生，是因緣能和合身。而是因緣，亦虛誑無所有。顛倒相應空無牢堅，亦以是因緣故是身得生。是因緣亦無生、無相，如是觀身即入身無生相中。入已觀身無相，以無相相觀身。知是身無相，相不可得故無生。是身過去相、未來相、現在相不可得。何以故。是身無根本，無一定法可得。是身若此、若彼不可得。如是觀時，知身無所從來亦無所去，即入身不生不滅道。持世！菩薩摩訶薩如是順身觀身入如實相，於身欲染則能除斷，疾令其念，正住身中，是名順身觀身。

持世。何謂菩薩摩訶薩順受觀受。菩薩摩訶薩觀苦受、樂受、不苦不樂受，見是三受無所從來亦無所去，但虛妄緣合，本業果報所持顛倒相應，知諸受虛妄從憶想分別起。菩薩如是觀諸受，不得過去受，不得未來受，不得現在受。是菩薩見過去諸受空，無我、無我所，無常、無牢堅，無不變異相。如是觀是過去諸受空相、寂滅相、無相相。觀未來諸受空，無我、無我所，無常，無牢，無堅，無不變異相。觀未來諸受空相，寂滅相，無相相。是菩薩如是觀時，作是念：諸受無決定相，無有根本，無一定法。不相似故，新新生滅無有住時。菩薩作是念：是諸受無作、亦無作者，但凡夫顛倒相應心中，起三種受屬本業因，今世緣合，故有是諸受。是諸受皆空，無有牢固。虛妄之法，猶如空拳。如是觀受，心住一處。菩薩爾時得通達諸受集沒滅相，見諸受不合不散，又受中不見受。作是念：諸受空，性空故。即通達諸受無生相。此諸受無生、無滅、無有成相。是諸受皆無相、無成相。如是思惟：受諸受時皆能不著，如實知見諸受相。離諸所受，於此諸受亦無所依，於諸受中心皆放捨，則疾得捨三昧。持世！菩薩摩訶薩如是順受觀受。

持世！何謂菩薩摩訶薩順心觀心。菩薩摩訶薩觀心生滅住異相，如是觀時作是念：是心無所從來亦無所去，但識緣相故生，無有根本，無一定法可得。是心無來無去，無住異可得。是心非過去未來現在，是心識緣故從憶念起。是心不在內、不在外、不在中間。是心無一生相。是心無性無定，無有生者，無使生者。起雜業故，説名爲心。能識雜緣故，説名爲心。念念生滅相續不斷故，説名爲心。但令衆生通達心緣相故，心中無心相。是心從本已來，不生不起，性常清淨。客塵煩惱染，故有分別。心不知心，亦不見心。何以故。是心空，性自空故，根本無所有故。是心無一定法，定法不可得故。是心無法若合、若散，是心前際不可得，後際不可得，中際不可得。是心無形，無能見者。心不自見，不知自性。但凡夫顛倒相應，以虚妄緣識相故起。是心空，無我、無我所，無常、無牢、無堅，無不變異相。如是思惟，得順心念處。是人爾時不分别是心、是非心，但善知心無生相，通達是心無生性。何以故。心無決定性，亦無決定相。智者通達是心無生、無相。爾時，如實觀心生集没滅相。如是觀時，不得心若集相、若滅相，不復分別心滅、不滅，而能得心眞清淨相。菩薩以是清淨心，客塵所不能惱。何以故。菩薩見知心清淨相，亦知衆生心清淨相。作是念：心垢故衆生垢，心淨故衆生淨。如是思惟時，不得心垢相，不得心淨相，但知是心常清淨相。持世！菩薩摩訶薩如是順心觀心。

持世！何謂菩薩摩訶薩順法觀法。菩薩觀一切法，不見内、不見外、不見中間，亦不得諸法若過去、若未來、若現在，但知諸法從衆緣生、顛倒起，諸法無有決定相。所謂是諸法屬是人，諸法本體於諸法中無諸法，諸法不在諸法内、不在諸法外、不在中間。諸法不與諸法合亦不散，一切法無根本、無一定相。諸法無所有故不動不作，一切法如虚空無所有故一切法虚誑如幻，幻相無所有故一切法常淨相，俱不污故一切法是不受相。諸受無所有故一切法如夢，夢性無所有故一切法無形，形無所有故一切法如像，性無無故一切法無名無相，名相無所有故一切法如響，虚妄所作無所有故一切法無性，性不可得故一切法如焰。知無所有故，菩薩如是觀一切法時，不見諸法若一相、若異相，亦不見法與法若合、若散，亦不見法依止於法。如是觀時，見一切法無所從來，亦不見一切法住處。何以故。一切法無住、無依、無起。一切法無住處，住處無所有故，住處不可得故。持世！諸法無有差別。一切法無分別相，從衆生顛倒故有用。是諸法無處、無方。智者得諸法，非一相，非二相，非異相。何以故。持世！一切法不生不作不起，無能作者。一切法離根本，一切法無自性，過諸性故。一切法無歸處，諸歸處無所有故。如是觀諸法，善知諸法無我、無人，觀擇諸法性空。是諸法皆空，性自空故。諸法無相，不見相故於諸法中不起願，即時觀擇一切法無生，作是念：此中實無有法若生、若滅。如是觀時，心住一處。爾時，便得通達一切法無生，亦知見一切法集盡滅，亦能入一切法離相離性。何以故。持世！一切法無決定性。智者通達諸法無相離相。持世！菩薩摩訶薩順法觀法。如是觀者。於法無所得無所受。於法不爲生不爲住不爲滅。故行而見一切法盡滅相寂滅相。持世。是名菩薩摩訶薩善觀四念處。何故説名念處。念處者。即是一切法無處。無起處無所有處。能如是入一切法則念不亂。名爲念處。又念處是一切法不住不生不取。如實知見處，名爲念處。

鳩摩羅什譯《諸法無行經》卷上　文殊師利復白佛言：世尊！行者云何應觀四念處。佛告文殊師利：當來世有比丘如是説，觀内身處，若觀不淨，是身念處。觀樂皆苦，是受念處。觀心生滅性，是心念處。觀壞和合相，但得法相，是法念處。

文殊師利白佛言：世尊！今云何眞觀四念處。佛言：止，止，文殊師利！不須問也。如來隨宜説法，難可得解。文殊師利言：世尊！愍念衆生故，願必爲説。佛告文殊師利：若行者見身如虚空，是爲身念處。若行者見受不得内外兩間，是爲受念處。若行者知心唯有名字，是爲心念處。若行者不得善法不得不善法，是爲法念處。文殊師利！應如是觀四念處。

鳩摩羅什譯《大智度論》卷一九　問曰：何等是四念處。答曰：身念處，受、心、法念處，是爲四念處。

觀四法四種：觀身不淨，觀受是苦，觀心無常，觀法無我。是四法，雖各有四種，身應多觀不淨，受多觀苦，心多觀無常，法多觀無我。何以故。凡夫人未入道時，是四法中，邪行起四顛倒：諸不淨法中淨顛倒，苦中樂顛倒，無常中常顛倒，無我中我顛倒。破是四顛倒故，説是四念處：

破淨倒故說身念處，破樂倒故說受念處，破常倒故說心念處，破我倒故說法念處。以是故說四，不少不多。

問曰：云何得是四念處。答曰：行者依淨戒住，一心行精進，觀身五種不淨相。何等五。一者生處不淨，二者種子不淨，三者自性不淨，四者自相不淨，五者究竟不淨。

鳩摩羅什譯《大智度論》卷一九　是四念處有三種：性念處、共念處、緣念處。

云何爲性念處。觀身智慧，是身念處。觀諸受智慧，是名受念處。觀諸心智慧，是名心念處。觀諸法智慧，是名法念處。爲性念處。

云何名共念處。觀身爲首，因緣生道，若有漏，若無漏，是身念處。觀受、觀心、觀法爲首，因緣生道，若有漏，若無漏，是名受、心、法念處。是爲共念處。

云何爲緣念處。一切色法，所謂十入及法入少分，是名身念處。六種受，眼觸生受，耳、鼻、舌、身、意觸生受，是名受念處。六種識，眼識，耳、鼻、舌、身、意識，是名心念處。想衆、行衆及三無爲，是名法念處。是名緣念處。

鳩摩羅什譯《成實論》卷二　四念處者，身、受、心、法。中正安念，及從念生慧，觀身無常等安住緣中，名身念處。是念及慧，漸次轉增，能分別受，名受念處。又轉清淨，能分別心，名心念處。能以正行分別諸法，名法念處。

求那跋陀羅譯《雜阿含經》卷二〇　尊者阿那律語尊者舍利弗言：於四念處修習多修習，成此大德神力。何等爲四念處。內身身觀念處，精勤方便，正念正知，調伏世間貪憂。如是外身、內外身，內受、外受、內外受，內心、外心、內外心，內法、外法、內外法觀念處，精勤方便，正念正知，如是調伏世間貪憂。尊者舍利弗！是名四念處修習多修習，成此大德神力。

求那跋陀羅譯《雜阿含經》卷二四　爾時，世尊告諸比丘：有不善聚，善聚。何等爲不善聚。謂三不善根，是名正說。所以者何。純不善積聚者，謂三不善根。云何爲三。謂貪不善根、恚不善根、癡不善根。云何爲善聚。謂四念處。所以者何。純善滿具者，謂四念處，是名善說。云何爲四。謂身念處，受、心、法念處。

求那跋陀羅譯《雜阿含經》卷二六　爾時，世尊告諸比丘：有五根。何等爲五。謂信根，精進根，念根，定根，慧根。信根者，當知是四不壞淨。精進根者，當知是四正斷。念根者，當知是四念處。定根者，當知是四禪。慧根者，當知是四聖諦。此諸功德，一切皆是慧爲其首，以攝持故。

求那跋陀羅譯《雜阿含經》卷四三　佛告比丘：我說斯譬，今當說義。所謂城者，以譬人身麤色，如《篋毒蛇譬經》說。善治城壁者，謂之正見。郊道平正者，謂內六入處。四門者，謂四識住。四守門者，謂四念處。城主者，謂識受陰。使者，謂正觀。如實言者，謂四眞諦。復道還者，以八聖道。

菩提留支譯《大薩遮尼乾子所說經》卷七　王言：大師！何者如來四念處。

答言：大王！沙門瞿曇四念處者：一者身念處，二者受念處，三者心念處，四者法念處。

大王當知！沙門瞿曇身念處者，謂觀內身、外身、內外身，於此身中作二種觀：一者不淨觀，二者淨觀。不淨觀者，觀身不淨，穢惡充滿，誑諸凡夫故。淨觀者，作是思惟：我今因此不淨身故，得淨佛身、得淨法身、淨功德身，一切衆生所樂見身。作是觀已，能淨二行：一者無常，二者常。云何無常。觀身無常，畢定當死，如是觀已，不爲身故造諸惡業、邪命自活。當爲此身修三堅法：一修身堅，二修命堅，三修財堅。如是觀已，遠離一切身、口、意曲，行正直心。云何爲常。觀無常已，得於常身，因無常故，得功德身。因無常故，不斷佛種、法種、僧種。何以故。修身念處，觀察一切衆生之身，畢竟成就諸佛法身，以有法身故，作是觀故，得平等心、無分別心，不起諸漏，所謂欲漏、有漏、無明漏，不見有我及我所，住如實際，成一切智，是名身念處。

大王當知！沙門瞿曇受念處者，謂觀內受、外受、內外受，於是受中，作二種觀：謂常、無常，起慈悲心觀諸衆生。若受樂時生於貪心，若受苦時生於瞋心，若受不苦不樂受時生於癡心。作是思惟：有受皆苦。畢竟樂者，斷一切受，即是常樂。隨所受生，常生一切慈心、悲心。若自、若他受樂受時，遠離染心，生於慈心。若受苦時，觀三惡道，遠離瞋心，生於悲心。若受不苦不樂受時，離無明心，生於捨心。觀一切受無常、苦、無我。見受樂者，即知是苦。見受苦者，如癰如瘡。見受不苦不樂受者，是不寂靜。觀於樂受，即知無常。觀於苦受，即知是空。觀不苦不樂受，即知無我。如是觀者，名受念處。

大王當知！沙門瞿曇心念處者，謂觀內心、外心、內外心，於是心中，作二種觀：謂常、無常。常觀者，觀於自身菩提之性，不忘不失，正念不亂，如是觀心，又觀所發菩提之心，是心性者，生已即滅，念念不住，不在內入，不在外入，不在內外入，不在陰中，不在界中，作是思惟：如是心緣爲異、不異。若心異緣，則一時中有於二心。若心即緣，不應復能觀於自心，亦如指端不能自觸，心亦如是。作是觀已，見心無住無常變異，即知是心，非從緣生，非不緣生，非常非斷，非內非外，非有非無。菩提之心亦復如是。是心非色，不可覩見，如幻如化，無所罣礙。自觀心已，觀諸一切眾生心性，如自心性、如自心相，一切眾生心性、心相亦復如是。知自心空，一切眾生心空亦爾。觀自心平等，觀諸眾生心性平等亦復如是。是名心念處。

大王當知！沙門瞿曇法念處者，謂觀內法、外法、內外法，於是法中作二種觀，謂常、無常。常以佛眼見一切法，至坐道場未曾中失。觀諸法時，不見一法，乃至一切微細諸相，離空、無相、無願、無作、無生、無滅、無物，不見一切法，乃至微細相。不入十二緣者，見法非法，無非是法。云何爲法。謂無我、無眾生、無壽命、無人，是名爲法。云何非法。謂我見、眾生見、命見、人見、斷見、常見、有見、無見，是名非法。沙門瞿曇觀一切法是法非法。何以故。觀空、無相、無願，是名一切法是法。我慢憍慢、我及我所、攝取諸見，是名一切法非法。作如是觀諸法性已，不見有法非菩提因、非出道因，悉是出法，若不如是求諸法者，是名滅法。出者從緣，滅者從緣，如是觀時，觀於三行，所謂惡行、善行、不動行。於三行中，常行福行，行十善法，爲淨三業。淨身業者，爲求諸佛三十二相、八十種好，他不能害故。淨口業者，有所說法眾生樂聞故。淨心業者，於諸眾生其心平等，常入禪定故。如是方便觀法念處，離諸一切障菩提垢，不著常見，不著斷見，行中道見。如是中道，世間智慧所不能見，不可宣說，不可顯示，無有相貌，無色、無處，無取、無捨，清淨寂靜，不可眼見，乃至不可觸，亦無至處，不在世間，不出世間，不可宣說，非多非少，非常非斷，非相非非相，非覺非非覺，非虛非實，非此非彼，非有非無，非有爲非無爲，非行非非行，非生非死，非涅槃非作法，是名中道。不以肉眼、天眼、慧眼觀法念處。何以故。如是三眼，無相貌故。是故觀法以法眼觀，而心不著，不失諸法，是名法念處。

大王當知！修四念處，得四種離法。觀身不淨，出離淨倒。觀受是苦，出離樂倒。觀心無常，出離常倒。觀法無我，出離我倒。又觀身念處，離於揣食。觀受念處，離於觸食。觀心念處，離於識食。觀法念處，離於思食。大王當知！沙門瞿曇畢竟成就如是念處，是故我言，無有過失。

闍那崛多譯《大乘大集經賢護分》卷四 若欲成就三昧王者，常當專心精勤觀察彼四念處。賢護！云何菩薩觀四念處。賢護！菩薩摩訶薩常當專心觀察身行，畢竟不見一切諸身。常當專心觀察受行，而亦不見一切諸受。常當一心觀察心行，而亦不見一切諸心。常當一心觀察法行，而亦不見一切諸法。

闍那崛多譯《佛說諸法本無經》卷中 爾時，曼殊尸利童眞復白佛言：世尊！云何當見四念處。佛言：曼殊尸利！於未來世當有比丘，彼於不淨身中隨順身觀，說爲念處。生滅受中隨順受觀，說爲念處。見心乃是生法滅法，於是心中隨順心觀，說爲念處。彼如是說，若有圓想彼則非有，若有法想彼亦非有，於是法中隨順法觀，說爲念處。

如是語已，曼殊尸利復白佛言：世尊。四念處更云何熏修。佛言：不須。曼殊尸利！如來所說，別意難知。

曼殊尸利白言：大德，世尊！但當爲說熏修念處。佛言：曼殊尸利！若見其身等如虛空，此是身中隨順身觀念處。曼殊尸利！若不得受內外兩間，此是受中隨順受觀念處。曼殊尸利！若知其心唯有名量，此是心中隨順心觀念處。曼殊尸利！若不得諸善不善法，此是法中隨順法觀念處。曼殊尸利！如是應見四念處。

智顗《法界次第初門》卷中 四念處（一、身念處，二、受念處，三、心念處，四、法念處）。

一、身念處者：（頭等六分，四大五根假合，故名爲身。是中觀身，智慧爲念，明見內身五種不淨，破淨顛倒，即是處也。觀外身、內外身，亦如是。是爲身念處也。）

二、受念處者：（六觸因緣生六受，從六受生三受，名之爲受。是中觀受，智慧名爲念，明達三受皆苦，破樂顛倒，即是處。觀外受、內外受，亦如是。是爲受念處也。）

三心念處者：（六識能識諸塵，分别攀緣，謂之爲心。是中觀內心，智慧名之爲念，了知心從緣生，剎那不住，念念生滅，破常顛倒，即是處也。觀外心、內外心，亦爾。是爲心念處也）。

四、法念處者：（想行二陰，及三無爲法，名之爲法。是中觀法，智慧名爲念，通達一切法我我所，畢竟不可得故無我破我顛倒，即是處也。觀外法、內外法，亦如是。是爲法念處。若聲聞經中明念處，但説破四倒爲念處。若摩訶衍中明念處，即説破八倒爲念處也。故《大品經》云：若能深觀四念處，是爲坐道場）。

智顗《維摩詰經三觀玄義》卷下　四念處者，一者身念處，二者受念處，三者心念處，四者法念處。

四念處，略明有四種，一者生滅四念處，二者無生滅四念處，三者無量四念處，四者無作四念處。

前三種四念處，並是方便。今不分别，但明無作四念處觀也。正勤、如意足、根、力、覺、道、類如是也。

無作四念處觀者，所謂無作十二因緣具十法界五陰，以爲念處之觀境也。一明身念處者。一切十法界色陰，名之爲身。一心三觀，觀十法界色，名之爲念。見十法界身實諦之理，名之爲處。若見十法界色皆是一法性，法性之色非垢非淨，能雙照十法界垢淨，即是莊嚴不淨、淨枯榮二種雙樹。二明受念處者。一切十法界受陰，名之爲受。一心三觀，觀十法界受，名之爲念。見十法界受實諦之理，名之爲處。若見十法界受皆是一法性，法性受非苦非樂，能雙照十法界苦樂，即是莊嚴苦、樂、枯、榮雙樹。三明心念處者。一切十法界識陰，名之爲心。一心三觀，觀十法界心，名之爲念。見十法界心實諦之理，名之爲處。若見十法界心皆是一法性心，法性心非常、非無常，能雙照十法界常、無常，即是莊嚴常、無常枯榮之雙樹。四明法念處者。一切十法界想陰行陰，名之爲法。一心三觀，觀十法界想行，名之爲念。見十法界法實諦之理，名之爲處。若見十法界法皆是一法性，法性非我、非無我，能雙照十法界我、無我，即莊嚴我、無我枯榮之雙樹。若行者能了此四枯四榮即是法性，五陰非枯非榮，名見中道佛性。若見五陰佛性，即住五種涅槃。

菩提流志譯《文殊師利所説不思議佛境界經》卷下　云何速成菩提分法。謂諸菩薩以不放逸故，修四念處不經勤苦疾得圓滿。云何修耶。謂觀身處無所有，觀察處無所有，觀心處無所有，觀法處無所有，於一切法皆無所得。如是名爲修四念處。

若那跋陀羅譯《大般涅槃經後分》卷上　阿難！如汝所問，佛涅槃後，依何住者。阿難！依四念處嚴心而住。觀身性相，同於虚空，名身念處。觀受不在內外，不住中間，名受念處。觀心但有名字，名字性離，名心念處。觀法不得善法，不得不善法，名法念處。阿難！一切行者，應當依此四念處住。

菩提流志譯《不空羂索神變真言經》卷一四　蓮花手是受持者，住四念住。何等爲四。一身念住，二受念住，三心念住，四法念住。修行陁羅尼眞言，以無所得而爲方便。雖於內身住循身觀，雖於外身住循身觀，雖於內外身住循身觀，雖於內受住循受觀，雖於外受住循受觀，雖於內外受住循受觀，雖於內心住循心觀，雖於外心住循心觀，雖於內外心住循心觀，雖於內法住循法觀，雖於外法住循法觀，雖於內外法住循法觀，而竟不起身俱、受俱、心俱、法俱尋思，熾然精進具念正知，爲欲調伏世貪憂故。是受持者四念住處，蓮花手如是修者。

義淨譯《根本説一切有部毘奈耶藥事》卷七　若欲自守護時，應當修習四念住處。若欲守護，若言自護及守護他，亦應修習四念住處。云何四念住處。所謂身、受、心、法、念等住處。汝等苾芻，應如是學。

窺基《大般若波羅蜜多經般若理趣分述讚》卷二　四念住者，身、受、心、法，以慧爲性，慧由相應之念住此四境之中，名爲念住。

良賁《仁王護國般若波羅蜜多經疏》卷一　《正理》六十云：以自相共相觀身、受、心、法，一一别觀修四念住。一身念住觀自相者，謂觀於身從眼至觸十處自性皆不淨故，能治淨倒。二受念住觀自相者，唯受自性性自苦故，能治樂倒。三心念住觀自相者，唯心自性性自無常，能治常倒。四法念住觀自相者，唯法自性性空無我，能治我倒。觀共相者，身、受、心、法與餘有爲俱無常，性與餘有漏俱是苦性，與一切法空無我性。此四念住，以慧爲體，相應俱有具五蘊性。

法寶《俱舍論疏卷》卷二三 奢摩他者，此云止。毘鉢舍那，此云觀。《正理論》云：已修成止以爲所依，爲觀速成修四念住，非不得定者能如實見故。

詳其論意。五停心觀爲止，散動偏修於止。爾時假想觀骨瑣等，一相住心，名之爲止。四念住觀取身、受、心、法差別之相。又於身中，而取種種差別之相，除其四倒。生如實見，故名爲觀。

栖復《法華經玄贊要集》卷二六 言一四念住等者，二別陳名。敬謂此四種，身受心法。一觀身不淨，除淨倒。二觀受是苦，除樂倒。三觀心無常，除常倒。四觀法無我，除我倒。觀身不淨除淨倒，知苦諦。觀受是苦除樂倒，斷集諦。觀心無常，除常倒，證滅諦。觀法無我，除我倒，修道諦。章敬云：觀身不淨立身念住，觀受是苦立受念住，觀心無常立心念住，觀法無我立法念住。身、受、心、法是所住四境，念、慧兩法爲能住，住心於此四處之中，名四念住也。

窺基《阿弥陁經通贊疏》卷中 四念住，謂身、受、心、法，以慧爲體，謂由念力慧於境住。

李師政《法門名義集》 四念處，大小乘名有異。觀身不淨，觀受有苦，觀心生滅，觀法無我，是小乘四念處。觀身如虛空，觀受内外空，觀心但名字，觀法善惡俱不可得，是大乘四念處。

施護譯《佛說大集法門經》卷上 復次，四念處觀，是佛所說。謂觀身不淨，無生起想，調伏無明，離煩惱受。觀受是苦，觀心生滅，善觀諸法，亦復如是。

施護譯《佛說大迦葉問大寶積正法經》卷三 又復施設四念處。令彼有情，觀身無其所有，能破我見。觀受無受所得，破彼我見。觀心無心可得，亦除我見執故。觀法無法可得，破彼法我執故。

天息災譯《佛說大乘善見變化文殊師利問法經》 爾時文殊師利法王子白佛言：世尊！云何見四念處。佛告文殊師利：彼須菩提，當得觀身不淨，見身念處。觀受是苦，見受念處。觀心無常，見心念處。觀法無我，見法念處。

紹德譯《佛說大乘隨轉宣說諸法經》卷中 爾時文殊師利白佛言。世尊。云何四念處。佛言。文殊師利。四念處。謂觀身不淨。觀受是苦。觀心無常。觀法無我。是名四念處。文殊師利言。當云何學。佛言。一切眾生。當觀想自身五種不淨。觀受有苦受樂受捨受三悉皆是苦。觀心無常念念無常刹那生滅。觀法無我四大五陰無實我體。是名四念處。一切眾生當如是學。

施護譯《佛說大乘不思議神通境界經》卷下 普華幢天子白妙吉祥菩薩言：云何名爲四念處。妙吉祥言：天子！若菩薩觀身如虛空，不得身相，住平等法，如是名爲身中身念處。若菩薩觀諸受法内、外、中間俱不可得，皆悉空故，如是名爲觀受念處。若菩薩如實觀心，於其名中無色可見，即不可得所觀心相，如是名爲心中心念處。若菩薩如實了知彼一切法，若善、不善自性皆空，如是名爲法中法念處。天子！此等名爲四念處法。

爲霖《鼓山爲霖和尚餐香錄》卷上 何者四念處。謂身、受、心、法。觀身不淨，觀受是苦，觀心無常，觀法無我。得此四念，則不住生死。觀身眞淨，觀受眞樂，觀心眞常，觀法眞我，得此四念，則不住涅槃。既不住生死，又不住涅槃，此無所住處，即是當人放身命處。

智旭《佛說阿弥陁經要解》 四念處者，一、身念處，二、受念處，三、心念處，四、法念處。

通潤《大方廣圓覺脩多羅了義經近釋》卷二 四念者，一觀身五種不淨，謂種子住處自相自性究竟，二觀受是苦，三觀心無常，四觀法無我。此對治凡夫四倒也。又觀身畢竟空，觀受内外空，觀心無所有，觀法但有名。此對治二乘四倒也。

傳燈《維摩詰所説經無我疏》卷三 根塵相對，一念心起，現前可觀，即爲色陰。觀此色陰，塵汙眞心，觀色即不淨。受、心、法皆不淨。色故而有苦受、樂受、不苦不樂平平受，有受即有苦。即觀受是苦，身、心、法皆是苦。受故而有想，想故而有行。觀此想行之心，悉皆無常。以無常故，色、受、法亦皆無常。想故而有識，識之爲法，本無有我，而凡夫計著有我。四性推之。我何所在。如是遍觀色、受、想、行，亦無有我，是爲觀心四枯念處也。爲彼凡夫墮於四倒，故觀四枯。須知一念之心，性本眞實，具足四德。是故觀心四處，即常樂我淨，是爲觀心四榮念處也。又復觀心中道，雙遮雙照，非枯非榮，雙照榮枯，即於娑羅雙樹而般泥洹，是爲於一心中觀四念處也。

通理《**圓覺經析義疏**》**卷二**　四念處者。凡夫計身是淨，妄生愛染，佛教念身不淨。（諦觀種子、住處、自相、自性、究竟，皆不淨故。）凡夫計受是樂，妄生貪著，佛教念受是苦。（諦觀苦受、樂受、捨受，皆是苦故。）凡夫計心是常，妄生持守，佛教念心無常。（諦觀過、現、未來，念念生滅，皆無常故。）凡夫計法有我，妄生執取，佛教念法無我。（諦觀內法、外法、諸世間法，皆無我故。）通稱念處者，初發心人，常應繫念於此，自能厭離世間，進求出世法也。

弘贊《**沙弥學戒儀軌頌註**》　四念處者。一、觀身不淨。謂觀自他之身，從頭至足，雜穢充滿。衆生顛倒執之爲淨，而生貪著。故令觀身不淨也。二、觀受是苦。受即受取，謂衆生顛倒，以六根妄取六塵爲樂，不知樂是苦因。故令觀受是苦也。三、觀心無常。謂此識心，體性遷流，念念扳緣，生滅不停。衆生顛倒，執之爲常。故令觀心無常也。四、觀法無我。謂一切善惡諸法，本無有我。何以故。若善法是我，則惡法應無有我。若惡法是我，則善法應無有我。而衆生妄計，謂我能行善行惡，執爲主宰。故令觀法無我也。此之四法，皆由衆生於色、受、想、行、識五蘊之身，起四顛倒，於色起淨倒，於受起樂倒，於想行起我倒，於心起常倒。如來令修此觀，以除四倒，故名四念處。念即能觀之觀處即所觀之境也。

四正勤 四正断、四断

鳩摩羅什譯《**成實論**》**卷二**　四正勤者。若生惡不善法見其過患爲斷故生欲勤精進。斷方便謂知見。緣未生惡不善法爲不生故生欲勤精進。不生方便謂知見。緣未生善法爲生故生欲勤精進。生方便謂知見緣已生善法爲增長故生欲勤精進。以上中下次第方便及不退轉故。

鳩摩羅什譯《**發菩提心經論**》**卷下**　菩薩精進復有四事。所謂修行四正勤道。未生惡法遮令不起。已生惡法速令除斷。未生善法方便令生。已生善法修滿增廣。菩薩如是修四正勤道而無休息。是名精進。是勤精進能壞一切諸煩惱界。增長無上菩提正因。

真諦譯《**四諦論**》**卷四**　汝問：若一心修正勤即具足者，則無四正勤。若次第修者，則助道修不具。答：一心得修四正勤，譬如一心通觀四諦。何以故。由此修故。未生諸惡不得生，已生諸惡不得住，善法未生得生，已生得堅住。是故精進，由體故一，由用故四。

灌頂撰《**觀心論疏**》**卷五**　四正勤者，觀心十界，未生六道惡心勤遮令莫生，已生勤斷令滅，未生四聖善心勤令生，已生勤令增長，是名四正勤。

智顗《**法界次第初門**》**卷中**　四正勤：（一、已生惡法爲除斷，一心勤精進。二、未生惡法不令生，一心勤精進。三、未生善法爲生，一心勤精進。四、已生善法爲增長，一心勤精進。）

一已生惡法爲除斷。一心勤精進（四念處觀時。若懈怠心起。五蓋等諸煩惱覆心。離信等五種善根時。如是等惡若已生爲斷故。一心勤精進。方便除斷令盡也。）

二未生惡法不令生。一心勤精進（四念處觀時。若懈怠心。及五蓋等諸煩惱惡法雖未生恐後應生。遮信等五種善根。今爲不令生故。一心勤精進。方便遮止不令得生也。）

三未生善法爲生。一心勤精進（四念處觀時。信等五種善根。未生爲令生故。一心勤精進。方便修習令信等善根生也。）

四已生善法爲增長。一心勤精進（若四念處觀時。信等五種善根已生。爲令增長故。一心勤精進。方便修習信等善根令不退失。增長成就。此四通名正勤者。破邪道。於正道中。勤行故。名正勤也）。

窺基撰《**阿弥陁經疏**》　四正勤者，謂未生之惡方便令不生，已生之惡方便令斷，未生之善方便令生，已生之善方便令增長。

窺基《**阿弥陁經通贊疏**》**卷中**　四正斷，謂律儀斷、斷斷、防護斷、修習斷，以精進爲體，精進起用能修斷故。

菩提流志譯《文殊師利所説不思議佛境界經》卷下　又諸菩薩以不放逸故，修四正勤，疾得圓滿。云何修習。謂諸菩薩，雖恒觀察一切諸法，本來無生、無得、無起、無有作者，猶如虛空。而爲未生諸惡不善，法令不生故。攝心正住勤行精進，雖觀一切法無業、無果，而爲諸衆生已生諸惡不善法，欲令斷故。攝心正住勤行精進，雖信解一切法空無所有，而爲未生諸善法，欲令生故。攝心正住勤行精進，雖知諸法本來寂靜，而爲已生諸善法，欲令住故，不退失故，更增長故。攝心正住勤行精進，是諸菩薩，雖恒觀察一切諸法，無有所作、無能作者，體相平等，是中無有少法可得，若生若滅，而常精進修習不捨，是則名爲修正勤耳。

窺基《大般若波羅蜜多經般若理趣分述讚》卷二　四正斷者。一律儀斷，謂已生惡法，爲令斷故，生欲策勵。二斷斷，謂未生惡法，爲令不生故，生欲策勵。三修習斷，謂未生善法，爲令生故，乃至策心持心。四防護斷，謂於已生善法，爲欲令住，乃至策心持心。此四種，以精進爲體。策發於慧，自能漸伏，名爲正斷。

李師政《法門名義集》　四正勤。惡法未生，方便令不生，名一正勤。惡法已生，方便令滅，二正勤。善法未生，方便令生，三正勤。善法已生方便令增，四正勤。

慧苑《續華嚴略疏刊定記》卷一〇　四正勤者，亦名正斷，唯一精進，隨義立四。謂於已生、未生惡不善法令滅不起，於已生、未生善法令長令生。於四用中，約斷自所除懈怠障故，名四正斷，皆精進力。斷彼懈怠故，名正勤。勤即斷故，持業釋也。

求那跋陁羅譯《雜阿含經》卷三一　爾時，世尊告諸比丘：有四正斷。何等爲四。一者斷斷，二者律儀斷，三者隨護斷，四者修斷。云何斷斷。若比丘已起惡不善法，斷生欲、方便、精勤、攝受。未起惡不善法，不起生欲、方便、精勤、攝受。未生善法，令起生欲、方便、精勤、攝受。已生善法，增益修習生欲、方便、精勤、攝受，是名斷斷。云何律儀斷。若比丘善護眼根，隱密、調伏、進向，如是耳、鼻、舌、身、意根，善護、隱密、調伏、進向，是名律儀斷。云何隨護斷。若比丘於彼彼眞實三昧相善守護持，所謂青瘀相、脹相、膿相、壞相、食不盡相，修習守護，不令退沒，是名隨護斷。云何修斷。若比丘修四念處等，是名修斷。

施護譯《佛説大集法門經》卷上　復次，四正斷，是佛所説。謂已生諸不善法，發勤精進，攝心志念，皆悉斷除。未生諸不善法，發勤精進，攝心志念，防令不起。未生諸善法，發勤精進，攝心志念，而令生起。已生諸善法，發勤精進，攝心志念，而令一切增長圓滿。此名四正斷。

蕅益智旭《佛説阿弥陁經要解》　四正勤者，一、已生惡法令斷，二、未生惡法不令生，三、未生善法令生，四、已生善法令增長。

德清《大方廣佛華嚴經綱要》卷三六　復次，此菩薩未生諸惡不善法爲不生故，欲生勤精進，發心正斷。已生諸惡不善法爲斷故，欲生勤精進，發心正斷。未生諸善法爲生故，欲生勤精進，發心正行。已生諸善法爲住不失故，修令增廣故，欲生勤精進，發心正行。

第二斷諸懈怠道，謂四正勤。言四正勤者，四念智火若得勤風則無所不燒，故次辨之。《瑜伽》云：如是於四念住中慣習行故，已能除遣麁重顛倒，已能了達善不善法，從此無間，於未生善法爲令生故等。此來意也。謂以精進爲體，故總名勤。言非外道無益勤苦，故名爲正。雖是一勤，隨義分四。前二勤斷二惡，是正惡行。後二勤修二善，是作善行。二善二惡，皆所緣境。亦名四正斷，後二是修，而言斷者，善是斷處。正修行者，斷懈怠故。約大乘説勤觀法性，除實相之外皆名爲惡。二惡不生棄捨，二善得生增廣，是正勤果。

通潤《大方廣圓覺經脩多羅了義經近釋》（《圓覺經近釋》）卷二　四正勤者。四念處火，若得勤風，則無所不燒，故次辨之。以精進爲體，故總名勤。異外道勤，故名正勤。雖是一勤，隨義分四。一、未生之惡遏令不生，二、已生之惡斷令不續，三、未生善令生，四、已生善令長。

傳燈《維摩詰所説經無我疏》卷三　果能如是觀心，則已生惡令斷，未生惡不生，未生善令生，已生善增長，是爲觀心四正勤也。

通理《圓覺經析義疏》卷二　四正勤者，《大疏》云：念處似火，若得勤風，則無所不燒。故次辨之。精進爲體，故總名勤。異外道故，特名爲正。別分爲四。謂已生惡令永斷，猶如除毒蛇。一、未生惡令不生，如預防流水。二、已生善令增長，如溉甘果栽。三、未生善令速生，如鑽木出火。四、第三四神足者。《大疏》云：欲勤心觀。《法數》云：欲念進慧。由前四正勤中，只管滅惡生善，忘其本所發心，故教以欲，謂於菩提心。重起猛利樂欲。《大疏》與《法數》同。樂欲雖猛，恐不能常，故教以勤，謂精進無間。

弘贊註《沙弥學戒儀軌頌註》 四正勤者。一已生惡法令除斷。二未生惡法不令生。三未生善法令生。四已生善法令增長。此四皆名正勤者。正則不邪。勤則不怠。謂於此四法。一心勤行精進故也。

法賢譯《佛說信佛功德經》 復次，我佛世尊有最勝法，謂善分別四正勤法。四正勤者，謂已作惡令斷，未作惡令止，已作善令增長，未作善令發生。如是等法，於天上人間，廣大宣說，而作利益，是即名爲佛最勝法。

四相

失三藏名譯《阿毗曇甘露味論》卷上 一切有爲法無勢力起，因他力共生，是諸法有四相：起、住、老、無常。

問：若有四相，是應更復有相。

答：更有四相。彼相中，餘四相俱生。生爲生，住爲住，老爲老，無常爲無常。

問：若爾者，不可盡。

答：展轉自相爲。

僧伽提婆共惠遠譯《阿毗曇心論》卷一 一切有爲法，各各有四相，生、住、異、壞。世中起故生，已起自事立故住。已住勢衰故異，已異滅故壞。此相說心不相應行。

問：若一切有爲法各有四相者，是爲相，復有相。

答：是亦有四相。彼相中，餘四相俱生。生爲生，住爲住，異爲異，壞爲壞。

問：若爾者，便無窮。

答：展轉更相爲。

此相各各相爲。如生生，各各相生。如是住住，各各相生。異異，各各相異。壞壞，各各相壞。是以非無窮。

僧伽提婆共惠遠譯《阿毗曇心論》卷四 所有四相者，生、住、老、無常。

曇無讖譯《大方等大集經》卷二五 如是施已，不觀四相。一者常相，二者樂相，三者我相，四者淨相。

筏提摩多譯《釋摩訶衍論》卷三 四相門中，即有四種。云何爲四。一者麁重過患四相，二者微細過患四相，三者無常功德四相，四者常住功德四相。麁四相者，即長時故。細四相者，即短時故。無常相者，過患相違始起德故。常住相者，過患相違德常住有故。【略】

云何名爲長時四相。從十信位乃至極解脱道時，方究竟離故。

云何名爲短時四相。因緣有法不過一刹那故。

云何名爲始起四相。起滅、滅滅，起異、異異，起住德住，起生德生，是故說言始起四相。翻過患故，名爲功德。今始起故，名爲無常。

云何名爲常住四相。今始起德本來有故。云何名爲一種覺耶。覺與不覺無有二故。云何名爲覺不覺、覺或受染熏、或不受故。如其次第說相可觀。

此中四相，有二次第。云何爲二。一者前後次第，二者俱有次第。前後者，彼無時中前後差別故。俱有者，彼有時中前後一時故。彼無時者，據斷時故。彼有時者，據亂時故。俱有次第，其相云何。頌曰：

生住異滅相，如是四種相。
一時即前後，非漸次轉得。
一時故俱有，前後故次第。
俱故成一相，別故成四相。

論曰：俱有次第四相者，一者生相，二者住相，三者異相，四者滅相。如是四相，或是一時，或是前後。以何義故名爲一時。由得同故。以何義故名爲前後。麁細別故。非漸次轉得者，別爲顯示一時義故。以何義故名爲俱有。由一時故。以何義故名爲次第。由前後故。如是四相俱有，故一。麁細，故四。此中一時當何時耶。根本無明熏眞心時，於此時中具起四相，不知不覺一切諸法眞實之性周遍，建立過於恒沙無量煩惱，而能隱覆自性淨心還原無日，是故名爲俱有四相。

何故名生乃至名滅。字義差別，其相云何。頌曰：

大無明住地，熏本覺時中。

生三種細相，故名爲生相。

論曰：根本無明熏本覺時生三種相，故名生相。云何爲三。一者獨力業相，二者獨力隨相，三者俱合動相。獨力業相者，非取無明之體，取無明之業故。獨力隨相者，非取本覺之體，取本覺之用故。俱合動相者，取和合動相故。總舉此三，故名生相。生相之稱，立初生故。

住相字義，其相云何。頌曰：

住相有四種，轉相與現相。

智相及相續，是名爲四種。

論曰：住相有四。云何爲四。一者轉相，二者現相，三者智相，四者相續相，是名爲四。如是四相，以何義故說名爲住。此中住義，隨應差別。所謂若據轉相說其住相，而能住持心識熏習，故名爲住相。若據現相說其住相，而能住持色相熏習，故名住相。若據智相說其住相，而能住持六種漸次分別智相應染，故名爲住相。若據相續相說其住相，而能住持分別事識連續染污，故名住相，即是細分非麁分故。

異相字義，其相云何。頌曰：

異相有二種，執取計名字。

如是二種相，直是人執品。

論曰：異相有二。云何爲二。一者執取相，二者計名字相。如是二相，直人執品。如是二相，以何義故，名爲異相。若據執取說其異相，能緣一切無量別相，隨其諸相，麁分別識而能執著，異自成異，故名異相。若據名字，說其異相，隨相立名。依其名字，而起著，故名爲異相。

滅相字義，其相云何。頌曰：

滅相有二種，起業及果報。

破壞前異心，令受苦名滅。

論曰：滅相有二。云何爲二。一者起業相，二者業繫苦相。如是二相，壞前異位，令受苦輪，故名滅相。復次，受苦輪時，能滅一切無量善品，故名滅相。復次，發起業時，佛性善根漸漸損滅，故名滅相。

已說俱有，次說前後，其相云何。頌曰：

滅異住生相，如是四種相。

隨智力劣勝，有增減不同。

論曰：前後次第者，一者滅相，二者異相，三者住相，四者生相。如是四相，隨智慧量，增減不同。此義云何。以信位人，闕一具三。三賢位人，闕二具二。於十地中第九地中，闕三具一。第十地中，闕麁一分具細一分。如來地中，四相都無，究竟清淨。是故說言增減不同。

那連提耶舍譯《阿毗曇心論經》卷一　一切有爲行生、住及異、壞者，一切有爲行有四種相：生、住、異、壞。未生生，故名生生。已自事立，故名住住。已衰變，故名異異。已勢滅，故名壞。如是說。若有爲法得如是相者，名心不相應行。我今當說有爲相。此事可知，故名相。彼生、住、老、無常。生者，有爲事生。住者，安立。老者，衰變。無常者，壞也。彼非一時作生者以生爲業，餘者生竟作業，是故有爲生、住、異、壞非是一相。

問曰：若一切有爲法有四相者，此亦是有爲此，更有餘相耶。答曰：是亦有四相，是亦有四種相。共彼生，謂生生、住住、異異、壞壞。

問曰：若如是者，便爲無窮。答曰：彼此更相爲，此相彼此相爲生。生生生，生生生如是。住住住彼此相住，異異異彼此相異，壞壞壞彼此相壞，故非無窮。此後四爲一法生，生生事非餘法。如是住住，住住事非餘法。餘亦如是。

真諦譯《阿毗達磨俱舍釋》論卷四　偈曰：復有有爲相，生、老、住、無常。

釋曰：有爲法，唯此四相。若於法中有此四相，應知此法是有爲，與前相翻，則是無爲。此中，生者能生此法，住者能安立此法，老者能變異此法，無常者能滅此法。爲不如此耶。如經言：有三種有爲法有爲相。若具言，於經中應說第四相。此經中不說。

何相謂住。若爾，此經中說何法爲住異。此住異，是老別名，譬如起是生別名，滅是無常別名。住異亦爾，是老別名。若諸法能起，唯爲有爲法行於世。此法於經中說是有爲相，爲起他厭怖心。何以故。生者，從未來世，能引有爲法，令入現在世。老及無常，能損其力，從現在世遣入過去世。譬如有人在棘稠林中，有三怨家，一能於稠林中牽令出外，二能損其力，三能斷其命。三相於有爲亦爾。住者，攝持，有爲法，如欲不相離，是故不立此住爲有爲相。復有無爲法，於自相住故，住相相濫。有餘師執，此經中住與老合爲一，故説三相。何用如此。此住於有爲，是愛著依止故。佛顯此住，如吉祥王位與災橫相應，爲令他於中不生愛著，是故有爲定有四相。復有生等四相有爲故，更有別生等四相不説有。

偈曰：生生等彼相。釋曰：彼言顯四本相。由諸法有本相，故成有爲。本相亦爾，由隨相故成有爲，故立本相。更有四隨相，謂生生、住住、老老、無常無常。若爾，隨一一相應，更有四相，則有無窮過失。此隨相更立別相故，無有無窮過失。

真諦譯《阿毗達磨俱舍釋》卷一六　由四相觀察，謂無常相、苦相、空相、無我相。

偈曰：從此暖行生。

釋曰：從此法念處，如此次第數數修習，至最上上品，有善根名暖行即生起。是如暖行，名暖行。是能燒惑薪，四聖道火前起相故，故説名暖。

偈曰：具四諦爲境，有十六種行。

釋曰：此暖善根由位長故，具緣四諦爲境，有十六行。以四相觀苦，謂無常、苦、空、無我。以四相觀集，謂因、集、生、緣。以四相觀滅，謂滅、靜、妙、離。以四相觀道，謂道、如、行、出。

慧遠《大乘義章》卷二　所言生、住、異、滅法者，非是諸法始起之生，經停之住，衰變之異，盡壞之滅，蓋乃一切有爲法邊，別有非色非心相法，能生諸法，乃至能滅。此之四相，體雖同時，用在先後。生相用時，能生諸法，乃至第四。滅相用時，能滅諸法。所相之法，初生，次住，終異，後滅，是毗曇家苦集之理。能相生等，是事非理。何故如是。有爲之法，無常爲理。前後四相，遷流運變，是無常義，故説爲理。同時四相，體非先後。無常之義，故名爲事。若依《成實》，但説諸法初生、次住、終異、後滅，不説法外別有非色非心四相。《地持》亦爾。

玄奘譯《阿毗達磨俱舍論》卷二六　論曰：有餘師説，十六行相，名雖十六，實事唯七。謂緣苦諦名實俱四，緣餘三諦名四實一。如是説者，實亦十六。

謂苦聖諦有四相，一非常，二苦，三空，四非我。待緣故非常，逼迫性故苦，違我所見故空，違我見故非我。

集聖諦有四相，一因，二集，三生，四緣。如種理故因，等現理故集，相續理故生，成辦理故緣。譬如泥團、輪、繩、水等衆緣和合成辦瓶等。

滅聖諦有四相，一滅，二靜，三妙，四離。諸蘊盡故滅，三火息故靜，無衆患故妙，脱衆災故離。

道聖諦有四相，一道，二如，三行，四出。通行義故道，契正理故如，正趣向故行，能永超故出。又非究竟故非常。

如荷重擔故苦，内離士夫故空，不自在故非我，牽引義故因，出現義故集，滋産義故生，爲依義故緣，不續相續斷故滅，離三有爲相故靜，勝義善故妙，極安隱故離，治邪道故道，治不如故如，趣入涅槃宮故行，棄捨一切有故出。

玄奘譯《顯揚聖教論》卷一九　論曰：當知四聖諦，一一有四種相。苦諦有四相者，一起苦，二内緣苦，三外緣苦，四麁重苦。初謂生苦，第二謂老、病、死苦，第三謂怨憎會苦、愛別離苦、所欲匱苦，第四謂五取蘊苦。集諦有四相者，一總愛，二後有愛，三喜貪俱行愛，四彼彼處喜愛。滅諦有四相者，一愛盡，二離欲，三滅，四涅槃。道諦有四相者，謂苦遲通等四種，行迹前已説。

新羅、元曉《起信論疏》上卷　問：此中四相，爲當同時。爲是前後。

此何所疑。若同時邪，論説四相覺時差別。若前後邪，下言四相俱時而有。或有説者，此依《薩婆》，多宗四相，四體同時，四用前後。用前後故，覺時差別。體同時故，名俱時而有。或有説者，是依《成實》，前後四相，而言俱時而有者。以本覺望四相，則無四相前後差別。故言俱時而有，皆無自立。或有説者，此是大乘祕密四相，覺四相時，前後淺深。所覺四相，俱時而有，是義云何。

夫心性本來離生滅相，而有無明迷自心性，由違心性離於寂靜故，能生起動念四相。四相無明和合力故，能令心體生住異滅。如似小乘論議之中，心在未來未逕生滅，而由業力引於四相，能令心法生、住、異、滅。大乘四相，當知亦爾。如經言，即此法身，爲諸煩惱之所漂動，往來生死，名爲衆生。此論，下文云自性清淨心因無明風動，正謂此也。

總說雖然，於中分別者，四相之內各有差別，謂生三、住四、異六、滅七。

生相三者，一名業相，謂由無明不覺念動，雖有起滅，見相未分，猶如未來生相將至正用之時。二者轉相，謂依動念轉成能見，如未來生至正用時。三者現相，謂依能見現於境相，如未來生至現在時。無明與此三相和合，動一心體隨轉至現，猶如小乘未來藏心，隨其生相轉至現在。今大乘中如來藏心隨生至現，義亦如是。此三皆是阿梨耶識位所有差別，於中委悉，下文當說。是名甚深三種生相。

住相四者。由此無明與生和合，迷所生心無我、我所，故能生起四種住相，所謂我癡、我見、我愛、我慢。如是四種，依生相起，能相心體，令至住位內緣而住，故名住相。此四皆在第七識位。

異相六者。無明與彼住相和合，不覺所計我、我所空，由是能起六種異相，所謂貪、瞋、癡、慢、疑、見。如《新論》云：煩惱自性，唯有六種。此之謂也。

無明與此六種和合，能相住心，令至異位，外向攀緣，故名異相。此六在於生起識位。

滅相七者。無明與此異相和合，不覺外塵違順性離，由此發起七種滅相，所謂身口七支惡業。如是惡業，能滅異心，令墮惡趣，故名滅相。猶如小乘滅相，滅現在心，令入過去。大乘滅相，當知亦爾。

由是義故，四相生起，一心流轉，一切皆因根本無明。如經言：無明住地，其力最大。此論云，當知無明力能生一切染法也。又所相之心，一心而來，能相之相，無明所起。所起之，隨其所至。其用有差別，取塵別相，名爲數法，良由其根本無明違平等性故也。其所相心，隨所至處，每作總主，了塵通相，說名心王，由其本一心是諸法之總源故也。如《中邊論》云：唯塵智名心，差別名心法。長行釋云：若了塵通相名心，取塵別相名爲心法。《瑜伽論》中亦同是說。以是義故，諸外道等多於心王計爲宰主、作者、受者，由不能知其無自性隨緣流轉故也。

總此四相，名爲一念。約此一念四相，以明四位階降。欲明本依無明不覺之力，起生相等種種夢念。動其心源，轉至滅相。長眠三界，流轉六趣。今因本覺不思議熏，起厭樂心，漸向本源，始息滅相乃至生相，朗然大悟，覺了自心本無所動，今無所靜，本來平等，住一如床。如經所說夢度河喻。

法藏撰《大乘起信論義記》卷中 第二約四相別顯中。初三相釋前不究竟覺。後一相釋上究竟覺。於中有二。初正寄四相顯其四位。後引經釋成心源無念。前中四相義者。先述大意。後方釋文。述意者。此中文意將四相麤細配以寄顯返流四位。以明始覺分齊。然此四相但約眞心隨熏麤細差別寄說爲四。非約一刹那心明四相也。所以知者。若約一刹那心辨者。如下文中明地上菩薩業識之心微細起滅。於中異滅相等豈凡小能知。又如事識之中麤相生住。地上菩薩豈不能知。是故十地已還具有微細四相。於中滅相豈信地能知。故知文意稍異。今以二門略辨。一總明，二別說。

總者。原夫心性離念，無生無滅，而有無明迷自心體，違寂靜性，鼓動起念，有生滅四相。是故由無明風力，能令心體生、住、異、滅，從細至麤。經云：佛性隨流，成種種味等。又經云：即此法身，爲諸煩惱之所漂動，往來生死，名爲衆生。此論下云：自性清淨心因無明風動等。今就此義以明四相。既鼓靜令動，遂有微著不同、先後際異。就彼先際最微名爲生相，乃至後際最麤名爲滅相。故《佛性論》云：一切有爲法，約前際與生相相應，約後際與滅相相應，約中際與住異相相應。

二別明者。對彼下文，約位別分。生相有一，住相有四，異相有二，滅相還一。

生相一者，名爲業相。謂由無明不覺心動，雖有起滅，而相見未分。以無明力故，轉彼淨心至此最微，名爲生相。甚深微細，唯佛所知。下文云，依無明所起識者，乃至唯佛能知故，即下文三細中初一，及六染中後一，五意中第一，此等並同此生相攝。

住相四者。一名轉相。謂由無明力，不覺前動相即無動，故轉成能見。二名現相。謂由無明依前能見不了無相，遂令境界妄現。此二及初，並在賴耶位中，屬不相應心。三名智相。謂由無明迷前自心所現之境，妄起分別染淨之相，故云智也。四名相續相。謂由無明不了前所分別空無所有，更復起念相應不斷。此二同在分別事識細分之位，屬相應心。無明與前生相和合，轉彼淨心乃至此位，行相猶細，法執堅住，名爲住相。下文三細中後二，及六麁中初二，并五意中後四，及六染中中四，此等並同是此住相。

言異相二者。一執取相，二計名字相。謂此無明迷前染淨違順之法，更起貪瞋人我見愛。執相計名取著轉深，此在事識麁分之位。無明與前住相和合，轉彼淨心令至此位。行相稍麁，散動身口，令其造業，名爲異相。下文六麁中中二，及六染中初一，并五意後意識，此等並同是此異相。

言滅相一者，名起業相。謂此無明不了善惡二業定招苦樂二報，故廣對諸緣造集諸業，依業受果，滅前異心，令墮諸趣。以無明力轉彼淨心，至此後際，行相最麁，至此爲極，周盡之終，名爲滅相。下文六麁中第五相是也。以果報非可斷故，不論第六相也。

是故三界四相，唯一夢心，皆因根本無明之力。故經云：無明住地，其力最大。此論下云：當知無明，能生一切染法。此之謂也。雖復從微至著辨四相階降，然其始終竟無前後。總此四相以爲一念，爲麁細鎔融唯是一心故。故說俱時而有，皆無自立也。然未窮源者，隨行淺深，覺有前後。達心源者，一念四相俱時而知。經云：菩薩知終不知始，唯佛如來始終俱知。始者，謂生相也。終者，謂餘相乃至滅相也。

既因無明不覺之力，起生相等種種夢念，動其心源轉至滅相。長眠三界，流轉六趣。今因本覺不思議熏力，起厭求心。又因眞心所流聞熏教法熏於本覺，以體同用融，領彼聞熏，益性解力，損無明能，漸向心源，始息滅相，終息生相，朗然大悟，覺了心源本無所動，今無始靜，平等平等，無始覺之異。如經所說夢渡河喻等，大意如此。

曇曠《大乘起信論略述》卷上　心性本來離生滅念，而有無明動心，令作生、住、異、滅，故名四相，即九相中前之八相。謂由無明淨心起動，雖無能所見相未分，動念初起，故名生相，即是第一無明業相，以其初起得生名故。由妄動故而生見相，能所取心成於麁細堅住諸執，故名住相，即是轉現智相續相，所住能住法執相故。由法執故，復依異根別取異境，起我、我所、自、他異執，故名異相，即執取相計名字，由我、我所受想境故由我執故，起惑造業能招苦果，能令淨心隱於六道，故名滅相，即是第八起業相也，能成眾生業繫苦故。

既由無明動此淨心，初起生相，終起滅相，而成眾生六道生死。今由本覺內熏之力，初覺滅相，終覺生相，故說凡夫能覺知等。

慧嚴譯《大般涅槃經》卷二三　復次，善男子！一切諸法有四種相。何等爲四。一者生相，二者老相，三者病相，四者滅相。以是四相，能令一切凡夫眾生至須陁洹生大苦惱。若能繫念善思惟者，雖遇此四，不生眾苦。以是義故，思惟因緣則得近於大般涅槃。

善月《佛說仁王護國般若波羅蜜經疏神寶記》卷四　第二偈云者，生、老、病、死，人之四相也。以其流轉不已，猶輪轉循環，然無涯際也。人之志願，本在常樂，而四相唯苦，故曰事與願違，憂悲爲害也。

子璿《起信論疏筆削記》卷一　四相有三種。一、微細四相，謂一刹那有九百生滅，但是有爲，皆爲所遷，即生、住、異、滅也。二、果報四相，即生、老、病、死。《涅槃經》中名爲四山。如彼經云：有四大山從四方來，欲害人民，當有何計而能免彼。波斯匿言：設有此來，無逃避處，唯當專念、持戒、布施。佛讚，善哉！我說四山，即是眾生生、老、病、死，常來切人等。三、一期四相，謂始從迷眞，終至造業，八相生滅，通束爲四，謂生相有一，住相有四，異相有二，滅相有一。若反迷斷時，始從初信止滅相，終至十地斷生相。

宗泐、如玘《金剛般若波羅蜜經註解》　我皆令入無餘涅槃而滅度之，如是滅度無量無數無邊眾生，實無眾生得滅度者。何以故。須菩提！若菩薩有我相、人相、眾生相、壽者相，即非菩薩。

此一段是菩薩所修理觀具乎四心，謂廣大心、勝心、常心、不顛倒心。慈氏頌云：廣大，第一常，其心不顛倒，第一即勝心也。經云所有一切眾生之類者，所懷之境廣此大心也。云我皆令入無餘涅槃者，此勝心也。云實無眾生得滅度者，了生佛一如，此常心也。無我、人、眾生、壽者，此不顛倒心也。若有四相，謂之四倒。若一眾生不令滅度，及見眾生實滅度者，則未能了達本源，遂有我、人、眾生、壽者四相，不名菩薩。我者，於五蘊中妄計有我、我所。人者，妄計我生人中，異於餘趣。眾生者，妄計五蘊和合而生。壽者，妄計我受一期果報。一期果報，即若長若短壽命也。此皆顛倒妄想，亦名四見。菩薩能用般若妙智，照了性空本無四相，名降伏其心，否則非菩薩也。

四生

安玄共嚴佛調譯《阿含口解十二因緣經》 生者有四種，一者腹生，二者謂寒熱和生，三者化生，四者卵生。腹生者，謂人及畜生。寒熱和生者，謂蟲蛾蚤虱。化生者，謂天及地獄。卵生者，謂飛鳥魚鼈。

僧伽提婆譯《增壹阿含經》卷一七 爾時，世尊告諸比丘：有此四生。云何爲四。所謂卵生、胎生、濕生、化生。

彼云何名爲卵生。所謂卵生者，鷄、雀、烏、鵲、孔雀、蛇、魚之屬，蟻子皆是卵生。是謂名爲卵生。

彼云何名爲胎生。人及畜生，至二足蟲，是謂名爲胎生。

彼云何名爲因緣生。所謂腐肉中蟲、廁中蟲、如尸中蟲。如是之屬，皆名爲因緣生。

彼云何名爲化生。所謂大地獄、餓鬼、若人、若畜生，是謂名爲化生。是謂，比丘！有此四生。諸比丘，捨離此四生，求方便，成四諦法。如是，諸比丘！當作是學。

佛陀耶舍共竺佛念譯《佛説長阿含經》卷八 復有四法，謂四生：卵生、胎生、濕生、化生。

真諦譯《顯識論》 生有四種。一觸生，如男女交會有子。二嗅生，如牛羊等類，雌雄有欲心，雄以鼻嗅雌等根，則便有子。三沙生，如雞雀等，雌雀起欲心，以身墳塵沙之中，而有卵等生子。四聲生，如鶴孔雀等類，有欲心聞雄鳴聲，亦生卵生子。

天台智者大師説《仁王護國般若經疏》卷三 初言四生者，所化境也。天及地獄是化生，鬼有胎、化二生，畜生則鳥及龍是四生，人中亦四。爾時，人胎生，毘舍佉子從三十二卵生，大山小山比丘從鶴卵生，菴羅波離婬女從濕生。劫初，人皆化生也。

慧遠《大乘義章》卷八 言四生者。謂胎卵濕化。言胎生者。如今人等。稟託精氣而受報者名爲胎生。言卵生者。如諸鳥等。依於卵殼而受形者名爲卵生。言濕生者。如今夏日濕生蟲等。不假父母。依濕受形名爲濕生。言化生者。如諸天等。無所依託。無而忽起。名曰化生。若無依託。云何得生。如地論釋。依業故生。生相如是。

玄奘譯《阿毗達磨集異門足論》卷九 四生者，一、卵生，二、胎生，三、濕生，四、化生。

云何卵生。答：若諸有情從卵而生，謂在卵殼，先爲卵殼之所纏裹，後破卵殼方得出生。此復云何。如鵝、鴈、孔雀、鸚鵡、鸜鵒、春鸚、離黄、命命鳥等，及一類龍，一類妙翅，并一類人。復有所餘諸有情類從卵而生。謂在卵殼先爲卵殼之所纏裹，後破卵殼方出生者，皆名卵生。

云何胎生。答：若諸有情從胎而生，謂在胎藏，先爲胎藏之所纏裹，後破胎藏方得出生。此復云何。如像、馬、駝、牛、驢、羊、鹿、水牛、豬等，及一類龍，一類妙翅，一類鬼，一類人，復有所餘諸有情類從胎而生，謂在胎藏，先爲胎藏之所纏裹，後破胎藏方出生者，皆名胎生。

云何濕生。答：若諸有情展轉溫暖，展轉潤濕，展轉集聚，或依糞聚，或依注道，或依穢廁，或依腐肉，或依陳粥，或依叢草，或依稠林，或依草庵，或依葉窟，或依池沼，或依陂湖，或依江河，或依大海、潤濕地等方得出生。此復云何。如蟋蟀、飛蛾、蚊虻、蠓蚋、麻生蟲等，及一類龍，一類妙翅，并一類人，復有所餘諸有情類展轉溫暖，廣説乃至或依大海、潤濕地等，方得生者皆名濕生。

云何化生。答：若諸有情，支分具足，根不缺減，無所依托，欻爾而生。此復云何。謂一切天，一切地獄，一切中有，及一分龍，一分妙翅，一分鬼，一分人，復有所餘諸有情類，支分具足，根不缺減，無所依托，欻爾生者，皆名化生。

玄奘譯《阿毗達磨大毗婆沙論卷》卷一二〇 生有四種，謂卵生、胎生、濕生、化生。

云何卵生。謂諸有情由卵㲉生，當住卵㲉，已住、今住卵㲉，盛裹破壞卵㲉生等，生起現起出、已出。謂鵝、鴈、孔雀、鸚鵡、舍利迦、俱枳羅、命命鳥等，及一類龍，一類妙翅，一類人趣，復有所餘由卵㲉生，廣説如上，是名卵生。

云何胎生。謂諸有情由胎膜生，當住胎膜，已住、今住胎膜，盛裹破壞胎膜生等，生起現起出、已出。謂象、馬、牛、羊、駝驢、鹿等，及一類龍，一類妙翅，一類鬼，一類人趣，復有所餘由胎膜生，廣説如上，是名胎生。

云何濕生。謂諸有情由濕氣生，或依草木諸葉窟聚，或依腐肉食糞穢等，或依陂池、河海展轉相潤、相逼、相依生等，生起現起出、已出，謂蚊蚋、蠛蠓、百足、蚰蜒、蚑行蜂等，及一類龍、一類妙翅、一類人趣，復有所餘由濕氣生，廣説如上，是名濕生。

云何化生。謂諸有情生無所託，諸根無缺，支體圓具，依處頓生、頓起、頓出，謂諸地獄、天趣，一切中有，及一類龍，一類妙翅，一類鬼，一類人趣，復有所餘諸有情類生無所託，廣説如上，是名化生。

問：欲界天中諸妙色鳥爲卵生。爲化生耶。若卵生者，彼命終已，應有尸骸，是則諸天應見穢色。然諸天衆於六處門常對妙境，如契經説，彼眼所見一切可愛，適意平等，乃至意所知亦爾。若是化生，前化生中何故不説。

答：彼皆卵生。

問：若爾，彼命終已，應有尸骸，云何諸天見穢色耶。

答：彼命終未久，有暴風飄舉其尸，遠棄他處。有餘師説：彼皆化生。

問：前化生中何故不説。

答：應説而不説者，當知此義有餘。有説彼已攝在前所説一類妙翅鳥中，是以無過。

問：如是四生，以何爲自性。

答：四蘊、五蘊以爲自性。謂欲色界五蘊，無色界四蘊。此中有説唯異熟蘊以爲自性，有説亦通長養，是名四生自性。已説自性，所以今當説。

問：何故名生。

答：諸有情類和合而起，故名爲生。

問：三界五趣皆和合起，亦名爲生，何獨此四。

答：此四唯令有情數起，亦遍攝有情數。界趣不爾，以界雖遍有情數，而非但有情數起，通非情故。趣雖但有情起，而非遍有情數，不攝中有故。由此但四説名爲生。

問：生是何義。

答：有情現義是生義，有情起義、有情出義，是生義。

問：於何界趣，有幾生可得。

答：於欲界中，四生可得。色、無色界，唯有化生，彼受生時無所託故。於五趣中天及地獄，唯有化生。有説鬼趣亦唯化生，有説鬼趣亦有胎生，如餓鬼女白目連曰：我夜生五子，隨生皆自食，晝生五亦然，雖盡而無飽。

傍生、人趣，皆具四生。人卵生者，昔於此洲有商人，入海得一雌鶴，形色偉麗奇而悦之，遂生二卵。於後卵開出二童子，端正聰慧，年長出家，皆得阿羅漢果。小者名鄔波世羅，大者名世羅。又如毘舍佉母生三十二卵，般遮羅王妃生五百卵等。人胎生者，如今世人。濕生者，如曼馱多遮盧、鄔波遮盧、鴿鬘菴羅衛等。人化生者，如劫初人。四生有情皆受生已，容得聖法。得聖法已，必更不受卵、濕二生。

玄奘譯《阿毗達磨俱舍論》卷八 於前所説諸界趣中，應知其生略有四種。何等爲四。何處有何。頌曰：

於中有四生，有情謂卵等。

人傍生具四，地獄及諸天。

中有唯化生，鬼通胎化二。

論曰：謂有情類，卵生、胎生、濕生、化生是名爲四生。謂生類諸有情中，雖餘類雜而生類等。云何卵生。謂有情類生從卵㲉是名卵生，如鵝、孔雀、鸚鵡、雁等。

云何胎生。謂有情類生從胎藏，是名胎生，如像、馬、牛、豬、羊、驢等。

云何濕生。謂有情類生從濕氣，是名濕生，如蟲、飛蛾、蚊、蚰蜒等。

云何化生。謂有情類生無所託，是名化生，如那落迦、天、中有等，具根無缺，支分頓生，無而欻有，故名爲化。

人、傍生趣各具四種。

人卵生者，謂如世羅鄔波，世羅生從鶴卵，鹿母所生三十二子，般遮羅王五百子等。人胎生者，如今世人。

人濕生者，如曼馱多遮盧鄔波遮盧，鴿鬘庵羅衛等。人化生者，唯劫初人。傍生三種，共所現見。化生如龍揭路茶等，一切地獄諸天、中有，皆唯化生。鬼趣，唯通胎、化二種。鬼胎生者，如餓鬼女白目連云：我夜生五子，隨生皆自食。晝生五亦然，雖盡而無飽。一切生中，何生最勝。應言最勝唯是化生。

若爾，何緣後身菩薩得生自在而受胎生。現受胎生有大利故，謂爲引導諸大釋種親屬，相因令入正法。又引餘類，令知菩薩是輪王種，生敬慕心，因得捨邪，趣於正法。又令所化，生增上心：彼既是人，能成大義，我曹亦爾，何爲不能因發正勤，專修正法。又若不爾，族姓難知，恐疑幻化爲天爲鬼，如外道論，矯設謗言，過百劫後，當有大幻出現於世，啖食世間。故受胎生，息諸疑謗。有餘師說，爲留身界，故受胎生，令無量人及諸異類，一興供養，千返生天及證解脫。若受化生，無外種故，身纔殞逝，無復遺形，如滅燈光，即無所見。若人信佛，有持願通，能久留身，此不成釋，因論生論。

若化生，身如滅燈光，死無遺者，何故契經說化生揭路茶取化生龍爲充所食。以不知故，爲食取龍，不說充飢。斯有何失。或龍未死，暫得充飢，死已還飢，暫食何咎。於四生內，何者最多。唯化生。何以故。三趣少分及二趣全，一切中有，皆化生故。

玄奘譯《瑜伽師地論》卷二　四生可得。謂卵生、胎生、濕生、化生。

云何卵生。謂諸有情破觳而出。彼復云何。如鵝、雁、孔雀、鸚鵡、舍利鳥等。云何胎生。謂諸有情胎所纏裹，剖胎而出。彼復云何。如像、馬、牛、驢等。云何濕生。謂諸有情，隨因一種濕氣而生。彼復云何。如蟲蠍、飛蛾等。云何化生。謂諸有情，業增上故，具足六處而生，或復不具。彼復云何。如天、那洛迦全及人、鬼、傍生一分。

湛然《法華文句記》卷一〇　四生者，謂胎、卵、濕、化。又《顯識論》中又立四生，一觸生者，因交會故。二嗅生者，雄有欲心嗅雌者根門，即便有孕。三沙生者，如雌雀以欲心坋沙，因即有孕。四者聲生，如雌孔雀以欲心故聞雄者鳴，便即有孕。

普光《俱舍論記》卷一三　三位不同，修道亦爾。第一生身入法性，即種順解脫分善。第二生成就，即成就順決擇分善根。第三生得解脫，即能證得解脫涅槃。故言三位亦爾。此據聲聞，極疾三生修加行，極遲六十劫修加行。若據獨覺，極疾四生修加行，極遲百劫修加行。若據佛乘，極疾三無數劫，及餘九十一劫修加行。若極遲者，三無數劫，及餘百劫修加行。此據修者，餘即不定。或有殖已經一劫或無量劫不能入聖。佛時長故，其根最利。聲聞三生，獨覺四生。非要利根，亦通鈍根。若極利者，要經六十，要經百劫。故《婆沙》三十一云：非如聲聞極利根者經六十劫，非如獨覺極利根者唯經百劫。餘文可知。

思坦《楞嚴經集註》卷四　四生起時，業與情想相應之處，即便受生，故云隨其所應。情、想、合、離，四生皆具。今各舉一，據《多分》說。然《俱舍》說，人畜各具四生，鬼通胎化二生，地獄諸天中有唯化生也。

人具四生者。卵生，如毗舍佉母卵生三十二子。又般遮羅王妃生五百卵，生已羞耻，恐爲災變，以小函盛棄殑伽河，隨波而去。下鄰國因觀水次，遣人接得，經數日間各出一子，養大驍勇，所往戰征，無不從伏。時彼鄰國久爲冤讐，欲遣征討，般遮羅王極大憂怖。王妃聞之，慰諭王言：不須愁惱，此五百子皆我兒也。夫子見母，惡心必息。妃即登城，告五百子，說上因緣。若不信者，各張其口。妃按兩乳，成五百道，各注一口。從此和好。濕生，有布殺陁王頂疱中生。又髀生王是髀疱中生。又□羅衛女從長者庭樹中生，即韋提希夫人是也。化生，即劫初下爲人種也。胎生可知。旁生四者，《俱舍》云：化生金翅鳥能食四生龍，濕生金翅鳥能食三生龍，胎生金翅鳥能食二生龍，卵生金翅鳥能食一生龍。鬼有胎生，如目連見一鬼母曰：我晝夜生五百子，隨生隨食，竟不能飽。

補遺云：此之四生，義通三界。蓮華化生，不同四數。《法華文句》釋經，蓮華化生。《引胎經》云：蓮華，化生者，非胎卵濕化之化生也，非化而言化耳，實不如四生中之化生也。又《顯性論》四生，一觸生，二齅生，三沙生，四聲生。荊溪云：此四，但攝胎卵二生。濕化但染香處不須此相。

熏聞云：《俱舍論》曰，若濕生者，染香故生，謂遠齅知生處香氣，便生愛染，往彼受生。隨業所應香，有淨穢。若化生者，染處故生。謂遠觀知當所生處，便生愛染，往彼受生。隨業所應處，有穢淨。豈於地獄亦生愛染，由心倒故，起染無失。云云。

孤山云：濕以合感者，必須與物相合方受生故。化以離應者，以無而欻有，不假物相合，自能受生故。

補遺云：情想者，乃群生之通病，故四生無不有之。今經中一往，以想在卵生，情在胎生，此二據內心以分也，濕合，化離。據孤山云：此釋，則此二約外形以分也。應知卵存出殼之思，故名曰想。胎鍾俱生之愛，故名曰情。濕以物合受生，化乃形離自變，皆一往分屬，不可盡理而求也。

聞達《妙法蓮華經句解品》卷六　言四生者，即第八地，過四生已，得佛菩提。

陸西星《楞嚴經述旨》卷四　六塵妄染，六識妄分，由茲業性，遂起妄業。同業相纏，合離成化。六道四生，皆由是起。同業，即胎卵之類。由父、母、己三者業同，故相纏而有生。合離，即濕化之類。或合濕而成形，蠢蝡是也。或離異而托化，天獄鬼等是也。何謂見明色發。見明即所明也。既有妄明，則由心生境，顯發妄色，故曰見明色發。因明起見，則見境生情，故因見生想。見異則情違，故異見成憎。想同則心順，故同想成愛。三愛交住曰流，三想相投曰納。愛爲輪迴根本，故流愛爲種。想爲傳命之媒，故納想成胎。藉交遘而發生，由同業而吸引。受生托質，始於此也。故有因緣生羯羅藍、遏蒲曇等。羯羅藍，此云凝滑，胎中七日之相也。遏蒲曇，此云皰，胞中二七之相也。胎、卵、濕、化四生之類，隨其所應。卵惟想生，胎因情有，濕以合感，化以離應。更相變易，所有受業，逐其飛沉。以是因緣，眾生相續。亂思曰想，結愛曰情，氣附曰合，合濕而生也。形遁曰離，離此生彼也。更想變易者，或情變爲想，合相爲離，無定業也。卵易爲胎，濕易爲化，無定質也。隨業受報，或升或沉，無定趣也。此眾生相續之由也。

陸西星《楞嚴經述旨》卷七　一卵生。由因世界虛妄輪迴動顛倒故，和合氣成（至）魚鳥龜蛇，其類充塞。（羯羅藍，此云凝滑，胎卵未分之相。）卵惟想生。若龜鼈之類，則其想益明。想體輕舉，想多升沉。故曰：飛沉亂想，名動顛倒。卵以氣交，故曰：和合氣成。《陰符》云：禽之制在氣。

二胎生。由因世界雜染輪迴欲顛倒故，和合滋成（至）人畜龍仙，其類充塞。（遏蒲曇，此云胞，卵胎漸分之相也。）胎因情有，雜染即情也。情生於愛，名欲顛倒，胎以精交，名和合滋成。情有偏正，名橫豎亂想。橫則龍畜，豎指人仙，仙以胎成，乃身外之身。

三濕生。由因世界執著輪迴趣顛倒故，和合煖成（至）含蠢蝡動，其類充塞。（蔽尸，此云軟肉，濕生之初相也。）濕以合感，執著即合也。合以愛滯，觸境趨附，名趣顛倒。濕以陽生，名和合煖成。所趣無定，名翻復亂想，故感蠢蝡之類。十生皆本於淫欲，而起於情想，以迷情愈妄，故化理愈乖，以至蕩爲空散，頑爲木石。妄末雖殊，妄本則一。

四化生。由因世界變易輪迴假顛倒故，和合觸成（至）轉蛻飛行，其類充塞。（羯南，名硬肉，蛻即成體，無軟相也。）化以離應，變易即離也。離謂離此托彼，名假顛倒。觸謂觸類而變，故名和合觸成。轉故趣新，名爲新故亂想。蛻謂蛻，故趨新也，如蟲爲蝶，雀爲蛤丸。以不同形，而相禪皆轉蛻也。自此以下，皆稱羯南，乃諸類之通稱。

釋子界澄疏：卵以想緣，合業妄動，名動顛倒。飛沉唯氣，即動業之力也。故感卵爲緣，生爲魚鳥。胎因情有，雜染欲情也。以滋液生，有橫有豎，故緣胎而成人畜。濕惟緣合，執著趣赴，所赴無定。故合濕爲緣，生爲蠢蝡，化以虛假。不待於緣，由業力強故，變易轉蛻。此四生者，以業緣俱勝，相合爲類，而分四種。疏以滋作蔓解，今易之。

四行相

玄奘譯《分別緣起初勝法門經》卷下　復言，世尊！於苦諦中有四行相，云何初名無常行相。謂於苦諦生滅法性，正觀行相。云何第二名苦行相。謂於苦諦，即以生滅法性爲依，於三種苦隨逐法性，正觀行相，云何第三名空行相。謂於苦諦離實我性，正觀行相，云何第四無我行相。謂於苦諦非我相性，正觀行相。

復言，世尊！於集諦中有四行相。云何第一名因行相。謂於能植眾苦種子因緣愛中，正觀行相。云何第二名集行相。謂於續起因緣愛中，正觀行相。云何第三名生行相。謂於五趣差別生起因緣愛中，正觀行相。云何第四名緣行相。謂於能作餘緣引發因緣愛中，正觀行相。

復言，世尊！於滅諦中有四行相。云何第一名滅行相。謂於永斷煩惱滅中，正觀行相。云何第二名靜行相。謂於永斷衆苦靜中，正觀行相。云何第三名妙行相。謂於永斷無罪清淨安樂性中，正觀行相。云何第四名離行相。謂於永斷常住性中，正觀行相。

復言，世尊！於道諦中有四行相。云何第一名道行相。謂於聖道與境相應無顛倒性，正觀行相。云何第二名如行相。謂於聖道永出世間離諸漏性，正觀行相。云何第三名行行相。謂於聖道先聖後聖同所遊履，正觀行相。云何第四名出行相。謂於聖道無上性中，正觀行相。

玄奘譯《阿毗達磨大毗婆沙論》卷一七　問：若未來世有同類因，應有二心互爲因過。

答：如四行相，各有繫屬，餘法亦然，故無斯過。謂未來世無常行相，有四行相，應無間生。彼是所修繫屬，於此無常行相與彼爲因，彼非此因繫屬此故，無常行相起必居前。苦、空、無我行相亦爾。餘有爲法，類此應知。故無二心互爲因過。

玄奘譯《阿毗達磨大毗婆沙論》卷七七　行相有別有總，是故建立聖諦唯四。謂於有漏果性有四行相，一苦、二非常、三空、四非我。於有漏因性有四行相，一因、二集、三生、四緣。於無漏道因性果性，總唯有四行相，一道、二如、三行、四出。

玄奘譯《阿毗達磨大毗婆沙論》卷七九　有十六行相緣四聖諦起。謂緣苦諦有四行相，一苦，二非常，三空，四非我。緣集諦有四行相，一因，二集，三生，四緣。緣滅諦有四行相，一滅，二靜，三妙，四離。緣道諦有四行相，一道，二如，三行，四出。

問：十六行相名有十六，實體有幾。

有作是說，名有十六，實體有七，謂緣苦諦四種行相，名有四種，實體亦四。緣餘三諦各四行相，名雖有四，實體唯一。

問：何故緣苦有四行相，名有四種，實體亦四，緣餘三諦而不爾耶。

答：緣苦行相，是四顛倒近對治故，如四顛倒名，體各四。緣餘三諦所起行相非四顛倒近對治，故名雖有四，實體唯一。

評曰：應作是說，十六行相，名與實體，俱有十六。如名與體，名施設，體施設。名異相，體異相。名異性，體異性。名差別，體差別。名建立，體建立。名覺了，體覺了。應知亦爾。

問：言行相者，自性是何。

答：自性是慧。應知此中，慧是行相，亦是能行，亦是所行。與慧相應心、心所法，雖非行相，而是能行，亦是所行，與慧俱有。不相應行，及餘有法，雖非行相，亦非能行，而是所行。有作是說：言行相者，總以一切心、心所法爲其自性。若作是說，諸心、心所皆是行相，亦是能行，亦是所行。餘一切法，雖非行相，亦非能行，而是所行。復有説者：所言行相，以一切法爲其自性。若作是說，諸相應法，亦是行相，亦是能行，亦是所行。不相應法，雖是行相，亦是所行，而非能行。

評曰：應作是說，言行相者，自性是慧，如初所說。如是名爲行相自性，我物自體相分本性。

普光《俱舍論記》卷二三　彼觀行者，居緣總雜法念住中，唯觀所緣身等四境，修四行相，觀諸有爲皆非常性，觀諸有漏皆是苦性，觀一切法空、非我性。

圓暉《俱舍論頌疏論本》卷二三　具觀四聖諦，修十六行相者，此明煗位也。此煗善根，分位長故，能具觀四聖諦，及能具修十六行相。觀苦聖諦，修四行相，非常、苦、空、非我。觀集聖諦，修四行相，因、集、生、緣。觀滅聖諦，修四行相，滅、靜、妙、離。觀道聖諦，修四行相，道、如、行、出。

《維摩疏釋前小序抄》　謂依四諦十六行相，爲三解脫門也。則以苦諦下四行相中，取空、無我二行相，爲空解脫門也。以滅諦下四行相，謂滅、靜、妙、離，爲無相解脫門。以苦諦下苦、無常及集諦下因、集、緣、生四行相及道諦下道、如、行、出等共十行，爲無作解脫門也。

曇曠撰《大乘入道次第開決》　十六門者，即四諦下各四行相。苦諦四者，謂即非常、苦、空、非我。集諦四者，因、集、生、緣。滅諦四者，滅、靜、妙、離。道諦四者，道、如、行、出。參詳《俱舍》、《顯宗》二論。就其相，《顯易》解說云：有生滅故非常，逼迫性故苦，違我所見故空，違我見故非我，能生法故因，有多種故集，恆滋產故生，各別助故緣，諸蘊盡故滅，三相息故靜，無眾患故妙，脫眾災故離，通行義故道，契正理故如，正趣向故行，能永超故出。

四十八行相

窺基《說無垢稱經贊》（《說無垢稱經疏》）卷二（本） 佛引自身而終作證明，此是苦我已知，此是集我已斷，此是滅我已證，此是道我已修。初一轉時解憍陳那入見道。第二轉時至修道，第三轉時成無學道。於一一諦，各各有十二行相，謂如於苦諦生聖慧眼爲總。別於過去苦諦生智，未來苦諦生明，現在苦諦生覺，乃至道諦亦爾。一總法眼，三世別行相，合成於四，三轉合有四十八行相。不過十二故，總名三轉十二行相法輪。如《法花贊》第四卷中法輪章說：於大千者，大千世界百億釋迦一時同轉，俱釋迦化，故言大千。

玄奘譯《阿毗達磨大毗婆沙論》卷四六 佛轉法輪四諦，三轉十二行相。非唯三轉十二行相，應說十二轉四十八行相，謂於四諦各有三轉十二行相。然一一諦各有三轉十二行相，不過三轉十二行相，故說此言。

玄奘譯《阿毗達磨大毗婆沙論》卷七九 如契經說，佛告苾芻：我於四聖諦三轉十二行相，生眼智明覺。

問：此應有十二轉四十八行相，何故但說三轉十二行相耶。

答：雖觀一一諦皆有三轉十二行相，而不過三轉十二行相，故作是說。如預流者極七反有，及七處善幷二法等。

普光《俱舍論記》卷二四 云何三轉十二行相者，因斯義便復問三轉十二行相。

此苦聖諦至所說如是者，答此苦聖諦爲說見道，此應遍知爲說修道，此已遍知爲說無學道，是名三轉，即於如是一一轉時，別別發生眼、智、明、覺。說此名曰十二行相，於三位中各觀苦諦有四行相，三四即成十二行相言眼智明覺者，《婆沙》七十九云：眼者謂法智忍，智者謂諸法智，明者謂諸類忍，覺者謂諸類智。

復次，眼是觀見義，智是決斷義，明是照了義，覺是警察義。（解云：前解約見道，後解通三道。）

如是三轉十二行相，諦諦皆有，應言十二轉四十八行相。然一一諦皆數等故，但說三轉十二行相。如說二法，二謂眼、色乃至意、法，應言十二。而言二者，以數等故。如七處善。五蘊各七，應言三十五。而言七者，以數等故。三轉十二行相，應知亦爾。

由此三轉，如其次第。初轉顯示見道，第二轉顯示修道，第三轉顯示無學道。《毘婆沙師》所說如是。

圓暉《俱舍論頌疏論本》卷二四 言十二行相，如苦諦下，有三轉十二行相。集、滅、道諦，各有三轉十二行相，理實總有十二轉四十八行相。然數等故，但說三轉十二行相。《毘婆沙師》所說如是。若依經部，法輪非唯見道，即此三轉十二行相。所有法門（教法）名爲法輪。言三轉者，三周轉故。言十二行相者，三周循歷四聖諦故。謂此是苦，此是集，此是滅，此是道。（此一周轉四諦，此名示相轉也。）此應遍知，此應永斷，此應作證，此應修習。（是第二周轉四諦也。此名勸相轉也。）此已遍知，此已永斷，此已作證，此已修習。（是第三周轉四諦也。此名引證轉，無學道法也。）由此法門，於他相續，令解義故，此約教名法輪。於他相續，見道生時，已至轉初，故名已轉。理實三道，皆是法輪也。

四顛倒 四種顛倒

安世高譯《佛說七處三觀經》 佛便告比丘：思想有四顛倒，意見亦爾。從是顛倒，爲人身朦爲綜爲人意撰，不能走爲走，今世後世自惱，居世間爲生死不得離。何等爲四。一爲非常爲常，是爲思想顛倒、爲意顛倒，爲見顛倒。二者以苦爲樂，三者非身爲身，四者不淨爲淨，爲思、爲意、爲見顛倒。從後說絕。

非常人意爲常，思苦爲樂，不應身用作身，不淨見淨，顛倒如是，意業離，便助摩不宜欲得宜，今致老死。譬喻犢母，已有佛在世間，念天上天下得道眼度世，便見是法除一切苦，亦說苦從生亦度苦，亦見賢者八種行通至甘露，已聞是法者，便見非常苦非身，亦身已不淨見不淨，便無所畏，得樂見世，得無爲，從一切惱度世無所著。

竺佛念譯《出曜經》卷六　何者不淨者。四顛倒是。無常謂有常，是一顛倒。苦謂曰樂，是二倒。不淨謂淨，是三倒。無我謂我，是四倒，與此四倒不相應者，是謂爲淨。

鳩摩羅什譯《摩訶般若波羅蜜經》卷一八　復次，須菩提！若菩薩摩訶薩作是念：衆生長夜著四顛倒，常相、樂相、淨相、我相。爲是衆生故，求薩婆若。我得阿耨多羅三藐三菩提時，爲説無常法，苦、不淨、無我法。是菩薩成就是心，以方便力行般若波羅蜜，不得佛三昧，未具足佛十力、四無所畏、四無礙智、大慈大悲、十八不共法，亦不實際作證。爾時，菩薩修無作解脱門，雖未得阿耨多羅三藐三菩提，亦不實際作證。

曼陀羅仙共僧伽婆羅等譯《大乘寶雲經》卷七　以四非倒治於四倒，以無常觀治無常中計常顛倒，以修苦觀治諸苦中計樂顛倒，以法無我治無我中計我顛倒，涅槃寂滅治不淨中計淨顛倒。身、受、心、法四念處觀，則爲對治四種顛倒。順身相觀不墮我見，順受相觀不墮我見，順心相觀不墮我見，順法相觀不墮我見，是四念處能治一切身受心法。

真諦譯《阿毗達磨俱舍釋論》卷一四　顛倒有四，謂於無常常顛倒、於苦樂顛倒、於不淨淨顛倒、於無我我顛倒。

此四種顛倒，體相云何。

偈曰：從二見半生四倒。

釋曰：從邊見中取常見爲常顛倒，從見取立樂顛倒、淨顛倒，從身見立我見爲我顛倒。餘師説：見取。

云何以我所爲倒。

彼見我於是處自在故，於是處起我所見，是故此見皆是身見。由二門起。若汝計我是第一執，我所是第二執。若我與帶物稱我，此二文應成別執。

云何不立餘惑爲顛倒。

由以三因成立顛倒義故。

何者爲三。

偈曰：顛倒故，決、度、增益故。

釋曰：此二見半，一向顛倒故。於境界決定、度故，增益義故。斷見、邪見不能增益，非有門起故。戒執取非一向倒，隨分量清淨爲境界故。所餘諸惑不能決度，是故不立爲顛倒。若爾於經中，説於無常執常，是名想倒、心倒、見倒。

此中云何唯見爲倒。

偈曰：想心隨見故。

釋曰：由隨屬見倒與見倒相應，想及心亦説爲倒。

云何不説受等爲倒。

由世間成故，於世間説，此人顛倒想、顛倒心，此義明了，不説顛倒受。如此顛倒，於須陁洹人一切皆滅，由諸見見諦所滅故。餘相應法亦同滅。

顛倒有十二種。於無常計常，是想心見顛倒。乃至於無我計我，是想心見顛倒。於中八倒見諦所滅，四倒修道所滅。謂於苦計樂，是想心倒。於不淨計淨，是想心倒。餘部説如此。若不爾，離樂想倒及淨想倒，未離欲聖人，云何婬欲得起。

《毗婆沙師》不許此義。何以故。彼言：若由樂淨想心生起故，於聖人立此二爲顛倒，衆生想心生起故。

云何不立此二爲我顛倒，何以故。於女人及自身，若離衆生想，婬欲欲不應成。

復於經中説，由多聞聖弟子，是苦聖諦，如實已見已知，乃至此聖弟子，於此時中於無常計常想倒、心倒、見倒，皆悉永滅。廣説如經。是故若從見生想心，則成顛倒非餘，由暫時心亂故。譬如於火輪心亂，及夜叉心亂。若爾，大德，阿難！依《婆耆》舍大德。説言：由起想顛倒，故汝心焦熱。

勒那摩提譯《究竟一乘寶性論》卷三　此初半偈示現何義。偈言：

略説四句義，四種顛倒法。
於法身中倒，修行對治法。

此偈明何義。彼信等四法，如來法身因此能清淨。彼向説四種法，彼次第略説，對治四顛倒，如來法身四種功德波羅蜜果應知。偈言略説四句義故。此明何義。謂於色等無常事中起於常想，於苦法中起於樂想，於無

我中起於我想，於不淨中起於淨想，是等名爲四種顛倒應知。偈言四種顛
倒法故，爲對治此四種顛倒故，有四種非顛倒法應知。何等爲四。謂於色
等無常事中生無常想、苦想、無我想、不淨想等，是名四種不顛倒對治應
知。偈言修行對治法故，如是四種顛倒對治，依如來法身。
　　復是顛倒應知，偈言於法身中倒故，對治此倒，說有四種如來法身功
德波羅蜜果。何等爲四。所謂常波羅蜜樂波羅蜜、我波羅蜜、淨波羅蜜應
知。偈言修行對治法故，是故《聖者勝鬘經》言：世尊！凡夫衆生於五
陰法起顛倒想，謂無常常想，苦有樂想，無我我想，不淨淨想。世尊！
一切阿羅漢辟支佛空智者，於一切智境界及如來法身本所不見。若有衆
生，信佛語故，於如來法身起常想、樂想、我想、淨想。世尊！彼諸衆
生非顛倒見，是名正見。何以故。唯如來法身，是常波羅蜜樂波羅蜜、我
波羅蜜、淨波羅蜜。世尊！若有衆生於佛法身作是見者，是名正見。世
尊！正見者是佛眞子，從佛口生，從正法生，從法化生，得法餘財，如
是等故。又此四種如來法身功德波羅蜜，從因向果。

闍那崛多譯《大威德陁羅尼經》卷四　何者不正念。阿難！若無常
中常想，不淨中淨想，苦中樂想，無我中我想，四種顛倒，如是名爲不正
念耶。以是義故，以四顛倒而生三界。言四倒者，彼等無實。阿難！以
彼無實四顛倒而生四大。以是義故，四大無實。

玄奘譯《大般若波羅蜜多經》卷四五二　復次，善現！若菩薩摩訶
薩常作是念：諸有情類於長夜中，爲諸惡友所攝受故，其心常行三四顛
倒。謂常想倒、心倒、見倒，若樂想倒、心倒、見倒，若我想倒、心倒、
見倒，若淨想倒、心倒、見倒。我爲如是諸有情故，應趣無上正等菩提，
修諸菩薩摩訶薩行，證得無上正等覺時，爲諸有情說無倒法，謂說生死無
常、無樂、無我、無淨，唯有涅槃微妙寂靜，具足種種常、樂、我、淨眞
實功德。

般剌蜜帝譯《大佛頂万行首楞嚴經》卷一〇　又三摩中諸善男子，堅
凝正心，魔不得便，窮生類本。觀彼幽清，常擾動元。於知見中生計度
者，是人墜入四種顛倒，不死矯亂遍計虛論。一者是人觀變化元，見遷流
處名之爲變，見相續處名之爲恆，見所見處名之爲生，不見見處名之爲
滅，相續之因性不斷處名之爲增，正相續中中所離處名之爲減，各各生處
名之爲有，互互亡處名之爲無，以理都觀用心別見。有求法人來問其義，
答言我今亦生亦滅，亦有亦無亦增亦減，於一切時皆亂其語，令彼前人遺
失章句。二者是人諦觀其心，互互無處因無得證。有人來問，唯答一字但
言其無，除無之餘無所言說。三者是人諦觀其心，各各有處因有得證。有
人來問，唯答一字但言其是，除是之餘無所言說。四者是人有無俱見，其
境枝故，其心亦亂。有人來問，答言亦有即是亦無，亦無之中不是亦有。
一切矯亂，無容窮詰。由此計度，矯亂虛無，墮落外道，惑菩提性，是則
名爲第五外道。四顛倒性不死，矯亂遍計虛論。

玄奘譯《阿毗達磨大毗婆沙論》卷七七　問：若不顛倒義是諦義者，
四種顛倒應非諦攝，所以者何。顛倒轉故。
　　答：以餘緣故，立爲顛倒。以餘緣故，是諦所攝。謂三緣故，立爲顛
倒。一決度故，二增益故，三一向倒故。是有、是實、實相相應，故是諦
攝。復次，彼於無常計常、苦計爲樂、不淨計淨、無我計我，故立爲倒。
以有因性果性，故是諦攝。

玄奘譯《阿毗達磨俱舍論》卷二三　此四念住如次治彼淨、樂、常、
我四種顛倒，故唯有四不增不減。

玄奘譯《顯揚聖教論》卷一五　復次，由四種因，起四顛倒。頌曰：
　　相似相續轉，對治妄分別。
　　串習總取故，起四種顛倒。
　　論曰：以見相似相續轉故起於常倒，對治分別故起於樂倒。妄分別樂
爲苦對治故，由串習故起於淨倒，由總執故起於我倒。

玄奘譯《大乘阿毗達磨雜集論》卷一〇　念住修果者，謂斷四顛倒趣
入四諦身等離繫，是名修果。斷四顛倒者，謂四念住隨其次第能斷淨樂常
我四種顛倒，修不淨觀故，了知諸受皆是苦故，通達諸識依緣差別念念變
異故，觀察染淨唯有諸法無作用者故。又此四種，如其次第趣入四諦，亦
名修果。由身念住趣入苦諦，所有色身皆行苦相，麁重所顯故。是故修觀
行時，能治此輕安，於身差別生故。由受念住趣入集諦，以樂等諸受是和
合愛等所依處故。由心念住趣入滅諦，觀離我識當無所有懼我斷門生涅槃
怖永遠離故。由法念住趣入道諦，爲斷所治法爲修能治法故。

智儼《華嚴五十要問答》後卷　內外四種顛倒有二。一者邪貪，於一

切順情之處純見其善，無善見善，小善見多善，以善攝惡俱作善解，故名顛倒。邪瞋者，違情之處純見其惡，無惡見惡，小惡見多惡，以惡攝善皆作惡解，故名顛倒。邪癡者，善内得惡不覺，惡内失善不知故，是名邪癡顛倒。二者神鬼魔輔心。但使一切諸佛菩薩及世間道俗稱其心者，即是神鬼魔輔心。

施護譯《佛説大集法門經》卷上　復次，四顛倒，是佛所説，謂無常謂常，是故生起想顛倒、心顛倒、見顛倒。以苦謂樂，是故生起想、心、見倒。無我謂我，是故生起想、心、見倒。不淨謂淨，是故生起想、心、見倒。如是等名爲四顛倒。

施護譯《佛説大迦葉問大寶積正法經》卷三　迦葉！衆生所有貪、瞋、癡病皆自緣生。以無緣慈觀彼一切惑業相，有理無本自無生。今亦無相。欲界色界及無色界，寂滅亦然。又滅一切顛倒。何等顛倒。即四顛倒。一者爲彼有情於彼無常而計常故，令想一切皆是無常。二者於其苦處而計爲樂，令想一切皆是其苦。三者無我計我，令想一切法皆無我故。四者不淨計淨，令想一切皆非淨故。

子璿《起信論疏筆削記》卷二〇　疏：除四倒者，常、樂、我、淨是凡夫所執，四種顛倒故。今以無常等四觀，一一對治，如以四藥治於四病。

普觀《法界無差別論疏領要鈔》卷下　五成因中，《寶性論》曰，又依果業，故説一偈：淨、我、樂、常等，彼岸功德果，猒苦求涅槃，欲願等諸業。此初半偈，示現何義。偈言略説四句義，四種顛倒法。於法身中倒修行對治法，此偈明何義。彼信等四法，如來法身因此能清淨。彼向説四種法，彼次第略説，對治四顛倒，如來法身四種功德波羅蜜果應知。偈言略説四句義故，此明何義。謂於色等無常事中起於常想，於苦法中起於樂想，於無我中起於我想，於不淨中起於常想，是等名爲四種顛倒應知。偈言四種顛倒法故，爲對治此四種顛倒故，有四種非顛倒法應知。何等爲四。謂於色等無常事中生無常想，苦想，無我想、不淨想等，是名四種不顛倒對治應知。偈言修行對治法故，如是四種顛倒對治，依如來法身。復是顛倒應知。偈言於法身中倒故，對治此倒，説有四種如來法身功德波羅蜜果。何等爲四。所謂常波羅蜜、樂波羅蜜、我波羅蜜、淨波羅蜜應知，偈言修行對治法故。是故《聖者勝鬘經》言：世尊！凡夫衆生於五陰法起顛倒想，謂無常常，想苦有樂，想無我我，想不淨淨，想世尊、一切阿羅漢、辟支佛、空智者於一切智境界及如來法身本所不見。若有衆生信佛語故，於如來法身起常想、樂想、我想、淨想，世尊！彼諸衆生非顛倒見，是名正見。何以故。唯如來法身是常波羅蜜、樂波羅蜜、我波羅蜜、淨波羅蜜。世尊！若有衆生於佛法身作是見者，是名正見。

清遠《圓覺疏鈔隨文要解》卷一　〔對揀凡夫妄執常等四倒〕

爲凡夫迷故，妄執五蘊四大無常之法爲常，苦計爲樂，無我計我，不淨計淨。爲對揀凡夫此之四種顛倒故，説常、樂、我、淨也。

〔翻破二乘無常等四倒故〕

世間諸法本非無常、本非是苦、本非無我、本非不淨爲破，凡夫執情故説無常等，二乘實謂無常等，是爲顛倒。爲破二乘如是顛倒故，説常、樂、我、淨也。

清遠述《圓覺疏鈔隨文要解》卷八　二乘有無我等四種顛倒，以不了無我等法中有眞我等故。大鈔云：權教中積行菩薩亦有以染淨相爲有、以眞性爲空之倒，故云悉該。然此四倒，終教方離以涅槃四德，正是漸中終極故，彼是漸修取頓悟入圓故。若約圓頓合論，亦可揀終教地前。以未聞此圓頓稱性之教故，又以眞性爲空是地前故以有所得，故非眞住唯識者是也。

圓澄《思益梵天所問經簡註》卷三　於身、受、心、法，起常、樂、我、淨四種顛倒。何爲顛倒。邪身是不淨而計爲淨，心是無常計爲常，受是苦計爲樂，法是無我計爲有我。故佛説聖諦，即彼顛倒而求觀身四大假合内外三十六物，件件推求，畢竟無淨，是謂不淨觀。心念念不住，新新不停，是謂無常觀。一切苦受、樂受、不苦不樂受皆無安樂，是之爲苦觀。五陰、六入、十二處、十八界悉皆無性，是謂無我。如是常、樂、我、淨，皆由四顛倒之所顯發。如是推求，如是了達，是名爲諦。

四煩惱

真諦譯《決定藏論》卷上 我見、憍慢、我欲、無明此四煩惱，於定不定地，於善不善無記法中，無有妨礙，即是穢污無記之法。是故阿羅耶識而與諸識相應生故，復與三受相應生故，亦與善等相應生故。以是義故，是故知有阿羅耶識相應共生。與煩惱俱滅者，阿羅耶識即是一切煩惱根本。云何知耶。能起衆生世間根本，能生五根及於六識，亦起國土世界根本一切業起諸因緣故，亦是交互牽報根本。

真諦譯《攝大乘論》卷上 有染污意，與四煩惱恒相應，一身見，二我慢，三我愛，四無明。

真諦譯《攝大乘論釋》卷一 論曰：二有染污意，與四煩惱恒相應。

釋曰：此欲釋阿陁那識，何者四煩惱。

論曰：一身見，二我慢，三我愛，四無明。

釋曰：我見是執我心，隨此心起我慢。我慢者，由我執起高心，實無我起。我貪，說名我愛。此三惑，通以無明爲因。謂諦實因果，心迷不解，名爲無明。

般若、牟尼室利譯《守護國界主陁羅尼經》卷四 云何名爲無煩惱蘊。遠離四種煩惱蘊故。所謂遠離欲蘊，遠離邪見蘊，遠離我見蘊，遠離戒禁取蘊。此四煩惱，皆爲無明黑暗所覆，盲無智眼，欲貪渴愛，使令乾燋，積集建立，故名爲蘊。

玄奘譯《瑜伽師地論》卷五一 當知常與俱生任運四種煩惱一時相應。謂薩迦耶見。我慢。我愛。及與無明。此四煩惱。

玄奘譯《成唯識論》卷五 有染污意從無始來，與四煩惱恒俱生滅，謂我見、我愛及我慢、我癡。

玄奘譯《唯識三十論頌》 頌曰：四煩惱常俱，謂我癡、我見，并我慢、我愛，及餘觸等俱。

施護譯《佛說大集法門經》卷上 復次，四煩惱，是佛所說。謂欲煩惱、有煩惱、見煩惱、無明煩惱。

四無畏

竺法護譯《寶女所問經》卷二 寶女白佛：斯所可謂如來至尊，四無所畏十八不共諸佛之法。又彼菩薩則以何行，致四無畏十八不共諸佛之法。

世尊告曰：行菩薩道，未曾於法師命了知是像，常以等心愍于衆生，一切所有施而不悋，等奉行法觀察所歸，無若干想以離衆著。適成佛道，則師子吼：吾以逮成平等之覺，汝等當知。吾以曉了於此之法，無不覺達。假使若有沙門、梵志、天龍、鬼神、魔王、梵天及與世人，不能覩見如來瑞應弘雅威曜，設不能覩現應之德，欲求佛短都不覩見，而敢生意心自念言佛不得成平等正覺。設有言爾，佛無恐懼，行無所畏，獨步大衆而師子吼。知無著處轉淨法輪，沙門、梵志、天龍、鬼神、魔王、梵天及與世人，巍巍之德，莫能當焉。是爲如來第一無畏。

復次，寶女！行菩薩道，知於內行別內外法，又復曉了罣礙之法，亦不習行廢退之法，亦不順從亦不自行，不以化人亦不宣布。見諸罣礙，悉棄捐之，逮成佛道爲師子吼，永不覩見沙門、梵志、天龍、鬼神、魔王、梵天及餘世人而訟理言。如來講說罣礙之法而令人行，雖有斯言不以恐懼，行無所畏，轉弘法輪，於大衆中而師子吼。是爲如來第二無畏。

復次，寶女！行菩薩道，而常奉行淸白之法。無諍訟路講說經典，淨化一切衆生之類。現在歸趣超異之德，無數重擔無爲之業，則普得入淨除結根，而自積累無爲之業。其佛勸化黎庶之原，逮成佛道則師子吼。吾以淨除諸結恨事而講說法，遵修此行悉得嚴淨，永不覩見沙門、梵志、天龍、鬼神、魔王、梵天及餘世人而訟理言。如來講說結恨之法，雖有斯言不以恐懼，行無所畏，轉大法輪，於大衆中而師子吼。是爲如來第三無畏。

復次，寶女！行菩薩道，未曾處於甚重憍慢：吾有所知吾有所見，餘人無知而無所見。志常謙遜，而不自大。覺了衆事，不著惡行。彼遵此法，悉令具足。逮成佛道，則師子吼。當知我身以盡諸漏，如是蠲除生死之患。復爲眾生，廣說經典，蠲除諸漏，永不覩見沙門、梵志、天龍、鬼神、魔王、梵天及餘世人而訟理言。如來講說不除諸漏諸漏未盡，雖有斯言不以恐懼，行無所畏，轉大法輪，於大眾中而師子吼。是爲如來第四無畏。

曇無讖譯《大方等大集經》卷六 寶女復言：世尊！菩薩摩訶薩修行何法，得四無畏及十八法。佛告寶女：菩薩修行菩提道時，所得妙法，不生貪恪，不作是念：若我教彼彼則勝我。於諸眾生，其心平等，能捨內外施於一切，觀察法界無種種相。以是因緣，得菩提時成初無畏。復次，寶女！菩薩修行菩提道時，諸遮道法，了了而知。以了知故，不行不隨如是遮法，亦不稱讚不以教人，知遮道已而遠離之。以是因緣，得菩提時成二無畏。復次寶女。菩薩修行菩提道時，常修淨道，常說淨法，修治莊嚴，得淨法故。如是莊嚴，亦自修治，亦教眾生。以是因緣得菩提時成三無畏。復次，寶女！菩薩修行菩提道時，終不起於憍慢之心，終不自說我知我見，覆藏功德顯露罪過。以是因緣，得菩提時成四無畏。

浮陁跋摩共道泰等譯《阿毗曇毗婆沙論》卷一六 已說力無畏，今當說三藐三佛陁有四無所畏。乃至廣說。

問曰：無畏體性是何。

答曰：體性是慧身。初力是初無畏，第十力是第二無畏，第二力是第三無畏，第七力是第四無畏。一一力攝四無畏，一一無畏攝十力，則有四十力四十無畏。佛略說故我成就十力四無所畏，廣說則成就四十力四十無畏。

已說體性。所以今當說。何等是無畏義。答曰：不可動義是無畏義，勇猛義是無畏義，不怯弱義是無畏義，安隱義、清淨義、純白義是無畏義。

曇無讖譯《菩薩地持經》卷一〇 四無畏，如修多羅說。如來以此四事於大眾中自證而無所畏。智障解脫，一切法平等覺，不共聲聞，是第一無畏。煩惱障解脫，共聲聞，是第二無畏。說出苦道，是第三無畏。障道法，是第四無畏。如來於是四義，自如實知。若有誹謗言不知者，無有是處。無是處故，得無所畏，無怯弱，不疑惑，決定自知，堪爲大師，自安安彼。前二處滿，是自安道。後二處滿，是安彼道。一切法平等覺，爲向大乘諸菩薩故。煩惱障解脫，爲向聲聞緣覺乘故。出苦道及障道法，二俱爲故。如來爲諸菩薩聲聞緣覺，行出苦道說修多羅，結集經藏者，以說菩薩行立菩薩藏，說聲聞緣覺行立聲聞藏。

鳩摩羅什譯《摩訶般若波羅蜜經》卷二四 云何爲四無所畏。佛作誠言：我是一切正智人。若有沙門婆羅門、若天若魔若梵、若復餘眾，如實言，是法不知，乃至不見是微畏相。以是故，我得安隱得無所畏，安住聖主處，在大眾中作師子吼，能轉梵輪。諸沙門婆羅門、若天若魔若梵、若復餘眾，實不能轉。一無所畏。佛作誠言：我一切漏盡。若有沙門婆羅門、若天若魔若梵、若復餘眾，如實言，是漏不盡。乃至不見是微畏相。以是故，我得安隱得無所畏，安住聖主處，在大眾中作師子吼、能轉梵輪。諸沙門婆羅門、若天若魔若梵、若復餘眾，實不能轉。二無畏也。佛作誠言：我說障法。若有沙門婆羅門、若天若魔若梵、若復餘眾，如實言：受是法不障道。乃至不見是微畏相。以是故，我得安隱得無所畏，安住聖主處，在大眾中作師子吼、能轉梵輪。諸沙門婆羅門、若天若魔若梵、若復餘眾，實不能轉。三無畏也。佛作誠言：我所說聖道能出世間，隨是行能盡苦。若有沙門婆羅門、若天若魔若梵、若復餘眾，如實言：行是道不能出世間、不能盡苦。乃至不見是微畏相。以是故，我得安隱得無所畏，安住聖主處，在大眾中師子吼、能轉梵輪。諸沙門婆羅門、若天若魔若梵、若復餘眾，實不能轉。四無畏也。

鳩摩羅什譯《大智度論》卷二五 四無所畏者。

佛作誠言：我是一切正智人。若有沙門、婆羅門，若天、若魔、若梵、若復餘眾，如實言：是法不知。乃至不見是微畏相。以是故，我得安隱，得無所畏，安住聖主處，如牛王，在大眾中師子吼，能轉梵輪。諸沙門、婆羅門，若天、若魔、若梵、若復餘眾，實不能轉。一無畏也。

佛作誠言：我一切漏盡。若有沙門、婆羅門，若天、若魔、若梵、若復餘眾，如實言：是漏不盡。乃至不見是微畏相。以是故，我得安隱，得無所畏，安住聖主處，如牛王，在大眾中師子吼，能轉梵輪。諸沙門、婆羅門，若天、若魔、若梵、若復餘眾，實不能轉。二無畏也。

佛作誠言：我說障法。若有沙門、婆羅門，若天、若魔、若梵、若復餘眾，如實言：受是障法，不障道。乃至不見是微畏相。以是故，我得安隱，得無所畏，安住聖主處，如牛王，在大眾中師子吼。能轉梵輪，諸沙門、婆羅門，若天、若魔、若梵、若復餘眾，實不能轉。三無畏也。

佛作誠言：我所說聖道，能出世間，隨是道，能盡諸苦。若有沙門、婆羅門，若天、若魔、若梵、若復餘眾，如實言：行是道，不能出世間，不能盡苦。乃至不見是微畏相。以是故，我得安隱，得無所畏，安住聖主處，如牛王，在大眾中師子吼，能轉梵輪。諸沙門、婆羅門，若天、若魔、若梵、若復餘眾，實不能轉。四無畏也。

鳩摩羅什譯《大智度論》卷四八　復次，須菩提！菩薩摩訶薩摩訶衍，所謂四無所畏。何等四。

佛作誠言：我是一切正智人，若有沙門、婆羅門，若天、若魔、若梵、若復餘眾，如實難言：是法不知，乃至不見是微畏相。以是故，我得安隱，得無所畏，安住聖主處，在大眾中師子吼，能轉梵輪，諸沙門、婆羅門，若天、若魔、若梵、若復餘眾，實不能轉，一無畏也。

佛作誠言：我一切漏盡，若有沙門、婆羅門，若天、若魔、若梵、若復餘眾，如實難言：是漏不盡，乃至不見是微畏相。以是故，我得安隱，得無所畏，安住聖主處，在大眾中師子吼，能轉梵輪，諸沙門、婆羅門，若天、若魔、若梵、若復餘眾，實不能轉，二無畏也。

佛作誠言：我說障法，若有沙門、婆羅門，若天、若魔、若梵、若復餘眾，如實難言：受是法不障道，乃至不見是微畏相。以是故，我得安隱，得無所畏，安住聖主處，在大眾中師子吼，能轉梵輪，諸沙門、婆羅門，若天、若魔、若梵、若復餘眾，實不能轉，三無畏也。

佛作誠言：我所說聖道，能出世間，隨是行能盡苦，若有沙門、婆羅門，若天、若魔、若梵、若復餘眾，如實難言：行是道不能出世間，不能盡苦，乃至不見是微畏相。以是故，我得安隱，得無所畏，安住聖主處，在大眾中師子吼，能轉梵輪，諸沙門、婆羅門，若天、若魔、若梵、若復餘眾，實不能轉，四無畏也。

鳩摩羅什譯《十住毗婆沙論》卷一一　應此中說四無所畏者。

問曰：一法名爲無畏，何以故有四。

答曰：於四事中無有疑畏，故有四。一者，如佛告諸比丘，我自發誠言，是一切智人，此中若有沙門婆羅門諸天魔梵及餘世間智人，如法難言，不知此法。我於此中，乃至不見有微畏相。不見是相，故得安隱無畏，是初無畏，如實盡知一切法故。二者，自發誠言，我一切諸漏盡，若沙門婆羅門天魔梵，言是漏不盡，乃至不見有是相。不見是相，故得安隱無畏，是二無畏，善斷諸煩惱及斷煩惱氣故。三者，我說障道法，此中若有沙門婆羅門諸天魔梵及餘世間智人，如法難言，是法雖用不能障道。我於此中，不見有微畏相。不見是相，故得安隱，無有疑畏，是三無畏，善知障解脫法故。四者，我所說道如法說行者，得至苦盡。若有沙門婆羅門諸天魔梵及餘世間智人，如法難言，如是法雖如說行不能至盡苦道。我於此中，無有微畏相。不見是相，故得安隱，無有疑畏，是四無畏，善知至苦盡道故。是四無畏，皆過怖畏心驚毛豎等相故，名爲不畏。又在大眾威德殊勝故，名爲無畏。又善知一切問答故，名爲無畏。諸天會經，此中廣說。

問曰：若佛是一切智人，應於一切法盡無畏，何以但說四。答曰：略舉大要，以開事端。餘亦如是。

鳩摩羅什譯《成實論》卷一　又佛成就四無所畏，是故應禮。四無畏者，如來得一切智，一切漏盡，能說障道及盡苦道。此四法中，若有人來，如法難問，我無所畏。初無畏者，是一切智。亦是九力。第二名斷，即第十力，智斷具足故。如來自已，功德具足。後二無畏，令他具足。佛說障礙是實障法。所謂不善或善有漏，障解脫故名障礙法，爲離障礙故說出道。

僧伽婆羅譯《文殊師利問經》卷下　四無畏者，一切智無畏、一切漏盡無畏、能說障道無畏、說盡苦道無畏。

真諦譯《阿毗達磨俱舍釋論》卷二〇　偈曰：無畏有四種。

釋曰：依經文說，無畏有四種。

偈曰：前二初十力，後二第二七。

釋曰：處非處智力，如第一無畏。如經言：我今已成三若三佛陁。廣說如經。應知是第一無畏。流盡智力，如第二無畏。如經言：我今諸流已盡。廣說如經。應知是第二無畏。屬業智力，如第三無畏。如經言：是我所說，於弟子眾，與障礙相應法。廣說如經。應知是第三無畏。遍行道智力，如第四無畏。如經言：是我所說，於弟子眾，爲出離生死諸淨品道。

廣說如經。應知是第四無畏。如此四法，應知是四無畏。無畏以無怖爲性，云何說智慧爲無畏。由此四法故。諸佛於大集中，無復疑心故，說彼名無畏。此無疑是智慧所成故，於智說無畏非智。此四顯何義。顯自利、利他義。前二是自利，後二是利他。復次，此四唯是利益他事，能除說者垢及所說垢故。

真諦譯《攝大乘論釋》卷九 論曰：戒三品者，一守護戒，二攝善法戒，三攝利衆生戒。

釋曰：守護戒，是餘二戒依止。若人不離惡，攝善利他則不得成。若人住守護戒，能引攝善法戒，爲佛法及菩提生起依止。若住前二戒，能引攝利衆生戒，爲成熟衆生依止。復次，守護戒由離惡故無悔惱心，能得現世安樂住。由此安樂住故，能修攝善法戒，爲成熟佛法。若人住前二戒，能修攝利衆生戒，爲成熟他。此三品戒，即四無畏因。何以故。初戒是斷德，第二戒是智德，第三戒是恩德。四無畏不出此三德故，言即四無畏因。由具此義，故說戒有三品。

灌頂《觀心論疏》卷五 四無畏者。觀照心中十界四種苦諦爲他分別，及爲心數衆生顯之過患，決定師子吼無微畏相無能破，是法非法，智無畏也。知四種集諦障四種道滅，決定師子吼無微畏相，無能難言此非障道，即障道無畏也。知四種道諦能盡苦說之無畏，是盡苦道無畏也。知四滅諦一切證說之無畏，是漏盡無畏也。

玄奘譯《大般若波羅蜜多經》卷四六九 善現！四無所畏者，若諸如來、應、正等覺，自稱我是正等覺者，設有沙門、若婆羅門、若天魔梵、若餘世間依法立難，或令憶念：佛於是法非正等覺。我於彼難正見無因，以於彼難正見無因，得安隱住無怖無畏，自稱我處大仙尊位，於大衆中正師子吼轉大梵輪，一切沙門、若婆羅門、若天魔梵、若餘世間，定無有能如法轉者，是第一無畏。若諸如來、應、正等覺，自稱我已永盡諸漏，設有沙門、若婆羅門、若天魔梵、若餘世間依法立難，或令憶念：佛於是漏猶未永盡。我於彼難正見無因，以於彼難正見無因，得安隱住無怖無畏，自稱我處大仙尊位，於大衆中正師子吼轉大梵輪，一切沙門、若婆羅門、若天魔梵、若餘世間，定無有能如法轉者，是第二無畏。若諸如來、應、正等覺，自稱我爲諸弟子衆說能障法染必爲障，設有沙門、若婆羅門、若天魔梵、若餘世間依法立難，或令憶念：有染是法不能爲障。我於彼難正見無因，以於彼難正見無因，得安隱住無怖無畏，自稱我處大仙尊位，於大衆中正師子吼轉大梵輪，一切沙門、若婆羅門、若天魔梵、若餘世間，定無有能如法轉者，是第三無畏。若諸如來、應、正等覺，自稱我爲諸弟子衆說出離道，諸聖修習決定出離，決定通達，正盡衆苦，作苦邊際，設有沙門、若婆羅門、若天魔梵、若餘世間依法立難，或令憶念：有修此道非正出離、非正通達、非正盡苦、非作苦邊。我於彼難正見無因，以於彼難正見無因，得安隱住無怖無畏，自稱我處大仙尊位，於大衆中正師子吼轉大梵輪，一切沙門、若婆羅門、若天魔梵、若餘世間，定無有能如法轉者，是第四無畏。如是名爲四無所畏。

菩提流志譯《大寶積經》卷六 云何無畏。謂諸如來四無所畏。此四無畏，緣覺尚無，何況聲聞及餘世間。何等爲四。一者唱言，我是如來應正等覺，一切知者，一切見者，或有一切天人世間，立論於我言我不能覺了諸法，無有是處。由此能得最上無畏，於衆會中正師子吼，我能演說無上甚深廣大法教。二者唱言，我是一切諸漏盡者，或有一切天人世間，立論於我諸漏不盡，無有是處。由此能得住於安樂，我開示此無無俱胝劫所積集無上法藏。三者，我所宣說出離覺了，於彼修習正苦滅盡，或天世間立論於我，若苦盡道不出離者，無有是處。我不見此相，我不見此相時，得安樂住，爲諸衆生，示現此法種性，於衆會中作師子吼。四者，我所宣說諸障礙法，於此或有天人魔梵沙門婆羅門衆，立論於我，於彼習行無障礙者，無有是處。我不見此相時，得增上安樂住，我於衆中正師子吼，我能轉此無上法輪，一切外道諸天世間所不能轉，無邊莊嚴。此是如來四無所畏。

玄奘譯《阿毗達磨大毗婆沙論》卷三一 已說佛十力，當說四無畏。

云何爲四。一、正等覺無畏。如契經說：我是諸法正等覺者。若有世間沙門、梵志、天、魔、梵等依法立難，或令憶念於如是法，非正等覺，無有是處。設當有者，我於是事正見無由。故得安隱無怖無畏，自稱我處大仙尊位，於大衆中正師子吼，轉大梵輪，一切世間沙門、梵志、天、魔、梵等所不能轉。二、漏永盡無畏。如契經說：我於諸漏已得永盡。若有世間沙門、梵志、天、魔、梵等依法立難，或令憶念有如是漏，未得永盡，無有是處。設當有者，乃至廣說。三、說障法無畏。如契經說：我爲弟子說能障法，染必爲障。若有世間沙門、梵志、天、魔、梵等依法立難，或令憶念有此障法，染不爲障，無有是處。設當有者，乃至廣說。四、說出道無畏。如契經說：我爲弟子說能出道，修必出苦。若有世間沙門、梵志、天、魔、梵等依法立難，或令憶念修如是道不能出苦，無有是處。設當有者，我於是事正見無由。故得安隱無怖無畏，自稱我處大仙尊位，於大衆中正師子吼，轉大梵輪，一切世間沙門梵志、天、魔、梵等所不能轉。

問：此四無畏以何爲自性。答：亦以智爲自性。

所以者何。初無畏卽初力，第二無畏卽第十力，第三無畏卽第二力，第四無畏卽第七力故。

已說自性，所以今當說。

問：何故名無畏。無畏是何義。答：不怯弱義，是無畏義。不傾動義，勇猛義，安隱義，清淨義，鮮白義，不驚怖義，是無畏義。

界者。此四無畏，有漏者三界繫。無漏者是不繫。

地者。此四無畏，有漏者在十一地，無漏者在九地。所依者此四無畏，皆依欲界人贍部洲大丈夫身，唯依此身得成佛故。

行相者。初無畏十六行相，或餘行相。第二無畏諸有欲令緣漏盡境，故名漏盡無畏者。彼說滅四行相，或餘行相。諸有欲令依漏盡身，故名漏盡無畏者。彼說十六行相，或餘行相。第三無畏，苦集八行相，或餘行相。第四無畏十六行相，或餘行相。

所緣者。初無畏緣一切法，第二無畏若緣漏盡境故則緣滅諦，若依漏盡身故則緣一切法。第三無畏緣苦集諦，第四無畏但緣四諦。念住者，第二無畏若緣漏盡境故則法念住，若依漏盡身故則四念住。餘三無畏，皆四念住。

智者。初及第四無畏皆通十智。第二無畏，若緣漏盡境故則唯六智，謂法智、類智、滅智、盡智、無生智、世俗智。若依漏盡身故則通十智。第三無畏，唯有八智，謂除滅道。

三摩地俱者。初及第四無畏，三三摩地俱或不俱。第二無畏，若緣漏盡境故則無相俱或不俱，若依漏盡身故則三三摩地俱或不俱。第三無畏，緣苦集空無願俱或不俱。

根相應者。總說皆，與三根相應，謂樂、喜、捨。

過去未來現在者。此四無畏，皆通三世。緣過去未來現在者，初及第四無畏緣三世及離世。第二無畏若緣漏盡境故則緣離世，若依漏盡身故則緣三世及離世。第三無畏但緣三世。

善不善無記者。此四無畏皆是善。緣善不善無記者，第二無畏，若緣漏盡境故則但緣善。若依漏盡身故則緣三種。餘三無畏，皆緣三種。

繫不繫者。此四無畏，有漏者三界繫，無漏者是不繫。緣繫不繫者，初及第四無畏緣三界繫及不繫。第二無畏，若緣漏盡境故則緣不繫，若依漏盡身故則緣三界繫及不繫。第三無畏，但緣三界繫。

學無學非學非無學者。此四無畏，無漏者是無學，有漏者是非學非無學。緣學無學非學非無學者，初及第四無畏緣三種。第二無畏，若緣漏盡境故則緣非學非無學，若依漏盡身故則緣三種。第三無畏，但緣非學非無學。

見所斷修所斷不斷者。此四無畏，有漏者修所斷，無漏者是不斷。緣見所斷修所斷不斷者，初及第四無畏緣三種。第二無畏，若緣漏盡境故則緣不斷，若依漏盡身故則緣三種。第三無畏，緣見修所斷。

緣名緣義者。第二無畏，若緣漏盡境故則但緣義，若依漏盡身故通緣名義。餘三無畏，皆緣名義緣。

自相續他相續非相續者。初及第四無畏，緣三種。第二無畏，若緣漏盡境故則緣非相續，若依漏盡身故則緣三種。第三無畏，緣自他相續。

加行得離染得者。此四無畏皆可言加行得。三無數劫積集殊勝加行得故，皆可言離染得，離有頂染得盡智時得無畏故。

問：此四無畏加行，云何。

答：此加行有二種。一近加行，謂順決擇分等。二遠加行，謂初不退菩提心等。

如是所說十力四無所畏，一一力攝四無畏，一一無畏攝十力，故則有四十力四十無畏。然前說初無畏即初力，第二無畏即第十力，第三無畏即第二力，第四無畏即第七力者。依相顯說理實，世尊成就四十力四十無畏。依根本說，但言成就十力四無所畏。

問：若十力攝四無畏，四無畏攝十力者，力與無畏有何差別。

有說：此二無有差別，互相攝故。有說：此二亦有差別，且名即差別，謂名力、名無畏。復次，堅強是力，勇決是無畏。復次，安住是力，不可傾動是無畏。復次，不可屈伏是力，不怯弱是無畏。復次，自利是力，利他是無畏。復次，自攝受是力，攝受他是無畏。復次，非他所勝是力，能勝他是無畏。復次，非他所降伏是力，能降伏他是無畏。

玄奘譯《阿毗達磨俱舍論》卷二七 論曰。佛四無畏，如經廣說。一、正等覺無畏，十智爲性，猶如初力。二、漏永盡無畏，六十智性，如第十力。三、說障法無畏，八智爲性，如第二力。四、說出道無畏，九十智性，如第七力。如何於智立無畏名。此無畏，名目無怯懼，由有智故不怯懼他，故無畏名目諸智體。理實無畏是智所成。不應說言體即是智。

玄奘譯《阿毗達磨順正理論》卷七五 論曰：佛四無畏，如經廣說。一、正等覺無畏，十智爲性，猶如初力。二、漏永盡無畏，六十智性，如第十力。三、說障法無畏，八智爲性，如第二力。四、說出道無畏，九十智性，如第七力。

何緣諸佛無畏唯四。但由此量顯佛世尊，自他圓德俱究竟故。謂初無畏顯佛世尊自智圓德，第二無畏顯佛世尊自斷圓德。此二顯佛自利德滿。爲顯世尊利他圓德，是故復說後二無畏。第三無畏遮行邪道，第四無畏令趣正道。謂佛處處爲諸弟子，說障法令斷除，即是令修斷德方便。又於處處爲諸弟子，說出道令正行，即是令修智德方便。此二顯佛利他德滿。但由此四隨其所應，顯佛自他智斷圓德，至究竟故，唯立四種。

如何可說無畏即智，應言無畏是智所成。理實應然。但爲顯示無畏以智爲親近因，是故就智出無畏體。夫無畏者，謂不怯懼，由有智故，不怯懼他，故智得爲無畏因性。唯佛四妙智，是四無畏因。謂諸如來於一切法一切相妙智，是初無畏因。若諸如來一切煩惱并習氣斷妙智，是第二無畏因。唯我世尊由具此故，侵毁不感，供讚不歡，雖恆違拒而常饒益，雖加斫刺而深憐愍，雖有殊勝輔翼神通智慧技能而不傲慢，於欲離背不起瞋嫌，於樂親承不偏憐愛，雖行攝事不求輔翼，雖行訶責不願乖離，雖暫驅擯不以麁語，雖永擯黜不令墮邪，雖無所畏而不麁獷，雖常親愛而不生貪，雖顯自德不殉名利，雖顯他過不爲恥辱，雖攝門徒不成自黨，雖訶邪侶不壞他朋，族望有情數來親附，但示正法不與交遊，此等皆由漏盡妙智。故此妙智，爲第二因。若諸如來知弟子衆，有損有益妙智，是後二無畏因。

或無畏體即四妙智。怯懼名畏，此即於法無所了達，懷恐怖義。智於此畏有近治能，與畏相違，故名無畏。豈不非無智即是畏體，如何說智體即是無畏。此責不然。智與多法爲近治，故如即無疑。謂智如能近治無智，亦於怖畏有近治能，故得智名，亦名無畏。如治無智亦能治疑，故得智名，亦名決定。所治無智，雖不即疑，而智無疑，名二體一。如是無智雖與畏殊，而無畏名即目智體，一善能斷多惡法故。有說：無智亦攝畏體，故於此中不應爲難。力與無畏有何差別。此無差別，體俱智故。然於智體，別義名力。復依別義，立無畏名。謂不屈因，說名爲力。不怯懼因，說名無畏。或初安立，說名爲力。立已不動，說名無畏。或非他伏，說名爲力。能摧伏他，說名無畏。有餘師說：譬如良醫，遍達醫方說名爲力，善療衆疾說名無畏，有說驍健說名爲力，勇悍不怯說名無畏。如是二種，義亦有別。謂成辦事義是力義，不怯憚義是無畏義。

玄奘譯《攝大乘論釋》卷九 四無畏者，謂佛世尊自發誠言：我是眞實正等覺者。若有難言，於如是法不正等覺，我於彼難正見無緣。是第一無畏。又發誠言：我是眞實諸漏盡者。若有難言，如是如是諸漏未盡。我於彼難正見無緣。是第二無畏。又發誠言：我爲弟子說出離道。若有難言，修如是道非正出苦。我於彼難正見無緣。是第三無畏。又發誠言：我爲弟子說障礙法染必爲障。若有難言，雖染彼法不能爲障。我於彼難正見無緣。是第四無畏。於此四中，皆應廣說。正見彼難無有緣故，得大安隱。得安隱故，都無所畏。

玄奘譯《攝大乘論釋》卷九 論曰：

能說智及斷，出離能障礙。
自他利非餘，外道伏歸禮。

釋曰：此頌顯示四無所畏。能說智者謂佛誠言我是眞實正等覺者，即是遍知一切法智。能說斷者謂佛誠言我是眞實諸漏盡者，即是煩惱諸漏永盡。如是二種，依自利說。能說出離者謂佛誠言我爲弟子說出離法，眞實出離。能說能障礙者謂佛誠言我爲弟子說能障法，眞實能礙。如是二種，依利他說。如是四種名自他利，非餘外道伏者。顯離怖畏，釋無畏義。非餘外道所能降伏，是故無畏。

玄奘譯《顯揚聖教論》卷四　無畏者，謂四無畏。廣說如經。一、佛作誠言：我是正等覺者。若有難言，於是法中不正等覺。我於此難正見無緣，是故無畏。謂如來證得妙善清淨一切種智故。二、佛作誠言：我諸漏已盡。若有難言：如是如是諸漏未盡。我於此難正見無緣，是故無畏。謂如來證得妙善清淨一切種斷故。此二無畏，依自利德。三、佛作誠言：我爲弟子說障礙法染必爲障。若有難言：染習此法不能爲障。我於此難正見無緣，是故無畏。謂依如來爲所化有情，說一切種所對治法。四、佛作誠言：我爲弟子說出離道修定出離。若有難言：雖修此道，不能出離，不正盡苦及證苦邊。我於此難正見無緣，是故無畏。謂依如來爲所化有情說一切種能對治法。此二無畏，依利他德。

玄奘譯《顯揚聖教論》卷八　無畏者，謂四無畏。云何正等覺無畏。謂依止靜慮，由自利門，於一切種所知境界正等覺，自稱德號，建立具足中，若定若慧，及彼相應諸心、心所。云何漏盡無畏。謂依止靜慮，由自利門，於一切種漏儘自稱德號，建立具足中，若定若慧，餘如前說。云何障法無畏。謂依止靜慮，由利他門，於一切種說障礙法自稱德號，建立具足中，若定若慧，餘如前說。云何出苦道無畏。謂依止靜慮，由利他門，於一切種說出苦道法，自稱德號建立具足中，若定若慧，餘如前說。又云：無謂作何業。謂處大眾中，自正建立我爲大師，摧伏一切邪難外道。大師者，自利利他，眾德圓滿故。摧伏邪難外道者，謂能摧伏於如來所說成等正覺永斷諸漏障道法中邪難外道故。

玄奘譯《大乘阿毗達磨集論》卷七　無畏者，謂四無畏。云何正等覺無畏。謂依止靜慮，由自利門，於一切種所知境界正等覺，自稱德號建立具足中，若定若慧，及彼相應諸心、心所。云何漏盡無畏。謂依止靜慮，由自利門，於一切種漏盡，自稱德號建立具足中，若定若慧，餘如前說。云何障法無畏。謂依止靜慮，由利他門，於一切種說障礙法，自稱德號建立具足中，若定若慧，餘如前說。云何出苦道無畏。謂依止靜慮，由利他門，於一切種說出苦道法，自稱德號建立具足中，若定若慧，餘如前說。

玄奘譯《大乘阿毗達磨雜集論》卷一四　無畏者，謂四無畏，一正等覺無畏，二漏盡無畏，三障法無畏，四出苦道無畏。

正等覺無畏者，依止靜慮，由自利門，於一切種所知境界正等覺，自稱德號建立具足中，若定、若慧及彼相應諸心、心法。如經言：我是正等覺者。設有世間沙門、婆羅門、若天、魔梵，依法立難，或令憶念言，於是法非正等覺。我於是事正見無緣，以於此事正見無由故，得安隱住無，怖無畏，自稱我處大仙尊位，於大眾中正師子吼，轉大梵輪，一切世間沙門、婆羅門、若天、魔、梵所不能轉。

漏盡無畏者，謂依止靜慮，由自利門，於一切種漏盡，自稱德號建立具足中，若定若慧，餘如前說。如經言：我諸漏永盡。如是等，廣說如前。

障法無畏者，謂依止靜慮，由利他門，於一切種說障礙法，自稱德號建立具足中，若定若慧，餘如前說。如經言：又我爲諸弟子說障礙法，染必爲障，乃至廣說。

出苦道無畏者，謂依止靜慮，由利他門，於一切種說出離道法，自稱德號建立具足中，若定若慧，餘如前說。如經言：又我爲諸弟子說出離道，諸聖修習，決定出離，決定通達。設有世間沙門、婆羅門、若天、魔、梵，依法立難，或令憶念言，修此道非正出離，不正盡苦及證苦邊。我於是事正見無緣，乃至廣說。

如是四無畏，略說有二，謂自利利他。前二是自利，由智斷差別故。後二是利他，由遠離所治法修習能治法故。以正等覺無畏由內智自利門言，我於一切種所知境界差別邊際皆正等覺，於一切世間前自稱德號立正無難具足中，所有定慧，乃至廣說。當知，餘無畏如應亦爾。一切種漏盡者，謂諸煩惱并習氣永盡。一切種障礙法者，謂一切雜染所。對治法一切種出離道者，謂從方便道乃至究竟道。

窺基《大般若波羅蜜多經般若理趣分述讚》卷二　四無畏者，一正等覺無畏，二漏盡無畏，三障法無畏，四出苦道無畏。於大眾中正師子吼，沙門、魔、梵無能難者，故名無畏。

法護譯《佛說大乘菩薩藏正法經》卷一三　復次，舍利子！云何名爲如來四無所畏不可思議。諸住信菩薩，應發淨信超越分別離諸疑惑，乃至發希有想。

舍利子！如來無所畏法，其有四種。如來由具四無畏故了知勝處，於大衆中能獅子吼轉妙梵輪，餘諸沙門婆羅門悉不能轉，一切世間天人魔梵，無與如來同其法者。

舍利子！何等是爲四無所畏。一者一切智無畏。謂佛如來已能圓具無上勝智，於大衆中作如是言：我成無上正等正覺，此法唯佛自所證知，餘諸天人世間，不能與佛同其法語。如來以此法故成等正覺。云何說名如來成等正覺。謂佛如來以一切法平等故，而成正覺，於諸法中無高無下。若異生法，若聖人法，若諸佛法，若有學法，若無學法，若緣覺法，若菩薩法，若世間法，若出世間法，若有罪法，若無罪法，若有漏法，若無漏法若有爲法，若無爲法，於如是等一切法中，如來悉平等故。此名如來現成正覺。此中云何名爲平等。謂空平等見自性故，無相平等相自性故，無願平等三界自性故，無生平等生自性故，無作平等作自性故，無起平等起自性故，無含藏平等含藏自性故，如所說平等三世自性故，明解脱平等無明有愛自性故，涅槃平等諸行自性故。舍利子！以如是等諸法平等，是故如來現成正覺。如來於大衆中，得無所畏。以如是法教示衆會，令諸衆會咸生歡喜，身得喜故心極信順。復令衆會適悦快樂，如來大悲相應具眞實故，平等性故，如實性故，無異性故，無種類性故，無所觀性故，無生性故，無離性故，無所取性故。如來所具無畏法中，實無少法可取，亦非無取。如來無畏法中亦無虛誑，如實故平等，法界平等。於是平等法中，普盡一切世界，舒坦無礙如來如實之法，甚深微妙難解難知。如來起大悲心，即以是法起種種方便，爲諸衆生，廣大宣說聖出離法，能盡諸苦。如來以大願力，一切衆生無師範者，爲作師範。未成正覺者，令成正覺。所有一切衆生，馳流諸境斷見等者，如來以無畏法，悉令清淨。舍利子！如來無所畏法，無邊無際與虛空等。若欲知其虛空邊際，即知如來無畏邊際，諸住信菩薩聞是法已，應生淨信超越分別離諸疑惑，乃至發希有想。此說是名如來第一無畏。

復次，舍利子！二者漏盡無畏。謂佛如來具足無上勝智，於大衆中作如是言：我盡諸漏得無所畏，而彼一切天人世間，無能與佛同法語者。此復，云何如來已盡諸漏。謂佛如來欲漏已盡，心得解脱，斷滅一切貪行種子。如來有漏已盡，心得解脱，斷滅一切瞋行種子。如來無明漏已盡，心得解脱，斷滅一切癡行種子。如來見漏已盡，心得解脱，斷滅一切煩惱所行種子。此等是名如來諸漏已盡。如是所說，皆世俗所成非勝義諦。勝義諦者，謂最上聖智慧中，若知、若斷、若修、若證，而無少法可住。何以故。如所說盡，彼實知。若諸衆生修出離行，如來悉如實知。又舍利子！如來如實了知眼界色界眼識界。云何能知。謂佛了知內空外空內外空故，乃至意界法界意識界悉如實知。云何能知。謂佛了知內空外空內外空故。又，舍利子！如來了知地界水界火界風界及虛空界，悉如實知。云何能知。謂如虛空故亦然了知。如來悉知欲界色界及無色界分別所起，知有爲界是造作相，知無爲界是無造作相，知雜染界是客塵煩惱相，知清淨界是自性明亮相，知諸行界是不如理作意無明相，知涅槃界是如理作意明智相。

又，舍利子！若諸界依止，諸界安住，諸界隨順，諸界建立，諸界作用，諸界意趣，諸界寂定，諸界住著，如來一一如實了知，隨所知已即爲說法。舍利子！此是如來種種界智力，如是勝力無有邊際。若諸住信菩薩於佛如來如是智力，聞已淨信，超越分別離諸疑惑，後復生起身喜、心喜、適悦之相，發希有想。

如來無畏邊際，諸住信菩薩聞是法已，應生淨信超越分別離諸疑惑，乃至發希有想。此說是名如來第二無所畏法。如來由具無所畏故，一切天人世間，無與如來同其法者。

復次，舍利子！三者說障道無畏。謂佛如來具足無上勝智，於大衆中作如是言：我說諸障道法能障聖道，乃至一切天人世間，無能與佛同法語者。云何名爲障道之法。有其一法，能障聖道。何等爲一。謂諸衆生心不清淨，二法能障聖道，謂無慚、無愧。三法能障聖道，謂身惡作、語惡作、意惡作。四法能障聖道，其四種法皆墮惡趣，謂貪欲當墮惡趣，瞋恚當墮惡趣，愚癡當墮惡趣，怖畏當墮惡趣。五法能障聖道，謂殺生、偷盜、邪染、妄語、飲酒。六法能障聖道，謂不尊重佛、不尊重法、不尊重僧、不尊重戒學、不尊重定學、不尊重修頭陁行者。七法能障聖道，謂慢過、慢慢、過慢、我慢、邪慢、增上慢、卑慢。八法能障聖道，謂邪見、邪思惟、邪語、邪業、邪命、邪勤、邪念、邪定。九法能障聖道。謂於我身作，無義利，生起害心，已作、現作、當作。於我所愛作無義利，生起害心，已作，現作，當作。於我非愛作無義利，生起害心，已作，現作、當作。十法能障聖道，謂殺生、偷盜、邪染、妄言、綺語、兩舌、惡口、貪瞋、邪見。舍利子！如是等法能障聖道，乃至不如理作意，相應所生結使。此法無味，是不可觀，是不可行，由顛倒勤行，故不出離，生起一切愛見，取著於身、語、意業，愛著增熾。如味了知諸法能障聖道，知已如實爲諸衆生，廣大宣說障道之法，令諸衆生寂止近止。說除斷法普爲教示，令諸衆會咸生歡喜，身得喜故心極信順，復令衆會適悅快樂。如來大悲，相應具眞實。故平等性故，如實性故，無異性故，無種類性故，無所觀性故，無生性故，無離性故，無所取性故，如來所具無畏法中，實無少法可取，亦非無取。如來無畏法中亦無虛誑，如實故平等，法界平等。於是平等法中，普盡一切世界，舒坦無礙。此如是等不可思議無量無數甚深正法，如來悉具足已。大悲之心所逼切故，爲諸衆生，說斷障道之法，普令一切寂止近止。舍利子！如來無所畏法，無邊無際與虛空等。若欲知其虛空邊際，即知如來無畏邊際。諸住信菩薩聞是法已，應生淨信，超越分別，離諸疑惑，乃至發希有想。此是如來第三無所畏法。如來由具無所畏故，一切天人世間，無與如來同其法者。

復次，舍利子！四者盡苦道無畏。謂佛如來具足無上勝智，於大衆中作如是言：我說聖出離法能盡苦道，乃至一切天人世間，無能與佛同法語者。云何名爲聖出離法能盡苦道。其有一法，是聖出離道。何等爲一。謂諸衆生心悉清淨。二法是聖出離道，謂奢摩他、毘鉢舍那。三法是聖出離道，謂空、無相、無願。四法是聖出離道，謂身念處、受念處、心念處、法念處。五法是聖出離道，謂信根、精進根、念根、定根、慧根。六法是聖出離道，謂念佛、念法、念僧、念戒、念施、念天。七法是聖出離道，謂擇法覺支、精進覺支、喜覺支、輕安覺支、捨覺支、念覺支、定覺支。八法是聖出離道，謂正見、正思惟、正語、正業、正命、正精進、正念、正定。九種歡喜根本法是聖出離道，謂觀喜適悅、輕安、快樂、等持、如實、知見、寂靜、離染、解脫。十法是聖出離道，謂遠離殺生、遠離偷盜、遠離邪染、遠離妄言、遠離綺語、遠離兩舌、遠離惡口、遠離貪欲、遠離瞋恚，能具正見。舍利子！如是所說諸聖出離法，能盡苦道，乃至諸善菩提分，戒蘊相應，定蘊相應，慧蘊相應，解脫蘊相應，解脫知見蘊相應，四聖諦法相應。此等所說，皆名聖出離道。復有聖出離道，謂正所行。此正所行，彼即無法可行，亦非無行，無入無出，無取無捨。何以故。若已行，若當行，二法皆離彼一切法，無二亦然。此如實知見，是聖出離道。如來於此聖出離道，自了知已，爲諸衆生廣大宣說，令諸衆會咸生歡喜，身得喜故心極信順，復令衆會適悅快樂。如來大悲相應，具眞實故，平等性故，如實性故，無異性故，無種類性故，無所觀性故，無生性故，無離性故，無所取性故。如來所具無畏法中，實無少法可取，亦非無取。如來無畏法中亦無虛誑，如實故平等，法界平等。於是平等法中，普盡一切世界，舒坦無礙。此如是等不可思議無量無數甚深正法，如來悉具足已。大悲之心所逼切故，爲諸衆生，廣大宣說聖出離法，令諸衆生咸悉覺了，盡苦邊際。舍利子！此是如來第四無所畏法。

如來由具四無所畏故，了知勝處，於大衆中作獅子吼，轉妙梵輪。餘諸沙門婆羅門悉不能轉，乃至一切世間天人魔梵，無與如來同其法者。舍利子！如來如是四無所畏，無邊無際與虛空等。若欲知其虛空邊際，即知如來無畏邊際。諸住信菩薩得聞如來如是不可思議無畏之法，應生淨信超越分別離諸疑惑，後復生起身喜心喜，發希有想。

四無量

僧伽提婆譯《中阿含經》卷二一 阿難！我本爲汝說四無量。比丘者，心與慈俱，遍滿一方成就遊。如是二三四方、四維上下，普周一切。心與慈俱，無結、無怨、無恚、無諍，極廣甚大，無量善修，遍滿一切世間成就遊。如是悲、喜心與捨俱，無結、無怨、無恚、無諍，極廣甚大，無量善修，遍滿一切世間成就遊。阿難！此四無量，汝當爲諸年少比丘說以教彼。若爲諸年少比丘說教此四無量者，彼便得安隱，得力得樂，身心不煩熱，終身行梵行。

失名譯《佛說摩訶衍寶嚴經》 復次迦葉，菩薩摩訶薩有四無量福行。云何爲四。一者法施心無悕望，二者見有犯戒興大悲心，三者願一切衆生樂菩薩心，四者見有羸劣不捨忍辱。是謂，迦葉，菩薩四無量福行。

梵住。

鳩摩羅什譯《大智度論》卷二〇　四無量心：慈觀衆生皆樂，悲觀衆生皆苦，喜觀衆生皆喜，捨是三心，但觀衆生無有憎愛。

曇摩耶舍共曇摩崛多等譯《舍利弗阿毘曇論》卷一六　何謂四無量。慈、悲、喜、捨。

何謂慈。

如比丘，思惟衆生樂、知樂、解樂、受樂。或有衆生，曾侵惱比丘。比丘於是衆生心障礙，不清淨，不親近，不解。比丘如是思惟，衆生已侵惱我，衆生雖侵損我，我法不應報。我若瞋惱衆生，則爲自損。他已侵惱我，若我還報，自損甚。彼比丘如是思惟已，於衆生堪忍，除滅瞋惱，心思惟欲令衆生樂、知樂、解樂、受樂。

或有衆生，先未曾侵惱比丘今侵惱，比丘於衆生心障礙，不清淨、不親近，不解。比丘如是思惟，衆生先未曾侵惱我，今現侵惱。衆生雖現侵惱我，或是我宿業報，非我能遮。我若瞋惱衆生，則爲自損。他已侵我，若我還報，自損甚。彼比丘如是思惟已，於衆生堪忍，除滅瞋惱心，思惟欲令衆生樂、知樂、解樂、受樂。

或有衆生，先未曾侵惱比丘，今不侵惱，當欲侵惱，比丘於衆生心障礙，不清淨、不親近、不解。比丘如是思惟，衆生先未曾侵惱我，今不侵惱，當欲侵惱我，衆生雖當欲侵惱，或不作，或因緣不集。我若瞋惱衆生，則爲自損。他雖欲侵惱我，若我還報自損甚。彼比丘如是思惟已，於衆生堪忍，除滅瞋惱心，思惟欲令衆生樂、知樂、解樂、受樂。

或有衆生，先未曾侵惱比丘，今不侵惱，當不侵惱，先未曾侵我愛喜適意者，今現侵惱我愛喜適意者，比丘於衆生心障礙，不清淨、不親近、不解。比丘如是思惟，衆生先未曾侵惱我，今不侵惱，當不侵惱我所愛喜適意者，曾侵惱衆生。雖侵惱我愛喜適意者，我不應侵惱彼。我若瞋惱衆生，則爲自損。他已侵惱，若我還報，自損甚。彼比丘如是思惟已，於衆生堪忍，除滅瞋惱心，思惟欲令衆生樂、知樂、解樂、受樂。

或有衆生，先未曾侵惱比丘，今不侵惱，當不侵惱，先未曾侵惱我愛喜適意者，今現侵惱我愛喜適意者，比丘於衆生心障礙，不清淨、不親近，不解。比丘如是思惟，衆生先未曾侵我，今不侵，當不侵我愛喜適意者，先未曾侵我愛喜適意者，今現侵衆生，雖侵我愛喜適意者，或是宿業報，非我能遮他宿業。我若瞋惱衆生，則爲自損。他以侵我，我若還報，自損甚。於彼比丘如是思惟已，於衆生堪忍，除滅瞋惱心，思惟欲令衆生樂、知樂、解樂、受樂。

或有衆生，先未曾侵惱比丘，今不侵惱，當不侵惱。若我愛喜適意者，先未曾侵惱，今不侵惱。若我愛喜適意者，當欲侵惱。比丘於衆生心障礙，不清淨，不親近，不解。比丘如是思惟。衆生先未曾侵惱我，今不侵惱，當不侵惱。若我愛喜適意者，先未曾侵惱，今不侵惱。若我愛喜適意者，當欲侵惱。衆生雖欲侵惱我愛喜適意者，或不作，或因緣不集。我若瞋惱衆生，則爲自損。他已侵惱，我若還報，自損甚。彼比丘如是思惟已，於衆生堪忍，除滅瞋惱心，思惟欲令衆生樂、知樂、解樂、受樂。

或有衆生，先未曾侵惱比丘，今不侵惱，當不侵惱。若我愛喜適意者，先未曾侵惱，今不曾侵惱，當不曾侵惱。若我不愛喜適意者，已曾利益。比丘於衆生心障礙，不清淨、不親近，不解。比丘如是思惟，衆生先未曾侵惱我，今不侵惱，當不侵惱。若我愛喜適意者，先未曾侵惱，今不曾侵惱，當不侵惱。若我不愛喜適意者，已曾利益。若衆生雖已利益我不愛喜適意者，我不應侵惱彼。我若瞋惱衆生，則爲自損。他已損我，我若還報，自損甚。彼比丘如是思惟已，於衆生堪忍，除滅瞋惱心，思惟欲令衆生樂、知樂，解樂、受樂。

或有衆生，先未曾侵惱比丘，今不侵惱。當不侵惱。若我愛喜適意者。先未曾侵惱。今不侵惱。當不侵惱。若我不愛喜適意者。先未曾利益。若我不愛喜適意者。今利益。比丘於衆生心障礙不清淨不親近不解。比丘如是思惟。衆生先未曾侵惱我。今不侵惱。當不侵惱。若我愛喜適意者。先未曾侵惱。今不侵惱。當不侵惱。若我不愛喜適意者。先未曾利益。若我不愛喜適意者。今利益。衆生雖利益我不愛喜適意者。或是宿業報。非我能遮他宿業報。我若瞋惱衆生。則爲自損。他已損我。我若還報自損甚。彼比丘如是思惟已。於衆生堪忍。除滅瞋惱心。思惟欲令衆生樂知樂解樂受樂。

或有衆生，先未曾侵惱比丘，今不侵惱，當不侵惱。若我愛喜適意者，先未曾侵惱，今不侵惱，當不侵惱。若我不愛喜適意者，先未曾利益，今不利益。若我不愛喜適意者，當欲利益。比丘於眾生心障礙，不清淨、不親近、不解。比丘如是思惟，眾生先未曾侵惱我，今不侵惱，當不侵惱。若我愛喜適意者，先未曾侵惱，今不侵惱，當不侵惱。若我不愛喜適意者，先未曾利益，今不利益，當欲利益。若我不愛喜適意者，當欲利益。眾生雖欲利益我不愛喜適意者，或不作，或因緣不集。我若瞋惱眾生，則爲自損。他已損我，我若還報，自損甚。彼比丘如是思惟已，於眾生堪忍，除滅瞋惱心，思惟欲令眾生樂、知樂、解樂、受樂。

或有眾生，先未曾侵惱比丘，今不侵惱，當不侵惱。若我愛喜適意者，先未曾侵惱，今不侵惱，當不侵惱。若我不愛喜適意者，先未曾利益，今不利益，當不利益。如是比丘無因緣，便橫瞋眾生。比丘於眾生心障礙，不清淨、不親近、不解。比丘如是思惟，眾生先未曾侵惱，今不侵惱，當不侵惱。若我愛喜適意者，先未曾侵惱，今不侵惱，當不侵惱。若我不愛喜適意者，先未曾利益，今不利益，當不利益。我無因緣，便橫瞋眾生。我於眾生心障礙，不清淨、不親近、不解。我若瞋惱眾生，則爲自損。他已損我，我若還報，自損甚。彼比丘如是思惟已，於眾生堪忍，除瞋惱心，思惟欲令眾生樂、知樂、解樂、受樂。如比丘，若於東方眾生，滅瞋惱心，思惟欲令眾生樂、知樂、解樂、受樂。南、西北、方於眾生，滅瞋惱心，思惟欲令眾生樂、知樂、解樂、受樂。如比丘，以慈心遍解一方行，第二、第三、第四，四維上下，一切以慈心廣大尊勝，無二無量，無怨無恚，遍解諸世間行，是名慈。

何謂悲。如比丘，不思惟眾生樂，不知樂，不解樂，不受樂。比丘見眾生苦、受苦，若父母，若兄弟、姊妹、妻子、親屬、知識、大臣、地獄、畜生、餓鬼，若人中貧賤，鬼神中貧賤，憐彼眾生起悲心。或有眾生，已侵惱比丘。比丘於眾生心障礙，不清淨、不親近、不解。比丘如是思惟，眾生曾侵惱我，眾生雖侵惱我，我不應侵惱彼。我若瞋惱眾生，則爲自損。他已損我，若我還報，自損甚。彼比丘如是思惟已，於眾生堪忍，除滅瞋惱心，於眾生憐愍起悲心。或有眾生，先未曾侵惱比丘，乃至無因緣橫瞋，如上所說。如比丘，若於東方眾生，滅瞋惱心，於眾生憐愍起悲心。南、西、北方眾生，滅瞋惱心，於眾生憐愍起悲心。比丘以悲心遍解一方行，第二、第三、第四，四維上下，一切以悲心廣大尊勝，無二無量，無怨無恚，遍解諸世間行，是名悲。

何謂喜。如比丘，不思惟眾生樂，不知樂，不解樂，不受樂。比丘於眾生，不得憐愍，不起悲心。如比丘，若見眾生快樂受樂，若父母、兄弟、姊妹、妻子、親屬、知識、大臣，若諸天，若諸天子，若佛，若佛弟子，於彼眾生得悅喜，不依欲染想。或有眾生，已曾侵惱比丘。比丘於眾生心障礙，不清淨，不解。比丘如是思惟，眾生已曾侵惱我，眾生雖侵惱我。我不應侵惱彼。我若侵惱眾生，則爲自損。他已損我，若我還報，自損甚。彼比丘如是思惟已，於眾生堪忍，除滅瞋惱心，於眾生得悅喜，不依欲染想。或有眾生，先未曾侵惱比丘，乃至無因緣橫瞋，如上所說。比丘若於東方眾生，除滅瞋惱心，於眾生得悅喜心，不依欲染想。於南、西、北方眾生，滅瞋惱心，於眾生得悅喜心，不依欲染想。比丘以喜心遍解一方行，第二、第三、第四，四維上下，一切以喜心廣大尊勝，無二無量，無怨無恚，遍解諸世間行，是名喜。

何謂捨。如比丘，不思惟眾生樂，不知樂，不解樂，不受樂，不得憐愍，不起悲心，不得悅喜，不依欲染想。如比丘，但緣眾生，故得捨。如人入叢林中，不分別此是鉢多樹、尼居陁樹、毘梨叉樹、優頭披羅樹、家枝樹、加毘耶樹、若毘耶羅樹、家尼柯羅樹、彌陁樹、伊陁伽樹，但見叢林，不分別諸樹。如是比丘，不思惟眾生樂，不知樂，不解樂，不受樂，不得憐愍，不起悲心，不得悅喜，不依欲染想，但緣眾生，故得捨。或有眾生，已曾侵惱比丘，比丘於眾生心障礙，不清淨、不觀、不解。比丘如是思惟，眾生已曾侵惱我，眾生雖侵惱我，我不應侵惱。我若瞋惱眾生，則爲自損。他已損我，若我還報，自損甚。於彼比丘，如是思惟已，於眾生堪忍，除滅瞋惱心，但緣眾生，故得捨。或有眾生，先未曾侵惱比丘，乃至無因緣橫瞋，如上所說。如比丘，若於東方眾生，滅瞋惱心，但緣眾生，故得捨。於南、西、北方眾生，除滅瞋惱心，但緣眾生，故得捨。如比丘，以捨心遍解一方行，第二、第三、第四，四維上下，一切但以捨心廣大尊勝，無二無量，無怨無恚，遍解諸世間行，是名捨。

是名四無量。

菩提留支譯《大薩遮尼乾子所說經》卷八 王言：大師！何者如來

四無量心。

答言：大王！四無量者，所謂慈心無量、悲心無量、喜心無量、捨心無量。

大王當知！沙門瞿曇有十種無量大慈之心。一者平等大慈，不選擇一切衆生故。二者饒益大慈，能開天人善道涅槃，閉諸惡趣故。三者救護大慈，畢竟能度一切衆生生死險難故。四者哀愍大慈，不捨一切衆生長養諸根故。五者解脱大慈，滅諸衆生煩惱熱故。六者出生菩提大慈，示諸衆生無上涅槃大菩提故。七者於諸衆生無礙大慈，放大光明，普照一切衆生界故。八者虚空等大慈，救護一切諸衆生故。九者法緣大慈，覺悟一切諸衆生等知眞實法故。十者無緣大慈，證離生死實法性故。大王當知！是名慈心無量。

大王當知！沙門瞿曇有十種無量大悲之心。一者不共大悲，性大悲故。二者不厭大悲，代一切衆生受大苦故。三者入一切惡道大悲，處在生死度衆生故。四者於諸天人受生大悲，示現諸法悉無常故。五者不捨一切邪定衆生大悲，於無量劫起大誓心莊嚴成就故。六者不著己樂大悲，爲與一切衆生樂故。七者不求報大悲，自心清淨故。八者除滅一切衆生倒心大悲，說實法故。九者說眞法性大悲，知諸法界自性清淨故。十者說空無所有大悲，不爲諸客塵煩惱染故。大王當知！是名悲心無量。

大王當知！沙門瞿曇有十種無量大喜之心。一者大喜，慶諸衆生發菩提心故。二者大喜，念諸衆生捨諸有故。三者大喜，於犯戒者不生惡心，教化成就故。四者大喜，於諸一切諍訟衆生，悉令和合得無上智故。五者大喜，爲諸衆生常護正法故。六者大喜，遠離世間出世間故。七者大喜，令諸衆生不著一切資生之具，常樂正法故。八者大喜，不共一切難摧伏故。九者大喜，不壞法界，令諸衆生常樂禪定、解脱、三昧，相續不斷故。十者大喜，令諸衆生專求寂靜，除滅亂心得無上慧，遠離邪見滿足諸願故。是名喜心無量。

大王當知！沙門瞿曇有十種無量大捨之心。一者大捨，一切衆生恭敬供養，心不加喜，一切衆生輕慢毁辱，不生惱故。二者大捨，常行世間，不爲世間八法所染故。三者大捨，知器知時，於器非器心行平等故。四者大捨，不與衆生聲聞、辟支佛學無學法故。五者大捨，遠離一切煩惱習氣故。六者大捨，不歎修行二乘菩提厭生死故。七者大捨，遠離世間涅槃語、非離欲語、戲笑語、惱他語、聲聞緣覺乃至一切障菩提語故。八者大捨，若有衆生待時受化，如來於中，暫時放捨故。九者大捨，若有衆生應受佛化，隨彼應見種種色像，即能現故。十者大捨，遠離二法，無上無下，無取無捨，無虚無實，觀察平等，安住眞實，得淨忍故，是名捨心無量。

大王當知！沙門瞿曇畢竟成就如是四無量心。是故我言，無有過失。

菩提流支譯《弥勒菩薩所問經論》卷七　又四無量，說有三種。一者衆生觀，二者法觀，三者無觀。

初發菩提心菩薩未知衆生相，同於外道聲聞辟支佛觀無量，是名衆生觀無量。

又諸菩薩即彼衆生觀無量，次第漸漸增長勝上，如實知衆生相修菩薩行，未知一切有爲法相，依假名衆生有爲諸行起衆生相戲論，即取此有爲行以爲衆生，名爲法觀無量。

又諸菩薩能如實知有爲行相，得無生法忍。從慈心後次生平等觀般若，說名慈心，名爲無觀無量。如共慈心相應覺分。此明何義。如慈心後次生擇法覺分而說名慈，如是慈無量後次得平等觀般若，說名慈無量。是名無觀無量。

達磨菩提譯《涅槃論》　云何於大衆而得無所畏。菩薩出世慈悲平等，不壞衆生相故。言無所畏，菩薩無畏，衆生亦無畏。云何衆生不畏。菩薩出世不壞衆生相，是故衆生亦不畏。如來出世，以慈、悲、喜、捨四無量心，平等無有差別，無有天、魔、外道乃至一闡提，如一子想，無所畏。

那連提耶舍譯《阿毗曇心論經》卷四　無量者，四無量，慈、悲、喜、捨。此無量衆生緣故，故名無量。彼慈者，欲令一切衆生得樂，如是想心，轉恚對治，是無恚善根性，故說名慈。苦衆生如何得脱，如是想，轉害對治，無恚善根性，名悲。喜衆生如是想，轉嫉對治，喜根，名喜。捨者，捨衆生想。如是心，轉欲愛瞋恚對治故，無癡善根性，是名捨。彼一切共伴共方便，欲界中四陰性，色界五陰性。

真諦譯《阿毗達磨俱舍釋論》卷二一　偈曰：無量定有四。

釋曰：四無量定，謂慈、悲、喜、捨無量。以無量衆生爲境界故，感無量果報故。

云何立四。偈曰：由瞋等對治。

釋曰：多行殺害瞋、逼惱瞋、嫉妬瞋、愛起憎瞋，衆生爲滅此行，是故次第應修此四無量定。

不淨觀及捨無量定，若同對治欲界愛欲，有何差別。

毘婆沙師說：色欲對治是不淨觀，婬欲對治是捨無量觀。若執如此，則與理相應。婬欲對治是不淨觀，能除色形貌觸威儀欲故。母父及兒親等欲對治是捨。

此四定，性類云何。偈曰：慈無瞋及悲。

釋曰：慈以無瞋善根爲性，悲亦如此。

偈曰：喜定謂適心。

釋曰：於他歡適事，心隨彼歡適，說名爲喜。

偈曰：捨無貪。

釋曰：捨以無貪善根爲性。若爾，云何對治瞋。由瞋是貪愛所引故。若爾，此定應以二善根爲性。此義應理。

此慈等無量定，行相云何。

偈曰：行相，有樂及有苦，得喜及衆生。

釋曰：若衆生安樂，是慈定境界。於彼起行相思惟，謂衆生安樂，由此得修慈無量觀。若衆生有苦，是悲定境界。於彼起行相思惟，謂衆生有苦，由此得修悲無量觀。若衆生得喜，是喜定境界。於彼起行相思惟，謂衆生得喜，由此得修喜無量觀。若不分別，但衆生衆生，是捨定境界。於彼起行相思惟，謂衆生衆生，由此得修捨無量觀。

智者大師《法界次第初門》卷上 四無量心初門第十六（一慈無量心，二悲無量心，三喜無量心，四捨無量心）。

次四禪而辨四無量心者，四禪但是自證禪定功德而未有利他之功，故樂大功德者，當憐愍一切衆生，修慈、悲、喜、捨四無量定。此四通名無量心者，從境以得名，以所緣衆生無量故。能緣之心，亦隨境無量，故悉受無量心名。

一慈無量心。（能與他樂之心，名之爲慈。若行者於禪定中，念衆生令得樂時，心數法中生定，名爲慈定。是慈相應心，無瞋無恨，無怨無惱，善修得解，廣大無量遍滿十方，名慈無量心。）

二悲無量心。（能拔他苦之心，名之爲悲。若行者於禪定中，念受苦衆生令得解脫時，心數法中生定，名爲悲定。是悲相應心，無瞋無恨，無怨無惱，善修得解，廣大無量遍滿十方，是爲悲無量心也。）

三喜無量心。（慶他得樂，生歡悅心，名之爲喜。若行者於禪定中，念衆生令離苦得樂歡喜時，心數法中生定，名爲喜定。是喜相應心，無瞋無恨，無怨無惱，善修得解，廣大無量，遍滿十方，是爲喜無量心。）

四捨無量心。（若緣於他無憎無愛之心，名之爲捨。行者於禪定中，念衆生悉念同得無憎無愛如證涅槃，寂然清淨。如是念時，心數法中生定，名爲捨定。是捨相應心，無瞋無恨，無怨無惱，善修得解，廣大無量，遍滿十方，是爲捨無量心。）

玄奘譯《大寶積經》卷四一 又復讚說三世諸佛，童子當知。云何名爲菩薩道耶。所謂菩薩摩訶薩，於諸有情，精勤修習四無量心。何等爲四。所謂大慈波羅蜜，大悲波羅蜜，大喜波羅蜜，大捨波羅蜜。

玄奘譯《阿毗達磨集異門足論》卷五 云何修類、云何福、云何業、云何事而說修類福業事耶。答：修類者，謂慈悲、喜、捨四無量，是名修類。福者，謂無量俱行，身律、儀語律、儀命清淨，是名福。業者，謂無量俱行，諸思、等思、現等思、已思、思類作心意業，是名業。事者，謂所緣事緣彼而起四無量，是名事。此中，修類名爲修類，亦名福，亦名業，亦名事。此中，福名爲福，亦名業，亦名事，亦名修類。此中，業名爲業，亦名事，亦名修類，亦名福。此中，事唯名事。如世尊說。

玄奘譯《阿毗達磨集異門足論》卷六 梵住云何。答：謂四無量。何等爲四。謂慈、悲、喜、捨。如世尊爲吠那補梨婆羅門說。梵志當知，若時我於四無量中，隨爲一無量故行。爾時，我爲梵住而行。若時我於四無量中，隨爲一無量故住，或坐或臥。爾時，我爲梵住而住，或坐或臥。如是四無量中，隨於一無量親近數習，殷重無間，勤修不捨，是名梵住。

玄奘譯《阿毗達磨集異門足論》卷七 爾時，世尊告苾芻衆：有四無量。何等爲四。謂有一類慈俱行心，無怨無敵，遠離惱害，廣大無量。善修習故，想對一方，勝解遍滿，具足而住。及對第二、第三、第四、上、下或傍一切世間，亦復如是。是名第一。復有一類悲俱行心，無怨無敵，遠離惱害，廣大無量。善修習故，想對一方，勝解遍滿，具足而住。及對第二、第三、第四、上、下或傍一切世間，亦復如是。是名第二。復有一類喜俱行心，無怨無敵，遠離惱害，廣大無量。善修習故，想對一方，勝解遍滿，具足而住。及對第二、第三、第四、上、下或傍一切世間，亦復如是。是名第三。復有一類捨俱行心，無怨無敵，遠離惱害，廣大無量。善修習故，想對一方，勝解遍滿，具足而住。及對第二、第三、第四、上、下或傍一切世間，亦復如是。是名第四。

玄奘譯《阿毗達磨大毗婆沙論》卷八一　四無量者，一慈，二悲，三喜，四捨。

問：何故靜慮無間説無量耶。

答：靜慮引起四無量故。復次，靜慮無量更相引故。復次，以四無量是靜慮中勝功德故。

問：此四無量，自性是何。

答：慈悲俱以無瞋善根爲自性，對治瞋故。若兼取相應隨轉，則四蘊、五蘊爲自性。欲界者，四蘊。色界者，五蘊。

問：若慈悲俱以無瞋善根爲自性對治瞋者，慈對治何等瞋。悲對治何等瞋耶。

答：慈對治斷命瞋，悲對治捶打瞋。復次，慈對治應瞋處瞋，悲對治不應瞋處瞋。有作是説，慈無量以無瞋善根爲自性，對治瞋故。悲無量以不害爲自性，對治害故。喜以喜根爲自性。若兼取相，應隨轉，則欲界者四蘊爲自性，色界者五蘊爲自性。

問：若喜無量以喜根爲自性者，品類足説，當云何通。如説。

云何喜無量。謂喜及喜相應受想行識。

若彼所起身語二業者，彼所起心不相應行，皆名爲喜。豈有喜受與受相應。

答：彼文應説，謂喜及喜相應想行識，不應言受而言受者，是誦者謬。

復次，彼論總説五蘊爲喜無量自性。雖喜受與受不相應，而餘心心所法與受相應。故作是説，亦不違理。有餘師説，此喜無量，欣爲自性。欣體非受，別有心所與心相應。有説，欣在喜根相應聚中可得。有作是説，喜根後生，欣由喜力所引起故。若作是説，此喜無量與受相應，亦不違理。

捨以無貪善根爲自性，對治貪故。若兼取相應隨轉，則欲界者四蘊爲自性，色界者五蘊爲自性。如是名爲無量自性。

問：此四無量，其相云何。答：自性即是相，相即是自性，自性與相不相離故。尊者世友作如是説：授與饒益是慈相，除去衰損是悲相，慶慰得捨是喜相，忘懷平等是捨相。

已説無量自性及相，所以今當説。

問：何故名無量，無量是何義。

答：普緣有情，對治無量戲論煩惱，故名無量。

問：戲論有二種，一愛戲論，二見戲論。何無量對治何戲論耶。

答：無量不能斷諸煩惱，但能制伏，或令轉遠。有時四種皆對治愛，有時四種皆對治見。若依四種近對治説，應言慈悲近對治見戲論，以見行者多瞋恚故。喜捨近對治愛戲論，以愛行者多親附故。有作是説，慈悲近對治愛戲論，喜捨近對治見戲論。

復次，普緣有情，對治無量放逸煩惱，故名無量，謂四無量能近對治欲界放逸諸煩惱故。復次，如是四種是諸賢聖廣遊戲處，故名無量。如富貴人有無量種廣遊戲處，謂諸園苑宮殿臺閣遊獵等處。復次，如是四種能緣無量有情爲境，生無量福，引無量果，故名無量。【略】

此四無量界者，在欲色界。地者慈悲捨三在七地。謂欲界四靜慮。及未至定靜慮中間。有説，在十地。謂四靜慮四近分，靜慮中間及欲界。喜無量在三地，謂欲界初二靜慮。有餘師説，初二靜慮無悲無量。所以者何。初二靜慮有勝喜受歡行相轉，無無量慼行相轉。初二靜慮若有悲者，則一心中有歡有慼，便違正理。

問：若爾初二靜慮如何有無漏厭。

答：無漏厭與眞實作意相應，不違於喜。如如於境，覺眞實相。如是如是，深生喜慰。如如於境，深生喜慰。如是如是，復欣彼覺。如人求寶而掘於地，如如掘地，如是如是得諸寶物。如如得寶，如是如是，復欣掘地。悲無量與勝解作意相應，故違於喜。

評曰：應作是說，初二靜慮有悲無量。云何知然。有至教故。如定蘊說，初二靜慮攝初二靜慮四無量等，故知有悲。

此四無量所依者，唯依欲界身而得現起。

行相者，慈有與樂行相，悲有拔苦行相，喜有喜慰行相，捨有捨置行相。

所緣者，唯緣欲界，唯緣聚集，唯緣和合，唯緣有情，謂緣欲界五蘊二蘊有情爲境。若諸有情住自地心者，則緣彼五蘊。若諸有情住他地心，或無心者，則緣彼二蘊。

有作是說，初靜慮無量緣欲界有情，第二靜慮無量緣欲界及初靜慮有情，第三靜慮無量緣欲界及初二靜慮有情，第四靜慮無量緣欲界及下三靜慮有情。復有說者，初靜慮無量緣欲界及初靜慮有情，第二靜慮無量緣欲界及初二靜慮有情，第三靜慮無量緣欲界及下三靜慮有情，第四靜慮無量緣欲界及四靜慮有情。

有餘師說，慈無量緣欲界及下三靜慮。所以者何。慈無量與樂行相轉，唯四地中有樂受故。悲無量唯緣欲界。所以者何。悲無量拔苦行相轉，唯欲界中有苦受故。喜無量緣欲界及初二靜慮。所以者何。喜無量喜慰行相轉，唯三地中有喜受故。捨無量緣欲界四靜慮。所以者何。捨無量捨置行相轉，一切地中有捨受故。

評曰：此諸說中，初說爲善。謂四但緣欲界爲境。念住者，此四唯與法念住俱。智者，此四唯與世俗智俱。三摩地者，此四不與三摩地俱，唯有漏故。根相應者，慈悲捨三與喜樂捨三根相應，喜全不與受根相應。若兼說彼相應隨轉，則喜亦與喜根相應。過去未來現在者，此四無量皆通三世。過去緣過去，現在緣現在，未來可生法緣未來不可生法。緣三世善不善無記者，此四無量唯是善緣三種。欲界色界無色界繫者，此四無量欲色界繫，唯緣欲界繫。學無學非學非無學者，此四無量唯非學非無學，唯緣非學非無學。見所斷修所斷非所斷者，此四無量唯修所斷，緣見修所斷。緣名緣義者，此四無量通緣二種。緣自相續緣他相續者，此四無量唯緣他相續加行。得離染得者，此四欲界及下三靜慮有無量皆通二種。應知此中離染得者，謂初靜慮無量離欲界染故得。第二靜慮無量，離初靜慮染故得。第三靜慮無量，離第二靜慮染故得。第四靜慮無量，離第三靜慮染故得。或離自地上地染時，修得無量加行得者，謂四無量多由加行而現在前。佛不由加行而現在前，獨覺由下加行而現在前。聲聞由中上加行而現在前，異生不定種姓多故。曾得未曾得者，此四無量皆通二種。一切聖者及住後有異生皆通二種，諸餘異生唯是曾得。有作是說，一切聖者及住內法異生皆通二種，外法異生唯是曾得。

玄奘譯《阿毗達磨大毗婆沙論》卷八二　問此四無量次第云何。爲如說而生爲別有次第。有作是說。如說而生。謂瑜伽師先於欲界諸有情類欲與饒益。與饒益者即是慈相。故佛說慈以爲第一。次於欲界諸有情類欲除衰損。除衰損者即是悲相。故佛說悲以爲第二。彼諸有情既得饒益復離衰損。次應於彼而生慶慰。慶慰彼者即是喜相。故佛說喜以爲第三。既於有情生慶慰已。次應於彼平等捨置。等捨置者即是捨相。故佛說捨以爲第四。故四無量如說而生。復有說者。此四無量先悲次慈次喜後捨。謂瑜伽師先於欲界諸有情類欲除衰損。次復於彼欲與饒益。次復於彼深生慶慰。最後於彼平等捨置。尊者僧伽筏蘇說曰。悲喜二種互相制御。若先起悲次必生喜。悲令心下須喜策故。若先生喜次必起悲。喜令心舉須悲制故。評曰。應作是說。

玄奘譯《阿毗達磨大毗婆沙論》卷一四一　四無量者，謂慈、悲、喜、捨。慈謂與樂作意相應，無瞋善根爲性。悲謂除苦作意相應，無瞋善根爲性。有說：不害爲性。喜謂慶慰作意相應喜根爲性。有說：以善心所中欣爲自性。捨謂平等作意相應，無貪善根爲性。

已說自性，當說所以。

問：何故名無量。

答：由此四種緣無量有情故，生無量善法故，招無量勝果故。廣說此四，亦如餘處。

玄奘譯《阿毗達磨俱舍論》卷二九　論曰：無量有四，一慈，二悲，三喜，四捨。言無量者，無量有情爲所緣故，引無量福故，感無量果故。此何緣故唯有四種。對治四種多行障故。

玄奘譯《瑜伽師地論卷》卷一二　復次，云何建立四無量定。謂諸有情有三品故，一者無苦無樂，二者有苦，三者有樂。如其次第，欲與其樂，欲令離苦，欲令其樂永不相離。於彼作意，有四種故。如其次第，建立四種，謂由與樂作意故，拔苦作意故，樂不相離隨喜作意故。建立前三，卽於此三欲與樂等。爲欲令彼不樂思慕不染污作意故，瞋恚不染污作意故，貪欲不染污作意故，建立於捨。經言：以慈俱心，乃至廣說。現前饒益，故名慈俱。饒益相故，名慈善友。其饒益相，略有二種：一欲利益，二欲安樂。此二種相，一切無量之所顯示。無怨者，離惡意樂故。無敵者，離現乖諍故。無惱害者，離不饒益事故。廣者，所緣廣大故。大者，利益安樂思惟最勝故。無量者，果無量故。如四大河，衆流雜處。善修習者，極純熟故。設有問言：慈俱等心有何等相。故次答言：勝解偏滿，具足而住。勝解偏滿者，增上意樂勝解周普。義具足者，圓滿淸白故。住者，所修觀行日夜專注，時專注故。問：如經言：善修習慈，極於遍淨，乃至廣說。此何密意。答：第三靜慮，於諸樂中其樂最勝，憶念此樂，修習慈心，慈最第一故，說修慈極於遍淨。憶念空處，修習悲心，亦最第一，以修悲者，樂欲拔苦，無色界中，遠離衆苦，斷壞等苦，彼都無故，是故憶念無邊空處。修悲等至，作如是念，當令一切有苦有情，到無衆苦及所依處。修喜定者，亦常憶念無邊識處，慶諸有情所得安樂，作如是念，當令一切有情之類受無量樂，猶如識處，識無限量，是故憶念識無邊處。修習喜定，爲最第一。修捨定者，亦常憶念無所有處，作如是念，無所有處無漏心地最爲後邊，捨最第一，如阿羅漢苾芻，一切苦、樂、不苦不樂現行位中皆無染污，當令一切有情之類得如是捨。是故憶念無所有處，修習捨定，爲最第一。如是一切皆是聖行，唯聖能修。故經宣說覺分俱行。

玄奘譯《瑜伽師地論卷》卷一四 又有四法，於諸有情對治恚害、不樂、欲、貪。善修習時，能生大福，能趣離欲：一慈，二悲，三喜，四捨。

玄奘譯《瑜伽師地論卷》卷四四 云何菩薩修四無量慈、悲、喜、捨。謂諸菩薩略有三種，修四無量：一者有情緣無量，二者法緣無量，三者無緣無量。若諸菩薩，於其三聚一切有情安立，以爲無苦、無樂、有苦有樂，於其最初欲求樂者，發起與樂增上意樂，普緣十方安住無倒有情勝解，修慈俱心，當知是名有情緣慈。若諸菩薩，住唯法想增上意樂，正觀唯法，假說有情，修慈俱心，當知卽此名法緣慈。若諸菩薩，復於諸法遠離分別，修慈俱心，當知卽此名無緣慈。如有情緣、法緣、無緣三慈差別，悲、喜、捨三，當知亦爾。若諸菩薩，於有苦者，發起除苦增上意樂，普緣十方修悲俱心，是名爲悲。若諸菩薩，於有樂者，發起隨喜增上意樂，普緣十方修喜俱心，是名爲喜。若諸菩薩，卽於如是無苦、無樂、有苦有樂三種有情，隨其次第，發起遠離癡、瞋、貪惑增上意樂，普緣十方修捨俱心，是名爲捨。

玄奘譯《攝大乘論釋》卷九 頌云：憐愍諸有情，起和合遠離，常不舍利樂，四意樂歸禮。

今此頌中，顯四無量。憐愍諸有情者，是總句。起和合意樂者，顯慈無量，欲令有情樂和合故。起遠離意樂者，顯悲無量，欲令有情遠離苦故。起常不捨意樂者，顯喜無量，欲令有情不捨樂故。起利樂意樂者，顯捨無量，欲令有情獲得利益及安樂故。捨謂棄捨，欲令有情捨樂受等煩惱隨眠，不捨有情。又處中住，說名爲捨。緣此功德，歸依敬禮諸佛法身，故名歸禮。餘頌準此，一切應知。

玄奘譯《顯揚聖教論》卷四 論曰：無量者，謂四無量，廣說如經。一、慈無量：謂慈心俱，無怨、無憎、無有損害，廣大無量極善修習，於一方面如是次第乃至十方一切無邊世界，意解偏滿具足住。慈心俱者，於無苦無樂衆生，欲施樂，具阿世耶心相應故。無怨者，卽彼對治欲加苦具瞋故。無憎者，卽彼對治障礙樂具瞋故。無損害者，卽彼對治欲與不宜瞋故。廣者，於見所行作意故。大者，於聞所行作意故。無量者，於覺知所行作意故。極善修習者，由串習相應離諸蓋故。於一方面如是次第乃至十方一切無邊世界者，遍緣器世間及有情世間故。意解者，緣意解思惟境界故。偏滿者，緣無間有情境界故。具足住者，如前靜慮中說。二、悲無量：謂悲心俱，乃至廣說悲心俱者，於有苦衆生欲拔苦，具阿世耶心相應故。無怨者，卽彼對治與苦害故。無憎者，卽彼對治障礙拔苦害故。無損害者，卽彼對治欲與不宜不喜樂故。餘如前說。三、喜無量。謂喜心俱，乃至廣說喜心俱者，於有樂衆生隨喜彼樂，阿世耶心相應故。無怨者，卽彼對治欲與苦具不喜樂故；無憎者，卽彼對治障礙樂具不喜樂故；無損害者，卽彼對治欲與不宜不喜樂故；餘如前說。四、捨無量：謂捨心俱，乃至廣說捨心俱者，欲令不染阿世耶心相應故。無怨者，卽彼對治令染貪瞋故。無憎者，卽彼對治障礙除染貪瞋故。無損害者，卽彼對治顛倒不染貪及瞋故。餘如前說。此四無量體性云何。謂慈以無瞋善根爲體，悲以不害善根爲體，喜以不嫉善根爲體，捨以無貪無瞋善根爲體，皆是憐愍衆生法故。於此四中，慈唯無瞋，次二無量無瞋一分，捨是無貪無瞋一分。又復與彼相應等持諸心心法，幷彼眷屬，皆是四無量體。

波羅頗蜜多羅譯《大乘莊嚴經論》卷五 次作是念，我今應起四無量心。諸波羅蜜現前時應起慈心，慳等現前時應起悲心，他人諸波羅蜜現前時應起喜心，他人信諸波羅蜜時應起無染心，是名憐愍作意。

波羅頗蜜多羅譯《大乘莊嚴經論》卷九 釋曰：梵住者，謂四無量，即慈、悲、喜、捨。此中應知菩薩四無量，一一各有四種相。一治障，由所治斷故。二合智，得無分別智對治勝故。三轉境，由衆生緣法緣無緣故。四成生，由作勝業成就衆生故。

玄奘譯《大乘阿毗達磨集論》卷七 無量者，謂四無量。云何慈。謂依止靜慮，於諸有情與樂相應意樂，住具足中，若定若慧，及彼相應諸心、心所。云何悲。謂依止靜慮，於諸有情離苦意樂，住具足中。若定若慧，餘如前說。云何喜。謂依止靜慮，於諸有情不離樂意樂，住具足中。若定若慧，餘如前說。云何捨。謂依止靜慮，於諸有情利益意樂，住具足中，若定若慧，餘如前說。

玄奘譯《大乘阿毗達磨雜集論》卷一三 無量者，謂四無量：一、慈無量，二、悲無量，三、喜無量，四、捨無量。

慈云何。謂依止靜慮，於諸有情與樂相應意樂，住具足中若定若慧，及彼相應諸心心法。此中顯慈無量，以靜慮爲所依，有情爲境界，願彼與樂相應爲行相，定慧爲自體，一切功德皆奢摩他、毗鉢舍那所攝故，諸心、心法爲助伴。當知悲等一切功德，隨其所應亦爾。

悲云何。謂於諸有情離苦意樂，住具足中若定若慧，餘如前說。所依、自體、助伴，與慈相似故。

喜云何。謂於諸有情不離樂意樂，住具足中若定若慧，餘如前說。

捨云何。謂依止靜慮，於諸有情利益意樂，住具足中若定若慧，餘如前說。利益意樂者，謂於與樂相應等有情所，棄捨愛等，作是思惟，當令彼解脱煩惱，如是意樂，名捨行相。利益意樂行相圓滿，名住具足。

復次，無量作何業。謂捨所治障，哀愍住故，能速圓滿福德資糧，成熟有情，心無懈倦。捨所治障者，謂如其次第四無量，能捨瞋、害、不樂、愛恚故。哀愍住者，謂四無量，於利益有情事隨順轉住。由於一切有情哀愍住故，能速圓滿福德資糧。成熟有情，心無懈倦者，由愍諸有情不顧自身故。

施護譯《佛說大集法門經》卷上 復次，四無量，是佛所說。謂若苾芻，發起慈心，先於東方行慈，南、西北方，四維上下，亦然行慈。而彼慈心，於一切處、一切世界、一切種類廣大無量而無邊際，亦無分限。此名慈無量。悲、喜、捨三，亦復如是。此等名爲四無量。

求那跋摩譯《菩薩善戒經》卷六 菩薩修集四無量心，慈、悲、喜、捨。四無量心有三種，一者衆生緣，二者法緣，三者無緣。

衆生緣者，菩薩摩訶薩修集慈心，諦觀一切三聚衆生，一者受樂，二者受苦，三者受不苦不樂。菩薩摩訶薩修集慈心。觀受樂者，令其增長，觀苦衆生，滅苦生樂。觀不苦不樂者，斷除苦樂，令得涅槃。是名衆生緣。法緣者，菩薩摩訶薩唯觀法相不作衆生相。若我修慈無衆生者，唯得離苦，誰得受樂，是名法緣。無緣者，捨衆生相及以法相，增長慈心。是名無緣。如慈餘三無量，亦復如是。

施護譯《集大乘相論》卷下 所言無量行者，即四無量行，謂慈、悲、喜、捨，此四皆緣無量衆生爲境界故。此中慈無量行者，謂與一切衆生畢竟利樂，所修諸行而悉離相，遠離顛倒，順菩薩道。悲無量行者，謂不令衆生而有一苦。此悲謂能對治惱害，不起爲性。喜無量行者，謂證一切法無我平等，所有施等諸善住菩提心，廣爲利樂一切衆生，方便所行，如所生喜爲喜受相。捨無量行者，謂於三有分別平等起廣大行，拯救衆生，於自所得三摩地樂而不味著。此能對治放逸過失，心住實相，如應調伏世間一切執相等心已能安住靜慮。於諸色想，對治實法。復於無量法門得法平等，住法無我，如理而證。所獲一切平等樂法，是名自在最勝所得。如是略說名四無量行。

道誠《釋氏要覽》卷上 慈、悲、喜、捨，爲四無量心。《婆沙論》云：授與饒益，是慈相。除去衰損，是悲相。慶慰得捨，是喜相。心懷平等，是捨相。

四聖

玄奘譯《阿毗達磨集異門足論》卷一〇 四聖言者，一、不見言不見，二、不聞言不聞，三、不覺言不覺，四、不知言不知。云何不見言不見聖言。答：眼識所受，眼識所了，説爲所見。有實眼識未受未了，彼不隱覆此想、此忍、此見、此質直事，言我未見，如是名爲不見言不見聖言。有實已見，起不見想，彼不隱覆此想、此忍、此見、此質直事，言我不見，如是雖名聖言，而不名不見言不見，彼實已見故。云何不聞言不聞聖言。答：耳識所受，耳識所了，説爲所聞。有實耳識未受未了，彼不隱覆此想、此忍、此見、此質直事，言我不聞，如是名爲不聞言不聞聖言。有實已聞，起不聞想，彼不隱覆此想、此忍、此見、此質直事，言我不聞，如是雖名聖言，而不名不聞言不聞，彼實已聞故。云何不覺言不覺聖言。答：三識所受，三識所了，説爲所覺。有實三識未受未了，彼不隱覆此想、此忍、此見、此質直事，言我不覺，如是名爲不覺言不覺聖言。有實已覺，起不覺想，彼不隱覆此想、此忍、此見、此質直事，言我不覺，如是雖名聖言，而不名不覺言不覺，彼實已覺故。云何不知言不知聖言。答：意識所受，意識所了，説爲所知。有實意識，未受未了。彼不隱覆此想、此忍、此見、此質直事，言我不知，如是名爲不知言不知聖言。有實已知，起不知想，彼不隱覆此想、此忍、此見、此質直事，言我不知，如是雖名聖言，而不名不知言不知，彼實已知故。又云：復次四聖言者，一、見言見，二、聞言聞，三、覺言覺，四、知言知。云何見言見聖言。答：眼識所受，眼識所了，説爲所見。有實眼識已受已了，彼不隱覆此想、此忍、此見、此質直事，言我已見，如是名爲見言見聖言。有實不見而起見想，彼不隱覆此想、此忍、此見、此質直事，言我已見，如是雖名聖言，而不名見言見，彼實不見故。云何聞言聞聖言。答：耳識所受，耳識所了，説爲所聞。有實耳識已受已了，彼不隱覆此想、此忍、此見、此質直事，言我已聞，如是名爲聞言聞聖言。有實不聞而起聞想，彼不隱覆此想、此忍、此見、此質直事，言我已聞，如是雖名聖言，而不名聞言聞，彼實不聞故。云何覺言覺聖言。答：三識所受，三識所了，説爲所覺。有實三識已受已了，彼不隱覆此想、此忍、此見、此質直事，言我已覺，如是名爲覺言覺聖言。有實不覺而起覺想，彼不隱覆此想、此忍、此見、此質直事，言我已覺，如是雖名聖言，而不名覺言覺，彼實不覺故。云何知言知聖言。答：意識所受，意識所了，説爲所知。有實意識，已受已了，彼不隱覆此想、此忍、此見、此質直事，言我已知，如是名爲知言知聖言。有實不知而起知想，彼不隱覆此想、此忍、此見、此質直事，言我已知，如是雖名聖言，而不名知言知，彼實不知故。

玄奘譯《阿毗達磨大毗婆沙論》卷一七一 四聖語者，謂不見，言不見。不聞，言不聞。不覺，言不覺。不知，言不知。

問：何故復作此論。答：爲欲分別契經義故。如契經説：四聖語，謂不見，言不見，乃至廣説。契經雖作是説，而不廣分別。今欲分別，故作斯論。云何不見言不見聖語。答：不見，義如前釋。若有於所不見，不見想轉，他問言汝於是事曾見不。彼不自爲，不爲他，不爲名利，即時如實不覆此想、此忍、此欲，答言不見，是名不見言不見聖語。復有此類，於見不見想轉而言不見成聖語。

問：何故復説此耶。答：爲顯希有事故，如説頗有於見言不見，亦如於不見言不見，成聖語耶。答：有。謂如有一於所見事不見想轉，他問言：汝於是事曾見不。彼不自爲，不爲他，不爲名利，即時如實不覆此想、此忍、此欲，答言：不見。彼於爾時如於不見言不見成聖語，是亦名爲不見言不見聖語。如廣説不見言不見聖語，如是不聞言不聞，不覺言不覺，不知言不知，聖語廣説亦爾。復有四聖語，謂見言見，聞言聞，覺言覺，知言知，云何見言見聖語。答：見義如前釋。若有於所見事見想轉，他問言：汝於是事曾見不。彼不自爲，不爲他，不爲名利，即時如實不覆此想、此忍、此欲，答言：我見。是名見言見聖語。復有此類，於不見見想轉，而言見成聖語。

問：何故復説此耶。答：爲顯希有事故。如説頗有於不見言見，亦如於見言見成聖語耶。答：有。謂如有一於所不見事見想轉，他問言：汝於是事曾見不。彼不自爲，不爲他，不爲名利，即時如實不覆此想、此忍、此欲，答言：我見。彼於爾時如於見言見成聖語，是亦名爲見言見聖語。

如廣說見言見聖語，如是聞言聞，覺言覺，知言知聖語，廣說亦爾。

問：如是所說，便有八聖語，或十六，何故但說四耶。答：以所依事唯有四故。謂一切聖語皆依見、聞、覺、知事起，故唯說四。復次，略故說四，廣則有八或十六。復次，總故說四，別則有八或十六。如總、別如是：不分別、分別，不遍言、遍言，無異言、有異言，頓說、漸說，應知亦爾。問：聖語以何爲自性。答：實語爲自性。問：何故此語名聖耶。答：以善故名聖。復次，於聖者相續中現前，故名聖。復次，聖者所成就，故名聖。復次，聖者所說，故名聖。復次，聖者由此得聖名，故名聖。集異門說何故名聖。答：由此能引可愛、可憙、可樂、悅意、如意果，故名聖，此顯等流果。復次，由此能招可愛、可憙、可樂、悅意、如意異熟，故名聖，此顯異熟果。

善遇編《師子林天如和尚語錄》卷之二　四聖六凡，合成十法界也。四聖者諸佛，菩薩，緣覺，聲聞也。六凡者天，人，脩羅，畜生，餓鬼，地獄也。如是十法界本無自體，本無自性，亦無自種，亦無自根，皆惟一心之所造也。

德清《紫柏老人集》卷之七　四聖者，佛，菩薩，聲聞，緣覺是也。六凡者，天，修羅，人，傍生，餓鬼，地獄是也。此十者，又謂之十法界。言法界者，法則共合，界則各別。此皆總是衆生最初發心不等，感果亦異。

四攝

僧伽提婆譯《中阿含經》卷三三　居士子！有四攝事，云何爲四，一者惠施，二者愛言，三者行利，四者等利。於是世尊說此頌曰：

惠施及愛言，常爲他行利，
衆生等同利，名稱普遠至，
此則攝持世，猶如御車人。
若無攝持者，母不同其子，
得供養恭敬，父因子亦然，
若有此法攝，故得大福祐。
照遠猶日光，速利翻捷疾，
不麁說聰明，如是得名稱。
定護無功高，速利翻捷疾，
成就信尸賴，如是得名稱。
常起不事惰，憙施人飲食，
將去調御正，如是得名稱。
親友臣同恤，愛樂有齊限，
謂攝在親中，殊妙如師子。
初當學伎術，於後求財物，
後求財物已，分別作四分。
一分作飲食，一分作田業，
一分舉藏置，急時赴所須，
耕作商人給，一分出息利，
第五爲取婦，第六作屋宅。
家若具六事，不增快得樂，
彼必饒錢財，如海中水流。
彼如是求財，猶如蜂採花，
長夜求錢財，當自受快樂。
出財莫令遠，亦勿令普漫，
不可以財與，兇暴及豪強。
東方爲父母，南方爲師尊，
西方爲妻子，北方爲奴婢，
下方親友臣，上沙門梵志。
願禮此諸方，二俱得大稱，
禮此諸方已，施主得生天。

佛說如是，善生居士子聞佛所說，歡喜奉行。

求那跋陁羅譯《雜阿含經》卷二六　何等爲攝力，謂四攝事，惠施、愛語、行利、同利。

求那跋陁羅譯《雜阿含經》卷二六　爾時，世尊告諸比丘……如上說。差別者：若所有法，是眾之所取，一切皆是四攝事。或有一取施者，或一取愛語者，或一取行利者，或一取同利者。過去世時，過去世眾，以有所取者，亦是四攝事。未來世眾，當有所取者，亦是四攝事。或一取施者，或一取愛語，或一取行利者，或一取同利。

爾時，世尊即說偈言：

布施及愛語，或有行利者，
同利諸行生，各隨其所應。
以此攝世間，猶車因釭運。
世無四攝事，母恩子養忘，
亦無父等尊，謙下之奉事。
以有四攝事，隨順之法故，
是故有大士，德被於世間。

佛說此經已，諸比丘聞佛所說，歡喜奉行。

慧遠《大乘義章》卷一一　四攝義五門分別（釋名一，辨體二，約對六度共相收攝三，就位分別四，次第五）。

第一釋名。言四攝者，化他行也，化行不同，一門說四。四名是何，一布施攝，二愛語攝，三利行攝，四同利攝。言布施者，以己財事分布與他名之爲布，輟己惠人目之爲施，因其布施，緣物從道，名布施攝。問曰：此與檀度何別。釋言：體一隨心分異。異相如何。直爾與財說爲檀度，因施授道名布施攝。此《地持》中名隨攝方便。彼說愛語以爲正攝，布施順彼故名隨攝。愛語攝者，美辭可翫，令他愛樂，名爲愛語。因其愛言，緣物從道，名愛語攝。此《地持》中名攝方便。以此愛語，正授善法，名攝方便。利行攝者，經中亦名利益攝也。勸物起修，名爲利行。以道潤彼，故云利益。因利緣物，名利行攝。此《地持》中名度方便。勸修可行，度離生死，故名爲度。同利攝者，名字不定。或名同事，或云同行，或稱同利，通釋是一。於中，別分同事最下，菩薩爲化，先同眾生苦樂等事，名爲同事。同行爲次，菩薩爲化，亦與眾生同修諸善，名爲同行。同利最上，化物成德來同菩薩，名爲同利。因同緣物，名同利攝。此《地持》中名隨順方便。巧隨眾生聞修所行，故名隨順。名義如是。（此一門竟）。

次辨體相。此四窮本，莫不皆用巧慧爲體，隨別論之，非無差參相。如何布施攝中差別有四。一者財施，二者法施，三無畏施，四報恩施。菩薩思願與無貪俱起身口業。捨所施物濟慧貧乏名爲財施。以法授與名爲法施。濟拔厄難名無畏施。菩薩先曾受他恩慧，今還以其財法無畏，酬報彼恩，名報恩施。用此四種爲布施攝。愛語攝中，論其語體，離口四過，與眾生語，是愛語體。故《地持》云。可喜語、眞實語、如法語、義饒益語、與眾生語，是愛語性。言可喜者，不惡口也。言眞實者，不妄語也。言如法者，不倚語也。義饒益者，不兩舌也。以此對人說法授益，名與眾生語。若就所說，要唯二種，如《地持》說。一隨世間語，所謂慰問呪願讚嘆。二正說法語，謂說一切德相應法。以此二種爲愛語體。問曰：愛語所說之法，與布施中法施何別。釋言：相同隨心分異。爲令眾生受法從道說爲法施，爲使眾生樂其法言而受化者判爲愛語。利行攝中就行有二，一離惡攝，二集善攝。隨人有四，如《地持》說。一無德善人方便隨順，二有德善人稱揚讚嘆，三易調惡人呵責折伏令其改悔，四難調惡人神力降伏令其捨惡。此四人中，對前二人集善攝取，對後二人離惡攝取，用此諸行爲利行體。問曰：愛語說法授人利行亦爾，有何差別。釋言：直爾說法授與是愛語攝，依所說法勸之起修名利行攝。同利攝中，道義別分同事有二，一苦事同，二樂事同。此二具廣如《地持論》。同行有二，一集善行同，二離惡行同。同利有二，一自分德同，二勝進行同。故《地持》言，此義此善若等若勝，授與眾生，悉與己同，是名同利。用此諸行爲同利體。問曰：利行勸人起行，同行之中亦勸起行，有何差別。釋言：直爾勸他起修名利行攝，自作勸他名爲同行。體相如是（此二門竟）。

次對六度共相收攝，經論不同。《地持論》中就初檀度說布施攝，就中四種說同利攝，以己所行勸他修故。般若之中具足四攝，以慧方便起諸行故。依《阿差末經》，布施攝中具一切諸度無極，以布施中具有財法無畏施故，財施攝檀。無畏施中攝戒攝忍，以此不害不惱他故。法施攝餘精進禪慧，布施攝中具此三義，故攝諸度。愛語攝中攝戒攝忍，良以愛語離口四過戒分所收，故攝戒度。以愛語故不毀不罵，故攝忍度。利行攝中攝精進度，以彼利行懃化眾生，故攝精進。同利攝中攝禪攝慧，所成定慧與人同故。又更別分布施攝檀，如《地持》說。餘三如向《阿差末經》說。

(此三門竟)。

次就位論，理實四攝遍通諸位，隨義且分非無差異。異相如何，經經說不同。如《地經》中，菩薩初地布施愛語二攝增上，第二地中愛語增上，第三地中利行增上，第四地中同利增上。五地已上，四攝齊等。何故初地布施愛語二攝增上。釋言：初地檀行利他，彼能財施故施增上，彼修法施故愛語增上。何故二地愛語增上。彼《地持》戒離口四過，是愛語攝故。二地中愛語增上，何故三地利行增上，彼於眾生修習十種救度之行，故三地中利行增上。何故四地同利增上。彼四地中不捨眾生修行道品，故四地中同利增上。依《阿差末經》，布施在於初地之中，愛語在於二地已上，利行在於八地已去，同利在於第十地中。故彼經言：布施攝者，名初發心。愛語攝者，名已修行。利行攝者，名不退轉。同利攝者，名一生補處。初地之中，菩提心起名初發心，彼地檀勝故，布施攝在彼地中。二地已上所起修道名已修行。初修持戒離口四過，說爲愛語，故愛語攝在彼地中。八地已上法流水中趣佛無間，名不退轉。第八地中淨土化生。第九地中辨才益物，說爲利行，故利行攝在彼地中。第十地中，去財不遙名一生補處。彼地所得上同如來名爲同利。又十地中，與一切生同善根藏亦名同利，故同利攝在彼地中。位別如是。(此四門竟)。

次明因起次第之義。德實同時，隨人別化，亦無次第。今且約就修入起用化益一人以論次第，於中略以三門分別。一修入次第。施除外慳，其行易爲，故先行施。愛語攝者，離口四過，戒分所攝行故，次難作故，布施後明修愛語。利行攝者，是集善行離惡易成集善難就，故愛語後明修利行。因前利行成就功德，與他上地諸菩薩同，故利行後明其同利。故《地持》云：有菩薩同利。如是同利不示他。己所成德，與他上地諸菩薩同，名有同利。不須顯示己德化彼名不示他。二起用次第，先明同事。菩薩尊高眾生卑下，彼我殊淳無由攝化，菩薩爲化迁德從彼現與彼同，名爲同事。故先明之。故《地持》言：有菩薩不同利示同利。菩薩實德不與彼同，名不同利。現化同彼，名示同利。於此門中先後不定，何故如是。所化之人有貧有惡。若對貧人，先行布施，濟其貧苦。次行愛語，授之以法。後明利行，勸物起修。若對惡人，先行愛語，化令捨惡。次行布施，隨順資養。後以利行，勸令起修。《地持論》中多從後義以論次第。三攝

益次第，此就一人以論攝受益，其中次第與初門同。先以布施攝取其身，次以愛語攝取其心令生信解，次以利行化之起行。因其利行，化彼成德，與菩薩同，故次第四明其同利。故《地持》言：有菩薩同利示同利，菩薩爲他先與彼人同修所行，名有同利。彼所化者，同修成德示同菩薩，名示同利。四攝之義辨之麁爾。

波羅頗蜜多羅譯《大乘莊嚴經論》卷八　釋曰：四攝者，一布施攝，二愛語攝，三利行攝，四同利攝。施平者，即布施攝。彼説者，謂愛語攝，說彼波羅蜜義故。建立者，謂利行攝，建立眾生於波羅蜜中故。自行者，謂同利攝，建立他已自亦如是行故。問：何故說此四攝體。答：此說攝他諸方便。偈曰：

攝他四方便，即是四攝性，
隨攝亦攝取，正轉及隨轉。

釋曰：布施者，是隨攝方便，由財施隨他身起攝故。愛語者，是攝取方便，由無知疑惑者令受義故。利行者，是正轉方便，由此行諸善轉故。同利者，是隨轉方便。菩薩自如說行眾生知已先未行善亦隨行故。問：四攝業云何。偈曰：

令器及令信，令行亦令解，
如是作四事，次第四攝業。

釋曰：布施者，能令於法成器，由隨順於財則堪受法故。愛語者，能令於法起信，由教法義彼疑斷故。利行者，能令於法起行，由如法依行故。同利者，能令彼得解脫，由行淨長時得饒益故。是爲四攝業。問：世尊亦說二攝，此云何。偈曰：

四體說二攝，財攝及法攝，
財一法有三，次第攝四攝。

釋曰：此四攝體，世尊餘處說爲二攝，謂財攝、法攝。即以二攝，攝於四攝。財攝，攝初一攝。法攝，攝後三攝。問：云何攝後三。答：法有三種。一所緣法，二所行法，三所淨法。如其次第，攝後三攝。應知偈曰：

下中上差別，如是四攝種，
倍無及倍有，亦純合三益，

釋曰：四攝種差別有三，謂下、中、上。由諸菩薩攝三乘人差別故，由此三種差別次第復有三益。一倍無益，二倍有益，三純有益。倍無益者，謂解行地菩薩攝。倍有益者，謂入大地菩薩攝。純有益者，謂八地已上菩薩攝。由彼決定，能令衆生成就故。偈曰：

菩薩欲攝衆，依此四方便，

大利及易成，得讚三益故。

釋曰：若諸菩薩欲攝徒衆者，一切皆須依此四攝以爲方便。何以故。由一切大利得成就故，由是樂易方便故，由得諸佛稱揚故。偈曰：

四攝於三世，恆時攝衆生，

成就衆生道，非餘唯四攝。

釋曰：此四攝於三世中，已攝當攝現攝一切衆生，是故此四攝是成熟衆生道，非餘諸道，餘道無體故。別說六度四攝已，次以一偈總結前義。偈曰：

不著及寂靜，能耐將意勇，

不動并離相，亦攝攝衆生。

釋曰：此偈上三句結六度義，下一句結四攝義。偈義如前解。菩薩以此六行行此四攝，顯示六波羅蜜，成就自利利他。四攝成就亦爾。是故如其次第，先說六度，後說四攝。度攝品究竟。

玄奘譯《阿毗達磨集異門足論》卷九　四攝事者，一佈施攝事，二愛語攝事，三利行攝事，四同事攝事。云何佈施攝事。答：此中佈施者，謂諸施主佈施沙門及婆羅門、貧窮苦行道行乞者飲食、湯藥、衣服、花鬘、塗散等香，房舍、卧具、燈燭等物，是名佈施。復次，如世尊爲手長者說：長者！當知諸佈施中法施最勝，是名佈施。攝事者，謂由此佈施於他等攝、近攝、近持，令相親附，如是佈施，於他有情能等攝、能近攝、能近持、能令親附，是故名爲佈施攝事。云何愛語攝事。答：此中愛語者，謂可喜語、可味語、舒顔平視語、遠離顰蹙語、含笑前行語、先言慶慰語、可愛語、善來語，謂作是言：善來具壽，汝於世事可忍，可度安樂住不。汝於飲食衣服卧具，及餘資緣勿有乏少。諸如是等種種安慰、問訊語言，名善來語。此及前說，總名愛語。復次，如世尊爲手長者說：長者！當知諸愛語中最爲勝者，謂善勸導諸善男子、善女人等，屬耳聽法時時說法，時時教誨，時時決擇，是名愛語。攝事者，謂由此愛語於他等攝、近攝、近持，令相親附，如是愛語，於他有情能等攝、能近攝、能近持、能令親附，是故名爲愛語攝事。云何利行攝事。答：此中利行者，謂諸有情或遭重病，或遭厄難困苦無救，便到其所起慈愍心，以身語業方便供侍，方便救濟，是名利行。復次，如世尊爲手長者說：長者！當知諸利行中最爲勝者，謂不信者方便勸導、調伏、安立，令信圓滿。若破戒者方便勸導、調伏、安立，令戒圓滿。若慳貪者方便勸導、調伏、安立，令施圓滿。若惡慧者方便勸導、調伏、安立，令慧圓滿。諸如是等，說名利行。攝事者，謂由此利行於他等攝、近攝、近持，令相親附。如是利行，於他有情能等攝、能近攝、能近持、能令親附，是故名爲利行攝事。云何同事攝事。答：此中同事者，謂於斷生命深厭離者，爲善助伴，令離斷生命。若於不與取深厭離者，爲善助伴，令離不與取。若於欲邪行深厭離者，爲善助伴，令離欲邪行。若於虛誑語深厭離者，爲善助伴，令離虛誑語。若於飲諸酒深厭離者，爲善助伴，令離飲諸酒。諸如是等，說名同事。復次，如世尊爲手長者說：長者！當知諸同事中最爲勝者，謂阿羅漢、不還、一來、預流果等。與阿羅漢、不還、一來、預流果等而爲同事，是名同事攝事者。謂由此同事，於他等攝、近攝、近持、令相親附，如是同事，於他有情能等攝、能近攝、能近持、能令親附，是故名爲同事攝事。

圓測《仁王經疏》上卷　言四攝者，即是總名。以四種法，攝取衆生，故名四攝。別名有四，一布施，二愛語，三利行，四同利。依《成實論·四法品》云：布施者，衣食等物，攝取衆生。愛語者，隨意語言，取彼意故。利行者，爲他求利，助他成事。同利者，如共一船，憂喜是同。《大品經》云：財法二種，攝取衆生，名爲布施。以六波羅蜜，爲衆生說，名爲愛語。教化衆生，令行六度，名爲利行。以神通力，種種變化，入五道中，與衆生同事，名爲同事。具說如彼。若廣分別，如《大般若》及《大智度論》七十一等。第二釋業者，如《莊嚴論》第八卷云：問四攝業云何。偈曰，令器及令信，令行亦令解，如是作四事，次第四攝業。釋曰：布施者，能令於法成器，由隨順於財，則堪受法故。愛語者，能令於法起信，由教法義，彼疑斷故。利行者，能令於法起行，由如法依行故。

同利者，能令彼得解脫，由行淨長時，得饒益故。廣如彼論。

澄觀《大方廣佛華嚴經疏》卷六　言四攝者，即攝化之方。謂布施、愛語、利行、同事。布施是攝緣，與彼資持故。愛語是攝體，正示損益故。利行是攝處，安住善處故。同事謂釋疑，令彼決定故。後一一下別示攝相。於中，向言劫海曾攝，何所攝耶，謂一一佛所。何時攝耶，種善根時。將何法攝，謂種種方便。攝相云何，謂教化成熟。教化約始成熟，就終攝意云何，令其安立一切智道。道者因也，謂唯爲佛果修佛因耳。

新羅、元曉《菩薩瓔珞本業經疏》　第二明四攝者，《瑜伽論》菩薩地，云何菩薩方便所攝身語意業，謂四攝事。復何因緣唯四攝事說名方便，謂諸菩薩由是四種，於諸眾生，普能攝受，調伏成熟，除此無有若過若增。何等名爲四種方便，一隨順方便，二能攝方便，三令入方便，四隨轉方便。何以故。先以種種財物布施，饒益有情，爲欲令彼聽受所說奉教行故。次行愛語，於彼彼處有愚癡者，爲欲除彼所有愚癡令無餘故。令其攝受瞻察正理，如是名爲能攝方便。若諸菩薩知彼有情受。瞻察正道理已，次行利行，拔彼有情，出不善處。於其善處，勸導調伏，安處建立。如是利行，名令入方便。若諸菩薩如是方便，令諸有情得趣入已，最後與其於正事業同共脩行，令彼隨轉。由是因緣，令所化者不作是念。汝自無有圓滿淨信尸羅施惠，何賴於善。勸導於他，諫悔呵擯，與作憶念。是故菩薩同事攝事，當知是名隨轉方便。論說如是。今此經言利益濡語施法同事，次第雖異，行實應同也。

玄奘譯《大般若波羅蜜多經》卷三〇〇　是諸菩薩摩訶薩行菩薩道時，爲欲饒益無量百千俱胝那庾多諸有情類故，以四攝事而攝受之。何等爲四。一者布施。二者愛語。三者利行。四者同事。亦安立彼令勤修習十善業道。

四善根

玄奘譯《瑜伽師地論》卷二九　即由如是諸根諸力，漸修、漸習、漸多修習爲因緣故，便能發起下中上品順決擇分四種善根。何等爲四。一煗，二頂，三順諦忍，四世第一法。譬如有人欲以其火作火所作，爲求火故，下安乾木，上施鑽燧，精勤策勵，勇猛鑽求。彼於如是精勤策勵，勇猛鑽時，於下木上最初生煗。次煗增長，熱氣上沖。次倍增盛，其煙遂發。次無焰火欻然流出，火出無間，發生猛焰。猛焰生已，便能造作火之所作。如鑽火人精勤策勵，勇猛鑽求，五根五力漸修、漸習、漸多修習當知亦爾。如下木上初所生煗，其煗善根當知亦爾，燒諸煩惱，無漏法火生前相故。如煗增長，熱氣上沖，其頂善根當知亦爾。如次煙發，其順諦忍當知亦爾。如無焰火欻然流出，世第一法當知亦爾。如火無間發生猛焰，世第一法所攝五根五力無間所生出世無漏聖法當知亦爾。

玄奘譯《阿毗達磨大毗婆沙論》卷六　問：如是四種，自性云何。答：皆以五蘊爲其自性。尊者妙音作如是說：順決擇分有欲界系、有色界系。欲界系中下者名暖，上者名頂。此二自性，唯有四蘊。欲界中無隨轉色故，色界系中下者名忍，上者名爲世第一法。此二自性，皆具五蘊。色界中有隨轉色故。如是說者，此四善根皆是色界定地修地行聖行法，故四自性皆具五蘊。

問：若此四種皆色界系，云何建立四種別耶。答：此四善根，雖同色界，而有可動、有不可動，有有留難、有無留難，有可斷、有不可斷，有可慮、有不可慮，有可退、有不可退。諸可動、有留難、可斷、可慮、可退，中下者名暖，上者名頂。諸不可動、無留離、無斷、無慮、不可退，中下者名忍，上者名爲世第一法。故此四種，雖同色界系，五蘊爲自性，而有差別。如說自性，我物自體相分本性亦爾。已說自性，當說所以。

問：此何故名順決擇分。答：決擇者，謂聖道。如是四種，是順彼分。順彼分中，此四最勝，是故名爲順決擇分。即此四種，亦名行諦，亦名修治，亦名善根。行諦者，謂以無常等十六行相遊歷四諦故修治者，謂爲求聖道修治身器，除去穢惡，引起聖道故。猶如農夫爲求子實，修治田地，除去穢草，此亦如是。善根者，謂聖道涅槃是眞實善。此四與彼，爲初基本，爲安足處，故名爲根。【略】

問：此四善根，有何差別。答：所說品異，即是差別。復次名亦差別。謂此名煖，乃至此名世第一法。復次念住爲等無間，名煖。煖爲等無間，名頂。頂爲等無間，名忍。忍爲等無間，名世第一法。如等無間，無間趣入加行亦爾。復次樂別觀蘊，名煖。樂別觀寶，名頂。樂別觀諦，名忍。由此發生世第一法。復次煖，止緣諦下愚。頂、止緣諦中愚。忍、止緣諦上愚。由此發生世第一法。復次煖，止緣諦麁愚。頂、止緣諦中愚。忍、止緣諦細愚。由此發生世第一法。復次煖，生緣諦下明。頂、生緣諦中明。忍、生緣諦上明。由此發生世第一法。復次煖，生緣諦麁明。頂、生緣諦中明。忍、生緣諦細明。由此發生世第一法。如生明，生信，亦爾。是謂差別。

玄奘譯《阿毗達磨俱舍論》卷二三 得此善根，有何勝利。

頌曰：煖必至涅槃。頂終不斷善。忍不墮惡趣。第一入離生。

論曰：四善根中，若得煖法。雖有退斷善根，造無間業，墮惡趣等。而無久流轉。必至涅槃故。若爾。何殊順解脫分。若無障礙。去見諦近。此與見道行相同故。若得頂法。雖有退等。而增畢竟不斷善根。若得忍時。雖命終捨，住異生位。而增無退，不造無間，不墮惡趣。然頌但說不墮惡趣言，義準已知不造無間業。造無間業者，必墮惡趣故。忍位無退，如前已辯。此位不墮諸惡趣者，已遠趣彼業煩惱故。若至忍位，於少趣生處身有惑中，得不生法故。趣，謂諸惡趣。生、謂卵濕生。處、謂無想北俱盧大梵處。身，謂扇搋半擇迦二形身。有、謂第八等有。惑、謂見所斷惑。此於下上位，隨所應而得。謂於下忍，得惡趣不生。所餘不生，至上忍方得。得世第一法，雖住異生位，而能趣入正性離生。頌雖不言離命終捨。既無間入正性離生。義準已成無命終捨。何緣唯此能入離生。已得異生非擇滅故。能如無間道，捨異生性故。

玄奘譯《阿毗達磨大毗婆沙論》卷七 問：煖、有何意趣。答：先所修集一切善根，謂從佈施，乃至七處善。皆以迴向解脫。是其意趣。問：煖、依何而起。答：依自地定。問：煖、以何爲因。答：前生自地同類善根。問：煖、誰爲所緣。答：四聖諦。問：煖、以何爲果。答：以頂爲近士用果。問：煖、誰爲等流。答：後生自地同類善根。問：煖、誰爲異熟。答：色界五蘊。問：順決擇分，亦能牽引衆同分不。有說：不能。所以者何。厭背有故。謂此善根，厭背諸有。於衆同分，但能圓滿。不能牽引。有說：亦能。謂此善根，雖厭背有。而能牽引隨順聖道衆同分果。謂此所招衆同分果，增上熾盛，微妙殊勝。無有災橫。順勝善品。問：煖、有何勝利。答：能與涅槃作決定因。有說：得煖，定不斷善。問：煖有幾行相。答：十六行相。問：煖、爲緣名。爲緣義。答：名義俱緣。問：煖、爲聞所成。爲思所成。爲修所成。答：唯修所成。問：煖爲欲界繫。爲色界繫。爲無色界繫。答：唯色界繫。問：煖爲在定。爲不在定。答：唯在定。問：煖、爲有尋有伺。爲無尋唯伺。爲無尋無伺。答：具三種。問：煖爲樂根相應。爲喜根相應。爲捨根相應。答：三根相應。問：煖、爲一心。爲多心。答：多心。問：煖、爲可退。爲不可退。答：可退。頂意趣者：謂從佈施，乃至煖。果者：以忍爲近士用果。勝利者：不斷善根。有說：亦不作無間業。餘如煖說。忍意趣者：謂從佈施，乃至頂。果者：以世第一法爲近士用果。勝利者：不退不作無間業，不墮惡趣。有說：亦不執我。餘如頂說。世第一法意趣者：謂從佈施，乃至忍。所緣者：唯苦諦。果者：以苦法智忍爲近士用果。勝利者：爲等無間入正性離生。行相者：苦諦四行相。一心多心者：當言一心。餘如忍說。

玄奘譯《阿毗達磨俱舍論》卷二三 此四善根，各有三品。由聲聞等種姓別故。隨何種姓善根已生，彼可移轉向餘乘不。

頌曰：轉聲聞種姓，二成佛三餘。麟角佛無轉。一坐成覺故。

論曰：聲聞種姓，煖頂已生，容可轉成無上正覺。彼若得忍。無成佛理。謂於惡趣已超越故。菩提薩埵，利物爲懷。爲化有情，必往惡趣。彼忍種姓，不可迴轉。是故定無得成佛義。聲聞種姓，煖頂忍三，皆有可轉成獨覺義。在佛乘外，故說爲餘。麟角佛言，顯麟角喻及無上覺。煖等善根，幷無移轉向餘乘義。皆以第四靜慮爲依，一坐便成自乘覺故。第四靜慮，是不傾動，最極明利，三摩地故。堪爲麟角喻無上覺所依。此中覺言，顯盡無生智。後當辯此。是菩提性故。言一坐者，從煖善根乃至菩提，不起于座。有餘師說：從不淨觀，不起于座，乃至菩提。有餘獨覺異麟角喻，起彼種姓初二善根，轉向餘乘。理無遮礙。

惠沼《成唯識論了義燈》卷七 四善根亦親蒙佛而爲教授，故《莊嚴論》第七頌云，自後蒙諸佛法流而教授。釋云，從此已後，蒙諸佛如來以修多羅等法而爲說之。準此文意，或蒙教授已修持、任、鏡、明。持謂於教起六種心，任即次起十一作意，鏡即修九種住心，明又依智作諸神通。或不配此。然四善根及持、任等，皆初祇滿心方始修之。《莊嚴論》

第七云，行盡一僧祇長信令增上等，已後方說起四善根。諸教皆同，自古諸師意解不同。取文各別，不得教意。教意，菩薩修四善根，有正修滿位，有仰修習位。仰習作觀，通三十心。如唯識觀等成就在見，學即通前。此亦應爾。學雖通前，正修成滿，即在於後。資糧等位，可得仰習。觀所取，無伏我法執。觀能取，無能伏於法執。不爾，如何能伏二執。《雜集》、《莊嚴》，此《唯識論》等，據正修位，不通資糧。《瓔珞》、《本業經》云，住於十住修學四善根者，是仰學修習。然梁《攝論》云，如須陁洹道前有四方便，菩薩亦有四方便。謂四十心者，或如小乘五停心觀，總相念處，別相念處，合四善根爲四方便。如四十心，非四善根名四方便。或言總意別，意取四十心滿修四善根。文言略故，但云四十心。

靈泰《成唯識論疏泰抄》卷一六 此等人修菩薩四善根，通依禪修，而入菩薩見道。若漸悟菩薩，身在第二禪，唯修下三禪四善根。善漸悟菩薩，身第三禪，唯修下三禪四善根。若菩薩，身在第四禪，唯修第四禪四善根。以爲身在上地，唯除借識，及借下尋伺，及有頂聖借下聖道。問，二乘四善根，皆得異地起不。答曰，不然。若菩薩爲遍學諸道，即依四禪中，地地遍修四善根，第四禪方成滿。若二乘人，唯依一地修，即依此一地，即頂成滿處，不得異地修，以爲二乘人不能遍學諸道故。且如次第行者，唯依初未至定中，而修善根亦得成滿，必無漏初禪根本定中修煖也。依初未至定中修四善，更不得異地修。雖五地中皆有四善根種子，其人唯修一地四善根。禪根本定中，修四善根。四善根唯依初禪根本地中，方得成滿。此人亦不得依未至定。及二禪方已上，而修四善根，乃至超越人。依二禪四禪等修亦然。若麟喻獨覺，唯依第四禪，入見道時，其人唯依第四禪中，而修四善根，而得成滿。其人亦不得依下三禪中，而修得善根也。

四依

法顯譯《大般泥洹經》卷四 佛復告迦葉：有四種人，於此《大般泥洹經》，能趣正法護持正法能爲四依，多所度脫，多所饒益，出於世間。何等爲四。一者，凡夫未離煩惱出於世間，多所度脫多所饒益。二者，得須陁洹、斯陁含果。三者，得阿那含。四者，得阿羅漢。是四種人爲眞實依，多所度脫多所饒益。

法顯譯《大般泥洹經》卷四 迦葉菩薩白佛言：善哉！善哉！世尊！快說斯法，我當頂受是金剛寶。爾時迦葉菩薩復白佛言：如世尊說，告諸比丘有四依法。何等爲四依。於法不依人，依決定說不依未定，依於智慧不依於識，依於義不依文字。我等信此爲四種依，不信四人爲眞實依。

佛告迦葉：其名法者，即是如來大般泥洹，一切諸佛皆同此法。諸佛如來得此法已，常住不變非磨滅法。若於如來作無常想者，我說斯等非知法人爲不可信。如我所說四種人者，善解如來方便密教，知諸如來是常住法，非變易法非磨滅法，諸佛如來亦復在彼。四種人數及餘衆生，於如來常住方便密教善解其義，我說斯等爲根本依，當知可信。以是義故，說四種人爲眞實依。依於法者，是諸聲聞大德智慧，於正法中心不失念。其正法者如來常住，於此正法精勤方便，名爲依法。不依人者，若當此人犯戒貪濁，復說如來是無常法，彼非可信，是故我說不依於人。

依決定義，決定義者是菩薩也。諸聲聞等於此如來方便密教疑惑不信，大乘智海令其決定離諸疑惑。又決定者，是大乘智永離諸礙，礙者是聲聞智，其諸菩薩能以決定大乘智慧，解諸如來是常住法，是故菩薩所言可信。未決定者，是聲聞智，言諸如來穢食之身泥洹滅盡，譬如火滅則不可信，所以如來說斯等經，方便教化如或二道諸衆生輩。聲聞智者，是則有餘爲非決定，是故諸聲聞名不決定數，以彼智慧不了如來大聖尊說，是故說彼爲不可信，是故佛說決定義者是眞四依。

依於智慧。其智慧者，即是如來法身可信，方便身者則不可信。云何但見如來方便身已，而謂實有陰界諸入。若其無者，爲何處來而今現有舍利積聚。以有舍利現於世故，謂其法身是穢食身，妄作是想，以是之故識不可信。識不可信故作識想者，當知其人亦不可信。

依於義者，義者正義，正者滿義，滿者不消滅義，不消滅者如來常義，如來常者是法常義，其法常者衆僧常義，是則佛說名爲依義。若有諂曲凡夫，得蒙如來慈心蔭覆出家學道，而便懈怠放捨禁戒，言佛聽我受畜奴婢諸非法財，若飢儉時言我諸弟子莫自苦困，我聽受畜奴婢錢財金銀寶物牛馬穀米買賣生利。彼作如是種種文辭，說經律者皆不可信，信是說者當知其人亦不可信，以是義故說名依義。其非義者，言此三法是皆無常變易磨滅，是名非義，是名文字，是故說言依義不依文字。正使外道所說經義合摩訶衍者，是皆可信非爲文字，是故四依乃至肉眼，四種人數爲眞實依。善男子！是爲四依，當作是學。

曇無讖譯《大般涅槃經》卷六　迦葉菩薩復白佛言：世尊！善哉善哉。如來所說眞實不虛，我當頂受。譬如金剛珍寶異物。如佛所說，是諸比丘當依四法。何等爲四，依法不依人，依義不依語，依智不依識，依了義經不依不了義經。如是四法，應當證知，非四種人。

佛言：善男子！依法者，即是如來大般涅槃。一切佛法即是法性。是法性者即是如來。是故如來常住不變。若復有言如來無常，是人不知不見法性。若不知見是法性者，不應依止。如上所說四人出世護持法者，應當證知而爲依止。何以故，是人善解如來微密深奧藏故，能知如來常住不變。若言如來無常變易，無有是處。如是四人即名如來。何以故，是人能解如來密語及能說故。若有人能了知如來甚深密藏，及知如來常住不變，如是之人若爲利養說言如來是無常者，無有是處。如是之人尚可依止，何況不依是四人也。依法者即是法性，不依人者即是聲聞。法性者即是如來，聲聞者即是有爲，如來者即是常住，有爲者即是無常。善男子！若人破戒爲利養故，說言如來無常變易，如是之人所不應依。善男子！是名定義。

依義不依語者：義者名曰覺了，覺了義者名不羸劣，不羸劣者名曰滿足，滿足義者名曰如來常住不變。如來常住不變義者，即是法常。法常義者即是僧常。是名依義不依語也。何等語言所不應依，所謂諸論綺飾文辭。如佛所說無量諸經，貪求無厭，多姦諛諂，詐現親附，現相求利。經理白衣，爲其執役。又復唱言，佛聽比丘畜諸奴婢不淨之物，金銀珍寶穀米倉庫牛羊象馬，販賣求利，於飢饉世憐愍子故，聽諸比丘儲貯陳宿手自作食不受而噉。如是等語所不應依。

依智不依識者：所言智者即是如來。若有聲聞不能善知如來功德，如是之識不應依止。若知如來即是法身，如是眞智所應依止。若見如來方便之身，言是陰界諸入所攝食所長養亦不應依，是故知識不可依止。若復有人作是說者，及其經書亦不應依。依了義經，不依不了義經。不了義經者，謂聲聞乘，聞佛如來深密藏處悉生疑怪，不知是藏出大智海，猶如嬰兒無所別知，是則名爲不了義也。

了義者名爲菩薩，眞實智慧隨於自心，無礙大智猶如大人無所不知，是名了義。又聲聞乘名不了義，無上大乘乃名了義。若言如來無常變易，名不了義。若言如來常住不變，是名了義。聲聞所說應證知者，名不了義。菩薩所說應證知者，名爲了義。若言如來食所長養，是不了義。若言常住不變易者，是名了義。若言如來入於涅槃如薪盡火滅，名不了義。若言如來入法性者，是名了義。聲聞乘法則不應依。何以故，如來爲欲度衆生故，以方便力說聲聞乘，猶如長者教子半字。善男子，聲聞乘者，猶如初耕，未得果實，如是名爲不了義也。是故不應依聲聞乘，大乘之法則應依止。何以故，如來爲欲度衆生故，以方便力說於大乘，是故應依，是名了義。如是四依，應當證知。

復次依義者，義名質直。質直者名曰光明，光明者名不羸劣，不羸劣者名曰如來。又光明者名爲智慧，質直者名爲常住。如來常者名爲依法。法者名常，亦名無邊。不可思議，不可執持，不可繫縛，而亦可見。若有說言不可見者，如是之人所不應依。是故依法不依於人。若有人以微妙之語宣說無常，如是之言所不應依，是故依義不依於語。依智者，衆僧是常，無爲不變，不畜八種不淨之物，是故依智不依於識。若有說言，識作識受，無和合僧。何以故。夫和合者名無所有，無所有者云何言常，是故此識不可依止。

依了義者。了義者名爲知足，終不詐現威儀淸白、憍慢自高、貪求利養，亦於如來隨宜方便所說法中不生執著，是名了義。若有能住如是等中，當知是人則爲已得住第一義，是故名爲依了義經。

不依不了義。不了義者，如經中說。一切燒燃，一切無常，一切皆苦，一切皆空，一切無我，是名不了義。何以故，以不能了如是義故，令諸衆生墮阿鼻獄。所以者何，以取著故於義不了。一切燒者，謂如來說涅槃亦燒。一切無常者，涅槃亦無常。苦空無我亦復如是。是故名爲不了義經，不應依止。

真諦譯《攝大乘論》卷中　四依者：一令入依。譬如於大小乘中，佛世尊說人法二種、通別二相所攝俗諦。二相依。譬如隨所說法相中必有三性。三對治依。此中八萬四千衆生煩惱行對治顯現。四翻依。此中由說別義言詞以顯別義。譬如偈言：

阿娑離娑羅摩多耶，毘跋耶斯者修絺多，
離施那者僧柯履多，羅槃底菩提物多摩。

真諦譯《攝大乘論釋》卷六　論曰：四依者，一令入依。譬如於大小乘中，佛世尊說人法二種、通別二相所攝俗諦。

釋曰：於正說中約世諦理說有人法及通別二相，爲令衆生入於正義故，名令入依。

論曰：二相依。譬如隨所說法相中必有三性。

釋曰：於正說中若應說法相必說三性。此三性是一切法總相。若欲了別一切法。必須依此三相。故名相依。

論曰：三對治依。此中八萬四千衆生煩惱行，對治顯現。

釋曰：於正說中若說衆生行對治，不出八萬四千。謂說四諦等。此說能除衆生因果中身見戒取疑，以能成立衆生煩惱對治故，名對治依。

論曰：四翻依。此中由說別義言詞以顯別義，譬如偈言。

釋曰：於正說中由顯說別義，文字但說別義，故名翻依。

吉藏《大乘玄論》卷五　何等是四依。答曰：四依者有二種。法四依者，依法不依人，依義不依語，依智不依識，依了義經不依不了義經。人四依者，依小乘五方便爲第一依，須陁洹斯陁含爲第二依，阿那含爲第三依，阿羅漢爲第四依。若依大乘，地前四十心，具煩惱性爲第一依，從初地至六地爲第二依，七八九地爲第三依，第十地爲第四依。

玄奘譯《瑜伽師地論》卷一一　世尊說依，略有四種：一、法是依，非數取趣。二、義是依，非文。三、了義經是依，非不了義經。四、智是依，非識。此四種依，因何建立。補特伽羅四種別故。謂因諂詐補特伽羅差別故。建立初依。因順世間補特伽羅差別故。建立第二。因住自見取補特伽羅差別故。建立第三。因聞爲極補特伽羅差別故。建立第四。因其諂詐說法。是依非數取趣。要與彼論。分別決擇方證正智。非唯由彼現威儀故。即於此中復有差別。謂佛宣說補特伽羅。及與諸法。唯法是依。非數取趣。世俗言辭。不應執故。法又二種。謂文及義。唯義是依非文。何以故。不應但聞即爲究竟。要須於義思惟籌量審觀察故。佛所說經。或有了義或不了義。觀察義時。了義是依。非不了義。世尊或時宣說依趣福不動識。爲往善趣故。或時宣說四聖諦智爲向涅槃故。於修法隨法行時。唯智是依非識。略於四時。失不失故。建立四種補特伽羅。謂得法時。住持時。觀察義時。修法隨法行時。依四時故。建立四依。

玄奘譯《瑜伽師地論》卷四五　云何菩薩修正四依。謂諸菩薩爲求義故，從他聽法。不爲求世藻飾文詞。菩薩求義，不爲求文。而聽法時雖遇常流言音說法，但依於義，恭敬聽受。又諸菩薩，如實了知闇說大說，如實知已，以理爲依。不由耆長衆所知識補特伽羅。若佛若僧所說法故，即便信受，是故不依補特伽羅。如是菩薩以理爲依，補特伽羅非所依故。於眞實義，心不動搖。於正法中，他緣匪奪。又諸菩薩，於如來所，深殖正信，深殖清淨，一向澄清淨，唯依如來了義經典，非不了義，了義經典爲所依故。於佛所說法毗奈耶，不可引奪。何以故。以佛所說不了義經，依種種門辯本性義，猶未決定，尚生疑惑，非了義故。若諸菩薩，於了義經不決定者，於佛所說法毗奈耶猶可引奪。又諸菩薩，於眞證智，見爲眞實，非於聞思。但識法義，非眞證智。是諸菩薩，如實了知修所成智所應知者，非唯聞思所成諸識所能了達。如實知已，聞如來說最極甚深所有法義，終不誹毀。是名菩薩修正四依。

玄奘譯《顯揚聖教論》卷二　所依者，謂四種依，廣說如經。一、依法不依衆生，謂若法是如來所說或弟子說十二分教，隨學隨轉。不隨衆生所行行學，亦不隨轉。二、依義不依文，謂若法非飾詞者，所造綺文字句，唯能顯了獨滿清淨鮮白梵行，於此法中恭敬信解。非於能顯顛倒梵行，及不顯了梵行，但飾詞者，所造綺文字句。三、依了義經不依不了義經，謂於如來所說相似甚深空性相應，隨順諸緣緣起法中，不妄執著，如言淺義，亦不住自內見取心，唯勤尋究顯了義經。四、依智不依識，謂不唯聽聞而生知足，便不進修法，隨法行，然爲盡諸漏，勤求自內證眞諦智。

玄奘譯《阿毗達磨集異門足論》卷七　四依者：一、思擇一法應遠避，二、思擇一法應受用，三、思擇一法應除遣，四、思擇一法應忍受。

云何思擇一法應遠避。答：如薄伽梵於防諸漏記別經中作如是說：汝等苾芻，應審思擇，惡象惡馬惡牛惡狗惡水牛等當遠避之。應審思擇，株杌毒刺坑塹崖谷井廁河等當遠避之。應審思擇，惡行惡威儀惡友惡伴侶惡行處惡臥具等當遠避之。惡臥具者，謂若受用如是臥具，爲諸有智同梵行者，不應分別處而生分別，不應測量處而生測量，不應猜疑處而生猜疑。如是臥具，我說爲惡，汝等苾芻，應當遠避。是名思擇一法應遠避。云何思擇一法應受用。答：如薄伽梵於防諸漏記別經中作如是說：汝等苾芻，應審思擇，如法衣服當受用之。不爲勇健，不爲傲逸，不爲顔貌，不爲端嚴，但爲遮防蚊虻、寒熱、蛇蠍等觸，及爲覆蔽深可羞恥醜陋身形。應審思擇如法飲食當受用之，不爲勇健，不爲傲逸，不爲顔貌，不爲端嚴，但爲此身暫住存濟，止息飢渴，攝受梵行，爲斷故受，不起新受，無罪存濟力樂安住。應審思擇，如法臥具當受用之，不爲勇健，不爲傲逸，不爲顔貌，不爲端嚴，但爲遮防寒熱風雨，及得最勝安隱寂靜。應審思擇，如法醫藥當受用之。不爲勇健，不爲傲逸，不爲顔貌，不爲端嚴，但爲止息未起已起所有疾病，得修善業，是名思擇一法應受用。云何思擇一法應除遣。答：如薄伽梵於防諸漏記別經中作如是說：汝等苾芻，已起欲尋恚尋害尋不應韞畜，應速斷滅變吐除遣，是名思擇一法應除遣。云何思擇一法應忍受。答：如薄伽梵於防諸漏記別經中作如是說：汝等苾芻，應起精進，有勢有勤，勇悍堅猛，不捨善軛。假使我身，血肉枯竭，唯皮筋骨連拄而存，若本所求勝法未獲，終不止息所起精進。又精進時，身心疲惓，終不由斯而生懈怠，應深忍受寒熱飢渴蛇蠍蚊虻風雨等觸，又應忍受他人所發能生身中猛利辛楚奪命苦受毀辱語言，是名思擇一法應忍受。

智儼《華嚴五十要問答》後卷 四依者，一令入依，二相依，三對治依，四翻依。翻依有五。一相望翻，相形取義故。二增字翻，加字會義故。三會意翻，以意會義故。四借勢翻，如羝羊鬭將前而更卻等。五異事翻，於一名下有二義事，而會取正故。

玄奘譯《顯揚聖教論》卷二 所依者，謂四種依，廣說如經。一、依法不依衆生，謂若法是如來所說或弟子說十二分教，隨學隨轉。不隨衆生所行行學，亦不隨轉。二、依義不依文，謂若法非飾詞者，所造綺文字句，唯能顯了獨滿清淨鮮白梵行，於此法中恭敬信解。非於能顯顛倒梵行，及不顯了梵行，但飾詞者，所造綺文字句。三、依了義經不依不了義經，謂於如來所說相似甚深空性相應，隨順諸緣起法中，不妄執著，如言淺義，亦不住自內見取心，唯勤尋究顯了義經。四、依智不依識，謂不唯聽聞而生知足，便不進修法，隨法行，然爲盡諸漏，勤求自內證眞諦智。

智儼《華嚴經内章門等雜孔目》卷二 四依者，一樹下坐，二常乞食，三糞掃衣，四陳棄藥。陳棄者，一用糞爲陳棄，二用陳宿所棄之藥爲陳棄也。問，此依與頭陁法何別。答，所用各異，頭陁據離煩惱，四依依成其行，有此不同。此順三乘及愚法小乘。如上來行，即順其教，心緣飾好，即是相似非眞實行。大乘初教直進行者，惡内之善，他人所棄，今修食之。又知即空，相別之惡，義不在言。初迴心人，依前四依事相，知法即空，是名四依。終教四依者，行相即如，無所可得，是其所依，非謂有物而可依也，是名四依。

大覺《四分律鈔批》卷二本 今明滅後四依出世，亦弘宣於法而不替也。佛雖滅度，用此教法付大迦葉，乃至異世同世五師。及至四依出世，弘佛所遺之風，不廢替也。言四依者，汎論三別，謂人、法、行也。行四依者，即常乞食，樹下坐，糞掃衣，腐爛藥。法四依者，依法不依人，依智不依識，依義不依語，依了義經不依不了義經也。人四依者，立云，約大小乘合論。若大乘四依，如《涅槃》中八大人覺爲初依，斯須二果爲第二，那含爲第三，羅漢爲第四。

正印重編《紫竹林顓愚衡和尚語錄》卷七 四依者：一依法不依人，未全依古人節判故。二依義不依語，唯探經義，不工文字故。三依智不依識，唯依菩提心，不馳騁知見故。四依了義，不依不了義，唯依清淨實相不分別，有無枝葉故。斯解見雖微昧，志在弘通，縱末符佛意法意，計過不甚多焉。

四　恩

安世高譯《佛說父母恩難報經》 爾時世尊告諸比丘：父母於子，有大增益，乳餔長養，隨時將育，四大得成。右肩負父，左肩負母，經歷千年，正使便利背上，然無有怨心於父母，此子猶不足報父母恩。若父母無信，教令信，獲安隱處。無戒，與戒教授，獲安隱處。不聞，使聞教授，獲安隱處。慳貪，教令好施，勸樂教授，獲安隱處。無智慧，教令黠慧，勸樂教授，獲安隱處。如是信如來、至眞、等正覺、明行成爲、善逝、世間解、無上士、道法御、天人師，號佛，世尊教，信法教授，獲安隱處。諸法甚深，現身獲果，義味甚深。如是智者，明通此行，教令信聖眾。如來聖眾甚清淨，行直不曲，常和合，法法成就，戒成就，三昧成就，智慧成就，解脫成就，解脫見慧成就。所謂聖眾，四雙八輩，是謂如來聖眾，最尊最貴，當尊奉敬仰，是世間無上福田。如是諸子！當教父母行慈。諸比丘有二子：所生子、所養子，是謂比丘有二子。是故諸比丘！當學所生子，口出法味。如是諸比丘，當作是學。

安世高譯《佛說尸迦羅越六方禮經》 佛言：東向拜者，謂子事父母，當有五事。一者當念治生。二者早起勑令奴婢，時作飯食。三者不益父母憂。四者當念父母恩。五者父母疾病，當恐懼，求醫師治之。父母視子亦有五事。一者當念令去惡就善。二者當教計書疏。三者當教持經戒。四者當早與娶婦。五者家中所有當給與之。

《般泥洹經》卷下 但當念善，改往修來，以政治國，無加卒暴，厚待賢良，赦宥小過，務行四恩，以綏眾心。何等四。一當布施給護不足，二當仁愛視民如子，三當利人化以善正，四當同利與下共歡。王如是者常得其福。我宿命時，行此四恩，積無數世，故得作佛，初得佛已，見泥洹喜。

般若譯《大乘本生心地觀經》卷二 世出世恩有其四種：一父母恩，二眾生恩，三國王恩，四三寶恩。如是四恩，一切眾生平等荷負。善男子！父母恩者，父有慈恩，母有悲恩。母悲恩者，若我住世於一劫中說不能盡，我今爲汝宣說少分。假使有人爲福德故，恭敬供養一百淨行大婆羅門、一百五通諸大神仙、一百善友，安置七寶上妙堂內，以百千種上妙珍膳，垂諸瓔珞眾寶衣服，栴檀沈香立諸房舍，百寶莊嚴床臥敷具，療治眾病百種湯藥，一心供養滿百千劫。不如一念住孝順心，以微少物色養悲母，隨所供侍，比前功德，百千萬分不可校量。

世間悲母念子無比，恩及未形，始自受胎終於十月，行住坐臥受諸苦惱非口所宣，雖得欲樂飲食衣服而不生愛，憂念之心恆無休息，但自思惟將欲生產，漸受諸苦晝夜愁惱。若產難時，如百千刃競來屠割，或致無常。若無苦惱，諸親眷屬喜樂無盡。猶如貧女得如意珠，其子發聲如聞音樂，以母胸臆而爲寢處，左右膝上常爲遊履，於胸臆中出甘露泉，長養之恩彌於普天，憐愍之德廣大無比。世間所高莫過山岳，悲母之恩逾於須彌。世間之重大地爲先，悲母之恩亦過於彼。若有男女背恩不順，令其父母生怨念心，母發惡言子即隨墮，或在地獄、餓鬼、畜生。世間之疾莫過猛風，怨念之徵復速於彼。一切如來、金剛、天等，及五通仙，不能救護。若善男子、善女人，依悲母教承順無違，諸天護念福樂無盡。如是男女即名尊貴天人種類，或是菩薩爲度眾生，現爲男女饒益父母。

若善男子、善女人，爲報母恩經於一劫，每日三時割自身肉以養父母，而未能報一日之恩。所以者何。一切男女處于胎中，口吮乳根飲噉母血，及出胎已幼稚之前，所飲母乳百八十斛，母得上味先與其子，珍妙衣服亦復如是，愚癡鄙陋情愛無二。昔有女人遠遊佗國，抱所生子渡殑伽河，其水暴漲力不能前，愛念不捨母子俱沒。以是慈心善根力故，即得上生色究竟天作大梵王。以是因緣，母有十德：一名大地，於母胎中爲所依故。二名能生，經歷眾苦而能生故。三名能正，恆以母手理五根故。四名養育，隨四時宜能長養故。五名智者，能以方便生智慧故。六名莊嚴，以妙瓔珞而嚴飾故。七名安隱，以母懷抱爲止息故。八名教授，善巧方便導引子故。九名教誡，以善言辭離眾惡故。十名與業，能以家業付囑子故。

善男子！於諸世間何者最富。何者最貧。悲母在堂名之爲富，悲母不在名之爲貧。悲母在時名爲日中，悲母死時名爲日沒。悲母在時名爲月明，悲母亡時名爲闇夜。是故汝等，勤加修習孝養父母，若人供佛福等無異。應當如是報父母恩。

善男子！眾生恩者，即無始來，一切眾生輪轉五道經百千劫，於多生中互爲父母。以互爲父母故，一切男子即是慈父，一切女人即是悲母，昔生生中有大恩故，猶如現在父母之恩等無差別。如是昔恩猶未能報，或因妄業生諸違順，以執著故反爲其怨。何以故。無明覆障宿住智明，不了前生曾爲父母，所可報恩互爲饒益，無饒益者名爲不孝。以是因緣。諸眾生類於一切時亦有大恩，實爲難報。如是之事名衆生恩。

國王恩者，福德最勝雖生人間得自在故，三十三天諸天子等，恆與其力常護持故，於其國界山河大地，盡大海際屬于國王，一人福德勝過一切衆生福故。是大聖王以正法化，能使衆生悉皆安樂。譬如世間一切堂殿，柱爲根本。人民豐樂，王爲根本，依王有故。亦如梵王能生萬物，聖王能生治國之法利衆生故。如日天子能照世間，聖王亦能觀察天下人安樂故。王失正治人無所依。若以正化，八大恐怖不入其國，所謂佗國侵逼，自界叛逆，惡鬼疾病，國土飢饉，非時風雨，過時風雨，日月薄蝕，星宿變怪。人王正化利益人民，如是八難不能侵故。譬如長者唯有一子，愛念無比憐愍饒益，常與安樂晝夜不捨。國大聖王亦復如是，等示群生如同一子，擁護之心晝夜無捨。如是人王令修十善，名福德主。若不令修，名非福主。所以者何。若王國內一人修善，其所作福皆爲七分，造善之人得其五分，於彼國王常獲二分，善因王修，同福利故。造十惡業亦復如是，同其事故。一切國內田地園林所生之物，皆爲七分，亦復如是。若有人王成就正見，如法化世，名爲天主。以天善法化世間故，諸天善神及護世王，常來加護守王宮故。雖處人間修行天業，賞罰之心無偏黨故。一切聖王法皆如是，如是聖主名正法王。以是因緣，成就十德：一名能照，以智慧眼照世間故。二名莊嚴，以大福智莊嚴國故。三名與樂，以大安樂與人民故。四名伏怨，一切怨敵自然伏故。五名離怖，能卻八難離恐怖故。六名任賢，集諸賢人評國事故。七名法本，萬姓安住依國王故。八名持世，以天王法持世間故。九名業主，善惡諸業屬國王故。十名人主，一切人民王爲主故。一切國王以先世福，成就如是十種勝德。大梵天王及忉利天，常助人王受勝妙樂，諸羅刹王及諸神等，雖不現身，潛來衛護王及眷屬。王見人民造諸不善不能制止，諸天神等悉皆遠離。若見修善歡喜讚歎，盡皆唱言：我之聖王。龍天喜悅，澍甘露雨，五穀成熟，人民豐樂。若不親近諸惡人等，普利世間咸從正化，如意寶珠必現王國，於王隣國咸來歸服，人與非人無不稱歎。

若有惡人於王國內，而生逆心於須臾頃，如是之人福自衰滅，命終當墮地獄之中，經歷畜生備受諸苦。所以者何。由於聖王不知恩故，起諸惡逆得如是報。若有人民能行善心，敬輔仁王尊重如佛，是人現世安隱豐樂，有所願求無不稱心。所以者何。一切國王於過去時，曾受如來清淨禁戒，常爲人王安隱快樂。以是因緣，違順果報皆如響應。聖王恩德廣大如是。

善男子！三寶恩者，名不思議利樂衆生無有休息，是諸佛身眞善無漏，無數大劫修因所證，三有業果永盡無餘，功德寶山巍巍無比。一切有情所不能知。福德甚深猶如大海，智慧無礙等於虛空，神通變化充滿世間，光明遍照十方三世。一切衆生煩惱業障，都不覺知。沈淪苦海生死無窮，三寶出世作大船師，能截愛流超昇彼岸，諸有智者悉皆瞻仰。

善男子等！唯一佛寶具三種身：一自性身，二受用身，三變化身。第一佛身有大斷德，二空所顯，一切諸佛悉皆平等。第二佛身有大智德，眞常無漏，一切諸佛悉皆同意。第三佛身有大恩德，定通變現，一切諸佛悉皆同事。善男子！其自性身無始無終，離一切相絶諸戲論，周圓無際凝然常住。其受用身，有二種相，一自受用，二佗受用。自受用身，三僧祇劫所修萬行，利益安樂諸衆生已，十地滿心，運身直往色究竟天，出過三界，淨妙國土坐無數量大寶蓮華，而不可說海會菩薩前後圍遶，以無垢繒繫於頂上，供養恭敬尊重讚歎，如是名爲後報利益。爾時，菩薩入金剛定，斷除一切微細所知諸煩惱障，證得阿耨多羅三藐三菩提，如是妙果名現報利益。是眞報身有始無終，壽命劫數無有限量，初成正覺窮未來際，諸根相好徧周法界，四智圓滿。

慧淨《盂蘭盆經讚述》 經曰：欲度父母報乳哺之恩者。述曰：第二明其述孝有二，一述孝心，二述孝事，此述孝心也。曩哉我母生我勞悴，懷恩既重，理須酬報。是以《阿含經》云：佛告諸比丘，常念孝順供養父母。《涅槃經》云：寧於一日受三百鑽以鑽其身，不應起一念惡心向於父母。何以故，父母恩重故。依《末羅經》，母懷子十月，如負太山之重，乳哺三年，育養之恩號天罔報。縱令從地積聚珍寶上至二十八天，悉以施人，所得功德，不如供養父母一分功德也。云乳哺者，依《智度論》云，乳哺三年，諸母養育，漸次長大，三年之內，在母懷抱，推于去濕以愛子故向變爲乳而養育之。依《阿含經》，閻浮提兒生墮地，墮地乃至三歲，母之懷抱爲飲幾乳。彌勒答曰，飲乳一百八十斛，除母腹中所食血分。東弗婆提兒墮已，乃至三歲，飲乳一千八百斛。西拘耶尼兒生墮地已，乃至三歲，飲乳八百八十斛。北欝單越兒生已，坐苞陌頭，行人授指便成大人，彼土無乳故亦云乳哺之內也。

祩宏《西方願文解》 四恩者，在家則父母，眾生，國王，三寶。出家則父母，師長，國王，施主也。

失名《佛說父母恩重經》 佛言：人生在世，父母爲親，非父不生，非母不育。是以寄託母胎，懷身十月，歲滿月充，母子俱顯，生墮草上。父母養育，臥則蘭車。父母懷抱，和和弄聲。含笑未語，飢時須食，非母不哺。渴時須飲，非母不乳。母中飢時，呑苦吐甘，推乾就濕，非義不親，非母不養。慈母養兒，去離蘭車。十指甲中，食子不淨，應各有八斛四斗，計論母恩，昊天罔極。嗚呼慈母，云何可報。阿難白佛言：世尊，云何可報其恩，唯願說之。

佛告阿難：汝諦聽，善思念之，吾當爲汝分別解說。父母之恩，昊天罔極。云何若有孝順慈孝之子，能爲父母作福造經。或以七月十五日，能造佛槃盂蘭盆，獻佛及僧，得果無量，能報父母之恩。若復有人，書寫此經，流布世人，受持讀誦，當知此人報父母恩。父母云何可報。但父母至於行來，東西隣里井竈碓磨，不時還家，我兒家中啼哭，憶我即來還家。其兒遙見我來，或在蘭車，搖頭弄腦。或復曳腹隨行，嗚呼向母。母爲其子曲身下就長，舒兩手，拂拭塵土，嗚和其口，開懷出乳，以乳與之。母見兒歡，兒見母喜。二情恩悲親愛，慈重莫復。二歲三歲，弄意始行。於其食時，非母不知，父母行來，値他座席，或得餅肉，不噉輟味，懷挾來歸，向其與子。十來九得，恆常歡喜。一過不得，憍啼佯哭。憍子不孝，必有五擿。孝子不懷，必有慈順。遂至長大，朋友相隨，梳頭摩髮，欲得好衣，覆蓋身體。弊衣破故，父母自著新好綿帛，先與其子。至於行來，官私急疾，傾心南北，逐子東西，橫上其頭。既索妻婦，得他子女，父母轉疏。私房屋室，共相語樂。父母年高，氣力衰老。終朝至暮，不來借問。或復父孤母寡，獨守空房，猶如客人，寄止他舍，常無恩愛。復無濡被寒，苦辛厄難遭之。甚年老色衰，多饒蟣虱，夙夜不臥。長呼歎息，何罪宿愆生此不孝之子。或時喚呼，瞋目驚怒，歸兒罵詈，低頭含笑。妻復不孝子，復五擿夫妻和合，同作五逆。彼時喚呼，急疾取使，十喚九違，盡不從順。罵詈瞋恚，不如早死，強在地上。父母聞之，悲哭懊惱，流淚雙下，啼哭目腫。汝初小時，非吾不長。但吾生汝，不如本無。

佛告阿難：若善男子善女人，能爲父母受持讀誦書寫《父母恩重大乘摩訶般若波羅蜜經》一句一偈，一逕耳目者，所有五逆重罪悉得消滅，永盡無餘。

四行

玄奘譯《阿毗達磨集異門足論》卷七 四行者：一苦遲通行，二苦速通行，三樂遲通行，四樂速通行。云何苦遲通行。答：靜慮不攝下品五根，是名苦遲通行。云何苦速通二解行。答：靜慮不攝上品五根，是名苦速通行。云何樂遲通行。答：靜慮所攝下品五根，是名樂遲通行。云何樂速通行。答：靜慮所攝上品五根，是名樂速通行。

玄奘譯《阿毗達磨集異門足論》卷七 復有四行：一不堪忍行，二堪忍行，三調伏行，四寂靜行。云何不堪忍行。答：謂不堪忍寒熱、飢渴、蛇蠍蚊虻、風雨等觸，又四秘密者。一令入秘密。謂聲聞乘中或大乘中。依世俗諦理說有補特伽羅。及有諸法自性差別。二相秘密。謂於是處說諸法相顯三自性三對治秘密。謂於是處說行對治八萬四千四轉變秘密。謂於是處以其別義。諸言諸不堪忍他人所發能生身中辛楚、猛利、奪命、苦受、罵辱語言。如是種類，是名不堪忍行。云何堪忍行。答：謂能堪忍寒熱、飢渴、蛇蠍蚊虻、風雨等觸，又能堪忍他人所發能生身中辛楚、猛利、奪命、苦受、罵集辱語言。如是種類，是名堪忍行。云何調伏行。答：眼見色時專意繫念，防護眼根，調伏其心，不令發起煩惱惡業。耳聞聲集異門論七卷七頁時，鼻嗅香一時，舌嘗味時，身覺觸時，意了法時，專意繫念，防護耳根。廣說乃至防護意根，調伏其心，不令發起煩惱惡業，是名調伏行。云何寂靜行。答：謂四念住、四正斷、四神足、五根、五力、七等覺支、八聖道支、四通行、四法迹、奢摩他、毗鉢舍那，是名寂靜行。問：何故說此名寂靜行。答：以於此行，若習，若修，若多所作，能令已生貪欲、瞋恚、愚癡、慢等，寂靜，等寂靜，最極寂靜，是故說此名寂靜行。

玄奘譯《瑜伽師地論》卷二六 云何由行迹差別建立補特伽羅。謂如所舉、如所開示補特伽羅，依四行迹而得出離。何等爲四。謂或有行迹，是苦遲通。或有行迹，是苦速通。或有行迹，是樂遲通。或有行迹，是樂速通。當知此中若鈍根性補特伽羅，未得根本靜慮，所有行迹名苦遲通。若利根性補特伽羅，未得根本靜慮，所有行迹名苦速通。若鈍根性補特伽羅，已得根本靜慮，所有行迹名樂遲通。若利根性補特伽羅，已得根本靜慮，所有行迹名樂速通。如是名爲由行迹差別建立補特伽羅。

玄奘譯《瑜伽師地論》卷三四 復由四行，於苦諦相，正覺了已。次復觀察如是苦諦，何因何集何起何緣。由斷彼故，苦亦隨斷。如是卽以集諦四行了集諦相。謂了知愛，能引苦故，說名爲因。既引苦已，復能招集，令其生故，說名爲集。既生苦已，令彼起故，說名爲起。復於當來諸苦種子，能攝受故。次第招引諸苦集故，說名爲緣。復有差別。謂了知愛，是取因故。復能招集卽以其取爲因有故。復能生起有爲上首當來生故。又能引發以生爲緣老病死等諸苦法故。隨其所應，當知說名因集起緣。復有差別。謂正了知煩惱隨眠，附屬所依愛隨眠等，是當來世後有生因。又正了知彼所生纏，隨其所應。是集起緣。謂後有愛能招引故。卽是其集。此後有愛，復能發起喜貪俱行愛。此喜貪俱行愛，復與多種彼彼喜愛爲緣。如是依止愛隨眠等，及三種纏，能生後有，及能發起諸愛差別。是故說名因集起緣。如是行者，由四種行，了集諦相。

玄奘譯《阿毗達磨大毗婆沙論》卷七 共相者，謂四行相。所觀苦諦四種共相，一苦，二非常，三空，四非我。四行相所觀集諦四種共相，一因，二集，三生，四緣。四行相所觀滅諦四種共相，一滅，二靜，三妙，四離。四行相所觀道諦四種共相，一道，二如，三行，四出。彼緣此諦修智修止，於四聖諦修智止時，如見道中，漸次觀諦。謂先別觀欲界苦，後合觀色無色界苦。先別觀欲界集，後合觀色無色界集。先別觀欲界滅，後合觀色無色界滅。先別觀欲界道，後合觀色無色界道。如是觀察四聖諦時，猶如隔絹觀諸色像，齊此修習聞所成慧，方得圓滿。

四無色定 四空定

鳩摩羅什譯《大智度論》卷二〇 四無色定者，虛空處、識處、無所有處、非有想非無想處。是四無色有三種：一者，有垢，二者、生得，三者、行得。有垢者，無色中攝，三十一結及此結使中起心相應行。生得者，行是無色定，業報因緣故，生無色界，得不隱沒無記四衆。行得者，觀是色麤惡、重苦、老病、煞害等，種種苦惱因緣。如重病、如癰瘡、如毒刺，皆是虛誑妄語，應當除卻。如是思惟已，過一切色相，滅一切有對相，不念一切異相，入無邊虛空處定。

智顗《釋禪波羅蜜次第法門》卷六 四無色定者，一空處，二識處，三無所有處，四非有想非無想處。今釋此四定爲二意，一總釋，二別釋。一總釋者。前四禪四無量定，悉依色法故有。今此四定，悉依無色法從境得名。故云無色定。是故經云，四空滅色道，心心互相依，亦名四空定。無形無質，卽是義同虛空，故名四空定，亦名四空定處。此四種定心亦名定處。此四種定心以所觀之境爲處。如念處、勝處、一切處，悉從所觀處得名。四空定次第之相，在下當明。而不名禪者，前已受名，不應重立，今應更立勝名。復次，此四無色自體支林有闕，不得名禪。

問曰：《纓絡經》說，五支爲因，默然爲定體，此復云何。答曰：此但約義方便立支，非如四禪具足成就支林之法。故諸經論中，並不說有支也。第二別釋空處，卽開爲三。一釋名，二修行，三證相。第一釋名。所以名空處定者，此定最初離三種色，心緣虛空。既與無色相應，故名虛空定。今此空處及上三無色定，並是無覺無觀聖默然及捨俱所攝故。《摩訶衍》云，得虛空處定，不苦不樂，其心轉增。

問曰：若虛空無色名空定者，上來諸禪亦見空想，何故不名虛空定耶。答曰：不爾。彼六地中但是入定心細，不見麤色之相。意謂爲空，而實未能觀色破散色法斷色繫縛，所以定中或時見色或不見色，非如空定一向永絕色相。是故六地定中，雖有空相，不名虛空無色定也。第二明修空方法，就中有二。一明所修之境，二明能修之心。一明所修之境中有二種，一者障境，二者相成境。一障者，行者欲入空處，要須滅三種色。一可見有對色，二不可見有對色，三不可見無對色。故經中說過一切色相滅有對相，不念種種相入無邊虛空處。《摩訶衍》云：過一切色相，即破可見有對色。滅有對相，即是破不可見有對色。不念種種相是滅不可見無對色。一切色法不過十一，謂五塵、五根及一入少分，即是色法塵。如《阿毘曇》說，一則見十則說有對，一入少分是不可見無對。行者欲入虛空處定，必須破此三色。此三種色即是障境。二成定境者，虛空爲智所緣，因此入定，即是成定之境。第二明能修之心即爲二，一訶讚，二觀析修習。言訶讚者，如行者欲求虛空處定，應深思色法過罪。所謂若有身色，則內有饑渴疾病、大小便利、滓穢麁重弊惡欺誑虛假等一切諸苦。外受寒熱刀杖、枷鎖刑罰等一切諸苦。從先世因緣和合，報得此身，即是種種眾苦之本，不可保著。復次一切色法，繫縛於心，不得自在，即是心之牢獄，令心受惱，無可貪樂。是則略說訶色過罪之相。讚者，讚歎虛空。無色則無此過，虛豁安樂。此處寂靜，無眾惱患。今明訶責讚歎者，即是修習六行之相，類前可知也。

二明觀析修習。行者於四禪中，應作是念。我今此定，依欲界身，具足色法，何故不見。作此念已，即當一心諦觀己身，一切毛道及與九孔，身內空種，皆悉虛疎。猶如羅縠內外相通，亦如芭蕉重重無實。作是觀時，即便得見。既得見已，復更諦心觀察見身，如蓰如甑，如蜘蛛網，漸漸微末，身分皆盡，不見於身及五根等。如內身既盡，外色亦然。所以者何。內身四微四大一切色法，不異外身四微四大一切色法故。復次行者，如是觀時，眼見色壞，故名過色。耳聲鼻香，舌味身觸覺壞故，名滅有對相。於二種餘色及無教色，種種不分別故，名不念種種別異相。一切色法既滅，但一心緣空，念空不捨，即色定便謝，而空定未發。亦有中間禪，爾時慎勿憂悔，勤加精進，一心念空，當度色難。是則略說修習禪定方法。

第二明證虛空定亦爲六意。一證相，二明有支無支，三體用，四淺深，五進退，六功德。第一明證相者。行者既一心念空不捨，則其心泯然任運，自住空緣。此亦似如前說未到地之相，於後豁然，與空相應。其心明淨，不苦不樂，益更增長。於深定中，唯見虛空，無諸色相。雖緣無邊虛空，心無分散，既無色縛。心識澄靜，無礙自在。如鳥在籠中，籠破得出，飛騰自在。證虛空定亦復如是。復次，得空處定出過色界故，名過一切色相。空法持心，種種諸色而不得起故，名滅有對相。既得勝妙空處，決定能捨色法，心不憶戀故，名不念種種相。是故經中多以此義，明證虛空處定。

第二明有支無支者。餘經論中明四無色定，例不立支。唯《纓絡經》云，四空定，五支爲因，第六默然，心爲定體，方便道同，體用相似故。若依《纓絡》所說，虛空定即有五支。五支者，如經說，一想、二護、三正、四觀、五一心。但上來四禪，悉有支相貌可見。今此空定既無別證支離之法，此恐是據修空方便義立爲支。故經言方便道同體用相似，故餘經論悉不立支者。當是爲自體無有別證支林成就之相。而於纓絡中說有支者。多是據方便及約義故說支。約方便立支，其義云何。一想者修空定時，想身如蓰，如甑想。二護者即是捨支，捨於三種色相。又護者名護持，遮三種色，不令破於空心。三正者，不邪爲義。今修空定爲正，若念色相是則爲邪。四觀者，觀達正念，破三種色，達於空理。若觀心住虛空無有分散名一心支。通明支者謂支離爲義。因此五法支離非一，故名爲支。約修方便論支正應如此。佛意難知，既無的文，不可定判。或是證空定時，於空定中義立五支。何以故。經亦說言五支爲因，第六默然心爲定體。今約修空立支，隱顯明因果體用如似不便。若約證空定時，義立五支，亦復宛然，似如可見。深推自解，不煩多釋。第三體用者，前五支爲因，第六默然心爲果。果後更起五支則爲用，默然爲體。例如前四禪不異。問曰，向言無證支那得例上。答曰：還用方便支義支對，隱顯例作亦當於義無失。第四淺深者，初得虛空定即離三種色。心與十方虛空相應，於後定既重發。復覺心識明淨，見空亦廣，定又增深。自覺初淺狹，今則漸廣深。如是乃至九品，類前可知。第五進退者，得虛空定亦有四種人不同。所謂退分、住分、進分、達分。類如上四禪中說。今不廣明。第六明功德者，亦有共不共。共如上說。不共離過者，始於此空定中，方得離三種色過。善心不共者，得離色證空，更得增勝信敬慚愧等諸功德。

第二，明識處定者，亦爲三。第一釋名，二修行方法，三證相。第一釋名者，所以名識處者，捨空緣識以識爲處，正從所緣處受名故名識處。第二修行方法者，有二種。一者，訶毁空處，讚歎識處。二者，觀破空處，繫緣念識處。云何名訶責空定。行者知空處定與空相應，虛空無邊，心緣虛空。緣多則散，能破於定。復次虛空是外法，緣外法入定，定從外生，則不安隱，過罪多，是名訶虛空定識處。既是內法緣內法入定，則多寂靜安隱，是故讚歎識處。第二觀破空處者，觀緣空受想行識如病、如癰、如瘡、如刺，無常、苦、空、無我，和合而有，欺誑不實。此即是八聖種觀。前四是對治方法便是事觀，後無常等四即是緣諦理觀。就此八種觀中，即有總別。總者用此八法，總觀空處定。四陰和合，故有此定，可患無實。別觀者，用此八法，前四對治觀四陰事。如病者對治受陰，如癰者對治想陰，如瘡者對治行陰，如刺者對治識陰。復次，四無常等即對觀四陰理相。無常觀識陰、苦觀受陰、空觀想陰、無我觀行陰。此事理二觀，總別觀虛空處。事理無可貪樂，即心易生厭，疾能捨離。善用念處中意尋此別對之義可見。問曰：離四禪時，何故但説三方便。今離四空定，説八聖種耶。答曰：空定既細，若不説聖種往觀，則過難見。問曰：若爾，凡夫無八聖種，云何得離。答曰：善修六行，亦得離之，但不如八聖種疾。問曰：若修有漏禪，得用八聖種者，與無漏復有何異。答曰：今此中用八聖種，但是欲疾離下，修上地定，不能即深觀自地發無漏慧故，與無漏有異。次明繫心緣識行者，既善知空定過罪，心不喜樂，便捨空處，一心繫緣現在心識，念念不離。未來過去亦復如是，常念於識，欲得與識相應。加功專至，不計旬月，一心緣識無異念。問曰：過去識已滅，未來未至，現在不住，云何可緣而入定耶。答曰：心識之法，實如所問。雖三世心識不可得，而亦可憶持。如過去瞋心已滅，不可復得，猶可憶知。亦如得他心智，即能知他三世之心。諸法雖空而不斷故，何況自緣已三世識心而不得作入定因。緣此而推之，亦得有緣識入定之義。是故行者一心緣識，空定即謝，識定未生，中間亦例如前。問曰：若爾，亦説中間禪相耶。答曰：上已解之，其義可見。第三證相亦有六義。一證相，二明支，三體用，四淺深，五進退，六功德。一證定發相者，行者一心緣識，即便泯然，任運自住。識緣因此後豁然與識相應，心定不動，而於定中不見餘事，唯見現在心識，念念不住。定心分明，識慮廣闊，無量無邊。亦於定中憶過去已滅之識無量無邊，及未來應起之識亦無量無邊，悉現定中，與識法相應。識法持心，無分散意。此定安隱，清淨寂靜。心識明利，不可説也。問曰：行者未得三通，云何知三世心。答曰：此是三昧之力，類上四無量心，其義可知。二明支者，如《纓絡經》説，四空五支方便道同用相似故。例如空處，不煩更説。三體用及淺深進退功德等，並類可知，今不别釋。

第三，明不用處亦爲三，一釋名，二明修行方法，三明證相。一釋名者。不用處者，修此定時，不用一切內外境界。外境名空，內境名心。捨此二境，因初修得名，故言不用處，亦名少處，亦名無所有處，亦名無想處。此三名從定體得名也。二明修無所有處定方法爲二，一者訶讚，二觀行修習。云何訶責識處，行者深知識處過故。所以者何。識定心與識法相應。若於定中心緣於識，過去現在未來心識，悉無量無邊。若心緣無邊緣多，則散壞於定。復次，上緣空入定，名爲外定。今緣識入定，名爲內定。而依內依外，皆非寂靜。若依內心以心緣心入定者，此定已依三世心生，非眞實。唯有無心識處，心無依倚，乃名安隱。如是知已，讚無所有處。二觀行修習者，觀於緣識，受想行識，如病如癰，如瘡如刺。無常苦空無我，和合而有，虛誑不實。義如前釋。如是知已，即捨識處繫心無所有處。無所有處既無所依，緣心識則內靜息。求不用一切心識之法。知無所有法，非空非識，無爲法塵，無有分別。如是知已，靜息其心，念無所有法。是時識定即謝，少定未起。於其中間證相如前説。

問曰：有人言，修無所有，取少識緣之入定。此事云何。答曰：不然。應捨一切，但念無所有法，故名無所有處。而説言少處者，但意根對無所有法塵生於少處，非是緣少識入定名爲少處也。第三明證相亦爲六。一者正明證相，二者明支，三明體用，四淺深，五進退，六功德。第一明無所有定發相者，行者於中間心不憂悔專精不懈，一心內淨空無所依不見諸法，寂然安隱，心無動搖。此爲證無所有定相。入此定時，怡然寂絶，諸想不起。尚不見心相，何況餘法無所分別，是名無所有處定，亦名無想定。二明支，三明體用，四明淺深，五進退，六功德，例如前説。

第四，釋非想非非想定，亦爲三。一釋名，二修行方法，三證相。一釋名者。言非想非非想者，解釋不同。有言此定名一存一亡觀。所言非想者，非麁想，此則亡於麁想。非非想者，非非細想，此則存於細想。又解云，前觀識處是有想，不用處是無想。今雙除上二想。非想遣識處有想，非非想遣不用處無想故。又解言，若非有想者，此定中不見一切相貌故，言非有想。非無想者，行人或作是念，若一向無想者，如木石無知，云何能知無想，故言非無想也。

問曰：非有想非無想中，實有想，云何言無想耶。答曰：非想有四陰共成，豈得言無。但凡夫人入此定中陰界入細故，不覺謂言無想。佛法中說有四陰共成，但因其本名故，言非有想非無想。亦有解言，約凡夫說，言非有想，約佛法中說，言非無想。合而論之，故言非有想非無想也。第二修行方法亦有二，一者訶讚，二者觀行。修習訶責者，深知無想中過罪，是無所有定，如癡如醉，如眠如暗，無明覆蔽，無所覺了，無可愛樂故。《摩訶衍》云，觀於識處，如瘡如箭，觀無想處如癡，皆是心病，非眞寂靜處。更有妙定名曰非想，是處安隱無諸過罪，我當求之。二明觀行修習行者，爾時諦觀無所緣受想行識，如病如癰，如瘡如刺，無常苦空無我，欺誑不實，和合而有，非實有。如是觀已，即便捨離心，觀於非有非無。何法非有，謂心非有。何以故，過去現在未來求之都不可得，無有形相，亦無處所，當知非有。云何非無。若言是無，何名無爲。心是無爲，離心是無。若心是無，不名爲心，以無覺無緣故。若心非無，更無別無。何以故，無不自無，破有故說無。無有則無無，故言非有非無。如是觀時，不見有無。一心緣中，不念餘事，是名修習非有想非無想定。如是即依非有非無，常念不捨，則不用處定，便自謝滅。而非有想非無想定未發，於其中間亦如上說。第三明證相亦爲六意，一者正明證相，二明支，三明體用，四明淺深，五進退，六功德。第一明證相者，行者既一心專精，加功不已，其心任運住在緣中，於後忽然眞實定發，不見有無相貌，泯然寂絕，心無動搖，恬然清淨，如涅槃相。是定微妙，三界無過。外道證之，謂是中道實相涅槃，常樂我淨。愛著是法，更不修習。彼若正觀，如步屈蟲，行至樹表，更不復進，到退迴還。如經中說，凡夫證此定法，如繩繫鳥，繩盡則還。已其不知四陰和合而有自性，然其雖無麁煩惱，而亦成就十種細煩惱。以不知故，謂是眞實。外道入此定中，不見有無，而覺有能知非有非無之心。即計此心，謂是眞神不滅。故言神至細不破，神能知。若佛弟子知是四陰和合而有虛誑不實，是中心想故，知無別神知。復次，前虛空處破色故說空，識處破空故說識。說識爲有想不用處破識故無識，說無識爲無想。今此定破無所有，說非無想故，言非有想非無想。此定於世間中沈浮等故。智定空有均平，是定安隱於世間中最爲尊勝。

玄奘譯《大般若波羅蜜多經》卷六　復次，舍利子！諸菩薩摩訶薩修行般若波羅蜜多，不著四靜慮有，不著四靜慮非有，不著四無量、四無色定有，不著四無量、四無色定非有。不著四靜慮常，不著四靜慮無常，不著四無量、四無色定常，不著四無量、四無色定無常。不著四靜慮樂，不著四靜慮苦，不著四無量、四無色定樂，不著四無量、四無色定苦。不著四靜慮我，不著四靜慮無我，不著四無量、四無色定我，不著四無量、四無色定無我。不著四靜慮寂靜，不著四靜慮不寂靜，不著四無量、四無色定寂靜，不著四無量、四無色定不寂靜。不著四靜慮空，不著四靜慮不空，不著四無量、四無色定空，不著四無量、四無色定不空。不著四靜慮無相，不著四靜慮有相，不著四無量、四無色定無相，不著四無量、四無色定有相。不著四靜慮無願，不著四靜慮有願，不著四無量、四無色定無願，不著四無量、四無色定有願。舍利子！諸菩薩摩訶薩修行般若波羅蜜多，與如是法相應故，當言與般若波羅蜜多相應。

西宗《水懺科註》卷中　四無色定者，謂得四空天之禪定也。一空無邊處定，二識無邊處定，三無所有處定，四非想非非想處定。此四無色界空天，故云四無色定。

四神足 四如意足

佛陀耶舍共竺佛念譯《佛說長阿含經》卷五　復次，諸天！如來善能分別說四神足。何等謂四。一者欲定滅行成就修習神足。二者精進定滅行成就修習神足。三者意定滅行成就修習神足。四者思惟定滅行成就修習神足，是爲如來善能分別說四神足。

又告諸天：過去諸沙門、婆羅門以無數方便，現無量神足，皆由四神足起。正使當來沙門、婆羅門無數方便，現無量神足，亦皆由是四神足起。如今現在沙門、婆羅門無數方便，現無量神足者，亦皆由是四神足起。

玄奘譯《顯揚聖教論》卷二　四神足者，廣說如經。一欲增上，故得三摩地。如有行者，先世修習上品善根，於大師所，或於有智同梵行處，生信生欲，聽聞正法，如所信欲，聞正法已，展轉證得心住一境性，由此欲故，三摩地成就。已生、未生惡不善法，令斷、令不起故，生欲乃至持心。若未生，彼對治善法，令其生故。若已生者，令住、令不忘、令修滿、令倍修、令增長、令廣大故，生欲乃至持心。如是行者，復修欲、策勵、信、安、正念、正知、思、捨八種斷行。由此欲故，三摩地成就者，謂於此中而得自在。已生、未生惡不善法者，謂彼下品諸纏所攝及彼微薄。未損、未害隨眠所攝，令斷、令不起者，謂爲離已生輭品纏故，及爲損害微薄隨眠故，生欲乃至持心。如前廣說。若未生，彼對治善法令其生故。若已生者，令住、令不忘、令修滿、令倍修、令增長、令廣大故，生欲乃至持心。如前廣說應知。如是行者，謂如是修行多時住者。復修欲者，謂欲證彼不現行及損害故。策勵者，謂欲爲因於奢摩他、毗鉢舍那，發起正勤故。信者，謂生欲之因，於彼損害及所得中，決定信故。安者，謂因策勵，除身心粗重，令身心堪任故。正念者，謂於防護沈下、浮舉隨煩惱中，令心不忘故。正知者，謂或時失念，隨煩惱現行之時，分別正知故。思者，謂於止舉中，造作心故。捨者，謂於不染住心、平等心、正直心，無轉動性。如是一切諸神足中，八種斷行應知。此中差別者，第二勤增上故，得三摩地，如有行者，依於教授及教誡法，或在空閑，或居林樹，或止靜室，於如是處，長時勇猛、純熟，熾然正勤，證得心住一境性，由正勤故，三摩地成就。餘如前說。第三心增上故，得三摩地，如有行者，先已修習奢摩他行，由此因緣，思惟內法，速疾證得心住一境性，由修心故，三摩地成就。餘如前說。第四觀增上故，得三摩地，如有行者，多聞聞持，其聞積集，獨處閑靜，卽於彼法，以慧簡擇，極細簡擇，偏覺觀察，因此證得心住一境性，由觀察故，三摩地成就。餘如前說。

玄奘譯《辯中邊論》卷中　已說修正斷，當說修神足。

頌曰：依住堪能性，爲一切事成，滅除五過失，勤修八斷行。

論曰：依前所修離集精進，心便安住，有所堪能，爲勝事成，修四神足，是諸所欲勝事因故。住謂心住，此卽等持故。次正斷說四神足，此堪能性，謂能滅除五種過失，修八斷行。何者名爲五種過失。

頌曰：懈怠、忘聖言，及惛沈、掉舉，不作行作行，是五失應知。

論曰：應知此中惛沈、掉舉，合爲一失。若爲除滅惛沈、掉舉，不作加行，或已滅除惛沈、掉舉，復作加行，俱爲過失。爲除此五，修八斷行，云何安立彼行相耶。

頌曰：爲斷除懈怠，修欲勤、信、安，卽所依、能依，及所因能果。爲除餘四失，修念智思捨，記言、覺沈掉，伏行、滅等流。

論曰：爲滅懈怠，修四斷行：一欲，二正勤，三信，四輕安。如次應知，卽所依等。所依，謂欲、勤所依故。能依，謂勤依欲起故。所因，謂信是所依。欲，生起近因。若信，受彼便希望故。能果，謂安是能依。勤，近所生果。勤精進者，得勝定故。爲欲對治後四過失，如數修餘四種斷行：一念，二正知，三思，四捨。如次應知，卽記言等。記言謂念，能不忘境，記聖言故。覺沈掉者，謂卽正知。由念記言，便能隨覺惛沈、掉舉二過失故。伏行謂思。由能隨覺沈、掉失已，爲欲伏除，發起加行。滅等流者，謂彼沈、掉既斷滅已，心便住捨，平等而流。

玄奘譯《乘阿毗達磨集論》卷五　四神足所緣者，謂已成滿定所作事。自體者，謂三摩地。助伴者，謂欲、勤、心、觀，及彼相應心、心所等。云何欲三摩地。謂由殷重方便，觸心一境性。云何勤三摩地。謂由無間方便，觸心一境性。云何心三摩地。謂由先修三摩地力，觸心一境性。云何觀三摩地。謂由聞他教法，內自簡擇，觸心一境性。又欲三摩地者，謂由生欲，觸心一境性。勤三摩地者，謂由策勵，發起正勤，觸心一境性。心三摩地者，謂由持心，觸心一境性。觀三摩地者，謂由策心，觸心一境性。修習者，謂數修習八種斷行。何等爲八。謂欲、精進、信、安、正念、正知、思、捨。如是八種，略攝爲四，謂加行、攝受、繫屬、對治。又欲勤心觀修有二種，謂并因緣聚散遠離修，不劣不散彼二所依隨順修。修果者，謂已善修治三摩地故，隨所欲證，所通達法，卽能隨心通達變現。又於別別處所法中，證得堪能自在作用，如所願樂，能辦種種神通等事，又能引發勝品功德。

玄奘譯《阿毗達磨大毗婆沙論》卷一四一　四神足者，一、欲三摩地斷行成就神足。二、勤三摩地斷行成就神足。三、心三摩地斷行成就神足。四、觀三摩地斷行成就神足。問：云何名神。云何名足。有作是說：三摩地名神，欲等四名足。由四法所攝受，令三摩地轉故。問：等持俱有相應法多，何故此四獨名神足。答：此於等持，隨順勝故。謂於俱有相應法中，資益等持，此四爲勝。復有說者：三摩地是神亦足，欲等四唯足非神。如擇法是覺亦支，餘六唯支非覺。正見是道亦支，餘七唯支非道。離非時食是齋亦支，餘七唯支非齋。彼亦如是。問：若三摩地是神亦足，或應立一，或應立五，何故說四耶。答：唯三摩地立爲神足，從四因生，故說爲四，謂加行位。或由欲力引發等持，令其現起，廣說乃至或由觀力引令現起。由加行位四法隨增，令等持起，故得定位。於一等持，建立四種。已說自性，當說所以。問：此四何緣說爲神足。答：諸所思求，諸所欲願，一切如意，故名爲神。引發於神，故名神足。

玄奘譯《阿毗達磨法蘊足論》卷四 爾時世尊告苾芻衆，有四神足。何等爲四。謂欲三摩地勝行成就神足，是名第一。勤三摩地勝行成就神足，是名第二。心三摩地勝行成就神足，是名第三。觀三摩地勝行成就神足，是名第四。

玄奘譯《阿毗達磨法蘊足論》卷五 云何此四名爲神足。此中神者，謂所有神，已有神性，當有神性，今有神性。彼法卽是變一爲多，變多爲一，或顯或隱。智見所變，牆壁石等堅厚障物，身過無礙，如履虛空。能於地中或出或沒，自在無礙，如身處水。能於堅障，或在虛空，引水令流，如依迴地。結跏趺坐，凌空往還，都無滯礙，猶如飛鳥。此日月輪，有大神用，具大威德，申手捫摸，如自應器，不以爲難。乃至梵世，轉變自在，妙用難測，故名爲神。此中足者，謂於彼法精勤修習，無間無斷，至成就位，能起彼法，能爲彼依，故名爲足。復次此四勝定，亦名爲神，亦名爲足，用難測故，能爲勝德所依處故。復次四神足者，是假建立，名想言說，謂爲神足，過殑伽沙佛及弟子，皆共施設如是名故。復次四神足者，卽前所說欲、勤、心、觀四三摩地勝行成就，總名神足。

玄奘譯《阿毗達磨集異門足論》卷六 四神足者：一、欲三摩地斷行成就神足，二、勤三摩地斷行成就神足，三、心三摩地斷行成就神足，四、觀三摩地斷行成就神足。云何欲三摩地斷行成就神足。答：欲增上所生諸善有漏及無漏道，是名欲三摩地斷行成就神足。云何勤三摩地斷行成就神足。答：勤增上所生諸善有漏及無漏道，是名勤三摩地斷行成就神足。云何心三摩地斷行成就神足。答：心增上所生諸善有漏及無漏道，是名心三摩地斷行成就神足。云何觀三摩地斷行成就神足。答：觀增上所生諸善有漏及無漏道，是名觀三摩地斷行成就神足。

四禪 四禪天

僧伽提婆譯《中阿含經》卷四六 復次，行禪者離於喜欲，捨無求遊，正念正智而身覺樂，謂聖所說、聖所捨、念、樂住、空，得第三禪成就遊。彼心修習正思，從第三禪趣第四禪，是勝息寂。彼行禪者便作是念：我心離本相，更趣餘處，失第三禪，滅定也。彼行禪者不知如眞，我心修習正思，快樂息寂，從第三禪趣第四禪，是勝息寂。彼不知如眞已，於如退轉，意便失定，如是行禪者熾盛而謂衰退。

復次，行禪者樂滅、苦滅，喜、憂本已滅，不苦不樂、捨、念、淸淨，得第四禪成就遊，彼心修習正思，從第四禪趣無量空處，是勝息寂。彼行禪者便作是念：我心離本相，更趣餘處，失第四禪，滅定也。彼行禪者不知如眞，我心修習正思，快樂息寂，從第四禪趣無量空處，是勝息寂。彼不知如眞已，於如退轉，意便失定，如是行禪者熾盛而謂衰退。

法顯譯《大般涅槃經》卷下 於是如來，卽入初禪。出於初禪，入第二禪。出於二禪，入第三禪。出於三禪，入第四禪。出第四禪，入於空處。出於空處，入於識處。出於識處，入無所有處。出無所有處，入於非想非非想處。出於非想非非想處，入滅盡定。

鳩摩羅什譯《大智度論》卷一〇 復次，二禪、三禪、四禪天，於欲界見佛聽法，若勸助菩薩，眼識、耳識、身識皆在梵世界中取。以是故，別說梵世界。

鳩摩羅什譯《大智度論》卷二八 有人言：初禪，天耳易得，有覺觀四心故。二禪，天眼易得，眼識無故、心攝不散故。三禪，如意通易得，身受快樂故。四禪，諸通皆易得，一切安隱處故。

佛陁耶舍共竺佛念譯《佛說長阿含經》卷四　時，王即昇法殿，入金樓觀，坐銀御牀，思惟貪婬欲、惡不善，有覺、有觀，離生喜、樂，得第一禪。除滅覺、觀，內信歡悅，撿心專一，無覺、無觀，定生喜、樂，得第二禪。捨喜守護，專念不亂，自知身樂，賢聖所求，護念樂行，得第三禪。捨滅苦、樂，先除憂、喜，不苦不樂，護念清淨，得第四禪。

佛陁耶舍共竺佛念譯《佛說長阿含經》卷八　復有四法，謂四禪。於是，比丘除欲、惡不善法，有覺、有觀，離生喜樂，入於初禪。滅有覺、觀，內信、一心，無覺、無觀，定生喜樂，入第二禪。離喜修捨、念、進，自知身樂，諸聖所求，憶念、捨樂，入第三禪。離苦、樂行，先滅憂喜、不苦不樂、捨念、清淨，入第四禪。

佛陁耶舍共竺佛念譯《佛說長阿含經》卷一三　彼捨喜、樂，憂、喜先滅，不苦不樂，護念清淨，入第四禪，身心清淨，具滿盈溢，無不周遍。猶如有人沐浴清潔，以新白疊被覆其身，舉體清淨。摩納！比丘如是入第四禪，其心清淨，充滿於身，無不周遍。又入第四禪，心無增減，亦不傾動，住無愛恚、無動之地。譬如密室，內外塗治，堅閉戶嚮，無有風塵，於內燃燈無觸嬈者，其燈焰上怗然不動。摩納！比丘如是入第四禪，心無增減，亦不傾動，住無愛恚、無動之地，此是第四現身得樂，所以者何？斯由精勤不懈，念不錯亂，樂靜閑居之所得也。

鳩摩羅什譯《大智度論》卷七　有人言：三昧王三昧名爲自在相，善五眾攝，在第四禪中。何以故？一切諸佛於第四禪中行見諦道，得阿那含，即時十八心中得佛道。在第四禪中捨壽，於第四禪中起，入無餘涅槃。第四禪中有八生住處。背捨、勝處、一切入多在第四禪中。第四禪名不動，無遮禪定法。欲界中諸欲遮禪定心，初禪中覺觀心動，二禪中大喜動，三禪中大樂動，四禪中無動。

復次，初禪火所燒，二禪水所及，三禪風所至，四禪無此三患。無出入息，捨念清淨。以是故，三昧王三昧應在第四禪中，如好寶物置之好藏。

《般泥洹經》卷上　何謂四禪？棄欲惡法，但念但行，志樂無爲成一禪行。念行已滅，內守一心，志在恬靜，成二禪行。惟觀無婬，心安體正，分別見眞，成三禪行。已斷苦樂，無憂喜想，意已清淨，成四禪行。

僧伽跋陁羅譯《善見律毗婆沙》卷五　答曰：於修滿中佛語諸比丘：於第四禪定滅盡無餘，苦樂喜悉於禪定門滅無餘也。何以故？初禪定，念思未離故心苦，念思滅者苦亦滅。亦如第二第三第四禪定，念爲初，次第而滅。喜者，於第四禪定門滅盡，樂到第四禪定，入樂住捨，起不過樂也。是故苦於第四禪中滅盡無餘，是謂不苦不樂。此法極細，不可以意取也。何以故？譬如惡牛，牧者捉之不得，乃立作欄，驅群內欄，一一牽出次第而至，至惡牛已，此即是，然後捉得。佛亦如是，先取樂故入一切法，入已次第而出，此是不苦不樂，不苦心不樂心，此是不苦不樂受。

曇摩耶舍、曇摩崛多等譯《舍利弗阿毗曇論》卷一四　何謂四禪？次順不逆，以次入定，行四與三，無有中間，是名四。何謂禪？捨心垢正捨緣捨，是名禪。乃至復次離無喜樂，修不苦不樂捨定。如行人受想思觸思惟，乃至及餘隨色，是名禪。復次，隨法非禪是修禪法心住正住，是名禪。得如是定，護持威儀，住行微行，是名成就四禪行。如比丘修清淨深心，身遍解行，無不遍處。如男子女人，著白淨衣，上下具足，從頭至足，從足至頭，無不遍處。比丘亦爾，修清淨心，身遍解行，無不遍處。比丘入第四禪，心不高不下，不憎不愛，定住不動。猶如靜室塗治內外戶牖俱閉，無有風塵。於其室內，然以油燈，若人非人，若風若鳥，無有觸者。然焰不高不下，不傾不曲，定住不動。比丘入第四禪亦復如是，心不高不下，乃至定住不動。云何高心？共掉相應心，是名高心。云何下心？共懈怠相應心，是名下心。復次共七慢相應心，是名高心。共我相應心，是名下心。云何愛心？共染相應心，是名愛心。云何憎心？共瞋恚相應心，是名憎心。此四禪中，心不共掉不掉相應，乃至不共瞋恚相應，是名不高不下，不憎不愛。云何住？若心住正住獨處定，是名住。云何不動處？不動謂第四禪。如佛語優陁夷，若比丘離欲惡不善法，有覺有觀，離生喜樂，成就初禪行，我說是動。此有何動？謂覺觀不滅。若比丘滅覺觀內淨信一心無覺無觀，定生喜樂，成就二禪行，我說是動。此有何動？謂喜未滅。若比丘離喜捨行念正智身受樂，如諸聖人解捨念樂行，成就三禪行，我說是動。此有何動？謂捨樂未滅。若比丘斷苦樂先滅憂喜不苦不樂捨心淨，成就四禪行，我說是不動。若比丘離欲惡不善法入初禪，從初禪起入二禪，從二禪起入三禪，從三禪起入四禪，是謂到不動處。

比丘如是修學四禪，欲證通法，隨心所欲，即能得證，自在無礙。如四衢平處，有善調駕駟有善御者隨意自在。如是比丘親近四禪，多修學已，欲證通法，隨心即得，自在無礙。如盛水瓶，堅牢不漏，盛以淨水，平滿爲飲，隨人取用，如意自在。如是比丘親近四禪，多修學已，欲證通法，隨心所欲，自在無礙。如陂泉遮水，平滿爲飲，隨人決用，如意自在。如是比丘親近四禪，多修學已，欲證通法，隨心所欲，即能得證，自在無礙。若比丘欲以神足動地，能以一爲多，以多爲一，乃至梵天身得自在隨所欲入。若欲受天耳清淨過人，能聞二聲，人非人聲，隨所能入。若欲知他眾生，能知有欲心，如實知有欲心無欲心，如實知無欲心，隨所能入。若欲憶念無量宿命能憶一生，乃至成就此行，隨所能入。若欲受天眼清淨過人，能見眾生生死，乃至如所造業，隨所能入。若欲盡有漏成無漏，得心解脫慧解脫，現世自知證成就行，我生已盡，梵行已立，所作已辦，不受後有，隨所能入。如是四禪親近多修學，得如是果報。

鳩摩羅什譯《大智度》卷一〇　復次，二禪、三禪、四禪天，於欲界見佛聽法，若勸助菩薩，眼識、耳識、身識皆在梵世界中取。以是故，別說梵世界。

鳩摩羅什譯《大智度》卷二八　有人言：初禪，天耳易得，有覺觀四心故。二禪，天眼易得，眼識無故、心攝不散故。三禪，如意通易得，身受快樂故。四禪，諸通皆易得，一切安隱處故。

鳩摩羅什等譯《禪法要解》卷上　行於四禪，安隱快樂，以三乘道隨意而入涅槃。問曰：云何知是第四禪相。答曰：如佛說四禪相，若比丘斷樂斷苦，先滅憂喜，不苦不樂，護念清淨，入第四禪。問曰：斷三禪樂應爾，離欲時已斷苦，今何故復言斷苦。答曰：有人言，斷有二種。一別相斷，二總相斷。如須陁洹，以道比智，總斷一切見諦結使。是事不然，何以故。佛說斷苦斷樂，先滅憂喜，若欲界苦，應說先斷苦憂喜，而不說者，以是故知非欲界苦。以三禪樂無常相故，則能生苦，是故說斷苦。又如佛說，樂受時當觀是苦，於三禪樂生時，住時爲樂，滅時爲苦。以是故言斷樂斷苦。先滅憂喜者，欲界中憂。初二禪喜者，問曰：欲界中有苦有憂，離欲時滅，何以但說斷憂，不說斷苦。答曰：離欲時雖斷二事，憂根不復成就，苦根成就，以成就故不得言滅。問曰：若三禪中樂生，住時樂滅時爲苦，今說初禪二禪中喜，何獨不爾。答曰：佛經所說，離三禪時，斷樂斷苦，無滅憂喜。初禪二禪不作是說。問曰：佛何因緣不作是說。答曰：三禪中樂，於三界中受樂最妙，心所著處，以其著故無常生苦，以喜麁故不能遍身，雖復有失，不大生憂，以是故佛經不說也。不苦不樂者，第四禪中雖有不苦不樂受，捨者捨三禪樂，行不苦不樂，受不憶不悔。念清淨者，以滅憂喜苦樂四事故念清淨。問曰：上三禪中不說清淨，此中何以獨說。答曰：初禪覺觀亂故，念不清淨。譬如露地風中然燈，雖有脂炷，以風吹故，明不得照。二禪中雖一識攝，以喜大發故，定心散亂，是故不名念清淨。三禪中著樂心多，亂此禪定，故不說念清淨。四禪中都無此事，故言念清淨。復次下地雖有定心，出入息故，令心難攝。是中無出入息故，心則易攝，易攝故念清淨。復次，第四禪名爲眞禪，餘三禪者方便階梯。是第四禪譬如山頂，餘三禪定如上山道。是故第四禪，佛說爲不動處，無有定所動處故。有名安隱調順之處，是第四禪相。譬如善御調馬，隨意所至。行者得此第四禪，欲行四無量心，隨意易得。欲修四念處，修之則易。欲得四諦，疾得不難。欲入四無色定，易可得入。欲得六通，求之亦易。何以故，第四禪中不苦不樂。

曇無讖譯《大般涅槃經》卷一二　迦葉菩薩白佛言：世尊！彼第四禪以何因緣，風不能吹，水不能漂，火不能燒。佛告迦葉：善男子！彼第四禪內外過患一切無故。善男子！初禪過患內有覺觀外有火災，二禪過患內有歡喜外有水災，三禪過患內有喘息外有風災。善男子！彼第四禪內外過患一切俱無，是故諸災不能及之。

新羅、義寂《菩薩戒本疏》卷上　如《本業經》列色天眾，謂梵天、梵眾天、梵輔天、大梵天（此四是初禪天）。水行天、水微天、水無量天、水音天（此四是二禪天）。約淨天、無想天、遍淨天、淨光明天（此四是三禪天）。守妙天、微妙天、極妙天、福果天、果勝天、大靜天（此六是四禪天）。

窺基《瑜伽師地論略纂》卷九　初禪天名梵者，梵是淨義，初離欲故，故得淨名。第二禪名光者，初離尋伺，故得光名。第三禪得淨名者，以得勝樂故勝樂名淨也。第四禪凡聖共居三天，初無雲得名，餘隨福增爲名。

李通玄《新華嚴經論》卷七 爲四禪天依其次第是佛果處故，佛正於菩提場中正證佛果，通收四禪及十方世界。總爲一普光明殿法界之宅報居之都，更無上下往來進修所在可得之相。明佛四禪心想無依無進修處，故無往來也。情絶應眞，同法界故，是佛第四禪。以菩提樹下寄同阿蘭若處，普光明殿即是本居之報宅，以此三説始終因果。

法雲《翻譯名義集》卷四 若上座部，謂無想廣果，因果别故，立十八天，分爲四禪。初禪三天。一梵衆乃所統之民也。二梵輔，輔弼梵王之臣佐也。三大梵，得中間禪，爲世界主。劫初先生，劫盡後沒。威德既勝，褒（博毛切）美稱大。二禪三天。一少光，於二禪中，光最少故。二無量光，光明轉增，無限量故。三光音，口絶言音，光當語故。梵語盧（安合切）天，晉云有光壽，亦云少光。梵云盧波摩那，此云無量光。梵語阿波會，此云光音。三禪三天。一少淨，意地樂受，離喜貪故，少分清淨。二無量淨，淨勝於前，不可量故。三遍淨，梵云首訶，既那樂受最勝，淨周普故。四禪九天。一無雲下之三禪，皆依雲住。至此四禪，方在空居。二福生，具勝福力，方得往生。三廣果，異生果報，此最勝故。梵云惟于頗羅，而此三天，是凡夫住。四無想天，外道所居，計爲涅槃。但是一期心想不行，故名無想。五無煩，無於見思煩惱雜故。六無熱，意樂調柔離熱惱故。七善見，梵語須□（於計切）天，定障漸微，見極明徹。八善現，形色轉勝，善能變現。九色究竟，色法最極，是究竟處。無煩等天，那含所居，呼此五天名五那含。若厭色籠，修四空定，生四空天，名無色界。一空處。《禪門》云，此定最初，離三種色，心緣虚空。既與無色相應，故名處空定。二識處，《禪門》云，捨空緣識，以識爲處，正從所緣處受名。三無所有處，《禪門》名不用處。修此定時，不用一切內外境界，外境名空，內境名心，捨此二境，因初修時，故言不用處。四非有想非無想，《禪門》云：有解云，前觀識處是有想，不用處，是無想，今雙除上二想。亦有解言，約凡夫説言非有想，約佛法中説言非無想，合而論之，故言非有想非無想。然此四空大小乘教，論其無色其義碩異。

四種真實

僧伽婆羅等譯《大乘寶雲經》卷七 善男子！菩薩摩訶薩具有四種眞實之相。何等爲四。所謂於所犯罪終不覆藏，向他發露懺悔，改往心無蓋纏。若以實言應失國土身命財物，如是急事不捨實語，亦不異緣作諸餘語。一切惡事罵詈誹謗撾打繫縛種種傷害，受此苦時，但自咎責推於往業，不瞋恨他，不懷其惡。善住信力，自心淨故。若於諸佛甚深之法難信難解，悉能信受讀誦受持。善男子，是名菩薩有四眞實質直之相。

僧伽婆羅等譯《大乘寶雲經》卷七 有四種眞實菩薩。何謂爲四。能信於空亦信業報，知一切法無有吾我，而於衆生起大悲心，深樂涅槃而遊生死，所作布施皆爲衆生不求果報。善男子，是爲菩薩四種眞實菩薩功德。

菩提流支譯《弥勒菩薩所問經論》卷一 菩薩摩訶薩有四種眞實功德。何等爲四。一者能信解空亦信因果。二者知一切法無有吾我，而於衆生起大悲心。三者深樂涅槃而遊生死。四者所作施行，皆爲衆生，不求果報。若如是者，即生在佛家。

玄奘譯《顯揚聖教論》卷六 彼復四應知者：彼眞實，復有四種。一、世間眞實。二、道理眞實。三、煩惱障淨智所行眞實。四、所知障淨智所行眞實。世間眞實者：謂一切世間、於諸事中、由串習所得悟入智見，共施設世俗性。如於地、謂唯是地。非火等。如是於水火風色聲香味觸、飲食服乘、諸莊嚴具、及諸什物、香鬘塗飾、歌舞音樂、衆朋男女、威儀諸行、田宅財物、及苦樂等。於苦、謂苦，非樂。於樂、謂樂，非苦。又若略説者：謂此、是此，非彼。如是謂彼、是彼，非餘。若事世間有情決定勝解所行，一切世間自昔傳來名言決定，自他分别，共爲眞實，非邪思構觀察所取。是名世間眞實。道理眞實者：謂正智者、有道理義。諸聰叡者、諸黠慧者、諸推求者、諸審察者、住尋思地者、具自辯才者、處異生位者、隨觀察行者、依現比至教三量，極善決擇智所行所知事，以如實因緣證成道理所建立故。是名道理眞實。煩惱障淨智所行眞實者：謂一切聲聞獨覺無漏方便智，無漏正智，無漏後所得世間智等，所行境界。是名煩惱障淨智所行眞實。由緣此故，於煩惱障，智得清淨。及後證住無障礙性。是故說爲煩惱障淨智所行眞實。

問：此中何者是眞實。答：謂苦集滅道名之所顯四種聖諦。由簡擇如是四聖諦故。得入現觀位。於現觀位後眞實智生。所知障淨智所行眞實者：謂於所知中、能礙智故。名所知障。若眞實性，是解脱所知障智所行境界。是名所知障淨智所行眞實，應知。此復云何。謂諸菩薩、佛薄伽梵，爲入法無我，及已入極清淨者，依一切法離言說自性，假說自性。無分別平等智所行境界。謂最勝眞如無上所知究竟性。此性、一切正法簡擇不能回轉，不能過越。是名所知障淨智所行眞實。

實叉難陀譯《大乘四法經》 復次，菩薩有四種眞實。云何爲四。謂不捨菩提心，不捨弘誓願，不捨有來歸依者。不捨一切善護語，是爲四。

玄奘譯《顯揚聖教論》卷四 復有四種眞實。一世間所成，二道理所成，三煩惱障淨智所行處，四所知障淨智所行處。

四力

求那跋陀羅譯《雜阿含經》卷二六 爾時，世尊告諸比丘：有四力。何等爲四。謂信力、精進力、念力、慧力。復次四力，信力、念力、定力、慧力。復次四力，覺力、精進力、無罪力、攝力。

此諸經如上三力說差別者：何等爲覺力。於善、不善法如實知，有罪、無罪，習近、不習近，卑法、勝法，黑法、白法，有分別法、無分別法，緣起法、非緣起法如實知，是名覺力。何等爲精進力。謂四正斷，如前廣說。何等爲無罪力。謂無罪身、口、意，是名無罪力。何等爲攝力。謂四攝事，惠施、愛語、行利、同利。【略】

爾時，世尊告諸比丘：有四力。何等爲四。謂覺力、精進力、無罪力、攝力，【略】如上說。若比丘成就此四力者，得離五恐怖。何等五。謂不活恐怖、惡名恐怖、衆中恐怖、死恐怖、惡趣恐怖，是名五恐怖。【略】

爾時，世尊告諸比丘，如上說差別者：聖弟子成就此四力者，當作是學。我不畏不活，我何緣畏不活。若身行不淨行、口不淨行、意不淨行，作諸邪貪，不信、懈怠、不精進、失念、不定、惡慧、慳、不攝者，彼應畏不活。我有四力，謂覺力、精進力、無罪力、攝力，有此四力成就故，不應畏如不活畏。如是惡名畏、衆中畏、死畏、惡趣畏亦如上說。【略】

爾時，世尊告諸比丘：有四力：覺力、精進力、無罪力、攝力。何等爲覺力。謂慧、大慧、深慧、難勝慧，是名覺力。何等爲精進力。若於不善法不善數、黑黑數、有罪有罪數、不應親近不應親近數，離此諸法已，若諸餘善善數、白白數、無罪無罪數、應親近應親近數，如此等修習，增上精勤、欲、方便、堪能，正念正知而學，是名精進力。無罪力、攝力如上修多羅說。

曇無讖譯《菩薩地持經》卷一 云何四力。一者自力，二者他力，三者因力，四者方便力。菩薩自力發菩提心，是名自力。因他發心，是名他力。先習大乘相應善根，今少見佛及諸菩薩，或少聞歎說則便發心，是名因力。於現世中近善知識，聞其說法能修衆善，是名方便力。

玄奘譯《瑜伽師地論》卷九八 復次由自利行及利他行爲增上故，當知建立有四種力：一、覺慧力，二、精進力，三、無罪力，四、攝受力。能往現法涅槃，名爲自義。能往人天善趣，亦名自義。當知此中依第一自義，建立覺慧、精進二力。由是二力，能有方便發起正勤。依第二自義，立無罪力。由此三力，一切自義皆得究竟。樂利他者，他義有餘。由此增上，立攝受力。當知攝事如菩薩地已辯其相。

玄奘譯《阿毗達磨集異門足論》卷七 四力者：一、信力，二、精進力，三、定力，四、慧力。信力云何。答：依諸如來應正等覺所殖淨信，是有根生，安立堅固。一切沙門及婆羅門諸天魔梵，若餘世間，皆無有能如法牽奪，是名信力。精進力云何。答：爲令已生惡不善法斷故，起欲、發勤精進、策心、持心。爲令未生惡不善法不生故，起欲、發勤精進、策心、持心。爲令未生善法生故，起欲、發勤精進、策心、持心。爲令已生善法堅住不忘修滿倍增廣大智作證故，起欲、發勤精進、策心、持心，是名精進力。定力云何。答：離欲惡不善法，有尋有伺，離生喜樂，入初靜慮具足住。廣說乃至入第四靜慮具足住，是名定力。慧力云何。答：如實了知是苦聖諦，如實了知是苦集聖諦，如實了知是苦滅聖諦，如實了知是趣苦滅道聖諦，是名慧力。問：何故名力。答：以因此力、依此力、住此力，能斷、能碎、能破一切結縛、隨眠、隨煩惱纏，故名爲力。

施護譯《佛說大集法門經》卷上　復次，四力，是佛所說。謂慧力、精進力、無礙力、攝力。

四一切

僧伽提婆譯《增壹阿含經》卷三六　云何爲四。一切行無常，是謂一法。一切行苦，是謂二法。一切行無我，是謂三法。涅槃爲滅盡，是謂第四法之本。如是不久，如來當取滅度。汝等當知，四法之本，普與一切衆生而說其義。

玄奘譯《顯揚聖教論》卷四　清淨者：謂四一切相清淨。廣說如經。一、依止清淨。謂由如來證得一切相清淨智，及一切相清淨斷故。於依止取住捨中，究竟無上自在。二、境界清淨。謂由如來證得一切相清淨智，及一切相清淨斷故。於一切事變化境界中，究竟無上自在。三、心清淨。謂由如來證得一切相清淨智，及一切相清淨斷故。於一切相世出世善根增長心中，究竟無上自在。四、智清淨。謂由如來證得一切相清淨智，及一切相清淨斷故。於一切相所知中，無著無礙智，究竟無上自在。

玄奘譯《攝大乘論釋》卷九　論曰：攝受住持捨　現化及變易　等持智自在　隨證得歸禮。

釋曰：此頌顯示四一切相清淨。攝受住持捨者：顯所依清淨。依止靜慮，如其所欲，隨樂長短，能於自身攝受住持棄捨自在。現化及變易者：顯所緣清淨。化作種種未曾生色，名爲現化。轉變種種已曾生色，成金銀等。名爲變易。於此一切變化品類，皆得自在。等持自在者：顯心清淨。隨其所欲，三摩地門，自在而轉。一一刹那，如其意樂，能入諸定。智自在者：顯智清淨。如其所欲，陁羅尼門，任持自在。隨證得者，隨順證得上四清淨。

玄奘譯《瑜伽師地論》卷四九　云何如來四一切種清淨。一者，一切種所依清淨。二者，一切種所緣清淨。三者，一切種心清淨。四者，一切種智清淨。云何一切種所依清淨。謂一切煩惱品麤重，并諸習氣，於自所依，無餘永滅。又於自體，如自所欲取住捨中，自在而轉。是名一切種所依清淨。云何一切種所緣清淨。謂於種種若化，若變，若所顯現，一切所緣，皆自在轉。是名一切種所緣清淨。云何一切種心清淨。謂如前說一切心麤重永滅離故。又於心中，一切種善根，皆積集故。是名一切種心清淨。云何一切種智清淨。謂如前說一切無明品麤重，永滅離故。又遍一切所知境中，智無障礙，智自在轉。是名一切種智清淨。

延壽《宗鏡錄》卷五七　四一切者：一性一切者，即三性，一善，二不善，三無記性等。二地一切者，即九地。一欲界五趣地，色界四禪四地，無色界四空四地。三時一切者，時即同一刹那時也。此作意等五心所，皆同時起，故名時一切。四，俱一切者，俱即遍諸心等，與八識俱。意云，此作意等五遍行，與八識心王俱起時，必有同時相應五數。又如八識俱起時，皆有遍行五數，故名俱一切。即四一切。

通潤《成唯識論集解》卷五　四一切者：謂一切性，即善染無記也。一切地，三界中九地。謂欲界五趣雜居地，色界初禪離生喜樂地，二禪定生喜樂地，三禪離喜妙樂地，四禪捨念清淨地，無色界空無邊處地，識無邊處地，無所有處地，非非想處地也。一切時，過去現在未來也。一切俱者，八識俱通也。此五位中，偏行一位，具四一切，三性皆具，九地皆有。通一切時，偏一切識故。別境一位，唯有初二，謂三性九地。善唯有一，謂一切地。以一切地皆善性故，染四皆無。於三性中唯不善故，不通一切性。於上八地伏不起故，不通一切地有間斷故。不通一切時於八識中不俱有故。不通一切識，不定唯一。謂一切性，由此四一切故，有五位差別。

王肯堂《成唯識論證義》卷三　四一切者：一性一切，即善惡無記三性。二地一切，即九地。三時一切，時即同一刹那時也。此作意等五心所，皆同時起故，名時一切。四俱一切，即偏諸心等，與八識俱。意云，此作意等五偏行法，八識心王俱起時，必有同時相應五數。又如八識俱起時，皆有偏行五數，故名俱一切，即四一切。

四十八輕戒

讀體《三壇傳戒正範》卷四 諸佛子已説十波羅提木叉竟，四十八輕今當説。

撫尺云：佛子從今身至佛身盡未來際其中間。

第一不得故不敬師友，若有犯，非菩薩行，不敬師友戒能持否。（答云）能持。

第二不得故飲酒，若有犯，非菩薩行，不飲酒戒能持否。（答云）能持。

第三不得故食肉，若有犯，非菩薩行，不食肉戒能持否。（答云）能持。

第四不得故食五辛，若有犯，非菩薩行，不食五辛戒能持否。（答云）能持。

第五不得故不教悔罪，若有犯，非菩薩行，不教悔罪戒能持否。（答云）能持。

第六不得故不供給請法，若有犯，非菩薩行，不供給請法戒能持否。（答云）能持。

第七不得故懈怠不聽法，若有犯，非菩薩行，懈怠不聽法戒能持否。（答云）能持。

第八不得故背大向小，若有犯，非菩薩行，不背大向小戒能持否。（答云）能持。

第九不得故不看病，若有犯，非菩薩行，不看病戒能持否。（答云）能持。

第十不得故畜殺具，若有犯，非菩薩行，不畜殺具戒能持否。（答云）能持。

第十一不得故作國使，若有犯，非菩薩行，不作國使戒能持否。（答云）能持。

第十二不得故販賣，若有犯，非菩薩行，不販賣戒能持否。（答云）能持。

第十三不得故謗毀，若有犯，非菩薩行，不謗毀戒能持否。（答云）能持。

第十四不得故放火焚燒，若有犯，非菩薩行，不放火焚燒戒能持否。（答云）能持。

第十五不得故僻教，若有犯，非菩薩行，不僻教戒能持否。（答云）能持。

第十六不得故爲利倒説，若有犯，非菩薩行，不爲利倒説戒能持否。（答云）能持。

第十七不得故恃勢乞求，若有犯，非菩薩行，不恃勢乞求戒能持否。（答云）能持。

第十八不得故無解作師，若有犯，非菩薩行，不無解作師戒能持否。（答云）能持。

第十九不得故兩舌，若有犯，非菩薩行，不兩舌戒能持否。（答云）能持。

第二十不得故不行放救，若有犯，非菩薩行，不行放救戒能持否。（答云）能持。

第二十一不得故瞋打報仇，若有犯，非菩薩行，不瞋打報仇戒能持否。（答云）能持。

第二十二不得故憍慢不請法，若有犯，非菩薩行，不憍慢不請法戒能持否。（答云）能持。

第二十三不得故憍慢僻説，若有犯，非菩薩行，不憍慢僻説戒能持否。（答云）能持。

第二十四不得故不習學佛，若有犯，非菩薩行，不習學佛戒能持否。（答云）能持。

第二十五不得故不善知衆，若有犯，非菩薩行，不善知衆戒能持否。（答云）能持。

第二十六不得故獨受利養，若有犯，非菩薩行，不獨受利養戒能持否。（答云）能持。

第二十七不得故受別請，若有犯，非菩薩行，不受別請戒能持否（答云）。能持。

第二十八不得故別請僧，若有犯，非菩薩行，不別請僧戒能持否。（答云）能持。

第二十九不得故邪命自活，若有犯，非菩薩行，不邪命自活戒能持否。（答云）能持。

第三十不得故不敬好時，若有犯，非菩薩行，不敬好時戒能持否。（答云）能持。

第三十一不得故不行救贖，若有犯，非菩薩行，不行救贖戒能持否。（答云）能持。

第三十二不得故損害衆生，若有犯，非菩薩行，不損害衆生戒能持否。（答云）能持。

第三十三不得故邪業覺觀，若有犯，非菩薩行，不邪業覺觀戒能持否。（答云）能持。

第三十四不得故暫念小乘，若有犯，非菩薩行，不暫念小乘戒能持否。（答云）能持。

第三十五不得故不發願，若有犯，非菩薩行，不發願戒能持否。（答云）能持。

第三十六不得故不發誓，若有犯，非菩薩行，不發誓戒能持否。（答云）能持。

第三十七不得故冒難遊行，若有犯，非菩薩行，不冒難遊行戒能持否。（答云）能持。

第三十八不得故乖尊卑次序，若有犯，非菩薩行，不乖尊卑次序戒能持否。（答云）能持。

第三十九不得故不修福慧，若有犯，非菩薩行，不修福慧戒能持否。（答云）能持。

第四十不得故揀擇授戒，若有犯，非菩薩行，不揀擇授戒能持否。（答云）能持。

第四十一不得故爲利作師，若有犯，非菩薩行，不爲利作師戒能持否。（答云）能持。

第四十二不得故爲惡人說戒，若有犯，非菩薩行，不爲惡人說戒戒能持否。（答云）能持。

第四十三不得故無慚受施，若有犯，非菩薩行，不無慚受施戒能持否。（答云）能持。

第四十四不得故不供養經典，若有犯，非菩薩行，不供養經典戒能持否。（答云）能持。

第四十五不得故不化衆生，若有犯，非菩薩行，不化衆生戒能持否。（答云）能持。

第四十六不得故說法不如法，若有犯，非菩薩行，不說法不如法戒能持否。（答云）能持。

第四十七不得故非法制限，若有犯，非菩薩行，不非法制限戒能持否。（答云）能持。

第四十八不得故破法，若有犯，非菩薩行，不破法戒能持否。（答云）能持。

書玉《羯磨儀式》卷上 《佛說梵網經·菩薩心地品》之下。佛告諸佛子言：有十重波羅提木叉，若受菩薩戒，不誦此戒者，非菩薩，非佛種子。我亦如是誦。一切菩薩已學，一切菩薩當學，一切菩薩今學，我已略說菩薩波羅提木叉相貌，應當學，敬心奉持。

第一殺戒。

第二盜戒。

第三婬戒。

第四妄語戒。

第五沽酒戒。

第六說四衆過戒。

第七自讚毀他戒。

第八慳惜加毀戒。

第九瞋心不受悔戒。

第十謗三寶戒。

如是十戒應當學敬心奉持，八萬威儀品當廣明。（撫尺云）今問諸大德，是中清淨否。（三問已）諸大德，是中清淨默然故，是事如是持。（即云）佛告諸菩薩言，已說十波羅提木叉竟。四十八輕今當說。

第一不敬師友戒。
第二飲酒戒。
第三食肉戒。
第四食五辛戒。
第五不教悔罪戒。
第六不供給請法戒。
第七懈怠不聽法戒。
第八背大向小戒。
第九不看病戒。
第十畜殺衆生具戒。

如是十戒應當學，敬心奉持。下六度品中廣明。（撫尺云）。今問諸大德，是中清淨否。（三問已）諸大德是中清淨默然故，是事如是持（即云）。

第十一國使戒。
第十二販賣戒。
第十三謗毁戒。
第十四放火焚燒戒。
第十五僻教戒。
第十六爲利倒說戒。
第十七恃勢乞求戒。
第十八無解作師戒。
第十九兩舌戒。
第二十不行放救戒。

如是十戒應當學，敬心奉持。滅罪品中廣明一一戒相。（撫尺云）今問諸大德，是中清淨否。（三問已）諸大德，是中清淨默然故，是事如是持（即云）。

第二十一瞋打報讐戒。
第二十二憍慢不請法戒。
第二十三憍慢僻說戒。
第二十四不習學佛戒。
第二十五不善知衆戒。
第二十六獨受利養戒。
第二十七受別請戒。
第二十八別請僧戒。
第二十九邪命自活戒。
第三十不敬好時戒。

如是十戒應當學，敬心奉持。制戒品中廣明。（撫尺云）今問諸大德，是中清淨否。（三問已）諸大德，是中清淨默然故，是事如是持（即云）。

第三十一不行救贖戒。
第三十二損害衆生戒。
第三十三邪業覺觀戒。
第三十四暫念小乘戒。
第三十五不發願戒。
第三十六不發誓戒。
第三十七冒難遊行戒。
第三十八乖尊卑次序戒。
第三十九不修福慧戒。

如是九戒應當學，敬心奉持。梵壇品當廣明。（撫尺云）今問諸大德，是中清淨否。（三問已）諸大德，是中清淨默然故，是事如是持（即云）。

第四十揀擇授戒戒。
第四十一爲利作師戒。
第四十二爲惡人說戒戒。
第四十三無慚受施戒。
第四十四不供養經典戒。
第四十五不化衆生戒。
第四十六說法不如法戒。
第四十七非法制限戒。
第四十八破法戒。

四靜慮

玄奘譯《阿毗達磨俱舍論》卷二八　且諸定內靜慮云何。

頌曰：靜慮四各二，於中生已說。定謂善一境，并伴五蘊性，初具伺喜樂，後漸離前支。

論曰：一切功德多依靜慮，故應先辯靜慮差別。此總有四種，謂初、二、三、四，四各有二，謂定及生。生靜慮體，世品已說，謂第四八，前三各三。定靜慮體，總而言之，是善性攝心一境性，以善等持爲自性故。若并助伴，五蘊爲性，何名一境性。謂專一所緣。若爾，卽心專一境位，依之建立三摩地，名不應別有餘心所法，别法令心於一境轉，名三摩地，非體卽心，豈不諸心刹那滅故，皆一境轉，何用等持。若謂令心於第二念不散亂故，須有等持，則於相應等持無用。又由此故，三摩地成，寧不卽由斯心於一境轉。又三摩地是大地法，應一切心皆一境轉。不爾，餘品等持劣故。有餘師說，卽心一境相續轉時，名三摩地，契經說此，爲增上心學故。心清淨最勝，卽四靜慮故。依何義故，立靜慮名。由此寂靜，能審慮故。審慮卽是實了知義。如說心在定，能如實了知。審慮義中，置地界故。此宗審慮，以慧爲體。若爾，諸等持皆應名靜慮。不爾，唯勝方立此名。如世間言，發光名日，非螢燭等亦得日名。靜慮如何獨名爲勝。諸等持內，唯此攝支。止觀均行，最能審慮，得現法樂住及樂通行名，故此等持獨名靜慮。若爾，染污寧得此名，由彼亦能邪審慮故。是則應有太過之失。無太過失，要相似中，方立名故，如敗種等，世尊亦說有惡靜慮。若一境性，是靜慮體，依何相立初、二、三、四。具伺喜樂，建立爲初。由此已明，亦具尋義。必俱行故，如煙與火。非伺有喜樂，而不與尋俱。漸離前支，立二、三、四。離伺有二，離二有樂，具離三種，如其次第。故一境性分爲四種。

玄奘譯《阿毗達磨法蘊足論》卷六　一時薄伽梵在室羅筏住逝多林給孤獨園，爾時世尊告苾芻衆：有四天道，令諸有情未淨者淨，淨者鮮白。何等爲四。謂有一類離欲惡不善法，有尋有伺，離生喜樂，初靜慮具足住，是名第一天道。復有一類，尋伺寂靜，內等淨心一趣性，無尋無伺，定生喜樂，第二靜慮具足住，是名第二天道。復有一類，離喜住捨，正念正知，身受樂，聖說應捨，第三靜慮具足住，是名第三天道。復有一類，斷樂斷苦，先喜憂沒，不苦不樂，捨念清淨，第四靜慮具足住，是名第四天道。如是四種，皆令有情未淨者淨，淨者鮮白。

玄奘譯《阿毗達磨集異門足論》卷六　四靜慮者，謂初靜慮，第二靜慮，第三靜慮，第四靜慮。云何初靜慮。答：初靜慮所攝善五蘊，是名初靜慮。云何第二靜慮。答：第二靜慮所攝善五蘊，是名第二靜慮。云何第三靜慮。答：第三靜慮所攝善五蘊，是名第三靜慮。云何第四靜慮。答：第四靜慮所攝善五蘊，是名第四靜慮。

玄奘譯《阿毗達磨大毗婆沙論》卷八〇　問：此四靜慮自性云何。答：各以自地五蘊爲自性，是名靜慮自性，我物自體，相分本性。已說自性，所以今當說。問：何故名靜慮。爲能斷結，故名靜慮。爲能正觀，故名靜慮。若能斷結，故名靜慮，則無色定亦能斷結，應名靜慮。若能正觀，故名靜慮，則欲界三摩地亦能正觀，應名靜慮。有作是說，以能斷結，故名靜慮。問：諸無色定亦能斷結，應名靜慮。答：若定能斷不善、無記二種結者，名爲靜慮。諸無色定，唯斷無記，非不善故，不名靜慮。問：若作是說，唯未至定可名靜慮，上地不斷不善結故。答：上地雖無彼斷對治，而有不善厭壞對治。以能厭壞，亦名能斷。問：若作是說，上地滅道法智品，及彼一切類智品，應非靜慮。皆非欲界斷及厭壞二對治故。答：彼於欲界雖無全界全地對治，而彼界地容有不善厭壞對治。由此勢力，餘亦得名。復次，四靜慮中有能對治不善結者，無色全無，故靜慮名不通無色。尊者妙音作如是說，色界六地於欲界結，皆有斷對治及厭壞對治。然未至定，已斷彼結。餘地對治，無彼可斷。雖無彼可斷，而有對治用。如日三分，皆能破暗。初分已破，餘無可破。又如六人，共一怨家，一人已煞，餘無可煞。又如六燈，皆能破暗，持一入室，其暗已除，餘五入時，無暗可破。如是六地於欲界結，皆有斷能，非唯未至。若不爾者，依上五地入見道時，應不證得欲見所斷諸結離系。既能證得，故知六地於欲界結有斷對治。復次，若定能斷見修所斷二結盡者，名爲靜慮。諸無色定，唯能斷修所斷結盡，故非靜慮。復次，若能斷結，五蘊俱生，能爲所依，起多功德，能具攝受四支五支，能發六通，具四通行、三種變現、三明、三根、三道、三地、四沙門果、九偏知道、見修二道、法類二智，及忍智者，名爲靜慮。諸無色定雖能斷結，而不具上所說功德，故非靜慮。復有說者，以能正觀，故名靜慮。

問：若爾，欲界有三摩地，亦能正觀，應名靜慮。答：若能正觀，亦能斷結，名爲靜慮。欲界三摩地，雖有能正觀，而不能斷結，故不名靜慮。復次，若能正觀，堅固難壞，相續久住，於所緣境，長時注意而不捨者，名爲靜慮。欲界三摩地無如是德，故非靜慮。復次，若三摩地具有定名定用，能正觀者，名爲靜慮。欲界三摩地，雖有定名，而無定用，如泥椽梁，有名無用，故非靜慮。復次，若三摩地非散亂風之所搖動，如密室燈，能正觀者，名爲靜慮。欲界三摩地，多散亂風之搖動，如四衢燈，故非靜慮。如是說者，要具二義方名靜慮，謂能斷結，及能正觀。欲界三摩地，雖能正觀而不能斷結。諸無色定，雖能斷結，而不能正觀，故非靜慮。復次，若能偏觀、遍斷結者，名爲靜慮。欲界三摩地，雖能偏觀，而不能偏斷結。諸無色定，二義俱無，故非靜慮。復次，若能靜息一切煩惱，及能思慮一切所緣，名爲靜慮。欲界三摩地，雖能思慮一切所緣，不能靜息一切煩惱。諸無色定，兩義都無，故非靜慮。復次，諸無色定，有靜無慮。欲界三摩地，有慮無靜。色定俱有，故名靜慮。靜謂等引，慮謂偏觀，故名靜慮。

四靜慮支總有十八。謂初靜慮有五支，一尋，二伺，三喜，四樂，五心一境性。第二靜慮有四支，一內等淨，二喜，三樂，四心一境性。第三靜慮有五支，一行捨，二正念，三正慧，四受樂，五心一境性。第四靜慮有四支，一不苦，不樂受，二行捨清淨，三念清淨，四心一境性。問：四靜慮支名有十八，實體有幾。答：唯有十一。謂初靜慮支名與實體俱有五種，第二靜慮支雖有四，而三如前增內等淨。第三靜慮支雖有五，而第五如前但增前四。第四靜慮支雖有四，而後三如前但增第一。故靜慮支名有十八，實體十一。復有說者，實體唯十，謂三靜慮樂合爲一。評曰：彼不應作是說。初二靜慮是輕安樂，第三靜慮別是受樂，初二靜慮樂行蘊攝，第三靜慮樂受蘊攝。故前所說，於理爲善。如名實體名施設體施設，名異相體異相，名異性體異性，名差別體差別，名建立體建立，名覺體覺，應知亦爾。問：此中何者是靜慮，何者是靜慮支。答：心一境性是靜慮，以三摩地爲自性故，此及所餘是靜慮支。問：若三摩地是靜慮者，初第三靜慮應各唯四支，第二第四靜慮應各唯三支，則靜慮支應唯十四，云何乃說十八支耶。答：三摩地是靜慮亦是靜慮支，餘是靜慮支非靜慮，故有十八。如擇法是覺亦是覺支，餘是覺支非覺，正見是道亦是道支，餘是道支非道，離非時食是齋亦是齋支，餘是齋支非齋。

玄奘譯《阿毗達磨大毗婆沙論》卷一四一 四靜慮者，謂初靜慮，乃至第四靜慮。有說尋、喜、樂、捨相應靜慮，如次爲四。此有二種，一修得，二生得。修得者，卽彼地攝心一境性。若幷助伴，卽五蘊性。生得者，隨地所系，餘五蘊爲性。已說自性，當說所以。問：此四何緣，說爲靜慮。答：靜謂寂靜，慮謂籌慮。此四地中，定慧平等，故稱靜慮。餘隨有闕，不得此名。此四廣如餘處分別。

玄奘譯《阿毗達磨品類足論》卷七 初靜慮云何，謂初靜慮所攝善五蘊。第二靜慮云何，謂第二靜慮所攝善五蘊。第三靜慮云何，謂第三靜慮所攝善五蘊。第四靜慮云何，謂第四靜慮所攝善五蘊。

玄奘譯《瑜伽師地論》卷三三 復次此中於初靜慮下中上品，善修習已，隨其所應，當生梵眾天，梵輔天，大梵天，眾同分中。於第二靜慮下中上品，善修習已，隨其所應，當生少光天，無量光天，光淨天，眾同分中。於第三靜慮，下中上品，善修習已，隨其所應，當生少淨天，無量淨天，遍淨天，眾同分中。於第四靜慮下中上品，善修習已，隨其所應，當生無雲天，福生天，廣果天，眾同分中。若不還者，以無漏第四靜慮，間雜熏修有漏第四靜慮。卽於此中下品，中品，上品，上勝品，上極品，善修習已，隨其所應，當生五淨居天眾同分中。謂無煩，無熱，善現，善見，色究竟天。若於空處，識處，無所有處，非想非非想處，下中上品，善修習已，當生空處，識處，無所有處，非想非非想處，隨行天眾同分中。由彼諸天，無有形色，是故亦無處所差別。然住所作，有其差別。於無想定，善修習已，當生無想有情天眾同分中。

玄奘譯《顯揚聖教論》卷二 建立生者，謂先於此間修下中上初靜慮者，後生彼處，受三天果，謂梵身天，梵輔天，大梵天。若善修習無尋有伺初靜慮者，生大梵天果，更無異所勝彼處故。若先於此間修下中上第二靜慮者，後生彼處，受三天果，謂少光天，無量光天，極淨光天。若先於此間修下中上第三靜慮者，後生彼處，受三天果，謂少淨天，無量淨天，遍淨天。若先於此間修下中上第四靜慮者，後生彼處，受三天果，謂無雲天，福生天，廣果天。從是已上，離色貪故，無方處差別。雖有修習下中上因，然不建立生果差別。若下中上修虛空無邊處者，受虛空無邊處天生果。若下中上修識無邊處者，受識無邊處天生果。若下中上修無所有處者，受無所有處天生果。若下中上修非想非非想處者，受非想非非想處天生果。由定寂靜有差別故，及由住時滿不滿故，彼有差別。又由多住愛味初靜慮，乃至非想非非想處故，不盡壽命，而有中夭。

玄奘譯《顯揚聖教論》卷一九　於諸靜慮，有幾支耶。答：初有五支。何等爲五，謂尋、伺、喜、樂、心一境性。第二靜慮有四支，謂內等淨、喜、樂、心一境性。問：內等性，以何法爲體。答：以念正知及捨爲體。第三靜慮有五支，謂念、正知、捨、樂、心一境性。第四靜慮有四支，謂捨清淨，念清淨，不苦不樂，心一境性。

玄奘譯《顯揚聖教論》卷一九　問：何故於四靜慮建立四支五支耶。答：住所依故，住順益故，住自體故。復次思惟境界故，受用境界故，於境不散故。復次順益所依故，增上心所依故，增上慧所依故。復次爲對治三種惱亂住障故。三種惱亂住者，謂染污住，苦住，迷亂住。復次如受用五欲者，有三種正所作事，顯彼受用諸欲。一、以正方便，求所受用。二、求得已，正受用。三、自在隨轉。如是修靜慮者，依三種正所作事，如其所應，建立支分，應知。復次爲對治自苦行故，修靜慮者，建立支分，應知。此復三種對治，一離欲對治，二止息身心逼惱對治，三外心散亂寂靜對治。

玄奘譯《瑜伽師地論》卷六三　問：何因緣故，於四靜慮，建立如是五支四支。答：住所依故，住饒益故，住自性故。復有差別，謂思惟所緣故，受用所緣故，於緣不散故。復有差別，謂饒益所依故，增上心所依故，增上慧所依故。復有差別，謂爲對治三雜染住，所對治故。云何名爲三雜染住所對治耶。一染污住，二苦惱住，三愚癡住。復有差別，謂受欲者，相似法故，諸受欲者，略有三種正所作事，能顯彼是受用欲者。一、正求財寶。二、求財寶已，能正受用。三、於彼自在隨意所爲。如是修習諸靜慮者，亦有三種正所作事。當知依彼建立支分，如其所應。復有差別，謂爲對治自苦惱行，應知建立諸靜慮支，如是略有三種對治。一、對治缺減對治。二、身心逼惱對治。三、於外境界其心流散不寂靜對治。【略】

問：如先所說四種靜慮，何因緣故唯四靜慮不增不減。答：由能究竟超苦樂故。所以者何。從初靜慮乃至第四，漸超苦樂方究竟故。

云何名初靜慮所治。謂有五種，一者欲貪，二欲恚害，三種尋思，三者憂苦，四者犯戒，五者散亂。云何第二靜慮所治，亦有五種。一初靜慮貪，二尋伺，三苦，四掉，五定下劣性。云何第三靜慮所治，謂有四種。一第二靜慮貪，二喜，三踴躍，四定下劣性。云何第四靜慮所治，謂有五種。一入息出息，二第三靜慮貪，三樂，四於樂發悟，五定下劣性。

問：初靜慮有幾支。答：有五支。何等爲五，一尋，二伺，三喜，四樂，五心一境性。問：第二靜慮有幾支。答：有四支。何等爲四，一內等淨，二喜，三樂，四心一境性。【略】

問：初二靜慮有何差別。答：第二靜慮中三摩地圓滿有差別故。問：第二第三靜慮有何差別。答：第三靜慮饒益圓滿有差別故。

問：第三第四靜慮有何差別。答：第四靜慮清淨圓滿有差別故。復有四種修三摩地。一者爲得現法樂住故。二者爲得勝智見故。三者爲得分別慧故。四者爲證諸漏永盡故。當知依四補特伽羅，建立四種修三摩地。

玄奘譯《阿毗達磨俱舍論》卷二八　靜慮初五支，尋伺喜樂定，第二有四支，內淨喜樂定。
第三具五支，捨念慧樂定，第四有四支，捨念中受定。

論曰：唯淨無漏四靜慮中初具五支，一尋，二伺，三喜，四樂，五等持。此中等持頌說爲定。等持與定，名異體同。故契經說，心定等定，名正等持。此亦名爲心一境性。義如前釋。傳說，唯定是靜慮亦靜慮支，餘四支是靜慮支非靜慮。如實義者，如四支軍，餘靜慮支應知亦爾。第二靜慮唯有四支，一內等淨，二喜，三樂，四等持。第三靜慮具有五支，一行捨，二正念，三正慧，四受，樂五等持。第四靜慮唯有四支，一行捨清淨，二念清淨，三非苦樂受，四等持。靜慮支名既有十八，於中實事總有幾種。頌曰：

此實事十一，初二樂輕安，

內淨即信根，喜即是喜受。【略】

第四靜慮名不動者，無災患故。災患有八，其八者何，尋伺四受入息出息。此八災患第四都無，故佛世尊說爲不動。然契經說，第四靜慮不爲尋伺喜樂所動。有餘師說，第四靜慮如密室燈照而無動。如定靜慮所有諸受生亦爾不。不爾。云何。頌曰：

生靜慮從初，有喜樂捨受。

及喜捨樂捨，唯捨受如次。

論曰：生靜慮中初有三受。一喜受，意識相應。二樂受，三識相應。三捨受，四識相應。第二有二，謂喜與捨意識相應，無有樂受，無餘識故，心悅麁故。第三有二，謂樂與捨意識相應。第四有一，謂唯捨受意識相應。是謂定生受有差別。

四惡道 四惡趣

《佛說摩訶衍寶嚴經》 身壞命終，生四惡趣。云何爲四，地獄、畜生、餓鬼、阿須羅中。

闍那崛多共笈多譯《添品妙法蓮華經》卷三 無四惡道，地獄、餓鬼、畜生、阿修羅道。多有天人，諸聲聞衆，及諸菩薩，無量萬億，莊嚴其國。佛壽十二小劫，正法住世二十小劫，像法亦住二十小劫。

四聖行

真諦譯《三無性論》卷下 論曰：有四種道，能得轉依。何等爲四，一四聖行，二四種尋思，三四種如實知，四四種境界。初四聖行者：一波羅蜜，謂十波羅蜜。總說爲一波羅蜜行，趣向大乘故。此明利他因亦名緣因緣。波羅蜜義，如《中邊論・障品》釋也。二道行，謂三十七品。總說爲助道行，能覺了境界眞實義故。此名自利因，亦名緣廣明道品。如《中邊論・修對治品》說也。三神通行，謂六神通。總說爲一神通行，能令受化衆生歸向尊重入眞理故。此六通即是三輪。一身通，即身通輪，能輕舉遠至轉變隱顯，令衆生起歸向心。二記心輪，謂天眼天耳他心能見彼，思惟覺觀，如實記說，令起尊重。三正教輪，即流盡通。令離苦斷集，證滅修道，宿命一通，通有後兩輪也。四成熟衆生行，謂四攝法，總說爲一成熟衆生行。此明爲已入理衆生，更以財法兩施攝令成熟。財攝者，是利益方便爲令成熟。法攝者，覺悟起行隨順方便爲令成熟。

玄奘譯《顯揚聖教論》卷八 論曰：聖行多種者，謂四聖行。一到彼岸行，二菩提分行，三神通行，四成熟有情行。

到彼岸行者，謂如前所說，十波羅蜜多是名到彼岸行。菩提分行者，謂如前所說，四念住等一切三十七覺分法，及四種尋思四種如實遍智，是名菩提分行。神通行者，謂如前所說。六種神通名神通行。成熟有情行者，謂如前所說。二種無量，一所調伏無量，二調伏方便無量。復有六種成熟，一成熟自體，二所成熟者，三成熟差別，四成熟方便，五能成熟者，六已成熟者相。如是名爲成熟有情行應知。

四漏

菩提、流支譯《佛說法集經》卷二 善男子！菩薩遠離四漏。所謂欲漏、有漏、見漏、無明漏。菩薩摩訶薩遠離如是等漏，不復受生。

四種果報

菩提流支譯《勝思惟梵天所問經論》卷一 如是畢竟得一心已，善求於法，是故次說善求於法，以對世間四種果報成就，相似說出世間四種果報成就。應知示現菩薩，求出世間果報成就故，求於法何等名爲世間四種果報成就。一者快妙端正成就，二者無病成就，三者富貴成就，四者不畏他人成就。云何相對治，如世間人以爲成就，自身端正，作希有因，故求珍寶。如是菩薩，爲諸相好，快妙成就，於善法因，生於寶想，生希有想，故求諸法。如世間人爲無病故，求妙藥草。菩薩如是爲斷一切諸煩惱病，於佛法中生妙藥想，故求諸法。如世間人爲富貴故，求於財利。菩薩如是爲求諸通成就不退，爲求義相令得不失。於佛法中，生財利想，故求諸法。如世間人，爲離賊等，成就不畏，故求財寶。菩薩如是，爲離一切諸障煩惱，令彼不能降伏菩薩，菩薩不畏一切諸處。菩薩不畏一切處者，所謂世間一切諸苦，以爲欲過一切世間，離諸世間一切苦相，得寂靜相。爲得涅槃成就不畏，於佛法中生無苦想，故求諸法。

耶舍崛多譯《佛說十一面觀世音神呪經》 現身復得四種果報，何者爲四。一者臨命終時得見十方無量諸佛，二者永不墮地獄，三者不爲一切禽獸所害，四者命終之後生無量壽國。

般若譯《大乘理趣六波羅蜜多經》卷五 爾時，佛薄伽梵讚慈氏菩薩摩訶薩言：善哉，善哉！善男子！汝今諦聽，善思念之，吾當爲汝次第解說。此十善業，一一皆感四種果報。云何爲四。一現在安樂，二煩惱怨賊勢力羸劣，三於當來世常得尊貴無所乏少，四精勤修習當得無上正等菩提。離殺四者，一者，菩薩摩訶薩於一切衆生不起害心，能施無畏亦不恐怖，以無怖故，一切衆生親近供養尊重讚歎。菩薩於彼生憐愍心，由慈心故，過去所有一切怨恨自然心息。二者，瞋恚害心悉皆羸劣，以慈甘露用塗其心，而能蠲除瞋等熱惱，睡眠安隱恆無惡夢。以慈心故，藥叉諸鬼、食血肉者捨離害心，及諸惡獸常相守護。三者，於未來世獲三種果：一者壽命長遠常無中夭。二者所生之處常無病苦。三者大富饒財恆得自在。四者，以不殺故得佛法分，於五趣中所生之處，於世自在隨意能住，乃至坐於菩提樹下，諸魔鬼神不能爲障成等正覺，無量聖衆之所圍遶。慈氏！此即離殺四種果報。

復次，離不與取亦四果報。一者，於現生中得離貪嫉，身心安樂。二者，以離貪嫉，一切衆生之所信向，委寄任用無復疑惑，與諸有情而作伏藏。三者，於未來世得大富饒豪貴自在，所有珍財，王、賊、水、火無能侵奪。四者，能與殑伽沙等一切諸佛主功德藏，所謂十八不共法等清淨法財，二乘之人耳尚不聞何況得見。慈氏！當知此即名爲離偷盗業四種果報。

復次，離欲邪行亦四種報。一者，於現生中一切人天之所稱讚，亦無疑阻，人所敬重，遠離惡名。二者，六根調善，令染欲火勢力微劣。三者，於未來世所生之處，父母宗親妻子眷屬，孝友貞順純一無雜，離於女人所有過失，令諸衆生無復愛染。四者，爲離邪行而得馬王陰藏之相，乃至成就阿耨多羅三藐三菩提。慈氏！當知此即名爲離於邪行四種果報。

復次，離虚誑語亦四種報。一者，於現在世常行實語，離虚誑語，諸天憐念常共守護。二者，既無虚誑，一切衆生信受其語，若說法時人皆諦受，無勞功力自然信行。設復有人自雖虚誑憎誑語人，見實語者心亦歡喜。以自妄語不信他實，若知眞實深生敬重。當知實語爲大利益，斷妄語者，一切惡業不復造作。何以故。以他問時如實答故。若在閑靜不起妄念。何以故。若人問我：汝閑居時生妄念不。若言無者是虚誑語，若言有者羞愧他人。以是因緣，能令妄心漸漸微薄。三者，所生之處，口中常出青蓮花香、蘇曼那香，一切有情之所愛敬。自實語者不疑他人有虚誑語，亦令他人信己實語，能令衆生永斷疑網。四者，所出言詞人皆信受，能令衆生聞法歡喜，乃至當得無上菩提。慈氏！當知此即離虚誑語四種果報。

復次，不離間語亦四種報。一者，現在世中能令自他和合無諍所在安樂。二者，以和合故衆人愛敬，過去所有離間語罪悉得銷滅，於三惡趣心無憂懼。三者，於未來世得五種果：一者能獲金剛不壞之身，世間刀杖無能損壞。二者於所生處得善眷屬，無諸乖諍，不相捨離。三者於所生處設不遭遇善友知識爲說法者，自然覺悟無二法門，於佛法僧深生信向，無有退轉。四者令諸有情一心一事歡喜相向，速能證得慈三摩地。五者而能勸發一切有情修習大乘令不退轉。四者，遠離間語，常和合語，得善眷屬隨順調伏，乃至涅槃不相捨離。慈氏！當知此即名爲離兩舌語四種果報。

復次，離麁惡語亦四種報。一者，現在世中離麁染垢心常清淨。若於塵境妄起貪欲，瞋恚風塵集諸藏識。菩薩摩訶薩興大悲雲、降慈心雨，滅妄貪欲，止恚風塵令得清淨。二者，軟語之人一切愛樂讚歎隨順，令麁惡者漸令調伏，六根清淨三業無染。三者，以清淨故，於當來世所生之處，永離三塗常生善處。四者，漸次能得無上菩提具梵音聲，說法之時隨其類音各解其義，而生念言：今薄伽梵爲我說法，不爲餘人，所說妙法皆契我心，除我身心煩惱習氣。慈氏！當知此即名爲離麁惡語四種果報。

復次，離無義語亦四種報。一者，現在世中智人讚歎，心無卒暴而得安樂。二者，所出言教人皆信受，麁惡微薄。三者，於未來世所生之處，恆聞種種如意音聲。四者，漸次能得無上菩提獲無礙辯，設彼三千大千世界，所有一切天、龍、人非人等來詣佛所，同於一時各各別問自所疑事。時薄伽梵於一刹那以一言音悉能詶對，皆契本心斷除疑網。慈氏！當知此即名爲離無義語四種果報。

復次，離貪嫉者亦四種報。一者，現在世中見他富貴不生貪嫉，作是思惟：彼人富貴皆宿福生，以我貪嫉豈能侵奪。以是因緣，應永斷除慳貪嫉妬，若不除斷常受貧窮無復威力。以是義故，菩薩觀之除其貪嫉，於他富貴生隨喜心，不捨毫釐獲大功德。二者，一切愛敬，身心安樂無復憂惱威德自在，能淨心中貪欲雲翳，猶如夜月眾星圍遶，貪嫉之心由斯微薄。三者所生之處常得端嚴，六根圓滿財寶豐足，眾人愛敬常行惠施，無礙辯才處眾無畏。四者，乃至證得無上菩提，眾聖圍繞功德最上，一切眾生同受教命。慈氏！當知此即名爲離貪嫉者四種果報。

復次，離瞋恚者亦四種報。一者，於現在世六根聰利，儀容可觀人所親附。瞋恚之人猶如枯樹，心中火然，所有枝葉悉皆乾盡。眾生亦爾，被瞋恚火熏習五根，儀相枯槁人所惡見。二者，心無瞋恚，一切惱害打罵訶責盡皆不起。譬如有人持迦嚕羅呪，一切諸毒無能害之。以無恚怒增長慈心，以慈眞言，令三十六俱胝天魔鬼神悉皆摧伏，奉慈眞言無所損害。三者，於未來世，以慈心梯上生梵天一劫安樂，令諸眾生斷惡修善。四者，漸次能得無上菩提，具足莊嚴三十二相，八十種好熾然炳著，無量功德蘊集其身。慈氏！當知此即名爲離瞋恚人四種果報。

復次，離邪見者亦四種報。一者，若離邪見修行正見，於現世中離惡知識，親近善友聞法信受，未生不善令永不生，已生不善令盡除斷，未生善法修習令生，已生善法修令增長。此正見者，一切善法之根本也。二者，能閉不善行門，於大眾中名稱普聞心無疑悔。三者，於未來世，所生之處遇善知識、得善伴侶，順於正見，歸佛法僧更無異向。於菩薩行無退轉心，除滅罪愆增長福聚，有漏無漏、生死涅槃、過患利益能善分別，了達諸法無我我所，無有執著住法性空，正見力能究竟清淨。四者，所有三乘勝妙功德人不能測，正見之力皆悉圓滿，能爲眾生作歸依處，度脫有情出生死苦，悉皆安置無上大乘，乃至處於法王之位。慈氏！當知此即名爲離邪見人四種果報。

阿地瞿多譯《佛說陀羅尼集經》卷四 復得四種果報，何等爲四。一者不爲一切禽獸所害，二者永不墮地獄，三者臨命終時得見十方一切諸佛，四者命終之後生無量壽國。

智旭《佛說梵網經菩薩心地品合註》卷三 又《大乘理趣六波羅蜜經·淨戒品》云：此十善業，一一皆感四種果報。一現在安樂二煩惱怨賊，勢力羸弱。三於當來世，常得尊貴，無所乏少。四精勤修習，當得無上正等菩提。

四業

慧遠《大乘義章》卷七 黑白四業義，兩門分別（釋名一　辨相二）

第一釋名四業之義。眾經通說名字是何，一黑黑業，二白白業，三黑白業，四不黑不白業。言黑黑者，是不善業，不善鄙穢，名之爲黑。因果俱黑，名黑黑業。言白白者，是其善業，善法鮮淨，名之爲白。因果俱白，名白白業。言黑白者，是其雜業，善惡交參，名黑白業。所言不黑不白業者，是無漏業，如《涅槃》云，無漏寂靜離黑白相，是故名爲不黑不白。問曰：無漏白中最勝，以何義故名爲不白。《成實》釋言：一切世人重有漏善，故名彼善以之爲白，無漏捨彼，故名不白。又得涅槃寂靜之果，離於白相，從其所得，故云不白。又無漏業，白中最勝，過於餘白，故云不白。如轉輪王，體實是人，以殊勝故，世間咸言轉輪聖王清淨過人。無漏亦爾，故云不白。龍樹釋云，是無漏業與空無相無作相應，離分別相，是故名爲不黑不白。又有漏業，黑白相待，無漏離待，故名不黑不白業也。名字如是。（此一門竟）。

次辨其相，論釋不同。若依《毘曇》，色界善業名爲白白，三塗所受一切惡業，名爲黑黑。鬼畜之中別報善業，欲界人天一切所受善惡二業，名黑白業，亦名雜業。此前三種，對治無漏，是第四業。故《雜心》云，色有中善業，是白有白報，黑白在欲中，俱黑說不淨。若有思能斷是諸業無餘，當知第四業。問曰，何故色界善業偏名爲白。白相顯故，離無慚愧及瞋恚故。欲界善業何故非白，雜不善故。無色善業何故非白，彼實是白，白相不顯，是以不說。云何不顯，造因之時，不具三業十善道相，受報之時，但有生陰而無中陰。又生陰中，但有四陰而無色陰，以如是等白相不具，故不名白。何故三塗一切惡業皆爲黑黑，以其因果一向黑故。故彼《成實》破《毗曇》云：有人宣說，色界善業以爲白白，三塗之業以爲黑黑，欲界人天所受之業以爲黑白，十七學思爲不黑白。是義不然。準彼以驗，故知《毗曇》三塗惡業以爲黑黑。何故宣說鬼畜之中別報善業以爲雜業。彼作因時，與惡和雜，得報之時，與苦參受，故說爲雜。問曰，何故別報善業偏在鬼畜不通地獄。地獄苦重能感之因唯不善故，鬼畜報輕能感之因得雜善故。此云何知。如《雜心》中辨明現報、生報、後報、不定報業，此四善業，地獄有三，除現報業，以地獄中無善果故。餘四趣中，具造四業。明知鬼畜有善業果，以其得造現報善故。又如經說，阿修羅等受報如天。明有善業。問曰：若言鬼畜之中有善果者，何故《成實》破《毗曇》云，有人宣說三塗之業爲黑黑乎。彼舉惡業不妨有善，若有善者與《成實》同，《成實論》家竟何所破。釋言：同者《成實》不破，於中異者《成實》破之。《成實》宣說，地獄之中，初出炎火，則得寒氷觸身之樂，并豬犬等食糞之樂。如是一切皆是善果。《毗曇》說爲不善之報，此乖《成實》。《成實》破之，不破善果。何故人天一切善惡悉爲雜業，以因雜惡果雜苦故。

第四業者，如彼論說，有其十七無漏學思，爲第四業。思是思數，此是業體，故偏說之。何者十七。如彼論說，說有十二思，斷於黑報業。四思能斷白，一思二俱離。是則通合有十七思。所言十二斷黑業者，見道之中有其四思，修道之中有八思，是故通合有其十二。見道四者，謂四法忍相應思也。此四正斷欲界地中三塗惡業，故云斷黑。問曰：忍體亦斷惡法，以何義故偏說思乎。釋言：忍心非不斷惡，但思是業。今爲辨業，故偏說之。相從以論，忍等是其思業眷屬，亦得名思。問曰：法智相應之思，何故不說。釋言：法智累外證除非正斷故，所以不論。又問：比忍相應之思，何故不說。釋言：比忍相應思者，但斷上界無記染思，不斷不善，所以不說。修道八者，欲界地中修道，對治有九無礙九解脫道，九無礙中前八無礙相應思也。此八正斷欲界黑業，故云斷黑。問曰：《毗曇》說三塗業以爲黑黑，見道中斷。是中何處更有黑業，而言修道八思斷黑。此如上釋。凡夫具依見修二惑，發三塗業。見道煩惱，迷理生故，但發意業。修道煩惱，緣事起故，具發三業。見修煩惱，所發意業起已，謝往有得得之。入聖道時，斷彼業得，令不屬已，名之爲斷。見惑所起，見道中斷。修惑所起，欲界修道九無礙斷。第九一品在後別論。故說前八斷黑報業。修惑所起身口二業，以其世斷刹那斷故，無得得之。但爲修惑緣縛彼業，修惑斷時，修業免縛，名之爲斷。斷之品數，與斷修惑所發意業，其義相似。

所言四思能斷白者，四禪地中，修道煩惱相應染思，皆能繫縛自地善業。一一地中，各有九品，無礙解脫，斷其繫縛。就彼四禪九無礙中，分取第九相應思業，以爲四思。此四正斷四禪善上繫縛之義，名爲斷白，不斷善體。問曰：四禪九無礙思，皆能斷除善上繫縛，以何義故，偏說第九能斷白乎。釋言：前八非不能斷，但彼四禪地地之中九品染思，共縛自地一切善法。前八重縛，雖復斷竟，第九一重繫縛，猶在令自地中一切善法皆不得脫，故不名斷。彼第九品無礙起時，斷彼微品染污業思，令自地中一切善法皆得解脫故，偏就之以說斷白。所言一思二俱離者，欲界修道九無礙中，第九品邊相應業思，以之爲一。此思正斷黑黑業中第九微品，并斷欲界一切雜業，名爲俱離。故《雜心》云，斷黑黑業及黑白業名俱離矣。於彼黑業及雜業中，不善意業斷其得體，自餘一切不善身口，及雜業中一切善法，但斷繫縛，不斷得體。問曰：欲界前八無礙，非但斷黑亦斷雜業，以何義故不名俱離。釋言：前八斷黑業時，雜中惡業，隨分亦斷，但雜善上繫縛未盡，是故不得說斷雜業。彼雜善業，猶爲自地微品黑業及雜惡業所繫縛故。問曰：若言雜善之上繫縛未盡，不得名爲斷雜業者，前八無礙斷黑未盡，亦應不得說斷黑業。釋言：惡業斷體名斷，以斷體故，隨分盡處得與斷名。善斷繫縛，不斷其體，善斷縛故。欲界地中九品不善，共縛欲界一切善法。前八無礙，雖斷善上八重繫縛，第九一重繫縛猶在。繫縛在故，一切善法未有脫處，故不說斷。問曰：若使惡斷體故，隨分盡處得名斷者，前八無礙亦斷雜中八品惡業，以何義故不說斷雜。釋言：彼惡與欲界善合爲雜業，雖斷雜惡，雜善未出，故不說斷。其猶頭頂手足等事，共成人身，雖斷手足，不名殺人。此亦如是。問曰：若言前八思時雜善未出，雖斷雜惡不名斷者，黑業之中雖斷意業，身口二業未免緣縛。以何義故，得名斷黑。釋言：有以彼黑業中意爲正業，身口隨業意爲正故。前八思時，雖身口業未免緣縛，正業已除，故說斷黑。如人斬頭或復截腰，手足雖在，而名被殺。雜中雖斷不善意業，善中意業被縛未出，善惡身口亦未免縛，故不說斷。問曰：無色無漏業思，何故不說爲無漏業。理亦通是。但非前三對治法故，所以不論。《毘曇》如是。《成實》法中四業，復異彼說。色界無色界業，一向是白，及欲界中純善之業，亦名爲白。阿鼻之業，一向是黑。自餘地獄及鬼畜中純苦之業，亦名爲黑。欲界人天，非純樂業，及下三趣非純苦業，通名爲雜。一切無漏，通名不黑不白業也。就無漏中別而論之，唯取思心以爲業體。故彼《成實》九業品云，意思名業。通則俱是《大智論》中地獄之業，鬼畜少分，是其黑業。論自釋言，是中眾生大苦悶極，故名爲黑，一切天業是其白業。論自釋言：三界諸天所受樂報，自在明了，故名爲白。人及修羅八部神等所受之業，名黑白雜，以此業中有善有惡受報之時苦樂雜故。一切無漏，能破不善及有漏善，并拔眾生善惡之果，名不黑不白。《涅槃經》中，三塗之業名之爲黑，上二界業說之爲白，欲界地中人天之業以之爲雜，一切無漏爲不黑不白。四業如是。

玄奘譯《阿毗達磨集異門足論》卷七　四業者，一黑黑異熟業，二白白異熟業，三黑白黑白異熟業，四非黑非白無異熟業能盡諸業。

云何黑黑異熟業。答：如世尊爲持俱胝牛戒布剌拏說，圓滿當知。世有一類補特伽羅，造有損害身語意行。彼造有損害身語意行已，積集增長有損害法。彼積集增長有損害法已，感得有損害自體。彼感得有損害自體已，生有損害世間。彼生有損害世間已，觸有損害觸。彼觸有損害觸已，受有損害受。一向不可愛，一向不可樂，一向不可喜，一向不可意。如那落伽諸有情類，彼由此類有此類生，生已復觸如是類觸。是故我說彼諸有情隨自造業，圓滿當知，是名黑黑異熟業。造有損害身語意行者，謂造不善身語意行，於此義中意說不善身語意行，名有損害身語意行。彼造有損害身語意行已，積集增長有損害法者，謂造不善身語意行已，造作增長不遠離法。於此義中意說造作增長不遠離法，名積集增長有損害法。彼積集增長有損害法已，感得有損害自體者，謂造作增長不遠離法已，感得地獄中有。於此義中意說地獄中有，名有損害自體。所以者何。謂住彼中有中，眼所見色，耳所聞聲，鼻所嗅香，舌所嘗味，身所覺觸，意所了法，一切不可意非可意，不悅意非悅意，不可意相非可意相，不平等相非平等相。彼由此緣純受憂苦。彼感得有損害自體已，生有損害世間者，謂感得地獄中有已，生地獄趣。於此義中意說地獄趣名有損害世間。所以者何。謂生地獄趣已，眼所見色，乃至意所了法，一切不可意非可意，廣說乃至不平等相非平等相，彼由此緣純受憂苦。彼生有損害世間已，觸有損害觸者，謂生地獄趣已觸地獄觸。於此義中意說地獄觸，名有損害觸。彼觸有損害觸已，受有損害受者，謂觸如是類觸，定受如是類受。觸順苦受觸時，必受苦受。由此故說觸有損害觸已，受有損害受，一向不可愛，一向不可樂，一向不可喜，一向不可意者，謂彼苦受一切有情，皆共不愛不樂不喜，亦不可意。由此故說一向不可愛，乃至不可意。如那落迦諸有情類者，謂顯趣向地獄世間諸有情類。由此故說如那落迦諸有情類。彼由此類有此類生者，謂彼有情有所依事有因有緣而生於彼，由此故說彼由此類有此類生。生已復觸如是類觸者，謂生地獄已復觸地獄觸，由此故說生已復觸如是類觸。是故我說彼諸有情隨自造業者，謂設若造有損害身語意行，若不造有損害身語意行，俱積集增長有損害法，或俱不積集增長有損害法。若積集增長有損害法，若不積集增長有損害法，俱感得有損害自體，或俱不感得有損害自體。若感得有損害自體，若不感得有損害自體，俱生有損害世間，或俱不生有損害世間。若生有損害世間，若不生有損害世間，俱觸有損害觸，或俱不觸有損害觸。若觸有損害觸，若不觸有損害觸，俱受有損害受，或俱不受有損害受，則不應言。是故我說彼諸有情隨自造業，以若造有損害身語意行，則積集增長有損害法。若不造有損害身語意行，則不積集增長有損害法。若積集增長有損害法，則感得有損害自體。若不積集增長有損害法，則不感得有損害自體。若感得有損害自體，則生有損害世間。若不感得有損害自體，則不生有損害世間。若生有損害世間，則觸有損害觸。若不生有損害世間，則不觸有損害觸。若觸有損害觸，則受有損害受。若不觸有損害觸，則不受有損害受。由此應言，是故我說彼諸有情隨自造業，是名黑黑異熟業者。謂此業是不善感非愛異熟。

云何白白異熟業。答：如世尊爲持俱胝牛戒補剌拏說，圓滿當知。世有一類補特伽羅，造無損害身語意行。彼造無損害身語意行已，積集增長無損害法。彼積集增長無損害法已，感得無損害自體。彼感得無損害自體已，生無損害世間。彼生無損害世間已，觸無損害觸。彼觸無損害觸已，受無損害受，一向可愛，一向可樂，一向可喜，一向可意。如超段食天諸有情類，彼由此類有此類生，生已復觸如是類觸。是故我說，彼諸有情隨自造業，圓滿當知。是名白白異熟業。造無損害身語意行者，謂造善身語意行，於此義中意說善身語意行，名無損害身語意行。彼造無損害身語意行已，積集增長無損害法者，謂造善身語意行已，造作增長遠離法，於此義中意說造作增長遠離法，名積集增長無損害法。彼積集增長無損害法已，感得無損害自體者，謂造作增長遠離法已，感得色界中有，於此義中意說色界中有，名無損害自體。所以者何。謂住彼中有中，眼所見色，耳所聞聲，身所覺觸，意所了法，一切可意非不可意，悦意非不悦意，可意相非不可意相，平等相非不平等相，彼由此緣純受喜樂。彼感得無損害自體已，生無損害世間者，謂感得色界中有已，生色界天趣。於此義中意說色界天趣，名無損害世間。所以者何。生色界天趣已，眼所見色乃至意所了法，一切可意非不可意，廣說乃至平等相非不平等相，彼由此緣純受喜樂。彼生無損害世間已，觸無損害觸者，謂生色界天趣已，觸色界天觸。於此義中意說色界天觸，名無損害觸。彼觸無損害觸已，受無損害受者，謂觸如是類觸，定受如是類受，觸順樂受觸時必受樂受。由此故說觸無損害觸已受無損害受，一向可愛，一向可樂，一向可喜，一向可意者，謂彼樂受無量有情，皆共可愛可樂可喜可意。由此故說一向可愛，乃至可意。如超段食天諸有情類者，謂顯趣向色界世間，由此故說如超段食天諸有情類。彼由此類有此類生者，謂彼有情有所依事，有因有緣而生於彼，由此故說彼由此類有此類生。生已復觸如是類觸者，謂生色界已復觸色界觸，由此故說生已復觸如是類觸。是故我說彼諸有情隨自造業者，謂設若造無損害身語意行，若不造無損害身語意行，俱積集增長無損害法，或俱不積集增長無損害法，若積集增長無損害法，若不積集增長無損害法，俱感得無損害自體，或俱不感得無損害自體。若感得無損害自體，若不感得無損害自體，俱生無損害世間，或俱不生無損害世間。若生無損害世間，若不生無損害世間，俱觸無損害觸，或俱不觸無損害觸。若觸無損害觸，若不觸無損害觸，俱受無損害受，或俱不受無損害受，則不應言。是故我說彼諸有情隨自造業，以若造無損害身語意行，則積集增長無損害法。若不造無損害身語意行，則不積集增長無損害法。若積集增長無損害法，則感得無損害自體。若不積集增長無損害法，則不感得無損害自體。若感得無損害自體，則生無損害世間。若不感得無損害自體，則不生無損害世間。若生無損害世間，則觸無損害觸。若不生無損害世間，則不觸無損害觸。若觸無損害觸，則受無損害受。若不觸無損害觸，則不受無損害受。由此應言，是故我說彼諸有情隨自造業，是名白白異熟業者，謂此業是善感可愛異熟。

云何黑白黑白異熟業。答：如世尊爲持俱胝牛戒補剌拏說，圓滿當知。世有一類補特伽羅，造有損害無損害身語意行。彼造有損害無損害身語意行已，積集增長有損害無損害法。彼積集增長有損害無損害法已，感得有損害無損害自體。彼感得有損害無損害自體已，生有損害無損害世間。彼生有損害無損害世間已，觸有損害無損害觸。彼觸有損害無損害觸已，受有損害無損害，受相間相雜，如人及一分天諸有情類。彼由此類有此類生生已，復觸如是類觸。是故我說，彼諸有情隨自造業，圓滿當知，是名黑白黑白異熟業。造有損害無損害身語意行者，謂造善不善身語意行，於此義中意說善不善身語意行，名有損害無損害身語意行。彼造有損害無損害身語意行已，積集增長有損害無損害法者，謂造善不善身語意行已，造作增長遠離不遠離法。於此義中，意說造作增長遠離不遠離法，名積集增長有損害無損害法。彼積集增長有損害無損害法已，感得有損害無損害自體者，謂造作增長遠離不遠離法已，感得人及欲界天中有。於此義中，意說人及欲界天中有，名有損害無損害自體。所以者何。謂住彼中有中，眼所見色，耳所聞聲，鼻所嗅香，舌所嘗味，身所覺觸，意所了法，一切可意亦不可意，悦意亦不悦意，可意相亦不可意相，平等相亦不平等相，彼由此緣雜受苦樂。彼感得有損害無損害自體已，生有損害無損害世間者，謂感得人及欲界天中有已，生人及欲界天趣。於此義中，意說人及欲界天趣，名有損害無損害世間。所以者何。謂生人及欲界天趣已，眼所見色，乃至意所了法，一切可意亦不可意，廣說乃至平等相亦不平等相，彼由此緣雜受苦樂。彼生有損害無損害世間已，觸有損害無損害觸者，謂生人及欲界天趣已，觸人及欲界天觸。於此義中，意說人及欲界天觸，名有損害無損害觸。彼觸有損害無損害觸已，受有損害無損害受者，謂觸如是類觸，定受如是類受，觸順苦樂觸時，必受苦樂受。由此故說，觸有損害無損害觸已，受有損害無損害受。相間相雜者，謂苦樂受相間相雜而現在前，由此故說相間相雜。彼由此類有此類生者，謂彼有情有所依事，有因有緣而生於彼。由此故說彼由此類有此類生。生已復觸如是類觸者，謂生人及欲界天已，復觸人及欲界天觸。由此故說生已復觸如是類觸。是故我說彼諸有情隨自造業者，謂設若造有損害無損害身語意行，若不造有損害無損害身語意行，俱積集增長有損害無損害法，或俱不積集增長有損害無損害法。若積集增長有損害無損害法，若不積集有損害無損害法，俱感得有損害無損害自體，或俱不感得有損害無損害自體。若感得有損害無損害自體，若不感得有損害無損害自體，俱生有損害無損害世間，或俱不生有損害無損害世間。若生有損害無損害世間，若不生有損害無損害世間，俱觸有損害無損害觸，或俱不觸有損害無損害觸。若觸有損害無損害觸，若不觸有損害無損害觸，俱受有損害無損害受，或俱不受有損害無損害受。則不應言。是故我說，彼諸有情隨自造業。以若造有損害無損害身語意行，則積集增長有損害無損害法。若不造有損害無損害身語意行，則不積集增長有損害無損害法。若積集增長有損害無損害法，則感得有損害無損害自體。若不積集增長有損害無損害法，則不感得有損害無損害自體。若感得有損害無損害自體，則生有損害無損害世間。若不感得有損害無損害自體，則不生有損害無損害世間。若生有損害無損害世間，則觸有損害無損害觸。若不生有損害無損害世間，則不觸有損害無損害觸。若觸有損害無損害觸，則受有損害無損害受。若不觸有損害無損害觸，則不受有損害無損害受。由此應言，是故我說彼諸有情隨自造業，是名黑白黑白異熟業者。謂此業是善不善，感可愛非可愛異熟。

云何不黑不白無異熟業能盡諸業。答：如世尊爲持俱胝牛戒補剌拏說，圓滿當知。若能盡黑黑異熟業思，若能盡白白異熟業思，若能盡黑白黑白異熟業思，是名不黑不白無異熟業能盡諸業。此中不黑者，謂此業非如不善業。由不可意黑說名爲黑，故名不黑。不白者，謂此業非如有漏善業，由可意白說名爲白，故名不白。無異熟者，謂此業非如前三業能感異熟，故名無異熟業。能盡諸業者，謂此業是學思能趣損減。所以者何。謂若學思能趣損減，於前三業能盡遍盡隨得永盡，於此義中意說名業能盡諸業，由此故說不黑不白無異熟業能盡諸業。

玄奘譯《阿毗達磨大毗婆沙論》卷一一四　三業，謂身語意業。四業，謂黑黑異熟業，白白異熟業，黑白黑白異熟業，非黑非白無異熟業。能盡諸業，爲三攝四，四攝三耶。問何故作此論。答：爲欲分別契經義故。如契經說三業四業。契經雖作是說，而未廣辯，亦未曾說爲三攝四，爲四攝三，乃至廣說。復有說者，前雖分別三業，而未分別四業。今欲分別，故作斯論。此中云何黑黑異熟業，謂不善業能感嶮惡趣異熟。問：異熟不應名黑，所以者何。如《品類足》說：云何黑法，謂不善法及有覆無記法。云何白法，謂善法及無覆無記法。諸異熟果無覆無記，何故名黑。答，此中但應說云何黑業，謂不善業能感嶮惡趣，不應更說黑異熟言，應如是說而不爾者，有何意趣。謂如是說已成立黑是因非果。如說賊兒，此所出言罵父非子。此中亦爾。復有說者，此中依止不可意黑故作是說。黑有二種，一染污黑，二不可意黑。此中業由二黑，故說名爲黑。異熟但由不可意黑，故亦名黑。問：黑業亦感人天中異熟，何故但說感惡趣異熟耶。答：亦應說而不說者，當知此義有餘。復有說者，彼不決定，謂人天中若處有黑業異熟，此處必有白業異熟，無處唯有黑業異熟。無白業異熟者，諸惡趣中若處有白業異熟，此處必有黑業異熟，有處唯有黑業異熟。無白業異熟者，由惡趣中有決定黑異熟處，是故偏說。《集異門論》復作是說，云何黑黑異熟業，謂不善業感那落迦趣。問：諸不善業亦感傍生鬼趣異熟，何故唯說感那落迦不說餘耶。答：應說而不說者，當知此義有餘。復有說者，彼不決定。謂傍生鬼趣亦受不善業異熟，亦受善業異熟。那落迦趣決定，唯受不善業異熟，是故偏說。復有說者，世尊經中以重惡業怖諸有情，爲順彼經是故，但說感那落迦諸不善業，名黑黑異熟業。爲顯此義，應引彼經。有二外道，一名布剌拏憍雉迦受持牛戒，二名頞制羅栖爾迦受持狗戒。此二外道，於一時間同集會坐，作如是言：世間所有難行禁戒，我等二人修學已滿，誰能如實記別我等所感異熟。聞釋迦種生一太子，顔貌端正，以三十二大丈夫相八十隨好莊嚴其身，觀無厭足，身眞金色，常光一尋，言音清亮，和雅悦意。過妙音鳥羯羅頻迦，智見無礙，辯才無滯。厭捨家法，出趣非家，勤修苦行。復還厭離修處中行，證得無上正等菩提，具一切智如實證見諸法性相。斷一切疑網，施一切決定，究達一切問論原底。我等二人今應往問，若得記別我等禁戒所感異熟，則當依學，豈不快哉。於是二人來至佛所，種種愛語，相慰問已，退坐一面。時布剌拏先爲他問而白佛言：此栖爾迦受持狗戒修學已滿，當何所趣當何所生。世尊告曰：汝布剌拏止不須問，勿因此事，汝等皆當不忍不信心懷恥恨。如是至三，彼猶慇懃請問不止。佛以慈愍告言：諦聽，吾當爲汝如實記別。受持狗戒，若無缺犯，當生狗中。若有缺犯，當墮地獄。時布剌拏聞佛語已，心懷憂怖，悲泣哽咽，不能自勝。世尊告曰：吾先豈不數告汝言，止不須問，勿因此事，汝等皆當不忍不信心懷恥恨，今果如是。時布剌拏便自抑止，而白佛言：不以世尊記栖爾迦，當生狗趣故我悲泣。然我長夜受持牛戒，修學已滿，恐亦當爾，所以憂怖。唯願大慈爲我宣説受持牛戒，當何所趣當何所生。世尊告曰：受持牛戒，若無缺犯，當生牛中。若有缺犯，當墮地獄。如是等事，如經廣説。問：云何受持狗戒牛戒名無缺犯。答：若持狗戒一如狗法，名無缺犯。若持牛戒一如牛法，名無缺犯。若不爾者，名有缺犯。是故世尊以重惡業怖諸有情，故説能感那落迦趣諸不善業。爲順彼經，故《集異門》作如是説。感那落迦諸不善業，名黑黑異熟業。復有説者，見道所斷諸不善業，名黑黑異熟業，自種類中無白雜故。如是説者，一切不善業皆名黑黑異熟業，由欲界中不善强盛，不爲善法之所陵雜，以不善法能伏能斷自地善故。善業羸劣而爲不善之所陵雜，以欲界善不能斷不善故。

云何白白異熟業，謂色界繫善業。問：無色界繫善業亦感白異熟，何故唯説色界繫善業名白白異熟業，不説無色界繫善業耶。答：應説而不説者，當知此義有餘。復有説者，若説色界繫善業，名白白異熟業，當知已説無色界繫善業亦是彼業，同是定地修地法故。若説此，當知亦説彼。復有説者，若諸善業能感二種異熟果，謂中有生有此善業名白白異熟業。無色界業唯感生有，不感中有，是故不説。如中有生有如是，起受生受，起異熟生異熟，起果生果。細果麁果，應知亦爾。復有説者，若業能感二種異熟，謂色非色此諸善業名白白異熟業，無色界業唯感非色，不感於色，是故不説。復有説者，若具二業能感異熟，謂色非色，此中善業名白白異熟業，無色界唯有非色業，無有色業，是故不説。如色非色如是相應不相應，有所依無所依，有行相無行相，有所緣無所緣，有作意無作意。二種業應知亦爾。復有説者，若具三業，能感異熟。謂身語意。此淨善業名白白異熟業，無色界中唯有意業能感異熟，是故不説。復有説者，若具以五蘊能感異熟，此淨善業名白白異熟業，無色界中唯有四蘊能感異熟，是故不説。復有説者，若有具足十善業道能感異熟，此淨善業名白白異熟業，無色界中唯有三善業道，能感異熟，是故不説。復有説者，若此界中有二鮮淨，有二明白，一因二果，此界善業名白白異熟業。無色界中有一鮮淨明白，謂因，是故不説。由如是等種種因緣，唯色界繫善業名白白異熟業。非無色界繫善業，云何黑白黑白異熟業。謂欲界繫善業，能感人天趣異熟業。問：無有一業亦黑亦白，何故名黑白黑白異熟業耶。答：爲欲顯示一依止中，一相續中，受二種業所感異熟，一黑二白，是故説名黑白黑白異熟業。問：諸惡趣中亦受黑白二業異熟，何故唯説能感人天趣異熟業，名黑白黑白異熟業，不説能感惡趣異熟業耶。答：應説而不説者。當知此義。

有餘復有説者，若説能感人天善業名黑白黑白異熟業，當知已説能感惡趣善業亦是彼業，以雜雜相無差別故。若説此，當知已説彼。復有説者，彼不決定，是故不説。謂在欲界人天趣中，無有一處而不雜受黑白業異熟者，諸惡趣中雖有雜受黑白業異熟處，而更有處一向純受黑業異熟。謂一分傍生鬼，及一切地獄，由惡趣中有不決定，是故不説。復有説者，欲界繫修所斷善不善業，名黑白黑白異熟業。一種類中二業雜故。復有説者，若善不善業，能感欲界人天傍生鬼趣異熟，名黑白黑白異熟業，於一趣中雜受二業異熟故。如是説者，欲界一切善業，名黑白黑白異熟業，以彼善業體雖是白，而爲不善黑所陵雜，以不善能斷自地善故。不善不爾，不爲自地善所陵雜，自地善不能斷自地不善故。由此欲界善業名第三業，云何非黑非白無異熟業能盡諸業，謂能永斷諸業學思。問：諸無漏業是勝義白，何故乃名非黑非白。答：《集異門論》《施設論》，皆説此業不同，不善染污黑，及感不可意異熟黑故說非黑。又亦不同善有漏白，及感可意異熟白故說非白。復有說者，此依果白故說非白。白有二種，一因白，二果白。善有漏業具二白，故名白。諸無漏業唯有因白而無果白，故不名白。復有說者，依異熟白故名非白。白有二種，一自體白，二異熟白。善有漏業具二白，故名白。無漏業唯有自體白無異熟白，故不名白。復有說者，此無漏業能斷世間所愛異熟，非世所愛無有白相，故不名白。以是義故，名非黑白。此無漏業非如前三感異熟果，是故說名無異熟業。此無漏業令前三業畢竟滅盡等盡遍盡，永斷永害棄捨變吐離欲寂滅，是故說名能盡諸業。如是則說十七學思。謂見道中四法智忍相應學思，離欲界染八無間道相應學思，此十二思能盡黑黑異熟業。離欲界染第九無間道相應學思，能盡黑黑異熟業及黑白黑白異熟業。離初靜慮染第九無間道相應學思，乃至離第四靜慮染第九無間道相應學思，能盡白白異熟業。如是十七無漏思，說名能斷諸業學思。復有說者，一切無間道無漏思，皆名能斷諸業學思，以一切無間道皆能斷諸業故。復有說者，一切學思皆名能斷諸業學思，以諸學思皆能對治有漏業故。如是說者，謂初說唯十七無漏思，正能對治前三業故。問：諸無漏慧相應俱有，皆能正斷前三種業，何故唯說無漏學思。答：思能發動諸法令斷是故偏說。復有說者，雖皆能斷此中辨業故唯說思。問：若爾，亦應說隨轉身語業，何故唯說思耶。答：由此學思與無漏慧相應而轉，同一所緣，同一行相，同一所依，相助有力，能斷諸業，非身語業得有是事，是故不說。

道世《法苑珠林》卷六八　如《對法論》云：復次有四種諸業差別，謂黑黑異熟業，白白異熟業，黑白黑白異熟業，非黑白無異熟業能盡諸業。黑黑異熟業者，謂不善業，由染污故，不可愛異熟故。白白異熟業者，謂三界善業，不染污故，可愛異熟故。黑白黑白異熟業者，謂欲界雜業，善不善雜故。非黑白無異熟業能盡諸業者，謂於方便無間道中，諸無漏業以方便道無間道，是彼諸業對治故。非黑者，離煩惱垢故。白者，一向清淨故。無異熟者，生死相違故。能盡諸業者，由無漏業，爲永拔得黑等三有漏業與異熟習氣故。

明昱《成唯識論俗詮》卷七　四業者，流轉門中有三業，謂善業，不善業，無記業。還滅門中有一業，謂無漏業。

通潤《成唯識論集解》卷七　四業者，轉所攝業差別有三，還所攝業總立一種。初業能感不可愛果惡趣異熟，第二業能感可愛樂果色無色界異熟，三業能感愛非愛果欲界天人異熟。此流轉門中，不善業，善業，無記業，所感果報。第四業能斷前三業，此還滅門中無漏業也。

智旭《成唯識論觀心法要》卷七　四業者：一，順現受業，謂決定猛利心所作善惡，能令現世即招苦樂二報。二，順生受業，謂上品心所作善惡，能令轉身即決受報。三，順後受業，謂中品心所作善惡，能令二生三生乃至百千生後，方受其報。四，不定受業，謂下品心所作善惡雜業，或受不受，以微弱無大力故。今無想定，下品修者，或不定受，或順後受，或順生受。中品修者，或順後受，或順生受。上品修者，則順生受，決無此世即受彼天果報之理，故除順現受也。

智素《成唯識論音響補遺》卷七　四業者，《雜心論》曰，一順現受，二順生受，三順後受，四不定受。彼論釋曰：若業此生作，即此生受，名爲現受。第二生受，名爲生受。三生乃至無量時受，名爲後受。不定受者，前三皆不定故。此中言，唯通三種。除現受者，非於現生即受彼天之果報故。

四悉檀

鳩摩羅什譯《大智度論》卷一　復次，佛欲說第一義悉檀相故，說是《般若波羅蜜經》。有四種悉檀：一者世界悉檀，二者各各爲人悉檀，三者對治悉檀，四者第一義悉檀。四悉檀中，一切十二部經，八萬四千法藏，皆是實，無相違背。佛法中，有以世界悉檀故實，有以各各爲人悉檀故實，有以對治悉檀故實，有以第一義悉檀故實。

智顗《妙法蓮華經玄義》卷一下　問：佛有所說依四悉檀，今解五義與彼會不。答：此義今當說。先對五章，次解四悉檀。世界悉檀對釋名，名該一部世界亦冠於三。第一義對體最分明。爲人對宗，宗論因果，爲人生善義同。對治對用，用破疑滯，與治病事齊。分別悉檀對教相，教相如後說。問，何不次第。答：悉檀是佛智慧，對利鈍緣，則成四種。利人聞世界解第一義，此對釋名辨體即足。若鈍人未悟，更須爲人生善對治破惡，乃入第一義，則具用四也。五重玄義，意兼利鈍。四悉檀法，專爲鈍者。對義是同，次第則異。問：論專釋《大品》，不涉《法華》，何得指彼悉檀通此五義。《中論》通申諸經，何意不用。答：釋論云四悉檀攝八萬法藏十二部經，《法華》何得不預耶。《中論》通申理宜須用。若具引論，博而未巧。今取論題，申於五章。中字申體，觀字申宗，論字申用。《纓珞》云，破法方便，立法方便，利益衆生方便。論有研覈破執，立三寶四諦，得四沙門果，故知論字申用。中觀理不可思議，申妙。觀境是權實申法，觀智是因果申蓮華，觀詮申經，論之三字合四悉檀。以對五義通申意顯。若更以論申餘經者，取偈初句申三藏，次句申通，次句申別，次句申圓。《法華》又爲第四句所申也。豈止兩論申此五章，五章通申諸經論也。次解四悉檀爲十重。

一釋名，二辨相，三釋成，四對諦，五起教觀，六説默，七用不用，八權實，九開顯，十通經。

釋名者。悉檀，天竺語。一云，此無翻例，如脩多羅多含。一云，翻爲宗，成墨印實，成就究竟等。莫知孰是。《地持·菩提分品》説：一切行無常，一切行苦，一切法無我，涅槃寂滅，是名四優檀那。此翻爲印，亦翻爲宗。印是楷定不可改易。佛菩薩具此法，復以傳教。此就教釋印。如經世智所説有無無二。此法楷定以此傳授經。過去寂默諸牟尼尊展轉相傳。此就行釋印也。經增上踴出，乃至出第一有最上衆共歸仰世間所無。此釋宗義。彼明文了義，釋優檀那。諸師何得用宗印翻四悉檀，如此既謬，餘翻亦叵信。南岳師例《大涅槃》梵漢兼稱，悉是此言，檀是梵語。悉之言遍，檀翻爲施。佛以四法遍施衆生，故言悉檀也。二辨相者，世界如車，輪輻軸輞和合故有車，無別車也。五衆和合故有人，無別人也。若無人者，佛是實語人。云何言我見六道衆生。當知有人人者世界故有，非第一義。第一義可是實，餘不應實。答：各各實如，如法性等，世界故無，第一義故有人等，第一義故無，世界故有。有於五陰十二入十八界，一切名相隔別，名爲世界。外人迷此世界，不達法相。或計無因緣有世界，或計邪因緣有世界。大聖隨順衆生所欲樂聞，分別爲説正因緣世界法，令得世間正見，是名世界悉檀相。

二各各爲人悉檀者，大聖觀人心而爲説法，人心各各不同，於一事中或聽或不聽，如雜業故雜生世間，得雜觸雜受。更有破群邪經説，無人得觸，無人得受。爲二人疑後世，不信罪福，墮斷常中，故作此説。此意傍爲破執，正是生信，增長善根，施其善法也，故名各各爲人悉檀。

三對治悉檀者。有法對治則有，實性則無。對治者，貪欲多教觀不淨，瞋恚多教修慈心，愚癡多教觀因緣。對治惡病，説此法藥。遍施衆生故，名對治悉檀相也。

四第一義悉檀者，有二種。一不可説，二可説。不可説者，即是諸佛辟支佛羅漢所得眞實法。引偈云，言論盡竟，心行亦訖。不生不滅法，如《涅槃》説諸行處名世界，説不行處名第一義。二約可説者，一切實一切不實，一切亦實亦不實，一切非實非不實，皆名諸法之實相。佛於如是等《處處經》中，説第一義悉檀相。此亦是一家明四門入實之意故。《中論》云，爲向道人説四句，如快馬見鞭影，即入正路。若聞四句心生取著，皆是戲論，豈第一義耶。私十五番釋其相，令易解。隨説事理，聞者適悦是世界，舊善心生是爲人，新惡除遣是對治，得悟聖道是第一義，雙説假實是世界。論輪輻軸輞故有車，五陰和合故有人。單説假人即爲人。論或説有人，或説無人。單説實法即對治，論對治則有，實性則無，雙非假實即第一義。論言語道斷，心行亦訖（云云）。因緣和合，有善人惡人之異，是世界，善緣和合有善人是爲人，惡緣和合有惡人是對治，雙非善惡是第一義。五陰實法隔歷是世界，從善五陰生善五陰是爲人，以善五陰破惡五陰是對治，無漏五陰是第一義。善法惡法異是世界，説今善法生後善法是爲人，以今善法破今惡法是對治，非善非惡是第一義。問曰，人通善惡，何得言生善是爲人。答，善業爲人所乘，令生其善，故言爲人。問，爲人生善秖應生善，那復斷惡。答，爲人者生善是舊是正，斷惡是傍是新，治中治惡是舊是正，生善是新是傍（云云）。三世隔别是世界，來世是爲人，現世是對治，非三世是第一義。四善根内外凡隔別是世界，煖頂是爲人，總別念處是對治，世第一法近眞是第一義。見道脩道異是世界，見道是爲人，脩道是對治，無學道是第一義。非學非無學是世界，見學是爲人，修學是對治，無學是第一義。世界悉檀中有爲人，爲人中有對治，對治中有第一義。第一義中無三悉檀（云云）。

一悉檀通有四悉檀。論云，陰入界隔別是世界，因緣和合故有人是爲人，正世界破邪世界是對治，聞正世界得悟入是第一義。爲人有四者，雜業因緣得雜觸雜受是世界，於一事中或聽是爲人，或不聽是對治，無人得觸無人得受是第一義。對治中有四者，佛三種法治人心病。藥病異故是世界，治人是爲人，對病是對治，實性則無是第一義。第一義中四者，一切實乃至四句是世界，佛支佛心中所得法，豈非理善是爲人。一切語論，一切見，一切著，皆可破。一切不能通第一義，能通是對治。言語道斷，法如涅槃，是第一義。又通作者四悉檀不同。通是世界悉檀也。四悉遍化眾生通是爲人，四悉檀皆破邪通是對治，隨聞一種皆能悟道通是第一義也。別作者，約苦集諦明世界，約道諦能治明爲人，約道諦所治明對治，約滅諦明第一義。問，依論解相已足，何用多釋。答，論云，四悉檀攝八萬四千法藏，私約十五法分別何咎。

三釋成者。四悉檀是龍樹所說，四隨禪經佛所說。今以經成論，於義彌明。所謂隨樂欲，隨便宜，隨對治，隨第一義。樂欲從因得名，世界從果立稱。釋論云，一切善惡欲爲其本。《淨名》云，先以欲鉤牽，後令入佛道。佛經舉脩因之相，論明得果之相。舉隨樂欲，釋成世界悉檀也。隨便宜者，隨行人所宜之法。各各爲人者，是化主鑒機，照其可否。論云，於一事中或聽或不聽，宜聽不宜不聽。如金師子宜數息，浣衣子宜不淨。經舉行者之堪宜，論明化主之鑒照以釋成也。餘兩種經論名義同（云云）。

四對諦者。直對一番四諦如前說。廣對四種四諦者，四種四諦，一一以四悉檀對之。復總對者，生滅四諦對世界，無生四諦對爲人，無量四諦對對治，無作四諦對第一義。

五起觀教。幽微之理非觀不明，契理之觀非悉檀不起。脩從假入空觀時，先觀正因緣法，此法內外親疎隔別。若不殷勤樂欲，則所習不成。必須曉夜精勤，欣悅無斁。此即世界悉檀起初觀也。若欲觀假入空，須識爲人便宜。若宜修觀，即用擇精進喜三覺分起之。若宜修止，則用除捨定三覺分起之。念通兩處是爲隨宜，善心則發。若有沈浮之病，須用對治悉檀。若心沈時，念擇進喜治之。若心浮時，念捨除定治之。若善用爲人善根則厚，若善用對治煩惱則薄。於七覺中隨依一覺，悦然如失。即依此覺分研修，能發眞明見第一義，是爲用四悉檀起從假入空觀。成一切智發慧眼也。若從空入假觀，巧用四悉檀，取道種智法眼亦如是。若修中道第一義觀，巧用四悉檀，取一切種智佛眼亦如是。若一心三觀巧用亦如是。

智顗《維摩經玄疏》卷一　第六對四悉檀者，復爲二意。一以四悉檀對前五義，二略釋四悉檀起觀教之相。一對五義者即爲五。一對經名者，名即《維摩羅詰》。《維摩羅詰》即是世界悉檀也。二對體者，體即眞性解脫，眞性解脫即是第一義悉檀也。三對宗者，宗是佛國因果勸修種種淨土之行，即爲人悉檀也。四對用者，彈訶折伏，此即對治悉檀也。五總對教相者，以四悉檀起諸經教，與此經教有同有異，即是判教相知同異也。二明略用四悉檀起觀教者，夫心源妙絕，萬法幽玄，諸佛菩薩若不用悉檀，豈能修三觀而進道，演說教門而度一切。四悉檀起觀教以通此經，略爲七意。第一翻釋，第二辨相，第三釋成，第四起三觀，第五起四教，第六起經論，第七起此經教。第一翻釋者，悉檀是外國之語，諸師解釋不同。或言有翻，或言無翻。言無翻者，外國有多含之言，此土無有多含之語以翻悉檀。例如修多羅名含五義，此土不的翻也。言有翻者，或翻宗成，或翻爲墨，或翻爲印，或翻爲實，或翻爲成就究竟。如是異翻非一，難可定存。南岳禪師云，此例如大涅槃，是胡漢兼攝也。今言悉檀者，悉是隋音，檀是胡語。悉之言遍，檀翻言施。佛以此四法，遍施眾生，故言悉檀也。第二辨悉檀相者，一世界悉檀，二各各爲人悉檀，三對治悉檀，四第一義悉檀。大聖爲破外人邪四悉檀故，說此四種正四悉檀，說一切大小乘經教也。

一世界悉檀者，即是眾生五陰、十二入、十八界，一切諸法名相隔別不同，故名世界。外人迷此世界，或計無因緣有世界，或計邪因緣有世界。大聖隨眾生所欲樂聞，爲說正因緣世界之法，令眾生得世間正見，即是世間法施，故名世界悉檀也。

二各各爲人悉檀者。大聖觀人心而爲說法。人心各各不同，故於一事或聽不聽。如經所說，雜報業故，雜生世間，得雜觸雜受。更有破群那經，說無人得觸，無人得受。此意正爲破執生信，增長善根，施諸善法，故名各各爲人悉檀也。

三對治悉檀者。《大智論》云，有法對治則有，實性則無。對治則有者，即是貪欲多教修不淨觀，瞋恚多教修慈心觀，愚癡多教觀因緣也。佛說對治之法藥，遍施眾生，爲斷其惡，故名對治悉檀也。四第一義悉檀者。《大智論》明第一義悉檀有二種。一約不可說相，明第一義悉檀。二約可說相，明第一義悉檀。一約不可說相，明第一義悉檀者，即是諸佛辟支佛羅漢所得眞實法，名第一義悉檀也。故《大智論》云，言論盡竟，心行亦訖，不生不滅法如涅槃。說諸行處名世界，說不行處名第一義。二約可說相辨第一義悉檀相者，如《大智論》云，一切實一切不實，一切亦實亦不實，一切非實非不實，皆名諸法之實相。佛於如是等處處諸經說第一義悉檀相。此即是一家所明四門入第一義意也。故《中論》云，若爲向道之人聞說四句，即入即是諸法實相。若人聞說四句，心生取著，皆是戲論。

吉藏《二諦義》卷上　如來所說，不出二諦也。問，何意如來說法不出二諦耶。解云：二諦即是四悉檀，三悉檀即是世諦，第一義悉檀即是第一義諦。四悉檀攝十二部經，攝八萬四千法藏。攝法既盡，二諦攝法亦盡。此就不盡盡明義也。以二諦攝法盡故，如來就二諦說法也。問曰：二諦與四悉檀攝法皆盡，何意諸佛依二諦說法，不依四悉檀說耶。解云：通皆得，既依二諦說，亦依四悉檀說，別即不例。何者，此有義欲明諸佛所說皆實。《金剛波若》云：如來是眞語者、實語者。是故依二諦說，四悉檀名不的主實，是故不依四悉檀說也。問：不依四悉檀說法，用四悉檀何爲。解云：二諦是所依，依二諦說四悉檀法。此亦兩種，各取一義明，實而說義名四悉檀，說而實義稱二諦。此即依於二諦，方便屬緣不同，是故有四種悉檀也。問：若爲依二諦說四悉檀耶。解云：依第一義諦說第一義悉檀，依世諦說三悉檀。依第一義諦說，合而不開。依世諦說，開而不合。以依第一義諦，還說第一義悉檀故，合而不開。依世諦說三悉檀故，開而不合也。問：何意依第一義諦合而不開，依世諦開而不合耶。解云：既有二諦，那忽併合開。眞俗因緣，開合因緣也。問：等是二諦因緣，何故第一義諦合而不開，世諦開而不合耶。解云：世諦是空有，第一義諦是有空。第一義諦差別無差別，世諦無差別差別。第一義諦二不二，世諦不二二。爲是故，世諦開而不合，第一義諦合而不開也。

問：依第一義諦說第一義悉檀者，諸賢聖眞知諸法性空，還依彼所悟性空，而說諸法本來無生寂滅，此可解。若爲依一世諦說三悉檀耶。解云：三悉檀竝依世諦故說。瓶衣車乘等法，於世間爲實，名之爲世諦。依世諦說世界悉檀。如說輪軸輻輞和合爲車，五陰和合爲人，如此說者，即世界悉檀。故《大論》云，人等世界故有，第一義即無。此即依世諦說世界悉檀也。依世諦說對治悉檀者，眾生略有三毒之病，廣即八萬四千塵勞之病。有三法藥八萬四千波羅蜜，對治此病，名對治悉檀。何故名對治，以藥撥病，以藥治病，名對治悉檀。如此藥病相治，即依世諦說對治悉檀。故論云，對治故有，實性即無。當知，是依世諦說對治悉檀也。依世諦說各各爲人者，前明三法藥八萬四千波羅密，治三毒八萬四千塵勞，即明一切法盡，更何所論耶。解云：於各各爲人中更櫬之，何故諸佛經中，或說我或說無我，適說常，斯須說無常。何故或說是舍那或說是釋迦，或說淨或說不淨。何故前後更相違反耶。是故次明各各爲人悉檀。昔爲邪常故說無常，明諸佛緣覺尚捨無常身，今爲三修封執故說常。昔爲鈍根故說三，今爲著三故說一。爲大根緣故說是舍那，爲小乘人故說是釋迦。如此等竝是爲緣不同，無相違也。此即依世諦說三悉檀也。依第一義諦說第一義悉檀者，卷前三種，明不生不滅不動不倚，何處有人有車，有藥有病，有人有法，有常有無常，有三有一。如是畢竟清淨名第一義悉檀，爲是義故云依二諦說四悉檀法也。此即依二諦說四悉檀法竟。今次明依二諦就二諦門說法。然四悉檀唯是二諦，但合離爲異。離二諦爲四悉檀，合四悉檀爲二諦。四悉檀實義名二諦，二諦究竟義名四悉檀。

四魔

曇無讖譯《大方等大集經》卷一五　云何菩薩破諸怨敵，去離四魔者：若菩薩翹勤修習，觀五陰如幻，得離陰魔。觀諸法性淨故，得離煩惱魔。觀一切法從緣生性不成就故，得離死魔。觀一切法緣所莊嚴是無常敗壞相故，得離天魔。菩薩如是觀，故得離四魔。發趣菩提，終不懈息。所有障菩提魔業，菩薩皆能遠離。何謂魔業。所謂：心向小乘是爲魔業。不護菩提心是爲魔業。於眾生生異想是爲魔業。行施望報是爲魔業。爲受生故持戒是爲魔業。有色想行忍是爲魔業。爲世事精進是爲魔業。於禪生著味想是爲魔業。於慧生戲論是爲魔業。厭惓生死是爲魔業。作諸善根而不迴向是爲魔業。厭惡煩惱是爲魔業。犯罪覆藏是爲魔業。憎嫉菩薩是爲魔業。誹謗正法是爲魔業。不受正法是爲魔業。不知報恩是爲魔業。不進求諸波羅蜜是爲魔業。不敬順法是爲魔業。悋惜於法是爲魔業。爲利養說法是爲魔業。不知方便而化衆生是爲魔業。捨四攝法是爲魔業。輕毀禁者是爲魔業。嫉持戒者是爲魔業。學二乘行是爲魔業。悕望正位是爲魔業。捨離大慈而觀無生是爲魔業。欲證無爲法是爲魔業。厭離有爲功德是爲魔業。不愍衆生是爲魔業。不謙下尊長是爲魔業。習行兩舌是爲魔業。諛諂多姦是爲魔業。顯己淨行是爲魔業。作惡不恥是爲魔業。不流布法是爲魔業。以少德爲足是爲魔業。不遮結使是爲魔業。不捨心垢是爲魔業。忍沙門垢是爲魔業。善男子！若親近行一切不善法，遠離一切善法，盡是魔業。善男子！是謂諸魔業。行是業者，障菩提道。彼諸菩薩已過捨離能正受行故。云何爲正受行。若菩薩成就四法能正受行。何等爲四。一者於諸波羅蜜法無懈退行。二者不捨欲進及不放逸。三者正住方便大慈法中。四者入甚深無愛無橥窟法門。善男子！菩薩成就此四法，正受行故能破諸怨敵，是爲菩薩能破諸怨去離四敵。

寶亮《大般涅槃經集解》卷一七 案。僧亮曰：持魔經律，是謂依人不依法也。若具四顛倒，即四魔也。僧宗曰，四魔者，魔經魔律魔師及魔弟子也。魔以二事亂法，一以形亂，二以說亂。今先明形亂，次明說亂。就說亂中，略有二，一者亂經，二者亂律。亂經亂律，各有兩重，初略，後廣也。就略亂經中，承佛偏教，執爲了義。就略律中，初明一往違反律教。就廣亂經中，文句再出，不必從教。正自推度，生此邪解，非功德之人。後明比丘答王有性得罪，亦名亂經也。就廣亂律中，可分爲七，至彼更分也。寶亮曰，此中辨邪，有二段，一者天魔亂道，二者人作魔，以亂正也。

吉藏《仁王般若經疏》卷下 四魔者，煩惱魔、陰魔、死魔、天魔也。欲明初地菩薩能降伏四魔，故云不爲所動也。初地菩薩斷初地惑故，離煩惱魔得法身故，離陰魔。得道法力故，離死魔。得不動三昧故，離天魔。若依《大集經》四諦三空四念處等治四魔。如此等示行非道通達佛道也。

吉藏《維摩經義疏》卷一 外國稱爲魔羅，此云殺者，以能害慧命，故稱爲怨。但說魔不同，凡有二種。一者四魔，二者八魔。四魔者：一煩惱魔，爲生死因。二天魔爲，生死緣。陰死二魔，是生死果。陰爲其通，死爲其別，故因有內外。果有通別，故立四也。言八魔者，四同上說。復有無常、無我、無樂、無淨，破佛果四德，故名爲魔。小乘不以爲患，故不說之。依大乘義，入煩惱魔攝。言降伏者，小乘見四諦降煩惱魔，入無餘涅槃降於死陰，以神通呪術，伏彼天魔。大乘降伏者，得無生忍，降煩惱魔，得法身故，降於陰魔，得無生忍及法身故，降死魔。得無動三昧，降於天魔。降八魔者，若知如來常樂我淨，故除四倒，名降四魔。降陰等四，不異前釋。吉藏謂，義論則具含四八，就文但降天魔。大士德過三界無敵，降天魔，則天無敵矣。制外道，則人無敵矣。

智顗《摩訶止觀》卷五上 三障四魔者。《普賢觀》云：閻浮提人三障重故，陰入病患是報障，煩惱見慢是煩惱障，業魔禪二乘菩薩是業障。四障止觀不明靜塞菩提道，令行人不得通至五品六根清淨位，故名爲障。四魔者，陰入正是陰魔，業禪二乘菩薩等是行陰名爲陰魔，煩惱見慢等是煩惱魔，病患是死因名死魔。魔事是天子魔。魔名奪者，破觀名奪命。破止名奪身。又魔名磨訛，磨觀訛令黑闇，磨止訛令散逸，故名爲魔（云云）。

玄奘譯《瑜伽師地論》卷二九 當知諸魔略有四種，魔所作事有無量種。勤修觀行諸瑜伽師，應善徧知，當正遠離。云何四魔，一蘊魔，二煩惱魔，三死魔，四天魔。蘊魔者，謂五取蘊。煩惱魔者，謂三界中一切煩惱。死魔者，謂彼彼有情，從彼彼有情衆夭喪殞殁。天魔者，謂於勤修勝善品者求欲超越蘊煩惱死三種魔時，有生欲界最上天子得大自在，爲作障礙，發起種種擾亂事業，是名天魔。當知此中苦死所依。若能令死，若正是死，若於其死作障礙事，不令超越。依此四種，建立四魔。謂依已生，已入現在五取蘊故，方有其死。由煩惱故，感當來生，生已便有夭喪殞殁。諸有情類，命根盡滅，夭喪殞殁，是死自性。勤修善者，爲超死故，正加行時，彼天子魔得大自在，能爲障礙。由障礙故，或於死法，令不能出。或經多時極大艱難，方能超越。又魔於彼，或有暫時不得自在，謂世間道離欲異生，或在此間，或生於彼。或魔於彼得大自在，謂未離欲，若未離欲，在魔手中，隨欲所作。若世間道而離欲者，魔縛所縛，未脫魔次出魔體。二魔體者，依於有作麁四諦品，二乘異生麁淺境事。立分段魔體，依於無作細四諦品。大乘異生，微妙境事，立變易魔體。後唯障菩薩。初通障二乘。二乘求解脱，彼等能爲解脱障故。菩薩求菩提，變易四魔細能障故。三魔體者，一切見修煩惱障品名煩惱魔，因惑所感五蘊諸法名爲蘊魔。依此五蘊無常死沒，將死已死，名爲死魔。不取死觸，唯是色蘊，觸處狹故。亦不取死支，將死正死，非已死故。死即滅相，不相應行蘊。依五蘊假捨眾同分入過去故，破壞壽命，故名爲魔。或兼死支，將死正死，逼迫身心，壞壽命故。或兼死觸，觸於末摩，令生苦惱，損壽命故。四魔體者，煩惱所知，若現若種，并隨所應習氣等法，名煩惱魔。分段變易二死五蘊，名爲蘊魔。分段沒無將死、正死、死已滅相，名爲死魔。變易正死、將死二位，名爲死魔。若彼滅已，便非魔體。欲界第六他化天子魔及眷屬，并不思議解脱菩薩之所化作，名自在天魔。八魔體者，一百二十八根本煩惱，及隨煩惱，種現習氣，名分段煩惱魔。即此所招諸麁五蘊類，名分段蘊魔。即此五蘊終盡已死，將死，正死，名分段死魔。第六天子及彼眷屬，名分段天魔。麁下劣故，實凡類故，實破壞故，諸所知障現種習氣，名變易煩惱魔。菩薩以分別并一切所知障爲煩惱故。變易生死五蘊果等，名變易蘊魔。此於初位無終盡捨，但有念念微細墮滅，逼迫生滅，以爲死魔。第十地菩薩示現所爲，名爲天魔。《無垢稱》言，作魔王者多是不思議解脱菩薩。《鼓音王經》云：阿彌陁佛父名月上，母名殊勝妙顔，魔王名無勝，調達名寂，唯有龍象能與龍象而爲戰諍。十地菩薩既將成佛，豈凡魔王所能抗敵。故必大菩薩化爲魔王，共菩薩戰諍。又八魔體初四分段品，後四分別所知障攝，二乘四倒故。十魔體者，欲魔謂五塵境，體是所欲，能生貪欲，從果爲名名欲。欲體正是欲境之貪。憂愁謂憂苦受。飢渴則是二觸所生二欲。睡眠即不定眠。怖畏即五怖畏。一不活畏，由分別我，資生愛起。二惡名畏，行不饒益有悕望起。三者死畏，由有我見失壞想起。四惡趣畏，不遇諸佛惡業所起。五怯眾畏，見已證劣他勝所起。初二怖體多是貪欲財譽之愛。第三第五多是我愛。第四體是慧俱無貪。或體是愧，拒惡法故，疑體如名。毒謂三毒，貪嗔無明。名謂聲譽。利謂資產。自高慢彼，體即是慢。此隨所應唯說蘊惑以爲魔軍。或說天魔以此爲軍。

冒。由必還來生此界故

窺基《大乘法苑義林章》卷六 一列名不同者，魔有二種，一分段品魔，二變易品魔。《法花經》中安樂行品說，如來亦復如是。以禪定智慧力得法國土，王於三界，而諸魔王不肯順伏。如來賢聖諸將與之共戰。其有功者心亦歡喜。於四眾中，爲說諸經，令其心悦。乃至又復賜與涅槃之城，言得滅度引導其心，令其歡喜，而不爲說是《法華經》。此說二乘先所破滅，故知但是分段之魔。煩惱障品既障二乘，說之爲魔。所知障品障於菩薩，明知亦魔。《勝鬘經》說，有作四聖諦，無作四聖諦。如來應正等覺，初始覺知，然後爲無明㲉藏眾生方便演說。既分二死二蘊二煩惱，明知天魔亦有二類，或說三魔。《法花》又云，如來亦復如是，於三界中爲大法王，以法教化一切眾生。見賢聖軍與五陰魔、煩惱魔、死魔，共戰有大功勳。滅三毒，出三界，破魔網。爾時如來亦大歡喜。不說天魔，或說四魔。《瑜伽》等說，坦然安坐妙菩提座，降伏四魔，具大勢力，名薄伽梵。《佛地論》云，言四魔者，一煩惱魔，二蘊魔，三死魔，四自在天魔。或說八魔，分段、變易各有四故。菩薩以分別及所知障爲煩惱故，理亦定有變易生死品煩惱魔。又說八魔，《涅槃經》說四魔之上更加四倒。或說十魔，《雜藏》中說，欲憂、愁飢、渴愛、睡眠、怖畏、疑毒及名利、自高輕慢彼。汝等軍如是，一切無能破。我智箭定刀，摧壞瓶投水。

二釋名出體者，初釋名，後出體。釋名中，初釋通名，後釋別名。通名者，梵云魔羅，此云擾亂障礙破壞。擾亂身心，障礙善法，破壞勝事，故名魔羅。此略云魔，諸魔通稱。三等是數，帶數釋也。又云波卑夜，此云惡者，天魔別名，波旬訛也。成就惡法，懷惡意故。惡魔波旬，號名雙舉。釋別名者，可分可段名爲分段。品是類義。變改轉易，名爲變易。品義如前。分段變易品即是魔，持業釋也。煩多擾亂，名爲煩惱。色等積聚名之爲蘊。將盡正盡，盡已名死，神用光潔，自在名天。此四即魔，皆持業釋。涅槃八魔，初四如前，無常、無樂、無我、無淨。倒體即魔，亦持業釋。十魔名者，可欣名欲，心慼名憂愁，悕求食飲名飢渴，耽欲名愛，令心昧略名睡眠，有所恐怯名怖畏，猶豫兩端名疑，損惱身心名毒，悕譽貪財曰名利，自舉陵他名高慢。欲等即魔，亦持業釋。此中且解諸名不同，增減數中，同者類釋。

三明廢立者。立二魔者，所障有二。一涅槃品，二菩提品。依障初品立分段品魔，依障後品立變易品魔。或智有二，一中智，二上智。中智所知立初魔，上智所知立後魔。或有漏法有二，一麁，二細。依麁法立分段魔，依細法立變易品魔。有作無作安立非安立，亦如是說。三魔者，唯説聲聞，畢竟恆時所能降故。天魔蔽阿難之心，不聞佛問入涅槃事。鄔波毱多在座禪觀，不覺魔王插花於頂。雖起神通亦能制伏，非畢竟降，故略不說，實亦能降。又說四魔不說業者，爲生死因惑爲本勝。由惑所起蘊勝非業，蘊總業別，不別立魔。果因二中非殊勝故。生老病三皆劣於死，從勝爲魔不立三種。唯死增用，獨立爲魔。法立三魔，謂惑、蘊、死。情立一魔，謂自在天。《無上依經》，三界內有四種難，不得如來四德法身。一煩惱難，二業難，三生報難，四過失難。變易生死有四，一方便生死，二因緣生死，三有有生死，四無有生死。如次配前，前爲分段，後爲變易。唯業一種不立爲魔，擾亂破壞障礙劣故。法既爲六，情分假實，故成八魔。

圓測《仁王經疏》卷下　言四魔者，一煩惱，二陰魔，三者死魔，四者天魔。前四魔上，更加無常無我不淨苦，別名八魔也。又釋，謂雖行魔事，巧便自在，故名魔自在方便。故《維摩》云，住不可思議解脫菩薩，以方便力教化衆生，現作魔。

澄觀《大方廣佛華嚴經隨疏演義鈔》卷四三　謂四魔者，四謂天、陰、煩惱及死。言十魔及業如離世間等者，所謂蘊魔生取著故（二），煩惱魔恆雜染故，（三）業魔能障礙故，（四）心魔起高慢故，（五）死魔捨生處故，（六）天魔自慢縱故，（七）善根魔恆執取故，（八）三昧魔久耽味故，（九）善知識魔起著心故，（十）菩提法智魔不願捨離故。魔業者，一忘失菩提心修諸善根是爲魔業，二惡心布施瞋心持戒。捨惡性人遠懈怠者，輕慢亂意譏嫌惡慧，乃至第十增長我慢無有恭敬。於諸衆生多行惱害不求正法眞實智慧，其心弊惡難可開悟是爲魔業。四魔如常所辯。謂天魔，陰魔，煩惱魔，死魔。故《大品》之中四魔，而多說天魔、煩惱魔。

窺基《說無垢稱經疏》卷一　四魔者，一煩惱魔，二蘊魔，三死魔，四天魔。百二十八根本煩惱及隨煩惱，名煩惱魔。有漏五蘊，名爲蘊魔。無常死滅，名爲死魔。他化天子，名爲天魔。此四能破壞善事，能令有情流轉生死，損害深重，偏稱爲魔。佛能破之，名薄伽梵。若據化相，菩提樹下，入金剛喻定，破煩惱魔。捨第五分壽，沙羅雙林，入無餘涅槃，破蘊魔。留死三月，爲破死魔。於死自在，故能留身。菩提樹下，得成道已，先入慈定，爲破天魔。據其實破，十住菩薩，八相成道，能伏天魔。雖此經下，歎菩薩德中，八地已上菩薩，降伏魔怨。制諸外道，歎其能，非今始破。又能破四，要是八地以上，故今讚之，非說天魔八地方破。蘊魔者，七地以前，有分段死。麁有漏蘊，或未能滅，或初地捨。八地以上，變易生定，捨麁蘊魔。若捨細者，要解脫道，得成佛已，四智都圓，有漏方捨。煩惱魔者，不共無明，伴類煩惱。十住第四生貴住中，制伏名捨。加行位中，能頓伏捨。分別煩惱種子隨眠，初地斷捨，俱生煩惱。地前漸伏捨，初地以上，能頓伏捨。然有菩薩，七地已前，時時故起。八地以上，決定伏捨。金剛心起，種習俱盡，方永斷捨。其所知障分別者，如分別煩惱魔。俱生者，十地之中，地地能斷。六識中者，至金剛心。幷第七識，一時俱捨。其死魔者，分段死魔。有入初地受變易身，即便永捨。有至八地，方受變易，彼時方捨其變易死，決定成佛。解脫道中，方能永破。今顯世尊四皆破盡，名薄伽梵。故《瑜伽》云，坦然安坐妙菩提座，能破四魔。

四種作意

玄奘譯《瑜伽師地論》卷二八　云何作意，謂四作意。何等爲四。一力勵運轉作意，二有間運轉作意，三無間運轉作意，四無功用運轉作意。云何力勵運轉作意。謂初修業者，令心於內安住等住。或於諸法無倒簡擇，乃至未得所修作意。爾時作意力勵運轉，由倍勵力折挫其心，令住一境，故名力勵運轉作意。云何有間運轉作意。謂得所修作意已後，世出世道漸次勝進。了相作意由三摩地思所間雜，未能一向純修行轉，故名有間運轉作意。云何無間運轉作意。謂從了相作意已後，乃至加行究竟作意，是名無間運轉作意。云何無功用運轉作意。謂加行究竟果作意，是名無功用運轉作意。復有所餘四種作意。一隨順作意，二對治作意，三順清淨作意，四順觀察作意。云何隨順作意，謂於所緣深生厭壞起正加行而未斷惑。云何對治作意，謂能斷惑。云何順清淨作意，謂心下覆取淨妙相策令歡悅。云何順觀察作意，謂觀察作意。由此作意增上力故，順觀煩惱斷與未斷。

問：於所緣境正作意時，思惟幾相。答：四。何等爲四。一所緣相，二因緣相，三應遠離相，四應修習相。所緣相者，謂所知事同分影像明了顯現。因緣相者，謂三摩地資糧積集，隨順教導與修俱行猛利樂欲，於可厭法深生厭患，能審遍知亂與不亂，他不惱觸。或人所作或非人作。或音聲作或功用作。若毘鉢舍那而爲上首，內略其心，極猛盛觀後因緣相。若奢摩他而爲上首，發起勝觀極猛盛止後因緣相。應遠離相復有四種，一者沈相，二者掉相，三者著相，四者亂相。沈相者，謂由所緣相因緣相故令心下劣。掉相者，謂由所緣相因緣相故令心高舉。著相者，謂由所緣相因緣相故，令心於境起染起著作諸惱亂。亂相者，謂由所緣相因緣相故，令心於外馳散擾動。如是諸相如前等引地中已說。

玄奘譯《瑜伽師地論》卷三〇　當知復有四種作意，一力勵運轉作意，二有間缺運轉作意，三無間缺運轉作意，四無功用運轉作意。於內住等住中，有力勵運轉作意。於安住近住，調順寂靜。最極寂靜中，有有間缺運轉作意。於專注一趣中，有無間缺運轉作意。於等持中，有無功用運轉作意。當知如是四種作意。於九種心住中是奢摩他品。又即如是獲得內心奢摩他者，於毘鉢舍那勤修習時，復即由是四種作意，方能修習毘鉢舍那，故此亦是毘鉢舍那品。

玄奘譯《瑜伽師地論》卷三一　我今爲證心一境性及斷喜樂，當勤修習四種作意。何等爲四，一調練心作意，二滋潤心作意，三生輕安作意，四淨智見作意。云何調練心作意，謂由此作意於可厭患法令心厭離，是名調練心作意。云何滋潤心作意，謂由此作意於可欣尚法令心欣樂，是名滋潤心作意。云何生輕安作意，謂由此作意，於時時間，於可厭法，令心厭離，於時時間，於可欣法，令心欣樂。已安住內寂靜無相無分別中，一境念轉。由是因緣，對治一切身心麁重，能令一切身心適悅，生起一切身心輕安，是名生輕安作意。云何淨智見作意，謂由此作意，於時時間，即用如是內心寂靜爲所依止，由內靜心數數加行，於法觀中修增上慧，是名淨智見作意。

波羅頗蜜多羅譯《大乘莊嚴經論》卷五

知因及念依，共果與信解，
四意隨次第，修習諸善根。

釋曰：此偈有四種作意，一知因作意，二念依作意，三共果作意，四信解作意。菩薩最初住性而作是念，我今自見波羅蜜性知可增長，是名知因作意。次作是念，我今已發大心，諸波羅蜜決定當得圓滿。何以故，以此大心爲依止故，是名念依作意。次作是念，我已發心，爲利自他勤修諸波羅蜜，此果若共即願受之，若不共他，即願不受，是名共果作意。次作是念，我今勤行自他利時，應通達涅槃眞實方便。所謂不染三輪，如過去諸佛曾解，未來諸佛當解，現住諸佛今解，我皆正信，是名信解作意。

四　乘

智顗《妙法蓮華經文句》卷五上　若說四乘淺深階級各各不同，而同入平等大慧者，別教也。若說三乘九乘四乘一一皆與平等，大慧相應，無二無異者，圓教也。又歷五味分別。乳味但明菩薩乘佛乘，酪味但明異三乘，生酥味備明三乘四乘九乘，各各分齊不相濫。熟酥味唯除異三乘，餘如生酥也。醍醐中純說佛乘，無復餘乘也。

吉藏《法華玄論》卷七　問：不應有五乘，但應爲二。人天爲世間乘，餘三爲出世間乘。又應爲二乘，佛爲實乘，餘四是權乘。佛爲第一義乘，餘四乘皆世俗乘。如《勝鬘》說。又佛爲果乘，餘四爲因乘也。又應爲三乘，人天乘爲下乘，二乘爲中乘，佛乘爲上乘。又人天乘是出三途乘，二乘是出三界乘，佛乘出五百由旬乘。又人天名爲不斷煩惱乘，二乘名斷煩惱乘，佛乘非斷非不斷乘。不同凡夫故非不斷，不同二乘故非斷。如《淨名》云，不斷煩惱亦不與俱煩惱，本不有故無可與之俱，今不無故無所斷也。此《法華》前大乘教及《法華》亦有此義。三藏中無此說也。又凡夫名不斷乘，佛名爲斷乘。二乘亦斷亦不斷，望凡夫故斷，少分比佛故未斷也，通今昔也。又人天名凡夫乘，二乘名聖乘，佛名非凡非聖乘。又凡夫爲有乘，二乘爲空乘，佛乘爲中道乘，大乘教意也。又凡夫爲著生死乘，二乘爲著涅槃乘，佛名無所著乘，亦大乘教意也。又應爲四乘，如《勝鬘》四種重擔、四百億類洲、四大寶藏，故皆大乘教意，以大乘教別有大地，能持四藏也。

吉藏《法華義疏》卷二 欲表聲聞四衆同歸一乘，故天雨四華。人天六趣，並皆成佛，故地六種動。此二成佛必籍說《法華》，故放光表之。又天雨四華，表四乘衆生並皆作佛。

湛然《法華玄義釋籤》卷九 知四乘相爲衆生說。四乘相者，謂聲聞乘相，支佛乘相，菩薩乘相，佛乘相。第十地亦云知四乘相，乃至差別樂說一切法門無邊法門，以此驗知是別敎地相。

窺基《妙法蓮華經玄贊》卷一 如《勝鬘經》所說一乘，一乘是權，四乘實故，漸即被彼，從小至大機。如此經中所說一乘，一乘是實，二乘權故。此經多被從彼二乘以求佛果，多是漸教大乘所攝。

法藏《華嚴經探玄記》卷一 八，唐吉藏法師立三種教，爲三法輪。一根本法輪，即《華嚴經》最初所說。二枝末法輪，即小乘等於後所說。三攝末歸本法輪，即《法華經》四十年後說迴三入一之教。具釋如彼。九，梁朝光宅寺雲法師立四乘教。謂如《法華》中，臨門三車即爲三乘，四衢道中所授大白牛車即爲第四乘。以臨門牛車亦同羊鹿，俱不得故。若不爾者，長者宅內引諸子時，云此三車只在門外，諸子出宅即應得車。如何出已至本所指車所住處而不得故後更索耶，故知是權同羊鹿也，以是大乘中權教方便說故。具釋如彼《法華疏》中。

李通玄《新華嚴經論》卷一 此乃《華嚴經》中分四乘義也。如《法華經》中，門前三駕且示權門，露地白牛方明正教。唯有一乘法，無二亦無三，二三門外之權宗，方明露地之實教。四乘契會二教共同，施設化儀各有差殊。又《法華經》云，唯此一事實，餘二即非眞。準此一文，似立三乘，論其契會還成四法。唯此一事實者，即佛乘事實，餘二者即菩薩大乘。

四　宗

四種涅槃

求那跋陀羅譯《楞伽阿跋多羅寶經》卷二 復次，大慧！諸外道有四種涅槃。云何爲四。謂：性自性非性涅槃、種種相性非性涅槃、自相自性非性覺涅槃、諸陰自共相相續流注斷涅槃，是名諸外道四種涅槃，非我所說法。大慧！我所說者，妄想識滅，名爲涅槃。

眞諦譯《攝大乘論釋》卷一三 論曰，諸菩薩惑滅，即是無住處涅槃。

釋曰，二乘與菩薩同以惑滅爲滅諦。二乘惑滅，一向背生死，趣涅槃。菩薩惑滅，不背生死，不背涅槃，故異二乘。菩薩此滅於四種涅槃中，是無住處。一本來清淨涅槃，二無住處涅槃，三有餘，四無餘。菩薩不見生死涅槃異，由般若不住生死，由慈悲不住涅槃。若分別生死，則住生死。若分別涅槃，則住涅槃。菩薩得無分別智，無所分別故無所住。

論曰，此相云何。釋曰，無住處涅槃，以何法爲相。

論曰，捨離惑與不捨離生死，二所依止，轉依爲相。

吉藏《法華義疏》卷八 問：既言歸涅槃，何故言終歸於空。答：或名究竟空或名大涅槃，或名諸佛道也。然《中論・破涅槃品》，正破四種涅槃。一破有是涅槃，二破空是涅槃，三破亦空亦有，四破非空非有。而後結云，涅槃絕於四句，超於百非，不知何以名之，強名爲空也。

吉藏《中觀論疏》卷一〇 《攝大乘論》四種涅槃，一本性寂滅，二有餘，三無餘，四無住處。釋無住處二。初依三身品法身不住生死，應身化身不住涅槃。次用二無我理三無性理，無所住處爲無住處。

吉藏《百論疏》卷下 《楞伽經》出外道義，明有四種涅槃。一者自體相涅槃，明本相而有，此似大乘本有涅槃。二種種相有無涅槃，明涅槃實有無諸苦事，此似内義涅槃體有空與不空。空無生死，不空者謂常樂我淨。三自覺體有無涅槃，明此涅槃有靈智之性故名爲有，無諸闇惑故稱爲無，此似成論大乘圓智涅槃。四諸陰自相同相斷相續涅槃，明得涅槃不更受生死，故云斷相續，此亦大小乘義。

吉藏《大乘玄論》卷三　攝論師四種涅槃。一本性寂滅涅槃，二有餘，三無餘，四無住處涅槃。法身故不住於生死，應化二身故不住於涅槃。次用無我眞如理，又三無性理，名無住處涅槃。諸師同釋。涅槃備於三德，謂法身、般若、解脱。所以三德爲涅槃者，略有四種義。生死與涅槃相對，生死有三障，謂煩惱業苦。對報障故名法身，對業障故辨解脱，對煩惱障説於波若。二者欲顯如來三業自在，有法身故身業自在，具波若故口業自在，有解脱故意業自在。三者無境不照名爲波若，無感不應名法身，無累不盡稱解脱故。

智顗《妙法蓮華經玄義》卷一〇上　學士光統，所辨四宗判教。一因緣宗，指《毗曇》六因四緣。二假名宗，指《成論》三假。三誑相宗，指《大品》三論。四常宗，指《涅槃》、《華嚴》等常住佛性本有湛然也。七者，有師開五宗教。四義不異前，更指《華嚴》爲法界宗，即護身自軌大乘所用也。八者，有人稱光統云，四宗有所不收，更開六宗。指《法華》萬善同歸，諸佛法久後要當説眞實，名爲眞宗。大集染淨俱融，法界圓普，名爲圓宗。餘四宗如前，即是耆闍凜師所用。九者，北地禪師，明二種大乘教，一有相大乘，二無相大乘。有相者，如《華嚴》《瓔珞》《大品》等，説階級十地功德行相也。無相者，如《楞伽》《思益》眞法無詮次，一切衆生即涅槃相也。十者，北地禪師，非四宗五宗六宗二相半滿等教，但一佛乘無二亦無三，一音説法隨類異解。諸佛常行一乘，衆生見三，但是一音教也。

吉藏《大乘玄論》卷五　地論師云，有三宗四宗。三宗者，一立相教，二捨相教，三顯眞實教。爲二乘人説有相教。《大品》等經廣明無相，故云捨相。《華嚴》等經，名顯眞實教門。四宗者，《毗曇》是因緣宗，《成實》謂假名宗，《三論》名不眞宗，《十地論》爲眞宗。今謂不然，此人罪過甚深，勿謗波若墮於無間，今依此論具明三佛。

窺基《成唯識論述記》卷一〇　論：涅槃義别略有四種。

述曰：此舉數也。

論：一本來自性至故名涅槃。

述曰：下廣解也。於中有三，初出四體，次三乘辨，後總結簡。此即出體。初涅槃中文意可解，謂一切法相眞如理者，此出體也。即七眞如中實相眞如理。彼云二空所顯約詮所辨，涅槃依得顯故以相即。如前第八卷解。此如《佛地》第三卷清淨法界解。雖有客染等者，釋本來自性，有十種義。具功德者，以能順生諸功德故。功德性故，名爲具德。凝寂湛然故，無生滅。衆生眞性，故平等有。法性與法理非一異，如前第八已解釋訖。離一切相者，離所取相。離一切分别者，離能取相，尋思路絶。顯唯内證，非麁心境。名言道斷者，顯眞自相非假名言所安足處。非言依故，異有爲法。唯眞聖者，自内所證者，顯能證者必唯勝人。其性本寂者，釋涅槃名，以圓寂義是涅槃故。下三中出體義釋名，等準此解。

論：二有餘依至故名涅槃。

述曰：顯其因盡苦依未盡，異熟猶在，名有餘依。依者身也。就實出體，故是眞如出煩惱障。此中有餘，約二乘説，以言唯有微苦依故。依謂依身，以其所離顯此涅槃。以大乘中難見相貌，從易處言。

論：三無餘依至故名涅槃。

述曰：有漏苦果所依永盡，由煩惱盡果亦不生名得涅槃，亦就實出體，通三乘釋。

論：四無住處涅槃至故名涅槃。

述曰：所知障者，顯唯菩薩得非二乘，二乘不能出所知障故。大悲般若常所輔翼者，顯緣此涅槃生智悲故，或由智悲緣證如故。於生死涅槃二俱不住，緣此雖起悲智二用，體性恒寂，故名涅槃。此即第一出涅槃體。自下第二三乘分别涅槃具不具，於中有二，初三乘具不具，二問答分别。

論：一切有情至可言具四。

述曰：一切有情若凡若聖，皆有初一。由此經説一切有情本來涅槃。凡夫二乘有學未證後三涅槃。二乘無學不定性未入地者有初二，定性者有初三。直往入地菩薩，有初及第四。無學迴心入地菩薩，有初二及第四。如來具四種。有此六位差别故。若斷縛得及得位次，同時異時，各應廣說。餘者如文可解，即三乘具不具也。

子璿《金剛經纂要刊定記》卷四　然準《唯識論》說，有四種涅槃。一、自性清淨涅槃，凡聖同有。二、有餘依，即出煩惱障有苦依身故。三、無餘依，身出生死苦無依故。然小乘以灰身滅智爲無餘，無餘有三，一煩惱餘，二業餘，三界報餘。大乘則以究竟寶所爲無餘，故《智論》說，四住地煩惱盡名有餘依，五住地煩惱盡名無餘依。四無住處，悲智相兼，不住生死涅槃故。

疏即無下，即大乘之無餘四種之中，無住處涅槃也。謂不住菩薩變易生死，不住二乘灰斷涅槃，即眞無住處，名爲無餘。若小乘無餘，如有情滅滅不別。今不同彼，故云不共二乘。

延壽《宗鏡錄》卷九〇　故知四種涅槃，初後俱有。所以《唯識論》云：一，本來自性清淨涅槃。謂一切法相眞如理，雖有客塵而本性淨，具無數量微妙功德，無生無滅，湛若虚空。一切有情平等共有，與一切法不一不異。離一切相、一切分別。尋思路絶，名言道斷。唯眞聖者自內所證。其性本寂，故名涅槃。二，有餘依涅槃。謂即眞如出煩惱障，雖有微苦所依未滅而障永寂，故名涅槃。三，無餘依涅槃。謂即眞如出生死苦，煩惱既盡，餘依亦滅，眾苦永寂，故名涅槃。四，無住處涅槃。謂即眞如出所知障，大悲般若常所輔翼，由斯不住生死涅槃，利樂有情，窮未來際，用而常寂，故名涅槃。

明昱《成唯識論俗詮》卷一〇　涅槃義別略有四種（至）用而常寂故名涅槃。

謂此涅槃是圓寂理，一切法中，同一實相，由聖凡位有差別故，分爲四種。文中別釋。本來自性者，不簡凡望及色心等，皆具圓寂眞如性故，故云一切法相眞如理。雖有下，釋本來清淨平等共有義。與一切法下，釋名涅槃義。梵語涅槃，此云圓寂。寂則不與諸法一，以諸法相各顯現故。圓則不與諸法異，異諸法者不圓滿故。離一切相一切分別者，釋體清淨。尋思路絶名言道斷者，釋離分別。唯眞見道入聖位者，自內所證。其性本寂，非使能寂，故云本來自性涅槃。有餘依者，謂有分段生死苦所依也。以諸聖者最後苦身未曾滅故，唯煩惱障種現永寂，即名涅槃。《瑜伽》云，住有餘依，墮在眾數，猶有眾苦，所得轉依，猶與六處而共相應。言眾數者，即五蘊身。身爲苦聚，故名眾苦。有微苦者，彼雖出障，未離最後分段生死，故有微苦。無餘依者，無最後身苦所依也，故云眞如出生死苦。障盡苦滅，顯眞如體圓滿寂滅，故名涅槃。《瑜伽》云，住無餘依，不墮眾數，永無眾苦，而於六處永不相應。無住處者，不住生死及涅槃故。若住涅槃，無度生用。若住生死，無斷障用。又能斷障及能度生，故名無住。雖有無涯利生大用，其體本寂，名爲涅槃，不同二乘住涅槃義。

宗泐、如玘《楞伽阿跋多羅寶經註解》卷二　復次，大慧！諸外道有四種涅槃。云何爲四。謂性自性非性涅槃，種種相性非性涅槃，自相自性非性覺涅槃，諸陰自共相相續流注斷涅槃，是名諸外道四種涅槃。非我所說法。大慧！我所說者，妄想識滅名爲涅槃。涅槃之說有邪有正，佛欲說正，乃先斥邪。言外道四種涅槃，名相如經所列。涅槃是果，果由因得，其因既邪，果亦非正，故云非我所說。我之所說涅槃者，直以妄識心滅耳。蓋有外道涅槃不離神我，神我即妄識，故以妄想識滅，而對破之也。

四十四智

鳩摩羅什譯《成實論》卷一六　問曰：經中說四十四智，謂老死智、老死集智、老死滅智、老死滅道智。生、有、取、愛、受、觸、六入、名色、識、行亦如是。何故說此。答曰：泥洹是眞法寶，以種種門入。有以五陰門入。或觀界入因緣諸諦如是等門，皆至泥洹。何以知之。如經中說，王處城中有雙使來，從一門入到已，向王說其事實，語已還去，諸門亦爾。此中王喻行者，諸門謂觀陰界入等，雙使如止觀。說其事實謂通達空，是諸使雖從諸門入，皆到一處。如是雖觀陰界入等諸門方便，皆入泥洹。如羅睺羅說，於獨屏處思惟法時，知如是法皆隨順趣向稱讚泥洹。又佛於讚法中說，是法能滅諸煩惱火，故名爲滅。能令行者，心得安隱，故名安隱。能令行者，到正遍知，故名爲至。如是等義，皆讚泥洹。又梵行名八聖道，八聖道中正智爲上，是正智果所謂泥洹。又佛所說教皆爲泥洹，故知五陰等門皆至泥洹。問曰：有論師言老死智名苦智，是事云何。

死，類智者知色無色界老死，世俗智苦智者俱知三界老死。如知苦有四智，知集滅道應知亦爾。如依老死起十六智事，乃至依行應知亦爾。如是合有一百七十六智事。若以相續剎那分別，則有無量無邊智事。此中世尊依十一支四諦差別各起四智故，但説有四十四智事。

此四十四智事，幾有漏幾無漏。答：一切皆通有漏無漏。

四十八願

慧遠《無量壽經義疏》卷下　於中合有四十八願，義要唯三，文別有七。義要三者：一攝法身願，二攝淨土願，三攝衆生願。四十八中，十二、十三及第十七，是攝法身。第三十一、第三十二，是攝淨土。餘四十三，是攝衆生。文別七者：初十一願爲攝衆生。次有兩願是其第二爲攝法身。次有三願是其第三，重攝衆生。次有一願，是其一願是第四，重攝法身。次有十三，是其第五，爲攝衆生。次有兩願，是其第六，爲攝淨土。下有十六是其第七。

懷感《釋淨土群疑論》卷二　《藥師經》説十二願，《無量壽經》説四十八願者，此對所化之機説也。諸佛教化衆生，皆約有緣接引。衆生共佛有緣，必依如來本願。如來化導群品，皆乘弘願化生。諸佛本發菩提之心，即住廣大之心。所有衆生之界，我皆令入無餘涅槃而滅度之。然衆生界無邊數，菩薩始於發心，終於成佛。阿僧祇劫，有初有末，於中行菩薩行，成等正覺。不可遍共一切衆生皆悉見菩薩修行供養，菩薩不可遍衆生界教化利益。衆生界未盡，菩薩已成佛，心雖廣大，事即難周。然於因地，衆生於藥師瑠璃光佛所，發十二大願，至誠慇重，其願今熟。於阿彌陁佛本發四十八弘誓願，至誠慇重，其願又熟。雖彼此兩佛皆具塵沙諸願，對所化機，偏明別願。衆生於藥師佛十二大願根熟。藥師佛雖有四十八弘誓願，其機未熟，故佛偏舉十二願。阿彌陁佛四十八願其機偏熟，雖有十二願等，佛亦不説。譬如醫王藥庫之中，雖具一切藥草，對所病者，患冷患熱，吐痢不同，處方合藥不同。一切藥草偏取當病之者，三五等味，擣篩和合，或丸與病者服。不可用藥數少，不信醫王藥庫之中具一切

答曰：非也。所以者何，是中不説苦行故非苦智。問曰：爲是何智。答曰：此名老死性智。問曰：亦説知老死集老死滅老死滅道，故知應是苦智。答曰：此是因緣門非眞諦門，是故此中不應説苦行，應説集等以相順故。問曰：此中何故不説味過出等諸智耶。答曰：此義皆攝，但集經者略而不説。

慧遠《大乘義章》卷四　次辨四十四智差別。四十四智，如《成實》説，此猶是前七方便中初四門觀。就十二緣爲此四觀故，有四十四智差別。十二因緣次第相生，因果相屬有十一對。就此十一，從末尋本，逆以推之，先就老死對生爲四。一觀老死苦，二觀老死集，三觀老死滅，四觀老死道。次第逆推乃至行支，對前無明，亦有此四，所謂觀行、苦行、集行滅及行滅道。無明望前，更無集因，所以不説。何故逆觀，據果尋因，順諦觀故。（此三門竟）。

慧遠《大乘義章》卷一七　何者是其四十四智。十二因緣因果相屬，有十二對。先就後對爲四諦觀，謂老死苦、老死集、老死滅、老死道。初則苦觀，第二集觀，第三滅觀，第四道觀。如是逆推乃至初對，各爲四觀，是故通合有四十四。

智儼《華嚴經内章門等雜孔目》卷四　四十四智者：正緣老死，兼知無性，名老死智，即審境觀。二老死集生支，作增上緣，集起老死，正緣於集，兼知無性，名老死集智，名推因觀。三老死滅，正緣老死滅，兼知無性，名老死滅智，此名審滅觀。四老死滅道，正緣滅解，兼知無性，名滅道智。名審行觀，如老死有四，乃至行亦有四，無明無因故不説也。

玄奘譯《阿毗達磨大毗婆沙論》卷一一〇　云何四十四智事，謂，知老死智，知老死集智，知老死滅智，知趣老死滅行智，如是知生有取愛受觸六處名色識行智，知行集智，知行滅智，知趣行滅行智，是名四十四智事。問：此中何故不説知無明智等耶。答：應説而不説者，當知此義有餘。復次，若法有支所攝，以有支爲因，是有支果者，此中説之。無明雖亦有支所攝，而不以有支爲因，亦非有支果，故此不説。復次，若依此法具起四智，此中説之。依無明但起三智，不起緣有支集智，故此不説。此中知老死智等四十四智事，當言法智乃至道智耶。答：應言知老死智是四智，謂法類世俗苦智乃至廣説。此中知老死智是四智，謂法智者知欲界老

藥。不可爲有一切諸藥與一病。況合和湯藥具用一切冷熱諸藥也。佛亦如是。如《華嚴經》，實具諸願，悉皆平等，同彼醫王藥庫藥。或說彼佛十二願，或說此佛四十八願。如對病者合藥和湯處分。故此兩經不相違也。

王日休《佛說大阿弥陁經》卷上 彼佛告言：善哉！汝可具說。諸菩薩衆聞汝志願，因以警策，亦能於諸佛刹修習莊嚴。法藏白言：

第一願。我作佛時，我刹中無地獄餓鬼禽畜，以至蜎飛蠕動之類。不得是願，終不作佛。

第二願。我作佛時，我刹中無婦女，無央數世界諸天人民，以至蜎飛蠕動之類，來生我刹者，皆於七寶水池蓮華中化生。不得是願，終不作佛。

第三願。我作佛時，我刹中人欲食時，七寶鉢中百味飲食，化現在前，食已，器用自然化去。不得是願，終不作佛。

第四願。我作佛時，我刹中人，所欲衣服隨念即至，不假裁縫擣染浣濯。不得是願，終不作佛。

第五願。我作佛時，我刹中自地以上至於虚空，皆有宅宇宫殿樓閣池流花樹，悉以無量雜寶百千種香而共合成，嚴飾奇妙殊勝超絶。其香普熏十方世界，衆生聞是香者皆修佛行。不得是願，終不作佛。

第六願。我作佛時，我刹中人，皆心相愛敬無相憎嫉。不得是願，終不作佛。

第七願。我作佛時，我刹中人，盡無淫泆瞋怒愚癡之心。不得是願，終不作佛。

第八願。我作佛時，我刹中人皆同一善心無惑他念。其所欲言，皆豫相知意。不得是願，終不作佛。

第九願。我作佛時，我刹中人，皆不聞不善之名，況有其實。不得是願，終不作佛。

第十願。我作佛時，我刹中人，知身如幻無貪著心。不得是願，終不作佛。

第十一願。我作佛時，我刹中雖有諸天與世人之異，而其形容皆一類金色，面目端正淨好，無復醜異。不得是願，終不作佛。

第十二願。我作佛時，假令十方無央數世界諸天人民，以至蜎飛蠕動之類，皆得爲人，皆作緣覺聲聞，皆坐禪一心。共欲計數我年壽幾千億萬劫，無有能知者。不得是願，終不作佛。

第十三願。我作佛時，假令十方各千億世界，有諸天人民，以至蜎飛蠕動之類，皆得爲人，皆作緣覺聲聞，皆坐禪一心，共欲計數我刹中人數有幾千億萬，無有能知者。不得是願，終不作佛。

第十四願。我作佛時，我刹中人壽命皆無央數劫，無有能計知其數者。不得是願，終不作佛。

第十五願。我作佛時，我刹中人，所受快樂，一如漏盡比丘。不得是願，終不作佛。

第十六願。我作佛時，我刹中人住正信位，離顛倒想，遠離分別，諸根寂靜，所止盡般泥洹。不得是願，終不作佛。

第十七願。我作佛時，説經行道十倍於諸佛。不得是願，終不作佛。

第十八願。我作佛時，我刹中人盡通宿命，知百千億那由他劫事。不得是願，終不作佛。

第十九願。我作佛時。我刹中人盡得天眼。見百千億那由他世界。不得是願終不作佛。

第二十願。我作佛時，我刹中人盡得天耳，聞百千億那由他諸佛說法，悉能受持。不得是願，終不作佛。

第二十一願。我作佛時，我刹中人得他心智，知百千億那由他世界衆生心念。不得是願，終不作佛。

第二十二願。我作佛時，我刹中人盡得神足，於一念頃，能超過百千億那由他世界。不得是願，終不作佛。

第二十三願。我作佛時，我名號聞於十方無央數世界。諸佛各於大衆中，稱我功德及國土之勝。諸天人民以至蜎飛蠕動之類，聞我名號乃慈心喜悦者，皆令來生我刹。不得是願，終不作佛。

第二十四願。我作佛時，我頂中光明絶妙，勝如日月之明百千億萬倍。不得是願，終不作佛。

第二十五願。我作佛時，光明照諸無央數天下幽冥之處，皆當大明。諸天人民以至蜎飛蠕動之類，見我光明，莫不慈心作善，皆令來生我國。不得是願，終不作佛。

第二十六願。我作佛時，十方無央數世界諸天人民，以至蜎飛蠕動之類，蒙我光明觸其身者，身心慈和，過諸天人。不得是願，終不作佛。

第二十七願。我作佛時，十方無央數世界諸天人民，有發菩提心，奉持齋戒，行六波羅蜜，修諸功德。至心發願，欲生我刹。臨壽終時，我與大衆，現其人前，引至來生，作不退轉地菩薩。不得是願，終不作佛。

第二十八願。我作佛時，十方無央數世界諸天人民，聞我名號，燒香散花，然燈懸繒，飯食沙門，起立塔寺，齋戒清淨，益作諸善。一心繫念於我，雖止於一，晝夜不絶，亦必生我刹。不得是願，終不作佛。

第二十九願。我作佛時，十方無央數世界諸天人民，至心信樂欲生我刹。十聲念我名號，必遂來生，惟除五逆誹謗正法。不得是願，終不作佛。

第三十願。我作佛時，十方無央數世界諸天人民，以至蜎飛蠕動之類，前世作惡。聞我名號，即懺悔爲善。奉持經戒，願生我刹。壽終皆不經三惡道徑遂來生，一切所欲無不如意。不得是願，終不作佛。

第三十一願。我作佛時，十方無央數世界諸天人民，聞我名號，五體投地，稽首作禮。喜悦信樂，修菩薩行。諸天世人莫不致敬。不得是願，終不作佛。

第三十二願。我作佛時，十方無央數世界有女人，聞我名號喜悦信樂，發菩提心厭惡女身，壽終之後，其身不復爲女。不得是願，終不作佛。

第三十三願。我作佛時，凡生我刹者，一生遂補佛處。惟除本願，欲往他方，設化衆生，修菩薩行，供養諸佛，即自在往生。我以威神之力，令彼教化一切衆生，皆發信心，修菩提行、普賢行、寂滅行、淨梵行、最勝行及一切善行。不得是願，終不作佛。

第三十四願。我作佛時，我刹中人欲生他方者，如其所願，不復墜於三惡道。不得是願，終不作佛。

第三十五願。我作佛時，刹中菩薩以香華旛蓋眞珠瓔絡種種供具，欲往無量世界供養諸佛，一食之頃，即可遍至。不得是願，終不作佛。

第三十六願。我作佛時，刹中菩薩欲萬種之物，供養十方無央數佛，即自在前供養既遍，是日未午即還我刹。不得是願，終不作佛。

第三十七願。我作佛時，刹中菩薩受持經法，諷誦宣説，必得辯才智慧。不得是願，終不作佛。

第三十八願。我作佛時，刹中菩薩能演説一切法，其智慧辯才不可限量。不得是願，終不作佛。

第三十九願。我作佛時，刹中菩薩得金剛那羅延力，其身皆紫磨金色，具三十二相八十種好，説經行道，無異於諸佛。不得是願，終不作佛。

第四十願。我作佛時，刹中清淨照見十方無量世界，菩薩欲於寶樹中，見十方一切嚴淨佛刹，即時應現，猶如明鏡覩其面相。不得是願，終不作佛。

第四十一願。我作佛時，刹中菩薩雖少功德者，亦能知見我道場樹高四千由旬。不得是願，終不作佛。

第四十二願。我作佛時，刹中諸天世人及一切萬物，皆嚴淨光麗形色殊特，窮微極妙無能稱量者，衆生雖得天眼，不能辯其名數。不得是願，終不作佛。

第四十三願。我作佛時，我刹中人隨其志願，所欲聞法，皆自然得聞。不得是願，終不作佛。

第四十四願。我作佛時，刹中菩薩聲聞皆智慧成神，頂中皆有光明語音鴻暢，説經行道，無異於諸佛。不得是願，終不作佛。

第四十五願。我作佛時，他方世界諸菩薩，聞我名號，歸依精進，皆逮得清淨解脱三昧。住是三昧，一發意頃，供養不可思議諸佛，而不失定意。不得是願，終不作佛。

第四十六願。我作佛時，他方世界諸菩薩，聞我名號，歸依精進，皆逮得普等三昧，至于成佛，常見無量不可思議一切諸佛。不得是願，終不作佛。

第四十七願。我作佛時，他方世界諸菩薩，聞我名號，歸依精進，即得至不退轉地。不得是願，終不作佛。

第四十八願。我作佛時，他方世界諸菩薩，聞我名號歸依精進，即得至第一忍、第二忍、第三法忍，於諸佛法永不退轉。不得是願，終不作佛。

智旭《律要後集》 四十八願者，願我色身，最極微妙。以不可說不可說佛刹極微塵數大人之相，而自莊嚴。一一相，有不可說不可說佛刹極微塵數隨形好。一一好，有不可說不可說佛刹極微塵數光明。一一光明，皆作不可說不可說佛刹極微塵數色，嚴飾國界。皆演不可說不可說佛刹極微塵數聲，宣揚妙法。皆發不可說不可說佛刹極微塵數香，普熏一切。皆出不可說不可說佛刹極微塵數上妙飲食，供養一切。皆雨不可說不可說佛刹極微塵數衣服眾具，普施一切。皆現不可說不可說佛刹極微塵數化佛，教化一切。一一化佛，皆有不可說不可說佛刹極微塵數諸佛菩薩，以爲眷屬。一一菩薩，皆有不可說不可說佛刹極微塵數殊勝莊嚴。一一莊嚴，皆作不可說不可說佛刹極微塵數廣大佛事。一一佛事，皆於不可說不可說佛刹極微塵數世界，利益眾生。其有眾生，見一佛事，則得見我微妙色身。見我身者，則能與我平等，則能速得成佛。

德清《紫栢老人集》卷之一三 夫四十八願者，乃西方極樂世界阿彌陁如來，因中爲法藏比丘時，對世自在王佛所發之願也。若以有思惟心測度之，即一願功德，尚難信受，况四十八願。若廣大無極，迂濶無稽者，寧不爲之驚怪哉。殊不知於理推之，虛空之無際，天地之高厚，萬物之廣多，聖乎，凡乎。有知乎，無知乎，皆不越我自心者也。故曰，空生大覺中，如海一漚發，有漏微塵國，皆依空所生，漚滅空本無，况復諸三有。以此觀之，則法藏所發之願，如來印證之辭，證之於理，即之於事，皎如日星，夫何疑。又眾生習俗庸鄙，識不高明，計六尺之軀爲身，方寸之影爲心，無論貴賤榮辱逆順，窮神殫慮，勞骨弊形，奇智異謀，嚴飾萬態，自生至死，無須臾自在者，不過未能窺破身心耳。是以大覺愍而哀之，發廣大之願，示無邊之勝，照廓其心境。使一切眾生，肅清慧日，獲無身之身，無心之心。無身之身，形充八極。無心之心，照窮萬有。

四十位

鳩摩羅什譯《梵網經》卷一〇上 爾時蓮花臺藏座上盧舍那佛，廣答告千釋迦千百億釋迦。所問心地法品，諸佛當知。堅信忍中，十發趣心向果。一捨心，二戒心，三忍心，四進心，五定心，六慧心，七願心，八護心，九喜心，十頂心，諸佛當知。從是十發趣心入堅法忍中，十長養心向果。一慈心，二悲心，三喜心，四捨心，五施心，六好語心，七益心，八同心，九定心，十慧心，諸佛當知。從是十長養心入堅修忍中，十金剛心向果。一信心，二念心，三迴向心，四達心，五直心，六不退心，七大乘心，八無相心，九慧心，十不壞心，諸佛當知。從是十金剛心，入堅聖忍中，十地向果。一體性平等地，二體性善慧地，三體性光明地，四體性爾焰地，五體性慧照地，六體性華光地，七體性滿足地，八體性佛吼地，九體性華嚴地，十體性入佛界地。是四十法門品，我先爲菩薩時修入佛果之根原。如是一切眾生，入發趣長養金剛十地，證當成果，無爲無相，大滿常住。十力十八不共行，法身智身滿足。

四土

吉藏《法華統略》卷上 次明四義者，即是四土。初在穢土說法。二在淨土說法。三住淨土，普爲十方淨穢人說法。四還在穢土說法。所以明四土者，欲明一切諸佛土權實義。一切諸土不出五句。一但穢非淨，即初說處是也。二但淨非穢，第二說身權實處是也。三亦淨亦穢處，即神力品已去也。住於淨土，現通說法，名爲淨土。令十方淨穢，同得見聞，故復有穢土也。第四還住穢土，分身已散，土還復穢，囑累品末已去也。此即含有非淨穢義。斯《法華經》是諸佛秘密神通，難信難解。今當述之。若如淨名顯現法門，初穢，次淨，後還復穢。今是甚深秘密，望前欲明收入非淨穢義後，淨土雖隱，不明其現，故知隱無所隱。雖淨非淨，穢土雖現，而不明其現，故知現無所現。雖穢非穢，故欲收入非淨非穢實相之土。望後復有出生之義。雖非淨穢，出生淨穢，故淨穢雙遊，故分身還淨。釋迦住穢，妙音來時，遊於穢土，皆是甚深難思議事也。

湛然《維摩經略疏》卷二 四土者，一隨所化對同居土，二隨所調伏對有餘土，三入佛慧對果報土，四起菩薩根對寂光土。

智圓《佛說阿弥陁經疏》 言四土者：一凡聖同居土，謂具縛凡夫斷惑聖人同居住故。二方便有餘土，謂修方便道，斷四住惑，而餘有無明在故。所以出三界外，受法性身，而有變易生死也。三實報無障礙土，謂修中道眞實之觀，破無明惑，得生彼土，而受色心無礙之報也。四常寂光土，即心性妙理也。常即法身，寂即法身，寂即解脱，光即般若。應知前三是事，後一是理。三土如像如飯，寂光如鏡如器。

瞿汝稷《指月錄》卷之二　四土者。一常寂光（法性土也，法身居之，身土相稱）。二實報無障礙（攝二受用也，自受用土，報佛自居，他受用土，登地菩薩所居）。三方便有餘。四淨穢同居（竝爲應化土也，地前菩薩二乘凡夫所居）。其實則非身非土，無優無劣。爲對機故，假説身土，而分優劣。

達默《佛説阿弥陀經要解便蒙鈔》卷上　四土者，一凡聖同居土，二方便有餘土，三實報無障礙土，四常寂光土。此四土淨穢，横竪二義，釋在後文。今略釋名義。

一凡聖同居者。若約此土，則有三界九地，二十五有，本是凡夫有漏善、不善不動業之所招感。而聖人亦復同居，其同居者有二種聖，一實二權。實謂已證三乘果，未入涅槃者。權謂上三土，示現來者。以此二聖，與凡雜居，故曰凡聖同居也。若約淨土則不然。凡夫純是念佛得生者，則非有漏業。但有人天，無四惡趣，無四空天、外道天及魔王天。純入正定聚，無不定聚。及邪定聚，但見思未盡，且名凡夫耳。聖人亦有權實，可知。

二方便有餘者。若約此土，出三界外。三乘聖眾，修方便道之所遊居。但離分段，未免變易。但盡見思，未除别惑。故名有餘。有九人生於此土，謂藏二乘，通三乘，别三賢，圓十信。若約淨土，則但出娑婆三界，不出極樂同居。圓離二死，圓斷五住。九人之中，純是菩薩。雖有聲聞，而非定性，但斷同惑，名曰聲聞。由其别惑未盡，且名方便有餘土耳。

三實報無障礙者。由於全性起修，稱性所感眞實果報。色心自在，塵刹互含。四十一位菩薩之所遊居。身能現土，土亦現身。不違法性，稱性莊嚴。且如華嚴法界安立海也。

四常寂光土者。即如來所證三德秘藏，常即法身，寂即解脱，光即般若。又三德皆常，性無遷故。三德皆寂，離塵勞故。三德皆光，極明淨故。乃清淨法身所居。約智名身，約理名土。身土一如，非有二相。此無各各别異之致，而實徧周别異界中，以别異界離此别無安立處故。

四不思議

《分别功德論》卷一　如來所説四不可思議。何謂四。眾生不可思議，世界不可思議，龍不可思議，佛不可思議。所以世界不可思議。昔滿願子與梵志共論。梵志自云：我曾至池水上思惟，見有四種兵眾，來入蓮華孔中。即自驚怪，不知我眼華爲實有，是向人説之，人皆不信。遂至佛所，云所見。如是佛語：此是實事，非爲虚妄。阿須輪興四種兵與諸天鬬，阿須輪不如，退入此蓮華孔中自隱，此非思度所及，故曰世界不可思議。世界或云梵天所造，或云六天所造。梵志又云：梵天誰造。或云梵天有父，或云自造。言有父者，父即蓮華也。有云，蓮華者何從出。曰，憂陁延齊中出也。憂陁延從何出。曰，從散嵯王出。又曰，散嵯王出何姓。曰，刹帝利種也。又曰，梵天是婆羅門種，今言由刹帝利出，是何言歟。又曰，劫燒時粗可得别，何以言之。曰，劫燒時從地際已上，至十五天，蕩然焦盡。如似可知。然復有十六已上三十三天在，此間雖燒，他世界在。以此言之，復不可知。是爲世界不可思議。

何謂眾生不可思議。或云劫燒後，水補火處，隨嵐吹造宫殿訖，下有地肥，光音天上諸天輩，遊戲至地，漸嘗地肥，遂便身重，不能復還。食多化爲女，轉減至薄餅粳米，失神足光明，還復爲人。善行生天，惡行三塗。流轉五道，無有常準。正使欲窮盡一人根本所由，尚不能知。況復一切眾生而可思度也。是爲眾生不可思議也。

何謂龍不可思議。凡興雲致雨者，皆由於龍。雨之從龍眼耳鼻口出，爲從身出耶，爲從心出乎。依須彌山，止有五種天，亦能降雨，何以别龍雨天雨。天雨者，細霧下者是，麁下是龍雨。何謂五種天。第一曲脚天，第二頂上天，第三放逸天，第四饒力天，第五四天王。阿須輪興兵上天鬬時，先與曲脚天鬬，得勝，然後次至頂上，次至放逸，及與四天王乃至三十三天。下四天欲鬬時，以雨卻敵，更無兵仗。有二種雨，有歡喜雨，有瞋恚雨。和調降雨是歡喜也，雷雹霹靂是瞋恚也。阿須輪亦降雨，天亦下雨，龍亦降雨，各各致雨，理不可定。故曰龍雨不可思議。

佛不可思議者。昔時佛在靜室，諸梵天如恆邊沙，來至佛所，欲知佛在何三昧，而不能知在何定中三昧。如是神足變現祕密之事，二乘所不能思議，豈況復凡庶。

竺法護譯《**大寶積經**》**卷八**　如來所宣布四不思議，以是得成無上正眞之道，逮最正覺。何謂爲四。所造立業不可思議，志如龍王行不可計，禪思一心不可稱限，諸佛所行無有邊際，是爲四事。仁者當知，是四不可思議，佛道所行不可思議，爲最至尊以成正覺，是故名曰四不可思議。

僧伽提婆譯《**增壹阿含經**》**卷一八**　舍利弗當知，如來有四不可思議事，非小乘所能知。云何爲四。世不可思議，眾生不可思議，龍不可思議，佛土境界不可思議。是謂舍利弗！有四不可思議。

舍利弗言：如是，世尊！有四不可思議，世界、眾生、龍宮、佛土實不可思議。

竺法護譯《**等集眾德三昧經**》**卷下**　常當勸助四不可思議。何等四。罪福報應不可思議。眾生之行不可思議。而所趣路無有差特，諸菩薩慧不可思議。神足力勢脫門，諸菩薩之所歸趣不可思議。所生清淨，是爲四。

鳩摩羅什譯《**集一切福德三昧經**》**卷下**　又復菩薩應當解知四不思議。何等四。業及業報不可思議，一切眾生種種諸行若干差別不可思議，佛如來行不可思議，菩薩生起諸清淨行不可思議。那羅延！是名爲四不可思議，應當解知。

竺佛念譯《**菩薩處胎經**》**卷六**　四不思議。何謂爲四。持意菩薩，能令佛土三千大千剎土盡爲七寶，還復如故，是一不思議。如我今日處母胞胎，引及無量阿僧祇眾生，不度者度，不到者到，除垢至無垢，是二不思議。我本誓願要度苦人到無苦處，一苦不度，吾終不取涅槃，是三不思議。佛身無量，非東西南北方之所能受，獨一無侶，自性法空，觀別眾生，自觀己性，此好此醜，此淨此不淨，此地水火風，此我所此非我所，此苦此非苦，此樂此非樂，此常此非常，此今世此後世，作福得福，作罪得罪。

道泰等譯《**入大乘論**》**卷下**　有四不思議，所謂佛不思議，禪定不思議，龍神不思議，業報不思議。

曇無讖譯《**優婆塞戒經**》**卷二**　善男子！菩薩有四不可思議。一者所愛重物能以施人，二者具諸煩惱能忍惡事，三者離壞之眾能令和合，四者臨終見惡說法轉之，是名菩薩四不可思議。復有三事不可思議，一者呵責一切煩惱，二者處煩惱中而不捨之，三者雖具煩惱及煩惱業而不放逸，是名菩薩三不可思議。復有三事不可思議，一者始欲施時心生歡樂，二者施時爲他不求果報，三者施已心樂不生悔恨，是名菩薩三不可思議。

曼陀羅仙、僧伽婆羅等譯《**大乘寶雲經**》**卷七**　善男子！菩薩有四不可思量福德行業。何謂爲四。以清淨心而行法施。於破戒人生大悲心。於諸眾生稱揚歎詠菩提之心。於無力者修習忍辱。善男子！是名菩薩有四不可思量福德行業。

智顗《**妙法蓮華經文句**》**卷三上**　《含經明》不可思議。謂眾生、世界、龍、佛。眾生從何處來，何處去。爲底而生，底而死。世界爲有邊無邊，爲可斷不可斷，爲天龍人鬼誰所造耶。

四　信

筏提摩多譯《**釋摩訶衍論**》**卷八**　**何等信心，**云何修行。略說信心有四種。云何爲四。一者信根本，所謂樂念眞如法故。二者信佛有無量功德，常念親近供養恭敬發起善根，願求一切智故。三者信法有大利益，常念修行諸波羅蜜故。四者信僧能正修行自利利他，常樂親近諸菩薩眾，求學如實行故。

真諦譯《**大乘起信論**》**卷一**　何等信心，云何修行。略說信心有四種。云何爲四。一者，信根本，所謂樂念眞如法故。二者，信佛有無量功德，常念親近供養恭敬，發起善根，願求一切智故。三者，信法有大利益，常念修行諸波羅蜜故。四者，信僧能正修行自利利他，常樂親近諸菩薩眾，求學如實行故。

智顗《**法華經文句**》**卷一〇上**　云何四信。略解三人，廣說二人，觀成一人，信通四人，故言四信也。四信者：一念信解未能演說，二略解言趣，三廣爲他說，四深信觀成。

四苦

支謙《**佛說賴吒和羅經**》 凡人作沙門，有四苦事，乃行作沙門耳。何等爲四？一者年耆，二者病瘦，三者孤獨，四者貧窮。人有是四苦者，乃行作沙門耳。

玄奘譯《**瑜伽師地論**》**卷四四** 復有四苦：一別離苦，謂愛別離所生之苦。二斷壞苦，謂由棄捨衆同分死所生之苦。三相續苦，謂從此後數數死生展轉相續所生之苦。四畢竟苦，謂定無有般涅槃法諸有情類。

湛然《**維摩經略疏**》**卷三** 四苦者，是身不淨，乃至假以衣食，即是生苦。次云百一病惱，即是病苦。次云丘井，即是老苦。次云爲要當死，即是死苦。

圓覺《**華嚴原人論合解**》**卷下** 言衆苦者，即三苦、四苦、五苦、八苦等。言三苦者，謂苦受苦苦、樂受壞苦、捨受行苦。言四苦者，謂生、老、病、死。五苦者，前四苦上，加五陰盛苦。言八苦者，前五之上，加愛別離、怨憎會、求不得三，爲八苦也。

四捨

鳩摩羅什譯《**大智度論**》**卷一一** 四種捨，名爲檀。所謂財捨、法捨、無畏捨、煩惱捨。此中何以不說二種捨。答曰：無畏捨，與尸羅無別，故不說。有般若故，不說煩惱捨。若不說六波羅蜜，則應具說四捨。

慧遠《**大乘義章**》**卷一〇** 聲聞法中別解脫戒，有四種捨。一不用道捨。二命終捨。三斷善根捨，謂邪見人起大邪見，斷善根時，失律儀戒。四二形生捨，所謂男女二形生時，失律儀戒。菩薩法中，別解脫戒，有二種捨。如《地持》說。一，退菩提心壞本故捨。二，增上煩惱犯波羅夷過重故捨，此同聲聞斷善根捨。何故菩薩無不用道捨。釋言：聲聞受形俱法，是故不用道失出家戒。菩薩通受七衆法，故不用道不捨。何故菩薩無命終捨，此如前釋。聲聞受戒要期一形，故命終捨。菩薩要期盡未來際，故不失戒。何故菩薩二形生時不失禁戒。釋言：聲聞別受七衆隨形法故，二形生時七衆不分，是以失戒。菩薩通受一切戒法，不隨形別故不失戒。何故菩薩退心失戒，聲聞不爾。釋言：菩薩行業微細，受捨持犯，多隨心本，是故退失菩提心時，失菩薩戒。小乘法中，行業浮麁，受捨持犯，多皆約相，不隨心本，是故退心，不失禁戒。問曰：若言小乘法中受者，約相直爾，退心不失戒者，斷善根時，内心邪見，何故失戒。釋言：邪見極違正法，能滅善根，是故失戒。退出世心，不壞世善，是故不類。何故菩薩增上煩惱犯波羅夷失菩薩戒，聲聞不爾。釋言：大乘多隨心制，故上煩惱犯波羅夷失菩薩戒。小乘法中，約相而制不隨心，故輕重煩惱犯波羅夷齊不失戒，不同如是。

惟顯《**律宗新學名句**》**卷上** 四種捨戒（雜心）：一作法捨，二命終捨，三二形生捨，四斷善根捨。

四種三昧

鳩摩羅什譯《**大智度論**》**卷七** 復有四種三昧：欲界繫三昧，色界繫三昧，無色界繫三昧，不繫三昧。

智顗《**摩訶止觀**》**卷二上** 二勸進四種三昧，入菩薩位。說是止觀者，夫欲登妙位，非行不階。善解鑽搖，醍醐可獲。《法華》云，又見佛子修種種行，以求佛道。行法衆多，略言其四。一常坐，二常行，三半行半坐，四非行非坐。通稱三昧者，調直定也。《大論》云，善心一處住不動，是名三昧。法界是一處，正觀能住不動，四行爲緣，觀心藉緣調直，故稱三昧也。

一，常坐者。出文殊說文殊問兩般若，名爲一行三昧。今初明方法，次明勸修。方法者，身論開遮，口論說默，意論止觀。身開常坐遮行住臥。或可處眾，獨則彌善。居一靜室，或空閑地，離諸喧鬧，安一繩床，傍無餘座。九十日爲一期。結跏正坐，項脊端直，不動不搖，不萎不倚。以坐自誓，肋不拄床。況復屍臥，遊戲住立。除經行食便利，隨一佛方面端坐正向，時刻相續，無須臾廢。所開者專坐，所遮者勿犯。不欺佛，不負心，不誑眾生。口說默者，若坐疲極，或疾病所困，或睡蓋所覆，內外障侵奪正念，心不能遣卻，當專稱一佛名字，慚愧懺悔，以命自歸，與稱十方佛名功德正等。所以者何。如人憂喜鬱怫，舉聲歌哭，悲笑則暢。行人亦爾，風觸七處成身業，聲響出脣成口業。二能助意成機，感佛俯降。如人引重，自力不前，假傍救助，則蒙輕舉。行人亦爾，心弱不能排障，稱名請護，惡緣不能壞。若於法門未了，當親近解般若者，如聞修學，能入一行三昧，面見諸佛上菩薩位，誦經誦呪，尚喧於靜，況世俗言語耶。意止觀者，端坐正念，蠲除惡覺，捨諸亂想，莫雜思惟，不取相貌。但專繫緣法界，一念法界。繫緣是止，一念是觀。信一切法皆是佛法，無前無後，無復際畔，無知者，無說者。若無知無說，則非有非無，非知者，非不知者。離此二邊，住無所住。如諸佛住安處寂滅法界。聞此深法，勿生驚怖。此法界亦名菩提，亦名不可思議境界，亦名般若，亦名不生不滅。如是等一切法，與法界無二無別。聞無二無別，勿生疑惑。能如是觀者，是觀如來十號。觀如來時，不謂如來爲如來，無有如來爲如來，亦無如來智能知如來者。如來及如來智，無二相無動相，不作相不在方，不離方非三世，非不三世非二相非不二相，非垢相非淨相。此觀如來甚爲希有。猶如虛空，無有過失，增長正念。見佛相好，如照水鏡，自見其形。初見一佛，次見十方佛。不用神通往見佛。唯住此處，見諸佛聞佛說法。得如實義，爲一切眾生見如來，而不取如來相。化一切眾生向涅槃，而不取涅槃相。爲一切眾生發大莊嚴，而不見莊嚴相。無形無相，無見聞知。佛不證得，是爲希有。何以故。佛即法界，若以法界證法界，即是諍論。無證無得。觀眾生相如諸佛相，眾生界量如諸佛界量。諸佛界量不可思議，眾生界量亦不可思議。眾生界住如虛空住。以不住法以無相法住般若中。不見凡法，云何捨。不見聖法，云何取。生死涅槃垢淨亦如是。不捨不取，但住實際。如此觀眾生眞佛法界，觀貪欲瞋癡諸煩惱，恆是寂滅行，是無動行。非生死法，非涅槃法，不捨諸見，不捨無爲，而修佛道。非修道，非不修道，是名正住煩惱法界也。觀業重者，無出五逆。五逆即是菩提，菩提五逆無二相。無覺者，無知者，無分別者。逆罪相實相，皆不可思議，不可壞。本無本性，一切業緣，皆住實際。不來不去，非因非果，是爲觀業即是法界印。法界印，四魔所不能壞，魔不得便。何以故。魔即法界印，法界印云何毀法界印。以此意歷一切法亦應可解。上所說者，皆是經文。勸修者，稱實功德獎於行者。法界法是佛眞法，是菩薩印。聞此法不驚不畏，乃從百千萬億佛所，久植德本。譬如長者失摩尼珠，後還得之，心甚歡喜。四眾不聞此法，心則苦惱。若聞信解，歡喜亦然。當知此人即是見佛，已曾從文殊聞是法。身子曰，諦了此義，是名菩薩摩訶薩。彌勒云，是人近佛座佛覺此法故。故文殊云，聞此法不驚即是見佛。佛言，即住不退地，具六波羅蜜，具一切佛法矣。若人欲得一切佛法相好威儀說法音聲十力無畏者，當行此一行三昧。勤行不懈，則能得入。如治摩尼珠隨磨隨光，證不可思議功德。菩薩能知，速得菩提。比丘比丘尼聞不驚，即隨佛出家。信士信女聞不驚，即眞歸依。此之稱譽，出彼兩經(云云)。

二，常行三昧者。先方法，次勸修。方法者，身開遮，口說默，意止觀。此法出《般舟三昧經》，翻爲佛立。佛立三義，一佛威力，二三昧力，三行者本功德力。能於定中見十方現在佛在其前立，如明眼人清夜觀星，見十方佛亦如是多，故名佛立三昧。《十住婆沙》偈云，是三昧住處，少中多差別，如是種種相，亦應須論議。住處者，或於初禪二三四中間，發是勢力，能生三昧，故名住處。初禪少，二禪中，三四多。或少時住名少，或見世界少，或見佛少故名少。中多亦如是。身開常行。行此法時，避惡知識及癡人、親屬鄉里。常獨處止，不得希望他人有所求索。常乞食，不受別請。嚴飾道場，備諸供具、香餚甘果。盥沐其身，左右出入，改換衣服，唯專行旋。九十日爲一期。須明師善內外律能開除妨障，於所聞三昧處，如視世尊。不嫌不恚，不見短長。當割肌肉供養師，況復餘耶。承事師如僕奉大家。若於師生惡，求是三昧，終難得。須外護如母養子，須同行如共涉險。須要期誓願，使我筋骨枯朽，學是三昧不得，終不休息。起大信無能壞者，起大精進無能及者，所入智無能逮者。常與善師從事，終竟三月，不得念世間想欲如彈指頃。三月終竟，不得臥出如彈指頌。終竟三月行不得休息。除坐食左右，爲人説經，不得希望衣食。《婆沙》偈云，親近善知識，精進無懈怠，智慧甚堅牢，信力無妄動。口説默者，九十日身常行無休息，九十日口常唱阿彌陁佛名無休息，九十日心常念阿彌陁佛無休息。或唱念俱運，或先念後唱，或先唱後念。唱念相繼，無休息時。若唱彌陁，即是唱十方佛功德等，但專以彌陁爲法門主。舉要言之。步步聲聲念念，唯在阿彌陁佛。意論止觀者，念西方阿彌陁佛。去此十萬億佛刹，在寶地寶池寶樹寶堂，衆菩薩中央坐説經。三月常念佛。云何念。念三十二相，從足下千輻輪相，一一逆緣念諸相乃至無見頂。亦應從頂相順緣，乃至千輻輪，令我亦逮是相。又念我當從心得佛，從身得佛。佛不用心得，不用身得。不用心得佛色，不用色得佛心。何以故。心者佛無心，色者佛無色，故不用色心得三菩提。佛色已盡乃至識已盡。佛所説盡者，癡人不知，智者曉了。不用身口得佛，不用智慧得佛。何以故。智慧索不可得，自索我了不可得，亦無所見。一切法本無所有，壞本絕本（其一）。如夢見七寶親屬歡樂，覺已追念，不知在何處。如是念佛。又如舍衛有女名須門，聞之心喜，夜夢從事，覺已念之，彼不來，我不往，而樂事宛然。當如是念佛。如人行大澤，飢渴，夢得美食，覺已腹空。自念一切所有法皆如夢，當如是念佛。數數念莫得休息。用是念當生阿彌陁佛國。是名如相念。如人以寶倚瑠璃上影現其中，亦如比丘觀骨骨起種種光。此無持來者，亦無有是骨，是意作耳。如鏡中像，不外來，不中生，以鏡淨故，自見其形。行人色清淨，所有者清淨。欲見佛即見佛。見即問，問即報。聞經大歡喜（其二）。自念佛從何所來，我亦無所至。我所念即見心作佛心，自見心見佛心，是佛心是我心見佛。心不自知心，心不自見心。心有想爲癡，心無想是泥洹。是法無可示者，皆念所爲。設有念亦了，無所有空耳（其三）。偈云，心者不知心，有心不見心。心起想即癡，無想即泥洹。諸佛從心得解脱。心者，無垢名清淨。五道鮮潔不受色，有解此者成大道，是名佛印。無所貪，無所著，無所求，無所想。所有盡所欲盡，無所從生，無所可滅，無所壞敗。道要道本，是印二乘不能壞，何況魔邪（云云）。《婆沙》明新發意菩薩，先念佛色相相體相業相果相用，得下勢力。次念佛四十不共法心，得中勢力。次念實佛，得佛上勢力。而不著色法二身。偈云，不貪著色身，法身亦不著，善知一切法，永寂如虚空。勸修者，若人欲得智慧如大海，令無能爲我作師者，於此坐不運神通，悉見諸佛，悉聞所説，悉能受持者，常行三昧，於諸功德最爲第一。此三昧是諸佛母，佛眼佛父無生大悲母。一切諸如來，從是二法生。碎大千地及草木爲塵，一塵爲一佛刹，滿爾世界中寶用布施，其福甚多，不如聞此三昧，不驚不畏。況信受持讀誦爲人説，況定心修習如犖牛乳頃，況能成是三昧，故無量無量。《婆沙》云，劫火官賊怨毒龍獸衆病，侵是人者，無有是處。此人常爲天龍八部諸佛皆共護念稱讚，皆共欲見共來其所。若聞此三昧，如上四番功德皆隨喜，三世諸佛菩薩皆隨喜。復勝上四番功德。若不修如是法失無量重寶，人天爲之憂悲。如齆人把栴檀而不嗅，如田家子以摩尼珠博一頭牛（云云）。

三，明半行半坐。亦先方法，次勸修。方法者，身開遮，口説默，意止觀。此出二經。《方等》云，旋百二十匝，却坐思惟。《法華》云，其人若行若立，讀誦是經，若坐思惟是經，我乘六牙白象現其人前，故知俱用半行半坐爲方法也。方等至尊，不可聊爾。若欲修習，神明爲證，先求夢王。若得見一是許懺悔，於閑靜處莊嚴道場，香泥塗地及室内外，作圓壇彩畫懸五色幡，燒海岸香然燈敷高座，請二十四尊像多亦無妨。設餚饌，盡心力，須新淨衣鞋屩，無新浣故，出入著脱，無令參雜。七日長齋，日三時洗浴。初日供養僧，隨意多少。別請一明了内外律者爲師，受二十四戒及陁羅尼呪。對師説罪。要用月八日十五日，當以七日爲一期，決不可減。若能更進，隨意堪任。十人已還，不得出此。俗人亦許，須辦單縫三衣備佛法式也。口説默者，預誦陁羅尼呪一篇使利，於初日分異口同音。三遍召請三寶十佛。方等父母，十法王子。召請法在《國清百録》中。請竟燒香，運念三業供養。供養訖，禮前所請三寶。禮竟以志誠心，悲泣雨淚，陳悔罪咎竟，起旋百二十匝。一旋一呪，不遲不疾，不高不下。旋呪竟，禮十佛方等十法王子。如是作已，却坐思惟。思惟訖，更起旋呪。旋呪竟，更却坐思惟。周而復始，終竟七日。其法如是。從第二時略召請，餘悉如常。意止觀者，經令思惟，思惟摩訶袒持陁羅尼，翻爲大祕要，遮惡持善。祕要秖是實相中道正空。經言，吾從眞實中來。眞實者，寂滅相。寂滅相者，無有所求。求者亦空，得者著者，實者來者，語者問者，悉空。寂滅涅槃亦復皆空。一切虚空分界亦復皆空（其一）。無所求中吾故求之，如是空空眞實之法，當於何求。六波羅蜜中求（其二）。……。

四，非行非坐三昧者。上一向用行坐，此旣異上。爲成四句，故名非行非坐。實通行坐及一切事。而南岳師呼爲隨自意，意起即修三昧。《大品》稱覺意三昧。意之趣向，皆覺識明了。雖復三名，實是一法。今依經釋名，覺者照了也，意者心數也。三昧如前釋。行者，心數起時，反照觀察，不見動轉根原終末，來處去處，故名覺意。諸數無量，何故對意論覺。窮諸法源，皆由意造，故以意爲言端。對境覺知，異乎木石名爲心。次心籌量名爲意。了了別知名爲識。如是分別墮心想見倒中，豈名爲覺。覺者，了知心中非有意，亦非不有意。心中非有識，亦非不有識。意中非有心，亦非不有心。意中非有識，亦非不有識。識中非有意，亦非不有意。識中非有心，亦非不有心。心意識非一，故立三名。非三故說一性。若知名非名，則性亦非性。非名故不三，非性故不一。非三故不散，非一故不合。不合故不空，不散故不有。非有故不常，非空故不斷。若不見常斷，終不見一異。若觀意者，則攝心識，一切法亦爾。若破意，無明則壞，餘使皆去。故諸法雖多，但舉意以明三昧。觀則調直，故言覺意三昧也。隨自意非行非坐，準此可解。

智顗《摩訶止觀》卷二下　若人欲聞四種三昧，聞之歡喜，須遍爲說，是爲世界。以聞四種次第修行，能生善法，即具說四，是各各爲人。或宜常坐中，治其諸惡，乃至隨自意中，治其諸惡，是名對治。是人具須四法，豁然得悟，是第一義。秖爲一人尙須四說，云何不用耶。若爲多人者，一人樂常坐，三非所欲。一人欲常行，三非所樂。遍赴眾人之欲，即世界悉檀也。餘三悉檀亦如是。又約一種三昧，亦具四悉檀意。若樂行即行，樂坐即坐。行時若善根開發入諸法門，是時應行。若坐時心地清涼喜悅安快，是時應坐。若坐時沈昏，則抖擻應行。行時散動疲困是，則應坐。若行時悅焉虛寂，是則應行。若坐時湛然明利，是時應坐。餘三例爾（云云）。

智顗《四教義》卷一一　出世行人，若欲疾得入十信位，具六根清淨。宜起精進，不惜身命，應當加修四種三昧。四種三昧者：一常坐三昧，如《文殊般若經》說。二常行三昧，如《般舟經》說。三半行半坐三昧，如《方等經》《法華經》說。四非行非坐三昧，即是諸大乘經所說種種行法。此諸三昧行法，具如諸大乘經中說。

湛然《止觀大意》　謂四種三昧，遍攝眾行。若無勝行，勝果難階。一常坐，出文殊問、文殊說兩《般若經》。亦名一行三昧，唯專念法界故也，以九十日爲一期。二常行，出《般舟三昧經》。亦名佛立三昧。成時見十方佛在室中立，亦以九十日爲一期。三半行半坐，出《法華》《方等》二經。《法華》三七日爲一期，《方等》不限時節。四非行非坐，亦名隨自意。意起即觀故也。方法出請觀音等諸大乘經。通於四儀及諸作務公私忩遽，亦可修也。是四三昧行異理同。

四種生死

吉藏《中觀論疏》卷六　《成實》者言有四種生死。一分段。二變易。三中間，即七地所受生死。四流來生死。依《攝大乘論》七種生死。三即三界，四方便生死，五因緣生死，六有有生死，七無有生死。

吉藏《大乘玄論》卷三　《成論》師云，有四種生死。流來生死。分段生死。八地已上變易生死。七地中間生死。《攝論》師云，有七種生死。三界分段爲三種。變易有四種。初二三地爲方便生死。四五六地爲因緣生死。七八九地爲有有生死。第十地名無有生死。

吉藏《法華玄論》卷八　有人言，生死有四種。一流來生死，二變易生死，三中間生死，四分段生死。今但明三種生死，以譬五百不說流來。流來是有識之初。今明反原之始，故不說也。三百謂分段生死。四百是七地。中間生死五百是。八地已上變易生死也。

評曰：此釋五義爲失。一者，四種生死，經論無據。《勝鬘》云因五果二。果二者，一分段，二變易。因五者，謂五住地。離二生死，別立流來生死及中間生死，應離五住外別立煩惱，離漏無漏業別更立業也。二者，《法華》明五百，而不增爲六百減成四百者，經明二種生死亦不可增減。若二生死遂有增減，則五百義亦同然。三者，《釋論》云，菩薩有二種身，一肉身，二法性生身。肉身則分段生死，法身謂變易生死。若二生死外別有生死，應離二身外別更有身也。四者，論又云，阿羅漢捨三界肉身受法性生身，故羅漢唯有二身，則但有二生死，離二之外無別生死也。

延壽《宗鏡錄》卷四二　四種生死者，則是一切阿羅漢、辟支佛、大地菩薩、由四種障、不得如來四德。一方便生死。二因緣生死。三有有生死。四無有生死。《無上依經》云：佛告阿難，於三界中，有四種難。一者，煩惱難。二者，業難。三者，生報難。四者，過失難。無明住地所起方便生死，如三界內煩惱難。無明住地所起因緣生死，如三界內業難。無明住地所起有有生死，如三界內生報難。無明住地所起無有生死，如三界內過失難。應如是知。阿難！四種生死未除滅故。

四種自在

鳩摩羅什譯《自在王菩薩經》卷上　佛告自在王：菩薩摩訶薩有四自在法。以是法故，能自在行，令諸衆生得住大乘。何等四。一者戒自在，二者神通自在，三者智自在，四者慧自在。戒自在者，菩薩摩訶薩行具足戒，不毀不缺，不穿不濁，不有所得，不悔不訶，不有熱惱。智所稱讚，隨順道戒，教衆生戒。護法戒，歡悅戒，不依生處戒，住定戒，隨慧戒，信解深法戒，不退神通戒，空無相無作戒，寂滅戒，攝佛法戒，說佛法戒，不捨一切衆生戒。慈護戒，大悲根本戒，信淨戒，不轉儀式戒。頭陁細行戒，隨順福田戒，畢竟淨戒，不斷佛種戒，護法種戒，示聖衆戒，安住菩提心戒，助六波羅蜜戒，修四念處戒。修四正勤、四如意足、五根、五力、七菩提分、八聖道分戒，能生一切助菩提法戒。自在王，若菩薩摩訶薩能持如是戒，戒則具足，所願皆得。若菩薩持如是淨戒者，三千大千世界劫盡燒時，願欲滅火。言火當滅，火即爲滅。欲令三千大千世界皆變爲水，欲令三千大千世界普雨衆華，欲令三千大千世界皆爲珍寶，欲令如恆河沙世界諸須彌山合爲一山，欲令如恆河沙世界大海合爲一海，即皆如意無不成者。【略】

佛告自在王：何謂菩薩摩訶薩神通自在。謂天眼、天耳、他心智、宿命智、如意足。【略】自在王！是菩薩隨諸衆生所貴形色，皆悉爲現，若釋若梵若聲聞形，若辟支佛形，是名菩薩神通自在。謂天眼見無礙故，得天耳聞無障故，得他心智達一切心心法故，證宿命智憶過去無量阿僧祇劫故，得如意足於一切形色隨意示現故。自在王！神通自在者，能以一切佛事示諸衆生，亦能了達分別衆生諸根利鈍。能以聲聞乘度衆生，辟支佛乘度衆生，大乘度衆生故。於生死中衆所知識，成衆生故，衆所知識。於善法中出家行道故，衆所知識。以方便力故，衆所知識。檀波羅蜜迴向故，衆所知識。尸羅波羅蜜、羼提波羅蜜、毗梨耶波羅蜜、禪波羅蜜、般若波羅蜜迴向故，衆所知識。降伏諸魔，令種善根故，是故名爲神通自在。又自在王！菩薩得是神通自在故，色身之力，名聞稱讚，家姓財物眷屬人民，普皆殊勝，衆所知識，是故名爲神通自在。又自在王！菩薩得是神通自在故，衆所知識。謂諸天龍、夜叉、乾闥婆、阿修羅、緊那羅、迦樓羅、摩睺羅伽、人、非人、帝釋、梵王諸、護世者、諸佛、正遍知者，皆所知識。是故說名多識。自在王！菩薩以是神通不退本誓，而能示現一切衆事。

自在王！何謂菩薩摩訶薩智自在。謂陰智、性智、入智、因緣智、諦智。自在王！何謂陰智，色前際空、後際空、中亦空、受想行識前際空、後際空、中亦空、五陰畢竟空，是名陰智。自在王！何謂性智。地性是法性，水性是法性，火性是法性，風性是法性。何以故，四性入於法性，皆爲一性。謂之空性，空性法性同一無性。此中無地性，無水性，無火性，無風性。【略】

又卷下　自在王！何謂菩薩摩訶薩慧自在。菩薩得慧自在，能知諸法解釋章句，得四無礙智力故。謂義無礙智、法無礙智、辭無礙智、樂說無礙智。云何義無礙智。若菩薩於諸語中，依義不依語。義者，於一切法正智。云何正智，謂不可說義是。此義在語中，更無異聲，從本已來離諸相故，是名爲義。不應離語依於義，語中等相即是義。能如是知，名義無礙智。又達一切法義，亦名義無礙智。

波羅頗蜜多羅譯《大乘莊嚴經論》卷五　偈曰：

意受分別轉，四種自在得，
次第無分別，刹土智業故。

釋曰：意、受、分別，轉四種自在得者，若意若受若分別，如此三光若轉，即得四種自在。問，何者爲四。答，次第無分別刹土智業故，一得無分別自在，二得剎土自在，三得智自在，四得業自在。偈曰：

應知後三地，說有四自在，
不動地有二，餘地各餘一。

釋曰：應知後三地說有四自在者，謂不動地、善慧地、法雲地，成就彼四種自在。不動地有二，餘地各餘一者，不動地有第一無分別自在，第二剎土自在，由無功用無分別故。由剎土清淨故，善慧地有第三智自在。由得四辯善巧勝故，法雲地有第四業自在。由諸通業無障礙故。

四種緣起

鳩摩羅什譯《中論・觀因緣品第一》 何謂四緣。因緣次第緣，緣緣增上緣，四緣生諸法，更無第五緣。

一切所有緣，皆攝在四緣，以是四緣萬物得生。因緣名一切有爲法，次第緣除過去現在阿羅漢最後心心數法，餘過去現在心心數法，緣緣增上緣一切法。

鳩摩羅什譯《十二門論》 四緣者，因緣，次第緣，緣緣，增上緣。因緣者，隨所從生法。若已從生，今從生當從生，是法名因緣。次第緣者，前法已滅，次第生，是名次第緣。緣緣者，隨所念法，若起身業，若起口業，若起心心數法，是名緣緣。增上緣者，以有此法故，彼法得生。此法於彼法爲增上緣。如是四緣，皆因中無果。

浮陀跋摩、道泰等譯《阿毗曇毗婆沙論》卷一三 應知有一種緣起法。如說云何緣起法，謂一切有爲法。復有二種緣起法，所謂因果。復有三種緣起法，所謂業煩惱體。行有是業，無明愛取是煩惱。餘支是體。復有四種緣起法，所謂無明、行、生、老死。現在八支，應攝在過去未來四支中。現在愛取，攝在過去無明中。現在有，攝在過去行中。現在識，攝在未來生中。現在名色、六入、觸、受，攝在未來老死中。

波頗蜜多羅譯《般若燈論釋》卷二 外人所說四種緣起，所謂因緣、緣緣、次第、增上等自體差別，遮彼所立，明無起義。是故此品觀諸緣起，無起義成。如諸大乘經中說。偈曰：

若諸緣起彼無起，彼起自體不可得。
若緣自在說彼空，解空名爲不放逸。
若人知無一物起，亦復知無一物滅。
彼非有故亦非無，見彼世間悉空寂。
本來寂靜無諸起，自性如是已涅槃。
能爲依怙轉法輪，說諸法空開示彼。
有無不起俱亦非，非有非無無起處。
世間因緣悉如是，但彼凡夫妄分別。
常無起法是如來，彼一切法如善逝。

宗密《圓覺經大疏釋義鈔》卷九 《俱舍》第九，有四種緣起。一者剎那，二者連縛，三者位分，四遠續。後三通彼《華嚴》。

玄奘譯《阿毗達磨順正理論》卷二七 又諸緣起，差別說四。一者剎那，二者遠續，三者連縛，四者分位。

玄奘譯《阿毗達磨藏顯宗論》卷一四 又諸緣起，差別說四。一者剎那，二者遠續，三者連縛，四者分位。有餘復說顯法功能，此中剎那，謂因與果俱時行也。如契經說，眼及色爲緣，生於眼識等。又契經說，眼色爲緣生癡，所生染濁作意。此中所有癡即無明。癡者希求，即名爲愛。愛者所發，表即名業。故一剎那有緣起義。有餘師說，一剎那中具十二支。實有俱起，如貪俱起。發業心中，癡謂無明，思即是行，於諸境事了別名識，識俱三蘊總稱名色，有色諸根說爲六處，識相應觸名爲觸，識相應受名爲受，貪即是愛，與此相應諸纏名取，所發身語二業名有，如是諸法起即名生，熟變名老，滅壞名死。此廣決擇，如《順正理》。遠續緣起，謂前後際，有順後受及不定受，業煩惱故無始輪轉。如說有愛等，本際不可知。又應頌言。

我昔與汝等，於四種聖諦，
不如實見故，久流轉生死。

連縛緣起，謂同異類因果，無間相屬而起。如契經說，無明爲因，生於貪染。明爲因故，無貪染生。又契經說，從善無間染無記生。或復翻此分位緣起，謂三生中十二五蘊，無間相續，顯法功能，謂如經說，業爲生因，愛爲起因。

澄觀《**大方廣佛華嚴經疏**》**卷四〇**　《俱舍》第九四種緣起。一者刹那，二者連縛，三者分位，四者遠續。後三通餘九門。此中正當第一。彼云，云何刹那。謂刹那頃，由貪行殺等，具有十二。彼廣説相與此大同。故今不必依次，意顯一心頓具。隨事貪欲與心共生者，此則總指所行之事。貪事非一，隨取一事，於一念中，則具十二。謂行此貪事，必依心起。復了別前境故。心即識支，事是行者。貪事即是意業之行。若形身口亦是二行。不知貪過，能招於苦，名於行迷惑。與無明及心共生，是名色者，名色是總，爲二所依名與共生故。晉經云，識所依處，爲名色故。《俱舍》云，識俱三蘊，總稱名色。意明以受蘊自是受支故。名色增長是六處者，不生五識，唯名十界，五識依生乃名十處。識依相顯，即是增長。增長之言，宜譯爲開顯。《俱舍》云，住名色根説爲六處。謂六根是別，以別依總，開成於六，稱住名色。貪必對境爲觸，受必領觸。貪即是愛，名受無厭。愛攝不捨，即是欲取，愛取潤前六支成有故。但前諸有支生即是有義。有所起者，即前諸法起便是生義。生熟爲老者，物生即異故。老壞爲死者，刹那滅故。又依大乘當相壞故。故經云，初生即有滅，不爲愚者説故。此若不斷，則名連縛。十二支位五蘊皆名分位，即此順後無始來有，名爲遠續。

四德

曇無讖譯《**大般涅槃經**》**卷二**　有如是等四顛倒法，是人不知正修諸法。汝諸比丘，於苦法中生於樂想，於無常中生於常想，於無我中生於我想，於不淨中生於淨想。世間亦有常樂我淨，出世亦有常樂我淨。世間法者有字無義，出世間者有字有義。何以故。世間之法有四顛倒，故不知義。所以者何。有想顛倒、心倒、見倒，以三倒故，世間之人樂中見苦，常見無常，我見無我，淨見不淨，是名顛倒。以顛倒故，世間知字而不知義。何等爲義。無我者名爲生死，我者名爲如來，無常者聲聞緣覺，常者如來法身。苦者一切外道，樂者即是涅槃。不淨者即有爲法，淨者諸佛菩薩所有正法。是名不顛倒。以不倒故，知字知義。若欲遠離四顛倒者，應知如是常樂我淨。

時諸比丘白佛言：世尊！如佛所説離四倒者，則得了知常樂我淨。何故不住一劫半劫教導我等，令離四倒而見放捨，欲入涅槃。如來今者永無四倒，則已了知常樂我淨。若已了知常樂我淨，何故不住一

真諦譯《**佛性論**》**卷二**　是故安立如來法身四德。四德者，一常波羅蜜，二樂波羅蜜，三我波羅蜜，四淨波羅蜜。如《勝鬘經》説：世尊！是諸衆生，生顛倒心，於内五取陰，無常見常，苦中見樂，無我見我，不淨見淨。世尊！一切聲聞獨覺，由空解，未曾見一切智智境，如來法身應修不修故。若大乘人，由信世尊故，於如來法身，便作常樂我淨等解。是人則不名倒，名得正見。云何如此。世尊！如來法身是常樂我淨諸波羅蜜，若人作是見者，名爲正見，是如來胸子。胸子者，恆在佛心胸故。復次，如來四德波羅蜜，由因次第漸深。應知逆説，翻後爲前，謂淨我樂常。由一闡提憎背大乘，爲翻彼樂住生死不淨故，修習菩薩信樂大乘法，得淨波羅蜜。是其果應知。由一切外道色等五陰無我性類計執爲我，而是色等法與汝執我相相違故，恆常無我。諸佛菩薩由眞如智至得一切法無我波羅蜜，是無我波羅蜜。與汝所見無我相，不相違故。如來説是相恆常無我，是一切法眞體性故，故説無我波羅蜜是我。

灌頂《**大般涅槃經疏**》**卷二一**　言四德者，即常樂我淨。如來證涅槃即常德。問，爲將如來爲常，涅槃爲常。今明人法皆常，故前文云，以法常故，人亦是常。永斷即淨德。生死是可惡，不淨充盈。既除不淨，便得淨法，豈非淨德。至心聽即我德，由我能聽，無我誰聽。常得無量樂，自是樂德，亦云復是重明常德。

智顗《**金光明經文句**》**卷二**　四偈對四德者，水潤生榮對常德，山能高出對我德，碎地爲塵對淨德，空無苦受對樂德。四德成就，是果上所剋。果與理冥，冥於非常非無常，能起常無常用。冥於非我非無我，起我無我用。冥於非淨非不淨，起淨不淨用。冥於非樂非不樂，起於樂無樂用。信相但見無常無樂，不見常樂。於應尙迷，何能識本。四佛舉四德之用，非思算所知。

玄奘譯《**阿毗達磨藏顯宗論**》**卷二四**　言四德者：一者，不爲犯戒所壞。言犯戒者，謂審思犯。二者，不爲彼因所壞。彼因謂貪等煩惱隨煩

惱。三者，依治，謂依念住等。此能對治犯戒及因故。四者，依滅，謂依涅槃迴向涅槃，非有財故。

道世《法苑珠林》卷一二　如《涅槃經》云：如來何故二月涅槃。善男子！二月名春陽之月，萬物生長。是時衆生多生常想，爲破衆生如是常心，說一切法悉是無常。唯說如來常住不變，於六時中，孟冬枯悴，衆不愛樂，陽春和液，人所貪愛。爲破衆生世間樂故，演說常樂我淨亦爾。爲破世間我淨故，說如來眞實我淨。

四　慧

浮陀跋摩、道泰譯《阿毗曇毗婆沙論》卷二三　受持讀誦思惟觀察十二部經，是生得慧。依生得慧，生聞慧。依聞慧，生思慧。依思慧，生修慧。如依種生牙，依牙生莖葉等。彼亦如是。問曰，此三慧有何差別。答曰：聞慧一切時依名解義。所以者何。行者作是念，和上所說有何義，修多羅毗尼、《阿毗曇》所說有何義，是名聞慧。思慧者，或時依名解義，或時不依名解義。修慧者，於一切時，不依名解義。猶如三人於池水中洗浴，一不能浮，二雖能不善，三善能。不能浮者，於一切時，手攀池邊所有草木，然後乃浴。能浮而不善者，於一切時，或攀池邊草木，或時不攀而浴。善能浮者，於一切時，不攀草木，入中而浴。聞慧如第一人浴，思慧如第二人浴，修慧如第三人浴。復有說者，聞慧爲三慧作因，思慧爲思慧作因，不爲聞慧作因，以下故。不爲修慧作因，以界異故。修慧與修慧作因，不爲聞慧作因，以下故。不爲思慧作因，以界異故。復有說者，聞慧有三慧果。思慧唯有思慧果，修慧唯有修慧果。復有說者，聞慧現在前唯聞慧修，思慧現在前唯思慧修。此修是行修非得修，性劣不及未來故。修慧現在前時，三慧俱修。此是三慧體性，乃至廣說。

玄奘譯《阿毗達磨大毗婆沙論》卷四二　若於三藏十二分教，受持轉讀，究竟流布，是生得慧。依此發生聞所成慧。依此發生思所成慧。依此發生修所成慧。此斷煩惱，證得涅槃，如依種生芽，依芽生莖，依莖轉生枝葉花果。復次，依聞生者，名聞所成慧。依思生者，名思所成慧。依修生者，名修所成慧。復次，聞所引者，名聞所成慧。思所引者，名思所成慧。修所引者，名修所成慧。復次，緣力起者，名聞所成慧。因力起者，名思所成慧。俱力起者，名修所成慧。復次，他力起者，名聞所成慧。自力起者，名思所成慧。俱力起者，名修所成慧。復次，資糧力起者，名聞所成慧。自性力起者，名思所成慧。俱力起者，名修所成慧。復次，外力起者，名聞所成慧。內力起者，名思所成慧。俱力起者，名修所成慧。復次，教力起者，名聞所成慧。義力起者，名思所成慧。定力起者，名修所成慧。

問：如是三慧，有何差別。答：聞所成慧，於一切時依名了義。彼作是念，素怛纜毘奈耶，阿毗達磨所說，有何義耶。親教軌範同梵行者所說，有何義耶。諸餘論等所說，有何義耶。隨其所念，皆能解了。思所成慧，有時依名了義，有時不依名而了義。修所成慧，於一切時不依名而了義。如有三人入池洗浴，一未學浮，二學未善，三學已善。未學浮者，於一切時，攀岸草等，然後洗浴。聞所成慧，應知亦爾。學未善者，或攀不攀而能洗浴。思所成慧，應知亦爾。學已善者，於一切時無所攀附，自在洗浴。修所成慧，應知亦爾。復次，聞所成慧，爲三慧因。思所成慧，唯思慧因，非聞慧因，彼是劣故。非修慧因，彼異界故。修所成慧，唯修慧因，非聞慧因，彼是劣故。非思慧因，彼亦劣故，及異界故。復次，聞所成慧，唯聞慧果，非餘二果，彼是勝故。思所成慧，是二慧果，非修慧果，彼是勝故，及異界故。修所成慧，是二慧果，非思慧果，彼異界故。復次，聞所成慧現在前時，唯修聞慧。思所成慧現在前時，唯修思慧。修所成慧現在前時，能修三慧。問：何故二慧現在前時，唯修自類，修所成慧能修三種。答：聞思二慧，不依定生，勢力下劣現在前時，唯修自類，即習修故，說名爲修，不修未來自類他類。修所成慧，依定而生，勢力增勝現在前時，能修自類及修他類。修自類者，現在習修，未來得修。修他類者，唯未來修。復次，聞思所成慧，初刹那現在前時，唯成就現在。第二刹那已後現在前時，成就過去現在。後不起時，唯成就過去。修所成慧未曾得者，初刹那現在前時，成就未來。現在第二刹那以後，成就三世。後不起時，唯成就過去未來。有餘師說，聞思二慧串習勝者現在前時，亦修未來自類善法。彼說成就非如前說。

玄奘譯《阿毗達磨大毗婆沙論》卷一八八　脅尊者言：於佛所說十二分教，受持讀誦思量分別，是生得慧。依生得慧，起聞所成念住。依聞起思，依思起修，依修能斷煩惱。如依種子生芽，依芽生莖，依莖生枝葉，依枝葉生花菓。

四輩

竺法護譯《生經》卷三　四輩弟子：比丘、比丘尼、清信士、清信女。

白法祖譯《佛般泥洹經》卷上　其有四輩弟子，持戒法者，皆佛弟子，其有學佛經道者，皆是佛弟子。

道世《經要集》卷九　又《迦羅越六向拜經》云：善知識者有四輩。一外如怨家內有厚意。二於人前直諫，於外說人善。三病瘦縣官爲共征，訟憂解之。四見人貧賤心不棄捐，當念欲富之。善知識者，復有四輩。一爲吏所捕，將歸藏匿於後解決之。二有病瘦消損，將歸養視之。三知識死亡，官殯視之。四知識已死，復念其家。

如《尸迦羅越六向拜經》云：惡知識者有四輩。一內有怨心，外強爲知識。二於人前好言語，背後說人惡。三有急時於人前愁苦，背後歡喜。四外如親厚，內興怨謀。惡知識復有四輩。一小侵之便大怒。二有倩使之便不肯行。三見人有急時避人走。四見人死亡棄之不視。

遇榮《佛說盂蘭盆經疏孝衡鈔》卷下　經言四輩弟子者，《藥師經》云：比丘、比丘尼、清信士、清信女。然四眾、四部、四輩，經論常談。疏中二解，初是後非，不須兩存。智生師後名弟，解從師生名子，故名弟子。天親菩薩釋《伽耶山頂經》云：歡喜奉行，有其三義。一能說人清淨，二所說法清淨，三依學之者，究竟得果清淨。

四歸依

鳩摩羅什譯《大莊嚴論經》卷六　如來世尊實一切智者，若教弟子四歸依者，我命即絕。佛或遠見斯事，教出比丘打賊三下，使我不死，是故世尊唯說三歸，不說四歸。佛愍我故，說三歸依，不說四歸。即說偈言：

決定一切智，以憐愍我故，
是以說三歸，不說有第四。
爲於三有故，而說三歸依，
若當第四者，我則無歸依。
我今可憐愍，身命於彼盡，
我見佛世尊，遠覩如斯事，
生於未曾有，（是故捨賊心。出家求佛道。）
有因麁事解，或因細事悟，
麁者悟麁事，細者解細事。
由我心麁故，因麁事解悟，
我解斯事故，是以求出家。

四不退

窺基《妙法蓮華經玄贊》卷二　不退有四。一信不退，十信第六名不退心，自後不退生邪見故。二位不退，十住第七名不退位，自後不退入二乘故。三證不退，初地以上即名不退，所證得法不退失故。四行不退，八地已上名不退地，爲無爲法皆能修故。今此菩薩皆八地已上，故言於無上正等覺不退轉，定當證故，故不退者非即不轉。

遇榮《仁王護國般若經疏法衡抄》卷四　四不退者：一信不退，十信第六名不退心，自後不退生邪見故。二位不退，十住第七名不退住，自後不退入二乘故。三證不退，初地已上已證理智不退失故。四行不退，八地已上名不退地，有爲無爲皆修證故，法駛流中任運轉故。

栖復《法華玄贊要集》卷九 言不退有四者。問：但明不退，即得何用。引他四種及二種不退耶。答：緣疏主此問，正要引不退。聖教之中，有說四種處，有說二種處。疏主都會將來四種之中取行不退，二種之中取未得不退。

言一信不退等者，此位菩薩信成就故。簡要云，自後不退生邪見，不造無間業，不墮無間獄故。經偈云，若有成就世間，增上品正見，雖經歷千生，終不墮惡道。問：何故四大聲聞修行過十信者，第六心至第六住前，如何言周流諸國五十餘年，即是入五道生死，入無間獄，造無間業。答：聖教言不入者，不入第八無間獄，不妨入餘前七地獄。又說不造無間業者，不造撥無邪見業，不妨有煞父害母無間業。若爾，鶖子修行至第六住前，如何言我本著邪見。答：兩說。一云，但是鶖子大性遠生，近就會遇釋迦佛得授記。佛未出中間，且在外道法中，求覺出離，非眞邪見。若是實者，如何佛亦出世，遇著馬勝，便得初果。若實不妨，更經三生五生，始得聖果。二者，修行有三品，聖教說不退者，約上品心也。若中下品心，不妨退也。

言二位不退者，安國云：十住第七心方是不退，第六心由居退位。所以舍利弗第七住前，遂退大心，至本凡夫位，修行小行。今遇釋迦，便得初果。《瓔珞經》云：諸善男子！若一劫二劫乃至十劫，修行十信，得入十住。從初住至第六住中，若修正觀現前，諸佛菩薩善知識所護故，出到第七住，常住不退。自此住前，名爲退分。如淨目天子、法財王子、舍利弗等，欲入第七住，惡因緣故，退入凡夫不善法中。問：此位不退於何位中。答：自後不退入二乘故，未至第七住前，修大乘之行。緣初修故，大性未得堅固，怖大行難修，數數起二乘心故，欲求二乘果，故名二乘作意障等，還聞佛教說法，令入第七住中，得位不退。自後永不起二乘心，永不退入二乘，故名不退也。

言三證不退者，初地所證得遍行眞如，所斷煩惱，所獲聖性，所悟百法明門不退失，名不退菩薩。二地已去，法仍未得，故名爲退。今取初地。章敬引《唯識》難陁云，有義初地以上菩薩，已證二空所顯理故，已得二種殊勝智故，已斷分別二重障故，能一行中起諸行故，雖爲利益，起諸煩惱，而彼不作煩惱過失，故此亦名不退菩薩。

言所證得法者，謨云：即是遍行眞如，根本智證賴耶識性，後得智了賴耶識相。如是之法，一得已後，更不退失。問：不退何法。答：所證得不退失故，謂菩薩在地前時，於大菩提數數生退，不肯修。雖作生法二空觀，伏所取能取空，數數煩惱起，障二空觀，不現前故，名爲退轉。今聞佛教化，令入見道，雙斷二障及證眞理，所證得無漏智品及所證理，永不退失，名證不退。

言四行不退者，八地已上，方名不退也。

湛然《五百問論》卷上 答曰：初不退轉者，不退有四。一信不退，謂十信第六名不退心故。次位不退，即十住位第七名不退住。三證不退，即初地得無退失故。四行不退，即八地已上有爲無爲皆能修故。今謂，若釋不退信位之名，即指第六第七方有不退名證行。二位無不退名。何名不退，若從義立，何須指處。若指處者，六七已前爲退不退。若不退者，十俱不退，何須分限。證行二種，何以證前而行，居後信住。俱有不退之名，向行何事獨無不退。若證未極，更須修行，豈證眞如行有退耶

智旭《佛說阿弥陁經要解》 不退有四義。一念不退，二行不退，三位不退，四畢竟不退。一念不退者，破無明顯佛性，徑生實報分證寂光。二行不退者，見思既落塵沙亦破，生方便土進趨極果。三位不退者，帶業往生在同居土，蓮華托質永離退緣。四畢竟不退者，不論至心散心，有心無心，或解或不解，但令彌陁名號一歷耳根，或六方佛名，或此經名字，一經於耳，假使千萬劫後，畢竟因斯度脫。如聞塗毒鼓，遠近皆喪。又如食少金剛，決定不消也。

四不生

鳩摩羅什譯《中論》

諸法不自生，亦不從他生。
不共不無因，是故知無生。

不自生者，萬物無有從自體生，必待衆因。復次，若從自體生，則一

法有二體，一謂生，二謂生者。若離餘因從自體生者，則無因無緣。又生更有生，生則無窮。自無故，他亦無。何以故，有自故有他，若不從自生，亦不從他生。共生則有二過，自生他生故。若無因而有萬物者，是則爲常。是事不然。無因則無果，若無因有果者，布施持戒等應墮地獄，十惡五逆應當生天，以無因故。

智顗《摩訶止觀》卷三上　龍樹曰，諸法不自生，亦不從他生，不共不無因，是故說無生。無生止觀，豈從四句立名。四句立名，是因待生，可思可說。是結惑生，可破可壞。起滅流動之生，何謂停止。迷惑顛倒之生，何謂觀達耶。又豎破者，若從四句生者，即是生生，非止觀也。若能止息見思，停住眞諦，此乃待生生說生不生之止觀耳。若以空心入假，止息塵沙停住俗理，此乃待生不生，說不生生之止觀耳。

智顗《摩訶止觀》卷五上　龍樹云，諸法不自生，亦不從他生，不共不無因。更就譬檢，爲當依心故有夢，依眠故有夢，眠法合心故有夢，離心離眠故有夢。若依心有夢者，不眠應有夢。若依眠有夢者，死人如眠應有夢。若眠心兩合而有夢者，眠人那有不夢時。又眠心各有夢，合可有夢。各既無夢，合不應有。若離心離眠而有夢者，虛空離二，應常有夢。四句求夢尚不得，云何於眠夢見一切事，心喻法性夢喻黎耶，云何偏據法性黎耶生一切法。當知四句求心不可得，求三千法亦不可得。既橫從四句生三千法不可得者，應從一念心滅生三千法耶。心滅尚不能生一法，云何能生三千法耶。若從心亦滅亦不滅生三千法者，亦滅亦不滅，其性相違，猶如水火，二俱不立，云何能生三千法耶。若謂心非滅非不滅生三千法者，非滅非不滅非能非所，云何能所生三千法耶。亦縱亦橫，求三千法不可得。非縱非橫，求三千法亦不可得。言語道斷，心行處滅，故名不可思議境。《大經》云，生生不可說，生不生不可說，不生生不可說，不生不生不可說。即此義也。當知第一義中一法不可得，況三千法。世諦中一心尚具無量法，況三千耶。如佛告德女，無明內有不。不也。外有不。不也。內外有不。不也。非內非外有不。不也。佛言，如是有。龍樹云，不自不他，不共不無因生。《大經》生生不可說，乃至不生不生不可說。有因緣故，亦可得說，謂四悉檀因緣也。

窺基《瑜伽師地論略纂》卷四　《對法》云。諸法不自生，亦不從他生，亦不從共生，非不從二生。雖無作用緣，而有功能緣可得故。非自生，破我作。非他生，破大自在天等不平等因生。非共生，破薩婆多等作用義。非無因生者，破無因論。彼云，若緣起理，非自非他。遣雙句者，猶爲甚深，況總亡四句。是故緣起最極甚深。《中論》云，諸法不自性，亦不從他生，不共不無因。彼解云，自性空故不自生，緣性空故非他生，自他空故不共生。法若有體，可說有因無因。法性既空，何得說有因無因。前三句破有因緣，第四句破無因緣。今者此宗不破因緣功能而生，但破作用自他等生及無因生，與彼不同。

惟淨等譯《大乘中觀釋論》卷一　諸法不自生。

釋曰：所言生者，本無今有之別名。自者，我性義。彼如是說，互相損惱，自語相違，不和合對治。或如瓶等，即不見有自生之法。如前瓶等，自體無性故。諸生法無性，生已復生，亦復無性。如是眼等決定和合，若爾即有對治過失。若有如是因，即有如是果。彼果體有生，以因果二法無別異性故。若言自生，此應思擇。又復泥團離瓶，瓶離於因，此中色等當云何有。若離泥團，果因二種無別異性。若泥團離瓶，而此果體即不和合。泥團若壞，瓶有所得，即非果時有因性故。此僧佉人言，譬如色等非果因二法有別異性，色等自體亦如離瓶先無有性。若彼決定實無所成，所說無異，如瓶所作，杖輪水等，非此所闕。彼等無別異性，因果二無性故。何名無別異，謂不見因，自體能作。如是果有所作，亦復不得無異性故。若無所作，何名因果。決定自體，無別異性。若因無作，彼無作時果不和合。有異人言，我知差別，諸法從他性生。爲對遣彼說，是故頌言，

亦不從他生。

釋曰：他生者，別異義。如他性瓶等，不生眼等。由如是故，自緣既不生，他性亦然。若止遣諸法自相，應知有過。此中或有彼不和合。如是所作，非勝義諦中他緣能生內六處等，以他性故。此如瓶等。此中他性瓶等，如內六處緣勝義諦中生無性可得。世俗諦中亦然。生無性可得相違義性無因生性及共生等。若有所得，皆他義故。如是所有中論成就，究竟義中離不和合對治等法。若復如是世俗諦中有所得者，決定如前對治相違，世俗緣生有所得故，此亦非所得。如是有所成，即和合無性成已見邊二不

和合。如是即於諸所成中有共過失。若別異所成，當知自有差別過失。此廣文不書，恐繁且止。非中論所說，如前對治。何以故。後對治亦爾。無此中所成和合道理。有異人言，取彼實有泥團，隨有杖等諸作用法共生瓶等。此異意樂，故頌止言，

共生亦無性。

釋曰：彼增上所作言非二法共生。若爾，有言說對治過失。有異人言，如所意樂諸法如是無因而生。爲遣彼義，是故頌言，

亦不無因生。

釋曰：如他所說，無因生性有所得者，即時處等彼相離性，決定有生可得。彼時處性能不相離。此若止遣對治過失。此中或有生性，諸論皆說是有漏義。如是有性各各繫屬。諸性有生，此中皆止，若有所作，即與《阿含》相違。如佛所說，有四種緣能生諸法。而此四緣，諸經論中皆如是說。何等爲四。謂因緣、所緣緣、次第緣、增上緣。如是四緣，無第五緣。諸異宗中有執我者，執極微者，何所以邪。此中若有常因者，彼時處性即能相離，彼一切果乃有同生。現見時處等不相離性，次第生法，彼同作因，即不相離因性可得。此無過失。是故同作諸因。此中非因，彼說如是生無有性。若有因故，決定有果。彼同作諸因決定因性，此本有故。若同作因此相離者，即如前說對治相違，以本和合故。而彼諸因如是建立差別因無性，然彼處等有相離性可同生者，此之分位如士夫等。由如是故，非士夫等。因本無和合性，士夫等句義，亦如自體，亦非定有。士夫等本性和合所有因性，如種子等。以士夫等本來分位或離所作性，如種子等，因有所得，或無所得。此復云何。若本來分位離所作性，或有所得即是無常。若不離所作自相，亦即無因。如前已說，非諸士夫。如彼種子能生於果，若如是見，此非道理。彼遍計性故，是故前說無第五緣，亦非斷滅。世間所有諸執無因惡因諍論亂意之者，爲攝化彼故，如其分位於世俗諦，開示宣說諸因緣等，此即非勝義諦。

通潤《大乘起信論續疏》卷下　《中論》云，因緣所生法，我說即是空，亦名爲假名，亦名中道義。又諸法不自生，亦不從他生，不共不無因，是故知無生。《維摩經》云，雖知諸佛國及與眾生空，而常修淨土，教化諸群生。智者熾然求生淨土，達生體不可得，即眞無生。此謂心淨即佛土淨。愚者爲生所縛，聞生即作生解，聞無生即作無生解，不知生即無生，無生即生。不達此理，橫相是非，瞋他求生淨土，幾許誣哉。此是謗法罪人，邪見外道也。

四弘誓願

支婁迦讖譯《道行般若經》卷八　釋提桓因言：我欲使人於法中益念不厭生死之苦，一切天上天下爲苦，用人故悉當忍勤苦之行。心作是念：諸未度者悉當度之，諸未脫者悉當脫之，諸恐怖者悉當安之，諸未般泥洹者悉皆當令般泥洹。

竺佛念譯《菩薩瓔珞本業經》卷上　復次即十觀心所觀法者，一厚集一切善根，所謂四弘誓。未度苦諦，令度苦諦。未解集諦，令解集諦。未安道諦，令安道諦。未得涅槃，令得涅槃。

吉藏《金剛般若經義疏》卷二　菩薩之道雖復多門，統其大歸，不出願行。然願門雖多，略爲四弘誓願，行門無量，略爲六波羅蜜。四弘誓願者，一未度苦海令其得度，二未脫業煩惱縛令得脫之，三未得道諦之安令得安之，四未得滅諦涅槃令得涅槃。前章明一切眾生皆得涅槃，即是四願之中略舉後究竟願也。

吉藏《法華義疏》卷八　《瓔珞經》云：約四諦，立四弘誓願。未度苦海，願令度之，故云未度者令度。眾生爲集諦煩惱業縛，願令解脫，故云未解者令解。未安道諦者令安。未得滅諦涅槃者，願令得之。前二即是大悲願，後二即是大慈願也。

智顗《仁王護國般若經疏》卷四　四弘誓願者，《瓔珞經》云，願一切眾生，度苦、斷集、證滅、修道，名四願也。

智顗《維摩經玄疏》卷二　眞正發心者，即是無緣、慈悲、無作、四弘誓願也。若無緣大慈，觀生死即涅槃，煩惱即菩提，與眾生此滅道之樂，名無緣大慈也。觀涅槃即生死，菩提即煩惱，欲拔眾生此虛妄之苦，名無緣大悲也。無作四弘誓願者，知涅槃即生死，未度苦諦，令度苦諦也。知菩提即煩惱，未解集諦，令解集諦也。知煩惱即菩提，未安道諦，

令安道諦也。知生死即涅槃，未得涅槃，令得涅槃也。菩薩如是慈悲誓願，無緣無念而覆一切衆生。猶如大雲不加功用，如磁石吸鐵，是名眞正菩提心也。

智顗《觀音玄義》卷上　悲心滑傷，拔於世間苦集因果，興兩誓願。所謂衆生無邊誓願度，煩惱無量誓願斷，此兩誓願從大悲心起，以慈愛故，欲與道滅出世因果之樂興兩誓願。所謂法門無邊誓願知，無上佛道誓願成，此兩誓願從大慈心起，但前明人法凡聖不同。今辯慈悲大小亦異。若三藏行人，觀分段生老病死八苦，即起誓願，衆生無邊誓願度。若觀分段顛倒結業而起誓願，煩惱無量誓願斷，欲令衆生觀此因果無常生滅念念流動，修於道品即起誓願。法門無量誓願知，若觀眞諦無爲之理即起誓願，無上佛道誓願成。如此慈悲緣有作四諦所起也。

復次，通教觀老死八苦如幻如化，衆生顛倒，謂爲眞實即起誓願。貪恚癡等如幻如化，衆生顛倒爲之受惱即起誓願，觀即色是空、即識是空、即貪癡等是空，非色滅空，色性自空，空亦不可得。而衆生不能即色是空即起誓願，又觀涅槃若有一法過涅槃者，我亦說如幻化。而衆生謂有佛道可求即起誓願，是約無生四諦起慈悲誓願也。別教觀假名之法森羅萬象，應須分別導利衆生，那得沈空取證，觀此苦果非止一種即起誓願，無量之苦由無量集，集既無量治亦無量，滅亦無量。如此誓願，緣界內外苦集因果無量四諦而起誓願也。圓教觀法界圓融，本非違非順，非明非闇，無明闇故則違，違之則有苦集因果。智慧明故則順，順之則有道滅因果，緣此違順因果而起慈悲。譬如磁石不作心想，任運吸鐵。今此慈悲不作衆生及以法想，任運拔苦與樂，故名無緣慈悲也。菩薩從初發心修無緣慈悲，歷六即位。今此觀音是分證慈悲。若前一番問答明無緣大悲拔苦，一心稱名即得解脫。後一番問答從無緣大慈普門與樂，皆令得度。故知以大慈大悲因緣故，名觀世音普門也。

智顗《摩訶止觀》卷五上　即起大悲，興兩誓願。衆生無邊誓願度，煩惱無數誓願斷。衆生雖如虛空，誓度如空之衆生。雖知煩惱無所有，誓斷無所有之煩惱。雖知衆生數甚多，而度甚多之衆生。雖知煩惱無邊底，而斷無底之煩惱。雖知衆生如如佛如，而度如佛如之衆生。雖知煩惱如實相，而斷如實相之煩惱。何者。若但拔苦因不拔苦果，此誓雜毒，故須觀空。若偏觀空，則不見衆生可度，是名著空者，諸佛所不化。若遍見衆生可度，即墮愛見大悲，非解脫道（云云）。今則非毒非僞，故名爲眞。非空邊非有邊，故名爲正。如鳥飛空，終不住空。雖不住空，跡不可尋。雖空而度，雖度而空。是故名誓與虛空共鬪，故名眞正發菩提心，即此意也。又識不可思議心，一樂心一切樂心，我及衆生昔雖求樂不知樂因。如執瓦礫謂如意珠，妄指螢光呼爲日月。今方始解，故起大慈興兩誓願。謂法門無量誓願知，無上佛道誓願成。雖知法門永寂如空，誓願修行永寂。雖知菩提無所有，無所有中吾故求之。雖知法門如空無所有，誓願晝繢莊嚴虛空。雖知佛道非成所成，如虛空中種樹，使得華得果。雖知法門及佛果非修非不修，而修非證非得。以無所證得而證而得，是名非僞非毒名爲眞，非空非見愛名爲正。如此慈悲誓願與不可思議境智，非前非後，同時俱起。慈悲即智慧，智慧即慈悲。

澄觀《大方廣佛華嚴經疏》卷一六　令發大心中即四弘願也。初一令衆生無邊誓願度，因中興有爲而毀有爲。二一光令煩惱無邊誓願斷，因中興有爲而讚禪定。上二皆事理兼修。三上欣佛果。四愛樂三寶，窮盡法門，因中四弘之終故。

不空譯《受菩提心戒儀》卷一　弟子某甲等，始從今身，乃至當坐菩提道場，於其中間：

誓發無上菩提心：

衆生無邊誓願度，福智無邊誓願集，
法門無邊誓願學，如來無邊誓願事，
無上菩提誓願成。

今所發心，復當遠離我法二相，顯明本覺，眞如平等，鏡智現前，得善巧智，具足圓滿普賢之心。唯願十方一切諸佛、諸大菩薩證知我等，至心頂禮。

不空譯《佛頂尊勝陁羅尼念誦儀軌法》卷一　禮毘盧遮那佛及八大菩薩，發露懺悔發五大願。一衆生無邊誓願度。二福智無邊誓願集。三法門無邊誓願學。四如來無邊誓願事。五無上菩提誓願成。

延壽《宗鏡錄》卷八八　四弘誓願，明四種停心。四種三昧，明第五停心。四弘誓願者，一者未度令度，二者未解令解，三者未安令安，四者未滅令滅。四種三昧者，一常行，二常坐，三半行半坐，四非行非坐。且四弘誓願明四種停心者，生死苦諦即是涅槃，無二無別。此即信事順理，信是道元功德母，此是第一誓願。未度苦諦令度苦諦，是初品信理停心。煩惱即菩提，無二無別，是爲未解集諦令解集諦，是第二品讀誦解脫停心，即是大悲拔苦，興前兩誓願。未安道諦令安道諦，即是以無恪之慈而爲説法，即第三品説法停心。未入滅諦令入滅諦，即是兼行六度。六度蔽此岸生死，即第四停心。大慈與樂，興此兩誓願。

普濟《五燈會元》卷一九　袁州楊歧方會禪師：釋迦老子有四弘誓願云，衆生無邊誓願度，煩惱無盡誓願斷，法門無量誓願學，佛道無上誓願成。法華亦有四弘誓願：饑來要喫飯，寒到即添衣，困時伸腳睡，熱處愛風吹。

法雲《翻譯名義集》卷一一　口發言曰：衆生無邊誓願度。次依《瓔珞》，未解集諦令解諦。四住煩惱潤有漏業，無明煩惱潤無漏業。當了塵勞本淨，無集可除。口發言曰：煩惱無數誓願斷。三依《瓔珞》，未安道諦，令安道諦。智慧越苦海之迅航，戒定通祕藏之要道。當了邊邪是中無道可修。口發誓言：法門無盡誓願學。四依《瓔珞》，未得滅諦令得滅諦。佛陀是無上之世尊，涅槃乃最勝之妙法。當了生死即是涅槃。口發誓云：佛道無上誓願成。仰觀大覺積劫度生，都無懈倦者，爲滿本地之願也。

宗寶編《六祖大師法寶壇經》　善知識！既懺悔已，與善知識發四弘誓願，各須用心正聽。自心衆生無邊誓願度，自心煩惱無邊誓願斷，自性法門無盡誓願學，自性無上佛道誓願成。善知識！大家豈不道，衆生無邊誓願度。恁麼道，且不是惠能度。善知識！心中衆生，所謂邪迷心、誑妄心、不善心、嫉妒心、惡毒心，如是等心，盡是衆生。各須自性自度，是名眞度。何名自性自度。即自心中邪見煩惱愚癡衆生，將正見度。既有正見，使般若智打破愚癡迷妄衆生，各各自度。邪來正度，迷來悟度，愚來智度，惡來善度。如是度者，名爲眞度。又煩惱無邊誓願斷，將自性般若智，除卻虚妄思想心是也。又法門無盡誓願學，須自見性，常行正法，是名眞學。又無上佛道誓願成，既常能下心，行於眞正，離迷離覺，常生般若。除眞除妄，即見佛性，即言下佛道成。常念修行，是願力法。

福善錄《憨山老人夢遊集》卷三九　四願者，衆生無邊誓願度，煩惱無盡誓願斷，法門無量誓願學，佛道無上誓願成之四者，乃吾佛弟子修菩薩行者之所發也。然菩薩非別人，乃大心凡夫，於塵勞中有志上求作佛者。承教有言，若要上求佛果，必須下化衆生。欲化衆生，必先志斷煩惱。欲斷煩惱，必先廣學法門。故此四事相與而有。衆生乃佛之對也。煩惱者衆生之本也。法門者治煩惱之藥也。以衆生無邊者，因煩惱無盡也。以煩惱無盡，故法門亦無量也。難度者願度，難斷者願斷，難學者願學。三者既能，則佛道雖無上，亦可成矣。是所謂四弘誓願。有大心者，方能發此大願。具大願者，方能建大業。立大功，成大名，是皆以大行資願，非虚願耳。是四者，非假外求，乃求諸己而已矣。何以明之。以吾人自心本來是佛，與衆生原無二體也。因一念有我，我一立，則敵我者皆人。人又一我，衆我聚而衆生成矣。衆生所本，本乎煩惱。煩惱堅執，則我相益固。我相固，則人不亡。我喪則人不立，人不立則煩惱空。是則我心煩惱若盡，則返觀人我，如空花耳。我若空花，則覓衆生，若邀空花而結空果，彼此求之，了不可得矣。所謂煩惱盡，而衆生空，斯則不度而自度矣，是相與而無也。然舉世之人，莫不有我。有我者，皆以煩惱，煩惱用事，非眞心也。然煩惱者，情也。若斷煩惱，而以煩惱之心斷之，是借賊兵而齎盜糧也。以情入情，如以火投火，名曰益多，求欲斷之，不可得也。故不得不學法門耳。法門者，乃出情之法。爲消煩惱之具，所謂空法也。空法者，佛之心也。所明之事，佛之行也。學佛者，以吾人之心，體佛之心，以日用之事，効佛之行。是以自心之佛心，學自心之佛行，斷自心之煩惱，度自心之衆生。則如湯消冰，不勞餘力矣。是則四願固難，若返求之，吾心中無不具足，自不假於外也。若知不假於外，則吾人現前此身，是有我也。近而一家之兄弟妻奴，遠而天下國家生民物類，皆衆生也。返求自心現前日用，若以煩惱之心而爲之，然於自身六鑿相攘，況家齊而國治天下平乎。苟即此一念現前，以空法而用事，則念念煩惱轉爲智光，照了衆生，同歸自性，則與佛同體。此則煩惱空而衆生盡，衆生盡而佛道成，民胞物與，浩然大均，又豈願爲徒設哉。由是觀之，出世之法，在即世而成。吾人自今已往，凡所作爲，無論致君澤民，未嘗一事一行，不出四弘誓願，無非成佛之行，豈特爲操虚尙事，耳目寄與而已哉。某以此見志，其有得於此乎。

真鑒《**大佛頂首楞嚴經正脈疏**》**卷六** 菩提心，不越三心四願。一者善心，即煩惱無盡誓願斷，法門無量誓願學。二者悲心，即眾生無邊誓願度。三者直心，即佛道無上誓願成。按《起信論》，第一直心，謂正念眞如。第二善心，謂廣修無量善法。第三悲心，謂度眾生無量。後約三處迴向，則眞如佛道，性修異旨，而四願中佛道必兼眞如故，合之無差也。此心最爲貴重。初發即如王子處胎，貴壓羣臣，諸佛護念，萬聖加持，《華嚴》百喻未足以盡其盛德。又言不發此心，所修諸行盡爲魔所攝持，故欲修耳根圓通者，先須發此大道心也。

傳燈《**大佛頂首楞嚴經玄義**》**卷二** 眞正發菩提心者，起無緣慈悲，發四弘誓願也。知涅槃即生死，此苦可度。未度苦者，我令度之。故誓云，眾生無邊誓願度。此依苦諦境發，知菩提即煩惱，此集可解。未解集者，我令解之。故誓云，煩惱無數誓願斷。此依集諦境發，知煩惱即菩提，此道易安。未安道者，我令安之。故誓云，法門無量誓願學。此依道諦境發，知生死即涅槃，此滅易得。未得滅者，我令得之。故誓云，佛道無上誓願成。此依滅諦境發，如是慈悲無緣無念，普覆一切猶如大雲，不加功用如磁石吸針，是名眞正發菩提心。

智旭《**靈峰蕅益大師宗論**》**卷二之一** 佛法衰由出家人見地不明。見不明，又由因地不眞。使發心眞爲生死大事，定知三界生死無不是苦。既知三界總是苦諦，決不起三界內心，是謂斷集知苦。斷集之智，便是道諦，更無二道。修道永斷苦集便是滅諦，更無他滅。自苦如此，他苦亦然。故發誓云，眾生無邊誓願度。自集應斷他亦然，故發誓雲，煩惱無盡誓願斷。自須修道他亦然，故發誓云，法門無量誓願學。自期證滅他亦然，故發誓云，佛道無上誓願成。此之謂因地眞，見地自明白也。今人不然，才說爲生死，便置法門於度外，惟思獨善。才說爲法門，便置生死於度外，惟競世情。夫思獨善者，不失爲人天二乘種子，競世情者，鮮不墮修羅魔外窠臼。撐法門者益多，而正法益壞，可勝悼哉。予別無長處，但深知菩提大心，決與爲生死心不二。今特爲汝徹底道破，能信此語，則念念與四諦四弘相應矣

袾宏《**淨土資糧全集**》**卷之三** 《四教儀》曰，從初發心，緣四諦觀，發四弘誓。初門曰：四弘誓者，一，未度者令度。言未度苦諦，令度苦諦。苦者生死也。生死有二種。一分段生死，謂六道眾生，有形質分段之成壞。二變易生死，謂羅漢、辟支及大力菩薩。三種得意生身，雖無分段之麄報，猶有細微因轉果移，變易生成之所遷也。若一切未度二種生死苦者，菩薩發心，願令得度，即眾生無邊誓願度也。二，未解者令解。言未解集諦，令解集諦。集者即是煩惱潤業，能招聚生死。亦有二種。一、四住地煩惱，潤分段生死業，能招集煩惱生死苦果也。二、無明住地煩惱，潤變易生死業，能招集變易生死苦果也。若一切未解此二種集者，菩薩發心，願令得解，即煩惱無盡誓願斷也。三，未安者令安。言未安道諦，令安道諦。即是能通涅槃之正助道也。亦有二種。一、偏緣眞諦，修正助道。此道但得至小乘盡苦涅槃。二、正緣中道實相，修正助道。此道能到大乘大般涅槃。若一切未安此二種道者，菩薩發心，願令得安，即法門無量誓願學也。四，未涅槃者，令得涅槃。言未得滅諦，令得滅諦。滅諦者，即是業煩惱滅，生死苦果滅也。亦有二種。一、分段生死業，四住地煩惱滅，則分段生死苦果滅，即二乘所得滅諦也。二、變易生死業。無明住地煩惱滅，即變易生死苦果滅。諸佛及大菩薩，所得不共，究竟滅諦也。若一切未得此二種滅諦者，菩薩發心，願令得滅，即佛道無上誓願成也。既已發心，須行行塡願，於三阿僧祇修六度行，百劫種相好。《永嘉集》曰：如其心無所緣而能利物，慈悲至大，愛見不拘，人法俱空，故名菩薩。原其所修六度而爲正因。行施，則盡命傾財。持戒，則吉羅無犯。忍辱，則深明非我，割截何傷。精進，則勤求至道，剎那無間。禪那，則身心寂泊，安般希微。智慧，則了知緣起，自性無生。廣修萬行，等觀羣方，下及諦緣，上該不共。大誓之心普被，四攝之道通收。悲智雙運，福慧兩嚴，超越二乘，獨居其上。如是，則大乘之道也。

四重禁 四波羅夷

佛陀耶舍譯《**四分僧戒本**》 四重禁四波羅夷。諸大德，是四棄法。《半月半月戒經》中說，若比丘與比丘共戒同戒，不捨戒，羸不自悔，

犯不淨行，行淫欲法，乃至共畜生，是比丘波羅夷不共住。

若比丘在聚落中，若閑靜處，不與物懷盜心取，隨不與取法。若爲王王大臣所捉，若殺，若縛，若驅出國，汝是賊，汝癡，汝無所知。比丘如是盜者，波羅夷不共住。

若比丘故自手斷人命，持刀授與人，歎譽死快勸死。咄男子用此惡活爲，寧死不生，作如是心，思惟種種方便，歎譽死快勸死，是比丘波羅夷不共住。

若比丘實無所知，自稱言，我得上人法，我已入聖智勝法，我知是我見是。彼於異時，若問若不問，欲自清淨故。作如是說，我實不知不見，言知言見，虛誑妄語，除增上慢，是比丘波羅夷不共住

諸大德，我已說四波羅夷法。若比丘犯一一波羅夷法，不得與諸比丘共住。

曇無讖譯《菩薩地持經》卷五　如是菩薩住律儀戒者，有四波羅夷處法。何等爲四。菩薩爲貪利故，自歎己德，毀呰他人，是名第一波羅夷處法。菩薩自有財物，性慳惜故，貧苦衆生無所依怙，來求索者，不起悲心給施所求，有欲聞法，悋惜不說，是名第二波羅夷處法。

菩薩瞋恚，出麁惡言，意猶不息，復以手打或加杖石，殘害恐怖，瞋恨增上。犯者求悔，不受其懺，結恨不捨。是名第三波羅夷處法。

菩薩謗菩薩藏，說相似法，熾然建立於相似法，若心自解或從他受，是名第四波羅夷處法。

四邪命

慧遠《大乘義章》卷一〇　離四邪命，名爲正命。言四邪者，如龍樹說。一下口食，所謂種殖，合和湯藥，治生販賣而自活命。二仰口食，所謂占相日月星宿變現，尊事以求活命。三方口食，所謂諂媚豪勢貴勝，通致使命，巧言求利，以自活命。四維口食，所謂習學種種呪術，蔔算吉凶，諸妓藝等以自養活。離如是等，名爲正命。

慧遠《大乘義章》卷一六　離四邪命，名爲正命。是義云何。如龍樹說：一離下口食，謂不種殖，合和諸藥，治生販賣，以求活命。二離仰口食，謂不占相日月星宿吉凶等事，而求活命。三離方口食，謂不諂媚豪勢貴勝通致使命、巧言多求而自活命。四離四維口食，謂不習學種種呪術蔔算吉凶畫師泥作諸伎藝等，而自養活。離此四種，名爲正命。

窺基《阿弥陀經疏》　又《智度論》有四邪命。一仰口，謂仰觀星象薄蝕。二下口，田種作器。三方口，爲他驅使四方。四維口，合藥蔔筮兼前三事。若作此四得活身命，名四邪命。比丘之法不行此四事，應清淨行乞，名爲乞士。

法崇《佛頂尊勝陁羅尼經教跡義記》卷上　言四邪命者：一下口食。爲合和湯藥，種植菓實，所得利養，已自供身，名爲下口食。二仰口食。爲仰星宿、占相吉凶，所得利養，以自供身，名爲仰口食。三方口食。爲諂曲兩口，巧說多端，爲國使命，以得利養自供身，名方口食。四維口食者，誦呪禁龍縛鳥，名維口食。離此四種邪求活命，故名乞士。

宗密《圓覺道場禮懺禪觀等法事》卷一　能破四種邪法命，依正命自活，能生聖道種。（四邪命者：一下口食，合藥種殖。二仰口食，觀視星宿。三方口食，曲媚豪勢，通使四方。四維口食，呪術蔔筭吉凶。四種皆以不淨活命，故云邪也。又有五邪命。一爲利養詐見異相奇特。二爲利自說功德。三占相吉凶。四高聲見威，令人生恭敬。五稱說所得利養，激動人心。）

宗密《圓覺經大疏釋義鈔》卷一一　注：乞食者，能破四種邪命。依正命自活，能生聖道，名四聖種。四邪命者：一下口食，墾土種蒔栽植等。二仰口食，仰觀星象，占人吉凶等。三維口食，誦呪法術，說善惡事。四方口食，曲媚豪勢，通使四方。邪命之相，如舍利弗爲青木女說故。

四威儀

佛陀耶舍、竺佛念譯《佛說長阿含經》卷八　復有四法，謂四威儀：可行知行、可住知住、可坐知坐、可臥知臥。

鳩摩羅什譯《大智度論》卷一〇　復有身四威儀：坐、臥、行、住。久坐則極惱。久臥、久住、久行皆惱。

鳩摩羅《什金剛仙論》卷一　諸佛常法，受步行法。然如來行地，離地四指，足不躡地，下生蓮華，承如來足，豈有塵垢。而言洗足，示出家人威儀嚴淨，有可敬之相也。如常敷坐者，此非是人天八部所造，弟子所敷，亦非如來念故方有。明諸佛如來殖因深厚，自然報有七寶堂閣眾寶妙坐，不假施設，故云如常敷坐。佛欲坐則有，去已則無也。結跏趺坐者，四威儀中坐威儀勝。若行住者，則多疲倦。久而無患，又隨順三昧，見者歡喜，皆發善意也。端身而住者，此明如來身業，表明如來離威儀濁，有三昧相，儼然不動。如鑄金像，如木索人也。正念不動者，此明如來意業，專心一境，得勝三昧，更無移躁故不動也。正念既是心法，何以可知。然正念雖是心法，冥漠難惻，以形靜驗心，足知有定。如得定比丘，或一日不動，或七日不動，以身不動故，明知內心有定。

陁耶舍、竺佛念譯《佛說長阿含經》卷八　復有四法，謂四威儀，可行知行，可住知住，可坐知坐，可臥知臥。

求那跋摩譯《菩薩善戒經》卷五　威儀苦者，名身四威儀。一者行，二者住，三者坐，四者臥。菩薩若行若坐，晝夜常調惡業之心，忍行坐苦。非時不臥，非時不住。所住內外，若床若地，若草若葉，於是四處常念供養佛法僧寶。

法藏《華嚴經義海百門》　修四威儀者：於塵上開顯法界法門，曉示一切群生，是行。經云，菩薩有二種行，所謂聞法行，樂聽法故。說法行，利益眾生故。於塵上平等大智隨順觀察，塵從緣起，無生無相，是住。經云：所謂隨順住，住正法故。於塵上空寂甚深之義，是坐。經云，所謂坐師子座，演說甚深法故。於塵上名相蕩盡，觀心寂滅，淡泊無爲，是臥。經云，所謂寂靜臥，身心淡泊故。又禪定臥，正念思惟觀察故。不礙事處，四威儀即事恆理也。

法藏《華嚴經義海百門》　修四威儀者，於塵上開顯法界法門，曉示一切群生，是行。經云，菩薩有二種行，所謂聞法行，樂聽法故，說法行，利益眾生故。於塵上平等大智隨順觀察，塵從緣起，無生無相，是住。經云，所謂隨順住，住正法故。於塵上空寂甚深之義，是坐。經云，所謂坐師子座，演說甚深法故。於塵上名相蕩盡，觀心寂滅，淡泊無爲，是臥。經云，所謂寂靜臥身心淡泊故。又禪定臥，正念思惟觀察故，不礙事處。四威儀即事恆理也。

寂光《佛說梵網經直解》卷二　四威儀者，即行，住，坐，臥。四行精進，徧諸行故，以行字表其象。一切時者，即二六之時也。行伏空者，即是空觀。假會法性，即是假觀。登無生山，即是中觀。三賢菩薩，名伏忍位。初住位伏空，二行位伏假，三向位伏中。雖分爲三，是各依本位得名，實互融攝，一而三，三而一。菩薩於此行住坐臥四行法門，以有威可畏，能折伏眾生，有儀可表，攝受眾生。即於此四儀處，一切時中，進修菩提，降伏其心，而入於空。無法可得，如鏡中相，無相可得。此即行伏空也。言假會法性者，承上。謂雖常入眞空，觀照諸法一切體性，然而假合而成，即假而眞，離眞無假。此即行伏假也。於假法上當體明眞，故云假會法性。言登無生山者，謂此菩薩修無生理，最高最顯。在塵出塵，逈超二邊，得無所礙。如登山頂，高出無礙，名登無生山也。菩薩既蕩一切法空，不見纖法可生。復觀一切法假，不見毫法可滅。以無生滅，空假皆眞，雙伏中道無生，故以登山爲喻也。而見一切有無者，申明登無生山之義。菩薩於四威儀，一切時中，思惟眞諦之理，發生一切無漏智慧，了見一切內外四大有無性相，諸法性空，空無所有。故云，見一切有無，如有如無等者。牒定所觀世出世間染淨諸法，先觀世間之法，以無生心見天地中包羅青黃赤白，長短方圓。若根若塵，有質對待者，名一切顯現色。若根若塵，無質對待者，名一切無表色。如四禪天，定中果色，並五根中一分淨色及緣想過未來種種境界。現雖對待，無可表示。雖云無可表示，總色像攝一切色相，元無實體。色法如此，心法亦然。無有一法不是如來藏心。性淨明體，故云如有如無一切入也。乃至三寶智性等者，此觀出世間法也。三寶即佛、法、僧。智性即法身般若解脫。一切信進道，即一切賢聖誠信進修之道。空、無生、無作，即三解脫門義。謂此菩薩繇觀世出世間眞淨體性之理，性淨無物，故得證入三解脫門也。其空解脫門者，菩薩觀照一切諸法，皆從因緣和合而生，其體本空，即悟自性眞空，而不隨因緣生，故得解脫也。無生解脫門者，即無相解脫門也。承上，既觀諸法一切皆空，無相可得。既無有相，即悟自性常生，而不隨因緣滅，故得解脫也。無作解脱門者，即無願解脱門也。菩薩既觀諸法空無有相，則無願求。既無願求，即不造作生死之因。以無生死因故，即無有果，故得解脱。解脱，即自在義。門，即通達義。以三解脱，得至涅槃，故云三解脱也。無慧者，承上所觀諸法既不可得，能觀智慧豈可得哉，故云無慧。起空入世諦法者，謂向以觀凡聖有無諸法體空，即證入空定矣。此空不同聲聞緣覺沈空滯寂之空，乃觀實際理中纖塵不立。今世門頭，一法不捨故。雖證於空忍而不住著，即從伏空定忍，而起入世諦法。雖然入眞入俗，亦無二相。無二相者，謂入眞不著眞，而入俗不著俗，故云無二相。續空心通達等，此二句者，結顯無相精進之心，體用觀智之益。續空心者，乃即從假入空，從空入假，空假圓融，通達無礙。以是通達實相心故，名續空心通達也。進分善根者，善根即菩提本妙心，爲衆善根本故。即此無相心，發起種種精進，心心相續，念念無間，分分增進，永無退轉，趣向佛位，故云進分善根。《千臂經》云，佛子於四威儀，進修菩提之時，即得證入一切三寶智性，眞淨體性常得現前，則得生生値佛，見法見僧。世世精進，學佛威儀，於伏空忍之理，亦不見四威儀。證無生空，是以不進而進道也。又《法句》云，若起精進心，是妄非精進，若能心不妄，精進無有涯。如是精進，是名佛子進心，體用之觀照也。

四無碍解

玄奘譯《瑜伽師地論》卷四五　云何菩薩所修菩薩四無礙解。謂諸菩薩於一切法一切異門，盡所有性如所有性，依修所成，無所滯礙，無退轉智，是名菩薩法無礙解。又諸菩薩於一切法一切異相，盡所有性如所有性，依修所成，無所滯礙，無退轉智，是名菩薩義無礙解。又諸菩薩於一切法一切釋詞，盡所有性如所有性，依修所成，無所滯礙，無退轉智，是名菩薩詞無礙解。又諸菩薩於一切法一切品別，盡所有性如所有性，依修所成，無所滯礙，無退轉智，是名菩薩辯無礙解。若諸菩薩依是菩薩四無礙解，應知獲得無量最勝五處善巧。一蘊善巧，二界善巧，三處善巧，四緣起善巧，五處非處善巧。菩薩由此四種行相，於一切法自能妙善現正等覺，亦善爲他無倒開示，況此上無有自能妙善現正等覺，況善爲他無倒開示。

玄奘譯《顯揚聖教論》卷四　無礙解者，謂四無礙解。廣說如經。一法無礙解，謂於一切種一切法差別名中，如實覺悟之所引攝無癡智見性及彼相應等持諸心心法。二義無礙解，謂於一切種一切法種種相中，如實覺悟之所引攝無癡智見性。餘如前說。三訓詞無礙解，謂於一切種一切法訓釋詞中，如實覺悟之所引攝無癡智見性。餘如前說。四辯才無礙解，謂於一切種一切法通達中，如實覺悟之所引攝無癡智見性，及彼相應等持諸心心法，由此行多所行故。

玄奘譯《大乘阿毗達磨集論》卷七　無礙解者，謂四無礙解。云何法無礙解。謂依止靜慮，於一切法名差別無礙具足中，若定若慧，餘如前說。云何義無礙解。謂依止靜慮於諸相及意趣無礙具足中，若定若慧，餘如前說。云何訓詞無礙解。謂依止靜慮於諸方言音及訓釋諸法言詞無礙具足中，若定若慧，餘如前說。云何辯才無礙解。謂依止靜慮於諸法差別無礙具足中，若定若慧，餘如前說。

尸羅達摩譯《佛說十地經》卷七　佛子！菩薩住此善慧地時，作大法師，常能守護如來法藏。於是菩薩具法師行，以無量智隨行善巧，以諸菩薩四無礙解所引音詞，而演說法。於此菩薩圓滿無雜四無礙解，恆常隨轉。何等爲四。所謂：法無礙解，義無礙解，詞無礙解，辯說無礙解。以法無礙解，了知一切諸法自相。以義無礙解，了知一切諸法差別。以詞無礙解，善能無雜演說諸法。以辯說無礙解，能知諸法次第相續無間斷性。

復次，以法無礙解，能知諸法無性之體。以義無礙解，如實了知諸法生滅。以詞無礙解，能隨一切法假安立，能無間斷演說正法。以辯說無礙解，不壞諸法如所施設，而能演說無邊法要。

復次，以法無礙解，了知現在諸法差別。以義無礙解，如應了知過去、未來諸法差別。以詞無礙解，於去、來、今無雜說法。以辯說無礙解，於一一世能以無邊法明說法。

復次，以法無礙解，知法差別。以義無礙解，知義差別。以詞無礙解，隨諸言音演說正法。以辯說無礙解，隨意樂智演說法要。

復次，以法無礙解，依現法智了知差別無雜善巧。以義無礙解，依於比智了知諸法如是性安。以詞無礙解，依世俗智顯示解釋。以辯說無礙解，依勝義智善能說法。

復次，以法無礙解，知一理趣無毀壞性。以義無礙解，隨行趣入蘊、界、處、諦、緣起善巧。以詞無礙解，依諸世間易可解了，美妙音詞文句演說。以辯說無礙解，復依展轉無邊慧明，如理解釋。

復次，以法無礙解，了知一乘入門差別。以義無礙解，知善分別諸乘差別。以詞無礙解，善能無雜演說諸乘。以辯說無礙解，一一各以無邊法明解釋。

復次，以法無礙解，能入一切諸菩薩行、智行、法行，隨智而行。以義無礙解，入釋十地安立差別。以詞無礙解，隨應無雜演說授與諸地之道。以辯說無礙解，一一智地能以無邊行相解釋。

復次，以法無礙解，知一切佛一剎那頃成正等覺。以義無礙解，知種種時事相差別。以詞無礙解，如所正覺分別解釋而演說法。以辯說無礙解，一一法句無量劫中釋無窮盡。

復次，以法無礙解，知諸佛語力無所畏，不共佛法大慈大悲，辯才加行轉大法輪，一切智智隨順之行。以義無礙解，了知如來隨諸有情，八萬四千行類差別，隨其意樂隨根勝解所演音詞。以詞無礙解，爲諸有情隨行差別，以佛音詞演說正法。以辯說無礙解，隨如來智清淨行輪勝解說法。

玄奘譯《阿毗達磨大毗婆沙論》卷一八〇　問：四無礙解自性是何。答：自性是慧。云何知然如品類足說。法無礙解云何，謂於名句文身不退轉智。義無礙解云何，謂於勝義不退轉智。詞無礙解云何，謂於言詞不退轉智。辯無礙解云何，謂於無滯應理說，及自在定慧中不退轉智。由此故知慧爲自性智即慧故，是謂無礙解自性，是我是物，是性是相是本性。已說自性，所以今當說。問，何故名無礙解。答：於所知境，通達無滯，名無礙解。謂法無礙解，於名句文身義無礙解，於涅槃勝義詞無礙解，於諸方言辭辯無礙解，於正說及道以不退智解無滯礙。有說，於所知境現見而知名無礙解，如世於一現見事中，云我於此解知無礙。有說，此應名深密解，謂解《阿毗達磨》深密處故。有說，此應名隨應解，謂隨於何境如應解故。界者，法詞二無礙解墮欲色界，義辯二無礙解墮三界及不墮界，地者法無礙解。有說，在二地謂欲界初靜慮。有說，在五地謂欲界四靜慮。有說，在七地謂欲界未至靜慮中間及四靜慮，義辯二無礙解有漏者在十一地，謂欲界未至靜慮中間四靜慮四無色。無漏者在九地，謂未至靜慮中間四靜慮三無色。詞無礙解在二地，謂欲界初靜慮。

玄奘譯《阿毗達磨大毗婆沙論》卷一八〇　問：四無礙解次第云何，爲如說而起，爲不爾耶。答：有說，如說而起，如契經中先說義無礙解，是故前起。乃至後說辯無礙解，是故後起。謂瑜伽師爲知義故，先起義無礙解。雖已知義而於名等未善安布，是故次起法無礙解。雖於名等已善安布而於言詞未能訓釋，是故次起詞無礙解。雖於言詞已能訓釋而未能無滯應理而說，是故後起辯無礙解。有說，如說而起，如阿毗達磨中先說法無礙解，是故前起。乃至後說辯無礙解，是故後起。謂瑜伽師爲知名等次第安布，是故先起法無礙解。雖知名等次第安布而未了所詮義，是故次起義無礙解。後二如前說。有說，不如說而起。謂先起詞，次起法，次起義，後起辯。所以者何。以彼行者先應了達世俗言詞，次知言詞所依名等，次知名等所依義趣。知三事已，方能無滯應理而說。是故詞能引法，法能引義，義能引辯。

問：四無礙解一一而得爲不爾耶。答：若得一時，必具得四。如四聖種一時而得。隨所愛樂，次第現前。問：獨覺到究竟聲聞，得無礙解不。若得者，無退轉智名無礙解，此智所知應無謬失。何故尊者大目揵連記他生男而後生女，記天當雨而竟不雨，記王舍城軍勝而後反爲吠舍離軍所敗。獨覺何緣不能說法，伽他所說復云何通。

玄奘譯《大般若波羅蜜多經》卷四六九　善現！四無礙解者，謂義無礙解、法無礙解、詞無礙解、辯無礙解，如是名爲四無礙解。善現！云何義無礙解，謂緣義無礙智。云何法無礙解，謂緣法無礙智。云何詞無礙解，謂緣詞無礙智。云何辯無礙解，謂緣辯無礙智。

施護譯《佛說大集法門經》卷上　復次，四無礙解，是佛所說。謂義無礙解、法無礙解、樂說無礙解、辯才無礙解。

智旭《成唯識論觀心法要》卷九　四無礙解者：一義無礙解，謂了達所詮無礙。二法無礙解，謂了達能詮無礙。三詞無礙解，謂了達言音無礙。四樂說無礙解，即此中所云辯無礙解，謂隨機巧說無礙。今以障前三種者合名一愚，障後樂說者名第二愚。

通潤《妙法蓮華經大窾》卷首　四無礙解者：謂法無礙智（一法演無量法），義無礙智（一義演無量義），辭無礙智（一音演無量音），樂説無礙智（稱機説法）。小乘不欣説法，故不知。

四種死

玄奘譯《阿毗達磨大毗婆沙論》卷二〇　有四種死。一壽盡故死，非財盡故。如有一類有短壽業及多財業，彼於後時壽盡故死，非財盡故。二財盡故死，非壽盡故。如有一類有少財業及長壽業，彼於後時財盡故死，非壽盡故。三壽盡故死，及財盡故。如有一類有短壽業及少財業，彼於後時壽盡故死，及財盡故。四非壽盡故死，亦非財盡故。如有一類有長壽業及多財業，彼於後時雖財與壽二俱未盡，而遇惡緣，非時而死。作彼論者，顯有横死，故作是説。佛雖財壽俱未盡故而般涅槃，然非横死，邊際定力所成辦故，功德威勢未窮盡故。諸餘有情於命終位威勢窮盡，佛不如是。

玄奘譯《瑜伽師地論》卷一四　又彼彼處受生有情，有四種死。一者由自故死，謂於戲忘意忿天中而受生者。二由他故死，謂於羯羅藍、頞部曇、閉尸、鍵南母腹中者。三俱由故死，謂在欲界所餘有情。四俱不由故死，謂色無色界有頂爲後所有有情。

四種總持 四種陁羅尼

那連提耶舍譯《月燈三昧經》卷五　菩薩摩訶薩復有四種陁羅尼不可思議，及其演説亦不可思議，説不能盡。何等爲四。謂不可思議諸行言説，於彼中智，是名初陁羅尼。不可思議呵責有爲言説，於彼中智，是名第二陁羅尼。不可思議煩惱資助言説，於彼中智，是名第三陁羅尼。不可思議清淨資助言説，於彼中智，是名第四陁羅尼。如是四種不可思議，及其演説亦不可思議，説不能盡。童子！菩薩摩訶薩復有四種法陁羅尼。何等爲四。謂不可思議諸行法，於彼中智，是名初陁羅尼。不可思議呵責有爲法，於彼中智，是名第二陁羅尼。不可思議煩惱法，於彼中智，是名第三陁羅尼。不可思議清淨法，於彼中智是，名第四陁羅尼。童子！是名菩薩四種陁羅尼不可思議，及其演説亦不可思議，説不能盡。童子！菩薩摩訶薩復有四種相應陁羅尼。何等爲四。謂不可思議諸行相應，於彼中智，是名初陁羅尼。不可思議呵責有爲相應，於彼中智，是名第二陁羅尼。不可思議煩惱相應，於彼中智，是名第三陁羅尼。不可思議清淨相應，於彼中智是，名第四陁羅尼。童子！是名四種陁羅尼不可思議，及其演説亦不可思議，説不能盡。童子！菩薩摩訶薩復有四種陁羅尼門。何等爲四。謂不可思議諸行門，於彼中智，是名初陁羅尼。不可思議呵責有爲門，於彼中智，是名第二陁羅尼。不可思議煩惱門，於彼中智，是名第三陁羅尼。不可思議清淨門，於彼中智，是名第四陁羅尼。童子！是爲四種陁羅尼門不可思議，及其演説亦不可思議，説不能盡。乃至斷除無明智，皆有四種陁羅尼不可思議，及其演説亦不可思議，説不能盡。

僧伽婆羅譯《舍利弗陁羅尼經》　復得入四種陁羅尼門。云何爲四。謂無盡受持陁羅尼門，入衆生諸根方便陁羅尼門，業果報方便無礙陁羅尼門，深法忍陁羅尼門。如所思惟，次第發問。如寶摩尼珠白佛言：世尊！我今欲次第發問，令諸菩薩德行清淨，唯願世尊當爲我説。佛告舍利弗諸菩薩摩訶薩：若欲到一切諸法而無所著者，當説此呪。

闍那崛多譯《佛説一向出生菩薩經》　復有四種陁羅尼，令諸菩薩一切大衆皆得入故。何等爲四。所謂字入門陁羅尼門，一切衆生根行善巧入門陁羅尼門，業報善巧無作行入門陁羅尼門，甚深法忍入門陁羅尼門。

四種平等

菩提留支譯《入楞伽經》卷五　佛告聖者大慧菩薩摩訶薩言：大慧！依四種平等，如來應正遍知，於大衆中唱如是言，我於爾時作拘留孫佛，拘那含牟尼佛，迦葉佛。何等爲四。一者字平等，二者語平等，三者法平等，四者身平等。大慧！依此四種平等法故，諸佛如來在於衆中説如是言。大慧！何者字平等。謂何等字，過去佛名佛，我同彼字亦名爲佛，不過彼字與彼字等，無異無別。大慧！是名字平等。大慧！何者諸佛語平等。謂過去佛有六十四種美妙梵聲言語説法，我亦六十四種微妙梵聲言語説法。大慧！未來諸佛亦以六十四種微妙梵聲言語説法，不增不減，不異無差別，迦陵頻伽梵聲美妙。大慧！是名諸佛語平等。大慧！何者諸佛身平等。大慧！我及諸佛法身色身相好莊嚴，無異無差別，除依可度衆生，彼彼衆生種種生處，諸佛如來現種種身。大慧！是名諸佛身平等。大慧！云何諸佛法平等。謂彼佛及我，得三十七菩提分法、十力、四無畏等。大慧！是名諸佛法平等。大慧！依此四種平等法故，如來於大衆中作如是説，我是過去頂生王等。

智嚴《楞伽阿跋多羅寶經註》卷五　有四種平等，相及因性生，第三無我等，第四修修者。

此舉四等，齊眞俗不二。此中相者，謂相無相等。二因性，謂因果平等。第三無我者，諸我無我等。第四修脩，能所平等，兼該一切。

寶臣《注大乘入楞伽經》卷六　言有四種平等。有爲之相無常平等，有漏之因苦平等，所生法皆空不實及無我平等，是四平等。諸修行者，常勤觀察，離一切諸見及能所分別，無得亦無生，我説是心量。言修行者觀四平等，能離諸見能所分别，無生無得。此相待而説，亦是心量。

宗泐、如玘註《楞伽阿跋多羅寶經註解》卷三　世諦我者，人執也。諸陰陰者，法執也。然此二執以自共相求之，無實事可得，則法皆平等，故有四種平等見。相即五陰，則相與非相平等。相必有因，因性與果性平等。因果具故有我，則我與無我平等。能了無我者是修，則有修與無修平等也。

德清《觀楞伽阿跋多羅寶經記》卷五　有四種平等，相及因性生，第三無我等，第四修修者。

記曰：此言觀成得益也。彼世諦我，乃一切衆生五蘊各各執爲我者。諸陰即內五蘊，乃自計爲我者。總名諸有爲法，皆所緣境也。謂若觀自他根身時，但不起心分別研醜美惡，則心體寂爾虛閒，自然愛憎之念不起。如云，恰似木人見華鳥，斯則一心不生，萬境俱寂。而所觀者，但如鏡中，無別分析，故彼我根身盡皆不實。不實，則自然平等如如矣。相即自他根身，因乃生因，性謂不生性，修乃能修之人，修者即所修之法。所言平等者，謂相與無相，生與無生，我與無我，若人若法，皆平等矣。故云有四種平等。此唯心現量觀成，法爾如此。

曾鳳儀《楞伽阿跋多羅寶經宗通》卷五　人法俱泯，內外兩忘，即得一切處平等。略分之有四種平等。一者相平等。相即五陰，陰空則相與無相平等。二者因果平等。果者因所生，生與所生俱無，自生即因果一契。第三我無我平等。人我法我俱空，則俱生我執盡融，同歸於太虛，故與無我等。第四無我者，是所修之法心轉得。無我者是能修之人，至於無我則無修無證，而修與修者，俱平等矣。

四向四果

浮陁跋摩、道泰譯《阿毗曇毗婆沙論》卷二五　復次初得道故，名須陁洹。住彼道時，見道所斷結，永盡無餘，永斷緣倒結，永斷忍對治結，永斷邪見。復次，初得道故，名須陁洹。住彼道時，其人可共談説，可施設有相。復次初得道故，名須陁洹。住彼道時，容有生死。復有説者，初得果故，名須陁洹。問曰：若然者，斷多分欲，盡欲界結，得正決定道比智時，應是須陁洹。所以者何，是初得果故。答曰：初得果故，名須陁洹，要是順次第具縛非超越人。復次初得道故，名須陁洹，是初得解脱，是初得度，是得初果人。復次初得果故，名須陁洹，要不以世俗道故斷一種結而得果者。復次初得果故，名須陁洹，是四沙門果最初果者。復次初得果故，名須陁洹，要是具四向四果者。復次初得果故，名須陁洹，是八人四雙者。復次初得果故，名須陁洹，住彼道時，亦不壞地，亦不壞道。斯陁含果，雖不壞地而壞於道。所以者何。有漏無漏道，俱能得故。阿那含果，亦壞於地，亦壞於道。壞地者，依六地而得。壞道者，有漏無漏道，俱能得故，阿羅漢果，雖不壞道而壞於地。所以者何。依九地得故。須陁洹果地亦不壞，道亦不壞。不壞地者，依未至地得。不壞道者，唯以無漏道，不以有漏道得。復有説者，不以初得道故，名須陁洹。不以初得果故，名須陁洹。然以須陁洹果故，彼人名須陁洹，因法爲名。猶如藥水，以藥爲名。酥瓶油瓶，亦復如是。

問曰：何故名須陁洹。答曰：須陁名聖道流，洹名爲入，入聖道流故，名須陁洹。問曰：若然者，斯陁含、阿那含、阿羅漢，亦名須陁洹。所以者何，亦入聖道流故。答曰：此初受名，初得道故。餘果名者，各自有義。

不墮惡趣者，不墮三惡趣。問曰：如斯陁含、阿那含、阿羅漢，亦不墮惡趣。何故獨說須陁洹不墮惡趣耶。答曰：亦應說而不說者，當知此說有餘。復次沙門果，各自有義。如須陁洹，不墮惡趣勝故，說不墮惡趣。斯陁含一往來勝故，名一往來。阿那含不還欲界勝故，名不還。阿羅漢更不受有勝故，名更不受有。以沙門果各自有義故，隨義立名。問曰：凡夫人亦有不墮惡趣者，何以不說。答曰：應說而不說者，當知此說有餘。復次凡夫人，或墮惡趣，或不墮惡趣，是以不說。聖人必定不墮惡趣，是故說之。

普光《俱舍論法宗原》 四果者，一預流果，二一來果，三不還果，四阿羅漢果。預流果者，謂無漏道，總名爲流。由此爲因，趣涅槃故。預言爲顯，最初至得彼流故，說名預流。一來者，彼往天上一來人間而般涅槃故，名一來果。不還者，必不還來生欲界故，名不還。阿羅漢者，此云應，即此唯應化佗身故，諸有情者所應供故，名爲應。所求得遂故名爲果，隨其所應，皆以無漏五蘊擇滅爲性。七十五法中無表色、心王、大地法、十大善地法、十尋伺，得四相擇滅無爲，皆通四果。

四分

澄觀《大方廣佛華嚴經隨疏演義鈔》卷五二 疏：或爲四分者，具列應云：一序分。二法說顯地分。三約喻顯地分。四流通分。言教證準前者，若約教道即正宗開二，已如上列。若約證道即流通開出，應云一序分，二正宗分，三法說流通分，四喻說流通分。

窺基《瑜伽師地論略纂》卷一三 問曰：何故種子不在自證分等，唯在見分耶。義云，以相見及第四分，於自證分上，差別建立。今以種子是所緣故，故於見分上立。以自證分爲能緣故，不於上建立。又依《集量》唯立三分，故不在第四。設立四分者，以不離自證分故，俱是第三分差別立。若在無色，亦緣下器界者。何故此文云，若在無色，唯有習氣了別執受。通曰，此約自證分爲論，不約見分。若約見分，即通緣器界也。故簡無色不緣，但在内根等文中，不在外器等文中，故知外器亦得緣也。若依護法，即以此文爲正。在無色界不緣下地界繫業別，故其種子，即見分中分爲相分，見分緣之。

玄奘譯《佛地經論》卷三 法爾不可一類，此就麁相諸心心法，各有相見二分而說。《集量論》中辯心心法皆有三分，一所取分，二能取分，三自證分。如是三分不一不異。第一所量，第二能量，第三量果。若細分別，要有四分，其義方成。三分如前，更有第四證自證分。初二是外，後二是内。初唯所知，餘通二種。謂第二分唯知第一，或量非量或現或比。第三自證能證第二，及證第四。第四自證能證第三。第三第四皆現量攝。由此道理，雖是一體，多分合成，不即不離。内外並知，無無窮過。是故經言：

衆生心二性，内外一切分。
所取能取纏，見種種差別。

此頌意言：衆生心性二分合成。若内若外，皆有所取能取纏繞。見有種種，或量非量，或現或比，多分差別。四智心品雖有多分，然皆無漏現量所攝。此義廣如餘處分別。義用分多，非體有異。如一法上苦無常等，種種義別，而體是一。

復次，如是所説四智相應心品，爲有相分、見分等耶。定有見分照所照境，有自證分通照見分、證自證分，證自證分照自證分故。亦定有若無如是三分差別，應無所緣，應不名智，相分不定。有義，眞實無漏心品無障礙故，親照前境無逐心變似前境相。以無漏心說名無相無分別故。又說緣境不思議故。有義，眞實無漏心品亦有相分，諸心心法爾似境顯現名緣。非如鉗等動作取物，非如燈等舒光照物。如明鏡等現影照物，由似境現，分明照了，名無障礙。不執不計，說名無相。亦無分別，妙用難測，名不思議，非不現影。若言無相，則無相分。言無分別，應無見分。都無相見，應如虛空。或兔角等，應不名智。無執計故。言無能取所取等相，

非無似境緣照義用。若無漏心全無相分，諸佛不應現身土等種種影像。如
是則違《處處經論》。轉色蘊依不得色者，轉四蘊依應無識等，則成大過。
有義，無漏無分別智相應心品，無分別故，所緣眞如不離體故。如照自
體，無別相分。若後得智相應心品有分別故，所緣境界或離體故。如有漏
心似境相現，分明緣照。若無漏心緣離體境，無似彼相而得緣者，觀所緣
論不應說言五識上無似極微相故非所緣。如是境相同無漏心，無漏種起，
雖有相似有漏法者，然非有漏。如有漏心，似無漏相，非無漏故。且止廣
論。如是分別，但就世俗言說道理，非就勝義。若就勝義，離言絕慮。既
無相見，不可言心及心法等，離諸戲論，不可思議。

玄奘譯《成唯識論》卷二　又心心所，若細分別，應有四分。三分如
前，復有第四證自證分。此若無者，誰證第三。心分既同，應皆證故。又
自證分應無有果，諸能量者必有果故。不應見分是第三果，見分或時非量
攝故。由此見分不證第三，證自體者必現量故。此四分中前二是外，後二
是內。初唯所緣，後三通二。謂第二分但緣第一，或量非量，或現或比。
第三能緣第二第四，證自證分唯緣第三。非第二者，以無用故，第三第四
皆現量攝。故心心所四分合成，具所能緣無無窮過。非即非離，唯識理
成。是故契經伽他中說：

衆生心二性，內外一切分，
所取能取纏，見種種差別。

此頌意說：衆生心性，二分合成。若內若外，皆有所取能取纏縛。見
有種種，或量非量，或現或比，多分差別。此中見者，是見分故。如是四
分或攝爲三，第四攝入自證分故。或攝爲二，後三俱是能緣性故，皆見分
攝。此言見者是能緣義。或攝爲一，體無別故。如入楞伽伽他中說：

由自心執著，心似外境轉，
彼所見非有，是故說唯心。

澄觀《大方廣佛華嚴經隨疏演義鈔》卷三三　疏：然此唯識略有二分
者，以唯識第二四師不同。謂安慧唯立一自證分。二難陁立二，謂相、見
二分。三陳那立三，加自證分。四護法立四，於前三上加證自證分。依彼
論宗，即以四分而爲正義。故今疏云，略有二分，以諸經論及彼論文多說
二故，謂離二取相等故。而論文有三，初明立二，二明立三，三明立四。
而安慧一分於二分中破之，傍出初立二分。論云：然有漏識自體生時，皆
似所緣能緣相現。彼相應法，應知亦爾。似所緣相說名相分，似能緣相說
名見分。釋曰：謂依他二分，似遍計所執二分。又以小乘相分名行相，能
取所緣故。見分名事，是心心所自體相故。今似其心外之境，名似所緣，
是心外法，此中無故，所變相分爲所緣耳。若明相分，未是顚倒，向心外
取方爲倒耳。又言見者，是能緣境義，通心心所，非推求義。推求義者，
唯慧能故。次破安慧唯立自證分。論云：若心心所無所緣相，應不能緣自
所緣境。釋曰：謂緣色之心，應不能緣色。論或應一一能緣一切。釋曰：
謂隨一識等能緣一切境。以眼識無所緣，而能緣於色。餘識無色緣，亦應
能緣色。既餘不能緣一切，明知無所緣者，是義不然。此中正義緣自境
時，心上必有帶境之相，如鏡面上似面相生。

次破無能緣。論云：若心心所，無能緣相，應不能緣，如虛空等。釋
曰：同於虛空不能緣故。論云：或虛空等亦是能緣。釋曰：此反難云，謂
心心所法無能緣而能緣所緣，此虛空等無能緣；亦應緣所緣。論云：故心
心所必有二相。如契經說：一切唯有覺，所覺義皆無。能覺所覺分，各自
然而轉。釋曰：此即《厚嚴經》，上半明無外境，下半明有見相二分。各
各自從因緣所生，名自然而轉。下結正義。論云：達無離識所緣境者，則
所變相分是所緣。見分名自行相。相見所依自體名事，即自證分。釋曰：
此中雖是立二分家義，已有三故。次論云：若無此者，應不自憶心心所
法。如不曾更境，必不能憶故。釋曰：此明有自證分。意云，相離於見，
無別自體。但二功能故，應別有一所依體。若無自證，應不自憶心心所
法。如不曾更境，必不能憶。謂如見分不更相分之境，則不能憶。要曾更
之，方能憶之。若無自證已滅心心所，則不能憶。以曾不爲自證緣故，則
如見分不曾更境，則不能憶。今能憶之，明先有自證已曾緣故。如於見分
憶曾更境故。

次下立三分。論云：然心心所一一生時，以理推徵各有三分。所量、
能量、量果別故，相見必有所依體故。釋曰：所量是相分，能量是見分，
量果是自證分。自證分與相見爲所依故。如《集量論》伽陁中說，似境相
所量，一能取相，二自證，三即能量及果。此三體無別。釋曰：所量如
絹，能量如尺，量果如解數。智果是何義，成滿因義。言無別體者，同一

識故，則離心無境。

次立四分。論云：又心心所，若細分別，應有四分。三分如前，第四證自證分。此若無者，誰證第三。心分既同，應皆證故。釋曰：見分是心分，須有自證分。自證是心分，應有第四證。論云：又自證分應無有果，諸能量者皆有果故。釋曰：見分是能量，須有自證果。自證量見分，須有第四果。恐彼救云，卻用見分爲第三果。故次論云：不應見分是第三果，見分或時非量攝故，由此見分不證第三。證自體者，必現量故。釋曰：意明見分通於三量。三量者，謂現量、比量、非量。即明見緣相時，或量非量，不可非量法爲現量果。或見緣相，是於比量及緣自證，復是現量故。自證是心體，得與比量非量而爲果。見分非心體，不得與自證而爲其量果。故不得見分證於第三。證自體者，必現量故。第三四分既是現量，故得相證，無無窮失矣。意云，若以見分爲能量，但用三分亦得足矣。若以見分爲所量，必須第四爲量果。若通作喻者，絹如所量，尺如能量，智爲量果，即自證分。若尺爲所使，智爲能使，何物用智。即是於人如證自證分，人能用智，智能使人，故能更證。亦如明鏡，鏡像爲相，鏡明爲見，鏡面如自證，鏡背如證自證。面依於背，背復依面，故得互證。亦可以銅爲證自證，鏡依於銅，銅依於鏡。此上四分，即護法之後，方有此義。論，如是四分或攝爲三，第四攝入自證分故，果體一故。論，或攝爲二，後三俱是能緣性故。攝論爲二，亦攝入見故。論或攝爲一，體無別故。如《入楞伽》伽陁中說，由自心執著，心似外境轉，彼所見非有，是故說唯心。如是處處說唯一心，此一心言，亦攝心所故。識行相即是了別，了別即是識之見分。釋曰：此上論文釋偈了字。雖開合不同，今但略舉相見二分。故彼論初便立二分，處處多說相及見。故若了相分唯心所變，此非顛倒，謂相爲外，心外取故，是名顛倒。故上釋云，依他二分似於遍計相見二分。今約遍計，故成顛倒。

窺基《成唯識論述記》卷八　述曰：若通佛說，非見分等爲相分所緣緣。一切相分是親所變，名爲相分，相分必無能緣用故。如化心等亦爾，化心不緣故。故此第三、四亦非相所緣，見分攝故。文中唯有見分非相分境也。不除同聚心、心所相緣，以得緣故。即顯自證分亦見所緣，現作相分緣故。如無分別智，唯是現量，無外境，故不緣。不同後得智。後得智見分返緣自證，作影像緣，仍是相分。不爾，即與證自證無別，何須四分。由是一切心皆具四分。今緣相應法見分，緣自證分，亦能緣證自證分，證自證分亦能緣見分。相分者，唯在佛位，餘者不能。此中但遮見分，非相所緣。義遮第三、四分，亦非相所緣。意顯餘三分，互緣一切法，名遍緣故。雖作此解，三分何別。各相似故。如前所得者親得，餘新所得影說，故成差別又解，然今但遮相爲能緣，及遮見分不緣自證，非顯餘二得緣一切。此不及前解。

窺基《唯識二十論述記》卷下　緣諸法時，說有四分。見分能量，相分所量，自證量果。如是自證緣見分時，見分所量，自證能量，證自證爲量果。如證自證緣自證時，自證所量，證自證分爲其能量。即此自證亦爲量果，能返緣故。若以第三緣第四時，第四所量，第三能量，其第四分即爲量果，能返緣故。

陳那以前，古內外道，大小乘師，皆說三量。一現量，二比量，三聖言量。今依梵音，云阿弗多阿笈摩。此云至教。至教量者，非得但聖者說，名爲至教，但是世間言無差二可信者語，皆至教量，契至理故，合實事故。如八語品，四聖言等。言比量者，比附量度，名爲比量。即以眾相而觀於義，緣此義智，名爲比量。言現量者，諸部說異。且薩婆多，用世友說，以根名見，根體是現量，以顯現義是根義故。此能量境，故名現量。是持業釋。法救說識名見，能量境故，識名現量。持業如前。妙音慧名見能量。法勝慧名現量。正量部說心心所法和合名見，心心所法合名現量。經部師說，根識和合，假名爲見，假能量境，假名現量。吠世史迦德句義中，覺爲現量。數論師說，十一根中，五根是現量，若歸於本，自性是現量。大乘師說，根名爲現，依發屬助，如根五義勝餘故。然是色法，不能量境。唯心心所，能量度故。心心所法，正是量體。依現之量，名爲現量。此依士釋。

若無著以前，但說二分，唯一見分爲現量體。無著以後，陳那菩薩立三分者，見自證分爲現量體。護法以後，見分自證，證自證分爲現量體。安慧，諸識雖皆有執，然無隨念計度分別，明現取境，名爲現量。無漏皆現量，如說善等性。小乘有五，外道有二，大乘有四，合有十一種。出現量體，廣如餘處，此略顯示。陳那以後，其聖言量攝入此中。此體除此，外更無故。如《因明疏》。今者，世親説有三量，故論説言一切量中現量爲勝，取現境故，證自相故。大小二乘，外道內道，皆共許爾。

新羅、元曉《判比量論》 執四分者，爲破三分，立比量云：自證必有即體能證，心分攝故。猶如相分，自證應非心分所攝，以無即體之能證故，如兔角等。判云：此二比量是似非眞，皆不能離不定過故。謂自證分，爲如相分心分攝故，有即體能證。爲如眼識生相心分攝故，無即體能證。如是前因有不定過。又自證分，爲如兔角，無即體能證故，非心分攝。爲如耳識相分三相，無即體能證故，是心分所攝。如是後因亦有不定。若彼救言：五識三相不離體故，是其自證之所緣境。理亦不然。相分三相不離相故。五識見分亦得緣故。此若不許，彼何得然。設許彼前，此必不許。五識能緣法界諸處，法相雜亂，違理教故。只由如是相分三相，於彼二因，足作不定。設彼救言：相分三相非心分攝，則有比量相違過失。當知第四分，有言而無義。

新羅、太賢《成唯識論學記》 《判比量》云：執四分者，爲破三分，立此量云，自證必有即體能證，心分攝故。如相分等，自證應非心所攝，以無即體能證故，如兔角等。判曰：此二皆有不定，眼識生相。雖心分攝，而無即體能證故。了識相分三相雖無，即體能證，而是心分所攝故。（非也，論主心分取緣慮分，何説相分及四相等名爲心分。彼色等分及以非色非心分故）。證立量云，第三分定有非見即體能證，心分所攝能緣慮故，由如見分。（簡相符云，非見即體，此亦有過。如本母釋）。有難：見分緣相，或量非量。一向現量，自證爲果。何妨自證一向現量，或比非量，見分爲果。故論解云：證自體者必現量故。謂見外緣，或比非量，自內緣者皆證自相。見分一念現比不俱，以心不故。猶如自證。問：諸佛及因五八識等唯現量者，應但三分，見分得爲第三果故。基答：不然。內外定故。見分外緣，不爲內果，一用不得緣內外故。證難此云：無漏見分，不應緣第三，內外定故。應説現量必具四分，緣慮識故，如非量識。此難不爾。基疏下云：設佛見分緣於自證，作影像緣。不爾，便無四分之義。故下第八，唯除見分，非相所緣。許見亦緣自證分等，但不親證故。前二是外者，見緣外故。非體是外，設三通二者。有難：見等應不能緣，親所緣故，如相分心。基云：不然。一能緣上義別分故。若爲相分，心非能緣體故。（見分等用，依能緣體。相體無慮，不可例也）。問：既證自證，自證爲果，所量及果應無差別。測答：不然。體所二義，無雜亂故。言以無用故者，第三已緣，何用重證。猶如第三不緣第一。言無窮過者證云：見分不隨相成多，見無異相，自證非多。一云，三四展轉成多。然第四分但緣第三，緣見之用不緣自故，無無窮故。初説爲勝。（彼許意者，若不緣三緣四之用，論主本量有不定失，此亦心分無能證故。要集廣引諸家比量，不要不取）。言所能取纏者，基云：此唯眾生四分，故言纏縛，相及麁重二縛具故。無漏具四，而非纏縛。此頌意言，初二名外，見緣外故，三四名內，證自體故。然唯見分種種差別。測云：四分展轉所取能取，更相繫屬，故名爲纏，亦通無漏。非謂煩惱纏故名纏。（《密嚴》頌也。四分家證，內外名一切分。故知內分亦有二種，三分家證，內外總一切分）。

如是四分（至）識之見分。述曰：第四一分釋也。基云：安慧一分，難陁二分，陳那三分，護法四分。然今此文護法開合，餘文可解。

延壽《宗鏡録》卷六〇 諸師所明，總有四分義。一相分，二見分，三自證分，四證自證分。

相分有四。一，實相名相，體即眞如，是眞實相故。二，境相名相，爲能與根心而爲境故。三，相狀名相，此唯有爲法，有相狀故，通影及質，唯是識之所變。四，義相名相，即能詮下所詮義。相分，是於上四種相中，唯取後三相而爲相分相。又相分有二。一識所頓變，即是本質。二識等緣境，唯變影緣，不得本質。

二見分者，《唯識論》云：於自所緣，有了別用。此見分有五類。一證見名見，即三根本智見分是。二照燭名見，此通根心，俱有照燭義故。三能緣名見，即通內三分，俱能緣故。四念解名見，以念解所詮義故。五推度名見，即比量心，推度一切境故。於此五種見中，除五色根及內二分，餘皆見分所攝。

三自證分，爲能親證自見分緣相分不謬，能作證故。

四證自證分，謂能親證第三自證分緣見分不謬故，從所證處得名。此四分義，總以鏡喻。鏡如自證分，鏡明如見分，鏡像如相分，鏡後弝如證自證分。此四分，有四師立義。第一安慧菩薩，立一分自證分。《識論》

云，此自證分，從緣所生，是依他起故，故說爲有。見相二分，不從緣生，因遍計心，妄執而有。如是二分，情有理無。唯自證分，是依他起性，有種子生，是實有故。見相二分是無，更變起我法二執，又是無。以無似無。若準護法菩薩，即是以有似無。見相二分是有體變起，我法二執是無體故。安慧引《楞伽經》云，三界有漏心心所，皆是虛妄分別爲自性故。故知八識見相二分，皆是遍計妄執有。故唯有自證一分，是依他起性，是實有故。《密嚴經》偈云，愚夫所分別，外境實皆無，習氣擾濁心，故似彼而轉。故知但是愚夫依實自證分上，起遍計妄情，變似無體二分現故。理實二分，無其實體。但是愚夫不了，妄執爲實故。所以論云，凡夫執有，聖者達無。

問：若言相見二分是假者，且如大地山河是相分收，現見是實，如何言假耶。

答：雖見山河等是實，元是妄執有外山河大地等。理實而論，皆不離自證分故。所以《楞伽經》偈云，由自心執著，心似外境轉，彼所見非有，是故說唯心。故知離自證分外，無實見相二分。第二難陁論師，立二分成唯識者。初標宗者，即一切心生，皆有見相二分。見相二分，是能所二緣也。若無相分牽心，心法無由得生。若無能緣見分，誰知有所緣相分耶。即有境有心，等成唯識也。見分爲能變，相分是所變。能所得成，須具二分。見分相分，是依他起性。有時緣獨影境，即同種生。有時緣帶質境，即別種生。從種生故，非遍計也。若不許者，諸佛不應現身土等種種影像也。安慧卻難：汝若立相分，豈不心外有境，何名唯識。難陁言：見分是能緣，相分是所緣。攝所從能，還是唯識。又汝若言無相分，則所立一分唯識不成。何以故。安慧執相分是妄情有，即第八所緣識中相分種子，是相分攝。即種子是能生自證現行親因緣法。若種子相分是妄情者，何妨所生現行自證分亦是妄情，不違種子識義也。若不許自證分是妄情者，即能生種子亦是實有，即因果皆實，證相分亦是實有。既有相分，即有見分，能所既成，即二分成立唯識也。又五根是第八識相分，若相分是遍計，豈有遍計根能發生五識也。安慧云，不假五根發生五識，五識俱自從種子生也。……

第三，陳那菩薩立三分，非前師安慧立一分，即但有體而無用，難陁立見相二分，但有用而無體，皆互不足。立理者，謂立量果義。論云，能量、所量、量果別故，相見必有所依體故。相分爲所量，見分爲能量，即要自證分爲證者是量果也。喻如尺量絹時，絹爲所量，尺人爲能量，記數之智名爲量果。今見分緣相分不錯，皆由自證分爲作果故。今眼識見分緣青時，定不緣黃也。如見分緣不曾見境，忽然緣黃境時，即定不緣青。若無自證分，即見分不能自記憶，故知須立三分。若無自證分，即相見亦無。若言有二分者，即須定有自證分。自證分喻如牛頭，二角喻相見二分。《集量論》頌云，似境相所量，能取相自證。釋云：似境相所量者，即相分似外境現。能取相自證者，能取相者即是見分，能取相分故，自證即是體也。

第四，護法菩薩立四分。立宗者，心心所若細分別，應有四分。立理者，若無第四分，將何法與第三分爲量果耶。汝陳那立三分者，爲見分有能量了境用故，即將自證分爲量果。汝自證分亦有能量照境故，即將何法與能量自證分爲量果耶。即須將第四證自證分，爲第三分量果也。引證《密嚴經》偈云，衆生心二性，內外一切分，所取能取纏，見種種差別。心二性者，即是內二分爲一性，見相二分爲第二性，即心境內外二性。能取纏者，即是能緣麤動，是能緣見分。所取纏者，即是相縛，所緣縛也。見種種差別者，見分通三量。有此義，故言見種種差別。前二師，皆非全不正。第三師陳那三分，似有體用。若成量者，於中道理猶未足。即須更立第四分，相分爲所量，見分爲能量，即將自證分爲量果。若將見分爲所量，自證分爲能量，即更將何法爲量果。故知將證自證分爲量果，方足也。見分外緣虛疎，通比非二量故，即不取見分爲自證量果。內二分唯現量，故互爲果無失。夫爲量果者，須是現量，方爲量果，比非定非量果。喻如作保證人，須是敦直者，方爲證。若略虛人，不能堪爲保證。又前五識與第八見分，雖是現量。以外緣，即非量果。夫量果者，須內緣故，方爲量果。又第七識雖是內緣，是非量也，亦不可爲量果。夫爲量果者，具二義，一現量，二內緣。又果中後得見分，雖是現量，內緣時，變影緣，故非量果。即須具三義。又果中根本智見分，雖親證眞如，不變影故，是心用故，非量果。即須具心體，須具四義，一現量，二內緣，三不變影，四是心體，方爲量果。又論云：如是四分，或攝爲三，第四攝入自證分故。或攝爲二，後三俱是能緣性故。皆見分攝。此言見者，是能緣義。或攝爲一體無別故。如《入楞伽經》云：由自心執著，心似外境轉。彼所見非有，是故說唯心。如是處處說唯一心。此一心言，亦攝心所故。釋云：如是處處唯一心者，外境無故，唯有一心。內執著故，似外境轉，定無外境。許有自心，不離心故，總名一識。心所與心相應，色法心之所變，眞如識之實性，又皆不離識故，並名唯識。又淸涼記引論，釋第四證自證分。若無此者，誰證第三。心分既同，應皆證故。釋曰：見分是心分，須有自證分。自證是心分，應有第四證。論又云：自證分應無有果，諸能量者皆有果故。釋曰：見分是能量，須有自證果。自證量見分，須有第四果。

延壽《宗鏡錄》卷六一　問：唯心之旨，一分尚無，云何廣說四分。

答：四分成心，千聖同稟。只爲安慧菩薩唯執自證心體一分，尚不識心，爲難陀菩薩所破。乃至陳那菩薩，執有三分，體用雖具，猶闕量果第四證自證分。唯護法菩薩，唯識義圓，四分具足。因製《唯識論》十卷。西天此土，正義大行。製此論終，尋當坐蛻。乃有空中神人告衆曰：護法菩薩，是賢劫千佛之中一數，故知非十方大覺，何以圓證此心。若不達四分成心者，斯皆但念名言，罔知成心實義。體用既失，量果全無，終被心境緣拘，無由解脫。今時學者，全寡見聞，恃我解而不近明師，執己見而罔披寶藏。故茲遍錄，以示後賢，莫踵前非，免有後悔。

四縛

佛陀耶舍、竺佛念譯《佛說長阿含經》卷八　復有四法，謂四縛：貪欲身縛、瞋恚身縛、戒盜身縛、我見身縛。

求那跋陀羅譯《雜阿含經》卷一八　舍利弗言：縛者，四縛。謂貪欲縛、瞋恚縛、戒取縛、我見縛。

浮陀跋摩、道泰譯《阿毗曇毗婆沙論》卷二六　四縛，貪身縛，恚身縛，戒取身縛，見取身縛。問曰：四縛體性是何。答曰：有二十八種。貪身縛是欲愛有五種，通六識身。恚身縛有五種，通六識身。戒取身縛，三界有六種。見取身縛，三界有十二種。此二十八種，是四縛體，乃至廣說。

已說體性所以，今當說何故名縛，縛有何義。答曰：繫義是縛義，相續義是縛義。繫義是縛義者，此四縛等繫衆生，繫已復繫。《集法經》亦說：若不斷貪，不知貪皆是一切處愛身因緣，等繫衆生，繫已復繫。譬如善巧繫花鬘師花鬘弟子，以種種花集於前，然後經縷，作種種鬘縷，是花因亦是花緣。等繫諸花，繫已復繫。彼亦如是。恚身縛，戒取身縛，見取身縛。說亦如是。相續義是縛義者。如經說：以三事合故入母胎。一父母俱有染心，二其母無病亦復值時，三愛身者現在前。或有欲心，或有恚心，以是事故，相續義是縛義。問曰：若繫義是縛義者，縛所不攝餘煩惱亦繫衆生，於生死中等縛，縛已復縛。四縛有何異義，世尊別立縛耶。答曰：此是世尊有餘之說，乃至廣說。尊者波奢說曰：世尊決定知法相，亦知勢用，餘人所不知。若法有縛相者立縛，無者不立。尊者瞿沙說曰：佛知四縛等繫衆生，繫已復繫，速疾偏重，親近非餘煩惱，是故立縛。復次此縛於諸煩惱，偏繫在家出家。貪身縛，恚身纏，偏繫在家人。戒取身縛，見取身縛，偏繫出家人。如在家出家，有家無家，有積聚無積聚，當知亦如是。復次，四縛偏重繫縛三界衆生。貪身縛、恚身縛，偏重繫縛欲界衆生。戒取身縛、見取身縛，偏重繫縛色無色界衆生。復次，此四縛是二種使鬬諍根本。貪身縛、恚身縛，能起愛恚使鬬諍根本。戒取身縛、見取身縛，能起見使鬬諍根本。

僧伽跋澄譯《鞞婆沙論》卷二　四縛者，欲愛身縛，瞋恚身縛，戒盜身縛，我見身縛。問曰：四縛有何性。答曰：欲愛身縛欲界愛五種，瞋恚身縛恚五種，戒盜身縛三界六種，我見身縛三界十二種。此二十八是四縛性。此縛性已種相身所有自然。說性已當說行。何以故說縛，縛有何義。答曰：束義是縛義，連續義是縛義。束義是縛義者，如彼施設所說，此無明未盡未知已彼彼身彼彼依彼，彼得已身，亦是因，亦是緣。束而束遍束，連續相連續。如巧鬘師鬘師弟子，繩長綖已結作種種鬘，彼綖於彼華亦是因亦是緣。結而結遍結，連續相連續。如是此無明未盡未知已彼彼身彼彼依彼彼得已身，亦是因亦是緣。束而束遍束，連續相連續。是故說束義是縛義，連續義是縛義。相連續是縛義者，如彼契經說。

慧遠《大乘義章》卷五　言四縛者，所謂欲縛、有縛、無明縛、見縛。名雖有四，體性唯三。一見、二愛、三是無明。取執之心，說名爲見。染境之情，說以爲愛。癡闇之意，說爲無明。問曰：一切疑慢等結，攝在何中，當知皆是愛分所攝。有何所謂偏攝在愛，不在餘中。爲分本末利鈍故爾。無明是本，理別爲一，餘皆是末，不得入中。復就末中見是利惑，理復須別。自餘鈍者，不得在中，爲是義故，疑慢等結，不入癡見，攝在愛中。愛中既攝眾多煩惱，以何義故，偏名爲愛。以愛重故，偏標其名。譬如世間王來王去主得其名。彼亦如是。就此三中，愛分爲二，癡見各一，故有四種。故《雜心》云，欲界地中一切煩惱，除無明見，說爲欲縛。色無色界一切煩惱，除無明見，說爲有縛。云何名有。諸外道人謂，色無色畢竟無愛。爲破彼見故，說爲有。三界無明，名無明縛。三界諸見，說爲見縛。何故分愛癡見合乎。此義廣釋，如五住章。然此四種，繫縛眾生，故名爲縛。漂流行人，故名爲流。能令眾生爲苦所枙，故名爲枙。名義雖異，體性不殊。四中初一止在見諦，見道時斷。後三通於見修二輪，上下通除。四縛等義，略辨如是。

『五』分部

五　陰 五蘊

鳩摩羅什譯《成實論》卷二　五陰者：眼色爲色陰。依此生識，能取前色是名識陰。即時心生男女怨親等想，名爲想陰。若分別知怨親中人生三種受，是名受陰。是三受中生三種煩惱，是名行陰。以此事起受身因緣，名五受陰。

慧遠《大乘義章》卷八　五陰義，七門分別（釋名一，辨相二，先後次第三，三性分別四，漏無漏分別五，常無常分別六，三界有無七）。

第一釋名。言五陰者，所謂色、受、想、行、識也。質礙名色，又復形現亦名爲色。領納稱受，《毗曇》亦言覺知名受。取相名想，《毗曇》亦言順知名想。起作名行。了別名識，《毗曇》亦云分別名識。此之五種，經名爲陰，亦名爲眾，聚積名陰。陰積多法，故復名眾。問曰：一色一受想等無多聚積，云何名陰而復名眾。釋言：此等陰積之分故名爲陰，多中之分故復名眾。如眾僧中請得一人名請眾僧。此亦如是（此一門竟）。

次辨體相。色陰之體，離合不定，總唯一色。或分爲二，一內二外。眼等五根，是其內色。色等六塵，是其外色。或分爲三，如《毗曇》說。一可見對，謂眼所行青黃等色。二不可見有對，謂耳鼻舌身所行之色。三不可見無對之色，意根所行無作之色。前二種色，爲其對礙色根所對，故名有對。後一無作，不爲對礙色根所對，故名無對。《成實》法中，宣說無作非色心故，唯有前二，略無第三。或分爲六，所謂色、聲、香、味、觸、法六塵色也。前五可知。法塵色者，若依《毗曇》，五根無作是法塵色。《成實》法中，過未五塵五根四大假名之色，是法塵色。或分爲十，如《涅槃》說。故彼經中上下數處，皆說十色。五根五塵，是其十也。彼經何故不說無作。彼說無作但是色法，非是色事。成身相微，故陰不彰。或分十一，如《毗曇》說，五根五塵及無作色，是其十一。彼說無作是身口業性，四大造故，色陰收。《成實》法中，色有十四，五根五塵及與四大，爲十四也。有人說言，《成實》法中，聲不成人，非是色陰。此言不然。陰積義異，成人法異，何得說言不成人故令聲非陰。云何陰異成人法異。陰通內外，成人唯內，陰通色聲，成人唯色，是其異也。云何知聲是色陰。如彼《成實·色相品》說：言色陰者，所謂四大及大所因色香味觸。亦因四大所成五根，是等相觸故有聲生。舉此以釋色陰體相，寧非色陰。又《毗曇》中說聲爲陰，《成實》不非，明知失用。問曰：《毗曇》說無作色以爲色陰。《成實》法中何故不論。釋言：《成實》宣說無作爲非色心，行陰所收，色陰不攝，故此不論。問曰：《成實》根塵之外別說四大，以爲色陰。《毗曇》法中何不如是。釋言：《成實》宣說四大是假名色，攬四塵成，能成五根，根塵不收，故別說之。《毗曇》法中，宣說四大是實法色觸入所攝，故不別說。色陰如是。

次明受陰。受陰體中，廣略不定，總唯一受。或分爲二，一者身受，二者心受。如《地持》說，五識相應名爲身受，意識相應名爲心受。問曰：五識是心非身，何故與此相應之受名爲身受。釋言：此從所依以名。

五識依於五根之身而生意心，故所生受名爲身受。意識依心，故所生受名爲心受。又復苦樂亦得分二，惡果名苦，善果名樂，一切報受無出善惡二業果故。問曰：捨受何受中攝。釋言：樂攝善業果故。或分爲三，一苦，二樂，三不苦樂，亦名捨受。辨此三受，略有五門。一分三受，二定優劣，三明通局，四生過不同，五厭捨難易。就初門中差別有六。一當相分別。如彼《成實·受相品》說，損惱身心名爲苦受，增益身心名爲樂受，非損非益名不苦樂。二對因分別。一切惡果斯爲苦，一切善果說爲樂捨。是義云何。依如《毗曇》，三禪已還下善業果名之爲樂，四禪已上上善業果說以爲捨。是則彼宗三禪已還無捨受報。若依《成實》，分善爲二，一欲界散善，二上界定善。散善之中增上業果說爲樂受，微下業果名爲捨受。以此微樂難覺知故。問曰：苦中亦有微下不善業果，何不名捨，偏說下樂爲捨受乎。釋言：苦果違害之法，性與情返，微有即覺，故入苦中，不得名捨。樂果順情，非切心法，微者難覺，故分爲捨。又復一切苦樂二受，皆用微細行苦爲體。於行苦上，宣說苦受，苦受必重，爲心覺惱故不名捨。於行苦上，宣說樂受，樂受必微。於中上者，爲心覺適當相名樂。輕微之者，非心能覺，博名爲捨。定善之中，下善業果，名之爲樂。四禪已上，勝善業果，說之爲捨。以彼寂靜難覺知故。三對緣分別。緣有三種，謂違、順、中。違緣逼惱名爲苦受，順緣生適名爲樂受，中境所生名爲捨受。四對想分別。適想所起名爲樂受，不適想生名爲苦受，中容想發名爲捨受。五對行分別。生瞋是苦，起貪是樂，生癡是捨。六就時分別。於中約對，三緣辨之。若對違緣相應時，苦離時生樂，久離則捨。若對順緣，初受生樂，中受則捨，久受便苦。或有順緣相應時，樂離時生苦，久離則捨。若對中緣，初受時捨，久受生苦，離時生樂。或有中緣，初受時捨，久受樂著則生樂受，離時生苦。以此六義，分受爲三。次明三受優劣不同。苦受最劣，樂捨二受上中不定。若依《毗曇》，樂受定下，下善果故，捨受定上，上善果故。若依《成實》，在欲界地，捨受爲中，樂受爲上。在上二界，樂受爲中，捨受爲上。次明三受通局之義。依如《毗曇》，苦局欲界，樂通欲色，捨通三界。《成實》法中，麄同《毗曇》。以實細論，並通三界。故彼文言，苦樂隨身至於四禪，憂喜隨心至於有頂。次明三受生過不同，於中有二。一明三受生過多少。苦生過少，局在欲界，生瞋恚故。樂生過中，在欲色界，能生不善穢污法故。捨過最多，遍通三界，具生一切諸煩惱故。二明三受生過輕重。捨受最重，能起邪見，斷滅善根，作闡提故。又生無明，能爲一切生死本故。苦樂二受，輕重不定。若論所爲，樂重苦輕。爲求樂受，多作罪故。若論所生，苦重樂輕。瞋恚大罪，從苦生故。三受生過不同如是。次明三受厭捨難易，於中有二。一明三受起厭難易。欲界地中所有三受，苦爲易厭，人憎惡故。捨受次難，不煩惱故。樂受最難，保愛深故。若論上界樂捨二受，樂爲易厭，以其麄動易憎惡故。捨受難厭，以其寂靜難覺知故。二明三受捨之難易。苦受易捨，得初禪時，已遠離故。問曰：若言初禪離苦，何故經言二禪滅苦。釋言：初禪有眼耳身三種識在，此三識身苦根所依。所依未盡，是故不說初禪滅苦。理實苦受初禪滅盡，樂受次難，至四禪滅。捨受最難，涅槃時滅。三受如是。或分爲五，所謂憂、苦、喜、樂及捨。此之五種，隨處不定。若在欲界，五識地中逼惱名苦，適悦稱樂。意識地中慮惱名憂，慶悦名喜。六識地中中容受心，捨苦樂等，說之爲捨。問曰：何故苦樂二受，流至意地，返名憂喜，捨不如是。六識地中，通名爲捨。釋言：苦樂從微想生。憂喜二受，從強想發，爲是須分。六識中捨，同微想生，爲是不分。欲界如是。若在初禪，眼耳及身三識，身中適悦名樂，意識地中慶悦名喜。四識身中中容受心，說以爲捨。三中喜受，通定內外，餘二定外。初禪已上，無鼻舌識，亦無憂苦，爲是不論。在二禪地，唯就意識，說喜說捨。在三禪中，唯就意地，說樂說捨。既在意地，何不名喜，乃說爲樂，是樂性故。雖在意地，不得名喜。故《雜心》中說之以爲樂根意行，《涅槃》中說下名爲喜，上名爲樂。麄況似此。四禪已上，唯有意捨，更無餘義。五受如是。或分爲六，所謂六根所生受也。或分十八，六根所生，各有苦、樂、不苦不樂，故有十八。又《成實》說十八意行，亦是十八。謂五意識第六意識所生之受，各有憂、喜、不憂不喜，故爲十八。或復分爲三十六受，如《成實》說，六根所生，各有苦、樂、不苦不樂，並通染淨，是故合爲三十六受。或分百八，如龍樹說，前三十六，三世分別，故有百八。若廣分別，受乃無量。受陰如是。

想陰體者，開合不定，總爲一想。或分爲二，一者適想，二不適想，三者非適非不適想。取順名適，取違不適。取中容者，名爲非適非不適想。或分爲六，所謂六識相應想也。或分十八，六想之中，各有三種適不適等，爲十八也。隨緣辨想，想亦無量。想陰如是。

行陰體者，廣略不定，總唯一行。或分爲二，一者心法，二非心法。心法之中，依如《毗曇》，汎爾具論，有四十六。行陰所攝，有四十四。四十六者：通地有十，想、欲、觸、慧、念、思、解脱、憶、定及受。善地有十，所謂無貪、無瞋、慚、愧、信、倚、不放逸、不害、精進及捨。通前二十。不善有二，謂無慚、愧。以此通前，爲二十二。大煩惱中別數有五，不信、懈怠、無明、悼、放逸。以此通前爲二十七。小煩惱中有其十種，所謂忿、恨、誑、慳、嫉、惱、諂、覆、高、害。以此通前爲三十七。餘數有五，所謂覺、觀、睡、眠及悔。以此通前爲四十二。十使之中，別有四數，貪、瞋、慢、疑。以此通前爲四十六。此等如前三有爲中具廣分別。言四十四行陰攝者，就前四十六心法中，除受除想，自餘一切皆行陰攝。問曰：何故諸心法中，偏分受想，别爲兩陰，不入行中。《雜心釋》言，受爲愛根，想爲見本。以此二種輪轉生死，故分别之。又復論言，受修諸禪，想修無色。以此二種别地義強，故别立陰。《成實》法中，心法無量，除識想受，自餘一切，皆行陰攝。心法如是。非心法中，依如《毗曇》，宣説十四不相應行爲非色心。此亦如前三有爲中具廣分别。《成實》法中，唯説無作，以爲色心不相應行。問曰：五陰通皆是行，以何義故，偏説此一以爲行陰。《雜心釋》言：行陰之中，有爲行多，故偏名行。餘四陰中，攝行少故，更與異名。行陰如是。

次辨識陰，開合不定，總唯一識。或分爲二，一者有漏，二者無漏。或分爲三，一善，二惡，三者無記。或分爲四，一善，二惡，三隱沒無記，謂欲界地身邊兩見及上二界一切煩惱相應之心。四白淨無記，所謂報生威儀工巧變化之心。或分爲六，所謂六識，始從眼識乃至意識。或分爲七，謂七心界前六識上加以意根，是其七也。或分爲九，一方便善心，二生得善心，三不善心，四陰沒無記，五報生心，六威儀心，七工巧心，八變化心，九無漏心。或分爲十。一方便善心，所謂一切聞思修壽相應之心。二生得善心，過習所成信進念等相應之心。三不善心，謂欲界地，除身邊見，自餘一切不善結業相應之心。四隱沒無記，謂欲界中身邊見兩及上二界一切煩惱相應之心。五報生心，謂三界中報無記心。六威儀心，所謂一切行住坐臥見聞等心。七工巧心，所謂一切營生之心。八變化心，謂作是念，我當化作如是事業，如是之心。九者學心，謂三乘人因體無漏及學等見。三乘因中斷結無漏，是學心體，遊觀無漏，是學等見。十無學心，謂三乘人果體無漏及無學等見。三乘果中盡無生智，是無學體，遊觀無漏，是無學等見。或分十二，如《雜心》説：欲界有四，一者善心，二不善心，三隱沒無記，四白淨無記。色界有三，於前四中，除不善心，有餘三種。無色亦然。此十有漏，并學無學，爲十二也。或分二十。欲界有八，一方便善，二生得善，三不善心，四隱沒心，五報生心，六威儀心，七工巧心，八變化心。謂依上禪爲欲界化色界有六，前八種中，除不善心及工巧心。一切上界，無有不善及工巧，故有餘六種。無色有四，前八種中，除不善心威儀工巧及變化心，有餘四種，并學無學爲二十也。廣則無量。識陰如是（此二門竟）。

次明五陰次第之義，諸論不同。《毗曇》法中，五陰同時，隨義以論，有二次第。一順，二逆。順次第者，先明色陰，次受，次想，次行，後識。何故如是。論釋有三。一麁細次第。色陰最麁，相狀顯著，故先明色。受細於色，麁餘心法。如人所患首足等痛，覺惱增強，故次明受。想細於受，麁餘心法，取相分明，故次明想。行細想受，麁於心識，作用相顯，故次明行。識心最細，故在後説。二破患次第，如論中説。本際已來，男爲女色，女爲男色染著處故，先觀色陰，令人厭離。樂受貪故染著於色，故次觀受。想顛倒故，起樂受貪，故次觀想。以其貪愛煩惱行故，起顛倒想，故次觀行。以依心故，起煩惱行，故後觀識。三觀入次第，如論中説。二種色觀，入佛法中，爲甘露門。一不淨觀，二安般念故，先觀色。以觀色故，便知受妄，故次觀受。知受妄已，想不顛倒故，次觀想。想不倒故，煩惱不行，故次觀行。煩惱不行，心則堪忍，故次觀識。上來三種，是順次第。逆次第者，翻前即是，如論中説。淨穢之生，以心爲本，故先觀識。以觀識故，煩惱微薄，故次觀行。煩惱薄故，便起法想，想於一切苦無常等，故次明想。起法想故，貪受不生，故次觀受。貪受息故，能見色過，故次觀色。此逆次第，《毗曇》如是。《成實》法中，陰起前後，不得一時。次第如何。先明色陰，次識，次想，次受，後行。何故如是。心識之起，必託六根。於中，五識依五色根，意識一種，依於意根。從多爲論。識依色生，故先明色。第二明識。於識所緣，分別取相，故次明想。於取想所，領納違順非違非順，故次明受。於所受法，起貪瞋等，故次明行。大乘法中，亦説五陰體性同時，隨用隱顯，非無先後。其中次第，多同《毗曇》（此三門竟）。

次就三性，分別五陰。言三性者，所謂善、惡、無記性也。依如《毗曇》，陰別有九，相從爲三。所言九者，一生得善陰，二方便善陰，三無漏善陰，四不善，五陰五穢污五陰，六報生五陰，七威儀五陰，八工巧五陰。生得善者，一切衆生，無始已來，曾修善根，未起邪見，斷滅已來，此善相續生便得之，名生得善。生得善根，起身口業，是其色陰。餘心法等，爲餘四陰。方便善者，於現在世，近友聞法，思惟修習起諸善根，是方便善。於中所起身口二業，是其色陰。餘心法等，爲餘四陰。問曰：方便與生得善，同是現起，有何差別。釋言：此二分齊難知。但由宿習，任性能起，是生得善。因他教化，聞法思惟，力勵起者，是方便善。無漏善者，遠離繫縛，合理相應，是無漏善。於中道共無漏律儀，是其色陰。餘心法等，爲餘四陰。言不善者，一切無慚無愧俱者，是不善陰。於中所起身口惡業，是其色陰。餘四可知。問曰：善惡相對之法，善中得有生得方便，不善何故總説爲一，不分二乎。釋言：齊類理亦應然。但今爲明惡法本來九品性成，非是方便進習始具，是故隱其方便之名。既隱方便，生得亦癈。又復善法，難以頓成，須分上下令漸習故，説生得方便之異。惡法易斷，總相厭離。是以不分生得方便兩種之别。言穢污者，欲界地中身邊兩見，及上二界一切煩惱，能染污心，名爲穢污。於中初禪穢污煩惱，能動身口，具五陰性。如彼梵王語諸梵衆，汝但住此，我能令汝盡老死邊。即是妄語。牛牽黑齒屏處求之，是身邪諂。此身與口，是其色陰。餘心法等，是餘四陰。欲界穢污，是迷理惑，不能親發身口二業。二禪已上，煩惱微細，不動身口。無色界中，無身口業，一向不發，故無色陰，但有餘四。言報生者，過因所生眼等諸根，是其色陰報。心法等爲餘四陰。言威儀者，身口進止，是其色陰起。此心法爲餘四陰。言工巧者，身營世務，口言分處，是其色陰。餘四可知。言變化者，依其通體，或化色身，或化口語，是其色陰。欲起化時，先作是念，我今當作如是色像。如是語言，以此起化心心數法，爲餘四陰。問曰：化心與身，通體爲一異。釋言：是異。異相如何。變化心者，是起化心。身通體者，是起化力。又復化心，是遠方便。身通體者，親能起化。又復化心，唯是無記。身通體者，或時是善，或復無記。何故如是。通體有二，一是修慧，二是生慧。依定修得，是其修慧。天龍鬼等，不假習性，能變現，是其生慧。是修慧者，體性唯善，與定相應，生慧無記。又復化心，或自地收，或他地攝。起自地化，即自地收。起他地化，則他地攝。論其通體，唯在自地。問曰：何不直依通體而起變化，別從化心而起化乎。雖有通體能起化事，若無化心，終不起化，故須化心。問曰：若使要從化心而起化者，何須通體。若無通體，雖有化心，欲化前事，終不能現故。復須之。問曰：化色爲當正從化心而現，爲當正從通體而發。釋言：化色正依通體，遠依化心，化心不能親動身口，是故必依通體化也。九陰如是。相從三者，初三是善，次一不善，後五無記。《毗曇》如是。《成實》法中，唯一行陰，該通三性，餘皆無記。大乘所説，多同《毗曇》（此四門竟）。

次就有漏無漏分别。依如《毗曇》，就向九種五陰之中，第三無漏，餘八有漏。《成實》法中，義有兩兼。若斷漏故，名爲無漏，唯在行心。餘皆有漏。若不生漏，名爲無漏。無學五陰，一向無漏。凡夫五陰，一向有漏。學人不定，若斷結處，是其無漏，結未盡處，是其有漏。大乘法中，眞德五陰一向無漏，分段因果一向有漏。變易因果，隨相無漏，體性有漏。以相順理故名無漏，以性違故名爲有漏（此五門竟）。

次辨五陰常無常義。小乘法中，一向無常。大乘法中，大位以分，生死五陰，一向無常。《涅槃》五陰，一向是常。故經説言：色是無常，因滅是色，獲得常色。受想行識，亦復如是。隨義通論，生死五陰，有常無常。涅槃亦爾。生死陰中，有相有實，六識七識，是其陰相。如來之藏，一在滅諦，是其陰實。陰相無常，陰實是常。涅槃陰中有體有用，體則是常。如上所説，用則無常。故經説言，功德莊嚴有爲有漏有礙非常，良以隨世有生滅故（此六門竟）。

次辨三界有無之義。小乘法中，四空無色、滅定涅槃，一向無心。其無想定及無想報，兩論不同。《毗曇》無心。《成實》有之。故彼論言，凡夫不能滅心心法，但無麁心，故説無想。大乘法中，四空有色。故《涅槃》言，如非想天，亦色非色，我説非色，非想既有，下三類然。又大乘中，說無想定乃至小乘無餘涅槃，悉皆有心。六識雖亡，七識心在，故說有心。以有心故，受想行識四陰不無。五陰之義，麁辨如是。

智顗《法界次第初門》卷上 五陰初門第二。（一色陰，二受陰，三想陰，四行陰，五識陰）

次名色而辨五陰者，以惑者迷名偏重故，大聖教門開名則爲四心，對色合爲五也。此五通稱爲陰者，一往而釋，陰以陰覆爲義，能覆出世眞明之慧，而增長生死，集散不絕，故通名爲陰。

一色陰。（有形質礙之法名爲色。色有十四種，所謂四大、五根、五塵。此之十四，並是色法也）。

二受陰。（領納所緣名爲受。受有六種，謂六觸因緣生六受，但境既有違順、非違非順之別，故六受亦各有苦受樂受、不苦不樂受之異也）。

三想陰。（能取所領之緣相名爲想。想有六種。謂取所領六塵之相。爲六想也。）

四行陰。（造作之心，能趣於果名爲行。行有六種。《大品經》中，說爲六思。思即是行，謂於六想之後，各起不善業、善業、無動業也）。

五識陰。（了別所緣之境名爲識。識有六種，即是六識。若諸論師多云，識在二心之前。諸大乘經中，明識最居後）。

玄奘譯《瑜伽師地論》卷二七 謂蘊有五，則色蘊、受蘊、想蘊、行蘊、識蘊。云何色蘊。謂諸所有色，一切皆是四大種及四大種所造。此復若過去，若未來，若現在，若內，若外，若麁，若細，若劣，若勝，若遠，若近，總名色蘊。云何受蘊。謂或順樂觸爲緣諸受，或順苦觸爲緣諸受，或順不苦不樂觸爲緣諸受。復有六受身。則眼觸所生受，耳鼻舌身意觸所生受。總名受蘊。云何想蘊。謂有相想，無相想，狹小想，廣大想，無量想，無諸所有無所有處想。復有六想身，則眼觸所生想，耳鼻舌身意觸所生想，總名想蘊。云何行蘊。謂六思身，則眼觸所生思，耳鼻舌身意觸所生思，復有所餘除受及想諸心法等，總名行蘊。云何識蘊。謂心意識，複有六識身，則眼識、耳鼻舌身意識，總名識蘊。

玄奘譯《大乘阿毗達磨雜集論》卷一 何因蘊唯有五，爲顯五種我事故。謂身具我事，受用我事，言說我事，造作一切法非法我事，彼所依止我自體事。於此五中，前四是我所事，第五卽我相事。言身具者，謂內外色蘊所攝。受等諸蘊受用等義，相中當說。彼所依止我自體事者，謂識蘊，是身具等所依我相事義。所以者何。世間有情，多於識蘊計執爲我，于余蘊計執我所。

玄奘譯《阿毗達磨法蘊足論》卷一〇 一時薄伽梵，在室羅筏，住逝多林給孤獨園。爾時世尊告苾芻衆：有五種蘊。何等爲五。謂色蘊，受蘊，想蘊，行蘊，識蘊。是名五蘊。云何色蘊。謂諸所有色，一切皆是四大種及四大種所造。是名色蘊。云何受蘊。謂諸受、等受、別受、受性、受所攝，是名受蘊。復有二受，說名受蘊。謂身受，心受。云何身受。謂五識身相應諸受，乃至受所攝，是名身受。云何心受。謂意識相應諸受，乃至受所攝，是名心受。復有二受，說名受蘊。謂有味受，無味受。云何有味受。謂有漏作意相應諸受，乃至受所攝，是名有味受。云何無味受。謂無漏作意相應諸受，乃至受所攝，是名無味受。有作是說：欲界作意相應受，名有味受。色無色界作意相應受，名無味受。今此義中，有漏作意相應受，名有味受。無漏作意相應受，名無味受。如有味受，無味受，如是墮受，不墮受，耽嗜依受，出離依受，順結受，不順結受，順取受，不順取受，順纏受，不順纏受，世間受，出世間受，亦爾。復有三受，說名受蘊。謂樂受，苦受，不苦不樂受。云何樂受。謂順樂觸所生身樂心樂，平等受受所攝，是名樂受。複次，修初第二第三靜慮，順樂受觸所起心樂，平等受受所攝，是名樂受。云何苦受。謂順苦觸所生身苦心苦，不平等受受所攝，是名苦受。云何不苦不樂受。謂順不苦不樂觸所生身舍心舍，非平等非不平等受受所攝，是名不苦不樂受。複次，修未至定，靜慮中間，第四靜慮及無色定，順不苦不樂觸所生心舍，非平等非不平等受受所攝，是名不苦不樂受。復有四受，說名受蘊。謂欲界受，色界受，無色界受，不系受。云何欲界受。謂欲界作意相應諸受，乃至受所攝，是名欲界受。云何色界受。謂色界作意相應諸受，乃至受所攝，是名色界受。云何無色界受。謂無色界作意相應諸受，乃至受所攝，是名無色界受。云何不系受。謂無漏作意相應諸受，乃至受所攝，是名不系受。復有五受，說爲受蘊。謂樂受，苦受，喜受，憂受，舍受。如是五受，廣說如根品。復有六受，說爲受蘊。謂眼觸所生受，耳鼻舌身意觸所生受。云何眼觸所生受。謂眼及色爲緣，生眼識。三和合故，生觸。觸爲緣故，生受。此中眼爲增上，色爲所緣，眼觸爲因，眼觸爲等起，是眼觸種類，是眼觸所生，與眼觸所生作意相應，於眼識所了別色諸受，乃至受所攝，是名眼觸所生受。如是耳鼻舌身意觸所生受，廣説亦爾。是名受蘊。如受蘊，如是想蘊，識蘊，如其所應，廣説亦爾。云何行蘊。謂行蘊有二種，一心相應行蘊，二心不相應行蘊。云何心相應行蘊。謂思、觸、作意，廣説乃至諸所有智見現觀。復有所餘如是類法，與心相應。是名心相應行蘊。云何心不相應行蘊。謂得，無想定，廣説乃至文身。復有所餘如是類法，不與心相應，是名心不相應行蘊。如是心相應行蘊，心不相應行蘊，總名行蘊。

玄奘譯《阿毗達磨集異門足論》卷一一　五蘊者，一色蘊，二受蘊，三想蘊，四行蘊，五識蘊。云何色蘊。答：諸所有色，若過去，若未來，若現在，若内，若外，若麁，若細，若劣，若勝，若遠，若近，如是一切，略爲一聚，説名色蘊。云何受蘊。答：諸所有受，若過去，若未來，若現在，若内，若外，若麁，若細，若劣，若勝，若遠，若近，如是一切，略爲一聚，説名受蘊。云何想蘊。答：諸所有想，若過去，若未來，若現在，若内，若外，若麁，若細，若劣，若勝，若遠，若近，如是一切，略爲一聚，説名想蘊。云何行蘊。答：諸所有行，若過去，若未來，若現在，若内，若外，若麁，若細，若劣，若勝，若遠，若近，如是一切，略爲一聚，説名行蘊。云何識蘊。答：諸所有識，若過去，若未來，若現在，若内，若外，若麁，若細，若劣，若勝，若遠，若近，如是一切，略爲一聚，説名識蘊。

慧洪《智證傳》　永嘉曰：明識一念之中五陰者，謂歷歷分明，即是識陰。領納在心，即是受陰。心緣此理，即是想陰。行用此理，即是行陰。穢汙眞性，即是色陰。此五陰者，舉體即是一念。一念者，舉體全是五陰。歷歷見在一念之中，無有主宰，即是人空慧。見如幻化，即是法空慧。予觀永嘉之談五蘊，如駭雞犀之枕四面，視之其形常正，蓋無師自然智所成就也。

五塵

曇無讖譯《大般涅槃經》卷四〇　復次瞿曇！如瞿曇説貪欲瞋癡從因緣生，如是三毒因緣五塵。是義不然，何以故。衆生睡時遠離五塵，亦復生於貪欲瞋癡。在胎亦爾。初出胎時未能分別五塵好醜，亦復生於貪欲瞋癡。諸仙賢聖處在寂處無有五塵，亦能生於貪欲瞋癡。亦復有人因於五塵生於不貪不瞋不癡。是故不必從於因緣生一切法，以自性故。

慧遠《大乘義章》卷八　色等五塵以色爲體，依如《毗曇》，四大所造色聲香等，以爲五塵。《成實》法中，四大所因色香味觸以爲四塵，四大相擊便有聲發。是則四塵是四大因，聲是大果。

窺基《成唯識論述記》卷二　論：外有對色，至内識變現。述曰：且薩婆多五塵，離識皆有實體，雖緣積聚，仍體實有。經部師説，實極微成，五塵體假。説假部計，若在處門，以緣積集，説之爲假，若在蘊門，五塵體實，故五塵體總通假實。若《成實》論師，體是實有，仍是能造。一説部説，唯有假名，無實塵體。數論師説，五塵體常，仍是礙性，能造所攝。勝論師説，聲香唯無常，色味觸通常無常，五皆無礙。順世外道計即四大。

大乘之中，有以過去五識相分爲五塵，有以現在大種及所造爲五塵。然有假實，如色中二十五種，四顯色實，餘色皆假。響聲假，餘聲實。觸中所造假，四大實，不見香味通假之言。心外有對，前已遮破。故此諸根但是内識之所變現。《所緣論》云，内色如外現，爲識所緣緣，許彼相在識，及能生識故。

般若譯《大方廣佛華嚴經》卷六　又由未來諸根五塵境界斷滅，凡愚之人以爲涅槃，諸佛菩薩自證悟時，轉阿賴耶得本覺智。善男子！一切凡愚迷佛方便，執有三乘，不了三界由心所起，不知三世一切佛法自心現量，見外五塵執爲實有，猶如牛羊不能覺知，生死輪中無由出離。善男子！佛説諸法無生無滅，亦無三世，何以故。如自心現五塵境界，本無有故，有無諸法本不生故，如兔角等。聖者自悟境界如是。

五大

闍那崛多譯《佛本行集經》卷二二　爾時阿羅邏說是偈已，作如是言：凡衆生者，此有二義，一者本性，二者變化。合此二種，總名衆生。言本性者，即是五大。其五大者，所謂地大、水、火、風、空。我及無相，名本體性。言變化者，諸根境界，手足語言，動轉來去，及以心識，此名變化。若知如是諸境界者，名知境界。言能知彼諸境界者，是我能知。思惟我者，是智人說。

吉藏《百論疏》卷上　從我心生五微塵者，五微塵即爲五諦。我心既麁，則外有五塵應之，於佛法即是名色支。外道不達，謂從我心生五微塵，從五塵生五大者，五大即爲五諦。塵細大麁，故從塵生大。地具五塵。水有四，除香。火具三塵，除香味。風具二，唯有聲觸。空唯有聲。外道云，地藉塵多，是故無力，最在其上。空藉塵小，是故有力最在其下。此就成世界五輪判之。成内身亦爾。從五大生十一根者，大是因，根是果，故從大生根。於佛法義即是六入支已去也。外道不達，謂從大成根。十一根者，謂眼、耳、鼻、舌、身、意、手、腳及大小二道及心平等根，故云十一根。眼等五種名爲知根，謂能有所覺知。手腳等名五業根，業是作用之名。謂此五能有所造作。心平等根有二種釋。一云，實是心識之心而稱平等者，眼等五根各緣一塵，心識能遍緣五，故云平等。二云，諸肉芙蓉心以爲平等，以其處一身之中，故云平等。釋五大成五根不同。一云遍造，是優樓迦義。二云遍造，遍造者，五大成眼根，火大偏多，色是火家求那，眼還見色。五大成耳根，空大偏多，聲是空家求那，故耳還聞聲。五大成鼻根，地大偏多，香是地家求那，故鼻還聞香。五大成舌根，水大偏多，味是水家求那，故舌還知味。五大成身根，風大偏多，觸是風家求那，故身還覺觸。次偏造是迦毘羅義。以色成火大，火大成眼根，眼根還見色。聲塵成空大，空大成耳根，耳根還聞聲。香塵成地大，地大成鼻根，鼻根還聞香。味塵成水大，水大成舌根，舌根還知味，觸塵成風大。風大成身根，故身還覺觸。五知根勝故，各用一大而成。五業根劣故，具五大而成。

窺基《成唯識論述記》卷一　五大者，謂地、水、火、風、空。別有一物名之爲空，非空無爲空界色等。五唯者，謂聲、觸、色、味、香。有說，慢但生五唯，五唯生五大，五大生十一根，爲我受用，先作五唯。量者定義，唯定用此成大根等。若約此說，色成於火大，火大成眼根，眼不見火而見於色。聲成於空，空成於耳，耳不聞空而聞於聲。香成於地，地成於鼻，鼻不聞地而聞於香。味成於水，水成於舌，舌不得水而嘗於味。觸成於風，風成於身，身不得風而得於觸。此中所說約別成義。有說，五唯總成五大，五大總成五根者也。

延壽《宗鏡錄》卷二八　五大者：一風，黑色，似半月。二火，赤色，三角。三空，青色具五。四地，黃色，四方。五水，白色圓。

五力

僧伽提婆譯《中阿含經》卷二一　阿難！我本爲汝說五力，信力，精進、念、定、慧力。阿難！此五力，汝當爲諸年少比丘說以教彼。若爲諸年少比丘說教此五力者，彼便得安隱，得力得樂，身心不煩熱，終身行梵行。

玄奘譯《瑜伽師地論》卷二九　若複了知前後所證而有差別，隨此能於後後所證出世間法，深生勝解，深生淨信。此清淨信，難伏義故，說名信力。問：誰不能伏。答：此清淨信，若天、若魔、若諸沙門、若婆羅門、若餘世間，無有如法能引奪者，諸煩惱纏，亦不能屈，故名難伏。此爲上首，此爲前行。餘精進等，亦名爲力。由此諸力，具大威勢，摧伏一切魔軍勢力，能證一切諸漏永盡，是故名力。

玄奘譯《辯中邊論》卷中　已說修五根，當說修五力。次第云何。頌曰：即損障名力，因果立次第。論曰：即前所說信等五根，有勝勢用，複說爲力。謂能伏滅不信障等，亦不爲彼所陵雜故。此五次第，依因果立，以依前因，引後果故。謂若決定信有因果，爲得此果，發勤精進。勤精進已，便住正念。住正念已，心則得定。心得定已，能如實知。既如實知，無事不辨。故此次第，依因果立。

玄奘譯《大乘阿毗達磨雜集論》卷一〇 如五根、五力亦爾。差別者：由此能損減所對治障，不可屈伏，故名爲力。謂五力所緣境等，與根相似，然果有差別。所以者何。如説果者，謂能損減不信等障故，勝過於前。雖與五根所緣境界，自體等相似，然不可屈伏義有差別故，別立覺分。

玄奘譯《顯揚聖教論》卷二 五力者，廣説如經。即信根等，由善修習，多修習故，不復爲彼不信等法之所雜亂，複能對治諸雜亂法，不可伏義，説名爲力。

玄奘譯《阿毗達磨集異門足論》卷一四 五力者，云何爲五。一信力，二精進力，三念力，四定力，五慧力。問：信力云何。答：于如來所，修植淨信，根生安住。不爲沙門或婆羅門或天魔梵或餘世間如法引奪。是名信力。問：精進力云何。答：於已生不善法，爲永斷故，生欲策勵，乃至廣説四種正斷，是名精進力。問：念力云何。答：於内身住循身觀，乃至廣説四種念住，是名念力。問：定力云何。答：離欲惡不善法，乃至廣説四種靜慮，是名定力。問：慧力云何。答：如實了知此是苦聖諦，此是苦集聖諦，此是苦滅聖諦，此是趣苦滅行聖諦，是名慧力。問：何故名力。答：因如是力，依如是力，住如是力，一切結縛隨眠隨煩惱纏，皆可斷截摧伏破壞，故名爲力。

法雲《翻譯名義集》卷一一 五力者，一信力，二精進力，三念力，四定力，五慧力。（五根、七覺支、八正道，見《法界次第》）《大論釋》曰：信根得力，則能決定受持不疑。精進力故，雖未見法，一心求道，不惜身命，不休不息。念力故，常憶師教，善法來聽入，惡法來不聽入，如守門人。定力故攝心，一處不動，以助智慧。智慧力故，能如實觀諸法實相。

袾宏《佛説阿弥陀經疏鈔》卷三 疏：五力者，即前五根增長，具有大力，故名爲力。

鈔：力有二義，一者不爲他伏，二者又能伏。他如《瑜伽論》。此五力者，能於後後所證出世間法，生深勝解，難制伏故。又具大威勢，摧伏一切諸魔軍故。信力者，深信諦理，轉更增長，能遮疑惑，不爲動摇，能拒邪外，不爲迷亂，能破煩惱，不爲侵害故。一總餘承，如上根例。進力者，進根增長，能破身心種種懈怠，成辦出世種種事業故。念力者，念根增長，能破邪念，成就一切出世正念故。定力者，定根增長，能破一切諸雜亂想，發起事理諸禪定故。慧力者，慧根增長，能破一切邪外等見，能斷一切偏小等執故。

達默《佛説阿弥陀經要解便蒙鈔》卷中 解：五力者，信根增長，能破疑惑，破諸邪信及破煩惱，名信力。精進根增長，破種種身心懈怠，成辦出世大事，名精進力。念根增長，破諸邪念，成就一切出世正念功德，名念力。定根增長，能破亂想，發諸事理禪定，名定力。慧根增長，能遮通別諸惑，發眞無漏，名慧力。

鈔：五力者，謂五根增長，能破五障力用也。信根增長等者，謂諦觀分明，正信自增，邪信自破，四倒不生，故曰破煩惱也。精進根增長等者，身精進破身懈怠，口精進破口懈怠，心精進破心懈怠，成辦出世身口意大事也。念根增長等者，四念處增長，破四倒之邪念，成就出世不淨智苦智等四智功德也。定根增長等者，能破欲界亂想，發得世間事禪，四禪四空等，或發出世間理禪，六妙門，十六特勝等，名定力也。慧根增長等者，能遮其見思之通惑。通惑者，三乘同斷故。又能遮其塵沙無明之別惑，令不起。別惑謂獨菩薩斷，二乘不斷故，發眞諦無漏智慧也。

五　行

曇無讖譯《大般涅槃經》卷一一 爾時，佛告迦葉菩薩：善男子！菩薩摩訶薩應當於是《大般涅槃經》，專心思惟五種之行。何等爲五，一者聖行，二者梵行，三者天行，四者嬰兒行，五者病行。善男子！菩薩摩訶薩，常當修習是五種行。

寶亮《大般涅槃經集解》卷二七 五行者，上雖説病行對治煩惱，未説行相及行次第，今説之也。何者，要自無縛，能解人縛，故聖行在初也。若解人縛，功由四等，故次説梵行。四等廣濟，事須神通，神通之道，四禪爲勝，故次説天行。神道接物，或愚或智，故次説嬰兒行也。如是四行，若在學也，對治煩惱，名爲病行。若在無學，名如來行，以如來能說能行故也。法瑤曰，所以次明五行者，前二乘凡夫，發無上道心。此心非不遠行五行，即前問中微妙諸行等也。

智顗《妙法蓮華經玄義》卷四下 今依《法華》釋圓五行。五行在一心中，具足無缺名如來行。文云：如來莊嚴而自莊嚴即圓聖行。如來室即圓梵行。如來座即圓天行。如來衣有二種，柔和即圓嬰兒行，忍辱即圓病行。此五種行，即一實相行，一不作五，五不作一，非共非離不可思議，名一五行。

云何莊嚴名聖行。文云持佛淨戒，佛戒即圓戒也。又云，深達罪福相，遍照於十方。即罪即福而見實相，乃名深達。以實相心離十惱亂等，皆是圓戒。佛自住大乘，如其所得法定慧力莊嚴，即是佛之定慧莊嚴，故名佛聖行也。

云何如來室名梵行。無緣慈悲，能爲法界依止。如磁石普吸，莫不歸趣。又以弘誓神通智慧引之，令得住是法中故，以如來室爲梵行。

云何如來座爲天行。第一義天實相妙理，諸佛所師，一切如來同所栖息。文云：觀一切法空，不動不退，亦不分別上中下法、有爲無爲、實不實法故，如來座即天行。

云何如來衣嬰兒行病行。遮喧遮靜，故名忍辱。雙照二諦，復名柔和。文云：能爲下劣忍于斯事，即脫瓔珞，著弊垢衣，即同病行。方便附近，即同嬰兒行。又復觀十法界寂滅，即如來座名天行。拔九法界性相故起悲，與一法界樂故起慈，即是梵行。柔和照善，性相即同嬰兒，照惡性相即同病行。又照善性相即戒，寂照即定慧，即是聖行。當知，一心照十法界，即具圓五行。又一心五行即是三諦三昧，聖行即眞諦三昧，梵嬰病即俗諦三昧，天行即中道王三昧。又圓三三昧。圓破二十五有即空故，破二十五惡業見思等即假故，破二十五無知即中故。破二十五無明，即一而三，即三而一。一空一切空，一假一切假，一中一切中，故名如來行。

慧遠《大乘義章》卷一二 五行義，三門分別（一釋名，二辨體，三就位分別）。

五行之義，出《涅槃經》。名字是何。一是聖行，二是梵行，三是天行，四是病行，五嬰兒行。

言聖行者，就人爲名。如經中釋，諸佛菩薩是其聖人，聖人之行名爲聖行。又此亦得當相爲名會正名聖，此行會正故名聖行。問曰：五行皆聖人行，何故獨此偏名聖行。釋言：諸行名有通別。通則一切皆是聖行，於中別分初一名聖，餘者隨義更與異名。良以此行正聖人自行之體，故偏名聖。

言梵行者，當相爲名。梵名爲淨，利他之行，能爲一切不善對治離過清淨，故名爲梵。亦可此行從果爲名。初禪已上離欲果報，名之爲梵。四無量等能生梵果，故名梵行。又復涅槃亦名梵果，此行能得說爲梵行。

言天行者，當相爲名。一切禪定名爲天住，天住之行名爲天行。亦可此行從果立稱。初禪已上淨天果報名之爲天，禪爲彼因名爲天行。又禪能得大般涅槃第一義天，亦名天行。

言病行者，從所治爲名。罪業是病，治病之行故名病行。

嬰兒行者，有二種。一者自利，二者利他。若論自利，從喻爲名。行離分別，如彼嬰兒無所辨了，名嬰兒行。若論利他，從所化爲名。如經中說，凡夫二乘始行菩薩，如似嬰兒。化此嬰兒，名嬰兒行。名義如是（此一門竟）。

次辨體相。聖行體者，經說有三。一戒，二定，三者智慧。此三如上三學章中具廣分別。梵行體者，依經有二。一七善法化他之德，二四無量化他之心。何者七善。如經中說，一者知法，二者知義，三者知時，四者知足，五者知自，六者知眾，七知尊卑。七中前五是自利行，後二利他。自利二行具足，方堪益物，是以明之。言知法者，知佛所說十二部經。言知義者，知經所說一切法義。言知時者，知起行時，知如是時，任修寂靜。如是時中，任修精進。如是時中，任修捨心。如是時中，任修施戒。如是一切。言知足者，是節量行。知於飲食湯藥眾具受求以限，故曰知足。言自知者，於前所修自行功德有成就者，如實知之，故曰自知。故經說言，菩薩自知我有如是信戒施等。言知眾者，善知刹利婆羅門等種種眾別。如應教化。知尊卑者，知彼所化行有優劣，量宜勸道。七善如是。四無量心如上廣辨。有人更說，知見覺等以爲梵行。案經以求四無量慧。知見覺心及六念等，亦是第四捨中所收，不應別分。天行體者，謂八禪定。此義如後八禪章中具廣分別。此前三行，猶《地持》中三住所攝。初聖行者，是彼聖住。第二梵行是彼梵住。第三天行是彼天住。前三攝善，後二離過。懺治前法，名爲病行。不起後過，名嬰兒行。又化嬰兒令不起過，亦得名爲嬰兒行矣。體相如是（此二門竟）。

次就位論。此五通則遍在諸地，隨相別分，修在地前，成在地上。此云何知。如經中說，定行成時住堪忍地，慧行成時住不動地，慈行成時住於極愛一子之地，捨行成時住空平等地。所成皆在初地已上，明知修處在於地前。五行如是。

五　性 五姓　五種姓

圓測《解深密經疏》卷四　言五姓者，所謂三乘、不定、無性。言無性者，謂於身中，無有三乘涅槃種性。就有性中，有其四種。一聲聞種性，謂於身中唯有聲聞涅槃種性。二獨覺種性。三菩薩種姓。此二種姓唯同聲聞。四不定種姓，謂於身中，具有三乘涅槃種姓，而彼迴心定趣佛果，由佛菩薩大悲方便所攝受故。然彼種姓自有二種，一性種姓，二習種姓。釋此種姓，西方諸師諸說不同。一唯本非新，如護月菩薩亦名月藏彼立唯有法爾種子，而無新熏。二唯新非本，如難陁及勝軍等，彼立唯有新熏種子，而無法爾。三亦本亦新，如護法菩薩，具立新熏法爾二種子爲性種姓，新所熏種爲習種性。若廣分別，如《成唯識》第二卷。如是五姓，具如別章。或可此云非一種姓者，三乘不定，四性非一，故言種種。約根分三者，謂諸聖者隨根利鈍，有上中下，故立三乘。由此道理，密意說一，非無三乘，故說一乘（深密解脱意亦同此）。

德清《大方廣圓覺脩多羅了義經直解》卷上　此下正答脩行有幾種性。先徵，後釋也。五性者，一凡夫種性，二二乘種性，三菩薩種性，四不定種性，五外道種性。此初凡夫種性也。

若諸衆生，永捨貪欲，先除事障，未斷理障，但能悟入聲聞緣覺，未能顯住菩薩境界。

此二乘種性也。以二乘人，但斷六識三毒，離分段生死，故云永捨貪欲。經云，但盡生死，謂爲滅度，其實未得一切滅度。

善男子！若諸末世一切衆生，欲泛如來大圓覺海，先當發願勤斷二障。二障已伏，即能悟入菩薩境界。若事理障已永斷滅，即入如來微妙圓覺，滿足菩提及大涅槃。

此菩薩種性也。三賢伏二障，地上斷二障。論云，分別二障極喜無，六七俱生地地除。若金剛道後，異熟已空，則二障永斷，即入如來大涅槃海。

善男子！一切衆生，皆證圓覺。逢善知識，依彼所作因地法行，爾時脩習，便有頓漸。若遇如來無上菩提正脩行路，根無大小，皆成佛果。

此不定種性也。若言一切衆生皆證圓覺，則各各皆是如來種性矣，何有不定之差耶。但彼各人所遇善知識，依各自脩因地法行而開示之。因此脩習，則有頓漸不同。此不定性，在師不在根，所謂聞熏成種也。若遇大善知識，以如來正脩行路開導脩行，則根無大小，皆成佛果。此顯佛性是一，因師不定故。《楞伽》要親最勝知識也。此則三乘皆不定攝。

若諸衆生，雖求善友，遇邪見者，未得正悟，是則名爲外道種性。邪師過謬，非衆生咎，是名衆生五性差別。

此外道種性也。既云一切衆生皆證圓覺，無有不成佛者，何得有邪。良由所遇邪師邪教，故成邪耳。此但邪師之過，非衆生佛性之過也。此經圓教大乘，無機不攝，以因師邪而邪。若捨邪歸正，無一不成佛者，闡提作佛義見於此。

通潤《大方廣圓覺脩多羅了義經近釋》卷三　難云：一切衆生皆證圓覺，云何而有五性差別。答：衆生雖同證圓覺性，由彼所遇善知識者，或是大乘，或是小乘，或人天乘，各各不同。彼即以己之所證所得者示人，故聞法者隨波熏習，依彼所作因地法行修習，便有頓漸不同。若得值遇大善知識，示以無上菩提正修行路，令彼得沾平等甘露法味，即無論大根小根，皆成佛果。故知性本是一，因熏習而成五，非本性有五也。五者，衆生雖求善友，值遇邪師，不具正眼，心未能識，即依彼所作因地法行。如數論、勝論投灰拔髮等，勤苦修習，未得正悟，便入外道種性。所謂我眼本正，因師故邪。則此過在邪師，非衆生咎。此等皆依二障深淺，遂成五性差別。

佚名《大乘二十二問》　一就種子別立五乘，二就眞如唯立一姓。初約種子立五姓者，《無盡意》等諸經所說，一切衆生有五種姓。一無種姓，謂無三乘出世種子，由此畢竟常處凡夫。二聲聞姓，謂即本有聲聞種子，由此定成聲聞菩提。三緣覺姓，謂本有緣覺種子，由此定成緣覺菩提。四佛種姓，謂即本有佛種子，由此定得無上菩提。五不定性，謂具三乘無漏種子，由此漸得三乘菩提。此種子非是新生，從本已來法爾而有。諸經論中言佛性者，即是第四成佛正因，由有此性當成佛故，故此種子名爲佛性，不以眞如名爲佛性。若以眞如爲佛性者，草木瓦石皆有眞如，則草木等皆應成佛。經說衆生得成佛者，唯約有此佛種性人。而說一切皆成佛者，即是一切有佛種者，非前三類皆得成佛。經說二乘不成佛者，說第二三決定性人，定入涅槃，不成佛故。有說二乘得成佛者，唯約第五不定性人，迴心向大，乃成佛故。經說闡提不出世者，但約第一無種性人，無三乘因，永沈溺故。

衆生既有如是五性，故佛爲說五乘法門。爲第一人說人天法，五戒十善生人天故。爲第二人說四諦法，命觀染淨成阿羅漢故。爲第三人說十二因緣，令觀因緣成緣覺故。爲第四人說波羅蜜，令修萬行得成佛故。爲第五人具說三乘，令漸修行成佛果故。既有如是定性三乘，故三乘法是其實理。而有經中說一乘者，但爲別攝不定性人，令捨二乘向佛果故，就權方便假說一乘。定性二乘若成佛者，則一乘法應是眞實。何故《深密》及諸經中說一乘法是不了義，後約眞如立一性者，即《涅槃》等諸經皆說一切衆生皆有佛性，即是諸法眞如一切衆生平等共有。由有此性，皆得成佛，故說衆生皆唯一性。既諸衆生皆當得佛，即一切行皆順眞如，是故唯立一乘正法。而經有說五乘性者，但由無明厚薄不同，出世因緣有小有大，故有五乘種性差別。無明厚者未起信心，是阿闡提，名無種性。無明薄者發出世心，隨同三乘成三乘性，故有三乘決定性人。若於三乘俱可愛樂，是故名爲不定性人。此五種性既近熏成，近可令其得利樂故，故佛隨姓爲說三乘。爲無姓人說人天法，爲三乘人說三乘法。然其三乘有隱有顯。初爲別攝小乘姓人，令其證得小乘果故，是故隱覆爲說小乘，不言所說是小乘法，不道別有無上大乘。佛說自身是阿羅漢，我與汝等同在一乘，衆生由得成聖果，不知別有究竟大乘，執我與佛等無差別。世尊爲破如是執著及爲別攝大乘姓人，令普修行大乘法故，更爲顯說三乘法門，乃說三乘是其實理，言一乘者是權敎門。《解深密經》依此而說。此就麁淺近緣門說，有此五性三乘法門。若就眞如微細正因，一切衆生皆有佛性。是故究竟唯有一乘，一切二乘皆得成佛，決定實無定性二乘，十方佛土唯一乘法。故知實理唯一佛乘。《法花經》等依此而說。

五見

玄奘譯《顯揚聖教論》卷一　見者：謂五見爲體。一、薩迦耶見。謂于五取蘊，計我我所，染汙慧爲體。或是俱生，或分別處。能障無我無顚倒解爲業。如前乃至增長薩迦耶見爲業。如經說：如是知見，永斷三結，謂身見，戒禁取，疑。二、邊執見。謂於五取蘊，執計斷常，染汙慧爲體。或是俱生，或分別起。能障無常無顚倒解爲業。如前乃至增長邊執見爲業。如經說：迦多衍那！一切世間，依止二種，或有或無。三、邪見。謂謗因，謗果，或謗功用，或壞實事，染汙慧爲體。唯分別起。能障正見爲業。如前乃至增長邪見爲業。如經說：有邪見者，所執皆倒。乃至廣說。四、見取。謂於前三見及見所依蘊，計最、勝、上、及與第一，染汙慧爲體。唯分別起。能障苦及不淨無顚倒解爲業。如前乃至增長見取爲業。如經說：於自所見，取執堅住。乃至廣說。五、戒禁取。謂于前諸見及見所依蘊，計爲清淨、解脫、出離，染汙慧爲體。唯分別起。能障如前無顚倒解爲業。如前乃至增長戒禁取爲業。如經說，取結取系。

玄奘譯《大乘五蘊論》卷一　云何爲見，所謂五見。一薩迦耶見。二邊執見。三邪見。四見取。五戒禁取。云何薩迦耶見。謂於五取蘊，隨觀爲我，或爲我所，染汙慧爲性。云何邊執見。謂卽由彼增上力故，隨觀爲常，或複爲斷，染汙慧爲性。云何邪見。謂或謗因，或複謗果，或謗作用，或壞善事，染汙慧爲性。云何見取。謂卽於三見及彼所依諸蘊，隨觀爲最爲上爲勝爲極，染汙慧爲性。云何戒禁取。謂於戒禁及彼所依諸蘊，隨觀爲清淨、爲解脫、爲出離，染汙慧爲性。

地婆訶羅譯《大乘廣五蘊論》卷一　云何見，見有五種。謂薩迦耶見，邊執見，邪見，見取，戒禁取。云何薩迦耶見。謂於五取蘊，隨執爲我，或爲我所，染慧爲性。薩，謂敗壞義。迦耶，謂和合積聚義。卽於此中，見一見常，異蘊有我，蘊爲我所等。何故複如是說。謂薩者，破常想。迦耶，破一想。無常積集，是中無我及我所故。染慧者，謂煩惱俱。一切見品所依爲業。云何邊執見，謂薩迦耶見增上力故，即於所取，或執爲常，或執爲斷，染慧爲性。常邊者，謂執我自在，爲遍常等。斷邊者，謂執有作者丈夫等，彼死已不復生，如瓶既破，更無盛用。障中道出離爲業。云何邪見，謂謗因果，或謗作用，或壞善事，染慧爲性。謗因者，因謂業煩惱性，合有五支。煩惱有三種，謂無明、愛、取。業有二種，謂行及有。有者，謂依阿賴耶識諸業種子，此亦名業。如世尊説：阿難！若業能與未來果，彼亦名有。如是等，此謗名爲謗因。謗果者，果有七支，謂識、名色、六處、觸、受、生、老死。此謗爲謗果。或複謗無善行惡行，名爲謗因。謗無善行惡行果報，名爲謗果。謗無此世他世，無父無母，無化生衆生，此謗爲謗作用。謂從此世往他世作用，種子任持作用，結生相續作用等。謗無世間阿羅漢等，爲壞善事。斷善根爲業，不善根堅固所依爲業。又生不善，不生善爲業。云何見取，謂於三見及所依蘊，隨計爲最爲上爲勝爲極，染慧爲性。三見者，謂薩迦耶、邊執、邪見。所依蘊者，即彼諸見所依之蘊。業如邪見説。云何戒禁取，謂於戒禁及所依蘊，隨計爲清淨，爲解脱，爲出離，染慧爲性。戒者，謂以惡見爲先，離七種惡。禁者，謂牛狗等禁，及自拔發，執三支杖，僧佉定慧等。此非解脱之因。又計大自在，或計世主，及入水火等。此非生天之因。如是等，彼計爲因。所依蘊者，謂即戒禁所依之蘊。清淨者，謂即説此無間方便以爲清淨。解脱者，謂即以此解脱煩惱。出離者，謂即以此出離生死。是如此義，能與無果唐勞疲苦所依爲業。無果唐勞者，謂此不能獲出苦義。

玄奘譯《阿毗達磨俱舍論》卷一九　由行有殊，分見爲五。名先已列。自體如何。

頌曰：我我所斷常，撥無劣謂勝，非因道妄謂，是五見自體。

論曰：執我及我所，是薩迦耶見。壞故名薩，聚謂迦耶，即是無常和合蘊義。迦耶即薩，名薩迦耶。此薩迦耶，即五取蘊，爲遮常一想，故立此名。要此想爲先，方執我故。《毗婆沙》者作如是釋：有故名薩，身義如前，勿無所緣，計我我所，故説此見，緣於有身。緣薩迦耶而起此見，故標此見，名薩迦耶。諸見但緣有漏法者，皆應標以薩迦耶名。然佛但於我我所執，標此名者，令知此見緣薩迦耶，非我我所。以我我所，畢竟無故。如契經説：苾芻當知，世間沙門婆羅門等，諸有執我等隨觀見，一切唯於五取蘊起。即於所執我我所事，執斷執常，名邊執見，以妄執取斷常邊故。於實有體苦等諦中，起見撥無，名爲邪見。一切妄見，皆顛倒轉，幷應名邪。而但撥無名邪見者，以過甚故。如説臭酥惡執惡等，此唯損減，余增益故。於劣謂勝，名爲見取。有漏名劣，聖所斷故。執劣爲勝，總名見取。理實應立見等取名。略去等言，但名見取。於非因道謂因道見，一切總説名戒禁取。如大自在生主，或餘非世間因，妄起因執。投水火等種種邪行，非生天因，妄起因執。唯受持戒禁數相應智等，非解脱道，妄起道執。理實應立戒禁等取名。略去等言，但名戒禁取。是謂五見自體應知。

玄奘譯《阿毗達磨大毗婆沙論》卷四九　有五見，謂有身見，邊執見，邪見，見取，戒禁取。問：此五見以何爲自性。答：以三十六事爲自性。謂有身見，邊執見，各三界見苦所斷爲六事。邪見，見取，各三界四部爲二十四事。戒禁取，三界各見苦道所斷爲六事。由此五見以三十六事爲自性。已説自性，所以今當説。問：何故名見。見是何義。答：以四事故名見。一徹視故，二推度故，三堅執故，四深入所緣故。徹視故者，謂能徹視，故名爲見。問：此見既邪，又是顛倒，云何名視。答：雖邪顛倒，而性是慧，能見所緣，故亦名視。如人見境，若明若昧，俱名視故。推度故者，謂能推度，故名爲見。問：一剎那頃，如何推度。答：性猛利故，亦能推度。堅執故者，謂能堅執，故名爲見。此見於境，僻執堅牢，非聖慧刀無由令舍。佛佛弟子執聖慧刀，截彼見芽，方令舍故。如有海獸，名室首魔羅。彼所齧物，非刀不能解。謂彼若齧諸草木等，要截其芽，方令舍故。如有頌言，

愚人所受持，鱣魚所銜物，室首魔羅齧，非刀不能解。

深入所緣故者，謂性猛利，深入所緣，如針墮泥，故名爲見。複次以二事故名見，一觀視故，二決度故。複次以三事故名見，一有見相故，二成所作故，三於境無礙故。複次以三事故名見，一意樂故，二執著故，三推究故。複次以三事故名見，一意樂故，二加行故，三無知故。意樂故者，謂意樂壞者。加行故者，謂加行壞者。無知故者，謂俱壞者。

玄奘譯《阿毗達磨大毗婆沙論》卷四八　問：何故五見中四見，合立

爲見取，一見別立爲戒禁取耶。脅尊者言：佛知諸法性相勢用，若於見中堪別立者，則別立之。若不爾者，便總建立。故不應責。複次，前說以二事故名取，謂能熾然業及行相猛利。五趣有情，由戒禁取，熾然諸業，等餘四見，故別立取。尊者妙音，作如是說。五趣有情，由戒禁取，熾然諸業，勢用速疾尤重親近，過餘四見，故別立取。複次，以戒禁取，違逆聖道，遠離解脫，故別立取。違逆聖道者，由戒禁取，舍眞聖道，妄計種種非理苦行能得清淨。如斷飲食，臥灰臥杵，面隨日轉，服氣服水，或唯啖果，或但食菜，或著弊衣，或全露體，執如是等，能得清淨。遠離解脫者，如如修行苦行邪道，如是如是遠離解脫。複次，以戒禁取，欺誑內外二道，故別立取。欺誑內道者，如執洗淨受持十二杜多功德，能證清淨。欺誑外道者，如執種種卽前所說非理苦行，能得清淨。尊者妙音，作如是說。此戒禁取，現見生苦，如炎熾火，欺誑二道，如惑嬰兒，故別立取。

玄奘譯《阿毗達磨大毗婆沙論》卷九五　五見者，謂有身見、邊執見、邪見、見取、戒禁取。問：何故此五說名爲見。答：以四事故。一觀視故，謂能觀視所應取境。問：此五邪僻，顚倒觀視，如何名見。答：此雖邪僻顚倒觀視而是慧性，故名爲見。如人眼根，雖不明了，而能觀視，故亦名見。二決度故。謂能決度所應取境。問：既一刹那，如何決度。答：性猛利故，立決度名。三堅執故。謂於自境，堅固僻執，非聖道劍，不能令舍。佛及弟子，以聖道劍，斷彼見牙，後方舍故。如有海獸，名室首摩羅，凡所銜物，堅執不舍。要以利劍，斷截其牙，然後乃舍。五見亦然。四深入故。謂於所緣，銳利深入，如針墮泥。複次以二事故，此五名見。一照矚故，二推求故，複次以三事故，此五名見。一見相相應故，二能成見事故，三於緣無礙故，複次以三事故，此五名見。一意樂故，二執著故，三尋求故，複次以三事故，說名爲見。一意樂故，二加行故，三無知故。意樂故者，謂得定者見。加行故者，謂尋思者見。無知故者，謂隨聞者見。複次意樂故者，謂意樂壞者見。加行故者，謂加行壞者見。無知故者，謂俱壞者見。是故此五，亦說名見。

五　法

佛陀耶舍、竺佛念譯《佛說長阿含經》卷八　又，諸比丘！如來說五正法，謂五入：眼色、耳聲、鼻香、舌味、身觸。復有五法，謂五受陰：色受陰、受、想、行、識受陰。復有五法，謂五蓋：貪欲蓋、瞋恚蓋、睡眠蓋、掉戲蓋、疑蓋。復有五法，謂五下結：身見結、戒盜結、疑結、貪欲結、瞋恚結。復有五法，謂五上結：色愛、無色愛、無明、慢、掉。復有五法，謂五根：信根、精進根、念根、定根、慧根。復有五法，謂五力：信力、精進力、念力、定力、慧力。

復有五法，謂滅盡枝：一者比丘信佛、如來、至眞、等正覺、十號具足。二者比丘無病，身常安隱。三者質直無有諛諂，能如是者，如來則示涅槃徑路。四者自專其心，使不錯亂，昔所諷誦，憶持不忘。五者善於觀察法之起滅，以賢聖行，盡於苦本。復有五法，謂五發：非時發、虛發、非義發、虛言發、無慈發。復有五法，謂五善發：時發、實發、義發、和言發、慈心發。復有五法，謂五憎嫉：住處憎嫉、檀越憎嫉、利養憎嫉、色憎嫉、法憎嫉。

復有五法，謂五趣解脫：一者身不淨想，二者食不淨想，三者一切行無常想，四者一切世間不可樂想，五者死想。復有五法，謂五出要界：一者比丘於欲不樂、不動，亦不親近，但念出要，樂於遠離，親近不怠，其心調柔，出要離欲，彼所因欲起諸漏纏，亦盡捨滅而得解脫，是爲欲出要。瞋恚出要、嫉妬出要、色出要、身見出要，亦復如是。

復有五法，謂五喜解脫入。若比丘精勤不懈，樂閑靜處，專念一心，未解得解，未盡得盡，未安得安。何謂五。於是比丘聞如來說法，或聞梵行者說，或聞師長說法，思惟觀察，分別法義，心得歡喜，得歡喜已，得法愛，得法愛已，身心安隱，身心安隱已，則得禪定，得禪定已，得實知見，是爲初解脫入。於是比丘聞法喜已，受持諷誦，亦復歡喜，爲他人說，亦復歡喜，思惟分別，亦復歡喜，於法得定，亦復如是。復有五法，謂五人：中般涅槃、生般涅槃、無行般涅槃、有行般涅槃、上流阿迦尼吒。諸比丘！是爲如來所説正法，當共撰集，以防諍訟，使梵行久立，多所饒益，天人獲安。

佛陁耶舍、竺佛念譯《佛説長阿含經》卷九 復有五成法、五修法、五覺法、五滅法、五退法、五增法、五難解法、五生法、五知法、五證法。云何五成法。謂五滅盡枝：一者信佛、如來、至眞、十號具足。二者無病，身常安隱。三者質直無有諛諂，直趣如來涅槃徑路。四者專心不亂，諷誦不忘。五者善於觀察法之起滅，以賢聖行盡於苦本。云何五修法。謂五根：信根、精進根、念根、定根、慧根。云何五覺法。謂五受陰：色受陰，受、想、行、識受陰。

云何五滅法，謂五蓋：貪欲蓋、瞋恚蓋、眠睡蓋、掉戲蓋、疑蓋。云何五退法，謂五心礙結：一者比丘疑佛，疑佛已，則不親近，不親近已，則不恭敬，是爲初心礙結。又比丘於法、於衆、於戒，有穿漏行、不眞正行、爲汙染行，不親近戒，亦不恭敬，是爲四心礙結。又復比丘於梵行人生惡害心，心不喜樂，以麁惡言而毁罵之，是爲五心礙結。云何五增法，謂五喜本：一悦、二念、三猗、四樂、五定。

云何五難解法，謂五解脱入：若比丘精勤不懈，樂閑靜處，專念一心，未解得解，未盡得盡，未安得安。何謂五。若比丘聞佛説法，或聞梵行者説，或聞師長説，思惟觀察，分別法義，心得歡喜。得歡喜已，便得法愛。得法愛已，身心安隱。身心安隱已，則得禪定。得禪定已，得如實智。是爲初解脱入。於是，比丘聞法歡喜，受持諷誦，亦復歡喜，爲他人説，亦復歡喜，思惟分別，亦復歡喜，於法得定，亦復如是。

云何五生法，謂賢聖五智定：一者修三昧現樂後樂，生内外智。二者賢聖無愛，生内外智。三者諸佛賢聖之所修行，生内外智。四者猗寂滅相，獨而無侣，而生内外智。五者於三昧一心入、一心起，生内外智。云何五知法，謂五出要界：一者比丘於欲不樂、不念，亦不親近，但念出要，樂於遠離，親近不怠，其心調柔，出要離欲。因欲起漏亦盡捨滅，而得解脱，是爲欲出要。瞋恚出要、嫉妬出要、色出要、身見出要，亦復如是。云何五證法，謂五無學聚：無學戒聚、定聚、慧聚、解脱聚、解脱知見聚，是爲五十法。如實無虚，如來知已，平等説法。

玄奘譯《瑜伽师地论》卷九九 復次略有五法，攝毘柰耶。何等爲五。一者性罪。二者遮罪。三者制。四者開。五者行。云何性罪。謂性是不善，能爲雜染，損惱於他。能爲雜染，損惱於自。雖不遮制，但有現行，便往惡趣。雖不遮制，但有現行，能障沙門。云何遮罪。謂佛世尊觀彼形相不如法故，或令衆生重正法故，或見所作隨順現行性罪法故，或爲隨順護他心故，或見障礙善趣壽命沙門性故，而正遮止。若有現行如是等事，説名遮罪。云何名制。謂有所作，能往惡趣，或障善趣，或障如法所得利養，或障壽命，或障沙門。如是等類，如來遮制，不令現行，故名爲制。與此相違，應知名開。云何名行。謂略有三行，一者有犯，二者無犯，三者還淨。如是三種，略攝爲二。一者邪行，二者正行。應知有犯，説名邪行。無犯還淨，説名正行。

玄奘譯《顯揚聖教論》卷六 論曰：五法者，一相，二名，三分別，四眞如，五正智。相者，若略説，謂一切言説所依處。名者，謂于諸相中依增語。分別者，謂三界所攝諸心心法。眞如者，謂法無我所顯，聖智所行，一切言説所不依處。正智者，略有二種，一唯出世間，二世間出世間。唯出世間正智者，謂由正智，聲聞獨覺諸菩薩等，通達眞如。又諸菩薩，以世出世智，於五明處，精勤學時，由遍滿眞如智，多現在前故，速疾證得所知障淨。世間出世間正智者，謂諸聲聞及獨覺等，初通達眞如已，由初一向出世間正智力，後所得世間出世間正智故，于諸安立諦中，起厭怖三界心，及愛味三界寂靜處。又由彼正智多現在前故，速疾證得煩惱障淨。

玄奘譯《成唯識論》卷一〇 有義：初一攝自性身，説自性身，本性常故。説佛法身，無生滅故。説證因得，非生因故。又説法身，諸佛共有，徧一切法，猶若虚空，無相無爲，非色心故。然説轉去藏識得者，謂由轉滅第八識中二障麁重，顯法身故。智殊勝中説法身者，是彼依止，彼實性故。自性法身，雖有眞實無邊功德，而無爲故，不可説爲色心等物。四智品中眞實功德鏡智所起常遍色身，攝自受用。平等智品所現佛身，攝他受用。成事智品所現隨類種種身相，攝變化身。説圓鏡智是受用佛，轉諸轉識，得受用故。雖轉藏識，亦得受用。然説轉彼顯法身故，於得受用，略不説之。又説法身無生無滅，唯證因得，非色心等。圓鏡智品，與此相違。若非受用，屬何身攝。又受用身，攝佛不共有爲實德。故四智品，實有色心，皆受用攝。又他受用及變化身，皆爲化他方便示現，故不可說實智爲體。雖說化身，智殊勝攝，而似智現，或智所起，假說智名。體實非智。但說平等成所作智，能現受用三業化身。不說二身卽是二智。故此二智，自受用攝。然變化身及他受用，雖無眞實心及心所，而有化現心心所法。無上覺者，神力難思，故能化現無形質法。若不爾者，云何如來現貪瞋等久已斷故。云何聲聞及傍生等，知如來心。如來實心，等覺菩薩，尚不知故。由此經說，化無量類，皆令有心。又說，如來成所作智，化作三業。又說，變化有依他心，依他實心相分現故。雖說變化無根心等，而依餘說，不依如來。又化色根心心所法，無根等用，故不說有。

五受

慧遠《大乘義章》卷六　言五受者，所謂苦、樂、憂、喜及捨。五識地中，逼惱名苦，適悅名樂。意識地中，愁惱名憂，慶悅名喜。捨通六識。五受如是，相應云何。依如《毗曇》，使與五受同時相應，彼說欲界具有五受。就此地中，不共無明，唯捨相應。疑使與彼憂捨相應，以疑惱故與憂相應。息時在捨，故捨相應。論言：欲界喜麁疑細，是故不與喜受相應。在意地故，不與苦樂二受相應。身邊兩見戒見二取，及與慢使喜捨相應。異見暢心高慢揆意，故喜相應。息與捨俱，故捨相應，非憂慼行，是故不與憂苦相應。在意地故，非樂相應。邪見一使，憂喜及捨三受相應。彼邪見人，聞有因果，則生憂惱，故憂相應。聞無則喜，故喜相應。息與捨合，故捨想應。在意地故，不與苦樂二受相應，貪與喜樂捨受相應。以通六識染著行故，喜樂相應。息在捨故，與捨受相應。非違惱行，是故不與憂苦相應。瞋與憂苦捨受相應，對貪可知相應無明。

玄奘譯《阿毗達磨俱舍論》卷三　頌曰：身不悅名苦，卽此悅名樂。及三定心悅，餘處此名喜。心不悅名憂，中捨二無別。見修無學道，依九立三根。

論曰：身謂身受，依身起故，立五識相應受。言不悅者，是損惱義。於身受內，能損惱者，名爲苦根。所言悅者，是攝益義。卽身受內，能攝益者，名爲樂根。及第三定心相應受，能攝益者，亦名樂根。第三定中，無有身受，五識無故。心悅名樂，卽此心悅，除第三定，於下三地，名爲喜根。第三靜慮，心悅安靜，離喜貪故，唯名樂根。下三地中，心悅麁動，有喜貪故，唯名喜根。意識相應，能損惱受，是心不悅，名曰憂根。中謂非悅非不悅，卽是不苦不樂受，此處中受，名爲捨根。如是捨根，爲是身受，爲是心受。應言通二。何因此二，總立一根。此受在身心，同無分別故。在心苦樂，多分別生。在身不然，隨境力故。阿羅漢等，亦如是生。故此立根，身心各別。捨無分別，任運而生，是故立根，身心合一。又苦樂受，在身在心，爲損爲益，其相各異，故別立根。捨在身心，同無分別，非損非益，其相無異，故總立根。

施護譯《佛說大集法門經》卷下　復次，五受根，是佛所說。謂樂受根、苦受根、喜受根、憂受根、捨受根。

五衰

佛陁耶舍、竺佛念譯《佛說長阿含經》卷二　爾時，世尊告諸淸信士曰：凡人犯戒，有五衰耗。何謂爲五。一者求財，所願不遂。二者設有所得，日當衰耗。三者在所至處，衆所不敬。四者醜名惡聲，流聞天下。五者身壞命終，當入地獄。

又告諸淸信士：凡人持戒，有五功德。何謂爲五。一者諸有所求，輒得如願。二者所有財產，增益無損。三者所往之處，衆人敬愛。四者好名善譽，周聞天下。五者身壞命終，必生天上。

闍那崛多譯《佛本行集經》卷五　爾時，護明菩薩大士天壽滿已，自然而有五衰相現。何等爲五。一者頭上花萎，二者腋下汗出，三者衣裳垢膩，四者身失威光，五者不樂本座。

闍那崛多譯《佛本行集經》卷三五　時忉利天有一天子，五衰相現，不久定當墮落世間。五衰相何。一者彼天頭上妙花，忽然萎黃。二者彼天，自身腋下，汗汁流出。三者彼天，所著衣裳，垢膩不淨。四者彼天，身體威光，自然變改。五者彼天，常所居停，微妙寶床，忽然不樂，東西移徙。

玄奘譯《阿毗達磨大毗婆沙論》卷七〇 復次，彼依解脱五種衰相，故作是説。謂諸天中將命終位先有二種五衰相現。一小二大。云何名爲小五衰相。一者諸天往來轉動，從嚴身具，出五樂聲，善奏樂人所不能及。將命終位，此聲不起。有説，復出不如意聲。二者諸天身光赫弈，晝夜恒照，身無有影，將命終時，身光微昧。有説，全滅身影便現。三者諸天，膚體細滑，入香池浴，纔出水時，水不著身，如蓮花葉。將命終位，水便著身。四者諸天，種種境界，悉皆殊妙，漂脱諸根，如旋火輪，不得暫住。將命終位，專著一境，經於多時，不能捨離。五者諸天，身力强盛，眼嘗不瞬。將命終時，身力虚劣，眼便數瞬。云何名爲大五衰相。一者衣服先淨今穢。二者花冠先盛今萎。三者兩腋忽然流汗。四者身體欻生臭氣。五者不樂安住本座。前五衰相現已猶可轉，後五衰相現已不可轉。時天帝釋已有五種小衰相現，不久當有大衰相現。

法崇《佛頂尊勝陁羅尼經教跡義記》卷上 問曰：諸天欲死，有何相貌。答曰：有其兩種，一者小五衰相現，二者大五衰相現。言小五衰相者，《俱舍論》云：一者衣服皆出非愛之聲。二者身光昧劣。三者水滴沾身。四者情滯一境。五者眼睛瞬動。若此小五衰相現，未必定死。若大五衰相現，必當定死。大五衰相者，《大因果經》曰：一者頭上華萎。二者腋下汗出。三者臭氣入身。四者不樂本座。五者眼睛瞬動。此相現時，必定當死。

智證《慈悲水懺法卷下隨聞錄》 《涅槃》云諸天五衰。謂頭上華萎，腋下汗出，下染裳垢，身體臭穢，不樂本座。此大五衰，必死之相。又《俱舍》云：衣服絕香，身光忽滅，浴滴沾身，本性貫馳，兩目眴運。此小五衰，遇勝緣猶可解，非定死相。觀得延天年語，必是小五衰。

五　忍

鳩摩羅什譯《佛説仁王般若波羅蜜經》卷上 佛言：大王！五忍是菩薩法。伏忍上中下、信忍上中下、順忍上中下、無生忍上中下、寂滅忍上中下，名爲諸佛菩薩修般若波羅蜜。

吉藏《仁王般若經疏》卷中三 初生起者，伏忍上中下，即是得聖方便行。二信忍上中下，即是入聖之初門。三順忍上中下，即是順無生果之近緣。四無生忍上中下，即是向果之功能。五寂滅忍上下，即是因果合説。就立五忍，意有三段。初五忍是菩薩法，表五忍屬人。二伏忍上中下，出五忍位。名爲諸佛菩薩下第三結釋初文。可知第二出位中，伏忍上中下者，習忍下，性忍中，道種忍上。在三賢位，信忍上中下，初地下，二地中，三地上。順忍上中下，四地下，五地中，六地上。無生忍上中下，七地下八地中，九地上。寂滅忍上下，十地下佛地上。

窺基《金剛般若波羅蜜論會釋》卷中 大王！五忍是菩薩法。伏忍上中下，信忍上中下，順忍上中下，無生忍上中下，寂滅忍上下。爲諸菩薩修般若波羅蜜。意説，地前十住十行十迴向名伏忍，以有漏智，伏煩惱故。初二三地名信忍，相同世間，修三福業，證淨信故。四五六地名順忍，順同二乘，作菩提分等出世道觀故。七八九地名無生忍，長時相續作彼觀智故。十地佛地名寂滅忍，因果滿故。

五　悔

吉藏《金光明經疏》 五種者何。所謂懺悔、勸請、隨喜、迴向、發願。菩薩何故行此五法者，欲反起惡根本心故。起罪根本，亦有五種。一者無慚愧心。二者不樂佛法心。三者嫉妬心。四者三有取著心。五懈怠心也。菩薩懺悔，以慚愧心爲體，故對翻第一心。然慚愧有三人。一者慚愧師友，見處不犯，不見處則犯，此是下品人。二者慚愧佛與天，憶時不犯，不憶則犯，此是中品人。三者愧自身與諸佛同性，而諸佛已證已得己性，我獨未得，故愧自身不作諸惡，此是上品人。第二勸請，以樂佛求法心爲體，故對翻第二。第三隨喜，以四等中喜心爲體故，對翻第三。第四迴向，以菩提心爲體故，對翻第四。第五發願，以願樂利益自他心爲體故，對翻第五。故《釋論》云，菩薩六時行五法也。

延壽《宗鏡錄》卷八八 於六時中行四三昧，懺六根罪，修習五悔。

五悔者：一懺悔，破大惡業罪。二勸請，破謗法罪。三隨喜，破嫉妬罪。四迴向，破諸有罪。五發願，順空無相願。所得功德不可限量，譬算校計亦不能說。若能勤行五悔方便，助開觀門，一心三諦，豁爾開明。如臨淨鏡，遍了諸色，一念心中，圓解成就。

戒環《大方廣佛華嚴經要解》 五悔解。《普賢行願品》云，若欲成就如來無盡功德，應修十種廣大行願。其中即五悔法也。經云，若修此法，則能成熟一切衆生，隨順無上菩提，成滿普賢行海。五法能悔除五障，故名五悔。謂悔吝生動，人誰無過，唯證不動智者可以無過也。然不動智體，爲業塵積障，若欲證之，必須懺滌，然後明現。故五法以懺悔爲先，塵銷覺淨，則心佛相應。故次用勸請諸佛說法利生也。既依佛法當能隨喜，所得福利當能迴向，因迴向善當發大願。此則成熟衆生成就菩提，滿普賢行，功用畢備，不動智佛，自此證矣。故普賢行願特設此法，而禮誦功終必須遵修也。

周琪《大方廣圓覺脩多羅了義經夾頌集解講義》 至求勝上心者，有障重如增上心，勇猛精進深加觀力，更助五悔。五悔如灰皂，用清水浣濯，障自去。五悔者，見行脩法華等懺，皆有五悔，嫉妬諂曲不得不先除也。

智旭《大乘起信論裂網疏》卷六 懺悔已下五事，合爲一科，總名五悔。謂懺悔，能滅業障。勸請，能滅魔障。隨喜，滅嫉妬障。迴向，能滅著二邊障。發願，能滅多退忘障。故名五悔也。

弘贊《禮佛儀式》 五悔法（一禮敬，二懺悔，三隨喜，四勸請，五發願迴向。如《彌勒所問經》云：佛告阿難彌勒菩薩，本求道時，不持耳鼻頭目、手足身命、珍寶妻子、國土布施，以成佛道。但以善權方便，安樂之行，得致無上正眞之道。何爲善權方便，彼晝夜各三時，正衣束體，下膝著地，向十方佛說言：）

我悔一切過，勸助衆道德，歸命禮諸佛，令得無上慧。

（悔過者，謂懺悔無始時來，身口意所作一切諸惡過失也。勸者，謂勸請十方一切菩薩未成佛者，願速成佛。已成佛者，願常住在世，轉正法輪，莫入涅槃，利樂有情也。助者，謂助喜一切凡聖功德，於十方界，一切衆生，永捨疾妬之心。其有修學一切功德，乃至一毫之善，我今悉皆助之隨喜也。歸命者，謂舉自身命，歸依諸佛。即是以刹塵身，而徧禮刹塵佛也。令得無上慧者，謂以上四種功德，及所修一切之善，願悉迴向，施與一切衆生，同圓無上種智正等菩提也。凡爲懺悔發願，不出此之五法。然諸經俱陳，但彼文廣，此文略耳。如《大金光明經》及《行願品》詳備。若樂廣者，自當檢閱。次當代君親等，致敬三寶）。

五神通

佛陀耶舍、竺佛念譯《佛說長阿含經》卷九 云何六證法，謂六神通。一者神足通證，二者天耳通證，三者知他心通證，四者宿命通證，五者天眼通證，六者漏盡通證。是爲六十法。諸比丘！如實無虛，如來知已，平等說法。

鳩摩羅什譯《摩訶般若波羅蜜經》卷二三 依四禪住，起五神通。身通、天耳、知他人心、宿命通、天眼通。於諸神通不取相，不念有是神通，不受神通味，不得是神通。

鳩摩羅什譯《大智度論》卷五 天眼通者，於眼得色界四大造清淨色，是名天眼。天眼所見，自地及下地六道中衆生諸物，若近若遠，若覆若細諸色，無不能照。見天眼有二種，一者從報得，二者從修得。是五通中天眼從修得，非報得。何以故，常憶念種種光明得故。

復次，有人言：是諸菩薩輩得無生法忍力故，六道中不攝，但爲教化衆生故，以法身現於十方三界中，未得法身菩薩，或修得，或報得。

問曰：是諸菩薩功德，勝阿羅漢、辟支佛，何以故讚凡夫所共小功德天眼，不讚諸菩薩慧眼、法眼、佛眼。

答曰：有三種天，一假號天，二生天，三清淨天。轉輪聖王、諸餘大王等，是名假號天。從四天王天，乃至有頂生處，是名生天。諸佛、法身菩薩、辟支佛、阿羅漢，是名清淨天。是清淨天修得天眼，是謂天眼通。佛、法身菩薩清淨天眼，一切離欲五通凡夫所不能得，聲聞、辟支佛亦所不得。所以者何。小阿羅漢小用心，見一千世界，大用心，見二千世界。大阿羅漢小用心，見二千世界，大用心，見三千大千世界。辟支佛亦爾。

是名天眼通。

云何名天耳通。於耳得色界四大造清淨色，能聞一切聲，天聲、人聲、三惡道聲。

云何得天耳通修得。常憶念種種聲，是名天耳通。

云何識宿命通。本事常憶念：日月年歲至胎中，乃至過去世中，一世、十世、百世、千萬億世，乃至大阿羅漢、辟支佛知八萬大劫，諸大菩薩及佛知無量劫，是名識宿命通。

云何名知他心通。知他心若有垢，若無垢，自觀心生、住、滅時，常憶念故得。

菩提流志譯《大寶積經》卷一〇一　一者天眼通，見無障礙故。二者天耳通，聞無障礙故。三者他心通，觀一切衆生心故。四者宿命通，憶念前際故。五者神足通，示現一切神變故。

玄奘譯《阿毗達磨大毗婆沙論》卷一四一　五通者，一神境智通，二天眼智通，三天耳智通，四他心智通，五宿住隨念智通。此五皆以慧爲自性，已說自性當說所以。問：何故名通。答：於自所緣無倒了達妙用無礙，故名爲通。界者四唯色界繫。他心智通色界繫及不繫。地者在四靜慮根本地。非近分非無色。所以者何。若地有五通所依殊勝三摩地，彼地有五通，近分無色無五通所依殊勝三摩地，是故於彼無此諸通。有說，若地有奢摩他毗鉢舍那，平等攝受彼地有五通，近分無色隨一闕故無有五通。所依者皆依欲色界。行相者四種唯不明了行相。他心智通若有漏，亦不明了行相。若無漏作道四行相。所緣者神境智通，緣欲色界，或四處或二處。天眼智通，緣欲色界色處。天耳智通，緣欲色界聲處。他心智通，緣欲色界及不繫心心所。宿住智通，緣欲色界五蘊。念住者，前三唯身念住。他心智通是三念住除身。宿住智通唯法念住。智者四種，唯世俗智。他心智通若有漏，是世俗智。他心智若無漏，是法智類智道智。

五　欲

僧伽提婆譯《增壹阿含經》卷七　彼云何爲欲有見，所謂五欲是也。云何爲五欲。所謂眼見色，甚愛敬念，未曾捨離，世人宗奉。若耳聞聲，鼻嗅香，口知味，身知細滑，意了諸法，是謂有見。

僧伽提婆譯《增壹阿含經》卷一二　欲有何味，所謂五欲者是。云何爲五。眼見色，爲起眼識，甚愛敬念，世人所喜。若耳聞聲、鼻嗅香、舌知味、身知細滑，甚愛敬念，世人所喜。若復於此五欲之中，起苦、樂心，是謂欲味。

僧伽提婆譯《增壹阿含經》卷二七　爾時，世尊告諸比丘：女人有五欲想。云何爲五欲想。一者生豪貴之家，二者嫁適富貴之家，三者使我夫主言從語用，四者多有兒息，五者在家獨得由己。是謂，比丘！女人有此五事可欲之想。

佛陀耶舍、竺佛念譯《佛說長阿含經》卷一二　若外道梵志作如是問：何樂自娛，沙門瞿曇之所稱譽。諸比丘！彼若有此言，汝等當答彼言：諸賢！有五欲功德，可愛可樂，人所貪著。云何爲五。眼知色，乃至意知法，可愛可樂，人所貪著。諸賢！五欲因緣生樂，當速除滅。猶如有人故煞衆生，自以爲樂。有如此樂，應速除滅。猶如有人公爲盜賊，自以爲樂。有如此樂，應速除滅。猶如有人犯於梵行，自以爲樂。有如是樂，應速除滅。猶如有人故爲妄語，自以爲樂。有如此樂，應速除滅。猶如有人放蕩自恣，自以爲樂。有如此樂，應速除滅。猶如有人行外苦行，自以爲樂。有如是樂，應速除滅。

鳩摩羅什譯《大智度論》卷一七　問曰：行何方便，得禪波羅蜜。答曰：卻五事，除五法，行五行。云何卻五事。當呵責五欲。哀哉衆生！常爲五欲所惱，而猶求之不已！此五欲者，得之轉劇，如火炙疥。五欲無益，如狗齩骨。

五欲增諍，如鳥競肉。五欲燒人，如逆風執炬。五欲害人，如踐惡蛇。五欲無實，如夢所得。

五欲不久，如假借須臾。世人愚惑，貪著五欲，至死不捨，爲之後世受無量苦。譬如愚人貪著好果，上樹食之，不肯時下，人伐其樹，樹傾乃墮，身首毀壞，痛惱而死。又此五欲，得時須臾樂，失時爲大苦，如蜜塗刀，舐者貪甜，不知傷舌。五欲法者與畜生共，有智者識之，能自遠離。

李師政《法門名義集》　五欲：色欲、聲欲、香欲、味欲、觸欲。是為五欲也。人天福報受五欲樂，修道之人捨而不著。故《維摩經》云：雖福應有，不當自恣。當觀五欲無常，以求善本。於身命財，而修堅法。

道誠《釋氏要覽》卷下　五欲，謂色、聲、香、味、觸也。《智論》云，五欲名華箭，又名五箭。破種種善事故。行者當訶云：哀哉衆生，常為五欲所惱，而求不已，將墜大坑。得之轉劇，如火炙疥。五欲無益，如狗咬骨。五欲增諍，如鳥競肉。五欲燒人，如逆風執炬。五欲害人，如踐毒蛇。五欲無實，如夢所得。五欲不久，如假借須臾。此五欲得暫時樂，失時大苦。《雜阿含》云：聞陁梵志問阿難言，汝以何義於佛教出家。答，為斷惡生善。故又問斷何惡。答，斷貪欲瞋癡。問，此有何過患。答，欲愛染著，能生惱亂，於現在世增長惡法，憂悲苦惱由之而生。未來世中，亦復如是。

五眼

鳩摩羅什譯《大智度論》卷三三　經：復次，舍利弗！菩薩摩訶薩欲得五眼者，當學般若波羅蜜！

論：何等五。肉眼、天眼、慧眼、法眼、佛眼。肉眼，見近不見遠，見前不見後，見外不見內，見晝不見夜，見上不見下。以此礙故，求天眼。得是天眼，遠近皆見，前後、內外，晝夜、上下，悉皆無礙。是天眼見和合因緣生假名之物，不見實相，所謂空、無相、無作，無生、無滅，如前，中、後亦爾。為實相故，求慧眼。得慧眼，不見衆生，盡滅一異相，捨離諸著，不受一切法，智慧自內滅，是名慧眼。但慧眼不能度衆生。所以者何。無所分別故，以是故求法眼。法眼令是人行是法，得是道，知一切衆生各各方便門，令得道證。法眼不能遍知度衆生方便道，以是故求佛眼。佛眼無事不知，覆障雖密，無不見知。於餘人極遠，於佛至近。於餘幽闇，於佛顯明。於餘為疑，於佛決定。於餘微細，於佛為麁。於餘甚深，於佛甚淺。是佛眼，無事不聞，無事不見，無事不知，無事為難，無所思惟，一切法中，佛眼常照。後品五眼義中，當廣說。

吉藏《仁王般若經疏》卷上一　肉眼者，照金剛已還一切諸法皆盡。天眼者，照如來果第一義諦名為障外。慧眼者，照常無常等一切法空。法眼者，照一切有為法因果理事。佛眼者，即究竟諸道也。

慧遠《大乘義章》卷二〇（本）　其五眼者，如上所辨。一是肉眼，二是天眼，三是慧眼，四是法眼，五是佛眼。五中肉眼色法為體。天眼一種義有兩兼。一色法為體，照現色像。二智慧為體，言知未來生死之事。餘之三種，唯智為體。五眼如是。十力是其四眼，白自性除其肉眼。就十力中，初處非處，知境寬廣，通知一切諸法是非，具四眼性。第七至處道力亦爾。了知未來所至之處，即天眼故。知五度門為至處道，即是法眼。知空無我為至處道，即是慧眼。了知佛性如來之藏為至處道，即是佛眼。業力之中，具二眼性。見性造作身口等業，即天眼性。見起煩惱及意思等，即法眼性。定根欲性，宿命漏盡，此之六力，是法眼性。天眼力者，即天眼性。五眼如是（此二門竟）。

玄奘譯《大般若波羅蜜多經》卷四六九　善現！五眼者，謂菩薩摩訶薩所求肉眼、天眼、聖慧眼、法眼、佛眼，是名五眼。

法藏《華嚴經義海百門》　五眼者，謂塵無性之色為肉眼也，塵是緣起之法為法眼，塵性空故無所有是慧眼。塵無相可得，息諸分別不二見故，名為天眼。塵性空寂，無相可得，依正無礙念劫圓融有無平等，名為佛眼。然不可以五眼見於塵，但於塵處隨顯立名也。

宗密《圓覺經大疏釋義鈔》卷九　五眼者：一肉眼，謂肉團中有清淨色，能見障內色。二天眼，於肉眼邊，引淨天眼，見障外色。三慧眼，以根本智，照見眞理。四法眼，以後得智，說法度人。五佛眼，前四在佛，皆名佛眼。又見性圓極，名為佛眼。故古德云，天眼通非礙，肉眼礙非通，法眼唯觀俗，慧眼直緣空，佛眼如千日，照異體還同。餘義在別卷。

宗泐、如玘、鳩摩羅什譯《金剛般若波羅蜜經註解》　五眼者，肉眼、天眼、慧眼、法眼、佛眼也。古德偈云：天眼通非礙，肉眼礙非通。法眼惟觀俗，慧眼了知空。佛眼如千日，照異體還同。此之五眼通該十界，而優劣有殊。如經所說，五眼皆如來所具者，無非佛眼也。恆沙世界一切衆生之心，如來無不知見。

大正藏

五根

鳩摩羅什譯《大智度論》卷一九　五根者：信道及助道善法，是名信根。行者行是道，助道法時，懃求不息，是名精進根。念道及助道法，更無他念，是名念根。一心念不散，是名定根。爲道及助道法，觀無常等十六行，是名慧根。

鳩摩羅什譯《成實論》卷二　五根者：聞法生信，是名信根。信已，爲斷垢法，證淨法故，勤發精進，是名精進根。修四念處是名念根。因念能成三昧，是名定根。因定生慧，是名慧根。

玄奘譯《大般若波羅蜜多經》卷四六九　善現！五根者，謂菩薩摩訶薩信根、精進根、念根、定根、慧根，是名五根。

玄奘譯《瑜伽師地論》卷二九　彼由如是勝三摩地，爲所依持，勝三摩地，爲所依止，能進修習增上心學增上慧學所有瑜伽。由進修習此瑜伽故，於他大師弟子所證，深生勝解，深生淨信。此清淨信增上義故，說名信根。問：於何增上？答：於能生起出世間法而爲上首，及於能起精進念定慧，爲其增上。餘精進等，於能生起出世間法，及於能起展轉乃至慧，爲其增上。乃至其慧，唯於能起出世間法，爲其增上。是故信等，說名五根。

玄奘譯《辯中邊論》卷一三　已說修神足，當說修五根。所修五根，云何安立？頌曰：已種順解脫，復修五增上。謂欲行不忘，不散亂思擇。論曰：由四神足，心有堪能，順解脫分善根滿已，復應修習五種增上。一欲增上，二加行增上，三不忘境增上，四不散亂增上，五思擇增上。此五如次第，卽信等五根。

玄奘譯《顯揚聖教論》卷二　五根者，廣說如經。一信根。由世間道，令心淸淨鮮白無穢，離隨煩惱，得住不動。從是已後，求諦現觀修習方便。爲永斷隨眠故，爲得彼對治故，起增上信。二正勤根。謂依信根，增進勇猛，與信俱行。三念根。謂依正勤，明瞭不忘，與彼俱行。四等持根。謂依念根，心住一境，與彼俱行。五、慧根。謂依等持根，簡擇諸法，與彼俱行。

玄奘譯雜集論十卷六頁云　五根所緣境者，謂四聖諦。由諦現觀方便所攝，作此行故。五根自體者，謂信、精進、念、定、慧。五根助伴者，謂彼相應心心所等。五根修習者，謂信根於諸諦起忍可行修習。精進根於諸諦生忍可已，爲覺悟故，起精進行修習。念根於諸諦發精進已，起不忘失行修習。定根於諸諦，既繫念已，起心一境性行修習。慧根，於諸諦心既得定，起簡擇行修習。五根修果者，謂能速發諦現觀。由此增上力，不久能生見道故。又能修治煖頂引發忍世第一法。卽現此身，已入順決擇分位故。

玄奘譯《阿毗達磨俱舍論》卷一　此中先應說五根相。頌曰：彼識依淨色，名眼等五根。論曰：彼謂前說色等五境識，卽色聲香味觸識。彼識所依五種淨色，如其次第，應知卽是眼等五根。如世尊說：苾芻當知，眼謂內處，四大所造，淨色爲性。如是廣說。或復彼者，謂前所說眼等五根，識卽眼耳鼻舌身識。彼識所依五種淨色，名眼等相，是眼等識所依止義。如是便順《品類足論》。如彼論說：云何眼根，眼識所依淨色爲性。如是廣說。

五色根

不空譯《仁王護國般若波羅蜜多經》卷上　大王！此一色法生無量色。眼得爲色，耳得爲聲，鼻得爲香，舌得爲味，身得爲觸。堅持名地，津潤名水，煖性名火，輕動名風。生五識處，名五色根。如是展轉一色一心，生不可說無量色心，皆如幻故。

玄奘譯《阿毗達磨品類足論》卷一　眼識云何，謂依眼根各了別色。耳識云何，謂依耳根各了別聲。鼻識云何，謂依鼻根各了別香。舌識云何，謂依舌根各了別味。身識云何，謂依身根各了別所觸。意識云何，謂依意根了別諸法。

玄奘譯《成唯識論》卷四　若五色根即五識種，十八界種應成雜亂。然十八界各別有種，諸聖教中處處說故。又五識種各有能生相見分異，爲執何等名眼等根。若見分種應識蘊攝，若相分種應外處攝，便違聖教眼等五根皆是色蘊內處所攝。又若五根即五識種，五根應是五識因緣，不應說爲增上緣攝。又鼻舌根即二識種，則應鼻舌唯欲界繫，或應二識通色界繫，許便俱與聖教相違。眼耳身根即三識種，二界五地爲難亦然。又五識種既通善惡，應五色根非唯無記。又五識種無執受攝，五根亦應非有執受。又五色根若五識種，應意識種即是末那，彼以五根爲同法故。又《瑜伽論》說眼等識皆具三依。若五色根即五識種，依但應二。又諸聖教說眼等根皆通現種，執唯是種，便與一切聖教相違，有避如前所說過難。朋附彼執，復轉救言，異熟識中能感五識，增上業種名五色根，非作因緣生五識種，妙符二頌，善順瑜伽。彼有虛言，都無實義，應五色根非無記故。又彼應非唯有執受，唯色蘊攝，唯內處故，鼻舌唯應欲界繫故，三根不應五地繫故，感意識業應末那故，眼等不應通現種故。又應眼等非色根故。

慧沼《大乘法苑林章補闕》卷八　又五色根，亦名現量。故《瑜伽》十五等云：如是現量，誰所有耶。略說有四。一色根現量，謂色相五根所行境。此明境界，能有現量，即是五根。

延壽《宗鏡錄》卷五三　根者，即五根，有增上出生義故，名之爲根。於中有清淨五色根，有扶塵五色根。若清淨五色根，即是不可見有對淨色以爲體性，能發生五識，有照境用故。若扶塵五色根者，即扶清淨根，能照其境，自體即不能照境，爲扶塵根是麁顯色故，不妨與清淨根爲所依。《五蘊論》云：根者，最勝義，自在義，主義，增上義，是爲根義。云何眼根，謂以色爲境，淨色爲性。謂於眼中一分淨色。如淨醍醐，此性有故。眼識得生，無即不生。乃至身根以觸爲境，並淨色爲性，無即不生。

德清《八識規矩通說》　此頌初句言五識所依之根，次句言生識之緣，三句言了境之用。言依根者，謂八識精明之體。今映五根門頭，各了自境，不能圓通者，以被五色根之所籠罩，故各別區分。然五根乃四大所造，有浮塵，有勝義。今淨色根，乃清淨四大所造，爲勝義根，則浮塵根不足依也。且如盲者見暗，與有眼處暗無異，足知根壞而見不壞，則所依乃淨色根耳。言淨色者，舊解但云四大初成之淨色。此最難曉，唯天眼能見。愚謂淨色即無明殼也。何以明之。且妙明眞心本來圓明廣大，今變而爲識，則被無明拘礙，及結色成根，而無明識體栖托其中，是爲五蘊之衆生。

五識 五識身

玄奘譯《瑜伽師地論》卷一　何等名爲五識身耶。所謂眼識、耳識、鼻識、舌識、身識。

云何眼識自性。謂依眼了別色，彼所依者，俱有依謂眼，等無間依謂意，種子依謂即此一切種子。執受所依，異熟所攝阿賴耶識。如是略說二種所依，謂色、非色。眼是色，餘非色。眼謂四大種所造。眼識所依淨色，無見有對。意謂眼識無間過去識。一切種子識，謂無始時來樂著戲論，熏習爲因，所生一切種子異熟識。彼所緣者，謂色，有見有對。此復多種，略說有三，謂顯色、形色、表色。顯色者，謂青黃赤白、光影明闇、雲煙塵霧，及空一顯色。形色者，謂長短方圓、麁細、正不正、高下色。表色者，謂取捨屈伸、行住坐臥如是等色。又顯色者，謂若色顯了眼識所行。形色者，謂若色積集長短等分別相。表色者，謂即此積集色，生滅相續，由變異因，於先生處，不復重生，轉於異處，或無間或有間，或近或遠差別生，或即於此處變異生，是名表色。又顯色者，謂光明等差別。形色者，謂長短等積集差別。表色者，謂業用爲依轉動差別。如是一切顯形表色，是眼所行，眼境界，眼識所行，眼識境界，眼識所緣。意識所行，意識境界，意識所緣。名之差別。又即此色復有三種，謂若好顯色，若惡顯色，若俱異顯色，似色顯現。彼助伴者，謂彼俱有相應諸心所有法，所謂作意觸受想思，及餘眼識俱有相應諸心所有法。又彼諸法同一所緣，非一行相俱有相應而轉。又彼一切各從自種子而生。彼作業者，當知有六種。謂唯了別自境所緣，是名初業。唯了別自相，唯了別現在，唯一刹那了別。復有二業，謂隨意識轉，隨善染轉，隨發業轉。又復能取愛非愛果是第六業。

云何耳識自性。謂依耳了別聲，彼所依者，俱有依謂耳，等無間依謂意。種子依謂一切種子阿賴耶識。耳謂四大種所造。耳識所依淨色，無見有對。意及種子如前分別。彼所緣者謂聲，無見有對。此復多種。如螺貝聲，大小鼓聲，舞聲，歌聲，諸音樂聲，俳戲叫聲，女聲男聲，風林等聲，明了聲，不明了聲，有義聲，無義聲，下中上聲，江河等聲，鬪諍諠雜聲，受持演說聲，論義決擇聲。如是等類，有衆多聲。此略三種。謂因執受大種聲，因不執受大種聲，因執受不執受大種聲。初唯內緣聲，次唯外緣聲，後內外緣聲。此復三種，謂可意聲，不可意聲，俱相違聲。又復聲者，謂鳴音詞吼，表彰語等差別之名。是耳所行，耳境界，耳識所行，耳識境界，耳識所緣。意識所行，意識境界，意識所緣，助伴及業，如眼識應知。

云何鼻識自性。謂依鼻了別香，彼所依者，俱有依謂鼻，等無間依謂意，種子依謂一切種子阿賴耶識。鼻謂四大種所造。鼻識所依淨色，無見有對。意及種子如前分別。彼所緣者謂香，無見有對。此復多種。謂好香，惡香，平等香，鼻所嗅知根莖華葉果實之香，如是等類有衆多香。又香者，謂鼻所聞，鼻所取，鼻所嗅等差別之名。是鼻所行，鼻境界，鼻識所行，鼻識境界，鼻識所緣。意識所行，意識境界，意識所緣，助伴及業如前應知。

云何舌識自性。謂依舌了別味，彼所依者，俱有依謂舌，等無間依謂意，種子依謂一切種子阿賴耶識。舌謂四大種所造。舌識所依淨色，無見有對。意及種子如前分別。彼所緣者謂味，無見有對。此復多種。謂苦酢辛甘鹹淡，可意不可意，若捨處所舌所嘗。又味者，謂應嘗應呑應噉，應飲應舐應吮應受用。如是等差別之名，是舌所行，舌境界，舌識所行，舌識境界，舌識所緣。意識所行，意識境界，意識所緣，助伴及業如前應知。

云何身識自性。謂依身了別觸，彼所依者，俱有依謂身，等無間依謂意，種子依謂一切種子阿賴耶識。身謂四大種所造。身識所依淨色，無見有對。意及種子如前分別。彼所緣者，謂觸，無見有對。此復多種。謂地水火風，輕性重性滑性澁性，冷飢渴飽，力劣緩急病老死蛘，悶粘疲息軟怯勇。如是等類，有衆多觸。此復三種，謂好觸惡觸，捨處所觸，身所觸。又觸者，謂所摩所觸，若鞕若軟，若動若煖。如是等差別之名，是身所行，身境界，身識所行，身識境界，身識所緣。意識所行，意識境界，意識所緣，助伴及業如前應知。

復次雖眼不壞，色現在前，能生作意。若不正起，所生眼識必不得生。要眼不壞，色現在前，能生作意，正復現起，所生眼識，方乃得生。如眼識生，乃至身識，應知亦爾。

玄奘譯《瑜伽師地論》卷一　云何名爲五識身耶。所謂眼識，耳識，鼻識，舌識，身識。身者，體義，依義，聚義。【略】

云何五識身相應地。謂五識身自性，彼所依，彼所緣，彼助伴，彼作業，如是總名五識身相應地。

玄奘譯《瑜伽師地論釋》卷一　言五識身相應地者：謂眼等根，是眼等識不共所依，眼等不爲餘識依故。又是親依，眼等利鈍，識明昧故。又同時依，必俱有故，非如意等。由是五識，用眼等根，標別其名。猶如麥芽，如鼓聲等。故名五識。由所依根，有形礙故。又必不離所依身故，猶如身受，故名爲身。又復身者，依義、體義。如六識身、六思身等。依五識身，建立此地，故名相應。如律中說，王相應論，賊相應論。謂依王賊而興言論。此亦如是。雖此地中，分別多法，五識爲主，是故偏說。又五識身相應心品，總名相應。於此地中，雖明多法，以心心所勝故別說。又相應者，是攝屬義。謂此地中，說五識身所攝屬法，卽是自性、所依、所緣、助伴、作業，故名相應。地如前說。自後諸地識身相應，隨其所應，亦有通者。略故不說。

延壽《宗鏡錄》卷五五　五識者，謂前五轉識，種類相似，故總說之。隨緣現言，顯非常起。緣謂作意、根、境等緣。謂五識身，內依本識，外隨作意。五根境等衆緣和合，方得現前。由此或俱，或不俱起。外緣合者，有頓漸故。如水濤波，隨緣多少。五轉識行相麤動，所藉衆緣時多不具故，起時少，不起時多。

五業

曇延《大乘起信論義疏》卷上　五業者：一大悲業，二正行業，三威德業，四方便業，五眞實教業。此具如《攝論》。

澄觀《大方廣佛華嚴經隨疏演義鈔》卷四七 言法身作五業者，即應化法身。言五業者，世親《攝論》第十云：第一救濟有情災横爲業，於暫時見，便能救濟盲聾狂等諸災横故。二者救濟惡趣爲業，拔諸有情出不善處，置善處故。三者救濟非方便爲業，令諸外道捨非方便求解脱行，置於如來聖教中故。四者救濟薩遮耶見爲業，授之能超三界道故。五者救濟諸乘爲業，拯拔欲趣餘乘諸菩薩，及不定種性諸聲聞等，安置善處，令修大乘行故。於此五業，應知諸佛業用平等。

慧沼《金光明最勝王經疏》卷三 如《攝大乘》略明五業，故云種種。言五業者：一救濟災患爲業，能令盲者得眼等故。二救濟惡趣爲業，拔不善處置善處故。三救濟非方便爲業，令諸外道捨非方便求解脱行，置於如來聖教中故。四救濟薩迦耶爲業，授彼能超三界道故。無性釋云，謂於其中僞身見轉，即是三界有漏諸法，於彼説授出離法故。五救濟二乘爲業，拯拔欲趣餘乘菩薩及不定種姓諸聲聞等，安處令修大乘行故。

智周《成唯識論演祕》卷七 三性五業者，按《顯揚論》第六云：遍計五業者，一能生依他起自性，由計所執我法爲境，能執之心熏成種子，復生似彼我法相等。有質無質、見相同别，如理可知。二即於是中起諸言説釋曰，由彼起此，能詮我等種種言論。三能生衆生執。四能生法執。五能攝受二執習氣麁重。釋曰，因彼所執能執之心，相分熏似我法等種，見復熏成能執之種。種因彼起，名攝習氣，非彼無體能持習氣名爲攝也。依他五業者：一能生諸雜染體。二能爲遍計所執自性及圓成自性所依。三能爲衆生執所依。釋曰，爲所緣緣能起二執名執所依。四能爲法執所依。五能爲二執習氣麁重所依。圓成五業者：謂能爲二種五業對治生起所緣性故。又云，當隨三種自性義解釋一切不了義經。無量經中如來菩薩隱密語言，皆隨三種自性，方可悟入彼義故。釋云，了知如是三種自性，能作一切聲聞、獨覺、無上正等菩提方便。

靈泰《成唯識論疏抄》卷一〇 彼論五業者：一者對治不信故。二者能得菩提，由有漏故，能得辦也。立資糧滿故，此中言資糧。或資糧位名資糧。或人天善揭慧亦名資糧。如造一善業，能得十生五生樂故。四利益他自故。夫善法皆益，或益他世。五起善道增長信故，有信故，常得生人天處，增長淨法。此善十一，皆有此五業。若初業别也。如解慚處，則言對治無慚等。以下皆然。亦應第五業中增長慚等。然此論云樂善爲業，亦攝彼論下之四業也。

道宣《淨心誡觀法》卷下 詐善之人具足五業：一者天神不護，證知缺戒受施。二者五千大鬼常遮其前，唱言大賊，掃其脚迹。三者或於現世得大衰惱。四者常不值佛，生邪見家。五者自欺亦欺誑他，自受苦報施主無果。是爲五業。

五　障

玄奘譯《瑜伽師地論》卷九八 又勤修行諸瑜伽師，修習如是入出息念，爾時應知五障礙法。一者於其外緣其心散亂。二者入出息轉有所艱難。三者掉舉惡作纏現在前。四者惛沈睡眠纏現在前。五者樂與道俗共相雜住。如是五法，於未得定欲求心定，及得定已倍復增長，當知一切能爲障礙。

玄奘譯《瑜伽師地論》卷九九 云何障礙，謂有五障。一增上戒障。二增上心障。三增上慧障。四往善趣障。五利養壽命所作事障。云何名爲增上戒障。謂如有一，或是奴婢，或是獲得，或有所言，廣説一切障出家法，而與相應。如是名爲增上戒障。云何名爲增上心障。有十一障，當知名爲增上心障。謂數與衆會爲初處分居處爲後。云何名爲增上慧障。謂於正法及説法師，不起恭敬，陵懱正法及説法師。輕賤自己，於法慳悋。障他正法，令背正法，毁謗正法。如是等類，當知皆名增上慧障。云何名爲往善趣障。謂如有一惡欲、邪見、多諸忿恨，乃至廣説。如是色類，順諸惡趣受學轉法，當知是名順惡趣障。利養障者：謂隨所行，令未信者更增不信，其已信者能令改變。不樂功德。不時時中精勤修習施福業事。不樂爲他引攝所有利益安樂。如是等類。壽命障者：謂不謹慎，遠避惡象，廣説乃至不善遠離有災有疫諸惡國土。又不遠離諸因諸緣未盡壽量能令夭歿。如是等類。所作事障者：謂能障礙營衣鉢等所有事業。如是一切，總攝爲一，應知説名利養壽命所作事障。

波羅頗蜜多羅譯《大乘莊嚴經論》卷一三 五障者：第七地中，以執相無知爲障。第八地中，以功用無知爲障。第九地中，以不能化生無知爲障。第十地中，以末淨二門無知爲障。佛地中，以礙障無知爲障。謂此無知，能礙聲聞、緣覺境界智。諸佛知一切境無礙，由解脱此障故。

屠根《金剛經註解鐵鋑錎》卷下 業障者，有五業五障。五業者，弑父、弑母、弑阿羅漢、出佛身血、破和合僧。五障者，煩惱障、報障、障礙、事障、理障。

通理《法華指掌疏》卷四 女人障重，不止如前所説，故置又言。五障者，準《超日月三昧經》云：淨修四禪爲梵王，婬恣無度受女身，勇猛少欲作帝釋，嬌恣多態受女身，具十善法作魔王（即大自在天也），毀失正教受女身，慈愍眾生作輪王，多瞋妬故受女身，具菩薩行能作佛，不修淨行受女身。此皆下爲能障，上爲所障。

五明

圓測《解深密經疏》卷九 言五明者：一內明處，謂即顯示正因果等。二因明處，謂即顯示摧伏他等。三聲明處，謂即顯示諸工明等。四醫方明處，謂即顯示病體病因等。五工業明處，謂即顯示營造業等。廣如《瑜伽》第三十八及第十五等。菩薩求此五明意者，如《瑜伽論》三十八説。彼云：菩薩何故求聞正法。謂諸菩薩求內明時，爲正修行法隨法行，爲廣開示利悟於他。求因明時，欲了知外道因論是惡言説，爲欲降伏他諸異論。求聲明時，爲令欲信樂典語眾生，於菩薩身深生敬信，爲欲悟入詁訓音聲文句差別。求醫明時，爲息眾生種種疾病。求工業時，爲小功力，多集珍財，饒益眾生。菩薩求此一切五明，爲令無上正等菩提大智資糧速得圓滿。

李師政《法門名義集》 五明論：內明，因明，聲明，醫方明，功業明。內明者，佛所説者名教內論。因明能屈他論，自申己義，名爲因論。聲明顯示一切音聲差別，巧便言辭，名爲聲論。醫方明者，有四種。一者顯示差知病因，二者顯示病因，三者能顯示除已起之病，四者顯示已除之病令不重起。功業明，顯示種種世業成就。此五種明處菩薩悉求。

智圓《維摩經略疏垂裕記》卷九 五明者，內外俱有五明。內五者，聲、醫方、工巧、呪術與因明。外五，前四同，最後是符印。六藝者，禮、樂、書、數、射、御也。韋陁五明約西土，書史六藝約此方。

通潤《楞伽阿跋多羅寶經合轍》卷一 《大論》云：五明者，一聲明謂釋詁訓字詮目流別，二工巧明謂伎術機關陰陽曆數，三醫方明謂禁呪閑邪藥石針艾，四因明謂考定正邪研覈眞僞，五內明謂究暢五乘因果妙理。前三外藝，後二內教。

五苦

竺曇無蘭譯《五苦章句經》 世尊曰：三界、五道生死不絶，凡有五苦。何謂五苦。一曰諸天苦，二曰人道苦，三曰畜生苦，四曰餓鬼苦，五曰地獄苦。【略】

二曰人道苦。有百千種，人實爲疲勞。從奴婢、下使、乞兒、賤人，中間富貴，上至帝王、轉輪聖王，皆有生老病死、飢渴寒熱、苦痛愁惱、憂患災變。或有兵賊、牢獄刑戮、火燒水溺、墜落堆壓、摶石刀杖、奔車逸馬、怨家劫盜，更相傷害。其死萬端，一切眾生，未脱三界，皆共有之，是謂二苦。

三曰畜生苦。蜎蜚蠕動，蚑行喘息，飛鳥走獸，上至象、龍、金翅鳥王，皆是畜生，亦有飢渴寒熱、憂患勤苦，強者伏弱，更相噉食。或有屠殺、田獵、網羅，以肉供人。其變萬端，不可具説，是謂三苦。

四曰餓鬼苦。有九種餓鬼。第一輩者，身長一由旬，頸所咽處，如一鍼孔。行步之時，支節骨解，如五百車聲。咽火炎出，自相燒然。若見流水，往即枯竭，不得一咽。或得一咽，化爲膿血，或爲沸屎，或爲銅銷。咽自然大，熱爛下過，無不洞徹。罪過未畢，身自然復如是。皆先時爲人，治生暴逆，恐怛迫脅，不以道理，慳貪獨食，故受此殃，是謂四苦。

五曰地獄苦。鐵城鑊湯，劍樹刀山，鐵柱消銅，膿血寒氷，沸屎鹹水，竹葉火車，爐炭火釘，十六毒刺，烏鵲、狡狗、鶉鳥、屈鳥，其鳥喙嘴純是剛鐵，飛入人口，表裏洞徹，食人五藏，東西南北，無有避處。苦毒罪獄，凡有十八。諸受罪者，不問尊卑，隨惡輕重，各自受之。或有一劫半劫畢者，不能不翅者。罪畢還生世間，受諸餘殃，是謂五苦。

竺佛念譯《出曜經》卷九 佛契經說，多食之人有五苦患。云何爲五。一者大便數，二者小便數，三者饒睡眠，四者身重不堪修業，五者多患食不消化。多食之人有此五苦，自墜苦際，不至究竟，是故佛說食知自節也。

玄奘譯《瑜伽師地論》卷四四 復有五苦。一貪欲纏緣苦。二瞋恚纏緣苦。三惛沈睡眠纏緣苦。四掉舉惡作纏緣苦。五疑纏緣苦。……邪行苦中復有五苦。一於現法中，犯觸於他，他不饒益，所發起苦。二受用種種不平等食，界不平等，所發起苦。三即由現法苦所逼切，自然造作，所發起苦。四由多安住非理作意，所受煩惱隨煩惱纏所起諸苦。五由多發起諸身語意種種惡行，所受當來諸惡趣苦。

五蓋

竺佛念譯《出曜經》卷九 云何爲五蓋。一者貪欲蓋，二者瞋恚蓋，三者睡眠蓋，四者調戲蓋，五者疑蓋。修行比丘離此五蓋者，即得清明內外通達如紫磨金，是故說曰，如日清明。

慧远《大乘義章》卷五 五蓋義，五門分別（釋名一、體性二、離合三、次第四、對行辨蓋五）。

第一釋名。言五蓋者，一貪欲，二瞋恚，三睡眠，四掉悔，五疑。於外五欲染愛名貪，忿怒曰瞋。言睡眠者，論釋不同。依如《毗曇》：一切煩惱，睡著境界，不能堪忍，名之爲睡。身心昏昧，略緣境界，說之爲眠。五識無用，名身昏昧。意識沈沒，名心昏昧。昏心少不知能廣緣一切境界，故曰略緣。若依《成實》：心重欲眠，說之爲睡。攝心離覺，目之爲眠。言掉悔者，躁動名掉。於所作事，追戀稱悔。於法猶豫，說以爲疑。

此五何故說之爲蓋。論解有四。一是障義，二破壞義，三是墮義，四是臥義。言障義者，論自爲喻。譬如小樹大樹所覆不生華果。衆生如是，欲界心樹，爲煩惱覆，不能生於覺意之華及沙門果，故名爲障。言破壞者，此五能破世及出世一切善法，故曰破壞。所言墮者，此五令人顛墮三塗墮落生死，故名爲墮。所言臥者，此五令人轉迴三趣長寢生死，故名爲臥。四中初障，正是蓋義。破等三種，傍論其過。問曰：蓋覆爲異，通釋是一。其猶眼目，於中別分，義有左右。如《毘婆沙》，四句辨之。一蓋而非覆，所謂過去未來五蓋，是義云何。蓋是障義，有處無道，斯名爲障。過未煩惱，成就之處，必無聖道，故得名蓋。論其覆者，現起煩惱，覆蔽人心，令不惺悟，故得名覆。過未煩惱，成而不行，現起心處，無此覆蔽，不妨念善，樂求淨法，故不名覆。二者是覆，不名爲蓋。除五蓋外，諸餘煩惱現行者，是謂欲界中見慢無明，及上二界一切煩惱。此等非蓋，在後別解。三亦蓋亦覆，五蓋煩惱現行者是。四非蓋非覆，謂欲界中見慢無明，及上二界一切煩惱，過未者是非五蓋收，故不名蓋，不覆現心故不名覆。名義如是。

次第二門，辨其體相。於中曲有六門分別。一多少分別，二使纏分別，三六識分別，四三界分別，五三性分別，六約時分別。言多少者，《毘婆沙》云：此之五蓋，名五體七，種別三十。名五如上。言體七者，貪、瞋、癡三，睡、眠、掉、悔，合爲七也。種三十者：貪欲瞋恚睡眠及掉，見修通斷。約彼四諦，及望修道各別爲五，此則別爲二十五也。疑唯見斷，約諦分四。悔唯修斷，約修爲一。通前合爲三十種也。多少如是（此一門竟）。

次約使纏而爲分別。使謂十使，五見及疑貪瞋癡慢，是其十也。纏謂十纏，無慚無愧睡悔慳嫉掉昏忿及覆，是其十也。義如後解。蓋體七中，貪瞋及疑，是使煩惱，餘四是纏。問曰：何故使纏之中偏說此七以爲五蓋，餘者不論。《毘婆沙》中，一論師云，此是世尊有餘之說，爲受化者故作此論。瞿沙釋云，此五能障衆生聖道及道方便，爲是偏說。又此五種，因果俱障，爲是偏說。因時障者，此五煩惱，一一現時，則不得生有漏善心及不隱沒無記之心，何況聖道及道方便。果時障者，五蓋之果，生惡趣中，則障一切諸善功德，以此過重，是故偏說。又《成實》云：此之五種，障定力強，爲是偏說。貪瞋二種，染污故障。睡之與眠，昏沈故障。掉之與悔，動亂故障。疑心猶豫，敗善妨行，所以是障。

問曰：使中五見煩惱，何故非蓋。《毗婆沙》云，蓋能滅慧，五見是慧，不可以慧還滅於慧。爲是不説。又見妄執翻違聖慧，非事緣動，障定力微，爲是不説。何故慢使不説爲蓋，《毗婆沙》云：所言蓋者，覆沒於心，慢令心高，覆沒不顯。爲是不説。又復慢使，恃己所長，欺陵於物。有慢心者，不妨爲勝，而求善法，行有此義，故不説蓋。何故癡使不説爲蓋，《毗婆沙》云：覆是蓋義，貪嗔等五，覆障用等，爲是宣説。無明覆障勢用偏多，非五伴類故，於五中不説無明。又復無明最爲深重，非五流類，爲是不説。如謗法罪，不入五逆。又復無明性少分別，障定義微，爲是不説。又復無明，微細難覺，聖慧方遣，定中常行，非定所治，爲是不説。問曰：纏中無慚無愧，以何義故，不説爲是蓋。此過麁現，修戒所防，非定親斷，爲是不説。又無慚無愧，是不善地中通有，非別所治，是以不説。慳之與嫉，何不説蓋。彼違利他，不防自善，所以不説。忿之與覆，何故非蓋。忿義從嗔，覆義從貪，故不別説（此二門竟）。

次約六識，分別五蓋。依如《成實》，一切諸蓋，皆在意識。後行心中起彼宗意識，義通三性。五蓋不善，故在意地。彼宗五識，一向無記。五蓋不善，故不在中。《毗曇》六識皆通三性，五蓋不善，六識俱有總相。雖然於中分別，有通有局。是義云何。貪嗔睡掉，遍通六識。眠悔及疑，唯在意地。良以五識寤時，所用取境分明，焉眠返有爲是無眠。五識一念，無思量性，不辨得失，爲是無悔。不能分別若是若非，爲是無疑（此三門竟）。

次約三界，分別五蓋。通論五蓋，悉在欲界。於中細辨義，有通局。嗔眠及悔，唯在欲界。貪疑睡掉，遍通三界。此雖遍通，於中分取在欲界者，説爲五蓋，非上二界。何故如是。《毗婆沙》云，以上二界無不善故。《成實》釋云，以欲界者一向障定，上二界者非全障故（此四門竟）。

次約三性，分別諸蓋。善惡無記，是三性也。通論五蓋，悉是不善。於中分别，義有通局。嗔唯不善，以與無慚無愧俱故。貪疑睡掉，依如《成實》，一向不善。若依《毗曇》，通惡無記在欲界者，名爲不善。在上二界，説之爲隱沒無記。義雖兩兼，今唯分取不善爲蓋。眠悔二種，體通三性。今唯分取不善眠悔，以爲五蓋，餘者不説。問曰：何故唯説不善以爲五蓋。《毗婆沙》云，對善法故説。何等是善法聚，謂四念處。何等不善，所謂五蓋。就麁重過宣説五蓋，故唯不善（此五門竟）。

次約起時，以辨多少。寤時起貪，三蓋並生，謂貪睡掉眠中起貪。四蓋並生，於前三上，更加一眠。嗔疑及悔，類皆同爾，與貪相似。寤時起睡，二蓋並生，謂睡與掉。眠中起睡，三蓋並生，於前二上更加一眠。體相如是。

次第三門，料簡離合。以何義故，貪嗔及疑，獨立爲蓋，餘二合乎。解有三義。一約使纏，强弱分别。貪嗔及疑，是其使性，覆障力强，故獨立蓋。餘是纏性，覆障力微，故合爲蓋。二約生緣，以辨離合。此生因緣，《成實》所云，《毗婆沙》中，説之爲食，煩惱因緣，資生煩惱，故曰食矣。其狀如何。貪嗔及疑，生因緣别，故別立蓋。何者別緣。《毗婆沙》云，貪用淨想，以之爲食。謂色是淨，便生食染。嗔用害想，以之爲食。以於衆生，生怨害想，故生嗔恚。疑用世法猶豫之想，以之爲食。以於世事猶豫不了，故生疑心。睡之與眠，生因緣同，故合立蓋。何者生緣。緣别有五。如《成實》説。一單致利，所謂好樂睡眠之病。《毗婆沙》中説爲睡夢。二者愁憂，心不善樂。《毗婆沙》中説爲愁憒。三者頻申，《毗婆沙》中説爲欠呿。四飲食不調，《毗婆沙》中名食不消。五心退沒所爲癈息，《毗婆沙》中名爲心悶。掉之與悔，生因緣同，故合立蓋。何者生緣，緣別有四。一親黑覺，《毗婆沙》中名念親屬。二國立覺，《毗婆沙》中名念國土。三不死覺，《毗婆沙》中名念不死。四念所更喜樂之事。約緣如是。三約對治以辨離合。如《毗婆沙》説，貪嗔及疑，對治各別，故別立蓋。貪用不淨觀而爲對治，嗔用慈觀而爲對治，癡因緣觀而對治。睡之與眠，對治同故，合爲一蓋。所謂智慧，掉之與悔，對治同故，合爲一蓋。所謂禪定，離合如是。

次第四門，辨其次第。如《成實》説，一切凡夫，多起貪欲，故先明貪。以著欲故，他侵則忿，故次明嗔恚。經言，從愛生嗔、嫉妬等也。是人貪嗔所勞亂故，則欲睡眠。故次明之，睡眠小息。貪嗔還成，嬈動其心，故次明掉。以掉動故，不具前利，於所修善，便生憂悔，故次明悔。以掉悔故，於出離法，不能正信，便作是念，爲有解脱，爲無解脱，故次明疑。煩惱起，未必一定，蓋且言耳。次第如是。

次第五門，對行辨蓋，義有通别。三門顯之。其一義者，別約三學以辨五蓋。如《毘婆沙》及《成實》說：貪嗔二蓋，能發惡業。障戒義強，偏覆戒品。掉悔動亂，定障義強，偏覆定品。睡眠昏沈，障慧義強，偏覆慧品。疑心敗善，妨於正行，通覆三品。其第二門，別約止觀以別五蓋。如彼《深密解脫經》說：掉悔動亂，障定義強，偏覆止行。睡眠及疑心無決了，障慧義強，偏覆觀行。貪嗔穢濁，通覆止觀。其第三門，通望諸行，以辨其蓋。此五煩惱，通障諸行，以障通故。《毘婆沙》云：有此蓋者，尚不能生有漏善法。何況聖道及道方便。龍樹宣說，斷除五蓋，得初禪等。《地論》宣說，斷除五蓋，得四無量。

五蓋如是。

玄奘譯《瑜伽師地論》卷一一　復次於諸靜慮等至障中，略有五蓋，將證彼時，能爲障礙。何等爲五。一貪欲蓋，二瞋恚蓋，三惛沈睡眠蓋，四掉舉惡作蓋，五疑蓋。

貪欲者：謂於妙五欲，隨逐淨相，欲見欲聞乃至欲觸。或隨憶念先所領受，尋伺追戀。

瞋恚者：謂或因同梵行等，舉其所犯，或因憶念昔所曾經不饒益事，瞋恚之相，心生恚怒。或欲當作不饒益事，於當所爲瞋恚之相，多隨尋伺，心生恚怒。

惛沈者：謂或因毀壞淨尸羅等隨一善行，不守根門，食不知量，不勤精進減省睡眠，不正知住，而有所作，於所修斷，不勤加行，隨順生起一切煩惱，身心惛昧無堪任性。

睡眠者：謂心極昧略。又順生煩惱，壞斷加行，是惛沈性。心極昧略，是睡眠性。是故此二，合說一蓋。又惛昧無堪任性，名惛沈。惛昧心極略性，名睡眠。由此惛沈生諸煩惱隨煩惱時，無餘近緣如睡眠者。諸餘煩惱及隨煩惱，或應可生，或應不生。若生惛昧，睡眠必定皆起。

掉舉者：謂因親屬尋思，國土尋思，不死尋思。或隨憶念昔所經歷戲笑歡娛所行之事，心生諠動騰躍之性。

惡作者：謂因尋思親屬等故，心生追悔：謂我何緣離別親屬。何緣不往如是國土。何緣棄捨如是國土，來到於此，食如是食，飲如是飲，唯得如是衣服臥具病緣醫藥資身眾具。我本何緣少小出家，何不且待至年衰老。或因追念昔所曾經戲笑等事，便生悔恨。謂我何緣於應受用戲樂嚴具朋遊等時，違背宗親朋友等意，令其悲戀，涕淚盈目，而強出家。由如是等種種因緣，生憂戀心，惡作追悔。由前掉舉，與此惡作，處所等故，合說一蓋。又於應作不應作事，隨其所應，或已曾作，或未曾作，心生追悔。云何我昔應作，不作，非作，反作。除先追悔所生惡作，此惡作纏，猶未能捨。次後復生相續不斷憂戀之心，惡作追悔。此又一種惡作差別，次前所生非處惡作，及後惡作，雖與掉舉，處所不等。然如彼相，騰躍諠動，今此亦是憂戀之相。是故與彼，雜說一蓋。

疑者：謂於師、於法、於學、於誨、及於證中，生惑生疑。由心如是懷疑惑故，不能趣入勇猛方便正斷寂靜。又於去來今及苦等諦，生惑生疑。心懷二分，迷之不了，猶豫猜度。

玄奘譯《瑜伽師地論》卷一四　又有五法，令修行者先毀淨戒多聞，後虧止觀善軛。謂於諸欲中，心生愛染，於能覺發憶念教授教誡者所，心生瞋恚。未受尸羅，令其不受。雖先受得，後令棄捨，或使穿穴，耽著惛睡，恆不寂靜。染污追悔，常懷疑惑。於所聞法，不能領受。雖初領受，尋卽忘失。雖不忘失，不證決定。

玄奘譯《瑜伽師地論》卷八九　復次違背五處，當知建立五蓋差別。一、爲在家諸欲境界所漂淪故，違背聖教，立貪欲蓋。二、不堪忍諸同法者，呵諫驅擯教誡等故，違背所有可愛樂法，立瞋恚蓋。三、由違背奢摩他故，立惛沈睡眠蓋。四、由違背毘鉢舍那故，立掉舉惡作蓋。五、由違背於法議論，無倒決擇審察諸法大師聖教，涅槃勝解故，建立疑蓋。

玄奘譯《阿毗達磨俱舍論》卷二一　今次應辯蓋相云何。

頌曰：蓋五唯在欲，食治用同故。雖二立一蓋，障蘊故唯五。

論曰：佛於經中，說蓋有五。一欲貪蓋，二瞋恚蓋，三惛眠蓋，四掉悔蓋，五疑蓋。此中所說惛掉及疑，爲如欲貪、瞋恚、眠、悔，唯在欲界，通三界耶。應知此三，亦唯在欲。以契經說：如是五種，純是圓滿不善聚故。色無色界，無有不善。然此五種，純不善故，唯在欲界，非色無色。何故惛眠掉悔二蓋，各有二體，合立一耶。食治用同，故合立一。食謂所食，亦名資糧。治謂能治，亦名非食。用謂事用，亦名功能。由此經中作如是說，惛眠雖二，食非食同。何等名爲惛眠蓋食，謂五種法。一瞢瞢，二不樂，三頻申，四食不平性，五心昧劣性。何等名爲此蓋非食。謂光明想，如是二種，事用亦同。謂俱能令心性沈昧。掉悔雖二，食非食同。何等名爲掉悔蓋食。謂四種法。一親裡尋，二國土尋，三不知尋，四隨念昔種種所更戲笑歡娛承奉等事。何等名爲此蓋非食。謂奢摩他，如是二種，事用亦同。謂俱能令心不寂靜。由此說食治用同故，惛眠掉悔，二合爲一。諸煩惱等，皆有蓋義，何故如來唯說此五。唯此於五蘊能爲勝障故。謂貪恚蓋能障戒蘊，惛沈睡眠能障慧蘊，掉舉惡作能障定蘊。定慧無故，於四諦疑。疑故，能令乃至解脫、解脫智見，皆不得起。故唯此五，建立爲蓋。若作如是解釋經意，掉悔理應惛眠前說。以必依定，方有慧生，定障亦應先慧障故。依如是理，有餘師言：此五蓋中，惛眠掉悔，如次能障定蘊慧蘊。由此契經，作如是說：修等持者，怖畏惛眠。修擇法者，怖畏掉悔。有餘別說，唯立五因。彼說云何。謂在行位，先於色等種種境中，取可愛憎二種相故。後在住位，由先爲因，便起欲貪瞋恚二蓋。此二能障將入定心，由此後時正入定位。於止及觀，不能正習，由此便起惛眠掉悔。如其次第，障奢摩他，毘鉢舍那，令不得起。由此於後出定位中，思擇法時，疑復爲障。故建立蓋，唯有此五。

玄奘譯《阿毗達磨大毗婆沙論》卷四八　有五蓋，謂貪欲蓋、瞋恚蓋、惛沈睡眠蓋、掉舉惡作蓋、疑蓋。問：此五蓋，以何爲自性。答：以欲界三十事爲自性。謂貪欲，瞋恚，各欲界五部，爲十事。惛沈，掉舉，各三界五部，通不善無記，唯不善者立蓋，爲十事。睡眠，唯欲界五部，通善不善無記，唯不善者立蓋，爲五事。惡作，唯欲界修所斷，通善不善，唯不善者立蓋，爲一事。疑，通三界四部，通不善無記，唯不善者立蓋，爲四事。由此五蓋，以欲界三十事爲自性。問：蓋有何相。尊者世友，作如是說：自性卽相，相卽自性。以一切法，自性與相，不相離故。復次耽求諸欲，是貪欲相。憎恚有情，是瞋恚相。身心沈沒，是惛沈相。身心躁動，是掉舉相。令心昧略，是睡眠相。令心變悔，是惡作相。令心行相猶豫不決，是疑相。已說蓋自性及相，所以今當說。

問：何故名蓋，蓋是何義。答：障義，覆義，破義，壞義，墮義，臥義，是蓋義。此中障義是蓋義者，謂障聖道及障聖道加行善根，故名爲蓋。覆義乃至臥義是蓋義者，如契經說：有五大樹，種子雖小，而枝體大，覆餘小樹，令枝體等，破壞墮臥，不生花果。云何爲五。一名建折那，二名劫臂怛羅，三名阿濕縛健陁，四名鄔曇跋羅，五名諾瞿陁。如是有情，欲界心樹，爲此五蓋之所覆故，破壞墮臥，不能生長七覺支花，四沙門果。故覆等義，是蓋義。【略】

問：蓋名有五，體有幾耶。答：體有七種。謂貪欲蓋，名體俱一。瞋恚疑蓋，應知亦爾。惛沈睡眠蓋，名一體二。掉舉惡作蓋，應知亦爾。如名對體，名施設。對體施設，名異相。對體異相，名異性。對體異性，名分別。對體分別，名覺慧。對體覺慧，應知亦爾。問：何故貪欲瞋恚疑，一一別立蓋，惛沈睡眠掉舉惡作，二二合立蓋耶。脇尊者言：佛知諸法性相勢用。若法堪任別立蓋者，則別立之。若不爾者，便共立蓋。故不應責。復次若是隨眠亦纏性者，各別立蓋。若是纏性非隨眠者，二共立蓋。復次若是圓滿煩惱性者，各別立蓋。若非圓滿煩惱性者，二共立蓋。結、縛、隨眠、隨煩惱、纏，五義具足者，名圓滿煩惱。復次以三事故，名共立蓋。謂一食故，一對治故，一荷擔故。此中一食一對治者，謂貪欲蓋以淨妙相爲食，不淨觀爲對治。由此一食一對治故，別立一蓋。瞋恚蓋，以可憎相爲食，慈觀爲對治。由此一食一對治故，別立一蓋。疑蓋，以三世相爲食，緣起觀爲對治。由此一食一對治故，別立一蓋。惛沈睡眠蓋，以五法爲食。一瞢憒，二不樂，三頻欠，四食不平性，五心羸劣性。以毘鉢舍那爲對治。由此同食同對治故，共立一蓋。掉舉惡作蓋，以四法爲食。一親裡尋，二國土尋，三不死尋，四念昔樂事。以奢摩他爲對治。由此同食同對治故，共立一蓋。等荷擔者，貪欲、瞋恚、疑，一一能荷一蓋重擔，故別立蓋。惛沈、睡眠，二二能荷一蓋重擔，故共立蓋。如城邑中一人能辦一所作者，則令別辦。若二能辦一所作者，則令共辦。又如椽梁，強者用一，弱者用二。此亦如是。

問：何緣五蓋，次第如是。答：如是次第，於文於說俱隨順故。復次如是次第，授者受者，俱隨順故。世尊如是次第而說。是故尊者世友說曰：得可愛境，便生貪欲，失可愛境，次生瞋恚。失此境已，心便羸弱。次生惛沈，由惛沈故，心便憒悶。次生睡眠。從彼覺已，次生掉舉。既掉舉已，次生惡作。從惡作後，復引生疑。由此五蓋，次第如是。問：佛說五蓋，差別有十，云何分五爲十蓋耶。答：以三事故，分五爲十。一內外故。二自體故。三善惡故。內外者，謂有貪欲蓋緣內而起，有貪欲蓋緣外而起，故成二蓋。有瞋恚蓋是瞋自體，有瞋恚蓋是瞋因緣，故成二蓋。自體者，謂有惛沈蓋，有睡眠蓋，有掉舉蓋，有惡作蓋，二分成四。善惡者，謂疑於善惡，分成二蓋。故由三事，分五爲十。此十，能障通慧菩提涅槃，故名爲蓋。

玄奘譯《阿毗達磨集異門足論》卷一二　五蓋者：一貪欲蓋，二瞋恚蓋，三惛沈睡眠蓋，四掉舉惡作蓋，五疑蓋。貪欲蓋者，云何貪欲。答：於諸欲境，諸貪等貪，執藏防護，堅著愛樂，迷悶耽嗜，遍耽嗜，內縛希求，耽湎苦集，貪類貪生，是名貪欲。云何貪欲蓋。答：由此貪欲，障心蔽心鎮心隱心蓋心覆心纏心裹心，故名貪欲蓋。瞋恚蓋者，云何瞋恚。答：於諸有情，欲爲損害。內懷栽蘖，欲爲擾惱，已瞋當瞋現瞋，樂爲過患，極爲過患。意極憤恚，於諸有情，各相違戾，欲爲過患，已爲過患，當爲過患，現爲過患。是名瞋恚。云何瞋恚蓋。答：由此瞋恚，障心，蔽心，鎮心，隱心，蓋心，覆心，纏心，裹心，故名瞋恚蓋。惛沈睡眠蓋者，云何惛沈。答：所有身重性，心重性，身不調柔性，心不調柔性，身惛沈，心惛沈，瞢瞢憒悶，是名惛沈。云何睡眠。答：染污心中所有眠夢，不能任持，心昧略性，是名睡眠。云何惛沈睡眠蓋。答：由此惛沈睡眠，障心蔽心鎮心隱心蓋心覆心纏心裹心，故名惛沈睡眠蓋。掉舉惡作蓋者，云何掉舉。答：諸有令心不寂不靜，掉舉等掉舉，心掉舉性，是名掉舉。云何惡作。答：染污心中，所有令心變悔惡作惡作性，是名惡作。云何掉舉惡作蓋。答：由此掉舉惡作，障心蔽心鎮心隱心蓋心覆心纏心裹心，故名掉舉惡作蓋。疑蓋者，云何疑。答：於佛法僧及苦集滅道，生起疑惑，二分二路，躊躇，猶豫，猶豫箭，不悅，不悅行，不決度，不悟入，非已一趣，非當一趣，非現一趣，是名疑。云何疑蓋。答：由此疑故，障心蔽心鎮心隱心蓋心覆心纏心裹心，故名疑蓋。

玄奘譯《入阿毗達磨論》卷下　蓋有五種，謂貪欲蓋，瞋恚蓋，惛沈睡眠蓋，掉舉惡作蓋，疑蓋。欲界五部貪，名初蓋。五部瞋，名第二蓋。欲界惛沈及不善睡眠，名第三蓋。欲界掉舉及不善惡作，名第四蓋。欲界四部疑，名第五蓋。覆障聖道及離欲染，幷此二種加行善根，故名爲蓋。

五樂

康僧會譯《六度集經》卷三　何謂五樂。眼色、耳聲、鼻香、口味、身細滑。夫斯五欲，至其命終，豈有厭者乎。

慧遠《大乘義章》卷一四　言五樂者，如《地持論》說，一者同樂。二者受樂。三苦對治樂。四斷受樂。五無罪樂。亦可四禪及《首楞嚴》名五樂矣。

玄奘譯《瑜伽師地論》卷三五　何等五樂。一者因樂，二者受樂，三者苦對治樂，四者受斷樂，五者無惱害樂。言因樂者，謂二樂品諸根境界。若此爲因順樂受觸，若諸所有現法當來可愛果業，如是一切，總攝爲一，名爲因樂。除此，更無若過若增。言受樂者，謂待苦息。由前所說因樂所攝三因緣故，有能攝益身心受生，名爲受樂。略說此樂，復有二種，一者有漏，二者無漏。無漏樂者，學無學樂。有漏樂者，欲色無色三界繫樂。又此一切三界繫樂，隨其所應，六處別故，有其六種。謂眼觸所生，乃至意觸所生。如是六種，復攝爲二，一者身樂，二者心樂。五識相應，名爲身樂。意識相應，名爲心樂。言對治樂者，謂因寒熱飢渴等事，生起非一眾多品類種種苦受。由能對治息除寒熱飢渴等苦，即於如是苦息滅時，生起樂覺，是則名爲苦對治樂。滅想受定，名受斷樂。無惱害樂，應知略說復有四種。一出離樂，二遠離樂，三寂靜樂，四三菩提樂。正信捨家，趣於非家，解脫煩籠居家迫迮種種大苦，名出離樂。斷除諸欲惡不善法，證初靜慮，離生喜樂，名遠離樂。第二靜慮已上諸定，尋伺止息，名寂靜樂。一切煩惱畢竟離繫，於所知事如實等覺，此樂名爲三菩提樂。此中因樂，是樂因故，說名爲樂，非自性故。此中受樂，樂自性故，說名爲樂，非樂因故。苦對治樂，息眾苦故，遣眾苦故，說名爲樂。非樂因故，非自性故。其受斷樂，非樂因故，非自性故，亦非息遣種種苦故，說名爲樂。然依勝義，諸所有受，皆悉是苦。住滅定時，此勝義苦，暫時寂靜，故名爲樂。無惱害樂所攝最後三菩提樂，由當來世，此勝義苦永寂滅故，於現法中附在所依諸煩惱品一切麁重永寂滅故，說名爲樂。諸餘所有無惱害樂，於最後樂，能隨順故，是彼分故，能引彼故，當知亦名無惱害樂。

圓測《解深密經疏》卷二　言五樂者，一出家樂，二遠離樂，三寂靜樂，四正覺樂，五涅槃樂。五樂次第者，唯涅槃樂是最眞實，所餘四樂是方便。方便有四。初出家樂，是涅槃緣起，由信根成。次遠離樂，是涅槃資糧，由精進根成。三寂靜樂，是涅槃道依止，即涅槃緣，由定根成。四正覺樂，是涅槃正道，由慧根成。念根通此四處，皆諸憶念故。由是四方便次第，得涅槃常樂我淨。今解此經，依《瑜伽》等，無惱害樂所攝四樂，開爲五樂。

五　境

玄奘譯《阿毗達磨俱舍論》卷一　論曰：言五根者，所謂眼耳鼻舌身根。言五境者，即是眼等五根境界，所謂色聲香味所觸。

圓暉《俱舍論頌疏論本》卷一　次下第二釋五境者，頌曰：

色二或二十，聲唯有八種，
味六香四種，觸十一爲性。

釋曰：色二或二十者。色有二種，一顯，二形。或二十者，開爲二十。顯色十二，形色有八，故成二十。顯色十二者，青、黃、赤、白、影、光、明、闇、雲、煙、塵、霧。形色八者，長、短、方、圓、高、下、正、不正。日焰名光。月星火藥諸焰名明。障光明生，於中餘色可見名影。翻此爲闇。謂形平等名之爲正，形不平等名爲不正。餘色易了，故今不釋聲唯有八種者。一，有執受大種爲因有情，名可意聲。二，有執受大種爲因有情，名不可意聲。三，有執受大種爲因非有情，名可意聲。四，有執受大種爲因非有情，名不可意聲。五，無執受大種爲因有情，名可意聲。六，無執受大種爲因有情，名不可意聲。七，無執受大種爲因非有情，名可意聲。八，無執受大種爲因非有情，名不可意聲。有情身中所發音聲，名有執受。謂言手等也。就中語業名有情名，能詮表故。拍手等聲，名非有情名，不能詮表故。風林河等，所發音聲，名無執受大種爲因。無執受中有情名者，謂化人語聲。此化人身，雖無執受，能詮表故，稱有情名。餘義易知。

味六者，苦、酢、鹹、辛、甘、淡別故。香四種者，好香、惡香、等香、不等香有差別故。沈檀等名好香。葱薤等名惡香。好惡香中，增益依身，名爲等香，損減依身名不等香。無增損者，名好惡香。故好惡香中，各分出等不等香，故成四香。觸十一者，一地、二水、三火、四風、五輕、六重、七滑、八澁、九飢、十渴、十一冷。堅名地，濕名水，煖名火，動名風。可稱名重，翻此名輕。柔耎名滑，麁強名澁。食欲名飢，煖欲名冷，飲欲名渴。冷飢渴三，是心所欲，非正目觸。因有三觸，發此三欲，故冷飢渴。是觸家果，而非是觸。今言觸者，從果爲名。故論云，此皆於因，立果名故。如有頌曰，諸佛出現樂，演説正法樂，僧衆和合樂，同修勇進樂。

智圓《般若心經疏詒謀鈔》　五境者，一切對眼所見之色，名爲色。色有二種，攝一切色。一正報可見色，衆生身色青黃赤白黑色等。二依報可見色，外無知青黃赤白黑等色也。一切耳所聞之色曰聲，聲有二種，攝一切聲。一從正報色出聲，衆生語言音聲也。二從依報色出聲也。一切對鼻所聞之色名香，香有二種，攝一切香。外一切無知色衆生身中香臭也。二依報色出香，外一切無知色中所有香臭也。一切對舌所知之色曰味，味有二種，攝一切味。一正報色處味，衆生身中之六味也。二依報色處外一切無知色中所有六味也。一切對身所覺之色名觸，觸有二種，攝一切觸。一正報色處觸衆生身中冷煖澀滑等觸也。二依報色處外一切無知色中冷煖等觸也。是爲五境法處一分者，即法處中非心法也，如前記。

慧沼《大乘法苑林章補闕》卷七　五境者，準《雜集論》，色者四大種所造，眼根所行義，餘四準此。但舉根別義，謂境義，謂青黃赤白，長短方圓，麁細高下，若正不正，光影明闇，雲烟塵霧，逈色表色，空一顯色。總二十五。《五蘊論》云：謂眼境界，顯色形色及表色等。前舉因果，并顯色體。後但約果體，并顯色體。《瑜伽》第一，有二十四，除其逈色。逈色即是顯色差別，故不別立。《顯揚論》，色有二十五，除逈加影像色。有云，以於鏡等中，像現似質，是影像色，彰光明等，有闇色生，不似於質，是影色。今謂因於鏡等，返見本質，所帶相分，名爲影像。《五蘊論》云，謂眼境界，顯色形色及表色等逈顯色。聲者四大所造。耳根所取義，十一種聲。謂可意、不可意、俱相違。因受大種，因不受大種，因俱大種，世所共成，成所引。遍計所起，聖言所攝，非聖言所攝。《五蘊論》說三，謂執受大種因聲等。香者，《對法》說六，謂好惡平等俱生和合變異。《五蘊》亦同。味者，《五蘊》說六，甘酢鹹辛苦淡。《對法》說十二。於《五蘊》六上，加可意、不可意、俱相違、俱生、和合、變異。觸者，《對法論》觸有二十六。謂能造四大種，及於所造滑、澁、輕、重、煗、緩、急、冷、飢、渴、飽、力、劣、悶、養、黏、病、老、死、疲、息、勇。《五蘊論》言等者，此亦同。《瑜伽》五十四說，觸有二十四，除緩急。緩攝屬耎，急攝重。以大種堅實，假立於重。急即堅實。法處所攝色，《雜集》說五，謂極略、極逈、受所引、遍計所起、自在所生。《五蘊》說同。如是色蘊，略即爲二，謂四大種，及所造色中十一種，廣八十五。

五　翳

智圓《涅槃玄義發源機要》卷二　五翳者，烟、雲、塵、霧、修羅手。以喻五住煩惱，不污性淨之理。猶如五翳，不隱月形。此言月形，即池內珠故，非五翳能隱。

五　覺

真諦譯《大乘起信論》　所言覺義者，謂心體離念。離念相者，等虛空界無所不遍，法界一相即是如來平等法身，依此法身說名本覺。何以故。本覺義者，對始覺義說，以始覺者即同本覺。

始覺義者，依本覺故而有不覺，依不覺故說有始覺。又以覺心源故名究竟覺，不覺心源故非究竟覺。此義云何。如凡夫人覺知前念起惡故，能止後念令其不起，雖復名覺，即是不覺故。如二乘觀智、初發意菩薩等，覺於念異，念無異相，以捨麤分別執著相故，名相似覺。如法身菩薩等，覺於念住，念無住相，以離分別麤念相故，名隨分覺。如菩薩地盡，滿足方便一念相應，覺心初起心無初相，以遠離微細念故得見心性，心即常住，名究竟覺。

實叉難陀譯《大乘起信論》卷上　言覺義者，謂心第一義性離一切妄念相。離一切妄念相故，等虛空界，無所不遍。法界一相，即是一切如來平等法身。依此法身，說一切如來爲本覺。以待始覺立爲本覺。然始覺時即是本覺，無別覺起立。始覺者，謂依本覺有不覺，依不覺說有始覺。又以覺心源故，名究竟覺。不覺心源故，非究竟覺。如凡夫人，前念不覺，起於煩惱，後念制伏，令不更生。此雖名覺，即是不覺。如二乘人及初業菩薩，覺有念無念，體相別異，以捨麤分別故，名相似覺。如法身菩薩，覺念無念，皆無有相，捨中品分別故，名隨分覺。若超過菩薩地，究竟道滿足，一念相應覺心初起，始名爲覺。遠離覺相微細分別，究竟永盡，心根本性常住現前，是爲如來，名究竟覺。

曇延《大乘起信論義疏》卷上　本覺義者，下答。對始覺義說者，以此本覺是始覺本，始覺是此本覺末，相對故得此名也。若以本對始，不可爲一，以何義故同名覺也。以始覺即同本覺者，本由不覺，故非異。謂既得覺已，則無有異，故同得覺名也。若以始覺同本覺義可爾，未審云何有此始覺與本覺同。始覺義者，舉始覺也。依本覺故而有不覺者，以依不了自心故，而有無明妄念不覺也。依不覺故說有始覺者，以依不覺生於妄心，能知名義，遇善知識，爲說本覺，方始覺知始覺之義，因此始覺知者也。如人寤心依有睡心也。次釋第三辨覺分齊之內有二。初總釋究竟不究竟義。此義云何而不別釋。又覺心原故者，覺心體性之根原也。名究竟覺者，覺功成就，同於本覺也。又不覺心原故者，謂不觀本性六七識生滅之根原也。非究竟覺者，以末同本覺故，但名加行非究竟也。

延壽《宗鏡錄》卷八五　本覺者，因始得名。始覺者，從本而立。如《起信鈔》云：未審始覺從何而生，爲本所對，故此云也。元其始覺，是本所生。斬新而有，故名爲始。反照其體，元來有之。敵對於始，故名爲本。苟無其始，何所待耶。如母生子，對子稱母。

乃至問，始覺本覺既殊，何因無二。又既同本覺，因何名始。

答：即是本覺初顯相用，名爲始覺。相用非別外來，故得融同一體。

又若非本覺舉體之相用，即不是始覺，以心外有法故。若不然者，但名相似覺，亦名隨分覺。是知直待合同本體，方得名眞始覺也。既合於本，始即非始。既無於始，即無於本，本始之名既喪，但可名爲覺焉。如上所釋，若入宗鏡，方爲究竟之覺。未入宗鏡，但稱相似覺耳。此雖稱覺，乃是不覺。故論云，又以覺心原故名究竟覺，不覺心原故非究竟覺。即其義矣。

五教

澄觀《大方廣佛華嚴經疏》卷二　言五教者，一小乘教，二大乘始教，三終教，四頓教，五圓教。初即天台藏教。二始教者，亦名分教，以深密第二、第三時教，同許定性二乘俱不成佛，故今合之總爲一教。此既未盡大乘法理，故立爲初。有不成佛，故名爲分。三終教者，亦名實教。定性二乘，無性闡提，悉當成佛，方盡大乘至極之説，故立爲終。以稱實理，故名爲實。上二教並依地位漸次修成，故總名爲漸。四頓教者，但一念不生，即名爲佛，不依地位漸次，而説故立爲頓。如《思益》云，得諸法正性者，不從一地，至於一地。《楞伽》云，初地即爲八，乃至無所有何次等，不同前漸次位修行，不同於後圓融具德，故立名頓。頓詮此理，故名頓教。天台所以不立者，以四教中皆有一絕言故。今乃開者，頓顯絕言，別爲一類。離念機故，即順禪宗。五圓教者，明一位即一切位，一切位即一位。是故十信滿心，即攝五位成正覺等。依普賢法界帝網，重重主伴具足，故名圓教。

澄觀《大方廣佛華嚴經隨疏演義鈔》卷六　言五教者，一有相教，二無相教，三抑揚教，四同歸教，五常住教。言抑揚者，謂抑挫聲聞褒揚菩薩故。劉公五者，一人天教，二有相教，三無相教，四同歸教，五常住教。

延壽《宗鏡録》卷三五　又約《金師子章》論五教者：一，此師子雖是因緣之法，念念生滅，實無師子可得，名愚人法，是聲聞教。二，即此緣生諸法，各無自性，徹底唯空，名大乘初教。三，雖復徹底唯空，不礙幻法宛然，緣生幻有，二相雙存，名大乘終教。四，即此師子與金二相，互奪兩亡，情謂不存，俱無有力，空有雙泯，名言路絕，棲心無寄，名大乘頓教。五，即此情盡體露之法，混成一塊，繁興大用，起必全眞，萬像紛然，參而不雜，一切即一，皆同無性，一即一切，因果歷然，力用相收，卷舒自在，名一乘圓教，此名最上乘也。

袾宏《佛説阿弥陀經疏鈔》卷一　教者，依賢首判教分五。謂小、始、終、頓、圓。今此經者，頓教所攝，亦復兼通前後二教。五教者：一小乘教。所説唯是人空。縱少説法空，亦不明顯。以依六識三毒，建立染淨根本，未盡法源故。二，大乘始教。緣第二時但明於空，第三時定説三乘，不許定性闡提成佛，未盡大乘至極之説，故名爲始。有成佛，有不成佛，復名分教。所説則廣談法相，少及法性。其所云性，亦是相數。以依生滅八識，建立生死及涅槃因諸義類故。三，大乘終教。緣出中道妙有，定性闡提皆當作佛，方盡大乘至極之説，故名爲終。稱實理故，復名實教。所説則多談法性，少及法相。其所云相，亦會歸性。以依如來藏八識，隨緣成立諸義類故。四，頓教。總不説法相，唯説眞性。一念不生，即名爲佛，無漸次故。五，圓教。統該前四，圓滿具足。所説唯是無盡法界，性海圓融，緣起無礙，相即相入，帝網重重，主伴交參，無盡無盡故。以上詳如《華嚴玄》中，恐煩不敘。言頓教攝者，如後義理中辯。亦通前後者，通前終教，以一切衆生念佛，定當成佛，即定性闡提皆作佛故。通後圓教者，亦義理中辯。

五趣

玄奘譯《瑜伽師地論》卷二　如是安立世界成已，於中五趣可得。謂那洛迦、傍生、餓鬼、人、天。……云何那落迦趣。謂種果所攝那洛迦諸蘊，及順那洛迦受業。如那洛迦趣，如是傍生、餓鬼、人、天。如其所應，盡當知。

玄奘譯《阿毗达磨俱舍論》卷八　五趣云何。頌曰：於中地獄等，自名説五趣。唯無覆無記。有情非中有。論曰：於三界中，説有五趣。即地獄等。如自名說。謂前所說地獄、傍生、鬼、及人、天，是名五趣。唯於欲界，有四趣全。三界各有天趣一分。如彼廣說。

玄奘譯《阿毗達磨集異門足論》卷一一　五趣者：一地獄趣、二傍生趣、三鬼趣、四人趣、五天趣。

云何地獄趣。答：與諸地獄一性一類衆同分等，依得事得處得。若諸所有生地獄已，無覆無記色受想行識，是名地獄趣。復次由上品身惡行，語惡行，意惡行，若習若修若多所作，往於地獄，生地獄中，結地獄生，是名地獄趣。復次地獄趣者，是名是號，異語增語，想等想施設言說，故名地獄趣。

云何傍生趣。答：與諸傍生一性一類衆同分等，依得事得處得。若諸所有生傍生已無覆無記色受想行識，是名傍生趣。復次由愚鈍身惡行，語惡行，意惡行，往於傍生，生傍生中，結傍生生，是名傍生趣。復次傍生趣者，是名是號，異語增語，想等想施設言說，故名傍生趣。

云何鬼趣。答：與諸鬼衆一性一類衆同分等，依得事得處得。若諸所有生鬼界已無覆無記色受想行識，是名鬼趣。復次由慳悋身惡行，語惡行，意惡行，若習若修若多所作，往於鬼界，生鬼界中，結鬼界生，是名鬼趣。

復次鬼趣者，是名是號，異語增語，想等想施設言說，故名鬼趣。

云何人趣。答：與諸人衆一性一類衆同分等，依得事得處得。若諸所有生人中已無覆無記色受想行識，是名人趣。復次由下品身妙行，語妙行，意妙行，若習若修若多所作，往於人中，生於人中，結人中生，是名人趣。復次人趣者，是名是號，異語增語，想等想施設言說，故名人趣。

云何天趣。答：與諸天衆一性一類衆同分等，依得事得處得。若諸所有生天上已無覆無記色受想行識，是名天趣。復次由上品身妙行，語妙行，意妙行，若習若修若多所作，往於天上，生於天上，結天上生，是名天趣。復次天趣者，是名是號，異語增語，想等想施設言說，故名天趣。

玄奘譯《佛地經論》卷六　五趣因者，謂中有身以與五趣爲方便故。趣是所趣，中有能趣，故非趣攝。就生類別，建立四生。是故中有亦生所攝。有義，中有趣方便故，說在趣中。此言因者，業煩惱等。果卽五趣。

玄奘譯《阿毗达磨大毗婆沙論》卷一二　五趣皆有法爾勝事，謂地獄趣、異熟色等，斷已還續，餘趣不爾。傍生趣中，有能飛空興雲雨等。餓鬼趣中，祭祀則到。人趣能受善戒惡戒，修勝品善，勇猛強記，智力深遠。天趣中，欲天，隨其所須，應念則至。色無色天，有勝生勝定。

五逆

佛陀耶舍譯　有自在力，作五逆罪。何等爲五。一者殺母，二者害父，三者殺阿羅漢，四者破和合僧，五者出佛身血。如是五無間罪若犯一者，是則名爲犯根本罪，是名第四犯根本罪。

慧遠《無量壽經義疏》下卷　言五逆者，殺父，殺母，殺阿羅漢，破和合僧，出佛身血。此是其五也。此五皆恩及違福田，故名爲逆。前二皆恩。後之三種，違於福田。立邪毀正，名爲謗法。此等障重，所以除之。

慧遠《維摩義記》卷二　殺父，殺母，殺阿羅漢，破和合僧，出佛身血，是其五逆。此背恩及違福田，故說爲逆。殺父殺母，背恩故逆。後三違於福田故逆。廣如別章。

玄奘譯《大乘大集地藏十輪經》卷三　復次，大梵！有五無間大罪惡業。何等爲五。一者故思殺父，二者故思殺母，三者故思殺阿羅漢，四者倒見破聲聞僧，五者惡心出佛身血。如是五種，名爲無間大罪惡業。若人於此五無間中，隨造一種，不合出家及受具戒。若令出家或受具戒，師便犯罪。彼應驅擯，令出我法。

法天譯《妙法聖念處經》卷二　若復有人，於父母處，起殺害想，而生決定，此罪至重。譬如有人，以利刀劍破壞三界一切衆生，比此猶輕。所以者何。父母恩德，反生冤害，獲罪甚重。

若復有人，破僧和合，殺阿羅漢，出佛身血。此罪最重，獲報無間，受苦相續，殘害怖畏。治罰恆時，思惟方便，無暫止息。鐵毒火炬，苦殃無窮。非法纏縛，破壞恐怖，恆常無斷。顛倒愚迷，不能遠離苦澁之果。由此因緣，煩惱業牽，輪迴生死，不得解脫。

五　戒

佛陁耶舍、竺佛念譯《佛説長阿含經》卷二　自今已後盡壽，不殺、不盜、不邪婬、不欺、不飲酒。時，彼女從佛受五戒已，捨本所習，穢垢消除，即從座起，禮佛而去。

佛陁耶舍、竺佛念譯《佛説長阿含經》卷一〇　復有五法向惡趣，五法向善趣，五法向涅槃。云何五法向惡趣，謂破五戒：殺、盜、婬逸、妄語、飲酒。云何五法向善趣。謂持五戒：不殺、不盜、不婬、不欺、不飲酒。

玄奘譯《阿毗達磨法藴足論》卷一　諸有於彼五怖罪怨能寂靜者，彼於現世，爲諸聖賢同所欽歎，名爲持戒。自防護者，無罪無貶，生多勝福，身壞命終，昇安善趣，生於天中。何等爲五。謂離殺生者，離殺生緣故，滅怖罪怨，能離殺生。是名第一。離不與取者，離劫盜緣故，滅怖罪怨，能離劫盜。是名第二。離欲邪行者，離邪行緣故，滅怖罪怨，能離邪行。是名第三。離虚誑語者，離虚誑緣故，滅怖罪怨，能離虚誑。是名第四。離飲諸酒放逸處者，離飲諸酒放逸處緣故，滅怖罪怨，能離飲酒諸放逸處。是名第五。有於如是五怖罪怨能寂靜者，彼於現世，爲諸聖賢同所欽歎，名爲持戒。自防護者，無罪無貶，生多勝福，身壞命終，昇安善趣，生於天中。

契嵩《鐔津文集》卷一　人乘者，五戒之謂也。一曰不殺。謂當愛生，不可以己輒暴一物，不止不食其肉也。二曰不盜。謂不義不取，不止不攘他物也。三曰不邪淫。謂不亂非其匹偶也。四曰不妄語。謂不以言欺人。五曰不飲酒。謂不以醉亂其修心。

《優陂夷墮舍迦經》　阿羅漢無殺意，齋日持戒亦當如阿羅漢，無殺意、無捶擊意，念畜生及蟲蛾，使常生如阿羅漢意，是爲一戒。今日與夜持殺意使不得殺，持意如是，爲佛一戒。

佛言：齋日持意，當如阿羅漢無貪心，無所貪慕於世間，無貪毛菜之意。齋日如是持意如阿羅漢。富有者當念作布施，貧無有者當當念施。是爲二戒。

佛言：齋日持意當如阿羅漢，阿羅漢不畜婦亦不念婦，亦不貪女人亦無婬意。齋日如是持意如阿羅漢。是爲三戒。

佛言：齋日持意當如阿羅漢，不妄語、不傷人意，語即説佛經，不語者但念諸善。齋日如是持意如阿羅漢。是爲四戒。

佛言：齋日持意當如阿羅漢，阿羅漢不飲酒，不念酒，不思酒，用酒爲惡。齋日如是持意如阿羅漢。是爲五戒。

五　味

曇無讖譯《大般涅槃經》卷一四　善男子！譬如從牛出乳，從乳出酪，從酪出生穌，從生穌出熟穌，從熟穌出醍醐。醍醐最上，若有服者，衆病皆除。所有諸藥悉入其中。善男子！佛亦如是。從佛出生十二部經，從十二部經出修多羅，從修多羅出方等經，從方等經出般若波羅蜜，從般若波羅蜜出大涅槃，猶如醍醐。言醍醐者，喻於佛性。佛性者即是如來。善男子！以是義故，説言如來所有功德無量無邊，不可稱計。

智顗《妙法蓮華經玄義》卷一〇　如《大經》云：凡夫如乳，聲聞如酪，菩薩如生熟酥，佛如醍醐。今釋此譬，總喻半滿五時。凡夫無治道，全生如乳。聲聞發眞，通皆如酪。通教菩薩及二乘如生酥。別教如熟酥。圓教如醍醐。今當教各判五味。《大經》云：凡夫如乳，須陀洹如酪，斯陀含如生蘇，阿那含如熟酥，阿羅漢、支佛、佛如醍醐。有超果者即得醍醐。或有味味入者，此即三藏教中三意也。當通教中五味者。《大經》三十二云，凡夫佛性如雜血乳。血者即是無明行等一切煩惱。乳者即善五陰。是故我説從諸煩惱及善五陰，得三菩提。如衆生身，皆從精血而得成就。佛性亦爾。須陀洹、斯陀含，斷少煩惱如眞乳。阿那含如酪。阿羅漢如生酥。支佛至十地菩薩如熟酥。佛如醍醐。超果不定（云云）。當別教自明五味者。第九云：衆生如牛新生，血乳未別。聲聞緣覺如酪。菩薩之人如生熟酥。諸佛世尊猶如醍醐。具有超果不定（云云）。當圓教但一味。《大經》云：雪山有草，名曰忍辱。牛若食者，即得醍醐，正直純一，故不論五味。若無差別中作差別者，約名字即乃至究竟，即判五味相生也。從佛出十二部，即是出乳，新醫用乳也，可約四善根就發中爲五味也

法雲《翻譯名義集》卷一四　五味，《聖行品》云：譬如從牛出乳，從乳出酪，從酪出生酥，從生酥出熟酥，從熟酥出醍醐。譬從佛出十二部經，從十二部經出九部修多羅，從九部出方等，從方等出《摩訶般若》，從《摩訶般若》出《大涅槃》。此喻一取相生次第。牛譬於佛，五味譬教。乳從牛出，酥從乳生。二酥醍醐，次第不亂。二喻濃淡。此取一番下劣根性，所謂二乘在華嚴座，不信不解，不變凡情，故譬其乳。次至鹿苑聞三藏教，二乘根性依教修行，轉凡成聖，譬轉乳成酪。次至《方等》聞彈斥聲聞慕大恥小，得通教益。如轉酪成生酥。次至《般若》，奉勅轉教，心漸通泰，得別教益。如轉生酥成熟酥。次至《法華》，三周說法，得記作佛。如轉熟酥成醍醐。此乃約教豎辨。其如約教横辨，兼但對帶多少可知。晉《華嚴》云：譬如日出，先照一切諸大山王，次照一切大山，次照金剛寶山，然後普照一切大地。又云譬如日月出現世間，乃至深山幽谷，無不普照。此喻先照高山，次照幽谷，後照平地。天台準《涅槃》五味演第三平地，開爲三時。《方等》如食時，《般若》如禺中，《法華》如正午。《釋籤》問曰：應還取《涅槃》本文，何以卻取《華嚴》文耶，非但數不相當，亦恐文意各別。答：《涅槃》五味轉變而祇是一乳。《華嚴》三照不同，而祇是一日。今演平地之譬，以對《涅槃》後之三味。數雖不等，其義宛齊。

五味禪

宗密《禪源諸詮集》卷一　凡聖無差，禪則有淺有深，階級殊等。謂帶異計，欣上壓下而修者，是外道禪。正信因果，亦以欣厭而修者，是凡夫禪。悟我空偏眞之理而修者，是小乘禪。悟我法二空所顯眞理而修者，是大乘禪（上四類，皆有四色四空之異也）。若頓悟自心本來清淨，元無煩惱，無漏智性本自具足，此心即佛，畢竟無異。依此而修者，是最上乘禪，亦名如來清淨禪，亦名一行三昧，亦名眞如三昧。此是一切三昧根本。若能念念修習，自然漸得百千三昧。達摩門下展轉相傳者，是此禪也。

惟蓋竺等編《明覺禪師語錄》卷二　舉：歸宗問僧，甚處去。云，諸方學五味禪去。宗云，我者裏有一味禪，爲甚不學。僧云，如何是一味禪。宗便打。

五乘

鳩摩羅什譯《十住毗婆沙論》卷一五　若菩薩於五乘中教化衆生時，供養輕慢、憎愛、怖畏、苦樂、疲極等事中，其心不轉，是名堅心化衆生。五乘者，一者佛乘，二者辟支佛乘，三者聲聞乘，四者天乘，五者人乘。如說：

如應以一心，一切諸力勢，
依種種方便，離於憎愛心。
教化諸衆生，離垢心清淨，
令得無量世，難得無上乘。
若入無勢力，不堪住大乘，
次教辟支佛，聲聞天人乘。

智顗《妙法蓮華經文句》卷七上　五乘者，五戒乘出三途苦，十善乘出人道八苦，聲聞乘出三界無常苦，緣覺乘出從他聞法苦，菩薩乘出內無利智外無相好苦，是爲五乘。問：但應以人天爲世間乘，餘是出世間乘。又佛爲實乘，餘是權乘。又佛爲果乘，餘是因乘。又應爲三乘，人天爲下，二乘爲中，佛爲上。又人天名不斷煩惱乘，二乘名斷煩惱乘，佛名非斷非不斷乘。又人天名不斷，佛名斷，二乘名亦斷亦不斷。又凡夫賢聖，非凡非聖，有空非有非空等乘（云云）。

宗密《佛說盂蘭盆經疏》上　五乘者，乘以運載爲名，五謂人、天、聲聞、緣覺、菩薩。此五力有大小，載有遠近。一人乘，謂三歸五戒，運載衆生，越於三塗，生於人道，其猶小艇纔過谿澗。二天乘，謂上品十善，及四禪八定，運載衆生，越於四洲，達於上界。猶如小船越小江河。

三聲聞乘，謂四諦法門。四緣覺乘，謂十二因緣法門。皆能運載衆生越於三界，到有餘無餘涅槃，成阿羅漢及辟支佛。皆如大船越大江河。五菩薩乘，謂悲智六度法門。運載衆生，總超三界三乘之境，至無上菩提大般涅槃之彼岸。如乘舶過海也。

智儼《華嚴經内章門等雜孔目》卷三　言五乘者：人天等爲一，謂人天乘。聲聞緣覺共爲一，謂爲小乘。漸教所爲爲一，謂漸悟乘。頓教所爲爲一，謂頓悟乘。一乘爲一，謂究竟乘。

栖復《法華經玄贊要集》卷一　五乘者：定性人天乘，定性聲聞乘，定性緣覺乘，定性菩薩乘，五不定性乘。《妙法蓮華經》出過五乘之上，故言貫五乘，蓋覆卻五乘。如向五乘頭土著蓋，故言冠五乘也。問：若《法華經》離五乘外有，可言冠五乘。《法華經》是五乘内，不定乘收，除卻不定乘，只合言冠四乘，如何言冠五乘耶。答：二解。一云，《法華經》四十年前空教大乘，中道大乘，出於破相大乘，名冠五乘。二云，此經一乘，出餘四乘所得之果。又因一乘之中果乘，出於因乘，故言冠五乘。問：若如此説，餘大乘經皆爾，何獨此經。答：但表此經出於五乘，不遮餘經也。若似此經，指昔無爲今有，談前果爲後因，明捨權熟實，與聲聞授記。如此勝事，餘經即無。一則是中道大乘，冠彼故相大乘。二則嘆果乘冠彼因乘。三則與聲聞授記。明權實之事，有斯多勝，獨言冠也。顯者出也。禾末謂之顯。一段禾，於中一穗獨出，出於衆禾之上，名顯。《尚書》云，嘉禾異壠同顯。顯者出義也。千古者，對上百宗，而言千古。意表此經出於五乘，獨迥千古。即自受用身壽命，塵劫不盡。且説分限，故言千古。即是《法華經》出於五乘，蓋覆五乘，而獨顯出千古。

通理《圓覺經析義疏大義》　言五乘者：一人天乘。依戒善禪定之法，求下界五欲及上二界淨妙之樂。《法華經》喻以最小之車。二聲聞乘。三辟支乘。四菩薩乘。此三即上之三乘。五佛乘，依萬行因華嚴一乘道果。《法華經》喻以大白牛車。

五　惡

安世高譯《佛説七處三觀經》　佛告阿難：爲五惡。何等爲五。一爲自欺身，二者爲亦欺他人，三爲語時上下不可賢者意，四爲十方不名聞，五爲已死墮地獄。

安世高譯《佛説分别善惡所起經》　佛言：人於世間喜殺生，無慈之心，從是得五惡。何等五。一者，壽命短。二者，多驚怖。三者，多仇怨。四者，萬分已後，魂魄入太山地獄中。太山地獄中，毒痛考治，燒炙烝煮，斫刺屠剝，押腸破骨，欲生不得。犯殺罪大，久久乃出。五者，從獄中來出生爲人，常當短命，或胎傷而死，或墮地而死，或數十百日而死，年數十歲而死者。今見有短命人，若形瘢瘡，身體不完，跛蹇秃傴，或盲聾、瘖瘂、齆鼻塞㿈，或無手足，孔竅不通，皆由故世宿命屠殺、射獵、羅網、捕魚，殘殺蚑蛇、龜鼈、蚤虱所致。如是分明，慎莫犯殺！

佛言：人於世間偷盜劫人，強取他人財物，求利不以道理，欺詐取財物，輕秤、小斗、短尺欺人，若以重秤、大斗、長尺侵人，道中拾遺取非其財，負債借貸不歸，觝觸以行互人，從是得五惡。何等五。一者，財物日耗減。二者，王法所疾，覺知當辜，少有脱者。三者，若身未嘗安歸，常懷恐怖，亦自欺身。四者，死後魂魄入太山地獄中。太山地獄中，考治數千萬毒，隨所作受罪。五者，從獄中來出，隨所負輕重償債，或有作奴婢償者，或作牛、馬、騾、驢、駱駝償者，或作豬、羊、鵝、鴨、鷄、犬償者，諸禽獸、魚鼈之屬，皆是負債者。經言債不腐朽，所謂也！今見有下賤畜生之屬，皆由故世宿命貪利，強取人財物所致也。畜生勤苦如是，見在分明，慎莫取他人財物！

佛言：人於世間婬泆犯他人婦女，從是得五惡。何等五。一者，家室不和，夫婦數鬬，數亡錢財。二者，畏縣官，常與捶杖從事，王法所疾，身當備辜，多死少生。三者，自欺身，常恐畏人。四者，入太山地獄中。太山地獄中，鐵柱正赤身常抱之，坐犯他人婦女故得是殃。如是數千萬歲，形乃竟。五者，從獄中來，出生爲鷄、梟、鳥、鴨、人，魂魄無形所著爲名。今見有鷄凫婬泆，不避母子，亦無節度。亦有犬、馬之貞，狗貞於夫，畜生之屬皆有信足，而鷄凫婬泆，獨無止足，皆從故世宿命婬泆犯他人婦女，受是鷄凫身，當爲人所噉食。如是懃苦，不可數説。如是分明，慎莫犯他人婦女！

佛言：人於世間喜兩舌讒人，喜惡口、妄言、綺語，自貢高，誹謗聖道、嫉賢妬能、啤呰高才，從是得五惡。何等五。一者，多怨憎。二者，自欺身，亦從是人皆不信。三者，數逢非禍。四者，入太山地獄中。太山地獄中，有鬼從人項拔其舌，若以燒鐵鉤其舌斷，若以燒鐵鋃鐺刺其咽，欲死不得，欲生不得，不能語言，如是數千萬歲。五者，從地獄中來出，爲人惡口，齒或兒缺，彌筋蹇吃重言，或瘖瘂不能言語。今見有是曹人，皆故世宿命兩舌讒人，誹謗聖道所致也。如是分明，亦可慎惡口！

安世高譯《佛説分別善惡所起經》 佛言：人於世間喜持杖恐人，以手足加痛於人，喜鬪亂別離人，己所不喜强持與人，從是得五惡。何等五。一者，自欺身，亦爲人所患毒。二者，身爲恐怖。三者，又數病疾；四者，入太山地獄中，隨所作受罪，久久萬歲。五者，從獄來出，生爲人多病身不離杖。今見有多病者，皆故世宿命喜加痛疾之所致也，多病不如强健。如是分明，慎莫加惡於人！

佛言：人於世間常喜瞋恚不和調，見賢者亦恚，見愚者亦恚之，不別善惡，但欲瞋恚而已，從是得五惡。何等五。一者，爲自燒身。二者，亦自亂意。三者，臥起不安隱，或憂恚自殺。四者，入太山地獄中，毒痛考治數千萬歲。五者，從太山地獄中出，生爲人面目常惡，色萎黑黄熟。今見有惡色人，皆從故世宿命喜瞋恚所致，面醜惡色，不如端正好色。如是分明，慎莫瞋恚！

佛言：人於世間不孝父母，不敬長老，見他人有孝父母、敬事長老者，常瞋恚之，不喜作善，從是得五惡。何等五。一者，常得惡夢。二者，爲人所憎。三者，惡名聞。四者，入太山地獄中，考治數千萬歲。五者，從地獄中來出，生爲人弊性不媚，爲衆人所憎。今見有不媚急性，爲衆人所憎者，皆從故世宿命不孝父母、不敬長老所致也。如是分明，慎莫憍慢！可孝順、敬事長老。

佛言：人於世間不孝尊老，無有禮節，輕易憍慢，自用自强，從是得五惡。何等五。一者，失亡職位。二者，自欺身；三者，不爲人所敬。四者，入太山地獄中，考治數千萬歲。五者，從獄中來，出生爲人，當作下賤醜惡，爲人所輕易。今見有下賤人，皆從故世宿命憍慢、不敬尊老所致也。如是分明，慎莫憍慢！

佛言：人於世間得財産，慳貪不肯布施，不愛視諸家貧窮者，不給與之，不供事沙門明經道士，不匃不與乞兒，若病人食飲不敢自飽，衣被不敢自完，從是得五惡。何等五。一者，自欺身，亦爲人所不敬。二者，人皆呼守錢奴。三者，恆荷慚愧。四者，墮餓鬼，勤苦不可言，或千歲百歲，不能得水飲，遥望見江湖若谿谷水，走往欲飲之，水便化作銷銅、若膿血不可飲，如是勤苦不可縷説。五者，從餓鬼中來出，生爲人當貧窮凍餓，從人乞匃，脊骨相支柱，乞匃不能得，人當唾罵之。今見有貧窮乞人，皆從故世宿命慳貪不肯布施所致也。如是分明，慎莫慳貪！

佛言：人於世間有明經賢者，若沙門道人，不喜往問度世之道，嫉妬高才，誹謗賢者，從是得五惡。何等五。一者，不慧。二者，少知。三者，不爲人所敬。四者，入太山地獄、入太山地獄中，考治數千萬歲、五者，從獄中來出，生爲人愚癡無所識知，與畜生同例。今見有愚癡不別白黑者，皆從先世宿命不喜道德，嫉妬高遠所致也。如是分明，慎可行道！

康僧鎧譯《佛説無量壽經》卷下 佛言：何等爲五惡，何等五痛，何等五燒，何等消化五惡。令持五善，獲其福德，度世長壽，泥洹之道。

其一惡者：諸天人民蠕動之類，欲爲衆惡，莫不皆然。强者伏弱，轉相剋賊。殘害殺戮，迭相吞噬。不知修善，惡逆無道。後受殃罰，自然趣向。神明記識，犯者不赦。故有貧窮下賤、乞丐孤獨、聾盲瘖瘂、愚癡憋惡，至有尪狂不逮之屬。又有尊貴豪富、高才明達，皆由宿世慈孝修善積德所致。世有常道王法牢獄，不肯畏慎，爲惡入罪，受其殃罰，求望解脱，難得免出。世間有此目前現事，壽終後世，尤深尤劇。入其幽冥，轉生受身。譬如王法痛苦極刑，故有自然三塗無量苦惱。轉貿其身，改形易道，所受壽命或長或短，魂神精識自然趣之。當獨值向，相從共生，更相報復，無有止已。殃惡未盡，不得相離。展轉其中，無有出期。難得解脱，痛不可言。天地之間，自然有是。雖不即時，卒暴應至，善惡之道，會當歸之。是爲一大惡，一痛一燒，勤苦如是，譬如大火焚燒人身。人能於中一心制意，端身正行，獨作諸善，不爲衆惡者。身獨度脱，獲其福德，度世上天泥洹之道，是爲一大善也。

佛言其二惡者：世間人民父子兄弟室家夫婦，都無義理，不順法度，奢婬憍縱，各欲快意。任心自恣，更相欺惑。心口各異，言念無實。佞諂不忠，巧言諛媚。嫉賢謗善，陷入怨枉。主上不明，任用臣下。臣下自在，機僞多端。踐度能行，知其形勢。在位不正，爲其所欺。妄損忠良，不當天心。臣欺其君，子欺其父。兄弟夫婦，中外知識，更相欺誑。各懷貪欲瞋恚愚癡，欲自厚己，欲貪多有。尊卑上下，心俱同然。破家亡身，不顧前後。親屬内外坐之滅族。或時室家知識鄉黨市里愚民野人，轉共從事，更相剝害，忿成怨結。富有慳惜，不肯施與。愛保貪重，心勞身苦。如是至竟，無所恃怙。獨來獨去，無一隨者。善惡禍福，追命所生，或在樂處，或入苦毒。然後乃悔，當復何及。世間人民，心愚少智，見善憎謗，不思慕及。但欲爲惡，妄作非法。常懷盜心，悕望他利。消散磨盡而復求索。邪心不正，懼人有色。不豫思計，事至乃悔。今世現有王法牢獄，隨罪趣向，受其殃罰。因其前世不信道德，不修善本，今復爲惡，天神剋識，別其名籍，壽終神逝，下入惡道。故有自然三塗無量苦惱，展轉其中，世世累劫無有出期，難得解脱，痛不可言。是爲二大惡二痛二燒，勤苦如是。譬如大火焚燒人身。人能於中一心制意，端身正行獨作諸善，不爲衆惡者，身獨度脱，獲其福德，度世上天泥洹之道，是爲二大善也。

佛言其三惡者：世間人民，相因寄生，共居天地之間，處年壽命，無能幾何。上有賢明長者尊貴豪富，下有貧窮廝賤尪劣愚夫。中有不善之人，常懷邪惡，但念婬泆，煩滿胸中。愛欲交亂，坐起不安。貪意守惜，但欲唐得。眄睞細色，邪態外逸。自妻厭憎，私妄出入。費損家財，事爲非法。交結聚會，興師相伐。攻劫殺戮，強奪不道。惡心在外，不自修業。盜竊趣得，欲擊成事。恐勢迫脅，歸給妻子，恣心快意，極身作樂。或於親屬不避尊卑，家室中外患而苦之。亦復不畏王法禁令。如是之惡著於人鬼，日月照見，神明記識。故有自然三塗無量苦惱，展轉其中，世世累劫無有出期，難得解脱，痛不可言，是爲三大惡三痛三燒，勤苦如是。譬如大火焚燒人身。人能於中一心制意，端身正行獨作諸善，不爲衆惡者，身獨度脱，獲其福德，度世上天泥洹之道，是爲三大善也。

佛言其四惡者：世間人民不念修善，轉相教令共爲衆惡。兩舌惡口，妄言綺語，讒賊鬭亂，憎嫉善人，敗壞賢明。於傍快喜，不孝二親。輕慢師長，朋友無信，難得誠實。尊貴自大，謂己有道，橫行威勢，侵易於人。不能自知，爲惡無恥。自以強健，欲人敬難，不畏天地神明日月，不肯作善，難可降化。自用偃蹇，謂可常爾，無所憂懼，常懷憍慢。如是衆惡，天神記識。賴其前世頗作福德，小善扶接，營護助之。今世爲惡，福德盡滅。諸善神鬼各去離之。身獨空立，無所復依。壽命終盡，諸惡所歸，自然迫促，共趣奪之。又其名籍，記在神明，殃咎牽引，當往趣向。罪報自然，無從捨離。但得前行，入於火鑊，身心摧碎，精神痛苦。當斯之時，悔復何及。天道自然，不得蹉跌。故有自然三塗無量苦惱，展轉其中，世世累劫無有出期，難得解脱，痛不可言。是爲四大惡四痛四燒，勤苦如是。譬如大火焚燒人身。人能於中一心制意，端身正行獨作諸善，不爲衆惡，身獨度脱，獲其福德，度世上天泥洹之道，是爲四大善也。

佛言其五惡者：世間人民，徙倚懈惰，不肯作善治身修業，家室眷屬飢寒困苦。父母教誨，瞋目怒應，言令不和，違戾反逆，譬如怨家，不如無子。取與無節，衆共患厭，負恩違義，無有報償之心。貧窮困乏，不能復得。辜較縱奪，放恣遊散。串數唐得，用自賑給。耽酒嗜美，飲食無度。肆心蕩逸，魯扈抵突。不識人情，強欲抑制。見人有善，憎嫉惡之。無義無禮，無所顧錄。自用職當，不可諫曉。六親眷屬所資有無，不能憂念。不惟父母之恩，不存師友之義，心常念惡，口常言惡，身常行惡，曾無一善。不信先聖諸佛經法，不信行道可得度世，不信死後神明更生，不信作善得善，爲惡得惡。欲殺眞人，鬭亂衆僧。欲害父母兄弟眷屬。六親憎惡，願令其死。如是世人心意俱然，愚癡矇昧，而自以智慧。不知生所從來，死所趣向，不仁不順，逆惡天地。而於其中，悕望僥倖，欲求長生，會當歸死。慈心教誨，令其念善。開示生死善惡之趣自然有是，而不信之。苦心與語，無益其人。心中閉塞，意不開解。大命將終，悔懼交至。不豫修善，臨窮方悔。悔之於後，將何及乎。天地之間五道分明，恢廓窈冥，浩浩茫茫，善惡報應，禍福相承。身自當之，無誰代者。數之自然，應其所行，殃咎追命，無得縱捨。善人行善，從樂入樂，從明入明。惡人行惡，從苦入苦，從冥入冥。誰能知者，獨佛知耳。教語開示信用者少，生死不休，惡道不絕。如是世人，難可具盡。故有自然三塗無量苦惱，展轉其中，世世累劫無有出期，難得解脱，痛不可言。是爲五大惡五痛五燒。勤苦如是，譬如大火焚燒人身。人能於中一心制意，端身正念，言行相副，所作至誠，所語如語，心口不轉，獨作諸善不爲衆惡者，身獨度脱，獲其福德，度世上天泥洹之道，是爲五大善也。

白法祖譯《佛般泥洹經》卷上　佛告逝心理家：人在世間，其有貪欲，自放恣者，即有五惡。何等爲五。一者財産日耗減。二者不知道意。三者衆人所不敬，死時有悔。四者醜名惡聲，遠聞天下。五者死入地獄三惡道中。人能伏心，不自放恣者，即有五善。何等爲五。一者財産日增。二者有道行。三者衆人所敬，至死無悔。四者好名善譽，遠聞天下。五者死生上福德之處。不自放恣，有是五善，汝等自思惟之。佛爲逝心理家説經竟，皆歡喜，爲佛作禮而去。

吉藏《無量壽經義疏》　五惡者，一殺、二盜、三邪婬、四妄語、五飲酒。損五戒善，故名惡也。

五輪

智顗《釋禪波羅蜜次第法門》卷三　今明因止證五輪。五輪者，一地輪，二水輪，三風輪，四金沙輪，五金剛輪。此五法門，悉是借譬立名。通名爲輪者，轉也。如世輪若轉，離此至彼。禪中明輪亦爾。如地輪因離下地，亂心轉至上地，故名爲輪。乃至金剛輪義，亦復如是，轉至無學極果故。

一地輪者，如地有二義。一者住持不動，二者出生萬物。行者因止，若證未到地定，忽然湛心，自覺身心相空，泯然入定。定法持心不動，故名住持。因未到地，出生初禪種種功德事，同出生萬物。

二水輪者，水有二義。一潤漬生長，二體性柔軟。行者於地輪中，若證水輪三昧，即是發諸禪種種功德。定水潤心，自覺心中善根增長，即是潤漬義。因得定故，身心濡軟，折伏高心。心隨善法，即是柔軟義，故名水輪。

三風輪者，如世間風，有三義。一者遊空無礙，二者鼓動萬物，三者能破壞。行者發風輪三昧亦如是。若因禪定發相，似智慧無礙方便。如風遊空，一切無礙，鼓動者得方便道。即能擊發種種出世善根，功德生長。破壞者，智慧方便，能摧破一切諸見煩惱。若二乘人得此風輪三昧，即是五方便相，似無漏解發。若是菩薩，即入鐵輪十信。是名風輪。

四金沙輪者，金則譬眞，沙諭無著。行者若發見思眞慧，無染無著，得三道果。若是菩薩，即入三賢十地位中，能破一切塵沙煩惱。是名金沙輪。

五金剛輪者，第九無礙道，名金剛輪三昧。譬如金剛體堅用利，能摧碎諸物。金剛三昧亦復如是，不爲妄惑所侵，能斷一切結使，成阿羅漢。若在菩薩心，即是金剛般若破無明細惑，證一切種智。亦名清淨禪，菩薩依是禪故，得大菩提果。復次如輪，若無牛御，終不自轉。五輪禪定，復如是。

五濁

慧遠《無量壽經義疏》卷上　言五濁者：一者命濁，報命短促。二衆生濁，人無善行。三煩惱濁，諸結增上。四者見濁，邪見熾盛。五者劫濁，飢饉疫病刀兵競起。穢土有此，名五濁刹。

慧遠《維摩義記》卷二　言五濁者，如經中説。一曰命濁，命報短促。謂今世人極壽百歲，如是等也。二衆生濁，無其人行。三煩惱濁，貪瞋癡等諸結增上。四者見濁，邪見熾盛。五曰劫濁，所謂飢饉疫病刀兵。此五盛時，名爲惡世。佛於是時，出現於世，現行斯法，度衆生者，現行有病，乞求之法度衆生也。

闍那崛多譯《大法炬陀羅尼經》卷一一　五濁者，所謂衆生濁、壽命濁、見濁、煩惱濁、劫濁。如是等種種惡法行衆生中，諸佛雖説而不弘普。

玄奘譯《阿毗達磨俱舍論》卷一二　言五濁者：一壽濁，二劫濁，三煩惱濁，四見濁，五有情濁。劫減將末，壽等鄙下，如滓穢故，説名爲濁。由前二濁，如其次第，壽命資具，極被衰損。由次二濁，善品衰損，以耽欲樂自苦行故，或損在家出家善故。由後一濁，衰損自身，謂壞自身身量色力念智勤勇及無病故。

玄奘譯《阿毗達磨順正理論》卷三二　言五濁者：一壽濁，二劫濁，三煩惱濁，四見濁，五有情濁。云何濁義。極鄙下故，應棄捨故，如滓穢故。豈不壽劫有情濁三互不相離。見濁即用煩惱爲體。五應不成，理實應然。但爲次第顯五衰損極增盛時，何等名爲五種衰損。一壽命衰損，時極短故。二資具衰損，少光澤故。三善品衰損，欣惡行故。四寂靜衰損，展轉相違成諠諍故。五自體衰損，非出世間功德器故。爲欲次第顯此五種衰損不同，故分五濁。

玄奘譯《瑜伽師地論》卷四四　言五濁者：一者壽濁。二者有情濁。三者煩惱濁。四者見濁。五者劫濁。如於今時，人壽短促，極長壽者不過百年，昔時不爾。是名壽濁。

如於今時，有情多分，不識父母，不識沙門，若婆羅門，不識家長、可尊敬者，作義利者，作所作者。於今世罪，及後世罪，不見怖畏；不修惠施，不作福業，不受齋法，不受淨戒。昔時不爾。是名有情濁。

如於今時，有情多分習非法貪，不平等貪，執持刀劍，執持器仗，鬪訟諍競，多行諂誑詐僞妄語，攝受邪法，有無量種惡不善法，現可了知。昔時不爾。是名煩惱濁。

如於今時，有情多分，爲壞正法，爲滅正法，造立衆多像似正法，虛妄推求邪法邪義以爲先故。昔時不爾。是名見濁。

如於今時，漸次趣入饑饉中劫，現有衆多饑饉可得。漸次趣入疫病中劫，現有衆多疫病可得。漸次趣入刀兵中劫，現有衆多互相殘害刀兵可得。昔時不爾。是名劫濁。

圓測《仁王經疏》卷下　言五濁者，即是總名。五是標數，濁是滓穢義。故《俱舍論》第十二云：劫減時將末，壽等鄙下。如滓穢故，說名爲濁。又《順正理》三十二云：云何濁義。極鄙下故，應辨捨故，如滓穢故。總言五濁者，帶數釋也。言別名者，一者壽濁，二者劫濁，三煩惱濁，四者見濁，五有情濁。《瑜伽》三十四云：如於今時，人壽短促。極長壽者，不過百年。昔時不爾。是名壽濁（《文殊問經》云，十歲而生，二十三十乃至千年，有長短故。此謂命濁也）。如於今時，漸次趣入三災中劫，現有衆多飢饉疫病刀兵可得。昔時不爾。是名劫濁。如於今時，有情多分習非法貪、不平等貪。執持刀劍，執持器杖。鬪訟諍競，多行諂誑，詐僞妄語。攝受邪法，有無量種惡下不善法。現可了知，昔時不爾。是名煩惱濁（經云，多貪嗔痴，名煩惱濁）。如於今時，有情多分爲壞正法，爲滅正法，造立衆多像似正法。靈推求邪法邪義，以爲先故。昔時不爾。是名見濁（經云，邪見戒見取。見取，常見，斷見，有見，無見，我見，衆生見。是名見濁也）。如於今時，有情多分，不識父母沙門婆羅門，不識家長可尊敬者，作義利者、作所作者，今後世罪，不見怖畏，不修惠施，不作福業，不受齋法，不受淨戒。昔時不爾。是名有情濁。地持五濁，亦同《瑜伽》（經云：善惡衆生，下中上衆生，勝劣衆生，第一不第一衆生，是名衆生濁）。

第二出體。壽濁，即以命根爲性。劫濁，衆生濁，謂以五蘊爲性。煩惱濁，除五見，一切煩惱爲性。見濁，即用五見爲性

五　位

澄觀《大方廣佛華嚴經隨疏演義鈔》卷九　今初言七十五者，謂五類法中有多少故。謂一、色法十一。《俱舍》頌云，色者唯五根、五境及無表。

二，心法一，即是意識。

三，心所有法，有四十六。謂遍大地有十。《俱舍》頌云，受想思觸欲，慧念與作意，勝解三摩地，遍於一切心。大善地有十，頌云，信及不放逸，輕安捨慚愧，二根及不害，勤唯遍善心。大煩惱有六，癡逸怠不信，昏掉恆唯染。大不善有二，謂無慚及無愧。小煩惱有十，頌云，忿覆慳嫉惱，害恨諂誑憍。如是類名爲小煩惱地法。不定有八，謂悔眠尋伺貪瞋慢疑。上之六類有四十六。

四者，不相應行法，有十四種。一得。二非得。三同分。四無想異熟。五無想定。六滅盡定。七命根。八生。九住。十異。十一滅。十二

名。十三句。十四文。故頌云，得非得同分，無想二定命，及生住異滅，并名句文身。

五者，無爲法有三。一擇滅，二非擇滅，三虛空。

總上五類之法，合七十五法。比於大乘，欠二十五。次下當明。

智昭《人天眼目》卷之三　五位君臣。僧問曹山五位君臣旨訣。山云：正位即屬空界，本來無物。偏位即色界，有萬形像。偏中正者，舍事入理。正中來者，背理就事。兼帶者，冥應衆緣，不隨諸有，非染非淨，非正非偏。故曰，虛玄大道，無著眞宗。從上先德，推此一位最妙最玄。要當詳審辨明。君爲正位，臣爲偏位，臣向君是偏中正，君視臣是正中偏。君臣道合是兼帶語。時有僧出問：如何是君。云：妙德尊寰宇，高明朗太虛。如何是臣。云：靈機弘聖道，眞智利群生。如何是臣向君。云：不墮諸異趣，凝情望聖容。如何是君視臣。云：妙容雖不動，光燭本無偏。如何是君臣道合。云：混然無內外，和融上下平。又曰：以君臣偏正言者，不欲犯中，故臣稱君不敢斥言是也。此吾法之宗要也。因作偈曰：學者先須識自宗，莫將眞際雜頑空。妙明體盡知傷觸，力在逢緣不借中。出語直教燒不著，潛行須與古人同。無身有事超岐路，無事無身落始終。

普泰《大乘百法明門論解》卷上　今言五位百法，豈非要略乎。故云略有五種。自此至眞如無爲，總答初問。

一者心法，二者心所有法，三者色法，四者心不相應行法，五者無爲法。

心法者，總有六義：一、集起名心，唯屬第八，集諸種子，起現行故。二、積集名心，屬前七轉識能熏，積集諸法種故。或集起屬前七轉現行共集，熏起種故。或積集名心，屬於第八含藏，積集諸法種故。三、緣慮名心，俱能緣慮自分境故。四、或名爲識，了別義故。五、或名爲意，等無間故。六、或第八名心，第七名意，前六名識，斯皆心分也。

言心所有法者，具三義故。一恆依心起，二與心相應，三繫屬於心。具此三義，名爲心所故。要心爲依，方得起故。觸等恆與心相應故。既云與心相應，蓋心不與心自相應故。心非心所故。他性相應，非自性故。

相應之義有四。謂時、依、所緣及事皆同，乃相應也。觸等看與何心生時，便屬彼心之觸等，故如次爲三義也。

色法者，識之所依所緣，乃五根五境質礙之色。亦名有對色，以能所造八法而成，乃十有色也，無對色即法處色也。

言不相應行法者，行蘊有二：一、相應行，即心所法。二、不相應行，即始自得，終至不和合性，二十四法是也。

言無爲法者，即不生不滅、無去無來、非彼非此、絕得絕失，簡異有爲，無造作故，名曰無爲也。

智旭《成唯識論觀心法要》卷一　復次，大乘具明五位百法。今但名唯識者，以心法有八，即自性唯識。心所法有五十一，即相應唯識。色法十一，即唯識所變。不相應有二十四，即唯識分位。無爲法有六，即唯識實性故也。

智旭《成唯識論觀心法要》卷一　不秉大乘實教，惟執方便權說，故名餘乘。彼計五位七十五法。心法唯一，心所法有四十六，色法十一，不相應行十四，無爲法三。妄謂色不相應及無爲法，離心心所別有實性。故今就彼所執破之。

郭凝之編集《瑞州洞山良价禪師語錄》　藥山問僧：見說汝解算，是否。僧云：不敢。藥山云：汝試算老僧看。僧無對。雲巖舉問師，汝作麽生。師云：請和尚生月。

師作《五位君臣頌》云：正中偏，三更初夜月明前，莫怪相逢不相識，隱隱猶懷舊日嫌。偏中正，失曉老婆逢古鏡，分明覿面別無眞，休更迷頭猶認影。正中來，無中有路隔塵埃，但能不觸當今諱，也勝前朝斷舌才。兼中至，兩刃交鋒不須避，好手猶如火裏蓮，宛然自有冲天志。兼中到，不落有無誰敢和，人人盡欲出常流，折合還歸炭裏坐。

五無間業

玄奘譯《瑜伽師地論》卷九　五無間業者：一害母，二害父，三害阿羅漢，四破僧，五於如來所，惡心出血。

玄奘譯《阿毗達磨俱舍論》卷一八　五無間業，其體是何。頌曰：此五無間中，四身、一語業、三殺、一誑語、一殺生加行。論曰：五無間中，四是身業，一是語業，三是殺生，一虛誑語根本業道，一是殺生業道加行。以如來身不可害故。破僧無間是虛誑語。既是虛誑語，何緣名破僧，因受果名，或能破故。

玄奘譯《阿毗達磨大毗婆沙論》卷一一九　無間業有五種。一害母，二害父，三害阿羅漢，四破和合僧，五起惡心出佛身血。問：此五無間業，以何爲自性。答：以身語業爲自性。前三、後一，身業爲自性。第四一種，語業爲自性。是故此五，三界三處一蘊所攝。三界者，色、聲、法界。三處者，色、聲、法處。一蘊者，色蘊，是名無間業自性。已說自性，所以今當說。

問：何故名無間。答：由二緣故，說名無間。一遮現後，二遮餘趣。遮現後者，此五但是順次生受，非順現法受及順後次受，故名無間。遮餘趣者，謂此決定於地獄受，非雜餘趣，故名無間。由二因緣，建立無間。一背恩養，二壞德田。背恩養者，謂害母害父。壞德田者，謂餘三種。由二因緣，得無間罪。一起加行，二果究竟。雖起加行，果不究竟，彼不得無間罪。雖果究竟，不起加行，亦不得無間罪。雖起加行果不究竟者，謂如有人欲害其母，母覺知已，藏穀積中。有餘女人，在母寢處。其人既至，謂是己母，以刀害之。害已，方更往穀積中，揩拭刀刃，刀觸母身，因茲喪命。起加行時，果未究竟。果究竟時，已無加行。由此不成無間之罪。有果究竟不起加行者，謂如有人扶持父母，經嶮路過，恐其賊來，推逼令進。父母顛仆，因卽喪命。果雖究竟，非加行起。是故要起加行及果究竟，方成無間。問：頗有起加行及果究竟，而不得無間罪耶。答：有。謂與所殺俱時命終，無彼眾同分，可成就彼罪故。有兄遣弟，自往害母。弟依兄教，俱得無間。若弟遣他，及共他害，唯弟得無間。有兄遣弟，令他害母，弟依兄教，俱得無間。若弟自害，及共他害，唯弟得無間。有兄遣弟，共他害母，弟依兄教，俱得無間。弟若自害，及但令他，唯弟得無間。有兄遣弟，母來當害，弟依兄教，俱得無間。若母去方害，唯弟得無間。如兄遣弟，兄遣於妹，弟遣於兄，遣姊亦爾。如遣害來，遣害去，住坐臥亦爾。如害母害父，亦爾。害阿羅漢，出佛身血，遣使差別，類此應知。若非人殺非人父母，不得無間罪。非人殺人，人殺非人，應知亦爾。唯有人類殺人父母，方得無間。如彼廣說。又云：問：由一無間，與乃至由五，墮於地獄，有何差別。答：由一無間墮地獄者，其身狹小，苦具不多，苦受現前，非極猛利。若乃至由五無間墮地獄者，其身廣大，苦具增多，苦受現前，極爲猛利。問：五無間業，何者最重。答：破和合僧。壞法身故。次出佛身血。次害阿羅漢。次害母。次害父。母之恩養，於父爲重。德田勢力，於恩田爲勝故。

五　土

吉藏《華嚴遊意》　然土凡有五種。一淨，二穢，三不淨淨，四淨不淨，五雜土。此之五土，是僧叡法師所辨。斯之五土，橫攝一切土盡。何者，只一淨土中有無量淨土故。《華嚴經》云：有百億阿僧祇品淨土、西方阿彌陁下品淨土、聖服幢世界上品淨土。淨土既其如此，故知餘四土亦復無量。所以云，此五種土橫攝一切土盡。橫既然，豎即不定也。五種土中，且明淨穢二土。

道世《法苑珠林》卷一五　故《淨土論》云：土有五種。一純淨土，唯在佛果。二淨穢土，謂淨多穢少，卽八地已上。三淨穢亭等土，謂從初地乃至七地。四穢淨土，謂穢多淨少卽地前性地。五雜穢土，謂未入性地。第五人見後一，不見前四。第四人見後二，不見前三。第三人見後三，不見前二。第二人見後四，不見前一。第一佛，上下五土悉知悉見也。

延壽《宗鏡錄》卷八九　一法性土，眞如爲體。或五法中，以清淨法界爲體。眞如與法界，總相門中即不殊，別相門中即有異。眞如遍一切，因果兼該通即廣。清淨法界即狹，唯果位故。

二實報土，力無畏等一切功德，無漏五陰以爲體性。攝相歸性，以眞如爲體。因修萬行，果起酬因，眞實果報之所招感。名實報土。於佛自受用身中，以四智爲身，所依十力四無所畏功德，以之爲土。

三色相土，攝境從心，自利後得智爲體，最極自在淨識爲相。第八無垢，名爲淨識，大圓鏡智後得智中之所變。攝相歸性，亦以眞如爲體。若約相別，四塵爲體。

四他受用土，攝境從心，利他後得智爲體。攝相歸性，以眞如爲體。若約相別，四塵爲體。

五變化土，菩薩變化土有漏者，同前。攝境從心，本識爲體。

五重唯識

窺基《大乘法苑義林章》卷一　所觀唯識，以一切法而爲自體。通觀有無爲唯識故，略有五重。

一，遣虚存實識。觀遍計所執，唯虚妄起，都無體用。應正遣空，情有理無故。觀依他圓成諸法體實。二智境界，應正存有，理有情無故。無著頌云：名事互爲客，其性應尋思。於二亦當推，唯量及唯假。實智觀無義，唯有分別三。彼無故此無，是即入三性。《成唯識》言：識言總顯一切有情各有八識、六位心所，所變相見分位差別，及彼空理所顯眞如。識自相故，識相應故，二所變故，三分位故，四實性故。如是諸法，皆不離識，總立識名。唯言但遮愚夫所執定離諸識實有色等。如是等文，誠證非一。由無始來，執我法爲有，撥事理爲空。故此觀中，遣者空觀，對破有執。存者有觀，對遣空執。今觀空有而遣有空，有空若無，亦無空有。以彼空有相待觀成，純有純空誰之空有。故欲證入離言法性，皆須依此方便而入。非謂有空皆即決定，證眞觀位非有非空，法無分別性離言故。說要觀空方證眞者，謂要觀彼遍計所執空爲門，故入於眞性，眞體非空。此唯識言，既遮所執。若執實有，諸識可唯，既是所執亦應除遣。此最初門所觀唯識，於一切位思量修證。

二，捨濫留純識。雖觀事理皆不離識，然此內識有境有心，心起必託內境生故。但識言唯，不言唯境。《成唯識》言：識唯內有，境亦通外。恐濫外故，但言唯識。又諸愚夫迷執於境，起煩惱業，生死沈淪，不解觀心懃求出離。哀愍彼故，說唯識言，令自觀心解脫生死，非謂內境如外都無。由境有濫捨不稱唯。心體既純，留說唯識。《厚嚴經》云：心意識所緣皆非離自性，故我說一切唯有識無餘。《花嚴》等說三界唯心。《遺教經》言，是故汝等當好制心，制之一處，無事不辨等。皆此門攝。

三，攝末歸本識。心內所取境界顯然，內能取心作用亦爾。此見相分俱依識有，離識自體本末法必無故。《三十頌》言，由假說我法，有種種相轉，彼依識所變，此能變唯三。《成唯識》說，變謂識體轉似二分，相見俱依自體起故。《解深密》說，諸識所緣唯識所現，攝相見末歸識本故。所說理事眞俗觀等，皆此門攝。

四，隱劣顯勝識。心及心所俱能變現，但說唯心非唯心所。心王體殊勝，心所劣依勝生。隱劣不彰，唯顯勝法。故慈尊說：許心似二現，如是似貪等。或似於信等，無別染善法。雖心自體能變似彼見相二現，而貪信等體亦各能變似自見相現。以心勝故，說心似二。心所劣故，隱而不說，非不能似。《無垢稱》言，心垢故有情垢，心淨故有情淨等。皆此門攝。

五，遣相證性識。識言所表，具有理事。事爲相用，遣而不取。理爲性體，應求作證。《勝鬘經》說，自性清淨心。《攝論》頌言：於繩起蛇覺，見繩了義無，證見彼分時，知如蛇智亂。此中所說起繩覺時，遣於蛇覺。喻觀依他，遣所執覺。見繩眾分，遣於繩覺。喻見圓成，遣依他覺。此意即顯所遣二覺皆依他起，斷此染故。所執實蛇實繩我法，不復當情。非於依他以稱遣故，皆互除遣。蛇由妄起，體用俱無。繩藉麻生，非無假用。麻譬眞理，繩喻依他。知繩麻之體用，蛇情自滅。蛇情滅故，蛇不當情，名遣所執，非如依他須聖道斷。故漸入眞，達蛇空而悟繩分。證眞觀位，照眞理而俗事彰。理事既彰，我法便息。此即一重所觀體也。能觀唯識，以別境慧而爲自體。《攝大乘》第六說：爲何義故入唯識性。由緣總法出世止觀智故。

窺基《大乘法苑義林章》卷一　遍詳諸教所說一切唯識不過五種。

一境唯識。《阿毗達磨經》云：鬼、傍生、人、天，各隨其所應。等事心異故，許義非眞實。如是等文，但說唯識所觀境者，皆境唯識。

二教唯識。由自心執著等頌。《花嚴》《深密》等說唯識教者，皆教唯識。

三理唯識。《三十頌》言：是諸識轉變，分別所分別，由此彼皆無，故一切唯識。如是成立唯識道理，皆理唯識。

四行唯識。菩薩於定位等頌，四種尋思，如實智等，皆行唯識。

五果唯識。《佛地經》言：大圓鏡智，諸處境識皆於中現。又《如來功德莊嚴經》言：如來無垢識，是淨無漏界，解脱一切障，圓鏡智相應。《唯識》亦言：此即無漏界，不思議善常，安樂解脱身，大牟尼名法。如是諸説，唯識得果，皆果唯識。此中所説五種唯識，總攝一切唯識皆盡。然諸教中就義隨機，於境唯識種種異説。或依所執以辨唯識，《楞伽經》説，由自心執著，心似外境現，以彼境非有，是故説唯心。但依執心，虚妄現故。或依有漏以明唯識，《花嚴經》説三界唯心，就於世間説唯識故。或依所執及隨有爲以辨唯識，《三十頌》言，由假説我法，有種種相轉，彼依識所變。依識自體起見相分，二執生故。或依有情以辨唯識，《無垢稱經》云，心清淨故有情清淨，心雜染故有情雜染。或依一切有無諸法以辨唯識，《解深密》説，諸識所緣，唯識所現。或隨指事以辨唯識，《阿毗達磨契經》頌言，鬼傍生人天，各隨其所應。隨指一事辨唯識故。如是等輩，無量教門，舉此六門，類攝諸教。理義盡者，唯第五教，總説一切爲唯識故。或束爲三，謂境、行、果。如《心經》贊，具廣分別。

智旭《成唯識論觀心法要》卷一　古釋明五義。一境唯識，二教唯識，三理唯識，四行唯識，五果唯識。又復言唯識者，具五種觀。

一遣虚存實觀。唯遮外境非有，即遣徧計之虚，識表内心不無，是存依圓之實也。

二捨濫留純觀。若論自證分，轉成見相二分，則相分内境，本是依他起性，不同外境之無，應云唯見唯相。今恐相分濫同所計外境，故但云唯識。即是捨濫留純也。

三攝末歸本觀。相見二分，皆依自證分起。今攝相見之末，歸於自證之本，故直云唯識，即唯是自證體也。

四隱劣顯勝觀。若論心王心所，各有四分，應云唯心心所。但心所劣，心王勝，心所不能爲主，心王有自在義。舉王則能攝所。如舉帝王必有臣佐。故隱心所之劣，但顯心王之勝，直名爲唯識也。

五遣相證性觀。相者，依他起性，如幻事等。性者，圓成實性，即二空所顯眞如。是故論云，諸心心所，依他起故，亦如幻事，非眞實有。爲遣妄執心心所外實有境故，説唯有識。若執唯識眞實有者，如執外境，亦是法執。又云，如前所説識差別相，依理世俗，非眞勝義。眞勝義中，心言絶故。如伽陁説，心意識八種，俗故相有別，眞故相無別，相所相無故。又云，此諸法勝義，亦即是眞如，常如其性故，即唯識實性。當知唯識二字，即是遣相證性。故宗前敬敘，即云稽首唯識性也。論有宗論、釋論，今天親《三十頌》即是宗論，亦名本論。護法等十菩薩所造百卷論文，即是釋論，亦名末論也。五重玄義者，單法爲名，唯識實性爲體，即是二空所顯眞如。五唯識觀，斷障證果爲宗，攝之秖是二空妙觀。初之二觀，具遣凡外我法二執，令達二空。後之三觀，爲遣微細法執，令其深達法空。二空既達，二障隨斷。斷煩惱障，證眞解脱。斷所知障，證大菩提也。

五時

慧遠《大乘義章》卷一　漸中有其五時七階。言五時者：一，佛初成道，爲提謂等，説五戒十善人天教門。二，佛成道已十二年中，宣説三乘差別教門。求聲聞者，爲説四諦。求緣覺者，爲説因緣。求大乘者，爲説六度。及制戒律，未説空理。三，佛成道已三十年中，宣説大品空宗《般若》、《維摩》、《思益》，三乘同觀。未説一乘破三歸一。又未宣説衆生有佛性。四，佛成道已四十年後，於八年中説《法華經》，辨明一乘破三歸一。未説衆生同有佛性。但彰如來前過恆沙未來倍數。不明佛常，是不了教。五，佛臨滅度，一日一夜，説《大涅槃》，明諸衆生悉有佛性，法身常住。是其了義。此是五時。言七階者，第二時中，三乘之別，通餘説七（此是一説）。又誕公云，佛教有二，一頓二漸。頓教同前。但就漸中，不可彼五時爲定。但知昔説悉是不了。雙林一唱，是其了教（此是二説）。又菩提流支，宣説如來一音以報萬機，大小並陳，不可以彼頓漸而別（此是三説）。

吉藏《三論玄義》　言五時者：昔《涅槃》初度江左，宋道場寺沙門慧觀仍製《經序》，略判佛教凡有二科。一者頓教，即《華嚴》之流，但爲菩薩具足顯理。二者始從鹿苑終竟鶴林，自淺至深，謂之漸教。於漸教内開爲五時。一者三乘別教，爲聲聞人説於四諦，爲辟支佛演説十二因緣，爲大乘人明於六度。行因各別，得果不同，謂三乘別教。二者《般若》，通化三機，謂三乘通教。三者《淨名》《思益》，讚揚菩薩，抑挫聲聞，謂抑揚教。四者《法華》，會彼三乘同歸一極，謂同歸教。五者《涅槃》，名常住教。自五時已後，雖復改易屬在其間，教雖五時，不出二諦。

義淨譯《根本薩婆多部律攝》卷七 佛言：若苾芻來及五時者，應與利分。云何爲五。一打揵椎時，二誦《三啓無常經》時，三禮制底時，四行籌時，五作白時。其作白法應如是作。

窺基《大乘法苑義林章》卷一 眞諦三藏立五時教。然菩提流支法師，別作文疏破之。眞諦居梁，流支在魏，故知不是眞諦等作。

第一時者。佛初成道，爲提謂波利等五百賈人，但說三歸、五戒、十善世間因果教。即提謂等《五戒本行經》是。未有出世善根器故。

第二時者。佛成道竟三七日外十二年中，唯說三乘有行之教未爲說空，即阿含等小乘經是。

第三時者。佛成道竟三十年中，說彼三乘同行空教，即《維摩》、《思益》、《大品》等經是。

第四時者。佛成道竟四十年中，說有一乘，猶未分明演說佛性常住實有，尚說無常佛，顯一乘佛果以爲眞實，即《法花經》是。以前未明一乘義故。此中猶未分明演說常住佛性故。

第五時者。謂雙林中，說諸衆生悉有佛性常住佛教，即《涅槃經》、《大悲經》等是。此雖可爾，既無經論誠文說之，未可依信。

諦觀錄《天台四教儀》 天台智者大師，以五時八教，判釋東流一代聖教，罄無不盡。言五時者：一華嚴時。二鹿苑時（說《四阿含》）。三方等時（說《維摩》《思益》《楞伽》《楞嚴》《三昧金光明》《勝鬘》等經）。四般若時（說《摩訶般若》《光讚般若》《金剛般若》《大品般若》等諸般若經）。五法華涅槃時。是爲五時，亦名五味。言八教者：頓、漸、祕密、不定，藏、通、別、圓，是名八教。頓等四教是化儀，如世藥方。藏等四教名化法，如辨藥味。如是等儀散在廣文。

志磐《佛祖統紀》卷三上 言五時者：一華嚴時。（具云《大方廣佛華嚴經》。人法譬具足立題。《別行玄記》云：大方廣是法，佛是舍那果人，華嚴譬諸地因華莊嚴果德文。此經總有七處九會，會處不一，故以經標名。）二鹿苑時。（《輔行》引《大論》云：如來因地爲鹿群主，波羅柰王入山遊獵，有母鹿懷子，當差次供饌。母告鹿主，枉殺其子。鹿主詣王求代。王說偈曰：我實人頭鹿，汝是鹿頭人。以理而爲人，不以形爲人。我從今日始，不食一切肉。我以無畏施，亦可安汝意。鹿群所居，故名鹿苑。亦名柰苑，從樹立名。亦名仙苑，二仙所住故。此以處標名酬昔行因之地。）

三方等時。（四教並談曰方，四機俱被曰等。此從法得名，依部教立。故《續遺紀》云：方等之名有二意。若《大經》，從酪出生酥，譬修多羅出方等。此約第三時，的從部教，即被三乘四教機也。若普賢觀此方等經，是諸佛眼，乃直明圓理，非第三時也文。普賢方等乃方廣平等之義。諸部大乘談圓理處，並名方等。）

四般若時。（此云智慧，五種不翻中，尊貴不翻也。具云《摩訶般若》，此從經標名。）

五法華涅槃時。（二經同明開顯，並屬醍醐，故合爲一時。此並從經標名。《法華》，具云《妙法蓮華經》。由妙法有施，開廢三者之義，故以蓮華爲喻。《涅槃》者，具云《摩訶般涅槃經》。此翻大滅度，大即法身，滅即解脫，度即般若。一經始終，純談三德，是爲五時。五時立名，不出三義。《華嚴》從喻，鹿苑從處，方等《般若》《涅槃》從法，《法華》從法喻。）

五淨居天

玄奘譯《阿毗達磨集異門足論》卷一四 五淨居天者：云何爲五。答：一無煩天。二無熱天。三善現天。四善見天。五色究竟天。

云何無煩天。答：謂此與彼諸無煩天是一類爲伴侶，共衆同分，依得事得處得皆同。又若生在無煩天中所有無覆無記色受想行識蘊，是名無煩天。復次以無煩天，於苦見苦，於集見集，於滅見滅，於道見道，故名無煩天。復次，以無煩天，身無煩擾，心無煩擾。由彼身心無煩擾故，領受寂靜遍淨無漏微妙諸受，故名無煩天。復次，此是彼名異語增語諸想等想施設言說，謂無煩天，故名無煩天。

云何無熱天。答：謂此與彼諸無熱天同一類爲伴侶，共衆同分，依得事得處得皆同。又若生在無熱天中所有無覆無記色受想行識蘊，是名無熱天。復次，以無熱天，於苦見苦，於集見集，於滅見滅，於道見道，故名無熱天。復次，以無熱天，身無熱惱，心無熱惱，由彼身心無熱惱故，領受寂靜遍淨無漏微妙諸受，故名無熱天。復次，此是彼名異語增語諸想等想施設言說，謂無熱天，故名無熱天。

云何善現天。答：謂此與彼諸善現天同一類爲伴侶，共衆同分，依得事得處得皆同。又彼生在善現天中所有無覆無記色受想行識蘊，是名善現天。復次，以善現天，於苦見苦，於集見集，於滅見滅，於道見道，故名善現天。復次，以善現天，形色微妙，衆所樂觀，清淨端嚴，超過無煩無熱天衆，故名善現天。復次，此是彼名異語增語諸想等想施設言說，謂善現天，故名善現天。

云何善見天。答：謂此與彼諸善見天同一類爲伴侶，共衆同分，依得事得處得皆同。又彼生在善見天中所有無覆無記色受想行識蘊，是名善見天。復次，以善見天，於苦見苦，於集見集，於滅見滅，於道見道，故名善見天。復次，以善見天，形色轉微妙，衆所轉樂觀，轉清淨端嚴，超過無煩無熱善現天衆，故名善見天。復次，此是彼名異語增語諸想等想施設言說，謂善見天，故名善見天。

云何色究竟天。答：謂此與彼諸色究竟天同一類爲伴侶，共衆同分，依得事得處得皆同。又復生在色究竟天中所有無覆無記色受想行識蘊，是名色究竟天。復次，以色究竟天，於苦見苦，於集見集，於滅見滅，於道見道，故名色究竟天。復次，以色究竟天所得自體，於生色趣最勝第一，故名色究竟天。復次，此天亦名礙究竟天。礙謂礙身。此是礙身最究竟處，故名礙究竟天。復次，此是彼名異語增語諸想等想施設言說，謂色究竟天，或謂礙究竟天，故名色究竟天，或名礙究竟天。

五停心 五門禪

慧遠《大乘義章》卷一二　五停心義，四門分別（一釋名辨相、二治患不同、三三善分別、四就地分別）。

就初門中，先釋其名，後辨其相。名字是何。一不淨觀，二慈悲觀，三因緣觀，四界分別觀，五安那般那觀。此五經中名五度門，亦曰停心。言度門者，度是出離至到之義。修此五觀，能出貪等五種煩惱，到涅槃處，故名爲度。又斷煩惱，度離生死，亦名爲度。通人趣入，因之爲門。言停心者，停是息止安住之義。息離貪等，制意住於不淨等法，故曰停心。名字如是。相狀云何。不淨觀中略有二種，一厭他身觀他不淨，二厭自身觀自不淨。觀他身中有其九相，一者死相，二者脹相，三青瘀相，四膿爛相，五者壞相，六者血塗相，七蟲敢相，八骨鎖相，九離壞相。《大智論》中加一燒相，少一死相。此義如後九相章中具廣分別。觀自身中有五不淨，如《大智論》說。一種子不淨，是身過去結業爲種，現以父母精血爲種。二住處不淨，在母胎中生藏之下、熟藏之上，兩界之間，安置己體。三自相不淨，是身具有九孔常流。眼出眵淚，耳出結聹，鼻中出洟，口出延吐，大小便道流出屎尿。四自體不淨，是身具有三十六物所共合成。如《大智論》說。一髮。二毛。三爪。四齒。五皮。六肉。七骨。八髓。九筋。十脈。十一脾。十二腎。十三心。十四肝。十五肺。十六大腸。十七小腸。十八胃。十九胞。二十屎。二十一尿。二十二垢。二十三汗。二十四淚。二十五結聹。二十六洟。二十七唾。二十八膿。二十九血。三十黃陰。三十一白陰。三十二肪。三十三朋。三十四腦。三十五膜。三十六精。於此門中要唯二種，一皮等觀，二除去皮肉爲白骨觀。骨觀有三，如《毗曇》說。一者始業觀察自身，從頭至足，除去皮肉，作其骨相。二已習行觀彼骨鎖，以漸寬廣周滿大地。又觀彼骨展轉相對，大風飄搏，變爲雪聚。修此骨相，極令純熟，不作心想，任運現前。三思惟已度於彼骨鎖，以漸略之，還至自身。於其所緣清淨寂靜，唯觀一色。此是第四自體不淨。五終竟不淨，此身死已，埋則成土，蟲噉成糞，火燒成灰。究竟推求，無一淨相，名終竟不淨。慈悲觀者，普緣衆生作其與樂拔苦之想，名慈悲觀。於中廣有七品修習。如前四無量章中，具廣分別。因緣觀者，於彼生死十二因緣分別觀察。是觀不同，略有二種，一順，二逆。逆順不同略有兩門。一前後分別。從前向後，次第觀察，名爲順觀。從後向前，次第推之，名爲逆觀。二空有分別。有觀名順，順法相故。空觀名逆，逆諸法故。五度門中因緣觀者，就初門說。界分別者，依如《毗曇》爲六界觀，名界分別。言六界者，一地，二水，三火，四風，五空，六識。如論中釋。地爲水界潤故不相離，水爲地界持不流散，火成熟故不淤壞，風動飄故得增長。以空界故，食等出入。識界合故，有所造作。此六差別無我人故。若依《涅槃經》，觀十八界名界分別。十八界義，如上廣釋。於此分別，知無我人。數息觀者，觀自氣息，繫心數之，無令妄失，名數息觀。於中分別，略有四種。一者增數，以一爲二。二者減數，以二爲一。三者亂數，出作入想，入作出想。四者等數，以一爲一。心散亂者，爲前三數。心不亂者，爲後一數。數之至幾，極不過十。於彼十中不滿心忘，還從一起。若心不亂，至十便迴。何故唯十不增不減。論自釋言：畏心散故，不得過十。懼心聚故，不得減十。出入息中，數何爲十。是義不定。內氣增者，偏數出息。內氣小者，偏數入息。氣息調者，入出俱數。如《雜心》說。入五出五，合爲十也。出入息中先數何者。如論中說，先數入息後數出息。良以生時入息在前故先數入，命終之時出息在後故後數出，相狀麁爾（此一門竟）。

智儼《華嚴經內章門等雜孔目》卷二　五觀者，一不淨觀，二慈心觀，三緣起觀，四安般念觀，五界分別觀。多貪者，修不淨觀。多瞋者，修慈心觀。多癡者，修緣起觀。多覺觀者，修安般念觀。我見多者，修界分別方便觀。此觀名共小乘義，與大乘別。依大乘初教，有二種用。此觀門若煩惱現行增重，即依小乘觀行伏貪欲等。若惑現行中下，即依五法，成即空觀。何以故。大乘初教，據益爲義故。量益臨時成用，不定一觀相也。更有異觀，對其別機。如經下釋。若約終教，一切皆如。若約一乘，如上所說，是圓教所目及向一乘，即是一乘方便，屬一乘攝。

玄奘譯《大般若波羅蜜多經》卷三九四　善現！是菩薩摩訶薩於十方界，若見有情多貪欲者，深生憐愍方便教導，令修不淨觀。若見有情多瞋恚者，深生憐愍方便教導，令修慈悲觀。若見有情愚癡多者，深生憐愍方便教導，令修緣起觀。若見有情我慢多者，深生憐愍方便教導，令修界分別觀。若見有情尋伺多者，深生憐愍方便教導，令修持息念觀。

玄奘譯《大般若波羅蜜多經》卷四七七　若見有情多貪欲者，深生憐愍，方便令其修不淨觀。若見有情多瞋恚者，深生憐愍，方便令其修慈悲觀。若見有情多愚癡者，深生憐愍，方便令其修緣起觀。若見有情多憍慢者，深生憐愍，方便令其修界分別觀。若見有情多尋伺者，深生憐愍，方便令其修持息念。

大覺《四分律鈔批》卷一一　五停心者，一不淨觀，二慈悲觀，三因緣觀，四方便觀，五數息觀。各有對治。一貪欲多者，作不淨觀。二瞋恚多，作慈悲觀。三思覺多者，教令數息。

通潤《成唯識論集解》卷三　羅漢因果位次有五。一資糧位，脩五停心觀，別相念觀，總相念觀。言五停心者，五處停其心也。謂多貪衆生，作不淨觀。多嗔衆生，作慈悲觀。多癡衆生，作十二因緣觀。著我者，作界分別觀。多尋思者，作想自心觀。是名五處停心觀。

來舟《大乘本生心觀經淺註》卷一本　五停心者，停即止也，住也。心即緣慮識心也。謂衆生多貪者，以不淨觀治之。多瞋者，以慈悲觀治之。多散亂者，以數息觀治之。愚癡者，以因緣觀治之。多障者，以念佛觀治之。修此五法，能止住五種妄心，故名五停心。

五因

玄奘譯《大乘阿毗達磨雜集論》卷一　所造者，謂以四大種爲生依，立持養因義。即依五因，說名爲造。生因者，即是起因，謂離大種，色不起故。依因者，即是轉因，謂捨大種，諸所造色，無有功能，據別處故。立因者，即隨轉因，由大變異，能依造色，隨變異故。持因者，即是住因，謂由大種，諸所造色，相似相續生，持令不絕故。養因者，即是長因，謂由大種，養彼造色，令增長故。

玄奘譯《顯揚聖教論》卷一五　復次何因緣故，於實有苦境，諸愚癡轉。頌曰：失念無功用，亂不正思惟，不正了愚癡，及由放逸等。論曰：於苦愚癡，由五種因，及由前所說放逸等法。五種因者：一、於過去苦，念忘失故。二、於未來苦，不作功用推求故。三、於現在苦，起四倒亂故。四、由不正思惟。於麁重苦，計爲我故。五、由不正了，於諸性苦，不正了故。

玄奘譯《瑜伽師地論》卷八二 五因者，謂佛世尊所說正法，有因緣，有出離，有依趣，有勇猛，有神變。如是諸句，如攝異門分，當廣分別。復有五因，謂我當聞所未聞，我當聞已研究，我當除斷疑網，我當棄背諸見，我當以慧通達一切甚深句義。諸佛世尊，說此五種，顯聞思修三所成慧清淨方便。謂初二種顯聞所成慧，次二種顯思所成慧，後一種顯修所成慧。

玄奘譯《顯揚聖教論》卷二〇，一頁云 又假設補特伽羅，應知由五種因。一、由種姓故，謂可救不可救。二、由趣入故，謂聲聞乘等。三、由學故，謂學無學。四、由得故，謂住四果及三向。五、由過失功德故，謂有障無障、具縛不具縛。

玄奘譯《瑜伽師地論》卷二〇 復有五因，二十種相之所攝受，令於愛盡寂滅涅槃速疾多住，心無退轉，亦無憂慮。謂我我今者，爲何所在。何等五因。一、由通達作意故。謂由如是通達作意無間，必能趣入正性離生，入諦現觀，證聖智見。二、由所依故。謂由依此所依無間，必能趣入正性離生，餘如前說。三、由入境界門故。謂由緣此入境界門，必能趣入正性離生，餘如前說。四、由攝受資糧故。謂由此攝受資糧，必能趣入正性離生，餘如前說。五、由攝受方便故。謂由攝受如是方便，必能趣入正性離生，乃至廣說。如是五因，當知依諦現觀逆次因說，非順次因。依最勝因，如先說事逆次說故。

玄奘譯《阿毗達磨俱舍論》卷二四 若斷道位，具足五因，佛於經中建立爲果。言五因者。一捨曾道，謂捨先得果向道故。二得勝道，謂得果攝殊勝道故。三總集斷，謂總一得得諸斷故。四得八智，謂得四法四類智故。五能頓修十六行相，謂能頓修無常等故。

五　果

玄奘譯《瑜伽師地論》卷三八 於此相中，云何爲果。謂略有五。一者異熟果。二者等流果。三者離繫果。四者士用果。五者增上果。諸不善法於諸惡趣，受異熟果。善有漏法，於諸善趣，受異熟果。是名異熟果。習不善故，樂住不善，不善法增。修習善故，樂住善法，善法增長。或似先業，後果隨轉。是名等流果。八支聖道，滅諸煩惱，名離繫果。若諸異生，以世俗道，滅諸煩惱，不究竟故，非離繫果。諸有一類，於現法中，依止隨一工巧業處，起士夫用。所謂農作、商賈、事王、書畫、算數、占卜等事，由此成辦諸稼穡等財利等果，是名士用果。若眼識等，是眼根增上果。乃至意識等，是意根增上果。衆生身分不散不壞，是命根增上果。二十二根，各各能起自增上果，當知一切名增上果。二十二根增上作用，如攝事分，應知其相。

玄奘譯《辯中邊論》卷下 已辯修位，得果云何。頌曰：器說爲異熟，力是彼增上。愛樂增長淨，如次即五果。論曰：器謂隨順善法異熟。力謂由彼器增上力，令諸善法成上品性。愛樂謂先世數修善力，今世於善法深生愛樂。增長謂現在數修善力，令所修善根，速得圓滿。淨謂障斷，得永離繫。此五如次，即是五果。一異熟果，二增上果，三等流果，四士用果，五離繫果。

玄奘譯《成唯識論》卷八 果有五種。一者異熟。謂有漏善及不善法，所招自相續異熟生無記。二者等流。謂習善等所引同類，或似先業後果隨轉。三者離繫。謂無漏道斷障所證善無爲法。四者士用。謂諸作者假諸作具，所辦事業。五者增上。謂除前四，餘所得果。

玄奘譯《阿毗達磨大毗婆沙論》卷一二一 然契經中說，果有五種。一等流果，二異熟果，三離繫果，四士用果，五增上果。

等流果者，謂善、生善，不善、生不善，無記、生無記。異熟果者，謂諸不善，有漏善法，所招異熟。因是善惡，果唯無記。異類而熟，故立異熟名。離繫果者，謂無間道斷諸煩惱。此無間道，以煩惱等斷，爲離繫果及士用果。以解脫道，爲等流果及士用果。以後等勝自類諸道，爲等流果。若無間道，以能於先來諸煩惱斷集得作證，此無間道，以彼煩惱斷但爲士用果。此則總説。若別説者，苦法智忍，以彼欲界見苦所斷十隨眠等斷，爲離繫果及士用果。以苦法智品，爲等流果及士用果。以後等勝諸無漏道，爲等流果。如是乃至道類智忍，以色無色界見道所斷十四隨眠等斷，爲離繫果及士用果。以道類智品，爲等流果及士用果。以後等勝諸無漏道，爲等流果。以三界見苦集滅所斷，及欲界見道所斷，諸隨眠等斷，集得作證。此道類忍，以彼諸斷爲士用果。

諸預流者，於一來果，求作證時，初五無間道，以彼五品隨眠等斷，爲離繫果及士用果。以五解脫道，爲等流果及士用果。以後等勝自類諸道，爲等流果。第六無間道，以第六品隨眠等斷，爲離繫果及士用果。以第六解脫道，爲等流果及士用果。以後等勝自類諸道，爲等流果。以三界見所斷，及欲界修所斷，前五品隨眠等斷，集得作證。此第六無間道，以彼諸斷爲士用果。

諸一來者，於不還果，求作證時，無間道起，能斷欲界修所斷四隨眠。若斷第七及第八品，此無間道，以彼二品隨眠等斷，爲離繫果及士用果。以二解脫道，爲等流果及士用果。以後等勝自類諸道，爲等流果。若斷第九品一無間道，以第九品隨眠等斷，爲離繫果及士用果。以第九解脫道，爲等流果及士用果。以後等勝自類諸道，爲等流果。以三界見所斷，及欲界修所斷，前八品隨眠等斷，集得作證。此第九無間道，以彼諸斷爲士用果。

諸不還者，於無學果，求作證時，無間道起，能斷色無色界修所斷六隨眠。若斷初靜慮染一品乃至九品，此九無間道，以彼九品隨眠等斷，爲離繫果及士用果。以九解脫道，爲等流果及士用果。以後等勝自類諸道，爲等流果。如是乃至離非想非非想處染前八無間道，以彼八品隨眠等斷，爲離繫果及士用果。以八解脫道，爲等流果及士用果。以後等勝諸無漏道，爲等流果。金剛喻定，以第九品隨眠等斷，爲離繫果及士用果。以初盡智品，爲等流果及士用果。以後等勝諸無漏道，爲等流果。以三界見所斷及下八地修所斷，幷非想非非想處修所斷，前八品隨眠等斷，集得作證。此金剛喻定，以彼諸斷爲士用果。若諸異生離欲界乃至無所有處見修所斷染，諸無間道，以彼諸斷，諸解脫道及後等勝自類諸道，爲果多少，如理應思。士用果者，若法，由彼士用故成。此法説爲彼士用果。增上果者，若法由彼增上所起，當知此法是彼增上及增上果。是餘增上非增上果。謂後生諸法，是前法增上及增上果。前生諸法，是後法增上非增上果。未來諸法，是過現法增上及增上果。過現諸法，是未來法增上非增上果。未來現在法，是過去法增上及增上果。過去諸法，是未來現在法增上非增上果。

五種天

《分別功德論》卷一　依須彌山，止有五種天，亦能降雨。何以別龍雨天雨。天雨者，細霧下者是，麁下是龍雨。何謂五種天。第一曲脚天，第二頂上天，第三放逸天，第四饒力天，第五四天王。阿須輪興兵上天鬪時，先與曲脚天鬪，得勝。然後次至頂上。次至放逸及與四天王乃至三十三天。下四天欲鬪時，以雨卻敵，更無兵仗。有二種雨，有歡喜雨，有瞋恚雨。和調降雨是歡喜也。雷雹霹靂是瞋恚也。阿須輪亦降雨，天亦下雨，龍亦降雨。各各致雨，理不可定。故曰龍雨不可思議。

僧伽提婆譯《增壹阿含經》卷三四　然須彌山上有五種天在彼居止，皆由宿緣而住彼間。云何爲五。所謂彼銀城中，有細脚天在彼居止。彼金城中，有尸利沙天在彼居止。水精城中，有歡悦天在彼居止。琉璃城中，有力盛天在彼居止。金銀城中間，毘沙門天王在彼居住，將諸閱叉不可稱計。金城、水精城中間，有毘留博叉天王，將諸龍神在彼居止。水精城、琉璃城中間，有毘留勒叉天王在彼居止。琉璃城、銀城中間，有提頭賴吒天王在彼居止。

智圓《涅槃經疏三德指歸》卷三　人中天者，如下經中有五種天。一是世天，《大論》名爲假號天，謂世人王名爲天子。二者生天，從四天王乃至非想。三者淨天，從初果至支佛。四者義天，從初地初住已上分證妙義。五第一義天。謂諸佛見性窮極。佛於是五天中最爲上天，名天中天。今三藏菩薩樹王已前但是世天，故云是人中天也。

五種不應施

鳩摩羅什譯《發菩提心經論》卷上　財施復有五種。一者至心施，二者信心施，三者隨時施，四者自手施，五者如法施。所不應施復有五事。非理求財不以施人，物不淨故。酒及毒藥不以施人，亂衆生故。罝羅機網不以施人，惱衆生故。刀杖弓箭不以施人，害衆生故。音樂女色不以施人，壞淨心故。取要言之。不如法物，惱亂衆生，不以施人。自餘一切，能令衆生得安樂者，名如法施。樂施之人，復獲五種名聞善利。一者常得親近一切賢聖，二者一切衆生之所樂見，三者入大衆時人所宗敬，四者好名善譽流聞十方，五者能爲菩提作上妙因。

道世撰《法苑珠林》卷八一　如《大寶積經》云：所不應施，復有五事。一非理求財不以施人，物不淨故。二酒及毒藥不以施人，亂衆生故。三罝羅機網不以施人，惱衆生故。四刀杖箭不以施人，害衆生故。五音樂女色不以施人，壞淨心故。

五種言說

筏提摩多譯《釋摩訶衍論》卷二　言說有五，云何爲五。一者相言說，二者夢言說，三者妄執言說，四者無始言說，五者如義言說。《楞伽契經》中作如是說。大慧！相言說者，所謂執著色等諸相而生。大慧！夢言說者，念本受用虛妄境界。依境界夢，覺已知依虛妄境界不實而生。大慧！執著言說者，念本所聞所作業而生。大慧！無始言說者，從無始來執著戲論，煩惱種子熏習而生。《金剛三昧契經》中作如是說。舍利弗言，一切萬法皆悉言文，言文之相即非爲義。如實之義不可言說，今者如來云何說法。佛言：我說法者，以汝衆生在生說故。說不可說，是故說之。我所說者，義語非文。衆生說者，文語非義。非義語者，皆悉空無。空無之言，無言於義。不言義者，皆是妄語。如義語者，實空不空，空實不實。

五種般若

澄觀《大方廣佛華嚴經隨疏演義鈔》卷八七　然般若有五。一實相般若，即所證理。二觀照般若，即能證智。三文字般若，即能詮教。古唯有三，新說有五。加四境界般若，實相唯悟眞境，兼後智體。今境界通事六塵之境，皆爲境界。五眷屬般若，即與慧同時諸心心所。

窺基《大般若波羅蜜多經般若理趣分述讚》卷一　般若有五。一者實相。二者觀照。三者文字。四者境界，謂眞俗二諦。五者眷屬，謂一切福智。如開題中已略顯示，經體有二，一者文，二者義。文字是文，四種是義。實相是般若性，觀照是般若相，文字是般若因，境界是般若境，眷屬是般若伴。故此五種皆名般若。

栖復《法華經玄贊要集》卷八　言般若通貫五門等者，例成也。問：爲復唯此經有所表，諸經亦有所表否。答：疏言，般若通貫等，將四德喻五種般若。五門者：一實相般若，出纏之眞理。二觀照般若，離妄之眞慧。三眷屬般若，相應之萬行。四文字般若，謂能詮之眞教。五境界之般若，所觀眞俗二境。

續法《般若波羅蜜多心經事觀解》卷上　初言揭諦，是大神呪，除生老病死苦。即以文字般若，度人天小教也。

重言揭諦，是大明呪，除求不得苦。即以觀照般若，度始教三乘人也。

波羅揭諦，是無上呪，除愛別離苦。即境界般若，度終教大乘人也。

波羅僧揭諦，是無等等呪，除怨憎會苦。即眷屬般若，度頓教一乘人也。

菩提薩婆訶，是般若波羅蜜多呪，除五陰熾盛苦。即實相般若，度圓教最上乘人也。

五種法身

慧海《頓悟入道要門論》卷上　《方廣經》云五種法身。一實相法身，二功德法身，三法性法身，四應化法身，五虛空法身。於自己身，何者是。

答：知心不壞是實相法身，知心含萬像是功德法身，知心無心是法性法身，隨根應說是應化法身，知心無形不可得是虛空法身。若了此義者，即知無證也。無得無證者，即是證佛法法身。

李師政《法門名義集》　五分法身：戒身、定身、慧身、解脫身、解脫知見身，是名五法身。戒者，防非止惡。定者，心住一境。慧者，緣中決斷。解脫身者，絕縛離羈。解脫知見身，解脫緣中，審之明白。此五分法身，是佛德體故，言爲說身。

失名《讚禪門詩》　有五種法身（出《大通方廣經》中卷末）。一實相法身，無所相故二功德法身，離念爲功，顯理爲德三法性法身，諸法性離。四應化法身，六根無染也。五虛空法身，等虛空界，體依聚義。通體依聚，總說名身。

『六』分部

六入

佛陀耶舍共竺佛念譯《佛說長阿含經》卷一　復作是念，老死何從，何緣而有。即以智慧觀察所由，從生有老死，生是老死緣，生從有起。有是生緣，有從取起。取是有緣，取從愛起。愛是取緣，愛從受起。受是愛緣，受從觸起。觸是受緣，觸從六入起。六入是觸緣，六入從名色起。名色是六入緣，名色從識起。識是名色緣，識從行起。行是識緣，行從癡起。癡是行緣，是爲緣癡有行，緣行有識，緣識有名色，緣名色有六入，緣六入有觸，緣觸有受，緣受有愛，緣愛有取，緣取有有，緣有有生，緣生有老，病，死，憂，悲，苦惱，此苦上陰，緣生而有，是爲苦集。菩薩思惟，苦集陰時，生智，生眼，生覺，生明，生通，生慧，生證。

佛陀耶舍共竺佛念譯《佛說長阿含經》卷一　如來說六正法，謂內六入，眼入，耳入，鼻入，舌入，身入，意入。復有六法，謂外六入，色入，聲入，香入，味入，觸入，法入。復有六法，謂六識身，眼識身，耳鼻舌身意識身。復有六法，謂六觸身，眼觸身，耳鼻舌身意觸身。復有六法，謂六受身，眼受身，耳鼻舌身意受身。

慧遠《大乘義章》卷四　言六入者，生識之處，名之爲入。入別不同，離分六種，所謂眼耳鼻舌身意。前色增長，今爲五入。前名增長，今爲意入。所言觸者，觸對塵境，目之爲觸。

智顗《法界次第初門》卷中　從名色中，生眼等六情，是名六入。從五皰初開已來，即是六入名也。

六根

求那跋陀羅譯《雜阿含經》卷一一　爾時，世尊告諸比丘：於此六根不調伏，不關閉，不守護，不執持，不修習，於未來世必受苦報。何等爲六根，眼根不調伏，不關閉，不守護，不修習，不執持，於未來世必受苦報，耳鼻舌身意根亦復如是。愚癡無聞凡夫眼根見色，執受根，執受隨形好，任彼眼根趣向，不律儀執受，住世間貪愛惡不善法，以漏其心，此等不能執持律儀，防護眼根，耳鼻舌身意根，亦復如是。如是於六根不調伏，不關閉，不守護，不執持，不修習，於未來世必受苦報。

云何六根善調伏，善關閉，善守護，善執持，善修習，於未來世必受樂報。多聞聖弟子眼見色，不取色相，不取隨形好，任其眼根之所趣向，常住律儀，世間貪愛惡不善法不漏其心，能生律儀，善護眼根，耳鼻舌身意根，亦復如是。如是六根善調伏，善關閉，善守護，善執持，善修習，於未來世必受樂報。

鳩摩羅什譯《妙法蓮華經》卷六　是比丘臨欲終時，於虛空中，具聞威音王佛先所說《法華經》二十千萬億偈，悉能受持，即得如上眼根清淨，耳鼻舌身意根清淨。得是六根清淨已，更增壽命二百萬億那由他歲，廣爲人說是《法華經》。於時增上慢四衆，比丘、比丘尼、優婆塞、優婆夷，輕賤是人，爲作不輕名者，見其得大神通力、樂說辯力、大善寂力，聞其所說，皆信伏隨從。是菩薩復化千萬億衆，令住阿耨多羅三藐三菩提。命終之後，得值二千億佛，皆號日月燈明，於其法中，說是《法華經》。以是因緣，復值二千億佛，同號雲自在燈王，於此諸佛法中，受持讀誦，爲諸四衆說此經典故，得是常眼清淨，耳、鼻、舌、身、意諸根清淨，於四衆中說法，心無所畏。

智顗《四念處》卷四　界內煩惱圓融，無明圓伏，得六根清淨。云何淨眼中取相淨，塵沙無明淨，乃至意根亦三種淨故，不障三身三德，三身三德皆與眞相似，相似故，名六根清淨，廣說如《法華》。云何六根互清淨，《大品》云，眼中眼不可得，眼中耳不可得，乃至眼中鼻舌身意，皆不可得，是爲六根互清淨。又眼中眼相不可得，眼中耳相不可得，乃至鼻舌身意相皆不可得，是爲六根相互清淨。眼中眼性不可得，眼中耳性不可得，乃至鼻舌身意性皆不可得，是爲六根性互清淨。若名不可得是俗清淨，相不可得是眞清淨，性不可得是中清淨。又名相性，皆不可得是俗清淨，不可得亦不可得是眞清淨，非俗非眞，不可得是中清淨。但以眼爲本，互淨諸根，耳鼻舌身意各各爲本，各各互淨諸根，互淨如上說。

云何六根互用，於眼根中，能見無量百千萬億，不可說不可說，不可思議不可思議，虛空等世界中，十法界衆生色，若依，若正，若內，若外，若上，若下，悉見悉知，是爲眼根用。即於眼中，聞無量百千萬億，不可說不可說，不可思議不可思議，虛空等世界中，十法界衆生，若依若正兩種音聲，地獄燒煮聲，《大論》云，考掠聲，象馬車牛楚毒聲，餓鬼求食聲，修羅鬬諍高大聲，無數種人聲，苦受等三受聲，乃至有頂入禪出禪聲，《大論》云，所愛時聲，比丘比丘尼讀誦音聲，空無我聲，菩薩解義聲，諸佛演法聲，其耳明利故，悉能分別知，是爲眼能耳用。又於眼中，知無量百千億，不可說不可思，虛空十法界香，若依若正，鐵圍大海地中諸衆生，修羅男女，大勢小輪，群臣諸宮人，乃至於梵世，光音及有頂，比丘衆，菩薩衆，在在方世尊，聞香悉能知，是爲眼有鼻用。即於眼中，知無量百千萬億，不可說不可思，虛空此界中衆味法門於食等，於法亦等，如純陁八斛四斗爲涅槃佛事，若好不好，若美不美，至其舌根變成上味，如天甘露無不美者，又知十法界衆生堪能法味，於大衆中出深妙聲，能入其心皆令歡喜，又令天龍人神聞其所說言論次第皆樂來聽受，又諸菩薩諸佛常樂向其處，說法聞皆受持，又能出深妙之音，是爲眼有舌用。即於眼中，知十法界衆生百千萬億不可說不可思虛空等，觸身如淨明鏡，衆生皆喜見，其身淨故三千內外依正，山林河海皆於身中現，地獄已上，有頂已還，所有正報生時死時，若好若醜，悉於身中現二乘菩薩悉於身中現，唯獨自明了餘人所不見，十方三世佛，從初發心中間行行，乃至成道轉法輪入涅槃，悉於身中現，佛境界既爾，況復餘耶，是爲眼中有身用。又於眼中，能知百千萬億不可說不可思虛空等，十法界所念若干種，一時能悉知，是爲眼中有意用。其聞聲知香味觸法，亦有互用，皆如上說。

玄奘譯《阿毗達磨大毗婆沙論》卷一三　問：眼根極微，云何而住，爲傍布住，爲前後住耶，設爾何失，若傍布住者，云何風吹不散，若前後住者，云何前不障後耶。有作是說，黑瞳子上傍布而住，對外色境如胡荽花，或如滿器水上散麨。問：若爾，何緣風吹不散。答：淨色覆持故吹不散，有餘師說，黑瞳子中前後而住。問：若爾，何故前不障後。答：體清淨故不相障礙，謂如是類所造淨色，雖多積集而不相障，如秋池水以澄淨故，細針墮中而亦可見。耳根極微住耳孔中，鼻根極微住鼻孔中，如是三根遶頭而住如冠花鬘。舌根極微住在舌上猶如半月，然於其中如毛端量無有舌根。身根極微隨身內外次第而住。復有餘師，以喻顯示諸根極微次第住相，眼根極微黑瞳子上如藥杵頭，耳根極微住耳孔中猶如燈器，鼻根極微住鼻孔中猶如人爪，舌根極微住在舌上猶如剃刀，身根極微隨身而住，猶如戟矟，女根極微住女形中猶如鼓顙，男根極微住男形上猶如指環。佛於經中，亦以此喻說諸根相。

眼根極微，有時一切是同分，有時一切是彼同分，有時一分是同分，一分是彼同分。如眼根極微，耳鼻舌根極微亦爾。身根極微，有時一切是彼同分，有時一分是同分，一分是彼同分，必無一切是同分時。問：若舉身入冷水池中，或鑊湯中，若在地獄山所磓磨身如爛葉，或十三種猛焰纏身，爾時豈非一切同分。答：爾時亦有彼同分者，假使一切身根極微，皆生身識身便散壞，以五識身皆依積聚，緣積聚故。問：眼等六根幾能取至境，幾能取不至境耶。答：至有二種，一爲境至，二無間至，若依爲境至說，則六根皆取至境，若依無間至說，則三取至境，謂鼻舌身，三取不至境，謂眼耳意。問：若爾，何故耳聞近聲如耳門邊聲，而眼不見近色如藥杵頭色耶。尊者世友說曰：雖俱取不至境，而根法爾有能取近境，有不能取近境，故不應難。有說，若聲逼近耳根，如藥杵頭近眼根者亦不能聞，耳門邊聲去耳尚遠故得聞之，以耳根極微在耳孔中故。大德說曰：眼因明故能見色，色若逼近則礙於明故不能見，耳因空故能聞聲，聲雖逼近而不礙空故能聞之，由此而說眼因明增故見色，耳因空增故聞聲，鼻因風增故嗅香，舌因水增故嘗味，身因地增故覺觸，意因作意增故能了法。

問：何故三根能取至境，三根不能取至境耶。答：以眼識依自界，緣自界他界，耳識亦爾。意識依自界他界，緣自界他界，餘三識依自界緣自界故。復次眼識依同分，緣同分彼同分，耳識亦爾，餘四識依同分緣同分，此依現在識說。復次眼識依自地他地，緣自地他地，耳身意識亦爾，餘二識依自地緣自地。復次眼識依無記緣三種，耳識亦爾，意識依三種緣三種，餘三識依無記，緣無記。復次眼識依近緣近遠，耳識亦爾。意識依近遠緣近遠，餘三識依近緣近。所以者何，乃至三根未與境無間而住，三識必不得生故。復次眼識或依小而緣大如見大山，或依大而緣小如見毛端，或依緣等如見葡萄菓，耳識亦爾。意識所依雖不可施設大小而所緣，或小或大，餘三識所依緣等隨依爾所鼻舌身極微，即緣爾所香味觸極微故。復次眼耳意三識，依非業緣業非業，餘三識依非業緣非業。復次眼耳意三識，依非妙行惡行，緣妙行惡行及俱非，餘三識，依非妙行惡行緣非妙行惡行。如妙行惡行，善戒惡戒律儀不律儀表非表亦爾。問：頗有一極微爲所依，一極微爲所緣，生眼等五識不。答：無，所以者何，眼等五識依積聚緣積聚，依有對緣有對，依和合緣和合故。問：若爾所法俱生，即爾所法俱滅剎那後必不住，如何可言鼻嗅香舌嘗味身覺觸耶。答：若緣彼法鼻舌身識生即說彼法是鼻舌身識所了別，即說名爲鼻舌身根所嗅嘗覺故無有失。問：眼等，五根處有筋骨血肉耶。答：無，以諸色根是清淨大種所造故，而經說色根處有筋骨血肉者，是根中間色香味觸近根處故，說名爲有，而實根處無筋骨等。

玄奘譯《阿毗達磨俱舍論》卷三　了自境者，謂六識身，眼等五根於能了別各別境識有增上用，第六意根於能了別一切境識有增上用，故眼等六各立爲根。豈不色等於能了識亦有增上，應立爲根，境於識中無增上用。夫增上用謂勝自在，眼於所發了色識中最勝自在故名增上。於了眾色爲通因故，識隨眼根有明昧故。色則不然，二相違故，乃至意根於法亦爾。從身復立女男根者，女男性中有增上故，女男根體不離身根，身一分中立此名故。如其次第，女男身中，此女男根有增上用，此處少異餘處身根。故從身根別立爲二。女身形類音聲作業志樂差別，名爲女性。男身形類音聲作業志樂不同，名爲男性。二性差別由女男根故說女男根於二性增上。於眾同分住中命根有增上用。於雜染中樂等五受有增上用。所以者何，由契經說於樂受貪隨增。於苦受瞋隨增，於不苦不樂受無明隨增故，於清淨中信等五根有增上用。所以者何，由此勢力伏諸煩惱引聖道故。言應知者，勸許一一各能爲根。

六賊

求那跋陀羅譯《雜阿含經》卷四三　人復語言，士夫，內有六賊，隨逐伺汝，得便當煞，汝當防護，爾時，士夫畏四毒蛇，五拔刀怨及內六賊，恐怖馳走，還入空村，見彼空舍，危朽腐毀，有諸惡物，捉皆危脆，無有堅固。【略】

六內賊者，譬六愛喜。空村者，譬六內入。善男子，觀察眼入處，是無常變壞。執持眼者，亦是無常虛僞之法，耳鼻舌身意入處亦復如是。空村群賊者，譬外六入處。眼爲可意不可意色所害，耳聲鼻香舌味觸意，爲可意不可意法所害，浚流者，譬四流，欲流，有流，見流，無明流。河者，譬三愛，欲愛，色愛，無色愛。此岸多恐怖者，譬有身。彼岸清涼安樂者，譬無餘涅槃。栰者，譬八正道。手足方便截流渡者，譬精進勇猛到彼岸。婆羅門住處者，譬如來應等正覺。

慧嚴《大般涅槃經》卷二一　六大賊者，即外六塵。菩薩摩訶薩觀此六塵如六大賊。何以故，能劫一切諸善法故，如六大賊能劫一切人民財寶。是六塵賊亦復如是，能劫一切衆生善財。如六大賊若入人舍，則能劫奪現家所有不擇好惡，令巨富者忽爾貧窮。是六塵賊亦復如是，若入人根則能劫奪一切善法，善法既盡，貧窮孤露作一闡提。是故菩薩諦觀六塵如六大賊。復次善男子，如六大賊欲劫人時要因內人，若無內人則便中還。是六塵賊亦復如是，欲劫善法要因內有衆生知見常樂我淨不空等相。若內無有如是等相，六塵惡賊則不能劫一切善法。有智之人內無是相，凡夫則有。是故六塵常來侵奪善法之財，不善護故爲其所劫。護者名慧，有智之人能善防護故不被劫。是故菩薩觀是六塵如六大賊等無差別。復次善男子，如六大賊能爲人民身心苦惱，是六塵賊亦復如是，常爲衆生身心苦惱。六大賊者唯能劫人現在財物，是六塵賊常劫衆生三世善財。六大賊者夜則歡樂，六塵惡賊亦復如是，處無明闇則得歡樂。是六大賊唯有諸王乃能遮止，六塵惡賊亦復如是，唯佛菩薩乃能遮止。是六大賊凡欲劫奪，不擇端正種姓聰哲多聞博學豪貴貧賤。六塵惡賊亦復如是，欲劫善法不擇端正乃至貧賤。是六大賊雖有諸王截其手足，猶故不能令其心息，六塵惡賊亦復如是，雖須陁洹斯陁含阿那含截其手足，亦不能令不劫善法。如勇健人乃能摧伏是六大賊，諸佛菩薩亦復如，乃能摧伏六塵惡賊。譬如有人多諸種族宗黨熾盛則不爲彼六賊所劫，衆生亦爾，有善知識不爲六塵惡賊所劫。是六大賊若見人物則能偷劫，六塵不爾，若見若知若聞若嗅若觸若覺皆悉能劫，六大賊者唯能劫奪欲界人財，不能劫奪色無色界。六塵惡賊則不如是，能劫三界一切善寶。是故菩薩諦觀六塵過彼六賊，作是觀已，修八聖道直往不迴，如彼怖人畏四毒蛇五旃陁羅一詐親善及六大賊，捨空聚落涉路而去。

法雲《翻譯名義集》卷一四　六賊，原性明靜，因情昏散，狂心若歇，眞佛自彰。當知塵識是賊，止觀如兵（禪止心散，觀照心昏），喻雖遣兵而討賊，法要即賊以成兵。如《楞嚴》曰：眼耳鼻舌及與身心，六爲賊媒，自劫家寶（媒訓謀謀合二姓名媒，六根能生六識，令著六塵，所以六根如媒人也）。《金光明》云，猶如世人馳走空聚（六根虛假如空聚落），六賊所害愚不知避（六塵污染，害智慧命，劫功德財，故名六賊），亦名六衰。《妙樂》云，衰祇是賊，能損耗故。《法句經》云，昔佛在時，有人河邊樹下學道，經二十年，但念六塵（色聲香味觸法），心無寧息。佛知可度，化作沙門樹下共宿，其夜月明，龜從河出，野干欲噉，龜縮其頭尾及四足，藏於甲中，狗不得便，須臾遠去，龜還入水。道人見此，語沙門曰：龜有護命之鎧，野干不能得便。沙門對云，世人不如此龜，放恣六情，外魔得便。復說偈曰：藏六如龜，防意如城，慧與魔戰，勝則無患。

六衰

吉藏《中觀論疏》卷四　六情亦名六根，五根能生五識，意根能生意識，六情亦名六依，爲六識所依。六塵亦名六衰，令善衰滅，亦名六欲，是人所欲故也。

六情

求那毘地譯《百喻經》卷二　時有智人而語之言，汝欲得離者，當攝汝六情，閉其心意，妄想不生，便得解脫，何必不見欲使不生，如彼飲水愚人等無有異。

竺佛念譯《鼻奈耶》卷七　佛告阿那律：所以引喻者，當解此義。蛇所居以喻此身，身肥白好由父母得長，此亦無常是壞敗法。四蛇者，是四大，地界水火風界各增則死不疑。五賊者，喻五陰色痛想行識。六怨家者，喻六入。空聚者，喻六情，眼耳鼻舌身意處，觀眼眼空，觀耳鼻舌身心心空。

吉藏《中觀論疏》卷四　六情亦名六根，五根能生五識，意根能生意識，六情亦名六依，爲六識所依。

六識

佛陀耶舍共竺佛念譯《說長阿含經》卷八 復有六法，謂六識身，眼識身，耳鼻舌身意識身。復有六法，謂六觸身，眼觸身，耳鼻舌身意觸身。復有六法，謂六受身，眼受身耳鼻舌身意受身。

玄奘譯《阿毗達磨俱舍論》卷二 論曰：眼等即是眼等六界，由眼等根有轉變故，諸識轉異，隨根增損識明昧故。非色等變令識有異，以識隨根不隨境故。依名唯在眼等非餘，何緣色等正是所識，而名眼識乃至意識，不名色識乃至法識。

頌曰：彼及不共因，故隨根說識。

論曰：彼謂前說眼等名依，根是依故，隨根說識，及不共者，謂眼唯自眼識所依，色亦通爲他身眼識及通自他意識所取，乃至身觸應知亦爾。由所依勝及不共因故，識得名隨根非境，如名鼓聲及麥牙等。

六塵

竺佛念譯《十住断結經》卷八 觀內六情，去外六塵。若眼見色不興眼識，外色內識悉了虛無，色爲是誰眼識所在。若耳聞聲不興耳識，外聲內識悉了虛無，聲爲是誰耳識所在。若鼻嗅香不興鼻識，外香內識悉了虛無，香爲是誰鼻識所在。若舌知味不興舌識，外味內識悉了虛無，味爲是誰舌識所在。若身知細滑不興識想，外更內識悉了虛無，細滑爲誰身識所在。最勝當知，菩薩入定一一分別隨類教化。

曇無讖譯《般涅槃經》卷二三 六大賊者即外六塵，菩薩摩訶薩觀此六塵如六大賊。何以故，能劫一切諸善法故，如六大賊能劫一切人民財寶。是六塵賊亦復如是，能劫一切衆生善財如六大賊。若入人舍，則能劫奪現家所有，不擇好惡，令巨富者忽爾貧窮。是六塵賊亦復如是，若入人根，則能劫奪一切善法，善法既盡，貧窮孤露作一闡提。是故菩薩諦觀六塵如六大賊。復次善男子，如六大賊欲劫人時要因內人，若無內人則便中還。是六塵賊亦復如是，欲劫善法，要因內有衆生知見常樂我淨不空等相。若內無有如是等相，六塵惡賊則不能劫一切善法。有智之人內無是相，凡夫則有。是故六塵常來侵奪善法之財。不善護故爲其所劫，護者名慧，有智之人能善防護故，不被劫。是故菩薩觀是六塵如六大賊等無差別。

灌頂《觀心論疏》卷三 六根樂六塵，非是凡夫淺智弱志所能降伏，唯有大智慧堅心正念，乃能降伏耳。總論六根，今私對之。眼貪色，色有質像如聚落，眼如狗也。耳貪聲，聲無質像如空澤，耳如鹿也。鼻貪香，如魚也。舌貪味，如蛇也。身著觸，如猿也。心緣法，如鳥也。今除意，但明於五塵，五塵非欲，而其中有味能生行人貪欲之心，故言五欲。譬如陶師人客近請不得就功。五欲亦爾，常欲牽人入諸魔境，雖具前緣，攝心難立，故須訶也。色者，所謂赤白長短，明眸善睞，素頸翠眉，皓齒丹脣，乃至依報紅黃朱紫諸珍寶物，惑動人心，如禪門中所說，色害尤深，令人狂醉，生死根本良由於此。經云，衆生貪狼於財色，坐之不得道。觀經云，爲色所使，爲恩愛奴，不得自在。若能知色過患，則不爲所欺。如是訶已，色欲即息。攀緣不生，專心入定。聲欲者，即是嬌媚妖辭，淫聲染語，絲竹絃管，環釧鈴珮等聲也。香欲者，即是欝茀氛氲，蘭馨麝氣，芬芳酷烈鬱馥之物，及男女身分等香。味欲者，即是酒肉珍餚，肥腴津膩，甘甜酸辣，酥油鮮血等也。觸欲者，即是冷暖細滑，輕重強軟名衣上服，男女身分等也。此五欲過患者，色如熱金丸執之則燒，聲如塗毒鼓聞之必死，香如嬖龍氣嗅之則病，味如沸蜜湯舌則爛，如蜜塗刀舐之則傷，觸如臥師子近之則齧。此五欲者得之無厭，惡心轉盛如火益薪，世世爲害劇於怨賊，累劫已來常相劫奪，摧折色心，今妨禪寂復相惱亂，深知其過貪染休息也。觀心訶五欲者，如色欲中滋味無量，謂常，無常，我，無我，淨，不淨，苦樂，空，有世第一義，皆是滋味也。釋論云，二乘爲禪故，訶色事，不名波羅蜜。菩薩訶色即見色實相，見色實相即是見禪實相，故名波羅蜜，到色彼岸，到色彼岸即是見中道。分別色者，即是見色俗。即色空者，是見色眞。如是訶色盡色源底，成三諦三昧，發三種智慧。深訶於色爲觀心方便，其意在此。訶色既然，餘四亦爾。

智聰《大方廣圓覺修多羅了義經心鏡》卷二　善男子根清淨故，色塵清淨（至）香味觸法亦復如是。

此六塵，亦云六入，屬識所遊涉故，亦名六塵，塵以染汙爲義，以能染汙情識故，通名爲塵也。在眼曰色，在耳曰聲，在鼻曰香，在舌曰味，在身曰觸，在心曰法。法即心，緣想一切諸法也。此六塵境，大能引人入於惡道，大修行人，道俗須用防謹如家賊。貪欲熾盛者，且當恣其所向，如輪釣魚，魚強絲弱，不可強牽，但鉤餌入口，其近遠，亦不久而獲。於塵修觀，亦復如是。如佛在世，在家之人，皆得道果，鴦崛摩羅，彌殺彌慈，末利夫人，唯酒爲戒，和須蜜多，婬而梵行，提婆達多，邪見即正，當知惡不妨道，須用之有方。祖師云，呵五欲者，爲障道故。今經一一，歷此六塵境，皆是圓覺，婬坊酒肆，柳巷花街，皆是覺性。色本不迷，但人自迷之。酒無醉人之心，人自醉之。聖人見之如毒蛇，許由洗耳，巢父飲牛，先賢尚畏聲色，吾何以獨不畏哉。所以《金剛經》云，不著色聲香味觸法者。良哉其言矣。

林兆恩《心經釋略》　眼耳鼻舌身意，謂之六根，猶草木之有根也，亦謂之六入。根則主內而言，入則主外而言。眼見爲色塵，耳聞爲聲塵，鼻嗅爲香塵，舌嘗爲味塵，身染爲觸塵，意著爲法塵。是謂之六塵，謂如沙塵之障蔽也。根塵二者和合爲十二處。處，所也，言各有所在也。從見爲眼識，從聞爲耳識，從嗅爲鼻識，從嘗爲舌識，從染爲身識，從分別爲意識。謂之六識。識，謂妄生辨析，昏翳真智也。三者和合爲十八界。界者，限也，言各有限域也。

六境

玄奘譯《佛地經論》卷四　言諸處者，謂內六處，即是眼等。言諸境者，謂外六境，即是色等。此內六處，外六境界，即十二處，緣此十二生三智品心及心法，識爲主故總名諸識，即此諸識名眾像影，種種行相差別現故。此後經言，大圓鏡智於一切時依諸緣故，種種智影相貌生起。如是等文皆說，能爲智影生因故名鏡智，平等性智以緣生事圓鏡智等爲境界故，妙觀察智以一切法自相共相爲境界故，成所作智應知亦爾。如是三智相應心品，於內六處外六境界一切所緣所取境上，變似一切自相共相，種種影像分明顯現。

玄奘譯《阿毗達磨俱舍論》卷二　六根六識十二名內，外謂所餘色等六境。我依名內，外謂此餘，我體既無，內外何有。我執依止故，假說心爲我，故契經說，由善調伏我，智者得生天。

法護譯《佛說大悲空智金剛大教王儀軌經》卷三　云何名根境，云何十二處，何等名蘊界，復何爲自性。佛言根有六，謂眼耳鼻根，與身舌意等，內外根癡俱，以金剛解脫。又境有六塵，謂色聲香味，及與觸境界并法界自性，是名爲六境。即前根境二，翻名十二處。五蘊謂色等，及大悲行性，如是根境識，說名十八界。

六處

瞿曇僧伽提婆譯《中阿含經》卷三　云何六處法，我所自知，自覺爲汝說，謂眼處，耳鼻舌身意處，是謂六處法，我所自知，自覺爲汝說也。云何六界法，我所自知，自覺爲汝說，謂地界，水火風空識界，是謂六界法，我所自知，自覺爲汝說也。以六界合故，便生母胎，因六界便有六處，因六處便有更樂，因更樂便有覺。

瞿曇僧伽提婆譯《中阿含經》卷四九　汝等聞之，當善然可，歡喜奉行，善然可彼，歡喜奉行已，當復如是問彼比丘，賢者，世尊說內六處，眼處，耳鼻舌身意處，賢者，云何知，云何見此內六處，得知無所受，漏盡心解脫耶。

漏盡比丘得知梵行已立，法者應如是答：諸賢，我於眼及眼識，眼識知法俱知，二法知已，諸賢，若眼及眼識，眼識知法，樂已盡，彼盡，無欲，滅，息，止，得知無所受，漏盡心解脫，如是耳鼻舌身意及意識，意識知法俱知，二法知已。諸賢，若意及意識，意識知法，樂已盡，彼盡，無欲，滅，息，止，得知無所受，漏盡心解脫。諸賢，我如是知。如是見此內六處，得知無所受，漏盡心解脫。

玄奘譯《緣起經》卷一　云何爲色，謂諸所有色，一切四大種，及四大種所造，此色前名總略爲一，合名名色，是謂名色。名色緣六處者，云何六處，謂六内處，一眼内處，二耳内處，三鼻内處，四舌内處，五身内處，六意内處，是謂六處。六處緣觸者，云何爲觸，謂六觸身，一者眼觸，二者耳觸，三者鼻觸，四者舌觸，五者身觸，六者意觸，是名爲觸，觸緣受者。云何爲受，受有三種，謂樂受苦受不苦不樂受，是名爲受。

施護譯《佛説大集法門經》卷下　復次内六處，是佛所説，謂眼處，耳處，鼻處，舌處，身處，意處。

復次外六處，是佛所説，謂色處，聲處，香處，味處，觸處，法處。

復次六識，是佛所説，謂眼識，耳識，鼻識，舌識，身識，意識。

復次六觸，是佛所説，謂眼觸，耳觸，鼻觸，舌觸，身觸，意觸。

復次六受，是佛所説，謂眼觸爲緣所生諸受，耳觸爲緣所生諸受，鼻觸爲緣所生諸受，舌觸爲緣所生諸受，身觸爲緣所生諸受，意觸爲緣所生諸受。

施護譯《佛説大生義經》　復次觸法以何爲緣，所謂六處爲緣，由六處緣即有觸法，六處若無，觸法何有。阿難當知，此六處法，是虚妄故而不究竟，此集此因此生此緣而生觸法，是故觸法亦不究竟。

復次六處以何爲緣，所謂名色爲緣，由名色故即生六處，名色若無，六處何有。此名色者，謂即色法及心等法有積聚故，即此名色與彼識法互相爲緣，和合得生，是爲名色。阿難當知，名色法是虚妄法而不究竟，此集此因此生此緣得有六處，是故六處亦不究竟。【略】

復次，當知此識緣者即是名色。是故識爲名色緣，名色爲識緣。由如是故苦果生起，苦果既生即有老死相續而轉，由此集此因此生此緣。是故苦果是虚妄法而不究竟。如是因緣，識緣名色，名色緣六處，六處緣觸，觸緣受，如是即得一大苦藴集。

六　界

瞿曇僧伽提婆譯《中阿含經》卷三　云何六界法，我所自知，自覺爲汝説，謂地界，水，火，風，空，識界，是謂六界法，我所自知，自覺爲汝説也。

以六界合故，便生母胎，因六界便有六處，因六處便有更樂，因更樂便有覺。比丘，若有覺者便知苦如眞，知苦習，知苦滅，知苦滅道如眞。

瞿曇僧伽提婆譯《中阿含經》卷四九　汝等聞之，當善然可，歡喜奉行，善然可彼，歡喜奉行已，當復如是問彼比丘，賢者，世尊説六界，地界，水界，火界，風界，空界，識界，賢者，云何知，云何見此六界，得知無所受，漏盡心解脱耶。

漏盡比丘得知梵行已立，法者應如是答：諸賢，我不見地界是我所，我非地界所，地界非是神。然謂三受依地界住，識使所著，彼盡，無欲，滅，息，止，得知無所受，漏盡心解脱，如是水，火，風，空，識界，非是我所，我非識界所，識界非是神。然謂三受依識界住，識使所著，彼盡，無欲，滅，息，止，得知無所受，漏盡心解脱。諸賢，我如是知，如是見此六界，得知無所受，漏盡心解脱。

瞿曇僧伽提婆譯《增壹阿含經》卷二九　世尊告曰：彼云何名爲六界之法，比丘當知，六界之人稟父母精氣而生。云何爲六，所謂地界，水界，火界，風界，空界，識界，是謂比丘，有此六界，人身稟此精氣而生六入。云何爲六，所謂眼入，耳入，鼻入，舌入，身入，意入。是謂比丘，有此六入，由父母而得有，以依六入便有六識身。

佛陀耶舍共竺佛念譯《佛説長阿含經》卷八　復有六法，謂六界，地界，火界，水界，風界，空界，識界。復有六法，謂六察行，眼察色，耳聲，鼻香，舌味，身觸，意察法。

玄奘譯《阿毗達磨俱舍論》卷一　論曰：地水火風能持自相及所造色，故名爲界，如是四界亦名大種，一切餘色所依性故，體寬廣故，或於地等增盛聚中，形相大故，或起種種大事用故。此四大種能成何業，如其次第能成持攝熟長四業，地界能持，水界能攝，火界能熟，風界能長，長謂增盛，或復流引。業用既爾，自性云何。如其次第即用堅濕煖動爲性，地界堅性，水界濕性，火界煖性，風界動性，由此能引大種造色，令其相續生至餘方，如吹燈光，故名爲動。【略】

論曰：地謂顯形，色處爲體，隨世間想假立此名，由諸世間相示地者，以顯形色，而相示故，水火亦然。風即風界，世間於動立風名故，或如地等隨世想名，風亦顯形，故言亦爾。如世間說黑風團風，此用顯形，表示風故。何故此蘊無表爲後說爲色耶，由變壞故。如世尊說，苾芻當知，由變壞故名色取蘊，誰能變壞，謂手觸故即便變壞，乃至廣說，變壞即是可惱壞義。【略】

論曰：諸有門窓及口鼻等，內外竅隙名爲空界。如是竅隙，云何應知，傳說，竅隙即是明闇，非離明闇竅隙可取，故說空界明闇爲體，應知此體不離晝夜，即此說名隣阿伽色。傳說，阿伽謂積集色，極能爲礙故名阿伽，此空界色與彼相隣，是故說名隣阿伽色。有說，阿伽即空界色，此中無礙故名阿伽，即阿伽色餘礙相隣，是故說名隣阿伽色。諸有漏識名爲識界，云何不說諸無漏識爲識界耶，由許六界是諸有情生所依故，如是諸界從續生心，至命終心恆持生故，諸無漏法則不如是。彼六界中，前四即此觸界所攝，第五即此色界所攝，第六即此七心界攝，彼經餘界如其所應，皆即此中十八界攝。

不空譯《慈氏菩薩所說大乘緣生稻芋喻經》　云何外緣生繫屬於緣，所謂六界和合，緣生繫屬於緣。云何六界地水火風空時和合，緣生繫屬於緣，云何地界水火風空時界，令種子攝持名爲地界，令種子滋潤名爲水界，令種子成熟名爲火界，令種子增長名爲風界，令種子作無障礙名爲空界，令種子變易名爲時界。若無眾緣，子不生芽。若不闕地界，不闕水火風空時界，則一切和合種子生芽。其地界不作是念，我能攝持種子。水界不作是念，我能滋潤種子。火界不作是念，我能成就種子。風界不作是念，我能增長種子。空界不作是念，我能令種子作無障礙。時界不作是念，我能變易種子。其種子亦不作是念，我從眾緣而得生芽。然假如是緣種子生芽，其芽不自作，不他作，不二俱作，不自在天作，不時變易作，不自性生，不繫屬作者無因得生，如是種子以地水火風空時和合故，而生此外緣生法。應知五種不常不斷不移轉，因少果多，相似相續不生異物。云何不常，種子芽異故，不即是種是芽，亦不以壞種而得生，芽實種壞故而生，以種壞芽生故名不常。云何不斷，先不壞種而生芽亦非不壞，如是種壞和合生芽，名爲不斷。不移轉者，種子芽爲異故，因少果多者，種子少果實多，相似相續者，隨其植種收果亦爾。如是外緣生法五種應知。【略】

云何內緣生法繫屬於緣，六界和合生。云何六界和合，所謂地水火風空識界，和合緣生繫屬於緣。云何地界，令身聚合堅體名爲地界。云何水界，令身作攝持名爲水界。云何火界，令身中食飲成就名爲火界。云何風界，令身中作出入息名爲風界。云何空界，令身中成竅隙名爲空界。云何識界，令轉名色如束蘆，五識相應有漏意識名爲識界。若無六界則不成身，若不闕內地界，不闕水火風空識界，則一切和合能生其身。其地界不念我能令身聚合堅體，水界不念我能令身作攝持，火界不念我能令身中食飲成就，風界不念我能令身作出入息，空界不念我能令身中成竅隙，識界亦不作是念，我能轉名色猶如束蘆，其身亦不作是念，我被眾緣所生。然有如是眾緣而生其身，是地界無我無人，無命無壽者，無意生無儒童，無女無男，無非男女無吾我。亦無餘水火風空識界，亦無我無人，無命無壽者，無意生無儒童，無女無男，無非男女無吾我無餘。

日稱等譯《父子合集經》卷一六　云何六界，所謂地界，水界，火界，風界，空界，識界。【略】

大王，云何爲內地界，謂於內身所生硬澀，髮毛爪齒，皮肉筋骨。若內地界不生亦無有滅，則無集行。大王，若時女人，而於內心如所思惟彼補嚕沙，彼補嚕沙亦生愛樂，由二和合羯邏藍生，又復思惟相似和合，而得生者無有是處，若二女人無有是處，二補嚕沙亦無是處。若彼彼思惟而得生者亦無是處，自體無實非相應故。云何說此爲堅硬性，大王，此堅硬性相似而立，畢竟此身潰爛散滅，唯塚壙中是所歸趣，彼堅硬性從何所來，亦非四方上下而去，大王，此內地界應如是知。

大王，云何外地界堅硬性者，如彼世間初建梵王所居宮殿，大寶所成，復生他化自在諸天所居宮殿，皆七寶成。大王，若無地界，彼堅硬性從何所生。復成大地厚八萬四千踰繕那，縱廣六萬踰繕那。復生輪圍大輪圍山，堅固安住同一金剛。復生蘇彌盧山，庾健陁山，寧泯陁山，伊舍陁山乃至黑山，如是三千大千世界，次第成已堅固安住。若無地界，彼堅硬性從何所來。大王，又此地界欲壞滅時，或爲火焚或爲水漂或爲風吹。譬然酥油其焰熾盛，乃至灰燼不復可見。若爲水漂，猶如以鹽投於水中須臾消散。若爲毘嵐猛風所吹，彼時三千大千世界悉皆散壞，淨盡無餘。大王，此外地界生時本空，滅時亦空，自性空故，無有男相亦無女相，但唯言說之所顯示。如是地界與地界性皆不可得，唯佛正慧而能了知。

大王，云何內水界，謂此身內所有執受濕潤等性，涎唾脂髓，膿血便利，爲內水界。大王，若時忽見親愛人等，眼中流淚，或爲苦惱所逼流淚，或聞深法信重流淚，或爲寒風所吹流淚，如是水界從何所來，水相乾時復何所去。乃至此界壞時，興大黑雲三十二重，遍覆三千大千世界，降霔洪雨點大如象，晝夜傾注相續不絕，如是時分經五十劫，其水積滿上至梵世。大王，此外水界從何所來。又此世界將欲壞時有二日出，二日出已，小河泉流悉皆枯涸。三日出時，無熱惱池所出四河亦皆乾竭。四日出時，大海水減一踰繕那，或二或三漸次減至十踰繕那或二十踰繕那，次第枯竭至八十踰繕那。有餘水在，或深至一多羅樹，或深至胸臆，或深至牛跡，乃至少水如指面量，當爾之時，大海水中悉皆乾燥淨盡無餘。大王，此水界相，生無所來，滅無所去，生時本空，滅時亦空，自性空故，無有男相，亦無女相，但唯言說之所顯示。如是水界與水界性皆不可得，唯佛正智而能了知。

大王，云何身內火界，若此身中所有執受，溫煖蒸熱，咀嚼飲食，成熟變壞，便令安和，入熱數者名爲火界。云何外火界，謂不執受溫熱相生。若復有人於曠野中尋求火緣，或以蒿艾或牛糞屑或兜羅綿引火生已，或燒草木山林聚落，及餘方處皆爲所燒。大王，此火界性，生無所來，滅無所去，生時本空，滅時亦空，自性空故，但唯言說之所顯示。如是火界與火界性皆不可得，唯佛正智而能了知。

大王，云何身內風界輕動等相，謂此內風或時上行或時下行，或住腹間或脇或背，或發癮胗或聚成塊，或如刀裂或如針刺，出入息等遍滿身支。云何外風界，謂若此風從四方來，或狂暴起摧折樹木墮裂山峯，若微細起飄舉身衣動多羅樹。名外風界。大王，此風界相，生無所來，滅無所去，生時本空，滅時亦空，自性空故，無有男相，亦無女相，但唯言說之所顯示。如是風界與風界性皆不可得，唯佛正智而能了知。

大王，云何內空界，若此身內皮肉血等，顯現增長離質礙性，謂若眼竅耳穴面門咽喉，噉飲食所引滋味，於腸胃間通徹而出，若時業緣引生六處，諸處生已圍遶空界，此說名入內空界數。然彼空界從何所來。又若方處外所顯現離質礙性名外空界。大王，若色變壞一切皆空。所以者何，是虛空界本無盡故，安靜不動猶如涅盤，遍一切處無有障礙。大王，譬如有人於彼高原穿鑿池井，於意云何，是池井中所有空相從何所來。王曰：無所從來。佛言，大王，設使彼人復填以土，於意云何，空何所去。王曰：空無所去。所以者何，是虛空界無去來故，不住男相，亦非女相，大王，外虛空界本來無動，自性離故，但唯言說之所顯示，除佛正慧而能了知，

大王，云何識界，謂若眼根爲主，緣彼形色及彼表色，名眼識界。若餘五根緣於自境各別建立，名五識界。又此識界，不著於根不住於境，非內非外及二中間。然此識界，各各了別彼彼境已即便滅謝，生無所來，滅無所去。大王，識生時空，滅時亦空，自性離故，不住男相，亦非女相，但唯言說之所顯示。如是識界與識界性皆不可得，如佛正慧而能了知。

施護譯《大乘舍黎娑擔摩經》 又舍利子，外因緣從緣生者，謂緣六界合集故。云何六界，所謂地界水界火界風界虛空界時界。彼地界能安立，水界能滋潤，火界能溫煖，風界能動搖，空界能無礙，時界能成就。如是六界各各緣合，種子得生芽苗華實，無不具足。如是六界一不合者，種即不生乃至華實亦不可得。然彼六界各無有我，彼地不言我能安立，水亦不言我能滋潤，火亦不言我能溫煖，風亦不言我能動搖，空亦不言我能無礙，時亦不言我能成就。然彼種子不言我能生芽，芽亦不言我從諸緣得生。彼芽等所生，非自作非他作，亦非自他合有，非自在天所化，亦非時化，亦非緣生，亦不一事生，亦非不因生。然彼地水火風虛空時分，及種子華實而彼從生，不即不離，無盡滅故。

六道

鳩摩羅什譯《摩訶般若波羅蜜經》卷一七 菩薩摩訶薩行六波羅蜜時，見衆生有六道別異，當作是願：我隨爾所時行六波羅蜜，淨佛國土，成就衆生。我作佛時，令我國土衆生無六道之名，是地獄，是畜生，是餓鬼，是神，是天，是人，一切衆生皆同一業，修四念處乃至八聖道分。

鳩摩羅什譯《摩訶般若波羅蜜經》卷一九　衆生顛倒因緣故，造作身，口，意業，隨欲本業，報受六道身，地獄，餓鬼，畜生，人，天，阿修羅身。

鳩摩羅什譯《十住經》卷三　若干衆生身微塵，世界中萬物，微塵差別，分別衆生。麁身細身，從若干微塵，生地獄身。從若干微塵，生畜生身。以若干微塵，生餓鬼身。以若干微塵，生阿修羅身。以若干微塵，生天身。以若干微塵，生人身。皆悉了知。是菩薩入如是分別微塵智中，知欲界壞，知欲界成，知色界壞，知色界成，知無色界壞，知無色界成，知欲界色界無色界成壞，知欲界小相，知欲界大相，知欲界無量相，知欲界差別相，知色界無色界，小相大相，無量相差別相。如是知三界，是名菩薩教化衆生助智明分。

慧遠《大乘義章》卷八　言六道者，所謂地獄，畜生，餓鬼，人，天，脩羅，是其六也。言地獄者，如《雜心》釋，不可樂故名爲地獄。《地持》中釋，增上可厭故名泥犁。泥犁胡語，此云地獄。不樂可厭，其義一也，此之兩釋，皆對厭心以彰其過，非是當相解其名義。若正解之，言地獄者，就處名也，地下牢獄，是其生處，故云地獄。言畜生者，如《雜心》釋，以傍行故名爲畜生，此乃辨相，非解名義。若正解釋，言畜生者，從主畜養以爲名也，一切世人，或爲噉食，或爲驅使，畜積此生，行從是義，故名畜生。言餓鬼者，如《雜心》釋，以從他求故名餓鬼，又常飢虛故名爲餓，恐怯多畏故名爲鬼。所言人者，如《雜心》釋，意寂靜故，名之爲人。此就人德以釋人也，以人能思斷絶邪念，名意寂靜。若依涅槃，以多恩義故名爲人，人中父子親戚相憐，名多恩義。所言天者，如《雜心》釋，有光明故，名之爲天，此隨相釋。又云天者，淨故名天，天報清淨，故名爲淨。若依《地持》，所受自然故名爲天。阿脩羅者，是外國語，此名劣天。又人相傳名不酒神，阿之言無，脩羅名酒，不知何義名不酒神。此之六種經名爲趣，亦名爲道。所言趣者，蓋乃對因以名果也，因能向果，果爲因趣，故名爲趣。所言道者，從因名也，善惡兩業，通人至果，名之爲道。地獄等報，爲道所詣，故名爲道。故《地持》言，乘惡行往名爲惡道，亦可道者，當相名也。六趣道別故，名六道。

次辨開合。開合不定，總之唯一分段生死，或分爲二，一者惡趣，二者善趣。以此二門統攝斯盡。或分爲三，所謂三界生死果也。或分爲五，謂三惡道諸天及人。以何義故不說脩羅，依《法念經》，脩羅有二，一鬼二畜，良以鬼畜兩趣攝故，更不別論。依《伽陀經》，脩羅有三，一畜二鬼三者是天，以鬼畜天三趣攝故，不別論之。或分爲六，如上所說，脩羅雖復鬼畜等攝，種類衆多，故別分之。隨形異論，差別無量，開合如是。

次辨其相。先辨地獄，地獄有二，一正地獄二邊地獄。正地獄者，在大海下，麁分有八，細有一百三十六所。麁分八者，一活地獄，二黑繩地獄，三衆合地獄，四叫喚地獄，五大叫喚地獄，六熱地獄，七大熱地獄，八阿鼻地獄。於此南方大海之下五百由旬，有閻羅界，閻羅是鬼，分判罪人。閻羅界下五百由旬，至活地獄，如龍樹說，此地獄中諸受罪者，各共鬬諍，惡心熾盛，手捉利刀，互相殘害，悶絶而死，宿業緣故，涼風來吹，獄卒咄之，罪人還活，應聲即活，行從是義名活地獄，多由殺生故生其中。此地獄下，有黑繩獄，一切苦具轉過於前，以黑鐵繩，拼諸罪人，悉令斷絶，故云黑繩。此地獄中苦事衆多，黑繩事顯故偏名之，以其先世讒謗良善，妄言綺語兩舌惡罵，枉殺無辜，或爲奸史，酷暴無道，故生其中。此黑繩下次有衆合，一切苦具轉重於前，於中獄卒，化作種種虎狼師子豬羊牛犬一切種形，殘害罪人，或復化作兩山，相合鐵輪鐵網一切苦具治諸罪人，以衆苦具同皆合會殘害罪人，故云衆合，以其先世多殺衆生故生其中。此衆合下次有叫喚，一切苦具轉過於前，有大鐵城五百由旬，獄卒在中，或斫或剝，或刃或刺，或鞭或打，或棒或杵，打碎其頭，或驅東西，如是非一，令諸罪人發聲叫喚故名叫喚獄。良以先世斗稱欺誑，非法斷事，受寄不還，侵陵下劣，惱諸貧苦，或破城邑，傷害剝切，離他眷屬。或復詐善誘誑殺之，令人叫喚故生其中。此叫喚下有大叫喚，一切苦具轉重於前，獄卒於中，或驅罪人，入熱鐵屋，令大叫喚，名大叫喚。以其先世熏殺一切穴居衆生，或復繫閉墜陷深坑令大叫喚故生其中。此叫喚下，有熱地獄，一切苦事，復轉過前，此地獄中有二銅鑊，一名難陀，二跋難陀，熱沸鹹水，涌波於中，獄卒羅刹，又諸罪人投之於中，或投炭坑，或投沸灰，或以膿血，而自煎熬，名熱地獄。以其先世惱亂父母及諸師長一切沙門婆羅門等，令其心熱故生其中。此下次有大熱地獄，一切苦事轉重於前，以其先世活煮衆生，或復生爛，或以木貫，生而炙之，或燒山澤及諸聚落佛塔僧房，或推眾生令墜湯火故生其中。此下次有阿鼻地獄，如《涅槃》說，此獄縱廣八萬由旬，其中苦事過前七獄及餘別處，足二千倍，鐵網羅覆，上火徹下，下火徹上，交過通徹，一人入中，身亦遍滿，第二人入，身亦遍滿，壽命一劫，苦無暫廢。以其先世作五逆罪，謗方等經，起大邪見，謗無因果，斷滅善根，故生其中。十不善業，皆生此等八大獄中，向來且隨麁相言耳。所言一百三十六者，前八地獄一一各有十六眷屬，八是寒氷，八是炎火。八寒氷者，如龍樹說，一安浮陁，此名多孔，應是陵山多諸孔穴故名多孔亦可，此處凍諸罪人，令多穿穴故名多孔。二足浮陁，此名無孔，對前可知。此之二種，隨相名之。三阿羅邏，此患寒聲。四阿波波，亦患寒聲。五名睺睺，亦是寒聲。此之三種，從聲以名。六漚鉢羅，此名青蓮，獄城相狀，似青蓮華故名青蓮亦可，此處凍諸罪人，似青蓮色名漚鉢羅。七鉢頭摩，此名紅蓮，釋有兩義準前可知。八名摩訶鉢頭摩，此名大紅蓮華，義亦同前此後三種，從色名也。八炎火者，一名炭坑，二名沸屎，三名燒林，四名劒樹，五名刀道，六名剌棘，七名鹹河，八名銅柱。前八大獄，東西南北各有二氷及二炎火，故有十六。八大地獄各有十六，即是一百二十八所。通八大獄便是一百三十六也。如《法念經》，明此一百三十六所，名字各異業果亦異，不可具論，正處如是。邊地獄者，或鐵圍間，或餘山中，或大海裏，諸治罪處，名邊地獄（地獄如是）。

次辨畜生。如《法念經》，說畜生中凡有三十四億種類，於中具有四生不同，四食之異，業果差殊，備如彼經，不可具說（畜生如是）。

次辨餓鬼。如《法念》說，餓鬼之中處要有二，一在人中，二在鬼界。如彼經說，閻浮提下五由百旬，縱廣三萬六千由旬，是餓鬼界。類別不同，有三十六。一鑊身餓鬼，其形似鑊，無有頭頂眼耳鼻舌手足等相，住餓鬼界，初生之時，倍過人身，後漸增長，滿一由旬，猛火滿於鑊身之中，焚燒其身，飢渴熱惱，無能救者，人中十歲，當彼日夜，鑊身於彼壽五百歲，以其先世爲貪財利受雇屠殺，又受他寄抵拒不還，故生其中。二針口餓鬼，身大如山，口如針孔，亦住鬼界，壽同鑊身，飢火燒身，燋燃無救，幷受一切寒熱眾毒種種之苦，以其先世雇人屠殺，或有婦人夫令供養沙門淨行，誑言道無如是等比，故生其中。三食吐鬼，四食糞鬼，五無食鬼，六食氣鬼，七食法鬼，八食水鬼，九悕望鬼，十食唾鬼，十一食鬘鬼，十二食血鬼，十三食肉鬼，十四食香煙鬼，十五疾行鬼，十六伺便鬼，十七地下鬼，十八神通鬼，十九熾燃鬼，二十伺嬰兒便鬼，二十一欲色鬼，二十二住海渚鬼，二十三使執杖鬼，是閻羅王，二十四食小兒鬼，二十五食人精氣鬼，二十六羅剎鬼，二十七火爐燒食鬼，二十八住不淨巷陌鬼，二十九食風鬼，三十食火炭鬼，三十一食毒鬼，三十二曠野鬼，三十三住塚間食熱灰土鬼，三十四樹中住鬼，三十五住四交道鬼，三十六殺身餓鬼。鬼別無量，要攝如此，其中果報業因各異，備如經說（餓鬼如是）。

次辨脩羅。依伽陁羅，脩羅有三，一天二鬼三者畜生，《法念經》中唯說二種，鬼之與畜。鬼脩羅者，是其殺身餓鬼所攝，住在地上眾相山中。畜脩羅者，住在北方須彌山側海底地下。四重之別，入地二萬一千由旬，有其羅睺阿脩羅住，地曠一萬三千由旬，城名光明，縱廣正等八千由旬，有千柱殿，寶房行列，城地山池一切樂具皆以寶嚴，於其城內，有四寶園，各百由旬，一一園中，有三千種如願之樹，樹皆眞金，精靈虛妙，如雲如影，其園池內雜寶色鳥，遊集滿中，王住此城。城外別有十三住處，於一一處各有無量阿脩羅眾。羅睺脩羅，是師子兒，形如須彌，能變自身，大小隨意人中五百歲，當彼日夜，羅睺於彼壽五千歲，有四婇女，從憶念生，有其十二那由他婇女，以爲眷屬，圍繞羅睺，其王過去作婆羅門，於曠野處有一佛塔，高二十五里，於中畫作種種佛像，種種華菓，樹林莊嚴，爲火所燒，是婆羅門，救之得免，救已作念，我救此塔，有福以不，若有福者，願得大身。又外道中，多行布施，故受斯報。餘阿脩羅，於過去世，見他殺生強逼令放，或爲名利，或爲王使，或習父祖不殺之法，非慈悲心，不持淨戒，不作諸善，故生其中。次下二萬一千由旬，是其勇健脩羅住處。王名勇健，民名摩睺。此云骨咽，地名月鬘，漸廣前地城名遊戲，縱廣正等八萬由旬，嚴好過前，其城住在四金山中，其山高廣五千由旬，王住此城。別更有城，名曰星鬘，民住其中。城外有園，縱廣一萬三千由旬，於中凡有七園差別，種種莊嚴，是諸脩羅，於中受樂。勇健脩羅，其形長大，如二須彌，若住自界，變身短小，勢力轉勝，人六百歲，當彼日夜，此地脩羅壽六千歲。其王過去劫奪他物，供養外道離欲之人，故受斯報。餘衆往昔供養外道不離欲者，及破戒人，故生其中。次下二萬一千由旬，有其華鬘脩羅住處，王名華鬘，民名遊戲。地名脩那，城名鈴毘羅，縱廣一萬三千由旬，莊嚴微妙，轉勝於前，華鬘脩羅，所受之形，如三須彌，若住自界，現微小身，勢力轉增，人七百歲，當彼日夜，此地脩羅，壽七千歲。其王過去，飲食施與破戒病人，故受斯報。餘衆前世因種種戲，聚物爲食，用以施人，本無淨心，故生其中。次下二萬一千由旬，有鉢訶婆毘摩質多脩羅住處，王名鉢訶，亦名波羅訶。此本一名，人語音異，亦名毘摩質多。所領之民，名一切忍，地名不動，廣六萬由旬，城名鈴毘羅，縱廣一萬三千由旬，七寶宮殿，微妙如天，毘摩質多，其形長大，如四須彌，若住本界，現微小身，勢力過前三地脩羅，人八百歲，當彼日夜，此地脩羅，壽八千歲。其王前世無正見心，見持戒者來從乞求，久乃施之，施已語言，我今施汝，有何福德，我以癡故施汝飲食。邪見心施，故受斯報。餘脩羅衆，於前世時，自爲身故，守掌菓樹一切諸物，己所不用，然後惠人，故生其中。此諸脩羅，與天怨對，共天戰競，備如經說，不可具陳（脩羅如是）。

次辨人趣。人類無量，大約有四，謂四天下人報差別。四天下人，有八不同。一住處不同。須彌山南有一海渚，名閻浮提，縱廣二十八萬里，人住其上。東方有渚，名弗婆提，倍廣閻浮，人住其上。西方有渚，名瞿耶尼，倍廣弗婆，人住其上。北方有渚，名欝單越，倍廣瞿耶，人住其上。二形相不同。南閻浮渚，其地尖邪，人面像之。弗婆提渚，地如半月，人面像之。瞿耶尼渚，地如滿月，人面像之。北欝單越，其地正方，人面像之。三長短不同。閻浮提人，身長四肘。弗婆提人，身長八肘。瞿耶尼人，長十六肘。欝單越人，三十二肘。四壽命不同。閻浮提人，壽命不定，下極十歲，上極八萬四千歲。弗婆提人，壽命二百五十歲。瞿耶尼人，壽五百歲。欝單越人，定壽千歲。唯欝單定，餘皆不定。五果報不同。南閻浮提人，壽十歲時，或飢饉劫，或疫病劫，或刀兵劫，三劫互起。東西二方，飢饉劫時，飲食不足，而無餓死，疫病劫時，四大不和，而不喪命，刀兵劫時，少增瞋恚，不相殺害。北欝單越，全無變異。六優劣不同。若論受道，閻浮提上，弗婆次下，瞿耶漸劣，欝單最下。若論果報，欝單最上，瞿耶次下，弗婆漸劣，閻浮最下。七起業不同。東西南方具行十惡，欝單越國，但有綺語貪瞋邪見，綺語業道成而現行，餘三業道成而不行，如十業章具廣分別。八趣果不同。北欝單越，死皆生天，不向餘趣，以無惡故。餘三天下，所向不定（人趣如是）。

次辨天趣。天有欲色無色差別。欲天有六。一四天王天，須彌四面乾陁羅山，去地四萬二千由旬，縱廣亦然，上有四王。東有天王，名提頭賴吒，此名治國，領揵闥婆及毘舍闍二部鬼神。南有天王，名毘樓勒，此名增長，主領鳩槃茶薜荔多二部鬼神。西有天王，名毘樓博，此名雜語，主領龍富單那二部之神。北有天王，名毘沙門，此名多聞，主領夜叉羅刹二部鬼神。此四天王所領天衆，種類有四，處別四十。種類四者，一鬘持天，餘處名爲持華鬘天。二迦留足天，此名鳥足天。三名常恣意天。四名三箜篌天。初鬘持天，有十住處。一名白摩尼，二名峻崖，三名果命，四名功德行，五名常喜，六名行道，七名愛欲，八名愛境，九名意動，十名遊戲林。此十居在須彌四面龕窟中住，南方有二，東西亦然，北方有四，彼一一窟廣千由旬，多有諸山寶樹寶池無量莊嚴，人五十年，當彼日夜，彼天壽命五百歲也。此十天中業果各異，如《法念》說。迦留足天，有十住處。一行蓮華，二名勝蜂，三名妙聲，四名香樂，五名風行，六名鬘喜，七名普觀，八常歡喜，九名愛香，十名均頭。此十住處，皆繞須彌，業果差別如《法念》說。三箜篌天，各有十處，不可具論。初天如是。第二天者，名忉利天，此翻名爲三十三天，在須彌頂。須彌山者，名善高山，亦名安明，去地八萬四千由旬，縱廣亦然，六萬諸山，以爲眷屬，上有三十三處差別，中有帝城，名曰喜見，亦高八萬四千由旬，帝城四面，各有八處，臣民所居，是中天王，名釋提婆那民，此方翻名能爲天主，釋者是能，提婆是天，那民是主，佛亦呼之爲憍尸迦，蓋乃從其本姓爲名。如龍樹說，過去世時，摩伽陁國有婆羅門，姓憍尸迦，名曰迦陁，有大福德，與其同友三十二人共修善業，命終皆生忉利天上，各在一處，本憍尸迦，今爲天主，故從本姓名憍尸迦。三十二友，即爲輔臣，居在四面，左輔右弼，前承後儀，并其天主合三十三，是故名爲三十三天，如《法念經》，具列名字廣以分別。此前兩天，是地居天。第三天者，名曰夜摩，此云妙善，於中凡有三十六處差別不同，是中天主，名牟脩樓陁。第四天者，名兜率陁，此名妙足。如龍樹說，蓋乃從於天主爲名。第五天者，名須涅蜜陁，此云化樂，自化樂具已得受用，故云化樂。第六天者，名婆舍跋提，此云他化自在天也，他化樂具已得受用，故曰化他，此他化上，別有魔天，處近他化，亦他化攝。此六是其欲界天也。問曰：欲界日月星天何天所攝。釋言，隨近四天王攝，隨別分之，六天不收。何故如是。四天王天，是其地居，彼是空居，又六欲天，壽命短促，此壽一劫，是故不攝。欲天如是。色界天者，經論不同，若依《雜心》《地持》論等，有十八天，初二三禪，各有三天，第四禪中獨有九天，故合十八。若依《華嚴》，色界具有二十二天。初禪有四，一是梵天，二梵衆天，亦名梵身，此前兩天，小梵生處，三梵輔天貴梵生處，四大梵天，是中間禪梵王生處，與前梵輔同在一處，臣民之別。二禪有四，一是光天，二少光天，三無量光天，四光音天。三禪有四，一者淨天，二少淨天，三無量淨，四遍淨天。四禪有十，當分有四，一者福天，二福生天，三福愛天，四廣果天，依《地持》等，此四禪中，皆無初天，當應隨近攝屬第二，故不別論。此等差別，合有十二。第四禪中，隨其別脩更有六天，謂無想天及五淨居。無想天者，與前廣果同在一處，有諸外道，取此無想以爲涅槃，修無想定，趣求斯報，是人命終，生廣果處，初後有心，中間無心，經五百劫，以此別得無心法故，別爲一天。五淨居者，一無煩天，亦名無凡，二無熱天，三善見天，四善現天，五阿迦尼吒天，此名無小。阿那含人，以無漏道，熏第四禪，熏有五階，是故得此五天之報。何者五階，謂下，中，上，上中，上上。下得無煩，乃至上上得無小天。熏之云何。那含先得第四禪竟，爲熏禪故，於四禪中，先入百千無漏之心，次入百千有漏禪心，後入百千無漏之心，以漸略之，乃至先入二無漏心，次二有漏，後二無漏，是爲熏禪方便道成。然後復入一無漏心，次一有漏，如是五遍合十五心。十是無漏，五是有漏，是爲熏禪究竟成就。此五遍中，初品爲下，乃至最後以爲上上，以純熟故，如是熏修第四禪竟。次熏三禪，次二次初，熏法同前，然後生彼五淨居中。此五淨居，那含住處，是故亦名五那含天。以此通前爲二十二。依《大智論》，五淨居上，別更有一菩薩淨居，名摩醯首羅，此方名爲大自在天，是第十地菩薩住處。以此通前，色界合有二十三天。無色有四，一是空處，二是識處，三無所有處，四者非想非非想處。此等因行，如八禪中具廣分別。天趣如是（此三門竟）。

次辨其因。因有通別，通而論之，唯善與惡。善謂十善，惡謂十惡。十惡是其三塗通因，十善是其人天脩羅三趣通因。故龍樹言，惡有三品，謂下中上，下生餓鬼，中生畜生，上生地獄，《地經》之中亦同此說。善亦三品，下生脩羅，中善生人，上善生天。問曰：脩羅四惡趣攝，何故論言下善生中。釋言，脩羅雜業所招，是雜業中有善有惡，惡業得彼總報之果，故名惡趣，善業得彼別報樂受，是故名爲下善生也。又復惡業得彼正報，故名惡趣，善得依果故說善生。問曰：諸餘鬼畜等中亦有樂受並爲善生，何故偏言善生脩羅。釋言，脩羅樂受增上，如經中說，脩羅所受，其次如天，是故偏言善生脩羅。問曰：脩羅樂既次天，感樂之善應名爲中，何故名下。釋言，彼樂施福所招，施福增上故樂如天，施福望戒，不及戒善，是故名下。問曰：施福能生勝樂，何故不能生善道身乃生惡趣。釋言，善趣必由戒得，彼非戒善，是故不能生善趣身。又脩羅中有鬼有畜，有是天者，鬼畜脩羅，樂不從善生，總報惡得，故名惡趣。天脩羅者，總報雖從善業而得，疑心劣故，不能會聖，是故名爲下善生也。通因如是，若論別因，六道之中種類無量，業因皆異，如《法念經》具廣分別。六道之義，辨之麁爾。

六趣

鳩摩羅什譯《十住毗婆沙論》卷一　問曰：汝欲解菩薩十地義，以何因緣故說。答曰：地獄畜生餓鬼人天阿修羅六趣險難恐怖大畏，是衆生生死大海，旋流洄複，隨業往來是其濤波。涕淚乳汁流汗膿血是惡水聚，瘡癩乾枯嘔血淋瀝，上氣熱病癰疽癃漏吐逆脹滿，如是等種種惡病爲惡羅剎。憂悲苦惱爲水，嬈動啼哭悲號爲波浪聲，苦惱諸受以爲沃焦，死爲崖岸無能越者，諸結煩惱有漏業風鼓扇不定，諸四顛倒以爲欺誑，愚癡無明爲大黑闇，隨愛凡夫無始已來常行其中，如是往來生死大海，未曾有得到於彼岸，或有到者兼能濟渡無量衆生，以是因緣說菩薩十地義。

慧遠《大乘義章》卷八　言六道者，所謂地獄，畜生，餓鬼，人，天，脩羅，是其六也。【略】

此之六種，經名爲趣，亦名爲道。所言趣者，蓋乃對因以名果也，因能向果，果爲因趣，故名爲趣。所言道者，從因名也，善惡兩業，通人至果，名之爲道。地獄等報，爲道所詣，故名爲道。故《地持》言，乘惡行往名爲惡道，亦可道者，當相名也。六趣道別故，名六道。

圓測《解深密經疏》卷三　言六趣者，如下經説，那落迦，傍生，餓鬼，天，阿素洛，人。然此六趣，諸宗不同。依薩婆多宗，唯立五趣，故《大婆娑》第一百七十二云，如契經説，五趣，謂那落迦，傍生，餓鬼，人，天。又云，謂有餘部立阿素洛，爲第六趣。彼不應作是説，契經唯説有五趣故，廣説如彼。問：若爾，阿素洛何趣所攝。答：婆沙有二説，一云天趣，評家正義，鬼趣所攝，正理二十一，俱舍第八，大同婆沙。依經部宗，唯立五趣。故《成實論》第十四云，業有六種，謂五趣業，及不定業。今依大乘，有處唯五，如《佛地經》及《維摩》等。問：若爾，阿素洛何趣所攝。答：依《佛地經》第六卷云，諸阿素落，種類不定，或天，或鬼，或復傍生，故不別説，有處説六，如即此經及《法華經》等。

施護譯《佛説法集名數經》　云何六趣，所謂天趣，人趣，修羅趣，畜生趣，餓鬼趣，地獄趣。

六業

鳩摩羅什譯《成實論》卷八　業有六種，地獄報業，畜生報業，餓鬼報業，人報，天報，不定報業。問曰：何者是耶。答曰：地獄報業，如《六足阿毘曇》樓炭分中廣説，又殺生等罪皆爲地獄，如經中説喜殺生者生地獄中，若得爲人則受短命，乃至邪見亦如是。問曰：已知十不善道受地獄報，亦生畜生餓鬼及人道中，而汝但説生地獄及人中，今當別説，何業但受地獄報耶。答曰：即此罪業最重者受地獄報，小輕則受畜生等報。又若具足三種邪行，則爲地獄，餘不具足業，爲畜生等。又故作重罪則爲地獄，又破戒破見人所造惡業則爲地獄。又深心爲惡心壞行壞，是人造惡則爲地獄。又造不善業以不善助則爲地獄。又若於賢聖造不善業則爲地獄。又起不善業不善修集，如人起不善業後讚快樂不欲捨離則爲地獄。又以惛恚心而造罪業則爲地獄，若爲財物則受餘報。又以邪見心起不善業則爲地獄，又破戒者所作罪業則爲地獄，又無慚愧者所作罪業則爲地獄，又惡性人所作罪業則爲地獄，譬如濕地小雨成泥，又常行不善者所作惡業則爲地獄，又若無急緣而造惡業則爲地獄，又若人不得空無我分，深染著故，所造罪業則爲地獄，又若人不修身戒心慧所造惡業則爲地獄，又若凡夫人所作罪業則爲地獄。所以者何，是人不知陰界諸入十二緣等。以不知故，不應作而作，應作而不作，不應語而語，應語而不語，不應念而念，應念而不念，是人所作罪業雖少亦爲地獄。又若不見不善中過，是人則能起重罪業受地獄報。又若人爲罪不依於善，則爲地獄，如負債人不依恃王債主則得便。又若人善業劣弱所作少罪亦爲地獄，如人身中火勢微少，得難消食則不能消。又若人但行不善無善業雜則爲地獄，如人爲賊輕重悉繫。又若捨離一切善根，如象戰時不護惜手，是人作罪則爲地獄。又若行小法受學小師，是人作罪則爲地獄，如貧賤負債爲富貴所牽。又若人常長不善如負債日息，猶如屠兒獵師等業則爲地獄。又若覆藏罪則爲地獄，如瘡內漏。又若人不善久住心中，不能疾滅則爲地獄，如被治毒即能殺人。又若人自作不善亦以教人，開多衆生苦惱門故則爲地獄，如諸國王及多知識人行惡邪行令多人學，如富蘭那等。又若所作業多惱衆生，如燒林等。又教他人令墮非法，如田獵等。又若人以惡業活命，如賊魁膾屠獵師等。

【略】

又如鴦掘魔羅多起罪業，將欲殺母，佛爲善知識故即得解脱。又如施越以火坑毒飯欲中害佛，佛爲善知識故亦得解脱。如是等人雖有惡業不墮地獄，故説若縱逸人所作惡業則爲地獄。又若斷善根不可復治，如調達等，猶如病人死相已現，是人作罪則爲地獄。又若人不數爲善，將命終時善心難生，是人心悔故墮地獄。又若臨死時起邪見心，是人以先不善爲因邪見爲緣故墮地獄。如是多有諸業爲地獄報。又論師言，一切不善皆是地獄因緣，是不善之餘生畜生等中。如經中説，佛語比丘，汝等所見衆生身邪行口邪行意邪行者，當知便爲見地獄人。

問曰：已知地獄報業，畜生報業，何者是耶。答曰：若人雜善，起不善業故墮畜生。又結使熾盛故墮畜生，如婬欲盛故，生於雀鴿鴛鴦等中，瞋恚盛故生于蚖蛇蝮蠍等中，愚癡熾盛故生豬羊等中，憍逸盛故生於師子虎狼等中，掉戲盛故生猨猴等中，慳嫉盛故生狗等中，如是等餘煩惱盛故生種種畜生中。若有少施分者，雖生畜生於中受樂，如金翅鳥龍象馬等。又口業報多墮畜生，如人不知不信業果報故，起種種口業，如言是人輕躁猶如猨猴，則生猨猴中。若言貪戾，如鳥語，如狗吠，駭如豬羊，聲如驢鳴，行如駱駝，自高如象，惡如逸牛，婬如鳥雀，怯如貓狸，諂如野干，便如羖羊，多毛如牛，起如是等惡口業故，隨業受報。又眾生以貪樂故發種種願，如樂婬欲則生鳥等中，若聞諸龍金翅鳥等有勢力故願生其中。【略】

問曰：已知畜生報業，以何業故墮餓鬼中。答曰：於飲食等生慳貪心，故墮餓鬼。問曰：若人自物不與，何故得罪。答曰：是慳人，若人從乞以貪惜故，則生忿怒，以此罪故生餓鬼中。又此慳人若人從乞有而言無，以妄語故墮餓鬼中。又此人久來修集慳結，見他得利生慳妬心，故墮餓鬼。又此慳人見他行施則憎恚施主言，此乞者，以慣得故必當復來從我乞。又從久遠來修集慳心，既自不施亦遮他與。又若共有物，如寺中僧物及天祠中諸婆羅門物，有人獨惜不欲與人，故墮餓鬼。【略】

問曰：已知三惡報業，以何業故生人天中。答曰：若布施持戒修善等業，上者生天，中下者生人中。有利根者則生人中，以能行人法故名爲人。又雜善業故生人中，此業有上中下，一心，不一心，淨，不淨等。何以知之，以人有種種差品不同故，如經中說，殺生則短命，盜竊則貧窮，邪婬則家不貞良，妄語則常被誹謗，兩舌則眷屬不和，惡口則常聞惡聲，綺語則人不信受，貪嫉則多婬欲，瞋恚則多惡性，邪見則多愚癡，憍慢則生下賤，自高則矬短，嫉妬則無威德，慳則貧寒，瞋則醜陋，惱他則多病，雜心布施則嗜不美味，非時布施則不得隨意，疑悔則生邊地，行不淨施則從苦得報，非道行婬則得不男形，人中有如是等雜不善業，善業亦與此相違，如不殺得長壽等，人道中有如是等種種不同，故知是雜業報。又以願故得生人中，有人不樂放逸亦不多欲，好樂智慧發人身願，則生人中。又若人好樂供養父母及諸所尊，亦知供養沙門婆羅門等喜爲事業，亦好修福則生人中，於人中若淨業因緣生欝單越。又若人憎惡田宅舍廬我所差別，生欝單越。又若人正行白業不惱他，取財而以布施，亦不貪著，自持戒行，又不破戒，前後眷屬，則生欝單越，是善小劣生拘耶尼，又小不如生弗于逮。

天報業者，是施戒善上淨故生天，又若人得智慧分折伏諸結故生天上。又亦隨雜業故有差別，如人中說，又以願故若聞天上受樂因緣，所作善業皆願往生，如八福生處中說，若行慈悲喜捨，則生梵世乃至有頂，是中禪定有差品故報亦差別，若不善斷睡眠調戲等，是人身光則濁，若善除滅光則明淨。又上善業報則生天，以諸所欲隨念即得故。若離色相得無色定，則生無色處。如是等名天報業。

不定報業者，下善不善業，是業或地獄餓鬼畜生人天中受。問曰：餘四道中可得受善業報，地獄云何。答曰：若小地獄中暫有停息，如從火地獄得脫，遙見樹林心喜往趣入此林中，涼風動樹，刀劍未墮，爾時暫樂，或見醎河謂是清水，馳走往趣亦得暫樂。如是等是地獄中善業報分，是名不定報業。

六欲天

慧遠《大乘義章》卷八 天有欲色無色差別。欲天有六。一四天王天，須彌四面乾陁羅山，去地四萬二千由旬，縱廣亦然，上有四王。東有天王，名提頭賴吒，此名治國，領揵闥婆及毘舍闍二部鬼神。南有天王，名毘樓勒，此名增長，主領鳩槃茶薜荔多二部鬼神。西有天王，名毘樓博，此名雜語，主領龍富單那二部之神。北有天王，名毘沙門，此名多聞，主領夜叉羅刹二部鬼神。此四天王所領天眾，種類有四，處別四十。種類四者，一鬘持天，餘處名爲持華鬘天。二迦留足天，此名鳥足天。三名常恣意天。四名三箜篌天。初鬘持天，有十住處。一名白摩尼，二名峻崖，三名果命，四名功德行，五名常喜，六名行道，七名愛欲，八名愛境，九名意動，十名遊戲林。此十居在須彌四面龕窟中住，南方有二，東西亦然，北方有四，彼一一窟廣千由旬，多有諸山寶樹寶池無量莊嚴，人五十年，當彼日夜，彼天壽命五百歲也，此十天中業果各異，如《法念》說。迦留足天，有十住處。一行蓮華，二名勝蜂，三名妙聲，四名香樂，五名風行，六名鬘喜，七名普觀，八常歡喜，九名愛香，十名均頭。此十住處，皆繞須彌，業果差別如《法念》說，常恣意天。三箜篌天，各有十處，不可具論。初天如是。第二天者，名忉利天，此翻名爲三十三天，在須彌頂。須彌山者，名善高山，亦名安明，去地八萬四千由旬，縱廣亦然，六萬諸山，以爲眷屬，上有三十三處差別，中有帝城，名曰喜見，亦高八萬四千由旬，帝城四面，各有八處，臣民所居，是中天王，名釋提婆那民，此方翻名能爲天主，釋者是能，提婆是天，那民是主，佛亦呼之爲憍尸迦，蓋乃從其本姓爲名。如龍樹說，過去世時，摩伽陁國有婆羅門，姓憍尸迦，名曰迦陁，有大福德，與其同友三十二人共修善業，命終皆生忉利天上，各在一處，本憍尸迦，今爲天主，故從本姓名憍尸迦。三十二友，即爲輔臣，居在四面，左輔右弼，前承後儀，并其天主合三十三，是故名爲三十三天，如《法念經》，具列名字廣以分別。此前兩天，是地居天。第三天者，名曰夜摩，此云妙善，於中凡有三十六處差別不同，是中天主，名牟脩樓陁。第四天者，名兜率陁，此名妙足。如龍樹說，蓋乃從於天主爲名。第五天者，名須涅蜜陁，此云化樂，自化樂具已得受用，故云化樂。第六天者，名婆舍跋提，此云他化自在天也，他化樂具已得受用，故曰化他，此他化上，別有魔天，處近他化，亦他化攝。此六是其欲界天也。問曰：欲界日月星天何天所攝。釋言，隨近四天王攝，隨別分之，六天不收。何故如是。四天王天，是其地居，彼是空居，又六欲天，壽命短促，此壽一劫，是故不攝。欲天如是。

施護譯《佛說法集名數經》　云何六欲天，所謂四天王天，忉利天，夜摩天，兜率天，樂變化天，他化自在天。

施護譯《佛說法集名數經》　云何六欲天，所謂四天王天，忉利天，夜摩天，兜率天，樂變化天，他化自在天。

禪修《依楞嚴究竟事懺》卷下　欲界六天，曰四天王天，忉利天，夜摩天，兜率天，化樂天，他化自在天。此天身長六十由旬，當二千四百里，以人間一千六百歲爲一日，如是壽一萬六千歲。若人能持五戒行十善，即生彼界受天福樂。

六　忍

竺佛念譯《菩薩瓔珞本業經》卷上　佛子性者，所謂習種性，性種性，道種性，聖種性，等覺性，妙覺性。復名六堅，亦名堅信，亦名堅法，亦名堅修，亦名堅德，亦名堅頂，亦名堅覺。復名六忍，信忍，法忍，修忍，正忍，無垢忍，一切智忍。

寂光《佛說梵網經直解》卷一　諸佛當知者，謂千釋迦，千百億釋迦，今爲當機，故詔告之，堅信忍中十發趣心向果者。《地持經》云，十住，十行，名種性住。種，即種子，有發生之義。性，爲性分，乃自分不改之義。以初住位，即中道種成就，安住其中，無有退失，數數增進，故名種性住。《瓔珞經》云，三賢，十地，等，妙，諸菩薩，分爲六位，各具性，觀，慧，堅，忍，五法，每一法，隨六位分爲六種。【略】

堅信忍中者，乃有二義。堅者，於六堅中，此名信堅。信，即信心。堅，即堅實，謂信一切法，皆即眞諦，無毀壞故。忍者，於六忍中，此名信忍。信，即信心。忍，即安忍，謂信一切法，皆悉空寂，能於空法，忍可忍證。以二法合言，名堅信忍也。中者，言此堅信忍中，有十種人，俱發上弘下化廣大之心，趣向佛海，無能退轉。《起信論》云，分別發趣道相者，謂一切諸佛所證之道，一切菩薩發心修行，趣向義故。略說發心有三種，一信成就發心，二解行發心，三證發心。此信成就發心者，依不定聚衆生，有熏習善根力故，信業果報，起厭離心，求菩提道，得值諸佛，親承供養，修經萬劫，信心成就。或佛菩薩，教令發心。或以大悲願力，或因護法因緣，能自發心。如是信成發心，入正定聚，畢竟不退，名住如來種中。正因相應，故名信成就發心。又發心有三種，一者直心，正念眞如法故。二者深心，樂集諸善行故。三者悲心，欲拔一切苦故。如是發心，皆得不退，故云堅信忍中，十發趣心向果。【略】

此云堅法。於六堅中，此名法堅，謂知諸法，皆即俗諦，無毀壞故。於六忍中，此名法忍，雖知諸法皆空，無所有相，而能假立，諸法以化衆生，於假法中，忍可忍證。以此二法合言，故名堅法忍也。此位以前十住眞理，深入玄妙，菩提妙行，依理而起，運四無量之心，行四攝法，饒益眾生，長養聖胎，成就聖德向佛果海，故云十長養心，向菩提果。何名十長養心，一者慈心，愛念眾生，化被一切，能生正性，不繇魔教使得樂果故。二者悲心，愍念眾生，以悲空空無相，自滅一切苦，與一切眾生平等一樂，起大悲故。三者喜心，慶他得樂，空空喜心，令諸眾生，入正信，捨邪見，背六道苦故喜。四者捨心，周給無悋，無造無相，空法中如虛空，自他體性不可得，而無生心常修其捨。五者施心，普惠無惜，身施，口施，意施，財施，法施，教導一切眾生，無心行化，達理達施，一切相現在前行。六者好語心，所說皆善，慈愛語言，攝化眾生，常行如心，發起善根。七者利益心，勝行化生，實智體性，廣行智道，現行六道，不以爲患，但益人爲利。八者同心，隱同攝化，以道性智，同空無生法中，以無我智，同生無二，入諸六道身相行業，一切事同，以入同法三昧。九者定心，印持無亂，以一念靜慧觀空，無能擾動，了見一切眾生，我人種子，皆無合散，集成起作，不可得故。十者慧心，照徹無礙，觀諸邪見結患等縛，無決定體性，是心入起空空道，發無生心。自此十心，行行無違，定慧圓明，空假不立，以中道智觀，增進向位也。此位功行，於六輪中，以銀寶輪對位，謂銀體性瑩潔，不受塵垢，雖經鎔煉，性恆不變。此十行菩薩，惟修假觀以加功用，任運分斷中十品異相無明惑業，顯發本然清淨之性，如銀體瑩潔，鎔煉不變，故以銀寶輪對十行位也。【略】

前云堅法忍，此云堅修忍者，具有二義。於六堅中，名爲修堅，謂修中觀，了知諸法，皆即中諦，無毀壞故。於六忍中，此名修忍，謂即修習中道，知一切法，事理和融，於中道理，忍可忍證。二義合言，名堅修忍。此十向位，即解行發心也。前十住心，繇信滿故而入。此十向心，繇行滿故而入。以是菩薩，於第一阿僧祇劫，將欲滿故，即於眞如法中，深解現前。於是心心實相，念念眞如，行行圓融，修金剛三昧定，集一切行法門，深入理觀，轉更增明，入佛果海。故云從是十長養心，入堅修忍中，十金剛心向果也。何名十迴向心，一者信心，但信自心，決定成佛，永無疑執故。二者念心，念念不失一切諸佛正智，於大乘六念，常覺常施，一合相故。三者迴向心。迴，即不住。向，即不退。於此無上金剛菩提，心心入空，而無去來，幻化受果，深深心解脫故。四者達心。達，即通達，照徹無礙，內外清淨，空空如如相，不可得故。五者直心。直，即正直，直照平等，入無生智，無明神我空於空三界生者，結縛而不受故。六者不退心，不退入凡夫地，不起新長養諸邪見，常空生心，心入不二，爲不退一道一照故。七者大乘心，解解一空，以一空智，智乘行乘，任載任用，令諸眾生，同入佛海故。八者無相心，即心無相，妄想解脫，照般若波羅蜜，無二相故。九者慧心，無量法界，無集無受生，生生煩惱而不縛，光明照性入一切法故。十者不壞心，八魔不壞，入佛威神，出沒自在，動大千界，於虛空平等地心，無二無別故。於此十心圓滿，二空理顯，感諸佛加被，得摩頂三昧，證入虛空平等總持法門，即入十地也。此十向位，於六輪中，以金寶輪對位，謂金體貴重，濟用極大，土理，火煉，其色不變。此菩薩惟修中道，功行加深，教化亦廣，雖混眾塵，不爲眾塵所染，雖居五欲，不爲五欲所燒，以斷盡後十品異相無明，故以金寶輪，對十迴向位也。【略】

言堅聖忍者，其義有二。於六堅中，地上菩薩，名爲德堅，謂修中道觀智，破一分無明等障，顯發一分眞如三德，無能毀壞，故名德堅。於六忍中，此名正忍，謂正破無明，於中道理，忍可忍證，故名正忍。二義合言，故名堅聖忍也。此即名證發心，謂證眞如法故，唯爲開導一切眾生，不依文字，起信廣明。已上總明十地義，向下別明十地義。何名十地，一體性平等地，謂此菩薩，證入諸佛法身平等大慧，眞實法門，攝受眾生，凡所作爲，其慧平等故。二體性善慧地，此菩薩，善修法身平等大慧，清淨明達一切善根故。三體性光明地，此菩薩，證發無邊妙慧光明，以三昧解了智，能知一切三世諸佛法門，入神通光明故。四體性爾炎地，此菩薩，以智慧燄，燒煩惱薪，以入善權方便，教化一切眾生，能使見佛體性故。五體性慧照地，此菩薩，以十力智照，知善惡有無二性，起一切功德行，轉不可說不可說法門故。六體性華光地，此菩薩，以大智行華，一時開敷十神通明智品，現身示眾，種種變化，百千萬劫，說不可窮盡故。七體性滿足地，此菩薩具足十八聖人智品，於一切國土中，隨諸眾生心行，示現作佛，成道轉法輪故。八體性佛吼地，此菩薩入法王位三昧，其智如佛，而以法藥施諸眾生，爲大法師破壞四魔，法身具足，說法無畏，如大獅子吼故。九體性華嚴地，此菩薩得佛華嚴，善能守護法身，以佛威儀如來三昧，自在王定王定出入無時，於百億四天下一時成佛。現無量身口意，說無量法門品而能諸魔界入佛界，轉佛界入魔界，於一念中一時示現如是事故。十體性入佛界地，此菩薩以護一切種智，得入金剛三昧，其大慧空空，復空如虛空性，具足十功德品，復有不可說奇妙法門，奇妙三昧門、陁羅尼門，非下地凡夫心識所知，惟佛佛無量身心口意可盡其源故。

六种調伏

慧沼《能顯中邊慧日論》第一 《善戒經》第三云，衆生調伏有其四種，一聲聞乘性得聲聞道，二緣覺乘性得緣覺道，三有佛性得佛道，四有人天性得人天樂。《地持第二瑜伽》三十七所說皆同。然調伏有六，一性調伏，二人調伏。性調伏說本性，至發心位。人調伏說四客性。本性說遠，一切皆欲菩提。客性說近，有四種別。故經云，性調伏者有善種子故修善法，修善法故壞二障，修善法故身心清淨，身心清淨故，若遇善友若不值遇能壞二障。如癰已熟，不遇師悉得除愈等。一切衆生亦復如是，修行畢竟得菩提時，是名爲熟，是名性調伏。既說本性調伏已，密意說一切衆生當成佛也。同《法華論》及《十法經》定性聲聞以佛性因記成佛也。二人調伏者四，如上所說，故知人調伏是近因也。有無人天性等，皆是近故，既無人天性，後有人天性，故知先無三乘性，後得三乘性，此說亦非，言性調伏總明本來法爾自性。二衆生調伏即明所調伏，故《瑜伽》云，所成熟補特伽羅略有四種，約生明性，有無不同，大小性別。三行調伏，明菩薩修行所有差別，謂修勝身諸根智慧等。四方便調伏，明菩薩修有三十二方便。五成熟調伏者，明能成熟者及所成熟者。六者熟印調伏，即明所成熟，已成熟者所有印相，顯如經論，煩不能引。故性調伏及人調伏非約遠近。若云性調伏即明遠性，衆生本性。二生調伏即是近性，衆生客性。一切衆生皆有本性，咸應令作佛，何故近以三乘熟之，何故穢食置於寶器。欲行大道，反示小徑，彼自無瘡，何傷之也。

求那跋摩譯《薩善戒經》卷三 云何名爲菩薩調伏，調伏者有六種，一者性調伏，二者衆生調伏，三者行調伏，四者方便調伏，五者熟調伏，六者熟印調伏。性調伏者，有善種子故修善法，修善法故壞二種障，一煩惱障，二智慧障，修善法故身心清淨，身心清淨故若遇善友諸佛菩薩，若不值遇，能壞煩惱智慧二障，如癰已熟，若遇醫師及以不遇悉得除愈。譬如瓦器任用之時，名之爲熟。如菴羅果等任噉食時，亦名爲熟。一切衆生亦復如是，修集善道畢竟欲得阿耨多羅三藐三菩提時，是名爲熟，是名性調伏。衆生調伏者有四種，一者有聲聞性得聲聞道，二者有緣覺性得緣覺道，三者有佛性得佛道，四者有人天性得人天樂，是名爲四，是名衆生調伏。行調伏者有六種，一者根調伏，二者善根調伏，三者智慧調伏，四者下調伏，五者中調伏，六者上調伏。根調伏者，以調根因緣故，得長命好色種姓自在大力言音微妙男子之身，無能勝者，具足成就是報果者，任得阿耨多羅三藐三菩提，常爲衆生修集苦行，其心初無憂愁悔恨，是名根調伏。善根調伏者，性不好樂造作惡業，五蓋輕微，諸惡覺觀漸漸羸弱，樂受清淨純善之言，是名善根調伏。智慧調伏者，菩薩摩訶薩修集智慧故，心行曠大，善能受持讀誦經典，解善惡義，思惟分別廣爲人說，以修集智慧故，任得阿耨多羅三藐三菩提。若能具足根調伏，善根調伏，智慧調伏者能淨智障。若具根調伏，能淨報障。若具善根智慧調伏，能淨智障及煩惱障。下調伏者有二種，一者不於無量世中修集善法故，二者不樂推求善根智慧故，名下調伏。中調伏者，於無量世修集善法，得善根調伏不得智慧，名中調伏。上調伏者，具上三事，是名上調伏。方便調伏者，有二十二，一者界增長，二者現在因，三者入於出家，四者初發，五者非初發，六者遠淨，七者近淨，八者莊嚴，九者至心，十者施食，十一者施法，十二者爲示神通生信心故，十三者爲說法得生信心，十四者說深密藏廣分別法，十五者下莊嚴，十六者中莊嚴，十七者上莊嚴，十八者聽法，十九者思惟修集，二十者攝取，二十一者呵責，二十二者不待請說及待請說。界增長者，具善種子，具善種子故他世善根復得增長，現在修集法種子故，他世法種子亦得增長，是名界增長。現在因者，現在世中說法不謬，聽法不謬如法受持，因先世因增現在因，因現在因增未來因，又現在因增現在因，是名現在因。入出家者，親近善友諸佛菩薩信心得生，得信心故捨離世法，受持修行出世之法，出世法者，謂菩薩戒，若不能受名字沙門不名出家，斷欲法故乃名出家，不受如是菩薩戒者，不名畢竟永斷欲法，斷一切愛名爲出家，受畢竟樂名爲出家，樂易行道名爲出家，增長佛法名爲出家，樂持禁戒名爲出家，是名入出家。初發者，初發心時不樂生死，不樂生死故信心得生，修集於道增益佛法，是名初發。非初發者，發心已後親近諸佛及佛弟子，受持禁戒讀誦書寫廣爲人說，乃至增長上上善法，是名非初發。遠淨者，如不受持菩薩禁戒，不能讀誦書寫解說，不隨師教，嬾墮懈怠，經無量劫不能得成阿耨多羅三藐三菩提，是名遠淨。近淨者，受持禁戒讀誦書寫爲人解說，隨順師教懃修精進，速疾能得阿耨多羅三藐三菩提，是名近淨。

莊嚴者，至心懃求無上佛道，爲菩提故持菩薩戒，爲怖畏王師長和上，爲名稱故持菩薩戒，是名莊嚴。至心者，於佛法中至心繫念，無有疑網不忍之心，護持正法，以菩薩藏菩薩摩夷教化衆生，於師和上耆舊長宿有德之人深生恭敬，懃供三寶，無有休息，深信三寶，常住不變，是名至心。施食者，菩薩摩訶薩見飢饉者施以飲食，隨前所須一切供給，是名施食。施法者，菩薩若以一句一偈乃至半偈一部一藏，廣爲衆生演說其義，爲菩提故教令行善，是名施法。爲示神通生信心者，菩薩摩訶薩以大神通示諸衆生，爲憐愍故，欲令衆生心清淨故，爲知衆生信心淨故，爲見衆生淨莊嚴故，爲令衆生發阿耨多羅三藐三菩提心故，是名神通。說法生信心者，菩薩自知未有利益，爲利他故而演說法，亦復因知利益他故，能滅己罪而演說法，又復自知爲他說法，亦得增長已所修善，是名說法。說深密藏廣分別法者，菩薩摩訶薩以方便力，能爲衆生開示如來甚深密藏，爲令衆生解其義故，爲有智者增善根者說深義故，是名說深密藏廣分別法。下莊嚴者，不能至心常行無上賢聖之行，是名下莊嚴。中莊嚴者，雖復至心修集聖行，不能常行，是名中莊嚴。上莊嚴者，亦常亦至心，是名上莊嚴。聽法者，若修無上佛法之時，至心聽採十二部經，受持書寫讀誦解說，是名聽法。思惟修集者，既聽法已身心寂靜，思惟其義破壞疑心，修集三想，謂定慧捨，是名思惟修集。攝取者，以無貪心爲人說法，受畜弟子善爲教誡，施其衣鉢病給醫藥，知煩惱起隨病說法，是名攝取。呵責者，若自知見所起煩惱，呵責身心。起煩惱者，不能自利及利益他，輕罪見中，中罪見重，如人亂心墮墜坑陷，已墮之後不宜復墮，煩惱若起應當調伏，若見弟子起微煩惱應當呵責，不應受其禮拜供養乃至楊枝澡水，若犯大罪應作擯出羯磨。若呵責者自利利他，是名呵責不待請說者。爲自利益受持讀誦解說深義，爲破衆生所起煩惱，爲增衆生所行善法故爲說法，如已所持如持而說如法而住。何以故，菩薩若不如法住者，衆生輕慢而作是言，汝自不能如法而住，云何教他，汝今方應從他受法，云何反更爲他說法，是名不待請說。待請說者，如持禁戒懃修精進，具足善根樂處閑靜，常爲一切之所恭敬，所可演說人皆信受，知義知辭善能說法。若有比丘比丘尼優婆塞優婆夷，作如是言，唯願大士，爲調衆生開甘露門，是名待請而說。

如是等二十二事，誰調伏耶，謂六種菩薩住六地者，如是菩薩則能教化調伏衆生。何等六地，一者至心專念菩提行地，二者淨心爲菩提道地，三者如法住地，四者定地，五者畢竟地，六者成就菩提道地，是名爲六。爲欲調伏無性衆生，說人天樂令得不退，爲有性說令得調伏增長善法，是名熟調伏。熟調伏印者，聲聞之人於無量世修集善根，是名下熟調伏印。復有下熟調伏印，謂下軟心下莊嚴下善根，不能破壞三惡道報，現在不得四沙門果及以涅槃，是名下熟調伏印。云何中熟調伏印，若得中心中莊嚴中善根，破三惡道，現在不得四沙門果及以涅槃，是名中熟調伏印。上熟調伏印者，有上心上莊嚴上善根破三惡道，現在能得四沙門果及以涅槃，是名上熟調伏印。緣覺亦如是有二事勝，一者修集道勝，二者無師得道勝，菩薩摩訶薩住此專念菩提行地，是名下熟調伏印。住第二地名爲中熟，住第三地名爲上熟。初地菩薩其心微軟，莊嚴亦爾墮三惡道，修行已經初阿僧祇，初阿僧祇劫未能具足無動無上清淨三十七品。中熟調伏印者，菩薩中心中莊嚴，不墮三惡，修行已經第二阿僧祇劫，雖得清淨不動轉善具三十七品，未得具足最大寂靜三十七品，是名中熟調伏印。上熟調伏印者，菩薩摩訶薩住上熟調伏印，上心上莊嚴不墮三惡，修行已經第三阿僧祇劫，具足清淨不動轉善，獲大寂靜三十七品，即是菩薩無上道故，名爲大淨不動純善最大寂靜，是名上熟調伏印。下熟調伏印有三種，下下，下中，下上。中熟有三，中下，中中，中上。上熟有三，上下，上中，上上。菩薩摩訶薩具足如是等調伏者，則能增長無上佛法，教化衆生，調伏諸根，智慧猛利，能爲衆生開示三乘。

六轉依

玄奘譯《成唯識論》卷一〇 如是菩薩於十地中勇猛修行十種勝行，斷十重障，證十眞如，於二轉依便能證得。轉依位別略有六種。一損力益能轉，謂初二位，由習勝解及慚愧故，損本識中染種勢力，益本識內淨種功能，雖未斷障種實證轉依而漸伏現行亦名爲轉。二通達轉謂通達位，由見道力通達眞如，斷分別生二障麁重，證得一分眞實轉依。三修習轉，謂修習位，由數修習十地行故，漸斷俱生二障麁重，漸次證得眞實轉依，《攝大乘》中說，通達轉在前六地有無相觀，通達眞俗，間雜現前，令眞非眞現不現故，說修習轉在後四地純無相觀，長時現前，勇猛修習，斷餘麁重，多令非眞不顯現故。四果圓滿轉，謂究竟位，由三大劫阿僧企耶修集無邊難行勝行，金剛喻定現在前時，永斷本來一切麁重，頓證佛果圓滿轉依，窮未來際利樂無盡。五下劣轉，謂二乘位，專求自利，厭苦欣寂，唯能通達生空眞如，斷煩惱種，證眞擇滅，無勝堪能，名下劣轉。六廣大轉，謂大乘位，爲利他故，趣大菩提，生死涅槃俱無欣厭，具能通達二空眞如，雙斷所知煩惱障種，頓證無上菩提涅槃，有勝堪能，名廣大轉。此中意說廣大轉依捨二麁重而證得故。

玄奘譯《攝大乘論本》卷下 如是已說增上慧殊勝，彼果斷殊勝，云何可見，斷謂菩薩無住涅槃，以捨雜染，不捨生死。二所依止轉依爲相，此中生死謂依他起性雜染分，涅槃謂依他起性清淨分。二所依止，謂通二分依他起性，轉依謂即依他起性，對治起時轉捨雜染分轉得清淨分。又此轉依略有六種。一損力益能轉，謂由勝解力聞熏習住故，及由有羞恥令諸煩惱少分現行不現行故。二通達轉，謂諸菩薩已入大地，於眞實非眞實顯現不顯現現前住故，乃至六地。三修習轉，謂猶有障一切相不顯現眞實顯現故，乃至十地。四果圓滿轉，謂永無障一切相不顯現，最清淨眞實顯現，於一切相得自在故。五下劣轉，謂聲聞等唯能通達補特伽羅空無我性，一向背生死一向捨生死故。六廣大轉，謂諸菩薩兼通達法空無我性，即於生死見爲寂靜，雖斷雜染而不捨故。若諸菩薩住下劣轉有何過失，不顧一切有情利益安樂事故，違越一切菩薩法故，與下劣乘同解脫故，是爲過失。若諸菩薩住廣大轉有何功德，生死法中以自轉依爲所依止，得自在故，於一切趣示現一切有之身，於最勝生及三乘中，種種調伏方便善巧，安立所化諸有情故，是爲功德。

玄奘譯《攝大乘論釋》卷九 釋曰：又此轉依略有六種。損力益能轉者，謂損減阿賴耶識中煩惱熏習力故，增益彼對治功能故，得此轉依，謂由勝解力聞熏習住故者，謂住勝解行地安立聞熏習力故得此轉依，及由有慚羞等者，於此位中，若煩惱現行即深羞耻，或少分現行，或全不現行。通達轉者，謂入地時所得轉依，於眞實非眞實等者，謂此轉依乃至六地，或時爲眞實顯現因，或時出觀爲非眞實顯現因。修習轉謂猶有障者，由所知障說名有障，一切相不顯現等者，謂此轉依乃至十地，一切有相不復顯現，唯有無相眞實顯現。果圓滿轉謂永無障者，由無一切障說名無障，一切相不顯現者。無一切障故，最清淨眞實顯現者，即由此故，於一切相得自在者，由此爲依得相自在，隨其所欲利樂有情。下劣轉謂聲聞等，等者，等取獨覺，唯能通達一空無我，不能利他故，是下劣。廣大轉謂諸菩薩等者，由並通達二空無我，安住此中捨諸雜染，不捨生死兼利自他故是廣大。住下劣轉有何過失等者，不顧有情越菩薩法，下劣乘同，是爲過失。住廣大轉有何功德等者，以自轉依爲所依止，於一切法得自在故，於一切趣示現一切同分之身，於最勝生及三乘中，種種調伏方便巧智，安立所化難調有情，是爲功德。此中意取世間富貴爲最勝生。

曇曠《大乘百法明門論》開宗義決 若分若滿轉依等者。然此轉依說有六種。一損力益能轉，在地前位，損本識中染種勢力，益本識中淨種功能，令諸煩惱或不現行。煩惱現行即深慚愧，由慚愧故，崇善拒惡，有二勝得爲能轉體，信數初增久不增故，轉染依淨。二通達轉，在見道中，由見道力通達眞如，斷分別生二障麁重，證得一分眞實轉依。三明修習轉，初在信地已去十地已來，修習十地行故，漸斷俱生二障麁重。四果圓滿轉，謂究竟位，由三大劫阿僧企耶修集無邊難行勝行，金剛喻定現在前時，永斷本來一切麁重，頓證佛果圓滿轉依，窮未來際利樂無盡。五下劣轉，在二乘位，通無有學，一唯自利，二有欣厭，三唯達悟生空，四唯斷煩惱，五唯證眞擇滅，六無勝功能。擇滅者，謂即眞如，由慧擇得此滅理故。無勝堪能者，無一切智故。六廣大轉，謂大乘菩薩位，恆利他故趣大菩提，生死涅槃俱無欣厭，具能通達二空眞如，雙斷所知煩惱障種，頓證無上菩提涅槃，有勝堪能名廣大轉，所取轉依體者廣大，轉捨二麤重而證得。不言圓滿轉者，圓滿轉對菩薩說，廣大轉對二乘說。又解，既言廣大轉，明圓滿亦在其中，略舉一隅耳。此中轉依則滿分果，謂如六種轉依義中，損力益能轉通達轉修習轉即是分果，究竟轉者是滿果，下劣廣大二種轉依通大小乘因果滿分，諸轉依恐繁不敘，樂者廣之。

曾鳳儀《楞嚴宗通》 通曰：性而曰妙，非滯於寂。明而曰圓，不落於所。離相離名，不可思議。證此妙性，即世界非世界，即衆生非衆生，即妄即眞，即生滅非生滅也。馬鳴云，以不如實知眞如法一故，不覺心動而有於念。念即生相，生即滅相，生滅名相，皆謂之妄，若能如實了知眞如法一，則妄本無有。如人依方故迷，迷無自相，謂東爲西，方實不轉，若其開悟，西無所有，迷故謂心爲動，而實不動。若知動心即不生滅，即得入於眞如之門。至哉言也。此可爲滅妄名眞正訓矣，故轉不覺而依覺，名無上菩提，轉生死而依無生，名大涅槃。非離不覺而別有所謂覺，非離生死而別有所謂無生也。但妄見滅，眞性現，即此不覺便是眞覺，即此生滅便是無生，即此世界衆生本無世界衆生，故謂之無上，故謂之大。然轉依有六。第一損力益能轉，謂損染種勢力，益淨種功能，漸伏現行，亦名轉依。第二通達轉，由見道達眞，力斷二障，麤證一分眞實轉依。第三修習轉，謂地地漸斷俱生，證眞轉依。第四果滿轉，謂究竟位以金剛定永斷一切麤重，頓證佛果圓滿轉依。第五下劣轉，謂二乘厭苦忻寂，證眞擇滅無勝堪能故。第六廣大轉，謂大乘位，俱無忻厭，通達二空，雙斷二障，頓證無上菩提，有勝堪能故。此無上菩提與大涅槃，即第六廣大轉，與第四果滿轉也，皆取頓證，與二乘下劣漸次修習者，不可同日語矣。安民禪師，初講《楞嚴》於成都，爲義學所歸。時圜悟居昭覺，民與勝禪師友善，因造焉。聞悟小參，舉三喚侍者因緣。趙州拈云，如人暗中書字，字雖不成，文彩已彰，那裏是文彩已彰處。民心疑之，告香入室。悟問：座主講何經。對曰：《楞嚴》。悟曰：《楞嚴》有七處徵心，八還辨見，畢竟心在甚麼處。民多呈藝解，悟皆不肯。乃令一切處作文彩已彰會，偶僧請益十玄談，方舉問君心印作何顏，悟厲聲曰：文彩已彰。民聞而有省，遂求印證，悟示以本色鉗鎚，則罔措。一日白悟曰：和尚休舉話，待某說看。悟諾。民曰：尋常拈槌豎拂，豈不是經中道，一切世界諸所有相，皆即菩提妙明眞心。悟笑曰：你元來在這裏作活計。民又曰：下喝敲床時，豈不是返聞聞自性，性成無上道。悟曰：你豈不見經中道，妙性圓明，離諸名相。民於言下釋然。悟出蜀，居夾山，民罷講侍行。悟爲衆夜參，舉古帆未挂因緣。民不契，求決。悟曰：你問我。方舉前話，悟曰：庭前栢樹子。遂洞徹。謂悟曰：古人道如一滴投於巨壑，殊不知大海投於一滴。悟笑曰：奈這漢何。未幾令分座，悟說偈曰：休誇四分罷《楞嚴》，按下雲頭徹底參。莫學亮公親馬祖，還如德嶠訪龍潭。七年往返遊昭覺，三載翺翔上碧巖。今日煩充第一座，百華叢裡現優曇。古人實參實證，經歷多少轉依，然後得穩坐地。固知滅妄名眞，不易證得。

通潤《成唯識論集解》 轉依位別略有六種（至）多令非眞不顯現故。

下釋轉依。先依位釋，分爲六種。一損力益能轉者。損，謂減損。力，謂勢力。益，謂增益。能，謂功能。謂資糧位，具四種力，修六種行，發三種心，信解唯識，相性具有勝解。謂加行位，起四尋思，發四實智，觀二取空，具有慚愧。由此二位修習勝解慚愧之力，便能滅損本識染種勢力，復能增益本識淨種功能，以轉染依淨名爲轉依。問：三賢未斷分別障種，未登聖位，何名轉依。答：雖未斷分別障種實證轉依，而能漸伏分別現行亦得名爲證轉依也。二通達轉者，謂於初地眞見道時，頓斷分別我法二障種子，得根本智，證遍行眞如，實證一分眞實轉依，名轉依位。言修習轉者。修，謂修葺，不使荒蕪。習，謂溫習，不使忘失。謂從初地以至十地數數修習十種勝行，漸漸斷除十種麤重，分分證得十種眞如，名轉依位。下引論以證通達修習二轉義謂前六地，皆名通達轉，以通眞達俗故。若以無相觀通眞，則眞現而俗不現。若以有相觀達俗，則俗現而眞不現。以眞俗相間，有無相雜，故名通達。謂後四地名修習轉，以長時修習純無相觀，斷餘麤重不令有相間雜故。然言多令非眞不現者，反顯非眞猶有少時現也。

四果圓滿轉謂究竟位（至）窮未來際利樂無盡。

前名分證此名滿證，自資糧至等覺無間道，普光明等十大三昧現在前時，永斷俱生二障極微細種，至解脱道頓證佛果圓滿轉依，名究竟位，從此自利畢功唯是度生盡未來際。

五下劣轉謂二乘位（至）捨二麤重而證得故。

專求自利，不念利他。厭苦欣寂，不能等觀。唯證生空，法空未證。斷煩惱種，不斷所知。證眞擇滅，不證菩提。耽寂滅樂，無勝堪能。具此六義，名下劣轉。反上六義，即名廣大。此中所説轉依，取此廣大捨二麤重而證得故。問：何以不取果圓滿轉。答：對菩薩説，是以不取，已上約位不出大小兩乘，今揀去小乘，獨取大乘轉依。

六種隨眠

真諦譯《阿毗達磨俱舍釋論》卷一四　前已説，世間多種異從業生，諸業由隨屬惑故，至得生長，若離隨眠惑，於生諸有諸業，無復功能，是故應知。彼偈曰：隨眠惑有本。釋曰：云何爲有本，若惑現在正起，能作十種事，一堅固根本，二安立相續，三數治自田，四生起等流，五能引生業有，六圓滿自資糧，七令迷境界，八引將識相續，九令離淨品善法類，十成就縛義。由不得過自界故，彼隨眠惑有幾種，若略説有。偈曰：六。釋曰：何者爲六，偈曰：謂如欲，瞋，憍慢，無明，心見，疑。釋曰：如欲者，顯餘惑與欲同，由境界隨眠故，此義後當説。偈曰：復説彼，六由欲別七。釋曰：於前偈中所説，六隨眠惑，於中分欲爲二，更説彼爲七，謂欲欲隨眠，瞋隨眠，有欲隨眠，憍慢隨眠，無明隨眠，心見隨眠，疑隨眠。此義云何應知，爲隨眠即是欲欲，爲隨眠異欲欲，譬如石子體及提婆達多衣，若爾何有，若欲欲即是隨眠，則違佛經。經云，世間有人，非欲欲上心惑所染心數數長時住，如實見知是欲欲上心惑出離義，於此人是欲欲上心惑，由根由力，正所斷除，及與隨眠永得滅離，若汝執別欲別隨眠，由立隨眠與欲不相應，則與阿毗達磨藏相違，彼藏云，欲欲隨眠與三根相應，毗婆沙師説，欲欲即是隨眠，乃至疑即是隨眠，前不説與經相違耶，無相違。何以故，經云及與隨眠永得滅離者，與隨從法永得滅離。復次於經中隨眠言，是方便語，或至得語。譬如地獄苦天上樂及説火苦，阿毗達磨藏言，皆依直相起，隨眠即是惑故，一切隨眠皆與受相應。云何得知，由隨眠起心染污故，能爲障故，與善相違故，由心爲隨眠惑所染污，未生善不得生，從已生善亦退故，故知隨眠惑與心不相離。若由不相應，此義得成。無時善法可得，由彼恆在故。由善法有時可得故，知隨眠與心相應。【略】

此六種隨眠，於《阿毗達磨藏》中復分爲十，云何爲十，偈曰：見五，謂身見，邊見及邪見，見取，戒執取，由此復成十。釋曰：本立六爲隨眠惑，於中分見爲五故成十，於中五以見爲自性，謂身見邊見邪見見取戒執取，五以非見爲性，謂欲瞋慢無明疑，復次此十隨眠惑，於《阿毗達磨藏》中，更立爲九十八，於欲界中有三十六，色界中有三十一，無色界中有三十一。若略説此隨眠惑名三界惑，或説名見修所滅惑，於中欲界見諦所滅有三十二。何者三十二，偈曰：彼十七七八，三二見所離，次第俱斷滅，見欲苦等故。

六波羅蜜

菩提留支譯《入楞伽經》卷八　大慧，云何愚癡凡夫分別諸法，言剎那不住，而諸凡夫不得我意，不覺不知内外諸法念念不住。大慧復白佛言，世尊，如來常説滿足六波羅蜜法，得阿耨多羅三藐三菩提，世尊，何等爲六波羅蜜，云何滿足。佛告大慧菩薩言：大慧，波羅蜜差別有三種，謂世間波羅蜜，出世間波羅蜜，出世間上上波羅蜜。大慧，言世間波羅蜜者，愚癡凡夫執著我我所法，墮於二邊，爲於種種勝妙境界行波羅蜜，求於色等境界果報。大慧，愚癡凡夫行尸波羅蜜，羼提波羅蜜，毗梨耶波羅蜜，禪波羅蜜，般若波羅蜜，乃至生於梵天，求五神通世間之法，大慧，是名世間諸波羅蜜。大慧，言出世間波羅蜜者，謂聲聞辟支佛，取聲聞辟支佛涅槃心，修行波羅蜜，大慧，如彼世間愚癡凡夫，爲於自身求涅槃樂，而行世間波羅蜜行，聲聞緣覺亦復如是，爲自身故求涅槃樂，行出世間波羅蜜行，而乃求彼非究竟樂。大慧，出世間上上波羅蜜者，如實能知，但是自心虚妄分別見外境界，爾時實知惟是自心見内外法，不分別虚妄分別，不取內外自心色相故。菩薩摩訶薩如實能知一切法故行檀波羅蜜，爲令一切衆生得無怖畏安隱樂故，是名檀波羅蜜。大慧，菩薩觀彼一切諸法，不生分別，隨順清涼，是名尸波羅蜜。大慧，菩薩離分別心忍，彼修行如實而知，能取可取境界非實，是名菩薩羼提波羅蜜。大慧，菩薩云何修精進行，初中後夜常勤修行，隨順如實法斷諸分別，是名毗梨耶波羅蜜。大慧，菩薩離於分別心，不隨外道能取可取境界之相，是名禪波羅蜜。大慧，何者菩薩般若波羅蜜，菩薩如實觀察自心分別之相，不見分別，不墮二邊，依如實修行轉身，不見一法生，不見一法滅，自身內證聖行修行，是名菩薩般若波羅蜜。大慧，波羅蜜義如是滿足者，得阿耨多羅三藐三菩提。

鳩摩羅什譯《摩訶般若波羅蜜經》卷一〇　佛告釋提桓因言：憍尸迦，菩薩盡行六波羅蜜法，以無所得故，行檀那波羅蜜不得施者，不得受者，不得財物，行尸羅波羅蜜不得戒，不得持戒人，不得破戒人，乃至行般若波羅蜜不得智慧，不得智慧人，不得無智慧人。憍尸迦，菩薩摩訶薩行布施時，般若波羅蜜爲作明導，能具足檀那波羅蜜。菩薩摩訶薩行持戒時，般若波羅蜜爲作明導，能具足尸羅波羅蜜。菩薩摩訶薩行忍辱時，般若波羅蜜爲作明導，能具足羼提波羅蜜。菩薩摩訶薩行精進時，般若波羅蜜爲作明導，能具足毗梨耶波羅蜜。菩薩摩訶薩行禪那時，般若波羅蜜爲作明導，能具足禪那波羅蜜。菩薩摩訶薩觀諸法時，般若波羅蜜爲作明導，能具足般若波羅蜜。一切法以無所得故，所謂色乃至一切種智。憍尸迦，譬如閻浮提諸樹，種種葉，種種華，種種果，種種色，其蔭無差別。諸波羅蜜入般若波羅蜜中，至薩婆若無差別亦如是，以無所得故。

鳩摩羅什譯《大智度論》卷一八　諸菩薩從初發心，弘大誓願，有大慈悲，求一切諸功德，供養一切三世十方諸佛，有大利智求諸法實相，除種種諸觀，所謂淨觀不淨觀，常觀無常觀，樂觀苦觀，空觀實觀，我觀無我觀，捨如是等妄見心力諸觀，但觀外緣中實相，非淨非不淨，非常非非常，非樂非苦，非空非實，非我非無我，如是等諸觀不著不得世俗法故，非第一義周遍清淨不破不壞，諸聖人行處，是名般若波羅蜜。問曰：已知般若體相是無相無得法，行者云何能得是法。答曰：佛以方便說法，行者如所說行則得，譬如絕崖嶮道假梯能上，又如深水因船得渡。初發心菩薩，若從佛聞若從弟子聞若於經中聞，一切法畢竟空，無有決定性可取可著，第一實法滅諸戲論，涅槃相是最安隱，我欲度脫一切衆生，云何獨取涅槃。我今福德智慧神通力未具足故，不能引導衆生，當具足是諸因緣，行布施等五波羅蜜，財施因緣故得大富，法施因緣故得大智慧，能以此二施引導貧窮衆生令入三乘道。以持戒因緣故，生人天尊貴，自脫三惡道，亦令衆生免三惡道。以忍辱因緣故，障瞋恚毒得身色端政威德第一，見者歡喜敬信心伏，況復說法。以精進因緣故，能破今世後世福德道法懈怠，得金剛身不動心，以是身心破凡夫憍慢，令得涅槃。以禪定因緣故，破散亂心，離五欲罪，樂能爲衆生說離欲法，禪是般若波羅蜜依止處，依是禪般若波羅蜜自然而生。如經中說，比丘一心專定，能觀諸法實相。

復次知欲界中多以慳貪罪業閉諸善門，行檀波羅蜜時，破是二事開諸善門，欲令常開故。行十善道，尸羅波羅蜜未得禪定智慧，未離欲故，破尸羅波羅蜜，以是故行忍辱。知上三事能開福門，又知是福德果報無常，天人中受樂還復墮苦，厭是無常福德故。求實相般若波羅蜜，是云何當得，必以一心乃當可得。如貫龍王寶珠，一心觀察能不觸龍，則得價直閻浮提，一心禪定除卻五欲五蓋，欲得心樂大用精進，是故次忍辱說精進波羅蜜。如經中說，行者端身直坐繫念在前，專精求定，正使肌骨枯朽終不懈退，是故精進修禪。若有財而施不足爲難，畏墮惡道恐失好名，持戒忍辱亦不爲難，以是故上三度中不說精進。今爲般若波羅蜜實相從心求定，是事難故應須精進，如是行能得般若波羅蜜。問曰：要行五波羅蜜然後得般若波羅蜜，亦有行一二波羅蜜，得般若波羅蜜耶。答曰：諸波羅蜜有二種，一者一波羅蜜中相應隨行，具諸波羅蜜，二者隨時別行波羅蜜，多者受名。譬如四大共合雖不相離以多者爲名。相應隨行者，一波羅蜜中具五波羅蜜是不離五波羅蜜，得般若波羅蜜。隨時得名者，或因一因一得般若波羅蜜。若人發阿耨多羅三藐三菩提心布施，是時求布施相，不一不異，非常非無常，非有非無等，如破布施中說，因布施實相解，一切法亦如是，是名因布施得般若波羅蜜。或有持戒不惱衆生心無有悔，若取相生著則起諍競，是人雖先不瞋衆生，於法有憎愛心故而瞋衆生。是故若欲不惱衆生，當行諸法平等，若分別是罪是無罪，則非行尸羅波羅蜜。何以故，憎罪愛不罪，心則自高，還墮惱衆生道中。是故菩薩，觀罪者不罪者心無憎愛，如是觀者，是爲但行尸羅波羅蜜，得般若波羅蜜。菩薩作是念若不得法忍則不能常忍，一切衆生未有逼迫能忍，苦來切已則不能忍。譬如囚畏杖楚而就死苦。以是因緣故，當生法忍，無有打者駡者亦無受者，但從先世顛倒果報因緣故，名爲受。是時不分別是忍事忍，法者深入畢竟空故，是名法忍。得是法忍，常不復瞋惱衆生，法忍相應慧，是般若波羅蜜。精進常在一切善法中，能成就一切善法。若智慧籌量分別諸法，通達法性，是時精進助成智慧，又知精進實相離身心如實不動，如是精進能生般若波羅蜜。餘精進如幻如夢，虚誑非實是故不説。若深心攝念，能如實見諸法實相。諸法實相者，不可以見聞念知能得。何以故，六情六塵皆是虚誑因緣果報，是中所知所見皆亦虚誑，是虚誑知都不可信。所可信者，唯有諸佛於阿僧祇劫所得實相智慧，以是智慧依禪定一心觀諸法實相，是名禪定中生般若波羅蜜。

般若譯《大乘理趣六波羅蜜多經》卷四、五　爾時佛薄伽梵告慈氏菩薩摩訶薩言：若善男子善女人，應當導引五趣衆生，置於無上正等菩提，遠離外道邪法及惡知識，應當親近修行布施，持戒，忍辱，精進，禪定，智慧具足，行大乘者而爲伴侶。應於自身，聽聞正法精勤誦持，應常安住如是六種波羅蜜多精進修行，降伏心意攝護六根，由此勢力疾證無上正等菩提，是名菩薩摩訶薩。云何名爲六種波羅蜜多，所謂持戒，忍辱，精進，禪定，智慧，是爲六種波羅蜜多。何故先説檀波羅蜜。

佛告慈氏：我今爲汝廣分別説。其布施者，於六度中最易修習，是故先説。譬如世間諸所作事，若易作者先當作之，是故先説布施波羅蜜多。一切有情無有不能行布施者，若藥叉，若羅刹，師子虎狼，及諸獄卒屠兒魁膾，此等衆生於有情中極爲暴惡，尚能離慳而行布施。云何布施，所謂養育男女慈念乳哺。然此衆生雖不能知福利之事，以憐愛故，令得色力壽命安樂，離飢渴苦，亦名布施。以是義故，於六波羅蜜多先説檀波羅蜜。又如一切貧窮有情，飢寒裸露，身心不安，何能造作種種事業。若與衣食令得安樂，然後能修種種事業。菩薩摩訶薩亦復如是，見諸有情貧窮所逼，不能發起無上信心，修行大乘種種事業，先施一切衣服飲食，房舍臥具，病瘦醫藥，令心安樂，然後令發無上正等覺心，修行大乘種種事業。以是義故，六度彼岸布施爲門，四攝之行而爲其首，猶如大地一切萬物依之生長。以是義故，先説布施波羅蜜多。如上所説藥叉等類，不知福田及非福田，由愛念故施於乳哺，當作人身，富有資財，所須無乏。以此習故，所生之處常離慳貪，給施一切，能除有情貧窮困苦。所以者何，諸菩薩摩訶薩，爲欲利樂諸有情故，先行布施波羅蜜多。有來乞者皆施與之，不得顰蹙，亦不邪視忿恚懷恨而行布施，隨其所有而施與之，不得遲疑而生慳悋。於所愛物衣服臥具，飲食湯藥，國城妻子，奴婢僮僕，象馬七珍，不生慳悋隨乞與之，乃至一念不生退悔。若生疑惑，當知是魔。何以故，魔王波旬化爲財寶令使慳悋，以此方便惑亂我心，於大菩提而爲障礙。以是義故，不應慳悋。如是思惟，一切珍財愛戀之心，皆應捨離。

【略】

佛告慈氏菩薩摩訶薩：此法施者，有三種事勝於財施。云何爲三，一財施者而有竭盡，法施增長則無有盡，以是校量勝於財施。二受財施者現在利益，受法施者現在未來俱有利益，於無量世恆相隨逐無人侵奪，乃至無上正等菩提不相捨離。三財施者能施獲益，受者無益，若法施者自他俱益，由聞法故，發心速趣無上菩提。由此三義，法施之者勝於財施。由行法施名稱遠聞，一切人天尊重恭敬，以此因緣先説法施。若菩薩摩訶薩修習布施波羅蜜多，爲三種事，與諸功德而爲其本：一者能利自他，若不利他自受世樂，非菩薩行，二者於大乘中無有退轉，三者隨修少分乃爲無量功德之本。何以故，由清淨心無分別故。譬如日出照於世間，情與非情皆蒙利益，是日不言我能照觸，亦不分別情與非情。以是菩薩所作功德，乃至布施一花一果，皆爲利益一切衆生，以此功德成無上果，悲化十方示導一切。

復次，慈氏，菩薩摩訶薩以施爲寶作莊嚴具，乃至成佛相好莊嚴。云何少施功德多耶，以方便力少分布施，迴向發願，與一切衆生同證無上正等菩提。以是功德無量無邊，猶如少雲漸遍世界。

復次，慈氏，施有三種，一者小施，二者大施，三者第一義施。言小施者，謂以種種飲食衣服諸莊嚴具，財寶象馬庫藏倉廩，城邑聚落園林屋宅，及轉輪王所有樂具而行布施，是名小施。二大施者，輪王所愛后妃眷屬及與己身，以施乞者，是名大施。三第一義施者，能以身命而行布施，以無所得心相應故，名爲第一義施。菩薩摩訶薩以是三種而行布施，是故名爲檀波羅蜜。

復次，慈氏，以食施者當施五事。云何爲五。一者施命，若人無食，難以濟命。二者施色，因得食故，顔色和悦。三者施力，以是食故，增益氣力。四者施樂，以此食故，身心安樂。五者施辯，若飢餓者身心怯弱，言説謇訥不能辯了，飲食充足，身心勇鋭，得大辯才，智慧無礙。菩薩摩訶薩施飯食時，應作如是迴向發願：我施食時，施此五事。若施命者，願與一切衆生得佛壽命，長遠無盡，一劫二劫隨願而住。二施色者，願與一切衆生得佛色身如紫金色，照曜世間過百千日。三施力者，願與一切衆生得佛十力，一一節中皆有八萬四千六百六十三種那羅延力。四施樂者，願與一切衆生得佛無比涅槃安樂。五施辯者，願與一切衆生得佛世尊四無礙辯。若施味時，願與一切衆生得佛無上甘露法味具足充滿，安置無比清淨涅槃。若施漿時，願與一切衆生除其渴愛。若施美飲砂糖石蜜甘蔗蒲萄種種香飲，得如來口中四牙，所有飲食及諸毒藥，至此牙時變成甘露。若施醫藥，願與一切衆生得六度藥療生死病，悉得痊除獲涅槃樂。若施衣服，願與一切衆生得慚愧服以覆其身，離諸陋形端嚴殊勝，獲金色身最勝無比。若施塗香種種末香，願與一切衆生戒香塗身，悉除煩惱臭穢習氣。若施象馬車乘輦輿船筏，願與一切衆生皆得如來隨心三昧，遊止自在無所障礙。施橋梁時，願與一切衆生得六度橋，越生死河，至涅槃岸。若施瓔珞，願與一切衆生得三十二相八十種好瓔珞莊嚴。若於曠野沙磧之處，往來渴乏爲日所曝，施以井池飲水沐浴，願與一切衆生離於流轉生死曠野，三毒炎火渴愛之苦。復願我身爲法泉池，一切智水充滿其中，隨彼衆生飲水沐浴，竭生死源，得眞解脱。施義堂屋令諸衆生，離風雨怨賊惡獸怖懼，身得安樂，願與一切衆生悉得入於涅槃堂屋，離煩惱賊地獄寒熱生死風雨，永無怖畏。若施氈褥細軟敷具，願與衆生坐菩提座，自然覺悟得眞平等。若施種種上妙衣服，願與一切衆生得三乘法衣，普覆一切苦惱衆生。若施三寶師僧父母種種燈燭，願與一切衆生得一切智眼。若施音樂，願與一切衆生得眞天耳，十方世界所有音聲皆悉聞知。若於迥遠無佛法處，建立僧坊及招提舍，置諸資具飲食湯藥，願與一切衆生置涅槃城安樂之處，永離流轉生死之苦。若施湯藥，願與一切衆生施以法藥除煩惱病。若施僕使，願與一切衆生悉如阿難奉侍如來。若救囚繫令得解脱，願與衆生遠離一切煩惱囚繫，得眞解脱住法王位。若施金銀及無價寶，願與一切衆生得百福相莊嚴其身。若施寶冠莊嚴之具，瓔珞環釧耳璫珠鬘種種校飾，願與一切衆生獲八十種好莊嚴法身。若施阿蘭若修道之處，願與一切衆生得四聖種依止之所。若施伏藏，願與一切衆生得佛無上功德法財。若施七寶及轉輪王位自在安樂，願與一切衆生得大力用，以妙法手拔濟衆生出十惡業，以十善水洗令清淨，以淨戒香用塗其身，除斷一切惡名臭氣，以慚愧衣服而爲覆蓋，以佛功德而爲瓔珞，以忍辱爲花鬘莊嚴其身，以靜慮爲床座安處不動，以菩提冠置於頂上，處法王位而受灌頂。慈氏，當知如是施者，此即名爲菩薩行於小施。

復次，言大施者，菩薩摩訶薩於所愛敬貞順妻妾，及以端正孝友男女愛無雙者，以用布施。若我不捨此妻子者，云何得與一切衆生爲法父母，及能憐愛一切衆生，悲愍救護如己愛子，能令離於生老病死。以是義故，菩薩摩訶薩一切寵愛珍惜之者悉皆布施，乃至成佛無上菩提。慈氏，當知如是施者，名爲菩薩行於大施。

復次，第一義施者，菩薩摩訶薩以清淨心，於自身手足皮肉骨髓頭目耳鼻乃至身命，以用布施，心無悋惜。以此功德，願與一切衆生於當來世得佛金剛不壞之身。若施手足心無悋惜，願與一切衆生於生死流轉漂溺瀑河無救護者，授正法手拔濟令出置安樂地。若施耳鼻舌時，願與一切衆生於當來世，悉得諸佛清淨五根，以是妙法莊嚴衆生。若以血肉施諸衆生，如是施時，願與一切衆生當得此身猶如大地，與諸有情作依止處，亦如大水能除垢穢，潤澤枯涸百卉滋長，又如大火能除闇冥，成就一切，復如大風能鼓一切，開發生長使得敷榮。若施眼時，願與一切衆生而得佛眼。若施頭首及施寶冠，願與一切衆生得佛無上七覺寶冠。

復次，慈氏，菩薩摩訶薩所有世間妙好之物，不生貪著，常能惠施一切有情。所以者何，以大悲心等視衆生猶如一子，願與一切衆生永息貧窮，於所求願悉令滿足，而於生死曠野之中備七聖財得佛智寶。

復次，慈氏，云何菩薩摩訶薩修行布施無諸過患，謂自手營作而行布施，非嫉妬他，非畏惡名，非求恩德而行布施，爲濟貧乏惸獨困苦而行布施，是名爲施。若爲名聞而作師長行於布施，如商賈人非眞施也。起大悲心，不擇怨親財物多少而行布施，名眞施也。

復次，慈氏，有二種田。云何爲二，一者悲田，謂諸孤露貧窮困苦。二者敬田，謂佛法僧父母師長。於悲田所，不應輕賤言無福田。於敬田所，不應求報。以大悲心，無所分別等施一切，名眞施也。又布施者勿起希求，而於財物不能捨離。或被官逼奪而行布施，或畏損失而行布施。於三寶所不得輕慢，應生尊重，不自稱説而行布施。若以重寶無所愛著，不生我慢亦不貢高而行布施，名眞布施。若於敬田不生恭敬，將所厭物而施與之，不名爲施。或爲家貧無妙好物，而有麁鄙，恥不施之，以是因緣都不行施。善男子，夫行施者不應分別，隨其所有來即與之，是即名爲檀波羅蜜。菩薩摩訶薩不應自恃持戒多聞禪定智慧而行布施，亦不輕慢他人貪恚愚癡寡聞破戒而行布施，非淨施也。菩薩摩訶薩所行布施，無不活畏，無惡趣畏，隨其多少而施與之。以廣大心，皆得無盡無量功德，是即名爲檀波羅蜜。若爲布施互相嫉妬，令家眷屬鬬諍不和，不名布施。若爲布施譏毀乞人，汝今丁壯，諸根具足，何不自作營理生業而求乞耶，如是施者不名布施。或施已追悔而作是言，我爲愚癡枉費財物，如是施者不名爲施。或希他讚歎，或怖惡名，如是施者不名布施。或爲惡願而行布施，不名布施。或擇日而施。謂白月一日，八日，十四日，十五日，黑月三日，八日，九日，十三日，十四日，十五日，如是日施，餘日不施，不名爲施。【略】

復次，菩薩摩訶薩如是漸次勤行精進，得大神通昇妙高山，或至大海獲無價寶，還贍部洲雨種種寶給施有情，或雨飲食，衣服，臥具，救病醫藥，除斷有情飢渴疾病貧窮困苦。以此功德願施有情，盡未來際，常無休息，廣大如法界，究竟若虚空。若但自利而行布施，如空片雲風吹即散，豈能利益一切衆生。

復次，菩薩摩訶薩如是布施，同眞際，等法界，火不能燒，水不能漂，風不能吹，金剛堅寶，不能碎壞，是故菩薩布施願力，能令衆生得大利益究竟安樂，亦令一切有情同此行願，乃至無上正等菩提，誓不退轉常行是行，乃至涅槃利益有情令得解脱。【略】

復次，慈氏，一切財物，無常敗壞，衆苦之本，如身瘡疣鳥持敗肉，其慳悋者不自食用，功德不修復不與人。堅守財寶亦復如是，當知此人非行施者，不名菩薩，於大乘法不發勝心，亦不能成不退轉位。譬如大海不宿死屍，大乘海中不容慳者。菩薩所以修大乘行，爲欲遠離一切罪垢，具修功德，於佛法中不生疑慮，於諸有情及諸財寶一切時中心無分別，常行惠施利樂群生。以如是行圓滿布施波羅蜜多，速得成就阿耨多羅三藐三菩提，是則名爲第三勝義檀波羅蜜多。

爾時，佛薄伽梵於大衆中作師子吼，廣説布施波羅蜜多已，時慈氏菩薩摩訶薩合掌恭敬而白佛言：大聖世尊已説修大乘者興大悲心，行布施波羅蜜多，以何方便而能圓滿淨戒波羅蜜多，何名淨戒，防何過失，云何護持而得清淨，設護淨戒，現在未來有何果報，云何守護當證阿耨多羅三藐三菩提，唯願世尊分別廣説，利益安樂一切有情。

爾時如來，應供，正遍知，明行圓滿，善逝，世間解，無上士，調御丈夫，天人師，佛，世尊讚慈氏菩薩摩訶薩言：善哉，善哉，汝於無量百千億劫奉持淨戒，普爲利益安樂有情問如是義。汝今諦聽，善思念之，吾當爲汝分別解説。若有善男子，善女人修大乘者，若欲圓滿淨戒波羅蜜多，應當如是發廣大心：普爲憐愍一切衆生，所謂不怖地獄，不求生天，不爲已身自求解脱護持禁戒。復作如是正念思惟：我於昔時已發誓願，若見有情毀禁戒者，誓當勸令堅持淨戒，以佛淨戒而爲瓔珞莊嚴其身。若我不能護持戒者，云何以戒攝護有情，以是因緣勸令持戒。若不如是，云何能置一切有情於阿耨多羅三藐三菩提。所以者何，若諸凡夫自不清淨爲毀戒者，雖説正法勸他持戒，終不信從，反被輕呵：若欲教他護持淨戒，何不自護而毀犯耶。以是思之汝應持戒，汝若不持，汝口雖説自耳不聞，如是種種被他譏毀，何能勸人守護淨戒。以是當知，先自檢身，離諸放逸，堅持淨戒波羅蜜多，然後爲人説正法要，有情聞已便能信受，既信受已，護持佛戒，具足清白乃至得成阿耨多羅三藐三菩提。

復次，慈氏，若有衆生發菩提心，普爲一切五趣四生，乃至護持一禁戒者，亦得名爲入佛淨戒波羅蜜多，能得無上正等菩提。

復次，慈氏，菩薩摩訶薩修大乘者，見諸有情墮於惡趣，應當修習淨戒波羅蜜多，拔濟令出置於涅槃。然修行時有三大障，一者瞋恚，二者慳貪，三者染欲。其瞋恚者能退悲心，大悲心者一切菩提行之根本，以悲力故，於夢寐中不生殺想，況寤時斷命食肉。其慳貪者不能捨施，於已財物常生慳惜，於他財寶恆起貪求。是故菩薩摩訶薩見他財物，如覩毒虵，不

生貪著。其染欲者非清淨行，應當遠離五欲淤泥。然此貪欲諸苦根本，六波羅蜜之大障也，復能燒滅菩提之心。【略】

復次，菩薩摩訶薩離三障已，應當修習十種淨戒。云何爲十，所謂身三淨戒，口四淨戒，意三淨戒。言身三者，離殺，盜，婬。云何不殺，若見有情被損害時，應以悲心往救其命，或以資財贖令得脫，設不免者以身代之，何況自殺。不偷盜者，菩薩摩訶薩於他財物，乃至夢中不生盜想，況於寤而起盜心。應於自財以清淨心，無所悋惜常行惠施，亦勸他人離不與取，恆行布施波羅蜜多。離染欲者，菩薩摩訶薩應當遠離五欲境界，亦爲有情說欲過失，復令衆生離欲邪行，讚說出家無量功德，令多衆生捨家出家，拔濟有情離貪愛獄。是則名爲身三善也。言口四者，謂離虛誑，離間，麁惡及無義語。云何虛誑，謂不見言見，見言不見，聞覺知等亦復如是。於此虛誑皆捨離之，作眞實語，名離妄語。復次言離間者，於彼說此，於此說彼，令生乖諍。若能離此，常和合語，是則名爲遠離間語。麁惡語者，謂出惡言令彼熱惱，所不欲聞而令聞之。若能離此，常以軟語令彼適悦，是則名爲離麁惡語言。無義語者，以染欲心戲弄談謔，乃至邪論皆無義利。若能離此，爲益有情實語時語，是則名爲離無義語。菩薩如是若能離口四過，修習如來四種善語，常爲有情說於妙語，令聞法者歡喜信受，如水清珠能清濁水，聞法信受亦復如是。

復次，慈氏，意不善業亦有三種，謂貪瞋癡。離貪嫉者，見他尊貴，多饒財寶起嫉妬心，應正思惟作如是念：願一切有情得大富貴無所乏少，是諸有情勤苦艱難今乃獲得，云何於彼生嫉妬心。我於己財皆應奉彼，況彼自獲，我應隨喜，云何乃反生嫉妬耶。以是因緣，於彼有情不應嫉妬，但生隨喜。若能如是除貪嫉者，是名菩薩持心淨戒。復次，離瞋害者，若菩薩摩訶薩被諸有情諸惡誣謗，無故打駡斷截支節。菩薩於彼離瞋害心，作是思惟：我已發願，於諸有情不起瞋害，云何今日乃發是心。又我昔願，常以法藥蠲除有情瞋害之病。若於衆生起瞋害者，自疾不能救，何能救彼一切有情。復次，若諸有情瞋菩薩時，深自剋責以我有過，福德鮮薄，令他生瞋，我若無過，彼必不瞋。【略】

復次，慈氏，有是淨戒非波羅蜜多，取相持戒不爲最勝之所攝受，但名淨戒非波羅蜜多。何以故，但獲三界有漏果報，壽盡無故。若普爲一切衆生護持禁戒，觀第一義空無我人相，而爲有情護持禁戒，是則名爲淨戒波羅蜜多，能令衆生速得無上正等菩提。又此淨戒波羅蜜多，與諸有情而爲示導，復與一切無信有情生淨信故，能與有情作伏藏故，復與一切有情作無價寶珠瓔珞嚴身故，復與一切有情作上妙塗香故，復與一切有情作大名聞故。又此淨戒波羅蜜多，能與在家出家一切有情，若老若少平等端嚴故，不起我慢，增上慢，離諸過患，威儀清淨，無諸怖畏，能得阿耨多羅三藐三菩提最勝法王。云何能知戒爲第一，若有衆生能持淨戒，雖處卑賤而非族姓豪貴尊嚴，亦非自力能益他人，以是淨戒波羅蜜多，能令一切天龍藥叉人非人等，國王，大臣，刹帝利，婆羅門，長者，居士，悉皆歸敬禮拜供養尊重讚歎。廝下之人受持佛戒，尙得如是恭敬尊重，況餘尊貴之人護持禁戒，成就圓滿淨戒波羅蜜多。當知護淨戒者，行住坐卧及經行處，其地吉祥，一切人天應取其土頂戴供養。以是當知，持淨戒者於諸衆中而爲第一最高最上。是則名爲淨戒波羅蜜多究竟圓滿。

般若譯《大乘理趣六波羅蜜多經》卷六　爾時佛薄伽梵讚慈氏菩薩摩訶薩言：善哉，善哉，汝今爲欲利益安樂一切衆生，能問如是甚深義趣。汝今諦聽，善思念之，吾今爲汝分別解說。善男子，當知生死涅槃悉皆平等，以無分別，是名安忍波羅蜜多。復次，若有愚下狂亂衆生來駡辱者，安忍受之。譬如醉象難可禁制，應以鐵鉤而調伏之。瞋心醉象亦復如是，以忍辱鉤而制禦之，令其調伏，名爲安忍波羅蜜多。復次，若諸有情，爲彼三十六俱胝天魔鬼神藥叉羅刹而來侵害菩薩，唯將安忍波羅蜜多能破彼軍，乃至八萬四千煩惱怨賊欲摧伏者，亦以安忍而除滅之。非唯如是天魔大軍煩惱怨賊，乃至極下微小怨賊，亦以安忍而調伏之。是名安忍波羅蜜多。復次，譬如王子善習王法，父王崩已次紹王位，當以正法頒告四方，率土之內悉皆奉行五種正法。云何爲五，一不斷生命，二不行盜竊，三離欲邪行，四不虛誑語，五不分外賦稅財物。若王境內有犯殺者，其王便獲第六分罪，偷盜邪行及以妄語亦復如是。何以故，若法非法，王爲根本，於罪於福第六一分皆屬於王。菩薩摩訶薩亦復如是，心爲國土，大悲爲王，以五忍法宣布境內，所謂打駡忿恚戲弄，如是五法皆安忍之，若違犯者獲大重罪。

復次，慈氏，譬如農夫欲種植時，爲引水故先理溝渠，興功之次中遇山石，穿掘無由於斯便止。菩薩摩訶薩則不如是，於生死流轉大曠野中，欲穿智渠引甘露水，既修習次遇瞋恚石，無方除遣唯有安忍，審諦觀察而穿破之。復次一切國王大臣長者居士，恆以瓔珞而爲莊嚴，諸佛法王大菩薩等，常以安忍瓔珞而自嚴身。若遇衆生非理欺負，大悲安忍而救護之。又此安忍與苾芻，苾芻尼而爲師範。以信進念定慧而爲樹林，以淨戒爲枝葉，於此林内瞋火欻起，焚戒枝葉無由撲滅，以安忍雨而得滅除現在未來一切苦難，永無憂患。無安忍者於現世中，行住坐臥無有安樂，於未來世豈有樂耶，菩薩摩訶薩以安忍力而爲甲冑，彼造罪人爲旃荼羅，以瞋恚手執妄想弓，放麁語箭射安忍甲，而彼弓箭自然摧折，安忍甲冑一無損壞，其碎弓箭變爲蓮花。當知菩薩如是修行，是則名爲安忍波羅蜜多。復次，譬如世間阿伽陁藥，能除自他一切毒病。菩薩亦爾，忍伽陁藥能治自他一切瞋恚煩惱毒病，是名安忍波羅蜜多。譬如世間明月寶珠，商主持行度大曠野砂磧之中絕無水處，於夜月中持珠向月，以器承之水即隨出，商主飲之得度曠野。菩薩亦爾，持此安忍明月寶珠，度於生死曠野磧中絕無智水煩惱之處，於佛智月持忍辱珠，承佛法水菩薩飲之，出於生死至涅槃岸。

復次，慈氏，譬如大地，一切草木依之得生，一切有情依之而住。安忍亦爾，一切菩薩摩訶薩於十地中修習六種波羅蜜多，依之生長，由斯而住。復次，如有梯隥極爲高大，衆生登陟直至梵天。安忍之梯高大亦爾，菩薩登陟至天中天。復次，如巧畫師，畫種種像莊彩成就。安忍畫師亦復如是，莊嚴功德圓滿成就。復次，譬如虚空起大密雲，降注洪雨瀑水汎漲，漂蕩一切草木花果，入殑伽河轉至大海。菩薩亦爾，心如虚空，能起一切大悲密雲，降大法雨安忍瀑流，漂蕩一切瞋恚草木愚癡華果，流入智河轉至涅槃清淨大海。復次，菩薩雖見生死流轉諸苦，以安忍力代爲受之，經無量劫不辭厭倦，亦無棄捨而取涅槃。復次，菩薩摩訶薩以安忍力，能捨一切頭目髓腦身肉手足及與身命，心無悋惜。凡夫無智，聞之驚怖，身毛皆豎，何能捨之。菩薩如是以安忍力，所生之處容貌端正，一切衆生之所樂見，於大會中常爲諸佛之所稱歎。

般若譯《大乘理趣六波羅蜜多經》卷七　爾時，薄伽梵說是安忍波羅蜜多已，時慈氏菩薩摩訶薩即從座起，偏袒右肩，右膝著地，合掌恭敬而白佛言：大聖世尊已說安忍波羅蜜多，應當廣說精進波羅蜜多。菩薩摩訶薩應云何住，云何降伏，云何修行，云何圓滿精進波羅蜜多，唯願世尊分別廣說。

爾時，薄伽梵告慈氏菩薩摩訶薩言：善男子，汝今諦聽，善思念之，吾當爲汝分別解說。所謂修餘五種波羅蜜多，皆精進力而能成就。精進波羅蜜多謂身口意，此三善業皆因精進方得發生。於三業中，意業最勝。菩薩摩訶薩修習意業，有二種心，一者精進，二者退轉。所謂發起菩提心是精進，止息菩提心是退轉。云何發起，於諸有情起大悲故。云何止息，住我空故。云何發起，攝取一切衆生故。云何止息，捨一切衆生故。云何發起，於生死中無疲倦故。云何止息，求出三界故。云何發起，一切悉捨故。云何止息，輕心不施故。云何發起，堅持淨戒故。云何止息，毁犯禁戒故。云何發起，善住安忍故。云何止息，不修忍辱故。云何發起，修集善根故。云何止息，懈怠懶惰故。云何發起，住禪定故。云何止息，心散亂故。云何發起，智慧相應故。云何止息，無明相應故。云何發起，多聞善說故。云何止息，不聞正法故。云何發起，積集智慧故。云何止息，取相分別故。云何發起，觀蘊如幻故。云何止息，於蘊生厭故。云何發起，知處如夢故。云何止息，永滅根境故。云何發起，觀界無生故。云何止息，滅身滅智故。云何發起，增長梵行故。云何止息，捨實智慧故。云何發起，五通自在故。云何止息，厭離有漏故。云何發起，正觀念處故。云何止息，不修念住故。云何發起，正斷相應故。云何止息，不行正斷故。云何發起，神足自在故。云何止息，神足不具故。云何發起，勤習五根故。云何止息，不增五根故。云何發起，樂修五力故。云何止息，不修五力故。云何發起，圓滿覺支故。云何止息，不具七覺故。云何發起，勤修正道故。云何止息，不修八正故。云何發起，修奢摩他故。云何止息，不善修止故。云何發起，正觀緣生故。云何止息，厭患緣生故。云何發起，聞所未聞故。云何止息，以有所聞故。云何發起，以戒嚴身故。云何止息，厭患蘊身故。云何發起，辯說無礙故。云何止息，無學默然故。云何發起，修習三解脫門故。云何止息，不修三解脫門故。云何發起，降伏魔怨故。云何止息，樂著涅槃故。云何發起，善修方便故。云何止息，愛樂寂靜故。云何發起，進求不息故。云何止息所，作已辦故。云何發起，了俗諦故。云何止息，證滅諦故。佛告慈氏：如是種種精進行法，皆精進力而能圓滿，無增無減，方能利益一切眾生。所以者何，以能遠離一切相故，皆由智力而能圓滿精進波羅蜜多。云何菩薩摩訶薩修習事業，所謂修習大慈大悲不捨有爲，證眞無爲不退不轉，乃至無上正等菩提。慈氏，當知此即菩薩摩訶薩意業清淨精進波羅蜜多。

復次，慈氏，菩薩摩訶薩有四種精進。云何爲四，所謂未生不善能令不生，已起不善速令除滅，未生之善當令速生，已起之善能令增長。慈氏，當知此即菩薩摩訶薩四種精進。若無此四，云何圓滿精進波羅蜜多，菩薩摩訶薩所起精進，乃至布施，持戒，安忍，精進，難捨能捨，難作能作，如是種種難事，精勤勇猛心無懈倦，所修勝行，一切諸天釋梵護世所不能作。何以故，菩薩摩訶薩廣度眾生出生死海而無度相，皆精進力之所成辦，是則名爲精進波羅蜜多。

復次，慈氏，懈怠眾生所修事業功力微少，猶如水滴不至大海，懈怠之人亦復如是，不能得至無上菩提。譬如有人手足俱無，行住坐臥不得隨心，乃至微小作業皆不成就，如是之人豈能越渡江河大海。懈怠眾生無精進足亦復如是，此懶惰人於家事業尚無所成，豈有慈悲具修戒慧，能度有情出於火宅。修行菩薩六波羅蜜菩提資糧，菩薩摩訶薩以精進波羅蜜多而爲船筏，三無數劫福智所成，與諸有情同乘此船，超越生死大海彼岸。復次，世間眾生總有三種：一者懈怠，二者非勤非惰，三者精勤勇鋭。言懈怠者，於己家務悉亦棄捨，況能爲他營建事業。非勤非惰者，於大事業都不能作，設欲進求遇緣便退。勤精進者，恆爲有情受大勞苦，但利益彼無念己身。窳惰之人，爲懈怠鬼常所拘執惑亂身心。譬如有人入於大海至七寶山，於是山中寶珠無量，方欲採取爲鬼所著，欻然之間徒步而返，不獲一寶裸露而歸。懈怠眾生亦復如是，此贍部洲福德之地，十善業力來生其中，菩薩觀之，無量無邊十善珠寶遍滿大地，而諸眾生爲懈怠鬼之所魅著狂亂失心，設見妙寶都無取心，如妙高山不可移動。若精進人取斯寶物，不足爲難如舉一毛。菩薩摩訶薩爲欲圓滿精進波羅蜜多，普爲眾生，從無量劫生死長夜，不惜軀命勤行精進方至菩提。菩薩觀之，心無懈倦猶如食頃。復更思惟過去諸佛行菩薩行，爲欲滿足六波羅蜜，經無量劫亦如食頃。菩薩摩訶薩復觀現在未來無量無邊一切諸佛，行菩薩行經無量劫方成正覺，如是劫數難可校量。譬如有城極爲高廣，四面高下各百由旬，於此城內滿中油麻，經百千劫除去一粒，如是劫數漸漸除一，乃至城空爲一大劫，如是大劫積數滿三阿僧企耶。菩薩摩訶薩經如是劫，常爲五趣一一有情，勤行精進受諸苦惱方至菩提。譬如大地末爲微塵，如是微塵寧爲多不。慈氏白佛言，甚多，世尊。佛告慈氏：假使眾生如彼塵數，菩薩爲彼一一有情，如上劫中勤行精進，不惜身命受諸苦惱，然後乃成無上菩提。菩薩摩訶薩復應如是思惟，我於過去如前劫數，勤加精進具足圓滿六種波羅蜜多，得不退轉方至菩提。作是思惟，如是長遠勇猛精進，況於人間年月劫數，而比於彼如刹那頃而成正覺，何不進求，菩薩摩訶薩應勤精進，堅固其心，所捨頭目髓腦手足支節，無所悋惜。如是思已，一心精進，恆無懈倦，此即名爲菩薩摩訶薩精進波羅蜜多。

慈氏，有三種精進。云何爲三，一者聞此甚深如來廣大智慧心不傾動，二者能隨過去諸菩薩摩訶薩大悲之行，三者所行之行設逢苦難心不退轉。又以精進力，觀察一切世出世間，情非情境皆悉是空。以觀如是勝義空故，無一眾生有相可得。雖知無相，而爲眾生於無數劫修諸苦行不辭勞倦，常以四攝，布施，愛語，利行，同事，攝取有情，教以三乘令得解脫。次復安置於最上乘得不退轉，一切行願皆悉成就，具足圓滿精進波羅蜜多，諸佛如來與受記別，近無等等無上菩提，猶如白月十四日夜漸向圓滿。菩薩亦爾，於佛菩提漸向圓滿得無功用，自然獲得十種勝事。云何爲十，一者諸佛正法不由聽習而悉現前，能爲有情宣說妙法。二者不思議力自然能發堅固誓願，能令一切眾生發菩提心。三者而得自在身口意業，隨願現生一切無礙。四者能現種種神通變化，隨心自在，無所障礙。五者能作希奇未曾有事，皆得自在。六者受生自在，於五趣中隨機利益而能生彼。七者寶藏隨生賙給無盡。八者常爲心師，不師於心，無有卒暴如調伏象。九者自然覺悟生死涅槃二皆平等，不由師訓。十者得無上智利樂有情，方生死中拔濟令出，置於三乘涅槃正路，究竟無上正等菩提。

復次，精進之人，於生死中說諸過患，顯大涅槃無量功德，大悲般若常所輔翼，由斯不住生死涅槃，利樂有情窮未來際，是即精進波羅蜜多。復次，精進之人，聽聞正法總持自在，以精進力身無疾病，一切怨害慈心相向，微那夜迦作障礙者無所能爲，菩薩言教悉皆承順。復次，精進之人，一切諸天恭敬愛念，危難之中一切善神之所擁護。復次，精進之人，小有所施而能圓滿檀波羅蜜多。復次，精進之人，護持淨戒不爲懶惰之所攝受，速能圓滿淨戒波羅蜜多。復次，精進之人，善能安忍，怨親平等無有二心，速能圓滿安忍波羅蜜多。復次，精進之人，勇猛不退被精進甲，大慈大悲恆不捨離，速能圓滿精進波羅蜜多。復次，精進之人，勤修靜慮，於三摩地安住不動，速能圓滿禪波羅蜜多。復次，精進之人，多聞智慧，諷誦無倦而無懈息，速能圓滿般若波羅蜜多。然此般若波羅蜜多甚深大海，一切聲聞，獨覺及諸菩薩，無有方便而能測量，唯有精進波羅蜜多而能究盡。復次，精進之人，日夜增長無量功德，如青蓮花生淤泥中，日夜增長漸舒出水，其花開敷香氣芬馥。見者咸悅，取以作鬘置佛頂上。若天魔梵，國王大臣，長者居士，一切人民皆悉愛樂。精進之人亦復如是，於彼生死淤泥之中，生菩提芽，出二乘執，開眞實相，顯示涅槃，種智敷榮香氣芬馥，遍十方界利益人天，如青蓮花人皆愛樂。是則名爲精進波羅蜜多。

般若譯《大乘理趣六波羅蜜多經》卷八　爾時，佛薄伽梵處種種摩尼寶王師子之座，爲無量無數大菩薩摩訶薩眾之所圍遶，是諸菩薩，或現天身天眾圍遶，或現龍身龍眾圍遶，乃至或現非人身非人眾圍遶，或現菩薩身菩薩眾圍遶，光明晃曜，普及大會，靡不周遍。時慈氏菩薩摩訶薩即從座起，偏袒右肩，右膝著地，合掌恭敬而白佛言：大聖世尊以大慈悲，利益安樂諸菩薩眾，已說精進波羅蜜多。唯願哀愍，宣說靜慮波羅蜜多，令諸有情起大乘行。云何思惟，云何修習如是靜慮波羅蜜多而得圓滿，唯願宣說，我等樂聞。

爾時，薄伽梵告慈氏菩薩摩訶薩言：善哉，善哉，善男子，汝今能問如是深義，利益安樂一切有情。汝等諦聽善思念之，吾當爲汝分別解說。若善男子，善女人，發阿耨多羅三藐三菩提心，應作如是諦念思惟：佛道懸遠，無人能到，唯有一法饒益有情，所謂正定。若諸菩薩未獲此定，其心未得清淨不動，生死涅槃無有二相。由此義故，爲度眾生，以巧方便精勤修習相應靜慮無相正智，猶如虛空清淨無垢，常住不變。復觀此定猶如滿月，一切妄想猶若浮雲，又此正定如清涼風，能除虛空一切雲翳，朗然清淨，光明照曜，一切有情見皆生喜。如是滿月光明莊嚴，能施有情清涼安樂。如是靜慮清涼之風，能除性空妄想雲翳。正定滿月出現世間大悲光明，能除有情諸煩惱熱，使得清淨安樂涅槃。

復次，慈氏，若菩薩摩訶薩欲修靜慮波羅蜜多，先當親近大善知識，復應遠離諸惡知識。世間不善及惡名聞由惡友生，諸善法利名聞福德，皆因善友之所生起，以依善友受持淨戒莊嚴法身。破戒之人如燋穀種，一切善法皆不得生，況能滋長無漏深定。如是知已，應當一心奉持淨戒，乃至小罪應生怖畏，寧喪身命不毀禁戒，如淨戒中已廣分別。復次，菩薩摩訶薩欲修靜慮，先應捨離一切世間治生販賣種殖根栽。何以故，若不捨離，擾亂其心，何能安住甚深禪定。以是因緣，菩薩摩訶薩於四威儀，斷除妄想，善攝其心，設聞眾聲亦無動亂。譬如毒蛇置竹筒內其身自直。菩薩亦爾，妄想迴曲，置靜慮中正見端直，不住生死，不入涅槃，離諸邪曲。若能如是善攝六根不令放逸，眼雖見色而不取相，安住甚深寂靜解脫，耳鼻舌身意亦如是。恆以正智觀察思惟，而此三業所作善根，爲是自利，爲是利他，爲益現在，爲益未來。若無如是利益事者，菩薩觀察決定不爲。猶如世間安立石像，身口意業不動亦然。設遇瞋罵應起慈心，或侵利養不生忿恨，或被打罵，應捨本居，自求寂靜無患難處，結跏趺坐正念觀察，以大悲心而爲屋宅，智慧爲鼓，以覺悟杖而扣擊之，告諸煩惱，汝等當知，諸煩惱賊從妄想生，我法身家有善事起，非汝所爲，汝宜速出，若不時出，當斷汝命。如是告已，諸煩惱賊尋自退散。次於自身善起防護不應放逸，以大悲眞言令諸有情所求滿足，以方便慧而爲大將，用四念處以爲守護，本覺心王住第一義禪定宮闕，安處不動猶若金剛，以智慧劍斬煩惱賊，破生死軍摧伏魔怨，荷負一切，令諸眾生皆得解脫。爾時菩薩復語其心：汝於昔時已發誓願，今當自勉令其圓滿。過去如來已記別汝，當得菩提廣度一切。汝於爾時對十方佛三乘賢聖作是誓願，拔濟一切五趣有情咸令解脫，今諸有情無依無怙，無救無歸，若入涅槃，捨於生死，違本誓願。凡諸世間，濡行忠信言尚無二，況汝昔願而不依行。汝於今者應當正念一心不動，拔濟有情出生死獄，安置無上大般涅槃。如是思已，住於大乘甚深禪定，是即名爲菩薩摩訶薩修習靜慮波羅蜜多。

佛告慈氏：有十六種靜慮波羅蜜多，一切聲聞獨覺所不能知。一者了達生死而無生死是菩薩靜慮，安住如來清淨禪故。二者於諸禪定不生味著是菩薩靜慮，不住一切定亂相故。三者起大悲心是菩薩靜慮，除諸有情二重障故。四者增長正定是菩薩靜慮，不如三界見三界故。五者成就神通是菩薩靜慮，能了有情諸心行故。六者善調伏心是菩薩靜慮，不住調伏不調伏故。七者依無相智得淨解脱，超諸禪定是菩薩靜慮，於色無色界得自在故。八者寂靜極寂靜是菩薩靜慮，勝出一切聲聞，獨覺諸禪定故。九者無能燒亂是菩薩靜慮，了心清淨本無動故。十者對治毁禁是菩薩靜慮，除諸有情煩惱習故。十一者入智慧門是菩薩靜慮，善達世間如幻夢故。十二者知衆生心是菩薩靜慮，了諸有情本性空故。十三者紹三寶種是菩薩靜慮，能現如來出世間故。十四者得法自在是菩薩靜慮，了一切法皆佛法故。十五者常住不壞是菩薩靜慮，普門示現，用恆寂故。十六者遍照一切是菩薩靜慮，法界平等無不鑒故。慈氏，當知此即名爲菩薩摩訶薩十六種靜慮波羅蜜多，一切聲聞獨覺所未曾有。

復次，慈氏，菩薩摩訶薩於此勝三摩地，如是發起，如人要火，取木作燧，以手鑽搖，勤求不懈方得火生，若數休息，終難得火。菩薩摩訶薩亦復如是，求種智火，以定爲燧，安忍爲手，精勤不息，便能發生一切智火。是火生已燒煩惱薪，以布施水沐浴清淨，用持戒香塗摩其身，處大悲座，受法王位，雨大法雨，利樂有情，至大涅槃安樂解脱。

復次，慈氏，若諸菩薩心未純熟，於三摩地心有動轉，猶如惡馬難可調伏，當知是人退失禪定。應於如是勝三摩地，四威儀中無暫放捨。若諸菩薩三種心生，一者懶惰，二者精進，三非勤惰。如是知已，應善調伏勤加精進，當除懈怠，懶惰，睡眠及世緣務治生艱難。若離勤惰，其心正直湛然寂靜。如人遠行，速即疲極緩即不至，遲疾處中任運能達。菩薩摩訶薩亦復如是，應以中道安止其心，設身火然安處不動，住三摩地亦無味著，以大智力常住寂靜，於生死海拔濟有情令得解脱，應以十六種三摩地印記別其心，於刹那中有少動念。應當觀察，以正智鉤制令止住，精勤不息，修行靜慮波羅蜜多。

復次，慈氏，菩薩摩訶薩修靜慮者，有五種障，一切有情皆被覆翳，所謂五蓋，一者貪欲，二者瞋恚，三者掉悔，四者昏眠，五者疑蓋。除此五蓋，方得禪定身心不動。是故菩薩而觀察之，何因而起，云何遠離。菩薩應當先觀色欲猶如水月，水動月動，心生法生，貪欲之心亦復如是，念念不住速起速滅。復觀色欲猶如蟒蛇在曠野中，瞋毒發時頭如蔭蓋，行人熱逼投此蓋下，爲毒所觸，因致命終。貪欲之人亦復如是，行於生死曠野磧中，妄見欲境生染著心，欲想纔起喪失禪定，是即名爲貪欲障蓋。復次觀於欲性，如地獄火，燒炙有情，如水瀑流，漂沒一切。無有慈悲，猶如羅刹損害有情，亦如獄卒損人手足。猶如利刀，復如魁膾，斷衆生命。又如磣毒，犯必命終。如墜高山，受大苦惱。如夜黑闇，無所知見。如白癩病，不可療治。又如大海難使乾竭，貪欲深廣過於巨海。五欲麁重如妙高山，如緊波果端正可觀，若人執之觸便喪命，如屠羊柱，懸者必亡，如熱金冠，戴之燒死。猶如過去轉輪聖王，釋提桓因，四天王等，及諸力士，那羅延天一切有情，皆因貪欲興兵相伐，所積身骨如毘富羅山，過去既然，現在未來亦復如是。復次，世間之人，於己親屬父母兄弟極相憐愛，乃至身命無所恪惜，爲貪欲故更相憎嫉，起毒惡心互相殺害。貪色之人有二苦因，一者富貴爲貪色欲，受諸卑賤種種輕欺。二者爲貪欲刀，挑智慧眼，無所分别，猶如盲人。爲此因緣，死墮地獄受無量苦。復次，貪欲之人心無厭足，如火添薪，亦如國王貪於土境，亦如商主貪其財利，如求慧解貪於聽聞，如諸菩薩樂度衆生，如是等人各於己事皆無厭足。貪欲之人亦復如是無有厭足，求於欲境憂苦艱難，得已守護纏縛倍增，死墮地獄受大劇苦。求靜慮者，常於如是色欲，怨家不應想念，況親近之。以是名爲貪欲重蓋。

復次，瞋恚蓋者，如耽酒人飲已色變，瞋恚亦爾，顔容改變，作種種相身心戰掉，或行毁謗損惱自他。瞋火燒心，何能修定，劫功德賊無過瞋恚，修靜慮者應當遠離。

復次，掉悔蓋者，猶如狂人身心錯亂，或緣親里國邑壽命苦樂等事，妄起尋求，生善惡念追悔所作。如是躁動不能寂靜，覆蔽行捨障奢摩他，如是名爲掉悔重蓋。【略】

復次，慈氏，云何名爲菩薩摩訶薩他心智通，所謂一切有情過去未來現在之心，善，惡，無記皆悉能知。復知過去一切有情所作諸業因果差别，又知衆生大心小心非大小心，有欲無欲有垢無垢心，愚心智心廣心略心，定亂縛脱勝劣差別，上心下心皆悉知之。又知有情布施，持戒，忍辱，精進，禪定，智慧，有相無相慈悲喜捨相應之心，聲聞，獨覺，大乘菩薩相應之心，此諸有情能具如是善根之因。或復有情生於貴族所爲下劣，或生下賤心性清淨，或心性不善所爲清淨，或二俱清淨或二俱不善。如是有情過去所有心行差別皆如實知，隨其所應而爲說法，此即名爲了知過去一切有情他心智通。復能了知未來有情現在布施，能生未來淨持戒因。復知有情現在持戒，能生未來安忍之因。又知現在安忍因緣，能生未來精進之因。又知有情現在精進，能生未來靜慮之因。又知有情現修相善，能生未來無相慧因。又知有情現修小善，能作未來大乘之因。如是諸心因緣相貌，菩薩摩訶薩皆如實知，隨緣救拔心無勞倦，令諸有情深入佛慧無有增減。如是說法無有斷絶，未曾於法生慳恡心，此即菩薩能知未來他心智通。復知現在一切有情，有貪欲心無貪欲心，有過失心無過失心，愚心智心，廣心略心，定心亂心，動心不動心，縛無縛心，垢無垢心，廣大心無量心上下心，皆如實知。一一有情無量煩惱之所繫縛，皆如實知。如是知已，隨根差別如應說法，了心無心不著自他，以善方便禪定智慧，決擇有情根性利鈍，永斷生死煩惱根源，了本性空圓滿無缺，無染無著亦無過失，無滓無穢亦無麄澁，了知諸法如幻如化，能知有情心行差別。慈氏，當知此即名爲菩薩摩訶薩修行靜慮所起清淨他心智通。【略】

復次，慈氏，若諸菩薩得此通已，精勤修習靜慮波羅蜜多，於無上菩提得不退轉。譬如貧人掘一伏藏，未見異相猶懷懈慢，穿掘不已漸見少相，勇銳精勤無有休息，以不息故便能得之。菩薩摩訶薩亦復如是，未得阿耨多羅三藐三菩提，日夜精勤修眞靜慮不休不息，乃至證得無上菩提。【略】

復次，慈氏，云何菩薩摩訶薩修行出世方便智慧。若菩薩修靜慮時，於諸有情起慈悲心，名爲方便，觀法寂滅，是名智慧。復次，修靜慮時歸依於佛，是名方便，了無取著，是名智慧。求一切法，是名方便，了法性空，是名智慧。觀佛色身，是名方便，觀佛身空，是名智慧。觀佛梵音，是名方便，了無言說，是名智慧。若正觀時，是名方便，觀照亦空，是名智慧。拔濟有情，是名方便，了衆生空，是名智慧。知衆生根，是名方便，根性亦空，是名智慧。觀佛土淨，是名方便，了佛土空，是名智慧。得佛菩提，是名方便，了本寂滅，是名智慧。請轉法輪，是名方便，法無轉相，是名智慧。觀七覺支，是名方便，了眞本覺，是名智慧。菩薩摩訶薩如是相應修習靜慮波羅蜜多，一切天魔不得其便，即能成就無上菩提。

般若譯《大乘理趣六波羅蜜多經》卷九、十 爾時，薄伽梵告慈氏菩薩摩訶薩言：善男子，汝今諦聽，善思念之，吾當爲汝分別解說。若諸菩薩修行布施波羅蜜多，乃至靜慮波羅蜜多，皆從般若波羅蜜多本母所生而爲根本。譬如眼等五根發生五識，能取五塵皆有作用，如是一一皆以識心而爲根本，若離其心無所成辦。菩薩摩訶薩修前五種波羅蜜多，恆以智慧而爲其母，若離智慧無所剋獲。亦如有情身有命根能有所作，命根謝已無復堪任，修行諸度若無智慧亦復如是。譬如國境無有智臣，陰陽失序，一切人民皆不安樂。法王國土若無智慧亦復如是，修行布施乃至靜慮波羅蜜多皆不成就，解脱涅槃終不能得。亦如商主入海採寶，要得船師方達寶所，隨意而取。菩薩亦爾，於生死海以五波羅蜜多而爲舟舡，載功德寶，要因般若波羅蜜多無上舡師至於彼岸。【略】

佛告慈氏菩薩摩訶薩：此般若波羅蜜多，皆從善友聞正法生，邪見之人是智慧怨，汝等應當親近善友，遠惡知識。此般若波羅蜜多，非唯出生一切善法，過去未來現在諸佛皆從此生，當知此經即是一切諸佛之母。

復次，慈氏，菩薩摩訶薩行布施時，有二種智，一者小智，二者大智。小智施者，爲求人，天，二乘解脱，如是施者但名布施，不得名爲波羅蜜多。大智施者，心無所得，無所得故得佛菩提，如是施者名檀波羅蜜。以是故知，檀波羅蜜從智慧生。尸波羅蜜亦有二種，一者小智，二者大智。小智持戒，怖三惡道，求生人，天，二乘解脱，如是持戒心不清淨，不得名爲尸波羅蜜。大智持戒，普爲利樂一切有情，不住於相而無所得，趣大菩提，如是持戒是則名爲尸波羅蜜。以是故知，戒波羅蜜從智慧生。忍辱波羅蜜多亦從般若波羅蜜多生，一切有情本智如日，無明覆蔽，忍光不現。修安忍者除斷無明，聖智現前，佛日斯照。譬如國邑無有智臣，識用不均人民流散，設有智者亦當迴避，無忍慧者亦復如是。又此智慧如明眼人，遙見毒虵即便遠避，有智慧眼避瞋恚蛇亦復如是。無慧眼者，謂於過去無量劫中修行諸善，無安忍力及智慧眼，一念瞋火燒滅無餘，如乾草積飈火入中焚燒皆盡。智慧之人有安忍力，設遇惡人打罵訶責，正智安忍能調伏之。譬如香象既已調伏，臨陣驅策能破敵軍。菩薩摩訶薩亦復如是，住無相忍不起瞋恚，無緣大悲廣度一切。以是當知，安忍波羅蜜從般若波羅蜜生。精進波羅蜜亦從般若波羅蜜多而得發生。何以故，若無般若波羅蜜多，一切所作皆不成就大菩提果，無邊法門安住最勝，巧便大智周遍觀察，要精進力方能圓滿六波羅蜜。以是當知，精進波羅蜜皆從般若波羅蜜生。禪波羅蜜亦從般若波羅蜜生。所以者何，意業微細難可測量，身口所作則易除滅，妄心所起難可制伏。如風飄火猛焰可制，如海濤波亦可息之，唯有妄心甚難調伏。何以故，無始無明迷心性故。譬如世間多思覺者，妄起尋求而伺察之。如是妄想設入定門，心猶取著，無智慧故經百千劫，終不能得三昧現前。亦如愚人妄執諸見，或執我常，或執我斷，見不清淨，云何能得三昧現前。有智慧人觀察二事，一者見其自身多有疾病苦樂等事，皆由先世妄想顛倒，造作諸業而今受之，若無癡愛，何有病耶，身本自空，因緣幻有，無造無作，誰受苦耶。二者復應重更觀察，雖無我相，所作福業皆不唐捐，當願法界一切有情，無盡福德滌令清淨，悉得成就六波羅蜜，戒，定，智慧以爲莊嚴。以是故知，一切萬行皆以般若波羅蜜而爲其母。猶如大地皆依虛空而得安立，而彼虛空無有所依。般若波羅蜜亦復如是。以是故知，禪波羅蜜，智慧爲母。非唯五度從智慧生，一切世間福德名聞人天果報，乃至出世無漏善根，皆以智慧而爲生處，猶如大地皆依虛空而得安立。一切衆生執我取相，有五怖畏：一不活畏，常積資財恐不活故。二惡趣畏，造不善業恐墮三塗恆怖畏故。三者死畏，愛惜身命恐喪失故。四者惡名畏，恆作諸惡以自覆藏，恐人聞知常怖畏故。五者大衆威德畏，於大衆中所發言詞懷怖畏故。菩薩摩訶薩智慧觀察具證二空，能益自他，無不活畏。除斷邪行具淨尸羅，必至涅槃，無惡趣畏。深入緣起了本無生，則無死畏。住無相理身心寂靜，無自他相，離惡名畏。成就微妙四無礙辯，處衆無畏猶師子王，是故名爲無大衆畏。

復次，慈氏，一切衆生根性差別，慳貪者令惠施，瞋恚者令慈忍，我慢者令謙下，愚癡者得智慧，開示涅槃顯眞實相無量功德，皆從般若波羅蜜生。一切諸佛及諸菩薩，天龍八部咸皆讚歎，尊重恭敬猶如父母。譬如慈母唯有一子，鞠育誨示漸漸成長令得尊貴。菩薩亦爾，憐愛有情等如一子，般若甘露而爲法食，五波羅蜜爲大資糧，十力，四無所畏，十八不共法諸妙功德莊嚴法身，成就無上法王之位。

復次，慈氏，有十種事能障智燈，掩蔽光明，不能顯了，增長癡闇，無所覺知。一者懶惰，於世事業皆不成就，豈能修行出世妙善。二者近惡知識，造諸惡業增長無明。三者耽著睡眠，身心昏昧，不能修習無上菩提。四者聽聞大乘，尋復忘失。五者樂習世間一切技藝，不知如幻而生執著。六者我慢覆藏，雖遇善友不能諮問無上正法。七者於大乘敎微妙深理不能解悟，我慢自高便生退屈。八者恥己愚昧，不能親近有智之人。九者攻乎異端，詐謂知見，有所論難皆涉邪徒。十者於最上乘不生信樂，設有所聞，師心邪解。由是十事障礙大乘，正法不聞，淪溺生死。離此十事有十勝法，便能悟入無上菩提。一者精勤樂習禪定。二者親近善友，聽聞正法。三者損減睡眠，恆自覺悟。四者於大乘法所聞不忘。五者順世事業，常觀如幻無所著故。六者無所藏隱，決衆疑故。七者不輕己身，勤修行故。八者常樂法施，興大會故。九者恆自謙下，不誑衆生故。十者不自師心，深入佛慧故。菩薩摩訶薩以此十事具足圓滿六波羅蜜，成就法身清淨解脫。

復次，慈氏菩薩摩訶薩，此般若波羅蜜多，不與十六種法而爲相應。一者不與十二因緣相應，所謂無明乃至老死。二者不與無明滅乃至老死滅而爲相應，菩薩摩訶薩離分別心，無二相故。三者不與身見，邊見乃至六十二見而爲相應。四者不與世間八風相應，所謂利，養，稱，讚，譏，毀，苦，樂，衰，損等事而爲相應。五者不與隨煩惱等忿恨相應。六者不與我慢，增上慢等相應。七者不與根本貪，瞋，癡等而爲相應。八者不與煩惱魔，死魔等而爲相應。九者不與我相，人相，作者，受者，養育，士夫，補特伽羅，意生，儒童，業障，報障，煩惱等障而爲相應。十者不與妄念分別，見聞覺知而爲相應。十一者不與四顛倒法而爲相應，無常計常，常計無常，無樂計樂，樂計無樂，無我計我，我計無我，不淨計淨，淨計不淨。如是妄計名顛倒法，有情心行乃至諸塵勞門而爲相應。十二者不與慳悋，犯戒，瞋恚，懈怠，散亂，愚癡而爲相應，亦不與有相行施，持戒，忍辱，精進，禪定，智慧相應。十三者不與不善等法，性罪遮罪，有漏有爲，而爲相應，亦不分別世出世善法，有漏無漏，而爲相應。十四者不與二十二根相應，所謂眼，耳，鼻，舌，身根相應，亦不與苦，樂，憂，喜，捨受相應，亦不與男女等根，意根，命根，信等五根，三無漏根而爲相應。十五者不與三界五趣種種有情而爲相應，亦不分別大乘小乘佛法僧寶差別之相而爲相應。十六者不分別眞諦俗諦，有爲無爲，有智無智，有識無識，作意無作意，有體性無體性，有相無相心意差別而爲相應。慈氏，當知摩訶般若波羅蜜多，無染無著，離諸分別，平等清淨，一相一味，不與如是差別等法而爲相應。

復次，慈氏，菩薩摩訶薩善巧方便行深般若波羅蜜多時，住奢摩他，毘鉢舍那，住身寂靜，了因緣法如幻如化，順勝義諦，離有離無非斷非常，隨順因果，無我人相眞實不動，不壞威儀住三解脫門而不取證。無動無靜是如來禪，遊戲神通深入實際，不住生死不入涅槃，不盡有爲不住無爲，雖觀無相不捨大悲，雖住三界而恆出離，知眞無染而不修證，離於戲論，常樂宣說。

復次，慈氏，菩薩摩訶薩修行般若波羅蜜多，應於善友聽聞正法，具足八十四種勝上之心，方能發生般若波羅蜜多微妙勝慧。所謂住眞實相，最極微妙相，般若相應相，善知識相，離憍慢相，恭敬相，右遶相，無量相，善言相，至誠相，善作意相，無亂相，無定相，妙寶相，妙藥相，除病相，法器相，示導相，入智慧相，聞法無厭相，增長捨相，善調象馬相，敬事多聞相，樂聞深法相，觀身寂滅相，清淨適悅相，聞法無倦相，聞義相，聞法相，隨說修行相，爲他說法相，聞所未聞相，聞神通相，不求餘乘相，樂聞般若相，樂聞菩薩藏相，樂聞善巧方便相，四攝法相，聞梵行相，念正定相，能生善巧無生相，大慈悲心相，緣起相，無常相，苦相，空相，無我相，不淨相，寂靜相，空相，無相相，無願相，無不善行相，勝義諦相，不壞相，自在相，護自心相，不捨精進相，思惟妙法相，對治煩惱相，宗重正法相，對治邪見相，獲聖財相，除斷貧窮相，智者稱讚相，智人極喜相，智者所樂相，崇重賢善相，見諦相，觀蘊過失相，有爲過患相，依法相，依義相，依智相，依了義經相，不依不了義經相，不作諸惡相，自利益相，利益他相，善作業相，無熱惱相，勝行相，獲一切諸佛法門相。慈氏，當知聽法之人具足如是勝妙之心，能善聽聞甚深般若波羅蜜多，知一切法無我，無人，本來清淨。生死，涅槃平等無二。復次，菩薩摩訶薩觀於眼等五根苦樂等受，男女意，命，能起煩惱生死根本，信等五根，三無漏根，能捨煩惱是涅槃因。知煩惱性從本以來，不生不滅性相常住，如是修習是名般若波羅蜜多。

復次，慈氏，菩薩摩訶薩所修勝行，與智慧相應及不相應，無有分別，二智平等，不捨衆生恆起大悲，普覆一切清淨不動。如是修習，是則名爲般若波羅蜜多。

佛告慈氏：此般若波羅蜜多句義不可思議，是相應句，如理句，如量句，佛語句，了緣句，無礙句，無滅句，大捨句，不動句，一切不動句，無依止句，平等句，無難句，無高下句，實際句，不變易句，無著句，無住句，無所住句，對治句，寂靜句，極寂靜句，遍寂靜句，無戲論句，無起句，即眞句，不缺句，無餘句，無際句，無對治句，最勝句，眞實句，如如句，絕言句，不別異句，無彼此句，三世平等句，無三世句，不住五蘊句，不住六界句，不住十二處句，不住十八界句，依法句，依義句，依智句，依了義句。如是句義，是菩薩摩訶薩修行般若波羅蜜多不可思議，離言說故，眞勝義故，不可思議故，無因喻故，無比量故，無有上故，自利利他故，大希有故，唯佛與佛能證能說，餘無測知。何以故，般若波羅蜜多無性無相，無比無喻，唯佛如來方能究盡。

復次，慈氏，此般若波羅蜜多，非即蘊，處，界，無依無止，不生不滅，不內不外不在中間。是故般若波羅蜜多不可思議。

佛告慈氏：菩薩摩訶薩有七種事，能得如是不可思議無盡法門，謂因無盡，有情界無盡，大悲無盡，妙用無盡，法門無盡，壞生死魔故，智無盡故。如是般若波羅蜜多，無行無相，無生無滅，菩薩於一切法應如是知。

佛說是甚深般若波羅蜜多時，會中有一外道名微末底，即從座起而白佛言：世尊，佛說一切諸法本來不生，自性清淨。此義不然，自在天常，而是一切萬物父母，能生諸法，能造能作安立世間。復有說云，神我能生一切諸法，然此我者住於心中猶如拇指。復有說云，一切諸法從和合生，云何今者乃說無生。

爾時薄伽梵告微末底：汝所問者，隨汝意答。斷汝疑心，應當諦聽。如汝所說，自在天常，能生一切。所生萬物應同一性，悉亦是常。若謂所生前後變易非常住者，理亦不然。用不離體，應是常住，體不離用，應非常故。自在常者，生應常生，云何有時或生不生，既不常生，云何是常。以是義故，同彼所生，定是無常。所生既多，亦非是一，若是一者應無差別，萬類區分如何是一，又自在天能生一切，無有慈悲。若有慈悲，應令有情悉生人天常受快樂，云何令諸有情受於八苦，生三惡趣受種種苦，若有慈悲，云何自生自立自害，若自在天是一是常，所生一切應無變易，云何異類生滅無常，五趣之中受茲不淨，譬如見果即知其因，當知自在非常非一。若言妙好是自在作，麁鄙不善畢舍遮爲。如是之言亦不應理。【略】

復次，微末底，我觀諸法，亦非和合因緣所生。所以者何，因無生性。因若有生，不應待緣。緣無生性亦復如是。若說因緣我能和合，此亦不然。如二盲人，各別行住不能見色，設令同住不見亦然。當知神我和合因緣亦不能生。若能生者，應是無常，有作用故，如所生果定是無常。以是當知，離所生外無別能生。或說五大極微是常，能生諸法。此亦不然，猶如水米和合成酒，飲即令醉。如是醉力不從外來，非水中出，亦非米出，水米和合轉變而生。一切諸法無有作者，亦無有我而爲因緣。所以者何，大地虛空。水，火，風界當知亦爾，豈無情物生有情耶，一切諸法假有實無，非自在天亦非神我，非和合因緣五大能生。是故當知，一切諸法本性不生，從緣幻有，無來無去，非斷非常，清淨湛然，是眞平等。【略】

復次，慈氏，菩薩摩訶薩修行般若波羅蜜多，應修八法。云何爲八，所謂蘊善巧，處善巧，界善巧，諦善巧，緣起善巧，三世善巧，一切乘善巧，一切法善巧。云何蘊善巧，謂觀色蘊猶如聚沫，愚人見之謂是白毛，入水而取，其沫散滅不可撮摩。菩薩摩訶薩以正智慧見第一義，了色性空猶如聚沫。以是因緣，名正知見。復觀受蘊如水上泡，速起速滅，刹那不住。菩薩摩訶薩以正智慧見第一義，了受性空猶如水泡。以是因緣，名正知見。復觀想蘊猶如陽焰，如人熱渴遠見陽焰謂之爲水，馳走尋覓近之則無。菩薩摩訶薩以正智慧見第一義，了相性空。以是因緣，名正知見。復觀行蘊猶如芭蕉，中無有堅，剝之不已竟無所得。菩薩摩訶薩以正智慧見第一義，知行性空。以是因緣，名正知見。復觀識蘊猶如幻化，如世幻師幻作金銀珍寶眞珠瓔珞，求其實體了不可得。菩薩摩訶薩以正智慧見第一義，了識性空猶如幻化。以是因緣，名正知見。作是觀已，於諸有情起大悲心興拔濟意，如是觀察，名蘊善巧。復觀五蘊猶如幻夢，皆從妄想顛倒心生，無我，無人，無衆生，無壽命，非養育，非士夫，非補特伽羅，意生，儒童，作者，受者，以善巧方便了蘊性空，猶如夢想都不可得，是名菩薩摩訶薩蘊善巧智。復次，菩薩摩訶薩觀蘊如響，無我，無人乃至無作者，受者，如是蘊性如空谷響，屬諸因緣。如實了知，等無二相，是則名爲菩薩摩訶薩蘊善巧智。復次，觀蘊如影，從業緣現，無我，無人乃至受者，如是影性了不可得，等無二相，是名菩薩摩訶薩蘊善巧智。復次，觀蘊如鏡中像，無我，無人乃至受者，如是鏡像非內非外，了不可得平等無二，是名菩薩摩訶薩蘊善巧智。復次，觀蘊從緣而有，如幻如化，無我無人乃至受者，以善巧智如實了知，等無二相，是名菩薩摩訶薩蘊善巧智。復次，觀蘊是變壞相，無常，苦，空，無我，不淨，性本空寂，非壞非不壞，如實了知，名蘊善巧智。

復次，云何名爲處善巧，謂觀眼處，耳，鼻，舌，身，意處，內法皆空。次觀色處，聲，香，味，觸，法處，外法亦空。以正智慧觀第一義，非內非外，名正知見，是則名爲處善巧智。復有處善巧，所謂了眼，耳，鼻，舌，身，意處皆悉是空，亦無見，聞，覺知之相，名法處智。復有了法處智，了色，聲，香，味，觸，法處自性空寂，非眼，耳，鼻，舌，身，意處境界相，名了法處智。復有處善巧，謂眼處，耳，鼻，舌，身，意處，法性空寂，無我我所。色處，聲，香，味，觸，法處，法性皆空，無我我所，非相應非不相應，非善法非不善法，不增不減，無有二相，本來空寂，是名菩薩摩訶薩處善巧智。復有處善巧智，眼處色處本來清淨無染無著，眼處堅固寂然常住。如是耳聲，鼻香，舌味，身觸，意法，性本清淨無染無著，乃至意根堅固寂然常住不變，是名菩薩處善巧智。復次，云何名爲處善巧，所謂聖人處非凡夫處，能生聖道，是名爲處。凡夫邪行生於惡道，名爲非處。菩薩摩訶薩住八聖道，起大悲心，令諸有情入正定聚，是則名爲處善巧智。

復次，云何名爲菩薩界善巧智，謂觀眼界，色界，眼識界，無我亦不屬我，亦非眼界，色界，眼識爲緣而起，乃至意界，法界無我，亦不繫屬於我，乃至意識界無我，亦非意識爲緣而起，如是菩薩以正智慧觀第一義，知十八界性即是空，無我，無人，法界平等清淨不動，是名菩薩摩訶薩界善巧智。復有界善巧，所謂了法界智，了知地，水，火，風界性是空，堅，濕，暖，動皆不可得，同眞際，等法性，是名菩薩摩訶薩了法界智。復有了法界智，了眼界乃至意界性空，色界乃至法界性空，眼識界乃至意識界性空，亦無見聞覺知分別之相，是則名爲了法界智。

復次，云何名爲諦善巧，所謂四諦，苦，集，滅，道。觀此五蘊苦苦，行苦，壞苦，名苦聖諦智。了知無明增長五蘊，名集諦智。不起貪欲滅盡諸苦，名滅諦智。爲此滅故修八聖道，名道諦智。是名菩薩摩訶薩諦善巧智。復有諦善巧，所謂知苦無生，名苦諦智。知集不起，名集諦智。了本不生今則無滅，名滅諦智。於不二相修中道觀，名道諦智。是則名爲諦善巧智。復次，菩薩摩訶薩了知苦受空無自性，能觀正智亦復皆空，名苦中苦智。觀集緣起從緣幻有，能觀正智亦皆是空，名集中集智。知貪愛滅既本性空，正智現前清淨平等，名滅中滅智。知出苦道了不可得，正智觀察自性皆空，名道中道智。如是正智離諸分別，是名菩薩摩訶薩諦善巧智。復次，能知生苦體即無生，名苦中眞智。知生集起集無和合，名集中眞智。知生本無即無有滅，名滅中眞智。知出苦道離有離無，是名道中眞智。菩薩摩訶薩如實了知，名諦善巧。復有諦善巧，所謂三諦，世俗諦，勝義諦，實相諦。世俗諦者，謂一切世間語言文字，見聞覺知。勝義諦者，謂心行處滅，無復文字，離於一切見聞覺知。實相諦者，所謂一切相即無相，如是無相即是實相。菩薩摩訶薩於俗不染，觀眞不住，一相平等，是則名爲菩薩摩訶薩諦善巧智。復有二諦，所謂世諦，眞諦。世諦者，所謂一切世間色心等法，如實而見，稱實而知。眞諦者，謂二空理，清淨湛然究竟寂滅，化之不厭，知眞無取，無法可得，是名菩薩摩訶薩諦善巧智。復有一諦，謂即眞如清淨法界，無生無滅，非斷非常，遠離二邊究竟安樂，於生無生心無二相，是名菩薩摩訶薩諦善巧智。

復次，云何名緣起善巧，菩薩摩訶薩觀察緣起流轉不斷，無明緣行，行緣識，識緣名色，名色緣六入，六入緣觸，觸緣受，受緣愛，愛緣取，取緣有，有緣生，生緣老死憂悲苦惱。菩薩以正智慧如實了知緣起無性，無生無滅，法性現前，無心無作，無主無攝，是名菩薩摩訶薩緣起善巧智。復次，所有善因不善因，動因不動因，生死因涅槃因，如此因等皆如實知。所有衆生利根，鈍根如是根性，如是因，如是緣，如是果報，如是本末，皆如實知。隨其因緣，生善修集而無所失，是名菩薩摩訶薩緣起善巧智。復次，妄想滅則無明滅，無明滅則行滅，行滅則識滅，識滅則名色滅，名色滅則六入滅，六入滅則觸滅，觸滅則受滅，受滅則愛滅，愛滅則取滅，取滅則有滅，有滅則生滅，生滅則老死愁歎苦憂惱滅。菩薩摩訶薩以正智慧了知緣起，無生無滅，無主無攝，是名緣起善巧智。

復次，慈氏，一切因緣，皆假和合無有自性，不從我，人，衆生，壽命而得生長，爲是有情說如是法，無量無邊無有窮盡，如實了知，是名緣起善巧智。復次，菩薩摩訶薩了知一切緣生之法，無生無滅，無盡之相，此無盡相即菩提相，是名菩薩摩訶薩緣起善巧智。

復次，云何三世善巧，謂念過去所有善法如實修行，不善之法常當遠離，如實知已，悉皆迴施一切有情，是名菩薩摩訶薩過去善巧智。復念未來所有善根菩提資糧，皆悉迴向一切智智，是名菩薩摩訶薩未來善巧智。復次，現在所有正念相應善法，不起邪念相應不善，是名菩薩摩訶薩現在善巧智。復次，觀於過去皆悉是空，現在，未來亦復皆空，三世平等，住第一義，是眞解脫。復觀過去，現在，未來一切諸佛福德智慧，生隨喜心，是名菩薩摩訶薩三世善巧智。復觀過去已滅，未來未至，現在不住，三世善法所修勝行，悉願迴向無上菩提，現在善法剎那不住，而恆發起菩提之心，是名菩薩摩訶薩三世善巧智。復次，過去已滅，未來未至，現在不住，如是生滅念念不住，心常覺悟，是名菩薩摩訶薩三世善巧智。復次，菩薩不思議自在神通，能憶過去所種善根，現在所修諸善，未來覺心當願圓滿，願皆迴向無上菩提，是名菩薩三世善巧智。復次，爲欲成就諸有情故，憶念過去所有善根，一切有情，隨彼彼根依願成就，所有供養未來諸佛，一切有情，隨彼根當來成就，所有現在一切有情，神通說法種種教化隨根成就。如是三世利益自他，圓滿菩提勝妙之行，是名菩薩三世善巧智。

復次，云何名三乘善巧，謂聲聞乘，獨覺乘，菩薩乘，依此三乘而求出離。云何菩薩摩訶薩於聲聞乘善巧智慧，遇佛出世，聞四諦法，因聲悟理，生正見故，是名聲聞。修淨戒故圓滿戒身，得禪定故圓滿定身，見諦理故得智慧，解脫，解脫知見身。是名菩薩摩訶薩於聲聞乘得善巧智。復有聲聞乘善巧，於三界中生疲倦想，於有爲法深觀無常，見一切法悉皆無我，涅槃寂靜歡喜愛樂。復觀五蘊如怨賊，觀諸界如毒蛇，觀內六處如空聚，常願出離，樂於涅槃起依怙想，是名菩薩摩訶薩於聲聞乘而得善巧。復次，云何菩薩摩訶薩於獨覺乘善巧，謂厭諸有爲，樂於出離，少欲知足，離諸戲論，樂居閑寂，於諸因緣自然覺悟諸法無常而得解脫，是名菩薩摩訶薩於獨覺乘善巧智。復次，云何菩薩摩訶薩於大乘法而得善巧，大乘功德無量無邊，悉令有情咸皆悟入彼最上乘無有障礙，無生無滅得大智慧，積集一切福德善根，一切有情所受用故，成就諸波羅蜜，令諸心行善調伏故，增長無上大菩提故，有大威力，詣菩提樹，坐於道場，觀衆生根大悲不捨，無障無礙普於一切，悉皆憐愍等如一子，能越一切惡道諸怖畏故，能令一切佛法皆現前故，摧伏外道諸魔怨故，建立菩提勝法幢故，能除斷常諸結使故，得佛如來無礙智故，豐益佛法諸珍寶故，隨根利益無錯失故，養育有情大悲成故，十力，無畏，不共佛法，相好功德瓔珞莊嚴無過失故。如是所有一切善巧，是名菩薩摩訶薩大乘善巧智。復次，一切諸佛之所乘故，具足七法佛爲大乘，如轉輪王具足七寶。云何爲七，所謂大觀察故，大隨順故，大智慧故，大精進故，大方便故，大證悟故，大事業故。大觀察者，菩薩摩訶薩親近善友聽聞正法，於一刹那悟一切法，實相現前。大隨順者，菩薩摩訶薩成就大智大定大悲，利益自他故。大智慧者，菩薩摩訶薩見眞實相，我法皆空。大精進者，菩薩摩訶薩於無量阿僧祇劫，大悲萬行能成辦故。大方便者，菩薩摩訶薩得平等忍，不住生死，不證涅槃。大證悟者，菩薩摩訶薩證力，無畏，不共佛法無量無邊大功德故。大事業者，菩薩摩訶薩於生死中得大菩提，成就圓滿恒沙萬億佛事業故。具足如是七種勝法而爲法王，是名菩薩摩訶薩大乘善巧智。

復次，云何一切法善巧，謂有爲，無爲。菩薩於此二法巧便最勝，於身善行，口善行，意善行清淨增長，迴向無上正等菩提，是名菩薩有爲善巧智，菩薩於身，口，意具三無作，清淨平等，迴向無上正等菩提，是名菩薩無爲善巧智。復有善巧，謂菩薩摩訶薩於布施，持戒乃至靜慮增長修習，迴向無上正等菩提，是名菩薩有爲善巧智，復以般若波羅蜜多，離一切相修諸波羅蜜多，迴向無上正等菩提，是名菩薩摩訶薩無爲善巧智。復有善巧，以方便智行四攝法攝取衆生，是名菩薩摩訶薩有爲善巧智，復有善巧，住第一義，雖攝衆生而無取著，迴向菩提，是名菩薩無爲善巧智。復有善巧，了知煩惱增長生死，菩提分法斷絕生死，是名菩薩有爲善巧智。復次知空，無相，無願三解脫門，能於無上正等菩提，決定平等，無二無別，無有退轉，是名菩薩無爲善巧智。復次有爲善巧，行於三界不著三界，是名菩薩有爲善巧智，了知三界性皆是空，如幻如化而不取著，是名菩薩無爲善巧智。復次，如是了知法性清淨無相無名，具一切智，名爲實智，爲度衆生假名方便，如是分別，是名權智。菩薩摩訶薩於此八法二智自在，名爲般若波羅蜜多。復次，悉能了知一切法性，名爲智慧，所有觀察善不善法，名爲方便，隨順解脫離諸分別，聖智現前，名爲般若波羅蜜多。復能如是善巧分別諸見結使，以奢摩他，毘鉢舍那如是拔除，是名方便，而能圓滿無上大願，是名智慧。除彼熱惱使得清涼，是名方便，能解煩惱性不可得，是名智慧。除身心苦得輕安樂，是名方便，遊法園苑得念總持，理智現前，是名智慧。與諸有情作依止處，是名方便，能依所依無住無著，是名智慧。獲三十七菩提分法，是名方便，應常離念而與實相智慧相應，得大法樂，是名智慧。復能生長五波羅蜜，是名方便，隨所樂乘同歸佛慧，自性照明，是名智慧。能度一切生死瀑流，是名方便，實無衆生得滅度者，是名智慧。建立正行，是名方便，見本性空，是名智慧。除客煩惱，是名方便，善能覺悟智性無染，是名智慧。行無所行，是名方便，悟於法空，是名智慧。不著三界，是名方便，令諸菩薩了第一義，是名智慧。攝諸衆生行於萬善，是名方便，一切賢聖同一法界，是名智慧。隨其根性除妄分別，是名方便，見本清淨寂滅無生，是名智慧。能起方便斷滅癡闇，是名方便，深入禪定不住禪定，是名智慧。誘導二乘，是名方便，除斷法執入佛知見，是名智慧。隨衆生根令生勝解，是名方便，了根性空，是名智慧。超妄境界，是名方便，示勝義諦，是名智慧。權說四諦，是名方便，於諸修行了不可得，是名智慧。勤求功德悲願無盡，是名方便，了應非眞不來不去，法界平等，是名智慧。隨緣普示教化一切，是名方便，了煩惱性本來解脫，是名智慧。了知結使虛妄分別，是名方便，了衆生心本來寂靜，是名智慧。勸令修斷隨眠習氣，是名方便，一切衆生心行差別，八萬四千諸塵勞門即佛慧門，是名智慧。聲聞，緣覺善巧勸修漸入佛道，是名方便，菩薩修行如是般若波羅蜜多，疾證阿耨多羅三藐三菩提，是名般若波羅蜜多。

波羅頗蜜多羅譯《大乘莊嚴經論》卷七　彼初四波羅蜜，如其次第能令四事增進。一資生成就，由布施故。二自身成就，由持戒故。三眷屬成就，由於忍辱，行忍辱者多人愛故。四發起成就，由於精進，一切事業因

此成故。第五禪波羅蜜，能令煩惱不染，折伏煩惱由此力故。第六般若波羅蜜，令業不顛倒，一切所作如實知故。【略】

立波羅蜜數唯有六。問：道者何義。答：有方便者爲道。此中檀波羅蜜，於諸資財不著爲道，由施時於境離染著故。尸波羅蜜，於諸境界不亂爲道，由求受戒時一切心亂攝令住故。及比丘住護者，求境界時，一切業亂不能轉故。羼提波羅蜜，於諸衆生不捨爲道，由一切不饒益事不生厭故。毘梨耶波羅蜜，於修諸善增長爲道，由精進發起令增上故。禪波羅蜜，於煩惱障令清淨爲道。般若波羅蜜，於智慧障令清淨爲道，如是六種道攝一切大乘道盡。偈曰：

爲攝三學故，說度有六種，初三二初一，後二一二三。

釋曰：此偈顯示爲攝三種增上學故，立波羅蜜數唯有六，此中立初三波羅蜜。爲攝初一戒增上學，戒有二種謂聚及眷屬，尸羅爲聚，檀及羼提爲眷屬。何以故，施於求受時資財不悋故，忍於護持時打罵不報故。此中立後二波羅蜜，如其次第，爲攝心慧二增上學。此中立第四一波羅蜜，應知具攝三增上學，由一切三學精進爲伴故，已制六波羅蜜數，次顯六波羅蜜相。偈曰：分別六度體，一一有四相，治障及合智，滿願亦成生。

釋曰：諸菩薩修諸波羅蜜，一一皆有四相，一治障，二合智，三滿願，四成生。治障者，檀等六行，如其次第，對治慳貪破戒瞋恚懈怠亂心愚癡故。合智者，悉與無分別智共行，由通達法無我故。滿願者，施於求財者隨其所欲而給與之，戒於求戒者隨其所欲以身口意護而教授之，忍於悔過者與之歡喜，精進於作業者隨欲助之，定於學定者隨欲授法，智於有疑者隨欲決斷。成生者，先以施攝，後以三乘法隨其所應而成熟之，先安立於戒等中，後以三乘成熟亦爾。已顯六波羅蜜相，次說六波羅蜜次第。偈曰：

前後及下上，麁細次第起，如是說六度，不亂有三因。

釋曰：六波羅蜜次第有三因緣，一前後，二下上，三麁細。前後者，謂依前後得起。何以故，由不顧資財故受持戒，行持戒已能起忍辱，忍辱已能起精進，精進已能起禪定，禪定已能解眞法。下上者，前者爲下後者爲上，下者施上者戒，乃至下者定上者智。麁細者，前者爲麁後者爲細，麁者施細者戒，乃至麁者定細者智，何故麁易入易作故，何故細難入難作故。已說六波羅蜜次第，次釋六波羅蜜名。偈曰：

除貧亦令涼，破瞋與建善，心持及眞解，是說六行義。

釋曰：能除貧窮故名施，能令清涼故名戒，由具戒者於境界相中煩惱熱息故，能破瞋恚故名忍，忍破瞋恚能令盡故，能建善故名進，建立善法由此力故，能持心故名定，攝持內意故，能解眞法故名慧，曉了第一義諦故。已釋六波羅蜜名，次說修習六波羅蜜。偈曰：

物與思及心，方便幷勢力，當知修六行，說有五依止。

釋曰：諸菩薩修習諸波羅蜜有五依止，一者物依止，二者思惟依止，三者心依止，四者方便依止，五者勢力依止。物依止修諸波羅蜜有四種，一者依止因，依種性力而修習故。二者依止報，依自身成就力而修習故。三者依止願，依昔願力而修習故。四者依止數，依智慧力而修習故。思惟依止修諸波羅蜜亦有四種，一者信思惟，於諸波羅蜜相應教而生信心故。二者味思惟，於諸波羅蜜中見功德味故。三者隨喜思惟，於一切世界一切衆生所有諸波羅蜜皆生隨喜故。四者悕望思惟，於自身及他未來所有勝波羅蜜起悕望故。心依止修諸波羅蜜有六種，一者無厭心，二者廣大心，三者勝喜心，四者勝利心，五者不染心，六者善淨心。何謂修檀六種心，若菩薩以滿恆河沙數世界七寶及以身命，於一剎那施一衆生，如是乃至盡衆生界，所願成熟無上菩提者以此門施心無厭足，如是相心是名修檀無厭心。若菩薩如是相施，從初相續乃至成佛，無剎那頃有絕有減，如是相心是名修檀廣大心。若菩薩以施攝他時生極重歡喜，過於受者得財時生喜，如是相心是名修檀勝喜心。若菩薩以施攝他時，見他受物極饒益我，非我自用爲極饒益，何以故，由施攝他令我成就無上菩提因故，如是相心是名修檀勝利心。若菩薩如是廣施不求報恩及以果報，如是相心是名修檀不染心。若菩薩如是廣施所生福聚所得果報，願施一切衆生非爲自受，又與一切衆生共之迴向無上菩提。如是相心是名修檀善淨心。何謂修戒等六種心，若菩薩有恆河沙數自身，一一身復有恆河沙數劫壽，一一壽中復乏一切資生，於此乏中復有火聚，遍滿三千大千世界，菩薩以此多身經此多壽在此火聚起四威儀，於一剎那但修一戒，如是乃至盡諸戒聚，乃至盡諸智聚，能得無上菩提者，菩薩修之心無厭足，如是相心是名修戒等無厭心。若菩薩從初修戒乃至修智，極坐道場無有間斷，如是相心是名修戒等廣大心。若菩薩修戒等攝他時生極重歡喜，過於受攝者得利益時生喜，如是相心是名修戒等勝喜心。若菩薩修戒等攝他時，見他得利極饒益我，非我自利爲極饒益，如是相心是名修戒等勝利心。若菩薩修戒等時，不求報恩及以果報，如是相心是名修戒等不染心。若菩薩廣修戒等所生福聚所得果報，願施一切衆生非爲自受，又與一切衆生共之迴向無上菩提，如是相心是名修戒等善淨心。方便依止修諸波羅蜜有三種，三種者即是三輪清淨，此清淨由無分別智爲方便故，以此方便一切作意悉得成就。勢力依止修諸波羅蜜亦有三種，一者身勢力，二者行勢力，三者說勢力。身勢力者，應知是佛自性身及受用身。行勢力者，應知是佛化身，以此化身於一切相爲一切衆生示現一切善行故。說勢力者，謂演說六波羅蜜一切種時無滯礙故。

菩提流志譯《大寶積經》卷九三　爾時世尊，告善臂菩薩言：善男子，是六波羅蜜，菩薩常當具足。何等六，檀波羅蜜，尸波羅蜜，羼提波羅蜜，毗梨耶波羅蜜，禪波羅蜜，般若波羅蜜。善男子，是六波羅蜜，菩薩常當具足。善臂，云何菩薩具足行檀波羅蜜，善臂，菩薩於諸聚落正命求財非邪命求，隨順不逆，不困逼衆生，以求財物而行布施，非爲恭敬供養名稱等故而行布施，非羞畏故，非果報故，非生天故，非諛諂故，於持戒毀戒不起毀譽，或是所識，或非所識，而於其中以平等心，供養恭敬尊重讚歎，亦於持戒毀戒，若親不親所識不識，若怨非怨，恆以深重敬愛信樂，是菩薩隨其所有，常應惠施，有少施少，有多施多，有麁施麁，有細施細，有妙施妙，有不妙施不妙，若以上饌甘饌飲食價直十萬，持用施人，或分一錢爲十六分，持一分用施，其心歡喜等無差別。善男子，是菩薩於諸乞食者，須食施食，爲具足一切智力故。須飲施飲，爲斷衆生渴愛力故。須衣施衣，爲得無上慚愧衣故。須乘施乘，爲得菩薩乘佛乘故。須香施香，爲得正覺持戒香故。須華施華，爲得如來七覺花故。須末香者施以末香，爲得除滅一切衆生不善香故。須塗香者施以塗香，爲得無缺戒香身故。須蓋施蓋，爲斷衆生煩惱火故。【略】

善臂，云何菩薩摩訶薩，具足羼提波羅蜜。是菩薩若自眷屬若他衆生，來奪菩薩命者，菩薩爾時於此事中，終不生於瞋報之心。或有他人，來奪菩薩財物乃至妻子，若說兩舌惡口妄言綺語，若有恐怖繫縛囚執鞭杖刑戮，以種種苦加於菩薩，菩薩爾時，亦復不生還報之心。若奪命根及一切物乃至妻子，若說兩舌惡口妄言綺語，恐怖繫縛囚執鞭杖刑戮，是菩薩思惟如是諸事，是我惡行不善業報自作自受，或過去世，或現在世，若先作已今受果報，我今云何於自果報而瞋於他。復次善臂，菩薩如是思惟，若有他人奪我命根及諸財物乃至妻子，若說兩舌惡口妄言綺語，若有恐怖繫縛囚執鞭杖刑戮，我於此中，不應瞋害加他繫縛冤家，何以故，我今現世受少苦惱，尚不愛憙不可適意，云何生瞋加害於他，於當來世，受諸罪報，無量無邊百千萬億苦惱甚多，不喜不愛不可適意諸果報也。【略】

善臂，云何菩薩摩訶薩，具足毗梨耶波羅蜜。善臂，是菩薩應如是思惟，今此十方一一方面，有無量世界，一一世界，有無量無邊衆生集聚，無有邊際，我今當發莊嚴，令此衆生得大利益，亦令得樂。復次觀知無量衆生利益快樂所緣之法故，發起善根法故，我於無量晝夜，若心放逸，或生餘念，若睡眠時，常念念中增益福德，於一一念中，發起無量無邊善根菩提資用，我今當知一一念中，發起增益無量善根故，成阿耨多羅三藐三菩提，則不爲難，今我以此緣故，我見菩薩甚爲易得。是故欲得無上道者，乃至盡形不應懈怠。復次善臂，菩薩摩訶薩如是思惟，若菩薩於無量無邊世界衆生中，能令一世界衆生得離一切諸苦者，我尚於一一念中，發起增益無量善根，何況乃令無量無邊世界衆生，遠離斷除生老病死，恩愛別離，冤憎集會，三惡道苦。復次善臂，菩薩摩訶薩如是思惟，若菩薩摩訶薩於一念中，欲令無量無邊世界所有衆生，遠離斷除一切諸苦者，此菩薩亦於一念之中，得發起增益無量善根，況當欲令未來無量無邊阿僧祇劫，無量無邊世界衆生，遠離斷除生老病死，恩愛別離，冤憎集會，三惡道苦。復次善臂，菩薩摩訶薩應如是思惟，若有人欲得聲聞緣覺法，是人尚得於一一念中，發起增益無量無邊善根，何況有善男子善女人，欲成就具足佛法無量無邊威德力勢者，善男子善女人，四因四緣四境界，於晝夜中，若心放逸，或生餘念，若睡眠時，於一一念中，修集四無量無邊善根，發起增益菩提資用，我今當知，一一念中，發起增益四無量善根，成阿耨多羅三藐三菩提，則不爲難。以是緣故，我見菩提甚爲易得。是故欲得菩提道者，乃至盡形不應懈怠譬如四大海，若南若北若上若下易得邊際如是四無量善根大海，菩提資用，難得其邊，我今何故，不於一一念中發

起增益四無量善根大海菩提資用。是故欲成無上道者，乃至盡形不應懈怠。【略】

是菩薩復應如是思惟，若有法是佛所說，若聲聞說，若菩薩說，乃至狂愚人爲佛故說，所謂檀波羅蜜，尸波羅蜜，羼提波羅蜜，毗梨耶波羅蜜，禪波羅蜜，般若波羅蜜，是菩薩爲具足佛法欲成無上道，欲得一切智，於此法中，勤加精進如救頭然，學持通利，思惟分別爲他解說，智慧精進一心思惟，是菩薩若一切衆生有說法之處，乃至刀杖之難，要至其所聽其所說。或有衆生修樂報業，若現世樂，若後世樂，菩薩爾時，即以善法妙義如法佐助於此善法亦復勤加精進，是菩薩自以己身施於衆生，令得自在，譬如四大，一切衆生於中自在隨所須用，菩薩摩訶薩以身施人。

菩提流志譯《文殊師利所說不思議佛境界經》卷下　復次，諸仁者，菩薩所行六波羅蜜，一一具有三所治障，若住不放逸速能除斷。何等爲三，謂自不布施，不欲他施，瞋能施者。自不持戒，不欲他持，瞋能持者。自不忍辱，不欲他忍，瞋能忍者。自不精進，不欲他精進，瞋能精進者。自不修定，不欲他修，瞋能修者。自無智慧，不欲他有，瞋能有者。如是名爲菩薩六度一一具有三障差別，不放逸行之所除斷。

復次，諸仁者，菩薩所行六波羅蜜，各以三法而得成滿，此三皆從不放逸生。何等爲三，布施三者，謂一切能捨，不求果報，迴向菩提。持戒三者，謂重心敬授，護持不缺，迴向菩提。忍辱三者，謂柔和寬恕，自護護他，迴向菩提。精進三者，謂不捨善，輒無來去想，迴向菩提。禪定三者，謂遍入諸定，無所攀緣，迴向菩提。般若三者，謂智光明徹，滅諸戲論，迴向菩提。如是名爲菩薩六度一一三種能成滿法，不放逸行之所生長。

六度

康僧會譯《六度集經》卷一　聞如是，一時佛在王舍國鷂山中，時與五百應儀，菩薩千人共坐，中有菩薩名阿泥察，佛說經道，常靜心側聽，寂然無念，意定在經，衆祐知之，爲說菩薩六度無極難逮高行，疾得爲佛。何謂爲六，一曰布施，二曰持戒，三曰忍辱，四曰精進，五曰禪定，六曰明度，無極高行。

布施度無極者，厥則云何，慈育人物，悲愍群邪，喜賢成度，護濟衆生，跨天踰地，潤弘河海，布施衆生，飢者食之，渴者飲之，寒衣熱涼，疾濟以藥，車馬舟輿，衆寶名珍，妻子國土，索即惠之。猶太子須大拏布施貧乏，若親育子，父母屏逐，愍而不怨。

昔者菩薩，其心通真，覩世無常，榮命難保，盡財布施。天帝釋覩菩薩慈育群生，布施濟衆，功勳巍巍，德重十方，懼奪己位，因化爲地獄，現于其前曰：布施濟衆，命終魂靈入于太山地獄，燒煮萬毒爲施受害也，爾惠爲乎。菩薩報曰：豈有施德而入太山地獄者乎。釋曰：爾其不信可問辜者。菩薩問曰：爾以何緣處地獄乎。罪人曰：吾昔處世，空家濟窮，拯拔衆厄，今受重辜處太山獄。菩薩問曰：仁惠獲殃，受施者如之乎。釋曰：受惠者，命終昇天。菩薩報曰：吾之拯濟唯爲衆生，假如子云誠吾願矣，慈惠受罪吾必爲之，危己濟衆菩薩上志也。釋曰：爾何志願尚斯高行。答曰：吾欲求佛擢濟衆生，令得泥洹不復生死。釋聞聖趣，因即卻叩頭曰：實無布施慈濟衆生，遠福受禍入太山獄者也，子德動乾坤，懼奪吾位，故示地獄以惑子志耳，愚欺聖人，原其重尤。既悔過畢，稽首而退。菩薩慈惠度無極行布施如是。

康僧會譯《六度集經》卷三　戒度無極者，厥則云何，狂愚兇虐，好殘生命，貪饕盜竊，婬泆穢濁，兩舌惡罵，妄言綺語，嫉恚癡心，危親戮聖，謗佛亂賢，取宗廟物，懷兇逆，毁三尊，如斯尤惡，寧就脯割，葅醢市朝，終而不爲信佛三寶，四恩普濟矣。

昔者菩薩爲清信士，所處之國其王行真，勸導臣民令知三尊，執戒奉齋者捐賦除役。黎庶巨細見王尚賢，多僞善而潛行邪。王以佛戒觀察民操，有外善內穢，違佛清化，即權令而勑曰：敢有奉佛道者罪至棄市，訛善之徒靡不釋真，恣心從其本邪。菩薩年耆，懷正真弘影之明，聞令驚曰：釋真從邪，獲爲帝王，壽齊二儀，富貴無外，六樂由心，吾終不爲也。雖一飡之命，得覩三尊至真之化，吾欣奉之。懷俗記籍萬億之卷，身處天宮極天之壽，而闇於三尊，不聞佛經，吾不願也。稟佛之言，即有戮死之患，吾甘心焉。經云，衆生自投三塗，獲人道難，處中國難，六情完具難，生有道國難，與菩薩親難，覩經信之難，貫奧解微難，值高行沙門清心供養難，值佛受決難。吾宿功著，今覩佛經，獲奉三寶，若值無道葅醢之酷，湯火之戾，終不釋正，從彼妖蠱也。王命有司，廉察違命者，戮之市朝，廉人見菩薩志固不轉，奉事三尊至意不虧，即執之以聞。王曰：戮之於市。陰使人尋聽察其云。菩薩就死誡其子曰：乾坤始興，有人之來，眾生處世，以六情亂行甚於狂醉，尠覩三尊，導清明化也，爾幸知法，慎無釋之。夫捨佛法之行，而爲鬼妖之僞者，國喪必矣，吾寧捨身不去眞也。王今悖誤，爾無從焉。廉者以聞，王知行眞，即欣而請之，執手昇殿曰：卿眞可謂佛弟子者矣。拜爲國相，委任治政，捨佛清化之疇者，復其賦役，於是國境莫尙爲善。佛告諸沙門，時國王者彌勒是也，清信士者吾身是也。菩薩執志度無極行持戒如是。

康僧會譯《六度集經》卷四　忍辱度無極者，厥則云何，菩薩深惟，眾生識神，以癡自壅，貢高自大，常欲勝彼，官爵國土六情之好，己欲專焉，若覩彼有愚即貪嫉，貪嫉處內，瞋恚處外，施不覺止，其爲狂醉，長處盲冥矣，展轉五道，太山燒煮，餓鬼畜生，積苦無量。菩薩覩之即覺，悵然而歎，眾生所以有亡國破家，危身滅族，生有斯患，死有三道之辜，皆由不能懷忍行慈，使其然矣。菩薩覺之，即自誓曰：吾寧就湯火之酷，葅醢之患，終不恚毒加於眾生也，夫忍不可忍者，萬福之原矣。自覺之後，世世行慈，眾生加己罵詈捶杖，奪其財寶妻子國土，危身害命，菩薩輒以諸佛忍力之福，迮滅毒恚，慈悲愍之，追而濟護，若其免咎，爲之歡喜。

昔者菩薩，覩世穢濁，君臣無道，背眞向邪，難以導化，故隱明藏影處于塚間，習其忍行。塚間有牛犢子，常取其屎尿以爲飲食，延其軀命，暴露精思，顏貌醜黑，人皆惡焉。國人覩之，更相告曰：斯土有鬼，見者靡不唾罵，土石擈之。菩薩無絲髮之恚，慈心愍曰：痛夫斯人，不覩佛經而爲斯惡。誓曰：吾爲如來無所著正眞覺道者，必度茲焉。菩薩法忍度無極行忍辱如是。

康僧會譯《六度集經》卷五　精進度無極者，厥則云何，精存道奧，進之無怠，臥坐行步，喘息不替。其目髣髴，恆覩諸佛靈像變化立己前矣。厥耳聽聲，恆聞正眞垂誨德音，鼻爲道香，口爲道言，手供道事，足蹈道堂，不替斯志呼吸之間矣。憂愍眾生長夜沸海，洄流輪轉，毒加無救。菩薩憂之，猶至孝之喪親矣。若夫濟眾生之路，前有湯火之難，刃毒之害，投躬危命，喜濟眾難，志踰六冥之徒獲榮華矣。

昔者菩薩，時爲凡人，聞佛名號，相好道力，功德巍巍，諸天共宗，則高行者眾苦都滅矣。菩薩存想，吟泣無寧，曰：吾從得天師經典翫誦執行，以致爲佛，愈眾生病，令還本淨乎。時佛去世無除饉眾，莫由受聞。隣有凡夫，其性貪殘，覩菩薩精進志銳曰：吾知佛三戒一章，爾欲稟乎。菩薩聞之，其喜無量，稽首足下，伏地請戒。知偈者曰：斯爲無上正眞最正覺道法御天人師之要教也，子欲徒聞之，豈其然乎。答曰：請問法儀厥義何之。曰：爾審懇誠者，身毛一孔一針刺之，血流身痛心不悔者，尊教可聞矣。答曰：聞佛則殞，吾欣爲之，豈況刺身而生存者乎。即布針以刺身，血若流泉，菩薩喜於聞法，得無痛之定。天帝釋覩菩薩志銳，爲其愴然，化令擧身一毛孔者有一針矣，其人覩之，照厥志高，即授之曰：守口攝意身無犯惡，除是三行得賢徑度，是諸如來無所著正眞尊最正覺戒眞說也。菩薩聞戒歡喜稽首，顧視身針霍然不現，顏景弈弈，氣力踰前，天人鬼龍靡不歎懿，志進行高，踵指相尋，遂致得佛，拯濟眾生。佛告諸比丘，授菩薩偈者今調達是，調達雖先知佛偈，猶盲執燭炤，彼不自明何益於己。菩薩銳志度無極精進如是。

康僧會譯《六度集經》卷六　禪度無極者云何，端其心，壹其意，合會眾善，內著心中，意諸穢惡，以善消之。凡有四禪，一禪之行，去所貪愛五妖邪事，眼覩華色，心爲淫狂，去耳聲鼻香口味身好，道行之志必當遠彼。又有五蓋，貪財蓋，恚怒蓋，睡眠蓋，淫樂蓋，悔疑蓋，有道無道，有佛無佛，有經無經，心意識念，清淨無垢，心明覩眞得無不知，天龍鬼妖所不能惑，猶人有十怨脫身離之，獨處山間眾所不知，無所復畏。人遠情慾，內淨心寂，斯謂一禪。心獲一禪進向二禪，第二之禪，如人避怨，雖處深山，懼怨尋之，喻自深藏行寂，雖遠十情慾怨，猶恐慾賊來壞道志，得第二禪，情慾稍遠，不能污己。第一之禪，善惡諍已，以善消惡，惡退善進。第二之禪，喜心寂止，不復以善往消彼惡也，喜善二意，悉自消滅，十惡煙絕，外無因緣來入心者。譬如高山，其頂有泉無流入者，亦非龍雨水自內出，水淨泉滿，善內心出，惡不復由耳目鼻口入，御心如是，便向三禪。第三之禪，守意牢固，善惡不入，心安如須彌，諸善不出外事，善惡寂滅不入心，猶蓮華根莖在水，華合未發爲水所覆，三禪之行，其淨猶華，去離眾惡，身意俱安。御心如是，便向四禪，善惡皆棄，心不念善亦不存惡，心中明淨，猶琉璃珠，又如士女淨自沐浴，名香塗身，內外衣新，鮮明上服，表裏香淨。菩薩心端，獲彼四禪，群邪眾垢，無能蔽其心，猶若淨繒，在作何色，又如陶家埏埴爲器，泥無沙礫，在作何器，又猶鍛師熟煉名金，百奇千巧，從心所欲。菩薩心淨，得彼四禪，在意所向，輕舉騰飛，履水而行，分身散體，變化萬端，出入無間，存亡自由，摸日月，動天地，洞視徹聽，靡不聞見，心淨觀明得一切智，未有天地眾生所更，十方現在眾心所念，未萠之事，眾生魂靈爲天爲人，入太山，餓鬼，畜生道中，福盡受罪，殃訖受福，無遠不知。夫得四禪，欲得溝港，頻來，不還，應儀，各佛如來至眞平等正覺無上之明，求之即得，猶若萬物皆因地生，自五通智至于世尊，皆四禪成，猶眾生所作非地不立。眾祐又曰：群生處世，正使天帝仙聖巧黠之智，不覩斯經，不獲四棄之定者，猶爲愚曚也，既有智慧，而復一心，即近度世。此爲菩薩禪度無極一心如是。

昔者比丘，飯畢澡漱，入深山丘墓間樹下坐，叉手低頭，一心滅念，內意心中消去五蓋。五蓋滅後，其心照然，冥退明存，顧愍天人蜎飛蚑行蠕動之類，傷其愚惑懷斯五蓋，遏絕明善之心，消去五蓋諸善即強。猶若貧人舉債治生，獲利還彼餘財修居，日有利入，其人心喜。又如奴使勉爲良民，困病獲瘳，九族日興，牢獄重罪，逢赦得出。又如重寶渡海，歷險還家，見親其喜無量。心懷五蓋，猶斯五苦。比丘見諦，去離五蓋，猶彼凡人免上五患，蓋退明進，眾惡悉滅，道志強盛即獲一禪，自一禪之二禪，凡有三行，一曰勸仂，二曰數念，三曰思惟。自斯三事得成四禪，以一禪至二禪，以二禪之三禪，以三禪之四禪，四禪勝三禪，三禪勝二禪，二勝一。第一之禪，十惡退，五善進。何謂十惡，眼樂色耳音鼻香口味身好，幷上五蓋謂之十惡。何謂五善，一計二念三愛四樂五曰一心。斯五善處內，第二之禪不計不念，制心內觀，善行在內，不復由耳目鼻口出入，善惡二行不復相干，心處在內，唯有歡喜也。三禪之行除去歡喜，心尚清淨，怕然寂寞，眾祐各佛應儀曰：諸能滅欲淨其心者，身終始安。第四之禪喜心去得寂定。一禪耳爲聲亂，二禪心爲念亂，三禪心歡喜亂，四禪心爲喘息亂。一禪耳聲止，進至二禪。二禪念滅，進至三禪。三禪歡喜滅，進至四禪。四禪喘息滅，得空定。菩薩禪度無極一心如是。

菩薩志道，凡以幾事，能令內淨，心一得禪。或見老者頭白齒落，形體變異，覩之意悟曰：吾後必然，一心得禪。或覩病者身心困痛，猶被杖楚，悵然悟曰：吾後必然，一心得禪。或覩眾生壽命終訖，息絕熅逝，神遷身冷，九族捐之，遠著外野，旬日之間胮脹爛臭，或爲狐犬眾鳥所啖，肌肉生蟲，蟲還食身，膿血惡露滂沱流地，骸骨解散，節節異處，足趺脛髀，尻脊脇臂，頭齒髑髏，各自分離，道人念曰：夫生有死，人物猶幻，會即有離，神逝體散，吾豈得止獨不如彼乎，覩之愴然，一心得禪。或見久死體骨消滅，泥土同塵，深自惟曰：吾體方爾，一心得禪。或以聞太山湯火之毒，酷裂之痛，餓鬼飢饉積年之勞，畜生屠剝割截之苦，存之愕然，一心得禪。或見窮凍餓死，或見履非之人爲王法所戮。道人念曰：斯人遭患，由無道志，吾不精進必復如彼也，一其心得禪。深惟內觀，下即爲屎尿所迫，上即爲寒熱所惱，覺身可惡，一心得禪。或見惡歲五穀不豐，民窮爲亂，更相挌戰，死屍縱橫，覩之愴然，吾不爲道必復如之，一其心得禪。覩盛有衰榮財難保，少壯有老病壽猶電光，憶之愕然，一其心得禪。念佛巍巍相難雙矣，皆由淸淨致爲眾祐，存之欣然，一其心得禪。念經深義，沙門高行，一其心得禪。惟身行善，前後積德，一其心得禪。惟愚所求，違佛明法，勞而益罪，諸天處世，守戒奉齋，自致升天，榮壽無量，一其心得禪。受佛深經，反覆思之，爲眾訓導，中心歡喜，一其心得禪。存憶眾生有成輒壞，壞皆苦痛，惟之愴然，一其心得禪。眾生之性莫能自保，來始之變，道人自懼，命盡卒至，或墮惡道，視世榮樂眞僞如夢，志重醒悟，一其心得禪。【略】

道人以眼觀世生死，但以十二因緣，念此一其心得禪。道人以五事自觀形體，一曰自觀面類數變，二曰苦樂數移，三曰志意數轉，四曰形體數異，五曰善惡數改，是謂五事，數有變異，猶如流水前後相及，念此一其心得禪。道人念禪當云何，目見死人自頭至足，諦思熟視存想著心，行坐臥起飯飲萬役，常念著心以固其志，得禪自在所念。譬如人炊數斛米飯，欲知熟未，直取一米捻㸑視之，一米熟者明餘者皆熟，道志若茲，心之迴走，猶水之流，道人直念一事，心停意淨，應儀眞道，滅度可得第一之禪。欲得應儀可得不。曰：中有得者，有不得者。何行能得，何行不得。於一禪中，有念有愛道則不成，天地無常，虚空難保，盡内穢垢，無貪愛念，志淨如斯，應眞可得。二三至四，執心當如一禪，志存一禪未得應儀，命終可趣，即上七天受壽一劫，在二禪終上十一天受壽二劫，處三禪終上十五天受壽八劫，處四禪終上十九天壽十六劫。【略】道人内觀分別四大，此地彼水，火風俱然，都爲無人，念之志寂，一其心得禪。道人自覺喘息長短，遲疾巨細皆别知之，猶人削物自知深淺，念息如此，一其心得禪。菩薩禪度無極一心如是。

竺法護譯《賢劫經》卷三　佛告喜王菩薩：何謂聞持度無極有六事，見衆窮厄，不能自濟，若宣法施，伏已致寶使衆人聞，是曰布施。常以德本衆善之行，既自身行，復勸他人，若聞不持致大財富，是曰持戒。若聞善說能忍衆苦不以爲惱，假使菩薩若爲梵志，悉從愚人得有所聞，修十二年興發建立無上大道，覺了所生，是曰忍辱。若能精進，捐棄家業不以爲難，是曰精進。其解脱無常而聞因緣不以懈廢，是曰一心。學無有師，方便平等於諸憎愛，是曰智慧。是爲六。何謂生死長度無極有六事，若惠施主得無所從生法忍，是曰布施。其能依倚無極大哀，是曰持戒。設以柔和勸慕弘誓，是曰忍辱。若以博聞施於一切，是曰精進。假使寂然加於無我，是曰一心。若以諸下徒使僕從，教誨忍和，禪思弘聖，是曰智慧。是爲六。何謂無斷度無極有六事，若以所施興立四恩，救濟危厄，是曰布施。護身口心，常謹慎三，是曰持戒。其以仁宜身心和同，志逮法忍，四事和業，是曰忍辱。若用勤修四意斷者，無所中傷，皆由學是建立至眞，是曰精進。其用寂靜，逮四意止者，是曰一心。若以聖明修四諦事，無復虚僞，是爲智慧。是爲六。何謂欲樂純熟度無極有六事，一切所有施而不悋，是曰布施。開化功勳，見空脱門，是曰持戒。若以至德教訓用化，戒禁在於行，業心生其上，開度衆生顯以斯戒，以忍順意而有殊特仁和能受，是曰忍辱。其以用法隨時開化若干品訓，是曰精進。曉了時宜，奉行慈心，行四等意，斷他苦樂，是曰一心。所欲訓誨衆生一切哀護應法，其所至宜，隨時不失，是曰智慧。是爲六。何謂禪定度無極有六事，若建所施，在在所欲，不能違者，是曰布施。心懷謹慎，棄衆不可，是曰持戒。仁任和忍，諸法自然入於和忍，是曰忍辱。一心勤修，思惟建立，處所悉散，毁滅諸非，是曰精進。若以禪思，聞所棄捐，身口心安，承諸智明，是曰一心。若蠲除欲，以聖明德，去衆穢行，是曰智慧。是爲六。何謂神通度無極有六事，若以燈施因，得其報天眼徹視，是曰布施。其奉禁戒，專精聽經，無所毁犯，致天耳聽，是曰持戒。仁和無二，以用勸助，因發道意，是曰忍辱。成就逮得識念宿命過去世事，神通自然，爲衆生故，處在世間，積功累德，每生自剋，是曰精進。懷來神通神足變化難逮無極，捨諸識著，受平等禪，是曰一心。以逮斯恩因緣之報，以慧神通消滅衆垢，因其三昧究暢聖明，是曰智慧盡諸漏矣。是爲六。何謂世人巧便度無極有六事，不能勸學諸度無極，唯慕世俗巧術之宜，俱技他行，巧術所施，使人修德，是曰布施。後當得報，使無數人愛樂務道，是曰持戒。能使一切技術巧便，皆達無餘，靡不通暢，是曰忍辱。其速奉行菩薩之法，能令成就，是曰精進。若心以好，是曰一心。諮受道法，是曰智慧。是爲六。何謂慈愍護養一切度無極有六事，若以心護一切衆生，以慈心施，是曰布施。用衆生故，不貪己身，以是持戒，以時誓願，因得自在所生之處，訓化衆生因奉善事而建立道，是曰持戒。猶過去王名曰摩調，所興精進，愁思勤修，遵承隨時，是曰忍辱。若作國王人求截頭心不發恚，無央數人得生天上，以是精進若能堪任，復致財業以與開導，是曰精進。其不逸禪，無所藏匿，消滅六情，是曰一心。設用聖慧示無數衆，人皆啟受報應大果，衆德六事諸所塵垢，勇猛所執，爲不見侵，不以過去而有增損，是曰智慧。是爲六。何謂行哀度無極有六事，以能布施心自發念，欲使衆生一切普安，是曰布施。若棄他人，不自厭身，悉散衆結，是曰持戒。若能忍己，罵詈杖捶，悉以能忍，亦化他人令忍，是曰忍辱。若以精進，具衆德本，不以患厭度無極衆，又以專精勸諸人衆使出家學，是曰精進。若厭惡趣愛，樂禪思功勳究竟，是曰一心。愍哀淨除一切惡路而不懈廢，所興法施，訓化衆生，是曰智慧。是爲六。

何謂歡喜度無極有六事，若能行恩其心悦豫而不懷恨，是曰布施。篤信守禁而致善德，是曰持戒。若以柔和成就慚愧不報麁獷，是曰忍辱。若以勤修心無瞋恨，自護安彼而善思惟，不懷湯火，是曰精進。若樂寂然，其心清淨，建立成就，斷衆貪欲，是曰一心。有所惠施，心無所猗，奉行道法，休息望報，觀於智慧而受覺意，選覺意已遵修無願建立脫門，不處顛倒，無所傷害，是曰智慧。是爲六。何謂勸護度無極有六事，若有所施，心無所著，奉平等法，不懷妄想，是曰布施。若以謹慎親諸覺意，心受精進，不懷惱熱，是曰持戒。行無所想，心志顯明，其內外安棄諸貪羡，是曰忍辱。曉了有爲，觀於無爲，心不處二，是曰精進。若以禪思觀察勢力，寂然精進，在所遊至爲一切首，是曰一心。若信聖明，遵修道義，無極哀故，開化餘人，是曰智慧。是爲六。何謂勸邪見度無極有六事，若在雜碎諸外異學，入其祠祀順從其意而開化之，猶如隨藍梵志所興福德之業，是曰布施。若顛倒戒衆賊集會，爲賊所牽而顯其行，緣斯化度，是曰持戒。若在衆雜，若干惱行而來犯之，不以患厭，是曰忍辱。有所施與，若入世俗，不與同塵，而爲頌宣寂然之義，是曰精進。若興禪思，遊在冥中而樂於此，樂無所樂，以法樂之，是曰一心。若梵志像欲化衆生，隨其所順行而訓誨之，是曰智慧。是爲六。何謂勸正見度無極有六事，若入習俗，爲設法教，布施得福，持戒生天，所作善惡皆有果報，以此濟之，是曰布施。若世無佛菩薩，未曾隨惡友教，是曰持戒。菩薩清淨，鮮白無瑕，猶如雪山生好樹木，未曾有諸天鬼神衆龍而遊樂中，是曰忍辱。所奉勤修，除去彼我，譬如賈客而遠遊行有所成辦，是曰精進。若以智慧修治四禪亦無所護，是曰一心。若以聖明，多所愍傷，一切衆生建立不逮，猶如昔學，本之所教，以一頌偈訓誨八萬四千國邑，是曰智慧。是爲六。何謂勸住見度無極有六事，菩薩假使在於夢中，心不慳嫉，雖佛不興，無有異心，況現在乎，是曰布施。若遇惡罪及失身命，未曾犯禁，是曰持戒。所生之處與光明俱，適生輒聞本清淨忍乃得佛道，是曰忍辱。所生之處常見頌宣開化衆生，以此道法訓誨他人，是曰精進。在在所生善思念道，快建立業有所覩見，本性自然故致如是，是曰一心。若以度世及覩世事，無師主者，其身獨立不從他受，其慧如是常宣至誠，其身口心未曾有欺，是曰智慧。是爲六。何謂勸無住度無極有六事，若以權惠，有所救濟窮厄之士，是曰布施。謹慎身心，心無所犯而無放逸，是曰持戒。逮不退轉，不起法忍，是曰忍辱。一切萬物思不可得，勤修方便而無所住，以是無住勸六度無極，是曰精進。若於內外悉無所著，而衆生迷心，心塞不解，計有我想，不了無我，爲分別說，了一切空，是曰一心。若不棄捨聲聞緣覺，以聖明法依一切智，是曰智慧。是爲六。何謂勸無猗度無極有六事，若集加恩一切三界皆得悅豫，猶如定光，有所發起，是曰布施。若以禁行而無所依，不有所求，是曰持戒。假使其心仁和柔軟，未曾妄想一切諸法，是曰忍辱。勤修衆行而無所著，是曰精進。禪定所見入菩薩地不墮顛倒，是曰一心。若以聖智消衆塵勞歸於大道，是曰智慧。是爲六。何謂勸意度無極有六事，意自念言菩薩所濟，欲成佛國，因致究竟，是曰布施。其自守行，斷三惡趣，不爲罪業，是曰持戒。以慈仁和報，得相好端正殊妙見莫不歡，是曰忍辱。以勤修行往入大海致如意珠，消竭衆難得自在法，是曰精進。若以禪思蠲除塵勞，如其志願而致得之，是曰一心。若以聖明能壞衆魔，所立訓化莫不從教，是曰智慧。是爲六。何謂勸忍度無極有六事，所出施與心在佛道未曾忽忘，是曰布施。救護地獄以寂靜志，魔不能犯法不迴轉，是曰持戒。順理所向，奉行正法，不懷嫉妬，如王太子號曰德光，布施自在一日，悉捨一切所有施佛弟子，欲得車乘象馬，滿四十里幡蓋欝茂瓔珞衣寶無數華香，捨八萬四千婇女，棄國捐王，手足耳鼻頭目肌肉支體妻子，不逆人意，出家作沙門奉是正法，是曰忍辱。所奉衆戒處於勤修而無所著，是曰精進。若於夢中見衆玉女不以爲貪，具身相好顔貌清淨，是曰一心。若入城中心懷明智，設見比丘篤心敬之無若干想，是曰智慧。是爲六。【略】

何謂住明持度無極有六事，住於正法，供養佛教，存立經典，是曰布施。行所止處，入於如來，身明口淨，無有衆想，是曰持戒。其柔順行，不近俗法，無所動轉，是曰忍辱。曉了聲聞緣覺之業，消衆塵勞乃至滅度，是曰精進。所以禪思求於衆生，心念所行以惠音聲，是曰一心。以知得脫，不失時節，行聖明慈，是曰智慧。是爲六。何謂興成就度無極有六事，佛興世時成大財業，賢聖無量受於過去諸佛之教，是曰布施。以行勸助而得解脫，佛興現世消衆塵勞，是曰持戒。以而仁和受世尊教，又知止足，不懷懈惓乃至大行，是曰忍辱。若以勤修建立弘誓，其人功德若在王位，心不違法，是曰精進。若以禪思，心常念佛，不失至眞，是曰一心。若以聖明勸助滅度，如佛開化五人身心，是曰智慧。是爲六。何謂意不惱度無極有六事，行恩如意願誓奉道以化他人，是曰布施。遵其至行以護他人御身口意，是曰持戒。所修仁和是深妙忍，正法沒時堅固其志，是曰忍辱。所立勤修懷來道慧心不迷惑，是曰精進。假使禪思執持空無，不有想願，心無所冀，是曰一心。以其聖明思惟愁慼，慈念一切欲救濟之，是曰智慧。是爲六。何謂佛興立在家居度無極有六事，若以所施興發五事，何謂爲五，一曰成座，二曰說處，三曰成眷屬，四曰成就法樂，五曰成其書疏，是曰布施。所施立行其禁具足而無所犯，是曰持戒。其以仁和棄捐人想不計壽命，是曰忍辱。若以勤修奉平等業顯示道義，是曰精進。以心禪思普修平等，奉行至德意無所願，是曰一心。若以慧明歸諸聖諦靡所不通，是曰智慧。是爲六。何謂出家來度無極有六事，若有所施與心俱合致無漏行，是曰布施。其以謹愼令護身口合於滅度，是曰持戒。若以仁和厭於三界而無所著，是曰忍辱。勤修政行，歸四意止而生道意，是曰精進。所以禪思遵四等心，患厭周旋生死之難，是曰一心。若以聖明而放遠捨愁慼之思遵修至眞，是曰智慧。是爲六。何謂愍哀博聞來度無極有六事，若以頒宣訓精進敎給衆窮匱，是曰布施。奉受道法捨其身命無所貪愛，是曰持戒。正以仁和正法欲沒，菩薩發心順其時宜，自沒其身愛護正法，是曰忍辱。若以勤修逮得總持恆識不忘，是曰精進。若以禪思其心體解十二緣起而無所起，是曰一心。若以智慧諸所更歷遵修寂靜，是曰智慧。是爲六。何謂出家不斷戒度無極有六事，所濟他人，如意所願，奉行法師命，是曰布施。所行禁戒遵于大哀無有微恨，是曰持戒。所志仁和不懷危害，謙下恭順而不自大，是曰忍辱。所奉勤修強而有勢不爲怯弱，是曰精進。所禪志思行七覺意，通於遠近，靡所不達，是曰一心。所志智慧因能具足，不起法忍，是曰智慧。是爲六。【略】

佛告喜王菩薩：何謂住神通度無極有六事，若有所施至於重財不以貪悋，奉於道法而受眞敎，是曰布施。行無所著，不猗邪正，志于大道，是曰持戒。其以仁和不懷狐疑永無猶豫，是曰忍辱。志在勤修建立弘誓不違本願，是曰精進。所以禪思光明所照通於遠近，是曰一心。聖明所遵應於道地，事事有緣牢堅受持，是曰智慧。是爲六。何謂神通不斷度無極有六事，若有所救建立如來佛寺精舍以爲元首，是曰布施。求於道業致智慧根拔無明原，是曰持戒。所志柔和，達於本際而興正眞，是曰忍辱。奉行勤修，通達色想而無所想，是曰精進。所以禪思寂然定意乃至脫門，是曰一心。遵承聖明，修持總持，觀於正行，住淡泊地，是曰智慧。是爲六。何謂入欲度無極有六事，若有所濟合集勢力以給怨家，是曰布施。所行羸劣次第順力建立大勢，是曰持戒。其以柔和消諸陰蓋奉修道義，是曰忍辱。若斷怨心，猶王太子樂於淸白，是曰精進。若常禪思心不放逸專唯定意，是曰一心。所以聖明有所度脫惡趣地獄生死之難，勤修精進，猶如往古學之所行，是曰智慧。是爲六。何謂立度無極有六事，有人行者救於惡趣，誘在生死使得超出，如頂相報，是曰布施。所奉行者若世無佛，開化衆人各令得所，猶如往昔摩調聖王慈化天下，是曰持戒。所以仁和不起瞋恚，如羼提和截手足耳鼻不生恚心，是曰忍辱。其以精勤難可制持終不噎滯，猶如海中如意明珠，從其所求輒得所願，是曰精進。所修禪思如在中宮，開化貴人使發道意超無等倫，猶如師子太子自在有所教勑，如風靡草，是曰一心。若入聖明衆智境界，一切悉捨，能惠與人不斷所倖，猶如古王頭首布施，是曰智慧。是爲六。何謂應進度無極有六事，所持衣物施與衆生，猶如鼈王在海救厄，是曰布施。所奉持法猶如師子眷屬圍繞，救濟賈客亦復如是，是曰持戒。所聞柔和，猶如梵志欲來害王而取其頭即惠與之，是曰忍辱。所修精進如梵志子名曰思義，棄五所欲救護他人而勸度之，是曰精進。其所禪思如阿離，念在於異學救護弟子及與他人，是曰一心。以聖明事開化無數百千衆人，猶如鳥王救無反復，是曰智慧。是爲六。何謂衆報應度無極有六事，若愍世人有所救濟，猶如離垢化衆行淨，是曰布施。所奉至行住於梵天，爲閻浮利人造立德本令得入法，是曰持戒。所行仁和加於衆生不惜身命，猶如在海見其船壞自殺其身以度衆人，是曰忍辱。所行精進開化無數多所成就，猶如導師名曰福事，採海衆寶以濟窮匱，是曰精進。所以禪思愍傷他人而行勸助，猶如童子名曰意義，於八萬歲奉行慈心用安衆生，是曰一心。若以聖明，了解現世度世智慧，以是智慧覺了空無，如須菩提解空識喻，衆塵樹葉悉能分別，其勸助者報應過是，是曰智慧。是爲六。何謂無報度無極有六事，其所救濟，不受報應乃至滅度，猶如大蓋有所覆護，菩薩所修如是無極，如江河沙衆生得度，是曰布施。所奉法行諸漏已盡，至不退轉攝受普護，是曰持戒。所志仁和未曾有恨逮致佛道，是曰忍辱。所以勤修捨棄身命，一切萬物供養三寶，是曰精進。所修禪定在佛樹下，宣歎頌偈遵承法觀以此行護，是曰一心。所遵聖明不論道慧，猶如海中舍和樹葉香美療病，菩薩如是，以道德香化於一切，使發大道心，是曰智慧。是爲六。何謂無樂度無極有六事，所濟衆生猶如滅度，譬如賢者名曰漢林，度衆迷惑，故當曉知菩薩本行此宿所喻，是曰布施。其禁無量，患厭衆難，志願無爲，猶如往古菩薩所行，精進入海致無量寶，故引譬喻，是曰持戒。其仁和行，若迦夷王而截其頭及鼻手足，不懷瞋恚，是曰忍辱。若勤修行，出迦維羅衛無有見者，所以平等入正得佛，是曰精進。所以禪思四品具足，淨修梵行慈悲喜護，是曰一心。猶以智慧度無極，成其亦難，致在世正受心常等定，是曰智慧。是爲六。【略】

何謂無量光度無極有六事，善權方便而有所濟，因以報致佛大光明周遍無數諸佛國土，是曰布施。所奉勤修勸助逮得不起法忍，是曰持戒。其仁和者勸助法相而無所著，是曰忍辱。所可精修奉行空法，勸助大道歸此空無，是曰精進。所以禪定助化衆生，常不懈廢使不退轉，是曰一心。所修聖明住第八地，在所勸化莫不蒙荷，是曰智慧。是爲六。何謂報安光度無極有六事，若至魔徑臨壽終時，其功報應，猶兜術天忽沒來下，開化餓鬼除其飢厄，是曰布施。降伏魔徑所奉愍哀，放捨身縛亦脱罪厄，猶如往古國王太子名曰須賴，所脱苦患，是曰持戒。其行仁和在於魚中，安諸黿鼉隱樂得食，是曰忍辱。所勤修行，諸王女等而在恐懼危厄艱難，愍傷濟之，是曰精進。所修禪思，在疾疫劫以藥療之，猶如往古童子所作長益，以五頭首救濟閻浮提諸非邪惡，是曰一心。以此聖明救濟一切，猶往古喻五百賈客，以五百玉女及諸玉女，就爲導師護王，億人一心宿衛，是曰智慧。是爲六。

六和敬

竺佛念譯《菩薩瓔珞本業經》卷上　佛子，七廣正法，所謂六和敬，三業，同戒，同見，同行，同入此法和，畢竟空故，住不退位故。

慧思《法華經安樂行義》　和者，修六和敬持戒修禪智及證解脱法，乃至調衆生瞋恚及忍辱，持戒及毁禁，皆同涅槃相。所謂六和者，意和，身和，口和，戒和，利和及見和。善順者，善知衆生根性，隨順調伏是名同事六神通攝。柔和者名爲法忍，善順者名爲大忍。而不卒暴者，學佛法時，不忽忽卒暴，取證外行威儀，及化衆生亦復如是。

施護譯《佛説息諍因緣經》　復次阿難，有六種和敬法，汝等諦聽，如理作意，如善記念，今爲汝説。何等爲六，所謂於其身業行慈和事，常於佛所淨修梵行，於諸正法尊重禮敬，如理修行，於苾芻衆和合共住，此名身業和敬法。復於語業，出慈和語，無諸違諍，此名語業和敬法。復於意業起慈和意，無所違背，此名意業和敬法。又復若得法利及世利養悉同所受，或時持鉢次第行乞，隨有所得飲食等物白衆令知，與衆同受勿私隱用，若衆同知者即同梵行，此名利和敬法。又復於戒不破不斷，戒力堅固離垢清淨已，知時知處普徧平等，應受施主飲食供養，如是淨戒同所修，同所了知，同修梵行，此名戒和敬法。又復若見聖智趣證出離之道，乃至盡苦邊際，於如是相如實見已，同一所作，同所了知，同修梵行，此名見和敬法。如是等名爲六和敬法。阿難，如先所説鬭諍根本，汝諸苾芻應當斷除，於七滅諍法應當了知，諸有諍事若已起若未起悉令息滅，已同修六和敬法，汝諸苾芻，若如是行乃於東西南北，隨往方所，若行若止，令汝苾芻，悉得安樂離諸諍事。乃至我涅槃後，亦復令汝諸苾芻衆，於一切處常得安樂，如我現在住世説法教化衆生等無有異。

六　通

那連提耶舍譯《阿毗曇心論經》卷四　神足天眼耳，當知一世智者，神足天眼天耳是一世智，非無漏智如是轉。彼神足通智，能示現種種事，示現種種事是智慧能。天耳通者，天耳識相應慧。生死智通者，天眼識相應慧。六智憶宿命者，憶念過去處神通六智，謂法智憶法智分，隨順智憶隨順智分，世智憶世智分，苦智憶過去苦，集智亦如是，道智出世間行，罽賓論師説但一世智。五説他心智者，他心智通五智，謂法智，隨順智，世智，道智及他心智等。

佛陁耶舍共竺佛念譯《佛説長阿含經》卷九　云何六證法，謂六神通，一者神足通證，二者天耳通證，三者知他心通證，四者宿命通證，五者天眼通證，六者漏盡通證。

實叉難陁譯《大方廣佛華嚴經》卷五七　六通是菩薩道。所謂天眼，悉見一切世界所有衆色，知諸衆生死此生彼故。天耳，悉聞諸佛說法，受持憶念，廣爲衆生隨根演暢故。他心智，能知他心，自在無礙故。宿命，憶知過去一切劫數，增長善根故。神足通，隨所應化一切衆生，種種爲現，令樂法故。漏盡智，現證實際，起菩薩行不斷絕故。

六無爲

宋延壽《宗鏡錄》卷五八　有六種無爲。《百法》云，一虛空無爲者，離一切色心諸法障礙，所顯眞理，名爲虛空無爲。虛空有三，一識變虛空，即第六識上作解心，變起虛空相分故。二法性虛空，即眞如體有離諸障礙，故名爲虛空。三事虛空，即所見頑空是也。二擇滅無爲，由無漏智起簡擇，滅諸障染，所顯眞如理故。三非擇滅無爲，有法不由擇力，起無漏智簡擇，而本性淨，即自性清淨涅槃是也，即眞如本性，離諸障染，不由起智斷惑，本體淨故。四不動無爲，第四禪離八患三災，證得不動無爲。五想受滅無爲，從第四禪已上至無所有處已來，捨受不行，并麁想亦無，顯得眞如，名想受滅無爲。六眞如無爲，有二，一約對得名，謂眞如理，對事得名。二簡法者，即眞如簡遍計，離於生滅也。出體者，大乘但約心變相分，假說有虛空故，非是離心外有空也，若說本質無爲者，即不離於識變有也。

德清《百法論義》　無爲法有六種者，謂虛空無爲，擇滅無爲，非擇滅無爲，不動無爲，受想滅無爲，眞如無爲。此六種法，揀異有爲，故立無爲名。雖云出世法，實通小乘，以不動乃三果那含，受想滅乃滅盡定耳。虛空無爲者，從喻得名，謂無爲法，體若虛空，無所造作，下五無爲，通以此喻。然此虛空喻，有大小不同。如《華嚴》云，若人欲識佛境界，當淨其意如虛空，遠離妄想及諸取，令心所向皆無礙。又云，清淨法身，猶若虛空。此則直指法界性空。即《起信》所云，如實空鏡，以體絕妄染，故如虛空，此乃大乘法性眞空，實一心之別稱也。此中虛空，義通大小，正取虛豁，無有造作，以作下五無爲眞諦之喻耳。擇滅無爲者，擇謂揀擇，滅謂斷滅，由無漏智，斷諸障染，所顯眞理，故立斯名。此在權教菩薩分斷分證，及二乘所證涅槃空法，正屬擇滅，故曰證滅高證無爲，實在二乘。非擇滅者，謂不由擇力，緣缺所顯，即實教菩薩以如實觀，觀諸法性本自寂滅，以立此名。不動無爲者，謂第四禪，離前三定，三災不至，無喜樂等動搖身心，得不動名，即五那含定。受想滅無爲者，無所有處，想受不行，名受想滅無爲，通滅盡定，此與不動皆屬二乘。眞如無爲者，理非倒妄，不妄不變，名爲眞如，以遠離依他偏計，此正《唯識》所證十種眞如。若依《起信》，正是八識體中本覺，及眞如門，乃對生滅之眞如，未盡一心，故是相宗之極則。

廣益《大乘百法明門論》　第五無爲法者，略有六種，一虛空無爲，二擇滅無爲，三非擇滅無爲，四不動無爲，五想受滅無爲，六眞如無爲。

此列六種無爲之名也。言無爲者，乃前四位眞實之性，故云識實性，乃第五實性唯識。識實性故，以六位心所，則識之相應，乃第二相應唯識。識相應故，十一色法，乃識之所緣，即第三所緣唯識。識所緣故，二十四不相應，即識之分位，乃第四分位唯識。識分位故，識是其四位之體，故總云識實性也。前九十四種，謂有爲法，屬凡夫生死法，以有所作爲故。今此六種，謂無爲法，屬三乘出世法，以無所作爲故。前名煩惱障，此名所知障。此六無爲，雖云出世，然亦兼凡夫。但約無所作爲，義說無爲耳。蓋虛空，非擇滅，眞如，此三無爲，乃大乘菩薩所證。擇滅，乃二乘所得。不動，乃四禪天人所修捨定。苦樂不動故，想受滅，乃四空天人，想受不行，有此不同耳。

一虛空無爲者。此從觀得名，謂由修無我觀所顯眞理，似虛空相，離一切色心等諸法障礙，故云虛空。補義，此依識變，故屬有我，正起信之我見也。

二擇滅無爲者。擇謂揀擇，乃能擇之智，滅謂斷滅，乃所滅之根隨煩惱。謂由無漏智，擇揀諸惑，能顯滅理，以斷諸障染，因擇力所得滅理，故云擇滅。乃二乘析色明空，所證涅槃耳。

三非擇滅無爲者。非由擇力滅惑所得，但本性清淨，及緣闕所顯故。緣闕者，《俱舍》云，永礙當生，得非擇滅，當生者，當來生法，緣會則生，緣闕不生，謂能永害未來法生，得滅異前，以得不由擇，但由緣闕，名非擇滅。如眼與意專一色時，餘色聲香味觸等謝，緣彼境界五識身等，住未來世畢竟不生，由彼不能緣過去境，緣不具故，得非擇滅。釋云，謂眼緣色時，耳等亦合緣聲等。以專注色，故耳不緣色等，同時聲等刹那已謝，故令緣聲等識更不復生，以前五識唯緣現量，不緣過未故。

四不動無爲者。雖前三定，至第四禪，永離三災，謂火燒初禪，水渰二禪，風刮三禪，出八難，謂憂，苦，喜樂，尋，伺，出，入，息故，無喜樂動搖身心所顯眞理，故云不動。補義，此正四禪天定，亦屬五那含天。

五想受滅無爲者。謂已離無所有處，欲超過有頂，暫止息想，作意爲先故。諸不恆行心心所滅，及恆行一分心心所滅，以想受不行所顯眞理，故云想受滅。

六眞如無爲者。謂言說之極，無有可說故强名眞如。言眞如者，離外道之倒，及二乘之妄，不妄不變，理非倒妄，故名眞如。前五無爲，皆依眞如體上假立名空等。

此六種無爲，《識論》說略有二種，一依識變假施設有，二依法性假施設有。言依識變假施設有者，謂曾聞佛說如虛空等名，隨起分別作虛空等相，復假觀法數熏習力故，則於觀心中有似虛空等相現。此所現無爲相，變帶而起，前後相似，無有變易，假說爲常，以唯識變，故非眞常。此該六種無爲，乃地前比觀所修，當屬有漏。若地上後得智變，即無漏也。二依法性假施設有者，謂空無我所顯眞如，有無俱非，心言路絕，與一切法，非一切法，是法眞實之理，故名法性。離諸障礙，故名虛空。是則前五無爲，皆依眞如實德也。此體須證人法二空無我之後，方得顯故，乃地上所證。今言皆無我者，乃約前識變者，故說有我。其依法性眞如修所顯者，爲眞眞如性。若依性宗，《圓覺經》云，乃至證得無上涅槃，皆名我相，故亦屬有我。今論六種，但說依識變者。

六無畏

一行《大毗盧遮那成佛經疏》卷三 經云，爾時執金剛祕密主白佛言，世尊，願救世者演說心相，菩薩有幾種得無畏處，乃至當得一切法自性平等無畏者。猶是答前心相句，以金剛手既聞此教諸菩薩，直乘眞言門上菩薩地故。問：世尊此菩薩行道時，有幾種得無畏處。佛還復約前三劫，作差降對明也。梵音阿濕嚩娑，正譯當言蘇息也，如人爲强力者所持扼喉，閉氣垂將悶絶，忽蒙放捨還復得蘇。衆生亦復如是，爲妄想業煩惱所纒，觸緣皆閉，至此六處如得再生，故名蘇息處，亦如度險惡道時，其心泰然無所畏懼，故名無畏處也。

佛言，祕密主，彼愚童凡夫，修諸善法害不善法，當得善無畏者。善義通於淺深，今此中意，明十善業道，如世人以十不善道因緣，漂沈惡趣無有窮已，後得順世八心，也漸受三歸戒，於無量世生人天中，後至涅槃，以免離三途劇苦，名最初蘇息處也。若眞言行者初入三昧耶，依三蜜供養修行位，與此齊等也。

經云，若如實知我，當得身無畏者。如修循身觀時，見此身三十六物之所集成，五種不淨惡露充滿，終不爲此而生貪愛。次復觀受心法，得離不觀我性四種顚倒，於身諸扼縛得蘇息處。若眞言行者，本尊三昧衆相現前時位，與此齊也。

經云，若於取蘊所集我身，捨自色像觀，當得無我無畏者。謂觀唯蘊無我時，於陰界入中，種種分折推求我不可得，捨此自色像者。譬如因樹則有樹影現，若無樹者影由何生，今五蘊尚從緣生都無自性，何況此積集中而有我耶。如上所說，乃至證湛寂之心離一切過，是於我之扼縛得蘇息處。若眞言行者，於瑜伽境界一切分段中，能觀心不可得，不生愛慢位，與此齊也。

經云，若害蘊住法攀緣，當得法無畏者。謂行者心住蘊中，欲令發起離著，爾時幻焰等喻，觀察諸蘊即空，得離違順八心證寂然界。然離蘊之扼縛，於法得蘇息處，法謂十緣生句也。若眞言行者，現覺瑜伽境界，皆如鏡像水月無性無生位，與此齊也。

經云，若害法住無緣，當得法無我無畏者，即是無緣乘心。觀察法無我性，於心外有無影，像智都無所得，心王自在覺本不生，得離法之扼縛，於法無我得蘇息處。若眞言行者，於瑜伽道中心得自在用時位，與此齊也。

經云，若復一切蘊界處，能執所執我壽命等，及法無緣空自性無性，此空智生，當得一切法自性平等無畏者。謂觀自心畢竟空性時，我之與蘊法及無緣，皆同一性，所謂自性無性，此空智生，即是時極無自性心生也，於業煩惱等，都無所縛亦無所脫，故云得一切法自性平等。爾時於有爲無爲界二種扼縛得蘇息處即是眞言行者虛空無垢菩提心也，然此心在纏出纏皆畢竟無相，以如來五眼諦觀，尚不能得其像貌，況餘生滅中人。今所以廣明三劫六無畏處衆多心相者，皆是擬儀外迹，以明修證之深淺耳。上已明見烟之相，可已比知火性。但知心垢盡處，戲論不行，即是第六無畏依，更欲如何表示耶。

六因

玄奘譯《阿毗達磨發智論》卷一　何故世尊訶諸弟子，稱言癡人。答：彼於世尊教誡教授，不隨義行，不隨順，不相續。復次彼於聖教，作愚癡事，空無有果，無出無味，無有勝利，違越佛教，於諸學處，不能受學。故佛訶彼，稱言癡人。有六因，謂相應因，乃至能作因。云何相應因。答：受與受相應法，爲相應因。受相應法與受，爲相應因。想思觸作意欲勝解念三摩地，慧與慧相應法，爲相應因。慧相應法與慧，爲相應因。是謂相應因。云何俱有因。答：心與心所法，爲俱有因。心所法與心，爲俱有因。心與隨心轉身業語業，爲俱有因。心與隨心轉不相應行，爲俱有因。隨心轉不相應行與心，爲俱有因。復次俱生四大種展轉爲俱有因。是謂俱有因。云何同類因。答：前生善根，與後生自界善根及相應法，爲同類因。過去善根，與未來現在自界善根及相應法，爲同類因。現在善根，與未來自界善根及相應法，爲同類因。如善根，不善無記根亦爾。差別者，不善中除自界是謂同類因。云何遍行因。答：前生見苦所斷遍行隨眠，與後生自界見集滅道修所斷隨眠及相應法，爲遍行因。過去見苦所斷遍行隨眠，與未來現在自界見集滅道修所斷隨眠及相應法，爲遍行因。現在見苦所斷遍行隨眠，與未來自界見集滅道修所斷隨眠及相應法，爲遍行因。如見苦所斷，見集所斷亦爾。是謂遍行因。云何異熟因。答：諸心心所法，受異熟色，心心所法，心不相應行，此心心所法，與彼異熟，爲異熟因。復次諸身語業，受異熟色，心心所法，心不相應行，此身語業，與彼異熟，爲異熟因。復次諸心不相應行，受異熟色，心心所法，心不相應行，此心不相應行，與彼異熟爲異熟因。是謂異熟因。云何能作因。答：眼及色爲緣生眼識，此眼識以彼眼色彼相應法，彼俱有法，及耳聲耳識，鼻香鼻識，舌味舌識，身觸身識意法意識，有色無色，有見無見，有對無對，有漏無漏，有爲無爲等一切法，爲能作因。除其自性，如眼識耳鼻舌身意識亦爾。是謂能作因。

玄奘譯《入阿毗達磨論》卷下　前於思擇有爲相中，說法生因總有二種，一內，二外。內謂生相，外謂六因，或四緣性。今應思擇，因緣者何，因有六種，一相應因，二俱有因，三同類因，四遍行因，五異熟因，六能作因。心心所法展轉相應，同取一境名相應因。如心與受等，受等與受等，受等復與心，各除其自性。諸有爲法更互爲果，或同一果，名俱有因。如諸大種所相能相，心心隨轉更互相望。二因別者，如諸商人更相助力能過嶮路，是俱有因。諸所飲食展轉同義，是相應因。心隨轉者，謂諸心所及諸靜慮無漏律儀諸有爲相，以彼與心俱墮一世一起一住一滅一果一等流一異熟因善因不善因無記，由此十因名心隨轉。自地自部前生諸法，如種子法，與後相似爲同類因。自地前生諸遍行法，與後染法爲遍行因。一切不善有漏善法，與自異熟爲異熟因。諸法生時除其自性，以一切法爲能作因，或唯無障，或能生故。如是六因總以一切有爲果，爲是所生故。謂相應俱有因得士用果，由此勢力彼得生故，此名士用，彼名爲果。同類遍行因得等流果，果似因故說名爲等，從因生故復說爲流，果即等流名等流果。異熟因得異熟果，果不似因故說爲異熟，謂成熟堪受用故，果即異熟名異熟果。唯有情數攝，無覆無記性，能作因得增上果，此增上力彼得生故。如眼根等於眼識等，及田夫等於稼穡等，由前增上後法得生，增上之果名增上果，擇滅無爲名離繫果。此由道得非道所生，果即離繫名離繫果。緣有四種，謂因，等無間，所緣，增上緣。除能作餘五因名因緣，過去現在心心所法，除阿羅漢最後心等，名等無間緣，一切法名所緣緣，能作因性名增上緣。

玄奘譯《阿毗達磨俱舍論》卷六　論曰：因有六種，一能作因，二俱有因，三同類因，四相應因，五遍行因，六異熟因。對法諸師許因唯有如是六種，且初能作因相云何。

頌曰：除自餘能作。

論曰：一切有爲唯除自體以一切法爲能作因，由彼生時無障住故，雖餘因性亦能作因，然能作因更無別稱。如色處等總即別名，豈不未知諸漏當起。由已知故諸漏不生，智於漏生能爲障礙，日光能障現覩眾星，如何有爲唯除自體以一切法爲能作因。應知此生時彼皆無障住，故彼於此是能作因。若於此生彼能爲障，而不爲障可立爲因。譬如國人以其國主不爲損害，咸作是言，我因國主而得安樂，若於此生彼無障用，設不爲障何得爲因。且如涅槃及不生法普於一切有爲生中，那落迦等有情相續於無色界諸蘊生中，有如非有無能障用，雖無障用而亦爲因。如無力國王亦得如前說，此即通說諸能作因，就勝爲言非無生力。如眼色等於眼識等生飲食於身種等於身等。有作是難，若一切法無障住故皆能作因，何緣諸法非皆頓起，一殺生時何緣一切非如殺者皆成殺業。此難不然，但由無障許一切法爲能作因，非由於生有親作力。有餘師說，諸能作因皆於果生有能作力，且涅槃等於眼識生云何名爲有能作力。意識緣彼爲境而生或善或惡，因此意識後時眼識次第得生，展轉因故，彼涅槃等於眼識生有能作力，如是餘法由此方隅展轉應知有能生力。如是已說能作因相。第二俱有因相云何，

頌曰：俱有互爲果，如大相所相，心於心隨轉。

論曰：若法更互爲士用果彼法更互爲俱有因，其相云何，如四大種更互相望爲俱有因，如是諸相與所相法心與心隨轉亦更互爲因，是則俱有因由互爲果遍攝有爲法如其所應，法與隨相非互爲果。然法與隨相爲俱有因，非隨相於法，此中應辯。何等名爲心隨轉法，

頌曰：心所二律儀，彼及心諸相，是心隨轉法，

論曰：一切所有心相應法。靜慮無漏二種律儀，彼法及心之生等相，如是皆謂心隨轉法，如何此法名心隨轉。

論曰：略說由時果等善等故，說此法名心隨轉。且由時者，謂此與心一生住滅及墮一世。由果等者，謂此與心一果異熟及一等流，應知此中前一後一顯俱顯共其義不同。由善等者，謂此與心同善不善無記性故，由此十因名心隨轉，此中心王極少猶與五十八法爲俱有因。謂十大地法，彼四十本相，心八本隨相，名五十八法，五十八中除心四隨相，餘五十四爲心俱有因。有說，爲心因唯十四法，謂十大地法并心本相。此說非善，所以者何，違《品類足論》所說故，如彼論言，或有苦諦以有身見爲因，非與有身見爲因，除未來有身見及彼相應法，生老住非常諸餘染污苦諦，或有苦諦以有身見爲因，亦與有身見爲因，即所除法。有餘師不誦及彼相應法，迦濕彌羅國毘婆沙師言，彼文必應作如是誦，或應準義知說有餘，諸由俱有因故成因彼必俱有，或有俱有非由俱有因故成因，謂諸隨相各於本法，此諸隨相各互相對，隨心轉法隨相於心，此諸隨相展轉相對，一切俱生有對造色展轉相對，少分俱生無對造色展轉相對，一切俱生造色大種展轉相對，一切俱生得與所得展轉相對。如是等諸法雖名俱有而非由俱有因故成因，非一果異熟及一等流故，得與所得非定俱行，或前或後或俱生故，如是一切理且可然。而諸世間種等芽等極成因果相生事中未見如斯同時因果故，今應說，云何俱起諸法聚中有因果義，豈不現見，燈焰燈明芽影同時亦爲因果。此應詳辯，爲即燈焰與明爲因，爲由前生因緣和合焰明俱起，餘物障光明而有影現，如何說此影用芽爲因，理不應然，隨有無故。善因明者，說因果相言，若此有無彼隨有無者，此定爲因彼定爲果，俱有法中一有一切有，一無一切無，理成因果，俱起因果理且可然，如何可言互爲因果，即由前說此亦無違。若爾如前所說，造色互不相離應互爲因，如是造色與諸大種心隨相等與心等法皆不相離應互爲因。若謂如三杖互相依住如是俱有法因果義成，此應思惟，如是三杖爲由俱起相依力住，爲由前生因緣合力令彼三杖俱起住耶。又於彼中亦有別物繩鉤地等連持令住，此亦有餘同類因等，是故俱有因義得成。如是已說俱有因相。第三同類因相云何，

頌曰：同類因相似，自部地前生，道展轉九地，唯等勝爲果，加行生亦然，聞思所成等。

論曰：同類因者，謂相似法與相似法爲同類因，謂善五蘊與善五蘊展轉相望爲同類因，染污與染污，無記與無記五蘊相望應知亦爾。有餘師說，淨無記蘊五是色果，四非色因。有餘師說，五是四果色非四因。有餘師說，色與四蘊相望展轉皆不爲因。又一身中羯剌藍位能與十位爲同類因，頞部曇等九位一一皆除前位與餘爲因。若對餘身同類十位一一皆與十位爲因，由此方隅外麥稻等自類自類應廣思擇。若不許色爲色同類因彼執便違本論文所說故。本論說，過去大種未來大種因增上等，爲諸相似於相似法皆可得說爲同類因。不爾，云何，自部自地唯與自部自地爲因，是故說言自部自地，部謂五部即見苦所斷乃至修所斷，地謂九地即欲界爲一靜慮無色八，此中見苦所斷法還與見苦所斷爲同類因非餘。如是乃至修所斷還與修所斷法爲同類因非餘，於中一一若欲界地還與欲界爲同類因，初靜慮地與初靜慮爲同類因，乃至有頂與有頂地爲同類因，異地相望皆無因義。又此非一切，何者，謂前生唯諸前生與後相似生未生法爲同類因。云何知然，本論說故，如《發智論》說，云何同類因，謂前生善根與後生自界善根及彼相應法爲同類因，如是過去與餘二世過去現在與未來等皆應廣說。然即彼論作是問言，若法與彼法爲因，或時此法與彼非因耶。彼即答言，無時非因者，此依俱有相應異熟三因密說故無有過，有謂未來正生位法定能與彼爲同類因。是故彼文依最後位密作是答無時非因，彼於所難非爲善釋，以未來法正生位前非同類因後方成故。又若爾者，彼復問言，若法與彼法爲等無間，或時此法與彼非等無間耶。彼即答言，若時此法未至已生。若如彼釋，應亦答言，無時非緣，如何乃答若時此法未至已生。然彼復釋，爲現二門，如彼處說此亦應爾，如此處說彼亦應爾，如是作文獲何功德，唯顯論主非善於文。是故應知，前釋爲善，若爾何故《品類足》說，或有苦諦以有身見爲因，非與有身見爲因，除未來有身見及彼相應苦諦諸餘染污苦諦，或有苦諦以有身見爲因，亦與有身見爲因，即所除法，彼文應說除未來有身見相應苦諦。設有如彼說，由義應知非。復云何通《施設足論》，彼說諸法四事決定，所謂因果所依所緣。應知彼文，因者謂能作俱有相應異熟因，果者謂增上士用異熟果，所依者謂眼等六根，所緣者謂色等六境，若爾同類因應本無而有，許故無過。約位非體，由和合作用位果非體果，若同類因未來世有如異熟因當有何過，未來若有，本論應說。本論唯說能取與果諸同類因故無有失，無如是義，以同類因引等流果此未來有理必不然，無前後故，不應已生法爲未生等流，如過去法非現在果，勿有果先因後過失故，未來世無同類因。若爾異熟因應未來非有，不應異熟果因前及俱故，未來世法無前後故，無如是失，不相似故，謂同類因與果相似。若無前後，應互爲因，既互爲因，應互爲果，互爲因果與理相違，非異熟因與果相似。【略】

修所成法，唯與自界修所成法爲同類因，非聞所成因，以彼劣故。無色界繫修所成法，唯與自界修所成法爲同類因，非聞思所成因，以無故劣故。如是諸法復有九品，若下下品爲九品因，下中八因，乃至上上唯上上因，除前劣故，生得善法九品相望展轉爲因，染污亦爾。無覆無記總有四種，謂異熟生威儀路工巧處化心俱品，隨其次第，能與四三二一爲因。又欲界化心有四靜慮果，非上靜慮果下靜慮果因，非加行因得下劣果。如勤功力種稻麥等，勿設劬勞而無所獲，因如是義故。有問言，頗有已生諸無漏法非未生位無漏法因。有，謂已生苦法智品於未生位苦法忍品。又一切勝於一切劣，頗有一身諸無漏法前所定得非後生因。有，謂未來苦法忍品於後已生苦法智品，以果必無在因前故，或同類因未來無故。頗有前生諸無漏法非後已起無漏法因。有，謂前生勝無漏法於後已起劣無漏法，如退上果下果現前。又前已生苦法智得於後已生苦法忍得非同類因，以彼劣故。如是已說同類因相，第四相應因相云何，

頌曰：相應因決定，心心所同依。

論曰：唯心心所是相應因。若爾所緣行相別者，亦應更互爲相應因，不爾所緣行相同者乃可得說爲相應故。若爾異時所緣行相同者應說爲相應因，不爾要須所緣行相及時同者乃相應故。若爾異身所緣行相及時同者應說相應，如衆同觀初月等事爲以一言總遮如是衆多妨難故說同依，謂要同依心心所法方得更互爲相應因，此中同言顯所依一，謂若眼識用此剎那眼根爲依相應受等亦即用此眼根爲依，乃至意識及相應法同依意根，應知亦爾。相應因體即俱有因，如是二因義何差別。由互爲果義立俱有因，如商侶相依共遊險道，由五平等共相應義立相應因，即如商侶同受同作食等事業，其中闕一皆不相應，是故極成互爲因義。如是已說相應因相，第五遍行因相云何，

頌曰：遍行謂前遍，爲同地染因。

論曰：遍行因者，謂前已生遍行諸法，與後同地染污諸法爲遍行因。遍行諸法，隨眠品中遍行義處當廣分別，此與染法爲通因故，同類因外更別建立，亦爲餘部染法因故，由此勢力餘部煩惱及彼眷屬亦生長故，聖者身中諸染污法豈亦用此爲遍行因。迦濕彌羅國毗婆沙師說，一切染污法見所斷爲因。故《品類足》說如是言，云何見所斷爲因法，謂諸染污法及見所斷法所感異熟，云何無記爲因法，謂諸無記有爲法及不善法，或有苦諦以有身見爲因，非與有身見爲因，廣說乃至。除未來有身見及彼相應法，生老住無常諸餘染污苦諦，若爾云何通施設足論說。如彼論說，頗有法是不善唯不善爲因耶。有，謂聖人離欲退最初已起染污思，依未斷因密作是說，見所斷法雖是此因而由已斷故廢不說。如是已說遍行因相，第六異熟因相云何，

頌曰：異熟因不善，及善唯有漏。

論曰：唯諸不善及善有漏是異熟因，異熟法故。何緣無記不招異熟，由力劣故，如朽敗種。何緣無漏不招異熟，無愛潤故，如貞實種無水潤沃。又非繫地，如何能招繫地異熟。餘法具二，是故能招，如貞實種水所沃潤。異熟因義如何可了，爲異熟之因名異熟因，爲異熟即因名異熟因，義兼兩釋斯有何過。若異熟之因名異熟因，聖教不應言異熟生眼。若異熟即因名異熟因，聖教不應言業之異熟。兩釋俱通，已如前辯。所言異熟，其義云何，毗婆沙師作如是釋，異類而熟，是異熟義。謂異熟因唯異類熟，俱有等因唯同類熟，能作一因兼同異熟故，唯此一名異熟因。熟果不應餘因所得，果具二義方得熟名，一由相續轉變差別其體得生，二由隨因勢力勝劣時有分限。非彼俱有相應二因所生果體要由相續轉變差別方乃得生，由取果時即與果故。又非能作同類遍行三因之果亦由隨因勢力勝劣時有分限，由善惡等窮生死邊果數數生時無限故。由此但應作如是釋，變異而熟，是異熟義，不應但異簡別餘因。於欲界中，有時一蘊爲異熟因共感一果，謂有記得及彼生等，有時二蘊爲異熟因共感一果，謂善不善身業語業及彼生等，有時四蘊爲異熟因共感一果，謂善不善心心所法及彼生等。於色界中，有時一蘊爲異熟因共感一果，謂有記得無想等至及彼生等，有時二蘊爲異熟因共感一果，謂初靜慮善有表業及彼生等，有時四蘊爲異熟因共感一果，謂非等引善心心所及彼生等，有時五蘊爲異熟因共感一果，謂是等引心心所法并隨轉色及彼生等。無色界中，有時一蘊爲異熟因共感一果，謂有記得滅盡等至及彼生等，有時四蘊爲異熟因共感一果，謂一切善心心所法及彼生等，有業唯感一處異熟，謂感法處即命根等。若感意處定感二處，謂意與法，若感觸處應知亦爾。若感身處定感三處，謂身觸法，感色香味應知亦爾。若感眼處定感四處，謂感眼處及身觸法，感耳鼻舌應知亦爾。有業能感或五或六或七或八或九或十或十一處，業或少果或多果故。如外種果或少或多，種果少者如穀麥等，種果多者如蓮石榴諸瞿陁等。有一世業三世異熟無三世業一世異熟，勿設劬勞果減因故。有一念業多念異熟無多念業一念異熟，此中所以如上應知。然異熟果無與業俱，非造業時即受果故，亦非無間，由次刹那等無間緣力所引故，又異熟因感異類果必待相續方能辦故。如是六因定居何世，因居世定義雖已說而未頌攝，故應重辯。

頌曰：遍行與同類，二世三世三。

論曰：遍行同類唯居過現未來世無，理如前說，相應俱有異熟三因於三世中皆悉遍有，頌既不說能作因所居，義準應知，通三世非世。已說六因相別世定，何等爲果對彼成因，頌曰：果有爲離繫，無爲無因果。

六行觀

智者《釋禪波羅蜜次第法門》卷五　若凡夫人，亦當先修六行，佛弟子多修八聖種，聖種義如前說六行者。謂於初禪第六默然心中，厭離覺觀，觀初禪爲下苦，知二法動亂逼惱定心故爲苦，從覺觀生喜樂定等故爲麁。此覺觀法，障二禪內淨故名障。攀上勝者，二禪內淨安隱，勝初禪覺觀動亂之定。妙者，喜定因內淨而發，是爲微妙出者若得二禪即，心得出離，覺觀等障復次行者。既知初禪之過障於二禪，今欲遠離，當依三種方便，一不受不著故得離，二訶責故得離，三觀析故得離。譬如世人共事後見其過失，心欲令去，亦用三法，一者上人利智不與顏色，前人自去，二者若不去應須數責，彼即自去，三者若不去，當與杖加之自便去也。若得

此三意，可以離初禪覺觀之過。二者明中間禪發相，行者既能深心訶責初禪覺觀，覺觀既滅，五支及默然悉謝，以離初禪二禪未生，於其中間，亦有定法，亦得名禪，但不牢固無支等扶助之法，所以其心蔑蔑屑屑。然諸師多說爲轉寂，心轉初禪默然也，《釋論》說名觀相應。此定以六行觀爲體，住此定中。若離六行觀者，則多生憂悔。憂悔心生，則永不發二禪，乃至轉寂亦失。或時還更發初禪，或時合初禪亦失，因是無法自居。到此定時，爲山之功，而少一簣，當善自慎。經中說爲無覺有觀三昧，初禪及默然已謝，但住觀相應心中，修二禪故。第三明二禪發相，亦開爲六意，一者明禪發，二明支義，三明因果體用，四明淺深，五明進退，六明功德。

玄奘譯《阿毗達磨俱舍論》卷二四　論曰：世俗無間及解脫道，如次能緣下地上地，爲麁苦障及靜妙離。謂諸無間道，緣自次下地諸有漏法作麁苦等三行相中隨一行相，若諸解脫道，緣彼次上地諸有漏法作靜妙等三行相中隨一行相。非寂靜故說名爲麁，由大劬勞方能越故。非美妙故，說名爲苦，由多麁重能違害故。非出離故，說名爲障，由此能礙越自地故，如獄厚壁能障出離。靜妙離三翻此應釋。傍論已了，應辯本義。

玄奘譯《阿毗達磨順正理論》卷六六　論曰：世俗無間及解脫道，如次能緣下地上地，爲麁苦障及靜妙離。謂諸無間道緣自次下地，諸有漏法作麁苦等，三行相中隨一行相。若諸解脫道，緣彼次上地，諸有漏法作靜妙等，三行相中隨一行相。約容有說二道各三，非諸有情於離染位，無間解脫皆各具三。諸下地中由多掉舉，寂靜微劣，故名爲麁。雖大劬勞暫令掉舉勢用微劣，仍不能引美妙樂生，故名爲苦。有極多種災害拘礙，及能覆障，令無功能見出離方，故名爲障。諸上地中不作功用掉舉微劣，故名爲靜。不設劬勞掉舉微劣引生勝樂，故名爲妙。於下地中所有災害，能決定見心不生欣，及能越彼，故名爲離。應知此中已兼顯示無間解脫，行相各三，相翻而生。如其次第，謂無間道緣下爲麁，解脫道中緣上爲靜，餘相翻起如次應知。然離染時起則不定，世俗無間及解脫道，能離下等九品染故，應知亦有九品差別，此中異生離欲界染。九無間道麁等三行，隨一現前，各未來修，麁等三行八解脫道。靜等三行，隨一現前，各未來修。麁等六行後解脫道現，在未來所修如前八解脫道與前別者。復修未來初靜慮攝，無邊行相。如是乃至離無所有染，無間解脫道所修應知。若諸聖者以世俗道，離欲界染九無間道。麁等三行隨一現前，各於未來修十九行，謂麁等三有漏無漏，十六聖行八解脫道。靜等三行隨一現前，各未來修二十二行，謂前十九加靜等三，後解脫道現在未來所修如前，八解脫道與前別者。復修未來初靜慮攝無邊行相，離初定染九無間道。麁等三行隨一現前，各於未來修十九行。謂麁等三及唯無漏十六聖行，此十六行是下地攝，以上地邊無聖行故，後修聖行準此應知，八解脫道靜等三行隨一現前，各未來修二十二行，謂前十九加靜等三。後解脫道現在未來所修如前，八解脫道與前別者，復修未來二靜慮攝無邊行相，如是乃至離無所有染，無間解脫道所修應知。【略】

麁等三行靜等三行，皆緣空處乃至有頂離空處染九無間道。未來所修麁等三行，唯緣空處八解脫道。未來所修麁等三行，緣空識處靜等三行。唯緣識處後解脫道，未來所修麁等三行。靜等三行俱緣識處，乃至有頂離識處染，無所有染隨其所應皆準前說，何緣最後解脫道中，未來所修麁等三行。靜慮攝者通緣三界，無色攝者唯自上緣，諸靜慮中有遍緣智，無色根本必不下緣，故二所修所緣有別。此中一類譬喻論師，爲欲顯成分別論義，作如是說，無有異生實斷煩惱，有退失故。謂若有能實斷有頂薩迦耶見必無退失，若有退失必未實斷。既許異生於下八地，諸煩惱斷可有退失，故無異生實斷煩惱，彼說非理。於有頂惑有伏無伏，皆有失故。謂諸異生於有頂惑，爲許有伏許無伏耶。若許異生伏有頂惑，如伏下地諸煩惱已，彼於下地必不受生。如是既能伏有頂惑，應於有頂亦不受生。是則異生應證圓寂，若伏有頂猶生有頂，非伏下地猶生下地。是則不應，以有頂惑斷已不退例下令同。若許異生無伏有頂，以世俗道於彼無能，唯許彼能伏下地惑亦不應，以有頂地惑斷已不退例下令同。如是推徵二皆有失，故不可說彼實無斷。然彼所言見有頂攝，身見等惑斷已無退，證知下地所有諸惑，亦應如彼斷已無退。既見異生於下地惑斷已還退，故知彼於下地諸惑實未能斷。

六種現觀

玄奘譯《瑜伽師地論》卷一〇 復次此三種雜染，謂煩惱雜染，業雜染，生雜染。爲欲斷故，修六種現觀。應知何等爲六，謂思現觀，信現觀，戒現觀，現觀智諦現觀，現觀邊智諦現觀，究竟現觀。

玄奘譯《瑜伽師地論》卷七一 復次如說六種現觀，謂思現觀乃至究竟現觀。問：思現觀有何相。答：若有成就思現觀者，能決定了諸行無常一切行苦，諸法無我涅槃寂靜，住異生位，已能證得如是決定，非諸沙門若婆羅門，若天魔梵及餘所能如法引奪。問：信現觀有何相。答：若有成就信現觀者，或是異生或非異生，或於現法或於後法中，終不妄稱餘是大師，餘法善說，餘僧正行。問：戒現觀有何相。答：若有成就戒現觀者，終不復能乃至故心斷傍生命，不與而取，習欲邪行，知而妄語，飲米等酒，諸放逸處。問：現觀智諦現觀有何相。答：若有成就現觀智諦現觀者，終不復能依諸妄見而有所作，於自所證而有疑惑，於諸生處而有貪染，現行世相計爲清淨，誹謗聲聞獨覺大乘作惡趣業，何況能造害父母等諸無間業，乃至不能生第八有。問：現觀邊智諦現觀有何相。答：若有成就現觀邊智諦現觀者，終不於彼他所詰問而生怖畏。問：究竟現觀有何相。答：若有成就究竟現觀者，終不復能犯於五處，亦不復能乃至故斷諸傍生命，不與而取，行非梵行，習婬欲法，知而妄語，蓄積財寶諸妙欲具，而受用之，亦不怖畏不可記事，亦不妄計，所有苦樂自作他作，自他俱作，非自非他爲因而生。如是等類當知是名諸現觀相。

問：思現觀何自性。答：上品思所成慧爲自性，或此俱行菩提分法爲自性。問：信現觀何自性。答：緣三寶境上品世間出世間清淨信爲自性，或此俱行菩提分法爲自性。問：戒現觀何自性。答：聖所愛身語業爲自性，或此俱行菩提分法爲自性。問：現觀智諦現觀何自性。答：緣非安立諦境慧爲自性，或此俱行菩提分法爲自性。問：現觀邊智諦現觀何自性。答：緣安立諦境慧爲自性，或此俱行菩提分法爲自性。問：究竟現觀何自性。答：盡無生智等爲自性，或此俱行菩提分法爲自性。

問：此六現觀幾欲界繫乃至幾不繫。答：一唯欲界繫，一種一分或欲界繫或色界繫，或無色界繫，即此一分及餘三此四是不繫，一通繫及不繫。問：此六現觀幾依未至依可得，幾乃至依無所有處依可得。答：一依非依可得，餘依一切依可得，又三依五依生一種一分亦爾。問：若現觀智諦現觀離眾相故名無分別，云何依有尋有伺依可得。答：由彼思惟尋伺等全分靜慮眞如而入於定，是故雖依有尋有伺靜慮可得，然是離相無有分別。問：此諸現觀，幾緣世俗諦，幾緣勝義諦。答：一緣世俗諦及一種一分，一無所緣，二緣安立勝義諦及一種一分，一緣非安立勝義諦及一種一分。問：此諸現觀，幾有相，幾無相。答：四有相，一無相，一亦有相亦無相。問：此諸現觀，幾有分別，幾無分別。答：如有相無相，當知有分別無分別亦爾。

問：此諸現觀，幾喜俱行，幾樂俱行，幾捨俱行。答：初唯喜俱行，餘通喜樂捨俱行。問：此諸現觀，幾是壞對治，幾是斷對治，幾是持對治，幾是遠分對治。答：二唯壞對治，一通斷持遠分對治，一通持遠分對治，二非對治。問：此諸現觀，幾是諸纏制伏對治，幾是隨眠永害對治。答：三是諸纏制伏對治，一俱對治，二俱非對治。問：此諸現觀，幾是地地軟中上品煩惱斷對治。答：一，餘隨順此爲此助伴，非斷對治。

問：六現觀得九遍知，謂欲繫見苦集所斷煩惱斷故立初遍知，色無色繫見苦集所斷煩惱斷故立第二遍知，欲繫見滅所斷煩惱斷故立第三遍知，色無色繫見滅所斷煩惱斷故立第四遍知，欲繫見道所斷煩惱斷故立第五遍知，色無色繫見道所斷煩惱斷故立第六遍知，下分結斷故立第七遍知，色貪斷故立第八遍知，無色貪斷故立第九遍知，此六現觀誰得幾遍知果。答：一得九遍知果，餘不得彼果。

問：此諸現觀能爲煩惱斷對治者，爲生已作斷對治耶，爲未生耶。答：此非未生，雖言生已而非後時，當知煩惱斷時對治生時平等平等，即於爾時假施設說對治生已諸煩惱斷。問：此諸現觀誰得幾果。答：一得一切四果，一得圓滿沙門果，時餘是得一助伴是得前行。問：是諸現觀，幾能轉根。答：除一餘一切。問：是諸現觀，幾能引發諸神通等殊勝功德。答：除一餘一切。

問：思現觀當言作何業，乃至究竟現觀當言作何業。答：思現觀當言能生正行所攝清淨品善法爲業，能生無罪歡喜爲業，能轉一切所疑爲業，能趣入修功德爲業，能引所餘現觀爲業，能往一切善趣爲業。信現觀由意樂故，於三寶中能生不動勝解爲業，正行清淨爲業，一分能往善趣爲業。戒現觀解脱惡趣衆苦爲業。現觀智諦現觀，能得一切沙門果爲業，能引發一切功德清淨爲業，能引所餘現觀爲業，能於善趣助感光淨果及異熟爲業。現觀邊智諦現觀，能於一切安立諦中，問答善巧爲業，速疾通慧爲業，能引此後現觀爲業。究竟現觀，能引第一現法樂住爲業，解脱一切生死大苦爲業，住持最後身爲業。

問：思現觀有幾種，乃至究竟現觀有幾種。答：思現觀當知有無量種，謂契經思，應誦思，記別思，乃至方廣未曾有法論議思，苦思，集滅道思，眞如實際法界思，蘊界處等思，聲聞乘等思，大乘思，如是等類當知差別有無量思。信現觀亦無量種，謂正憶念過去無量三藐三佛陁及彼法彼僧，如於過去未來現在亦爾，又正憶念此世界中及餘十方無量世界所有如來及彼法彼僧隨正憶念有爾所量，亦有爾所信現觀體品數差別。戒現觀亦無量種，謂隨遠離十種不善性罪業道差別多種，又隨相續亦有多種，謂預流身乃至阿羅漢身，獨覺菩薩如來身等無量差別。現觀智諦現觀亦無量種，謂念住正斷神足根力覺支道支等菩提分法無量差別，如現觀智諦現觀，當知現觀邊智諦現觀，究竟現觀亦爾。

問：此諸現觀，由如是名由如是言所安立故，當言是彼自性，當言非彼自性耶。答：世俗説故，當言是彼自性，第一義故，當言非彼自性。何以故，一切法義法爾不可説故。

問：思現觀何因何果如是，乃至究竟現觀何因何果。答：思現觀以佛出世親近善士，聽聞正法，相續成熟，如理作意爲因，以所作業爲果，如思現觀，一切現觀當知亦爾。此中差別者，信現觀亦以餘現觀爲因，戒現觀亦爾。現觀智諦現觀亦以思現觀爲因，亦以順決擇分善根爲因，亦以自種姓爲因。現觀邊智諦現觀亦以現觀智諦現觀爲因，究竟現觀亦爾。

問：六現觀七作意，謂了相等，爲六現觀攝七作意，爲七作意攝六現觀耶。答：二現觀非作意攝，一現觀攝樂作意攝，一現觀攝樂作意觀察作意攝，一現觀遠離作意攝，樂作意加行究竟作意攝，一現觀加行究竟果作意攝，餘作意當知是現觀等流攝，非現觀攝，謂了相作意勝解作意。問：無邊際智及順決擇分善根何現觀攝。答：非諸現觀攝，當知是現觀等流。

問：諸思現觀亦信現觀耶，設信現觀亦思現觀耶。答：應作四句，或有思現觀非信現觀，謂除緣寶決定思，諸餘緣決定思，或有信現觀非思現觀，謂緣寶聞修所成信，或有思現觀亦信現觀，謂緣寶決定思，除上爾所相，是第四句。由此道理應知所餘亦應作四句，復有無量一行順前句順後句四句等道理，依聲聞地決擇道理皆當了知。

玄奘譯《成唯識論》卷九　彼體非實無緣用故，由斯後智二分俱有，此二見道與六現觀相攝云何。六現觀者，一思現觀謂最上品喜受相應思所成慧，此能觀察諸法共相引生煖等，加行道中觀察諸法。此用最猛，偏立現觀。煖等不能廣分別法，又未證理，故非現觀。二信現觀，謂緣三寶世出世間決定淨信，此助現觀令不退轉立現觀名。三戒現觀，謂無漏戒除破戒垢，令觀增明，亦名現觀。四現觀智諦現觀，謂一切種緣非安立根本後得無分別智。五現觀邊智諦現觀，謂現觀智諦現觀後諸緣安立世出世智。六究竟現觀，謂盡智等究竟位智。此眞見道攝彼第四現觀少分，此相見道攝彼第四第五少分，彼第二三雖此俱起而非自性故不相攝。菩薩得此二見道時生如來家，住極喜地，善達法界得諸平等，常生諸佛大集會中，於多百門已得自在，自知不久證大菩提，能盡未來利樂一切。

六種假有

玄奘譯《瑜伽師地論》卷一〇〇　云何建立有非有異非異性差別，謂若略説有三種有，一者實有，二者假有，三者勝義有。云何實有，謂諸詮表法有名可得有事可得，此名於事無礙而轉，非或時轉或時不轉，當知是名，略説實有。如於色等諸法聚中，建立墉室軍林草木衣食等相，此相唯於此聚隨轉，於餘退還，色等諸相於一切處皆悉隨轉，是故此相所詮實有。當知餘相所詮假有，又此假有略有六種，一聚集假有，二因假有，三果假有，四所行假有，五分位假有，六觀待假有。聚集假有者，謂爲隨順世間言説易解了故，於五蘊等總相，建立我及有情補特伽羅衆生等想，此想唯能顯了此聚，是故説名聚集假有。因假有者，謂未來世可生法行由未生故，雖非實有，而有其因當可生故，名因假有。果假有者，所謂擇滅是道果故，不可說無，然非實有，唯約已斷一切煩惱，於當來世畢竟不生而假立故。所行假有者，謂過去世已滅諸行，唯作現前念所行境，是故說名所行假有，已謝滅故，而非實有。分位假有者，謂生等諸心不相應行，如前意地已標辯釋，即於諸行，由依前後，有及非有，同類異類，相續分位，假立生等，非此生等離諸行外有眞實體而別可得。觀待假有者，謂虛空非擇滅等，虛空無爲待諸色趣而假建立。若於是處，色趣非有，假說虛空，非離色無所顯法，外別有虛空實體可得，非無所顯得名實有。觀待諸行不俱生起，於未來世不生法中立非擇滅，無生所顯，假說爲有。非無生所顯，可說爲實有。云何勝義有，謂於其中一切名言一切施設皆悉永斷離諸戲論，離諸分別，善權方便說，爲法性眞如實際空無我等。

六十二見

瞿曇僧伽提婆譯《增壹阿含經》卷七 爾時，世尊告諸比丘：有此二見，云何爲二見，所謂有見無見。彼云何爲有見，所謂欲有見，色有見，無色有見。彼云何爲欲有見，所謂五欲是也。云何爲五欲，所謂眼見色，甚愛敬念，未曾捨離，世人宗奉，若耳聞聲，鼻嗅香，口知味，身知細滑，意了諸法，是謂有見。彼云何名爲無見，所謂有常見，無常見，有斷滅見，無斷滅見，有邊見，無邊見，有身見，無身見，有命見，無命見，異身見，異命見，此六十二見，名曰無見，亦非眞見，是謂名爲無見。是故，諸比丘，當捨此二見，如是，諸比丘，當作是學。

佛陀耶舍共竺佛念譯《佛說長阿含經》卷一四 佛告諸比丘：更有餘法，甚深微妙大法光明，唯有賢聖弟子能以此言讚嘆如來。何等是甚深微妙大光明法，賢聖弟子能以此法讚嘆如來。諸有沙門，婆羅門於本劫本見，末劫末見，種種無數，隨意所說，盡入六十二見中。本劫本見，末劫末見，種種無數，隨意所說，盡不能出過六十二見中。彼沙門，婆羅門以何等緣，於本劫本見，末劫末見，種種無數，各隨意說，盡入此六十二見中，齊是不過。諸沙門，婆羅門於本劫本見，種種無數，各隨意說，盡入十八見中。本劫本見，種種無數，各隨意說，盡不能過十八見中。彼沙門，婆羅門以何等緣，於本劫本見，種種無數，各隨意說，盡入十八見中，齊此不過。

諸沙門婆羅門於本劫本見，起常論，言我及世間常存，此盡入四見中。於本劫本見言，我及世間常存，盡入四見，齊是不過。彼沙門，婆羅門以何等緣，於本劫本見起常論，言我及世間常存，此盡入四見中，齊是不過。或有沙門婆羅門種種方便，入定意三昧，以三昧心憶二十成劫敗劫，彼作是說，我及世間是常，此實餘虛。所以者何，我以種種方便入定意三昧，以三昧心憶二十成劫敗劫，其中衆生不增不減，常聚不散，我以此知，我及世間是常，此實餘虛。此是初見。沙門婆羅門因此於本劫本見，計我及世間是常，於四見中，齊是不過。

或有沙門婆羅門種種方便，入定意三昧，以三昧心憶四十成劫敗劫，彼作是說：我及世間是常，此實餘虛。所以者何，我以種種方便，入定意三昧，以三昧心憶四十成劫敗劫，其中衆生不增不減，常聚不散，我以此知，我及世間是常，此實餘虛。此是二見。諸沙門婆羅門因此於本劫本見，計我及世間是常，於四見中，齊是不過。

或有沙門婆羅門以種種方便，入定意三昧，以三昧心憶八十成劫敗劫，彼作是言：我及世間是常，此實餘虛。所以者何，我以種種方便入定意三昧，以三昧心憶八十成劫敗劫，其中衆生不增不減，常聚不散，我以此知，我及世間是常，此實餘虛。此是三見。諸沙門婆羅門因此於本劫本見，計我及世間是常，於四見中，齊是不過。

或有沙門婆羅門有捷疾相智，善能觀察，以捷疾相智方便觀察，謂爲審諦，以己所見，以己辯才作是說，言我及世間是常。此是四見。沙門婆羅門因此於本劫本見，計我及世間是常，於四見中，齊是不過。此沙門婆羅門於本劫本見，計我及世間是常，如此一切盡入四見中，我及世間是常，於此四見中，齊是不過。唯有如來知此見處，如是持，如是執，亦知報應，如來所知又復過是。雖知不著，已不著則得寂滅，知受集滅味過出要，以平等觀無餘解脫，故名如來。是爲餘甚深微妙大法光明，使賢聖弟子眞實平等讚嘆如來。

復有餘甚深微妙大法光明，使賢聖弟子眞實平等讚嘆如來，何等是。

諸沙門婆羅門於本劫本見起論，言我及世間，半常半無常。彼沙門婆羅門因此於本劫本見，計我及世間半常半無常，於此四見中，齊是不過或過。或有是時，此劫始成，有餘衆生福盡，命盡，行盡，從光音命終，生空梵天中，便於彼處生愛著心，復願餘衆生共生此處。此衆生既生愛著願已，復有餘衆生命行福盡，於光音天命終，來生空梵天中。其先生衆生便作是念，我於此處是梵大梵，我自然有，無能造我者，我盡知諸義典，千世界於中自在，最爲尊貴，能爲變化，微妙第一，爲衆生父，我獨先有，餘衆生後來，後來衆生，我所化成。其後衆生復作是念，彼是大梵，彼能自造，無造彼者，盡知諸義典，千世界於中自在，最爲尊貴，能爲變化，微妙第一，爲衆生父，彼獨先有，後有我等，我等衆生，彼所化成。彼梵衆生命行盡已，來生世間，年漸長大，剃除鬚髮，服三法衣，出家修道，入定意三昧，隨三昧心自識本生，便作是言，彼大梵者能自造作，無造彼者，盡知諸義典，千世界於中自在，最爲尊貴，能爲變化，微妙第一，爲衆生父，常住不變，而彼梵化造我等，我等無常變易，不得久住，是故當知，我及世間半常半無常，此實餘虛。是謂初見。沙門婆羅門因此於本劫本見起論，半常半無常，於四見中，齊是不過。

或有衆生喜戲笑懈怠，數數戲笑以自娛樂，彼戲笑娛樂時，身體疲極便失意。以失意便命終，來生世間，年漸長大，剃除鬚髮，服三法衣，出家修道，彼入定意三昧，以三昧心自識本生，便作是言：彼餘衆生不數生，不數戲笑娛樂，常在彼處，永住不變，由我數戲笑故，致此無常，爲變易法，是故我知，我及世間半常半無常，此實餘虛。是爲第二見。沙門婆羅門因此於本劫本見起論，我及世間半常半無常，於四見中，齊此不過。

或有衆生展轉相看已，便失意。由此命終，來生世間，漸漸長大，剃除鬚髮，服三法衣，出家修道，入定意三昧，以三昧心識本所生，便作是言：如彼衆生以不展轉相看，不失意故，常住不變，我等於彼數相看，數相看已便失意，致此無常，爲變易法，我以此知，我及世間半常半無常，此實餘虛。是第三見。諸沙門婆羅門因此於本劫本見起論，我及世間半常半無常，於四見中，齊此不過。

或有沙門婆羅門有捷疾相智，善能觀察，彼以捷疾觀察相智，以己智辯言：我及世間半常半無常，此實餘虛。是爲第四見。諸沙門婆羅門因此於本劫本見起論，我及世間半常半無常，於四見中，齊是不過。諸沙門婆羅門於本劫本見起論，我及世間半常半無常，盡入四見中，齊是不過。唯佛能知此見處，如是持，如是執，亦知報應。如來所知又復過是，雖知不著，以不著則得寂滅，知受集滅味過出要，以平等觀無餘解脫，故名如來。是爲餘甚深微妙大法光明，使賢聖弟子眞實平等讚歎如來。

復有餘甚深微妙大法光明，使賢聖弟子眞實平等讚歎如來，何等法是。諸沙門婆羅門於本劫本見起論，我及世間有邊無邊。彼沙門婆羅門因此於本劫本見起論，我及世間有邊無邊，於此四見中，齊是不過。或有沙門婆羅門種種方便，入定意三昧，以三昧心觀世間，起邊想，彼作是說：此世間有邊，是實餘虛。所以者何，我以種種方便入定意三昧，以三昧心觀世間有邊，是故知世間有邊，此實餘虛。是謂初見。沙門婆羅門因此於本劫本見起論，我及世間有邊，於四見中，齊是不過。

或有沙門婆羅門以種種方便，入定意三昧，以三昧心觀世間，起無邊想，彼作是言：世間無邊，此實餘虛。所以者何，我以種種方便，入定意三昧，以三昧心觀世間無邊，是故知世間無邊，此實餘虛。是第二見。沙門婆羅門因此於本劫，本見起論，我及世間無邊，於四見中，齊此不過。

或有沙門婆羅門以種種方便，入定意三昧，以三昧心觀世間，謂上方有邊，四方無邊，彼作是言：世間有邊無邊，此實餘虛。所以者何，我以種種方便，入定意三昧，以三昧心觀上方有邊，四方無邊，是故我知世間有邊無邊，此實餘虛。是爲第三見。諸沙門婆羅門因此於本劫本見起論，我及世間有邊無邊，於此四見中，齊是不過。

或有沙門婆羅門有捷疾相智，善於觀察，彼以捷疾觀察智，以己智辯言：我及世間非有邊非無邊，此實餘虛，是爲第四見。諸沙門婆羅門因此於本劫本見起論，我及世間有邊無邊，此實餘虛，於四見中，齊是不過。此是諸沙門婆羅門於本劫本見起論，我及世間有邊無邊，盡入四見中，齊是不過。唯佛能知此見處，如是持，如是執，亦知報應。如來所知又復過是，雖知不著，已不著則得寂滅，知受集滅味過出要，以平等觀無餘解脫，故名如來。是爲餘甚深微妙大法光明，使賢聖弟子眞實平等讚歎如來。

復有餘甚深微妙大法光明，使賢聖弟子眞實平等讚歎如來，何者是。諸沙門婆羅門於本劫本見，異問異答，彼彼問時，異問異答，於四見中，齊是不過。沙門婆羅門因此於本劫本見，異問異答，於四見中，齊是不過。或有沙門婆羅門作如是論，作如是見：我不見不知善惡有報，無報耶，我以不見不知故，作如是說，善惡有報耶，無報耶，世間有沙門婆羅門廣博多聞，聰明智慧，常樂閑靜，機辯精微，世所尊重，能以智慧善別諸見，設當問我諸深義者，我不能答，有愧於彼，於彼有畏。當以此答以爲歸依，爲洲，爲舍，爲究竟道。彼設問者，當如是答，此事如是，此事實，此事異，此事不異，此事非異非不異。是爲初見。沙門婆羅門因此問異答異，於四見中，齊是不過。

或有沙門婆羅門作如是論，作如是見：我不見不知爲有他世耶，無他世耶。諸世間沙門婆羅門以天眼知，他心智，能見遠事，已雖近他，他人不見，如此人等能知有他世，無他世，我不知不見有他世，無他世，若我說者，則爲妄語，我惡畏妄語，故以爲歸依，爲洲，爲舍，爲究竟道。彼設問者，當如是答，此事如是，此事實，此事異，此事不異，此事非異非不異。是爲第二見，諸沙門婆羅門因此問異答異，於四見中，齊是不過。

或有沙門婆羅門作如是見，作如是論：我不知不見何者爲善，何者不善，我不知不見如是說是善，是不善，我則於此生愛，從愛生恚，有愛有恚，則有受生，我欲滅受，故出家修行，彼惡畏受，故以此爲歸依，爲洲，爲舍，爲究竟道。彼設問者，當如是答，此事如是，此事實，此事異，此事不異，此事非異非不異。是爲第三見。諸沙門婆羅門因此問異答異，於四見中，齊是不過。

或有沙門婆羅門愚冥闇鈍，他有問者，彼隨他言答，此事如是，此事實，此事異，此事不異，此事非異非不異。是爲四見。諸沙門婆羅門因此異問異答，於四見中，齊是不過。或有沙門婆羅門於本劫本見，異問異答，盡入四見中，齊是不過。唯佛能知此見處，如是持，如是執，亦知報應。如來所知又復過是，雖知不著，已不著則得寂滅，知受集滅味過出要，以平等觀無餘解脫，故名如來。是爲甚深微妙大法光明，使賢聖弟子眞實平等讚歎如來。

復有餘甚深微妙大法光明，使賢聖弟子眞實平等讚歎如來，何等是。或有沙門婆羅門於本劫本見，謂無因而出有此世間，彼盡入二見中，於本劫本見無因而出有此世間，於此二見中，齊是不過。彼沙門婆羅門因何事於本劫本見，謂無因而有，於此二見中，齊是不過。或有衆生無想無知，若彼衆生起想，則便命終，來生世間，漸漸長大，剃除鬚髮，服三法衣，出家修道，入定意三昧，以三昧心識本所生，彼作是語：我本無有，今忽然有，此世間本無，今有，此實餘虛。是爲初見。諸沙門婆羅門因此於本劫本際，謂無因有，於二見中，齊是不過。

或有沙門婆羅門有捷疾相智，善能觀察，彼已捷疾觀察智觀，以己智辯能如是說：此世間無因而有，此實餘虛。此第二見。諸有沙門婆羅門因此於本劫本見，無因而有，有此世間，於二見中，齊是不過。諸有沙門婆羅門於本劫本見，無因而有，盡入二見中，齊是不過。唯佛能知，亦復如是。諸有沙門婆羅門於本劫本見，無數種種，隨意所說，彼盡入是十八見中，本劫本見，無數種種，隨意所說，於十八見，齊是不過。唯佛能知，亦復如是。

復有餘甚深微妙大法光明，何等是。諸有沙門婆羅門於末劫末見，無數種種，隨意所說，彼盡入四十四見中，於末劫末見，種種無數，隨意所說，於四十四見，齊是不過。彼有沙門婆羅門因何事於末劫末見，無數種種，隨意所說，於四十四見，齊此不過。諸有沙門婆羅門於末劫末見，生有想論，說世間有想，彼盡入十六見中，於末劫末見生想論，說世間有想，於十六見中，齊是不過。彼沙門婆羅門因何事於末劫末見生想論，說世間有想，彼盡入十六見中，齊是不過。

諸有沙門婆羅門作如是論，如是見，言：我此終後，生有色有想，此實餘虛。是爲初見。諸沙門婆羅門因此於末劫末見生想論，說世間有想，於十六見中，齊是不過。有言，我此終後，生無色有想，此實餘虛。有言，我此終後，生有色無色有想，此實餘虛。有言，我此終後，生非有色非無色有想，此實餘虛。有言，我此終後，生有邊有想，此實餘虛。有言，我此終後，生無邊有想，此實餘虛。有言，我此終後，生有邊無邊有想，此實餘虛。有言，我此終後，生非有邊非無邊有想，此實餘虛。有言，我此終後，生而一向有樂有想，此實餘虛。有言，我此終後，生而一向有苦有想，此實餘虛。有言，我此終後，生有樂有苦有想，此實餘虛。

有言，我此終後，生不苦不樂有想，此實餘虛。有言，我此終後，生有一想，此實餘虛。有言，我此終後，生有若干想，此實餘虛。有言，我此終後，生少想，此實餘虛。有言，我此終後，生有無量想，此實餘虛。是爲十六見。諸有沙門婆羅門於末劫末見，生想論，說世間有想，於此十六見中，齊是不過。唯佛能知，亦復如是。

復有餘甚深微妙大法光明，何等法是。諸有沙門婆羅門於末劫末見，生無想論，說世間無想，彼盡入八見中，於末劫末見，生無想論，於此八見中，齊此不過。彼沙門婆羅門因何事於末劫末見，生無想論，說世間無想，於八見中，齊此不過。諸有沙門婆羅門作如是見，作如是論，我此終後，生有色無想，此實餘虛。有言，我此終後，生無色無想，此實餘虛。有言，我此終後，生有色無色無想，此實餘虛。有言，我此終後，生非有色非無色無想，此實餘虛。有言，我此終後，生有邊無想，此實餘虛。有言，我此終後，生無邊無想，此實餘虛。有言，我此終後，生有邊無邊無想，此實餘虛。有言，我此終後，生非有邊非無邊無想，此實餘虛。是爲八見。若沙門婆羅門因此於末劫末見，生無想論，說世間無想，彼盡入八見中，齊是不過。唯佛能知，亦復如是。

復有餘甚深微妙大法光明，何等法是。或有沙門婆羅門於末劫末見，生非想非非想論，說此世間非想非非想，彼盡入八見中，於末劫末見，作非想非非想論，說世間非想非非想，於八見中，齊是不過。彼沙門婆羅門因何事於末劫末見，生非想非非想論，說世間非想非非想，於八見中，齊是不過。諸沙門婆羅門作如是論，作如是見，我此終後，生有色非有想非無想，此實餘虛。有言，我此終後，生無色非有想非無想，此實餘虛。有言，我此終後，生有色無色非有想非無想，此實餘虛。有言，我此終後，生非有色非無色非有想非無想，此實餘虛。有言，我此終後，生有邊非有想非無想，此實餘虛。有言，我此終後，生無邊非有想非無想，此實餘虛。有言，我此終後，生有邊無邊非有想非無想，此實餘虛。有言，我此終後，生非有邊非無邊非有想非無想，此實餘虛。是爲八見。若沙門婆羅門因此於末劫末見，生非有想非無想論，說世間非有想非無想，盡入八見中，齊是不過。唯佛能知，亦復如是。

復有餘甚深微妙大法光明，何等法是。諸有沙門婆羅門於末劫末見，起斷滅論，說眾生斷滅無餘，彼盡入七見中，於末劫末見起斷滅論，說眾生斷滅無餘，於七見中，齊是不過。彼沙門婆羅門因何事於末劫末見，起斷滅論，說眾生斷滅無餘，於七見中，齊是不過。諸有沙門婆羅門作如是論，作如是見，我身四大，六入，從父母生乳餔養育，衣食成長，摩捫擁護，然是無常，必歸磨滅，齊是名爲斷滅。第一見也，或有沙門婆羅門作是說，言，此我不得名斷滅，我欲界天斷滅無餘，齊是爲斷滅。是爲二見。或有沙門婆羅門作是說，言，此非斷滅，色界化身，諸根具足，斷滅無餘，是爲斷滅。有言，此非斷滅，我無色空處斷滅。有言，此非斷滅，我無色識處斷滅。有言，此非斷滅，我無色不用處斷滅。有言，此非斷滅，我無色有想無想處斷滅，是第七斷滅。是爲七見。諸有沙門婆羅門因此於末劫末見，言此眾生類斷滅無餘，於七見中，齊此不過。唯佛能知，亦復如是。

復有餘甚深微妙大法光明，何等法是。諸有沙門婆羅門於末劫末見，現在生泥洹論，說眾生現在有泥洹，彼盡入五見中，於末劫末見說現在有泥洹，於五見中，齊是不過。彼沙門婆羅門因何事於末劫末見，說眾生現有泥洹，於五見中，齊是不過。諸有沙門婆羅門作是見，作是論，說，我於現在五欲自恣，此是我得現在泥洹。是第一見。復有沙門婆羅門作是說，此是現在泥洹，非不是，復有現在泥洹微妙第一，汝所不知，獨我知耳，如我去欲，惡不善法，有覺有觀離生喜樂，入初禪。此名現在泥洹，是第二見。

復有沙門婆羅門作如是說，此是現在泥洹，非不是，復有現在泥洹微妙第一，汝所不知，獨我知耳，如我滅有覺觀內喜，一心，無覺，無觀，定生喜樂，入第二禪，齊是名現在泥洹。是爲第三見。復有沙門婆羅門作是說，言，此現在泥洹，非不是，復有現在泥洹微妙第一，汝所不知，獨我知耳，如我除念，捨喜住樂，護念一心，自知身樂，賢聖所說，入第三禪，齊是名現在泥洹。是爲第四見。復有沙門婆羅門作是說，言，此是現在泥洹，非不是，現在泥洹復有微妙第一，汝所不知，獨我知耳，如我樂滅苦滅，先除憂喜，不苦不樂，護念清淨，入第四禪，此名第一泥洹。是爲第五見。若沙門婆羅門於末劫末見，生現在泥洹論，於五見中，齊是不過。唯佛能知，亦復如是。

諸有沙門婆羅門於末劫末見，無數種種，隨意所説，於四十四見中，齊是不過。唯佛能知此諸見處，亦復如是。諸有沙門婆羅門於本劫本見，末劫末見，無數種種，隨意所説，盡入此六十二見中。於本劫本見，末劫末見，無數種種，隨意所説，於六十二見中，齊此不過。唯如來知此見處，亦復如是。諸有沙門婆羅門於本劫本見，生常論，説我世間是常。彼沙門婆羅門於此生智，謂異信，異欲，異聞，異緣，異覺，異見，異定，異忍，因此生智。彼以希現則名爲受，乃至現在泥洹，亦復如是。諸有沙門婆羅門生常論，言世間是常，彼因受緣，起愛生愛而不自覺知，染著於愛，爲愛所伏，乃至現在泥洹，亦復如是。諸有沙門婆羅門於本劫本見，生常論，言世間是常，彼因觸緣故，若離觸緣而立論者，無有是處，乃至現在泥洹，亦復如是。諸有沙門婆羅門於本劫本見，末劫末見，各隨所見説，彼盡入六十二見中，各隨所見説，盡依中在中，齊是不過，猶如巧捕魚師，以細目網覆小池上，當知池中水性之類，皆入網內，無逃避處，齊是不過。諸沙門婆羅門亦復如是，於本劫本見，末劫末見，種種所説，盡入六十二見中，齊是不過。

『七』分部

七　大

般剌蜜帝譯《大佛頂首楞嚴經》卷三　阿難，火性無我，寄於諸緣。汝觀城中未食之家欲炊爨時，手執陽燧日前求火，阿難，名和合者，如我與汝一千二百五十比丘今爲一衆，衆雖爲一，詰其根本，各各有身，皆有所生氏族名字，如舍利弗婆羅門種，優盧頻螺迦葉波種，乃至阿難瞿曇種姓。阿難，若此火性因和合有，彼手執鏡於日求火，此火爲從鏡中而出，爲從艾出爲於日來。阿難，若日來者，自能燒汝手中之艾，來處林木皆應受焚。若鏡中出，自能於鏡出然，于艾鏡何不鎔，紆汝手執尚無熱相，云何融泮。若生於艾，何藉日鏡，光明相接然後火生。汝又諦觀鏡因手執，日從天來，艾本地生，火從何方遊歷於此，日鏡相遠，非和非合，不應火光，無從自有。汝猶不知如來藏中，性火眞空，性空眞火，清淨本然，周遍法界，隨衆生心應所知量。阿難當知，世人一處執鏡一處火生，遍法界執滿世間起，起遍世間，寧有方所。循業發現，世間無知，惑爲因緣及自然性，皆是識心分別計度，但有言説都無實義。

阿難，水性不定，流息無恒。如室羅城迦毗羅仙斫迦羅仙，及鉢頭摩訶薩多等諸大幻師，求太陰精用和幻藥，是諸師等於白月晝，手執方諸承月中水，此水爲復從珠中出，空中自有，爲從月來。阿難，若從月來，尚能遠方令珠出水，所經林木皆應吐流，流則何待方珠所出，不流明水，非從月降。若從珠出，則此珠中常應流水，何待中宵承白月晝。若從空生，空性無邊，水當無際，從人洎天皆同陷溺，云何復有水陸空行。汝更諦觀月從天陟珠因手持，承珠水盤本人敷設，水從何方流注於此，月珠相遠，非和非合，不應水精，無從自有。汝尚不知如來藏中，性水眞空，性空眞水，清淨本然，周遍法界，隨衆生心應所知量。一處執珠一處水出，遍法界執滿法界生，生滿世間，寧有方所。循業發現，世間無知，惑爲因緣及自然性，皆是識心分別計度，但有言説都無實義。

阿難，風性無體，動靜不常。汝常整衣入於大衆，僧伽梨角動及傍人，則有微風拂彼人面。此風爲復出袈裟角，發於虛空生彼人面。阿難，此風若復出袈裟角，汝乃披風，其衣飛搖，應離汝體。我今説法會中垂衣，汝看我衣，風何所在，不應衣中有藏風地。若生虛空，汝衣不動，何因無拂，空性常住，風應常生。若無風時，虛空當滅，滅風可見，滅空何狀，若有生滅，不名虛空。名爲虛空，云何風出。若風自生，彼拂之面，從彼面生，當應拂汝，自汝整衣，云何倒拂。汝審諦觀，整衣在汝，面屬彼人，虛空寂然，不參流動，風自誰方鼓動來此，風空性隔，非和非合，不應風性無從自有。【略】

阿難，空性無形，因色顯發。如室羅城，去河遙處，諸剎利種及婆羅門，毗舍首陁兼頗羅墮旃陁羅等，新立安居，鑿井求水，出土一尺於中則有一尺虛空，如是乃至出土一丈，中間還得一丈虛空，空虛淺深隨出多少。此空爲當因土所出，因鑿所有，無因自生。阿難，若復此空無因自生，未鑿土前，何不無礙，唯見大地逈無通達。若因土出，則土出時應見空入，若土先出，無空入者，云何虛空因土而出。若無出入，則應空土，元無異因，無異則同，則土出時空何不出。若因鑿出，則鑿出空，應非出土，不因鑿出，鑿自出土，云何見空。汝更審諦諦審諦觀，鑿從人手，隨方運轉，土因地移，如是虛空因何所出，鑿空虛實，不相爲用，非和非合，不應虛空無從自出。若此虛空性圓周，遍本不動搖，當知現前地水火風，均名五大性眞圓融，皆如來藏本無生滅。阿難，汝心昏迷，不悟四大元如來藏，當觀虛空爲出爲入，爲非出入。汝全不知如來藏中，性覺眞空，性空眞覺，清淨本然，周遍法界，隨衆生心應所知量。阿難，如一井空，空生一井，十方虛空亦復如是，圓滿十方，寧有方所。循業發現，世間無知，惑爲因緣及自然性，皆是識心分別計度，但有言說都無實義。

阿難，見覺無知，因色空有。如汝今者，在祇陁林朝明夕昏，設居中宵白月，則光黑月便暗，則明暗等因見分析，此見爲復與明暗相并太虛空爲同一體，爲非一體，或同非同，或異非異。阿難，此見若復與明與暗，及與虛空元一體者，則明與暗二體相亡，暗時無明，明時非暗。若與暗一，明則見亡，必一於明暗時當滅，滅則云何見明見暗。若暗明殊見，無生滅一云何成。若此見精，與暗與明非一體者，汝離明暗及與虛空，分析見元作何形相，離明離暗及離虛空。【略】

阿難，識性無源，因於六種根塵妄出。汝今遍觀此會聖衆，用目循歷，其目周視，但如鏡中無別分析，汝識於中次第標指，此是文殊，此富樓那，此目乾連，此須菩提，此舍利弗。此識了知，爲生於見，爲生於相，爲生虛空，爲無所因突然而出。阿難，若汝識性生於見中，如無明暗及與色空，四種必無，元無汝見，見性尚無，從何發識。若汝識性生於相中，不從見生，既不見明亦不見暗，明暗不矚，即無色空，彼相尚無，識從何發。若生於空，非相非見，非見無辯，自不能知明暗色空，非相滅緣，見聞覺知無處安立，處此二非，空非同無，有非同物，縱發汝識，欲何分別。若無所因突然而出，何不日中別識明月。汝更細詳微細詳審，見託汝睛，相椎前境，可狀成有，不相成無，如是識緣因何所出，識動見澄，非和非合，聞聽覺知亦復如是，不應識緣無從自出。若此識心本無所從，當知了別見聞覺知，圓滿湛然，性非從所，兼彼虛空地水火風，均名七大，性眞圓融，皆如來藏，本無生滅。

戒環《首楞嚴經要解》卷六　十一廣舉七大圓示藏性。前近取諸身，顯如來藏故，依陰入處界四科，以明雖悟一身，未融萬法，根境尚異，見性不圓。此復遠取諸物，圓示藏性故，依地水火風空見識七大，以明使悟物我同根，是非一體，法法圓成，塵塵周遍。法界頌云，若人欲識眞空理，身內眞如還偏外，情與無情共一體，處處皆同眞法界。此七大之旨也。謂之大者，以性圓周遍，含吐十方爲義。所以有七者，萬法生成，不離四大，而依空建立，因見有覺，因識有知故也。前五無情所具，後二有情兼之。今舉其七，則萬法該矣。七大皆因識變故，總之以識，識則性覺之中，妄爲明覺者也。所妄既立，生彼妄能，故有七大。然彼大性，先非水火，亦非空識，全一如來藏體循業發現而已。七大既爾，萬法皆然。凡我依正，先非根身，亦非器界，皆即循業之相，性眞圓融，初無生滅。所以阿難蒙佛開示，身心蕩然，得無罣礙，了知世間諸所有物皆即妙心，含裹十方，反觀幻身，起滅無從，獲本妙心常住不滅。【略】

如來藏性，萬法一如，而循發似異，遂有七大之名，特體用異稱耳。眞空者，一如之體也，故七大皆言眞空。七大即循業之用也，故曰性空眞色，乃至性空眞識。體用不二故，相依互舉。不離妙性故，一一言性也。不垢不淨曰清淨，非和不和曰本然，無乎不在曰周徧。既非垢淨和合而能成七大萬法者，但隨心應量循業發現而已。後云汝以空明則有空現，地水火風各各發明，則各各現，此隨心應量之事也。背覺合塵，故發塵勞。滅塵合覺，故發眞如，此循業發現之事也。至於十界依正之相，萬形纖悉之理，莫非隨應循發者也。然此觀相元妄，無可指陳。觀性元眞，唯妙覺明。理絕情謂，不容妄度。故但有言說都無實義。所以第一義諦，擬心則差，動念則乖，惟居一切時，不起妄念，不用識心分別計度，然後相應也。

七衆

智顗、灌頂《仁王護國般若經疏》卷五　七衆者，出家五衆，比丘、比丘尼、沙彌、沙彌尼、式叉摩那，在家二衆，清信士女也。

玄奘譯《阿毗達磨大毗婆沙論》卷一二三　此中三種律儀，謂別解脱律儀，靜慮律儀，無漏律儀。唯依別解脱律儀，安立七衆差別，不依餘二。七衆者，一苾芻，二苾芻尼，三式叉摩那，四室羅摩拏洛迦，五室羅摩拏理迦，六鄔波索迦，七鄔波斯迦。問：何故唯依別解脱律儀，安立七衆差別，不依餘耶。答：以別解脱律儀漸次而得漸次安立故，謂若能離四性罪一遮罪，名鄔波索迦。若復能離四性罪多遮罪，名室羅摩拏洛迦。若有能離一切性罪一切遮罪，名苾芻苾芻尼等。準此應知，靜慮無漏七支律儀，頓得頓起頓安立。若依靜慮無漏律儀安立七衆，是則七衆安立差別應頓非漸。

僧伽跋摩等譯《雜阿毗曇心論》卷三　謂七衆，七衆者，比丘、比丘尼、式叉摩尼、沙彌、沙彌尼、優婆塞、優婆夷。

七地

曇無讖譯《菩薩地持經》卷一〇　如上所説十三住，次第爲七地。六是菩薩地，一是菩薩如來共地。一者種性地，二者解行地，三者淨心地，四者行迹地，五者決定地，六者決定行地，七者畢竟地。種性住名種性地，解行住名解行地，淨心住名淨心地，增上戒住增上意住三種增上慧住有開發無相住名行迹地，無開發無相住名決定地，於三決定是初決定無礙智住名決定行地，最上菩薩住如來住名畢竟地。如來住地後建立品廣説，菩薩於解行地入歡喜地，云何離惡趣報，是菩薩於解行地，依世俗淨禪集菩提具，於百一十苦衆生修悲愍心，爲惡趣衆生久處惡道如己舍宅，於此學無上菩提故，堪忍能爲一切衆生作除苦因，一切衆生三惡道業，以清淨心願悉代受，畢竟修行一切善業，修習正願，以世俗淨禪正願力故，惡道煩惱染污受身不久得斷，菩薩轉惡道身，諸惡道業一切不行，是名菩薩離諸惡趣，過解行地，入淨心地。

慧遠《大乘義章》卷一二　或分爲六，如《地持》説，一種性地，二解行地，三淨心地，四行跡地，五決定地，謂八地九地，六畢竟地，謂第十地，《涅槃經》中言爲六住諸菩薩者。據此爲言，或復説七，廣如上辨。於前六中開決定地以爲決定及決定行，故有七種。亦得分八，於前七中分種性地以爲習種、性種之别，故有八矣。亦得分九，於前八中分畢竟地以爲畢竟及如來地。

玄奘譯《瑜伽師地論》卷四九　如前所説十三住中，應知隨彼建立七地。前之六種，唯菩薩地，第七一種，菩薩、如來、雜立爲地。何等爲七，一種姓地，二勝解行地，三淨勝意樂地，四行正行地，五決定地，六決定行地，七到究竟地。如是七種菩薩地中，最後一種，名爲雜地。前種姓住，名種姓地。勝解行住，名勝解行地。極歡喜住，名淨勝意樂地。增上戒住、增上心住、三種增上慧住、有加行有功用無相住，名行正行地。無加行無功用無相住，名決定地。此地菩薩，墮在第三決定中故。無礙解住，名決定行地。最上成滿菩薩住，及如來住，名到究竟地。如來住地，于後建立佛法品中，當廣演説。

七有

安世高譯《長阿含十報法經》卷上　第三七法，當知七有，一爲不可有，二爲畜生有，三爲餓鬼有，四爲人有，五爲天有，六爲行有，七爲中有。

玄奘譯《阿毗達磨俱舍論》卷八　眼根眼處眼界，地獄傍生鬼人天趣修成中有，契經亦簡中有異趣。是何契經，謂《七有經》。彼説七有，謂地獄有，傍生有，餓鬼有，天有，人有，業有，中有。彼經中説五趣及因并趣方便，故趣唯是無覆無記，其理極成，簡業有因異諸趣故。迦濕彌羅國誦如是契經，尊者舍利子作是言，具壽，若有地獄諸漏現前故，造作增長順地獄受業，彼身語意曲穢濁故，於奈落迦中受五蘊異熟，異熟起已，名那落迦，除五蘊法彼那落迦都不可得，故趣唯是無覆無記。【略】

既爾中有名中有故，不應名趣，二趣中故，名爲中有。此若趣攝非中間故，是則不應説名中有。然彼尊者舍利子言異熟起已名地獄者，説異熟起方名地獄，非説地獄唯是異熟。

玄奘譯《阿毗達磨大毗婆沙論》卷六〇　彼説能引後有諸業，名有。

如說七有，一地獄有，二傍生有，三鬼界有，四天有，五人有，六業有，七中有。彼說五趣及彼因彼方便名有，謂地獄有等即是五趣，業有是彼因，中有是彼方便。如說云何欲有，謂諸業欲界繫取爲緣，能趣後生，乃至廣說。彼說業及異熟名有，不說取緣。

玄奘譯《阿毗達磨藏顯宗論》卷一二 趣體唯攝無覆無記，如《七有經》，定應信受。經說，七有，謂地獄有，傍生有，餓鬼有，天有，人有，業有，中有。此中業有是五趣因，簡趣異因，是故別說。此經爲顯趣體唯攝無覆無記，故簡異因，理亦應然。若善染法是趣體者，趣應雜亂，一趣身中多趣惑業，皆可現起及成就故，業如中有俱別說故，是趣因故定非趣攝，非如見濁。有處說見是煩惱故，無處說業是趣體故，不可爲例，唯異熟生是諸趣體。何緣證知，契經說故。經說，舍利子作是言，具壽，若有地獄諸漏現前故造作增長，順地獄受業，彼身語意曲穢濁故，於那落迦中受五蘊異熟，異熟起已名那落迦，除五蘊法彼那落迦都不可得。此中既說，除異熟生色等五蘊無別地獄，異熟起已名那落迦。故知趣體唯是異熟，發地獄業名地獄漏，招地獄生名地獄業，非此漏業即地獄體論說五趣。

遁麟《俱舍頌疏記》第八 言中有非趣攝者，以中有趣方便故，非趣攝故。論云：契經亦簡中有異趣，謂經言有七種有，謂地獄有，傍生有，餓鬼有，天有，人有，業有，中有。既於五趣，外說中有故，知不是趣攝。有說諸趣或體相雜異，趣相因而生於子。如魚身者鹿子仙，自昔傳聞，其類無量，一身兩趣故，有相雜正理破云。彼說不然，自業趣定而彼生緣有種種故。如菴羅女自樹而生，喬答摩宗因日光趣故，相因有非，證雜因鹿子仙人魚身者等，滿業異形相不同，其實是人故，趣無雜。

七 知

支謙譯《佛說七知經》 佛遊於舍衛祇樹給孤獨園，佛告諸比丘，比丘受教從佛而聽。佛告諸比丘：有七法道弟子，現世安隱，和悅多行，精進法觀，令習得盡。何謂七法，一知法，二知義，三知時，四知節，五自知，六知衆，七知人。諸比丘，何謂知法，謂能解十二部經，一曰文，二曰歌，三曰說，四曰頌，五曰譬喻，六曰本起紀，七曰事解，八曰生傳，九曰廣博，十曰自然，十一曰行，十二曰章句，是爲知法。不解十二部經，爲不知法。何謂知義，彼彼所說經法悉曉其義，是爲知義。彼彼所說不曉不解，爲不知義。何謂知時，知是時可惟寂滅想，是時不惟受行想，是時可惟愼護想，是爲知時。不曉時宜所行，爲不知時。何謂知節，能少飲食大小便便得消化，能節出入坐起行步，臥覺語默事從約省，是爲知節。不自約省，爲不知節。何謂自知，自知己身意老多少，所信所戒所聞所施所慧所解所至所入，深淺厚薄事事自知，是爲自知。不知己意所入多少，爲不自知。何謂知衆，能知彼衆，若君子衆，若理家衆，若梵志，若沙門衆，若或有時至彼衆，宜坐宜立宜語宜默，知隨時宜是爲知衆。不知相彼衆隨時宜者，爲不知衆。何謂知人，如有兩人，一人信道，一人不信道，信道者可稱譽，不信者無稱譽。信道有兩輩，一人數詣道場樂沙門，一人不數詣道場智略沙門，數詣者可稱譽，不數詣者無稱譽。數詣道場有兩輩，一人愛敬沙門，一人不愛敬沙門，愛敬者可稱譽，不愛敬者無稱譽。愛敬有兩輩，一人親習沙門，一人不親習沙門，親習者可稱譽，不親習者無稱譽。親習有兩輩，一人好問經法，一人不好問經法，好問者可稱譽，不好問者無稱譽。好問有兩輩，一人側耳聽，一人不側耳聽，側耳聽者可稱譽，不側耳聽者無稱譽。側耳聽有兩輩，一人聞法受持，一人聞法不受持，聞法受持者可稱譽，不受持者無稱譽。受持有兩輩，一人聞而思義，一人聞不思義，聞而思義者可稱譽，聞而不思義者無稱譽。聞法思義有兩輩，一人如經義解，受法如法立，一人不如經義解，不受法不如法立，如經義解者可稱譽，不如經義解者無稱譽。如經義解有兩輩，一人但自安己，不安他人，不多安人，不哀世間，不利天下，一人自能安己，亦安他人，多安天下，愍傷世間，利寧天人。諸比丘當別知，其自安己，能安他人，多安天下，愍傷世間，利寧天下者，是人爲最上最長最尊極尊。譬如牛乳成酪，酪爲酥，酥爲醍醐，醍醐最上。如是人者，爲人中之人，乃爲上行尊行極尊之行，爲最勝爲上願無上也。諸比丘，能見兩人爲智爲高，能分別此人善此人勝，是爲知人。佛說是已，皆歡喜受。

佛陁耶舍共竺佛念譯《佛說長阿含經》卷九 云何七知法，謂七勤，勤於戒行、勤滅貪欲、勤破邪見、勤於多聞、勤於精進、勤於正念、勤於禪定。

《般泥洹經》卷上　又比丘有七知，則法不衰，當善念行。一當知法，佛十二部經，諦受誦論。二當知義，求諸法慧，博解其要。三當知時，可誦、可步、可禪、可臥，無失時宜。四當自知，所入法行，多少深淺，熟與初始，志當曰勝。五當知節，勿貪美妙，適身節食，無以自病。六當知眾，入比丘眾，梵志聖人，君子及士民眾，分別知可敬可住可坐可默可語。七當知人，觀其所好，察其志能，隨意勸導，令知聖化。如是七法，可得久住。

慧遠《大乘義章》卷一二　何者七善，如經中說，一者知法，二者知義，三者知時，四者知足，五者知自，六者知眾，七知尊卑。七中前五是自利行，後二利他，自利二行具足，方堪益物，是以明之。言知法者，知佛所說十二部經。言知義者，知經所說一切法義。言知時者，知起行時，知如是時任修寂靜，如是時中任修精進，如是時中任修捨心，如是時中任修施戒，如是一切。言知足者，是節量行，知於飲食湯藥眾具受求以限，故曰知足。言自知者，於前所修自行功德有成就者，如實知之，故曰自知。故經說言，菩薩自知，我有如是信戒施等。言知眾者，善知刹利婆羅門等種種眾別，如應教化，知尊卑者，知彼所化行有優劣，量宜勸道。七善如是。

七諦

玄奘譯《瑜伽師地論》卷四六　或立七諦，一愛味諦，二過患諦，三出離諦，四法性諦，五勝解諦，六聖諦，七非聖諦。

窺基《大乘法苑義林章》卷二　或立七諦，一愛味諦，二過患諦，三出離諦，四法性諦，五勝解諦，六聖諦，七非聖諦。集苦道滅次第初四，意解思惟聖凡所知種類異故。初四諦者第三俗諦第二眞攝，意解思惟第四俗諦第三眞攝，依詮行相二無我故。四眞四俗皆是聖諦，聖知有無事理別故，凡於初俗堅著妄說以爲實故，非二聖諦。聖知爲無可初俗攝，餘處或立七諦，愛味，過患，出離，應知，應斷，應證，應修，單重二觀觀於四諦，第二觀中除道諦故，亦第三俗第二眞攝。

七寶

安世高譯《長阿含十報法經》卷上　第一七法，行者竟無爲七寶，一爲信寶，二爲戒寶，三爲愧寶，四爲慙寶，五爲聞寶，六爲施寶，七爲慧寶。

佛陀耶舍共竺佛念譯《佛說長阿含經》卷三　爾時，大善見王七寶具足，王有四德，主四天下。何謂七寶，一，金輪寶，二，白象寶，三，紺馬寶，四，神珠寶，五，玉女寶，六，居士寶，七，主兵寶。云何善見大王成就金輪寶，王常以十五日月滿時，沐浴香湯，昇高殿上，婇女圍遶，自然輪寶忽現在前，輪有千輻，光色具足，天匠所造，非世所有，眞金所成，輪徑丈四。

佛陀耶舍共竺佛念譯《佛說長阿含經》卷六　如是行者，魔不能嬈，功德日增。所以者何，乃往過去久遠世時，有王名堅固念，刹利水澆頭種，爲轉輪聖王領四天下。時，王自在以法治化，人中殊特，七寶具足，一者金輪寶，二者白象寶，三者紺馬寶，四者神珠寶，五者玉女寶，六者居士寶，七者主兵寶。千子具足，勇健雄猛，能伏怨敵，不用兵杖，自然太平。堅固念王久治世已，時金輪寶即於虛空忽離本處，時典輪者速往白王，大王，當知今者輪寶離於本處。時，堅固王聞已念言，我曾於先宿耆舊所聞，若轉輪聖王輪寶移者，王壽未幾，我今已受人中福樂，宜更方便受天福樂。當立太子領四天下，別封一邑與下髮師，令下鬚髮，服三法衣，出家修道。

曇無讖譯《大般涅槃經》卷一二　父王歡喜字之頂生，時善住王，因以國事委付頂生，棄捨宮殿妻子眷屬，入山學道滿八萬四千歲。爾時頂生於十五日處在高樓沐浴受齋，即時東方有金輪寶，其輪千輻，轂輞具足，非工匠造，自然成就而來應之。頂生大王即作是念，我昔曾聞五通仙說，若刹利王於十五日處在高樓沐浴受齋，若有金輪千輻不減，轂輞具足，非工匠造，自然成就而來應者，當知是王即當得作轉輪聖帝。復作是念，我今當試，即以左手擎此輪寶，右執香爐，右膝著地而發誓言，是金輪寶若實不虚，應如過去轉輪聖王所行道去。作是誓已，是金輪寶飛昇虚空遍十方已，還來住在頂生左手。爾時頂生心生歡喜，踴躍無量，復作是言，我今定當作轉輪王。其後不久復有象寶，狀貌端嚴如白蓮花，七枝拄地。【略】

其後不久次有馬寶，其色紺炎，髦尾金色。【略】

其後不久復有女寶，形容端正，微妙第一，不長不短，不白不黑，身諸毛孔出栴檀香，口氣香潔如青蓮花，其目遠視見一由旬，耳聞鼻嗅亦復如是，其舌廣大出能覆面，形色細薄如赤銅葉，心聰叡哲有大智慧，於諸衆生常有軟語。是女以手觸王衣時，即知王身安樂病患，亦知王心所緣之處。爾時頂生復作是念，若有女人能知王心即是女寶。其後不久於王宫内自然而有寶摩尼珠，純青琉璃大如人脾，能於闇中照一由旬，若天降雨，滴如車軸，是珠力能作蓋遍覆足一由旬，遮此大雨不令下過。爾時頂生復作是念，若轉輪王得是寶珠必是聖王。其後不久有主藏臣自然而出，多饒財寶，巨富無量，庫藏盈溢，無所乏少，報得眼根力能徹見一切地中所有伏藏，隨王所念皆能辦之。爾時頂生復欲試之，即共乘船入於大海告藏臣言，我今欲得珍異之寶，藏臣聞已即以兩手撓大海水，時十指頭出十寶藏，以奉聖王而白王言，大王，所須隨意用之，其餘在者當没大海。爾時頂生心大歡喜踴躍無量，復作念言，我今定是轉輪聖王。其後不久有主兵臣自然而出，勇健猛略，策謀第一，善知四兵，若任鬭者則現聖王，若不任者退不令現，未摧伏者能令摧伏，已摧伏者力能守護。爾時頂生復作是念，若轉輪王得是兵寶，當知定是轉輪聖王。

爾時頂生轉輪聖帝告諸大臣，汝等當知此閻浮提安隱豐樂，然我今已七寶成就，千子具足，更何所爲。諸臣答言，唯然，大王，東弗婆提猶未歸德，王應往討。爾時聖王與其七寶一切營從，飛空而往東弗婆提，彼土人民歡喜歸化。復告大臣，我閻浮提及弗婆提安隱豐樂人民熾盛悉來歸化，七寶成就，千子具足，復何所爲。諸臣答言，唯然，大王，西瞿陁尼猶未歸德。爾時聖王復與七寶一切營從飛空而往西瞿陁尼，王既至彼，彼土人民亦復歸化。

施護譯《佛説輪王七寶經》 是時佛告諸苾芻言，汝等當知，有刹帝利大灌頂王，已受灌頂，得輪王位，威德自在，人所尊重，出現世間，其王出時有七寶現。何等爲七，所謂輪寶，象寶，馬寶，主藏臣寶，主兵臣寶，摩尼寶，女寶，如是七寶隨王出現。何名輪寶，所謂千輻金輪最上殊妙，諸相圓滿有大威力，其金輪寶從空而下住王宫門，是時彼刹帝利大灌頂輪王，見是輪寶出已，心大歡喜，即告侍臣言，汝今速嚴四兵當出遊幸。是時侍臣受王命已，即嚴四兵既嚴整已，即詣王所而白王言，四兵已嚴，王出遊幸，今正是時。爾時彼刹帝利大灌頂輪王，即從座起，整其衣服出於宫門，彼千輻輪導於王前，從王右手順次而轉。是時彼王遊於四海，於少時間即還王宫，以其輪寶功能勝故。諸苾芻，此名刹帝利大灌頂輪王出時第一輪寶出現。

復次諸苾芻，彼刹帝利大灌頂輪王出時，復有象寶出現，其相殊妙，純白無雜，猶如大龍，七處具足圓滿而住，從於北方乘空而來住王宫門。是時臣寮見是事已，即馭王所具，以其事而白於王。彼大灌頂輪王見是象寶出已，心大歡喜，内自思惟，甚爲賢善，最大殊勝，我有所用而必當取。是時彼王謂諸臣言，象寶出現，汝等宜應專勤守護，備吾所用。是時侍臣受王命已，於長時中専勤守護，善巧調習，無少損失，備王所用。佛告諸苾芻，往昔有刹帝利大灌頂輪王出世，是時亦有象寶出現，其王於晨朝時乘彼象寶，遊於四海即時還宫。汝等當知，象寶有是勝妙功能，諸苾芻，此名大灌頂輪王出時第二象寶出現。

復次諸苾芻，大灌頂輪王出時，復有馬寶出現，其數有四，諸分圓滿而各有其上妙色相，所謂青黄赤白，項頸妙好，猶如謨囉，行步迅疾而復調善。是四馬寶出現宫門，爾時臣寮見是馬寶希有妙好，即馭王所。彼大灌頂輪王見是四馬寶已，心大歡喜，内自思惟，馬寶出現甚爲賢善，我有所用必當如意。彼大灌頂輪王而復宣言，汝等諸臣，於長時中當勤守護，善巧調習，我有所用而必當取。是時臣寮受王命已，長時守護備王所用。諸苾芻，往昔有大灌頂輪王出世，是時亦有馬寶出現，其王於晨朝時乘是馬寶，遊於四海即復還宫，汝等當知，馬寶有是殊勝功能。諸苾芻，此名大灌頂輪王出時第三馬寶出現。

復次諸苾芻，輪王出時復有主藏臣寶出現，是時有大寶藏，堅牢具足，大財大富，彼臣所主。時主藏臣，即詣王所作是白言，有大寶藏一切殊妙珍寶具足，所謂金等一切寶物王有所用，我當授王一切如意無少闕失。是時輪王見是主藏臣寶出已，心大歡喜，又聞其言金等諸寶一切具足獲大如意。時王即謂彼主藏臣寶言，汝今有如是色相神通威力，能主地中廣大伏藏，金等諸寶一切具足，觀如是事甚爲希有，最上賢善，汝善主持，我有所欲汝當供給，餘非欲者亦善主持。諸苾芻，汝等當知，此地伏藏，人所不見非人即見，輪王出時有主藏臣而自出現，爲王守護一切供給。此名輪王出時第四主藏臣寶出現。

復次諸苾芻，輪王出時復有主兵臣寶出現，是時彼臣有大智略勇猛威德，大力色相一切具足，善御兵眾護王國界不令侵擾。時主兵臣詣於王所，白如是言，大王當知，我善主兵守護王境，若時非時諸有所作，當如王意無少闕失。是時彼王見是主兵臣寶出現已，心大歡喜，即謂彼言，汝今有大智略勇猛威德大力色相，若時非時一切能作，善御兵眾，守護國界，甚爲賢善，汝當長時親輔於我，諸有所爲汝善方便，汝今於王是大守護。諸苾芻，此名輪王出時第五主兵臣寶出現。

復次諸苾芻，輪王出時復有大摩尼寶出現，彼摩尼寶最上色相妙好殊勝，有大光明圓滿具足，其光廣大，普照一切，有大功能，於王宮中，若有是寶而彼夜暗非燈所照，寶出光明自然照曜猶如日光。諸苾芻，往昔有大輪王出世，是時亦有大摩尼寶出現有大光明，彼王爾時欲驗其能，即勅臣寮速嚴四兵，當於夜分出遊園林，是時臣寮受王命已，即嚴四兵速詣王所白如是言，四兵已集，王出遊幸今正是時。爾時彼王，即以大摩尼寶置旌旗上引導王前，於夜分中出遊園林，其寶光明照一由旬，其王四兵皆悉光明互相映曜，如天光明等無有異。諸苾芻，此名輪王出時第六大摩尼寶出現。

復次諸苾芻，輪王出時復有女寶出現，最上色相，諸分圓滿，妙好第一，諸世間人無有等者，輕妙柔軟，如幹唧梨，身諸毛孔出諸妙香，譬如盛香寶器，於一切時香氣常在。又復女寶所有出入之息，一一皆如青蓮華香人所愛樂，如王所行女寶從後，諸有所作適悅自在，性行貞正不受邪染，常出愛語人所樂聞，面有光明人所喜見。諸苾芻，此名輪王出時第七女寶出現。

佛告諸苾芻，如是名爲輪王出時七寶出現。汝等當知，如來應供正等正覺出時，宣說七覺支法，何等爲七，所謂念覺支，擇法覺支，精進覺支，喜覺支，輕安覺支，定覺支，捨覺支。如是名爲七覺支法，唯除如來應供正等正覺出世宣說。如前七寶亦如是，唯除大灌頂輪王出時其寶出現。汝等當知，如來所說七覺支法，令諸眾生如理修行，一切皆得安樂利益，汝等當勤如是修學。

七使

安世高譯《阿毘曇五法行經》　使者爲何等，使者爲七。何等爲七，一爲欲使，二爲不可使，三爲欲世間使，四爲憍慢使，五爲癡使，六爲邪使，七爲疑使。

欲使爲何等，欲使名爲五使。何等爲五者欲，從苦見斷欲，著欲從習見斷欲，著欲從盡見斷欲，著欲從道見斷欲，著欲從思惟見斷欲。是名爲五使，名爲欲使。

不可使名爲何等，五使名爲不可使。何等爲五，從苦見不可斷，從習見不可斷，從盡見不可斷，從道見不可斷，從思惟見不可斷。是五使名爲不可使。

世間欲可使爲何等，十使名爲世間可欲使。何等爲十，著色見苦斷欲，著色見習斷欲，著色見盡斷欲，著色見行道斷欲，從色因著思惟斷欲，從無有色因著見苦斷欲，從無有色因著見習斷欲，從無有色因著見盡斷欲，從無有色因著見道斷欲，從無有色因著思惟斷欲。是十使名爲欲世間使。

憍慢使爲何等，憍慢使有十五。何等爲十五，著欲見苦憍慢斷，著欲見習憍慢斷，著欲見盡憍慢斷，著欲見道憍慢斷，著欲思惟見憍慢斷，著色見苦憍慢斷，著色見習憍慢斷，著色見盡憍慢斷，著色見道憍慢斷，著色思惟憍慢斷，著無有色見苦憍慢斷，著無有色見習憍慢斷，著無有色見盡憍慢斷，著無有色見道憍慢斷，著無有色思惟憍慢斷。是十五使名爲憍慢使。

癡使爲何等，十五使名爲癡使。何等爲十五，著欲見苦癡斷，著欲見習癡斷，著欲見盡癡斷，著欲見道癡斷，著欲思惟癡斷，著色見苦癡斷，著色見習癡斷，著色見盡癡斷，著色見道癡斷，著色思惟癡斷，著無有色見苦癡斷，著無有色見習癡斷，著無有色見盡癡斷，著無有色見道癡斷，著無有色思惟癡斷。是十五使名爲癡使。

邪使爲何等，三十六使爲邪使。何等爲三十六，十二使著欲，十二使著色，十二使著無有色，是名爲三十六使。十二使著欲爲何等，著欲見苦斷身邪，著欲見苦斷要邪，著欲見苦斷邪邪，著欲見習斷邪邪，著欲見盡斷邪邪，著欲見道斷邪邪，著欲見苦斷見盜，著欲見習斷見盜，著欲見盡斷見盜，著欲見道斷見盜，著欲見苦斷戒盜，著欲見道斷戒盜。是名爲十二使著欲使。十二使著色爲何等，著色見苦斷身邪，著色見苦斷要邪，著色見苦斷邪邪，著色見習斷邪邪，著色見盡斷邪邪，著色見道斷邪邪，著色見苦斷見盜，著色見習斷見盜，著色見盡斷見盜，著色見道斷見盜，著色見苦斷戒盜，著色見道斷戒盜。是名爲十二使著色使。十二使著無有色爲何等，著無有色見苦斷身邪，著無有色見苦斷要邪，著無有色見苦斷邪邪，著無有色見習斷邪邪，著無有色見習斷邪邪，著無有色見道斷邪邪，著無有色見苦斷見盜，著無有色見習斷見盜，著無有色見盡斷見盜，著無有色見道斷見盜，著無有色見苦斷戒盜，著無有色見道斷戒盜。是名爲十二使著無有色使。是爲三十六使，名爲三十六邪使。

疑使爲何等，十二使名爲疑使。何等十二，著欲見苦斷疑，著欲見習斷疑，著欲見盡斷疑，著欲見道斷疑，著色見苦斷疑，著色見習斷疑，著色見盡斷疑，著色見道斷疑，著無有色見苦斷疑，著無有色見習斷疑，著無有色見盡斷疑，著無有色見道斷疑，是名爲十二疑。使是爲塵，是爲塵腦，有時塵無有腦者，除塵所餘亂意念法，是爲腦非塵。從起爲八，一爲睡，二爲瞑，三爲欒，四爲疑，五爲猗，六爲恣態，七爲不愧，八爲不慚。是故說從起八。

僧伽提婆共竺佛念譯《阿毘曇八犍度論》卷四 七使中二不善一無記四當分別。憍慢使，疑使在欲界，是不善在色無色界，是無記。無明使或不善或無記。云何不善。答曰，無慚無愧相應無明使，是謂不善。云何無記。答曰，無慚無愧不相應無明使，是謂無記。見使或不善或無記。云何不善。答曰，欲界三見，是謂不善。云何無記。答曰，欲界二見，色無色界五見，是謂無記。

鳩摩羅什譯《大智度》卷二 復次七使，欲染使，瞋恚使，有愛使，憍慢使，無明使，見使，疑使。是七使，幾欲界繫，幾色界繫，幾無色界繫，幾見諦斷，幾思惟斷，幾見苦斷，幾見集斷，幾見盡斷，幾見道斷，幾遍使，幾不遍使。

求那跋陁羅譯《雜阿含經》卷一八 閻浮車問舍利弗，所謂使者，云何爲使。舍利弗言，使者，七使，謂貪欲使，瞋恚使，有愛使，慢使，無明使，見使，疑使。復問，舍利弗，有道有向，修習多修習，斷此使耶。舍利弗言，有，謂八正道，正見，乃至正定。時，二正士共論議已，各從座起而去。

七淨

鳩摩羅什譯《成實論》卷二 七淨，戒淨者戒律儀也，心淨者得禪定也，見淨者斷身見也，度疑淨者斷疑結也，道非道知見淨者斷戒取也，行知見淨者思惟道也，行斷知見淨者無學道也。

鳩摩羅什譯《維摩詰所說經》卷中 總持之園苑，無漏法林樹，覺意淨妙花，解脫智慧果。八解之浴池，定水湛然滿，布以七淨花，浴此無垢人。象馬五通馳，大乘以爲車，調御以一心，遊於八正路。

僧肇《注維摩詰經》卷七 布以七淨華。

什曰，一戒淨，始終淨也，身口所作無有微惡，意不起垢，亦不取相亦不願受生，施人無畏不限眾生。二心淨，三乘制煩惱心，斷結心乃至三乘漏盡心，名爲心淨。三見淨，見法眞性不起妄想，是名見淨。四度疑淨，若見未深當時雖了後或生疑，若見深疑斷，名度疑淨。五分別道淨，善能見是道宜行，非道宜捨，是名分別道淨。六行斷知見淨，行謂苦難苦易樂難樂易四行也，斷謂斷諸結也，學地中盡未能自知所行所斷，既得無學盡智無生智，悉自知見所行所斷，通達分明，是名行斷知見淨。七涅槃淨也。生曰，一戒淨，二心淨，三見淨，四度疑淨，五道非道知見淨，六行知見淨，七斷知見淨，此七既以淨好爲理，而從定水中出，義爲水中華焉。

慧遠《維摩義記》卷三 布七華者，七淨之德清淨如華名七淨華，此華唯取清淨之義。何等爲七，一是戒淨，二是定淨，三是見淨，四度疑淨，五道非道淨，此前五種大小名同，後二小異，小乘法中第六行淨，第七名爲行斷智淨，大乘法中第六行斷，第七思量菩提分法上上淨矣。此七約行，要唯三學，初一戒學，次一定學，後五慧學。

七識住

玄奘譯《阿毗達磨品類足論》卷五 有七識住。謂有色有情身異想異，如人一分天，是初識住。有色有情身異想一，如梵衆天劫初時，是第二識住。有色有情身一想異，如極光淨天，是第三識住。有色有情身一想一，如遍淨天，是第四識住。無色有情超一切色想，滅有對想，不思惟種種想入無邊空，空無邊處具足住，如空無邊處天，是第五識住。無色有情超一切空無邊處入無邊識，識無邊處具足住，如識無邊處天，是第六識住。無色有情超一切識無邊處入無所有，無所有處具足住，如無所有處天，是第七識住。

玄奘譯《阿毗達磨品類足論》卷七 初識住云何，謂有色有情身異想異，如人一分天，是初識住。此中初者，謂隨算數，漸次順次相續次第，此最在初，彼繫諸色受想行識，總名識住。第二識住云何，謂有色有情身異想一，如梵衆天劫初時，是第二識住。此中第二者，謂隨算數，漸次順次相續次第，此居第二，彼繫諸色受想行識，總名識住。第三識住云何，謂有色有情身一想異，如極光淨天，是第三識住。此中第三者，謂隨算數，漸次順次相續次第，此居第三，彼繫諸色受想行識，總名識住。第四識住云何，謂有色有情身一想一，如遍淨天，是第四識住。此中第四者，謂隨算數，漸次順次相續次第，此居第四，彼繫諸色受想行識，總名識住。第五識住云何，謂無色有情超一切色想，滅有對想，不思惟種種想，入無邊空，空無邊處具足住，如空無邊處天，是第五識住。此中第五者，謂隨算數，漸次順次相續次第，此居第五，彼繫諸受想行識，總名識住。第六識住云何，謂無色有情超一切空無邊處，入無邊識，識無邊處具足住，如識無邊處天，是第六識住。此中第六者，謂隨算數，漸次順次相續次第，此居第六，彼繫諸受想行識，總名識住。第七識住云何，謂無色有情，超一切識無邊處，入無所有，無所有處具足住，如無所有處天，是第七識住。此中第七者，謂隨算數，漸次順次相續次第，此居第七，彼繫諸受想行識，總名識住。

玄奘譯《阿毗達磨大毗婆沙論》卷一三七 七識住者。如契經說，有色有情身異想異，如人一分天，是第一識住。有色者，謂彼有情有色可了，有色身，有色界處蘊，有色施設，故名有色。有情者，謂諦義勝義，有情不可得，非實有體，然於界處蘊中，假想施設說爲有情，奈落，意生，儒童，養者，補特伽羅，命者，生者，故名有情。身異者，謂彼有情有種種身，種種顯形狀貌差別，故名身異。想異者，謂彼有情有樂想、苦想、不苦樂想，故名想異。如人一分天者，人則一切人，一分天，謂欲界天。是第一識住者，第一則次第中最初數，識住謂彼所繫色受想行識，釋識住義已如前說。有色有情身異想一，如梵衆天，謂彼初起是第二識住。有色等如前說。想一者，謂彼有情染想無異。如梵衆天者，此顯梵世諸天。謂彼初起者，謂彼初生同起染想，後便想異。是第二識住者，第二準前識住，如前說。有色有情身一想異，如極光淨天，是第三識住。有色等如前說。身一者，謂彼有情有一類身，一類顯形狀貌無別。想異者，謂彼有情有樂想，不苦不樂想。由彼諸天厭根本地喜根已，起近分地捨根現前，厭近分地捨根已，起根本地喜根現前。如富貴人，厭欲樂已，欣住法樂，厭法樂已，欣住欲樂。如極光淨天者，此顯第二靜慮諸天。有色有情身一想一，如遍淨天，是第四識住。有色等如前說。想一者，謂彼有情有無覆無記無差別想。如遍淨天者，此顯第三靜慮諸天，無色有情一切色想皆超越故，諸有對想皆隱沒故，於別異想不作意故。入無邊空，空無邊處具足住，如隨空無邊處天，是第五識住。無色有情一切空無邊處皆超越故，入無邊識，識無邊處具足住，如隨識無邊處天，是第六識住。無色有情一切識無邊處皆超越故，入無少所有無所有處具足住，如隨無所有處天，是第七識住。此中諸無色者，謂彼有情無色可了，無有色身，無色界處蘊，無色施設故名無色。有情等如前說。一切空無邊處皆超越等如餘處說。識住者，謂彼所繫受想行識。

遁倫《瑜伽論記》卷一　七識住者。如《俱舍》說，一有色有情身異想異，如人欲界天及初靜慮除劫初時。二身異想一，如梵眾天劫初時。三身一想異，如第二靜慮厭根本喜入近分捨，厭近分捨入根本喜。四身一想一，如第三靜慮，初定由染想名想一，二定由二善想名想異，三定由異熟想名想一。餘三則下三無色，餘處壞識不說識住，增語觸者。第六俱觸能起語故，能緣語故，於聲法二處皆增，由觸增長名增語觸，有對觸者，五識相應觸根有對故。依耽嗜者，謂欲界，出離者色無色及無漏，愛味謂有漏，無愛味謂無漏。又解，耽嗜者著外境，愛味者著內身，世間謂分別，出世間謂無分別，九居於七識住加第四定及非想，有依無依光明色者。

七覺分

瞿曇僧伽提婆譯《中阿含經》卷一一　若轉輪王出於世時，當知有此七寶出世。如是如來、無所著、等正覺出於世時。當知亦有七覺支寶出於世間。云何爲七，念覺支寶、擇法覺支、精進覺支、喜覺支、息覺支、定覺支、捨覺支寶，是謂爲七。如來、無所著、等正覺出於世時，當知有此七覺支寶出於世間。

智顗《摩訶止觀》卷七上　若不入者，用七覺均調，心浮動時以除覺除身口之麤，以捨覺捨於觀智以定心入禪，若心沈時精進擇喜起之，念通緣兩處，修此七覺即得入道。《大論》云，若離五蓋專修七覺，不得入者無有是處。

玄奘譯《阿毗達磨法蘊足論》卷八　時有苾芻，來詣佛所，到已頂禮世尊雙足，卻住一面，而白佛言：世尊，嘗說覺支，覺支此言何義。世尊告曰：此覺支，言顯七覺支。何等爲七，謂念覺支，擇法覺支，精進覺支，喜覺支，輕安覺支，定覺支，捨覺支。如是覺支，漸次而起，漸次而得，脩令圓滿。時彼苾芻復白佛言：云何覺支，漸次而起，漸次而得，脩令圓滿。佛告苾芻：若有於身，住循身觀，安住正念，遠離愚癡，爾時便起念覺支，得念覺支，脩令圓滿。彼由此念，於法簡擇極簡擇，遍尋思，遍伺察，審諦伺察，爾時便起擇法覺支，得擇法覺支，脩令圓滿。彼由擇法，發勤精進，心不下劣，爾時便起精進覺支，得精進覺支，脩令圓滿。彼由精進，發生勝喜，遠離愛味，爾時便起喜覺支，得喜覺支，脩令圓滿。彼由此喜，身心輕安，遠離麁重，爾時便起輕安覺支，得輕安覺支，脩令圓滿。彼由輕安，便受快樂，樂故心定，爾時便起定覺支，得定覺支，脩令圓滿。彼由心定，能滅貪憂，住增上捨，爾時便起捨覺支，得捨覺支，脩令圓滿。於受心法，住循受心法觀，廣說亦爾。如是覺支，漸次而起，漸次而得，脩令圓滿。

云何念覺支，謂世尊說：若聖弟子，於此內身，住循身觀，若具正勤正知正念，除世貪憂。於彼外身，住循身觀，若具正勤正知正念，除世貪憂。於內外身，住循身觀，若具正勤正知正念，除世貪憂。於內外俱受心法三，廣說亦爾。脩習如是四念住時，所有無漏作意相應，諸念隨念，專念憶念，不忘不失，不遺不漏，不失法性，心明記性，總名爲念，亦名念根，亦名念力，亦名念覺支，亦名正念。是聖出世無漏無取道隨行道俱有道隨轉，能正盡苦，作苦邊際。諸有學者如所見諸行思惟觀察，令至究竟，於諸行中深見過患，於永涅槃深見功德，若阿羅漢，如解脫心，思惟觀察，令至究竟，所有無漏作意相應，諸念隨念，乃至心明記性，是名念覺支。【略】

云何擇法覺支，謂世尊說：若聖弟子，能如實知善、不善法，有罪、無罪法，應脩、不應脩法，下劣勝妙法，黑白法，有敵對法，緣生法，能如實知善、不善法者。云何善法，謂善身語業，善心心所法，善心不相應行，及擇滅是名善法。云何不善法，謂不善身語業，不善心心所法，不善心不相應行，是名不善法。彼於如是善不善法，以如實正慧，簡擇極簡擇，遍尋思，遍伺察，審諦伺察，是名能如實知善不善法。【略】

云何精進覺支，謂世尊說：若聖弟子，爲令已生惡不善法斷故，起欲發勤精進策心持心。爲令未生惡不善法不生故，起欲發勤精進策心持心。爲令未生善法生故，起欲發勤精進策心持心。爲令已生善法堅住不忘脩滿倍增廣大智作證故，起欲發勤精進策心持心。彼脩如是四正勝時，所有無漏作意相應，諸勤精進，勇健勢猛，熾盛難制，勵意不息，總名精進，亦名精進根，亦名精進力，亦名精進覺支，亦名正勤。是聖出世無漏無取道隨行道俱有道隨轉，能正盡苦，作苦邊際。諸有學者如所見諸行，思惟觀察，令至究竟，於諸行中深見過患，於永涅槃深見功德，若阿羅漢，如解脱心，思惟觀察，令至究竟，所有無漏作意相應，諸勤精進，乃至勵意不息，是名精進覺支。

云何喜覺支，謂世尊説：大名當知，若聖弟子，以如是相隨念諸佛，謂此世尊，是如來阿羅漢正等覺明行圓滿善逝世間解無上丈夫調御士天人師佛薄伽梵，彼聖弟子，以如是相隨念佛時，貪不纏心，瞋不纏心，癡不纏心，於如來所，其心正直。心正直故，得義威勢。得法威勢，於如來所，能引起欣，欣故生喜心，喜故身安，身安故受樂，樂故心定，心定故於不平等諸有情類，得住平等。於有惱害諸有情類，住無惱害，得預法流，於諸佛所脩隨念故，乃至能證究竟涅槃。復次大名，若聖弟子，以如是相隨念正法，謂佛正法，善説現見，無熱應時，引導近觀，智者內證。彼聖弟子，以如是相隨念法時，貪不纏心，瞋不纏心，癡不纏心，於正法所，其心正直。心正直故，得義威勢。得法威勢，於正法所，能引起欣，欣故生喜心。喜故身安，身安故受樂，樂故心定，心定故於不平等諸有情類，得住平等。於有惱害諸有情類，住無惱害。得預法流，於正法所，脩隨念故，乃至能證究竟涅槃。【略】

云何輕安覺支，謂世尊説：慶喜當知，入初靜慮時，語言靜息，由此爲緣，餘法亦靜息，此名第一順輕安相。入第二靜慮時，尋伺靜息，由此爲緣，餘法亦靜息，此名第二順輕安相。入第三靜慮時，諸喜靜息，由此爲緣，餘法靜息，此名第三順輕安相。入第四靜慮時，入出息靜息，由此爲緣，餘法亦靜息，此名第四順輕安相。入滅想受定時，想受靜息，由此爲緣，餘法亦靜息，此名第五順輕安相。慶喜當知，復有第六上妙輕安，是勝是最勝，是上是無上，如是輕安，最上最妙，無餘輕安能過此者。此復是何，謂心從貪離染解脱，及從瞋癡離染解脱，此名第六順輕安相。思惟此相，所有無漏作意相應，諸身輕安，心輕安，輕安性，輕安類，總名輕安，亦名輕安覺支。【略】

云何捨覺支，謂有苾芻，思惟斷界離界滅界，由此發起心平等性，心正直性，心無警覺寂靜住性。彼作是念，我今應於順貪順瞋順癡諸法，離貪瞋癡，由此發起心平等性，心正直性，心無警覺寂靜住性。復作是念，我今應於貪瞋癡法，心不攝受，由此發起心平等性，心正直性，心無警覺寂靜住性。彼審思惟六順捨法所有無漏作意相應，心平等性，心正直性，心無警覺寂靜住性，總名爲捨，亦名捨覺支。是聖出世，無漏無取道，隨行道，俱有道隨轉，能正盡苦，作苦邊際。諸有學者如所見諸行，思惟觀察，令至究竟，於諸行中，深見過患，於永涅槃，深見功德，若阿羅漢，如解脱心，思惟觀察，令至究竟，所有無漏作意相應，心平等性，心正直性，心無警覺寂靜住性，是名捨覺支。

施護譯《佛説大乘不思議神通境界經》卷下　復次普華幢天子白妙吉祥菩薩言：云何名爲七覺支。妙吉祥言：若菩薩了一切行本無所生，於喜樂法觀眞實性，是名喜覺支。若菩薩於一切法無愛著心，於所緣相觀不可得，是名輕安覺支。若菩薩見一切法自性無念無所作意，是名念覺支。若菩薩若一切法求種種相了不可得，記諸善法如實出生，是名擇法覺支。若菩薩觀三界性不取三界相，是名精進覺支。若菩薩觀心無所得，即於一切法亦無所覺了，是名定覺支。若菩薩知一切法本無所依即無所住，復無所生亦無所覺，是故一切法無所觀，不可得住平等捨，是名捨覺支。天子，此等名爲七覺支法。

法護等譯《佛説大乘菩薩藏正法經》卷三七　云何諸菩薩菩提分善巧，菩提分法此有七種。何等爲七，一者念菩提分，二者擇法菩提分，三者精進菩提分，四者樂菩提分，五者適悦菩提分，六者三摩地菩提分，七者捨菩提分，是名爲七。云何念菩提分，謂念所悟法，觀察分別條析揀擇，及與開解，又應念彼法自體相，隨順覺悟，如諸法空，隨念了知，此説是名念菩提分。云何擇法菩提分，謂於八萬四千法總聚中，以智思擇，如法擇已，彼是了義即是了義，彼非了義即非了義，彼是世俗即是世俗，彼是勝義即是勝義，彼是祕密即是祕密，彼是決定即是決定，如其思擇，此説是名擇法菩提分。云何精進菩提分，謂於法思擇捨離知解，樂修禪定寂靜輕安，應當以懃勇力摧伏彼執，於菩提道樂欲不退，不捨重擔，此説是名精進菩提分。云何樂菩提分，謂樂聞法音，其心清淨，不生疲厭，離諸攀緣及煩惱縛，志誠渴仰，乃至身毛喜豎得大法樂，此説是名樂菩提分。云何適悦菩提分，謂於三摩地，離諸障礙惛掉等性，令彼身心俱獲輕安，此說是名適悅菩提分。云何三摩地菩提分，謂於等引心，了諸法智安住甚深，觀諸法性悉皆平等，此說是名三摩地菩提分。云何捨菩提分，謂於憂喜分法心無所動，於世間法亦不增減，隨順聖道，於自他共無住無動及無損惱，此說是名捨菩提分。舍利子，諸菩薩摩訶薩，於勝慧波羅蜜多，獲得如是七種菩提分善巧。

戒顯、濟岳《沙弥律儀毗尼日用合參》卷上　《法界次第》，覺，即覺了，謂覺了所修之法，是眞是僞也。分，即支分，謂此七種法，各有支派分齊，不相雜亂，故名七覺分，亦名七覺支。擇進喜三覺分屬慧，除捨定三覺分屬定，念覺分兼屬定慧故。《摩訶止觀》，修此七覺，即得入道是也。一，擇法覺分，謂用智慧，觀察諸法之時，善能簡別眞僞，而不謬取虛僞之法。二，精進覺分，謂修諸道法之時，善能覺了，不行無益苦行，而於眞正法中，常能專心於一，無有間歇。三，喜覺分，於心契悟眞法，得歡喜時，善能覺了，此喜不從顛倒法生，住眞法喜。四，除覺分，謂斷除見諸煩惱之時，善能覺了，除去虛僞之法，增長眞正善根。五，捨覺分，謂捨離所見念著之境，善能覺了，虛僞不實，永不追憶。六，定覺分，謂發禪定之時，善能覺了諸禪，不生煩惱妄想。七，念覺分，謂修諸道法之時，善能覺了，常思定慧均平，若心昏沉之時，當念用擇法精進喜三覺，觀察諸法，令不昏沉。若心浮動之時，當念用除覺分，除身口之過，非用捨覺分捨於觀智，用定覺分入正禪定，攝其散心，令不浮動。

七種語

曇無讖譯《大般涅槃經》卷三五　善男子，如來說法爲衆生故，有七種語。一者因語，二者果語，三者因果語，四者喻語，五者不應說語，六者世流布語，七者如意語。云何名因語，現在因中說未來果，如我所說，善男子，汝見衆生樂殺乃至樂行邪見，當觀是人即地獄人。善男子，若有衆生不樂殺生乃至邪見，當觀是人即是天人。是名因語。云何果語，現在果中說過去因，如經中說，善男子，如汝所見貧窮衆生顏貌醜陋不得自在，當知是人定有破戒妬心瞋心無慚愧心。若見衆生多財巨富諸根完具威德自在，當知是人定有戒施精勤慚愧無有妬瞋。是名果語。云何因果語，如經中說，善男子，衆生現在六入觸因，是名過去業果，如來亦說名之爲業，是業因緣得未來果。是名因果語。云何喻語，如說師子王者即喻我身，大象王大龍王，波利質多羅樹，七寶聚大海須彌山大地大雨，船師導師調御丈夫，力士牛王婆羅門沙門，大城多羅樹。如是喻經，名爲喻語。云何不應語，我經中說天地可合，河不入海。如爲波斯匿王說四方山來。如爲鹿母優婆夷說，若娑羅樹能受八戒，則得受於人天之樂。如說十住菩薩有退轉心，不說如來有二種語，寧說須陁洹人墮三惡道，不說十住有退轉心。是名不應語。云何世流布語，如佛所說男女大小去來坐臥，車乘房舍瓶衣，衆生常樂我淨，軍林城邑僧幻合散，是名世流布語。云何如意語，如我呵責毀禁之人，令彼自責護持禁戒。如我讚歎須陁洹人，令諸凡夫生於善心。讚歎菩薩，爲令衆生發菩提心。說三惡道所有苦惱，爲令修習諸善法故。說一切燒，唯爲一切有爲法故，無我亦爾。說諸衆生悉有佛性，爲令一切不放逸故。是名如意語。

寶亮《大般涅槃經集解》卷六六　第五明寄七種語以遣著，有因語果語，自有因中說果，自有果中說因，云何於此生著。第六還定因果，明有果時無因，因時何得已有果耶。第七寄七種人譬明也，云何言非內非外者，難佛前句也。寶亮曰：此下第二大段，明中道佛果，佛性非內非外。上《師子吼品》，以明果非即正因中有，亦非緣因中已有，然復不離五陰得故，言非內非外。今此中明一切法善惡等，盡是佛性，恐人情迷故，迦葉謬領，即捉上語作難也，謂若一切法，盡是佛性者，是爲無一法而非者。

智圓《涅槃經疏三德指歸》卷一八　經七種語者，因中說果，名爲因語。果中說因，名爲果語。說現在法，望前爲果，望後爲因，名因果語。立喻顯法，名爲喻語。假舉世間不應有事而顯諸法，名不應語。隨世流布說男女等，名世流布語。有所宣說，令他衆生從己化意，名如意語。雖有七語，正約後一明已爲生說性之意。

七種辯

鳩摩羅什譯《大智度論》卷五五 化生者，說般若行報，行般若波羅蜜，於一切法無礙故，得捷疾辯。有人雖能捷疾，鈍根故不能深入，以能深入故利，是利辯。說諸法實相，無邊無盡故，名樂說無盡辯。般若中無諸戲論故，無能問難、斷絕者，名不可斷辯。斷法愛故，隨衆生所應而爲說法，名隨應辯。說趣涅槃利益之事故，名義辯。說一切世間第一之事，所謂大乘，是名世間最上辯。須菩提然其問：言如是如是。舍利弗作是念：須菩提常樂說空，何以故，受我所說般若波羅蜜廣說三乘之教，應當更有因緣。須菩提答：般若波羅蜜雖廣說三乘法，非有定相，皆以十八空和合故說，攝取菩薩七種辯亦如是，以空智慧故。

玄奘譯《大般若波羅蜜多經》卷四九九 謂菩薩摩訶薩於深般若波羅蜜多勤修行故，隨所生處，常受化生，於不退神通能自在遊戲，能善通達無量法門，從一佛土至一佛土，供養恭敬尊重讚歎諸佛世尊，隨所願樂植衆德本，於諸佛所受持正法，乃至無上正等菩提常不忘失，恆居勝定離擾亂心，由此因緣得無礙辯，無斷盡辯，無疎謬辯，應辯，迅辯，諸所演說豐義味辯，一切世間最勝妙辯。

良賁《仁王護國般若波羅蜜多經疏》卷中一 言七辯者，一捷辯，須言即言，無蹇吃故。二迅辯，懸河澍冷，不遲訥故。三應辯，應時應機，不增減故。四無疎謬辯，所說契理，邪錯故。五無斷盡辯，相續連環，終無竭故。六凡所演說豐義味辯，一一言句多事理故。七一切世間最上妙辯，具足甚深如雷等故。

子璿《起信論疏筆削記》卷二 七辯者，一捷辯，卒答不思須即言故。二無斷辯，相續連環而無竭故。三迅辯，明於理事心無癡闇，言音迅疾如懸河故。四隨應辯，應於時機無差異故。五無疎謬辯，所說契理無差失故。六豐義味辯，名數理事皆無量故。七一切世間最上妙辯，此辯有五德，一甚深如雷，二清徹遠聞，三其聲哀雅如迦陵頻伽，四能令衆生入心愛敬，五若有聞者歡喜無厭，具此五者名最上也。此上四七之辯，皆因本智證理而後得故，名後得智。

延壽《註心賦》卷二 有七辯才者。一捷疾辯，卒答不思。二利辯，音聲清巧。三無盡辯，問答無窮。四無斷辯，流注相續。五隨應辯，對機授藥。六第一義辯，善說實相。七世間最上辯，超出羣類。已上七辯，皆從心慧而發。

七轉識

玄奘譯《成唯識論》卷二 若與所熏同時同處，不即不離，乃是能熏，此遮他身剎那前後無和合義故，非能熏。唯七轉識及彼心所，有勝勢用，而增減者具此四義，可是能熏，如是能熏與所熏識，俱生俱滅，熏習義成，令所熏中種子生長，如熏苣藤故，名熏習，能熏識等從種生時，即能爲因，復熏成種，三法展轉，因果同時，如炷生焰，焰生焦炷，亦如蘆束，更互相依。因果俱時，理不傾動，能熏生種種起現行，如俱有因得士用果。

玄奘譯《成唯識論》卷四 又若五識皆業所感，則應一向無記性攝，善等五識既非業感，應無眼等爲俱有依，故彼所言非爲善救。又諸聖教處處皆說，阿賴耶識變似色根及根依處器世間等，如何汝等撥無色根，許眼等識變似色等，不許眼等藏識所變，如斯迷謬，深違教理。【略】

是又第七識雖無間斷，而見道等既有轉易，應如六識有俱有依，不爾，彼應非轉識攝，便違聖教。轉識有七，故應許彼有俱有依，此即現行第八識攝。如《瑜伽》說，有藏識故得有末那，末那爲依意識得轉。彼論意言現行藏識爲依止故，得有末那非由彼種，不爾，應說有藏識故意識得轉，由此彼說理教相違。故應言，前五轉識一一定有，二俱有依，謂五色根同時意識。第六轉識決定恆有，一俱有依，謂第七識。若與五識俱時起者，亦以五識爲俱有依。第七轉識決定唯有，一俱有依，謂第八識。唯第八識恆無轉變，自能立故，無俱有依。

澄觀《大方廣佛華嚴經疏》卷六 三衆生藏識皆名心海，前七轉識名攀緣轉，轉謂轉生，亦流轉也，緣境非一，立種種名。故經云，藏識海常

住，境界風所動，種種諸識浪，騰躍而轉生。喻云，洪波鼓溟壑，無有斷絕期，既知機殊，隨應授法

澄觀《大方廣佛華嚴經隨疏演義鈔》卷三一　賢首解云，此中眞相是如來藏，轉識是七識，藏識是梨耶。此解甚當。但喻有二法，謂泥團微塵，而合有三意少難見。此即第一經初，先明識三相。次明三識，初云諸識有三種相，謂轉相、業相、眞相。釋曰：此三種相通於八識，謂起心名轉，八俱起故，皆有生滅故，名轉相。動則是業，如三細中初業相故，八識皆動，盡名業相。八之眞性，盡名眞相。是故經云諸識有三種相，則知三相通八識矣。次經辨三識云：大慧略說有三種識，廣說有八種相。何等爲三，謂眞識、現識、分別事識。釋曰：約不與妄合，如來藏心爲眞識，現即第八。故下經云，譬如明鏡現眾色像，現識處現亦復如是，明是第八，餘七皆名分別事識。是則三識別爲三類。現唯第八，分別唯前七。眞相約佛是八出纏，約凡在第八中亦兼在餘七。然泥團經文含前二段，意明三識，而參三相之名，轉識即轉相之名，意是分別事識故，唯識中名七轉識，藏識即是現識，此則可知眞相即是眞識。

延壽《宗鏡録》卷五六　如是七識及與藏識，同耶異耶。非同非異，離二邊故。譬如日與光明，水與波浪，非同非異。七識藏識，非同非異義，亦復如是。如經，日月與光明，非異非不異，海水起波浪，七識亦如是，心俱和合生。如是七識，從何處所，來入藏識，作七種數，流轉起動，無斷絕時。如是七轉識，不從內來，不從外來，不從中間來，唯藏識體，變作七識。譬如海水，變作波浪。如經，譬如海水變，種種波浪轉，七識亦如是，心俱和合生，謂彼藏識處，種種諸識轉，謂以彼意識，思惟諸相義，如是現識，及七轉識。

七如來

不空譯《瑜伽集要救阿難陀羅尼焰口軌儀經》　諸佛子等，我今爲汝稱讚如來吉祥名號，能令汝等永離三塗八難之苦，常爲如來眞淨弟子。

南無寶勝如來（若有大眾，一時爲稱）。諸佛子等，若聞寶勝如來名號，能令汝等塵勞業火悉皆消滅。

南無離怖畏如來（準前爲稱，下皆例此）。諸佛子等，若聞離怖畏如來名號，能令汝等常得安樂，永離驚怖，清淨快樂。

南無廣博身如來。諸佛子等，若聞廣博身如來名號，能令汝等餓鬼針咽業火停燒，清涼通達，所受飲食得甘露味。

南無妙色身如來。諸佛子等，若聞妙色身如來名號，能令汝等不受醜陋，諸根具足，相好圓滿，殊勝端嚴，天上人間最爲第一。

南無多寶如來。諸佛子等，若聞多寶如來名號，能令汝等具足財寶，稱意所須，受用無盡。

南無阿彌陀如來。諸佛子等，若聞阿彌陀如來名號，能令汝等往生西方極樂世界，蓮花化生，入不退地。

南無世間廣大威德自在光明如來。諸佛子等，若聞世間廣大威德自在光明如來名號，能令汝等獲得五種功德。一者於諸世間最爲第一，二者得菩薩目端嚴殊勝，三者威德廣大超過一切外道天魔，如日照世，顯於大海，功德巍巍，四者得大自在所向如意，似鳥飛空而無阻礙，五者得大堅固智慧光明，身心明徹，如瑠璃珠。諸佛子等，此七如來以誓願力，拔濟眾生永離煩惱，脱三塗苦，安隱常樂。一稱其名，千生離苦證無上道。

義淨譯《藥師琉璃光七佛本願功德經》卷下　欲供養彼七如來者，應先敬造七佛形像，安在清淨上妙之座，散花燒香，以諸幢幡莊嚴其處，七日七夜受八戒齋，食清淨食，澡浴身體，著新淨衣，心無垢濁，亦無恚害，於諸有情常起利樂慈悲喜捨平等之心，鼓樂絃歌稱讚功德右繞佛像，念彼如來所有本願，讀誦此經思惟其義，演說開示。

七逆罪

鳩摩羅什譯《梵網經》卷一〇下　若欲受戒時，師應問言，汝現身不作七逆罪耶。菩薩法師不得與七逆人現身受戒。七逆者，出佛身血，殺父，殺母，殺和上，殺阿闍梨，破羯磨轉法輪僧，殺聖人。若具七遮，即現身不得戒，餘一切人盡得受戒。出家人法不向國王禮拜，不向父母禮

拜，六親不敬，鬼神不禮，但解師語。有百里千里來求法者，而菩薩法師，以惡心而不即與授一切衆生戒者，犯輕垢罪。

湛然《止觀輔行傳弘決》卷二之一 次觀業者，以極重業而爲觀境，故指五逆即是菩提。言五逆者，謂殺父，殺母，殺阿羅漢，破僧出血。三殺一妄語一殺生加行，論輕重者，如《優婆塞戒經》業品中，以後後業重於前前。又心境相對四句分別，及方便等三時不同，非今正意不委分別。若大乘中加殺和尚及阿闍黎，以爲七逆。此五七逆體性空寂，故《無行經》云，五逆即菩提，菩提即五逆。若就觀行明五逆者，五法逆世名爲五逆。

《無畏三藏禪要》 先問，若有犯七逆罪者，師不應與授戒，應教懺悔。須七日二七日乃至七七日，復至一年懇到懺悔須現好相。若不見好相，受戒亦不得戒。

諸佛子汝等，從生已來，不殺父耶，汝等不殺母耶，不出佛身血耶，不殺阿羅漢耶，不殺和尚耶，不殺阿闍梨耶，不破和合僧耶。汝等若犯如上七逆罪者，應須對衆發露懺悔，不得覆藏，必墮無間受無量苦。若依佛教發露懺悔者，必得重罪消滅得清淨身，入佛智慧速證無上正等菩提。若不犯者但自答無。諸佛子等，汝從今日乃至當坐菩提道場，能精勤受持一切諸佛諸大菩薩，最勝最上大律儀戒否。此名所謂三聚淨戒，攝律儀戒，攝善法戒，饒益有情戒。

法藏《弘戒法儀》下卷 善男子，佛爲心之法身，不可觸犯，出佛身血，是破自己法身也。父母爲生身之本，弑之，是弑自己本心也。和尚阿闍黎是出家受法力生，教授羯磨之師，若弑之，是斷出家自性之佛種也。羯磨僧者，一切作法行道之師，若破之，是破佛正法也。轉法輪僧者，有多種。若參禪僧教參禪僧，此轉祖師禪，直示人悟心成佛之法輪者也。若止觀坐禪僧教止觀坐禪僧，此轉如來禪，圓修單複三觀悟心成佛之輪者也。一切經律論諸大法師，是轉音聲輪，令人從音聞悟理成佛者也。聖人者，從小乘四果，及大乘外凡內凡聖位菩薩之人是也。若弑之破之，是弑自心，破自己佛心也。已上七遮，餘者未必易犯。惟破轉法輪僧一事，人多易犯。葢以人師不一，門戶各開。參禪者抑止觀，而揚參禪。止觀者抑參禪，而揚止觀。經律論師或互相上下，而且抑參禪止觀之人。參禪止觀之人，或亦互相上下，而抑講經律論之主。君子之過各於其黨，易於沿習，不知觸犯，據經明判，俱不得戒。若無知而適犯者，事或可開。

七情

道誠《釋氏要覽》卷下 七情，喜，怒，憂，懼，愛，憎，欲。情者，是非之主，利害之根。

真鑑《大佛頂首楞嚴經正脉疏》卷八 因諸愛染，發起妄情，情積不休，能生愛水。

愛有總別二意，總謂諸情皆屬於愛，愛即情也，別如世說喜、怒、哀、樂、愛、惡、欲爲七情，愛居其一而已。今總意也，良以七情中怒惡似與愛反，而實由人之損我所愛，方怒方惡，縱曰性情之正，是亦惑境爲實，皆愛情爲本，故總屬愛也。最初對境起著爲愛染，深貪極戀堅執不捨爲妄情，情積不休者，慣習深厚，潛滋貪業也。能生愛水者，墜業已成，下墮所不免也。

七種大

達摩岌多譯《金剛般若波羅蜜經論》卷上 經言，善攝第一菩薩摩訶薩者，謂已熟菩薩於佛證正覺轉法輪時，以五種義中菩薩法而建立故，諸菩薩有七種大故，此大衆生名摩訶薩埵。何者七種大，一法大，二心大，三信解大，四淨心大，五資糧大，六時大，七果報大。如《菩薩地持》中說，於諸菩薩所，何者善攝，何者第一也，利樂相應爲善攝，第一有六種應知，一時，二差別，三高大，四牢固，五普遍，六異相。

智顗《妙法蓮華經文句》卷二上 說大乘經者《善戒經》有七大。一法大，謂十二部毘佛略也。二心大，謂求於菩提也。三解大，謂解菩薩藏也。四淨大，謂見道淨心（云云）。五莊嚴大，謂福德智慧也。六時大，謂三僧祇行也。七具足大，謂以相好自嚴得菩提也。六是因大。七是果大。大因大果合爲大乘經也。

波羅頗蜜多羅譯《大乘莊嚴經論》卷一二　若具足七種大義，説爲大乘。一者緣大，由無量修多羅等廣大法爲緣故。二者行大，由自利利他行皆具足故。三者智大，由人法二無我，一時通達故。四者勤大，由三大阿僧祇劫無間修故。五者巧大，由不捨生死而不染故。六者果大，由至得力無所畏不共法故。七者事大，由數數示現大菩提大涅槃故。已説大乘七大義，次説八法攝大乘。

玄奘譯《大乘阿毗達磨雜集論》卷一一　由與七種大性相應，故名大乘。何等名爲七種大性，一境大性。以菩薩道，緣百千等無量諸經廣大教法爲境界故。二行大性，正行一切自利利他廣大行故。三智大性，了知廣大補特伽羅法無我故。四精進大性，于三大劫阿僧企耶，方便勤修無量百千難行行故。五方便善巧大性，不住生死及涅槃故。六證得大性，證得如來諸力無畏不共佛法等，無量無數大功德故。七業大性，窮生死際，示現一切成菩提等，建立廣大諸佛事故。

澄觀《大方廣佛華嚴經隨疏演義鈔》卷一六　若廣釋者，七種大性共相應故，不廣説之。《瑜伽》四十六云，一法大性，二發心大性，三勝解大性，四增上意樂大性，五資糧大性，六時大性，七圓證大性。《雜集》十一，説七大性者，一者境大性，二者行大性，三智，四精進，五方便善巧，六證得，七業。彼論云，何等名爲七種大性。一者境大性，以菩薩道緣百千等無量諸經廣大教法爲境界故。二行大性，正行一切自利利他廣大行故。三智大性，了知廣大補特伽羅法無我故。四精進大性，於三大阿僧企耶劫，方便勤修無量百千難行行故。五方便善巧大性，不住生死及涅槃故。六證得大性，證得如來十力無畏不共佛法等，無量無數大功德故。七業大性，窮生死際，示現一切成菩提等，建立廣大諸佛事故。若《般若無著》論七大性者，一法二心三信解四淨心五資糧六時七果，此與《瑜伽》大同。若與對法會者，一法，即《雜集》境大性，緣大教法而爲境故。二心，即是行大性，即由淨心行二利行故。三信解，即智大性，信解與智，於境印持，於境決斷，大意同故。四淨心，即精進，由精進練磨令心淨故。五資糧，即是方便善巧，由大悲般若而爲方便，與無住涅槃爲資糧故。六時，即《雜集》第七業大性，窮生死際盡未來時，建立佛事而爲業用故。七果，即《雜集》第六證得大性，謂證佛功德而爲果故。《雜集》據依體起用得果，不捨行因，證居其先。《般若》論中約時通因果，故果居時後，餘之次第。二論意同，謂依教起行，達甚深理，精進長時，不滯二邊，證大勝果，窮生死際，建立佛事，故名爲《大雜集》，即是對法《瑜伽》，大同《般若》。今疏總會上十大義，爲七種大性攝。一體大，即第三智，大之中所知無我之理。二相大，亦所知攝，亦法大性即境攝故。三用大，即方便大，而是即體之用，亦境攝故。四果大，全同五因大，攝其五大性。一發菩提心，即是心大。二起解者，攝勝解大。三行願證，並是行大，是十地因證非果證故。四精勤匪懈，即淨心精進大。五成就諸位，即攝資糧大。六智大，全同而義小異，通了性相因果等故。七教大，即是境法大性。

佛閑、智一《妙法蓮華經科拾》卷一　大乘經者，《大莊嚴經論》有七種大義。一者緣大，謂菩薩修行大乘之法，以無量契經大法義而爲所緣故。二行大，謂菩薩修行大乘，能行二利大行故。三智大，謂菩薩修行大乘，能達二無我理，於諸境界，善能分別故。四勤大，謂菩薩修行大乘，曠大劫來，期證聖果，精進無間故。五巧大，謂菩薩修行大乘，以善巧方便，垂形六道，化諸衆生，去住自在故。六畏大，即無所畏也，謂菩薩修行大乘，智力內充，明了決定，於大衆中，説一切法，無所懼故。七者事大，謂菩薩修行大乘，欲令一切衆生了其大事因緣故，數數示現世間，演大妙法，入大涅槃故等。乘以運載爲義，謂乘此大乘，自運運他，同到智地，故名大乘，即所詮也。其能詮此妙義者，則名爲經。是知大乘經之三字，乃教菩薩法門之通稱也，名無量義者，如彼經，佛答大莊嚴菩薩云，有一法門，能令速證菩提，謂無量義。從一法生，一法者，名爲實相，使在座權乘聞而疑曰，既無量法門，皆從一生，則我所乘法，亦應究竟還歸一實。是故世尊，將演攝末歸本法輪故，先示無量義，以發其端。又此法門，乃佛在昔自所乘而速得道果者，故爲佛所護念，決不輕示於人者。

七種生死

真諦譯《攝大乘論釋》卷一四 三報障清淨，謂無麁濁，由除七種生死故。四利益清淨，謂無住，由於生死涅槃無隔礙故。

吉藏《法華玄論》卷八 《攝大乘論》明七種生死。界內通名分段，即三種生死。界外有四種生死，謂方便生死，即變易是也，二因緣生死，三有有生死，四無有生死。後三生死唯菩薩受生，二乘在變易生死內，故菩薩與二乘有共生死義。

湛然《止觀輔行傳弘決》卷七之一 攝家割二死於荒外者，攝大乘師立七種生死。一分段，謂三界果報。二流來，謂迷眞之初。三反出，謂背妄之始。四方便，謂入滅二乘。五因緣，謂初地已上。六有後，謂第十地。七無後，謂金剛心。

新羅、見登之《華嚴一乘成佛妙義》卷一 九約生死，滅七種生死後即是其佛。記云，謂分段三有，變易四生死，故云七種生死，約此義故相德云，七種苦諦也。故《梁論》云，三種集諦謂皮肉心，七種苦諦謂三界分段爲三，變易有四，故有七種。《寶性論》，變易有四，一緣相，二因相，三生相，四壞相。《佛性論》云，一方便，二因緣，三有有，四無有無上。

法雲《翻譯名義集》卷一七 《攝大乘》明七種生死。一分段，謂三界果報。二流來，謂有識之初。三反出，謂背妄之始。四方便，謂入滅二乘。五因緣，謂初地已上。六有後，謂第十地。七無後，謂金剛心。

七穢行

竺佛念譯《出曜經》卷一〇 護口意清淨者。於三毀敗中，壽敗、劫敗、結敗，此名三敗。釋迦文佛出現於世，在濁世中人壽百歲，稟從弟子不守護口過，多犯禁律，聖人在世猶尚毀戒，況千載末能存戒律耶。佛契經說：後千歲末，正法欲沒盡時，有七穢行顯布於世。云何爲七，若有人百歲持戒，彈指之頃爲惡知識所壞。二者久行慈心，彈指之頃爲瞋恚所壞。三者薄賤威儀，不隨其教。四者互相是非，諍於勝負。五者在國城村落，鬭亂彼此，傳東至西。六者貪著利養，遂致疫病。七者從凡夫至羅漢，皆被毀辱而取滅度，所以致誹謗者皆由不護口故。

七顛倒

玄奘譯《瑜伽師地論》卷八 煩惱顛倒攝者，謂七顛倒，一想倒，二見倒，三心倒，四於無常常倒，五於苦樂倒，六於不淨淨倒，七於無我我倒。想倒者，謂于無常、苦、不淨、無我中，起常、樂、淨、我，妄想分別。見倒者，謂即於彼妄想所分別中，忍可、欲樂、建立執著。心倒者，謂即於彼所執著中，貪等煩惱。當知煩惱，略有三種。或有煩惱，是倒根本。或有煩惱，是顛倒體。或有煩惱，是倒等流。倒根本者，謂無明。顛倒體者，謂薩迦耶見，邊執見一分，見取、戒禁取、及貪。倒等流者，謂邪見，邊執見一分，恚、慢、及疑。此中薩迦耶見，是無我我倒。邊執見一分，是無常常倒。見取，是不淨淨倒。戒禁取，是於苦樂倒。貪通二種，謂不淨淨倒，及於苦樂倒。

窺基《說無垢稱經贊》卷三 經，若有顛倒（至）即性清淨。贊曰：此第二翻。顛倒者，執有眞實常樂我淨，背眞理故，名爲顛倒。或七顛倒，此四更加想心見三。於彼四中，起妄想分別，名想倒。於此四中，忍可欲樂，建立執著，名見倒。心倒者，謂即於彼所執著中，貪等煩惱。此略有三，一愚癡爲本，二薩迦耶見邊見一分見取戒禁取及貪爲自性，三餘煩惱爲等流。如《瑜伽》第八說，有此諸倒，即有煩惱。無此倒者，即成清淨。汝既煩惱，明有顛倒。

圓測《解深密經疏》卷六 七種顛倒，名顛倒義。此七顛倒，如《十七地》第八卷說，彼云：顛倒攝者，謂七顛倒，一想倒，二見倒，三心倒，四於無常常倒，五於苦樂倒，六於不淨淨倒。

七作意

玄奘譯《大乘阿毗達磨雜集論》卷九　云何等至建立者，謂由七種作意證入初靜慮，如是乃至非想非非想處。何等名爲七種作意，謂了相作意，勝解作意，遠離作意，攝樂作意，觀察作意，方便究竟作意，方便究竟果作意，此廣分別如聲聞地後瑜伽處。云何證入初靜慮時由七作意，謂由定地作意見欲界中過患等故。了達麁相，初靜慮中此相無故名爲靜相，是名了相作意。如是作意猶爲聞思之所間雜，從此已上超越聞思，一向修相緣麁靜相以爲境界，修奢摩他毗鉢舍那，數數思惟如所尋思麁靜性相，是名勝解作意。由修習此故，最初斷道生彼俱行作意，名遠離作意。由此能斷上品煩惱故，及能遠離彼品麁重故，此觀行者復欣樂上斷見上斷功德，已觸少分遠離喜樂，爲欲除去惛沈睡眠，時時修習淨妙作意以悅其心，是名攝樂作意。如是正修行者方便善品所資持故，令欲界繫煩惱纏垢不復現行，因此爲欲審察煩惱斷與未斷，復更作意觀察彼生隨順淨相，是名觀察作意。如是行者數數觀察進修對治，爲令欲界一切煩惱於暫時間得離繫故，此對治道相應作意，是初靜慮最後方便故，名方便究竟作意。從此無間證得根本最初靜慮俱行作意，是名方便究竟果作意。又由了相作意發希願心，爲正了知所應斷所應得，爲斷故，爲得故。由勝解作意爲所求發正方便。由遠離作意捨上品惑，由攝樂作意捨中品惑。由觀察作意安心於所證，遠離增上慢。由方便究竟作意捨下品惑。由方便究竟果作意領彼所修作意修果。如爲證入初靜慮定修七作意，如是乃至爲證入非想非非想處定，如應當知。又麁相者，謂於一切下地從欲界乃至無所有處，如是麁相略有二種，一住於重苦，不寂靜住故，二命行微少，壽命短促故。靜相者，謂於一切上地從初靜慮乃至非想非非想處，與麁相相違故。

玄奘譯《瑜伽師地論》卷一一　復次已說安立，當知於此靜慮等中，作意所緣二種差別。

作意差別者，謂七種根本作意，及餘四十作意。云何七種作意，謂了相作意，勝解作意，遠離作意，攝樂作意，觀察作意，加行究竟作意，加行究竟果作意。云何四十作意，謂緣法作意，緣義作意，緣身作意，緣受作意，緣心作意，緣法作意，勝解作意，眞實作意，有學作意，無學作意，非學非無學作意，遍知作意，正斷作意，已斷作意，有分別影像所緣作意，無分別影像所緣作意，事邊際所緣作意，所作成辦所緣作意，勝解思擇作意，寂靜作意，一分修作意，具分修作意，無間作意，殷重作意，隨順作意，對治作意，順清淨作意，順觀察作意，力勵運轉作意，有間運轉作意，有功用運轉作意，自然運轉作意，思擇作意，內攝作意，淨障作意，依止成辦所行清淨作意，他所建立作意，內增上取作意，廣大作意，遍行作意。【略】

此中了相作意，攝緣法緣義。餘六作意，唯攝緣義。緣身等境四種作意，遍在七攝。了相勝解加行究竟果作意，通攝勝解眞實作意。觀察作意，唯攝勝解。餘三作意，唯攝眞實。此就前門。就餘門者，當知隨應七種作意皆攝，有學及非學非無學二種作意，亦攝無學作意。謂清淨地了相作意，及加行究竟果作意。了相勝解觀察作意，攝遍知作意。餘三作意，攝正斷作意。加行究竟果作意，攝已斷作意。觀察作意，唯攝有分別影像所緣作意。餘六作意，通攝二種。事邊際所緣作意，遍一切攝。所作成辦所緣作意，若就初門，遍一切攝，就第二門，唯加行究竟果作意所攝。最初勝解思擇作意，皆所不攝。若奢摩他而爲上首，遍一切攝。若最初寂靜，若毗鉢舍那而爲上首，當知亦爾。前六作意，通攝一分及具分修。加行究竟果作意，唯攝具分修。無間作意，殷重作意，遍一切攝。隨順作意，初二所攝。對治作意，遠離加行究竟二作意攝，及攝樂作意一分所攝。順清淨作意，唯攝樂一分所攝。順觀察斷未斷作意，唯觀察作意所攝。此就斷對治說。若就所餘隨應當知，力勵運轉作意，皆所不攝。有間有功用運轉作意，乃至攝樂作意所攝，自然運轉作意，加行究竟及此果二作意攝。思擇作意，了相所攝。內攝作意，勝解所攝。淨障作意，遠離攝樂觀察加行究竟作意所攝。依止成辦所行清淨作意，唯加行究竟果作意所攝。他所建立內增上取作意，一切作意所攝。廣大作意，皆所不攝。初遍行作意，加行究竟果攝。第二一切所攝，又了相作意，若他所建立作意攝者，以聞他音，及內如理作意，定爲其緣。若內增上取作意攝者，唯先資糧以爲其緣。所餘作意，前前後後，傳爲其緣。

玄奘譯《瑜伽師地論》卷三三　又即依此若生若相皆當廣說，爲離欲界欲，勤修觀行，諸瑜伽師由七作意方能獲得離欲界欲。何等名爲七種作意，謂了相作意，勝解作意，遠離作意，攝樂作意，觀察作意，加行究竟作意，加行究竟果作意。

云何名爲了相作意，謂若作意，能正覺了欲界麤相，初靜慮靜相。云何覺了欲界麤相，謂正尋思欲界六事，何等爲六，一義，二事，三相，四品，五時，六理。云何尋思諸欲麤義，謂正尋思如是諸欲有多過患，有多損惱，有多疫癘，有多災害，於諸欲中多過患義，廣說乃至多災害義，是名麤義。云何尋思諸欲麤事，謂正尋思於諸欲中有內貪欲，於諸欲中有外貪欲。云何尋思諸欲自相，謂正尋思此爲煩惱欲，此爲事欲，此復三種，謂順樂受處，順苦受處，順不苦不樂受處。順樂受處是貪欲依處，是想心倒依處。順苦受處是瞋恚依處，是忿恨依處。順不苦不樂受處是愚癡依處，是覆惱誑諂無慚無愧依處，是見倒依處。即正尋思如是諸欲極惡諸受之所隨逐，極惡煩惱之所隨逐，是名尋思諸欲自相。云何尋思諸欲共相，謂正尋思此一切欲，生苦老苦廣說乃至求不得苦等所隨逐等所隨縛，諸受欲者於圓滿欲驅迫而轉，亦未解脱生等法故，雖彼諸欲勝妙圓滿而暫時有，是名尋思諸欲共相。云何尋思諸欲麤品，謂正尋思如是諸欲皆墮黑品，猶如骨鎖，如凝血肉，如草炬火，如一分炭火，如大毒蛇，如夢所見，如假借得諸莊嚴具，如樹端果，追求諸欲諸有情類，於諸欲中受追求所作苦，受防護所作苦，受親愛失壞所作苦，受無厭足所作苦，受不自在所作苦，受惡行所作苦，如是一切如前應知。如世尊說，習近諸欲有五過患，謂彼諸欲極少滋味，多諸苦惱多諸過患。又彼諸欲於習近時，能令無厭能令無足能令無滿。又彼諸欲常爲諸佛及佛弟子，賢善正行正至善士，以無量門呵責毁呰。又彼諸欲於習近時，能令諸結積集增長。又彼諸欲於習近時，我說無有惡不善業而不作者。如是諸欲令無厭足，多所共有，是非法行惡行之因，增長欲愛，智者所離速趣消滅依託衆緣。是諸放逸危亡之地，無常虛僞妄失之法，猶如幻化誑惑愚夫。若現法欲若後法欲，若天上欲若人中欲，一切皆是魔之所行魔之所住，於是處所能生無量依意所起惡不善法，所謂貪瞋及憤諍等，於聖弟子正修學時能爲障礙。由如是等差別因緣，如是諸欲多分墮在黑品所攝，是名尋思諸欲麤品。云何尋思諸欲麤時，謂正尋思如是諸欲去來今世，於常常時，於恆恆時，多諸過患，多諸損惱，多諸疫癘，多諸災害，是名尋思諸欲麤時。云何尋思諸欲麤理，謂正尋思如是諸欲，由大資糧由大追求由大劬勞，及由種種無量差別工巧業處，方能招集生起增長。又彼諸欲雖善生起，雖善增長，一切多爲外攝受事，謂父母妻子奴婢作使親友眷屬，或爲對治，自內有色麤重四大，糜飯長養，常須覆蔽，沐浴按摩，壞斷離散，消滅法身，隨所生起種種苦惱。食能對治諸飢渴苦，衣能對治諸寒熱苦，及能覆蔽可慚羞處，臥具能治諸勞睡苦，及能對治經行住苦，病緣醫藥能治病苦。是故諸欲唯能對治隨所生起種種苦惱，不應染著而受用之，唯應正念，譬如重病所逼切人，爲除病故服雜穢藥。又彼諸欲有至教量證有麤相。又彼諸欲如是如是所有麤相，我亦於內現智見轉。又彼諸欲有比度量知有麤相。又彼諸欲從無始來本性麤穢成就，法性難思，法性不應思議，不應分別。是名尋思諸欲麤理。如是名爲由六種事覺了欲界諸欲麤相。復能覺了初靜慮中所有靜相，謂欲界中一切麤性，於初靜慮皆無所有。由離欲界諸麤性故，初靜慮中說有靜性，是名覺了初靜慮中所有靜相。即由如是定地作意，於欲界中了爲麤相，於初靜慮了爲靜相，是故名爲了相作意。即此作意當言猶爲聞思間雜，彼既如是如理尋思，了知諸欲是其麤相，知初靜慮是其靜相，從此已後超過聞思唯用修行，於所緣相發起勝解，修奢摩他毗鉢舍那，既修習已如所尋思，麤相靜相數起勝解，如是名爲勝解作意。即此勝解，善修善習善多修習爲因緣故，最初生起斷煩惱道，即所生起斷煩惱道俱行作意，此中說名遠離作意。由能最初斷於欲界，先所應斷諸煩惱故，及能除遣彼煩惱品麤重性故，從是已後愛樂於斷，愛樂遠離，於諸斷中見勝功德，觸證少分遠離喜樂，於時時間欣樂作意而深慶悦，於時時間厭離作意而深厭患，爲欲除遣惛沈睡眠掉舉等故。如是名爲攝樂作意。彼由如是樂斷樂修，正修加行善品任持，欲界所繫諸煩惱纏，若行若住不復現行，便作是念，我今爲有於諸欲中貪欲煩惱不覺知耶，爲無有耶。爲審觀察如是事故，隨於一種可愛淨相作意思惟，猶未永斷諸隨眠，故思惟如是淨妙相時，便復發起隨習近心，趣習近心，臨習近心，不能住捨，不能厭毁制伏違逆。彼作是念，我於諸欲猶未解脱其心，猶未正得解脱，我心仍爲諸行制伏，如水被持，未爲法性之所制伏，我今復應爲欲永斷餘隨眠故，正勤安住樂斷樂修。如是名爲觀察作意。從此倍更樂斷樂修，修奢摩他毘鉢舍那，鄭重觀察修習對治，時時觀察先所已斷，由是因緣從欲界繫一切煩惱心得離繫，此由暫時伏斷方便，非是畢竟永害種子，當於爾時初靜慮地前加行道已，得究竟一切煩惱對治，作意已得生起，是名加行究竟作意。從此無間由是因緣證入根本初靜慮定，即此根本初靜慮定俱行作意，名加行究竟果作意。

又於遠離攝樂作意現在轉時，能適悅身離生喜樂，於時時間微薄現前，加行究竟作意轉時，即彼喜樂轉復增廣，於時時間深重現前，加行究竟果作意轉時，離生喜樂遍諸身分，無不充滿，無有間隙，彼於爾時遠離諸欲，遠離一切惡不善法，有尋有伺，離生喜樂，於初靜慮圓滿五支具足安住，名住欲界對治修果，名隨證得離欲界欲。又了相作意，於所應斷能正了知，於所應得能正了知，爲斷應斷爲得應得，心生希願勝解作意，爲斷爲得正發加行，遠離作意，能捨所有上品煩惱，攝樂作意，能捨所有中品煩惱，觀察作意，能於所得離增上慢安住其心，加行究竟作意能捨所有下品煩惱，加行究竟果作意，能正領受彼諸作意善修習果。又若了相作意，若勝解作意，總名隨順作意，厭壞對治俱行。若遠離作意，若加行究竟作意，總名對治作意，斷對治俱行。若攝樂作意，名對治作意及順清淨作意。若觀察作意，名順觀察作意。如是其餘四種作意當知攝入六作意中，謂隨順作意，對治作意，順清淨作意，順觀察作意。如初靜慮定有七種作意，如是第二第三第四靜慮定，及空無邊處，識無邊處，無所有處，非想非非想處定，當知各有七種作意。若於有尋有伺初靜慮地覺了麁相，於無尋無伺第二靜慮地覺了靜相，爲欲證入第二靜慮，應知是名了相作意。謂已證入初靜慮定，已得初靜慮者，於諸尋伺觀爲麁性能正了知。若在定地，於緣最初率爾而起，忽務行境，麁意言性，是名爲尋。即於彼緣隨彼而起隨彼而行，徐歷行境，細意言性，是名爲伺。又正了知如是尋伺是心法性，心生時生，共有相應同一緣轉。又正了知如是尋伺依內而生外處所攝。又正了知如是一切過去未來現在所攝。從因而生，從緣而生，或增或減，不久安住，暫時而有，率爾現前，令心躁擾，令心散動，不靜行轉，求上地時苦住隨逐。是故皆是黑品所攝隨逐諸欲，離生喜樂少分勝利，隨所在地自性，能令有如是相，於常常時於恆恆時，有尋有伺心行所緣，躁擾而轉不得寂靜。以如是等種種行相，於諸尋伺覺了麁相。又正了知第二靜慮無尋無伺，如是一切所說麁相皆無所有。是故宣說第二靜慮有其靜相，彼諸麁相皆遠離故。爲欲證入第二靜慮，隨其所應其餘作意如前應知。如是乃至爲欲證入非想非非想處定，於地地中隨其所應，當知皆有七種作意。

玄奘譯《瑜伽師地論》卷七一 問：六現觀，七作意，謂了相等，爲六現觀攝七作意，爲七作意攝六現觀耶。答：二現觀非作意攝，一現觀攝樂作意攝，一現觀攝樂作意觀察作意攝，一現觀遠離作意攝，樂作意加行究竟作意攝，一現觀加行究竟果作意攝。餘作意，當知是現觀等流攝，非現觀攝，謂了相作意，勝解作意。

七真如

真諦譯《十八空論》 佛說有七種眞如，一生，二相，三識，四依止，五邪行，六清淨，七正行。第一生眞如者，謂有爲諸法並皆無如。二相眞如者，謂人法二無我。三識眞如者，謂一切有爲唯有識。四依止眞如者，謂如所說苦諦。五邪行眞如者，謂如所說集諦。六清淨眞如者，謂如所說滅諦。七正行眞如者，謂如所說道諦。此之七種眞如，即第一義諦，第一義諦即眞實性攝，是故名爲七種眞如，即是前明七種眞實，具如《三無性論》中廣釋也。

問云，何知此之七種皆是第一義諦，即眞實性攝耶。

答：由兩義故，知此七種皆是最勝最極，謂即是二智境界。【略】復有別義，知此七種眞如，是眞實性攝。何以故，明一切眞實法，皆離一異等妄想謂非一非異，離四謗故，明此七種眞如不可得。說異於諸相，亦不可說，不異於諸相故。言異於諸相，不可得說。不異於諸相，亦不可說。亦異不異，非異非不異，皆不可說。明此七種眞如，於諸相中不可說，其有亦不可說，其是無，亦有亦無，非有非無，皆不可說，離四謗故，復有別得信有。何以故，即是清淨境界故，故知是有。若有人能心緣此法，心即清淨。是故應知，此七種眞如，皆是常住，於一切時，性不異故。以是清淨境界，是故應知，是眞實善性由此理常是善。是故應知，是樂。何以故，常故所以而樂，善故所以是淨。如此七種眞如，即是一切法之體性。以是體性故，故說爲我，即是常樂淨我四德也。

又釋，所以名此七種爲眞如，第一義諦眞實性者，爲其同是一味故也。一生眞如者，謂因果體一，而名字有異。何故言一，同是依他故有。因既依他，果亦依他，此之因果體即五陰，五陰無記，說名爲果，五陰善惡有記之義，說名爲因，取其能生爲因，所生爲果，亦是對前爲果，對後爲因。故知只是一念五陰，而有因有果之名，體實未嘗有異，故言一體爲名字有異也。此因此果，既並依他。則無有自性，無自性故體不眞實，故名一味，即是同無眞實，故名生眞如。二言一味者，此生眞如既是依他性，則無眞實生，故名生眞如，即是無生性空，以無生故，即是一味。三此依他性，則必有分別性，分別性既是無相性，無相性即是無相眞如，即相眞如即是一味。是故以此三義，名生眞如也。二相眞如者，以顯法通相故，是人法二無我，即二空之理，名一切法通相，即名相眞如也。三識眞如者，但唯有識，無有境界，境界不成故，識亦不成。此則能緣所緣，同是不可得性，故名識眞如也。四依止眞如者，所謂苦五陰爲體，此五陰者，爲眾生依處，託此爲我人眾生壽者等，故名依止。苦諦有四相，謂苦無常空無我，此之四義同是無倒，皆名眞實，即是依止眞如。二者此下四相皆是空，無所有故，皆名眞實，亦依止眞如也。五邪行眞如者，所謂集諦。集有兩義，故稱眞如。一無到眞如，謂能生之義，此義眞實，即是集眞如。二能生所生，皆無所有，以無所有故，故名邪行眞如。六清淨眞如者，所謂滅諦，亦有兩義。一無到眞如，謂四德皆是無到故稱眞如。二滅諦，與生死無有差別，同一如如，皆無所有，故名清淨眞如。七正行眞如者，所謂道諦。道即般若，般若與無明，體性相乖，道即無倒，眞如如道，及煩惱體同故，於二空皆是無所有故，是一味如如故，名正行眞如也，亦名眞如，亦名如如，亦名眞實，皆盡得也。

玄奘譯《解深密經》卷三　善男子，盡所有性者，謂諸雜染清淨法中，所有一切品別邊際，是名此中盡所有性，如五數蘊，六數內處，六數外處。如是一切如所有性者，謂即一切染淨法中所有眞如，是名此中如所有性。此復七種，一者流轉眞如，謂一切行無先後性。二者相眞如，謂一切法補特伽羅，無我性及法無我性。三者了別眞如，謂一切行唯是識性。四者安立眞如，謂我所說諸苦聖諦。五者邪行眞如，謂我所說諸集聖諦。六者清淨眞如，謂我所說諸滅聖諦。七者正行眞如，謂我所說諸道聖諦。當知此中由流轉眞如安立眞如邪行眞如故，一切有情平等平等。由相眞如了別眞如故，一切諸法平等平等。由清淨眞如故，一切聲聞菩提獨覺菩提，阿耨多羅三藐三菩提平等平等。由正行眞如故，聽聞正法緣總境界，勝奢摩他毗鉢舍那，所攝受慧平等平等。能取義者，謂內五色處，若心意識及諸心法。所取義者，謂外六處。又能取義亦所取義。【略】

佛告慈氏菩薩曰，善男子，由眞如作意除遣法相及與義相。若於其名及名自性無所得時，亦不觀彼所依之相，如是除遣。如於其名於句於文，於一切義當知亦爾，乃至於界及界自性無所得時，亦不觀彼所依之相，如是除遣。世尊，諸所了知眞如義相，此眞如相亦可遣不。善男子，於所了知眞如義中，都無有相亦無所得，當何所遣。善男子，我說了知眞如義時，能伏一切法義之相，非此了達餘所能伏。世尊，如世尊說濁水器喻不淨，鏡喻撓泉，池喻不任觀察自面影相，若堪任者與上相違。如是若有不善修心，則不堪任如實觀察所有眞如。

玄奘譯《成唯識論》卷八　七眞如者，一流轉眞如，謂有爲法流轉實性。二實相眞如，謂二無我所顯實性。三唯識眞如，謂染淨法唯識實性。四安立眞如，謂苦實性。五邪行眞如，謂集實性。六清淨眞如，謂滅實性。七正行眞如，謂道實性。此七眞如實性圓成實攝，根本後得二智境故，隨相攝者流轉苦集三前二性攝，妄執雜染故，餘四皆是圓成實攝。

遁倫《瑜伽論記》卷二〇　七種與法安立理趣屬當道理，即名眞如，此復七種。一流轉，如謂一切行無先後性者，諸行流轉無始無終，故云諸行無先後性，辨此道理即名眞如。二相眞如，人法二種無我是相，相體眞如名相眞如，故下云，八者了知相眞如義故，有補特伽羅無我相等，由畢竟空等爲治。三了別如，謂一切行唯是識性者，識體了別，了別識是諸法體相，名了別眞如。四安立如，謂苦諦者實苦，不可令樂即名眞如，餘三諦亦爾，四諦并是安立，苦最在初得安立名。後三更施別號可知，下辨通局。於此七中流轉，安立邪行三如，眾生等有。二無我如，唯識如，諸法等有，通諸法故。清淨如，三乘等有，以三乘斷惑同證擇滅，擇滅眞如三乘同有。由正行眞如，止觀平等，此即顯示四種平等。

七善法

瞿曇僧伽提婆譯《中阿含經》卷一　如是，聖弟子亦得七善法，逮四增上心，易不難得。是故聖弟子不爲魔王之所得便，亦不隨惡不善之法，不爲染汚所染，不復更受生也。云何聖弟子得七善法，謂聖弟子得堅固信，深著如來，信根已立，終不隨外沙門，梵志，若天，魔，梵及餘世間，是謂聖弟子得一善法。復次，聖弟子常行慚恥，可慚知慚，惡不善法穢汚煩惱，受諸惡報，造生死本，是謂聖弟子得二善法。復次，聖弟子常行羞愧，可愧知愧，惡不善法穢汚煩惱，受諸惡報，造生死本，是謂聖弟子得三善法。復次，聖弟子常行精進，斷惡不善，修諸善法，恆自起意，專一堅固，爲諸善本，不捨方便，是謂聖弟子得四善法。復次，聖弟子廣學多聞，守持不忘，積聚博聞，所謂法者，初善，中善，竟亦善，有義有文，具足清淨，顯現梵行，如是諸法廣學多聞，翫習至千，意所惟觀，明見深達，是謂聖弟子得五善法。復次，聖弟子常行於念，成就正念，久所曾習，久所曾聞，恆憶不忘，是謂聖弟子得六善法。復次，聖弟子修行智慧，觀興衰法，得如此智，聖慧明達，分別曉了，以正盡苦，是謂聖弟子得七善法也。

曇無讖譯《大般涅槃經》卷一五　善男子，云何菩薩摩訶薩梵行，善男子，菩薩摩訶薩住於大乘大般涅槃，住七善法，得具梵行。何等爲七，一者知法，二者知義，三者知時，四者知足，五者自知，六者知衆，七者知尊卑。善男子，云何菩薩摩訶薩知法，善男子，是菩薩摩訶薩知十二部經，謂《修多羅》，《祇夜》，《授記》，《伽陁》，《優陁那》，《尼陁那》，《阿波陁那》，《伊帝曰（他本云目）多伽》，《闍陁伽》，《毗佛略》，《阿浮陁達摩》，《優波提舍》。

善男子，何等名爲《修多羅經》，從如是我聞乃至歡喜奉行，如是一切名《修多羅》。何等名爲《祇夜經》，佛告諸比丘，昔我與汝愚無智慧不能如實見四眞諦，是故流轉，久處生死沒大苦海。何等爲四苦集滅道，如佛昔日爲諸比丘說契經竟，爾時復有利根衆生，爲聽法故後至佛所即便問人，如來向者爲說何事。佛時知已即因本經，以偈頌曰，

我昔與汝等，不見四眞諦，是故久流轉，生死大苦海，若能見四諦，則得斷生死，生有既已盡，更不受諸有。是名《祇夜經》。

何等名爲《授記經》，如有經律如來說時爲諸天人受佛記別，汝阿逸多，未來有王，名曰蠰佉，當於是世而成佛道，號曰彌勒，是名《授記經》。

何等名爲《伽陁經》，除《修多羅》及諸戒律，其餘有說四句之偈，所謂，

諸惡莫作，諸善奉行，自淨其意，是諸佛教。是名《伽陁經》。

何等名爲《優陁那經》，如佛晡時入於禪定爲諸天衆廣說法要，時諸比丘各作是念，如來今者爲何所作，如來明旦從禪定起，無有人問，以他心智即自說言，比丘當知，一切諸天壽命極長，汝諸比丘，善哉爲他不求己利，善哉少欲，善哉知足，善哉寂靜，如是諸經無問自說，是名《優陁那經》。

何等名爲《尼陁那經》，如諸經偈所因根本爲他演說，如舍衛國有一丈夫羅網捕鳥，得已籠繫隨與水穀而復還放，世尊知其本末因緣，而說偈言，莫輕小罪，以爲無殃，水滴雖微，漸盈大器。是名《尼陁那經》。

何等名爲《阿波陁那經》，如戒律中所說譬喩，是名《阿波陁那經》。

何等名爲《伊帝曰（他本云目）多伽經》，如佛所說，比丘當知，我出世時所可說者，名曰戒經，鳩留秦佛出世之時，名甘露鼓，拘那含牟尼佛時，名曰法鏡，迦葉佛時，名分別空，是名《伊帝目多伽經》。

何等名爲《闍陁伽經》，如佛世尊本爲菩薩時修諸苦行，所謂比丘當知，我於過去作鹿作羆作麞作兔，作粟散王轉輪聖王，龍金翅鳥，諸如是等，行菩薩道時所可受身，是名《闍陁伽經》。

何等名爲《毗佛略經》，所謂大乘方等經典，其義廣大，猶如虛空，是名《毗佛略》。

何等名爲《未曾有經》，如彼菩薩初出生時無人扶持，即行七步放大光明遍觀十方，亦如獼猴手捧蜜器以獻如來，如白項狗佛邊聽法，如魔波旬變爲青牛行瓦鉢間，令諸瓦鉢互相棠觸無所傷損，如佛初生入天廟時，

令彼天像起下禮敬，如是等經名《未曾有經》。

何等名爲《優波提舍經》，如佛世尊所說諸經，若作議論分別廣說辯其相貌，是名《優波提舍經》。菩薩若能如是了知十二部經，名爲知法。

云何菩薩摩訶薩知義，菩薩摩訶薩若於一切文字語言廣知其義，是名知義。云何菩薩摩訶薩知時，善男子，菩薩善知如是時中任修寂靜，如是時中任修精進，如是時中任修捨定，如是時中任供養佛，如是時中任供養師，如是時中任修布施持戒忍辱精進禪定具足般若波羅蜜，是名知時。云何菩薩摩訶薩知足，善男子，菩薩摩訶薩知足，所謂食飲衣藥行住坐臥睡寤語默，是名知足。善男子，云何菩薩摩訶薩自知，是菩薩自知我有如是信，如是戒，如是多聞，如是捨，如是慧，如是去來，如是正念，如是善行，如是問，如是答，是名自知。云何菩薩摩訶薩知衆，善男子，是菩薩知如是等，是刹利衆婆羅門衆居士衆沙門衆，應於是衆如是行來如是坐起，如是說法如是問答，是名知衆。

善男子，云何菩薩摩訶薩知人中尊卑，善男子，人有二種，一者信，二者不信，菩薩當知信者是善，其不信者不名爲善。復次信有二種，一者常往僧坊，二者不往菩薩，當知其往者善，其不往者不名爲善。往僧坊者復有二種，一者禮拜，二不禮拜，菩薩當知禮拜者善，不禮拜者不名爲善。其禮拜者復有二種，一者聽法，二者不聽法，菩薩當知聽法者善，不聽法者不名爲善。其聽法者復有二種，一至心聽，二不至心，菩薩當知至心聽者是則名善，不至心者不名爲善。至心聽法復有二種，一者思義，二不思義，菩薩當知思義者善，不思義者不名爲善。其思義者復有二種，一如說行，二不如說行，如說行者是則爲善，不如說行不名爲善。如說行者復有二種，一求聲聞，不能利安饒益一切苦惱衆生，二者迴向無上大乘，利益多人令得安樂，菩薩應知能利多人得安樂者最上最善。善男子，如諸寶中如意寶珠最爲勝妙，如諸味中甘露最上，如是菩薩於人天中最勝最上不可譬喻，善男子，是名菩薩摩訶薩住於大乘大涅槃經住七善法，菩薩住是七善法已得具梵行。

慧遠《大乘義章》卷一二　次辨體相。聖行體者，經說有三，一戒，二定，三者智慧，此三如上三學章中具廣分別。梵行體者，依經有二，一七善法化他之德，二四無量化他之心。何者七善，如經中說，一者知法，二者知義，三者知時，四者知足，五者知自，六者知衆，七知尊卑。七中前五是自利行，後二利他，自利二行具足方堪益物，是以明之。言知法者，知佛所說十二部經。言知義者，知經所說一切法義。言知時者，知起行時，知如是時任修寂靜，如是時中任修精進，如是時中任修捨心，如是時中任修施戒，如是一切。言知足者，是節量行，知於飲食湯藥衆具受求以限，故曰知足。言自知者，於前所修自行功德有成就者如實知之，故曰自知，故經說言，菩薩自知我有如是信戒施等。言知衆者，善知刹利婆羅門等種種衆別，如應教化。知尊卑者，知彼所化行有優劣，量宜勸道。七善如是。

澄觀《大方廣佛華嚴經隨疏演義鈔》卷三九　經云，善男子云何菩薩摩訶薩梵行，善男子菩薩摩訶薩住於大乘大般涅槃，住七善法得具梵行，何等爲七，一者知法，二者知義，三者知時，四者知足，五知自，六知衆，七知尊卑。彼文廣釋，今當略示，知法謂知十二部經，知義謂一切文字，語言善知其義，知時謂如是時中堪修靜慮，如是時中堪修精進等，知足謂飲食衣服藥等，知自者，謂我有如是信戒等，知衆，謂刹利婆羅門等。知尊卑云，善男子有二種人，一者信，二者不信，菩薩當知信者是善，不信者不名爲善。信復二種，一者往詣僧坊，二者不往，往詣者善，不往詣者不名爲善，如是禮拜聽法，志心思義如說修行，求聲聞乘迴向大乘，展轉皆同初二故。迴向大乘最上最善不出尊卑之名，意云善者爲尊，不善者爲卑，則後後尊於前前耳。

七隨眠

玄奘譯《阿毗達磨集異門足論》卷一七　七隨眠者。云何爲七。答：一欲貪隨眠，二瞋隨眠，三有貪隨眠，四慢隨眠，五無明隨眠，六見隨眠，七疑隨眠。云何欲貪隨眠。答：若於諸欲諸貪等貪，乃至廣說是名欲貪隨眠。云何瞋隨眠。答：若於有情欲爲損害，乃至廣說是名瞋隨眠。云何有貪隨眠。答：於色無色諸貪等貪，乃至廣說是名有貪隨眠。云何慢隨眠。答：諸慢恃執，乃至廣說是名慢隨眠。云何無明隨眠。答：三界無智是名無明隨眠。云何見隨眠。答：五見是名見隨眠，謂有身見，邊執見，邪見，見取，戒禁取，如是五見名見隨眠。云何疑隨眠。答：於諦猶豫，是名疑隨眠。

玄奘譯《阿毗達磨品類足論》卷一　隨眠有七種，謂欲貪隨眠，瞋隨眠，有貪隨眠，慢隨眠，無明隨眠，見隨眠，疑隨眠。欲貪隨眠有五種，謂欲界繫見苦集滅道修所斷貪。瞋隨眠有五種，謂見苦集滅道修所斷瞋。有貪隨眠有十種，謂色界繫五，無色界繫五。色界繫五者，謂色界繫見苦集滅道修所斷貪，無色界繫五亦爾。慢隨眠有十五種，謂欲界繫五，色界繫五，無色界繫五。欲界繫五者，謂欲界繫見苦集，滅道修所斷慢，色無色界繫各五亦爾。無明隨眠有十五種，謂欲界繫五，色界繫五，無色界繫五。欲界繫五者，謂欲界繫見苦集滅道修所斷無明，色無色界繫各五亦爾。見隨眠有三十六種，謂欲界繫十二，色界繫十二，無色界繫十二。欲界繫十二者，謂欲界繫有身見邊執見，見苦道所斷邪見見取戒禁取，見集滅所斷邪見見取，色無色界繫各十二亦爾。疑隨眠有十二種，謂欲界繫四，色界繫四，無色界繫四。欲界繫四者，謂欲界繫見苦集滅道所斷疑，色無色界繫各四亦爾。隨煩惱云何，謂諸隨眠，亦名隨煩惱，有隨煩惱不名隨眠，謂除隨眠諸餘染污。

玄奘譯《阿毗達磨大毗婆沙論》卷五〇　有七隨眠，謂欲貪隨眠，瞋恚隨眠，有貪隨眠，慢隨眠，無明隨眠，見隨眠，疑隨眠。問：此七隨眠以何爲自性。答：以九十八事爲自性。謂欲貪瞋恚隨眠各欲界五部，爲十事。有貪隨眠，色無色界各五部，爲十事。慢無明隨眠，各三界五部，爲三十事。見隨眠三界各十二，爲三十六事。疑隨眠三界各四部，爲十二事。由此七隨眠以九十八事爲自性。已說自性，所以今當說。問：何故名隨眠，隨眠是何義。答：微細義，隨增義，隨縛義，是隨眠義。微細義是隨眠義者，欲貪等七，行相微細，如七極微，成一細色。隨增義是隨眠義者，欲貪等七，普於一切微細有漏，皆悉隨增，乃至一極微，或一刹那頃，欲貪等七，皆隨增故。隨縛義是隨眠義者，如空行影，水行隨故。空行，謂鳥，水行，謂魚。鳥以翅力，欲度大海，水中有魚，善取其相，而作是念，無有飛鳥能過大海，唯除勇迅妙翅鳥王。卽逐其影，鳥乏墮水，魚便呑之。如是隨眠，於一切位恆現起得，非理作意，若現前時，卽受等流，或異熟果。複次微細義是隨眠義者，依自性說。隨增義是隨眠義者，依作用說。隨縛義是隨眠義者，依彼得說。複次微細義是隨眠義者，依自性說。隨增義是隨眠義者，依相續說。隨縛義是隨眠義者，依習氣堅牢說。複次微細義是隨眠義者，依過去隨眠說。隨增義是隨眠義者，依現在隨眠說。隨縛義是隨眠義者，依未來隨眠說。複次微細義是隨眠義者，依行相說。隨增義是隨眠義者，依所緣縛說。隨縛義是隨眠義者，依相應縛說。複次微細義隨增義是隨眠義者，依相應隨眠說。隨縛義是隨眠義者，依不相應隨眠說。問：隨眠皆與心等相應，如何言依不相應說。答：此中於得，立隨眠名。得隨眠故，說名隨眠。外國諸師，作如是說，由四種義，故名隨眠。謂微細義，隨入義，隨增義，隨縛義，是隨眠義。微細義是隨眠義者，謂欲貪等。自性行相。俱極微細。隨入義是隨眠義者，謂欲貪等。隨入相續。無不周遍。如油在麻。膩在團中。無不周遍。隨增義是隨眠義者，謂欲貪等，於相續中，輾轉隨增，如孩乳母。隨縛義是隨眠義者，如空行影，水行隨逐。

複次微細義是隨眠義者，依自性說。隨入義是隨眠義者，依相應說。隨增義是隨眠義者，依行相說。隨縛義是隨眠義者，依彼得說，應以三事，知諸隨眠。一，以自性故，二，以果故，三，以補特伽羅故。以自性故者，欲貪隨眠，如食興蕖。瞋恚隨眠，如食辛辣。有愛隨眠，如乳母衣。慢隨眠如憍傲人。無明隨眠，如盲瞽者。見隨眠，如失道者。疑隨眠，如臨岐路。以果故者，欲貪隨眠若習若修若多所作，當生鴿雀鴛鴦等中。瞋恚隨眠，若習若修若多所作，當生蜂蠍毒蛇等中。有貪隨眠，若習若修若多所作，當生色無色界。慢隨眠，若習若修若多所，作當生卑賤種族。無明隨眠，若習若修若多所作，當生愚盲種族。見隨眠，若習若修若多所，作當生外道種族。疑隨眠，若習若修若多所作，當生邊鄙種族。以補特伽羅故者，欲貪隨眠，如難陁等。瞋恚隨眠，如氣噓指鬘等。有貪隨眠，如遏躉多阿邏荼嗢達洛迦等。慢隨眠，如傲士等。無明隨眠，如鄔盧頻螺婆迦葉波等。見隨眠，如善星等。疑隨眠，如摩洛迦子等。

問：嫉慳何故不立隨眠。答：彼二無有隨眠相故。復次隨眠微細，彼二麁動。復次隨眠輕微，彼二尤重。復次隨眠猛利，彼二數行。復次隨眠是根本煩惱，彼二是煩惱等流，謂嫉是瞋恚等流，慳是欲貪等流。復次隨眠習氣堅固，如於此地燒擔山木，火滅雖久，其地猶熱，彼二習氣不堅固，如於此地燒草樺皮，火纔滅已，其地便冷。復次隨眠難伏，彼二易伏。是故彼二不立隨眠，餘纏及垢準二應說。

玄奘譯《阿毗達磨順正理論》卷四五　論曰：即前所說六隨眠中，分貪爲二，故經說七。何等爲七，一欲貪隨眠，二瞋隨眠，三有貪隨眠，四慢隨眠，五無明隨眠，六見隨眠，七疑隨眠。欲貪隨眠依何義釋爲欲貪，體即是隨眠，爲是欲貪之隨眠義。於餘六義徵問亦爾。經主於此作是釋言，此是欲貪之隨眠義。然隨眠體非心相應，非不相應無別物故，煩惱睡位說名隨眠，於覺位中即名纏故。何名爲睡，謂不現行種子隨逐。何名爲覺，謂諸煩惱現起纏心。何等名爲煩惱種子，謂自體上差別功能，從煩惱生能生煩惱，如念種子是證智生能生，當念功能差別，又如芽等有前果生能生後果功能差別。今詳彼釋於理不然，自許隨眠離諸煩惱無別物故，不染污法爲煩惱體理不成故，不可說爲睡隨眠體，故無少物名睡隨眠。又若隨眠是煩惱種，離諸煩惱無別有物，則不應說謂自體上差別功能，從煩惱生能生煩惱名煩惱種。又彼所執煩惱功能，若是煩惱以生爲性則不可說此睡煩惱，離覺煩惱無別有物，若非煩惱以生爲性，如是生性豈非別物。又不應說煩惱睡位說名隨眠，若此功能即是煩惱亦非煩惱，如是言義曾所未聞。若此功能非煩惱性，亦非餘性而說是生，此極希有無體而許，是現在故非無體法，可得說言從煩惱生能生煩惱。

七十五法

玄奘譯《阿毗達磨俱舍論》卷四　今應思擇，一切有爲如相不同，生亦各異，爲有諸法決定俱生，有定俱生。謂一切法略有五品，一色，二心，三心所，四心不相應行，五無爲。【略】

論曰：色聚極細，立微聚名，爲顯更無細於此者，此在欲界無聲無根，八事俱生，隨一不減。云何八事，謂四大種及四所造色香味觸。【略】

論曰：諸心所法且有五品，何等爲五，一大地法，二大善地法，三大煩惱地法，四大不善地法，五小煩惱地法。地謂行處，若此是彼所行處，即說此爲彼法地，大法地故名爲大地。

澄觀《大方廣佛華嚴經隨疏演義鈔》卷九　言七十五者，謂五類法中有多少故。謂一、色法十一，《俱舍》頌云，色者唯五根五境及無表。二、心法一，即是意識。三、心所有法，有四十六。謂遍大地有十，《俱舍》頌云，受想思觸欲，慧念與作意，勝解三摩地，遍於一切心。大善地有十，頌云，信及不放逸，輕安捨慚愧，二根及不害，勤唯遍善心。大煩惱有六，癡逸怠不信，昏掉恒唯染。大不善有二，謂無慚及無愧。小煩惱有十，頌云，忿覆慳嫉惱，害恨諂誑憍，如是類名爲小煩惱地法。不定有八，謂悔眠尋伺貪瞋慢疑。上之六類有四十六。四者、不相應行法，有十四種，一得，二非得，三同分，四無想異熟，五無想定，六滅盡定，七命根，八生，九住，十異，十一滅，十二名，十三句，十四文。故頌云，得非得同分，無想二定命，及生住異滅，并名句文身。五者、無爲法有三，一擇滅，二非擇滅，三虛空。總上五類之法，合七十五法。

法藏《十二門論宗致義記》卷下　謂約小乘七十五法，分爲二聚，前七十二是有爲，後三是無爲。就有爲聚中，生住滅三通與一切有爲法作相，自體復是有爲法中數內少分。是故若與所相有爲不是異者，不應於此有爲法中開說此三。若與有爲不是一者，自應非是有爲法攝。是故當知亦一亦異。

景霄《四分律鈔簡正記》卷七　小乘七十五法，此五蘊攝，得七十二法，色蘊攝十一，五根五境及無表，二識蘊攝意識，心王一法，想蘊攝心所中想一法，受蘊攝心所中受一法，行蘊攝四十四心所，十四不相應，共五十八法，唯不攝三無爲，義不相應故，謂三無爲，既非積聚，不可別立爲蘊。次解十二入，是生門義。十二者舉數也，舊梵云阿野但那，此云入，入是滅義，新云缽羅吠奢。此云處，即內六根，外六境，是識所生處，即六根能引六識，令生根種。若外六境爲緣，牽生六識，心不孤起，託境方生，即根境是識生長處。若約色心分別，內五根，外五塵，此十是色，意根處是心法，處通心所。此十二入，通攝七十五法。五根處攝五根色，五境處攝五境色，意根處攝意識，心王法境處攝四十六心所。

『八』分部

八　天

《別譯雜阿含經》卷一四　如是我聞，一時佛在王舍城毘婆山側七葉窟中。時佛爲伕陁羅刺脚，極爲苦痛，如來默受，雖復苦痛無所請求。爾時有八天子，顏容端正來詣佛所，中有一天言，沙門瞿曇實是丈夫人中師子，雖受苦痛，不捨念覺，心無惱異，若復有人於瞿曇大師子所生誹謗者，當知是人甚大愚癡。第二天亦作是說，瞿曇沙門丈夫龍象，雖受苦痛，不捨念覺，心無惱異，若復有人於瞿曇龍象所生誹謗者，當知是人甚大愚癡。第三天復作是言，沙門瞿曇如善乘牛。第四天復作是言，沙門瞿曇如善乘馬。第五天復作是言，沙門瞿曇猶如牛王。第六天復作是言，沙門瞿曇無上丈夫。第七天復作是言，沙門瞿曇人中蓮花。第八天復作是言，沙門瞿曇猶如分陁利，觀彼禪寂極爲善定，終不矜高亦不卑下，止故解脫，解脫故止。

吉迦夜共曇曜譯《雜寶藏經》卷三　昔佛在世，於夜分中，忽有八天，次第而來，至世尊所。其初來者，容貌端政，光照一里，有十天女以爲眷屬，來詣佛所，至心頂禮，卻在一面。佛告天曰，汝以修福得受天身，五欲自娛，快獲安樂。於時此天，即白佛言，世尊，我雖生處天上，心常憂苦。所以者何，以我先身修行之時，於父母師長沙門婆羅門，雖爲中孝，心生恭敬，然於其所，不能慇懃恭敬禮拜迎來送去。以是業緣，果報實少，不如餘天。以不如故，自責修行不能滿足。

復有一天，容貌身光及其眷屬，十倍勝前，來至佛所，頭面禮足，卻在一面。佛告天曰，汝生天上，快得安樂。天白佛言，世尊，我雖生處天上，亦常憂苦。所以者何，以我前世修行之時，雖於父母師長所沙門婆羅門，生中孝心，恭敬禮拜，然而不能爲施牀座氍㲪敷具。以是業緣，今獲果報，不如餘天。以不如故，自責修因不能滿足。

復有一天，形貌光明及以眷屬，十倍勝前，來至佛所，頭面禮足，卻在一面。佛告天曰，汝受天身，快得安樂。天白佛言，我雖生處天宮，常懷憂惱。所以者何，以我前身，雖復善於父母師長沙門婆羅門，忠孝恭敬禮拜爲施牀敷，然於其所，不能廣設餚饍飲食以用供養。以是業緣，今得果報，不如餘天。以不如故，心自悔責修因不具，是故憂惱。

復有一天，容貌光明及其眷屬，十倍勝前，來至佛所，頭面禮足，卻在一面。佛告天曰，汝受天身，快得安樂。天白佛言，我雖生天，心常憂惱。所以者何，以我過去，雖於父母師長沙門婆羅門，忠孝恭敬禮拜，爲施敷具及以飲食，然不聽法。以是因緣，今獲果報，不如餘天。以不如故，常自剋責修因不滿，是故憂惱。

次復一天，身色光明及其眷屬，十倍勝前，來至佛所，頭面禮足，卻在一面。佛告天曰，汝受天身，快得安樂。天白佛言，我雖生天，心常憂惱。所以者何，以我前世，雖復於君父母師長沙門婆羅門，能忠孝恭敬禮拜，敷具飲食，而聽於法，而不解義。以不解故，今獲果報，不如餘天。以不如故，心常悔責修因不滿，是故憂惱。

次有一天，身色光明及其眷屬，十倍勝前，來至佛所，頭面禮足，卻在一面。佛告天曰，汝受天身，快得安樂。天白佛言，我雖生處天堂，心常憂惱。所以者何，以我前世修行之時，雖能於君父母師長沙門婆羅門，忠孝恭敬禮拜，敷具飲食，聽法解義，然復不能如說修行。以是業緣，今獲果報，不如餘天。以不如故，深自悔責修因不滿，是故憂惱。

次有一天，容貌光明及其眷屬，十倍勝前，來至佛所，頭面禮足，卻在一面。佛告天曰，汝受天身，快得安樂。天白佛言，我於今日，得生天宮，五欲自娛，所須之物，應念輒至，眞實快樂，無諸憂惱。所以者何，以我前世修因之時，於父母師長沙門婆羅門，忠孝恭敬禮拜，敷具飲食，聽法能解其義，如說修行。以是因緣，受天果報，身形端正，光明殊妙，眷屬衆多，勝餘諸天。以修此行故，得果滿足。以滿足故，得最勝果報。勝果報故，一切諸天，無有及者。以無及者，心得快樂也。

玄奘譯《入阿毗達磨論》卷下　第四靜慮有八天，一無雲天，二福生天，三廣果天，四無煩天，五無熱天，六善現天，七善見天，八色究竟天。

求那跋陀羅譯《阿難陁目佉尼呵離陁經》 爾時神在前立，佛告舍利弗，復有八菩薩在欲天上，常等護人民授與經道。何等八，一名照明十方天子，二名世明天子，三名智光天子，四名子日光天子，五名上審天子，六名滿所願天子，七名星王天子，八名習行天子，是爲八天子名。常等護人民勸念持是經者，令疾定意得陁隣尼。求是經者常當精志，念陁隣尼教一法奉行，無毁經戒所語至誠，其行亦爾，常當孝順於其諸尊老，視一切人如佛無異，諸所愛重不以輕心，常念反復即得善報，及逮深忍眼，及得見無所從生法。

八　定

僧伽提婆共惠遠譯《阿毗曇心論》卷三 有八定，四禪及四無色定，此中一一説雜味淨無漏者。初禪有三種味相應淨無漏，如是一切諸定門云何味相應，云何淨，云何無漏。答：善有漏是淨，無熱謂無漏，氣味愛相應，最上無無漏。【略】

初禪有覺觀者，有覺有觀即是初禪。問：以受五枝，今覺觀何用。答：枝者謂善，是於五枝中，説穢污及無記，亦有覺有觀而不是善。亦復有三痛者。初禪有三痛，樂根，喜根，護根，於痛中樂根是身痛，喜根是意地，護根在四識。若干種者，梵世中若干種有上有下，是説具足生處。四心者，初禪有四心，眼識耳識身識意識，謂之是初禪者。此一切諸法謂是初禪，已説初禪。【略】

離息入息出者，息入者來，息出者去，是第四禪中無。所以者何，彼由定力故，身諸毛孔合。第四有四枝者，第四禪有四枝，不苦不樂護淨念，一心求離苦樂，不苦不樂餘如前説。【略】

無量空處一切入，無量識處一切入，盡具解故一切入。除入者，八除入內未除色想不淨觀少境界，一無量境界，二除色相少境界，三無量境界，四復除色想青黄赤白觀除入，除淨境界故，故曰除入。

僧伽提婆共竺佛念譯《阿毘曇八犍度論》卷二六 八三昧，四禪四無色定。味相應淨無漏，頗味相應成就初禪，非淨非無漏耶。答曰，有欲愛未盡也。淨成就非味相應非無漏耶。答曰，有凡夫人生欲界若梵天上，梵天上愛盡也。成就無漏非味相應非淨耶。答曰，有無垢人上生梵天也。味相應成就淨非無漏耶。答曰，有凡夫人生欲界欲愛盡，梵天上愛未盡，若生梵天上於彼愛未盡。味相應成就無漏非淨耶。答曰，無也。【略】

云何世俗無漏。答曰：本不得世俗初禪現在前，得是時修無漏初禪。若本不得無漏初禪現在前，得是時修世俗初禪。若本不得世俗智現在前，彼非初禪，得是時修世俗無漏初禪。若本不得無漏智現在前，彼非初禪，得是時修世俗無漏初禪。是謂世俗無漏。云何非世俗非無漏。答曰：本得世俗智現在前，彼非初禪若本不得世俗智現在前，不得是時修世俗無漏初禪。若本得無漏智現在，前彼非初禪，若本不得無漏智現在前，不得是時修世俗無漏初禪。一切染污心無記心，入無想定滅盡定，非修世俗初禪非無漏。是謂非世俗初禪非無漏。第二第三禪亦如是。若修世俗第四禪，彼修無漏第四禪耶。答曰，或世俗非無漏。云何世俗非無漏。答曰：本得世俗第四禪現在前，若本不得世俗第四禪現在前，不得是時修無漏第四禪。若本不得世俗智現在前，彼非世俗第四禪，得是時修世俗第四禪，非無漏第四禪。是謂世俗非無漏。【略】

云何非世俗非無漏。答曰：本得世俗智現在前，彼非第四禪。若本不得世俗智現在前，不得是時修世俗無漏第四禪。若本得無漏智現在前，彼非第四禪。若本不得無漏智現在前，不得是時修世俗無漏第四禪。一切染污心無記心，入無想三昧，滅盡三昧，無想天不修世俗第四禪，非修無漏。是謂非修世俗第四禪非無漏。乃至不用定亦如是。若最初入無漏初禪，得是時諸餘未來無漏得心心法，彼一切法當言有覺有觀耶。答曰，或彼有覺有觀，或無覺有觀，或無覺無觀。若最初無漏入第二禪，得是時諸餘未來無漏得心心法，彼一切法當言喜根相應耶。答曰，或彼樂根相應，或喜根或護根。若最初入無漏第三禪，得是時諸餘未來無漏得心心法，彼一切法當言樂根相應耶。答曰，或彼樂根相應，或喜根護根。若最初入無漏第四禪，得是時諸餘未來無漏得心心法，彼一切法當言護根相應耶。答曰，或彼樂根相應，或喜根護根。若最初入無漏空處，得是時諸餘未來無漏得心心法，彼一切法當言攝空定耶。答曰，或彼攝空定，或識定不用定。若最初入無漏識定，得是時諸餘未來無漏得心心法，彼一切法當言攝識定耶。答曰，或彼攝空定，或識定不用定。若最初入無漏不用定，得是時諸餘未來無漏得心心法，彼一切法當言攝不用定耶。答曰，或彼攝空定，或識定不用定。

智顗《釋禪波羅蜜次第法門》卷五　第一初禪發相者，行者於未到地中，證十六觸成就，即是初禪發相。云何是證，若行者於未到地中，入定漸深，身心虛寂，不見內外，或經一日乃至七日，或一月乃至一年，若定心不壞，守護增長，於此定中，忽覺身心凝然，運運而動，當動之時，還覺漸漸有身如雲如影動發，或從上發，或從下發，或從腰發，漸漸遍身，上發多退，下發多進。動觸發時，功德無量，略說十種，善法眷屬與動俱起。其十者何，一定，二空，三明淨，四喜悅，五樂六善心生，七知見明了，八無累解脫，九境界現前，十心調柔軟。如是十法，與動俱生，名動眷屬勝妙功德莊嚴動法，若具分別則難可盡。此則略說初動觸相。【略】

第三明二禪發相，亦開爲六意，一者明禪發，二明支義，三明因果體用，四明淺深，五明進退，六明功德。第一明二禪發相者，行者於中間禪心不憂悔，一心加功，專精不止，於後其心澹然澄靜，無有分散，名未到地。故論偈云，得入一識處，即是二禪方便定發。問曰：如論中唯說初禪前，有未到地，今二禪前，何故復說有未到地。答曰：論總明故說一，若舍利弗毗曇說，有四未到地，四中間禪，今用此義故，更說有未到地及中間也。經久不失不退，專心不止，於後其心豁然明淨，皎潔定心與喜俱發，亦如人從暗室中出，見外日月光明，其心豁然明亮，內淨十種功德眷屬俱發之義，具如初禪發相，但以從內淨定俱發爲異耳。復次二禪喜樂等發，不從外來，一心澄淨大喜，美妙清淨，勝初禪故。論云，內心清淨故，定生得喜樂。得入此二禪，喜勇心大悅。云何名爲內淨，遠而言之，對外塵故，說內淨。近而言之，對內垢故，說內淨。所以者何，如初禪中得觸樂時，身即明淨，兼令心淨，觸是身識相應故，名外淨。今待初禪外淨故，說二禪，心識相應爲內淨，亦令身淨。淨身故，名外淨。內淨是心淨，淨從心出，令身亦淨故，言內淨，今言待內垢故說內淨者。初禪之中，心爲覺觀所動故，名爲內垢，今得二禪，內心無有覺觀之垢故，名爲內淨。言定生得喜樂者，上於初禪說離生，今此說定生，義意云何。正言初禪離欲界生色界定法故，二禪既無此義，但說定生。【略】

第一明三禪發相者。加功不止，一心修習，其心湛然安靜，爾時樂定未發，而不加功力，心自澄靜，即是三禪未到地。於後其心泯然，入定不依內外，與樂俱發。當樂發時，亦有功德眷屬，具如前辨，但無動勇之喜爲異。而綿綿之樂，從內心而發，心樂美妙，不可爲喻，樂定初生，既未即遍身。中間多有三過，一者樂定既淺，其心沈沒，少有智慧用。二者樂定微少，心智勇發故不安隱。三者樂定之心，與慧力等，綿綿美妙，多生貪著，其心迷醉。故經言，是樂聖人得捨，餘人捨爲難。三禪欲發，有此三過，則樂定不得增長遍身，行者當善調適。云何調適，當用三法，一者心若沈沒，當用念精進慧等法策起。二者若心勇發，當念三昧定法攝之。三者心若迷醉，當念後樂及諸勝妙法門，以自醒悟，令心不著。行者若能善修三法調適樂定，當知樂法必定增長，遍滿身分。是故經言，三禪受遍身樂。問曰：若樂充滿遍身身具五根，五根之中，悉有樂不。答：樂遍身時，身諸毛孔，悉皆欣悅，爾時五情雖無外塵發識，而樂法內出，充滿諸根，五根之中，皆悉悅樂。但無外塵對，則不發五識。情依於身，身樂既滿，情得通悅樂，與意識相應。以識內滿故，則遍身而受。所以佛說三禪之樂遍身而受。復次初禪樂，從外而發，外識相應，意識不相應，內樂不滿。二禪之樂，雖從內發然從喜而生，喜根相應，樂根不相應，樂依於喜喜尚不遍，況於樂邪。今三禪之樂，從內發，以樂爲主內無喜動，念慧因緣令樂增長遍身，內外充滿，恬愉快樂，世間第一樂中之上故。【略】

第一明四禪發相。行者因中間禪，修行不止，得入未到地，心無動散，即四禪方便定。於後其心豁然開發，定心安隱出入息斷，定發之時，與捨俱生，無苦無樂，空明寂靜，善法眷屬，類如前說，但無事用喜樂動轉之異。爾時心如明鏡不動，亦如淨水無波，絕諸亂想，正念堅固，猶如虛空，是名世間眞實禪定，無諸垢染。行者住是定中，心不依善，亦不附惡，無所依倚，無形無質，亦無若干種種色相，而內成就淨色之法。【略】

行者於四禪中應作是念，我今此定依欲界身具足色法，何故不見。作此念已，即當一心諦觀己身，一切毛道及與九孔，身內空種皆悉虛疎，猶如羅縠，內外相通，亦如芭蕉重重無實，作是觀時即便得見。既得見已，復更諦心觀察見身，如蓰如甑，如蜘蛛網，漸漸微末，身分皆盡不見於身及五根等，如內身既盡外色亦然。所以者何，內身四微四大一切色法，不異外身四微四大一切色法故。復次行者，如是觀時眼見色壞故名過色，耳聲鼻香舌味身觸覺壞故，名滅有對相，於二種餘色及無教色，種種不分別故，名不念種種別異相。一切色法既滅，但一心緣空念空不捨，即色定便謝而空定未發，亦有中間禪，爾時愼勿憂悔，勤加精進一心念空當度色難，是則略說修習禪定方法。第二明證虛空定亦爲六意，一證相，二明有支無支，三體用，四淺深，五進退，六功德。第一明證相者，行者既一心念空不捨則，其心泯然任運，自住空緣，此亦似如前說未到地之相，於後豁然與空相應，其心明淨，不苦不樂，益更增長，於深定中唯見虛空無諸色相。雖緣無邊虛空，心無分散。既無色縛，心識澄靜，無礙自在，如鳥在籠中，籠破得出，飛騰自在，證虛空定亦復如是。復次得空處定出過色界故，名過一切色相。空法持心，種種諸色而不得起故。名滅有對，相既得勝妙空處，決定能捨色法心不憶戀故，名不念種種相。是故經中多以此義，明證虛空處定。【略】

第二明識處定者亦爲三，第一釋名，二修行方法，三證相。第一釋名者，所以名識處者，捨空緣識以識爲處，正從所緣處受名，故名識處。第二修行方法者有二種，一者訶毀空處讚歎識處，二者觀破空處繫緣念識處。云何名訶責空定，行者知空處定與空相應，虛空無邊，心緣虛空，緣多則散，能破於定。復次虛空是外法，緣外法入定，定從外生，則不安隱過罪多，是名訶虛空定讚識處。既是內法緣內法入定則多寂靜安隱，是故讚歎識處。第二觀破空處者，觀緣空受想行識如病如癰，如瘡如刺，無常苦空，無我和合而有欺誑不實。此即是八聖種觀，前四是對治方法，便是事觀，後無常等四即是緣諦理觀。【略】

第一明無所有定發相者。行者於中間心不憂悔，專精不懈，一心內淨，空無所依，不見諸法，寂然安隱，心無動搖，此爲證無所有定相。入此定時，怡然寂絶，諸想不起，尚不見心相，何況餘法，無所分別，是名無所有處定，亦名無想定。二明支，三明體用，四明淺深，五進退，六功德，例如前說。

第四釋非想非非想定亦爲三。一釋名，二修行方法，三證相。一釋名者，言非想非非想者解釋不同，有言此定名一存一亡觀。所言非想者，非麤想，此則亡於麤想。非非想者，非非細想，此則存於細想。又解云前觀識處是有想，不用處是無想，今雙除上二想，非想遣識處有想，非非想遣不用處無想故。又解言，若非有想者，此定中不見一切相貌故，言非有想，非無想者。行人或作是念，若一向無想者，如木石無知，云何能知。無想故，言非無想也。問曰：非有想非無想中實有想，云何言無想耶。答曰：非想有四陰共成，豈得言無。但凡夫人入此定中陰界入細故，不覺謂言無想。佛法中說有四陰共成，但因其本名故，言非有想非無想。亦有解言，約凡夫說言非有想，約佛法中說言非無想。合而論之，故言非有想非無想也。第二修行方法亦有二，一者訶讚，二者觀行。修習訶責者深知無想中過罪，是無所有定如癡如醉，如眠如暗，無明覆蔽，無所覺了，無可愛樂故。《摩訶衍》云，觀於識處如瘡如箭，觀無想處如癡，皆是心病，非眞寂靜處，更有妙定名曰非想，是處安隱無諸過罪，我當求之。二明觀行，修習行者爾時諦觀無所緣受想行識，如病如癰，如瘡如刺，無常苦空，無我欺誑不實，和合而有非實有，如是觀已即便捨離心，觀於非有非無。【略】

行者既一心專精，加功不已，其心任運，住在緣中，於後忽然眞實定發，不見有無相貌，泯然寂絶，心無動搖，恬然清淨如涅槃相。是定微妙，三界無過。外道證之，謂是中道實相涅槃常樂我淨，愛著是法更不修習。彼若正觀，如步屈蟲行至樹表，更不復進，到退迴還。如經中說，凡夫證此定法如繩繫鳥繩盡則還，已其不知四陰和合而有自性。然其雖無麤煩惱，而亦成就十種細煩惱，以不知故謂是眞實。外道入此定中不見有無，而覺有能知非有非無之心，即計此心謂是眞神不滅，故言神至細不破神能知。若佛弟子知是四陰和合而有虛誑不實是中心想故，知無別神知。復次前虛空處破色故說空，識處破空故說識，說識爲有想不用處破識故無識，說無識爲無想，今此定破無所有說非無想故，言非有想非無想。此定於世間中沈浮等故，智定空有均平。是定安隱於世間中最爲尊勝，等智所不能破，故數人言二常有漏。復次無想有三義，一無想天定，二非有想非無想定，三滅受想定。無方便外道滅心入無想天定，有方便凡夫外道滅心入非有想非無想定，佛弟子滅心入滅受想定。

玄奘譯《大般若波羅蜜多經》卷八 復次舍利子，有菩薩摩訶薩，修行般若波羅蜜多，得四靜慮，及四無量四無色定，於九等至次第超越，順逆入出，自在遊戲，非諸聲聞獨覺等境。是菩薩摩訶薩，有時入初靜慮，從初靜慮起入滅盡定。從滅盡定起入第二靜慮，從第二靜慮起入滅盡定。從滅盡定起入第三靜慮，從第三靜慮起入滅盡定。從滅盡定起入第四靜慮，從第四靜慮起入滅盡定。從滅盡定起入空無邊處定，從空無邊處定起入滅盡定。從滅盡定起入識無邊處定，從識無邊處定起入滅盡定。從滅盡定起入無所有處定，從無所有處定起入滅盡定。從滅盡定起入非想非非想處定，從非想非非想處定起入滅盡定，從滅盡定起入初靜慮。舍利子，是菩薩摩訶薩修行般若波羅蜜多，於諸等至方便善巧次第超越，自在遊戲，然於其中無染無著。

玄奘譯《阿毗達磨俱舍論》卷二八　論曰：一切功德多依靜慮，故應先辯靜慮差別。此總有四種，謂初二三四，四各有二，謂定及生，生靜慮體世品已說，謂第四八，前三各三。定靜慮體總而言之是善性攝心一境性，以善等持爲自性故，若幷助伴五蘊爲性。何名一境性，謂專一所緣，若爾即心專一境位，依之建立三摩地，名不應別有餘心所法。別法令心於一境轉名三摩地非體即心，豈不諸心刹那滅故皆一境轉，何用等持。若謂令心於第二念不散亂故須有等持，則於相應等持無用。又由此故三摩地成，寧不即由斯心於一境轉。又三摩地是大地法，應一切心皆一境轉。不爾，餘品等持劣故。有餘師說，即心一境相續轉時名三摩地，契經說此爲增上心學故。心清淨最勝即四靜慮故，依何義故立靜慮名，由此寂靜能審慮故，審慮即是實了知義，如說心在定，能如實了知，審慮義中置地界故，此宗審慮以慧爲體。若爾諸等持皆應名靜慮，不爾，唯勝方立此名，如世間言發光名日非螢燭等亦得日名，靜慮如何獨名爲勝。諸等持內唯此攝支，止觀均行最能審慮，得現法樂住及樂通行名。故此等持獨名靜慮，若爾染污寧得此名，由彼亦能邪審慮故。是則應有太過之失，無太過失，要相似中方立名故，如敗種等。世尊亦說有惡靜慮。若一境性是靜慮體，依何相立初二三四。具伺喜樂建立爲初，由此已明亦具尋義，必俱行故，如煙與火。非伺有喜樂而不與尋俱，漸離前支，立二三四。離伺有二，離二有樂，具離三種，如其次第。故一境性分爲四種。已辯靜慮，無色云何。

頌曰，無色亦如是，四蘊離下地，幷上三近分，總名除色想。無色謂無色，後色起從心，空無邊等三，名從加行立，非想非非想，昧劣故立名。

論曰：此與靜慮數自性同，謂四各二，生如前說，即世品說由生有四。定無色體總而言之，亦善性攝心一境性，依此故說亦如是言。然助伴中此除色蘊，無色無有隨轉色故。雖一境性體相無差，離下地生故分四種。謂若已離第四靜慮生，立空無邊處，乃至已離無所有處生，立非想非非想處。離名何義，謂由此道解脫下地惑，是離下染義，即此四根本幷上三近分。總說名爲除去色想，空處近分未得此名，緣下地色起色想故，皆無色故立無色名。此因不成，許有色故。若爾何故立無色名，由彼色微故名無色，如微黃物亦名無黃。

玄奘譯《阿毗達磨發智論》卷一七　有八定，謂四靜慮，四無色。有三定，謂味相應，淨，無漏。此中前七，各具三種，第八唯二，謂除無漏。頗有成就味相應初靜慮非淨無漏耶。答：有，謂欲界愛未盡。頗有成就淨初靜慮非味相應無漏耶。答：有，謂異生生欲界梵世，梵世愛盡。

圓覺《華嚴原人論解》卷中　八定者，四禪之後加無色四空定。謂一者空無邊處定，前色界中所有色想今皆超越，住無邊空處故。二色無邊處定，前色與空皆不離識，今皆超越，唯住無邊識故。三無所有處定，前有識可住，今識亦不可得，若心若境皆無所有故。四非想非非想處定，前能離心識之想，今亦無故。此與四禪俱名定者，以四禪中有一分定義故，得定名言生色無色界者。由修四禪得生色界，謂有五蘊色身故，名色界。言無色者，謂無麤色蘊，但有四蘊心及心所依定而住，名無色界。

德基《毗尼關要事義》　四禪定。初禪天，即色界離生喜樂地也。謂此天已離欲界欲惡之法，得覺觀禪定，身心凝靜而生喜樂。住於此定，一切苦惱皆不能逼也。二禪天，即色界定生喜樂地也。謂此天已離初禪覺觀動散，攝心在定，淡然凝靜，而生勝定喜樂。住於此定，如人從暗室中出，見日月光明，朗然洞徹也。三禪天，即色界離喜妙樂地也。謂此天已離二禪天喜之踴動，因攝心諦觀泯然入定，而得勝妙之樂。住於此定，樂法增長，徧滿身中也。四禪天，即色界捨心清淨地也。謂此天捨二禪之喜及三禪之樂，心無憎愛，一念平等，清淨無雜。住於此定，空明寂靜，萬像皆現也。

四空定。一空無邊處定，即無色界第一天也。謂此天厭色界，色質爲礙，不得自在，故加功用行，滅一切色相，而入虚空處定。住於此定，其心明淨無礙自在也。二識無邊處定，即無色界第二天也。謂此天厭空無邊處，轉心緣識，與識相應，心定不動，三世之識悉現定中。住於此定，清淨寂靜也。三無所有處定，即無色界第三天也。謂此天厭空無邊處識無邊處，三世流轉無際，捨此二處而入無所有處定。住於此定，怡然寂靜，諸想不起也。四非非想處定，即無色界第四天也。謂此天厭無所有處，如癡故捨之，而入非非想處定。住於此定，不見有無相貌，泯然寂絶，清淨無爲也。

八風

般若譯《大乘理趣六波羅蜜多經》卷六 復次，慈氏，云何名爲安忍波羅蜜多。若人惡罵，當觀此聲猶如谷響。若被打時，當觀此身，猶如鏡像。若被瞋時，當觀此心，猶如幻化。若見忿怒，當觀此心，性無諠動。若得利養，當觀此心，自性調伏，不生歡喜。若失利養，當觀此心，善妙寂靜，不生瞋恚。若遭毁謗，當觀此身，猶如虚空，不應加報。若遇讚譽，當觀自身性，無我慢而不高舉。若得稱歎，當觀心性，本來空寂，不生忻慰。若被譏嫌，當觀本心，性離怖畏，不生憂慼。若遇苦時，當觀法性，本無逼迫，不見苦相。若受樂時，當觀實性常住不變，無苦樂相。菩薩摩訶薩住安忍時，如是八風不能動轉。何以故，以菩提心住眞實相，離於彼我，見法身故。復次，有不安事皆忍受之，爲欲降伏諸魔怨故。當行一切難行苦行，爲調外道諸邪見故。慈氏，當知我今略説安忍波羅蜜多。

澄觀《大方廣佛華嚴經隨疏演義鈔》卷九〇 彼論具云顯示如來於所化之中，無高下礙故，次明之，謂世法八風不能拘礙故。八風即利衰毁譽稱譏苦樂，降神處宫即是利也，棄榮離俗即是衰也，若生若滅有苦樂也，學異行者兼於苦樂多明苦也，坐道樹下示降魔毁也，正覺譽也，涅槃起塔亦爲衰也。

弘忍《最上乘論》 若了然不失正念而度衆生者，是有力菩薩，分明語汝等守心第一，若不勤守者，甚癡人也，不肯現在一生忍苦，欲得當來萬劫受殃。聽汝更不知何囑，八風吹不動者眞是珍寶山也。若知果體者但對於萬境，起恒沙作用，巧辯若流，應病與藥。

作者不詳《大乘無生方便門》 問：是沒是智門。意根爲智門。作沒生開智門。意根不動是開智門。作沒生轉意成智。即得智是名開智慧門。與汝開智慧門竟，有力度衆生，身體及手足寂然安不動，八風吹不動。問：是沒是八風。八風者，利衰毁譽稱譏苦樂。答：四箇是違，四箇是順。問：於此違順作沒生。答：心不動，不動是佛，須彌山逈超生死海，逍遥出三界，如其所得法，定慧力莊嚴，以此度衆生，自證無上道。問：有幾種人開得智慧門。答：有三種人。是誰。凡夫，二乘，菩薩。凡夫有聲即聞，無聲，聲落謝不聞。二乘有聲，無聲，聲落謝不聞。菩薩有聲，無聲，聲落謝常聞。問：三人一種開得智慧一門，緣何沒。二乘人貪著禪味，墮二乘涅槃。二乘人開得慧一門，是慧於耳根邊證得聞慧，昔所不聞而今得聞，聞已心生歡喜，歡喜即動，畏動執不動，滅六識證空寂涅槃，有聲無聲，聲落謝不聞，不聞貪著禪味，墮二乘涅槃。菩薩開得慧門，聞是慧於耳根邊證得聞慧，知六根本來不動，有聲無聲，聲落謝常聞，常順不動修行，以得此方便正定即得圓寂是大涅槃。

來舟《大乘本生心地觀經淺註》卷六 入三解脱無相門，住於蘭若離塵垢，能觀十二因緣法，四諦二空眞妙理，世間八法不傾動，如是大士住蘭若。

此正明有德當住也。蘭若中離諸塵垢，自然境寂心空，故三解脱易入也。八法即是八風，謂利衰毁譽稱譏苦樂。此八法，世間所愛所憎，而能扇動人心，名之爲風。苟心有主持，安住正法，不爲愛憎惑亂，即八風不能傾動之者。（八風者，一利風，凡得可意之事，利益於我者，身心皆喜，爲此生貪，是爲利風扇動，爲利所轉也。二衰風者，失可意事，傷感悲悽，爲彼所轉也。三毁風者，陰爲訕謗，知之生怒，爲彼所轉也。四譽風者，陰爲讚美，知而生喜，爲彼所轉也。五稱風者，陽爲讚美，不覺喜悦，爲彼所轉也。六譏風者，陽爲誹謗，不覺生怒，爲彼所轉也。七苦風者，違境逼迫，身心煩惱，爲彼所轉也。八樂風者，凡好緣好境，適悦身心，爲彼所轉也。以上八種，皆常人不由自己者，不覺隨彼轉動，是爲八風）二空，即人空法空。眞妙理，即二空所證之眞如。如是下結。大士即菩薩之別稱，謂能具如上諸德，是爲眞住蘭若之人。

八苦

法顯譯《大般涅槃經》卷上　比丘，苦諦者，所謂八苦，一生苦，二老苦，三病苦，四死苦，五所求不得苦，六怨憎會苦，七愛別離苦，八五受陰苦。汝等當知，此八種苦，及有漏法，以逼迫故，諦實是苦。集諦者，無明及愛，能爲八苦而作因本。

瞿曇僧伽提婆譯《中阿含經》卷七　諸賢，云何苦聖諦，謂生苦，老苦，病苦，死苦，怨憎會苦，愛別離苦，所求不得苦，略五盛陰苦。諸賢，說生苦者，此說何因。諸賢，生者，謂彼眾生，彼彼眾生種類，生則生，出則出，成則成，興起五陰，已得命根，是名爲生。諸賢，生苦者，謂眾生生時，身受苦受，遍受，覺，遍覺，心受苦受，遍受，覺，遍覺，身心受苦受，遍受，覺，遍覺，身熱受，遍受，覺，遍覺。心熱受，遍受，覺，遍覺，身心熱受，遍受，覺，遍覺，身壯熱煩惱憂慼受，遍受，覺，遍覺，心壯熱煩惱憂慼受，遍受，覺，遍覺，身心壯熱煩惱憂慼受，遍受，覺，遍覺。諸賢，說生苦者，因此故說。

諸賢，說老苦者，此說何因。諸賢，老者，謂彼眾生，彼彼眾生種類，彼爲老耄，頭白齒落，盛壯日衰，身曲腳戾，體重氣上，拄杖而行，肌縮皮緩，皺如麻子，諸根毀熟，顏色醜惡，是名爲老。諸賢，老苦者，謂眾生老時，身受苦受，遍受，覺，遍覺，心受苦受，遍受，覺，遍覺，身心受苦受，遍受，覺，遍覺，身熱受，遍受，覺，遍覺，心熱受，遍受，覺，遍覺，身心熱受，遍受，覺，遍覺，身壯熱煩惱憂慼受，遍受，覺，遍覺，心壯熱煩惱憂慼受，遍受，覺，遍覺，身心壯熱煩惱憂慼受，遍受，覺，遍覺。諸賢，說老苦者，因此故說。

諸賢，說病苦者，此說何因。諸賢，病者，謂頭痛，眼痛，耳痛，鼻痛，面痛，脣痛，齒痛，舌痛，齶痛，咽痛，風喘，咳嗽，喝吐，喉痺，癲癇，癰癭，經溢，赤膽，壯熱，枯槁，痔瘻，下利，若有如是比餘種種病，從更樂觸生，不離心，立在身中，是名爲病。諸賢，病苦者，謂眾生病時，身受苦受，遍受，覺，遍覺，心受苦受，遍受，覺，遍覺，身心受苦受，遍受，覺，遍覺，身熱受，遍受，覺，遍覺，心熱受，遍受，覺，遍覺，身心熱受，遍受，覺，遍覺，身壯熱煩惱憂慼受，遍受，覺，遍覺，心壯熱煩惱憂慼受，遍受，覺，遍覺，身心壯熱煩惱憂慼受，遍受，覺，遍覺。諸賢，說病苦者，因此故說。

諸賢，說死苦者，此說何因。諸賢，死者，謂彼眾生，彼彼眾生種類，命終無常，死喪散滅，壽盡破壞，命根閉塞，是名爲死。諸賢，死苦者，謂眾生死時，身受苦受，遍受，覺，遍覺，心受苦受，遍受，覺，遍覺，身心受苦受，遍受，覺，遍覺，身熱受，遍受，覺，遍覺，心熱受，遍受，覺，遍覺，身心熱受，遍受，覺，遍覺，身壯熱煩惱憂慼受，遍受，覺，遍覺，心壯熱煩惱憂慼受，遍受，覺，遍覺，身心壯熱煩惱憂慼受，遍受，覺，遍覺。諸賢，說死苦者，因此故說。

諸賢，說怨憎會苦者，此說何因。諸賢，怨憎會者，謂眾生實有內六處，不愛眼處，耳，鼻，舌，身，意處，彼同會一，有攝，和，習，共合爲苦，如是外處，更樂，覺，想，思，愛，亦復如是。諸賢，眾生實有六界，不愛地界，水，火，風，空，識界，彼同會一，有攝，和，習，共合爲苦，是名怨憎會。諸賢，怨憎會苦者，謂眾生怨憎會時，身受苦受，遍受，覺，遍覺，心受苦受，遍受，覺，遍覺，身心受苦受，遍受，覺，遍覺。諸賢，說怨憎會苦者，因此故說。

諸賢，說愛別離苦者，此說何因。諸賢，愛別離苦者，謂眾生實有內六處，愛眼處，耳，鼻，舌，身，意處，彼異分散，不得相應，別離不會，不攝，不習，不和合爲苦，如是外處，更樂，覺，想，思，愛，亦復如是。諸賢，眾生實有六界，愛地界，水，火，風，空，識界，彼異分散，不得相應，別離不會，不攝，不習，不和合爲苦，是名愛別離。諸賢，愛別離苦者，謂眾生別離時，身受苦受，遍受，覺，遍覺，心受苦受，遍受，覺，遍覺，身心受苦受，遍受，覺，遍覺。諸賢，說愛別離苦者，因此故說。

諸賢，說所求不得苦者，此說何因。諸賢，謂眾生生法，不離生法，欲得令我而不生者，此實不可以欲而得，老法，死法，愁憂慼法，不離憂感法，欲得令我不憂慼者，此亦不可以欲而得。諸賢，衆生實生苦而不可樂，不可愛念。彼作是念，若我生苦而不可樂，不可愛念者，欲得轉是，令可愛念，此亦不可以欲而得。諸賢，衆生實生樂而可愛念。彼作是念，若我生樂可愛念者，欲得令是常恆久住不變易法，此亦不可以欲而得。諸賢，衆生實生思想而不可樂，不可愛念。彼作是念，若我生思想而不可樂，不可愛念者，欲得轉是，令可愛念，此亦不可以欲而得。諸賢，衆生實生思想而可愛念。彼作是念，若我生思想可愛念者，欲得令是常恆久住不變易法，此亦不可以欲而得。諸賢，説所求不得苦者，因此故説。

諸賢，説略五盛陰苦者，此説何因。謂色盛陰，覺，想，行，識盛陰。諸賢，説略五盛陰苦者，因此故説。

諸賢，過去時是苦聖諦，未來，現在時是苦聖諦，眞諦不虚，不離於如，亦非顛倒，眞諦審實，合如是諦，聖所有，聖所知，聖所見，聖所了，聖所得，聖所等正覺，是故説苦聖諦。

竺佛念譯《出曜經》卷二一　有樂必苦，生當有死，不生則無死，豈可避。以是義推，憂爲是誰，樂所從來。是故説曰處憂無憂，心如死灰滄然，無爲盡滅一切惡趣，所謂惡趣者，地獄餓鬼畜生，邊地夷狄之中，亦名惡趣。是故説曰滅一切惡趣也，脱一切苦惱，脱八苦根，生苦，老苦，病苦，死苦，怨憎會苦，恩愛別離苦，所欲不得苦，取要言之五盛陰苦，行者於中脱此衆苦，泥洹爲第一，無爲無作無有衆變，是故名爲泥洹也。

玄奘譯《阿毗達磨大毗婆沙論》卷七八　問：苦聖諦云何。答：如契經説，生苦，老苦，病苦，死苦，非愛會苦，愛別離苦，求不得苦，略説一切五取蘊苦是名苦聖諦。應知此中與生相合故名生苦，與住異相合故名老苦，與逼惱相合故名病苦，與滅相合故名死苦，與非愛會相合故名非愛會苦，與愛別離相合故名愛別離苦，與不自在不隨所欲相合故名求不得苦，如是諸苦皆是有漏取蘊所攝，故名略説一切五取蘊苦。復次生是一切苦安足處苦之良田故名生苦，老能衰變可愛盛年故名老苦，病能損壞可愛安適故名病苦，死能斷滅可愛壽命故名死苦，不可愛境與身合時引生衆苦故名非愛會苦，諸可愛境遠離身時引生衆苦故名愛別離苦，求如意事不果遂時引生衆苦故名求不得苦，如是諸苦皆是有漏取蘊所攝，故名略説一切五取蘊苦。問：五取蘊苦其量廣大，何故名略。答：苦雖廣大而略説之故名爲略，謂五取蘊苦患極多，不可廣説，欲令所化總生厭離，故略説之。譬如有人多諸過惡不可廣説，有問彼過，但可總答是極惡人言，雖是略而過甚廣，此亦如是，故名略説五取蘊苦。

窺基譯《阿弥陁經疏》　《無量壽經》云，彼無苦難之名亦無三惡道，但有自然快樂之事，亦無少苦故。《央掘魔經》云，無有少苦，純一快樂故名極樂。又無八苦故，蓮華化生即無生苦，國無老病無有病苦，年壽欲盡願生十方淨土，隨意往生離念念滅名無死苦，喜樂相隨無怨憎會苦，心皆平等亦無怨憎，雖爲去留無愛別離苦，所欲如意無求不得苦及貧窮苦。又身金色端正如天神通自在，香風拂鉢天味自盈無五盛陰苦，目觀諸佛顯爀耳聽樹網風鈴，水流天樂隨意聞見，故名極樂。

大佑、傳燈《阿弥陁經略解圓中鈔》　等諸苦者，即人間八苦也。一生苦有五種。一者受胎，謂識托母胎之時，在母腹中窄隘不淨。二者種子，謂識托父母遺體，其識種子，隨母氣息出入，不得自在。三者增長，謂在母腹中，經十月日，内熱煎煑，身形漸成，住在生藏之下，熟藏之上，間夾如獄。四者出胎，謂初生下，有冷風熱風吹身，及衣服等觸體，肌膚柔嫩，如被物刺。五者種類，謂人品有富貴貧賤，相貌有殘缺妍醜，是名生苦。二老苦有二種，一者增長，謂從少至壯，從壯至衰，氣力羸少，動止不寧。二者滅壞，謂盛去衰來，精神耗減，其命日促，漸至朽壞，是名老苦。三病苦有二種，一者身病，謂四大不調，衆病交攻，若地大不調，舉身沉重，水大不調，舉身胖腫，火大不調，舉身蒸熱，風大不調，舉身倔強。二者心病，謂心懷苦惱，憂切悲哀，是名病苦。四死苦有二種，一者病死，謂因疾病，壽盡而死。二者外緣，謂或遇惡緣，或遭水火等難而死，是名死苦。五愛別離苦，謂常所親愛之人，乖違離散，不得共處，是名愛別離苦。六怨憎會苦，謂常所怨讐，憎惡之人，本求遠離，而反集聚，是名怨憎會苦。七求不得苦，謂世間一切事物，心所愛樂者，求之而不能得，是名求不得苦。八五陰熾盛苦。五陰者，色受想行識也，陰即覆蓋之義，謂能蓋覆眞性，不令顯發也，盛即盛大之義。謂前生老病死等衆苦聚集，故名五陰熾盛苦。對娑婆極苦言之，故名極樂者。蓋極樂衆生，無有如上娑婆，種種極苦之事，故名極樂。

八倒

般若譯《大乘理趣六波羅蜜多經》卷九　十二者，不與四顛倒法而爲相應，無常計常，常計無常，無樂計樂，樂計無樂，無我計我，我計無我，不淨計淨，淨計不淨，如是妄計名顛倒法，有情心行乃至諸塵勞門而爲相應。

湛然《維摩經略疏》卷八　四念處正破八倒，八倒滅即癡滅，癡滅則界内外煩惱皆滅。若令衆生行四念處，即離煩惱得道諦樂，拔苦得樂，故生慶喜，是爲第三弘誓。未安道諦令安道諦，亦名法門無盡誓願知。

吉藏《中觀論疏》卷九　若依雜心，唯見心所起，名之爲倒，如前説也。所言八倒者，雜心師想心見，但起生死中常樂我淨四倒，不起後佛地苦無常四。成論師云，前後八倒皆是見惑，非思惟惑，見等中屬三使。我倒屬我見，常倒屬邊見，樂淨屬見取，常謂無常皆是有而言無，屬邪見攝。復有説云，後四倒屬無明攝，所以然者二乘之人斷見思惑，竟猶起後四倒，故知屬無明所攝，此解應詣也。問：昔外道凡夫於生死中計常等四倒，二乘之人於法身復起無常等四，凡聖合論故有八倒者，可得言二乘之人就今具八倒不。答：亦具有也，以計佛地是無常故有無常等四，復執己涅槃是於常樂，此即是無常計常。所以然者，二乘涅槃實無常樂計爲常樂，故有常等四倒。問：二乘之人不計涅槃爲我，云何有我倒耶。答：我有二種，一人我二法我。雖無人我執有涅槃，即是法我，故有我倒。凡夫之人具足八倒此易知也，此品具破通別兩倒，故云破顛倒品。

延壽《宗鏡錄》卷六七　衆生亦爾，爲諸煩惱無明所覆，生顛倒心，我計無我，常計無常，淨計不淨，樂計爲苦，以爲煩惱之所覆故。雖生此想，不達其義。如彼醉人，於非轉處，而生轉想。我者，即是佛義。常者，是法身義。樂者，是涅槃義。淨者，是法義。汝等比丘，云何而言有我想者，憍慢貢高，流轉生死。汝等若言，我亦修集無常苦無我等想，是三種修，無有實義。我今當説勝三修法，苦者計樂，樂者計苦，是顛倒法。無常計常，常計無常，是顛倒法。無我計我，我計無我，是顛倒法。不淨計淨，淨計不淨，是顛倒法。有如是等四顛倒法，是人不知正修諸法。汝諸比丘，於苦法中，生於樂想。於無常中，生於常想。於無我中，生於我想。於不淨中，生於淨想。世間亦有常樂我淨，出世亦有常樂我淨。世間法者，有字無義。出世間者，有字有義。何以故，世間之四顛倒，故不知義。所以者何，有想倒，心倒，見倒，以三倒故，世間之人，樂中見苦，常見無常，我見無我，淨見不淨，是名顛倒。以顛倒故，世間知字而不知義。何等爲義，無我者，名爲生死。我者，名爲如來。無常者，聲聞緣覺。常者，如來法身。苦者，一切外道。樂者，即是涅槃。不淨者，即有爲法。淨者，諸佛菩薩所有正法。是名不顛倒，以不倒故，知字知義。若欲遠離四顛倒者，應知如是常樂我淨。

釋曰：夫迷四眞實起八顛倒者，無非人法二我之見，爲生死之樞穴，作煩惱之基坰，成九結之樊籠，開十使之業道。二乘雖斷人我，常被無我之所漂流。外道謬認識神，恒爲妄我所之輪轉。所以上云，無我者，名爲生死者，以昧一眞我之門，無大自在之力。我者，名爲如來者，達佛性之妙理，承如實之道來。無常者，聲聞緣覺者，修生滅之妄因，證灰斷之小果。常者，如來法身者，入不動之眞宗，契圓常之妙體。苦者，一切外道者，運無益之苦行，墮生滅之邪輪。樂者，即是涅槃者，斷二死之妄原，入四德之祕藏。不淨者，即有爲法者，積雜染之情塵，成夢幻之虛事。淨者，諸佛菩薩所有正法者，乃究竟之圓詮，履無爲之至道。是以外道執有我見，如蒸砂作飯，認妄爲眞。二乘證無我門，似捉石爲珠，以常爲斷。俱不達無我之中，而有眞我。又常樂我淨者，但是一法，以心性不變異故常，常故樂，樂故我，我故淨。以不了心性常住故，心外別求妄有所作，作故無常，無常故無樂，無樂故無我，無我故無淨。何者，以無常遷變，純受其苦，寧有樂乎，既不得樂，恒俱繫縛，不得自在，豈成我乎。既不見眞我佛性，長隨染緣，豈得淨耶。如上剖析，皆屬一期教門，不可於此定執有無，迷於方便。如《廣百論》云，爲止邪見，撥無涅槃故，説眞有常樂我淨。此方便言，不應定執，既不執有，亦不撥無，如是乃名正智解脫。

八梵

法藏《華嚴經探玄記》卷四　如來有八種音聲，一謂見苦，二謂向苦，三謂見習，四謂向習，五謂見盡，六謂向盡，七謂見道，八謂向道。此八以音從所說辨，以約佛音用故也。二約佛音體，亦如《十住經》謂，梵音有八種，一不男音，二不女音，三不強音，四不軟音，五不清音，六不濁音，七不雄音，八不雌音。三約佛音德亦八種，如《梵摩喻經》說，一最好聲，其聲清雅如迦陵等，二易了聲，言辭辨了，三調和聲，大小得中，四柔軟聲，言無麄獷等，五不誤聲，言無錯失，六不女聲，其聲雄朗，七尊慧聲，言無懼怯，如尊重人，如勝慧人，言無所畏，八深遠聲，齊輪發聲，猶如雷震。

慧琳《一切經音義》卷二〇　八梵，八種梵音者。按《十住斷結經》云，一不男音，二不女音，三不強音，四不耎音，五不清音，六不濁音，七不雄音，八不雌音。

八犍度

僧伽提婆共竺佛念譯《阿毘曇八犍度論》卷一　八犍度頌曰，雜結使智行，四大根定見。

世間第一法當言樂根相應耶，喜根護根相應耶。答曰，世間第一法，或樂根相應，或喜根相應，或護根相應。云何樂根相應。答曰，依第三禪得世間第一法，是謂樂根相應。云何喜根相應。答曰，依第一第二禪，得世間第一法，是謂喜根相應。云何護根相應。答曰，依未來禪依禪中間依第四禪，得世間第一法，是謂護根相應。世間第一法，當言一心爲衆多心耶。答曰，世間第一法，當言一心非衆多心。【略】

復次我今當説結，結或過去非盡或盡非過去，或過去亦盡，或不過去亦不盡。云何過去不盡。答曰，諸過去結不盡，有餘不滅不吐，是謂過去不盡。云何盡不過去乎。答曰，諸未來結已盡無餘已滅已吐，是謂盡不過去。云何過去亦盡。答曰，過去結已盡無餘已滅已吐，是謂過去已盡。云何不過去亦不盡。答曰，未來結不盡有餘不滅不吐，及現在諸結，是謂不過去亦不盡。諸過去者盡沒乎。答曰，或過去不沒。云何過去不沒。答曰，如優陁耶言，一切結過去於園離園去，於欲不染欲如鍊眞金，是謂過去不沒。

僧伽提婆共竺佛念譯《阿毘曇八犍度論》卷一〇　云何知他人心智，云何識宿命智，知他人心智云何。答曰，若智所修所修果，憶所修已得不失，所可用智現在前，他衆生他人所覺所觀所行，已覺意性如實知之，是謂知他人心智。識宿命智云何。答曰，若智所修所修果，憶所修已得不失，所可用智現在前，如其相貌無數生識宿命，是謂識宿命智。若知他人心智，即知他人心耶。答曰，或知他人心智，非知他人心。云何知他人心智非知他人心。答曰，若知他人心智過去未來，是謂知他人心智，即非知他人心。云何知他人心非知他人心智耶。答曰，如是，覩相聞他語知他人心，是謂知他人心，非知他人心智。云何知他人心智，亦知他人心。答曰，若智所修所修果，憶所修已得不失，所可用智現在前，他衆生他人所覺所觀所行，已覺意性如實知之，是謂知他人心智，亦知他人心。云何不知他人心智，亦不知他人心。答曰，除上爾所事。若識宿命智即識宿命耶。答曰，或識宿命智即不識宿命。云何識宿命智即不識宿命。答曰，若識宿命智過去未來，是謂識宿命智彼不識宿命。云何識宿命非識宿命智。答曰，如生識宿命如其色像，生得此智識宿命，是謂識宿命非識宿命智。云何識宿命智彼識宿命耶。答曰，若智所修所修果，憶所修已得不失，所可用智現在前，如其相貌無數生識宿命，是謂識宿命智。

僧伽提婆共竺佛念譯《阿毘曇八犍度論》卷一三　七人，八智，三三昧，三根，七覺意，八道種智相應，及種二智種一行，歷六二七。七人，堅信，堅法，信解脱，見到，身證，慧解脱，俱解脱。八智，法智，未知智，知他人心智，等智，苦智，習智，盡智，道智。三三昧，空，無願，無相。三根，未知根，已知根，無知根。七覺意，念覺意，擇法覺意，精進覺意，喜覺意，猗覺意，定覺意，護覺意。八道種等，見等，志等，語等，業等，活等，方便等，念等，定智相應。及種四十四智種，七十七智種，一行六七大七。

七人，堅信，堅法，信解脱，見到，身證，慧解脱，俱解脱。八智，法智，未知智，知他人心智，等智，苦智，習智，盡智，道智。堅信人於此八智，成就幾，不成就幾。乃至俱解脱人於此八智，成就幾，不成就幾。堅信人於此八智，幾過去成就，幾未來成就，幾現在成就。乃至俱解脱人於此八智，幾成就過去，幾成就未來，幾成就現在。堅信人法智現在前時，幾智現在前，乃至智現在前時，幾智現在前，乃至俱解脱人法智現在前時，幾智現在前乃至道智現在前時，幾智現在前。堅信人於此三三昧，成就幾，不成就幾。乃至俱解脱人於此三三昧，成就幾，不成就幾。堅信人於此三三昧，幾成就過去，幾成就未來，幾成就現在。乃至俱解脱人於此三三昧，幾成就過去，幾成就未來，幾成就現在。

僧伽提婆共竺佛念譯《阿毘曇八犍度論》卷一五　三惡行，三不善根。三惡行攝三不善根，三不善根攝三惡行耶。三妙行，三善根。三妙行攝三善根，三善根攝三妙行耶。三惡行，十不善行迹。三惡行攝十不善行迹，十不善行迹攝三惡行耶。三妙行，十善行迹。三妙行攝十善行迹，十善行迹攝三妙行耶。三行，十行迹。三行攝十行迹，十行迹攝三行耶。三行，四行。黑有黑報，白有白報，白黑白黑報，不黑不白無行報行盡。三行攝四行，四行攝三行耶。復次三行現法報，生報，後報，樂報，苦報，不苦不樂報。過去未來現在。

僧伽提婆共竺佛念譯《阿毘曇八犍度論》卷一八　四大所造入，幾可見幾不可見，幾有對幾無對，幾有漏幾無漏，幾有爲幾無爲，幾過去幾未來幾現在，幾善幾不善幾無記，幾欲界繫幾色界繫幾不繫，幾學幾無學幾非學非無學，幾思惟斷幾不斷（入竟）。若成就四大，彼造色成就耶。設造色成就，彼成就四大耶。若不成就四大，彼不成就造色耶。設不成就造色，彼不成就四大耶（造色竟）。若成就四大，彼成就善色耶。設成就善色，彼成就四大耶。若成就四大，彼成就不善色耶。設成就不善色，彼成就四大耶。若成就四大，彼成就隱沒無記色耶。設成就隱沒無記色，彼成就四大耶。若成就四大，彼成就不隱沒無記色耶。【略】

四大造入。幾可見。答曰，一，幾不可見。答曰，八二少入。幾有對。答曰，九一少入。幾無對。答曰，一少入。幾有漏。答曰，九二少入。幾無漏。答曰，一少入。幾有爲。答曰，九二少入。幾過去。答曰，十一少入。幾未來。答曰，十一少入。幾現在。答曰，十一少入。幾善。答曰，三少入。幾不善。答曰，三少入。幾無記。答曰，七三少入。幾欲界繫。答曰，二九少入。幾色界繫。答曰，九少入。幾不繫。答曰，一少入。幾學。答曰，一少入。幾無學。答曰，一少入。幾非學非無學耶。答曰，九二少入。幾思惟斷。答曰，九二少入。幾不斷。答曰，一少入（入竟）。若成就四大，彼成就造色耶。答曰，如是，若成就四大，彼成就造色。頗成就造色非四大耶。答曰，有無垢人生無色界也。若不成就四大，彼不成就造色耶。答曰，如是，若不成就造色，彼不成就四大。頗不成就四大非不造色耶。答曰，有，無垢人生無色界（造竟）。

僧伽提婆共竺佛念譯《阿毘曇八犍度論》卷二一　二十二根，眼根耳根鼻根舌根身根意根，男根女根命根，樂根苦根喜根憂根護根，信根精進根念根定根慧根，未知根已知根無知根。此二十二根，幾學幾無學，幾非學非無學。諸根學，彼根學人乎。設學人根，彼學根乎。諸根無學，彼無學人根乎。設無學人根，彼無學根乎。諸根非學非無學，彼根非學非無學人根乎。設根非學非無學人，彼根非學非無學乎。此二十二根，幾善，幾不善，幾無記乎。於此二十二根，幾有報，幾無報乎。【略】

於此二十二根幾學幾無學，幾非學非無學。答曰，二學一無學十非學非無學，九當分別，意根或學或無學或非學非無學。云何學。答曰，學意所念諸意根相應，是謂學。云何無學。答曰，無學意所念諸意根相應，是謂無學也。云何非學非無學。答曰，有漏意所念諸意根相應，是謂非學非無學也，樂根喜根護根信根精進念定慧根亦復如是。諸根學彼學家根耶。答曰，或學根彼根非學家。云何學根彼根非學家耶。答曰，諸根學學家不成就，是謂根學彼根非學家也。云何學家根彼根非學。答曰，諸非學非無學根學家成就，是謂學家根彼根非學。云何學根彼根學家乎。答曰，諸學根學家成就，是謂學根彼根學家。云何非學根彼根非學家乎。答曰，無學根，諸非學非無學根，學家不成就，是謂非學根彼根非學家也。諸無學根無學家彼根乎。答曰，或無學根彼根非無學家。云何無學根彼根非無學家。答曰，諸無學根無學家不成就，是謂無學根彼根非無學家。云何無學家根彼根非無學。答曰，諸非學非無學根，無學家成就，是謂無學家根。

彼根非無學，云何無學根無學家彼根乎。答曰，諸無學根無學家成就，是謂無學根無學家彼根也。云何非無學根無學家彼根乎。答曰，學根諸非學非無學根，無學家不成就，是謂非無學根彼根，非無學家。諸根非學非無學，彼根非學非無學家根乎。答曰，如是，諸根非學非無學家，非學非無學彼根也。

於此二十二根，幾善，幾不善，幾無記乎。答曰，八善八無記，六當分別，意根或善或不善或無記。云何善乎。答曰，善心所念諸意根相應是謂善。云何不善。答曰，不善心所念諸意根相應，是謂不善也。云何無記。答曰，無記心所念諸意根相應是謂無記也，樂根苦根喜根護根亦復如是，憂根或善或不善。云何善。答曰，善心所念諸憂根相應是謂善。云何不善。答曰，不善心所念諸憂根相應，是謂不善也。

於此二十二根，幾有報，幾無報乎。答曰，一有報十一無報十當分別，意根或有報或無報。云何有報。答曰，不善善有漏意根，是謂有報也。云何無報。答曰，無記無漏意根，是謂無報，樂根喜根護根亦復如是，苦根或有報或無報。云何有報。答曰，不善善苦根，是謂有報。云何無報。答曰，無記苦根，是謂無報，信根精進根念根定根慧根，諸有漏彼有報諸無漏是謂無報。

鳩摩羅什譯《大智度論》卷二　問曰：《八犍度阿毘曇》、《六分阿毘曇》等，從何處出。答曰：佛在世時，法無違錯，佛滅度後，初集法時亦如佛在。後百年阿輸迦王，作般闍于瑟大會，諸大法師論議異故，有別部名字。從是以來展轉，至姓迦旃延，婆羅門道人，智慧利根，盡讀三藏內外經書，欲解佛語故，作《發智經·八犍度》，初品是世間第一法。後諸弟子等，爲後人不能盡解《八犍度》故，作《鞞婆娑》。有人言，《六分阿毘曇中》，第三分八品之名《分別世處分》（此是《樓炭經》作六分中第三分），是目犍連作。六分中初分八品四品，是婆須蜜菩薩作，四品是罽賓阿羅漢作，餘五分諸論議師所作。有人言，佛在時，舍利弗解佛語故，作阿毘曇，後犢子道人等讀誦，乃至今名爲《舍利弗阿毘曇》。摩訶迦旃延佛在時，解佛語作《蜫勒》（蜫勒，秦言篋藏），乃至今行於南天竺，皆是廣解佛語故，如說五戒，幾有色幾無色，幾可見幾不可見，幾有對幾無對，幾有漏幾無漏，幾有爲幾無爲，幾有報幾無報，幾有善幾不善，幾有記幾無記，如是等是名阿毘曇。復次七使，欲染使瞋恚使，有愛使憍慢使，明使見使疑使，是七使。幾欲界繫，幾色界繫，幾無色界繫。幾見諦斷，幾思惟斷，幾見苦斷，幾見集斷，幾見盡斷，幾見道斷，幾遍使，幾不遍使。十智，法智，比智，世智，他心智，苦智，集智，滅智，道智，盡智，無生智，是十智。幾有漏幾無漏，幾有爲幾無爲，幾有漏緣幾無漏緣，幾有爲緣幾無爲緣，幾欲界緣幾色界緣幾無色界緣，幾不繫緣，幾無礙道中修，幾解脫道中修，四果得時幾得幾失。如是等分別一切法，亦名阿毘曇。爲阿毘曇三種，一者阿毘曇身及義，略說三十二萬言。二者六分，略說三十六萬言。三者蜫勒，略說三十二萬言，蜫勒廣比諸事，以類相從，非阿毘曇。略說如是我聞，一時總義竟。

吉藏《三論玄義》　三者，佛滅度後三百餘年，有三明六通大阿羅漢，姓迦旃延，造《八犍度》，凡二十卷，傳來此土。所言八者，一雜，二使，三智，四業，五大，六根，七定，八見。言犍度者，翻之爲聚，以其八義各有部類，因之爲聚也。四者，六百年間有五百羅漢，是旃延弟子，於北天竺共造毘婆沙釋八犍度。毘婆沙者，此云廣解，於西涼州譯出，凡有百卷，值兵火燒之，唯六十卷現在，止解三犍度也。五者，七百餘年有法勝羅漢，嫌婆沙太博，略撰要義作二百五十偈，名阿毘曇心，凡有四卷，亦傳此土。

法雲《總明三藏》卷三九　揵度，正音婆犍圖，此云法聚，如八犍度，以分一部爲八聚故，以氣類相從之法聚爲一段。一業犍度，明三業。二使犍度，明百八煩惱。三智，明十智。四定，明八定。五根，明根性。六大，明四大。七見，破六十二見。八雜，謂小乘法。《大論》問：《八犍度》誰造，《六分阿毘曇》從何處出。答：佛在無失，滅後百年，阿輸柯王，會諸論師，因生別部。有利根者，盡讀三藏，欲解佛經，作八犍度。後諸弟子，爲後人不能全解，作《略毘曇》，其初造者，即迦旃延。

八　慢

曇無讖譯《大般涅槃經》卷一一　煩惱障者，貪欲，瞋恚，愚癡，忿怒，纏蓋，焦惱，嫉妬，慳悋，奸詐，諛諂，無慚，無愧，慢，慢慢，不如慢，增上慢，我慢，邪慢，憍慢，放逸，貢高，懟恨，諍訟，邪命，諂媚，詐現異相，以利求利，惡求多求，無有恭敬，不隨教誨。

慧遠《大乘義章》卷五　八慢之義，出《涅槃經》、《成實論》中，具廣解釋，自舉陵他，名之爲慢。慢別不同，離分爲八。一直名慢，二名大慢，三名慢慢，四不如慢，五名憍慢，亦名傲慢，六名我慢，七增上慢，八名邪慢。八中前五對人以分，後三就其所恃以別。就前五中，初之一慢，於下境界及等處生，次有一慢，唯等處生，後之三種，上境處生。初言慢者，於下自高，於等計等，此過輕故，直名爲慢。此無所陵，何故名慢，《成實》釋言，是中有其執我相過故，說爲慢。言大慢者，於等自大，名爲大慢。言慢慢者，於上境處，謂己勝彼，此過最重，名爲慢慢。不如慢者，他實過己，玄絕非伴，謂己少劣，名不如慢，陵他多邊，故說慢矣。言傲慢者，有人於彼父母師長，不能恭敬，名爲傲慢。此前五種，對人辨也。後三就其所恃以別。言我慢者，有人於陰橫計有我，執我自高，故名我慢，此諸慢中，執我心也。然此我慢，通於凡聖。在凡名爲示相我慢，在學心中，名不示相，迷見諦故，說示相慢，不迷見諦，名不示相。增上慢者，實不得聖，而謂己得，名增上慢，以其聖法是增上故。言邪慢者，無德自高，恃惡陵人，名爲邪慢。就此八中，我慢是通，餘者是別。八慢之義，辨之麁爾。

澄觀《大方廣佛華嚴經隨疏演義鈔》卷八三　天台智者引《文殊問經》，釋《法華》八鳥，明八慢，謂一盛壯慢如鵄，二性慢如梟，三富慢如鵰，四自在慢如鷲，五壽命慢如烏，六聰明慢如鵲，七行善慢如鳩，八色慢如鴿。

道世《法苑珠林》卷七二　第九，明慢使過者，依論慢有八種。一直名慢，謂於下境自高卑彼，於齊等處還計爲等，此過輕故，直名爲慢。此無所恃何故成慢，《成論》釋言，是中有其執我相過，故說爲慢，謂人勝劣，唯心解別，若知心勝稱實無過，迷如此法，計我勝彼及與我等有恃我心，故名爲慢。二者大慢，謂於等處自謂爲大，故名大慢。三者慢慢，謂於上境謂己勝彼，此過最重，故名慢慢。四者不如慢，謂他行德過己彌深，多身修業，方可似彼，即謂現令少不如彼，陵他多邊，名不如慢。五者傲慢，謂於父母師長上境不肯恭敬，故名傲慢。六者我慢，謂於色心無我法中執我自高，故名我慢。此諸慢中執我心也，此一我慢最難伏斷，要成羅漢方能除盡。但諸凡愚未學觀者，莫問麁細我見皆強，是故名爲示相我慢。若能觀理成聖學人，我見則微分斷麁現，是故名爲不示相慢。七者增上慢，謂未得聖而謂已得，以其聖智是增上行，於此出世增上法中起心生慢，名增上慢。八者邪慢，謂諸惡人無德，自高恃惡陵人，故名邪慢。此八慢心，皆悉名爲慢使煩惱也。

八憍

智顗《妙法蓮華經文句》卷六上　《文殊問經》明八憍，今用配八鳥，盛壯憍如鵄，性憍如梟，富憍如雕，自在憍如鷲，壽命憍如烏，聰明憍如鵲，行善憍如鳩，色憍如鴿。陵他爲慢，自貴爲憍。自愛爲貪，愛他爲淫，自忿爲恚，忿他爲瞋。自惑爲愚，惑他爲癡。

道威《妙法蓮華經入疏》卷三　鵄梟鷲鵰，烏鵲鳩鴿。此去訖其狀如是，有六行偈，譬五鈍使眾生也。此上兩句，以八鳥，都譬慢使衆生，使者爲慢所使之人也，以自舉輕他，如鳥爲性陵高下視，八鳥譬人八種之慢也。《文殊問經》明八憍，今用配八鳥，當知以憍釋慢，但能所之別。陵他爲慢，自貴爲憍，故以慢釋慢也。初盛壯憍如鵄，譬我慢壯故我彊也。二性憍如梟，譬大慢，如云於他勝謂己勝。如世寡姓尙未謝於崔盧，如梟尙食於母，況貴姓耶，故梟譬大慢也。三富憍如雕，譬過慢，如於他勝謂己等。如世貧者尙不下於石崇，況實富耶。四自在憍如鷲，譬邪慢，如云於有德中，謂己有德。如薄祐者尙無屈於有德，況有自在耶。五壽命憍如烏，譬增上慢，如云未得謂得，壽高計常。如少尙未肯尊老，況實壽高耶。六聰明憍如鵲，譬憍慢，如云於他等謂己等，於等而輕。如力雖劣，尙欲輕彼，況實齊耶。七行善憍如鳩，譬不如慢，如云於多分勝，謂己少劣，德業天隔，謂稍下於高蹤，況少劣耶。八色憍如鴿，譬憍慢，如云色不如他，亦謂己等，陋者自得，未肯劣於潘安，況美貌乎。此八種憍慢之名出自經論，用配八鳥，此譬欲界起慢一使，爲慢火所燒，衆生之類也。

八難

瞿曇僧伽提婆譯《增壹阿含經》卷一六　我今字某，離此八事，奉持八關齋法，不墮三惡趣，持是功德，不入地獄，餓鬼，畜生八難之中，恆得善知識，莫與惡知識從事，恆得好父母家生，莫生邊地無佛法處，莫生長壽天上，莫與人作奴婢，莫作梵天，莫作釋身，亦莫作轉輪聖王，恆生佛前，自見佛，自聞法，使諸根不亂。若我誓願向三乘行，速成道果。

瞿曇僧伽提婆譯《中阿含經》卷二九　爾時，世尊告諸比丘：人行梵行而有八難，八非時也。云何爲八，若時如來，無所著，等正覺，明行成爲，善逝，世間解，無上士，道法御，天人師，號佛，衆祐，出世說法，趣向止息，趣向滅訖，趣向覺道，爲善逝所演，彼人爾時生地獄中。是謂人行梵行第一難，第一非時。

復次，若時如來，無所著，等正覺，明行成爲，善逝，世間解，無上士，道法御，天人師，號佛，衆祐，出世說法，趣向止息，趣向滅訖，趣向覺道，爲善逝所演，彼人爾時生畜生中，生餓鬼中，生長壽天中，生在邊國夷狄之中，無信無恩，無有反復，若無比丘，比丘尼，優婆塞，優婆夷。是謂人行梵行第五難，第五非時。

復次，若時如來，無所著，等正覺，明行成爲，善逝，世間解，無上士，道法御，天人師，號佛，衆祐，出世說法，趣向止息，趣向滅訖，趣向覺道，爲善逝所演，彼人爾時雖生中國，而聾瘂如羊鳴，常以手語，不能知說善惡之義。是謂人行梵行第六難，第六非時。

復次，若時如來，無所著，等正覺，明行成爲，善逝，世間解，無上士，道法御，天人師，號佛，衆祐，出世說法，趣向止息，趣向滅訖，趣向覺道，爲善逝所演，彼人爾時雖生中國，不聾，不瘂，不如羊鳴，不以手語，又能知說善惡之義，然有邪見及顛倒見，如是見，如是說，無施，無齋，無有呪說，無善惡業，無善惡業報，無此世彼世，無父無母，世無眞人往至善處，善去，善向，此世彼世自知自覺，自作證成就遊。是謂人行梵行第七難，第七非時。

若時如來，無所著，等正覺，明行成爲，善逝，世間解，無上士，道法御，天人師，號佛，衆祐，不出於世，亦不說法，趣向止息，趣向滅訖，趣向覺道，爲善逝所演，彼人爾時生於中國，不聾，不瘂，不如羊鳴，不以手語，又能知說善惡之義，而有正見不顛倒見，如是見，如是說，有施，有齋，亦有呪說，有善惡業，有善惡業報，有此世彼世，有父有母，世有眞人往至善處，善去，善向，此世彼世自知自覺，自作證成就遊。是謂人行梵行第八難，第八非時。

人行梵行有一不難，有一是時。云何人行梵行有一不難，有一是時。若時如來，無所著，等正覺，明行成爲，善逝，世間解，無上士，道法御，天人師，號佛，衆祐，出世說法，趣向止息，趣向滅訖，趣向覺道，爲善逝所演，彼人爾時生於中國，不聾，不瘂，不如羊鳴，不以手語，又能知說善惡之義，而有正見不顛倒見，如是見，如是說，有施，有齋，亦有呪說，有善惡業，有善惡業報，有此世彼世，有父有母，世有眞人往至善處，善去，善向，此世彼世自知自覺，自作證成就遊。是謂人行梵行有一不難，有一是時。

瞿曇僧伽提婆譯《增壹阿含經》卷三六　爾時，世尊告諸比丘：凡夫之人不聞不知說法時節，比丘當知，有八不聞之節，人不得修行。云何爲八，若如來出現世時，廣演法教，得至涅槃，如來之所行，然此衆生在地獄中，不聞不覩，是謂初一難也。若復如來出現世時，廣演法教，然此衆生在畜生中，不聞不覩，是謂第二之難。復次，如來出現世時，廣說法教，然此衆生在餓鬼中，不聞不覩，是謂此第三之難也。復次，如來出現世時，廣演法教，然此衆生在長壽天上，不聞不覩，是謂第四之難也。復次，如來出現世時，廣演法教，然此衆生在邊地生，誹謗賢聖，造諸邪業，是謂第五之難。復次，如來出現世時，廣演法教，得至涅槃，然此衆生生於中國，又且六情不完具，亦復不別善惡之法，是謂第六之難也。若復如來出現世時，廣演法教，得至涅槃，然此衆生在於中國，雖復六情完具，無所缺漏，然彼衆生心識邪見，無人，無施，亦無受者，亦無善惡之報，無今世，後世，亦無父母，世無沙門，婆羅門等成就得阿羅漢者，自身作證而自遊樂，是謂第七之難也。復次，如來不出現世，亦復不說法使至涅槃者，又此衆生生在中國，六情完具，堪任受法，聰明高才，聞法則解，修行正見，便有物，有施，有受者，有善惡之報，有今世，後世，世有沙門，婆羅門等修正見，取證得阿羅漢者，是謂第八之難。非梵行所修行，是謂，比丘，有此八難，非梵行所修行。

瞿曇僧伽提婆譯《增壹阿含經》卷三八　世尊告曰：彼發願時，我今以此八關齋法，莫墮地獄，餓鬼，畜生，亦莫墮八難之處，莫處邊境，莫墮凶弊之處，莫與惡知識從事，父母專正，無習邪見，生中國中。

來舟《大乘本生心地觀經淺註》卷五　明獻供爲因，永斷貧窮，不受八難爲果。貧窮者，名同義別。非無世間財位者爲貧窮，謂始修之人，無出世法財爲貧，無賢聖果位爲窮，總言欲永斷貧窮，及永離八難，必誓住蘭若始得成就也。八處皆難，不得見佛聞法，故名八難。一在地獄難。謂南贍部洲之下，過五百由旬，有八寒八熱等獄，皆名地獄，衆生因惡業所感，墮於彼處，長夜冥冥受苦無間，障於見佛聞法，故名在地獄難。二在畜生難。謂畜生種類不一，亦各隨因受報，或爲人所畜養，或居山海等處，常受鞭打殺害，又或互相吞噉，受苦無窮，障於見佛聞法，故名在畜生難。三在餓鬼難。謂餓鬼有三種，一其業最重者，長劫不聞漿水之名。二其業次重者，唯在人間，伺求蕩滌膿血糞穢。三其業輕者，或時一飽，加以刀杖驅逼，塡河塞海，受苦無量，障於見佛聞法，故爲難。四在長壽天難。謂此天以五百劫爲壽，即色界四禪中無想天也，言無想者，以其心想不行，如氷魚蟄蟲，外道修行多生其處，障於見佛聞法，故名爲難。五在北鬱單越難。梵語鬱單越，此云勝處，謂此處感報，勝東西南三洲，其人壽一千歲，命無中夭，爲著樂故不受教化，是以聖人不出其中，不得見佛聞法，故北洲亦名難。六盲聾瘖瘂難。謂此等人雖生中國而業障深重，諸根不具，値佛出世而不能見佛，雖說法亦不能聞，爲難。七世智辯聰難。謂世間之邪智聰利者，唯務躭習外道經書，不信出世正法，名世智辯聰難也。八生在佛前佛後難。謂佛出現於世，爲大導師令諸衆生離生死苦，得涅槃樂，人有緣者乃得値遇，其生在佛前佛後者，由業重緣薄，既不見佛，亦不聞法，故名佛前佛後難也。

八覺

安世高譯《佛説八大人覺經》　爲佛弟子，常於晝夜，至心誦念，八大人覺。第一覺悟：世間無常，國土危脆。四大苦空，五陰無我。生滅變異，虚僞無主。心是惡源，形爲罪藪。如是觀察，漸離生死。第二覺知：多欲爲苦，生死疲勞，從貪欲起。少欲無爲，身心自在。第三覺知：心無厭足，唯得多求，增長罪惡。菩薩不爾，常念知足，安貧守道，唯慧是業。第四覺知：懈怠墜落。常行精進，破煩惱惡，摧伏四魔，出陰界獄。第五覺悟：愚癡生死。菩薩常念，廣學多聞，增長智慧，成就辯才，教化一切，悉以大樂。第六覺知：貧苦多怨，横結惡緣。菩薩布施，等念冤親，不念舊惡，不憎惡人。第七覺悟：五欲過患。雖爲俗人，不染世樂。念三衣，瓶鉢法器。志願出家，守道清白。梵行高遠，慈悲一切。第八覺知：生死熾然，苦惱無量。發大乘心，普濟一切。願代衆生，受無量苦。令諸衆生，畢竟大樂。

如此八事，乃是諸佛菩薩大人之所覺悟，精進行道，慈悲修慧，乘法身船，至涅槃岸。復還生死，度脱衆生。以前八事，開導一切，令諸衆生，覺生死苦，捨離五欲，修心聖道。若佛弟子，誦此八事，於念念中，滅無量罪，進趣菩提，速登正覺，永斷生死，常住快樂。

慧遠《大乘義章》卷五　八惡覺之義，出《地持論》，邪心思想，名之爲覺，覺違正理，故稱爲惡。惡覺不同，離分有八。八名是何，一是欲覺，二是瞋覺，三名害覺，四親里覺，五國土覺，六不死覺，七族姓覺，八輕侮覺。思量世間可貪之事，而起欲心，名爲欲覺。思量世間怨憎之事，而起瞋心，名爲瞋覺，亦名恚覺。念知打罵乃至奪命，名爲害覺，亦名惱覺。追憶親戚，名親理覺。念世安危，名國土覺。謂身不死，爲積衆具名不死覺，又積衆具，資身令活，亦名不死覺。思念氏族，若高若下，名族性覺。念陵他人，名輕侮覺，侮猶慢也。此八猶是修道四使，欲親國土，貪分攝，瞋害二覺，是瞋分攝，不死覺者，是癡分攝，族姓輕侮，是慢分攝。八覺如是。

澄觀《大方廣佛華嚴經疏》卷一九　有八覺，一欲覺，求可意事。二瞋覺，念欲瞋他。三惱覺，念欲惱他。四親里覺，憶念親緣。五國土覺，念世安危。六不死覺，積財資養。七族姓覺，念族高下。八輕侮覺，侮即是慢，念自恃欺人。

智旭《八大人覺經略解》　初無常無我覺。第一覺悟：世間無常，國土危脆。四大苦空，五陰無我。生滅變異，虛僞無主。心是惡源，形爲罪藪。如是觀察，漸離生死。此入道之初門，破我法執之前陣也。先觀世間無常，國土危脆，如高岸爲谷，深谷爲陵等，則於依報無可貪著。次以四大觀身，地水火風互相陵害，故有四百四病之苦，各無實性故究竟皆空。次以四陰觀心，所謂受想行識，幷此色身，共名五陰，於中實無我及我所，但是生滅之法，刹那刹那遷變轉異，不實故虛，非眞故僞，遞相乘代故無主，則於正報無可貪著。又此正報身心，不惟空愛惜之，於事無益，而且一迷六塵緣影爲自心相，則心便爲衆惡之源，一迷四大爲自身相，則形便爲衆罪之藪，倘不直下覷破，害安有極。若能如是觀察，則身心二執漸輕，即漸離生死之第一方便也。

二常修少欲覺。第二覺知：多欲爲苦，生死疲勞，從貪欲起。少欲無爲，身心自在。此既以第一覺降伏見惑，次以第二覺降伏思惑也。思惑雖多，欲貪爲首，能修少欲，則可以悟無爲而得自在矣。

三知足守道覺。第三覺知：心無厭足，唯得多求，增長罪惡。菩薩不爾，常念知足，安貧守道，唯慧是業。此既修少欲，復修知足，以專心於慧業也。多欲不知足人，最能障慧。今於少欲之中，又復知足，則慧業任運可進矣。

四常行精進覺。第四覺知：懈怠墜落。常行精進，破煩惱惡，摧伏四魔，出陰界獄。夫所謂少欲知足者，正欲省其精力以辦出要耳，倘托言知足而反坐在懈怠坑中，則墜落不淺矣。故必常行精進以破見思煩惱，煩惱之魔既破，則陰魔天魔死魔皆悉摧伏，而五陰十八界獄乃可出也。

五多聞智慧覺。第五覺悟：愚癡生死。菩薩常念，廣學多聞，增長智慧，成就辯才，教化一切，悉以大樂。雖云精進，若不廣學多聞增長智慧，則成暗證之愆。又有聞無慧，如把火自燒。有慧無聞，如執刀自割。聞慧具足，方可自利利他。

六布施平等覺。第六覺知：貧苦多怨，橫結惡緣。菩薩布施，等念冤親，不念舊惡，不憎惡人。雖有智慧，而無福德，亦不可以自利利他，故須具行三檀也。知貧苦之多怨而行布施，即財施也。知怨親之平等而不念不憎，即無畏施也。法施已於上文明之，今以財及無畏圓滿三檀耳。

七出家梵行覺。第七覺悟：五欲過患。雖爲俗人，不染世樂。念三衣，瓶鉢法器。志願出家，守道清白。梵行高遠，慈悲一切。雖修智慧福德，若不永離居家五欲，終不可以紹隆僧寶，住持佛法。當知三世諸佛，無有不示出家而成道者也。三衣，一安陁會，二優多羅僧，三僧伽梨也。然使身雖出家，而不能守道清白，梵行高遠，慈悲一切，則爲竊佛形儀，罪加一等，不可不知。

八大心普濟覺。第八覺知：生死熾然，苦惱無量。發大乘心，普濟一切。願代衆生，受無量苦。令諸衆生，畢竟大樂。雖復出家，不發大乘普濟之心，則慈心不周，不發代衆生苦之心，則悲心不切。慈悲周切，方是紹佛家業之眞子也。

三結歎。如此八事，乃是諸佛菩薩大人之所覺悟，精進行道，慈悲修慧，乘法身船，至涅槃岸，復還生死，度脫衆生。以前八事，開導一切，令諸衆生覺生死苦，捨離五欲，修心聖道。若佛弟子誦此八事，於念念中，滅無量罪，進趣菩提，速登正覺，永斷生死，常住快樂。

如此八事下十六字，結成名義。精進行道下十六字，結成自覺功德。法身船，指所悟性德。涅槃岸，指修德所顯也。復還生死下三十二字，結成覺他功德，惟自覺方能覺他也。若佛弟子下三十二字，結成誦念功德，能誦其文，必能精思其義，能思其義，必能以此自覺覺他，故能滅罪而斷生死苦，趣覺而證常住樂也。

續法《佛說八大人覺經疏》　初覺身心無常觀，念眞常。第一覺悟：世間無常，國土危脆。四大苦空，五陰無我。生滅變異，虛僞無主。心是惡源，形爲罪藪。如是觀察，漸離生死。

此下八門當正宗也。初門分二。先覺知事相非眞，明而不昧謂之覺，知而不迷謂之悟。於中有八。一，三世。世爲遷流，流數有三，過去未來現在也。無常有二，一者敗壞無常，二者念念無常，過去諸法恍惚如夢，現在諸法猶如電光，未來諸法如雲欻起。《賢首疏》云，過去則無體難追，現在則刹那不住，未來則本無積聚，故曰無常。《楞嚴》云，豈惟年變亦兼月化，何直月化兼又日遷，沉思諦觀，刹那刹那念念之間不得停住。二，十方。國土橫徧十方故，界爲方位，方位有十，四方四維上下也，總收國界，略爲八類，謂淨穢小大麁妙廣狹。不安曰危，虛浮曰脆，三界不安，猶如火宅，塵刹虛浮，喻同朝露。經云，假使妙高山，劫盡皆散壞，大海深無底，亦復有枯竭，大地及日月，時至皆皈盡，未曾有一事不被無常吞。三，四大。堅相爲地大，潤濕爲水大，煖觸爲火大，動搖爲風大，內四大爲苦，外四大爲空。經云，水火風土旋令覺知，四大各離，誰和合者，則內四大皆苦空也。又云，火乃燒於色，水復爲爛壞，風能令散滅，四大互相違，堅濕煖動法，假名無有實，大種本無生，故無所造色，則外四大亦苦空也。四，五陰。根塵名色，質礙爲義，違順名受，領納爲義，苦樂名想，取像爲義，善惡名行，造作爲義，是非名識，了別爲義，皆曰陰者，葢覆眞性故。無我者，謂五陰中都無我主，但形骸色思慮心耳。《楞伽》云，諸蘊業因和合而起，離我我所，是名行空。圭山云，色有地水火風，心有受想行識，若皆是我，即成八我，翻覆推析，皆不可得，便悟此身衆緣和合，似我人相，元無我人。欲求出離，修無我觀，斷分別我執，證我空眞如，即知五陰皆空無我也。五，生死。生滅是生死之因，生死爲生滅之果。天如云，那箇生死業根，只在汝一念生滅之間。變異者，遷改也。經云，我此之身雖未曾滅，我觀前念念遷謝，新新不住，如火成灰，決知此身當從滅盡。然四相遷流，有一期刹那二種之別。以理推之，生如石女懷兒，住若陽燄翻浪，異同浮雲千變，滅猶狂華謝空。六煩惱，虛妄相想爲虛，假名無明爲僞。無主者，謂此無明，妄想因緣和合而有，實無自性，亦無有我，觀此想念屬誰誰，便是煩惱想歷歷見，此一念想中無有主宰，即人空慧，如幻化相，即法空慧。頌曰，一切妄想中，因緣空無主。七，內心。心，六識也，惡，十惱三毒也，根塵爲緣，識生其中，聚緣內搖，趣外奔逸，昏昏擾擾以爲性相，是故心爲功之首，惡之魁也。六識頌曰，動身發語獨爲最，引滿能招業力牽，息心達本無善無惡，是一眞源如如不動心矣。八，外身形。身口也，罪七支四種業也，本末續生，遞相爲種，喻如草木生長不絕，故云藪也。《遺教》云，此是罪惡之物，假名爲身，沒在老病生死大海，智者除之，如殺怨賊。如是下。次觀察法相對治，五識照矚曰觀，意識尋伺曰察，如是結上八種覺悟，上乃別明，此句總攝。謂世間國土五陰生滅虛僞心形，皆爲惡源罪藪，無常苦空危脆無我變滅無主者也。漸離者，舉第五生死，以該餘七也。若對翻之，轉無常壽命，以成十世眞常，轉危脆家產，以成性土悠久。苦空大種成五大，圓融無我陰處成法身眞我，變異生死成不滅不生，無主虛想成無位眞人。翻惡源之心而爲菩提道心，翻罪藪之身而爲涅槃法身。如此最勝法益，非觀察覺悟，不能得成也。

二覺貪欲爲苦觀，念少欲。第二覺知：多欲爲苦。生死疲勞從貪欲起，少欲無爲身心自在。

先覺事相非眞，初一句現招苦惱。《唯識》云，云何爲欲，於所樂境希望爲性，欲境有五，謂財色名食睡。今約希望，欲心不一而足曰多。經云，常求諸欲境。苦者，五苦中求不得苦也。《遺教》云，多欲之人多求利故，苦惱亦多。次二句當感生死，生死果也，疲勞輪轉不休故，貪欲因也。《唯識》云，云何爲貪，於有有具染著爲性，貪愛爲本，欲樂爲末。《圓覺》云，一切衆生從無始際，由有種種恩愛貪欲，故有轉迴。佛名。經云，有愛則生，愛盡則滅，故知生死貪愛爲本。（文）若去貪欲之因，生死苦輪之報息矣。少欲下，次觀法相對治，初句無爲樂則無苦惱，少欲而外無所貪，無爲而內無所作，豈不逍遙暢快。次句自在樂則無生死，身離生老病死，心離生住異滅，豈不解脫自在。經云，少欲之人則無諂曲以求人意，亦復不爲諸根所牽。行少欲者，心則坦然無所憂畏，有少欲者則有涅槃。少欲既能生諸功德，無欲更受無盡益矣。

三覺多求增罪觀，念知足。第三覺知：心無厭足，惟得多求，增長罪惡。菩薩不爾，常念知足，安貧守道，惟慧是業。

先覺事非眞也。初句內存無厭足心，次句外惟多求境物，三漸增惡求罪過，《梵網》云，自爲飲食錢財利養名譽故，親近王臣，恃作形勢，橫取錢物，名爲惡求。菩薩下，次觀法對治。菩薩心者，利人爲先，豈有惡求多求，故云不爾。念知足如迦葉頭陁，無厭斷矣，貧樂道若顏回陋巷，多求滅矣，此則惑障除也。空慧業猶善現阿蘭那行，罪惡消矣，此則業障除也。惑業之因既絕，苦報之果何來。故《遺教》云，汝等若欲脫諸苦惱，當觀知足，知足之法即是富樂安隱之處（念知足也）。知足之人雖臥地上猶爲安樂，不知足者雖處天堂亦不稱意。不知足者，雖富而貧，知足之人雖貧而富（貧樂道也）。不知足者常爲五欲所牽，爲知足者之所憐愍（惟以二空觀慧爲事業也）。

四覺懈怠墜落觀，念精進。第四覺知：懈怠墜落。常行精進，破煩惱惡，摧伏四魔，出陰界獄。

先覺事相。懈則根身疲倦，怠則心識恣放，墜則墮下難上，落則退後不前。由此上弘下化之功，自利利他之德，皆喪失矣。《華嚴》云，如鑽燧求火，未出而數息，火勢隨止滅，懈怠者亦然。《遺教》云，行者之心數數懈，廢譬如鑽火未熱而息，雖欲得火，火難可得。《清涼疏》約三慧，以辨懈怠，聞則聽習，數息明解不生，思則決擇，數息眞智不生，修則定慧，數息聖道不生，懈怠之過豈細小哉。【略】

五覺愚癡無智觀，念多聞。第五覺悟：愚癡生死，菩薩常念廣學多聞，增長智慧，成就辨才，教化一切，悉以大樂。

先覺事相。六識茫昧無知曰愚，五根昏迷不曉曰癡，愚爲惑惱之首，癡是惡業之元因也，無明事理，從冥入冥，生死險道受苦不斷，背去三寶，貧無福慧，不識苦盡道，不知求解脱果也。菩薩下，次觀治法，廣學博究三藏也，多聞聽講十二部也，增慧無觀不習故，成辯無經不誦故。聞即聞慧，身根聰也。智即思慧，意識通也。辯即修慧，口舌利也。上三句，自度。此教化句，度他，一切不揀，道俗賢愚五性三根，普皆化導也。末一句，自他均利也，他得開通佛法樂，自得增明教觀樂，又自他現得六根通利樂，當得三德安住樂，並以出世大道，揀非世間小果，故云大也。四弘對之，聞即法門，智即煩惱，教即衆生，樂即佛道。前二治愚癡，後二治生死。

六覺貧苦結怨觀，念施善。第六覺知：貧苦多怨，横結惡緣。菩薩布施，等念怨親，不念舊惡，不憎惡人。

先覺事。財産缺乏爲貧，饑寒逼迫爲苦。多怨者，上則怨天，下則怨人，内則怨於父母妻子，外則怨於師友親隣。書云，貧而無怨難。結惡緣者，苦境怨心一時交接，諸惡業緣無不備造。所謂慳惜己物，貪求人財，嫉妬其富，瞋恨其貴，起諸邪見，撥無因果，好勇鬬狠，欺長凌幼，由此父子不和，夫妻反目。孟子曰，無恆産而有恆心者，惟士爲能，若民則無恆産因無恆心。苟無恆心，放辟邪侈，無不爲已，而云横者。儒云，死生有命，富貴在天。佛云，今感貧富貴賤之報，皆因前世慳施敬慢之業。與人結諸怨尤，豈不枉造空作惡耶。菩薩下次觀法。孔子曰，貧與賤，是人之所惡也，不以其道得之不去也。孟子曰，古之人修其天爵，而人爵從之，仁義忠信，樂善不倦，此天爵也，公卿大夫，此人爵也。今開四法，即是去貧之道，得爵之術也。一布施。經言，爲人貧困從慳貪中來，爲人大富從布施中來，故以施治貧也。有二財，則四事七珍，乃至一縷一麻，法則五教三乘，片言片行。老子曰，富貴者送人以財，仁人者送人以言。一言可以興邦，則法施之拔苦與樂，識不可較量也。二等念。經言，有親則有怨，離親即離怨。今以同體慈悲怨親平等觀之，善與人同，樂取於人，求仁得仁，何怨之有。孟子云，不怨勝己者，反求諸己而已矣。故以等治怨也。三不念。如伯夷叔齊，不念舊惡，怨是用希。是以有舊惡者，當與勸釋不得加報也。四不憎，如子張之尊賢容衆，嘉善而矜不能。老子曰，善人不善人之師，不善人善人之資。孔子曰，三人行必有我師焉，擇其善者而從之，其不善者而改之。是以見惡逆者，當與教誡，不得痛絶也。三四治結惡。四法一修，貧苦無不離矣。

七覺五欲過患觀，念梵行。第七覺悟：五欲過患。雖爲俗人不染世樂，常念三衣瓦鉢法器，志願出家，守道淸白，梵行高遠，慈悲一切。

初覺事。五欲者五塵欲也，過患者煩惱過也。欲是境，患是心，由外塵欲，牽起愛心。《瑜伽》云，欲有二種，一事境欲，二煩惱欲。經云，由於欲境，起諸違順。老子曰，五色令人目盲，五音令人耳聾，五味令人口爽，馳騁田獵，令人心發狂，難得之貨令人行妨。如五百仙，聞甄陁女歌而失禪定，一角老爲婬女騎頸而無神通，夏以妹喜，商以妲己，周以褒似，並亡其國。凡爲道者，須知過罪，當訶責也。【略】

八覺生死苦惱觀，念心願。第八覺知：生死熾然，苦惱無量，發大乘心，普濟一切，願代衆生受無量苦，令諸衆生畢竟大樂。

先覺事相生死者。三界内外，有二種生死，稱爲苦海。第一分段生死，即六道衆生，四大所成身體，有分齊段落，受其生生滅滅。第二變易生死，即聲聞菩薩，雖離分段之身，未得圓證法身常寂，不免四相遷流，因移果易。熾然者，《楞嚴》云，生死死生，生生死死，如旋火輪未有休息。苦惱無量者，苦有三苦八苦一百一十苦，惱有六惱十惱八萬四千惱。問：前後何別。答：初明一切生死虛幻不實，二明自他生死因貪欲起，五明自己生死愚迷癡受，八明眾生生死發心普濟。又四明自己多欲便多苦惱，六明自他貧苦多怨結惡，七明一切五欲皆有過患，八明眾生苦惱誓願代受。故前後不同也。四句揀之，謂一人受一生死苦惱，一人受多生死苦惱，多人受一生死苦惱，多人受多生死苦惱。復有四句，謂同業同報，別業別報，同業別報，別業同報。故如火之熾然，空之無量。發下次觀法相。初二句發心，濟一切出生死，自未得度先度人者，菩薩發心，三心四願，乃菩薩之初因也。《起信》云，發心盡於未來，化度一切眾生使無有餘。皆令究竟無餘涅槃，故云普濟。次願代二句立願。代眾生受苦惱，《還源觀》云，普代眾生受苦者，謂修諸行法，不爲自身，但欲廣利羣生，冤親平等，普令斷惡，備修萬行，速證菩提。又菩薩大悲大願，以身爲質，於三惡趣，救贖一切受苦眾生，惡令得樂，盡未來際，心無退屈，不於眾生希望毛髮報恩之心。問：眾生無量，業苦無邊，云何菩薩而能普代眾生受苦。答：菩薩代眾生受苦者，由大悲方便力故。但以眾生妄執，不了業體從妄而生，無由出苦。菩薩敎令修止觀兩門，心無暫替，因亡果喪，苦業無由得生，但令不入三途，名爲普代眾生受苦惱也。後令諸二句，誓令與無上二果樂。《起信》云，爲令眾生離一切苦，得究竟樂，非求世間名利恭敬故。《賢首疏》云，苦者二死煩惱苦也，樂者無上菩提覺法樂，無上涅槃寂靜樂，非求者，非欲令其求於後世人天利樂。《長水記》云，凡諸菩薩有所作爲，皆爲眾生離苦得樂。此令轉滅煩惱生死，得此菩提涅槃，一得永得，大患永滅，超度四流，不亦樂乎。然上離苦，是菩薩大悲。此令得樂，是菩薩大慈。至覺之心於焉備矣。

八念

瞿曇僧伽提婆譯《中阿含經》卷一八　佛言：大人八念者，謂道從無欲，非有欲得。道從知足，非無厭得。道從遠離，非樂聚會，非住聚會，非合聚會得。道從精勤，非懈怠得。道從正念，非邪念得。道從定意，非亂意得。道從智慧，非愚癡得。道從不戲，樂不戲，行不戲，非戲，非樂戲，非行戲得。

云何道從無欲，非有欲得，謂比丘得無欲，自知得無欲，不令他人知我無欲，得知足，得遠離，得精勤，得正念，得定意，得智慧，得不戲，自知得不戲，不欲令他知我無欲，是謂道從無欲，非有欲得。云何道從知足，非無厭得，謂比丘行知足，衣取覆形，食取充軀，是謂道從知足，非無厭得。云何道從遠離，非樂聚會，非住聚會，非合聚會得，謂比丘行遠離，成就二遠離，身及心俱遠離，是謂道從遠離，非樂聚會，非住聚會，非合聚會得。云何道從精勤，非懈怠得，謂比丘常行精進，斷惡不善，修諸善法，恆自起意，專一堅固，爲諸善本不捨方便，是謂道從精勤，非懈怠得。云何道從正念，非邪念得，謂比丘觀內身如身，觀內覺，心，法如法，是謂道從正念，非邪念得。云何道從定意，非亂意得，謂比丘離欲，離惡不善之法，至得第四禪成就遊，是謂道從定意，非亂意得。云何道從智慧，非愚癡得，謂比丘修行智慧，觀興衰法，得如是智，聖慧明達，分別曉了，以正盡苦，是謂道從智慧，非愚癡得。云何道從不戲，樂不戲，行不戲，非戲，非樂戲，非行戲得，謂比丘意常滅戲，樂住無餘涅槃，心恆樂住，歡喜意解，是謂道從不戲，樂不戲，行不戲，非戲，非樂戲，非行戲得。

鳩摩羅什譯《大智度論》卷二一　念佛，念法，念僧，念戒，念捨，念天，念入出息，念死。

問曰：何以故九相次第有八念。答曰：佛弟子於阿蘭若處空舍塚間山林曠野，善修九相內外不淨觀，厭患其身而作是念，我云何擔是底下不淨屎尿囊。自隨慴然驚怖，及爲惡魔作種種惡事來恐怖之，欲令其退，以是故佛次第爲說八念。如經中說。

佛告諸比丘，若於阿蘭若處空舍塚間山林曠野，在中思惟，若有怖畏，衣毛爲豎，爾時當念佛，佛是多陁阿伽度阿羅呵三藐三佛陁乃至婆伽婆，恐怖則滅。若不念佛當疾念法，佛法淸淨，巧出善說，得今世報指示開發，有智之人心力能解。如是念法，怖畏則除。若不念法則當念僧，佛弟子眾修正道隨法行，僧中有阿羅漢向阿羅漢乃至須陁洹向須陁洹四雙八輩，是佛弟子眾，應供養合手恭敬，禮拜迎送，世間無上福田，作如是念僧，恐怖即滅。

佛告諸比丘：釋提桓因與阿修羅鬭在大陣中，時告諸天衆，汝與阿修羅鬭時，設有恐怖，當念我七寶幢，恐怖即滅。若不念我幢，當念伊舍那天子（帝釋左面天王也）寶幢，恐怖即除。若不念伊舍那寶幢，當念婆樓那天子（右面天子）寶幢，恐怖即除。以是故知爲除恐怖因緣故，次第說八念。

問曰：經中說三念因緣除恐怖，五念復云何能除恐怖。答曰：是比丘自念布施持戒功德，怖畏亦除。所以者何，若破戒心畏墮地獄，若慳貪心畏墮餓鬼及貧窮中，自念我有是淨戒布施，若念淨戒若念布施，心則歡喜作是言，若我命未盡當更增進功德，若當命終不畏墮惡道。以是故念戒施，亦能令怖畏不生。念上諸天皆是布施持戒果報，此諸天以福德因緣故生彼，我亦有是福德，以是故念天，亦能令怖畏不生。十六行念安那般那時細覺尚滅，何況恐怖麁覺念。死者念五衆身，念念生滅，從生已來常與死俱，今何以畏死，是五念佛雖不說，亦當除恐怖。所以者何，念他功德以除恐怖則難，自念己事以除恐怖則易，以是故佛不說。

問曰，云何是念佛。答曰，行者一心念佛，得如實智慧，大慈大悲成就，是故言無錯謬，麁細多少深淺皆無不實，皆是實故，名爲多陁阿伽度，亦如過去未來現在十方諸佛，於衆生中起大悲心，行六波羅蜜得諸法相，來至阿耨多羅三藐三菩提中，此佛亦如是，是名多陁阿伽度。如三世十方諸佛身，放大光明遍照十方破諸黑闇，心出智慧光明，破衆生無明闇冥，功德名聞亦遍滿十方，去至涅槃中，此佛亦如是去，以是故亦名多陁阿伽度。有如是功德故，應受一切諸天世人最上供養，是故名阿羅呵。

鳩摩羅什譯《大智度論》卷二二　念法者，如佛演說，行者應念，是法巧出得今世果，無熱惱，不待時能到善處，通達無礙。巧出者，二諦不相違故，所謂世諦第一義諦是，智者不能壞，愚者不起諍故，是法亦離二邊，所謂若受五欲樂，若受苦行，復離二邊，若常若斷，若我若無我，若有若無，如是等二邊不著是名巧出。諸外道輩自貴其法，毀賤他法故不能巧出。得今世果者，離愛因緣世間種種苦，離邪見因緣種種論議鬭諍，身心得安樂。【略】

復次法有二種，一者佛所演說三藏，十二部，八萬四千法聚。二者佛所說法義，所謂持戒禪定智慧八聖道，及解脫果涅槃等。行者先當念佛所演說，次當念法義。念佛所演說者，佛語美妙，皆眞實有大饒益。佛所演說亦深亦淺，觀實相故深，巧說故淺，重語無失各有義故。【略】

念僧者，是佛弟子衆，戒衆具足，禪定衆，智慧衆，解脫衆，解脫知見衆具足，四雙八輩應受供養恭敬禮事，是世間無上福田。行者應念，如佛所讚僧，若聲聞僧，若辟支佛僧，若菩薩僧功德，是聖僧五衆具足如上說。問曰：先已以五衆讚佛，云何復以五衆讚僧。答曰：隨弟子所得五衆而讚具足，具足有二種，一者實具足，二者名具足。如佛弟子所可應得者盡得而讚，是名名具足。如佛所得而讚，是名實具足。【略】

念戒者。戒有二種，有漏戒，無漏戒。有漏復有二種，一者律儀戒，二者定共戒。行者初學，念是三種戒，學三種已但念無漏戒，是律儀戒能令諸惡不得自在，枯朽折滅，禪定戒能遮諸煩惱。何以故，得內樂故，不求世間樂，無漏戒能拔諸惡煩惱根本故。問曰：云何念戒。答曰：如先說念僧中，佛如醫王，法如良藥，僧如瞻病人，戒如服藥禁忌，行者自念我若不隨禁忌，三寶於我爲無所益，又如導師指示好道，行者不用導師無咎，以是故我應念戒。復次是戒一切善法之所住處，譬如百穀藥木依地而生，持戒清淨能生長諸深禪定實相智慧，亦是出家人之初門，一切出家人之所依仗，到涅槃之初因緣。【略】

念捨者。有二種捨，一者施，二者捨諸煩惱。施捨有二種，一者財施，二者法施。三種捨和合名爲捨。財施是一切善法根本故，行者作是念，上四念因緣故，得差煩惱病，今以何因緣故得是四念，則是先世今世，於三寶中少有布施因緣故。所以者何，衆生於無始世界中，不知於三寶中布施故，福皆盡滅，是三寶有無量法，是故施亦不虛，必得涅槃。復次過去諸佛初發心時，皆以少多布施爲因緣，如佛說是布施是初助道因緣。復次人命無常財物如電，若人不乞猶尚應與，何況乞而不施，以是應施作助道因緣。【略】

如是等種種訶慳貪讚布施，是名念財施。云何念法施，行者作是念，法施利益甚大，法施因緣故，一切佛弟子等得道。復次佛說二種施中，法施爲第一。何以故，財施果報有量，法施果報無量。財施欲界報，法施三界報，亦出三界報。若不求名聞財利力勢，但爲學佛道弘大慈悲，度衆生生老病死苦，是名清淨法施，若不爾者爲如市易法。復次財施施多財物減少，法施施多法更增益。財施是無量世中舊法，法施聖法初來未得，名爲新法。財施但能救諸飢渴寒熱等病，法施能除九十八諸煩惱等病。如是等種種因緣，分別財施法施，行者應念法施。問曰：何等是法施。答曰：佛所說十二部經，清淨心爲福德與他說，是名法施。復有以神通力令人得道，亦名法施。如《網明菩薩經》中說，有人見佛光明，得道者生天者，如是等口雖不說令他得法故，亦名法施。【略】

念天者。有四天王天，乃至他化自在天。問曰：佛弟子應一心念佛及佛法，何以念天。答曰：知布施業因緣果報故，受天上富樂，以是因緣故念天。復次是八念佛自說因緣。念天者，應作是念，有四天王天，是天五善法因緣故生彼中，信罪福，受持戒，聞善法，修布施，學智慧，我亦有是五法，以是故歡喜，言天以是五法故生富樂處，我亦有是，我欲生彼，亦可得生，我以天福無常故不受，乃至他化自在天亦如是。問曰：三界中清淨天多，何以故但念欲天。答曰：聲聞法中說念欲界天，《摩訶衍》中說念一切三界天，行者未得道時，或心著人間五欲，以是故佛說念天。若能斷婬欲，則生上二界天中。若不能斷婬欲，即生六欲天中。是中有妙細清淨五欲，佛雖不欲令人更生受五欲，有衆生不任入涅槃，爲是衆生故說念天。【略】

念死者。有二種死，一者自死，二者他因緣死。是二種死，行者常念。是身若他不殺，必當自死，如是有爲法中，不應彈指頃生信不死心。是身一切時中皆有，死不待老，不應恃是種種憂惱凶衰身。生心望安隱不死，是心癡人所生，身中四大各各相害，如人持毒蛇篋。【略】

次第念安那般那。念安那般那，能滅諸惡覺，如雨淹塵。見息出入，知身危脆，由息入出，身得存立。是故念入出息，次第念死。復次行者或時恃有七念，著此功德懈怠心生，是時當念死，死事常在前。【略】

是名八念次第。問曰：是說聲聞八念，菩薩八念有何差別。答曰：聲聞爲身故，菩薩爲一切衆生故。聲聞但爲脱老病死故，菩薩爲遍具一切智功德故。是爲差別。復次佛是中亦說告舍利弗，菩薩摩訶薩以不住法，住般若波羅蜜中，應具足檀波羅蜜，乃至應具足八念不可得故，初有不住，後有不可得，以此二印，以是故異。不住不可得義如先說。

八辯

月婆首那譯《勝天王般若波羅蜜經》卷一　菩薩摩訶薩行般若波羅蜜，得清淨辯才，所謂不斷喝辯才，不迷亂辯才，不怖畏辯才，不高慢辯才，義具足辯才，味具足辯才，不拙澁辯才，應時節辯才。大王，菩薩摩訶薩行般若波羅蜜，離大衆威德畏故不斷喝，堅住不怯智故不迷亂，菩薩處衆如師子王故無怖畏，離諸煩惱故不高慢，不說無義通達法相故義具足，善解書論文字世智故味具足，無量劫來習巧便語故不拙澁。如是說法，隨順四時，春如春說，秋冬亦爾。應前說者不中後說，應後說者不前中說，應中說者不前後說，善知時故。大王，菩薩摩訶薩行般若波羅蜜，所得辯才令衆歡喜，所謂愛語，面門常笑不曾嚬蹙，發辭有義，能稱如實，所說決定，不欺侮人，種種樂說。以柔軟言令衆歡喜，顔色寬和使他親附，隨義而說聞者悟解，稱法相說爲利益故，平等爲說心無偏黨，作決定說無虚妄言，種種樂說隨衆根性，令得歡喜。

吉藏《仁王般若經疏》卷中三　八辯者，依《梵摩喻經》，一最好，二易了，三調和，四柔濡，五不誤，六不妄，七尊慧，八深遠。

良賁《仁王護國般若波羅蜜多經疏》卷中一　言八辯者，八謂八音，辯謂七辯。言八音者如《梵摩喻經》云，一最好聲，二易了聲，三調和聲，四柔軟聲，五不誤聲，六不女聲，七尊慧聲，八深遠聲。言七辯者，一捷辯，須言即言，無蹇吃故。二迅辯，懸河澍泠，不遲訥故。三應辯，應時應機，不增減故。四無疎謬辯，所說契理，不邪錯故。五無斷盡辯，相續連環，終無竭故。六凡所演說豐義味辯，一一言句，多事理故。七一切世間最上妙辯，具足甚深，如雷等故。言圓音者，一音圓音，義通多解。有說，諸佛無形無聲爲對根宜，如空谷響現無量聲，隨其根性各得一音，等遍十方，故云圓音。有說，諸佛實有色聲，其音圓滿無異韻曲。如經說云，佛以一音演說法，衆生隨類各得解。有說，諸佛實有衆多音聲，但以佛音無障無礙，一切即一故名一音，一即一切故名圓音。

八　纒

玄奘譯《阿毗達磨俱舍論》卷二一　後當略論纒煩惱垢攝者，且應先辯纒相云何，頌曰：纒八，無慚愧，嫉，慳，并悔，眠，及掉舉，惛沉。或十，加忿，覆。無慚，慳，掉舉，皆從貪所生。無愧，眠，惛沉，從無明所起。嫉，忿，從瞋起。悔，從疑覆諍。

論曰：根本煩惱，亦名爲纒。經説欲貪，纒爲緣故。然品類足説有八纒。毘婆沙宗，説纒有十。謂於前八，更加忿覆。無慚，無愧，如前已釋。嫉，謂于他諸興盛事，令心不喜。慳，謂財法巧施相違，令心悋著。悔，卽惡作。如前已辯。眠，謂令心昧略爲性。無有功力，執持於身。悔眠二纒，唯取染污。掉舉，惛沉，亦如前釋。除瞋及害，於情非情，令心憤發，説名爲忿。隱藏自罪，説名爲覆。於此所説十種纒中，無慚，慳，掉舉，是貪等流。無愧，眠，惛沉，是無明等流。嫉，忿，是瞋等流。悔，是疑等流。有説，覆是貪等流。有説，是無明等流。有説，是俱等流。有知，無知，如其次第。

玄奘譯《瑜伽師地論》卷八　纒者八纒，謂無慚，無愧，惛沈，睡眠，掉舉，惡作，嫉妬，慳悋。暴流者四暴流，謂欲暴流，有暴流，見暴流，無明暴流。【略】

復次，一切煩惱皆有其纒。由現行者，悉名纒故。然有八種諸隨煩惱，於四時中，數數現行。是故唯立八種爲纒，謂於修學增上戒時，無慚，無愧，數數現行，能爲障礙。若於修學增上心時，惛沈，睡眠，數數現行，能爲障礙。若於修學增上慧時，簡擇法故，掉舉，惡作，數數現行，能爲障礙。若同法者展轉受用財及法時，嫉妬，慳悋，數數現行，能爲障礙。

澄觀《大方廣佛華嚴經隨疏演義鈔》卷四三　纒謂八纒，下釋此纒字。疏文有五，一釋八名，二辯障業，三釋總名，四明十纒，五者結示。然初八纒廣如論釋，無慚無愧，十藏廣明，餘之六事前後頻有。二初二障戒下，辯障業，《雜集》第七云，修尸羅時無慚無愧爲障，由具此二犯諸學處無羞恥故。次二障止者，論云，謂修止時惛沈睡眠二法，爲障於內引沈沒故，修智慧時掉舉惡作二法，爲障於外引散亂故。

曇曠《大乘百法明門論開宗義決》　如餘蓋纒心相應故，此立比量顯實有義。蓋謂五蓋，一貪欲，二瞋恚，三惛沈睡眠，四掉舉惡作，五者疑蓋。纒謂八纒，一惛沈，二睡眠，三掉舉，四惡作，五嫉，六慳，七無慚，八無愧。此有二量，一云，而此蓋纒定心相應，是蓋纒故，如餘蓋纒。第二量云，然此睡眠非無體用，心相應故，如餘蓋纒，覆成並例，如理應知。

求那跋陀羅共菩提耶舍譯《衆事分阿毗曇論》卷一　云何煩惱上煩惱，所謂煩惱，即是上煩惱，復有上煩惱非煩惱，謂除煩惱，若餘染汚行陰。云何纒，有八纒，謂睡，眠，掉，悔，慳，嫉，無慚，無愧（於十纒中無忿覆也）。

僧伽跋摩等譯《雜阿毗曇心論》卷四　慳嫉二纒自力起故，獨立一向不善故離於二，以是故立於九結中。睡掉者一切煩惱俱故不獨立，不善及無記故不離二，眠亦與餘使相應故不獨立。善不善無記故不離二，無慚無愧雖離二而不獨立。悔雖獨立而不離二，善不善故，忿及覆雖獨立亦離二。或有欲令是使性彼記有八纒悔眠，若善者當知非纒，纒一向穢汚故。

玄奘譯《阿毗達磨俱舍論》卷二一　根本煩惱亦名爲纒，經説欲貪纒爲緣故。然品類足説有八纒，毘婆沙宗説纒有十，謂於前八更加忿覆。無慚無愧如前已釋，嫉謂於他諸興盛事令心不喜，慳謂財法巧施相違令心悋著。悔卽惡作，如前已辯。眠謂令心昧略爲性，無有功力執持於身。悔眠二纒唯取染汚。掉舉惛沈亦如前釋。除瞋及害於情非情令心憤發説名爲忿，隱藏自罪説名爲覆。

八　依

玄奘譯《瑜伽師地論》卷五〇　云何依施設安立，謂有八種依，一施設依，二攝受依，三住持依，四流轉依，五障礙依，六苦惱依，七適悅依，八後邊依。云何施設依，謂五取蘊，由依此故，施設我及有情命者生者能養育者，補特伽羅意生儒童等諸想等，謂假用言説，及依此故，施設如是名字如是生類，如是種性，如是飲食，如是領受苦樂，如是長壽，如是久住，如是壽量邊際等諸想等想，假用言説。云何攝受依，謂七攝受事，即自己父母妻子，奴婢作使僮僕，朋友眷屬，七攝受事，如前意地已廣分別，依此了知諸有情類有所攝受。云何住持依，謂四種食，即段食，觸食，意思食，識食，由依此故已生有情住立支持，又能攝養諸求有者。云何流轉依，謂四種識住及十二緣起，即色趣識住，受趣識住，想趣識住，行趣識住，及無明緣行緣識，廣説乃至生緣老死。由依此故，諸有情類於五趣生死隨順流轉。云何障礙依，謂諸天魔隨有彼彼修善法處，即往其前爲作障礙。云何苦惱依，謂一切欲界皆名苦惱依，由依此故令諸有情領受憂苦。云何適悦依，謂靜慮等至樂名適悦依，由依此故，諸有情類若即於此現入彼定，若生於彼長夜領受靜慮等至所有適悦。云何後邊依，謂阿羅漢相續諸蘊，由依此故説諸阿羅漢任持最後身。問：阿羅漢苾芻諸漏永盡住有餘依地，當言與幾種依共相應耶。答：當言與一種依一向相應，謂後邊依，與六攝受事不共相應，與流轉依與障礙依，一向全不相應，與所餘依非相應非不相應，是名依施設安立。

玄奘譯《瑜伽師地論釋》卷一　有餘依地者，謂有餘依涅槃地也，依者即是有漏所依，略有八種。一施設依，謂五取蘊，由依此故，施設假者，名種性等。二攝受依，謂七攝事，即自父母，妻子，奴婢，作使，僮僕，朋友，眷屬。三住持依，謂四種食。四流轉依，謂四識住十二緣起。五障礙依，謂諸天魔。六苦惱依，謂諸欲界。七適悦依，謂諸定樂。八後邊依，謂阿羅漢，相續諸蘊。今全取一最後邊依，除六攝事，流轉，障礙，取餘一分。又此地中，有四寂靜，一苦寂靜，謂當來苦，畢竟不生。二惑寂靜，謂諸煩惱，畢竟不生。三業寂靜，謂不造惡，修習諸善。四捨寂靜，謂六恆住於六根門，不喜不憂，安住上捨，正念正知。阿羅漢等，住無學地，具四寂靜，有少餘依。是故説名有餘依地，此地即是二乘。無學身中，有漏無漏諸法，總爲自性如來。雖無眞實身心有漏餘依，而有變化似有漏依，故就化相，亦得説名有餘依地。

八忍

浮陀跋摩共道泰等譯《阿毗曇毗婆沙論》卷三三　棄一切生死，得此斷故，此斷亦可言斷，亦可言無欲，亦可言滅，亦可言諦，亦可言斷智，亦可言沙門果，亦可言有餘涅槃界，無餘涅槃界。苦法忍滅，苦法智生。是時彼斷，名斷，名無欲，名滅，名諦，不名斷智，不名沙門果，不名有餘涅槃界，無餘涅槃界。苦比忍滅，苦比智生。是時彼斷，名斷，乃至名諦，不名斷智，不名沙門果，不名有餘涅槃無餘涅槃界。集法忍滅，集法智生。是時彼斷，名斷，名無欲，名滅，名諦，名斷智，謂欲界見苦見集所斷，結盡斷智，不名沙門果，不名有餘涅槃無餘涅槃界。集比忍滅，集比智生。是時彼斷，名斷，名無欲，名滅，名諦，名斷智，謂色無色界見苦見集所斷，結盡斷智，不名沙門果，不名有餘涅槃無餘涅槃界。滅法忍滅，滅法智生。是時彼斷，名斷，名無欲，名滅，名諦，名斷智，謂欲界見滅所斷結盡斷智，不名沙門果，不名有餘涅槃無餘涅槃界。滅比忍滅，滅比智生。是時彼斷，名斷名無欲名滅名諦名斷智，謂色無色界見滅所斷結盡斷智，不名沙門果，不名有餘涅槃無餘涅槃界。道法忍滅，道法智生。是時彼斷，名斷名無欲名滅名諦名斷智，謂欲界見道所斷結盡斷智，不名沙門果，不名有餘涅槃無餘涅槃界。道比忍滅，道比智生。是時彼斷，名斷名無欲名滅名諦名斷智，謂色無色界結盡斷智，名沙門果，謂須陁洹果，不名有餘涅槃無餘涅槃界。

普光《俱舍論記》卷二三　八忍是無間道。間謂間隔，此無間道證離繫果。所斷惑得，無有力能爲隔礙故，令不證果。惑得雖與無間道俱，無力能引惑得至生相故，無能礙。昔時能引能爲隔礙，障覆涅槃，令不得證。故《婆沙》九十云，無間道能斷煩惱，隔煩惱得令不續故，亦能證滅引離繫得令正起故。

求那跋陀羅共菩提耶舍譯《衆事分阿毗曇論》卷一　云何見，謂智即是見，或有見非智。所謂八無間忍，謂苦法忍，苦比忍，集法忍，集比忍，滅法忍，滅比忍，道法忍，道比忍。是名見，若智若見，即是無間等。

智旭《成唯識論觀心法要》卷五　如理名得，背理名失，非得非失，名俱非境。若善決擇智，則取得而捨失。若染決擇智，則取失而捨得。若無記決擇智，則取俱非境相。是故定慧並通三性也。見道歷觀諸諦者，欲界四諦，色無色界四諦周偏觀察，乃成八忍八智也。等持者，平等任持之義，梵語稱三麼地，蓋定心所，百法論中本名三麼地也。

智旭《成唯識論觀心法要》卷九　下，即欲界，名現前界，依此四諦，立四法忍及四法智。上，即色無色界，名爲不現前界，依彼四諦，立四類忍及四類智。現觀忍，即無間道，依於下上各有四諦，故有八忍。現觀智，即解脱道，依於下上各有四諦，故有八智。百一十二分別隨眠，即三界根本見惑種子也。

性權《天台四教儀註彙補輔宏記》卷六之上　苦法忍者。苦，謂欲界生死苦。法，即眞如理。忍，即忍可，亦印證義也。謂於煖頂忍世第一中，因觀欲界生死之苦，至世第一後心，眞如理顯，生無漏法忍，是名苦法忍。苦類忍者。色無色苦，是欲界流類，又觀上二界苦，是欲界流類，又觀上二界苦，亦生無漏法忍，名苦類忍。【略】

苦法忍者，以行人迴光返照，的向苦上，研求落處，但見其空，無常無我，安有苦相可得，即將不可得理，忍可於心，故名苦法忍也。苦法智者，即以空觀，研之既深，則眞如之理自得現前明了，故名苦法智也。上界言類忍類智者。類者，比也，謂行人欲觀上界之苦，當須以欲界之苦法，比類而知也。

八智

浮陀跋摩共道泰等譯《阿毗曇毗婆沙論》卷五五　八智，法智，比智，他心智，等智，苦智，集智，滅智，道智。云何法智，乃至道智。如此章及解章義，此中應廣說《優波提舍》。問曰，彼尊者迦旃延子，何故依八智而作論。答曰，此中應廣如使揵度大章中說，法智攝幾智，乃至道智攝幾智。問曰，何故作此論。答曰，爲止併義者意故，如毗婆闍婆提說攝他性法不攝自性法，爲止如是説者意，而作此論，攝如使揵度一行品中廣説。

法智攝法智，亦攝五智少分，謂他心智，苦集滅道智。總而言之，法智攝法智。然法智在六地，謂未至中間根本四禪。未至禪中者，攝未至禪中者。乃至第四禪中者，攝第四禪中者。又法智是四智，謂是苦智，乃至道智。苦智攝苦法智，乃至道智攝道法智。又法智在過去未來現在，過去者攝過去者，未來現在者攝未來現在者。又過去法智，有無量刹那，彼刹那即攝彼刹那，未來現在説亦如是。【略】

若成就法智，於此八智，爲成就幾，不成就幾。答曰，或成就三四五六七八。苦法智時，無他心智三，謂法智苦智等智，有他心智四。苦比忍時，無他心智三，有他心智四。此中增見增慧增道，不增智不增名。苦比智時，無他心智四，謂法智比智等智苦智，有他心智五，此中增見增慧增道增智增名。集法忍時，無他心智四，有他心智五，此中增見增慧增道，不增智不增名。集法智時，無他心智五，謂法智比智等智苦智集智，有他心智六，此中增見增慧增道增智增名。集法忍時，無他心智五，有他心智六，此中增見增慧增道，不增智不增名。集比智時，無他心智五，有他心智六，此中增見增慧增道，不增智不增名。所以者何，苦比智時，已立比智名，集法智時，已立集智名。滅法忍時，無他心智五，有他心智六，此中增見增慧增道，不增智不增名。滅法智時，無他心智六，謂法智比智等智集智滅智，有他心智七，此中增見增慧增道增智增名。滅比忍時，無他心智六，有他心智七，此中增見增慧增道，不增智不增名。滅比智時，無他心智六，有他心智七，此中增見增慧增道，不增智不增名。所以者何，滅法智時，已立滅智名，苦比智時，已立比智名。道法忍時，無他心智六，有他心智七，此中增見增慧增道，不增智不增名。道法智時，無他心智七，謂法智比智等智苦智集智滅智道智，有他心智八，此中增見增慧增道增智增名。道比忍時，無他心智七，有他心智八，此中增見增慧增道，不增智不增名。所以者何，道法智時，已立道智名，苦比智時，已立比智名。乃至成就道智，隨相而説。

玄奘譯《阿毗達磨發智論》卷八　有八智，謂法智乃至道智。云何法智，答：於欲界諸行，諸行因諸行滅，諸行能斷道，所有無漏智，又於法智及法智地，所有無漏智，是謂法智。云何類智，答：於色無色界諸行，諸行因諸行滅，諸行能斷道，所有無漏智，又於類智及類智地，所有無漏智，是謂類智。云何他心智，答：若智是修果，知他現在心心所法。云何世俗智，答：三界有漏慧。云何苦智，答：於諸行，作苦非常空非我行相轉智。云何集智，答，於諸行，因作因集生緣行相轉智。云何滅智，答，於諸行，滅作滅靜妙離行相轉智。云何道智，答，於諸行，對治道作道如行出行相轉智。

玄奘譯《阿毗達磨大毗婆沙論》卷一〇六　或有八智，攝一切智。謂此中說法智，類智，他心智，世俗智，苦智，集智，滅智，道智。問：若此八智攝一切智，復有八智，謂法住智，涅槃智，死生智，漏盡智，宿住隨念智，妙願智，盡智，無生智，如是八智何智攝耶。答：隨其所應，皆攝在此。謂法住智，是知因智。故知三界下中上果法所住因故。彼智卽此四智所攝，謂法類世俗集智。涅盤智是知滅智，彼智卽此四智所攝，謂法類世俗滅智。死生智，卽此世俗智所攝。尊者妙音說：死生智，四智所攝，謂法類世俗苦智。評曰：應知此中前說應理。漏盡智，諸有欲令緣漏盡法故名漏盡智者，四智所攝。謂法類世俗滅智。諸有欲令漏盡身得故名漏盡智者，八智所攝。宿住隨念智，世俗智所攝。尊者妙音說，宿住隨念智，六智所攝。卽八智中除他心智，緣過去法故。及除滅智，緣有爲法故。評曰：應知此中前說應理。妙願智，世俗智所攝。尊者妙音說，妙願智，八智所攝。謂十智中除盡無生智，是見性故。評曰：應知此中，前說應理。盡智無生智，俱六智所攝。除他心智，非見性故。及除世俗智，是無漏故。由此八智，攝一切智。

尊者僧伽筏蘇說曰：應說一智，謂決定智。以決定義，是智義故，此決定智，有二差別。一者，有漏。二者，無漏。若有漏者，由自性故，名世俗智。若無漏者，由對治差別故。複立二種。謂對治欲界者，名法智。對治色無色界者，名類智。卽前三智，若能知他心心所法，名他心智。又無漏智，由行相別，複立四智。若於苦諦，作四行相轉者，名苦智。乃至若於道諦，作四行相轉者，名道智。問：若決定智唯有一種，或二，或三，云何此中立有八智。答：以五事故，立有八智。一對治故，立法類智。二自性故，立世俗智。三加行故，立他心智。四行相故，立苦集智。五行相所緣故，立滅道智。尊者左受作如是說：對治四種愚故，立有八智。四種愚者，一界愚，二心愚，三，法愚，四諦愚。對治界愚故，立法類智。對治心愚故，立他心智。對治法愚故，立世俗智。對治諦愚故，立苦業滅道智。是名八智自性我物自體相分本性。

已說智自性，所以今當說。問：何故名智，智是何義。答：決定義，是智義。問：若爾，疑相應慧，應不名智，於所緣境，不決定故。答：彼亦是智。一剎那頃，於所緣境，亦決定故。然此聚中，疑勢用勝。令心於境多剎那中，猶豫不決，說名疑聚。如三摩地，一剎那中，於境恆住。有時若與掉舉相應，令多剎那，於境轉易，說名爲亂。又如有情，若多貪者，說名貪行。若多瞋者，說名瞋行。若多癡者，說名癡行。一一非不有餘煩惱，此亦如是，故無有失。譬喻者說，若心有智，則無無知。若心有疑，則無決定。若心有麁，則無有細。然對法者，所說法相，如鬧叢林。謂一心中，有智有無知，有非智非無知，有疑有決定，有非疑非決定，有麁有細，有非麁非細。阿毗達磨諸論師言，許法俱生，斯有何失。謂諸心所，輾轉力生。一心相應，相用各別。智謂般若，無知謂無明，非智非無知謂餘心所法，疑謂猶豫，決定謂智，非疑非決定謂餘心所法，麁謂尋，細謂伺，非麁非細謂餘心所法。如諸色法，異類俱生，心所亦爾。故無有失。有作是說，於所緣境，重決擇義，是智義。諸有漏慧，於所緣境，無始時來，數數決擇，故皆名智。諸無漏慧，重決擇者，皆名爲智。唯無漏忍，於四聖諦，未重決擇，故不名智。複有說者，由二義故，說名爲智。謂證知義，及了知義。證知義者，謂證知苦，乃至證知道，故名智。了知義者，謂了知自相續，了知他相續，故名智。

已總說諸智所以，一一所以今當說。問：何故名法智。答：智體是法故，名法智。問：若爾餘智亦體是法，何故不名法智耶。答：雖一切智體皆是法，而但於一立法智名，如十八界，十二處，七覺支，六隨念，四念住，四證淨，四無礙解，三寶，三歸，皆體是法而但於一建立法名，此亦如是故不應責。復次法智但有一名，謂共名，餘智有二名，謂共不共名，爲簡別故說不共名。復次初覺知法故，名法智，後覺知法故，名類智。復次若初得法證淨相應智故，名法智，此後所得故，名類智。復次於現見法，得現量智故，名法智，此後所得故，名類智。【略】

如是八智。界者，他心智若有漏是色界，若無漏是不繫。世俗智通三界，餘六智是不繫。地者法智在六地，類智在九地，他心智在四地，世俗智在十八地。謂八等至八近分靜慮中間及欲界，餘四智，法智攝者在六地，類智攝者在九地。所依者，法智唯依欲界起，他心智唯依欲色界起，類智世俗智俱依三界起，餘智法智攝者，唯依欲界起，類智攝者，通依三界起。行相者，法智類智俱作十六行相，他心智無漏者，作道四行相，有漏者作不明了行相，世俗智作十六行相，亦作餘行相，苦集滅道智各作四行相。【略】

復次法智有四種，一於法初知故名法智，二於法現知故名法智，三於法實知故名法智，四於法出離知名法智。比類智亦有四種，一以因比類知果，二以果比類知因，三以身語業比類知心，四以所說法比類知佛。他心智亦有四種，謂從四緣生亦能爲四緣，此智所智亦爾。世俗智亦有四種，一知名世俗，二知縛世俗，三知假立世俗，四知執著世俗。苦智亦有四種，一知生苦，二知流轉苦，三知熱惱苦，四知和合苦。集智亦有四種，一知業，二知煩惱，三知愛，四知事。滅智亦有四種，一知三結永斷，二知薄貪瞋癡，三知五順下分結盡，四知一切結盡。道智亦有四種，一知從第八補特伽羅一切學位諸有所作，二知降伏怨敵，三觀本所作，四觀近盡漏。

性權《天台四教儀註彙補輔宏記》卷六之上　苦法智者。智，是能證眞如之智。謂欲界生死之苦，眞智明發，證眞如之理，名苦法智。苦類智者。又觀上二界諦，眞智明發，是欲界苦法智之流類，名苦類智。【略】

苦法智者，即以空觀研之既深，則眞如之理自得現前明了，故名苦法智也。上界言類忍類智者。類者，比也，謂行人欲觀上界之苦，當須以欲界之苦法，比類而知也。

八識

菩提留支譯《入楞伽經》卷八　復次大慧，言善不善法者，所謂八識。何等爲八，一者阿梨耶識，二者意，三者意識，四者眼識，五者耳識，六者鼻識，七者舌識，八者身識。大慧，五識身共意識身，善不善法展轉差別相續，體無差別身，隨順生法，生已還滅，不知自心見虛妄境界，即滅時，能取境界形相大小勝妙之狀。大慧，意識共五識身相應生，一念時不住，是故我說彼法念時不住。大慧，言刹尼迦者，名之爲空，阿梨耶識名如來藏，無共意轉識熏習故，名爲空，具足無漏熏習法故，名爲不空。大慧，愚癡凡夫不覺不知，執著諸法刹那不住，墮在邪見而作是言，無漏之法亦刹那不住，破彼眞如如來藏故。大慧，五識身者不生六道，不受苦樂，不作涅槃因。大慧，如來藏不受苦樂，非生死因，餘法者共生共滅，依於四種熏習醉故。而諸凡夫不覺不知邪見熏習，言一切法刹那不住。復次大慧，金剛如來藏，如來證法，非刹那不住。大慧，如來證法，若刹那不住者，一切聖者不成聖人。大慧，非非聖人，以聖人故。大慧，金剛金住於一劫，稱量等住，不增不減。

慧遠《大乘義章》卷三　八識之義，出《楞伽經》。故彼經中，大慧白佛，世尊不立八種識耶。佛言，建立，所言識者，乃是神知之别名也，隨義分別，識乃無量，今據一門且論八種。八名是何，一者眼識，二者耳識，三者鼻識，四者舌識，五者身識，六者意識，七者阿陁那識，八阿梨耶識。八中前六，隨根受名。後之二種，就體立稱。根謂眼耳鼻舌身意，從斯别識，故有六種。體含眞僞故，復分二。就前六中，對色名眼，乃至第六對法名意，依此生心，能有了別故，名眼識乃至意識。阿陁那者，此方正翻名爲無解。體是無明癡闇心故，隨義傍翻，差別有八。一無明識，體是根本無明地故。二名業識，依無明心不覺妄念忽然動故。三名轉識，依前業識，心相漸麁，轉起外相分別取故。四名現識，所起妄境，應現自心，如明鏡中現色相故。五名智識，於前現識所現境中，分別染淨違順法故，此乃昏妄分別名智，非是明解脫爲智也。六名相續識，妄境牽心，心隨境界，攀緣不斷，復能住持善惡業果，不斷絶故。七名妄識，總前六種非眞實故。八名執識，執取我故，又執一切虛妄相故。阿梨耶者，此方正翻名爲無沒，雖在生死，不失沒故。隨義傍翻，名別有八。一名藏識，如來之藏爲此識故，是以經言，如來之藏名爲藏識，以此識中涵含法界恒沙佛法故名爲藏，又爲空義所覆藏故，亦名爲藏。二名聖識，出生大聖之所用故。三名第一義識，以殊勝故，故《楞伽經》說之以爲第一義心。四名淨識，亦名無垢識，體不染故，故經說爲自性淨心。五名眞識，體非妄故。六名眞如識，論自釋言，心之體性無所破故，名之爲眞，無所立故說以爲如。七名家識，亦名宅識，是虛妄法所依處故。八名本識，與虛妄心爲根本故。名別如是，八中前六，有所了別可名爲識，後之二種，云何名識。釋有兩義，一義釋云，後二雖非了別之因，而是了體，故名爲識。第二義者，八識並有了別之義，故通名識。云何了別。了別有三，一事相了別，謂前六識。二妄相了別，謂第七識。三者眞實自體了別，謂第八識。了別既通，是故八種俱名爲識，名義如是。

玄奘譯《成唯識論》卷三　地上菩薩所起煩惱，皆由正知，不爲過失，非預流等得有斯事，寧可以彼例此菩薩，彼六識中所起煩惱，雖由正知，不爲過失，而第七識有漏心位任運現行，執藏此識，寧不與彼預流等同，由此故知彼說非理。然阿羅漢斷此識中煩惱麁重究竟盡故，不復執藏阿賴耶識爲自內我，由斯永失阿賴耶名，說之爲捨，非捨一切第八識體，勿阿羅漢無識持種，爾時便入無餘涅槃。然第八識雖諸有情皆悉成就，而隨義別，立種種名，謂或名心，由種種法熏習種子所積集故，或名阿陁那，執持種子及諸色根令不壞故，或名所知依，能與染淨所知諸法爲依止故，或名種子識，能遍任持世出世間諸種子故。此等諸名通一切位。或名阿賴耶，攝藏一切雜染品法，令不失故，我見愛等執藏以爲自內我故，此名唯在異生有學，非無學位不退菩薩有雜染法執藏義故。或名異熟識，能引生死善不善業異熟果故，此名唯在異生二乘諸菩薩位，非如來地猶有異熟無記法故。或名無垢識，最極清淨，諸無漏法所依止故，此名唯在如來地有，菩薩二乘及異生位持有漏種可受熏習，未得善淨第八識，故如契經說，如來無垢識，是淨無漏界，解脫一切障，圓鏡智相應。【略】

此第八識自性微細，故以作用而顯示之。頌中初半顯第八識爲因緣用，後半顯與流轉還滅作依持用。界是因義，即種子識無始時來展轉相續，親生諸法故，名爲因。依是緣義，即執持識無始時來與一切法等爲依止故，名爲緣。謂能執持諸種子故與現行法爲所依故即變爲彼及爲彼依，變爲彼者謂變爲器及有根身，爲彼依者謂與轉識作所依止，以能執受五色根故眼等五識依之而轉。又與末那爲依止故第六意識依之而轉，末那意識轉識攝故如眼等識依俱有根，第八理應是識性故亦以第七爲俱有依。是謂此識爲因緣用，由此有者由有此識，有諸趣者有善惡趣，謂由有此第八識故執持一切順流轉法令諸有情流轉生死，雖惑業生皆是流轉，而趣是果勝故偏說，或諸趣言通能所趣，諸趣資具亦得趣名，諸惑業生皆依此識，是與流轉作依持用，及涅槃證得者由有此識故有涅槃證得。謂由有此第八識故，執持一切順還滅法令修行者證得涅槃，此中但說能證得道，涅槃不依此識有故。或此但說所證涅槃，是修行者正所求故。或此雙說涅槃與道，俱是還滅品類攝故。【略】

由此本識具諸種子故，能攝藏諸雜染法，依斯建立阿賴耶名。非如勝性轉爲大等，種子與果體非一故，能依所依俱生滅故，與雜染法互相攝藏，亦爲有情執藏爲我，故說此識名阿賴耶。已入見道諸菩薩衆得眞現觀名爲勝者，彼能證解阿賴耶識，故我世尊正爲開示，或諸菩薩皆名勝者，雖見道前未能證解阿賴耶識，而能信解求彼轉依，故亦爲說，非諸轉識有如是義。

玄奘譯《成唯識論》卷七　根本識者，阿陁那識，染淨諸識生根本故。依止者，謂前六轉識，以根本識爲共親依。五識者，謂前五轉識。種類相似故總說之，隨緣現言顯非常起，緣謂作意根境等緣，謂五識身內依本識，外隨作意五根境等衆緣和合方得現前，由此或俱或不俱起，外緣合者有頓漸故，如水濤波隨緣多少，此等法喻廣說如經。由五轉識行相麁動，所籍衆緣時多不俱，故起時少，不起時多。第六意識雖亦麁動，而所籍緣無時不具，由違緣故有時不起。第七八識行相微細，所籍衆緣一切時有，故無緣礙令總不行。又五識身不能思慮，唯外門轉起籍多緣，故斷時多現行時少。第六意識自能思慮，內外門轉不籍多緣，唯除五位常能現起，故斷時少，現起時多，由斯不說此隨緣現。五位者何，生無想等，無想天者，謂修彼定，厭麁想力，生彼天中，違不恆行心及心所想滅爲首，名無想天。故六轉識於彼皆斷，有義彼天常無六識，聖教說彼無轉識故，說彼唯有有色支故，又說彼爲無心地故，有義彼天將命終位，要起轉識然後命終，彼必起下潤生愛故，《瑜伽論》說後想生已是諸有情，從彼沒故，然說彼無轉識等者，依長時說，非謂全無，有義生時亦有轉識，彼中有必起潤生煩惱故，如餘本有初必有轉識故。【略】

五識不爾，多識俱轉，何不相應，非同境故。設同境者，彼此所依，體數異故。如五根識互不相應，八識自性不可言定一，行相所依，緣相應異故。又一滅時餘不滅故，能所熏等相各異故，亦非定異，經説八識如水波等無差別故。定異應非因果性故，如幻事等無定性故，如前所説識差別相依理世俗，非眞勝義。眞勝義中，心言絶故，如伽他説，心意識八種，俗故相有別，眞故相無別，相所相無故。

解云：自下第三列名，眼識，眼根。識能了別，謂此之識依於眼根了別色塵，識從所依，名爲眼識。如眼識既然，耳，鼻，舌，身及與意識，隨義應知。七，末那者，末那梵音，此翻爲意，意以思量爲義，此即隨義立名。八，阿賴耶識者，阿賴耶識，西國梵音，此翻爲藏，亦名爲宅。宅即攝持諸法，藏即貯積無遺，藏宅之名，此皆從義立名。上來第一略釋其名，今復略以五門料簡八識。第一，緣境分別，第二，四緣分別，第三，四界分別，第四，重數分別，第五，三性分別。

第一緣境分別者，就緣境中有二，初約因位辨，次約果位辨。初因位辨者，眼等五識所緣境界，西方諸師有其兩釋。第一釋云，眼等五識，唯緣實塵，不緣於假。所以者何，眼等五識緣證量塵，不待名言，不待此餘根境，由長短等諸餘假色，要待名言，及待此餘根境，是故不緣長等假色。問曰：五塵之中，何者是實，何者是假。解云：色塵之中，青，黃，赤，白四種是實，餘並是假。聲塵之中，因執受大種聲，因不執受大種聲，因執受不執受大種聲，此三是實，餘並是假。香塵之中，好香，惡香，平等香，此三是實，餘並是假。味塵之中，苦，酢，甘，辛，鹹，淡，此六是實，餘並悉假有。觸塵之中，地，水，火，風，四種是實，餘並是假有。問曰，眼等五識既不緣假，何故諸論色塵之中説有長等假色，乃至觸塵之中説有滑等假觸。解云，所以色塵之中説有假色，乃至觸塵之中説有假觸者，此文但據攝假從實，是故合説，據實不緣。問曰，若不緣者，猶如陰夜遠望樹林，唯見長等，不見青黃，云何眼識不緣其假。解云，此亦得緣青黃實色，陰夜遠望青，黃，赤，白，雖非分明了了至觸而見，然亦得緣，是故唯緣青等實色，不緣於假。【略】

又一釋云：眼等五識，假實並緣。若緣於假，必緣其實，緣實之時，不緣於假。所以者何，假依實有，緣假之時，其必緣實，實不依假，緣實之時，不緣於假。此家所説諸假法等，非法處中遍計性攝。如長等假色，即色處中收，乃至觸塵之中滑等假，觸處中攝，第六意識緣一切法，如其所應隨義應知。

第七末那緣境，西方諸德亦有兩釋。一釋云，末那緣阿賴耶識見分爲我，緣阿賴耶識相分爲其我所。問曰，何一心執阿賴耶識見分爲我，復執阿賴耶識相分爲其我所。解云，且如眼識，一時尚緣青等種種諸色，一心所緣我，我所，此亦何過。問曰，諸論並云，末那執阿賴耶識爲我，我所，不言執其相分，何故今者乃言執其相分以爲我所。解云，當知此相不離於見，所以諸論並言緣阿賴耶識爲我，我所，此亦無過。又一釋云，那執阿賴耶識爲我，我所。問曰，執阿賴耶識爲我，云何復執爲其我所。解云，謂此末那先執阿賴耶識爲我，後復執此所計之我是我家所有，故名我所。問曰，若執阿賴耶識相分爲我所者，此有何過。解云：諸論中但言執阿賴耶識爲我，我所，不言執其相分是其我所。末那直執阿賴耶識爲我，我所，何能復更外執相分以爲我所，於義不可。是故不緣第八阿賴耶識，緣於種子五根，五塵。問曰，何故不緣六，七等識。解云，阿賴耶識緣任運境，六，七等識非任運境，是故不緣。問曰，何故第六識得緣諸識。解云，第六識分別用強，是故得緣，第八識無此分別，是故不緣。此即第一約因位辨也。第二，約果位辨者，若至果位，眼等諸識皆緣諸法。【略】

第三，四界分別者，四界謂欲界，色界，無色界，及無漏界。問曰：八識幾通四界，幾通三界，幾通二界，幾唯一界。答曰：三通四界，三謂意識，末那，阿賴耶識。三通三界，三謂眼識，耳識，身識。三界謂欲界，色界及無漏界。二識通二界，二識謂鼻識，舌識。二界謂欲界及無漏界。此八識中，當知無有唯一界者。

第四，重數分別者，眼等五識及與末那，有其三重，謂種子爲一重，現行爲第二重，第六意識緣爲第三重。第六意識有三重，種子爲一重，現行爲第二重，前後相緣爲第三重。阿賴耶識有四重，謂種子爲一重，現行爲第二重，第六意識緣爲第三重，末那緣爲第四重。

第五，三性分別者，三性謂善，不善，無記。眼等六識通於三性，第七末那通於二性，謂善性，無記性，若在因位是無記性，若在果位及入觀時，當知是善性。第八阿賴耶識亦通二性，謂異熟無記及與善性，若在因位是異熟無記，若在果位即是其善。上來略料簡八識訖。

延壽《宗鏡録》卷四七　夫言正唯識義，約有幾種識。答：經論通辯，有八種識，一眼識，二耳識，三鼻識，四舌識，五身識，六意識，七末那識，八阿賴耶識。正文出護法菩薩《唯識論》十卷，此論釋天親菩薩《唯識三十頌文》，慈恩大師製疏釋論。【略】

問：此八種識，行相如何。答：經論成立，自有明文。此八種識，具三能變，一異熟能變，即第八識。二思量能變，即第七識。三了別能變，即前六識。《唯識論》云，識所變相，雖無量種，而能變識，類別唯三，一謂異熟，即第八識，多異熟性故，二謂思量，即第七識，恆審思量故，三謂了境，即前六識，了境麁相故。論頌曰：初阿賴耶識，異熟一切種，不可知執受，處了常與觸，作意受想思。想應唯捨受，是無覆無記，觸等亦如是，恆轉如瀑流，阿羅漢位捨。初能變識，大乘教名阿賴耶，此識有能藏所藏執藏義故，謂與雜染互爲緣故，有情執爲自內我故。古釋云：一能藏者，即能含藏義，猶如庫藏，能含藏寶貝，得藏名，此能含藏雜染種，故名爲藏，亦即持義。二所藏者，即是所依義，猶如庫藏，是寶等所依故，此識是雜染法所依處故。三執藏者，堅守不捨義，猶如金銀等藏，爲人堅守執爲自內我，故名爲藏，此識爲染末那，堅執爲我，故名爲藏。《起信鈔》釋云：第八能藏所藏義者，且所藏義，謂此識體藏也，是根身種子器世間所藏處也，以根身等，是此識相分故，如藏中物像，如身在室內，欲覓賴耶識，只在色心中，欲覓摩尼珠，只在青黃內。次能藏義，謂根身等法皆藏，在識身之中，如像在珠內，欲覓一切法，總在賴耶中，欲覓一切像，總在摩尼內，與前義互爲能所。《瑜伽論》云，以八種義，證本識有，一依止執受相，二最初生起相，三有明了性相，四有種子性相，五業用差別相，六，身受差別相，七處無心定相，八命終時分相。又古德依論解釋證有第八識者。論云，此第八識，非是世間現量所見之境，唯憑聖言量，及以眞正道理，而知有之。【略】

《楞伽經》頌云：譬如巨海浪，斯由猛風起，洪波鼓溟壑，無有斷絶時。藏識海常住，境界風所動，種種諸識浪，騰躍而轉生。又小乘《增一阿含經》云，有根本識，是諸識所依，此根本識，即是第八識，以第八識，能發起前六轉識故。二上座部說有有分識，便是第八識。此有分識體，常不間斷，遍三界有，有謂三有，分者因義，即三有之因，皆由此識。三化地部中說有窮生死蘊，緣此第八遍三界九地，恆常有故，但有生死處，即常遍爲依，直至大乘金剛心末，煩惱盡時方捨故，名窮生死蘊。若諸轉識，即無此功能，以第六識體多間斷故，入五位無心時，六識皆間斷不行。此時應不名有情，以無識任持故，即應爛壞。四一切有部，說此識名阿賴耶，有愛樂欣喜四種阿賴耶。愛是總句，總緣三世爲境。餘三是別句，別緣三世。樂是現在，欣是過去，喜是未來。即此第八識，是諸有情常執爲自內我，是眞愛著處，故名阿賴耶。眞正理有十，一者，持種心。《唯識論》云，謂契經說，雜染清淨諸法種子之所集起，故名爲心。若無此識，彼持種心不應有故，謂諸轉識在滅定等，有間斷故，根境作意善等，類別易起故，如電光等，不堅住故，非可熏，皆不能持種，非染淨種，所集起故。二，異熟心。《唯識論》云，如契經說，有異熟心，善惡業感，若無此識，彼異熟心不應有故者，即第八識。謂前世中，以善不善業爲因，招感得今生第八異熟心是果。論云，定應許有眞異熟識，酬牽引業，遍而無斷，變爲身器，作有情依，身器離心，理非有故。三，界趣生體。《唯識論》云，契經說，有情流轉五趣四生，若無此識，彼趣生體不應有故，須信有第八識爲三界九地五趣四生之體。若無此識，即一切有情不應得有。四，有執受。《唯識論》云，又契經說，有色根身，是有執受。若無此識，彼能執受不應有故，其有色界中有情，有五色根，及內五塵，是第八親相分，唯第八識能執受。若是餘識，即無此能。五，壽煖識，三證有第八識。《唯識論》云，又契經說，壽煖識三更互依持，得相續住。若無此識，能持壽煖令久住，識不應有故。六，生死時有心，證有第八識。《唯識論》云，又契經說，諸有情類受生命終，心住散位作無心定。若無此識，生死時心不應有故。又將死時，由善惡業，上下身分冷觸漸起。若無此識，彼事不成。第七，引緣起依，證有第八識。《唯識論》云，又契經說，識緣名色，名色緣識，如是二法，展轉相依。譬如束蘆，俱時而轉。若無此識，彼識自體不應有故。小乘云，我將六識，爲名色依，何要第八。論破云，眼等轉識，攝在名中，此識若無，說誰爲識。論主云，眼等六識，已攝在名中，爲識蘊故，須得第八爲名外識支，與名色爲依。又如此界人生時，中有初念心執取，結生時，由未有前六識，爲名中識蘊，名色唯具三蘊，此三蘊名色，一念間，依何而住。故知信有第八識，是名外識支，與名色爲依。八，引識食，證有第八識。《唯識論》云，又契經說，一切有情，皆依食住。若無此識，彼識食體不應有故。所以佛告外道言，所爲一切有情，皆依食住，此是正覺正説，餘不能知，汝外道自餓己身，終無有益。食是資益義，任持義。九，引滅定有心，證有第八識。《唯識論》云，又契經說，住滅定者，身語心行無不皆滅，而壽不滅，亦不離煖，根無變壞，識不離身。若無此識，住滅定者，識不離身，不應有故。論主云，入滅定聖人，身語心行無不皆滅，即出入息是身加行，受想是心加行，尋伺是語加行，此三加行與第六識相應，在滅定中皆悉滅故。而壽不滅者，即第八識種上，有連持一報色心不斷功能，名壽，言亦不離識者，煖觸是第八識相分，即此二法，皆不離第八識，既在滅定中，六識身語心加行皆悉不行，而有壽煖在者，明知即是第八識與壽煖爲依。十，引染淨心，證有第八。《唯識論》云，又契經說，心雜染故，有情雜染，心清淨故，有情清淨。若無此識，彼染淨心不應有故。謂染淨法以心爲本，因心而生，依心而住，受彼熏，持彼種故。以心爲本者，即一切染淨有爲無爲法，皆以第八識爲根本。依心而住者，即前七現行，皆依第八識而住。言受彼熏者，即第八識受彼前七識熏。言持彼種者，即第八能持前七三性染淨種子。

廣益《八識規矩頌》　八識者，一眼識，二耳識，三鼻識，四舌識，五身識，六意識，七末那識，八阿賴耶識。前六從依得名，第七相應立號，第八功能受稱。【略】

前五識量屬現量，境屬性境。以五識與八同體故，緣境之時單屬現量。前五轉識乃八識精明之體映在五根門頭，了境之用，以初映境時當第一念，未起分別，不帶名言，無籌度心，故名現量。所緣之境即屬性境，性者實也，即實根塵相分境有實種生。以現量具三義，一現在簡過未，二顯現簡種子，三現有簡無體。法護法云，五識唯緣實五塵境。即不緣假相分，故名性境，但任運緣，不作行解，不帶名言，得法自相，故名現量。且如眼識緣青黄赤白四般實色時，其實色上長短方圓假色雖不離實色，有眼識但緣青等實色不緣長短假色，長短假色唯意識作長短分別緣。【略】

轉者不定義，即三性，三量，三境易脱不定，名爲轉識。前七皆名轉識，唯第八名不轉識。第六轉識呼第七爲染淨依者，謂此識有漏，內常執我，故令第六念念成染。由此識無漏，恆思無我，故令第六念念成淨。七識爲所依，六識爲能依，依即根也。是以第六成染成淨皆由第七識，故云六轉呼爲染淨依。【略】

此第八識具三種名，一阿賴耶識，二異熟識，三庵摩羅識。一名阿賴耶識，此云無沒，以眞如隨生死而不失不壞，故云無沒。又云藏識，以具三藏義故，謂此識因七識念念執爲我故，從無始來長劫相續沉淪生死，別教菩薩從初發心修行，歷過三賢登地以去，至第七地破俱生我執，煩惱永斷不受彼熏，七識不執我，三藏之名從此纔捨，顯過最重，故云不動地前纔捨藏也。二名異熟識，謂八地以後尚有微細俱生法執及有漏善種，尚引後果，亦從無始至等覺位名。異熟識亦具三義，一變異而熟，因種變異果方熟故。二異時而熟，因滅果生定異時故。三異類而熟，以善惡因至果方熟故。具此三義，名異熟識。至金剛道後等覺後心證解脱道，異熟方空，一念頓斷最初生相無明，爲入妙覺，因亡果喪，此異熟識方斷，故云金剛道後異熟空也。三名菴摩羅，此云白淨無垢識，謂如來藏清淨眞心雖在生死，本來無染，返流還淨，從證佛果，盡未來際，名無垢識。本如來藏以有鑒機照用，無思而應，故亦名識，此識與大圓鏡智同時發起，相續執持無漏種故，故云大圓無垢同時發，到此境智相應法身顯現，圓明普照十方塵刹，故云普照十方塵刹中也。良由始以一念不覺之無明，迷此一心，遂將眞如理體變而爲妄相，本有智光變而爲妄見，今返妄歸眞，則泯見相而歸一心，理智一如，方極一心之源。此唯識之極則，乃如來之極果也。

八　心

善無畏共一行譯《大毘盧遮那成佛神變加持經》卷一　祕密主，無始生死。愚童凡夫，執著我名我有，分別無量我分。祕密主，若彼不觀我之自性，則我我所生，餘復計有時地等變化，瑜伽我，建立淨，不建立無淨，若自在天，若流出及時，若尊貴若自然，若内我若人量，若遍嚴若壽者，若補特伽羅，若識，若阿賴耶，知者，見者，能執所執，内知外知，社怛梵，意生，儒童，常定生，聲非聲。祕密主，如是等我分，自昔以來分別相應，希求順理解脱。祕密主，愚童凡夫類猶如羝羊，或時有一法想生，所謂持齋，彼思惟此，少分發起歡喜，數數修習，祕密主，是初種子善業發生。復以此爲因，於六齋日，施與父母，男女親戚，是第二牙種。復以此施授與非親識者，是第三疱種。復以此施與器量高德者，是第四葉種。復以此施歡喜授與伎樂人等，及獻尊宿，是第五敷華。復以此施發親愛心而供養之，是第六成果。復次祕密主，彼護戒生天，是第七受用種子。復次祕密主，以此心生死流轉於善友所，聞如是言，此是天，大天與一切樂者，若虔誠供養，一切所願皆滿。所謂自在天，梵天，那羅延天，商羯羅天，黑天，自在子天，日天，月天，龍尊等，及俱吠濫，毗沙門，釋迦，毘樓博叉，毘首羯磨天，閻魔閻魔后，梵天后，世所宗奉，火天，迦樓羅子天，自在天后，波頭摩，德叉迦龍，和修吉，商佉，羯句啅劍，大蓮，俱里劍，摩訶泮尼，阿地提婆，薩陁，難陁等龍，或天仙，大圍陁論師，各各應善供養。彼聞如是，心懷慶悦，殷重恭敬，隨順修行，祕密主，是名愚童異生，生死流轉無畏依，第八嬰童心。祕密主，復次殊勝行，隨彼所説中，殊勝住求解脱慧生，所謂常無常空，隨順如是説。祕密主，非彼知解空非空常斷，非有非無俱彼分別無分別。云何分別空，不知諸空，非彼能知涅槃。是故應了知空，離於斷常。

一行《大毘盧遮那成佛經疏》卷二 已上皆是破壞内外因果違理之心，次明最初順理之心，順善即是世間八心也。

經云，祕密主，愚童凡夫類，猶如羝羊，或時有一法想生，所謂持齋，彼思惟此，少分發起歡喜，數數修習，祕密主，是初種子善業發生者。羝羊是畜生中，性最下劣，但念水草及婬欲事，餘無所知，故順西方語法，以喻不知善惡因果愚童凡夫也，世間從久遠來，展轉相承有善法之名，然以違理之心，種種推求而不能得，後時欻然自有念生，我今節食持齋，即是善法，然猶未是佛法中八關戒也。彼由節食自戒故，即覺緣務減少，令我飲食易足，不生馳求勞苦，爾時即生少分不著之心，其心歡喜而得安穩。由見此利益故，數數有修習之，即是最初微識善惡因果，故名種子心也。

經云，復以此爲因，於六齋日，施與父母，男女親戚，是第二牙種者。此六齋日，即是智度中，上代五通仙人，勸令此日斷食，既順善法，又免鬼神災横，如彼廣説也。由見止息貪求内獲利樂故，欲修習此法令得增長故，於持齋之日捨己財物以與六親，自念我無守護之憂，而令他人愛敬，獲孝義之譽，以見此因果故，轉生歡喜，歡喜故，善心稍增，由如從種子生牙也。

經云，復以此施授與非親識者，是第三疱種。謂欲成此守齋善法，修習無貪慧捨之心，由數習故，善心漸增長，復能施與非親識人，見此平等施心功德利益故，爾時善萌倍復增廣，猶如牙莖滋盛未生業時，故名疱種也。

經云，復以此施與器量高德者，是第四葉種。謂已能習行慧捨，藉此爲因，漸能甄擇所施之境，如此之人德行高勝，我今宜應親近而供養之，即是慧性漸開，遇善知識之由漸也。

經云，復以此施歡喜授與伎樂人等，及獻尊宿者。謂慧性漸開，復甄別所施之境，見其利他之益，以伎樂人能化大衆，令其歡喜故賞其功，凡如此類衆多，是以云等也。尊宿，耆舊多所見聞，及學行高尚世所師範，以其多所遵利故，推誠歡喜而施與之，亦令我施時心倍歡喜故，即是花種也。

經云，復以此施發親愛心而供養之，是第六成果者。謂所習醇熟，非直歡喜而已，復能以親愛心，施與尊行之人。又由前施因緣，得聞法利，知彼内懷勝德，謂能出離欲等，狎習親附而供養之，望初種子，即是成果心也。復次祕密主，彼護戒生天，是第七受用種子者。謂已能造齋施見其利益，即知三業不善，皆是衰惱因緣，我當捨之護戒而住，由護戒故，現世獲諸善利，有大名聞，身心安樂，倍復增廣賢善，命終而得生天。譬如種果已成受用其實，故曰受用種子也。又云從一種子成百千果實，是一一果實復生若干，展轉滋育不可勝數，今此受用果心，復成後心種子，亦復如是，故曰受用種子也。

經云，祕密主，以此心生死流轉於善友所，聞如是言，此是天，大天與一切樂者，若虔誠供養，一切所願皆滿，所謂自在天等，乃至彼聞如是，心懷慶悅，慇重恭敬，隨順修行，祕密主，是名愚童異生，生死流轉無畏依，第八嬰童心。已知尊行之人宜應親近供養，又見持戒能生善利，即是漸識因果，今復聞善知識，言有此大天能與一切樂，若虔識供養所願皆滿，即能起歸依心也。雖未聞佛法，然知此諸天，因修善行得此善報，又信解甄別勝田，復聞佛法殊妙，必能歸依信受，故爲世間最上心也。問曰，前說自在天等皆是邪計，今復云歸依此等是世間勝心，與前有何異耶。答曰，前是不識因果之心，但計諸法是自在天等所造，今由善根熟故，於生死流轉中，求無畏依，欲效彼行因冀成勝果，故不同前計也，商羯羅，是摩醯首羅別名。黑天，梵音嚕捺囉，是自在天眷屬。龍尊，是諸大龍，俱吠囉等，皆世所宗奉大天也。梵天后，是世間所奉尊神。然佛法中，梵王離欲無有后妃。從波頭摩以下，所謂得叉迦龍，和脩吉龍，商佉龍，羯句擿劍龍，大蓮花龍，俱里劍龍，摩訶泮尼龍，阿地提婆龍，薩陁龍，難陁等龍，皆是世間所奉尊神也。天仙，謂諸五通神仙，其數無量故不列名。圍陁，是梵王所演四種明論。大圍陁論師，是受持彼經能教授者，以能開示出欲之行故，應歸依也。於彼部類之中，梵王猶如佛，四韋陁典猶如十二部經，傳此法者猶如和合僧，時彼聞如是等世間三寶，歡喜歸依隨順修行，是第八生死凡夫無畏依也。

覺苑《大毗盧遮那成佛神變加持經義釋演密鈔》卷六 復次普賢是遍法界至後段名法王之子者，此亦是前八心之義也。謂普賢至菩提心是最初種子心。又慈氏至莖葉，謂從此發生根芽是第二心，莖字當第三疱種心，葉字是第四葉種心。又除蓋障至開敷是第五華種心及第六成果心。又除惡趣至窮盡是第七受用種子果復成種心。又是故以此至名法王之子是第八無畏依嬰童心也。

八戒齋

《受十善戒經》 八戒齋者，是過去現在諸佛如來，爲在家人制出家法，一者不煞，二者不盜，三者不婬，四者不妄語，五者不飲酒，六者不坐高廣大牀，七者不作倡伎樂故往觀聽，不著熏衣，八者不過中食，應如是受持。【略】

持此受齋功德，不墮地獄，不墮餓鬼，不墮畜生，不墮阿修羅，常生人中，正見出家得涅槃道。若生天上恆生梵天，值佛出世，請轉法輪，得阿耨多羅三藐三菩提。

支謙譯《菩薩本緣經》卷下 爾時龍王復向諸龍而作是言：已爲汝等作善事竟，爲已示汝正眞之道，復爲汝等然正法炬閉諸惡道開人天路，汝已除棄無量惡毒，以上甘露補置其處。欲請一事，汝等當知。於十二月前十五日，閻浮提人以八戒水洗浴其身心，作清淨，爲人天道而作資糧，遠離憍慢貢高貪欲瞋恚愚癡，我亦如是，欲效彼人受八戒齋法。汝當知之，若能受持如是八戒，雖無妙服而能得洗浴，雖無牆壁能遮怨賊，雖無父母而有貴姓，離諸瓔珞身自莊嚴，雖無珍寶巨富無量，雖無車馬亦名大乘，不依橋津而度惡道，受八戒者功德如是，汝今當知吾於處處常受持之。

諸龍各言，云何名爲八戒齋法。龍王答言，八戒齋者，一者不殺，二者不盜，三者不婬，四者不妄語，五者不飲酒，六者不坐臥高廣牀上，七者不著香華瓔珞以香塗身，八者不作倡伎樂不往觀聽。如是八事莊嚴不過中食，是則名爲八戒齋法。諸龍問言，我等若當離王少時命不得存，今欲增長無上正法熾然法燈請奉所勑，佛法之益無處不可，何故不於此中受持，亦曾聞有在家之人得修善法，若在家中行善法者亦得增長，何必要當求於靜處。龍王答言，欲處諸欲心無暫停，見諸妙色則發過去愛欲之心，譬如濕地雨易成泥，見諸妙色發過去欲心，亦復如是。若住深山則不見色，若不見色則欲心不發。諸龍問言，若處深山則得增長，是正法者，當隨意行。爾時龍王即將諸龍至寂靜處，遠離婬欲瞋恚之心，於諸眾生增修大慈，具足忍辱，以自莊嚴，開菩提道自受八戒，清淨持齋，經歷多日，斷食身羸甚大飢渴疲極眠睡，龍王修行如是八戒，具足忍辱，於諸眾生，心無害想。

《優陂夷墮舍迦經》 佛告優陂夷墮舍迦，持八戒齋一日一夜不失者，勝持金銀珠璣施與比丘僧也。天下有十六大國，一者名鴦迦，二者名摩竭，三者名迦夷，四者名拘薛羅，五者名鳩溜，六者名般闍荼，七者名阿波耶，八者名阿洹提渝，九者名脂提渝，十者名越祇渝，十一者名速摩，十二者名速賴吒，十三者名越蹉，十四者名末羅，十五者名渝匿，十六者名劍善提。是十六大國中珍寶物施與比丘僧，不如齋戒一日一夜也。齋戒使人得度世道，以財寶施與，不能使人得道，今我得佛道本從是八戒起。

瞿曇僧伽提婆譯《增壹阿含經》卷三八　世尊告曰：彼云何名爲八關齋法，一者不煞生，二者不與不取，三者不婬，四者不妄語，五者不飲酒，六者不過時食，七者不處高廣之床，八者遠離作倡伎樂，香華塗身。是謂，比丘，名爲賢聖八關齋法。

是時，彼優波離白佛言：云何修行八關齋法。世尊告曰：於是，優波離，若善男子，善女人，於八日，十四日，十五日，往詣沙門若長老比丘所，自稱名字，從朝至暮如羅漢，持心不移不動，刀杖不加群生，普慈於一切，我今受齋法，一無所犯，不起煞心，習彼眞人之教，不盜，不婬，不妄語，不飲酒，不過時食，不在高廣之座，不習作倡伎樂，香華塗身。設有智慧者，當作是說。假令無智者，當教彼如此之教。又彼比丘當一一指授，無令失次，亦莫超越，復當教使發誓願。

優波離白佛言：云何當發願。世尊告曰：彼發願時，我今以此八關齋法，莫墮地獄，餓鬼，畜生，亦莫墮八難之處，莫處邊境，莫墮凶弊之處，莫與惡知識從事，父母專正，無習邪見。生中國中，聞其善法，分別思惟，法法成就。持此齋法功德，攝取一切衆生之善。以此功德，惠施彼人，使成無上正眞之道。持此誓願之福，施成三乘，使不中退。復持此八關齋法，用學佛道，辟支佛道，阿羅漢道，諸世界學正法者亦習此業，正使將來彌勒佛出現世時，如來，至眞，等正覺值遇彼會，使得時度。彌勒出現世時，聲聞三會，初會之時九十六億比丘之衆，第二之會九十四億比丘之衆，第三會九十二億比丘之衆，皆是阿羅漢，諸漏已盡，亦值彼王及國土教授師，作如是之教，無令缺漏。

玄奘譯《阿毗達磨俱舍論》卷一四　何等名爲八所應離，一者殺生，二不與取，三非梵行，四虛誑語，五飲諸酒，六塗飾香鬘舞歌觀聽，七眠坐高廣嚴麗床座，八食非時食。

八懈怠

佛陀耶舍共竺佛念譯《佛說長阿含經》卷九　云何八退法，謂八懈怠法。何謂八懈怠，比丘乞食不得食，便作是念，我於今日下村乞食不得，身體疲極，不能堪任坐禪，經行，今宜臥息，懈怠比丘即便臥息，不肯精勤，未得欲得，未獲欲獲，未證欲證，是爲初懈怠。懈怠比丘得食既足，復作是念，我朝入村乞食，得食過足，身體沈重，不能堪任坐禪，經行，今宜寢息，懈怠比丘即便寢息，不能精勤，未得欲得，未獲欲獲，未證欲證。懈怠比丘設少執事，便作是念，我今日執事，身體疲極，不能堪任坐禪，經行，今宜寢息，懈怠比丘即便寢息。懈怠比丘設欲執事，便作是念，明當執事，必有疲極，今者不得坐禪，經行，當豫臥息，懈怠比丘即便臥息。懈怠比丘設少行來，便作是念，我朝行來，身體疲極，不能堪任坐禪，經行，我今宜當臥息，懈怠比丘即便臥息。懈怠比丘設欲少行，便作是念，我明當行，必有疲極，今者不得坐禪，經行，當豫寢息，懈怠比丘即尋寢息，不能精勤，未得欲得，未獲欲獲，未證欲證，是爲六懈怠比丘。設遇小患，便作是念，我得重病，困篤羸瘦，不能堪任坐禪，經行，當須寢息，懈怠比丘即尋寢息，不能精勤，未得欲得，未獲欲獲，未證欲證。懈怠比丘所患已差，復作是念，我病差未久，身體羸瘦，不能堪任坐禪，經行，宜自寢息，懈怠比丘即尋寢息，不能精勤，未得欲得，未獲欲獲，未證欲證。

玄奘譯《阿毗達磨集異門足論》卷一八　八懈怠事者，云何爲八。具壽當知，如有一類，依止城邑或聚落住，於日初分著衣持鉢，入城邑等巡行乞食，彼乞食時作如是念，願得美妙衆多飲食，若不遂心便作是念，我食既少身力羸劣，不能進修所修勝行，且應偃臥以自將息。作是念已，遂不精勤，求得未得，求至未至，求證未證，是名第一懈怠事。復次具壽，如有一類，依止城邑或聚落住，於日初分著衣持鉢，入城邑等巡行乞食，彼乞食時作如是念，願得美妙衆多飲食，若得遂心便作是念，我食既多身飽悶重，不能進修所修勝行，且應偃臥以自將息。作是念已，遂不精勤，求得未得，求至未至，求證未證，是名第二懈怠事。復次具壽，如有一類，晝營事業，作如是念，我於晝時既營事業，身力勞倦，今於夜分不能進修行修勝行，且應偃臥以自將息。作是念已，遂不精勤，求得未得，求至未至，求證未證，是名第三懈怠事。復次具壽，如有一類，期至明日作諸事業，便作是念，我既明日當作事業，不應進修所修勝行，且應偃臥長養身力，作是念已。遂不精勤，求得未得，求至未至，求證未證，是名第四懈怠事。復次具壽，如有一類，晝行道路作如是念，我於晝時既行道路，身力勞倦，今於夜分不能進修所修勝行，且應偃臥以自將息。作是念已，遂不精勤，求得未得，求至未至，求證未證，是名第五懈怠事。復次具壽，如有一類，期至明日當行道路，便作是念，我既明日當行道路，不應進修所修勝行，且應偃臥長養身力。作是念已，遂不精勤，求得未得，求至未至，求證未證，是名第六懈怠事。復次具壽，如有一類，正爲病苦之所嬰纏，作如是念，我正病苦之所嬰纏，身力羸劣不任進修所修勝行，且應偃臥以自將息。作是念已，遂不精勤，求得未得，求至未至，求證未證，是名第七懈怠事。復次具壽，如有一類，病苦嬰纏雖愈未久，作如是念，我遭病苦之所嬰纏，雖愈未久，身力羸劣，不任進修所修勝行，且應偃臥以自將息。作是念已，遂不精勤，求得未得，求至未至，求證未證，是名第八懈怠事。如是八種名懈怠事。問：何緣此八名懈怠事。答：懈怠者謂懈惰，由斯八事未生而生，生已倍復增長廣大，由此因緣名懈怠事。

八精進

佛陀耶舍共竺佛念譯《佛說長阿含經》卷九　云何八精進。比丘入村乞食，不得食還，即作是念，我身體輕便，少於睡眠，宜可精進坐禪，經行，未得者得，未獲者獲，未證者證。於是，比丘即便精進，是爲初精進比丘。乞食得足，便作是念，我今入村，乞食飽滿，氣力充足，宜勤精進坐禪，經行，未得者得，未獲者獲，未證者證。於是，比丘即尋精進。精進比丘設有執事，便作是念，我向執事，廢我行道，今宜精進坐禪，經行，未得者得，未獲者獲，未證者證。於是，比丘即尋精進。精進比丘設欲執事，便作是念，明當執事，廢我行道，今宜精進坐禪，經行，未得者得，未獲者獲，未證者證。於是，比丘即便精進。精進比丘設有行來，便作是念，我朝行來，廢我行道，今宜精進坐禪，經行，未得者得，未獲者獲，未證者證。於是，比丘即尋精進。精進比丘設欲行來，便作是念，我明當行，廢我行道，今宜精進坐禪，經行，未得者得，未獲者獲，未證者證。於是，比丘即便精進。精進比丘設遇患時，便作是念，我得重病或能命終，今宜精進，未得者得，未獲者獲，未證者證。於是，比丘即便精進。精進比丘患得小差，復作是念，我病初差，或更增動，廢我行道，今宜精進坐禪，經行，未得者得，未獲者獲，未證者證。於是，比丘即便精進坐禪，經行。是爲八。

玄奘譯《阿毗達磨集異門足論》卷一八　八精進事者，云何爲八。具壽當知，如有一類，依止城邑或聚落住，於日初分著衣持鉢，入城邑等巡行乞食，彼乞食時作如是念，願得美妙眾多飲食，若不遂心便作是念，我食雖小而身輕利，堪能進修所修勝行。作是念已，精進熾然，求得未得，求至未至，求證未證，是名第一精進事。復次具壽，如有一類，依止城邑或聚落住，於日初分著衣持鉢，入城邑等巡行乞食，彼乞食時作如是念，願得美妙眾多飲食，若得遂心便作是念，我食既多身力強盛，堪能進修所修勝行。作是念已，精進熾然，求得未得，求至未至，求證未證，是名第二精進事。復次具壽，如有一類，晝營事業作如是念，我於晝時既營事業，無暇修學大師聖教，今於夜分應自策勤補先間缺。作是念已精進熾然，求得未得，求至未至，求證未證，是名第三精進事。復次具壽，如有一類，期至明日作諸事業，便作是念我既明日，當作事業無暇修學大師聖教，今於夜分應預精勤補當間缺。作是念已精進熾然，求得未得，求至未至，求證未證，是名第四精進事。復次具壽如有一類，晝行道路作如是念，我於晝時既行道路，無暇修學大師聖教，今於夜分應自策勤補先間缺。作是念已精進熾然，求得未得，求至未至，求證未證，是名第五精進事。復次具壽如有一類，期至明日當行道路，便作是念，我既明日當行道路，無暇修學大師聖教，今於夜分應預精勤補當間缺。作是念已精進熾然，求得未得，求至未至，求證未證，是名第六精進事。復次具壽如有一類，正爲病苦之所嬰纏，便作是念，我既病苦之所嬰纏，或有是處因斯病苦之所嬰纏，便捨身命於大師教空無所得。作是念已精進熾然，求得未得，求至未至，求證未證，是名第七精進事。復次具壽如有一類，病苦嬰纏雖愈未久，作如是念，我遭病苦之所嬰纏，雖愈未久或有是處病苦還起，因斯病苦便捨身命，於大師教空無所得。作是念已精進熾然，求得未得，求至未至，求證未證，是名第八精進事。如是八種名精進事。問：何緣此八名精進事。答：精進者謂策勵，由此八事未生而生，生已倍復增長廣大，由此因緣名精進事。

八妄想

曇無讖譯《菩薩地持經》卷二　從諸如來第一義師，聞一切諸法，離言說自性。如是一切法離言說自性者，一切言說爲何所應，若無言語，不能爲人說離言法，既無說亦無聞，無說無聞，彼一切法離言說自性，無能知者。是故應有言說令彼聞知。如是如實，凡愚不知，以是因緣起八種妄想而生三事，一切眾生器世間增。一者自性妄想，二者差別妄想，三者攝受積聚妄想，四者我妄想，五者我所妄想，六者念妄想，七者不念妄想，八者俱相違妄想。是名八妄想。

慧遠《大乘義章》卷一一　次對八妄明其對治，八妄想義前煩惱中已廣分別。一自性妄想，取諸法體。二差別妄想，取有諸法差別之相。三者攝受積聚妄想，取有諸法和合業用。四我妄想，於前攝受積聚法中有內有外，彼內法中取立我人。五爲我所妄想，於前積聚外法之中取爲我所。六念妄想，於前所取我所法中取有順情可念之事。七不念妄想，於前所取我所法中取有違情不可念事。八俱相違妄想，於前所取我所法中取有中容非違順事。八妄如是。此八妄想，四求四智，能爲對治，治有通別。通而論之，八種妄想所取法中皆有名事。別求其名，名隨名求，別成其事，名隨事求，名事合觀說爲後二。求其體性名自性求，求其相別名差別求。

窺基《金剛般若論會釋》卷下　眞諦本名聚一執，即是《中邊論》八分別內聚中，執一分別，亦是《地持》八妄想中積聚妄想。八妄想者，一合妄想是貪，二不合妄想是嗔，三合不合俱相違妄想是癡，此三是彼煩惱。四我妄想，謂執自爲我。五我所妄想，謂執眾生爲我所。此二是宍煩惱。六自性妄想，謂執諸法有自性，亦名自性分別。七差別妄想，謂執法有大小好惡等差別，亦名差別分別。八積聚妄想，此於多物和合處起一執。此三是心煩惱。善現知名身聚及微塵聚以多物合成，前雖異破爲無，恐初學人猶起一執，故重指云，若執名身界，及塵界爲實有，即是二種一合相故。論名二種摶取，謂一摶取及差別摶取，摶是一合，取是執相。然世界是名身界，不可破一爲多故。但是一摶取，微塵是色身中差別故。執微塵有者，是差別摶取故。

延壽《宗鏡錄》卷七六　若障薄遮輕，直了直入，緣深機熟，頓悟頓修，如鏡淨明生，雲開月朗。或垢濃習重，觀劣心浮，雖信解一心，行門難立。有八重妄想之垢，猶緻網稠林。具六種繫縛之門，若堅氷膠漆，若非大力，曷能解分。如《持地論》云，妄想有八種，一自性妄想，即執色等法各有自體。二差別妄想，即執色等有可見不可見，對無對色差別。三攝受積聚妄想，即於陰中執我眾生，於軍林等中起定執實，此一分別，即前執人，後執於法。四我見妄想，無我計我也。五我所妄想，即執我用。六有念妄想，即緣可愛淨境分別。七不念妄想，即緣可憎不淨境分別。八俱相違妄想，即緣中容境分別。

作者無《維摩經疏》卷三　想心計法，虛妄不實，名爲妄想。妄想不同，依《地持論》有其八種。一自性妄想，即執色等法各有自體。二差別妄想，即執色等有可見不可見，有對無對等差別。三攝受積聚妄想，即於陰中執我眾生，於軍林等中起定執實，此一分別，即前執於人，後執於法。四我見妄想，無我執我也。五我所妄想，即執我有用。六念妄想，即緣可愛淨境分別。七不念妄想，即緣可增不淨境分別。八俱相違妄想，即緣中融境分別。此八妄想前二後三法執所攝，第三積聚通其二執，第四第五唯是人執。此之八種隱覆淨心故，名爲垢，即以遍行中想數爲體也。無妄想是淨者，無即悟眞，所以是淨。顛倒是垢者，即是心倒，妄心執法，背於眞實，名爲顛倒，即以第六意識爲體。無顛倒是淨者，無即達悟，所以是淨也。取我是垢者，是其見倒，邪惠執我計我乖於正理，名之爲垢，即以根本煩惱中我見爲體。

八正道

佛陁耶舍共竺佛念譯《佛説長阿含經》卷九　云何八修法，謂賢聖八道，正見，正志，正語，正業，正命，正方便，正念，正定。云何八覺法，謂世八法，利，衰，毁，譽，稱，譏，苦，樂。云何八滅法，謂八邪，邪見，邪思，邪語，邪業，邪命，邪方便，邪念，邪定。

瞿曇僧伽提婆譯《增壹阿含經》卷三九　比丘，如來亦復如是，善察今世，後世，觀生死之海，魔之徑路，自以八正道度生死之難。復以此道度不度者，猶如道牛之正，一正，餘者悉從，我弟子亦復如是，盡有漏，成無漏心解脱，智慧解脱，於現法中以身作證而自遊化，度魔境界至無爲處，亦如彼有力之牛渡彼恒水得至彼岸，我聲聞亦復如是。

瞿曇僧伽提婆譯《中阿含經》卷七　諸賢，云何苦滅道聖諦，謂正見，正志，正語，正業，正命，正方便，正念，正定。諸賢，云何正見，謂聖弟子念苦是苦時，習是習，滅是滅，念道是道時，或觀本所作，或學念諸行，或見諸行災患，或見涅槃止息，或無著念觀善心解脱時，於中擇，遍擇，次擇，擇法，視，遍視，觀察明達，是名正見。

諸賢，云何正志，謂聖弟子念苦是苦時，習是習，滅是滅，念道是道時，或觀本所作，或學念諸行，或見諸行災患，或見涅槃止息，或無著念觀善心解脱時，於中心伺，遍伺，隨順伺，可念則念，可望則望，是名正志。

諸賢，云何正語，謂聖弟子念苦是苦時，習是習，滅是滅，念道是道時，或觀本所作，或學念諸行，或見諸行災患，或見涅槃止息，或無著念觀善心解脱時，於中除口四妙行，諸餘口惡行遠離除斷，不行不作，不合不會，是名正語。

諸賢，云何正業，謂聖弟子念苦是苦時，習是習，滅是滅，念道是道時，或觀本所作，或學念諸行，或見諸行災患，或見涅槃止息，或無著念觀善心解脱時，於中除身三妙行，諸餘身惡行遠離除斷，不行不作，不合不會，是名正業。

諸賢，云何正命，謂聖弟子念苦是苦時，習是習，滅是滅，念道是道時，或觀本所作，或學念諸行，或見諸行災患，或見涅槃止息，或無著念觀善心解脱時，於中非無理求，不以多欲無厭足，不爲種種技術呪説邪命活，但以法求衣，不以非法，亦以法求食，床座，不以非法，是名正命。

諸賢，云何正方便，謂聖弟子念苦是苦時，習是習，滅是滅，念道是道時，或觀本所作，或學念諸行，或見諸行災患，或見涅槃止息，或無著念觀善心解脱時，於中若有精進方便，一向精勤求，有力趣向，專著不捨，亦不衰退，正伏其心，是名正方便。

諸賢，云何正念，謂聖弟子念苦是苦時，習是習，滅是滅，念道是道時，或觀本所作，或學念諸行，或見諸行災患，或見涅槃止息，或無著念觀善心解脱時，於中若心順念，背不向念，念遍，念憶，復憶，正心，不忘心之所應，是名正念。

諸賢，云何正定，謂聖弟子念苦是苦時，習是習，滅是滅，念道是道時，或觀本所作，或學念諸行，或見諸行災患，或見涅槃止息，或無著念觀善心解脱時，於中若心住，禪住，順住，不亂不散，攝止正定，是名正定。

諸賢，過去時是苦滅道聖諦，未來，現在時是苦滅道聖諦，眞諦不虚，不離於如，亦非顛倒，眞諦審實，合如是諦，聖所有，聖所知，聖所見，聖所了，聖所得，聖所等正覺，是故説苦滅道聖諦。

法顯譯《大般涅槃經》卷上　爾時世尊，與諸比丘，即從座起，趣於象村，菴婆羅村，閻浮村乃至到於善伽城，到彼城已與諸比丘。前後圍繞，在一處坐，於是世尊，告諸比丘，有四聖諦，當勤觀察。一者苦諦，二者集諦，三者滅諦，四者道諦。比丘，苦諦者，所謂八苦，一生苦，二老苦，三病苦，四死苦，五所求不得苦，六怨憎會苦，七愛別離苦，八五受陰苦。汝等當知，此八種苦，及有漏法，以逼迫故，諦實是苦。集諦者，無明及愛，能爲八苦而作因本，當知此集諦是苦因，滅諦者，無明愛滅絶於苦因，當知此滅，諦實是滅。道諦者，八正道，一正見，二正念，三正思惟，四正業，五正精進，六正語，七正命，八正定。此八法者，諦是聖道。若人精勤，觀此四法，速離生死，到解脱處。

法賢譯《佛説人仙經》　復次大梵天王又告諸天及護世等言，諸聖者當一心聽，有八正道法，彼佛如來應供正等正覺，悉知悉見。何等爲八，謂正見，正思惟，正語，正業，正命，正精進，正念，正定。如是八正道，即是三摩地受用法。若有如是得正思惟，行於梵行，修習圓滿，獲梵天樂。又復正語，正一切言，滿一切相，正説梵行，分别顯教，得如實旨，宣説正語，開甘露門，示一乘法，令諸衆生咸得清淨，離憂悲苦，證妙法理。

八解脱

求那跋陀羅譯《雜阿含經》卷六　云何有身滅道跡，謂八正道，正見，正志，正語，正業，正命，正方便，正念，正定，是名有身滅道跡。有身當知，有身集當斷，有身滅當證，有身滅道跡當修。羅陀，若多聞聖弟子於有身若知，若斷，有身集若知，若斷，有身滅若知，若證，有身滅道跡若知，若修已，羅陀，名斷愛，離愛，轉結，止慢無間等究竟苦邊。

佛陀耶舍共竺佛念譯《佛説長阿含經》卷一二　佛告諸比丘，若欲滅此諸邪惡見者，於四念處當修三行。云何比丘滅此諸惡，於四念處當修三行。比丘謂［内］身身觀，精勤不懈，憶念不忘，除世貪憂。外身身觀，精勤不懈，憶念不忘，除世貪憂。内外身身觀，憶念不忘，除世貪憂。受，意，法觀，亦復如是。是爲滅衆惡法，於四念處，三種修行。有八解脱，云何爲八，色觀色，初解脱。内無色想外觀色，二解脱。淨解脱，三解脱。度色想滅有對想，住空處，四解脱。捨空處，住識處，五解脱。捨識處，住不用處，六解脱。捨不用處，住有想無想處，七解脱。滅盡定，八解脱。

法顯譯《大般涅槃經》卷上　復次阿難，有八解脱，一者内有色想外觀色，二者内無色想外觀色不淨思惟，三者淨解脱，四者空處解脱，五者識處解脱，六者無所有處解脱，七者非想非非想處解脱，八者滅盡定解脱。此亦復是行者勝法，若能究竟此等法者，即於諸法，自在無礙。

瞿曇僧伽提婆譯《中阿含經》卷二四　復次，阿難，有八解脱，云何爲八，色觀色，是謂第一解脱。復次，内無色想外觀色，是謂第二解脱。復次，淨解脱身作證成就遊，是謂第三解脱。復次，度一切色想，滅有對想，不念若干想，無量空處，是無量空處成就遊，是謂第四解脱。復次，度一切無量空處，無量識處，是無量識處成就遊，是謂第五解脱。復次，度一切無量識處，無所有處，是無所有處成就遊，是謂第六解脱。復次，度一切無所有處，非有想非無想處，是非有想非無想處成就遊，是謂第七解脱。復次，度一切非有想非無想處，想知滅解脱身作證成就遊，及慧觀諸漏盡知，是謂第八解脱。阿難，若有比丘彼七識住及二處知如眞，心不染著，得解脱，及此八解脱，順逆身作證成就遊，亦慧觀諸漏盡者，是謂比丘阿羅訶，名俱解脱。

玄奘譯《大般若波羅蜜多經》卷六三　舍利子，八解脱如虛空，八勝處九次第定十遍處如虛空。所以者何，舍利子，如虛空前際不可得，後際不可得，中際不可得，以彼中邊不可得故，説爲虛空，八解脱八勝處九次第定十遍處亦如是，前際不可得，後際不可得，中際不可得。何以故，八解脱性空故，八勝處九次第定十遍處性空故，空中前際不可得，後際不可得，中際不可得，亦以中邊俱不可得故説爲空。舍利子，由此緣故我作是説，八解脱無邊故，當知菩薩摩訶薩亦無邊，八勝處九次第定十遍處無邊故，當知菩薩摩訶薩亦無邊。

玄奘譯《大般若波羅蜜多經》卷七六　舍利子，八解脱非有故，當知作意亦非有，八勝處九次第定十遍處非有故，當知作意亦非有。八解脱無實故，當知作意亦無實，八勝處九次第定十遍處無實故，當知作意亦無實。八解脱無自性故，當知作意亦無自性，八勝處九次第定十遍處無自性故，當知作意亦無自性。八解脱空故，當知作意亦空，八勝處九次第定十遍處空故，當知作意亦空。八解脱遠離故，當知作意亦遠離，八勝處九次第定十遍處遠離故，當知作意亦遠離。八解脱寂靜故，當知作意亦寂靜，八勝處九次第定十遍處寂靜故，當知作意亦寂靜。八解脱無覺知故，當知作意亦無覺知，八勝處九次第定十遍處無覺知故，當知作意亦無覺知。

玄奘譯《阿毗達磨俱舍論》卷五　有八解脱。謂有色觀諸色，是初解脱。内無色想觀外色，是第二解脱。淨解脱身作證具足住，是第三解脱。超一切色想滅有對想不思惟種種想，入無邊空，空無邊處具足住，是第四解脱。超一切空無邊處入無邊識，識無邊處具足住，是第五解脱。超一切識無邊處入無所有，無所有處具足住，是第六解脫。超一切無所有處入非想非非想處具足住，是第七解脫。超一切非想非非想處，入想受滅身作證具足住，是第八解脫。

玄奘譯《阿毗達磨集異門足論》卷一八　八解脫者。云何爲八，答：若有色觀諸色，是第一解脫。內無色想，觀外諸色，是第二解脫。淨解脫身作證具足住，是第三解脫。超一切色想滅有對想，不思惟種種想，入無邊空空無邊處具足住，是第四解脫。超一切空無邊處，入無邊識識無邊處具足住，是第五解脫。超一切識無邊處，入無所有無所有處具足住，是第六解脫。超一切無所有處，入非想非非想處具足住，是第七解脫。超一切非想非非想處，入想受滅身作證具足住，是第八解脫。

若有色觀諸色者，謂彼於內各別色想，未遠離未別遠離，未調伏未別調伏，未滅沒未破壞，彼由於內各別色想，未遠離未別遠離，未調伏未別調伏，未滅沒未破壞故，由勝解力觀外諸色，或作青瘀或作膿爛，或作破壞或作離散，或作啄噉或作異赤，或作骸骨或作骨鎖，是名若有色觀諸色。第一者，謂諸定中漸次順次相續次第數爲第一。解脫者，謂此定中所有善色受想行識，是名解脫。內無色想觀外諸色者，謂彼於內各別色想，已遠離已別遠離，已調伏已別調伏，已滅沒已破壞，彼由於內各別色想，已遠離已別遠離，已調伏已別調伏，已滅沒已破壞故，由勝解力觀外諸色，或作青瘀或作膿爛，或作破壞或作離散，或作啄噉或作異赤，或作骸骨或作骨鎖，是名內無色想觀外諸色。第二者，謂諸定中漸次順次相續次第數爲第二。解脫者，謂此定中所有善色受想行識，是名解脫。淨解脫身作證具足住者。問：此淨解脫加行云何，修觀行者由何方便入淨解脫定。答：初修業者創修觀時，取青樹相，所謂青莖青枝青葉青花青菓，或取青衣青嚴具相，或取所餘種種青相。既取如是諸青相已，由勝解力思惟想念，觀察安立信解此色是某青相。彼既如是由勝解力，思惟想念觀察安立，信解此色是某青故，心便散動馳流諸相，不能一趣繫念一境。思惟此色是青非餘，彼心散動馳流諸相，不能一趣繫念一境。思惟此色定是青故，未能住心入淨解脫，定爲攝散動馳流心。故於一青相繫念思惟，謂此是青非非青相，思惟此相精勤勇猛，乃至令心相續久住，由斯加行入淨解脫定，精勤數習此加行已，復進修行此定方便，謂於加行所引生道，數習數修數多所作。既於加行所引生道，數習數修數多所作，心便安住等住近住，相續一趣繫念一境。思惟此色定是青相，由心安住等住近住，相續一趣繫念一境，思惟青相無二無轉，便能證入淨解脫定。如觀青相觀黃赤白，隨其所應亦復如是。第三者，謂諸定中漸次順次相續次第數爲第三。解脫者，謂此定中所有善色受想行識，是名解脫。超一切色想者。云何色想，答：眼識身相應諸想等想性，現想性已想性，已現想性當想性，當現想性是名色想。復次有說，五識身相應諸想等想，乃至廣說是名色想。今此義中眼識身相應諸想等想，乃至廣說是名色想。入此定時於彼色想，皆能超越平等超越最極超越。是故說超一切色想滅。有對想者。云何有對想，答：四識身相應諸想等想，乃至廣說，是名有對想。復次有說，五識身相應諸想等想，乃至廣說，是名有對想。復次有說，瞋恚相應諸想等想，乃至廣說，是名有對想。今此義中，四識身相應諸想等想，乃至廣說是名有對想。入此定時彼有對想，已斷已遍知，已遠離已別遠離，已調伏已別調伏，已滅沒已破壞，是故說爲滅有對想。不思惟種種想者。云何種種想，答：有覆纏者所有染污色想，聲想香想，味想觸想諸所有想，若不善諸所有想，若非理所引諸所有想能障礙定，如是一切名種種想。入此定時於種種想，不引發不隨引發，不等引發，不思惟不已思惟，不當思惟，由斯故說不思惟種種想。入無邊空空無邊處具足住者。問：此空無邊處解脫加行云何，修觀行者由何方便入空無邊處解脫定。答：初修業者創修觀時，先應思惟第四靜慮爲麁苦障，後應思惟空無邊處爲靜妙離。彼既思惟第四靜慮爲麁苦障，亦復思惟空無邊處爲靜妙離。故心便散動馳流諸相，不能一趣繫念一境相續。思惟空無邊處，彼心散動馳流諸相，不能一趣繫念一境相續。思惟空無邊處故，未能住心入空無邊處解脫定。爲攝散動馳流心故，專繫念思惟空無邊處相。思惟此相精勤勇猛，乃至令心相續久住，由斯加行入空無邊處解脫定。精勤數習此加行已，復進修行此定方便，謂於加行所引生道，數習數修數多所作。既於加行所引生道，數習數修數多所作，心便安住等住近住，相續一趣繫念一境。思惟此是空無邊處，由心安住等住近住，相續一趣繫念一境，思惟如是空無邊處，無二無轉，便能證入空無邊處解脫定。第四者，謂諸定中，漸次順次相續次第數爲第四。解脫者，謂此定中，所有善受想行識皆名解脫。超一切空無邊處者。云何超一切空無邊處。答：將欲趣入識無邊處時，於一切空無邊處想，皆能超越平等超越最極超越。是故說爲超一切空無邊處。【略】

第五者，謂諸定中，漸次順次相續次第數爲第五。解脫者，謂此定中所有善受想行識皆名解脫。超一切識無邊處者。云何超一切識無邊處，答：將欲趣入無所有處時，於一切識無邊處想，皆能超越平等超越最極超越，是故說爲超一切識無邊處。入無所有無所有處具足住者。問：此無所有處解脫加行云何，修觀行者由何方便，入無所有處解脫定。答：初修業者創修觀時，先應思惟識無邊處爲苦麤障，後應思惟無所有處爲靜妙離。彼既思惟識無邊處爲苦麤障，亦復思惟無所有處爲靜妙離，故心便散動馳流諸相，不能一趣繫念一境。相續思惟無所有處，彼心散動馳流諸相，不能一趣繫念一境。相續思惟無所有處，故未能住心入無所有處解脫定。爲攝散動馳流心故，專繫念思惟無所有處相。思惟此相精勤勇猛，乃至令心相續久住，由斯加行入無所有處解脫定。精勤數習此加行已，復進修行此定方便。謂於加行所引生道，數習數修數多所作。既於加行所引生道，數習數修數多所作，心便安住等住近住，相續一趣繫念一境。思惟此是無所有處，由心安住等住近住，相續一趣繫念一境。思惟如是無所有處無二無轉，便能證入無所有處解脫定。第六者，謂諸定中，漸次順次相續次第數爲第六。解脫者，謂此定中所有善受想行識，皆名解脫。超一切無所有處者。云何超一切無所有處，答：將欲趣入非想非非想處時，於一切無所有處，皆能超越平等超越最極超越，是故說爲超一切無所有處。入非想非非想處具足住者。問：此非想非非想處解脫加行云何，修觀行者由何方便，入非想非非想處解脫定。答：初修業者創修觀時，先應思惟無所有處爲苦麤障，後應思惟非想非非想處爲靜妙離。彼既思惟無所有處爲苦麤障，亦復思惟非想非非想處爲靜妙離。故心便散動馳流諸相，不能一趣繫念一境，相續思惟非想非非想處。彼心散動馳流諸相，不能一趣繫念一境，相續思惟非想非非想處，故未能住心入非想非非想處解脫定。爲攝散動馳流心故，專繫念思惟非想非非想處相。思惟此相精勤勇猛，乃至令心相續久住。由斯加行入非想非非想處解脫定，精勤數習此加行已。復進修行此定方便，謂於加行所引生道，數習數修數多所作。既於加行所引生道，數習數修數多所作，心便安住等住近住，相續一趣繫念一境，思惟此是非想非非想處。由心安住等住近住，相續一趣繫念一境，思惟如是非想非非想處無二無轉，便能證入非想非非想處解脫定。第七者，謂諸定中，漸次順次相續次第數爲第七。解脫者，謂此定中所有善受想行識，皆名解脫。超一切非想非非想處者。云何超一切非想非非想處，答：將欲趣入想受滅解脫時，於一切非想非非想處想，皆能超越平等超越最極超越，是故說爲超一切非想非非想處。入想受滅身作證具足住者。問：此想受滅解脫加行云何，修觀行者由何方便入想受滅解脫定。答：初修業者創修觀時，於一切行不願造作，不欲思覺，而入於定但作是念，云何當令未生想受暫時不生，已生想受暫時息滅。彼於諸行不願造作，不欲思覺，而入於定但作是念，云何當令未生想受暫時不生，已生想受暫時息滅。故隨心所願，有時能令未生想受暫時不生，已生想受暫時息滅，齊此名入想受滅解脫定。第八者，謂諸定中，漸次順次相續次第數爲第八。解脫者，謂此定中諸解脫異解脫異極解脫，已解脫當解脫，是名解脫。復次若法想微細爲因，想微細爲等無間，由想不和合義，非不成就義，是名解脫。此中想受滅解脫定者。云何想受滅，云何想受滅解脫，云何想受滅解脫定，而說想受滅解脫定耶。答：想受滅者，謂想及受滅寂靜沒，是名想受滅。想受滅解脫者，謂想受滅諸解脫，異解脫，異極解脫，已解脫當解脫，是名想受滅解脫。想受滅解脫定者，謂想受滅及想受滅解脫，不隱不背，現前自在身所證得，是名想受滅解脫定。

施護譯《佛說大生義經》　復次阿難當知，有八解脫法門。所謂若內有色觀外色，是爲第一解脫。若內無色觀外色，是爲第二解脫。若身證清淨解脫，是爲第三解脫。若得清淨已離諸色想，觀一虛空無有邊際，此觀成已，是爲第四空無邊處解脫。若離空無邊處，當觀於識識亦無邊，此觀成已，是爲第五識無邊處解脫。若離識無邊處已，當觀一切都無所有，此觀成已，是爲第六無所有處解脫。若離無所有處已，當觀非想非非想處，此觀成已是爲第七非想非非想處解脫。若離是非想非非想處已，當滅受想住三摩地，彼身證已，是爲第八滅受想解脫。如是名爲八解脫法門。

施護譯《佛說法集名數經》　云何八定解脫，所謂內有色觀外色解脫，內無色觀外色解脫，觀淨解脫具足住觀空無邊處解脫，觀識無邊處解脫，觀無所有處解脫，觀非想非非想處解脫，觀想受滅解脫。

八背捨

鳩摩羅什譯《大智度論》卷二一 八背捨者，內有色外亦觀色是初背捨，內無色外觀色是第二背捨，淨背捨身作證第三背捨，四無色定及滅受想定是五，合爲八背捨。背是淨潔五欲，離是著心，故名背捨。

不壞內外色，不內外滅色相，以是不淨心觀色，是名初背捨。壞內色滅內色相，不壞外色不滅外色相，以是不淨心觀外色，是第二背捨。是二皆觀不淨，一者觀內觀外，二者不見內但見外。何以故，衆生有二分行，愛行見行，愛多者著樂，多縛在外，諸使行，見多者多著身見等行，爲內諸使縛。以是故愛多者觀外色不淨，見多者觀自身不淨壞敗。復次行者初心未細攝繫心一處難，故內外觀漸習調柔，能內壞色相但觀外。問曰：若無內色相，誰當觀外。答曰：是爲得解道，非實道，行者念未來死及火燒蟲噉埋著土中皆磨滅。若現在觀亦分別是身，乃至微塵皆無，是名內無色相外觀色。問曰：二勝處見內外色，六勝處但見外色，一背捨見內外色，二背捨但見外色，何以故但內有壞色相，外色不能壞。答曰：行者眼見是身有死相，取是未來死相以況今身，外四大不見滅相故，難可觀無故，不說外色壞。復次離色界時，是時亦不見外色，淨背捨身作證者，不淨中淨觀。如八勝處說，前八一切處，觀清淨地水火風及青黃赤白，觀青色如青蓮華，如金精山，如優摩伽華，如眞青婆羅㮈衣，觀黃赤白各隨色亦復如是，總名淨背捨。【略】

四無色背捨。如四無色定中觀，欲得背捨先入無色定，無色定是背捨之初門，背捨色緣無量虛空處。問曰，無色定亦爾有何等異。答曰，凡夫人得是無色定是爲無色，聖人深心得無色定一向不迴，是名背捨，餘殘識處，無所有處，非有想非無想處亦如是。背滅受想諸心心數法，是名滅受想背捨。問曰，無想定何以不名背捨。答曰，邪見者不審諸法過失，直入定中謂是涅槃，從定起時，還生悔心，墮在邪見，是故非背捨。滅受想患，厭散亂心故，入定休息似涅槃法，著身中得故，名身證。

智顗《釋禪波羅蜜次第法門》卷一○ 八背捨者，一內有色相外觀色是初背捨，二內無色相外觀色是二背捨，三淨背捨身作證是三背捨，四虛空處背捨，五識處背捨，六不用處背捨，七非有想非無想背捨，八滅受想背捨。今釋背捨即爲五意，一釋名，二明次位，三辯觀法不同，四明修證，五分別趣道之相。

第一釋名，此八法門所以通名背捨者，背是淨潔五欲離是著心，故名背捨。言淨潔五欲者，欲界麁弊色聲香味觸，貪著是法，沈沒三塗，名爲不淨五欲。欲界定未到地根本四禪四空，是中雖生味著，皆名淨潔五欲。今以背捨無漏對治破除，厭離不著欲界根本禪定喜樂，故言能背是淨潔五欲，捨是著心，名爲背捨。復次多有人言，背捨即是解脫之異名，今用摩訶衍意往撿此義不然。所以者何，如《大品經》云，菩薩依八背捨入九次第定，身證阿那含人，雖得九次第定，而不得受具足八解之名，故知因中厭離煩惱名背捨，後具足觀鍊熏修，發眞無漏，三界結盡，爾時背捨轉名解脫。如此說者義則可依。

第二明次位者，解釋不同。若依曇無德人所明，初二背捨位在欲界，三淨背捨位在色界四禪，第四五六七此四背捨位在四空，第八滅受想背捨位過三界。若依薩婆多人所說，初二背捨位通欲界初禪二禪，第三淨背捨唯在四禪，彼云三禪樂多，又離不淨近故不立背捨，下五背捨明位不異於前。復有師言，三禪無勝處，四禪無背捨，此則與前有異。今依《摩訶衍》中說，論言，初背捨初禪攝，第二背捨二禪攝，當知此二背捨位在初二禪中，爲對治破欲界故，皆言以是不淨心觀外色，第三淨背捨位在三禪中。故論云，淨背捨者緣淨故，淨遍身受樂故，名身作證，三界之法若除三禪更無遍身之樂。論文又言，是四禪中有一背一背四勝處，如比上進退從容當知，位在三禪四禪，苟而遍屬即互乖論，今若具以此義破射於前及融通教意，甚自紜紜。下五背捨配位不異於前，今依後家之釋以辯位次也。

第三釋觀法不同者。若曇無德人明此八解脫觀，並以空觀而爲體。若薩婆多人明此背捨不淨觀，並是有觀厭背爲體。今此八背捨具有事理兩觀，在因則名背捨，果滿則名解脫，亦名俱解脫也。若偏依前二家所說，此則事理互有不具，豈得受於俱解脫之名。此中觀行方法與前二家不同，淺深之異在下自當可見。

第四明修證。行者欲修八背捨無漏觀行，必須精持五篇諸戒，極令清淨，復當精勤勇猛大誓莊嚴，心無退沒，及能成辦大事。所言初背捨者，不壞內外色不內外滅色相，已是不淨心觀色，是名初背捨。所以者何，衆生有二分行，愛行見行，愛多者著樂，多縛在外結使，見多者多著身見等諸見，爲內結使縛。以是故愛多者觀外身不淨，見多者觀內身不淨敗壞。今明背捨觀行多先從內起，內觀既成，然後以不淨心觀外。云何觀內，行者端身正心，諦觀足大拇指，想如大豆脹黑，亦如腳繭之相，於靜心中觀此相成，即復想脹起如梨豆大，如是乃至見一拇指腳如鷄卵大，次觀二指三四五指亦然。次觀腳法復見腫脹，乃至腳心腳踵腳踝，髆膝髀髖悉見腫脹，次觀右腳亦如是。復當靜心諦想，大小便道腰脊腹背胸脇悉見腫脹。【略】

一一諦觀，知大知小，知強知軟，共相依假，是中無主無我，何者是身見。出入息但是風氣，亦復非身非我。觀受觀心乃至觀法，悉知虛誑，無主無我。作此觀已即破我見，憍慢五欲亦皆除滅。爾時復當定心從頭至足從足至頭，循身諦觀深鍊白骨乃經百千許，遍骨人筋骨，既盡骨色如珂如貝，深觀不已，即見骨上白光煜爚，見是相已即當諦觀眉間。當觀時亦見白光熗熗，悉來趣心行者，不取光相但定心眉間。若心恬然任運，自住善根開發，即於眉間見八色光明旋轉而出遍照十方，皆悉明淨。八色者，謂地水火風青黃赤白，普照大地，見地色如黃白淨地，見水色如淵中澄清之水，見火色如無煙薪清淨之火，見風色如無塵清風，見青色知金精山，見黃色如薝蔔華，見赤色如春朝霞，見白色如珂雪，隨是色相悉有光耀，雖復見色分明而無形質可得，此色超勝非世所有。是相發時，行者心定安隱喜樂無量，不可文載也。行者復當從頭至足深鍊骨人。還復攝心諦觀於額住心緣中，復見八色光明旋轉而出，如是次第定心觀髮際頂兩耳孔眉骨眼骨鼻口齒頷骨頸項骨，從上至下三百六十諸骨諸節，悉見八色光明旋轉而出。行者攝心轉細從頭至足從足至頭，觀此骨人悉見遍身放光普照一切悉皆明淨。若是菩薩大士咸於光中見諸佛像，若行人善根劣弱乃至四禪方得見諸佛像。行者既光明照耀，定心喜樂倍上所得，是名證初背捨相。【略】

二背捨者，壞內色滅內色相，不壞外色不滅外色相，以是不淨心觀外色，是第二背捨。所以者何，行者於初背捨中骨人放光既遍，今欲入二禪內淨故，壞滅內骨人取盡欲界見思未斷故，猶觀外白骨不淨之相，故云以是不淨心觀外色。今明修證。行者於初背捨後心中，不受覺觀動亂，諦觀內身骨人，虛假不實，內外空疎，專取壞散磨滅之相，如是觀時漸漸見於骨人腐爛碎壞猶如塵粉，散滅歸空不見內色。是時但攝心入定，緣外光明及與不淨，一心緣中不受觀，覺於後內心，豁然明淨，三昧正受與大喜俱發，即見八種光明從內淨出，明十方倍勝於上，既證內法大喜光明，即知根本二禪虛誑麁劣厭背不著，故名背捨，亦名無漏第二禪，是中具有四支推尋可見。三淨背捨身作證者。如《摩訶衍》中說，緣淨故淨，遍身受樂故，名身作證。所以者何，行者欲入是三背捨，於二背捨後心即不受觀外不淨，悉皆壞盡散滅無有遺餘，亦不受大喜勇動，但攝心諦觀八色光耀之相，取是相已入深三昧，鍊此八色極令明淨住心緣中即泯然入定，定發之時與樂俱生，見外八色光明淸淨皎潔，猶如妙寶光色，各隨其想，昱晃明照，遍滿諸方。外徹淸淨，外色照心，心即明淨，樂漸增長，遍滿身中，舉體怡悅。既證此法背捨，根本心不樂著，是則略說證淨背捨相，亦名無漏三禪，是中具足五支深思可見，乃至四禪淨色亦復如是，皆淨背捨所攝，但以無遍身樂爲異耳。【略】

四虛空背捨者。行者於欲界後已除自身皮肉不淨之色，初背捨後已滅內身白骨之色，二背捨後已卻外一切不淨之色，唯有八種淨色，至第四禪此八種色皆依心住，譬如幻色依幻心，住若心捨，色色即謝滅，一心緣空與空相應，即入無邊虛空處。此明滅色方便異於前也，證虛空處定義如前說。行者欲入虛空背捨，當先入空定，空定即是背捨之初門，背捨色緣無色故，凡夫人入此定名爲無色，佛弟子入此定，深心一向不迴，是名背捨。云何名深心，善修奢摩他故。云何名一向不迴，於此定中善修毗婆舍那空無相無作無願故，能捨根本著心，即不退沒輪轉生死故，名一向不迴。【略】

第五分別趣道之相。行者修八背捨入道有三種不同，一者先用背捨破遮道法，後則具足修習勝處乃至超越三昧事理二觀，具足方發眞無漏，證三乘道。二者若修八背捨時，是人厭離生死，欲速得解脫，是時遍修緣諦眞觀等，即於八背捨中發眞無漏，證三乘道，亦名具足八解脫也。當知此人未必具下五種法門。問曰，若爾此人未得九次第定，云何已得受八解脫之名。答曰，是義應作四句分別，一者自有九次第定非解脫，自有是解脫非次第定，自有次第定亦是解脫，自有非次第定非解脫，而是八背捨。三者若人厭離生死心重，但證初背捨時即深觀四諦眞定之理無漏，若發便於此地入金剛三昧證三乘道，當知是人亦復未必具上七種背捨。菩薩摩訶薩心如虛空，無所取捨，以方便力善修背捨，具足成就一切佛法，度脫衆生，當知背捨即是菩薩摩訶衍。

德基《毗尼關要事義》 背謂違背，捨即棄捨。《大智度論》云，背此淨潔五欲，捨此著心，故名背捨，修此觀故，發無漏智慧，斷三界見思惑盡，證羅漢果，即轉名八解脫也。淨潔五欲者，若欲界色聲香味觸，即名粗弊五欲，名爲不淨，若色界無色界色聲香味觸，即名淨潔五欲也。無漏智慧者，謂二乘等由此智慧，斷除惑業，不漏落生死也。三界者，欲界，色界，無色界也。見思惑者，謂意根對法塵起諸分別，曰見惑，眼等五根對色等五塵起諸貪愛，曰思惑。梵語阿羅漢，華言無學。

一內有色相外觀色。謂行人先觀自己色身相狀，壞爛不淨，不可愛樂，一心靜定，更想皮肉脫落，但見白骨有八色光明。八色光明者，謂見地色如黃白淨地，見水色如淵中澄清之水，見火色如烟薪清淨之火，見風色如無塵淸風，見青色如金精山，見黃色如蒼蔔花，見赤色如春朝霞，見白色如珂雪也。故云內有色相。又爲欲界貪欲難斷，雖已自觀內色不淨，故須復以不淨觀於他人之色，令生厭惡，以求斷除故，又云外觀色。此即初背捨位，在初禪天定。

二內無色相外觀色。謂行人爲入二禪已，滅內身色相，故云內無色相。又爲欲界貪欲難斷故，猶觀外不淨之相，令生厭惡，以求斷除故，又云外觀色。此即第二背捨位，在二禪天定。

三淨背捨身作證。淨即緣於淨相也，謂行人於第二背捨後，除棄外色不淨之相，但於定中練習八色光明，清淨皎潔，猶如妙寶之色，故云淨背捨。心既明淨，樂漸增長，徧滿身中，悉皆怡悅故，又云身作證。此即第三背捨位，在三禪天定。

四虛空處背捨。行人於欲界後，已除棄自身不淨之色。初背捨後，又除棄內身白骨之色。第二背捨後，又除棄外身一切不淨之色。尚餘八種淨色，皆依心住。若心捨色，色即謝滅，一心緣空，與空相應，即入無邊虛空處定，故云虛空處背捨。此即第四背捨位，在四禪天定。

五識處背捨。謂行人若捨虛空處，一心緣識入定時，即觀此定依五陰等，悉皆無常苦空無我。無常者，謂五陰之身終歸壞滅也。苦者，謂身有生死逼迫等苦也。空者，謂身由四大假合而成，本來空也。無我者，謂四大各離，誰是我耶，虛誑不實，心生厭背，而不受著，故云識處背捨。

六無所有處背捨。謂行人若捨識處，一心緣無所有處入定時。即觀此定，依五陰等，悉皆無常苦空無我，虛誑不實，心生厭背，而不受著，故名無所有處背捨。

七非有想非無想處背捨。謂行人若捨無所有處，一心緣非有想非無想入定時，即觀此定，依五陰等，悉皆無常苦空無我，虛誑不實，心生厭背，而不愛著，故名非有想非無想背捨。

八滅受想背捨。受即領納，想即思想，即五陰中受想二心也。謂行人厭患此心散亂，欲入定休息故，背滅受想諸心，是名滅受想背捨。

八因緣

安世高譯《長阿含十報法經》卷下 行者爲增本行，未得慧法八因緣。何等八，一爲若行者依受教誡行，亦依慧者同學者是本行，未得慧便得慧，是爲一法因緣。已依佛亦餘慧者同學者，得時時聞微法經，是增本行，不得本慧便得本慧，是爲二法因緣已聞法。卻身卻意，從是本行因緣，不得慧便得慧，是爲三法因緣。已聞法，精進行，從是增本行，不得慧便得慧，是爲四法因緣。守意行盡力自久作久說，欲念得念，是增行，不得慧便得慧，是爲五法因緣。受語亦如受法行，是增行，不得慧便得慧，是爲六法因緣。樂法樂行數說經，是增行，不得慧便得慧，是爲七法因緣。知五陰增減見行，若是色若是色習，若從是色得滅，是痛癢思想生死識，是識是從是識得度，是增本行，未得慧便得慧，是爲八法因緣。

佛陁耶舍共竺佛念譯《佛說長阿含經》卷九 云何八成法，謂八因緣，不得梵行而得智，得梵行已智增多。云何爲八，於是，比丘依世尊住，或依師長，或依智慧梵行者住，生慙愧心，有愛有敬，是謂初因緣。未得梵行而得智，得梵行已智增多。復次，依世尊住，隨時請問，此法云何，義何所趣。時，諸尊長即爲開演甚深義理，是爲二因緣。既聞法已，身心樂靜，是爲三因緣。既樂靜已，不爲遮道無益雜論，彼到衆中，或自説法，或請他説，猶復不捨賢聖默然，是爲四因緣。多聞廣博，守持不忘，諸法深奥，上中下善，義味諦誠，梵行具足，聞已入心，見不流動，是爲五因緣。修習精勤，滅惡增善，勉力堪任，不捨斯法，是爲六因緣。有以智慧知起滅法，賢聖所趣，能盡苦際，是爲七因緣。觀五受陰，生相，滅相，此色，色集，色滅，此受想行識，識集，識滅，是爲八因緣。未得梵行而有智，得梵行已智增多。

佛陀耶舍共竺佛念譯《佛説長阿含經》卷二　爾時賢者阿難心驚毛豎疾行詣佛。頭面禮足，卻住一面。白佛言，怪哉，世尊！地動乃爾，是何因緣。佛告阿難：凡世地動，有八因緣。何等八，夫地在水上，水止於風，風止於空，空中大風有時自起，則大水擾，大水擾則普地動，是爲一也。復次，阿難，有時得道比丘，比丘尼及大神尊天，觀水性多，觀地性少，欲知試力，則普地動，是爲二也。復次，阿難，若始菩薩從兜率天降神母胎，專念不亂，地爲大動，是爲三也。復次，阿難，菩薩始出母胎，從右脇生，專念不亂，則普地動，是爲四也。復次，阿難，菩薩初成無上正覺，當於此時，地大震動，是爲五也。復次，阿難，佛初成道，轉無上法輪，魔，若魔，天，沙門，婆羅門，諸天，世人所不能轉，則普地動，是爲六也。復次，阿難，佛教將畢，專念不亂，欲捨性命，則普地動，是爲七也。復次，阿難，如來於無餘涅槃界般涅槃時，地大振動，是爲八也。以是八因緣，今地大動。

竺佛念譯《菩薩瓔珞經》卷九　爾時衆會一切衆生，見如來授明觀菩薩決，或有衆生覺知者，不覺知者。爾時世尊觀察人心各懷狐疑，佛知其意便告明觀菩薩曰：如來至眞等正覺在大衆中授菩薩決。有覺知者，不覺知者，有八因緣。云何爲八，善男子善女人得如來決當成無上平等正覺，一切衆人無能知者，是謂如來授衆生決，己身自覺，餘人不知。復次明觀，若有善男子善女人，在大衆中爲如來所見授決，餘人盡見己不覺知，是謂如來授衆生決，餘人盡見，己不覺知。復次明觀菩薩摩訶薩，若有善男子善女人，爲諸佛世尊所見授決，汝當成佛，其號如是，己知受決，餘人亦見，是謂如來授衆生決，己自覺知，餘人亦見。復次明觀菩薩摩訶薩，若有善男子善女人，在大衆中爲如來所見授決，自不覺知餘人亦不知，是謂如來授衆生決，自不覺知，餘人亦不知。佛復告明觀菩薩，若有善男子善女人，在大衆中受如來決，然此受決之人乃在末行，不近如來，近如來者自謂受我決，是謂如來授衆生決，遠者覺知，近者不覺。復次明觀菩薩摩訶薩，若有善男子善女人，在大衆中爲如來所見授決，近如來者便自覺知，今日如來而授我決，遠如來者復自稱説，如來今日授我等決，然此衆生未應受決，是謂如來授衆生決，近者覺知，遠者不覺。佛復告明觀菩薩摩訶薩，若有善男子善女人，爲諸佛世尊所見授決，當成佛時其號如是，近者不覺，遠亦不知，是謂如來授衆生決，遠近衆生皆不覺知。佛復告明觀菩薩，若有善男子善女人，在大衆中爲如來所見授決，近者亦覺，遠者亦知，餘人不見。是謂如來八因緣法。

八勝處

鳩摩羅什譯《大智度論》卷二一　復次離色界時，是時亦不見外色，淨背捨身作證者，不淨中淨觀。如八勝處説，前八一切處，觀清淨地水火風及青黄赤白，觀青色如青蓮華，如金精山，如優摩伽華，如眞青婆羅㮈衣，觀黄赤白各隨色亦復如是，總名淨背捨。問曰，若總是淨背捨，不應説一切處。答曰，背捨是初行者，勝處是中行，一切處是久行。不淨觀有二種，一者不淨二者淨，不淨觀中二背捨四勝處，淨觀中一背捨四勝處，八一切處。問曰，行者以不淨爲淨名爲顛倒，淨背捨觀云何不顛倒。答曰，女色不淨妄見爲淨，是名顛倒，淨背捨觀一切實青色廣大故不顛倒。復次爲調心故，淨觀以久習，不淨觀心厭，以是故習淨觀非顛倒，亦是中不著故。復次行者先觀身不淨，隨身法所有內外不淨繫心觀中，是時生厭婬恚癡薄，即自驚悟，我爲無目，此身如是。云何生著，攝心實觀無令復錯，心既調柔想身皮肉血髓不淨除卻，唯有白骨繫心骨人。若外馳散攝之令還，深攝心故見白骨流光，如珂如貝能照內外諸物，是爲淨背捨初門。

【略】

八勝處者，内有色相外觀色少，若好若醜，是色勝知勝觀，是名初勝處。内有色相外觀色多，若好若醜，是色勝知勝觀，是名第二勝處。第三第四亦如是，但以内無色相外觀色爲異，内亦無色相，外觀諸色青黄赤白，是爲八勝處。内有色相外觀色者，内身不壞見外緣少者，緣少故名少，觀道未增長故觀少因緣，觀多畏難攝故。譬如鹿遊未調不中遠放，若好若醜者，初學繫心緣中，若眉間若額上若鼻端，内身不淨相内身中不淨相，觀外諸色善業報故名好，不善業報故名醜。【略】

行者如教受觀身是骨人，若心外散還攝骨人緣中。何以故，是人初習行，未能觀細緣故，是名少色，行者觀道轉深增長，以此一骨人，遍觀閻浮提皆是骨人，是名爲多。還復攝念觀一骨人，以是故名勝知勝見。復次隨意五欲中，男女相淨潔相，能勝故名爲勝處。譬如健人乘馬擊賊，能破是名爲勝，又能制御其馬，是亦名勝。行者亦如是，能自於不淨觀中，少能多多能少，是爲勝處，亦能破五欲賊亦名勝處。内未能壞身外觀色，若多若少若好若醜，是初第二勝處。内壞身無色相觀外色，若多若少若好若醜，是第三第四勝處。攝心深入定中壞内身，觀外淨緣青青色黄赤白白色，是爲後四勝處。問曰，是後四勝處，十一切處中青等四處，有何等異。答曰，青一切處，能普緣一切，令青是勝處若多若少隨意觀，不令異心奪，觀勝是緣名爲勝處。譬如轉輪聖王，遍勝四天下，閻浮提王勝一天下而已，一切處普遍勝一切緣，勝處但觀少色能勝，不能遍一切緣。如是等略說八勝處。

法顯譯《大般涅槃經》卷上 阿難，有八勝處，一者内有色想外觀色少境界，二者内有色想外觀色無量境界，三者内無色想外觀色少境界，四者内無色想外觀色無量境界，五者觀一切色青，六者觀一切色黄，七者觀一切色赤，八者觀一切色白，此是行者上勝之法。

智顗《釋禪波羅蜜次第法門》卷一〇 八勝處者。一内有色相外觀色少，若好若醜，是名勝知勝見，一勝處也。二内有色相外觀色多，若好若醜，是名勝知見，二勝處也。三内無色相外觀色少，若好若醜，是名勝知見，三勝處也。四内無色相外觀色多，若好若醜，是名勝知見，四勝處也。五青勝處，六黄勝處，七赤勝處，八白勝處。若依《纓絡經》用四大爲四勝處，今明勝處即爲四意，一者釋名，二明階位，三辯修證之相，四明趣道。

第一釋名。此八法通明勝處者則有二義，一者若淨若不淨，五欲得此觀時隨意能破，故名勝處。二者善調觀心，譬如乘馬擊賊非但破前陣，亦能善制其馬，故名勝處。此則有異背捨，經亦說爲八除入。若因勝處斷煩惱盡，則知虚妄陰入皆滅，爾時勝處變名八除入也。

第二明次位者。今但依《摩訶衍》中說，初二勝處位在初禪，次第三第四勝處位在二禪後，四勝處位在四禪。所以三禪不立勝處者，以樂多心鈍故。前二禪離欲界近，欲界煩惱難破，雖位居二禪猶觀不淨破下地結。四禪既是色中之極，故色勝位極於此。四空既無色故，亦以破地煩惱薄故，故不立勝處。

第三明修證。所以言内有色相外觀色少者，緣少故名少，觀道未增故觀少因緣，觀多畏難攝故。譬如鹿遊未調，則不中遠放。云何名觀少，行者自觀見己身不淨，亦觀所愛之人不淨脹爛白骨，心甚厭惡，如初背捨中說若好若醜者，觀外諸色善業果報故名好，惡業報故名醜。復次行者從師所受觀法觀外緣種種不淨，是名醜色，行者或時憶念妄生淨想，觀淨色是好色。復次行者自身中繫心一處，觀欲界中色有二種，一者能生婬欲，二者能生瞋恚。能生婬欲是淨色，名爲好，能生瞋恚者是不淨色，故名醜。勝知勝見者，觀心淳熟於好色中心不貪愛，於醜色中心不瞋恚，但觀色四大因緣和合而生，如水沫不堅固，智慧深達假實之相。行者住是不淨門中，婬欲瞋恚諸結使來能不隨故，名勝處，勝是不淨中淨，顛倒諸煩惱故。復次好醜者，不淨觀有二種，一者見自身他身三十六物臭穢不淨，是名醜。二者除内外皮肉五臟，但觀白骨如珂如雪乃至流光照耀，是名爲好。行者見不淨時即知虚假，心不畏沒，見淨色時知從緣生，心不愛染，是名勝知勝見。復次行者於少緣中隨意觀色轉變自在，亦能善制觀心，故名勝處。二内有色相外觀色多若好若醜，是名勝知勝見者，行者觀心既調，爾時不滅内骨人，更於定中廣觀外色，所謂諦觀一死屍乃至十百千萬一國土，乃至十百千萬國一閻浮提，乃至一四天下等，皆見悉是死屍。若觀一膖脹時悉見一切膖脹，乃至壞血污膿爛青瘀剝落亦如是。行者既廣見死屍不淨，心甚厭惡。次當諦觀一死屍，脫除皮骨但見白骨，如是乃至一切死屍悉除皮肉皆見白骨遍滿世界。此觀如禪經廣明，是中應具説。行者外骨觀既成，復當定心諦觀內身白骨，鍊使明淨如珂如貝，當自觀骨時見外一切骨人，悉皆起立，行行相對，羅列舉手而來，行者於三昧中即知此諸骨人皆是隨想而來，無有定實，心不驚怖。復當心默念訶此骨人，咄汝諸骨人從何而來，如是訶時，悉見骨人悉還躄地，如是或至多反。行者深觀內骨即見光明普照十方，一切骨人爲光所照悉亦明淨。此觀成時於一切怨親中人及諸好醜，其心平等，無有愛恚，是名若好若醜勝知勝見。【略】

次明第三第四勝處，觀行方法不異於前，但以內無色相爲異，滅內色方法前二背捨初門説，今行者爲欲界煩惱歎破故，於第二禪中重修此二勝處，對治除滅下地結使，令無遺餘，亦以重轉變觀道令利熟增明，牢固不失，工力轉勝也。次釋青黃赤白四勝處者，行者不受三禪身證之樂，入第四禪時念慧清淨四色轉更光顯如妙寶光明，勝於前色，故名勝處。復次行者於四禪中用不動智慧鍊此四色，少能多，多能少，轉變自在，欲見即見，欲滅即滅，故名勝處。復次行者於三昧中見是勝色結漏未斷，或時法愛心生，爲斷法愛，諦觀此色，知從心起，譬如幻師觀所幻色，知從心生，則不生著，是時背捨變名勝處。

第四明趣道之相，亦爲三意。一者先用勝處調心，然後具足修習超越等法，發眞無漏，證三乘道。二者此八勝處具足成就，深入四諦眞觀第四禪中，發眞無漏，具足三十四心，斷三界結，證三乘道。三者自有行人得初勝處入初禪時，厭畏心重，即作念言，我今何用事中諸禪但須疾取涅槃，作此念已，即於此地深觀四諦十二因緣中道實相，若發無漏即證三乘聖果也，下七勝處亦當一一如是分別。菩薩摩訶薩雖知諸法畢竟空寂，憐愍一切衆生故，深修勝處，於勝處中發大神通，摧伏天魔，破諸外道，度脱衆生，當知勝處即是菩薩摩訶衍。

玄奘譯《阿毗達磨集異門足論》卷一九　八勝處者。云何爲八，答：內有色想觀外色少，若好若惡，於彼諸色勝知勝見有如是想，是第一勝處。內有色想觀外色多，若好若惡，於彼諸色勝知勝見有如是想，是第二勝處。內無色想觀外色少，若好若惡，於彼諸色勝知勝見有如是想，是第三勝處。內無色想觀外色多，若好若惡，於彼諸色勝知勝見有如是想，是第四勝處。內無色想觀外諸色，若青顯青現青光，猶如烏莫迦花，或如婆羅痆斯深染青衣，若青青顯青現青光，內無色想觀外諸色，若青青顯青現青光亦復如是，於彼諸色勝知勝見有如是想，是第五勝處。內無色想觀外諸色，若黃黃顯黃現黃光，猶如羯尼迦花，或如婆羅痆斯深染黃衣，若黃黃顯黃現黃光，內無色想觀外諸色，若黃黃顯黃現黃光亦復如是，於彼諸色勝知勝見有如是想，是第六勝處。內無色想觀外諸色，若赤赤顯赤現赤光，猶如槃豆時縛迦花，或如婆羅痆斯深染赤衣，若赤赤顯赤現赤光，內無色想觀外諸色，若赤赤顯赤現赤光亦復如是，於彼諸色勝知勝見有如是想，是第七勝處。內無色想觀外諸色，若白白顯白現白光，猶如烏沙斯星色，或如婆羅痆斯極鮮白衣若白白顯白現白光，內無色想觀外諸色，若白白顯白現白光亦復如是，於彼諸色勝知勝見有如是想，是第八勝處。

玄奘譯《阿毗達磨俱舍論》卷二九　勝處有八，一內有色想觀外色少，二內有色想觀外色多，三內無色想觀外色少，四內無色想觀外色多，內無色想觀外青黃赤白爲四，足前成八。八中初二如初解脱，次二如第二解脱，後四如第三解脱。若爾八勝處何殊三解脱，前修解脱唯能棄背，後修勝處能制所緣，隨所樂觀惑終不起。

施護譯《佛説大集法門經》卷下　復次八勝處，是佛所説。謂內有色想觀外色少，作是觀時，起勝知見，是爲勝處。內有色想觀外色多，作是觀時，起勝知見，是爲勝處。內無色想觀外色少，作是觀時，起勝知見，是爲勝處。內無色想觀外色多，作是觀時，起勝知見，是爲勝處。內無色想觀外色青，所謂觀如烏摩華，及青色衣，於二分青中，皆是青顯青現青光，廣多清淨，作是觀時，起勝知見，是爲勝處。內無色想觀外色黃，所謂觀如訖哩瑟拏阿迦囉華，及黃色衣，於二分黃中，皆是黃顯黃現黃光，廣多清淨，作是觀時，起勝知見，是爲勝處。內無色想觀外色赤，所謂觀如滿度爾嚩迦華，及赤色衣，於二分赤中，皆是赤顯赤現赤光，廣多清淨，作是觀時，起勝知見，是爲勝處。內無色想觀外色白，所謂觀如白色華，及白色衣，於二分白中，皆是白顯白現白光，廣多清淨，作是觀時，起勝知見是爲勝處。如是等名爲八勝處。

德基《毗尼關要事義》　八勝處者，謂修八背捨後，觀心純熟，轉變自在，若淨若不淨隨意能破也。《禪波羅蜜》云：初二勝處，位在初禪。第三第四勝處，位在二禪。第五至第八勝處，位在四禪。三禪不立勝處者，以三禪天樂多心純，故不立也。

一內有色相，外觀色少，若好若醜，是名勝知勝見。謂行人先觀自己色身相狀，壞爛不淨，不可愛樂，一心靜定，更想皮肉脱落，但見有八色光明，故云內有色相。又以觀道未增，若觀多色，恐難攝持，故觀少色。是以自觀己身不淨，亦觀所愛之人身亦不淨，故云外觀色少。若好若醜者，謂觀外諸色善業果報，故名好，惡業果報，故名醜。或時繫心一處，觀欲界中色，能生貪欲者，是淨色，名爲好。能生瞋恚者，是不淨色，名爲醜。勝知勝見者，謂觀心純熟，於好色中，心不貪愛，於醜色中，心不瞋恚也。

二內有色相，外觀色多，若好若醜，是名勝知勝見。謂行人先觀自己色身相狀，壞爛不淨，不可愛樂，一心靜定，更想皮肉脱落，但見白骨有八色光明，故云內有色相。觀於內身，色相既熟，則觀外色雖多，亦無妨礙。所謂諦觀一死屍，至十百千萬等死屍，若觀一肨脹時，悉見一切肨脹，乃至壞爛青瘀剝落亦復如是，故云外觀色多。好醜知見，如初勝處中釋。

三內無色相，外觀色少，若好若醜，是名勝知勝見。謂行人入二禪自己，滅內心色相，故云內無色相。又以觀道未增，若觀多色，恐難攝持，故觀少色。是以自觀自己身不淨，亦觀所愛之人身亦不淨，故云外觀色少。餘如前釋。

四內無色相，外觀色多，若好若醜，是名勝知勝見。謂行人入二禪自己，滅內身色相，故云內無色相。觀內身色相既無，則外觀色相雖多，亦無妨礙。所謂諦觀一死屍，至千萬死屍，若觀一肨脹時，悉見一切肨脹，乃至壞爛剝落亦復如是，好醜勝知勝見如前。蓋行人爲欲界煩惱難破故，於第二禪中，重修第三第四勝處，除滅欲界煩惱，令無遺餘，亦令觀道增進，牢固不失，工力轉勝也。

五青勝處。謂行人觀青色照耀，勝於背捨八色光明中所見青相，不起法愛，故名勝處。

六黃勝處。謂行人觀黃色照耀，勝於背捨八色光明中所見黃相，亦不起法愛，故名勝處。

七赤勝處。謂行人觀赤色照耀，勝於背捨八色光明中所見赤相，亦不起法愛，故名勝處。

八白勝處。謂行人觀白色照耀，勝於背捨八色光明中所見白相，亦不起法愛，故名勝處。

八部衆

法顯譯《大般涅槃經》卷上　阿難，有八部衆，一者剎利，二者婆羅門，三者長者居士，四者沙門，五者四天王，六者忉利天，七者魔王，八者梵王。此八部衆，我觀其根應得度者，隨所現形，而爲説法，彼亦不知是我所説。

瞿曇僧伽提婆譯《增壹阿含經》卷三七　爾時，世尊告諸比丘，有八部之衆，汝等當知。云何爲八，所謂剎利衆，婆羅門衆，長者衆，沙門衆，四天王衆，三十三天衆，魔衆，梵天衆。比丘當知，我曩昔已來至剎利衆中，共相問訊，言談講論，亦復無人與我等者，獨步無侶，亦無儔匹，少欲知足，念不錯亂，戒成就，三昧成就，智惠成就，解脱成就，多聞成就，精進成就。

玄奘譯《阿毗達磨集異門足論》卷一八　八種衆者，云何爲八，答：一剎帝利衆，二婆羅門衆，三長者衆，四沙門衆，五四大王衆天衆，六三十三天衆，七魔天衆，八梵天衆。云何剎帝利衆，答：顯示彼色，顯示彼蘊，顯示彼部，是名剎帝利衆，乃至梵衆，廣説亦爾。

八大地獄

瞿曇僧伽提婆譯《增壹阿含經》卷三四　鐵圍中間有八大地獄，一一地獄有十六隔子。然彼鐵圍山於閻浮里地多所饒益，閻浮里地設無鐵圍山者，此間恒當臭處，鐵圍山表有香積山。

耶舍共竺佛念譯《佛説長阿含經》卷一九　佛告比丘，此四天下有八千天下圍遶其外，復有大海水周匝圍遶八千天下，復有大金剛山遶大海水，金剛山外復有第二大金剛山，二山中間窈窈冥冥，日月神天有大威力，不能以光照及於彼。彼有八大地獄，其一地獄有十六小地獄，第一大地獄名想，第二名黑繩，第三名堆壓，第四名叫喚，第五名大叫喚，第六名燒炙，第七名大燒炙，第八名無間。其想地獄有十六小獄，小獄縱廣五百由旬，第一小獄名曰黑沙，二名沸屎，三名五百丁，四名飢，五名渴，六名一銅釜，七名多銅釜，八名石磨，九名膿血，十名量火，十一名灰河，十二名鐵丸，十三名斤斧，十四名豺狼，十五名劍樹，十六名寒氷。

《大方便佛報恩經》卷二　爾時喜王菩薩復白佛言：世尊，菩薩知恩，自發菩提心，菩薩報恩敎一切眾生令護菩提心者，如來世尊於生死時，發菩提心，因何事發。佛言：善男子，過去久遠不可計劫生死中，時以重煩惱，起身口意業故，墮在八大地獄，所謂阿訶訶地獄，阿婆婆地獄，阿波波地獄，銅釜大銅釜，黑石大黑石，乃至火車地獄。我於爾時墮在火車地獄中，共兩人竝挽火車，牛頭阿傍在車上坐，銜脣切齒，張目吹火，口眼耳鼻煙炎俱起，身體殊大，臂腳盤結，其色赤黑，手執鐵杖隨而鞭之，我時苦痛努力挽車，力厲前進，時我徒伴劣弱少力，劣弱在後，是時牛頭阿傍以鐵叉刺腹，鐵杖鞭背，血出沐浴隨體而流，其人苦痛高聲大喚苦痛難忍，或稱父母，或稱妻子，雖作如是唱喚，無益於已。我時見是受大苦惱心生哀愍，因慈心生故發菩提心，爲此眾罪人故，勸請阿傍，此罪人者甚可憐愍，小復加哀垂慈憐愍。阿傍聞已心生瞋恚，尋以鐵叉前刺我頸，尋時命終，即得脫於火車地獄百劫中罪，我以發阿耨多羅三藐三菩提心故，即脫火車地獄之罪。

施護譯《佛說法集名數經》　云何八寒地獄，所謂皰地獄，皰烈地獄，虎虎凡地獄，哳哳凡地獄，阿吒吒地獄，青蓮花地獄，紅蓮花地獄，大紅蓮花地獄。

云何八熱地獄，所謂等活地獄，黑繩地獄，眾合地獄，叫喚地獄，大叫喚地獄，燒然地獄，極燒然地獄阿鼻地獄。

八大金剛

不空譯《聖迦柅忿怒金剛童子菩薩成就儀軌經》卷下　西方畫難勝等八大金剛，所謂難勝金剛，忿怒金剛，難持金剛，恐怖金剛，極忿怒金剛，三世金剛，成就金剛，大忿怒金剛。若欲於他怨敵惡人得勝者，壇內四門各各門，右邊畫金剛恐怖忿怒菩薩，左邊畫軍吒利金剛。於外四門，右邊畫霹靂忿怒金剛，左邊畫金剛鎖忿怒金剛。於二忿怒金剛前，應畫天阿修羅諸龍及諸魔，作恐怖受降伏勢，於壇外界道畫諸天眾，以塗香時華飲食燈明置壇四邊，供養一切諸菩薩金剛明王，各各聖者皆以本眞言迎請，迎請已獻閼伽供養，結印請諸聖者眞言，各各呈本三昧耶印。

達磨栖那譯《大妙金剛大甘露軍拏利焰鬘熾盛佛頂經》　爾時十方世界諸大菩薩，所謂金剛手菩薩，妙吉祥菩薩，虛空藏菩薩，慈氏尊菩薩，觀自在菩薩，地藏菩薩，除蓋障菩薩，普賢菩薩，一時咸集至虛空法界寶峯樓閣世尊輪王前，頭面禮足。【略】

說此語已，爾時八大菩薩各各現光明輪，各現作八大金剛明王，以如來輪故。爾時金剛手菩薩，現作降三世金剛明王，放青色光明，口現二牙。【略】

爾時妙吉祥菩薩，現作六臂六頭六足金剛明王，放青黑色光明，齒咬下脣，豎兩目及眉，手持利劍，說此三字心眞言曰，吽惡吽。爾時虛空藏菩薩，現大笑金剛明王，放灰黑色光明，口現大笑形，二牙上出，以左手杖一青棒，右手把羂索，說此十字心眞言曰，唵嚩日羅吒賀娑野吽泮吒。爾時慈氏尊菩薩，現作大輪金剛明王，遍身黃色放大火，右手持八輻金剛輪，左手杖一獨股金剛杵，說是六字心眞言曰，唵嚩日羅作訖囉吽。爾時觀自在菩薩，於頂上現作馬頭金剛明王，碧色放赤色光明，以右手高於頂上，橫把一蓮華作打勢，左手把軍持印，說此十字心眞言曰，唵賀野仡哩嚩吽泮吒。爾時地藏菩薩，現作無能勝金剛明王，遍身黃色放火光焰，以右手擲一金剛杵，左手作擬印向口，說此十三字心眞言曰，唵戶盧戶盧讚拏里麼等儗薩嚩賀。爾時除一切蓋障菩薩，現作不動尊金剛明王，遍身青色放火光焰，以右手執劍，左手把索，左垂一髻，說此十四字心眞言曰，唵阿左攞迦拏讃拏娑馳也吽洋吒。爾時普賢菩薩，現作步擲金剛明王，以右手把一旋蓋，左手把金剛杵，遍身作虛空色放火光焰。【略】

爾時八金剛明王佛，即於如來前請受敎勅，我當奉行。爾時世尊輪王告金剛明王佛等言，若有善男子善女人，持此十字心眞言，汝等常當於晝夜莫離是人，無令不成就，所有三世罪障速令消滅，汝各以神力器杖碎彼三業令得清淨，於觀行三摩地法，令於現生如我無異。

作者不詳《持誦金剛經靈驗功德記》 凡欲轉念《金剛般若波羅蜜經》者，先須啟請八大金剛名字，發至誠心，然後轉念經，此八金剛自來常當擁護持經之人。

第一奉請青除災金剛，能除一切衆生宿災殃咎，悉令消滅（主大海）。

第二奉請僻毒金剛，能除一切衆生熱毒病苦（主除災毒）。

第三奉請黃隨求金剛，能令一切衆生所求如願，所願皆得（主堈瀧功德）。

第四奉請白淨水金剛，能除一切衆生熱惱苦悉得消除（主一切寶）。

第五奉請赤聲金剛，能照一切衆生光明所得見佛（主能生風）。

第六奉請定災除金剛，能除一切衆生三災八難之苦（主瑠璃寶）。

第七奉請紫賢金剛，能令一切衆生心開悟解發菩提心（主堅牢藏）。

第八奉請大神金剛，能令一切衆生智牙成就惠力增具（主龍王）。

八寒八熱

曇無讖譯《大般涅槃經》卷一 爾時世尊，心無疑慮，如師子王，以三十二大人之相，八十種好莊嚴其身，於其身上一切毛孔，一一毛孔出一蓮花。其花微妙各具千葉，純眞金色，琉璃爲莖，金剛爲鬚，玫瑰爲臺，形大團圓猶如車輪，是諸蓮花各出種種雜色光明，青黃赤白紫頗梨色。是諸光明皆悉遍至阿鼻地獄，想地獄，黑繩地獄，衆合地獄，叫喚地獄，大叫喚地獄，焦熱地獄，大焦熱地獄，是八地獄其中衆生常爲諸苦之所逼切，所謂燒煮火炙斫刺劊剝，遇斯光已如是衆苦悉滅無餘，安隱清涼快樂無極。是光明中宣說如來祕密之藏，言諸衆生皆有佛性，衆生聞已即便命終生人天中。乃至八種寒氷地獄，所謂阿波波地獄，阿吒吒地獄，阿羅羅地獄，阿婆婆地獄，優鉢羅地獄，波頭摩地獄，拘物頭地獄，分陁利地獄，是中衆生常爲寒苦之所逼惱，所謂擘裂身體碎壞互相殘害，遇斯光已如是等苦亦滅無餘，即得調和煴煖適身。是光明中亦說如來祕密之藏，言諸衆生皆有佛性，衆生聞已即便命終生人天中。

吉藏《法華義疏》卷六 經云：須彌山下有一百三十六地獄，大地獄有八，一等活，二黑繩，三合會，四叫喚，五大叫喚，六燋熱，七大燋熱，八阿鼻，此八大地獄一一復有十六小地獄以爲眷屬。謂八寒氷，八炎火。八炎火者，一炭坑，二沸屎，三燒林，四釰林，五刃道，六鐵刺林，七鹹河，八銅鑊。八寒氷者，一阿浮陁少有孔，二尼羅浮陁無孔，三阿羅羅，四阿婆婆，五喉喉此寒戰聲，六優鉢羅（獄壁青色），七波頭摩（獄壁黃色），八摩訶波頭摩。合一百三十六也。《毘婆沙》云，閻浮提地廣七千由旬，阿鼻地獄廣八萬由旬，在閻浮提下，但閻浮提上小下大故得容之。

《佛說佛名經》卷一 刀山劍樹地獄，身首脫落罪報懺悔。鑊湯爐炭地獄，燒煮罪報懺悔。獄床銅柱地獄，燋然罪報懺悔。刀輪火車地獄，劈轢罪報懺悔。拔舌犁耕地獄，楚痛罪報懺悔。呑啗鐵丸洋銅灌口地獄，五內消爛罪報懺悔。鐵碓鐵磨地獄，骨肉灰粉罪報懺悔。黑繩鐵網地獄，支節分離罪報懺悔。灰河沸屎地獄，惱悶罪報懺悔。鹹水寒氷地獄，皮膚坼裂裸凍罪報懺悔。虎狼鷹犬地獄，更相殘害罪報懺悔。刀兵分距地獄，更相搏撮斫刺罪報懺悔。火坑地獄，炮炙罪報懺悔。兩石相磕地獄，形骸破碎罪報懺悔。聚合黑耳地獄，解剔罪報懺悔。閻冥肉山地獄，斬剉罪報懺悔。鋸解釘身地獄，斷截罪報懺悔。鐵捧倒懸地獄，屠割罪報懺悔。燋熱叫喚地獄，煩冤罪報懺悔。大小鐵圍山間，長夜冥冥，不識三光罪報懺悔，阿波波地獄，阿娑婆地獄，阿吒吒地獄，阿羅羅地獄。如是八寒八熱一切諸地獄，一一獄中復有八萬四千隔子地獄，以爲眷屬此中罪苦，炮煮楚痛剝皮凸肉，削骨打髓抽腸拔肺，無量諸苦不可聞不可說。南無佛今日在此中者，或是我等無始已來，經生父母一切眷屬，我等相與命終之後，或當復墮如此獄中，今日洗心至到丹誠叩頭稽顙，向十方佛大地菩薩求哀懺悔，令此一切報障畢竟消滅。

法崇《佛頂尊勝陁羅尼經教跡義記》卷上 所謂八寒八熱，言八寒者，一者阿浮陁，二者尼羅浮陁，三者阿羅羅，四者阿波波，五者阿睺睺，六者漚波羅，七者波頭摩，八者摩訶波頭摩，是名八寒地獄。言八熱者，一者炭坑，二者沸屎，三者燒林，四者劍林，五者刀路，六者刺林，七者鹹河，八者銅橛，是名八熱地獄。

云何阿浮陁地獄，唐云多少有孔，謂滿中積氷，復有冷毒，風吹諸罪人皮肉筋骨，一切破碎，若人劫剝衆生衣服，令他寒凍，受如是報在此獄中。云何尼羅浮陁地獄，唐云無孔，純氷所成，造前惡業即入其中。云何阿波波，阿羅羅，阿睺睺，此三地獄，皆悉口噤寒倍於前。云何漚波羅地獄，唐云青蓮華獄，純氷所成，色如青蓮華。云何波頭摩地獄，唐云紅蓮華獄，謂此地獄極寒凍，諸罪人身分裂破其肉，乃宜所以名紅蓮華也。云何摩訶波頭摩地獄，唐云大紅蓮華也，其苦倍前，是名八寒地獄。云何炭坑地獄，謂中炭火皆没膝，若人破戒墮此地獄中。云何沸屎地獄，謂此地獄内滿中沸屎，深廣如河，若人破齊夜食入此地獄中。云何名燒林地獄，爲此獄内一切草木土地皆出猛火，若有衆生，焚燒山者墮此獄中。云何名劍林地獄，謂此地獄中多有諸樹，皆劍爲葉，風吹葉落皆成劍輪，墮罪人身上，支節零落，若人好鬬諍殺生墮此獄中。云何刀路地獄，滿中以大刀爲路，罪人入中支節墮落，以刀殺生者墮此獄中。云何名刺林地獄，謂此獄中有鐵樹，樹高一由旬，以鐵爲刺，上有毒蛇化爲美女唤罪人，罪人上已鐵刺刺身，毒蛇貫腹，受大苦惱，若人貪慾者墮此獄中。云何名爲鹹河地獄，謂此河中滿皆總是鹹水由如灰汁，罪人入中支節爛壞，於其四岸有諸獄卒，有身熱鐵劍，禦捍罪人不令得出，若人好潛剝衆生者，死墮此地獄。云何名銅橛地獄，爲此獄中多有銅橛，縛諸罪人，獄卒羅刹以鉗開口，灌以洋銅，與鐵丸食之，食足已訖，五臟焦爛，支節火流，若人偷盜飲食，虚受信施，一旦命終墮此地獄，是名八熱地獄。

窺基《妙法蓮華經玄贊》卷六 今更辨餘三門，一處所，二果相，三壽量。處所者㮈落迦有三，一根本，二近邊，三孤獨。根本即是八熱，八寒。八熱者，一等活，二黑繩，三衆合，四號叫，五大號叫，六燒燃，七極燒燃，八無間，此八苦器處所縱廣皆十千由旬。八寒者，一皰，二皰裂，三喝哳㕶，四郝郝凡，五虎虎凡，六青蓮華，七紅蓮華，八大紅蓮華，此下三萬二千踰繕那有等活，等活下四千踰繕那有黑繩等七，如是以下六㮈落迦相去皆隔二千由旬，其八寒地獄皆小於熱地獄。此上所説根本地獄。有義地獄上下重疊，略計無間底去地并有十二萬八千由旬，此釋不然，妙高去水下但説八萬，即踞金輪定不可爾。

法琳《破邪論》卷下 嗟乎肆一言之禍，招萬劫之殃，致使沈滯幽塗，淪歷惡道，入銅狗銅蛇之網，居八寒八熱之城，鋸解磨磨，爐燒鑊煮，餐灰食火噉雪吞氷，處處燋然心心苦楚，百骸九竅撩亂刀鋒，五臟四肢紛披劍鍔。所以然者，皆由撥無因果，謗出世間，破和合僧，不信正法，邪見根深之所致也。況復捨身受身常嬰三界，從獄至獄不離三塗。大聖觀已興悲，至人爲之流慟。故知善惡之理如響應聲，報施之徵似形帶影。可不慎歟，可不慎歟。

八萬法門

竺佛念譯《菩薩瓔珞經》卷二 爾時世尊，告族姓子，族姓女：吾今當説菩薩瓔珞八萬法門，云何八萬，於是族姓子，或有瓔珞名曰盡信，如來得此法門者，令地獄衆生受苦惱者，使無衆患。復有等慈瓔珞，菩薩得此瓔珞者，令彼受畜生形者永無傷害。復有無忘瓔珞，菩薩得此瓔珞者，使餓鬼之類永無飢渴之想。復有清淨瓔珞，菩薩得此瓔珞者，令迷惑衆生知其道徑。復有徹聽瓔珞，菩薩得此瓔珞者，使無聞衆生悉聞正教。復有自寤瓔珞，菩薩得此瓔珞者，使愚癡衆生心不邪亂。復有撿意瓔珞菩薩得此瓔珞者，教誨衆生行十善行。復有直信瓔珞，菩薩得此瓔珞者，使邪見衆生安處正見。復有弘誓瓔珞，菩薩得此瓔珞者，不以劫數爲遠。復有超越瓔珞，菩薩得此瓔珞者，使懈怠衆生奉持正律。復有無恚瓔珞，菩薩得此瓔珞者，令恚害衆生修行忍辱。復有勇猛瓔珞，菩薩得此瓔珞者，使慢惰衆生精進不廢。復有一意瓔珞，菩薩得此瓔珞者，使亂意衆生禪定不虧。復有熾然瓔珞，菩薩得此瓔珞者，使愚癡衆生，成就智慧。復有堅固瓔珞，菩薩得此瓔珞者，未履道迹者，令立道迹。復有多聞瓔珞，菩薩得此瓔珞者，使少智眾生，強記不忘。復有威儀瓔珞，菩薩得此瓔珞者，使無慚愧眾生令知慚愧。復有惡露瓔珞，菩薩得此瓔珞者，使著欲眾生令知不淨。復有快樂瓔珞，菩薩得此瓔珞者，使瞋恚眾生永斷無餘。復有普曜瓔珞，菩薩得此瓔珞者，悉逮慧明，永除闇冥。復有遍普瓔珞，菩薩得此瓔珞者，使等分眾生不起狐疑。復有形色變化瓔珞，菩薩得此瓔珞者，覩見無量形色之變，皆發無上正眞道意。是謂族姓子，斯等瓔珞至八萬法門，菩薩不可窮盡，吾今略說不悉其事。若有眾生從劫至劫，至百千劫，欲盡菩薩瓔珞行者，此則不然。時有菩薩名曰無形，立不退轉，即從座起，偏露右肩，長跪叉手，前白佛言，甚奇甚特未曾所聞，如來變化不可窮盡，乃能演說瓔珞妙法。諸有菩薩摩訶薩，執持諷誦瓔珞名者，皆是諸佛之所擁護。若有善男子善女人，遭遇如來說法瓔珞便爲値遇如來法藏。

智顗《妙法蓮華經文句》卷二上　約觀心者，觀一善心具十法界，十界交互具百法界千性相等，十善即萬法，約八正道即八萬法門也（云云）。皆於阿耨三菩提不退轉者明位也。阿耨，此云無上道，如境妙中說，位如位妙中說。不退轉者，約位行念論不退，應四種分別，不生三惡道。位不退，不生邊地諸根完具不受女身，即行不退。常識宿命，即念不退，具此名阿鞞跋致地。

法寶《俱舍論疏》卷一　論如是說者至八萬法蘊，此第三論主評云，如是說者，以病有八萬故，說能對治法有八萬也。正理二解同前。第三解云，如是說者，所化有情有貪瞋癡，我慢，身見，及尋思等八萬行別，爲對治彼八萬行故，世尊宣說八萬法蘊，謂說不淨，慈悲，緣起，無常想，空，持息念等諸對治門，此即順顯隨蘊等言，無蘊等言不爲對治有情病行。唐捐而說，準此論文。論第三釋，即與第二釋無別。然八萬者舉其大數，此即是八萬四千法蘊也。眞諦師云，諸師實判如此，眾生有八萬煩惱行類，謂欲，瞋，癡，慢慢等差別故，爲對治此行，世尊正說八萬法陰者。由眾生煩惱行，有八萬，佛爲對治眾生八萬煩惱故，說八萬法門。如此道理判法門量，故言實判。經部亦同此解，相傳云，眞諦師解，分十隨眠爲十，一一各有九隨眠爲方便，一一具十即成一百，一百各有前分後分，幷本成三百，置本一百就前後二百中，一一以九隨眠爲方便，幷本二百合成二千，兼本一百爲二千一百，又約多貪，多瞋，思覺，愚癡，著我五，品品有二千百，成一萬五百，已起有一萬五百，未起一萬五百，合二萬一千。又以三毒等分四人，各有二萬一千，合成八萬四千。

八萬四千

慧影《智度論疏》卷二一　亦能除八萬四千病根已下。此中據三毒偏多爲語，故有六萬三千，等分雜起，爲二萬一千，故成八萬四千。故《賢劫經》應釋八萬四千故，諸波羅蜜始從光耀度，終至分舍利度，凡有三百五十度。一一度中，復有六度，則成二千一百。一一度中，皆有十善，則成二萬一千度。以四善根分之，故成八萬四千度也。他家之取《華嚴》中十法來足，師云恐非，如是一一波羅蜜中，既皆有十法，則成二萬一千，對此四病所起煩惱，則成八萬四千。諸波羅蜜，名爲八萬四千法門。故此中言波若波羅蜜，能除八萬四千病也。此義已涉前，不能具釋。根本四病者，貪癡等分等各二萬一千，論四病上所起，鄣諸波羅蜜，或爲八萬四千諸塵勞門。今者復以不淨觀除貪等來者，以四觀但對根本四病，不論餘義也。當釋。

鳩摩羅什譯《大智度論》卷五九　般若波羅蜜亦能除八萬四千病，根本四病貪，瞋，癡，等分。婬欲病分二萬一千，瞋恚病分二萬一千，愚癡病分二萬一千，等分病分二萬一千。以不淨觀除貪欲，以慈悲心除瞋恚，以觀因緣除愚癡，總上三藥或不淨或慈悲或觀因緣除等分病。如寶珠能除黑闇，般若亦如是能除三界黑闇。如寶珠能除熱，般若亦如是，能除婬欲瞋恚熱。如寶珠能除冷，般若亦如是，能除無明不信不恭敬懈怠等冷心。

法寶《俱舍論疏》卷一　由眾生煩惱行有八萬，佛爲對治眾生八萬煩惱故，說八萬法門。如此道理判法門量，故言實判。經部亦同此解，相傳云，眞諦師解，分十隨眠爲十，一一各有九隨眠爲方便，一一具十即成一百，一百各有前分後分，幷本成三百，置本一百就前後二百中，一一以九隨眠爲方便，幷本二百合成二千，兼本一百爲二千一百，又約多貪，多瞋，思覺，愚癡，著我五，品品有二千百，成一萬五百，已起有一萬五百，未起一萬五百，合二萬一千。又以三毒等分四人，各有二萬一千，合成八萬四千。

般若譯《大乘本生心地觀經》卷二　一切菩薩所修行願，皆悉不是知恩報恩。何以故，遠離父母趣於出家，以自妻子施於所欲，頭目髓腦隨其願求，悉皆布施受諸逼惱，三僧祇劫具修諸度八萬四千波羅蜜行，越生死流，方至菩提大安樂處。不如趣向二乘道果，三生百劫修集資糧，斷生死因證涅槃果，速至安樂，方名報恩。

圓覺、楊嘉祚《華嚴原人論合解》卷下　言八萬塵勞者，即八萬四千煩惱。略舉大數云爾，謂依根本十惑，一貪，二嗔，三慢，四無明，五疑，六不正見，七身見，八邊見，九見取，十戒禁取。然一惑有力，復各成十，十惑成百。計分三品，上品重故，分上中下，即成三百。中下不分，但各成百，總爲五百，於自五塵總起五百，於他五塵總起五百，名本一千。又於自他五塵一一別起五百，即成五千。依別迷四諦，苦集滅道各有五千，故成二萬，幷本一千，爲二萬一千。依貪嗔癡，及等分行，各二萬一千，故成八萬四千。取坌汙義故，擾動義故，名曰塵勞，廣如別釋。

八十種好

玄奘譯《大般若波羅蜜多經》卷三八一　善現，云何如來應正等覺八十隨好。善現，世尊指爪狹長薄潤，光潔鮮淨，如花赤銅，是爲第一。世尊手足指圓纖長，傭直柔軟節骨不現，是爲第二。世尊手足各等無差，於諸指間悉皆充密，是爲第三。世尊手足圓滿如意，軟淨光澤色如蓮華，是爲第四。世尊筋脈盤結堅固深隱不現，是爲第五。世尊兩踝俱隱不現，是爲第六。世尊行步直進庠審，如龍象王，是爲第七。世尊行步威容齊肅，如師子王，是爲第八。世尊行步安平庠序不過不減，猶如牛王，是爲第九。世尊行步進止儀雅，猶如鵝王，是爲第十。世尊迴顧必皆右旋如龍象王舉身隨轉，是第十一。世尊支節漸次傭圓妙善安布，是第十二。世尊骨節交結無隙猶若龍盤，是第十三。世尊膝輪妙善安布堅固圓滿，是第十四。世尊隱處其文妙好，威勢具足圓滿清淨，是第十五。世尊身支潤滑柔軟，光悅鮮淨塵垢不著，是第十六。世尊身容敦肅無畏常不怯弱，是第十七。世尊身支堅固稠密善相屬著，是第十八。世尊身支安定敦重，曾不掉動圓滿無壞，是第十九。世尊身相猶如仙王，周匝端嚴光淨離翳，是第二十。世尊身有周匝圓光，於行等時恆自照曜，是二十一。世尊腹形方正無缺，柔軟不現衆相莊嚴，是二十二。世尊臍深右旋圓妙清淨光澤，是二十三。世尊臍厚不窊不凸周匝妙好，是二十四。世尊皮膚遠離疥癬，亦無黶點疣贅等過，是二十五。世尊手掌充滿柔軟足下安平，是二十六。世尊手文深長明直潤澤不斷，是二十七。世尊脣色光潤丹暉，如頻婆果上下相稱，是二十八。世尊面門不長不短，不大不小如量端嚴，是二十九。世尊舌相軟薄廣長，如赤銅色，是第三十。世尊發聲威震深遠，如象王吼明朗清徹，是三十一。世尊音韻美妙具足如深谷響，是三十二。世尊鼻高脩而且直其孔不現，是三十三。世尊諸齒方整鮮白，是三十四。世尊諸牙圓白光潔漸次鋒利，是三十五。世尊眼淨青白分明，是三十六。世尊眼相脩廣譬如青蓮華葉甚可愛樂，是三十七。世尊眼睫上下齊整稠密不白，是三十八。世尊雙眉長而不白緻而細軟，是三十九。世尊雙眉綺靡順次紺瑠璃色，是第四十。世尊雙眉高顯光潤形如初月，是四十一。世尊耳厚廣大脩長輪埵成就，是四十二。世尊兩耳綺麗齊平離衆過失，是四十三。世尊容儀能令見者無損無染，皆生愛敬，是四十四。世尊額廣圓滿平正形相殊妙，是四十五。世尊身分上半圓滿，如師子王威嚴無對，是四十六。世尊首髮脩長紺青稠密不白，是四十七。世尊首髮香潔細軟潤澤旋轉，是四十八。世尊首髮齊整無亂亦不交雜，是四十九。世尊首髮堅固不斷永無褫落，是第五十。世尊首髮光滑殊妙塵垢不著，是五十一。世尊身分堅固充實逾那羅延，是五十二。世尊身體長大端直，是五十三。世尊諸竅清淨圓好，是五十四。世尊身支勢力殊勝無與等者，是五十五。世尊身相衆所樂觀嘗無厭足，是五十六。世尊面輪脩廣得所皎潔光淨，如秋滿月，是五十七。世尊顔貌舒泰光顯，含笑先言唯向不背，是五十八。世尊面貌光澤熙怡，遠離顰蹙青赤等過，是五十九。世尊身皮清淨無垢常無臭穢，是第六十。世尊所有諸毛孔中，常出如意微妙之香，是六十一。世尊面門常出最上殊勝之香，是六十二。世尊首相周圓妙好，如末達那亦猶天蓋，是六十三。世尊身毛紺青光淨，如孔雀項，紅暉綺飾色類赤銅，是六十四。世尊法音隨衆大小，不增不減應理無差，是六十五。世尊頂相無能見者，是六十六。世尊手足指約分明，莊嚴妙好如赤銅色，是六十七。世尊行時其足去地，如四指量而現印文，是六十八。世尊自持不待他衛，身無傾動亦不逶迤，是六十九。世尊威德遠震一切，惡心見喜，恐怖見安，是第七十。世尊音聲不高不下，隨衆生意和悦與言，是七十一。世尊能隨諸有情類，言音意樂而爲說法，是七十二。世尊一音演說正法，隨有情類各令得解，是七十三。世尊說法咸依次第，必有因緣言無不善，是七十四。世尊等觀諸有情類，讚善毁惡而無愛憎，是七十五。世尊所爲先觀後作，軌範具足令識善淨，是七十六。世尊相好一切有情無能觀盡，是七十七。世尊頂骨堅實圓滿，是七十八。世尊顔容常少不老好巡舊處，是七十九。世尊手足及胸臆前，俱有吉祥喜旋德相，文同綺畫色類朱丹，是第八十。善現，是名八十隨好。

施護譯《佛說給孤長者女得度因緣經》卷下 爾時路次大曠野中有七千仙人先止於彼，見佛世尊三十二相，八十種好皆悉具足，圓光照耀如千日輪，廣大巍巍如寶山現，吉祥勝相無有等比，復有微妙金色光明周遍熾盛。如是見已俱近佛前，頭面禮足合掌恭敬退住一面，此諸仙人皆以宿種善根力故，而能最先見佛世尊。

『九』分部

九　病

佛陁耶舍共竺佛念譯《佛說長阿含經》卷六 八萬歲時人，女年五百歲始出行嫁。時，人當有九種病。一者寒，二者熱，三者飢，四者渴，五者大便，六者小便，七者欲，八者饕餮，九者老。時，此大地坦然平整。

九　衆

竺佛念譯《出曜經》卷六 諸有猗權慧者。諸佛世尊常所說法，適前人說，不唐舉事，或隱事而說不顯其名，或與剎利婆羅門長者居士、比丘、比丘尼、優婆塞、優婆夷，又時顯名而說，又時隱名而說。然此一偈隱顯不定，是故如來說法不指事而說，統爲一切故說此偈，或爲教授比丘、比丘尼、沙彌、沙彌尼、優婆塞、優婆夷，意常勇猛不懷怯弱不捨本誓意常勸勵不及道者，是故說曰諸有猗權慧也，常念於身患者。

儀潤《在家律要廣集》卷三 有出家優婆塞夷，有在家優婆塞夷，出家者名近住，在家者名近事，與比丘，比丘尼，式叉摩那，沙彌，沙彌尼，共稱九衆也。

九　結

安世高譯《長阿含十報法經》卷下 第四九法當拔九結。何等爲九，愛欲爲一結，瞋恚爲二結，憍慢爲三結，癡爲四結，邪見爲五結，疑爲六結，貪爲七結，嫉爲八結，慳爲九結。

鳩摩羅什譯《成實論》卷一〇 愛等九結。問曰：何故於諸見中別說二取。答曰：戒取難免離故，猶如浮木入洄澓中，難可得出。是人亦爾，作是念，我以是持戒當生天上，爲此故受投淵赴火自墜高等種種諸苦。又世間人於戒取中不見其過，故佛說爲結。又依此戒取能捨八直聖道。又此非正道非清淨道，名隨苦邊。又戒取是出家人縛，諸欲是在家人縛。又戒取者雖復種種行出家法，空無所得。又戒取者，今不得樂，後受大苦，如持牛戒成則爲牛，敗則墮地獄。又因此戒取能謗正道及行正道者。又戒取是諸外道起憍慢處，作如是念，我以是法能勝餘人。又以戒取故，九十六種有差別法。又戒取是麁見故，多衆生行，智慧道微妙難見，世間不知行之得利。又此見能牽人心，故愚癡者多行此法。又此名重惡見，以逆正道行非道故。

見取者，所以貪著邪法不能捨離，是見取力，又以見取力故諸結堅固。問曰：《帝釋問經》中何故但說天人有慳嫉二結。答曰：是二煩惱最是鄙弊。所以者何，見他眾生飢渴苦惱，以慳心故不能矜濟，見從他得亦生嫉妒，心懷惱熱，以是因緣墮貧賤醜陋無威德處。又釋提桓因，是二結偏多數來惱心，故佛爲說。又此二結是重罪因緣，所以者何，因此二結起重惡業故，又三毒中貪恚能起重罪，貪恚盛故起此二結。又此二結能惱男女，又難捨離。所以者何，若深修善心，乃能永斷嫉妒，深修布施，然後盡斷慳心，以不見業報而能捨所重物，是爲甚難。如人見子得勝己事，心尙難喜，況於怨賊，以此二結依憎愛故，深難除斷。以此等緣故佛獨說。

玄奘譯《阿毗達磨俱舍論》卷二一　結有九種。一愛結，二恚結，三慢結，四無明結，五見結，六取結，七疑結，八嫉結，九慳結。此中愛結謂三界貪，餘隨所應當辯其相。見結謂三見，取結謂二取。依如是理故，有說言：頗有見相應法爲愛結繫，非見結繫，非不有見隨眠隨增。曰：有，云何，集智已生，滅智未生，見滅道所斷二取相應法，彼爲愛結，爲所緣繫，非見結繫，遍行見結已永斷故。

玄奘譯《阿毗達磨品類足論》卷一　結有九種，謂愛結、恚結、慢結、無明結、見結、取結、疑結、嫉結、慳結。愛結云何，謂三界貪。恚結云何，謂於有情能爲損害。慢結云何，謂七慢類，即慢過、慢慢、過慢、我慢、增上慢、卑慢、邪慢。慢者，於劣謂己勝，或於等謂己等，由此正慢已慢當慢，心高舉心恃蔑。過慢者，於等謂己勝，或於勝謂己等，由此正慢已慢當慢，心高舉心恃蔑。慢過慢者，於勝謂己勝，由此正慢已慢當慢，心高舉心恃蔑。我慢者，於五取蘊等，隨觀執我或我所，由此正慢已慢當慢，心高舉心恃蔑。增上慢者，於所未得上勝證法，謂我已得，於所未至上勝證法，謂我已至，於所未觸上勝證法，謂我已觸，於所未證上勝證法，謂我已證，由此正慢已慢當慢，心高舉心恃蔑。卑慢者，於他多勝謂自少劣，由此正慢已慢當慢，心高舉心恃蔑。邪慢者，於實無德謂我有德，由此正慢已慢當慢，心高舉心恃蔑。無明結云何，謂三界無智。見結云何，謂三見，即有身見、邊執見、邪見。有身見者，於五取蘊等，隨觀執我或我所，由此起忍樂慧觀見。邊執見者，於五取蘊等，隨觀執或斷或常，由此起忍樂慧觀見。邪見者，謗因謗果，或謗作用，或壞實事，由此起忍樂慧觀見。取結云何，謂二取，即見取、戒禁取。見取者，於五取蘊等，隨觀執爲最爲勝爲上爲極，由此起忍樂慧觀見。戒禁取者，於五取蘊等，隨觀執爲能清淨爲能解脫爲能出離，由此起忍樂慧觀見。疑結云何，謂於諦猶豫。嫉結云何，謂心妒忌。慳結云何，謂心鄙恪。縛云何，謂諸結亦名縛。復有三縛，謂貪縛、瞋縛、癡縛。

玄奘譯《阿毗達磨大毗婆沙論》卷五〇　有九結，謂愛結、恚結、慢結、無明結、見結、取結、疑結、嫉結、慳結。問：此九結以何爲自性。答：以百事爲自性。謂愛慢無明結，各三界五部爲四十五事。恚結唯欲界五部爲五事。見結有十八事，謂有身見邊執見各三界見苦所斷爲六事，邪見三界各四部爲十二事。取結有十八事，謂見取三界各四部爲十二事，戒禁取三界各見苦道所斷爲六事。疑結三界各四部爲十二事。嫉慳結各欲界修所斷爲二事。由此九結以百事爲自性，已說自性，所以今當說。

問：何故名結，結是何義。答：繫縛義、合苦義、雜毒義是結義，所餘廣釋，如三結處已釋諸結總義，一一自性，今當廣說。云何愛結，謂三界貪，然三界貪於九結中總立愛結，七隨眠中立二隨眠，謂欲界貪，名欲貪隨眠，色無色界貪，名有貪隨眠。於餘經中立爲三愛，謂欲愛、色愛、無色愛。問：此三何別。答：世尊所化，根有三品，爲利根者說一愛結，爲中根者說二隨眠，爲鈍根者說三界愛。復次世尊所化修有三種，爲初習業者說一愛結，爲已熟修者說二隨眠，爲超作意者說三界愛。復次世尊所化樂有三種，爲樂略者說一愛結，爲樂廣者說三界愛，爲樂略廣者說二隨眠。復次合苦義是結義，以三界貪俱令有情苦合非樂故立一愛結，隨增義是隨眠義，以欲界貪外門隨增，色無色貪內門隨增故立二隨眠。染境義是愛義，以所染著欲色無色境有差別故，立三界愛。云何恚結，謂於有情欲爲損害。問：若於非情欲爲損害亦應是恚，何故不說。答：從多說故，謂此恚結多於有情欲爲損害，少於非情，是故不說。復次從重說故，謂於有情欲爲損害其罪甚重，非於非情，是故不說。復次從本說故，謂此恚結要於有情欲爲損害，然後方於非情亦起，是故不說。復次依想說故，謂於非情若起恚結，亦於彼處起有情想，是故但說於有情起。云何慢結，謂七種慢，一慢二過慢三慢過慢四我慢五增上慢六卑慢七邪慢。慢謂於劣謂己勝，於等謂己等，令心高舉。過慢謂於等謂己勝於勝謂己等，令心高舉。慢過慢謂於勝謂己勝，令心高舉。我慢謂於五取蘊謂我我所，令心高舉。增上慢謂未得勝德謂己已得，令心高舉。卑慢謂於他多勝謂己少劣，令心高舉。邪慢謂實全無德，謂己有德。如是七慢總名慢結。云何無明結，謂三界無知，此說爲善，若作是說，緣三界無知，即應不攝無漏緣無明。云何見結，謂三見，即有身見、邊執見、邪見，總名見結。云何取結，謂二取，即見取、戒禁取，總名取結。【略】

云何嫉結，謂心妬忌。云何慳結，謂心悋護。問：何故說此二相別耶。答：欲令疑者得決定故，謂世間人於嫉謂慳，於慳謂嫉。於嫉謂慳者，如有見他所得好事，心生妬忌便謂爲慳，然實妬忌是嫉非慳。於慳謂嫉者，如有見他悋護妻等便謂爲嫉，然實悋護是慳非嫉。爲令彼疑得決定故，說嫉與慳二相差別。

玄奘譯《入阿毗達磨論》卷上　結有九種，謂愛結、恚結、慢結、無明結、見結、取結、疑結、嫉結、慳結。愛結者，謂三界貪，是染著相，如融膠漆，故名爲愛，愛即是結故，名愛結。恚結者，謂五部瞋，於有情等樂爲損苦，不饒益相，如辛苦種，故名爲恚，恚即是結故，是名恚結。慢結者，謂三界慢，以自方他德類差別，心恃舉相說，名爲慢。如傲逸者凌篾於他。此復七種，一慢、二過慢、三慢過慢、四我慢、五增上慢、六卑慢、七邪慢。謂因族姓財位色力持戒多聞工巧等事，若於劣謂已勝，或於等謂己等，由此令心高舉，名慢。若於等謂己勝，或於勝謂己等，由此令心高舉，名過慢。若於勝謂己勝，由此令心高舉，名慢過慢。若於五取蘊執我我所，由此令心高舉，名我慢。若於未證得預流果等殊勝德中謂已證得，由此令心高舉，名增上慢。若於多分族姓等勝中謂己少劣，由此令心高舉，名卑慢。若實無德謂己有德，由此令心高舉，名邪慢。如是七慢總名慢結。無明結者，謂三界無知，以不解了爲相，如盲瞽者違害明故，說名無明。此遮止言依對治義，如非親友，不實等言，即說怨家，虛誑語等，無明即是結故，名無明結。見結者，謂三見，即有身見、邊執見、邪見。五取蘊中無我我所，而執實有我、我所相，此染污慧，名有身見。身是聚義，有而是身故，名有身，即五取蘊於此起見，名有身見。即五取蘊非斷非常，於中執有斷常二相，此染污慧，名邊執見。執二邊故，若決定執無業無業果無解脫無得解脫道，撥無實事，此染污慧，名邪見。如是三見，名見結。取結者，謂二取，即見取、戒禁取，謂前三見及五取蘊，實非是勝而取爲勝，此染污慧名見取。取是推求及堅執義，戒謂遠離諸破戒惡，禁謂受持烏雞鹿狗露形拔髮斷食臥灰。或於妄執生福滅罪，諸河池中數數澡浴。或食根果草菜藥物，以自活命。或復塗灰拔頭髮等，皆名爲禁。此二俱非能清淨道，而妄取爲能清淨道，此染污慧，名戒禁取。諸婆羅門有多聞者，多執此法以爲淨道，而彼不能得畢竟淨。如是二取名爲取結。疑結者，謂於四聖諦令心猶豫，如臨岐路見結草人躊躇不決，如是於苦心生猶豫，爲是爲非乃至廣說，疑即是結故，名疑結。嫉結者，謂於他勝事令心不忍，謂於他得恭敬供養財位多聞及餘勝法心生妬忌，是不忍義，嫉即是結故，名嫉結。慳結者，謂於己法財，令心悋惜，謂我所有勿至於他，慳即是結故，名慳結。結義是縛義，如世尊說，非眼結色，非色結眼，此中欲貪說名爲結，如非黑牛結白牛，亦非白牛結黑牛。乃至廣說，先所說結亦即是縛，以即結義是縛義故。然契經中復說三縛。一貪縛，謂一切貪如愛結相說。二瞋縛，謂一切瞋如恚結相說。三癡縛，謂一切癡如無明結相說。

圓暉述《俱舍論頌疏論本》卷二一　結九者，一愛結，二恚結，三慢結，四無明結，五見結，謂三見也，六取結，謂二取也，七疑結，八嫉結，九慳結。於中恚、嫉、慳，唯欲界繫，餘遍三界也問：何緣三見名爲見結，二取名爲取結。答：頌言物取等，謂三見二取，一則物等，二則取等。言物等者，物者體也。三見有十八物，二取亦十八物，故名物等。見十八者，謂苦下有身邊二見，四諦下，各有邪見，合成六見，三界各六，故成十八。取十八者，苦下有二取，集滅各有一取，謂唯見取，道下亦二取，故成六取，三界各六，故名十八。言取等者，三見等，是所取也，二取等，是能取也，故名取等。謂由戒取，執身見等，爲能淨故，或起見取，執身見等，以爲勝故。故身見等，名爲所取。戒見二取，名能取也。由二唯不善及自在起故者，謂嫉慳二，唯不善性。又嫉、慳，唯自在起，不隨從他，唯自力起故，名自在起。由二義勝故，於纏中別立爲結。

九惱

安世高譯《長阿含十報法經》卷下　第五九法，當滅九惱本。何等爲九，若行者有欲施惡施，令不安施令侵亦念餘惡，若行者向念，是從是生惱，是爲一惱。若行者，已有作惡，已施惡已不安，已侵亦餘惡已施，若行者向念，是從是生惱，是爲二惱。若行者，後復欲施惡，欲施令不安，欲施侵欲施餘惡，若行者向念，是從是生惱，是爲三惱。若行者有親厚，有欲施行者親厚，惡欲施惡欲，施不安欲，施侵欲餘惡，若行者向念，是從是復生惱，是爲四惱。若行者，有親厚有者，已施惡已施不安已施侵已施餘惡，若行者向念，是從是生惱，是爲五惱。若行者，有親厚後復欲施行者，親厚惡欲施不安欲施侵欲施餘惡，若行者向念，是從是生惱，是爲六惱。若行者，有恐不相便有者助行者，恐不相便，欲施安欲解侵不欲令有餘惡，若行者向念不可，是從是生惱，是爲七惱。若行者有恐不相便有者欲助行者，不相便已施安已解侵，不欲令有餘惡，若行者向念不可，是生從是生惱，是爲八惱。若行者有恐不相便有者爲行者，恐不相便已助已安已解侵亦餘惡，若行者向念不可，是令不相便者令安，從是生惱，是爲九惱。

康孟詳譯《佛說興起行經》卷上　舍利弗自從華座起，整衣服，偏露右臂，右膝跪蓮華座，向佛叉手，問世尊言：世尊無事不見，無事不聞，無事不知，世尊無雙比，衆惡滅盡，諸善普備，諸天龍神，帝王臣民，一切衆生，皆欲度之。世尊今故現有殘緣，願佛自說此緣，使天人衆生聞者開解。以何因緣，孫陁利來誹謗。以何因緣，坐奢彌跋提被謗，及五百羅漢。以何因緣，世尊頭痛。以何因緣，世尊骨節疼痛。以何因緣，世尊脊背強。以何因緣，剛木刺其脚。以何因緣，地婆達兜，以崖石擲。以何因緣，多姤女人，帶盂大衆中，有漏無漏，前來相誹謗曰，何以不自說乃爲他說爲，我今臨產，當須酥油。以何因緣，於毗蘭邑，與五百比丘食馬麥。以何因緣，在欝祕地苦行經六年。

佛陁耶舍共竺佛念譯《佛說長阿含經》卷九　云何九退法，謂九惱法。有人已侵惱我，今侵惱我，當侵惱我。我所愛者，已侵惱，今侵惱，當侵惱。我所憎者，已愛敬，今愛敬，當愛敬。

鳩摩羅什譯《大智度論》卷九　問曰：若佛神力無量，威德巍巍，不可稱說，何以故受九罪報。一者梵志女孫陁利謗，五百阿羅漢亦被謗。二者旃遮婆羅門女，繫木盂作腹謗佛。三者提婆達推山壓佛，傷足大指。四者迸木刺腳。五者毘樓璃王興兵煞諸釋子，佛時頭痛。六者受阿耆達多婆羅門請而食馬麥。七者冷風動故脊痛。八者六年苦行。九者入婆羅門聚落乞食不得，空鉢而還。復有冬至前後八夜寒風破竹，索三衣禦寒。又復患熱，阿難在後扇佛。如是等世界小事佛皆受之。若佛神力無量，三千大千世界，乃至東方恆河沙等諸佛世界，南西北方四維上下，光明色像威德巍巍，何以故受諸罪報。答曰：佛在人中生，人父母，受人身力，一指節力勝千萬億那由他白象力，神通力無量無數不可思議。是淨飯王子厭老病死苦，出家得佛道，是人豈受罪報爲寒熱等所困。如佛神力不可思議，不可思議法中，何有寒熱諸患。復次佛有二種身，一者法性身，二者父母生身。是法性身滿十方虚空，無量無邊，色像端正，相好莊嚴，無量光明，無量音聲，聽法衆亦滿虚空。

達磨笈多譯《菩提資粮論》卷六　惱中能調伏者，於中有九種惱事。所謂於我作無利益，已作今作當作，是爲三種。於我親愛作無利益，已作今作當作，復爲三種。於我憎嫌與作利益，已作今作當作，復爲三種。此等皆作惱事，於此九種惱事之中，當自調伏。

道暹《維摩經疏記鈔》卷五　九惱者，一金鏘，二馬麥，三寒風，四熱病，五出血，六旃遮女謗，七乞食不得空鉢而還，八爲婆羅門害，九背病。三藏報身者，父母生身，故云報也。

西宗《水懺科註》卷上　九惱者，《淨名》云，過去愛我怨家，過去憎我知識，過去惱我已身，現在愛我怨家，現在憎我知識，現在惱我已身，未來世亦然。一世有三，三世有九，故云九惱，即名九結，結者結集不散之意。九結者，愛結，恚結，慢結，無名結，見結，取結，疑結，嫉結，慳結也。當中此中，能和合苦，故名爲結。

九漏

安世高譯《說七處三觀經》 佛便請比丘，比丘至，佛便說是譬喻：比丘人有腫之歲，若干歲聚便爲所腫九孔九痛九漏，從所孔所漏所滴所走。但爲不淨出，但爲不淨走，眞惡難惡出流走腫。比丘爲是身四因緣，名是四因緣身者，爲九孔九痛，爲九漏從所漏所滴所走。但爲不淨出，但爲不淨流，但爲臭惡出流走。如是比丘，爲因緣腫，可慚可怖可畏可學。

曇摩耶舍共曇摩崛多等譯《舍利弗阿毘曇論》卷一五 復次比丘，觀身是癰瘡。身中有九瘡津漏門，所出津漏，皆是不淨津漏，是胎始膜，是腐敗，是臭穢，是可惡津漏，眼出眵淚膿血津漏，耳出耵膿血津漏，鼻出涕痰膿血津漏，口出涕唾膿血津漏，二處出便利膿血津漏，如人癰瘡乾痂久住。如是九瘡津漏門所出，皆是不淨津漏，是胎始膜，是腐敗，是臭穢，是可惡津漏。比丘如是觀身是癰瘡，此身九入九瘡九津九漏，眼耳鼻口一一處所出津漏皆是不淨津漏，是胎始膜，是腐敗，是臭穢，是可惡津漏，眼出眵淚膿血津漏，耳出耵膿血津漏，鼻出涕痰膿血津漏，口出涕唾膿血津漏，二處出便利膿血津漏。如摩訶迦葉所說，四大身是衰耗相違津漏，眾病所居處，眾苦所依處，愛護身者，如愛護死屍，壽命短促，如實人念憶念，是名身念處。

慧遠《大乘義章》卷一四 四自相不淨，九孔常流，兩眼兩耳兩鼻及口大小便道是九孔也，眼出眵淚耳出結聹，鼻中出洟口出涎吐，大小便道流出屎尿。五畢竟不淨，此身死已，蟲食成糞，火燒爲灰，埋之成土，究竟推求都無淨相，是故名爲畢竟不淨。

九想

佛陀耶舍共竺佛念譯《佛說長阿含經》卷九 云何九生法，謂九想，不淨想、觀食想、一切世間不可樂想、死想、無常想、無常苦想、苦無我想、盡想、無欲想。

鳩摩羅什譯《大智度论》卷二一 【經】九相，脹相、壞相、血塗相、膿爛相、青相、噉相、散相、骨相、燒相。

【論】問曰：應當先習九相離欲，然後得諸禪，何以故諸禪定後方說九相。答曰：先說果報，令行者心樂，九相雖是不淨，人貪其果報，故必習行。問曰：行者云何觀是脹相等九事。答曰：行者先持戒清淨令心不悔故，易受觀法，能破婬欲諸煩惱賊。觀人初死之日，辭訣言語息出不反，奄忽已死，室家驚慟，號哭呼天，言說方爾，奄便那去，氣滅身冷，無所覺識，此爲大畏無可免處，譬如劫盡火燒，無有遺脫。

慧遠《大乘義章》卷一六 若心散亂，念身無常，三惡道苦，佛法欲滅，以此鞭心，還令安住不淨觀中。爲厭他身，須觀外色，以爲九想，所謂死相、膖脹、青淤、膿爛、破壞、血塗、蟲食、骨瑣、分離，是九想也。《大智論》中少一死想，加一燒想合以爲九。

智顗《摩訶止觀》卷九上 次明不淨禪發者。先就九想又爲兩，一壞法人，二不壞法人。若壞法人修九想，一脹想，二壞想，三血塗想，四膿爛想，五青瘀想，六噉想，七散想，八骨想，九燒想。此人但求斷苦，燒滅骨人，急取無學，不欣事觀。既無骨人可觀，便無禪定神通變化願智頂禪。雖言燒滅，實有身在。【略】若不壞法人九想者，從初脹想來住骨想，不進燒想，得有流光背捨勝處，觀練薰修神通變化，一切功德具足，成俱解脫人也。若修時愛多觀外，見多觀身，見愛等內外觀。【略】

身體洪直，手足葩花，膖脹郶如韋囊盛風，九孔流溢，甚爲穢惡。行者自念，我身如是，未離未脫觀，所愛人亦復如是。是相發時，得一分定心黯黯安快。須臾之間見此脹屍，風吹日暴，皮肉破壞，身體坼裂，形色改異，了不可識，是名壞相。又見坼裂之處血從中出，散溜塗漫，處處斑駁，灌溢於地臭處蓬勃，是爲血塗相。又見膿爛流潰，滂沱如蠟得火，是名膿爛相。又見殘皮餘肉風日乾炙，臭敗黯黮，半青半瘀，是爲青瘀相。又見此屍而爲狐狼鴟鷲之所噉食，紛葩鬪競，攫裂拽挽，是爲噉相。又見頭手異處，五藏分張，不可收斂，是爲散相。又見二種骨，一帶膿膏，一純白淨，或見一具骨，或遍聚落。如是諸相轉時，定心隨轉，沈寂愉愉靜妙，安快之相說不可貲，不壞法人所觀齊此。未見此相，愛染甚強。若見此已，欲心都罷，懸不忍耐。如不見糞猶能噉飯，忽聞臭氣即便嘔吐。亦如捉淨法婆羅門而噉塗癰髓餅，槌頭自責，我已了矣。若證此相，雖復高眉翠眼，皓齒丹脣，如一聚尿粉覆其上，亦如爛屍假著繒綵，尙不眼視，況當身近，雇鹿杖自害，況鳴抱婬樂。如是想者，是婬欲病之大黃湯，如貪食人審知豬豬盛屎之物，猶強喫噉，見豬蟲臭，更能食不。前特勝力弱，未決定除，今觀力強，婬火疾滅。故云，九想觀成時，六賊稍已除，及識愛怨詐兼知假實虛，如是厭患，何但除欲，亦能發無漏，亦成摩訶衍。

玄奘譯《大般若波羅蜜多經》卷四二〇 解脫勝處等至遍處不可得故，以無所得而爲方便，應修習九想，謂膖脹想、膿爛想、異赤想、青瘀想、啄噉想、離散想、骸骨想、焚燒想、滅壞想。如是諸想不可得故，以無所得而爲方便，應修習十隨念。

玄奘譯《瑜伽師地論》卷九七 又此諸學及諸學果能證資糧，當知對治八種過患，修集九想。云何名爲八種過患，所謂耽著利養恭敬，愛藏一切後有諸行，懈怠懶墮，薩迦耶見，貪著美味，於諸世間種種妙事欣欲貪愛，依止放逸惡行方便，依止邪願修習梵行。云何名爲修集九想，一者修集出家想，二者修集無常想，三者修集無常苦想，四者修集苦無我想，五者修集厭逆食想，六者修集一切世間不可樂想，七者修集死想，八者修集世間平等不平等想，九者修集有無出沒過患出離想。應知此中所有如法平等行，攝能往善趣善身語意業，說名平等。所有非法不平等行，攝能往惡趣不善身語意業，名不平等。

施護譯《佛說了義般若波羅蜜多經》 何名九想，所謂內法想、尾布野迦想、離赤想、離青想、尾佉爾多想、無住想、離散想、無熱惱想、離飲食想，如是名爲九想法。

書玉《佛說梵網經初津》卷三 不淨觀亦名九想觀。佛爲眾生，貪著五欲，以爲美好，躭戀沉迷，輪迴生死，無有出期，故令修此觀法。想念純熟，心不分散。若得三昧成就，自然貪欲殄除，惑業盡消，得證道果。一胮脹想，二青瘀想，三壞想，四血塗漫想，五膿爛想，六蟲噉想，七散想，八骨想，九燒想。此之九種，雖是假想，然用之能成大事。譬如大海中死屍，溺人附之，即得渡也。

讀體《毗尼止持會集》卷三 （緣起）佛遊毗舍離獮猴江邊，講堂中說不淨觀，歎不淨觀，歎思惟不淨觀。

不淨觀亦名九想觀，此九種不淨觀法想念純熟，心不分散。若得三昧成就，自然貪欲殄除，惑業消滅，得證道果。此之九想雖是假想作觀，然用之能成大事。譬如大海中死屍，溺人附之，即得渡也。一胮脹想。謂修行之人心想死屍，見其胮脹，如韋盛風，異於本相，是爲胮脹想。二青瘀想。既觀胮脹已，復觀死屍風吹日曬，皮肉黃赤，瘀黑青黯，是爲青瘀想。三壞想。既觀青瘀已，復觀死屍風日所變，皮肉裂壞，六分破碎，五臟腐敗，臭穢流溢，是爲壞想。四血塗漫想。既觀壞已，復觀死屍，從頭至足，遍身膿血流溢，污穢塗漫，是爲血塗漫想。五膿爛想。既觀塗漫已，復觀死屍身上九孔，蟲膿流出，皮肉壞爛，狼藉在地，臭氣轉增，是爲膿爛想。六蟲噉想。既觀膿爛已，復觀死屍蟲唼食，鳥獸咀嚼，殘缺剝落，是爲蟲噉想。七散想。既觀蟲噉已，復觀死屍，爲禽獸所食，分裂破散，筋斷骨離，頭足交橫，是爲散想。八骨想。既觀散已，復觀死屍形骸暴露，皮肉已盡，但見白骨狼藉，如貝如珂，是爲骨想。九燒想。既觀骨已，復觀死屍爲火所燒爆裂烟臭，白骨俱然，薪盡火滅，同於灰土，是爲燒想。

九橫

安世高譯《佛說七處三觀經》 佛告諸比丘，有九輩因緣，人命未盡便橫死。何等爲九，一爲不應飯，二爲不量飯，三爲不習飯飯，四爲不出生，五爲止熟，六爲不持戒，七爲近惡知識，八爲入里不時不如法行，九爲可避不避。如是爲九因緣，人命爲橫盡。諸比丘聞佛語歡喜作禮。

何等爲不應飯者，名爲不可意飯，亦爲以飯腹不停諷，是名爲不應飯。何等爲不量飯者，名爲不知節度，多飯過足，是名爲不量飯。何等爲不習飯飯者，名爲不知時，冬夏爲至他郡國，不知俗宜，不能消飲食未習故，是名爲不習飯飯。何等爲不出生者，名爲飯物未消，復從上飯不服藥，吐下不時消，是名爲不出生。何等爲止熟者，名爲大便小便來時不即行，噫吐嚏下風來時制之，是名爲止熟。何等爲不持戒者，名爲犯五戒，殺盜犯人婦女兩舌飲酒，亦有餘戒以犯便入縣官，或強死或得杖死，或得字亦餓便從是死，或以得脫外從怨家得手死，或驚怖念罪憂死，是爲不持戒。何等爲近惡知識者，名爲惡知識，以作惡便及人，何以故，坐不離惡知識故，不覺善惡，不計惡知識惡態，不思惟惡知識惡行，是名爲近惡知識。何等爲入里不時者，名爲冥行，亦里有譊諍時行，亦遇縣官長吏出追捕不避不可避行者，入里妄入他家舍中，妄見不可見，妄聽不可聽，妄犯不可犯，妄說不可說，妄憂不可憂，妄索不可索，是名爲入里不時不如法行。何等爲可避不避者，名爲當避弊象、弊馬、牛犇車馳，馬蛇虺，坑井水火，拔刀醉人惡人，亦餘若干，是名爲可避不避。

玄奘譯《藥師琉璃光如來本願功德經》　爾時阿難問救脫菩薩言：善男子，云何已盡之命而可增益。救脫菩薩言：大德，汝豈不聞如來說有九橫死耶，是故勸造續命幡燈修諸福德，以修福故，盡其壽命不經苦患。阿難問言：九橫云何。救脫菩薩言：有諸有情，得病雖輕，然無醫藥及看病者，設復遇醫授以非藥，實不應死而便橫死。又信世間邪魔外道妖孽之師，妄說禍福，便生恐動，心不自正，卜問覓禍，殺種種衆生，解奏神明，呼諸魍魎，請乞福祐，欲冀延年，終不能得，愚癡迷惑，信邪倒見，遂令橫死，入於地獄，無有出期，是名初橫。二者橫被王法之所誅戮。三者畋獵嬉戲，耽婬嗜酒，放逸無度，橫爲非人奪其精氣。四者橫爲火焚。五者橫爲水溺。六者橫爲種種惡獸所噉。七者橫墮山崖。八者橫爲毒藥厭禱呪咀起屍鬼等之所中害。九者飢渴所困，不得飲食而便橫死。是爲如來略說橫死有此九種，其餘復有無量諸橫難可具說。

道世《法苑珠林》卷六六　又《九橫經》云，佛告比丘，有九輩，九因緣命未盡時便橫死，一爲不應飯爲飯，二爲不量飯，三爲不習飯，四爲不出生，五爲止熟，六爲不持戒，七爲近惡知識，八爲入里不時不知法行，九爲可避不避。如是爲九因緣人命爲橫盡，一不應飯者，名不可意飯，亦爲飽腹不調。二不量飯者，名不知節度多飯過足。三不習飯者，名爲不知時，冬夏爲至他國，不知俗宜飯食未習。四不出生飯者，爲飯物未消復上飯，不服藥吐下，由未時消。五爲止熟者，大小便來時不即時行，噫噦嚏下風來時制。六不持戒者，名爲犯五戒殺盜婬兩舌飲酒，使入縣官捶杖斫刺，或從怨手死，或驚怖念罪憂死。七爲近惡知識者，坐不離惡知識故，不覺善惡。八爲入里不時者，名爲冥行，亦里有諍，縣官長吏追捕不避，不如法行，妄入他家舍，九爲可避不避者，爲弊惡象馬牛車蛇蚖井水火刀杖醉惡人等忤擾。是爲九橫人命未盡當坐是盡。

九識

《金剛三昧經》序品卷一　爲說戒者，不善慢故，海波浪故。如彼心地，八識海澄，九識流淨，風不能動，波浪不起，戒性等空。

真諦譯《顯識論》卷一　顯識者有九種，一身識，二塵識，三用識，四世識，五器識，六數識，七四種言說識，八自他異識，九善惡生死識。其次分別識有二種，一有身者識，二受者識。前九識中。第一身識者，謂轉作似身，是故識名身識。所言似者，如所執身相貌似身而非眞實故，名似身。此識能作相似身，名爲身識，即是五根，餘塵等八種識亦如是，即是唯識義也。所言身識者有五種，即眼根界等，是名身識通是五根。第二塵識有六種，色界等乃至識塵，通名應受識。第三用識者，六種眼識界等即是六識，大論名爲正受識。第四世識者有三種，即三世，過去未來現在也。又生死相續不斷故名世。第五器識者，《大論》名處識也，略即器世界，謂外四大五塵，廣即十方三界等。第六數識者，算計量度。第七四種言說識者，謂見聞覺知四種。一切言說不出此四。若不說見，即說聞，覺知亦爾。第八自他異識者，謂依處各異六趣不同。依處者，身也，六趣身謂自他異識。第九善惡趣生死識者，一切生死不離兩道，善者人天，惡者四趣，此善惡道不離生死，即生即滅無停住故。

慧遠《大乘義章》卷三　亦得說九，故《楞伽經》總品中云：八九種識，如水中波。其狀如何，分別有二。一者眞妄分別，以說九種。妄中分七，謂六事識及妄識。眞中分二，謂阿摩羅及阿梨耶。義如上辯。以此通前，故合有九。二者眞妄離合，以說九種。獨眞爲一，所謂本淨阿摩羅識。眞妄和合，共爲八種。義如上辯。共爲本識阿陁那識及起六識，通前爲九。

圓測《解深密經疏》卷三　眞諦三藏依決定藏論，立九識義，九識品如說。言九識者，眼等六識，大同識論。第七阿陀那，此云執持，執持第八爲我我所。唯煩惱障而無法執，定不成佛。第八阿梨耶識，自有三種，一者解性梨耶，成佛之義。二者果報梨耶，緣十八界。故中邊分別偈云：塵根我及識，本識生似彼。依彼論等說，第八識，緣十八界。三者染汙阿梨耶，緣眞如境，起四種謗。即是法執，而非人執。依安慧宗，作如是說。第九阿摩羅識，此云無垢識，眞如爲體。於一眞如，有其二義，一者所緣之境，名爲眞如及實際等。二者能緣之義，名無垢識，亦名本覺。具如九識章，引決定藏論九識品中說。

延壽《宗鏡錄》卷五六　夫三能變中，已論八識。今依經論，更有多門。舒則無邊，卷唯一道。經中又明，有九種識，以兼識性故，或以第八染淨別開，故言九識，非是依他體有九，亦非體類別有九識。九識者，以第八染淨，別開爲二，以有漏爲染，無漏爲淨，前七識不分染淨，以俱是轉識攝故，第八既非轉識，獨開爲二，謂染與淨，合前七種，故成九識。

問：以何經論，證有九識。答：《楞伽經》說，頌云，由虛妄分別，是則有識生，八九識種種，如海泉波浪。又《金剛三昧經》云，爾時無住菩薩而白佛言，尊者，以何利轉，而轉衆生一切情識入唵摩羅。佛言，諸佛如來，常以一覺，而轉諸識入唵摩羅。何以故，一切衆生本覺常以一覺覺諸衆生，令彼衆生皆得本覺，覺諸情識空寂無生。何以故，決定本性，本無有動。論釋云，一切情識，則是八識唵摩羅者，是第九識。古德云，一切唯心造者。然其佛果契心，則佛亦心造，謂四智菩提，是淨八識之所造故。若取根本，即淨第八。若依眞諦三藏，此佛淨識，稱爲第九，名阿摩羅識。唐三藏云，此翻無垢，是第八異熟，謂成佛時，轉第八成，無別第九。若依密嚴，文具說之，經云，心有八識，或復有九。又云，如來清淨藏，亦名無垢智，即同眞諦所立第九，以出障故，不同異熟爲九有。又眞諦所翻決定藏論九識品云，第九阿摩羅識。三藏釋云，阿摩羅識有二種，一者所緣，即是眞如。二者本覺，即眞如智。能緣即不空藏，所緣即空如來藏。若據通論，此二並以眞如爲體，《華嚴》論明。《解深密經》說，九識爲純淨無染識，如瀑流水，生多波浪，諸波浪等，以水爲依，五六七八等，皆以阿陀那識爲依故。又云，如是菩薩雖由法住智爲依止，爲建立故。此經意令於識處，便明識體本唯眞智故，如彼瀑流，不離水體而生波浪。又如明鏡，依彼淨體無所分別，含多影像，不礙有而常無故，如是自心所現識相，不離本體無作淨智，所現影相，都無自他內外等執，任用隨智，無所分別。又經云，阿陀那識甚深細。深細者，引彼凡流，就識成智，不同二乘，及漸始菩薩，破相成空，不同凡夫，繫而實有，不同彼故，不空不有。何法不空，爲智能隨緣照機利物故。何法不有，爲智正隨緣時，無性相故，無生住滅故。

法照《讀教記》卷三　唵摩羅識，是第九不動識。若分別之，即是佛識。阿梨耶識，即是第八無沒識，猶有隨眠煩惱與無明合，別而分之，是菩薩識。大論云：在菩薩心，名爲般若，即其義也。阿陀那識，是第七分別識。訶惡生死，欣羨涅盤。別而分之，是二乘識。

九品

竺佛念譯《中陰經》卷下：

本我無此色，受想識亦然。我虛彼亦無，豈有識想受。無色名色法，衆生亂想法。九品有差別，分別三世道。上上最妙道，非去非未來。上中最微細，上下無覺觀。中上斷三結，中中滅三垢，中下豁然悟。此名爲佛子。下上雖爲重，如彼水上泡，一生而一滅。下中衆生類，苦本最爲深，非我誰能知。下下衆生類，經歷於劫數。

寶亮《大般涅槃經集解》卷一五　經言，初地菩薩，供養微塵諸佛，豈當止八恆沙，便具十地，但說初依功德如此，餘三人不復待言也。性地解地，有三種慧，謂聞思修也。是有漏功德，各有三品，熙連河沙得下下聞慧，第八恆河得上上修慧，是爲九品。有漏慧滿，過是得無漏，入初地也。未來護法之人，供養八恆河沙，始能宣說，恐有退者，以此勸之也。

智顗《釋禪波羅蜜次第法門》卷五　初禪發時，五支及默然心，前後不無麤細之異，故有淺深，應須分別。何以者何，如論云，佛弟子修諸禪時，有下中上，名爲三品。離此三品，一品爲三，故有九品淺深之相。若細而論，則應有無量品。外道得定，亦有淺深，而不作品説者，以其心麁於定中不覺故，亦以不修無漏觀慧照了，則心不覺知。就立品明淺深中，自爲二意，一約同類，二約異類。一同類者，如一動觸發時漸漸覺深，乃至九品。二約異類者，如動觸謝後，即發餘觸，雖觸相不同，而覺定漸深勝於上。

般若譯《大乘本生心地觀經》卷七　爾時佛告彌勒菩薩摩訶薩：善男子，發阿耨多羅三藐三菩提心求菩提道，有二菩薩，一者在家，二者出家。在家菩薩爲欲化導婬室屠肆，皆得親近，出家菩薩則不如是。然此菩薩各有九品，上根三品皆住蘭若，無間精進，利益有情。中下二根諸菩薩等，隨宜所住，方處不定，或住蘭若，或居聚落，隨緣利益安隱衆生，如是行門汝應觀察。

不空譯《九品往生阿弥陁三摩地集陁羅尼經》　無量壽國在九品淨識三摩地，是即諸佛境界如來所居，三世諸佛從是成正覺，具足三明，增長福慧。其九品境界，上品上生眞色地，上品中生無垢地，上品下生離垢地，中品上生善覺地，中品中生明力地，中品下生無漏地，下品上生眞覺地，下品中生賢覺地，下品下生樂門地，是名曰九品淨識眞如境。是內坐十二大曼陁羅大圓鏡智寶像，其名曰一切三達無量光佛，遍覺三明無邊光佛，智道三明無礙光佛，六眞理智三明無對光佛，色善三明光炎王光佛，一覺三明清淨光佛，普門三明歡喜光佛，入慧三明智慧光佛，光色三明不斷光佛，明達三明難思光佛，五德三明無稱光佛，智力三明超日月光佛，如是諸佛如來是眞色具足，一切三世如來悲相所依。若有衆生欲往生如是九品淨土，奉視十二圓妙，日夜三時稱如是九品淨土名，讚十二光佛號，即永出三界火宅，定生眞如，離有漏，永入無漏。若人欲入如是三摩地境，具足佛慧，淨心潔身。

畺良耶舍譯《佛説觀無量壽佛經》　佛告阿難及韋提希，上品上生者，若有衆生願生彼國者，發三種心即便往生。何等爲三，一者至誠心，二者深心，三者迴向發願心，具三心者必生彼國。復有三種衆生，當得往生。何等爲三，一者慈心不殺，具諸戒行，二者讀誦大乘方等經典，三者修行六念，迴向發願生彼佛國。具此功德，一日乃至七日，即得往生。生彼國時，此人精進勇猛故，阿彌陁如來與觀世音及大勢至無數化佛百千比丘聲聞大衆無量諸天，七寶宮殿，觀世音菩薩執金剛臺，與大勢至菩薩至行者前，阿彌陁佛放大光明照行者身，與諸菩薩授手迎接，觀世音大勢至與無數菩薩，讚歎行者勸進其心，行者見已歡喜踴躍，自見其身乘金剛臺，隨從佛後，如彈指頃往生彼國，生彼國已，見佛色身衆相具足，見諸菩薩色相具足，光明寶林演説妙法，聞已即悟無生法忍，經須臾間歷事諸佛，遍十方界，於諸佛前次第受記，還至本國，得無量百千陁羅尼門，是名上品上生者。上品中生者，不必受持讀誦方等經典，善解義趣，於第一義心不驚動，深信因果，不謗大乘，以此功德，迴向願求生極樂國。行此行者命欲終時，阿彌陁佛與觀世音及大勢至，無量大衆眷屬圍繞，持紫金臺至行者前讚言，法子，汝行大乘，解第一義，是故我今來迎接汝，與千化佛一時授手。行者自見坐紫金臺，合掌叉手讚歎諸佛，如一念頃，即生彼國七寶池中。【略】

上品下生者，亦信因果，不謗大乘，但發無上道心，以此功德，迴向願求生極樂國。彼行者命欲終時，阿彌陁佛及觀世音幷大勢至，與諸眷屬持金蓮華，化作五百化佛來迎此人，五百化佛一時授手，讚言，法子，汝今清淨發無上道心，我來迎汝。見此事時，即自見身坐金蓮花，坐已華合，隨世尊後即得往生七寶池中，一日一夜蓮花乃開，七日之中乃得見佛。【略】

佛告阿難及韋提希：中品上生者，若有衆生受持五戒，持八戒齋，修行諸戒，不造五逆，無衆過惡，以此善根，迴向願求生於西方極樂世界。行者臨命終時，阿彌陁佛與諸比丘眷屬圍繞，放金色光至其人所，演説苦空無常無我，讚歎出家得離衆苦。行者見已心大歡喜，自見己身坐蓮花臺，長跪合掌爲佛作禮，未舉頭頃即得往生極樂世界，蓮花尋開。【略】

中品下生者，若有善男子善女人，孝養父母，行世仁義，此人命欲終時遇善知識，爲其廣説阿彌陁佛國土樂事，亦説法藏比丘四十八大願，聞此事已，尋即命終，譬如壯士屈伸臂頃，即生西方極樂世界，生經七日遇觀世音及大勢至，聞法歡喜得須陁洹，過一小劫成阿羅漢，是名中品下生者。【略】

佛告阿難及韋提希：下品下生者，或有衆生作不善業五逆十惡，具諸不善，如此愚人以惡業故，應墮惡道，經歷多劫，受苦無窮。如此愚人臨命終時，遇善知識種種安慰，爲説妙法，教令念佛。彼人苦逼，不遑念佛，善友告言，汝若不能念彼佛者，應稱歸命無量壽佛，如是至心，令聲不絕，具足十念稱南無阿彌陁佛。稱佛名故，於念念中，除八十億劫生死之罪，命終之時見金蓮花，猶如日輪，住其人前，如一念頃即得往生極樂世界，於蓮花中滿十二大劫，蓮花方開，當花敷時，觀世音大勢至以大悲音聲，即爲其人廣説實相除滅罪法，聞已歡喜，應時即發菩提之心，是名下品下生者。

九世

李通玄《**解迷顯智成悲十明論**》 一念普觀，無量劫無去無來亦無住，如是了知三世事，超諸方便成十力。又以大智體中同三世事，以過去世入現在未來世，以未來世入現在過去世，以現在世入未來過去世。以根本智無三世性，妄執三世。智現自圓，無古無今，一世通爲十世，以三世中一世上三世爲九世，通平等世爲十世。如圓珠上求方，環輪上求始末，虛空中求大小中邊，前際後際終不可得，應如是知，如是見，即於大小前後諸見無所惑亂也。如是見盡，三世都忘，名初發心時便成正覺，然後成普賢之行矣。

湛然《**止觀輔行傳弘決**》**卷一之二** 《華嚴》三十一云，佛子，有十種三世，謂過去説過去，過去説未來，過去説現在，未來説過去，未來説現在，未來説無盡，現在説過去，現在説未來，説現在平等，現在説三世平等，能説此十，則能説於一切三世。彼《華嚴經》爲成十句，故於九外更加平等。故《大瓔珞》俱翼天子問佛，三世皆有諸佛不。佛言，汝爲問何等三世，過去耶，現在耶，未來耶。此亦九世意也。

義湘《**華嚴一乘法界圖**》 四所謂九世者，過去過去，過去現在，過去未來，現在過去，現在現在，現在未來，未來過去，未來現在，未來未來世。三世相即及與相入，成其一念，總別合名故十世。一念者，約事念説也。

延壽《**註心賦**》**卷三** 塵含法界，無虧大小。念包九世，延促同時。九世者，過去世中，有現在未來。未來世中，有過去現在。現在世中，有過去未來。三三成九世。

九地

玄奘譯《**瑜伽師地論**》**卷一〇〇** 有九種地。何等爲九，一資糧地，二方便地，三觀行地，四見地，五修地，六有學地，七無學地，八聖者地，九異生地。先應積集出世資糧。次爲盡漏，勤修方便。次修隨順決擇分時，正觀諸諦。次能證入正性離生，次後漸證四沙門果。此中前三是有學地，其第四果是無學地。證離生已，一切世間漸昇進道，名爲修地。即總攝見學無學地，名聖者地。此餘一切名異生地。謂若未修加行，若已修加行，若已離欲，一切異生復有九依，能盡諸漏。

玄奘譯《**阿毗達磨品類足論**》**卷六** 有九有情居。謂有色有情身異想異，如人及一分天，是初有情居。有色有情身異想一，如梵衆天劫初時，是第二有情居。有色有情身一想異，如極光淨天，是第三有情居。有色有情身一想一，如遍淨天，是第四有情居。有色有情無想無異想，如無想有情天，是第五有情居。無色有情超一切色想，滅有對想，不思惟種種想入無邊空，空無邊處具足住，如空無邊處天，是第六有情居。無色有情超一切空無邊處，入無邊識，識無邊處具足住，如識無邊處天，是第七有情居。無色有情超一切識無邊處入無所有，無所有處具足住，如無所有處天，是第八有情居。無色有情超一切無所有處入非想非非想處具足住，如非想非非想處天，是第九有情居。

道誠《**釋氏要覽**》**卷中** 九地。一五趣雜居地，攝欲界三惡，道四洲六天。二離生喜樂地，攝初禪三天。三定生喜樂地，攝二禪，三天。四離生妙樂地，攝三禪，三天。五捨念清淨地，攝四禪九天。六空處地。七識處地。八無所有處地。九非想非非想處地。地有四義，謂住處攝治。

道通《**大方廣佛華嚴經吞海集**》**卷中** 三界九地者。一五趣雜居地，有四洲六欲天，五受間起，憂苦極多，喜樂捨少，嗔欲心俱，意有憂受，俱無輕安樂報，若修則有，故名散地。二離生喜樂地三天，一大梵，二梵輔，三梵眾。用尋伺，治欲界憂受。有五，尋伺喜樂一心。三喜勇浮動地三，一光，二少光，三無量光。用內淨一心，治去尋伺。有四，內淨喜樂一心。四離喜妙樂地三，一淨，二少淨，三徧淨。治前喜受，開內淨爲捨念，正知識身受樂一心。五捨念清淨地三，一無雲，二福生，三廣果。凡聖雜居，上有五天，唯不還果人居，一無煩，二無熱，三善現，四善見，五色究竟，捨念行捨一心。六空無邊地，二乘及邪見人居，空想治色想，唯有捨受一心。七識無邊地，作無邊想，治於空，唯有捨受及一心。八無所有地，四蘊與識，皆盡治之，捨受一心。九非非想地，無麁有細，八萬劫報盡還來，捨受一心。

寂光《佛說梵網經直解》卷一 第者，次第，謂三界共九地。欲界爲一地，名五趣雜居地。色界有四地，初禪，名離生喜樂地。二禪，名定生喜樂地。三禪，名離喜妙樂地。四禪，名捨念清淨地。無色界有四地，一空無邊處地，二識無邊處地，三無所有處地，四非非想處地。此當色界，第四禪捨念清淨地中，乃摩醯首羅天王所住之處，亦名有頂天，又名色究竟天，法雲地菩薩，多寄住於此處說法。

九類生

覺連《銷釋金剛科儀會要註解》卷三 【經】佛告須菩提諸菩薩（至）眾生相，壽者相即非菩薩。註曰：此言大乘正宗者，以九類生，悉入涅槃，故爲此經之宗也。佛於此，招告當機，菩薩如是降伏其心者，言降伏見思二惑，塵沙煩惱之妄心也。所有一切眾生之類者，一切者，是總標也，眾生者，是別列九類眾生也。凡有生者，皆謂之眾生，上至諸天，下自蠢動，不免乎有生，故云一切眾生也。眾生雖無數無邊，不過九種，下文所言是也。若卵生者，如大而金翅鳥，細而蟣虱是也。若胎生者，如大而獅象，中而人者，小而貓鼠是也。若濕生者，如魚鼈黿鼉，以至水中極細蟲是也。若化生者，經云，如上而天人，下而地獄，中而人間，米麥果實等，所生之蟲皆是也。上四者，謂欲界眾生也。若有色者，色謂色身，謂初禪天，至四禪天，諸天人但有色身，而無男女之形，已絕情欲矣，此之謂色界也。若無色者，謂無色界諸天人也，此在四禪天之上，唯有靈識，而無色身，故名無色界也。若有想者，此謂有想天，諸天人也，以天人唯有想念，不復有色身故也，自此以上，皆謂之無色界也。若無想者，此謂無想天，諸天人也，在有想天之上，此天人，一念寂然不動，故名無想天也。若非有想，若非無想者，此謂非想非非想天諸天人也，此天，又在無想天之上，其天人，一念寂然不動，故云非有想，然不似木石，而不能有想，故云非無想。此天，於三界諸天，爲極高，其壽爲極長，不止八萬劫而已。我皆令入涅槃者，我者，佛自謂也，如來指示，三界九地眾生，各有涅槃妙心，令自悟入無餘涅槃。而滅度者，言滅盡習氣，度生死海，同證圓滿清淨涅槃也。如是滅度，乃至實無眾生得滅度者，言九類生，雖業果不同，無非自業緣而生，故實無此眾生也，此菩薩發心化之，而得涅槃，實無一眾生入涅槃者，以本無眾生故也。言第一義中無生可度，即眞常心也。若見可度，即生滅心也。良由一切眾生，本來是佛，何生可度，可謂平等眞法界，佛不度眾生也。

九方便

善無畏共一行譯《大毘盧遮那成佛神變加持經》卷七 歸命十方正等覺，三世一切具三身，歸命一切大乘法，歸命不退菩提眾，歸命諸明眞實言，歸命一切諸密印，以身口意清淨業，殷勤無量恭敬禮。作禮方便眞言曰：【略】

我由無明所積集，身口意業造眾罪，貪欲恚癡覆心故，於佛正法賢聖僧，父母二師善知識，以及無量眾生所，無始生死流轉中，具造極重無盡罪，親對十方現在佛，悉皆懺悔不復作。出罪方便眞言曰：【略】

南無十方三世佛，三種常身正法藏，勝願菩提大心眾，我今皆悉正歸依。歸依方便眞言曰：【略】

我淨此身離諸垢，及與三世身口意，過於大海剎塵數，奉獻一切諸如來。施身方便眞言曰：【略】

淨菩提心勝願寶，我今起發濟群生，生苦等集所纏繞，及與無知所害

身，故攝歸依令解脫，常當利益諸含識。發菩提心方便眞言曰。【略】

十方無量世界中，諸正遍知大海衆，種種善巧方便力，及諸佛子爲衆生，諸有所修福業等，我今一切盡隨喜。隨喜方便眞言曰。【略】

我今勸請諸如來，菩提大心救世者，唯願普於十方界，恆以大雲降法雨。勸請方便者眞言曰。【略】

願令凡夫所住處，速舍衆苦所集身，當得至於無垢處，安住清淨法界身。奉請法身方便眞言曰：【略】

所修一切衆善業，利益一切衆生故，我今盡皆正回向，除生死苦至菩提。迴向方便眞言曰。【略】

菩提金剛譯《大毗盧遮那佛說要略念誦經》　次下九種方便淨除障增益三昧耶門，而爲頌曰：虔誠懺諸罪，歸依身供養，發心及隨喜，觀請迴向法，如是九種門，次第相應說。【略】

禮一切佛及本尊并諸菩薩眞言契印等時。復次懺悔法，謂親於佛前，右膝著地，合掌思惟，先世已來及以此生，貪瞋癡等覆蓋身心，積集煩惱，無明增長，不善三業無量無邊，於佛正法賢聖師僧父母宗親善知識，於如是所造極重罪，違善友言淪溺生死，今對十方佛菩薩前，披心懺悔不敢復造。【略】

復次歸依法。爾時作是思惟，十方三世一切諸佛，及深法藏，成就勝願諸菩薩衆，我心皆悉歸依。【略】

復次分身供養，當想自身口意已離諸垢運，散其身過微塵數遍十方剎，猶如雲散雨施，化爲種種諸供養具用獻於佛。【略】

復次發勝菩提心。爾時當觀自心猶如寶月空淨凝滿，復當觀察蘊處界等，無始妄執之所纏繞，我今覺此無知所害，是故觀察菩提淨心。【略】

復次隨喜功德。如是思惟十方剎土之中，一切諸佛種種方便功德海雲，及諸菩薩最勝福業，我今至心悉皆隨喜。【略】

復次勸請德雲。作法已，心念口言，我今勸請一切如來諸大菩薩，普於十方興大法雲，降大法雨，救世大悲，願隨我請，我於此中願速成就。【略】

復次請佛住世。爾時行者心念口言，我今奉請一切如來，爲我凡夫住於世間，饒益我等一切衆生，我及衆生住凡夫地，衆苦所集，云何得至無垢處，安住清淨法界之身，唯願如來不捨於我。【略】

復次迴向菩提。應當一心合掌，作是念言，我以所修一切衆善，生起功德方便，利益諸衆生福，並同迴向廣大菩提，願令自他速離生死。

不可思議《大毗盧遮那經供養次第法疏》卷上　歸命者，衆生所重，命爲最珍，用此寶藏奉獻三寶，用眞言印等也。身口意清淨業者，捨命歸尊言淨業也。眞言中作禮方便者，由此作禮眞實言者。眞言即是實相智，諸尊以實相智爲身心，以實相智眞言誦，即遍至實相智尊，實相智尊一時頓受眞言禮，故言即能遍禮十方佛。右膝著地以下一段出罪方便眞言門，誦眞言同前，實相智自無罪，若執有罪，此智能令解無罪，是故言出罪。南無十方三世佛以下第三歸依方便眞言門，此眞言智外無妄，外無妄處即是眞言，自身若誦此眞言悟自眞，故言歸依。亦有誦眞言，頌中南無者，度我也亦云禮敬也。三種常身者，法身等三身，悟生死本不生故，言常身也。正法藏者，正者簡邪，法者軌則，藏者含恆沙德也。大心衆者，菩薩乘也。我淨此身離諸垢以下第四施身方便眞言門，亦有誦眞言。眞身以外無別身，三世如來亦同體，衆生妄執有別身，此眞言門能令解我身佛身等無別，故言施身。淨菩提心勝願寶已下第五發菩提心方便眞言門，有誦眞言長行，我身佛身既無別，佛菩提智同我智，此眞言令悟此法，能令知云發菩提，增加者能顯眞言義加也。菩提心者，自性清淨自覺也，心者中實義也，故云離一切等也。蘊者五蘊也，界者十八界也，處者十二處也，能執者妄心也，所執者妄境也，捨離也，法無我有者離妄境等也。自心平等者，無妄想也。又自心者，妄想自心也。平等者，妄想自心本不生也。是故云能執所執乃至本來不生，如大空者，大慧日輪中無生死晝夜別，自性者慧日即爲身，捧妄不生，令同眞性故，云如也，此增加句譯人讚歎梵本也。若能誦梵本者第一，依漢文得意讀誦亦得。道場者，寂場也。十方無量世界中以下第六隨喜方便眞言門，亦有誦眞言，如實智自無有嫉，自無嫉智，令無瞋嫉，至誠念誦此眞智令不異眞實之智，故言隨喜方便法。我今勸請諸如來以下第七勸請方便眞言門，頌眞言同前，眞智大悲恆利物，利物故降法雨，至誠念誦此眞言令請法住世，故云勸請。願令凡夫所住處以下第八奉請法身方便眞言門，頌眞言同前，法身恆住於本眞，以恆住故令至法身，誦此眞言直奉請，故云奉請方便法。所修一切衆善業以下第九迴向方便眞言門，頌眞言同前，本覺眞智外無散，以無散故同迴向，勤苦念誦此眞言，歸眞本法云迴向。

九無學

瞿曇僧伽提婆譯《中阿含經》卷三〇　云何九無學人，思法，升進法，不動法，退法，不退法，護法，護則不退，不護則退，實住法，慧解脱，俱解脱，是謂九無學人。

鳩摩羅什譯《成實論》卷一　若阿那含具八解脱，是名身證，是等皆名行阿羅漢者。以斷結同故，若盡斷滅一切煩惱，名阿羅漢。阿羅漢有九種，退相，守相，死相，可進相，住相，不壞相，慧解脱相，俱解脱相，不退相，是諸阿羅漢。以得信等根故，有差别。最鈍根者是名退相退失三昧，退三昧故，無漏智慧不能現前。守相者，根小勝故，若護三昧則不退失，不護則退，前退相者雖護亦退。死相者，根又小勝，深厭諸有，是人不能得三昧故，無漏智慧難得現前，設得喜失故，求死也。住相者，若得三昧不進不退，是名住相。前三種在退分三昧，住相者在住分三昧。可進相者，若得三昧轉深增益，是人住在增分三昧。不壞相者，得三昧已，種種因緣不能敗壞，是人住在達分三昧。慧最利故，善取三昧入住起相，故不可壞，因滅盡定故，有二人不得此定，名慧解脱，得此定者名俱解脱。不退相者，所得功德盡無退失。如經中説，佛語比丘，若我弟子以床輿我，我先所得，盡無退失。如是九種名無學人。先十八學人及九無學，是二十七人，名爲一切世間福田，僧中具足，是故應禮也。

慧遠《大乘義章》卷一七　無學九者，經列不次，一名思法，二昇進法，三不動法，四者退法，五不退法，六者護法，經自釋言，護則不退，不護則退，七者住法，八慧解脱，九俱解脱。經文如是，更無異釋。九中前七，就根以别，後二約法。前之七種猶如毗曇中六種羅漢，六羅漢者，退、思、護、住、昇進、不動，彼《阿含經》分不動人以爲二種，故有七也。九中退法是毗曇中初退法人，九中思法是彼第二思法之人，九中護法是彼第三護法之人，九中住法是彼第四住法之人，九中昇進是彼第五必昇進人，九中不動及與不退是毗曇中不動法人。彼毗曇中不動有二，一本來不動，二至果中進爲不動。九中不動當毗曇中因來不動，九中不退當毗曇中至果不動。後二慧脱及俱解脱約法以别，前七人中不得滅定名慧解脱，得滅定者名俱解脱。

玄奘譯《阿毗達磨俱舍論》卷二五　居無學位聖者有九，謂七聲聞及二覺者。退法等五不動分二，後先别故，名七聲聞。獨覺大覺，名二覺者。由下下等九品根異，令無學聖成九差别。學無學位有七聖者，一切聖者皆此中攝，一隨信行，二隨法行，三信解，四見至，五身證，六慧解脱，七俱解脱。

九遍知

玄奘譯《阿毗達磨發智論》卷四　有九遍知，謂欲界見苦集所斷結盡，第一遍知。色無色界見苦集所斷結盡，第二遍知。欲界見滅所斷結盡，第三遍知。色無色界見滅所斷結盡，第四遍知。欲界見道所斷結盡，第五遍知。色無色界見道所斷結盡，第六遍知。五順下分結盡，第七遍知。色愛結盡，第八遍知。一切結盡，第九遍知。爲九遍知攝一切遍知，爲一切遍知攝九遍知。答：一切攝九，非九攝一切。不攝何等，謂苦智已生，集智未生，三界見苦所斷結盡，非九所攝。具見世尊弟子，未離欲染。欲界修所斷結盡，非九所攝。已離欲染，未離色染。色界修所斷結盡，非九所攝。已離色染，未離無色染。無色界修所斷結盡，非九所攝。

玄奘譯《瑜伽師地論》卷七一　問：六現觀得九遍知。謂欲系見苦集所斷煩惱斷故，立初遍知。色無色系見苦集所斷煩惱斷故，立第二遍知。欲系見滅所斷煩惱斷故，立第三遍知。色無色系見滅所斷煩惱斷故，立第四遍知。欲系見道所斷煩惱斷故，立第五遍知。色無色系見道所斷煩惱斷故，立第六遍知。下分結斷故，立第七遍知。色貪斷故，立第八遍知。無色貪斷故，立第九遍知。此六現觀，誰得幾遍知果。答：一得九遍知果，餘不得彼果。

玄奘譯《阿毗達磨俱舍論》卷二一　論曰：諸斷總立九種遍知，謂三界繫見諦所斷煩惱等，斷立六遍知，所餘三界修道所斷煩惱等，斷立三遍知。且三界繫見諦所斷煩惱等斷立六云何，謂欲界繫初二部斷立一遍知，初二部言即顯見苦見集所斷，次二部斷各立一遍知，次二部言顯見滅道斷，如是欲界見諦所斷煩惱等，斷立三遍知。如欲界三上界亦爾，謂色無色二界所繫，亦初二斷一二各一合三，是見苦集見滅見道所斷法斷合立三義，如是名爲三界見諦所斷法斷六種遍知。餘三界繫修道所斷煩惱等斷立三云何，謂欲界繫修道所斷煩惱等，斷立一遍知，應知即是五順下分結盡遍知，并前立故。色界所繫修道所斷煩惱等，斷立一遍知，應知此即是色愛盡遍知。無色界繫修道所斷煩惱等，斷立一遍知，即一切結永盡遍知。此亦并前合立一故，如是名爲三界修道所斷法斷三種遍知。以何因緣，色無色界修道所斷煩惱等，斷別立遍知非見所斷，以修所斷治不同故。如是所立九種遍知，應辯於中幾何道果。【略】

何故一一斷不別立遍知，唯就如前九位建立。

頌曰：得無漏斷得，及缺第一有，滅雙因越界，故立九遍知。

論曰：有漏法斷，雖多體位，而四緣故，立九遍知。且由三緣，立六忍果。謂得無漏離系得故，缺有頂故，滅雙因故，諸斷要具如是三緣，立遍知名。闕則不爾，如異生位，有滅雙因，無無漏斷得。未缺有頂故，雖亦得斷，不名遍知。若聖位中從入見諦，至苦類忍現行以前，雖有已得無漏斷得，未缺有頂，未滅雙因。至苦類智集法忍位，雖亦缺有頂，猶未滅雙因。未滅見集斷諸遍行因故，至後法智類智位中諸所得斷，三緣具故，于一一位，建立遍知。具由四緣，立三智果。謂於前三，加越界故。言越界者，謂此界中煩惱等法，皆全離故。有立離俱系，亦是一緣。故立遍知緣，總有五種。離俱系者，謂此雖斷，未立遍知。要離所餘緣此境惑，方可建立此離俱系。與滅雙因，及越界緣，用無別故，雖義有異，而不別說。雖諸越界位，皆滅雙因，而滅雙因時，非皆越界。故滅雙因外，別立越界。緣滅三地因，未立遍知故。

普光《俱舍論法宗原》　九遍知者，一欲界苦集所斷，二欲界見滅所斷，三欲界見道所斷，四色無色苦集所斷，五色無色見滅所斷，六色無色見道所斷，七欲界修道所斷，立一遍知，應知即是五順下分結盡遍知，并前立故，八色界修道所斷，立一遍知，此即是色愛盡遍知，九無色界修道所斷，立一遍知，即一切結永盡遍知，此亦并前合立一故。此九遍知，擇滅爲性，言遍知者，此於果上立因名故。

九種心住

玄奘譯《瑜伽師地論》卷三〇　云何名爲九種心住，謂有苾芻，令心內住、等住、安住、近住、調順、寂靜、最極寂靜，專注一趣，及以等持，如是名爲九種心住。云何內住，謂從外一切所緣境界，攝錄其心，系在於內，令不散亂。此則最初系縛其心，令住於內，不外散亂，故名內住。云何等住，謂卽最初所系縛心，其性麁動，未能令其等住遍住故。次卽於此所緣境界，以相續方便，澄淨方便，挫令微細，遍攝令住，故名等住。云何安住，謂若此心，雖複如是內住等住，然由失念，於外散亂。複還攝錄，安置內境。故名安住。云何近住，謂彼先應如是如是親近念住，由此念故，數數作意，內住其心，不令此心，遠住於外。故名近住。云何調順，謂種種相令心散亂。所謂色聲香味觸相，及貪瞋癡男女等相。彼先應取彼諸相，爲過患想。由如是想增上力故，于彼諸相，折挫其心，不令流散。故名調順。云何寂靜，謂有種種欲恚害等諸惡尋思，貪欲蓋等諸隨煩惱，令心擾動。故彼先應取彼諸法，爲過患想。由如是想增上力故，于諸尋思，及隨煩惱，止息其心，不令流散，故名寂靜。云何名爲最極寂靜，謂失念故，卽彼二種，暫現行時。隨所生起諸惡尋思，及隨煩惱，能不忍受，尋卽斷滅，除遣、變吐。是故名爲最極寂靜。云何名爲專注一趣，謂有加行，有功用，無缺無間，三摩地，相續而住。是故名爲專注一趣。云何等持，謂數修數習數多修習爲因緣故，得無加行無功用任運轉道。由是因緣，不由加行，不由功用，心三摩地，任運相續，無散亂轉，故名等持。

當知此中，由六種力，方能成辦九種心住。一聽聞力，二思惟力，三憶念力，四正知力，五精進力，六串習力。初由聽聞思惟二力，數聞數思增上力故，最初令心於內境住，及卽于此相續方便，澄淨方便，等遍安住。如是於內系縛心已，由憶念力，數數作意，攝錄其心，令不散亂，安住、近住。從此已後，由正知力，調息其心，于其諸相，諸惡尋思，諸隨煩惱，不令流散，調順、寂靜。由精進力，設彼二種，暫現行時，能不忍受，尋卽斷滅、除遣、變吐，最極寂靜，專注一趣，由串習力等持成滿地故。卽於如是九種心住，當知複有四種作意。一、力勵運轉作意。二、有間缺運轉作意。三、無間缺運轉作意。四、無功用運轉作意。於內住、等住中，有力勵運轉作意。于安住、近住、調順、寂靜、最極寂靜中，有有間缺運轉作意。於專注一趣中，有無間缺運轉作意。於等持中，有無功用運轉作意。當知如是四種作意，於九種心住中，是奢摩他品。

玄奘譯《大乘阿毗達磨雜集論》卷一〇　奢摩他者，謂於內攝心令住、等住、安住、近住、調順、寂靜、最極寂靜，專注一趣，平等攝持。如是九行，令心安住，是奢摩他。令住者，攝外攀緣，內離散亂，最初系心故。等住者，最初系縛麁動心已，卽于所緣，相續繫念，微細漸略故。安住者，或時失念，於外馳散，尋複斂攝故。近住者，從初已來，爲令其心於外不散，親近念住故。調順者，從先已來，於散亂因色等法中，起過患想，增上力故，調伏其心，令不流散故。寂靜者，於擾動心散亂惡覺隨煩惱中，深見過患，攝伏其心，令不流散故。最極寂靜者，或時失念，散亂覺等，率爾現行，卽便制伏，令不更起故。專注一趣者，精勤加行，無間無缺，相續安住，勝三摩地故。平等攝持者，善修習故，不由加行，遠離功用，定心相續，離散亂轉故。

元曉《中邊疏》卷三　欲明心住者，九種中唯取第九等持之住，以爲四如意足之體。何等名爲九種心住，一者內住，二者等住，三者安住，四者近住，五者調順，六者寂靜，七者最極寂靜，八者專住一趣，九者等持。數脩數習數多脩習爲因緣故，得無加行無功用住，任運轉道，故名等持，等持正是三摩地也。前八種住後當更說。言應知者，勸知如是等持義也，是故以下第二結明。由前八種心住位中，依四正勤，勤脩習已，乃得第九三摩地住，故正勤後說如意足也。

九種禪波羅蜜

曇無讖譯《菩薩地持經》卷六　云何菩薩禪波羅蜜，略說九種，一者自性禪，二者一切禪，三者難禪，四者一切門禪，五者善人禪，六者一切行禪，七者除惱禪，八者此世他世樂禪，九者清淨禪。

云何自性禪，於菩薩藏聞，思前行世間出世間善，一心安住，或止分，或觀分，或此二同類，或俱分，是名自性禪。云何菩薩一切禪，略說二種，一者世間，二者出世間。又隨其所應各有三種，一者現法樂住禪，二者出生三昧功德禪，三者利益衆生禪。菩薩禪定離一世妄想，身心止息，第一寂滅自舉心息，捨離味著及一切相，是名現法樂住禪。菩薩禪定，出生種種不可思議，無量無邊十力種性所攝三昧，彼諸三昧，一切聲聞辟支佛不知其名，況復能起及所出生，二乘解脫，除入一切入無礙慧無諍願智勝妙功德，是名菩薩出生三昧功德禪。利益衆生禪者，有十一種，如前說，菩薩依布施，衆生所作，以義饒益，皆與同事，爲除衆苦，如所應說知恩報恩，護諸恐怖，諸難憂苦能爲開解，資生不具給施所須，如法畜衆善能隨順，見實功德歡喜讚歎，有過惡者等心析伏，神力恐怖或令歡喜，是名略說一切禪，無餘無上。云何菩薩難禪，略說三種，菩薩久習勝妙禪定，於諸三昧心得自在，哀愍衆生，欲令成熟，捨第一禪樂而生欲界，是名菩薩第一難禪。菩薩依禪出生無量無數不可思議諸深三昧，出過一切聲聞辟支佛上，是名第二難禪。菩薩依禪得無上菩提，是名第三難禪。云何菩薩一切門禪，略說四種，一者有觀有覺禪，二者喜俱禪，三者樂俱禪，四者捨俱禪。

云何菩薩善人禪，略說五種，一者不味著，二者慈心俱，三者悲心俱，四者喜心俱，五者捨心俱。云何菩薩一切行禪，謂六種七種，略說十三種，善禪，無記化化禪，止分觀分禪，自他利禪，正念禪，出生神通力功德禪，名緣，義緣，止相緣，舉相緣，捨相緣，現法樂住第一義禪，是名十三種菩薩一切行禪。云何菩薩除惱禪，略說八種，一者菩薩入定，除諸苦患毒害霜雹熱病鬼病，是名呪術所依禪。二者菩薩入定，能除四大所起眾病，是名除惱禪。三者菩薩入定，興致甘雨，能消災旱，救諸飢饉，是名雲雨禪。四者菩薩入定，濟諸恐難一切水陸人非人怖，是名等度禪。五者菩薩入定，能以飲食饒益曠野飢渴眾生，是名饒益禪。六者菩薩入定，能以財物調伏眾生，是名調伏禪。七者菩薩入定，覺諸迷醉，迷十方者等開覺之，是名開覺禪。八者菩薩入定，眾生所作悉令成就，是名等作禪。

云何菩薩此世他世樂禪，略說九種，一者神足變現調伏眾生禪，二者隨說示現調伏眾生禪，三者教誡變現調伏眾生禪，四者為惡眾生示惡趣禪，五者失辯眾生以辯饒益禪，六者失念眾生以念饒益禪，七者造不顛倒論微妙讚頌摩得勒伽為令正法久住世禪，八者世間技術義饒益攝取眾生，所謂書數算計資生方法，如是等種種眾具禪，九者暫息惡趣放光明禪。云何菩薩清淨禪，略說十種，一者世間清淨不味不染污禪，二者出世間清淨淨禪，三者方便清淨淨禪，四者得根本清淨淨禪，五者根本上勝進清淨淨禪，六者入住起力清淨淨禪，七者捨復入力清淨淨禪，八者神通所作力清淨淨禪，九者離一切見清淨淨禪，十者煩惱障智障斷清淨淨禪。如是菩薩無量禪得大菩提果，菩薩依是得阿耨多羅三藐三菩提，已得當得。

智顗《法界次第初門》卷下　九種大禪初門第四十四（一自性禪，二一切禪，三難禪，四一切門禪，五善人禪，六一切行禪，七除煩惱禪，八此世他世禪，九清淨淨禪）。

次四依而辯九種禪者，菩薩既得正依憑處，則能進修深廣之大行也。至論深廣之內行，莫若禪定。故《大智度論》云，禪最大如王，言禪則一切皆攝。所謂若諸菩薩成道，起轉法輪入涅槃，所有勝妙功德，悉在禪中。今明別觀，菩薩成道，起轉法輪入涅槃，勝妙功德，思惟修法，並在九種禪中，故次四依而辯也。此九種禪，《纓絡經》中雖有其意，而不列名。解釋彌勒菩薩造地持處，明六波羅蜜，方乃辯出九種相，並是菩薩不共之禪。從自性禪乃至清淨，不與二乘人共。今為明菩薩不共次第，深廣內行，思惟修法，於六波羅蜜中，的別出此九種大禪。此九通名禪者，翻釋名同前，是則名同，而法相有別。

玄奘譯《瑜伽師地論》卷四三　謂九種相靜慮，名為菩薩靜慮波羅蜜多，一者自性靜慮，二者一切靜慮，三者難行靜慮，四者一切門靜慮，五者善士靜慮，六者一切種靜慮，七者遂求靜慮，八者此世他世樂靜慮，九者清淨靜慮。

云何菩薩自性靜慮，謂諸菩薩於菩薩藏聞思為先，所有妙善世、出世間心一境性，心正安住，或奢摩他品，或毘鉢舍那品，或雙運道，俱通二品，當知即是菩薩所有靜慮自性。云何菩薩一切靜慮，謂此靜慮略有二種，一者世間靜慮，二者出世間靜慮。當知此二隨其所應，復有三種，一者現法樂住靜慮，二者能引菩薩等持功德靜慮，三者饒益有情靜慮。若諸菩薩所有靜慮，遠離一切分別，能生身心輕安，最極寂靜，遠離憍舉，離諸愛味，泯一切相，當知是名菩薩現法樂住靜慮。若諸菩薩所有靜慮，能引、能住種種殊勝不可思議，不可度量，十力種姓所攝等持，如是等持，一切聲聞及獨覺等不知其名，何況能入，若諸菩薩所有靜慮，能引、能住一切菩薩解脫、勝處、遍處、無礙解、無諍願智等，共諸聲聞所有功德，當知是名能引菩薩等持功德靜慮。菩薩饒益有情靜慮有十一種，如前應知，謂諸菩薩依止靜慮，於諸有情能引義利彼彼事業，與作助伴，於有苦者能為除苦，於諸有情能如理說，於有恩者知恩知惠，現前酬報，於諸怖畏能為救護，於喪失處能解愁憂，於有匱乏施與資財，於諸大眾善能匡御，於諸有情善隨心轉，於實有德讚美令喜，於諸有過能正調伏，為物現通，恐怖引攝，如是一切總名菩薩一切靜慮，此外無有若過若增。

云何菩薩難行靜慮，謂此靜慮略有三種。若諸菩薩已能安住廣大殊勝，極善成熟，多所引發諸靜慮住，隨自欲樂，捨彼最勝諸靜慮樂，愍有情故，等觀無量利有情事，為諸有情義利成熟故，意思擇還生欲界，當知是名菩薩第一難行靜慮。若諸菩薩依止靜慮，能發種種無量無數不可思議，超過一切聲聞獨覺所行境界菩薩等持，當知是名菩薩第二難行靜慮。若諸菩薩依止靜慮，速證無上正等菩提，當知是名菩薩第三難行靜慮。云何菩薩一切門靜慮，謂此靜慮略有四種，一者有尋有伺靜慮，二者喜俱行靜慮，三者樂俱行靜慮，四者捨俱行靜慮。云何菩薩善士靜慮，謂此靜慮略有五種，一者無愛味靜慮，二者慈俱行靜慮，三者悲俱行靜慮，四者喜俱行靜慮，五者捨俱行靜慮。云何菩薩一切種靜慮，謂此靜慮六種七種，總十三種。言六種者，一者善靜慮，二者無記變化靜慮，三者奢摩他品靜慮，四者毘鉢舍那品靜慮，五者於自他利正審思惟靜慮，六者能引神通威力功德靜慮。言七種者，一者名緣靜慮，二者義緣靜慮，三者止相緣靜慮，四者舉相緣靜慮，五者捨相緣靜慮，六者現法樂住靜慮，七者能饒益他靜慮。如是十三種名爲菩薩一切種靜慮。

云何菩薩遂求靜慮，謂此靜慮略有八種。一者於諸毒藥、霜雹、毒熱、鬼所魅等種種災患，能息、能成呪術所依靜慮。二者於界互違所生眾病，能除靜慮。三者於諸飢饉大災旱等現在前時，興致甘雨靜慮。四者於其種種人非人作水陸怖畏，能正拔濟靜慮。五者於乏飲食墮在曠野諸有情類，能施飲食靜慮。六者於乏財位所化有情，能施種種財位靜慮。七者於十方界放逸有情，能正諫誨靜慮。八者於諸有情隨所生起所應作事，能正造作靜慮。云何菩薩此世他世樂靜慮，謂此靜慮略有九種，一者神通變現調伏有情靜慮，二者記說變現調伏有情靜慮，三者教誡變現調伏有情靜慮，四者於造惡者示現惡趣靜慮，五者於失辯者能施辯才靜慮，六者於失念者能施正念靜慮。七者制造建立無顛倒論微妙讚頌摩怛理迦，能令正法久住靜慮。八者於諸世間工巧業處，能引義利饒益有情，種種書算測度數印床座傘屧，如是等類種種差別資生眾具，能隨造作靜慮。九者於生惡趣所化有情，爲欲暫時息彼眾苦，放大光明照觸靜慮。云何菩薩清淨靜慮，謂此靜慮略有十種，一者由世間淨離諸愛味清淨靜慮，二者由出世淨無有染污清淨靜慮，三者由加行淨清淨靜慮，四者由得根本淨清淨靜慮，五者由根本勝進淨清淨靜慮，六者由入住出自在淨清淨靜慮，七者捨靜慮已復還證入自在淨清淨靜慮，八者神通變現自在淨清淨靜慮，九者離一切見趣淨清淨靜慮，十者一切煩惱所知障淨清淨靜慮。

如是靜慮無量無邊，能得菩薩大菩提果，菩薩依此圓滿靜慮波羅蜜多，能於無上正等菩提，速疾已證，當證今證。

九十八使

鳩摩羅什譯《大智度論》卷一四 復次當觀瞋恚，其咎最深，三毒之中無重此者，九十八使中此爲最堅，諸心病中第一難治。瞋恚之人不知善，不知非善，不觀罪福，不知利害，不自憶念，當墮惡道善言忘失，不惜名稱不知他惱，亦不自計身心疲惱，瞋覆慧眼，專行惱他。

鳩摩羅什譯《十住毗婆沙論》卷一六 煩惱煩惱垢者，使所攝名爲煩惱，纏所攝名爲垢。使所攝煩惱者，貪瞋慢無明身見邊見取戒取邪見疑，是十根本隨三界見諦，思惟所斷分別故，名九十八使。

道暹《涅槃疏私記》卷九 九十八使者，通名使者，以駈役爲義，駈能使行者心神流轉三界故，通受使名，亦名煩惱。以喧煩爲義，惱以逼亂爲義，能喧煩之法逼亂行者心神，致使眞明不得開發，故名煩惱。謂欲界苦諦下具十使，一身於名色陰入界中，妄計爲身，名爲身見，亦名我見，謂計我如麻豆及如母指，或計遍身，計我不忘，名爲我見。二邊見，計我斷常，名爲邊見。三耶見，由計斷常不信因果，復計此我，以爲自然冥初世性，即二十五諦，又計從父母微塵梵天等生，而耶心取理，皆名耶見。四戒取，謂執耶爲道，於非戒中謬以爲戒，如耶雞狗牛等戒，名非因計因，名戒禁取。五見取，復因此見通至非想謬謂涅槃，信此非餘，名爲見取。六貪欲，引取無厭，名貪欲。七瞋恚，忿怒之心，名之曰瞋。八癡，以迷心緣境，隨有所起，則念念乖失而不覺知，皆是癡也。九慢，自恃輕他曰慢。十疑，迷心乖理，猶預不決曰疑。集滅除三見，謂各除身見邊見戒禁取。道唯除二見，謂除身邊二見，合成三十二。上界四諦下各除一嗔，餘同欲界，合五十六，是則見惑有八十八。足修惑有十思惟，欲界有四，謂貪嗔癡慢，上二界各除一嗔，但有其六，以六足四名。十思惟，皆能潤業受三界生，故名思惑，合成九十八使也。

九十八隨眠

玄奘譯《阿毗達磨品類足論》卷六 有九十八隨眠，謂欲界繫三十六，色界繫三十一，無色界繫三十一，如前說。【略】

見所斷法云何，謂若法隨信隨法行，現觀邊忍所斷。此復云何，謂見所斷八十八隨眠。及彼相應法，并彼等起心不相應行。修所斷法云何，謂若法學見迹修所斷。此復云何，謂修所斷十隨眠。及彼相應法，若彼等起身語業，若彼等起心不相應行，若不染污有漏法。

玄奘譯《阿毗達磨俱舍論》卷一九　又即所說六種隨眠，於本論中，說九十八。依何義說九十八耶，

頌曰：六行部界異，故成九十八。欲見苦等斷，十七七八四。謂如次具離，三二見見疑。色無色除瞋，餘等如欲說。

論曰：六種隨眠，由行部界有差別故，成九十八。謂於六中，由見行異，分別爲十。如前已辯，卽此所辯十種隨眠，部界不同，成九十八。部，謂見四諦修所斷五部。界，謂、色、無色三界。且於欲界，五部不同，乘十隨眠，成三十六。謂見苦諦至修所斷，如次有十、七、七、八、四。卽上五部，於十隨眠，一二二一，如其次第，具離三見二見見疑。謂見苦諦所斷，具十。見集滅諦所斷，各七。離有身見、邊見、戒取。見道諦所斷八。離有身見，及邊執見。修所斷四。離見、及疑。如是合成三十六種。前三十二，名見所斷，才見諦時，彼則斷故。最後有四，名修所斷。見四諦已，後後時中，數數習道，彼方斷故。如是已顯十隨眠中，薩迦耶見，唯在一部，謂見苦所斷。邊執見亦爾。戒禁取，通在二部，謂見苦見道所斷。邪見通四部，謂見苦集滅道所斷。見取疑亦爾。餘貪等四，各通五部。謂見四諦，及修所斷。此中何相，見苦所斷，乃至何相，是修所斷，若緣見此所斷爲境，名見此所斷。余名修所斷。如是六中，見分十二，疑分爲四，餘四各五。故欲界中，有三十六。色無色界，五部各除瞋，餘與欲同。故各三十一。由是本論，以六隨眠行部界殊，說九十八。【略】

九十八隨眠中，幾是遍行，幾非遍行。

頌曰：見苦集所斷，諸見疑相應。及不共無明，遍行自界地。于中除二見，餘九能上緣。除得余隨行，亦是遍行攝。

論曰：唯見苦集所斷見疑及彼相應不共無明力，能遍行自界地五部。故此十一，皆得遍行名，謂七見、二疑、二無明十一。如是十一，於自界地五部諸法，遍緣隨眠爲因，遍生五部染法。依此三義，立遍行名。此中所言遍緣五部，爲約漸次，爲約頓緣。若漸次緣，余亦應遍。若頓緣者，誰複普于欲界諸法頓計爲勝，能得清淨。或世間因，不說頓緣自界地一切，然說有力能頓緣五部。雖爾遍行，亦非唯此。以於是處，有我見行，是處必應起我愛慢。若於是處，淨勝見行，是處必應希求高舉。是則愛慢應亦遍行。若爾，頓緣見修斷故，應言此二何所斷耶，應言修所斷，雜緣境故。或應見所斷，見力引故。毗婆沙師，作如是說，此二煩惱，自相非共，無頓緣力，故非遍行。是故遍行，唯此十一，餘非。準此不說自成。於十一中，除身邊見，所餘九種，亦能上緣。上言，正明上界上地，兼顯無有緣下隨眠。此九雖能通緣自上，然理無有自上頓緣。於緣上中，且約界說。或唯緣一，或二合緣。故本論言：有諸隨眠，是欲界系，緣色界系。有諸隨眠，是欲界系，緣無色界系。有諸隨眠，是欲界系，緣色無色界系。有諸隨眠，是色界系，緣無色界系。約地分別，準界應思。生在欲界，若緣大梵，起有情見，或起常見。如何身邊見不緣上界地，不執彼爲我我所故。邊見必由身見起故。若爾，計彼爲有情常，是何見攝。對法者言：此二非見，是邪智攝。何緣所餘緣彼，是見，此亦緣彼，而非見耶。以宗爲量，故作是說。爲遍行體，唯是隨眠。不爾，云何，並隨行法。謂上所說十一隨眠，並彼隨行，皆遍行攝。然除彼得。非一果故。由此故有作是問言：諸遍行隨眠，皆遍行因不。答言：于此應作四句。第一句者，謂未來世遍行隨眠。第二句者，謂過現世彼俱有法。第三、第四、如理應辯。【略】

九十八隨眠中，幾由所緣故隨增，幾由相應故隨增。

頌曰：未斷遍隨眠，於自地一切。非遍於自部，所緣故隨增。非無漏上緣，無攝有違故。隨於相應法，相應故隨增。論曰：遍行隨眠，普於自地五部諸法，所緣隨增，以能遍緣自地法故。所餘五部，非遍隨眠。所緣隨增，唯於自部。唯以自部爲所緣故。此據總說。別分別者，六無漏緣，九上緣惑，於所緣境，無隨增義。所以者何，無漏、上境、非所攝受，及相違故。謂若有法，爲此地中身見及愛，攝爲己有，可有爲此身見愛地中所有隨眠，所緣隨增理。如衣潤濕，埃塵隨住。非諸無漏及上地法，爲諸下身見愛攝爲己有，故緣彼下惑，非所緣隨增。住下地心，求上地等，是善法欲，非謂隨眠。聖道涅槃，及上地法，與能緣彼下惑相違，故彼二亦無所緣隨增理。如于炎石，足不隨住。有說，隨眠是隨順義。非無漏上境，順諸下隨眠，故雖是所緣，而無隨增理。如風病者，服乾澀藥，病者於藥，非所隨增。已約所緣辯隨增義，今次應辯相應隨增。謂隨何隨眠，于自相應法，由相應故，於彼隨增，諸說隨增，謂至未斷，故初頌首，標

未斷言。頗有隨眠不緣無漏，不緣上界，而彼隨增，但於相應，非所緣不，有，謂緣上地諸遍行隨眠。

玄奘譯《阿毗達磨大毗婆沙論》卷五〇　有九十八隨眠，謂欲界系，三十六隨眠，色無色界系，各三十一隨眠。此即以九十八事爲自性。隨眠名義，如前已釋。問：何故説此九十八隨眠耶。答：是作論者意欲爾故。謂本論師，隨欲作論，不違法相，故不應責。複次爲止著文沙門意故。謂有沙門，執著文字，離經所説，終不敢言。彼作是説，誰有智能過於佛者。佛唯説有七種隨眠，如何強增爲九十八。爲遮彼意，廣七隨眠爲九十八。謂依行相界部別故。七隨眠中，欲貪隨眠，部別故爲五。瞋恚隨眠，亦爾。有貪隨眠，界別故爲二，部別故爲五，界部別故爲十。慢隨眠，界別故爲三，部別故爲五，界部別故爲十五。無明隨眠，亦爾。見隨眠，界別故爲三，行相別故爲五，部別故爲十二，行相界部別故爲三十六。疑隨眠，界別故爲三，部別故爲四，界部別故爲十二。是故七隨眠，依行相界部別故，爲九十八隨眠。廣略雖異，而體無差別。

玄奘譯《入阿毗達磨論》　如是七種隨眠，由界行相部差別故，成九十八隨眠。謂欲界見苦所斷，具十隨眠。即有身見、邊執見、邪見、見取、戒禁取、疑、貪、瞋、慢、無明。見集所斷，有七隨眠。於前十中，除有身見、邊執見、戒禁取。見滅所滅所斷有七隨眠，亦爾。見道所斷有八隨眠，謂即前七，加戒禁取。修所斷有四隨眠，謂貪、瞋、慢、無明。如是欲界有三十六隨眠，色界有三十一隨眠，謂於欲界三十六中，除五部瞋，無色界亦爾，故有九十八隨眠。

圓暉《俱舍論頌疏論本》卷一九　論云：又即前所説六種隨眠，於本論中，説九十八，依何義説九十八耶。頌曰：六行部界異，故成九十八。欲見苦等斷，十七七八四。謂如次具離，三二見見疑。色無色除瞋，餘等如欲説。

釋曰：初六句明欲界，後兩句明上二界。六行部界異者，標也。行謂見行，謂六隨眠，由見行異，行謂行解，分別爲十，即此十種部界不同，成九十八。部謂五部，謂見苦，見集，見滅，見道，修所斷部。界謂欲、色、無色三界。欲見苦等斷，十七七八四者，此明欲界有三十六也。苦等等取餘四部也，十謂見苦，有十隨眠，七七謂見集、見滅，各七隨眠，八謂道諦，有八隨眠，四謂修道，有四隨眠。謂如次具離，三二見見疑者，釋上數也。具者見苦具十也，離三見者，謂集滅各七，離身見、邊見、戒禁取三也。離二見者，謂道諦有八，除身邊二見也。離見疑者，謂修道四，除五見及疑也。故頌上見字，兩度言之，一離三見，二離二見也。如是合成三十六種。苦下具十，集滅各七，二七十四，足前成二十四，并道八成三十二，加修道四故，成三十六也。前三十二，名見所斷，纔見諦時，彼則斷故。後修道四，名修所斷，見四諦已，後後時中，數數習道，時彼方斷故。【略】

如是三十六中，見分十二，謂苦下五見，集滅各二見，道諦有三見，故成十二也。疑分爲四，四諦各一也。餘四各五，餘貪等四，各通五部，四五二十也，兼前十二見及四疑故，欲界中有三十六。色無色，除瞋餘等如欲説者，色無色界，於五部下，各除瞋恚，餘與欲同。故色無色各三十一，兩界合論成六十二。通前三十六，總計成九十八使。更加十纏，名一百八煩惱。

九十六種外道

求那跋陀羅譯《央掘魔羅經》卷四　文殊師利白佛言：唯然世尊，願樂欲聞。佛告文殊師利：乃往過去無量阿僧祇劫時世有佛，名拘孫陀跋陀羅，出興于世，在此城中。時彼世界無諸沙礫，無外道，名唯一大乘，彼諸衆生一向快樂。爾時如來久住於世，乃般涅槃，般涅槃後，正法久住，法欲滅時，持戒者減，非法者增。有一阿蘭若比丘名曰佛慧，有一善人施無價衣，比丘愍彼即爲受之，比丘受已示諸獵師。諸獵師衆見此好衣，生劫盜心，即於其夜將是比丘至深山中壞身裸形，懸手繫樹。爾時其夜有採花婆羅門，至阿蘭若處，見虎恐怖向山馳走，見彼比丘壞身裸形，懸手繫樹，見已驚歎，嗚呼沙門先著袈裟而今裸形，必知袈裟非解脱因，自懸苦行是眞學道，彼人豈當捨離善法，當知分明是解脱道因，壞正法故，即捨衣拔髮，作裸形沙門，裸形沙門從是而起。爾時比丘自得解縛已，即取樹皮赤石塗染以自障蔽，結草作拂，用拂蚊蟲。更有採花婆羅門見已念言，是比丘捨先好衣，著如是衣捉如是拂，彼人豈當捨離善法，當知分明是解脫道，即學彼法，出家婆羅門從是而起。時彼比丘暮入水浴因洗頭瘡，即取水衣以覆瘡上，取牧牛人所棄弊衣以自覆身。時有樵者見已念言，是比丘先著袈裟而今悉捨，必知袈裟非解脫因，故被髮弊衣日夜三浴修習苦行，彼人豈當捨離善法，當知分明是解脫道，即學彼法，苦行婆羅門從是而起。比丘浴已，身體多瘡，蠅蜂唼食，即以白灰處處塗瘡，以水衣覆身。時有見者謂言是道，即學彼法，灰塗婆羅門從是而起。時彼比丘然火炙瘡，瘡轉苦痛不能堪忍，投巖自害。時有見者作是念言，是比丘先著好衣今乃如是，彼人豈當捨離善法，當知投巖是解脫道，投巖事火從是而起。如是九十六種，皆因是比丘種種形類，起諸妄想，各自生見。譬如有國一一相視而起麁想，麁想生已，各各相殺，九十六種道各生異想，亦復如是。猶如鹿渴於炎水想，追逐乏死，正法滅時，因彼比丘非法法想亦復如是。如是文殊師利，世間一切所作之上，尸羅威儀種種所作，一切悉是如來化現，法滅盡時如是事生，若如是者正法則滅。

不空譯《大乘瑜伽金剛性海曼殊室利千臂千鉢大教王經》卷一〇　是故世尊在大眾會，告語菩薩一切眾生言：如是外道六師尼乾子等，九十五種根本邪教不正之法總有六宗。云何名爲邪教六宗根部之法，一者尼乾子，修習自然之法，名爲天生，本自無因無緣長生不死之法。二者毗羅胝子，修習著空爲道，滅身無體，歸死不生再來之法，名爲得道。三者鳩馱迦旃延，修習午日炙身編椽臥棘，名爲苦行，焚身祭天擬求得道歸空不生之法。四者富蘭那迦葉末伽梨，修習不淨之行，嚴持狗戒豬戒，裸形塗灰，於糞土中臥，不解羞恥。若能識羞之者，名爲正道。是故外道常持不淨狗戒，擬求解脫成自得果。五者拘賒梨子，修習自餓忍饑不食，外道口言告人自稱得道不饑不渴，是名自餓外道不食之法。六者尼健陀若提子等，修習邪見，求天祠神，敬日敬月，恭事於火，取相取夢，夜看境界，口云自言求者得道，我得天眼見前後生死之事。常樂祭祠鬼神，意擬求財求錢，令神靈祐助，意言必得稱遂，於邪道中祈求果報。如此外道六師徒黨，俱行邪教，都總不知是邪外道，口言自唱我得聖道，亦向他人所說，若修我教不久當得聖道之果，如此外道之言不可有信。是故世尊語此外道如是邪見不正之教，實非可信，敗壞眾生本性正見，外道邪諂，強爲道首，與人作師，實非正覺。

《薩婆多毗尼毗婆沙》卷五　爾時有梵志，是外道六師門徒。六師者，一師十五種教，以授弟子，爲教各異。弟子受行各成異見，如是一師出十五種異見。師別有法，與弟子不同。師與弟子通爲十六種，如是六師有九十六。師所用法及其將終，必授一弟子，如是師師相傳，常有六師，與諸比丘結。

湛然《止觀輔行傳弘決》卷三之四　九十五種者，通舉諸道，意且出邪。準《九十六道經》，彼經兩卷，一一釋出所計相貌，於諸道中一道是正，即佛道也。故《大論》二十五云，九十六道中，實者是佛。今文但云九十五者，論邪道故。九十五中，二名似正，謂修多羅及阿毘曇，餘九十三名體俱邪。尋經識之，甚補正智。問：《華嚴》云，九十六道悉皆是邪，此云何通。答：《華嚴》斥小故，皆云邪。故《百論》云，順聲聞道者皆悉是邪。故論二十五又云，九十六道並不能得諸法實相。又四十一云，九十六道不說意生。信是小乘灰斷之說，故五十三五十六七十三並同《華嚴》，斥云是邪。

『十』『百』『萬』分部

十苦

玄奘譯《大寶積經》卷三五　爾時世尊告賢守長者曰：長者當知，我觀世間一切眾生，爲十苦事之所逼迫。何謂爲十，一者生苦逼迫，二者老苦逼迫，三者病苦逼迫，四者死苦逼迫，五者愁苦逼迫，六者怨恨逼迫，七者苦受逼迫，八者憂受逼迫，九者痛惱逼迫，十者生死流轉大苦之所逼迫。長者，我見如是十種苦事逼迫眾生，爲得阿耨多羅三藐三菩提，出離如是逼迫事故，以淨信心捨釋氏家趣無上道。

玄奘譯《瑜伽師地論》卷四四　復有十苦，一諸食資具匱乏苦，二諸飲資具匱乏苦，三騎乘資具匱乏苦，四衣服資具匱乏苦，五莊嚴資具匱乏苦，六器物資具匱乏苦，七香鬘塗飾資具匱乏苦，八歌舞伎樂資具匱乏苦，九照明資具匱乏苦，十男女給侍資具匱乏苦。

十心

佛馱跋陀羅譯《大方廣佛華嚴經》卷三一　佛子，菩薩摩訶薩，有十種發普賢心。何等爲十，所謂發大慈心，救護一切衆生故。發大悲心，代一切衆生受一切苦毒故。發一切施爲首心，悉捨一切諸所有故。發正念一切智爲首心，樂求一切佛法故。發功德莊嚴心，學一切菩薩諸行故。發金剛心，一切受生不忘失故。發大海心，一切白淨法悉流入故。發須彌山王心，一切誹謗苦言悉堪忍故。發安隱心，施一切衆生無畏故。發究竟般若波羅蜜到彼岸心，巧分別一切法無所有故。佛子，是爲菩薩摩訶薩十種發普賢心。若菩薩摩訶薩安住此心，以少方便則具足普賢巧方便智。【略】

彼菩薩摩訶薩恭敬供養親近善知識，起十種心。何等爲十，所謂於善知識起給侍心，不違心，隨順心，歡喜心，不求利心，一向心，同善根心，同願心，如來心，同滿行心。佛子，是爲菩薩摩訶薩於善知識起十種心。【略】

佛子，菩薩摩訶薩，有十種平等心。何等爲十，所謂長養一切功德平等心。一切語言法平等心，於一切衆生平等心，於一切衆生業報平等心，入一切法平等心，於一切淨穢佛刹平等心，於一切衆生性若好若醜平等心，於一切行無所選擇平等心，入一切如來力無所畏平等心，入一切如來智慧平等心。佛子，是爲菩薩摩訶薩十種平等心。若菩薩摩訶薩安住此心，則得如來無上平等心。

佛馱跋陀羅譯《大方廣佛華嚴經》卷三二　佛子，菩薩摩訶薩，有十種發無畏心。何等爲十，所謂滅一切業障發無畏心，佛滅度後受持守護正法發無畏心，降一切魔發無畏心，不惜身命發無畏心，如法調伏一切外道發無畏心，令一切衆生皆悉歡喜發無畏心，令一切大衆皆悉歡喜發無畏心，調伏一切天龍夜叉乾闥婆阿脩羅迦樓羅緊那羅摩睺羅伽發無畏心，遠離聲聞緣覺地入甚深法發無畏心，於不可說不可說劫修菩薩行心無疲厭發無畏心。佛子，是爲菩薩摩訶薩十種發無畏心。若菩薩摩訶薩安住此心，則得如來大智無所畏心。

佛子，菩薩摩訶薩，有十種除滅一切疑惑發無疑心。何等爲十，所謂菩薩摩訶薩發如是心，布施攝取一切衆生，戒忍精進，定慧慈悲喜捨，攝取一切衆生，不生疑惑，若生疑惑無有是處，是爲第一除滅一切疑惑發無疑心。菩薩摩訶薩發如是心，未來一切諸佛出興于世，我當奉給，恭敬供養，於彼不生疑惑，若生疑惑無有是處，是爲第二除滅一切疑惑發無疑心。菩薩摩訶薩發如是心，令一切世界，種種莊嚴，放大光明網，皆悉普照，於彼不生疑惑，若生疑惑無有是處，是爲第三除滅一切疑惑發無疑心。菩薩摩訶薩發如是心，我當盡未來際劫修菩薩行，無量無數，不可思議，不可稱量，不可分齊，不可說不可說，一切算數所不能及，法界虚空界等衆生，悉以無上教化調伏，成就彼諸衆生心無疲厭，於彼不生疑惑，若生疑惑無有是處，是爲第四除滅一切疑惑發無疑心。菩薩摩訶薩發如是心，我當成滿諸願，行菩薩行，出生一切智，安住一切智，於彼不生疑惑，若生疑惑無有是處，是爲第五除滅一切疑惑發無疑心。菩薩摩訶薩發如是心，我當爲一切世間行菩薩行，作大燈明普照佛法，於彼不生疑惑，若生疑惑無有是處，是爲第六除滅一切疑惑發無疑心。菩薩摩訶薩發如是心，我當說一切法悉是佛法，隨其所應化一切故，於彼不生疑惑，若生疑惑無有是處，是爲第七除滅一切疑惑發無疑心。菩薩摩訶薩發如是心，我當得無礙法門，除滅一切障礙，究竟逮得無上正覺，於彼不生疑惑，若生疑惑無有是處，是爲第八除滅一切疑惑發無疑心。菩薩摩訶薩發如是心，我當知一切世間法即是出世間法，斷一切顛倒，以一莊嚴而自莊嚴，無所莊嚴，不由他悟，於彼不生疑惑，若生疑惑無有是處，是爲第九除滅一切疑惑發無疑心。菩薩摩訶薩發如是心，我當成等正覺，得一切智，永滅一切顛倒疑惑，成一念智，無二智，無所有智，無礙智，無爲智，無著智，不可說實際境界智，於彼不生疑惑，若生疑惑無有是處，是爲第十除滅一切疑惑發無疑心。佛子，是爲菩薩摩訶薩十種除滅一切疑惑發無疑心。若菩薩摩訶薩安住此法，則於一切佛法得無疑心。【略】

佛子，菩薩摩訶薩，有十種發無懈怠心。何等爲十，所謂菩薩摩訶薩，作如是念，我降伏一切魔及其眷屬，發無懈怠心。如法調伏一切外道，發無懈怠心。說深妙法，令一切衆生皆悉歡喜，發無懈怠心。滿足一切法界等諸波羅蜜，發無懈怠心。令一切衆生積集成滿一切功德藏，發無懈怠心。一切如來無上菩提，彌廣大事甚難成滿，我當修菩薩行具足成就，發無懈怠心。以無上法教化調伏一切衆生，悉令成就，發無懈怠心。於一切世界種種異色無量莊嚴成就正覺，發無懈怠心。菩薩摩訶薩，發如是心，我修菩薩行時，若有衆生來求我身，或求手足耳鼻血肉，骨髓妻子象馬國土，如是等類皆悉能捨，乃至不生一念悔心，悉能惠施，饒益安樂一切衆生，不求果報，大慈悲心以爲上首，發無懈怠心。

菩薩摩訶薩，作如是念，於一念中，三世一切佛，一切佛法，一切衆生，一切剎，一切世界，一切空界，一切法界，一切施設語界，一切寂滅涅槃界，如是等一切諸法，以一念相應慧，悉別相覺知，明了修，分別修，知智斷證，於一切法不取虛妄，無一無異，無所分別，無所修習，無境界無所有。無二智慧，覺一切無二，無相智慧，覺一切相，無劫智慧，覺一切劫，無異智慧，覺一切異，光明智慧，覺一切世間光明界，趣智慧，覺一切世界，非世智慧，覺一切世，衆生地智慧，覺一切衆生界，無著智慧，究竟無著行，無堅固智慧，覺一切堅固無染智慧，覺一切煩惱無盡際智慧，覺一切盡，法界等智慧，於一切世界示現其身，離一切言音智慧，出生一切微妙言音，一性智慧，說無性法，一切境界智慧，示現種種諸異境界，覺不可說諸法智慧，示現無量大自在神變，覺一切地智慧，顯現大自在神變，一切智自在神變，教化成熟一切衆生，發無懈怠心。佛子，是爲菩薩摩訶薩十種發無懈怠心。若菩薩摩訶薩安住此心，則得一切諸佛無上無懈怠法。

佛子，菩薩摩訶薩，有十種須彌山王正直之心。何等爲十，所謂菩薩摩訶薩，常修正念一切智法，是爲第一決定阿耨多羅三藐三菩提須彌山王正直之心。菩薩摩訶薩，觀察一切法空，一切法無所有，是爲第二決定阿耨多羅三藐三菩提須彌山王正直之心。菩薩摩訶薩，於無量無數劫，行菩薩行，以一切具足白淨法，發心決定，了知如來無量智法，趣向積聚諸白淨法，是爲第三決定阿耨多羅三藐三菩提須彌山王正直之心。菩薩摩訶薩，爲一切佛法等心，恭敬供養諸善知識，不起疑心不求利養，又復遠離盜法之心，但起無上恭敬供養一切施心，是爲第四決定阿耨多羅三藐三菩提須彌山王正直之心。菩薩摩訶薩，若一切衆生訶責罵辱，生一切苦，乃至奪命，菩薩摩訶薩，不因此故捨菩提心，心亦不散，不生恚心，於一切衆生不捨大悲莊嚴，長養大悲。何以故，菩薩摩訶薩，成就一切法如如捨故，決定了知如來大忍法故，是爲第五決定阿耨多羅三藐三菩提須彌山王正直之心。菩薩摩訶薩，成就增上功德、天增上功德、人增上功德、色增上功德、力增上、眷屬增上、欲增上、王法增上、自在增上、智慧，彼菩薩不著味樂，不著欲樂，不著財樂，不著眷屬樂，但專求正法，諦滿正法，諦辨正法，究竟正法，向正法燈明，向正法救護，向正法歸依，向正法道，向正法義，樂求正法，樂住寂靜法。菩薩摩訶薩，雖成就如是一切快樂，而悉遠離衆魔境界。何以故，菩薩摩訶薩，於過去世發如是心，令一切衆生，皆悉遠離衆魔境界，住佛境界，是爲第六決定阿耨多羅三藐三菩提須彌山王正直之心。菩薩摩訶薩，勤修精進，正求阿耨多羅三藐三菩提，於阿僧祇劫修菩薩行，猶謂我今初發阿耨多羅三藐三菩提心，亦不驚不怖不畏，行菩薩行，雖能速成正覺，爲化衆生故，於無量劫修菩薩行，是爲第七決定阿耨多羅三藐三菩提須彌山王正直之心。菩薩摩訶薩，知一切衆生難伏難度，不知恩不知報恩，爲彼衆生故，發大莊嚴而自莊嚴，欲令一切衆生，心得自在隨意境界，不生惡心，不於他所生煩惱心，是爲第八決定阿耨多羅三藐三菩提須彌山王正直之心。菩薩摩訶薩，作如是念，我不依他發菩提心修菩薩行，都無有人助我修習菩薩之行，但我一身盡未來際劫修菩薩苦行，積集一切諸佛正法，成阿耨多羅三藐三菩提，身自清淨，亦令一切衆生清淨，自知境界知他境界，我當悉同三世諸佛境界，是爲第九決定阿耨多羅三藐三菩提須彌山王正直之心。菩薩摩訶薩，如是知見，無有一法修菩薩行，無有一法滿菩薩行，無有一法調伏衆生，無有一法化度衆生，不見有法恭敬供養一切諸佛，不見有法過去成阿耨多羅三藐三菩提，不見有法未來成阿耨多羅三藐三菩提，不見有法現在成阿耨多羅三藐三菩提，無有一法過去說法未來說法現在說法，無有一法能說法者亦無法可說，而菩薩摩訶薩，不捨阿耨多羅三藐三菩提大願之心。何以故，菩薩摩訶薩，如是出生阿耨多羅三藐三菩提，深入一切甚深諸法行，無所有行，而此菩薩摩訶薩，修習積聚善業善根，清淨一切諸對治法，智慧成滿，於念念中悉能積集長養一切諸善根法，若一切法無所有者，我有何義求無上道，是故不生恐怖驚畏之心，是爲第十決定阿耨多羅三藐三菩提須彌山王正直之心。佛子，是爲菩薩摩訶薩十種須彌山王正直之心。若菩薩摩訶薩，安住此心，則得一切諸佛無上智慧須彌山王正直之心。

佛馱跋陀羅譯《大方廣佛華嚴經》卷三四　佛子，菩薩摩訶薩，有十種心。何等爲十，所謂大地等心，持一切衆生諸善根故。大海等心，受持無量無邊諸佛智慧大法海故。須彌山王等心，令一切衆生安住無上善根故。摩尼寶心，遠離煩惱淨直心故。金剛心，決定了知一切法故。堅固金剛圍山心，一切諸魔外道不能壞故。蓮華等心，一切世法不能染故。優曇鉢華等心，於一切劫難值遇故。淨日等心，除滅一切衆生愚癡曀障闇故。虚空等心，一切衆生無能量故。佛子，是爲菩薩摩訶薩十種心。若菩薩摩訶薩，安住此心，則得一切諸佛無上清淨大心。佛子，菩薩摩訶薩，有十種發心。何等爲十，所謂發度脱一切衆生心，發拔出一切衆生煩惱心，發斷除一切習氣心，發斷除一切疑惑具足清淨無疑惑心，發除滅一切衆生苦惱心，發除滅一切惡道諸難心，發隨順一切諸佛敎心，發一切菩薩所學心，發覺悟一切諸佛菩提示現一切衆生非凡愚所入心，發擊大法鼓音聲聞于一切世界普照一切衆生諸根心。佛子，是爲菩薩摩訶薩十種發心。若菩薩摩訶薩，安住此心，則得一切諸佛無上業心。

十　念

聶道真譯《菩薩受齋經》　佛告須菩提：菩薩有十念，當護之。何等十念，當念過去佛，是菩薩法。當念未來佛，是菩薩法。當念一切十方現在佛，是菩薩法。當念尸波羅蜜持戒，是菩薩法。當念禪波羅蜜，是菩薩法。當念漚和拘舍羅，是菩薩法。當念般若波羅蜜，是菩薩法。當念禪三昧六萬菩薩在阿彌陀佛所，是菩薩法。當念過去當來今現和上阿闍梨，是菩薩法。是爲十念。若有發意求菩薩道者禪，日當思惟是爲十事，不念爲汚行。

瞿曇僧伽提婆譯《增壹阿含經》卷二　世尊告曰：若有比丘正身正意，結跏趺坐，繫念在前，無有他想，專精念佛，觀如來形，未曾離目。已不離目，便念如來功德。如來體者，金剛所成，十力具足，四無所畏，在衆勇健。如來顔貌，端正無雙，視之無厭，戒德成就，猶如金剛，而不可毁，清淨無瑕，亦如琉璃。如來三昧，未始有減，已息永寂，而無他念，憍慢强梁，諸情憺怕，欲意、恚想、愚惑之心，猶豫網結，皆悉除盡。如來慧身，智無崖底，無所罣礙。如來身者，解脱成就，諸趣已盡，無復生分，言我當更墮於生死，如來身者，度知見城，知他人根，應度不度，此死生彼，周旋往來生死之際，有解脱者，無解脱者，皆具知之。是謂修行念佛。便有名譽，成大果報，諸善普至，得甘露味，至無爲處，便成神通，除諸亂想，獲沙門果，自致涅槃。是故，諸比丘，常當思惟，不離佛念，便當獲此諸善功德。

佛告之曰：若有比丘正身正意，結跏趺坐，繫念在前，無有他想，專精念法，除諸欲愛，無有塵勞，渴愛之心，永不復興。夫正法者，於欲至無欲，離諸結縛、諸蓋之病，此法猶如衆香之氣，無有瑕疵亂想之念。是謂比丘修行念法者。便有名譽，成大果報，諸善普至，得甘露味，至無爲處，便成神通，除諸亂想，逮沙門果，自致涅槃。是故，諸比丘，常當思惟，不離法念，便當獲此諸善功德。

世尊告曰：若有比丘正身正意，結跏趺坐，繫念在前，無有他想，專精念衆。如來聖衆，善業成就，質直順義，無有邪業，上下和穆，法法成就。如來聖衆，戒成就，三昧成就，智慧成就，解脱成就，度知見成就。聖衆者，所謂四雙八輩，是謂如來聖衆，應當恭敬，承事禮順。所以然者，是世福田故，於此衆中，皆同一器，亦以自度，復度他人至三乘道，如此之業名曰聖衆。是謂諸比丘修行念僧者。若念僧者，便有名譽，成大果報，諸善普至，得甘露味，至無爲處，便成神通，除諸亂想，逮沙門果，自致涅槃。

世尊告曰：若有比丘正身正意，結跏趺坐，繫念在前，無有他想，專精念戒。所謂戒者，息諸惡故。戒能成道，令人歡喜，戒纓絡身，現衆好故。夫禁戒者，猶吉祥瓶，所願便剋，諸道品法，皆由戒成。如是，比丘，行禁戒者，成大果報，諸善普至，得甘露味，至無爲處，便成神通，除諸亂想，獲沙門果，自致涅槃。

世尊告曰：若有比丘正身正意，結跏趺坐，繫念在前，無有他想，專精念施，我今所施，施中之上，永無悔心，無返報想，快得善利，若人罵我，我終不報，設人害我，手捲相加，刀杖相向，瓦石相擲，當起慈心，不興瞋恚，我所施者，施意不絕。是謂，比丘，名曰大施，便成大果報，諸善普至，得甘露味，至無爲處。【略】

世尊告曰：若有比丘正身正意，結跏趺坐，繫念在前，無有他想，專精念天，身、口、意淨，不造穢行，行戒成身，身放光明，無所不照，成彼天身，善果報，成彼天身，衆行具足，乃成天身。如是，諸比丘，名曰念天。便得具足，成大果報，諸善普至，得甘露味，至無爲處。【略】

世尊告曰：若有比丘正身正意，結跏趺坐，繫念在前，無有他想，專精念休息。所謂休息者，心意想息，志性詳諦，亦無卒暴，恆專一心，意樂閑居，常求方便，入三昧定，常念不貪，勝光上達。如是，諸比丘，名曰念休息。

若有比丘正身正意，結跏趺坐，繫念在前，無有他想，專精念安般。所謂安般者，若息長時，亦當觀知我今息長。若復息短，亦當觀知我今息短。若息極冷，亦當觀知我今息冷。若復息熱，亦當觀知我今息熱。具觀身體，從頭至足皆當觀知。若復息有長短，亦當觀息有長有短。用心持身，知息長短，皆悉知之，尋息出入，分別曉了。若心持身，知息長短，亦復知之，數息長短，分別曉了。如是，諸比丘，名曰念安般。便得具足，成大果報，諸善普至，得甘露味，至無爲處。

世尊告曰：若有比丘正身正意，結跏趺坐，繫念在前，無有他想，專精念身。所謂念身者，髮、毛、爪、齒、皮、肉、筋、骨、膽、肝、肺、心、脾、腎、大腸、小腸、白膱、膀胱、屎、尿、百葉、滄、蕩、脾、泡、溺、淚、唾、涕、膿、血、肪脂、髑髏、腦。何者是身爲，地種是也，水種是也，火種是耶，風種是也，爲父種、母種所造耶，從何處來，爲誰所造，眼、耳、鼻、口、身、心，此終當生何處。如是，諸比丘，名曰念身。

世尊告曰：若有比丘正身正意，結跏趺坐，繫念在前，無有他想，專精念死。所謂死者，此沒生彼，往來諸趣，命逝不停，諸根散壞，如腐敗木，命根斷絕，宗族分離，無形無響，亦無相貌。如是，諸比丘，名曰念死。

瞿曇僧伽提婆譯《增壹阿含經》卷四三　云何修行十法，得至涅槃，所謂十念，念佛、念法、念比丘僧、念天、念戒、念施、念休息、念安般、念身、念死，是謂修行十法，得至涅槃。比丘當知，其生天及惡趣者，當念捨離，其十法得至涅槃者，善修奉行。如是，比丘，當作是學。

道世《法苑珠林卷》卷三四　爾時世尊告諸比丘：當修行十法，便成神通，去衆亂想，至致涅槃。一謂念佛，二謂念法，三謂念衆，四謂念戒，五謂念施，六謂念天，七謂念休息，八謂念安般，九謂念身非常，十謂念死，當善修行。

新羅、元曉《兩卷無量壽經宗要》　此經中說下輩十念，一言之內，含有二義，謂顯了義，及隱密義。隱密義者，望第三對純淨土果，以說下輩十念功德，此如《彌勒發問經》言，爾時彌勒菩薩白佛言，如佛所說阿彌陀佛功德利益，若能十念相續不斷，念彼佛者，即得往生，當云何念。佛言，非凡夫念，非不善念，非雜結使念，具足如是念，即得往生安養國土，凡有十念。何等爲十，一者，於一切衆生常生慈心，於一切衆生不毀其行，若毀其行，終不往生。二者，於一切衆生深起悲心，除殘害意。三者，發護法心，不惜身命，於一切法不生誹謗。四者，於忍辱中生決定心。五者，深心清淨，不染利養。六者，發一切種智心，日日常念，無有廢忘。七者，於一切衆生，起尊重心，除我慢意，謙下言說。八者，於世談話，不生味著心。九者，近於覺意，深起種種善根因緣，遠離憒鬧散亂之心。十者，正念觀佛，除去諸根。解云，如是十念，既非凡夫，當知初地以上菩薩，乃能具足十念，於純淨土，爲下輩因，是爲隱密義之十念。

言顯了義十念相者，望第四對淨土而說，如《觀經》言，下品下生者，或有衆生，作不善業，五逆十惡，具諸不善，臨命終時，遇善知識，爲說妙法，教令念佛，若不能念者，應稱無量壽佛，如是至心，令聲不絕，具足十念，稱南無佛，稱佛名故，於念念中，除八十億劫生死罪，命終之後，即得往生。乃至廣說，以何等心名爲至心，云何名爲十念相續者。什公說言，譬如有人於曠野中，值遇惡賊，揮戈拔劍，直來欲殺，其人勤走，視度一河，若得度河，首領難全，爾時但念，渡河方便，我至河岸，爲著衣度，爲脫衣度，若著衣衲，恐不得過，若脫衣衲，恐不得暇。但有此念，更無他意，當念度河，即是一念。此等十念，不雜餘念，行者亦爾。若念佛名，若念佛相等，無間念佛，乃至十念，如是至心。名爲十念。此是顯了十念相也。今此兩卷經説十念，具此隱密顯了二義。

十住

佛馱跋陀羅譯《大方廣佛華嚴經》卷七 諸佛子，菩薩摩訶薩十住行，去來現在諸佛所説。何等爲十，一名初發心，二名治地，三名修行，四名生貴，五名方便具足，六名正心，七名不退，八名童眞，九名法王子，十名灌頂。諸佛子，是名菩薩十住，去來現在諸佛所説。諸佛子，何等是菩薩摩訶薩初發心住。此菩薩，見佛三十二相八十種好，妙色具足尊重難遇，或覩神變，或聞説法，或聽教誡，或見衆生受無量苦，或聞如來廣説佛法，發菩提心，求一切智一向不迴。此菩薩，因初發心得十力分。何等爲十，所謂是處非處智，業報垢淨智，諸根智，欲樂智，性智，一切至處道智，一切禪定解脱三昧正受垢淨起智，宿命無礙智，天眼無礙智，三世漏盡智。是爲十。諸佛子，彼菩薩應學十法。何等爲十，所謂學恭敬供養諸佛，讚歎諸菩薩，護衆生心，親近賢明，讚不退法，修佛功德稱揚歎美生諸佛前，方便修習寂靜三昧，讚歎遠離生死輪迴，爲苦衆生作歸依處。何以故，欲令菩提心轉勝堅固成無上道，有所聞法即自開解，不由他悟。

諸佛子，何等是菩薩摩訶薩治地住。此菩薩，於一切衆生發十種心。何等爲十，所謂大慈心，大悲心，樂心，安住心，歡喜心，度衆生心，守護衆生心，我所心，師心，如來心。是爲十。諸佛子，彼菩薩應學十法。何等爲十，所謂先當勤學專求多聞修離欲定，近善知識，不違其教，善知時語，學無所畏，明解深義，了達正法，知堅法行，捨離癡冥，安住不動。何以故，欲於一切衆生增長大慈悲故，有所聞法即自開解，不由他悟。

諸佛子，何等是菩薩摩訶薩修行住。此菩薩，十種觀一切法。何等爲十，所謂觀一切法無常苦空無我不自在，一切法不可樂，一切法無集散，一切法無堅固，一切法虛妄，一切法無精勤和合堅固。是爲十。【略】

諸佛子，何等是菩薩摩訶薩具足方便住。此菩薩，聞十種法應當修行。何等爲十，所行善根悉爲救護一切衆生，饒益一切衆生，安樂一切衆生，哀愍一切衆生，成就一切衆生，令一切衆生捨離諸難，拔出一切衆生生死苦惱，令一切衆生歡喜快樂，令一切衆生調伏，令一切衆生悉得涅槃。是爲具足方便住。【略】

諸佛子，何等是菩薩摩訶薩正心住。此菩薩，聞十種法得決定心。何等爲十，所謂聞讚佛毁佛，於佛法中心定不動。聞讚法毁法，於佛法中心定不動。聞讚毁菩薩，於佛法中心定不動。聞讚毁菩薩所行法，於佛法中心定不動。聞衆生有量無量，於佛法中心定不動。聞衆生有垢無垢，於佛法中心定不動。聞衆生易度難度，於佛法中心定不動。聞法界有量無量，於佛法中心定不動。聞法界若成若壞，於佛法中心定不動。聞法界若有若無，於佛法中心定不動。是爲十。【略】

諸佛子，何等是菩薩摩訶薩童眞住。此菩薩，於十種法心得安立。何等爲十，所謂身行清淨，口行清淨，意行清淨，隨意受生，知衆生心，知衆生種種欲樂，知衆生種種性，知衆生種種業，知世界成壞，神通自在無有障礙。是爲十。【略】

諸佛子，何等是菩薩摩訶薩法王子住。此菩薩，善解十種法。何等爲十，所謂善解衆生趣，善解諸煩惱，善解諸習氣，善解方便智，善解分別無量法，善解諸威儀，善解分別諸世界，善解去來今，善解説世諦，善解説第一義諦。是爲十。諸佛子，彼菩薩應學十法，何等爲十，所謂學善知法王所住處，善知法王所行威儀，善知安立法王處，善知巧入法王處，善知分別法王處，善知法王甘露灌頂，善知受持法王法，善知法王無畏法，善知法王無著法，善知讚歎法王法。何以故，欲於一切法得無障礙智，有所聞法即自開解，不由他悟。

諸佛子，何等是菩薩摩訶薩灌頂住。此菩薩，成就十種智住。何等爲十，所謂悉能振動無量世界，悉能照明無量世界，悉能住持無量世界，悉能遍遊無量世界，悉能嚴淨無量世界，悉知無量衆生心行，悉知衆生隨心所行，悉知無量衆生諸根，悉能方便度無量衆生，悉能調伏無量衆生。是爲十。諸佛子，彼菩薩身不可知，身業神足，神足自在，過去智，未來智，現在智，淨諸佛刹智，心境界智境界不可知，一切衆生，乃至法王子菩薩，悉不能知。諸佛子，彼菩薩應學十種智。何等爲十，所謂學三世智，一切佛法智，法界無障礙智，法界無量無邊智，充滿一切世界智，普照一切世界智，能持一切世界智，分別一切衆生智，一切種智，智佛無量無邊智。何以故，欲令具足一切種智，有所聞法即自開解，不由他悟。

圓測《仁王經疏》卷中　後十住者，一發心住，二持地住，三修行住，四生貴住，五方便具足住，六正心住，七不退住，八童眞住，九法王子住，十灌頂住。解云，舊來相傳，十住二種。一者別相十住，如《瓔珞經》發心住等。二者通相十住，謂信心等以爲十住體，諸位皆行十信心故。是故《本業經》中，初地菩薩，百法明門，所謂十信各有十心，即百法也。今此經中依通相說，故不相違。

智儼《華嚴經內章門等雜孔目》卷二　十住義者，十者數，住者不退，即成住之位，亦云十解。一發心住，二持地住，三修行住，四生貴住，五方便具足住，六正心住，七不退住，八童眞住，九法王子住，十灌頂住。不動故名住，體者無量，方便三昧爲體。此順三乘終教說，本即是一乘，初教則無定，愚法小乘，及初迴心，即不說十住，宜可準知。

十身

佛馱跋陀羅譯《大方廣佛華嚴經》卷一〇　佛子，此菩薩摩訶薩，有十種身。入無量無邊法界身，除滅一切世間故。未來身，一切趣生故。不生身，深樂不生平等法故。不滅身，一切諸法言語斷故。不實身，如如眞實故。離癡妄身，隨應化故。無來去身，離死此生彼故。不壞身，法界性無壞故。一相身，三世語言道斷故。無相身，善分別諸法相故。菩薩摩訶薩，成就如是十種身，能爲一切衆生作舍，長養善根故。爲一切衆生救護，與大無畏故。爲一切衆生歸依，令大安隱住故。爲一切衆生尊導，開示無上道門故。爲一切衆生師方便，令入眞實法故。爲一切衆生燈，令見業報故。爲一切衆生明，得甚深法故。爲一切衆生炬，令離愚癡解眞法故。爲一切衆生光，令得明地故。爲一切衆生趣趣燈，顯現如來自在力故。

佛馱跋陀羅譯《大方廣佛華嚴經》卷二一　所有不可說諸佛國中，隨衆生身信樂差別，現爲受身，而實遠離身相差別，常住平等。是菩薩知衆生身，知國土身，知業報身，知聲聞身，知辟支佛身，知菩薩身，知如來身，知智身，知法身，知虛空身。是菩薩如是知衆生深心所樂。若於衆生身，作己身。若於衆生身作國土身，業報身，聲聞身，辟支佛身，菩薩身，如來身，智身，法身，虛空身。若於國土身，作己身，業報身，乃至虛空身。若於業報身，作己身，乃至虛空身。

佛馱跋陀羅譯《大方廣佛華嚴經》卷一八　令一切衆生得清淨正念智慧，不斷辯才。菩薩摩訶薩，以此善根，如是迴向，令一切衆生，得如是等清淨妙身，所謂明淨身，離濁身，究竟淨身，清淨身，離塵身，離種種塵身，離垢身，光明身，可愛樂身，無礙身。以如是身，普應十方一切世界，示一切業，示現衆生，普照一切，示現一切，猶如鏡像淨水之月，令一切衆生，悉得如是淨妙之身。

佛馱跋陀羅譯《大方廣佛華嚴經》卷三四　佛子，是爲菩薩摩訶薩十種身業。若菩薩摩訶薩，安住此業，則得一切諸佛無上大法，悉能開悟一切衆生。佛子，菩薩摩訶薩有十種身。何等爲十，所謂波羅蜜身，正向菩提故。四攝身，不捨衆生故。大悲身，代一切衆生，受無量苦無疲厭故。大慈身，救護一切衆生故。功德身，饒益一切衆生故。智慧身，一切諸佛金剛身故。淨法身，遠離諸趣生死故。方便身，普能示現一切衆生故。神力身，示現一切自在力故。菩提身，隨一切時成菩提故。佛子，是爲菩薩摩訶薩十種身。若菩薩摩訶薩，安住此身，則得一切諸佛無上大智慧身。

佛馱跋陀羅譯《大方廣佛華嚴經》卷三五　佛子，菩薩摩訶薩有十種身。何等爲十，所謂人身，教化成就一切人故。非人身，教化成就地獄畜生餓鬼閻羅王故。天身，教化成就欲界色界無色界衆生故。學身，示現學地故。無學身，示現阿羅漢地故。緣覺身，教化令入緣覺地故。菩薩身，積集大乘故。如來身，授如來智記故。摩㝹摩身，巧方便出生無量功德故。無漏法身，以少方便普現一切衆生身故。佛子，是爲菩薩摩訶薩十種身。若菩薩摩訶薩，成就此身，則得一切諸佛無上法身。

實叉難陀譯《大方廣佛華嚴經》卷三八　佛子，此菩薩遠離一切身想分別，住於平等。此菩知衆生身、國土身、業報身、聲聞身、獨覺身、菩薩身、如來身、智身、法身、虛空身。此菩薩知諸衆生心之所樂，能以衆生身作自身，亦作國土身、業報身，乃至虛空身。又知衆生心之所樂，能以國土身作自身，亦作衆生身、業報身，乃至虛空身。又知諸衆生心之所樂，能以業報身作自身，亦作衆生身、國土身，乃至虛空身。又知衆生心之所樂，能以自身作衆生身、國土身，乃至虛空身。隨諸衆生所樂不同，則於此身現如是形。此菩薩知衆生集業身、報身、煩惱身、色身、無色身，又知國土身小相、大相、無量相、染相、淨相、廣相、倒住相、正住相、普入相、方網差別相，知業報身假名差別，知聲聞身、獨覺身、菩薩身假名差別，知如來身有菩提身、願身、化身、力持身、相好莊嚴身、威勢身、意生身、福德身、法身、智身，知智身善思量相、如實決擇相、果行所攝相、世間出世間差別相、三乘差別相○共相、不共相、出離相、非出離相、學相、無學相，知法身平等相、不壞相、隨時隨俗假名差別相、衆生非衆生法差別相、佛法聖僧法差別相，知虛空身無量相、周遍相、無形相、無異相、無邊相、顯現色身相。

實叉難陀譯《大方廣佛華嚴經》卷五六　佛子，菩薩摩訶薩有十種身。何等爲十，所謂不來身，於一切世間不受生故。不去身，於一切世間求不得故。不實身，一切世間如實得故。不虛身，以如實理示世間故。不盡身，盡未來際無斷絶故。堅固身，一切衆魔不能壞故。不動身，衆魔外道不能動故。具相身，示現清淨百福相故。無相身，法相究竟悉無相故。普至身，與三世佛同一身故。是爲十。若諸菩薩安住此法，則得如來無上無盡之身。

十忍

佛馱跋陀羅譯《大方廣佛華嚴經》卷二八　爾時普賢菩薩摩訶薩，復告諸菩薩言：佛子，菩薩摩訶薩成就十種忍，能得一切無礙忍地，又得一切諸佛無盡無礙之法。何等爲十，所謂隨順音聲忍，順忍，無生法忍，如幻忍，如焰忍，如夢忍，如響忍，如電忍，如化忍，如虛空忍。佛子，是爲菩薩摩訶薩十種忍，過去諸佛已說，未來諸佛當說，現在諸佛今說。

佛子，何等爲菩薩摩訶薩隨順音聲忍，若聞眞實法，不驚，不怖，不畏，信解受持，愛樂順入，修習安住。佛子，是爲菩薩摩訶薩第一隨順音聲忍。佛子，何等爲菩薩摩訶薩順忍，佛子，此菩薩隨順寂靜，觀一切法，平等正念，不違諸法，隨順深入一切諸法，清淨直心，分別諸法，修平等觀，深入具足。佛子，是爲菩薩摩訶薩第二順忍。

佛子，何等爲菩薩摩訶薩無生法忍，佛子，此菩薩不見有法生，不見有法滅。何以故，若不生則不滅，若不滅則無盡，若無盡則離垢，若離垢則無壞，若無壞則不動，若不動則寂滅地，若寂滅地則離欲，若離欲則無所行，若無所行則是大願，若是大願則住莊嚴。佛子，是爲菩薩摩訶薩第三無生法忍。

佛子，何等爲菩薩摩訶薩如幻忍，佛子，此菩薩深入諸法皆悉如幻，觀緣起法，於一法中，解衆多法，衆多法中，解了一法，菩薩摩訶薩於彼諸法，分別諸剎，入衆生界法界，等觀世間，等觀佛出入不二入，出生住持，譬若如幻，非象兵馬兵車兵步兵，非男非女，非童男童女，非樹非葉，非華非果，非地水火風，非晝非夜，非半月一月。【略】

等觀法界，無有差別，知一切法非文字，非言說，而亦不捨諸深妙辯，不著化衆生，而轉法輪，爲衆生故，受持大悲，度脫一切，說過去因緣，實知諸法，而無所至。佛子，是爲菩薩摩訶薩第四如幻忍。

佛子，何等爲菩薩摩訶薩如焰忍，佛子，此菩薩覺悟一切世間皆悉如焰，如熱時焰，無有方處，菩薩摩訶薩，決定了知一切諸法，亦無方處，非內非外，非有非無，非常非斷，觀一切法，皆悉眞實，假名施設，非一色，非種種色，非無色地，具足證知一切諸法。佛子，是爲菩薩摩訶薩第五如焰忍。

佛子，何等爲菩薩摩訶薩如夢忍，佛子，此菩薩解一切世間皆悉如夢，譬如夢非世間，非離世間，非欲界，非色界，非無色界，非生非死，非淨非穢，非清非濁，而有示現。如是菩薩摩訶薩，覺悟一切世間皆悉如夢，不壞夢，不著夢，夢性寂滅，夢無自性，受持一切法，皆悉如夢，不壞夢，不虛妄取夢，覺悟一切世間皆悉如夢。佛子，是爲菩薩摩訶薩第六如夢忍。

佛子，何等爲菩薩摩訶薩如響忍，佛子，此菩薩出生諸法，善學成就，究竟聖法，得到彼岸，知一切法皆悉如響，分別衆聲，猶如呼響，而無所至，菩薩摩訶薩解如來音，不從内出，不從外出，不從内外出，彼聞音者，不在内，不在外，亦不在内外，而能出生巧方便智，了聲如響悉從緣起，亦不壞法施，深入音聲，遠離顛倒，善學一切。如帝釋后，於一音中，出千妙音，而亦不取虚妄音聲。菩薩摩訶薩亦復如是，入離虚妄法界，出生巧妙方便音聲，於無量無邊世界，廣爲衆生轉淨法輪，度脱一切，受持如來廣長舌相，出生無量無障礙音，充滿十方一切世界，普令衆生，悉得開解，發起善根。而音聲無轉，不可言説。知音聲非語言，而隨順語言，亦不染著種種音聲，覺悟了知一切音聲。佛子，是爲菩薩摩訶薩第七如響忍。

佛子，何等爲菩薩摩訶薩如電忍，佛子，此菩薩不生世間，不死世間，不内世間，不外世間，不行世間，非不行世間，不壞世間，非不壞世間，不起世間趣，不離世間趣，不等世間，非不等世間，非世間，非離世間，不行菩薩行，而不捨大願，非實，非虚，所行眞實，究竟一切如來正法，能辨一切世間諸事，亦不隨順世間流轉，亦不受持正法流轉，譬如電或日，或月，山樹男女，室宅牆壁，大地流水等，皆悉能照。令明淨故，譬水油身，寶珠明鏡，如是等一切清淨色，悉能照明一切淨界，電不離明淨，明淨不離電，電能遠照，而電非遠近。菩薩摩訶薩亦復如是，能照彼我一切境界，而其智慧不作分別，照現彼我一切境界。如種子中無有根芽莖節枝葉，而能爲因。菩薩摩訶薩亦復如是，於不二法中，分別二相，修無礙際。佛子，是爲菩薩摩訶薩第八如電忍。【略】

佛子，何等爲菩薩摩訶薩第九如化忍，佛子，此菩薩知一切世間皆悉如化，所謂一切衆生業化，一切衆生行化，一切虚妄化，一切苦樂顛倒化，一切妄取化，一切世間無實法化，一切語言道化。一切煩惱化，諸想所起故。調伏衆生化，離垢清淨故。三世不退轉化，無生平等故。菩薩願化，長養菩薩行故。如來大悲化，除滅衆生一切苦故。法輪方便智化，出生無量無畏智辯故。【略】

佛子，何等爲菩薩摩訶薩第十如虚空忍，佛子，此菩薩解一切法界，猶如虚空。以無性故，譬如虚空，一切世界亦復如是。解一切佛刹無所起故，譬如虚空，一切諸法亦復如是。解無二法故，譬如虚空，一切衆生行亦復如是。解行無所行故，譬如虚空，一切佛法亦復如是。解無分別故，譬如虚空，一切佛力亦復如是。解無異故，譬如虚空，一切諸禪亦復如是。解三世故，譬如虚空，一切説法亦復如是。解不可説故，譬如虚空，一切佛身亦復如是。解無礙故，譬如虚空，遍一切處。解一切法，如虚空故。佛子，如是菩薩摩訶薩，解一切法悉如虚空，得虚空等忍智，得虚空等身，得虚空等身業，得虚空等口，得虚空等口業，得虚空等心，得虚空等心業。

道通《大方廣佛華嚴經吞海集》卷中 前二品業用廣大，此品智慧深玄，忍體即智，前三忍法説，後七忍喻明。一音聲忍，智解於教。二順忍，止觀起行，土二加行。三無生忍，是根本從初地立。四如幻忍中，喻有爲無爲法從因緣生，皆是所喻。喻有五重，一巾喻眞性，二術喻業思，三幻相喻報，四生滅喻依他即圓成，五愚小爲有法。土五各有二義，以成四句。一所依，性有相無，俱存俱奪。二業上，用有體無，俱存俱奪。三報上，相有實無，俱存俱泯。四幻報，生即是死，俱存俱泯。五愚小，上情有理無，俱存泯。今令知術是起因，悟像果無實成，相即是性，遣愚小爲有，歸本來眞性。量云一切有爲無爲法有法，非實有體宗，從因緣生因，同喻如幻事。五如焰忍，一空地喻如來藏，二陽氣如無明，三空與氣合心上現報，四水即是無，五凡小爲有。一切世間有法，非實有體，言説顯示，如陽焰。六如夢忍，一悟心如本識，二眠如無明，三夢如緣起法，四夢非有似有，五令夢者爲實。一切世間有法，非實有體，想所現故，如夢所見。七如響忍，一谷喻如來藏，二聲如機感，三響應佛説法，四有而非實，五取著爲有。量云，如來音聲有法，定非實有宗，從緣感顯故因，如谷響。八如影忍，一鏡喻眞心，二面如思業，三影似所起報果，四正有常無，五當情爲有。量云，業所招果有法，定非實有宗，從緣似有故因，如鏡中現像。九如化忍，一空喻眞性因，二悲心化者緣，三無而忽有，四用有實無，五著相爲有。菩薩變化有法，非實能度宗，似有度用化迹故因，如空中變化事。十如空忍，此空義不開五法者，爲與無爲雙遣也。量云，世出世間有法，對待不實故宗，遠有近無故因，如太虚空。

方澤《大方廣佛華嚴經合論纂要》卷中 十忍者，以神智通達而成十種法忍。一以聞佛所説不驚不怖，名音聲忍。二以深冥法性，隨順了知，名順忍。三以諸法都寂，智照湛然，名無生忍。四以諸法生起而無起相，名如幻忍。譬如以巾幻成一馬，巾喻法性，原非是馬，幻術喻業惑，用有體無，馬喻依他起法，相有實無，故馬生即是不生，馬即是巾，諸境界相全即智體，故名如幻。五以境無境相，名如燄忍。六以知無知相，名如夢忍。七以聞無聞相，名如響忍。八以現無現相，名如影忍，如水中月不漂不沉，喻菩薩同世遷流，不漂生死，證眞寂滅，不沉涅槃，故名如影。九以有無有相，名如化忍。譬如化人非凡非聖，非有非無非世間生，非世間滅等，故名如化。以如化忍，了諸法相悉皆如化。十以菩薩智行無依無住，無障無礙，不可破壞，無有限量，名如空忍也。十定十通十忍皆普賢說者，以此三法是十一地等覺位中入生死海方便大悲一德之功用，亦是五位菩薩所共脩習無前後無窮盡法門，故屬普賢也。

作者不詳《梵網經直解事義》卷上 十忍者，《華嚴經》云：一音聲忍，謂聞佛深教，即能曉了，忍可忍證，無驚怖故。二順忍，謂於理事，悉能隨順，諦審此法，忍可忍證，而無違故。三無生忍，謂了達諸法，本來無生，亦無有滅，諦審此法，忍可忍證，而妄念不起故。四如幻忍，謂了達諸法，皆從因緣和合而生，如幻如化，性本空寂，諦審此法，忍可忍證，而無著故。五如燄忍，謂了知一切境界，悉如陽燄，無有眞實，諦審此法，忍可忍證，而無執故。六如夢忍，謂了諸妄心，皆如夢境，諦審此法，忍可忍證，而不執故。七如響忍，謂了一切世間語言音聲，皆由因緣和合而成，猶如谷響，無有眞實，諦審此法，忍可忍證，而不著故。八如影忍，謂了達色身，由五蘊積集而成，本無實體，諦審此法，忍可忍證，而無著故。九如化忍，謂了達世間諸法，無而忽有，有即還無，體非眞實，諦審此法，忍可忍證，而無著故。十如空忍，謂了達世出世間種種諸法，悉如虛空，無有色相，諦審此法，忍可忍證，而無著故。

十戒

聶道真譯《菩薩受齋經》 菩薩齋日有十戒。第一菩薩齋日，不得著脂粉花香。第二菩薩齋日，不得歌舞搥鼓，伎樂莊飾。第三菩薩齋日，不得臥高牀上。第四菩薩齋日，過中以後不得復食。第五菩薩齋日，不得持錢刀金銀珍寶。第六菩薩齋日，不乘車牛馬。第七菩薩齋日，不得搥兒子奴婢畜生。第八菩薩皆持是齋，從分檀布施得福，我是菩薩，如我念在泥梨中人、薜荔中人、畜生中人，令得解脱出生爲人，從是分檀布施，當至須訶摩持拘樓檀阿彌陁佛前，受得三昧禪，是爲菩薩解齋法。

菩薩齋日去臥時，於佛前叉手言：今日一切十方其有持齋戒者，某助安無量。今日其有持戒者，某助安無量。今日其有忍辱者，念天下人民者，某助安無量。今日其有精進者，某助安無量。今日其有智慧說經者，某助安無量。持是代勸助歡喜福施，與歸流十方一切人非人，薩和薩所在勤苦厄難之處，皆令得福，解脱憂苦，出生爲人，安隱富樂無極，是菩薩齋日，不得見掃除。第九菩薩齋日，不得飲食盡器中。第十菩薩齋日，不得與女人相形笑共坐席，女人亦爾。是爲十戒，不得犯，不得教人犯，亦不得勸勉人犯。

佛馱跋陁羅譯《大方廣佛華嚴經》卷一〇 長養一切菩薩善根，隨順一切如來善根，從一切佛善方便生，是名菩薩摩訶薩無盡信藏。菩薩住此信藏，悉能聞持諸如來法，廣爲一切衆生演說。佛子，何等爲菩薩摩訶薩戒藏，此菩薩成就饒益戒，不受戒，無著戒，安住戒，不諍戒，不惱害戒，不雜戒，離邪命戒，離惡戒，清淨戒。何等爲饒益戒，此菩薩先當饒益安樂衆生。何等爲不受戒，此菩薩不受外道戒，具足奉持三世諸佛平等淨戒。何等爲無著戒，此菩薩不著欲界戒，不著色界戒，不著無色界戒。何以故，不迴向彼故。何等爲安住戒，此菩薩成就清淨無疑悔戒。何以故，菩薩不作五無間罪，永不故犯一切戒故。何等爲不諍戒，此菩薩不非先制，不更造立，心常隨順向涅槃戒，皆具足持，無所毁犯，不由此戒惱亂衆生共相違諍，菩薩持戒，但饒益衆生令歡喜故。何等爲不惱害戒，此菩薩不因持戒學諸呪術藥草惱害衆生。何以故，菩薩欲救護衆生故，持清淨戒。何等爲不雜戒，此菩薩離斷常見，不持雜戒，但觀察十二緣起，持清淨戒。何等爲離邪命戒，此菩薩不作持淨戒相，欲使他知內無實德現實德相，但持淨戒一向求法，究竟薩婆若。何等爲不惡戒，此菩薩不自貢高言我持戒，見犯戒人，不輕賤訶罵，令其憂惱，但一其心持清淨戒。何等爲清淨戒，此菩薩捨離殺、盜、邪婬、妄語、惡口、兩舌、雜語、貪、恚、邪見，具持十善。此菩薩持如是等清淨戒時作是念，若有衆生犯淨戒者，斯由顚倒諸煩惱故，一切諸佛悉分別知是一切衆生，因諸顚倒毁犯淨戒，是故我當專求佛道，究竟無上菩提，廣爲衆生說眞實法，令離顚倒淨持禁戒，悉令究竟無上菩提，是爲菩薩摩訶薩第二無盡戒藏。

十重戒

鳩摩羅什譯《梵網經》卷一〇下　佛告諸佛子言：有十重波羅提木叉，若受菩薩戒不誦此戒者，非菩薩非佛種子，我亦如是誦，一切菩薩已學，一切菩薩當學，一切菩薩今學，已略說菩薩波羅提木叉相貌，是事應當學，敬心奉持。

佛言：佛子，若自殺，教人殺，方便讚歎殺見作隨喜，乃至呪殺，殺因殺緣殺法殺業，乃至一切有命者不得故殺，是菩薩應起常住慈悲心、孝順心，方便救護一切衆生，而自恣心快意殺生者，是菩薩波羅夷罪。

若佛子，自盜教人盜，方便盜盜因盜緣盜法盜業呪盜，乃至鬼神有主劫賊物，一切財物一針一草不得故盜，而菩薩應生佛性孝順慈悲心，常助一切人生福生樂，而反更盜人財物者，是菩薩波羅夷罪。

若佛子，自婬教人婬，乃至一切女人不得故婬，婬因婬緣婬法婬業，乃至畜生女諸天鬼神女，及非道行婬，而菩薩應生孝順心，救度一切衆生，淨法與人，而反更起一切人婬，不擇畜生乃至母女姊妹六親行婬，無慈悲心者，是菩薩波羅夷罪。

若佛子，自妄語教人妄語，方便妄語妄語因妄語緣妄語法妄語業，乃至不見言見，見言不見，身心妄語，而菩薩常生正語正見，亦生一切衆生正語正見，而反更起一切衆生邪語邪見邪業者，是菩薩波羅夷罪。

若佛子，自酤酒教人酤酒，酤酒因酤酒緣酤酒法酤酒業，一切酒不得酤，是酒起罪因緣，而菩薩應生一切衆生明達之慧，而反更生一切衆生顚倒之心者，是菩薩波羅夷罪。

若佛子，自說出家在家菩薩比丘比丘尼罪過，教人說罪過，罪過因罪過緣罪過法罪過業，而菩薩聞外道惡人及二乘惡人說佛法中非法非律，常生悲心教化是惡人輩，令生大乘善信，而菩薩反更自說佛法中罪過者，是菩薩波羅夷罪。

若佛子，自讚毁他亦教人自讚毁他，毁他因毁他緣毁他法毁他業，而菩薩應代一切衆生受加毁辱，惡事自向己，好事與他人，若自揚己德隱他人好事，令他人受毁者，是菩薩波羅夷罪。

若佛子，自慳教人慳，慳因慳緣慳法慳業，而菩薩見一切貧窮人來乞者，隨前人所須一切給與，而菩薩以惡心瞋心，乃至不施一錢一針一草，有求法者，不爲說一句一偈一微塵許法，而反更罵辱者，是菩薩波羅夷罪。

若佛子，自瞋教人瞋，瞋因瞋緣瞋法瞋業，而菩薩應生一切衆生中善根無諍之事，常生悲心，而反更於一切衆生中，乃至於非衆生中，以惡口罵辱加以手打，及以刀杖意猶不息，前人求悔善言懺謝，猶瞋不解者，是菩薩波羅夷罪。

若佛子，自謗三寶教人謗三寶，謗因謗緣謗法謗業，而菩薩見外道及以惡人一言謗佛音聲，如三百鉾刺心，況口自謗不生信心孝順心，而反更助惡人邪見人謗者，是菩薩波羅夷罪。

善學諸仁者，是菩薩十波羅提木叉，應當學，於中不應一一犯如微塵許，何況具足犯十戒。若有犯者不得現身發菩提心，亦失國王位轉輪王位，亦失比丘比丘尼位，亦失十發趣十長養十金剛十地佛性常住妙果，一切皆失墮三惡道中，二劫三劫不聞父母三寶名字。以是不應一一犯，汝等一切諸菩薩今學當學已學，如是十戒應當學敬心奉持，八萬威儀品當廣明。

實叉難陀譯《大方廣佛華嚴經》卷五三　佛子，菩薩摩訶薩有十種戒。何等爲十，所謂不捨菩提心戒，遠離二乘地戒，觀察利益一切衆生戒，令一切衆生住佛法戒，修一切菩薩所學戒，於一切法無所得戒，以一切善根迴向菩提戒，不著一切如來身戒，思惟一切法離取著戒，諸根律儀戒。是爲十。若諸菩薩安住此法，則得如來無上廣大戒波羅蜜。

《無畏三藏禪要》　諸佛子受持菩薩戒，所謂十重戒者，今當宣說，至心諦聽。一者不應退菩提心，妨成佛故。二者不應捨三寶歸依外道，是邪法故。三者不應毁謗三寶及三乘教典，背佛性故。四者於甚深大乘經典不通解處，不應生疑惑，非凡夫境故。五者若有衆生已發菩提心者，不應說如是法，令退菩提心趣向二乘，斷三寶種故。六者未發菩提心者，亦不應說如是法，令彼發於二乘之心，違本願故。七者對小乘人及邪見人前，不應輒説深妙大乘，恐彼生謗，獲大殃故。八者不應發起諸邪見等法，令斷善根故。九者於外道前，不應自說我具無上菩提妙戒，令彼以瞋恨心求如是物，不能辦得，令退菩提心，二俱有損故。十者但於一切衆生，有所損害及無利益，皆不應作及教人作，見作隨喜，於利他法及慈悲心相違背故。已上是授菩薩戒竟，汝等應如是清淨受持，勿令虧犯，已受三聚淨戒竟。

新羅、義寂《菩薩戒本疏》卷上 佛告諸佛子言：有十重波羅提木叉，若受菩薩戒，不誦此戒者，非菩薩，非佛種子，我亦如是誦，一切菩薩已學，一切菩薩當學，一切菩薩今學，我已略說波羅提木叉相貌，應當學敬心奉持。

第一殺戒。制意釋名者，命是形根，有生所貴，凡在含靈，莫不寶重，故《涅槃經》佛誡闍王，雖復人畜貴賤有殊，寶命重死無有異也。然則大士爲懷仁慈居先，寧容恣己快心，奪彼所重，特違慈行，故先制之。又聲聞脱縛爲先，故首制婬。菩薩慈濟爲上，故初禁殺。又此十重七衆共持故殺戒在初。釋名者，報形相續假名爲生，違緣逼害名之爲殺，具緣成犯者。【略】

第二盜戒。制意釋名者，財爲外命，有待所資，自除己我，莫不愛護，大士爲懷，應當助生福樂，而變侵損他物，潤己長貪，違行處深，故次制也。盜猶不與取之名也，竊取名偷，顯奪名劫，盜通二也，具緣犯中，不與取事者論云，謂他所攝物。

第三婬戒。分文如前，制意釋名，經云，若不斷婬，尚障梵天，況得菩提，連羈生死不得離者寔由玆矣，故制之令斷。荒色名婬，亦名非梵行，諸戒雖皆非梵，此染垢過重故偏目。【略】

第四妄語戒。制意釋名者，令人虛解，違眞之甚，故制之。違想而説故名妄語，事設是實，若違內心，皆名妄語。具緣中事，謂見聞覺知，不見不聞不覺不知。想者，謂於見等或翻彼想，翻想有二事，一想事俱翻，如不見事起不見想而説言見，二翻想不翻事，如不見事起見想而言不見，此二俱成妄語也。

第五酤酒戒。制意釋名者，酒是開放逸處，失諸善法。如論云，除破僧事，若醉酒時，餘逆法可造，三十六失，十種過患，律論俱示。若唯自飲，過失猶輕，若酤而求利，損處甚廣，故雖非性惡，同制爲重。酤者，販博之名也。味濃易耽，雖甘而毒，故云酒也。【略】

第六説他罪過戒。制意釋名者，同法相護，義同昆弟，而反向異道，揚彼過短，近則陷沒善人，遠則損壞正法，其過非輕，故制斷也。可毀可厭故云罪過，向他顯揚故名說也。【略】

第七自讚毀他戒。制意釋名者，菩薩應推直於人，引曲向己，而今反揚自辱人，違本心之甚，故制斷之。讚揚己德，毀辱他失，是所防過，從所防爲名，故云讚毀戒。具緣成犯中事者有二，一所毀人，二所毀事。【略】

第八慳惜加毀戒。大士之懷，應不求而施，令乞人現前，慳而不與，反加毀辱，頓乖化道，故制斷也。菩薩地中直云，不施財法，不言加毀，應名慳不慧施戒。祕悋財法名慳，罵辱前人爲毀，從所防過爲戒名也。【略】

第九瞋不受悔戒。菩薩常應仁被一切，而反侵損，不受悔謝事，乖誨化之甚，故制斷也。含毒損人謂之瞋，結恨不捨名不受謝，亦從所防爲戒名也。【略】

第十毀謗三寶戒。地論》唯云謗菩薩藏，三中謗法過偏重故，佛法僧寶，初信之勝境，歸終之極地，理應承而奉順，反生誹毀，其過非輕，故制斷也。心言乖寶故，名爲謗，亦從所防爲戒名也。

十諦

菩提流支譯《佛說法集經》卷三 善男子，何者是菩薩摩訶薩十諦，所謂世諦，第一義諦，相諦，差別諦，觀諦，事諦，生諦，盡無生智諦，入道智諦，集如來智諦，是名十諦。善男子，世諦者，所謂有限齊名數爲他人說，狹劣不廣，是名世諦。第一義諦者，所謂甚深空相應法，無有限齊，不斷絶處，非他因緣平等一相，無有高下，不亂不靜相，一切法眞如相，是名第一義諦。相諦者，所謂逼惱者苦相，生者集相，淨者滅相，乘者道相，是名相諦。復次善男子，知一切法自性，無我相，證道相，作證相，是名相諦。如是知一切法自性淨相，知自性遠離相，知自性空相，知自性不生不滅相，證道相作證道相，是名相諦。差別諦者，一切法皆是一相，依他因緣而差別説。一相者，所謂空相，彼空依他差別而説。又復一切法，無相無願無行，不生不滅，彼一切差別皆是空相，皆悉是空不相違相，是名差別諦。何者是觀諦，觀者徹觀故，數見思惟，知見覺證，智於彼境不相違背，是名觀諦。事諦者，所謂事智，事者謂陰界入，知彼陰界入，唯是因緣生，無事無壽者，能如是知而證於道，是名事諦。何者是生諦，所謂依彼知斷煩惱，依彼行斷煩惱，依彼道斷煩惱，而得十力四無畏十八不共法，復證一切法，得一切如來勝自在法，是名生諦。盡無生智諦者，説一切有爲法盡，彼有爲法盡不盡以盡無盡，若盡有盡者即有盡盡，是故盡不盡，是故盡不生不滅，是名盡無生智諦。何者是入道智諦，以何等智，以何等道，以何等功德聚集，以何等智聚集，知一切法不生不滅，依彼法自入令他入，是名入道智諦。何者是集如來智諦，謂法雲地如來地中間，集如來智諦，得彼自然道證如來智，是名集如來智諦。是名菩薩摩訶薩十諦。

慧遠《大乘義章》卷三　十諦分別。言十諦者，如《地經》説，始從世諦乃至第十菩薩地成如來知諦。然彼四諦，統含法界恆沙佛法，隨義別論，皇繁難計。且從一數十門觀之，此十一一皆通四諦。就彼四中，直知苦集滅道法相，名爲世諦。知其空寂無人無法，名第一義。知其苦等有二無二一實之相，名爲相諦。知其緣起法界門別，名差別諦。就彼別中隨説不同，集成各異，名説成諦。迷彼四諦，苦果事起，名爲事諦。迷之造集，能生後苦，説爲生諦。解彼四諦，能滅染累，名盡無生諦。解達苦等，名入道諦。窮其體實緣起法門，便成大乘如實行德，行分因果，是故名爲菩薩地成如來智諦。然此四諦，統攝淵廓，難以究窮，且隨詮況，略示網緒。

尸羅達摩譯《佛説十地經》卷四　菩薩以是十種平等清淨意樂入第五地，唯諸佛子菩薩已至此第五地，由善瑩飾覺分道支，由善清淨增上意樂，復求後世殊勝道時，爲如是事隨正行故，願力所持故，以大慈悲不捨一切諸有情故，積集福智二資糧故，無休息故，引發善巧妙方便故，觀照後後地光明故，由常勤求佛加持故，念慧趣覺力所持故。得不退轉正作意已，如實了知此苦聖諦，此是苦集，此是苦滅，此能滅苦，正行聖諦皆如實知。又此菩薩於世俗諦而得善巧勝義諦，善巧相諦，善巧差別諦，善巧安立諦，善巧事諦，善巧生諦，善巧於盡無生智諦，善巧於趣入道智諦。善巧一切菩薩地，次第相續已成就故，乃至如來智集諦中而得善巧。復次此菩薩令他有情如其意樂皆歡喜故，知世俗諦以能證入一切理趣故，知勝義諦覺法自相及共相故，善知相諦悟法差別安立義故，知差別諦解了蘊界處安立故，知安立諦了達身心逼惱的故，名知事諦。通達諸趣生相續故，能知生諦一切熱惱究竟滅故，名爲知盡無生智諦。

玄奘譯《瑜伽師地論》卷四六　或立十諦，一逼切苦諦，二財位匱乏苦諦，三界不平和苦諦，四所愛變壞苦諦，五麁重苦諦，六業諦，七煩惱諦，八聽聞正法如理作意諦，九正見諦，十正見果諦。如是等類，名菩薩諦施設建立。若廣分別，當知無量。

十　喻

鳩摩羅什譯《大智度论》卷六　解了諸法，如幻，如焰，如水中月，如虛空，如響，如犍闥婆城，如夢，如影，如鏡中像，如化。

是十喻爲解空法故。問曰：若一切諸法空如幻，何以故諸法有可見可聞、可嗅可嘗、可觸可識者。若實無所有，不應有可見乃至可識，復次若無而妄見者，何以不見聲聞色。若皆一等空無所有，何以有可見、不可見者，以諸法空故，如一指第一甲無，第二甲亦無，何以不見第二甲，獨見第一甲。以是故知，第一甲實有故可見，第二甲實無故不可見。答曰：諸法相雖空，亦有分別可見不可見，譬如幻化象馬及種種諸物，雖知無實，然色可見，聲可聞，與六情相對，不相錯亂。諸法亦如是，雖空而可見可聞，不相錯亂。如《德女經》説，德女白佛言，世尊，如無明內有不。佛言，不。外有不。佛言，不。內外有不。佛言，不。世尊，是無明從先世來不。佛言，不。從此世至後世不。佛言，不。是無明有生者滅者不。佛言，不。有一法定實性是名無明不。佛言，不。

爾時德女復白佛言，若無明無內無外亦無內外，不從先世至今世今世至後世，亦無眞實性者，云何從無明緣行，乃至衆苦集。世尊，譬如有樹若無根者，云何得生莖節枝葉華果。佛言，諸法相雖空，凡夫無聞，無智故，而於中生種種煩惱，煩惱因緣作身口意業，業因緣作後身，身因緣受苦受樂，是中無有實作煩惱，亦無身口意業，亦無有受苦樂者。譬如幻師幻作種種事，於汝意云何，是幻所作內有不。答言，不。外有不。答言，不。內外有不。答言，不。從先世至今世今世至後世不。答言，不。幻所作有生者滅者不。答言，不。實有一法是幻所作不。答言，不。佛言，汝頗見頗聞幻所作妓樂不。答言，我亦聞亦見。佛問德女，若幻空欺誑無實，云何從幻能作伎樂。德女白佛，世尊，是幻相爾，雖無根本而可聞見。佛言，無明亦如是，雖不內有不外有，不內外有，不先世至今世今世至後世，亦無實性，無有生者滅者，而無明因緣諸行生，乃至衆苦陰集，如幻息，幻所作亦息，無明亦爾，無明盡行亦盡，乃至衆苦集皆盡。復次是幻譬喻，示衆生一切有爲法空不堅固，如說一切諸行如幻欺誑小兒，屬因緣不自在不久住，是故說諸菩薩知諸法如幻。

如炎者。炎以日光風動塵故，曠野中見如野馬，無智人初見謂之爲水。男相女相亦如是，結使煩惱日光，諸行塵邪憶念風，生死曠野中轉，無智慧者謂爲一相，爲男爲女，是名如炎。復次若遠見炎想爲水，近則無水想。無智人亦如是，若遠聖法不知無我，不知諸法空，於陰界入性空法中，生人相，男相女相，近聖法則知諸法實相，是時虛誑種種妄想盡除。以是故說，諸菩薩知諸法如炎。

如水中月者。月實在虛空中，影現於水，實法相月，在如法性實際虛空中，凡人心水中有我、我所相現，以是故名如水中月。復次如小兒見水中月歡喜欲取，大人見之則笑。無智人亦如是，身見故見有吾我，無實智故見種種法，見已歡喜，欲取諸相，男相女相等，諸得道聖人笑之。【略】

復次譬如靜水中見月影，攪水則不見，無明心靜水中，見吾我憍慢諸結使影，實智慧杖攪心水，則不見吾我等諸結使影。以是故說，諸菩薩知諸法如水中月。

如虛空者。但有名而無實法，虛空非可見法，遠視故眼光轉見縹色。諸法亦如是空無所有，人遠無漏實智慧故，棄實相，見彼我男女屋舍城郭等種種雜物，心著如小兒仰視青天謂有實色，有人飛上極遠而無所見，以遠視故謂爲青色。諸法亦如是，以是故說如虛空。復次如虛空性常清淨，人謂陰曀爲不淨，諸法亦如是，性常清淨，婬欲瞋恚等曀故，人謂爲不淨。【略】

復次虛空無初、無中、無後，諸法亦如是。復次如摩訶衍中佛語須菩提，虛空無前世亦無中世亦無後世，諸法亦如是。彼經此中應廣說，是故說諸法如虛空。【略】

如響者。若深山狹谷中，若深絕澗中，若空大舍中，若語聲，若打聲，從聲有聲，名爲響，無智人謂爲有人語聲。智者心念，是聲無人作，但以聲觸故，名爲響，響事空能誑耳根。如人欲語時，口中風名憂陁那，還入至臍觸臍響出，響出時觸七處退，是名語言。【略】

如犍闥婆城者。日初出時見城門樓櫓宮殿行人出入，日轉高轉滅，此城但可眼見而無有實，是名揵闥婆城。有人初不見揵闥婆城，晨朝東向見之，意謂實樂，疾行趣之，轉近轉失，日高轉滅，飢渴悶極，見熱氣如野馬，謂之爲水，疾走趣之，轉近轉滅，疲極困厄，至窮山狹谷中，大喚啼哭，聞有響應，謂有居民求之疲極而無所見，思惟自悟，渴願心息。無智人亦如是，空衆界入中見吾我及諸法，婬瞋心著，四方狂走，求樂自滿，顛倒欺誑，窮極懊惱，若以智慧知無我無實法者，是時顛倒願息。復次揵闥婆城非城，人心想爲城，凡夫亦如是，非身想爲身，非心想爲心。【略】

如夢者。如夢中無實事謂之有實，覺已知無而還自笑。人亦如是，諸結使眠中實無而著，得道覺時乃知無實亦復自笑，以是故言如夢。復次夢者眠力故無法而見，人亦如是，無明眠力故，種種無而見有，所謂我我所男女等。復次如夢中無喜事而喜，無瞋事而瞋，無怖事而怖，三界衆生亦如是。無明眠故，不應瞋而瞋，不應喜而喜，不應怖而怖。復次夢有五種，若身中不調，若熱氣多則多夢見火見黃見赤，若冷氣多則多見水見白，若風氣多則多見飛見黑，又復所聞見事，多思惟念故則夢見，或天與夢欲令知未來事故，是五種夢皆無實而妄見。人亦如是，五道中衆生，身見力因緣故，見四種我，色陰是我，色是我所，我中色，色中我，如色受

想行識亦如是，四五二十。得道實智慧覺已知無實。【略】

如影者。影但可見而不可捉，諸法亦如是，眼睛等見聞覺知實不可得。復次如影，映光則現，不映則無，諸結煩惱遮正見光，則有我相法相影。復次如影，人去則去，人動則動，人住則住。善惡業影亦如是，後世去時亦去，今世住時亦住，報不斷故，罪福熟時則出。【略】

如鏡中像者。如鏡中像，非鏡作，非面作，非執鏡者作，亦非自然作，亦非無因緣。何以非鏡作，若面未到，鏡則無像，以是故非鏡作。何以非面作，無鏡則無像。何以非執鏡者作，無鏡無面則無像。何以非自然作，若未有鏡未有面則無像，像待鏡待面然後有，以是故非自然作。【略】

如化者。十四變化心，初禪二欲界初禪，二禪三欲界初禪，二禪三禪四欲界初禪二禪三禪，四禪五欲界初禪二禪三禪四禪，是十四變化心，作八種變化。一者能作小乃至微塵，二者能作大乃至滿虛空，三者能作輕乃至如鴻毛，四者能作自在能以大爲小以長爲短如是種種，五者能有主力（有大力人無所下，故言有主力。），六者能遠到，七者能動地，八者隨意所欲盡能得，一身能作多身，多身能作一，石壁皆過，履水蹈虛，手捫日月，能轉四大，地作水，水作地，火作風，風作火，石作金，金作石。

法護等譯《佛説除蓋障菩薩所問經》卷九 菩薩若修十種法者，即如蓮華。何等爲十，一者離諸染污，二者不與少惡而俱，三者戒香充滿，四者本體清淨，五者面相熙怡，六者柔軟不澁，七者見者皆吉，八者開敷具足，九者成熟清淨，十者生已有想。善男子，云何是菩薩離諸染污，譬如蓮華出於水中而水不染。何以故，法爾如是故。菩薩亦復如是，雖處生死流中而不染著。何以故，由慧方便法爾如是故，菩薩以其善巧方便，處生死中，不爲生死過失所染，以方便慧所攝受故，是爲菩薩離諸染污。云何是菩薩不與少惡而俱，譬如蓮華而不停留水之微滴。菩薩亦復如是，不與少惡而俱，是爲菩薩不與少惡而俱。云何是菩薩戒香充滿，譬如蓮華生時，隨處妙香廣布。菩薩亦復如是，所向國邑及諸方處，戒香芬馥廣布一切，是爲菩薩戒香充滿。云何是菩薩本體清淨，譬如蓮華生時，自然潔白清淨，隨其方所婆羅門刹帝利一切人民共所稱讚。菩薩亦復如是，隨諸方邑所生之處，潔白清淨。何以故，戒清淨故，一切天龍、夜叉、乾闥婆、阿修羅、迦樓羅、緊那羅、摩睺羅伽、人、非人等咸共稱讚，諸佛菩薩之所攝受，是爲菩薩本體清淨。云何是菩薩面相熙怡，譬如蓮華當開敷時，令諸見者心意快然，生適悦故。菩薩亦復如是，面相熙怡，離諸顰蹙，諸根清淨，見者歡喜，是爲菩薩面相熙怡。云何是菩薩柔軟不澁，譬如蓮華體性柔軟。菩薩亦復如是，自體清淨，柔軟細妙，是爲菩薩柔軟不澁。云何是菩薩見者皆吉，譬如蓮華，乃至夢中於須臾頃見亦善吉。何以故，一切義成故。菩薩亦復如是，若於一切分位之中，見者咸得最上吉祥，是爲菩薩見者皆吉。云何是菩薩開敷具足，譬如蓮華，若開敷已，即名具足。菩薩亦復如是，若慧覺華開敷之時，即名具足，是爲菩薩開敷具足。云何是成熟清淨，譬如蓮華若成熟已，眼所觀時眼根清淨，鼻所嗅時鼻根清淨，身覺觸時身根清淨，心歡喜時意根清淨。菩薩亦復如是，果成熟時，慧光明相，一切有情，若眼見時眼根清淨，若耳聞時耳根清淨，菩薩戒功德香，若鼻嗅時鼻根清淨，身供養時身根清淨，思惟稱讚菩薩勝功德時意根清淨，是爲菩薩成熟清淨。云何是菩薩生已有想，譬如蓮華所生之時，若人、非人生已有想。菩薩亦復如是，當初生時佛及菩薩，并餘帝釋梵王護世天等，咸樂護持，生已有想，是爲菩薩生已有想。善男子，菩薩若修如是十種法者，即如蓮華。

德清《妙法蓮華經通義》卷六 此廣顯《妙法》具有十種第一殊勝之德，所以超越三乘，乃以十種譬喻明之也。一深廣，如海，諸水所不能及，所謂諸佛智慧甚深無量。二最高最上，如須彌山，諸山所不能及。三照明長夜，如月，衆星所不能及。四破暗，如日，生盲亦蒙其益。五最尊上，如轉輪王。六統攝一切，如帝釋天爲三十三天中王，此經統諸佛之法義。七爲三乘之依怙，如梵天王爲衆生父。八爲三乘之第一，如二乘於凡夫中爲第一。九爲諸經中爲第一，如三乘中菩薩爲第一。十爲諸法中王，如佛爲法王。以此十喻，通喻此經，於一大時教中爲最上一乘之妙法，最爲殊勝故也。上顯法勝，下顯功勝。

十 想

鳩摩羅什譯《大智度論》卷二三 經：十想：無常想，苦想，無我想，食不淨想，一切世間不可樂想，死想，不淨想，斷想，離欲想，盡想。

論：【略】能轉相、轉心故，名爲想。決定知，無所疑故，名爲智。觀一切有爲法無常，智慧相應相，是名無常想。一切有爲法無常者，新新生滅故，屬因緣故，不增積故。復次生時無來處，滅亦無去處，是故名無常。復次二種世間無常故說無常，一者衆生無常，二者世界無常。【略】

苦想者，行者作是念，一切有爲法無常故苦。問曰：若有爲法無常故苦者，諸賢聖人有爲無漏法亦應當苦。答曰：諸法雖無常，愛著者生苦，無所著者無苦。問曰：有諸聖人，雖無所著亦皆有苦。如舍利弗風熱病苦，畢陵伽婆蹉眼痛苦，羅婆那跋提（音聲第一也。）痔病苦，云何言無苦。答曰：有二種苦，一者身苦，二者心苦。是諸聖人以智慧力故，無復憂愁、嫉妬、瞋恚等心苦。已受先世業因緣四大造身，有老病飢渴寒熱等身苦，於身苦中亦復薄少，如人了了知負他債，償之不以爲苦，若人不憶負債，債主強奪，瞋惱生苦。【略】

無我想者，苦則是無我。所以者何，五受衆中盡皆是苦相，無有自在。若無自在，是則無我。若有我自在者，不應令身有苦。【略】

復次我相不可得故無我，一切法有相故則知有，如見煙覺熱故知有火，於五塵中各各別異，故知有情種種思惟籌量諸法故知有，心、心數法此我無相故知無我。【略】

食厭想者，觀是食從不淨因緣生，如肉從精血水道生，是爲膿蟲住處，如酥乳酪血變所成，與爛膿無異。廚人污垢種種不淨，若著口中腦有爛涎，二道流下與唾和合，然後成味，其狀如吐，從腹門入，地持水爛風動火煮如釜熟糜，滓濁下沈，清者在上。【略】

著是飲食，歡喜樂噉，見其好色、細滑、香美，可口，不觀不淨，後受苦報，悔將何及。若能觀食本末，如是生惡厭心，因離食欲，四欲皆捨，於欲界中樂悉皆捨，離斷此五欲，於五下分結亦斷，如是等種種因緣惡罪，不復樂著，是名食厭想。【略】

一切世間不可樂想者。若念世間色欲、滋味、車乘、服飾、廬觀、園宅種種樂事，則生樂想。若念世間衆惡罪事，則心生厭想。何等惡事，惡事有二種，一者衆生，二者土地。衆生有八苦之患，生、老、病、死、恩愛別離、怨憎同處、所求不得，略而言之五受衆苦。衆生之罪，婬欲多故，不別好醜，不隨父母師長教誨，無有慚愧，與禽獸無異。瞋恚多故，不別輕重，瞋毒狂發，乃至不受佛語，不欲聞法，不畏惡道，杖楚橫加，不知他苦，入大闇中，都無所見。【略】

衆生、土地有如是惡，思惟世間無一可樂，欲界惡事如是，上二界死時退時，大生懊惱甚於下界，譬如極高處墮，摧碎爛壞。問曰：無常想、苦想、無我想、一切世間不可樂想，有何等異而別說。答曰：有二種觀，總觀別觀，前爲總觀，此中別觀。復有二種觀，法觀衆生觀，前爲呵一切法觀，此中觀衆生罪惡不同。復次前者無漏道，此中有漏道，前見諦道，今思惟道。如是等種種差別，一切地中攝緣三界法，是名一切世間不可樂想。

死想者如死念中說，不淨想者如身念處中說，斷想、離想、盡想者緣涅槃相，斷諸結使故名斷想，離結使故名離想，盡諸結使故名盡想。問曰：若爾者一想便足，何以說三。答曰：如前一法三種說，無常即是苦，苦即是無我。此亦如是，一切世間罪惡深重，故三種呵，如伐大樹不可以一下斷，涅槃微妙法，昔所未得，是故種種讚，名爲斷想、離想、盡想。復次斷三毒故名爲斷，離愛故名爲離，滅一切苦更不生故名爲盡。復次行者於煖法頂法忍法世間第一法正智慧觀，遠諸煩惱，是名離想。得無漏道，斷諸結使，是名斷想。入涅槃時，滅五受衆，不復相續，是名盡想。斷想有餘涅槃，盡想無餘涅槃，離想二涅槃方便門，是三想有漏無漏故，一切地中攝。

鳩摩羅什譯《成實論》卷一三 無常想者，謂無常法中定知無常。問曰，何故一切無常。答曰，是一切法皆從緣生，因緣壞故皆歸無常。【略】

智者知苦因猶在，苦不可滅，即捨苦因，所謂五陰。又此行者壞裂內陰，得無我心，雖失外物，不生憂惱，得無我者，更何所求，無常想者亦無所求。又此無常想若未能生苦無我想，則不名具足，能破煩惱。故經中說，應一心正觀五陰無常，若不壞內陰，見外物無常，以有我心故生憂悲，此則不名正觀。又人雖見無常亦不生厭離，如屠獵等，是人雖知無常，不名善習。又人雖能正觀而不能常勤修習，則貪心間錯，故說一心。又人少修無常而多煩惱，則不能壞，如藥少病多，此事亦爾，故說一心正觀無常能破煩惱。又知法無常，是名眞智慧。眞智慧中無有貪等煩惱，所以者何，以無明因緣故有貪等，當知無常非增貪欲。又無常想能滅一切煩惱，行者若知此物無常，則無有貪。又知此人必自當死何爲生瞋，何有智人瞋將死者。又若法無常，云何以此而生高心。又知諸法無常性故，則不生癡，以無癡故亦無疑等。故知無常相違諸煩惱。【略】

若法侵惱是名爲苦，是苦三種，苦苦，壞苦，行苦。現在實苦，謂刀杖等，是名苦苦。若愛別離時所有苦生，謂妻子等，是名壞苦。若得空無我心，知有爲法皆能侵惱，是名行苦。隨此苦心，名爲苦想。問曰，若修苦想得何等利。答曰，是苦想有厭離果，所以者何，修苦想者無依貪喜，無此喜故則無有愛，又行者若能知法是苦則不受諸行，若法雖無常無我不能生苦，則終不捨，以苦故捨，以捨苦故於苦得脫。【略】

行者見一切法皆破壞相，若著色爲我，是色敗壞知是敗壞相故，則離我心，受等亦爾。如人爲山水所漂，有所攬捉，皆斷脫失，行者亦爾，所計爲我見此物壞則知無我，是故於無我中修無我想。【略】

一切苦生皆由貪食，亦以食故助發婬欲，於欲界中所有諸苦皆因飲食，婬欲故生。斷食貪故，應修厭想。又如劫初衆生，從天上來化生此間，身有光明，飛行自在，始食地味，食之多者即失威光，如是漸漸有老病死，至今百歲多諸苦惱，皆由貪著食故，失此等利，是故應正觀食。又貪著飲食故生婬欲，從婬欲故生餘煩惱，從餘煩惱造不善業，從不善業增三惡趣，損天人衆，是故一切衰惱皆由貪食。【略】

行者見諸世間一切皆苦，心無所樂。又此行者修離喜定，如無常想苦想無我想食厭想死想等，則心不樂一切世間。又此人見所愛者則增貪欲，見所惡者則增瞋恚，故俱不樂。又見富貴人有守護等苦，見貧窮人有短乏苦。又見好處者將墮惡處，見惡處者現受諸苦。又現在富貴知必將墮，亦是貪等煩惱住處，現在貧窮知無因緣可以得出，故不貪樂一切世間。【略】

問曰：云何修不淨想。答曰：行者見身種子不淨，謂從父母不淨道生，赤白和合，又此身爲不淨所成，謂爛壞飲食汁流潤漬。又生處不淨，謂母胎中不淨充滿，又糞穢等諸不淨物合而爲身，於九孔中常流不淨。又身所置處，是處即爲不吉不淨。又飲食衣服來著人身，皆爲不淨，爲他所惡。又爲此身物皆是不淨，如澡浴水若澡槃等。又從身所出爪髮垢膩及涕唾等，皆是不淨。【略】

行者以死想於壽命中心不決定，故應修習。又此人常深樂善法，除斷不善。所以者何，衆生多以忘死故，起不善業，若憶念死則能除斷。又常念死故，於父母兄弟姊妹親里知識等中貪愛則薄。又修習死想則爲自利，謂能一心集諸善法，世間衆生多樂他利自捨己利。又此人能速得解脫，所以者何，隨往來世間常有此死，是人厭死故求解脫。問曰，應云何修死想。答曰，先總說一切無常，今但觀身無常，陰相續斷名曰死，想此身無常甚於外物，猶如壞瓶無堅牢相，行者觀身又過於此，所以者何，此壞瓶，若加防護或可久住，此身極久不過百歲，以無牢故，當念死想。【略】

斷想者，如四正勤中說，已生惡不善法爲斷故勤精進，此諸惡不善法，是地獄等苦惱因緣，亦是諸惡名聞及心悔等衆苦之本，是故應斷。問曰，當云何斷。答曰，得不作法爾時則斷，又邪憶念是貪欲等諸煩惱因，斷此念故是法則斷。問曰：修此斷想得何等利。答曰：修此想者，常不隨惡法爲所應作。又此離八難，人身利者，謂斷煩惱。又樂斷煩惱，是法服毀形，出家人利。若不爾者，唐自辱身。又若行者樂修斷相，則爲以法供養於佛，離欲想滅想者，若欲盡不生，是名離欲，念此離欲故，名離想。問曰：若說斷想即是離想，何故更說。答曰：從斷得離，斷謂除滅貪欲，如經中說斷貪欲故五陰則斷。又斷想是離欲想，所以者何，若於此法無貪，名斷此法，是故若得離欲，則苦惱滅，如經中說離欲者得解脫，得解脫即名爲斷，若入無餘是名爲滅。

玄奘譯《阿毗達磨大毗婆沙論》卷一六六　十想謂無常想，無常苦想，苦無我想，死想，不淨想，厭食想，一切世間不可樂想，斷想，離想，滅想。如是等章及解章義，既領會已，應廣分別。問：何故此中先依十想作論。答：彼作論者意欲爾故，隨彼意欲而作斯論，但不違法相，便不應責。有說，爲欲分別契經義故，如契經中說，有十想無常想乃至滅想，契經雖作是說，而不廣辯。今欲辯之故作斯論。問：何故此中但說十想。答：此不應問，以是佛經所說故，佛於《處處經》中唯說十想，作論者於佛所說中不能增一說十一想，不能減一說於九想。所以者何，佛所說法無增減故，不可增減，如無增無減，無多無少，無缺無長，無量無邊亦爾，無量者義難測故，無邊者文難了故，譬如大海無量無邊，無量者深，無邊者廣，假使百千那庾多數諸大論師如舍利子，於佛所說二句經中造百千論，分別解釋盡其覺性，亦不能窮其邊量況復多耶。問：置作論者，何故世尊但說十想。答：所化有情齊此所說事究竟故，謂佛世尊凡所說法，皆觀有情所應作事，令善究竟，齊此而止，不增不減，譬如良醫觀有病者，隨應授藥，不增不減，佛亦如是。有說，世尊爲顯聖道聖道加行及聖道果故，說十想，謂說無常想、無常苦想、苦無我想、死想則顯聖道，說不淨想、厭食想、一切世間不可樂想則顯聖道加行，說斷想、離想、滅想則顯聖道果。有說，世尊爲顯聖道聖道資糧及聖道果故說十想。

玄奘譯《大般若波羅蜜多經》卷三　以無所得而爲方便，應圓滿十想，謂無常想，苦想，無我想，不淨想，死想，一切世間不可樂想，厭食想，斷想，離想，滅想。如是諸想不可得故，諸菩薩摩訶薩安住般若波羅蜜多。

十　施

馱跋陀羅譯《大方廣佛華嚴經》卷一二　佛子，何等爲菩薩摩訶薩施藏，此菩薩修行十種施，所謂修習施法，最後難施法，內施法，外施法，內外施法，一切施法，過去施法，未來施法，現在施法，究竟施法。

何等爲菩薩修習施法，此菩薩從本以來，習平等施，珍饌美味不自貪著，惠施一切，其餘諸物亦復如是，所施之餘，然後自食，作是念言，爲我身中八萬戶蟲故，我身安樂彼亦安樂，我身飢苦彼亦飢苦。是故菩薩有所服食皆爲諸蟲，欲令安樂，不貪其味。菩薩復作是念，我長夜爲身貪求飲食，當勤精進速離此身。是爲菩薩修習施法。

何等爲菩薩最後難施法，此菩薩若得種種上味飲食香華衣服資生之具，若自己受用則快樂長壽，若盡以施人則窮苦夭命。時有乞人一切求索，菩薩自念，吾從本際以來喪身無極，未曾損己利一衆生，令獲大利希有之慶，當捐棄身命，悉捨一切饒益衆生，究竟大施。是爲菩薩最後難行施法。

何等爲菩薩內施法，此菩薩於少壯時形體端嚴，顏容殊特，澡浴清淨，服上妙衣嚴飾之具，受灌頂轉輪王位，七寶具足王四天下。時有乞人來詣王所，而自陳曰，大王當知，我今衰老，身嬰重疾，煢獨苦厄，無人瞻救，生路既窮，必之死地，若得王身隨所應用，或須手足，或須血肉，或須頭目，或須髓腦，若大王慈仁矜哀窮老，捨離貪身以救我者，必蒙天施得全性命。菩薩即作是念，今我此身，亦當如彼會應歸死，無一饒益，宜時捨身以濟其命，念已歡喜施彼衆生。是爲菩薩內施法。

何等爲菩薩外施法，此菩薩於少壯時形體端嚴，顏容殊特澡浴清淨，服上妙衣嚴飾之具，受灌頂轉輪王位，七寶具足，王四天下。時有乞人來詣王所，作如是言，大王當知，我今衰老，身又嬰疾，餘命無幾，終此貧苦，而王具足一切快樂，善哉大王，願捨天位，哀施於我，我當統領天下，受王福樂。菩薩即作是念，富貴無常，必歸貧賤，若在貧賤，無所饒益，不能滿遂衆生所願，是故我今宜時捨位，稱悅其意。念已歡喜，即捨與之。是爲菩薩外施法。

何等爲菩薩內外施法，此菩薩於少壯時形體端嚴，顏色殊特，澡浴清淨，服上妙衣嚴身之具，受灌頂轉輪王位，七寶具足王四天下。時有乞人來詣王所，作如是言，大王當知，今我老邁身又嬰疾，不以衰賤竊希美號，善哉大王，願以王身七寶天下轉輪王位，以授於我，令我具足受王慶樂。菩薩即作是念，我身財寶俱非堅固，無常危脆磨滅之法，我今盛壯，富有天下，乞者現前，三事具足，是故於此不堅固法當求堅固。作是念已，倍大歡喜，即捨內外而施與之。是爲菩薩內外施法。

何等爲菩薩一切施法，此菩薩於少壯時形體端嚴，顏容殊特，沐浴香湯，服上妙衣嚴身之具，受灌頂轉輪王位，七寶具足，王四天下。時有乞人來詣王所，作如是言，大王當知，大王名稱普聞十方，我乃在彼國，服承王問，自遠而來，欲有所請，善哉大王，願隨所欲，充滿我意。爾時乞者，或求國城、妻子、眷屬、肢節、血肉、頭目、髓腦。爾時菩薩作是思惟，一切恩愛會當別離，無所饒益，不能果遂衆生諸願，我今應當離貪貪行，一切速捨，饒益衆生。作是念已倍大歡喜，悉捨一切惠施衆生。是爲菩薩一切施法。

何等爲菩薩修習過去施法，此菩薩聞過去諸佛菩薩所行具足功德，聞已不著，了達非有，不起妄想，不貪不味，觀察諸法，心無所猗，諸法如夢，無有堅固，於諸善根不起有想，心無所著，但爲化衆生故，示現其身，廣說道教，欲令衆生成就佛法。又復觀察過去諸法，十方推求都不可得。菩薩如是觀已，復作是念，過去諸法皆悉捨離。是爲菩薩修習過去施法。

何等爲菩薩修習未來施法。此菩薩聞未來世諸佛菩薩所行善根具足功德，聞已而不取相，心無所有，不求往生彼方佛刹，無諸求想，不生行願，攝心不散，不味不厭，不以善根迴向於彼，不爲生彼專修善根，亦不廢捨，但因彼境界敎化衆生，欲令衆生具足佛法，觀察眞實，此眞實法，非有處所非無處所，非內非外非遠非近。復作是念，若法非有不可不捨。是爲菩薩修習未來施法。

何等爲菩薩修習現在施法。此菩薩聞四天王三十三天，夜摩天，兜率陁天，化樂天，他化自在天，梵天，梵身天，梵輔天，梵眷屬天，大梵天，光天，少光天，無量光天，光音天，淨天，少淨天，無量淨天，遍淨天，密身天，少密身天，無量密身天，密果天，不煩天，不熱天，善現天，善見天，色究竟天，聞聲聞緣覺具足功德，聞已心不惑亂，正念不忘，不懈不沒，亦不憂慼，其心寂滅而無所取，菩薩唯作是念，一切諸行皆悉如夢，一切所行皆非眞實，衆生不知故，流轉惡道，菩薩於彼廣爲說法，遠離諸惡，成就佛法，修菩薩道，心無惑亂。是爲菩薩修習現在施法。

何等爲菩薩究竟施法。此菩薩摩訶薩，有無量衆生形類不同，往詣其所，作如是言，我有所須，幸垂周給，我意既足，仁願亦滿。菩薩聞是語已歡喜踴躍，隨其所求，施令滿足。菩薩摩訶薩內自觀察，從初入胎不淨微形，胞段諸根，生老病死。又具觀此身，無有眞實，無所有相，無慚愧物賢聖所棄，惡露臭處，猶如死屍，骨節相持，血肉泥塗，九竅之門常流不淨，菩薩見身無量過患，乃至不起一念貪惜是身。復作是念，此身危脆，我當云何，既見此身無量過患，而生貪著，應當棄捨，施彼衆生，充滿其願，我當於此不堅法中，求堅固法，令一切衆生隨其所願悉得滿足，開悟示導，皆令逮得清淨法身，住無所住，離身心相。是爲菩薩摩訶薩第六無盡施藏。

慧遠《大乘義章》卷一四 惠捨名施，施有十種。一者施法。菩薩施儀所畜諸物，悉爲衆生，不自爲己。二最後難施法。菩薩有物自用則樂施他，即死寧自身死施與衆生，名最後難施。三內施法。菩薩所受上妙之身，他求施與四外施法。有求王位及外財物菩薩施與。五內外施法。身及外財並皆施與。六一切施法。若他所求國城妻子頭目支節一切諸物，悉皆盡施。七過去施法。聞過去法心無取著，但爲化生隨順說法。八未來施法。聞未來法心無取著。九現在施法。聞現在法心無取著。十究竟施法。見有衆生來求身分，則自觀察當必摩滅，畢竟無有一念貪惜，而施與彼，名究竟施。具斯十種名爲施藏。

十障

玄奘譯《成唯識論》卷一〇 十重障者。一異生性障，謂二障中分別起者，依彼種立異生性故。二乘見道現在前時唯斷一種，名得聖性。菩薩見道現在前時具斷二種，名得聖性。二眞見道現在前時，彼二障種必不成就，猶明與闇定不俱生，如秤兩頭低昂時等，諸相違法理必應然，是故二性無俱成失。無間道時已無惑種，何用復起解脫道爲，斷惑證滅期心別故，爲捨彼品麁重性故。無間道時雖無惑種而未捨彼，無堪任性，爲捨此故起解脫道，及證此品擇滅無爲。雖見道生亦斷惡趣諸業果等而今且說能起煩惱是根本故，由斯初地說斷二愚及彼麁重，一執著我法愚，即是此中異生性障，二惡趣雜染愚，即是惡趣諸業果等。【略】

二邪行障，謂所知障中俱生一分及彼所起悞犯三業。彼障二地極淨尸羅，入二地時便能永斷。由斯二地說斷二愚及彼麁重，一微細悞犯愚，即是此中俱生一分。二種種業趣愚，即彼所起悞犯三業，或唯起業不了業愚。

三闇鈍障，謂所知障中俱生一分，令所聞思修法忘失。彼障三地勝定總持及彼所發殊勝三慧，入三地時便能永斷。由斯三地說斷二愚及彼麁重，一欲貪愚，即是此中能障勝定及修慧者，彼昔多與欲貪俱故名欲貪愚，今得勝定及修所成彼既永斷欲貪隨伏，此無始來依彼轉故。二圓滿聞持陁羅尼愚，即是此中能障總持聞思慧者。

四微細煩惱現行障，謂所知障中俱生一分，第六識俱身見等攝。最下品故，不作意緣故，遠隨現行故，説名微細。彼障四地菩提分法，入四地時便能永斷。彼昔多與第六識中任運而生執我見等同體起，故説煩惱名。今四地中既得無漏菩提分法，彼便永滅，此我見等亦永不行。初二三地行施戒修相同世間，四地修得菩提分法方名出世，故能永害二身見等。寧知此與第六識俱，第七識俱執我見等，與無漏道性相違故，八地以去方永不行，七地已來猶得現起，與餘煩惱爲依持故，此麁彼細伏有前後。故此但與第六相應身見等言，亦攝無始所知障，攝定愛法愛。彼定法愛三地尚增，入四地時方能永斷，菩提分法特違彼故。由斯四地説斷二愚及彼麁重，一等至愛愚，即是此中定愛俱者。二法愛愚，即是此中法愛俱者，所知障攝二愚斷故，煩惱二愛亦永不行。

五於下乘般涅槃障，謂所知障中俱生一分，令厭生死樂趣涅槃，同下二乘厭苦欣滅，彼障五地無差別道，入五地時便能永斷。由斯五地説斷二愚及彼麁重，一純作意背生死愚，即是此中厭生死者。二純作意向涅槃愚，即是此中樂涅槃者。

六麁相現行障，謂所知障中俱生一分，執有染淨麁相現行。彼障六地無染淨道，入六地時便能永斷。由斯六地説斷二愚及彼麁重，一現觀察行流轉愚，即是此中執有染者，諸行流轉染分攝故。二相多現行愚，即是此中執有淨者，取淨相故，相觀多行未能多時，住無相觀。

七細相現行障，謂所知障中俱生一分，執有生滅細相現行。彼障七地妙無相道，入七地時便能永斷。由斯七地説斷二愚及彼麁重，一細相現行愚，即是此中執有生者，猶取流轉細生相故。二純作意求無相愚，即是此中執有滅者，尚取還滅細滅相故，純於無相作意勤求，未能空中起有勝行。

八無相中作加行障，謂所知障中俱生一分，令無相觀不任運起。前之五地有相觀多無相觀少，於第六地有相觀少無相觀多，第七地中純無相觀，雖恒相續，而有加行。由無相中有加行故，未能任運現相及土。如是加行，障八地中無功用道。故若得入第八地時，便能永斷，彼永斷故得二自在。由斯八地説斷二愚及彼麁重，一於無相作功用愚，二於相自在愚，令於相中不自在故。此亦攝土相一分故，八地以上純無漏道任運起故，三界煩惱永不現行。第七識中細所知障猶可現起，生空智果不違彼故。

九利他中不欲行障，謂所知障中俱生一分，令於利樂有情事中不欲勤行，樂修己利。彼障九地四無閡解，入九地時便能永斷。由斯九地説斷二愚及彼麁重，一於無量所説法無量名句字後後慧辯陁羅尼自在愚，於無量所説法陁羅尼自在者，謂義無閡解，即於所詮總持自在，於一義中現一切義故。於無量名句字陁羅尼自在者，謂法無閡解，即於能詮總持自在，於一名句字中現一切名句字故。於後後慧辯陁羅尼自在者，謂詞無閡解，即於言音展轉訓釋總持自在，於一音聲中現一切音聲故。二辯才自在愚，辯才自在者，謂辯無閡解，善達機宜，巧爲説故。愚能障此四種自在，皆是此中第九障攝。

十於諸法中未得自在障，謂所知障中俱生一分，令於諸法不得自在。彼障十地大法智雲及所含藏所起事業，入十地時便能永斷。由斯十地説斷二愚及彼麁重，一大神通愚，即是此中障所起事業者。二悟入微細祕密愚，即是此中障大法智雲及所含藏者。此地於法雖得自在，而有餘障，未名最極，謂有俱生微所知障，及有任運煩惱障種。金剛喻定現在前時，彼皆頓斷，入如來地。由斯佛地説斷二愚及彼麁重，一於一切所知境極微細著愚，即是此中微所知障。二極微細礙愚，即是此中一切任運煩惱障種。故集論説得菩提時，頓斷煩惱及所知障，成阿羅漢，及成如來，證大涅槃大菩提故。

澄觀《大方廣佛華嚴經隨疏演義鈔》卷二二　初中爲治十障者，即異生性等十無明也，至下十地具明，今略列名，一異生性障，二邪行障，三暗鈍障，四微細煩惱現行障，五於下乘般涅槃障，六麁相現行障，七細相現行障，八無相中作加行障，九利他中不欲行障，十於諸法中未得自在障。若準對法十二云，所知障等，皆度所治，故云爲治障故。

通潤《成唯識論》卷九　此下明十種障也，先標障名，一異生性障。梁《攝論》中名凡夫性，又名凡夫我相障。以此我執，故能障初地。入初地時，此障便斷故。《大經》云，若有衆生深種善根，善脩諸行，善集助道法，善供養諸佛，善集白淨法，爲善知識善攝善清淨深心，立廣大志，生廣大解，慈悲現前，爲求佛智故，爲得十力故，爲得大無畏故，爲得佛平等法故，爲求一切衆生故，爲求一切世間故，爲淨大慈悲故，爲得十力無餘智故，爲淨一切佛刹無障礙智故，爲一念知一切三世故，爲轉大法輪無所畏故。菩薩始發如是心，即得超凡夫地，入菩薩位，生如來家，無能說其種族過失，離世間趣，入出世道，得菩提法，住菩薩處，入三世平等，於如來種中，決定當得無上菩提。菩薩住如是法，名住菩薩歡喜地，所謂念諸佛故歡喜，念諸佛法故生歡喜，念諸菩薩故生歡喜，念諸菩薩行故生歡喜。【略】

二邪行障謂所知障中（至）或唯起業不了業愚。《攝論》云，謂於身等邪行障，由前地生大歡喜，故有悞犯三業，名爲邪行。《瑜伽》云，云何邪行障，當知略說，後後引發有八種相，一者能退智邪行，退故妄念邪行，妄念故壞百法邪行，壞故惡意現邪行，惡故難調伏邪行，難調故行非道邪行，行非故不賢良邪行，不賢故不如義邪行，此障極淨尸羅。二地菩薩發十種心，脩十善法，即能永斷一障二愚，愚即現行，粗重是種。或唯起業不了業愚者，謂前一是起業愚，不知悞犯，能起業故，後一是不了業愚，既犯業已，又不了故。問，所知不能發潤，如何此中能發三業。答，續生煩惱，發犯戒業，通所知障，此約悞犯，故不相違。

三闇鈍障謂所知障中（至）能障總持聞思慧者。忘失三慧，故名闇鈍。以二地中純脩戒品，無定慧故。此障三地勝定總持，及彼勝定所發脩慧總持，所發聞慧思慧。《大經》云，此地菩薩，倍於正法，勤求脩習，日夜唯願聞法、喜法、樂法、依法、隨法、解法、順法、到法、住法、行法。釋云：好心好法名喜法，終時愛味名樂法。依法者，依大乘教，自見正取不忘失故。隨法者，隨自讀誦故。解法者，爲他解說故。順法者，順所聞法，靜處思義故。到法者，依定脩行到究竟故。住法者，住出世間智故。行法者，順佛解脱行故。此十即是三慧，初三唯聞，四五六通聞思，第七唯思，後三唯脩。菩薩如是勤求佛法，所有珍寶，皆無悋惜，無有恭敬而不能行，無有憍慢而不能捨，無有承事而不能作，無有勤苦而不能受。若聞一句未曾聞法，生大歡喜，勝得三千大千世界滿中珍寶等。菩薩如是發勤精進，求於佛法，如其所聞觀察脩行。此菩薩得聞法已，攝心安住，於空閑處作是思惟，如說脩行，乃得佛法，非但口言而可清淨。是菩薩住發光地時，即離俗，惡不善法，有覺有觀，離生喜樂，住初禪。【略】

四微細煩惱現行障（至）煩惱二愛亦永不行。微細煩惱現行障者，由前地貪愛定慧，故即成障，即定愛法愛，所謂執藥成病。此障是第六識中俱生身見等攝，言第六者，簡非第七，第七俱生，八地方伏故。言微細者，望前地說，立微細名。一第六識中分別身見，名爲上品，唯不善故，獨頭貪等，名爲中品，此俱生見，名爲下品，通善不善無記性故。二不作意緣，任運生故。三遠隨現行，從無始來隨逐於身，與身俱生故。具此三義，說名微細。彼障四地菩提分法，入四地時，便能永斷。言菩提分法者，即三十七品助道法也，謂四念處，四正勤，四神足，五根，五力，七菩提分，八聖道分。《大經》云：菩薩住第四地時，觀内身循身觀，勤勇念知，除世間貪憂。觀外身循身觀，勤勇念知，除世間貪憂。觀内外身循身觀，勤勇念知，除世間貪憂。如是觀内受外受内外受循受觀，觀内心外心内外心循心觀，觀内法外法循法觀，勤勇念知，除世間貪憂。【略】

五於下乘般涅槃障（至）即是此中樂涅槃者。求證涅槃，必厭生死，以有厭求，名之爲障，即前四地求出世心，有同二乘。此障五地無差別道，故入五地，便能永斷。以五地菩薩，發十種平等清淨心，如實知此是苦聖諦，苦集聖諦，苦滅聖諦，苦滅道聖諦，善知俗諦，善知第一義諦，善知相諦，善知差別諦，善知成立諦，事諦，生諦，無生諦，善知入道智諦，善知一切菩薩地次第成就諦，善知如來智成就諦。乃至爲利衆生故，世間技藝，靡不該習，所謂文字筭數，圖書印璽，地水火風，種種諸論，咸所通達。又善方藥，療治諸病，文筆讚詠，歌舞技樂，戲笑談說，悉善其事等。【略】

六粗相現行障（至）未能多時住無相觀。前觀四諦，苦集名染，滅道爲淨。又十平等，隨順如道，但約淨說，染相未亡，對染有淨，亦名取淨，有染有淨，皆名粗相。此地菩薩，以十平等法，而爲對治，所謂一切法無相故平等，無體故平等，無生故平等，無滅故平等，本來清淨故平等，無戲論故平等，無取捨故平等，寂靜故平等，如夢、如幻、如影、如響、如水中月、如鏡中像、如燄、如化故平等，有無不二故平等。釋云：無相者，自性無相故，謂一切法緣成之相，本來即無，非推之使無，故云無自性。次明九種相皆無自性，下九是所治，無之一字是能治，一無體故平等。【略】

七細相現行障（至）未能空中起有勝行。前地樂著般若觀空，即細相現行障。此地隨有不著，爲能對治，謂向雖能治前地樂空之心，以其有量，有功用，即復是障。此地脩無量無功用行以爲對治，謂前樂無作，不名方便，不能起增上行，非殊勝道，此地以十種不捨衆生法無我智以爲對治。故《大經》云：菩薩具足六地行已，欲入第七遠行地，當脩十種方便慧，起殊勝道。何等爲十，所謂雖善脩空無相無願三昧而慈悲不捨衆生，雖得諸佛平等法而樂常供養佛，雖入觀空智門而勤集福德，雖遠離三界而莊嚴三界，雖畢竟寂滅諸煩惱燄而能爲一切衆生起滅貪瞋癡煩惱燄，雖知諸法如幻夢影響等自性無二而隨心作業無量差別，雖知一切國土猶如虚空而能以清淨妙行莊嚴佛土，雖知諸佛法身本性無身而以相好莊嚴其身，雖知諸佛音聲性空寂滅不可言説而能隨一切衆生出種種差別清淨音聲，雖隨諸佛了三世唯是一念而隨衆生意解分別，以種種相種種時種種劫數而脩諸行。菩薩以如是十種方便慧起殊勝行，從第六地入第七地，此菩薩於十波羅蜜，於念念中皆得具足，如是乃至一切菩提分法，於念念皆悉圓滿。言妙無相觀者，即念念入正受也。純於無相作意勤求者，但念空無相無作也。未能空中起有勝行者，於諸菩薩淨佛國土遊戲神通，尚未具足也。

八無相中作加行障（至）生空智果不違彼故。無相中作加行障者，即前第七空中所起勝行，雖起勝行有加行心，未能任運。五地眞俗並觀故，無相觀少，六地染淨平等，故無相觀多，七地雖念念入無相觀，猶有功用。以七地菩薩，以深智慧如是觀察，常勤脩習方便，無有一念休息癈捨，雖能現身現土，入無量衆生界，入無量諸佛淸淨佛土等，未能任運，故以爲障。至第八地，入一切法，本來無生，無起，無相，無成，無壞，無盡，無轉，無性爲性，初中後際，皆悉平等，無分別如如智之所入處，離一切心意識分別想，無所取著，猶如虚空入一切法，如虚空性，是名得無生法忍，即捨一切功用，得無功用法身口意業，念務皆息，住於報行，故便斷此障。【略】

九利他中不欲行障（至）皆是此中第九障攝。利他不欲行者，謂八地菩薩，一切功用，靡不皆息，又一切心意識行，皆不現前，乃至菩薩心，佛心，菩提心，涅槃心，尚不現起，況復起於世間之心，此地菩薩本願力故，諸佛世尊親現其前，與如來智，令其得入法流門中，作如是言：善哉善哉，善男子，此忍第一，順諸佛法。然善男子，我等所有十力無畏十八不共諸佛之法，汝今未得，汝應勤加精進，勿復放捨。又善男子，汝雖得是寂滅解脱，然諸凡夫未能證得，種種煩惱皆悉現前，種種覺觀常相侵害，汝當愍念如是衆生。又善男子，汝當憶念本所誓願，普大饒益一切衆生，皆令得入不可思議智慧之門等，以諸佛與如是等無量無邊起智門故於一念頃所生智業，從初發心乃至七地所脩諸行，百分不及一，乃至百千億那由他分亦不及一。何以故，是菩薩先以一身起行，今住此地，得無量身，無量智慧，無量受生，無量淨國，教化無量衆生，供養無量諸佛，入無量法門，具無量神通等，菩薩住此第八地，以大方便善巧智所起無功用覺慧，觀一切智智所行境，所謂觀世界成壞等，然後得入善慧地。此菩薩如實知善不善無記法行，有漏無漏法行等，得心自法，以四無礙化利衆生。言法者，謂法自體，有軌持故，即二空所攝即眞之俗境。二義者，法界境體，謂於法體上差別境義。詞者，謂得彼方言，與他説故。論云，於彼如實智境中，隨他所喜言説，正知而與故。四樂説者，即詞中別義，細辨剖析。論云，於彼隨他所喜言語正知，無量種種語，隨知而與故。

十於諸法中未得自在障（至）大法智雲及所含藏者。前第八地無功用道，一切不行，正障九地心自在故，九地雖得心自在，而於諸法猶不自在，故亦成障，今至十地，方斷此障二愚。由斷大神通愚故，此菩薩智慧明達，神通自在，隨其心念，能以狹世界作廣世界，廣世界作狹世界，垢世界作淨世界，淨世界作垢世界，亂住，次住，倒住，正住，如是無量一切世界，皆能互作。或隨心念，於一塵中置一世界須彌盧等一切山川，塵相如故，世界不減，乃至置不可説世界須彌盧等一切山川，而彼微塵體相如故。或隨心念，於一毛孔現一切佛境界莊嚴之事等。此菩薩能現如是，及餘無量百千億那由他自在神力，由斷悟秘密微細愚故。此菩薩即如實知諸佛如來入微細智，所謂脩行微細智，命終微細智，受生微細智，出家現神通，成正覺，轉法輪，住壽命，般涅槃，教法住微細智，如是等皆如實知。又入如來秘密處，所謂身秘密，語秘密，心秘密，時非時思量秘密，授菩薩記秘密，攝衆生秘密，種種乘秘密，一切衆生根行差別秘密，業所作秘密，得菩提行秘密。如是等皆如實知，一切諸佛所有智慧，廣大無量，此地菩薩皆能得入。諸佛所有無量大法照，大法雨，三世法藏，於一念頃，皆能安，能受，能攝，能持，是故此地名法雲地，授灌頂位，入佛境界，具足十力，墮在佛數。

西宗《水懺科註》卷上 初地斷異生障，證偏行眞如。二地斷邪解障，證最勝眞如。三地斷暗鈍障，證聖流眞如。四地斷細惑現行障，證無受眞如。五地斷下乘涅槃障，證無分別眞如。六地斷麤相現行障，證染淨眞如。七地斷細相現行障，證智所依眞如。八地斷無相加行障，證不增減眞如。九地斷不欲相利他障，證所依眞如。十地斷法自在障，證法無分別眞如。歡喜離垢，乃至法雲爲十地也。

十見

玄奘譯《瑜伽師地論》卷八 煩惱分別者，或立一種，謂由煩惱雜染義故。或分二種，謂見道所斷，修道所斷。【略】

或分十種，一薩迦耶見，二邊執見，三邪見，四見取，五戒禁取，六貪，七恚，八慢，九無明，十疑。

玄奘譯《成唯識論》卷六 云何惡見，於諸諦理顛倒推求度染慧爲性，能障善見，招苦爲業，謂惡見者多受苦故。此見行相差別有五。一薩迦耶見，謂於五取蘊執我我所。一切見趣所依爲業，此見差別有二十句六十五等分別起攝。二邊執見，謂即於彼隨執斷常，障處中行出離爲業，此見差別諸見趣中有執前際四遍常論一分常論，及計後際有想十六無想俱非各有八論，七斷滅論等分別趣攝。三邪見，謂謗因果作用實事，及非四見諸餘邪執，如增上緣名義遍故，此見差別諸見趣中有執前際二無因論四有邊等不死矯亂，及計後際五現涅槃，或計自在世主釋梵及餘物類常恆不易，或計自在等是一切物因，或有橫計諸邪解脱，或有妄執非道爲道，諸如是等皆邪見攝。四見取，謂於諸見及所依蘊，執爲最勝能得清淨，一切鬭諍所依爲業。五戒禁取，謂於隨順諸見戒禁及所依蘊，執爲最勝能得清淨，無利勤苦所依爲業。然有處説執爲最勝名爲見取，執能得淨名戒取者，是影略説，或隨轉門，不爾如何非滅計滅、非道計道説爲邪見，非二取攝。如是總別十煩惱中，六通俱生及分別起，任運思察俱得生故，疑後三見唯分別起。

延壽《宗鏡錄》卷五七 根本煩惱有六。一貪，謂於五取蘊，愛樂覆藏，保著爲體，損害自他，能趣惡道爲業。二瞋，謂於有情，欲興損害爲體，能障無瞋爲業。三慢，謂以他劣己計我爲勝，令心高舉爲體，能障無慢爲業。四無明，謂不正了眞實爲體，能障正了爲業。五邪見，謂五見爲體。一薩迦邪見，謂於五取蘊計我我所，染污慧爲體，能障無我，無顛倒解爲業。二邊執見，謂於五取蘊，執計斷常，染污慧爲體，能障無常，無顛倒解爲業。三邪見，謂謗因果，染污慧爲體，唯分別起，能障正見爲業。四見取，謂於前三見，及見所依蘊，計最勝上，及與第一染污慧爲體，唯分別起，能障苦及不淨，無顛倒解爲業。五戒禁取，謂於前諸見，及見所依蘊，計爲清淨解脱出離，染污慧爲體，唯分別起，能障如前，無顛倒解爲業。釋云：薩迦邪見者，此翻身見也。見取者，論又云，一切鬭諍所依爲業，此於諸見，及所依蘊，執爲最勝，能得涅槃清淨法，是見取。由此各各互執，爲勝諸見等故，一切外道鬭諍，因斯而起。戒禁取者，又云，無利勤苦所依爲業，謂依諸見所受戒，説此戒爲勝，及能得涅槃，由此戒故，一切外道，受持拔髮等無利勤苦。六疑，謂於諸諦，猶豫不決爲體，唯分別起，能障無疑爲業。問：此十煩惱，何識相應。答：第八藏識全無，第七末那有四，第六意識具十，前五識唯三。

十業

玄奘譯《阿毗達磨大毗婆沙論》卷一一三 世間十惡業道增盛，至劫增時，世間十善業道增盛。復有説者，由三果故立十業道，一異熟果，二等流果，三增上果。謂斷生命，若習若修若多修習，生那落迦傍生鬼趣，是異熟果。從彼處沒來生人中，多病短命，是等流果。彼增上故所感外物皆少光澤，不久堅住，是增上果。諸不與取，若習若修若多修習，生那落迦傍生鬼趣，是異熟果。從彼處沒來生人中，財寶匱乏是等流果。彼增上故所感外物有災有患，多遭霜雹塵穢等障，是增上果。諸欲邪行，若習若修若多修習，生那落迦傍生鬼趣，是異熟果。從彼處沒來生人中，妻不貞良，是等流果。彼增上故所感外物多有怨競，是增上果。諸虚誑語，若習若修若多修習，生那落迦傍生鬼趣，是異熟果。從彼處沒來生人中，多遭誹謗，是等流果。彼增上故所感外物多諸臭穢，是增上果。諸離間語，若習若修若多修習，生那落迦傍生鬼趣，是異熟果。從彼處沒來生人中，親友乖離，是等流果。彼增上故，所感外物多不平正，丘陵坑坎嶮阻懸隔，是增上果。諸麁惡語，若習若修若多修習，生那落迦傍生鬼趣，是異熟果。從彼處沒來生人中，恆聞種種不如意聲，是等流果。彼增上故所感外物麁弊鄙惡毒刺沙礫，雖有金等少而無光不調難用，是增上果。【略】

離斷生命，若習若修若多修習，生人天趣，是異熟果。從彼處沒來生此間無病長壽，是等流果。彼增上故所感外物皆多光澤，長時堅住，是增上果。由此道理其餘白品九善業道，與上相違皆應廣說，故由三果立十業道。

玄奘譯《阿毗達磨俱舍論》卷一六　又經中言有十業道，或善或惡，其相云何，

頌曰：所說十業道，攝惡妙行中。麁品爲其性，如應成善惡。

論曰：於前所說，惡妙行中若麁顯易知，攝爲十業道。如應若善攝前妙行，不善業道攝前惡行，不攝何等惡妙行耶。且不善中身惡業道，於身惡行不攝一分，謂加行後起餘不善身業，即飲諸酒執打縛等，以加行等非麁顯故。若身惡行，令他有情失命失財失妻妾等說爲業道，令遠離故。語惡業道，於語惡行不攝加行後起及輕。意惡業道，於意惡行不攝惡思及輕貪等。善業道中，身善業道於身妙行不攝一分，謂加行後起及餘善身業，即離飲酒施供養等。語善業道，於語妙行不攝一分，謂愛語等。意善業道，於意妙行不攝一分，謂諸善思。十業道中，前七業道爲皆定有表無表耶

玄奘譯《阿毗達磨大毗婆沙論》卷一一三　十業道者，謂身三業道，語四業道，意三業道。問：十善業道、十不善業道豈不合說有二十耶，何故此中但說有十。答：不過十故，謂依惡行所依止處，發起十種不善業道。即依此處由遠離故，即能發起十善業道。復有說者，略說十種，廣說二十。如略廣如是，無差別差別，總別，遍不遍，無異有異，俱時次第應知亦爾。復有說者，隨利根者故說有十，隨鈍根者故說二十。如利根鈍根如是，因力緣力內力外力，內如理作意所任持力，外他言音多修習力，略開智力廣辯智力，應知亦爾。是名十業道自性。

已說自性，所以今當說。問：何故名業道，業道有何義。答：思名爲業，思所遊履究竟而轉名爲業道。問：若思名業，思所遊履究竟而轉名業道者，餘善不善一切無記，無不皆爲思所遊履究竟而轉，一切皆應說名業道，有何殊勝不共因緣，唯說此十以爲業道。答：此是世尊有餘之說，大師觀彼所化有情心行願樂簡略而說，脇尊者曰，唯佛世尊，究竟了達諸法性相，亦知勢用，非餘所知。若法有業道相者，即便立之，無者不立，尊者妙音亦作是說。大師知此十種業道，有如是勢用，如是強盛，如是親近，能與業思作所行路，令究竟轉，除此業道，餘一切法無如是事。復有說者，由二因緣建立業道，一世所訶毀，二世所稱歎，即是十種不善業道及善業道。問：若世所訶毀名業道者，是則惡心出佛身血，一切世間皆共訶毀，何故不說以爲業道。答：若世所訶毀，如來出世及不出世，一切時有者立爲業道，出佛身血有佛世有，無佛世無，故不立業道，於稱歎中遠離出血，所有問答應知亦爾。復有說者，由三因緣建立業道，一由依處，二由施設，三由分別愛非愛果。復有說者，若由此故令內外物，有時衰損，有時增盛，建立業道，當知此中所居爲外。

十　善

佛陀耶舍共竺佛念譯《佛說長阿含經》卷一〇　云何十法向善趣，謂十善行，身不殺、盜、婬，口不兩舌、惡罵、妄言、綺語，意不貪取、嫉妬、邪見。

智顗《法界次第初門》卷上　身三種善（一不殺生，二不偷盜，三不邪婬）。口四種善（一不妄語，二不兩舌，三不惡口，四不綺語）。意三種善（一不貪欲，二不瞋恚，三不邪見。）

次十惡而辨十善者，若人能知惡是乖理之行故，現在將來由斯招苦，則必須息惡行善，可以來世永致清升之樂果，是以次十惡而明十善也。但十善有二種，一止，二行。止則但止前惡，不惱於他。行則修行勝德，利安一切。此二通稱善者，善以順理爲義，息倒歸眞，故云順理。止則息於

重倒之惡，行則漸歸勝道之善。故止行二種，皆名爲善。或加以道名，以能通至樂果也。

一不殺生，即是止善，止前殺生之惡行，善者當行放生之善也。二不偷盜，即是止善，止前盜他財物之惡行，善者當行布施之善。三不邪婬，即是止善，止前於非妻妾婬欲之惡行，善者當行恭敬之善。四不妄語，即是止善，止前虛言誑他之惡行，善者當行實語之善也。五不兩舌，即是止善，止前搆鬬兩邊之惡行，善者當行和合之善。六不惡口，即是止善，止前惡言加人之惡行，善者當行軟語之善。七不綺語，即是止善，止前綺側乖理之惡語行，善者當行有義語饒益之善。八不貪欲，即是止善，止前引取無厭之惡行，善者當行不淨觀，觀諸六塵皆欺誑不淨之觀行善。九不瞋恚，即是止善，止前忿怒之惡行，善者當行慈忍之善。十不邪見，即是止善，止前撥正因果僻信邪心之惡行，善者當行正信歸心正道生智慧之善心。

天息災譯《分別善惡報應經》卷下 修十善業，獲果云何。遠離殺害，壽量所依皆悉滿足。離於偷盜，飢饉風雹蟲蝗等災悉皆遠離。因無邪欲，美聲流播，遠離塵垢。因無妄語，口常香潔。因無離間，眷屬和順，遠離高下霹靂霜雹。因無麄惡，果味甘美，遠離硬澁。因無雜穢，林木園苑，遠離叢刺，皆悉滋潤。因無貪愛，倉庫果實充滿具足。因無瞋恚，身相圓滿，諸根無缺。因無邪見，信心不斷，最上果實香美具足。修十善業感果如是。

十惡

瞿曇僧伽提婆譯《增壹阿含經》卷四三 爾時，世尊告諸比丘：由十惡之本，外物衰耗，何況內法。云何爲十，所謂殺、盜、淫、妄言、綺語、惡口、兩舌鬬亂彼此、嫉妬、恚害、心懷邪見。由殺生報故，眾生壽命極短。由不與取故，眾生生便貧賤。由淫泆報故，眾生門不貞良。由妄語故，眾生口氣醜弊，致不鮮潔。由綺語故，致土地不平整。由兩舌報故，土地生荊棘。由惡口報故，語有若干種。由嫉妬故，以致穀不豐熟。由恚害報故，多諸穢惡之物。由邪見報故，自然生八大地獄。因此十惡報故，使諸外物衰耗，何況內物。是謂比丘，當念捨離十惡之法，修行十善法。如是，比丘，當作是學。

智顗《法界次第初門》卷上 身有三惡（一殺生，二偷盜，三邪婬）。口有四惡（一妄語，二兩舌，三惡口，四綺語）。意有三惡（一貪欲，二瞋恚，三邪見）。

次諸煩惱結使而辨十惡者，以煩惱既是惑亂之法，能驅役行者心神，乃令觸境顛倒。若縱此惑情而起身口意者，則動與理乖。故於三業所起，備有十惡也。通名惡者，惡以乖理爲義，此十並是乖理而起，故名爲惡，亦名十不善道，以其能通苦報，故非善道也。

一殺生，斷一切眾生命，故名爲殺生。二偷盜，盜取他財物，故名爲偷盜。三邪婬，於非妻妾而行欲事，故名邪婬。四妄語，以言誑他，故名妄語。五兩舌，搆鬬之言間他，令致得失分，乖名爲兩舌。六惡口，惡言加彼，令他受惱，名爲惡口。七綺語，綺側語辭言乖道理，名爲綺語。八貪欲，引取順情塵境，心無厭足，名爲貪欲。九瞋恚，若對違境，心生忿怒，名爲瞋恚。十邪見，撥正因果，僻信求福，皆名邪見。

次此應出四重，五逆，七逆，謗方等經，用僧鬘物，作闡提行，十六惡律儀等，諸輕重惡業科目，皆從十惡中。

天息災譯《分別善惡報應經》卷下 復次十惡，獲果有十。何等爲十，殺生十者，一冤家轉多，二見者不喜，三有情驚怖，四恆受苦惱，五常思殺業，六夢見憂苦，七臨終悔恨，八壽命短促，九心識愚昧，十死墮地獄。復次偷盜報有十種，何等爲十，一結宿冤，二恆疑慮，三惡友隨逐，四善友遠離，五破佛淨戒，六王法謫罰，七恣縱惕逸，八恆時憂惱，九不自在，十死入地獄。復次邪欲報有十種，何等爲十，一欲心熾盛，二妻不貞良，三不善增長，四善法消滅，五男女縱逸，六資財密散，七心多疑慮，八遠離善友，九親族不信，十命終三塗。復次妄語報有十種，何等爲十，一口氣恆臭，二正直遠離，三諂曲日增，四非人相近，五忠言不信，六智慧尠少，七稱揚不實，八誠語不發，九愛論是非，十身謝惡趣。

十使

曇摩耶舍共曇摩崛多等譯《舍利弗阿毗曇論》卷二三　何謂煩惱使，十使，見使、疑使、戒道使、愛使、恚使、嫉妬使、慳惜使、無明使、憍慢使、掉使，是名煩惱使。何謂見使，除戒道見，若餘見，是名見使。復次見使，六十二見，及邪見，是名見使。何謂疑使，若有人緣過去疑惑，我過去有，我非過去有，以何性過去有因，何過去有緣。未來疑惑，我未來有，我非未來有，以何性未來有因，何未來有緣。現在疑惑，我現在有，我現在非有，以何性我現在有因，何現在有謂我生處，此衆生從何處來，去至何處。若世尊疑惑，是佛世尊非佛世尊，世尊善說法，世尊非善說法，世尊聲聞衆善趣，世尊聲聞衆非善趣，行常行非常，行苦行非苦，無我法非無我法，寂靜涅槃，非寂靜涅槃，有與無與，有施無施，有祀無祀，有善惡業果報，無善惡業果報，有今世無今世，有後世無後世，有父母無父母，有天無天，衆生有化生，衆生無化生，世有沙門婆羅門正趣正至，若今世後世自證知說，世無沙門婆羅門正趣正至，若今世後世身證知說，若於彼法疑惑重疑惑究竟疑惑，心不決定，猶豫二心，疑心不了，無量疑不盡不解脫，猶豫重猶豫究竟猶豫，是名疑使。何謂戒道使，若戒道見，是名戒道使。復次以戒爲淨，以戒道爲淨，解脫無依盡一切苦際，若忍欲覺觸證戒謂護身口，道謂邪，吉養髮敬事水火日月，持牛鹿狗默然等戒求，爲力士報人天中尊，如是勤行苦行邪行，此謂道。若戒若道求覓，求覓已以是爲淨，爲淨已爲解脫，爲解脫已以是爲聖人爲羅漢爲涅槃，若於彼忍欲堪任樂著，是名戒道使。何謂愛使，若欲染，是名愛使。何謂瞋恚使，若憎恚，是名瞋恚使。何謂嫉妬使，若他得利養恭敬尊重讃歎禮拜，憎嫉瞋恚忿怒心嫉，是名嫉妬使。何謂慳惜使，若財物悋惜不捨心貪，是名慳惜使。何謂無明使，癡不善根，是名無明使。何謂憍慢使，若以慢自高，是名憍慢使。何謂掉使，若掉動不定發奔逸不寂靜不正寂靜心不息，是名掉使。有覺有觀定，無覺有觀定，無覺無觀定，空無相無願定，如道品三支道中廣說。何謂信根，學人離煩惱聖心趣聖道，若堅信堅法，及餘趣人，見行過患，觀涅槃寂滅，如實觀苦集滅道，未得欲得，未解欲解，未證欲證。修道離煩惱見學人，若須陁洹、斯陁含、阿那含，觀行具足，若智地若觀解脫心即得沙門果，須陁洹果、斯陁含果、阿那含果。無學人阿羅漢未得聖法，欲得修道，觀行具足，若智地若觀解脫心即得阿羅漢果，如實人如趣人，若信入信勝信眞信心淨，是名信根。進念定慧根亦如是。

智顗《法界次第初門》卷上　五鈍使（一貪使，二瞋使，三無明使，四慢使，五疑使）。五利使（一身見使，二邊見使，三邪見使，四戒取使，五見取使）。

次五蓋而辨十使者，豈有十使異於五蓋。若教門但爲修定者說，略立三毒五蓋之數。若爲修慧者說，欲使明識所斷之惑無謬，故須分別爲十使也。所以然者，貪瞋二蓋，即是貪瞋二使。睡蓋之本，即是癡使。離癡出慢，即爲慢使。疑蓋即疑使也。是爲五鈍使。掉悔即是邪思掉動之心，若細分別其相，則有五利五鈍使之別。而此推之還是五蓋，分別爲十使也。若開十使，則出一切煩惱，此十通名使者，使以驅役爲義，能驅役行者心神，流轉三界，故通受使名，亦名十煩惱。煩惱義如前說。

一貪欲使（引取無厭，名曰貪欲。分別其相，具如貪毒中說，見思所斷，三界五行中十五貪，皆是貪使）。

二瞋恚使（忿怒之心，名之曰瞋。分別其相，具如瞋毒中說，見思所斷，欲界五行中五恚，即是恚使也）。

三無明使（迷惑不了之心，名爲無明。若以迷心緣境，隨有所起，則念念永失，而不知慚愧者，皆是癡也。見思所斷，三界五行下十五癡，即是無明使）。

四慢使（自恃輕他之心曰慢。若自恃種姓富貴有德才能，輕蔑於他，即是慢也。慢有八種，在下別出，乃至見思所斷，三界五行下十五慢，皆是慢使也）。

五疑使（迷心乖理，猶預不決曰疑。分別其相，具如疑蓋中說，三界四行十二種疑，並是疑使也）。

六身見使（若於名色陰入界中，妄計爲身，名爲身見。若以無明不了，則於五陰中，起二十種身見，則身見有二十種，見諦所斷，一行中歷三界有二身見也）。

七邊見使（執邊之心，名爲邊見。若於四邊，不了隨見，一邊爲實，餘邊悉爲妄語，如其所見，互執一邊，悉墮邊見。歷三世五陰，即有六十二見，並是見諦所斷，合六十二見，同是一邊見攝也。又約見諦所斷，一行中歷三界即有三邊見）。

八邪見使（邪心取理故名邪見，若無明不了，四諦因果，邪心推獲，謂無此理，因斷滅出世間善根，乃至世間善根，作闡提行，是爲邪見。見諦所斷三界四行中，有十二邪見是也。）

九見取使（於非眞勝法中，謬見涅槃，生心而取，故曰見取。若行道之時，雖入種種觀門，而眞明未發，無明不了，便謬計所得，以爲眞爲勝，生心取著，皆名見取也。見諦所斷，三界四行，有十二見取是也。）

十戒取使（於非戒中，謬以爲戒，取以進行，故曰戒取。若取雞狗牛戒，乃至九十五種外道所行之戒，以爲眞戒，皆名戒取。若人雖持佛戒，見有戒相，亦是戒取。見諦所斷三界二行，有六種戒取是也。）

弘贊《四分律名義標釋》卷三八　使，即驅役之義，如世公使，驅逐罪人，謂此惑，能驅役一切衆生，流轉三界生死故也。上五使者，謂色界、無色界之惑也，一色愛使，二無色愛使，三掉使，四慢使，五無明使。下五使者，謂欲界之惑也。一貪使，貪者，貪著無厭也，謂欲界衆生，於順情境上，起於貪心，無有厭足，由此貪惑，繫縛驅使，流轉三界，無有出期故也。二瞋使，瞋者，忿怒之心也，謂欲界衆生，於違情境上，起於瞋心，而不自已，由此瞋惑，繫縛驅使，流轉三界，無有出期故也。三身見使，身見者，謂欲界衆生，於名色五陰，十二入，十八界，妄計爲身，由此見惑，繫縛驅使，流轉三界，無有出期故也（名，即心。色，即身）。四戒取使，戒取者，謂諸外道，於非戒中，取以爲戒，即邪戒也，由此邪執，繫縛驅使，流轉三界，無有出期故也。五疑使，疑者，迷心乖理，狐疑不決也。謂欲界衆生，由此疑惑，迷眞逐妄，背覺合塵，由此疑惑，繫縛驅使，流轉三界，無有出期故也。

來舟《大乘本生心地觀經淺註》卷六　十使者，即驅役之義，謂貪等十惑，皆能驅役衆生，流轉三界，結滯生死也。一貪使。引心取境爲貪，謂於一切物，及順情之境，引取無厭故。二瞋使。忿怒之心爲瞋，於一切違情之境，即起忿怒故。三癡使。迷惑之心爲癡，謂於一切事理無所了明，妄生邪見，起諸邪行故。四慢使。自恃輕他之心爲慢，謂由恃己種姓富貴才能，輕蔑於他故。五疑使。迷心乖爲疑爲疑，謂若修戒定等法不別眞僞，暗鈍無明，猶豫不決故。六身見。謂於名色陰入界中，妄計有身，強立主宰，恆起我見故。七邊見使。謂於斷常中，執斷非常，執常非斷，但執一邊故。八邪見使。謂謬執取理，不信因果，斷諸善根，作一闡提行故。九見取使。謂於非眞勝法中，謬計涅槃，心生取著，及行道之時，雖入種種觀門，而眞明未發，謬計所得爲眞爲勝，心生取著故。十戒取使。謂於非戒中謬計爲戒取以進行，如外道妄持牛狗等戒，執爲正戒故。以上十使，乃見思二惑根本，開之爲九十八使。纏縛正性，結滯生死，故名能縛煩惱結。

十明

佛馱跋陀羅譯《大方廣佛華嚴經》卷二三　爾時普賢菩薩摩訶薩告諸菩薩言：佛子，菩薩摩訶薩有十種明。何等爲十，此菩薩摩訶薩，悉知三千大千世界衆生心念，所謂善心，不善心，無記心，廣心，狹心，惡心，勝心，順生死心，背生死心，聲聞心，緣覺心，菩薩心，聲聞行心，緣覺行心，菩薩行心，天心，龍心，夜叉心，乾闥婆心，阿脩羅心，迦樓羅心，緊那羅心，摩睺羅伽心，人心，非人心，地獄心，畜生心，餓鬼心，閻羅處衆生心，諸難處衆生心，如是等無量種種衆生心，悉分別知。如是等百世界，千世界，百千世界，億世界，百億世界，千億世界，百千億世界，乃至百千億那由他世界，廣說乃至不可說不可說佛刹微塵數世界衆生，悉能分別知其心念。佛子，是爲菩薩摩訶薩第一善知他心智明。

佛子，菩薩摩訶薩，悉知無量無數不可說不可說佛刹微塵數世界衆生，死此生彼，善惡諸趣，若好若醜，若垢若淨，若黑若白，如是等無量種種衆生，天龍夜叉乾闥婆阿脩羅迦樓羅緊那羅摩睺羅伽人非人，微細衆生，小衆生，中衆生，大衆生，勝衆生，如是等無量種種衆生，死此生彼，菩薩摩訶薩，以無障礙明淨天眼，悉能照見，隨其業報所受苦樂，種種業，種種行，種種思願，種種見，如業境界，如所迴轉，悉能覩見。佛子，是爲菩薩摩訶薩第二無礙天眼智明。

佛子，菩薩摩訶薩，憶宿命事，或自或他，悉能憶念，無量無數不可說不可說佛刹，微塵數世界衆生，過去無量無數不可說不可說佛刹，微塵數劫事，如是生死，如是名姓，如是食，如是苦樂，悉能了知。又憶過去無量無數不可說不可說佛刹，微塵數諸佛，如是名號，如是眷屬，如是父母，如是侍者，如是聲聞，如是最勝二大弟子，如是捨離王都，出家求道，如是菩提樹下結跏趺坐得最正覺，如是住處，如是床座，如是說法，如是化度，如是壽命，如是作佛事已，入無餘涅槃，佛滅度後，正法如是久住，悉能憶念，過去無量無數不可說不可說佛刹，微塵數佛，從初發心出生願行，恭敬供養無量諸佛，教化調伏一切衆生，大衆眷屬，轉淨法輪，隨其壽命，示現神力，自在變化，無餘涅槃，莊嚴塔廟，長養善根，乃至法住。佛子，是爲菩薩摩訶薩第三深入過去際劫無礙宿命智明。

佛子，菩薩摩訶薩，深入未來際劫，乃至無量無數不可說不可說佛刹，微塵數世界衆生，未來生死，流轉三有，知衆生業，知衆生報，知衆生善，知衆生不善，知衆生出，知衆生不出，知衆生定，知衆生不定，知衆生正定，知衆生邪定，知衆生有使善根，知衆生無使善根，知衆生具足善根，知衆生不具足善根，知衆生攝取善，知衆生攝取不善，知衆生積集善，知衆生積集不善，知衆生積集惡法，知衆生不積集惡法，知未來無量無數不可說不可說佛刹，微塵數世界諸佛，如是名號，如是眷屬，如是父母，如是侍者，如是聲聞，如是最勝二大弟子，如是捨離王都，出家求道，如是菩提樹下結跏趺坐得最正覺，如是住處，如是床座，如是說法，如是化度，如是壽命，如是作佛事已，入無餘涅槃，佛滅度後，正法如是久住，悉知未來無量無數不可說不可說佛刹，微塵數佛，從初發心出生願行，恭敬供養無量諸佛，教化調伏一切衆生，大衆眷屬，轉淨法輪，隨其壽命，示現神力自在變化，無餘涅槃，莊嚴塔廟，長養善根，乃至法住。佛子，是爲菩薩摩訶薩第四深入未來際劫無礙智明。

佛子，菩薩摩訶薩，出生無礙天耳，清淨廣大具足，不可稱量，修習得證，明淨離障，了達決定。菩薩成就無礙天耳，十方遠近一切音聲，欲聞不聞自在隨意，於東方無量無數不可說不可說佛刹，微塵數諸如來，應供等正覺所說，所發，所開，所示，所制，所調伏，所教化，所念，所分別，所教，深妙善解，無量清淨方便，如是一切悉能聞持。善義善味，隨衆，隨人，隨音聲，隨智，隨識，隨所化度所得功德，隨境界，隨所依，隨出道，悉能聞持，無有忘失，廣說妙法，度脫一切，乃至不失一句一味，如東方，一切十方亦復如是。佛子，是爲菩薩摩訶薩第五無礙清淨天耳智明。

佛子，菩薩摩訶薩，安住無畏神力智明，逮得自在無作神力，平等神力，廣大神力，無量神力，無依神力，念至神力，不轉神力，不退轉神力，無盡神力，不可壞神力，長養神力，隨順行神力。若聞十方無量阿僧祇世界，無邊世界，無分齊世界，不可稱量世界，不可思議世界，不可度量世界，乃至不可說不可說佛刹，微塵等一切世界現在諸佛，聞已悉能往詣彼諸佛所，恭敬禮拜，讚歎供養。深知如來清淨佛刹，種種莊嚴，種種功德，無量功德，皆悉充滿，示現無量自在，無量境界，讚歎一切如來恭敬供養，示現其身，悉在十方一切佛所，亦不離此。而往到彼，悉自了知，詣諸佛所，恭敬禮拜，讚歎供養，問菩薩法，出生佛智，見諸佛刹眷屬變化，知說法相，知佛刹相，悉無所著，於一切事，皆悉究竟，到於彼岸，無損神力，速遍十方一切世界，無佛不見，無法不聞，無衆不知，常聞正法，未曾斷絶，樂求佛法，勝願成滿，具足修習普賢菩薩無量諸行。佛子，是爲菩薩摩訶薩第六安住無畏神力智明。

佛子，菩薩摩訶薩，於無量無數不可說不可說佛刹，微塵數世界衆生音聲語言，悉能了知。所謂中國言音，邊國言音，天言音，龍言音，夜叉言音，乾闥婆言音，阿脩羅言音，迦樓羅言音，緊那羅言音，摩睺羅伽言音，人言音，非人言音。如是等不可說不可說種種衆生言音不同，菩薩摩訶薩悉能了知，善分別知。入一切施設，深入解了一切世諦，悉知種種諸言音法，分別了知諸言音法，入一切種言音大海，菩薩摩訶薩隨其所入，遊行世界，悉能了知此世界中衆生之性，知其性已，悉解一切諸言音法。如日天子出照一切色，令有眼者，悉見色相。菩薩摩訶薩亦復如是，悉入一切諸言音雲，善知一切諸言音法。佛子，是爲菩薩摩訶薩第七分別一切言音智明。

佛子，菩薩摩訶薩知一切色，法不生色，無種色，無虛妄色，無青黄赤白等形色。而菩薩摩訶薩入深法界，住持變化種種形色，無量色，明淨色，清淨色，普現色，似彼色，普照色，所得色，無染污色，具足相色，清淨相色，離惡色，大力色，尊重色，無窮色，無盡色，雜色，端嚴色，不可稱量色，善學色，善長養色，成熟色，隨化度色，無礙色，明徹色，離垢色，澄淨色，正身色，不可思議方便色，不可壞色，最勝色，離曀色，離闇色，牢強色，善雜色，功德相色，姿好色，大我色，境界色，善調伏色，清淨正直色，上色，勝廣色，不可斷色，無所依色，無等色，充滿不可說佛刹色，長養色，最堅固色，勝色，無惡色，勝功德色。【略】

佛子，菩薩摩訶薩，入無色法界，住持變化種種形色，隨所應故。所謂見教化，正念教化，轉法輪教化，隨時教化，念念教化，親近教化，隨逐教化，神力教化，種種自在教化，不可思議大神變教化，悉能度脱一切衆生。佛子，是爲菩薩摩訶薩第八出生無量阿僧祇色身莊嚴智明。

佛子，菩薩摩訶薩，悉知諸法無有名字，知一切法悉無有性，知一切法無來無去，知一切法別異，知一切法無別異，知一切法不二非不二，知一切法無我，知一切法無比，知一切法不生，知一切法不滅，知一切法無所從來去無所至，知一切法無壞，知一切法不實，知一切法非不實，知一切法一相無相，知一切法非有，知一切法非無，知一切法非法。【略】

菩薩摩訶薩，知如是諸法故，不著世諦，不著第一義諦，不虚妄取諸法，不起諸文字，隨順寂滅性，不捨一切願，見第一實義，決定知諸法，興無量法雲，普雨一切甘露法雨，入不可說方便，度不可說方便，以無盡辯才，廣説如實義，不違眞法，善巧方便説一切法，辯才無盡，成就大慈悲，無文字境界，出生文字義，不壞文字性，觀察諸法悉從緣起，無所染著，解了一切諸語言法，開發示導，稱揚顯現，具足清淨，滅衆疑網，攝取衆生，不捨實法，於不二法，而不退沒，具足成就無礙法門微妙音聲，普雨法雨，未曾失時。佛子，是爲菩薩摩訶薩第九一切諸法眞實智明。

佛子，菩薩摩訶薩，於念念中，入滅一切法三昧正受，而不退轉，亦不捨菩薩事，不捨大慈悲心，不捨諸波羅蜜，善能分別諸佛刹土，而無厭足，不捨大願，度脱衆生，不捨轉法輪，不捨教化調伏衆生，不捨供養恭敬一切諸佛。【略】

悉能成辦諸菩薩事，廣能演説一切諸法，教化衆生，未曾失時，長養一切諸如來法，滿足一切諸菩薩行，不捨饒益一切衆生，應化十方，未曾暫息，不捨普照一切諸趣，於正受地，寂然不動。佛子，是爲菩薩摩訶薩第十一切諸法滅定智明。菩薩摩訶薩安住此明，一切天人不能思議，一切世間不能思議，聲聞緣覺不能思議，下地菩薩不能思議，身口意業不可思議，一切三昧自在不可思議，智慧境界不可思議，唯有如來乃能演説此人功德，餘無能説。佛子，是爲菩薩摩訶薩十種智明。此菩薩摩訶薩住此智明，悉得三世無礙智明。

佛馱跋陁羅譯《大方廣佛華嚴經》卷三二　佛子，菩薩摩訶薩。有十種明。何等爲十，所謂出生知一切衆生業報方便智明，出生知一切衆生境界解脱寂滅淨心方便智明，出生入一切境界一切衆生種種決定一切法無所有金剛方便智明，出生不可思議淨妙音聲無量世界無不普聞方便智明，出生智慧除滅一切毁害染著方便智明，出生受生方便不受生方便智明，於一切境界轉諸受想方便智明，知一切法無性無非性、無相無非相、一性無性故，而於無量劫種種説法，修習善根成阿耨多羅三藐三菩提方便智明。

知一切衆生生，亦知無生，知一切衆生滅，亦知無滅，知因知緣，知事知境界知行，知生知滅，知衆生説，知愚癡知離愚癡，知顛倒知非顛倒，知垢濁知清淨，知生死知涅槃，知有知無，知著知不著，知堅固知離，知轉知不轉，知起知不起，知壞知道知成就知根，知衆生受化，隨器應故，教化衆生，未曾忘失菩薩所行。何以故，菩薩摩訶薩發阿耨多羅三藐三菩提心，爲教化衆生故。是故菩薩摩訶薩，常化衆生，而不失菩薩行，身無疲倦，不違一切衆生，觀察緣起方便智明。

不著諸刹不起著心，不著諸佛不起著心，不著一切法不起著心，不著世界不起著心，不著衆生不起著心，不見衆生，不化衆生，不調伏衆生，不爲衆生説法，而亦不捨菩薩行願，長養大悲，見一切佛，聽受正法未曾忘失，得佛依果種諸善根，於如來所不捨恭敬供養之心，增長恭敬供養之心，具足成就法界等心，自在神力六種震動不可思議無量世界知種種説法，知衆生數，知種種衆生，知苦起知苦滅，知一切行苦，知一切行悉如電光，行菩薩行永斷一切生死根本，悉能救護一切衆生，行菩薩行無所染污，不斷一切如來種性，發須彌山王心，不可傾動，除滅一切顛倒衆想，一切智門悉現在前，不動不壞成等正覺，於生死海悉能濟渡一切眾生方便智明。佛子，是爲菩薩摩訶薩十種明。若菩薩摩訶薩安住此明。則得如來無上巧方便智明。

實叉難陀譯《大方廣佛華嚴經》卷五四　佛子，菩薩摩訶薩有十種明。何等爲十，所謂知一切眾生業報善巧智明。知一切眾生境界，寂滅清淨，無諸戲論善巧智明。知一切眾生種種所緣唯是一相悉不可得，一切諸法皆如金剛善巧智明。能以無量微妙音聲，普聞十方一切世界善巧智明。普壞一切心所染著善巧智明。能以方便示現受生或不受生善巧智明。捨離一切想、受境界善巧智明。知一切法非相、非無相，一性無性，無所分別，而能了知種種諸法，於無量劫分別演說，住於法界，成阿耨多羅三藐三菩提善巧智明。菩薩摩訶薩知一切眾生生本無有生，了達受生不可得故，而知因、知緣、知事、知境界、知行、知生、知滅、知言說、知迷惑、知離迷惑、知顛倒、知離顛倒、知雜染、知清淨、知生死、知涅槃、知可得、知不可得、知執著、知無執著、知住、知動、知去、知還、知起、知不起、知失壞、知出離、知成熟、知諸根、知調伏，隨其所應種種教化，未曾忘失菩薩所行。何以故，菩薩但爲利益眾生故，發阿耨多羅三藐三菩提心，無餘所爲。是故，菩薩常化眾生，身無疲倦，不違一切世間所作，是名緣起善巧智明。菩薩摩訶薩於佛無著，不起著心，於法無著，不起著心，於刹無著，不起著心，於眾生無著，不起著心，不見有眾生而行教化調伏說法，然亦不捨菩薩諸行，大悲大願，見佛聞法，隨順修行，依於如來種諸善根，恭敬供養無有休息，能以神力震動十方無量世界，其心廣大等法界故，知種種說法，知眾生數，知眾生差別，知苦生，知苦滅，知一切行皆如影像，行菩薩行，永斷一切受生根本，但爲救護一切眾生，行菩薩行而無所行，隨順一切諸佛種性，發如大山王心，知一切虛妄顛倒，入一切種智門，智慧廣大不可傾動，當成正覺，於生死海平等濟渡一切眾生善巧智明。是爲十。若諸菩薩安住其中，則得如來無上大善巧智明。

法藏《華嚴經探玄記》卷一七　三有十種明者。前以無壅曰通，今委顯爲明。於中初一知眾生業果差別，二知眾生於寂滅境起淨信心，三知眾生證入理智，上三知所化。四語業，五意業，六身業，此三顯能化。七於境轉分別想爲正智因，八知理平等起行無礙，初知三性理不礙起行成佛。九知眾生眞心稱理隨緣顯事不失化用，於中初知稱理現事不失化用。【略】

下句總結成化，謂稱緣起而觀察也。十中有七，初善能離著，二不見下善起行願，三見一切下善植德本，四自在下善起勝通，五知種種說下善能照境，六永斷下善益自他，七除滅下善能得果，並可知。餘義如前十明品說。

李通玄《解迷顯智成悲十明論》　第一明十二緣生惡覺生死從何所生者。爲一切眾生從本已來，無本無末，無始無終，無性無相，無古無今，眞智慧之體是一切眾生之本源也，爲眞智慧無體性，不能自知無性，故爲無性之性不能自知無性故，名曰無明。如《華嚴經》第六地，不了第一義故，號曰無明。將知以眞智慧本無性故，不能自了。既不自了，是以諸佛更須示現出世說法利樂人天，本無眾生可度。既先賢得道利樂世間，明知眞智，要得了緣，方能現也。若言眞智本來自然，常不變易者，即有所依，即有所住處。即堅然形質，十方虛空不可相容納也，即同外道及二乘幷淨土菩薩皆有所依。故眾生自眾生，聖自聖，不須教化也。故知有賢聖得道，會眞明知眞智無性。不得了緣，但迷心境，十二有支隨事染著，不能自知有性無性，妄作我見，隨順無明行，識名色對六根爲觸，識爲種子，意爲能緣，隨事和合，觸受隨生，無明行二事緣眼耳鼻舌身五根，與名色相對，無明行爲所緣，意爲能緣，名色是所緣之境，識對諸根隨事和合，分別善惡取納名受。此一段五根從意及識七法爲現行緣，領受貪著不捨，便生愛取有，從愛取有三緣成來世業因，生老死三緣爲來世苦果，此愛取有及生老死，常以生老死爲果，生生無有停息，隨自貪欲乘憍慢放逸貪嗔勝劣等業三界受生。苦樂不同，皆是自心變，非由他與。應如是知，是一切眾生所生苦海之源，以迷眞智故便有業生，十二有支因此而起，若達無我則無所生處，則一切法自性無生。【略】

第二明十二緣生爲是本有、爲是本無者。此中有二義，一妄，二眞。一如世情妄見，隨三世古今爲心計其萬事實有，又計生死等以爲無常，此乃如世情心想所計。言無常並是妄心妄想裁接無有窮盡，言常無常並是虛妄無有定法，皆不可依也，言眞如理智常不變易亦是虛妄。是故《淨名經》云，無以生滅心行說實相法。以此十二有支是一切眾生自心自誑情計變生，今言十二有支常，以是虛妄。若言無常法，又以滅而取證。或厭而往生者，皆且得變化生死，非眞解脫。是故常與無常同第一義智，不可以情知也。經云，不了第一義，故號曰無明。又世諦即第一義諦云何，十二有支定說爲常及與無常，又如正會第一義諦時，不見身心及境界若生若滅，常與無常，是故十二有支無決定性，不可說言常與無常，同第一勝義諦故。

第三明諸佛解脫智慧爲是本有、爲是修生者。此一段須知四謗，言法本有增益謗，言法本無損減謗，亦有亦無戲論謗，非有非無相違謗。若言諸佛解脫智慧本有增益謗，若言本無要假修生損減謗，此之一段非情意思量言所及也。情亡神會，想盡智圓，何以情論於有無，談其無功之智也。言其本有即體性如同虛空，本來無迹。言其本無因修而得者，亡情慮而始會一乘。若以滅識亡情亦非是，當一切衆生以情想恆存者，常迷不知存，修即卻敗，放逸即全乖。若言本有修生皆爲過失，何以然者，言本有一切衆生元來是佛，何因苦樂流轉不停。若言修生還成敗壞，有爲之法皆是無常故。須除此二障方可相應。乃故頌曰，諸法不自生，亦不從他生，不共不無因，是故說無生。此乃禪定觀行方便，以爲了緣迷解自明，不可以情慮計度，云修生本有。此果體無以斟酌知，無以思量得，當以止觀力功熟，方乃證知，急亦不成，緩亦不得，但知不休，必不虛棄。【略】

第四明十二緣生與佛智慧誰爲先後者。如世情識妄業所見者，即十二緣生生死在前。若以道現智明，古今元來不變，無動轉故。已是無量劫中所作善惡業果報德，道現智明悉能見之。如彌勒樓閣中善財入已彌勒三世古今業行悉於中現者是也。以自淨智業圓明，十方諸佛及一切衆生，三世古今業行無不普現。以無明總盡一切智成，自合如是，但淨自心不可希望。如世間初心，但且息心淨念者，亦得少分外邊生死境界所現。故求大道者不取也，不可以螢光滯於大智之明。此是攝亂息心所見也。亦有邪鬼入身，亦見少分皆不可取也，善決擇之。【略】

第五明十二緣生及佛智慧有始有終者。如有人於少時間夢見無量劫，忽然睡覺，所有夢中時量劫數竝不可得，亦如是見無明及佛智慧亦不可得，爲無明等十二有支及佛智慧皆虛妄也。經云，無無明亦無無明盡，乃至無老死亦無老死盡，爲眞妄總同一虛空性故，不可於空中求其生滅等相。不見無明滅，不見智慧生，以無生滅故，一切法亦如是，無生無滅，無始無終也。

第六明十二緣生是一心所變，云何受三界苦樂不同者。金剛藏菩薩云，於第一義諦不了，故名曰無明。所作事是行，行依止初心是識，識共生四取蘊爲名色，無明行識名色爲四，名色增長六處，六根是也，根境識三事和合是觸，觸生受，於受染著是愛，愛增長是取，以從此愛取中，不順、貪嗔、忿恨，各隨執業深淺輕重種種不同，因此惡道人天諸業各各差別。修行者大須觀察淨治識種，以現智門，而於心境即得自在，餘意下當更明。

第七明解脫法中何法有依、何法無依者。聲聞獨覺皆厭生死，依寂滅涅槃淨土。菩薩厭生死所依淨土，《般若》中菩薩破有歸空，成空智慧，應生淨土，留惑潤生，敎化衆生。如《涅槃》中，依一切衆生有自性清淨，亦具普賢行，俱是三乘中諸教菩薩等法門，國土皆有大小廣狹所依分量可得，皆有所依故，爲衆生根品量度未圓，所有修行心量各依自分所得。唯一乘佛果，毘盧遮那文殊普賢理智大悲圓滿，皆遍至六道衆生及三乘菩薩二乘聲聞緣覺，一切所依皆恆遍故，十方充滿猶如虛空，皆無所依，非大小限量度狹所依住也，亦非情想計度所窮任，無功無作，大智之所印也。【略】

第八明諸佛解脫皆無體相，本無處所，所有功德身土莊嚴爲是有常、爲是無常者。如來報身及國土三界淨土菩薩所知見故，乃至十地菩薩受職位，但見如來出世，三昧涅槃解脫身土功德微妙境界猶不能見。成佛果德已後，恆行普賢行，常處世間，十方六道無休息行，亦不能見也。如十地道滿。欲見普賢行，以十地中三昧力三度倍倍入無量三昧，畢竟不見普賢身及所有境界。況如來果後恆行普賢行，十方國土悉遍，於中功德如何見也。【略】

第九明一切諸佛皆以大願度衆生令盡，若一衆生不盡者，我不取正覺。如今現有無量衆生在，以有無量諸佛已成現成佛者，豈不違其本願力也。如十方世界，不見一佛已成現成佛者，常行普賢行，處十方世界度脫衆生，無古無今，不出不沒，但以衆生宜應所見成佛及以涅槃。無作菩提何得，何證，何成，何壞，但以普賢行物常然。恆利衆生而無利者，但以無作之智性自遍周應現，解迷本無成壞也，正迷解時不見迷，已不見智慧。如善財入慈氏之門，入已還合，以諸法中實無一法有成壞故。若於諸法中見有佛成佛者，是無常義。如《涅槃經》，自具明文，勿生疑滯。

第十明十二有支是大生死之源，如何超度使令迷解，同佛大智大悲，成大法門一切智海佛功德海者。如《華嚴經》第二會普光明殿中說十信門，如來足下輪中十度放光，其光從如來眉間毫相中出，照耀十方世界已來。入佛足下輪中，以明佛果光，以佛果光用成信位，其光名一切菩薩智焰照耀十方藏，其狀猶如寶色燈雲。以此光明從足輪中出，初照三千大千世界，令修行者隨光心作光明想，遍照三千大千世界。作此想成已，其光明照於東方十三千大千世界，四維上下亦復如是。【略】

以十二緣中一緣之上有百煩惱，十二緣中以爲法門，故云千二百歲。但是一切賢聖所說不離四諦，一切世間不離苦集，一切解脱不離滅道，一切苦集不離無明，乃至一切諸緣行等十方隨事各各不同。如《華嚴》四聖諦品，是諸修行者一一依十信十住十行十迴向十地及普賢等覺位自明，若不遍學不遍知，住一法中莫知進路。一乘之教即以普光明根本智，以爲信解勝進之門，以智無三世古今之體，還以不移刹那際成大菩提，依智成教不立古今，智圓三世多劫不離一念，以智無延促無有去來，智體同空，本無廣狹，不可以分劑知，不可以增損見，雖有勝進功高時節不移毫分，三乘之教以立，三僧祇劫佛果在十地之終。聖智依根立教，如是樂之者即作，勿疑聖旨，致有沈吟，恐作空過。

十地

鳩摩羅什譯《摩訶般若波羅蜜經》卷六　若菩薩摩訶薩具足六波羅蜜、四念處，乃至十八不共法，一切種智具足滿，斷一切煩惱及習，是名菩薩摩訶薩住十地中，當知如佛。須菩提，菩薩摩訶薩住是十地中，以方便力故，行六波羅蜜，行四念處乃至十八不共法。過乾慧地、性地、八人地、見地、薄地、離欲地、已作地、辟支佛地、菩薩地，過是九地住於佛地，是爲菩薩十地。如是，須菩提，是名菩薩摩訶薩大乘發趣。

鳩摩羅什譯《摩訶般若波羅蜜經》卷二三　爾時須菩提白佛言：世尊，若有法相者，尚不得順忍，何況得道。世尊，若無法相者，當得順忍不。若乾慧地、若性地、若八人地、若見地、若薄地、若離欲地、若已辦地、若辟支佛地、若菩薩地、若佛地、若修道，因是修道，當斷煩惱不。以是煩惱故，不得過聲聞、辟支佛地，入菩薩位。若不入菩薩位，則不得一切種智。不得一切種智，則不能得斷一切煩惱習。世尊，若無有法相，是諸法則不生。若不生是諸法，則不能得一切種智。

宇文周、闍那耶舍譯《大乘同性經》卷下　佛有十地，一切菩薩及聲聞辟支佛等所不能行。何者爲十，一名甚深難知廣明智德地，二名清淨身分威嚴不思議明德地，三名善明月幢寶相海藏地，四名精妙金光功德神通智德地，五名火輪威藏明德地，六名虚空内清淨無垢焰光開相地，七名廣勝法界藏明界地，八名最淨普覺智藏能淨無垢遍無礙智通地，九名無邊億莊嚴迴向能照明地，十名毘盧遮那智海藏地。善丈夫，此地是如來十地名號，諸佛智慧不可具説。善丈夫，佛初地者，一切微細習氣除故，復一切法得自在故。第二地者，轉法輪故，説深法故。第三地者，説諸聲聞戒故，又復顯説三乘故。第四地者，説八萬四千法門故，又復降伏四種魔故。第五地者，如法降伏諸外道故，又復降伏傲慢及衆數故。第六地者，教示無量衆生六通中故，又復顯現六種大神通故。謂現無邊清淨佛刹功德莊嚴，顯現無邊菩薩大衆圍繞，顯現無邊廣大佛刹，顯現無邊佛刹自體，顯現無邊諸佛刹中從兜率天下託胎乃至法滅，示現無邊種種神通。第七地者，爲諸菩薩如實説七菩提分無所有故，復無所著故。第八地者，受一切菩薩阿耨多羅三藐三菩提四種記故。第九地者，爲諸菩薩現善方便故。第十地者，爲諸菩薩説一切諸法無所有故，復告令知一切諸法本來寂滅大涅槃故。世尊説此如來十地名已，即時此娑婆佛刹乃至十方不可説諸佛刹等，一切現大十八種相，所謂地動、中動、大動，小搖、中搖及以大搖，小震、中震及以大震，小聲、中聲及以大聲，小吼、中吼及以大吼，小踴、中踴及以大踴。是諸佛刹，或東傾西起、西傾東起，或南傾北起、北傾南起，或中沒邊起、邊沒中起，一切佛刹如是旋轉現十二相，其中無一衆生有惱害者，放大勝光照諸佛刹，滅除一切世間諸闇，普得光明，所有一切諸佛刹土，皆悉於此佛刹中現，或佛刹中有佛無佛若成若壞，亦皆於

此佛刹中現。【略】

爾時世尊如師子王，安庠顧視，觀察十方，觀十方已，告海妙深持自在智通菩薩摩訶薩言：善丈夫，如來諸地甚深難知，不可得底難可覺了，出過一切文辭言說。何以故，善丈夫，聲聞辟支佛等諸地尚不可說，何況菩薩諸地一切如來佛地名也。時海妙深持菩薩白佛言：世尊，聲聞諸地爲有幾多。佛言：善丈夫，聲聞之地凡有十種。何等爲十，一者受三歸地，二者信地，三者信法地，四者内凡夫地，五者學信戒地，六者八人地，七者須陁洹地，八者斯陁含地，九者阿那含地，十者阿羅漢地。善丈夫，是名十種聲聞之地。海妙深持菩薩復問佛言：世尊，辟支佛地復有幾許。佛言：善丈夫，辟支佛地有其十種。何等爲十，一者昔行具足地，二者自覺甚深十二因緣地，三者覺了四聖諦地，四者甚深利智地，五者八聖道地，六者覺了法界虚空界衆生界地，七者證寂滅地，八者六通地，九者徹祕密地，十者習氣漸薄地。善丈夫，是名十種辟支佛地。海妙深持菩薩復問佛言：世尊，諸菩薩地復有幾種。佛言：善丈夫，菩薩諸地有其十種。何者爲十，一者歡喜地，二者離垢地，三者明地，四者焰慧地，五者難勝地，六者現前地，七者遠行地，八者不動地，九者善慧地，十者法雲地。善丈夫，是名菩薩十種諸地。海妙深持菩薩復問佛言：世尊，一切自地從何處生。佛言：善丈夫，一切自地從佛地生。

尸羅達摩譯《佛說十地經》卷一 唯諸佛子一切菩薩有十智地，是以過去未來現在諸佛，已說當說今說，由此密意我作是言。何等爲十，一名極喜地，二名離垢，三名發光，四名焰慧，五名難勝，六名現前，七名遠行，八名不動，九名善慧，十名法雲。唯諸佛子，此名一切菩薩十地。是以過去未來現在諸佛，已說當說今說，唯諸佛子，我不見有諸佛國界，彼中如來不歎說此菩薩十地者。所以者何，是諸菩薩增上勝妙，能淨一切諸菩薩道法門光明，謂即十地安立解釋。唯諸佛子，當知此處不可思議，謂於諸地安立法中自所證智。

實叉難陀譯《大方廣佛華嚴經》 爾時，十方諸佛各伸右手摩金剛藏菩薩頂。摩頂已，金剛藏菩薩從三昧起，普告一切菩薩衆言：諸佛子，諸菩薩願善決定，無雜不可見，廣大如法界，究竟如虚空，盡未來際遍一切佛刹，救護一切衆生，爲一切諸佛所護，入過去、未來、現在諸佛智地。佛子，何等爲菩薩摩訶薩智地，佛子，菩薩摩訶薩智地有十種，過去、未來、現在諸佛，已說、當說、今說，我亦如是說。何等爲十，一者歡喜地，二者離垢地，三者發光地，四者焰慧地，五者難勝地，六者現前地，七者遠行地，八者不動地，九者善慧地，十者法雲地。佛子，此菩薩十地，三世諸佛已說、當說、今說。佛子，我不見有諸佛國土，其中如來不說此十地者。何以故，此是菩薩摩訶薩向菩提最上道，亦是清淨法光明門，所謂分別演說菩薩諸地。佛子，此處不可思議，所謂諸菩薩隨證智。【略】

佛子，若有衆生深種善根，善修諸行，善集助道，善供養諸佛，善集白淨法，爲善知識，善攝善清淨深心，立廣大志，生廣大解，慈悲現前，爲求佛智故，爲得十力故，爲得大無畏故，爲得佛平等法故，爲救一切世間故，爲淨大慈悲故，爲得十力無餘智故，爲淨一切佛刹無障礙故，爲一念知一切三世故，爲轉大法輪無所畏故。佛子，菩薩起如是心，以大悲爲首，智慧增上，善巧方便所攝，最上深心所持，如來力無量，善觀察分別勇猛力智、力無礙智、現前隨順自然智，能受一切佛法，以智慧教化，廣大如法界，究竟如虚空，盡未來際。佛子，菩薩始發如是心，即得超凡夫地，入菩薩位，生如來家，無能說其種族過失，離世間趣，入出世道，得菩薩法，住菩薩處，入三世平等，於如來種中決定當得無上菩提。菩薩住如是法，名住菩薩歡喜地，以不動相應故。【略】

佛子，菩薩摩訶薩已修初地，欲入第二地，當起十種深心。何等爲十，所謂正直心、柔軟心、堪能心、調伏心、寂靜心、純善心、不雜心、無顧戀心、廣心、大心。菩薩以此十心，得入第二離垢地。佛子，菩薩住離垢地，性自遠離一切殺生，不畜刀杖，不懷怨恨，有慚有愧，仁恕具足，於一切衆生有命之者，常生利益慈念之心。【略】

佛子，菩薩摩訶薩已淨第二地，欲入第三地，當起十種深心。何等爲十，所謂清淨心、安住心、厭捨心、離貪心、不退心、堅固心、明盛心、勇猛心、廣心、大心。菩薩以是十心，得入第三地。佛子，菩薩摩訶薩住第三地已，觀一切有爲法如實相。所謂無常、苦、不淨、不安隱，敗壞、不久住，剎那生滅，非從前際生，非向後際去，非於現在住。又觀此法無救、無依，與憂、與悲，苦惱同住，愛憎所繫，愁慼轉多，無有停積，

貪、恚、癡火熾然不息，眾患所纏，日夜增長，如幻不實。【略】

佛子，菩薩摩訶薩第三地善清淨已，欲入第四焰慧地，當修行十法明門。何等爲十，所謂觀察眾生界、觀察法界、觀察世界、觀察虛空界、觀察識界、觀察欲界、觀察色界、觀察無色界、觀察廣心信解界、觀察大心信解界。菩薩以此十法明門，得入第四焰慧地。佛子，菩薩住此焰慧地，則能以十種智成熟法故，得彼內法，生如來家。何等爲十，所謂深心不退故。於三寶中生淨信，畢竟不壞故。觀諸行生滅故。觀諸法自性無生故。觀世間成壞故。觀因業有生故。觀生死涅槃故。觀眾生國土業故。觀前際後際故。觀無所有盡故。是爲十。佛子，菩薩住此第四地，觀內身循身觀，勤勇念知，除世間貪憂。觀外身循身觀，勤勇念知，除世間貪憂。觀內外身循身觀，勤勇念知，除世間貪憂。如是，觀內受、外受、內外受循受觀，觀內心、外心、內外心循心觀，觀內法、外法、內外法循法觀，勤勇念知，除世間貪憂。【略】

佛子，菩薩摩訶薩第四地所行道善圓滿已，欲入第五難勝地，當以十種平等清淨心趣入。何等爲十，所謂於過去佛法平等清淨心、未來佛法平等清淨心、現在佛法平等清淨心、戒平等清淨心、心平等清淨心、除見疑悔平等清淨心、道非道智平等清淨心、修行智見平等清淨心、於一切菩提分法上上觀察平等清淨心、教化一切眾生平等清淨心。菩薩摩訶薩以此十種平等清淨心，得入菩薩第五地。佛子，菩薩摩訶薩住此第五地已，以善修菩提分法故，善淨深心故，復轉求上勝道故，隨順真如故，願力所持故，於一切眾生慈愍不捨故，積集福智助道故，精勤修習不息故，出生善巧方便故，觀察照明上上地故，受如來護念故，念智力所持故，得不退轉心。【略】

佛子，菩薩摩訶薩已具足第五地，欲入第六現前地，當觀察十平等法。何等爲十，所謂一切法無相故平等，無體故平等，無生故平等，無成故平等，本來清淨故平等，無戲論故平等，無取捨故平等，寂靜故平等，如幻、如夢、如影、如響、如水中月、如鏡中像、如焰、如化故平等，有、無不二故平等。菩薩如是觀一切法自性清淨，隨順無違，得入第六現前地，得明利隨順忍，未得無生法忍。【略】

佛子，菩薩摩訶薩具足第六地行已，欲入第七遠行地，當修十種方便慧起殊勝道。何等爲十，所謂雖善修空、無相、無願三昧，而慈悲不捨眾生，雖得諸佛平等法，而樂常供養佛。雖入觀空智門，而勤集福德。雖遠離三界，而莊嚴三界。雖畢竟寂滅諸煩惱焰，而能爲一切眾生起滅貪、瞋、癡煩惱焰。雖知諸法如幻、如夢、如影、如響、如焰、如化、如水中月、如鏡中像，自性無二，而隨心作業無量差別。雖知一切國土猶如虛空，而能以清淨妙行莊嚴佛土。雖知諸佛法身本性無身，而以相好莊嚴其身。雖知諸佛音聲性空寂滅不可言說，而能隨一切眾生出種種差別清淨音聲。雖隨諸佛了知三世唯是一念，而隨眾生意解分別，以種種相、種種時、種種劫數而修諸行。菩薩以如是十種方便慧起殊勝行，從第六地入第七地，入已，此行常現在前，名爲住第七遠行地。【略】

佛子，菩薩摩訶薩於七地中，善修習方便慧，善清淨諸道，善集助道法。大願力所攝，如來力所加，自善力所持，常念如來力、無所畏、不共佛法，善清淨深心思覺，能成就福德智慧，大慈大悲不捨眾生，入無量智道，入一切法，本來無生、無起、無相、無成、無壞、無盡、無轉，無性爲性，初、中、後際皆悉平等，無分別如如智之所入處，離一切心、意、識分別想，無所取著猶如虛空，入一切法如虛空性，是名得無生法忍。佛子，菩薩成就此忍，即時得入第八不動地，爲深行菩薩難可知無差別，離一切相、一切想、一切執著，無量無邊，一切聲聞、辟支佛所不能及，離諸諠諍，寂滅現前。【略】

佛子，菩薩摩訶薩以如是無量智思量觀察，欲更求轉勝寂滅解脫，復修習如來智慧，入如來祕密法，觀察不思議大智性，淨諸陀羅尼三昧門，具廣大神通，入差別世界，修力、無畏、不共法，隨諸佛轉法輪，不捨大悲本願力，得入菩薩第九善慧地。佛子，菩薩摩訶薩住此善慧地，如實知善不善無記法行、有漏無漏法行、世間出世間法行、思議不思議法行、定不定法行、聲聞獨覺法行、菩薩行法行、如來地法行、有爲法行、無爲法行。此菩薩以如是智慧，如實知眾生心稠林、煩惱稠林、業稠林、根稠林、解稠林、性稠林、樂欲稠林、隨眠稠林、受生稠林、習氣相續稠林、三聚差別稠林。此菩薩如實知眾生心種種相，所謂雜起相、速轉相、壞不壞相、無形質相、無邊際相、清淨相、垢無垢相、縛不縛相、幻所作相、隨諸趣生相。如是百千萬億乃至無量，皆如實知。【略】

佛子，是名菩薩受大智職。菩薩以此大智職故，能行無量百千萬億那由他難行之行，增長無量智慧功德，名爲安住法雲地。佛子，菩薩摩訶薩住此法雲地，如實知欲界集、色界集、無色界集、世界集、法界集、有爲界集、無爲界集、衆生界集、識界集、虚空界集、涅槃界集。此菩薩如實知諸見煩惱行集，知世界成壞集，知聲聞行集、辟支佛行集、菩薩行集、如來力無所畏色身法身集、一切種一切智智集、示得菩提轉法輪集、入一切法分別決定智集。舉要言之，以一切智，知一切集。

良賁《仁王護國般若波羅蜜多經疏》卷中　一切善地者，依《大般若》，三乘共行十地。一乾慧地，二性地，三八人地，四見地，五薄地，六離垢地，七已辦地，八獨覺地，九菩薩地，十如來地。於此十中菩薩第九，今習種位由發大心雙修二利故。雖下忍即超前八故，云超過一切善地。又以義言，二乘皆有見修無學，菩薩超彼，故云一切。

德清《大方廣佛華嚴經綱要》卷三四　論云：一成就無上自利利他行，初證聖處多生歡喜，名歡喜地。由前三位修習，今得初成，聖位新得故生歡喜也。二離能起誤心犯戒煩惱垢故，清淨戒具足故，名離垢地。三隨聞思修等照法顯現故爲明地，謂得四地慧光明相故，名明地。《唯識》此經皆名發光，謂成就勝定大法總持，能發無邊妙慧光故，此約後位得名。四不忘煩惱薪智火能燒故，名燄地。燄乃慧燄，即根本智火，能燒前地聞持不忘，恃以成慢之煩惱薪故。五得出世間智方便善巧，能度難度故，名難勝。謂眞俗無違，極難勝故，既能出世又能隨俗，巧達五明，能度偏滯，實爲難勝。六般若波羅蜜行有間大智現前故，名現前地。謂妙達緣生，引無分別，名般若行，親如目覩名曰現前。七善修無相行功用究竟，能過世間二乘出世間道，故名遠行。此有三義，一善修無相到無相邊，二功用至極，三望前超過故。八報行純熟無相無間，故名不動。此有三義，一捨三界行生，受變易果，故云報行，依此起行，任運而成，故功用不動。二得無生忍，無相妙慧，則有相不動。三此二無間故，煩惱不動。九得無礙力，說法成就利他行故，名善慧地。得無礙慧，尚未稱善，偏說偏益，方名爲善。十得大法身具足自在故，名法雲。此有二義，一得大法身如雲，能說法如雨，自在用故。二諸佛大法雲雨，悉能受故。

十地心

竺佛念譯《菩薩瓔珞本業經》卷上　佛子，十地心者，一四無量心，二十善心，三明光心，四焰慧心，五大勝心，六現前心，七無生心，八不思議心，九慧光心，十受位心。

十行

佛馱跋陀羅譯《大方廣佛華嚴經》卷九　佛子，何等爲菩薩摩訶薩行。菩薩有十行，三世諸佛之所宣說。何等爲十，一者歡喜行，二者饒益行，三者無恚恨行，四者無盡行，五者離癡亂行，六者善現行，七者無著行，八者尊重行，九者善法行，十者眞實行，是爲十行。

佛子，何等爲菩薩摩訶薩歡喜行。此菩薩爲大施主，悉能捨離一切所有，等心惠施一切衆生，施已無悔，不望果報，不求名譽，不求生勝處，不求利養，但欲救護一切衆生，欲攝取一切衆生，欲饒益一切衆生，欲學一切諸佛本行，欲正憶念諸佛本行，欲得清淨諸佛本行，欲得受持諸佛本行，欲顯現諸佛本行，欲廣說諸佛本行，欲令一切離苦得樂，是名菩薩摩訶薩歡喜行。菩薩修歡喜行時，一切衆生歡喜愛敬，隨諸方土有貧窮處，菩薩願往生彼。【略】

佛子，何等爲菩薩摩訶薩第二饒益行。此菩薩持戒清淨，於色聲香味觸法，心無染著，廣爲衆生說無染法，不求生於人天勝處尊貴之家，不求利養，不求端正，不求帝王，但堅持淨戒，作如是念，我持淨戒，離一切纏煩惱熾火憂悲苦惱，不負衆生，諸佛歡喜，究竟成就無上菩提。菩薩如是持淨戒時，於一日中，若有無量無數阿僧祇諸大魔王，一一魔王，各將無量無數阿僧祇諸天女衆，皆悉端正顔貌姝妙，姿容妖豔，傾惑人心，又復齎持一切樂具，欲來惑亂菩薩道意。爾時菩薩作如是念，此五欲者是障道法，乃能障礙無上菩提。是故菩薩，乃至不生一念欲心，心淨如佛，除其方便，教化衆生，內不離菩薩一切種智，堅固正念，不爲五欲因緣故，起一惡念，惱亂衆生，寧捨身命，不加惡於人，若加惡於人無有是處。菩薩自見佛已來，未曾有心起一欲想，何況從事，若或從事無有是處。爾時菩薩作如是念，衆生長夜在生死中，憶念五欲，貪著五欲，愛樂五欲，心常流轉五欲境界，永沒五欲，莫之能出，我今應當作如是學，令諸魔王天女眷屬及一切衆生立無上戒，立淨戒已，又教令得不退轉地一切種智成等正覺，乃至究竟無餘涅槃。【略】

佛子，何等爲菩薩摩訶薩第三無恚恨行。此菩薩常能修習忍辱之法，謙卑恭敬，和顔愛語，不自害不害他亦不俱害，不自舉不舉他亦不兩舉，不自是不是他亦不兩是，不自讚歎，但作是念，我當常爲衆生說法離一切惡，斷貪恚癡憍慢亂心慳嫉諂曲，以大忍法而安立之。菩薩成就如是清淨忍法，設有無量無數衆生，一一衆生，各有無量無數眷屬，一一衆生，各有無量無數化頭，頭有無量阿僧祇舌，舌出無量無數惡聲，聲出無量無數惡罵音辭，鄙穢毀辱菩薩，又此衆生，各有無量阿僧祇手，手執無量無數刀杖，捶擊摧辱毀害菩薩，乃至無量阿僧祇劫未曾休息。菩薩遭此楚毒之時，作如是念，我因是苦，若生恚心，則自不調伏，自不守護，自不明了，自不寂靜，自不修定，自不眞實，自愛其身，何能令彼生歡喜心而得度脫。菩薩作是思惟，因身心故，於無量劫受諸苦惱，是故重自勸勵，令心歡喜，善自調攝。何以故，我當安住無上法故，欲令衆生亦得此法。復更思惟，此身空寂，無我我所，無眞實性，空無有二，若苦若樂皆無所有，諸法空故，我當解了，廣爲人說，是故我今雖遭苦毒應當忍受，爲愍傷衆生故，饒益衆生故，安隱衆生故，攝取衆生故，不捨衆生故，欲令衆生得不退轉究竟成就無上菩提，佛所行法我當修行。是名菩薩摩訶薩第三無恚恨行。

佛子，何等爲菩薩摩訶薩第四無盡行。此菩薩勤修精進，勝精進最勝精進，第一精進大精進微妙精進，上精進無上精進，無等精進無等等精進，彼菩薩不爲貪欲所亂，不爲瞋恚愚癡憍慢惱害慳嫉嫌恨諂曲無慚無愧之所惱亂。菩薩復作是念，我不欲惱諸衆生，乃至不欲惱一衆生故，勤修精進，但欲捨離諸煩惱故，修行精進，欲害一切結故，修行精進，欲離一切習氣故，修行精進，欲悉分別一切衆生死此生彼故，修行精進，欲知一切衆生煩惱習故，修行精進，欲知一切衆生種種希望故，修行精進。【略】

如是念次第，常不廢忘菩提之心。菩薩若聞是語，不退不悔，歡喜踴躍，勤修精進，作如是念，我得善利，因我故令無量無邊阿僧祇世界衆生永離衆苦。菩薩復作是念，我當代一切衆生受一切苦，普令衆生離一切苦，悉皆究竟無餘涅槃，然後我當成無上道。是名菩薩摩訶薩第四無盡行。

佛子，何等爲菩薩摩訶薩第五離癡亂行。此菩薩成就第一正念，未曾散亂，堅固不壞，第一最勝清淨無量，捨離癡冥分別正念，善能受持世間出世間經論，色法非色法經論，受想行識經論，無有癡亂，死此生彼無有癡亂，處胎出胎無有癡亂，住菩提心無有癡亂，親近善知識無有癡亂，學諸佛法無有癡亂，覺諸魔事無有癡亂，遠離魔事無有癡亂，於無量劫修菩薩行。菩薩成就如是等無量無數堅固正念，於無量無數阿僧祇劫，從諸佛菩薩善知識所聞受正法，所謂甚深法，微妙法，莊嚴法，種種莊嚴法，種種名味句身法，莊嚴菩薩法，莊嚴諸佛無上法，正希望清淨法，不染一切世間法，分別一切世間法，廣法無量法，捨離癡暗分別世間法，共法不共法，菩薩智境界法，一切智自在法。菩薩聞此法已，於無量無邊阿僧祇劫，未曾退忘。何以故，菩薩摩訶薩，本無量劫修道行時，未曾惱亂衆生，正念三昧，不斷正法，不斷善根，不斷智慧故。此菩薩無量種聲不能嬈亂，所謂高大聲，惱亂聲，令人恐怖聲，微妙聲，不可愛聲，散亂六根聲，菩薩聞如是等無量無數好惡諸聲，於正念不亂，三昧不亂，境界不亂，入微妙法不亂，菩薩行不亂，修習菩提心不亂，念佛三昧不亂，觀察眞實法不亂，教化衆生智不亂，成就衆生不亂，安立衆生清淨智不亂，觀察甚深義不亂，不行惡業故無惡業障，不行煩惱故無煩惱障，不行不恭敬故無不恭敬障，不行謗法故無謗法障，如是等無量種聲，一一音聲，充滿十方無量無邊阿僧祇世界，於無量無邊阿僧祇劫，未曾斷絶悉能壞亂衆生諸根，令其發狂而不能亂此菩薩甚深三昧，菩薩於三昧中，思惟分別一切音聲生住滅相，善分別知生住滅性，亦善觀察諸聞聲者，聞好惡聲，心無憎愛，正念不亂，於彼諸聲善取其相而不染著，知一切聲皆無所有，非眞實性，無有造者亦無本際，與法性等無有差別。是菩薩成就寂靜身口意行，不復退轉，安住諸禪三昧正受，悟一切法智慧成就，得離一切音聲三昧，阿僧祇三昧門以爲眷屬，長養大悲，於念念中，能得無量阿僧祇三昧，究竟成就一切種智。菩薩聞此能壞諸根大惡音聲已，作如是念，我當令一切衆生安住清淨正念，於一切智得不退轉，究竟成就無餘涅槃。是名菩薩摩訶薩第五離癡亂行。

佛子，何等爲菩薩摩訶薩第六善現行。此菩薩成就寂滅身口意業，無所有無所示現，身口意業，無縛無脱，身口意業，無縛無脱，諸所示現，無所依，無所住，隨心住，無量心性等一切法性，等無性相，示現無相相，甚深無底，如如性離業報，善方便出生離生，不生不滅，寂滅涅槃等，非有説有，語言道斷，離一切世間，無所依住，長養菩薩所起善根，入離虚妄無縛無著法門，入眞實法門，入離世間法門，分別一切世間法。菩薩作如是念，一切衆生無性爲性，一切諸法無爲爲性，一切佛刹無相爲相，究竟三世皆悉無性，言語道斷，於一切法而無所依。菩薩解如是等諸甚深法，解一切世間悉皆寂滅，解一切諸佛甚深妙法，解佛法世間法等無差別，世間法入佛法，佛法入世間法，佛法世間法而不雜亂，世間法不壞佛法，眞實法界不可破壞，安住三世平等正法，亦不捨菩提心，不捨教化衆生心，增長大慈大悲心，悉欲救度一切衆生。【略】

未成熟者教令成熟，未調伏者教令調伏，諸未度者教令得度，是菩薩住此行時，諸天世人魔王釋梵沙門婆羅門諸天乾闥婆等，見此菩薩歡喜敬仰，若有衆生，恭敬供養尊重禮拜，乃至見聞皆悉不虚，畢定究竟阿耨多羅三藐三菩提。是名菩薩摩訶薩第六善現行。

佛子，何等爲菩薩摩訶薩第七無著行。此菩薩以無著心，於念念中，能觀察阿僧祇世界，嚴淨阿僧祇佛刹，於諸佛刹心無染著。【略】

菩薩如是觀察無我，見佛化度一切衆生，於佛法中得無量喜，起大慈悲救護一切，心無憂惱，得歡喜願，未成熟者當令成熟，未調伏者當令調伏，遠離世間，而能隨順一切世間。若聞諸方國土衆生音聲，衆生諸業衆生施設，衆生和合衆生流轉，衆生諸行衆生境界，衆生諸地衆生興起，我當乘大願之力普至彼處，終不捨弘誓，教化衆生，乃至不起一念染著。所以者何，以無所著故，自利利彼清淨滿足。是名菩薩摩訶薩第七無著行。

佛子，何等爲菩薩摩訶薩第八尊重行。此菩薩成就尊重善根，不壞善根，最勝善根，不思議善根，無盡善根，不退善根，無比善根，寂靜善根，一切佛法善根。此菩薩修習行時，心常愛樂諸佛妙法，一向專求無上菩提，未曾暫捨菩薩大願，於無量劫行菩薩道，不計衆苦而生憂惱，一切衆魔所不能壞，一切諸佛悉共護念，常行菩薩諸清淨行，精勤修習一切菩薩無量苦行，未曾懈倦，得不退轉大乘弘願。此菩薩安住尊重菩薩行已，於念念中能轉阿僧祇劫生死苦難，長養菩薩無量大願。

佛子，何等爲菩薩摩訶薩第九善法行。此菩薩爲諸天人沙門婆羅門乾闥婆等一切衆生，作清涼法地，守護正法，佛種不絶。得清淨陁羅尼故，説法無障礙。得義陁羅尼故，義辯不可盡。得法陁羅尼故，法辯不可盡。得正語陁羅尼故，辭辯不可盡。得無障礙陁羅尼故，説義味不可盡。得佛甘露灌頂陁羅尼故，令衆生歡喜辯不可盡。【略】

佛子，何等爲菩薩摩訶薩眞實行。此菩薩成就第一誠諦之語，如説能行，如行能説。此菩薩學三世諸佛眞實語，入三世諸佛性，與三世諸佛善根等。此菩薩成就如是等一切善根，學三世諸佛無二語，隨順如來一切智慧。此菩薩成就衆生是處非處智，衆生去來現在一切業報智。

澄觀《新譯華嚴經》 云何十行，一歡喜行，二饒益行，三無恚恨行，四無盡行，五無癡行，六善現行，七無著行，八尊重行，九善法行，十眞實行。釋此行名亦有二，初總後別。初總名者，此位菩薩行六度等諸行勝，故名之爲行。後別名者，一此位菩薩爲大施主，一切能捨，三時無悔，利譽不悕，滑生慕法，覩者歡敬，名歡喜行。二此位常持淨戒不染五欲，能伏衆魔一切衆生立無上戒，得不退地，名饒益行。三此位常修忍辱謙卑恭敬，和顔愛語，不害自他，悟身空寂，怨對能忍，名無恚恨行。四此位假設多劫受諸劇苦，求法濟生，念念不息，名無盡行。五此位常住正念，恆無散亂，於一切法乃至生死入住出胎無有癡亂，名無癡行。六此位善入人法，皆無性相，三業寂滅，無縛無著，而復不捨化衆生心，巧能隨類現生救物，名善現行。七此位歷諸塵刹，供佛求法，傳燈度生，心無厭足，然以寂滅觀諸法故，而於一切心無所著，名無著行。八此位尊重善根智慧等法，皆悉成就，而由得斯諸尊重法二利之行，更增修習，名尊重行。九此位得四無礙陁羅尼門諸善慧法，能爲衆生作清涼池，守護正法，佛種不絶，名善法行。十此位菩薩成就第一誠諦之語，學三世佛眞實之語、無二之語，如說能行，如行能說，語行相應，心境皆順，名眞實行。

湛然《華嚴經內章門等雜孔目》卷二　十行者，但施成自他喜故，一名歡喜行。戒成自他利故，二名饒益行。忍成自他，無瞋恨故，三名無恚恨行。精進成勝德故，四名無盡行。禪波羅蜜寂靜故，五名離癡亂行。般若證智緣起現前故，六名善現行。方便善巧，成自他事故，七名無著行。願事自在，隨意能成故，八名尊重行。勝力自在，成就衆生故，九名善法行。三業利他作事不虛，如說能行，如行能說故，十名眞實行。起作故是行義，此義在三乘，不通小乘教，初教即空，終教即如。

十耳

佛馱跋陀羅譯《大方廣佛華嚴經》卷三五　佛子，菩薩摩訶薩，有十種耳。何等爲十，所謂聞讚歎聲，斷除貪愛。聞毁呰聲，斷除瞋恚。聞聲聞緣覺聲，不起求心。聞菩薩道聲，發起歡喜奇特之心。聞地獄、畜生、餓鬼、閻羅王、阿脩羅一切難處貧苦音聲，發起大悲莊嚴而自莊嚴。聞天人趣勝妙音聲，觀一切法皆悉無常。聞佛功德音聲，勤修精進究竟滿足一切功德。聞波羅蜜四攝菩薩經藏音聲，發究竟心到於彼岸。聞十方世界一切音聲，悉了如響，菩薩摩訶薩，從初發心乃至道場，常正受法耳，而亦不捨教化成熟一切衆生。佛子，是爲菩薩摩訶薩十種耳。若菩薩摩訶薩，成就此耳，則得一切諸佛無上大智慧耳。

實叉難陀譯《大方廣佛華嚴經》卷五七　佛子，菩薩摩訶薩有十種耳。何等爲十，所謂聞讚歎聲，斷除貪愛。聞毁呰聲，斷除瞋恚。聞說二乘，不著不求。聞菩薩道，歡喜踴躍。聞地獄等諸苦難處，起大悲心，發弘誓願。聞說人、天勝妙之事，知彼皆是無常之法。聞有讚歎諸佛功德，勤加精進，令速圓滿。聞說六度、四攝等法，發心修行，願到彼岸。聞十方世界一切音聲，悉知如響，入不可說甚深妙義，菩薩摩訶薩從初發心乃至道場，常聞正法未曾暫息，而恆不捨化衆生事。是爲十。若諸菩薩成就此法，則得如來無上大智慧耳。

法藏《華嚴經探玄記》卷一七　三有十耳者，如理聽聞故，依聞起行故。初二離違離順，次二棄小欣大，次二慜苦離樂，次二求佛究法，後二了俗至眞。

十因

玄奘譯《瑜伽師地論》卷三八　云何內明，論顯示正因果相，謂有十種因，當知建立無顛倒因，攝一切因，或爲雜染，或爲清淨，或爲世間彼彼稼穡等無記法轉。云何十因，一隨說因，二觀待因，三牽引因，四攝受因，五生起因，六引發因，七定別因，八同事因，九相違因，十不相違因。謂一切法名爲先故，想，想爲先故，說是，名彼諸法隨說因。觀待此故此爲因故，於彼彼事若求若取，此名彼觀待因。如觀待手故，手爲因故，有執持業，觀待足故，足爲因故，有往來業，觀待節故，節爲因故，有屈申業，觀待飢渴故飢渴爲因故於諸飲食若求若取，隨如是等無量道理，應當了知觀待因相。一切種子望後自果，名牽引因。除種子外所餘諸緣，名攝受因。即諸種子望初自果，名生起因。即初種子所生起果，望後種子所牽引果，名引發因。種種異類各別因緣，名定別因。若觀待因，若牽引因，若攝受因，若生起因，若引發因，若定別因，如是諸因總攝爲一，名同事因。於所生法能障礙因，名相違因。此障礙因若闕若離，名不相違因。當知相違略有六種。一語言相違，謂有一類，或諸沙門或婆羅門所造諸論前後相違。二道理相違，謂爲成立，諸所成立，諸所知義，建立比量，不與證成道理相應。三生起相違，謂所生法能生緣闕障生緣會。四同處相違，謂明闇貪瞋苦樂等法。五怨敵相違，謂毒蛇鼠狼貓貍鼠互爲敵惡知識等。六障治相違，謂修不淨與諸貪欲，修慈與瞋，修悲與害，修七覺支、八聖道支與三界繫一切煩惱，於此義中正意唯取生起相違。此一切因二因所攝，一能生因，二方便因。當知此中牽引種子生起種子名能生因，所餘諸因名方便因。復有四緣，一因緣，二等無間緣，三所緣緣，四增上緣。當知此中若能生因是名因緣，若方便因是增上緣，等無間緣及所緣緣，唯望一切心心法說。由彼一切心及心法前生開導所攝受故，所緣境界所攝受故，方生方轉。是故當知等無間緣及所緣緣，攝受因攝。

如是十因，云何能令一切世間種種事轉，云何能令雜染事轉，云何能令清淨事轉。謂於世間種種稼穡，隨諸穀數世資生物，所有種種名想言說，謂大麥小麥稻穀胡麻大小豆等，即此望彼種種稼穡，爲隨說因，如言大麥持去持來，若磨若置，如是等類種種隨說。如說大麥，餘小麥等當知亦爾。觀待飢渴，羸劣身住觀待段食。所有愛味，於彼追求執取受用，即說彼法爲觀待因。由彼各別自種子故，種種稼穡差別而生，即說彼種子爲此牽引因。地雨等緣能生於芽，名攝受因。即彼種子望所生芽，名生起因。芽莖葉等展轉相續，望彼稼穡，若成若熟，爲引發因。從大麥種生大麥芽、大麥苗稼，不生餘類，如是所餘，當知亦爾，即說彼爲此定異因，即彼一切從觀待因至定異因。同爲稼穡而得成熟，名同事因。非彼稼穡隨闕一因而得成熟，是故一切和合，說爲此同事因。霜雹災等諸障礙法，望彼滋稼，爲相違因。彼闕無障是諸滋稼，不相違因。如是十因，於餘世間種種事物，隨其所應當知，廣如攝穀論說。

又於一切雜染，緣起所有種種名想言說，謂無明行識名色，廣說乃至老死愁悲憂苦擾惱，即此望彼諸雜染法，爲隨說因。如言無明緣行乃至生緣老死，如是等類種種隨說，觀行境界所有愛味，於諸有支相續流轉，即彼望此諸雜染法，爲觀待因。於現法中無明等法，所有已生已長種子，今此種子望於餘生生老死等，爲牽引因。近不善士聞不正法非理作意，及先串習所引勢力生無明等，名攝受因。無明等法各別種子，名生起因。從無明支乃至有支，展轉引發後後相續，望於餘生生老死等，爲引發因。餘無明支及自種子乃至有支，能生那洛迦，餘無明支及自種子乃至有支，能生傍生餓鬼人天當知亦爾，即此望彼諸雜染法，名定異因。即彼一切從觀待因至定異因，名同事因。此雜染法相違因者，謂出世間種姓具足，值佛出世演說正法，親近善士，聽聞正法，如理作意，法隨法行及與一切菩提分法。即如所說種種善法，若闕若離，是雜染法不相違因。如是十因，應知能起一切有情一切雜染。

又於一切清淨品法及滅涅槃，所有種種名想言說，即此望彼諸清淨法，爲隨說因。如言念住正斷乃至八聖道支，無明滅故行滅，廣說乃至生滅故老死滅，如是等類種種隨說，觀待諸行多過患故，樂求清淨攝受清淨，成滿清淨，彼望於此，爲觀待因。安住種姓補特伽羅，種姓具足能爲上首，證有餘依及無餘依二涅槃界，彼望清淨，爲牽引因。親近善士，聽聞正法，如理作意，及先所作諸根成熟，名攝受因。種姓所攝一切無漏菩提分法所有種子，望彼一切菩提分法，爲生起因。即自種子所生一切菩提分法，漸次能證若有餘依若無餘依二涅槃界，名引發因。聲聞種姓以聲聞乘能般涅槃，獨覺種姓以獨覺乘能般涅槃，大乘種姓以無上乘能般涅槃，彼望清淨，爲定異因。若清淨品觀待因乃至定異因，彼望清淨，爲同事因。種姓不具足，不值佛出世，生諸無暇處，不親近善士，不聽聞正法，不如理作意，數習諸邪行，彼望清淨，爲相違因。此相違因若闕若離，是名清淨不相違因。若雜染品諸相違因，當知即是清淨法因。若清淨品諸相違因，當知即是雜染法因。如是現有雜染十因、清淨十因，過去未來曾當染淨皆亦如是，一切唯有如是十因，除此無有若過若增。

王肯堂《成唯識論證義》卷八 十因者，一隨說因，二觀待因，三牽引因，四生起因，五攝受因，六引發因，七定異因，八同事因，九相違因，十不相違因。

云何此依十五處立。問也。一語依處謂法名想（至）便顯此因是語依處。一依語依處，施設隨說因。所以者何，由於欲界繫法、色無色界繫法及不繫法施設，即以法、名、想三爲語因。所言法者，即一切法，爲有此所詮諸法故，便能令諸有情內心起想，想像此等所詮諸法已，次方安立其名，內心安立名後，方能發語，即法名想三爲先是能起，方起得所起之語。即依此處，立隨說因。謂依此語下，釋隨說因。語即能說，義即所說，隨說即義，語處即因，故即能說之語爲所說之因也，集論說此是名想見，名字即名，取相即想，執著即見。由隨名字取相執著然後隨起言說，此以名相執著爲隨說因，即顯此因，是語依處。【略】

十依不障礙依處，立不相違因。此障礙因，若闕若離，名不相違因。《瑜伽》云，由欲繫法將得生，若無障礙現前，爾時便生，如欲繫法，如是色無色繫及不繫法亦爾，如生如是，得成辦用亦爾。是故依無障礙依處，施設不相違因，此即順增上緣也。

十纏

鳩摩羅什譯《大智度論》卷七　纏者十纏，瞋纏、覆罪纏、睡纏、眠纏、戲纏、掉纏、無慚纏、無愧纏、慳纏、嫉纏。復次一切煩惱結繞心故，盡名爲纏。煩惱者，能令心煩，能作惱故，名爲煩惱。煩惱有二種，内著，外著。内著者五見疑慢等，外著者婬瞋等。無明内外共。復有二種結，一屬愛，二屬見。復有三種，屬婬，屬瞋，屬癡。是名煩惱。纏者，有人言十纏，有人言五百纏。煩惱名一切結使，結有九，使有七，合爲九十八結。如迦旃延子阿毗曇義中説，十纏九十八結爲百八煩惱，餘阿毗曇中結使亦同，纏有五百。如是諸煩惱，菩薩能種種方便自斷，亦能巧方便斷他人諸煩惱。

玄奘譯《阿毗達磨俱舍論》卷二一　論曰：根本煩惱亦名爲纏，經説欲貪纏爲緣故，然品類足説有八纏，毗婆沙宗説纏有十，謂於前八更加忿覆。無慚無愧如前已釋。嫉謂於他諸興盛事令心不喜，慳謂財法巧施相違令心悋著，悔即惡作，如前已辯。眠謂令心昧略爲性，無有功力執持於身。悔眠二纏唯取染污，掉舉惛沈亦如前釋。除瞋及害於情非情，令心憤發，説名爲忿。隱藏自罪，説名爲覆。於此所説十種纏中，無慚慳掉舉是貪等流，無愧眠惛沈是無明等流，嫉忿是瞋等流，悔是疑等流。有説覆是貪等流，有説是無明等流，有説是俱等流。

圓暉《俱舍論頌疏論本》卷二一　纏有十，一無慚，二無愧，三嫉，四慳，五悔，六眠，七掉舉，八昏沈，九忿，十覆。無慚，無愧，根品已釋。嫉謂於他諸興盛事，令心不喜。慳謂財法巧施相違。悔即惡作，根品已釋。眠謂令心昧略爲性。悔眠二種，雖通善惡，今十纏中，唯取染污，掉舉昏沈，亦根品已釋。令心憤發，説名爲忿。隱藏自罪，説名爲覆。無慚，慳，掉舉，是貪家等流果也。無愧，眠昏沈，是無明等流。嫉，忿，是瞋家等流。悔是疑等流。覆，有説貪等流，有説癡等流，有説貪癡等流。有説智人覆，是貪等流。無智人覆，是癡等流。頌云覆諍者，三説不同，故名爲諍。

來舟《大乘本生心地觀經淺註》卷六　能縛煩惱結者，縛即纏縛，結謂結滯，即十纏十使爲能縛能結，一切衆生被纏縛故，不能出離生死，不能得證涅槃，是爲衆生生死根本也。言永斷者，是修行人決定眞無漏智，一時頓除不復更生，是爲永斷，有如是志者可以住之。十纏者，一無慚。慚即慚天，謂人於屏處作諸過惡，不自羞恥故。二無愧。愧即愧人，謂於人所見處爲諸過惡，不知羞恥，不知改過故。三嫉。嫉者，妬也，謂見他人榮富，必生妬忌不平故。四慳。慳者，悋也，謂於世間貲財，及出世間法財不肯惠施故。五悔。悔者，恨也，謂所作之過，蔕芥腦臆，不能自安故。六睡眠。睡眠者，謂人昏懵不惺，常樂睡眠，無所省察故。七掉舉。掉舉者，搖動也，謂心念動搖不能攝伏，於諸禪觀無由成就，身口掉動故。八昏沉。謂昏鈍沉墜也，即神識暗昧，懵然無知，不加精進之功，遂致沉墜海故。九瞋忿。謂恚怒也，即人於違情之境，不順己意，便發恚忿，忘失正念故。十覆。覆者，藏也，謂隱藏所作過惡，惟恐人知，不能悔過故。

十力

鳩摩羅什譯《大智度論》卷二四　佛有十力者，是處不是處如實知，一力也。知衆生過去未來現在諸業諸受，知造業處知因緣知報，二力也。知諸禪解脱三昧定，垢淨分别相如實知，三力也。知他衆生諸根，上下相如實知，四力也。知他衆生種種欲，五力也。知世間種種無數性，六力也。知一切道至處相，七力也。知種種宿命，共相共因緣一世、二世乃至百千世劫初劫盡，我在彼衆生中如是姓名，飲食苦樂，壽命長短，彼中死是間生是間死還生是間，此間生名姓，飲食苦樂，壽命長短亦如是，八力也。佛天眼淨，過諸天人，眼見衆生死時生時端正醜陋，若大若小，若墮惡道，若墮善道，如是業因緣受報，是諸衆生惡身業成就，惡口業成就，惡意業成就，謗毁聖人邪見，邪見業成就，是因緣故，身壞死時入惡道，生地獄中，是諸衆生善身業成就，善口業成就，善意業成就，不謗聖人正見，正見業成就，是因緣故，身壞死時入善道，生天上，九力也。佛諸漏盡故，無漏心解脱，無漏智慧解脱，現在法中自識知我生已盡，持戒已作，後有盡，如實知，十力也。問曰：是十力菩薩未得，聲聞辟支佛所不能得，今何以説。答曰：聲聞人雖不能得，若聞是十力功德，作是念佛有如是大功德，自慶言我等善利蒙益不少，得信心清淨，入盡苦道。諸菩薩者聞之，懃修菩薩道，當得如是十力等大功德果。【略】

復次諸菩薩修菩薩道，苦行事難辦難成，故欲懈息。是故佛言：行是十力，當得無量果報。譬如賈客主慰喻商人言，汝等慎勿疲惓，精勤努力得至寶山，當得七寶如意寶珠。佛亦如是安慰諸菩薩言，無得疲厭，當勤精進修菩薩道，行是十力，當得無量果報。如是等種種利益因緣故，説十力等。問曰：佛有無量力，何以故但説十力。答曰：諸佛雖有無量力，度人因緣故，説十力，足成辦其事。以是處不是處智力，分別籌量衆生是可度是不可度。以業報智力，分別籌量是人業障，是人報障，是人無障。以禪定解脱三昧智力，分別籌量是人著味，是人不著味。以上下根智力，分別籌量衆生智力多少。以種種欲智力，分別籌量衆生所樂。以種種性智力，分別籌量衆生深心所趣。以一切至處道智力，分別籌量衆生解脱門。以宿命智力，分別衆生先所從來。以生死智力，分別衆生生處好醜。以漏盡智力，分別籌量衆生得涅槃。佛用是十種力度脱衆生，審諦不錯，皆得具足，以是故佛雖有無量力，但説此十力。

復次是處不是處力定，知從是因緣，出是果報，是中總攝九，九爲欲度衆生故，於初力中分別有九種。何以故，是世間衆生現前見穀從種出，而不能知，何況心心數法因緣果報，佛於内外因緣果報，了了遍知，故名爲力。佛知是衆生業煩惱因緣故縛，淨禪定三昧解脱因緣故解，是一切衆生三世三種諸業諸煩惱輕重深淺麁細，佛悉遍知，故名力。一切衆生諸禪定解脱三昧大小深淺解脱因緣，佛悉遍知，故名力。衆生鈍根，爲後身故，作罪福業因緣，利根人爲不生故，集諸業，佛悉知此上下根好醜相，故名力。知一切衆生二種欲，作上下根因緣，二種欲善惡種種別異，佛悉遍知，故名力。二種欲由二種性因緣故，遍知衆生深心所趣，故名力。一切衆生種種性因緣故，行二種道，所謂善道惡道種種門所至處，佛悉遍知，故名力。過去未來世中因緣果報智慧無礙，是名宿命生死智力。知過去未來因果，已悉知方便壞因緣果報相續，是名漏盡力。佛知三世中二種因緣，分別籌量衆生根欲性，爲盡漏故説法，是漏盡力。問曰：何等爲是處不是處力。答曰：佛知一切諸法因緣果報定相，從是因緣生如是果報，從是因緣不生如是果報。所以者何，如《多性經》中説，是處不是處相，女身作轉輪聖王無是處。何以故，一切女人皆屬男子，不得自在故。女人尚不得作轉輪聖王，何況作佛。若女人得解脱涅槃，亦因男子得，無有自然得道。二轉輪聖王一時出世無是處，何以故，無怨業成就故。二轉輪聖王尚不同世，何況二佛。惡業得受樂報無是處，惡業尚不能得世間樂，何況出世樂。若惡行生天無是處，惡行尚不能得生天，何況涅槃。五蓋覆心散亂，離修七覺而得涅槃無是處，五蓋覆心離修七覺，尚不能得聲聞道，何況佛道。心無覆蓋，佛道可得，何況聲聞道。如是等是處不是處。【略】

業報智力者，身口所作業，及此生無作業所受戒業亦惡業，日夜隨生業用生罪福業。是業佛略説三處攝，是名一切業相。佛知一切衆生有業過去報亦過去，有業過去報在現在，有業過去報在未來，有業過去報在過去現在。【略】

如是等種種罪福業報，轉報亦應如是知，聲聞人但知惡業罪報、善業福報，不能如是細分別，佛悉遍知是業及業報，智慧勢力無礙、無盡、無能壞故，是名第二力。

禪定解脱三昧淨垢分別智力者。禪名四禪，佛知是禪佐助道法、名相義分、次第熏修、有漏無漏、學無學、淨垢、味不味、深淺分別等。八解脱，如禪中分別相説，禪攝一切色界定，説解脱攝一切定，禪波羅蜜，即是諸解脱。【略】

如是等一切諸禪定解脱即是三昧，是禪定，佛以甚深智慧盡知無能壞、無能勝，是名第三力。

知衆生上下根智力者。佛知衆生是利根、鈍根、中根，利智名爲上，鈍智名爲下。佛用是上下根智力，分別一切衆生，是利根，是中根，是鈍根。是人如是根，今世但能得初果，更不能得餘。是人但能得第二第三第四果，是人但能得初禪，是人但能得第二第三第四禪，乃至滅盡定亦如是。【略】

生死智力者。佛用天眼見衆生生死處，凡夫人用是天眼，極多見四天下，聲聞人極多傍見小千世界，上下亦遍見。問曰：大梵王亦能見千世界，有何等異。答曰：大梵王自於千世界中立則遍見，若在邊立則不見餘處。聲聞人則不爾，在所住處常見千世界。辟支佛見百千世界，諸佛見無量無邊諸世界。凡夫人天眼智，是通而非明亦如是，但見所有事，不能見隨業因緣受生，如宿命中說。

復次得天眼人中最第一者阿泥盧豆，色界四大造色，半頭清淨是天眼。佛天眼四大造色，遍頭清淨，是爲差別。復次聲聞人所住於三昧中得天眼，即所住三昧中能見，若有覺有觀三昧，若無覺有觀三昧，若無覺無觀三昧。佛隨所入三昧中住欲見盡見，若依無覺無觀三昧中得天眼，入有覺有觀三昧，若無覺有觀三昧中，亦能見。復次聲聞人用是天眼見時，所住三昧中，心入餘三昧，天眼則滅。佛則不爾，心雖入餘三昧，天眼不滅，是智慧遍知一切衆生生死所趣，無能壞，無能勝，是名第九力。【略】

問曰：是十力，何者最勝。答曰：各各於自事中大，如水能漬，火能燒，各自有力。有人言初力爲大，能攝十力故。或言漏盡力大，事辦得涅槃故。論者言是十力皆以無礙解脱爲根本，無礙解脱爲增上。問曰：若是十力獨是佛事，弟子今世無人能得，佛何以故說。答曰：斷人十力中疑故，無智人令心決定堅牢故，令四衆歡喜，言我等大師獨有如是力，不與一切衆生共。又諸外道輩言，憍曇氏沙門常寂靜處住，智慧縮沒，以是故發至誠言，我十種智力四無所畏安立具足，在大衆中說，具足智慧，教化衆生，如師子吼轉梵輪，一切外道及天世人無能轉者，爲止是謗故說是十力。

佛馱跋陀羅譯《大方廣佛華嚴經》卷三四 佛子，菩薩摩訶薩，有十種力。何等爲十，所謂直心力，於一切世界無染著故。深心力，不壞一切諸佛法故。方便力，究竟菩薩一切行故。智慧力，知一切衆生諸心行故。願力，令一切衆生願滿足故。行力，盡一切未來際劫不斷絕故。乘力，出生普現一切諸乘不轉大乘故。遊戲神通力，於一毛道示現一切清淨世界，一切如來出興世故。菩提力，覺悟菩提與一切衆生念等故。轉法輪力，於一句法說一切衆生希望諸根故。佛子，是爲菩薩摩訶薩十種力，若菩薩摩訶薩安住此力，則得一切諸佛一切智無上十力。

那連提耶舍譯《阿毘曇心論經》卷四 力義者，隨自樂欲，能成就義是力義，無障礙義是力義，能制義是力義，無能侵欺義是力義，能映奪他義是力義。彼處非處力者，因果中決定無礙者，是名處非處力。自業智力者，善不善業處事因報，若多若少，若定不定，如是等義中若無礙智，是名自業智力。彼禪解脱三昧正受智力者，此禪等自性名字得方便，攝有味淨無漏退住勝達分，如是等義中若無礙智，是名定力根差別智力者。於衆生下中上根能知，若無礙智，是名根差別智力。種種解智力者，衆生下中上自解知無障礙，是名種種解智力。種種性智力，知衆生性，知法差別性，若無礙智，是名種種性智力。一切至處道力者，一切生死轉業，能盡一切生法，知無障礙智，是名至處道智力。憶宿命智力者，自他過去生死展轉，憶知無障礙智，是名憶宿命智力。生死智力者，衆生未來有相續見無障礙智，是名生死智力。漏盡智力者，若漏盡漏盡方便，若無礙智，是名漏盡智力。如來十力無畏，如經中廣說。不怯弱義是無畏義，無恐怖義是無畏義，無逃避義是無畏義，不下劣義是無畏義，如師子自力雄猛滿足不假於伴，如師子無畏是無畏義。

慧远《大乘義章》卷一四 菩薩十力出《大智論》，行心堅固，魔法不壞，名之爲力，力義不同，一門說十。十名是何，一發心堅固力，求一切智不退轉故。二大慈力，常能不捨諸衆生故。三大悲力，不求利養化衆生故。四精進力，能信出生諸佛法故。五禪定力，雖起智慧，威儀之行不失壞故。六具智慧力，遠離二邊隨十二緣，斷諸邪見滅戲論故。七不厭力，常受生死，教化衆生，集諸善行，無疲厭故。八無生忍力，觀法實相，知無我故。九解脱力，入三解脱門，及知二乘得解脱故。十無礙智力，於法自在，知衆生心所趣向故。

又《華嚴》中更說十力，與前十種有同有異。十名是何，一直心力，一切世界無染著故。二深心力，不壞一切諸佛法故。三方便力，究竟一切菩薩行故。四智慧力，知衆生心故。五者願力，令一切衆生願滿足故。六者行力，盡未來際不斷絕故。七者乘力，出生普現一切乘故。八神通力，於一毛道示現一切清淨世界、一切如來出興世故。九菩提力，覺悟菩提與一切衆生心念等故。十轉法輪力，於一句法分別演說，隨順一切衆生悕望及諸根故。此十種中初直心力是前十中具智慧力及無生忍力，第二深心是前十中精進之力，第三方便第六行力是前十中不疲厭力，第四慧力第十轉法輪力是前十中無礙智力，第五願力是前十中初發心力，第七乘力是前十中解脫之力。以知三乘解脫法故，後十種中神通力菩提力前十不論，前十種中慈悲定力後十不說。

又《首楞嚴》中更說十力，一菩提心力，堅守不失。二於不思議佛法得深信力，深信不疑。三於多聞得不妄力，堅持不失。四往來生死得無疲力，常能處之。五於衆生得大悲力，常能攝化。六於布施得堅捨力，恆施不休。七於持戒得不壞力，堅持不犯。八於忍辱得堅受力，常能忍受。九魔不能壞得智慧力，不爲魔動。十於諸深法得信樂力，樂求無厭。此之十種與《大智論》所說十力有同有異。初菩提心力，是彼第一發心之力。第二深信，是彼第四精進之力，能信出生諸佛之法。第四無疲，是彼第七無厭力也。第五於生得大慈者，是彼第二大慈之力，及第三門大悲之力。第九於魔得智慧力，是彼第六具智慧力，及第十門無礙智力。第十深法得信樂者，是彼第八無生忍力，及第九門解脫之力。此中多聞布施持戒忍辱之力彼中不論，彼中定力此處不說。十力如是。

慧远《大乘義章》卷二〇 言十力者，一是如來是處非處智力，二自業智力，三是定力，四是諸根利鈍智力，五是欲力，六是性力，七至處道力，八宿命智力，九天眼智力，十漏盡智力。佛乘邊隨化二乘故說此十，故《鴦掘魔羅》云，說佛十種力，是則聲聞乘，斯非摩訶衍，大乘無量力，故佛不思議。

初言如來是處非處智力者，如《地持》釋，苦樂等報，依差別因，名爲是處，差別因相違故，曰非處，照此之解，名之爲智。力有兩義，如《地持》說，一自行於一切魔捨離得勝，故名爲力。二就利他堪能一切種利益衆生，故名爲力。理實此力，知一切法是非之義，以諸外道多迷因果，佛爲化之，是故多就因果以釋。

自業智力者，造作名業，能作果故，爲簡外道所說無因、顛倒因等業故，說爲自明。善是其樂家自業，不善是其苦家自業，照此之解名業智力。問曰：此力非直知業，亦知煩惱及四法受，以何義故，偏名業力。釋言：經有不盡法門，即此是也，良以業是煩惱家果苦樂家因，據中而舉，故偏言之。尋果知因，故舉其業，即知煩惱。尋因知果，故舉其業，亦知四受。何者四受，有法現苦而後受樂，有法現樂而後受苦，有法現苦後亦受苦，有法現樂後亦受樂，此等名爲四法受也。

言定力者，心住不亂，名之爲定，於定自在名爲定力，又能知定亦名定力。此之定力，非直知定，亦知不定，以定爲主故名定力。如漏盡通，非直知盡亦不盡，以盡爲主，名漏盡通。此亦如是。

言根力者，信進念等宿習今成能生於後，故名爲根，知根大小利鈍等別，名爲根力。此力非直知於善根，亦知不善無記根等，知爲授法，經多說善。

言欲力者，經中或復名悕望力，或名解力。言解力者，就始爲名，先生信解後起悕欲，是故就始名爲解力。自前信解後起悕欲，是故就後名爲欲力、悕望力矣。此力非直知於善欲，亦知不善無記欲等，知爲授法，經多說善。

言性力者，《地持論》中名界智力，或復名爲使智力也。言性、言界，通知善惡，若言使力，偏知不善。習欲不改名之爲性，界是界別，三乘性別故復名界，照此之解，名爲性力及界智力。智慧性成，隨人不捨，又能繫縛，其猶公使，故名爲使，照此之解，名使智力，爲欲依此而授對治故說知使。

至處道力者，苦樂等報爲所至處，善惡等因名至處道，照此之解名至處道力。問曰：初力已知業果，何須此力。《成實》釋言，初力總知，此力別知。知如是因受如是果，知如是果酬如是因。又復初力知是知非，此力知因能生果義，亦復知果從因生義。有是不同故須別說。

宿命力者，事謝於往，名之爲宿，往法相續，目之爲命，照此之解名宿命力。問曰：此力非直知命，亦知過去八種事六種因行，何故偏名宿命力乎。此如向前六通中釋，命是報主，故偏說命。又復八中命分爲多，故偏說命。又命最後，據後說命。

天眼力者，經中亦名生死知力，未來起盡名爲生死，照此之解名生死智力。一切禪定名爲天住，依禪得眼名爲天眼。依於天眼，照見自在，名天眼力。

漏盡力者，結患斯已，稱曰漏盡，照此之解名漏盡力。此非直知於漏盡，亦知不盡及漏盡方便已起未起，并知漏盡增上慢心有起不起，以盡爲主，故偏言之。名義如是。

德清《大方廣佛華嚴經綱要》卷五五 佛子，菩薩摩訶薩有十種力。

何等爲十，所謂深心力，不雜一切世情故。增上深心力，不捨一切佛法故。方便力，諸有所作究竟故。智力，了知一切心行故。願力，一切所求令滿故。行力，盡未來際不斷故。乘力，能出生一切乘而不捨大乘故。神變力，於一一毛孔中各示現一切清淨世界，一切如來出興世故。菩提力，令一切衆生發心成佛，無斷絶故。轉法輪力，説一句法悉稱一切衆生諸根性欲故。是爲十。若諸菩薩安住此法，則得諸佛無上一切智十力。

十煩惱

浮陁跋摩共道泰等譯《阿毗曇毗婆沙論》卷二三　有十煩惱大地，謂不信、懈怠、亂念、心亂、無明、惡慧、不正作觀、邪解脱、掉、放逸。此十大地，十煩惱大地，名有二十，體有十五。所以者何，如受想思觸欲，此名有五，體亦有五。如不信、懈怠、無明、掉、放逸，此名有五，體亦有五，如作觀解脱念定慧。若不染污是大地，若染污是煩惱大地，是以名有十，體有五。是故十大地，十煩惱大地，名有二十，體有十五。

玄奘譯《瑜伽師地論》卷五八　復次煩惱雜染決擇，我今當説，如先所説煩惱雜染義，當知此煩惱由五種相建立差別。何等爲五，一自性故，二自性差別故，三染淨差別故，四迷斷差別故，五對治差別故。

云何自性，略有二種，一見性煩惱，二非見性煩惱。云何自性差別，略有十種，見性煩惱五種差別，非見性者亦有五種，總此十種名爲煩惱自性差別。見性五者，謂薩迦耶見，邊執見，邪見，見取，戒禁取。非見性五者，謂貪，恚，慢，無明，疑。

薩迦耶見者，於五取蘊心執增益見我我所，名薩迦耶見。此復二種，一者俱生，二分別起。俱生者，一切愚夫異生乃至禽獸並皆現行。分別起者，諸外道等計度而起。邊執見者。於五取蘊薩迦耶見增上力故，心執增益見我斷常，名邊執見。常見所攝邊執見者，謂六十二諸見趣中，計度前際諸遍常論一分常論，及計後際諸有想論、無想論、非想非非想論。【略】

見取者。於六十二諸見趣等，一一別計爲最爲上爲勝爲妙，威勢取執隨起言説，唯此諦實餘皆虚妄，由此見故能得清淨解脱出離，是名見取。

戒禁取者。謂所受持隨順見取，見取眷屬見取隨法，若戒若禁於所受持諸戒禁中，妄計爲最爲上爲勝爲妙，威勢執取隨起言説，唯此諦實餘皆虚妄，由此戒禁能得清淨解脱出離，是名戒禁取。

貪者。謂能耽著心所爲性，此復四種，謂著諸見欲色無色。

恚者。謂能損害心所爲性，此復四種，謂於損己他，見他有情所，及於所愛不饒益所，於所不愛作饒益所，所有瞋恚。

慢者。謂令心舉心所爲性，此復四種，謂於諸見，於諸有情，於受用欲，於諸後有處起。又此慢略有二種，一惑亂慢，二不惑亂慢。於有情處慢者，謂三慢類，已如前説。於受用欲處慢者，謂由大財大族大徒衆等現在前故心遂高舉。於後有處慢者，謂由計我當有不有，廣説乃至我當非想非非想等，若動不動戲論造作諸愛趣中，現前轉故心遂高舉。不惑亂慢者，謂於下劣計已爲勝，於等計等而生憍慢。惑亂慢者，謂餘六慢。又由受用鄙劣資具自謂富樂，名惑亂慢。若由受用勝妙資具自謂富樂，名不惑亂慢。又由邪行謂後有勝，名惑亂慢。若由正行謂後有勝，名不惑亂慢。

無明者。謂於所知眞實覺悟能覆能障心所爲性，此略四種，一無解愚，二放逸愚，三染污愚，四不染污愚。若於不見聞覺知所知義中所有無智，名無解愚。若於見聞覺知所知義中，散亂失念所有無智，名放逸愚。於顛倒心所有無智，名染污愚。不顛倒心所有無智，名不染污愚。又此無明總有二種，一煩惱相應無明，二獨行無明。非無愚癡而起諸惑，是故貪等餘惑相應所有無明，名煩惱相應無明。若無貪等諸煩惱纏，但於苦等諸諦境中，由不如理作意力故，鈍慧士夫補特伽羅諸不如實簡擇，覆障纏裹闇昧等心所性，名獨行無明。

疑者。猶豫二分不決定心所爲性，當知此疑略由五相差別建立，謂於他世作用因果諸諦寶中，心懷猶豫。

如是所説十種煩惱，亦緣事轉，亦緣煩惱，謂十煩惱皆與自（他）[地]一切煩惱展轉相緣，亦緣自地諸有漏事，下地煩惱能緣上地煩惱及事，非上地惑能緣下地煩惱及事。如是煩惱展轉相緣及下地惑能緣上地，於此處所餘決擇文更不復現。

玄奘譯《成唯識論》卷六　此十煩惱，何受相應，貪瞋癡三、俱生、分別。一切容與五受相應。貪會違緣，憂苦俱故。瞋遇順境，喜樂俱故。

有義、俱生分別起慢，容與非苦四受相應。恃苦劣蘊，憂相應故。有義、俱生亦苦俱起。意有苦受，前已說故。分別慢等，純苦趣無。彼無邪師邪教等故。然彼不造引惡趣業。要分別起，能發彼故。疑、後三見、容四受俱。欲疑無苦等，亦喜受俱故。二取若緣憂俱見等，爾時得與憂相應故。有義、俱生身邊二見，但與喜樂舍受相應。非五識俱。唯無記故。分別二見，容四受俱。執苦俱蘊爲我我所常，斷見翻此，與憂相應故。有義、二見若俱生者，亦苦受俱。純受苦處，緣極苦蘊，苦相應故。論說俱生一切煩惱，皆于三受現行可得。廣說如前，餘如前說。此依實義，隨麁相者，貪慢四見，樂喜舍俱。瞋唯苦憂舍受俱起。癡與五受，皆得相應。邪見及疑，四俱除苦。貪癡俱樂，通下四地。余七俱樂，除欲通三。疑獨行癡，欲唯憂舍。餘受俱起，如理應知。

延壽《宗鏡録》卷五七　根本煩惱有六。一貪，謂於五取蘊，愛樂覆藏，保著爲體，損害自他，能趣惡道爲業。二瞋，謂於有情，欲興損害爲體，能障無瞋爲業。三慢，謂以他劣己計我爲勝，令心高舉爲體，能障無慢爲業。四無明，謂不正了眞實爲體，能障正了爲業。五邪見，謂五見爲體。一薩迦邪見，謂於五取蘊計我我所，染污慧爲體，能障無我，無顛倒解爲業。二邊執見，謂於五取蘊，執計斷常，染污慧爲體，能障無常，無顛倒解爲業。三邪見，謂謗因果，染污慧爲體，唯分別起，能障正見爲業。四見取，謂於前三見，及見所依蘊，計最勝上，及與第一染污慧爲體，唯分別起，能障苦，及不淨，無顛倒解爲業。五戒禁取，謂於前諸見，及見所依蘊，計爲清淨解脫出離，染污慧爲體，唯分別起，能障如前，無顛倒解爲業。【略】

六疑，謂於諸諦，猶豫不決爲體，唯分別起，能障無疑爲業。

問：此十煩惱，何識相應。答：第八藏識全無，第七末那有四，第六意識具十，前五識唯三。古釋云，五識但三，以無分別，故無慢等，慢等必由有隨念計度分別生故。又由慢於稱量門起，劣勝負故。疑，猶豫簡擇門起。見，推求門起故。

十波羅密

玄奘譯《瑜伽師地論》卷四九　前說六種波羅蜜多，及方便善巧波羅蜜多，願波羅蜜多，力波羅蜜多，智波羅蜜多，如是十種波羅蜜多，總名波羅蜜多行。如前所說十二行相方便善巧，當知說名方便善巧波羅蜜多。如前所說五種大願，當知名願波羅蜜多。所有十力加行清淨，當知名力波羅蜜多。於一切法如實安立清淨妙智，當知名智波羅蜜多。今於此中能取勝義，無分別轉清淨妙慧，當知名慧波羅蜜多。能取世俗有分別轉清淨妙智，當知名智波羅蜜多。如是名爲二種差別。復有異門，謂無量智。當知說名方便善巧波羅蜜多。悕求後後智殊勝性，當知名願波羅蜜多。一切魔怨不壞道性，當知名力波羅蜜多。如實覺了所知境性，當知名智波羅蜜多。

玄奘譯《成唯識論》卷九　十勝行者即是十種波羅蜜多。施有三種，謂財施、無畏施、法施。戒有三種，謂律儀戒、攝善法戒、饒益有情戒。忍有三種，謂耐怨害忍、安受苦忍、諦察法忍。精進有三種，謂被甲精進、攝善精進、利樂精進。靜慮有三種，謂安住靜慮、引發靜慮、辦事靜慮。般若有三種，謂生空無分別慧、法空無分別慧、俱空無分別慧。方便善巧有二種，謂迴向方便善巧、拔濟方便善巧。願有二種，謂求菩提願、利樂他願。力有二種，謂思擇力、修習力。智有二種，謂受用法樂智、成熟有情智。此十性者，施以無貪及彼所起三業爲性，戒以受學菩薩戒時三業爲性，忍以無瞋精進審慧及彼所起三業爲性，精進以勤及彼所起三業爲性，靜慮但以等持爲性，後五皆以擇法爲性，說是根本後得智故，有義第八以欲勝解及信爲性。【略】

又施等三增上生道，感大財體及眷屬故。精進等三決定勝道，能伏煩惱成熟有情及佛法故。諸菩薩道唯有此二。又前三種饒益有情，施彼資財不損惱彼，堪忍彼惱而饒益故。精進等三對治煩惱，雖未伏滅而能精勤修對治彼諸善加行永伏永滅諸煩惱故。又由施等不住涅槃，及由後三不住生死，爲無住處涅槃資糧。由此前六不增不減，後唯四者爲助前六，令修滿足不增減故。

德清《大方廣佛華嚴經綱要》卷五三　佛子，菩薩摩訶薩有十種波羅蜜。何等爲十，所謂施波羅密，悉捨一切諸所有故。戒波羅蜜，淨佛戒故。忍波羅蜜，住佛忍故。精進波羅蜜，一切所作不退轉故。禪波羅蜜念，一境故。般若波羅蜜，如實觀察一切法故。智波羅蜜，入佛力故。願波羅蜜，滿足普賢諸大願故。神通波羅蜜，示現一切自在用故。法波羅蜜，普入一切諸佛法故。是爲十。若諸菩薩安住此法，則得具足如來無上大智波羅蜜。

智旭《成唯識論觀心法要》卷九　財施，亦名資生施，即是以無染心捨諸資生具也。無畏施者，不損惱他，濟拔驚怖，即戒忍二度也。法施者，以無染心宣示正法，言行相應，令他得益，即進禪慧三度也。律儀戒者，止惡防非，即在家出家諸戒品也。攝善法戒者，由持戒力，攝取一切成佛功德，自利行也。饒益有情戒者，由持戒力，出生一切度衆生事，利他行也。耐怨害忍，亦名生忍，成熟有情，不瞋恚故。安受苦忍，亦名法忍，捍勞忍苦，求佛法故。諦察法忍，亦名第一義忍，觀生法空，不動轉故。被甲精進，即最初發菩提心，被弘誓鎧，深自勵故。攝善精進，樂集佛功德故。利樂精進，樂度諸衆生故。安住靜慮，謂得現法樂住也。引發靜慮，謂引發六通等也。辦事靜慮，謂辦饒益有情等事也。三般若如文可知。迴向方便，謂不住生死。拔濟方便，謂不住涅槃。又迴向方便，令他不住涅槃。拔濟方便，令他不住生死。又迴向方便，正趣無上菩提。拔濟方便，同離二種生死也。求菩提願，即法門無量誓願學，佛道無上誓願成。利樂他願，即衆生無邊誓願度，煩惱無盡誓願斷也。思擇，即慧行力。修習，即定行力。受用法樂智，即後得智，覺一切法自相共相不迷不謬。成熟有情智，即後得智，觀一切機利鈍生熟應病與藥。

十發趣心

鳩摩羅什譯《梵網經盧舍那佛說菩薩心地戒品》卷一〇上　爾時蓮花臺藏座上盧舍那佛，廣答告千釋迦千百億釋迦所問心地法品：諸佛當知，堅信忍中十發趣心向果，一捨心，二戒心，三忍心，四進心，五定心，六慧心，七願心，八護心，九喜心，十頂心。諸佛當知，從是十發趣心堅法忍中十長養心向果，一慈心，二悲心，三喜心，四捨心，五施心，六好語心，七益心，八同心，九定心，十慧心。諸佛當知，從是十長養心入堅修忍中十金剛心向果，一信心，二念心，三迴向心，四達心，五直心，六不退心，七大乘心，八無相心，九慧心，十不壞心。諸佛當知，從是十金剛心入堅聖忍中十地向果，一體性平等地，二體性善慧地，三體性光明地，四體性爾焰地，五體性慧照地，六體性華光地，七體性滿足地，八體性佛吼地，九體性華嚴地，十體性入佛界地。

不空譯《大乘瑜伽金剛性海曼殊室利千臂千鉢大教王經》卷七　云何修入十發趣心，一者捨心，捨一切物及己身，國城妻子一切捨。二者戒心，持菩薩十無盡戒，及一切諸佛大乘戒。三者忍心，於無生忍中，於一切法盡忍。四者進心，修持如來一切善法，常行精進。五者定心，於一切法常住正定。六者慧心，於一切佛法能行善巧智慧。七者願心，於一切法起大悲心廣，願救度一切有情。八者護心，於一切佛法中，常起菩薩大護法心。九者喜心，於一切衆生安樂，常生喜樂心。十者頂心，如人頂高貴不見，觀心正定於佛法中最爲上勝，名觀照頂心則是。故名爲菩薩修入十發趣心向果。

智旭、道昉《佛說梵網經菩薩心地品合註》卷一　諸佛當知，堅信忍中十發趣心向果，一捨心，二戒心，三忍心，四進心，五定心，六慧心，七願心，八護心，九喜心，十頂心。諸佛當知，從是十發趣人堅法忍中十長養心向果，一慈心，二悲心，三喜心，四捨心，五施心，六好語心，七益心，八同心，九定心，十慧心。【略】

堅信忍者，從外凡位，仰信中道佛性之理，修習堅固，得成於忍，乃證發趣位也。發趣心者，從假入空，開發趣向登菩提路。向果者，一一心皆向佛果，又一一心中，各具向果二義，趣入名向，住位名果，如四果四向等，此十心即是十波羅蜜，亦即十住法門。深達空法而修十度，十度皆是無相法門，護即力度，喜即方便，頂即智度，次第與通途稍別者，各有取義，不可定執也。又十波羅蜜，皆有長養善法金剛堅固義，皆亦體性法門，而但云發趣者，且就似解位中，即生心而本無住言之耳。堅法忍者，從發趣法，修習堅固，得成於忍，乃證長養位也。長養心者，出空入假，以如幻三昧，長養善法，此即四等四攝，定總於等，慧總於攝，亦即十行法門，又四等妙定，四攝妙慧，皆有開發趣向金剛堅固義，皆亦體性法門。而但云長養者，且就似解位中，即無住而常生心言之耳。堅修忍者，修長養心，堅固成忍，乃證金剛位也。金剛心者，習中觀，伏無明，猶如金剛，不可沮壞。

寂光《佛說梵網經直解》卷一　諸佛當知，堅信忍中，十發趣心向果，一捨心，二戒心，三忍心，四進心，五定心，六慧心，七願心，八護心，九喜心，十頂心。

此釋十住心名德位也。諸佛當知者，謂千釋迦，千百億釋迦，今爲當機，故詔告之。堅信忍中，十發趣心向果者。《地持經》云，十住，十行，名種性住。種，即種子，有發生之義。性，爲性分，乃自分不改之義。以初住位，即中道種成就，安住其中，無有退失，數數增進，故名種性住。

【略】

十發趣心向果。何名十心，一者捨心。捨，即施捨，無所悔惜之義。謂以內法外法，一切皆捨，通達無爲無相，入空三昧故。二者戒心。戒即戒律，護善遮惡之義。謂以一切善惡諸法，無集無受，一切性離，一道清淨故。三者忍心。忍，即忍可，安忍不動之義。謂以無相慧忍，入一切空空忍，一切法如忍相不可得故。四者進心。進，即精進，趣向無退之義。謂以四威儀中，登無生山，入空入假，亦無二相，進分善根故。五者定心。定，即禪定，不昏不散之義。謂以心念寂然，滅一切罪，生一切善故。六者慧心。慧，即智慧，照了無礙之義。謂以不可說觀慧智，入中道一諦理，無明障破，皆爲慧用故。七者願心。願，即願樂，上求下化之義。謂初發求心，中間修道，行滿願足，佛果便成故。八者護心。護，即護持，善能隄防之義。謂以無相護護，使諸外道八倒，不嬈正信，以護根本，法體集散，不可護故。九者喜心。喜即歡喜，離苦得樂之義。謂見他人得樂，常生喜悅，靜照樂心，緣一切法故。十者頂心。頂，即人頂，無過於上，尊貴之義。謂以最上頂智，滅無我輪，斷除十使，不受六道果，住頂三昧正定，發行趣道性實，不離正信故。自此十心圓明，空觀成就，理性漸顯，眞諦不立，從此解脫，趣進行位也。

十種方便

佛馱跋陀羅譯《大方廣佛華嚴經》卷三四　佛子，菩薩摩訶薩，有十種方便。何等爲十，所謂布施方便，悉捨一切不求報故。學一切學持一切戒具行頭陁威儀清淨方便，不輕他故。離一切纏顚倒瞋恚我慢忍一切眾生諸惡方便，遠離一切彼我想故。精進不退方便，究竟身口意業一切境界不忘失故。一切諸禪三昧解脫諸通方便，遠離一切五欲諸煩惱故。正向智慧方便，長養一切功德心，無厭足故。大慈方便，說一切眾生無眾生故。代一切眾生受諸苦惱不捨大悲方便，解一切法無自性故。十力覺悟方便，決定無礙智示現一切眾生故。轉不退法輪方便，轉至眾生心故。佛子，是爲菩薩摩訶薩十種方便。若菩薩摩訶薩，安住此法，則得一切諸佛無上大智方便。

玄奘譯《瑜伽師地論》卷四七　云何菩薩方便善巧，當知如是方便善巧，略有十種。何等爲十，一者憎背聖教有情除其恚惱方便善巧，二者處中有情令其趣入方便善巧，三者已趣入者令其成熟方便善巧，四者已成熟者令得解脫方便善巧，五者於諸世間一切異論方便善巧，六者於諸菩薩淨戒律儀受持毀犯能正觀察方便善巧，七者於諸正願方便善巧，八者於聲聞乘方便善巧，九者於獨覺乘方便善巧，十者於其大乘方便善巧。如是一切方便善巧，如前即此菩薩地中隨彼彼處已廣分別，如應當知。如是十種菩薩所有方便善巧能作五事，謂由前四種方便善巧，令諸菩薩能正安立所化有情於自義利。由於世間一切異論方便善巧，令諸菩薩善能摧伏一切異論。由於菩薩淨戒律儀受持毀犯，能正觀察方便善巧，令諸菩薩不犯所犯，犯已速疾如法悔除，於善清淨菩薩所受淨戒律儀，能善修瑩。由於正願方便善巧，令諸菩薩能證當來一切所愛事義圓滿。由於三乘方便善巧，令諸菩薩於諸有情隨其種性根及勝解說相稱法說順正理。是名十種方便善巧，令諸菩薩能作五事，由此五事能令菩薩現法當來一切事義皆得究竟。

通潤《成唯識論集解》卷九　菩薩具足六地行已，欲入第七遠行地，當脩十種方便慧，起殊勝道。何等爲十，所謂雖善脩空無相無願三昧而慈悲不捨眾生，雖得諸佛平等法而樂常供養佛，雖入觀空智門而勤集福德，雖遠離三界而莊嚴三界，雖畢竟寂滅諸煩惱燄而能爲一切眾生起滅貪瞋癡煩惱燄，雖知諸法如幻夢影響等自性無二而隨心作業無量差別，雖知一切國土猶如虛空而能以清淨妙行莊嚴佛土，雖知諸佛法身本性無身而以相好莊嚴其身，雖知諸佛音聲性空寂滅不可言說而能隨一切眾生出種種差別清淨音聲，雖隨諸佛了三世唯是一念而隨眾生意解分別，以種種相種種時種種劫數而脩諸行。菩薩以如是十種方便慧起殊勝行，從第六地入第七地。此菩薩於十波羅蜜，於念念中皆得具足，如是乃至一切菩提分法，於念念皆悉圓滿。

十種自在

佛馱跋陀羅譯《大方廣佛華嚴經》卷二五　佛子，一切諸佛，有十種自在正法。何等爲十，一切諸佛，於一切法隨意自在，句身味身辯無窮盡，說一切法而無障礙，是爲一切諸佛自在正法。一切諸佛，隨應眾生化不失時，隨其所願而爲說法未曾失時，是爲一切諸佛自在正法。一切諸佛，悉能六種震動十方世界，未曾惱亂於一眾生，虛空等世界無量阿僧祇種種莊嚴，或舉或下，或合或散，於一一世界，一一處所眾生，亦不惱亂眾生之心，亦不令其生疑惑想，是爲一切諸佛自在正法。一切諸佛，能以智慧，受持一切世界種種莊嚴，於一念中，示現一切世界種種莊嚴，不可數不可數阿僧祇劫，歎莊嚴具而無窮盡，永離一切世界染污，莊嚴世間一切佛剎，是爲一切諸佛自在正法。一切諸佛，若見一眾生應受化者，於不可數不可數阿僧祇劫，結跏趺坐身不疲厭，專念彼人未曾廢忘而不失時，爲一眾生，住持壽命，盡未來際劫，結跏趺坐，身無疲厭，念彼眾生未曾廢忘，如一眾生，一切眾生亦復如是，是爲一切諸佛自在正法。一切諸佛，悉遍往詣一切世界諸如來所，而無障礙，一一方面，各有法界等世界海，一一方無量世界網，法界等一切世界海，於一念中悉能周遍，轉妙法輪而無障礙，是爲一切諸佛自在正法。一切諸佛，調伏教化一切眾生故，於念念中，成等正覺，非不先覺諸佛正法，亦不住學地，而成正覺，於諸佛法得無罣礙，不捨自在神力，無量智慧境界，教化眾生，是爲一切諸佛自在正法。一切諸佛，能以眼入作耳入佛事，能以耳入作鼻入佛事，能以鼻入作舌入佛事，能以舌入作身入佛事，能以身入作意入佛事，能以意入，於一切世界，種種境界，世間境界，出世間境界，於一一境界能作佛事，是爲一切諸佛自在正法。一切諸佛，於一毛孔，悉能安置一切眾生，一一眾生，其身悉與不可說諸佛剎等，於彼眾生而不迫迮，一一眾生，悉壽無量阿僧祇劫，普能遊行無量世界，於諸世界，見佛興世轉淨法輪，宣暢演說無數法門，廣說過去不可數法，未來現在不可數法，一切眾生，行四威儀而不迫迮，是爲一切諸佛自在正法。一切諸佛，於一念中，現蓮華寶藏師子之座，如來淨身與法界等，處彼寶座成等正覺，示現如來自在神力，如一念中，示現一如來成等正覺，於一念中，示現一切世界微塵數如來成等正覺，亦復如是。如一念中，於一切念中，亦復如是，如蓮華寶藏師子之座示成正覺。如是一切不可說不可說法界等清淨佛剎，不可思議種種莊嚴世界，種種境界，不可說佛剎，或有同相或有異相，不可說阿僧祇劫，說不能盡，無量諸佛，種種念，種種時，不可思議。於一念中，一切諸佛，以少方便，示現一切眾生，亦復如是。佛子，是爲一切諸佛十種自在正法。

佛馱跋陀羅譯《大方廣佛華嚴經》卷三三　佛子，菩薩摩訶薩，有十種自在。何等爲十，所謂壽命自在，無量無邊不可說劫住持壽命故。心自在，出生阿僧祇三昧入深智故。莊嚴自在，以大莊嚴悉能莊嚴一切剎故。業自在，隨時受報故。受生自在，於一切剎示現生故。解脫自在，見一切世界諸佛充滿故。願自在，隨時隨剎成菩提故。神力自在，示現一切大神變故。法自在，示現無量無邊法門故。智自在，於念念中，示現覺悟如來十力無所畏故。佛子，是爲菩薩摩訶薩十種自在。若菩薩摩訶薩安住此法，則得一切諸佛菩薩究竟成滿一切智自在。

佛子，菩薩摩訶薩，有十種自在。何等爲十，所謂眾生自在，剎自在，法自在，身自在，願自在，境界自在，智自在，通自在，神力自在，力自在。佛子，是爲菩薩摩訶薩十種自在。

佛子，何等爲菩薩摩訶薩眾生自在。佛子，菩薩摩訶薩，有十種眾生自在。何等爲十，所謂度脫一切眾生自在，持一切眾生想自在，爲一切眾生說法未曾失時自在，變化一切衆生自在，安置一切衆生於一毛道而不迫迮自在，於一切世界一切衆生中示現爲王自在，於一切衆生中示現帝釋梵王自在，於一切衆生中示現聲聞緣覺不轉威儀自在，於一切衆生中示現行菩薩行自在，於一切衆生中示現佛身相好莊嚴覺悟一切智力自在。佛子，是爲菩薩摩訶薩十種衆生自在。

佛子，菩薩摩訶薩，有十種剎自在。何等爲十，所謂令一切剎爲一剎自在，令一切剎入一毛道自在，於一切剎深入無盡方便自在，於一切剎示現一身結跏趺坐充滿自在，令一切剎現入已身自在，神力震動一切佛剎不令衆生恐怖自在，以一切剎莊嚴莊嚴一剎示現自在，以一剎莊嚴莊嚴一切剎示現自在，一如來身及其眷屬皆悉充滿一切佛剎示現衆生自在，一切剎，小剎中剎大剎廣剎深剎翻覆剎俯剎仰剎平正剎，以此等剎示現衆生自在。佛子，是爲菩薩摩訶薩十種剎自在。

佛子，菩薩摩訶薩有十種法自在。何等爲十，所謂一切法即是一法，一法即是一切法，而不違衆生法相自在。般若波羅蜜出生一切法，覺悟一切衆生，無不了知自在。於一切法悉離法想，普令衆生入勝法自在。一切諸法入一方便，分別解說無量方便自在。一切諸法言語道斷，而能演說無量法門自在。於一切法巧方便，轉普門法輪，無盡自在。一切諸法入一法門，於不可說劫，分別解說不可窮盡自在。一切法，悉入佛法殊勝衆生自在。一切法，示現無量無邊自在。一切法無礙實際，無量無邊，猶如幻網，於無量劫爲衆生說不可窮盡自在。佛子，是爲菩薩摩訶薩十種法自在。【略】

佛子，菩薩摩訶薩，有十種力自在。何等爲十，所謂衆生力自在，不捨衆生教化調伏故。佛剎力自在，以不可說莊嚴具莊嚴顯現諸佛剎故。法力自在，令一切身入無身故。劫力自在，不斷一切菩薩行故。佛力自在，覺悟生死長寢衆生故。行力自在，攝取一切菩薩行故。如來力自在，度脫一切衆生故。無師智力自在，自然覺悟一切法故。一切智力自在，一切智人智覺悟故。大悲力自在，不捨一切衆生故。佛子，是爲菩薩摩訶薩十種力自在。

佛子，是爲菩薩摩訶薩衆生自在等十種自在。若菩薩摩訶薩，成就此十種自在者，欲成無上菩提不成無上菩提自在隨意，雖成菩提而亦不斷菩薩諸行。何以故，菩薩摩訶薩，出生諸大願故，善巧方便示現無量自在法門。

菩提流支譯《佛說法集經》卷三　善男子，何者是菩薩摩訶薩十自在，所謂命自在，心自在，物自在，業自在，生自在，如意自在，信自在，願自在，智自在，法自在，是名菩薩摩訶薩十自在。善男子，得上甘露，名爲命自在。能知一切唯是一心，名爲心自在。於其掌中出諸珍寶亦以虛空而爲庫藏，名爲物自在。遠離一切煩惱煩惱習氣及無明使，名爲業自在。於禪定解脫三昧三摩跋提隨意迴轉，名爲生自在。於一切行自然而行，名爲如意自在。於一切入中得自在觀，名爲信自在。即生心時，現前成就一切諸事，名爲願自在。一切身口意業以智爲本，名爲智自在。現得平等眞如法界實際無垢智慧，名爲法自在。

復次善男子，得命自在故，對治一切世間死怖畏。得心自在故，對治一切世間煩惱怖畏。得物自在故，對治一切世間貧窮怖畏。得業自在故，對治一切世間惡行怖畏。得生自在故，對治一切世間惡道怖畏。得如意自在故，對治一切世間追求怖畏。得信自在故，對治一切世間謗法罪怖畏。得願自在故，對治一切世間心念縛怖畏。得智自在故，對治一切世間云何疑刺怖畏。得法自在故，對治一切世間大衆怖畏。復次善男子，遠離煞生之罪，與一切衆生無瞋害心，是命自在因。於受樂衆生無障礙大慈，於受苦衆生無障礙大悲，是心自在因。平等心捨一切事，及迴向大菩提，是物自在因。入一切所作業，所謂清淨身口意業，是業自在因。以菩提心爲本，攝取一切善根十善業道，是生自在因。以一切供養恭敬禮拜讚歎象馬車乘捨與衆生，是如意自在因。於三寶中教化一切衆生，是信自在因。與一切衆生清淨身口意業，是願自在因。遠離供養恭敬飲食貪心，能施一切衆生法食，是智自在因。平等教化一切衆生，說一切衆生平等法界，說一切衆生諸佛如來，以爲法身非飲食身，是法自在。因是名諸菩薩摩訶薩得十自在。

玄奘譯《瑜伽師地論》卷四八　又此菩薩，于甚深住，極生愛樂。卽於如是法門流中，蒙諸如來，覺悟勸導，授與無量引發門智神通事業。如是蒙佛覺悟勸導，引發無量分身妙智，得十自在。如經廣說，應知其相。得自在故，隨所欲住，如意能住。隨樂安住靜慮解脫等諸心住，如意能住。若暫思惟一切食等諸資生具，悉皆成辦。一切世間工業明處，如其所欲，悉能現行。普於一切能感生業，及於一切受生處所，皆隨所欲，自在往生。隨所愛樂一切神通所作事業，皆能起作。一切妙願，隨其所欲，皆得稱遂。隨于事物，發起勝解，如所欲爲，皆成無異。隨所欲知，所知境界，皆如實知。普于一切名句文身，得隨所欲。于一切法正安立中，皆得善巧。如是菩薩獲得自在。從是已去，所得自在，所作勝利，廣說如經，應知其相。又能棄捨麁見諸佛恆常無間不離見佛，其餘所有善根清淨金喻光喻如經應知。此住菩薩受生威力諸外勝事，皆如經說，應知其相。當知是名，略說菩薩無加行無功用無相住，謂入一切法第一義智成滿得入故，得無生法忍故，除斷一切災患故，逮得菩薩甚深住故，於法門流蒙佛授與無量引發門智神通事業故，悟入無量分身智故，得自在故，領受所得自在勝利故，善根清淨故，受生故，威力故。

玄奘譯《顯揚聖教論》卷八　功用者，略而言之，十種自在名爲功用。何者爲十，一壽自在，二心自在，三眾具自在，四業自在，五生自在，六願自在，七勝解自在，八神變自在，九智自在，十法自在。

法藏《華嚴經探玄記》卷一四　第五是菩薩善知起如是下明自在分。此十自在略作四門，一辨相，二治障，三出因，四得位。初辨相如論經具顯。二治障對治十障，如《地論》具顯，論既與此共故不待錄。三出因者，依《攝論》第十殊勝中以六度爲因。初三施爲因，以一切時施得命自在，一切處施得心自在，一切物施得財自在。次二以戒爲因，由戒調身語以成勝業，復由戒淨隨欲受生，忍爲信解自在因。以修忍時隨眾生意故得一切皆隨心轉，謂變地爲金等皆隨勝解而轉也。精進爲願因，以策勤所作無懈廢故，令隨所願如意成就。禪爲如意因，彼名神力自在，以依定發通如意成故。般若爲後二因，謂內照所知名智自在，應根宣說名法自在。

十種行願

般若譯《大方廣佛華嚴經》卷四〇　爾時普賢菩薩摩訶薩，稱歎如來勝功德已，告諸菩薩及善財言：善男子，如來功德，假使十方一切諸佛經不可說不可說佛刹極微塵數劫，相續演說不可窮盡。若欲成就此功德門，應修十種廣大行願。何等爲十，一者禮敬諸佛，二者稱讚如來，三者廣修供養，四者懺悔業障，五者隨喜功德，六者請轉法輪，七者請佛住世，八者常隨佛學，九者恆順眾生，十者普皆迴向。

善財白言：大聖，云何禮敬乃至迴向。普賢菩薩告善財言：善男子，言禮敬諸佛者，所有盡法界，虛空界，十方三世一切佛刹極微塵數諸佛世尊，我以普賢行願力故，起深信解，如對目前，悉以清淨身語意業，常修禮敬，一一佛所，皆現不可說不可說佛刹極微塵數身，一一身遍禮不可說不可說佛刹極微塵數佛，虛空界盡，我禮乃盡，而虛空界不可盡故，我此禮敬無有窮盡。如是乃至眾生界盡，眾生業盡，眾生煩惱盡，我禮乃盡，而眾生界，乃至煩惱無有盡故，我此禮敬無有窮盡，念念相續，無有間斷，身語意業無有疲厭。

復次善男子，言稱讚如來者，所有盡法界，虛空界，十方三世一切刹土，所有極微，一一塵中，皆有一切世界極微塵數佛，一一佛所，皆有菩薩海會圍遶，我當悉以甚深勝解，現前知見，各以出過辯才天女微妙舌根，一一舌根，出無盡音聲海，一一音聲，出一切言辭海，稱揚讚歎一切如來諸功德海，窮未來際，相續不斷，盡於法界，無不周遍。【略】

復次善男子，言廣修供養者，所有盡法界，虛空界，十方三世一切佛刹極微塵中，一一各有一切世界極微塵數佛，一一佛所，種種菩薩海會圍遶，我以普賢行願力故，起深信解，現前知見，悉以上妙諸供養具而爲供養。所謂華雲鬘雲，天音樂雲，天傘蓋雲，天衣服雲，天種種香塗香燒香末香，如是等雲，一一量如須彌山王。然種種燈，酥燈，油燈，諸香油燈，一一燈炷，如須彌山，一一燈油，如大海水，以如是等諸供養具，常爲供養。善男子，諸供養中，法供養最。所謂如說修行供養，利益眾生供養，攝受眾生供養，代眾生苦供養，勤修善根供養，不捨菩薩業供養，不離菩提心供養。善男子，如前供養無量功德，比法供養，一念功德，百分不及一，千分不及一，百千俱胝那由他分，迦羅分，算分，數分，諭分，優婆尼沙陀分，亦不及一。【略】

復次善男子，言懺除業障者，菩薩自念，我於過去無始劫中，由貪瞋癡，發身口意，作諸惡業，無量無邊。若此惡業，有體相者，盡虛空界不能容受。我今悉以清淨三業，遍於法界極微塵刹一切諸佛菩薩衆前，誠心懺悔，後不復造，恆住淨戒，一切功德。如是虛空界盡，衆生界盡，衆生業盡，衆生煩惱盡，我懺乃盡，而虛空界，乃至衆生煩惱，不可盡故，我此懺悔無有窮盡，念念相續無有間斷，身語意業無有疲厭。

復次善男子，言隨喜功德者，所有盡法界，虛空界，十方三世一切佛刹極微塵數諸佛如來，從初發心，爲一切智，勤修福聚，不惜身命，經不可說不可說佛刹極微塵數劫，一一劫中，捨不可說不可說佛刹極微塵數頭目手足，如是一切難行苦行，圓滿種種波羅蜜門，證入種種菩薩智地，成就諸佛無上菩提，及般涅槃，分布舍利，所有善根，我皆隨喜。及彼十方一切世界，六趣四生，一切種類，所有功德，乃至一塵，我皆隨喜。【略】

復次善男子，言請轉法輪者，所有盡法界，虛空界，十方三世一切佛刹極微塵中，一一各有不可說不可說佛刹，極微塵數廣大佛刹，一一刹中，念念有不可說不可說佛刹極微塵數一切諸佛成等正覺，一切菩薩海會圍遶，而我悉以身口意業，種種方便，慇懃勸請，轉妙法輪。如是虛空界盡，衆生界盡，衆生業盡，衆生煩惱盡，我常勸請一切諸佛，轉正法輪，無有窮盡，念念相續無有間斷，身語意業無有疲厭。

復次善男子，言請佛住世者，所有盡法界，虛空界，十方三世一切佛刹極微塵數諸佛如來，將欲示現般涅槃者，及諸菩薩，聲聞緣覺，有學無學，乃至一切諸善知識，我悉勸請，莫入涅槃，經於一切佛刹極微塵數劫，爲欲利樂一切衆生。如是虛空界盡，衆生界盡，衆生業盡，衆生煩惱盡，我此勸請無有窮盡，念念相續無有間斷，身語意業無有疲厭。

復次善男子，言常隨佛學者，如此娑婆世界，毗盧遮那如來，從初發心，精進不退，以不可說不可說身命而爲布施，剝皮爲紙，折骨爲筆，刺血爲墨，書寫經典，積如須彌。爲重法故，不惜身命，何況王位，城邑聚落，宮殿園林，一切所有，及餘種種難行苦行，乃至樹下成大菩提，示種種神通起種種變化，現種種佛身。處種種衆會，或處一切諸大菩薩衆會道場，或處聲聞及辟支佛衆會道場，或處轉輪聖王小王眷屬衆會道場，或處刹利及婆羅門長者居士衆會道場，乃至或處天龍八部人非人等衆會道場，處於如是種種衆會，以圓滿音，如大雷震，隨其樂欲成熟衆生，乃至示現入於涅槃，如是一切我皆隨學。【略】

復次善男子，言恆順衆生者，謂盡法界，虛空界，十方刹海，所有衆生種種差別，所謂卵生，胎生，濕生，化生，或有依於地水火風而生住者，或有依空及諸卉木而生住者，種種生類，種種色身，種種形狀，種種相貌，種種壽量，種種族類，種種名號，種種心性，種種知見，種種欲樂，種種意行，種種威儀，種種衣服，種種飲食，處於種種村營聚落城邑宮殿，乃至一切天龍八部人非人等，無足二足，四足多足，有色無色，有想無想，非有想，非無想，如是等類，我皆於彼，隨順而轉，種種承事，種種供養，如敬父母，如奉師長，及阿羅漢，乃至如來，等無有異。於諸病苦，爲作良醫。於失道者，示其正路。於闇夜中，爲作光明。於貧窮者，令得伏藏。菩薩如是平等饒益一切衆生。【略】

復次善男子，言普皆迴向者，從初禮拜，乃至隨順，所有功德，皆悉迴向，盡法界，虛空界一切衆生，願令衆生常得安樂，無諸病苦，欲行惡法皆悉不成，所修善業，皆速成就，關閉一切諸惡趣門，開示人天涅槃正路。若諸衆生，因其積集諸惡業故，所感一切極重苦果，我皆代受，令彼衆生悉得解脫，究竟成就無上菩提。菩薩如是所修迴向，虛空界盡，衆生界盡，衆生業盡，衆生煩惱盡，我此迴向無有窮盡，念念相續無有間斷，身語意業無有疲厭。善男子，是爲菩薩摩訶薩十種大願具足圓滿。若諸菩薩，於此大願，隨順趣入，則能成熟一切衆生，則能隨順阿耨多羅三藐三菩提，則能成滿普賢菩薩諸行願海。

普瑞《大方廣佛華嚴經海印道場十重行願常徧禮懺儀》 依華嚴別圓之教，此十種行願者，是趣入毗盧無盡境界之妙門也，諸大衆等審諦思惟此十種行願。略有三門，一若依總相者。經云，廣說如來不可思議功德已，若欲成就此功德門，應修十種廣大行願。彼行願者，今若具說六相圓融十重玄門，有偏成諸行，頓成諸行。若依德相，法體本具。若依業用，隨機妙現。若依性起，本來自具。若依緣起，應新觀修。因果圓融，互相無礙，因該果海故。初發心時即成正覺果，徹因源故。雖得佛果，不捨因門。俱是俱非，互遣雙拂。【略】

今依三別門，如常教說，一禮敬諸佛，斷除七慢九慢十慢等障，獲得尊貴自在之身圓滿八萬四千相好。一稱讚如來，斷除口四重障，獲得四無礙辯舌相徧覆，具足十種圓音。三廣修供養諸聖喜悅所修供養功能者，福足增盛，獲得攝授二種成就，不修供養過失者，所作不成，諸不稱意。四懺悔業障，斷除四障十障，成就世出世間一切功德，獲得妙好依報正報。五隨喜功德，斷除不樂他榮嫉妒等障，獲得不可稱量之福一切功德皆悉圓滿。六請轉法輪，斷除違法謗法等障，獲得多聞聰慧不共功德。七請佛住世，斷除憎佛謗佛害佛及憎嫉菩薩善知識不樂住世之障，得金剛不壞長壽之身。八常隨佛學，斷除違佛及諸善知識不能積集功德無志修集自他俱利等障，獲得佛及菩薩無盡功德。九恆順衆生，斷除衆生種種性或怨或親或順或逆不能隨順佛不喜悅違佛等障，獲得廣大善知識爲眷屬。十普皆迴向，斷除狹劣不發菩提心障，得十度圓滿獲十身果。其發願者，斷除無願，及退轉障也。前說功德悉皆圓滿，現生極樂，後遊華藏。

戒環《大方廣佛華嚴經要解》《普賢行願品》云，若欲成就如來無盡功德，應修十種廣大行願。其中即五悔法也。經云，若修此法，則能成熟一切衆生，隨順無上菩提，成滿普賢行海。五法能悔除五障，故名五悔，謂悔吝生動。人誰無過，唯證不動智者可以無過也。然不動智體，爲業塵積障。若欲證之，必須懺滌，然後明現。故五法以懺悔爲先，塵銷覺淨，則心佛相應。故次用勸請諸佛說法利生也，既依佛法當能隨喜，所得福利當能迴向，因迴向善當發大願，此則成熟衆生成就菩提，滿普賢行，功用畢備，不動智佛自此證矣。故普賢行願特設此法，而禮誦功終必須遵修也。

十無畏

佛馱跋陀羅譯《大方廣佛華嚴經》卷三四　佛子，菩薩摩訶薩，有十種無畏。何等爲十，所謂菩薩摩訶薩，悉能聞持一切問難，作如是念，十方一切世界有來問我，若不能答，無有是處，乃至不見微畏之相，不見微畏相故，菩薩究竟一切無畏，安住無畏，一切衆生隨其所問，悉斷疑惑，是爲第一無畏。菩薩摩訶薩，一切語言音聲，一切文字如來授記無礙辯才，究竟彼岸，作如是念，十方世界一切衆生來問難我，若不能答，無有是處，乃至不見微畏之相，不見微畏相故，悉能除滅一切疑惑，安住無畏，是爲第二無畏。菩薩摩訶薩，知一切法空，離我我所，無造無造者，無知者無命者，無長養者無福伽羅，離陰界入，離諸邪見，心如虛空，作如是念，一切衆生若能令我起身口意惡，無有是處。何以故，菩薩常離我我所故，若生怖畏無有是處，乃至不見微畏之相，不見微畏相故，行菩薩行不可沮壞，是爲第三無畏。菩薩摩訶薩，爲諸佛所護，成如來力行如來行，如來威儀未曾轉易，作如是念，若有能來訶我威儀，無有是處，乃至不見微畏之相，不見微畏相故，於大衆中說微妙法，是爲第四無畏。菩薩摩訶薩，身口意淨遠離衆惡，作如是念，若有能來訶我身口意惡，無有是處，乃至不見微畏之相，不見微畏相故，悉能教化一切衆生，是爲第五無畏。菩薩摩訶薩，金剛力士常隨侍衛一切天龍夜叉乾闥婆阿脩羅迦樓羅緊那羅摩睺羅伽帝釋梵王等，常隨侍衛尊敬供養，一切諸佛常護念之，菩薩作如是念，一切衆魔眷屬及諸外道，有見衆生來詣我所，能障礙我無上菩提，無有是處，乃至不見微畏之相，不見微畏相故，安住無畏，歡喜修行菩薩行業，是爲第六無畏。菩薩摩訶薩，離癡正念隨如來生，成就第一意根，作如是念，一切諸佛所說正法，句身味身隨順菩提，我若不能如法受持，無有是處，乃至不見微畏之相，不見微畏相故，受持守護如來正法，是爲第七無畏。菩薩摩訶薩，具足成就巧方便智慧，究竟菩薩諸力彼岸，清淨直心敎化衆生，發大菩提願，於衆生所起大悲故，於煩惱濁世而現受生，現受五欲畜養妻子及諸眷屬，爲化衆生故，菩薩復作是念，我雖在此，不生惑亂障於菩提解脫三昧法門辯才，若能障礙無有是處，何以故，菩薩於一切法而得自在，究竟彼岸修菩薩行安住菩提，一切世間受生惑亂所不能亂，若能惑亂無有是處，乃至不見微畏之相，不見微畏相故，於一切世界，示現受生，是爲第八無畏。菩薩摩訶薩，捨離愚癡知一切智，住菩薩道乘於大乘住一切智，心力示現聲聞緣覺不改威儀，菩薩作如是念，我終不證聲聞辟支佛道，我若受證無有是處，乃至不見微畏之相，不見微畏相故，安住無畏，悉能示現一切諸乘，具足究竟平等大乘，是爲第九無畏。菩薩摩訶薩，成就一切諸白淨法，積集善根，成滿一切諸願通明，堅住菩提，具足成滿菩薩諸行，於一切佛所，頂受如來一切智記，教化衆生不捨菩薩行，作如是念，其有衆生應受化者，若不能應時示現如來境界，無有是處，乃至不見微畏之相，不見微畏相故，安住無畏，隨受化者，普爲應現如來境界，而亦不斷菩薩願行，是爲第十無畏。佛子，是爲菩薩摩訶薩十種無畏，若菩薩摩訶薩安住此法，則得一切諸佛無上無畏，而亦不捨菩薩無畏。

竺法護譯《度世品經》卷三　菩薩無畏有十事。何謂爲十，皆受一切得持諸音，何況菩薩，不作是念，吾於東方南西北方，來至於斯，諮問百千無極要集，儻不堪任受答是大法。菩薩悉知，不見不及，以大無畏，所度無極一切衆生，諸來難問，恣意聽之，所欲啟問，勇猛意說，而無懈廢，是一無畏。

於諸文字，所演音辭，次第如流，承如來威，無礙辯才，所度無極，其菩薩不作是念，東西南北，儻來難問，不任發遣。未曾有是，不見不及，勇猛無畏，一切衆生，恣意難問，勇猛自在，衣毛不豎，是二無畏。

獨遊空法，菩薩未曾心懷疑網，計於吾我所作所更，計壽命人，以離五陰諸入邪見六十二疑，其心普平，等如虛空，故無此念，將無見試嬈身口意，菩薩無此不及之見。所以者何，斯諸正士，離吾我人，不現諸想，遊步大勇，堅固方便，是三無畏。

又其菩薩，佛所建立，住於佛力，而處如來，威儀禮節，亦無妄想，不作是念，衆人將無求吾長短，威儀不備。未曾有此，不見不及，而猛勇步，處於大衆，班宣經道，是四無畏。

身口意淨，又其菩薩，豈當復念蠲除惡行，修學清淨，仁和義乎。亦無此念，儻有求吾身口意缺，以大勇猛，爲諸衆生，講說經道，是五無畏。

以得大護，其金剛神，常執金剛，在菩薩後，天龍鬼神，及阿須輪，所見歸命，釋梵四王，咸共奉事，諸佛所念。故無此意，畏於諸魔及諸魔天，諸外異學，迷惑衆邪，無能嬈亂，永不見人。當菩薩者，以大勇猛，所度無極，勸意生焉，皆能具足諸菩薩業，是六無畏。

又其菩薩，得佛慧念，未曾忽忘，諸根常定，爲衆說法，敷演聖句，識佛道義，其所宣法，如佛口出，無中蔽礙，無能障翳，不能發意，見其短者，奉如來教，是七無畏。

菩薩明解，智慧善權，力度無極，進退獨步，訓誨衆生，無能拘制，以佛道願，無極聖性，發無蓋哀，愍於群黎。假使生在凶暴塵勞，穢濁世界，攝取大欲，所可娛樂，眷屬大業，教授衆生。不興此念，將無衆人，毀謗清白佛道淨行，斷絕定意，脫門正受，總持辯才，不見有是。所以者何，菩薩大士，於一切法，而得自在，無能制止，所修道行，其於十方，無能犯者，遵大勇猛，處諸佛土，棄捐衆惡，而攝正願，是八無畏。

菩薩不捨一切智心，善住道義，欽樂大乘，以諸通慧所建之力，爲諸聲聞及緣覺乘，現不可及威儀禮節。不興此念，將無誤墮聲聞緣覺。以大勇猛現一切乘，所度無極，唯樂大乘，所行具足，是九無畏。

菩薩善集諸清白法，合衆德本，普備神通，所覺不廢，以佛道度，周菩薩行，而究一切諸佛普智，以化衆生，不失正行，不壞章句。心不念言，衆生將無諸根純淑，吾明不及，現佛境界，未有此應。以大勇猛，觀衆生根，爲顯佛地，雖化衆生，菩薩所行，無極大願，無有缺漏，是十無畏。

菩薩住此，悉逮如來四無所畏。

慧远《大乘義章》卷一四　此十無畏出《華嚴經》，名字是何，一悉能聞持問答無畏，二除滅衆生疑惑無畏，三見一切空離邪見無畏，四得佛威儀無畏，五三業清淨離過無畏，六諸天善神一切諸佛護念無畏，七悉能受持一切佛法無畏，八示現受生不爲生死惑亂無畏，九安住大乘悉能示現諸乘無畏，十隨化衆生普爲應現不斷菩薩願行無畏。

次對菩薩四種無畏，辨其同異。四無畏義如前廣說，一者總持說法無畏，二知法藥及知衆生根欲性心說法無畏，三善能問答說法無畏，四能斷物疑說法無畏。十中第一即是四中第一第三，十中第二即是四中第四無畏，十中第三第七第九即是四中第二無畏。知法藥故，餘者不同。無畏如是。

十大三昧

實叉難陀譯《大方廣佛華嚴經》卷四〇　爾時，如來告普賢菩薩言：普賢，汝應爲普眼及此會中諸菩薩衆說十三昧，令得善入，成滿普賢所有行願。諸菩薩摩訶薩說此十大三昧故，令過去菩薩已得出離，現在菩薩今得出離，未來菩薩當得出離。何者爲十，一者普光大三昧，二者妙光大三昧，三者次第遍往諸佛國土大三昧，四者清淨深心行大三昧，五者知過去莊嚴藏大三昧，六者智光明藏大三昧，七者了知一切世界佛莊嚴大三昧，八者衆生差別身大三昧，九者法界自在大三昧，十者無礙輪大三昧。此十大三昧，諸大菩薩乃能善入，去來現在一切諸佛已說，當說，現說。若諸菩薩愛樂尊重，修習不懈，則得成就如是之人，則名爲佛，則名如來，亦則名爲得十力人，亦名導師，亦名大導師，亦名一切智，亦名一切見，亦名住無礙，亦名達諸境，亦名一切法自在。此菩薩普入一切世界，而於世界無所著。普入一切衆生界，而於衆生無所取。普入一切身，而於身無所礙。普入一切法界，而知法界無有邊。親近三世一切佛，明見一切諸佛法，巧說一切文字，了達一切假名，成就一切菩薩清淨道，安住一切菩薩差別行。於一念中，普得一切三世智，普知一切三世法，普說一切諸佛教，普轉一切不退輪，於去來現在一一世，普證一切菩提道。於此一一菩提中，普了一切佛所說。此是諸菩薩法相門，是諸菩薩智覺門，是一切種智無勝幢門，是普賢菩薩諸行願門，是猛利神通誓願門，是一切總持辯才門，是三世諸法差別門，是一切諸佛示現門，是以薩婆若安立一切衆生門，是以佛神力嚴淨一切世界門。若菩薩入此三昧，得法界力無有窮盡，得虚空行無有障礙，得法王位無量自在，譬如世間灌頂受職。得無邊智，一切通達，得廣大力，十種圓滿，成無諍心，入寂滅際，大悲無畏，猶如師子，爲智慧丈夫，然正法明燈。一切功德歎不可盡，聲聞、獨覺莫能思議。得法界智，住無動際，而能隨俗種種開演。住於無相，善入法相，得自性清淨藏，生如來清淨家，善開種種差別法門，而以智慧了無所有。善知於時，常行法施開悟一切，名爲智者，普攝衆生，悉令清淨，以方便智示成佛道，而常修行菩薩之行，無有斷盡，入一切智方便境界，示現種種廣大神通。是故，普賢，汝今應當分別廣說一切菩薩十大三昧，今此衆會咸皆願聞。

爾時，普賢菩薩承如來旨，觀普眼等諸菩薩衆而告之言：佛子，云何爲菩薩摩訶薩普光明三昧，佛子，此菩薩摩訶薩有十種無盡法。何者爲十，所謂諸佛出現智無盡，衆生變化智無盡，世界如影智無盡，深入法界智無盡，善攝菩薩智無盡，菩薩不退智無盡，善觀一切法義智無盡，善持心力智無盡，住廣大菩提心智無盡，住一切佛法一切智願力智無盡。佛子，是名菩薩摩訶薩十種無盡法。佛子，此菩薩摩訶薩發十種無邊心。何等爲十，所謂發度脱一切衆生無邊心，發承事一切諸佛無邊心，發供養一切諸佛無邊心，發普見一切諸佛無邊心，發受持一切佛法不忘失無邊心，發示現一切佛無量神變無邊心，發爲得佛力故，不捨一切菩提行無邊心，發普入一切智微細境界，說一切佛法無邊心，發普入佛不思議廣大境界無邊心，發於佛辯才起深志樂，領受諸佛法無邊心，發示現種種自在身，入一切如來道場衆會無邊心。是爲十。佛子，此菩薩摩訶薩有十種入三昧差別智。何者爲十，所謂東方入定西方起，西方入定東方起，南方入定北方起，北方入定南方起，東北方入定西南方起，西南方入定東北方起，西北方入定東南方起，東南方入定西北方起，下方入定上方起，上方入定下方起。是爲十。【略】

佛子，菩薩摩訶薩住此三昧，超過世間，遠離世間，無能惑亂，無能映奪。佛子，譬如比丘觀察内身，住不淨觀，審見其身皆是不淨。菩薩摩訶薩亦復如是，住此三昧，觀察法身，見諸世間普入其身，於中明見一切世間及世間法，於諸世間及世間法皆無所著。佛子，是名菩薩摩訶薩第一普光明大三昧善巧智。

佛子，云何爲菩薩摩訶薩妙光明三昧，佛子，此菩薩摩訶薩能入三千大千世界微塵數三千大千世界，於一一世界現三千大千世界微塵數身，一一身放三千大千世界微塵數光，一一光現三千大千世界微塵數色，一一色照三千大千世界微塵數世界，一一世界中調伏三千大千世界微塵數衆生。是諸世界種種不同，菩薩悉知，所謂世界雜染，世界清淨，世界所因，世界建立，世界同住，世界光色，世界來往，如是一切，菩薩悉知，菩薩悉入。是諸世界亦悉來入菩薩之身，然諸世界無有雜亂，種種諸法亦不壞滅。佛子，譬如日出遶須彌山，照七寶山，其七寶山及寶山間皆有光影分明顯現，其寶山上所有日影莫不顯現山間影中，其七山間所有日影亦悉顯現山上影中，如是展轉，更相影現，或說日影出七寶山，或說日影出七山間，或說日影入七寶山，或說日影入七山間。但此日影更相照現，無有邊際，體性非有，亦復非無，不住於山，不離於山，不住於水，亦不離水。佛子，菩薩摩訶薩亦復如是，住此妙光廣大三昧，不壞世間安立之相，不滅世間諸法自性，不住世界內，不住世界外，於諸世界無所分別，亦不壞於世界之相，觀一切法一相無相，亦不壞於諸法自性，住眞如性，恆不捨離。佛子，譬如幻師善知幻術，住四衢道作諸幻事，於一日中一須臾頃，或現一日，或現一夜，或復現作七日七夜、半月一月、一年百年，隨其所欲皆能示現城邑聚落、泉流河海、日月雲雨、宮殿屋宅，如是一切靡不具足，不以示現經年歲故，壞其根本一日一時，不以本時極短促故，壞其所現日月年歲，幻相明現，本日不滅。菩薩摩訶薩亦復如是，入此妙光廣大三昧，現阿僧祇世界入一世界。其阿僧祇世界一一皆有地、水、火、風、大海、諸山、城邑、聚落、園林、屋宅、天宮、龍宮、夜叉宮、乾闥婆宮、阿脩羅宮、迦樓羅宮、緊那羅宮、摩睺羅伽宮，種種莊嚴皆悉具足。欲界、色界、無色界、小千世界、大千世界，業行果報，死此生彼。一切世間所有時節，須臾、晝夜、半月、一月、一歲、百歲、成劫、壞劫，雜染國土、清淨國土、廣大國土、狹小國土，於中諸佛出興于世，佛刹清淨，菩薩衆會周匝圍繞，神通自在，敎化衆生。其諸國土所在方處，無量人衆悉皆充滿，殊形異趣種種衆生無量無邊不可思議，去、來、現在清淨業力出生無量上妙珍寶。如是等事，咸悉示現，入一世界。菩薩於此普皆明見，普入普觀，普思普了，以無盡智皆如實知，不以彼世界多故壞此一世界，不以此世界一故壞彼多世界。何以故，菩薩知一切法皆無我故，是名入無命法、無作法者；菩薩於一切世間勤修行無諍法故，是名住無我法者；菩薩如實見一切身皆從緣起故，是名住無衆生法者；菩薩知一切生滅法皆從因生故，是名住無補伽羅法者；菩薩知諸法本性平等故，是名住無意生、無摩納婆法者；菩薩知一切法本性寂靜故，是名住寂靜法者；菩薩知一切法一相故，是名住無分別法者；菩薩知法界無有種種差別法故，是名住不思議法者；菩薩勤修一切方便，善調伏衆生故，是名住大悲法者。

【略】

佛子，云何爲菩薩摩訶薩次第遍往諸佛國土神通三昧，佛子，此菩薩摩訶薩過於東方無數世界，復過爾所世界微塵數世界，於彼諸世界中入此三昧，或刹那入，或須臾入，或相續入，或日初分時入，或日中分時入，或日後分時入，或夜初分時入，或夜中分時入，或夜後分時入，或一日入，或五日入，或半月入，或一月入，或一年入，或百年入，或千年入，或百千年入，或億年入，或百千億年入，或百千那由他億年入，或一劫入，或百劫入，或百千劫入，或百千那由他億劫入，或無數劫入，或無量劫入，或無邊劫入，或無等劫入，或不可數劫入，或不可稱劫入，或不可思劫入，或不可量劫入，或不可說劫入，或不可說不可說劫入，若久、若近、若法、若時，種種不同。菩薩於彼不生分別，心無染著，不作二、不作不二，不作普、不作別，雖離此分別而以神通方便從三昧起，於一切法不忘不失至於究竟。譬如日天子周行照曜，晝夜不住，日出名晝，日沒名夜，晝亦不生，夜亦不滅。菩薩摩訶薩於無數世界入神通三昧，入三昧已，明見爾所無數世界亦復如是。佛子，是爲菩薩摩訶薩第三次第遍往諸佛國土神通大三昧善巧智。

佛子，云何爲菩薩摩訶薩清淨深心行三昧，佛子，此菩薩摩訶薩知諸佛身數等衆生，見無量佛過阿僧祇世界微塵數。於彼一一諸如來所，以一切種種妙香而作供養，以一切種種妙華而作供養，以一切種種蓋大如阿僧祇佛刹而作供養，以超過一切世界一切上妙莊嚴具而作供養，散一切種種寶而作供養，以一切種種莊嚴具莊嚴經行處而作供養，以一切無數上妙摩尼寶藏而作供養，以佛神力所流出過諸天上味飲食而作供養，一切佛刹種種上妙諸供養具，能以神力普皆攝取而作供養。於彼一一諸如來所，恭敬尊重，頭頂禮敬，舉身布地，請問佛法，讚佛平等，稱揚諸佛廣大功德，入於諸佛所入大悲，得佛平等無礙之力，於一念頃，一切佛所勤求妙法，然於諸佛出興於世，入般涅槃，如是之相皆無所得。如散動心，了別所緣，心起不知何所緣起，心滅不知何所緣滅，此菩薩摩訶薩亦復如是，終不分別如來出世及涅槃相。佛子，如日中陽焰，不從雲生，不從池生，不處於陸，不住於水，非有非無，非善非惡，非清非濁，不堪飲漱，不可穢污，非有體非無體，非有味非無味，以因緣故而現水相，爲識所了，遠望似水而興水想，近之則無，水想自滅，此菩薩摩訶薩亦復如是，不得如來出興於世及涅槃相。諸佛有相及以無相，皆是想心之所分別。佛子，此三昧名爲清淨深心行。菩薩摩訶薩於此三昧，入已而起，起已不失。譬如有人從睡得寤，憶所夢事，覺時雖無夢中境界，而能憶念、心不忘失。菩薩摩訶薩亦復如是，入於三昧，見佛聞法，從定而起，憶持不忘，而以此法開曉一切道場衆會，莊嚴一切諸佛國土，無量義趣悉得明達，一切法門皆亦清淨，然大智炬，長諸佛種，無畏具足，辯才不竭，開示演説甚深法藏。是爲菩薩摩訶薩第四清淨深心行大三昧善巧智。

佛子，云何爲菩薩摩訶薩知過去莊嚴藏三昧，佛子，此菩薩摩訶薩能知過去諸佛出現，所謂劫次第中諸刹次第，刹次第中諸劫次第，劫次第中諸佛出現次第，佛出現次第中説法次第，説法次第中諸心樂次第，心樂次第中諸根次第，根次第中調伏次第，調伏次第中諸佛壽命次第，壽命次第中知億那由他年歲數量次第。佛子，此菩薩摩訶薩得如是無邊次第智故，則知過去諸佛，則知過去諸刹，則知過去諸法門，則知過去諸劫，則知過去諸法，則知過去諸心，則知過去諸解，則知過去諸衆生，則知過去諸煩惱，則知過去諸儀式，則知過去諸清淨。佛子，此三昧名過去清淨藏，於一念中，能入百劫，能入千劫，能入百千劫，能入百千億那由他劫，能入無數劫，能入無量劫，能入無邊劫，能入無等劫，能入不可數劫，能入不可稱劫，能入不可思劫，能入不可量劫，能入不可説劫，能入不可説不可説劫。佛子，彼菩薩摩訶薩入此三昧，不滅現在，不緣過去。佛子，彼菩薩摩訶薩從此三昧起，於如來所受十種不可思議灌頂法，亦得、亦清淨、亦成就、亦入、亦證、亦滿、亦持，平等了知三輪清淨。何等爲十，一者辯不違義，二者説法無盡，三者訓辭無失，四者樂説不斷，五者心無恐畏，六者語必誠實，七者衆生所依，八者救脱三界，九者善根最勝，十者調御妙法。佛子，此是十種灌頂法。若菩薩入此三昧，從三昧起，無間則得。如歌羅邏入胎藏時，於一念間識則託生，菩薩摩訶薩亦復如是，從此定起，於如來所，一念則得此十種法。佛子，是名菩薩摩訶薩第五知過去莊嚴藏大三昧善巧智。

佛子，云何爲菩薩摩訶薩智光明藏三昧，佛子，彼菩薩摩訶薩住此三昧，能知未來一切世界一切劫中所有諸佛，若已説、若未説，若已授記、若未授記，種種名號各各不同，所謂無數名、無量名、無邊名、無等名、不可數名、不可稱名、不可思名、不可量名、不可説名。當出現於世，當利益衆生，當作法王，當興佛事，當説福利，當讚善義，當説白分義，當淨治諸惡，當安住功德，當開示第一義諦，當入灌頂位，當成一切智。彼諸如來修圓滿行，發圓滿願，入圓滿智，有圓滿衆，備圓滿莊嚴，集圓滿功德，悟圓滿法，得圓滿果，具圓滿相，成圓滿覺。彼諸如來名姓種族、方便善巧、神通變化、成熟衆生、入般涅槃，如是一切皆悉了知。此菩薩於一念中，能入一劫、百劫、千劫、百千劫、百千億那由他劫，入閻浮提微塵數劫，入四天下微塵數劫，入小千世界微塵數劫，入中千世界微塵數劫，入大千世界微塵數劫，入佛刹微塵數劫，入百千佛刹微塵數劫，入百千億那由他佛刹微塵數劫，入無數佛刹微塵數劫，入無量佛刹微塵數劫，入無邊佛刹微塵數劫，入無等佛刹微塵數劫，入不可數佛刹微塵數劫，入不可稱佛刹微塵數劫，入不可思佛刹微塵數劫，入不可量佛刹微塵數劫，入不可説佛刹微塵數劫，入不可説不可説佛刹微塵數劫。如是未來一切世界所有劫數，能以智慧皆悉了知。以了知故，其心復入十種持門。何者爲十，所謂入佛持故，得不可説佛刹微塵數諸佛護念；入法持故，得十種陁羅尼光明無盡辯才；入行持故，出生圓滿殊勝諸願；入力持故，無能映蔽，無能摧伏；入智持故，所行佛法無有障礙；入大悲持故，轉於不退清淨法輪；入差別善巧句持故，轉一切文字輪，淨一切法門地；入師子受生法持故，開法關鑰，出欲淤泥；入智力持故，修菩薩行常不休息；入善友力持故，令無邊衆生普得清淨；入無住力持故，入不可説不可説廣大劫；入法力持故，以無礙方便智，知一切法自性清淨。【略】

佛子，云何爲菩薩摩訶薩了知一切世界佛莊嚴三昧，佛子，此三昧何故名了知一切世界佛莊嚴，佛子，菩薩摩訶薩住此三昧，能次第入東方世界，能次第入南方世界，西方、北方、四維、上下，所有世界悉亦如是，能次第入。皆見諸佛出興於世，亦見彼佛一切神力，亦見諸佛所有遊戲，亦見諸佛廣大威德，亦見諸佛最勝自在，亦見諸佛大師子吼，亦見諸佛所修諸行，亦見諸佛種種莊嚴，亦見諸佛神足變化，亦見諸佛衆會雲集、衆會清淨、衆會廣大、衆會一相、衆會多相、衆會處所、衆會居止、衆會成熟、衆會調伏、衆會威德，如是一切悉皆明見。亦見衆會其量大小等閻浮提，亦見衆會等四天下，亦見衆會等小千界，亦見衆會等中千界，亦見衆會量等三千大千世界。亦見衆會充滿百千億那由他佛刹，亦見衆會充滿阿僧祇佛刹，亦見衆會充滿百佛刹微塵數佛刹，亦見衆會充滿千佛刹微塵數佛刹，亦見衆會充滿百千億那由他佛刹微塵數佛刹，亦見衆會充滿無數佛刹微塵數佛刹，亦見衆會充滿無量佛刹微塵數佛刹，亦見衆會充滿無邊佛刹微塵數佛刹，亦見衆會充滿無等佛刹微塵數佛刹，亦見衆會充滿不可數佛刹微塵數佛刹，亦見眾會充滿不可稱佛刹微塵數佛刹，亦見眾會充滿不可思佛刹微塵數佛刹，亦見眾會充滿不可量佛刹微塵數佛刹，亦見眾會充滿不可說佛刹微塵數佛刹，亦見眾會充滿不可說不可說佛刹微塵數佛刹。亦見諸佛於彼眾會道場中，示現種種相、種種時、種種國土、種種變化、種種神通、種種莊嚴、種種自在、種種形量、種種事業。菩薩摩訶薩亦見自身往彼眾會，亦自見身在彼說法，亦自見身受持佛語，亦自見身善知緣起，亦自見身住在虛空，亦自見身住於法身，亦自見身不生染著，亦自見身不住分別，亦自見身無有疲倦，亦自見身普入諸智，亦自見身普知諸義，亦自見身普入諸地，亦自見身普入諸趣，亦自見身普知方便，亦自見身普住佛前，亦自見身普入諸力，亦自見身普入眞如，亦自見身普入無諍，亦自見身普入諸法。如是見時，不分別國土，不分別眾生，不分別佛，不分別法，不執著身，不執著身業，不執著心，不執著意。譬如諸法，不分別自性，不分別音聲，而自性不捨，名字不滅；菩薩摩訶薩亦復如是，不捨於行，隨世所作，而於此二無所執著。【略】

佛子，菩薩摩訶薩住此三昧，成就十種速疾法。何者爲十，所謂速增諸行圓滿大願，速以法光照耀世間，速以方便轉於法輪度脱眾生，速隨眾生業示現諸佛清淨國土，速以平等智趣入十力，速與一切如來同住，速以大慈力摧破魔軍，速斷眾生疑令生歡喜，速隨勝解示現神變，速以種種妙法言辭淨諸世間。佛子，此菩薩摩訶薩復得十種法印，印一切法。何等爲十，一者同去來今一切諸佛平等善根，二者同諸如來得無邊際智慧法身，三者同諸如來住不二法，四者同諸如來觀察三世無量境界皆悉平等，五者同諸如來得了達法界無礙境界，六者同諸如來成就十力所行無礙，七者同諸如來永絕二行住無諍法，八者同諸如來教化眾生恒不止息，九者同諸如來於智善巧、義善巧中能善觀察，十者同諸如來與一切佛平等無二。

佛子，云何爲菩薩摩訶薩一切眾生差別身三昧，佛子，菩薩摩訶薩住此三昧，得十種無所著。何者爲十，所謂於一切刹無所著，於一切方無所著，於一切劫無所著，於一切眾無所著，於一切法無所著，於一切菩薩無所著，於一切菩薩願無所著，於一切三昧無所著，於一切佛無所著，於一切地無所著。是爲十。佛子，菩薩摩訶薩於此三昧云何入，云何起，佛子，菩薩摩訶薩於此三昧，內身入，外身起；外身入，內身起；同身入，異身起；異身入，同身起；人身入，夜叉身起；夜叉身入，龍身起；龍身入，阿脩羅身起；阿脩羅身入，天身起；天身入，梵王身起；梵王身入，欲界身起。【略】

佛子，云何爲菩薩摩訶薩無礙輪三昧，佛子，菩薩摩訶薩入此三昧時，住無礙身業、無礙語業、無礙意業，住無礙佛國土，得無礙成就眾生智，獲無礙調伏眾生智，放無礙光明，現無礙光明網，示無礙廣大變化，轉無礙清淨法輪，得菩薩無礙自在，普入諸佛力，普住諸佛智，作佛所作，淨佛所淨，現佛神通，令佛歡喜，行如來行，住如來道，常得親近無量諸佛，作諸佛事紹諸佛種。佛子，菩薩摩訶薩住此三昧已，觀一切智，總觀一切智，別觀一切智，隨順一切智，顯示一切智，攀緣一切智，見一切智，總見一切智，別見一切智，於普賢菩薩廣大願、廣大心、廣大行、廣大所趣、廣大所入、廣大光明、廣大出現、廣大護念、廣大變化、廣大道，不斷不退，無休無替，無倦無捨，無散無亂，常增進，恒相續。何以故，此菩薩摩訶薩於諸法中，成就大願，發行大乘，入於佛法大方便海。

道通《大方廣佛華嚴經吞海集》卷中 普眼見普賢在如來前，告普眼言：有十大三昧，一普光明智三昧，用依於體。二妙光明智三昧，徧照身心。三往佛國土三昧，神通如意。四清淨深心三昧，供佛之行。五過去莊嚴藏三昧，智之境。六未來藏三昧，如實了知。七現在莊嚴三昧，諸佛世界。八三世眾生三昧，入出自在。九法界三昧，十八界。十無礙輪三昧，佛二十一功德。

弘贊《梵網經略疏》 十禪定者，亦名十大三昧，諸大菩薩，乃能善入。入此三昧，得法界力，無有窮盡，得法王位，無量自在，生如來家，示現種種廣大神通。一普光三昧，二妙光三昧，三次第遍往諸佛國土三昧，四清淨深心行三昧，五知過去莊嚴藏三昧，六智光明藏三昧，七了知一切世界佛莊嚴三昧，八眾生差別身三昧，九法界自在三昧，十無礙輪三昧。

十山王

實叉難陀譯《大方廣佛華嚴經》卷三九　佛子，菩薩十地，因佛智故而有差別，如因大地有十山王。何等爲十，所謂雪山王、香山王、鞞陀梨山王、神仙山王、由乾陀山王、馬耳山王、尼民陀羅山王、斫羯羅山王、計都末底山王、須彌盧山王。佛子，如雪山王，一切藥草鹹在其中，取不可盡，菩薩所住歡喜地亦復如是，一切世間經書、技藝、文頌、呪術鹹在其中，說不可盡。佛子，如香山王，一切諸香鹹集其中，取不可盡，菩薩所住離垢地亦復如是，一切菩薩戒行、威儀鹹在其中，說不可盡。佛子，如鞞陀梨山王，純寶所成，一切眾寶鹹在其中，取不可盡，菩薩所住發光地亦復如是，一切世間禪定神通、解脫三昧、三摩鉢底鹹在其中，說不可盡。佛子，如神仙山王，純寶所成，五通神仙咸住其中，無有窮盡，菩薩所住焰慧地亦復如是，一切道中殊勝智慧鹹在其中，說不可盡。佛子，如由乾陀羅山王，純寶所成，夜叉大神鹹住其中，無有窮盡，菩薩所住難勝地亦復如是，一切自在如意神通鹹在其中，說不可盡。佛子，如馬耳山王，純寶所成，一切諸果鹹在其中，取不可盡，菩薩所住現前地亦復如是，入緣起理聲聞果證鹹在其中，說不可盡。如尼民陀羅山王，純寶所成，大力龍神鹹住其中，無有窮盡，菩薩所住遠行地亦復如是，方便智慧獨覺果證鹹在其中，說不可盡。如斫羯羅山王，純寶所成，諸自在眾鹹住其中，無有窮盡，菩薩所住不動地亦復如是，一切菩薩自在行差別世界鹹在其中，說不可盡。如計都山王，純寶所成，大威德阿脩羅王鹹住其中，無有窮盡，菩薩所住善慧地亦復如是，一切世間生滅智行鹹在其中，說不可盡。如須彌盧山王，純寶所成，大威德諸天鹹住其中，無有窮盡，菩薩所住法雲地亦復如是，如來力、無畏、不共法、一切佛事鹹在其中，問答宣說不可窮盡。

十門見佛差別

李通玄《新華嚴經論》卷六　第五明見佛差別者。夫佛身性相一體無差，器有萬端，依根各異，情存相隔，見紹體齊，身立影生，情留佛異，佛由情應，以此乖眞，心盡情亡，智身自稱，智緣無作，動寂俱眞，如是相應，名毘盧遮那佛。毘盧遮那者，名種種光明遍照也，以法身悲智示相教光，用對諸根隨情現色，爲情乖相別見異佛殊，以體相混收本是毘盧遮那一智身也，只可歸眞去假，不可滯假亡眞，略立十門見佛差別，使得留心創信者返末而還源也。

一人中見佛，但有三十二相。二諸天見佛，但有八十種好。三諸龍見佛，或同人所見，或見但爲大龍王也，餘畜例然。四諸仙人見佛，但見仙人。五諸餘外道還見佛，與己同類。六八部神等見佛，與己爲王。七小乘人見佛爲大聲聞。八緣覺見佛還爲緣覺。九權教中菩薩見佛，但爲三千大千世界之主，福智充遍三千大千世界。十一乘教中菩薩見佛，爲十佛刹微塵數蓮華藏世界海，爲法界主，且云十佛刹微塵數蓮華藏世界，爲明無盡，總攝一切刹故，福智充滿一切諸刹，無盡相海重重故。

如上十種見佛不同，皆由發心之時信樂差別，以信樂力故，見佛不同。是故當知，發心之者，發廣大心，信廣大教門，發廣大願，行廣大行入廣大智，利益成就無盡眾生，即得速成菩提行願福智悉皆圓滿。若不如是，終非畢竟成大菩提，勞而功少，何如直往一切智之中也。

十無盡藏

佛馱跋陀羅譯《大方廣佛華嚴經》卷一〇　爾時功德林菩薩摩訶薩，復告諸菩薩言：佛子，菩薩摩訶薩有十種藏，三世諸佛之所演說。何等爲十，信藏，戒藏，慚藏，愧藏，聞藏，施藏，慧藏，正念藏，持藏，辯藏，是爲十。

何等爲菩薩信藏，此菩薩信一切法空無眞實，信一切法無相，信一切法無願，信一切法無作者，信一切法不實，信一切法無堅固，信一切法無量，信一切法無上，信一切法不可度，信一切法不生。若菩薩成就如是隨順淨信，聞諸佛法不可思議，心不驚怖。聞一切佛不可思議，心不驚怖。聞衆生不可思議，心不驚怖。聞法界不可思議，心不驚怖。聞虛空界不可思議，心不驚怖。聞涅槃界不可思議，心不驚怖。聞過去世不可思議，心不驚怖。聞未來世不可思議，心不驚怖。聞現在世不可思議，心不驚怖。聞入一切劫不可思議，心不驚怖。何以故，菩薩於諸佛所一向堅信不可沮壞，佛如是知佛無盡無邊智。十方一切世界，一一世界中三世無量無數諸佛，出興於世，施行佛事，而般涅槃，彼諸佛智慧，不增不減，不生不滅，不盡不去，不近不遠，不智不亂，菩薩成就如是等無邊無盡信藏，則能乘如來乘。此菩薩成就如是等無量無邊信，不退轉信，不亂信，不壞信，不著信，有根信，隨順聖人信，如來家性信，則能護持一切佛法，長養一切菩薩善根，隨順一切如來善根，從一切佛善方便生，是名菩薩摩訶薩無盡信藏。菩薩住此信藏，悉能聞持諸如來法，廣爲一切衆生演說。

佛子，何等爲菩薩摩訶薩戒藏，此菩薩成就饒益戒，不受戒，無著戒，安住戒，不諍戒，不惱害戒，不雜戒，離邪命戒，離惡戒，清淨戒。何等爲饒益戒，此菩薩先當饒益安樂衆生。何等爲不受戒，此菩薩不受外道戒，具足奉持三世諸佛平等淨戒。何等爲無著戒，此菩薩不著欲界戒，不著色界戒，不著無色界戒。何以故，不迴向彼故。何等爲安住戒，此菩薩成就清淨無疑悔戒。何以故，菩薩不作五無間罪，永不故犯一切戒故。何等爲不諍戒，此菩薩不非先制，不更造立，心常隨順向涅槃戒，皆具足持無所毀犯，不由此戒惱亂衆生共相違諍，菩薩持戒，但饒益衆生令歡喜故。何等爲不惱害戒，此菩薩不因持戒學諸呪術藥草惱害衆生。何以故，菩薩欲救護衆生故，持清淨戒。何等爲不雜戒，此菩薩離斷常見，不持雜戒，但觀察十二緣起，持清淨戒。何等爲離邪命戒，此菩薩不作持淨戒相，欲使他知內無實德現實德相，但持淨戒一向求法，究竟薩婆若。何等爲不惡戒，此菩薩不自貢高言我持戒，見犯戒人，不輕賤訶罵令其憂惱，但一其心持清淨戒。何等爲清淨戒，此菩薩捨離殺盜邪婬妄語惡口麁言兩舌雜語貪恚邪見，具持十善。此菩薩持如是等清淨戒時作是念，若有衆生犯淨戒者，斯由顛倒諸煩惱故，一切諸佛悉分別知是一切衆生，因諸顛倒毀犯淨戒，是故我當專求佛道，究竟無上菩提，廣爲衆生說眞實法，令離顛倒淨持禁戒，悉令究竟無上菩提，是爲菩薩摩訶薩第二無盡戒藏。

佛子，何等爲菩薩摩訶薩慚藏，此菩薩自憶宿命，無數世來，於六親所行無慚行，或侮慢無禮，或婬亂無節，忍害無親，興師相伐，迷惑顛倒，無惡不造，斯由三毒邪疑使纏虛僞諂曲諸不善故。一切衆生亦復如是，皆悉積習諸無慚行，斯由無智乃至諂曲故，尊卑失序，不相敬順，不能謙下，遵奉明哲，常懷毒念，怨結滋甚，更相屠害，曾無恥懼。自惟我身及餘衆生，去來現在行無慚法，三世諸佛無不知見，我當云何猶行無慚，甚爲不可，是故我應修習慚法，究竟菩提，廣爲衆生說眞實法，令其永離諸無慚法，成就菩提，是爲菩薩摩訶薩第三無盡慚藏。

佛子，何等爲菩薩摩訶薩愧藏，此菩薩自愧昔來貪求色聲香味觸法妻子眷屬錢財寶物僮僕車乘，心無厭足，我不應行是諸非法事，因是生長貪恚愚癡乃至諂曲。復作是念，衆生所行無愧之法，皆以無智乃至諂曲諸惡法故，不相承順，尊敬供養，常懷毒心，迭相殘害，我及衆生，去來現在，愛樂貪求，集行是法，因是法故，受胎生死，無量諸苦，三世諸佛皆悉知見。我猶行是無愧法者，三世諸佛皆不歡喜，我當修習愧法，究竟菩提，廣爲衆生說如是法，令離無愧成就佛道，是爲菩薩摩訶薩第四無盡愧藏。

佛子，何等爲菩薩摩訶薩多聞藏，此菩薩多聞者，所謂知是事有故是事有，是事無故是事無，是事起故是事起，是事滅故是事滅，是世間法，是出世間法，是有爲法，是無爲法，是有記法，是無記法。何等爲是事有故是事有，所謂有無明故有行。何等爲是事無故是事無，所謂無識故無名色。何等爲是事起故是事起，所謂愛起故苦起。何等爲是事滅故是事滅，所謂有滅故生死滅。何等爲世間法，所謂色受想行識。何等爲出世間法，所謂戒身定身慧身解脫身解脫知見身。何等爲有爲法，所謂欲界色界無色界衆生界。何等爲無爲法，所謂虛空涅槃，數緣滅非數緣滅，十二緣起及法界。何等爲有記法，所謂四眞諦，四沙門果，四辯，四無所畏，四念處，四正勤，四如意足，五根，五力，七覺支，八聖道分。何等爲無記法，所謂世間有邊世間無邊，世間有邊無邊，世間非有邊非無邊，世間有常世間無常，世間有常無常，世間非有常非無常，如來滅後如去不受，如來滅後不如去亦不受，如來滅後如去不如去亦不受，如來滅後非如去非不如去亦不受，有我有衆生，無我無衆生，有我無我，有衆生無衆生，非有我非無我，非有衆生非無衆生，過去有幾如來滅度，幾聲聞緣覺滅度，未來有幾如來幾聲聞緣覺幾衆生生，現在有幾佛幾聲聞緣覺，何等如來最初出世，何等聲聞緣覺最初出世，何等衆生最初生，何等如來最後出世，何等聲聞緣覺最後出世，何等衆生最後生，何等諸法最在初，何等諸法最在後，世間從何處來去至何所，有幾世界成，有幾世界敗，世界從何所來去至何所，何等爲生死最初際，何等爲生死最後際，是名無記法。菩薩摩訶薩作如是念，衆生長夜流轉生死，童蒙凡夫不知修道，我當晝夜精勤學問，受持一切諸佛法藏，究竟成就無上菩提，廣爲衆生説眞實法，普令一切成無上道，是爲菩薩摩訶薩第五無盡多聞藏。【略】

佛子，何等爲菩薩摩訶薩無盡慧藏，此菩薩知色苦如實，知色集如實，知色滅如實，知色道如實，知受想行識苦如實，知識集如實，知識滅如實，知識道如實，知無明苦，知無明集，知無明滅，知無明道，知愛苦，知愛集，知愛滅，知愛道，知聲聞，知聲聞法，知聲聞集，知聲聞涅槃，知緣覺，知緣覺法，知緣覺集，知緣覺涅槃，知菩薩，知菩薩法，知菩薩集，知菩薩涅槃。云何知，知從業報因緣所造，諸行非我非堅固，無眞實空無所有，不取諸法堅固之相，不取諸法所有之相，知一切法悉無所有，廣爲衆生，説眞實法。云何爲説，説一切法不可壞，何等不可壞，色不可壞，受想行識不可壞，無明不可壞，聲聞法、緣覺法、菩薩法不可壞。何以故，一切諸法，不自作不他作，言語道斷離一切處，不生不起不施不受，無有心意。菩薩成就如是等無盡慧藏，以少方便，則能逮得一切諸法善妙方便，自然明達不由他悟，此智慧藏有十種不可盡。何等爲十，多聞善方便不可盡，親近善知識不可盡，演一句法不可盡，入深法界不可盡，入無量智慧莊嚴不可盡，出生長養諸功德藏心無憂厭不可盡，入一切陁羅尼門不可盡，分別了知一切衆生語言音聲不可盡，得普令衆生離諸疑惑不可盡，得一切佛自在示現教化衆生所行成就不可盡，是爲十種不可盡法。是爲菩薩摩訶薩第七無盡慧藏。菩薩住此無盡慧藏，疾得無上平等正覺。

佛子，何等爲菩薩摩訶薩無盡念藏，此菩薩捨離癡冥，憶念過去一生十生百生千生萬生，乃至阿僧祇不可思議無分齊，不可説億那由他生成劫壞劫成壞劫非一成劫，非一壞劫，非一成壞劫，百劫千劫百千億那由他劫，乃至阿僧祇不可思議無分齊，不可説億那由他劫，念知一佛名號，乃至不可説不可説諸佛名號，念知授一佛記，乃至授不可説不可説諸佛記，念知一佛出世，乃至念知不可説不可説諸佛出世，念知從一佛所受一修多羅，乃至不可説不可説佛所受，不可説不可説修多羅、祇夜、授記、伽陁、因緣、憂陁那、本事、本生、方廣、未曾有、譬諭、憂波提舍，亦復如是。念知一會衆一時説法，乃至不可説不可説時會説法，念知一根乃至不可説不可説諸根，念知一煩惱乃至不可説不可説諸煩惱，念知一三昧乃至不可説不可説諸三昧。菩薩作如是念，妙念，淨念，不濁念，遍淨念，離塵念，離種種塵念，離垢念，光曜念，樂念，無障礙念，此菩薩住是念時，一切世間不能嬈亂，諸根清淨不復染著，一切世間衆魔外道所不能壞，念持一切諸佛法藏，決定明了未曾錯亂。是爲菩薩摩訶薩第八無盡念藏。

佛子，何等爲菩薩摩訶薩無盡聞持藏，此菩薩於諸佛所，聞持一品修多羅，乃至聞持不可説不可説修多羅，未曾忘失一字一句，於一生中而不忘失，乃至不可説不可説生，未曾忘失一字一句，聞持一佛名號，乃至聞持不可説不可説佛名號，聞持一世界名字，乃至聞持不可説不可説世界名字，聞持一劫名字，乃至聞持不可説不可説劫名字，聞持一如來記，乃至聞持不可説不可説如來記，聞持一修多羅，乃至聞持不可説不可説修多羅，聞持一會名字，乃至聞持不可説不可説會名字，聞持一時説法，乃至聞持不可説不可説時説法，聞持一根，乃至聞持不可説不可説諸根，聞持一煩惱，乃至聞持不可説不可説煩惱，聞持一三昧，乃至聞持不可説不可説三昧。是爲菩薩摩訶薩第九甚深無聞持藏，此聞持藏，唯佛境界，餘無能及。

佛子，何等爲菩薩摩訶薩無盡辯藏，此菩薩成就甚深智慧，廣爲衆生演説諸法，不違一切諸佛經典，説一品法，乃至説不可説不可説品法，説一佛名號，乃至説不可説不可説諸佛名號，説一世界名字，説一佛記，説一修多羅，説一會，説一時，説法，説一根，説一煩惱，説一三昧，乃至説不可説不可説諸三昧，或一日説一句一味法無盡，乃至不可説不可説劫，說一句一味法而無窮盡，一切諸劫尙可窮盡，說一句一味不可窮盡。何以故，此菩薩成就十種無盡藏故，成就此藏故，得攝一切法，陁羅尼門現在前，百萬阿僧祇陁羅尼以爲眷屬，此菩薩成就百萬阿僧祇陁羅尼眷屬已，以法光明辯才，廣爲衆生演說深法，以廣長舌出妙音聲，充滿一切十方世界隨順諸根除滅煩惱，皆令歡喜，善入一切音聲，於一切文字，得不斷辯，入普照法門，說一切衆生如來種子不可斷故，不捨菩薩一切諸行，心無憂厭。何以故，此菩薩成就充滿虛空法界清淨法身故。是爲菩薩摩訶薩第十無盡辯藏，此藏無量無分齊，無間不可壞，無斷不可斷，不退轉，甚深無底，以一切法門，入一切佛法。

佛子，是爲菩薩摩訶薩十種無盡藏，令一切衆生究竟成就無上菩提。此藏有十種無盡深法，何等爲十，饒益一切衆生善迴向故，不斷本願一切劫行故，心無量無邊觀察平等如虛空故，迴向有爲不著無爲故，一切法無盡念念知境界故，大願不可壞究竟諸力陁羅尼行故，諸佛護念入一切法如幻化故。是爲十種無盡法，能令一切世間得無盡藏。

十無學法

瞿曇僧伽提婆譯《中阿含經》卷六〇　欲斷無明者，當修十無學法。云何欲斷無明者，當修十無學法。若時如來出世，無所著、等正覺、明行成爲、善逝、世間解、無上士、道法御、天人師、號佛、衆祐、彼斷，乃至五蓋、心穢、慧羸，修無學正見，乃至修無學正智，是謂欲斷無明者，當修十無學法。如是數斷、解脫、過度、拔絕、滅止、總知、別知。欲別知無明者，當修十無學法。云何欲別知無明者，當修學十無學法。若時如來出世，無所著、等正覺、明行成爲、善逝、世間解、無上士、道法御、天人師、號佛、衆祐、彼斷，乃至五蓋、心穢、慧羸，修無學正見，乃至修無學正智，是謂欲斷無明者，當修十無學法。

佛陁耶舍共竺佛念譯《佛說長阿含經》卷八　諸比丘，如來說十正法，所謂十無學法，無學正見，正思，正語，正業，正命，正念，正方便，正定，正智，正解脫，是爲如來所說正法，當共撰集，以防諍訟，使梵行久立，多所饒益，天人獲安。

玄奘譯《阿毗達磨集異門足論》卷二〇　十無學法者，云何爲十，答，一無學正見，二無學正思惟，三無學正語，四無學正業，五無學正命，六無學正勤，七無學正念，八無學正定，九無學正解脫，十無學正智。云何無學正見，答，盡智無生智，盡所不攝無學慧，是名無學正見。云何無學正思惟，答，諸聖弟子於苦思惟苦，於集思惟集，於滅思惟滅，於道思惟道，無學作意相應所有思惟，等思惟近思惟，尋求等尋求近尋求，推覓等推覓近推覓，令心於法麁動而轉，是名無學正思惟。云何無學正語，答，諸聖弟子，於苦思惟苦，於集思惟集，於滅思惟滅，於道思惟道，無學作意相應簡擇力故，除趣邪命語四惡行，於餘語惡行所得，無學遠離勝遠離近遠離極遠離，寂靜律儀無作無造，棄捨防護，不行不犯，船筏橋樑堤塘牆塹，於所制約不踰不踰性，不越不越性，無表語業，是名無學正語。云何無學正業，答，諸聖弟子於苦思惟苦，於集思惟集，於滅思惟滅，於道思惟道，無學作意相應簡擇力故，除趣邪命身三惡行，於餘身惡行所得，無學遠離勝遠離近遠離極遠離，寂靜律儀無作無造，棄捨防護不行不犯，船筏橋梁隄塘牆塹，於所制約不踰不踰性，不越不越性，無表身業，是名無學正業。云何無學正命，答，諸聖弟子，於苦思惟苦，於集思惟集，於滅思惟滅，於道思惟道，無學作意相應簡擇力故，於趣邪命身語惡行所得，無學遠離勝遠離近遠離極遠離，寂靜律儀無作無造，棄捨防護不行不犯，船筏橋梁隄塘牆塹，於所制約不踰不踰性，不越不越性，無表身語業，是名無學正命。云何無學正勤，答，諸聖弟子，於苦思惟苦，於集思惟集，於滅思惟滅，於道思惟道，無學作意相應所有勤精進，勇健勢猛，熾盛難制，勵意不息，是名無學正勤。云何無學正念，答，諸聖弟子，於苦思惟苦，於集思惟集，於滅思惟滅，於道思惟道，無學作意相應所有念，隨念專念憶念，不忘不失不遺不漏，不失法性心明記性，是名無學正念。云何無學正定，答，諸聖弟子，於苦思惟苦，於集思惟集，於滅思惟滅，於道思惟道，無學作意相應所有心，住等住近住安住，不散不亂，攝止等持，心一境性，是名無學正定。云何無學正解脫，答，諸聖弟子，於苦思惟苦，於集思惟集，於滅思惟滅，於道思惟道，無學作意相應所有心勝解，已勝解當勝解，是名無學正解脫。云何無學正智，答，盡智無生智，是名無學正智。

十無碍

澄觀《大方廣佛華嚴經疏》卷一　言無礙者，略有十義。一用周無礙，謂於上念劫刹塵等處，遮那佛現法界身雲，業用無邊，悉周遍故。經云，如於此處見佛坐，一切塵中亦如是等，其文非一。二相遍無礙，謂於上差別用中，各攝一切業用故。三寂用無礙，無私成故。四依起無礙，無心頓現，海印力故。五眞應無礙，應即同法，一味平等故。六分圓無礙，一一身分即具全身故。七因果無礙，不礙現因故。八依正無礙，不礙現依故。九潛入無礙，入衆生界，如如來藏，雖作衆生，不失自性故。故《出現品》云，佛智潛入衆生心。又云，衆生心中有佛，成正覺等。又亦攝一切衆生，在一毛孔善化。天王云，汝應觀佛一毛孔，一切衆生悉在中等。十圓通無礙，謂此佛身即理即事，即一即多，即依即正，即人即法，即此即彼，即情即非情，即深即廣，即因即果，即三身即十身，同一無礙法界身雲，以此身雲，遍前時處，常說華嚴，是知或說報身在色究竟，約攝報說，或說報身在餘淨土。

法藏《華嚴經旨歸》　問說：此經佛盧舍那身，既在如前無盡時處，其佛爲是一身，爲是多身，設爾何失，二俱有過。謂若是一身，何故一切刹中各全現耶，若是多身，何故經言而不分身，又云，而如來身亦不往彼。答：此盧舍那法界身雲無障礙故，常在此處即在他處，故遠在他方恒住此故，身不分異亦非一故，同時異處一身圓滿，皆全現故，一切菩薩不能思故。今顯此義，略辨十重，一用周無礙，二相遍無礙，三寂用無礙，四依起無礙，五眞應無礙，六分圓無礙，七因果無礙，八依正無礙，九潛入無礙，十圓通無礙。初用周無礙者，於上念劫刹塵等處，盧舍那佛顯法界身雲，業用無邊周側如上，一一塵刹一一念劫攝生威儀，或現八相或三乘形，或五趣身或六塵境，身雲差別名號不同，業用多端不可稱說。華嚴佛境界分云，盧舍那佛於一塵中，示現十佛世界微塵數等多威儀路，以攝衆生，如一塵一切塵亦爾，如一佛一切佛亦爾，故知如是應機現身，無盡無盡不可說也。又云，如此見佛坐師子座，一切塵中亦復如是。二相遍無礙者，於上一一差別用中，一一各攝一切業用，如在胎中，則有出家成道等類，如是一切自在無礙，如經微細中說。三寂用無礙者，雖現如是無邊自在，然不作意不起念慮，常在三昧不礙起用。不思議品云，於一念中，悉能示現一切三世佛，教化一切衆生，而不捨離諸佛寂滅無二三昧，是爲諸佛不可譬喻不可思議境界。如末尼雨寶，天鼓出聲，皆無功用，任運成就。四依起無礙者，如此所現雖無功用，皆依海印三昧之力，而得顯現。經云，一切示現無有餘，海印三昧勢力故。五眞應無礙者，則此應現無盡身雲即無生滅，則是法身平等一味，不礙業用，無有限量。經云，法身多門現十方，如是眞應，理事混融，無障無礙，是佛境界也。六分圓無礙者，則此遍法界盧舍那身，一一支分一一毛孔，皆亦有自舍那全身，是故分處則是圓滿。法界品云，如來一毛孔中，出一切佛刹微塵等化身雲，充滿一切世界不可思議故，亦於毛孔，則現十方盡窮法界，一切諸佛一毛孔中，盡過去際一切如來，次第顯現不可思議。故經偈云，如來無量功德海，一一毛孔皆悉現。又如法界品中，普賢支節及毛孔亦現可知。七因果無礙者，謂於身分及毛孔處，現自舍那往昔本生行菩薩行所受之身，及所成行事，亦現十方一切菩薩身雲及行，經中佛眉間出勝音等塵數菩薩。八依正無礙者，謂此身雲則作一切器世間。經云，或作日月遊虛空，或作河池井泉等，一切世界海。又亦潛身入彼諸刹，一一微細塵毛等處，皆有佛身圓滿普遍。經云，佛身充滿諸法界也。又彼所入一切刹海，總在如來一毛孔現。經云，無量刹海處一毛，悉坐菩提蓮華座，遍滿一切諸法界，一切毛孔自在現。普賢亦云，一切諸佛及刹土，在我身內無障礙，我於一切毛孔中現佛境界，諦觀察況於佛也。又如來自在還現自身，於身內刹中教化衆生，無障無礙非思量境界。九潛入無礙者，於衆生世間無礙自在，謂此佛身遍入一切衆生界中，如如來藏雖作衆生，而不失自性，此亦同也。又亦總攝一切衆生，悉在如來一毛孔內，一切毛孔亦皆如是。經云，觀見如來一毛孔，一切衆生悉入中，如是等。十圓通無礙者，謂此佛身則理即事則一，即多則依即正，則人即法，則此即彼，則情即非情，即深即淺，即廣即狹，即因即果，則三身即十身，同一無礙自在法界，難可稱說，如來以自在身雲，於前時處常說華嚴，無休無息。

法藏《華嚴經探玄記》卷三　第十無礙門者。小乘世界唯是事相，於上但有苦無常空無我等理，三乘中法性土唯理，餘皆是事。然上二宗，理之與事非一非異，名爲無礙，若一乘中略有十重。一情事無礙，謂應情顯現，事超情外，文云喻如幻無方，皆從妄想生。二理事無礙，謂全同眞性而刹相宛然，文云法界不可壞蓮華世界海等。三相入無礙，謂文云以一佛土滿十方，十方入一亦無餘等。四相即無礙，謂文云無量世界即一世界等。五重現無礙，謂於塵中見一切刹，刹内塵中見刹亦爾，如是重重如因陁羅網。六主伴無礙，凡一世界必有一切，以爲眷屬。七體用無礙，謂一刹海必有大用，赴機説法。八隱顯無礙，謂染淨隱顯異類隱顯等，約緣定之可知。九時處無礙，謂或於一刹現三世劫，或一念中現無量刹，如是無礙。十成壞無礙，謂成即壞壞即成等，無礙顯現，自在難知，超過情慮。此十無礙同時具足，應以六相方便而會融之，十世界義略辨如是。諸餘義相，隨文當顯。

十無碍用

實叉難陁譯《大方廣佛華嚴經》卷五六　佛子，菩薩摩訶薩有十種無礙用。何等爲十，所謂衆生無礙用，國土無礙用，法無礙用，身無礙用，願無礙用，境界無礙用，智無礙用，神通無礙用，神力無礙用，力無礙用。

佛子，云何爲菩薩摩訶薩衆生等無礙用，佛子，菩薩摩訶薩有十種衆生無礙用。何等爲十，所謂知一切衆生無衆生無礙用，知一切衆生但想所持無礙用，爲一切衆生説法未曾失時無礙用，普化現一切衆生界無礙用，置一切衆生於一毛孔中而不迫隘無礙用，爲一切衆生示現他方一切世界令其悉見無礙用，爲一切衆生示現釋、梵、護世諸天身無礙用，爲一切衆生示現聲聞、辟支佛寂靜威儀無礙用，爲一切衆生示現菩薩行無礙用，爲一切衆生示現諸佛色身相好、一切智力、成等正覺無礙用。是爲十。

佛子，菩薩摩訶薩有十種國土無礙用。何等爲十，所謂一切刹作一刹無礙用，一切刹入一毛孔無礙用，知一切刹無有盡無礙用，一身結跏坐充滿一切刹無礙用，一身中現一切刹無礙用，震動一切刹不令衆生恐怖無礙用，以一切刹莊嚴具莊嚴一刹無礙用，以一刹莊嚴具莊嚴一切刹無礙用，以一如來一衆會遍一切佛刹示現衆生無礙用，一切小刹、中刹、大刹、廣刹、深刹、仰刹、覆刹、側刹、正刹，遍諸方網，無量差別，以此普示一切衆生無礙用。是爲十。

佛子，菩薩摩訶薩有十種法無礙用。何等爲十，所謂知一切法入一法、一法入一切法，而亦不違衆生心解無礙用；從般若波羅蜜出生一切法，爲他解説悉令開悟無礙用；知一切法離文字，而令衆生皆得悟入無礙用；知一切法入一相，而能演説無量法相無礙用；知一切法離言説，能爲他説無邊法門無礙用；於一切法善轉普門字輪無礙用；以一切法入一法門而不相違，於不可説劫説不窮盡無礙用；以一切法悉入佛法，令諸衆生皆得悟解無礙用；知一切法無有邊際無礙用；知一切法無障礙際，猶如幻網無量差別，於無量劫爲衆生説不可窮盡無礙用。是爲十。

佛子，菩薩摩訶薩有十種身無礙用。何等爲十，所謂以一切衆生身入己身無礙用，以己身入一切衆生身無礙用，一切佛身入一佛身無礙用，一佛身入一切佛身無礙用，一切刹入己身無礙用，以一身充遍一切三世法示現衆生無礙用，於一身示現無邊身入三昧無礙用，於一身示現衆生數等身成正覺無礙用，於一切衆生身現一衆生身、於一衆生身現一切衆生身無礙用，於一切衆生身示現法身、於法身示現一切衆生身無礙用。是爲十。

佛子，菩薩摩訶薩有十種願無礙用。何等爲十，所謂以一切菩薩願作自願無礙用；以一切佛成菩提願力示現自成正覺無礙用；隨所化衆生，自成阿耨多羅三藐三菩提無礙用；於一切無邊際劫大願不斷無礙用；遠離識身，不著智身，以自在願現一切身無礙用；捨棄自身，成滿他願無礙用；普教化一切衆生，而不捨大願無礙用；於一切劫行菩薩行，而大願不斷無礙用；於一毛孔現成正覺，以願力故，充遍一切諸佛國土，於不可説不可説世界，爲一一衆生如是示現無礙用；説一句法遍一切法界，興大正法雲，耀解脱電光，震實法雷音，雨甘露味雨，以大願力充洽一切諸衆生界無礙用。是爲十。

佛子，菩薩摩訶薩有十種境界無礙用。何等爲十，所謂在法界境界，而不捨衆生境界無礙用；在佛境界，而不捨魔境界無礙用；在涅槃境界，而不捨生死境界無礙用；入一切智境界，而不斷菩薩種性境界無礙用；住寂靜境界，而不捨散亂境界無礙用；住無去、無來、無戲論、無相狀、無體性、無言説、如虛空境界，而不捨一切衆生戲論境界無礙用；住諸力解脱境界，而不捨一切諸方所境界無礙用；入無衆生際境界，而不捨教化一切衆生無礙用；住禪定解脱、神通明智、寂靜境界，而於一切世界示現受生無礙用；住如來一切行莊嚴成正覺境界，而現一切聲聞、辟支佛寂靜威儀無礙用。是爲十。

佛子，菩薩摩訶薩有十種智無礙用。何等爲十，所謂無盡辯才無礙用；一切總持無有忘失無礙用；能決定知、決定説一切衆生諸根無礙用；於一念中以無礙智，知一切衆生心之所行無礙用；知一切衆生欲樂、隨眠、習氣、煩惱病，隨應授藥無礙用；一念能入如來十力無礙用；以無礙智，知三世一切劫及其中衆生無礙用；於念念中現成正覺，示現衆生無有斷絶無礙用；於一衆生想知一切衆生業無礙用；於一衆生音解一切衆生語無礙用。是爲十。

佛子，菩薩摩訶薩有十種神通無礙用。何等爲十，所謂於一身示現一切世界身無礙用；於一佛衆會聽受一切佛衆會中所説法無礙用；於一衆生心念中成就不可説無上菩提，開悟一切衆生心無礙用；以一音現一切世界差別言音，令諸衆生各得解了無礙用；一念中現盡前際一切劫所有業果種種差別，令諸衆生悉得知見無礙用；一微塵出現廣大佛刹無量莊嚴無礙用；令一切世界具足莊嚴無礙用；普入一切三世無礙用；放大法光明，現一切諸佛菩提、衆生行願無礙用；善守護一切天、龍、夜叉、乾闥婆、阿脩羅、迦樓羅、緊那羅、摩睺羅伽、釋、梵、護世、聲聞、獨覺、菩薩、所有如來十力、菩薩善根無礙用。是爲十。若諸菩薩得此無礙用，則能普入一切佛法。

佛子，菩薩摩訶薩有十種神力無礙用。何等爲十，所謂以不可説世界置一塵中無礙用；於一塵中現等法界一切佛刹無礙用；以一切大海水置一毛孔，周旋往返十方世界，而於衆生無所觸嬈無礙用；以不可説世界内自身中，示現一切神通所作無礙用；以一毛繫不可數金剛圍山，持以遊行一切世界，不令衆生生恐怖心無礙用；以不可説劫作一劫，一劫作不可説劫，於中示現成壞差別，不令衆生心有恐怖無礙用；於一切世界現水、火、風災種種變壞而不惱衆生無礙用；一切世界三災壞時，悉能護持一切衆生資生之具不令損缺無礙用；以一手持不思議世界，擲不可説世界之外，不令衆生有驚怖想無礙用；説一切刹同於虛空，令諸衆生悉得悟解無礙用。是爲十。

佛子，菩薩摩訶薩有十種力無礙用。何等爲十，所謂衆生力無礙用，教化調伏不捨離故；刹力無礙用，示現不可説莊嚴而莊嚴故；法力無礙用，令一切身入無身故；劫力無礙用，修行不斷故；佛力無礙用，覺悟睡眠故；行力無礙用，攝取一切菩薩行故；如來力無礙用，度脱一切衆生故；無師力無礙用，自覺一切諸法故；一切智力無礙用，以一切智成正覺故；大悲力無礙用，不捨一切衆生故。是爲十。

佛子，如是名爲菩薩摩訶薩十種無礙用。若有得此十無礙用者，於阿耨多羅三藐三菩提欲成、不成，隨意無違，雖成正覺而亦不斷行菩薩行。何以故，菩薩摩訶薩發大誓願，入無邊無礙用門，善巧示現故。

十種無畏

佛馱跋陀羅譯《大方廣佛華嚴經》卷一二　佛子，何等爲菩薩摩訶薩迴向，菩薩摩訶薩迴向有十，去來今佛悉共演説。何等爲十，一者救護一切衆生離衆生相迴向，二者不壞迴向，三者等一切佛迴向，四者至一切處迴向，五者無盡功德藏迴向，六者隨順平等善根迴向，七者隨順等觀一切衆生迴向，八者如相迴向，九者無縛無著解脱迴向，十者法界無量迴向。佛子，是爲菩薩摩訶薩十種迴向，三世諸佛所共演説。

佛子，何等爲救護一切衆生離衆生相迴向，此菩薩摩訶薩，行檀波羅蜜，淨尸波羅蜜，修羼提波羅蜜，行毗梨耶波羅蜜，入禪波羅蜜，分別般若波羅蜜，修行積集慈哀愍悲歡悦喜堪忍捨，修如是等無量善根。修善根已，作如是念，我所修習善根，悉以饒益一切衆生究竟清淨，以此所修善根，令一切衆生皆悉除滅地獄、餓鬼、畜生、閻羅王等無量苦惱。復作是念，我以此善根迴向，爲一切衆生作舍，令滅苦陰故，爲一切衆生作護，令解脱煩惱故，爲一切衆生作歸，令離恐怖故，爲一切衆生作趣，令至一切智地故，爲一切衆生作安隱，令得究竟安隱處故，爲一切衆生作大明，令滅癡冥得慧光故，爲一切衆生作炬，令滅無明闇故，爲一切衆生作燈，令得安住究竟明淨故，爲一切衆生作導，令入方便法故，爲一切衆生作主寶臣，令得無礙淨智身故。佛子，菩薩摩訶薩，以如是等無量善根迴向，令一切衆生究竟一切智。佛子，此菩薩摩訶薩爲怨親故，以諸善根迴向等無差別。

佛馱跋陁羅譯《大方廣佛華嚴經》卷一三 佛子，何等爲菩薩摩訶薩第四至一切處迴向。此菩薩摩訶薩，修習一切諸善根時，以彼善根，如是迴向，令此善根功德之力至一切處，譬如實際無處不至，至一切世間，至一切有，至一切衆生，至一切刹，至一切法，至一切虛空，至一切三世，至一切有爲及無爲法，至一切語言音聲，我此善根亦復如是，遍至一切諸如來所，供養三世一切諸佛，過去諸佛所願悉滿，未來諸佛具佛莊嚴，虛空法界等世界中現在諸佛，及無量大衆以爲莊嚴，皆悉供養猶如諸天，於一念中，悉能充滿無量無邊一切世界廣大功德智慧無礙善根迴向故。

佛馱跋陁羅譯《大方廣佛華嚴經》卷一八 佛子，何等爲菩薩摩訶薩第十法界等無量迴向。佛子，此菩薩摩訶薩，離垢繒繫頂，受大法師記，能廣法施，成大慈悲，安立衆生於菩提心，饒益衆生，未曾休息，以菩提心長養善根，爲一切衆生作調御師，示諸衆生一切智道。爲一切衆生作法藏日，善根淨光普照一切，等心普觀一切衆生，欲令衆生常行善根，未曾休息，增長清淨微妙智慧，不捨一切善根道業。爲一切衆生作大智慧採寶導師，開示一切安隱正道，以一切衆生爲首修行諸法，令一切衆生，得不可壞眞善知識，長養善根。菩薩摩訶薩，行法施等一切善法，攝取薩婆若心，究竟正力到於彼岸，修行堅固，難壞菩提之心，常樂大願，修習菩提。依善知識，離諂曲心，專求菩提，分別無量一切智門境界。菩薩摩訶薩，於彼善根迴向廣大而無限礙，乃至一句一味，佛所說法，若有能聞，若持若說，以此善根如是迴向。

澄觀《新譯華嚴經》卷一 云何十向，一救護衆生離衆生想回向，二不壞回向，三等諸佛回向，四至一切處回向，五無盡功德藏回向，六隨順一切堅固善根回向，七等心隨順一切衆生回向，八如相回向，九無縛無著解脫心回向，十入法界無量回向。

釋此向名亦有二種，初總後別。初總名者，至斯位已凡所修行，皆爲回向無上菩提，立回向名。後別名者，一此位菩薩所行六度四攝法等，悉爲救攝一切有情，令離生死，得涅槃樂，名救護生，入平等觀，不見怨親衆生等相，名離生相。二此位於三寶所得不壞信，因持諸善回向衆生，令獲善利，名不壞回向。三此位學三世佛，不著生死，不離菩提，修回向事，名等諸佛回向。【略】

八此位成就念智，安住不動，心無所依，寂然不亂，不違一切平等正法嚴刹度生，所修諸善皆順如相而爲回向，名如相回向。九此位所攝善根，離憍慢等所有縛著，得解脫心行普賢行，所習諸善不執爲已及以他人，以無縛著解脫之心回向饒益品物一切，故名無縛無著解脫心回向。十此位菩薩離垢繒繫頂，受大法師記法施化生，嚴淨世界出生智等，悉同虛空而無限量，凡有善根修於回向悉等法界，故名法界無量回向。

方澤《大方廣佛華嚴經合論纂要》卷中 十種回向，一名救護一切衆生離衆生相回向者，言法身無性，智體無依，衆生無相，正行救護而無所作也。二名不壞回向者，以性戒無成壞體，雖隨生死，不壞法身，雖隨分別不壞無作，雖行諸行，不壞無依門也。三名等一切佛回向者，以法忍無貪瞋癡業，諸所行願悉同諸佛也。四名至一切處回向者，言法身智身、願身、行身充滿一切世界而無去來，所謂圓轉世界，日月是。流轉世界，江河是。側世界，如四王天住須彌山側是。覆世界，胡蜂窠是也。五名無盡功德藏回向者，言以無盡境界爲一禪門，無盡衆生無明行相而爲佛事，承事無盡諸佛，遍知無盡諸法，而不壞無心，是功德藏也。心相本無，大小計盡，身爲智影，國土亦然，智淨影明，大小相入，故云於一毛孔見阿僧祇佛出興於世得入法無盡藏也。六名隨順堅固一切善根回向者，言依慧行施，以身肉手足國城妻子飲食牀座資身具等六十一種皆悉行施，而恆回向隨順佛法，不壞智身，成就通化，長大慈悲也。七名等一切隨順衆生回向者，言以方便大悲觀諸衆生如影如象而行惠濟，爲隨順衆生，以衆生心差別，則刹土差別，故云衆生不違刹，刹不違衆生，以三世無體，全是一際，故云過去不違未來，未來不違現在也。八名眞如相回向者，言以大願興起無作眞如中大智大悲大陁羅尼門大神通道力，令稱眞自在也。九名無著無縛解脫回向者，言以無依住智，調和大願，成就大悲利生法力，觀諸佛刹眾生刹，如影如化，令普參入悉無礙也。十名等法界無量回向者，以法界無中邊無造作無來去無時分可得，而回向智亦如是不思議無限量無礙自在，名爲等法界回向。此十回向通徹前後五位，但以慣習須安次第，若論脩行，當一時齊進，始得成爲佛住佛行佛回向佛地也。

德清《大方廣佛華嚴經綱要》卷五五　佛子，菩薩摩訶薩有十種無畏。何等爲十，佛子，菩薩摩訶薩悉能聞持一切言説，作如是念，設有眾生無量無邊從十方來，以百千大法而問於我，我於彼問不見微少難可答相，以不見故，心得無畏，究竟到彼大無畏岸，隨其所問，悉能酬對，斷其疑惑，無有怯弱，是爲菩薩第一無畏。佛子，菩薩摩訶薩得如來灌頂無礙辯才，到於一切文字言音，開示祕密究竟彼岸，作如是念，設有眾生無量無邊從十方來，以無量法而問於我，我於彼問不見微少難可答相，以不見故，心得無畏，究竟到彼大無畏岸，隨其所問，悉能酬對，斷其疑惑，無有恐懼，是爲菩薩第二無畏。佛子，菩薩摩訶薩知一切法空，離我離我所，無作無作者，無知者，無命者，無養育者，無補伽羅，離蘊界處，永出諸見，心如虛空，作如是念，不見眾生有微少相能損惱我身語意業。何以故，菩薩遠離我我所故，不見諸法有少性相，以不見故心得無畏，究竟到彼大無畏岸，堅固勇猛，不可沮壞，是爲菩薩第三無畏。佛子，菩薩摩訶薩佛力所護，佛力所持，住佛威儀，所行眞實，無有變易，作如是念，我不見有少分威儀令諸眾生生訶責相，以不見故，心得無畏，於大眾中安隱説法，是爲菩薩第四無畏。佛子，菩薩摩訶薩身語意業皆悉清淨，鮮白柔和，遠離眾惡，作如是念，我不自見身語意業而有少分可訶責相，以不見故，心得無畏，能令眾生住於佛法，是爲菩薩第五無畏。佛子，菩薩摩訶薩，金剛力士、天龍、夜叉、乾闥婆、阿修羅、帝釋、梵王、四天王等，常隨侍衛，一切如來護念不捨，菩薩摩訶薩作如是念，我不見有眾魔外道，有見眾生能來障我行菩薩道少分之相，以不見故，心得無畏，究竟到彼大無畏岸，發歡喜心行菩薩行，是爲菩薩第六無畏。佛子，菩薩摩訶薩已得成就第一念根，心無忘失佛所悅可，作如是念，如來所説成菩提道文字句法，我不於中見有少分忘失之相，以不見故，心得無畏，受持一切如來正法，行菩薩行，是爲菩薩第七無畏。佛子，菩薩摩訶薩智慧方便悉已通達，菩薩諸力皆得究竟，常勤教化一切眾生，恆以願心繫佛菩提，而爲悲愍眾生故，成就眾生故，於煩惱濁世示現受生，種族尊貴，眷屬圓滿，所欲從心，歡娛快樂，而作是念，我雖與此眷屬聚會，不見少相而可貪著，廢我修行禪定解脱及諸三昧總持辯才菩薩道法。何以故，菩薩摩訶薩於一切法已得自在到於彼岸，修菩薩行，誓不斷絶，不見世間有一境界而能惑亂菩薩道者，以不見故，心得無畏，究竟到彼大無畏岸，以大願力，於一切世界示現受生，是爲菩薩第八無畏。佛子，菩薩摩訶薩恆不忘失薩婆若心，乘於大乘行菩薩行，以一切智大心勢力，示現一切聲聞獨覺寂靜威儀，作如是念，我不自見當於二乘而取出離少分之相，以不見故，心得無畏，到彼無上大無畏岸，普能示現一切乘道，究竟滿足平等大乘，是爲菩薩第九無畏。佛子，菩薩摩訶薩成就一切諸白淨法，具足善根圓滿神通，究竟住於諸佛菩提，滿足一切諸菩薩行，於諸佛所受一切智灌頂之記，而常化眾生行菩薩道，作如是念，我不自見有一眾生應可成熟而不能現諸佛自在而成熟相，以不見故心得無畏，究竟到彼大無畏岸，不斷菩薩行，不捨菩薩願，隨所應化一切眾生，現佛境界而化度之，是爲菩薩第十無畏。佛子，是爲菩薩摩訶薩十種無畏。若諸菩薩安住此法，則得諸佛無上大無畏，而亦不捨菩薩無畏。

諴又震《金剛三昧經通宗記》卷八　此十回向，爲菩薩誓願海也，夫以悲願利生，回己之功德，而向於眾生，故曰回向。初以所行六度，及四無量心，一切善根，回向眾生，令得出世之道，而不作我能利生之想，名救護眾生離眾生相回向。二以所得一切不壞信善根，回向一切智願，成熟眾生出世間法，名不壞回向。三修學諸佛回向之道，所得法利，今復回向諸佛，願諸佛得無量樂，轉更增勝，回向菩薩，證薩婆若，回向眾生，證一切智，名等一切諸佛回向。四以善根功德力，至一切佛所供養，回向眾生成就大乘，名至一切處回向。五以一切懺除禮敬勸請聞法開悟，以至隨喜，如是功德，回向莊嚴諸佛國土，普施眾生，決定成熟，平等教化，名無盡功德藏回向。六行內外施，如資生之物，及身分所有，悉皆施與，以此善根，回向眾生住清淨道，名入一切平等善根回向。七以隨所積集一切善根，回向眾生，令成就無盡功德之藏，名平等隨順一切眾生回向。八以深心不壞智力便，順眞如相，回向眾生，圓滿一切清淨智慧，名眞如相回向。九以一切尊重心善根回向，以此得無著無縛解脱心，而住於普賢行大回向心，令衆生出生平等無礙智，名無著無縛解脱回向。十以一切法施善根回向，願得廣大無礙境界，圓滿一切梵行，入等法界無量菩薩回向，令衆生如我所得，亦如是得，到於彼岸，名法界無量回向。論云，此十回向行，回眞向俗，回智向悲，又通攝住行地中諸法，並修而進，以大願力，融會智悲生死涅槃，成一眞法界，總歸於菩提實際耳。又《大般若經》云，心無自性，心性無故，心所亦無，心及心所，既無自性，故心亦無回向心義。又云，菩薩回向，心則非心，菩提心亦非心，不應非心，回向非心。又云，心不應回向非心，非心不應回向於心，如是二種，俱無所有，無所有中無回向義，是爲菩薩般若波羅蜜。

十自在

道泰等譯《入大乘論》卷下　若諸佛不勸請者，即於彼定，入無餘涅槃。如經中説，得無生法忍，離煩惱障。如阿羅漢，得寂滅無餘，離於生死，得十自在。何等爲十，壽命自在，得心自在，衆具自在，作業自在，生處自在，解脱自在，神通自在，願自在，法自在，智自在。得如是自在，善修如意足故，降伏四魔。何等爲四，陰魔，煩惱魔，死魔，天魔。爲衆生故，皆悉一味得無緣慈，猶如如意藥樹，隨衆生所願，皆使成就。

窺基《般若波羅蜜多心經幽贊》卷上　又觀者照義，了空有慧。自在者，縱任義。所得勝果，昔行六度，今得果圓，慧觀爲先，成十自在。一壽自在，能延促命。二心自在，生死無染。三財自在，能隨樂現，由施所得。四業自在，唯作善事及勸他爲。五生自在，隨欲能往，由戒所得。六勝解自在，能隨欲變，由忍所得。七願自在，隨觀所樂成，由精進所得。八神力自在，起最勝通，由定所得。九智自在，隨言音慧。十法自在，於契經等，由慧所得。位階補處道成等覺，無幽不燭名觀自在。

玄奘譯《顯揚聖教論》卷第八　功用者，略而言之，十種自在名爲功用。何者爲十，一壽自在，二心自在，三衆具自在，四業自在，五生自在，六願自在，七勝解自在，八神變自在，九智自在，十法自在。

十如是

鳩摩羅什譯《妙法蓮華經》卷一　佛所成就第一希有難解之法，唯佛與佛乃能究盡諸法實相，所謂諸法如是相，如是性，如是體，如是力，如是作，如是因，如是緣，如是果，如是報，如是本末究竟等。

智顗《妙法蓮華經玄義》卷二上　數者經論或明一法攝一切法，謂心是三界無別法，唯是一心作。或明二法攝一切法，所謂名色，一切世間中但有名與色。或明三法攝一切法，謂命識煖。如是等增數，乃至百千。今經用十法攝一切法，所謂諸法如是相、如是性、如是體、如是力、如是作、如是因、如是緣、如是果、如是報、如是本末究竟等。南岳師讀此文，皆云如故，呼爲十如也。天台師云，依義讀文凡有三轉，一云，是相如、是性如，乃至是報如。二云，如是相、如是性，乃至如是報。三云，相如是、性如是，乃至報如是。若皆稱如者，如名不異即空義也。若作如是相、如是性者，點空相性名字施設邐迤不同，即假義也。若作相如是者，如於中道實相之是，即中義也。分別令易解故，明空假中，得意爲言空即假中，約如明空一空一切空，點如明相一假一切假，就是論中一中一切中，非一二三而一二三，不縱不横名爲實相，唯佛與佛究竟此法，是十法攝一切法。

智顗《摩訶止觀》卷五上　又十種五陰，一一各具十法，謂如是相性體力作因緣果報本末究竟等。先總釋，後隨類釋。總釋者，夫相以據外，覽而可別。釋論云，易知故名爲相。如水火相異，則易可知，如人面色，具諸休否，覽外相即知其内。昔孫劉相顯，曹公相隱，相者舉聲大哭，四海三分，百姓荼毒。若言有相，闇者不知，若言無相，占者洞解，當隨善相者，信人面外具一切相也。心亦如是，具一切相，衆生相隱，彌勒相顯，如來善知，故遠近皆記，不善觀者，不信心具一切相，當隨如實觀者信心具一切相也。

如是性者，性以據內，總有三義。一不改名性，《無行經》稱不動性，性即不改義也。又性名性分，種類之義，分分不同，各各不可改。又性是實性，實性即理性，極實無過，即佛性異名耳。不動性扶空，種性扶假，實性扶中。今明內性不可改，如竹中火性雖不可見，不得言無，燧人乾草遍燒一切，心亦如是具一切五陰性，雖不可見，不得言無，以智眼觀具一切性。世間人可笑，以其偏聞判圓經，《涅槃》明佛知衆生有佛性判爲極常，《法華》明佛知一切法如是性判爲無常，豈可以少知爲常，多知爲無常。又《法華》云，佛知一切法皆是一種一性。此語亦少，何故判爲無常。又有師判《法華》十如，前五如屬凡是權，後五屬聖爲實，依汝所判，則凡無實永不得成聖，聖無權非正遍知，此乃專輒之説，誣佛慢凡耳。【略】

如是體者，主質故名體，此十法界陰俱用色心爲體質也。如是力者，堪任力用也。如王力士，千萬技能，病故謂無，病差有用。心亦如是，具有諸力，煩惱病故，不能運動，如實觀之，具一切力。如是作者，運爲建立名作，若離心者更無所作，故知心具一切作也。如是因者，招果爲因亦名爲業，十法界業起自於心，但使有心，諸業具足，故名如是因也。如是緣者，緣名緣由，助業皆是緣義，無明愛等能潤於業，即心爲緣也。如是果者，剋獲爲果，習因習讀於前，習果剋獲於後，故言如是果也。如是報者，酬因曰報，習因習果通名爲因，牽後世報，此報酬於因也。如是本末究竟等者，相爲本，報爲末，本末悉從緣生，緣生故空，本末皆空，此就空爲等也。又相但有字，報亦但有字，悉假施設，此就假名爲等。又本末互相表幟，覽初相表後報，覩後報知本相。如見施知富，見富知施，初後相在，此就假論等也。又相無相無相而相，非相非無相，報無報無報而報非報非無報，一一皆入如實之際，此就中論等也。

十金剛心

佛馱跋陁羅譯《大方廣佛華嚴經》卷三三　佛子，菩薩摩訶薩，有十種發金剛心莊嚴大乘。何等爲十，所謂菩薩摩訶薩作如是念，一切諸法無有分際，不可究竟，菩薩發如是心，我當覺了三世一切諸法，悉無有餘。是爲菩薩摩訶薩第一發金剛心莊嚴大乘。菩薩摩訶薩作如是念，於一毛端處，有無量無邊不可數菩薩，何況一切法界耶，菩薩發如是心，我當發大莊嚴而自莊嚴，化度衆生，皆令成阿耨多羅三藐三菩提，以大般涅槃而般涅槃。是爲菩薩摩訶薩第二發金剛心莊嚴大乘。菩薩摩訶薩作如是念，十方世界無量無邊，無有分際，菩薩發如是大願，我當以無上清淨莊嚴，莊嚴此等一切世界，彼諸莊嚴皆實不虛，是爲菩薩摩訶薩第三發金剛心莊嚴大乘。菩薩摩訶薩作如是念，衆生無量無邊，無有分際，不可窮盡，菩薩發如是心，我當以諸善根迴向一切衆生，以無上大智慧光，普照一切衆生。是爲菩薩摩訶薩第四發金剛心莊嚴大乘。菩薩摩訶薩作如是念，一切諸佛無量無邊，不可窮盡，菩薩發如是心，我所種善根迴向奉給供養一切諸佛，然後我乃成等正覺。是爲菩薩摩訶薩第五發金剛心莊嚴大乘。菩薩摩訶薩見一切佛，聞所説法，發大歡喜心，不著自身及如來身，解知佛身非實非虛，非有非無，非有性非無性，非色非無色，非相非無相，非生非滅，解知如來實無所有，亦不壞有相。何以故，一切攝取故。是爲菩薩摩訶薩第六發金剛心莊嚴大乘。菩薩摩訶薩，若有衆生訶罵毀辱，或截手足耳鼻，或挑其目或級其頭，菩薩不因此故生恚害心，於不可説不可説劫，修菩薩行，攝取衆生心不廢捨。何以故，菩薩摩訶薩，住不二法，善學菩薩所學清淨直心，於一切衆生無瞋恚心，忍住衆苦心無加報，自身堪受一切衆苦。是爲菩薩摩訶薩第七發金剛心莊嚴大乘。菩薩摩訶薩，作如是念，未來世劫無量無邊，無有分際不可窮盡，菩薩發如是心，我當盡一切未來世法界虛空界等劫，於一世界行菩薩道教化衆生，如一世界，盡法界虛空界等一切世界亦復如是，心亦不驚不怖不畏，行菩薩行。何以故，菩薩法應如是，爲一切衆生修菩薩行。是爲菩薩摩訶薩第八發金剛心莊嚴大乘。菩薩摩訶薩，作如是念，阿耨多羅三藐三菩提，以心爲本，心清淨故，能積集成滿一切善根，若心得自在，則能成就無上菩提，行菩薩行滿足諸願，究竟教化一切衆生，是爲菩薩摩訶薩第九發金剛心莊嚴大乘。菩薩摩訶薩，知佛不可得，菩提不可得，菩薩不可得，一切法不可得，衆生不可得，心不可得，行不可得，過去不可得，未來現在不可得，一切衆生不可得，有爲無爲不可得，菩薩摩訶薩，如是住寂靜，住甚深，住寂滅，住無諍，住不可言，住無二，住無等，住眞實，住成就，住解脫，住涅槃，住實際，而亦不捨一切大願，不捨發一切智心，不捨修菩薩行，不捨教化衆生，不捨恭敬供養諸佛，不捨說法，不捨莊嚴一切世界。何以故，菩薩摩訶薩，出生大願故，善知如是法相，長養大悲無量功德，攝取衆生，不捨衆生。一切諸法無有眞實，凡愚衆生不知不覺，一切諸佛安住寂滅，演說正法，教化衆生，不捨大悲，一切衆生，未得菩提，佛法未足，大願未滿，我本請一切衆生，爲無上大法施主，唱實語不虛語，一切諸佛種姓語，發大願門心，發饒益一切衆生心，發長養一切善根心，發安住善巧方便心，發內身含受一切衆生心，發一切衆生所生平等心，令一切衆生所願成滿，我當云何未度衆生而捨大悲。是爲菩薩摩訶薩第十發金剛心莊嚴大乘。佛子，是爲菩薩摩訶薩十種發金剛心莊嚴大乘。

不空譯《大乘瑜伽金剛性海曼殊室利千臂千鉢大教王經》卷七　進行十金剛心，修學菩提心向果。一者深信心，於一切諸佛大乘甚深法藏，常行大信心永不退轉，名爲大深信心故。二者念心，於念不失一切諸佛正智，念大乘甚深妙義戒定慧心，是名念心故。三者迴向心，迴向一切大乘法教如來無上正等金剛菩提，名爲迴向大乘心故。四者達心，達如來聖智理趣，達照寂心內外清淨，名爲達心故。五者直心，直正聖道，正智心性，正無邪曲，無妄見諂諛，眞空實性，名爲直心故。六者不退心，名爲進求菩提，心無有退，達性不轉，是名不退心故。七者大乘心，不入二乘，亦不入外道諸惡執見，則名爲大乘心故。八者無相心，不入一切有爲諸相，不入五塵色像，是名無爲無相心故。九者慧心，於一切諸佛智慧悉皆無礙，是名慧心故。十者不壞心，不壞大乘正見菩提正智佛心，名爲不壞大乘心故。則是名菩薩次第修學十金剛心向菩提果。是時聖性身毗盧遮那如來告言，一切諸佛當知，菩薩從堅修忍行中，修十金剛心。

慧因《梵網經菩薩戒注》　此第七會，佛說十金剛法門也，一覺了諸法心，二化度衆生心，三莊嚴世界心，四善根迴向心，五奉事大師心，六實證諸法心，七廣行忍辱心，八長時修行心，九自滿足心，十令他願滿心。以此十心堅固難壞，猶若金剛，故立此名也已。

書玉《佛說梵網經初津》卷二　故遠行地菩薩修行功行，多作初禪天王，寄菩薩乘，以自證法門，攝化衆生。是故世尊，第七於此處說十金剛，謂菩薩願心堅固，猶如金剛，一覺了諸法，二滅度衆生，三莊嚴世界，四善根迴向，五供養諸佛，六實證諸法，七廣行忍辱，八長時行化，九自行滿足，十令他願滿。若依今經，謂信等十心，說十金剛者，爲令已登七地菩薩天王得證金剛觀智，入妙覺果海也。

十法界

延壽《宗鏡錄》卷四　眞如淨法界，一泯未嘗存，隨於染淨緣，遂成十法界。隨染緣成六凡法界，隨淨緣成四聖法界。六凡法界者，一天法界，二人法界，三脩羅法界，四地獄法界，五餓鬼法界，六畜生法界。四聖法界者，一聲聞法界，二緣覺法界，三菩薩法界，四佛法界。衆生於眞性上，以情想自異，則六趣昇沈。諸聖於無爲法中，以智行爲差，則四聖高下。然凡聖迹雖昇降，縛脫似殊，於一眞法界之中，初無移動。

志磐《佛祖統紀》卷五〇　佛界。若人因讀圓滿修多羅及聞善知識所說，起淨信心，信已一念三道之性即三德性，苦道即法身，煩惱即般若，結業即解脫，法身究竟，般若清淨，解脫自在，一究竟一切究竟，般若解脫亦究竟，一清淨一切清淨，法身解脫亦清淨，一自在一切自在，法身般若亦自在，即一而三，即三而一，非縱非橫亦非一異，法身常住餘亦常住，樂我淨亦如是，是則常樂四德祕密之藏遍一切處，一切諸法悉是佛法。既信是已，以境繫心，以心繫境，心境念念相續不斷，必見法性。設未相應，當依一實無作四諦，起四大誓，無可求中，吾故求之，依前苦道即苦諦，發一誓願，未度者令度。煩惱及業即集諦，發一誓願，未解者令解。苦道即法身即是滅諦，發一誓願，未涅槃者令得涅槃。煩惱即菩提即是道諦，發一誓願，未安者令安，四弘不入，當巧安心。如是次第具修十法，必入五品六根及分證位，名佛法界。

菩薩界。若觀根塵，一念爲迷解本，迷故則有十界苦集，悟故則有四聖道滅。緣此無量四諦起無量誓願，未度者令度，未解者令解，未安者令安，未涅槃者令得涅槃，善巧度生，慈眼視物，所集福業與衆生共，如是起一念者，名菩薩法界

緣覺界。若根塵念起，則了之從無明生，生故有行，行招名色乃至老死，三世相續如舞火輪，因緣本空幻化不實，求自然慧，樂獨善寂，觀空

心重，耽住寂定，雖得道果，不慕化人，復有觀物榮落，悟世非常，聞空得道，名爲獨覺，如是行者，名緣覺法界。

聲聞界。若根塵因緣，隨有一念，依色心故苦，由煩惱故集，厭苦斷集，非對治如何。遂依四諦修十六觀、三十七道品，如救頭然，由四善根得入無漏四沙門果，證二涅槃，會偏眞理，不得佛法，不慕化人，如麞獨跳，不顧後群，如此一念，名聲聞法界。

天界。若其念起多忻天樂，篤其善心希於來報，齋戒純淨飯食沙門，造立塔寺及佛形像，書寫大乘濟惠貧病，於十善法止作具修，自然成性，或關禁六根，使六情不蕩，六塵不入，得欲界禪及色無色定，身心寂靜，三業調良，如此一念，名天法界。

人界。若其念念以五常立德，五戒修身，於國惟忠，於家惟孝，謙損居家，中正存誠，推德於人，引咎向己，尊上恤下，給孤濟貧，慚愧是懷，慈和爲性，深信因果，崇重三寶，精修齋戒，建立塔寺，但希世樂，無升出心，貪惜自身，戀著眷屬，如此一念，名人法界。

阿修羅界。若其念念雖好修善布施齋戒，而多猜嫌狐疑進退，所修福業多爲勝他，見人修善，情多嫉忌，貢高我慢，己輕人，欲彼歸從，不耐謙損，如鳥高飛下視，外揚仁義，內無實德，衆前談論，引長於我，不循理正不愧賢能，如此行心，是阿修羅法界。

餓鬼界。若其念念無慚無愧，貪求無足，慳悋鄙惜，不施一毛，剋削於人，哀歸於我，見人布施，傍起遮障，見人得利，心生熱惱，性多諂曲，常起邪見，人前正容，屏處放恣，破齋犯戒，恣貪飲食，不信罪福，不信因果，不信三寶，不孝所親，是名餓鬼法界。

畜生界。若其念念耽湎五欲，貪多眷屬，日增月甚而無厭足，曲理枉物斷不以公，非法取財動不由義，秖圖利己不恤孤貧，明負他財魯扈抵突，市易負直公行劫奪，不忠不孝，無賢無愚，不信因果，不信三寶，癡騃無恥，現同畜生，是名畜生法界。

地獄界。若人親近邪惡友，及性自作惡，起增上心，念念相續，造上品十惡，謂殺盜婬，妄言綺語兩舌惡罵，貪嗔邪見，及五逆罪，犯四重禁污梵行人，沽酒醉亂，不思君父師長恩德，横生熱惱，挫抑賢能，黨比不肖，破塔壞寺，燒毀經像謗毀大乘，斷學般若，謗無諸佛，破戒受施，用三寶物，偷僧祇物，起於外道，斷常諸見，破正因果三世之法，習十二種惡律儀法（一屠兒，二魁劊，三養猪，四養雞，五捕魚，六獵者，七網鳥，八捕蟒，九呪龍，十獄卒，十一盜賊，十二爲王家捕賊，及養蠶等業），如上等輩死墮阿鼻大熱大寒諸大地獄，是名地獄界。

善遇《師子林天如和尚語録》卷之二　若人欲了知，三世一切佛，應觀法界性，一切惟心造。世出世間聖凡境界，只此一偈包括無餘。所言法界者，有四聖法界，有六凡法界，四聖六凡合成十法界也。四聖者諸佛、菩薩、緣覺、聲聞也，六凡者天、人、脩羅、畜生、餓鬼、地獄也，如是十法界本無自體，本無自性，亦無自種，亦無自根，皆惟一心之所造也。所言心者，如太虚空，本來清淨，本來廓徹，無方無所，無狀無形，不滅不生，不動不變。不知何故而言法界惟心造哉，原夫此心雖曰不變而亦隨緣，以其隨緣故曰能造，隨緣者或因一念瞥生，或因外境相觸，內外感觸故曰因緣，纔有因緣便成法界。且以譬喻明之，心如水也，法界如波也，當其水體本靜，未有感觸之時，湛湛澄澄，不搖不動，及其偶遭風觸，則千波萬浪隨其所觸而生焉。故曰水能造波，波因水而有也，心能造法界，法界因心而有也。

然則一乘任運，萬德莊嚴者，諸佛之法界也。圓脩六度，總攝萬行者，菩薩之法界也。見局因緣，證偏空理者，緣覺之法界也。功成四諦，歸小涅槃者，聲聞之法界也。廣脩戒善，作有漏因者，天道之法界也。愛染不息，雜諸善緣者，人道之法界也。純執勝心，常懷瞋鬬者，脩羅之法界也。愛見爲根，慳貪爲業者，餓鬼之法界也。欲貪不息，癡想横生者，畜生之法界也。造十習因，受六交報者，地獄之法界也。若以廣而論之，則二十重華藏世界海依此心而變造也，無邊香水海依此心而流注也，大小鐵圍山依此心而安住也，日月星辰依此心而運行也，諸寶行樹依此心而生長也，諸大蓮花依此心而開敷也。一切衆生之所迷，迷此心也。三乘賢聖之所悟，悟此心也。一大藏教之所開導，開導此心也。歷代宗師之所指示，指示此心也。三觀者觀此心也，單傳者傳此心也。累劫而脩，脩此心也。歷位而證，證此心也。良由此心隨緣變造，故有種種之法界也。若能一心不生，了悟了證，則種種法界隨其所了而空也。是故十習既斷，六交不生，地獄之心了也。欲貪既斷，癡想不生，畜生之心了也。愛見既斷，慳貪不生，餓鬼之心了也。勝心既斷，瞋鬬不生，脩羅之心了也。愛染既斷，正念現前，人道之心了也。捨有漏因，脩無漏業，天道之心了也。不執四諦，不守眞空，聲聞之心了也。不局因緣，回心入大，緣覺之心了也。六度功成，頓超地位，菩薩之心了也。圓滿菩提，歸無所得，諸佛之心了也。

十種義

勒那摩提譯《究竟一乘寶性論》卷三　略說此偈有十種義。依此十種說，第一義實智境界佛性差別應知。何等爲十，一者體，二者因，三者果，四者業，五者相應，六者行，七者時差別，八者遍一切處，九者不變，十者無差別，初依體因故。

玄奘譯《瑜伽師地論》卷八一　云何爲義，當知略有十種。一者地義，二者相義，三者作意等義，四者依處義，五者過患義，六者勝利義，七者所治義，八者能治義，九者略義，十者廣義。

地義者，略有五地，一者資糧地，二者加行地，三者見地，四者修地，五者究竟地。又廣分別有十七地，謂五識身地爲初，無餘依地爲後。

相義者，當知有五種相，一者自相，二者共相，三者假立相，四者因相，五者果相。如是五相，如思所成地已辯。復有五相，一者異門相，二者瑜伽相，三者轉異相，四者雜染相，五者清淨相，如是五相，當知如前處處分別。復有五相，一者所詮相，二者能詮相，三者此二相應相，四者執著相，五者不執著相。所詮相者，謂相等五法，如五事中已說。能詮相者，謂即於彼依止名等，爲欲隨說自性差別所有語言，應知此即是遍計所執自性相。此遍計所執自性，有差別名，所謂亦名遍計所執，亦名和合所成，亦名所增益相，亦名虛妄所執，亦名言說所顯，亦名文字加行，亦名唯有音聲，亦名無有體相，如是等類差別應知。此二相應相者，謂所詮能詮更互相應，即是遍計所執自性執所依止。執著相者，謂諸愚夫無始時來，相續流轉，遍計所執自性執及彼隨眠。不執著相者，謂已見諦者，如實了知遍計所執相及彼習氣解脫，若正分別如思所成地，應知其相。

作意等義者，謂七種作意，即了相等，如前聲聞地已說。復有十智，一者苦智，二者集智，三者滅智，四者道智，五者法智，六者種類智，七者他心智，八者世俗智，九者盡智，十者無生智，此亦如前聲聞地辯。復有六識身，所謂眼識乃至意識，此亦如前五識身地意地已辯。復有九種遍知，一者欲界繫見苦集所斷斷遍知，二者色無色界繫見苦集所斷斷遍知，三者欲界繫見滅所斷斷遍知，四者色無色界繫見滅所斷斷遍知，五者欲界繫見道所斷斷遍知，六者色無色界繫見道所斷斷遍知，七者順下分結斷遍知，八者色貪盡遍知，九者無色貪盡遍知，如三摩呬多地，已辯其相。復有三解脫門，謂空、無願、無相，當知亦如三摩呬多地，已辯其相。此中應當分別諸法幾種作意之所思惟，幾智所知，幾識所識，幾種遍知之所遍知，幾解脫門之所解脫。以如是等無量觀門，應觀諸法。

依處義者，略有三種，一者事依處，二者時依處，三者補特伽羅依處。事依處者，復有三種，一者根本事依處，二者得方便事依處，三者悲愍他事依處。根本事依處，復有六種，一者善趣，二者惡趣，三者退墮，四者昇進，五者生死，六者涅槃。得方便事依處，復有十二種，謂十二種行，一者欲行，二者離行，三者善行，四者不善行，五者苦行，六者非苦行，七者順退分行，八者順進分行，九者雜染行，十者清淨行，十一者自義行，十二者他義行。悲愍他事依處，復有五種，一者令離欲，二者示現，三者教導，四者讚勵，五者慶喜。【略】

過患義者，以要言之，於應毀厭義而起毀厭，或法或補特伽羅。勝利義者，以要言之，於應稱讚義而起稱讚，或法或補特伽羅。所治義者，以要言之，一切雜染行。能治義者，以要言之，一切清淨行，如貪是所治，不淨爲能治，瞋是所治，慈爲能治，如是等盡當知。

略義者，謂宣說諸法同類相應。廣義者，謂宣說諸法異類相應，復次說不了義經故，說了義經故。復次有二種略義，一者名略，二者義略。如是略義，如是廣義亦有二種，一有名廣，二者義廣。如世尊言，舍利子，我所說法，或略或廣，然悟解者甚難可得，廣說如經。當知，此中顯示世尊於契經中文廣義略，於伽他中義廣文略。

玄奘譯《顯揚聖教論》卷五　十種義者，一盡所知義，二如所知義，三能取義四所取義，五所依住義，六所受用義，七顛倒義，八不顛倒義，九雜染義，十清淨義。此中盡所知義者，謂於雜染清淨法中，窮一切種差別邊際，是名盡所知義，如五數蘊六數內處如是等。如所知義者，即於雜染清淨法中眞如實性，是名如所知義，此復七種，謂流轉眞如乃至正行眞如。能取義者，謂五內色處心意識及諸心法。所取義者，謂外六處又能取義，亦是所取。所依住義者，謂外世界依此所住有情界可得，所謂村田、百村田、千村田、百千村田，如是廣説，乃至三千大千世界，乃至無數百千世界極微塵等十方無量無數世界。所受用義者，謂所攝受衆具。顛倒義者，謂即於能取等義中，於無常常想顛倒、心顛倒、見顛倒，如是乃至於無我我想顛倒、心顛倒、見顛倒。不顛倒義者，謂對治如前所説顛倒應知。雜染義者，有三種，於三界中煩惱雜染，業雜染，生雜染。清淨義者，謂爲證三種雜染離繫故，所修一切菩提分法。此十種義攝一切義應知。

十種廣大智

實叉難陀譯《大方廣佛華嚴經》卷四九 佛子，菩薩摩訶薩住此十法已，則具足十種廣大智。何等爲十，所謂知一切衆生心行智，知一切衆生業報智，知一切佛法智，知一切佛法深密理趣智，知一切陀羅尼門智，知一切文字辯才智，知一切衆生語言、音聲、辭辯善巧智，於一切世界中普現其身智，於一切衆會中普現影像智，於一切受生處中具一切智智。是爲十。

十種依果

佛䭾跋陀羅譯《大方廣佛華嚴經》卷三六 爾時普賢菩薩摩訶薩，告普慧等諸菩薩言：佛子，菩薩摩訶薩，有十種依果。何等爲十，所謂菩提心依果，究竟不忘失故。善知識依果，隨順和合故。善根依果，長養諸善根故。諸波羅蜜依果，究竟修行故。一切法依果，永出生死故。諸願依果，長養菩提故。諸行依果，廣修習故。菩薩依果，一生補處故。供養佛依果，信心不壞故。一切如來依果，正教離顛倒故。佛子，是爲菩薩摩訶薩十種依果。若菩薩摩訶薩，住此依果，則得如來無上智依果。

李通玄《新華嚴經》論卷九 又以十波羅蜜行隨大悲生，復成十種依果。何者爲十，隨法身、隨萬行、隨大悲、隨大智所招依果，各自區分，不相礙故，猶如大地生諸卉木，地唯是一，萬像不同，如水資生喻思之可見。但十波羅蜜理唯一性，隨其法身萬行大悲大智報自差殊，故如法身大願大悲大智十波羅蜜，廢一不可，至八地已來其功未熟，若廢一即一切不成，欲學佛菩提，如此通融不修一行，若偏修理即滯寂，若偏修智即無悲，若偏修悲即染習便增，若但修大願即有爲情起。菩薩於此衆行不去不留，以法性均融得所，即得以定慧力觀察之，不可玄情斟酌也，長諸癡愛，其十種行以爲十種依果莊嚴者。一以十方一切諸佛平等法性無著大慈大悲心，行檀波羅蜜所招依果，衆色摩尼之所集成，以大悲位中萬行，或染或淨，非一色故，所招依果非一色故，以嚴宮殿。二以法性自體清淨無表戒體，隨大慈悲行守護衆生，名爲行華，能感自他果故，所招寶華報以嚴宮殿。三以忍波羅蜜處世濟凡，毀譽不變動故，外招依果諸寶流光，光化爲幢，幢者不傾動義，勝怨義，勝於毀讚之怨故。四以精進波羅蜜隨大悲行，外招依果，無邊菩薩道場衆會以嚴宮殿，咸集其所。五以禪波羅蜜隨大悲行，外招依果，菩薩出現光明，以定能發大悲慧光明故。六以慧波羅蜜隨大悲行，外招依果，得不思議摩尼寶王而爲其網，以慧能簡擇成諸法網故，還得不思議音寶網用嚴宮殿。七以方便波羅蜜能隨大悲，同於染淨隨流之行，外招依果，得自在神通之力，所有境界皆從中出，明如來以法無依住智慧之門，成大悲方便之行爲因，所招神力以嚴宮殿，如七地位中所行方便行成大悲門。經中喻云，猶如一國純穢一國純淨，於此二國事，難可了知，明七地菩薩以成就大悲方便萬行，於染淨二見難斷難成故，爲此悲門化利衆生無休息故。八以願波羅蜜，外招依果，衆生所居屋宅現宮殿中，明如來大願應衆生爲因所招依果，如斯顯現故，又此中明智悲圓淨故。九以如來力波羅蜜隨大悲行，爲大法師故，諸佛神力所加，以嚴宮殿，以爲依果。十以如來行智波羅蜜爲因，外招神力，一念之間宮殿，悉皆包含十方法界，明智隨悲用普含覆故。以上十種行用嚴宮殿，上莊嚴皆是如來隨大悲行所招依果故，文勢連貫，互融相依，明一行一切行互參故，一切報果不可無因而得。

十真如

玄奘譯《成唯識論》卷一〇 十眞如者。一遍行眞如，謂此眞如，二空所顯，無有一法而不在故。二最勝眞如，謂此眞如具無邊德，於一切法最爲勝故。三勝流眞如，謂此眞如所流教法於餘教法極爲勝故。四無攝受眞如，謂此眞如無所繫屬，非我執等所依取故。五類無別眞如，謂此眞如類無差別，非如眼等類有異故。六無染淨眞如，謂此眞如本性無染，亦不可說後方淨故。七法無別眞如，謂此眞如，雖多教法，種種安立而無異故。八不增減眞如，謂此眞如離增減執，不隨淨染有增減故，即此亦名相土自在所依眞如，謂若證得此眞如已，現相現土俱自在故。九智自在所依眞如，謂若證得此眞如已，於無礙解得自在故。十業自在等所依眞如，謂若證得此眞如已，普於一切神通作業總持定門皆自在故。雖眞如性實無差別，而隨勝德假立十種。雖初地中已達一切，而能證行猶未圓滿，爲令圓滿後後建立。

通潤《成唯識論集解》卷一〇 徧行眞如者，由斷異生障故，證此眞如，謂此眞如，頓斷二種隨眠，二空所顯，無法不在，故曰徧行。梁《攝論》中，名爲徧滿，徧滿一切有爲行故，無有一法非二空故，此地最初徧證徧滿。言最勝眞如者，二地斷邪行障，具淨尸羅故，戒爲德本故，戒爲最勝故。《智論》云，大惡病中，戒爲良藥，大怖畏中，戒爲守護，死愚暗中，戒爲明燈，於惡道中，戒爲猛將，死海水中，戒爲大船，故名最勝。言勝流眞如者，三地斷暗鈍障，具有勝定總持，流出無邊妙慧故。梁《攝論》云，從眞如流出正體智，從正體智流出後得智，從後得智流出大悲，從大悲流出十二部經，故曰勝流。釋曰，此如流教，最爲勝故。又云若證此，如說法勝故。言無攝受眞如者，由四地斷微細煩惱現行障，分證菩提，名出世間，遠離身見，無所繫屬故。世親云，於此如中，無取我所如北洲人，無繫屬故，應說此如，非我執、我慢、我愛、無明、邊見、我所見等，所依取故。言類無別眞如者，五地斷下乘涅槃障故，眞俗二諦，合爲一故，生死涅槃皆平等故。《攝論》名相續無差別法界，謂於此中體無有異，非如眼等隨諸有情相續各各有異。梁《攝論》云，由此眞如，能令三世諸佛相續不異，眾生迷此，萬類差別，諸佛證此，居然不變故。言無染淨眞如者，六地深觀緣起，染淨平等，斷麤相現行障，引起無染淨眞如，亦得自他相續無染淨果故，謂此眞如本性無染，非是染而後淨故。言法無別眞如者，由七地斷細相現行障，入妙無相觀證法無差別，以了種種教法，皆同眞如，無二相故。謂諸教法，依如建立，如如無異故。又於教法立種種法界實相等名，而如無異。言不增減眞如者，由八地斷加行障故，得無增減，謂雖染汙減時，而無有減，淸淨增時，而無有增。無性云，法外無用，所以不增，諸法不壞，所以不減。《大經》云，此諸法性，若佛出世，若不出世，常住不異故。言相土自在者，世親云：於諸相中而得自在，名相自在，隨其所欲即能現前故。能十身相作故，於所現土，而得自在，名土自在。如欲令土成金寶等，隨意成故。言智自在眞如者，第九斷不欲行障，得心自在故，所證眞如名智自在。無性云，謂此地中，四無礙智所依止故，分證智波羅密，於一切法不隨其言，善能了知諸法義趣，如實成就一切有情，受勝法樂。《中邊論》云，自在有四，一無分別自在，即相自在，二淨土自在，三智自在，四業自在。爲此四種取依止故，八地唯能通達初二自在，後二自在，如次在後二地故。言業自在眞如者，十地斷未得自在障，證得法自在。由得法自在故，所作業用無不自在。問：既名眞如，體無有異何故，復有種種差別。答：雖眞如體無有差別，而隨眞如勝德，假立十種差別等名，非眞如體實有差別也。

智旭《成唯識論觀心法要》卷一〇 四釋十眞如。十眞如者，一徧行眞如，謂此眞如，二空所顯，無有一法而不在故。

初地無間道中，深觀我法二空，永斷異生性障，故於解脫道中所證眞如，名曰徧行。謂於五位百法，一一無實補特伽羅，亦無實法，無實補特伽羅，名爲生空，亦名我空，亦名爲人無我。無有實法，名爲法空，亦名爲法無我。了知我法俱不可得，乃顯唯識實性。此性不妄，故名爲眞。此性不改，故名爲如。異生凡夫從無始來，妄執實我實法，雖此眞如無所不在。日用不知。二乘雖斷我執，而猶不知法空所顯眞如無所不在，仍於有爲無爲定作二解，又或妄執色不相應及無爲法不即唯識。唯有大乘種性之人，先信解此唯識理已，發起深固大菩提心，於資糧加行位中，強觀諸法皆悉無性，令二空觀漸熏漸著，乃至通達位中，頓斷分別二障種子，方實觸證眞如法界之理，徧於五位百法，無所不在。故遂能得百法明門，於彼一一法中，具證眞如無所不徧之性。【略】

二最勝眞如，謂此眞如，具無邊德，於一切法最爲勝故。秖是二空所顯五位百法徧行眞如之理，本來具無邊德，本來最勝，但由無始迷惑，而爲邪行所障，令此勝德不得顯現。今由菩薩了知法性無染，隨順修行尸波羅蜜，斷邪行障。是故全性所起三聚淨戒妙無作體，具足無邊功德，於一切法最爲勝也。經云，心無盡故，戒亦無盡，當知所緣無邊故，戒亦無邊。如不殺戒，徧於五位百法得不殺德。如不盜戒，徧於五位百法得不盜德。如不邪婬戒，徧於五位百法得不邪德。【略】

三勝流眞如，謂此眞如所流教法，於餘教法極爲勝故。亦只二空所顯五位百法眞如之理，雖復四句皆不可說，而有四悉檀因緣故，亦可得說，但由無始闇鈍所障，不能契理契機，稱性演說。今由菩薩善巧增益聞思修慧勝定總持，斷闇鈍障，故於眞如流出正智，於正智中流出後得智，於後得智中流出大悲心，於大悲心流出十二部經，極爲勝妙。若餘二乘凡夫等所說教法，非證眞如之所流出，故不爲勝。

四無攝受眞如，謂此眞如，無所繫屬，非我執等所依取故。亦只二空所顯五位百法眞如之理，本來無所繫屬，本非我執、我愛、我慢、我癡等之所依所取，但由無始以來，微細煩惱現行所障，不能達其本無攝受，今由菩薩善修無漏菩提分法，斷此微細煩惱現行障已，眞如本無繫屬之性，方得顯現，名無攝受眞如。

五類無別眞如，謂此眞如，類無差別，非如眼等類有異故。亦只二空所顯五位百法眞如之理，本來無有生死涅槃差別，但由無始迷惑，妄有生死，對彼生死，權立涅槃。依此虛妄緣起生死涅槃，妄生欣厭，名爲下乘般涅槃障。今由菩薩深觀平等四諦，斷此障已，類無差別之眞如理，方顯現也。言非如眼等類有別者，謂眞如不變隨緣，則有五位百法類別，且如同一色法，而根與塵別，又如同一根法，而眼與耳別，此皆依他起性，如幻事等，元非實我實法。既非實我實法，則同一眞如體性。所謂隨緣不變，眼即非眼，耳即非耳，何得更有類別哉。故曰，眞俗兩智，行相互違，合令相應，名難勝地也。若依文解義，妄謂眼等一向類別，眞如一向無別，則行相仍互違矣，讀者思之。

六無染淨眞如，謂此眞如，本性無染，亦不可說後方淨故。亦只二空所顯五位百法眞如之理，在生死而無染，證涅槃非新淨。但由無始迷惑，妄成流轉，因於流轉，權說還滅，流轉名染，還滅名淨，執此染淨以爲實有，名麤相現行障。今由菩薩深觀平等緣起，斷此障已，本無染淨之眞如理，方顯現也。

七法無別眞如，謂此眞如，雖多教法種種安立，而無異故。亦只二空所顯五位百法眞如之理，依之安立種種教法，而此眞理，本來無異，相即無相，空有兩融。但由不達相本無相，作意勤求無相，名細相現行障。今由菩薩善修稱性方便，滿足一切佛法，斷此細相現行障已，法無別之眞如妙理，方顯現也。

八不增減眞如，謂此眞如，離增減執，不隨染淨有增減故。即此亦名相土自在所依眞如，謂若證得此眞如已，現相現土俱自在故。亦只二空所顯五位百法眞如之理，隨緣不變，故非染淨所能增減，不變隨緣，故現相土無不自在。但由不達性無增減，猶於眞如而有趣向，名無相中作加行障。今由菩薩善得無功用道，深證無生法忍，斷此加行障已，隨緣不變之體任運顯現，名不增減眞如。不變隨緣之用任運顯現，名相土自在所依眞如。當知五法百法之中，隨拈一法，皆不增減，皆相土自在也。相約現身，土約器界。

九智自在所依眞如，謂若證得此眞如已，於無礙解得自在故。亦只二空所顯五位百法眞如之理，以一一法皆眞如故，所以隨一一法，皆能總持一切所詮之義。隨一一法，皆能總持一切能詮之名句字。隨一一法，皆能總持一切言音訓釋。隨一一法，皆能徧逗一切眾生機宜。巧說無盡，令得四益，是故名此眞如爲智自在所依也。但由所知障故，不達一義一切義，一切義一義，不達一法一切法，一切法一法，不達一言音一切言音，一切言音一言音，不達義義法法言言各具四教四門，一一門中各具四悉，遂於利樂有情事中不樂勤行，名利他中不欲行障。今由菩薩以無量智，思量觀察一切法行，如實了知一切稠林，斷此不欲行障已，眞如顯現，依之而發四無礙解，無不自在也。

十業自在等所依眞如，謂若證得此眞如已，普於一切神通作業總持定門，皆自在故。亦只二空所顯五位百法眞如之理，隨一一法，皆是眞如不變全體，皆具眞如隨緣大用，重重無盡，無盡重重，一切神通，一切事業，一切總持，一切定門。性即眞如，本無分劑，但由微細所知障故，未證能所不可思議，未證體用不可思議，猶於無分劑中而存分劑，名爲於諸法中未自在障。今由菩薩智慧圓滿，斷此障已，眞如圓顯，普於諸業得自在也。

十種深念心

菩提流支譯《十地論》卷五　經曰：諸佛子，菩薩善清淨心行第二地已，欲得第三菩薩地，當起十種深念心。何等爲十，一淨心，二不動心，三厭心，四離欲心，五不退心，六堅心，七明盛心，八淳厚心，九快心，十大心，菩薩以是十種深念心得入第三地。

論曰：是中十種深念心者，一依彼起淨深念心，如經淨心故。二依不捨自乘，如經不動心故。三志求勝法起善方便，此能厭患當來貪欲。四依現欲不貪，如經厭心故。離欲心故，五依不捨自乘進行，如經不退心故。六依自地煩惱不能破壞，如經堅心故。七依三摩跋提自在，如經明盛心故。八依禪定自在有力，雖生下地而不退失，如經淳厚心故。九依彼生煩惱不能染，如經快心故。十依利益眾生不斷諸有，如經大心故。

十解脫

佛馱跋陀羅譯《大方廣佛華嚴經》卷三八　佛子，菩薩摩訶薩，有十種解脫。何等爲十，所謂煩惱解脫，邪見解脫，熾然解脫，陰界入解脫，超出聲聞緣覺地解脫，無生法忍解脫，不著一切佛剎一切眾生一切諸法，住無量無邊諸菩薩住，離一切菩薩行住如來地解脫，於一念中悉能了知一切三世諸法解脫。佛子，是爲菩薩摩訶薩十種解脫。若菩薩摩訶薩住此解脫，則能普爲一切眾生，而作無上佛事。

澄觀《大方廣佛華嚴經隨疏演義鈔》卷一九　疏：總有十種廣如彼說者，即第四十七經末云：佛子，諸佛世尊有十種無礙解脫。何等爲十，所謂一切諸佛能於一塵現不可說不可說諸佛出興於世，二一切諸佛能於一塵現不可說不可說諸佛轉淨法輪，三眾生受化調伏，四諸佛國土，五菩薩受記，六現去來今一切諸佛，七現去來今一切世界種，八現去來今一切神通，九現去來今一切眾生，十現去來今一切佛事。十句之首皆有一切諸佛，能於一塵等言。

智儼《華嚴經內章門等雜孔目》卷四　解脫者，小乘解脫，解脫諸障。三乘解脫，作用自在。一乘解脫，無盡自在。所謂十解脫，一一切諸佛於一微塵中，悉能普現不可說不可說諸佛出世。二一切諸佛於一微塵中，悉能普現不可說不可說諸佛轉淨法輪。三一切諸佛於一微塵中，教化調伏不可說不可說眾生。四一切諸佛於一微塵中，普現不可說不可說佛剎。五一切諸佛於一微塵中，授不可說不可說菩薩記。六一切諸佛於一微塵中，普現三世諸佛出世。七一切諸佛於一微塵中，普現三世一切佛剎。八一切諸佛於一微塵中，普現三世諸佛自在之力。九一切諸佛於一微塵中，普現三世一切眾生。十一切諸佛於一微塵中，普現三世一切諸佛佛事。所以說十者，欲顯無量故。此據得普賢菩薩行法已去，即與相應，餘義如別章。

十一切處

鳩摩羅什譯《成實論》卷一三　不壞前緣，心力自在，名一切處。行者取少相已，以信解力令其增廣。所以者何，此攝心力，若入實中，則皆能令空，入信解中皆能令隨先所取相。問曰：何者是信解性。答曰：青等諸色無量，略說其本有四，地等四大是四色本，能破此八事，是名虛空，以識能知無邊空故，亦名無邊。所以者何，非有邊法能取無邊，是名爲十。問曰：地中實有水等，行者云何能觀但是地耶。答曰：久習此觀，常取地相，後但見地不見餘物。問曰：行者所見地相實爲地不。答曰：以信解力故，見爲地，非實爲地。問曰：若變化力有所變化亦非實耶。答曰：變化以定力成，故所作皆實，所謂光明及水火等。

瞿曇僧伽提婆譯《中阿含經》卷五九 復次，有十一切處。云何爲十，有比丘無量地處修一，思惟上下諸方不二，無量水處，無量火處，無量風處，無量青處，無量黄處，無量赤處，無量白處，無量空處，無量識處第十修一，思惟上下諸方不二。衆生如是，樂一切處意解者，變易有異。多聞聖弟子如是觀則厭彼，厭彼已，尚不欲第一，況復下賤。是謂第一清淨説，施設最第一，謂我無，我不有，及爲彼證故，施設於道，是謂第一外依見處，最依見處，謂度一切色想，乃至得非有想非無想處成就遊，是謂於現法中第一，求趣至涅槃，於現法中最施設涅槃，謂六更樂處生、滅、味、離，慧見如眞，及爲彼證故，施設於道。

瞿曇僧伽提婆譯《中阿含經》卷六〇 欲斷無明者，當修十一切處。云何欲斷無明者，當修十一切處。若時如來出世，無所著，等正覺，明行成爲，善逝，世間解，無上士，道法御，天人師，號佛，衆祐，彼斷，乃至五蓋，心穢，慧羸。修第一地一切處，四維上下不二，無量。如是修水一切處，火一切處，風一切處，青一切處，黄一切處，赤一切處，白一切處，無量空處一切處，修第十無量識處一切處，四維上下不二，無量。是謂欲斷無明者，當修十一切處。如是數斷，解脱，過度，拔絕，滅止，總知，別知，欲別知無明者，當修十一切處。云何欲別知無明者，當修十一切處，若時如來出世，無所著，等正覺，明行成爲，善逝，世間解，無上士，道法御，天人師，號佛，衆祐，彼斷，乃至五蓋，心穢，慧羸，修第一地一切處，四維上下不二，無量。如是修水一切處，火一切處，風一切處，青一切處，黄一切處，赤一切處，白一切處，無量空處一切處，修第十無量識處一切處，四維上下不二，無量，是謂欲別知無明者，當修十一切處。

十一識

真諦譯《攝大乘論釋》卷五 論曰：本識爲種子，虚妄分別所攝諸識差別。

釋曰：由本識能變異作十一識，本識即是十一識種子。十一識既異故，言差別，分別是識性，識性何所分別，分別無爲有故，言虚妄，分別爲因，虚妄爲果，由虚妄果得顯分別因，以此分別性，攝一切諸識皆盡。

論曰：何者爲差別。

釋曰：此不問通性，但問諸識差別。

論曰：謂身識，身者識，受者識，應受識，正受識，世識數識，處識言説識，自他差別識，善惡兩道生死識，身識身者識，受者識，應受識，正受識，世識數識處識，言説識。如此等識，因言説熏習種子生自他差別識，因我見熏習種子生善惡兩道生死識，因有分熏習種子生。

釋曰：身識謂眼等五界，身者識謂染污識，受者識謂意界，應受識謂色等六外界，正受識謂六識界，世識謂生死相續不斷識，數識謂從一乃至阿僧祇數識，處識謂器世界識，言説識謂見聞覺知識。如此九識是應知依止，言説熏習差別爲因。自他差別識者，謂自他依止差別識，我見熏習爲因。善惡兩道生死識者，謂生死道多種差別識，有分熏習爲因。

十一種作意

波羅頗蜜多羅譯《大乘莊嚴經論》卷七 釋曰：十一種作意者，一有覺有觀作意，二無覺有觀作意，三無覺無觀作意，四奢摩他作意，五毗鉢舍那作意，六二相應作意，七起相作意，八攝相作意，九捨相作意，十恆修作意，十一恭敬作意。有求者，謂有覺有觀作意，此作意以意言相續觀察諸法。有觀者，謂無覺有觀作意，此作意雖離於覺，亦以意言相續觀察諸法。一味者，謂無覺無觀作意，此作意離於意言而相續觀察諸法。止道者，謂奢摩他作意，此作意但緣諸法名。觀道者，謂毘鉢舍那作意，此作意但緣諸法義。二俱者，謂二相應作意，此作意能一時緣名義拔沈者。謂起相作意，此作意若緣名心沈即能策起。抑掉者，謂攝相作意，此作意若緣義心散即能攝持。正住者，謂捨相作意，此作意若心平等能住捨心。無間者，謂恆修作意，此作意能依正住修習無廢。尊重者，謂恭敬作意，能於習時尊重名義。如是起十一種作意已。

十一淨

曇無讖譯《菩薩地持經》卷九　有十一種淨，第一種性淨，第二解行淨，第三淨心淨，第四戒淨，第五意淨，第六第七第八正見淨，第九方便行滿足淨，第十眞實智神通出生淨，第十一正義無盡說無礙淨，第十二隨順一切種一切所知智淨，第十三如來住一切煩惱障習使智障習使淨，如前菩薩功德品說八法，攝一切摩訶衍菩薩藏所攝。此十三住攝第一第二住信心生解行住，於菩薩藏得聞思惠，第三住得淨心及初修惠行，第四住乃至第九有行有開發無相住修惠廣，第十第十一第十二住，淨修惠行所攝修惠果，成如來住畢竟出離，聲聞住法亦有十二。如菩薩次第當知，一者聲聞自種性住，二者入正未越次取證方便住，三者越次取證住，四者得不壞淨未聖戒轉上漏盡住，五者依增上戒增上意學出生住，第六第七第八得眞諦智增上惠學住，九者觀察生死無相三昧方便住，十者究竟無相住，十一者解脫覺處住，十二者一切種阿羅漢住。

慧遠《大乘義章》卷一五　十一種淨出《地持論》，名字是何，一種性淨，性習兩種，一切佛法種子在身離麁煩惱，名種性淨。二解行淨，謂解行地修習淨忍，斷除諸過，趣入出道，名解行淨。三淨心淨，謂歡喜地得不壞淨信三寶，於大菩提淨心趣求，名淨心淨。四者戒淨，謂離垢地性戒具足，微過悉離故，曰戒淨。五者意淨，菩薩明地得世諦禪厭伏煩惱，定心淨故，名爲意淨。六正見淨，四五六地觀菩提分，如實知諦覺諸緣起，滅除邪惑，名正見淨。七一切方便行滿足淨，謂遠行地修習一切十方便慧，發起勝行增上滿足，治捨前地樂無作障，名爲方便行滿足淨。八者眞實智神通淨，謂第八地成就巧慧具五神通，作用無盡故，曰眞實智神通淨。九正義無盡說無礙淨，謂第九地得智成就知義無盡，四無礙辨起說自在，名正義無盡說無礙淨。十隨一切種所知淨，謂第十地成就如來七種智大，於一切種所知法中知見無礙，名一切種所知智淨。十一一切煩惱智障習使淨，謂如來地障習永亡，果德出離，名煩惱障智障習使淨。十一淨義略辨如是。

十一遍使

玄奘譯《阿毗達磨俱舍論》卷一九　論曰：唯見苦集所斷見疑及彼相應不共無明力，能遍行自界地五部故，此十一皆得遍行名，謂七見、二疑、二無明十一。如是十一於自界地五部諸法遍緣，隨眠爲因遍生五部染法，依此三義立遍行名。此中所言遍緣五部，爲約漸次，爲約頓緣。若漸次緣餘亦應遍，若頓緣者，誰復普於欲界諸法頓計爲勝能得清淨或世間因，不說頓緣自界地一切。

圓暉《俱舍論頌疏論本》第六　遍行者，謂十一遍使，及相應俱有法也。十一遍使者，謂苦諦有七，五見，疑，無明也，集諦有四，邪見，見取，疑，無明也。此等諸法遍與五部染法爲因，名爲遍行，遍行即因。持業釋也，謂前遍者，唯取前生，遍行諸法爲因。此之前生，簡未來世，唯通過現，爲同地者，不與異地染法爲因也。

圓暉《俱舍論頌疏論本》第一九　見苦集所斷者，遍行隨眠，唯在苦集諦也，諸見疑相應及不共無明者，苦下五見，集下二見，名爲諸見。疑者，苦集下疑也。相應者，謂與見疑，相應無明也。不共者，謂苦集下，不共無明也。總有七見，二疑，二無明，名十一遍使也。遍行自界地者，謂此十一，力能遍行自界，自地，五部諸法，名爲遍行。一遍緣五部，二遍隨眠五部，三爲因遍生五部。依此三義，立遍行。

十二因緣

竺法護譯《普曜經》卷七 佛告比丘，爾時如來爲頒宣法，說十二因緣根本所起，從無明有行，從行有識，從識有名色，從名色有六入，從六入有更，從更有痛，從痛有愛，從愛有受，從受有有，從有有生，從生致老病死大苦患合無。明以盡行便盡，行已盡識便盡，識已盡名色便盡，名色已盡六入便盡，六入已盡更便盡，更已盡痛便盡，痛已盡愛便盡，愛已盡受便盡，受已盡有便盡，有已盡生便盡，生已盡老病死皆盡，則無五陰大苦之患。從緣則有，無緣則無。如來解是六情因緣十二之本，是故自在達皆自然，無有根本，其外異學不及知此空法自然。如是法者，過去諸佛所可解達，爲諸眾生分別說之，曉了是法乃得寂然，是故敷演十二緣起而轉法輪。

佛陀耶舍共竺佛念譯《佛說長阿含經》卷一 於時，菩薩復自思惟，何等無故老死無，何等滅故老死滅，即以智慧觀察所由，生無故老死無，生滅故老死滅，有無故生無，有滅故生滅，取無故有無，取滅故有滅，愛無故取無，愛滅故取滅，受無故愛無，受滅故愛滅，觸無故受無，觸滅故受滅，六入無故觸無，六入滅故觸滅，名色無故六入無，名色滅故六入滅，識無故名色無，識滅故名色滅，行無故識無，行滅故識滅，癡無故行無，癡滅故行滅。是爲癡滅故行滅，行滅故識滅，識滅故名色滅，名色滅故六入滅，六入滅故觸滅，觸滅故受滅，受滅故愛滅，愛滅故取滅，取滅故有滅，有滅故生滅，生滅故老死憂悲苦惱滅。菩薩思惟，苦陰滅時，生智，生眼，生覺，生明，生通，生慧，生證，爾時，菩薩逆順觀十二因緣，如實知，如實見已，即於座上成阿耨多羅三藐三菩提。

佛陀耶舍共竺佛念譯《佛說長阿含經》卷一〇 爾時，世尊告阿難曰：止，止，勿作此言，十二因緣法之光明，甚深難解，阿難，此十二因緣難見難知，諸天，魔，梵，沙門，婆羅門，未見緣者，若欲思量觀察分別其義者，則皆荒迷，無能見者。阿難，我今語汝老死有緣，若有問言，何等是老死緣，應答彼言，生是老死緣。若復問言，誰是生緣，應答彼言，有是生緣。若復問言，誰是有緣，應答彼言，取是有緣。若復問言，誰是取緣，應答彼言，愛是取緣。若復問言，誰是愛緣，應答彼言，受是愛緣。若復問言，誰是受緣，應答彼言，觸是受緣。若復問言，誰爲觸緣，應答彼言，六入是觸緣。若復問言，誰爲六入緣，應答彼言，名色是六入緣。若復問言，誰爲名色緣，應答彼言，識是名色緣。若復問言，誰爲識緣，應答彼言，行是識緣。若復問言，誰爲行緣，應答彼言，癡是行緣。阿難，如是緣癡有行，緣行有識，緣識有名色，緣名色有六入，緣六入有觸，緣觸有受，緣受有愛，緣愛有取，緣取有有，緣有有生，緣生有老死憂悲苦惱，大患所集，是爲此大苦陰緣。

僧伽婆羅譯《解脫道論》卷一〇 問云：何因緣方便。答：無明緣行，行緣識，識緣名色，名色緣六入，六入緣觸，觸緣受，受緣愛，愛緣取，取緣有，有緣生，生緣老死憂悲苦惱，如是皆苦陰起。唯以無明滅則行滅，以行滅則識滅，以識滅則名色滅，以名色滅則六入滅，以六入滅則觸滅，以觸滅則受滅，以受滅則愛滅，以愛滅則取滅，以取滅則有滅，以有滅則生滅，以生滅則老死憂悲苦惱滅，如是苦陰皆成滅。於是無明者，不知四諦。行者，身口意業。識者，入胎一念心名識。名色者，共相續心起心數法，及迦羅邏色。六入者，六內入。觸者，六觸身。受者，六受身。愛者，六愛身。取者，四取。有者，是業能起欲、色、無色有。生者，於有陰起。老者，陰熟。死者，陰散壞。

智顗《法界次第初門》卷中 十二因緣初門第四十（一無明，二行，三識，四名色，五六入，六觸，七受，八愛，九取，十有，十一生，十二老死。）

次十一智而辯十二因緣者，除如實智，其餘十智，皆是二乘共得，今一往明。若聲聞人，但約一世，總觀四諦，成十智則智劣。智劣故，不能侵除習氣，功德神用亦減少。若緣覺人，通約三世，細分別觀十二因緣，若成十智則智強。智強故，能侵除習氣功德，神用亦廣。是以大聖教門別開出中乘之道，意在此也。通稱因緣者，是十二法。展轉能感果，故名因。互相由藉而有，謂之緣也。因緣相續，則生死往還無際，若知無明不起取有，則三界二十五有生死皆息，是爲出世之要術也。教門十二因緣，有三種不同，一者約三世明十二因緣，二者約果報二世辯十二因緣，三者約一念一世辯十二因緣。今無明三世十二因緣者，初二過去世攝，後二未來世攝，中八現在世攝。是中略說三事煩惱業苦，是三事展轉，更互爲因緣，是煩惱業因緣，業苦因緣，苦苦因緣，苦煩惱因緣，煩惱業因緣，業苦因緣，苦苦因緣，是爲展轉，更互爲因緣故，云三世十二因緣也。

一無明（過去世一切煩惱，通是無明，以過去未有智慧光明故，則一切煩惱得起故，是以過去煩惱悉是無明也）。

二行（從無明生業，業即是行，以善不善業，能作世界果故，故名爲行也）。

三識（從行生垢心，初身因如犢子，識母自相識，故名識，即是父母交會初，欲託胎時之名）。

四名色（從識生非色四陰及所任色陰，是名名色，即是歌羅邏時之名也）。

五六入（從名色中，生眼等六情，是名六入。從五皰初開已來，即是六入名也）。

六觸（由入對塵，情塵識合，是名爲觸。以六塵觸六根故，即有六識生，故名情塵識合也）。

七受（從觸生受，故名爲受。即是因六觸，觸六根即領受六塵，爲六受也）。

八愛（從受中心著，名之爲愛，謂於所領受六塵中，心生渴愛也）。

九取（從渴愛因緣求，是名爲取，謂求取所愛之塵也）。

十有（從取則後世業因成，是名爲有，因能有果，故名爲有）。

十一生（從有還受後世五眾之身，是名生，所謂四生六道中受生也）。

十二老死（從生五眾身熟壞，是爲老死。老死則生憂悲哭泣，種種愁苦，眾惱合集。若正觀諸法實相清淨，則無明盡，無明盡故行盡，乃至眾苦和合皆盡。若能如是，正觀三世十二因緣，發眞無漏，成辟支佛）。

無明從果報，約二世觀十二因緣相，具出《大集經》。今略出經文，是十二因緣，從歌羅邏而辨無明，故云果報也。約二世明者，前十因緣屬現在，後二因緣屬未來，二世合爲十二也。

一無明（《大集經》言，云何名爲觀於無明，先觀中陰，於父母所生貪愛心，愛因緣故四大和合，精血二渧，合成一渧，大如豆子，名歌羅邏。是歌羅邏有三事，一命，二識，三煖。過去世中，業緣果報，無有作者，及以受者，初息出入，是名無明。歌羅邏時，氣息入出者，有二種道，所謂隨母氣息上下，七日一變，息入出者名爲壽命，是名風道。不臭不爛，是名爲煖。是中心意，名之爲識。善男子若有欲得辟支佛，當觀如是十二因緣）。

二行（復觀三受因緣，五陰、十二入、十八界。云何爲觀，隨心於念觀息出入，觀於內身皮膚、肌肉、筋骨、髓腦，如空中雲。是身中風，亦復如是，有風能上，有風能下，有風能滿，有風能焦，有風能增長。是故息之出入，名爲身行，息從覺觀生，故名意行，和合出聲，是名口行）。

三識（以如是三行因緣故，有識生，故名爲識）。

四名色（識因緣故，則有四陰及以色陰，故名名色）。

五六入（五陰因緣識行六處，故名六入）。

六觸（眼色相對，故名爲觸，乃至意法，亦如是）。

七受（觸因緣故，念色乃至法是名爲受）。

八愛（貪著於色乃至於法，是名爲愛）。

九取（愛因緣故，四方求覓，故名爲取）。

十有（取因緣故，受於後身，故名爲有）。

十一生（有因緣故，有生是爲生也）。

十二老死（生因緣故，則有老死種種諸苦。是名五陰、十二入、十八界、十二因緣之大樹也，此並是略出經文辯，從初受報來，約二世明十二因緣相，孱然無一句私語，讀者善尋，自知與前來約三世明十二因緣有異也）。

次明一念十二因緣，但約一世中，隨一念心起，即具十二因緣，亦出《大集經》中，今略出經文明一念十二因緣相。

一無明（因眼見色而生愛心，即是無明）。

二行（爲愛造業，即名爲行）。

三識（至心專念，故名爲識）。

四名色（識共色行，是名名色）。

五六入（六處生貪，是名六入）。

六觸（因入求愛，名之爲觸）。

七受（貪著心者，名之爲受）。

八愛（經中脱落，不釋愛相，今私作義釋云，纏綿不捨，名之爲愛）。

九取（求是等法，名之爲取）。

十有（如是法生，是名爲有）。

十一生（次第不斷，是名爲生）。

十二老死（次第斷故，名之爲死。生死因緣，衆苦所逼，名之爲惱，乃至意法因緣生貪，亦復如是。是十二因緣，一人一念，皆悉具足，並出《大集經》文，未有一句私語，讀者善尋，此與常所說三世因緣迥異。若有欲學因緣佛道者，上來至此三種辯因緣相，隨用一門修學，即證緣覺智也）。

來舟《大乘本生心地觀經淺註》卷二　二緣覺者。出有佛世，聞佛說十二因緣，修還滅門觀，滅無明則諸支皆滅，遂證眞諦理，從因緣得名，故名緣覺。然既云佛爲說法，定爲緣覺，而非獨覺也。十二因緣者，爲投機之教也。展轉感果爲因，互相由藉爲緣。十二者，以共有十二支。一無明，即過去見思及習氣體即是癡，迷暗爲性，無所明了，故曰無明，屬惑。二行，謂過去造作有漏諸業，名之爲行。由惑造業，故云無明緣行。三識，識有了別義，以業成故牽生三界，投託母胎，故云行緣識。以前二支爲過去二支因，此識下爲現在之果。四名色，名即是心，謂心但有名而無形質也，色爲色質，即身也。謂從託胎已後，至第五個七日名形位，生諸根形，四支差別故，云識緣名色。五六入，謂從名色已後，至第六個七日，名髮毛爪齒位，第七七日，名具根位，六根開張，有入塵之用，爲六入，故名色緣六入，入即根也。六觸，謂出胎已後，至三四歲時，六根雖觸六塵，未能了知生苦樂想，但名觸，故云六入緣觸。七受，謂從五六歲，至十二三歲時，因六塵觸對六根，即能納受前境好惡等事。雖能了別，然未能起淫貪之心，故云觸緣受。以上爲現在五支果。八愛者，謂從十四五歲時，至十八九歲，貪於種種勝妙資具，及婬欲等境，然猶未能廣遍追求，故云受緣愛。九取，謂從二十歲後，貪欲轉盛，於五塵境，四方馳求，心生取著，由愛生著故，云愛緣取。此之愛取，又爲未來生死因屬惑，與過去無明同。十有，謂因馳求諸境，起善惡業，積集牽引，當生三有，故云取緣有，亦爲未來生死之因屬業，與過去行同。此爲現在三支因也。十一生，謂從現世善惡之業，後世還於六道四生中受生，故云有緣生。十二老死，謂從未來受生已後，五陰身，熟已還壞，故名生緣老死。此二屬未來二支果也。此爲流轉門生起相。更有還滅門修斷相，即無明滅則行滅，乃至老死憂悲苦惱滅，以辟支一類之機根利，先斷無明，則十一支齊斷，證眞諦理也。雖云無明，實是見思及習氣，非根本無明也。問：既爲見思，斷無明即是斷見思，與聲聞先斷見思何別。答：聲聞但斷見思，不能斷習氣，又聲聞漸斷，辟支頓斷，所以不同。

十二有支

實叉難陀譯《大方廣佛華嚴經》卷三七　三界所有，唯是一心。如來於此分別演說十二有支，皆依一心，如是而立。何以故，隨事貪欲與心共生，心是識，事是行，於行迷惑是無明，與無明及心共生是名色，名色增長是六處，六處三分合爲觸，觸共生是受，受無厭足是愛，愛攝不捨是取，彼諸有支生是有，有所起名生，生熟爲老，老壞爲死。

玄奘譯《成唯識論》卷八　復次生死相續，由惑業苦發業潤生煩惱名惑，能感後有諸業名業，業所引生衆苦名苦。惑業苦種皆名習氣，前二習氣與生死苦爲增上緣助生苦故，第三習氣望生死苦能作因緣親生苦故，頌三習氣如應當知。惑苦名取，能所取故，取是著義，業不得名，俱等餘文，義如前釋。此惑業苦應知總攝十二有支，謂從無明乃至老死，如論廣釋。然十二支，略攝爲四。一能引支。謂無明、行能引識等五果種故。此中無明，唯取能發正感後世善惡業者，即彼所發，乃名爲行。由此一切順現受業，別助當業，皆非行支。二所引支。謂本識內親生當來異熟果攝識等五種，是前二支所引發故。此中識種，謂本識因。除後三因，餘因皆是名色種攝。後之三因，如名次第，即後三種。或名色種，總攝五因。于中隨勝，立餘四種。六處與識，總別亦然。集論說識，亦是能引。識中業種，名識支故。異熟識種，名色攝故。經說識支通能所引，業種、識種俱名識故。識是名色依，非名色攝故。識等五種，由業熏發，雖實同時，而依主伴、總別、勝劣、因果、相異，故諸聖教，假說前後。或依當來現起分位，有次第故，說有前後。由斯識等，亦說現行。因時定無現行義故，復由此說生引同時。潤未潤時，必不俱故。三能生支。謂愛、取、有，近生當來生老死故。謂緣迷內異熟果愚，發正能招後有諸業爲緣，引發親生當來生老死位五果種已。復依迷外增上果愚，緣境界受，發起貪愛。緣愛復生欲等四取，愛取合潤能引業種，及所引因，轉名爲有，俱能近有後有果故。有處唯說業種名有，此能正感異熟果故。復有唯說五種名有，親生當來識等種故。四所生支。謂生、老、死，是愛取有近所生故。謂從中有至本有中，未衰變來，皆生支攝。諸衰變位，總名爲老。身壞命終，乃名爲死。老非定有，附死立支。

玄奘譯《阿毗達磨大毗婆沙論》卷二四　復次，此十二支緣起法，有根有莖有枝有葉有花有果，猶如大樹，此中根者謂無明行，莖者謂識名色，枝者謂六處，葉者謂觸受，花者謂愛取有，果者謂生老死。此十二支緣起法樹，或有花有果，或無花無果。有花有果者，謂異生及學。無花無果者，謂阿羅漢。問：此十二支緣起法，幾剎那，幾相續。答：二剎那，謂識與生，餘皆相續。問：此十二支緣起法，幾染污，幾不染污。有作是說，五染污，謂無明、識、愛、取及生，餘通染污不染污。評曰：彼不應作是說，此中說分位緣起故。應作是說，一切皆通染污不染污。前所說五支中，心心所法唯是染污，餘通染污及不染污。有作是說，識生二支心心所法定是染污，餘皆不定。問：此十二支緣起法，幾是異熟，幾非異熟。有作是說，五非異熟，七是異熟。評曰：彼不應作是說，此中說分位緣起故。應作是說，一切皆通異熟非異熟。然無明識愛取生時，心心所法定非異熟，餘通二種。有作是說，識生二支心心所法定非異熟，餘皆不定。問：此十二支緣起法，幾有異熟，幾無異熟。有作是說，行有二支定有異熟，餘通二種。評曰：彼不應作是說，此中說分位緣起故。應作是說，一切皆通二種。問：此十二支緣起法，幾欲界，幾色界，幾無色界。有作是說，欲界具十二支，色界有十一支除名色，無色界有十支，除名色六處。色界應作是說，識緣六處彼無未起四根時故。無色界應言識緣觸，彼無有色及五根故。評曰：應作是說，三界皆具十二有支。問：色界生時諸根頓起，云何有名色位。無色界無色無五根，云何有名色，六處位耶。答：色界五根雖定頓起，而生未久，根不猛利，爾時但是名色支攝。無色界雖無色及五根，而有名及意根，彼應作是說，識緣名，名緣意處，意處緣觸，是故三界皆具十二。

玄奘譯《瑜伽師地論》卷五六　復次云何名緣生法，謂無主宰，無有作者無有受者，無自作用不得自在，從因而生，託衆緣轉，本無而有，有已散滅，唯法所顯，唯法能潤，唯法所潤墮在相續，如是等相名緣生法。當知此中因名緣起果名緣生，此無明隨眠不斷有故。彼無明纏有，此無明纏生故。彼諸行轉，如是諸行種子不斷故。諸行得生，諸行生故得有識轉。如是所餘諸緣起支流轉道理，如其所應，當知亦爾。當知有生及老死支是假有法，所餘有支是實有法。

復由五相建立緣起差別。何等爲五，一衆苦引因依處，二衆苦生因依處，三衆苦引因，四衆苦生因，五衆苦生起。衆苦引因依處者，謂於現法中名色爲緣，六處生起不斷不知，此爲所緣及依處故。一切愚夫於內自體愚癡生起，是名無明。無明緣故。次後諸行，乃至後時有觸緣受，此中六處名無明等引因依處。衆苦生因依處者，謂諸愚夫觸爲緣故，於現法中諸受生起。此爲依處，於外境界發起諸愛，由愛爲緣次後有取，取爲緣故次後有有。如是愛等三種生因，用觸緣受爲所依處。衆苦引因者，謂無明緣行乃至觸緣受，現法中識爲福非福及不動業之所熏習，後後種子之所隨逐，能引當來餘身識等生老死苦，是故說此爲彼引因。衆苦生因者，謂受緣愛愛緣取取緣有，是名當來衆苦生因，即先所作業爲煩惱攝受，未來世生將現前故，當知名有。衆苦生起者，謂有緣生生緣老死，如是名爲衆苦生起即識名色六處觸受，先種子性隨所依時，曾得衆苦引因之名。今已與果名生老死，復得苦名。

寶臣《注大乘入楞伽經》卷七　一切諸世間無非是鉤鎖（至）此則非教理。此言無明與愛業者，於十二有支因緣中，略舉其三也。若具言之，即無明緣行，行緣識，識緣名色，名色緣六入，六入緣觸，觸緣受，受緣愛，愛緣取，取緣有，有緣生，生緣老死憂悲苦惱。此明三世妄因果法，謂過去有二支因，一無明，二行。現在有五支果，一識，二名色，三六入，四觸，五受。現在有三支因，一愛，二取，三有。未來有二支果，一生，二老死。言一切衆生，無始已來，皆爲無明十二因緣長劫鉤鎖，往來三界牢獄之中，無有出離。智者了悟，修道斷除，即得解脫。故云無明滅則行滅，乃至生滅即老死滅，當知滅妄因緣故須修道。問：云何修道。答：推求十二因緣根本迺是無明，因無明故起煩惱業，因業故起果報而有諸苦，皆因無明爲根本。如人伐樹，須先斷其根。問：無明何者是。答：不覺心是，以不覺故妄起分別，心外見法，謂有謂無，謂是謂非，謂得謂失，受諸果報身心等苦，皆由無明。我今欲斷無明，先須自覺心源，隨心所起一切妄想，皆從不覺心生，須知自心之性本無生滅，亦無來去。何以得知，一切妄念忽然而起，覺即不生。云何名覺，如貪瞋癡起時，還以自心觀察推求此貪瞋癡有何形狀，爲青黃，爲赤白，爲未來，爲過去，爲現在，爲在內外中間，推求貪瞋癡都無形狀，若本來是有，今日覺時亦應可見，今覺既無，故知由不覺故忽然妄起，覺即不生，故覺是無明對治。此現在無明不得心，以無明故，一切妄想煩惱不生，煩惱不生故業不生，故無過去二因。無二因故，現在五果不生。五果不生故，愛取有三因不生。現在三因無故，未來二果報不生，名斷十二因緣鉤鎖。此十二因緣無處，名爲涅槃。此自覺聖智，名爲菩提。依此十二因緣觀察修行者，通有三類。上智觀者得佛菩提，中智觀者得緣覺菩提，下智觀者得聲聞菩提。故《肇論》云，三乘觀法無異，但心有大小爲差矣。

延壽《宗鏡錄》卷七七　三界所有，唯是一心，如來於此分別演說十二有支，皆依一心如是而立。何以故，隨事貪欲，與心共生，心是識，事是行，於行迷惑是無明，與無明及心共生，是名色，名色增長是六處，六處三分合爲觸，觸共生是受，受無厭足是愛，愛攝不捨是取，彼諸有支生是有，有所起名生，生熟爲老，老壞爲死。

十二類生

般刺蜜諦譯《大佛頂如來密因修證了義諸菩薩万行首楞嚴經》卷七

佛言：阿難當知，妙性圓明，離諸名相，本來無有世界衆生。因妄有生，因生有滅，生滅名妄，滅妄名眞，是稱如來無上菩提，及大涅槃二轉依號。阿難汝今欲修眞三摩地，直詣如來大涅槃者，先當識此衆生世界二顛倒因，顛倒不生斯則如來眞三摩地。阿難，云何名爲衆生顛倒，阿難，由性明，心性明圓故，因明發性，性妄見生，從畢竟無成究竟有，此有所有非因所因，住所住相，了無根本，本此無住，建立世界及諸衆生。迷本圓明，是生虛妄，妄性無體，非有所依，將欲復眞，欲眞已非眞眞如性，非眞求復宛成非相，非生非住，非心非法，展轉發生，生力發明，熏以成業，同業相感，因有感業，相滅相生，由是故有衆生顛倒。云何名爲世界顛倒，是有所有分段妄生，因此界立，非因所因無住所住，遷流不住，因此世成，三世四方，和合相涉，變化衆生，成十二類。是故世界因動有聲，因聲有色，因色有香，因香有觸，因觸有味，因味知法，六亂妄想成業性故，十二區分由此輪轉。是故世間聲香味觸，窮十二變爲一旋復，乘此輪轉顛倒相故，是有世界卵生胎生，濕生化生，有色無色，有想無想，若非有色若非無色，若非有想若非無想。

阿難，由因世界虛妄，輪迴動顛倒故，和合氣成八萬四千飛沉亂想，如是故有卵羯邏藍流轉國土，魚鳥龜蛇，其類充塞。

由因世界雜染輪迴欲顛倒故，和合滋成八萬四千横竪亂想，如是故有胎遏蒱曇流轉國土，人畜龍仙，其類充塞。

由因世界執著輪迴趣顛倒故，和合軟成八萬四千翻覆亂想，如是故有濕相蔽尸流轉國土，含蠢蠕動，其類充塞。

由因世界變易輪迴假顛倒故，和合觸成八萬四千新故亂想，如是故有化相羯南流轉國土，轉蛻飛行其類充塞。

由因世界留礙輪迴障顛倒故，和合著成八萬四千精耀亂想，如是故有色相羯南流轉國土，休咎精明，其類充塞。

由因世界銷散輪迴惑顛倒故，和合暗成八萬四千陰隱亂想，如是故有無色羯南流轉國土，空散銷沉其類充塞。

由因世界罔象輪迴影顛倒故，和合憶成八萬四千潛結亂想，如是故有想相羯南流轉國土，神鬼精靈，其類充塞。

由因世界愚鈍輪迴癡顛倒故，和合頑成八萬四千枯槁亂想，如是故有無想羯南流轉國土，精神化爲土木金石其類充塞。

由因世界相待輪迴僞顛倒故，和合染成八萬四千因依亂想，如是故有非有色相成色羯南流轉國土，諸水母等以蝦爲目，其類充塞。

由因世界相引輪迴性顛倒故，和合呪成八萬四千呼召亂想，由是故有非無色相無色羯南流轉國土，呪咀厭生，其類充塞。

由因世界合妄輪迴罔顛倒故，和合異成八萬四千迴互亂想，由是故有非有想相成想羯南流轉國土，彼蒲盧等異質相成其類充塞。

由因世界怨害輪迴殺顛倒故，和合怪成八萬四千食父母想，如是故有非無想相無想羯南流轉國土。如土梟等，附塊爲兒，及破鏡鳥，以毒樹果，抱爲其子，子成，父母皆遭其食，其類充塞。是名衆生十二種類。

戒環《首楞嚴經要解》卷一四　二辯十二類三。一總標。乘此輪轉顛倒相故，是有世界卵生胎生，濕生化生，有色無色，有想無想，若非有色若非無色，若非有想若非無想。輪轉顛倒相，即六亂妄想等也。

二別明十二。一卵生。阿難，由因世界虛妄輪迴，動顛倒故，和合氣成八萬四千飛沉亂想，如是故有卵羯邏藍，流轉國土，魚鳥龜蛇其類充塞。卵惟想生，虛妄即想也，想體輕舉，名動顛倒。卵以氣交，名和合氣成。想多升沉，名飛沉亂想。故感魚鳥飛沉之類也，十二類各八萬四千者，各由八萬煩惱感變也。羯邏藍云凝滑，入胎初位，胎卵未分之相也。

二胎生。由因世界雜染輪迴欲顛倒故，和合滋成八萬四千横竪亂想，如是故有胎遏蒲曇，流轉國土，人畜龍仙其類充塞。胎因情有雜染即情也，情生於愛，名欲顛倒。胎以精交，名合和滋成。情有偏正，名横竪亂想，故感人畜横竪之類。遏蒲曇云泡，即胎卵漸分之相也。虛妄雜染執著留凝等，有情皆具，但隨偏重者感類耳，羯南等胎卵皆具，而次第言者，前能具後，後不具前。

三濕生。由因世界執著輪迴趣顛倒故，和合煖成八萬四千翻覆亂想，如是故有濕相蔽尸，流轉國土，含蠢蝡動其類充塞。濕以合感，執著即合也，合由愛滯，觸境趨附，名趣顛倒。濕以陽生，名和合煖成。所趣無定，名翻覆亂想。故感蠢蝡飜覆之類也。蔽尸云軟肉，濕生初相也。十生皆本於婬欲，起於情想，以迷情愈妄故，化理愈乖，以至蕩爲空散頑爲木石，妄未雖殊，妄本一也。

四化生。由因世界變易輪迴假顛倒故，和合觸成八萬四千新故亂想，如是故有化相羯南，流轉國土，轉蛻飛行其類充塞。化以離應變易即離也，離此托彼，名假顛倒。觸類而變，名和合觸成。轉故趣新，名新故亂想。故感報亦爾蜕脱故趣新也。如蟲爲蝶，則轉行爲飛。如雀爲蛤，則蜕飛爲潛。凡以不同形而相禪皆轉蛻也。羯南云硬肉，蛻即成體無軟相也。自下皆稱羯南者，諸類通稱，止此若第五鉢羅奢佉曰成形，則各隨貌狀，非通稱也。

五有色。由因世界留礙輪迴障顛倒故，和合著成八萬四千精耀亂想，如是故有色相羯南，流轉國土，休咎精明其類充塞。眞性融湛，本非留礙，亦非光耀，由迷滯故成留礙輪迴，障失融湛，妄合明著，粘湛發光，以成精耀，休爲三光，咎爲孛彗，一切精明神物皆精耀也。其想已結成精耀故，但有色而已。《涅槃》云，八十神皆因留礙想元成其精耀。此雖至精至神，亦未離乎乘彼輪轉顛倒想也。

六無色。由因世界消散輪迴惑顛倒故，和合暗成八萬四千陰隱亂想，如是故有無色羯南，流轉國土，空散消沉其類充塞。厭有著空，滅身歸無，名銷散輪迴。迷漏無聞，名惑顛倒。厭有歸無，則依晦昧空故。和合暗成，而名陰隱亂想。即無色界外道類也。此有想無色，而不無業體，故亦稱羯南。又有惑業昏重，形色消磨，體合空昧，識附陰隱，亦空散消沉類也。

七有想。由因世界罔象輪迴影顛倒故，和合憶成八萬四千潛結亂想，如是故有想相羯南，流轉國土，神鬼精靈其類充塞。虛妄失眞，邪著影像，無所托陰，從憶想生，於罔象中，潛結貌狀。其神不明而幽爲鬼，精不全而散爲靈，無有實色，但有想相。

八無想。由因世界愚鈍輪迴癡顛倒故，和合頑成八萬四千枯槁亂想，如是故有無想羯南，流轉國土，精神化爲土木金石，其類充塞。不了諦理，固守愚惑，愚鈍之極，則癡頑無知，精神化爲土木金石。無復情想，即枯槁也，如劫毗羅之石，燕昭墓之木，鄭人緩之璧，皆精神之化也。

九非有色。由因世界相待輪迴僞顛倒故，和合染成八萬四千因依亂想，如是故有非有色相成色羯南，流轉國土，諸水母等以蝦爲目，其類充塞。水母之類，以水沫爲體，以蝦爲目。本非有色，待物成色，不能自用，待物有用，迷失天眞，綿著浮僞，彼此異質，染緣相合，故曰因依。

十非無色。由因世界相引輪迴性顛倒故，和合呪成八萬四千呼召亂想，由是故有非無色相無色羯南，流轉國土，呪詛厭生，其類充塞。邪業相引，使性情顛倒。而乘呪托識，不由生理。妄隨呼召，即世間邪術呪詛精魅厭物，因而有生者。不由生理，則本自無色。既感成質，非無色也。

十一非有想。由因世界合妄輪迴罔顛倒故，和合異成八萬四千迴互亂想，如是故有非有想相成想羯南，流轉國土，彼蒲盧等異質相成，其類充塞。二妄相合，性情罔昧。異質相成，生理回互。如彼蒲盧，本爲桑蟲，非有蜂想而成蜂想。

十二非無想。由因世界怨害輪迴殺顛倒故，和合怪成八萬四千食父母想，如是故有非無想相無想羯南流轉國土。如土梟等附塊爲兒，及破鏡鳥。以毒樹果抱爲其子，子成，父母皆遭其食，其類充塞。怨害相酬，傷殺相反，生理怪誕，棄絕倫義，故感土梟之類。因土塊毒果成形，非無鳥想，而本無想。

三結。此皆不了妙覺明心，迷陷情欲，積妄發生，隨妄輪轉，非正修行，莫能免脫，故次示除妄修證之法。是名衆生十二種類。

十二門禪

道安《十二門經序》（僧祐《出三藏記集》卷六） 十二門者，要定之目號，六雙之關徑也。定有三義焉，禪也，等也，空也，用療三毒，綢繆重病，嬰斯幽厄其日深矣，貪囹恚圄癡城至固，世人遊此猶春登臺，甘處欣欣如居華殿，嬉樂自娛蔑知爲苦，甞酸速禍困憊五道。夫唯正覺乃識其謬耳，哀倒見之苦，傷蓬流之痛，爲設方便防萌塞漸，闢茲慧定令自濟滌，挫銳解紛返神玄路。苟非至德，其道不凝也。夫邪僻之心，必有微著，是故禪法以四爲差焉。

十二處

法賢譯《佛說信佛功德經》 復次我佛世尊具最勝法，謂佛世尊善能分別十二處法，及能爲他廣大宣說，無有沙門、婆羅門能了知此十二處法，及能分別十二處者，所謂眼處，色處，耳處，聲處，鼻處，香處，舌處，味處，身處，觸處，意處，法處，如是等法，唯佛世尊，悉能了知，是即名爲佛最勝法，無有沙門、婆羅門等過於佛者，乃至成佛菩提。

玄奘譯《阿毗達磨俱舍論》卷一 所餘名細色。非可意者名劣色。所餘名勝色。不可見處名遠色。在可見處名近色。過去等色如自名顯受等亦然。隨所依力應知遠近麁細同前。心心所法生長門義是處義。訓釋詞者。謂能生長心心所法故名爲處。是能生長彼作用義。法種族義是界義。如一山中有多銅鐵金銀等族說名多界。如是一身。或一相續有十八類諸法種族名十八界。此中種族是生本義。如是眼等誰之生本。謂自種類同類因故。若爾無爲應不名界。心心所法生之本故。

十二真如

玄奘譯《大般若波羅蜜多經》卷六七 舍利子，如眞如名，唯客所攝，於十方三世，無所從來，無所至去，亦無所住，眞如中無名，名中無眞如，非合非離，但假施設。何以故，以眞如與名俱自性空故。自性空中，若眞如若名俱無所有，不可得故。如法界、法性、不虛妄性、不變異性、不思議界、虛空界、斷界、離界、滅界、平等性、離生性、法定、法住、無性界、無相界、無作界、無爲界、安隱界、寂靜界、本無、實際、究竟、涅槃名，唯客所攝，於十方三世，無所從來，無所至去，亦無所住。

玄奘譯《大般若波羅蜜多經》卷七五 舍利子，眞如名爲菩薩摩訶薩菩提道，法界、法性、不虛妄性、不變異性、平等性、離生性、法定、法住、實際、虛空界、不思議界名爲菩薩摩訶薩菩提道。

窺基《成唯識論述記》卷二 五果，凡聖得之多少，其擇非擇滅隨有漏事，爲隨煩惱類數多少等諸門分別，如別章說。《大般若經》《辨中邊論》，說眞如名有十二種，謂眞如、法界、法性、不虛妄性、不變異性、平等性、離生性、法定、法住、虛空界、實際、不思議界。

靈泰《成唯識論疏抄》卷四 疏云說眞如名有十二種法界者，界是性義。法性者，諸體性也。不虛妄性者，有爲有虛妄，眞如不虛妄也。不變異性者，有爲有變異，如不變異也。平等性者，爲不平等性，眞如是平等也。離生性者，即有爲體不常住，無爲體常住也。虛空界本者，眞如能含容萬法，有爲則不能含容也。實際者，實謂即，際謂眞際，謂法竟際。不思議者，有爲麤識，則可思識，眞如微細，則不可思議也。外道餘乘所執三我，如前諸法。

十二行相

義淨譯《佛說三轉法輪經》 汝等苾芻，若我於此四聖諦法未了三轉十二相者，眼、智、明、覺皆不得生，我則不於諸天魔梵沙門婆羅門一切世間，捨離煩惱心得解脫，不能證得無上菩提。

玄奘譯《阿毗達磨俱舍論》卷二四 如世間輪有輻等相，八支聖道似彼名輪，謂正見、正思惟、正勤、正念似世輪輻，正語、正業、正命似轂，正定似輞，故名法輪。寧知法輪唯是見道，憍陳那等見道生時，說名已轉正法輪故。云何三轉十二行相，此苦聖諦，此應遍知，此已遍知，是名三轉。即於如是一一轉時，別別發生眼、智、明、覺，說此名曰十二行相。如是三轉十二行相，諦諦皆有。然數等故，但說三轉十二行相，如說二法七處善等。由此三轉，如次顯示見道、修道、無學道三。

玄奘譯《阿毗達磨大毗婆沙論》卷七九 如契經說，佛告苾芻，我於四聖諦三轉十二行相，生眼、智、明、覺。問：此應有十二轉四十八行相，何故但說三轉十二行相耶。答：雖觀一一諦皆有三轉十二行相，而不過三轉十二行相，故作是說。如預流者極七反有，及七處善幷二法等。此中眼者，謂法智忍。智者，謂諸法智。明者，謂諸類智忍。覺者，謂諸類智。復次眼是觀見義，智是決斷義，明是照了義，覺是警察義。

普光《俱舍論記》卷二四 云何三轉十二行相者，因斯義便復問三轉十二行相。此苦聖諦至所說如是者。答：此苦聖諦爲說見道，此應遍知爲說修道，此已遍知爲說無學道，是名三轉，即於如是一一轉時別別發生眼、智、明、覺，說此名曰十二行相。於三位中各觀苦諦有四行相，三四即成十二行相。

十四無記

佛陀耶舍共竺佛念譯《佛說長阿含經》卷一二 或有外道梵志作如是說，世間常存，唯此爲實，餘者虛妄。或復說言，此世無常，唯此爲實，餘者虛妄。或復有言，世間有常無常，唯此爲實，餘者虛妄。或復有言，此世間非有常非無常，唯此爲實，餘者虛妄。或復有言，此世間有邊，唯此爲實，餘者爲虛妄。或復有言，世間無邊，唯此爲實，餘者虛妄。或復有言，世間有邊無邊，唯此爲實，餘者虛妄。或復有言，世間非有邊非無邊，唯此爲實，餘者虛妄。或復有言，是命是身，此實。餘虛妄。或復有言，非命非身，此實餘虛。或復有言，命異身異，此實餘虛。或復有言，非異命非異身，此實餘虛。或復有言，如來終，此實餘虛。或復有言，如來不終，此實餘虛。或復有言，如來終不終，此實餘虛。或復有言，如來非終非不終，此實餘虛。諸有此見，名本生本見。今爲汝記，謂此世常存，乃至如來非終非不終，唯此爲實，餘者虛妄，是爲本見本生。

求那跋陀羅譯《雜阿含經》卷七 爾時，世尊告諸比丘：何所有故，何所起，何所繫著，何所見我，令諸衆生作如是見、如是說，我世間常、世間無常、世間常無常、世間非常非無常，世有邊、世無邊、世有邊無邊、非有邊非無邊，命即是身、命異身異，如來死後有、如來死後無、如來死後有無、如來死後非有非無。

諸比丘白佛：世尊是法根、法眼、法依。如是廣說，次第如上三經。

《別譯雜阿含經》卷一〇 如是我聞，一時佛在王舍城迦蘭陀竹林，爾時犢子梵志往詣佛所，問訊佛已，在一面坐。問佛言：瞿曇，汝頗作是見，作是論，世界是常，唯我解了，餘人不知，作是說不。佛告犢子：我不作是見，不作是說，唯我能知，餘人不解。犢子又問：汝若不作如是說者，一切世界悉無常耶。佛告犢子：我亦不作如是說言，世界無常，唯我能知，餘人不解。犢子又問：汝頗復作如是論言，世界亦常無常，唯我能知，餘人不解，作是說耶。佛告犢子：我亦不作如是說言，一切世界，亦常無常，唯我獨了，餘人不知。犢子又問：汝頗復作如是說言，一切世界非常非無常，非非常非非無常，唯我能解，餘人不了，作是說耶。佛告犢子：我亦不作如是說言，一切世界，非常非無常，非非常非非無常，唯我能知餘人不解。

犢子復問：世界有邊，世界無邊，亦有邊亦無邊，非有邊，非無邊，非非有邊，非非無邊，身即是命，命即是身，身異命異，衆生神我，死此生彼，爲有爲無，亦有亦無，非有非無，非非有，非非無，瞿曇，汝今作是說耶。佛告犢子：我不作是見，不作是論說言，世界有邊無邊，乃至非非有非非無。

犢子復言：瞿曇，汝今於斯法中，見何過患，不取一見。佛告犢子：我亦不言世界是常，唯此事實，餘皆愚闇。彼見結障，彼見所行及所觀處，彼見塵埃垢穢不淨，見結與苦俱能爲害，能與憂惱，能令行人受鬱蒸熱，生諸憂患。若與見結相應，即是瓔愚，亦名無聞，亦名凡夫，能令生死迴流增長。復告犢子：世間常無常，亦常無常，非常非無常，世界有邊，及以無邊，亦有邊，亦無邊，非有邊，非無邊，衆生神我，死此生彼，若有若無，亦有亦無，非有非無，非非有非非無，若有人計斯見者，名爲瓔愚，亦名無聞，亦名凡夫，增長生死煩惱垢污，能令行人受鬱蒸熱，生諸憂患，無有安樂。以是義故，我於此見，無所執著。犢子又問：汝若不計如是見者：汝今所計，爲是何見。佛告犢子：如來世尊，於久遠來諸有見者，悉皆除捨，都無諸見。雖有所見，心無取著，所謂見苦聖諦，見苦集諦，見苦滅諦，見至苦滅道諦，我悉明了知見是已，覩一切法，皆是貪愛諸煩惱結，是我我所，名見取著，亦名憍慢。如斯之法，是可患厭，是故皆應當斷除之。既斷除已，獲得涅槃寂滅清淨，如是正解脫。

十六特勝

安世高譯《佛說大安般守意經》卷上　何等爲十六勝，即時自知喘息長，即自知喘息短，即自知喘息動身，即自知喘息微，即自知喘息快，即自知喘息不快，即自知喘息止，即自知喘息不止，即自知喘息歡心，即自知喘息不歡心，即自知內心念萬物已去不可復得喘息自知，內無所復思喘息自知，棄捐所思喘息自知，不棄捐所思喘息自知放棄軀命，喘息自知，不放棄軀命喘息自知，是爲十六，即時自知也。

問：何等爲莫過十數，莫減十數。報息已盡未數是爲過，息未盡便數是爲減。失數亦惡，不及亦惡，是爲兩惡。至二息亂爲短息，至九息亂爲長息，得十息爲快息。相隨爲微，意在長便轉意，我何以故念長，意在短即時覺，不得令意止，止爲著。放棄軀命者謂行息，得道意便放棄軀命。未得道意，常愛身故，不放棄軀命也。息細微爲道，長爲生死，短息動爲生死，長於道爲短。

竺法護譯《修行道地經》卷五　何謂十六特勝，數息長則知，息短亦知，息動身則知，息和釋即知，遭喜悅則知，遇安則知，心所趣即知，心柔順則知，心所覺即知，心歡喜則知，心伏即知，心解脫即知，見無常則知，若無欲則知，觀寂然即知，見道趣即知，是爲數息十六特勝。

鳩摩羅什譯《成實論》卷一四　阿那波那十六行，謂念出入息若長若短，念息遍身除諸身行，覺喜覺樂覺心行，除心行念出入息，覺心令心喜，令心攝，令心解脫，念出入息隨無常，觀隨斷離滅觀。念出入息若長若短，問曰：云何名息長短。答曰：如人上山，若擔重疲乏故息短，行者亦爾，在麁心中爾時則短，麁心者，所謂躁疾散亂心也。息長者，行者在細心中則息長。所以者何，隨心細故，息亦隨細。如即此人疲極止故，息則隨細，爾時則長息。遍身者，行者信解身虛，則見一切毛孔風行出入。除身行者，行者得境界力心安隱故，麁息則滅，爾時行者具身憶處。覺喜者，是人從此定法心生大喜，本雖有喜，不能如是，爾時名爲覺喜。覺樂者，從喜生樂。所以者何，若心得喜，身則調適，身調適，則得猗樂。如經中說，心喜故身猗，身猗則受樂。覺心行者，見喜過患，以能生貪故，貪是心行，從心起故，以受中生貪故，見受是心行。除心行者，行者見從受生貪過，除滅故，心則安隱，亦滅除麁受，故說除心行。覺心者，行者除受味故，見心寂滅，不沒不掉，是心或時還沒，爾時令喜，若心還掉，爾時令攝，若離二法，爾時應捨，故說令心解脫。行者如是心寂定故，生無常行，以無常行，斷諸煩惱，是名斷行。煩惱斷故，心則厭離，是名離行。以心離故得一切滅，是名滅行。如是次第得解脫，故名十六行。

念出入息。問曰：何故念出入息，名爲聖行、天行、梵行、學行、無學行耶。答曰：風行虛中，虛相能速，開導壞相，壞相即是空，空即是聖行故，名聖行。爲生淨天故，名天行。爲到寂滅故，名梵行。爲得學法故，名學行。爲無學故，名無學行。問曰：若觀不淨，深厭離身，速得解脫，何用修此十六行耶。答曰：不淨觀未得離欲自惡厭，身心則迷悶。如服藥過則還爲病，如是不淨喜生惡厭。如跋求沫河邊諸比丘不淨觀故，深生惡厭，飲毒、墜高等種種自殺。此行不爾，能得離欲而不生惡厭，故名爲勝。又此行易得，自緣身故不淨易失。又此行細微，以能自壞身故，不淨行麁，壞骨相難。又此行能破一切煩惱，不淨但破婬欲。所以者何，一切煩惱皆因覺生，念出入息爲斷諸覺故。問曰：出入息爲屬身，爲屬心耶。答曰：亦屬身亦屬心。所以者何，處胎中無，故知由身。若第四禪等及無心者，無故知由心。問曰：息不故起，不應由心。所以者何，是息不由意起，如心念餘事，息常出入，如食自消，如影自轉，非人爲也。答曰：息不故起，不由憶念，但以衆緣和合故起。若有心則有，無心便無，故知由心。有隨心差別，麁心則短，細心則長。又出入息由地由心，若在出入息地，亦有出入息地心，爾時則有出入息地，所謂欲界及三禪。若在出入息地，而無出入息地心，及在無心爾時則無，若在無出入息地，爾時亦無。

智顗《六妙法門》 二者隨爲妙門者。行者因隨息故，即能出生十六特勝。所謂一知息入，二知息出，三知息長短，四知息遍身，五除諸身行，六心受喜，七心受樂，八受諸心行，九心作喜，十心作攝，十一心作解脫，十二觀無常，十三觀出散，十四觀離欲，十五觀滅，十六觀棄捨。云何觀棄捨，此觀破非想處惑。所以者何，凡夫修非想時，觀有常處如癰如瘡，觀無想處如癡也，第一妙定名曰非想，作是念已，即棄捨有想無想，名非有想非無想，故知非想即是兩捨之義。今佛弟子觀行破折，義如前說，是故深觀棄捨，不著非想，能得涅槃，隨爲妙門，意在此也。

智旭《重治毗尼事義集要》卷三 釋阿那般那，此翻遣來遣去，即十六特勝法門也。《法界次第初門》云，一知息入，二知息出，三知息長短，四知息偏身，五除諸身行，並屬身念處觀。六受喜，七受樂，八受諸心行，此三屬受念處觀。九心作喜，十心作攝，十一心作解脫，此三屬心念處觀。十二觀無常，十三觀出散，十四觀離欲，十五觀滅，十六觀棄捨，此五並屬法念處觀。又知入知出，正依隨息爲門，得麤細住及欲界定。則知長短，入未到地。則知偏身，得初禪。則除身行受喜受樂受諸心行，得二禪。則心作喜作攝，得三禪。則心作解脫，得四禪。則觀無常，得空處。則觀出散，得識處。則觀離欲，得無所有時。則能觀滅，得非有想非無想時。則觀棄捨，此與根本四禪四定。一往雖同，觀行有別。行人若於地地修觀照了，則地地之中顛倒不起，心不染著，隨其因緣會處，即於是地發眞無漏，證三乘道。

德基《毗尼關要卷》第三 即十六特勝法門也。阿那般那此云遣來遣去，遣來入息也，遣去出息也。十六特勝者，一知息入，二知息出，三知息長短，四知息偏身，五除諸身行，六受喜，七受樂，八受諸心行，九心作喜，十心作攝，十一心作解脫，十二觀無常，十三觀出散，十四觀離欲，十五觀滅，十六觀棄捨。

言特勝者，從因緣得名。如外道等，並能修得四禪四空，四無對治觀行，故不出生死。此十六法有定有觀，具足諸禪，能發無漏，故名特勝也。若以十六法，橫對四念處，每念處有四法，共成十六，此易可知。今約豎對三界，以明修證之相。

一知息入，二知息出者，對代數息也。行者調息，綿綿一心，依隨於息。息入時，知從鼻端入至臍，息出時，知從臍出至鼻。如是一心照息，依隨不亂。爾時知息粗細之相，知風喘氣爲粗，息相爲細（息有四事，一爲風，二爲氣，三爲息，四爲喘。《止觀》云：有聲曰風，守之則散。結滯曰氣，守之則結。出入不盡曰喘，守之則勞。不聲不滯出入俱盡曰息，守之則定）。粗即調之令細，如守門人，知人出入，亦知好人惡人，知好則進，知惡則遮。復知輕重滑澁冷煖久近，復知因入出息，則有一切衆苦煩惱，生死往來，輪轉不息，心知驚畏。若闇心數息，無有觀行，正修證時，多生愛、見、慢等諸煩惱病（愛者愛著此數息，見者謂見我能數，慢者謂我能數以此慢他）。今隨息時，即知此息無常，命依於息，以息爲命，一息不還，即便無命。知息無常，即不生愛。知息非我，即不生見。悟無常即不生慢。此則從初方便，已能破諸結使。不同數息，以一心依息，令心不散，得入禪定，故名亦愛。覺悟無常，故名亦筞，與定相應，名亦有漏。觀行不著，名亦無漏也（知入知出，正依隨息爲門）。

三知息長短者，對欲界定也。外凡證欲界定時，都不覺知息中相貌。今此中初得定時，即覺息中長短之相，覺悟無常，轉更分明，證欲界定，故名亦愛，觀行覺無常，故名亦筞也。

四知息徧身者，對未到地定也。凡外證未到地，直覺身相泯然如虚空，爾時實有身息，但以眼不開故，不覺不見。今特勝中發未到地時，亦泯然入定，即覺漸漸有身如雲影，覺出入息徧身毛孔，亦知息長短相等，見息入無積聚，出無分散，無常生滅，覺身空假不實，亦知生滅刹那不住，三事和合，故有定生。三事既空，則定無依。知空亦空，於空不著，亦愛亦筞如前説也。

五除諸身行者，對初禪覺觀支也。言身行者，欲界身中發得初禪，則色界四大造色，觸欲界身，欲界身根生識，覺此色觸，二界色相依共住，故名爲身，身即覺支。從此身分生觀，知身中之法，有所造作，故名身行，身行即是觀支。言除者，因覺息徧身，發得初禪，心眼開明，見身三十六物，臭穢可惡。爾時即知三十六物由四大有，頭等六分，一一非身，四大之中各各非身，此即是除欲界身也。又於欲界身中，求色界四大不可得，名除初禪身。所以者何，若言有色界造色者，爲從外來，爲從内出，爲在中間住。如是觀時，畢竟不可得，但以顛倒憶想故。言受色界觸，諦觀不得，即是除初禪身。身除故，身行即滅也。

六受喜者，對破初禪喜支也。根本禪中喜支，從隱沒有垢覺觀後生。既無觀慧照了，多生煩惱，故不應受。今於淨禪覺觀支中生喜，以有觀行破析，達覺觀性空，則所生喜亦空，於喜不著，無諸過罪，故説受喜。如阿羅漢不著一切供養，故名應供也。

七受樂者，對破初禪樂支也。根本禪無觀慧，樂中多染，故不應受。今知樂性空不著，故無過罪，説受樂也。

八受諸心行者，對破初禪一心支。若根本禪入一心時，心生染著，故不應受。今知此一心虚誑不實，一心非心，即不取著，既無過罪，即是三昧正受，故説受諸心行也。

九心作喜者，對二禪内淨喜也。根本二禪喜，從内淨發。以無智慧照了，多生受著。今觀此喜，即知虚誑，不生受著，名喜覺分。從正觀心，生眞法喜，故名心作喜也。

十心作攝者，對二禪一心支也。二禪喜動，今返觀喜性，既知空寂，畢竟定心不亂，不隨喜動也。

十一心作解脱者，對破三禪樂也。三禪有徧身之樂，凡夫得之，多生愛縛，不得解脱。今以觀慧破析，知此樂從因緣生，空無自性，虚誑不實，觀樂不著，心得自在也。

十二觀無常者，對破四禪不動也。三禪爲樂所動故，四禪名不動定，凡夫得此，多生常想，心生愛取。今觀此定，生滅代謝，三相所遷，知是破壞不安之相也。

十三觀出散者，對破空處也。出者，出離色界。散者，散三種色（一可見有對色，二不可見有對色，三不可見無對色）。又出離色界，心依虚空，消散自在，不爲色法所縛，故名出散。凡夫得此，謂是眞空，安隱心生取著。今觀虚空處定，知是四陰和合而有，無自性不可取。所以者何，若言有出散者，爲虚空是出散，爲心是出散。若心是出散者，過去心已謝，未來心未生，現在心不住，何能出耶。若空是出散者，無知之法有何出散。既不得空定，則心無受著也。

十四觀離欲者，對識處也。一切愛著外境皆名爲欲，從欲界乃至空處，皆是心外之境。若虚空爲外境，識來領受此空，即以空爲所欲。今識處定，緣於内識，離外空欲，故名離欲。凡夫得此，無慧眼照了，謂言心與識法相應，眞實安隱，即生染著。今以觀慧破析，知三世識皆不與現在心相應，故此識定但有名字，虚誑不實也。

十五觀滅者，對無所有處也。此定緣無爲法塵，心與無爲相應，對無爲法塵，發少分識。凡夫謂爲心滅，深生愛著，爲其所縛。今觀此少識，亦有四陰和合，無常無我，虚誑不實。譬如糞穢，多少俱臭，不染著也。

十六觀棄捨者，對非想非非想也。非非想是兩捨之對治。從初禪來，但有偏捨，無有兩捨，今此定雙捨有，又是捨中之極，故名棄捨。凡夫得此謂爲涅槃，無有觀慧覺了，不能捨離。今知此定，亦是四陰、二入（意入法入）、三界（意界、法界、意識界）、及十種細心所等（觸作意受想思欲解念定慧）和合所成，無常苦空無我，虚誑不實，不應計爲涅槃。既知空寂，即不受著也。行者爾時深觀棄捨，即便得悟三乘涅槃。然未必須皆具十六，或得三二特勝即便發悟。亦有利根，初隨息時，覺悟無常，即發無漏。由其從初俱發根本定，故名亦有漏。於中觀慧破析不著，名亦無漏。一往勝六妙門也。

十六觀

畺良耶舍譯《佛說觀無量壽佛經》 佛告韋提希：汝及衆生，應當專心，繫念一處，想於西方。云何作想，凡作想者，一切衆生自非生盲，有目之徒皆見日沒。當起想念，正坐西向諦觀於日，令心堅住，專想不移，見日欲沒狀如懸鼓。既見日已，閉目開目皆令明了。是爲日想，名曰初觀。作是觀者名爲正觀，若他觀者名爲邪觀。佛告阿難及韋提希：初觀成已，次作水想，想見西方一切皆是大水，見水澄清，亦令明了，無分散意。既見水已，當起氷想，見氷映徹作琉璃想。此想成已，見琉璃地內外映徹，下有金剛七寶金幢，擎琉璃地，其幢八方八楞具足，一一方面百寶所成，一一寶珠有千光明，一一光明八萬四千色，映琉璃地，如億千日不可具見。琉璃地上，以黃金繩雜廁間錯，以七寶界分齊分明，一一寶中有五百色光。其光如花，又似星月，懸處虛空成光明臺，樓閣千萬百寶合成，於臺兩邊各有百億花幢無量樂器，以爲莊嚴，八種清風從光明出，鼓此樂器，演說苦空無常無我之音。是爲水想，名第二觀。此想成時，一一觀之極令了了，閉目開目不令散失，唯除食時，恆憶此事。作此觀者名爲正觀，若他觀者名爲邪觀。佛告阿難及韋提希：水想成已，名爲粗見極樂國地。若得三昧，見彼國地了了分明，不可具說。是爲地想，名第三觀。【略】

次觀寶樹。觀寶樹者，一一觀之作七重行樹想，一一樹高八千由旬，其諸寶樹七寶花葉無不具足，一一華葉作異寶色，琉璃色中出金色光，頗梨色中出紅色光，馬腦色中出車磲光，車磲色中出綠眞珠光，珊瑚琥珀一切衆寶以爲映飾，妙眞珠網彌覆樹上，一一樹上有七重網，一一網間有五百億妙華宮殿。【略】見此樹已，亦當次第一一觀之，觀見樹莖枝葉華果，皆令分明。是爲樹想，名第四觀。

次當想水。欲想水者，極樂國土有八池水，一一池水七寶所成，其寶柔軟從如意珠王生，分爲十四支，一一支作七寶色，黃金爲渠，渠下皆以雜色金剛以爲底沙，一一水中有六十億七寶蓮花，一一蓮花團圓正等十二由旬。其摩尼水流注華間尋樹上下，其聲微妙演說苦空無常無我諸波羅蜜。復有讚歎諸佛相好者，從如意珠王踴出金色微妙光明，其光化爲百寶色鳥，和鳴哀雅，常讚念佛念法念僧。是爲八功德水想，名第五觀。

衆寶國土，一一界上有五百億寶樓，其樓閣中有無量諸天，作天伎樂。又有樂器懸處虛空，如天寶幢不鼓自鳴，此衆音中，皆說念佛念法念比丘僧。此想成已，名爲粗見極樂世界寶樹寶地寶池。是爲總觀想，名第六觀。【略】

佛告韋提希：欲觀彼佛者，當起想念，於七寶地上作蓮花想，令其蓮花一一葉作百寶色，有八萬四千脈，猶如天畫脈，一一有八萬四千光，了了分明皆令得見。華葉小者縱廣二百五十由旬，如是華有八萬四千葉，一一葉間，有五百億摩尼珠王，以爲映飾，一一摩尼珠放千光明，其光如蓋七寶合成，遍覆地上，釋迦毗楞伽摩尼寶以爲其臺，此蓮花臺，八萬金剛甄叔迦寶，梵摩尼寶妙眞珠網，以爲交飾，於其臺上，自然而有四柱寶幢，一一寶幢如百千萬億須彌山，幢上寶縵如夜摩天宮。復有五百億微妙寶珠，以爲映飾，一一寶珠有八萬四千光，一一光作八萬四千異種金色，一一金光遍其寶土，處處變化各作異相，或爲金剛臺，或作眞珠網，或作雜花雲，於十方面隨意變現施作佛事。是爲花座想，名第七觀。【略】

佛告阿難及韋提希：見此事已，次當想佛。所以者何，諸佛如來是法界身，遍入一切衆生心想中。是故汝等心想佛時，是心即是三十二相、八十隨形好，是心作佛，是心是佛，諸佛正遍知海從心想生。是故應當一心繫念諦觀彼佛多陁阿伽度阿羅呵三藐三佛陁，想彼佛者，先當想像，閉目開目見一寶像如閻浮檀金色坐彼華上，像既坐已，心眼得開，了了分明。【略】

此想成時，行者當聞水流光明及諸寶樹鳧鴈鴛鴦皆說妙法，出定入定恆聞妙法，行者所聞，出定之時憶持不捨，令與修多羅合，若不合者名爲妄想，若與合者，名爲麁想見極樂世界。是爲想像，名第八觀。作是觀者，除無量億劫生死之罪，於現身中得念佛三昧。

佛告阿難及韋提希：此想成已，次當更觀無量壽佛身相光明。阿難當知，無量壽佛身，如百千萬億夜摩天閻浮檀金色，佛身高六十萬億那由他恒河沙由旬，眉間白毫右旋宛轉如五須彌山，佛眼清淨如四大海水清白分明，身諸毛孔演出光明如須彌山，彼佛圓光如百億三千大千世界，於圓光中，有百萬億那由他恒河沙化佛，一一化佛，亦有衆多無數化菩薩，以爲侍者。【略】

見無量壽佛者，即見十方無量諸佛，得見無量諸佛故，諸佛現前受記。是爲遍觀一切色想，名第九觀。作是觀者名爲正觀，若他觀者名爲邪觀。【略】

其光柔軟普照一切，以此寶手接引衆生，舉足時，足下有千輻輪相，自然化成五百億光明臺，下足時，有金剛摩尼花，布散一切莫不彌滿，其餘身相衆好具足，如佛無異，惟頂上肉髻及無見頂相，不及世尊。是爲觀觀世音菩薩眞實色身想，名第十觀。【略】

此菩薩行時，十方世界一切震動，當地動處各有五百億寶花，一一寶花莊嚴高顯，如極樂世界。此菩薩坐時，七寶國土一時動搖，從下方金光佛刹，乃至上方光明王佛刹，於其中間無量塵數分身無量壽佛分身觀世音大勢至，皆悉雲集極樂國土，側塞空中坐蓮華座，演說妙法度苦衆生。作此觀者，名爲【略】觀見大勢至菩薩。是爲觀大勢至色身相，觀此菩薩者名第十一觀。【略】

見此事時當起自心，見生於西方極樂世界，於蓮華中結跏趺坐，作蓮華合想，作蓮華開想。見蓮華開時，有五百色光來照身想，眼目開想，見佛菩薩滿虚空中，水鳥樹林及與諸佛，所出音聲皆演妙法，與十二部經合，出定時憶持不失。見此事已，名見無量壽佛極樂世界。是爲普觀想，名第十二觀。無量壽佛化身無數，與觀世音大勢至，常來至此行人之所。【略】

如上所說，觀世音菩薩及大勢至，於一切處身同，衆生但觀首相，知是觀世音，知是大勢至，此二菩薩助阿彌陀佛，普化一切。是爲雜想觀，名第十三觀。【略】

是名上輩生想，名第十四觀。

佛告阿難及韋提希：中品上生者，若有衆生受持五戒，持八戒齋，修行諸戒，不造五逆，無衆過惡，以此善根，迴向願求生於西方極樂世界，行者臨命終時，阿彌陀佛與諸比丘眷屬圍繞，放金色光至其人所，演說苦空無常無我，讚歎出家得離衆苦，行者見已心大歡喜，自見己身坐蓮花臺，長跪合掌爲佛作禮，未舉頭頃即得往生極樂世界，蓮花尋開，當華敷時，聞衆音聲讚歎四諦，應時即得阿羅漢道，三明六通具八解脱，是名中品上生者。中品中生者，若有衆生，若一日一夜持八戒齋，若一日一夜持沙彌戒，若一日一夜持具足戒，威儀無缺，以此功德，迴向願求生極樂國，戒香薰修，如此行者命欲終時，見阿彌陀佛與諸眷屬放金色光，持七寶蓮花至行者前。行者自聞空中有聲，讚言，善男子，如汝善人，隨順三世諸佛教故，我來迎汝。行者自見坐蓮花上，蓮花即合，生於西方極樂世界，在寶池中，經於七日蓮花乃敷，花既敷已，開目合掌讚歎世尊，聞法歡喜得須陁洹，經半劫已成阿羅漢，是名中品中生者。中品下生者，若有善男子善女人，孝養父母行世仁義，此人命欲終時遇善知識，爲其廣說阿彌陀佛國土樂事，亦說法藏比丘四十八大願，聞此事已尋即命終，譬如壯士屈伸臂頃，即生西方極樂世界，生經七日遇觀世音及大勢至，聞法歡喜得須陁洹，過一小劫成阿羅漢，是名中品下生者。是名中輩生想，名第十五觀。【略】

佛告阿難及韋提希：下品下生者，或有衆生作不善業五逆十惡，具諸不善，如此愚人以惡業故，應墮惡道，經歷多劫受苦無窮，如此愚人臨命終時，遇善知識種種安慰，爲說妙法教令念佛，彼人苦逼，不遑念佛。善友告言，汝若不能念彼佛者，應稱歸命無量壽佛。如是至心，令聲不絶，具足十念稱南無阿彌陀佛，稱佛名故，於念念中，除八十億劫生死之罪，命終之時見金蓮花，猶如日輪住其人前，如一念頃即得往生極樂世界，於蓮花中滿十二大劫，蓮花方開，當花敷時，觀世音大勢至以大悲音聲，即爲其人廣說實相除滅罪法，聞已歡喜，應時即發菩提之心，是名下品下生者。是名下輩生想，名第十六觀。

智顗《佛說觀無量壽佛經疏》 云何當見阿彌陀極樂國土，正爲啟請。答：中有十六觀，一日觀，二水觀，三地觀，四樹觀，五池觀，六總

觀，觀一切樓地池等，七華座觀，八佛菩薩像觀，九佛身觀，十觀音觀，十一勢至觀，十二普往生觀，十三雜明佛菩薩觀，十四上品生觀，十五中品生觀，十六下品生觀。就十六觀分文爲三，初六觀觀其依果，次七觀觀其正報，後三明三輩九品往生也。

第一日觀，示令繫心。佛告下，略明繫念總勸修觀。云何下，正明作日觀，一切有目皆見。日沒下，舉所觀境。當起想下，正教觀察，是爲下結也。教令正觀爲除疑心，大本所明。以疑惑心修諸功德，生彼國者，落在邊地，復受胎生，故作此觀令除疑惑也。障者，大本言，唯除五逆誹謗正法，故須作觀，五逆重罪除六十劫生死罪等下輩自論。

第二水觀。初作水想者，舉所觀境界。從見水澄清下，正起觀行。是爲水想下，結觀也，一作水想，二變水成氷，三變氷爲瑠璃，四觀瑠璃以成大地內外映徹，地下寶柱承擎地上諸相莊嚴，以衆寶間錯其地，一一寶出雜色光明，光明成諸樓觀，樓觀兩邊有華幢，幢上多有樂器，宣說妙音也。【略】

第十六下品生觀。下品上生者有三，初標，第二從或有衆生下釋，第三從是名下結。釋中有四，初明因，第二從爾時彼佛下明緣，第三從作是語下明得生，第四經七七日下明生後利益也。下品中生者有三，一標，二釋，三結。釋中有四，初明因，第二從吹諸天華下明緣，第三從如一念頃下明得生，第四從經六劫下明生後獲利也。下品下生有三，初標，二釋，三結。釋中有四，初明因，第二從見金蓮華下明緣，第三從如一念頃下明得生，第四從於蓮華中下明獲利。稱無量壽佛至於十念者，善心相續至於十念，或一念成就即得往生，以念佛除滅罪障故，即以念佛爲勝緣也。若不如此者，云何得往生也。問：云何行者，以少時心力，而能勝於終身造惡耶。大論有此責，是心雖少時，而力猛利，如垂死之人必知不免，諦心決斷勝百年願力，是心名爲大心，以捨身事急故。如人入陣不惜身命，名爲健人也。第二利益中有二，初明夫人道悟無生，二明侍女發心也。

知禮《佛說觀無量壽佛經疏玅宗鈔會本》卷三 【疏】答：中有十六觀，一日觀，二水觀，三地觀，四樹觀，五池觀，六總觀，觀一切樓地池等，七華座觀，八佛菩薩像觀，九佛身觀，十觀音觀，十一勢至觀，十二普往生觀，十三雜明佛菩薩觀，十四上品生觀，十五中品生觀，十六下品生觀。

【鈔】義例云：夫三觀者義唯三種，一者從行，唯於萬境觀一心，萬境雖殊，妙觀理等，如觀陰等，即其意也。二約法相，如約四諦五行之文，入一念心以爲圓觀。三託事，如王舍耆闍，名從事立，借事爲觀，以導執情，如方等普賢其例可識。問：今十六觀於三種中，屬何義耶。答：既不撮乎法相入心成觀，信非附法，又非借彼事義立境立觀，驗非託事明矣，如來直談十六觀行修證之門，正當從行也。

袾宏《淨土資糧全集》卷五 第一日觀。凡作想者，當正坐西向，專想日沒時，狀如懸鼓，閉目開目，皆令明了，名爲初觀。第二水觀。次作水想，見水澄清，當起氷想，見氷暎徹，作琉璃想。第三地觀。此想成已，見瑠璃地，內外暎徹，下有金剛七寶金幢，擎瑠璃地，其幢八方，八稜具足，百寶所成，有千光明暎瑠璃地，地上以黃金繩襍廁間錯，以七寶界，分齊分明，一一寶中，其光如華，又如星月懸處虛空，成光明臺，樓閣千萬，於臺兩邊，各有百億華幢，無量樂器，以爲莊嚴，八種清風，從光明出，鼓此樂器，演說苦空無常無我之音。如此想者，名爲麤見極樂世界。【略】

第四樹想。次觀寶樹，作七重行樹想，一一樹高八千由旬七寶華葉，無不具足，作異寶色，妙眞珠網彌覆樹上，有七重網，一一網間，有妙華宮殿，諸天童子自然在中，此諸寶樹，生諸妙華，作閻浮檀金色，涌生諸果如帝釋瓶，有大光明，化作幢幡寶蓋，是寶蓋中，暎現三千大千世界，十方佛國，是爲樹想。【略】

第五池觀。極樂國土有八池水，七寶所成，其寶柔輭，從如意珠王生，分爲十四支，一一支作七寶色，黃金爲渠，渠下皆以襍金剛以爲底沙，一一水中有七寶蓮花，其摩尼水流注華間，尋樹上下，其聲微妙，演說苦空，無常無我諸波羅密。復有讚嘆諸佛相好者，如意珠王涌出金色光明，其光化爲百寶色鳥，和鳴哀雅，常讚念佛念法念僧。是爲八功德水想。【略】

第六總觀。衆寶國土，一一界上，有五百億寶樓，其樓閣中，有無量諸天作天妓樂，又有樂器懸處虛空，不鼓自鳴，此衆音中，皆說念佛念法念僧。此想成已，名爲麤見極樂世界寶樹寶地寶池。是爲總觀想。第七座

觀。欲觀彼佛，當起想念，於七寶池上，作蓮華想。【略】

第八像觀。想彼佛者，先當想像，如閻浮檀金色，坐彼華上，見像坐已，見寶地寶池寶樹行列，諸天寶幔彌覆其上，復當更作一大蓮華在佛左邊，觀世音菩薩像坐左華座。復作一大蓮華在佛右邊，大勢至菩薩像坐右華座，亦作金色如前。此想成時，佛菩薩像皆放金色光，照諸寶樹，一一樹下亦有三蓮華，各有一佛二菩薩，徧滿彼國。是爲像想。第九佛觀。次當更觀無量壽佛，身相光明如閻浮檀金色，佛身高六十萬億那由他恆河沙由旬，眉間白毫，右旋宛轉如五須彌山，佛眼如四大海水，青白分明，身諸毛孔，演出光明如須彌山，彼佛圓光中，其相好光明，及與化佛，不可具說。以觀佛身故，亦見佛心。佛心者，大慈悲是，以無緣慈攝取眾生。【略】

第十觀音觀。次當觀觀世音菩薩，身長八十萬億那由他由旬，身紫金色，頂有肉髻，項有圓光，有無數化佛化菩薩以爲侍者，舉身光中，五道眾生，一切色相，皆於中現，頂上毗楞伽摩尼寶以爲天冠，其天冠中有一立化佛，高二十五由旬，手掌作五百億襍蓮華色，一一色有八萬四千光，普照一切，以此寶手接引眾生，其餘身相，眾好具足，如佛無異，唯頂上肉髻，及無見頂相，不及世尊。是爲觀觀世音。【略】

第十一勢至觀。次觀大勢至菩薩，身量大小，亦如觀世音，舉身光明作紫金色，有緣眾生皆悉得見但見此菩薩一毛孔光，即見此十方無量諸佛淨妙光明，是故號此菩薩名無邊光，以智慧光普照一切，令離三塗，得無上力，是故名大勢至。頂上肉髻上有一寶瓶，盛諸光明，普見佛事，餘諸身相，如觀音無異。是爲觀大勢至。第十二普往生觀。見此事已，當起自心生於西方極樂世界，於蓮華中結跏趺坐，作蓮華合想開想，蓮華開時，有五百色光來照身想，眼目開想，見佛菩薩滿虛空中，水鳥樹林，及與諸佛所出音聲，皆演妙法，與十二部經合。是爲普觀想。第十三襍觀。阿彌陁佛或現大身滿虛空中，或現小身丈六八尺，所現之形，皆眞金色，圓光化佛，及寶蓮華，如上所說，觀世音大勢至，身同眾生，但觀首相，此二菩薩助阿彌陁佛普照一切。是爲襍想觀。【略】

第十四上品上生觀。佛告阿難及韋提希：上品上生者，若有眾生願生彼國者，發三種心，即便往生。何等爲三？一者至誠心，二者深心，三者迴向發願心。具此三心者，必生彼國。復有三種眾生，當得往生。何等爲三？一者，慈心不殺，具諸戒行。二者，讀誦大乘方等經典。三者，脩行六念，迴向發願，願生彼國。具此功德，一日乃至七日，即得往生。【略】

帝網無盡觀法。《成佛心要》曰：普賢行海，雖汗浩無涯，今就觀行，略示其一，曰帝網無盡觀。於中略示五門，一禮敬門，二供養門，三懺悔門，四發願門，五持誦門。

十八空

鳩摩羅什譯《摩訶般若波羅蜜經》卷一　復次，舍利弗，菩薩欲使諸佛國土不斷者，當學般若波羅蜜。復次，舍利弗，菩薩摩訶薩欲住內空、外空、內外空、空空、大空、第一義空、有爲空、無爲空、畢竟空、無始空、散空、性空、自相空、諸法空、不可得空、無法空、有法空、無法有法空，當學般若波羅蜜。菩薩摩訶薩欲知諸法因緣、次第緣、緣緣、增上緣，當學般若波羅蜜。復次，舍利弗，菩薩摩訶薩欲知諸法如、法性、實際，當學般若波羅蜜。舍利弗，菩薩摩訶薩應如是住般若波羅蜜。

鳩摩羅什譯《大智度論》卷三一　【經】復次舍利弗，菩薩摩訶薩，欲住內空、外空、內外空、空空、大空、第一義空、有爲空、無爲空、畢竟空、無始空、散空、性空、自相空、諸法空、不可得空、無法空、有法空、無法有法空，當學般若波羅蜜。

【論】內空者，內法，內法空。內法者，所謂內六入眼耳鼻舌身意。眼空，無我無我所無眼法，耳鼻舌身意亦如是。外空者，外法，外法空。外法者，所謂外六入色聲香味觸法，色空者，無我無我所無色法，聲香味觸法亦如是。內外空者，內外法，內外法空。內外法者，所謂內外十二入，十二入中無我無我所，無內外法。問曰：諸法無量空隨法故，則亦無量，何以但說十八。若略說應一空，所謂一切法空。若廣說隨一一法空，所謂眼空色空等甚多，何以但說十八空。答曰：若略說則事不周，若廣說則事繁。譬如服藥，少則病不除，多則增其患，應病投藥令不增減，則能愈病。空亦如是，若佛但說一空，則不能破種種邪見及諸煩惱。若隨種種邪見說空則過多，人愛著空相，墮在斷滅。說十八空正得其中。復次若說十，若說十五，俱亦有疑，此非問也。復次善惡之法皆有定數，若四念處、四正勤、三十七品、十力、四無所畏、四無礙智、十八不共法、五眾、十二入、十八界、十二因緣、三毒、三結、四流、五蓋等，諸法如是各有定數，以十八種法中破著，故說有十八空。問曰：般若波羅蜜空十八空爲異爲一，若異者離十八空以何爲般若空，又如佛說，何等是般若波羅蜜，所謂色空受想行識空，乃至一切種智空。若不異者，云何言欲住十八空當學般若波羅蜜。答曰：有因緣故言異，有因緣故言一。異者，般若波羅蜜名諸法實相，滅一切觀法，十八空則十八種觀令諸法空，菩薩學是諸法實相，能生十八種空，是名異。一者，十八空是空無所有相，般若波羅蜜亦空無所有相，十八空是捨離相，般若波羅蜜一切法中亦捨離相，是十八空不著相，般若波羅蜜亦不著相，以是故學般若波羅蜜則是學十八空。不異故般若波羅蜜有二分，有小有大，欲得大者先當學小方便門，欲得大智慧當學十八空，住是小智慧方便門能得十八空。

何者是方便門，所謂《般若波羅蜜經》讀誦、正憶念思惟，如說修行，譬如人欲得種種好寶，當入大海，若人欲得內空等三昧智慧寶，當入般若波羅蜜大海。問曰：行者云何學般若波羅蜜時住內空外空內外空。答曰：世間有四顛倒，不淨中有淨顛倒，苦中有樂顛倒，無常中有常顛倒，無我中有我顛倒。行者爲破四顛倒故，修四念處、十二種觀，所謂初觀內身三十六種不淨充滿九孔常流，甚可厭患，淨相不可得，淨相不可得故，名內空。行者既知內身不淨，觀外所著亦復如是，俱實不淨，愚夫狂惑，爲婬欲覆心故，謂之爲淨，觀所著色亦如我身淨相不可得，是爲外空。行者若觀己身不淨或謂外色爲淨，若觀外不淨或謂己身爲淨，今俱觀內外，我身不淨，外亦如是，外身不淨，我亦如是，一等無異，淨不可得，是名內外空。行者思惟知內外身俱實不淨，而惑者愛著，愛著深故，由以受身，身爲大苦，而愚以爲樂。

問曰：三受皆外入所攝，云何言觀內受。答曰：六塵初與六情和合生樂，是名外樂。後貪著深入生樂，是名內樂。復次內法緣樂，是名內樂。外法緣樂，是名外樂。復次五識相應樂，是名外樂。意識相應樂，是名內樂。麁樂，名爲外樂。細樂，名爲內樂。如是等分別內外樂，苦受不苦不樂受亦如是。復次行者思惟觀是內樂實可得，不即分別，知實不可得，但爲是苦，強名爲樂。何以故，是樂從苦因緣生，亦生苦果報，樂無厭足故苦。復次如人患疥，搔之向火，疥雖小樂，後轉傷身則爲大苦，愚人謂之爲樂，智者但見其苦，如是世間樂顛倒病故，著五欲樂，煩惱轉多，以是故行者不見樂但見苦，如病如癰，如瘡如刺。復次樂少苦多，少樂不現故，名爲苦。如大河水投一合鹽，則失鹽相，不名爲鹹。

延壽《宗鏡錄》卷一七　云何應得修入此觀。菩薩則當觀照心地，覺用心智，唯照心性，細細觀覺，覺照心體，見性無動，證覺不動，即能恆用，用觀體智，見性清淨，性自離念，離念無物，心等虛空，即證聖智，如如聖性，二俱澄寂，空同無體，性體虛靜，則是名爲菩薩證入眞如法界性印，法藏眞際觀門。故知法界性，即眾生心性，眾生心性，即虛空性。故《大智度論》云，復次舍利弗，菩薩摩訶薩，欲住內空、外空、內外空、空空、大空、第一義空、有爲空、無爲空、畢竟空、無始空、散空、性空、自相空、諸法空、不可得空、無法空、有法空、無法有法空，當學般若波羅蜜。釋云：內空者，即內法，所謂內六入，眼耳鼻舌身意，眼空無我，無我所等。外空者，即外法，所謂外六入，色聲香味觸法，色空無我，無我所等。內外空者，即內外十二入，十二入中無我，無我所等。空空者，以空破內空、外空、內外空，破是三空，故名爲空空。大空者，即十方空，東方無邊，故名爲大，亦一切處有，故名爲大。第一義空者，第一義名諸法實相，不破不壞故，是諸法實相亦空。何以故，無受無著故。若諸法實相有者，應受應著。以無實故，不受不著。若受若著，即是虛誑。有爲空、無爲空者，有爲法，名因緣和合生，所謂五陰，十二入，十八界等。無爲法，名無因緣，常不生不滅，如虛空。

十八界

瞿曇僧伽提婆譯《中阿含經》卷四七　若有比丘見十八界知如眞，眼界、色界、眼識界，耳界、聲界、耳識界，鼻界、香界、鼻識界，舌界、味界、舌識界，身界、觸界、身識界，意界、法界、意識界，阿難，見此十八界知如眞。

智顗《法界次第初門》卷上 十八界初門第四。內六根界(一眼界，二耳界，三鼻界，四舌界，五身界，六意界)。外六塵界(一色界，二聲界，三香界，四味界，五觸界，六法界)。六識界(一眼識界，二耳識界，三鼻識界，四舌識界，五身識界，六意識界)。

次十二入。而辨十八界者，以惑者迷於名色俱重故，開色爲十，離名作八，合爲十八界也。通名界者，以界別爲義，此十八法各有別體，義無渾濫，故通受界名也。

內六根界(此具如前明，內六根入中分別其相，乃更加以界之名義者，欲使修觀之徒推析無謬，不滯十六知見之妄計也)。

外六塵界(此具如前，外六塵入中分別其相，乃更加以界之名義者，意同六根，中立界名)。

六識界者，若根塵相對即有識生，識以識別爲義，識依於根，能識別於塵，故此六通名識也，若了識從緣生，豈計有神使，知謬取也。

一眼識界(眼根若對色塵，即生眼識，眼識生時，即識色塵，故名眼識界也)。

二耳識界(耳根若對聲塵，即生耳識，耳識生時，即識聲塵，故名耳識界也)。

三鼻識界(鼻根若對香塵，即生鼻識，鼻識生時，即識香塵，故名鼻識界也)。

四舌識界(舌根若對味塵，即生舌識，舌識生時，即識味塵，故名舌識界也)。

五身識界(身根若對觸塵，即生身識，身識生時，即識觸塵，故名身識界也)。

六意識界(五識生已即滅，意爲意識，此意識續生，意識生時，即識法塵。若五識能生意識，即以前五識爲根，後意識爲意識，此意識滅次識續生，是則前意識生後意識。如是亦脫傳受根識之名，皆以能生爲根，所生爲識，今說所生之識，爲意識界也)。

玄奘譯《阿毗達磨俱舍論》卷一 法種族義是界義，如一山中有多銅鐵金銀等族，說名多界。如是一身，或一相續有十八類諸法種族，名十八界。此中種族是生本義，如是眼等誰之生本，謂自種類同類因故。若爾無爲，應不名界，心心所法生之本故。有說，界聲表種類義，謂十八法種類自性各別不同，名十八界。若言聚義是蘊義者，蘊應假有，多實積集共所成故，如聚如我，此難不然，一實極微亦名蘊故。若爾，不應言聚義是蘊義，非一實物有聚義故。有說，能荷重擔義是蘊義，由此世間說肩名蘊。物所聚故。或有說者，可分段義是蘊義，故世有言，汝三蘊還我當與汝。

玄奘譯《瑜伽師地論》卷二七 云何界，云何界善巧，謂界有十八，則眼界、色界、眼識界，耳界、聲界、耳識界，鼻界、香界、鼻識界，舌界、味界、舌識界，身界、觸界、身識界，意界、法界、意識界，是名爲界。若復於彼十八種法，從別別界，別別種子，別別種姓，生起出現，如實了知，忍可審察，名界善巧。如實了知十八種法，從別別界別別而轉，即於因緣而得善巧，是故說此名界善巧。

玄奘譯《阿毗達磨大毗婆沙論》卷七一 問：此十八界，名有十八，實體有幾。答：此界實體，或有十七，或有十二。若說六識，便失意界，離六識身無別意界。故十八界名有十八實體十七。若說意界，便失六識，離此意界無別六識。故十八界名有十八實體十二。如名與體，名施設、體施設，名異相、體異相，名異性、體異性，名差別、體差別，名建立、體建立，名覺、體覺，應知亦爾。問：若十八界，名有十八，體或十七或十二者，云何建立十八界耶。答：以三事故建立十八，一以所依，二以能依，三以境界。以所依故立六內界，謂眼界乃至意界。以能依故立六識界，謂眼識界乃至意識界。以境界故立六外界，謂色界乃至法界。問：若以所依能依境界各有六故，立十八界有差別者，諸阿羅漢最後念心，應非意界，依彼不能生後識故。答：彼亦是意界。依彼不能生後識者，非彼爲障，但餘緣障故，後識不起。設後起者，亦作所依，如有餘緣，不生芽等，豈沃壤地，非芽等依，此十八界，過去未來現在皆具。問：過去可有此十八界，以六識身無間已滅，名意界故，未來現在如何亦有十八界耶。答：此十八界，依相而立，三世各有十八界相。若未來現在識，無意界相者，過去識亦應無，以相無轉故。【略】

以四事故，立十八界，一自性故，二所作故，三能作故，四蘊差別故。以自性故，建立色界乃至法界。以所作故，建立眼識界乃至意識界。

以能作故，建立眼界乃至意界。以蘊差別故，建立十八界。謂色蘊差別，建立十界，一界少分。識蘊差別，建立七心界，三蘊攝在一法界中。如是名爲諸界自性。我物自體相分本性已說，界自性所以今當說。問：何故名界，界是何義。答：種族義是界義，段義、分義、片義、異相義、不相似義、分齊義是界義，種種因義是界義。聲論者說馳流故名界，任持故名界，長養故名界。應知此中種族義是界義者，如一山中有多種族，謂金銀銅鐵白鑞鉛錫丹青等石，白墡土等異類種族，如是於一相續身中，有十八界異類種族。段義是界義者，如有次第安布段物得種種名，謂次第安布材木等段名爲宮殿臺觀舍等，次第安布餘甘子等段名阿摩洛迦，次第安布竹篾等段名蓋扇等，次第安布骨肉等段名男女等，如是次第安布眼等，十八界段名爲有情摩納婆等。分義是界義者，謂男身中有十八分，女等亦爾，即十八界。片義是界義者，謂男身中有十八片，女等亦爾，即十八界。異相義是界義者，謂眼界相異乃至意識界相異。不相似義是界義者，謂眼界不似餘界，乃至意識界不似餘界。分齊義是界義者，謂眼界分齊，異餘十七界，乃至意識界分齊，異餘十七界。種種因義是界義者，謂因此故有眼界，非即因此乃至有意識界，乃至因此故有意識界，非即因此乃至有眼界。聲論者說，馳流故名界者，謂此諸界馳流三界五趣四生輪轉生死。任持故名界者，謂此諸界任持自性。長養故名界者，謂此諸界長養他性。是故種族義是界義，乃至長養故名爲界。

來舟《大乘本生心地觀經淺註》卷六　十八界者，界即分限。因眾生心色俱迷，故開色爲十界，開心爲八界，令其觀此色心二法，皆從虛妄因緣而生，能令眾生起惑造業，輪轉生死。若達此妄緣無有實體，絕名離相，則不爲惑染所迷，亦不爲生死纏縛，皆歸功於蘭若，爲能得之處也。開色爲十界者，謂眼耳鼻舌身五根，及色聲香味觸五塵，皆屬色法，故開之爲十也。開心爲八者，謂眼識、耳識、鼻識、舌識、身識、意識及意根、法塵，皆屬於心，故開心爲八界。有云，法塵屬色，謂五塵泄落緣影，爲意識所緣，爲不可見有對色，故屬色法。有云，法塵無實體，體即是心，故屬心法。有云，一半屬色，一半屬心。應云十分半色，七分半心，方盡其義。總言根塵識三六共十八，各有邊界分用，不同故耳。

十八層地獄

安世高譯《佛說十八泥犁經》　佛言：人生見日少，不見日多，善惡之變，不相類。侮父母，犯天子，死入泥犁，中有深淺，火泥犁有八，寒泥犁有十。入地半以下火泥犁，天地際者寒泥犁。【略】

第一犁名曰先就乎。而是人言起無死。人居此犁中，相見即欲鬭，乎中無兵，而自有兵，相傷煞無歲數又不死，有人來語起不死，以風來吹即愈，如是無歲數。已復持熱鐵劍相傷煞，已復有鐵椎相煞，以手拳極利相，傷久久無歲數。是其類，其人長且大，壽人間三千七百五十歲爲一日，三十日爲一月，十二月爲一歲，萬歲爲人間百三十五億歲。

第二犁名居盧倅略。居盧倅略一苦，當先就乎二十，如人言繩而鬭之。人居此犁者，置大火中，赤輒出鬭之，以復內火中，赤復出數行鬭之，久久無歲數，復燒之出而鬭之。以爲方圓能不死，而復生無歲數，已復走火中無歲數。是其類也。其人長且大，壽人間七千五百歲爲一日，三十日爲一月，十二月爲一歲，二萬歲，爲人間二百七千億萬歲。

第三犁名桑居都。乘居都一苦，當居盧倅略二十，而人言捶煞。人居此犁者，在火中以熱不可言，左右顧見山，山間如樂狀，走往入其間，山盡來壓之，又不死無歲數，已復置火中，赤復出之無歲數。其人長且大，壽人間萬五千歲爲一日，三十日爲一月，十二月，爲一歲，壽四萬歲，爲人間五百四十億歲。

第四犁名曰樓。樓一苦，當乘居都二十，而人言樂之。人居此犁城甚大，其中復有小城，人從外見之，中盡有重天人，盡入其中，赤如燒鐵，以復內城中，大熱不可言，其身肌盡爛，無歲數不得息不得臥，肌骨盡燋，已復生無歲數。是其類，其人長大，壽人間三萬歲爲一日，三十日爲一月，十二月爲一歲，壽八萬歲，爲人間千八百億歲。

第五犁名曰旁卒。旁卒一苦，當樓二十，而人言爛煮之。人居此犁者，而坑大深浴，滿其中火，守犁者用鐵杖捶，而內其中，燒燋人身，盡燋無歲數又不死，積燒而不死，而抱火著人，身死出一浴，復入一浴，如是無數。是其類，其人長且大，壽人間六萬歲爲一日，三十日爲一月，十二月爲一歲，壽十六萬歲，爲人間二千一百六十億歲。

第六犁名曰草烏卑次。草烏卑次一苦，當旁卒二十，而人言焯熱之。人居此者，城高二千里，廣四千里，火滿其中，置人其中，復以鐵覆之無歲數，如是不得息言，不得臥無歲數，燋已復燋。是其類，其人長且大，壽人間十二萬歲爲一日，三十日爲一月，十二月爲一歲，壽三十二萬歲，爲人間四千三百二十億歲。

第七犁名都意難且。都意難且一苦，當草烏卑次二十，如人言燒炙之與蟲。人居此犁中者，大積火如大鐵貫人，而內之無歲數，時一門開，人盡往欲出門，門復閉，復墮火中無歲數，已復見一門開，人盡走求欲出，既得出門，又復墮污泥中，污泥中有蟲唅，又不得出無歲數。是其類。其人長且大，壽人間二十四萬歲爲一日，三十日爲一月，十二月爲一歲，壽六十四萬歲，爲人間八千六百四十億歲。

第八犁名曰不盧都般呼。不盧都般呼一苦，當都意難且二十，如人言大苦熟之。居此犁中，地盡有火，卒人當在火中，炮且炙貫，且立臥床，不得去，不得息，爛且燋，已復生無歲數，其苦萬倍於他犁之苦，苦不可言。是其類，其人長且大，壽人間四十八萬歲爲一日，三十日爲一月，十二月爲一歲，壽百二十八萬歲，爲人間萬七千二百八十億歲。

佛言：火犁八，以惡多深且遲，惡少淺且易，犁者譬如人拘於狴牢爲囚徒，報作於遠，所死於野，家室半道，若墮水與此生，不得道至其死，入犁即苦，苦不可言，久久得出。所謂寒犁在天際間，有大山高二千里，主蔽風名山于雀盧山冥，無日月所不及逮，有蔽大山故冥，外有日月之王甚多，無央數寒犁中。

第九犁名曰烏竟都。烏竟都一苦，當不盧都般呼二十，如人言暴而起之。人居此犁，寒不可言，無歲數身盡凍，數數暴而二十一在，火中有聲，已復爲之其折半，如弩發折，以復續其分，以大石擊大嬰，痛不可言，已復不死，其靡如鐵磑，已復磑其足，遍一身乃止，如此無歲數，如痛苦不可言。其人長且大，壽芥種百二十八斛，百歲去一實，芥種盡壽未盡，如是未能爲萬分持一，是其類。知佛道者，出疾入晝爲惡，如夜無所犯，其人入犁，晝苦夜爲惡，晝無所犯者，夜不樂不可言，故佛道不可不聞知。

第十犁名曰泥盧都。泥盧都一苦，當烏竟都二十。其人長且大，壽芥種二百五十六斛，百歲去一實，芥種盡壽未盡。

第十一犁名曰烏略。烏略一苦，當泥盧都二十，其人長且大，壽芥種五百一十二斛，百歲去一實，芥種盡壽未盡。

第十二犁名曰烏滿。烏滿一苦，當烏略二十，其人長且大，壽芥種千二十四斛，百歲去一實，芥種盡壽未盡。

第十三犁名曰烏藉。烏藉一苦，當烏滿二十，其人長且大，壽芥種二千四十八斛，百歲去一實，芥種盡壽未盡。

第十四犁名曰烏呼。烏呼一苦，當烏藉二十，其人長且大，壽芥種四千九十六斛，百歲去一實，芥種盡壽未盡。

第十五犁名曰須健渠。須健渠一苦，當烏呼二十，其人長且大，壽芥種八千一百九十二斛，百歲去一實，芥種盡壽未盡。

第十六犁名曰末頭乾直呼。末頭乾直呼一苦，當須健渠二十，其人長且大，壽芥種一萬二千三百八十四斛，百歲去一實，芥種盡壽未盡。

第十七犁名曰區逋塗。區逋塗一苦，當末頭乾直呼二十，其人長且大，壽芥種三萬二千七百六十八斛，百歲去一實，芥種盡壽未盡。

第十八犁名曰沈莫。沈莫一苦，當區逋塗二十，其人長且大，壽芥種六萬五千五百三十六斛，百歲去一實，芥種盡壽未盡，大寒且苦，不可言不可爲辭，皆萬倍於他犁之苦，痛不可極。

佛言：十八泥犁，人所犯以事善惡輕重入犁經。

佛言：十八泥犁，鳳凰龍下至小蟲，凡十八泥犁，人行善多行惡少，出泥犁疾，行惡多行善少，出泥犁遲。

佛言：是安得鬼守，十八泥犁居處冥，佛始生時，天上天下，上至三十二天，其十八泥犁皆明，佛始得道時復一明，佛朝梵時復一明，佛始行道教授天下復一明，佛般泥曰復一明，上至三十二天盡明，以知佛道不可不知。人爲善多者上天，爲惡多者入泥犁。

道世《法苑珠林》卷七 《問地獄經》云，十八王者，即主領十八地獄，一迦延典泥犁，二屈遵典刀山，三沸進壽典沸沙，四沸典沸屎，五迦世典黑耳，六山蓋嵯典火車，七湯謂典鑊湯，八鐵迦然典鐵床，九惡生典山蓋山，十寒氷，十一毘迦典剝皮，十二遙頭典畜生，十三提薄典刀兵，十四夷大典鐵磨，十五悅頭典水地獄，十六鐵筋，十七身典蛆蟲，十八觀身典洋銅。

十八不共之法

支謙譯《佛說太子瑞應本起經》卷下 菩薩自知，已棄惡本，無婬怒癡，生死已除，種根已斷，無餘栽枿，所作已成，智慧已了，明星出時，廓然大悟，得無上正眞之道，爲最正覺，得佛十八法，有十神力、四無所畏。佛十八法者，謂從得佛，至于泥曰，一無失道，二無空言，三無忘志，四無不靜意，五無若干想，六無不省視，七志欲無減，八精進無減，九定意無減，十智慧無減，十一解脫無減，十二度知見無減，十三古世之事悉知見，十四來世之事悉知見，十五今世之事悉知見，十六覽衆身行化以始所知，十七覽衆言行化以始所知，十八覽衆意行化以始所知，是爲佛十八不共之法。

竺法護譯《普曜經》卷六 佛十八不共，從得佛至于泥洹，一無失道，二無空言，三無忘志，四無不靜，五無若干想，六無不省視，七志達無損，八精進無損，九定意無損，十智慧無損，十一解脫無損，十二度知見無損，十三古世之事悉知見，十四未來之事悉知見，十五今世之事悉知見，十六攬衆身行化以本際，十七攬衆言行化以本際，十八攬衆意行化以本際，是爲十八不共之法。佛得道意一切知見，坐自念言，是實微妙難知難明，甚難得也，高而無上，廣不可極，淵而無下，深不可測，大苞天地，細入無間，昔錠光佛時莂我爲佛，名釋迦文，今果得之，從無數劫勤苦所求，適今成耳。

鳩摩羅什譯《摩訶般若波羅蜜經》卷五 復次，須菩提，菩薩摩訶薩摩訶衍，所謂十八不共法。何等十八，一諸佛身無失，二口無失，三念無失，四無異相，五無不定心，六無不知已捨心，七欲無減，八精進無減，九念無減，十慧無減，十一解脫無減，十二解脫知見無減，十三一切身業隨智慧行，十四一切口業隨智慧行，十五一切意業隨智慧行，十六智慧知見過去世無閡無障，十七、慧知見未來世無閡無障，十八智慧知見現在世無閡無障。須菩提，是名菩薩摩訶薩摩訶衍，以不可得故。

鳩摩羅什譯《大智度論》卷二六 十八不共法者，一者諸佛身無失，二者口無失，三者念無失，四者無異想，五者無不定心，六者無不知已捨，七者欲無減，八者精進無減，九者念無減，十者慧無減，十一者解脫無減，十二者解脫知見無減，十三者一切身業隨智慧行，十四者一切口業隨智慧行，十五者一切意業隨智慧行，十六者智慧知過去世無礙，十七者智慧知未來世無礙，十八者智慧知現在世無礙。

問曰：是三十六法皆是佛法，何以故，獨以十八爲不共。答曰：前十八中聲聞辟支佛有分，於後十八中無分。如舍利弗能分別諸法，暢演一句，通達無礙，佛讚言善通法性。阿泥盧豆天眼第一。如是等諸聲聞，皆有分於四無所畏。有分者如佛說，弟子中能師子吼，第一賓徒羅叵羅埵逝。舍利弗亦自誓言，我七日七夜能演暢一義，令無窮盡四分別慧，諸阿羅漢舍利弗、目揵連、富樓那、阿難、迦栴延等亦知是義，名字語言樂說，以是故，前十八不名不共。

問曰：何以故，佛無身失，無口失。答曰：佛於無量阿僧祇劫來，持戒清淨故，身口業無失，餘諸阿羅漢，如舍利弗等，極多六十劫，不久習戒故有失。佛無量阿僧祇劫，集諸清淨戒成就故，常行甚深禪定故，得一切微妙智慧故，善修大悲心故，無有失。復次佛拔諸罪根因緣故，無有失。罪根本因緣有四種，一者貪欲因緣，二者瞋恚因緣，三者怖畏因緣，四者愚癡因緣，是罪根因緣及習皆已拔。阿羅漢、辟支佛，雖拔罪因緣，習不盡故，或時有失。佛於一切法中，遍滿智慧常成就故。若不知，故有失。如舍利弗，與五百比丘遊行，至一空寺宿，是時說戒日，不知內界外界事，白佛。佛言，住處乃至一宿棄捨則無界。又異時舍利弗、目揵連，將五百比丘還時，高聲大聲故，佛驅遣令出，是爲口失。又如舍利弗，不知等食法。佛言，食不淨食，如是等身口有失。佛諸煩惱習盡故，無如是失。復次佛一切身口業隨智慧行故，身無失，口無失，如是等種種因緣故，身無失口無失。念無失者，四念處心長夜善修故，善修甚深禪定，心不散亂故，善斷欲愛及法愛，諸法中心無著故，得第一心安隱處故。若心懅忽忽念有忘失，佛心無得失，以是故無失。復次佛宿命通，明力三種莊嚴念故，念則成就無失，念多在過去用故。復次念根力無邊無盡故，念無失。復次佛一切意業隨智慧行故，念無失，一念隨意行故。如是等名爲念無失。【略】

無異想者。佛於一切衆生，無分別，無遠近異想，是貴可爲説，是賤不可爲説。如日出普照萬物，佛大悲光明一切憐愍等度，恭敬者、不恭敬者，怨親貴賤，一切悉等。如客除糞人名尼陁，佛化度之得大阿羅漢。亦如德護居士火坑毒飯欲以害佛，即以其日除其三毒滅邪見火。如是等無有異想。復次佛於舍利弗、彌勒菩薩等順佛法行亦不愛，提婆達多、富羅那外道六師邪見等亦不憎。是爲佛於無量阿僧祇劫修熏心故，是衆生中寶，如眞金不可令異。復次佛以佛眼，一日一夜各三觀一切衆生，誰可度者，無令失時，等觀衆生故，無有異想。復次佛種種因緣讚善法，種種因緣呵不善法，亦於善惡心無增減，但爲度衆生故有是分別，是爲無有異想。復次如《一切不行經》中説，佛觀一切衆生如己身，所作已辦，無始無中無終，是名無異想。復次佛觀一切衆生及諸法，從本已來至不生不滅常清淨如涅槃，是名無異想。復次不二入法門，是諸法實相門，異相即是二法，二法即是邪道，佛是無諍法人，不應行諍法，常行不二入法門，諍法即是異相，如是等名無異想。

無不定心者。定名一心不亂，亂心中不能得見實事。如水波蕩不得見面，如風中燈不得好照。以是故説佛無不定心。問曰：定名從未到地乃至滅盡定，入此定中不能起身業口業，佛若常定，無不定心者，云何得遊行諸國，具四威儀，爲大衆種種因緣譬喻説法，如是事欲界繫心及梵世，不入定可有是事。答曰：無不定心者，有種種義，定名常攝心善法中住，佛於諸法實相中，定不退失，是名無不定心。復次欲界中有定，入是定中可説法，以是故《阿毗曇》中，説欲界繫，四聖種、四念處、四正懃、四如意足、五根、五力、無諍三昧、願智、四無礙智，有如是等妙功德，佛入欲界中定故，名無不定心。諸聲聞辟支佛從定起，若入無記心，若入善，或退入垢心。佛從定起入欲界定，初無散亂心時，以是故名無不定心。復次如聲聞法，化人説法，化主不説，化主説，化人不説，佛則不爾，化人化主俱能説法，定心亦應異，聲聞入定則無説，佛在定亦能説法亦能遊行。如《密迹經》心密中説，諸佛心常在定中，心亦應説法。復次散亂心法諸結使疑悔等佛皆無，阿羅漢雖無四諦中疑，一切法中處處有疑，佛於一切法中常定無疑，無不定智慧故。復次聲聞有諸煩惱習氣故，有退法故散亂，佛於一切智處中，智滿故無亂，如瓶中水滿則無聲無動。復次唯佛一人名不諍法，三堅固人中最上，苦樂心不異，一相、異相，生滅相、斷常相、來去相，如是等諸法相，皆是諍法，虚妄和合作法故，佛安立於諸法實相中故，心無不定，無不定故，心不異。復次五種不可思議法中，佛最不可思議，是十八不共法，是佛甚深藏，誰能思議者，以是故佛無不定心，事必當爾，佛雖常入定無覺觀麁心，有不可思議智慧故，亦能説法。譬如天樂，隨天所好種種聲，應是亦無心亦無識法，以諸天福德因緣故。有是如天樂無心無識而能應物，何況佛有心而不説法，以是故説佛無不定心。

無不知已捨者。衆生有三種受，苦受、樂受、不苦不樂受，苦受生瞋，樂受生愛，不苦不樂受生愚癡，是三種受。苦受生苦，住苦滅樂，樂受生樂，住樂滅苦，不苦不樂受，不知爲苦不知爲樂。餘人鈍根故，多覺苦受樂受，於不苦不樂受中，不覺不知而有捨心，是爲癡使所使。佛於不苦不樂受中，知覺生時，覺住時，覺滅時，以是故言佛無不知已捨心。【略】

欲無減者。佛知善法恩故，常欲集諸善法故，欲無減。修習諸善法，心無厭足故，欲無減。

八者精進無減，九者念無減，十者慧無減，十一者解脱無減，十二者解脱知見無減，十三者一切身業隨智慧行，十四者一切口業隨智慧行，十五者一切意業隨智慧行，十六者智慧知過去世無礙，十七者智慧知未來世無礙，十八者智慧知現在世無礙。【略】

解脱無減者。解脱有二種，有爲解脱，無爲解脱。有爲解脱，名無漏智慧相應解脱。無爲解脱，名一切煩惱習都盡無餘。佛於二解脱無減，何以故，聲聞辟支佛智慧不大利故，煩惱不悉盡故智慧有減，佛智慧第一利故，煩惱習永盡無餘故，解脱無減。復次如漏盡力中説，佛與聲聞解脱有差別，佛得漏盡力故解脱無減，二乘無力故有減。解脱知見無減者。佛於諸解脱中，智慧無量無邊清淨故，名解脱知見無減。【略】

一切身業，一切口業，一切意業，隨智慧行者。佛一切身口意業先知，然後隨智慧行。諸佛身口意業一切行，無不利益衆生故，名先知然後隨智慧行。如經中說，諸佛乃至出息入息利益衆生，何況身口意業故作而不利益。諸怨惡衆生聞佛出入息氣香，皆得信心清淨愛樂於佛。諸天聞佛氣息香，亦皆捨五欲發心修善。以是故言身口意業隨智慧行。聲聞、辟支佛無是事，心故作善，然後身口業善，意業或時無記，不隨智慧而自生，何況餘人。

智顗《法界次第初門》卷下 次四無所畏而辯十八不共法者。諸佛十力之智內充，無畏之德外顯，故所有一切功德智慧，超過物表，不與世共，欲簡異一切凡聖所得，是以次而明之。此十八通名不共者，極地之法，不與凡夫二乘及諸菩薩共有，故云不共也。

一身無失（佛無量劫來，常用戒定智慧慈悲，以修於身，此諸功德滿足故，諸罪根本拔故，所謂一切不善，五住煩惱，及習氣俱盡也，一切身業，隨智慧行，故身無畏）。

二口無失（無失因緣類，如身無失中說也）。

三念無失（佛四念處心，長夜善修故，善修諸深禪定，心不散亂故，善斷欲愛及法愛故，於諸法中，心無著故，得第一安隱處故，一切意業，隨智慧行，故念無失）。

四無異想（佛於一切衆生，無分別，無遠近異想，平等普度，心無簡擇，如日出普照萬物，是爲無異想）。

五無不定心（佛心一切細微亂盡離，常在禪定故，無不定心）。

六無不知已捨（佛於一切法，悉皆照知方捨，無有一法不經心知而捨者，故名無不知已捨）。

七欲無減（佛知善法恩故，雖具衆善，而常欲習諸善法，欲度一切故，欲無減，心無厭足故，欲無減，譬如轉輪王馬寶，雖復一日周行四天下，遍意遊不足）。

八精進無減（佛身心二種精進滿足，常度一切，未曾休息，故名精進無減）。

九念無減（佛於三世諸佛法一切智慧相應故，滿足無減故，名念無減）。

十慧無減（佛得一切智慧，十力，四無所畏，四無礙智，成就圓極故，名慧無減）。

十一解脫無減（佛具二種解脫，故名解脫無減。何等爲二，一有爲解脫，謂無漏智慧相應解脫也。二無爲解脫，謂一切煩惱，都盡無餘也）。

十二解脫知見無減（佛於一切解脫中，知見了了分明，故名解脫知見無減，所謂有爲解脫，無爲解脫，時解脫，不時解脫，慧解脫，俱解脫，不壞解脫，八解脫，不思議解脫，無礙解脫等，分別諸解脫相牢固，是解脫知見無減）。

十三一切身業隨智慧行（佛先知，然後隨知起一切身業，故有所現處，無非佛事，利益一切，故名身業隨智慧行）。

十四一切口業隨智慧行（類如身業中分別）。

十五一切意業隨智慧行（類如身業中分別）。

十六智慧知過去世無礙（佛智慧照知過去世，盡過去際，所有一切，若衆生法，若非衆生法，悉遍知無礙也）。

十七智慧知未來世無礙（佛智慧照未來世，盡未來際，所有一切，若衆生法，若非衆生法，悉遍知無礙也）。

十八智慧知現在世無礙（佛智慧照現在世，盡現在際，所有一切，若衆生法，若非衆生法，悉遍知無礙也）。

李師政《法門名義集》 十八不共法。一者諸佛身無失，身行善順，名身無失。二者口無失，口業善順，名口無失。三者念無失，念順無差，名念無失。四者無異相，怨親等節護，名無異想。五者無不定心，常住三昧，無散須臾，故名無不定心。六者無不知已捨，麁細等事所有經心，莫不知而後辯，故言無知已捨。七者欲無滅，欲善滿足，名爲無滅。八者精進無滅，榮修不住，名爲精進。九者念無滅，繫心守境，名之爲念。十者慧無滅，緣中決斷，名爲智慧。十一者解脫無滅，絕縛離羈，名爲解脫。十二者解脫智見無滅，於解脫能照了明白，名解脫知見，知滿足故，言無滅。十三者身業隨智慧行，色形動作，名爲身業，身順智故，言隨行。十五者意業隨智慧行，思念所作，名爲意業。十六者智慧知過去世無礙，事謝往故，名爲過去，過去之境盡能遍知。十七者智慧知未來世無礙，事者非未迹，名爲未來，未來之境盡知無礙。十八者智慧知現在無礙，事起未謝，名爲現在，現在之境通達遍知。此十八種唯佛獨有，不通下果，故言不共法。

百法

玄奘譯《大乘百法明門論》 如世尊言，一切法無我。何等一切法，云何爲無我。一切法者，略有五種，一者心法，二者心所有法，三者色法，四者心不相應行法，五者無爲法。一切最勝故，與此相應故，二所現影故，三分位差別故，四所顯示故，如是次第。

第一心法略有八種，一眼識，二耳識，三鼻識，四舌識，五身識，六意識，七末那識，八阿賴耶識。

第二心所有法，略有五十一種。分爲六位，一遍行有五，二別境有五，三善有十一，四煩惱有六，五隨煩惱有二十，六不定有四。一遍行五者，一作意，二觸，三受，四想，五思。二別境五者，一欲，二勝解，三念，四定，五慧。三善十一者，一信，二精進，三慚，四愧，五無貪，六無嗔，七無癡，八輕安，九不放逸，十行捨，十一不害。四煩惱六者，一貪，二嗔，三慢，四無明，五疑，六不正見。五隨煩惱二十者，一忿，二恨，三惱，四覆，五誑，六諂，七憍，八害，九嫉，十慳，十一無慚，十二無愧，十三不信，十四懈怠，十五放逸，十六惛沈，十七掉舉，十八失念，十九不正知，二十散亂。六不定四者，一睡眠，二惡作，三尋，四伺。

第三色法，略有十一種，一眼，二耳，三鼻，四舌，五身，六色，七聲，八香，九味，十觸，十一法處所攝色。

第四心不相應行法，略有二十四種，一得，二命根，三衆同分，四異生性，五無想定，六滅盡定，七無想報，八名身，九句身，十文身，十一生，十二老，十三住，十四無常，十五流轉，十六定異，十七相應，十八勢速，十九次第，二十方，二十一時，二十二數，二十三和合性，二十四不和合性。

第五無爲法者，略有六種，一虛空無爲，二擇滅無爲，三非擇滅無爲，四不動滅無爲，五想受滅無爲，六眞如無爲。

大乘光《大乘百法明門論疏》卷下 論云：根本煩惱六，一貪，二嗔，三無明，四慢，五見，六疑。

問：是諸煩惱，幾世俗有，幾實物有。答：見是世俗有，是慧分故。餘是實物有，別有心法故。隨煩惱爲假爲實者，若依《瑜伽・決擇分》中，不定四法亦入隨煩惱中，合二十四總名隨煩惱分，亦無邪欲、邪勝解二法，但本地分中有二十六，更加邪欲、邪勝解故。決擇分中云：復次，隨煩惱自性云何，謂忿、恨、覆、惱、嫉、慳、誑、諂、憍、害、無慚、無愧、惛沈、掉舉、不信、懈怠、忘念、放逸、散亂、不正知、惡作、睡眠、尋、伺。如本地分已廣宣說，如是等類，名隨煩惱自性。復次，此煩惱，幾世俗有，幾實物有，謂無慚、無愧、不信、懈怠，此四種是實物有，餘是假有。謂忿、恨、惱、嫉、害五，是嗔分故，皆世俗有。慳、憍、掉舉三，是貪分故，示世俗有。覆、誑、諂、惛沈、睡眠、惡作、忘念、散亂、惡慧九法，是癡分故，皆是世俗有。放逸是貪、嗔、癡分，亦是假世俗有。尋、伺二種，是身、語、意加行分故，及慧分故，俱是假有。若依《瑜伽》，二十七是實有，二十四是假有。若依《對法論》文，二十二是實物有，餘幷假有。言二十二實物有者，謂遍行五、別境五、善十一中，七是實有，四是假有。故《對法論》云，無癡者，謂報教證智，決擇爲性。報教證智者，謂生得聞、思、修所生慧，如次應知。決擇者，謂慧勇勤俱。故知無癡，用慧爲性，更無別體。

普泰《大乘百法明門論解》卷上 一者心法，二者心所有法，三者色法，四者心不相應行法，五者無爲法。

心法者，總有六義，一集起名心，唯屬第八，集諸種子，起現行故。二積集名心，屬前七轉識能熏，積集諸法種故。或集起屬前七轉現行共集，熏起種故。或積集名心，屬於第八含藏，積集諸法種故。三緣慮名心，俱能緣慮自分境故。四或名爲識，了別義故。五或名爲意，等無間故。六或第八名心，第七名意，前六名識，斯皆心分也。

言心所有法者，具三義故，一恆依心起，二與心相應，三繫屬於心。具此三義，名爲心所故。要心爲依，方得起故，觸等恆與心相應故。既云與心相應，蓋心不與心自相應故，心非心所故，他性相應，非自性故。相應之義有四，謂時、依、所緣及事皆同，乃相應也。觸等看與何心生時，便屬彼心之觸等，故如次爲三義也。

色法者，識之所依、所緣，乃五根、五境質礙之色，亦名有對色，以能、所造八法而成，乃十有色也，無對色即法處色也。

言不相應行法者，行蘊有二，一相應行，即心所法。二不相應行，即始自得，終至不和合性，二十四法是也。

言無爲法者，即不生不滅、無去無來、非彼非此、絶得絶失，簡異有爲，無造作故，名曰無爲也。【略】

一虛空無爲，二擇滅無爲，三非擇滅無爲，四不動滅無爲，五想受滅無爲，六眞如無爲。言無爲者，是前四位眞實之性，故云識實性也。以六位心所則識之相應，十一色法乃識之所緣，不相應行即識之分位，識是其體，是故總云識實性也，而有六種。謂之無爲者，爲，作也。以前九十四種乃生滅之法，皆有造作，故屬有爲。今此六法，寂寞冲虛，湛然常住，無所造作，故曰無爲。言虛空無爲者，謂於眞諦離諸障礙，猶如虛空，豁虛離礙，從喻得名。下五無爲，義倣此説。擇滅者，擇謂揀擇，滅謂斷滅，由無漏智，斷諸障染，所顯眞理，立斯名焉。非擇滅者，一眞法界，本性清淨，不由擇力，斷滅所顯。或有爲法，緣闕不生，所顯眞理。以上二義，故立此名。不動者，以第四禪離前三定，出於三災、八患，無喜樂等動搖身心所顯眞理，此從能顯彰名，故曰不動。想受滅者，無所有處想受不行所顯眞理，立此名爾。眞如者，理非妄倒，故名眞如，眞簡於妄，如簡於倒，遍計、依他，如次應知。又曰，眞如者，顯實常義，眞即是如，如即無爲。上自一切法下至此，乃明百法，以答初何等一切法之問畢矣。

德清《百法論義》 相宗百法者，正的示萬法唯識之旨也。以不生滅心與生滅和合成阿賴耶識，以此識有覺不覺義。其覺義者，乃一心眞如，爲一切眾生正因佛性。其不覺義者，乃根本無明。迷此一心而成識體，故此識有三分，謂自證分、見分、相分。又一師立四分，增證自證分，其證自證分即不迷之眞如，其自證分乃眞如一分迷中之佛性，是爲本覺。以眾生雖迷，而本有佛性不失不壞，以有眞如自體可證，故云自證。良由一心眞如，有大智慧光明義故。今迷而爲識，以湛寂之體，忽生一念，迷本圓明。則將本有無相之眞如，變起虛空四大之妄相，名爲相分。將本有之智光，變爲能見之妄見，是爲見分。是知一切眾生世界有相之萬法，皆依八識見相二分之所建立，故云萬法唯識，此實相宗之本源也。今唯識宗，但言百法者，始因彌勒菩薩修唯識觀，見得萬法廣博，鈍根眾生難以修習，故就萬法中最切要者，特出六百六十法，造《瑜伽師地論》以發明之，可謂簡矣。及至天親菩薩從兜率稟受彌勒相宗法門，又見其繁，乃就六百六十法中，提出綱要，總成百法，已盡大乘奧義，故造論曰《百法明門》。謂明此百法，可入大乘之門矣。故欲知唯識，要先明此百法。以此百法，乃八識所變耳。以一切眾生，皆依此識而有生死。三乘聖人，皆依此識而有修證，通名世出世法，即此百法收盡。然一切聖凡，皆執爲我。故論首標云，如世尊言，一切法無我，即顯此一無字，便見世尊出世説法四十九年，單單只説破聖凡之我見耳。我見既離，則八識無名，而一心之義顯矣。由是觀之，何相而不歸性耶。今言百法，通名有爲無爲世出世法。其世間名有爲法，有九十四。出世間名無爲法有六種。故一切兩字，包括殆盡。雖云出世，猶未離我。故總無之，所以論主標一切法無我一句，爲性相之宗本，則了無剩法矣。其有爲法九十四者，謂一心法有八，心所法有五十一，色法有十一，不相應行法有二十四。然心法八者，謂眼識、耳識、鼻識、舌識、身識、意識，第七末那識，亦名意，亦名染淨依，俗呼傳送識，第八阿賴耶識，亦名無沒識，又名含藏識。此八識通名心王，以第八識乃自證分爲生死主，其前七識乃屬見分，以爲心用。故《楞嚴》云，元以一精明，分成六和合。

八識心王，無善無惡，不會造業，其作善作惡者，乃心所也。故五十一心所，又名心使，如世人家之奴僕，主人固善，而奴僕作惡累及主耳。《起信論》中不分王所，但竪説三細六麤生起之相，通名五意，六種染心，但云心念法異一語而已。然心即八識心王，念即心所，法即善惡境界，此唯識相宗乃橫説八識王所業用，故不同耳。其五十一心所，分爲六位，一徧行五法，謂意、觸、受、想、思。二別境五法，謂欲、解、念、定、慧。三善心所有十一，謂信進與慚愧，無貪等三根，輕安不放逸，行捨及不害。四根本煩惱有六，謂貪、嗔、癡、慢、疑、不正見。五隨煩惱二十，分小中大，小隨有十者，謂忿、恨、惱、覆、誑、諂、驕、害、嫉、慳，中隨二者，謂無慚幷無愧，大隨八者，謂不信幷懈怠，放逸及昏沉，掉舉失正念，不正知散亂。所言隨者，乃隨其根本煩惱分位差別，分小中大者，以有三義，一自類俱起，二徧染二性，謂不善有覆，三徧諸染心，三義皆具名大，具一名中，俱無名小。六不定法四者，謂悔、眠、尋、伺，以此四法不定屬善屬惡故。此五十一心所，皆作善作惡之具也，而有麤細之不同。

偏行五者，乃善惡最初之動念也。雖有五法，其實總成一念，以第八識元一精明之體，本無善惡二路，其前五識，乃八識精明，應五根照境之用，同一現量，亦無善惡。其六七二識，正屬八識之見分，其七乃虛假。故《楞伽》云，七識不流轉，非生死因。其六識元屬智照，今在迷中，雖善分別，況是待緣，亦本無善惡，若無徧行五法，則一念不生，智光圓滿，現量昭然，即此名爲大定，六根任運無爲矣。無奈八識田中，含藏無量劫來善惡業習種子，內熏鼓發，不覺動念，譬如潛淵魚，鼓波而自踴，是爲作意。【略】

別境五者，正是作善作惡之心也。前偏行五，雖起一念善惡，但念而未作，若肯當下止息，則業行自消，及至別境，則不能止矣。言別境者，謂別別緣境，不同偏行，此乃作業之心耳。因前偏行，作後善惡，體通麤細，欲者，樂欲，謂於所樂境，希望欲作，此正必作之心也。【略】

善十一者，善謂信、慚、愧，無貪等三根，勤、安、不放逸，行捨及不害。此十一法，收盡一切善業，世出世業以信爲本，故首列之。慚者，謂自慚，云我如此丈夫之形，又解教法，敢作惡耶，有此慚心，則惡行自止。愧者，愧他，謂恐人譏呵，故不親惡人，不作惡事。經云，有慚愧者，可名爲人，既具信心，加增慚愧，則善法自成矣。貪、嗔、癡三者，乃根本煩惱，亦名三毒，作善之人，此三不斷，何以爲善，故皆無之。若無此三毒，是爲三善根。勤者，精進也，既斷三毒，純一善心，必加精進勇猛，善行方增。此治懈怠之病，世有淳善之人，無精進力，軟暖因循，故終身無成。輕安者，謂離三毒麤重昏懵，如釋重負，則身心輕快安隱，堪任善行也。不放逸者，以縱貪嗔癡，無精進心，是爲放逸，此不放逸，乃三根精進四法上防修之功能也。行捨者，由精進力，捨貪嗔癡，則令心平等正直，任運入道，以念念捨處，即念人處，如人行路，不捨前步，則後步不進，故名行捨。以有此捨，令心不沉掉，故平等耳。言行蘊中捨者，以行陰念念遷流者，乃三毒習氣熏發妄想，不覺令心昏沉掉舉，若無此捨，不但昏掉將發現行，若能念念捨之，則昏掉兩捨，自然令心平等正直矣。初用力捨，名有功用。若捨至一念不生，則任運無功，自然合道矣。故予教人參禪做工夫，但妄想起時，莫與作對，亦不要斷，亦不可隨，但撇去不顧，自然心安，蓋撇即捨耳。不害者，謂慈愍衆生，不爲損惱，此專治嗔，不嗔則外不傷生，內全慧命，故爲至善，如儒之仁，而善法繫之終焉。

根本煩惱六者，謂貪、嗔、癡、慢、疑、不正見。此六煩惱，乃二種我法之根本，爲二種生死之根本，一切枝末從此而生。然貪嗔癡，名爲三毒，傷害法身，斷慧命者，唯此爲甚，故首標之。慢乃我慢，疑乃不信，不正見即邪見。此三法障道之本，慢障無我，疑障正信，不正見障正知見。三乘能斷三毒，而不能斷此三法，外道之執，邪見更甚。所以修行難入正行者，此三煩惱之過也。《法華》名爲十使煩惱，謂貪、嗔、癡、慢、疑，爲五鈍使，不正見分五，謂身見、邊見、邪見、戒取、戒禁取，爲五利使，由此煩惱能使衆生漂流苦海，故名爲使。

隨煩惱二十者，謂忿、恨、惱、覆、誑、諂、驕、害、嫉、慳，此十爲小隨。無慚、無愧，此二爲中隨。不信、懈怠、放逸、昏沉、掉舉、失正念、不正知、散亂，此八爲大隨。所言隨者，以隨他根本煩惱而生故。言小中大者，以隨有三義，謂自類俱起，徧染二性，謂不善有覆，徧諸染心，具三名大，具一名中，大小俱起故。行相麤猛，各自爲主，故名小隨。以忿等十法，各別而起故，其無慚無愧，則一切不善心俱，大小俱起，名中。由無慚愧則昏掉不信等，一齊俱起，故名爲大。蓋無慚愧及不信等，與上善法相返，義相對照可知，不必繁解，要知請詳唯識。

不定四者，謂悔、眠、尋、伺。論曰，不定謂悔眠，尋伺二各二。謂此二二，各具善惡二法，故不定於一。以不同前五位心所，定徧八識三性一切時一切地，此心所之差別也。悔不定者，如作惡之人，改悔爲善，悔前惡行，如作惡之人，悔前惡事不作，故不定耳。眠謂睡眠，則令身不自在，心極暗昧，此非善惡，故名不定。即眠中作夢，亦不定善惡。論說眠能障觀，以眠爲心所者，能令身心昏重之用，但非一定善惡耳。言尋伺者，乃作善作惡之心，將作之時，必返求於心，意言籌量，麤轉爲尋，入細爲伺。所謂麤細發言，言不定者，如讚佛菩薩，初尋後伺，方得妙辭，如刁訟之人，亦由尋入伺，方得成箄，故此二法爲不定耳。【略】

十一色法者，謂眼、耳、鼻、舌、身五根，色、聲、香、味、觸、法六塵。此五根乃八識攬地水火風四大所成内身，爲識所依之根，五塵亦是四大能所八法所造，爲所受用境，其法塵乃外五塵落謝影子，屬六識所變。一半屬心，一半屬境，此十一法，通屬八識相分境，以唯識所現故。【略】

二十四種不相應者，此乃色心分位。蓋依前三法上一分一位假立得等之名，揀非心心所色等，故名不相應。以不與心王相應，以不能作善作惡，故非心所，但係唯識所計分位差別，以是我所執之法，故亦列在有爲法數，義有多解，非所急務，故不必一一，恐妨正行耳。

此上九十四種名有爲法，以是衆生生死之法，乃妄識所計，有造作故，故名有爲，名世間法，下六無爲，乃出世法。

無爲法有六種者，謂虚空無爲、擇滅無爲、非擇滅無爲、不動無爲、受想滅無爲、眞如無爲，此六種法，揀異有爲，故立無爲名。雖云出世法，實通小乘，以不動乃三果那含，受想滅乃滅盡定耳。虚空無爲者，從喻得名，謂無爲法，體若虚空，無所造作，下五無爲，通以此喻，然此虚空喻，有大小不同。如《華嚴》云，若人欲識佛境界，當淨其意如虚空，遠離妄想及諸取，令心所向皆無礙。又云，清淨法身，猶若虚空。此則直指法界性空，即《起信》所云，如實空鏡，以體絕妄染，故如虚空。此乃大乘法性眞空，實一心之別稱也。此中虚空，義通大小，正取虚豁。無有造作，以作下五無爲眞諦之喻耳。擇滅無爲者，擇謂揀擇，滅謂斷滅，由無漏智，斷諸障染，所顯眞理，故立斯名。此在權敎菩薩分斷分證，及二乘所證涅槃空法，正屬擇滅，故曰證滅高證無爲實在二乘。非擇滅者，謂不由擇力，緣缺所顯，即實敎菩薩以如實觀，觀諸法性本自寂滅，以立此名。不動無爲者，謂第四禪，離前三定，三災不至，無喜樂等動摇身心，得不動名，即五那含定。受想滅無爲者，無所有處，想受不行，名受想滅無爲，通滅盡定，此與不動皆屬二乘。眞如無爲者，理非倒妄，不妄不變，名爲眞如，以遠離依他偏計，此正唯識所證十種眞如。若依《起信》，正是八識體中本覺，及眞如門，乃對生滅之眞如，未盡一心，故是相宗之極則。此上百法，乃總答云何一切法也。

百二十八根本煩惱

玄奘譯《佛地經論》卷一　滅諸煩惱災横纏垢，謂於此中遠離一切煩惱纏垢，及諸災横，即諸煩惱名爲纏垢，如是即名諸災横因，煩惱纏垢此中無故，所作災横此中亦無。又煩惱者，謂一百二十八根本煩惱。纏者即是無慚愧等，垢者即是諂誑憍等，災横即是彼所發業及所得果。若所知障或諸隨眠名爲煩惱，即彼現起説名纏垢，本惑名纏，隨惑名垢，所知障等名爲災横。

玄奘譯《成唯識論》卷九　煩惱障者，謂執遍計所執實我薩迦耶見而爲上首，百二十八根本煩惱，及彼等流諸隨煩惱。此皆擾惱有情身心，能障涅槃名煩惱障。所知障者，謂執遍計所執實法薩迦耶見而爲上首見疑無明愛恚慢等，覆所知境無顛倒性能障菩提，名所知障。

智旭《成唯識論觀心法要》卷九　煩惱障者，謂執（取彼）偏計所執實我薩迦耶見而爲上首，百二十八根本煩惱，及彼等流諸隨煩惱。此皆擾（亂）惱（害）有情身心，能障涅槃，名煩惱障。

薩迦耶，此云積聚，實我薩迦耶見，謂執積聚爲實我也，妄認四大爲自身相，妄認六塵緣影爲自心相，皆此我見所攝。由此我見爲本，方起根隨煩惱，故名上首。言百二十八者，迷於欲界四諦，各具十惑，共有四十。色無色界，但各除瞋，各三十六，通前一百十二根本煩惱，唯見所斷。欲界任運貪瞋癡慢身見邊見爲六，色無色界除瞋各五，共有十六根本煩惱，是修所斷。二斷合論，故有一百二十八也。諸隨煩惱，或彼等流，或彼分位，頭緒多端，故不列數。

明昱《成唯識論俗詮》卷九　釋煩惱障，即是所執實我，云何百二十八根本煩惱。頌曰根本煩惱貪等十，欲界四諦各具十，於上二界各除瞋，七十二合百十二。謂貪等十煩惱，欲界四諦各具十種，共有四十。上二界除瞋，八諦各九，有七十二，共前四十，爲百一十二。此皆見道所斷，於迷諦時，是分別起，各別取數。若修道斷者，是俱生惑。於迷諦時，任運堅固，唯取三界總數，頌云修道再除疑三見，欲界總加六數等，上二除瞋各有五，百二十八頭頭現。謂欲界中，除去疑及邪見二取四數，唯有六數。上二界中，又各除瞋，一界唯五，總合十六，共前見所斷惑，有百二十八數。此是見修所斷根本煩惱，亦各有隨惑。故云，及彼等，此皆下，釋名煩惱義，所知障，即是所執實法。

百八三昧

鳩摩羅什譯《摩訶般若波羅蜜經》卷五　復次，須菩提，菩薩摩訶薩摩訶衍，所謂名首楞嚴三昧、寶印三昧、師子遊戲三昧、妙月三昧、月幢相三昧、出諸法三昧、觀頂三昧、畢法性三昧、畢幢相三昧、金剛三昧、入法印三昧、三昧王安立三昧、放光三昧、力進三昧、高出三昧、必入辯才三昧、釋名字三昧、觀方三昧、陀羅尼印三昧、無誑三昧、攝諸法海三昧、遍覆虛空三昧、金剛輪三昧、寶斷三昧、能照三昧、不求三昧、無住三昧、無心三昧、淨燈三昧、無邊明三昧、能作明三昧、普照明三昧、堅淨諸三昧三昧、無垢明三昧、歡喜三昧、電光三昧、無盡三昧、威德三昧、離盡三昧、不動三昧、不退三昧、日燈三昧、月淨三昧、淨明三昧、能作明三昧、作行三昧、知相三昧、如金剛三昧、心住三昧、普明三昧、安立三昧、寶聚三昧、妙法印三昧、法等三昧、斷喜三昧、到法頂三昧、能散三昧、分別諸法句三昧、字等相三昧、離字三昧、斷緣三昧、不壞三昧、無種相三昧、無處行三昧、離朦昧三昧、無去三昧、不變異三昧、度緣三昧、集諸功德三昧、住無心三昧、淨妙華三昧、覺意三昧、無量辯三昧、無等等三昧、度諸法三昧、分別諸法三昧、散疑三昧、無處三昧、一莊嚴三昧、生行三昧、一行三昧、不一行三昧、妙行三昧、達一切有底散三昧、入名語三昧、離音聲字語三昧、然炬三昧、淨相三昧、破相三昧、一切種妙足三昧、不喜苦樂三昧、無盡相三昧、陀羅尼三昧、攝諸邪正相三昧、滅憎愛三昧、逆順三昧、淨光三昧、堅固三昧、滿月淨光三昧、大莊嚴三昧、能照一切世三昧、三昧等三昧、攝一切有諍無諍三昧、不樂一切住處三昧、如住定三昧、壞身衰三昧、壞語如虛空三昧、離著虛空不染三昧。

云何名首楞嚴三昧，知諸三昧行處，是名首楞嚴三昧。云何名寶印三昧，住是三昧能印諸三昧，是名寶印三昧。云何名師子遊戲三昧，住是三昧能遊戲諸三昧中如師子，是名師子遊戲三昧。云何名妙月三昧，住是三昧能照諸三昧如淨月，是名妙月三昧。云何名月幢相三昧，住是三昧能持諸三昧相，是名月幢相三昧。云何名出諸法三昧，住是三昧能出生諸三昧，是名出諸法三昧。云何名觀頂三昧，住是三昧能觀諸三昧頂，是名觀頂三昧。云何名畢法性三昧，住是三昧決定知法性，是名畢法性三昧。云何名畢幢相三昧，住是三昧能持諸三昧幢，是名畢幢相三昧。云何名金剛三昧，住是三昧能破諸三昧，是名金剛三昧。云何名入法印三昧，住是三昧入諸法印，是名入法印三昧。云何名三昧王安立三昧，住是三昧，一切諸三昧中安立住如王，是名三昧王安立三昧。云何名放光三昧，住是三昧能放光照諸三昧，是名放光三昧。云何名力進三昧，住是三昧，於諸三昧能作勢力，是名力進三昧。云何名高出三昧，住是三昧能增長諸三昧，是名高出三昧。云何名必入辯才三昧，住是三昧能辯說諸三昧，是名必入辯才三昧。云何名釋名字三昧，住是三昧能釋諸三昧名字，是名釋名字三昧。云何名觀方三昧，住是三昧能觀諸三昧方，是名觀方三昧。云何名陀羅尼印三昧，住是三昧持諸三昧印，是名陀羅尼印三昧。云何名無誑三昧，住是三昧於諸三昧不欺誑，是名無誑三昧。云何名攝諸法海三昧，住是三昧，能攝諸三昧如大海水，是名攝諸法海三昧。云何名遍覆虛空三昧，住是三昧，遍覆諸三昧如虛空，是名遍覆虛空三昧。云何名金剛輪三昧，住是三昧能持諸三昧分，是名金剛輪三昧。云何名斷寶三昧，住是三昧斷諸三昧煩惱垢，是名斷寶三昧。云何名能照三昧，住是三昧，能以光明顯照諸三昧，是名能照三昧。云何名不求三昧，住是三昧無法可求，是名不求三昧。云何名無住三昧，住是三昧中不見一切法住，是名無住三昧。云何名無心三昧，住是三昧，心心數法不行，是名無心三昧。云何名淨燈三昧，住是三昧，於諸三昧中作明如燈，是名淨燈三昧。云何名無邊明三昧，住是三昧，與諸三昧作無邊明，是名無邊明三昧。云何名能作明三昧，住是三昧，即時能爲諸三昧作明，是名能作明三昧。云何名普照明三昧，住是三昧即能照諸三昧門，是名普照明三昧。云何名堅淨諸三昧三昧，住是三昧能堅淨諸三昧相，是名堅淨諸三昧三昧。云何名無垢明三昧，住是三昧能除諸三昧垢，亦能照一切三昧，是名無垢明三昧。云何名歡喜三昧，住是三昧能受諸三昧喜，是名歡喜三昧。云何名電光三昧，住是三昧，照諸三昧如電光，是名電光三昧。云何名無盡三昧，住是三昧，於諸三昧不見盡，是名無盡三昧。云何名威德三昧，住是三昧，於諸三昧威德照然，是名威德三昧。云何名離盡三昧，住是三昧不見諸三昧盡，是名離盡三昧。云何名不動三昧，住是三昧，令諸三昧不動不戲，是名不動三昧。云何名不退三昧，住是三昧能不見諸三昧退，是名不退三昧。云何名日燈三昧，住是三昧放光照諸三昧門，是名日燈三昧。云何名月淨三昧，住是三昧能除諸三昧闇，是名月淨三昧。云何名淨明三昧，住是三昧，於諸三昧得四無閡智，是名淨明三昧。云何名能作明三昧，住是三昧，於諸三昧門能作明，是名能作明三昧。云何名作行三昧，住是三昧，能令諸三昧各有所作，是名作行三昧。云何名知相三昧，住是三昧見諸三昧知相，是名知相三昧。云何名如金剛三昧，住是三昧，能貫達諸法亦不見達，是名如金剛三昧。云何名心住三昧，住是三昧，心不動不轉不惱，亦不念有是心，是名心住三昧。云何名普明三昧，住是三昧普見諸三昧明，是名普明三昧。云何名安立三昧，住是三昧，於諸三昧安立不動，是名安立三昧。云何名寶聚三昧，住是三昧，普見諸三昧如見寶聚，是名寶聚三昧。云何名妙法印三昧，住是三昧，能印諸三昧，以無印印故，是名妙法印三昧。云何名法等三昧，住是三昧，觀諸法等無法不等，是名法等三昧。云何名斷喜三昧，住是三昧斷一切法中喜，是名斷喜三昧。云何名到法頂三昧，住是三昧，滅諸法闇亦在諸三昧上，是名到法頂三昧。云何名能散三昧，住是三昧中能破散諸法，是名能散三昧。云何名分別諸法句三昧，住是三昧，分別諸三昧諸法句，是名分別諸法句三昧。云何名字等相三昧，住是三昧得諸三昧字等，是名字等相三昧。云何名離字三昧，住是三昧，諸三昧中乃至不見一字，是名離字三昧。云何名斷緣三昧，住是三昧斷諸三昧緣，是名斷緣三昧。云何名不壞三昧，住是三昧，不得諸法變異，是名不壞三昧。云何名無種相三昧，住是三昧不見諸法種種，是名無種相三昧。云何名無處行三昧，住是三昧不見諸三昧處，是名無處行三昧。云何名離朦昧三昧，住是三昧，離諸三昧微闇，是名離朦昧三昧。云何名無去三昧，住是三昧，不見一切三昧去相，是名無去三昧。云何名不變異三昧，住是三昧，不見諸三昧變異相，是名不變異三昧。云何名度緣三昧，住是三昧，度一切三昧緣境界，是名度緣三昧。云何名集諸功德三昧，住是三昧集諸三昧功德，是名集諸功德三昧。云何名住無心三昧，住是三昧，於諸三昧心不入，是名住無心三昧。云何名淨妙花三昧，住是三昧，令諸三昧得淨妙如花，是名淨妙花三昧。云何名覺意三昧，住是三昧，諸三昧中得七覺分，是名覺意三昧。云何名無量辯三昧，住是三昧，於諸法中得無量辯，是名無量辯三昧。云何名無等等三昧，住是三昧，諸三昧中得無等等相，是名無等等三昧。云何名度諸法三昧，住是三昧，度一切三界，是名度諸法三昧。云何名分別諸法三昧，住是三昧，諸三昧及諸法分別見，是名分別諸法三昧。云何名散疑三昧，住是三昧得散諸法疑，是名散疑三昧。云何名無住處三昧，住是三昧，不見諸法住處，是名無住處三昧。云何名一莊嚴三昧，住是三昧，終不見諸法二相，是名一莊嚴三昧。云何名生行三昧，住是三昧，不見諸行生，是名生行三昧。云何名一行三昧，住是三昧，不見諸三昧此岸彼岸，是名一行三昧。云何名不一行三昧，住是三昧，不見諸三昧一相，是名不一行三昧。云何名妙行三昧，住是三昧，不見諸三昧二相，是名妙行三昧。云何名達一切有底散三昧，住是三昧，入一切有、一切三昧，智慧通達，亦無所達，是名達一切有底散三昧。云何名入名語三昧，住是三昧，入一切三昧名語，是名入名語三昧。云何名離音聲字語三昧，住是三昧，不見諸三昧音聲字語，是名離音聲字語三昧。云何名然炬三昧，住是三昧威德照明如炬，是名然炬三昧。云何名淨相三昧，住是三昧淨諸三昧相，是名淨相三昧。云何名破相三昧，住是三昧，不見諸三昧相，是名破相三昧。云何名一切種妙足三昧，住是三昧，一切諸三昧種皆具足，是名一切種妙足三昧。云何名不喜苦樂三昧，住是三昧，不見諸三昧苦樂，是名不憙苦樂三昧。云何名無盡相三昧，住是三昧，不見諸三昧盡，是名無盡相三昧。云何名多陁羅尼三昧，住是三昧能持諸三昧，是名多陁羅尼三昧。云何名攝諸邪正相三昧，住是三昧，於諸三昧不見邪正相，是名攝諸邪正相三昧。云何名滅憎愛三昧，住是三昧，不見諸三昧憎愛，是名滅憎愛三昧。云何名逆順三昧，住是三昧，不見諸法諸三昧逆順，是名逆順三昧。云何名淨光三昧，住是三味，不得諸三昧明垢，是名淨光三昧云何名堅固三昧，住是三昧，不得諸三昧不堅固，是名堅固三昧。云何名滿月。淨光三昧，住是三昧，諸三昧滿足如月十五日，是名滿月淨光三昧。云何名大莊嚴三昧，住是三昧，大莊嚴成就諸三昧，是名大莊嚴三昧。云何名能照一切世三昧，住是三昧，諸三昧及一切法能照，是名能照一切世三昧。云何名三昧等三昧，住是三昧，於諸三昧不得定亂相，是名三昧等三昧。云何名攝一切有諍無諍三昧，住是三昧，能使諸三昧不分別有諍無諍，是名攝一切有諍無諍三昧。云何名不樂一切住處三昧，住是三昧，不見諸三昧依處，是名不樂一切住處三昧。云何名如住定三昧，住是三昧不過諸三昧如相，是名如住定三昧。云何名壞身衰三昧，住是三昧不得身相，是名壞身衰三昧。云何名壞語如虛空三昧，住是三昧，不見諸三昧語業如虛空，是名壞語如虛空三昧。云何名離著虛空不染三昧，住是三昧，見諸法如虛空無閡，亦不染是三昧，是名離著虛空不染三昧。須菩提，是名菩薩摩訶薩摩訶衍。

鳩摩羅什譯《大智度論釋摩訶衍品》卷四七　【經】復次須菩提，菩薩摩訶薩摩訶衍，所謂名首楞嚴三昧，寶印三昧，師子遊戲三昧，妙月三昧，月幢相三昧，出諸法三昧。【略】

云何名壞語如虛空三昧，住是三昧，不見諸三昧，語業如虛空，是名壞語如虛空三昧。云何名離著虛空不染三昧，住是三昧，見諸法如虛空，無礙亦不染，是名離著虛空不染三昧。須菩提，是名菩薩摩訶薩摩訶衍。

【論】釋曰：上以十八空釋般若波羅蜜，今以百八三昧釋禪波羅蜜。百八三昧，佛自說其義，是時人利根，故皆得信解。今則不然，論者重釋其義令得易解。

首楞嚴三昧者，秦言健相，分別知諸三昧行相多少深淺，如大將知諸兵力多少。復次菩薩得是三昧，諸煩惱魔及魔人無能壞者，譬如轉輪聖王主兵寶將所往至處，無不降伏。寶印三昧者，能印諸三昧，於諸寶中，法寶是實寶，今世後世乃至涅槃能爲利益。如經中說，佛語比丘，爲汝說法，所說法者，所謂法印，法印即是寶印，寶印即是三解脱門。復次有人言，三法印名爲寶印三昧，一切法無我，一切作法無常，寂滅涅槃，是三法印一切人天無能如法壞者，入是三昧能三種觀諸法，是名寶印。復次般若波羅蜜是寶，是相應三昧名印，是名寶印。師子遊戲三昧者，菩薩得是三昧，於一切三昧中出入遲速皆得自在，譬如衆獸戲時，若見師子率皆怖懾，師子戲時，自在無所畏難。復次師子戲時於諸群獸強者則殺，伏者則放，菩薩亦如是，得是三昧，於諸外道強者破之，信者度之。復次師子遊戲者，如初品中說，菩薩入是三昧中，地爲六反震動，令一切十方世界地獄湯冷盲者得視，聾者得聽等。妙月三昧者，如月滿清淨，無諸翳障，能除夜闇，此三昧亦如是，菩薩入是三昧，能除諸法邪見無明闇蔽等。【略】

日燈三昧者，得是三昧，能照一切諸法種種門及諸三昧，譬如日出能照一切閻浮提。月淨三昧者，如月從十六日漸減至三十日都盡，凡夫人亦如是，諸善功德漸漸減盡，墮三惡道，如月從一日漸漸增長至十五日光明清淨，菩薩亦如是，得是三昧，從發心來世世漸增善根，乃至得無生法忍授記，智慧清淨，利益衆生，又能破諸三昧中無明。淨明三昧者，明名慧，垢爲礙，得是三昧者，於諸法無障礙，以是故佛於此說住是三昧中得四無礙智。問曰：佛何以獨於此中說四無礙智。答曰：於三昧中無覺觀心，所可樂說與定相違，是事爲難，此三昧力故得四無礙智，四無礙智義如先說，能作明三昧者，明即是智慧，諸智慧中般若智慧最第一，是般若相應三昧，能作明作行三昧者，得是三昧力，能發起先所得諸三昧。【略】

離字三昧者，得是三昧不見字在義中，亦不見義在字中。斷緣三昧者，得是三昧，若內若外，樂中不生喜，苦中不生瞋，不苦不樂中不生捨心，於此三受遠離不著，心則歸滅，心若滅緣亦斷。不壞三昧者，緣法性畢竟空相應三昧戲論不能破，無常不能轉，先已壞故。無種三昧者，得是三昧不見諸法種種相，但見一相，所謂無相。無處行三昧者，得是三昧，知三毒火然三界，故心不依止，涅槃畢竟空故，亦不依止。離矇昧三昧者，得是三昧於諸三昧中微翳無明等悉皆除盡。無去三昧者，得是三昧不見一切法來去相。不變異三昧者，得是三昧觀一切諸法，因不變爲果，如乳不變作酪，諸法皆住自相不動故。度緣三昧者，得是三昧於六塵中諸煩惱盡滅，度六塵大海，亦能過一切三昧緣生智慧。集諸功德三昧者，得是三昧集諸功德，從信至智慧，初夜後夜修習不息，如日月運轉初不休息。住無心三昧者，入是三昧中不隨心但隨智慧，至諸法實相中住。淨妙華三昧者，如樹華敷開令樹嚴飾，得是三昧諸三昧中開諸功德華以自莊嚴。【略】

壞身衰三昧者，血肉筋骨等和合故名爲身，是身多患，常與飢寒冷熱等諍，是名身衰，得是三昧故，以智慧力分破壞身衰相，乃至不見不可得相。壞語如虛空三昧者，語名內，有風發觸七處故有聲，依聲故有語，觀如是語言因緣故，能壞語言，不生我相及以愛憎。有人言，二禪無覺觀，是壞語三昧，賢聖默然故。有人言，無色定三昧，彼中無身離一切色故。有人言，但是諸菩薩三昧，能破先世結業因緣不淨身而受法身，隨可度衆生種種現形。離著虛空不染三昧者，菩薩行般若波羅蜜，觀諸法畢竟空，不生不滅如虛空無物可喻，鈍根菩薩著此虛空，得此三昧故，離著虛空等諸法，亦不染著是三昧。如人沒在泥中，有人挽出，鎖腳爲奴。如有三昧能離著虛空，而復著此三昧亦如是，今是三昧能離著虛空，亦自離著。

問曰：佛多說諸三昧，汝何以但說諸法。答曰：佛多說果報，論者合因緣果報說。譬如人觀身不淨得不淨三昧，身是因緣，三昧是果。又如人觀五衆無常苦空等，得七覺意三昧，能生八聖道四沙門果。復次佛應適衆生故但說一法，論者廣說分別諸事。譬如一切有漏皆是苦因，而佛但說愛。一切煩惱滅名滅諦，佛但說愛盡。是菩薩於諸觀行中必不疑於諸三昧，未了故，佛但說三昧，論者說諸法，一切三昧皆已在中，是諸三昧末後，皆應言用無所得，以同般若故。如是等無量無邊三昧和合，名爲摩訶衍。

湛然《止觀輔行傳弘決》卷三之一　若不思議一心止觀，則能通於一心三德，二三雖殊，不思議一，不二而二，以通二德，二而不二，以通法身。又大品下，引證也。故大論五十二，委悉列釋百八三昧竟，即云，前十八空，釋般若竟，今以百八三昧釋禪，既是首楞嚴禪種智般若，故知此二不可孤然。是則一一空中一切空，一一空中一切定，一一定中一切定，一一定中一切空。經論列數從事而立，破十八有云十八空，對百八散云百八定。如火燒物隨物得名，豈所燒殊，令火別異。故引十八空以證於觀，引百八三昧以證於止，二而不二而證法身。是故下復引大經重證二名，義兼三德。二十五云，一切衆生皆悉盡有首楞嚴定，首楞嚴定亦名般若，亦名金剛三昧，亦名師子吼，亦名佛性。經稱首楞嚴定有五種名，楞嚴亦在五名之內。今引佛性有五種名，佛性亦在五名之內。

萬法

僧肇《肇論・不眞空論》　一切諸法，一切因緣故應有。一切諸法，一切因緣故不應有。一切無法，一切因緣故應有。一切有法，一切因緣故不應有。尋此有無之言，豈直反論而已哉。若應有，即是有，不應言無。若應無，即是無，不應言有。言有，是爲假有以明非無，借無以辨非有，此事一稱二，其文有似不同，苟領其所同，則無異而不同。然則萬法果有其所以不有，不可得而有。有其所以不無，不可得而無。何則，欲言其有，有非眞生。欲言其無，事象既形。象形不即無，非眞非實有。然則不眞空義，顯於茲矣。故《放光》云，諸法假號不眞，譬如幻化人，非無幻化人，幻化人非眞人也。

那連提耶舍譯《大方等大集經》卷四三　十二有支一切寂滅，生死寂滅如日沒緣，耳鼻舌身亦復如是。憍陳如，如心寂滅所緣亦滅，此寃因緣如本不生，一切萬法亦復如是，此名苦滅一切患滅。

玄奘譯《大乘百法明門論》　一切法者，略有五種，一者心法，二者心所有法，三者色法，四者心不相應行法，五者無爲法。一切最勝故，與此相應故，二所現影故，三分位差別故，四所顯示故，如是次第。

湛然《維摩經略疏》卷一〇　第三集法藥亦如是，塵沙佛法，約有而論，深淺根機，大小性欲善惡對治，若色若香，一切萬法，悉須遍知，未具佛法，不應滅受而取證。是故不住無爲，無爲之中無病無藥，無能授所授，今欲作度老病死大醫王。

法天譯《佛說未曾有正法經》卷一　菩薩大智慧海，萬法所歸，平等一味。菩薩多聞，總持諸法之性，一味無異，了知諸法本眞，自性非無所有，從緣生法即眞實義，種種善根之所從生。應知是法不增不減，本末之性福利無盡，究竟寂滅，非斷非常，自如實知。